U0865457

應用氣象總部

綜合部

綜述

《周易》卷三《无妄》　《象》曰：天下雷行，物與无妄。與，辭也，猶皆也。天下雷行，物皆不可以妄也。先王以茂對時育萬物。茂，盛也。物皆不敢妄，然後萬物乃得各全其性，對時育物，莫盛於斯也。

又　《象》曰：山下有雷，頤。君子以慎言語，節飲食。

《周易》卷四《恒》　《彖》曰：恒，久也。剛上而柔下，雷風相與，長陽長陰能相成也。巽而動，剛柔皆應，恒。皆可久之道。恒亨无咎，利貞。久於其道也，天地之道，恒久而不已也。利有攸往，終則有始也。日月得天而能久照，四時變化而能久成。聖人久於其道而天下化成。觀其所恒，而天地萬物之情可見矣。天地萬物之情見於所恒也。《象》曰：雷風，恒。長陽長陰合而相與可久之道也。君子以立不易方。

又　《彖》曰：解，險以動，動而免乎險，解。解利西南，往得衆也。其來復吉，乃得中也。有攸往夙吉。往有功也，天地解，而雷雨作，雷雨作，而百果草木皆甲坼，天地否結，則雷雨不作。交通感散，雷雨乃作也。雷雨之作，則險厄者亨，否結者散，故百果草木皆甲坼也。解之時大矣哉。《象》曰：雷雨作，解。

《周易》卷六《豐》　《彖》曰：豐，大也。明以動，故豐。王假之，尚大也。勿憂宜日中，宜照天下也。日中則昃，月盈則食，天地盈虛，與時消息，而況於人乎，況於鬼神乎。《象》曰：雷電皆至，豐。君子以折獄致刑。

《周易》卷九《説卦》　昔者，聖人之作易也，幽贊於神明而生蓍，參天兩地而倚數，觀變於陰陽而立卦，卦，象也。蓍，數也。卦則雷風相薄，山澤通氣，擬象陰陽變化之體。蓍則錯綜天地參兩之數，蓍極數以定象，卦備象以盡數，故蓍曰參天兩地而倚數，卦曰觀變於陰陽也。發揮於剛柔而生爻，和順於道德而理於義，窮理盡性以至於命。昔者，聖人之作易也，將以順性命之理。是以立天之道曰陰與陽，立地之道曰柔與剛，在天成象，在地成形。陰陽者言其氣，柔剛者言其形。變化始於氣象，而後成形。萬物資始乎天，成形乎地，故天曰陰陽，地曰柔剛也。或有在形而言陰陽者，本其始也；在氣而言柔剛者，要其終也。立人之道曰仁與義。兼三才而兩之，故易六畫而成卦。分陰分陽，迭用柔剛，故易六位而成章。天地定位，山澤通氣，雷風相薄，水火不相射。八卦相錯，數往者順，知來者逆。易八卦相錯變化，理備於往則順而知之，於來則逆而數之。是故，易逆數也。作《易》以逆覩來，事以前民用。雷以動之，風以散之，雨以潤之，日以烜之，艮以止之，兑以説之，乾以君之，坤以藏之。【略】神也者，妙萬物而爲言者也。於此言神者，明八卦運動變化推移，莫有使之然者。神則无物，妙萬物而爲言也。則雷疾風行，火炎水潤，莫不自然相與，爲變化，故能萬物既成也。動萬物者，莫疾乎雷。橈萬物者，莫疾乎風。燥萬物者，莫熯乎火。説萬物者，莫説乎澤。潤萬物者，莫潤乎水。終萬物始萬物者，莫盛乎艮。故水火相逮，雷風不相悖，山澤通氣，然後能變化，既成萬物也。

《司馬法·仁本第一》　古者，以仁爲本，以義治之之謂正。正不獲意則權。權出於戰，不出於中人。是故殺人安人，殺之可也。攻其國，愛其民，攻之可也。以戰止戰，雖戰可也。故仁見親，義見説，智見恃，勇見方，信見信。内得愛焉，所以守也。外得威焉，所以戰也。戰道，不違時，不歷民病，所以愛吾民也。不加喪，不因凶，所以愛夫其民也。冬夏不興師，所以兼愛其民也。故國雖大，好戰必亡。天下雖安，忘戰必危。天下既平，天子大愷，春蒐秋獮，諸侯春振旅，秋治兵，所以不忘戰也。

《司馬法·定爵第三》　凡戰，定爵位，著功罪，收遊士，申教詔，訊厥衆，求厥技，方慮極物，變嫌推疑，養力索巧，因心之動。凡戰，固衆，相利，治亂，進止服正，成耻，約法，省罰，小罪乃殺，小罪勝，大罪因。順天，阜財，懌衆，利地，右兵，是謂五慮。順天奉時，阜財因敵，懌衆勉若。利地，守隘險阻。右兵，弓矢禦，殳矛守，戈戟助。

《老子》第三十二章　道常無名，朴雖小，天下不敢臣。侯王若能守之，萬物將自賓。天地相合，以降甘露，民莫之令而自均。始制有名，名亦既有，天亦將知之。知止，所以不殆。譬道之在天下，猶川谷之與江海。

《管子·宙合第十一》　左操五音，右執五味。懷繩與準鉤，多備規軸。減溜大成，是唯時德之節。春采生，秋采蓏，夏處陰，冬處陽，大賢之德長。【略】天不一時，地不一利，人不一事，可正而視。定而履，深而迹。夫天地一險一易，若鼓之有搏，擿擋則擊。天地萬物之橐，宙合有橐天地。

《管子・形勢解第六十四》 天，覆萬物，制寒暑，行日月，次星辰，天之常也。治之以理，終而復始。主，牧萬民，治天下，莅百官，主之常也。治之以法，終而復始。【略】天不失其常，則寒暑得其時，日月星辰得其序。主不失其常，則羣臣得其義，百官守其事。

又 春者陽氣始上，故萬物生。夏者陽氣畢上，故萬物長。秋者陰氣始下，故萬物收。冬者陰氣畢下，故萬物藏。故春夏生長，秋冬收藏，四時之節也。賞賜刑罰，主之節也。四時未嘗不生殺也，主未嘗不賞罰也。故曰：春秋冬夏不更其節也。

天覆萬物而制之，地載萬物而養之，四時生長萬物而收藏之，古以至今，不更其道，故曰：古今一也。

又 風，漂物者也。風之所漂，不避貴賤美惡。雨，濡物者也。雨之所墮，不避大小强弱。風雨至公而無私，所行無常鄉。人雖遇漂濡，而莫之怨也。故曰：風雨無鄉，而怨怒不及也。

又 起居時，飲食節，寒暑適，則身利而壽命益。起居不時，飲食不節，寒暑不適，則形體累而壽命損。

又 日月，昭察萬物者也。天多雲氣，蔽蓋者衆，則日月不明。人主，猶日月也。羣臣多姦立私，以擁蔽主，則主不得昭察其臣下，臣下之情，不得上通，故姦邪日多，而人主愈蔽。故曰：日月不明，天不易也。

《管子・版法解第六十六》 欲見天心，明以風雨，故曰：風雨無違，遠近高下，各得其嗣。萬物尊天而貴風雨。所以尊天者，爲其莫不受命焉也。所以貴風雨者，爲其莫不待風而動，待雨而濡也。若使萬物釋天而更有所受命，釋風而更有所仰動，釋雨而更有所仰濡，則無爲尊天而貴風雨矣。

《管子・臣乘馬第六十八》 桓公問管子曰：請問乘馬。管子對曰：國無儲，在令。桓公曰：何謂國無儲，在令？管子對曰：一農之量，壤百畝也，春事二十五日之內。桓公曰：何謂春事二十五日之內？管子對曰：日至六十日而陽凍釋，七十日而陰凍釋。陰凍釋而秇稷，百日不秇稷，故春事二十五日之內耳也。今君立扶臺，五衢之衆皆作。君過春而不止，民失其二十五日，則五衢之內阻棄之地也。起一人之繇，百畝不舉。起十人之繇，千畝不舉。起百人之繇，萬畝不舉。起千人之繇，十萬畝不舉。春已失二十五日，而尚有起夏作，是春失其地，夏失其苗，秋起繇而無止，此之謂穀地數亡。穀失於時，君之衡藉而無止，民食什伍之穀，則君已藉九矣。【略】彼王者不奪民時，故五穀興豐。五穀興豐，則士輕禄，民簡賞。彼善爲國者，使農夫寒耕暑耘，力歸於上。女勤於纖微而織歸於府者，非怨民心傷民意，高下之策，不得不然之理也。

《文子》卷上《符言》 《老子》曰：聖人同死生，愚人亦同死生。聖人同死生，明於分理。愚人同死生，不知利害之所在。道懸天，物佈地，和在人，人主不和即天氣不下，地氣不上，陰陽不調，風雨不時，人民疾饑。

《文子》卷下《自然》 《老子》曰：清虛者，天之明也，無爲者，治之常也，去恩惠，舍聖智，外賢能，廢仁義，滅事故，棄佞辯，禁姦僞，則賢不肖者齊於道矣。静則同，虛則通，至德無爲，萬物皆容，虛静之道，天長地久，神微周盈，於物無宰。十二月運行，周而復始，金木水火土，其勢相害，其道相待。故至寒傷物，無寒不可，至暑傷物，無暑不可，故可與不可皆可。是以大道無所不可，可在其理，見可不趨，見不可不去，可與不可，相爲左右，相爲表裏。凡事之要，必從一始，時爲之紀，自古及今，未嘗變易，謂之天理。上執大明，下用其光，道生萬物，理於陰陽，化爲四時，分爲五行，各得其所。與時往來，法度有常。下及無能，上道不傾，羣臣一意。天地之道，無爲而備，無求而得，是以知其無爲而有益也。

《老子》曰：樸，至大者無形狀。道，至大者無度量。故天圓不中規，地方不中矩。往古來今謂之宙，四方上下謂之宇。道在其中而莫知其所，故見不遠者，不可與言大；知不博者，不可與論至。

又 《老子》曰：聖人天覆地載，日月照臨，陰陽和，四時化，懷萬物而不同，無故無新，無疏無親。故能法天者，天不一時，地不一材，人不一事，故緒業多端，趨行多方。故用兵者，或輕或重，或貪或廉，四者相反，不可一也。【略】夫天地不懷一物，陰陽不産一類，江海不讓水潦以成其大，山林不讓枉橈以成其崇，聖人不辭其負薪之言以廣其名。夫守一隅而遺萬方，取一物而棄其餘，則所得者寡，而所治者淺矣。

又 名各自命，類各自以，事由自然，莫出於己。若欲挾之，乃是離之。若欲飾之，乃是賊之。天氣爲魂，地氣爲魄，反之玄妙，各處其宅，守之勿失，上通太一，太一之精，通合於天。天道嘿嘿，無容無則，大不可極，深不可測，常與人化，智不能得。輪轉無端，化遂如神，虛無因循，常後而不先。

又 《老子》曰：夫道者，體圓而法方，背陰而抱陽，左柔而右剛，履幽而戴明，變化無常，得一之原，以應無方，是謂神明。天圓而無端，故不得觀其形；地方而無涯，故莫窺其門。天化遂無形狀，地生長無計量。夫物有勝，唯道無勝。所以無勝者，以其無常形勢也。輪轉無窮，象日月之運行，若春秋之代謝。日月之晝夜，終而復始，明而復晦，制形而無形，故功可成。物物而不物，故勝而不屈。廟戰者帝，神化者王。廟戰者法天道，神化者明四時。修正於境內，而遠方懷德；制勝於未戰，而諸侯賓服也。古之得道者，靜而法天地，動而順日月，喜怒合四時，號令比雷霆，音氣不戾八風，詘申不違五度。因民之欲，乘民之力，爲之去殘除害。夫同利者相死，同情者相成，同行者相助，循己而動，天下爲鬪。故善用兵者，用其自爲用。不能用兵者，用其爲己用。用其自爲用，天下莫不可用。用其爲己用，無一人之可用也。

《文子》卷下《下德》 《老子》曰：陰陽陶冶萬物，皆乘一炁而生。上下離心，炁乃上蒸，君臣不和，五穀不登，春肅秋榮，冬雷夏霜，皆賊炁之所生也。天地之間，一人之身也。六合之內，一人之形也。故明於性者，天地不能脅也。審於符者，怪物不能惑也。聖人由近以知遠，以萬里爲一同。炁蒸乎天地，禮義廉恥不設，萬民莫不相侵暴虐，猶在乎混冥之中也。

又 《老子》曰：清靜之治者，和順以寂寞，質真而素樸，閒靜而不躁，在內而合乎道，出外而同乎義。其言略而循理，其行悅而順情，其心和而不僞，其事素而不飾。不謀所始，不議所終，安即留，激即行，通體乎天地，同精乎陰陽，一和乎四時，明朗乎日月，與道化者爲人，機巧詐僞莫載乎心。是以天覆以德，地載以樂，四時不失序，風雨不爲虐，日月清靜而揚光，五星不失其行，此清靜之所明也。

又 《老子》曰：雷霆之聲可以鐘鼓象也，風雨之變可以音律知也。大可睹者，可得而量也；明可見者，可得而蔽也；聲可聞者，可得而調也；色可察者，可得而別也。夫至大，天地不能函也；至微，神明不能見也。及至建律曆，別五色，異清濁，味甘苦，即樸散而爲器矣。

又 《老子》曰：天愛其精，地愛其平，人愛其情。天之精，日月星辰，雷霆風雨也；地之平，水火金木土也；人之情，思慮聰明喜怒也。

又 《老子》曰：帝者體太一，王者法陰陽，霸者則四時，君者用六律。體太一者，明於天地之情，通於道德之倫，聰明照於日月，精神通於萬物，動靜調於陰陽，喜怒和於四時，覆露皆道，溥洽而無私，蜎飛蠕動，莫不依德而生，德流方外，名聲傳乎後世。法陰陽者，承天地之和，德與天地參，光明與日月並照，精神與鬼神齊靈，戴圓履方，抱表寢繩，內能理身，外得人心，發施號令，天下從風。則四時者，春生夏長，秋收冬藏，取與有節，出入有量，喜怒剛柔，不離其理，柔而不脆，剛而不折，寬而不肆，肅而不悖，優游委順，以養羣類。

《文子》卷下《上仁》 《老子》曰：天地之炁，莫大於和。和者，陰陽調，日夜分，故萬物春分而生，秋分而成，生與成，必得和之精。故積陰不生，積陽不化，陰陽交接，乃能成和。是以聖人之道，寬而栗，嚴而溫，柔而直，猛而仁。夫太剛則折，太柔則卷，道正在於剛柔之間。夫繩之爲度也，可卷而懷也，引而申之，可直而布也，長而不橫，短而不窮，直而不剛，故聖人體之。夫恩推即懦，懦即不威；嚴推即猛，猛即不和；愛推即縱，縱即不令；刑推即禍，禍即無親，是以貴和也。

《鬼谷子・持樞》 持樞謂：春生夏長，秋收冬藏，天之正也，不可干而逆之。逆之者，雖成必敗。故人君亦有天樞，生養成藏，亦復不別，干而逆之。逆之，雖盛必衰。此天道，人君之大綱也。

《墨子》卷一《七患第五》 故雖上世之聖王，豈能使五穀常收而旱水不至哉？然而無凍餓之民者，何也？其力時急而自養儉也。故《夏書》曰禹七年水，《殷書》曰湯五年旱，此其離凶餓甚矣，然而民不凍餓者，何也？其生財密，其用之節也。故食無備粟，不可以待凶饑。庫無備兵，雖有義不能征無義。

《墨子》卷五《非攻上第十七》 今還夫好攻伐之君，又飾其說以非子墨子曰：以攻伐之爲不義，非利物與？昔者禹征有苗，湯伐桀，武王伐紂，此皆立爲聖王，是何故也？子墨子曰：子未察吾言之類，未明其故者也。彼非所謂攻，謂誅也。昔者有三苗大亂，天命殛之，日妖宵出，雨血三朝，龍生廟，犬哭乎市，夏冰，地坼及泉，五穀變化，民乃大振。高陽乃命玄宮，禹親把天之瑞令，以征有苗。四電誘祇，有神人面鳥身，若瑾以侍，搤矢有苗之祥。苗師大亂，後乃遂幾。禹既已克有三苗，焉磨爲山川，別物上下，卿制大極，而神民不違，天下乃靜，則此禹之所以征有苗也。還至乎夏王桀，天有誥命，日月不時，寒暑雜至，五穀焦死，鬼呼國，鶴鳴十夕餘。乃命湯於鑣宮，用受夏之大命。夏德大亂，予既卒其命於天矣，往而誅之，必使女堪之。湯焉敢奉率其衆，是以鄉有夏之境，帝乃使陰暴毀有夏之城。少少，有神來告曰：夏德大亂，往攻之，予必使汝大堪之。予既受命於天，天命融隆火于夏之城間西北之隅。湯奉桀衆以克有，屬諸侯於薄，薦章天命，通于四方，而天下諸侯莫敢不賓服，則此湯之所以誅桀也。還至乎商王紂，天不序其德，祀用失時，兼夜中，十日雨土于薄，九鼎遷止，婦妖宵出，有鬼宵吟，有女爲男，天雨肉，棘生乎國道，王兄自縱也。赤鳥銜珪，降周之岐社，曰：天命周文王伐殷有國。泰顛來賓，河出緑圖，地出乘黄。武王踐功，夢見三神曰：予既沈漬殷紂于酒德矣，往攻之，予必使汝大堪之。武王乃攻狂夫，反商之周，天賜武王黄鳥之旗。王既已克殷，成帝之來，分主諸神，祀紂先王，通維四夷，而天下莫不賓。焉襲湯之緒，此即武王之所以誅紂也。若以此三聖王者觀之，則非所謂攻，所謂誅也。

《墨子》卷六《節用上第二十》 其爲衣裘何以爲？冬以圉寒，夏以圉暑。凡爲衣裘之道，冬加温夏加清者，芊䱉不加者去之。其爲宫室何以爲？冬以圉風寒，夏以圉暑雨。凡爲宫室加固者，芊䱉不加者去之。

《墨子》卷六《節用中第二十一》 古者人之始生未有宫室之時，因陵丘掘穴而處焉。聖王慮之，以爲掘穴，曰：冬可以辟風寒。逮夏，下潤濕，上熏烝，恐傷民之氣，於是作爲宫室而利。然則爲宫室之法將奈何哉？子墨子言曰：其旁可以圉風寒，上可以圉雪霜雨露，其中蠲潔，可以祭祀，宫牆足以爲男女之别，則止。諸加費不加民利者，聖王弗爲。

《墨子》卷七《天志中第二十七》 故古者聖王，明知天鬼之所福，而辟天鬼之所憎，以求興天下之利，而除天下之害。是以天之爲寒熱也，節四時，調陰陽雨露也。時五穀熟，六畜遂，疾菑戾疫凶饑則不至。是故子墨子曰：今天下之君子，中實將欲遵道利民，本察仁義之本，天意不可不慎也。【略】且吾所以知天之愛民之厚者，有矣。曰：以磨爲日月星辰，以昭道之。制爲四時春秋冬夏，以紀綱之。隆雷雪霜雨露，以長遂五穀麻絲，使民得而財利之。列爲山川谿谷，播賦百事，以臨司民之善否。

《慎子・君人五》 古之全大體者，望天地，觀江海，因山谷，日月所照，四時所行，雲布風動。不以智累心，不以私累己。寄治亂於法術，託是非於賞罰，屬輕重於權衡。不逆天理，不傷情性。不吹毛而求小疵，不洗垢而察難知。不引繩之外，不推繩之内。不急法之外，不緩法之内。守成理，因自然。禍福生乎道法，而不出乎愛惡。榮辱之責在乎己，而不在乎人。

《孟子注疏》卷一下《梁惠王章句上》 王知夫苗乎。七八月之間旱，則苗槁矣。天油然作雲，沛然下雨，則苗浡然興之矣。其如是，孰能禦之？注以苗生喻人歸也。周七八月，夏之五六月也。油然，興雲之貌。沛然下雨，以潤槁苗，則浡然已盛，孰能止之。

《莊子》卷四《在宥第十一》 黄帝立爲天子十九年，令行天下，聞廣成子在於空同之上，故往見之，曰：我聞吾子達於至道，敢問至道之精。吾欲取天地之精，以佐五穀，以養民人。吾又欲官陰陽以遂羣生，爲之奈何？廣成子曰：而所欲問者，物之質，而所欲官者，物之殘也。自而治天下，雲氣不待族而雨，草木不待黄而落，日月之光益以荒矣。而佞人之心翦翦者，又奚足以語至道。【略】雲將曰：朕願有問也。鴻蒙仰而視雲將曰：吁。雲將曰：天氣不和，地氣鬱結，六氣不調，四時不節。今我願合六氣之精以育羣生，爲之奈何？鴻蒙拊脾雀躍掉頭曰：吾弗知，吾弗知。

《莊子》卷七《田子方第二十一》 孔子見老聃，【略】曰：何謂邪？曰：心困焉而不能知，口辟焉而不能言。嘗爲女議乎其將。至陰肅肅，至陽赫赫。肅肅出乎天，赫赫發乎地。兩者交通成和而物生焉，或爲之紀而莫見其形。消息滿虚，一晦一明，日改月化，日有所爲而莫見其功。生有所乎萌，死有所乎歸，歸於散也。始終相反乎無端，而莫知乎其所窮。非是也，且孰爲之宗。

《莊子》卷七《知北遊第二十二》 天地有大美而不言，四時有明法而不議，萬物有成理而不説。聖人者，原天地之美而達萬物之理。是故至人無爲，大聖不作，觀於天地之謂也。今彼神明至精，與彼百化。物已死生方圓，莫知其根也。扁然而萬物，自古以固存。六合爲巨，未離其内。秋毫爲小，待之成體。天下莫不沈浮，終身不故。陰陽四時運行，各得其序。惛然若亡而存，油然不形而神，萬物畜而不知，此之謂本根，可以觀於天矣。

《莊子》卷八《則陽第二十五》 少知問於大公調曰：【略】四時殊氣，天不賜，故歲成。殊氣自有，故能常有。若本無之而由天賜，則有時而廢。○賜，與也。五官殊職，君不私，故國治。文武大人不賜，故德備。萬物殊理，道不私，故無名。無名故無爲，無爲而無不爲。時有終始，世有變化，禍福淳淳，至有所拂者而有所宜，自殉殊面。有所正者有所差，比於大澤，百材皆度。觀乎大山，木石同壇。此之謂丘里之言。少知曰：然則謂之道足乎。大公調曰：不然，今計物之數，不止於萬，而期曰萬物者，以數之多者號而讀之也。是故天地者，形之大者也。陰陽者，氣之大者也。道者爲之公。因其大以號而讀之則可也，已有之矣，乃將得比哉。則若以斯辯，譬猶狗馬，其不及遠矣。

《六韜》卷一《守國第八》 文王問太公曰：守國奈何？太公曰：齋，將語君天地之經，四時所生，仁聖之道，民機之情。王齋七日，北面再拜而問之。太公曰：天生四時，地生萬物。天下有民，聖人牧之。故春道生，萬物榮。夏道長，萬物成。秋道斂，萬物盈。冬道藏，萬物靜。盈則藏，藏則復起。莫知所終，莫知所始。聖人配之，以爲天地經紀。

聖人之在天地間也，其寶固大矣。因其常而視之，則民安。夫民動而爲機，機動而得失爭矣。故發之以其陰，會之以其陽。爲之先倡，而天下和之。極反其常，莫進而爭，莫退而遜。守國如此，與天地同光。

《韓非子》卷六《解老第二十》 道者，萬物之所然也，萬理之所稽也。理者，成物之文也。道者，萬物之所以成也。故曰：道，理之者也。物有理，不可以相薄。物有理不可以相薄，故理之爲物之制。萬物各異理，而道盡稽萬物之理，故不得不化。不得不化，故無常操。無常操，是以死生氣稟焉，萬智斟酌焉，萬事廢興焉。天得之以高，地得之以藏，維斗得之以成其威，日月得之以恒其光，五常得之以常其位，列星得之以端其行，四時得之以御其變氣，軒轅得之以擅四方，赤松得之與天地統，聖人得之以成文章。

又 周公曰：冬日之閉凍也不固，則春夏之長草木也不茂。天地不能常侈常費，而況於人乎。故萬物必有盛衰，萬事必有弛張，國家必有文武，官治必有賞罰。

漢・桓寬《鹽鐵論》卷四《輕重第十四》 文學曰：邊郡山居谷處，陰陽不和，寒凍裂地，衝風飄鹵，沙石凝積，地勢無所宜。地形訓曰：北方曰大冥，曰寒澤。北方有不釋之冰。中國，天地之中，陰陽之際也，地形訓曰：中央四達，風氣之所通，雨露之所會也。日月經其南，斗極出其北，含衆和之氣，産育庶物。今去而侵邊，多斥不毛寒苦之地，是猶棄江皋河濱，而田於嶺坂菹澤也。轉倉廩之委，飛府庫之財，以給邊民。中國困於繇役，邊民苦於戍禦。力耕不便種糴，無桑麻之利，仰中國絲絮而後衣之，皮裘蒙毛，曾不足蓋形，夏不失複，冬不離窟，父子夫婦内藏於專室土圜之中。中外空虛，扁鵲何力，而鹽鐵何福也。

漢・陸賈《新語》卷上《道基第一》 《傳》曰：天生萬物，以地養之，聖人成之。功德參合，而道術生焉。故曰：張日月，列星辰，序四時，調陰陽，布氣治性，次置五行，春生夏長，秋收冬藏，陽生雷電，陰成雪霜，養育羣生，一茂一亡，潤之以風雨，曝之以日光，温之以節氣，降之以殞霜，位之以衆星，制之以斗衡，苞之以六合，羅之以紀綱，改之以災變，告之以禎祥，動之以生殺，悟之以文章。故在天者可見，在地者可量，在物者可紀，在人者可相。故地封五嶽，畫四瀆，規洿澤，通水泉，樹物養類，苞殖萬根，暴形養精，以立羣生，不違天時，不奪物性，不藏其情，不匿其詐。故知天者仰觀天文，知地者俯察地理。跂行喘息，蜎飛蠕動之類，水生陸行，根著葉長之屬，爲寧其心而安其性，蓋天地相承，氣感相應而成者也。於是先聖乃仰觀天文，俯察地理，圖畫乾坤，以定人道，民始開悟，【略】當斯之時，四瀆未通，洪水爲害。禹乃決江疏河，通之四瀆，致之於海，大小相引，高下相受，百川順流，各歸其所，然後人民得去高險，處平土。

漢・陸賈《新語》卷上《無爲第四》 故近河之地濕，近山之地燥，以類相及也。故山川出雲雨，丘阜生缺一字氣。

漢・劉安《淮南子》卷一《原道訓》 天運地滯，輪轉而無廢，水流而不止，與萬物終始。風興雲蒸，事無不應，雷聲雨降，竝應無窮。鬼出電入，龍興鸞集，鈞旋轂轉，周而復匝，已彫已琢，還反於樸，無爲爲之而合于道，無爲言之而通乎德，恬愉無矜而得于和，有萬不同而便于性，神託于秋毫之末，而大與宇宙之總，其德優天地而和陰陽，節四時而調五行，呴嫗覆育，萬物羣生，潤于草木。【略】昔者馮夷、大丙之御也，乘雲車，入雲蜺，游微霧，以雲蜺爲馬游行也，微霧天之微氣。騖怳忽，歷遠彌高以極往。經霜雪而無迹，照日光而無景。扶摇抮抱羊角而上，經紀山川，蹈騰崑崙，排閶闔，淪天門。末世之御，雖有輕車良馬，勁策利鍛，不能與之争先。是故大丈夫恬然無思，澹然無慮，以天爲蓋，以地爲輿，四時爲馬，陰陽爲御，乘雲陵霄，與造化者俱。縱志舒節，以馳大區。區宅大宅謂天也。可以步而步，可以驟而驟，令雨師灑道，使風伯掃塵，雨師畢星，風伯箕星。電以爲鞭策，電激氣故以爲鞭策。雷以爲車輪。雷轉氣故以爲車輪。上游于霄雿之野，下出于無垠之門，劉覽偏照，復守以全。經營四隅，還反於樞。故以天爲蓋，則無不覆也。以地爲輿，則無不載也。四時爲馬，則無不使也。陰陽爲御，則無不備也。陰陽次敘以成萬物無所缺也。是故疾而不摇，遠而不勞，四支不動，聰明不損，而知八紘九野之形埒者，何也。八紘天之八維，九野八方中央也。執道要之柄，而游於無窮之地。是故天下之事，不可爲也，因其自然而推之。萬物之變，不可究也，秉其要歸之趣。夫鏡水之與形接也，不設智故，而方圓曲直弗能逃也。【略】師曠之聰，合八風之調，而不能聽十里之外。故任一人之能，不足以治三畝之宅也。修道理之數，因天地之自然，則六合不足均也。是故禹之決瀆也，因水以爲師。神農之播穀也，因苗以爲教。夫萍樹根於水，木樹根於土，鳥排虛而飛，獸蹠實而走，蛟龍水居，虎豹山處，天地之性也。兩木相摩而然，金火相守而流，員者常轉，窾者主浮，自然之勢也。是故春風至則甘雨降，生育萬物，羽者嫗伏，毛者孕育，草木榮華，鳥獸卵胎。莫見其爲者，而功既成矣。秋風下霜，倒生挫傷，鷹鵰搏鷙，昆蟲蟄藏，草木注根，魚鼈湊淵。莫見其爲者，滅而無形。木處榛巢，水居窟穴，禽獸有芃，人民有室，陸處宜牛馬，舟行宜多水，匈奴出穢裘，于越生葛絺。各生所急，以備燥濕。各因所處，以御寒暑。竝得其宜，物便其所。由此觀之，萬物固以自然，聖人又何事焉。【略】天下之物，莫柔弱於水，然而大不可極，深不可測，脩極於無窮，遠淪於無涯，息耗減益，通於不訾。訾量也。上天則爲雨露，下地則爲潤澤。萬物弗得不生，百事不得不成。

漢·劉安《淮南子》卷三《天文訓》 天墬未形，馮馮翼翼，洞洞灟灟，故曰大昭。道始于虛霩，虛霩生宇宙，宇宙生氣。氣有漢垠，清陽者薄靡而爲天，重濁者凝滯而爲地。清妙之合專易，重濁之凝竭難，故天先成而地後定。天地之襲精爲陰陽，陰陽之專精爲四時，四時之散精爲萬物。積陽之熱氣生火，火氣之精者爲日。積陰之寒氣爲水，水氣之精者爲月。日月之淫爲精者爲星辰，天受日月星辰，地受水潦塵埃。昔者共工與顓頊爭爲帝，怒而觸不周之山。天柱折，地維絕。天傾西北，故日月星辰移焉。地不滿東南，故水潦塵埃歸焉。天道曰圓，地道曰方。方者主幽，圓者主明。明者，吐氣者也，是故火曰外景。幽者，含氣者也，是故水曰內景。吐氣者施，含氣者化，是故陽施陰化。天之偏氣，怒者爲風。地之含氣，和者爲雨。陰陽相薄，感而爲雷，激而爲霆，亂而爲霧。陽氣勝則散而爲雨露，陰氣勝則凝而爲霜雪。【略】虎嘯而谷風至，龍舉而景雲屬。麒麟鬭而日月食，鯨魚死而彗星出，蠶珥絲而商弦絕，賁星墜而勃海決。人主之情，上通于天，故誅暴則多飄風，枉法令則多蟲螟，殺不辜則國赤地，令不收則多淫雨。虎，土物也。谷風，木風也。木生於土，故虎嘯而谷風至。龍，水也，雲生水，故龍舉而景雲屬，屬會也。赤地，旱也。干時之令不收納，則久雨爲災。四時者，天之吏也。日月者，天之使也。星辰者，天之期也。虹蜺、彗星者，天之忌也。雄爲虹，雌爲蜺，忌禁也。天有九野，九千九百九十九隅，去地五億萬里。九野，九天之野也。一野千一百一十一隅。五星、八風、二十八宿、五官、六府、紫宮、太微、軒轅、咸池、四守、天阿。【略】何謂八風，距日冬至四十五日，條風至。條風至四十五日，明庶風至。明庶風至四十五日，清明風至。清明風至四十五日，景風至。景風至四十五日，涼風至。涼風至四十五日，閶闔風至。閶闔風至四十五日，不周風至。不周風至四十五日，廣莫風至。條風至，則出輕繫，去稽留。明庶風至，則正封疆，修田疇。清明風至，則出幣帛，使諸侯。景風至，則爵有位，賞有功。涼風至，則報地德，祀四郊。閶闔風至，則收縣垂，琴瑟不張。不周風至，則修宮室，繕邊城。廣莫風至，則閉關梁，決刑罰。【略】陽氣爲火，陰氣爲水。水勝，故夏至溼。火勝，故冬至燥。燥故炭輕，溼故炭重。日冬至，井水盛，盆水溢，羊脫毛，麋角解，鵲始巢，八尺之修，日中而景丈三尺。日夏至而流黃澤，石精出，蟬始鳴，半夏生，蟁蝱不食駒犢，鷙鳥不搏黃口，八尺之景，修徑尺五寸。景脩則陰氣勝，景短則陽氣勝。陰氣勝則爲水，陽氣勝則爲旱。陰陽刑德有七舍。何謂七舍？室、堂、庭、門、巷、術、野。十二月德居室三十日，先日至十五日，後日至十五日，而徙所居各三十日。德在室則刑在野，德在堂則刑在術，德在庭則刑在巷，陰陽相德，則刑德合門。八月、二月陰陽氣均，日夜分平，故曰刑德合門。德南則生，刑南則殺，故曰二月會而萬物生，八月會而草木死，兩維之間，九十一度十六分度之五而升，日行一度，十五日爲一節，以生二十四時之變。斗指子，則冬至，音比黃鍾。加十五日指癸，則小寒，音比應鍾。加十五日指丑，則大寒，音比無射。加十五日指報德之維，則越陰在地，故曰距日冬至四十六日而立春，陽氣凍解，音比南呂。加十五日指寅，則雨水，音比夷則。加十五日指甲，則雷驚蟄，音比林鍾。加十五日指卯中繩，故曰春分則雷行，音比蕤賓。加十五日指乙，則清明風至，音比仲呂。加十五日指辰，則穀雨，音比姑洗。加十五日指常羊之維，則春分盡，故曰有四十六日而立夏，大風濟，音比夾鍾。加十五日指巳，則小滿，音比太簇。加十五日指丙，則芒種，音比大呂。加十五日指午，則陽氣極，故曰有四十六日而夏至，音比黃鍾。加十五日指丁，則小暑，音比大呂。加十五日指未，則大暑，音比太簇。加十五日指背陽之維，則夏分盡，故曰有四十六日而立秋，涼風至，音比夾鍾。加十五日指申，則處暑，音比姑洗。加十五日指庚，則白露降，音比仲呂。加十五日指酉中繩，故曰秋分雷戒，蟄蟲北鄉，音比蕤賓。加十五日指辛，則寒露，音比林鍾。加十五日指戌，則霜降，音比夷則。加十五日指號通之維，則秋分盡，故曰有四十六日而立冬，草木畢死，音比南呂。加十五日指亥，則小雪，音比無射。加十五日指壬，則大雪，音比應鍾。加十五日指子，故曰陽生於子，陰生於午。陽生於子，故十一月日冬至，鵲始加巢，人氣鍾首。陰生於午，故五月爲小刑，薺麥亭歷枯，冬生草木必死。【略】甲子氣燥濁，丙子氣燥陽，戊子氣溼濁，庚子氣燥寒，壬子氣清寒，丙子干甲子，蟄蟲早出，故雷早行。戊子干甲子，胎夭卵毈，鳥蟲多傷。庚子干甲子，有兵。壬子干甲子，春有霜。戊子干丙子，霆。庚子干丙子，夷。壬子干丙子，雹。甲子干丙子，地動。庚子干戊子，五穀有殃。壬子干戊子，夏寒雨霜。甲子干戊子，介蟲不爲。丙子干戊子，大旱，苽封熯。壬子干庚子，大剛，魚不爲。甲子干庚子，草木再死再生。丙子干庚子，草木復榮。戊子干庚子，歲或存或亡。甲子干壬子，冬乃不藏。丙子干壬子，星墜。戊子干壬子，蟄蟲冬出其鄉。庚子干壬子，冬雷其鄉。季春三月，豐隆乃出，以將其雨。至秋三月，地氣不藏，乃收其殺，百蟲蟄伏，靜居閉户，青女乃出，以降霜雪。行十二時之氣，以至于仲春二月之夕，乃收其藏而閉其寒。女夷鼓歌，以司天和，以長百穀禽鳥草木。孟夏之月，以熟穀禾，雄鳩長鳴，爲帝候歲。是故天不發其陰，則萬物不生。地不發其陽，則萬物不成。天圓地方，道在中央，日爲德，月爲刑，月歸而萬物死，日至而萬物生。遠山則山氣藏，遠水則水蟲蟄，遠木則木葉槁。日五日不見，失其位也，聖人不與也。【略】日入于虞淵之汜，曙於蒙谷之浦，行九州七舍，有五億萬七千三百九里。禹以爲朝、晝、昏、夜。夏日至則陰乘陽，是以萬物就而死。冬日至則陽乘陰，是以萬物仰而生。晝者陽之分，夜者陰之分，是以陽氣勝則日脩而夜短，陰氣勝則日短而夜脩。【略】故曰規生矩殺，衡長權藏，繩居中央，爲四時根。道曰規，始於一，一而不生，故分而爲陰陽，陰陽合和而萬物生。故曰一生二，二生三，三生萬物。天地三月而爲一時，故祭祀三飯以爲禮，喪紀三踊以爲節，兵重三罕以爲制。以三參物，三三如九，故黄鍾之律九寸而宫音調，因而九之，九九八十一，故黄鍾之數立焉。黄者，土德之色。鍾者，氣之所種也。日冬至德氣爲土，土色黄，故曰黄鍾。律之數六，分爲雌雄，故曰十二鍾，以副十二月。十二各以三成，故置一而十一，三之，爲積分十七萬七千一百四十七，黄鍾大數立焉。凡十二律，黄鍾爲宫，太蔟爲商，姑洗爲角，林鍾爲徵，南吕爲羽。物以三成，音以五立，三與五如八，故卵生者八竅。律之初生也，寫鳳之音，故音以八生，黄鍾爲宫，宫者，音之君也。故黄鍾位子，其數八十一，主十一月，下生林鍾。林鍾之數五十四，主六月，上生太蔟。太蔟之數七十二，主正月，下生南吕。南吕之數四十八，主八月，上生姑洗。姑洗之數六十四，主三月，下生應鍾。應鍾之數四十二，主十月，上生蕤賓。蕤賓之數五十七，主五月，上生大吕。大吕之數七十六，主十二月，下生夷則。夷則之數五十一，主七月，上生夾鍾。夾鍾之數六十八，主二月，下生無射。無射之數四十五，主九月，上生仲吕。仲吕之數六十，主四月，極不生。徵生宫，宫生商，商生羽，羽生角，角生姑洗，姑洗生應鍾，比於正音，故爲和。應鍾生蕤賓，不比正音，故爲繆。日冬至，音比林鍾，浸以濁。日夏至，音比黄鍾，浸以清。以十二律應二十四時之變，甲子，仲吕之徵也。丙子，夾鍾之羽也。戊子，黄鍾之宫也。庚子，無射之商也。壬子，夷則之角也。

又 太陰治春，則欲行柔惠温涼。太陰治夏，則欲布施宣明。太陰治秋，則欲修備繕兵。太陰治冬，則欲猛毅剛彊。三歲而改節，六歲而易常，故三歲而一饑，六歲而一衰，十二歲一康。【略】太陰、小歲、星、日、辰五神皆合，其日有雲氣風雨，國君當之。天神之貴者，莫貴於青龍，或曰天一，或曰太陰。太陽所居，不可背而可鄉。北斗所擊，不可與敵。天地以設，分而爲陰陽，陽生於陰，陰生於陽。陰陽相錯，四維乃通。或死或生，萬物乃成。蚑行喙息，莫貴於人，孔竅肢體，皆通於天。天有九重，人亦有九竅。天有四時以制十二月，人亦有四肢以使十二節。天有十二月以制三百六十日，人亦有十二肢以使三百六十節。故舉事而不順天者，逆其生者也。以日冬至數來歲正月朔日，五十日者，民食足。不滿五十日，日減一斗。有餘日，日益一升。有其歲司也。【略】攝提格之歲，歲早水晚旱，稻疾，蠶不登，菽麥昌，民食四升。寅在甲曰閼蓬。單閼之歲，歲和，稻菽麥蠶昌，民食五升。卯在乙曰旃蒙。執除之歲，歲早旱晚水，小饑，蠶閉，麥熟，民食三升。辰在丙曰柔兆。大荒落之歲，歲有小兵，蠶小登，麥昌，菽疾，民食二升。巳在丁曰强圉。敦牂之歲，歲大旱，蠶登，稻疾，菽麥昌，禾不爲，民食二升。午在戊曰著雝。協洽之歲，歲有小兵，蠶登，稻昌，菽麥不爲，民食三升。未在己曰屠維。涒灘之歲，歲和，小雨行，蠶登，菽麥昌，民食三升。申在庚曰上章。作鄂之歲，歲有大兵，民疾，蠶不登，菽麥不爲，禾蟲，民食五升。酉在辛曰重光。掩茂之歲，歲小饑，有兵，蠶不登，麥不爲，菽昌，民食七升。戌在壬曰玄黓。大淵獻之歲，歲有大兵，大饑，蠶開，菽麥不爲，禾蟲，民食三升。困敦之歲，歲大霧起，大水出，蠶稻麥昌，民食三斗。子在癸曰昭陽。赤奮若之歲，歲有小兵，早水，蠶不出，稻疾，菽不爲，麥昌，民食一升。

漢·劉安《淮南子》卷五《時則訓》 孟春之月，招摇指寅，昏參中，旦尾中。其位東方，其日甲乙，盛德在木，其蟲鱗，其音角，律中太蔟，其數八，其味酸，其臭羶，其祀户，祭先脾。東風解凍，蟄蟲始振蘇，魚上負冰，獺祭魚，候鴈北。【略】孟春行夏令，則風雨不時，草木早落，國乃有恐。行秋令，則其民大疫，飄風暴雨總至，黎莠蓬蒿並興。孟春温仁，而秋正金鐵之令，氣不和，故民疫疾，風雨限至。故黎莠蓬蒿疏穢之草並興盛也。行冬令，則水潦爲敗，雨霜大雹，首稼不入。冬，陰也，水泉湧起，而春行之，故爲敗。氣不和，故雨霜大雹，百穀惟稷先種，故曰首稼不入不熟也。正月官司空，其樹楊。仲春之月，招摇指卯，昏弧中，旦建星中。其位東方，其日甲乙，其蟲鱗，其音角，律中夾鍾。其數八，其味酸，其臭羶，其祀户，祭先脾。始雨水，桃李始華，自冬冰雪至此春分穀雨，故曰始雨水，桃李於是皆秀華。蒼庚鳴，鷹化爲鳩。【略】是月也，日夜分，雷始發聲，蟄蟲咸動蘇。分，等也。冬陰閉固，雷伏不發，是月陽升，雷始發聲也。咸，皆。動蘇，生也。先雷三日，振鐸以令於兆民曰，雷且發聲，有不戒其容止者，生子不備，必有凶災。以雷電合房室者，生子必有瘖聾通精癡狂之疾。【略】仲春行秋令，則其國大水，寒氣總至，寇戎來征。仲春，陽中也。陽氣長養，而行秋節殺戮之令，故寒氣猥至，寇兵來征伐其國。行冬令，則陽氣不勝，麥乃不熟，民多相殘。仲春行冬陰之令，陰氣勝陽，故陽不勝，則麥不升熟，民相殘賊。行夏令，則其國大旱，煗氣早來，蟲螟爲害。仲春行夏太陽之令，故大旱，陽氣熱，故煗極。陽生陰，故蟲螟作害也。蟲食苗心曰螟。二月官倉，其樹杏。二月興農播穀，故官倉也。杏有竅在中，竅在中，像陰布散在上，故其樹杏。季春之月，招摇指辰，昏七星中，旦牽牛中。其位東方，其日甲乙，其蟲鱗，其音角，律中姑洗。是月陽氣養生，去故就新，故曰姑洗。其數八，其味酸，其臭羶，其祀户，祭先脾，桐始華，田鼠化爲鴽，虹始見，萍始生。【略】是月也，生氣方盛，陽氣發泄，句者畢出，萌者盡達，不可以內。【略】命司空，時雨將降，下水上騰，循行國邑，周視原野，司空，主水土之官。下水上騰，恐有浸漬傷害五穀，故循行徧視之也，廣平曰原，郊外曰野。修利隄防，導通溝瀆，達路除道，從國始，至境止。【略】令國儺，九門磔攘，以畢春氣。行是月令，甘雨至三旬。季春行冬令，則寒氣時發，草木皆肅，國有大恐。季春行冬令寒殺之氣也，故寒氣時起。草木上竦曰肅。行夏令，則民多疾疫，時雨不降，山陵不登。季春行夏元陽之令，氣不和，故民疾疫，雨澤不降，故草木不登成。行秋令，則天多沈陰，淫雨早降，兵革並起。秋，金氣用事，水之母也。季春行之，故多陰沈爲雨。金爲兵革，故並起。三月官鄉，其樹李。孟夏之月，招摇指巳，昏翼中，旦婺女中。其位南方，其日丙丁，盛德在火，其蟲羽，其音徵，律中仲吕，其數七，其味苦，其臭焦，其祀竈，祭先肺。螻蟈鳴，邱螾出，王瓜生，苦菜秀。【略】孟夏行秋令，則苦雨數來，五穀不滋，四隣入保。行冬令，則草木早枯，後乃大水，敗壞城郭。行春令，則螽蝗爲敗，暴風來格，秀草不實。孟夏當繼修增高，助陽長養，而行春時啓蟄之令，故致螽蝗之敗。春，木氣，多風，故言暴風來至，使當秀之草不長茂也。四月官田，其樹桃。仲夏之月，招摇指午，昏亢中，旦危中。其位南方，其日丙丁，其蟲羽，其音徵，律中蕤賓，其數七，是月陰氣萎蕤在下，像主人也，陽氣在上，像賓客也，故曰蕤賓。其味苦，其臭焦，其祀竈，祭先肺。小暑至，螳蜋生，鵙始鳴，反舌無聲。鵙，博勞鳥也。五月陰氣於下，博勞夏至應陰而鳴，殺蛇於木。反舌，百舌鳥也，能辨變其舌，反易其聲，以效百鳥之鳴，故謂百舌。無聲者，五月陽氣極於上，微陰起於下，百舌無陰，故無聲也。【略】仲夏行冬令，則雹霰傷穀，道路不通，暴兵至。冬冰凍，故雹霰傷害五穀也。冬氣閉，藏又多雨水，故道陷壞不通，利暴害之兵横來至也。行春令，則五穀不熟，百螣時起，其國乃饑。行秋令，則草木零落，果實蚤成，民殃於疫。五月官相，其樹榆。季夏之月，招摇指未，昏心中，旦奎中。其位中央，其日戊己，盛德在土，其蟲嬴，其音宫，律中百鐘，其數五，百鐘，林鐘。是月陽盛陰起，生養萬物，故曰百鐘。其數五，五行數土第五也。其味甘，其臭香，其祀中霤，祭先心。涼風始至，蟋蟀居奥，鷹乃學習，腐草化爲蚈。【略】是月也，樹木方盛，勿敢斬伐，不可以合諸侯，起土功。動衆興兵，必有天殃。土潤溽暑，大雨時行，利以殺草糞田疇，以肥土壃。夏至後三十日大暑節，火王也。潤溽而疆潔重，又有時雨。燒薙，行水灌之，如以熱湯，可以成糞田疇，美土疆之界畔。季夏行春令，則穀實解落，多風欬，民乃遷徙。行秋令，則邱隰水潦，稼穡不熟，乃多女災。行冬令，則風寒不時，鷹隼蚤摯，四鄙入保。六月官少内，其樹梓。孟秋之月，招摇指申，昏斗中，旦畢中。其位西方，其日庚辛，盛德在金，其蟲毛，其音商，律中夷則，其數九，其味辛，其臭腥，其祀門，祭先肝。涼風至，白露降，寒蟬鳴，鷹乃祭鳥，用始行戮。【略】是月農始升穀，天子嘗新，先薦寢廟。命百官，始收斂，完隄防，謹障塞，以備水潦，修城郭，繕宫室。所以爲水潦之備者，以月建在酉，酉中有畢星好雨也。毋以封侯，立大官，行重幣，出大使。行是月令，涼風至三旬。孟秋行冬令，則陰氣大勝，介蟲敗穀，戎兵乃來。行春令，則其國乃旱，陽氣復還，五穀無實。春陽亢燥，而行其令，故旱也。陽氣還者，此月涼風，而反行温風之令，故敗穀，令無實也。行夏令，則冬多火災，寒暑不節，民多瘧疾。夏火王，而行其令，故多火災。寒暑相干，故不節，多瘧疾。瘧疾，寒暑所生。七月官庫，其樹楝。仲秋之月，招摇指酉，昏牽牛中，旦觜巂中。其位西方，其日庚辛，其蟲毛，其音商，律中南吕，其數九，其味辛，其臭腥，其祀門，祭先肝。涼風至，候鴈來，玄鳥歸，羣鳥翔。【略】是月也，雷乃始收，蟄蟲培户，殺氣浸盛，陽氣日衰，水始涸，涸，凝竭，或作盛，言陰勝也。日夜分。【略】仲秋行春令，則秋雨不降，草木生榮，國有大恐。春陽氣，而行其令，故雨不降。又温煦之仁，故草木生榮華也。氣相干，必有災咎，故國大惶恐。行夏令，則其國乃旱，蟄蟲不藏，五穀皆復生。行炎陽之令，故旱涸。氣熱，故蟄蟲不藏，使五穀復生。行冬令，則風災數起，收雷先行，草木早死。冬行寒氣激之令，故有風災。又冬閉藏，故收雷先行，草木早死也。八月官尉，其樹柘。季秋之月，招摇指戌，昏虚中，旦柳中，其位西方，其日庚辛，其蟲毛，其音商，律中無射，陰氣上升，陽氣下降，萬物隨陽而藏，無射出見也。其數九，其味辛，其臭腥，其祀門，祭先肝。候鴈來，賓雀入大水爲蛤，鴈以仲秋先至者爲主，後至者爲賓。大水，海水也。菊有黄華，豺乃祭獸戮禽。【略】是月也，霜始降，百工休。乃命有司曰，寒氣總至，凝聚而至也。民力不堪，其皆入室。上下入學習吹，大饗帝，嘗犧牲，合諸侯，制百縣，爲來歲受朔日，與諸侯所税於民，輕重之法，貢歲之數，以遠近土地所宜爲度。【略】是月草木黄落，乃伐薪爲炭，蟄蟲咸俛。【略】季秋行夏令，則其國大水，冬藏殃敗，民多鼽窒。季秋陰氣，而行夏月霖雨之令，故大水。火氣熱，故冬藏殃敗也。火金相干，故民鼽窒，鼻不通利。行冬令，則國多盗賊，邊境不寧，土地分裂。行春令，則煖風來至，民氣解隋，師旅並興。九月官候，其樹槐。孟冬之月，招摇指亥，昏危中，旦七星中。其位北方，其日壬癸，盛德在水，其蟲介，其音羽，律中應鍾，其數六。其味鹹，其臭腐，其祀井，祭先腎。水始冰，地始凍，雉入大水爲蜃，虹藏不見。【略】孟冬行春令，則凍閉不密，地氣發泄，民多流亡。春陽氣散越，故凍閉不密，地氣發泄也。民多流亡，像陽氣布散。行夏令，則多暴風，方冬不寒，蟄蟲復出。冬當閉藏，反行夏盛陽之令，故多暴疾。陽氣温，故盛冬不寒，令蟄伏之蟲復出也。行秋令，則雪霜不時，小兵時起，土地侵削。秋氣干冬，大寒不當雪而雪，不當霜而霜，故曰不時。十月官司馬，其樹檀。仲冬之月，招摇指子，昏壁中，旦軫中。其位北方，其日壬癸，其蟲介，其音羽，律中黄鍾，其數六，其味鹹，其臭腐，其祀井，祭先腎。冰益壯，地始坼，鶡鴠不鳴，虎始交。【略】是月也，日短至，陰陽争，君子齋戒，處必掩，身欲静，去聲色，禁嗜欲，寧身體，安形性。是月也，荔挺出，芸始生，邱螾結，麋角解。水泉動則伐樹木，取竹箭，罷官之無事，器之無用者，涂闕庭門閭，築囹圄，所以助天地之閉。仲冬行夏令，則其國乃旱，氛霧冥冥，雷乃發聲。夏氣炎陽，故其國旱。清濁相干，故氛霧冥冥也。行秋令，則其時雨水，瓜瓠不成，國有大兵。秋金氣，水之母也。故雨水。水金用事，故有大兵。行春令，則蟲螟爲敗，水泉咸竭，民多疾癘。春陽氣，蟄伏生，故蟲螟敗穀，水泉竭也。陽干陰，氣未和，故多疾癘。十一月官都尉，其樹棗。季冬之月，招摇指丑，昏婁中，旦氐中。其位北方，其日壬癸，其蟲介，其音羽，律中大吕，其數六，其味鹹，其臭腐，其祀井，祭先腎。鴈北鄉，鵲加巢，雉雊雞呼卵。【略】季冬行秋令，則白露早降，介蟲爲祆，四鄙入保。秋節白露，故白露早降。介甲之蟲爲祆災。金氣爲兵，故四境之民入城郭自保守也。行春令，則胎天傷，國多痼疾，命之曰逆。季冬大寒，而行春温之令，氣不和，謂胎養天傷，國多篤疾，逆風氣之由也。行夏令，則水潦敗國，時雪不降，冰凍消釋。夏氣炎陽，有多霖雨，故水潦敗國也。時雪當降而不降，冰凍不當消而消釋，皆干時之徵。十二月官獄，其樹櫟。五位：東方之極。【略】南方之極。【略】中央之極。【略】西方之極。【略】北方之極，自九澤窮夏晦之極，北至令正之谷，有凍寒積冰、雪雹霜霰、漂潤羣水之野，顓頊、玄冥之所司者，萬二千里。【略】六合：孟春與孟秋爲合，仲春與仲秋爲合，季春與季秋爲合，孟夏與孟冬爲合，仲夏與仲冬爲合，季夏與季冬爲合，孟春始贏，孟秋始縮。仲春始出，仲秋始内。出，二月播種，内，八月收斂。季春大出，季秋大内，孟夏始緩，孟冬始急。緩，四月陽安。急，十月寒肅。仲夏至脩，仲冬至短。夏至北極，冬至南極，短脩皆在至前。季夏德畢，季冬刑畢。故正月失政，七月凉風不至。二月失政，八月雷不藏。三月失政，九月不下霜。四月失政，十月不凍。五月失政，十一月蟄蟲冬出其鄉。六月失政，十二月草木不脱。七月失政，正月大寒不解。東風不解凍也。八月失政，二月雷不發。不發聲也。九月失政，三月春風不濟。濟，止也。十月失政，四月草木不實。實，長也。十一月失政，五月下雹霜。十二月失政，六月五穀疾狂。疾狂，不華而實也。春行夏令，泄。象盛陽發泄。行秋令，水。水生於中，故水。行冬令，肅。象氣肅急。夏行春令，風。象春木氣多。行秋令，蕪。象秋氣蕪穢生。行冬令，格。格，鼓也。象冬斷刑，恩澤致格不流下。秋行夏令，華。象夏氣樹華茂。行春令，榮。象春氣生榮華。行冬令，耗。耗，零落也。冬行春令，泄。象春氣布散發泄也。行夏令，旱。旱象陽炎。行秋令，霧。秋氣陰故亂霧。製度陰陽，大制有六度，天爲繩，地爲準，春爲規，夏爲衡，秋爲矩，冬爲權。繩者，所以繩萬物也。準者，所以準萬物也。規者，所以員萬物也。衡者，所以平萬物也。矩者，所以方萬物也。權者，所以權萬物也。【略】明堂之制，静而法準，動而法繩，春治以規，秋治以矩，冬治以權，夏治以衡，是故燥溼寒暑以節至，甘雨膏露以時降。

漢・劉安《淮南子》卷七《精神訓》 古未有天地之時，惟像無形，窈窈冥冥，芒芠漠閔，澒濛鴻洞，莫知其門。有二神混生，經天營地，孔乎莫知其所終極，滔乎莫知其所止息。於是乃别爲陰陽，離爲八極，剛柔相成，萬物乃形。【略】天有四時、五行、九解、三百六十六日，人亦有四支、五藏、九竅、三百六十六節，天有風雨寒暑，人亦有取與喜怒。故膽爲雲，膽，金也。金石雲之所出，故爲雲。肺爲氣，肺，火也。故爲氣。肝爲風，肝，木也。木爲風生，故爲風。腎爲雨，腎，水也。因水故雨，雨或作電。腎，水也。水爲光，故爲電。脾爲雷，以與天地相參也，而心爲之主。是故耳目者，日月也。血氣者，風雨也。日中有踆烏，而月中有蟾蜍，日月失其行，薄蝕無光。風雨非其時，毁折生災；五星失其行，州國受殃。

漢・劉安《淮南子》卷八《本經訓》 太清之始也，和順以寂漠，質真而素樸，閑静而不躁，推而無故，【略】通體于天地，同精于陰陽，一和于四時，明照于日月，與造化者相雌雄。是以天覆以德，地載以樂，四時不失其叙，風雨不降其虐，日月淑清而揚光，五星循軌而不失其行。當此之時，玄元至碭而運照，鳳麟至，蓍龜兆，甘露下，竹實滿，流黄出而朱草生，機械詐僞莫藏於心。【略】積壤而邱處，糞田而種穀，掘地而井飲，疏川而爲利，築城而爲固，拘獸以爲畜，則陰陽繆戾，四時失叙，雷霆毁折，雹霰降虐，氛霧霜雪不霽，而萬物燋夭。【略】是以松柏菌露夏槁，江河三川絶而不流，夷羊在牧，飛蛩滿野，天旱地坼，鳳凰不下，句爪、居牙、戴角、出距之獸，於是鷙矣。【略】天地之合和，陰陽之陶化萬物，皆乘一氣者也。是故上下離心，氣乃上蒸，君臣不和，五穀不爲。距日冬至四十六日，天含和而未降也，懷氣而未揚，自立冬到冬至皆未動也。 陰陽儲與，呼吸浸潭，包裹風俗，斟酌萬殊，旁薄衆宜，以相嘔咐醞釀，而成育羣生。是故春肅秋榮，冬雷夏霜，皆賊氣之所生。由此觀之，天地宇宙，一人之身也；六合之内，一人之制也。是故明於性者，天地不能脅也；審於符者，怪物不能惑也。【略】天地之大，可以矩表識也。星月之行，可以歷推得也。雷震之聲，可以鼓鍾寫也。風雨之變，可以音律知也。【略】帝者，體太一。王者，法陰陽。霸者，則四時。君者，用六律。秉太一者，牢籠天地，彈壓山川，彈山川，令出雲雨，復能壓止之。含吐陰陽，伸曳四時，紀綱八極，經緯六合，覆露照導，普氾無私。蠉飛蠕動，莫不仰德而生。陰陽者，承天地之和，形萬殊之體，含氣化物，以成埒類，贏縮卷舒，淪於不測，終始虚滿，轉於無原。四時者，春生夏長，秋收冬藏，取予有節，出入有時，開闔張歙，不失其叙，喜怒剛柔，不離其理。六律者，生之與殺也，賞之與罰也，予之與奪也，非此無道也。故謹於權衡準繩，審乎輕重，足以治其境内矣。是故體太一者，明於天地之情，通於道德之倫，聰明燿於日月，精神通於萬物，動静調於陰陽，喜怒和于四時，德澤施于方外，名聲傳于後世。法陰陽者，德與天地參，明與日月並，精與鬼神總，戴圓履方，抱表懷繩，内能治身，外能得人，發號施令，天下莫不從風。【略】天愛其精，地愛其平，人愛其情。天之精，日月星辰雷電風雨也。地之平，水火金木土也。人之情，思慮聰明喜怒也。

漢・劉安《淮南子》卷一三《氾論訓》 古者有鍪而綣領，以王天下者矣。其德生而不辱，予而不奪，天下不非其服，同懷其德。當此之時，陰陽和平，風雨時節，萬物蕃息，烏鵲之巢可俯而探也，禽獸可羈而從也。豈必褒衣博帶，句襟委章甫哉。古者民澤處復穴，冬日則不勝霜雪霧露，夏日則不勝暑熱蟁虻。聖人乃作，爲之築土構木，以爲宫室，上棟下宇，以蔽風雨，以避寒暑，而百姓安之。【略】今世之祭井竈、門户、箕箒、臼杵者，非以其神爲能饗之也，恃賴其德，煩苦之無已也。是故以時見其德，所以不忘其功也。觸石而出，膚寸而合，不崇朝而雨天下者，唯太山。赤地三年而不絶流，澤及百里而潤草木者，唯江河也。是以天子秩而祭之。

漢・劉安《淮南子》卷一五《兵略訓》 所謂天數者，左青龍，右白虎，前朱雀，後玄武。所謂地利者，後生而前死，左牡而右牝。所謂人事者，慶賞信而刑罰必。動静時，舉錯疾。此世傳之所以爲儀表者，固也，然而非所以生。儀表者，因時而變化者也。是故處於堂上之陰，而知日月之次序。見瓶中之冰，而知天下之寒暑。夫物之所以相形者微，唯聖人達其至。【略】故善用兵者，上隱之天，下隱之地，中隱之人。隱之天者，無不制也。何謂隱之天，大寒甚暑，疾風暴雨，大霧冥晦，因此而爲變者也。何謂隱之地，山陵邱阜，林叢險阻，可以伏匿而不見形者也。何謂隱之人，蔽之於前，望之於後，出奇行陳之間，發如雷霆，疾如風雨，搴巨旗，止鳴鼓，而出入無形，莫知其端緒者也。故前後正齊，四方如繩，出入解續，不相越淩，翼輕邊利，或前或後，離合聚散，不失行伍，此善修行陳者也。

漢・劉安《淮南子》卷二〇《泰族訓》 天設日月，列星辰，調陰陽，張四時，日以暴之，夜以息之，風以乾之，雨露以濡之。其生物也，莫見其所養而物長。其殺物也，莫見其所喪而物亡。此之謂神明。夫濕之至也，莫見其形而炭已重矣。風之至也，莫見其象而木已動矣。日之行也，不見其移。騏驥倍日而馳，草木爲之靡。縣熢未轉，而日在其前。故天之且風，草木未動而鳥已翔矣。鳥巢居知風也。其且雨也，陰曀未集而魚已噞矣。魚潛居知雨也。以陰陽之氣相動也。故寒暑燥濕，以類相從。聲響疾徐，以音相應也。【略】故大人者，與天地合德，日月合明，鬼神合靈，與四時合信。故聖人懷天氣，抱天心，執中含和，不下廟堂而衍四海，變習易俗，民化而遷善，若性諸己，能以神化也。《詩》云：神之聽之，終和且平。夫鬼神視之無形，聽之無聲，然而郊天望山川，禱祠而求福，雩兑而請雨，卜筮而決事。《詩》云：神之格思，不可度思，矧可射思。此之謂也。天致其高，地致其厚，月照其夜，日照其晝，陰陽化，列星朗，正其道而物自然。故陰陽四時，非生萬物也。雨露時降，非養草木也。神明接，陰陽和，而萬物生矣。故高山深林，非爲虎豹也。大木茂枝，非爲飛鳥也。流源千里，淵深百仞，非爲蛟龍也。致其高崇，成其廣大，山居木棲，巢枝穴藏，水潛陸行，各得其所寧焉。夫大生小，多生少，天之道也。故丘阜不能生雲雨，涔水不能生魚鱉者，小也。

漢·董仲舒《春秋繁露》卷六　二端第十五

故書日蝕、星隕、有蜮、山崩、地震、夏大雨水、冬大雨雹、〇雹，天啟本、凌本作雪。隕霜不殺草、自正月不雨至於秋七月、有鸜鵒來巢，《春秋》異之，以此見悖亂之徵。亦見《王道篇》。是小者不得大，微者不得著，雖甚末，亦一端。孔子以此效之，吾所以貴微重始是也。因惡夫推災異之象於前，然後圖安危禍亂於後者，非《春秋》之所甚貴也。然而《春秋》舉之以爲一端者，亦欲其省天譴而畏天威，內動於心志，外見於事情，修身審己，明善心以反道者也，豈非貴微重始、慎終推效者哉！《白虎通·災變篇》：「天所以有災變何？所以譴告人君，覺悟其行，令悔過修德，深思慮也。」《說苑·敬慎篇》：「妖孽者，天所以警天子諸侯也。」

漢·董仲舒《春秋繁露》卷一〇　五行對第三十八

《孝經》曰：「夫孝，天之經，地之義。」何謂也？對曰：「天有五行，木火土金水是也。木生火，火生土，土生金，金生水。《白虎通·五行篇》：「金生水，水滅火，報其理。火生土，土則害水，莫能而禦。」水爲冬，《白虎通》：「水位在北方。北方者，陰氣在黃泉之下，任養萬物。水之爲言準也，養物平均，有準則也。」《南齊·五行志》引《洪範·五行傳》曰：「水，北方，冬藏萬物，氣至陰也。」金爲秋，《白虎通》：「金在西方。西方者，陰始起，萬物禁止。金之爲言禁也。」土爲季夏，《白虎通》：「土在中央。中央者，主吐含萬物。土之爲言吐也。」火爲夏，《白虎通》：「火在南方。南方者，陽在上，萬物垂枝。火之爲言委隨也，言萬物布施。」木爲春。《白虎通》：「木在東方。東方者，陽氣始動，萬物始生。木之爲言觸也。陽氣動躍，觸地而出也。」春主生，夏主長，季夏主養，秋主收，冬主藏。藏，冬之所成也。是故父之所生，其子長之；父之所長，其子養之；父之所養，其子成之。諸父所爲，其子皆奉承而續行之，《鹽鐵論·論菑篇》：「文學曰：始江都相董生推言陰陽四時相繼，父生之，子養之，母成之，子藏之。故春生仁，夏長德，秋成義，冬藏禮。此四時之序，聖人之所則也。」《白虎通》論人事，取法五行，亦多以父子爲說。不敢不致如父之意，盡爲人之道也。故五行者，五行也。由此觀之，父授之，子受之，乃天之道也。故曰夫孝者，天之經也，此之謂也。」王曰：「善哉。天經既得聞之矣，願聞地之義。」對曰：「地出雲爲雨，起氣爲風。凌云：「《春秋元命苞》：『陰陽聚而爲雲，和而爲雨，陰陽怒而爲風。』按《御覽》引《繁露》：『陰陽二氣之初蒸也，若有若無，若實若虛，團攢聚合，其體稍重，乘虛而墜。風多則合速，故雨大而疏，風少則合遲，故雨細而密。』爲今《繁露》所無。」風雨者，地之所爲。地不敢有其功名，必上之於天。〇《黃氏日鈔》作「地不敢有其功，一歸于天」。命若從天氣者，上「命」字，疑在下句「曰」字上。氣，疑作下。《陽尊陰卑篇》云：「出雲起雨，必令從之下，命之曰天雨。」〇凌本「天氣」作天命。故曰天風天雨也，莫曰地風地雨也。勤勞在地，名一歸於天，此即《易·坤卦》「含章可貞」、「無成有終」之義。《御覽》引《春秋元命苞》：「土無位而道在，故太乙不興化，人主不任職。地出雲起雨，以合從天下，勤勞歸于地，功名歸於天。」注云：「上以謙自正，以卑自斂，終不自伐生養之苦，乃興雲雨以爲功，一歸於天。」《元命苞》首三語，又引見《白虎通》。非至有義，其孰能行此？故下事上，如地事天也，可謂大忠矣。莊二十五年何注：「大水與日食同禮者，水亦土地所爲，雲實出於地而施於上，乃雨歸功於天，猶臣歸功於君。」土者，火之子也。五行莫貴於土。土之於四時無所命者，不與火分功名。《白虎通》：「土所以王四季何？木非土不能生，火非土不榮，金非土不成，水非土不高。土扶危助衰，歷成其道，故五行更王，亦須土也。土四季居中央，不名時。」又云：「土所以不名時者，地王之別名也。比於五行最尊，故不自居部職也。」木名春，火名夏，金名秋，水名冬。忠臣之義，孝子之行，取之土。《漢書·藝文志》陰陽家有「于長《天下忠臣》」，殆即此義。《白虎通》：「主幼臣攝政，何法？法土用事於季孟之間也。子順父，妻順夫，臣順君，何法？法地順天也。」土者，五行最貴者也，其義不可以加矣。五聲莫貴於宮，五味莫美於甘，五色莫盛於黃，此謂孝者地之義也。」王曰：「善哉！」俞云：「河間獻王以『夫孝，天之經，地之義』爲問，董子以『天有五行』對『天之經』矣。又對『地之義』曰：『地出雲爲雨，起氣爲風。風雨者，地之所爲。地不敢有其功名，必上之於天。命若從天氣者，故曰天風天雨也，莫曰地風地雨也。勤勞在地，名一歸於天，非至有義，其孰能行此？故下事上，如地事天也，可謂大忠矣。』以下當云：『此謂孝者地之義也。』乃又有此『土者，火之子也』八十二字。夫上文既以五行爲天之經矣，此豈又以五行爲地之義乎？反覆推求，此八十二字乃《五行之義篇》脫簡，誤羼於此耳。今訂正，當云：『五行之主，土氣也，猶五味之有甘肥也，不得不成。土者，火之子也，五行莫貴於土。土之於四時無所命者，不與火分功名。木名春，火名夏，金名秋，水名冬，忠臣之義，孝子之行，取之土。土者，五行最貴者也，其義不可以加矣。五聲莫貴於宮，五味莫美於甘，五色莫貴於黃，是故聖人之行莫貴於忠，土德之爲也。人官之大者，不名所職，相其是矣。天官之大者，不名所生，土是矣。」」

漢·董仲舒《春秋繁露》卷一一　爲人者天第四十一〇官本云：「他本『天』下有『地』字。」

爲生不能爲人，爲人者天也。人之人本於天，天亦人之曾祖父也。此人之所以乃上類天也。人之形體，化天數而成；《官制象天篇》：「求天數之微，莫若於人。人之身有四肢，每肢有三節。天有四時，每一時有三月。」《漢·翼奉傳》云：「陽用其精，陰用其形，猶人之有五藏六體。五藏象天，六體象地，故藏病則氣色發於面，體病則欠伸動於貌。」又由形體推於五藏。

五行之義第四十二

天有五行：一曰木，二曰火，三曰土，四曰金，五曰水。此與《洪範》五行之次不同。《洪範》一水，二火，三木，四金，五土。鄭康成以爲本陰陽所生之次是也。此以四時更迭休王爲序，所謂播五行於四時也。《素問》、《淮南·原道訓》、《白虎通》竝用《洪範》。木，五行之始也；水，五行之終也；土，五行之中也。此其天次之序也。木生火，火生土，土生金，金生水，水生木，此其父子也。《白虎通·五行篇》：「所以更王何？以其轉相生，故有終始也。木生火，火生土，土生金，金生水，水生木。是以木王、火相、土死、金囚、水休。王所勝者死，囚所王者休。」又《五行大義》引《白虎通》云：「木生火者，木性温暖伏其中，鑽灼而出，故生火。火生土者，火熱故能焚木，木焚而成灰，灰即土也，故火生土。土生金者，金居石依山，津潤而生，聚土成山，山必生石，故土生金。金生水者，少陰之氣，温潤流澤，銷金亦爲水，所以山雲而從潤，故金生水。水生木者，因水潤而能生，故水生木。」木居左，金居右，火居前，水居後，土居中央，此其父子之序，相受而布。是故木受水，而火受木，土受火，金受土，水受金也。諸授之者，皆其父也；受之者，皆其子也。【略】五行之隨，各如其序，五行之官，各致其能。是故木居東方而主春氣，火居南方而主夏氣，金居西方而主秋氣，水居北方而主冬氣。是故木主生而金主殺，火主暑而水主寒，使人必以其序，官人必以其能，天之數也。數，猶道也。土居中央，爲之天潤。土者，天之股肱也。其德茂美，不可名以一時之事，故五行而四時者，土兼之也。《白虎通·五行篇》：「行有五，時有四何？四時爲時，五行爲節。故木王即謂之春，金王即謂之秋，土尊不任職，君不居部，故時有四也。」金木水火雖各職，各，疑作名。《五行對》云：「木名春，火名夏，金名秋，水名冬。」不因土，方不立，若酸鹹辛苦之不因甘肥不能成味也。甘者，五味之本也；土者，五行之主也。《月令正義》「土雖處於夏末，而實爲四行之主」，用董説。《白虎通》：「土味所以甘何？中央者，中和也，故甘，猶五味以甘爲主也。」五行之主土氣也，猶五味之有甘肥也，不得不成。不得土則四行不成，不得甘則四味不和。

陰陽位第四十七

陽氣始出東北而南行，就其位也；西轉而北入，藏其休也。陰氣始出東南而北行，亦就其位也；西轉而南入，屏其伏也。〇天啟本「伏」作服。是故陽以南方爲位，以北方爲休；陰以北方爲位，以南方爲伏。陽至其位而大暑熱，陰至其位而大寒凍。《白虎通·誅伐篇》：「夏至陰始起，反大熱何？陰氣始起，陽氣推而上，故大熱也。冬至陽始起，反大寒何？陰氣推而上，故大寒也。」《通典》引《魏台訪議》大同。陽至其休而入化於地，陰至其伏而避德於下。是故夏出長於上、冬入化於下者，陽也；夏入守虛地於下，冬出守虛位於上者，陰也。陽出實入實，陰出空入空，天之任陽不任陰，好德不好刑，如是也。故陰陽終歲各一出。

漢·董仲舒《春秋繁露》卷一二　陰陽終始第四十八

天之道，終而復始。《淮南·天文訓》：「晝者陽之分，夜者陰之分，是以陽氣勝則日修而夜短，陰氣勝則日短而夜修。帝張四維，運之以斗。日徙一辰，復反其所。正月指寅，十二月指丑。一歲爲市，終而復始。」故北方者，天之所終始也，陰陽之所合別也。陰陽以中冬相遇於北方，旋復別行，故云「合別」。《漢書·郊祀志》：「樂有別有合。」〇天啟本作別合。冬至之後，陰俛而西入，陽仰而東出，出入之處常相反也。多少調和之適，常相順也。《淮南·詮言訓》：「陽氣起於東北，盡於西南。陰氣起於西南，盡於東北。陰陽之始，皆調適相似。」有多而無溢，有少而無絶。春夏陽多而陰少，秋冬陽少而陰多，多少無常，未嘗不分而相散也。以出入相損益，以多少相溉濟也。多勝少者倍入。入者損一，而出者益二。天所起一，動而再倍，凡天之所起，一動而再倍其氣，以助發生。故入損一而出益二。常乘反衡再登之勢，以就同類，與之相報，故其氣相俠，而以變化相輸也。俠，猶挾也。天地之運行，自其理言之，不變者也。消息盈虛，春盡必夏，秋盡必冬，歷劫不改。自其氣言之，則多少損益，陰陽迭進，相反相順，而以神其變化。春秋之中，陰陽之氣俱相併也。中春以生，中秋以殺。由此見之，天之所起其氣積，天之所廢其氣隨。故至春少陽東出就木，與之俱生；至夏太陽南出就火，與之俱煖。此非各就其類而與之相起與？少陽就木，太陽就火，火木相稱，各就其正。此非正其倫與？至於秋時，少陰興而不得以秋從金，從金而傷火功，雖不得以從金，亦以秋出於東方，俛其處而適其事，以成歲功。此非權與？陰之行，固常居虛而不得居實。至於冬而止空虛，太陽乃得北就其類，而與水起寒。太陽，當爲太陰。《白虎通・五行篇》：「火者盛陽，水者盛陰。」又云：「水，太陰也。」是故天之道有倫、有經、有權。

陰陽義第四十九

天地之常，一陰一陽。陽者天之德也，陰者天之刑也。迹陰陽終歲之行，以觀天之所親而任。成天之功，猶謂之空，空者之實也。故清溧之於歲也，若酸鹹之於味也，僅有而已矣。聖人之治，亦從而然。天之少陰用於功，秋以熟物，故曰功。上篇所謂「秋成歲功。」太陰用於空。人之少陰用於嚴，而太陰用於喪。喪亦空，空亦喪也。「空」者虛也。天文虛宿在北宮。虛從丘，爲哭泣之事，故此以空、喪互釋。《釋名》：「霜，喪也，其氣慘毒，物皆喪也。」是故天之道以三時成生，以一時喪死。死之者，謂百物枯落也；喪之者，謂陰氣悲哀也。天亦有喜怒之氣、哀樂之心，與人相副。以類合之，天人一也。春，喜氣也，故生；秋，怒氣也，故殺；夏，樂氣也，故養；冬，哀氣也，故藏。四者天人同有之。語亦見《王道通三篇》。〇「天亦有喜怒之氣」以下至此，竝見《御覽》一引。其上文則云「天有十端」云云，至「凡十端」。有其理而一用之。與天同者大治，與天異者大亂。故爲人主之道，莫明於在身之與天同者而用之，使喜怒必當義而出，如寒暑之必當其時乃發也。使德之厚於刑也，如陽之多於陰也。是故天之行陰氣也，少取以成秋，其餘以歸之冬。聖人之行陰氣也，少取以立嚴，其餘以歸之喪。喪亦人之冬氣，故人之太陰，不用於刑而用於喪，刑嚴而已，無取過慘，故法秋不法冬。天之太陰，不用於物而用於空。空亦爲喪，喪亦爲空，其實一也，皆喪死亡之心也。

陰陽出入上下第五十

天道大數，相反之物也，不得俱出，陰陽是也。春出陽而入陰，秋出陰而入陽，夏右陽而左陰，冬右陰而左陽。陰出則陽入，陽出則陰入；陰右則陽左，陰左則陽右。是故春俱南，秋俱北，而不同道；夏交於前，冬交於後，而不同理。竝行而不相亂，澆滑而各持分，此之謂天之意。而何以從事？天之道，初薄大冬，陰陽各從一方來，而移於後。陰由東方來西，陽由西方來東，至於中冬之月，相遇北方，合而爲一，謂之曰至。別而相去，陰適右，陽適左。適左者其道順，適右者其道逆。逆氣左上，順氣右下，故下暖而上寒。以此見天之冬右陰而左陽也，上所右而下所左也。冬月盡，而陰陽俱南還，陽南還出於寅，陰南還入於戌，此陰陽所始出地入地之見處也。至於仲春之月，陽在正東，陰在正西，謂之春分。春分者，陰陽相半也，故晝夜均而寒暑平。凌云：「《詩》疏：按《乾象曆》及諸曆法與今太史所候，皆云冬至則晝四十五，夜五十五；夏至則晝六十五，夜三十五。春秋分則晝五十五半，夜四十四半。從春分至於夏至，晝漸長，增九刻半。從夏至至於秋分，所減亦如之。從秋分至於冬至，晝漸短，減十刻半。從冬至至於春分，所加亦如之。歷言晝夜者，以昏明爲限。陰日損而隨陽，陰陽異道，不得相隨。董子《雨雹對》云：「自十月已後，陽氣始生於地下，漸冉流散，故言息也。陰氣轉收，故言消也。自四月以後，陰氣始生於天上，漸冉流散，故云息也。陽氣轉收，故言消也。」陽日益而鴻，故爲暖熱。初得大夏之月，相遇南方，合而爲一，謂之日至。別而相去，陽適右，陰適左。適左由下，適右由上，上暑而下寒，以此見天之夏右陽而左陰也。上其所右，下其所左。夏月盡，而陰陽俱北還。陽北還而入於申，陰北還而出於辰，此陰陽之所始出地入地之見處也。至於中秋之月，陽在正西，陰在正東，謂之秋分。凌云：「《河圖》曰：『地有四遊。冬至，地上行北而西三萬里；夏至，地下行南而東三萬里。春秋二分，是其中矣。』《月令》疏：鄭注《考靈曜》云：『地蓋厚三萬里。春分之時，地正當中。自此地漸漸而下，至夏至之時，地下遊萬五千里，地之上畔與天中平。夏至之後，地漸漸向上，至秋分，地正當天之中央。自此地漸漸而上，至冬至，上遊萬五千里，地之下畔與天中平。自冬至後，地漸漸而下。此是地之升降於三萬里之中。但渾天之體雖繞於地，地則中央正平，天則北高南下。北極高於地三十六度，南極下於地三十六度。然則北極之下，常見不没，南極之上三十六度，常没不見。南極去北極一百二十一度餘，若逐曲計之，則一百八十一度餘。若以南極中半言之，謂之赤道。去南極九十一度餘，去北極九十二度餘。此是春秋分之日道也。』」秋分者，陰陽相半也，故晝夜均而寒暑平。陽日損而隨陰，陰日益而鴻，故至於季秋而始霜，至於孟冬而始寒，小雪而物咸成，大寒而物畢藏，天地之功終矣。凌云：「《御覽》：『《三禮義宗》：十月立冬爲節者，冬，終也，立冬之時，萬物終成，因爲節名。小雪爲中者，氣敍轉寒，雨變成雪，故以小雪爲中。十二月小寒爲節者，亦形於大寒，故謂之小，言時寒氣亦未是極也。大寒爲中者，上形於小，故謂之大。十一月一陽交初起，至此始徹，陰氣出地，方寒氣併在上。寒氣之逆極，故謂大寒也。』」

天道無二第五十一

天之常道，相反之物也，不得兩起，故謂之一。一而不二者，天之行也。陰與陽，相反之物也，故或出或入，或右或左，春俱南，秋俱北，夏交於前，冬交於後，竝行而不同路，交會而各代理，此其文與？天之道，有一出一入，一休一伏，其度一也，然而不同意。陽之出，常縣於前而任歲事；陰之出，常縣於後而守空虛。陽之休也，功已成於上而伏於下；陰之伏也，不得近義而遠其處也。天之任陽不任陰，好德不好刑如是。故陽出而前，陰出而後，尊德而卑刑之心見矣。陽出而積於夏，任德以歲事也；陰出而積於冬，錯刑於空處也。

暖燠常多第五十二案文宜作「煖清孰多」。

天之道，出陽爲暖以生之，出陰爲清以成之。是故非薰也不能有育，非溧也不能有熟，歲之精也。知心而不省薰與溧孰多者，用之必與天戾。與天戾，雖勞不成。是自正月至於十月，而天之功畢。盧云：「是，疑衍。」計其間，陰與陽各居幾何，薰與溧其日孰多。距物之初生，至其畢成，露與霜其下孰倍。故從中春至於秋，氣温柔和調。及季秋九月，陰乃始多於陽，天於是時出溧下霜。出溧下霜，而天降物固已皆成矣。故九月者，天之功大究於是月也，十月而悉畢。九究十畢，竝同聲。此以字聲爲訓。故案其跡，數其實，清溧之日少少耳。功已畢成之後，陰乃大出。天之成功也，少陰與而太陰不與，少陰在內而太陰在外。故霜加於物，而雪加於空，凌云：「徐整《長曆》曰：『北斗當崑崙，氣運注天下，春夏爲雨露，秋冬爲霜雪。』」空者亶地而已，不逮物也。功已畢成之後，物未復生之前，太陰之所當出也。〇天啟本「當」作常，凌本同。雖曰陰，亦以太陽資化其位，而不知所受之。陰受陽之資化而不知。故聖王在上位，天覆地載，風令雨施。雨施者，布德均也；凌云：「《帝通紀》云：『雨者，天地之施也。』」風令者，言令直也。凌云：「《後漢·張奐傳》：『臣聞風爲號令，動物通氣。』注：『《翼氏風角》曰：凡風者，天之號令，所以譴告人君者也。』」《詩》云：「不識不知，順帝之則。」言弗能知識，而效天之所爲云爾。禹水湯旱，非常經也，適遭世氣之變，而陰陽失平。《白虎通·災變篇》：「堯遭洪水，湯遭大旱，亦有譴告乎？堯遭洪水，湯遭大旱，命運時然。」《御覽》引《文子》云：「臣聞爲不善而災報，得其應也。爲善而災至，遭時運之會耳，非政所致也。」堯視民如子，民視堯如父母。《尚書》曰：「二十有八載，放勳乃殂落，百姓如喪考妣。四海之內，閼密八音三年。」三年陽氣厭於陰，陰氣大興，此禹所以有水名也。董説《春秋》災異，凡大水皆爲陰。桀，天下之殘賊也；湯，天下之盛德也。天下除殘賊而得盛德大善者再，是重陽也，故湯有旱之名。禹湯以聖君受水旱之名，故以厭陰重陽之説爲解。凌云：「《帝王世紀》曰：『湯伐桀後，大旱七年，川洛以竭。使人持三足鼎，祝於山川曰：政不節耶？使人急耶？讒夫昌耶？宮室榮耶？女謁行耶？何不雨之疾耶？』何注同此。」皆適遭之變，非禹湯之過。毋以適遭之變疑平生之常，則所守不失，則正道益明。

漢·董仲舒《春秋繁露》卷一四

治亂五行第六十二　黄震云：「言相干

火干木，蟄蟲蚤出，《淮南子·天文訓》：「丙子干甲子，蟄蟲早出，故雷早行。」注：「木氣温，故早出。」蚿雷蚤行。盧云：「蚿，疑當作眩，謂電光也。《西京雜記》：董仲舒曰：『太平之世，電不眩目，宣示光耀而已。』」〇官本無「蚿」字，云：「他本有。」盧云：「《大典》本無。」

土干木，胎天卵毈，鳥蟲多傷。《淮南子》：「戊子干甲子，胎夭卵毈，鳥蟲多傷。」〇盧云：「毈，丁亂反。」凌云：「王本毈誤分爲兩字。鄭注：『卵，鳥卵。』毈，《玉篇》：『大亂切，不成子曰毈。』」金干木，有兵。《淮南子》：「庚子干甲子，有兵。」水干木，春下霜。《淮南子》：「壬子干甲子，春有霜。」

土干火，則多雷。雷，疑霆之誤。《淮南子》：「戊子干丙子，霆。」金干火，草木夷。《淮南子》：「庚子干丙子，夷。」注：「夷，傷也。」夷或爲電。案：《淮南》脱「草木」二字，當據此補正。水干火，夏雹。《淮南子》：「壬子干丙子，雹。」《漢·魏相傳》：「春興《兑》治則飢，秋興《震》治則華，冬興《離》治則泄，夏興《坎》治則雹。」木干火，則地動。《淮南子》：「甲子干丙子，地動。」〇凌本「火」作金。

金干土，〇天啟本作「干木」。則五穀傷，有殃。「傷」，字疑衍。《淮南子》：「庚子干戊子，五穀有殃。」水干土，夏寒雨霜。《淮南子》：「壬子干戊子，夏寒雨霜。」木干土，倮蟲不爲。凌云：「原注：『人者，倮蟲之長。』《淮南子》作『甲子干戊子，介蟲不爲。』注：『不成爲介蟲也。』」火干土，則大旱。《淮南子》：「丙子干戊子，大旱，苽封熯。」〇《御覽》八百七十九引「火」作水。

水干金，則魚不爲。《淮南子》：「壬子干庚子，大剛，魚不爲。」注：「不成爲魚。」木干金，則草木再生。《淮南子》：「甲子干庚子，草木再死再生。」火干金，則草木秋榮。《淮南子》：「丙子干庚子，草木復榮。」注：「今八月九月時，李柰復榮生實是也。」土干金，五穀不成。《淮南子》：「戊子干庚子，歲或存或亡。」

木干水，冬蟄不藏。《淮南子》：「甲子干壬子，冬乃不藏。」注：「地氣發也。」土干水，則蟄蟲冬出。《淮南子》：「戊子干壬子，蟄蟲冬出其鄉。」火干水，則星墜。《淮南子》：「丙子干壬子，星隊。」注：「隊，隕。」金干水，則冬大寒。《淮南子》：「庚子干壬子，冬雷其鄉。」

五行變救第六十三　黄震云：「言木冰、春多雨之類，皆以人事救之。」凌云：「《大傳》注：『君失五事，則五行相沴。違其位復立之者，當明其變異，則知此爲貌邪，言輒改過以共禦之。至司之日月，又必齋肅祭祀，以撫其神，則凶咎除矣。』」

五行變至，當救之以德，施之天下，則咎除。不救以德，不出三年，天當雨石。凌云：「《尚書中候》：『紂末年，雨石，皆大如甕。』」〇官本云：「他本『當』作雷。」木有變，春凋秋榮。秋木冰，木冰，見成十六年。《五行志》：或曰：「今之長老，名木冰爲木介。」凌云：「《唐書》：『凝霜封樹，謂之木冰，一名樹介。寧王憲有疾，見而歎曰：此俗所謂樹嫁者也，吾其死矣。諺曰：樹嫁達官怕。』」○天啟本「木」上注云：「一無秋字，冰作水。」春多雨。此繇役衆，賦斂重，百姓貧窮叛去，凌云：「《月令》疏：『蔡氏云：無財曰貧，無親曰窮。皇氏云：長無謂之貧窮。』」道多饑人。救之者，省繇役，薄賦斂，出倉穀，振困窮矣。凌云：「《漢書》顔注：『振，起也。爲給貸之，令其存立也。諸振救、振贍，其意皆同。今流俗作字從貝者，非也。』」火有變，冬温夏寒。此王者不明，善者不賞，惡者不絀，不肖在位，賢者伏匿，則寒暑失序，而民疾疫。凌云：「《易通卦驗》：『春晷長一丈一尺二分，未當至而至，多病熛，疾疫。』疫，《説文》云『民皆疾也』。」救之者，舉賢良，賞有功，封有德。土有變，大風至，五穀傷。此不信仁賢，不敬父兄，淫泆無度，宫室榮。救之者，省宫室，去雕文，舉孝悌，恤黎元。凌云：「《漢書·文紀》注：『姚察云：古者謂人元，善人也。因善爲元，故云黎元。』」金有變，畢昴爲回，三覆有武，多兵，多盜寇。此棄義貪財，輕民命，重貨賂，百姓趣利，多姦軌。救之者，舉廉潔，立正直，隱武行文，束甲械。水有變，冬溼多霧，凌云：「《春秋元命苞》：『亂而爲霧。霧，陰陽之氣也。』《釋名》曰：『霧，冒也，氣蒙亂冒物也。』」春夏雨雹。凌云：「《大戴禮》：『陽之專氣爲雹，陰之專氣爲霰。霰雹者，一氣之化也。』《釋名》：『雹，砲也。其所中物皆摧折，如人所盛咆。』」此法令緩，刑罰不行。救之者，憂囹圄，案姦宄，誅有罪，蒐五日。

五行五事第六十四　黃震云：「言證應。」凌云：「《漢·藝文志》：『五行者，五常之刑氣也。《書》曰：初一曰五行，次二曰羞用五事。言進用五事以順五行也。貌、言、視、聽、思心失，而五行之序亂，五星之變作，皆出律曆之數，而分爲一者也。』」

王者與臣無禮，貌不肅敬，而夏多暴風。風者，木之氣也，凌云：「《御覽》、《禮統》：『風，萌也。養物成功，所以八風象八卦也。』《釋名》：『風，氾也，其氣博氾而動物也。風，放也，氣放散也。』」其音角也，凌云：「《月令》『其音角』，注：『音，謂樂器之聲。三分羽益一以生角。角數六十四，屬木者，以其清濁中民象也，春色和則角聲調。《樂記》曰：角亂則憂，其民怨。凡聲尊卑取象五行，數多者濁，數少者清，大不過宫，細不過羽。』《鐘律書》：『角，觸也。物觸地而出，戴芒角也。』」故應之以暴風。王者言不從，則金不從革，凌云：「《大傳》：『二事曰言。言之不從，是謂不乂。』《尚書》疏：『言之決斷，若金之斬割，故言屬金。』鄭注：『西宫於地爲金，金性從形而革，人所用爲器者也。無故冶之不銷，或入火飛亡，或鑄之裂形，是爲不從革。』」而秋多霹靂。霹靂者，金氣也，凌云：「《釋名》：『辟歷，辟折也，所歷皆破折也。』《論衡》曰：『圖畫之工，圖雷之狀，如連鼓形。又圖一人若力士，謂之雷公，使左手引連鼓，右手椎之。』《春秋》『震夷伯之廟』，謂劈歷破之是也。霹靂，俗字。」其音商也，凌云：「《月令》『其音商』，注：『三分徵音益一以生商。商數七十二，屬金者，以其濁次宫，臣之象也。秋氣和則商氣調。《樂記》曰：商亂則陂，其臣壞。』」故應之以霹靂。王者視不明，則火不炎上，凌云：「《大傳》：『三事曰視，視之不明，是謂不悊。』《尚書》疏：『火外光，故視屬火。』鄭注：『南宫於地爲火，火性炎上，然行人所用亨飪者也。無故因見作熱，燔熾爲害，是爲火不炎上。』」而秋多電。○《初學記》二十五引《春秋繁露》云：「若火不炎上，秋多電，由王者視不明也。」電者，火氣也，凌云：「《元命苞》：『陰陽激爲電。』《西京雜記》：『仲舒曰：電，其相擊之光也。』《釋名》：『電，殄也，乍則殄滅也。』」其音徵也，凌云：「《月令》『其音徵』，注：『三分宫音去一以生徵。徵數五十四，屬火者，以其微清，事之象也。夏氣和則徵聲調。《樂記》云：徵亂則哀，其事勤。』《鐘律書》：『徵，祉也，物盛大而繁祉也。』」故應之以電。王者聽不聰，則水不潤下，凌云：「《大傳》：『四事曰聽，聽不聰，是謂不謀。』《尚書》疏：『水内明，故聽屬水。』鄭注：『北宫於地爲水。水性侵潤下流，人所用灌溉者也。無故源流竭絶，川澤以涸，是爲水不潤下。』」而春夏多暴雨。《初學記》二、《御覽》十引《西京雜記》：董仲舒曰：「太平之時，雨不破塊，津莖潤葉而已。」雨者，水氣也，凌云：「《釋名》：『雨者，羽也，如鳥羽動則散也。』《禮統》：『雨者，輔時生養均徧，故謂之雨。』」其音羽也，凌云：「《月令》『其音羽』，注：『三分商去一以生羽。羽數四十八，屬水者，以其爲最清，物之象也。冬氣和則羽聲調。《樂記》曰：羽亂則危，其財匱。』《鐘律書》：『羽，宇也。物聚藏宇覆之也。』」故應之以暴雨。○天啟本無「之」字。王者心不能容，則稼穡不成，《書·洪範》：「土爰稼穡。」《大傳》：「五事曰心，維思。思之不容，是謂不聖。」《白虎通·五行篇》：「五行之性，土者最大。苞含萬物，將生者出，將歸者入，不嫌清濁，爲萬物母。」《尚書》疏：「土安靜而萬物生，心思慮而萬事成。故思屬土。」而秋多雷。雷者，土氣也，凌云：「《春秋元命苞》：『陰陽合而爲雷。』《西京雜記》：董仲舒曰：『雷，其相擊之聲也。』《釋名》：『雷，硠也，如轉物有所硠，雷之聲也。』」其音宫也，《白虎通·禮樂篇》：「土謂宫，宫者含也，容也，含容四時者也。」《月令》「其音宫」，注：「聲始於宫。宫數八十一，屬土者，以其最濁，君之象也。季春之氣和則宫聲調。」《樂記》曰：「宫亂則荒，其君驕。黃鐘之宫最長也，十二律轉相生，五音俱終於六十焉。」《鐘律書》：「宫，中也，居中央，暢四方，唱始施生，爲四聲綱也。」故應之以雷。

王者能敬，則肅，肅則春氣得，故肅者主春。春陽氣微，萬物柔易，移弱可化，「柔」字疑當在「弱」上。於時陰氣爲賊，故王者欽。欽不以議陰事，然後萬物遂生，而木可曲直也。凌云：「孔安國曰：『木可揉使曲直也。』」○官本云：「他本無『可』字。」春行秋政，則草木凋；行冬政，則雪；行夏政，則殺。春失政則。盧云：「下有闕文。」凌云：「《淮南子・時則訓》：『六合：孟春與孟秋爲合，仲春與仲秋爲合，季春與季秋爲合，孟夏與孟冬爲合，仲夏與仲冬爲合，季夏與季冬爲合。孟春始贏，孟秋始縮，仲春始出，仲秋始內，季春大出，季秋大內，孟夏始緩，孟冬始急，仲夏至修，仲冬至短，季夏德畢，季冬刑畢。故正月失政，七月涼風不至；二月失政，八月雷不藏；三月失政，九月不下霜；四月失政，十月不凍；五月失政，十一月蟄蟲冬出其鄉；六月失政，十二月草木不脫；七月失政，正月大寒不解；八月失政，二月雷不發；九月失政，三月春風不濟；十月失政，四月草木不實；十一月失政，五月下雹霜；十二月失政，六月五穀疾狂。』」

王者能治，則義立，義立則秋氣得，故乂者主秋。秋氣始殺，王者行小刑罰，民不犯則禮義成。於時陽氣爲賊，故王者輔以官牧之事，然後萬物成熟。秋草木不榮華，凌云：「《爾雅》：『木謂之榮，草謂之華。』」金從革也。凌云：「馬融曰：『金之性從人而更可消鑠。』」秋行春政，則華；行夏政，則喬；凌云：「《爾雅》：『上勾曰喬，如木楸曰喬。』注：『楸樹性，其上竦。』」孫詒讓云：「喬，疑槁之借字，謂枯槁也。古从喬聲，高聲字多通用。《莊子・列禦寇》釋文：『槁，本作矯。』是其例也。」行冬政，則落。秋失政，則春大風不解，雷不發聲。

王者能知，則知善惡，知善惡則夏氣得，故哲者主夏。夏陽氣始盛，萬物兆長，王者不揜明，則道不退塞。而夏至之後，「而」字疑衍。大暑隆，萬物茂育懷任，王者恐明不知賢不肖，分明白黑。於時寒爲賊，故王者輔以賞賜之事，然後夏草木不霜，火炎上也。凌云：「孔安國曰：『言其自然之常性也。』」夏行春政，則風；行秋政，則水；行冬政，則落。夏失政，則冬不凍冰，凌云：「《風俗通》：『壯冰曰凍。』」五穀不藏，大寒不解。

王者無失謀，然後冬氣得，故謀者主冬。冬陰氣始盛，草木必死，王者能聞事，審謀慮之，則不侵伐。不侵伐且殺，則死者不恨，生者不怨。冬日至之後，大寒降，萬物藏於下。於時暑爲賊，故王者輔之以急斷之事，以水潤下也。以上文例之，此間疑有脫誤。冬行春政，則蒸；行夏政，則雷；凌云：「《莊子》曰：『陰陽錯行，則天地大絯，於是乎有雷有霆。』」行秋政，則旱。冬失政，則夏草木不實。霜「霜」上疑有奪字。《淮南・時則訓》：「十一月失政，正月下雹霜。」○凌本無「霜」字。五穀疾枯。《時則訓》作「疾狂」。盧云：「五事無『思曰容』一節，似亦文脫。」

漢・董仲舒《春秋繁露》卷一三　四時之副第五十五　○盧云：「各本皆闕，聚珍本有。」

天之道，春暖以生，夏暑以養，秋清以殺，冬寒以藏。○盧云：「秋清，本作秋涼，今據下文改。」暖暑清寒，異氣而同功，皆天之所以成歲也。聖人副天之所行以爲政，故以慶副暖而當春，以賞副暑而當夏，以罰副清而當秋，以刑副寒而當冬。慶賞罰刑，異事而同功，皆王者之所以成德也。慶賞罰刑與春夏秋冬，以類相應也，如合符。故曰王者配天，謂其道。天有四時，王有四政，四政若四時，通類也，天人所同有也。《王道通三篇》：「四氣者，天與人所同有也。」又見《陰陽義篇》。慶爲春，賞爲夏，罰爲秋，刑爲冬。凌云：「《陸宣公奏議》：『臣聞聖人作則，皆以天地爲本，陰陽爲端。慶賞者，順陽之功，故行於春夏；刑罰者，法陰之氣，故用之秋冬。事或愆，民人必罹咎。』」慶賞罰刑之不可不具也，如春夏秋冬不可不備也。慶賞罰刑，當其處不可不發，若暖暑清寒，當其時不可不出也。慶賞罰刑各有正處，如春夏秋冬各有時也。四政者，不可以相干也，猶四時不可相干也。四政者，不可以易處也，猶四時不可易處也。故慶賞罰刑有不行於其正處者，《春秋》譏也。

人副天數第五十六　凌云：「《春秋元命苞》：『陰陽之性以一起，人副天道，故生一子。』」

天德施，地德化，人德義。德，作道。○《黃氏日鈔》引「化」作「生」。天氣上，地氣下，人氣在其間。春生夏長，百物以興；秋殺冬收，百物以藏。故莫精於氣，氣者，元也，胚胎於天地之先。莫富於地，莫神於天。天地之精所以生物者，莫貴於人。人受命乎天也，故超然有以倚。盧云：「倚，疑當從下文作高物二字。」物疢疾莫能爲仁義，唯人獨能爲仁義；物疢疾莫能偶天地，唯人獨能偶天地。人有三百六十節，偶天之數也；《御覽》三百六十三引《文子》云：「天有四時五行九解，三百六十日。人亦復有四肢五藏九竅，三百六十節。」《淮南・精神訓》同，但作「六十六節」。案下文亦云「六十六節」，此舉成數。《呂覽・達鬱篇》：「凡人三百六十節、九竅、五藏、六府。」凌云：「《子華子》：『倮蟲三百六十，盈宇宙之間，人爲之長。一人之身，爲骨凡三百有六十。精液之所朝夕也，氣息之所吐吸也，心意知慮之所識也，手足之所運動，而指股之所信屈也，皆與天地之大數通體而爲一，故曰天地之間人爲貴。』」形體骨肉，偶地之厚也。上有耳目聰明，日月之象也；體有空竅理脈，川谷之象也；空竅，猶孔竅。《御覽》三百六十引《公孫尼子》云：「人有三百六十節，當天之數也。形體有骨肉，當地之厚也。有九竅脈理，當川谷也。血氣者，風雨也。」心有哀樂喜怒，神氣之類也。《禮・孔子閒居》：「地載神氣，神氣風霆，風霆流行，庶物露生，無非教也。」孔疏云：「神氣謂神妙之氣。」觀人之體一，何高物之甚，而類於天也。物旁折取天之陰陽以生活耳，而人乃爛然有其文理。是故凡物之形，莫不伏從旁折天地而行，「天地」二字疑衍。人獨題直立端尚，盧云：「疑作『人獨頙立端向』。《爾雅》：『頙，直也。』」正正當之。是故所取天地少者，旁折之；所取天地多者，正當之。此見人之絶於物而參天地。絶，過也。是故人之身，首妢而員，象天容也；髮，象星辰也；耳目戾戾，象日月也；鼻口呼吸，象風氣也；凌云：「《樂動聲儀》：『鼻爲之候何？鼻出入氣，高而有竅。山亦有金石累積，亦有孔穴出雲布雨，以潤天下，雨則雲消，鼻能出納氣也。』《説文》：『呼，外息也。吸，内息也。』《大傳》：「故曰：『呼吸也者，陰陽之交接。』」【略】陽，天氣也；陰，地氣也。金張從正《儒門事親》云：「身半以上其氣三，天之分也。身半以下其氣三，地之分也。」説本此。〇官本云：「他本以上皆闕。」故陰陽之動，使〇天敵本下闕五行。似有脱文。人足病，喉痺起，凌云：「《春秋考異郵》曰：『痺在喉，壽命凶。』」則地氣上爲雲雨，而象亦應之也。天地之符，陰陽之副，常設於身，身猶天也，數與之相參，故命與之相連也。《淮南·精神訓》：「天有風雨寒暑，人亦有取與喜怒。故膽爲雲，肺爲氣，肝爲風，腎爲雨，脾爲雷，以與天地相參也。而心爲之主。」

同類相動第五十七

今平地注水，去燥就溼，均薪施火，去溼就燥。《荀子·大略篇》：「均薪施火，火就燥；平地注水，水流溼。夫類之相從也，如此之著也。」《呂覽·有始篇》：「類固相召，氣同則合，聲比則應。鼓宮而宮動，鼓角而角動。平地注水，水流溼，均薪施火，火就燥。」《新論·類感篇》：「抱薪投火，燥者先燃，平地注水，溼者先濡。」百物去其所與異，而從其所與同，故氣同則會，聲比則應，其驗皦然也。【略】物故以類相召也，故，當作固。故以龍致雨，以扇逐暑，《御覽》七百二引此二語。《呂覽·有始篇》：（下同）「以龍致雨，以形逐影。」又見《召類篇》。《論衡·寒温篇》：「虎嘯而谷風至，龍興而景雲起，同氣共類，動相召致。故曰以形逐影，以龍致雨。雨應龍而來，影應形而去，天地之性，自然之道也。」又《感虚篇》云：「凡變復之道，所以能相感動者，以物類也。有寒則復之以温，温復解之以寒。故以龍致雨，以刑（當作「扇」。）逐暑，皆緣五行之氣，用相感勝之。」軍之所處以棘楚。美惡皆有從來，以爲命，莫知其處所。天將陰雨，人之病故爲之先動，是陰相應而起也。天將欲陰雨，又使人欲睡卧者，陰氣也。有憂亦使人卧者，是陰相求也；有喜者，使人不欲卧者，是陽相索也。水得夜益長數分，東風而酒湛溢，「東風」下當有至字。《淮南·覽冥訓》「故東風至而酒湛溢」，注：「東風，木風也。酒湛，清酒也，米物下湛，故曰湛。木味酸，酸風入酒，故酒酢而湛者沸溢，物類相感也。」王念孫云：「湛，與淫同。淫溢，猶衍溢也。酒性温，故東風至而酒爲之加長。高注非。」輿案：《新論·感類篇》云：「東風至而酒盈溢。」《論衡·亂龍篇》云：「東風至，酒湛溢。」《御覽》八百四十五引《論衡》注云：「按酒味酸，從東方木也。味酸，故酒湛溢也。」《文選·七發》注引《春秋説題辭》云：「黍爲酒，陽援陰乃能動，故以麥黍爲酒。」宋衷云：「麥，陰也。先漬麴，黍後入，故曰陽援陰。相得而沸，是其動也。」病者至夜而疾益甚，鷄至幾明，皆鳴而相薄。《論衡·變動篇》：「夜及半而鶴唳，晨將旦而鷄鳴，物應天氣之驗也。」凌云：「《春秋説題辭》：『雞爲積陽，南方之象火，陽精炎上，故陽出鷄鳴，以類感也。』」其氣益精，故陽益陽而陰益陰，《莊子·徐无鬼篇》：「魯遽曰：『是直以陽召陽，以陰召陰。』」陽陰之氣，因可以類相益損也。因，當是固。天有陰陽，人亦有陰陽。天地之陰氣起，而人之陰氣應之而起，人之陰氣起，而天地之陰氣亦宜應之而起，其道一也。明於此者，欲致雨則動陰以起陰，欲止雨則動陽以起陽，故致雨非神也。而疑於神者，其理微妙也。《列子·黄帝篇》：「用志不紛，乃疑於神。」《荀子·議兵篇》楊注：「微妙，精盡也。」非獨陰陽之氣可以類進退也，雖不祥禍福所從生，亦由是也。

五行順逆第六十

木者春，生之性，農之本也。【略】咎及於木，則茂木枯槁，工匠之輪多傷敗。《五行志》：傳曰：「田獵不宿，飲食不享，出入不節，奪民農時，及有姦謀，則木不曲直。」毒水滓羣，漉陂如漁，盧云：「如，與而同。」凌云：「《風俗通》：『謹案：陂者，繁也，言因下鍾水以繁利萬物也。』」咎及鱗蟲，則魚不爲，羣龍深藏，鯨出見。

火者夏，成長，下疑尚有脱字。本朝也。【略】咎及於火，則大旱，必有火烖；據《五行志》，董推災異，不必與此五行順逆相應。如董推御廩災，由于百姓怨咎，君臣俱惰；劉歆則以爲棄法度亡禮之應。董推齊大災，以爲君淫；劉向則以爲由齊桓以妾爲妻。董推新宮災，以爲成居喪不哀；劉向則以爲成公聽讒逐歸父。董推宋災，以爲伯姬憂傷所致；劉向則以爲宋公聽讒殺太子痤。二劉竝合此五行之應，而董反不合，此類甚多。至于高園便殿火災，董以爲天欲誅貴屬及近臣之意，遂以得罪。蓋災異者，臣下借以警時之資，本無定象。五行順遂，不過天人相應之理如此，無取拘牽。何氏注《傳》，喜言災異，雖本家法，而傅會可議者多。然《管子·五行篇》即有「甲子木行御，天子不賦不賜賞，而君危太子危」「壬子水行御，天子決塞動大水，而王后夫人薨」諸應。則知此等師説，遠出周秦之間矣。摘巢探鷇，咎及羽蟲，則飛鳥不爲，冬應不來，梟鴟羣鳴，鳳凰高翔。高翔，當作不翔。

土者夏中，土寄王四時，而《月令》繫于夏末，故云「夏中」。本書《五行對》：「土爲季夏。」成熟百種，君之官。凌云：「《聖證論》：『孔晁云：能吐生百穀謂之土。』《物理論》云：『粱者，黍稷之總名。稻者，溉種之總名。菽者，衆豆之總名。』」【略】咎及於土，則五穀不成；《五行志》：傳曰：「治宮室，飾臺榭，内淫亂，犯親戚，侮父兄，則稼穡不成。」又云：「若迺奢淫驕慢，則土失其性，亡水旱之災而草木百穀不孰，是爲稼穡不成。」暴虐妄誅，咎及倮蟲，倮蟲不爲，百姓叛去，賢聖放亡。

金者秋，殺氣之始也。【略】咎及於金，則鑄化凝滯，凍堅不成；《五行志》：「若迺貪欲恣睢，務立威勝，不重民命，則金失其性。蓋工冶鑄金鐵，金鐵冰滯涸堅，不成者衆，及爲變怪，是爲金不從革。」案：冰與「凝」同。《漢書·郊祀志》「秋涸凍」，《集韻》：「涸，凝也。」是凍、涸義并近。四面張罔，焚林而獵，咎及毛蟲，則走獸不爲，白虎妄搏，麒麟遠去。

水者冬，藏至陰也。宗廟祭祀之始，敬四時之祭，禘祫昭穆之序。【略】咎及於水，霧氣冥冥，凌云：「《五經通義》：『陰陽亂則爲霧，從地升也。』《五行志》：『若乃不敬鬼神，政令逆時，則水失其性。霧水暴出，百川逆溢，壞鄉邑，溺人民。及淫雨傷稼穡，是爲水不潤下。』」必有大水，水爲民害，咎及介蟲，則龜深藏，黿鼉呴。凌云：「《莊子》：『泉涸，魚相與處于陸，相呴以溼，相濡以沫。』」

治水五行第六十一　凌云：「《尚書》注：『治水失道，亂陳其五行。』疏：『水是五行之一，水性下流，鯀反塞之，失水之性。水失其道，則五行皆失矣。』」〇《黄氏日鈔》作「《水治五行》」。

日冬至，七十二日木用事，其氣燥濁而青。天啟本「青」作清，凌本同。七十二日火用事，其氣慘陽而赤。七十二日土用事，其氣溼濁而黄。〇溼，天啟本作「温」。七十二日金用事，其氣慘淡而白。七十二日水用事，其氣清寒而黑。七十二日復得木。凌云：「《淮南子》云：『壬午冬至，甲子受制，木用事，火煙青，七十二日。丙子受制，火用事，火煙赤，七十二日。戊子受制，土用事，火煙黄，七十二日。庚子受制，金用事，火煙白，七十二日。壬子受制，水用事，火煙黑，七十二日而歲終。庚子受制，歲遷六日，以數推之，七十歲而復至甲子。』」木用事，則行柔惠，挺羣禁。至於立春，出輕繫，去稽留，除桎梏，開門閭，〇天啟本「門」作閉，凌本同。通障塞，凌云：「《淮南子》：『甲子受制，則行柔惠，挺羣禁，開闔扇，通障塞，毋伐木。』」存幼孤，矜寡獨，無伐木。凌云：「《淮南子》注：『甲，木也。木王東方，故施柔惠，蟄伏之類出由户，故開闔扇，通障塞。春木王，故毋伐木也。』」火用事，則正封疆，循田疇。凌云：「《國語》注：『穀地曰田，麻地曰疇。』」至於立夏，舉賢良，封有德，賞有功，出使四方，無縱火。凌云：「《淮南子》：『丙子受制，則舉賢良，賞有功，立封侯，出財貨。』注：『火用事，象陽明，識功勞，故封建侯，出財貨。』」土用事，則養長老，存幼孤，矜寡獨，賜孝弟，施恩澤，無興土功。凌云：「《淮南子》：『戊子受制，則養老鰥寡，行粰鬻，施恩澤。』注：『土用事，象土養長，故施恩澤也。』」金用事，則修城郭，繕牆垣，審羣禁，飭甲兵，警百官，誅不法，存長老，無焚金石。凌云：「《淮南子》：『庚子受制，則繕牆垣，修城郭，審羣禁，飭兵甲，儆百官，誅不法。』注：『金用事，象金斷割，故誅不法。』」水用事，則閉門閭，凌云：「《月令章句》：『門，謂城門。閭，謂二十五家爲閭。』」大搜索，斷刑罰，執當罪，飭關梁，禁外徙，無決隄。凌云：「《淮南子》：『壬子受制，則閉門閭，大搜客，斷刑罰，殺當罪，息關梁，禁外徙。』注：『水用事，象冬閉固，故禁外徙。』《國語》注：『隄，防也。』」

漢·史游《急就篇》卷四　《春秋》《尚書》律令文。《春秋》，孔子約史記而修之也。天有四時，春爲陽中。萬物以生，秋爲陰中。萬物以成，故錯牙舉之，包十二月而爲名也。《尚書》，孔子所修帝王之書也。謂之《尚書》者，言自上古以來，其事久遠也。律之言率也，制法以率下也。一曰律述也，具述刑名也。令，命爲政也。言宦學之人，又當皆習讀此等也。

漢·劉向《説苑》卷六《復恩》　舟之僑曰：請而得其賞，廉者不受也。言盡而名，至仁者不爲也。今天油然作雲，沛然下雨，則苗草興起，莫之能禦。今爲一人言施一人，猶爲一塊土下雨也，土亦不生之矣。

漢·劉向《説苑》卷一八《辨物》　春秋冬夏伏見有時，失其常，離其時，則爲變異。得其時，居其常，是謂吉祥。古者有主四時者：主春者張，昏而中，可以種穀，上告於天子，下布之民。主夏者大火，昏而中，可以種黍菽，上告於天子，下布之民。主秋者虚，昏而中，可以種麥，上告於天子，下布之民。主冬者昴，昏而中，可以斬伐田獵蓋藏，上告之天子，下布之民。故天子南面視四星之中，知民之緩急，則不賦籍，不舉力役。《書》曰：敬授民時。《詩》曰：物其有矣，維其時矣。物之所以有而不絶者，以其動之時也。

《易》曰：天垂象，見吉凶，聖人則之。昔者高宗、成王感於雊雉暴風之變，修身自改而享豐昌之福也。逮秦皇帝即位，彗星四見，蝗蟲蔽天，冬雷夏凍，石隕東郡，大人出臨洮，妖孽並見，熒惑守心，星茀太角，太角以亡。終不能改。二世立，又重其惡。及即位，日月薄蝕，山林辰星出於四孟，太白經天而行，無雲而雷，枉矢夜光，熒惑襲月，孽火燒宫，野禽戲庭，都門内崩。天變動於上，羣臣昏於朝，百姓亂於下，遂不察，是以亡也。

又　五嶽何以視三公？能大布雲雨焉，能大斂雲雨焉，雲觸石而出，膚寸而合，不崇朝而雨天下，施德博大，故視三公也。

山川何以視子男也？能出物焉，能潤澤物焉，能生雲雨。

又　夫水旱俱天下陰陽所爲也。大旱則雩祭而請雨，大水則鳴鼓而劫社。何也？曰：陽者陰之長也，其在鳥則雄爲陽雌爲陰，其在獸則牡爲陽而牝爲陰，其在民則夫爲陽而婦爲陰，其在家則父爲陽而子爲陰，其在國則君爲陽而臣爲陰。故陽貴而陰賤，陽尊而陰卑，天之道也。今大旱者，陽氣太盛以厭於陰，陰厭陽固，陽其填也，惟填厭之太甚，使陰不能起也，亦雩祭拜請而已，無敢加也。

至於大水及日蝕者，皆陰氣太甚而上減陽精，以賤乘貴，以卑陵尊，大逆不義，故鳴鼓而懾之，朱絲縈而劫之。由此觀之，春秋乃正天下之位，徵陰陽之失。直責逆者不避其難，是亦春秋之不畏强禦也。

齊大旱之時，景公召羣臣問曰：天不雨久矣，民且有飢色。吾使人卜之，祟在高山廣水。寡人欲少賦斂，以祠靈山，可乎？羣臣莫對。晏子進曰：不可。祠此無益也。夫靈山固以石爲身，以草木爲髮，天久不雨，髮將焦，身將熱，彼獨不欲雨乎。祠之無益。景公曰：不然，吾欲祠河伯，可乎？晏子曰：不可。祠此無益也。夫河伯以水爲國，以魚鼈爲民。天久不雨，水泉將下，百川竭，國將亡，民將滅矣，彼獨不用雨乎。祠之何益。景公曰：今爲之奈何？晏子曰：君誠避宫殿暴露，與靈山河伯共憂，其幸而雨乎。於是景公出野暴露，三日，天果大雨，民盡得種樹。景公曰：善哉。晏子之言，可無用乎。其惟有德也。

又　譯曰：吾受命於吾國之黄髮久矣，天之無烈風淫雨，意中國有聖人耶？有則盍朝之？然後周公敬受其所以來矣。

漢・班固《白虎通》卷一　爵

象雷震百里所潤同。《詩》疏引鄭注云：震爲雷。雷，動物之氣也。雷之發聲，猶人君出政教之以動國中之人也。故謂之震。又云：震驚百里，不喪匕鬯。《儀禮》疏引鄭注云：雷發聲聞于百里。古者諸侯之象。諸侯之出教令，能警戒其國疆之内，則守其宗廟社稷，爲之祭主，不亡其匕與鬯也。梁氏同書校云：《周禮》注，同方百里，疏謂之同者，取象雷震百里所聞同。《易・震》疏，雷之發聲，聞于百里。古帝王制國，公侯地方百里，故以象焉。此既無雲雨字，似當從《周禮》疏作所聞同爲是。案下，《封公侯篇》亦云：地不過百里，象雷震百里所潤雲雨同，或涉下文誤也。

漢・班固《白虎通》卷三　社稷

社無屋何？達天地氣。故《郊特牲》曰：天子大社，必受霜露風雨，以達天地之氣。社稷所以有樹何？尊而識之，使民望見即敬之，又所以表功也。故《周官》曰：司徒班社而樹之，各以土地所宜。

又　禮樂

樂者，陽也。故以陰數〔法〕八風、六律、四時也。八風、六律者，天氣也。助天地成萬物者也。亦猶樂所以順氣變化，萬民成其性命也。

漢・班固《白虎通》卷四　五行

《月令》十一月律謂之黄鐘何？黄者，中和之色。鐘者，動也。言陽氣於黄泉之下動，養萬物也。《國語・周語》云：故名之曰黄鐘，所以宣養六氣九德也。韋注：黄，中之色也。鐘之言陽氣鐘聚於下也。十一月陽伏於下，陰始萌。十二月律謂之大吕何？大者，大也。吕者，拒也。言陽氣欲出，陰不許也。吕之爲言拒也，旅抑拒難之也。《五行大義》引《三禮義宗》云：吕，助也，十二月陽方生長，陰氣助之，生育之功，其道廣大也。正月律謂之太蔟何？太亦大也，蔟者湊也。言萬物始大，湊地而出也。《五行大義》引《三禮義宗》云：蔟者，湊之義也。正月之時，萬物始大，湊地而出。《國語・周語》二曰太蔟，所以金奏贊陽出滯也。注：太蔟言陽氣太蔟達於上也。《淮南・天文訓》作簇，云太簇者，簇而未出也。《汉志》作族，云族，聚也。又云：奏也，言陽氣大奏地而達物也。《獨斷》云：太簇言萬物始簇而生。《吕覽注》：太陰氣衰，少陽氣發，萬物動生，簇地而出。《淮南子・天文訓》注云：簇，簇也。陰衰陽發，萬物簇地而生。二月律謂之夾鐘何？夾者，孚甲也，言萬物孚甲，種類分也。《五行大義》引一説云：夾者，俠也。言萬物爲孚甲所俠，至此方解，鐘應而出。《國語・周語》云：二間夾鐘出四隙之細也，注：鐘，聚也，細也。《漢志》云：夾，助也。言陰夾助太蔟宣四方之氣而出種物也。三月律謂之姑洗何？姑者，故也。洗者，鮮也。言萬物皆去故就其新，莫不鮮明也。《國語・周語》：三曰姑洗，所以修潔百物，考神納賓也。注：姑，潔也。洗，濯也。言陽氣養生，洗濯姑穢，改柯易葉也。《漢書・律志》：洗之言絜也。言陽氣洗物，辜絜之也。《淮南・天文訓》云：姑洗者，陳去而新來也。四月謂之仲吕何？言陽氣將極中充大也，故復中難之也。《國語・周語》：三間中吕，宣中氣也。注：陽氣越於中，至四月宣散於外，純乾用事，陰閉藏於内，所以助陽成功也。《漢書・律志》：仲吕，言微陰始起未成，著於其中，旅助姑洗宣氣齊物也。位於巳。案《志》亦訓吕爲旅也。《淮南・天文訓》：律受仲吕。仲吕者，中充大也。《説文・人部》：仲，中也。《吕覽》注云：陽散在外，陰實在中，所以旅陽成功也。故曰仲吕。五月謂之蕤賓何？蕤者，下也。賓者，敬也。言陽氣上極，陰氣始起，故賓敬之也。《五行大義》引《三禮義宗》云：蕤者，垂下之義。賓者，敬也。五月陽氣下降，陰氣始起，共相賓敬。《國語・周語》：四曰蕤賓，所以安靖神人，獻酬交酢也。注：蕤，委蕤，柔貌也。言陰氣爲主，委蕤於下，陽氣盛長於上，有似於賓主。故可用之宗廟賓客，以安静神人，行酬酢也。《漢書・律志》：蕤，繼也。賓，道也。言陽氣始道陰氣，始繼養物也。《淮南・天文訓》：蕤賓者，安而賓也。《吕覽》注：是月陰氣萎蕤在下，象主人。陽氣在上，似賓客也。六月謂之林鐘何？林者，衆也。萬物成熟，種類衆多也。《五行大義》引《三禮義宗》云：林，茂盛也。六月之中，物皆盛茂，聚積於野，故爲林也。《國語・周語》：四間林鐘，和展百事，俾莫不任肅純恪也。注：林，衆也。言萬物衆盛也。鐘，聚也。《漢書・律志》：林，君也。陰氣受任，助蕤賓君主種物，使長大樹盛也。《淮南・天文訓》：音比林鐘。

注：林，衆。鐘，聚也。陽極陰生，萬物衆聚而盛，故曰林鐘。《呂覽》注：陽氣衰、陰氣起，萬物衆聚而成。七月謂之夷則何？夷，傷也。則，法也。言萬物始傷，被刑法也。《大義》引《義宗》云：夷，平也。則，法也。七月，萬物將成，平均結實，皆有法則，德吉也。《國語·周語》：五曰夷則，所以詠法去九則，平民無貳也。注：夷，平也。則，法也。言萬物既成，可法則也。《漢志》：則，法也，言陽氣正法度，而使陰氣夷當傷之物。《史記·律書》云：夷則者，言陰氣之賊萬物。《管子·四時篇》：德始於春，刑始於秋，陰氣刑物，故謂之夷則。八月謂之南呂何？南者，任也。言陽氣尚有，任生薺麥也，故陰拒之也。《五行大義》引《三禮義宗》云：南，任也。八月之中，物皆含秀，有懷任之象，助成功之義。《律書正義》引作陽氣尚任包大生薺麥也。《國語·周語》：五閒南呂，贊陽秀也。注：南，任也。陰任陽事，助成萬物也。《漢書·律志》：南，任也。言陰氣旅助夷則，任成萬物也。《淮南·天文訓》：南呂者，任保大也。《呂覽》注：南，任也，言陽氣收藏，陰侶於陽，任成其功也。九月謂之無射何？射者，終也。言萬物隨陽而終，當復隨陰而起，無有終已也。《五行大義》引《三禮義宗》云：射，厭也，厭惡之義。九月物皆成實，無可厭惡。《漢書·律志》：射，厭也。言陽氣究物，而使陰氣畢剥落之，終而復始，無厭已也。《淮南·天文訓》：無射者，無厭也，義同。又云：音比无射，注：陰氣上升，陽氣下降，萬物隨陽而藏，無有射出息也。十月謂之應鐘何？應者，應也。鐘者，動也。言萬物應陽而動下藏也。《五行大義》引《三禮義宗》云：十月之時，歲功皆成，陰氣之用應陽，功收而聚積，故云鐘也。《國語·周語》注：言陰應陽用事，萬物鍾聚。《淮南·天文訓》：應鐘者，應其種也。《漢書·律志》：言陰氣應無射，該藏萬物，而雜陽閡種也。《淮南·天文訓》注：陰應於陽，轉成其功，萬物應時聚藏也。

漢·王充《論衡》卷三《物勢篇》 儒者論曰：天地故生人。此言妄也。夫天地合氣，人偶自生也。【略】夫天不能故生人，則其生萬物，亦不能故也。天地合氣，物偶自生矣。夫耕耘播種，故爲之也。及其成與不熟，偶自然也。何以驗之？如天故生萬物，當令其相親愛，不當令之相賊害也。或曰：五行之氣，天生萬物。以萬物含五行之氣，五行之氣更相賊害。曰：天自當以一行之氣生萬物，令之相親愛，不當使五行之氣反使相賊害也。或曰：欲爲之用，故令相賊害，賊害相成也。故天用五行之氣生萬物，人用萬物作萬事。不能相制，不能相使，不相賊害，不成爲用。金不賊木，木不成用。火不爍金，金不成器。故諸物相賊相利，含血之蟲相勝服、相齧噬、相啖食者，皆五行氣使之然也。曰：天生萬物欲令相爲用，不得不相賊害也。則生虎狼蝮虵及蜂蠆之蟲，皆賊害人，天又欲使人爲之用耶。且一人之身，含五行之氣，故一人之行，有五常之操。

漢·王充《論衡》卷一八《自然篇》 天地合氣，萬物自生，猶夫婦合氣，子自生矣。萬物之生，含血之類，知饑知寒，見五穀可食，取而食之，見絲麻可衣，取而衣之。或說以爲天生五穀以食人，生絲麻以衣人，此謂天爲人作農夫桑女之徒也，不合自然，故其義疑，未可從也。試依道家論之。天者，普施氣萬物之中，穀愈飢而絲麻救寒，故人食穀衣絲麻也。夫天之不故生五穀絲麻以衣食人，由其有災變不欲以譴告人也。物自生而人衣食之，氣自變而人畏懼之。以若說論之，厭於人心矣。如天瑞爲故，自然焉在？無爲何居？【略】使天體乎，宜與地同，使天氣乎，氣若雲煙，雲煙之屬，安得口目。或曰：凡動行之類，皆本無有爲。有欲故動，動則有爲。今天動行與人相似，安得無爲。曰：天之動行也，施氣也，體動氣乃出，物乃生矣。由人動氣也，體動氣乃出，子亦生也。夫人之施氣也，非欲以生子，氣施而子自生矣。天動不欲以生物，而物自生，此則自然也。施氣不欲爲物，而物自爲，此則無爲也。謂天自然無爲者何？氣也。【略】《易》曰：大人與天地合其德。黄帝堯舜大人也，其德與天地合，故知無爲也。天道無爲，故春不爲生，而夏不爲長，秋不爲成，冬不爲藏。陽氣自出，物自生長，陰氣自起，物自成藏。汲井決陂，灌溉園田，物亦生長，霈然而雨，物之莖葉根荄，莫不洽濡。程量澍澤，孰與汲井決陂哉？故無爲之爲大矣。本不求功，故其功立。本不求名，故其名成。沛然之雨，功名大矣，而天地不爲也，氣和而雨自集。【略】且凡言譴告者，以人道驗之也。人道，君譴告臣，上天譴告君也，謂災異爲譴告。夫人道，臣亦有諫君，以災異爲譴告，而王者亦當時有諫上天之義，其效何在？苟謂天德優，人不能諫，優德亦宜玄默，不當譴告。萬石君子有過，不言，對案不食，至優之驗也。夫人之優者，猶能不言，皇天德大，而乃謂之譴告乎。夫天無爲，故不言災變，時至，氣自爲之。夫天地不能爲，亦不能知也。腹中有寒，腹中疾痛，人不使也，氣自爲之。夫天地之間，猶人背腹之中也。謂天爲災變，凡諸怪異之類，無小大薄厚，皆天所爲乎。牛生馬，桃生李，如論者之言，天神入牛腹中爲馬，把李實提桃間乎？牢曰：子云，吾不試，故藝。又曰：吾少也賤，故多能鄙事。人之賤不用於大者，類多伎能。天尊貴高大，安能撰爲災變以譴告人？且吉凶蜚色見於面，人不能爲，色自發也。天地猶人身，氣變猶蜚色。人不能爲蜚色，天地安能爲氣變？然則氣變之見，殆自然也。變自見，色自發，占候之家，因以言也。夫寒温、譴告、變動、招致，四疑皆已論矣。譴告於天道尤詭，故重論之。論之，所以難別也。說合於人事，不入於道意，從道不隨事，雖違儒家之說，合黄、老之義也。

《易緯坤靈圖》 故堯天之精陽，萬物莫不從者。故乾居西北，乾用事，萬物蟄伏。致乎萬物蟄伏，故能致乎萬人之化。《經》曰：用九。《經》曰：震下乾上，无妄。天精起，帝必有洪水之災。天生聖人，使殺之，故言乃統天也。邱括義，因象助類，《辭》曰：天無雲而雷，先王以茂對時育萬物。茂勉也。對遂育長也。天之將雨，先必興雲而後雷，今乾在上，下無坎而有震，是以雷行天下，無雲而雷。洪水之時人苦雨之多。故堯於是茂勉，遂其教令以養萬物。以是衆庶艱食，得以餬口焉。《經》曰：乾下艮上，大畜，天災將至，預畜而待之，人免於飢，故曰元亨。

明・孫瑴《古微書》卷二 主春者鳥星，昏中可以種稷。主夏者心星，昏中可以種黍。主秋者虛星，昏中可以種麥。主冬者昴星，昏中則入山可以具器械。王者南面而坐，視四星之中，而知民之緩急，急則不賦力役，敬授民時。

鳥星爲春候，火星爲夏期，專陽相助虛星爲秋候，昴星爲冬期。

按《尚書孔疏》：天道左旋，日體右行，故星見之方與四時相逆。春則南方見，夏則東方見，秋則北方見，冬則西方見，此則勢自當然。而《書緯》爲文生説，言春夏相與交，秋冬相與互，謂之母成子，子助母，斯假妄之談耳。四方皆有七宿，各成一形。東方成龍形，西方成虎形，皆南首而北尾，南方成鳥形，北方成龜形，皆西首而東尾。計仲春日在奎、婁而入於西地，則初昏之時井、鬼在午，柳、星、張在巳，軫、翼在辰，是朱鳥七宿皆得見也。計仲夏日在東井而入於西地，即初昏之時角、亢在午，氐、房、心在巳，尾、箕在辰，是東方七宿皆得見也。計仲秋日在角、亢而入於西地，初昏之時斗、牛在午，女、虛、危在巳，室、壁在辰，是北方七宿皆得見也。計仲冬日在牽牛而入於西地，則初昏之時奎、婁在午，胃、昴、畢在巳，觜、參在辰，是西方七宿俱得見也。

又 《淮南子》：先王之政，四海之雲至而修封疆，蝦蟆鳴燕降而逵路除道，陰降百泉則修橋梁，昏張中則務種穀，大火中則種黍菽，虛中則種宿麥，昴中則收斂畜聚積，伐薪木。【略】《説文》：卯爲春門萬物已出，酉爲秋門萬物已入。

清・嵇璜、劉墉等《續通志》卷一一一《禮略》 大雩

唐肅宗乾元二年，以久旱徙東西二市，祭風伯雨師，修雩祀爲泥土龍望，祭名山大川，以祈雨。代宗大曆九年七月，久旱，京兆尹黎幹歷禱諸祠。德宗貞元元年，分命朝臣禱羣神以祈雨。十九年，自正月不雨至於五月，命分禱山川。

梁太祖開平二年，令近鎮按古法禳祈，旬日乃雨。乾化二年三月，雨澤愆期，令宰臣於魏州靈祠祈禱。

後唐莊宗同光二年，孟夏雩祀，奉太宗文皇帝配。

晉高祖天福八年五月，命宰臣分詣寺觀禱雨。

宋制，孟夏雩祀昊天上帝，爲大祀。初以四祖迭配，太宗時以宣祖、太祖更配，真宗時以太宗配。自宋初以來，凡旱潦蟲蝗無雪，或親禱諸寺觀，甚則再幸，或撤樂、減膳、進蔬饌，或分遣官告天地、太廟、社稷、嶽鎮、海瀆，或望祭於南北郊，或五龍堂、城隍廟、九龍堂、浚溝諸祠，如子夏、子張、信陵君、段干木等廟亦祀之。或啓建道場於諸寺觀，或遣内臣分詣諸州，如河中之后土廟、太寧宫，亳之太清、明道宫，兗之會真景靈宫、太極觀，鳳翔府之太平宫，舒州之靈僊觀，江州之太平觀，泗州之延祥觀，皆函香奉祝驛往禱之。真宗咸平元年，以旱，遣使禱衛州百門廟、白鹿山。二年旱，詔有司祭雷師、雨師，内出李邕祈雨法：以甲、乙日，擇東方地作壇，取土造青龍。長吏齋三日，詣龍所汲流水，設香案、茗果、餈餌，率羣官、鄉老日再至祝酹，不用音樂、巫覡。雨足，送龍水中。餘四方皆如之，飾以方色。大凡日干及建壇，取土之里數、器之大小、龍之修廣皆取土生成之數，詔頒諸路。景德三年，有司言：今年四月五日，雩祀上帝，十三日立夏祀赤帝，按，《月令》：立夏之日，天子迎夏於南郊。《注》云：迎夏爲祀赤帝。又云：是月也，大雩。《注》云：《春秋傳》曰，龍見而雩。謂建巳之月陽氣盛，而常旱。萬物待雨而長，故祭天以祈雨，龍見謂角、亢也，立夏後，昏見東方。又按，《五禮精義》云：自周以來，歲星差度，今之龍見或在五月。以祈甘雨，於時已晚，請自今並於立夏後卜日，如立夏在季春，則待改朔，庶時節協於純陽，典禮符於舊史。奏可。大中祥符二年旱，遣司天少監史序祀玄冥五星於北郊，除地爲壇，望祭。已而雨足，遣官報謝。舊制不祈四海，至是特命祭之。神宗熙寧元年正月，帝親幸寺觀祈雨，仍令在京差官分禱，各就本司先致齋三日，然後行事。諸路擇端誠修潔之士，分禱嶽鎮、海瀆、名山、大川、諸路神祠、靈跡、寺觀，雖不係祀典，祈求有應者，並委州縣差官潔齋致禱。已而雨足，復幸太乙宫報謝。元豐四年，詳定禮文所言：近詔宗祀明堂以配上帝，餘從祀羣神悉罷。今大雩猶沿舊制，皆羣神從祀，與詔旨相戾。請孟夏大雩，惟祀上帝，以太宗配，餘從祀羣神悉罷。又請改築雩壇於國南，以嚴祀事。並從之。五年禮部言：雩壇當立於圜丘之左，巳地高一丈，廣輪四丈，周十二丈，四出陛，爲三壝，各二十五步，周垣四門，一如郊壇之制。初大雩，皆親祀。自熙寧迄靖康，有司攝事而已。南渡後，雩祀上帝在城西惠照院，望祭齋宫行禮，其後又於圜壇行禮。孝宗時因雨澤愆候，分禱天地、宗廟，精修雩祀。初沿唐開元禮祈

雨雩壇，謂之特祀，不以樂薦。於是太常朱時敏言：《通典》載雩祀用舞僮歌《雲漢》，乞用舞僮六十四人，衣玄衣，歌《雲漢》之詩，詔從之。

遼制，歲旱惟擇日行色克色哩儀，以祈雨。金世宗大定四年五月，命禮部尚書王競祈雨北嶽，以定州長貳官充亞、終獻。又卜日於都門北郊，望祀嶽鎮、海瀆，有司行事，用酒脯醢。後七日不雨，祈大社、大稷。又七日祈宗廟，不雨，仍從嶽鎮、海瀆如初祈。其設神座，實尊罍，如常儀。其尊罍用甘瓢，去蒂以爲尊。祝版惟五嶽，宗廟、社稷御署，餘則否。後十日不雨，乃徙市，禁屠殺，斷繖扇，造土龍以祈。雨足報謝，投龍水中。十六年五月旱，遣使祈雨於寧静山神。

元無雩禮，遇水旱或遣官行事，或命西僧致禱。世祖至元元年四月，東平太原平陽旱，分遣西僧致禱。仁宗皇慶元年十二月，遣官祈雪於社稷、嶽鎮、海瀆。二年旱，帝於宫中默禱，遣官分禱諸祠。泰定帝泰定三年，帝以不雨自責，遣使分祀名山大川及京城寺觀。文宗天曆二年三月，以去冬無雪，今春不雨，命中書及羣臣分禱山川羣祀。

明太祖洪武元年旱，禱雨於滁之豐山柏子潭。二年以春久不雨，祈告諸神祇。爲十八壇，中設風雲雷雨、嶽鎮海瀆，凡五壇。東設鍾山、兩淮、江西、兩廣、海南北、山東、燕南燕薊山川、旗纛諸神，凡七壇。西設江東、兩浙、福建、湖廣荆襄、河南北、河東、華州山川、京都城隍，凡六壇。中五壇帝親奠幣。初獻，餘命官分獻每壇犢羊豕各一，幣則太歲、風雲雷雨用白，餘隨方色。籩、豆、簠、簋視社稷。孝宗弘治十七年五月，畿内山東久旱，遣官祭告天壽山，分命各巡撫祭告北嶽、北鎮、東嶽、東鎮、東海。世宗嘉靖八年，帝諭禮部：去冬少雪，當春雨澤不降，當親祭南郊、社稷、山川。尚書方獻夫等具上儀注。二月，親禱南郊，山川同日，社稷用次日，不除道。冠服淺色，羣臣同。文五品、武四品以上於大祀門外，餘官於南天門外，就班陪祀。九年，帝欲於奉先殿丹陛上行大雩禮。夏言請築雩壇。孟春既祈穀，自二月至四月，雨暘時若，則大雩遣官攝行。如雨澤愆期，則躬行禱祝。乃建崇雩壇於圜丘壇外泰元門之東，爲制一成，歲旱則禱，奉太祖配。十二年，夏言等言：古者大雩之祀，命樂正習《盛樂》、舞《皇舞》，蓋假聲容之和，以宣陰陽之氣。請於三獻禮成之後，九奏樂止之時，樂奏《雲門之舞》。仍命儒臣括《雲漢》詩辭，製《雲門》一曲，使文、武舞士並舞而合歌之。且教舞童百人，青衣執羽，禮志作扇，訛。繞壇歌《雲門之曲》，曲凡九成。因上其儀，視祈穀禮。帝從其議。案：明代嘉靖以前，雩祭無常儀。凡遇水旱或躬禱，或遣官祭郊廟陵寢及社稷山川。至世宗，始建雩壇，定儀制，製樂章，然行之未幾，復爲更改。其後神宗萬曆十三年、愍帝崇禎四年，復行步禱亦暫焉耳。其於常雩旱雩之典終未備焉。

清·嵇璜、劉墉等《續通志》卷一一四《禮略》　禜

唐玄宗天寶十三載秋，大霖雨害稼，六旬不止。九月，閉坊市北門，蓋井，禁婦人入街市，祭玄冥大社，禜明德門。代宗大曆四年四月，雨，至於九月，閉坊市北門，置土臺，臺上立黄幡以祈晴。懿宗咸通六年久雨，禜明德門。

宋太祖、太宗時，凡京師水旱稍久，帝親禱者，則有建隆觀、大相國太平興國寺，上清太一宫。甚，則再幸，或撤樂減膳，進蔬饌。遣官禱者，則天齊、五龍、城隍、祆祠四廟，大相國、開寶、報慈、乾明、崇夏五寺及建隆觀。令開封府祭九龍、浚溝、黄溝，子張、子夏、信陵君、段干木、扁鵲、張儀、吴起、單雄信廟。雍熙後，多遣宰相、近臣。至道後，又於寺、觀建道場，復遣常參官詣嶽、瀆致祭。真宗咸平後，祈禱又增玉清、昭應、景靈宫，會靈、祥源觀、太一宫。哲宗元祐八年，自四月常雨至八月，詔開京師宫觀五日，所在令長吏祈禱。高宗紹興二年三月，苦雨，命徃天竺祈晴，即日雨止。自後祈禱每于天竺，或於明慶寺建道場。理宗端平三年，以霖雨害稼，命近臣禱於天地、宗廟、社稷及嶽瀆宫觀。

遼太祖神册四年十月丙午，次烏爾呼部，天大風雪，因禱於天，俄頃而霽。

金世宗大定十七年夏六月，京畿久雨，遵祈雨儀祈晴，命諸寺觀啟道場祈禱。章宗明昌四年，以久雨禜，六月丙辰，以晴，祭嶽鎮海瀆。

元時霖雨不止，祈禱山川、嶽瀆、社稷、宗廟，或命西僧致禱。

明代凡水旱災傷，或躬禱，或露告於宫中，及奉天殿陛，或遣官祭郊廟、陵寢及社稷、山川，無常儀。英宗正統四年，以京畿水災，祭告天地。

臣等謹按：古禜祭之名，所施者廣。《左傳》曰：日、月、星辰之神，則雪霜風雨之不時，於是乎禜之。山川之神，則水旱疾癘之災，於是乎禜之。《祭法》：埋少牢於泰昭，以下六祭，皆禜祭也。而雩禜祭水旱，則水旱之禜皆謂之雩矣。蓋禜者，營酇之名，故爲營酇而祭者皆曰禜。雩者，吁嗟之義，故吁嗟而求者皆曰雩。旱則吁嗟而求雨，雨則吁嗟而祈晴也。後漢始以祈雨爲雩，祈晴爲禜。後代因之，而雩與禜之祭始各有專屬。然宋史之志禬禜，金史之志祈禜，皆兼述水旱之禱。則自唐咸通以後，又不專以祈晴爲禜矣。唐順之《稗編》云：禜門即雨中閉南門，用甘匏二，去蒂，刳其中，一以奉盛，一以奉醴，朱衣伐鼓於門，祭畢開門，屢獲開霽。蓋即周禮鬯人禜門用瓢齎之制，但金時祈雨亦用之，非獨施於祈晴也。

清・嵇璜、劉墉等《續通志》卷二二五《列傳》 辛替否　今天下之寺無數，一寺當陛下一宮。壯麗甚之，用度過之。十分天下之財而佛有七八，陛下何有之矣？百姓何食之矣？雖以陰陽爲炭，萬物爲銅，役不食之人，使不衣之士，猶尚不給，況必待天生地養，風動雨潤而後得之乎？臣聞國無九年之儲，曰非其國。今計倉廩，度府庫，百僚共給，百事用度，臣恐不能卒歲。一旦風塵再擾，霜雹荐臻，沙門不能擐甲冑，寺塔不足穰飢饉，臣竊危之。

清・嵇璜、劉墉等《續通志》卷五六〇《文苑傳》 蘇舜欽　舜欽時年二十一，詣登聞鼓院上疏曰：臣觀今歲，自春徂夏，霖雨陰晦，未嘗少止，農田被菑者幾於十九。臣以爲任用失人，政令多過，賞罰弗中之所召也。天之降災，欲悟陛下，而大臣歸咎於刑獄之濫，陛下聽之，故肆赦天下以爲禳救。如此則是殺人者不死，傷人者不抵罪，而欲以合天意也。古者斷決滯訟以平水旱，不聞用赦，故赦下之後，陰雨及今。前志曰：積陰生陽，陽生火災見焉。乘夏之氣發洩於玉清宮，震雨雜下，烈焰四起，樓觀萬疊，數刻而盡，非慢於火備，乃天之垂戒也。陛下當降服，減膳，避正寢，責躬罪己，罷非業之作，拯失職之民，察輔弼及左右無裨國體者罷之，竊弄權威者去之，庶幾變災爲祐。

清・嵇璜、劉墉等《續通志》卷五六八《隱逸傳》 孫思邈　思邈於陰陽、推步、醫藥無不善，孟詵、盧照鄰等師事之。照鄰有惡疾，不可爲，感而問曰：高醫愈疾奈何？答曰：天有四時五行，寒暑迭居。和爲雨，怒爲風，凝爲雪霜，張爲虹霓，天常數也。人之四支五藏，一覺一寐，吐納往來，流爲榮衛，章爲氣色，發爲音聲，人常數也。陽用其形，陰用其精，天人所同也。失則蒸生熱，否生寒，結爲瘤贅，陷爲癰疽。奔則喘乏，竭則燋槁。發乎面，動乎形。天地亦然：五緯縮贏，孛彗飛流，其危診也。寒暑不時，其蒸否也。石立土踊，是其瘤贅，山崩土陷，是其癰疽。奔風暴雨其喘乏，川瀆竭涸其燋槁。高醫導以藥石，救以砭劑，聖人和以至德，輔以人事，故體有可愈之疾，天有可振之災。

清・嵇璜、劉墉等《續通志》卷五七一《隱逸傳》 郭雍　乾元亨利貞，初曰四德。後又曰乾元，始而亨者也。利牝馬貞，利君子貞。是以四德爲二義亦可矣。由乾一卦論之，則元與亨陽之類，利與貞陰之類也。是猶春夏秋冬雖爲四時，由陰陽觀之，則春夏爲陽，秋冬爲陰也。天之所謂元亨利貞者，如立天之道，陰與陽之類也。地之所謂元亨利貞者，如立地之道，柔與剛之類也。

清・迮朗《繪事瑣言》卷一 水　水無當於五色，五色弗得不章。水之爲用大矣哉。天一生水，地六成之。故水有天水，有地水，有天地相合之水。天水者，雨水，露水，明水，冬霜，臈雪，夏冰，大雹，有陰陽燥溼之殊。地水者，流水，山泉，井泉，醴泉，玉井，温泉，碧海，行潦，有清濁死生之别。天地相合之水者，節氣水有輕重美惡之分。故欲取水者，不可以不知天，不可以不知地，又不可以不知天地之相合。以地水攷之，大而江河，小而溪澗，皆流水也。外動而性静，質柔而氣剛，與湖澤陂塘之止水不同。然江河之水濁，而溪澗之水清，又不同焉。觀濁水流水之魚，與游於清水止水者，性色迥别。淬劒染帛，色各不侔。煮粥烹茶，味亦特異。則入畫者，攸關色澤不少也，可弗辯乎。【略】南方水多，隨地可得，北方水少，惟天可求。立春雨水是春升生發之氣，立冬後十日爲入液，至小雪爲出液，得雨即謂之液雨，亦曰藥雨，能殺百蟲，可謂五色。若芒種後逢壬爲入梅，小暑後逢壬爲出梅，又以三月爲迎梅，五月爲送梅，梅或作黴，江淮以南，地氣卑溼，五月上旬連下旬尤甚，皆溼熱之氣，鬱遏薰蒸，釀爲霏雨。人受其氣則病，物受其氣則黴。沾衣即腐，黑澣垢如灰，汁有異他水酒醋，且不可造，況可調脂粉乎。一年之中不可用者，惟梅雨而已。秋露繁時，百花頭上以槃收取，其甘如飴。《吕氏春秋》所謂水之美者，有三危之露。故秋露造酒最稱清洌，姑射神人吸風飲露，漢武金盤露和玉屑服食，楊貴妃每晨吸花上露以止渴解酲，露固清華之上品，朗潤之明珠，加于流水一等矣。秋露而外，春露亦佳。若大雹降于夏暑，霜雪凝於沍寒，雖出于天，非水之正。明水一名方諸水。《淮南子》云：方諸見月，則津而爲水。注者或以方諸爲石，或曰大蚌，或曰五石鍊成，皆非也。《周禮》司爟氏以火燧取明火於日，鑑取明水於月。《攷工記》云：銅錫相半謂之鑑，燧之劑，是火爲燧，水爲鑑，俗謂水火鏡是矣。《參同契》云：陽燧以取火，非日不生光。方諸非星月，安能得水漿。凡有星月所照，皆可得水，清明純潔，以恭祭祀，不可調色乎。外有半天河，雖名上池水，竹籬頭水及空樹穴中水。《戰國策》云：長桑君飲，扁鵲以上池之水能洞見臟腑。注云：上池水，半天河也。宗奭曰：天澤之水。未必盡潔，須擇之。夏冰出于凌陰，厥性極寒，亦能腐紙損絹，此皆水之生于天者也。天地相合之水，亦以節氣爲辨，一年二十四節氣，一節主半月，氣候迭更，即水之氣味隨之變遷，此乃天地之氣相感，而非疆域之限也。《月令通纂》云：正月初一日至十二日止，一日主一月，每旦以瓦瓶秤水，觀其輕重，重則雨多，輕則雨少。一日之間且有不同，況一月乎。立春、清明二節貯水，謂之神水，久而不壞。寒露、冬至、小寒、大寒四節，及臘日水，與雪水同。立秋日五更井華水，即井泉之水，平旦第一汲也。小滿、芒種、白露三節之水，皆易壞物，與黴雨同，此水之天地相合者也。總之，有源活水雖濁亦甘，無本死水雖清亦苦，執是以求槩可類推。若夫書家九生之法，一曰生水取其新汲，不可太宿。晝亦如之，取之近者朝朝更易，遠者四五日一易，皆須貯之。磁缸聽其自澄，不可投以白礬降香諸物。夫水爲五色之精神，五色以水爲血脈，一水不合萬色俱壞。故作畫者隨身所歷之區，一年所遇之時，仰觀俯察，舌上毫尖親自嘗之，而後用之，則取諸天，取諸地，取諸天地之相合。水哉，水哉，其庶幾乎。

清・錢泳《履園叢話》卷七　順逆　人生順逆之境，亦難言之。譬如行舟，遇逆風則舍艫上縴，遲遲我行。或長江大河，不能施縴者，惟有守風默坐而已，見順風船過去，輒妬之慕之，未幾風轉，則張帆箭行，逍摇乎中流，呼嘯于篷底，而人亦有妬我羡我者。余嘗有詩云：順逆總憑旗脚轉，人生須早得風雲。然既遇順風，張帆不可太滿，滿則易于覆舟。一旦白浪翻天，號救不應，斯時也，雖欲羡逆風之船而不可得矣。

清・孫詒讓《周禮正義》卷三三　《周禮》風師者，箕星也，箕主簸揚，能致風氣。鼓之以雷霆，潤之以風雨，養成萬物，有功於人，王者祀以報功也。《獨斷》云：風伯神，箕星也。其象在天，能興風。《御覽》天部引荆州星占云：箕舌一星，動則大風至。又云：箕宿四星，第二星一名風后。《開元占經》東方七宿占引石氏云：箕大星一名風星，月宿之，必有大風，是箕爲風師也。《風俗通義》又引《楚辭》説云：飛廉風伯也，案此本《離騷》王逸注。《漢書》郊祀志顔注同此。秦漢以後之異説，不可以證禮也。云雨師畢也者，《舜典》疏引後鄭書注説同。《風俗通義》祀典篇云：《周禮》雨師者，畢星也。《詩》云：月離於畢，俾滂沲矣。《易》師卦也，土中之衆者莫若水。衆者，師也。雷震百里，風亦如之。至於泰山，不崇朝而徧雨天下，異於雷風，其德散大，故雨獨稱師也。《獨斷》云：雨師神，畢星也。其象在天，能興雨。義並與司農同。

又　《尚書》歐陽説曰：春曰昊天，夏曰蒼天，秋曰旻天，冬曰上天，揔爲皇天。《爾雅》亦然。《古尚書》説云：天有五號，各用所宜稱之。尊而君之，則曰皇天；元氣廣大，則稱昊天；仁覆愍下，則稱旻天；自上監下，則稱上天；據遠視之蒼蒼然，則稱蒼天。謹案：《尚書》堯命羲和，欽若昊天，揔勑四時，知昊天不獨春。《春秋左氏》曰：夏四月己丑，孔子卒。稱旻天不弔，時非秋天。玄之聞也，《爾雅》者，孔子門人作，以釋六藝之文，言蓋不誤矣。春氣博施，故以廣大言之；夏氣高明，故以遠言之；秋氣或殺或生，故以閔下言之；冬氣閉藏而清察，故以監下言之。

清・孫詒讓《周禮正義》卷三七　《春秋傳》曰：日月星辰之神，則雪霜風雨之不時，於是乎禜之。山川之神，則水旱疫癘之不時，於是乎禜之。魯莊二十五年，秋大水，鼓用牲于門。故書瓢作剽。【略】疏注云：禜謂營，酇所祭者，禜即大祝六祈之。禜營禜聲，類同祭法。注云：禜之言營也。《説文》示部云：禜設緜蕝爲營，以禳風雨雪霜水旱癘疫於日月星辰山川也。一曰：禜衛使災不生。《左傳》昭元年杜注云：禜祭爲營，攢用幣以祈福祥。

清・孫詒讓《周禮正義》卷五一　二十四氣之數，《逸周書》周月篇云：凡四時，成歲，歲有春夏秋冬，各有孟仲季以名，十有二月，月有中氣以著時，應春三月中氣，驚蟄、春分、清明；夏三月中氣，小滿、夏至、大暑；秋三月中氣，處暑、秋分、霜降；冬三月中氣，小雪、冬至、大寒。閏無中氣，斗指兩辰之閒，此中數之義。《月令》四立之日皆先三日大史謁之，天子告以其日迎氣，即正節氣之事。注：舉中氣可晐節氣也。

清・陳元龍《格致鏡原》卷八《坤輿類四》　水附冰

《逸雅》：水，準也。準，平物也。《黄帝書》：天在地外，水在天外，水浮天而載地者也。《管子》：水者地之血氣，如筋脉之通流者也。《春秋元命苞》：水之爲言演也，陰化淖濡。流施潛行也。故其立字，兩人交，一以中出者爲水。一者數之始，兩人譬男女之陰陽交，物以一起也。《物理論》：所以立天地者，水也。夫水也者，本也，吐元氣，發日月，經星辰而興。

又　《田家五行》：正月十旬十二日秤水，以卜十二月之水旱。專取一瓦缾，每朝取水秤，重則雨多，輕則雨少。《研北雜志》：揚子江中沙田户，每歲旦取一瓿以稱水，水重則是年江水大，輕則水小，歲歲不差。

又　冰

《周易》：履霜堅冰，陰始凝也。馴致其道，至堅冰也。《禮記》：孟冬之月水始冰，地始凍。仲冬之月冰益壯。《風俗通》：積冰曰淩，冰壯曰凍，冰流曰澌，冰解曰泮。《周禮》：淩人掌冰。正義：十有二月，令斬冰，三其淩。三倍其冰。春始治鑑。鑑如甀，大口，以盛冰，置食物於中以禦温氣。春而始治之，爲二月將獻羔而啓冰。祭祀共冰鑑，賓客共冰。大喪共夷槃冰，夏頒冰，掌事，秋刷。刷，清也。

鄭司農云：刷除冰室當更內新冰。《左傳》：申豐曰：古者日在北陸而藏冰，西陸朝覿而出之。其藏冰也，深山窮谷，固陰沍寒，於是乎取之。其出之也，朝之祿位，賓食喪祭，於是乎用之。其藏之也，黑牡、秬黍，以享司寒。其出之也，桃弧、棘矢，以除其災。其出入也時。食肉之祿，冰皆與焉。大夫命婦，喪浴用冰。祭寒而藏之，獻羔而啓之，公始用之，火出而畢賦。自命夫命婦，至於老疾，無不受冰。山人取之，縣人傳之，輿人納之，隸人藏之。夫冰以風壯，而以風出。其藏之也周，其用之也徧，則冬無愆陽，夏無伏陰，春無凄風，秋無苦雨，雷出不震，無災霜雹，癘疾不降，民不夭札。《七月》之卒章，藏冰之道也。《談苑》：收冰之法，冬至前所收者，堅而耐久。冬至後所收者，多不堅也。黃河亦必以冬至前凍合，冬至後雖凍不復合矣。《金國志》：金末，河水凍成龜文，又有花卉禽獸之狀，巧過雕鏤，時人謂之天畫。《韻府續編》：紹興八年，汴京雨下冰龜，數十里，大小皆冰龜形，具首足卦文。《漢・五行志》：今之長老名木冰爲木介。介者，甲。甲，兵象也。《七修類藁》：木冰者，雨及木而凝冰。諺云，木稼也。《洪範五行傳》謂之木斤，范氏謂之木介。春秋成公十六年，雨木冰。《文獻通考》：木冰者，乃寒脇木而成冰，妖不在木也。冰花者，乃冰有異而成花，妖不在花也。《摭遺》：唐開元冬至，大雪簷溜皆爲冰條，妃子使侍兒敲二枝看玩。帝問何物，妃子笑曰，妾所玩者冰筯也。《酉陽雜俎》：王天運將四萬人征小勃律而還，行數百里，忽驚風四起，雪花如翼，風激小海，水成冰柱，起而復摧。

又　冰斗冰鑑

博古圖冰斗有柄，無銘，三旁掩上，其柄可持，其底鏤空，實冰斗也。又，冰鑑四足，無銘，上方如斗，四傍塵鏤，底作風窗，承以大盤，立之四足，置食於上，而設冰於盤，使寒氣通徹，以禦温氣。觀此鑑製作，宜唐之精工所能到也。

清《直報》第二十一號（光緒二十一年正月二十五日）　行冰瑣記

粵稽天一生水，首列五行。物非水不能生，民非水不能活，水之時義大矣哉。顧天本以水育民物，亦或以水害民物。自古迄今，洚水之患無時蔑有，無處不然。而中土之北直則尤甚，何也？南方地暖，夏秋積水，至冬則涸。北直地寒，夏秋積水，至冬則冰。民困於水苦已難堪，民困於冰毒尤慘烈。小民怨咨，此又不能不抱憾於天之莫可如何者也。乃若鑑於古今治水之道，則不宜究天而究人。【略】其在五六月間，天尚温暖，被灾者散之四方以就食。至冬天嚴冷無處可存，不得不仍攜細弱歸守門户，頹垣破屋，敗竈無烟。雖皇恩浩蕩，恃賑難給饔飧，因聚一村或數村，仰求富民借資，製網箔以漁爲活。雖冬初春初不憚薄冰，大雪大風無分晝夜，遺黎苦哉！其尤慘者，去歲，静西冰結後，行人來往，咸慶鏡清砥平，忽被風吹，水立冰□飛行至村邊，有物觸激，頃刻疊駕，勢等山巖，霎忽迸裂，衝牆倒壁，棟折榱崩，細弱爲壓，或冰由屋内地中凸起，破壁而出。村村相似，屈指不勝，蓋以水爲陽氣，乘陰而動於其中。其字中畫本一陽流動之象，故瀕水者寒極，則地面固陰沍寒，凝結爲冰。而陽氣在下，一冲直上，冰腹缺裂，其聲似雷，其形似帶。北方水國年年如是，甚則爲灾。今正（自）〔月〕初三五七等日夜以來，静西多有行冰之處，房屋坍塌，相槨竪立，受灾漁□人與箔網盡付逝波。其不幸之幸者，則數十人坐茅以漁，結草廬於冰上，夜被行冰拖去，不計道里。及明，抵村落，而此冰一塊不破，尚可冀救以生，否則莫與問東流矣。當極寒之際，而澤腹不堅，冰解人陷。細究其故，由於上游蘇莊汙苦水塢楊家口等處決口，經歲並未堵塞，以致冰未消於北岸，波已漲自前溪，水溜冰活，遇風便解。居是鄉者，岌岌殆哉。客有行静西冰上者，入險□險，投宿鄰村。聞有嫗哭慟甚，詢知嫗男以避水難，從軍東征喪鋒鏑，嫗夫業漁墮冰窟。吁！一被水患，不死於兵輙死於冰，慘矣。【略】今夫陰陽風雨晦明，天之六氣也。人感之則生疾，必使天無六氣，而人始無疾，豈理也哉。彼水患者，縱屬天荒，實由人廢，安得寇老復來，而與吾爲治也哉。客聞而嘆曰：書云，人無于水監，當于民監。又云：若□虎尾涉於春冰，言爲政之宜慎也。若此冰窟，可以爲鑑矣。於是，爲冰鑑篇，韻語鏗鎗，類河滿子，惜篇隘不能盡登，僅録其記，亦足以鑑矣。

清《直報》第四百五十二號（光緒二十二年六月初一）　誌晴

如曰天以好生爲德，豈此被災成澤國者非戴天之民？而天之好生，或有所擇，故有好有不好？抑將有所待，時好時不好乎？茲復接連霖沛，廿四日一夜，檐溜淙淙，達旦猶淋零未歇，想低鄰婦子，望隴興嗟，長此不休，去歲災祲，今將復見。上無所施其術，下無所用其力，而一任天之若威若怒，如醉如痴，祈無靈而呼不應也。有心乎？無心乎？予固以爲無心，故無情，無情，故不愛民也。今之晴霽，不過會逢其適，非天心之有所眷佑審矣。予曰，唯唯。是猶有説，夫陰晴風雨寒燠之天，形體之天也。水旱癘疫夭札之天，氣數之天也。佑民愛民無感弗届，義理之天也。斯三天者，各有其義，各有其實，未可概以天字綜而括也。試以形體言之，南華老人曰：天之青青。其正色耶，其遠而無所至極耶，故宣夜之書云：漢秘郎書邱希萌記先師相傳，天無質，仰而瞻之，高遠無極，目精既絶，故蒼蒼然。譬如旁望遠道之黃山而皆青，俯察千仞之幽谷而皆黑，青非真色，黑非有體也。日月衆生，自然浮生，虛空中皆以氣運云云，其非有人，焉以主宰之推行之。事事稱量以爲可知也，其爲風雨災異者。諺云：月而仰水漸長，月而昃水無滴。按月有九行，青白赤黑各二道，皆出入於黃道中，故曰九行。道不中而過南則爲陽，道不中而過北則爲陰。行陽道則旱，行陰道則潦。陽則氣散，故無點滴。陰則氣凝，故水漸長也。月爲水之精，水不能自發其光，必借火光以爲光，日火之精也，故月必借日以爲光。月生時如仰瓦，是行陰道，如弓絃昃樣，是行陽道，以占旱潦，驗如龜蓍。又《南華》云：大塊噫氣，其名曰風，四時之風分四方。《爾雅》釋其名，《俾雅》解其義，然未細察其來去。竊嘗考於古證於今，以察其來去之踪迹，大抵春風之氣，力自下而上，下驗葭灰之飛，上覘紙鳶之起，與夫扶搖羊角之團旋直立，知其自下而上也。秋風之氣，力自上而下，故草木黃落，天高氣清，物皆瑟縮而殞脱，知其自上而下也。夏風之氣，力橫行空中，故樹杪多風色而低，底少爽意，知其橫行空中也。冬風之氣，力附着土上，是以刮地而吼，噓氣生寒，知其附着土上。其大較也。總之，陰陽二氣之合，風其噫也，雲其氣也，雷其聲，電其光也。風多而低則合速，故雨大而點疏。風少而高則合遲，故雨細而點密。氣寒則雨凝，於上而成雪雹霰之流也。陽氣暴上，陰氣驟迫，則成雹。陰陽不調，則風發屋，雨溢河，雪至牛目，雹殺驢馬，皆陰陽相蕩之灾祲。《春秋繁露》已詳之，其或猛烈驕怪，有物憑之，非天之有意爲是也。此形體之概也，以氣數言之。如《禮記·月令》所載，春行夏令何災，行秋令何災，行冬令何災，夏秋冬令之錯行亦如之。其數之定而有徵者，毋庸悉贅。

清《直報》第四百五十三號（光緒二十二年六月初三日） 誌晴

【略】今子據旱乾水溢癘疫災浸形體氣數之天，寒暑偶乖，陰陽偶過，因以罪夫義理之天，謂天不民愛，果其不愛，僅不并寒暑而無之，且并高厚而無之，吾恐天心一喪，則世且無民，惟子與吾皆民也。世苟無民，今夕何夕，吾兩人者尚得優游談讌耶。客起問曰：吾子之言，誠辯矣。無如畔天爲三，之三天者，其終各不相謀乎？曰：坐，我明語子。天之爲義，囿天地，體萬物，推四時之變，顯鬼神之情。天地恢恢，其道一也。萬物芸芸，其性一也。四時亹亹，其運一也。鬼神洋洋，其德一也。一者何也。曰：天也，或言形體，或言氣數，或言義理。經書所載，或兼言，或專言，毋得膠柱。要之形體不外氣數，氣數不外義理，有本末，有精粗，有幽明隱顯，而其實則皆通於一。將以有形有體者爲天，則形體豈無因而至者？故有天地，復有鬼神。有萬物，復有四時。此末不離本，明不離幽，顯不離隱之義也。雖然由本以及其末，由幽以測其明，由隱以卜其顯，順而推之，則勢有必然。逆而挽之，則勢無可易。

農事部

論説

《管子·白心第三十八》故苞物衆者莫大於天地，萬物共在天地之中。化物多者莫多於日月，日陽也，月陰也，物皆稟陰陽之氣，然後化之也。民之所急，莫急於水火。一日無水火則生理或有不全。然而天不爲一物枉其時，冬不爲松栢不凋輟其霜雪，夏不爲薺麥枯死止其雨露也。明君聖人亦不爲一人枉其法。天行其所行，而萬物被其利。冬行霜雪，夏行雨露，故萬物利也。聖人亦行其所行，而百姓被其利。是故，萬物均既誇衆矣。

又 無以旁言爲事成。察而徵之，無聽辨，萬物歸之，美惡乃自見。萬物之歸，當順而容之，其美之與惡終自顯見。天或維之，地或載之。天莫之維，則天以墜矣。地莫之載，則地以沈矣。夫天不墜，地不沈，夫或維而載之也夫。天張於上，地設於下，自古及今而不沈墜者，必有神靈維載之故。又况於人，人有治之，辟之若夫靁鼓之動也，必有以而動也。夫不能自摇者，夫或□之。無識之物，皆不能自摇，有時而動，則物摇之也。夫或者何？若然者也。風有時摇動，誰使然也。視則不見，聽則不聞。謂風。灑乎天下滿，風之洒散滿天下也。不見其塞。風無壅塞時也。集於顔色，寒者，遇風則色慘。熱者，遇之則清也。知於肌膚。惟肌膚能覺風。責其往來，莫知其時。責問其往來，則不得正時。薄乎其方也，韕乎其圜也，韕韕乎莫得其門。故口爲聲也，耳爲聽也，目有視也，手有指也，足有履也，事物有所比也。今夫口手目足各有其在，非徒然也，必精神之比。夫事物之動摇，則風使之然，然求風則不得，語神亦不見之也。

《管子·内業第四十九》凡道無根無莖，無葉無榮，萬物以生，萬物以成，命之曰道。無根莖而能生，無花葉而能成，則陰陽不測者也。故命之曰道。天主正，平分四時，天之正也。地主平，均生萬物，地之平也。人主安静。春秋冬夏，天之時也。山陵川谷，地之枝也。喜怒取予，人之謀也。是故聖人與時變而不化，從物而不移。物遷而從之，聖本不移。

《管子·小問第五十一》桓公曰：善哉，牧民何先。管子對曰：有時先事，有時先政，有時先德，有時先恕。飄風暴雨，不爲人害，涸旱不爲民患。百川道，年穀熟，糴貸賤，禽獸與人聚，食民食，民不疾疫。當此時也，民富且驕，牧民者厚收善歲，以充倉廩。禁藪澤，此謂先之以事。隨之以刑，敬之以禮樂，以振其淫，此謂先之以政。飄風暴雨爲民害，涸旱爲民患，年穀不熟，歲饑，糴貸貴，民疾疫。當此時也，民貧且罷，牧民者發倉廩山林藪澤以共其財，後之以事，先之以恕，以振其罷，此謂先之以德。其收之也，不奪民財。其施之也，不失有德。富上而足下，此聖王之至事也。桓公曰：善。

《管子·七臣七主第五十二》夫凶歲雷旱，非無雨露也，其燥濕非其時也。亂世煩政，非無法令也，其所誅賞者非其人也。暴主迷君，非無心腹也，其所取舍非其術也。故明主有六務四禁。六務者何也？一曰節用，二曰賢佐，三曰法度，四曰必誅，五曰天時，六曰地宜。四禁者何也？春無殺伐，無割大陵，倮大衍，伐大木，斬大山，行大火，誅大臣，收穀賦。凡此春之禁也。夏無遏水達名川，謂偃塞小水合大水。塞大谷，動土功，射鳥獸。凡此夏之禁。秋無赦過釋罪緩刑，冬無賦爵賞禄，傷伐五穀。五穀之藏。故春政不禁則百長不生，夏政不禁則五穀不成，秋政不禁則姦邪不勝，冬政不禁則地氣不藏。四者俱犯，則陰陽不和，風雨不時，大水漂州流邑，漂流謂滿溢於隄防，故漂流城邑。大風漂屋折樹，火暴焚地燋草。旱甚則草燋。天冬雷，地冬霆。霆震。草木夏落而秋榮，蟄蟲不藏。宜死者生，宜蟄者鳴，苴多螣蟇，苴謂草之翳薈。山多蟲蟗。六畜不蕃，民多夭死，國貧法亂，逆氣下生，故曰：臺榭相望者，亡國之廡也。馳車充國者，追寇之馬也。

《管子·禁藏第五十三》夫冬日之不濫，非愛冰也，濫謂泛冰於水以求寒，所謂濫漿。夏日之不煬，非愛火也。爲不適於身便於體也。冬之水，夏之火，皆於身體不適便。

又 夏賞五德，五德謂五常之德。滿爵禄、遷官位、禮孝弟、復賢力，所以勸功也。賢而有功賞復除之，此皆夏令。秋行五刑，誅大罪，所以禁淫邪，止盜賊。凡此皆秋令。冬收五藏，五穀之藏。最萬物，所以内作民也。凡此皆冬令。四時事備，而民功百倍矣。於四時事皆備，故人有百倍之功。故春仁、夏忠、秋急、冬閉，生者仁也，長者忠也，收當急也，藏當閉也。順天之時，約地之宜，忠人之和。故風雨時，五穀實，草木美多，六畜蕃息，國富兵彊，民材而令行，内無煩擾之政，外無彊敵之患也。

《呂氏春秋·古樂》昔古朱襄氏之治天下也，多風而陽氣畜積，萬物散解，果實不成，故士達作爲五弦瑟，以采陰氣，以定羣生。

《呂氏春秋·音律》大聖至理之世，天地之氣，合而生風，日至則月鐘其風，以生十二律。仲冬日短至，則生黄鐘。季冬生大吕。孟春生太蔟。仲春生夾鐘。季春生姑洗。孟夏生仲吕。仲夏日長至，則生蕤賓。季夏生林鐘。孟秋生夷則。仲秋生南吕。季秋生無射。孟冬生應鐘。天地之風氣正，則十二律定矣。黄鐘之月，土事無作，慎無發蓋，以固天閉地，陽氣且泄。大吕之月，數將幾終，歲且更起，而農民，無有所使。太蔟之月，陽氣始生，太蔟，正月。冬至後四十六日立春，故曰陽氣始生。草木繁動，動，生也。令農發土，無或失時。發土而耕。夾鐘之月，寬裕和平，行德去刑，無或作事，以害羣生。姑洗之月，達道通路，溝瀆修利，姑洗，三月也。時雨將降，故修利溝瀆。申之此令，嘉氣趣至。順其陽德，故嘉喜之氣至。仲吕之月，無聚大衆，巡勸農事，仲吕，四月。大衆，謂軍旅工役也。順陽長養，无役大衆，妨廢農工，故戒之曰無也。必循行農事勸率之。草木方長，無攜民心。蕤賓之月，陽氣在土，安壯養俠，蕤賓，五月。壯盛俠少也，皆安養之助陽也。本朝不静，草木早槁。静安朝政不寧，故草木變動墮落早枯槁也。林鐘之月，草木盛滿，陰將始刑，林鐘，六月。刑，殺也。夏至後四十六日立秋，秋則行刑戮，故曰陰氣將始殺也。無發大事，以將陽氣。夷則之月，修法飭刑，選士厲兵，詰誅不義，以懷遠方。南吕之月，蟄蟲入穴，趣農收聚，仲秋大雨，故收聚。無敢懈怠，以多爲務。無射之月，疾斷有罪，當法勿赦，無射，九月。無留獄訟，以亟以故。應鐘之月，陰陽不通，閉而爲冬，應鐘，十月。陽伏在下，陰閉於上，故不通。修別一作辨。喪紀，審民所終。

《呂氏春秋·貴信》天行不信，不能成歲。地行一作安。不信，草木不大。不信，氣節陰陽皆不交，故不成歲也。春之德風，風不信，其華不盛，華不盛則果實不生。在木曰果，在地曰蓏。夏之德暑，暑不信，其土不肥，土不肥則長遂不精。遂成也。秋之德雨，雨不信，其穀不堅，穀不堅則五種不成。堅好成熟也。冬之德寒，寒不信，其地不剛，地不剛則凍閉不開。不開氣不通也。天地之大，四時之化，而猶不能以不信成物，又況乎人事。君臣不信，則百姓誹謗，社稷不寧。處官不信，則少不畏長，貴賤相輕。賞罰不信，則民易犯法，不可使令。交友不信，則離散鬱怨，不能相親。百工不信，則器械苦僞，丹漆染色不貞。夫可與爲始，可與爲終，可與尊通，可與卑窮者，其惟信乎。信而又信，重襲於身，乃通於天。以此治人，則膏雨甘露降矣，寒暑四時當矣。當猶應也。

《呂氏春秋·任地》后稷曰：子能以窐爲突乎？窐，容汙，下也。突，理出，豐高也。子能藏其惡而揖之以陰乎？陰猶潤澤也。子能使吾士靖而甽浴士乎？士當作土。子能使保溼安地而處乎？子能使萑夷毋淫乎？淫，延生也。子能使子之野盡爲泠風乎？泠風，和風，所以成穀也。子能使藁數節而莖堅乎？子能使穗大而堅均乎？子能使粟圜而薄糠乎？子能使米多沃而食之彊乎？無之若何？凡耕之大方，力者欲柔，柔者欲力。息者欲勞，勞者欲息。棘者欲肥，肥者欲棘。急者欲緩，緩者欲急。溼者欲燥，燥者欲溼。溼，謂下，溼近汙泉，故欲燥。燥，謂高明暵乾，故欲溼。不燥不溼，取其中適，乃成黍稷也。上田棄畝，下田棄甽。五耕五耨，必審以盡。其深殖之度，陰土必得，大草不生，又無螟蜮。今兹美禾，來兹美麥。是以六尺之耜，所以成畝也。其博八寸，所以成甽也。耨柄尺，此其度也。其耨六寸，所以間稼也。地可使肥，又可使棘。人肥必以澤，地耕熟則肥，肥即得穀多，不則瘠痔則得穀少。故曰可使也。人肥則顔色潤澤。使苗堅而地隙。人耨必以旱，使地肥而土緩。草端大月。大月，孟冬月也。冬至後五旬七日，菖始生，菖，菖蒲水草也。冬至後五十七日而挺生。菖者百草之先生者也。於是始耕。傳曰，土發而耕，此之謂也。孟夏之昔，殺三華而穫大麥。昔，終也。三華薺亭歷菥蓂也。是月之季，枯死大麥，熟而可穫。日至，苦菜死而資生，而樹麻與菽，此告民地寶盡死。凡草生藏日中出。豨首生而麥無葉，而從事於蓄藏，此告民究也。五時見生而樹生，見死而穫死。五時，五行生殺之時也。見生，謂春夏種稼而生也。見死，謂秋冬獲刈收死者也。天下時，地生財，不與民謀。天降四時，地出稼穡，自然之道也，故曰不與民謀。

《呂氏春秋·辯土》凡耕之道，必始於壚，爲其寡澤而後枯。言土燥溼也。必厚其靹，爲其唯厚而及。鎗者莛之，堅者耕之，澤其靹而後之。上田則被其處，下田則盡其汙。無與三盜任地。夫四序參發，大甽小畝，爲青魚胠，苗若直獵，地竊之也。既種而無行，耕而不長，則苗相竊也。弗除則蕪，除之則虛，則草竊之也。故去此三盜者，而後粟可多也。所謂今之耕也，營而無獲者。獲或作種。其蚤者先時，晚者不及時，寒暑不節，稼乃多菑實。其爲晦也，高而危則澤奪，陂則埒，見風則僻，高培則拔，寒則雕，熱則脩，一時而五六死，故不能爲來。不俱生而俱死，虛稼先死，衆盜乃竊，望之似有餘，就之則虛。農夫知其田之易也，不知其稼之疏而不適也。知其田之際也，不知其稼居地之虛也。不除則蕪，除之則虛，此事之傷也。故晦欲廣以平，甽欲小以深，下得陰，上得陽，陰，溼也。陽，日也。然後咸生。

《吕氏春秋·審時》 凡農之道，厚之爲寶。斬木不時，不折必穗。稼就而不穫，必遇天菑。菑，害也。夫稼，爲之者人也，生之者地也，養之者天也。是以人稼之容足，耨之容耨，據之容手。此之謂耕道。是以得時之禾，長稠而穗，大本而莖殺，疏機而穗大，其粟圓而薄糠，其米多沃而食之彊。如此者不風。風，落也。先時者，莖葉帶芒以短衡，穗鉅而芳奪，秮米而不香。奪或作奮字。後時者，莖葉帶芒而末一作小衡，穗閲而青零，多秕而不滿。得時之黍，芒莖而徼下，穗芒以長，摶米而薄糠，舂之易，而食之不噮而香。如此者不飴。先時者，大本而華，莖殺而不遂，葉藁短穗。後時者，小莖而麻長，短穗而厚糠，小米鉗而不香。得時之稻，大本而莖葆，長稠疏機，穗如馬尾，大粒無芒，摶米而薄糠，舂之易而食之香。如此者不益。先時者，大本而莖葉格對，短稠短穗，多秕厚糠，薄米多芒。後時者，纖莖而不滋，厚糠多秕，庭辟米，不得恃辟，小也，恃或作特。定熟，卬天而死。得時之麻，必芒以長，疎節而色陽，小本而莖堅，厚枲以均，後熟多榮，日夜分復生。如此者不蝗。得時之菽，長莖而短足，其美二七以爲族，多枝數節，競葉蕃實，大菽則圓，小菽則摶以芳，稱之重，食之息以香。如此者不蟲。先時者，必長以蔓，浮葉疏節，小莢不實。後時者，短莖疏節，本虛不實。得時之麥，稠長而頸黑，二七以爲行，而服薄糕而赤色，稱之重，食之致香以息，使人肌澤且有力。如此者不蚼蛆。先時者，暑雨未至，至或作止。胕動蚼蛆而多疾，其次羊以節。後時者，弱苗而穗蒼狼，薄色而美芒。是故得時之稼興，失時之稼約。莖相若，稱之，得時者重，粟之多。量粟相若而舂之，得時者多米。量米相若而食之，得時者忍饑。是故得時之稼，其臭香，其味甘，其氣章，百日食之，耳目聰明，心意叡智，四衛變彊。殉氣不入，身無苛殃。黄帝曰：四時之不正也，正五穀而已矣。

明·徐光啓《農政全書》卷一〇《農事》 授時

《農桑通訣》曰：授時之説，始於《堯典》。自古有天文之官。重黎以上，其詳不可得聞。堯命羲和，曆象日月星辰，考四方之中星，定四時之仲月。南方朱鳥七星之中殷仲春，則厥民析而東作之事起矣。以東方大火房星之中正仲夏，則厥民因而南訛之事興矣。以西房虚星之中殷仲秋，則厥民夷而西成之事舉矣。以北方昴星之中正仲冬，則厥民隩而朔易之事定矣。然所謂曆象之法，猶未詳也。舜在璿璣玉衡，以齊七政，説者以爲天文器。後世言天之家，如洛下閎、鮮于妄人輩，述其遺制，營之度之，而作渾天儀。曆家推步，無越此器，然而未有圖也。蓋二十八宿周天之度，十二辰日月之會，二十四氣之推移，七十二候之遷變，如環之循，如輪之轉。農桑之節，以此占之。四時各有其務，十二月各有其宜。先時而種，則失之太早而不生；後時而蓺，則失之太晚而不成。故曰：雖有智者，不能冬種而春收。《農書·天時之宜》篇云：萬物因時受氣，因氣發生，時至氣至，生理因之。今人雷同，以正月爲始春，四月爲始夏，不知陰陽有消長，氣候有盈縮，冒昧以作事，其克有成者，幸而已矣。此圖之作，以交立春節爲正月，交立夏節爲四月，交立秋節爲七月，交立冬節爲十月。農事早晚，各疏於每月之下。星辰干支，別爲圓圖，使可運轉。北斗旋於中，以爲準則。每歲立春，斗杓建於寅方，日月會於營室，東井昏見於牛，建星辰正於南，由此以往，積十日而爲旬，積三旬而爲月，積三月而爲時，積四時而成歲。一歲之中，月建相次，周而復始。氣候推遷，與日曆相爲體用，所以授民時而節農事，即謂用天之道也。夫授時曆，每歲一新，時圖常行不易。非曆無以起圖，非圖無以行曆，表裏相參，轉運而無停。渾天之儀，粲然具在是矣。然按月農時，特取天地南北之中氣，立作標準，以示中道，非膠柱鼓瑟之謂。若夫遠近寒暖之漸殊，正閏常變之或異，又當推測晷度，斟酌先後。庶幾人與天合，物乘氣至，則養之節不至差謬，此又圖之體用餘致也，不可不知。務農之家，當家置一本，考曆推圖，以定種蓺，如指諸掌。故亦名曰：授時指掌活法之圖。

馮應京曰：按天地氣候，南北不同也。廣東福建，則冬木不凋，而其氣常煖。如北之宣大，則九月服纊，而天雪矣。乃草木疏穀，自閩而浙，自浙而淮，則二候每差一旬。至於徐魯之間，則五月萌芽方茁。是則此圖當以活法參之，蓋不可膠議以求效也。

綜述

《管子·宙合第十一》 春采生，秋采蓏，夏處陰，冬處陽。此言聖人之動靜、開闔、詘信、涅濡、取與之必因於時也。時則動，不時則靜。是以古之士有意而未可陽也，故愁其治言，含愁而藏之也。

《管子·小匡第二十》 今夫農，羣萃而州處，審其四時，權節於四時中，又權量其節之早晚。具，備其械器用，比耒耜穀芨。及寒擊稾除田，以待時乃耕，冬寒之月，即擊去其草之稾者，修除其田以待春之耕也。深耕、均種、疾耰。先雨芸耨，以待時雨。時雨既至，挾其槍刈耨鎛，以旦暮從事於田墅，稅衣就功，別苗莠，列疏遬。首戴苧蒲，身服襏襫，沾體塗足，暴其髮膚，盡其四支之力，以疾從事於田野。少而習焉，其心安焉，不見異物而遷焉。【略】時雨甘露不降，飄風暴雨數臻。五穀不蕃，六畜不育，而蓬蒿藜藿并興。夫鳳皇之文，前德義，後日昌，昔人之受命者，龍龜假，河出圖，雒出書，地出乘黃，今三祥未見有者。

《管子·輕重乙第八十一》 管子曰：泉雨五尺，其君必辱。食稱之國必亡，待五穀者衆也。故樹木之勝霜露者不受令於天，家足其所者不從聖人。故奪然後予，高然後下，喜然後怒，天下可舉。

又 管子對曰：涇水十二空，汶淵洙浩滿三之於。乃請以令使九月種麥，日至日穫，則時雨未下而利農事矣。桓公曰：諾。令以九月種麥，日至而穫。量其艾，一收之積，中方都二。故此所謂善因天時，辯於地利而辟方都之道也。

又 桓公曰：然則何以守時？管子對曰：夫歲有四秋，而分有四時。故曰：農事且作，請以什伍農夫賦耜鐵，此之謂春之秋。大夏且至，絲纊之所作，此之謂夏之秋。而大秋成，五穀之所會，此之謂秋之秋。大冬營室中，女事紡績緝縷之所作也，此之謂冬之秋。故歲有四秋，而分有四時。已有四者之序，發號出令，物之輕重相什而相伯。故物不得有常固。故曰衡無數。

《管子·輕重己第八十五》 清神生心，心生規，規生矩，矩生方，方生正，正生曆，曆生四時，四時生萬物，聖人因而理之，道徧矣。

以冬日至始，數四十六日，冬盡而春始。【略】

以冬日至始，數九十二日，謂之春至。【略】

以春日至始，數四十六日，春盡而夏始。【略】

以春日至始，數九十二日，謂之夏至，而麥熟。【略】

以夏日至始，數四十六日，夏盡而秋始，而黍熟。【略】

以夏日至始，數九十二日，謂之秋至，秋至而禾熟。【略】

以秋日至始，數四十六日，秋盡而冬始。天子服黑絻黑而靜處，朝諸侯卿大夫列士，循於百姓，發號出令曰：毋行大火，毋斬大山，毋塞大水，毋犯天之隆。天子之冬禁也。

以秋日至始，數九十二日，天子北出九十二里而壇，服黑而絻黑，朝諸侯卿大夫列士，號曰發繇。趣山人斷伐，具械器。趣菹人薪雚葦，足蓄積。三月之後，皆以其所有易其所無。謂之大通三月之蓄。凡在趣耕而不耕，民以不令，不耕之害也。宜芸而不芸，百草皆存，民以僅存，不芸之害也。宜穫而不穫，風雨將作，五穀以削，士民零落，不穫之害也。宜藏而不藏，霧氣陽陽，宜死者生，宜蟄者鳴，不藏之害也。張耜當弩，銚耨當劍戟，穫渠當脅軻，蓑笠當櫓。故耕械具則戰械備矣。

《國語》卷六《齊語》 今夫農，羣萃而州處，察其四時，四時樹藝，各有宜也。權節其用，耒耜枷芟，及寒，擊菒除田，寒謂季冬大寒之時也，菒，枯草也。以待時耕。時耕謂立春之後。及耕，深耕而疾耰之，以待時雨。疾，速也，耰，摩平也，時雨至當種也。時雨既至，挾其槍刈耨鎛，以旦暮從事於田野，脫衣就功。首戴茅蒲，身衣襏襫，霑體塗足，暴其髮膚，盡其四支之敏，以從事於田野。

《呂氏春秋·季春紀》 是月也，命司空曰：時雨將降，下水上騰，循行國邑，周視原野，司空，主土官也。是月，下水上騰，恐有浸漬，害傷五稼，故使循行遍視之。廣平曰原，郊外曰野。修利隄防，導達溝瀆，開通道路，無有障塞。田獵罼弋，罝罘羅網，餧獸之藥，無出國一作九門。

《韓非子·難二第三十七》 種樹節四時之適，無早晚之失，寒温之災，則入多。【略】若天事，風雨時，寒温適，土地不加大，而有豐年之功，則入多。人事天功二物者皆入多，非山林澤谷之利也。夫無山林澤谷之利入多，因謂之窕貨者，無術之言也。

漢·桓寬《鹽鐵論》卷六《授時第三十五》 賢良曰：古者，春省耕以補不足，秋省斂以助不給。民勤於財則貢賦省，民勤於力則功業牢。爲民愛力，不奪須臾。故召伯聽斷於甘棠之下，爲妨農業之務也。【略】今時雨澍澤，澍，時雨生萬物也。種懸而不得播，秋稼零落乎野而不得收。田疇赤地，而停落成市，發春而後，懸青幡而策土牛，殆非明主勸耕稼之意，而春令之所謂也。

漢·史游《急就篇》卷二 梨柿柰桃待露霜。言此四果，皆得霜露之氣，乃能成熟。夏則待露，秋則待霜，故總云待霜露也。

北魏·賈思勰《齊民要術》卷一《耕田第一》 《周書》曰：神農之時，天雨粟，神農遂耕而種之。作陶，冶斤斧，爲耒耜、鉏、耨，以墾草莽，然後五穀與助，百果藏實。【略】凡耕高下田，不問春秋，必須燥濕得所爲佳。若水旱不調，寧燥不濕。燥耕雖塊，一經得雨，地則粉解。濕耕堅垎，數年不佳。諺曰：濕耕澤鋤，不如歸去。言無益而有損。濕耕者，白背速鎘楱之，亦無傷。否則大惡也。春耕尋手勞，秋耕待白背勞。春既多風，若不尋勞，地必虛燥。秋田塌實，塌勞令地硬。諺曰：耕而不勞，不如作暴。蓋言澤難遇，喜天時故也。桓寬《鹽鐵論》曰：茂木之下無豐草，大塊之間無美苗。凡秋耕欲深，春夏欲淺，犂欲廉，勞欲再。犂廉耕細，牛復不疲。再勞地熟，旱亦保澤也。秋耕稀青者爲上。比至冬月，青草復生者，其美與小豆同也。初耕欲深，轉地欲淺。耕不深地不熟，轉不淺動生土也。菅茅之地，宜縱牛羊踐之，七月耕之則死。《禮記·月令》曰：孟春之月，【略】天氣下降，地氣上騰，天地和同，草木萌動。此陽氣蒸達，可耕之候也。【略】孟冬之月，天氣上騰，地氣下降，天地不通，閉塞而成冬。勞農以休息之。黨正屬民飲酒，正齒位是也。仲冬之月，土事無作。《氾勝之書》曰：凡耕之本，在於趣時，和土，務糞澤，早鋤穫。春凍解，地氣始通，土一和解。夏至，天氣始暑，陰氣始盛，土復解。夏至後九十日，晝夜分，天地氣和。以此時耕田，一而當五，名曰膏澤，皆得時功。春地氣通，可耕堅硬强地黑壚土，輒平摩其塊以生草，草生復耕之，天有小雨復耕和之，勿令有塊以待時。所謂强土而弱之也。春候地氣始通，椓橛木長尺二寸，埋尺，見其二寸。立春後，土塊散，上没橛，陳根可拔。此時二十日以後，和氣去，即土剛。以此時耕，一而當四。和氣去耕，四不當一。杏始華榮，輒耕輕土弱土。望杏花落，復耕。耕輒藺之。草生，有雨澤，耕重藺之。土甚輕者，以牛羊踐之。如此則土强。此謂土弱而强之也。春氣未通，則土歷適不保澤，終歲不宜稼，非糞不解。慎無旱耕。須草生，至可種時，有雨即種，土相親，苗獨生，草穢爛，皆成良田。此一耕而當五也。不如此而旱耕，塊硬，苗穢同孔出，不可鋤治，反爲敗田。秋無雨而耕，絶土氣，土堅硬，名曰脂田。及盛冬耕，泄陰氣，土枯燥，名曰脯田。脯田與脂田，皆傷田。二歲不起稼，則一歲休之。凡麥田，常以五月耕，六月再耕，七月勿耕，謹摩平以待種時。五月耕，一當三。六月耕，一當再。若七月耕，五不當一。冬雨雪止，輒以藺之，掩地雪，勿使從風飛去。後雪復藺之，則立春保澤，凍蟲死，來年宜稼。得時之和，適地之宜，田雖薄惡，收可畝十石。崔寔《四民月令》曰：正月地氣上騰，土長冒橛，陳根可拔，急菑强土黑壚之田。二月，陰凍畢澤，可菑美田緩土及河渚水處。三月，杏華盛，可菑沙白輕土之田。五月、六月，可菑麥田。

北魏·賈思勰《齊民要術》卷一《種穀第三》 順天時，量地利，則用力少而成功多。任情返道，勞而無獲。【略】穀田必須歲易。二月、三月種者爲植禾，四月、五月種者爲穉禾。二月上旬及麻菩楊生種者爲上時，三月上旬及清明節、桃始花爲中時，四月上旬及棗葉生、桑花落爲下時。歲道宜晚者，五月六月初亦得。凡春種欲深，宜曳重撻。夏種欲淺，直置自生。春氣冷，生遲，不曳撻則根虛，雖生輒死。夏氣熱而生速，曳撻遇雨必堅垎。其春澤多者，或亦不須撻。必欲撻者，宜須待白背，濕撻令地堅硬故也。凡種穀，雨後爲佳。遇小雨，宜接濕種。遇大雨，待薉生。小雨不接濕，無以生禾苗。大雨不待白背，濕輒則令苗瘦。薉若盛者，先鋤一遍，然後納種乃佳也。春若遇旱，秋耕之地，得仰壟待雨。夏若仰壟，匪直盪汰不生，兼與草薉俱出。凡田欲早晚相雜。有閏之歲，節氣近後，宜晚田。然大率欲早，早田倍多於晚。【略】苗出壠則深鋤。鋤不厭數，周而復始，勿以無草而暫停。鋤者非止除草，乃地熟而實多，糠薄，米息。鋤得十徧，便得八米也。春鋤起地，夏爲除草，故春鋤不用觸濕。六月以後，雖濕亦無嫌。春苗既淺，陰未覆地，濕鋤則地堅。夏苗陰厚，地不見日，故雖濕亦無害矣。《管子》曰：爲國者，使農寒耕而熱芸。芸，除草也。苗既出壠，每一經雨，白背時，輒以鐵齒鎘楱縱橫杷而勞之。【略】《氾勝之書》曰：種無期，因地爲時，三月榆莢時雨，膏地强可種禾。薄田不能糞者，以原蠶矢雜禾種種之，則禾不蟲。又取馬骨剉一石，以水三石，煮之三沸。漉去渣，以汁漬附子五枚。三四日，去附子，以汁和蠶矢、羊矢各等分，撓，呼老反，攪也。令洞洞如稠粥。先種二十日時，以溲種如麥飯狀。當天旱燥時溲之，立乾。薄布數撓，令易乾。明日復溲。天陰雨則勿溲。六七溲而止。輒曝，謹藏，勿令復濕。至可種時，以餘汁溲而種之，則禾稼不蝗蟲。無馬骨，亦可用雪汁。雪汁者，五穀之精也，使稼耐旱。常以冬藏雪汁，器盛，埋於地中。治種如此，則收常倍。【略】《氾勝之書》曰：植禾，夏至後八十、九十日，常夜半候之，天有霜若白露下，以平明時，令兩人持長索相對，各持一端，以概禾中，去霜露，日出乃止。如此，禾稼五穀不傷矣。

宋·羅願《爾雅翼》卷一《釋草》 黍 禾屬而黏者也。以大暑而種，故謂之黍，從禾，雨省聲。孔子曰：黍可爲酒，禾入水也。然則又以禾入水三字合而爲黍，不但從雨而已。黍以大暑而種，故農家以三月上旬爲上時，四月上旬爲中時，五月上旬爲下時。然《月令》仲夏之月，農既登黍矣。天子以雛嘗黍，羞以含桃，先薦寢廟。爲鄭説者以爲黍非新成，直是舊黍，蓋以鄭解孟秋所登之穀爲黍稷，故以仲夏爲未熟。若其未熟，何得言登。且所謂舊黍者，自去歲孟冬，與僟併食數月於此矣，豈待今而後嘗耶。黍固有早晚，其晚者不妨至孟秋始熟，故庶人秋乃薦黍，此天子之禮自重其先熟者而嘗薦之耳。故蔡邕以爲，今之蟬鳴黍亦猶十月穫稻，而天子所嘗乃九月熟者，謂之半夏稻，亦其類也。

又　稷

稷者，五穀之長。故陶唐之世，名農官爲后稷。其祀五穀之神，與社相配，亦以稷爲名。以爲五穀不可徧祭，祭其長以該之。稷所以爲五穀長者，以其中央之穀。《月令》中央土，食稷與牛，五行土爲尊，故五穀稷爲長。又古者號稷爲首種，孟春行冬令則雪霜大摯，首種不入。蔡邕以首種爲麥，以麥常隔歲而種，故以爲首。而鄭康成以爲稷者，蓋以《考靈耀》云日中星鳥，可以種稷，是一歲之初所先種者，唯稷。況又孟春正種稷之時。而云首種不入，即是極寒種不入土，不待歲收然後爲入也。【略】故汜勝之云：三月種秔稻，四月種秫稻。《字林》云：糯，黏稻也。秔稻不黏者，今人亦皆以二穀爲稻。若詩書之文，自依所用而解之，如《論語》食夫稻，則稻是粳。《月令》秫稻必齊，則稻是糯。《周禮》牛宜稌，則稌是秔，豐年多黍多稌，爲酒爲醴，則稌是糯。又稻人之職，掌稼下地，至澤草所生，則種之芒種是明稻，有芒有不芒者，今之粳則有芒，至糯則無，是通得稱稌稻之明驗也。然《說文》所謂沛國謂稻曰稬，至郭氏解《爾雅》稌稻乃云今沛國稱稌，不知《說文》亦豈謂此稌訛爲稬耶，將與郭自異義也。又有一種曰秈，比於粳小，而尤不黏。其種甚早，今人號秈爲早稻，粳爲晚稻。蘇氏云：粳一曰秈，亦未盡也。又今江浙間，有稻粒稍細，耐水旱而成實早，作飯差硬。土人謂之占城稻，云始自占城國有此種。真宗聞其耐旱，遣以珍寶求其種。始植于後苑，後在處播之。按《國朝會要》：大中祥符五年，遣使福建，取占城禾，分給江淮兩浙漕，并出種法，令擇民田之高者，分給種之，則在前矣。

粱

粱今之粟類，古不以粟爲穀之名，但米之有孚殼者皆稱粟。今人以穀之最細而圓者爲粟，則粱是其類。《內則》曰：飯黍、稷、稻、粱、白黍、黃粱，稰、穛。說者曰：下言白黍，則上是黃黍。下言黃粱，則上是白粱。今粱有三種：青粱，殼穗有毛，粒青米亦微青，而細於黃白米也。夏月食之，極爲清涼，但以味短色惡不如黃白粱。故人少種之，亦早熟而收少，作餳，清白勝餘米。黃粱，穗大毛長，殼米俱麤於白粱，而收子少，不耐水旱，食之香味逾於諸粱。

又　稻

稻米粒如霜，性尤宜水。故五穀外別設稻人之官。掌稼下地，以瀦畜水，以防止水，以溝蕩水，以遂均水，以列舍水，以澮寫水，以涉揚其芟，作田。而漢世亦置稻田使者，以其均水利故也。

又　麥

麥者，接絕續乏之穀。方夏之時，舊穀已絕，新穀未登，民於此時乏食，而麥最先熟，故以爲重。董仲舒曰：《春秋》於它穀不書，至無麥禾則書之，以此見聖人於五穀最重麥與禾也。因說武帝，勸關中種麥。而《明堂月令》亦有仲秋勸種麥之文，其有失時行罪無疑，凡以接續所賴，懼民不以爲意耳。又禾下即種爲稍勢，故鄭司農注《稻人》稱：今時謂禾下麥爲荑下麥，言芟荑其禾，於下種麥。又注薙氏云：俗間謂麥下爲夷，言芟夷其麥，以其下種禾豆，則是卒歲之間，無曠土閒民，此惰農所難，故勸之。麥比他穀，獨隔歲種，故號宿麥。說者亦或以爲首種。《傳》曰：秋昏虛星中，可以種麥。《說文》曰：麥，芒穀，秋種厚薶，故謂之麥，麥，金也。金王而生，火王而死。小麥生於桃，二百四十日秀，秀後六十日成。蓋秋種冬長，春秀夏實，具四時之氣，自然兼有寒温熱冷，故小麥微寒，以爲麵則温，麪熱而麩冷。其地暖處，亦可春種，至夏便收。然比秋種者，四氣不足，故有毒。河渭以西，白麥麪涼，以其春種，缺二時氣使然也。麥既備有四時之氣，而《說文》以麥爲金者，特以其金王而生，又遇火而死。

又　麰

麰者，周所受瑞麥來麰也。一作牟，又作麰。即今之大麥，《說文》云：牟，大也。蓋生於杏，二百日而秀，秀後五十日而成。《孟子》曰：麰麥播種而耰之。其地同，樹之時又同，勃然而生，至於日至之時，皆熟矣。此麰之候也。《呂氏春秋》曰：孟夏之昔，殺三葉而穫大麥。其始蓋后稷受之於天。

又　麻

麻，實既可以養人，而其縷又可以爲布，其利最廣。【略】《明堂月令》秋則食麻與犬，秋氣既涼，又向寒，無害，故食當方之穀牲。而至仲秋，則又以犬嘗麻，先薦寢廟也。若《豳風》則九月菽苴，蓋食農夫者不嫌於晚耳。

又　菽

菽，豆也。其類最多，故九穀之中居其二。【略】又《廣志》曰：種小豆，一歲三熟，味甘。白豆，蠶大可食。刺豆，亦可食。秬豆，苗似小豆，紫華，可爲麪，生朱提、建寧。胡豆，有青有黄者，此亦其大略也。然大豆，以二月中旬種者爲上時，至三四月則費子。小豆，以五月爲上時，上伏中伏次之，蓋秋而成。故八月之雨，謂之豆花雨。《呂氏春秋》曰：得時之菽，長莖而短足，其莢二七以爲族，多枝數節，競葉繁實。菽穀之薄者，故《豳風》九月叔苴，采荼薪樗。食我農夫。

宋·羅願《爾雅翼》卷二《釋草》 蘭

蘭是香草之最，而古今沿習。【略】花在春則黄，在秋則紫。春黄不若秋紫之芳馥。二家所説皆是蘭草，一名都梁香，一名水香。以之解秉蕳可也，何關古之所謂蘭。

宋·羅願《爾雅翼》卷三《釋草》 菊

菊季秋寒露後五日始有華，華得土之正色。蔡邕《月令》章句曰：菊草名也，有者非所有也。黄華者土氣之所成也，季秋草木皆成非榮華之時也。故言菊有明它無有也。周書曰：菊不黄華，土不稼穡，是應土之驗。古者王后六服，有鞠衣。先鄭以爲黄衣，後鄭云黄桑服。色如鞠塵，象桑葉始生。【略】近世譜菊者，有八十一種。有黄白緗及色如桃花者。又白者遇霜皆殷，然終不摽落。故説者疑《離騷》落英之語或以爲《爾雅》落始也。考然與墜露相配，爲文不當，爲始靈均，蓋自有意。《夏小正》：「九月鞠榮而植麥。」

又 款冬

菟奚，顆凍。郭氏曰：款凍也。紫赤華，生水中。蓋款凍葉似葵而大，叢生，花出根下，十一十二月雪中出花。《述征記》曰：洛水至歲末凝厲，則款冬茂悦曾冰之中，蓋至陰之物能反至陽。故玉札，畏款冬也。《楚辭》曰：款冬而生兮，凋彼葉柯。萬物麗於土，而款冬獨生於冰下。百草榮於春，而款冬獨榮於雪中。以况附陰背陽爲小人之類，至傅咸作《款冬賦》，稱其華豔春暉，既麗且殊，以堅冰爲膏壤，吸霜雪以自濡。則又賞其稟精淳粹，不變於寒暑爲可貴。

又 燕支 燕支本非中國所有，蓋出西方，染粉爲婦人色，謂爲燕支粉。【略】今中國謂之紅藍，或只謂之紅花。大抵三月初種花，出時，日日乘凉摘取之，頃一日須百人摘。五月種晚花，七月中摘，深色鮮明，耐久不黦，勝於春種者。花生時，但作黄色茸茸然，故又一名黄藍。

宋·羅願《爾雅翼》卷四《釋草》 藍

藍者，染青之草。《荀子》曰：青出於藍，而青於藍。言染反勝於其質。菘藍，其汁抨爲澱，堪染青。蓼藍，苗似蓼而味不辛，不堪爲澱，《雅》作碧色爾。崔寔曰：榆莢落時可種藍，五月可刈藍。故《小雅》曰：終朝采藍，不盈一襜，五日爲期，六日不詹。襜衣，蔽膝也。箋云，期至五月而歸，今六月，猶不至。五月者，正藍之候。《月令》仲夏之月乃云，令民毋刈藍以染。注云，此月藍始可別。引《夏小正》曰：五月啟灌藍蓼。

艾

庶草治病，各有所宜，惟艾可用灸百疾，故名醫草。歲或多病，則艾生之，亦天預備以救人爾。荆楚之俗，五月五日未雞鳴采之，或曰見似人者，攬而取之，用灸有驗。《采葛》懼讒之詩曰：彼采葛兮，一日不見，如三月兮。蓋葛纔春莫則已可刈，只三月而成此采葛者，所以一日不見，如三月也。彼采蕭兮，一日不見，如三秋兮。《釋草》：蕭，荻，其字從秋，生於春待秋，三月而成此采蕭者，所以如三秋也。彼采艾兮，一日不見，如三歲兮。艾以久蓄爲善。孟子所謂七年之病求三年之艾。艾之久蓄者至三年，此采艾者所以如三歲也。雖然此小臣之事，所謂泄柳、申詳無人乎繆公之側，則不能安其身者。爾蕭與艾本皆香草。古者，天子摯鬯，諸侯蕙，大夫蘭，士蕭，庶人艾。至《離騷》則薄之曰：户服艾以盈要兮，謂幽蘭其不可佩。又曰：何昔日之芳草兮，今直爲此蕭艾也。蕭艾雖非惡物，然要之庶人所服，比之蘭蕙芳草君子所服，則有間矣。

薺

薺之爲菜最甘，故稱其甘如薺。亦應陰之物，淮南以爲金勝木。禾，木也。春木王而生，秋金王而死。水勝火，菽，火也。夏火王而生，冬水王而死。火勝金，麥，金也。秋金王而生，夏火王而死。土勝水，薺，水也。冬水王而生，仲夏土王而死。又其枝葉細靡，通謂之靡。《月令》孟夏之月：靡草死，麥秋至。斷薄刑，决小罪，出輕繫。鄭氏稱：舊説云靡草，薺，亭歷之屬。《祭統》曰：草艾則墨，謂立秋後也。刑無輕於墨者，今以純陽之月，斷刑决罪，與毋有壞墮自相違，似非。按經以此月物有死者，故斷薄刑。而鄭氏以萬物尚生，故以爲不宜斷。然按斷薄刑、决小罪、出輕繫。薄刑用鞭朴，非墨劓之類。蓋憫萬物始有死者，不忍久人以狴犴，故可决者决之，可出者出之，乃是明謹用刑，而不留獄，非與壞墮相違也。薺既亭歷，其死同時其生，亦早而所主不同。蓋師曠之占，以薺爲甘草，亭歷爲苦草，水藻爲惡草，蒺藜爲旱草，艾爲病草，歲將豐或苦惡旱疫，則輒有一草應，而先生之唯土，以稼穡作甘。而薺又草之甘者，故以爲歲豐之候。

又　葵

葵爲百菜之主，味尤甘滑。魯漆室之女，葵爲馬踐，知憂及國，公儀休相魯，食於舍而茹葵，愠而拔之，不欲奪園夫之利。葵有赤莖白莖，復有大小之異，又有鴨脚葵。葵子雖經歲不浥，微炒令熚炸，散著濕地，遍踏之，朝種暮生，遠不過宿。早種者，十月末，地將凍，散子勞之。正月末亦可。五月初，更種之。以春者既老，秋菜未生，種此相接。六月一日種白莖秋葵。白莖者宜乾。九月，作葵菹，乾葵。蓋葵一歲凡得三輩。《士虞禮》夏秋用生葵，冬春用乾荁，皆滑物。道家之法，十日一食葵菜，所以調和五臟。古者葵稱露葵，又終葵，一名繁露。今摘葵必待露解。語曰：觸露不掐葵，日中不翦韭。各有宜也。又葵性向日。孔子以比鮑莊子智不如葵，葵猶能衛其足。曹植曰：若葵藿之傾葉，太陽雖不爲回光，然向之者，誠也。淮南曰：聖人之於道，猶葵之與日也，雖不能以終始哉其鄉之誠也。夫天有十日，葵與之終始，故葵從癸。《說文》云：揆，葵也。即所謂揆之以日者。

宋・羅願《爾雅翼》卷五《釋草》　韭

韭，《說文》云：一種而久者，故謂之韭。象形。在一之上。一，地也。諺亦曰：韭者懶人菜。以其不須歲種也。又利病人，可久食。大抵高三寸即翦，初種之歲止一翦之，一歲之中不過五翦矣。首春，色黄未出土時最美，故云：春初早韭，冬末晚菘。《豳風》：四之日獻羔祭韭。庶人春亦以薦新，詳庶人四時之薦，夏及秋冬乃薦麥黍與稻，而春乃薦菜茹之物。又三時用魚豚鴈爲配，而韭獨以卵，豈春物未成，可薦者少故耶？而祭祀之牲號。亦以稻曰嘉蔬，韭曰豐本，聯而言之，豈古所重歟？其見於調和之適則豚，春用韭，秋用蓼，蓋各有宜。物久必變，故老韭爲莧。然後秦姚興及後周宣帝大象中葱，皆化爲韭，説者以爲戰伐之祥。

又　茖

茖，山葱。釋者引《說文》云：葱生山中者名茖。細莖大葉者是也。葱有冬葱、漢葱、胡葱、茖葱凡四種，冬葱夏衰冬盛，莖葉俱軟美，山南、江左有之。漢葱冬枯，其莖實硬，而味薄。胡葱莖葉麤短，根若金蒜能已腫。茖葱生於山谷。

葝

葝與韰署相似，而根長葉差大僅如鹿葱。體性亦與薤同。【略】故道家説云：務光翦薤，以入清泠之淵。若云亢韰，則是天地間六氣之名，非山中之草也。王逸《楚辭注》言：六氣者，春食朝霞，朝霞，日欲出時黄氣也。秋食淪陰，淪陰者，日没已後赤黄氣也。冬食沆瀣，沆瀣者，北方夜半氣也。夏食正陽，正陽者，南方日中氣也。并天玄地黄之氣，是爲六氣，又豈韰之類乎。古之仙人往往却食服此六氣中亢韰，因訛爲薤，既謂之曰薤，則不當復稱亢韰也。葝山又當安在乎？《說文》曰：韰菜山中者名葝。

宋・羅願《爾雅翼》卷八《釋草》　稗

孟子曰：五穀者，種之美者也。苟爲不熟，不如稊稗。稊與稗，二物也，皆有米而細小。故《莊子》曰：道在稊稗。言比於穀，則微細而不精，道亦在焉。又曰：若稊米之在太倉，亦言小也。《爾雅》稊茣釋曰：稊，一名茣，似稗之穢草，布生於地。而稗則生下澤中，故古詩曰：蒲稗相因依。《氾勝之書》曰：稗水旱無不熟之時，又特滋盛易得，蕪穢良田，畝得二三十斛，宜種之，以備凶年。又，稗中有米，熟時可擣取炊之，不減粱米，又可釀作酒。武帝時，令典農種之，一頃收二十斛，斛得米三升，大儉可磨食之。蓋稗遇水旱無不熟，而五穀則有熟不熟之時，以此不熟方之於稗則爲不如耳。草之似穀，可以養人者甚多。《博物志》稱：蒒草實生海洲上，食之如大麥，從七月熟，民斂至冬乃訖，或曰禹餘糧。言禹治水棄其餘糧，化而爲此。

宋・羅願《爾雅翼》卷一〇《釋木》　杏

五果爲五穀之祥，而杏華又候農時。《四民月令》曰：三月杏花盛，可菑白沙輕土之田。又曰：三月昏，參夕，杏花盛，桑椹赤，可種大豆，謂之上時。《氾勝之書》曰：杏花如何，可耕白沙。《齊民要術》曰：杏始華榮，輒耕輕土弱土。望杏華落，復耕。耕輒藺之。故農事之候，杏花昌葉而已。呂氏春秋曰：冬至後五旬七日，菖始生。

宋・羅願《爾雅翼》卷一二《釋木》　櫟

《管子》：五粟之土，其柘其櫟，條直以長。《淮南・時則訓》：十二月之木，正月其木楊，楊蒲柳也，楊木春先。二月其木杏，有竅在中象陰布散在上。三月其木李，李亦有核，李後杏熟，故主三月。四月其木桃，説與杏同，桃後李熟，故主四月。五月其木榆，六月其木梓，説未聞。七月其木楝，楝實鳳皇所食，今雒城旁有樹楝實秋熟。八月其木柘，未聞。九月其木槐，槐懷也，可以懷來遠人。

十月其木檀，檀陰木也。十一月其木棗，取其赤心也。十二月其木櫟，櫟可以爲車轂，木不出火，唯櫟爲然，亦應陰氣也。

宋・羅願《爾雅翼》卷二四《釋蟲一》 蠶

蠶，倉庚鳴則生。故詩曰：倉庚喈喈，采蘩祁祁。蘩，白蒿也。所以生蠶。《夏小正》曰：三月，妾子始蠶。蠶之狀，喙呥呥類馬，色斑斑似虎。初拂謂之蚝，以毛掃之，蠶尚小，不欲見露氣。桑葉著懷中令煖，然後切之得人氣，則衆惡除也。古者三宫夫人，桑于公桑。風戾以食之，謂及早凉脆采之，風戾之，使露氣燥，乃以飼蠶。蠶生惡濕故也。比至再眠，常須三箔，虛上下二箔，以隔土氣障塵埃也。飼必卷窻褰幃飼，訖還下蓋。

宋・周密《癸辛雜識・續集》卷上 插花種菊

春花已半開者，用刀翦下，即插之蘿蔔上，却以花盆用土種之，時時澆溉，異時花過則根已生矣。既不傷生意，又可得種，亦奇法。沈草庭云。梅雨中，旋摘菊叢嫩枝插地下，作一處，以蘆蓆作一棚，高尺四五，覆之。遇雨則除去以受露，無不活者，且叢矮作花可觀，上盆尤佳。

又 冬至前造酒

凡造酒令冬至前最佳，勝於臘中，蓋氣未動故也。今造鹽菜者亦必於冬至前，則可以久留矣。此説極有理。

壬日扦種

芒種後壬日入梅。壬日所種花草，雖至難活者亦皆活，申日亦可。

南風損藕

近聞亭皋蕩户云：每歲夏月，南風少則好藕。晒荷葉遇雨，所著處皆成黑點。藏荷葉則須密室，見風則蛀損不堪用矣。

明《沈氏農書》卷上 逐月事宜

正月：立春、雨水。

天晴：墾田、種桑秧、敲菜麥溝、倒地、罱泥、下地壅、修桑刮蟥、倒芋艿田、澆菜麥。

陰雨：修桑刮蟥、罱泥、載壅、罱田泥、劈柴、撒蠶草、秧界繩、編蠶簾蠶簣。

二月：驚蟄、春分。

天晴：倒地、刮蟥、下菜壅、倒田、鍬溝、澆蘇秧、罱泥、刭溝、倒秧田。

陰雨：修桑刮蟥、做塍修墩、鍬溝、罱泥、修圩岸、劈柴、捀地壠、鋸車扉、罱田泥、載壅、細桑繩、架山繩、撒柴。

三月：清明、穀雨。

天晴：刭地、沉梅荳晚荳、墾花草田、澆桑秧、罱泥、倒田、種芋艿、削荳坂。

陰雨：窖花草、做秧田、刮二蟥、鋸車扉、載壅、罱田泥、把桑繩、劈柴。

四月：立夏、小滿。

天晴：刭地、謝桑、倒花草田、壓桑秧、種茄、倒地、剪桑、并修截。澆桑秧、沉晚荳、看三蟥、收菜麥、種芋艿秧、帶露。做秧田、下種穀。

陰雨：看三蟥、拆麥埨、窖蠶沙梗、用麥、下田、窖蠶荳拇、看秧水。

五月：芒種、夏至。

天晴：刭地、澆桑秧、澆瓜茄秧并荳葡等。惟夏至後半月不可澆灌。

陰雨：拔地草、挑草泥、斫地壠、并塍脚。下田、拔秧、種田。

六月：小暑、大暑。

天晴：刭地、拔梅荳、墾倒種菜地、伏内。捏頭蟥、鋤田。

陰雨：下田。

七月：立秋、處暑。

天晴：刭地、盪田、芸田、捏二蟥、修桑、把桑。

陰雨：下田、修桑、把桑。捏蟥、載壅。

八月：白露、秋分。

天晴：刭地、做泥磚、倒地、下地壅、挑河泥、罱泥、□胡蘿蔔、下白蘿蔔、撒菜秧、種菜。

陰雨：斫地壠蘆草、罱地梗泥、絞蓊簽、押簾繩。

九月：寒露、霜降。

天晴：墾地、斫早稻、沉蠶荳、墾麥埨、罱泥、勒葉、拔晚荳。

陰雨：挑泥磚到家、做稻場、打稻巴、載壅、罱泥、押床簀、絞繩索。

十月：立冬、小雪。

天晴：斫稻、墾麥埨、沉麥種菜。澆菜麥、及蘿蔔菜。晒穀、墾地。

陰雨：用稻、做米、斫蘆、縛囤、絞繩索、罱泥。

十一月：大雪、冬至。

天晴：墾菜埨、種菜。提菜麥溝、種大小麥、晒穀、墾地、罱泥。

陰雨：做米、打米、絞繩索、縛囤、截桑傀儡、刮蟥、提溝、載壅、罱泥。

十二月：小寒、大寒。

天晴：下地墾、墾坂田、刮頭蟥、澆菜、篰泥。

陰雨：篰泥、載壅、修桑、刮蟥、打米、絞繩索。

又 運田地法

古稱深耕易耨，以知田地全要墾深。切不可貪陰雨開工，須要晴明天氣，二三層起深，每工止墾半畝，倒六七分。春間倒二次，猶要老晴時節。頭番倒不必太細，只要棱層通晒，徹底翻身，若有草則覆在底下。合埨倒好。若壅灰與牛糞，則撒於初倒之後，下次倒入土中更好。

種田之法，不在乎早。本處土薄，早種每患生虫。若共年有水種田，則芒種前後插蒔爲上。若旱年車水種田，便到夏至也不妨。只有倒平田底，停當生活，以候雨到。雨不到則車種，須要一日車水，次日削平田底，第三日插秧，使土中熱氣散盡後無蟲蛀之患矣。

又 到了立秋，苗已長足，壅力已盡，幹必老，色必黃，接力愈多愈好。一在六月内乾過一番，則土實根牢，苗身堅老，堪勝壅力，而無顛倒之患。但自立秋以後，斷斷不可缺水，水少即車，直至斫稻方止。俗云：稻如鶯色紅，全得水來供。若值天氣驟寒，霜早，凡田中有水，霜不損稻，無水之田，稻即秕矣。先農有言：飽水足穀，此之謂也。

稻種以早白稻爲上，只肥壅不易調停，少壅不長，多壅又損苗，但喜其米粒粗硬而多飯，所宜多種。黃稻能耐水旱，多壅不害，只怕霜早，米不圓滿。其餘稻色好歹不同。

又 八月初先下麥種，候冬墾田移種，每科十五六根，照式澆兩次，又撒牛壅鍬溝蓋之，則幹壯麥粗，倍獲厚收。菜比麥倍澆，又或垃圾，或牛糞，鍬溝蓋，澆煞花，即有滿石收成，種田不須墊底。凡菜、麥鍬溝之後，候乾再刋一番，每畝不過半工，而泥鬆碎，易討力，且不起草，又可挨麥，不患風倒。

墾地須在冬至之前，取其冬月嚴寒，風日凍晒。必照墾田法，二三層起深。桑之細根，斷亦無害，只要棱層空敞。若倒地，則春天雨水正多，地面又要犁平，使不滯水，背後脚跡，盡數揉平。冬天墾地，草根翻在上。春天墾地，草根翻在下。先農所謂寒則浪，熱則藏也。墾地、倒地，非天色極晴不可。若倒下不晒一日，即便逢雨，不如不倒爲愈。至於刋地，尤要大晴，尤要草未生而先刋。夏天約二十日一刋，未草先刋，二十日尚未起草。草多而刋，不十日草已茂矣。一樣用此工夫，常在草頭做去，孰若搶先做上，頭番做得乾净，永不易起草。一年計在春，正此謂也。西鄉只倒不刋，本處只刋不倒也。須刋深二三寸，雖大陣雨，不將浮泥衝淋入水。若止於刮草，埨面上浮下實，一逢大雨，盡將面泥淋剥。計一年篰泥，所增幾何，堪此朘削。論來只宜抹倒，不必狗俗也。況發葉時，不必日日晴，未免蹈實，此時决宜趁晴倒晒，則黃霉不易起草。萬一黃霉久雨不能刋倒，若草盛宜拔去之，或鍬去之。地溝必開濬卸水，但刋倒一番，未免有泥塊落溝壅滯。遇大雨後，必處處看瞭，有水即開濬之，雨一番，看一番可也。

又 天時，大約晴七雨三，晴雨各有生活。獨孟春雨水之際，正農工湊聚之時，除雨留家外，雨止即可修桑，看蟥，修岸。至於墾倒田地，非大晴不可。人家僱長年，天雨無生活可做，不得已而墾田，若有船可以篰泥，定須開潭篰泥，消磨雨工。其田地生活，必待天晴方做。

又 蠶務

養蠶之法：以清凉乾燥爲主，以潮濕鬱蒸爲忌。以西北風爲貴，以南風爲忌。蠶房固宜邃密，尤宜疏爽。晴天北風，切宜開闢窗牖，以通風日，以舒鬱氣。下用地板者最佳，否則用蘆席墊鋪，使濕不上行。四壁用草簀圍襯收潮濕。大寒則重幃障之，別用火缸，取火氣以解寒冷，此易易耳。惟暴熱則外通内蒸，暑熱無所歸，則蠶身受之，或體換不時，限飼略後，久堆亂積，遠擲高拋，致病之源，皆在乎此。古云：風以散之。則蠶室固要避風，尤不可不通風也。

又 區田法附

農叟有言，禾歷三時，故稈三節；麥歷四時，故稈四節。種稻必使三時氣足，種麥必使四時氣足，則收成厚。吾鄉種田多在夏至後，秋盡而收，所歷二時而已，種麥多在立冬後，至夏至而收，所歷三時而已。欲禾歷三時，麥歷四時，胡可得焉。惟有下殃極早，可補事力之不逮。穀雨浸種，立夏前下穀，稍備春氣，至插青之日，秧老而苗易長。且耐風日，所謂秧好半年田也。中秋前，下麥子於高地，穫稻畢，移秧於田，使備秋氣，雖遇霖雨妨塲功，過小雪以種無傷也。人但知夏前秧之好，而不知所以好之故在得春氣備三時也。知種麥之多收，而不知所以多收之故在得秋氣備四時也。湖州無春熟，種田早，收獲遲。即米多於吾鄉，北方無水田，麥即廣熟。非獨地燥，歷時多，能盡其性也。況早麥又有幾善，墾溝揪溝便於早，早則脱水而埨燥。力暇而溝深，溝益深則土益厚，早則經霜雪而土疏，麥根深而勝壅。根益深則苗益肥，收成必倍。埨燥土疏溝深，又爲將來種稻之利，凡事利必兼利，害必兼害，惰農苦種麥之勞，躭撮子之逸，甘心薄收，甚至失時，春花絶望，愚矣哉。上稻秧麥秧一則。

四月一日陰雨，見育蠶者乏乾鮮之葉，男子勞於外，婦女憂於內，蓋晝夜皇皇也。因思育蠶之家，宜預作木架如松棚式，廣一丈四五尺，深亦如之，其高過於桑，上織竹如蓋。於蠶初收時，即張之茂桑之上，若桑樹室中然。或一日而移，或兩日、三日而移，量飼蠶之多寡而斟酌焉。朝暮可避露，晴可避日，陰可避雨，葉時時乾鮮，既省人工，又不生蠶病，至大眠後可輟。

又　天之患，恒於風、雨、霧、露，即烈日亦有不宜，以乾鮮之葉難得也。蠶食熱葉，則繭浮鬆不可絲，其害淺。食濕葉則潰死，食濕熱葉則僵死，食霧露葉則痿死。葉染風沙則不食，葉宿則不食，而仍饑，其害深。知戒人之失，而不知備天之患，未爲全策也。若天患雖備，而人失不戒，則咎又將誰任哉。

清・董含《三岡識略》卷八　古諺不足據

《田家雜占》《紀曆撮要》諸書，載古今諺詳矣，以近事考之，往往無驗。如云：兩春夾一冬，無被暖烘烘。是歲兩春，而冬間奇寒，爲邇來僅見。又云：重陽無雨一冬晴。又云：九月十三晴，釘靴挂斷繩。是秋兩日俱有雨，而一冬竟晴。又：雲掩中秋月，雨打上元燈。癸亥中秋月色如晝，甲子上元陰雨竟日夕。又：臘報春多雪。是臘雷電大作，至春雪殊少。又：冬無雪，麥不結。是冬無雪，至夏麥大熟。古諺之不足據如此。

清・楊屾《豳風廣義》卷一　終歲蠶織圖説

歌曰：種桑好，種桑好，要務蠶桑莫潦草。無論墻下與田邊，處處栽培不宜少。君不見《豳風・七月》篇，春日載陽便起早。女執懿筐遵微行，取彼柔桑直到杪。八月萑葦作曲箔，來年蠶具今日討。繰絲織組漸盈箱，黼黻文章兼績藻。本來婦職尚殷懃，豈但經營誇能巧。老衣帛，幼製襖，一家大小偕温飽。春作秋成冬退藏，閭户垂簾樂熙皥。更得餘息完課糧，免得催科省煩惱。天生美利人不識，枉費奔馳徒擾擾。我勸世人勤務桑，務得桑成無價寶。若肯世世教兒孫，管取喫着用不了。各書一通曉鄉鄰，方信種桑真個好。

又　水深土厚高寒之處宜樹桑説

西安近地，其宜桑不待言矣，即延慶平窐等處，無不宜桑，觀其一株能成，推而廣之，則千萬株可例矣。【略】桑乃易生之物，冬澆一水，春澆二水，夏澆不過三水，便活，以後不用澆矣。歲歲樹之，數年之間，可成桑林。人若肯殷懃培植，任是高燥，焉有不成之理。有疑天氣寒涼，養蠶不合時節者，不知天下養蠶之處，節氣原自不同，廣東立春，四川驚蟄，江浙清明，河南、陝西在穀雨前三四日。其時雖不同，總之有一最的實證驗，但看桑上葉如茶匙大，是其時也。蠶不待煖而自生，内外相應，此自然之理也，居水深土燥之地者宜詳之，勿自誤。

又　河決水淹之地急宜樹桑説

每見沿河之地，七八月間，往往霖雨日久，河水暴漲，漂没田禾，惟桑柳雖被泥壅，却自無恙。若水侵之地，使盡栽桑樹，每歲養蠶收絲，反獲大利，焉有乏食之苦。意外之災，蓋養蠶在春時，多無雨水。即三月有水，桑亦不畏，誠能廣布，歲歲收絲。即禾苗難成，亦補缺乏，况蠶絲之利，更數倍於五穀，果肯依法培植，雖沃土種穀者亦不及也。

清・嵇璜、劉墉等《續通志》卷一七六《昆蟲草木畧三》　木類

楓一名欇欇。見《爾雅》，郭璞注曰：楓樹似白楊，葉圓而岐，有脂而香，今之楓香是。孫炎曰：欇欇生江上，有寄生枝，高三四尺，生毛，一名楓子，天旱，以泥泥之即雨。臣等謹案：任昉《述異記》云：南中有楓子鬼，木之老者，爲人形，亦呼爲靈楓，蓋瘤癭也。荀伯子臨川記云：嶺南楓木，歲久生瘤，如人形，遇暴雷大雨，則暗長三五尺，謂之楓人。二説皆以楓人爲瘤癭，與孫炎寄生之説異，附記於此。

又　樿，白理木也，可爲櫛及杓。故《禮記》云：櫛用樿櫛，犧尊樿杓。《山海經》曰：風雨之山，其木多椒樿，即此。

清・嵇璜、劉墉等《續通志》卷一七八《昆蟲草木畧五》　蟲類

雲師雨虎霍山有之，見遁甲開山圖。滎氏注云：雲師長五六寸，雨虎長八九寸，似蛭。雲雨則出在石内，可炙食之。

又　土蟯生山石井坎間。《物類相感志》云：狀類鰻黄灰色，有兩耳聳立，腦後能偷水，雖高山絶頂，亦能引之。江東人呼馬土蟯，或云，凡發洩洪水，皆其興妖，天將雨，或時見吐雲氣。

清・嵇璜、劉墉等《續通志》卷一八〇《昆蟲草木畧七》　禽類

鸛，一名負釜，一名黑尻，一名背竈，一名皂裙，《詩》：鸛鳴于垤。天將雨，蟻封土爲垤，鸛鳴其上，則雨將至也。形似鵠而大，長頸赤喙，白身黑尾翅。樹上作巢，大如車輪，卵如三升杯。張華《博物志》云：鸛俯鳴則陰，仰鳴則晴，伏卵時取礜石繞卵以助燥氣。故方術家以鸛巢中礜石爲真物。《酉陽雜俎》云鸛

影抱，言抱卵以影也。臣等謹案：《詩疏》：鸛泥其巢傍爲池，含水滿之，取魚置池中，以食其雛。若殺其子，則一村致旱。宋寇宗奭云：鸛在樓殿吻上作窠，並無作池養魚之説。明李時珍云：寥廓之大，陰陽升降，區區微鳥，豈能使天壤赤旱，况鸛乃水鳥，可以候雨乎。如此，則取鸛子致旱之説，亦未可信。

又 鴈，陽鳥也，《禽經》曰：鳱以水言自北而南，鳫以山言自南而北。【略】鴈從風而飛，以愛氣力（見《淮南子》）。鴈行斜步，側身。霜降南翔，冰泮北徂，其性惡熱，故中國始寒而北至。（《見埤雅》）。

又 孔雀一名越鳥，文禽也。《博物志》云：孔雀不匹偶，但以音影相接而有孕，亦與蛇偶。又云，因雷聲而孕。又云，雄鳴上風雌鳴下風而孕。

又 鳶鴟也。《禽經》又云，風翔則風。注云，風禽鳶類飛翔則天大風。

清・郝懿行《寶訓・雜説》卷一 ○《齊民要術》：春耕尋手勞，秋耕待白背勞。春既多風，若不尋勞，地必虛燥。秋田塌實溼，勞令地硬。桓寬《鹽鐵論》曰：茂木之下無豐草，大塊之間無美苗。塌，直輒反，田實也。

又 ○韓氏直説：秋耕宜早，春耕宜遲。秋耕宜早者，乘天氣未寒，將陽和之氣掩在地中，其苗易榮。過秋天氣寒冷有霜時，必待日高方可耕地，恐掩寒氣在內，令地薄不收子粒。春耕宜遲者，亦待春氣和暖。

山歌云：作天莫作四月天，蠶要溫和麥要寒，秧要日頭麻要雨，採桑娘子要晴乾。尤侗艮齋續説九

又 ○《氾勝之書》：凡耕之本，在於趨時和土，務糞澤，早鋤早穫。春凍解，地氣始通，土一和解。夏至，天氣始暑，陰氣始盛，土復解。夏至後九十日，晝夜分，天地氣和。以此時耕田，一而當五，名曰膏澤，皆得時功。春地氣通，可耕堅硬强地黑壚土，輒平摩其塊以生草，草生復耕之，天有小雨復耕和之，勿令有塊以待時。所謂强土而弱之。春候地氣始通，土塊散，陳根可拔。此時二十日以後，和氣去，即土剛。以此時耕，一而當四，和氣去耕，四不當一。杏始華榮，輒耕輕土弱土，望杏花落，復耕。耕輒勞之。草生，有雨澤，耕重勞之。土甚輕者，以牛羊踐之，如此則土强。此謂弱土而强之也。

又 ○先雨芸耨，以待時雨。○亢倉子：耨必以旱，使地肥而土緩。畝欲深以端，畝欲沃以平，下得陰，上得陽，然後盛生。立苗有行，故速長。强弱不相害，故速大。正其行，通其中，疏爲冷風，則有收而多功。苗其弱也，欲孤其長也，欲相與居。其熟也，欲相與扶，三以爲族。稼乃多穀，凡苗之患，不俱生而俱死。是以先生者美米，後生者爲粃。是故其耨也，長其兄而去其弟。案：《吕氏春秋》採此一段文義詳略互有異同，此從亢倉子原文節録。○《齊民要術》：凡春種欲深，夏種欲淺。凡種穀，雨後爲佳。遇小雨宜接溼種，遇大雨待薉生。小雨不接溼，無以生禾苗。大雨不待白背，溼輾則令苗瘦。薉若盛者，先鋤一偏，然後納種乃佳。

清・錢泳《履園叢話》卷七 水利

南北風土異宜，種植亦不同，如江以南穀熟爲有秋，江以北豆麥熟爲有秋也。然歲之豐熟，全在乎雨暘時若，設有雨暘非其時，則成偏災矣。余年纔六十，已遇兩次大旱。一乾隆五十年丁未，一嘉慶十九年甲戌，雖江南烟水之區，皆成赤地，在處乾涸，禾苗盡槁，見之傷心。夫苗之得水，猶小兒之食乳，乳已涸矣，兒豈能生。故凡地方公事，最重水利。今有田富户全不關心，一到旱年，束手無策，爲之父母者，將何以爲情耶？

大江南各府州縣皆種稻，而田有高低，大約低田患水，高田患旱。吾鄉高田多，低田少，每遇旱年，枝河乾涸，則苗立槁。

清・錢泳《履園叢話》卷二三 南北氣候

故老嘗言，大江以北，麥花晝開，大江以南，麥花夜開，總未留神察看。嘉慶七八年間，偶見麥花皆晝開，殊不信。一老農曰：麥花自國初以來，俱如舊説，其晝開者，始於嘉慶初年。蓋由南北氣候日轉，猶之北方產梨、棗、瓶果之屬，今南方亦有之；南方產薑、蓮、慈菰、荸薺之屬，今北方亦有之。余於乾隆壬子始入京師，夏閒蚊蟲絶少，至嘉慶十三四年六七月內，每到垂晚，則蚊聲如雷矣。

清・奚誠《畊心農話》下集 緒言

吾吴農務之壞，係春花而稽遲種稻，見小棄大，古法盡廢，以致民貧而田瘠也。夫種田當以稻爲主，今不能多獲，以備凶荒，又不得蚕種而避旱潦。農貴及時，二月乘土膏發動而耕作，三月即可播種矣，若遲至五六月蒔秧者，未免烈日狂雨之患。早稻至夏已發科，日烈正所以長養，雨大正所以資生，今夏至前後蒔秧，將命根拔斷，插種再傷，以重傷之弱禾，值其酷暑，葉已焦黃，如遇狂雨則內傷於冷，外傷於損，鹵莽減裂已甚，而欲望其早成多獲，不亦難乎。此昔人之所憂，而今人之故蹈其覆轍也。

及至獲時，今農以四五月起工，其蒔也，必過夏至，竟有遲至六月者，其獲也，必至十月，且有遲至十一月者。則嚴霜冷霧苦雨饕風之厲，歲所恒有，故有垂成而不得下咽者。嗟乎，收獲既艱且少，旅食者又衆。

每遇雨水不調，商賈壟斷，米粮陡貴，故有未荒先竭之患。儻經旱潦，則民

不聊生矣。士大夫高尚其志，不屑言農，力作者固守成法，未悉變通，是以農政不明久矣。惟醫者，嘗艸別穀，固所分內，窮理格物，宜所當知，故予徧攷古今成法，參究諸家精微，纂成此集，名曰《耕心農話》，用治田疾，以救時敝。江南爲古揚州地，厥土塗泥，厥田下下，《周禮·職方》曰：揚州荆州，其穀宜稻。本非二麥之所宜，今爲麥收遲，而反誤其種稻之時。《食貨志》曰：收獲如寇之至。謂其早成而收速也。今稽遲若是，諸患叢生，悔奚及乎。賈思勰所謂，四體不勤，心思不用，而能事治求贍者，未之前聞也。是以率循舊章，變通成法，除春花外，於不宜之麥，易以所宜之稻，蚤種則先熟，故有麥争場，救公饑之名。用繼青黄不接，則售者獲利，貧者療飢，較種麥之利，不更善乎。或曰，江南春寒，未必宜此，且早稻秈也，本非吴産，苟其可種，今何罕焉。曰，於耜舉趾，詠於豳風，瞻蒲望杏，詳見農説。西北苦寒，尚務春耕，再歷數徃事以證之。古人於立春前犁土者，《周禮》稻人揚芟也；先立春前之十日半月前，將田中稻根殘藁，刈割務盡，土略燥，方始犁。驚蟄鉏地者，春秋啟蟄而畊也。春分浸種者，陶朱公早稻浸種之候也。清明播種者，《齊民要術》以穀雨前種稻也。五六月刈稻者，《淮南子》所謂植稼成熟之時也。《月令輯要》曰：四月四日，爲熟稻日，喜晴。《嘉定縣志》以五月朔爲早禾本命日，忌雨，皆占夏間早熟也。諺云：小暑小熟，大暑大熟。至若穀雨生穀，載於緯書，霜止出秧，見於農説。諺云：清明斷雪，穀雨斷霜，此言其常也。按袪疑説，以霜降前幾日見霜，則清明前幾日止霜，霜降後幾日見霜，則清明後幾日止霜，每歲推驗。前後同占，若合符節，欲出秧苗，必待霜止。田農要月，則《宋書》言之，候時而種，則崔實志之。蓋春氣盛，而艸木生，見生而蓺生，故三月必可種矣。或又曰：子之所引，皆古法也。第世遷時變，安知不昔是而今非，豈可刻舟以求劍耶？曰：獨不聞兩湖、兩廣、浙閩、江西、安徽等處，皆種兩熟稻耶？即以近地論，如江北下河諸邑，無歲不恃早稻爲活。又郡志載，康熙五十五年，頒種御稻，西番秈皆三月種，五月熟。一歲兩種而兩熟。且江南再熟稻，實比他省爲尤。《吴都賦》云：國税再熟之稻，唐時揚州奏再熟稻，《吴門事類》云，吴俗以春分後種大暑刈者爲早稻，芒種後種白露刈者爲中稻，夏至後種寒露刈者爲晚稻。《説文》曰：穀，續也，先種之植，後種之穉，其有相續之義乎。或以地力不可盡，兩熟之利，未必勝於一熟。此論固然，獨不思一麥一稻，豈不兩熟乎。故地力易盡而所獲少也。我之所謂兩熟者，乃易地而種，雖有兩收，其所種之地，終歲只用一次，故地有餘力，而所獲必倍也。邇年少穆林公撫吴時，與同鄉署臬之李公蘭卿，攜來之四十日籽，至六十日籽，曾賃地僱工，課種兩熟稻，著有江南催畊課稻編可證。然而或者之疑猶未釋，終以澤土陰寒，兩熟稻決非江南之所宜，雖有一二成效，尚謂偶然得之，如不厭煩絮，再請爲君詳晰以言之。予若不深悉其理，焉得變通其法。蓋夫晴雨者，天道之常情也。崎嶇者，地理之形勢也。豐儉雖云歲時，實係人事之工拙也，故君子貴於思，患而預防，在乎變通制宜，以人巧可代天工也。所以天時不如地利，地利不如人事焉。須知稻種有水旱，早秈宜旱，晚秔宜水，南方土下塗泥，又因春花而種遲，故多水稻。北方地平土堅，粮輕不妨一熟，劃可種早稻。種植有早晚，質性有强弱，地土有良薄，沙土患燥，又患濕。沃壤耐煖亦耐濕，隰土忌滛潦。高仰憂亢旱，田雖宜糞，或有甚薄之田，不可以糞壯者。山澤有異宜，山田種强禾，可耐風霜，深田種弱禾，以求華實。順天之時，因地之利，則用力少而成功多。任情返道，徒勞無益，所以我之分行間種者，蓄地力則稻易發，而收成必倍也。隴畖高低者，高則種畎，低則種壟，平地勢可免旱澇也。其所以能禦水旱者，不獨俠高田能低，低田能高，即所植之禾，使其根深土厚，則力大幹長，旱不畏酷日之燥徹其底，水大則根節上生枝，反多數穗矣。蚤壠□互種者，此長彼生、彼長此收，各無妨碍，兩得其宜也。互種之妙，早稻耨芓，便于下脚，天熱容易透風，晚種嫩秧畏日，喜得早禾蔭庇。鑿穴，冀種者列行便于耨子，墊底則禾秀而實也，此皆人事之可爲，克補兩間之不足也。馬氏《農説》曰：知力爲上，知土次之，知其所宜，用其不可棄，知其所宜，避其不可爲力，亦足以救歲時之偏。今擬種兩熟稻，土不使曠，所謂用其不可棄也。知澤土不宜麥，按麥生四節，故備歷四時，以金旺而生，至火令而死。北方地廣賦輕，且多霜雪，陰從陽化，故花開於晝，食之徤脾，補中。江南隰土，雪少種遲，不能久歷四時，變其物性，故花開于夕，食之發病，新麥尤甚。改種早稻，所謂避其不可爲力也。果能啟蟄而畊，則地氣通而春澤沃之，早獲成而晚稼繼之，以符古人穀欲熟，得時之稻，易于成熟。而收欲速之義也。今所擬兩種而兩熟之，其穀可勝食乎。

明·孫錦修、高遷《成化順德府志》 救旱之霖雨者乎，方其苗稼芃芃，蒼葩吐穗，若沛然一雨，則上自朝廷，下及閭里，交慶豐年之瑞。在在行人歌足食，村村倉广有餘粮，豆酒豚蹄，鼓舞之社。有倉廩充盈，粟之陳萬。麥失時不雨，旱魃爲災。已亢者變成枯槁，甫種者殆難發生，老稚咸憂乎凍餒，租賦何從而出乎？當是時也，流離道路者有之，抛棄田宅者有之，典鬻子女者有之，甚者至於奪攘矯虞，靡所不爲。究其禍源，皆由雨澤愆期而致。然也，余前所謂天下之功無有切黍穀旱之霖雨者，其不仁而有微邪。然則，雷公之功之德，廟而禩之。

明・曾邦泰《萬曆儋州志・民俗志・節序》 農家俗忌：元日喜乾。俗云：冬濕年乾，禾米滿山。二月二日三日雷禁。不敢工作，以祈雨暘時若。三月三日雨，則天蠶損秧，旬多風雨，田水易乾。雨則穀秕，雹則死。四月八日雨，則殺蟲，不蠹禾。五月端午以雨測田。不雨，高田傷；早雨，低田傷；惟晚雨俱宜。芒種以星候種。插蒔値芒種，豬母枷、犁尾等星出，則秧死。五六月南風，宜早禾，俗呼西風爲旱禾婿。殺占禾。夜熱則雨。七月七日雨，利狗尾粟。禾穗卷耳，則多風，西風起則穀秕。十月以雨暘知來歲。自朔日至十二日，當下一歲之月。雨，則其月多雨；暘，則旱。祭灶以雞骨占年。十一月冬至雨，知有年。俗云：冬乾年濕，禾米莫粒。凡冬夜暖，雨。十二月除夕，以天色昏明占所宜穀。昏黑宜豆，宜小熟黑芒禾；光，宜白芒禾。他如以虹占旱，以颶母、對日則風急，附日則遲。蜂窠、高則無風。苦蘆葉幾節則幾風。占風，以西北風占海溢，以榕根、蟻路占雨，以春鵝、小熟米占七占，以霜冷占麥，以五色雀占旱澇，以海熱占荒，以益智實占豐歉等，測皆有驗。

明・唐冑《正德瓊台志》卷三三《名宦》 王伯貞，諱泰，字伯貞，以字行，更字之幹，號海瓊牧叟，泰和人。歲甲申，郡大旱。禱之，大雨。既而聞城南十五里外尚不雨，又禱之。詰旦，適往清瀾浦視番舶，雨亦隨至，民爲鼓舞，曰「太守雨」。

明・唐冑《正德瓊台志》卷四一《紀異》 銅銚溪，在瓊山縣東南八十里那社都博落屯。溪中有大石橫過。其下有六岩，水注其中，有聲如雷。旱聞之則雨，雨聞之則晴。鄉人祠其神曰「銅銚大王」。遇旱禱之，輒應。

又 石井，在文昌縣北五十里南溪都中。有紅白二龜。禱旱，紅出則雨，白出則否。

清・呂恩湛《永平府志》卷二五 旱潦悉聽之天，三四月得雨，麥乃熟。六七月雨過甚，下地率潦。平歲爲下農，豐稔不知積蓄。故閭閻鮮蓋藏焉。

又 廟 立夏日，入海捕魚，視西南風則多獲，東北風不利。孟月雨占麥豐歉。俗云：一二麥脚黃，三四落把穰，五六泥中割，七八麥上場，以七八日雨爲上也。又，以初三四新月占風雨，諺云：月兒張弓，少雨多風。月兒仰瓦，不求自下。

清・許瑶光《嘉興府志》卷三二 三伏中，稿稻天氣又當下壅時，最要晴熱。夏秋之交，稿稻還水後，喜雨。七月立秋日，雷損晚稻。諺云：「秋霹靂，損晚穀。」大抵秋後雷多，晚稻少收。非但忌此日，喜西南風，主田禾倍收。諺云：「三日三石，四日四石。」八月旱禾怕北風，晚禾怕南風。凡朔要晴，唯此月要雨好種麥。白露雨爲苦雨，稻禾霑之則白颯，蔬菜霑之則味苦。蓋稻花見日吐出，陰雨則收。正吐之時，暴雨忽來，卒不能收，遂致白颯之患。秋分要微雨或陰天最妙，主來年高低田大熟。喜雨諺云：「麥秀風搖，稻秀雨澆。」畏旱諺云：「田怕秋旱，人怕老窮。」

又 稻種以早白稻爲上，只肥壅不易調停。少壅不長，多壅又損苗，但喜其米粒粗硬而多飯。所宜多種黃稻，能耐水旱，多壅不害，只怕霜早，米不圓滿。其餘稻色好歹不同，總無如黃白二種，所宜對半均種，以便次第收斫，不致忙促。先農嘗卜其吉者而多種之。

清・懷蔭布《泉州府志》卷之二 稻當開花時，有虹見，或午間遇西北風，夜閉閃電，主穀不實。又似雨非雨時，下數點，皆主虫。早稻將熟之時，宜烈日不宜陰雨，或每日有西北雨，雨過日晒禾亦易熟。冬稻將熟之時，有雨，則其穀愈實。諺云：春稻頭戴火，穩稻水淋尾。

清・張堉春《廉州府志》卷一一 浸種 又一法：三九日收得雪水藏之，俟種簍起出，每日洒雪水一二遍，則耐旱不生蟲。嶺南無雪，於三九日收得潔净冬水洒之，亦佳。惟長流水不可用。

又 佈種 農家先擇秧田，揀有水源上上膏腴，三犁三耙，用糞倍之。穀種發芽後，匀密撒之田中。晝則將水放入，以避日晒。夜則將水放出，以受露氣。如夜有暴雨，則又不宜放水，恐打芽入泥易於腐爛也。俟秧青青齊出，則晝夜放水浸之，復以糞灰洒之，更易滋長。

清・明誼《瓊州志・耕》 黎人田皆就山坡之近水處種稻及粟。或焚林爲圃，雜藝薯芋。不問氣候，以雨後爲耕種之期。其耔耘諸法，耒耜諸具，均與齊民無異也。生黎不知耕，惟視雨足，縱群牛于田，往來踐踏，俟水土交融，隨手布種，不耨不耘，視熟黎尤簡易焉。

清・張典《松潘縣志》卷八 松潘附近地產，每年僅收一季。立秋前後十餘日禾稼將熟未熟之時，白晝則慮大雨、寒凝、冰雹，夜晚則慮天晴露積爲霜。禾苗受冰雹，則耔散滿地而包殼亦空。經霜雪，則耔盡枯槁而生機立絕。此二者實農民之大害也。故習慣上制止之法有四：一曰請番僧唸經。二曰禁止挖藥駄藥。三曰安設大礮於山頂，衝散黑雲，雹雨立止。四曰收積各種骨頭、柴草、柏枝多處燃燒，烟合成雲，寒退霜止。以上四法，請番僧唸經作法，以止冰雹霜雪，雖事屬荒渺，然虔心求神禳解災厄，亦古人祈禱之遺意。至於禁止挖藥駄藥，說者謂驚動山神，冰雹霜雪立至，不知此數月内貧民不能上山，生活窘矣。奸民藉查山劫奪藥夫，流弊生矣。此等絲毫無理由之迷信，不足爲法。惟安設大礮衝散黑雲，雨止雹消，與夫烟火成雲，寒退霜止二法，實爲可行。究其事實，因冰雹霜雪乃寒氣積成，白晝無陽光，則陰雲合而寒氣重，冰雹立至。有大礮以震動之，則陽升陰降，雲散雨止，冰雹隨之而消。夜晚天晴空氣愈高，則寒氣愈重，露積爲霜，火烟布合，温氣隨之，露珠仍舊不至變爲霜雪矣。能於後二法籌一的欵年中，多備火藥，多購柴草，或於清理道路之便，拾各種骨頭柴草，擇曠地磊積，派人專任其事。并於南北城堡，上至柏木橋，下至北定關，立一聯合會所，捐會底若干，舉會長一人，會員每處二人。自四月初一起至七月三十日止，就廟宇設壇唸經，共同經理白晝山頂之大礮，夜晚曠地之火烟。事前預備，臨時勿稍疏懈，則止雹止霜確有把握。此實際上之制止陰陽消長寒熱降升。前人試驗成效可必，辦理認真，可保年年豐諗。國以民爲本，民以食爲天。所望官紳提倡，農民盡力，荒年永杜，樂歲長歌，功德無量矣。

清・楊經《固原州志》卷九 勸諭陝甘通省栽種樹木示

【略】蓋樹木繁滋，有六利焉：山岡斜倚，坡陀迴環，古時層層有樹，根枝盤亘，連絡百草，天然成籬，凝留沙土，不隨雨水而下。後世山木伐盡，泥沙塞川，不獨黄流横溢，雖小川如灞滻諸水，亦多淤塞潰决。故種樹於山坡，可以免沙壓而減水害，一利也。平原旱地，大半荒廢，生氣毫無，泉源日窒。若有密樹，則根深柢固，能收取水氣，互相灌輸，由近及遠，土脈漸通，故種樹於瘠土可以化鹻爲沃，引導泉流，二利也。炎日薰蒸，易成旱暵，惟樹葉披拂空中，能呼吸上下之氣。故塞外沙漠，無樹不雨。終年樹密之區，恒多時雨，衡以格致之理。種樹於曠野，可以接洽霄壤，調和雨澤，三利也。赤地童山，陰陽隔閡，其民多病弱。惟樹木之性，收穢氣，放清氣，扶疏匝地，潤澤常滋，種樹遍於僻壤荒邨，可以上迓天和，驅疫癘而養民生，四利也。山峻地寒，陰瘴騰起，雨變爲雹，傷敗嘉禾。然雹隨風至，勢必斜行。凡田連阡陌者，每隔數畝商同種樹成一長排，可以改風勢而阻冰雹，五利也。

紀事

漢・班固《漢書》卷二四上《食貨志上》 此先王制土處民富而教之之大略也。故孔子曰：「道千乘之國，敬事而信，節用而愛人，使民以時。」故民皆勸功樂業，先公而後私。其《詩》曰：「有渰淒淒，興雲祁祁，雨我公田，遂及我私。」

又 世之有飢穰，天之行也，禹、湯被之矣。即不幸有方二三千里之旱，國胡以相恤？

聖王在上而民不凍飢者，非能耕而食之，織而衣之也，爲開其資財之道也。故堯、禹有九年之水，湯有七年之旱，而國亡捐瘠者，以畜積多而備先具也。今海内爲一，土地人民之衆不避湯、禹，加以亡天災數年之水旱，而畜積未及者，何也？地有遺利，民有餘力，生穀之土未盡墾，山澤之利未盡出也，游食之民未盡歸農也。

又 後十三歲，孝景二年，令民半出田租，三十而稅一也。其後，上郡以西旱，復修賣爵令，而裁其賈以招民，及徒復作，得輸粟於縣官以除罪。

又 后稷始甽田，以二耜爲耦，廣尺深尺曰甽，長終畮。一畮三甽，一夫三百甽，而播種於甽中。苗生葉以上，稍耨隴草，因隤其土以附（根苗）〔苗根〕。故其《詩》曰：「或芸或芓，黍稷儗儗。」芸，除草也。（秄）〔芓〕，附根也。言苗稍壯，每耨輒附根，比盛暑，隴盡而根深，能風與旱，故儗儗而盛也。

又 元帝即位，天下大水，關東郡十一尤甚。二年，齊地飢，穀石三百餘，民多餓死，琅邪郡人相食。在位諸儒多言鹽鐵官及北假田官、常平倉可罷，毋與民爭利。上從其議，皆罷之。又罷建章、甘泉宮衛，角抵，齊三服官，省禁苑以予貧民，減諸侯王廟衛卒半。又減關中卒五百人，轉穀振貸窮乏。其後用度不足，獨復鹽鐵官。

漢・班固《漢書》卷五一《賈山傳》 是以元年膏雨降，五穀登，此天之所以相陛下也。

漢・班固《漢書》卷五三《景十三王傳・中山靖王勝》 臣聞白日曬光，幽隱皆照；明月曜夜，蟁蝱宵見。然雲蒸列布，杳冥晝昏；塵埃抪覆，昧不〔見〕泰山。何則？物有蔽之也。今臣雍閼不得聞，讒言之徒蠭生。道遼路遠，曾莫爲臣聞，臣竊自悲也。

漢・班固《漢書》卷五八《公孫弘傳》 制曰：蓋聞上古至治，畫衣冠，異章服，而民不犯；陰陽和，五穀登，六畜蕃，甘露降，風雨時，嘉禾興，朱屮生，山不童，澤不涸；麟鳳在郊藪，龜龍游於沼，河洛出圖書；父不喪子，兄不哭弟；北發渠搜，南撫交阯，舟車所至，人迹所及，跂行喙息，咸得其宜。

又 臣聞之，氣同則從，聲比則應。今人主和德於上，百姓和合於下，故心和則氣和，氣和則形和，形和則聲和，聲和則天地之和應矣。故陰陽和，風雨時，甘露降，五穀登，六畜蕃，嘉禾興，朱草生，山不童，澤不涸，此和之至也。故形和則無疾，無疾則不夭，故父不喪子，兄不哭弟。德配天地，明並日月，則麟鳳至，龜龍在郊，河出圖，洛出書，遠方之君莫不説義，奉幣而來朝，此和之極也。

宋・薛居正等《舊五代史》卷四《梁書四》 五月【略】己丑，令下諸州，去年有蝗蟲下子處，蓋前冬無雪，至今春亢陽，致爲災沴，實傷隴畝。必慮今秋重困稼穡，自知多在荒陂榛蕪之内，所在長吏各須分配地界，精加翦撲，以絶根本。

宋・文瑩《湘山野録》卷下 真宗深念稼穡，聞占城稻耐旱，西天菉豆子多而粒大，各遣使以珍貨求其種。占城得種二十石，至今在處播之。西天中印土得菉豆種二石，不知今之菉豆是否？始植於後苑，秋成日宣近臣嘗之，仍賜占稻及西天菉豆御詩。

宋・莊綽《雞肋編》卷上 宣和壬寅歲，自京師至關西，槐樹皆無花。老農云：「當應來年之旱，與二麥不登。」已而信然。諺云：「槐宜來歲麥，棗熟當年禾。」

又 陝西沿邊地苦寒，種麥周歲始熟，以故黏齒不可食。如熙州斤麪，則以掬灰和之，方能捍切。羊肉亦羶臊。惟原州二物皆美，麪以紙囊送四旁爲佳遺。

又 諺云「麥過人不入口」。靖康元年，麥多高於人者，既熟，大雨，所損十八。

又 河間老卒云：「蠶子最耐寒熱。臘月八日或二十三日，以新水浴過，至三月間，雖熱而桑未可採，則以緜絮裹置深密處，則不生。欲令生，則出置風日中。每槌間用生地黄四兩，研汁灑桑葉飼之，則取絲多於其他。」白樂天《地黄詩》云：「與君啖老馬，可使照地光。」二者當俱可信也。

又 油，通四方可食與然者，惟胡麻爲上，俗呼脂麻。言其性有八拗，謂雨暘時則薄收，大旱方大熟，開花向下，結子向上，炒焦壓搾才得生油，膏車則滑，鑽鍼乃澀也。而河東食大麻油，氣臭，與荏子皆堪作雨衣。陝西又食杏仁、紅藍花子、蔓菁子油，亦以作鐙。祖珽以蔓菁子薰目以致失明。今不聞爲患。

宋・程大昌《演繁露》卷三 赤米

《國語》曰：越大夫種謀曰，今吳既罷，而大荒薦饑，市無赤米。注曰，米之惡者也。《御覽》三十五。案赤米今有之，俗稱紅霞米，田之高印者，乃以種之，以其早熟且耐旱也。然則越時已有此米矣。《南史・任昉傳》：昉解新安太守去，惟載桃花米。即赤米是也。

宋・魏峴《四明它山水利備覽》卷上 日月二湖

《鄞志》稱：城中日月二湖，皆源于四明山，自它山入于南門瀦爲二湖，在城西南隅。月湖中有十洲三島之勝，湖之支渠，繚遶城市。往往家映修渠，人酌清沁。又云：四明山之旁諸山萃焉，雨盛則澗壑交會，出爲漫汙，無以瀦之，其涸可立而待，非特民渴于飲，而河納海潮，以之灌溉，田皆斤鹵，畊稼廢矣。【略】舒公信道《西湖引水記》：西湖即月湖也。時有旱而引它山之水入月湖，以濟一城之所用，邦人喜而公爲之記也。今城中十萬户日用飲食，可不知所自乎。

又 淘沙

四明占水陸之勝，萬山深秀。【略】人謂古來四季一浚，今既積年不浚，宜其淤塞。嘉定己亥，旱勢如焚，田苗將槁。峴隨宜爲浚汙，障水之策。一谿出脈，滔滔其來，汙貫百港，隨水所及，俱獲霑溉。夫浚之一寸，則田獲寸水之利。浚之一尺，則田獲尺水之利。浚之愈深，所灌愈遠，爲利愈溥矣。雖然淘沙當于未旱之先，又當棄之空閒無用之地。何則？夫旱歲淘沙，此救一時之急耳。是時農夫皆自翻水車，以救就槁之苗，其勢不可久役，稍或違時，苗已槁矣。宜於未旱之前，農隙之餘，多其工役，假以日月，務令深廣，庶幾可久。天下之事，不勞者不能逸，不暫費者不久安。若憚費畏勞，用功不深，其效亦淺，或略鬮沙中之港，而不去港中之沙，止可爲旱歲急救旱苗之計。經一小雨，則沙淤隨塞，或去港沙而堆兩岸，經一大雨，則仍前洗入港中。如能運沙遠去，江近則去於江水之中，江遠則堆於空閒之地，庶幾可久。

清・董含《三岡識略》卷七 禾變葱

福州府閩清縣田中禾稻，間變爲葱，見邸報。時吾鄉亦霖雨傷稼，予作《秋雨謡》曰：「夏旱何久，有禾不得出。秋雨何多，有穀不得入。瓶欿□仄甑已空，哀吟無計餞天公。望庚聊慰愁，看丙莫浪喜。陰風來從東，復見日北珥。西城豪客金滿床，東村富翁粟滿倉，祝天願天雨不止，一石幸增十石價，便可拖青紆紫揚輝光。有客對我笑，勸我勿怨天。有田尚無米，何况君無田。吾聞嶺嶠之間方格戰，百姓無多戎馬遍。悲哉一死終難逃，種稻成葱事尤變。君不見，福州府，閩清縣。」

又　梅菊夏開

仲夏積雨天氣，乍寒乍熱。我鄉黄菊遍開，又予老蒼頭家臘梅亦放數朵。里人盧元昌以詩記之曰：「灼灼榴花賽火垂，緑荷如蓋挺新池。那知群卉趨炎日，冷眼偷看各一枝。」

清・董含《三岡識略》卷一〇　奇旱

江浙二省，自五月至六月盡，天氣亢旱，河底龜坼，禾稻十分止種四分，豆田俱槁死。節過初伏，尚有乘潮種秧者，亦一異也。然東、北兩鄉，已不可問矣。越東西荒者，什之六七。撫軍遣官分頭開永昌、長興、猪圈各壩，以救海寧一帶。一黄冠自言解祈雨，先受聘儀，登臺作法，久而不效，乘夜遁去。予作《感雨詩》云：「三時已過未分秧，澤國塵沙十丈黄。赤帝不傳雷雨令，白鷗猶憶水雲鄉。籬邊抱瓮侵朝露，松下披襟納晚凉。怪殺潭西狂道士，緑章頻上信茫茫。」

清・鈕琇《觚賸》卷五　孫家庄

扶溝有孫家庄，惟孫姓者居之，性黠而鷙，多行不義，頗贍於財，危樓高臺，構至百楹，周以繚垣，甃甓甚固。佃户之依以居者，茅舍三十餘家。康熙十三年七月初八日，雨中忽見庄東北有巨人，長十丈許，去庄前半里地，拔一大柳樹，望空旋舞。狂風刮地，其聲若雷，孫姓之屋，蕩掃無遺，摧壓而斃者九人，傍居佃户，完然如故。是日孫氏有一甥，爲巨人，掣置别村，樓脊見其兩掌如箕。風定後，居人量所履之跡，長五尺八寸。吾邑官溪吴聖揆家，白晝晦冥，有龍自中門入，夭矯倏忽，破屋而逝。榱桷甍椽，挾以俱飛，耕牛三頭，攝至雲中而墮。聞聖揆爲人頗與孫相似，故亦致此異。時康熙三十二年七月間事也。

劉船

康熙初，沈丘程家村有劉船者，字小舟。充縣捕役，其年已老。夏月雷雨暴至，倚門南望，遥見雲霧中一人乘馬而至，兩腋各挾石磓，將舉磓擊船。又一人大呼曰：非此劉船也。遂去。是時沈丘王邦溜南岸，别有劉船，亦字小舟，方於河濱鋤地，雷至擊死。程村之劉船，一足及磓，腫如瓮，旬日而愈。

木介

語云：木生介，達官怕。余於康熙乙丑冬杪，將從項城扶親柩南歸，士民故舊相送郊外，時雨雪已霽，地無積素，而樹枝多有凌澤封凝，厚至二三寸，雖晴旭耀射，經旬不化。余指示項人曰：此木介也，必有受其咎者。未幾，睢州湯公，鄢凌王公相繼徂謝，内而閣學以及卿貳，外而各省督撫，亦屏黜殆盡。

雲蟲

中州山嶺間有物如蜥蜴，俟天將雨，則羣蟲從石罅緣沿而上，仰口噓氣如珠，青白不一，直上數丈，漸大如甕，須臾合併散漫，滃然彌空，遂成密雲。山中人稱爲雲蟲。

清・鈕琇《觚賸》卷七　仆木自起

高明縣治東南六七里，有村曰禾倉頭，陂塘屈曲，叢灌陰翳。海王廟側鶴木一株，大可合抱，俯蔭潭水。康熙丙子五月，爲颶風所拔，村人剪截其枝而薪之。其本則枯仆水中，已三年矣。己卯五月初十日，忽自起立，於本上復生新枝，其葉排比失長，蒼翠偏反，殆如鶴羽褵褷，勢將飛翥也。

清・葉夢珠《閲世編》卷九　道士彭微之者，蘇之崑山人也。精術數，常往來松郡，叩之屢有奇驗。康熙四、五年間，郡西王姓者延之設醮。王有密友姚南野在座，欲歸東郊，時酷暑，王留之不得。微之顧謂姚曰：「君果欲去，吾當遣凉雲相送。」因舉筆書一符于姚手。及姚歸，行數里，四顧皎日，獨有陰雲時覆其頂，若張蓋然，迨抵家而雲始散，衆咸異之。至十年辛亥春，將播種，而溝澮已竭。五、六月間，雖有微雨，止堪潤葉。延至七月，而苗槁矣。司民社者，莫不遍走，羣望爲民請命，卒不可得。太守耿公繼訓聞彭名，邀之祈雨，請以方外禮見，許之。及彭至，問以祈雨之方。答曰：「雨以雲行，雲從風起，暑風率從西南來，火氣日旺則水氣日消，安所得雨乎？今當閉南城之門三日，我能令風從東北來，一以壯水勢，且以漲潮汐。蓋因祈雨之法，例有三限，恐已槁之苗，不能坐待六日，故必使通潮之地，先以潮救之，而後繼之以雨，庶爲萬全耳！」太守從之。自七月十四日結壇，果反風自艮方來，而潮汐驟長有加，平日溝澮支流，無不浸灌焉。十五日，衆謝之。彭曰：「風則正矣，雲尚未也，然欲掩太陽，先掩太陰，蓋月爲水母，水得雲而雨可降矣。」自是每晚必陰雲蔽月。有詢其降雨之期，彭屈指曰，尚須二日。至十七日，彭向郡守而下稱賀曰：「明日大雨至矣。」是早晴明如故，衆未之信。次早復晴，佐郡有疑其妄道者。人詢之曰：「道士尚登壇乎？」彭曰：「不必矣。辰時雲起，午刻雷作，未、申、酉大雨，四郊霑足。」衆尚未信。至辰而果雲，至午而果雷，至申及酉，而大雨盈尺，盡如彭言。溝澮之涸者皆盈，禾苗之槁者復生。闔郡歡呼，驚傳神異。至十七年夏，亢旱彌甚，時郡守魯譜庵超，浙之山陰人也，偕僚屬集僧道，建壇于西郊之泰岳神廟，虔齋禱雨，至逾月而不得。縉紳有憶微之故事者，白郡守以禮徵之，至如前法，刻期而應，不失時刻。是歲也，旱而不甚差勝于鄰郡者，微之法力居多。或曰微之非能致雨，特以數學之精，能推知此日必雨，故神其說耳。嗟乎！使數學果能如是，亦異人矣！故吾特表而出之。

清・王士禛《香祖筆記》卷一（康熙四十一年壬午）浙江巡撫某疏，明紹興府知府湯紹恩，於三江海口築塘建閘，旱澇無害。逮我朝定鼎，洩水驅沙，靈異尤著；禦災捍患，利益弘多。伏祈勅賜褒封祀典。云云。下禮部議，允行。

清・王士禛《香祖筆記》卷三　石蛄音劫，《南越志》云：形如龜甲，遇春雨則生花。右丞詩「來經石蛄春」，春字非趁韻也。古人字無虛設如此。

又　荊州南門有息壤，其來舊矣，上有石記云：犯之頗致雷雨。康熙元年，荊州大旱，州人請掘息壤出南門外堤上。掘不數尺，有狀若屋而露其脊者，再下尺許，啓屋而入，見一物正方，上銳下廣，非土非木，亦非金石，有文如古篆，土人云即息壤也。急掩之。其夜大雨，歷四十餘日，江水泛溢，決萬城堤，幾壞城。

清・王士禛《香祖筆記》卷七　貴州苗峒出沙板，然彼中不甚貴重。【略】《談藪》謂湖南亦然。湖南與苗蠻風壤相接，理合有之。又謂平江即今蘇州大旱，河水涸，居人就河底掘井，得沙板，愈取愈多，亦有得沉香者，此則不可曉也。

清・王士禛《香祖筆記》卷八　《嶺海見聞》云：蚌聞雷而孕，望月而胎珠。中秋蚌始胎，中秋無月，則蚌無胎。凡秋夕海色空明，天半有朱霞光起，蚌曬珠也。

清・王士禛《香祖筆記》卷一〇　《高麗人參贊》：三椏五葉，背陽向陰。欲來求我，椵樹相尋。椵木葉似桐，甚大而陰多，人參生其陰。（《人參譜》）

又　勞山多耐冬花，花色殷紅，冬月始盛開，雪中照曜山谷，彌望皆是。説者謂即南中之山茶，然花不甚大，所云海紅花是也。

清・王士禛《香祖筆記》卷一二　序曰：始余在京師，聞濟南多甘泉，流水被道，蒲魚之利與東南北。會其郡從事闕，求而得之。既至大旱，問之，其人云，城南舜祠有二泉，今竭矣。明年夏雖雨，而泉不作。相與驚曰：舜其不復享耶。又明年夏大雨，麥禾薦登，泉乃復發。民驩曰：舜其尚顧我哉。泉之始發，瀦爲二池，釃爲石渠，自東南流于西北，無不被焉。灌溉播灑，蒲蓮魚鱉，其利滋大。因爲詩，使祠者歌之。

清・嵇璜、劉墉等《續通志》卷三五二《列傳宋五十六》　楊佐【略】爲陵州推官。州有鹽井深五十丈，皆石也。底用柏木爲榦，上出井口，垂綆而下，方能及水。歲久榦摧敗，欲易之，而陰氣騰上，入者輒死。惟天有雨，則氣隨以下，稍能施工，晴則亟止。佐教工人以木盤貯水，穴竅灑之，如雨滴然，謂之雨盤。如是累月，井榦一新，利復其舊。累遷河陰發運判官，榦當河渠司。皇祐中，汴水殺溢不常，漕舟不能屬。佐度地鑿瀆以通河流，於是置都水監，命佐以鹽鐵判官同判。京城地勢南下，涉夏秋則苦霖潦，佐開永通河，疏溝澮出野外，自是水患息。

清・畢沅《續資治通鑑》卷一五七《宋紀一五七》　甲戌，雨。

先是金御史中丞孟鑄言：「今歲愆陽，已近五月，比至得雨，恐失播種之期。可依種麻菜法，擇地形稍下處，撥畦種穀，穿土作井，隨宜灌溉。」金主從其言。區種法自此始。

清・王有光《吳下諺聯》卷四　寒露開花不結子

此日暮途窮之説，要人及早培植，勿任遲之又久，至露冷風寒時候而始開花也。雖天地洪恩，錫以晚遇，亦有名無實，故曰「不結子」。時乎不再來，可懼亦可哀矣。

端陽有雨是豐年

端陽天地正中，得純陽之氣，真火當頭，此而一雨，謂之時雨，水火既濟。前此或不雨，至此田禾已得下種矣。後此或不雨，於此田禾已見下種矣。故卜是豐年。

清・姚元之《竹葉亭雜記》卷八　冬魚出房不可太早。於清明前後，置於向陽之處，用木板蓋覆。天若和暖，一日撤板一塊，漸次撤去。若驟然不蓋，夜間寒霜侵入，魚必受傷。

夏月伏暑之時，必當半遮半露，不可使魚受熱毒。雨水性沉，日色蒸曬，必致發變。著雨後，一俟晴明，即用倒流吸桶撤净缸底雨水，則無害矣。若降雨之先將缸添滿，或缸有水孔，隨落隨流，雨水不能到底，則不必撤之矣。

《大公報》第三百四十七號（一九〇三年六月十日） 求雨續紀

哀宮保於昨早八點鐘出門，督同司道文武各員同詣玉皇閣求雨。彼時，狂風大作，黄沙漫天。即經巡警總局趙太守預先飭派火捕等，川水龍三座，在哀宮保應行各路沿路激水噴洒，以免風沙飛揚云。

《大公報》第三百五十四號（一九〇三年六月十七日） 亦取鐵牌

刻因久旱不雨，首府朱太守於十九日午車親詣邯鄲縣取鐵牌，俟取到後再設壇求雨云。按：鐵牌到京而仍不雨，或不雨於京而雨於保，亦未可知。

又 裝鱉求雨

西頭雙街口紅寺地方有陸□等，承□設會行會祈雨三天。邀集轎夫、幼童數十名，以六角龍亭一座，上戀雨字一方，并有全副執事文武童子，鼓樂齊鳴，引導於前。其幼童等塗抹臉面扮作鼀鱉之形，各持雙椎作舞□行街市假者，無不嗤笑若輩之愚云。

《大公報》第三百五十五號（一九〇三年六月十八日） 荒旱近狀

天氣亢旱大風，日起淀北各村莊一帶，到處荒旱異常。由彼經過者，曾未遇一耕種之人。近聞御河一帶，海河以東，各處春麥收成無望，各村民嗷嗷待哺。各屬地方官錢粮地租依然催討，稍有不遂差役任意欺侮。噫，小民遭此荒旱，俯仰無資，窘迫已極。聞津邑周圍諸鄉民不日來津求賑，以望生活云。

《大公報》第一千四百七號（一九〇六年六月七日） 設壇祈雨

道府縣等官訂於十六日起十八日止，在閘口龍王廟内設壇祈雨。每日早八點晚五點上壇，均穿素服羽纓帽。縣差已在南斜街王宅預備茶座，並在道府各署前搭棚，供設龍王邑尊面論。各堡地保傳知各街舖户懸掛黄旗祈雨，並出示禁止屠宰。噫，古有雩禮，其猶行於今之時代乎。

明・李世寅《承德府志》卷首一 （光緒十三年）是年五月，上駐蹕熱河，諭扈從諸臣曰：今歲米價甚昂，頃曾降旨，將八月收放之米，令即支給。目前雨水之時，應於未雨之先，即將此米給與衆人，始爲有益。今年四月前甚旱。既雨之後，又恐多雨。都統副都統參領等於此等處，未必能實心籌畫。倘雨過多，道路泥濘，車輛難行，勢必至米糧潮濕抛棄，於軍民全無實惠。著將此旨傳示八旗都統等。

清・程廷恒《大名縣志》卷一〇 一農時

吾縣稼穡以麥穀爲大宗。近年天氣多旱，不能依時耩種，以致民多艱食。今有種冬穀法，似亦救濟之一道。其法：先將穀種揀出，於冬至前一日放入甕内，用粗麻布將口紮好，倒置於深四五尺土穴中，用土封固。自冬至前一日起算，滿十四日後將甕取出，大寒日種入熟地，春透苗生，較常穀可早熟一月。蓋因經受冬至元陽之氣，具有耐寒習慣。雖在冰雪中，亦能生長，其熟較麥不過晚二十餘日。若秋雨過晚不能種麥，可照此法行之。

清・洪汝冲《遼陽鄉土志》總卷四 蠶桑

蠶絲，亦本境殖産之一。大宗除粱豆外，餘皆不及。特野蠶多，家蠶少。野蠶飼以柞葉，山村僻地，如城南興隆溝、吉洞峪、浪子山以南，城東牛棚溝、茨溝一帶，土人設場養蠶，資爲農家之副業，輸出額近日漸增，約歲出繭七十萬兩。飼養之法，每剪一把場地，必須小柞樹四千株，乃供飼放置。買四千株樹之場，值銀五百圓。又須防蟲鳥害，春秋兩季，但無暴雨早霜，雨澤順時，則蠶不受病，方可豐收，惟絲之色質亞於桑蠶。若設法提倡加以保護，擇山僻地選種植桑，數年以後絲美而利亦厚矣。

清・謝旻《江西通志》卷首之三 上帝降鑒，叠産嘉穀以昭休應。似此八穗九穗之穀，豈人力之所能强爲，亦豈人君所能强之使有乎。天人感應之理，朕見之最真最切，但恐此心不誠耳。誠則未有不動者，即如從前青海蠢動，朕爲邊陲憂慮，虔禱於宫中，不數旬而捷音即至，疆圉寧謐。又如，前歲夏間，近畿雨澤稍愆，朕在宫中默禱減膳修省虔誠叩懇，不數日而甘霖大沛，禾稼有秋。此皆近年以來，朕親行親驗之事。至於去年夏秋之間時常陰雨，而朕在宫中但覺雨水稍多，不知其大爲民患。而李維鈞並不將畿輔被潦實情具奏。是以朕竟不聞知，未曾早爲虔禱，殫竭誠心以挽。

清・謝旻《江西通志》卷一〇七 （康熙）三十五年丙子，雩，都學宫桂樹正月開花，較盛於秋。

清・江殷道《九江府志》卷五三 （雍正）六年四月，雨。五穀如火炙狀，内有木棉桃，大如豌豆。

清・王正常《鄖陽志》卷八《蕺紀》 （乾隆五十一年）閏七月十五日，蝗自穀城來。八月十七日大雨至，二十八日晴，蝗盡死，穀無害。

清・羅德昆《施南府志》 （道光）七年夏，霆雨，麥未穫，生芽。

清・李瀚章等《湖南通志》卷首之一 聖祖仁皇帝臨御六十餘年，無刻不以重農力穡爲先務。仰觀天時，俯察地利，辨土性而課人功，資雨暘而防旱潦，綢繆區晝，旰食宵衣，偶遇雨澤愆期。

又 今見各省奏報前來，處處雨水均調，春麥秋禾並登豐稔，雖邊遠荒僻之地亦慶有秋。惟直隸湖廣安徽數州縣，近水最低之處，常年被潦者略有浸注，亦不爲災，是今歲可稱大有年矣。

清·李瀚章等《湖南通志》卷六〇 安化縣出茶。穀雨以前之細茶，先儘引商收買；穀雨以後之茶，方許賣給客販。如天時尚寒，雨前茶少，則雨後細茶亦先儘引商買足，方許賣給客販。牙行不得高取牙用。

清·朱衮等《衡嶽志》卷二 茶沿山皆茶，冬雪初霽，吐白花滿川谷，異香撩人，寒蝶凍餘，迎距宛轉。春日雨晴，採芽明焙，以峯泉試之，浮乳甘香不在徽歙下矣。

香稻山上最高處皆有田引泉灌溉，曲折高下數里，涓涓不竭。歲旱乃皆得稔，其種皆香稻。炊飯香美，異於他稻。遲者以九月始熟，圓長豐香，粳之美者也。

白鷴似雞而尾長，每凍雪時方出求食，人始得之。

清·應先烈《常德府志》卷一八 水稻。《周禮》：荆州其穀宜稻。《天工開物》：今天下育人民者稻居十七。凡稻種最多，不黏者，禾曰秔，米曰粳。黏者禾曰稌，米曰糯。溼種之期，最早者春分以前，遲者後於清明。凡稽旬日失水，即愁旱乾。夏種秋收之穀，必山澗源水不絕之畝，其穀種亦耐久，其土脉亦寒，不催苗也。湖濱之田，待夏潦已過六月方栽者，其秧立夏播種，撒藏高畝之上，以待時也。南方平原，田多一歲兩栽兩穫者，其再栽秧，俗名晚糯，非粳類也。六月刈初禾，耕治老稿田，插再生秧，早秧一日無水即死。此秧歷四五兩月，任從烈日暵乾無憂，此一異也。凡再植稻，遇秋多晴，則汲灌與稻相終始。凡稻旬日失水則死，期至幻出旱稻一種。粳而不黏者，即高山可插，又一異也。土性帶冷漿者，宜骨灰蘸秧根，石灰淹苗足，向暘暖土不宜也。土脈堅緊者，宜耕隴疊塊，壓薪而燒之，壇墳鬆土不宜也。凡早稻種，秋初收藏，當午晒時烈日火氣在內，入倉廩中關閉太急，則其穀黏，帶暑氣。明年田有糞肥，土脈發燒，東南風助煖，則盡發炎火，大壞苗穗。若種穀晚涼入廩，或冬至數九天收貯雪水冰水一甕，交春即不驗。清明濕種時，每石以數碗激洒，立解暑氣，則任從東南風暖，此苗清秀異常矣。凡苗既函之後，畝土肥澤連發，南風薰熱，函內生蟲，遇西風雨一陣，則蟲化而穀生矣。【略】凡稻成熟之時，遇狂風吹粒殞落，或陰雨竟旬，穀粒沾溼白爛。然風災不越三十里，陰雨災不越三百里，偏方厄難，亦不廣被，風落不可爲。若貧困之家，苦於無霽，將溼穀升於鍋內，燃薪其下，炸去糠膜，收炒糗以充饑，亦補助造化之一端矣。

又 大麥種穫期與小麥同，蕎麥則秋半下種，不兩月而即收。其苗遇霜即殺，降霜遲則有收矣。

又 綠豆必小暑方種，未及小暑而種，則其苗蔓延數尺，結莢甚稀。若過期至於處暑，則隨時開花結莢，顆粒亦少。

又 西瓜。按：西瓜蔓生，湖鄉多種之，五六月無水淹，利與菜子等。

又 《群芳譜》：種藷宜高地，沙地起脊尺餘，種脊上，遇旱可汲井澆灌。若水退在七月中，氣候既不及藝五穀，即可剪藤種藷。至蝗蝻爲害，草木蕩盡，惟藷根在地，薦食不及，縱令莖葉皆盡，尚能發生。

又 棉子用臘雪水浸過，不蛀亦能旱。或云鰻魚汁浸之，凡種皆然。又曰：種棉花在清明、穀雨節。以霜氣既止也。清明前五日爲上時，後五日爲中時，穀雨爲下時，斷不宜過穀雨。蓋早種早實。

清·唐步瀛《長沙府瀏陽縣奉飭查詢清册》 查卑縣：五穀以稻穀，雜糧以包粟、紅藷爲最多。東南鄉及上西鄉，種稻兩次。清明後種頭禾，五月熟。六月又種二禾，霜降時熟。包粟亦種兩次。三月種，五月熟。五月種，八月熟，是先種先熟，後種後熟。穀有五月早清明後種，五月熟，是先種先熟。糯穀大暑後種，八月熟。蕎麥處暑後種，霜降時熟，是後種後熟。麻黏穀立夏後種，八月熟。紅藷立夏後種，立冬時熟，是先種後熟。穀有江西早，並黃豆、綠豆，立夏後種，五月熟，是後種先熟。麥非土宜，間有種者，與蠶豆、豌豆均九月種，三熟。黃粟、高粱、芝蔴之類，産亦不多。稻穀之外，包粟耐久，晒乾可儲五六年及七八年、九十年之久。紅藷不耐久，只可過冬，切絲晒乾，可儲一二年，久則生蟲。本地糧食僅敷食用，不能運出。偶遇歉歲，仍須省城運來。惟糯穀有餘，碾米販運省城漢鎮銷售。

清·呂恩湛《永州府志》卷五上 零祁東早稻六月熟，故不憂秋旱，恒苦春雨。道寧、永江晚稻九月熟，畏秋旱。六七月間暴雨乍晴，禾苗生蟲，螟螣蟊賊，無歲不然。霧太甚，蟲愈多，截大竹爲櫛拔□甚苦。舊志。

零陵平地早中晚三稻，俱六七月熟，則憂夏旱，山種雜糧多有十月收者，則憂秋旱，兼畏霜早。五六月霉雨易生蟲，七八月陰雨又不利收穫。舊志。

清·郭樹馨《興寧縣志》卷五 《柳州總志》：事農務本，不習工藝。按興寧土瘠民貧，勤於農事，早作夜息，不勞勸課，終歲無暇。日浸種以桐華爲候，早稻於二月半播種，四月上旬插秧，六月穫。中稻晚稻播種栽插較後，至七八月穫。近山田水寒者，或至九月甚至十月者。入冬惟薅糞蓄水，無復栽種。父老相戒，莫乾冬田，乾則來歲無望。

清·姚念楊《益陽縣志》卷二　農事

稻有早中晚三種，早者春社時浸種，謂之社種；次則清明下種，穀雨下泥。農家常諺也。每歲立春後五戊禁動土，謂之禁戊已。其收早者，秋前可穫，中稻秋後處暑前可穫。最晚者，名重陽糯，亦名冬黏，九月始收。地又有上中下鄉之分，自縣以東爲下鄉，地平曠少山，氣多陽爽，故物候早。縣以西爲中上鄉，地漸多山，氣陰涼，故物候遲。各鄉播種略同，遲早所差不過一月，收則自下而上，常三越月乃周。下鄉有可兼種晚稻者，中上鄉則歲惟一穫。穫後或種蕎麥，歲凶尤資此爲補救，又有春蕎。山場園地則種高粱、豆、粟、脂麻之類，謂之雜糧。農家耕作甚勤，水旱之計亦備。下鄉地迫湖湘，築隄捍水，名曰湖田。惟虞漲潦，旱則沿江安置桔槔，隨時車救。其地勢平衍，灌溉易通，故旱常有救。中上鄉則多山塘港壩，沿溪或設筒車，遇旱亦相機車戽。但地多錯處山陵，勢每高低隔越，人力難周，故常虞旱。水則惟山溪暴漲，沿岸爲災，亦不能遍及，故益地下鄉虞水，中上鄉虞旱，此其大較。其有水旱無憂者，則稱上田，蓋百中一二爾。

清·徐淦《醴陵縣志》卷一　農勤耕作，隙地皆墾，種無棄壤田，所宜惟稻，歲兩熟，有早晚兩種。山阿之田，地氣冷，僅一熟。蒔稻早不過立夏，晚不過芒種。晚亦兩種，夾蒔早稻縫中者，曰亞禾。另蒔早稻穫後者，曰翻子。農人終歲勤動，視他邑歲一熟者，尤爲勞苦。山谷則種藷芋、豆粟等雜糧及植茶麻以資食用。

清·牛中瀚《安化縣志》卷一〇　稻有早中晚三等。早稻二月中播種，六月熟，高旱田爲宜，種最少。中稻清明前後播種，處暑前後熟，平地膏腴田宜之。種多最晚者，名重陽糯，九月始穫，惟下溼田宜之。周志。

清·吳兆熙《善化縣志》卷一六　農家播種，多在清明前後，惟不過穀雨。有「禾不食穀雨，鍋中少米煮」之語。打稻則須交秋，有「秋前三日打不得，秋後三日打不徹」之語。稻穀六方以象六合，稻稈七節以應氣候。自穀雨數至大暑，歷七節氣，秋至則禾熟矣。故季字取以禾爲干之義。

清·于學琴《耒陽縣志》卷七《農事》　耒土近燥，厥田下中，間有膏腴，不過十之二三，加以旱乾，時逢民食維艱，十年五旱，五年三旱，高高下下只收一半。此古諺所爲作也。且他處衍沃，當稻穫雲空，可再種蕎麥。耒則爲利甚薄，荒歉之歲，即偶爲插種，卒之逢年者稀，故終歲勤動，良農亦未必盡豐，其勢然也。

清·羅慶薌《衡山縣志》卷一八《農事》　按舊志所載，允悉衡農苦況。蓋衡農居平泉沃壤者十之四，居水涯者十之三，居山間者亦十之三。山農就山岨爲水田，砌亂石爲田塍，或高數尺，或高丈餘，引石泉曲折灌溉，泉極寒冷，苗不生發。四月下種，十月始熟。計所收不及平田之半，而用力已倍之矣。其巉處爲旱田，冬火之，春蒔之，所種多包穀、藷芋，差堪果腹，不甚適口。惟嶽陰諸山頗宜南竹，春筍解籜，農民灰浸爲紙，售諸遠方，稍獲其利。【略】凡農人自樹禾後，二旬不雨，則憂旱。浹旬而雨，則憂潦。苗始秀而雨多，則蟲生。穀將登而雨多，則芽生。禾初作包無南風，則不長。禾既着花，遇西風必不實。結實後又宜西風，若得西風三四日，一稃縱無二米，一米必滿一稃。

清·嵇有慶《零陵縣志》卷五《農事》　清明前後四五日浸種，六七日播種，所避者三月三日風也。月餘可插秧。五六月若天旱則車塘水井水以資灌溉，立秋前穫早禾，立秋後穫晚禾。曝穀既乾即入倉。【略】平地早中晚三稻，俱六七月熟，故農每憂夏旱。山種雜糧多有十月收者，則憂秋旱，兼畏霜早。五六月乍雨乍晴，禾易生蟲。七八月陰雨，又不利收穫。稼穡之艱難也如是。山田多寒，假灰性以煖土性，使苗易發。而冽泉不能損稼，黑壤之田不宜壅糞，壅糞則肥沃太過，苗茂而粒不凝實。穫稻後復瀦水於田，名曰凍田。凍田能旱，冬閒則相率刈枯草燒灰，備來歲糞田之用。

清·孫炳煜《華容志》卷一　農山農苦旱，垸農苦潦。年豐，垸農一歲之收可抵山農數歲之收。垸民至厭粱肉，山民恒苦菜食。近則山農多趨於垸，以山田瘠而畝狹，垸田肥而畝潤，但所苦者隄工耳。邑西南民，同業漁樵爲度潦計。今窪下者變爲膏腴，民得安業。顧田之出十九，利之入無二三，多爲澧州、荊州、龍沅、益陽諸邑人所佃種，利盡爲他邑之人所獲。

清·張官五《沅州府志》卷五　西北有地，廣數百畝，歲大旱，此處獨稔，號曰熟坪。

清·董鴻勳《永綏廳志》卷一　三月，清明日浸稻種，是日宜晴。穀雨前摘茶爲雨前茶，茶極稀□，有種於籬落田塍間者爲炸油之茶，較多葉不可食。此月宜雨。月杪種包穀。

四月，楳雨，亦時雷雨。立夏日宜雨，農乃登麥。

五月，前多雨，山谿之水匯於河，河多漲漫，然亦不爲病。芒種節凡可種者，皆宜布種，到夏至而地氣乾燥，不可下子矣。二十日爲會龍日，二十三日爲分龍日，不宜雨。夏至後雨不厭多。

六月炎熱殊甚，農人薙草汗涔涔下，小暑大暑兩節均宜雨，或天氣陰沉，歲則大熟。是月早包穀可以成實，山人賴以接秋。

七月爲三伏日。夏火秋金，金爲火尅，其熱彌甚，故夏至後遇三庚日爲三伏，所謂秋老伏也。立秋後熱始漸減，農乃登穀。穀分早晚，早穀秋後十日可收，晚穀收成在處暑後，早則穀實元氣未足，多不能脫。處暑種蕎麥，居民統謂之蕎。

八月白露節，蕎麥茂。秋分後天氣漸涼，可種菜。

清·戴熺《瓊州府志》卷九 張岐真宗朝知瓊州。鎮以清净，不納餽獻，吏民服其廉介。州地多颶風，岐教民立舍方畧，無患祀于祠。

清·張鵬翮《遂寧縣志》卷一二 （康熙）六十一年壬寅，風不烈，雨不淫，雷無疾聲，三秋絶鳴，高山可田，五穀倍熟，稱大有年。

又 （乾隆）四十八年癸卯十二月十三四等日，晝夜大雪，積厚二尺餘，即全省亦皆普遍。明年正月復得二次，是歲禾麥倍收。父老僉云：數十年所未見，洵爲豐年兆慶云。

著録

宋·陳旉《農書》卷上 地勢之宜篇第二

夫山川原隰，江湖藪澤，其高下之勢既異，則寒燠肥瘠各不同。大率高地多寒，泉冽而土冷，傳所謂高山多冬，以言常風寒也。且易以旱乾。闕。饒，易以渰浸。故治之各有宜也。若高田闕，高水所會歸之處，量其所用而鑿爲陂塘，約十畝田即損二三畝以瀦畜水。春夏之交，雨水時至，高大其隄，深闊其中，俾寬廣足以有容。隄之上，疎植桑柘，可以繫牛。牛得涼蔭而遂性，隄得牛踐而堅實，桑得肥水而沃美，旱即決水以灌溉，潦即不致於瀰漫而害稼。高田旱稻，自種至收，不過五六月，其間旱乾不過灌溉四五次，此可力致其常稔也。又田方耕時，大爲塍壟，俾牛可牧其上，踐踏堅實而無滲漏。若塍壟地勢高下適等，即併合之，使田坵闊而緩，牛犁易以轉側也。其下地易以渰浸，必視其水勢衝突趨向之處，高大圩岸環遶之。其欹斜坡陁之處，可種蔬茹麻麥粟豆，兩傍亦可種桑牧牛。牛得水草之便，用力省而功兼倍也。若深水藪澤，則有葑田，以木縛爲田丘，浮繫水面，以葑泥附木架上而種藝之。其木架田坵，隨水高下浮泛，自不渰溺。《周禮》所謂澤草所生種之芒種是也。芒種有二義，鄭謂有芒之種，若今黄緑穀是也。一謂待芒種節過乃種。今人占候，夏至小滿至芒種節，則大水已過，然後以黄緑穀種之於湖。闕。芒之種與芒種節候二義可並用也。黄闕種以至收刈，不過六七十日，亦以避水溢之患也。稻人掌稼下地，以瀦畜水，使其聚也。以防止水，使不溢也。以遂均水，使勢分也。以列舍水，使其去也。以澮瀉水，溝之大者也。其制如此，可謂備矣，尚何水溢之患耶？《詩》稱多黍多稌，以言高下咸得其宜。今雖未能盡如古制，亦可參酌依倣之也。

耕耨之宜篇第三

夫耕耨之先後遲速，各有宜也。早田穫刈纔畢，隨即耕治曬暴，加糞壅培，而種荳麥蔬茹，因以熟土壤而肥沃之，以省來歲功役，且其收足，又以助歲計也。晚田宜待春乃耕，爲其藁秸柔韌，必待其朽腐，易爲牛力。山川原隰多寒，經冬深耕，放水乾涸，雪霜凍沍，土壤蘇碎。當始春，又遍布朽薙腐草敗葉以燒治之，則土暖而苗易發作，寒泉雖冽，不能害也。若不能然，則寒泉常浸，土脉冷而苗稼薄矣。《詩》稱有冽氿泉，無浸穫薪，冽彼下泉，浸彼苞稂苞蕭苞蓍，蓋謂是也。平陂易野，平耕而深浸，即草不生，而水亦積肥矣。俚語有之曰：春濁不如冬清，殆謂是也。將欲播種，撒石灰渥漉泥中，以去蟲螟之害。

天時之宜篇第四

四時八節之行，氣候有盈縮踦贏之度。五運六氣所主，陰陽消長有太過不及之差。其道甚微，其效甚著。蓋萬物因時受氣，因氣發生。理固不易測也。若仲冬而李梅實，季秋而昆蟲不蟄藏，類可見矣。天反時爲災，地反物爲妖。災妖之生，不虚其應者，氣類召之也。陰陽一有愆忒，則四序亂而不能生成萬物。寒暑一失代謝，即節候差而不能運轉一氣。在耕稼盜天地之時利，可不知耶。《傳》曰：不先時而起，不後時而縮。故農事必知天地時宜，則生之、蓄之、長之、育之、成之、熟之，無不遂矣。《由庚》，萬物得由其道，《崇丘》，萬物得極其高大，《由儀》，萬物之生各得其宜者，謂天地之間，物物皆順其理也。故堯命羲和，曆象日月星辰，以欽授民時，俾咸知東作、南訛、西成、朔易之候。稽之天文，則星鳥、星火、星虛、星昴，于是乎審矣。驗之物理，則鳥獸孳尾、希革、毛毨、氄毛亦以詳矣。而厥民析、因、夷、隩，可得而稽倣之也。大則取象乎天地，無乖升降之機。明則取法乎日星，不亂經營之度。定之以時，應之以數。此古聖勤民旨意，豈率然哉。其所以時和歲豐，良由於此。今人雷同，以建寅之月朔爲始春，建巳之月朔爲首夏，殊不知陰陽有消長，氣候有盈縮，冒昧以作事，其克有成耶？設或有成，亦幸而已，其可以爲常耶？聖王之莅事物，皆設官分職以掌之，各置其官師以教導之。農師之職，其可已耶？春秋之時，法度並廢，宜凶荒薦至，乃書有年，書大有年，蓋幸而書之。抑見天道有常，而人自愆忒也。《詩》稱豐年穰穰，其崇如墉，其比如櫛，以言其得法度時宜，故豐登有常也。洪範九疇，彝倫攸叙，則百穀用成。彝倫攸斁，則百穀用不成。然則順天地時利之宜，識陰陽消長之理，則百穀之成，斯可必矣。古先哲王所以班朔明時者，匪直大一統也，將使斯民知謹時令，樂事赴功也，故農事以先知備豫爲善。

六種之宜篇第五

種蒔之事，各有攸叙。能知時宜，不違先後之序，則相繼以生成，相資以利用，種無虛日，收無虛月。一歲所資，緜緜相繼，尚何匱乏之足患，凍餒之足憂哉。正月種麻枲，間旬一糞，五六月可刈矣。漚剥緝績以爲布，婦功之能事也。二月種粟，必疎闞子，碾以轆軸，則地緊實，科本鬯茂，穡穟長大而堅實，七月可濟乏絶矣。油麻有早晚二等。三月種早麻，纔甲拆即耘鉏，令苗稀疎。一月凡三耘鉏，則茂盛，七八月可收也。四月種荳，耘鉏如麻，七月成熟矣。五月中旬後種晚油麻，治如前法，九月成熟矣。不可太晚，晚則不實，畏霧露蒙羃之也。早麻白而纏荚者佳，謂之纏荚麻。晚麻名葉裏熟者最佳，謂之烏麻，油最美也。其類不一，唯此二者人多種之。凡收刈麻，必堆罨一二夕，然後卓架晒之，即再傾倒而盡矣。久罨則油暗。五月治地，唯要深熟，於五更乘露鋤之五七徧，即土壤滋潤。累加糞壅，又復鉏轉。七夕已後，種蘿蔔、菘菜，即科大而肥美也。篩細糞和種子，打壟撮放，唯疎爲妙。燒土糞以糞之，霜雪不能凋。雜以石灰，蟲不能蝕。更能以鰻鱺魚頭骨煮汁漬種，尤善。七月治地，屢加糞鉏轉，八月社前即可種麥。宜屢耘而屢糞。麥經兩社，即倍收而子顆堅實。《詩》曰十月納禾稼，黍稷穜稑，禾麻菽麥，無不畢有，以資歲計，尚何窮匱乏絶之患耶。

祈報篇

記曰，有其事必有其治，故農事有祈焉，有報焉，所以治其事也。載芟之詩，春籍田而祈社稷。良耜之詩，於秋冬所以報也。則祈報之義，凡以治其事者可知矣。匪直此也，凡法施于民者，以勞定國者，能禦大災者，能捍大患者，皆在所祈報也。故山川之神，則水旱癘疫之災，于是乎禜之。日月星辰，則雪霜風雨之不時，于是乎禜之。是以先王載之典禮，著之令式而秩祀焉。凡以爲民祈報也。籥章：凡國祈年于田祖，則龡豳雅，擊土鼓，以樂田畯。《爾雅》謂田畯，乃先農也。于先農有祈焉，有報焉。則神農、后稷與夫俗之流傳所謂田父田母，舉在所祈報可知矣。大田之詩言：去其螟螣，及其蟊賊，無害我田穉。田祖有神，秉畀炎火。有渰淒淒，興雨祁祁，雨我公田，遂及我私。是又祈之之詞也。甫田之詩言：以我齊明，與我犧羊。以社以方，我田既臧，農夫之慶。是又報之之禮也。繼而曰：琴瑟擊鼓，以御田祖，以祈甘雨，以介我稷黍，以穀我士女。饁彼南畝，田畯至喜。于此又以見祈報之事也。噫嘻之詩言春夏祈穀于上帝者，春祈穀于上帝，夏大雩于上帝之樂歌也。【略】其詩嗟歎不敢後於大時，所以虔於天澤也。溥天之下，莫不如是，則歲有不豐者乎。此王者所以上能順于天，下能順于民，以成王業，故曰明昭上帝，迄用康年也。若豐年之詩言秋冬報者，蓋五行得性而萬物適其宜，五氣若時而百穀倍其實。故陸禾之數非一，而多者黍也。水穀之品亦非一，而多者稌也。則其它從可知矣。故亦有高廩，萬億及秭，于是爲酒爲醴，烝畀祖妣，以洽百禮，莫不腆厚，有以報其盛而薦其誠。是以神降之福，孔及于兆民焉。大祝掌六祝之辭，以事鬼神示，祈福祥，求永貞。掌六祈以同鬼神示，則類、造、攻、説、禬、禜，于是乎治其事矣。小祝掌小祭祀，將事侯禳禱祠之祝號，以祈福祥，順豐年，逆時雨，寧風旱，彌災兵，遠罪疾。舉是以言，則順時祈報禬禳之事，先王所以媚于神而和于人，皆所以與民同吉凶之患者也。凡在祀典，烏可廢耶，禳田之祝，烏可已耶。記不云乎，昔伊耆氏之始爲蜡也，于歲之十二月合聚萬物而索饗之也。主先嗇而祭司嗇也，祭之以百種，以報嗇也。饗農及郵表，畷禽獸，仁之至義之盡也。古之君子，使之必報之。迎貓爲其食田鼠也，迎虎爲其食田豕也，迎而祭之也。繼而曰：祭坊與水庸事也。其祝之之辭曰：土反其宅，水歸其壑，昆蟲無作，草木歸其澤。凡此皆祈之之辭也。《春秋》有一蟲獸之爲災害，一雨暘之致愆忒，則必雩禜之而特書之，以見先王勤恤民隱，無所不用其至也。夫惟如此，此其所以萬物之生，各得其宜，各極其高大，各由其道，物無夭閼疵癘，民無札瘥災害者，莫不由神降其福以相之而然也。今之從事于農者，類不能然。借或有一焉，則勉强苟且而已，烏能悉循用先王之典故哉。其于春秋二時之社祀，僅能舉之，至于祈報之禮，蓋蔑如也。其所以頻年水旱蟲蝗爲災害，饑饉荐臻，民卒流亡，未必不由失祈報之禮，而匱神乏祀以致其然。

善其根苗篇

凡種植，先治其根苗以善其本，本不善而末善者鮮矣。欲根苗壯好，在夫種之以時，擇地得宜，用糞得理，三者皆得，又從而勤勤顧省修治，俾無旱乾、水潦、蟲獸之害，則盡善矣。根苗既善，徙植得宜，終必結實豐阜，若初根苗不善，方且萎顇微弱，譬孩孺胎病，氣血枯瘠，困苦不暇，雖日加拯救，僅延喘息，欲其充實，蓋亦難矣。今夫種穀，必先修治秧田。於秋冬即再三深耕之，俾霜雪凍冱，土壤蘇碎。又積腐藁敗葉，剗薙枯朽根荄，遍鋪燒治，即土暖且爽。于始春又再三耕耙，轉以糞壅之，若用麻枯尤善。但麻枯難使，須細杵碎，和火糞窖罨，如作麯樣。候其發熱，生鼠毛，即攤開中間熱者置四傍，收斂四傍冷者置中間，又堆窖罨。如此三四次，直待不發熱，乃可用。不然即燒殺物矣。切勿用大糞。以其瓮腐芽蘖，又損人脚手，成瘡痍難療。唯火糞與燖猪毛及窖爛麄穀殼最佳。亦必渥漉田精熱了，乃下糠糞，踏入泥中，盪平田面，乃可撒穀種。又先看其年氣候早晚寒暖之宜，乃下種，即萬不失一。若氣候尚有寒，當且從容熟治苗田，以待其暖，則力役寬裕，無窘迫滅裂之患。得其時宜，即一月可勝兩月。長茂且無疎失。多見人纔暖便下種，不測其節候尚寒，忽爲暴寒所折，芽蘖凍爛瓮臭。其苗田已不復可下種，乃始別擇白田以爲秧地，未免忽略。如此失者十常三四，間歲如此，終不自省，乃復罪歲，誠愚癡也。若不得已而用大糞，必先以火糞久窖罨乃可用。多見人用小便生澆灌，立見損壞。大抵秧田愛往來活水，怕冷漿死水，青苔薄附，即不長茂。又須隨撒種闊狹，更重圍繞。作塍貴闊，則約水深淺得宜。若纔撒種子，忽暴風，却急放乾水，免風浪淘蕩，聚却穀也。忽大雨，必稍增水，爲暴雨漂颭，浮起穀根也。若晴，即淺水，從其晒暖也。然淺不可太淺，太淺即泥皮乾堅。深不可太深，太深即浸没沁心而萎黄矣。唯淺深得宜乃善。

宋·陳旉《農書》卷中　牧養役用之宜篇第一

夫善牧養者，必先知愛重之心，以革慢易之意。然何術而能俾民如此哉？必也在上之人貴之重之，使民不敢輕；愛之養之，使民不敢殺。然後慢易之意不生矣。視牛之飢渴，猶己之飢渴。視牛之困苦羸瘠，猶己之困苦羸瘠。視牛之疫癘，若己之有疾也。視牛之字育，若己之有子也。苟能如此，則牛必蕃盛滋多，奚患田疇之荒蕪，而衣食之不繼乎。且四時有温暑凉寒之異，必順時調適之可也。于春之初，必盡去牢欄中積滯蓐糞。亦不必春也，但旬日一除，免穢氣蒸鬱，以成疫癘。且浸漬蹄甲，易以生病。又當祓除不祥，以净爽其處乃善。方舊草朽腐，新草未生之初，取潔净藁草細剉之，和以麥麩、穀糠或荳，使之微濕，槽盛而飽飼之。荳仍破之可也。藁草須以時暴乾，勿使朽腐。天氣寒冷，即處之燠煖之地，煑糜粥以啖之，即壯盛矣。亦宜預收豆楮之葉，與黄落之桑，舂碎而貯積之，天寒即以米泔和剉草糠麩以飼之。春夏草茂放牧，必恣其飽。每放必先飲水，然後與草，則不腹脹。又刈新芻，雜舊藁剉細和匀，夜餧之。至五更初，乘日未出，天氣凉而用之，即力倍于常，半日可勝一日之功。日高熱喘，便令休息，勿竭其力，以致困乏。時其飢渴，以適其性，則血氣常壯，皮毛潤澤，力有餘而老不衰矣。其血氣與人均也，勿犯寒暑。情性與人均也，勿使太勞。此要法也。當盛寒之時，宜待日出晏温乃可用。至晚天陰氣寒，即早息之。大熱之時，須夙餧令飽健，至臨用時不可極飽，飽即役力傷損也。如此愛護調養，尚何困苦羸瘠之有？所以困苦羸瘠者，以苟目前之急，而不顧恤之也。古人卧牛衣而待旦，則牛之寒蓋有衣矣。飯牛而牛肥，則牛之瘠餒蓋啖以菽粟矣。衣以褐薦，飯以菽粟，古人豈重畜如此哉？以此爲衣食之根本故也。彼藁秸不足以充其飢，水漿不足以禦其渴，天寒嚴凝而凍慄之，天時酷暑而曬暴之，困瘠羸劣，疫癘結瘴，以致斃踣，則田畝不治，無足怪者。且古人分田之制，必有萊牧之地，稱田而爲等差，故養牧得宜，博碩肥腯，不疾瘯蠡也。觀宣王考牧之詩可知矣。

宋·陳旉《農書》卷下　種桑之法篇第一

種桑自本及末，分爲三段。若欲種椹子，則擇美桑種椹，每一枚剪去兩頭。兩頭者不用，爲其子差細，以種即成雞桑、花桑，故去之。唯取中間一截，以其子堅栗特大，以種即其榦强實，其葉肥厚，故存之。所存者，先以柴灰淹揉一宿，次日以水淘去輕秕不實者，擇取堅實者，略曬乾水脉，勿令甚燥，種乃易生。預擇肥壤土，鉏而又糞，糞畢復鉏，如此三四轉，踏令小緊。平整了，乃于地面匀薄布細沙，約厚寸許。然後于沙上匀布椹子，令疎密得所。下子了，又以薄沙摻蓋其上，即疎爽而子易生，芽蘖不爲泥瓮腐，而根漸蝕下所踏實者肥壤中，則易以長茂矣。每畦闊叁尺，其長稱焉。一畦只可種四行，即便於澆灌，又易採除草。畦上作棚，高三尺，棚上略薄著草蓋却，如種薑棚樣，以防黄梅時連雨後，忽暴日晒損也。待苗長三五寸，即勤剔摘去根幹四傍樸蔌小枝葉，只存直上者幹標葉。五七日一次，以水解小便澆沃，即易長。此第一段也。至當年八月上旬，擇陽顯滋潤肥沃之地，深鉏。以肥窖燒過土糞以糞之，則雖久雨，亦疎爽不作泥淤沮洳，久乾亦不致堅硬磽埆也。雖甚霜雪，亦不凝凛凍沍。治溝壟町畦，須疎密得宜。

收蠶種之法篇第二

人多收蠶種于篋中，經天時雨濕熱蒸，寒燠不時，即罨損，浙人謂之蒸布，以言在卵布中已成其病，其苗出必黄，苗黄即不堪育矣。譬如嬰兒，在胎中受病，出胎便病，難以治也。凡收蠶種之法，以竹架疎疎垂之，易見風日。又擘繇羃之，勿使飛蝶綿蟲食之。待臘日或臘月大雪，即鋪蠶種于雪中，令雪壓一日，乃復攤之架，羃之如初。至春，候其欲生未生之間，細研朱砂，調温水浴之，水不可冷，亦不可熱，但如人體斯可矣，以辟其不祥也。次治明密之室，不可漏風，以糠火温之，如春三月。然後置種其中，以無灰白帋藉之，斯出齊矣。

用火採桑之法篇第四

蠶火類也，宜用火以養之。而用火之法，須別作一小鑪，令可擡舁出入。蠶既鋪葉餵矣，待其循葉而上，乃始進火。火須在外燒令熟，以穀灰蓋之，即不暴烈生熖。纔食了，即退火。鋪葉然後進火，每每如此，則蠶無傷火之患。若蠶饑而進火，即傷火。若纔鋪葉，蠶猶在葉下，未能循援葉上而進火，即下爲糞薙所蒸，上爲葉蔽，遂有熱蒸之患。又須勤去沙薙。最怕南風。若天氣鬱蒸，即略以火温解之，以去其濕蒸之氣，略疏通窻户以快爽之。沙薙必遠放，爲其蒸熱作氣也。最怕濕熱及冷風。傷濕即黄肥，傷風即節高，沙蒸即脚腫，傷冷即亮頭而白蜇，傷火即焦尾。又傷風亦黄肥，傷冷風即黑白紅僵。能避此數患乃善。又須先治葉室，必深密凉燥而不蒸濕，下作架高五六寸，上鋪新簟，然後置葉其上，勿使通風。通風即葉易乾槁。常收三日葉，以備雨濕，則蠶常不食濕葉，且不失饑矣。外採葉歸，必疎爽於葉室中，以待其熱氣退，乃可與食。若便與食，則上爲葉熱，下爲沙濕，蠶居其中遂成葉蒸矣。蒸而黄，雖救之亦失半。

清・鄂爾泰《授時通考》卷一《天時・總論上》 《書・堯典》：敬授人時。《傳》：人時謂耕穫之候，民事早晚之所關。

《舜典》：咨十有二牧，曰：食哉惟時。《傳》：所重在於民食，惟當敬授民時，立君所以牧民，民生在於粒食，是君之所重。《論語》云所重民食，謂年穀也。種殖收斂，及時乃穫，故惟當敬授民時。

《洪範》八，庶徵：曰雨，曰暘，曰燠，曰寒，曰風，曰時。五者來備，各以其敘，庶草蕃廡。《傳》：雨以潤物，暘以乾物，煖以長物，寒以成物，風以動物，五者備至，各以次序，則衆草蕃滋，廡豐茂也。舉草茂盛，則穀成必矣。

又，歲月日時無易，百穀用成。《傳》：各順常則百穀成。

《左傳》：凡分至啟閉，必書雲物，爲備故也。註：分，春秋分也。至，冬夏至也。啟，立春立夏。閉，立秋立冬。《汲古叢語》分至啟閉順四時，而成八節也。以其得陰陽之中謂之分，以其當寒暑之極謂之至，以其生長謂之啟，以其收藏謂之閉。然則四孟啟閉者，陰陽闔闢之功。二至二分者，陰陽老少之變也。

又，九扈爲九農正，扈民無淫者也。疏：春扈，鳻鶞，相五土之宜，趣民耕種者也。夏扈，竊玄，趣民耘苗者也。秋扈，竊藍，趣民收斂者也。冬扈，竊黄，趣民蓋藏者也。棘扈，竊丹，爲果驅鳥者也。行扈，唶唶，晝爲民驅鳥者也。宵扈，嘖嘖，夜爲農驅獸者也。桑扈，竊脂，爲蠶驅雀者也。老扈，鷃鷃，趣民收麥，令不得晏起者也。扈止也，止民使不淫放。

《論語》：行夏之時。註：夏以寅爲人正，商以丑爲地正，周以子爲天正。然時以作事，則歲月自當以人爲紀。故孔子嘗曰：吾得夏時焉。而説者以爲《夏小正》之屬。

《孟子》：不違農時，穀不可勝食也。註：使民得務農，不違奪其時，則五穀饒足，不可勝食也。

《爾雅》：春爲青陽，夏爲朱明，秋爲白藏，冬爲玄英。四時和，謂之玉燭。春爲發生，夏爲長嬴，秋爲收成，冬爲安寧。四時和爲通正，謂之景風。甘雨時降，萬物以嘉，謂之醴泉。疏：此釋太平之時，四氣和暢，以致嘉祥之事也。青陽言春之氣和，則青而温陽也。朱明言夏之氣和，則赤而光明也。白藏言秋之氣和，則白而收藏也。玄英言冬之氣和，則黑而清英也。玉燭言四時和，氣温潤明照，故曰玉燭。李巡曰：人君德美如玉而明若燭。《聘義》云：君子比德於玉焉，是知人君若德輝動於内，則和氣應于外。統而言之，謂之玉燭也。春爲發生，夏爲長嬴，秋爲收成，冬爲安寧，此亦四時之別號也。四時和爲通正者，言上四時之功和，是爲通暢平正也。謂之景風，言所以致景風，景風即祥風也。甘雨時降，萬物以嘉者，嘉善也，甘雨即時雨也，不爲萬物所苦，故曰甘。甘雨既以時降，則萬物莫不嘉善之也。謂之醴泉者，言四時平暢，即所以使地出醴泉也。

《管子》：歲有四秋，而分有四時。故曰：農事且作，請以什伍農夫賦耜鐵，此之謂春之秋。大夏且至，絲纊之所作，此之謂夏之秋。而大秋成，五穀之所會，此之謂秋之秋。大冬營室中，女事紡績緝縷之所作也，此之謂冬之秋。

又，陰陽者，天地之大理也。四時者，陰陽之大經也。東方曰星，其時曰春，其氣曰風，風生木與骨。宗正陽，治隄防，耕芸樹藝。正津梁，修溝瀆，甃屋行水，柔風甘雨乃至。百姓乃壽，百蟲乃蕃，此謂星德。南方曰日，其時曰夏，其氣曰陽，陽生火與氣。九暑乃至，時雨乃降，五穀百果乃登，此謂日德。中央曰土，土德，實輔四時，入出以風雨，節土益力。土生皮肌膚，其德和平用均，此謂歲德。西方曰辰，其時曰秋，其氣曰陰，陰生金與甲。其德静正嚴順，百物乃收，此謂辰德。北方曰月，其時曰冬，其氣曰寒，寒生水與血。大寒乃至，五穀乃熟，此謂月德。是故，聖王務時而寄政焉。

又，春三月，天地乾燥，水糾列之時也。山川涸落，天氣下，地氣上，萬物交通。故事已，新事未起，草木荑生可食。寒暑調，日夜分，分之後，夜日益短，晝日益長。利以作土功之事，土乃益剛。當夏三月，天地氣壯，大暑至，萬物榮華，利以疾薅殺草薉，使令不欲擾。當秋三月，山川百泉踊，降雨下，山水出，海路距，雨露屬，天地湊汐。利以疾作，收斂無留，一日把，百日餔，民無男女，皆行於野，不利作土功之事。當冬三月，天地閉藏，暑雨止，大寒起，萬物實熟。利以填塞空郄，繕邊城，塗郭術，實廥倉，凡一年之事畢矣。

《呂氏春秋》：黄帝曰：四時之不可正，正五穀而已耳。凡稼早者先時，暮者不及時，寒暑不節，稼乃生災。冬至以後五(句)〔旬〕有七日而昌生，於是乎始耕。事農之道，見生而藝生，見死而穫死。追時而作，遇時而止，老弱之力，可使盡起。不知時者，未至而逆之，既往而慕之，當其時而薄之，此從事之下也。

又，春之德風，風不信，其華不盛，華不盛則果實不生。夏之德暑，暑不信，則土不肥，土不肥則長遂不精。秋之德雨，雨不信，其穀不堅，穀不堅則五種不成。冬之德寒，寒不信，其地不剛，地不剛則凍閉不開。天地之大，四時之化，而猶不能以不信成物，又況乎人事。

又，得時之禾，長稠而穗，大本而莖殺，蔬穖而穗大，其粟圓而薄糠，其米多沃而食之彊，如此者不風。先時者，莖葉帶芒以短衡，穗矩而芳奪，秮米而不香。後時者，莖葉帶芒而末衡，穗閲而青零，多粃而不滿。得時之黍，芒莖而徼下，穗芒以長，摶米而薄糠，春之易而食之不噮而香，如此者不飴。先時者，大本而華，莖殺而不遂，葉藁短穗。後時者，小莖而麻長，短穗而厚糠，小米鉗而不香。得時之稻，大本而莖葆，長稠疏穖，穗如馬尾，大粒無芒，摶米而薄糠，春之易而食之香，如此者不益。先時者，大本而莖葉格對，短稠短穗，多粃厚糠，薄米多芒。後時者，纖莖而不滋，厚糠多粃，庢辟米，不得恃定熟，印天而死。得時之麻，必芒以長，疎節而色陽，小本而莖堅，厚枲以均，後熟多榮，日夜分復生，如此者不蝗。得時之菽，長〔莖〕而短足，其(美)〔莢〕二七以爲族，多枝數節，競葉蕃食，大菽則圓，小菽則摶以芳，稱之重，食之息以香，如此者不蟲。先時者，必長以蔓，浮葉疏節，小(英)〔莢〕不實。後時者，短莖疏節，本虛不實。得時之麥，稠長而莖黑，稱之重，食之致香以息，使人肌澤且有力，如此者不蚼蛆。先時者，暑雨未至朋動，蚼蛆而多疾，其次羊以節。後時者，弱苗而穗蒼狼，薄色而美芒。是故，得時之稼興，失時之稼約。莖相若稱之，得時者重，粟之多。量粟相若而春之，得時者多米。量米相若而食之，得時者忍饑。是故，得時之稼，其臭香，其味甘，其氣章，百日食之，耳目聰明，心意叡智，四衛變彊，殈氣不入，身無苛殃。黄帝曰：四時之不正也，正五穀而已矣。

《淮南子》：攝提格之歲，歲早水晚旱，稻疾，蠶不登，菽麥昌，民食四升。單閼之歲，歲和，稻、菽、麥、蠶昌，民食五升。執除之歲，歲早旱晚水，小饑，蠶閉，麥熟，民食三升。大荒落之歲，蠶小登，麥昌，菽疾，民食二升。敦牂之歲，歲大旱，蠶登，稻疾，菽麥昌，禾不爲，民食二升。協洽之歲，蠶登，稻昌，菽麥不爲，民食三升。涒灘之歲，歲和，小雨行，蠶登，菽麥昌，民食三升。作鄂之歲，蠶不登，菽麥不爲，禾蟲，民食五升。閹茂之歲，歲小饑，蠶不登，麥不爲，菽昌，民食七升。大淵獻之歲，大饑，蠶開，菽麥不爲，禾蟲，民食三升。困敦之歲，歲大霧起，大水出，蠶稻麥昌，民食三升。赤奮若之歲，早水，蠶不出，稻疾，菽不爲，麥昌，民食一升。

又，仲春始出，仲秋始內。昏張中則務種穀，大火中則種黍，菽虛中則種宿，麥昴中則收斂蓄積。

《晉書・藝文志》：炎帝：分八節，以始農功。

《氾勝之書》：耕之本，在于趣時和土，務糞澤，早鋤穫。春凍解，地氣始通，土一和解。夏至，天氣始暑，陰氣始盛，土復解。夏至後九十日，晝夜分，天地氣和。以此時耕田，一而當五，名曰膏澤，皆得時功。

陳旉《農書》：四時八節之行，氣候有盈縮踦贏之度。五運六氣所主，陰陽消長有太過不及之差，其道甚微，其效甚著。蓋萬物因時受氣，因氣發生。其或氣至而時未至，或時至而氣未至，則造化發生之理因之也。若仲冬而梅李實，季秋之月而昆蟲不蟄藏，類可見矣。陰陽一有愆忒，則四序亂而不能生成萬物。

寒暑一失代謝，即節候差而不能運轉一氣。傳曰：不先時而起，不後時而縮。故農事必知天地時宜，則生之、蓄之、長之、育之、成之、熟之，無不遂矣。《由庚》萬物得其道，《崇丘》萬物得極其高大，《由儀》萬物之生各得其宜者，謂天地之間，物物皆順其理也。故堯命羲和，曆象日月星辰，以欽授民時，俾咸知東作、南訛、西成、朔易之候。稽之天文，則星鳥、星火、星虛、星昴，於是乎審矣。驗之物理，則鳥獸孳尾，希革、毛毨、氄毛亦以詳矣。而厥民析、因、夷、隩，可得而稽倣之也。大則取象於天地，無乖升降之機。明則取法乎日星，不亂經營之度。定之以時，應之以數。此欽天勤民旨意，豈率然哉。其所以時和歲豐，良由此也。今人雷同，以建寅之月朔爲始春，建巳之月朔爲首夏，殊不知陰陽有消長，氣候有盈縮，冒昧以作事，其克有成耶？設或有成，亦幸而已，聖王之涖事物，皆設官分職以掌之，各置其官師以教導之。農師之職，其可已耶？春秋之時，法度並廢，宜凶荒薦至，乃書有年，書大有年，蓋幸而書之。抑見天道有常，而人自愆忒也。詩稱豐年穰穰，其崇如墉，其比如櫛，以言其得法度時宜，故豐登有常也。洪範九疇，彝倫攸敘，則百穀用成。彝倫攸斁，則百穀用不成。然則順天地時利之宜，識陰陽消長之理，則百穀之成，斯可必矣。古先哲王所以頒朔明時者，匪直大一統也，將使斯民知謹時令，樂事赴功也。故農事以先知備豫爲善。

《農桑通訣》：舜在璿璣玉衡，以齊七政，説者以爲天文器。後世言天之家，如洛下閎，鮮于妄人輩述其遺制，營之度之，而作渾天儀。曆家推步，無越此器，然而未有圖也。蓋二十八宿周天之度，十二辰日月之會，二十四氣之推移，七十二候之遷變，如環之循，如輪之轉，農桑之節，以此占之。四時各有其務，十二月各有其宜。先時而種，則失之太早而不生，後時而蓺，則失之太晚而不成。故曰：雖有智者，不能冬種而春收。此圖之作，以交立春節爲正月，交立夏節爲四月，交立秋節爲七月，交立冬節爲十月。北斗旋於中，以爲準則。每歲立春，斗杓建於寅方，日月會於營室，東井昏見於（牛）〔午〕，建星辰正於南。由此以往，積十日而爲旬，積三旬而爲月，積三月而爲時，積四時而成歲。一歲之中，月建相次，周而復始。氣候推遷，與日曆相爲體用，所以授民時而節農事，即謂用天之道也。夫授時曆，每歲一新，〔授〕時圖常行不易，非曆無以起圖，非圖無以行曆，表裏相參，轉運而無停，渾天之儀，粲然具在是矣。然按月（農）〔授〕時，特取天地南北之中氣立作標準，以示中道，非膠柱鼓瑟之謂。若夫遠近寒暖之漸殊，正開常變之或異，又當推測晷度，斟酌先後，庶幾人與天合，物乘氣至，則養之節，不至差謬。此又圖之體用餘致也，不可不知。務農之家，當家置一本，攷曆推圖，以定種蓺，如指諸掌，故亦名曰授時指掌活法之圖。

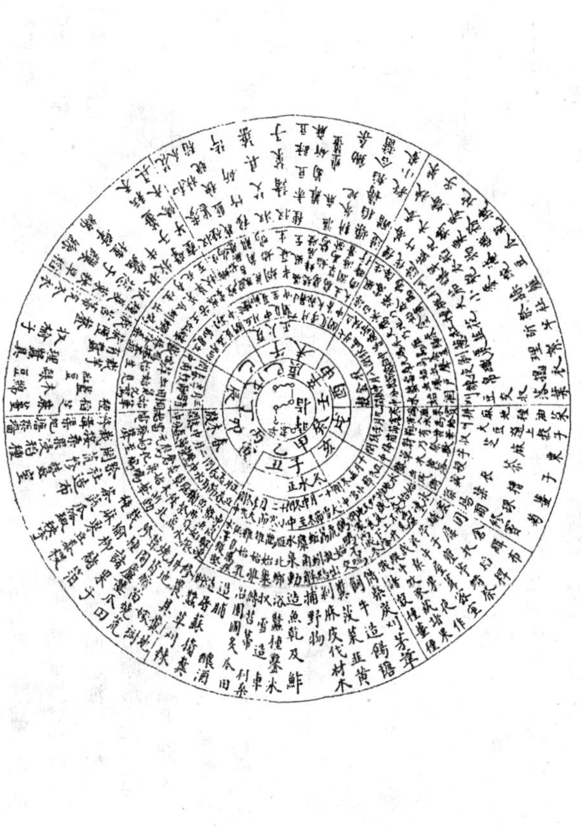

授時之圖

《羣芳譜》：一歲共十二月，二十四氣，七十二候。大寒後十五日，斗柄指艮爲立春，正月節。立始建也，春氣始至而建立也。一候，東風解凍，凍結於冬，遇春風而解也。二候，蟄蟲始振，蟄藏也，振動也，感三陽之氣而動也。三候，魚陟負冰，上遊而近水也。立春後十五日，斗柄指寅爲雨水，正月中。陽氣漸升，雲散爲水如天雨也。一候，獺祭魚，歲始而魚上則獺取以祭。二候，候雁北，陽氣達而北也。三候，草木萌動，天地交泰，故草木萌生發動也。雨水後十五日，斗柄指甲爲驚蟄，二月節。蟄蟲震驚而出也。一候，桃始華。二候，倉庚鳴，倉庚黄鸝也，倉清也，庚新也，感春陽清新之氣而初出，故鳴。三候，鷹化爲鳩，即布穀也。仲春之時，鷹喙尚柔不能捕鳥，瞪目忍饑如痴而化。化者反歸舊形之謂，

五日爲候　三候爲氣

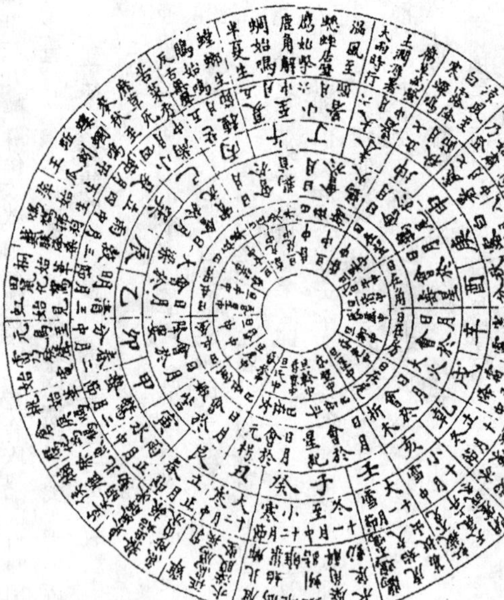

六氣爲時　四時爲歲

二十四氣七十二候之圖

春化鳩，秋化鷹。如田鼠之于鴽也。若腐草雉爵皆不言化，不復本形者也。驚蟄後十五日，斗柄指卯爲春分，二月中。分者半也，當春氣九十日之半也。一候，玄鳥至，玄鳥燕也，春分來秋分去。二候，雷乃發聲，四陽漸盛，陰陽相薄爲雷，乃者象氣出之難也。三候，始電。電，陽光也。四陽盛長，氣洩而光生也。凡聲屬陽，光亦屬陽。春分後十五日，斗柄指乙爲清明，三月節。萬物至此，皆潔齊而明白也。一候，桐始華，桐有三種，華而不實曰白桐，亦曰花桐，《爾雅》謂之榮桐，至是始華也。二候，田鼠化爲鴽，鴽鶉也。鼠陰而鴽陽也。三候，虹始見，虹日與雨交，天地之淫氣也。清明後十五日，斗柄指辰爲穀雨，三月中。雨爲天地之和氣，穀得雨而生也。一候，萍始生，萍陰物静以承陽也。二候，鳴鳩拂其羽，拂羽飛而翼迫其聲也。三候，戴勝降于桑，蠶候也。穀雨後十五日，斗柄指巽爲立夏，四月節。夏大也，物至此皆假大也。一候，螻蟈鳴。螻蟈，一名鼫鼠，一名㲉。陰氣始，故螻蟈應之。二候，蚯蚓出。蚯蚓陰類，出者，承陽而見也。三候，王瓜生。王瓜土瓜也。立夏十五日，斗柄指巳爲小滿，四月中。物長，至此皆盈滿也。一候，苦菜秀。荼爲苦菜，感火氣而苦味成，不榮而實曰秀，榮而不實曰英，此苦菜宜言英。二候，靡草死。靡草，草之枝葉靡細者，葶藶之屬。凡物感陽生者强而立，感陰生者柔而靡，靡草則陰至所生也，故不勝陽而死。三候，麥秋至。麥以夏爲秋，感火氣而熟也。小滿後十五日，斗柄指丙爲芒種，五月節。言有芒之穀可播種也。一候，螳螂生。螳螂飲風飡露，感一陰之氣而生，至此時破殼而出。二候，鵙始鳴。鵙百勞也，惡聲之鳥梟類也，不能翱翔，直飛而已。三候，反舌無聲。諸書爲反舌爲百舌鳥，能反覆其舌，感陽而鳴，遇微陰而無聲也。芒種後十五日，斗柄指午爲夏至，五月中。萬物至此皆假大而極至也。一候，鹿角解。夏至一陰生，鹿感陰氣故角解。二候，蜩始鳴。莊子謂蟪蛄夏蟬也，語曰蟪蛄鳴朝。三候，半夏生。半夏藥名，居夏之半而生也。夏至後十五日，斗柄指丁爲小暑，六月節。暑氣至此尚未極也。一候，温風至，温熱之風至小暑而極，故曰至。二候，蟋蟀居壁。感肅殺之氣初生則在壁，感之深則在野。三候，鷹始摯。摯擊也。《月令》：鷹乃學習，殺氣未肅，摯鳥始學擊搏，迎殺氣也。小暑後十五日，斗柄指未爲大暑，六月中。暑至此而盡洩。一候，腐草爲螢。離明之極則幽陰至微之物亦化而爲明，不言化者不復原形也。二候，土潤溽。暑土氣潤，故欝蒸爲溽濕。三候，大雨時行。前(後)〔候〕濕暑，而後候則大雨時行以退暑也。大暑後十五日，斗柄指坤爲立秋，七月節。秋，揫也，物至此而揫斂也。一候，凉風至，西方淒清之風也，温變而肅也。二候，白露降。大雨之後，凉風來，天氣下降，茫茫而白，尚未凝珠，故曰白露降。三候，寒蟬鳴。今初秋夕陽，聲小而急疾者是也。立秋後十五日，斗柄指申爲處暑，七月中。陰氣漸長，暑將伏而潛處也。一候，鷹乃祭鳥，金氣肅殺，鷹感其氣，始捕擊，必先祭。二候，天地始肅。三候，禾乃登。禾者，穀連藁秸之總名，成熟曰登。處暑後十五日，斗柄指庚爲白露，八月節。陰氣漸重，露凝而白也。一候，鴻雁來。《淮南子》作候鴈，自北而南來也。二候，玄鳥歸。玄鳥北方之鳥，故曰歸。三候，羣鳥養羞。羞謂藏美食，以備冬月之養。白露後十五日，斗柄指酉爲秋分，八月中。至此而陰陽適中，當秋之半也。一候，雷始收聲，雷屬陽，八月陰中，故收聲入地，萬物隨以入也。二候，蟄蟲坏户坯。益其蟄穴之户，使通明處稍小，至寒甚乃墐塞之也。三候，水始涸。水春氣所爲，春夏氣至故長，秋冬氣返故涸也。秋分後十五日，斗柄指辛爲寒露，九月節。氣漸肅露寒而將凝也。一候，鴻鴈來。賓鴈，後至者爲賓。二候，雀入大水爲蛤。嚴寒所至蜚化爲潛也。三候，菊有黄華。菊獨華於陰，故曰有也。寒露後十五日，斗柄指戌爲霜降，九月中。氣愈肅露凝爲霜也。一候，豺乃祭獸。以獸祭天，報本也，方鋪而祭，秋金之義。二候，草木黄落，色黄摇落也。三候，蟄蟲咸俯，皆垂頭畏寒不食也。霜降後十五日，斗柄指乾爲立冬，十月節。冬終也，物終而皆收藏也。一候，水始冰。水而初凝未至于堅，故曰始冰。二候，地始凍。土氣凝寒未至於坼，故曰始凍。三候，雉入大水爲蜃。大水淮也。立冬後十五日，斗柄指亥爲小雪，十月中。氣寒而將雪矣，第寒未甚而雪未大也。一候，虹藏不見，陰陽氣交爲虹，陰氣極故虹伏，言其氣下伏也。二候，天氣上升。三候，地氣下降，天地變而各正其位，不交則不通，故閉塞也。小雪後十五日，斗柄指壬爲大雪，十一月節。言積寒凜冽，雪至此而大也。一候，鶡鴠不鳴，陽鳥感六陰之極而不鳴。二候，虎始交，虎感微陽萌動，故氣益盛而交也。三候，荔挺生。大雪後十五日，斗柄指子爲冬至，十一月中。日南，陰極而陽始生也。一候，蚯蚓結。六陰寒極之時，蚯蚓交結如蠅。二候，麋角解。冬至一陽生，麋感陽氣，故角解。三候，水泉動。水者一陽所生，一陽初生，故泉動也。冬至後十五日，斗柄指癸爲小寒，十二月節。時近小春，故寒氣猶小。一候，鴈北鄉，鴈避熱而(南)〔回〕，今則北飛，禽鳥得氣之先故也。二候，鵲始巢。至後二陽已得來年之氣，鵲遂爲巢，知所向也。三候，雉鴝，雉陽鳥也。鴝雌雄同鳴，感於陽而有聲也。小寒後十五日，斗柄指丑爲大寒，十二月中。時已二陽而寒威更甚者，閉塞不盛則發洩，不盛所以啓三陽之泰，此造化之微權也。一候，雞乳乳育也。雞木畜麗於陽而有形，故乳。二候，征鳥厲疾。至此而猛厲迅疾也。三候，水澤腹堅。冰徹上下皆凝，故曰腹堅。一元默運，萬彙化生，四序循環，千古不易，極之而陽。九百六不過此氣之推遷耳。

《吴下田家志》：一九二九，扇子不離手。三九二十七，冰水甜如蜜。四九三十六，拭汗如出浴。五九四十五，頭戴秋葉舞。六九五十四，乘凉入佛寺。七九六十三，床頭尋被單。八九七十二，思量蓋夾被。九九八十一，家家打炭墼。又，一九二九，相唤弗出手。三九二十七，籬頭出篳篥。四九三十六，夜眠如露宿。五九四十五，太陽開門户。六九五十四，貧兒争意氣。七九六十三，布衲兩肩攤。八九七十二，猫狗尋陰地。九九八十一，犁耙一齊出。

清·鄂爾泰《授時通考》卷二《天時·總論下》 馬一龍《農説》：農爲治本，知時爲上。時謂天時。畜陽不極，發生乃微。陽主發生，陰主斂息，物之生息隨氣升降，故冬至之後一陽起于下，則羣陰推而漸出，寒凝固結于上，所以遏其洩耳。及陽氣出地，物生呈露流衍布濩而不窮，畜之盛大致然。是以桃李冬花，無冰不殺草，《春秋》紀之，以病愆陽。農家者有云：冬耕宜早，春耕宜遲。云早，其在冬至之前。云遲，其在春分之後。冬至前者，地中陽氣未生也。春分後者，陽氣半於土之上下也。其意皆在陽榮陰衛，欲使微陽之氣不洩，求其壯盛而已。於此不知所避，一則初升而踣其踵，一則方啓而裂其膚，豈非童而牿，未壯盛而先亢者乎。亢則害，牿則亡，傷氣殆盡，其生安得不微乎。畜陽之意，不止於冬。凡日爲陽，雨爲陰。和暢爲陽，沍結爲陰。展伸爲陽，斂詘爲陰。動爲陽，静爲陰。淺爲陽，深爲陰。晝爲陽，夜爲陰。繁殖之道，惟欲陽含土中，運而不息。陰乘其外，謹毖不出。若陽洩於外，而陰入其中，生機轉爲殺機矣。凝陰在土，其氣固嗇。歲久不畊之地，純陰固結，非假太陽之力追攝，何以得散。又冬春二時，不見天陽，亦猶是耳。今夫圖埴之上，未嘗生物，正以内不含陽，陰不外固。而火煆之地，藏冰不融者，絶其地脈，而中無陽氣來至也。竊窺神化之妙，陽根陰，物之所以生也。陰根陽，物之所以成也。生者謂之化，成者謂之變。陽自下起，發其内之一本以出於外。諸陰皆死者。陰自下起，斂其外之散齊以入於内。諸陽皆生者。此蓋言二氣始終之定理也。諸陽，謂自復以至夬也。復，十一月之卦也。夬，三月之卦也。十二月爲臨，正月爲泰，二月爲大壯。復自坤中來，一陽始生，成位於冬至。至泰而開，開而壯，壯而夬。四月復全乎乾矣。諸陰謂自姤以至剥也。姤，五月之卦也。剥，九月之卦也。六月爲遯，七月爲否，八月爲觀。姤自乾中來，一陰始生，成位於夏至。至否而塞，塞而觀，觀而剥。十月復全乎坤矣。上下者，乾坤分列之位。升降者，陰陽往來之氣。内外者，神化闔闢之玅。斂發者，萬物生成之機。出入者，循環無窮之端。一本散除，相禪以爲始終者也。大抵二氣陰陽之至，當主日月爲義。春秋二分，晝夜相半，氣之平也。春分後，晝漸永，日在地下之刻少。秋分後，夜漸永，日在地下之刻多。陰陽消長，係於是矣。陽上而不抑，遂以精泆。陰下而不濟，亦難以形堅。損有餘，補不足，則精不泆而形可堅矣。天地之間，陽常有餘，陰常不足。然扶陽抑陰，古聖至言。《易》曰：亢龍有悔。又曰：下濟而光。以是見陽之精泆，由於不抑。陰之形脆者，由於無所濟也。今有上農，土地饒，糞多而力勤，其苗勃然興之矣。其後徒有美穎，而無實粟，俗名肥膈。此正不知抑損其過而精泆者耳。其法何？以斷其浮根，翦其附葉，去田中積污以燥裂其膚理則抑矣。及其總秸俱成，農功已畢，或土力既衰，潤滋不繼，淫濁未去，清氣有傷，此正不知補助，故粒米有空頭、枯幹、粉黛諸病也。是故含生者，陽以陰化。達生者，陰以陽變。察陰陽之故，參變化之機，其知生物之功乎。生則化，成則變。然必成而後有生，陽根陰也。

生而後有成，陰根陽也。成者謂之變，脱其本根，易其故體。生者謂之化，融液所畜，暢茂其緒。故冬至之後，生意皆含。夏至之後，生色皆達。含者化之機，達者變之漸。陰陽互爲其根。求其所以然，微妙而難悉也。一化一變，理不盡顯，物自相形。機緘所存，非審察參詳，則天地生物之功，莫之有知矣。夫含生者，先天也，以後天爲之體。達生者，後天也，以先天爲之神。養生家欲求先天之氣，當思化理一變。非化不能變，非變則化者終於化矣。推之事理亦然。凡事之立，其始甚幾微，充廣必盛大。盛必衰，衰必敝，敝則變，不變則毁，毁則熄。此知道者之所深憂乎。圖善變而不毁者，其諸取法於農。故聖人推日星，定四時，分節候，而示民以則。陰陽列於四時，早晚見於節候，歲氣係於日星，期三百有六旬有六日也。日窮於次，月離於紀，星回於天，此一歲之終也。日行速而月遲，故有餘日，而以閏月收之。天行健，而日月不能及，故有歲差，而以六十年約之。一歲之中，春而夏，夏而秋，秋而冬，四時順布也。四時有八節，立春，春分，立夏，夏至，立秋，秋分，立冬，冬至也。冬至以後，陽漸長。立春，陽之出也。春分，陽氣之中也。立夏，得陽三之二，至夏至而極矣。夏至以後，陰漸長。立秋，陰之出也。秋分，陰氣之中也。立冬得陰三之二，至冬至而極矣。堯命羲和，日中星鳥，以殷仲春。日永星火，以正仲夏。宵中星虚，以殷仲秋。日短星昴，以正仲冬。不詳其餘者，以一中一極，前後測之耳。冬至一陽生，主生主長。夏至一陰生，主殺主成。故曰生者陽也，成者陰也。含雖未見其生，達雖未見其殺，而幾已在矣。夫發其生者，與其晚也寧早。收其成者，與其早也寧晚。此陽進而前，陰退而後之道也。

《四民月令》：正月，地氣上騰，土長冒橛，陳根可拔，急菑强土黑壚之田。二月，陰凍畢澤，可菑美田緩土及河渚水處。三月，杏花勝，可菑沙白輕土之田。五月六月，可菑麥田。

《齊民要術》：凡愛田常以五月耕，六月再耕，七月勿耕，謹摩平以待種。

又，二月三月種者，爲植禾。四月五月種者，爲穉禾。二月上旬及麻菩楊生種者，爲上時。三月上旬及清明節桃始花，爲中時。四月上旬及棗葉生桑花落，爲下時。歲道宜晚者，五月六月初，亦得春種。欲深宜曳重撻。夏種，欲淺直置自生。

又，大小麥皆須五月六月暵地。穬麥非良地則不須種。八月中戊社前種者爲上時，下戊前爲中時，八月末九月初爲下時。小麥宜下種，八月上戊社前爲上時，中戊前爲中時，下戊前爲下時。正月二月勞而鋤之，三月四月鋒而更鋤。

又，五穀大判上旬種者全收，中旬中收，下旬下收。

《農桑通訣》：《農書》云，種蒔之事，各有攸序。正月種麻枲，二月種粟脂麻，三月種旱麻，四月種豆，五月中旬種晚麻，七夕以後種菜菔菘芥，八月社前即可種麥。如此，則種有次第，所謂順天之時也。

清·鄂爾泰《授時通考》卷三《天時·春》

《易》説卦：萬物出乎震，震東方也。疏：震是東方之卦，斗柄指東爲春，春時萬物出生也。

《書·堯典》：分命羲仲，宅嵎夷，曰暘谷。寅賓出日，平秩東作。傳：宅，居也。東表之地稱嵎夷。日出於谷而天下明，故稱暘谷。寅敬，賓導，秩序也。歲起於東而始就耕謂之東作。東方之官敬導出日，平均次序東作之事以務農也。

日中，星鳥，以殷仲春。厥民析，鳥獸孳尾。傳：日中，謂春分之日。鳥，南方朱鳥七宿。殷，正也。春分之昬，鳥星畢見，以正仲春之氣節。冬寒無事，並入室處。春事既起，丁壯就功。

《國語》：先時五日，瞽告有協風至。注：協和也。風氣和時候至也。立春日融風。

又，農祥晨正，日月底於天廟，土乃脈發。注：農祥，房星也。晨正，謂立春之日，晨中於午也。農事之候，故曰農祥。

《管子》：發五正，赦薄罪，出拘民，解仇讐，所以建時功，施生穀也。注：謂及時立農功，施力爲生穀。凡此皆春令。

又，日至六十日而陽凍釋，七十日而陰凍釋，陰凍釋而藝稷，百日不藝稷，故春事二十五日之内耳。

《淮南子》：明庶風至，則正封疆修田疇。注：春分播穀。

又，春分至，則甘雨降，生育萬物。

《漢書·律曆志》：少陽者，東方。東，動也。陽氣動物，於時爲春。春，蠢也。物蠢生乃動運。

《後漢書·郎顗傳》：雷者，所以開萌芽，辟陰除害。萬物須雷而解，資雨而潤。王者崇寬大，順春令，則雷應節。

《古三墳》：物象春，春主發生物之象也。

《説文》：辰者，農之時也。故農字從辰田候也。

《談撰》：卉木皆感於春氣而後發生者，以木旺寅卯然也。

《師曠占》：春雷初起，其音格格霹靂者，所謂雄雷，旱氣也。其鳴依依音不大霹靂者，謂之雌雷，水氣也。

《農桑通訣》：孟春立春節氣，首五日東風解凍，次五日蟄蟲始振，後五日魚上冰。次雨水中氣，初五日獺祭魚，次五日候雁北，後五日草木萌動。次仲春驚蟄節氣，初五日桃始華，次五日倉庚鳴，後五日鷹化爲鳩。次春分中氣，初五日玄鳥至，次五日雷乃發聲，後五日始電。次季春清明節氣，初五日桐始華，次五日田鼠化爲鴽，後五日虹始見。次穀雨中氣，初五日萍始生，次五日鳴鳩拂其羽，後五日戴勝降於桑。凡此六氣一十八候，皆春氣正發生之令。

《説苑》：主春者張，昏而中，可以種穀。

《農政全書》：東作既興，早起夜眠，春間最爲緊要。古語云，一年之計在春，一日之計在寅。

正月　立春　雨水

《禮記・月令》：孟春之月，日在營室，昏參中，旦尾中。註：日月之行，一歲十二會，聖王因其會而分之，以爲大數焉。觀斗所建，命其四時。此云孟春者，日月會於娵訾，而斗建寅之辰也。

其日甲乙，其帝太皞，其神勾芒。註：乙軋也。日之行，春東從青道，發生萬物，月爲之佐，時萬物皆解孚甲，自抽軋而出。太皞宓羲氏也，勾芒少皞氏之子，曰重爲木官。

又，東風解凍，蟄蟲始振，魚上冰，獺祭魚，鴻雁來。陳澔曰：此記寅月之候，振動也。來自南而北也。

又，是月也，以立春。先立春三日，太史謁之天子曰，某日立春，盛德在木，天子乃齊。立春之日，天子親帥三公九卿諸侯大夫，以迎春於東郊。

又，天子乃以元日，祈穀於上帝。集説：元日辛日也。郊祭天而配，以后稷爲祈穀也。

又，天氣下降，地氣上騰，天地和同，草木萌動。註：此陽氣蒸達可耕之候。《農書》曰，土長冒橛，陳根可拔，耕者急發。

又，王命布農事，命田舍東郊，皆修封疆，審端經術，善相丘陵阪險原隰，土地所宜，五穀所植，以教道民，必躬親之。田事既飭，先定準直，農乃不惑。

管子：正月之朝，穀始也。

又，正月令農始作服於公田。

《吕氏春秋》：冬至後五旬七日，菖始生。菖者，百草之先生者也，於是始耕。

《後漢書・祭祀志》：立春之日，皆青幡幘，迎春於東郭外。

《唐六典》：正月上辛祈穀於圜丘，以高祖配。

《唐書・王仲丘傳》：開元中，王仲丘上言，貞觀禮正月上辛祀感帝於南郊，顯慶禮祀昊天上帝於圜丘，以祈穀。

《宋史・禮志》：景德三年十二月陳彭年言，來年正月三日上辛祈穀，至十日始立春。按《月令》《春秋傳》，當在建寅之月，迎春之後。後齊永明元年，立春前郊，議者欲遷日，王儉啟云，宋景平元年、元嘉六年並立春前郊。遂不遷日。然則左氏所記，啟蟄而郊，乃三代彝章。王儉所啟，郊在春前，乃後世變禮。望常以正月立春之後，行上辛祈穀之禮。從之。

《四民月令》：正月可種瓜、瓠、葵、芥、大小葱、蒜，苜蓿及雜蒜亦種。

《齊民要術》：元日五更雞鳴時，點火把照桑、棗、果木等樹，則無蟲。以刀斧班駁敲打樹身，則結實。此之謂稼樹。是日用尖刀刮破桃樹皮。是月命女工趨織布、典饋、釀春酒。是月教牛、修農具、築墻園、開溝渠、修蠶室、整屋漏、織蠶箔。此月栽樹爲上時，上半月栽者多結子，南風不可栽。

下子：茄、瓜、薏苡、諸般花子、葫蘆、匏。

扦插：楊柳、石榴、梔子。

栽種：松、桑、榆、柳、棗、葱、葵、韭、麻、胡桃、榛子、松子、杏子、椒、牛蒡子、菠菜、竹宜初二日、雜樹木宜上日、木棉花、苦蕒、山藥、冬瓜宜十日、黄瓜、萵苣、生菜、四月芥、種蕈、種芋。

接换：梨子、林檎、棗、柿、栗、桃、梅、李、杏以上並雨後。

澆培：石榴、梨子、海棠、棗、柿、梅、桃、杏、林檎、胡桃以上並下旬。

收藏：無灰臘糟、蒸臘酒、合小豆醬。

雜事：接諸般花木果樹，移諸般花木果樹，壠瓜地，修諸色果木，修接桑樹，騸諸色樹木騸與嫁同。

二月　驚蟄　春分

《詩・豳風》：四之日舉趾。傳：四之日，周四月也。民無不舉足而耕矣。

《禮記・月令》：仲春之月，日在奎，昏弧中，旦建星中。註：仲春日月會於降婁，斗建卯之辰。孔穎達曰，餘月昏旦中星，皆舉二十八宿。此云弧與建星者，以弧星近井，建星近斗，井斗度多，星體廣，不可的指，故舉弧建，以定昏旦之中。

又，始雨水，桃始華，倉庚鳴，鷹化爲鳩。陳澔曰，此記卯月之候，倉庚黄鸝也，鳩布穀也，鷹化爲鳩，以生育氣盛，故鷙鳥感之而變。

又，擇元日命民社。註：社后土也，使民祀焉。神其農業也，祀社日用甲。

又，是月也，日夜分。陳澔曰，晝夜五十刻。

雷乃發聲，始電。蟄蟲咸動，啟户始出。疏：雷是陽氣之聲，將上與陰相衝。電是陽光，陽微則光不見，此月陽氣漸盛，以擊於陰，故云始電户穴也，謂發所蟄之穴。

《國語》：自今至於初吉，陽氣俱蒸，土膏其動。註：初吉，二月朔日也。

又，土發而社，助時也。註：土發，春分也。社者，助時求福爲農始也。

《呂氏春秋》：開春始雷，則蟄蟲動矣。時雨降，則草木育矣。

又，太簇之月，陽氣始生，草木繁動，令農發土，無或失時。

《洪範五行傳》：雷以二月出震，其卦曰豫。言萬物隨雷出地，皆逸豫也。

《淮南子》：二月官倉。注：二月播種，故官倉也。

《白虎通》：仲春穫禾，報社祭稷，以三牲何，重功故也。

《説文》：膢，楚俗以二月祭飲食也，一曰祈穀食新曰離膢。

又，春分而禾生。

《夏小正》：祈麥實。傳：麥者，五穀之先見者。故急祈而記之也。

又，二月往耰黍禪。傳：禪單也。

《論衡》：二月之時，龍星始出，見出雩，祈穀雨。

《唐書·李泌傳》：二月朔，里閭釀宜春酒，以祭勾芒神，祈豐年。

《荆楚歲時記》：春分日，民竝種戒火草於屋上，有鳥如烏，先雞而鳴，架架格格，民聞此鳥則入田，以爲候。

《四民月令》：二月，陰凍畢澤，可菑美田緩土及河渚水處。

《氾勝之書》：種麻子，二月下旬傍雨種之，麻生布葉鋤之，以蠶矢糞之，天旱以流水澆之，無流水曝井水殺其寒氣以澆之，如此美田則畝五十石及百石，薄田尚三十石。

《齊民要術》：二月，昏參夕，杏花盛，桑椹赤可種大豆，謂之上時。家政法曰，二月可種瓜瓠。

又，二月，順陽習射，以備不虞。春分中，雷乃發聲，先後各五日。寢別内外。蠶事未起。命縫人浣冬衣，徹複爲袷。其有嬴帛，遂供秋服。凡浣故帛，用灰汁則色黄而且肥。擣小豆細末，下絹簁，投湯水以洗之，潔白而柔韌，勝皂莢矣。可糶粟黍、大小豆、麻麥子等，收薪炭。初二日東作興，俗謂上工日，田家雇傭工之人，俱此日執役之始，故名上工。泥蠶室。春百果木根則子牢。此月雨水中，埋諸花樹條則活。中旬種稻，爲上時。

下子：麻子、紅花、山藥、白扁豆、桑椹。

扦插：蒲桃、石榴。

栽種：槐、榖楮、栗、松、銀杏、棗、皂莢、菊、茶、木瓜、薤、桐樹、决明、百合、胡麻、黄精、木槿、茨菰、甘蔗、雜菜、藕，芋宜雨多、竹、茄、瓜、莧、枸杞、萱草、蒼术、芭蕉、萵苣、紫蘇、烏豆、豌豆、茱萸、韭、夏蘿蔔、箬帚、大葫蘆、菘菜、大蜱豆。

壓條：桑條。

接换：柑、橘、柿、棗、橙、柚、杏、栗、桃、梅、梨、李、胡桃、銀杏、楊梅、枇杷、沙柑、石榴、紫丁香以上春分前後皆可。

澆培：柑、橘、橙、柚、蒲萄。

收藏：百合曲、槐芽、皂角、新茶。

雜事：移諸般花木，並忌南風火日。理蠶事，春耕宜遲，恐陽氣未透，插諸色樹木，解樹上裹縛，二月二日取枸杞煮湯沐浴，令人光澤，不老不病。

三月　清明　穀雨

《禮記·月令》：季春之月，日在胃，昏七星中，旦牽牛中。註：季春日月會於大梁，斗建辰之辰。陳澔曰，七星，二十八宿之星宿也。

又，桐始華，田鼠化爲鴽，虹始見，萍始生。陳澔曰：此記辰月之候，鴽鶉鷂之屬。

又，薦鮪於寢廟，乃爲麥祈實。是月也，生氣方盛，陽氣發泄，句者畢出，萌者盡達。註：於含秀求其成也。句屈生者，芒而直曰萌。

又，是月也，命司空曰，時雨將降，下水上騰，循行國邑，周視原野，修利隄防，道達溝瀆，開通道路，毋有障塞。

《淮南子》：清明加十五日，斗指辰則穀雨，音比姑洗。

《孝經緯》：斗指辰爲穀雨，言雨生百穀也。

《説文》：辰，震也。三月陽氣動，雷電振民農時也。物皆生。

《嘉定縣志》：三月十一日爲麥生日，喜晴。

《袪疑説》：農家，以霜降前一日見霜，則清明前一日霜止。霜降後一日見霜，則清明後一日霜止，五日十日而往，前後同占，欲出秧苗，必待霜止，每歲推驗，若合符節。

《氾勝之書》：三月榆莢時有雨，高田可種大豆。土和無塊，畝五升。土不和，則益之。

又，種禾無期，因地爲時。三月榆莢時雨，高地强可種禾。

《齊民要術》：穀雨，三月上旬及清明節桃始華爲中時。

又，三月可種粳稻。

又，是月也，蠶農尚閒，可利溝、瀆葺、治墻屋，修門户，警設守備，以禦春饑草竊之寇。是月，盡夏至，煖氣將盛，日烈暵燥，利用漆油作諸日煎藥，可糶黍、買布。四月，繭既入簇，趨繰剖線，具機杼，敬經絡。草茂可燒灰。是月也，可作棄蛹，以禦賓客。可糴麵及大麥、弊絮。

下子：茭菰宜穀雨日、麻子。

栽種：菉豆、茶宜陰地、粟、穀、秫稌、石榴、大豆宜上旬、松、百合、山藥、黄瓜、紫草、紅花、甘蔗、菱、早芝麻、雞頭、薑、葵菜、絲瓜、兒宜社日、香菜、早稻宜上旬、地黄、梔子、藍、紫蘇、芋、綿花、杏、瓠子、葫蘆、茭白、菠菜宜月末、桑椹、紵麻。

收藏：芥菜、桐花、毛羽衣物，清明醋，次茶、書，畫入焙中，又可栽茶宜陰地，諸般瓜宜初三日或辰戌時，葫蘆宜清明日。

移植：椒、茄秧、枸杞苗、蒲、百合、柚、橘、橙、柑。

接换：楊梅、橙、柑、棗、栗、柿、枇杷。

雜事：犁秧田，梅上接杏，杏上接梅，埋楮樹，收菌，開溝，修墻，防雨，浸穀種，修蜜。

清·鄂爾泰《授時通考》卷四《天時·夏》 《書·堯典》：申命羲叔，宅南交。平秩南訛，敬致。傳：申，重也。南交言夏與春交。此居治南方之官。訛，化也。掌夏之官平叙南方化育之事，敬行其教，以致其功。

日永星火，以正仲夏。厥民因，鳥獸希革。傳：永，長也。謂夏至之日。火，蒼龍之中星，舉中則七星見可知。以正仲夏之氣節，季孟亦可知。因謂老弱，因就在田之丁壯以助農也。夏時鳥獸毛羽希少改易。革，改也。

《農桑通訣》：孟夏立夏節氣，初五日螻蟈鳴，次五日蚯蚓出，後五日王瓜生。次小滿中氣，初五日苦菜秀，次五日靡草死，後五日麥秋至。次仲夏芒種節氣，初五日螳螂生，次五日鵙始鳴，後五日反舌無聲。次夏至中氣，初五日鹿角解，次五日蜩始鳴，後五日半夏生。次季夏小暑節氣，初五日温風至，次五日蟋蟀居壁，後五日鷹始鷙。次大暑中氣，初五日腐草爲螢，次五日土潤溽暑，後五日大雨時行。凡此六氣一十八候，皆夏氣正長養之令。《埤雅》：江湘二浙，四五月間，梅欲黄落，則水潤土溽，柱礎皆汗，蒸鬱成雨，謂之梅雨也。

《瑣碎録》：立夏後，逢庚日爲入梅。芒種後，逢辰日爲出梅。

《四民月令》：五月六月，可菑麥田。

四月　立夏　小滿

《禮記月令》：孟夏之月，日在畢，昏翼中，旦婺女中。註：孟夏，日月會於實沈，斗建巳之辰。

其日丙丁，其帝炎帝，其神祝融。註：丙之言炳也。日之行，夏南從赤道，長育萬物，月爲之佐。時萬物皆炳然著見而强大。炎帝大庭氏也。祝融顓頊氏之子曰犁，爲火官。陳澔曰，大庭氏即神農也。

又，螻蟈鳴，蚯蚓出，王瓜生，苦菜秀。陳澔曰：此記巳月之候。註，螻蟈，蛙也。王瓜，萆挈也。今《月令》云，王萯生。夏小正云，王萯秀。朱氏曰，王瓜色赤，感火之色而生。苦菜味苦，感火之味而成。

又，是月也，以立夏。先立夏三日，太史謁之天子曰，某日立夏，盛德在火，天子乃齊。立夏之日，天子親帥三公九卿大夫，以迎夏於南郊。

又，是月也，天子始絺，命野虞出行田原，爲天子勞農勸民，毋或失時。命司徒循行縣鄙，命農勉作，毋休於都。是月也，驅獸毋害五穀，毋大田獵，農乃登麥。

又，是月也，聚畜百藥，靡草死，麥秋至。

《左傳》：龍見而雩。註：建巳之月，蒼龍宿之體昏見東方，萬物始盛，待雨而大，故祭天，遠爲百穀祈膏雨。

《春秋考異郵》：三時惟有禱禮，惟四月龍星見，始有常雩。

《吕氏春秋》：孟夏之昔，三葉而穫大麥。注：昔，終也。三葉，薺、葶歷、菥蓂也。是月之季枯死，大麥熟而可穫。大麥旋麥也。

《淮南子》：孟夏之月，以熟穀禾，雄鳩長鳴，爲帝候歲。注：雄鳩蓋布穀也。

又，立夏加十五日，斗指巳則小滿。音比太簇。

《孝經緯》：斗指巳，爲小滿。小滿者，言物於此小得滿盈也。

《嬾真子録》：小滿，四月中，謂麥之氣。至此，方小滿而未熟也。

《荆楚歲時記》：四時有鳥，名穫穀，其名自呼。農人候此鳥，則犁杷上岸。

《氾勝之書》：黍者，暑也。種必待暑，先夏至三十日，此時有雨，彊土可種，黍一畝三升。黍心未生，雨灌其心，心傷無實。黍心初生，畏天露，令兩人對持長索槩去其露，日出乃止。

《齊民要術》：是月，收諸色菜子，斫倒就地曬打，收之，用瓶罐盛貯，標記名號。是月，收蜜蜂。此月，伐木不蛀。

下子：芝麻。

扦插：梔子。

栽種：椒、松、大豆、紫蘇、麻宜夏至前十日、晚黄瓜、葵、蓮、菉豆、白莧、荷根宜立夏前三日、梔子、枇杷。

收藏：絲綿、大麥、乾葚、薹芥、鹽春菜、蘿蔔子、笋乾、芋魁、蠶豆、甜菜乾、晚菜乾。

雜事：曬白菜、移茄、包梨、鋤葱芋、斫竹。

五月　芒種　夏至

《禮記月令》：仲夏之月，日在東井，昏亢中，旦危中。註：仲夏者，日月會於鶉首，斗建午之辰。

又，小暑至，螳螂生，鵙始鳴，反舌無聲。陳澔曰：此記午月之候，螳螂一名蚚父，一名天馬。鵙，博勞也，反舌，百舌鳥。凡物皆稟陰陽之氣而成質。其陰類者，宜陰時。陽類者，宜陽時。得時則興，失時則廢。

又，是月也，農乃登麥。

又，日長至。孔穎達曰：謂此月之時，日長之至極。

又，鹿角解，蟬始鳴，半夏生，木堇榮。鄭氏曰：半夏藥草，木堇王蒸也。

《周禮・春官・女巫》：旱暵，則舞雩。疏：此謂五月已後修雩，故有旱暵之事。旱而言暵者，暵謂熱氣也。

《管子》：以春日至始，數九十二日，謂之夏至，而麥熟。天子祀於太宗，其盛以麥者穀之始也。

《淮南子》：小滿加十五日，斗指丙則芒種。音比大吕。

《三禮義宗》：五月芒種爲節者，言時可以種有芒之穀，故以芒種爲名。

《嬾真子録》：芒種，五月節，種該數類之種，謂之有芒者，麥也，至是當熟矣。《周禮・稻人》：澤草所生，種之芒種。註云，澤草之所生，其地可種芒種。芒種，稻麥也。過五月節則稻不可種。所謂芒種五月節者，謂麥至是而始可收，稻過是而不可種也。

《齊民要術》：五月，芒種節後，陽氣始虧，陰慝將萌。煖氣始盛，蟲蠹並興。乃弛角弓弩，解其徽絃。張竹木弓弩，弛其絃。以灰藏旃、裘、毛毳之物及箭羽。以竿掛油衣，勿辟藏。霖雨將降，儲米穀、薪炭，以備道路陷滯不通。是月也，陰陽争，血氣散。夏至先後各十五日，薄滋味，勿多食肥醲。距立秋，無食煑餅及水引餅。可糴大小豆、胡麻，糴穬、大小麥。收弊絮及布帛。至後糴麰麲，曝乾，置甖中密封。至冬可養馬。十三是竹醉日，可移竹。

下子：夏松菜、夏蘿蔔。

栽種：插稻秧、晚大豆、晚紅花、香菜。

收藏：豆醬、烏梅、醎豆、木綿、菜子、蠶種、豌豆、紅花、白酒、芝麻、槐花、小麥、大蒜、藍青、椹子、蘿蔔子。

雜事：斫桑，埋桃、杏、李、梅核在牛糞内，尖向上易出。浸蠶種，斫桑，芒種後壬日入梅，梅日種草，無不活者。五月五日萵苣成片放厨櫃内，辟蟲蛀衣帛等物，收萵苣葉亦得。

六月　小暑　大暑

《易・説卦》：坤也者，地也。萬物皆致養焉，故曰致役乎坤。《函史》：土寄王於四時，莫盛於季夏。於易封爲坤。坤也者，土也，致役致養也。土乘其旺，竭精華養萬物也。

《禮記・月令》：季夏之月，日在柳，昏火中，旦奎中。註：季夏日月會於鶉火，斗建未之辰。

又，温風始至，蟋蟀居壁，鷹乃學習，腐草爲螢。陳澔曰：此記未月之候。疏：蟋蟀生於土中，至季夏羽翼未能遠飛，但居其壁。鷹感陰氣，乃學習搏擊之事。腐草得卑濕之氣，故爲螢。

又，是月也，土潤溽暑，大雨時行，燒薙行水，利以殺草，如以熱湯可以糞田疇，可以美土疆。

中央土。陳澔曰：土寄旺於四時，各十八日，共七十二日。除此則木火金水，亦各七十二日矣。土於四時無乎不在，故無定位無專氣而寄旺於辰戌丑未之末。未月在火金之間，又居一歲之中，故特揭中央土，一令以成五行之序。

其日戊午，其帝黄帝，其神后土。註：戊之言茂也，日之行四時之間，從黄道，月爲之佐，至此萬物皆枝葉茂盛。其含秀者屈抑而起，黄帝軒轅氏也。后土亦顓頊氏之子，曰犂，兼爲土官。

《内經》：中央生濕，濕生土，土生甘。甘在天爲濕，在地爲土。註：六月，四陽二陰，合蒸以生濕氣，蒸腐萬物成土也。霧露雲雨，濕之用也。安静稼穡，土之德也。

《管子》：中央曰土，土德實輔四時。

《淮南子》：六月，官少内。註：六月，植稼成熟，故官少内也。

《春秋繁露》：土者夏中，成熟百種，君之官。

《吴志・華覈傳》：是時盛夏興工，覈上疏曰：六月戊巳，土行正旺，既不可犯，加又農月，時不可失。昔魯隱公夏城中丘，《春秋》書之，垂爲後戒。

《齊民要術》：鋤地，六月以後雖濕亦無嫌。註：濕鋤則地堅。夏苗陰厚，地不見日，故雖濕亦無害矣。

六月，命女工織縑練。可燒灰，染青紺雜色。七此月，斫竹不蛀。

扦插：楊柳。

栽種：小蒜、冬葱、油麻宜上日、白莖秋葵、葵菜、淋澮、蘿蔔、菉豆、胡蘿蔔、晚瓜、蔓菁。

收藏：米麥醋、三黄醋、豆豉、醬瓜、瓜乾、割蘇、紫草、綿絲、蘿蔔、楮實、白术、雨衣、麻皮、麯宜伏中、七寶瓜、酒藥、鮝魚、槐花、二麥、椒。

雜事：洗甘蔗，鋤竹園地，染水藍，培灌橙橘，斫柴，做冰梅，打炭墼，打糞墼，耕麥地，耘稻，鋤芋。是月飯不餿法，用生莧菜薄鋪在上蓋之過夜，則不致餿壞。

又，種瞿麥法，以伏爲時。畝收十石。渾蒸、曝乾，春去皮，米全不碎。炊作飧，甚滑。細磨，下絹簁，作餅，亦滑美。

《食物本草》：種小豆，以初伏爲上，中伏次之，後則難爲種子。

清・鄂爾泰《授時通考》卷五《天時・秋》

《書・堯典》：分命和仲，宅西曰昧谷。寅餞納日，平秩西成。傳：昧，冥也。日入於谷而天下冥。故曰昧谷。此居治西方之官，掌秋天之政也。餞，送也。日出言導，日入言送，因事之宜。秋，西方萬物成。平序其政，助成物。

宵中星虚，以殷仲秋。厥民夷，鳥獸毛毨。傳：宵，夜也。春言日，秋言夜，互相備。虚，玄武之中星。亦言七星皆以秋分日見，以正三秋。夷，平也。老壯在田與夏平也。毨，理也，毛更生整理。

《春秋》：襄公五年秋，大雩。《左傳》：秋，大雩，旱也。注：雩，夏祭所以祈甘雨，若旱則又修其禮，故雖秋雩非書過也。

《大戴禮》：方秋三月，收斂以時。於時有事，嘗新於皇祖皇考，食農夫九人，以成秋事。

《書傳》：主秋者虚，昏中，可以種麥。

《莊子》：正得秋而萬寶成。

《農桑通訣》：立秋之節，初五日涼風至，次五日白露方降，後五日寒蟬鳴。次處暑氣，初五日鷹乃祭鳥，次五日天地始肅，後五日禾乃登。次仲秋白露之節，初五日鴻雁來，次五日玄鳥歸，後五日羣鳥養羞。次秋分氣，初五日雷乃收聲，次五日蟄蟲坏户，後五日水始涸。次季秋寒露之節，初五日鴻雁來賓，次五日雀入大水爲蛤，後五日菊有黄花。次霜降氣，初五日豺乃祭獸，次五日草木黄落，後五日蟄蟲咸俯。凡此六氣一十八候，皆秋氣正收斂之令。

七月　立秋　處暑

《詩・豳風》：七月流火。箋：大火者，寒暑之候也。火星中而寒暑退，故言寒先著火所在。疏：服虔云：火，大火心也。季冬十二月平旦正中在南方，大寒退。季夏六月黄昏火星中，大暑退。是火爲寒暑之候事也。

又，七月烹葵及菽。疏：葵菽當烹煮乃食。

《禮記・月令》：孟秋之月，日在翼，昏建星中，旦畢中。註：孟秋日月會於鶉尾，斗建申之辰。

其日庚辛，其帝少皞，其神蓐收。註：庚之言更也，辛之言新也。日之行秋，西從白道，成熟萬物，月爲之佐。萬物皆肅然改更，秀實新成。少皞，金天氏也。蓐收，少皞氏之子，曰該，爲金官。

又，涼風至，白露降，寒蟬鳴，鷹乃祭鳥。陳澔曰：此記申月之候。

又，是月也，以立秋。先立秋三日，太史謁之天子，曰：某日立秋，盛德在金。天子乃齊。立秋之日，天子親帥三公九卿諸侯大夫以迎秋於西郊。

又，是月也，農乃登穀，天子嘗新，先薦寢廟。

又，命百官始收斂，完隄防，謹壅塞，以備水潦。陳澔曰：所以爲水潦之備者，西中有畢星好雨也。

《春秋繁露》：嘗者，七月嘗黍稷也。

《陶朱公書》：稻田立秋後不添水，曬十餘日，謂之擱稻。

《東京夢華録》：中元前一日，即賣楝葉，享祀時鋪襯桌面。又賣麻穀窠(鬼)〔兒〕，亦是繫在桌子脚上，乃告祖先秋成之意。丨五日供養祖先素食，纔明即賣穄米飯，巡門叫賣，亦告成意也。

《齊民要術》：七月四日，命置麴室，具箔槌，取净艾。六日，饌治五穀磨具。七日，遂作麴，及曝經書與衣，作乾糗，採葸耳。處暑中，向秋節，浣故製新，作袷薄，以備始涼，糶大小麥豆，收縑練。

栽種：蕎麥、蒿菜、葱、苜蓿、蘿蔔、菠菜宜月末日、赤豆、薹菜、蔓青、早菜、冬葵、芥菜立秋前。

雜事：斫伐竹木，分薤，剥棗，刈草，作澱，耕菜地，秋耕宜早，恐霜後掩入陰氣。收黄葵花。七月七日曬曝革裘無蟲。

收藏：採松子、割藍、米醋、鹹豉、茄乾、爪乾、瓜種、瓜蔕、紫蘇、地黄、角蒿、花椒、荆芥、松栢子、糟茄、糟瓜、醬瓜、荷葉、楮子、芙蓉葉。

八月 白露 秋分

《詩·豳風》：八月萑葦。傳：薍爲萑。葭爲葦。豫蓄萑葦，可以爲曲薄也。

又，八月其穫。疏：八月其禾可刈穫也。

又，八月剥棗。疏：棗須就樹擊之。

八月斷壺。傳：壺，瓠也。疏：甘瓠可食，就蔓斷取而食之。

《禮記·月令》：仲秋之月，日在角，昏牽牛中，旦觜觿中。註：仲秋日月會於壽星，斗建酉之辰。

又，盲風至，鴻雁來，玄鳥歸，羣鳥養羞。陳澔曰：此記酉月之候，來，自北而來也。羞者所美之食，藏之以備冬月之養也。

又，乃命有司趨民收斂，務畜菜，多積聚。乃勸種麥，毋或失時，其有失時，行罪無疑。

又，是月也，日夜分雷，始收聲。蟄蟲坏户，水始涸。註：坏，益也，蟄蟲益户謂稍小之也。

《國語》：辰角見而雨畢。

又，五間南吕，贊揚秀物也。註：南，任也。陰任陽事，助成萬物也。

《夏小正》：八月剥瓜。傳：蓄瓜之時也。

《漢書·五行志》：于易雷，以八月入，其卦曰歸妹，言雷復歸入地，則孕毓根核，保藏蟄蟲，避盛陽之害。

《舊唐書》：神龍元年，改秋社用仲秋。

《唐書·歷志》：秋分後五日，日在氐十三度，龍角盡見，時雨可以畢矣。

《六典》：旱甚則修雩。秋分以後，雖旱不雩。

《宋書·禮志》：祠大社，帝、太稷，常以歲八月秋社日祠之。

《金史·食貨志》：金宣宗元光元年，京南司農卿李蹊言，按《齊民要術》，麥晚種則粒小而不實，故必八月種之。今南方輸秋税，皆以八月爲終限。若輸遠倉及泥淖，往返不下二十日，使民不暇趨時，乞寬徵斂之限，使先盡力於二麥。不從。

《管子》：以夏日至始，數九十二日，謂之秋至。秋至而禾熟。

《淮南子》：秋分簟定，簟定而禾熟。註：簟，禾穗粟孚甲之芒。定者成也。

《内經》：寒風曉暮，蒸熱相薄，草木凝烟，濕化不流，則白露陰布以成秋令。

又，金鬱之發，夜零白露，林莽聲悽。註：夜濡白露，曉聽風悽，乃秋金發徵也。

《説文》：酉爲秋門，萬物已入。

《易通卦驗》：秋分日入酉，白氣直出兑，此正氣也。

又，白露黄陰雲出，秋分白陰雲出。

《白虎通》：律中南吕。南者，任也。言陽氣尚有，任生薺麥也。故陰拒之也。

《齊民要術》：崔寔曰：凡種大小麥，得白露節，可種薄田。秋分，種中田。後十日，種美田。

又，八月，暑退，涼風戒寒，趨練縑帛，染綵色。擘絲治絮，製新浣故。及韋履賤好，預買以備冬寒。刈萑葦芻茭。涼燥，可上弓弩。繕理檠鋤，正縛鎧弦，遂以習射。弛竹木弓弧。糶種麥，糴黍。

栽種：大蒜、罌粟、寒豆、苦蕒、苧蔴、蔓菁、諸般菜、葱子、大麥、牡丹、芍藥、分薤根芥子、麗春、小麥、淤芋根木瓜、花椒。

收藏：醋薑、茄醬、茄乾、糟茄、棗子、淹韭、晚黄瓜、地黄酒、芝蔴、栗子、柿子、韭花、柿漆、斫竹。

移植：早梅、橙橘、枇杷、牡丹。

雜事：蹈麴，鋤竹園地。是月，防霧傷棗，棗熟著霧則多損。絲蔴散絓於樹枝上，則可辟霧氣，或用稭稈於樹上，四散絓縛亦得。

《田家五行》：八月，中旬作熱，謂之潮熱，又名八月小春。

《田家雜占》：八月，中氣前後起西北風，謂之霜信。未風先雨，謂之料信雨。

《農桑通訣》：八月社前，即可種麥，麥經兩社，即倍收而堅好。

《農政全書》：種麥，八月白露節後，逢上戊爲上時，中戊爲中時，下戊爲下時。

又，八月，早禾怕北風，晚禾怕南風。朔日晴，主冬宜蕾，暑得雨宜麥，一云風雨宜麥。又云，凡朔要晴，唯此月要雨，好種麥。白露雨爲苦雨，稻禾霑之則白颯，蔬菜霑之則味苦。諺云，白露日個雨，來一路苦一路。又云：白露前是雨，白露後是鬼。其時之雨，片雲來便雨。稻花見日吐出，陰雨則收。正吐之時，暴雨忽來，卒不能收，遂致白颯之患。若連朝雨反不爲災，不免擔閣吐秀，有皮殼厚之病。

九月　寒露　霜降

《詩·唐風》：蟋蟀在堂，歲聿其暮。傳：蟋蟀，蛬也。箋：蛬在堂，歲時之候，是時農功已畢。

又，蟋蟀在堂，役車其休。箋：庶人乘役車。役車休，農功畢，無事也。疏：春官巾車注云：役車，方箱，可載任器以供役。收納禾稼，亦用此車。故役車休息，是農功畢無事也。

《豳風》：九月授衣。箋：九月，霜降始寒，蠶績之功，成可以授衣矣。

又，九月，叔苴。疏：叔，拾也。苴蔴之有實者也。以麻九月初熟，拾取以供羹菜。其在田收穫者，猶納倉以供常食也。

又，九月，築場圃。箋：場圃同地，自物生之時，耕治之以種菜茹。至物盡成熟，築堅以爲場。

又，九月，肅霜。傳：肅，縮也。霜降而收縮萬物。

《禮記·月令》：季秋之月，日在房，昏虛中，旦柳中。註：季秋日月會於大火，斗建戌之辰。

又，鴻鴈來賓，爵入大水爲蛤。鞠有黃花，豺乃祭獸戮禽。陳澔曰：此記戌月之候，鴈以仲秋先至者，爲主季秋。後至者爲賓，爵爲蛤，飛物化爲潛物也。鞠色不一，而專言黃者，秋令在金，鞠色以黃爲正也。祭獸者，祭之于天。戮禽者，殺之以食也。

又，是月也，霜始降。

又，草木黃落乃伐薪爲炭。蟄蟲咸俯在内，皆墐其户。疏：俯垂頭向下，以隨陽氣也，墐，塗也。塗塞其户穴，以避地上陰氣也。

天子乃以犬嘗稻，先薦寢廟。

《國語》：天根見而水涸。註：天根，亢氐之間也，涸，竭也。謂寒露雨畢之後五日，天根朝見，水潦盡竭也。

本見而草木節解。註：本，氐也。謂寒露之後十日，陽氣盡，草木之枝節皆理解也。

《夏小正》：樹麥。傳：鞠榮而樹麥，時之急也。

《春秋繁露》：季秋九月，陰乃始多于陽，天乃于是時出溧下霜。

《説文》：戌滅也。九月陽氣微，萬物畢成，陽下入地也。

《易通卦驗》：寒露正陰，雲出如冠纓。霜降太陽，雲出上如羊，下如礰石。

《三禮義宗》：寒露者，九月之時，露氣轉寒也。

又，九月，霜降爲中露變爲霜，故以爲霜降節。

《齊民要術》：大豆，九月中，候近地葉有黃落者，速刈之。註：葉少不黃必浥鬱。刈不速，逢風則葉落盡，遇雨澤爛不成。

又，茄子，九月熟時摘取，擘破，水淘子，取沉者，速曝乾裹置，至二月畦種。

又，九月，治場圃，塗囷倉，修竇窖。繕五兵，習戰射，以備寒凍窮厄之寇。存問九族孤寡老病不能自存者，分厚撤重，以救其寒。

栽種：椒、菊、茱萸、地黃、蠶豆、牡丹、水仙宜月初、柿、蒜、萱草、芥菜、苡麥、芍藥、罌粟九日、諸般冬菜。

分栽：櫻桃、桃、楊。

移植：枇杷、橙、雜果木。

收藏：栗、諸色豆稈、五穀種、油麻、甘蔗、梔子、紫蘇、木瓜、韭子、牛蒡子、冬瓜子、菉豆、茄種、栗子、枸杞、榧子、皂角、黃菊、槐子、蟹殼、茶子、紫草子。

雜事：掘薑出土，草包石榴、橘、栗、蒲桃、米菊，築墻圃，斫竹木，斫苧，收雞種。

《續本事詩》：北方白鴈，似鴈而小，色白，秋深乃來。白鴈至，則霜降。河北人謂之霜信。杜甫詩云，故國霜前白鴈來。謂此。

《嘉興縣志》：九月，藝麥豆，栽桑築場，亦謂之忙月。

清·鄂爾泰《授時通考》卷六《天時·冬》

《書·堯典》：申命和叔，宅朔方，曰幽都。平在朔易。傳：北稱朔，亦稱方。都，謂所聚也。易，謂歲改易於北方。平均在察其政，以順天常。疏：一歲之事，在東則耕作，在南則化育，在西則成熟，在北則改易，故以方名配歲事爲文，言順天時氣以勸課人務也。春則生物，秋則成物。日之出也，物始生長，人當順其生長，致力耕耘。日之入也，物皆成熟，人當順其成熟，致力收斂。東方之官當恭敬導引日出，平秩東作之事，使人耕耘。西方之官當恭敬從送日入，平秩西成之事，使人收斂。日之出入，自是其常，但由日出入，故物有生成。雖氣能生物，而非人不就。勤於耕稼，是導引之。勤於收藏，是從送之。平秩南訛亦是導日之事，平在朔易亦是送日之事。依此春秋而共爲賓餞，勸課下民，皆使致力，是敬導之。平均次序，即是授人，田里各有疆場，是平均之也。

日短星昴，以正仲冬。厥民隩，鳥獸氄毛。傳：日短，冬至之日。昴，白虎之中星。亦以七星並見，以正冬之三節。隩，室也。民改歲入此室處，以辟風寒。鳥獸皆生耎毳細毛以自温焉。

《詩・豳風》：一之日觱發，二之日栗烈。傳：一之日，周正月也。觱發，風寒也。二之日，殷正月也。栗烈，氣寒也。疏：仲冬之月，待風乃寒。季冬之月，無風亦寒。

《小雅》：上天同雲，雨雪雰雰。傳：雰雰，雪貌。豐年之冬，必有積雪。疏：明年將豐，必有積雪，爲宿澤也。

《左傳》襄公十三年，冬，城防，書事，時也。於是將早城，臧武仲請俟畢農事，禮也。注：土功雖有常節，通以事間爲時。

《大戴禮》：方冬三月，草木落，庶虞藏，五穀必入於倉，於時有事，烝於皇祖皇考，息國老六人，以成冬事。

《書傳》：主冬者，昴昏中，可以收斂。

《農桑通訣》：立冬之節，首五日水始冰，次五日地始凍，後五日雉入大水爲蜃。次小雪中氣，初五日虹藏不見，次五日天氣騰地氣降，後五日閉塞而成冬。次仲冬大雪節氣，初五日鶡鴠不鳴，次五日虎始交，後五日茘挺出。次冬至中氣，初五日蚯蚓結，次五日麋角解，後五日水泉動。次季冬小寒節氣，初五日雁北鄉，次五日鵲始巢，後五日雉始雊。次大寒中氣，初五日雞始乳欸冬華，次五日征鳥厲疾，後五日水澤腹堅。凡此六氣一十八候，皆冬氣正養藏之令。

十月　立冬　小雪

《詩・豳風》：十月穫稻，爲此春酒，以介眉壽。傳：春酒，凍醪也。疏：穫稻，爲酒唯助養老。

又，十月，滌場。朋酒斯饗，曰殺羔羊。躋彼公堂，稱彼兕觥，萬壽無疆。箋：十月，民事男女俱畢，無饑寒之憂，國君閒於政事而饗羣臣。

《禮記・月令》：孟冬之月，日在尾，昏危中，旦七星中。註：孟冬，日月會于析木之津，斗建亥之辰。

其日壬癸，其帝顓頊，其神玄冥。註：壬之言任也，癸之言揆也。日之行東北從黑道，閉藏萬物，月爲之佐。時萬物懷任于下，揆然萌芽。顓頊，高陽氏也。玄冥，少皞氏之子，曰脩，曰熙，爲水官。

又，水始冰，地始凍，雉入大水爲蜃，虹藏不見。陳澔曰：此記亥月之候，蜃，蛟屬，此飛物化爲潛物也。虹非有質而曰藏，言其氣之下伏也。

又，是月也，以立冬。先立冬三日，太史謁之天子，曰：某日立冬，盛德在水。天子乃齊。立冬之日，天子親帥三公九卿大夫，以迎冬于北郊。

又，天氣上騰，地氣下降，天地不通，閉塞而成冬。

又，命有司循行積聚，無有不斂。注：謂芻、禾、薪、蒸之屬。

又，天子乃祈來年於天宗。注：此《周禮》所謂蜡祭也。天宗，謂日月星辰也。

《郊特牲》：天子大蜡八。伊耆氏始爲蜡。蜡也者，合聚萬物而索饗之也。蜡之祭也，主先嗇而祭司嗇也。饗農及郵表畷、禽獸，仁之至，義之盡也。迎貓，爲其食田鼠也。迎虎，謂其食田豕也。祭坊與水庸，事也。曰：土反其宅，水歸其壑，草木歸其澤。注：歲十二月，周之正數，謂建亥之月也。

《白虎通》：律中應鐘。鐘，動也。言萬物應陽而動，下藏也。

《三禮義宗》：十月立冬爲節者，冬，終也。立冬之時，萬物終成，因爲節名。十月小雪爲中者，氣叙轉寒，雨變成雪，故以小雪爲中。

《齊民要術》：十月，培築垣墻，塞向墐户。上辛，命典饋漬麯，釀冬酒，作脯腊。先冰凍，作涼錫，煮曝飼。可折麻緝績布縷。作白履不借。賣縑帛弊絮，糴粟、豆、麻子。

移植：橙、柑、橘。

栽種：大小豆、春菜、生薑、蘿蔔。

收藏：地黄、莙蓬菜、天蘿子、茶子、橘皮、天豆、栗子、薏苡、椒、冬瓜子、芙蓉條、石橘、蘿蔔、山藥、枸杞、皂角、苧。

雜事：移葵，接花果，澆灌花木，穫稻，納禾稼，開磚，煮膠，收炭，造牛衣，修牛馬，塞北户，用蓋爐，石堦砌，收二桑葉，壅苧麻，耘麥地，收猪種，泥飾牛馬屋，壓桑。

《西域志》：天竺國以十月二十六日爲冬至。冬至則麥秀。歲時事要，十月天時和暖似春，花木重花，故曰小春。

十一月　大雪　冬至

《禮記月令》：仲冬之月，日在斗，昏東辟中，旦軫中。注：仲冬日月會于星紀，斗建子之辰。

又，冰益壯，地始坼，鶡旦不鳴，虎始交。陳澔曰：此記子月之候，鶡旦，夜鳴求旦之鳥。

是月也，日短至。陳澔曰：短至，短之極也。

又，芸始生，茘挺出，蚯蚓結，麋角解，水泉動。注：芸與茘挺皆香草，結，屈也，解，脱也。水者，天一之陽所生，陽生而動。言枯涸者漸滋發也。

《漢書・律曆志》：律中黄鐘，黄者中之色。鐘者，種也。陽氣施種於黄泉，孳萌萬物，爲六氣元也。

《三禮義宗》：十一月，大雪爲節者，形於小雪爲大雪時，雪轉甚，故以大雪名節。

《孝經説》：斗指子爲冬至。至有三義，一者陰極之至，二者陽氣始至，三者日行南至。

《四民月令》：冬十一月，糴秔稻粟豆麻子。

《便民圖纂》：十一月，種大小麥，稻收割畢，將田鋤成行壠，令四畔溝洫通水，下種以灰糞蓋之。諺云：無灰不種麥。須灰糞均調爲上，宜雪壓易長。

《務本新書》：十一月，種油菜，稻收畢，鋤田如麥田法。既下菜種，和水糞之，芟去其草，再糞之，雪壓亦易長。明年初夏間收子，取油甚香美。

《齊民要術》：冬十一月，陰陽争，血氣散。冬至日先後各五日，寢别内外。可釀醢糴秔稻粟豆麻子。此月，如月雪，則收貯雪水埋地中混穀種，倍收不怕。

栽種：小麥、油菜、萵苣、桑。

移植：松、栢、檜。

收藏：鹽水蘿蔔、牛蒡子、豆餅、水果子、鹽菜宜冬至前。

澆培：石榴、柑、橘、橙、柚、梨、栗、棗、柿。

雜事：做酒藥，接雜木，造農具，夾笆籬，澆菜，伐木，斫竹，打豆油，置碎草牛脚下春糞田，奩芙蓉條，試穀種，鋤油菜。

十二月　小寒　大寒

《禮記・月令》：季冬之月，日在婺女，昏婁中，旦氐中。注：季冬日月會于玄枵，斗建丑之辰。

又，雁北鄉，鵲始巢，雉雊雞乳。陳澔曰：此記丑月之候，雉雊鳴也。

又，冰方盛，水澤腹堅，命取冰。注：腹厚也，此月日在北陸，冰堅厚之時。

又，日窮于次，月窮于紀，星廻于天，數將幾終，歲且更始。

又，專而農民，毋有所使。註：言專一汝農民之心，令之豫有志于耕稼之事。不可徭役，徭役之則志散，失業也。

《國語》：及寒，擊菒除田，以待時耕。註：菒，藁同，寒，謂季冬大寒時也。

《漢書・律曆志》：律中大吕，吕，旅也。言陰大旅，助黄鐘宣氣而牙物也。

《後漢書・禮儀志》：季冬之月，星廻歲終，陰陽以交，勞農大享臘。註：漢氏以午祖，以戌臘。午南方，故以祖。冬者，歲之（功）〔終〕，物畢成，故以戌臘。

《白虎通》：大，大也，吕者拒也。言陽氣欲出，陰不許也。吕之爲言拒者，旅抑拒難之也。

《三禮義宗》：小寒爲節者，亦形於大寒，故謂之小。言時寒氣猶未極也。

又，大寒爲中者，上形於小寒，故謂之大。十一月一陽爻初起，至此始徹，陰氣出地方盡，寒氣併在上，寒氣之逆極，故謂大寒。

《易通卦驗》：小寒合凍蒼陽，雲出氐。大寒降雪黑陽，雲出心。

《風俗通》：臘者，所以迎刑送德也。大寒至，常恐陰勝，故以戌日臘。戌者，温氣也。

《齊民要術》：十二月，休農息役，惠必下浹。遂合耦田器，養耕牛，選任田者，以俟農事之起。去豬盍車骨。及臘日，祀炙箑。

栽種：橘、松、花樹、麥宜臘日、桑、緑麻。

收藏：臘米、臘水、臘酒、臘肉、臘葱、風魚、脯臘、臘糟、豬脂、冰。

雜事：造農具，舂米，舂粉，浸米，浸燈心，剥桑，壓果木，沃桑泥，墩牡丹土，合臘藥掃，以豬脂啗馬，臘水作麪糊標背，伐竹木。

春稻，必須冬時，積日燥暴，一夜置霜露中，即舂。若冬春不乾，即果青赤脉起，不經霜，不燥暴，則米碎矣。

清・梁章鉅《農候雜占》卷一　正月占

元旦值甲，穀賤人疫。值乙，穀貴民病。值丙，四月旱。值丁，絲綿貴。值戊，米麥魚鹽貴。值己，米貴、蠶傷、多風雨。值庚，田熟，民病，金鐵貴。值辛，禾平，麥麻貴。值壬，絹布豆貴，米麥平。值癸，主禾傷、人民厄。（見《月令廣義》）

難拜年，易種田。《田家五行》云：元旦雨雪，吉。（引諺云云）

歲朝東北，五禾大熟。《羣芳譜》：東北風，主大熟。（引諺云云）

元旦清晨風自東南來，歲大稔。東風次之，東北又次之，西則歉。西北有紅黄雲則稔，白黑則歉。（見《蘇州府志》）

歲旦西北，大水，妨農功。《田家五行》云：壬癸亥子之方謂之水門，其方風來主大水。（引諺云云）

正旦決八風，風從南來，大旱。西南小旱，西方有兵，西北豆成。北方中歲，東北上歲，東方大水，東南疾疫。（見《漢・天文志》）

元日甲寅，穀畜貴。丙寅，油鹽貴。戊寅壬寅，穀先貴後賤。庚寅，穀畜貴

如上旬，内先得。丙寅，雨少，夏至雨多。戊寅，秋雨多。壬寅，冬雨多。（同上）

按《開元占經》云：正月一日得寅，穀貴。盡十二日，以占十二月。

元日甲申，五穀有收。丙申，穀損，蟲食菜。戊申，六畜災。壬申，澇。（同上）

元日乙卯，荆楚米貴。丁卯，周秦米貴。辛卯，韓魏米貴。癸卯，宋魯米貴。（同上）

一日雞，晴，主人安國泰。二日犬，晴，主大熟。三日猪，晴，主君安。四日羊，晴，主春暖，臣順。五日馬，晴明，四望無怨氣。六日牛，晴明，日月光明，大熟。七日人，晴明，民安，君臣和。八日穀，夜晴，五穀熟。所值之日晴暖，則安泰蕃息。此通行占書。按《開元占經》引《京房占》亦略同。又，九日，主蠶。

江南民言：正旦晴，萬物皆不成。元豐四年正旦，九江郡天無片雲，風日明快，是年果旱。（見《玉芝堂談薈》引《談苑》）按通行諺有云：元旦黑，農事吉。《談苑》引《便民書》亦云：元日晴和無日色，主有年。其説屢驗。今人但知元旦要晴明，實未確也。

一日值雨，人食百草。（見農占）

一日晴，一年豐。一日雨，一年歉。（同上）今人謂元日宜晴，亦有所本。

元旦有雷，主禾麥皆吉。（見《田家五行》）

上旬得辛，一日旱，二日小收，三四日主水，麥半收，五六日主小旱，七分收，七日八日主歲稔。一云：八日得辛，主春旱，不收。又，《古書》云：一日得辛，麥收十分，二日禾蠶收，三日四日田蠶全收，五日六日麻粟麥蠶平收，七日八日宜早禾麻麥粟少收，絲貴。（見《月令廣義》，兩説微有不同）

上旬三日得甲爲上歲，四日爲中歲，五日爲下歲。又，《資生書》云：月内有甲寅，主米賤。（同上）

上旬一日得卯，主十分收，二日低田半收，三日四日大水，五日六日半收，七日八日主春澇秋收。（同上）

上旬一日得辰，雨多；二日風多，先旱，低田全收，七月雨多，麻豆全收；三日雨晴匀；四日七分收；五日六日豐稔；七日水損田，蕎麥收；八日先旱後澇；九日大麥收，主仲夏水災；十日旱，禾半收；十一日主冬大雪，五穀不收；十二日主大雪，五穀收。（同上）

上旬一日二日得酉，歲豐；三日四日，民安；五日至十日，中歲民不安；十一十二日，大熟。（同上）

甲子豐年，丙子旱，戊子蝗蟲，庚子亂，惟有壬子水滔滔，只在正月上旬看。（見《周益公日記》）按《田家五行》云：十日無子，人死一半。

田本命　《研北雜志》云：世謂正月三日爲田本命。又爲田生日。浙西人謂之夏正三，言夏正之三日也。俗以是日稱水，以重爲上有年。極驗。（見《無顔録》）

上元日晴春雨少。諺云：上元無雨多春旱，清明無雨少黄梅。（見《臺笠須知》）

年八風，括到三月終。此揚州諺，謂正月初八也。

十二日爲花朝，晴則百果實。夜尤宜晴，雨則四十日。夜雨久陰。（見《田家五行》）按今人但知二月十二日爲花朝，而不知正月十二日亦爲花朝也。

立春日貯水謂之神水，釀酒不壞。（見《四時纂要》）

立春日雨傷五禾。（見《師曠占》）

上旬甲乙日雨，主春雨多。丙丁戊己日雨，主夏雨多。庚辛日雨，主秋雨多。壬癸日雨，主冬雨多。（見《月令廣義》）

正月内有三子則葉少蠶多，無三子則葉多蠶少。有三卯則早豆有收，無則少收。有三亥主大水。（見《談薈》引《周益公日記》）

正月有甲子，糴初貴後賤。（見《開元占經》引《神農占》）

熟不熟，但看年頭三箇六。此通行諺，謂正月初六、十六、二十六三日晴明，則主豐熟也。

正月逢三亥，湖田變成海。浩然齋《視聽鈔》引吴諺云，謂水之大也。按道光壬辰正月初六日己亥、十八辛亥、三十癸亥，是歲大澇。癸巳正月亦有三亥，然一亥在立春前，是歲無水災。

正月日食，人疫夏旱；月食，粟貴盜多。（見《月令廣義》）

上元一夕晴，麻小熟；兩夕晴，麻中熟；三日晴，麻大熟。（見《談苑》）禪師惠南云：絶有驗。

上元霧，主水。（見《臺笠須知》）

上元雨灌，百物減半。（見《樂清懸志》）

風吹上元燈，雨打寒夕墳。（見《紀歷撮要》）

正月十六日東南風，爲入門風，主大熟。（見《田家五行》）

正月十六日古謂之磨耗日。唐張説《耗日飲詩》云：磨耗傳兹日，縱横道未宜。但今不忌醉，翻是樂無爲。（見《田家五行》）謂此日以不事事爲宜。如今社日謂之耗日，官司不開倉庫也。

正月十六謂之落燈，夜晴主高低皆熟，西北風主旱。（見《陶朱公書》）

秋收日 《月令廣義》云：正月二十爲秋收日，晴主秋成百果蕃茂。按吴俗以正月二十日爲天穿日，晴則雨少。如遇雨則雨水必多。又按《田家五行》以十七爲秋收日，亦晴主秋成也。

正月見三白，田公笑嚇嚇。（見《朝野僉載》）

晦日風雨，糴貴禾惡。（見《田家五行》）

二月占

二月朔值驚蟄，主蝗蟲；值春分，主歲歉；風雨，主米貴。（見《陶朱公書》）

二月内有三卯則宜豆，無則早種禾。（見《經世民事録》）

二月甲戌日風從南來者，稻熟；乙卯日不雨者，稻不熟。（見《師曠占》）

春分無雨，病人稀。《陶朱公書》云：春分雨，人災。（引諺云云）《禮記·月令》擇元日命民社注春事興，故祀社稷以祈農祥。元日謂近春分前後，戊日元吉也。按《潛確類書》：立春後第五戊日爲春社，立秋後第五戊日爲秋社。又按《周禮》：社之日，涖卜來歲之稼。

春社無雨莫種田。《歲時通考》云：春社日雨，年豐果少。按《説苑》云：社公社母不食舊水，故社日必有雨，謂之社公雨。《田家五行》亦引諺云：社公不喫乾糧，社日雨則穀重而果稀。故曰社雨報年豐。陸龜蒙詩：幾點社公雨，一番花信風。

初二天晴東作興，初七、八日看年成。花朝此夜晴明好，何慮連綿夜雨傾。（見《陶朱公書》）

二月八日東南風主水，西北風主旱。（見《月令廣義》）按《陶朱公書》：東南風謂之上山旗，西北風謂之下山旗。

二月八日張大帝生日，前後必有風雨，甚準。俗謂請客風，送客雨。正日謂之洗街雨，初十日謂之洗厨雨。（見《田家五行》）

二月十九日爲觀音大士生日，晴明爲吉，雨則穀菜百物少收。（同上）

二月十五日爲勸農日，晴明主豐，風雨主歉。（見《談苑》）

有利無利，但看二月十二。（此吴諺，見《明詩綜》）謂花朝日晴，則百果少實也。

驚蟄聞雷，米似泥。（同上引《雜占》）

春分日風自東來，麥賤年豐；南來，五月先水後旱；西來，麥貴；北來，價倍。（見《月令廣義》）

社了分，米穀如錦墩。分了社，米穀如苔鮓。社了分，米穀不出村。分了社，米穀徧天下。（同上）又《田家五行》云：社在春分前主歲豐，社在春分後主歲惡。（引諺云云）

花朝 同上云云：二月十五爲花朝，晴則百果實。夜不宜晴，宜陰雨。

二月朔日雨稻惡糴貴，晦日雨人多疾。（見《四時占候》）

茶是草，箬是寶。（《農桑衣食撮要》卷上）二月摘茶，略蒸色小變，攤開搧氣通，用手揉，以竹箬燒烟火氣焙乾，以箬葉收。故諺云云。

二月初二爲上工日，雨主妨農。（見《陶朱公書》）

三月占

三月朔值清明主草木茂，值穀雨主年豐，風雨主民病、木多蟲，雷主五穀熟；雨猛主旱。（見《月令廣義》）

三月朔日雷主旱，無雷多盗。（見《田家五行》）

三月初三雨落至繭頭白。此杭州通諺。又云：三月初六爲露白日，是日雨則道路一白即雨。一説，三月三日清明之節，將修事於水側，禱祀以祈豐年。（見《卷施閣文集》）

上巳有風，梨有蠹。《本草綱目》云：梨花如雪，六出上巳，無風則結實必佳，故古語云云。

四日雷，歲熟。五日陰，蠶吉。七日、十六日南風，主旱歉。（同上）

五日寒食便下田。（《吴下田家志·方言》）

雨打墓頭錢，今歲好豐年。一作，雨打紙錢頭，麻麥不見收。雨打墓頭錢，今年好種田。《月令廣義》云：寒食日雨，主歲豐。（引諺云云）

清明插柳青，農夫休望晴。門前插柳焦，農夫好作嬌。《農政全書》引諺云云）

清明嫁九娘，一去不還鄉。（見田汝成《游覽志餘》）

一點雨，一箇魚。《農政全書》云：穀雨日雨，主多魚。引諺云云：清明要晴，穀雨要雨。

河朔人謂，清明雨爲潑火雨。（見《退齋雅聞》）

穀雨日辰值甲辰，蠶麥相登大喜忻。穀雨日辰值甲午，每箔絲棉得三觔。（《田家五行》引諺云云）

三月無三卯，田家米不飽。（同上，亦見《周益公日記》）按《開元占經》亦云：三月有三卯，大豆好，無三卯，旱。

三月十一日爲麥生日，喜晴。（見《嘉定縣志》）

三月十六日爲黄姑浸種日，其日西南風，主大旱。或云：上鄉人見此風即懸百文錢於簷下，風力能動則舉家失聲相弔。言風愈急愈旱也。（見《月令廣義》）

廿七、廿八吹得廟門開，螄螺蟛蜆哭哀哀。（見《崑新合志》）言三月廿七、廿八兩日南風，主旱。（引諺云云）

三月溝底白，莎草變成麥。《嘉定縣志》云：此月無雨麥乃有秋。

三月雪經日不消，秋禾不成，米貴三倍，人相食。（見《田家五行》）

清明前一日爲寒食，必有疾風甚雨。是日雨，必多梅雨。諺云：晴明無雨旱黄梅。（見《陶朱公書》）

十六日風，主桑葉貴。諺云：三月十六皎皎晴，桑樹頭上見人情。（同上）

穀雨前一兩朝霜，主大旱。是日雨，主雨多。（同上）

四月占

四月謂之雩月。《左傳》：龍見而雩。《續漢書》注稱服虔云：雩，遠也，遠爲百穀求膏雨也。

四月初一見青天，高山平地任開田。四月初頭滿地塗，丢了高田去種湖。按《四時占候》云：四月朔大風雨，主大水，小風雨主小水。引諺云云：此日最要緊。

四月朔值立夏，主地動。值小滿，主歲凶。雨，主水。晴，主旱。（見《文林廣記》）

四月朔風從南來、西來者，秋糴賤。逆此者貴。（見《師曠占》）

四月初一雨濛淞，六陽湖裏好栽葱。此揚州諺，謂旱也。

立夏日南方有雲，主歲豐。（見《田家五行》）

立夏得食李，能令顔色美。立夏日俗尚啖李，故是日婦人作李會，取李汁和酒飲之，謂之駐色酒。一曰，是日啖李不病夏。（見《元池説林》）

立夏不下，田家莫耙。《月令廣義》謂：立夏宜雨。（引諺云云。）按若夜雨多，損麥及蠶。

立夏晴，蓑笠滿田塍；立夏雨，蓑笠持屋柱。（同上）

小滿不滿，芒種莫管。（同上）謂小滿宜有雨，則歲熟也。

有利無利，只看四月十二。《紀歷撮要》云：此日宜晴，忌西南風。按此與《田家五行》所引先後差兩日，其爲宜晴則一也。

四月一日雨，百泉枯，言旱也。二日雨，傍山居，言避水也。三日雨，騎木驢，言踏車取水，亦旱也。四日雨，餘月餘，言大熟也。（見《談苑》）

一番暈，添一番湖塘。《農政全書》云：立夏日日暈，主水。（引諺云云）

四月初八晴料峭，高田好張釣。四月初八烏漉禿，不論上下一齊熟。（《廣信府志》引《周益公日記》云云）又引《通考》云：四月初八日最宜密雲不雨。按沅湘農諺又云：四月八日晴，打鼓蒔茅坪。四月八日雨，打鼓求木主。

四月八日晴，魚兒上高坪。此湘邵間農謡。按《四時占候》亦云：四月八日雨，魚兒岸下死。四月八日晴，魚兒上蒿林。《廣信府志》蒿林亦作高坪。

四月八日佛生日晴明，果子好收成。（見《田家五行》）

虹見主米貴，月蝕主歲饑，晦朔大雨主蝗灾。（同上）

四月十二日忌西風生，喜東南風。（同上）

四月十四得東南風，吉。十六黄昏時日月對照，主夏秋之交旱；月上遲有白色，主大水。（見《月令廣義》）

有利無利，但看四月十四。《田家五行》云：十四日晴，主歲稔。（引諺云云）又曰：吕洞賓生日晴，主歲稔。

有穀無穀，但看四月十六。（同上引諺云云）言是日可卜月影也。（見下《羣芳譜》）

四月十六日卜月諺云：月上早，低田收好稻；月上遲，高田賸者稀。（見《月令廣義》）又按《羣芳譜》云：是月十六日立一竿量月影，月當中時影過竿，雨水多没田，夏旱人饑。長九尺，主三時雨水；八尺七尺，主雨水；六尺，低田大熟；高田半收；五尺，主夏旱；四尺，蝗；三尺，人饑。

四月十六雨飄飄，高鄉播種襍嘮嘈。四月十六多雨點，鄉人只把腳來趕。俱主水。（見《田家五行》）

熟不熟，但看四月二十六。此通行諺。吾郡又相傳：四月二十六，天上一剥啄，地下去一斛。蓋是日最忌當聲。

致富書云：月内虹見，主米貴。

五月占

五月朔日當熱而風雨者米貴，人食草木。（此《開元占經》引《京房占》）

初一雨落井泉浮，初二雨落井泉枯，初三雨落連太湖。（《周益公日記》引諺云云）

朔日夏至、晦日夏至並主五穀熟，二日、三日、六日、二十五日、三十日同二十二日、二十四日夏至主歲不熟。（見《月令占候圖》）又《田家五行》引諺云：夏至端午前，坐了種田年。按《玉芝堂談薈》坐了作抄手。

朔日風雨大饑，風從北來，人相殘，米貴。十日得辰，早禾半收，十一日得辰，五穀不收。（見《月令廣義》）

端午晴乾，農夫喜歡。（同上引諺云云）

五月十三連夜雨，來年早種白頭田。（見《田家五行》）

夏至雨名黄梅雨，沾衣服皆敗黦。（見周處《風土記》）

五月十三雨滿，饒州好販大碗。（見《樂清縣志》）

夏至連端午，家家賣兒女。（同上引諺云）或作夏至伴端陽，家家饑斷腸。連或作逢，兒或作男。又《歲時記》云：夏至在初一、二、三主米麥貴，初七、八米麥平，二十大饑，上旬米賤，中旬大豐，末旬大歉。按此與《月令占候圖》微有不同。又按《塵史大觀》戊子五月五日夏至，安陸老農相謂云云：秋稼不登，冬艱食，賣子以自給，至有委於路隅者。明年大旱，人相食，棄子不可勝數。

十五日謂之五日，前十日謂之端午。按，古人五日皆當是十五日。今楚俗亦以十五日爲大端陽，初五日爲小端陽。

芒種端午前，處處有荒田。（同上引諺云云。）又云：雨芒種頭，河魚淚流；雨芒種腳，魚捉不著。

芒種雨，百姓苦。（見《談苑》）

芒種火燒天，夏至雨連綿。（見《古占年語》）

芒種後逢壬立梅，夏至後逢壬斷梅。《通書》：芒種後逢壬日，或庚，或丙日進梅，前半月爲立梅，立梅宜雨。遲有雨主旱。諺云：雨打梅頭，無水飲牛；雨打梅額，河底開坼。《田家五行》云：一説主水，諺云：迎梅一寸，送梅一尺。大抵梅雨主旱，雖有雨亦不多。又，雨打梅頭云云，更見《四民月令》。按何景福詩：雷聲填填雲冪冪，雨打梅頭麥穗黑，老翁倚耒向天泣，汙邪水深耕不得。與諺語相反。今農家所占，仍以古諺爲驗。又，按《湧幢小品》引俗語云：芒種逢壬便立霉，梅作霉。霉後積水烹茶甚香洌，可久藏，一交夏至便迥别矣。試之良驗，細思其理有不可曉者，或者夏至一陰初生，前數日陰正潛伏。水，陰物也。當其伏時極浄，一切飛潛草木之氣不能雜，故獨存本色爲佳。但取法甚難，須以磁盆布空盛之，霑一物即變，貯之亦難，其地宜高潔。某年無雨，挑河水貯之，亦與常水異，而香洌不及遠矣。

芒種逢丙進黴，小暑得未出黴。（見《神樞經》）

梅裏西南時裏潭潭。《風土記》：芒種後夏至前雨爲黄梅雨，最長久。有一日西南風，主時裏三日雨。又云：西南風急名哭雨風，主雨立至易過。

黄梅天，日多幾番顛。見《田家五行》志，言此時陰晴易變。又云：黄梅天氣躉向毛婆頭邊也，要帶了蓑衣箬帽去，倒轉黄梅四十天。（此通行諺）

黄梅雨未過，冬青花未破。冬青花若開，黄梅便不來。黄氏口鈔：梅雨中冬青花開主旱，蓋此花不落溼地。（引諺云云）

芒種爲節者，言時可以種有芒之穀，故以芒種爲名。（見《三禮義宗》）

芒種一聲雷，時中三日雨。（見《農政全書》）

打鼓送黄梅，一去不復回。此吴中諺言。送霉日有雷，則後少雨。（《田家五行》）又引諺云：迎梅雨，送時雷，送了並不回。又云：三梅三送，低田白弄。

夏至在月頭，農家不須愁。夏至在月中，躭擱糶米翁。《月令廣義》云：夏至在月初端午前，則雨水調。（引諺云云）又按古占年語云：夏至月頭，一邊喫一邊愁。夏至月中，白飯滿童童。夏至月尾，禾黄米價起。則微有異。

急風急没，慢風慢没。《月令廣義》云：夏至日西南風，主六月横水人殃。（引諺云云）

夏至無雨，碓裏無米。《月令廣義》云：夏至日雨謂之霖，時雨主雨調歲稔。（引諺云云）《田家五行》引諺云：夏至日箇雨，一點值千金。

月内有三卯，宜稻及大豆。（見《月令廣義》）按《京房占》亦云：五月無三卯，旱。

甲申猶自可，乙酉怕殺我。《蘇州府志》：五月尤忌甲申乙酉日雨，則有大水。（引諺云云）按《吳中舊事》云：是二日雨，則大小麥不收。又按二語宋時即有之。（見范石湖詩注）

五月壬子破，大水穿山過。此湘邵間農謡，按今東南河防亦忌此日。

迎時雨，送時雨。《嘉定縣志》云：夏至後分爲三節，共十五日。若初雨爲迎，時末雨爲送。時諺云：高田只怕迎時雨，低田只怕送三時，蓋初時雨主旱，末時雨主潦也。若中時而雷，謂之腰報，亦主多雨。諺云：中時腰報没低田。按《臺笠須知》云：末時得雷主久晴。

五月小，種瓜喫不了。（見《田家五行》）

五月小，水浸楊柳杪。（同上）

黄梅三時纔出門，蓑衣蒻笠必隨身。《羣芳譜》。陸泳《吴下田家志》引方言如此。

時裏一日風，準黄梅三日雨。《羣芳譜》：夏至後半月名三時，首三日爲頭時，次五日中時，後七日末時。風在中時，前二日大凶。（諺云云）又按《四時占候》云：五月雨忌中時，若到末時微雨亦善。故諺又云：夏至未過，水袋未破。

夏至先後各五日，可種牡麻。注：牡麻有花無實。（見《齊民要術》）

種大豆夏至後二十日尚可，種戴甲而生不用深耕。（同上）

《陶朱公書》云：端午日晴主水，雨主絲貴。諺云：端陽曬得乾蓬頭，十片高田九片浮。

夏至在月初主水，是日雨主風，水大。諺云：夏至無雲，三伏熱。其日若雨，年必豐。（見同上）

六月占

六月初一一劑雨，夜夜風潮到立秋。（《農政全書》引諺）

六月初三雨，七月多晡時。此福州諺，俗以夏令午後雷雨一陣，謂之晡時雨，每發必連三日。又《月令廣義》云：六月三日雨一陣，上晝耕田下晝困。俗謂眠爲困也。又《紀曆撮要》云：六月初三晴，山篠盡枯零。按《玉芝堂談薈》作：六月三日一陣雨，夜夜風潮到處暑。又諺云：六月初三一箇陣，早起耕田下晚困。六月初六一箇陣，七十二箇趕狗陣。又諺云：六月初三打一暴，高山頂上都收稻。（義同）

朔日，值夏至主大荒，值小暑主大水，值大暑主大疫。（見《月令廣義》）

小暑一聲雷，稻熟做黄梅。此杭州通行諺。稻熟或作倒轉。頗驗。按《談苑》稱：小暑雨名黄梅，顛倒轉主水。

六月雷不鳴，蝗蟲生。（見《四時占候》）

伏裏西北風，臘裏船不通。同上引諺，主秋稻秕，冬冰堅也。又云：夏末一陣雨，賽過萬斛珠。言及時雨絶勝無價寶也。按與《羣芳譜》天譜畧同。又按夏至後三庚爲初伏，四庚爲中伏，立秋後初庚爲後伏，謂之三伏。曹植謂之三旬。（見《初學記》陰陽書）又《魏氏春秋》：何晏以伏日食湯餅，取巾拭汗，面色皎然。

秋前生蟲，損一莖發一莖。秋後生蟲，損一莖没一莖。《月令廣義》云：月內西南風主蟲，傷稻。秋前損根，可再抽萌。秋後損者，不復抽矣。（引諺云云）

六月內逢甲乙丙丁無雨主旱，月食亦主旱，丙寅丁卯有雨主米貴，虹見及晦日風亦主米貴。（見《月令廣義》）

六月防初，七月防半。此福州諺也。福州六、七月間必有暴風，俗呼爲風颱，拔木偃禾，百果皆空。六月多發在初旬，七月多發在中旬，發必連三日。初起北風，轉南風，愈大而止。

六月秋要到秋，七月秋不到秋。謂早稻收穫時也。又南風吹過北，有錢糴不得。北風吹過南，倉下無人擔。（見古占年語。）

六月必有三時雨，田家以爲甘澤，農人相賀曰喜雨。（見《荆楚歲時記》）

六月有大雨，名濯枝雨。（見周處《風土記》）

《陶朱公書》云：六月六日晴主收乾稻，雨主有秋水。又日蝕主旱。

七月占

七月朔日虹見，主年內米貴。（見《田家五行》）

秋霹靂損晚穀。或作秋歷鹿損萬斛。《月令廣義》云：立秋日有雷損晚稻。《農政全書》云：大抵秋雷多總損禾，非但忌立秋日也。

立秋日天氣晴明，萬物多不成。（見《紀歷撮要》）

三日三石，四日四石。《紀歷撮要》云：立秋日有西南風，主田禾倍收。（引諺云云）

立秋日虹見西方，萬物皆貴。（見《田家五行》）

立秋後虹見爲天收，雖大稔亦減分數。（見《蘇州府志》）

月內有三卯田禾熟，無三卯宜晚麥。日月蝕主人災，甲子雷多暴疾。（見《農政全書》）

或問董勛云：七月七日爲良日，飲食不同者何。勛曰：七月黍熟，七日爲陽數，所以麋爲珍。（見《北堂書鈔》）

七月七無洗車，八月八無蓼花。（同上）云七日有雨，名洗車雨，主八月有蓼花。（引諺云云）按《荆楚〔歲〕時記》云：七月六日爲洗車雨，七日爲灑淚雨。

稍異。

《周書·時訓解》：處暑後又五日天地始肅，又五日禾乃登。按《月令》《呂氏春秋》並作農乃登穀。又《國語》云：處暑之既至，蝱蠁之既多。

處暑雨不通，白露枉相逢。（同上）又見《月令廣義》，枉相逢作空用功。又引諺云：處暑根頭白，白露枉來霖。《田家五行》云：處暑喜雨。引諺同。枉相逢作枉用功。

處暑若還天不雨，總然結實也無收。此吴諺，見《崑新合志》及《嘉定縣志》。

七月十五日爲蕎杆生日，雨主水。（見《談苑》）《田家五行》云：十五蕎杆生日雨，謂之做蕎生日，主撩水稻，有雷謂之打折杆頭，撩不成。

良田畏七月。（見《塵史》）蓋百穀秀實之時，正需雨也。

立秋坤卦用事，晡時西南凉風至，黄雲如羣羊，宜粟穀。（見《月令占候圖》）

十六日雨，謂之洗鉢盂，主年荒。蓋十方大刹，每年四月十六結夏上堂，七月十六解夏散堂。若雨來年荒歉，必停堂也。（見《陶朱公書》）

八月占

八月朔日值白露，果穀不實，值秋分，主物價貴。（見《歲時通考》）

早禾怕北風，晚禾怕南風。（見《農政全書》）

朔日晴主冬旱。（同上）又云：凡朔日宜晴，惟此月朔日宜雨，好種麥。《田家五行》又云：八月初一下一陣，旱到來年五月盡。則又一説也。

八月一日雨，則角田下熟。（見《談叢》）角田，豆也。

白露雨，來一路，苦一路。《農政全書》云：白露雨爲苦雨，稻禾沾之則白颯，蔬菜沾之則味苦。（引諺云云）又云：白露前是雨，白露後是鬼，其時有片雲即雨。稻花見日正吐，遇雨即收。正吐之時暴雨忽來，卒不能收，遂致白颯之患。若連朝雨反不爲灾，惟不免擔閣吐秀，有皮殼厚之病耳。

三日前雨，稻。三日後雨，草。（見《樂清縣志》白露雨占）

白露逢壬便立詹。《月令廣義》云：八月初三至二十三爲詹天雨。

入霑有雨，出霑晴。蜀語：秋分後逢壬謂之入霑，十日滿謂之出霑，霑謂雨多也。十日内謂之霑天。（引諺云云）按，此語又與白露逢壬異，而詹字則不如霑字之有意，宜並存之。

八月雨，謂之豆花雨。（見《荆楚歲時記》）

麥秀風搖，稻秀雨澆。（《月令廣義》引諺云云）言將秀得雨則堂肚大穀穗長秀實，後得雨則米粒圓收數足。

秋分日陰雨，來歲吉，晴明主無年。（同上）又云：是時酉時西方有白雲起，如羣羊，爲正氣，主大有年。

秋分秋社同一日，低田盡叫屈。（同上引諺云云）又云：秋分在社前，斗米换斗錢，秋分在社後，斗米换斗豆。

有三卯低田吉，無三卯不宜麥。（同上）按《開元占經》引《神農占》云：八月有三卯，麥大善。故《月令通考》云：八月有三卯、三庚，低田麥稻吉。三庚二卯，麥宜高田。又杭州諺云：三卯三庚，麥出低坑，三庚三卯，麥出坳巧。（見《田家五行》）

秋社無雨，莫種田園。（見《農政全書》）

八月一日、二日、三日以準來年正、二、三月之雨。凡月色黄者其月少雨，月色青者其月多雨。（同上）

八月十一日可卜來年水旱。侵晨或隔夜於水邊無風浪處作一水測字，至晚看之，若没主水，露主旱，平主小水，名曰横港。（見《田家五行》）

八月十二日爲鹽生日，十三日爲滷生日，雨則鹽貴。（見《嘉定縣志》）

八月十五晴，正月十五看龍燈。此通行諺。又云：雲蔽中秋月，雨打上元燈。按《月令廣義》作：雲罩中秋月，雨打上元燈。謂中秋無月，主來年燈時雨。又引一則云：雨打上元燈，早稻一束草。

八月二十四日爲竈君生日，若雨，主柴荒米貴。（見《田家五行》）

八月二十四日爲稻藁日，是日雨，雖得藁亦腐。重九晴則藁乾。（見《蘇州府志》）

八月大，無果賣。（見《田家五行》）按以大字叶賣，南方諺也。

十六夜看月色，萬里無雲，主來年大熟。一云：十六雲遮月，來年防水没。（見《陶朱公書》）

九月占

九月自一日至九日，以日占月，遇此日風，則此月穀賤。（見《戎事類占》）

九月朔日，值寒露主冬寒，值霜降主歲歉。（見《文林廣記》及《月令廣義》）

九月朔日，風雨主春旱，若東風半日不止，主米麥貴。（見《田家雜占》）

重陽無雨，一冬晴。《田家五行》云：重九晴，則冬至、元日、上元、清明四日皆晴，雨則皆雨。或作重陽戊雨，一冬晴。或作重陽霧雨，一冬晴。又作：重陽戊遇一冬晴，重陽酉遇一冬陰。

九月一日晴，不如九日明。九日明，又不如十三靈。（《月令廣義》引諺云云）《嘉定縣志》云：九月十三日爲稻籠生日，宜晴。又云：十三晴，不如十四靈。十四晴，釘鞾挂斷鼻頭繩。按杭州諺亦云：九月十三晴，釘鞾挂斷繩。占書亦謂是日晴主冬晴，柴賤。又九月十三晴二句見馮夢禎《快雪堂日記》。

九日雨，米成脯。（《農政全書》引諺云云）又云：重陽溼漉漉，穰草千錢束。重陽黑洞洞，一年好收冬。《月令廣義》云：九月九日是雨歸路日，有雨主來年熟。

九月重陽，菱母消洋。（見《吳下田家志》）

重陽無雨望十三，十三無雨一冬乾。（同上引諺云云）

九月庚、辰、辛、卯日雨，主冬穀貴一倍。（見《文林廣記》）

九月上卯日北風，主來年三七月米大貴。東風亦然，西北平平。（見《田家雜占》）

九月雨，爲黄雀雨。（見提要録）

重陽占風色，卜來年豐歉。西北風名范丹口裏風，主荒。東北風名石崇口裏風，主稔。（見《陶朱公書》）

十月占

十月朔日，風從東來，春糴賤，逆此者貴。（見《齊民要術》）

十月朔日爲靴生日，以其日陰晴卜一冬寒燠。（見《苑署雜記》）一云：是日晴則一冬晴，雨則一冬雨。最驗。

十月朔日，值立冬主灾異，值小雪有東風春米賤，西風春米貴，其日用斗量米。若綴在斗底，來春米陡貴。甚驗。（見《家塾事親》）

吳俗以十月初五日爲五風生日，此日有風則每五日風雨如期而至，終歲皆然，謂之五風信。（見《天中記》）

賣絮婆子看冬朝，無風無雨哭號咷。《農政全書》云：立冬晴則一冬多晴，雨則一冬多雨，亦多陰寒。（引諺云云）

十月雷，人死用耙推。（同上）云月内有雷，主灾疫。

立冬值朔日主灾異，天雨血地出毛，大雨則米大貴，小雨則米小貴，晦占與朔同。（見《月令廣義》）

立冬日東南風爲闞倉風，主來夏米貴。（見《田家五行》）

十五日晴主冬暖，十六日晴主冬晴。（見《月令廣義》）

十月有三卯主糴平，無三卯主穀貴。（同上）

十月十五、十八、十九、二十七日太山府君上天，卯時後有惡風，如無風即雨。又初八、十五、二十二日東岳府君朝玉帝，主有大風。（見《肘後神樞》）

十月初一日、初三日、十九日、二十日乃冬天會合日，主有惡風。（同上）

小雪日，東風春米賤，西風春米貴。（見《田家五行》）

立冬之日，水始冰。又五日地始凍。（見《周書·時訓解》）按《易卦通驗》：立冬不周風至水始冰。而《符瑞圖》云：立冬北方廣莫風。至今考淮南王書，不周風至後又四十五日廣莫風乃至，《符瑞圖》説誤也。

《後漢書·烏桓傳》：其土地宜穄及東牆，東牆似蓬草，實如穄子至十月而熟。

十一月占

十一月一日得壬主旱，二日小旱，三日赤旱，四日五穀大熟，五日小水，六日大水，七日河決，八日海翻，九日大熟，十日小收，十一、十二日五穀不成。（見《田家五行》）又《紀歷撮要》引清臺占法亦略同。

冬至雨年必晴，冬至晴年必雨。《農政全書》又引諺云：乾冬溼年，坐了種田。又云：鬧熱冬至冷淡年。蓋吳人尚冬至欲晴故也。又諺云：燥冬至溼年晏，溼冬至燥年晏。

冬至前米價長，貧兒受長養。冬至後米價落，貧兒轉蕭索。按《紀歷撮要》云：冬至前若米價長，往後必賤。落則反貴。（引諺云云）

冬至在月頭，當了棉被買牛頭。冬至在月尾，賣了牛頭買棉被。（見《農政全書》）

冬至日數至元旦五十日者，民食足。若不滿五十日者，一日減一升，有餘日益一升。最驗。（見淮南術）

冬至日子時至平旦觀雲，若青雲北起，歲豐、民安，黄雲大熟，黑雲主水，白雲主人灾，無雲主凶，前後日雪主來年饑餓兵革，本日雪主有大盜横行。（見《陶朱公書》）

冬至西南百日陰，半晴半雨到清明。（《田家五行》引諺云云）

南風吹我面，有米也不賤。北風吹我背，無米也不貴。《嘉定縣志》云：十一月十七爲彌陀生日，忌南風。相傳有偈云云，極驗。

冬至日南風晝至者，民皆中於虛風則多病。（見《京房易占》）

《續漢書·禮儀志》云：冬至鑽木改火。按《北堂書鈔》稱西域諸國志云：天竺十一月十六日爲冬至麥秀，十二月十六日爲臘麥熟。

冬至日樹八尺之表日中視其晷，晷如度者歲美人和，否則歲惡。（見《易卦通驗》）

十七彌陀生日，西北風主米賤，月内雨雪多主冬春米賤，有雷主春米貴。（見《陶朱公書》）

十二月占

冬至後三戌，臘祭百神。《續漢書·禮儀志》云：季冬之月，星回歲終，陰陽以交，勞農大亯臘。或云：臘者，接也，新故交接也。蓋自秦以後，臘皆屬十二月。

朔日，值大寒有虎灾，值小寒祥瑞來。（見《月令廣義》）

上酉日雪主來年旱澇不均。（見《田家五行》）

十二月初三日，俗呼爲抝貓日。他月初三晴則主半月之晴，獨此日宜雨。（見《天中記》）

立春在殘年主冬暖。諺云：立春日暖，凍殺百鳥卵。（見《陶朱公書》）

江湖間人常於歲除汲江水秤之，至元日又秤，重則主大水。（見《麈史》）

除夕可以秤水，取長流水秤其輕重，元旦又換取新水秤之，以較兩年之高下。（見《田家五行》）

臘鼓鳴，春草生。《荊楚歲時記》：十二月八日爲臘日。（引諺語云云）

除夕占風，東北爲上。諺云：今夜東北，來年大熟，東南風主來年水大。又除夕燒盆爆竹與照田蠶，看火色同。（見《陶朱公書》）

藝　文

《詩經·豳風·七月》 七月流火，九月授衣。一之日觱發，二之日栗烈。無衣無褐，何以卒歲。三之日于耜，四之日舉趾。同我婦子，饁彼南畝，田畯至喜。七月流火，九月授衣。春日載陽，有鳴倉庚。女執懿筐，遵彼微行，爰求柔桑。春日遲遲，采蘩祁祁。女心傷悲，殆及公子同歸。七月流火，八月萑葦。蠶月條桑，取彼斧斨。以伐遠揚，猗彼女桑。七月鳴鵙，八月載績，載玄載黃，我朱孔陽，爲公子裳。四月秀葽，五月鳴蜩。八月其穫，十月隕蘀。一之日于貉，取彼狐狸，爲公子裘。二之日其同，載纘武功，言私其豵，獻豜于公。五月斯螽動股，六月莎雞振羽，七月在野，八月在宇，九月在户，十月蟋蟀入我牀下。穹窒熏鼠，塞向墐户。嗟我婦子，曰爲改歲，入此室處。六月食鬱及薁，七月亨葵及菽，八月剥棗，十月穫稻，爲此春酒，以介眉壽。七月食瓜，八月斷壺，九月叔苴，采荼薪樗，食我農夫。九月築場圃，十月納禾稼，黍稷重穋，禾麻菽麥，嗟我農夫，我稼既同，上入執宫功。晝爾于茅，宵爾索綯，亟其乘屋，其始播百穀。二之日鑿冰沖沖，三之日納于凌陰，四之日其蚤，獻羔祭韭。九月肅霜，十月滌場，朋酒斯饗，曰殺羔羊，躋彼公堂，稱彼兕觥，萬壽無疆。

《詩經·豳風·東山》 我徂東山，慆慆不歸。我來自東，零雨其濛。我東曰歸，我心西悲。制彼裳衣，勿士行枚。蜎蜎者蠋，烝在桑野。敦彼獨宿，亦在車下。我徂東山，慆慆不歸。我來自東，零雨其濛。果臝之實，亦施于宇。伊威在室，蠨蛸在户。町疃鹿場，熠燿宵行。不可畏也，伊可懷也。我徂東山，慆慆不歸。我來自東，零雨其濛。鸛鳴于垤，婦嘆于室。洒埽穹窒，我征聿至。有敦瓜苦，烝在栗薪。自我不見，于今三年。我徂東山，慆慆不歸。我來自東，零雨其濛。倉庚于飛，熠燿其羽。之子于歸，皇駁其馬。親結其縭，九十其儀。其新孔嘉，其舊如之何。

《詩經·小雅·甫田》 倬彼甫田，歲取十千。我取其陳，食我農人，自古有年。今適南畝，或耘或耔，黍稷薿薿。攸介攸止，烝我髦士。以我齊明，與我犧羊，以社以方。我田既臧，農夫之慶。琴瑟擊鼓，以御田祖。以祈甘雨，以介我稷黍，以穀我士女。曾孫來止，以其婦子。饁彼南畝，田畯至喜。攘其左右，嘗其旨否。禾易長畝，終善且有。曾孫不怒，農夫克敏。曾孫之稼，如茨如梁。曾孫之庾，如坻如京。乃求千斯倉，乃求萬斯箱。黍稷稻粱，農夫之慶。報以介福，萬壽無疆。

《詩經·小雅·大田》 大田多稼，既種既戒，既備乃事。以我覃耜，俶載南畝。播厥百穀，既庭且碩，曾孫是若。既方既皁，既堅既好，不稂不莠。去其螟塍，及其蟊賊，無害我田穉。田祖有神，秉畀炎火。有渰萋萋，興雨祁祁。雨我公田，遂及我私。彼有不穫穉，此有不斂穧。彼有遺秉，此有滯穗，伊寡婦之利。曾孫來止，以其婦子。饁彼南畝，田畯至喜。來方禋祀，以其騂黑，與其黍稷。以享以祀，以介景福。

《詩經·小雅·頍弁》 有頍者弁，實維伊何。爾酒既旨，爾殽既嘉。豈伊異人，兄弟匪他。蔦與女蘿，施于松柏。未見君子，憂心奕奕，既見君子，庶幾説懌。有頍者弁，實維何期。爾酒既旨，爾殽既時。豈伊異人，兄弟具來。蔦與女蘿，施于松上。未見君子，憂心怲怲。既見君子，庶幾有臧。有頍者弁，實維在首。爾酒既旨，爾殽既阜。豈伊異人，兄弟甥舅。如彼雨雪，先集維霰。死喪無日，無幾相見。樂酒今夕，君子維宴。

漢·班固《漢書》卷五七下《司馬相如傳》 自我天覆，雲之油油。甘露時雨，厥壤可游。滋液滲漉，何生不育！嘉穀六穗，我穡曷蓄？

匪唯雨之，又潤澤之；匪唯偏我，氾布護之；萬物熙熙，懷而慕之。名山顯位，望君之來。君兮君兮，侯不邁哉！

清·王士禛《香祖筆記》卷五 《句曲外史雜詩》一卷，元張雨伯雨著，詩多抝體。予最喜其絶句，如：凌波仙子塵生襪，空谷佳人玉鍊容。不奈天寒風露早，日高猶傍錦熏籠。(《三香圖》)弁山南下幽人宅，萬箇長松水一瓢。月到三層樓上夢，鯉魚風起駕春潮。(《萬壑松濤》)雞犬茅茨接暝烟，平林如薺遠連天。急披奇句無人賞，已近飛鴻滅没邊。(《黄子久畫》)頗有坡、谷遺風。自題云：乙酉歲，自春徂夏，霪雨時多，日處幽篁中，未有裹飯過子桑者。閑弄筆研，寫詩盈册，以自料理耳。詩凡五十五首，子英過之持去，勿示不知我者。雨告。

雜録

宋·方勺《泊宅編》 河陽三城，其中城曰中潬。黄河兩派貫於三城之間，秋水泛溢時，南北二城皆有濡足之患，唯中潬屹然如故。相傳此潬隨水高下，若所謂地肺浮玉者。《楞嚴經》云：「乾爲洲潬，濕爲巨海。」

又 泉州萬安渡水闊五里，上流接大溪，外即海也。每風潮交作，數日不可渡。劉鋹據嶺表，留從効等據漳、泉，恃此以負固。蔡襄守泉州，因故基修石橋，兩涯依山，中託巨石，橋岸造屋數百楹，爲民居，以其僦直入公帑，三歲度一僧掌橋事。春夏大潮，水及欄際，往來者不絶，如行水上。十八年橋乃成，即多取蠣房，散置石基，益膠固焉。元豐初，王祖道知州，奏立法，輒取蠣房者徒二年。

清·周家楣、繆荃孫《光緒順天府志》一八 凡歲時不雨，貼龍王神馬於門，磁瓶插柳枝掛門之旁，小兒塑泥龍、張紙旗，擊金鼓，焚香各龍王廟，羣歌曰：青龍頭，白龍尾，小孩求雨天歡喜。麥子麥子焦黄，起動起動龍王，大下小下，初一下到十八。摩訶薩。初雨，小兒羣喜而歌曰：風來了，雨來了，禾場背了，穀來了。雨久，以白紙作婦人首，剪紅緑紙衣之，以苕帚苗縛小帚，令攜之，竿懸簷際，曰掃晴娘。

清·吴中彦《廣平府志》卷一六 嘗夏間旱時播種，種畢果遇雨。乾隆初年，麥將熟，勸人刈麥。人不聽，已乃遍刈其麥。逾日，天雨雹。或夏間耕地而不布種，是年必有蝗災。人因其先知，皆以半仙稱之。

田真人，曲周魯辛寨人，其名隱而不傳。幼性異人，樂善好道。乾隆初，至山西介休縣綿山洞中修鍊，道成，在洞坐化。土人因旱祈雨靈應，立廟祀之，名其廟曰：空望佛。咸豐十一年，曲周蟲災水患，並集村衆禱之，果驗，鄉人亦立祠焉。其徒張永鑑，縣西司寨人，受其法術，亦坐化。

清·趙秉恒《祁州續志》卷四 流村古廟中，來一道士，自號王陽忍，有仙術。與之食即食，不與之食，數日不食亦不飢。天旱禱雨，立應。傳至省垣，制憲使祈雨，甘霖頃刻降。制憲賜一聯曰：即日登壇即日雨，一聲號礮一聲雷。居數年忽不見，村人爲之立祠。

又 龍河防汛萬經

唐沙磁三河之水滙祁州，三叉口名豬龍河。惟唐河發源萬山中，水勢最大。每夏秋之交，州司馬駐守河干，用防水患。余莅任之次年，因司事者公出，奉憲委代任節次經理。凡七年，百計提防，幸得安堵。癸未秋，水漲危急，風雨昏暗中，燃燈取土，以事補苴，見一異物噴吐隄側，波濤大作，首如猪形，身尾隱水中，不可得識，乃知此河俗呼豬龍者，執是故也。因信口賦長歌，以揖禱之，水勢嗣亦稍戢，隄遂得保。是此物竟不得以無知目之也，是爲誌。

居民夜號山水起，波浪掀天疾若駛。風狂霧冥雨縱横，冲擊長隄十數里。嗟我百姓素純良，安居粒食河之涘。河隄水决田宅空，家室飄零無敝屣。國家設官以衛民，民難將臨不忍視。冲風沐雨登長隄，力護群黎奠川水。但見猪龍乘浪去，復還烏鬃赤目背牙齒，恍若奮怒不可遏，噴氣吐沫河隄毀。男子掘土女提筐，不及携鋤傷十指。十指雖傷亦何益，旦夕長隄待傾圮。登隄却與豬龍揖，維爾有神傾聽只。問民何事傷爾心，問爾何事竭民旨。天心仁愛惟好生，忍見呼號一至此。平爾波兮静爾浪，不與我争斯已矣。爾必與我争民居，吾將左持弓兮右挾矢。持弓挾矢夫如何，水不傷予予射爾。

清·賈漢復《河南通志》卷七三　萬年。聖節豐年，雪壓得蝗蟲千丈深。〔時雨章〕今春又得雨如油，日更暄，和風更柔。百歲老翁驚異事，一年要抵十年收。〔播種章〕二麥收時蕎麥芽，高粱小米豆兼瓜，芒種一齊須下力，平坡還插草棉花。〔墾田章〕田開荒土水泉通，更給耕牛付牧童，多少莊家來告訴，從今不怕飯籮空。

軍事部

論說

《六韜》卷三　軍勢第二十六

聖人徵于天地之動，孰知其紀。循陰陽之道而從其候。當天地盈縮，因以爲常。物有死生，因天地之形。

故曰：未見形而戰，雖衆必敗。

又　奇兵第二十七

鼓行讙囂者，所以行奇謀也。大風甚雨者，所以搏前擒後也。僞稱敵使者，所以絶糧道也。謬號令，與敵同服者，所以備走北也。戰必以義者，所以勵衆勝敵也。

又　兵徵第二十九

三軍齊整，陣勢以固，深溝高壘，又有大風甚雨之利。三軍無故，旌旗前指，金鐸之聲揚以清，鼙鼓之聲宛以鳴。此得神明之助，大勝之徵也。

行陣不固，旌旗亂而相遶。逆大風甚雨之利。士卒恐懼，氣絶而不屬。戎馬驚奔，兵車折軸。金鐸之聲下以濁，鼙鼓之聲濕以沐。此大敗之徵也。

凡攻城圍邑，城之氣色如死灰，城可屠。城之氣出而北，城可克。城之氣出而西，城可降。城之氣出而南，城不可拔。城之氣出而東，城不可攻。城之氣出而復入，城主逃北。城之氣出而覆我軍之上，軍必病。城之氣出高而無所止用兵長久。

凡攻城圍邑，過旬不雷不雨，必亟去之，城必有大輔。此所以知可攻而攻，不可攻而止。武王曰：善哉。

《六韜》卷四　軍略第三十五

武王問太公曰：引兵深入諸侯之地，遇深溪大谷險阻之水。吾三軍未得畢濟，而天暴雨，流水大至。後不得屬于前，無舟梁之備，又無水草之資。吾欲畢濟，使三軍不稽留，爲之奈何？太公曰：凡帥師將衆，慮不先設，器械不備。教不精信，士卒不習。若此，不可以爲王者之兵也。凡三軍有大事，莫不習用器械。若攻城圍邑，則有轒轀臨衝。視城中，則有雲梯飛樓。三軍行止，則有武衝大櫓，前後拒守，絶道遮街，則有材士强弩，衛其兩旁。設營壘，則有天羅武落，行馬蒺藜。晝則登雲梯遠望，立五色旌旗。夜則設雲火萬炬，擊雷鼓，振鼙鐸，吹鳴笳。越溝塹，則有飛橋、轉關、轆轤、鉏鋙。濟大水，則有天潢、飛江。逆波上流，則有浮海、絶江。三軍用備，主將何憂？

又　金鼓第三十八

武王問太公曰：引兵深入諸侯之地，與敵相當。而天大寒甚暑，日夜霖雨，旬日不止。溝壘悉壞，隘塞不守，斥堠懈怠，士卒不戒。敵人夜來，三軍無備，上下惑亂，爲之奈何？太公曰：凡三軍以戒爲固，以怠爲敗。令我壘上，誰何不絶。人執旌旗，外内相望，以號相命，勿令乏音，而皆外向。三千人爲一屯，誡而約之，各慎其處。敵人若來，視我軍之警戒，至而必還，力盡氣怠。發我鋭士，隨而擊之。

又　火戰第四十一

武王問太公曰：引兵深入諸侯之地，遇深草蓊穢，周吾軍前後左右。三軍行數百里，人馬疲倦休止。敵人因天燥疾風之利，燔吾上風，車騎鋭士，堅伏吾後。三軍恐怖，散亂而走，爲之奈何。太公曰：若此者，則以雲梯飛樓，遠望左右，謹察前後。見火起，即燔吾前而廣延之。又燔吾後，敵人苟至，即引軍而却，按黑地而堅處。敵人之來，猶在吾後，見火起必遠走。吾按黑地而處，强弩材士衛吾左右，又燔吾前後。若此，則敵人不能害我。

漢・趙煜《吴越春秋》卷五《勾踐陰謀外傳第九》　十一年，越王深念永思，惟欲伐吴，乃請計硯問曰：吾欲伐吴，恐不能破，早欲興師，惟問於子。計硯對曰：夫興師舉兵，必且内蓄五穀，實其金銀，滿其府庫，勵其甲兵。凡此四者，必察天地之氣，原於陰陽，明於孤虚，審於存亡，乃可量敵。越王曰：天地、存亡，其要奈何。計硯曰：天地之氣，物有死生。原陰陽者，物貴賤也。明孤虚者，知會際也。審存亡者，别真僞也。越王曰：何謂死生、真僞乎。計硯曰：春種八穀，夏長而養，秋成而聚，冬蓄而藏。夫天時有生而不敷種，是一死也。夏長無苗，二死也。秋成無聚，三死也。冬藏無蓄，四死也。雖有堯舜之德，無如之何。夫天時有生，勸者老，作者少，反氣應數，不失厥理，一生也。留意省察，謹除苗穢，穢除苗盛，二生也。前時設備，物至則收，國無逋稅，民無失穗，三生也。倉已封塗，除陳入新，君樂臣歡，男女及信，四生也。夫陰陽者，太陰所居之歲留息，三年，貴賤見矣。夫孤虛者，謂天門地戶也。存亡者，君之道德也。越王曰：何子之年少於物之長也。計硯曰：有美之士不拘長少。越王曰：善哉，子之道也。乃仰觀天文，集察緯宿，曆象四時。以下者上，虛設八倉，從陰收著，望陽出糶，筴其極計，三年五倍，越國熾富。勾踐歎曰：吾之霸矣，善計硯之謀也。

漢・袁康《越絶書》卷一二《外傳記軍氣》 凡氣有五色：青、黃、赤、白、黑。色因有五變。人氣變，軍上有氣，五色相連，與天相抵。此天應，不可攻，攻之無後。其氣盛者，攻之不勝。軍上有赤色氣者，徑抵天，軍有應於天，攻者其誅乃身。軍上有青氣盛明，從闕，其本廣末銳而來者，此逆兵氣也，爲未可攻，衰去乃可攻。青氣在上，其謀未定。青氣在右，將弱兵多。青氣在後，將勇穀少，先大後小。青氣在左，將少卒多，兵少軍罷。青氣在前，將暴其軍必來。赤氣在軍上，將謀未定。其氣本廣末銳而來者，爲逆兵氣，衰去乃可攻。赤氣在右，將軍勇而兵少，卒彊，必以殺降。赤氣在後，將弱、卒彊、敵少，攻之殺將，其軍可降。赤氣在右，將勇、敵多、兵卒彊。赤氣在前，將勇兵少，穀多卒少，謀不來。黃氣在軍上，將謀未定。其本廣末銳而來者，爲逆兵氣，衰去乃可攻。黃氣在右，將智而明，兵多卒彊，穀足而不可降。黃氣在後，將智而勇，卒彊、兵少、穀少。黃氣在左，將弱卒少，兵少穀亡，攻之必傷。黃氣在前，將勇智，卒多彊，穀足而有多爲，一作焉。不可攻也。白氣在軍上，將賢智而明，卒威勇而彊。其氣本廣末銳而來者，爲逆兵氣，衰去乃可攻。白氣在右，將勇而兵彊，兵多穀亡。白氣在後，將仁而明，卒少兵多，穀少軍傷。白氣在左，將勇而彊，卒多穀少，可降。白氣在前，將弱卒亡，穀少，攻之可降。黑氣在軍上，將謀未定。其氣本廣末銳而來者，爲逆兵，去乃可攻。黑氣在右，將弱卒少，兵亡，穀盡軍傷，可不攻自降。黑氣在後，將勇卒彊，兵少穀亡，攻之殺將，軍亡。黑氣在左，將智而勇，卒少兵少，攻之殺將，其軍自降。黑氣在前，將智而明，卒少穀盡，可不攻自降。故明將知氣變之形，氣在軍上，其謀未定。其在右而低者，欲爲右伏兵之謀。其氣在前而低者，欲爲前伏陣也。其氣在後而低者，欲爲走兵陣也。其氣陽者，欲爲去兵。其氣在左而低者，欲爲左陣。其氣間其軍，欲有入邑。右子胥相氣取敵大數，其法如是。軍無氣，算於廟堂，以知彊弱。

漢・袁康《越絶書》卷一三《外傳枕中》 昔者，越王句踐問范子曰：古之賢主、聖王之治，何左何右，何去何取。范子對曰：臣聞聖主之治，左道右術，去末取實。越王曰：何謂道，何謂術，何謂末，何謂實。范子對曰：道者，天地先生，不知老。曲成萬物，不名巧。故謂之道。道生氣，氣生陰，陰生陽，陽生天地。天地立，然後有寒暑、燥濕、日月、星辰、四時，而萬物備，術者，天意也。盛夏之時，萬物遂長。聖人緣天心，助天喜，樂萬物之長。故舜彈五絃之琴，歌南風之詩，而天下治。言其樂與天下同也。當是之時，頌聲作。【略】越王曰：善哉。今寡人欲保穀，爲之奈何。范子曰：欲保，必親於野，覩諸所多少爲備。越王曰：所少，可得爲因其貴賤，亦有應乎。范子曰：夫八穀貴賤之法，必察天之三表，即決矣。越王曰：請問三表。范子曰：水之勢勝金，陰氣蓄積大盛，水據金而死，故金中有水。如此者，歲大敗，八穀皆貴。金之勢勝木，陽氣蓄積大盛，金據木而死，故木中有火。如此者，歲大美，八穀皆賤。金、木、水、火更相勝，此天之三表者也，不可不察。能知三表，可爲邦寶。不知三表之君，千里之神，萬里之君。故天下之君，發號施令，必順於四時。四時不正，則陰陽不調，寒暑失常。如此，則歲惡，五穀不登。聖主施令，必審於四時，此至禁也。【略】越王問范子曰：春肅、夏寒、秋榮、冬泄，人治使然乎，將道也。范子曰：天道三千五百歲，一治一亂，終而復始，如環之無端，此天之常道也。四時易次，寒暑失常，治民然也。故天生萬物之時，聖人命之曰春。春不生遂者，故天不重爲春。春者，夏之父也。故春生之，夏長之，秋成而殺之，冬受而藏之。春肅而不生者，王德不究也。夏寒而不長者，臣下不奉主命也。秋順而復榮者，百官刑不斷也。冬溫而泄者，發府庫賞無功也。此所謂四時者，邦之禁也。越王曰：寒暑不時，治在於人，可知也。願聞歲之美惡，穀之貴賤，何以紀之。范子曰：夫陰陽錯繆，即爲惡歲。人生失治，即爲亂世。夫一亂一治，天道自然。八穀亦一賤一貴，極而復反。言亂三千歲，必有聖王也。八穀貴賤更相勝。故死凌生者，逆，大貴。生凌死者，順，大賤。越王曰：善。【略】越王問於范子曰：寡人聞陰陽之治，不同力而功成，不同氣而物生，可得而知乎。願聞其說。范子曰：臣聞陰陽氣不同處，萬物生焉。冬三月之時，草木既死，萬物各異藏，故陽氣避之下藏，伏壯於內，使陰陽得成功於外。夏三月盛暑之時，萬物遂長，陰氣避之下藏，伏壯於內，然而萬物親而信之，是所謂也。陽者主生，萬物方夏三月之時，大熱不至，則萬物不能成。陰氣主殺，方冬三月之時，地不內藏，則根荄不成，即春無生。故一時失度，即四序爲不行。越王曰：善。寡人已聞陰陽之事，穀之貴賤，可得而知乎。

范子曰：陽者主貴，陰者主賤。故當寒而不寒者，穀爲之暴賤。譬猶形影聲響相聞，豈得不復哉。故曰秋冬貴陽氣施於陰，陽極而復貴。春夏賤陰氣施於陽，陽極而不復。越王曰：善哉。以丹書帛，置之枕中，以爲國寶。【略】越王曰：吾欲富邦彊兵，地狹民少，奈何爲之。范子曰：夫陽動於上，以成天文；陰動於下，以成地理。審察開置之要，可以爲富。凡欲先知天門開及地户閉，其術：天高五寸，減天寸六分以成地。謹司八穀，初見出於天者，是謂天門開，地户閉，陽氣不得下入地户。故氣轉動，而上下陰陽俱絶，八穀不成，大貴必應其歲而起，此天變見符也。謹司八穀，初見入於地者，是謂地户閉。陰陽俱會，八穀大成，其歲大賤，來年大饑，此地變見端也。謹司八穀，初見半於人者，糴平，熟，無災害。故天倡而見符，地應而見端。聖人上知天，下知地，中知人，此之謂天平地平，以此爲天圖。【略】范子曰：陰陽進退者，固天道自然，不足怪也。夫陰入淺者即歲善，陽入深者則歲惡。幽幽冥冥，豫知未形。故聖人見物不疑，是謂知時，固聖人所不傳也。夫堯舜禹湯，皆有豫見之勞，雖有凶年而民不窮。越王曰：善。

宋・許洞《虎鈐經》卷一　天功第一

天道變化，消長萬彙，契地之力，乃有成爾。天貴而地賤，天動而地静，貴者運機而賤者効力。上有其動，而下行其化矣。是以知天之施地匪專也，知地之應天有常也。生機動則應之以生，氣機動則應之以氣。機正則泰，機亂則否。萬物列形而否泰交著，見之於地焉，豈止地之爲乎。蓋天道内而地道外者也。【略】夫如是，則自上而及下，自内而達外，其猶天地之用乎。故天必藉地力，然後運四氣，正生殺也。貴必藉賤力，然後能立元功而建王業也。

又　地利第二

地之形，險易殊也。地之氣，寒熱異也。用形與氣，在知逆順焉。昧此道者，不能得地利，必矣。善用地者則不然，險而易之，易而險之也。夫居險用險必内潰，居易用易必内蹶。當有形之用，逆之者善矣。何謂險而易之。曰：簡以夷其政，要以節其動，寬以緩其約，不以疎慢爲失也。何謂易而險之。曰：進止戒嚴，内外無怠，用其謹懼，不以暴急爲務也。如是者，乃險易之用也。以方位觀之，則寒熱之氣異也。當有氣之用，順之者善矣。南方之氣熱，北方之氣寒也。其氣異則水土之性必相戾，逆諸人而使之飲其地脉，食其土毛，蒙其風氣，瘴癘之疾，凍澁之戾加焉。以我之不便，犯順方之人，不有患乎。天不能以氣順人，君能以人順氣，可也。是故利不可以專一。

宋・許洞《虎鈐經》卷五　料用天氣第四十五

望氣者，以氣勝敗告於大將。觀敵之氣衰則進攻，氣旺則止兵勿與戰，此之謂順天時者。彼之氣旺，他人皆懼怯不敢進兵，我獨勇而進焉，反能必勝者，何也。在乎以智逆於氣而已，順任乎時者也。夫五行之旺，以日、時爲用。静爲主，動爲容。

宋・許洞《虎鈐經》卷一一　天時統論第一百十四

天時者，兵家之主也。若夫星辰變見，雲氣聚散，六壬旺相，遁甲休咎，風露雷雨之所動作，陰陽晦明之所啟閉，鼙鼓之震響，禽鳥之示情，通天地鬼神之心，開勝敗休咎之兆者，其道何也。臣切謂天地之道，大正也。夫陽爲實，陰爲虚。實有常而虚不常也。法其實者，政令之謂也，政令一定之象也。法其虚者，權智之謂也，權智應變之象也。動以虚實爲用者，天地之正一作身道也。是以知政令權智之所設，能應於天地者，此之謂大順也。或天地示其災變，我以順應之。示其吉祥，亦以順應之。是以順應正也。如能以順應正，行師豈有敗乎。然雖，黑一作雲。氣出壘，赤氣臨軍，六窮起風，三刑生霧，皆爲敗象。當其時，苟能觀其凶變，修政謹身，卜地遷營，應天揆日，恭受譴戒一作怒而警省焉，此可以易凶爲吉矣，斯乃以順道應天者也。臣今所列時日雲氣曆象之間，其占候既不一，在乎用兵者因其時擇而用之也。若能善服人心，以順天地之情，和陰陽之性，使災咎不見，率由政令、權智之得其道也，又何暇審占天時以爲候哉。

宋・許洞《虎鈐經》卷一七　雲氣統論第一百六十九

臣聞百人已上，勝敗之氣必俱焉。是以順之者昌，逆之者亡。天地無言，吉凶以象占。雲氣有異，必契災變。占氣之時，觀氣之初出如甑上炊勃鬱上騰，氣積而爲霧氣，陰氣結爲虹蜺，暈珥之屬。不積不結，散漫不定，不能爲災。必須和雜殺氣森森然疾起者，乃可占。常以平明、下晡、日出没時候之。期内有風雨爲解者，不成災也。若出軍之日，天氣漠漠，雲彩陰沉而寒者，必戰之象也。若清明和暢，風塵不動者，不戰也。如或有青氣見軍王相上者，大勝。青屈旋留注者，下流血。大霧五十日日不散者，其境當有兵馬。霧色蒼黄者，亦有災變也。白雲如疋練經丑未者，兵之象也。或雲如人行，排列如陣，或壬子日四面無雲，獨見出雲如旌旗，皆兵象也。或雲三道，如霧非霧，如塵非塵者，敵人發軍之徵，隨其起處防之。或白雲如疋布起于東方者，大兵起也，色赤者尤甚，青者失喪，黑者亦如之也。或黑雲三道，首尾鋭而中裂者，其下將有大戰。或雲氣赤而其緣黃者，大臣專權之兆也，不早除之，將有大變。於軍上往來，則往者敗，來者勝。或雲氣散如錦文者，當有赦書行天下。天下若無慶賀事，必見流血。或雲氣如虎頭者，暴亂之象也。象一作衆或雲氣如弩弓之狀者，天子之氣。或雲氣長數十百丈者，猛將之氣也。或雲氣無故如虎行空中者，當暴兵至也。或雲如人字在空者，所發之處一作地必有人來告急，一人則氣一條。雲如方一紅者，暴兵至也。或望無雲，獨見赤氣如旦暮之霧，或見黑雲極天，或白雲如僊人衣，十萬聯結，部隊相逐，罷而復起，或白雲廣六七丈，東西極天，如此者皆起兵之象。或有黑雲如人持刀楯者，暴兵之氣也。如見之國，當嚴號令，肅士伍以備之。

宋・許洞《虎鈐經》卷一八 天第一百七十七

天裂一作制于敵上者，敵人自亂之兆也。天色如血，兵戰之兆也。天雨甘露，所雨之地兵大勝也。雨雖在敵，敵敗也。在我，軍避之。天雨魚鼈，在敵，敵敗也。在我，亦當避之。天雨血，在敵，急擊之，可勝也。在我，避之。或在我彼兩界者，將大血戰，吏士俱傷。天雨絮及粟，在敵，敵凶。在我，避之。天雨海島毛，大亂之兆也。天雨毛，所雨之地大將信任邪謀也。若煙非煙，慶雲也，雲開有德。若星非星，歸邪也，歸邪有人。若霧非霧，泣軍也，泣軍多殺將。若雷非雷，天鼓也，天鼓多敗軍。不雲而雨，天泣也，天泣多覆國。凡天下之事變異於人者，急慎之。

虹蜺第一百七十九

攻敵人之城，有虹蜺屈曲從外入者，三日内城屠。五色虹蜺飲軍井者，大凶，移營避之。虹蜺垂營中者，亦敗兆也。五色虹蜺繞城，城中將亂，急攻之。白虹見於軍上者，軍敗流血。白虹貫中，師不可出。白虹繞城而不匝者，從不匝處攻之，必拔矣。繞城而匝者，即俟從漸錯處攻之。赤虹從天直垂地者，所垂之地敵兵至。十一月屈虹出，破軍敗將。天有白虹如霧者，營中防姦賊及兵將反。黑虹所見之地，大水到其處，利於高處置營。赤虹半隱雲上，有火灾，亦當敗。黃虹在營上，吏士多驚撓。青虹亦如之，不爲灾。

雷霆第一百八十

營中雷折木者，大將凶，利修軍政：春三月内甲子、乙丑、戊寅、辛卯、戊午。有雷及霹靂下石殺人者，軍在野營，將有大戰，一月内應之。雷一聲而止者，將軍有重令行。將戰之時，雷聲自我陣後起漸漸入敵者，必勝也。隨其聲而擊之，吉。從敵震迅而來者，凶也，急抽兵避之。天陰不雨，雷霆在我軍上，隨而擊之者，大勝也。合戰之時，大雷一聲而止，先動者勝。渾渾圓長者，從來處吉。聲四起東西南北不定者，軍有大血戰，兩軍傷。大雷疾速自我入敵者，勝也。自敵來，凶。霹靂當牙帳，急搜檢一作驗之，營中有姦人爲賊應，亦慮暴兵至。或夜半無雲而雨者，吏士不從軍令也，火急施恩布惠一作講我以禳其禍。

戰候第一百八十一

交戰之時，五色采旗掣拽不動者，大勝候也，敵强力戰，慎不可追之。臨戰之時，鼙鼓之音鳴于常者，勝候也。角聲清激者，勝候也。風不起而旌旗悠揚，前指敵陣者，勝候也。馬驕嘶而喜躍欲進者，勝候也。牙帳無故倒折者，敗候也。鼙鼓之音重濁不上徹者，敗候也。角聲洪濁不清潔者，敗候也。焦而四亂者，敗候也。横而不圓者，内亂將發。旌旗撩亂不整者，敗候也。馬亦多驚嘶退縮者，敗候也。臨陣之際，勝敗之候，能詳審者善矣。

占風統論第一百八十三

凡灾風之來，多有殺氣克日，濁塵飛埃蓬勃四起也。凡祥風之來，多與佳氣併，而日色清朗，天氣涼索，令鳴條去地少高，不動塵而過也。

五音占風第一百八十四

宫風聲如雷吼空中，一作風商風聲如驅羣羊，徵風聲如奔馬，羽風聲如擊濕鼓，角風聲如千人。子午爲宫，丑未寅申爲徵，卯酉爲羽，辰戌爲商，巳亥爲角。宫風發屋拆木，米貴，來年兵起。徵風發屋折木，四方有急。羽風發屋折木，米貴。商風發屋折木，主兵。角風發屋折木，急鬭戰。

刑殺占風第一百八十五

歲月日時，干陽德自處，陰德在干合。歲月日時，子刑卯，卯刑子，丑刑戌，戌刑未，未刑丑，丑刑巳，巳刑寅，一作申寅刑申辰午酉亥各自相刑。子丑寅巳申爲上刑，卯寅巳爲下刑。大風從三刑上，來宫軍克，大寒大克，小寒小克，風從刑下來禍，從刑上來福。從三刑爲上，從自刑爲下。

逆風第一百八十七

蓬勃四起，或自上來觸地，此逆風也，暴兵至。寅時發，主人逆。辰時發，客逆。午時發，親戚逆。申時〔發〕左右逆。黃昏發，外賊逆。宫日風從角上來，卒急有兵圍。至月中折木者，城陷。羽日風喧喧，日無光深霧，兵圍城，客克。

商日風從四季上來，關梁不通路色。陰賊日風從陰賊上來，大寒日一作賊日相殺。

風雨雜占第一百八十八

攻城圍邑，經旬不雷雨者，城中有備，疾去之。出征之日，細雨沐，兵捷之徵也。若大風雷雨不見日，辰午戌亥自刑之日，兵家大忌也。臨戎之際，忽來陰氣旁勃，牙杠折陰不見日，旌旗抑揚，此敗徵也。慢風與氣從敵所俱來，我勝，急擊之。反是則凶。旌旗翬翬一作暈順風搖曳，舉向賊者，即擊之，勝也。大將牙旗之日，風勢順動，旌旗前指，鼙鼓之音清亮，此勝兆也。持此，可以勝安定三軍之心。風施塵如穗如虵形，屈屈來樣者，凶，急備之。風來卑而掃地者，敵兵至，速高則來緩。營中大風折木者，大將失位。風無常而無定者，賊即至。合戰之際，大風晝昏揚塵衝敵，大勝。反是凶。兵初至，所伐之城天色陰翳，又無風而細雨涳濛者，軍將敗。若初臨敵而大雷雨隱而至者，大勝之兆也。有旋風入營，折絶旗幟干戈，次壞帳幙，必有盜賊入營，將死。

八節占風第一百八十九

候風之次，一作發常于其節寅時候之。立春之日，位應艮宮，本宮風綽綽然和風徐徐而至者，此之謂條風也。風自人門起者，軍民不利也。春分之日，位應震宮，本宮風來，抑之非低，颺之非高，習然得風者，此之謂明庶風也。明庶風應候，軍民寧泰之兆也。風自金門起者，軍民不利也。立夏之日，位應巽宮，本宮風至，陶陶然圓緩而不散亂者，此之謂清明風也。清明風應候，軍民寧泰之兆也。風自天門起者，軍民不利也。夏至之日，位應離宮，本宮風薰然融和而普者，此之謂景風也。景風應候，軍民寧泰之兆也。風自水門起者，軍民不利也。立秋之日，位應坤宮，本宮風來暢而愉一作渝者，此之謂涼風也。涼風應候，軍民寧泰之兆也。風自鬼門起一作來者，軍民不利也。秋分之日，位應兊宮，本宮風來肅然者，此之謂閶闔風也。閶闔風應候，軍民寧泰之兆也。風自木門而起者，軍民不利也。立冬之日，位應乾宮，本宮風潔清瑩爽而至者，此之謂不周風也。不周風應候，軍民寧泰之兆也。風自土門起者，軍民不利也。冬至之日，位應坎宮，本宮風來淒涼不怒者，此之謂廣漠風也。廣漠風應候，軍民寧泰之兆也。風自火門起者，軍民不利也。風之來也，順者爲祥，逆者爲妖。皆由人志正邪，然後通天地鬼神之心也。是以八節之首日而占之，可以知其吉凶矣。行師者能以順正之道應乎天，欲風之不祥也，其可得乎。

綜述

《孫子・始計第一》 孫子曰：兵者，國之大事。死生之地，存亡之道，不可不察也。

故經之以五事，校之以計，而索其情。

一曰道，二曰天，三曰地，四曰將，五曰法。

道者，令民與上同意，可與之死，可與之生而不畏危也。天者，陰陽、寒暑、時制也。地者，遠近、險易、廣狹、死生也。將者，智、信、仁、勇、嚴也。法者，曲制、官道、主用也。凡此五者，將莫不聞。知之者勝，不知者不勝。

《孫子・火攻第十二》 孫子曰：凡火攻有五：一曰火人，二曰火積，三曰火輜，四曰火庫，五曰火隊。行火必有因，烟火必素具。發火有時，起火有日。時者，天之燥也。日者，月在箕、壁、翼、軫也。凡此四宿者，風起之日也。

凡火攻，必因五火之變而應之。火發於內，即早應之於外。火發而其兵靜者，待而勿攻，極其火力，可從而從之，不可從則止。火可發於外，無待於內，以時發之。火發上風，無攻下風。晝風久，夜風止。

凡軍必知五火之變，以數守之。故以火佐攻者明，以水佐攻者强。水可以絶，不可以奪。

《國語》卷二〇《越語上》 越王勾踐棲於會稽之上，乃號令於三軍曰：凡我父兄昆弟及國子姓，有能助寡人謀而退吴者，吾與之共知越國之政。大夫種進對曰：臣聞之，賈人夏則資皮，冬則資絺，旱則資舟，水則資車，以待乏也。夫雖無四方之憂，然謀臣與爪牙之士，不可不養而擇也。譬如蓑笠，時雨既至必求之。今君王既棲於會稽之上，然後乃求謀臣，無乃後乎。

《吴子・料敵》 吴子曰：凡料敵有不卜而與之戰者八。一曰：疾風大寒，早興寤遷，剖冰濟水，不憚艱難。二曰：盛夏炎熱，晏興無間，行驅飢渴，務於取遠。三曰：師既淹久，糧食無有，百姓怨怒，妖祥數起，上不能止。四曰：軍資既竭，薪芻既寡，天多陰雨，欲掠無所。五曰：徒衆不多，水地不利，人馬疾疫，四鄰不至。六曰：道遠日暮，士衆勞懼，倦而未食，解甲而息。七曰：將薄吏輕，士卒不固，三軍數驚，師徒無助。八曰：陣而未定，舍而未畢，行阪涉險，半隱半出。諸如此者，擊之勿疑。

《吴子・治兵》　武侯問曰：三軍進止，豈有道乎。起對曰：無當天竈，無當龍頭。天竈者，大谷之口。龍頭者，大山之端。必左青龍，右白虎，前朱雀，後玄武。招摇在上，從事于下。將戰之時，審候風所從來，風順致呼而從之，風逆堅陣以待之。

漢・劉向《戰國策》卷一八《趙一》　趙收天下，且以伐齊。蘇秦爲齊上書説趙王曰：臣聞古之賢君，德行非施於海内也，教順慈愛，非布於萬民也，祭祀時享，非當於鬼神也。甘露降，風雨時至，農夫登，年穀豐盈，衆人喜之，而賢主惡之。今足下功力非數痛加於秦國，而怨毒積惡非曾深凌於韓也。

唐・歐陽詢《藝文類聚》卷六〇　牙

兵書曰：牙旗者，將軍之精。凡始竪牙，必以剛日，剛日者，謂之上剋下也。立牙之日，吉氣來應，大勝之徵。

黄帝出軍訣曰：始立牙之日，旗幡指敵，或從風而舉，暉暉終日，不絶繞竿，勇氣奔逸。又曰：將軍出兵，有所討伐。引兵出城門，望見白雲及白水者，舉白牙旗。五色牙旗，隨天氣四時。

《抱朴子》曰：軍所始舉牙立旗，風氣和調，幡校飄飄，終日不息者，其軍有功也。

宋・王欽若《册府元龜》卷三九八《明天時》　執筒律以聽軍聲，觀天文以察時變，蓋吉凶之將至，必朕兆之豫彰。雖子産謂天道焉知，鄭不復火。而師曠歌《南風》弗競，楚果無功。故有推轂授符，受詔引導，察陰陽之變，辨星緯之祥，避危就安，候敵觀變。若能旁擇地利，兼取人和，先勝而行，何往弗利。

周太公從武王伐紂，到邢丘，軛折爲三。天雨三日不休。武王懼，召太公而問之曰：紂未可伐乎。太公曰：不然。軛折爲三者，軍當分爲三也。天雨三日，欲洗吾兵也。

宋・曾公亮《武經總要・前集》卷一一　火攻

兵法曰：凡火攻有五，一曰火人，二曰火積，三曰火輜，四曰火庫，五曰火隊。所謂火人者，焚其營栅，及其士卒，駭而攻之，必潰也。所謂火積者，焚其糧食薪芻，軍無以存也。所謂火輜者，器械、財物及軍士衣裝在道未止者也。所謂火庫者，軍在營壘，已有舍也。二者焚之，使其乏絶也。所謂火隊者，焚其行伍，因亂擊之，可覆也。此五者，滅敵之大利也。又曰：煙火必素具。謂蒿茅、薪芻、膏油之屬，皆素備也。發火必有時，起火必有日。時者天燥也。燥者，旱天也。日者，宿在箕、壁、翼、軫也。此四宿者，風起之日也。凡火攻，必因五火之變而應之。火發於内，則軍應之於外。謂以外兵攻之。火發兵静者，待而後攻，極其火力，可從之則從，不可從則止。火可發於外，無待於内，以時發之。火發上風，無攻下風。以兵隨風勢攻之。晝風久，夜風止。凡軍，必知有五火之便，以數之。須筭星躔之數，守風起之日，乃可發火。故：曰：以火佐攻明。今以諸家舊附於後。

兵法曰：引兵深入敵境，叢林深草在軍前後，三軍行遠，人馬疲倦，不及休止。敵人因疾風之利，燔吾上風，鋭兵伏於吾後。若此者，則焚燔吾前之草木，以絶火勢。又燔吾後，以拒敵人。我軍按黑地而處，堅整隊伍，敵莫能害。

宋・曾公亮《武經總要・後集》卷一七　觀風察將

凡風勢隆隆，如車如雷如擊鼓聲者，謂之宫風，其將寬和而有信。風勢如金如石相敵，擊如金聲雜佩和響者，謂之商風，其將威猛而好殺。風勢肅肅習習，如動林木者，謂之角風，其將仁恕，不可詐欺。風勢如奔馬，火焱掣裂者，謂之徵風，其將猛裂難與争。鋒勢如流水揚波激氣相雜者，謂之羽風，其將貪暴，多姦詐。

用兵勝負

謝臨曰：初出軍日，風從後來，衝霧突雲，人雄壯馬嘶，逸旌旗如舉勢指敵方，鼙角聲清而震響，君臣對問以調和，必獲全勝，以建大功。若從旁來，而前向者，得天人之助，獲得糧儲，敵來降我。若從出軍日，風從五音相生位上來，天色暗明，人馬奔逸，上下懽心，風氣調暢，軍行勝捷，將成大功。假令己亥角日，風從卯酉羽上來，此名母來翊子。風從丑未寅申徵上來，此名子來扶母。出軍當勝，有成功。須天色晴明，風勢和緩者，捷。天氣昏濁，風勢寒色，塵土蓬勃者，即有戰傷。若入敵境經要害過城壘，三日内有風雨雷霆從我軍上去入賊境，有威怒之勢，爲天助我軍，行克城池，獲金玉，盖得龍虎助軍之象，謂雲從龍風從虎也。若平安之時，風雲相交，即雨至。若用兵之時，龍虎相交，即急戰。風爲主，雲爲客。若風勢緊大，雲容薄小者，主勝客負。若雲色濃，後來勢且急，風勢微弱，不能震怒者，客勝主負。

謝臨曰：初出軍，及三日內行，次風勢蓬勃逆來衝我旗幟難舉，人聲怯馬不嘶，或從後或從旁起，吹沙觸塞，人馬行過回視無跡者，此名鬼風，軍必敗。若出軍三日內，急風甚雨，威不能震者，軍必大敗。若天氣沉昏，風聲錯亂，或久陰不雨，皆爲下謀上，宜設備以順天意。若出軍日頓無風，草木不動者，賊不可得。若初立牙旗日，飄風驟來，牙旗摧折，旗旛繞竿者，此爲不順天時，上將死。若軍行旗旛指後者，三軍敗，戰將死。若半道逢賊分軍兩向，或往戰，風來逆吹旗旛却飛不進者，大敗。若旗幟繞竿或下垂者，交戰將死。若營陣既成，列旗鼓初張，有暴風卒來相掩，軍幕傾、旗旛折、林木摧者，此爲惡兆，主將失位，軍人叛散。若風雨逆來不霑衣者，此名泣軍，師徒大敗。若交戰，風雨驟來者，此名洗尸，戰大敗。

中國伐夷

張衡曰：欲知中國將伐四夷者，當候四季受角之日。戊辰、戊戌、癸丑、癸未，爲角日。日中，半夜，風勢緊急，從四季上來，謂四季屬土。土畏木，今日角，木克土，故知中國將伐四夷也。當以風止之處知所伐之地。假令東止辰，伐東夷。止未，伐南蠻。止戌，伐西戎。止丑，伐北狄。若風止，有雨，景色温和，即不行。若四季受害之日，丙辰、丙戌、辛未、辛丑爲受害日，風從己酉上來，或四季上來，皆外兵欲降，不爲惡。若四季日，風從己酉來，皆賊兵解散。若風勢和緩，天色温和，爲不來。寒尅，即來。

攻城

虞氏曰：若敵城相近，攻擊未尅，風從敵上射我軍，經日不絶，止而復起，數日如此者，賊有伏兵欲來襲我，或賊救兵將至。宜整戈甲，待便尅之，當得賊城池財寶。若軍行得境，下營纔定，未逢戰者，晝夜有急風來射我軍，雲勢奔速，乍西乍東，急防賊軍過我營砦。宜安隊屯兵，攻其不意。若旋風入營，昏沉蔽天，干戈倒帳幕傾者，宜急設備，以防不虞。若旋風吹物上天，人皆恐怖，宜防軍中有人與賊連謀，順天時，撫將校，犒士卒，則禍去灾除。若與敵相守，營砦相近，旋風歷城者，隨其所在賊至，宜設兵備之。或雲氣旋風從外入敵城者，從入處攻之，必尅。

營砦驚急

李淳風曰：兩軍相近，各有城寨相守，經時勝負未決者，當以風勢察之。若從風歲月日時刑上來（假令子年十一月子日夜半有風從卯上來者是），勢遲緩者，宜秣馬利兵，急設驚備，以防賊至，必有大戰。若勢急速，乍起乍止，當有狂賊，逢小戰。若兩軍相守未戰，忽有風從賊方上來，初起塵土蓬勃，及至我軍之上，勢低小高而不緊者，其賊住十里外，兵不交鋒，各無相戰。

敵城將陷

李淳風曰：角日風從子午上來，時交日中、夜半，其勢迅急寒尅者，城必陷。若從角上來，勢號怒發屋折木者，敵兵將至，宜避。若從亥子上來，夜發晝止，大寒，夜必有賊攻其城砦。凡羽日大風寒尅，日色沉冥，有兵圍城，客勝主不利。若貪狼姦邪日風從陰賊上來，或商角日天氣昏寒，與歲月日時刑相會者，急賊至。角日宫時大風急怒者，其城破。

敵兵解退

京房曰：寬大廉正之日，風從己酉上來，天氣温和者，敵兵退散。四激上來者，敵兵自退。四激者，春戌夏丑秋辰冬未是也。寬大受商之日，風從丑來連未上來連三日者，主客軍退散。商風起幕中來，不利客，客退。一日，受商之日，風從酉上來，連三日天色清明，大軍皆退。又寬大之日，時加寬大，風從己酉上來，止於己酉時，群賊解散。若寬大日，風從己酉上來，夜起晝止者，主衆賊皆未散。若晝風夜止，天氣温和，上下同心解散。若天陰寒，亦未解。

夷兵犯塞

京房曰：欲知夷兵犯塞，當視四季受羽受宫之日。時當日中、夜半，風勢號怒兼帶刑殺者，當有夷兵犯塞。乙丑、乙未、庚辰、庚戌，爲受商之日。壬辰、壬戌、丁未、丁丑，爲受羽之日。丙戌、丙辰、辛未、辛丑，爲受宫之日。其日風從四季辰戌丑未時加日中、夜半，或申子亥卯上來，其勢急速者，有夷兵侵界。晝伏夜行，風勢寒濁者，必成也。

李淳風曰：壬辰爲夷，乙未爲蠻，壬戌爲戎，乙丑爲狄。其日若風從申子亥卯辰未上來，勢寒尅者，當有寇入境。若壬辰、壬子、壬戌，壬辰日風從甲子亥卯上來，其勢急者，有外寇與夷狄兵同侵中國。四季上來，發屋折木，比及三日，主客軍入界。若商日，風從陰賊上來，主賊自殺其主。若陰賊日，風從亥卯上來，其勢寒尅，賊自殺。

軍城凶吉

李淳風曰：欲知軍城吉者，當視諸商日有風折木，從丑寅陽徵上來，連三日，城中主軍勝，客軍敗，其將死。城中人力少者，客軍退，城中蘇息。又五音逐日風起時及地位五音尅日辰納音者，主軍勝，客軍散。如純有徵風起，在徵日寬大時，則客軍急退之象。

假如甲子日屬金爲客，時加寅申，風從陽徵上來者，火爲主，火起制金，爲立制客，則主軍勝，客軍敗。若甲子受金之日，風從乙亥上來，時加己亥屬木，金能制木，爲客制主，則客軍勝，主兵敗。又寅日風起於寅，此名純徵日，時加己酉爲寬大時，有風卒起，爲客軍急退之象。

李淳風曰：凡軍營久相固守。及初下營後擬爲攻却未定，或有八難生者，遂須迴避。若賊攻城，城必下風起時其狀偏歷八方，周旋不定，折木發屋，吹塵不解蔽天，城可屠，宜預設備防之。其風止，則令弱兵先退，奇兵漸進，以强馬向敵，作陣而回之。若城内忽有狂風起，勢大惡，倒戈驚人，宜嚴警備。或旋風入營，天色昏暗，吹帛向空，人皆見之者，其軍不利，宜祭天地，良將預知，故順天時，撫士卒，勞軍伍，則災消。

李淳風曰：欲知賊數多少者，視風所來之門爲月期所乘，辰爲黑道，以止發時支干爲人數，乘王相則數倍，乘休囚則數減。

假令風從坎來，起夜半止日中者，坎居子位，建子爲十一月，子數九，其十賊當以十一月來，住九百里或九十里，内賊九人或九十人九百人。王氣十倍，相氣五倍，休廢如數。支干數者甲巳子午各九，乙庚丑未各八，丙申寅辛各七，丁壬卯酉各六，戊癸辰戌各五，己亥各四。日辰王相十倍，休廢如數，囚死減半。若大國兵臨未陣則言萬數，中邦言千數，邊寇言百數，各大小論之。

伏兵。京房曰：暴風忽起，昏塵蔽天，堅葉茂條皆落起於三刑五墓之上者，宜防前後，當有伏兵。

宋·曾公亮《武經總要·後集》卷一八《雲氣》 軍勝氣象

將帥士卒勇鋭，則爲勝氣。凡氣上與天連，此軍士彊盛，不可擊。若在吾軍，戰必勝。軍上氣如火光，將帥勇，士卒猛，此氣不可擊。在我軍上，速戰，大勝。軍上氣如山堤林木，將士驍勇，不可與戰。若在我軍上，戰必大勝。軍上氣如塵埃粉沸，其色黄白，如旌旗無風而颺指揮敵，此軍欲勝，不可擊。敵上白氣粉沸及上有赤色氣者，兵鋭不可擊。在吾軍上，戰必大勝。營上氣黄白色厚潤重者，勿與戰。兩軍相當，上有氣如持斧，外向敵，戰必大勝。兩軍相當，上有氣如蛇舉首向敵者，戰必勝。敵上氣如疋帛者，此雄軍之氣，不可攻。若在我軍上，戰必大勝。敵上有雲牛如牽牛，未可擊。遥望軍如鬬鷄，赤白相隨，在氣中得天助，不可擊。若在吾軍上，可戰。軍戰上有赤黄氣，上達于天，亦不可攻。凡軍上有五色氣，上與天連，此天應之軍，不可擊。其氣上尖下大，其軍旅日增，益士卒鋭。其軍上氣似堤覆，前後白，必勝。若覆吾軍上者，急往擊之，大勝。氣鋭色黄白，團圓而潤澤者，敵將勇猛，其士能彊戰，不可擊。雲如日月，而赤氣繞之，如日月暈狀有光者，所見之地大勝，不可攻。敵上氣如雲，自中天而至，及軍上常有氣不變者，堅固難攻。凡雲氣如虎踞在軍上者，勝。軍上氣如塵埃，前後高者，將士精鋭，不可擊。敵上氣如虎伏者，難攻。軍上常有氣者，其兵難攻。軍上氣如華蓋，勿與戰。有雲其狀如飛鳥，所見國戰勝。雲如旌旗，如鋒刃向人者，勿與戰。兩軍相當，敵有氣如飛鳥徘徊在軍上，或來向高者，兵精鋭不可擊。黑氣出上，有赤氣臨我軍上，敵彊我弱。軍上氣如馬，首低尾昂者，勿與戰。軍上雲如杵，勿與戰。望四方，有赤氣如赤鳥在黑氣中，如黑人在赤氣中，如赤杵在黑氣中，如人十十五五，及狀如旌旗在黑氣中，有赤色在前者，敵人精悍不可當。敵上有雲如山嶽，不可擊。有雲長如引素於陣前後鋭或一或四，黑有陰謀，青黑色有兵叛，黄色急去。月暈有黑雲氣入暈中者，隨所入擊之，勝。暈有抱，所臨者勝。日暈相交，居上者勝。虹直指，順之而擊，可勝。暈有抱，有虹順抱者，勝。日旁伴暈，兩頭尖，有戰者隨所指擊之。

吉城氣象

白氣從城中南北出者，兵不可攻，城不可居。城中有黑雲如星，名曰軍精，急解圍去，有突軍出，客敗。城中白氣如旌旗者，勝。若赤界其邊精鋭不可當。赤雲臨城，有大慶。黄雲臨城，大喜慶。青色從城中南北出者，城不可攻。青色如牛頭觸人者，城不可攻。城中有氣出于東，其色黄，此天城不可伐。白氣從中出，青氣從北入及回旋者，軍不得入城。諸攻城圍邑，過旬不雷不雨者，爲城有賢輔，疾去之勿攻。城中氣出於外，如火煙者，主人欲出戰。其氣若無極者，不可攻。城中氣如雙蛇者，難攻。若前高後卑，攻之可拔。後高前卑者，不可攻。赤氣如杵形，從城中出向外者，内兵突出，主人勝。城上有雲分爲兩彗狀，攻不可得。城上之氣不見於外者，不可攻。有赤氣從城上出者，兵内勝，宜備之。凡城有諸氣從城中出入吾軍上者，敵家氣也。濛氣繞城不入者，外兵不得入。日暈有青氣從中起四出者，圍中勝。

戰陣氣象

氣青白而高者，將勇，大戰。氣如人無頭，如死人卧敵上，氣如丹蛇，赤氣隨之，必大戰損將。四望無雲，獨見赤氣如狗入營，其下有流血。四望無雲，獨見赤氣如立蛇，其下有流血。四望無雲，獨見赤雲如覆船者，其下有戰。初出軍日，天氣昏漠，雲氣陰沈寒慘者，必戰。若清暢晴和，風塵不動者，不見敵，亦不戰。有青氣，見軍之王相方上者，當成交戰。不見者，不戰。若白蛇赤蛇見敵上，其下必大戰流血。赤氣血出盤旋住者，其下有兵流血。白氣如車入北斗中轉移者，其下有流血，大將死。雲如耕壠者，兵必大戰。日傍氣相交貫穿，或相背，軍中不和。日有白氣若虹交見者，從上擊下，勝。無軍而見者，下必流血。兩軍相當，必交戰。有白虹四五六見者，亦爲大戰。日旁有一缺，萬人死。其下兩軍相當，不利先舉。月初滿而蝕，有軍必戰。日月有赤雲截之，如大杵，軍在外，萬人死。其下兩軍相當，不利先舉。

陰謀氣象

白氣羣行徘徊結陣來者，爲他國人來，欲圖人不可，視其所往隨而擊之，可得。日月濛濛無光，士卒内亂。將軍宜循法度，察有功，以自明。及有兵内發，用嚴刑而伺姦人者，勝。天陰沈不雨，晝不見日，夜不見星月，三日以上，陰謀也，將軍宜謹左右及敵人。五日至七日，有謀擁蔽，將奪其權，主形殺事。連陰十日，亂風四起，欲雨不雨，名曰濛臣謀上。天陰沈，日月俱無光，晝不見日，夜不見星月，皆有雲障之而不雨，此謂君臣有陰謀，兩敵相當，共圖議事。若晝陰夜月出，上謀下。夜陰晝日出，下謀上。黑風氣如幢出於營中，上黑下黄，敵欲來求戰，無誠實通言，九日内宜警，備之，吉。黑氣臨我軍如車輪，敵人謀亂我軍。黑氣遊行中含五色臨我軍上，敵必合謀來伐，諸國反謀軍自敗。

攻城氣象

凡城上有赤氣黄氣四面繞之，城中大將死，城降。城上赤氣如飛鳥，城(中)(可)急攻，必破。城上有赤氣如破車，城可攻。城上無雲氣，主士卒散敗。城上營中有赤黑氣，狀如狸皮斑，及正赤者，軍破。城上氣如死灰色，及止不出者，城可攻。一云攻城圍邑，其氣如死灰，出而覆其軍上者，多病，城可屠。氣出復入者，人欲逃遁。城上氣聚如樓見外者，攻之可得。城中氣起而上赤，可屠城。城上有雲如衆人頭，赤色，下多流血死喪。氣出南北，城可尅。其氣出而東，城可攻。其氣出而西，城可降。其氣出而覆其軍上者，士多病。其氣出而高，無所止，日久長。有氣從城外而來者，兵欲盗攻。凡攻城，黑雲臨城者，積土固險之象。黑水之氣，城池之象。我據城敵不可攻。敵據城，我不可攻。若白氣如蛇來止敵城上者，急攻之，少緩則失。若從其城來指我營者，宜急固守。凡攻城，有見白氣繞城而入城者，隨所入急攻之，少緩則失。凡攻城，若雨濛霧曰死，無色曰死，主兵勝。雲氣如雄雉臨陣，其下必有降者。濛霧圍城而入城者，外兵得入。有雲如立人之狀，或如立牛圍城上者，氣如交頸虹向内，城可攻。若有屈虹從外入城中，三日内城可屠。日重暈而白虹貫日，圍城客勝。

暴兵氣象

白氣如瓜蔓連結、部隊相逐，須臾罷而復出至八九日，急兵至。白氣如仙人，千萬連結、部隊相逐，罷而復出者，當有千里兵來。黑氣從敵上來我軍上，敵欲襲我，敵人至，宜備不宜戰。敵回，從而擊之，小勝。天色蒼茫，有此氣，依日支干數内，無風雨則所發之方必有暴兵。日尅時則凶，時日自消散。此氣所發之方，當有使人告急。一人來則氣一條，二人來則氣二條，三人來則氣三條。若散滿一方，則有衆來。期至依支干數内，有風雨則伏。壬子候四望無雲，獨見赤雲如旌旗，下有兵起。若遍四方者，天下盡有兵。若四望無雲，獨見黑雲極天，天下兵起。雲半天，兵半起，名曰天溝，三日内有雨災解。敵欲來者，其氣上有雲下赤，其下敵必至。雲氣如旌旗，賊兵暴起。氣如人色，赤白而悴者，是暴兵起。氣如人持刀盾，有雲如坐人，赤色，所臨城邑，有卒兵至，驚恐，須臾去。赤氣如人持刀節，兵未息。雲如赤虹，有暴兵。白虹長出，皆有暴兵流血。有雲如人行至不定，有暴兵。赤雲如火者，所向兵至。天有白氣，狀如白布，經丑未者，天下多兵，赤者尤甚。有雲如胡人列陣，天下兵起。白氣起，廣六丈，東西亘天者，兵起。有雲如布疋亘天者，兵起。有雲如狗四五相聚圍，兵起。四方晴明，獨有赤雲赫然者，所見之地有兵。

伏兵赴氣象

軍上有黑氣渾渾圓長，赤雲在其中，其下必有伏兵，不可擊。兩軍營欲戰，或對壘相守，望彼軍上白氣粉沸起如樓閣狀，其下伏兵萬人，不可輕舉。軍行近山林坑谷間，當善防之。既是伏兵之地而上有氣者，不疑。雲氣紛相連，及如蒿草數尺，此以車騎爲伏兵。雲如布席之狀，似蒿葉盈尺許，此以步卒爲伏兵。伏兵之氣如幢節在黑雲中，或如赤杵在雲中，或如黑人在赤雲中，勿先動。黑氣出營南，賊逃，我後有伏兵，謹候察之。兩軍相當，赤氣者，伏兵之氣。若前有赤氣，前有伏兵，後有赤氣，後有伏兵。左右亦如之。審察則知伏兵所在。軍上有氣黑色，黑色中有赤氣，必有伏兵，不可攻。前有黑氣，後有白氣，必有伏兵，不可攻。有雲如山林在外，有伏兵。

軍敗氣象

敵上有氣上黄下白，名曰善氣，所臨之軍欲求和退。敵上氣囚廢枯散如馬肝色，或如死灰色，或類偃蓋，或類魚，皆爲敗將。敵上氣乍見不見，乍聚乍散，如霧始起，此敗氣，可擊。若上大下小，士卒日減。凡軍營上十日無氣發，此軍必敗。有赤白氣出乍即滅，外聲欲戰，其實欲退散。黑氣如壞山隨軍上者，名曰營頽之氣，其軍必敗。軍上氣如火光夜照人，軍士散亂。軍上氣出而半絶者欲敗，漸盡者(是)〔走〕。一絶一敗，再絶再敗，三絶三敗。在東發白氣者，災深。軍上氣如羊形，或如猪形，此是瓦解之氣，軍必敗。敵上有氣如雙蛇疾往，攻之大勝。軍上有氣，中似雙蛇守日，急往擊之，大勝。軍上氣如粉如塵勃如烟，軍欲散。軍上氣五色雜亂，東西南北不定者，其軍欲敗。軍上氣如羣猪在氣中，此衰氣，擊之大勝。軍上赤氣炎炎降於天，士衆亂，將死。赤氣如火光從天來，流下入軍，軍亂將死。彼軍上有氣蒼須臾而散，擊之必勝。在我軍上，宜固守。軍上有黑氣如牛形，或如馬形，從東起氣霧中下，漸漸入軍，名曰天狗下食血，主軍散敗。敵上氣如羣鳥亂飛，衰氣也，伐之則我軍勝。望彼軍上氣如垂衣如人相隨，擊之可得。望彼軍上氣紛紛如轉蓬者，急擊之。望彼軍上氣色如揚灰，敵欲退去。氣蒼黑紛亂者，士卒飢。兩軍相去十里内三里外，望彼軍上氣高而前後白青散，此敗軍之氣，可擊。雲如覆船如車蓋者，其軍必敗。雲氣如人頭臨軍營中，戰不勝，主流血。敵上雲如羣羊如驚鹿，必退走，宜急擊之。雲如卷席如疋布亂壞者，皆爲喪敗之兆，可攻而擒。雲氣蓋道，蔽濛晝冥者，飯不暇食，炊不及熟，可急去也。雲如鷄兔臨營者，軍敗走。軍上氣黑而卑，如樓狀，軍移必敗。氣如擊牛，凶敗之氣。敵上氣如雙蛇，如飛鳥，如决堤，如壞屋，如人相指，如人無頭，如驚鹿相逐，如兩頭鷄相向，皆爲將敗之氣。凡降人氣，如人皆叉手低頭，又如人叉手相向。白氣如鳥翅入屯營，連結百餘里不絶而須臾下者，當有他國來降。氣如黑山，以黄雲爲緣者，欲降服之象。氣清而漸黑者，將欲死。雲氣如人頭者，是將軍失兵衆之象。散軍之氣如燔生草之烟，前雖鋭後必退，得歲月，便擊之，必勝。黑氣臨營，或聚或散，如鳥將宿，主敵人畏我，心意不定，終必有逃遁，逼之大勝。若在吾軍，善撫士卒。日暈中有氣如死蛇者，將死。兩軍相當，不利先舉。日旁有赤氣如垂鐘，其下有將死。日月暈，有紫氣，所臨者敗。軍上有白虹及蜺出者，敗。軍上有白虹及蜺入營者，敗。日暈氣後至，先去者，敗。凡日月暈與氣以先至者爲發，以先去者爲敗。軍上若日旁虹蜺及犯逆之，戰者敗。日暈有四缺在外，軍盡散敗。

宋·歐陽修、宋祁《新唐書》卷一一二《員半千傳》 俄舉岳牧，高宗御武成殿，問：「兵家有三陣，何謂邪？」衆未對，半千進曰：「臣聞古者星宿孤虚，天陣也；山川向背，地陣也；偏伍彌縫，人陣也。臣謂不然。夫師以義出，沛若時雨，得天之時，爲天陣；足食約費，且耕且戰，得地之利，爲地陣；舉三軍士如子弟從父兄，得人之和，爲人陣。捨是，則何以戰？」帝曰：「善。」既對策，擢高第。

宋·歐陽修、宋祁《新唐書》卷一一二《王求禮傳》 久視二年三月，大雨雪，鳳閣侍郎蘇味道等以爲瑞，率羣臣入賀。求禮讓曰：「宰相燮和陰陽，而季春雨雪，乃災也。果以爲瑞，則冬月雷，渠爲瑞雷邪？」味道不從。既賀者入，求禮即厲言：「今陽氣僨升，而陰冰激射，此天災也。主荒臣佞，寒暑失序，戎狄亂華，盜賊繁興，正官少，僞官多，百司非賄不入，使天有瑞，何感而來哉？」羣臣震恐，后爲罷朝。

宋·歐陽修、宋祁《新唐書》卷一一六《王綝傳》 中宗復爲皇太子，拜方慶檢校左庶子。后欲季冬講武，有司不時辦，遂用明年孟春。方慶曰：「按《月令》『孟冬，天子命將帥講武，習射御，角力。』此乃三時務農，一時講武，安不忘危之道。孟春不可以稱兵。兵，金也，金勝木。方春木王，而舉金以害盛德，逆生氣。孟春行冬令，則水潦爲敗，雪霜大摯，首種不入。今孟春講武，以陰政犯陽氣，害發生之德，臣恐水潦敗物，霜雪損稼，夏麥不登。願陛下不違時令，前及孟冬，以順天道。」手制褒允。

宋·洪邁《容齋隨筆》卷五《韓信周瑜》 世言韓信伐趙，越廣武君請以奇兵塞井陘口，絶其糧道，成安君不聽。信使間人窺知其不用廣武君策，還報，則大喜，乃敢引兵遂下，遂勝趙。使廣武計行，信且成禽，信蓋自言之矣。周瑜拒曹公於赤壁，部將黄蓋獻火攻之策，會東南風急，悉燒操船，軍遂敗。使天無大風，黄蓋不進計，則瑜未必勝。

唐·白居易、宋·孔傳《白孔六帖》卷五三《占候九》 白：周禮：太師執同律以聽軍聲而詔吉凶。王者出軍，太師吹律合音。師曠曰：吾驟歌北風，又歌南風。南風不競，多死聲，楚必無功。歌者吹律以詠八風，南風音微，故曰不競。占夢搏，知有走氣。傳曰：楚師陣不違晦。六甲窮日，孔熒惑守歲，雲狀如樹，馮智戴。帝聞其善用兵，指雲問曰：下有賊今可擊乎。對曰：雲狀如樹，方辰在金，金利木柔，擊之勝。帝奇其對。黃氣出西北，兵可憂矣。

明·吴惟順《兵鏡》卷一八《天時》 天時者，兵家之主也。若夫星辰變見，雲氣聚散，六壬旺相，遁甲休咎，風露雷雨之所動作，陰陽晦明之所啟閉，鼙鼓之震響，禽鳥之示情，通天地鬼神之心，開勝敗休咎之兆者，其道何也？竊謂天地之道，大正也。夫陽爲實，陰爲虚，實府常而虚不常也。法具實者，政令之謂也，政令一定之象也；法具虚者，權智之謂也，權智應變之象也。動以虚實爲用者，天地之正道也。是以知政令權智之所設，能應於天地者，此之謂大順也。或天地示其灾變，我以順應之；示其吉祥，亦以順應之。是以順應正也。如能以順應正，行師豈有敗乎？然雖，黑氣出壘，赤氣臨軍，而六窮起風，三形生霧，皆爲敗象。當其時，苟能觀其凶變，修政謹身，卜地遷營，應天揆日，恭受譴戒而警省焉，此可以易凶爲吉矣，斯乃以順道應天者也。今所列時日雲氣曆象之門，其占候既不一，在乎用兵者因其時擇而用之耳。若能善服人心，以順天地之情，和陰陽之性，使灾咎不見，率由政令、權智之得其道也，又何假審占天時以爲候哉。

天占

天裂。劉向曰：天裂陽不足，地動陰有餘。武密曰：天裂者，主地欲分裂。

雨血。五行傳曰：天雨血，是謂天妖不出三年，當有兵起。

雨石。甘德曰：天雨石墜地，大可一尺，或如鷄子，兩頭尖鋭名曰：天鼓所下之邦，必有大戰伏尸。

隋開皇七年五月己卯，雨石于武安滏陽間十里。

雨草。五行傳曰：君悋爵禄厥妖天雨草。京房曰：火失其性，則有草妖，其歲民兵死。

雨魚。五行傳曰：天雨魚，國有兵，魚本于水，天雨者，水失其性。漢成帝時，天雨魚。

雨鱉。甲兵之象，主國有兵。

雨毛。五行傳曰：金失其性，則天雨毛。

隋開皇六年，京師天雨毛，如馬尾，長者二尺餘，短者五六寸，其月梁士彦等謀反伏誅。明年發十萬人築長城，役賦繁興，兵革不息。

雨骨。五行傳曰：天雨骨，是謂陽消，五者德喪，政令不行，主有内兵。

梁惠成王八年，大雨骨于赤鞞，其後國饑，兵役並起。

雨金。五行傳曰：天雨金鉄，是謂刑餘，國羣殘酷，好殺無辜，不出一年，主有兵災。

秦獻公十八年，雨金櫟陽。二十一年，與晉戰于石門，斬首六萬級。隋文帝仁壽四年，諸州造舍利塔，時陝州天雨金銀花，人以爲佛家祥瑞。卒有漢王諒之亂。

雨灰。五行傳曰：上暴虐無道，則天雨灰。

梁武帝大同三年，天下雨灰，色黃，終有侯景之亂。

雨水銀。五行傳曰：天雨水銀，兵將興，君昏臣佞，故水失其性也。

雨釜。五行傳曰：天雨釜，人相食。

春秋晉惠公二年，天雨釜，至六年秦穆公伐晉，是歲饑荒人民相食。

雨木冰。劉歆以爲上陽施不下通，下陰施不上達，故雨。而木爲之冰，雰氣寒，木不曲直也。劉向以爲氷者，陰之盛而氷滯者也。木者少陽，貴臣卿大夫之象也。此人將有害，則陰氣脅木，木先寒，故得雨而氷也。今之長老名木氷爲木介。介者甲，甲兵象也。

雨膏如蟲，主將帥敗。

雨絮，主有兵。

雨墨，多陰謀。

雨物并人，所見者，皆主大兵。

雨穀麥豆等類，臣佞民災，多寇兵起，所見者糴貴，不三年主換。

蒼雲經天。五行傳曰：蒼雲經天，下有拔城。

後周武帝天佑六年正月丁卯，夜有蒼雲廣三丈許經天，自以爲賀後齊國公憲，拔其新築五城。

無雲而雨。五行傳曰：雨者從龍而作，無雲而雨，則世多災。

無雲而雷。五行解曰：雷者天鼓也，無雲而雷，當有暴兵。

非時而雷。五行傳曰：非時而雷者，賊臣起也。

當雷不雷。雷聲不發，君失威武也。

非時降雪。五行傳曰：雨陰也，雪又雨之陰也，出非其時，迫近之象。京房易傳曰：夏雪，賊臣爲亂。

大霧。五行傳曰：霧者百邪之氣，陰來冒陽，邪臣謀上擅竊主威。李淳風曰：霧氣不順，爲陰陽錯亂，積陰不解，天下分離。

晝夜陰晦。五行傳曰：天晝夜陰晦，下有陰謀。

漢夏侯勝曰：皇之不極，厥罰常陰，天久陰不雨，下必有謀上者，昌邑王果被霍光所廢。

太陽占

日旁雲氣　雲氣近日黃潤，皆爲吉祥。日黃光大如牛守日，其下有兵。日下有氣，如人垂衣，天子之氣。如馬守日，若戰有兵傷。日旁有氣，如蛇其下有賊，可防之。日旁有氣相交，穿貫於日，將不和，有破軍者。雲如赤烏啄日，兵起。日旁有赤雲如相交，其下不宜先起兵。日下漠漠，氣如車馬馳走之狀，其下有破軍。日下有雲如虎躅者，大將反。日有青氣在上下者，吉，可出軍。日下有氣，如箭弩外向，軍出勇力。日旁有赤氣如冬木者，有兵客勝。日下有氣如人所持者，主其下臣叛。青雲扶日者，其分野臣下有謀。白雲廣二尺，在日左右其分野有兵起，國憂。日上下有黑雲如蛇龍者，主風雨。日出有黑雲如隔，主其下有兵，有雨即解之。日始出有雲如車蓋，必雨。日出没時有黑氣横截之，主驚恐，三日内有雨則解。日旁有赤雲，兩端鋭，其下不宜先舉兵。赤雲如雄鷄在日上，不出三月，其下分野有兵。赤雲扶日，其下有兵起，失地。赤雲掩日，其下戰，亡地。赤白青黄氣刺日，其分野有兵。日下有雲如青赤馬者，主敵人相謀，宜警備之。有赤雲，如烏夾日而飛，其分野憂。有氣在日旁，去疾者軍無功。停半日者小勝，終日者大勝。赤雲如虹與日俱出，所臨國分野有兵。

日暈　甘德曰：日暈七日，無風雨，主兵。日暈而不冠天下，有立侯王。日暈而珥，主有謀軍在外。日有交暈貫日者，其下當破軍死將。日有交暈抱日者，有争暈先衰後盛者，敗。日暈有氣，如人居暈中，不出三日，寇入城。日暈不合，有雲如人在暈外，似相就者，不勝。京房曰：日暈有兵在外客勝。日暈而明，有兵兵罷，無兵兵起。日有黄暈，主風雨時，國安。日有黑暈，災在用事臣。日兩旁飛暈不合，主謀不成。日上有半暈，如鼎蓋，有欲請和親者。日有半暈兩角鋭者，有戰必勝。日有半暈再重，主國民蕃息，歲太和，以日宿占分野。日暈再重，有德之君得天下。日有青暈再重，其下有兵，穀貴。日有赤暈再重，其災在下。所見之國，蝗旱多盜。日有黄暈再重，其災在下，歲中兵起。日有白暈再重，所見之國多風雨，百姓不安，有兵，穀貴。日有黑暈再重，不出三年，其下大水，民流散。日暈有赤雲如車輪，凹向日爲内提，内臣叛其主，曲背向日爲外提，外臣叛其主。背氣在暈，中青外赤，臣背主命。日暈上下有兩背璚，無兵兵起，有兵兵罷。日暈有衆雲，如毛羽臨日不去，其下國有憂。李經雌雄圖曰：日暈庚辛，將帥不利。夏氏占曰：日有半暈一背璚，臣有邪謀不成。日暈中見馬，軍敗期三年。日暈珥兩背璚在暈外，臣叛。日暈有直珥爲破軍，貫中爲殺將。日暈重暈中有兩璚，有叛徒兵起，不成。日暈有四背璚在暈中，臣不和，四背璚在暈外，臣叛。日暈外有一直暈，外臣欲自立，其色中青外赤，不成。日暈有三直氣，有謀者不成。日暈有虹貫從虹所貫，戰勝。日暈有聚雲在外不去者，兵起。又云：聚雲在外，不出三日圍城。日暈有青雲貫，有圍城。日暈有赤氣如戟臨之，兵起。高宗占曰：日有方暈一背，將敗民散。日暈有兩直氣，有叛臣。日暈有四鋭氣，如鋒四出者，其下亡地。日暈氣如蛇，大軍憂。天下總論曰：日有重暈，有立王者。日暈三重，主兵起，有赤雲貫之，其下失地。日暈有四重，敗於野，其下有叛臣。一曰：攻城圍邑，不拔軍敗。日暈五重，不出一年主兵。日暈六重，其下國失政憂兵。日暈七重，主戎狄强盛。日暈八重，民亂軍憂。日暈九重，主歲荒，夷人交侵。日暈十重，天下喪亂，不期年大凶，各以星宿辰及日辰占之。

日中黑子黑氣　河圖占曰：日中黑氣，日薄也。凡日蝕皆於晦朔者，爲日薄雖非日月同宿，時陰氣盛，掩日光也，其占類日蝕。

日無光　甘德曰：日無光晝昏到暮不解，有大水。日失光所臨之國不昌，又主臣逆君。

日赤　日赤如赭色，大將軍野戰。感精符曰：日赤如火炭，主兵急。考靈異曰：日有赤足，有舉兵者。

武密曰：赤日如血，主其下君憂臣背，灾癘盜賊並起。

虹白氣貫日　天文志曰：虹貫日，諸侯有叛。白氣貫日，主其下君憂。

日蝕　日蝕皆從西缺，若中央黑，名曰黑子，日蝕者，陰氣盛，陽不克也。李淳風占曰：日始出而蝕，有兵失地。日午時已後蝕者，有兵兵罷。日蝕而暈珥，白雲來去掩映，主兵起。日蝕而旁有雲似兔如鹿守之者，不出期年，其分野兵起。凡秋有日蝕者，兵戰客勝。八月日蝕，兵起。京房占曰：若十二月日蝕，主有兵。日蝕既，夷兵起。既者盡也，當嚴號令以正其灾。日以甲乙日，有二珥四珥而蝕，有白雲從中出，有兵。日以丙丁日，有二珥四珥而蝕，有黑雲從中出，兵起，疾度。日以戊巳日，有二珥四珥而蝕，有雲從中出，有兵。庚辛壬癸日，不占兵。武密曰：日蝕大寒者，夷兵動。

太陰占

月暈　李淳風曰：經歲不暈天下平。河圖帝覽嬉曰：暈再重，大風起；暈三重，主兵；暈四重，其下亡國；五重，貴女憂；六重，其國失政；七重，其下易主；八重，其下國亡；九重，其下起兵，流血亡地。月暈有蜺雲垂之有戰，從蜺所擊者，大勝。月暈有雲如厚布，若三若四貫月者，以戰勿當，當者破軍。荆州占曰：孟月十一日，仲月八日，季月九日，皆當月有暈，若不暈，不出三日，主暴風雨。

月蝕　夏氏占曰：月蝕東方，其月惡風。月蝕西方，主兵利。

虹霓　武密占曰：虹霓，陰陽之氣，和則爲雨露，怒則爲風雷，散則爲虹霓。虹者攻也，陰氣攻陽氣也，蜺者嚙也，災氣傷害於物，如有所嚙。一曰：樞星之氣，散爲虹霓者，斗之亂精也，斗失則爲之。一曰：陰陽不和，交錯之氣，雄曰虹。雌曰霓，雙出，色鮮者爲虹，暗者爲蜺。若攻城，有虹從外入飲城中水者，從外順虹攻之勝。屈虹入城中，其城可屠。若城上有黄虹貫城中，主喜。青黑凶赤白城陷，大戰流血。虹霓有指者，從所指擊之勝。二屈虹東出，其下有大戰。亡城破軍，將死。五虹俱出，兵起期三年。虹霓似日月暈者，必有破軍，先起者勝。虹從井中出，或飲井水者，主兵起。

氣象雜占

星有兩彗，上似有蓋，下連星，名曰歸斜，歸斜見主，有歸國者。日暈有黄花色，抱珥直光，戴覆黄色，皆喜慶之事。軍中多迅雷，其軍即罷。京房占曰：赤氣如撒蓋覆軍上，千里内戰有慶，千里外戰有憂，黄氣臨營，東西向並凶，北向吉。赤氣隨日出軍必有憂，隨日没外必告吉。赤氣血色者，流血之象。赤氣如火形見者，臣叛其君，不過三朔。赤氣如龍蛇，在山頭上又夜光見者，臣離其君，爲客所傷，人民流移之象。黑氣如死人頭在他營上，敵人有所獻，且求降，許之，不許，必有戰，功須成，士卒主多死。黑氣如牛頭、龍馬，蛇變化，當審而察之，夷兵欲敗中國，宜遣伺候。凡出軍向東伐而有白雲從西來，因隨而擊之勝。若有赤雲從東來逆軍者，敵勝，我軍當敗，急宜屯守，他倣此。黑氣如積土在我軍上，敵來襲我，我必堅守經月，敵必離，離而後戰，大勝。凡對敵在東方，白雲東去，而有雲又東來相迎者，或雲已去，而有風隨之所望如龍虎之狀者，若在我軍，皆大勝。雖雲從而風逆者，亦不可戰。凡有雲氣横來者，兩軍未合，急先伏止，當有遁將。若黄氣在吾軍者，急令舉兵。不速戰，士卒懼，必罷軍吉。凡兩軍相當，彼軍上不赤氣，狀如疋布，廣長數十丈，其下色黄白，必有背叛之軍，晝見在臣，夜見在兵，宜備之。凡被圍，平且視圍上氣，欝欝如火光芒者，其方有救至，無者無救。軍行，有白氣如虹者，軍大驚，宜備之。若黑氣南北如陣，國將有憂。不然，有大水爲害。白雲白氣極天南北如陣，有慶。黑雲東西如陣，有憂。若天氣蒼芒而東西極天，移目不動者，爲憂深。此氣以戊巳日出爲災。赤雲臨圍上東西如陣者，兵敗。凡霧春以甲乙寅卯日，氣色青，出東方，利中方，客勝。凡霧夏以丙丁巳午日，氣色赤，利西行，客利，主人凶。凡霧四季以戊巳辰戌丑未日，氣色黄，利北行，客利，主人内亂。凡霧秋以庚辛申酉日，氣色白，利東行，利爲客，先舉兵勝，後舉兵敗。凡霧冬以壬癸亥子日，氣色黑，利南行。凡興軍動衆雲氣亂壞，大風將至，視所從來避之，雲甚潤而厚，大雨必暴至。四始之日，有黑氣如陣而重大，多雨。氣若霧非霧，著衣冠而濡見，則其城帶甲而趨。日出没時，有雲横截之，白者喪，黑者驚，三日内有雨則災解。【略】有雲如蛟龍，所見處將軍失魄。有雲如日月暈，赤色，其國凶，青白色，有大水。有雲狀如龍行，國大水流亡。

清·黄鼎《管窺輯要》卷五三　氣占

凡氣如覆舟，或如牽牛之狀，又如旌旗，如鋒鋌，如幡有竿，或如鬬雞赤白隊而相隨，此得天心，吉利之兆也。有氣如龍，或如虎形，或如堤坂，覆其軍上，皆不可攻擊。前後俱白，中有黄氣，白色厚重潤澤者，此是軍之王氣。氣似焚火烟，此精鋭之氣，不可擊。氣中天而上赤者光鋭，此名横海之氣，勿攻之，攻之士亂將死。【略】

氣若龍行，若大水，軍不可擊。【略】○赤氣覆日，日傍有人狀，如張弓射，不出三朔下有大水，蔽日如血光，主旱人饑。○黄氣如大道，前後如羣羊或如飛鳥交行，雜亂天下人，人入他邦，死餓道中。○黄氣交横，狀如軍陣互相侵，必有他兵來侵。○冬黑氣，如羣羊、如魚，主六夷反。○赤氣如霞，月如血光，大旱，民饑千里。

雲氣入列宿占

○蒼白雲氣入氐，有大水災。○蒼白氣，入南斗、北斗多同也，三日有大風折樹木。○蒼赤氣入昴，人多疾疫，妖言大起，不則龍見，胡兵侵鄙，海蟲出水。白氣入之，來年米貴。○赤雲入昴，兵大起大旱，邊方失地。

雲氣犯中外官

○黄白氣類走獸飛鳥入紫微宫，皆神氣災害。○蒼白氣入北斗，多大風。

〇赤氣入北斗，天子使之，諸侯歲星出氣一丈，大水。〇熒惑出氣一丈，百里旱。〇太白出氣長三丈或六丈，風雨大起，在於指處。〇辰星出氣長三丈，三日不雨，王者不安大擾。

雲氣入外官

〇赤氣出兼車騎滿野，軍大動，將軍憂，大旱。〇蒼白氣入羽林軍直出兩軍，有喜。〇蒼黑氣入天倉，歲不孰。〇赤氣入天廩，大蟲死蝗蟲飛。〇赤氣入天，困歲饑〇赤氣入天，苑中牛馬多傷。

雲氣不祥占

〇雲如鶴尾，大凶必起，三日内有雨災。一云，若來蔭國上者三日不止，分亡。〇黑雲南列，兵亂將軍憂，亦大水之兆。

清・黃鼎《管窺輯要》卷五四　候氣法

凡候氣之法，氣初出時，若雲非雲，若霧非霧，彷彿若可見，初出森森然，若在桑榆之上，高五六尺者，是千五百里外氣也。平視則千里，舉目望則五百里；仰瞻中天，則百里内。平望，桑榆間，則二千里；登高而望，下屬地者三千里。

凡占災祥，先推九宮分野，六壬日月，不應陰霧風雨乃准。凡候氣，常以平旦下晡日出沒時，蓋氣多假日月光曜照之而成形，故暈珥抱背，皆出日月之旁，虹蜺想象，莫不因日而見。故書候日旁，夜候月旁，輝光所燭，無得而隱矣。

清・黃鼎《管窺輯要》卷五五　《宋志》曰：凡天子氣，内赤外黃，或赤雲如龍，或如龜鳳人虎有五彩，或宮氣如龍馬，雜氣沖天，皆帝工之氣也。〇范增與項羽在鴻門使望沛公，其氣沖天，五色相繆，或似虎似人，此非人臣之氣也。

朱文公曰：天子氣，如城門高樓困倉，兮森森然，常帶殺氣。〇《宋志》曰：或如城門，或如高樓，又如萬石倉，隱隱在氣霧中，常帶殺氣，森森然。〇《兵書》曰：天子氣五色，如山鎮。〇《晉書》曰：天子氣五色，多晨昏見，或内赤外黃，或如華蓋在霧中，或如千石倉在霧中，常帶殺氣，四方所發之處，必有生者。天子欲遊往處，其地亦先發此氣。〇《隋書》曰：天子氣，上達於天，以旺相日見。

朱文公曰：氣如青衣人垂手，在日西，帝王起德遊幸之符瑞。〇《宋志》曰：如人垂衣，在日下爲天子之氣。

《宋志》曰：如龍如虎在殺氣中，爲猛將。如無所動，必有暴兵起。京房曰：猛將及暴兵氣，如獸在殺氣中。《晉書》曰：猛將氣其黑，如山林竹木。〇京房曰：猛將之氣，内白而赤氣繞之，若敵上氣有如雲變作山者，不可擊。如在吾軍上速戰之，大勝。〇《隋書》曰：孟將氣，其色赤，上與天連，軍中必有賢將。〇朱文公曰：猛將之氣，勃勃然如火烟，内白而赤氣繞外，如敵上氣，中黑而赤氣在前，將勇不可當。〇《宋志》曰：氣發漸漸，如雲變作山形，將有深謀，或氣白如粉絮，如困倉白日愈明，爲猛將氣。

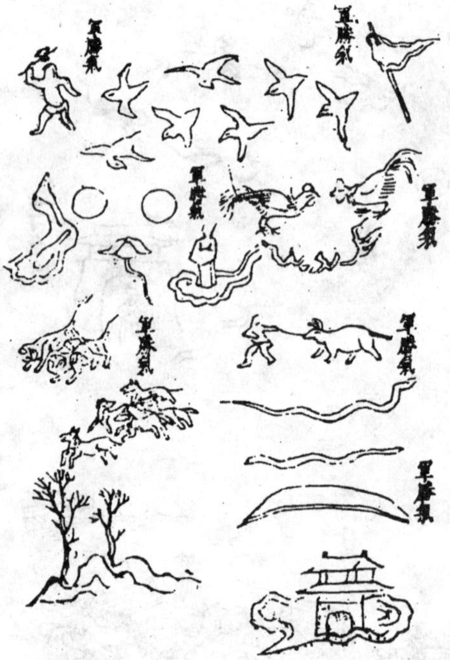

《宋志》曰：有蛟蛇氣在吾軍上，戰必大勝。《乙巳占》曰：氣如蛟蛇者，其將猛。○《抱朴子》曰：猛將之氣，如火勢張弩。《晉書》曰：猛將氣，如門上樓，上赤下黑。○朱文公曰：氣黑赤如旗舉，並爲勇將强卒，亦主深謀遠慮。此氣在敵上，不可擊。在吾軍，速戰吉。

京房曰：有雲如鳥其狀如飛去，見處戰必大勝。《宋志》曰：氣如飛鳥徘徊其上，或來而高者，兵必精鋭。《宋志》曰：雲如日月而赤氣繞之如暈狀，有光芒所見之，軍大勝。四方有氣，如赤杵在雲中，或如赤人在烏雲中，兵起，民流。或雲粉沸，如樓而赤氣繞之，或敵上有赤黄氣上連於天，或雲飛如華蓋在敵上，俱不可擊，在吾軍大勝。氣如引索，在陣前鋭或一二或三四，黑色有陰謀，青色有兵，赤色飢，黄色急去，在吾軍急擊而勿留，在敵上急去而勿擊。○禾文公曰：烏雲與赤氣相隨，凡有此氣，主將卒精悍，若臨我軍急擊之勝。

朱文公曰：或如鬬雞赤白相隨，在軍氣霧中得天之助，不可擊。又主將士精勇。

《宋志》曰：氣如五馬頭低尾仰者，勝。或如虎貌伏其軍難攻。

又曰：敵上有雲氣，如人牽牛不可攻。如在吾軍上戰勝。

又曰：氣如人持斧向敵，戰必大勝。或氣如旌旗無風而颺，指揮者，我兵隨指攻之，必勝。又曰：如旌旗如絳向人，勿與敵。

又曰：氣或如蛇舉首向攻者，軍大敗。

又曰：氣如覆舟，不可攻。若在吾軍，戰必大勝。○京房曰：敵上氣如布帛者，此雄軍之氣，不可當。若在吾軍上必大勝。○《開元占》曰：氣如堤坂林木，而前後摩地，主軍士鋭勇不可擊。若在我軍上，戰必勝。○《隋書》曰：氣如堤以覆軍上，前赤後白，急擊之，大勝。

《開元占》曰：敵上氣如敗車徘徊不起者，主敗。又曰：如擊牛馬，如壞屋，如席捲布帛亂攘，皆爲將敗之徵。○《宋志》曰：敵上氣如馬肝色，如死灰，皆爲將敗雲。如蓋道蒙蔽晝冥者，飯不暇食，炊不及熟而急去，黑氣如壞山墮軍上及營頭，其軍必敗。氣如塵勃勃然如火烟，軍敗。又曰：敗軍之氣如燔生草之烟，前雖鋭後必敗。敵上雲氣如枯蓬轉者，急擊之。如在吾軍上，不可出戰。氣出而半絶者，軍欲敗。漸盡者走，一絶一敗，再絶再敗，三絶三敗。兩軍相去十里，以望彼軍上氣高，而前白後青者，攻之可勝。氣如揚灰，敵必敗走。赤氣從天流下入營，兵將自亂死。或氣發連夜照人，軍士必散。雲如覆舟車蓋，如敗決垣堤者，皆爲敗兵之氣。或乍見乍没，乍聚乍散，如霧始起，此衰氣也，在敵上，必敗。

《宋志》曰：或白氣如群鳥入屯營，連結百餘里徘徊不絶，須臾不見，必有他國來降。又曰：氣如群鳥亂飛，殺氣也。○《開元占》曰：敵上氣入群鳥亂飛，此衰氣也，疾攻之，大敗。

《宋志》曰：氣或類偃魚，或類偃蓋，皆爲敗將。

又曰：或如群羊，如群猪，在於氣中，爲敗軍之氣。

又曰：或如牛馬，在氣霧中漸漸入軍者，名曰天狗下食血，其軍必敗。

《開元占》曰：雲如鹿駭相逐者，爲敗氣。

《宋志》曰：雲如雞兔，臨營上者，其軍敗走。

又曰：雲如雙蛇之委曲者，爲敗氣。

又曰：雲氣如人形無頭，或如死卧，或如人頭臨軍上者，其下大戰流血。京房曰：氣如人頭臨陣中，戰不勝，流血積溝渠。《開元占》曰：敵上氣如人卧無手足者，軍必敗。

朱文公曰：雲氣或如人叉手而頭低，不但將敗兵死，亦且降退逃歸。

《宋志》曰：或如人十十、五五叉手低頭，又如叉手相向，此軍來降之氣也。

京房曰：凡攻城有雲青色，如牛頭觸人者，不可攻。城上氣如烟火，主人欲出戰。無極者，不可攻城。上氣白如旌旗者，勝。若赤氣界之，不可攻城。上氣濛人不相覩，不可攻。朱文公曰：雲青黄，臨城而城喜，色青白中出，勿攻。氣濛而人不相見，可速引去而遠屯。此皆城勝之氣，不宜修櫓轒轀。《宋志》曰：青雲臨城有喜慶，黄氣尤嘉。凡白氣從城中南北出者，其城不可攻。如白氣從城中出，青氣從北入往返回環，向軍不可入。濛氣繞城不入者，外兵不得入。凡

攻城有晦氣，從城中出入吾軍者，爲敵堅氣也，不可攻。或雲氣如雙蛇，不可攻。或有雲分爲兩彗，攻之，不可得。甲乙日平旦有白雲，丙丁日有黑雲，戊巳日有青雲，庚辛日有赤雲，壬癸日有黄雲，俱爲城勝之兆，不可攻。圍城若雷雨過旬，速去之，勿攻。《隋書》曰：如攻城過旬雷雨者，其城有輔，疾去之，勿攻。

《宋志》曰：日暈而有青赤氣，從中起四出者，圍城内兵勝。城中有黑氣，如星，曰軍精，内兵突出，以戰客敗。京房曰：赤氣如杵形，從城中向外者，内兵突出，主人戰勝，不可攻。

《宋志》曰：雲如立人五枚，或三牛在城上，其城可尅。又曰：重暈而白虹貫日，圍城客勝。○《乙巳占》曰：日暈有雲如虹貫日，圍城客勝，城可屠。○朱文公曰：攻城見日色無光，爲日死，若雨霧濛，或風至，其兵必勝。

《宋志》曰：雲氣如雄雞臨城，其下必有降者。城上有雲，如衆人頭，赤色，下多流血。又曰：赤雲氣如飛鳥，如敗車，城可攻，急攻之破矣。

《乙巳占》曰：氣如虹從外入城中者，主三日内城可屠。《宋志》曰：有雲氣白色，如蛇來指城，其城可急攻，少緩則失。

朱文公曰：氣如死灰，其城可尅。赤氣臨城，而黄氣四繞，則將死臣降。氣聚如樓，出見於外，則攻之可得。或赤黑之氣，狀如狸皮斑，其城破，將敗。或有氣出而復入，皆屠城，客勝之。徵智將勿疑而急擊之。○京房曰：攻城圍邑，城

中氣積如樓，出見外者，攻之可得。雲氣或上赤下白色者，可攻。○《宋志》曰：濛氣圍城而入城者，外兵得入。白氣繞城而入城者，隨所入急攻之，不宜緩也。其氣東出，城可攻。其氣西出，城可降。或氣出而壯，皆爲可尅。其氣出城而復入，城中之人欲逃亡。城上若無雲氣，士卒必敗。

京房曰：兩軍相當，有赤氣者，伏兵之氣。若前赤，伏兵於前。後赤，伏兵於後。左右皆同審而察之，則知伏兵所在。

朱文公曰：雲綿綿絞絞兮，車騎潛迹；如布席蒿草兮，步卒匿影。或雲如山嶽在外，或前烏後赤白相鄰，此氣所在見伏兵藏而莫聞。

《宋志》曰：氣粉沸如樓狀，其下必有伏兵。軍上有黑氣渾渾員長，赤氣在中，其下有伏兵。

朱文公曰：或赤雲内之烏人，或如數人，在黑氣内，皆有伏兵。

京房曰：四方無雲，獨有赤雲如虹，或如狗，如覆舟，其下流血兵戰。

《宋志》曰：雲如方暈赤虹，或如狗四五相聚，皆爲暴兵之氣。或如丹蛇赤氣隨之，或如立蛇其下，必有大戰，殺將流血。

又曰：天有白氣，如疋布，經丑未，或長六七丈，東西亘天，皆爲天下多兵起。赤者，尤甚。青者，有大喪。凡暴起，白雲如瓜蔓，或白氣如仙衣，千萬連結，部隊相逐，罷而復興，及至八九來而不斷，防賊卒王，有千里兵來，宜固防之。

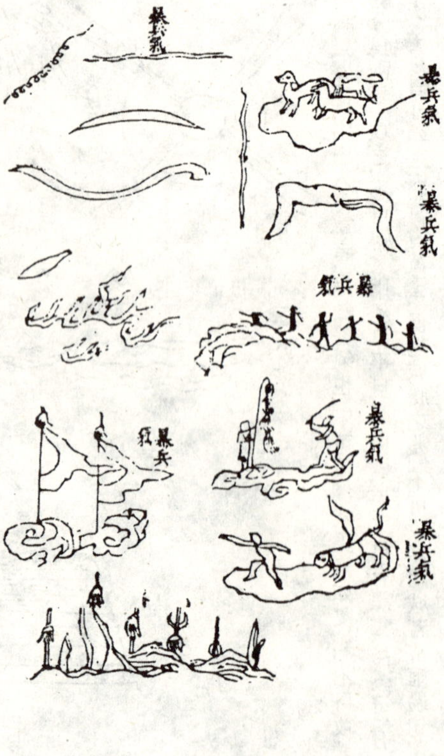

敵欲來者，其氣上有雲有霧零中天而下吾陣，敵必至。黑雲從敵上來我軍上，敵欲來襲，我宜備不宜戰。天色蒼茫而有此氣，依舊支干數内無風雨則所發之方必有暴兵，日尅時則凶，時尅日則日消散。四方望無雲，獨黑雲極天，天下大兵起。又曰：有雲如胡人列陣，天下兵起。又曰：雲如人行止不崩，或如人行如艾虎，並爲賊兵暴起。

又曰：有雲氣如赤杵，爲暴兵之氣。赤雲如火者，所向兵至。

朱文公曰：暴兵之象，赫氣赤。〇又曰：赤雲如旃旗，或四方遍滿，有賊兵暴至。

《宋志》曰：有雲如人，而赤色所臨城邑，有卒兵至，主驚怖之事。或如人持刀盾者，賊兵暴起。赤雲如人持節者，兵來不息。

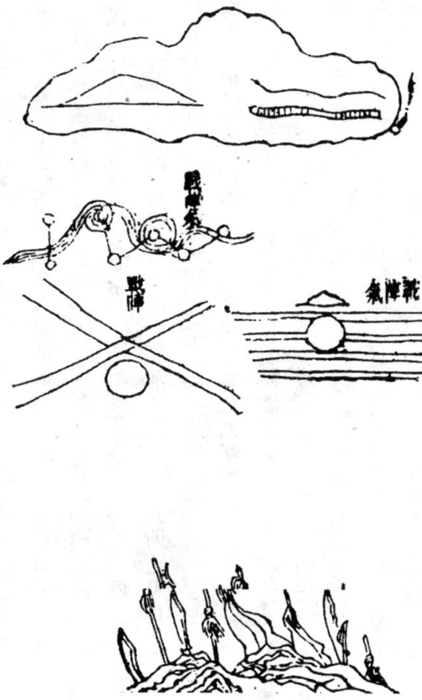

朱文公曰：赤氣如傘蓋，覆軍千里內，戰則有慶，氣青白如膏，則大戰將勇。

《宋志》曰：赤雲如屈旋停住，或如覆舟，其下大戰流血。又曰：初出軍，天氣昏漠，雲氣陰沉寒，尅者必戰。若清明温和，風塵不動者，不見敵亦不戰。

《開元占》曰：雲如耕壟，兵必有驚。〇《宋志》曰：白氣如單入斗中轉移者，其下有戰，流血將死。

朱文公曰：日或一抉四五白虹爲交，兵大戰。〇《宋志》曰：日旁有一抉氣，萬人死。又曰：白虹見，主大戰。朱文公曰：日有白氣如虹，而交見者，從上擊下。

清・嵇璜、劉墉等《續通志》卷三八四《列傳・宋八十八》 （紹興）三十一年，上元前一夕，風雷雨雪交作，澈言《春秋》魯隱公時大雷震電，繼以雨雪，孔子以八日之間再有大變，謹而書之。今一夕間二異交至，此陰盛之證，殆爲金人。今荆、襄無統督，江淮乏備禦，因陳修攘十二事。殿帥楊存中久握兵權，内結閹寺，王十朋、陳俊卿等繼論其罪，高宗欲存護使去，澈與俊卿同具奏，存中始罷。

紀事

《春秋左傳注疏》卷三三《襄公十八年》 楚師伐鄭，次於魚陵。〔注：魚陵，魚齒山也。〕右師城上棘，遂涉潁。次于旃然。〔注：將涉潁，故於水邊權築小城，以爲進退之備。旃然水出滎陽成臯縣，東入汴。〕蔿子馮、公子格率鋭師侵費滑、胥靡、獻于、雍梁，右回梅山，侵鄭東北，至于蟲牢而反。子庚門于純門，信于城下而還，涉於魚齒之下，〔注：魚齒山之下有滍水，故言涉。〕甚雨及之。疏：正義曰：楚師南行，有大雨從北而南，遂及楚師。楚師多凍，役徒幾盡。晉人聞有楚師，師曠曰：不害。吾驟歌北風，又歌南風，南風不競，〔注：歌者，吹律以詠八風。南風音微，故曰不競也。師曠唯歌南北風者，聽晉、楚之强弱。〕疏：注正義曰：律吕雖有十二，其風有八。八風者，乾風不周，坎風廣莫，艮風條，震風明庶，巽風清明，離風景，坤風凉，兑風閶闔。八方之風，風别先有音曲，總吹律吕，以詠八方音曲。今師曠以律吕歌南風音曲，南風音微，不與律聲相應，故云不競。服虔以爲卯酉以北律吕爲北風，以南爲南風。與杜八風義違，非杜義也。多死聲。楚必無功。疏：正義曰：服虔云：南風律氣不至，故聲多死。董叔曰：天道多在西北。〔注：歲在豕韋，月又建亥，故曰多在西北。〕疏：正義曰：歲星右行於天，大率一歲行一次。二十八年歲在星紀，距此十一年。御而數之，此年有豕韋。豕韋一名娵訾，當亥之次也。周十二月，夏之十月，其月又建亥，故曰多在西北。南師不時，必無功。〔注：不時，謂觸歲月。〕叔向曰：在其君之德也。〔注：言天時、地利不如人和。〕疏：注正義曰：孟子云：天時不如地利，地利不如人和。

漢・司馬遷《史記》卷四八《陳涉世家》 二世元年七月，發閭左適戍漁陽，九百人屯大澤鄉。陳勝、吴廣皆次當行，爲屯長。會天大雨，道不通，度已失期。失期，法皆斬。陳勝、吴廣乃謀曰：「今亡亦死，舉大計亦死，等死，死國可乎？」

陳勝曰：「天下苦秦久矣。吾聞二世少子也，不當立，當立者乃公子扶蘇。扶蘇以數諫故，上使外將兵。今或聞無罪，二世殺之。百姓多聞其賢，未知其死也。項燕爲楚將，數有功，愛士卒，楚人憐之。或以爲死，或以爲亡。今誠以吾衆詐自稱公子扶蘇、項燕，爲天下唱，宜多應者。」吳廣以爲然。乃行卜。卜者知其指意，曰：「足下事皆成，有功。然足下卜之鬼乎！」陳勝、吳廣喜，念鬼，曰：「此教我先威衆耳。」乃丹書帛曰「陳勝王」，置人所罾魚腹中。卒買魚烹食，得魚腹中書，固以怪之矣。又閒令吳廣之次所旁叢祠中，夜篝火，狐鳴呼曰「大楚興，陳勝王」。卒皆夜驚恐。旦日，卒中往往語，皆指目陳勝。

吳廣素愛人，士卒多爲用者。將尉醉，廣故數言欲亡，忿恚尉，令辱之，以激怒其衆。尉果笞廣。尉劍挺，廣起，奪而殺尉。陳勝佐之，并殺兩尉。召令徒屬曰：「公等遇雨，皆已失期，失期當斬。藉弟令毋斬，而戍死者固十六七。且壯士不死即已，死即舉大名耳，王侯將相寧有種乎！」徒屬皆曰：「敬受命。」

漢・司馬遷《史記》卷七五《孟嘗君列傳》 秦昭王聞其賢，乃先使涇陽君爲質於齊，以求見孟嘗君。孟嘗君將入秦，賓客莫欲其行，諫，不聽。蘇代謂曰：「今旦代從外來，見木禺人與土禺人相與語。木禺人曰：『天雨，子將敗矣。』土禺人曰：『我生於土，敗則歸土。今天雨，流子而行，未知所止息也。』今秦，虎狼之國也，而君欲往，如有不得還，君得無爲土禺人所笑乎？」孟嘗君乃止。

漢・司馬遷《史記》卷一一一《衛將軍驃騎列傳》 元狩四年春，上令大將軍青、驃騎將軍去病將各五萬騎，步兵轉者踵軍數十萬，而敢力戰深入之士皆屬驃騎。【略】匈奴亦縱可萬騎。會日且入，大風起，沙礫擊面，兩軍不相見，漢益縱左右翼繞單于。單于視漢兵多，而士馬尚彊，戰而匈奴不利，薄莫，單于遂乘六贏，壯騎可數百，直冒漢圍西北馳去。時已昏，漢匈奴相紛拏，殺傷大當。漢軍左校捕虜言單于未昏而去，漢軍因發輕騎夜追之，大將軍軍因隨其後。匈奴兵亦散走。遲明，行二百餘里，不得單于，頗捕斬首虜萬餘級，遂至窴顔山趙信城，得匈奴積粟食軍。軍留一日而還，悉燒其城餘粟以歸。

漢・袁康《越絶書》卷六《外傳紀策考》 昔者，吳王夫差興師伐越，敗兵就李。大風發狂，日夜不止。車敗馬失，騎士墮死。大船陵居，小船没水。吳王曰：寡人晝臥，夢見井嬴溢大，與越争彗，越將掃我，軍其凶乎，孰與師還。此時越軍大號，夫差恐越軍入，驚駭。子胥曰：王其勉之哉，越師敗矣。臣聞井者，人所飲，溢者，食有餘。越在南，火，吳在北，水。水制火，王何疑乎。風北來，助吳也。昔者武王伐紂時，彗星出而興周。武王問，太公曰：臣聞以彗鬬，倒之則勝。胥聞災異或吉或凶，物有相勝，此乃其證。願大王急行，是越將凶，吳將昌。

漢・班固《漢書》卷一上《高帝紀》 七月，大霖雨。沛公攻亢父。章邯圍田榮於東阿。沛公與項梁共救田榮，大破章邯東阿。田榮歸，沛公、項羽追北，至城陽，攻屠其城。軍濮陽東，復與章邯戰，又破之。

又 圍漢王三帀。大風從西北起，折木發屋，揚砂石，晝晦，楚軍大亂，而漢王得與數十騎遁去。

漢・班固《漢書》卷三三《韓信傳》 七年冬，上自往擊破信軍銅鞮，斬其將王喜。信亡走匈奴，其將白土人曼丘臣、王黄立趙苗裔趙利爲王，復收信散兵，而與信及冒頓謀攻漢。匈奴使左右賢王將萬餘騎與王黄等屯廣武以南，至晉陽，與漢兵戰，漢兵大破之，追至于離石，復破之。匈奴復聚兵樓煩西北。漢令車騎擊匈奴，常敗走，漢乘勝追北。聞冒頓居代谷，上居晉陽，使人視冒頓，還報曰「可擊」。上遂至平城，上白登。匈奴騎圍上，上乃使人厚遺閼氏。閼氏説冒頓曰：「今得漢地，猶不能居，且兩主不相戹。」居七日，胡騎稍稍引去。天霧，漢使人往來，胡不覺。護軍中尉陳平言上曰：「胡者全兵，請令彊弩傅兩矢外鄉，徐行出圍。」入平城，漢救兵亦至。胡騎遂解去，漢亦罷兵歸。

漢・班固《漢書》卷四九《鼂錯傳》 臣聞秦時北攻胡貉，築塞河上，南攻楊粤，置戍卒焉。其起兵而攻胡、粤者，非以衛邊地而救民死也，貪戾而欲廣大也，故功未立而天下亂。且夫起兵而不知其勢，戰則爲人禽，屯則卒積死。夫胡貉之地，積陰之處也，木皮三寸，冰厚六尺，食肉而飲酪，其人密理，鳥獸毳毛，其性能寒。楊粤之地少陰多陽，其人疏理，鳥獸希毛，其性能暑。秦之戍卒不能其水土，戍者死於邊，輸者僨於道。秦民見行，如往棄市，因以謫發之，名曰「謫戍」。先發吏有謫及贅壻、賈人，後以嘗有市籍者，又後以大父母、父母嘗有市籍者，後入閭，取其左。發之不順，行者深怨，有背畔之心。凡民守戰至死而不降北者，以計爲之也。

漢・班固《漢書》卷五四《蘇武傳》 律知武終不可脅，白單于。單于愈益欲降之，乃幽武置大窖中，絶不飲食。天雨雪，武臥齧雪與旃毛并咽之，數日不死，匈奴以爲神，乃徙武北海上無人處，使牧羝，羝乳乃得歸。別其官屬常惠等，各置他所。

宋・薛居正等《舊五代史》卷一《梁書一・太祖紀》 五月甲戌，帝與晉軍振旅歸汴，館克用於上源驛。既而備犒宴之禮，克用乘醉任氣，帝不平之。是夜，命甲士圍而攻之。會大雨雷電，克用因得於電光中踰垣遁去，惟殺其部下數百人而已。

又 乾寧元年二月，帝親領大軍由鄆州東路北次於魚山。朱瑄覘知，即以兵逕至，且圖速戰。帝整軍出寨，時瑄、瑾已陣於前。須臾，東南風大起，我軍旌旗失次，甚有懼色，即令騎士揚鞭呼嘯。俄而西北風驟發，時兩軍皆在草莽中，帝因令縱火。既而煙焰亘天，乘勢以攻賊陣，瑄、瑾大敗。殺萬餘人，餘衆擁入清河，因築京觀於魚山之下，駐軍數日而還。

又 十一月，朱瑄復遣將賀瓌、柳存及蕃將何懷寶等萬餘人以襲曹州，庶解兗州之圍也。帝知之，自兗領軍策馬先路至鉅野南，追而敗之，殺戮將盡，生擒賀瓌、柳存、何懷寶及賊黨三千餘人。是日申時，狂風暴起，沙塵沸湧，帝曰：「此乃殺人未足耳。」遂下令盡殺所獲囚俘，風亦止焉。翼日，縶賀瓌等以示於兗，帝素知瓌名，乃釋之，惟斬何懷寶於兗城之下，乃班師。

宋・薛居正等《舊五代史》卷八《梁書八・末帝紀上》 秋七月，【略】劉鄩自洹水潛師由黄澤路西趨晉陽，至樂平縣，值霖雨積旬，乃班師還。次宗城，遂至貝州，軍於堂邑。遇晉軍，轉鬬數十里，晉軍稍退。翌日，鄩移軍于莘。

宋・薛居正等《舊五代史》卷二一《梁書二十一・龐師古傳》 十一月，師古寨於清口，寨地卑下，或請遷移，弗聽。俄有告淮人決上流者，曰：「水至矣。」師古怒其惑衆，斬之。案《九國志・侯瓚傳》：時兵起倉卒，加以陰寒，士皆飲冰餐雪而行。朱瑾與瓚率五十騎潛濟淮，入自壘北，舞槊而馳，嚚聲雷沸，梁兵皆殞眩不能舉，遂斬龐從，大將繼之，死者大半。是清口之戰，因雪夜不備而敗也。須臾，我軍在淖中，莫能戰，而吴人襲焉，故及於敗，師古没於陣。

宋・薛居正等《舊五代史》卷二三《梁書二十三・劉鄩傳》 是月，鄩潛師由黄澤西趨太原，將行，慮爲晉軍所追，乃結芻爲人，縛旗於上，以驢負之，循堞而行，數日，晉人方覺。軍至樂平，會霖雨積旬，師不克進，鄩即整衆而旋。

宋・薛居正等《舊五代史》卷二四《梁書二四・李珽傳》 天復中，淮寇大舉圍夏口，逼巴陵，太祖患之，飛命成汭率水軍十萬援于鄂。班入言曰：「今舳艫容介士千人，載稻倍之，緩急不可動。吴人剽輕，若爲所絆，則武陵、武安皆我之讎也，將有後慮。不如遣驍將屯巴陵，大軍對岸，一月不與戰，則吴寇糧絶，而鄂州圍解矣。」汭性剛決，不聽。淮人果乘風縱火，舟盡焚，兵盡溺，汭亦自沈於江，朗人、潭人遂入荆渚，一如所料。未幾，襄帥趙匡凝復奏爲掌記，入爲左補闕。

宋・薛居正等《舊五代史》卷二五《唐書一・武皇紀上》 乾符六年春，朝廷以昭義節度使李鈞充北面招討使，將上黨、太原之師過石嶺關，屯於代州，與幽州李可舉會赫連鐸同攻蔚州。獻祖以一軍禦之，武皇以一軍南抵遮虜城以拒李鈞。是冬大雪，弓弩弦折，南軍苦寒，臨戰大敗，奔歸代州，李鈞中流矢而卒。

又 中和四年春，【略】四月，武皇合徐、汴之師破尚讓於太康，斬獲萬計，進攻賊於西華，賊將黄鄴棄營而遁。是夜大雨，巢營中驚亂，乃棄西華之壘，退營陳州北故陽里。五月癸亥，大雨震電，平地水深數尺，賊營爲水所漂而潰。戊辰，武皇引軍營於中牟，大破賊於王滿渡。庚午，巢賊大至，濟汴而北。是夜復大雨，賊黨驚潰。武皇營於鄭州，賊衆分寇汴境。武皇渡汴，遇賊將渡而南，半濟擊之，大敗之，臨陣斬賊將李周、王濟安、陽景彪等。陽景彪，原本作「易景僥」，考《册府元龜》所引《薛史》及《通鑑註》俱作陽景彪，今改正。（影庫本粘籤）是夜，賊大敗，殘衆保於胙縣、冤句。大軍躡之，黄巢乃攜妻子兄弟千餘人東走，武皇追賊至於曹州。

是月【略】時武皇之從官皆醉，俄而伏兵竊發，來攻傳舍。武皇方大醉，譟聲動地，從官十餘人捍賊。侍人郭景銖滅燭扶武皇，以茵幕裹之，匿於牀下，以水洒面，徐曰：「汴帥謀害司空！」武皇方張目而起，引弓抗賊。有頃，烟火四合，復大雨震電，武皇得從者薛鐵山、賀回鶻等數人而去。雨水如澍，不辨人物，隨電光登尉氏門，縋城而出，得還本營。監軍陳景思、大將史敬思並遇害。武皇既還營，與劉夫人相向慟哭。

宋・薛居正等《舊五代史》卷二七《唐書三・莊宗紀第一》 五月辛未朔，晨霧晦暝，帝率親軍伏三垂崗下，詰旦，天復昏霧，進軍直抵夾城。時李嗣源總帳下親軍攻東北隅，李存璋、王霸率丁夫燒寨，劚夾城爲二道，周德威、李存審各分道進攻，軍士鼓譟，三道齊進。李嗣源壞夾城東北隅，率先掩擊，梁軍大恐，南向而奔，投戈委甲，噎塞行路，斬萬餘級，獲其將副招討使符道昭洎大將三百人，芻粟百萬。

宋・薛居正等《舊五代史》卷二九《唐書五・莊宗紀第三》 閏月【略】壬寅，命嗣源率步騎五千，箝枚自河趨鄆。是夜陰雨，我師至城下，鄆人不覺，遂乘城而入，鄆州平。制以李嗣源爲天平軍節度使。梁主聞鄆州陷，大恐，乃遣王彦章代戴思遠總兵以來拒。時朱守殷守德勝南城，帝懼彦章奔衝，遂幸澶州。

宋·薛居正等《舊五代史》卷三五《唐書一一·明宗紀第一》（天祐五年）八月，師發上谷，陰晦而雨，帝仰天祈祝，即時晴霽，師循大房嶺，緣澗而進。

宋·薛居正等《舊五代史》卷八三《晉書九·少帝紀第三》（開運二年三月）癸亥，大軍至白團衛村下營，人馬俱渴，營中掘井，及水輒壞，兵士取其泥絞汁而飲，敵衆圍繞，漸束其營。是日，東北風猛，揚塵折樹，契丹主坐車中謂衆曰：「漢軍盡來，祇有此耳，今日並可生擒，然後平定天下。」令下馬拔鹿角，飛矢雨集。軍士大呼曰：「招討使何不用軍，而令士卒虛死！」諸將咸請擊之，杜威曰：「俟風勢稍慢，觀其進退。」守貞曰：「此風助我也，彼衆我寡，黑風之內，莫測多少，若俟風止，我輩無噍類矣。」即呼諸軍齊力擊賊，張彥澤、符彥卿、皇甫遇等率騎奮擊，風勢尤猛，沙塵如夜，敵遂大敗。案《宋史·符彥卿傳》：時晉師居下風，將戰，弓弩莫施。彥卿謂張彥澤、皇甫遇曰：「與其束手就擒，曷若死戰，然未必死。」彥澤然之，遂潛兵尾其後，順風擊之，契丹大敗。又，《藥元福傳》：守貞與元福謀曰：「軍中饑渴已甚，若俟風反出戰，吾屬爲虜矣。彼謂我不能逆風以戰，宜出其不意以擊之，此兵家之奇也。」元福乃率麾下開拒馬出戰，諸將繼至，契丹大敗。（《舊五代史考異》）

宋·薛居正等《舊五代史》卷六四《唐書四〇·王晏球傳》 天成二年，【略】俄而契丹首領惕隱率勇騎五千至唐河。是時大雨，晏球出師逆戰，惕隱復敗，追至易州，河水暴漲，所在陷没，俘獲二千騎而還。

宋·薛居正等《舊五代史》卷七〇《唐書四六·張敬達傳》 末帝自六月繼有詔促令攻取，敬達設長城連栅、雲梯飛礮，使工者運其巧思，窮土木之力。時督布者每有所構，則暴風大雨，平地水深數尺，而城栅崩墮，竟不能合其圍。九月，契丹至，敬達大敗，尋爲所圍。

宋·薛居正等《舊五代史》卷一一四《周書五·世宗紀第一》（顯德元年三月癸未）其夕，殺降軍二千餘人，我軍之降敵者亦皆就戮。初，兩軍之未整也，風自東北起，不便於我，及與賊軍相遇，風勢陡迴，人情相悦。戰之前夕，有大星如日，流行數丈，墜於賊營之上。及戰，北人望見官軍之上，有雲氣如龍虎之狀，則天之助順，亶其然乎。

宋·曾公亮《武經總要·後集》卷九 乘風雨破敵

後魏賀拔岳討萬俟，醜奴尋棄岐州，北走安定。尒朱天光自雍至，與岳合勢，宣言：今氣候已熱，非征討之時。至秋涼，更圖進取。醜奴聞之，遂以爲實，分遣諸衆，散營於岐州北百里，使太尉侯元進據險設栅。岳知其勢分，密與天光嚴備，昧旦攻圍元進栅，拔之，即擒元進，餘慰撫悉降。命輕騎追醜奴，及之，於平涼一戰擒之。

又 石晉時，契丹入寇，杜仲威領大兵至白團衛村下營。賊騎環繞之，奇兵出寨後，斷糧道。是夜東北風大起，至旦愈甚，發屋折木，營中掘井輒壞，人馬俱渴。契丹主令其衆曰：晉軍止此耳，當盡擒之。命鐵鷂四面下馬，拔鹿角而入，奮短兵以擊晉軍。順風縱火，揚塵以助其勢。晉軍憤怒，大呼曰：招討使何不出軍，而令士卒徒死。諸將咸請戰，重威曰：候風稍緩，徐觀可否。李守貞曰：此風助我也。彼衆我寡，風沙之内，莫測多少，奮命格鬭，强者必勝。如候風止，我無噍類矣。即呼曰：諸軍齊力擊賊。又謂仲威曰：令公善守禦，守真以中軍決死矣。張彥澤召諸將問計，藥元福曰：軍中饑渴已甚，若候風反出戰，吾屬爲虜矣。虜謂我不能逆風以戰，宜出其不意以擊之，此亦兵家要訣也。符彥卿曰：與其束手受擒，曷若以身狥國。乃與元福等引精騎出西門擊賊，諸將繼至，契丹刼數百步。彥卿謂守真曰：且曳隊往來乎，直前奮擊以勝爲度乎。守真曰：事勢如此，安可回鞚。宜長驅取勝耳。彥卿等躍馬而去。風勢益甚，昏晦如夜，乃擁萬餘騎橫擊契丹，呼聲動天地，契丹大敗而走。

宋·曾公亮《武經總要·後集》卷一一 天時不順可擊

唐武德中，突厥頡利二可汗寇涼州，太宗率兵拒之，值雨連月。太宗召諸將，謂之曰：虜控弦鳴鏑，弓馬是憑。今雨連時，弧矢俱弊，突厥人衆，如鳥鎩羽，我屋宿火食，鎗槊犀利。料我之逸，揣敵之勞，此而不乘，夫復何待。今先以勁兵亂其陣，突騎躡其後，虜進不相遜，退不相救，縱不盡擒，必十獲八九。此曉兵者所解。因潛師夜出，冒雨而進，醜徒驚駭，請和而去。

宋·曾公亮《武經總要·後集》卷一三 占候

隋仁壽元年，長孫晟在朔州大利城，安撫新附，表奏曰：臣夜登城樓，望見磧地有赤氣，長百餘里，皆如雨下垂被地。謹按兵書，此名灑血，其下之國必且破亡。欲滅匈奴，宜在今日。詔楊素爲行軍元帥，晟爲受降使者，北伐，遂敗匈奴。

齊建武中，魏將王肅、祀攻同州。刺史蕭誕甚急，明帝遣左衛將軍王廣之赴救，蕭衍爲偏師隸廣之。一旦，有風從西北起，陣雲隨之來當肅營，尋而風回雲轉，還向西北。衍曰：此所謂歸氣，魏師遁矣。令軍中曰：望麾而進，聽鼓而動。肅乃傾壁十萬，陣于水北。衍揚麾皷譟，響振山谷，敢死之士執短兵先登，長戟翼之。城中見援至，因出軍攻魏柵。魏軍表裏受敵，因大敗，肅、昶單馬走，斬獲千計，血流絳野。

至誠獲神助

開元初，突厥降者復叛，勅王晙帥并州兵西濟河以討之。晙乃間行倍道，以夜繼晝，卷甲捨幕而趨之。夜於山中，忽遇風雪甚盛，晙恐失期，仰天誓曰：晙若事君不忠，不討有罪，明靈所殛，固自當之。今士衆何辜，令其艱苦。誠心忠烈，天監大明，當止雪回風，以濟戎事。言訖，風回而雪止。時叛者分爲兩道，其在東者，晙追及之，殺一千五百餘人，獲一千四百餘人，駝馬牛羊甚衆。

又推人事破災異　周武王伐紂，師至汜水牛頭山，風甚雷疾，鼓旗毁折，王之驂乘惶震而死。太公曰：用兵者順天之道未必吉，逆之未必凶。若失人事，則三軍敗亡。

又下營擇地　唐裴行儉討突厥，軍至單于都護府之北際，曉營壕塹既周，遽令移就崇岡。衆謂已就安堵，不可勞擾，行儉不從，促徙之。比夜，風雨暴至，前設營所水深丈餘。將吏驚服，問行儉何以知之。行儉曰：自今第如我節制，勿問我所以也。

宋・曾公亮《武經總要・後集》卷一四　水戰

東晉末，盧循率衆數萬，塞江而下。劉裕率兵拒之，出輕利鬬艦，躬提幡鼓命衆齊力擊之。又分步騎屯於西岸，右軍參軍庾樂生乘艦不進，斬而狥之。於是衆軍騰踴争先。軍中多萬鈞神弩，所至莫不摧陷。裕自於中流麾之，因風水勢，賊艦悉泊西岸，岸上軍先備火具，乃投火焚之，煙焰騰天，賊衆大懼。追奔，至夜乃歸。循等單舸走。

又　魏中山王英與將軍楊大眼等衆數十萬，攻梁鍾離城。於邵陽州南岸爲橋樹柵數百步，跨淮通道，英據南岸攻城，大眼據北岸立城以通糧運。梁高祖令叡將兵救鍾離，令豫裝高艦使與魏橋等，爲大攻之計，令景宗與叡各攻一橋，叡攻其南，景宗攻其北。會淮水暴漲六七尺，叡使馬道根與廬江太守裴邃、秦郡太守李文釗乘鬬艦競發，擊魏州上軍盡殪。別以小船載草，灌之以膏，從而焚其橋。風怒火盛，煙塵晦冥，敢死之士拔柵斫橋，水又漂疾，倏忽之間，橋柵俱盡。道根等皆身自搏戰，軍人奮勇，呼聲動天地，無不一當百，魏軍大潰。英見橋絶，脱身棄城走，大眼亦燒營去。諸壘相次土崩，悉棄其器，争投水死者十餘萬，斬首亦如之。

又　後梁王琳欲攻陳，文帝命侯瑱督諸軍出屯蕪湖。琳引合肥巢湖之衆，舳艫相次而下，軍勢甚盛。瑱進軍虎檻，琳亦出船列于江西，隔州而泊。明日，合戰，琳軍少却，退保西岸。及夕，東北風大起，舟艦並壞没于沙中，浪大不得還浦。及旦，風静，琳入浦治船，瑱等亦引軍退入蕪湖。周人聞琳東下，遣都督荆襄等五十二州諸軍事。荆州刺史史寧將兵數萬，乘虚襲郢州，孫瑒嬰城自守。琳聞之，恐其衆潰，乃帥舟師東下，去蕪湖十里而泊，擊柝聞於陳軍，齊儀同三司劉伯球將兵萬餘人助琳水戰。瑱令軍中，晨炊蓐食以待之。時西南風急，琳自謂得天助，引兵直趨建康。瑱等徐出蕪湖，躡其後。西南風翻爲瑱用。琳擲火拒以燒陳船，皆反燒其船。瑱發拍以擊琳艦，又以牛皮冒蒙衝小船以觸其艦，并鎔鐵灑之。琳軍大敗，軍士溺死者什二三，餘皆棄船登岸走，爲陳軍所殺殆盡也。

又　火攻

李陵與匈奴戰，斬首三十餘級。引兵東南，循故龍城道行四五日，抵大澤葭葦中。匈奴於上風縱火，陵亦令軍中縱火以自救。

後漢班超使西域，到鄯善。將夜，將吏士奔虜營。會天大風，超令十人持鼓藏虜舍後，約曰：見火煙，當鳴鼓大呼。餘人悉持兵弩，夾門而伏。超乃順風縱火，前後鼓譟，虜衆驚亂，超手格殺三人，餘衆悉燒死。

皇甫嵩率兵討黄巾賊張角，嵩保長社，賊引大衆圍城。嵩兵少，軍中皆恐，乃謂軍吏曰：兵有奇變，不在衆寡。今賊依草結營，易爲風火。若因夜縱火，必大驚亂。吾出兵擊之，其功可成。其夕遂大風，嵩乃約出兵士，皆束薪乘城，使鋭士間出圍外，縱火大呼，城上舉燎應之。嵩故鼓而奔其陣，賊驚亂奔走，大破之。嵩進兵討角弟張梁大戰於廣宗，梁衆精勇，嵩不能克。明日，乃閉營休士，以觀其變。知賊意稍解，乃潜夜勒兵，衆鷄鳴馳赴其陣，戰至晡時，大破之，焚燒輜重三萬餘輛。

曹公克荆州，得劉琮水軍，沿流而下。吴主孫權遣將周瑜領兵逆曹公，遇於赤壁。曹公在北，瑜等在南岸，瑜步將黄蓋曰：今寇衆我寡，難與持久。然觀曹軍方連船艦，首尾相接，可燒而走也。乃取艨衝鬬艦數十艘，實以薪草，膏灌其中，裹以帷幕，上建牙旗。先書報曹公欲降，又先備走舸，各繫於大船之後。因風相次俱前，曹公軍吏士卒皆延頸觀望，指言蓋降。蓋放船，同時發火，時風盛猛，悉燒岸上營。落頃之煙燄漲天，人馬溺死者甚衆，操軍遂敗走。

又　隋文帝嘗問高熲取陳之策，熲曰：江南舍多竹茅，所有儲積皆非地窖，密遣行人因風縱火。待彼脩立，復更燒之。不出數年，自可財力俱盡。行其策，由是陳人益弊。

乾寧中，朱全忠親領大軍由鄆州東路北次於魚山，攻朱瑄。方整軍出塞，瑄與弟瑾已陣於前，須臾東南風大起，汴軍旌旗失次，甚有懼色。全忠即令騎揚鞭呼嘯，俄而西北風驟發，時兩軍皆在草莽中，全忠因令縱火，煙焰亘天，乘勢以攻賊陣。瑄、瑾大敗，殺萬人，餘衆蹙入清河，因築京觀於魚山下。

唐兵平蜀，康延孝自劍州擁兵西還，自稱西川節度，三川制置等使，招諭蜀人，三日間衆至五萬。董璋將兵會任圜討之，追及延孝於漢州。延孝出兵逆戰，圜使璋以羸兵先戰而却，伏精兵於後擊破之。延孝入漢州閉城不出，漢州無城塹，樹竹木爲柵。圜帥諸軍鼓譟而進，四面縱火，風焰亘空。延孝危急引騎出陣，又敗，與十餘騎奔綿竹，追擒之。

開寶八年，王師征江南，次秦淮。南人水陸十萬，陣於城下。時舟楫未具，潘美下令曰：美提驍果數萬人，戰必勝，攻必取，豈限此一衣帶水而不徑渡乎。遂率所部先濟，王師隨之。行營馬軍都指揮使李漢瓊帥所部渡淮南，取巨艦，實以葭葦，順風縱火，攻其水寨，拔之，斬首數千級。

宋・歐陽修《新五代史》卷四《唐本紀・莊宗上》（光啟二年十一月）是時，晉軍渭北，遇雨六十日，或勸克用入朝　克用未決，都押衙蓋寓曰：「天子還自石門，寢未安席，若晉兵渡渭，人情豈復能安？勤王而已，何必朝哉？」克用笑曰：「蓋寓猶不信我，況天下乎！」乃收軍而還。

宋・歐陽修《新五代史》卷二一《梁臣傳第九・朱珍》義成軍亂，逐安師儒，師儒奔梁。太祖遣珍以兵趨滑州，道遇大雪，珍趣兵疾馳，一夕至城下，遂乘其城。義成軍以爲方雪，不意梁兵來，不爲備，遂下之。

宋・歐陽修《新五代史》卷二五《唐臣傳第十三・苻存審》存審曰：「使梁軍知吾利於速戰，則將夾渭而營，斷我餉道，以持久困我，則進退不可，敗之道也。不若緩師示弱，伺隙出奇，可以取勝。」乃按軍不動。居旬日，望氣者言：「有黑氣，狀如鬭鷄。」存審曰：「可以一戰矣！」乃進軍擊鄩，大敗之，鄩閉壁不復出。

宋・歐陽修《新五代史》卷三二《死節傳第二十・劉仁贍》世宗攻壽州，圍之數重，以方舟載礮，自淝河中流擊其城；又束巨竹數十萬竿，上施版屋，號爲「竹龍」，載甲士以攻之；又決其水砦入于淝河。攻之百端，自正月至于四月不能下，而歲大暑，霖雨彌旬，周兵營寨水深數尺，淮、淝暴漲，礮舟竹龍皆飄南岸，爲景兵所焚，周兵多死。世宗東趨濠梁，以李重進爲廬、壽都招討使。景亦遣其元帥齊王景達等列砦紫金山下，爲夾道以屬城中。

宋・歐陽修《新五代史》卷三九《雜傳第二十七・王鎔》匡威素少鎔，以謂無能爲也，因與鎔方讌詣府，將代其位。行過親事營，軍士閉門大譟，天雨震雹，暴風拔木，屋瓦皆飛。屠者墨君和望見鎔，識之，從缺垣中躍出，挾鎔于馬，負之而走，亂軍擊殺匡威、正抱，燕人皆走。

宋・歐陽修《新五代史》卷七〇《東漢世家第十・劉旻》旻號令東偏先進，王得中叩馬諫曰：「南風甚急，非北軍之利也，宜少待之。」旻怒曰：「老措大，毋妄沮吾軍！」即麾元徽，元徽擊周右軍，兵始交，愛能、徽退走，其騎軍亂，步卒數千棄甲叛降元徽，呼萬歲聲振川谷。世宗大駭，躬督戰士，士皆奮命争先，而風勢愈盛，旻自麾赤幟收軍，軍不可遏，旻遂敗。

宋・歐陽修《新五代史》卷七二《四夷附録第一》莊宗自將鐵騎五千，遇契丹前鋒於新城，晉兵自桑林馳出，人馬精甲，光明燭日，虜騎愕然，稍却，晉軍乘之，虜遂散走，而沙河冰薄，虜皆陷没。阿保機退保望都。會天大雪，契丹人馬飢寒，多死，阿保機顧盧文進以手指天曰：「天未使我至此。」乃引兵去。莊宗躡其後，見其宿處，環秸在地，方隅整然，雖去而不亂，歎曰：「虜法令嚴，蓋如此也！」

宋・歐陽修、宋祁《新唐書》卷八六《薛舉傳》隋將皇甫綰兵萬人屯枹罕，舉以精卒二千襲之，遇於赤岸。大風且澍，逆舉陣，綰不擊。俄反風綰屯，氣色曀冥，部伍錯亂，舉介騎先衆乘之，綰陣大潰，進陷枹罕。岷山羌鍾利俗以衆二萬降，舉大振。

宋・歐陽修、宋祁《新唐書》卷九三《李敬業傳》後軍總管蘇孝祥率奇兵五千夜度擊敬業，孝祥死，兵溺者過半，孝逸軍退守石梁。有烏羣噪敬業營上，監軍御史魏真宰曰：「賊其敗乎！風順荻乾，火攻之利也。」固請戰，遂度谿擊之。敬業置陣久，士疲，皆顧望不正列，孝逸乘風縱火逼其軍，軍稍却。敬業麾精兵居前，弱者在後，陣亂不能制，乃敗，斬七千餘級。

宋・歐陽修、宋祁《新唐書》卷九四《侯君集傳》吐蕃圍松州，授當彌道行軍大總管以擊之。高昌不臣，拜交河道行軍大總管出討。王麴文泰笑曰：「唐去我七千里，磧鹵二千里無水草，冬風裂肌，夏風如焚，行賈至者百之一，安能致大兵乎？使能頓吾城下一再旬，食盡當潰，吾且係而虜之。」君集次磧口，而文泰死，子智盛襲位。進營柳谷，候騎言國方葬死君，諸將請襲之。君集曰：「不可，天子以高昌驕慢，使吾龔行天罰，今襲人於墟墓間，非問罪也。」於是鼓而前。賊嬰城自守，遣諭之，不下。乃刊木塞塹，引撞車毀其堞，飛石如雨，所向無敢當，因拔其城，俘男女七千，進圍都城。初，文泰與西突厥欲谷設約，有急相援。及是，欲谷設益懼，西走，智盛失援，乃降。高昌平，君集刻石紀功還。

宋・歐陽修、宋祁《新唐書》卷一〇六《杜咸傳》 咸擢進士第。累遷右臺監察御史。牂柯反，咸監軍出討。賊保壘自固，道荒漫，師不能進。咸乃息士，示不欲戰，陰伺之。時旱暑風熾，咸縱火，譟而前，賊眩怖相失，自騰踐死，擒其酋，遂平之。

宋・歐陽修、宋祁《新唐書》卷一一一《王方翼傳》 永淳初，十姓阿史那車簿啜叛，圍弓月城，方翼引軍戰伊麗河，敗之，斬首千級。俄而三姓咽麪兵十萬踵至，方翼次熱海，進戰，矢著臂，引佩刀斷去，左右莫知。所部雜虜謀執方翼爲內應，方翼悉召會軍中，厚賜，以次出壁外，縛之。會大風，雜金鼓，而號譟無聞者，殺七千人。即遣騎分道襲咽麪等，皆驚潰，烏鶻引兵遁去，禽首領突騎施等三百人，西戎震服。初，方翼次葛水，暴漲，師不可度，沈祭以禱，師涉而濟。又七月次葉河，無舟，而冰一昔合。時以爲祥。

宋・歐陽修、宋祁《新唐書》卷一一一《蘇定方傳》 貞觀初，爲匡道府折衝，從李靖襲突厥頡利於磧口，率驍馬二百爲前鋒，乘霧行，去賊一里許，霧霽，見牙帳，馳殺數十百人，頡利及隋公主惶窘各遁去，靖亦尋至，餘黨悉降。再遷左衛中郎將。與程名振討高麗，破之。拜右屯衛將軍、臨清縣公。

又 定方令副將蕭嗣業、回紇婆潤率雜虜兵趨邪羅斯川追北，定方與雅相領新附兵絕其後。會大雪，吏請少休，定方曰：「虜恃雪，方止舍，謂我不能進，若縱使遠遁，則莫能禽。」遂勒兵進至雙河，與彌射、步真合，距賀魯所百里，下令陣而行，薄金牙山。方賀魯將畋，定方縱擊，破其牙下數萬人，悉歸所部。

宋・歐陽修、宋祁《新唐書》卷一三五《哥舒翰傳》 及戰，乾祐旗少偃，如欲遯者，王師懈，不爲備。伏忽起薄戰，皆奮死鬬。翰以氊蒙馬車，畫龍虎，飾金銀爪目，將駭賊，掎戈矢逐北。賊負薪塞路，順風火其車，熛焱熾突，騰煙如夜，士不復相辨，自相鬬殺，尸血狼籍，久乃悟，又棄甲奔山谷及陷河死者十一二。有糧艘百餘，軍爭濟，艘輒沈，至縛矛盾乘以度，喧叫振天地。賊乘之，奔潰略盡。

宋・歐陽修、宋祁《新唐書》卷一三七《郭子儀傳》 慶緒求救於史思明，思明自魏來，李光弼、王思禮、許叔冀、魯炅前軍遇之，戰鄴南，夷負相當，炅中流矢。子儀督後軍，未及戰。會大風拔木，遂晦，跬步不能相物色，於是王師南潰，賊亦走，輜械滿野。

宋・歐陽修、宋祁《新唐書》卷一五四《李愬傳》 召祐及李忠義屏人語，至夜艾。忠義，亦賊將，所謂李憲者。軍中多諫此二人不可近，愬待益厚。乃募死士三千人爲突將，自教之。會雨，自五月至七月不止，軍中以爲不殺祐之罰，將吏雜然不解。【略】

時李光顏戰數勝，元濟悉銳卒屯洄曲以抗光顏。愬知其隙可乘，乃遣從事鄭澥見裴度告師期，于時元和十二年十月己卯。師夜起，祐以突將三千爲前鋒，李忠義副之，愬率中軍三千，田進誠以下軍殿。出文城柵，令曰：「引而東。」六十里止，襲張柴，殲其戍。敕士少休，益治鞍鎧，發刃彀弓。會大雨雪，天晦，凜風偃旗裂膚，馬皆縮慄，士抱戈凍死于道十一二。張柴之東，陂澤阻奧，衆未嘗蹈也，皆謂投不測。始發，吏請所向，愬曰：「入蔡州取吴元濟！」士失色，監軍使者泣曰：「果落祐計。」然業從愬，人人不敢自爲計。愬道分輕兵斷橋以絕洄曲道，又以兵絕朗山道。行七十里，夜半至懸瓠城，雪甚，城旁皆鵝鶩池，愬令擊之，以亂軍聲。賊恃吴房、朗山戍，晏然無知者。祐等坎墉先登，衆從之，殺門者，發關，留持柝傳夜自如。黎明，雪止，愬入駐元濟外宅，蔡吏驚曰：「城陷矣！」元濟尚不信，曰：「是洄曲子弟來索褚衣爾。」及聞號令曰：「常侍傳語。」始驚曰：「何常侍得至此！」率左右登牙城，田進誠兵薄之。愬計元濟且望救於董重質，乃訪其家尉安之，使無怖，以書召重質；重質以單騎白衣降，愬待以禮。進誠火南門，元濟請罪，梯而下，檻送京師。

宋・歐陽修、宋祁《新唐書》卷一五五《渾瑊傳》 瑊前與防城使侯仲莊揣雲梁所道，掘大隧，積馬矢及薪然之。賊乘風推梁以進，載數千人。王師乘城者皆凍餒，甲弊兵踣，瑊但以忠義感率使當賊，人憂不支，羣臣號天以禱。瑊中矢，自揠去，被血而戰愈厲。雲梁及隧而陷，風返悉焚，賊皆死，舉城歡譟。

宋・歐陽修、宋祁《新唐書》卷一八八《朱宣傳》 乾寧元年，全忠身往，薄清河結壘。宣、瑾三分其兵出擊之，全忠迎戰東阿，南風急，汴軍居下，甚懼。俄而風返，全忠得縱火焚其旁，熛薰漲天，宣等大北。是夏，全忠壁曹州南，宣薄戰，禽其將三人，全忠還。

宋・歐陽修、宋祁《新唐書》卷二一八《沙陀傳》 僖宗以鐸領大同節度，畀講國昌。六年，詔昭義李鈞爲北面招討使，督潞、太原兵屯代州；幽州李可舉會鐸攻蔚州，國昌以一隊當之。克用分兵抵遮虜城拒鈞，天大雪，士瘃仆，鈞衆潰，還代州，軍遂亂，鈞死于兵。

又 全忠知克用迮不振，乃大舉攻太原，分遣鋭將氏叔琮等率魏博、兗鄆、邢洺、義武、晉絳兵環入之，晉城邑多下。會大雨，汴兵糧乏，士瘧癘，遂解。【略】克用率兵趨平陽，攻吉上堡，破汴軍於晉州。李嗣昭、周德威下慈、隰，進屯河中。汴將朱友寧以兵十萬壁其南，全忠自屯晉州。晉人聞全忠至，皆失色。時有虹貫德威營，氏叔琮薄壘疾鬭，晉兵大敗，仗械輜儲皆盡。

宋・歐陽修、宋祁《新唐書》卷二一九《北狄傳》 後十年，武藝遣大將張文休率海賊攻登州，帝馳遣門藝發幽州兵擊之，使太僕卿金思蘭使新羅，督兵攻其南。會大寒，雪袤丈，士凍死過半，無功而還。

宋・歐陽修、宋祁《新唐書》卷二二〇《東夷傳》 （十九年二月）帝與勣會，甲光炫日。會南風急，士縱火焚西南，熛延城中，屋幾盡，人死于燎者萬餘。衆登陴，虜蒙盾以拒，士舉長矛舂之，礧石如雨，城遂潰，獲勝兵萬，户四萬，糧五十萬石。以其地爲遼州。

宋・歐陽修、宋祁《新唐書》卷二二五中《逆臣傳中》 賊驟勝，徑薄寧陵，舟乘銜踵進，亘七十里。時洽將高彦昭、劉昌共嬰壘以守，賊使妖人祈風，火戰棚盡，坎堞欲登。彦昭按劍乘陴，士感奮，風亦反。昌計於衆曰：「軍法，倍不戰。賊猥吾寡，不如退以驕賊，自宋出精鋭，擣不意，功可成。」彦昭謝曰：「君少待，請盡力。」

宋・歐陽修、宋祁《新唐書》卷二二五下《逆臣傳下》 四年二月，李克用率山西兵由陝濟河而東，會開東諸鎮壁汝州。全忠擊賊瓦子堡，斬萬餘級，諸軍破尚讓於太康，亦萬級，獲械鎧馬羊萬計，又敗黄鄴於西華，鄴夜遁。巢大恐，居三日，軍中相驚，棄壁走，巢退營故陽里。其五月，大雨震電，川谿皆暴溢，賊壘盡壞，衆潰，巢解而去。

巢取尉氏，攻中牟，兵度水半，克用擊之，賊多溺死。巢引殘衆走封丘，克用追敗之，還營鄭州。巢涉汴北引，夜復大雨，賊驚潰，克用聞之，急擊巢河瀕。巢度河攻汴州，全忠拒守，克用救之，斬賊驍將李周、楊景彪等。

宋・司馬光《資治通鑑》卷二四《漢紀十六》 冬，匈奴單于自將數萬騎擊烏孫，頗得老弱。欲還，會天大雨雪，一日深丈餘，人民、畜産凍死，還者不能什一。於是丁令乘弱攻其北，烏桓入其東，烏孫擊其西，凡三國所殺數萬級，馬數萬匹，牛羊甚衆；又重以餓死，人民死者什三，畜産什五。匈奴大虚弱，諸國羈屬者皆瓦解，攻盗不能理。

宋・司馬光《資治通鑑》卷三七《漢紀二十九》 緣邊大饑，人相食。諫大夫如普行邊兵還，言「軍士久屯寒苦，邊郡無以相贍。今單于新和，宜因是罷兵。」校尉韓威進曰：「以新室之威而吞胡虜，無異口中蚤蝨。臣願得勇敢之士五千人，不齎斗糧，飢食虜肉，渴飲其血，可以横行！」莽壯其言，以威爲將軍。然采普言，徵還諸將在邊者，免陳欽等十八人，又罷四關鎮都尉諸屯兵。莽置四關，各有鎮都尉，領屯兵。

宋・司馬光《資治通鑑》卷三八《漢紀三十》 劉縯欲進攻宛，至小長安聚，與甄阜、梁丘賜戰；時天密霧，漢軍大敗。

宋・司馬光《資治通鑑》卷三九《漢紀三十一》 會故廣陽王子接起兵薊中以應郎，城内擾亂，言邯鄲使者方到，二千石以下皆出迎。於是秀趣駕而出，至南城門，門已閉；攻之，得出，遂晨夜南馳，不敢入城邑，舍食道傍。至蕪蔞亭，時天寒烈，馮異上豆粥。至饒陽，官屬皆乏食。秀乃自稱邯鄲使者，入傳舍，傳吏方進食，從者飢，争奪之。傳吏疑其僞，乃椎鼓數十通，紿言「邯鄲將軍至」；官屬皆失色。秀升車欲馳，既而懼不免，徐還坐，曰：「請邯鄲將軍入。」久，乃駕去。晨夜兼行，蒙犯霜雪，面皆破裂。

至下曲陽，傳聞王郎兵在後，從者皆恐。至滹沱河，候吏還白「河水流澌，賢曰：澌，冰澌也。無船，不可濟」。秀使王霸往視之。霸恐驚衆，欲且前，阻水還，即詭曰：「冰堅可度。」官屬皆喜。秀笑曰：「候吏果妄語也！」遂前。比至河，河冰亦合，乃令王霸護渡，未畢數騎而冰解。至南宫，遇大風雨，秀引車入道傍空舍，馮異抱薪，鄧禹爇火，秀對竈燎衣，馮異復進麥飯。

宋・司馬光《資治通鑑》卷四八《漢紀四十》 西域都護定遠侯班超遣掾甘英使大秦、條支，窮西海，皆前世所不至，莫不備其風土，傳其珍怪焉。及安息西界，臨大海，欲渡，船人謂英曰：「海水廣大，往來者逢善風，善風，謂順風也。三月乃得渡，若遇遲風，亦有二歲者；故入海，人皆齎三歲糧，海中善使人思土戀慕，數有死亡者。」英乃止。

宋・司馬光《資治通鑑》卷五七《漢紀四十九》 蒼梧、桂陽賊攻郡縣，零陵太守楊琁制馬車數十乘，以排囊盛石灰於車上，繫布索於馬尾；又爲兵車，專彀弓弩。及戰，令馬車居前，順風鼓灰，賊不得視，因以火燒布然，馬驚，奔突賊陣，因使後車弓弩亂發，鉦鼓鳴震，羣盜波駭破散，追逐傷斬無數，梟其渠帥，郡境以清。

宋・司馬光《資治通鑑》卷六四《漢紀五十六》 今一旦求救於明公，此可知也。顯甫見顯思困而不能取，此力竭也。兵革敗於外，謀臣誅於內，兄弟讒鬩，國分爲二，連年戰伐，介胄生蟣蝨，加以旱蝗，饑饉並臻；天災應於上，人事困於下，民無愚智，皆知土崩瓦解，此乃天亡尚之時也。今往攻鄴，尚不還救，即不能自守；還救，即譚躡其後。以明公之威，應困窮之敵，擊疲敝之寇，無異迅風之振秋葉矣。

又 進，與操遇於赤壁。時操軍衆，已有疾疫。初一交戰，操軍不利，引次江北。瑜等在南岸，瑜部將黄蓋曰：「今寇衆我寡，難與持久。操軍方連船艦，首尾相接，可燒而走也。」乃取蒙衝鬬艦十艘，載燥荻、枯柴，灌油其中，裹以帷幕，上建旌旗，豫備走舸，繫於其尾。先以書遺操，詐云欲降。時東南風急，蓋以十艦最著前，中江舉帆，餘船以次俱進。操軍吏士皆出營立觀，指言蓋降。去北軍二里餘，同時發火，火烈風猛，船往如箭，燒盡北船，延及岸上營落。頃之，煙炎張天，人馬燒溺死者甚衆。瑜等率輕鋭繼其後，雷鼓大震，北軍大壞。操引軍從華容道步走，遇泥濘，道不通，天又大風，悉使羸兵負草填之，騎乃得過。羸兵爲人馬所蹈藉，陷泥中，死者甚衆。劉備、周瑜水陸並進，追操至南郡。時操軍兼以饑疫，死者大半。操乃留征南將軍曹仁、横野將軍徐晃守江陵，折衝將軍樂進守襄陽，引軍北還。

宋・司馬光《資治通鑑》卷六五《漢紀五十七》 時天寒且旱，二百里無水，軍又乏食，殺馬數千匹以爲糧，鑿地入三十餘丈方得水。既還，科問前諫者，衆莫知其故，人人皆懼。操皆厚賞之，曰：「孤前行，乘危以徼倖，雖得之，天所佐也，顧不可以爲常。諸君之諫，萬安之計，是以相賞，後勿難言之。」

宋・司馬光《資治通鑑》卷六七《漢紀五十九》 夏，四月，旱。五月，雨水。

初，魏公操遣廬江太守朱光屯皖，大開稻田。吕蒙言於孫權曰：「皖田肥美，若一收孰，彼衆必增，宜早除之。」閏月，權親攻皖城。諸將欲作土山，添攻具，吕蒙曰：「治攻具及土山，必歷日乃成；城備既脩，外救必至，不可圖也。且吾乘雨水以入，若留經日，水必向盡，還道艱難，蒙竊危之。今觀此城，不能甚固，以三軍鋭氣，四面並攻，不移時可拔；及水以歸，全勝之道也。」權從之。蒙薦甘寧爲升城督，寧手持練，身緣城，爲士卒先；蒙以精鋭繼之，手執枹鼓，士卒皆騰踴。侵晨進攻，食時破之，獲朱光及男女數萬口。既而張遼至夾石，聞城已拔，乃退。權拜吕蒙爲廬江太守，還屯尋陽。

宋・司馬光《資治通鑑》卷七四《魏紀六》 今賊衆我寡，賊飢我飽，水雨乃爾，功力不設，雖當促之，亦何所爲！自發京師，不憂賊攻，但恐賊走。今賊糧垂盡而圍落未合，掠其牛馬，抄其樵采，此故驅之走也。夫兵者詭道，善因事變。賊憑衆恃雨，故雖飢困，未肯束手，當示無能以安之。取小利以驚之，非計也。」朝廷聞師遇雨，咸欲罷兵。帝曰：「司馬懿臨危制變，禽淵可計日待也。」

雨霽，懿乃合圍，作土山地道，楯櫓鉤衝，晝夜攻之，矢石如雨。淵窘急，糧盡，人相食，死者甚多，其將楊祚等降。

宋・司馬光《資治通鑑》卷九七《晉紀十九》 初，趙領軍王朗言於趙王虎曰：「盛冬雪寒，而皇太子使人伐宫材，引於漳水，役者數萬，吁嗟滿道，陛下宜因出游罷之。」虎從之。太子宣怒。會熒惑守房，遂城長最。謝艾建牙誓衆，有風吹旌旗東南指，索遐曰：「風爲號令，今旌旗指敵，天所贊也。」《風雲氣候雜占》曰：風不旁教，旌旗暈暈隨風而揚舉，或向敵，終日軍行有功，勝候也。艾軍于神鳥，王擢與艾前鋒戰，敗，走還河南。

宋・司馬光《資治通鑑》卷一〇四《晉紀二十六》 苟萇之伐涼州也，遣揚武將軍馬暉、建武將軍杜周帥八千騎西出恩宿，邀張天錫走路，期會姑臧。暉等行澤中，值水失期，於法應斬，有司奏徵下獄。秦王堅曰：「水春冬耗竭，秋夏盛漲，此乃苟萇量事失宜，非暉等罪。今天下方有事，宜宥過責功。」命暉等回赴北軍，擊索虜以自贖。」衆咸以爲萬里召將，非所以應速，堅曰：「暉等喜於免死，不可以常事疑也。」暉等果倍道疾驅，遂及東軍。

宋・司馬光《資治通鑑》卷一〇八《晉紀三十》 燕、魏相持積旬，趙王麟將慕輿嵩等以垂爲實死，謀作亂，奉麟爲主；事泄，嵩等皆死，寶、麟等內自疑。冬，十月，辛未，燒船夜遁。時河冰未結，寶以魏兵必不能渡，不設斥候。十一月，己卯，暴風，冰合，魏王珪引兵濟河，留輜重，選精鋭二萬餘騎急追之。

燕軍至參合陂，有大風，黑氣如堤，自軍後來，臨覆軍上。沙門支曇猛言於寶曰：「風氣暴迅，魏兵將至之候，宜遣兵禦之。」寶以去魏軍已遠，笑而不應。

曇猛固請不已，麟怒曰：「以殿下神武，師徒之盛，足以横行沙漠，索虜何敢遠來！而曇猛妄言驚衆，當斬以徇！」曇猛泣曰：「苻氏以百萬之師，敗於淮南，正由恃衆輕敵，不信天道故也！」司徒德勸寶從曇猛言，寶乃遣麟帥騎三萬居軍後以備非常。麟以曇猛爲妄，縱騎遊獵，不肯設備。寶遣騎還詗魏兵，騎行十餘里，即解鞍寢。

宋・司馬光《資治通鑑》卷一一三《晉紀三十五》　謙等士卒多北府人，素畏伏裕，莫有鬭志。裕與劉毅等分爲數隊，進突謙陳；裕以身先之，將士皆殊死戰，無不一當百，呼聲動天地。時東北風急，因縱火焚之，煙炎熛天，鼓譟之音震動京邑，謙等諸軍大潰。

宋・司馬光《資治通鑑》卷一二〇《宋紀二》　魏主行至君子津，會天暴寒，冰合，戊寅，帥輕騎二萬濟河襲統萬。壬午，冬至，夏主方燕羣臣，魏師奄至，上下驚擾。魏主軍於黑水，去城三十餘里。夏主出戰而敗，退走入城。門未及閉，内三郎豆代田帥衆乘勝入西宫，焚其西門；宫門閉，代田踰宫垣而出。

又　夏兵爲兩翼，鼓譟追之，行五六里，會有風雨從東南來，揚沙晦冥。宦者趙倪，頗曉方術，言於魏主曰：「今風雨從賊上來，我向之，彼背之，天不助人；且將士飢渴，願陛下攝騎避之，更待後日。」崔浩叱之曰：「是何言也！吾千里制勝，一日之中，豈得變易！言先定必勝之計，故千里行師，不可以風雨之故變易成算於一日之間。賊貪進不止，後軍已絶，宜隱軍分出，掩擊不意。風道在人，豈有常也！」言風在人用之，分兵出其後，順風擊之，則風爲我用，豈有常勢哉！魏主曰：「善！」乃分騎爲左右隊以掎之。魏主馬蹶而墜，幾爲夏兵所獲；拓跋齊以身扞蔽，決死力戰，夏兵乃退。魏主騰馬得上，刺夏尚書斛黎文，殺之，又殺騎兵十餘人，身中流矢，奮擊不輟，夏衆大潰。齊，翳槐之玄孫也。

宋・司馬光《資治通鑑》卷一二八《宋紀十》　冬，十月，甲戌，魏主北巡，欲伐柔然，至陰山，會雨雪，魏主欲還，太尉尉眷曰：「今動大衆以威北狄，去都不遠而車駕遽還，虜必疑我有内難。將士雖寒，不可不進。」魏主從之，辛卯，軍于車崙山。

宋・司馬光《資治通鑑》卷一三二《宋紀十四》　泰始三年春，正月，張永等棄城夜遁。會天大雪，泗水冰合，永等棄船步走，士卒凍死者太半，手足斷者什七八。尉元邀其前，薛安都乘其後，大破永等於吕梁之東，死者以萬數，枕尸六十餘里，委棄軍資器械不可勝計；永足指亦墮，與沈攸之僅以身免，梁、南秦二州刺史垣恭祖等爲魏所虜。

宋・司馬光《資治通鑑》卷一四五《梁紀一》　魏詔任城王澄，以「四月淮水將漲，舟行無礙，南軍得時，勿昧利以取後悔。」會大雨，淮水暴漲，澄引兵還壽陽。魏軍還既狼狽，失亡四千餘人。

宋・司馬光《資治通鑑》卷一四六《梁紀二》　上命景宗等豫裝高艦，使與魏橋等，爲火攻之計，令景宗與叡各攻一橋，叡攻其南，景宗攻其北。三月，淮水暴漲六七尺，《魏帝紀》：「四月，戊戌，鍾離大水，英敗績。」按《曹景宗傳》云，「三月，春水生，淮水暴漲。」叡使馮道根與廬江太守裴邃、秦郡太守李文釗等乘鬭艦競發，擊魏洲上軍盡殪。別以小船載草，灌之以膏，從而焚其橋，風怒火盛，烟塵晦冥，敢死之士，拔柵斫橋，水又漂疾，倏忽之間，橋柵俱盡。道根等皆身自搏戰，軍人奮勇，呼聲動天地，無不一當百，魏軍大潰。英見橋絶，脱身棄城走，大眼亦燒營去。諸壘相次土崩，悉棄其器甲争投水，死者十餘萬，斬首亦如之。

宋・司馬光《資治通鑑》卷一四七《梁紀三》　馬仙琕圍朐山，張稷權頓六里以督饋運，上數發兵助之。數，所角翻。秋，魏盧昶上表請益兵六千，米十萬石，魏主以兵四千給之。冬，十一月，己亥，魏主詔揚州刺史李崇等治兵壽陽，以分朐山之勢。盧昶本儒生，不習軍旅。朐山城中糧樵俱竭，傅文驥以城降；十二月，庚辰，昶引兵先遁，諸軍相繼皆潰，會大雪，軍士凍死及墮手足者三分之二，仙琕追擊，大破之。二百里間，僵尸相屬，魏兵免者什一二，收其糧畜器械，不可勝數。

宋・司馬光《資治通鑑》卷一五八《梁紀十四》　是日，東、西魏置陳既大，首尾懸遠，從旦至未，戰數十合，氛霧四塞，莫能相知。魏獨孤信、李遠居右，趙貴、怡峯居左，戰並不利，又未知魏主及丞相泰所在，皆棄其卒先歸。開府儀同三司李虎、念賢等爲後軍，見信等退，即與俱去。泰由是燒營而歸，留儀同三司長孫子彦守金墉。

宋・司馬光《資治通鑑》卷一六四《梁紀二十》　乙巳，使宋子仙、任約帥精騎四百，由淮内襲郢州。丙午，大風疾雨，天色晦冥，有登陴望見賊者，告泉曰：「虜騎至矣！」泉曰：「徐文盛大軍在下，賊何由得至！當是王珣軍人還耳。」既而走告者稍衆，始命閉門，子仙等已入城。方諸方踞泉腹，以五色綵辮其髯；見子仙至，方諸迎拜，泉匿于牀下；子仙俯窺見泉素髯間綵，驚愕，遂擒之，及司馬虞豫，送於景所。景因便風，中江舉帆，遂越文盛等軍，丁未，入江夏。文盛衆懼而潰，與長沙王韶等逃歸江陵。王珣、杜幼安以家在江夏，遂降於景。

宋·司馬光《資治通鑑》卷一六八《陳紀二》 丙申，瑱令軍中晨炊蓐食以待之。時西南風急，琳自謂得天助，引兵直趣建康。瑱等徐出蕪湖躡其後，西南風翻爲瑱用。琳擲火炬以燒陳船，皆反燒其船。逆風而用火攻， 瑱發拍以擊琳艦，又以牛皮冒蒙衝小船以觸其艦，并鎔鐵灑之。琳軍大敗，軍士溺死者什二三，餘皆棄船登岸，爲陳軍所殺殆盡。齊步軍在西岸者，自相蹂踐，並陷于蘆荻泥淖中；騎皆棄馬脱走，得免者什二三。

宋·司馬光《資治通鑑》卷一七〇《陳紀四》 皎自巴陵與周、梁水軍順流乘風而下，軍勢甚盛，戰于沌口。量、明徹募軍中小艦，多賞金銀，令先出當西軍大艦受其拍；西軍諸艦發拍皆盡，然後量等以大艦拍之，西軍艦皆碎，没于中流。西軍又以艦載薪，因風縱火，俄而風轉，自焚，西軍大敗。

宋·司馬光《資治通鑑》卷一七八《隋紀二》 六月，丙寅，下詔黜高麗王元官爵。漢王諒軍出臨渝關，值水潦，餽運不繼，軍中乏食，復遇疾疫。周羅睺自東萊泛海趣平壤城，亦遭風，船多飄没。秋，九月，己丑，師還，死者什八九。高麗王元亦惶懼遣使謝罪，上表稱「遼東糞土臣元」，上於是罷兵，待之如初。

宋·司馬光《資治通鑑》卷一八〇《隋紀四》 諒聞趙子開敗，大懼，自將衆且十萬，拒素於蒿澤。會大雨，諒欲引軍還，王頍諫曰：「楊素懸軍深入，士馬疲弊，王以鋭率自將擊之，其勢必克。今望敵而退，示人以怯，沮戰士之心，益西軍之氣，願王勿還。」諒不從，退守清源。

王頍謂其子曰：「氣候殊不佳，兵必敗，汝可隨我。」楊素進擊諒，大破之，擒蕭摩訶。諒退保晉陽，素進兵圍之，諒窮蹙，請降。降，户江翻。 餘黨悉平。帝遣楊約齎手詔勞素。王頍將奔突厥，至山中，徑路斷絶，知必不免，謂其子曰：「吾之計數不減楊素，但坐言不見從，遂至於此，不能坐受擒獲，以成豎子名，吾死之後，汝慎勿過親故。」於是自殺，瘞之石窟中。其子數日不得食，遂過其故人，竟爲所擒；并獲頍尸，梟於晉陽。

宋·司馬光《資治通鑑》卷一八四《隋紀八》 煬帝詔左禦衛大將軍涿郡留守薛世雄將燕地精兵三萬討李密，命王世充等諸將皆受世雄節度，所過盜賊，隨便誅翦。世雄行至河間，軍於七里井，竇建德士衆惶懼，悉拔諸城南遁，聲言還入豆子䴚。世雄以爲畏己，不復設備，建德謀還襲之。其處去世雄營百四十里，建德帥敢死士二百八十人先行，令餘衆續發，建德與其士衆約曰：「夜至，則擊其營；已明，則降之。」未至一里所，天欲明，建德惶惑議降；會天大霧，人咫尺不相辨，建德喜曰：「天贊我也！」遂突入其營擊之，世雄士卒大亂，皆騰柵走。

宋·司馬光《資治通鑑》卷一八五《唐紀一》 王世充既得東都兵，進擊李密於洛北，敗之，遂屯鞏北。辛酉，世充命諸軍各造浮橋渡洛擊密，橋先成者先進，前後不一。虎賁郎將王辯破密外柵，密營中驚擾，將潰；世充不知，鳴角收衆，密因帥敢死士乘之，世充大敗，爭橋溺死者萬餘人。王辯死，世充僅自免，洛北諸軍皆潰。世充不敢入東都，北趣河陽，是夜，疾風寒雨，軍士涉水沾濕，道路凍死者又以萬數。世充獨與數千人至河陽，《考異》曰：《隋書》、《北史·李密傳》曰：「世充復移營洛北，南對鞏縣，其後遂於洛水造浮橋，悉衆以擊密。密出擊之，官軍稍卻，自相陷溺者數萬人，世充僅而獲免，不敢還東都，遂走河陽。其夜，雨雪尺餘，衆諸之者死亡殆盡。」《王世充傳》曰：「充敗績，赴水溺死者萬餘人。時天寒大雪，兵士既渡水，衣皆霑濕，在道凍死者又數萬人。」《河洛記》曰：十六日，「充與密戰於石窟寺東。」又曰：「其夜，遇風寒疾雨，士卒凍死，十不存一，充脱身宵遁，直向河陽。」按李道玄勸進於李密表云：「于時律始太蔟，未宜震霂，而澍雨忽降，凍殍將盡。」今參取衆書，日從《蒲山公傳》，雨從《河洛記》。 自繫獄請罪，越王侗遣使赦之，召還東都，賜金帛、美女以安其意。世充收合亡散，得萬餘人，屯含嘉城，不敢復出。

宋·司馬光《資治通鑑》卷一八九《唐紀五》 淮安王神通將關内兵至冀州，與李藝兵合。又發邢、洺、相、魏、恒、趙等兵合五萬餘人，與劉黑闥戰於饒陽城南，布陳十餘里；黑闥衆少，依隄單行而陳以當之。會風雪，神通乘風擊之，既而風返，神通大敗，士馬軍資失亡三分之二。

宋·司馬光《資治通鑑》卷一九一《唐紀七》 會關中久雨，糧運阻絶，士卒疲於征役，器械頓弊，朝廷及軍中咸以爲憂。世民與虜遇於豳州，勒兵將戰。**【略】**世民又前，遣騎告突利曰：「爾往與我盟，有急相救；今乃引兵相攻，何無香火之情也！」突利亦不應。世民又前，將渡溝水，頡利見世民輕出，又聞香火之言，疑突利與世民有謀，乃遣止世民曰：「王不須渡，我無他意，更欲與王申固盟約耳。」乃引兵稍卻。是後霖雨益甚，世民謂諸將曰：「虜所恃者弓矢耳，今積雨彌時，筋膠俱解，弓不可用，彼如飛鳥之折翼；吾屋居火食，刀槊犀利，以逸制勞，此而不乘，將復何待！」乃潛師夜出，冒雨而進，突厥大驚。世民又遣説突利以利害，突利悦，聽命。

宋·司馬光《資治通鑑》卷一九八《唐紀十四》 上以遼左早寒，草枯水凍，士馬難久留，且糧食將盡，癸未，敕班師。先拔遼、蓋二州户口渡遼，乃耀兵於安市城下而旋，城中皆屏跡不出。城主登城拜辭，上嘉其固守，賜縑百匹，以勵事君。命李世勣、江夏王道宗將步騎四萬爲殿。

乙酉，至遼東。丙戌，渡遼水。遼澤泥潦，車馬不通，命長孫無忌將萬人，翦草填道，水深處以車爲梁，上自繫薪於馬鞘以助役。冬，十月，丙申朔，上至蒲溝駐馬，督填道諸軍渡渤錯水，暴風雪，士卒沾濕多死者，敕然火於道以待之。

宋・司馬光《資治通鑑》卷二〇〇《唐紀十六》 追沙鉢羅，定方與任雅相將新附之衆繼之。會大雪，平地二尺，軍中咸請俟晴而行，定方曰：「虜恃雪深，謂我不能進，必休息士馬，亟追之可及，若緩之，彼遁逃浸遠，不可復追，省日兼功，在此時矣！」乃蹋雪晝夜兼行。所過收其部衆，至雙河，與彌射、步真合，去沙鉢羅所居二百里，布陳長驅，徑至其牙帳。沙鉢羅與其徒將獵，定方掩其不備，縱兵擊之，斬獲數萬人，得其鼓纛，沙鉢羅與其子咥運、壻閻啜等脱走，趣石國。

又 高麗蓋蘇文遣其子男生以精兵數萬守鴨緑水，諸軍不得渡。契苾何力至，值冰大合，何力引衆乘冰渡水，鼓譟而進，高麗大潰，追奔數十里，斬首三萬級，餘衆悉降。

又 戊寅，左驍衛將軍白州刺史沃沮道總管龐孝泰與高麗戰於蛇水之上，軍敗，與其子十三人皆戰死。蘇定方圍平壤久不下，會大雪，解圍而還。

宋・司馬光《資治通鑑》卷二一六《唐紀三十二》 安禄山將三道兵六萬以討契丹，以奚騎二千爲鄉導。過平盧千餘里，至土護真水，遇雨。禄山引兵晝夜兼行三百餘里，至契丹牙帳，契丹大駭。時久雨，弓弩筋膠皆弛，大將何思德言於禄山曰：「吾兵雖多，遠來疲弊，實不可用，不如按甲息兵以臨之，不過三日，虜必降。」禄山怒，欲斬之，思德請前驅效死。思德貌類禄山，虜争擊，殺之，以爲已得禄山，勇氣增倍。奚復叛，與契丹合，夾擊唐兵，殺傷殆盡。

宋・司馬光《資治通鑑》卷二一八《唐紀三十四》 日過中，東風暴急，乾祐以草車數十乘塞氈車之前，縱火焚之。煙焰所被，官軍不能開目，妄自相殺，謂賊在煙中，聚弓弩而射之。日暮，矢盡，乃知無賊。乾祐遣同羅精騎自南山過，出官軍之後擊之，官軍首尾駭亂，不知所備，於是大敗；或棄甲竄匿山谷，或相擠排入河溺死，囂聲振天地，賊乘勝蹙之。後軍見前軍敗，皆自潰，河北軍望之亦潰。

宋・司馬光《資治通鑑》卷二二七《唐紀四十三》 馬燧等諸軍屯于漳濱。田悦遣其將王光進築月城以守長橋，諸軍不得渡。燧以鐵鎖連車數百，實以土囊，塞其下流，水淺，諸軍涉渡。時軍中乏糧，悦等深壁不戰。燧命諸軍持十日糧，進屯倉口，與悦夾洹水而軍。李抱真、李芃問曰：「糧少而深入，何也？」燧曰：「糧少則利速戰，今三鎮連兵不戰，欲以老我師；我若分軍擊其左右，悦必救之，則我腹背受敵，戰必不利。故進軍逼悦，所謂攻其所必救也。彼苟出戰，必爲諸君破之。」乃爲三橋逾洹水，日往挑戰，悦不出。燧令諸軍夜半起食，潛師循洹水直趨魏州，令曰：「賊至，則止爲陳。」留百騎擊鼓鳴角於營中，仍抱薪持火，俟諸軍畢發，則止鼓角匿其旁；俟悦軍畢渡，焚其橋。軍行十里所，悦聞之，帥淄青、成德步騎四萬踰橋掩其後，乘風縱火，鼓譟而進。燧按兵不動，先除其前草莽百步爲戰場，結陳以待之，募勇士五千餘人爲前列。悦軍至，火止，氣衰，燧縱兵擊之，悦軍大敗。

宋・司馬光《資治通鑑》卷二二九《唐紀四十五》 瑊撫諭，激以忠義，皆鼓譟力戰。瑊中流矢，進戰不輟，初不言痛。會雲梯輾地道，一輪偏陷，不能前卻，火從地中出，風勢亦回，城上人投葦炬，散松脂，沃以膏油，讙呼震地。須臾，雲梯及梯上人皆爲灰燼，臭聞數里，賊乃引退。於是三門皆出兵，太子親督戰，賊徒大敗，死者數千人。

宋・司馬光《資治通鑑》卷二六一《唐紀七十七》 丁丑，李克用至安塞軍，辛巳，攻之。幽州將單可及引騎兵至，克用方飲酒，前鋒曰：「賊至矣！」克用醉，曰：「仁恭何在？」對曰：「但見可及輩。」克用瞋目曰：「可及輩何足爲敵！」亟命擊之。是日大霧，不辨人物，幽州將楊師侃伏兵於木瓜澗，河東兵大敗，失亡太半。史言李克用輕敵，又不得天時，故敗。會大風雨震電，幽州兵解去。克用醒而後知敗，責大將李存信等曰：「吾以醉廢事，汝曹何不力争！」

宋・司馬光《資治通鑑》卷二六九《後梁紀四》 晉王勞軍於魏縣，因帥百餘騎循河而上，覘劉鄩營。會天陰晦，鄩伏兵五千於河曲叢林間，鼓譟而出，圍王數重。王躍馬大呼，帥騎馳突，所向披靡。

又 晉王曰：「劉鄩長於襲人，短於決戰，計彼行纔及山下。」會陰雨積旬，黄澤道險，堇泥深尺餘，士卒援藤葛而進，皆腹疾足腫，死者什二三。晉將李嗣恩倍道先入晉陽，城中知之，勒兵爲備。

宋・司馬光《資治通鑑》卷二七〇《後梁紀五》 晉王聞河冰合，曰：「用兵數歲，限一水不得渡，今冰自合，天贊我也。」亟如魏州。

又　錢傳瓘與彭彥章遇；傳瓘命每船皆載灰、豆及沙，乙巳，戰于狼山江。吳船乘風而進，傳瓘引舟避之，既過，自後隨之。吳回船與戰，傳瓘使順風揚灰，吳人不能開目；及船舷相接，傳瓘使散沙於己船而散豆於吳船，豆爲戰血所漬，吳人踐之皆僵仆。傳瓘因縱火焚吳船，吳兵大敗。彥章戰甚力，兵盡，繼之以木，身被數十創，陳汾按兵不救；彥章知不免，遂自殺。傳瓘俘吳裨將七十人，斬首千餘級。

又　（均王貞明五年）秋，七月，吳越王鏐遣錢傳瓘將兵三萬攻吳常州，徐温帥諸將拒之，右雄武統軍陳璋以水軍下海門出其後。壬申，戰于無錫。會温病熱，不能治軍，吳越攻中軍，飛矢雨集，鎮海節度判官陳彥謙遷中軍旗鼓于左，取貌類温者，擐甲胄，號令軍事，温得少息；俄頃，疾稍間，出拒之。時久旱草枯，吳人乘風縱火，吳越兵亂，遂大敗，殺其將何逢、吳建，斬首萬級。傳瓘遁去，追至山南，復敗之。陳璋敗吳越于香彎。

又　知誥請帥步卒二千，易吳越旗幟鎧仗，躡敗卒而東，襲取蘇州。温曰：「爾策固善；然吾且求息兵，未暇如汝言也。」諸將皆以爲：「吳越所恃者舟楫，今大旱，水道涸，此天亡之時也，宜盡步騎之勢，一舉滅之。」温歎曰：「天下離亂久矣，民困已甚，錢公亦未易可輕；若連兵不解，方爲諸君之憂。今戰勝以懼之，戢兵以懷之，使兩地之民各安其業，君臣高枕，豈不樂哉！多殺何爲！」遂引還。

宋·司馬光《資治通鑑》卷二七五《後唐紀四》　江陵卑濕，復值久雨，糧道不繼，將士疾疫，劉訓亦寢疾；癸卯，帝遣樞密使孔循往視之，且審攻戰之宜。

宋·司馬光《資治通鑑》卷二八二《後晉紀三》　楚劉勍等因大風，以火箭焚彭士愁寨而攻之，士愁帥麾下逃入奬、錦深山，乙未，遣其子師暠帥諸酋長納溪、錦、奬三州印，請降於楚。

宋·司馬光《資治通鑑》卷二八四《後晉紀五》　癸亥，晉軍至白團衛村，埋鹿角爲行寨。契丹圍之數重，奇兵出寨後斷糧道。是夕，東北風大起，破屋折樹；營中掘井，方及水輒崩，士卒取其泥，帛絞而飲之，人馬俱渴。至曙，風尤甚。契丹主坐大奚車中，令其衆曰：「晉軍止此耳，當盡擒之，然後南取大梁！」命鐵鷂四面下馬，拔鹿角而入，奮短兵以擊晉軍，又順風縱火揚塵以助其勢。

軍士皆憤怒，大呼曰：「都招討使何不用兵，令士卒徒死！」諸將請出戰，杜威曰：「俟風稍緩，徐觀可否。」馬步都監李守貞曰：「彼衆我寡，風沙之內，莫測多少，惟力鬬者勝，此風乃助我也；若俟風止，吾屬無類矣。」即呼曰：「諸軍齊擊賊！」又謂威曰：「令公善守禦，守貞以中軍決死矣！」馬軍左廂都排陳使張彥澤召諸將問計，皆曰：「虜得風勢，宜俟風回與戰。」彥澤亦以爲然。諸將退，馬軍右廂副排陳使太原藥元福獨留，謂彥澤曰：「今軍中飢渴已甚，若俟風回，吾屬已爲虜矣。敵謂我不能逆風以戰，宜出其不意急擊之，此兵之詭道也。」矢不逆風，此古法也。若用短兵薄戰，則逆風而勝者多矣。馬步左右廂都排陳使符彥卿曰：「與其束首就擒，曷若以身殉國！」乃與彥澤、元福及左廂都排陳使皇甫遇引精騎出西門擊之，風從東北來，出西門接戰，亦順風勢也。諸將繼至。契丹卻數百步。彥卿等謂守貞曰：「且曳隊往來乎？直前奮擊，以勝爲度乎？」守貞曰：「事勢如此，安可迴鞚！宜長驅取勝耳。」彥卿等躍馬而去，風勢益甚，昏晦如夜。彥卿等擁萬餘騎橫擊契丹，呼聲動天地，契丹大敗而走，勢如崩山。李守貞亦令步兵盡拔鹿角出鬬，步騎俱進，逐北二十餘里。鐵鷂既下馬，蒼皇不能復上，皆委棄馬及鎧仗蔽地。

宋·司馬光《資治通鑑》卷二八五《後晉紀六》　契丹使瀛州刺史劉延祚遺樂壽監軍王巒書，請舉城内附。且云：「城中契丹兵不滿千人，乞朝廷發輕兵襲之，己爲内應。又，今秋多雨，自瓦橋以北，積水無際，契丹主已歸牙帳，雖聞關南有變，地遠阻水，不能救也。」巒與天雄節度使兼中書令杜威屢奏瀛、莫乘此可取，深州刺史慕容遷獻《瀛莫圖》。馮玉、李崧信以爲然，欲發大兵迎趙延壽及延祚。

宋·司馬光《資治通鑑》卷二八九《後漢紀四》　楚王希廣以朗州與山蠻入寇，諸將屢敗，憂形于色。劉彥瑫言於希廣曰：「朗州兵不滿萬，馬不滿千，都府精兵十萬，何憂不勝！願假臣兵萬餘人，戰艦百五十艘，徑入朗州縛取希萼，以解大王之憂。」王悦，以彥瑫爲戰棹都指揮使、朗州行營都統。彥瑫入朗州境，父老爭以牛酒犒軍，曰：「百姓不願從亂，望都府之兵久矣！」彥瑫厚賞之；戰艦過，則運竹木以斷其後。是日，馬希萼遣朗兵及蠻兵六千、戰艦百艘逆戰於湄州，彥瑫乘風縱火以焚其艦，頃之，風回，反自焚。彥瑫還走，江路已斷，士卒戰及溺死者數千人。希廣聞之，涕泣不知所爲。

宋·徐夢莘《三朝北盟會編》卷第六一《靖康中帙三十六》　（靖康元年）十一月一日壬戌朔，夏人陷懷德軍，守臣劉銓、通判杜翊世死之。若戒將士以忠義節，當死守以報國。賊攻城之具，智巧百出，銓悉以術破之，賊技不能逞。月餘，殘殺夏人以萬餘人，太子懼，謀於遇昌，欲退，遇昌曰：城中縱矢石無多數，度亦無繼，然連諸部兵，不能下一城，益示弱。會城中矢石盡，時天大寒，銓教人團泥沃以水，黎明成泥冰，用擊虜。

宋・葉隆禮《重訂契丹國志》卷一〇　天慶八年春正月，燕王淳將討怨軍而遇金兵於徽州之東，未陣而潰。初，怨軍入攻前後多見天象，或白氣經天，或白虹貫日，或天狗夜墮，或彗掃西南，赤氣滿空，遼兵輒敗。是夕，有赤氣若火光，自東起，往來紛亂，移時而散。軍中以爲凶兆，皆無鬭志。燕王與麾下五百騎，退保長泊、魚務。

宋・文天祥《文山集》卷一八　北軍惟午前出哨，午後各歸。若是日起程至午後，懽曰今日得命矣。忽聞人聲喧啾甚，自壁窺之，乃敵騎數千自東而西，於是追咎，不死於揚州城下而被捉於此，苦矣苦矣。時大風忽起，黑雲暴興，數點微雨下，山色昏冥，若有神功來救助也。

飄零無緒嘆途窮，搔首踟躕日已中。何處大聲似潮洓，黑雲驟起滿山風。

數千騎隨山而行，正從土圍後過，一行人無復人色，傍壁深坐，恐門外得見。若一騎入來，即無噍類矣。時門前馬足與箭筒之聲歷落在耳，只隔一壁，幸而風雨大作，騎兵徑去。危哉，危哉。哀哉，哀哉。

晝闌萬騎忽東行，鼠伏荒村命羽輕。隔壁但聞風雨過，人人顧影賀更生。

宋・周密《癸辛雜識・續集》卷下　魯港風禍

或謂賈平章魯港之師，嘗與北軍議定歲幣，講解約於來日各退師一舍，以示信。既而西風大作，北軍之退西者旗幟皆東指。南軍都撥發孫虎臣意以爲北軍順風進師，遂倉忙告急於賈，賈以爲北軍失信而相紿，遂鳴鑼退師。及知其悞，則軍潰已不可止矣。是南軍既退之後，越一宿而北軍始進，蓋以此也。嗚呼，天乎。

征日本

至大十八年，大軍征日本。船軍已至竹島，與其太宰府甚邇，方號令翌日分路以入。夜半忽大風暴作，諸船皆擊撞而碎，四千餘舟所存二百而已。全軍十五萬人，歸者不能五之一，凡棄糧五十萬石，衣甲器械稱是。是夕之風，木大數圍者皆拔，或中折，蓋天意也。李順文爲令史目擊而言。

宋・蕭常《續後漢書》卷四四　曹操使鍾繇帥關中諸將討袁譚將郭援，德爲軍鋒，親斬援首。拜中郎將，封都亭侯，後歸操。操聞其勇，拜立義將軍，與曹仁等共屯樊，攻關羽，與羽戰，射羽中額。常乘白馬，羽軍謂之白馬將軍，皆憚之。仁使德屯樊十里，會霖雨，漢水暴溢，平地五六丈，德與諸將避水隄上。羽以大船四面射之，自平旦至日中，短兵接戰。戰益怒，而水寖盛，吏士皆降。德乘小船欲還，水盛船覆，爲羽所殺。

宋・高似孫《緯略》卷六　河冰合

漢世祖至下曲陽傳云：王郎兵至，從者恐。及至滹沱河，水流無船可濟，官屬大懼。世祖令王覇往視，還曰：氷堅可渡。世祖遂前北至河，河氷合矣。

獨孤及漢光武渡滹沱河氷合賦曰：昔漢光武收河北之年，馳馬將進，滹沱在前。爲敵所迫，當氷不堅。及軍裝隱轔以登岸，殺氣崢嶸而塞川。意者欲定神氣於兹日，彰至人之動天。若非使不道者喪，有德者王，則水不能以造次而結，氷不能以斯須而壯。變浩浩之流，爲峩峩之狀。擁高旌以進，雷長轂以上。及企路以全軍，又迎風而破浪。

慕容德正月渡黎陽津，流澌氷合。鄴令韓軌言於德曰：光武渡滹沱，河氷自合。大王濟黎陽津，橋自成。德大悦，改黎陽津爲天津橋。石勒逆戰劉曜於洛陽，從大河南濟，時凍合，軍至而河氷自泮，舟檝無闕，遂生擒曜，謂是神靈相助，改名靈昌津。石勒迺以河泮而策勳也。

明・許進《平番始末》　是夜大風作驚，沙轉徙，須臾平地成阜，軍士寒不支，僵臥馬旁。余重裘尚不堪，乃環走帳外，問慰諸軍，胡地有鳥夜鳴，聲極悲切，僚佐有垂泣者，余曰：此正臣子報國之日，死沙場亦幸矣，何泣爲。夜半風止而雪，軍士少安。

清・計六奇《明季北略》卷一　清朝建元

是時災異略載於《紀異》中。（萬曆）四十四年正月初三，南京天雨紅雪，與唐貞元二年京師雨赤雪同。貞元，德宗年號也。四月，京師大雷電、雷火。五月，江西大水。六月甲子夜，京師異常風變，聲若轟雷，刮倒正陽門外牌坊。天之示警爲何如矣！而上於萬幾概置不理，宰相方從哲徒以循默苟容而已。

又《通紀》云：戊午，九月，東方有白氣，長竟天，其占爲彗及蚩尤旗象，主兵，而星隕、地震報相踵。海州遥見白虹貫日，如日並出者三，白氣直罩城上。己未二月十一日，楊鎬誓師遼陽，凡分四路：馬林率遊擊麻岩、丁碧等，從靖安堡出邊趨開、鐵，及都司竇後出師。會十八日夜司天占火星逆行，二十日京師風霾晝晦，黃塵四塞，有頃，赤光射人如血，其占四夷來侵。上諭東征將士備邊。

清・計六奇《明季北略》卷九　附記

祖禹歎曰：「吾子勇冠三軍，今乃爲國傾生，惜哉！」復督張全昌進，兵止千人，與賊將過天曉遇，即敗。更遣楊世恩統兵禦之，不戰而走，爲滿天星追獲，亦降。祖禹怒，親率衆出，忽風雪大作，士卒寒慄，火藥盡濕，祖禹仰首歎曰：「天何困英雄若此！」遂冒雪突前。混世王被鐵簡擊回，劉國能劍傷左足而敗，整世王復擊背走，迎祥大駭，悉衆出戰，遥謂祖禹曰：「倘將軍不鄙，願求爲帥，幸尊裁之。」祖禹大怒曰：「逆天叛賊，敢胡論耶！吾忠心報國，特來剿汝。」于是朱世盛、李文雲七將出戰，賊營混天王、掃地王等九人圍之，搏戰良久，賊衆突進，八將被擒。

清・計六奇《明季北略》卷一七　錢祚徵罵賊

十四年正月，賊犯汝州，祚徵中流矢，力疾乘城督戰。二月四日，大風霾，城上以砲擊賊，風逆火反，樓堞盡焚，賊乘之入。祚徵被執，大罵不屈，爲賊擊刺無完膚，乃死。

孫傳庭汝州大敗

癸未九月，大雨連旬，孫傳庭軍乏食。二十一日壬子，兵譟于汝州，降盜陰通自成。二十二日癸丑，自成率精騎大至，官軍接戰，陷賊伏中，賊乘之，官軍大敗，自成驅大隊疾追，一日馳走四百里，官軍死亡四萬餘人，喪其軍資數萬。

又　大雨乏食，天時人事可知。然聞岳家軍猝遇敵不動，故撼之甚難，未有一日走數百里者。即自成敢於疾追，亦熟知官軍無紀律耳。不然，彼獨不畏陷于伏乎？是秋，馬世奇主武闈，策畧云：「彼之情形在我如濃霧，而我之情形在彼如列炬。」此之謂也。雖然，乏食軍譟，先自敗矣，豈必待盜之通賊哉！

清・計六奇《明季北略》卷一九　李乾德岳州三徙

八月初七日戊辰，賊前鋒至湘陰，湘陰民俱空城走。獻忠欲北渡，卜于洞庭湖神，不吉。三卜，神終不許。十九日庚辰，獻忠斂舟湘潭數千艘，將北渡。忽大風起，覆舟百餘，溺死數千人，因復還岳州，盡殺所掠婦女，投屍江中。焚其舟，火延四十里，江水夜明如晝，遂陸行向長沙。

清・計六奇《明季北略》卷二〇　蔡懋德太原死節

甲申正月二十九日，賊從沙渦竟渡，三晉遂成破竹之勢，既陷平陽。二月初六，圍太原。太原無重兵爲守，賊馬步號五十萬，或勸懋德移鎮候代，可以卸責，懋德不可，誓衆死守，登陴拒敵，矢石火藥，傷賊甚衆。遣牙下驍將朱孔訓、牛勇督兵五千出戰，孔訓傷于砲，牛勇陷陣死，一軍皆没，城中奪氣，賊攻圍三日。初七，大風霾，燈火無光。初八丁卯，城東南角樓砲裂焚燬，風沙陡作，對面莫辨。守門將張雄爲賊內應，賊以數人乘昏夜大風，從東北角登城，城遂陷。

清・計六奇《明季北略》卷二一　由嘉峪抵天山，悉罩騎躬行撫賞，番人畏威懷德，至焚香獻酪以去。兩河旱，率屬步禱。不雨，乃爲文檄神廟曰：「御史某奉命西巡，未嘗受一錢、殘一人，至衍雨澤，神殛吾身，毋殄吾民。神血食兹土，不克請帝命，甦此方民，當告天子易爾位，絶爾祀！」檄焚，雨如注下，人呼爲「御史雨」。

清・計六奇《明季北略》卷二三　殺星降凡

萬曆三十三年乙巳，時十二月廿五日。大雪六日，至元旦始止，凡五尺。衆晨起，見遍地雪上有巨人足跡及牛馬蹄痕，深尺許，衆大異之。蓋即月孛諸凶神與所隨妖星馬匹，俱于大雪中下界，托生人世，故所至有足跡。是歲丙午五月，李自成生。

又　李自成入京城

三月十八，黄沙障天，旋風刮地，雷雨交作，賊營砲發，四面連珠砲轟轟不絶。賊造雲梯高五丈，城外週圍布置，凡數百張，令孩兒兵手持短刀，如猿猴狡捷，四面登城，逢人亂砍，城兵見之俱驚潰。百姓喧傳聖駕已出，文武百官俱换小民裝扮，各奔逃。頃刻，兒童婦女啼哭震天，天氣陰霾，日光悽慘。

清・計六奇《明季北略》卷二四　遼彝雜志

遼事之起三十年矣，每當破城殺將，天象必徵，靡不彰明較著也。當戊午發難，彗星亘天。四五年前，地生白毛，鬼哭于宫，近在簷際，遠則數丈，所稱鬼車馬者。民間鳴鑼發砲以駭之，去則旋來，竟夜乃止，尤爲史籍所不經見也。己未四月十九日，四路發兵，京師大風霾。余以計偕出飲友人家，坐小輿中，兩壯夫舁之，震蕩若在危濤中，掀播不已，雨沾衣，皆黄土也。既抵席，覩庭中火光赫然，咸謂設庭燎耳，實天色如赬下照也。酒散歸，衣巾皆染雨土。閲兩日，敗報至。遼東之破，余館于鄒平張師家。是日，忽大風蔽天地，覿面不相覩。廣寧之破，余亦計偕在都，連日風霾，東望但見黑氣蔽天而已。癸未、甲申之間，天變尤多，其最異者，雷擊奉先殿，雷火中焚，銅鐵皆鎔而下注，殛死內侍甚衆。甲申二月，寇漸逼都，余侄遊北雍，遽歸，至中途遇大風不止，拔木飛瓦，行人皆偃仆。天之示我何如也！惟南都之破無甚咎徵，豈天以爲不復可警，故置之耶？

清・計六奇《明季南略》卷一二 李成棟信豐再敗

己丑二月二十六日乙卯，李成棟出師南下。四更時，先發火器手三百人，責咐曰：「如前遇敵，盡發火砲，我爲後應。不爾，竟前走。」至黎明，杳無砲聲。衆皆曰：「火器軍往矣，吾當拔營披甲上馬。」言未畢，清兵殺入，滿營潰亂。蓋先發銃手前遇清兵，適欲舉火，忽暴雨突至，砲聲不發，三百人斫殺無遺，故爾寂然。成棟營後即係急流山澗，有見成棟被甲未完，乘一跛馬渡澗者。及過澗後，遍覓無有也。三月初七日丙寅，成棟與何騰蛟凶信同時報至肇慶，君臣大懼，大雨中晝夜逃徙，門户水火，悉皆冰釋，寂静者一月。至九月、十月，先後贈騰蛟中湘王，成棟寧夏王，聲恒□□王。永曆設壇掛帛，皆抆淚親祭。紙錁與千釣舟並大，以示酬忠。此出《粵事記》。【略】暴雨突至，砲聲不發，是天助清朝也。十月十八書。

清・吴任臣《十國春秋》卷一二《吴十二・列傳》 張軍師者，史失其名，雅善占筭。景福元年六月，孫儒圍太祖于宣州，前一日，軍師語太祖曰：明日當大水，亭午儒授首矣。時烈日曦赫，儒兵方張甚，軍中頗嗤其言。及詰旦，西北有雲，大如箕，漸漸彌漫，俄而澍雨，大水暴作。儒謂衆曰：城中大水將及我諸營，自顧無相救也。頃之水深丈餘，城内徑出兵邀擊儒營，因獲儒斬之。軍師言遂驗。

又 柳翁，饒州人。常乘小舟釣鄱陽江中，妻子亦不見其飲食，凡山川深遠與水族之類，無不周知。鄱人有漁釣者，咸諮訪後行。天祐中，吕師造爲饒州刺史，修城掘壕，至城北則雨，止役則晴。或問翁，翁曰：此下龍穴也，震動其土，則龍出穴而雨矣。掘之不已，霖雨行將爲患。已而畚鍤及數丈，其下霧氣衝人，不可入，果霖雨連旬不止。

清・查繼佐《罪惟録・列傳》卷八下 俞通海（元末）七月，漢圍南昌急，上大發兵，遇敵于康郎山。通海先諸將，乘風縱火，焚其舟。已上舟膠，幾爲所乘，通海飛舸至，水湧舟脱，猝射中漢驍將張定邊，敵退。相持數日不下。敵利巨艦若城墉。我舟小便馳驟，然往往被壓不起。通海常以首抵艦得脱，鐵盔盡裂。隨棹七舟，實葦火，乘風入敵，焚其戰艦數百，僞王友仁、友貴皆死。更以小舟冒敵入，我師遥望無所見，久之，意已盡没，忽飄飄繞出敵舟傍，我師震呼，奮擊，大敗之。敵且拔水寨而去，我軍柵罌子口，横截左蠡，不得出。

清・劉獻廷《廣陽雜記》卷二 三桂于近城設伏以防，巨象伏岡下。敵至，起而衝之，清兵披靡而走。交鋒者凡三路，馬寶軍大捷。餘殺傷略相當，呼聲動天地。血戰至日中，天忽大雨，交鎗不得開，各歛軍而退。三桂初意氣吞官山，先發十九路，餘軍駐岳麓，留爲更番地，不勝則後軍繼之，必平官山而後已。及見應貴傷，復值大雨，爲之奪氣。曰：天意不測。遂入城而守，清兵亦掘濠不復出。

清・劉獻廷《廣陽雜記》卷五 康熙二十七年平武昌塘報，六月二十四日，湖廣提督徐治都督兵馳抵金口。初遇賊，擊敗之，隨廣被殺僇。【略】至初二日，逆兵水路之船隻泊金口龍牀磯下達磨亭邊，陸路僞兵撲我營盤，密布山頭，施放鎗砲。自辰至酉，揣知蒲城已經投誠，于戌刻各處齊發，喊聲震天，攻近各營，被我兵鎗砲弓矢擊死甚衆。初三、初四，彼此對放鎗砲。初五日午刻，乘北風順便，又發沙船戰船三十餘隻。由北岸而上，順風放下，施放大砲，陸路大肆猖獗。見我官兵船隻搶風上迎，水陸嚴整，不敢親迎，又將船隻忽攏磯下，船兵上岸，齊力攻我營盤，臣督率兵將，登牆迎敵，殺死逆副將大小首領官數十員，逆兵不計其數，天晚方收兵，停未寸晷，又復攻犯各營。直至初六，晝夜截殺，鎗砲之聲聞四野。又初七日初更時分，乘暴風天黑，大隊齊犯，我兵衝敵數陣，擊退回巢。見今攻打不休，前後接戰六晝夜。

清・傅恒《歷代通鑑輯覽》卷五三《唐》（嗣聖十八年）三月雨雪。

蘇味道以雪爲瑞，帥百官入賀。殿中侍御史王求禮止之，曰：三月雪爲瑞雪，臘月雷爲瑞雷乎？味道不從。既入，求禮獨不賀，進言曰：今陽和布氣，草木發榮，而寒雪爲災，豈得誣以爲瑞，賀者皆諂諛之士也。武氏爲之罷朝。

清・傅恒《歷代通鑑輯覽》卷八六《宋》（紹興十年）東京副留守劉錡大敗金人于順昌，烏珠走汴。

初，錡赴東京，率所部自臨安泝江絶淮。至渦口方食，忽暴風拔坐帳，錡曰：此惡兆也，主暴兵。即下令，兼程而進，聞金人敗盟南下。錡與將佐舍舟陸行，先趨三百里至順昌城下。諜報東京已降，知府陳規見錡問計，錡曰：城中有糧，則能與君共守。規曰：有米數萬斛。錡曰：可矣。乃與規議，斂兵入城，爲守禦計。【略】錡遣閻充募壯士五百，夜斫其營。是夕，天欲雨，電光四起，見辮髮者輒殲之。金兵退十五里，錡復募百人往，或請銜枚。錡笑曰：無以枚也，命折竹爲嘂，如市井兒以爲戲者，人持一爲號，直犯金營。電所燭則奮擊，電止則匿不動，金兵大亂。百人者聞吹嘂聲即聚，金人益不能測，終夜自戰，積屍盈野，退軍老婆灣。【略】烏珠至城下，責諸將喪師，衆皆曰：南朝用兵，非昔之比，元帥臨城自見。錡遣耿訓約戰，烏珠怒曰：劉錡何敢與我戰，以吾力破汝城，直用靴尖趯倒耳。訓曰，太尉非但請戰，且謂太子必不敢濟河，願獻浮橋五所，濟而大戰。烏珠曰：諾。乃下令明日府治會食，遲明，錡果爲五浮橋于潁河上，置毒潁上流及草中，戒軍士雖渴死毋飲于河，時大暑，金人遠來疲敝，晝夜不解甲，人馬飢渴，食水草者輒病，往往困乏。錡士氣閒暇，軍皆番休，方晨氣清涼，按兵不動。逮未申時，忽遣數百人出西門接戰，俄遣數千人出南門，戒令勿喊，但以鋭斧犯之。統制官趙撙、韓直身中數矢，戰不肯已，士殊死鬬，入其陣，刀斧亂下，金兵大敗。是夕大雨，平地水深尺餘。明日，烏珠拔營而去，錡遣兵追之，死者數萬。

清・毛祥麟《墨餘録》卷四　大雪

江南地暖，松郡居海濱，東鄰日出處，氣候尤和。每歲雪時，大小皆以寸計。近惟咸豐十一年十二月二十七日，大雪三晝夜，深至四五尺，港斷行舟，路絶人跡，老屋草房，率多壓倒。時粵兵分股陷川南，歇浦以東，皆爲敵窟。方欲磨牙肆嚼，而爲雪所阻，遂踞巢不出。於是難民之乘機逃出者，以數十萬計。其被擄者，日使服役，夜則閉置樓上，時以雪地無聲，并免傷損，皆從牕中跳遁。因而得脱者，又不知凡幾，蓋天道好生，特降此雪，以拯民命也。余於除夜，獨坐未寢交子正見天忽開朗，星光輝映，殊覺氣象一新。同治建元歲朝，旭日當空，祥雲西至，萬民稱慶。余亦喜極，出門四望，見有二三村童，歌於道左曰：長毛無法無天，今交同治元年，快哉死在目前。余聞歌狂喜，幾欲頓足起舞，未幾而川南克復，松郡底定，迨蘇常報捷，賊巢盡傾，此誠萬民之幸，實聖上如天之福有以致之也。

雨蒼氏曰：李愬蔡州之雪所以立功，此特以之免難，滕六之作用神矣。其寫除夕光景，歲朝雲日，頓令讀者色舞。

海鳥占風

歲辛酉八月十九日夜間，滿城聞啼鳥聲，其音甚細，似近而遠，聞者毛髮灑然皆竪，在鄉間亦然。論者或主兵災，或云多癘。余以瀕海之鳥，恒宿沙際，值海風驟至，水漲拍岸，鳥翔空無所棲止。故哀鳴如是，此疾風暴雨之徵也，當於日内見之。翌日，瀕海果大風雨，二日始止。

清・嵇璜、劉墉等《續通志》卷二〇〇《宗室傳・元》　裕宗珍戬。【略】至元中，奉旨鎮北邊，叛王永和爾等望風請降。既而都勒斡徹伯爾諸王遣使求和，邊境以寧。嘗出征駐金山，會大雪，擁火坐帳内，謂左右曰：今日風雪如是，吾與卿處此猶有寒色，彼從士腰弓矢、荷刃周廬之外，其苦可知。

清・嵇璜、劉墉等《續通志》卷二一八《列傳・唐十八》　王晙。【略】（開元九年）故事，置于河曲，前日已寧，今無獨異。且往者頡利破亡，邊鄙安定，故降户不生他心。今虜未殄滅，此降人又皆戚屬，固不與往年同，臣竊以三策料之，悉其部落置内地，獲精兵之實，避黠虜之患，此上策也。亭障之下，蕃華參處，廣屯戍，爲備擬，費甚人勞，下策也。置之胡塞，滋成亂萌，此無策也。留待河氷恐，即有變。書未報，而虜已叛，乃勅晙將并州兵濟河以討之。晙間行，倍道卷甲捨幕夜趨山谷中，遇雪盛恐失期，仰天誓曰：晙若事君不忠，不討有罪，天所殛者，當自蒙罰，士衆何辜。心誠忠，而天監之，則止雪反風。以濟戎事。須臾雪止，時叛胡分二道走，晙自東道追及之，獲級三千。

清・嵇璜、劉墉等《續通志》卷二五二《列傳・唐五十二》　李晟。元和十二年十月十日，師夜起，以祐及忠義帥突將三千爲前鋒，自將三千爲中軍，田進誠以後軍殿。出文城栅，令曰：東趨六十里至張柴，殲其戍。敕士少休，復旆而出。吏請所向，愬曰：入蔡州取吴元濟。諸將失色。監軍泣曰：果落祐姦計。會大雨雪，天晦，凛風偃旗，馬慄縮，士抱戈，僵仆者道相望，陂澤阻奥，未嘗歷，皆謂投不測。然業從愬，人人無敢爲身謀。愬道分兵斷洄曲朗山路。自張柴行七十里，夜半達懸瓠城，雪甚，擊城旁鵞鶩池，以亂軍聲。祐坎墉先登，衆繼進殺門卒，發關，留擊柝者。雞鳴，雪止，愬入元濟外宅。蔡吏驚曰：城陷矣。【略】諸將請曰：始公敗朗山不憂，勝吴房不取，冒大風雪不止，孤軍深入不怯，而卒以成功，何也。愬曰：朗山不利，可弛其備。若取吴房，賊將并力守蔡，存之以分其兵。雪夜烽斷，莫知吾至深入，人有致死心，戰自倍。衆皆服。

清・嵇璜、劉墉等《續通志》卷四四三《列傳・金二十一》　伊喇布哈。【略】〔正大九年春正月〕癸巳，至沙河，元騎五千待於河北，金軍奪橋以過，元軍既西避，復南渡沙河。金軍欲盤營，元軍復渡河來襲。明旦元兵增及萬人，且行且戰，至黄榆店，雨雪不能進，盤營三日。丙申，近侍入軍傳旨，令悉赴京師，復有密旨云：近知張家灣透漏二三百騎，已達衛，孟兩省，當切防。領旨訖，軍即行，元軍前後以大樹塞其路，沃衍奪路，得之。軍遂進，至三峯山武高擁其西南。楊樊擁其東北，元兵俱却，張惠、陳達茂立山東望元兵二三十萬，約厚二十里，謀曰：此地不戰，欲何爲耶，乃率騎兵萬餘乘上而下擁之，元兵却，須臾雪大作，白霧蔽空，人不相覩。泥淖没脛，軍士僵立雪中。槍槊結凍如椽，有不食至三日者。元軍四外圍之，熾薪燔牛羊肉，更遞休息。乘金軍困憊，乃開鈞州路縱之走，而以生軍夾擊之。金軍遂潰，聲如崩山，忽天氣開霽，日光皎然，無一人得逃者。

清·嵇璜、劉墉等《續通志》卷四八三《列傳·元三十七》 王伯勝【略】大德五年，扈從上都，天久雨，夜聞城西北有聲如戰鼙然。伯勝率衛卒出視之，乃大水暴至，立具畚锸，集土石，甕闍以塞門，分決壕隍以泄其勢，至旦始定，丞相鄂勒哲以聞，帝嘉之。九年，以侍成宗疾，忤安西王，出爲大寧路總管，伯順亦出爲梁王傅。武宗即位，爲大都留守，兼少府監。

清·錢泳《履園叢話》卷五 書會寧令李君守城事

（乾隆四十九年四月十五日）郭城驛距城僅百里，有鄉倉，可貯粟萬石。堡懼爲賊所擊，率兵役營護之。行至五十里鋪，大雷雨，不得前，從泥濘中又行數里。時夜將半，昏黑莫辨，聞有舊吏王朝宰居此，遂於雨中扣門歇馬，且欲問訊，其家不敢留，亦不知有王朝宰者，但云：賊已至馬家堡，聞安定尉已死於賊，賊將至金壇坪，去此不過二里許，恐陷不測，請速行。堡曰：若果爾命也，如冒雨而進，則前路高山深穽，路更崎嶇，人馬一墮，當奈何。乃集隨從者，各持器械，以備賊來，堡獨坐土室中，衣帽淋灕，滅燈待旦。天既明，雨亦止，鄉民知邑宰來，咸荷鋤捍衛。又前行十餘里，遇有司馬荆公道乾奉檄運糧草牛羊馳至軍營者，謂之曰：城池倉庫，縣令事也，不宜前往矣。堡乃還。

清·段光清《鏡湖自撰年譜·咸豐十年》 咸豐十年庚申正月。【略】越日，聞寧國警信，乃調李軍赴四安。偏遭連日大雨，山溪水漲，又不能由餘杭一路進軍，再折回頭，多備船隻，由水道而進，即此已見不利矣。越日，更聞賊已過寧，軍門周天受不能禁，撫軍乃調余往守獨松關；一面奏明運司繆梓調度守城。余於二月十八日起程，帶廣勇二百名，尚多在寧波未來，余冒雨出師，路途泥滑，轎由桑地邊行，又被桑枝鈎轎難行，行李皆濕；傍晚渡河，未備燈燭，跌河中者有之。夜宿餘杭地方古廟，雨猶未息，即將一路景況函稟撫軍。嘆曰：霖雨東往，天以是彰古人之德，吾儕有何德可彰，而亦遇霖雨耶？五鼓，傳賊已抵湖州。天明，行抵黃村，聞李定太兵敗，賊已破安吉縣城。

清·屠寄《蒙兀兒史記》卷第五《古余克可汗本紀第四》 夏五月，熒惑犯房，左手諸王斡赤斤稱兵犯闕，可敦懼命，授甲選腹心，議西遷以避之。耶律楚材言其不可，乃命斡赤斤之子宿衛和林宫者，奉詔迎往。詰責舉兵之故。且和解之，會汗帥西北凱還之，師已次葉密立河。斡赤斤聞之，乃曰：吾來視喪，非有他也。時大雷雨，行帳水深數尺，遂與諸王引兵歸。

又 （至元三年）是歲漢北大旱，水泉盡涸，野艸自焚，牛馬什死七八，人不聊生。

清·畢沅《續資治通鑑》卷六《宋紀六》 （開寶四年二月）植廷曉謂崇岳曰：「北軍乘席卷之勢，其鋒不可當，吾士旅雖衆，然皆傷痍之餘，今不驅策而前，亦坐受其斃矣。」庚午，廷曉乃領前鋒據水而陣，令崇岳殿後，禦其奔衝。既而宋師濟水，廷曉力戰不勝，遂死之，崇岳奔還其柵。美謂王明曰：「彼編竹木爲柵，若篝火焚之，必擾亂，因而夾擊之，此萬全之策也。」遂分遣丁夫各持二炬，間道造其柵，及夜，萬炬俱發。會天大風，煙埃坌起，南漢兵大敗，崇岳死於亂兵，保興逃歸。

清·畢沅《續資治通鑑》卷七《宋紀七》 （開寶六年八月）一日，大宴，雨驟至，良久不止，帝怒形於色，左右皆震恐，普因言：「外間百姓正望雨，於大宴何損！不過沾濕供帳樂衣耳。百姓得雨，各歡喜作樂，適當其時，乞令樂官就雨中奏技。」帝大悦，終宴。普臨機制變，能回帝意類此。

清·畢沅《續資治通鑑》卷九《宋紀九》 （太平興國二年）梅山峒蠻首領苞漢陽等劫掠商人，禁之不止，命翟守素發潭州兵往討。先以詔諭之，漢陽拒命，八月，癸亥，詔守素進師。時霖雨彌旬，弓弩解弛，守素令削木爲弩，賊掩至，交射之，賊遂敗，乘勝逐北，盡平其巢穴。

清·畢沅《續資治通鑑》卷二七《宋紀二十七》 （景德四年十一月）辛巳，雨雪，帝謂王旦等曰：「瑞雪盈尺，來歲麥苗應有望也。」遂賜近臣飲于中書，又宴館閣官于崇文院，帝作《瑞雪詩》，令三館即席和進，兩制次日來上。

清·畢沅《續資治通鑑》卷四三《宋紀四十三》 （慶曆元年）朝廷既用韓琦等所畫攻策，先戒師期。知延州范仲淹言：「正月内起兵，軍馬糧草，動踰萬計，入險阻之地，塞外雨雪大寒，暴露僵仆，使賊乘之，所傷必衆。今鄜延路城壘，兵甲、糧草、士馬攻守之計已有次第，不患賊之先至，請俟春暖出師。賊馬瘦人飢其勢易制，又可擾其耕種，縱無大獲，亦不至有他虞。」

清·畢沅《續資治通鑑》卷四五《宋紀四十五》 （慶曆三年五月）戊子，雨，輔臣稱賀。帝曰：「天久不雨，朕每焚香上禱于天。昨夕寢殿中，忽聞微雷遽起，冠帶露立殿下，須臾雨至，衣皆沾溼。移刻雨霽，再拜以謝，方敢升階。自此尚冀槁苗可救也。」章得象曰：「非陛下至誠，曷以致天應若此！」帝曰：「比欲下詔罪己，徹樂減膳，又恐近於崇飾虛名，不若夙夜精心密禱爲佳耳。」

清・畢沅《續資治通鑑》卷四七《宋紀四十七》（慶曆四年十月）遼主欲還，蕭惠曰：「元昊忘奕世恩，萌姦計，車駕親臨，不盡歸所掠。天誘其衷，使彼來迎，天與不圖，後悔何及！」遼主從之，督數路兵掩襲。夏人已有備，詰旦，夏人列拒馬於河西，蔽盾以立，惠擊敗之。夏師退，惠麾先鋒及右翼邀之，夏師千餘人突出。大風忽起，飛沙眯目，蕭孝友一軍先亂。夏人乘之，遼師大潰，蹂踐而死者不可勝計。駙馬蕭呼敦舊作胡覩，今改。爲所執，遼主單騎突出，幾不得脫，元昊命勿追。

又（慶曆五年四月）夏，四月，丁亥朔，司天言日當食而陰晦不見，宰臣率百官稱賀。

是日，御崇政殿，録繫囚，遣監察御史劉元瑜等往三京疏決。御史李京言：「陛下因天戒修省，避正殿，減常膳，故精意感格，日當食而陰雲蔽虧。然臣竊有疑者，自寶元初，定襄地震，十年未已，豈非西北二邊有窺中國之意乎！二月雷發聲，八月收聲。今孟夏雷未發聲，豈非號令之不信乎！願陛下飭邊臣，備捍禦，戒輔臣，謹出命，以厭禍于未形。」

清・畢沅《續資治通鑑》卷五二《宋紀五十二》（皇祐四年七月）城被圍日久，戰數不勝。賊方舟數百，急攻南城，番禺令新喻蕭注，先自圍中出，募得海上强壯二千餘人，以海船集上流，未發；會颶風夜起，縱火焚賊船，烟焰燭天，大破之。

清・畢沅《續資治通鑑》卷五三《宋紀五十三》（皇祐五年春正月）初，賊諜知青宴樂，不爲備。是夜，大風雨，青既度關，喜曰：「賊不知守此，無能爲矣。彼謂夜半風雨，吾不敢來也。」遂出歸仁鋪爲陣。戊午，賊悉其衆列三鋭陣以拒官軍，執大盾、標槍，衣絳衣，望之如火。及戰，前軍稍卻，右將開封孫節死之。賊氣鋭甚，沔等懼失色。【略】智高夜縱火燒城遁，由合江入大理國。

清・畢沅《續資治通鑑》卷五四《宋紀五十四》（至和元年九月）知諫院范鎮言：「【略】累日以來，日色不光，天氣沈陰，欲雨而不雨，此邪人用事之應，而忠良之情不得上通也。陛下宜以察所争四事下中書、樞密大臣詳正是非，付有司依公施行，復察所任，庶幾上應天變，下塞人言。」

清・畢沅《續資治通鑑》卷五五《宋紀五十五》（至和二年四月）知制誥劉敞言：【略】「臣前論吴充、馮京謫官，面蒙宣諭本末，臣即言：若如此，則是大臣蔽君之明，專君之權，而擅作威福也。必恐感動陰陽，有地震、日食、風霧之異。今臣竊聞鎮戎軍地震一夕三發，去臣所言五日之内耳；又，京師雪後昏霧累日，復多風埃，太陽黄濁，此皆變異之可戒懼者。陛下宜深究天地之意，收攬威權，無使聰明蔽塞，法令不行，則足以消伏災異矣。」

清・畢沅《續資治通鑑》卷八四《宋紀八十四》（紹聖元年）是月，遼都統額特勒進討準布，乘天大雪，擊敗瑪古蘇之衆并其四别部，斬首千餘級。

清・畢沅《續資治通鑑》卷八八《宋紀八十八》（崇寧三年四月）壬子，厚、貫遣選鋒五將前行，中軍渡河而北，繼永年之後。張誡夾河而行，日未出，至賊屯所。【略】張誡以輕騎涉河，擣其中堅，取谿賒羅撒之旆及其黄屋，乘高而呼曰：「獲賊酋矣！」諸軍鼓聲震地。會暴風從東南來，塵大起，賊軍不得視，我軍士乘勢奮擊，自辰至午，賊軍大敗，追北三十餘里。谿賒羅撒單騎趨宗哥城，城閉不納，遂奔青唐；諸將争逐之，幾及，會暮而還。

清・畢沅《續資治通鑑》卷九一《宋紀九十一》（政和四年十一月）遼都統蕭嗣先等將步騎諸軍會於鴨子河北，阿古達帥衆來禦。未至鴨子河，會夜，阿古達方就枕，若有扶其首者三，寤而起，曰：「神明警我也。」即鳴鼓舉燧而行。黎明，及河；遼人方壞陵道，阿古達選壯士千人擊走之，因帥衆繼進，遂登岸，與遼兵遇於出河店。會大風起，塵埃蔽天，阿古達乘風奮擊，遼兵潰。逐至斡論濼，殺獲不可勝計，遼將士得免者十有七人。

清・畢沅《續資治通鑑》卷一〇七《宋紀一百七》（建炎四年四月）先是宗弼在鎮江，世忠以海舟扼于江中，乘風使篷，往來如飛，乃揭榜募人獻所以破海舟之策。有福州王某，僑居建康，教金人于舟中載土，以平板鋪之，穴船板以櫂槳，俟風息則出江，有風則勿出，海舟無風，不可動也，以火箭射其篛篷，則不攻自破矣。一夜造火箭成，及是引舟出江，其疾如飛，天霽無風，海舟皆不能動。世忠舟師，本備水陸之戰，每舟有兵，有馬，有家屬，有輜重。金人以火箭射其篛篷，火烘日曝，人亂而呼，馬驚而嘶，被焚與墮江者，不可勝數。所焚之舟，蔽江而下，金人鼓櫂，以輕舟追襲之，金鼓之聲，震動天地。統制官、右武大夫、成州團練使孫世詢，武功大夫、吉州防禦使嚴永吉，皆力戰死。世忠與餘軍至瓜步，棄舟而陸，旋還鎮江聚兵，沿江避兵之人，往往取其糧食，亦有得軍儲銀帛者，宗弼乃得絶江遁去。後贈世詢五官，永吉四官，仍並爲承宣使，録其子。世詢，開封人也。【考異】趙雄撰《世忠碑》載此事，但云風弱帆緩，敵得以輕舸渡去，全不載世忠敗績及金人火攻等事，蓋諱之也。孫覿作《世忠墓誌》云敵乘南風縱火抗舟師，差近事實。今從沈與求劾范宗尹章疏，趙甡之《遺史》及《中興姓氏録》、《世詢傳》修入。

清·畢沅《續資治通鑑》卷一〇八《宋紀一百八》（建炎四年十月）甲申，言者論防海利害，有可慮者三，不足畏者三。大略謂：「海道風帆，瞬息千里，舟師猝至，勢難支吾；又，出没示疑，牽制我師，揚旗伐鼓，中夜而至，我若驚潰，彼計得行：此可慮者三也。冒涉洪濤，敵衆方病，乘其未定，易以進擊；又，或爲風阻，咫尺不前；港道回曲，加以泥濘，其隙易乘：此不足畏者三也。由是言之，無備則可慮，有備則弗畏。今莫若委沿海巡尉及民社，分地防扼。大抵海舟不能齊一，及其未集而擊之，必可成功。」從之。

清·畢沅《續資治通鑑》卷一二三《宋紀一百二十三》（紹興十年六月）時天大暑，敵遠來疲敝，晝夜不解甲。錡先遣毒潁水上流及草中，戒軍士雖渴死，毋飲于潁。金士馬飢渴，食水草者輒病，往往困乏。錡士氣閒暇，軍皆番休更食羊馬垣下。方早涼，錡按兵不動；未申間，忽遣數百人出西門；金兵方接戰，俄以數千人出南門，戒令勿喊，但以短兵極力與戰。統制官趙撙、韓直皆被數矢，戰不肯已，錡急令扶歸。士殊死鬬，入敵陣中，斫以刀斧，至有奮手捽之，與俱墜于濠者。金兵大敗，殺其衆五千，横屍盈野。宗弼乃移寨於城西，掘塹以自衛，欲爲困官軍之計。是日大雨，平地水深尺餘，錡遣兵劫之，上下皆不寧處。

清·畢沅《續資治通鑑》卷一二四《宋紀一百二十四》（紹興十一年二月）丁亥，淮北宣撫副使楊沂中、判官劉錡，淮西宣撫司都統制王德，統制官田師中、張子蓋，及金人戰于柘皋鎮，敗之。

前一日，錡行至柘皋，與金人遇，夾水而軍。初，金人之退兵也，日行甚緩，至尉子橋，天大雨，次石梁河，河湍瀑，敵斷橋以自固，列營柘皋。

清·畢沅《續資治通鑑》卷一三四《宋紀一百三十四》（紹興三十一年八月）甲寅，浙西馬步軍副總管李寶，以舟師三千人發江陰。

先是，寶自行在還，即謀進發，軍士爭言西北風力尚勁，迎之非利，寶下令：「大計已定，不復可摇，敢有再出一語者斬！」遂發，徽猷閣直學士、知平江府洪遵竭資糧器械濟之。放蘇州大洋，行三日，風怒甚，舟散漫不得收。寶慷慨謂左右曰：「天欲以試李寶耶？此心如鐵石，不變矣！」即酹酒自誓，風亦隨止。退泊明州關澳，追集散舟，不浹旬復故。而裨將邊士寧自密州還，言魏勝已得海州矣，寶大喜，促其下乘機速發，而大風復作，波濤如山者經月，未得進。

清·畢沅《續資治通鑑》卷一三五《宋紀一百三十五》（紹興三十一年十月）金舟泊唐家島，寶舟泊石臼山，相距三十餘里，而北風日起，寶憂之。有大漢軍水手數百來降，大漢軍，所簽上等户也，皆富豪子弟，寶問之，得北軍事實。裨將曹洋請逆戰，知朐山縣高敞曰：「不可。彼衆我寡，宜避之。」洋曰：「彼雖衆，皆不諳海道。且降人云女直在船中惟匍匐而睡，略不能動，雖衆何爲！況我深入至此，前逆大敵，欲退，其可得乎！」寶伺金人未覺，遣洋與裨將黄端禱于石臼神祈風，夜漏將盡起碇，南風漸應，衆喜，争奮。俄頃，薄敵船，鼓聲震疊，金人失措。金帆皆以油纈爲之，舒張如錦繡，綿亘數里，忽爲波濤卷聚一隅，窘蹙無復行次。船中有火起者，寶命以火箭射之，著其油帆，烟焰隨發，延燒數百艘。火不及者猶前拒，寶進軍躍登其舟，短兵擊刺，殪之舟中，其簽軍脱甲而降者三千餘人。獲其副都統、驃騎上將軍、益都府總管完顔正嘉努（舊作鄭家奴）等五人，斬之。保衡舟未發，亟引去；獲倪詢等三人及金詔書印記，與器甲、糧斛以萬計。

清·畢沅《續資治通鑑》卷一三七《宋紀一百三十七》（紹興三十二年四月）契丹斡罕率衆西走，金右副元帥默音追及之於霧淞河。【略】後軍畢至，左翼輕騎兵先與賊接戰，據上風縱火，乘煙擊金軍。金步兵亦至，併力合戰，凡十餘合，金兵苦風煙，皆植立如癡。會天雨風止，金兵奮擊，大敗之。圖克坦克寧追奔十五里，賊前阨谿澗，不得亟渡，多殺傷。賊既渡，金兵亦渡。少憩，賊反旆來攻，克寧以大軍不繼，令軍士皆下馬射賊。賊引卻而南，克寧亦將引而北。士未及騎馬，賊復來衝突，金兵少卻，回渡澗北。金軍大隊至，斡罕遂引去。

又（紹興三十二年六月）賊軍三萬騎，涉水而東，大軍先據南岡，左翼軍自岡爲陣，迤邐而北，步軍繼之，右翼軍繼步軍北引而東，作偃月陣，步軍居中，騎軍據其兩端，使賊不見首尾。時昏霧四塞，跬步莫覩物色，忠義禱曰：「狂寇肆暴，殺戮無辜，天不助惡，當爲開霽。」奠已，昏霧廓然。賊見左翼據南岡，不敢擊，擊右翼軍，扎拉力戰，賊稍卻。志寧與瓜勒佳清臣等合戰，賊大敗，將涉水去，泥濘不得亟渡，金兵逐北，人馬相蹂踐而死，不可勝數。

清·畢沅《續資治通鑑》卷一四六《宋紀一百四十六》（淳熙六年三月）金

主將如金蓮川，有司具辦。薛王府掾絳人梁襄上疏極諫，其略曰：「金蓮川在重山之北，氣候殊異，仲夏降霜，一日之間，寒暑交至，與上京、中都不同，非聖躬將攝之所。凡奉養之具，無不遠勞飛輓，其費數倍。至於頓舍之處，車騎填塞，主客不分，馬牛風逸，臧獲逋逃，奪攘蹂躪，未易禁止。公卿、百官、衛士，富者車帳僅容，貧者穴居露處，輿臺皁隸，不免困踣，飢不得食，寒不得衣，一夫致疾，梁及家人，夭殤無辜，何異刃殺！此特細故耳，更有大於此者：臣聞高城浚池，深居邃禁，帝王之藩籬也；壯士健馬，堅甲利兵，帝王之爪牙也；今行宮之所，非有高殿廣宇城池之固，是廢其藩籬也。挂甲常坐之馬，日暴雨蝕，臣知其必羸瘠；禦侮待用之軍，寒眠冷啖，臣知其必疲瘵；衛宮周廬，才容數人，一旦霖潦，衣甲弓刀，霑濕柔脆，豈堪爲用！是失其爪牙也。秋杪將歸，人已疲，馬已弱矣，裹糧已空，褚衣已敝，猶且遠幸松林，以從畋獵，行于不測之地，往來動踰數月。設烈風暴至，塵埃漲天，宿霧四塞，跬步不辨，以致翠華有崤陵之避，襄城之迷，百官狼狽於道途，衛士參錯於隊伍。所次之宮，草略尤甚，殿宇周垣，惟用氈綈。押宿之官，上番之士，終日驅馳，加之飢渴，已不勝倦，更使徹曙巡警，露坐不眠，精神有限，何以克堪！陛下悦以使人，勞而不怨，豈若不勞之爲愈也！

清・畢沅《續資治通鑑》卷一六二《宋紀一百六十二》（嘉定十四年）五月，額爾克引衆還。距淮二十里，諸軍將渡，全矯稱密詔，諸軍且留收淮南麥。遂下令，人獲三石以給軍，衆惑之。留三日，額爾克謂全曰：「今淮水淺狹，可以速濟。若值暴漲，宋乘其後，將不得完歸矣。」全力拒之。是夕，大雨，淮果暴漲，乃爲橋以渡；南軍襲之，全兵大敗。橋壞，全以輕舟先濟，士卒皆覆没，金之兵財由是大竭。金主詔數全罪，誅之。

清・畢沅《續資治通鑑》卷一六七《宋紀一百六十七》（紹定六年七月）珙料仙勢窮蹙，必上岵山絶頂窺伺，乃令樊文彬駐軍其下。已而仙衆果登山，文彬麾旗，伏兵四起，仙衆失措，枕藉崖谷，殺其將烏沙惹，擒七百三十人，棄鎧甲如山。薄暮，珙進軍至小水河。儀（還）言：「仙謀往商州依險以守，然老稚不願北去。」珙曰：「進兵不可緩。」夜，漏下十刻，召文彬等授方略，丙辰，蓐食啓行。時積雨未霽，文彬患之，珙曰：「此雪夜擒吴元濟之時也。」策馬直至石穴，分兵進攻，自寅至巳，破之。仙走，追至鮎魚砦，仙望見，易服而遁。

清・畢沅《續資治通鑑》卷一六八《宋紀一百六十八》（端平二年九月）友聞計以寡擊衆，非乘夜出奇，内外夾擊不可，乃遣弟萬及友諒引兵上雞冠隘，多張旗幟，示敵堅守，自選精鋭萬人夜渡江，密往流溪設伏，約曰：「敵至，内以鳴鼓舉火爲應，外呼殺聲。」蒙古兵果至，萬出逆戰。蒙古巴圖魯及塔爾海，帥步騎萬餘人往來搏戰，矢石如雨，萬身被數創，令諸軍舉烽。友聞分所部爲三以禦敵，親帥精兵三千人疾馳至隘下，先遣統領劉虎，師敢死士五百人衝敵前鋒，不動。友聞乃伏三百騎道旁，而令虎銜枚突陣。會大風雨，諸將請曰：「雨不止，淖濘没足，宜俟少霽。」友聞叱曰：「敵知我伏兵在此，緩必失計。」遂擁兵齊進。西軍素以綿裘代鐵甲，經雨濡濕，不利步鬭。黎明，蒙古以鐵騎四面圍繞，友聞歎曰：「此殆天乎！吾有死而已！」於是血戰愈厲，與萬俱死，軍盡没。蒙古兵遂長驅入蜀。事聞，賜友聞謚毅節。

清・畢沅《續資治通鑑》卷一六九《宋紀一百六十九》（嘉熙元年十月）昆布哈攻黄州，孟珙引師救卻之。遂攻安豐，杜杲繕完守禦。蒙古以火攻，焚樓櫓，杲隨陷隨補。蒙古招敢死士爲巴圖魯，攻城以自效，杲募善射者，用小箭射其目，巴圖魯多傷而退。蒙古填濠爲二十七壩，杲分兵扼壩，蒙古乘風縱火。俄而風雪驟作，杲募壯士奪垻路，士皆奮躍力戰。會池州都統制安豐吕文德突圍入城，合力捍禦，蒙古兵遂引還。

清・畢沅《續資治通鑑》卷一七九《宋紀一百七十九》（咸淳五年秋，七月）初，貴率衆援襄、樊，乘春水漲，輕兵部糧至襄陽城下，懼蒙古軍掩襲，與吕文焕交語而還。及秋，大霖雨，漢水溢，貴分遣舟師出没東岸林谷間。阿珠謂諸將曰：「此虚形，不可與戰，宜整舟師以備新城。」明日，貴果趣新城，至虎尾洲，爲蒙古萬户解汝楫等舟師所敗，士卒溺漢水死者甚衆，戰艦五十艘皆没。范文虎以舟師援貴，至灌子灘，亦爲蒙古所敗。文虎以輕舟遁。

清・畢沅《續資治通鑑》卷一八〇《宋紀一百八十》（咸淳八年十月）元劉整築新門於鹿頭山，使千户隨世昌總其役。樊城出兵來争，且拒且築，不終夜而就。整授軍二百，令世昌立礮簾於樊城攔馬牆外。夜大雪，城中矢石如雨，軍校多死傷，達旦而礮簾立。南師列艦江上，世昌乘風縱火，燒其船。樊城出兵鏖戰攔馬橋下，世昌流血滿甲，氣愈壯，南師退入城。

清・畢沅《續資治通鑑》卷一八三《元紀一》（至元十三年）八月，己巳，穿武清蒙村漕渠。

揚州既破，元兵攻真州益急。宋都統司計議趙孟錦，乘霧襲其營，少頃，霧開，營中見孟錦兵少，逐之，孟錦登舟，失足墮水死，城遂破。安撫使苗再成死之。

清·畢沅《續資治通鑑》卷二〇四《元紀二十二》（致和元年九月）壬午，天大霧，旺沁等竄身山谷；癸未，集散卒復來戰。雅克特穆爾率師駐白浮西，堅壁不動。是夜，又命薩敦前軍繞其後，部曲巴都爾壓其前，夾營吹銅角以震盪之，敵亂，自相擊，已乃西遁。遲明，追及於昌平北，斬首數千級，降者萬餘人。

清·畢沅《續資治通鑑》卷二一〇《元紀二十八》（至正十二年春正月）總管李黼，雖孤立，辭氣愈奮厲。時黄梅縣主簿伊蘇特穆爾願出擊賊，黼大喜，向天瀝酒與之誓。【略】黼還，謂左右曰：「賊不利于陸，必由水道以舟薄我。」乃以長木數千，冒鐵錐于杪，暗植沿岸水中，逆刺賊舟，謂之「七星樁」。會西南風急，賊舟數千，果揚帆順流鼓譟而至，舟遇樁不得動，進退無措，黼帥將士奮擊，發火翎箭射之，焚溺死者無算，餘舟散走。行者上黼功，拜江西行省參政，行江州、南康等路軍民都總管，便宜行事。

清·畢沅《續資治通鑑》卷二一一《元紀二十九》（至正十二年九月）賊復來攻，命王惟恭列陣待之。鋒始交，出小艦從旁橫擊，大破走之，進據清水灣。伺者告賊艦至自上流，順風舉帆，衆且數十倍，諸將失色，桑節曰：「無傷也。風勢盛，彼倉猝必不得泊。但伏橫港中，偃旗以待，俟過而擊之，無不勝矣。」風怒水駛，賊奄忽而過，乃命舉旗張帆，鼓譟攻之，官軍殊死戰，風反爲我用，又大破之。時賊久圍安慶，捷聞，遽燒營走。進復湖口縣，克江州，留兵守之。

清·畢沅《續資治通鑑》卷二一四《元紀三十二》（至正十八年）七月，丙辰，吳總管胡通海等襲破九華山寨。

時寨首鮑萬户，有衆二千，據險自固，四面設礮石機弩，兵不能進。通海乃引兵潛由磴道攀援魚貫而上，因風縱火燔其寨，遂克之。

清·畢沅《續資治通鑑》卷二一五《元紀三十三》（至正二十年五月）乙丑，友諒舟師至大勝港，楊璟整兵禦之。港狹，僅容二舟入，友諒以舟不得並進，遽引退，出大江，徑衝江東橋，見橋皆鐵石，乃驚疑，連呼老康，無應者，知見紿，即與其弟友仁率舟千餘向龍灣，先遣萬人登岸立柵，勢甚鋭。時酷暑，公衣紫茸甲，張蓋督兵，見士卒流汗，命去蓋。衆欲戰，公曰：「天將雨，諸軍且就食，當乘雨擊之。」時天無雲，人莫之信。忽雲起東北，須臾，雨大注。赤幟舉，下令拔柵，諸軍競前拔柵，友諒麾其軍來爭。戰方合而雨止，命發鼓，鼓大震，黄幟舉，國勝，遇春伏兵起，達兵亦至，德勝、虎舟師並集，内外合擊，友諒軍披靡，不能支，遂大潰。兵走登舟，值潮退，舟膠淺，猝不能動，殺溺死無算，俘其卒二萬餘，其將張志雄、梁鉉、喻興、劉世衍等皆降，獲巨艦百餘艘。友諒乘别舸脱走，得茂才書於其所棄舟卧席下，公笑曰：「彼愚至此，可嗤也！」

清·畢沅《續資治通鑑》卷二一七《元紀三十五》（至正二十三年七月）時友諒悉巨舟連鎖爲陣，旌旗樓櫓，望之如山，吳舟小，不能仰攻，連戰三日，幾殆。右師卻，公命斬隊長十餘人，猶不止，郭興進曰：「非人不用命，舟大小不敵也。此非火攻不可。」公然之。至晡，東北風起，公命以七舟載火藥其中，束草爲人，飾以甲冑，各持軍器，若鬬敵者，令敢死士操之，備走舸於後。將迫敵舟，乘風縱火，風急火烈，須臾而至，其水寨數百艘悉被焚，煙燄張天，湖水盡赤，死者大半，友諒弟友仁、友貴及其平章陳普略等皆焚死。師乘之，又斬首二千餘級。友仁，即所謂五王也，眇一目，有智數，驍勇善戰。至是死，友諒爲之喪氣。普略，即新開陳也。

著録

北周·庾季才《靈臺秘苑》卷四《氣》 帝王氣

帝王氣。氣内赤外黄，或赤雲如龍，若有遊幸處，其地先見此雲霧。或如城門隱，或如千石倉，皆常帶殺氣，森森然如華蓋。或加五色，多在晨昏見，則如山鎮或如高樓。又如青衣人垂手，在日西。又如黿、鳳、大人，有五色。又營上氣，如龍馬。或雜色，鬱鬱冲天，其氣多上達於天，以旺相日見。

猛將氣

凡用兵皆占其氣。兩軍相當，氣發其上，如龍如虎，在殺氣中。將欲行動，亦先發此氣。若無行動，亦有暴兵動。或白如粉沸，或如火煙，或如火光狀，夜照人。或白而赤氣繞之，或如山林竹木，或紫黑氣，如城門上樓。或上黑下赤，狀如旌旗。又如張弩，或如塵埃，頭鋭而卑，後大而高。又如困倉，正白見愈明。或青白如膏，將勇大戰。前白後青而膏，將弱士勇。前大後小，將怯不明。又黑氣中、赤氣在前者，將悍勇不可當；若青疎散者，將怯弱。或氣發漸變如作山形者，其謀深。又如蛟蛇向人，其將勇不可當。若上我軍上，戰必大勝。凡氣上與天連，軍中有名將。

軍勝氣

凡兩軍相當，營之上雲如三疋布帛，前廣後大，軍行氣也。或如索牛，或如鬪鷄，赤白相隨在軍中。或如日月，而赤氣繞之，如日月暈狀，若雲，或氣又在中天及軍上，常有此氣不變；或如華蓋，如飛鳥去，如旌旗，如搶向人；如馬頭低，尾仰如狗；如山引索；如陣前鈴，或一，或三四。黑色，有陰謀；青色，兵有反；赤，飢；黃，急。赤氣，如堤、如坂，前後摩地。或如山堤，如林木，如大蓋，如布疋，如旌旗，如粉沸樓臺。赤氣，或氣如覆舟，或發黃氣，或赤黃上達於天，或五色上與天連。其氣上小下大，如杵臼，如堤，如覆舟。前赤後白，氣鈐色黃白團而澤，或黃白重厚，潤澤如埃塵。前下後高，或如乳虎豹伏，如飛鳥徘徊其上；或來而高者，應有黑氣出上，有赤氣臨我軍上，敵强我弱，弱能破强，小能擊大，大戰勝，小戰不勝。望四方，有氣如赤鳥在烏，人在赤氣中，如杵在烏雲中，如人牛伍，如旌旗在烏雲中，有赤氣在前者。凡雲氣似虎在敵上，若有此氣，將卒精悍，不可攻戰；若在我軍，急擊大勝。或如人持釜，或如蛇舉首，皆向敵，或如塵埃粉沸，其色黃白，如旌旗無風颺而揮向敵，我軍大勝。

軍敗氣

凡氣上黃下白，名喜氣。所臨之軍，欲求和退。若氣在地，求退；在北，其衆死散；向東，則不可信，則爲害；向南，將死。敵上氣囚廢枯散，或如馬肝，或如死灰，或類偃魚乍見乍没，乍聚乍散，如霧起，上大下小，士卒自滅。或十日無氣發其上，或赤白氣乍出即滅，外聲欲戰，其實欲退。黑氣如壞山墮軍上，名營頭；或如牛馬從霧氣中漸入軍，名天狗下倉人血；或如樓臺，中有黑雲如牛、如猪、如羣猪在氣中欲發氣，連夜照人，軍士散亂，出而乍絶，欲敗。漸進者走，一絶一敗，三絶三敗。在東發白氣者，灾深。氣如雙蛇，或守日氣如粉，如塵勃，如烟，或五色雜亂，或東西南北不定；或蒼氣須臾散，如羣鳥亂飛；或如乘衣，如人相逐紛，如轉蓬，如揚灰，如捲蓆，如疋死城降。城上有雲，如人頭赤色，下多流血。或赤氣如飛鳥，如敗軍及無雲氣，或赤黑氣若狸雜斑及正赤，或氣上赤而下白，或氣聚如樓出見，如灰氣，而北城可克。其氣出復入城中，人散逃亡；其氣東城，可攻；其氣西城，可降；其氣出而復，其軍必病；氣出而高無所止上，日月久長，有從城入兵，欲盜攻。又攻城黑雲臨城者，積兵固險之象。有白氣如蛇來指敵，可急攻，小勝。白氣從其來指(或)〔我〕營，宜急固守。白氣來繞城，而入攻者隨所急攻之，小遲緩則失之。從其城來入我營者，宜急固守。攻城，日色無光爲日死。若雨濛、霧風至，兵勝。如雄雉臨城其下，必有降者。濛氣圍城而入城者，外兵勝。圍城而有蛟形，頭向内降，城可攻。有屈虹從外入城中，三日内城可屠。重暈而白虹貫日，圍城客勝。

伏兵氣

凡軍上有氣，渾圓長而黑也，有赤氣在其中，或烏氣後有白氣，或如山岳在外，並爲伏兵。白氣粉沸起，如樓臺，其兵有伏萬人者。氣紛綿相絞，或如蒿草蓬轉，乃車騎爲伏。又如布席及似蒿草，乃步兵爲伏。如幢節在烏雲中，或如烏、人在赤雲中，黑氣帶赤在營南，賊逃我後，有伏兵。謹候視之，覆之無餘。兩軍相當，赤氣所在處，其下有伏兵。

暴兵氣

如瓜蔓連結，步隊相逐，須臾罷而復出，來而不斷，如仙人衣，千萬連結，步隊相逐，須臾罷而復起，如是八九者常有千里兵來。黑雲從敵上來之我軍上者，欲襲我也。敵人告發，宜散不宜戰。天色蒼茫而有此氣，依日支干數内無風雨，則所發之方，必有暴兵。日尅時則凶，時尅日自消散。此氣所發之方，當有使人有如亂攘。兩軍相去十里以内、三里以外，望軍上氣前白後青，散雲如覆船、車蓋，如人頭，或蓋頭蒙蔽，晝暝暮昏，飯不及熟，兵須急出。如鷄兔，如人卧，如敗軍，如擊牛，如死蛇、飛鳥；決如堤垣，如壞屋，如人相指，如人無頭，如驚鹿相逐，如兩鷄相向，皆爲敗氣也。氣炎炎降於天，赤氣隨天流下入軍亂將死。凡降人之氣，十五乂手低頭，又如人乂手相向，又如羣鳥趨入屯營，連結百餘里不絶而徘徊，須臾不見，如黑衣，以黃爲緣，氣青而高，漸黑者，將欲死。敗軍之氣，如熢生草烟，前雖鋭，後必退。黑氣臨營，或聚或散，如鳥將宿，敵人畏我，心不定，終必逃遁，逼之大勝。若在我軍，宜善撫士卒。軍上凡白虹或蜺見，或入營，或見日傍犯，如道之直，或屈，皆爲敗氣。

城勝氣

青氣臨城，有雨，喜；塵黃，則尤甚。凡青雲白氣從城中南北起，或黃氣東出，白氣從中出，青氣(比)〔北〕入反還回我，甲乙日平旦有白雲，丙丁日有烏雲，餘皆然。或白氣如旌旗，若赤界或有雲分爲雙彗狀，或氣不見於外，或青氣如牛觸人，或城上氣出無極如烟火，或如雙蛇，或後高前卑不及，皆可攻。凡攻城，有諸氣城中出入，吉。軍上者，有敵家氣也。濛氣繞城不入者，外兵不得入。若過句雷雨，速去之，勿攻。日暈、白虹貫日，及氣前高後卑，其城可攻拔。城上氣出外如大烟者，人將散，出戰。日暈有青赤氣從中起四出者，圍城中勝。赤氣出，如杵向外，或中有雲青色，如星暈精，皆爲内兵突出。

屠城氣

赤氣在城上，黄氣四面繞之，城中大將來告急，氣一條則一使；氣散滿一方，則有衆來依；日支干數内有風雨，則止。四方清浄，獨有赤雲赫然，及壬子日候四方無雲，獨見赤雲如旌旗，其下有兵；若遍四方，有大兵起。若四望無雲，獨有黑雲極天，兵大起；半天者，兵半起，名曰天溝。三日内有雨，則解。若敵欲來時，其氣上有雲，下有霧零，中天而下，敵人必至。如旌旗，如行人，如虎文，或如人持刀盾，如人，赤色，所臨之處，有卒兵至。驚佈雲疾，如赤雲，似人持節，兵來未息。白虹出長晝，雲如方虹，或如赤虹，或如人形，皆爲暴兵。赤雲如火，所向兵至。白雲如疋布絓丑未，天下兵及，赤氣尤甚。白氣廣六尺，東西一亘，大兵。火起青者，有喪。白雲氣如帶，如道路，有暴兵。雲氣如蠻人列陣，天下兵起。雲氣如虎豹，三五相聚，國兵起。

戰陣氣

青白如脂膏，如人無頭，如死人卧，如舟蛇，赤氣隨之，如畊隴，四望無雲，獨有赤雲如狗入營，或如立蛇，或如覆舟，其下大戰。初出軍日，天氣昏漠，雲氣陰沉寒克者，必戰。天氣清朗温和，風塵不動者，不見敵，無戰。有青氣見軍之王相上者，當城交戰。不見者，不戰。千里内吉，外則憂。赤氣如傘蓋覆軍上，當有戰。赤氣屈旋停住，或白氣如車入北斗轉移者，下有血流，將死。日暈有白氣若虹交見者，從上擊下，勝。無暈而見，兩軍相當，必戰。白虹五四六十一者，占亦如之。日傍有缺，萬人死於其下。

圖謀氣

白氣羣行，或如羣羊徘徊結陣來者，敵使來有謀，隨其所往擊之，勝可得。日月濛濛無光，士卒内亂及内兵發。將軍循法度，察有功，止嚴刑而同奸人謀議。天氣陰沉不雨，晝不見日，夜不見星，二日以上，將軍慎左右、察敵使。陰沉五日至七日以上，奪其權，又謀殺事。陰沉十日，不見日月，亂風四起，欲雨不雨，名曰濛，臣有謀。陰沉日月俱無光，不見日月星，如雲障之不雨，君臣相謀。晝暝夜昏，臣有謀。夜暝晝昏，君有謀。星氣如幢出，如營中，上黑下黄，敵欲求戰，而有深謀。九日之内必覺，宜備之。黑氣如車轉行，敵有謀，亂臣與外人私通也。黑氣游行中舍，五色臨我軍上，敵與諸侯合謀，必然自敗。

軍中雲氣雜占

凡兩軍相當，軍上雲氣高勝低，厚勝薄，澤勝枯，實勝虛，徐勝疾，長勝短。軍上氣安，則軍亦安；氣不安，則軍亦不安。氣二，則軍亦二；氣三，則軍亦三，他同。氣散，則軍破。凡欲知我軍氣，以甲乙及庚子辰戌丑未庚日，八月十八日去軍十里，高高望之可見，依此占之。百人之上皆有氣，對敵有雲來，甚卑不甚勝。陰覆人上，掩溝蓋道而來，是大敵將至，食不待起，炊不及熟，宜急起備之，不可少緩。敵在東，日出候之；在南，日中候之；在北，夜半候之；在西，日夕候之。赤氣狀如疋帛，廣長數十丈，其下色黄白，軍必叛。昏見，在臣佐；夜見，在兵。青氣入營，兵弱驚；赤，乃兵暴驚；黄，則兵和解；白，則兵强；黑，則疾病及兵自相殘，宜急移營。如蛟龍，所見之處，將軍失魄。氣如死人頭，在營上，敵人有所見，且降許之不許，必戰。功雖成，士卒多死。黑氣如積土，在我軍上，敵來襲我，我軍堅守。經月，敵心離，離而後戰，必大勝。黑氣中行，中含黄氣，在吾軍者，急舉兵。不則，士卒懼，有逃心，罷軍則吉。白雲如鷄兔臨軍中，軍亡死。黄氣臨營，西向，若戰，並凶；北向，吉。凡遇四方盛氣，所向之戰，甲乙青氣在東方之類。凡旺氣所臨，將盛兵强，宜防察。相氣所臨者，勝；死氣所臨，疾病、饑饉，防敗；囚氣所臨，被圍、降敗；休氣所臨，兵敗、無功，士卒亡散。赤氣如火赭，其軍赤氣加西，客勝；北方，客敗；東，則和解；南，則兵迴，天下安、無兵。他亦如之。若對敵在東方，白氣東去而又有雲東來相逆，須臾過者；若雲已去，有風隨之，所望龍虎之狀；若在我軍，皆大勝。雖從而風逆者，不可戰。有雲氣横來截者，兩軍不合鬭，急先伏止，不則有遁將。凡未見五色雲氣往東西南北，至于子午卯酉百步千步，一丈十丈，一尺數百尺，如車道長百十丈，日辰相剋者，大鬭；不相克者，其軍憂除。雜出軍師者，白雲從後者，伺道而轉之勝。若有赤雲來逆軍者，敵軍行。有白氣如虹，軍大驚。若赤氣隨日出，行軍有憂。隨日後，外有告急者，或檄天下，召兵不行，凶。凡破圍平旦，視圍上有氣鬱鬱，如火光芒，勢翕翕然者，其方有救至無救。有雲，有鵠尾，被圍三日，亡。赤雲圍上東西陣，國且負。兵欲戰，占賊得本。赤氣游行，黑氣隨之，赤氣滅，賊可得。若無黑雲，賊不可得。

吉凶雲氣

凡雲赤紫色，若烟非烟，若雲非雲，郁郁紛紛，蕭索輪困，是謂慶雲，亦曰景雲，皆喜氣也。太平之應，見則國有慶。又曰：含五色，潤澤和緩，見於我城上者，爲景雲。非氣非烟，五色氤氳，爲慶雲，一曰卿雲。又，五色爲慶雲，三色爲裔雲，内赤外青亦爲裔雲。視四方常有大雲五色，具而不雨者，其下有賢人隱。青雲潤澤蔽日，在西北，當舉賢良。黑氣大道條至四五疋，明不見頭尾，東西亘天，不過三朔，大赦天下。赤氣浸浸血光，流血之象。赤氣如火影見者，臣叛，不過三朔。赤氣如龍蛇在山頭住，又如夜光者，臣離其君，國不安，民流亡也。赤氣復日如血色，大旱，民飢千里。氣如牛頭、龍、虎、蛇變化，多疾疫，民流亡，不宜乳婦，夷兵欲侵中國，先遣使候，讒言爲害。若黑雲爲陣，南北列者，國將有憂，或大水爲害。白雲氣極天，南北陣者，軍憂。黑雲氣東西陣者，主有憂。天氣蒼茫，東西極天，移日不動，爲灾深。此氣以戊巳爲灾。日入有青氣，東西極天，干支數内無風雨，不出三年，必有大喪。雲如一疋布而行西南，當羣邑者，其下君長憂。雲如亂穰，大風將至。視所從來避之。雲甚潤而厚大，雨將暴至。四始日有黑雲如陣，厚重大者，多雨。若霧非霧，衣冠不濡，見則其城帶甲而趨。日出没時有雲横截之，白爲喪，烏者驚。三日雨者，解。有雲如日月暈，色赤，其下凶；青白色，有大水。雲如龍行，國大水，民流亡。雲色赤黄四塞者，連夜照地者，大臣縱恣。雲如氣昧濁者，賢人去也。

候氣

凡候氣之法，氣初出時，若雲非雲，若霧非霧，髣髴若可見。初出森然，在桑榆之上，高五六尺者，是千五百里；平視，則千里；舉目而望，則五百里；仰望在中天，則五里間也。平望桑榆間，二千里；登高而望下燭地者，三千里。凡占灾異，先推九宫、分野、六壬日。不應陰霧，而陰霧異常，驚人耳目，經時則占。凡氣在王相色，吉；休囚死色，凶。凡氣初出，似甑上氣，勃勃然上昇，氣積爲霧，霧積而陰，陰氣結爲虹蜺，暈珥之屬。凡氣不積不結，散漫一方，不能爲灾，必須和雜。森森然起方，可論占候。氣常以平旦下晡日出没時，氣處一見之。如占期内有風雨、久陰，則不成。故氣以散之，陰以諫之，雨以厭之。雲者，山川之氣，古今占候故以雲氣爲一類焉。

霧

霧者，衆邪之氣，陰來冒陽，奸人有謀，擅權立威，在天爲濛，在地爲霧；日月不見爲濛，前後不見爲霧，衆志氣也。晝霧夜明，臣志得伸。夜霧晝明，臣志不伸。從夜半至日中不解，君不慎，臣行奸。過日中，以内臣强，無所避。蒙日者，邪臣欺君，當明政令，察邪佞，審取舍，則可救。終日終時，君憂。色黄、小雨，白爲兵喪，青疾病，黑爲水灾，赤有兵、喪，旱，黄土工興，或大風。凡霧不順四時，逆風交錯，微風小雨，爲陰陽氣亂之象。從寅至辰以上，周而復始，爲逆者不成。積日不解，晝夜皆暗，天下欲分離。凡霧四合，有虹各見，其方隨時色，爲吉；非時之色，爲凶。凡霧氣，若晝夜其色青黄，更相掩覆，乍合乍散，臣有逆，不成。凡霧氣，四方俱暗，百步不見人，名曰晝昏，國不昌，成大凶。凡天地昏濛，下塵土十日、五日以上，或一日，時雨不沾衣而有土，名曰霾。故曰：天地霾，君臣乖，不大旱，外人來。山中冬霧十日不解，欲崩之象。凡游氣蔽天，日月失色，皆風雨之候。若天氣清浄無游氣，日月不明，方爲失色，天氣下降，地氣未升厚，其日赤，若於夜則月白，皆將雨也。或天氣未降，地氣已升厚，則日黄薄，則日白；若於夜則赤，月將暈且風，亦爲日月暈之候，雨少而多陰。或天氣已降，地氣又升，上下未交，則色碧，於夜則月色緑，將寒候也。或天地雜氣交而未密，則日黑，在夜則月青。將雨不雨，變爲雲霧，皆爲虹蜺之象。

虹蜺占

凡陰陽之氣，和則爲雨露，怒則爲風雷，散則爲虹蜺。雄曰虹，雌曰蜺，雙出也。鮮盛者，爲虹；暗者，爲蜺。又曰：虹者，攻也，陰攻陰也；蜺者，嚙也，犬氣傷害於物，如有所嚙也。一曰，填星之氣，散爲虹蜺。又曰，斗之亂精，斗失度，則爲之。一曰，極星散而爲之，蓋陰陽不和，交錯之氣也，參也。三日内風雨，則無咎。凡虹蜺直指者，隨所指擊之，勝。若似日月暈，有破軍先退者。若下宫殿、園池、井屋，不出一年，其下軍喪，政亂。若數見，後當勝。凡虹直冲天，或横截於天，左右不見日月者，爲風雨氣。虹直而不冲日月，或對日月，並爲風雨之候，不爲咎。凡虹穿過日月，依四時之色，吉；不依時色，爲灾。虹首尾至地流血，曲虹夜穿星，多雨水，谷不成。虹如暈，大水、雨。虹夾日月，黑白爲兵喪，青黄爲瑞。白虹者，百殃之本，衆亂之箕，若出其下，流血；或藏中，有兵；若暮出，大凶。晝霧白虹，君有憂；夜霧白虹，臣有憂。夜穿星，有陰謀。四五六並見者，有大戰。貫日月，秋爲雨水，餘爲兵喪。赤虹如杵，其下君長凶，萬人死。若攻城，有虹自城外入飲城中水者，從外順虹攻之，勝。又曰：攻城，而白虹繞之不合，從其缺處攻之，勝。若從井中或飲井水，兵起、國憂。若出地中，其地大飢。若出紫微宫、太微、文昌，其分有謀，兵起、國憂。日赤黑而虹貫之，君憂。若入人家，姙婦多憂。若出四方有雲覆之，以其色占春秋：青黑，大水、多寒；赤，則大旱；白，則大風，多疾，其應在夏；黄，則小旱，五谷半收；冬夏赤，則多寒、民病；黑，則多水，應在秋；黄，則豊。四時見南方，不過三年民流；見北方，陰陽不調，風雨不時，當旱反雨。立秋後見西方，禾不收，秋糴貴。十月出東方，或出東北方，其色淡出，西方物貴；出南方，歲飢。秋冬東西方色白，天下小口傷。若城上有黄虹，城中喜；黑，凶；赤白，城陷，大戰流血。五虹俱出，兵起連年。青赤白黑及屈虹爲五虹，入城，其城可屠。屈虹在日傍，有流血。二虹屈冬出，大戰、亡城、破軍、死將。虹彎曲名絳者，軒轅之精見，多避於日。忽夜見，皆爲風雨氣。又曰：陽日見，旱；陰日見，雨；冬見，爲陰失常，來年多澇。虹有四項，白虹貫之，后妃有謀。在日上者，近臣爲亂。圍日者，后妃失德。或九重者，天下亂。虹蜺見，五日内有大風雨，失散。

北周・庾季才《靈臺秘苑》卷五《風》　序略

夫風者，所以鼓動萬物焉。天之號令，在卦爲巽，五行爲木，二十八宿屬箕。祥風應則和悦，咎風應則慘惡。吉凶之占，皆可以占前世。風角自爲一家，有二説。先儒以風從四方，四方隅來，故謂之角。世傳以巽爲風，於五行在木，在八音爲角。學者宜參之。

凡候風，必辨之於日辰、八卦、四維、形德、音聲、六情之列，發止、來向、迴後、方所、時刻之殊，早晚、遲速、上下、高卑之異。其法於高迥平坦之地，立五丈竿，象五音。竿首繫鷄羽八兩，夾以繩長四尺許，以象八風。使風至則鼓動，而四轉，因得而占之。古法於巽方立三丈五尺之竿，繫羽五兩，吹平則占，亦可。於竿首作盤，盤上作三足烏，兩足向連上，而外立一足，繫下而内轉，回首向烏一啣花，旋即占之鷄羽。取其屬巽有號令之象，鷄有知時之効，羽以其可吹而動，不必拘五八之數，但輕則易舉，皆可臨事理而度之。用烏象日中之精，烏乃巢居而知風。巢居者，風動而先翔，或急疾立旗於平地以占候，唯鷄羽得本術。凡風之類，清和明浄，天氣温涼，塵埃不起，人馬歡悦爲祥也，瑞也，景風也，和風也。若人君德政平和，聖治寛舒，則春無凄風，夏無苦雨。若天氣陰昧，昏濁寒克，塵埃蓬勃，爲灾，爲霾也。其勢紛錯交横，乍起乍止，深藏難測，其聲刮耳者，爲不人瑽風。若進小人，疎君子，任不材，則其風暴起，南北不定，離合紛埃，此名上下不寧風也。其勢冥冥，白日沉沉，黄霧充塞，夫陰陽瞖精，爲政化未明風。其聲啾啾，令人慘切，爲大喪風。炎如火奔，乍起乍止，爲大旱風。發屋拆木者，爲怒風。揚沙走石者，爲猛風。乍起而卒無者，爲迅風。逐塵埃蓬勃者，爲勃風。扶揺羊角者，爲飄風。

凡推風之遠近，觀其勢力。初遲後疾者，其來遠；初急後緩者，其來近。若動葉，爲十里；鳴條，百里；揺枝，二百里；傷枝，三百里；折小枝，四百里；折大枝，五百里；飛沙走石，一千里；折大木，一千五百里。以日時，則半日半夜不止，五百里；一日一夜不止，一千里；三日三夜不止，三千里；七日七夜不止，遍天下。凡占咎，一日一夜，事及二千里；四日兩夜，事及三千里；六時以上，事及一千里；三時以上，事及二百里；二時以上，事及百里。其勢蓬勃，乍起乍止，緩急無常，事及二百里。即時雷雨者，不占以音。占五音者，宫風：近十里，中百里，遠千里。商風：近九里，中九十里，遠九百里。角風：近八里，中八十里，遠八百里。徵風：近七里，中七十里，遠七百里。羽風：近六里，中六十里，遠六百里。天下有多風處，若近川澤、水濱，異常則占近風，大以發出時即占。

八卦八風

八節各有王相，於本卦上來者爲王風，其冲處爲逆風。以時至，則陰陽變化，政令寛明，是謂仁風。循度聖人在位，則風應時而至，以爲瑞慶，王者當順八風而行八政。立春東北艮卦，用事赦小罪。出稽留，則其卦氣至而條風應。若從冲來，則爲逆，兵起。其日天氣黑冥少雲，則歲喜而熟；陰，則旱，蟲傷禾頭。風從乾來，暴霜殺物，粟貴。坎來，冬天寒，北夷侵掠。艮來，歲豊，谷收。震來，風洩物不成。巽來，多風，足蟲爲害。離來，旱傷物。坤來，多風，六月水，人多愁，土功興。兑來，兵起，霜早爲戾。春分之節，正東震卦，用事正封疆，修田疇，則卦氣應，明庶風至。從冲上來，則爲逆，上者起，防左右，省刑罰，昏寒者凶。其日東方有青雲，歲熟。若晴明，則物不成。從乾來，歲多寒，金鐵貴。坎來，飢疫，菽荳不成。艮來，夏不熟，米貴一倍。震來，五穀成，而歲康矣。巽來，蟲生，四月多暴。離來，五月先水後旱。坤來，人瘧疫。兑來，多風，春風，有兵，八月國憂。立夏之節，東南方巽卦，用事出幣帛，使諸侯，省刑罰，決小罪，挺重囚，出繫斷獄，則卦氣應，清明風至。從冲來，爲逆，小凶。其日南方有赤雲，(若)歲豊；若晴明，則旱。風從乾來，其年早霜，麥不熟。坎來，多雨，魚行人道。艮來，崩、地震、疫。震來，雷動非時擊物。巽來，年豊。離來，夏旱。坤來，人多不寧，萬物大傷。兑來，蝗蟲大動。夏至之節，正南離卦，用事爵有功，録有德，贊俊傑，遂賢良，則卦氣應，景風至。從冲來，爲逆，臣子爲亂。南方有赤雲，則歲豊；無則旱。風從乾來，寒傷萬物。坎來，四時不節，夏多寒。艮來，山水暴漲。震來，人多疫。巽來，九月風霜落物。離來，五穀成熟。坤來，六月雨横流。兑來，秋多雨。立秋之節，西南坤卦，用事專任有功，以伐不義，誅暴慢，明善惡，則卦氣應，凉風至。從冲上來，爲逆，其日若有白雲及小雨，則吉；晴明，不成。乾來，苦寒多雨。坎來，多霜，而冬又多寒雪。艮來，秋風不和。震來，秋多雨雹，人不榮，田廢生菜。巽來，卒兵内起。離來，旱而兵戒不利。坤來，五穀成熟。兑來，兵起將行。秋分之節，正西兑卦，用事嚴刑，察飭、倉廪，誅殺得當，罪無冤滯，則卦氣應，閶闔風至。如從冲上來，爲逆，帶甲兵入市，其日四方有白氣，則年歲熟；晴明，則物不成。風從乾方來，人多相掠。坎來，多大寒。艮來，十二月内必多露。震來，大疫，木再菜，花不實。巽來，十月多風。離來，兵動國不安。坤來，土功大作。兑來，歲必豐登。立冬之節，西北方乾卦，用事恤孤寡，察阿黨，築城郭，修宫室，理園林，則卦氣應，不周風至。從冲上來，爲逆，人去其鄉。是日晴明，小寒，人君吉，天下咸熙。從乾方來，王道。坎來，冬雪殺畜。艮來，地氣洩，人多疫。震來，人不安居而多雪寒。巽來，冬温夏旱。離來，五月大疫，皆在來年必應。坤來，水出食物，魚鹽倍多。兑來，山澤有兵，人多妖言。冬至之節，正北方坎卦，用事誅有罪，斷大刑，去聲色，禁嗜慾，安刑獄，休甲兵，不興事，以待陰陽之定，則其卦氣應，廣莫風至矣。從冲來，爲逆，人民散，其日有雲雪寒，則歲豐；晴明，物不成。風從乾方來，强國，夏年多寒。坎來，歲豊民樂。艮來，正月多露。震來，雷不發，大雨連行。巽來，蟲傷生物。離來，冬温，乳婦多亡，水旱不時，人多瘟疫。坤來，蝗蟲傷稼。兑來，秋雨，大兵起。

五行用事内八風

立春，水旺，内甲寅日候。乾爲苦甘草，坎爲菜韭，艮爲葱薤，震爲盃器，巽爲棺木，離爲菓木，坤爲芻藁，兑爲箔席。立夏，火旺，内丙寅日候。乾爲枲給，坎爲纑縷，艮爲蔴布，震爲綿紬，巽爲絲枲，離爲錦繡，坤爲絹帛，兑爲絮。四季，土旺，内戊寅日候。乾爲麻，坎爲小豆，艮爲大豆，震爲大麥，巽爲禾，離爲穀，坤爲黍，兑爲稷。立秋，金旺，内庚寅日候。乾爲膠漆，坎爲布帛，艮爲珠璣，震爲玉器，巽爲鈆錫，離爲金銀，坤爲銅鐵，兑爲田宅。立冬，水旺，内壬寅日候。乾爲豉鹽，坎爲鷄犬，艮爲猪豕，震爲牛馬，巽爲海魚，離爲鯉魚，坤爲鷹隼，兑爲羔羊。凡占候皆以風來處。其下物皆賤，風之冲處，物色皆貴。假令立春禾旺，甲寅日候風從艮來，皆以爲葱薤，其物賤。艮冲坤，乃芻藁貴。其他倣此。

正朔八風

候風之善惡，謹候歲始。或謂冬臘臨，立春占之，一歲一舍，陰如發，故主者以占四時之始。同從乾來，小雨，兵起。坎，爲大雨滂沱。艮，則歲豐。震，大水。巽，霧露民疫。離，大旱。坤，小旱。兑，兵灾。其勢急惡，天氣昏濁，則占如八方暴風也。

八方暴風

風起於八方，吹揚沙石，謂暴風。占其來方，三日内則不占。乾，則大風，民飢流，多盗，疽疫，死喪。坎，則兵盗興動，人病濕瘤帶下。艮，則水旱，歲疫，天氣多陰，人多病，泄交易形容。震，則荒旱多霜，人病四肢不能揺動。巽，則民多泄痢，孕婦不安，多暴雨，天下多水。離，則火灾，來年大旱，人多暴熱，生瘡目盲。坤，則兵大動，月失色，令人腰脊背肩股皆瘇。兑，則寇動，秋旱多霜，又曰人多瘡。與前同候。

五音候風

五音者，五行之音也，亦曰五聲。宫風，屬土，君之象，占以宫日有風，聲隆隆如雷鼓，聲如牛吼穽中，發屋折木，土功興，君不安，當有急令，上下相疑，來年兵起。其日有風從宫上來，人君出行，泉出地裂。商來，水泉湧，暴風雨。角來，蝗蟲生害物。徵來，狼蟲爲害，土功興。羽來，大雨陰寒，大臣出。商風，屬金，臣之象，占以商日有風，聲如離羣羊，如叩鐘磬，如飛鳥之集羽，發屋折木，主宫宅自相傷及有鬭，兵急令，關梁不通。其日風從宫來，國有憂，令且行，將在外，兵不戰。商來，白衣聚，關梁塞，大將退，外敵來。角來，喪在國，兵且行。徵來，君令行，兵且出。羽來，大雨，兵在外，解。角風，屬木，民之象，占以角日風，聲如千人語，闇闇然令人悲哀，或啾啾如人呌，如千人呼嘯，如鷄登木聲，發屋折木，不出九日或急鬭戰，或有疫。其日有風從宫來，貴人疾，及土功興。商來，有暴兵，軍令起。角來，急兵入城邑。徵來，憂、火，綿纊貴。羽來，歲飢。徵風，屬火，事之象，占以徵日有風如奔馬，揺炎火如縛彘聲，發屋折木，在三日内火灾，吏憂自行，外有急事，妖言入舍。其日風從宫來，寺舍有哭泣，熖火。商來，兵急，人君出，輔相灾，邊兵鬭。角來，大灾，土功起，將有大旱，火。徵來，熖火起，人君憂。羽來，寶物出，多震雷，有使命。羽風，屬水，物之象，占以羽日有風，如擊瀑鼓，如激水揚沙，發屋折木，在五十日内糴大貴，兵起，關梁不通，城邑固守。其日有風從宫來，暴風雨，寒氣傷物。商來，有鬭兵，國不安。角來，邊城圍不解。徵來，國兵受命，臣民有憂。羽來，大雨水，霜雹災。

六情候風

申子爲貪狼，亥卯爲陰賊，寅(千)〔午〕爲廉貞，巳酉爲寬大，辰未爲奸邪，丑戌爲公正。北方之情，貪水也。好行貪狼，申子主之水，生於申，盛於子。其性濁而潤，多所好則貪而無厭，故爲貪狼。其日風從本方來，不出七日，關梁驚；不則，自攻他界。若將加奸邪，風從陰賊上來，有盜傷事，將加貪狼。風從貪狼上來，有賊欲害人，禍起北方。從公正上來，有報怨人來，揚兵相擊，年凶。風從奸邪上來，惡人持物。風從廉貞上來，他人相賂。風從寬大上來，得禮相候欲行人。則風從陰賊上來，家人相牽引，不則出行爲禽獸所傷。東方之情，怒木也。怒行陰賊，亥卯主之，木生於亥，盛於卯，其性受水氣而生，貫地而出，故爲怒，以陰爲害，故爲陰賊。其日風從本方來，不出七日，有陰賊入界，偷營塞。風從奸邪上來，時加申子有盜賊。風從亥卯上來，有賊鬭，在部界必傷人。風從貪狼上來，白刃相傷。風從公正上來，外人謀内。風從寬大上來，告咎行賊與人。風從廉貞上來，巢次事惡人所傷。南方之情，惡火也。火行廉貞，庚午主之，火生於寅，盛於午。火炎猛無所容受，故爲君惡。其氣精整，故曰廉貞。其日風從本方上來，相辨冤事。風從寬大上來，時加巳酉爲貴客，以酒宴樂還官詔命。風從奸邪上來，妖人爲怪，婦淩夫。風從公正上來，貴人有事相問。風從貪狼上來，妖人爲怪，婦淩夫。風從陰賊上來，有所克，害人。西方之情，喜金也。金行寬大，巳酉主之，金生於巳，盛於酉。金之爲物，喜以利刃加萬物，故喜爲利也，刃所加無不寬大。風從本方上來，有酒食，會喜慶事。風從廉貞上來，時加巳酉，爲貴客賞賜。

上方之情，樂也。樂行奸邪，辰未主之。上方，北與東也。陽氣所萌上，故爲上方。辰窮水也，未窮木也，木落歸根，水流歸本。水窮於辰，水窮則無隙不入。木窮則旁行，故曰奸邪。其日風從本方上來，於七日内必有賊及陰人誑詐虚驚。從寬大上來，時加辰未，有人持酒禮來，相疾謀殺，日時皆加奸邪。風從公正上來，文書詔命，盜賊相牽。風從貪狼上來，賊人持物逃亡。風從寬大上來，因酒食爲病。風從陰賊上來，宿人相攻。下方之情，哀也。哀行公正，丑戌主之。下方，南與西也。陰氣所萌下，故爲下方。戌窮火也，丑窮金也，金剛火强，各歸其鄉。火刑於午，金刑於酉，皆其盛也。盛而受刑，至窮無所歸，故曰哀也。火無私而剛，故曰公正。其日風從本方上來，兩軍相向，大將來降，不出七日，他兵自敗。風從奸邪上來，時加寅午，欲告吏人私物。時有風從公正上來，時加公正，吏人相争，仇人報怨。風從陰賊上來，下凌上。風從貪狼上來，亡失逐蹤。風從廉貞上來，君喪欲還。風從寬大上來，出逢酒食。

天干風

甲日，大風，海中兵起。乙日，粟貴，夷兵侵。丙日，邊兵圍急。丁日，旱疫。戊己日，土工興，食貴，或遷邑。庚辛日，聲如叫怒者，宜備邊。壬癸日，飛沙折木，北人侵邊。三日有雨，可解。

十二辰風

子日大風，日光沉沉，兵起水中。丑日，掃地揚沙，粟暴貴。寅日，大風，赤氣四塞，有火灾。卯日，黄埃冲天，大風起，蝗蟲生。辰日，大風，蟲行。巳日，蓬勃無常，大旱。午日，乍遲乍疾，人民不安，移堡居集。未日，無光影，土工大興。申日，聲如磬，粟貴，盜，暴攻。酉日，風蕭蕭，濡順大水，河潰横流。戌日，塵霧横天，揚埃十里，邊兵四起。亥日，摇沙折木，賊兵相攻，人民不安。參以五音，究其六情，推之皆順風勢，異常則占。

觀風察將

兩軍相當，因五音之風，以察其將。其聲殷殷如雷、如車、如擊鼓，名宫風，其將寬和而有信。如金石相擊，如鐘聲雜佩和響調，名商風，其將威猛而好殺。聲肅肅習習，名角風，其將仁恕，不可欺詐。如奔馬、炎火製裂，爲徵風，其將猛烈，難與争鋒。若流水揚波，激氣相雜，名羽風，其將貪暴奸邪。

主客勝負風

兩軍相當，未明勝負，以所占時與來方爲主，其日納音爲客。若時與來方能制納音者，主勝；反之者，客兵勝。若相生者，爲比和，不勝。子午爲宫，屬土；丑未、寅申爲徵，屬火；卯酉爲羽，屬水；而巳亥爲角，屬木。風從乾、坎、艮上來，先舉，爲客勝。震、巽、離上來，後應，爲主勝。坤上來，有謀不成，雨不利。兑上來，客有伏兵，主不設備，必大敗。

兵勝風

初出軍日，風從後來，冲霧突雲，人雄壯，馬嘶逸，旌旗如舉，勢指敵方，鼓角清而響者，全勝。從傍來而向前者，得天人助，獲得敵糧。未戰，風從地上五音相生位上來，生我者爲母翊子，我生者爲子扶我。天色晴明，人馬奔逸，士卒懽心，風勢和緩者，軍勝。天氣昏濁，風勢寒克，塵土蓬勃者，即不利。若敵入境，經要害，過城壘，三日内有風雨、雷霆，從軍上去，爲龍虎之助，天與之共伐，戰必大勝。若安平之時，風雲相交，即急戰。風爲主，雲爲客，若風勢緊大，雲客薄小，主勝。若雲色濃厚勢急，風弱，不能震怒者，客勝。

兵負風

初出軍，及三日内風勢蓬勃，逆來冲我，旌旗不舉，人聲怯，馬不嘶，或從後或從旁起，吹沙揚塵，人馬行過步，或無跡，此名鬼風。或出日，或交戰，有急風甚雨，軍馬不能振者，皆爲敗軍。若天氣昏沉，風聲錯亂，或久陰不雨，下有謀，宜設沉機，以順天意。又曰：出軍而飃風驟雨，牙旗摧折，旗旛繞竿或下垂者，交戰將死。若營陣既成而有暴風卒來，相掩軍幕，旌旗折，林木摧，爲惡兆，主將失位，其軍叛散。

攻城風

若敵城相近，攻擊未克，風從敵來，射我軍上而復起數日者，城有强兵，欲來襲我。我則援兵將至，當嚴兵以待，使克，當拔城而獲財寶。若軍他境下營纔定，有急風來射我，雲勢奔速，乍東乍西，速防賊兵過掠。若旋風入營，昏塵蔽天，干戈帳幕傾倒者，急防不虞。或雲氣旋風從入敵城者，從入處攻之，勝。角日風從子午上來，時加日中夜半，其勢迅急寒克者，敵城必陷。若風從角上來，號怒，發屋折木者，敵兵將至，宜避之。若從亥子上來，夜發晝止，大寒不解，夜所必有敗，攻其城寨。凡羽日大風寒克，日光沉冥，有兵圍城，客勝。

營寨警急風

城寨相守，勝負未決，風從歲月日時刑上來者，勢遲緩者，宜防賊至，必大戰。其勢急速，乍起乍止，當有狂賊，逢小戰。若貪狼、奸邪日，風從陰賊上來，或角、商日，天氣昏沉寒克，與歲月日時刑相會者，急戰止。若兩軍相守未戰，忽有風從賊方來，初起塵埃蓬勃，及至我軍上，勢低小，高索不等，不緊者，其賊在十里外，不爲鬬戰。

占賊知數風

欲知賊數多少，視風所來之門，爲月期所。辰來爲道里，以止起時支干爲人數，乘王氣十倍，相氣五倍，休廢如數，囚死減半。

敵兵起退風

凡寛大、廉貞之日，風從巳時上來，天氣温和者，敵兵退散。四方激上來，亦然。寛大受商之日，從丑未上來，連三日，客兵退散。受商之日，從酉上來，連三日天色晴明，大軍欲退。又，寛大之日，時加寛大巳酉發止，即羣賊解散。若寛大日，風從巳酉上來，夜起晝止者，衆賊解，兵卒未散。反之，而天色温和者，士卒皆散。陰寒即未解。

吉城風

商日有風發木，從陽徵上來，連三日，城中主軍勝。如有純徵風起於徵日寛大時，客軍急敗之象。

凶城風

凡軍營久相固守及初下營後，擬爲攻却未定。或有風偏歷八方，周旋不定，發屋折木，吹塵蔽，爲八難風，亟須迴避，其城可屠。其風至，則令弱兵先退，精兵先進，以强馬向敵作陳，擬而迴之。若城内忽有角風强起，勢惡，倒戈恐人，須嚴備。或旋風入營，天氣昏暗，吹帛向空，人見之，軍不利。宜祭天地，撫士卒，則無咎。

伏兵風

若暴風忽起，塵埃蔽天，堅葉茂條皆落，從三刑、五墓上來，或起或止，前後有伏兵，掩人不備。若風勢寒克者，凶；清明温和者，止。

宫庭旋風

凡宫宅有旋風入者，當以五音、六情占之，用五相休囚刑德以分憂喜。若從德鄉來，爲喜吉事；刑鄉來，爲憂事，如日辰。囚死勝時，爲凶事；若起於寛大乘王相，爲酒食賞賜，休囚爲逸退。若人屋室中揚衣物，當憂財物，大驚。又曰：西堂爲父母，東堂爲子孫，北堂爲祖，南堂爲孫，中堂爲隣里，垣墻爲小口，井竈爲婦女，碓磑爲奴婢，馬厩爲僕隸，門爲賓客，廳爲諸公。若從貪狼、陰賊、奸邪上來，各防其人有謀。皆以五音所屬知其姓名，以發時及日辰知其長幼，以剛柔知老少，以王相知吉凶。諸旋風起而止前者，皆以時音期之。角期，九日是也。若從人年墓上來者，爲疾病。墓在木鄉，爲從高墜下林木所傷。火墓有燒炙、血光，土墓爲瘖瘂，金鄉爲格鬬，水鄉爲沉溺。厭亡歲刑上來，縣官口舌，月刑亭部相召，日刑有鬬争，時刑急速事。歲德上來，酒食相賞。月德上來，喜慶。日德、時德上來，亦然。凡風起坐席，君子失言，小人亡財。若十人同行共坐，有旋風相冲，未知有難有喜。孟爲長，仲爲仲，季爲小年，廉貞、寬大爲賓客，爲善。人公正爲吏人，貪狠、陰賊、奸邪爲盜。人以日辰王相取尊卑貴賤。陽日爲男，左者同。陰日爲女，右者同。若在公宇、苑囿、廳宅見旋風，分明依道，不急不惡，漸向來者，即賢人至，亦使者至，詔命喜慶事。

道路旋風

凡行道之次遇旋風者，當以行年五姓決之。若風突人，從廉貞、公正、寬大上來，與人行，年本命相生者，皆爲吉，則必有喜慶，酒食相迎。從奸邪、陰賊、貪狠上來，與人行年五音相克者，又昏惡蓬勃，即灾至，防人侵謀，殺害事。宫日忌争田宅及移徙。人年在火者，吉；在水者，凶。商日忌入山林，墜下傷人，或失財物。角日忌疾病哭泣，鬬擊相傷，帶刑者宜自防。徵日忌争訟文書，或金鐵之事。羽日切忌没弱及失衣物等。凡行道，遇旋風從南方來，必有酒食事。若四面覆人，宜急迴避之。旋風兩處之夾道，隨人行者從，吉。地不大滅者，無咎。從凶地來者，凶。凡行坐，有風從面上來，逆向人者，恐有伏匿相謀，以時五音刑尅占之。忽從後來，逐人忽過去者，以日之納音刑尅占之。以五音、六情爲本，又以清和爲吉，昏濁者爲凶。凡傍赴前行，或先從傍道上來，或横冲蓬勃過者，皆非善也。俱以日辰占之。

邊夷風

視四季受宫日，風從四季上來，飛土揚塵，發屋折木，而天地温和，加子午及五日，止於子午，當有邊夷入貢，寒克，則不至。受商、受羽、受角之日，風從四季上來，如當子午風勢呌怒，兼帶刑殺，或申子、亥卯上來，其勢急速者，當有夷兵犯塞。其勢寒濁，必拔城西。四季受角之日時，加子午，風勢緊急。從四季上來，中國將伐四夷之象，風止之處，爲所伐也。止辰，伐東夷；未，伐南夷；戌，伐西夷；丑，伐北夷。若風止有雨，景色温和，則不爲征伐。

水火灾風

受羽之日，飛從卯、酉羽方上來，天陰雲潤，人心悲慘。連三日者，必有暴雨、大水驟至。又有風肅肅，調和潤氣濡物，而卯酉之氣乘之，則必須臾而雨。若受徵之日，大風折木發屋，從丑未、寅午、酉亥來，乍遲乍疾，時加子午，火發宫寺。又辰午、酉亥時，則風從徵方上來，亦如之。若辰日加辰，左部二千石傳舍；午日加午，燒都廷尉舍；酉日加酉，燒貴府傳舍；亥日加亥，燒喪家及牢獄。風寒克逆急，燒死人。三日内有雨，則解。

明·茅元儀《武備志》卷一四八《占一》　茅子曰：占豈易言哉？日月星辰，五行雲物，天之象也。太乙奇門，六壬諸家，天之理也。因象以察天，據理以質天，天順而道資之。故曰爲將者不可不知天文，非知天之急也。知乎天，則先天而天不違，天不違，則安往而不伸哉。故曰王者有征無戰，我於占三致意焉。然天官之言，占術之説，其書各充棟，我擇其言兵者而已。風雨水旱疾疫火灾，兵所慮也，故並載之。首以天，統其大也。次以日，次以月，次以星，次以雲氣，次以風雨，次以風，次以蒙霧，次以虹霓，次以霞，次以雷電，次以雨雹，次以霜露，次以冰雪，次以五行，是爲天官，首以太乙，窮其宗也。次以奇門，次以六壬，次以雜占，次以選擇，而厭禳則附之。是爲占驗，丁甲之術，奉玄女，役天神，雲可吸，風可集，雷可轟，雨可沛，吾少也賤。故於兹久溺焉，然恡而不可傳也。君子察其微，使天之不我違而已。驅天而不違，吾不敢也，要其説出於奇門，存其畧，不言其詳。

裂爲異，天之雨常，而其雨異物爲異。故曰色曰變曰雨，凡三等。

天之色

輕清上浮蒼茫成色，此天之本象也。若忽變色，是謂異常，有咎。

天高色白，爲旱。

天色慘黄，爲風。

天色慘白，風聲悽切，大兵起。

天色慘白昏濛，常爲遊氣之蔽，或久陰不雨，主下有謀上，或朋黨欺蔽君之明德，不解其咎，則爲變叛兵火。

天色青碧，陰氣連勝，東夷兵起，侵犯中國。

天赤如血，陰極亢陽，火災兵起。

天色慘白而淡，爲風雨，一曰爲喪，爲憂。

頻頻天色忽變赤紅，中外動兵。

天色變黄，旱荒盜起。

天色變赤，夷狄來侵。

天色光忽變赤紅，明君出世，干戈永息。

天氣白濛濛，兵起境中。

天氣低昏，三日雨兆。

天白久陰，陰冒陽也，陰謀兵災。

天暴，寒陰剥陽也，國有陰謀，野有兵變。

天翳霾陰氣結滯，潛謀作亂。

天之變

天鼓鳴，空中無雲氣，忽然如鼓聲響，名爲天鼓也。忽天地昏暗，而中有聲，如雷響過者，乃天鳴也。

天鳴有聲，至尊憂且驚，皆亂之所生也。一曰，萬姓勞形；一曰，所鳴之方，兵變疫生。

天發哀鳴，所鳴之方下有王者革位。

天忽開裂，陽不足也，兵起其分。

天門忽開，陰氣冲破，土地分圻，中國更王。

天分爲二，王者分土，又主君災。

天開見光，流血滂滂。

天裂見人，兵起國亡。

天色變常，地震連日，國主重殃。

天之雨

天雨物人，所見地皆主大兵。

天雨人，是謂凶殃，不出一紀，天下易主。

天雨禽獸，是謂不祥，不出三年，其下兵起。一曰流民亡，有喪。

天雨石，墜地大可一尺，或如雞子兩頭尖鋭，名曰天鼓，所下之邦，必有大戰伏尸。一曰，臣叛君危，兵變國亂。

天雨金，名曰刑餘，殘殺無辜，不出一年，有兵災。

天雨錢，其國大饑，有兵亂。

天雨水銀，寇兵至。

天雨金銀鐵花，兵將興。

天雨地生肉，有形不成體，不成色者，名曰天傷，其國滅亡，佞人禄，功臣戮，多冤獄。

天雨黑，多冤獄，臣殘虐，有陰謀。

天雨赤水，名曰天泣，世平盜起，流血屠城，世亂有□勘定者。

天雨木，陽違陰塞，歲凶人災，將相有難。

天雨墜龍，不祥之兆。龍，君之象也。

天雨魚，水失其性，國有兵。

天雨鱉，兵革起，國亂不安。

天雨血，名曰天妖，爲淋尸，水兵起，血戰，災疫盛行。

天雨膏，君淫兵敗，民屠戮。

天雨膏如蟲，將帥敗。

天雨骨，陽氣消爍，兵役盛興。

天雨黄塵，天下大饑。

天雨黄沙，其下有義兵起。

天雨墨，臣下有陰謀。一曰，君無道，奸臣得志，不出五年國亡。

天雨如杵臼，其國饑。

天雨笠，國大饑。

天雨戟，不出三年兵起。

天生兵械在雲中，夷狄歸順。

天雨絮，有兵。

天雨絲綿，天下有兵喪，不出六年大亂。

天雨績，狀如麻絲，脆若地毛，大饑人流，有積骸。

天雨布帛，兵喪並起，人流無所。

天雨毛，金失其性，動干戈，役土木。

天雨五穀，木失其性，歲凶民饑，兵革亂起。

天雨花，木失其性，驕淫風熾，歲饑民貧，將亂之兆。

天雨草，火失其性，旱，兵起，民饑。

天雨釜，火失其性，歲凶兵亂，得釜者興。

天雨灰，上失其性，君暴，臣叛，兵起。

明·茅元儀《武備志》卷一四九《占日一》 茅子曰：日内黑外光，麗於中天。若夫春日紅潤，夏日炎蒸，秋日燥裂，冬日温平，皆吉徵也。日有變，不在君上，則在分野。變凡七等，曰日之形，曰日之蝕，曰日之暈，曰日之變，曰日之色，曰日之氣，曰日之星。

日之形

《周禮》，眡祲氏掌十煇之法，以觀妖祥，辯吉凶。一曰祲，謂陰陽五色之氣，祲淫相侵。或曰，抱珥背璚之屬，如虹而短是也。二曰象，謂雲如氣，成形象，雲如赤烏，夾日以飛之類是也。又曰，赤雲挾日以行曰象，奸臣挾君亂國。三曰鐫，日旁氣刺日，形如童子所佩之鐫也。四曰監，謂雲氣臨在日上也。五曰闇，謂日月蝕，或日光暗也。六曰瞢，謂瞢瞢不光明也。七曰彌，謂白虹彌天而貫日也。八曰序，謂氣若山而在日上。或曰，冠珥背璚，重疊次序，在於日旁也。九曰隮，謂暈氣也。或曰，虹也。《詩》所謂朝隮於西者也。十曰想，謂氣五色，有形想也，青饑，赤兵，白喪，黑憂，黄熟。或曰：想，思也，赤氣爲人獸之狀，可思而知其吉凶。又曰，日旁氣曰背，形如背字也。日之將蝕，先有黑變曰適，形如玉璚曰璚。又作鐍，亦曰穴。氣向日曰抱，形點黑曰珥，氣在日上，爲冠爲戴，在旁直對爲珥。如半環向日爲抱，向外爲背，有氣刺日爲鐍。鐍，抉傷也。

日戴者，形如直狀，其上微起，在日上爲戴。戴者，德也，國有喜也。一云，立日上爲戴，純赤爲兵。

青赤氣抱在日上，小者爲冠，國有喜事，純赤爲兵。日上有冠三直，日下有直虹，不出一年，天下有小兵，不安。

日上有冠，日有纓擎捧日者，有嘉慶。

青赤氣小，而交於日下爲纓，四夷重譯，主納降。

青赤氣圍日，上下爲序，主奸邪欺蔽，共爲謀逆。

青赤氣小，而圓一二在日下左右者爲紐。一曰，青赤氣散垂日下爲紐，人君德澤施及天下。一曰，外國來歸。

青赤氣如小半暈狀，在日上爲負，負者，爲得地喜。青赤氣長而斜，倚日傍爲戟，近侍謀逆，刑及貴人。又曰，天子兵舉，戟見，不散，天子之兵勝。一曰，兵起。青赤氣圓而小，在日左右爲珥。一曰：黄赤炫爍爲珥，平時主風雨，不雨國有外亂，黄白者有喜。又曰，珥多非喜，在日西，西軍勝，東南北如之，無軍而珥爲拜將。

日有佩珥者，主兵亂，應指處分野見應。

日生珥，四面色暈，紅黄如電，主一年内兵起國凶。

日爲主將，珥轉爲兵，外是客也。

日朝有珥，純白爲喪，間赤爲兵，間黄爲喜。

日夕有珥赤黑白，有大客、有大軍在外，而珥爲喜，軍欲和解。

日有一珥爲喜，兩軍相當，軍有和解，所臨者喜。

日有一珥貫者，主臣謀君，兵起於秦地，三年人凶。

日有一珥一星左右相守者，主七十日臣謀主，三年絶人民，大凶惡之兆。

日生兩珥，有氣如人立日邊，主兵起大亂，主有陰謀作亂之事，無氣占同。

日左有兩珥，外國來寇。一曰，胡人欲謀爲主。

日東西有兩珥白氣貫者，天下大亂，國失忠臣。

日上有三珥，諸侯謀亂，兵起三年方定。一曰，青黄白色，大臣叛逆。

日左有三珥，臣謀君位。

日上生三珥，左右兩星相守，主兄弟謀，君相殺。

日下生三珥，君被四方將謀位，刀兵亂起，五年方（定）。

日下三珥，更有三星，宜北斗下立寨，必勝。

日出四珥，將軍亡。

日入四珥，有大兵。

日生四珥，有一星守之，千里人絶。

日朝五珥，國憂兵起。

日有六珥，不出六十日，其分有喪，若有赤雲掩日，其下國亡。

日左右有六珥者，三十日内兵起秦地，三年方定。

日左右珥，大風起。

日右珥，大臣亂政。一曰，色赤黑，夷人起兵，邊邑有叛者。

日有交珥聚一方，衆兵皆起，軍在外者罷。

多珥臨日，有雨，有客來言北方事。

青赤氣圍抱日旁爲抱。又曰，旁如斗環向日爲抱，國有喜。一曰，日月有抱，他國來降，兩軍相當，得抱者勝；兩抱齊等，先衰者敗。

日抱黄白潤澤，内赤外青，天子有喜。有和親來降者，軍不戰敵降軍罷，色青將喜，赤將兵争，白將右喪黑將死。

日四方各有抱，四方信附。

日一抱一背爲破走，抱者順氣也，背者逆氣也。兩軍相當，順抱擊逆者勝，故曰破走。

日旁有黑抱，戰勝。無軍，有欲和親者。

日抱且戴，有喜。圍在中，中勝；在外，外勝。青外赤中以和相去，赤外青中以惡相去。

日抱且背且璚，順逆相參，抱多則順者多，背璚多則逆者多，抱明而久，背璚不明而先滅，則順勝。

日抱且兩珥，一虹貫抱，抱至日，順虹擊者勝。

日抱兩珥且璚，二虹貫抱至日，順虹擊者勝。凡虹貫抱，皆爲大戰流血。

日重抱左右二珥，有白虹貫抱，順抱擊勝，得二將，有三虹，得三將。

日重抱内有璚，順抱擊者勝。亦曰，軍内有欲反者，日重抱且背，順抱擊者勝得地，若有罷師。

日重抱，抱内外有璚兩珥，順抱擊者勝，破軍，軍中不利不相信。

日重抱，大破亡，抱爲和，背爲不和，爲分離相去。

日抱三重，有兩方珥，色皆黄白潤澤，天子戰勝，外兵敗者來降。珥方者，兵也，抱珥順，珥爲喜。

青赤氣如月初生，背日者爲背。又，赤黄氣如新月，背日者爲背，奸邪謀逆，自負綱常。又曰，背氣青赤而曲，外向爲叛象，分爲反城。

日上有背，其野失地，有叛臣叛兵，邊將欲去，善防之。背多者，叛多也，四方有背，四方叛。

日下有背，主五十日内節度使兵亂天下，五年方定，兩軍相當，背所在之方敗。

日有背璚在日南，及其三方，國有反臣。一曰，背璚并出，顛倒相貫，下作禍，天子滅。

日有背璚四直交其中，臣欲爲邪。色中青外赤有芒刺爲逆，中赤外青無芒刺爲謀，此氣數見，則國危。芒刺向外，外勝；向内，内勝。

日有二背一直，大臣欲自立。

日有四背璚，臣射主。又曰，國内亂，兵起。

璚者如帶，璚在日四方，一曰，五采炫爍日旁爲璚，國有喜慶，野有風雨，兩軍相當，所臨者敗。一曰，有反者。一曰，臣謀叛，萬人死，其下四璚五璚，反者如璚之數。

青赤氣長而立日旁爲直，一曰，雜氣如川字倚日爲直，兵亂，國土分析。

日旁有一直，敵在一旁欲自立。四旁有直，四方有欲自立者。從直所擊者勝。

日旁有三直三抱，欲自立者不成。順抱者勝，殺將。

日有黄直，君立臣；青赤直，臣自立。

日直中赤外青，自立者不成，黄白潤澤者成。

青赤氣狀如兩直相交，在日上下左右曰交。交，淫悖之氣，主有淫行。日旁有交，赤雲，其下有兵。

日兩旁有兩氣相交，或相貫穿，或相向背，皆爲天下大兵起，亦爲内亂，軍不和。一曰，日旁有交，從交所擊者勝。

諸氣生如口字在日邊，曰日口，一二口，奸邪害也；三四五口，王侯謀立。

黑氣如矢射日曰日箭，奸邪謀逆。

青赤氣如人頭懸日中，曰日墜，奸邪專權，謀害其君。

氣形三抱在日四方爲提，不出期年，兵起，王者死。亦爲亡地。一曰，青赤氣如三角形擊於日上爲提。臣提挾君，君受臣制。

日有四提，不出其年，有大兵大饑，大雨則灾不成。日有六提天下亂，人主惡之。

青赤氣横在日上下爲格，臣格君非，國有賢臣，扶植政法。一曰，格者格鬬之象，共占爲有兵戰。

氣如半暈在日下爲承，承者，臣承君也。又曰，日下有黄氣三重，名曰承福，人主有吉喜，且得地。

青白氣如履在日下者爲履，一曰，赤黑氣如履，天子有喜，外國來歸。又曰，氣雙垂日下爲履，兵喪爲灾，君王出走。

日之蝕

日月虧毀曰蝕，其蝕，蝕所不利；復生，生所利；不然，蝕盡爲主位。以其值及日所躔，加日時，用名其國，同如上侵，兹謂誣君。厥蝕四方有雲，中央無雲，其日大寒。

公欲弱主位，兹謂不知，厥蝕中白青，四方赤，已蝕地震。

諸侯相侵，兹謂不承，厥蝕三毁三復。

君疾善，下謀上，兹謂亂，厥蝕既，先雨雹殺走獸。

弑君獲位，兹謂逆厥，蝕既，先風雨折木，日赤。

内臣外向，兹謂背，厥蝕蝕且雨，地中鳴。

冢宰專征，兹謂因，厥蝕先大風，蝕時日居雲中，四方亡雲。

伯正越職，兹謂分威，厥蝕日中分。

諸侯争美於上，兹謂泰，厥蝕日傷，月食半天營而鳴。

賦不得，茲謂竭，厥蝕星隨而下。

受命之臣專政謂弒，厥蝕雖侵，光猶明，若文王臣獨誅紂矣。

小人順受命者征其君謂殺，厥蝕五色，至大寒隕霜，若紂臣順武王而誅紂矣。

諸侯更制，茲謂叛，厥蝕三復三蝕，蝕已而風，地動。日四時以王日蝕，人主凶；以相日蝕，國相死；以囚死日蝕，臣凌君；以休廢日蝕，民多疾疫。

春蝕，有女喪。一曰，年大凶，有大喪，女主亡。

夏蝕，諸侯多死。一曰，無年。

秋蝕，有兵。一曰，有兵戰，主死。

冬蝕，相死。一曰，多死喪。

正月日蝕，大臣死，不死則黜。一曰，大臣走。一曰，人多病。一曰，五穀貴，齊大凶。一曰，内兵起，人流。

二月日蝕，人主災，大人死，亦爲大旱。一曰，人多死。一曰，豆貴，牛死，魯大凶。

三月日蝕，一曰，有反者。一曰，水大出。一曰，楚大凶。一曰，有旱饑。

四月日蝕，人主有過，臣有憂。一曰，天下大旱。一曰牛無食，六畜死，宋大凶。一曰，大臣憂。一曰，旱疫。

五月日蝕，諸侯多死。一曰，大旱，人饑。一曰，牛死，六畜貴，梁大凶。一曰兵起東北。

六月日蝕，人主有謀，其下國分土。一曰，外國侵，其主失土。一曰，五穀貴，沛大凶。一曰，大臣死。

七月日蝕，有反者從内起。一曰，歲惡，秦國惡之。一曰，陳大凶。一曰，兵大起，民流亡。一曰，大水壞城郭。

八月日蝕，天下更始，期三年。一曰，兵大起。一曰，兵甲貴，鄭大凶。一曰，兵饑。

九月日蝕，外人欲自立，不成。一曰，鹽貴，韓大凶。一曰，饑疫。

十月日蝕，姦臣在朝，二人親，一人遠，陵君，君走。一曰，六畜貴。一曰，鹽貴，秦大凶。一曰，冬旱。

十一月日蝕，王者亡地，臣子爲逆。一曰，魚鹽貴。一曰，燕大凶。一曰，五穀貴，牛死。一曰，人畜俱疫。

十二月日蝕，其下有兵。一曰，大臣欲自立不成，夫人謀君。一曰，穀貴牛死。一曰，薄食，趙大凶。一曰，水灾，夏麥不收。

甲子日日蝕，北夷有謀，不則大水在東方。一曰，夷狄兵起。

乙丑日日蝕，諸侯之臣欲殺其君，在西北。兵行不勝，後有小兵，五穀蟲傷。一曰，大旱。

丙寅日日蝕，司徒欲謀其君，有小旱，在東南。一曰，有旱蝗。

丁卯日日蝕，諸侯欲謀其君，有小旱，在東南。一曰，有旱蝗。又曰，在此方有蝗。一曰，兵。

戊辰日日蝕，有同姓近臣欲謀其君，有地動，在東南。

己巳日日蝕，婚家謀君，諸侯起兵，在西南。一曰，火災。

庚午日日蝕，司徒謀君，有大旱，在南方。一曰，有兵起。

辛未日日蝕，司徒欲謀君，有蟲在東方。一曰，水潦。

壬申日日蝕，諸侯相殺，在東北。後有小兵，寇盜竝行。

癸酉日日蝕，上强，天下謀君，不出其年，大兵行，始於西方。一曰，淫雨數降。

甲戌日日蝕，近臣謀君，事覺而戮，有小旱，在西南方。一曰，草木不滋，王命不行。

乙亥日日蝕，子欲爲逆而身受戮，有陰雨，天下亂。一曰，冬無冰，東國發兵。

丙子日日蝕，諸侯相殺，兵行，在東方，後有大水。一曰，夏霜爲灾。

丁丑日日蝕，諸侯近臣謀其君，在西北方，後有小兵。一曰，三公有憂。

戊寅日日蝕，異姓近臣謀君，歲旱，土沸。一曰，多大風。

己卯日日蝕，東夷謀殺其君，有蟲。一曰，有咎。

庚辰日日蝕，君易賢以剛，卒以自傷，後有水，在東北。一曰，有兵，旱。

辛巳日日蝕，諸侯外親，謀其君，兵行，在西北。一曰，後宫有謀。

壬午日日蝕，三公與諸侯相賊，弱其君王，三公失國，後有旱，且水。一曰，久雨。

癸未日日蝕，諸侯上侵，下臣謀其君，在東，有小蟲。一曰，仁義不行。

甲申日日蝕，司徒謀逆，有小雨，在晉。一曰，四月雨霜。

乙酉日日蝕，君弱臣强，司馬將兵，反征其王，一曰賢人遠退。

丙戌日日蝕，同姓近臣不臣，後有大旱，火從天墜。一曰，訟多冤者。

丁亥日日蝕，君臣無別，司馬牧民，司徒將兵，有蟲，在西北方。一曰，有匿謀害。

戊子日日蝕，妻欲害夫，九族夷滅，後有大水，在東方。一曰，宮中有憂。

己丑日日蝕，婚家有謀，有小兵，在西方。一曰，小民憂。

庚寅日日蝕，有謀反者，敗戮，有小旱，在東南方。一曰，將相灾，骨肉相賊，且有水。

辛卯日日蝕，天子微弱，諸侯謀君，反受其殃，有蟲，在東方。一曰，臣伐主。

壬辰日日蝕，諸侯謀逆，後有大水，在東方。一曰，河水决。

癸巳日日蝕，諸侯相伐。一曰，權不一。

甲午日日蝕，南夷君殺，後有大旱。一曰，蟲灾。

乙未日日蝕，君責衆庶暴虐，民背叛，有地動。

丙申日日蝕，君暴亡，臣横恣，上下相賊，有大水。一曰，諸侯叛亂，夷狄内侵，歲旱。

丁酉日日蝕，諸侯之臣謀其君，事敗，後有大兵，起西北方。一曰，侯王侵。

戊戌日日蝕，婚家謀逆，有旱，馬瘮運。一曰，后妃憂。

己亥日日蝕，主弱，小人持政。

庚子日日蝕，庶子謀嫡不成，後有大水。一曰，天子疑，王侯侵。

辛丑日日蝕，賢人離，小人盛，人主危。一曰，君疑臣，三公有免黜者。

壬寅日日蝕，諸侯謀逆，以亡其國，有小旱，在東南。一曰，大臣恣，天下苦兵。

癸卯日日蝕，諸侯不順，天子有國亡，有蟲。一曰，外國伐主。

甲辰日日蝕，王后爵命絶，有水。

乙巳日日蝕，諸侯上侵以自益，近臣盜竊以爲積，人主不知。一曰，東國起兵。

丙午日日蝕，親戚争嗣，同姓有謀，大旱，在南方。一曰，民多流亡。

丁未日日蝕，司徒不道，執政有謀，有蟲，有地震。一曰，王者憂。

戊申日日蝕，臣謀君，後有小水。一曰，地動，諸侯争。

己酉日日蝕，西夷有殺君之，大兵西行。

庚戌日日蝕，司馬之臣謀逆，有小旱。一曰，臣下相争。

辛亥日日蝕，有蟲害，司馬之臣謀逆自敗。一曰，近臣憂。

壬子日日蝕，同姓諸侯任政者不臣。一曰，女主憂，後宮有謀。

癸丑日日蝕，寇盜行兵，君主不明。亦曰水潦爲敗。

甲寅日日蝕，同姓大臣有謀，有旱。一曰，親戚叛。

乙卯日日蝕，權臣專政，不出三年誅，有蟲。一曰，雷不行，霜不殺，奸入人君室。

丙辰日日蝕，帝命之極，武王乃得。一曰，山水大出。

丁巳日日蝕，天乃去惡，依聖人，有小兵，其下有聚兵。

戊午日日蝕，婚家執政，賊有妻招，後有大旱。

己未日日蝕，臣不安居，羣陰謀侵，其地大動。一曰，其主失土。

庚申日日蝕，骨肉相殘，有水。一曰，夷狄内侵。

辛酉日日蝕，昆弟相殺，更有國家，兵三年不息。一曰，奸邪欲起，妃謀主。

壬戌日日蝕，諸侯謀叛，在西南。一曰，小人用事。

癸亥日日蝕，天命聖人更起，有大雨。一曰，王者憂。

明・茅元儀《武備志》卷一五〇《占日二》　日之暈

凡占兩軍相當，必謹審日之暈氣。知其所起留止遠近，應與不應，疾遲、大小、厚薄、長短、抱背、爲多少、有無、實虚、久亟、密踈、澤枯、相應等者勢等。近勝遠，疾勝遲，大勝小，厚勝薄，長勝短，抱勝背，多勝少，有勝無，實勝虚，久勝亟，密勝踈，澤勝枯。重背，大破；重抱爲和親；抱多親者益多，背爲不和。分離相去，背於内者離其内，背於外者離於外。亦内青外，以和相去；青内赤外，以惡相去。氣暈先至而後去，居軍勝；先至先去，前有利後有病；後至後去，前病後利；後至先去，前後皆病。居軍不勝，見而去其後發疾，雖勝亡功見半日以上功大。白虹屈短，上下鋭者，其下大流血。日暈制勝，近期三十日，遠期六十日。

日有暈，主大兵。三日内風雨解之，吉。無則凶。

日暈有兵在外者，主人不勝。

正月日暈，春不可起兵。

日有朝夕暈，是謂失地，主人必敗。

日始出而暈，其國有死君。

日暈甲乙憂，丙丁臣不順，戊巳后族盛，庚辛將帥不利，壬癸臣專政。

日暈不常出軍在外，天子失御，民多叛。

日暈七日，謀逆立見。一曰，日暈七日無風雨，兵大作不起，衆大敗不及。

日暈而明，兵在外者客勝。一曰，有兵兵止，無兵兵起不戰。

日暈不明，天下有兵兵罷，無兵兵起不戰。

日暈明久，内赤外青，外人勝；内青外赤，内人勝。内黄外青黑，内人勝；外黄内青黑，外人勝。外白内青，外人勝；内白外青，内人勝。内黄外青，外人勝；内青外黄，内人勝。

日暈内赤外青，羣臣親外。一曰，夷狄侵逼中原，外赤内青，羣臣親内，内其身，外其心。

日暈外赤内青，此營軍之象，見此對敵之上必戰。

日暈五色，有喜。一曰，國生賢嗣，信任賢良，不得五色有憂。

日暈有五色氣，相間鬬敵，速攻之全勝。

日有黄白暈，不鬬，兵未解，青黑和解，分地，色黄，上功動，人不安，色黑，有水，陰國勝。

日暈青赤，主一二日大風。

日暈青色，蝗生，穀傷，人多疾疫。

日青暈一重，國有喜事，五穀大熟。二重，天下大殺，其下有兵，穀貴。四重，不出三月，米貴十倍，大兵起。五重，天下大水，魚行人道，大臣反逆。七重，十處皆反。一曰，青暈再重，不出六十日兵起。一曰，外戚親族内亂，王者憂亡地。

日暈赤色，火旱興灾，兵起血戰，君憂，大臣讒諂。

日有赤暈，其日有大風雨，雷震殺人畜，且有大熱，道無人行。一重，國内有灾兵起；再重，所見之國有蝗蟲。一曰，旱，穀貴，盗起。二重，暈繞日，四境相遭誅；三日，正南下七百里皆瘴疫。七日，天下人民疫（疾）三分。又曰，蝗蟲生，三年外大旱。三重，兵大起。一曰，大旱千里。四五重，不出期年，天下兵起，大饑，人主憂。

日暈白色，國有兵喪，憂悔不寧。

日白暈一重，當日風雨。二重，其月多風雨。一曰，有兵，穀貴。三重，大兵起，天下大水。

日暈黑色，雨水爲灾，蠻夷作亂。一曰，灾在用事之臣。

日黑暈一重，天下兵起，五穀不成。二重，天下大亂，大臣反逆。一曰，不出三年，其下大水，民流移徙。三重，水流中央，民食野草，一日一年，二日二年。一曰，如有夏霜冬雷，其下國大敗。

日暈黄色，有兵兵勝。

日暈通黄，名曰毒氣，人民疾病。二重，歲中兵起。三重，天下有喜，國内豐稔。又曰，人主得地之象。

日暈紫紅，主兵利，客兵敗。

日紫暈一重，大旱。又云，主外國進異寶，四海賓服，人民和悦。

日暈左邊紫色，攻戰勝，宜防守營寨。右邊，宜收兵准備勿攻戰，戰則大敗。

日暈如雲紅，攻城不拔，大敗也。宜謹防固守之。

日緑暈三重，三日一百二十里，連雨不絶，魚行人道。

日碧暈三重，朝盡賢臣助有道之君。又謂來年五穀半傷。

日暈生光，有青有黄，主將大勝，賊變殃。

日暈光芒四出者，我軍得勝。

日重變暈，天下豪傑有自立者。

日暈二重，主七日大風雨。一曰，其外清内濁不散，軍會聚，殺傷。一曰，歲凶，人將相食。

日重暈，有德者昌，天下有立王。一曰，攻城圍邑不拔。一曰，圍賊必至，宜急避之。

日暈三重，軍分爲三。一曰，有拔城。一曰，主百日内東方將有外兵來，人民饑荒，天下大亂。又曰，百日内臣亂，國有災，刀兵起，天下憂，期三年。或曰，有大兵伐城，期三日。

日暈三重三色，主隣國寇盗併起，天下饑荒。

日暈四重，敗於野，其下有叛臣。一曰，海兵作亂，百物消耗。一曰，攻城圍邑不拔。

日暈五重，是謂氣光，天下有兵。一曰，有德者昌，無德者亡。一曰，社稷破亡，期三年。一曰，青黄暈五重，有國者受其祥，天下有兵，破亡其地。

日暈六重，其下國失政，憂兵灾。

日暈七重，夷狄侵擾。

日暈八重，民亂君憂。

日暈九重，歲荒夷人交侵。一曰，天下亡。

日暈十重，天下喪亂，不出期年大凶，各以星宿次舍及日辰占之。

日暈四重至十重，主三百日内兵起，民有灾。

日交暈無厚薄，交争力勢均，厚者勝。

日暈上下重交者，必有兵來，居上者勝。

日暈交相迎，三日大雨，不雨天下大兵起。

日交暈，人主左右有争者，兵在外戰，日在暈上，兵罷。

交暈貫日，天下有破軍死將，有亡國死主。

日交暈而争者，先争不勝即兩破。

交暈抱日，候其先滅之處，從其處攻之勝。

交暈至日者，順以戰勝殺將。一曰，日在上者勝。

日有氣交赤青如暈狀，或如合背，或正直交也，偏交也，兩氣相交也，或相貫穿，或相向，或相背也，交主内亂，軍内不和。

日交暈而珥，天下有兵起，有兵則罷。

日交暈如連環，爲兵起，君争地。

日下交暈，光芒垂下，兵有陰謀通敵殺將。

日暈軍營之象，周環匝日，無厚薄，敵與軍齊等，厚長大有勝，薄短小無勝。漸滅則留者勝，在外天子失御，民多叛。

日暈而缺者，兩軍當隨後擊之，兵敗。

日暈上下斷絶不相續，將軍妄行，刑罰枉法於軍。

日暈不合，有氣斜沖，謹防沖襲，得柄者勝。

日暈不合，有雲如人在暈中，背日者，臣反。暈合不得去，暈不合則脱去。

日暈不合，有雲如人在暈外，似相就者不勝，一曰，攻城不勝。

日暈不合，有雲如牛從暈外來入暈中，有叛臣。

日兩旁飛暈不合，謀不成。

日半暈東向者，西夷羌胡來入國。半暈西向者，東夷人欲反入國；半暈北向者，南夷人欲反入國；半暈南向者，北夷人欲反入國。

日半暈再重，國民蕃息，歲太和，以日宿占分野。

日暈如車輪半暈，軍在外者罷，無軍在外則兵起。

日上有半暈如鼎蓋，有欲請和親者。

日有半暈兩角鋭者，戰必勝。從有處擊，無處勝。一曰，其國有謀。

日暈而珥，王有謀。軍在外，外軍有悔。一曰，天下有立侯。一曰，兩軍相當，先舉者敗，戰則珥所在之方勝。

日暈有左珥，兵舉。

日暈抱珥，上將軍易。

兩敵相當，日暈兩珥，平等俱起而色同，軍勢等，色厚潤澤者賀喜。

日暈旁有兩珥，珥有抱，天子有喜得地。

日暈有兩珥反外，將欲背叛。

日暈中有兩珥，將亡，改立王侯。一曰，有反者。

日暈有四珥，其國有胡人，或賊臣，主大兵也。

日暈有四珥而輝紅者，其國主一年内大兵起。

日出四珥，紅色及黄色暈，雨雹，民患國憂，兵戈起，有大灾殃。一年内國亂，人民火灾，大旱，有恐，暴兵。

日暈有六珥抱黄白潤澤，内赤外青，天子有喜。軍不戰而有來降者，色青將喜，色赤將兵争，色白將有喪，色黑將死。一曰，赤抱有降者，攻城大勝。

日暈有直珥，爲破軍。貫至日，爲殺將。

日暈而珥如井幹者，國亡，有大兵交。凡有一珥，一國兵。

日暈兩珥如車輪，其國兵亡。

日暈有四珥芒孛如髮，蓬蓬外指者，强兵准備來戰，四五日乃罷。若如四脚外向者，大臣叛，國不安。日暈旁有珥外向，内有金雞形見者，不宜攻，戰死。須防備固守。

日暈而珥有雲穿之，士卒多死。

日暈而珥，白雲掩映，天下有大兵。

日暈而兩珥在外，有聚雲在内與外，不出三日，城圍出戰。

日暈兩珥，聚雲其中，其城圍。

日暈兩珥下有黄雲，人主有喜，期一百二十日。

日暈兩珥有立雲貫日出，多妖孽，有大疫，大喪。

日暈上有雙珥緣暈中，有兩端各外向，上御一雲與珥排列者，强兵鋭意來攻。日出搦戰，慎勿交兵。

日重暈有珥，主外軍人馬多灾凶，更看在何方斷之。

日重暈兩珥，有兵争。
日暈三重而珥，國有反者。
日暈再重有兩珥，白虹貫之，有大兵大戰，横尸滿野，天子大憂。
日暈而珥背左右如大車輞者，兵起，其國亡城，兵滿野而城復歸。
日暈珥，兩背璚在暈外，臣叛。一曰，兩背璚在暈中，其國戰不勝，而有叛臣從中起。
日暈有背珥直，而有虹貫之者，順虹擊之，大勝得地。
日暈兩珥璚在重抱內，順抱擊者勝。
日暈內有一珥一抱，所謂圍城者，在內，內人勝。
日暈有雙珥，左右背下抱上重暈，如連環者，賊人內反，背主向外，若有守城池寨上，賊人中有一人心欲背刺主外向，軍中人心各異。
日暈有四珥四背璚，期六十日臣有兵謀。有急事，閉關不行，使天下更命。
日重疊暈中，有兩珥背璚，有叛從中起，不成。
日暈而有珥，且有戴抱，其色皆內赤外青，光色潤明者，其國有喜。
日暈外有珥璚，或暈王日，王侯謀逆，簒弑其君。
日暈而冠，天下有立侯王。
日暈而冠三重，日下有虹，長數丈，不出其年有反者，有兵饑貴人絶亡後。
日暈而冠且纓，有喜。兩軍相當，和解。
日暈負且戴，國有喜。戰從戴所擊者勝，得地。
日重暈有四負，國內亂。
日暈而背，兵起，其分失城。背在東，東叛，西南北如之。
有軍日暈有一背，背爲逆。在日西，東軍勝，餘倣此。
日暈背在暈外，將民亡。
日有背氣在暈內，此爲不和，分離相去，其色青外赤內，節臣受王命有所之。
日暈反背外向，平時民叛上，有兵兵叛將。
日暈上下有兩背，無兵兵起，有兵兵入。
日暈四背在暈內，名曰不和，有內亂。
日暈四背白氣干之，其端青赤，妃與臣謀，共爲逆。
日暈而一背一抱，爲不和，信者更逆而不信。
日暈而背且抱，得抱者勝。
日暈有背在抱後，順抱者勝，得地。
日暈一背一璚，臣有反者，出暈則事成。
日暈有背璚抱，有虹貫之者，順虹擊之，大勝得地。
日半暈一背璚，臣有邪謀，不成。
日暈中有兩背兩璚，又有半暈臨日，有叛臣中起，不成。
日暈有四背璚，其背端盡出暈者，反從內起。一曰，在暈內，內臣叛；在暈外，外臣叛，五六背璚占同。
日暈而四背璚，如大車輞者，四提設，其國衆在外有反臣。
日暈四提，必有大將出亡。
有軍日暈有一抱，抱爲順，貫暈內，在日西，西軍勝。
日暈而抱且璚，順抱擊璚勝。
日暈外有一直，臣欲自立；有二直，有二人欲自立。明者成，黑色不明者死。內赤外青則成，內青外赤不成。一曰，日暈外有直，直而黄氣承之，則爲立王。一曰，日暈外有三直，欲自立者，不成。一曰，日暈有直在兩旁，其國有自侯王者，封賞其左右。
兩軍相當，而日暈有直，直所在方勝，苦戰，宜居其厚而擊其薄。
日暈有直氣在旁，所臨處主兵勝。或青或白或黑或紅黄色，則隨其色，以變吉凶。
日暈有璚，爲不順，君臣乖離，臣外其心，其國兵起。或曰，有逃臣，兩軍相當，得璚者敗也。一曰，萬人戰死其下，先舉者敗。一曰，裂土立王。
日重暈中有兩璚，有叛徒，兵起不成。
日暈四璚，在外之兵悉敗散。
日暈有白虹貫暈至日，從虹所指戰勝，破軍殺將。一曰，虹起所有反者。
日暈有白虹貫日，其城不可拔，過旬方利。
日暈有二白虹貫，有戰客勝。
日重暈有四五白虹氣從內出外，以此圍城，主人勝，城不拔。
日暈有二白虹交貫日中，而首尾四出者，主殺傷，兵戈亂動，三年後太平。
日暈上有半暈，而白蛇貫日者，君臣失政，有叛殺，兵災，天下大亂。
日暈有白氣抱暈，左右相對，兩軍不戰，各謀退。
日暈有白氣淩雲，有兵在外大戰，順氣者勝。

日暈有白氣如車蓋臨其上，攻城則城降。
日暈有三四青虹從外貫暈，順虹戰勝。
日暈青雲貫内，有圍城。
日有青氣暈，則先起兵者敗。
日暈有赤氣貫日，臣弑主。 赤甚者，以兵；不甚者，以藥。
日暈三赤氣，有謀者，不成。
日暈三重，兵起，赤暈貫之，其下失地。
日暈旁有赤雲兩頭鋭，其下萬人戰。
日暈有赤雲從中出暈外，天下兵起。
日暈有赤雲如車輪凹向日爲内提，内臣叛；凸背日爲外提，外臣叛。
日暈有赤氣如建鼓貫日，大旱三年。
日暈旁有赤雲如懸鐘，其下將死。
日暈旁有赤氣如節如旗狀在外，亦曰蚩尤之旗，兵且内起。
日暈有赤氣如戟臨之，其下兵起。
日暈有赤氣如四豹交日中，中國君亡。
日暈上有口，下有赤氣，用兵大捷，將帥封侯。
日暈黑蛇貫日，君王有難。 大臣謀，主兵卒相殺，盜賊並起。
日暈有黄氣承之，不出其年得地。
日有紫氣暈，攻城軍主損，未可攻，宜閉壁，次日攻之。
日暈有五色雲如杵貫日從外入，外人勝；從内出，内人勝。 無軍在外，爲兵出入，亦爲有相謀者。
日暈有青黑雲氣來掩日，有賊來斫營，預備之勝。
日暈有赤黄霓入日中，從虹霓入處大戰兵亡。
日有青赤暈而無光，有背璚而在心度中，是謂大盪，必有大兵，大喪，其國有殃。
日暈有聚雲在旁，黄白吉，青白兵行，黑白内亂，青赤兵解，青黑兵戰流血。
日暈赤黑白雲定平常，紫黄大勝，青暈半殃。
日出而暈有虹，主人分地，日入而暈有虹，諸侯分地。
日暈有虹貫暈，不至日，戰從貫所擊之勝，得小將。 虹貫出暈外，從所出處順虹擊之勝。
日暈有一虹貫暈内，順虹擊者勝，殺將。
日暈一重，有虹霓穿其日過兩頭出者，將軍離營。
日暈有二霓抱日，軍宜備之。
日暈有亂蛇四五相穿貫日，君臣相欺，叛逆兵起，天下大亂。
暈有雲圓如日狀，内臣兵有謀反者。
日暈有氣如人居暈中，不出三日寇入城。
日暈有雲如人居暈中向日者，忠臣受命，勅使還遠使還。 得王色者，有喜；不得王色者，有憂。
日暈有氣如卧人在上，其國敗；在暈中，君憂；在暈外，臣憂死。
日暈中見馬，軍敗。
日暈有氣如牛居中，不出三日寇入城，無兵在外防奸客。
日暈暈中若外有雲氣如死蛇屬暈，大將死，不利先舉者。
日暈有雲如鳥啄日，頸喙在暈中，翼張在暈外，又有雲貫其中者，敵兵來攻，准備有戰。
日暈有衆雲如毛羽臨日不去，其下國有兵憂。
日暈四餘氣如鋒四出者，其下亡地。
日暈外環列如戈戟四出，或五六者，防來兵衝殺，必有兩三處交戰。
日暈上有氣如蓋，兵亂國危，歲主凶灾。
日暈旁有氣如懸鍾，將死。 如節如幢如壞屋，所在之方軍散敗。
日暈有氣斜射，賊兵起亂，謀害國君。
日暈有氣横冲，兵革興灾，國有危亂。 又曰，此名爲破軍之將也，主流血，人民不安。
日暈有雲氣如錦，又潤澤從外入，有文書喜至。 從中出，天子使以喜事出。
日暈有雲如樹居暈上，兵起客勝。 一曰，不出三日，有兵入城中。
日暈下有氣如井字，國軍得勝，多獲輜重。 如上下聚背，將叛軍亡。【略】
日暈角，内有陰謀，陰國用兵得地。 又，主大水。
日暈亢，其分大臣凶，多雨，民饑疫。
日暈氐，國有憂，日下興師。
日暈房，爲兵，君臣失政。

日暈尾，陰國弱，將相憂。

日暈牛，陰國憂，兵起。

日暈虚，民饑，齊地兵起。

日暈壁，風雨大水。

日暈奎，爲兵爲火。

日暈婁，有兵，大人多死。

日暈胃，穀不熟。

日暈昴，陰國失地，北主憂趙地凶，又云大饑。

日暈畢，有邊兵，北主憂。又，有風雨。

日暈井，多風雨，有青赤氣在日爲冠，天子立王侯。

日暈觜，陰國弱，夷狄灾，暈及三重，其下穀不登，民疫。

日暈參，有來和親者。一曰，大饑。一曰，邊將憂。

日暈鬼，其分有兵，大臣有誅廢者。

日暈柳，主兵，五穀不成。

日暈七星，周地君憂，青色抱而順，在兵爲東軍吉。日暈張，將相憂，及有黄氣抱日，功臣効忠。

日暈翼，士卒逃散，上有抱氣三，敵心欲和。

日暈軫，生背氣，其下兵起城拔，視背所向擊之勝，日之變。【略】

兩日並出，天下用兵，無道者亡。一曰，無道之臣，舉兵而亡。又曰：兩日並出，天下争王，視其所存之方先滅者亡。又曰：假主抗衡，兩主並争。又曰：兩主立，地陷，有大水。

兩日相鬭，其下國亂。

二日相吞，天下大亂。

天晦雲隔，二日相執相吞，主國家離亂，兵起未止。三日並出，諸侯争爲帝。又曰：天下三分。又曰：不可行兵。

四日並見，君王失位。

黑日五日對相合，夷狄來革，視日出之時。

數日相鬭，陰陽混雜，天下無主，大亂兵起。

兩軍相當，數日並出若鬭，天下有大戰拔城，各以分野言之。

數日相掩，天下大亂，廢王分土。

衆日並出，天下分裂，各設法行，行所不一。

日當出不出，當入不入，君王失道，濫刑喪國。

日已出復入，天雲皆赤黄色，其名曰日空，其下必有役民而去者。

日合生未生西没又明朗，不出一年國亂。一曰：日下却上，國大亂。

日再出再没，國亡君死，兵起，主降於臣，天下亡。

日夜出主兵起，若不戢之，則生謀簒。一曰，洪水流行，君不祥，社稷亡。一曰，主南方將兵伐，三年方定。夜露日光，陰氣不密，陰謀侵上，殺奪難成。

日出非其所，政令不行，天子失國。

日隕於地，奸臣后妃擅權，陰謀廢黜天子。又曰：天下分裂，天子國亡。

日鬭有五色雲似珥，或逆行隊相逐陵太陽，王者失國，天下兵争。兩軍相當，急分營防備。

黑杠分日，陰侵陽也，日以正南爲正立，横杠東西分，竪杠南北分土地分坼。

日中分，其國亡。一曰，天下分。或曰，日分有二，有徙王叛民。一曰，日裂，君死臣争。一曰，所舍國亡。又曰，日中分爲二國，王死。中分而有烏，君争主死。又曰，主國喪滅，兵革起，有殺怖之事。

日光相盪，陰陽不和，奸邪反逆，更置國命。

日中烏出在外，天下大亂，哭聲沸天。

日中烏見扶輪，主天下變亂，凶灾。

日中烏見，主大明政亂。其分國有白衣之會，有大旱。一曰，王者憂之。一曰，旌旗動，將軍出，若出軍遇之，兵敗將死。一曰，其下國分。

三足烏見，其地受殃，出軍軍敗。一曰，主天旱。

日中有如人立者，君慎左右。

日中有如人行者，臣叛主。一曰：兩主立，日中有如人黑績黑衣杖刀而立，人主失位。

日有二黄人守日，主外國人來降。

日中雙雞鬭，天下旱荒，火灾。

日有白足，主破國。一曰：有破軍死將。占曰，白足者，日影屬地，色純白也。

日生赤足，有舉兵者。又曰：國有謀反。

日兩足，庶權起。

日生齒，兩敵相當，必有伏兵。

日生齒足者，有反兵。

日垂瓜，兵起。

日生牙，其下有賊臣，欲相殘害。

日上有眉者，主三十日内兵亂，三年方定。

日生角，不出二年大兵起，多雨。四角，不出三年兵起。六角，君亡國亂。

日生芒角，主人兵不利。臣謀主，不出三日。

日上有黄芒，得正色，君有福；不得正色，死囚色，君有憂。占曰，日上出黄芒，天下攻戰；日垂芒，有戰。

日上芒如舉火，君大昌。

日生彗五色，君有大福，天下大穰。

日闇黄霧四塞，不及三年，下有拔城，大戰。

日氣如虹，中天而至地，其下大兵起。

日影如蛇，敗國亡家。

日輪缺，有萬人死其下，不利先起者。

夏日如冬，陽氣衰微，夷狄作亂，寇賊起兵。

冬日如夏，陰氣衰弱，蠻夷入寇，奸謀生變。

明·茅元儀《武備志》卷一五一《占日三》 日之色

天氣下降，地氣未升，厚則日紫，薄則日赤。若於夜則月白，皆將雨也。天氣未降，地氣上升，厚則日黄，薄則日白。若於夜則月赤，將旱，且風。亦爲日月暈之候，雨少而多陰。天氣已降，地氣又升，上下未交，則日青。若於夜，則月緑色，將寒候也。或天地氣雖交而未密，則日黑。若於夜則月青，將雨不雨，變爲雺霧暈背虹霓。

日華五彩，天下和平。

日色白，西風成旋，陰陽氣亂，陰謀兵起。又曰，有亡諸侯，兩軍相當，則其分軍敗將死。一曰，四夷動。一曰，爲旱，爲喪。

日白，體動而寒，天子親伐，兹謂不知。

日色慘白，凄風成旋，有殺戮事，攻城則城中有者，城爲所屠。

日赤如赭，大將軍野戰，一曰，主兵急。

日赤如血，君憂臣背，災癘盜賊並起。

日赤如火血，大臣並亂，天旱。

日光四散，赤如血流，照地皆赤，君道失明。又曰，賊入宫，以急兵見伐。又曰，臣逆君。

日赤如炭火，主急兵。

日青色，或如火光，國有灾。

日色變黑，天子臨危，命在四方。

日有黑光，多死兵，不出六十日，有大水傷五穀，其所見之國貴十倍。

白日黑暗，天下兵起大亂。

日色黄，有白雲紅氣，宜收兵謹備。

日色變黄濁色，黑光摇動，國有暴怒之令，主灾。

日色黄赤，有灾疫；白色，多死亡。

日色有碧，陰氣重盛，東夷亂，臣下叛。

日有青黄白不定，主王侯大臣作亂，兵起。

日色或黑，或青，或白，或黄，師破。

日失色，國不昌。

日變色，有軍軍破，無軍喪侯王。

天氣清净無游氣，日月不明爲失色，主灾。游氣蔽天，日月失色，風雨之候。

日白色無光，月内少雨，主旱。

日赤色無光，天下血流成河，國亂軍憂。赤如血，爲旱，烟雲體黑籠罩，映日之光而成赤。

日青色無光，主勢奪。

日紫色無光，草寇兵起。一曰，夷狄内侵。

日青赤無光，或黑緑，或如炭色，在二月，四夷來侵。五月，南夷爲亂。八月，有謀殺主者。十月，人主失國，蛇行人道。十一月，後九十日天雨赭塵，來年十一月杠矢出，天下兵起。十二月，四夷來侵，應在九十日。

日無光，有死王。又曰，日無雲，日光不見，如此三日，有大喪，有滅國。一曰，羣盜起。

日暗無光，天雲盡赤，三十日，有兵，君亡。五十日，兵大起，人流亡。九十日，社稷亡。一百二十日，國爲墟。

日有黑雲遶而無光，城中有軍突出，宜守之吉。

日光昏暗，紅色霧結濃陰，有大風雨，大熱。若無風雨大熱，主我軍勝。

日濛濛無光，士卒内亂，將軍宜循法度察有功以自明，及有兵内發嚴刑而伺姦人者勝。

日盡無光，王者絶世。

日暗無光，陽道衰微，君信讒邪，陰謀憂喪。

日暗無光，夷狄入主中國。

沉陰，日月無光，晝不見日，夜不見星，有雲障之。兩敵相當，陰相圖議。

日出東方二竿，停停無光，曰日病；未入西方，停停無光，曰日死。日病，日死，王侯災。一曰，有風雨。不雨，邊亂國危。

日無光，中有物，或青或赤，或黄或黑，如爪踴躍，世王絶命。

日至辰時無光，天下大亂。

日五日無光，滄海變桑田。

日晝昏，行人無影，到暮不止，上刑急，下不聊生。不出一年，兵亂，有大水。

晝晦，臣制君，見星國亡。

又曰，日晝昏，臣叛君。

日昏失色，行人無影，烏鳥羣鳴，主將軍出旌旗，舉白衣，會妖寇至。

日入時忽有赤光燭地，行人有形名反照，必有反者。

日色若暗，軍守其彊；日色濛濛，先輸後彊；日色皎皎，半青半黄，賊兵欲至，奪我旗鎗；日色渾渾，四畔鮮明，我軍捷勝，大戰尸僵；日色大黄，或暗或光，氣黑遍野，流血成塘。日光閃閃，上將受降；日出明朗，行軍大昌。

日中有黑子黑氣黑雲，乍三乍五，臣廢其主。一曰，黑者，陰也。臣不掩君惡，令下見，百姓惡君，則有此變。

日生黑異，或黑黶黑子黑暈，或變王字，或變怪形，或變人像、人頭、禽獸，主人君昏昧，奸臣專權，陰謀篡弑。

日中有黑氣，乍青乍黑，乍黄乍赤，三三五五，多至數十，圍繞日四旁，天下謀叛。

日中有黑氣如瓜形，有兵起。

日中有黑氣鬭，天下有大兵相攻戰，其分有叛城，不出二年大饑。

黑物在日中如飛燕，人主廢黜。

四月日變黑，陰盛於陽，奸臣擅政，陰謀作亂。

十月日變黑，陽不勝陰，君志昏迷，讒邪謀叛。

日旁有黑氣磨盪，國易主。兩軍相當，大將死其下。

日中有火光氣見，其國君左右大臣有反者。

日之氣

五色氣如虹貫日，主白衣會，其下謀亂，赤氣則其殃甚。

白虹貫日，陰陽犯也，女后專權，陰謀殺奪。一曰，近臣爲亂，不則諸侯有反者。一曰，主五十日内兵起於秦地。一曰，主十日内國有兵亂，三年方定。一曰，主殺戮。一曰，君亡臣代興。

白虹啣日，臣有背主，無德者亡。

白雲虹貫日，主仇人入境，更以大兵起也。

白霞貫日，謀逆弑奪。

氣如白虹貫日，合戰殺賊，白雲接應即吉，主有上將來歸。

白氣貫日，軍在外將死，無軍人主當之。

白氣交錯貫日而過，軍不和失律。

日下有白氣如懸弓，大亂兵起，一道一亂，以數占之。

日下有白雲交，又如刀夾日，而刀向下者半凶。

日下有白氣如揭旗幟，天子有喜，其分君亦喜。

日旁當中白氣東南起連卯酉者，主君升遐。

白氣自上下冲日，君憂。

白氣，圍日亡城。

白雲廣二尺在日左右，其下兵起國憂。

白雲三方環日脚下垂而上空明者，大敗。

日出時有黑雲如蓋四邊垂者，三日後多風雨，不雨陰謀主將。

日兩旁有黑雲，爲伏兵在路，慮後戰之大吉。

黑雲湧日，軍大敗。

黄蜺貫日，天下大喜。一曰，主交争。

氣如黄蛇貫日，有交兵。

日旁有黄雲氣掩日，所照皆黄，主亂兵起，夷狄大入中國。

黄雲擁日，必大勝。

黄雲夾擁日旁者，大勝。

黃氣抱日，鄰國臣佐來降。
日旁雲氣色，黃潤，皆爲吉祥。
紫蜺貫日，明君出世。
日旁突出大山紫氣盤旋而下散者，敵不敗。
青虹貫日，天下兵亂，人民多疾，一年灾。
青蜺貫日，天下不安，血流成河。
氣如青蛇貫日，有陰謀主疾疫。
青雲挾日，其分野臣下有謀。
青氣遶日，陽道不消，寇賊起，兵圍於城下，主有交戰。
青氣三道貫日，國有讒人，將軍失位。
青氣疾來縱横日，有奸人入城中。
日有青氣在上下者，吉可出軍。
日有青氣貫日者，主臣謀君，兵起于秦地。
兩軍相近，日邊生青氣如半月者，速進軍必勝。
日有青氣如十字貫日中央，大禍將來先露兆，奸凶懷恨作妖祥。一曰，不出五十日夷狄犯中國，君出走，大亂三年。
日旁青氣散如飛，變作雁行者，小國賊臣反。
日下青氣如鳥，敵人相謀，宜急設備。
日旁青氣如兩鳥，人主憂大兵暴起。
日上下有青氣，可以出軍，戰必勝。
黑虹貫日，兵亂大起，國主憂危。一曰，臣謀逆，有軍在外客將死。
黑蜺貫日，五穀不熟，百事皆凶。
黑氣如龍承日旁，及如人卧背日旁者，下有叛臣。
日上下有黑氣如蛟龍者。主風雨，敵人相謀，宜急設備。
氣如黑蛇貫日，主雨水。一曰，有反者。
黑雲如狸皮掩日，軍不和，有屠城。
日始出，有黑雲貫之，或一或二三，不出三日，不有暴雨，則有害主者。
日出有黑雲如隔，其下有兵，遇雨即解。
日四邊有黑氣如雲，攻城未克。
赤氣如牛守日，其下有兵戰，如馬守日，苦戰有兵傷。
日伴有赤雲如虎形，三日内王命至，有賊自來降吉。
赤雲如烏夾日而飛，其分野憂。一曰，其國君亡。
雲如赤鳥喙日，主兵起。
赤雲如雞雉在日上，不出三月，其分野有兵喪。
日下有赤雲交，又如刀夾日而刃向下者，大凶。
日下有赤氣如鋒刃在兩旁，破軍殺將，人主受其殃。
日旁赤氣如懸鐘，如卧人者，邊將死。
日旁氣如杵赤而明，不宜出軍。
日旁有赤雲曲如車輪，其下有兵亡也。一曰，臣背其主。
赤氣如布席掩日，爲大戰。
日旁有赤氣如木無葉者，兵起客勝。
日旁赤雲如衆樹，有兵起，客勝。
赤雲如掃夾日者，不宜先舉兵。
日上赤氣，客將死。
日有赤氣圍繞，不出三日，大雨，不則大臣叛。
日中有赤雲一道穿過，主人民流散，兵戈起，民逃亡矣。
日邊赤氣三重，天下兵起。
日旁有赤雲相交，其下有兵，不宜先舉。
日旁有赤雲向日，不出三年，其下有立者。
日旁有赤雲，兩端鋭，其下不宜先舉兵。
赤雲三方環日脚下垂而上空明者，大勝。
赤雲扶日，其下兵起失地。
赤雲掩日，其下大戰亡地。
日入時天雲盡赤，大旱，兵起。久旱而有赤雲遍天照映山谷，則來日有雨。
赤氣隨日出，君有憂，隨日没，外告急。
赤色貫日，爲破軍星，兩國相殺。
日上下或青或赤曲向外反背，其外有臣叛君，守邊之將主有二心。
青黄氣，如蛇纏日，兵亂謀弑。
青赤氣如虹與日俱出，所臨國大有憂。
日下有雲如青赤馬，主敵人相謀，須先有備，方無患。

日下有黃黑雲如刀交又夾日而刃向上者，太凶，勿出兵。

日邊黃紫雲如魚鱗起不散，行至我營上者，軍必勝，行敵營上勿攻戰。

日中赤黃逢入日中，從虹霓處大戰，殺將。

日邊有雲氣，白黃，將吉；青黑氣，將返歸。

日旁有雲氣冲天，青黑不利，黃白紫軍勝。

青赤黃氣如虹在日旁屈曲如車輪，或二三，或五六，此天之殺氣也。名曰天殃，其國兵，旱，疾疫俱起，赤白青黃氣刺日，其分野有兵。

日四方五色雲皆新見，其下國有謀，臣不安主。

日旁有雲氣相交穿貫于日，將不和，有破軍者。

日旁格氣横在上下，心腹之憂。

有氣在日旁去疾者，軍無功，停半日者小勝，終日者大勝。

日下有雲氣如死虹，其分大疫，大饑。

日中有雲如人狀，其下有叛臣。

日下有氣如人所持者，其下臣叛。一曰，兵叛。

日下有氣如人垂衣，天子之氣。

日旁雲氣如卧人，有死將。

日旁氣如人頭，如旗旌内懸鐘，皆爲兵起流血。

日旁雲氣如兩手在其側，更有金星出現者，后妃作孽生亂，帝受其殃。

日旁氣如舉手，或作箒形，若居兩手間者，君失其位。

日旁有雲氣如獸向日開口，臣弑其君，棄國而走。日下有雲如虎蹲者，大敗。

四時王日，有雲氣如虎守日，以五色占，克其時令者，臣下不利于君。

日下漠漠氣如車馬馳走之狀，其下有破軍。一曰，日下有氣漠漠如車馬鳥蛇，或如人披甲而走，或如虎躅，皆爲大將反。

日旁分八字，下有氣如麞鹿成隊而走，軍敗將亡。

日旁氣如兩馬向日，人主以暴虐遭禍。

日旁有氣如牛鬬，又有如人無首在旁者，宗社必危。

日旁雲氣如蛇如馬，中青，有反者。

日旁有氣如蛇，其下有賊兵。一曰，有交兵。

日旁有氣如雙雞，主國大旱，人民荒歉，國亂人亡，累歲灾生。

日旁氣如鼠在樹枝間，又有頭，必出洪水，急宜移營高阜。

日旁氣如一樹，根葉横出，國君自經。

日旁氣如幕如花，相連不斷，后宫内亂。

日旁氣如剪刀，更有散花如桃杏者，王失政，后妃專權。

日旁雲氣大如席，萬人戰。一曰，兵衆戰死。

日旁氣如壁形，其形圓如暈者，臣下謀反。

日旁雲氣散張如死烟，火星迸者，宜堅守勿動。

日上下四旁有雲氣如博局，小臣謀主，期一年。

日下有亂雲如承趺兩重，上如二日者，攻戰殺傷；若一輪貫日，爲主勝客。

日下有雲氣如布幅大長侵日，若色白，是殺氣，防有戰，在我營勝。

日下有雲如刀劍三五成列，刃向抵日者，大凶，急移營防備，刃向下者，凶，勿戰。

日下有氣如弓如箭外向，軍出威勇。

日邊有氣如斧鉞，君憂。一曰，君無禮，受殃。

日邊有雲氣如錐刺日，君死於賊。

日邊有雲氣如杵長七八尺，及杖撞日，臣犯上，入之其國主死，赤以兵。

日將落，有雲如樹枝，不過三日兵敗，禳之可免。

日將落，有雲生脚下垂，三日内有風雨，無則主兵灾。

日兩旁雲夾擁而脚一上一下者，先凶後吉。

雲三方夾日而脚亂竄者，交戰凶。

日上下連左旁三段雲擁，百戰百勝，如黑雲相侵，則有大敗。【略】

明・茅元儀《武備志》卷一五二《占月一》 茅子曰：月爲太陰之象，借光于日，以之配位，女子之象也。以之比德，刑罰之義也，以之定上下諸侯大臣之義也。刑之大者爲兵，女主侵權。大臣犯上，皆兵之急也，故皆載之。其類與日同。

月之形

青赤氣蓋于月旁曰珥，黃國有喜，赤青兵火，白憂喪，黑水災、失地，皆期于三年。一曰，月有珥，萬田□傷不利，大凶。

月有白珥，其下城降。

月昏而珥，有喜。

月夜半而珥，邊地有兵。

月有珥貫入中央，君王失位，天下相殺。

月左右珥，天下萬民同慶。

月左有珥，臣與君青衣北宫姦。

月右有珥，臣與君青衣南宫姦。

月兩珥而白虹貫之，爲戰兵。

月有兩珥，其下國喜，軍在外勝。

月有兩珥三珥四珥，皆主國喜，兵在外勝。

月有四珥，其下國安有喜。

月生四珥，主賊寇大亂兵起，一年應之，兵火萬家。

月珥且戴，不出百日有喜。

月冠而珥，有大風，人主有喜。

月始生有黑氣貫月，名曰徼雲，或一或二或三四，不出三日有兵，暴雨。

五彩炫燿月旁曰璚，臣下縱欲，互相殘害。

月有四璚，臣下有謀不成。

月有背璚，臣欲爲邪，其色青中外赤有芒刺則爲逆，赤中青外無芒刺則爲謀，數見則國凶。一曰，月有背璚，臣下縱放相殘，宜備左右。

月有抱爲順，背爲逆，抱且背爲不和，臣欲有爲忠者，亦欲有爲邪者。

青赤氣蓋在月上曰冠，國任賢臣。

青赤氣倚於月旁曰戟，平時逐相，有兵，兵敗將死。

月内青赤氣作紋曰痕，兵宜自固，其敵終降。

赤氣雙垂月下曰履，姦邪謀逆，君王出走。

青赤氣如頭抵月曰觸，大戰流血，將凶國危，白兵起，黑兵敗。

青赤氣散垂月下曰紐，君德不固，殃其國。

青赤氣如人頭弔月下曰墜，兵士違律累其將。

青赤氣托在月下曰序，行兵得勝，衛國封侯。

月有戴氣，不出百日，人主有憂。一曰，主有喜。

月生三日，其中縵縵如絲布狀，其野墟兵盡出在外主人不勝。

月之蝕

月蝕乃陽氣太盛於九道交行之時，冲掩月光，日行十三度，凡羅計在十三度，前後相隨迫交道並主，爲蝕。鯨魚至陰之物，以蝕爲感，月蝕則鯨魚死，蓋陰之傷。八十月極當至明以象陰德之昌，或失色或蝕，皆陰德大虧之象，主將相災危，刑罰不明，獄有冤濫，掌陰者曲政用事，宜省刑，去不肖，以避其咎，則其禍可消。

月不望而蝕，或望後而蝕，其國大水溢，大臣死，后妃憂，以月占國。

月蝕大半以上，大水，以日支占國。

月蝕後三日内雨，百事解。

月春蝕，東方將軍死，夏蝕，旱。一曰，國有憂，秋未不成，秋蝕，兵起。一曰，邊有兵，民不安，西方災，冬蝕，其國饑，將有憂。一曰，春多潦，女主憂。

月蝕東方，其月惡風。

月蝕青色，五穀有收。一曰，人多死，五穀傷。

月蝕赤色，客兵利。一曰，歲旱兵起。一曰，君爲客，不出一年。

月蝕黑色水災。

月已蝕而青者爲憂，赤者爲兵，黄者爲財，白者爲喪，黑者爲水。

月蝕有輝色蒼色，蟲蝗，主大臣災，有大水，民流亡，以日辰占在地。

月蝕有氣從外來入月中者，主憂氣不利，從中出者，客憂氣不利從南行南軍不利，東西北皆然氣所向者敗。

月蝕箕，爲水旱，爲風，爲饑，車騎滿野。

月蝕南斗，其分國饑，有水兵。

月蝕須女，爲兵，旱，國有憂。

月蝕室，蝕婁，歲饑。

月蝕胃，將亡，亦爲饑。

月蝕觜觿，爲旱，大將憂，有叛主者。

月蝕參，爲兵，臣下有謀，其分大饑，外兵大將死。

月蝕井有内亂，五穀不登，其分有兵。

月蝕七星，歲饑，民流，其國更政。

月蝕張，其分饑。

月蝕歲星而暈，民大饑，兵大戰。

月蝕子夜，北方兵起天下，大水，傷五穀；丑夜，天下傷災。

月之暈

月暈軍營之象，大抵主戰鬥，見暈光破爲圓久而方消，戰久而不解之象，如無軍，主大風雨有讖誤。一曰，主旱風不止。

孟月十一日，仲月八日，季月九日，皆當月有暈，若不暈，不出三日有暴風雨，不則爲兵災。

月正月甲乙日暈，人疾疫；丙丁日暈，旱；戊己日暈，大水，土功起；庚辛日暈，大兵；壬癸日暈，江河決溢。又曰，四時壬癸日暈，皆爲水。

月正月八日十二日暈，國兵盡出，有軍在外則罷，月以正月五暈，天下更，三六暈，有亡國，七暈八暈，道路多死人。

月正月三暈，民鬬歲惡。

月一月三暈，王者自將出行，五暈至九暈，其國亡地，十暈以上，天下更改。五月中月至九暈，道上多熱死人。

常以十二月八日候，月若暈再重，有大風，兵起，災在內，女親用事。

月暈西向，主風雨害五穀，東向主五穀各有收。一曰，風敗五穀，北向主大水爲災，南向者旱風。

月暈赤色，火旱興災，兵殘人死。

白暈赤白色，國主憂危，野有多水災。

月暈三環連接，天子溺愛寵妾，后妃盛强，其國危，黑色來年大水，五穀不成，赤色爲兵爲旱。

月暈再重，大風，兵起，三重有兵，有拒城亡國，四重國危兵起番戎，五重后災臣憂，六重君失政，七重天下易主，八重世亂，九重血戰國亡，十重天下更王。

月暈而有流星交入暈中，或落月上下，其國亂，暈而不風，大臣起兵。

月暈有珥，將災，三日有雨則解，無雨則凶。一曰，有大水。

月暈不合有兩珥，其國有水。

月暈而冠，天子有喜，多大風。

月暈圍箕斗，五穀不成。

月暈圍室壁，風起大水，其地有謀不成。一曰，土工大典。

月暈圍奎婁，其地大病。

月暈圍胃昴，人多腹疾。

月暈圍井鬼，其年不和。一曰，旱。

月暈在兩角間，大水，多風雨，大將憂。暈連角，先起兵者勝，若有功，期八十日，秋三月兵戰水災。再暈大水，不則王者自將兵。一曰，其分兵起。暈右角右將災，左亦然。

月暈亢，多雨，外有兵革之事，其分先起兵者勝。一曰，將軍死。

月暈氐，大將凶，人疫，在冬爲水。

月暈房，有風雨，不則爲旱。一曰爲兵。

月暈心，爲旱，穀貴，蟲生，將凶，與五星合，大凶。

月暈尾，四足蟲害物，國易政。一曰，將相憂，其分有水災。

月暈箕，爲風，穀貴，大將易，西北兵不勝。一曰，暈從東北方來入箕中，兵在外者勝，暈從南方來，兵散，月暈南斗，將易爵禄，更天子法。一曰，將相有憂，人民流離。一曰，有土功，將軍暴亡。一曰，大將刑，穀不生。

月乘斗而變色，賊在營中，將死，大風雨。

月乘牛變色，牛馬死，大水災。

月暈虚，有兵謀，風起則不成，又爲民饑。

月暈危，兵亂憂饑。一曰，有兵喪，先起兵者敗。

月暈室，國有亂兵，軍無糧，君自將。一曰，爲水，爲火，爲風，蠻夷來。一曰，兵起宫中。

月暈壁，爲風爲水，其分有憂。

月暈奎，兵敗將戮，糴貴，人疾疫。一曰，有兵在外不戰。

月暈婁，五日不雨，軍叛失地。一曰，糴貴。

月暈昴，大雨水，三穀不收。一曰，民饑歲三暈，弓弩貴。

月暈畢，兵亂，饑喪。暈三重，邊有叛者。一曰，若一月中三暈，天下中外俱改，有風雨，不則有赦。

月暈井爲旱，爲兵，爲民流陰，陽不和則暈，暈及三重至三日爲大水。

月暈輿鬼，爲旱。一曰，粟貴，秦地有兵。

月暈柳，有圍城野，有兵戰。一曰，林苑有兵，天下有土功，又爲兵、饑，爲旱、疫。

月暈七星，其地旱。

月暈張，爲水災，穀貴。

月暈翼，多土功，有戰，民移，大赦，有大風傷物。

月暈軫，民饑，將軍死。一曰，有兵，歲旱，多大風。

月暈北斗，國憂。一曰，暈入斗，大水入城，兵起。一曰天下亂。

月暈魚星，爲旱。

月暈建星，大將死，五穀不成，蛟龍見，牛馬疫。

月暈九坎，爲水。

月暈辰星，春主大旱，秋主大水，又兵起。

月暈有流星出暈中，青色主憂城拔，黃色益地，白色豐稔，黑色軍敗。

明·茅元儀《武備志》卷一五三《占月二》 月之變

兩月見，其國亂，必至於亡國。一曰，大臣誅，主大水，兩月相合，主弑君。

月當盈不盈，君侵臣，大旱之災。未當盈而盈，臣欺君，有兵。

月前望而西缺，後望而東缺，名曰反月，臣不奉法，侵奪主勢，天下有湧水，兵起。

月當毁而不毁者，臣凌君，亦有兵水之難。

月初生而廣大者，水災。

月大而體小者，旱。

月中有神龍玉兔者，洪水滔天，人民饑散，千里荒凉，國亂連年不止。

月望而月中蟾兔不見者，所宿大水，城陷民流。

月滿而赤色，爲兵，爲旱。

月色赤，暗陽冒其陰，將相災。

月色黑，爲水，爲疫疾，爲死喪。

月初生而白，是謂大殃，其國有喪而旱。十日至十四而天下兵起，女主凶。

月始生而青色，其分有疫，五穀貴。色赤，其分君憂。色黃，其分有立王。色白，其分亡地。色黑，其分有水。

五月月無光，有火災，旱。

月之氣

白氣貫月，將無功，大兵將起，野戰。一曰，在春主災，在夏大水，在秋爲風。

赤氣貫月，在夏爲旱，在秋爲民不安。

黑雲刺月，陰雨踰時。

月有神龜倚月，主大水。

月之星

衆星攢月，陰陽不和，國多火災，陰謀于上。

太陰犯水，爲兵起，而上卿亡。水入月中，有水刑而臣叛，主水辰，食于月，大水洪流。月食于辰，國亡。

月食辰星，其國憂，水饑，兵未起而月食之，所當國戰不勝。

辰星入月，大水，戰敗，國亡。一曰，中臣欲叛。

月掩犯角左星上將憂，主大旱兵饑。

月掩犯角右星，次將憂，主大水兵饑，辰分有災。

月掩犯箕主燕胡兵敗，又主大將死，主大風拔木傷人。

月掩犯張，荆楚災，主兵、主火、主水。

月掩犯井，王者惡之，大臣誅，主大水，秦雍災。

月掩犯辰，胡人災，主兵起，大水災。

月行有星圍繞之，多至數十，其分有大喪，水災。

明·茅元儀《武備志》卷一六一《占雲氣一》 氣之天子

凡天子氣，內赤外黃正四方，所發之處，當有王者。若天子欲有遊往處，其地亦先發此氣。或如城門隱隱在氣霧中，恒帶殺氣森森然；或如華蓋在氣霧中；或有五色，多在晨昏見；或如千石倉在霧中，恒帶殺氣；或如高樓在氣霧中；或如山鎮。蒼帝起，青雲扶日；赤帝起，赤雲扶日；黃帝起，黃雲扶日；白帝起，白雲扶日；黑帝起，黑雲扶日。或有氣象青衣人垂手在日西，天子之氣也。一曰，蒼帝氣如人向日，拳手而俛首，一手在後；赤帝氣如象火光，如覆蔥狀，立在日下；黃帝氣如馬，在日下；白帝氣如虎，在日下；黑帝氣如盤，在日下。青紫氣自地屬天，有女主。敵上氣如龍馬，或雜色鬱鬱衝天者，此帝王之氣，不可擊。若在吾軍，戰必大勝。或雲似雙臺五采色，或雲如塔、如樓臺、如魏闕，並峙而色五采，或雲如冠裳而五采具，下有扆，皆人子氣也。在我軍勝，在敵軍勿與戰。凡天子之氣，皆多上達于天，以王相日見，其國大昌。

氣之戰陣

大軍行，氣如三疋布，前廣後鋭，陣雲如立垣。占曰：見此客勝。一曰，天中明朗，兩邊有雲如一字，又形如疊荷錢無數，此爲陣雲也，必有戰者。三五夜如此之色愈甚，交戰在即。陣雲如疊荷錢五色俱現於西方，獨北方黑雲見者，賊必敗。凡黑雲高即戰遠，低戰近。車氣乍高乍下，往往而聚。騎氣卑而布，卒氣摶，前卑後高者疾，前方而後高者鋭，後鋭而卑者却。其氣卑者，其行徐。前高後卑者，不至而返。校騎之氣正蒼黑，長數百丈。遊兵之氣如彗掃，云長數百丈，無根本，杼雲類杼，見此兵亂。軸雲摶而耑鋭，殺氣黑而勁横于空中，或白。

軍上氣妥，則軍安。氣不安，則軍不安。氣南北，則南北。氣東西，則軍亦東西。氣散，則軍破敗。

出軍以敵國或主將之姓音占雲氣，商音，黑白雲。或青雲，吉。黃雲，半吉。赤雲，大吉。宫音，黃雲，吉。白雲，凶。青雲黑雲，不戰，凶。赤雲，小吉。角音，黑雲，吉。黃勝。青，不戰。赤白，皆凶。徵音，赤雲，吉。白雲，勝。青雲，不利。黑雲，凶。羽音，黑雲，吉。黃雲，凶。白雲，吉。宫雲似風聲，商雲似鐘鳴，角雲如千萬人聲，徵雲如羣羊多聲，羽雲似鴉聲。

凡觀雲氣，惟論子午卯酉四時。雲黃者和氣無敵，黑者有敵，斯乃賊殺之氣也。白者兵氣，前後有暗兵來應，大勝。青者瑞氣，有賞賜。班師之兆。黑而漸小者，我必勝，賊必敗。一曰，黑者賊勝，赤者我勝賊敗。紅雲血光湧起者，有賊，青紫襍者，講和也。

天見五色雲氣，望東西南北至子午卯酉，若百步千步，一丈十丈百丈數百丈，如車道，與日辰相克者，大戰。不相克者，不戰。王氣所臨，有天命，兵强，相氣所臨，戰勝，將吏有功。死氣所臨，疾病，死喪饑饉，破散，敗亡。囚氣所臨，被圍，降伏。休氣所臨，兵罷無功士卒亡敗。

青雲入營，兵弱驚。白氣入營，兵强。黃氣入營者，兵和解。赤氣入營者，兵弱驚恐。黑氣入營者，主疾病，又主兵相殘，宜徙營。

雲如蛟龍，所見處將軍失魄。

凡戰氣青白如膏，將勇大戰。

氣如人無頭，如死人卧而，敵上氣如丹蚍赤氣隨之，必大戰殺將。

四望無雲，見赤氣如狗入營，其下有流血。

四望無雲，獨見赤雲如立蛇，其下有流血。赤雲如覆船者，其下有戰。

氣如白蛇見敵上，其下必大戰流血。

赤氣屈盤停住者，其下有兵流血。

白氣如軍入北斗中轉移者，其下有流血，大將死。有雲似城墻堅固之象，在我軍上大勝，在敵軍上不可攻。

有白雲捧日而脚下垂者，大凶。

有白黑雲捧月，而脚下垂者，驚陣殺人不已，過三日後戰即勝。

雲如駱駝、如獅子、如虎、如龍、如鬬牛，皆猛將之勢，在我軍上勝，在敵軍上勿攻戰。

雲如驚蛇，或四或五亂走而出者，敗軍之氣。在我軍上勿攻戰，在敵軍上戰，大勝，其賊亂走攻破城寨，或有伏兵，慎防之。

雲如野馬向前行，在我軍上勝在敵軍上勿戰，大凶。

雲如彎弓，如箭射，如怒氣，如魚鱗涌起不散，在我軍上大勝，在敵軍上不可用兵。

雲如驚烏，三三五五棲止不定，此亂氣也，在我軍上勿用兵，在敵軍上戰大勝。

忽有黑氣如羣羊者，出兵利大將，或擇羽音年月日時應之吉。

雲如羣羊亂走，三日必有大風塵霾雨雹，即令兵卒修葺營壘，以防水火之變。

雲如器臺，在我在彼，兩軍皆傷，勿交戰。器臺者，如食器倒皮臺面下廣上銳，中聳而兩端殺也。

雲如冰帛鋪列，兩雨而北，如獻納之狀，或有一段顔色，先赤後黑，或白，先小輪，後乃大勝。

雲如美女，爲喜氣，在我軍上有喜至，必勝。雲如投拜，終和釋。

雲如敗甲，如死人偃卧。如人無頭，兩兩僵尸在地者，如人荷枷，如列鈇鉞者，皆大敗，在敵軍上，宜攻戰。

雲如死人頭，三五在地者，大將合斬首。

雲頭兩分斷，上將有二心，速宜和釋，否則背反。

雲如兩人相揖，在我軍上，有私通降敵者；在敵軍上，是敵將投降。一曰，兵起民流。

雲如兩人對立，有交通議和。在我軍上，防有反叛；在敵軍上，有投拜。

雲如兩蛇中交而首尾異處，分向四隅四方，雲衡其間，列若八卦圖式者，在我軍上我敗，在敵軍上敵敗。

有雲斷頭如兩旗，前後相隨，如兩人執鉞前導，皆叛軍之氣，慎防其變，在敵軍上，敵來投降。

凡上下有雲三四段上下疊見，而雲分開，半從左半從右，若相反者，名銲觜陣。又有雲一段，更有薄雲疊出其上附之，若相彙者，又有雲形如太山，又有雲如脚，兩開均停者，在我軍上大勝，在敵軍上，不可用兵。

雲如愁眉相對，兩軍不利，勿交戰。

赤雲兼五色祥雲在我軍上，三人引兵大勝，在敵軍上勿往戰。

雲如亂髮，名愁雲，日月無光，又有雲氣六段，各分雲脚竄亂，爲敗氣，在我軍上，戰不利，在敵軍上，攻戰大勝。

雲如人形，披髮蓬首髀肩而走，爲敗亂之氣，戰則軍亂走。

軍行忽見雲如横木過其上，或白或黑或黄，爲伏兵之氣，宜謹防備，如在我軍上，戰則大勝，在敵軍上勿戰。

若大戰，觀氣前白後青而高者，將弱士勇，争擊之；前大後小者，將怯。氣清而疎散者，將怯弱可擊。

雲氣四段，四面對峙如迎營者，可攻。

團雲如一石，黑吉，赤敗，黄可戰。

雲如血盆，三五成列，上赤下黑者，雲如鋏斧無數，顛倒錯置者，皆敗軍之氣，勿出兵。在敵營上宜戰，必勝。

氣明滅，大小不定者，必有詐謀，宜勒兵備之。

白雲如羣羊驟雨之兆，急遮蓋營廠，或赤雲，徑然來，决定交戰，急宜防備。

有氣來覆人，掩戈蓋甲者，主大敵，急宜預備。

進軍之時，雲氣順隨我軍者，宜急戰，若雲氣忽散，則凶。

雲氣低覆，似人形來者，賊軍謀我。

雲似虎，或似狗穿連，似匹練而來者，暴師偷營。

赤雲連綿，似長蛇而斷續者，外國賊起，謀叛中國，戰在秋。

雲往來如兩龍相争，在彼軍上，我勝。

雲似鳥盤旋在其軍中者，大吉，忌見黑。

赤氣如繖蓋覆於軍上，千里内戰有慶，千里外戰有憂。黄氣臨營西向東，戰並凶，北向吉。

赤氣隨日出，軍必有憂。隨日没，外必告吉。

赤氣漫漫如血色者，流血之象。

赤氣如龍蛇在山頭上，又夜光見者，臣離其君，爲客所傷，人民流移之家。

黑氣如死人頭在彼營上，敵有所獻，且求降，宜許，不許必戰，切戒士卒，必多死傷。

黑氣如牛馬龍蛇變化，夷兵欲叛，宜遣兵伺候，又有讒言爲慝。

黑雲如積山石在我軍上，敵來襲我，我必堅守經月，敵心離而後戰，大勝。

軍行有白雲如猪來臨者，大驚宜備。

凡出軍東伐，有白雲西來，隨而擊之勝。若赤雲青雲東來逆軍者，敵勝。

凡敵在東方，白雲東去，而又有雲東來相迎，須臾掣過，雲去而風隨至，望之狀如龍虎，不可戰。若在我軍，皆大勝。雖雲從而風逆者，勿戰。

凡有雲氣横來，兩軍未合，急先設伏戒嚴，防有將士逃去。若黄氣横我軍上，宜舉兵，不可遠戰，主士卒懼，人有遁心，罷吉。

凡兩軍相當，彼軍上有赤氣如匹帛，廣長數十丈，其下色黄白，必有背叛者，晝見在將佐，夜見在士卒，宜備之。

雲如農夫耕隴者，兵必大戰。

雲黑色如死人在營者，敵詐作求降，許之必戰。

雲氣如車，乍高乍下，如車先發者勝。

稍雲青白，去大而絶遠者，戰勝。前赤伸者，不勝。一曰，精白者，其將悍，其士怯，大根而前絶遠者，大敗。精白其芒低者，戰勝。

有雲如鳥，其出如宦，其國戰必勝。

夜視彼軍上，有黑氣出土，有赤氣臨我軍上，彼强我弱，弱能破强，小能擊大，大戰大勝，小戰小勝。

候氣散者，去敵十里後出戰勝。

雲氣如三疋帛，前横後大，在軍上者戰勝。

兩軍相當，赤雲在四方，客勝。在北方，客敗。加東方不戰，加南方，北方軍還，餘色倣此。

凡被圍，平旦視圍上氣，鬱鬱如火光芒勢，翕翕然起于其方，則其方有救至，否則無救。

軍行有白氣如虹者，軍大驚，宜避之。南北如陣，國將有憂，不則有大水爲害。白雲白氣極天南北如陣，有慶。黑雲東西如陣，有憂。若天氣蒼蒼然東西極天，移日不動者，爲憂深。此以戊巳日出爲災，赤雲臨圍上，東西如陣者，敗。

城營有五色霞氣者，敗軍之兆。

霞氣青黄，或赤白者，皆吉。

雲霞作龍虎相交者，必大戰。若來逐我，則彼軍凶，夏至有妖雲貫日，客兵强盛。

軍出欲知賊得者，赤氣前行，而有黑氣隨之，赤氣滅賊可得。若赤氣獨行，無黑氣隨之者，其賊不可得。

遊兵如彗掃長百丈無根，乃遊兵不敵。

初出軍日，天昏溟濛，雲氣陰沉寒者，必戰。若清暢晴和，風塵不動者，不見敵，亦不戰。

有青氣見軍之旺相方上者，當城交戰，不見者不戰。

有氣五色，白霧出蓋，是敗軍之兆，不可行事。

如氣上小下大，主士卒日增，上大下小，則士卒日減。

凡觀雲，只論子午卯酉四時，如天陰雨晦暗，只看天色雲象，以知勝敗如何。雲黄者，和氣無敵。黑者，乃賊殺氣，有敵。白者，兵氣，前後有暗兵來應，大勝。紅者，血光，湧起者，有賊。青者，瑞氣，吉昌，文書之兆。黑者，賊勝。赤者，我勝他敗。青紫雜者，有謀議，必死戰。

凡雲且看對衝三合，有接脚雲會合，則有會兵之象。如四方一同雲起半天，賊起意之兆。忽然黑夜蓋寨者，則防賊偷寨之意。到半空而散，有虛驚。如不到半空，隨方所民受其害，如雲蓋在賊方不散，賊必敗矣。且如我軍在西，敵在東，西高東下，西厚東薄，西澤東枯，西長東短，西戰則我勝，餘倣此。

凡觀氣如何，風色順逆，青爲生氣，紅爲祥氣，白爲兵氣，黄爲正氣，五色彩氣。後看所起在開休生門，吉。杜驚門，平平。傷死門，凶。在賊方，則受害。在軍中起，則軍受害。在開門起，主虛驚。氣静則軍静，氣動則軍動。

凡觀八門氣，其色有五：曰青、曰紅、曰黄、曰白、曰黑。青雲生氣。休，有文書，兵散。生，同生傷賊自悔。杜，有賞賜。景，和兵之兆也。死，自殺。驚，賊回營寨。開，吉。

紅雲祥氣，休，彩氣。生，生氣。傷，血氣。杜，用氣。景，治氣，可出入。死，血光，血氣。驚，血殺。開，青雲氣。

黄雲正氣。休，有明命賞賜。生，同上。傷，主盜矜遲。杜，有增人添馬。景，同上。死，文書，勦捕。驚，生擒之兆。開，敗兵之兆。

白雲祥氣。休，和氣。生，祥瑞。傷，干戈之兆。杜，主祥旺。景，賊神旺。死，干戈交鋒之氣。驚，鋒犯之氣。開，出陣必得方。

黑雲殺氣。休，有陞賞。生，陰氣。傷，賊自殺，馬病。杜，出陣得方。景，主賊來偷寨。死，二比不戰，亦有病也。驚，賊自殺，取道給。開，怒氣。

凡遇四方盛氣，無向之戰。甲乙日，青氣在東方。丙丁日，赤氣在南方。庚辛日，白氣在西方。壬癸日，黑氣在北方。戊己日，黄氣在中央。四季凡戰，背此勝，向此敗。凡軍前吉氣，兵法切要順天時。甲子喜黄，丙丁白，庚辛青露喜相逢，捷勝便回歸。戊己黑雲滿天飛，壬癸赤雲半路垂，旌旗前進莫憂疑，切要識天機。甲乙怕逢雲氣白，丙丁黑雲莫相遮。

凡軍前雲氣克日干者，凶。甲乙日忌白雲，丙丁日忌黑雲，戊己日忌青氣，庚辛日忌赤雲，壬癸日忌黄雲，皆敗軍之兆，宜堅守勿戰。子時有氣應午，丑應未，寅應申，卯應酉，辰應戌，巳應亥，午應子，未應丑，申應寅，酉應卯，戌應辰，亥應巳。

白，金陣，方。青，木陣，直。黑，水陣，曲。赤，火陣，尖。黄，土陣，圓。

東方青雲生于亥，南方赤雲生於寅，西方白雲生於巳，北方黑雲生於申，此皆爲正雲。或黑雲盛于東南西，不可進兵。黑雲淡薄，正雲現，兩三夜甚遍，黑雲又在死絶，賊敗。若黑雲在墓，上生於旺時，又遍於西方，又變作青黄紅白，此賊勢强。或黑雲生於北方，彼寨我軍前，赤白青黄雲去惹之，吾軍大勝。若黑雲來，宜謹守勿戰。黑雲生於死絶時，賊敗。黑雲速散，不久闘，南方起，吾軍大勝也。

青黄赤雲皆變白，白變赤，吉。白變青黑，凶。正雲皆變白於西方，大吉。

白雲滿天，忽變黑雲，天地皆暗，順風吹來軍營中，爲之殺雲，宜急防備也。

凡行軍有青雲覆其上，經時不散，遇敵必勝，攻城自陷。若五月七月見之，自損兵馬。

凡寨中有黄雲在青雲之上，是夜必有小將逃遁。若青雲在黄雲上，當夜必有小將來攻，宜預防之。凡安營有黑雲如鳴雞狀，與營門相對，宜移營高阜，天必大雨，河水泛漲，防有沉溺之患。

明・茅元儀《武備志》卷一六二《占雲氣二》 氣之軍勝

凡軍勝氣如堤如坂，前後磨地，此軍士衆强盛，不可擊。

軍上氣如火光，將軍勇，士卒猛，好擊戰，不可擊。在我軍陣上，戰大勝。

軍上氣如山堤形，或若林木，將士驍勇，若在我軍上，戰必勝。

軍上氣如塵埃粉沸，其色黄白，旌旗無風而颺，揮揮指敵，此軍必勝。

敵上有白氣，粉沸如樓，繞以赤氣者，兵鋭，在我軍上，戰必大勝。

營上氣黄白色重厚潤澤者，勿與戰。

兩敵相當，有氣如人持斧向敵，戰必大勝，向我主凶。

兩敵相當，上有氣如蛇舉首向敵者，戰勝。

敵上氣如一匹帛者，此雄軍之氣，不可攻。若在我軍上，戰必大勝。

敵上氣如覆舟，雲如牽牛，有白雲出似旌旗在軍上，有雲如鬬雞，赤白相隨在氣中，或發黄氣，皆將士精勇，不可擊。在我大勝。

軍營上有赤黄氣上達於天，亦不可攻。

軍營上五色氣上與天連，此天應之軍，不可擊。其氣上小下大，其軍日增益，士卒鋭，在我軍戰必勝。軍上氣如堤以覆其軍上，前赤後白，此勝氣。若覆吾軍，急往擊之，大勝。

凡氣鋭黄白，團團而潤澤者，敵將勇猛，且士卒能强戰，不可擊。

雲如日月而赤氣繞之，如日月暈狀有光者，所見之地大勝，不可攻。

有雲氣如獸居上者，勝。

軍上有氣如塵埃，前下後高者，將士精鋭。

敵上氣如虎踞豹伏，或軍上恒有氣者其軍皆難攻。

軍上氣如華蓋，如旌旗，如鋒刃向人者，勿與戰。

有雲狀如飛鳥，所見國戰勝。

敵上氣如蛟蛇向人，此猛將氣，不可當，若在吾軍必大勝。

有雲如鳥，其出如虻，其國戰必勝。

敵上氣如雲下，如中天而至及吾軍上，常有氣不變者，堅固難攻。

黑氣出上，有赤氣臨我軍上，敵强我弱。

敵氣上黑下赤在前者，將精悍，不可當。

敵上有雲如山嶽，或如赤馬，不可擊。

兩軍相當，敵上有雲如飛鳥徘徊其上，或來而高者兵精鋭，不可擊。

軍上雲如馬，頭低尾仰，勿與戰。

軍上雲如狗形，勿與戰。

望四方有氣如赤鳥在烏雲中，如烏人在赤氣中，如赤杵在烏氣中，或如杵向外者，如人十十五五，或如旌旗在烏氣中，有赤氣在前者，敵人精悍，不可當。

敵陣有雲如山不可擊。有雲如隱索在陣前後，或一或四，黑色，有陰謀。青色，饑。赤色，兵有反。黄色，急去。

雲如惡風相哮吼者，必有苦戰。寅夜有賊劫營，宜謹防備。

氣之軍敗

凡氣上黄下白，名曰善氣，所臨之軍，欲求和退。若氣出北方，求退。向西，其衆死散。向東，則不可信，終能爲害。向南，將死。

敵上氣囚廢枯散，或如馬肝色，如死灰色，或類偃蓋，或類偃魚，皆爲將敗。

軍上氣乍見乍不見如霧起，此衰氣可擊，上大下小，士卒日減。

軍營上十日無氣發，則軍必敗。十日無氣而忽有赤白氣乍出即滅，外聲欲戰，其實欲退散。

黑氣如壞山墮軍上者，名曰營頭之氣，其軍必敗。

軍上氣先青而變黑者，其將欲死。

軍上氣如火光夜照人，則軍士散亂。

軍上白氣出而半絶者，軍欲敗，走。再絶再敗，三絶三敗。在東發白氣者，災深。

軍上氣中有黑雲如羊形，或如猪形者，此瓦解之氣，軍必敗。

敵上氣如粉如塵者，勃勃如煙，其軍欲散。或五色襍亂，或東西南北不定者，其軍必敗。

軍上氣如羣羊羣猪在氣中，此衰氣，擊之必勝。

軍上有赤氣，炎降於天，則將死士衆亂。赤光從天流下入軍，軍亂將死。

彼軍上有蒼氣，須臾散去，擊之必勝。在我軍上，須宜堅守。

軍上有黑氣如羊形，或如馬形，從氣霧中下，漸漸入軍，名曰天狗下食，血流軍破。

軍上氣或如羣鳥亂飛，或如懸衣，如人相隨，或紛紛如轉蓬，或如揚灰，或雲如卷席，如匹布亂穰，如覆船，如車蓋者，皆爲敗徵。

氣乍見乍没，乍聚乍散，如霧之始起，爲敗氣。

氣如繫牛，如人卧無手足，如覆車，如雙蛇垂頭，如飛鳥四散，如決堤，如敗垣，如壞屋，如人相指，如人無頭，如驚鹿相逐，如兩雞相向，皆爲敗氣。

氣如掃帚藤蔓死蛇死狗，或如羣鳥低頭，又如人頭千千萬萬，更有偃魚，落樹，瓦礫，覆城，皆是敗軍之氣。

雲氣如雞如兔臨營上者，軍敗走。

軍中有氣如雙蛇，或氣中如雙蛇守日，疾往攻之大勝。

敵上有雲如丹蛇者，擊之勝。

兩軍相去十里内，三里外，望彼軍上氣高而前後，青白散，此敗軍之氣，可擊。

軍上氣前高後卑者，敗。

軍中氣黑而卑如倒樓狀，軍不移必敗。

軍上有白虹曲蜺者，敗。白虹及蜺入營者，敗。

雲氣蓋道蔽蒙晝晦日者，飯不暇炊，炊不暇熟，宜急去之，不然必敗。

共氣蒼黑，形如紛亂者，士卒機。

凡降人氣，如人十十五五皆叉手低頭，或如人背手相向而立，或白氣如羣鳥趣入屯營，連結百餘里不絶而徘徊須臾不見者，當有他兵來降。

營中氣出於西者，賊必降。

氣如黑山，似黄雲爲緣者，欲降服。

敵上氣青而高漸黑者，將欲死散。

軍上氣如燔生草之煙，前雖鋭，後必退。得歲月利便，擊之必勝。

黑氣臨營，或聚或散，如鳥將宿，敵人畏我，心意不定，終必逃避，逼之大勝。

氣之暴兵

凡暴兵氣白，如瓜蔓連結，部隊相逐，須臾罷而復出，至八九來而不斷，急賊卒至，宜固防之。

白氣如仙人衣，千萬連結，部隊相逐，罷而復興，如是八九者，當有千里兵來，視所起備之。

校氣蒼黑長百餘丈，暴兵至。

黑雲從敵上來之我軍上，欲襲我，敵人告發，宜備不宜戰，敵回從而擊之，小勝。天色蒼茫，有此黑氣，依日支干數内推之。無風雨，則此氣之發，必有暴兵。日尅時，則凶。時尅日，自消散。此氣所發之方，當有使人告急，一人來則氣一條，若滿散一方，則有衆來，期至依支干數内而算，有風雨則伏。

壬子日候，四望無雲，獨見赤雲如旌旗，其下有兵起。若遍四方者，天下盡有兵。若四望無雲，獨見黑雲極天，天下兵大起。半天半起，三日内有雨災解。

敵欲來者，其黑氣上有赤氣，下有氛零中天而下，敵必至。

雲氣如旌旗，賊兵暴起。

暴兵所氣如人持刀楯，雲如人赤色，所臨城邑有卒兵至，驚怖須臾去。

赤氣如人持節，兵未息。

雲如赤虹，有暴兵。

亦雲如火者，所向兵至。

天有白氣，狀如匹布，經丑未者，天下多兵，赤者尤甚。

有雲如胡人列陣，天下兵起。

有雲如豹四五枚相聚，其國兵大起。

有雲如狗四五相聚圍者，兵起。

氣如虎躍，如人形，色赤白而猝至者，是暴兵。

氣白色如羣羊，徘徊結陣來者，必有他國兵起。

有雲如人行止不定，有暴兵。

白氣起廣五六丈亘天下者，兵起。

有雲如布疋亘天下者，兵起。

杓雲如繩亘天，見則兵起。

日出没時，有白氣如疋布，著天而行長，或竟天，或十餘丈，有聲者，天狗也，見則兵大起。

四方晴明，獨有赤雲赫然者，所見之地有兵。

雲氣一道，上白下黄，或白色如疋布數丈，或上黄下白如旗狀，長二三丈，或長氣純赤而委曲一道如帛，皆爲之蚩尤旗，見則兵大起。

雲曲如鉤，名曰鉤雲。此雲見以五色占，而澤搏密，人見其動，廼有占，兵必起。

候氣舉目望五百里近，兵起。

候氣，平視見，則有賊盜生。

候敵氣上有雲，下亦有雲者，兵必至。

白虹所出，必有暴兵流血。

氣之伏兵

凡軍上有黑氣髣髴如樓，渾渾圓長，赤氣在其中，其下必有伏兵。白氣粉絮起如樓狀，其下必有藏兵萬人，皆不可輕擊。

伏兵之氣如幢節狀，在烏雲中，或如赤杵在烏雲中，或如烏人在赤雲中，勿先動。

軍行近山林坑谷間，當善探動静，既是伏兵之地，又有氣者，伏兵不疑。

雲氣紛紛相連，及似蒿草數尺，此以車騎爲伏，兵雲如布席之狀，及似蒿萊盈尺許，此以步卒爲伏兵。

黑圍之中有赤氣爲伏兵，赤雲爲火星，爲殺氣，亦有伏兵。青爲憂氣，黑爲死氣，白爲兵氣，黄爲和氣。凡氣潤光明則吉，黄爲喜氣，惟散枯死馬肝色，即爲惡氣。

黑氣出營南，賊逃我後有伏兵，謹候察之。

前有黑氣，後有白氣，必有伏兵，不可攻。一曰，黑氣中有白氣如人形，有伏兵，不可擊。

黑雲變赤反白，形如山林者，有伏兵。一曰，有雲如山林在外者，有伏兵。

軍行有雲如猛虎，前有伏兵，急宜準備。

一曰，有伏兵萬人，不可擊，宜修德以備之。

候氣，望之屬地三千里，其兵遠伏。

凡赤雲所臨之方，下必有伏兵。青爲憂氣，黑白爲兵氣，汙灰氣，色俱爲惡氣，散散漫漫，不爲大災。凡殺人千百，氣色必感於天，結爲雲氣，如驚虹蜺，主災，軍兵亂走。

伏兵之氣，如掃箒，如鑼鼓，如懸衣，如雙蛇，如飛鳥，如壞屋，如奔塵，如破軍，如人相無指頭，無足者，皆敗氣。論氣色者，亦有七般，一敗氣，二屍氣，三喜氣，四神氣，五伏屍氣，六紫氣，七赤氣。

氣之攻守

凡攻城之次，有雲西北乾上來者，後三日本位有大風，其城有大戰，不可攻，攻之損將。

坎上有黑雲上有白雲，不久合雨，不可攻。

艮上雲如山，上黄，後若天色變土物者，其城必破。巽上有赤雲，上有白色漸漸於雲中西北行者，合損兵卒，再急攻其城破之。

離上有赤雲，名曰困雲，後五辰有東風起一時而住，六十日無陰雨，重賞以戰，必破之。不則損兵將。

坤上有黄雲，下有黑雲來蓋城頭上，其中定有苦戰。

兑上有白雲蒼蒼，如掃箒往城上過，必拜降也。

攻城之次，東有青雲往西行，後二辰有南風，於南面急攻破之。北方不可攻，損將。

攻城之次，有雲如樓閣五色，必有救兵來助。

雲如龍蛇之形，城必破。

雲如瓊花亂落者，爲敗兵之雲，守三日攻之必破。城上無雲氣，士卒敗散。

有氣從城外而來者，兵欲恣攻。

城上氣出覆入城中者，人欲逃遁。

城上有赤氣，有如破陣，城可攻。

蒼雲經天，其下有拔城之象。

黑氣如雲臨城者，可屠。

城中氣出北，其城可克。

城中氣出前高後卑，或上大下小者，皆敗氣也。

氣出如飛鳳，城可攻。

有氣如蛟頭內向者，城可攻。屈虹從外入城中，三日內城可屠。

氣如曲虹從外入城者，三日城可攻。

氣如交頸虹臨城，可攻。

城中有白氣如旌旗者勝，若赤界其邊，精鋭不可攻。

城中氣出東方，其色黄，此太乙氣，不可攻。

有赤氣從城上出者，兵内勝，宜避之。

凡攻城黑雲臨城者，積土固險之象。黑者，水之氣，城池之象。我據城，敵不可攻，敵據城，我不可攻。

氣若霧非霧，衣冠不雨而濡，見則其城帶甲而趨。凡白氣從城中南北出者，不可攻。

城中有黑氣如星，名曰軍精，急解圍去，有突兵出，客敗。

城中白雲如旌旗，或赤雲臨城，有喜慶；黄雲臨城，有大喜慶。

氣青色從城中南北出者，城不可攻；或氣青色加牛頭觸人者，城不可屠。

一曰，城上有氣如牛頭觸人必攻城，或青黑，攻城七十日不拔，遇有雷雨勿攻，必有賢人輔之。

城中氣出東方，其色青，此天城，不可攻。

白氣從城中出，青氣從城北入，及回旋者，軍不得入。

攻城圍邑過旬不雷不雨者，爲城有輔，疾去之，勿攻。

城上氣如煙火，主人欲出戰，其氣無極者不可攻。城中氣如雙蛇向外者，難攻。

赤氣如杵形從城中向外，内兵突出，主人戰勝。

城上有雲分爲兩彗狀，攻不可得。

赤氣在城上，黄氣四面繞之，城中大將死，其城降。

城上赤氣如飛鳥，如敗車，及無雲氣，士卒必散。

城營中有赤黑氣如貍皮斑，及正赤者，軍破。

城上氣上赤而下白，或城中氣聚如樓，出見於外，城皆可屠。

城營中有雲如衆人頭赤色，下多死喪流血。

城上氣如灰，城可屠。一曰，出而東可攻，出而西可降，出而高無所止，用日久長。

氣出而南北，城可尅。

氣出而東，城可攻。

氣出而西高，城可降。

氣出復入城中，人欲逃亡。

氣出而覆其軍，軍必病。

攻城之次有黑氣繞城，城必破。

白氣如蛇來指城，急攻可得。白氣從城指營，宜退守。

攻城，若雨霽日死風至，兵勝。

攻城若雨濛霧黑，日色無光者，主勝，勿攻。

雲氣如雄雉臨城，其下必有降者。

濛氛圍城而入城者，外勝得入。

有雲如人立之狀，或如牛立圍城上者，氣如虹向城者，城皆可攻。

城上之氣不見於外者，不可攻。

黑雲如羣鴉聚空中，主城中突外，外兵進，有奸〔邪〕。

雲氣形似禽獸，客吉，主人忌之。

赤氣從城上出者，兵内勝，宜避之。

有雲如丹虵墮軍後，大戰殺將。

凡城中有諸氣從城中出入吾軍上者，此敵家氣也，客宜避主。濛氣繞城不入者，外兵不得入。濛氣圍城而入城者，外兵入城。若不雨濛濛霧，日死風至，兵勝。

明·茅元儀《武備志》卷一六五《占風一》　茅子曰：風角，古知兵者所必詳也。不待夜而仰觀，不待時而候察，吉凶之應，在乎頃刻。故風之理，更微于他占。察其八方，析其五音，感而通之，在乎神明。故我詳載其説，以待志于斯者。

凡風之體，大抵海體積陰，通於地氣。氣出成風而赤黑，近山風大而沉曀，近海風大而昏黑。軍聚埃興，馬行塵起。旋風作於一時，暴風起于百里，細風及于一方，亦自然之理，不主休咎。風勢動葉，其來十里，鳴條百里，撼木二百里，落葉三百里，折枝幹四五百里，飛沙石千里，拔大木五千里，半日半夜五千里，一日一夜萬里，三日三夜半天下，七日七夜遍天下。

凡大風之候，若衆鳥噪空翻飛，羣魚出水跳躍，星動摇日月昏暈，雲片片相逐，慘白慘黄，聚散不常。

雲繞日，雲脚黄，雲行急，日光摇，太白晨見，參宿動燈火餤作聲，皆是。

凡候風之法，選高迥之地，立五丈竿，上作木盤，盤内畫八卦，十干、十二支，羅于上下，安三足木烏，機關轉運，使烏銜花摇動，即占之。又法，用雞羽八兩，懸於五丈竿上，安營中，以驗所發之方。八風遲緩疾速，無風處有聲如奔馬，炎如火，則爲人氣所聚，十人言語，吼如雷發。凡吉祥之風，日色晴明，聲氣和緩，從八方而來，人心悦服。凶災之風，日色白濁，凄寒昏暗，神靈叫怒。别五音而定吉凶，詳八卦而知善惡。若夫發屋折木者，爲怒風；以彰慝慝，揚沙轉石者，爲狂風；以戒縱逸，錯雜從横者，爲亂風；爲任奸遠賢，啾唧慘憯者，爲病風；爲疾疫大喪，觸塵蓬勃者，爲蔽風；宜審災變，扶摇羊角者，爲飄風；當察奸凶，凜冽而砭人肌膚者，爲殺風；刑罰暴急，猝起而南北不定者，爲驚風。上下不寧，大風而黄霧滚滚白日沉沉者，人君昏悖，政理乖違，大風而叱叱〔怒〕譹蒙蒙陰曀者，大兵將至，預防戰攻。

凡風動皆不安之象，如在山川空穴間風所出處不可占。若城營之内，戰陣之所，風勢異常，日光昏濁，發屋撼樹，揚沙捲塵，乃可占之。

無兵之時，風雲相交爲雨；用兵之時，龍虎相交爲戰，大交大戰。風爲主，雲爲客，風勝雲，主人勝；雲勝風，客兵勝。

兩軍相當，陳師原野，未知勝負，以先舉入他人地者爲客，後舉自居其地者爲主，常以日納音占客，以時及風起之方占主人。

疾風勃起，拔木發屋，曰眊風，君德昏蔽，兵火興災。暴風怒譹，雲氣昏暈，曰惡風，國政昏亂，急兵猝起。風鼓塵翳，連月不止，曰邪風，國有大憂，兵火災傷。急風陰晦，連日不散，曰寵風，女謁煽禍，人怨兵起。旋風損物，欻舉上冲，曰逆風，在朝防失土宇，在營防敵冲襲。

旋風攪土，去而又來，曰冤風，下有冤枉，伏尸告變。風聲哀鳴，悲切連日，曰哭風，火災傷人，兵受其敗。

迅風作陣，急緩不均，曰敗風，敵兵大敗，我收奇功。

風吹雨血，地水赤流，曰叛風，奸邪謀逆，兵起人災。

風熱生蟲，食苗之葉，嚙人之衣，曰殘風，淫昏亂政，兵起大饑。

風疾吹而木不動摇，五穀茂而不實，曰流風，臣專子奪，民受其殃。

風氣結聚，昏黑籠蔽，曰黑風，君失其政，夷狄侵擾。

風氣結陣，紅赤横吹，曰紅風，賢士災憂，奸邪兵起。

風氣急吹，中有火光，曰神風，寇賊起兵，殺害忠良。

風氣急吹，行人無迹，曰鬼風，兵有異謀，將受凶敗。

暴風急吹，尖削刺人，曰賊風，賊兵聚勢，暗行冲襲。

風寒逼人，如水澆潑，曰水風，政濫兵起，上下同災。

惡風逆吹，發屋損物，曰不順風，臣易上政，民流兵起。

木不動摇，旱風傷禾，曰不擇風，私利蔽公，民災國亂。

旋風入營，吹倒兵仗，曰昭報風，急防敵冲，縱火燒營。

暴風卒起，昏塵蔽天，曰冥報風，急兵卒至，謹防冲襲。

雲霧隨風，亂掩入營，曰引兵風，宜備驍勇，護其入處。

暴風入營，攻倒軍帳，曰惡信風，兵士謀叛，急宜犒賞。

風勢温熱，曰禍風，賦斂無度，民怨盜興。

風温不常，蝗蟲暴生，曰惑風，君淫政慢，國有變亂。

風不時常，發於東北艮方，其勢凄涼，爲水恒陰。

風不時常，起於西南坤方，其勢暄燠，爲旱恒暘。

風暴起，聲若破鼓，有兵必敗。

天氣常風，君不思善，怨生亂作。

大風暴起，令急刑濫。

旋風數日不止，兵起屠城。

大風拔木，火灾兵起。

風起日下有雲鳥，潤吉；蒼白爲水，爲兵，；赤黄爲旱。

風起月下有雲鳥，潤凶；赤白爲旱，爲水，災爲兵喪。

凡出軍之日，暴風折旗幟，大雨不止，此天怒也，必待晴後，擇日進兵。兵大舉出城，逆風來，即結營住守候，過後啓行。更審彼方，假令三冬敵在乾，而狂風從西北來，則不可攻。八方之風準此。

凡出軍風雲不興，水草不動，有風驟來，牙旗折旛繞竿，或下垂者，交戰凶。

兵行之次，風卒來突迫，軍中人馬辟易，前有神廟，祭之則吉。

一曰，將死。

凡行軍道逢急風甚雨，沾濕人馬行步，不利出軍。或連日有霧，風聲錯亂，蜜雲不雨，皆防下人有謀。初出軍，旋風旁起至前軍，飄轉引道者，軍必大勝。軍行回風相觸者，中道必還，戰亦無功。

凡軍行有八難風生，必須廻避。敵來接戰，必敗。八難風者，遍歷八方，回轉不定，拔木摧屋，吹塵蔽天，望在敵上，急攻之勝。在我軍，嚴備勿戰，行道逢之，宜結營寨，令弱兵退守輜重，奇兵强弩，分據要害，猛將鋭卒，陳於軍前，防其冲突，擊其惰歸。

初出軍，人聲怯，馬不嘶，或從旁從後風起，吹沙觸塵，人馬行過無跡，名鬼風，軍必敗。

初出軍日時，風從後來衝霧捲雲，人馬壯嘶，旌旗前指，鼓角響亮者，全勝。風從旁來而向前者，得天之助，獲敵資糧，敵人來降。

風從五音相生之方來，生我爲母翊子愛，我生爲子扶母，天色清明，風氣調暢者，必勝。

軍出之頃，有風而草木不動者，賊不可得。

軍行有風驟來，吹捲牙旗旛，或繞竿者，此爲天不順，上將死。

軍行旗旛指後，三軍戰敗將亡，若半途逢賊，分軍兩向，或戰或住。

逆風來攻，旗旛脚不進者，凶敗之兆。一曰，風雨從前驟來逆冲者，謂之落尸，大敗。

凡入敵境，三日内有風雨雷霆，從我軍上發入彼軍，戰大勝。

凡軍入敵境未遇戰，忽有急風來射我軍，有雲乍東乍西迅速走者，急收兵設備。

軍行屯營風動，旗旛不動，如無風然，遇敵不交戰而罷兵。

若入敵境，經要害，駐城壘，三日内有風雨雷霆，從我軍上往彼去，有怒威之氣，此天助，必剋城獲勝。軍在敵境，下營纔定，未逢戰，晝夜有急風來射我軍，雲勢奔速，乍東乍西，急防賊兵，逼我營寨。

下營畢而風聲卒如雷鳴，吹倒旗鎗，須防敵至，大戰流血。若大風聲如雷吼三朝五日者，占同。

兩軍相近，各有營寨相守，未經勝負，當察風勢，如風勢遲緩而漸暴急者，宜秣馬誓衆設備，防賊至，必有大戰。風後破軍方，或賊方上來，初起則塵土蓬勃，及至我軍上，低小蕭索不緊者，十里外兵不交鋒，名無戰風。

營陣既列，旗鼓初張，暴風卒掩軍幕，旗旛摧折者，此爲惡兆，主將失位，軍人叛散，大凶。

風急纔住，而敵人來者，我軍必敗。

臨陣風從後來，戰大勝。

凡軍行風從後吹來，及鴉在後，順風叫來，戰大勝。若交戰，風雨驟來者，此名落屍，戰大敗。

凡風夜動晝止，賊必夜來攻。

風猛烈如雷者，折木發屋，飛沙走石，急宜備之。

風猛烈如箭，急過無蹤，名曰飄風，當速避之。

四季内忽猛風揭瓦揚沙，所來之方，必有精兵，急宜備之。

風雲相交，必見陣，審其慢急，隨人大吉。

若天氣昏沉風勢錯亂，密雲不雨，爲下謀上。

軍營内忽有旋風吹偃旗鎗，并撼帳幄者，必有奸謀。

旋風吹物上天，人皆恐怖，我軍有人與賊陰謀，宜撫將佐，犒士卒，則禍去矣。

若與賊相近，旋風歷歷至，隨其所至，設兵備之。或雲氣從外入敵城，從入處攻之必克。

旋風入寨，亦爲狂賊，急宜嚴備。

旋風入敵城，從所入攻之破。

風飄書物入營寨，勿收取，宜祭土地吉。

風飄物入營，得敵土地，大勝。

營寨上有旋風歷過者，隨所歷處，將有寇至，急宜備之。

旋風入營寨，揚土發屋，倒戈折竿，急宜設備。

旋風在城營中，吹物騰飛上空，不宜固守。

旋風飄衣騰起空中，墜於營宅，外有賊殺。至平時，大禍不出一年。

春甲子風，主頒赦夏；丙子風，旱災、兵荒；秋庚子風，刑濫，兵起；冬壬子風，水災、國憂；四季戊子風，歲收，君吉、頒赦。

甲日大風，丙丁必雨，不雨，海中兵起；乙日大風，粟貴，夷狄兵起；丙日大風，有猝兵來圍急；丁日大風，傷物，人畜疾疫，爲旱；戊己日大風，糴貴，土功興，或遷邑；庚辛日大風，蟲生，人病，急備邊陲；壬癸日大風，北虜侵邊。

子日大風，日光沉沉，兵起水中；丑日大風，掃地揚沙，粟暴貴；寅日大風，赤雲四塞，火災；卯日大風，黄塵衝天，蝗大生；辰日大風，民入堡居集，大將出行；巳日大風蓬勃，大旱；午日大風，乍疾乍遲，人民流散，邊防事急；未日大風，日無光影，土功大興；申日風聲如磬，穀貴盜起；酉日大風，蕭蕭濡潤，大雨水災；戌日大風，塵霧横人，揚埃千里，胡兵四起；亥日大風，揚沙折木，兵亂相攻。凡風三日後有雨即解。甲乙日行軍，西風損將，東風勝。一曰，東風西風俱不勝，北風平和，南風從後來大勝；丙丁日，北風損將，南風勝。一曰，東風大勝，西風北風賊勝，南風平和，對面風來凶；戊己日，南風大勝，東風損將。一曰，東風不勝，西風北風入勝，南風小勝；庚辛日，南風損將，西風勝。一曰，東風西風俱大勝，北風平和，南風從西伐東勝；壬癸日，風從北來利，從南來勝，四墓風來必敗。一曰，東風北風平和，西風南風大勝。凡風從後來勝，從前逆來凶。又曰，甲乙日東風損中軍，南風有病，西風損將，北風險宜伏兵勝；丙丁日，東風損將，南風損將軍、伏兵吉，西風平和，北風勝；戊己日，東風前有兵大戰，南風損將，西風伏兵吉，北風損軍；庚辛日，東風有伏兵，南風軍疾，西風主憂，北風損軍；壬癸日，東風敗，南風損軍，西風伏兵吉，北風大敗。

十二支歲月日時占：太歲在寅，正月寅日寅時，風從寅上來，暴急寒慘者，客勝，餘並同。

刑占：丑日戌時，風從未上來寒慘者，大戰流血，主客俱傷。丑刑戌，戌刑未，未又刑丑，故云，申日寅時，風從巳上來，占同。子日卯時，風從子上來，客大勝。風從卯上來，主人勝。辰午酉亥自刑之日，風從其上來，客勝；若加時辰午酉亥，風從其上來，主人勝。凡風從刑上來，相衝擊者，前路有賊兵突至。凡風逆刑，我者伏兵卒起軍中。凡風從刑上來，坐者急起，行者急走，賊必至，戰必敗；移營設備，誓衆固守，慎保無虞；若戰，將必死。凡占月刑不出月，日刑不出日，風從刑來，非惟兵爭。凡事皆凶，刑上發疾，刑下發遲，假令子日刑卯，風從子來刑卯，爲刑下，從卯來刑子，爲刑上，其餘倣此。

凡刑金爲兵，金日庚申辛酉是也；刑木爲喪，木日甲寅乙卯是也；刑火爲火，火日丙午丁巳是也；刑水爲水，水日壬子癸亥是也；刑土爲土，土日戊辰戊戌己丑己未是也。

凡軍行，逢歲月日時刑上風來，必有將死；若得王相，客死；死囚休廢，主人死。風從歲刑上來，大軍人馬多死；不出一歲，天下兵起。一云，不出三日，邑中大兵起。風從月刑上來，郡邑賊起。風從日刑上來，即日近境兵起，主人敗散。風從刑衝上來，不出三日，鄉兵起。凡風從刑衝上來，不動枝葉者，無傷。凡有災變，必有怒聲寒慘，如在軍，將軍死。

兩軍相當，暴風忽從三刑五墓上來，塵昏蔽天，鮮葉茂條皆落，乍起乍止者，前後防有伏兵，掩我無備。若天色晴明，風不寒慘者，不成。

兩軍相當，風從歲月日時上來，勢大而遲緩者，准備攻戰，大勝。若風勢急速，乍起乍止者，有狂賊至，小戰，以日納音與風起時方，占其勝負。

旋風起三刑五墓上來者，有伏兵，勿戰，戰必敗。

凡軍行有大風後三刑五墓上來，不可戰，宜避之。若從五墓上來，避之依五音日最吉。

凡年月日時，四殺五墓，風從其上來，白濁昏寒，皆爲凶兆。其日三刑最急，坐不及起有賊暴至，若行即防伏兵，平時無兵防人謀害。

敵城相近，攻擊未克，風勢從克上來射我軍，經日不絶，止而復起，數日如此者，賊有伏兵，欲來襲我。或賊救兵至，宜整備待之，當得賊城。

八風：北方廣莫風，主冬至後四十五日，四時暴風起北方，主盜賊起，天下兵動。坎爲水，主盜賊。

東北方條風，主立春後四十五日，四時暴風起東北方。艮爲鬼門，鬼行人道，多旱疫。

東方明庶風，主春分後四十五日，四時暴風起東方，人流盜興，旱蝗歲饑。震爲木，木精曰歲星，主稼穡。

東南方清明風，主立夏後四十五日，四時暴風起東南方，人多病洩痢。巽爲風，風者，百病之長。

南方景風，主夏至後四十五日，四時暴風起南方，有火災，來年旱。離爲火也。

西南方涼風，主立秋後四十五日，四時暴風起西南方，天下有兵。坤爲土，爲民，爲衆，土動，衆亂也。

西方閶闔風，主秋分後四十五日，四時暴風起西方，主秋旱，早霜，天下兵動。兑爲金，金精曰太白，太白主兵。

西北方不周風，主立冬後四十五日，四時暴風起西北方，有盜賊相攻劫，歲饑人流亡。乾爲金，爲寒，金主殺伐，寒則傷物。

凡八方暴風，但風起其方，即依上占。京房曰：八方風候，及八卦風氣，春白、夏黑、秋赤、冬黄，皆爲下逆上。兵革動，各隨其部日辰占之。凡八風折木發屋，飛沙走石，三日不雨，則占風爲陽，雨爲陰，陽得陰則解，故怒風得雨而息，亢極受制，惡以善成。

春孟條風，仲明庶風，季清明風，和順時寒，主水，熱傷禾、民疫。

夏至景風，和順時寒，兵興，水災，人疫。

秋孟涼風，仲閶闔風，季不周風，涼吉。熱，未歲災，旱疫；寒，兵起，人疾。

冬至廣莫風，寒歲豐；暖水起人災，萬物不成。

立春日正月戊申，二月己酉、三月庚戌，有暴風從西方來，七日夜不止，兵起西方。

立夏四月辛亥、五月壬子、六月癸丑，有暴風從北方來，七日夜不止，兵起北方。

立秋七月甲寅、八月乙卯、九月丙辰，有暴風從東方來，七日夜不止，兵起東方。

立冬十月丁巳，十一月戊午，十二月己未，有暴風從南方來，七日夜不止，兵起南方。

凡兩軍相當，先分八卦，以察主客勝負。若風從西北乾上，或正北坎上，東北艮上，皆爲利客，宜先舉。若從正東震上，東南巽上，正南離上，皆爲利主，宜後舉；若從西南坤上起，主客俱不利；若從正西兑上來，客有伏兵，主人宜設備，不則敗；若從乾上，客舉兵必獲糧。

八風不作陣勢，氣味不甚掀大，五風間或有，八風時常有。乾風悠悠揚揚，不疾不徐；巽風平蕩，悠長順吹不歇；兑風細細襲人，條理不亂；坎風尖削險怪，撮聚成旋；離風明爽和緩，若斷若續；艮風剛大激烈，吹物上冲；震風冲大涣散，蝡而復起；坤風長大包含，遍野散漫。

乾風來乾巽方，國政理；離方，火焚宮；坤方，兵衆求糧賞。

兑風來離方，宮中火；坎方，內侍陰謀；坤方，外夷重譯。

離風來乾方，胡兵犯闕；離方，火焚宮；震方，歲旱火災；坎方，妖邪陰謀。

震風來乾震方，嗣君登位；坤、艮、離方，王道興，天下平。

巽風來兑方，蝗生，穀傷；離方，火焚內宮；震方，蠻夷猾夏。

坎風來乾方，民求賑濟；兑方，姦宄成風；離方，民災兵起；震方，謀立王侯；巽方，歲豐；坎方，陰謀於上；艮方，兵亂；坤方；盜賊起亂。

艮風來乾方，外夷入貢；兑方，外國求婚；離方，旱災；巽方，百穀不成；坎方，水旱相仍；坤、艮方，旱荒米貴。

坤風來離方，大旱；坎方，后宮陰謀；艮方，內亂。凡八卦之日，風從八卦而來吉，遇此日行軍決勝。

乾上有風吹倒旗旛，此天怒，不可攻。

艮上有風帶黃黑色作鐘鳴者，比夜有賊刼營，損兵。

震上有風清涼無塵，吹麾蓋簷捲者，城內有賢士，不可攻。

巽上有微風吹林梢自響者，名曰噪風，城內有靈神助，不可攻。

立春日晴明少雲，歲熟；陰則旱，蟲傷禾豆；風從乾來，暴霜殺物，穀猝貴；坎來，冬大寒，胡兵內侵；艮來，五穀熟；震來，氣洩物不成；巽來，多蟲；離來，旱傷物；坤來，春寒，六月大水，人多愁，土功；兑來，旱霜，兵起。春分日東南有青雲，歲熟，晴明，物不成；風從乾來，歲多寒，金鐵倍貴；坎來，豆菽不成，民饑疾；艮來，夏不熟，米貴一倍；震來，五穀成，亦無盜賊；巽來，蟲生，四月多暴寒；離來，五月先水後旱；坤來，小水，人多瘧痢；兑來，春寒，八月國有憂，有兵。

立夏日南方有赤雲，歲豐，晴明則旱。風從乾來，其年凶饑，夏霜麥不刈；坎來，多雨水，魚行人道；艮來，山崩地動，人疫；震來，雷不時擊物；巽來，其年入□；離來，夏旱、禾焦；坤來，萬物天死；兑來，蝗蟲大作。

夏至日南方有赤氣則熟，晴明則旱。風從乾來，寒傷萬物；坎來，寒暑不時，夏月多寒；艮來，山水暴出；震來，八月人多病；巽來，九月大風落草木；離來，五穀熟；坤來，六月雨水横流；兑來，秋多雨霜。

立秋日有白雲及小雨則吉，晴明物不成。風從乾來，甚多寒雨；坎來，多瘧，多陰雪，寒；艮來，秋氣不和；震來，秋多暴雨，人不和，草木再榮；巽來，內兵猝起；離來，兵戎不利，多旱；坤來，五穀熟；兑來，兵起將行。

秋分日西方有白雲則善，晴明物不成。風從乾來，人多相掠；坎來，多寒；艮來，十二月多陰寒；震來，人疾，百花不實；巽來，十月多風；離來，兵動國南七百里；坤來，土功興；兑來，五穀大熟。

立冬日晴明，小寒人君吉，天下喜。風從乾來，君令行，天下安；坎來，冬雪殺走獸；艮來，地氣洩，人多病；震來，行人不安居，多寒；巽來，冬溫，明年大旱，人去其鄉；兑來，妖言，爲兵在出澤；離來，明年五月大疫；坤來，水泛溢，魚鹽倍多。

冬至日有雲寒雪，明年大豐，晴明物不成。風從乾來，强國有憂，夏寒；坎來，歲美，人安；艮來，正月多陰雨；震來，雷不發，大雨併；巽來，百蟲害物；離來，冬溫，水旱不時，穀貴，人疫；坤來，多水傷苗，民不安；兑來，明年秋多雨，兵起。

正月朔風南來，大旱；西南來，小旱；西方來，有兵；西北來，有胡兵；北來，爲中歲；東北來，爲上歲；東來，大水；東南來，人病歲惡。八風各與其冲對，多勝少，疾勝徐。自旦至食時，爲麥；食時至日昳，爲稷；日昳至晡時，爲黍；晡時至下晡，爲菽；下晡至日没，爲麻。風從北來，宜客；南來，宜主，吉；西來，宜客；東來，宜主；西北來，宜客；東南來，宜主；西南來，有謀不成；東北來，主客俱不利。若風熱冷異常，或暴急昏濁，又當以八卦暴風占之。從乾來，有憂兵；坎來，有大水；艮來，人疾疫，有蝗蟲；震來，大旱，有喪；巽來，多風傷五穀；離來，歲旱，大熱，多火災；坤來，有疾疫，道上多死人；兑來，有兵爭。

子日風從八方來，大吉。

丑日風從乾上來，不利；坎上來，説得彼，太平；艮上來，宜退；巽離上來，大勝；坤上來，自伏；兑上來，主血光不利。

寅日風從艮震上來，大勝；巽上來，軍自亂；離上來，次日後軍大亂；坤上來，不宜戰；兑上來，次日降賊兵；乾上來，急戰，大破賊兵；坎上來，小戰。

卯日風從艮震上來，不利；離上來，戰獲將；坤兑乾坎上來，勝。

辰日風從乾坎艮上來，必勝。兑上來，賊降。

巳日風從乾上來，不宜戰，失將；坎上來，有亂謀；艮上來，賊兵千里；震上來，大戰；巽上來，半勝；離上來，大勝破國；坤上來，急備賊兵入寨；兑上來，有戰。

午日風從乾上來，小勝；坎上來，收賊兵；艮上來，大亂；震上來，有大將加官；巽上來，大勝；離上來，百里有客兵來降；坤上來，獲軍糧草；兑上來，萬里遠征。

未日風從震上來，不宜戰；兑上來，主血光。

申日風從乾坎上來，大勝；艮上來，主勝。一云，夜半有賊兵刼寨，震巽上來，大亂，遇回兵即吉；離上來，有伏兵，一云，小勝；坤上來，凶；兑上來，大軍絶糧。

酉日風從乾上來，絶糧；艮上來，主勝；離上來，六十里有伏兵；坤上來，百日内有兵圍城；兑上來，主敗，客勝。

戌日風從乾巽上來，大勝；兑上來，急備奸人入寨。

亥日風從八方來，吉。

三辰八角風例：申子辰日，艮辱、震殺、巽反、離吉、坤抵、兑誕、乾忿、坎争；巳酉丑日，巽辱、離殺、坤反、兑吉、乾抵、坎誕、艮忿、震争；寅午戌日，坤辱、兑殺、乾反、坎吉、艮抵、震誕、巽忿、離争；亥卯未日，乾辱、坎殺、艮反、震吉、巽抵、離誕、坤忿、兑争。凡風從辱上來，有耻辱事；從殺上來，有篡逆叛殺事，行道逢之，有相殺人來遇，致遭傷損；從反上來，有反逆不平之事；從吉上來，有喜慶事，行道逢之，有賢人君子相見，有宴會；從抵上來，有非禮抵觸事，王相、貴人、相冲、休廢、庶人、囚死、罪人相連；從誕上來，有妄誕之人相欺詒；從忿上來，有非理分辯之事；從争上來，有奸人來争財物，及格鬬等事。宫宅之中，回風亦占。

八逆風：立夏巽王，風從乾來爲一逆，小凶；立春艮王，風從坤來，爲二逆，兵起，人大愁；立秋坤王，風從艮來，爲三逆，穀不實；立冬乾王，風從巽來，爲四逆，人逃；秋分兑王，風從震來，爲五逆，帶刀入市；冬至坎王，風從離來，爲大逆，人民潰散；夏至離王，風從坎來，爲七逆，臣下爲亂；春分震王，風從兑來，爲八逆，殿上有刺客。已上八逆風，若帶刑殺，昏黑寒慘，日色白濁者，大凶。

立春艮王，震相、巽胎、離没、坤死、兑囚、乾休、坎廢；春分震王，巽相、離胎、坤没、兑死、乾囚、坎休、艮廢，八節，並依此次第推之。

凡占風以方位爲主，風爲客。離方宫風，防失土地；震巽方宫風，必獲土地；坤艮方商風，防失輜重；離方商風，得敵輜重；坎方角風，防截糧水；乾兑方角風，可截糧道；震巽方徵風，防火燒營；坎方徵風，可焚敵營；乾兑方羽風，防失賞賜；坤方羽風，可灌敵水。此以我生我尅爲占，方位爲我。

宫風來乾兑方，可復中土；來坎方，敵毒其□□□；來坎方，可得兵助；來震巽方，敵截糧道。角風來離方，防敵火攻；來坤艮方，可分敵土。徵風來坤艮方，防敵火攻；來乾兑方，敵奪輜重。羽風來震巽方，防敵灌水；來離方，可灌敵水。此以生我尅我爲占。

亥子日時，震巽方風，我勝，得糧；離方風，防敵灌水。寅卯日時，離方風，我宜火戰；坤方風，防失土地。巳午日時，坤艮方風，我勝得地；乾兑方風，防失輜重。申酉日時，坎方風，我勝截水；震巽方風，防截糧水。辰戌丑未日時，乾兑方風，可奪輜重；坎方風，防敵毒水。此以日時生尅方位爲占。

亥子日時角風，敵兵得助；徵風，可截敵糧。寅卯日時徵風，防敵火攻；宫風可分敵土。巳午日時宫風，火攻分土；商風，可奪輜重。申酉日時羽風，防敵毒水；角風，可截敵糧。辰戌丑未日時商風，防奪輜重；羽風，可截敵水。此以日時生尅風音爲占。

乾爲折風，位西北。風從折上來，主人將死，客勝。

坎爲大罡風，位正北，風從大罡上來，利先發，主人不勝，客勝。

艮爲小罡，位東北，風從小罡上來，主人不勝，客勝。

震爲究風，亦曰嬰兒風，位正東，風從嬰兒上來，客軍不勝，主人勝。

巽爲小弱風，位東南，風從小弱上來，利後發，客軍不勝，主人勝。

離爲大弱，位正南，風從大弱上來，敵方至，利後發，客軍不勝，主人勝。

坤爲諌風，位西南，風從諌上來，利後發，客軍不勝，主人勝。

兑爲衝風，位正西，利先發，主人不勝，客勝。

明·茅元儀《武備志》卷一六六《占風二》　凡五方之風，以納音爲論。若風發屋折木，揚沙走石，至三日以上乃占，不然，雖凶亦無大害。兩軍相遇，以其日納音爲客，時與來方爲主；時方制音，利爲主，後應；納音制時，宜爲客，先舉，若相生爲和睦。

支辰五音

子爲陽宫土，主帝王；丑爲陽徵火，主旱、主火災、宫寺口舌；寅爲陽徵火，主旱、主火災、烽燧；卯爲陽羽水，主雨、主水、主霧；辰爲陽商金，主大將，主吏士；巳爲陽角木，主疾病憂患；午爲陰宫土，主后妃；未爲陰徵火，主旱；中爲陰徵火，主蝗疫；酉爲陰羽水，主雪霜冰雹；戌爲陰商金，主小將，主兵刃；亥爲陰角木，主死喪哭泣。自子至巳，皆爲陰律所生，故爲陽。自午至亥，皆爲陽律所生，故爲陰。

納音五音

甲子、壬申、甲午、庚辰、壬寅、庚戌爲陽商，乙丑、癸酉、辛亥、乙未、辛巳、癸卯爲陰商，丙寅、戊子、甲辰、甲戌、丙申、戊午爲陽徵，丁卯、己丑、乙巳、乙亥、丁酉、己未爲陰徵，戊辰、庚寅、壬午、壬子、戊戌、庚申爲陽角，己巳、辛卯、癸未、癸丑、己亥、辛酉爲陰角，庚午、丙戌、戊申、戊寅、庚子、丙辰爲陽宫，辛未、丁亥、己卯、己酉、辛丑、丁巳爲陰宫，甲申、壬辰、丙午、甲寅、丙子、壬戌爲陽羽，乙酉、癸巳、丁未、丁丑、乙卯、癸亥爲陰羽，凡受宫商角徵羽皆倣此。

大風噴薄如吹火，其聲中宫，宫屬土，聲怒，土木工興，如吹火，主兵火也。風聲清切如裂帛，其聲中商，商屬金，聲怒征伐兵起；聲平歲疫人死。大風嗚咽高下不齊，其聲中角，角屬木，聲怒兵戈起，風急而寒，大兵。風烘烘然如炎火，其聲中徵，徵屬火，聲怒兵火災。風激揚如湍流，其聲中羽，羽屬水。聲怒奸邪暗起，有水災。

五音風聲

宫風，大則聲隆隆如洪鐘，小則如牛鳴窖中，竹溲酸濁徵氣。商風，大則聲鏘鏘如環珮，小則如離羣羊，作銅辛血腥氣。角風，大則聲虢虢如震落如千人語，小則如雞登木作烟焦燒髮氣。徵風，大則聲烈烈如燎火，小則如鷹唤子，作硫黄火藥氣。羽風，大則聲澎澎如湧浪，小則如蛙鳴渚，作水腥魚腥氣。

風勢殷殷如車如雷如擊鼓聲者爲宫，其將寬和。風聲如金石如褋佩如鸞和者爲商，其將威猛而好殺。風勢舒徐動林木者爲角，其將仁恕不可詐欺。風勢如奔馬如炎火者爲徵，其將猛烈難與争鋒。風勢如流波相激者爲羽，其將貪暴多奸詐。

風宫音如牛鳴窖中急惡，土功大興。其風由宫方生，山摧岸崩，角方蝗蟲敗穀，商方大水，徵方虎狼爲害，羽方大雨陰寒。

商音如離羣羊，其風由商方起有鬬兵，羽方夷塞關梁，宫方后憂，角方國有兵，徵方君令急行兵凶。

角音如千人呼嘯拔木，則賊來戰，其風起角方急兵入郭，商方君令急暴兵起，宫方土功作，羽方人災其野荒，徵方火災。

徵音如縛豼聲嘶發屋，有急事□。其風自徵方生災，災角方旱災，土功興，宫方火災，人哭泣，商方急兵鬬，羽方寶物出國。

羽音如揚水，如擊濕鼓，怒則糴貴兵發。其風從羽方來霜雹大雨，商方兵鬬將憂，宫方暴寒傷物，徵方臣民有憂，角方城圍不解。

四季受宫之日，風從四季上來，飛上揚塵，發屋折木，而天色温和，時加子午及子午上止者，當有邊夷入貢，寒尅則不至。受商受宫之日，風從四季上來，其勢呌怒時當子午，兼帶刑殺，或申子亥卯上來，其勢急速者，當有夷兵犯塞，風勢寒尅必成。四季受角之日，時加子午，風勢緊急，從四季上來，中國將伐四夷，風止之處爲所伐之地。止辰伐東夷，止未伐南夷，止戌伐西夷，止丑伐北夷，若風止有雨，景色温和，即不行受徵之日。大風發屋折木從丑寅未申徵方上來，乍徐乍疾，時加子午，雷火災發，受羽之日。風從卯酉上來，天陰雨潤，人心悲慘，連三日者，當有暴雨大水驟至；又有風雨蕭蕭，潤氣渤渤，從卯酉上來，必然大雨水溢。

宫日風從子午宫來，動宫，主出行，急風急出，有惡令；慢風慢出，有喜令；以日干占遠近。風從陽宫來，山崩，君出，地動，有土功，旱災。風從陰宫來，爲地震裂，若后有行，又爲旱。風從子午宫來，時加子午，爲重宫，君欲行，大臣走，風雨不調。風從丑未寅申徵來，爲宫動徵，有火災，有土功，寶物出，有兵。時加徵，爲重徵，有義兵行，有詔令，謂之義風。風從卯酉羽來，爲宫動羽，且有大雨，不則大臣出走，若復爲旱，宫君羽臣，怒故臣走，宫土羽水，土盛水衰，則火起，故復爲旱。風從辰戌商來，爲宫動商，有兵行，且有客兵來。時加辰戌，爲重商，有兵殃。風從巳亥角來，爲宫動角，有兵戰，主人憂，客兵傷。從陽角來，邊兵戰。大風從乾上來，有暴雨湧水，若風不揚塵，氣色和暢，日光明盛，不寒慘者，國有喜；艮來爲凶喪，艮爲鬼門，死亡之兆；巽來蝗蟲生，害五穀。以風止之方決其所在，角雜羽爲水死，雜徵爲燒死，雜商爲兵死，雜宫囚死，純角病死。大風止日時方位，徵多爲火，羽多爲水，商多爲兵，爲粟貴，角多爲疾疫，宫多爲吉。風從徵羽來，民不安；角徵來，火起；角來□疫；宫羽商來，糴貴；羽來，水滂。又曰，諸宫日風頻起，白日沉冥霧，氣四塞，或熱或寒，邊境不寧，大臣逆命。

商日風從陽宫來，戒太子忌怨大臣，有急兵。風從北方來，庶子有憂，有急變起北方。風從徵來，國邑受命兵行，將在外兵還不戰，臣受命令而行，徵爲號令，商爲兵，商受徵尅，故兵退。從羽上來，大雨水，歲大旱荒，國憂亂，有兵起東方。羽水從金生，故有大兵大水之事。風從陽商來，有白衣聚衆自立，且有大水，關梁不通，大將出，忌外兵，邑有小寇，人君憂，國門四閉，兵在四方。風從陰商來，國有大殃，粟貴，邑有兵。風怒，期七日，若七十日，有急令，兵大起。商爲金，二金並行，故爲有大兵。風從陽角上來，有猝兵，有急令。風從角上來，時加商角，米貴，人疫。風從徵商角來，粟貴，人疫。

角日風從徵上來，粟貴，吏檢人財，有兵，倉粟寶物出。從羽上來，有邊兵，夷人相奪。風從商來，有急兵。風從陽角來，邊兵起，人主憂，有賊至，戰不勝，多□亡。從陰角來，有兵，大喪。風從角徵上來，火災，粟貴，時加角，有喪，有兵戰，盜賊起，粟貴，民饑，野多死人。時加角徵，或從他處起，止於角徵，皆爲火災。又曰，角日風疾，天子昏，大兵起。

徵日風從丑寅來，有火災，君有恐。風從陽商來，有急兵，人主出，以兵自守；期七日若七十日，從陰商來，邊有急兵戰。風從羽來，四隣有事，寶貨出。又曰，四夷有兵。風從陽角來，有邊兵；從陰角來，邊有驚火。時加徵，怒風蓬勃從商上來，天色黄黑，疾作火燒倉庫，止於商徵者事疾。時加羽，風蓬勃從徵商角上來，天色昏冥，爲火燒市肆。

羽日風從陽宮來，君有更令，邊兵起，將受命，有聚會，有寒雪雹。從陰宮來，暴寒傷物，有水土兵集。風從陽徵來，國有兵，有急令，臣有憂，關梁塞，道路不通。風從陰徵來，邊兵疫。風從羽來，有白衣聚，有大喪，大寒雹，期五日，若五十日，且有大雨。雨從南方來，國有憂，人多病，雨從北方來，賊聚水中，且有雷雹。陽羽日應，陰羽夜應。風從商來，有兵圍城不戰，邊有急，關梁不通，大雨，客軍不利。風從角來，邊有兵圍城，城破。一曰，兵不解，時加己亥，爲重角，有圍城，有大喪。時加宮風起羽，有疾疫，以風止處爲災發之期，寅則正月是也。風從商角上來，時加徵者，月内米貴，人不安。又曰，羽日風疾，天子昏，大人疾疫，多盜賊。

宮風發屋折木，有土功，宮土，人君内煩，不出十日，遠百日，貴臣相捕斬，天下兵起，盜賊滿市，人饑不救，車馳馬奔，流亡不止。徵風發屋折木，有火災，不出三日，若三十日，四方告急，百姓恐驚自亂。羽風發屋折木，不出五日，若五十日，糴大貴、人以水爲憂，有大喪，珍寶出。商風發屋折木，不出七日若七十日，有急令，兵大起，糴大貴，國四門閉，關梁塞。一曰，兵從中起，角風發屋折木，不出九日若九十日，有急賊鬬戰，糴大貴，民饑相食，有大喪，疫癘。斯皆係風聲占與，日辰五音不同，然亦以日辰來方相參課之。

〔凡鳴〕條以上怒風起止，皆以五音五行相尅言吉凶，其下主客之法，即日辰所得納音五行是客，時下十二辰與風所來方爲主，則可見勝負矣。假令甲子納音屬金是商，又加已亥上角木方風來，是金尅木，乃客凌主，主必敗，若得丑未寅申風，主勝客敗。

凡初出軍日，風從亥上來，衝霧捲雲，人强馬壯，鼓角聲清音震，必獲全功。若從傍而來，前軍必得天助，獲敵糧，有降我者。

若軍行風從五音相生上來，風氣調暢，勝捷成功。假令已亥角風從卯酉羽上來，此是母來翊子，或從丑未寅申上來，此是子來投母，出軍多勝。

凡中國欲伐夷狄，當視四季受角之日，日中夜半風勢緊急。從四季上來，當於風所指處伐之，戊辰、戊戌、癸丑、癸未受角日也。辰戌丑未爲四夷，角木尅制四季土故爾。

若四季受宮之日，風從卯酉羽上來，皆戰賊兵解散，丙辰、丙戌、辛丑、辛未受宮日也，尅所不勝，故戰□散。

凡五音之日，風來色黑，不覩人面，先緊後慢，經刻止者，主疾病。惟宮日直占在君，其下四日以日占其地，大臣死，民流亡，期以支干合數。假令甲子日二九之數，近十八日，遠八十日，更遠則九年。

東方寅卯之角，國有大寇，人多疾病，庚寅辛卯是也。寅卯之徵，有妖言惑衆鬼神作祟，又爲火災，丙寅丁卯是也。寅卯之商，大兵攻伐，出燕趙，壬寅癸卯是也。寅卯之羽，有霜雹水災，蝗蟲起，甲寅乙卯是也。寅卯之官，帝不安其都，有遊幸，出喜令，以財物賜庶人，戊寅己卯是也。

南方己午之徵，夷狄侵害，遠人邪謀，乙巳戊午是也。己午之羽，有江海賊，或水中船害人，癸巳丙午是也。己午之商，大臣用事，人民作亂，辛巳甲午是也。己午之角，牛羊疫，魚死水中，民少移動，己巳壬午是也。己午之宮，天子欲警暴亂，賞有功，逐佞人，封有德，下巳庚午是也。

西方申酉之商，軍民内移，舟行没溺，壬申癸酉是也。申酉之角人民災奸，兵起，庚申辛酉是也。申酉之宮，臣爭財賂，不恤國事，戊申己酉是也。申酉之徵，内臣謀逆，丙申丁酉是也。申酉之羽，霜雹非時，秋水災，兵動，水賊起，民疾病，五穀不熟，甲申乙酉是也。

北方亥子之羽，蝗蟲卒起，霧傷萬物，癸亥丙子是也。亥子之商，外兵爲惡，水中賊起，辛亥甲子是也。亥子之角，公卿憂喪，已亥壬子是也。亥子之宮，土功興，兵起，丁亥庚子是也。亥子之徵，皇后憂，太子薨，乙亥戊子是也。

四季辰戌丑未之宮，有土功，人流移，牛羊疫，丙辰、丙戌、辛未、辛丑是也。辰戌丑未之商，五穀不熟，民多災死，庚辰、庚戌、乙丑、乙未是也。辰戌丑未之角，夷兵起，人作難，寶物出，戊辰、戊戌、癸丑、癸未是也。辰戌丑未之徵，山賊流言，民人驚怖逃亡，甲辰、甲戌、己丑、己未是也。辰戌、丑未之羽，妖言流播，衆庶移徙，壬辰、壬戌、丁丑、丁未是也。【略】

凡陰賊之日，有飄風從四季辰戌丑未上來，時加四季；或羣鳥飛從四季上來，時加四季，皆爲有閉門搜索之事。若值休囚廢死，即在近道。假令風起其方，若羣鳥疾飛，從其方來，即時搜索欲知所捕何事。時加丑戌，則是讐怨；辰未則是盜賊，或殺人賊。亥卯，王相，是大賊。凡寅午廉貞，已酉寬夫，丑戌公正，若風和暖，日清明，皆吉主恩命慶賀。申子貪狼，亥卯陰賊，辰未奸邪日，風寒慘，日昏濁，皆凶，主陰謀賊害，看王相休囚，准備無失。凡奸邪受宮之日，怒風從宮上來，止於四季，風氣寒慘，城中兵亂起，夜殺長吏，四出不禁，期七十日，遠九十日，奸邪受宮，丙辰辛未日也。辰未奸邪納音宮土，子午宮方風來，止於辰戌丑未上，爲四季也。凡受商受角受徵受羽，皆爲納音，竝倣此。

凡日中夜半風從申子亥卯上來，夜發晝止，日中大寒不解，敵必夜來攻城劫寨，不避風雨，主將忌之，期五日若十日，蓋申子貪狼，亥卯陰賊，子午宮土城寨之象。夜半有怒風乍起，從四季上來而止於四季者，中國欲伐夷狄，所以然者，中國中土，夷狄邊土，夜半夜之中也。子爲宮土，中國主之，四季土居四隅，夷狄主之。

凡旋風卒起宮宅內，或從外入，飄揚衣服發屋墮瓦，必有暴卒橫事。若從歲月日時德上來，或止於德方，德合之方值德合及寬大之日，其辰王相，則有吉事乍至。若從歲月日時刑衝墓殺上來，或止刑衝墓殺方，或日辰囚死，皆爲凶事，貪狼陰賊奸邪日辰大凶，軍必移營，戰必退守，行者急走，坐者急起避之。旋風起席間，平時失官，有軍戰敗；行軍忽旋風從前來逆衝，防有伏兵潛謀等事；旋風忽從後來逐人，清明吉，寒濁凶；旋風忽從傍起，或橫衝當面截過，皆凶，並用日辰支干納音加時刑德六情五音占之。行道有旋風四面圍迫，宜廻避設備。宮防夜來刼營，商防賊兵掩至，角防林麓埋伏，徵防火災，羽防雨水暴溢。

角日旋風突起從角來，其地有死喪事。

羽日旋風突起，戒行舟，防没溺。

凡在宮宅營帳中有旋風徐徐繚繞，清明和暢，漸向前來，有賢人君子至，或爲使命喜慶之事。

凡行道暴起旋風，突從廉貞寬大公正上來，與本命行年相生，則爲喜事相迎；從奸邪陰賊上來，與本命行年相尅，防賊兵衝殺，陰謀傷害，若蓬勃寒慘又加刑殺，大禍即至。本命，即所生太歲支辰是也。行年，即男從一歲起丙寅，輪推之，如十一歲數至戊寅，二十一歲數至庚寅，一歲移一辰，挨去是也。

觀風占賊數，視所從來之方，爲月期，所發時辰爲道里人數，乘王氣十倍，五倍，休廢如數，囚死刑衝減半。假令風從坎上來，起夜半，止日中，坎居子位，期十一月夜半子時，一數九，在九里，或九十里，或九人，或九十人，九百人，大數如月日時方干支並王。當爲千萬人數，甲巳子午九，乙庚丑未八，丙辛寅申七，丁壬卯酉六，戊癸辰戌五，已亥四。

凡壬辰主東夷，其日風從辰上起七日，東方海賊動，期四十日。

癸未主南夷，其日風從未上起七日，南夷內侵，期七十日。

壬戌主西夷，其日風從戌上起七日以上，西羌反，期五十日。

癸丑主北夷，其日風從丑上起，若七日九日，匈奴大舉入寇，八日以上，風叫怒者，凶。

凡壬辰，壬戌、壬子、壬申日，有風從子上來，三日以上，昏慘暴急，此水內大賊欲攻王國。凡風大寒冽透骨不解，皆爲賊發。一曰，大風寒則夜至，近期七日，遠不出三十日，從王相來，賊發疾，囚死來，賊發遲。

壬戌、癸亥、乙卯、壬辰、甲申、丁未六日，有風從申子亥卯上來，水中兵起相殺，近期五日，遠五十日，以上六日皆受羽，申子貪狼，亥卯陰賊故也。

諸羽日大風昏霧夜從申子上來，陰寒迅急，當雨不雨，水賊攻絶，津梁道路不通，近期五日，遠五十日。

丙辰、辛未、丙戌、辛丑四季受宮日，風從四季上來，折木揚沙，五日以上至九日止，子午上此爲夷狄君長來朝，或遠夷入貢。近期五十日，中百日，遠百五十日，天色温和清明至，寒慘不至。

壬辰、癸未、壬戌、癸丑四季之日，有風從申子亥卯上來，迅急寒慘，連三日至七日，此邊界長吏聚衆結連夷狄內侵郡國，晝伏夜來，猝起作逆，期七日或七十日。凡風從貪狼陰賊奸邪上來，蓬勃陰慘夷狄反叛。

庚辰、乙未、庚戌、乙丑四季受商之日，時又加商，風從亥卯辰未上來，止於子午，五日至九日，勃怒不解，夷狄起兵。若風生中止，或更轉巳酉寬大上來，賊必自退，近期七日，遠七十日，或百日；若風雖急暴，不昏慘蔽日，止於子午，或從子午上來，或時加子午，散氣霑濡；若雨濕然，皆賊兵中道解散之兆，四季受商日，怒風從四季上來，外夷欲屯聚冠掠，不出七十日；若從四季上來初不蔽日，復從四仲子午卯酉上來，時加陰賊，或又從陰賊方來，寒慘迅急，日無光者，夷狄兵起，中道自相殘殺不至，近九日十日，遠二十日。

奸邪公正受商之日，大風暴怒，從奸邪公正上來，爲夷兵犯塞。十日不止，千里來；二十日不止，二千里來，期七十日。辰未奸邪丑戌公正四季日也，故云。

諸四季日暴風卒起，及遊風半日須臾止者，爲千里外兵來。不則近界羌戎爲變，風小事小，風大事大。

凡大風從四季上來，止於子午，氣象清明，天色和暖，爲四方邊界欲來歸順，隨日切占之。

凡四季主關津道路，主管籥，主遠方賓客，占外國外夷州界。

凡受羽日，風從卯酉上來，陰濁寒慘，連三日者，必有暴風雨，大水驟至。若風來帶刑殺，及起於貪狼奸邪陰賊日時，則有水中賊起。

諸亥卯受角之日，怒風從丑未上來，時加申子，賊用火攻；若時加廉貞公正，此仇怨相殺。不出三日六日，以日占其地，蓋亥卯木所生王者也。角屬木，丑未徵火，水因火發也。申子貪狼，禍心生也，廉貞公正，本於陰賊，怨所起也。

諸徵日時加徵，暴風卒起，天色清明，有檄書至，爲火災事，近期三日，遠三十日，以日占其國。

凡占火得巳酉時，誤相殺也。得丑戌時，仇怨相殺也。若徵風三日以上，天色赤黃，至七日不解，天災火起，千里相望，有大雨即解。

明·茅元儀《武備志》卷一六七　占蒙霧

茅子曰：吾聞之，陰陽氣亂而爲霧。霧者，百邪之氣，本於地而應於天，是謂陰來冒陽，其占爲臣蔽主明，小人擅權，不利於上。蒙者，濛濛日不明也。又曰，在天爲蒙，在地爲霧，日月不見爲蒙，前後人不見爲霧，陰陽交錯，邪正相干，人君不悟，必有亡國，故總次之。

凡連陰十日，晝不見日，夜不見月，亂風四起，欲雨而無雨，名曰蒙，臣謀君。故曰，久陰不雨，臣謀主。一曰，謀之乃敗。

霧氣若晝若夜，其色青黃，更相掩冒，乍合乍散，臣謀逆者，喪。

凡霧氣不順四時，逆相交錯，微風小雨，爲陰陽氣亂，從寅至辰巳止，周而復始，爲逆者不成，積日不解，晝夜昏暗，天下欲分離。

霧起帶塵如土者，主兵起。

凡天地四方昏蒙，若下塵，十日五日以上，若一月，或一時，雨不沾衣而有土，名曰霾。語曰，天地霾，君臣乖，不大旱，外人來。

凡陰晦不見日星，昏蒙氣襲人，慘慘傷傷者，兵亂之氣。

凡霧連五日，不風不雨，其地亂兵起。

日出而霧連五六日已上，期六十日兵起。

日中霧起至昏不止，其地易主。

凡兩軍相當，霧散不見日光，舉兵後取勝。

四時日出即有霧，其地大擾。

凡霧氣四合百步不見人，名曰晝昏，不有破國，必有滅門。

霧乍合乍散，臣有謀逆，不成自亡。

霧從四方來合於中，即爲兵起。

霧起四方，中心赤色者，主大凶。

霧終日終時，君有憂，色黃小雨，白爲兵喪，青爲疾，黑有暴水，赤有兵喪。

霧下色如黃土，名曰黃霧，百姓奔亡。又曰，黃霧四塞，國亂兵起。又黃言土功，或有大風。

霧四面圍城，必有兵，不出其日至城下；無兵，不出百日兵起。

攻寨之際，霧遶寨壘，忽然一面無者，隨無處攻之必尅。

白霧四面圍城，霧不入城，城不可攻；霧入城，其城必亡。

霧起一面，三面無者，隨其有處攻之必破。

霧遶城中無者，主將不吉，兵離。

霧從城中出外吉，士卒潰散。

對敵時有霧來，似雨紛紛入眼，彼軍馬步一時來也。宜防備，吉。

兵發之日，霧從敵邊來者，此爲天泣血，當駐泊，犒軍則吉。

久陰霧色帶紅，更被黑風吹者，上吉。一曰，久陰有霧鮮紅者，主大兵起。

城營上有霧似懸屍，急移營，吉。

軍營内久霧連朝晝夜不開，出軍必敗。

城營内大霧起，城頭白色沙烟，兵戰有喜。

大霧城上日色如烟者，主兵大起。

青黄霧騰罩山川，乍開乍合者，防詐僞。

凡攻城有霧西北來，帶青色，漸漸向軍來，名曰天赦，主上成功，可賀。

兩軍相當有霧，即日有微雨者，客勝；霧而不雨，主人勝。

霧已除而氣彌天者，賊多；晴明者，賊少。

凡大蒙連三日，狡猾起。

大霧連綿，帝室將衰，臣下權盛，兵及土地。

凡霧不霧，主軍尋路，不出三日，披甲而趨。

上不明，國大淫，則霧若脂，夜污人衣。或黑霧成陣往來，並主大兵爲咎，又主胡賊爲咎。

赤霧如塵沾衣，寇亂兵起。

凡霧不濕衣，如此三日，主兵大敗也。

軍中氣非雲非煙，非蒙非霧，形如禽獸，主人忌之。

凡霧氣四合，有虹各見其方，隨四時色，吉；非時色，凶。

白虹出霧中，奸臣謀君，擅權立威。又曰，虹出霧中，其年兵起。

晝霧白虹君有憂，夜霧白虹臣有憂，虹頭尾至地，流血之象。

天久不霧者，主士卒欲謀叛，宜先賞賚以安之。

四孟月有霧，主年豐；四仲月有霧，主好田禾不能□；四季月有霧，主來春大旱。

凡霧春以甲乙寅卯日，氣色青，出東方向西行者，客勝。

夏以丙丁巳午日，氣色赤，向西行，客利，主人凶。

四季以戊巳辰戌丑未日，氣色黄，向北行，客利，主人内亂。

秋以庚辛申酉日，氣色白，向東行，客利，先舉兵勝，後舉兵敗。

冬以壬癸亥子日，氣色黑，向南行，客勝。

春三月清旦霧起，再沉過三見，命曰三帝謀兵，不出六十日，兵起。

夏三月卯時霧起，再沉至三，不出二百日兵起。

秋三月暴風甚雨，霧朝夕見至三，不出一年兵起。

冬三月疾風暴雨，狀如大雪，至三見，不出百日兵起。

春乙卯日，霧兵起東方。一曰，甲乙日有大霧，主二百日内見。

夏丁卯日霧，兵起南方。一曰，主九十日内見。

秋辛卯日霧，兵起西方。一曰，主三十日内見。

冬癸卯日霧，兵起北方。一曰，主一月内見。

凡甲乙日霧，人疾病；丙丁日霧，旱；戊巳日霧，土功興，軍在外，有拔城；庚辛日霧，有兵；壬癸日霧，有水。

凡子日有霧，馬馳人走，四時同然。

亥日有大霧，從子卯上來，賊至邊城急防之。

戊午日霧起，累日不解，兵起；若兵在外有攻戰。

十月壬癸日霧赤色，其地有兵。

冬三月庚子日霧，兵革滿野。

四時受商之日夜半大霧，至日中者，兵大起；若三日或七日内有雨，即解。

八魁日陰霧，兵大起。春見，秋發；夏見，冬發；秋見，春發；冬見，夏發。

霧在其軍中，則其邦君死，將軍罷。春己巳、丁丑，夏壬戌，秋己丑、丁未，冬壬寅，是也。

占虹蜺

茅子曰：吾聞之，陰陽之氣，和則爲雨露，怒則爲風雷，散則爲虹蜺。虹者，攻也，陰氣攻陽氣也。蜺者，嚙也，災氣傷害於物，如有所嚙也。序其占于左。

雄爲虹，雌爲蜺。色鮮明者爲虹，暗者爲蜺。又曰，見於衝曲而青者，曰虹；見於日旁白而直者，曰蜺。虹蜺主内淫，主惑心。一曰，樞星之氣散爲虹蜺，斗之亂精也，斗失度則爲之。又曰，填星散爲虹蜺。又曰，清明後十日虹始見，小雪之後虹藏不見。一曰，陰陽不和，虹出五墓之上，防前後有伏兵。

虹凡相有五，蒼無胡者，虹也。赤無胡者，蚩尤旗也。一曰，白虹赤虹如氣者，名曰蚩尤之旗，主大兵。起於所起之方，白無胡者，蜺也；衝不屈者，天杵也；直上下不屈者，天棓也。此五虹以甲乙日出東方，人饑；丙丁日出南方，大旱；庚辛日出西方，其邑多空户，五步六死人；壬癸日出北方，人相食，戊己日出中央若西南方，人君凶。

立春四十六日内，虹出天東貫震中，春多雨，夏多火災，秋多水，民流亡，冬多海賊。

春分四十六日内，虹出東南貫巽中，春大旱，灾起。

立夏四十六日内，虹出東南貫離中，大旱灾。

夏至四十六日内，虹出西南貫坤中，有水，蝗蟲爲害。

立秋四十六日内，虹出正西貫兑中，秋有水，有旱。一曰，立秋後虹出西方，萬物皆貴。

秋分四十六日内，虹出西北貫乾中，秋多水，賊起。

立冬四十六日内，虹出正北貫坎中，冬少雨，春多水灾。

冬至四十六日内，虹出東北貫艮中，春多旱，夏火災，粟貴。

春三月虹出西方，有青雲覆之，其夏多寒，人病瘧如疫；赤雲覆之，夏旱；黄雲覆之，夏小旱，五穀半收；白雲覆之，夏多大風，人疫；黑雲覆之，夏多大水。

夏三月虹出西方，有青雲覆之，秋多寒，民病瘧；赤雲覆之，秋旱；黄雲覆之，禾大收；白雲覆之，秋多大風；黑雲覆之，秋多雨。

秋三月虹出西方，青雲覆之，冬多寒，人病瘧如疫；赤雲覆之，冬大旱；黄雲覆之，冬米大賤；白雲覆之，冬多風；黑雲覆之，冬多雨。

冬三月虹出西方，青雲覆之，來年春多寒，人病瘧如疫；赤雲覆之，春旱；黄雲覆之，春雨調和；白雲覆之，春多狂風；黑雲覆之，春多雨水。

虹出南方，無春夏秋冬，所見之處，風雨不時，不出三年，大饑，百姓流亡不歸。

虹出北方，無春夏秋冬，所見之處，陰陽不和，風雨不時，冬温，夏寒，小民怨恣，五穀不成；其地大饑，大旱三年，哭泣相隨。一曰，大旱二百八十日，民大疾疫。

虹以四五六月出西方，麥貴；七八月出西方，粟貴；九月出西方，大小豆貴；十月出西方，稻貴，一出一倍，再出再倍，五出五倍，民流千里。又曰，虹以十月出東北方若東方，其邑亡。

虹蜺亘天下，有大戰。一曰，后妃陰脅天子。

二虹並見，兵起，期一年。

九虹俱出，五色縱横，妃后相争，女謁盛行，天下交兵。

二虹屈出，其下大戰，亡城。

五虹並見，天下大亂，兵起，天子黜，期三年。

方虹見，有暴兵起。

屈虹東出，下有破軍殺將。

日旁有屈虹，下有大戰流血。

虹出日暈中，有拔城。

虹出横至上反入，直而不曲，不出九十日，城中多病死，大旱，民流亡。

虹直上行所出之方，大旱，民多妖言，病死。

虹三日不散，不出一年，大兵起。

青虹東西極天，兵起。

赤虹，宜賞士卒。

赤虹從天直下，國亂無主。

赤虹如杵，將死君亡，流血成川。

赤虹冬出，其野有戰，糴大貴。

赤虹與日俱出，其野有急兵，所臨之國有憂，不可舉事用兵。

白虹見，諸侯兵起，百殃之本，衆亂所基。

白虹出，其年有兵。又曰，其下流血，當其城，城必空。

白虹如杵，萬人死其下。

白虹首尾至地，有流血。

白虹暮出，國易政。

白虹夜出，其年大兵起。

白虹從地中出，其地大饑，有大兵流血。

白虹分裂爲四五段，大戰流血。

白虹長十餘丈，大如杵，上下鋭，或直或曲，皆爲大戰流血。從所指擊之，勝。

白虹屈曲見，城上有大戰。

白虹繞城不匝，謹守其闕。

白虹出軍上，軍中有亂。

秋三月有白虹出西方，兩軍相當，急陳兵以待之。若赤氣衝之，必有獲城。

紅虹，大凶。

虹蜺狀如日月暈，必有破軍，先起者勝。

虹蜺五色重疊，光照地所出之處，兵起。

蜺見九重圍日，大將死。一曰，天下將大亂。

兵行之次，虹貫路邊，前有伏兵。

虹見城寨，可攻之。

虹直入來，爲疾疫。青虹，主軍瘴，急移營避之。

行軍有虹橋攔路，兵當不久却回。

虹入軍井，或似鼠形見營上，交戰大敗。

虹如象鼻，主兵起流血。

虹如暈，或如弓形，若白虹形續斷，又兼五六見於城營者，有血光。

攻城有虹從外入飲城中者，從虹攻之，勝。

曲虹入城，城可屠。

軍行之次，有虹橫於前，當即駐兵，鳴金吹角以禳之，待虹滅進發。

軍行見長虹在軍前飲水，兵馬若從所飲水處渡河，大凶。即宜却退五七里住營，虹滅進發，望別路，避虹先飲水處，濟軍吉。

虹從營中飲水，流血荒墟，將軍病死，移之吉。

虹自井中出，或自外入井中，其邑有兵；不則有盜賊相殺之事，大災。

夜間虹犯北斗口，若拖錦之狀，三日内必有敵人素裝，假作使命來入營，作内應，宜令精兵伏於帳内待之，必擒其將。

占霞

茅子曰：吾聞之，霞者，天之客氣所結。暫爾而生，暫爾而滅，長尺餘丈餘，十丈餘，勁而有力，若杓槍遠擲之狀是也。與雲氣不同，故占雲者歸于氣，而霞則別次之。

霞貫日月，貫三垣北斗二十八舍列星，以其日月星辰所臨分野所生休咎，若凌犯白黑青紅，並主風雨，應於三日之内。

赤霞白霞貫日下欲害上，下必有憂，王者惡之。

黑霞貫日，君有憂，大雨解之於三日之内。日之上下左右見者，主大風；作色慘者，亦雨之象。

黄霞紫霞貫日者，喜變成災咎，爲兵，爲變亂。

白霞變亂，勁鋭若疋帛，主起之方有兵，大風雨於三日者解矣。

赤霞白霞貫月，大臣災，后妃災，將軍災，有戮者。

黑霞貫月，大雨，以民災，久陰雨則解。

占雨雹

茅子曰：吾聞之，山體陽通於天，氣出雲靄以成雨，雨凝曰雹。雹，雨冰也。陽氣盛，陰氣脅之不相入，則摶而爲雹。陰氣盛，陽氣薄之不相入，則散而爲霰。故雹者，陰脅陽也；霰者，陽薄陰也。吾總而次之，爲雨雹。

凡雨作於四時王相之日，草木榮茂；死囚休廢之日，雖雨不生物。

凡四時卯日雨，穀貴。

戊午日雨霖三日止，其下大戰。

乙卯日雨，旱，兵起東方。丁卯日雨，旱，兵起南方。己卯日雨，旱，兵起中央。辛卯日雨，旱，兵起西方。癸卯日雨，旱，兵起北方。

雨三日以上，時刻不已，有陰謀。

正月一日雨從西方來，兵起。

二月九日至十五日，當雨不雨，兵起。

三月九日至十五日，當雨不雨，兵在外者罷。

四月二十一日，當雨不雨，兵起，東北千里。

五月十一日至十七日，當雨不雨，西方千里外有兵喪。

六月二十七日，當雨不雨，人饑。

七月二十五日，當雨不雨，兵起外國。

八月晦日，雞鳴雨，兵起。一曰，夜半雨，所在寇盜。

九月十二日，當雨不雨，民多死。

十月三日，當雨不雨，兵起西北方。

十一月四日，當雨不雨，魚行人道。

十二月四日至六日，當雨不雨，大旱。

正五九月殺在丑，二六十月殺在庚，三七十一月殺在未，四八十二月殺在辰，以此日雨，所建賊犯，期六十日。

恒雨，君貌不恭，陰謀于上。

天久不雨，兵役相仍，百姓勞怨；天久陰不雨，主士卒謀將軍。

連陰數日不雨，主下謀上。

攻寨連日不雨者，宜退兵。

雨終日不停縱，主災。

細雨沾衣者，名曰沐浴兵，大吉。

雨不沾衣，名曰浴衣，大凶。

凡軍行雨從後來沾衣者，得天助，必勝。

雨忽晴，主兵强心堅，能殺賊。

無雲而雨，君敬不肅，國有兵災。一曰，軍出逢之，其軍必不還。一曰，無雲而雨，是謂血雨，將軍當揚兵。【略】

雲四合雨，不勝於日色不雨，雨亦無多。

兵始發遇雨驟急，立地成泥，曰淋屍，宜駐師勿進。兵行日微雨即止，名潤軍，所向大利。若半晴半雨，霧氣迷者，須詳慎，勿輕進。

連日半雨半陰晴，營内有奸人謀叛。

子日東風，卯日雨；丑日東風，辰日雨；寅日東風，巳日雨；卯日東風，午日雨；辰日東風，未日雨；巳日東風，申日雨；午日東風，即日雨；未日東風，申日雨；申日東風，子日雨；酉日東風，丑日雨；戌日東風，寅日雨；亥日東風，辰日雨。

甲子日雨，丙寅日止；乙丑日雨，丁卯日止；丙寅日雨，夕止；丁卯日雨，夕止；戊辰日雨，夜半止；己巳日雨，立止；庚午日雨，辛未日止；辛未日雨，戊寅日止；壬申日雨，即日止；癸酉日雨，甲戌日止；甲戌日雨，即時止；乙亥日雨，即日止；丙子日雨，辛未日止；丁丑日雨，夕止；戊寅日雨，即時止；乙卯日雨，立止；庚辰日雨，即止；辛巳日雨，癸未日止；癸未日雨，甲申日止；甲申日雨，即止；乙酉日雨，丙戌日止；丙戌日雨，夕止；丁亥日雨，即止；戊午日雨，庚寅日止；己丑日雨，壬辰日止；庚寅日雨，即止；辛卯日雨，即日止；壬辰日雨，辛丑日止；癸巳日雨，夕止；甲午日雨，即日止；乙未日雨，丁酉日止；丙申日雨，己亥日止；戊戌日雨，辛丑日止；己亥日雨，即時止；庚子日雨，壬辰日止；辛丑日雨，壬寅日止；壬寅日雨，即止；甲辰日雨，即時止；乙巳日雨，丙午日止；丙午日雨，即時止；丁未日雨，即止；戊申日雨，庚戌日止；己酉日雨，辛亥日止；庚戌日雨，即時止；辛亥日雨，癸丑日止；壬子日雨，丑日止；癸丑日雨，即時止；甲寅日雨，即時止；乙卯日雨，丙辰日止；丙辰日雨，丁巳日止；丁巳日雨，即時止；戊午日雨，即時止；己未日雨，即時止；庚申日雨，甲子日止；辛酉日雨，即時止；壬戌日雨，即時止；癸亥日雨，即時止。

子日雨立止，不止寅日止；丑日雨寅日止，不止卯日止；寅日雨立止，不止卯日止；卯日雨立止，不止巳日止；辰日雨立止，不止戌日止；巳日雨未日止，不止申日止；午日雨立止，不止則十日陰；未日雨申日止，不止戌日止；申日雨，夕止，見日不止，久陰。酉日雨立止，不止久陰；戌日雨立止，不止久雨；亥日雨立止，不止久陰。此其大槩也。

春雨雹，寒不降。夏雨雹，臣作奸，民饑。一曰，夏雹傷禾稼，所傷之方，人不平之致，有兵相敵，當順風者勝，逆風者負。秋雨雹，臣逆命。九月雨雹，不利牛馬，至地不化，臣爲奸。冬雨雹，天不順。凡雨雹所起，必有欲怨不平之事。一曰，大臣殃，故雹皆冬之愆陽，夏之伏陰也。

兩軍相持而雨雹，視風雨之所發，順擊之勝。

軍行而雨雹，天不順也，不避必敗。

雹下毁瓦，殺雞犬牛馬，臣不用命，擅作威福。

雹下如積雪，臣謀弑逆。

雹下如積冰，將相爲逆。

占雷電

茅子曰：吾聞之，雷者，天地之鼓，人君之象，入能除害，出能興利，爲天拒難折衝之臣。傳曰：雷者，陰陽和合震動萬方，春分發而秋分藏，非時而鳴，軍破國殃。又曰，雷應其候，使屈者伸，蟄者舒，此天威之喜也。震不應候，傷人擊物，此天威之怒也。逢彼之怒，必重以爲戒而恐懼修省焉。至于霆者，急雷也。陰陽相薄，激而爲霆。霹靂者，金氣也。霹者，折也。靂者，歷也。言所歷皆折也。震者，戰也，所擊輒破，若攻戰也。至于電者，陽精之發也，陰陽擊耀，熱氣散而爲電。故差次其雷，而霆與電附焉。

非時雷，賊臣起。

凡雷聲初發和雅，其歲善，雷聲激烈，歲惡人災。

春雷不發，秋雷不藏，兵起國亡。

春雷起于東方，五穀皆熟，夜雷半熟。起南方，歲小旱，夜雷大旱，穀倍貴，禾不成。起西方，禾半熟，多蟲。一曰，其野有暴貴，牛馬大災。夜雷，五穀蟲災，人多病。一曰，穀貴大旱，起北方，海溢川湧，五穀不成。夜雷，百川皆溢。起西北方，牛馬疫，國有暴驚，民滿野，赤地千里。

春不雨而有雷音在地中者，其所往兵起。

春一月四雷，歲大熟。

正月建寅爲震鬼門。正月雷鳴，謂之失時，主疾疫，死喪，五穀不熟，應在所發之方。

三月雷鳴，秋多盜賊。

夏三月雷不鳴，五穀不成，人多疾病。

秋月有暴雷爲天收，百穀虚耗不成。

九月雷，穀貴。

冬月雷鳴，陰極生陽，臣下叛逆。

冬雷震驚，萬物不成，蟲不藏，兵起。

冬雷上朔，其國亡，所當之鄉，骸骨盈野。夜雷尤甚。

冬雷屈折，不及三年，天下更令。

冬三月有大雷聞千里，國君出走。

冬三月雷鳴，兵起利客，不利主。

冬雷而有星，其下胡夷之王死中野。又曰，國王死其所。

冬至日雷，天下大兵起，盜賊横行，雷雨大作，不出五年，國亡。凡冬雷者，陽氣不藏也，各以雷鳴之日知何方。亦曰，各以兵辰爲方。

春二月，甲子乙丑戊寅辛卯戊午之日，有雷擊物，其地有大兵；雷大，兵愈甚。

春夏甲子丙寅戊子之日，有雷擊物，兵在外，則有大戰；無兵，則兵起，期不出三日。

春己丑丁丑，夏甲午壬戌己亥丁未甲寅。又曰，春戊寅，夏戊申，冬戊子日，不雨而有雷電，其聲光所及，有死將流血。

夏甲子庚寅辛巳日雷，蝗蟲生。

夏三月甲子乙丑戊寅辛卯之日，有疾雷大風，有軍在外大戰，圍城城壞，無兵兵起。

秋甲子日雷，歲大凶；庚午日雷，其地兵起，不出一月。

秋三月庚子日雷有惡聲，兵起，不出一月。

冬庚戌辛亥日雷，正月米貴。

甲子日大雷，不出其月，兵起。

庚子日大雷，不出一月，有惡令，亦爲兵起。

戊子日雷電，易主。以其日入月深淺，一日當一月，或當一歲，必有亡國。一曰，戊子日雷雨三日止，其下大戰；不雨而雷，外兵必歸，兵起必阻。

庚午日大雷，不出其月有兵。

入魁日有疾雷，大戰，大風起，有急令，八魁日見蒙霧後。

子日雷聲不時，讒臣在君側，又爲兵喪。子中有危月燕，燕主巧言，故稱讒。子中有虚日鼠，鼠主盜賊，故稱賊。子屬水，水屬貪狼，主兵，子爲哭星主喪。丑日雷聲不時，天子巡幸，將相遷易，有兵起。丑爲勾陳，天子儀衛，丑爲牛，儀衛遇牛，故將巡幸。牛爲將相，雷以動之，故將遷易。丑爲金庫，庫動兵出。

寅日雷聲不時，胡兵起，人大災，妖言惑衆，津梁不通。寅爲燕分，故胡兵起，寅居艮，艮爲鬼門，故大災，寅有箕宿爲口舌，故妖言惑衆。又爲析木之津，故津梁不通。

卯日雷聲不時，王者太子災，庶子后災。卯有心三星，爲王太子庶子，房爲后宫，故當其災。

辰日雷聲不時，有兵，天子不安，有失土之憂。辰有角宿，角主兵，辰爲龍，龍遇雷則動，故天子不安。辰爲水土之庫，故有失土之憂。

巳日雷聲不時，蠻夷動長沙，吴分兵饑，凶。巳中有長沙星故云。

午日雷聲不時，天子淫於倡優，奢侈無度，天怒而火災時作。午有張宿爲文繡樂府，又爲鶉火，故火災。

未日雷聲不時，大水，巫蠱作，大臣受誅，王者庫藏火災，歲凶。未有井宿，故大水；井有鉞星，故大臣受誅。又有鬼宿，故巫蠱作；鬼宿積金錢爲庫藏，未爲鶉首，故庫藏火災；鬼有積尸氣，故主兵疫，人死如山。

申日雷聲不時，主兵革擾亂，將相災危。申有參宿，主兵，所震之方，兵動，參爲七將，故災及之。

酉日雷聲不時，外夷入國，西戎燕趙有兵寇邊。酉中天節，主蠻夷，昴爲西戎，畢爲邊兵，燕趙分野，故云。

戌日雷聲不時，王者遷宫室，土木興，邊兵起，火災。戌爲樓臺，震主動，故遷宫室。戌中有奎，奎爲武庫，爲封豕，故邊兵起。又有土司空，故土木興，戌爲火庫，故火災。

亥日雷聲不時，有水災，暴寒殺物，兵革饑饉。亥爲六陰之極，故水寒居。乾屬金，故殺物兵起。

雷聲應候，當師出日時而鳴，天昭其威，兵必大勝。

雷聲起乾方，人多疾疫；起兑方，兵水爲災，金鐵貴；起離方，火旱，生災；起震方，人死歲豐；起巽方，螟生傷禾。一曰，雨雹傷五穀，大風；起坎方，水災，歲凶；起艮方，米貴，人死；起坤方，蝗生、米貴。

非時之雷，以所震之日時，候其災福。

非時雷擊，爲妄擊，獄冤，政濫，饑疫，兵災。所發之方爲兵所起，所往之方爲兵所討。發於東南，東南兵勝；發於西北，西北兵勝。風勝者尤吉。

雷霆連日不止，爲長擊，謂之失信，政猛令急，民怨盗生。

雷先震而電後，陰盛陽微，賊臣欲起，殺伐弑奪。

無雷而雷一聲，爲寡助。曰天鼓，兵亂國危，大兵起於所發之方，秋冬尤惡。又曰，無雲而雷，曰天鼓，當有暴兵。又曰，天鼓有音，如雷非雷，音在地而下及地，其所住者兵發其下。

雷震官府，爲天怒，政事不公。

雷震宗廟，爲天厭，血食不久。

雷震宫殿陵寢倒者，國有謀逆，社稷成墟。

雷震貴人之殿，小人持政，地削君亡，不出六年。

雷震地裂，大臣專恣，士庶分離，國且敗亡。

雷聲不發，君當振威武。

軍發之日，雷鳴坎上，我凶；若居我軍中，大吉。冬三月忽雷鳴者，客軍利。

軍發之日，忽雷鳴一聲，不宜進軍。

軍行或對壘有雷從我軍起入彼軍中，大戰大勝，從彼軍來我軍者敗。

軍行日，風吼雷鳴，三五日血戰。【略】

營上有暴雷霹靂，主兵大敗。

營上忽聞聲似雷鳴者，有戰争。

雷擊樹木及諸物，在彼軍營，難與敵。

圍城過旬無雷雨者，城中有輔佐人，宜審之。

城邑上有雷非雷，有兵争。

大雷而風雨具至者，亂令大作，百姓摇動。

霹靂擊宫，大夫謀逆，不出五年，交兵流血。

霹靂擊宗廟，是謂天戒，人君暴亡，不出八年，削地奪國。

軍中有霹靂聲，士卒謀反。

先電而雷隨之者正，先雷而後電者，陰盛陽也，人君失德，賊臣將起。

電而無雨，或電如聚火，人君絶命。

電光晝夜燭地，三日不止，其所發處起兵。

雷既息，或雨不雨，而電發於潭洞溪壑之中者，龍所爲也，不占。

占霜露

茅子曰：吾聞之，露陰液也，和氣凝露。立夏九十一日，涼風至，萬物始實。白露降，露凝爲霜，寒氣從地升也。霜者，陰精也，季秋始降。北斗當崑崙之上，氣運注於天下，春夏爲露，秋冬爲霜。其占有切于兵，類序之。

軍中霜成芒角，遍於旗鎗之上，不可動兵。

霜下有聲，外兵來伐。

霜晝下，刑罰妄濫，宜省察軍情。

霜不降者，天氣不下施也，君不恤民之象。其占爲旱，爲火災。

霜不殺物，主來年蟲害五穀，大饑。

正月霜不着物，見日不消，主五穀百物不實，牛馬多疫死。

夏霜，君死國亡。冬三月無霜，來年蟲害五穀。

王者德至大和，氣盛，則甘露降而年豐。

露黄色，其甘如飴，其膏附木樹，非甘露也，其名曰爵飴，乃君恩露不常，民不以恩露爲貴，失於濫賞，主爲災叛兵亂。

天高無露，旱災。大露潤物，主歲收。

占冰雪

茅子曰：吾聞之，冰者，陰之盛而水滯者也。雪本雨也，寒甚而空中風結之以成雪，過多，或非時，則爲災。故皆兵象也，次其切者。

水以春冰，歲凶，兵起。水以夏冰，歲饑民流，胡兵起，人主憂。水以秋冰，人憂，兵起。水冬不冰，爲饑，爲兵，爲疫。

水三月至九月有冰，兵起。

雨水冰，陰氣脅水，水先寒，得雨而冰。水冰名水介，介者甲，甲兵象也，有戰。

凡雪非時，兵革將興，敗亡之兆。

春雪不消，外戚專政，天下饑，民死亡。

夏雨雪，大兵起，君死，國亡，司馬爲亂。

秋雨雪，兵起，歲饑，民多死。一曰，有奸賊。

冬無雪，五穀不成，民多災。

冬雪盈尺，來年大豐。

正月雪三日内消，歲成。雪七日不消，大臣下獄，秋穀不成。又曰，臣有不奉主命者。

二月，雪七日不消，大臣死，牛馬傷，夏秋民不安。

二月雪經日不消，人相食，大臣憂。

清·韜廬子《雲氣占候》 序曰：世傳唐衛國景武公李靖，精風角雲祲之術。而各書所存兵法逸文，皆不之及。豈其術固當隱秘耶。抑《通典》《風雲氣候雜占》有衛公兵法，而杜君卿未及標注也。夫無智無慮而候於雲氣，則不可以決勝負。然陰陽自屬兵家之一術，如五代時之李再權，粗通星氣式法之學，每征伐，戰陣用之，鮮敗。軍中目爲李靖。是唐宋人言兵法，尚有衛公雲氣之説也。薛萬均曾爲衛公裨將，其破李元諒之援渾瑊望雲物不祥，知有變，亦沿成法也。梁師都也，以城中無氣決之。而《通典》固云：城中無氣士卒散，軍上無氣是死兵矣。《通典》云：城中有白氣如旂者不可攻。李荃改作：白氣覆下不可攻，若白氣如旂者攻必勝。《通典》云：黄雲臨城有大喜慶。李荃改作：城上有赤雲則喜慶。不知赤雲乃殺氣也。諸如此類，皆可證爲李衛公兵占。第以《通典》未注，不得附於所輯衛公兵法中。爰采摭書傳百種，韻以四言，取便記誦云爾。弢廬子。

雲氣占候上篇

雲氣占候，驗於用師，天示安危，勝敗逆知。杜佑通典引太公兵法。分至啓閉，書雲爲備。變見祲氛，古法具記。左氏春秋傳。清晨日午，謹察潛窺，參馬登高，臨事決機。凡氣初出，勃勃上騰，百人以上，殺氣乃升。通典。高七八尺，應五六日。史記天官書。精之積聚，必形於雲。占氣知事，望雲知人。李荃太白陰經。兩軍相敵，必有雲氣。兼及日暈，隨方具記。敵陣之上，必有氣出。氣强聲强，旁通於律。史記正義及索隱。敵東曉望，敵南日中，敵西日入，敵北夜從。乙巳占通典。子午卯酉，望氣四時。説郛載唐邵諤望氣經。依晷占雲，戰陣以之。心略火攻。氣安軍安，動摇不宜。高昂爲勝，低下爲敗。聚則有喜，散則爲患。通典。勝雲厚實，敗雲薄虛。晉書天文志。勝雲如織，敗雲如枯。條條片片，兵氣先見。望氣經。諸凡望氣，期内風雨，即不成災，慎毋妄語。通典。

望氣之道，祇論生死。若分顔色，亦有常理。兵法入門。黄吉青祥，白鋭黑藏，加赤過猛，偏赤血光。通典。焦爲軍疲，灰爲死喪。六韜及通典。緑爲蛟患，黑潤龍翔。望氣經。如天陰晦，祇看天色。以分順逆，青黄爲德。喜色則黄，怒色則赤，喪色則白，哀色則黑。蕭吉五行大義。

候氣之術，兼參王相。四時宜忌，驗之軍上。通典。春青夏赤，是爲氣王。開禧德安守城録。春黄夏黑，秋蒼冬赤。上不屬天，下不屬地。豐上鋭下，水波山楫。如見此氣，俱爲不吉。吕氏春秋。黄氣臨營，北向利征。東西並忌，準於五行。假令東伐，白雲西來，隨而擊之，强敵可摧。若有赤雲，東來逆軍，敵勝我敗，姑且駐屯。赤氣前行，黑氣相隨，赤者先滅，追敵得之。若無黑氣，捕討難期。乙巳占。黄紫之氣，從未至酉，爲土生金，大慶必有。周書蔣昇傳。氣形似樹，日辰在金，金能克木，攻擊從心。唐新語馮盎子智戴事。敵之勝氣，青高而鋭。是謂木王，逢金氣退。我若擊之，必以金時。五行相克，由此類推。許洞虎鈐經。甲乙東青，丙丁南赤，庚辛西白，壬癸北黑，戊己中黄，輪日可知。是得盛氣，不可敵之。乙巳占。

奇門雲氣，隨局吉凶。兼參方位，取應九宫。丙甲相加，多見吉祥。癸丁辛乙，或主災殃。庚丙客主，兵事所當。如占克應，别有其方。奇門微義。兵起凶吉，日辰占此。乙巳占。依日支干，格局推擬。日克其時，暴兵疾起。時干克日，自消散矣。開元占經。路之遠近，事之虛實，驗時干宫，百不失一。兵法入門。軍前有雲，克日干凶。若生日干，一戰成功。茅元儀武備志。九宫分位，太一初移，皆有氣見，隨時測之。望氣經。五雲所起，亦占八門。開休生吉，死傷最凶。心略火攻。

王氣所在，如千石倉，如城門樓，黄赤正方。晉書天文志隋書通典金史。軍上紫氣，未易可當。陳書。紫氣如虹，北斗徵祥。新唐書。紫如傘蓋，貴在下方。梁書。青氣變紫，貴未可量。隋書庚秀才引氣經。貴雲厚重，圓潤含滋。唐人易静兵法望江南。如龍如虎，五采紛披。天官書。采雲枝葉，勝氣在斯。崔豹古今注述黄帝鉅鹿之戰。

德將之氣，黄白聯翩。有如旗旛，氣暉暉然。無風自動，上與天連。通典。

賢將之氣，雲見青黄。青而潤澤，顯於日旁。晉志。氣上連天，賢在下方。天文大成。大雲赤白，亦隱賢良。武備志。敵氣赤白，皆不可攻。天文大成。

智將之氣，其色正黃。黃氣在右，兵多卒强。儲積穀多，不可使降。黃氣在後，智勇無雙。越絶書子胥相氣望敵法。凡覘將氣，貴達於天。將若多謀，一氣高騫。武備志。外白中黃，智略持權。天文大成。

猛將之氣，精白衝天。如堤如阪，林木山巔。黑中赤前，上赤下連。通典。上黑下赤，若聚旂旃。乙巳占。青而且高，鋭在中堅。通典。或如猛獸，殺氣横鋪。晉志。或如鷙鳥，奮迅邱隅。通典。或如交蛇，向人疾趨，皆利出戰，卻敵非虛。晉書乙巳占同獨太白陰經作炎蛇。

勁兵之氣，疾起森然。白中有黑，如焚草煙，或如塵上，粉沸盤旋。白如囷倉，映日愈明，斯爲鋭氣，避鋭勿争。通典。徒氣必白，卒氣必摶。史記。馬步多少，望塵可索。宋御覽引兵書。上小下大，士卒日增。雲如水光，兵不可攻。天文大成。敵上有雲，長如引素，鋭而轉黃，我師丞去。望江南。

勝兵之氣，特起綿延。氣如火煙，所向無前。通典、乙巳占。後白前赤，如堤相連。隋志。內白外赤，如蛇蜿蜒。晉志。如三疋帛，後大前横。占經。如五尺馬，頭低尾昂。宋志。雲似城墻，營上高張，出兵大捷，十五相當。入門。如弩斯彀，如旗甫揚。宋志。雲如鬭雞，赤白相隨，是得天助，不可敵之。通典。鬭雞而黑，一戰奚疑。五代史唐臣傳。圓雲赤繞，不敵預知。宋志。雲歸所起，兵勝班師。心略火攻。

伏兵之氣，渾渾圓長。黑雲覆蓋，赤杵中央。通典。上黑下赤，頭尖尾昂。乙巳占。赤或如鼠，戈鋋下方。或見赤氣，在軍四旁，前後左右，所至兵藏。赤黑凝聚，因氣知防。乙巳占、通典、望江南。白氣如樓，藏兵萬人。乙巳占。黑氣如輪，下有敵軍。入門。高則戰遲，低即警聞。武備志。烏雲若山，或變朱殷。陰經。有如黑人，在赤雲閒，如幢如節，高不可攀。乙巳占、通典。又如横木，截過軍前。入門。氣出營南，白後烏先。乙巳占。乍高乍下，車兵聚成。天官書。絞絞綿綿，前伏騎兵。乙巳占、通典。雲如布席，步卒潛營。轉高轉鋭，其鋒勿攖。通典。正蒼而黑，百丈長嬴。晉志。由黑變赤，中白如人，或若山林，均主伏兵。心略火攻。山林坑谷，當善防之。伏兵之地，有氣奚疑。乙巳占。

詭兵之氣，旋暗旋明。黑如雲稠，漸變山形，必有陰謀，先燭其情。宋志、通典。白氣徘徊，羣行徐來，勢如結陣，詭伏可推。乙巳占。如帶亘天，陰謀之應。白氣二道，宮中兵釁。晉書御覽引蜀李書。青氣在上，其謀未定。越絶書。黑氣如幢，上黑下黃，出於營中，虛聲恐惶，敵雖求戰，其實不誠，九日之內，必備急兵。乙巳占。兵者詭道，雲爲陰氣。孫子及鴻範五行傳。大雲彌天，愼當敬畏。占經。

襲兵之氣，黑氣盤旋。從敵上來，到我軍前，彼必來襲，速備勿延。占經。如狗如虎，如匹練明，牽連而來，必有偷營。入門。四方無雲，彌天忽起，賊兵起意，其至速矣。或於夜閒，陰雲來蓋，恐受虛驚，防其刼寨。望江南。黑雲漸薄，定占兵退。王弇州史料。

暴兵之氣，坌沸如樓。或如立人，赤色上浮，氣來甚卑，不蔭覆人，掩溝蓋道，頃刻煙塵。白雲紛綸，如牽瓜蔓，乍散旋聚，猝不可斷。乙巳占、通典。順風吹來，殺氣滿天。入門。如仙人衣，千萬相聯。部隊相逐，罷而復牽。千里兵來，其來忽然。晉志。非霧非煙，如禽獸來。客兵之利，主兵之災。事類賦注引孫子占。白虎猝躍，白馬成羣。白刃人持，白帶中分。占經。白蛇相向，警報疾聞。通典。白鵠飛騰，亦爲惡氛。呂氏春秋。氣上有雲，下亦有雲，敵必速至，急勒吾軍。乙巳占。

兵起之氣，如狗數枚，相聚在國，必有兵災。占經。一方赤色，如豹如狼，其下流血，殺戮爲殃。乙巳占。望天無雲，雲忽自出，如帚如鳥，兵荒不小。宋御覽引京房易妖占。雲如敵陣，下起鋒刃。凡氣竟天，皆蚩尤旗。白如匹布，横亘東西。占大兵起，赤亦如之。赤而有聲，天怒若斯。晉志。赤氣如血，申酉亘天。遲明始散，中夜復然。天下大亂，不出十年。續通鑑金章宗時嵩洛隱士杜時昇言。四方無雲，獨赤鏖兵，獨黑竟天，掠地攻城。乙巳占。黃上白下，如布在空，長而直連，隨方興戎。呂氏春秋、晉志。若經丑未，宇內起兵。黑如疋布，必損邑城。乙巳占及宋御覽引軍國占候。如布有聲，是曰天狗。又其甚者，赤色如火。占經。天狗氣惡，疾若霆馳。如布南行，日出覘之。武備志。流星赤色，四夷有兵。青色不光，是謂客星。占經。流星外維，白氣後隨，狀如車輪，下必用師。宋御覽引兵法秘訣。兩軍相交，兵起彗生，隨彗所指，軍勝可憑。兵鏡。彗有光芒，長或竟天，光芒所及，兵氣牽連。晉志。若人蒼衣，赤首不動，名曰天衡，兵亂震恐。呂氏春秋。

游兵之氣，如彗掃除。或數百丈，根本則無。縱有警報，不遂厥圖。晉志、通典。

邊兵之氣，正赤連綿。都無斷續，來向城邊。越界侵掠，應在秋天。黑中雲赤，吾將遷延。望江南。白氣入斗，兵起不久。六壬大全。黑氣游行，中含五色，敵國外患，合謀作慝，臨我軍上，列邦紛來，五色外散，烏合易摧。乙巳占。四夷不順，氣如豬魚。或如羣羊，黑色是符。或黑或赤，列陳交馳。皆防內犯，嚴整備之。乙巳占及占經。雲如蛟龍，出自邊城。軍將失魄，先聲震驚。通典。雲重而烏，狀類番胡，又兼排陳，變起民屠。望江南。赤色之雲，如無角牛，匝月兵起，極北戈矛。三牛之雲，邊城被圍，或如立人，儆備防危。武備志。夷狄内侵，日色變紫，感精符云，兵將用矣。七緯。青氣如馬，立在日中，外兵内侵，日光晦蒙。天文大成。

布陳之氣，有如立垣，如繩如旂，前後相連。史記。雲如耕壠，大戰軍前。乙巳占、武備志。陳雲必戰，若疊荷錢，主勝客敗，五色森然。武備志。

求和之氣，上黄下白。名曰善氣，敵來玉帛。晉志。四面輕黄，不戰之祥。雲向我營，主和在人。望江南。青紫相雜，定主講和。雲氣黄潤，三軍凱歌。心略火攻。

死將之氣，炎赤下流。如雞相向，如人無頭。通典。赤氣沈浮，中閒似舟。破軍殺將，職此之由。青變白色，其將必害，將亡軍覆，先青後黑。入門。雲如丹蛇，來隨軍後，大戰殺將，主兵之咎。吳淑事類賦注引兵書。雲如壞山，爲營頭星，所墜之下，將死衆分。續漢志。白氣犯斗，將受其咎。赤氣入魁，權臣授首。乙巳占。日月赤赭，大將死野，如灰如布，敗亡滿路。占經引京房占。赤黑之祲，是謂喪氛。左傳。片片雲揚，如木排長，名曰愁氣，軍中有喪。望江南。

怯將之氣，疏散而青，前大後小，懦弱不明。通典。雲如捲席，疋帛縱横。其將無用，可攻而禽。兵弱而驚，青氣入營。前白後青，高出營旌，士卒勇敢，將略無成。乙巳占。

潰兵之氣，散漫爲忌，上大下小，士卒日減。乙巳占、占徑。雲類羣羊，不死必降。通典。如羊如犬，屠戮難免。望江南。黑如豬牛，瓦解全休。雲氣四散，軍必破壞。通典。雲如亂髮，各分六段，枝脚旁竄，立見潰敗。入門。十日無氣，赤白忽升，乍見即滅，退散之徵。乙巳占。

遯兵之氣，黑而往復，或上或下，如鳥將宿。必有恐懼，心意不定。將欲遁逃，偪之大勝。若在我營，切宜戒慎。占經。

破軍之氣，有如轉蓬，飄摇不定，一擊奏功。通典。雲如人頭，其下血流，即有倖勝，損折相侔。乙巳占。勢如敗絮，散漫紛緼，寒風刮骨，必覆全軍。移營可免，屢驗前聞。入門。

敗兵之氣，死灰不明，五色雜亂，埃塵縱横，黑如牛馬，漸下入營。通典。垂如鵠尾，走似麏驚。宋御覽及通典。雙蛇守暈，羣豬傍城。乙巳占。破車壞屋，掩蓋覆旌。如人仰卧，支體未成。非黑即赤，皆爲敗徵。通典。前白後青，可擊之祲。宋志。白氣在東，是爲災深。乙巳占。

降人之氣，如人伏囚。十十五五，叉手低頭。通典。雲如雄雞，前赤後低。降人積甲，高與城齊。通典，又宋御覽引兵書。如山氣黑，黄在其邊，皆欲降伏，預燭幾先。又其吉者，星有歸邪，兩赤如彗，上蓋下連，非星非雲，慕義同文。晉志。赤氣白上，歸國信聞。漢書天文志注引五殘雜變星書。

叛兵之氣，甚惡之氛。前後相隨，兩旗中分。兩人對揖，連牽黑雲。又如兩人，執鉞導軍。入門。夜見在兵，昏見在臣。乙巳占。上黄下青，小將逃兵。武備志。雲如鵠尾，在霧氣中，若臨軍上，與外人通。占經。赤如火影，龍蛇山林，不過三朝，將士離心。乙巳占。

病兵之氣，如灰覆營。三軍疾疫，不利戰争。六弢。白如粉絮，災病來侵。續漢志。黑氣入營，多病宜徙。不知隄防，精鋭損矣。入門。氣青欲黑，其將必死。氣出復來，兵病不止。乙巳占。

城壘之氣，喜密忌鬆。兵氣凝聚，堅不可攻。雲隕當營，散漫軍凶。乙巳占及宋御覽引東觀漢記。雲出而西，雉堞攀躋。六弢。暴風入帳，黑雲疾吹，宜備急兵，定叛扶危。宋史劉錡傳。白雲指城，速起急攻。從城指營，定有兵争。武備志。

城中勝氣，其出不窮。高鋭直上，圍久無功。六弢。如煙如火，是謂堅城，一鼓作氣，百雉揚旌。黑雲如星，當避軍精。晉志。城雲圓黑，必有突兵。乙巳占、兵鏡。白氣如旗，大敵輟攻。黄雲臨城，喜在其中。通典。赤人下臨，必有援兵。晉志。氣出東方，其色正黄，此爲天鉞，城不可降。通典、乙巳占鉞作守。青如牛頭，觸人甚遒。通典。出向南北，敵軍早收。乙巳占、陰經。白氣中出，青氣北入，往復回旋，崇城屹立。甲日平明，城有白雲，丙丁雲黑，戊己雲青，客敗主勝，慎勿近城。乙巳占。雲分兩彗，城不可得。經旬氣聚，城有大輔。上如車蓋，敵人自退。氣不入闉，克城無因。氣如炊煙，主人出師。其形高鋭，可以久持。赤氣如杵，從中向外，内兵突出，悉除所害。通典。營雲如織，勝氣難克。索隱姚氏案兵書。赤界白旗，中有鋭師。乙巳占。有獸居上，勝氣在兹。史記。火雲光輝，救至可期。乙巳占。

城營敗氣，赤羽飛揚，四黄外繞，將死城降。乙巳占、通典。如貍皮斑，赤黑之祥，是謂屠氣，潰散難防。晉志。氣出復入，城主逃亡。六弢。雲赤如頭，下多死喪。若垂至地，兵家大忌，謂之灑血，所在不利。隋書。赤如破車，其城可墟。乙巳占。灰氣覆城，士病城屠。六弢。赤氣西東，登城敵攻。晉志。鵠尾雲來，城空可哀。武備志。雲如雉兔，下臨城營。其色正青，散走之徵。宋御覽引吴範占候風氣秘訣。蒼雲經天，下有拔城。五行傳。白雲如蛇，屈曲繞營，倏從外入，三日破城。通典。白雲疾行，急攻是憑。乙巳占。破軍殺將，惟此足徵。京口僨城録。

决戰之氣，勝負無常。昏慘即戰，清和不妨。乙巳占、陰經。雲氣陰沈，立有闘争。風塵不動，安堵無恐。乙巳占。前高後卑，取敗宜防。前卑後高，得勝威揚。氣卑勝高，氣鋭勝方。青白前低，戰勝兵强。前赤而仰，不勝敗亡。史記。青氣在軍，日當旺相。戌時交戰，謀定氣壯。乙巳占。青白衝斗，大戰不久。武備志。雲從敵來，終日不息，我軍忌出，堅守善匿。通典。雲氣順行，我即交兵。莫待氣散，方籌出征。望江南。如生草煙，其氣太盛，先鋭後退，能忍必勝。雲如雙蛇，其色正青，前去可擊，尾追勿停。通典。三軍將戰，赤在其上，勿用行師，敗隨所向。御覽引孫子占。四望無雲，獨見一赤，其下有戰，占之不忒。乙巳占。雲如圓暈，地主大勝。黑色北邊，敵人敗衄。武備志。

建牙之氣，出軍之徵，旗爲將精，氣吉功成。曰上克下，剛日設旌。藝文類聚引兵書。風氣和調，幡校飄飄，終日不息，功立崇朝。抱朴子。兵出城門，若見白雲，舉白牙旗，上下同文，隨方決勝，五色旗分。宋御覽引黄帝出軍訣。

無氣可占，兵家大忌。軍上少氣，士卒必潰。兩軍相距，十里爲營。覘其氣竭，乃是死兵。通典。城上氣無，衆散遭屠。破之有徵，否則壘虚。六弢及册府薛萬均破梁師都事。上不至天，下不至地，雖見氣生，亂徵衰替。吕氏春秋。

當地雲氣，上應天文，如遇反常，亦占吉凶。淮雲如羊，吴楚如日，韓雲如布，蜀雲如囷，魏雲如鼠，越雲如龍，齊鄭絳衣，周宋車輪，趙雲如牛，秦雲行人，魯馬衛犬，兵書所云。河氣如布，江漢如杼，恒山黑牛，少室白兔，濟水黑豘，渭水如狼，東海昌菼，淮南白羊。自華以南，上黑下赤。嵩高三河，氣皆赤色。海岱正黑，恒山正青，江淮之間，白氣是停。海旁樓臺，蜃氣所生，廣野宫闕，厥狀分明。占經類聚宋御覽引兵書。東夷如樹，西洋如刃，南蠻舟幡，穹廬北近。史記。中央城闉，黄中寬舒。五行大義。四方變氣，以夜察之。樹氣大赤，東方傾危。諸方見赤，並忌同推，察其兵起，智將先知。武備志。

赤光如火，從天上來。軍亂將死，所至爲災。占經引抱朴子。榮光五采，水上祥開。宋御覽引符瑞圖。天光五色，忌貫紫微。宋御覽引竹書紀年周昭王末年事。戈矛光明，立有兵争。無燄之光，兵憂命傾。刀劍血光，大敵遭傷。營中發光，將士敗亡。器甲生光，移營最良。望江南。地生黄光，凱歌旋鄉。乙巳占。

雲氣占候下篇

日暈之氣，占察其旁。五色雲物，辨於保章。黑水黄豐，赤爲兵荒，青爲蟲蝗，白則有喪。更有十煇，類求妖祥。周官注。祲爲侵氣，赤黑微青，軍有削弱，吏士相淩。虎鈐經。象如赤烏，附日成狀，枯樹青衣，皆爲旺相。虎鈐經。赤烏夾日，災占民上。左傳。鑴爲佩觿，刺日光輝，忌見十字，理驗若斯。望江南。芒宜外刺，紐或雙垂，赤雲貫日，上下乖違。乙巳占。監爲抱珥，外軍凶死。陰經。抱而向上，主將有喜。虎鈐經。從抱擊之，其勝宜爾。乙巳占。未入兩竿，日光晦蒙，大將必隕，不出月中。占經。晝盲宵見，其象皆凶。吕氏春秋。日旁氣黑，大將反覆。得雨除災，聚雲兵黷。乙巳占。日久無光，是爲瞢蔽。此時將兵，勿假權勢。虎鈐經。日中黑子，下權上替。乙巳占。黑雲貫日，占主淫佚。心略火攻。日出不光，或主大喪。晝暝不止，年内大水。吕氏春秋、晉志。陰氣竟天，其勢彌縫。六經文编。日暈不闕，驟雨冥濛。望江南。白虹彌天，軍敗無功。周官注。雲有次敘，正在日上，五色文成，破軍殺將。虎鈐經。隮謂虹霓，貫日之中，客兵遇之，城不可攻。陰經。虹貫兵喪，以赦禳凶。乙巳占。想有形似，赤鐘灰蛇，將軍力戰，血染黄沙。占經。赤氣隨日，軍行有憂。若隨日没，告急書投。乙巳占。凡此十占，俱儀古式。兩軍相當，日暈可測。暈等力鈞，薄短有失。厚而長大，用兵必克。天官書。日暈不合，圍城不得。望江南。日暈制勝，一月爲期，遠期兩月，日宿加時。天官書。青外赤中，和解分明。天官書。青從暈起，内軍勝矣。乙巳占。雲氣入暈，隨擊得勝。有暈有抱，所臨必定。日暈四缺，外軍覆滅。日暈多重，四宇災凶。日暈七日，不可即戎。暈而反背，爲臣不忠。乙巳占。黄人守日，客降主吉。孝經緯。黄氣三重，得地福承。晉志。日有黄抱，得地永保。御覽引三國孫吴之瑞應圖。日赤無光，其國不昌。日忽變色，當損侯王。赤覆日光，大旱飢荒。乙巳占。日出赤雲，彌天火殃。心略火攻。二黑貫日，刺客當防。兵書。

月暈之氣，如三白杵，將士夷傷，死亡滿路。月旁黑雲，如羣羊豕，如鴉如鵲，外方兵起。占經引京氏易傳。覆月血光，千里飢荒。占經。月暈犯房，四輔遭殃。天官書。青雲入月，五穀價昂。宋御覽引河圖緯。月旁氣盛，戒勿攻城。守城喜氣，暈繞黄明。虎鈐經。蒼白色暈，繞月失郡。兵鏡。或有黑雲，捧月下垂，頽垣攀堞，三日爲期。入門。赤雲貫月，三重國滅。兵鏡。赤如人頭，大戰不休。月暈兩重，年歲飢凶。河圖緯。月暈有耳，火災冥起。五色衝月，將兵力竭。月無桂影，主敗客勝。望江南。抱爲和親，背爲乖違，兩軍相當，勝負察知。晉志。月帶四彗，密防姦謀，侵害主將，客兵久留。黃虹貫月，四境不靜，得雨不占，不雨亦應。虎鈐經。終年不暈，天下安平。黃雲四合，女謁貴榮。春秋緯。

霞之爲氣，有色無形，亦占五行，生克立成。凡軍始行，半雨半晴，旗幟繞槍，霞彩前迎，急須駐泊，去恐難爭。紅霞竟天，映地如血，所見之下，必遭屠滅。白霞掩斗，三軍敗缺。望江南。霞如虎形，盜賊縱橫。明本三十九卷萬寶全書。霞乃客氣，易滅易生，縱有災患，必見微輕。武備志。

霜本陰凝，參毒氣承。劉熙釋名。霜不殺草，必有强臣。春秋緯。春夏有霜，宜防煩刑。宋御覽引師曠占。霜附木上，賢聖飄零。霜不下地，誅不原情。京房易傳。亦名木冰，或言樹介，樹若生稼，達官必怕。唐書引諺。晝霜刑濫，急宜詳察。霜下有聲，外兵來伐。武備志。

雪兆同雲，夏雪非時。人倫逆舛，天地乖離。詩緯。春雪不消，大臣專權。秋雪迅至，姦細伏焉。武備志。

天河之氣，與水俱生。河爲水伯，漢乃河精。孝經緯、河圖緯。星孛及漢，水祥早呈。左傳。星精上凝，氣散而升。物理論。黑水赤旱，又爲兵徵。天河中裂，亦主有兵。兵鏡。

北斗之氣，白色防兵。下屬於地，兵釁已成。權臣得勢，兵起邊城。宋書、陳書。蒼氣衝入，賊警先形。白雲豬狀，士卒虛驚。白氣侵入，西方兵起。繚繞穿心，大凶可擬。赤氣四圍，警報頻聞。軍敗流血，上有赤雲。赤氣龍蟠，客兵敗氛。黑氣逆衝，軍不宜攻。王在晉海防集要。

風亦主氣，動則雲隨。風吹旌旗，依向行師。北史。是爲天送，必亟擊之。宋御覽引孫子占。八風之雲，因風所吹。初遲後疾，初疾後遲，敵近敵遠，以此決之。陰經。災風之來，多挾殺氣。風不動塵，是謂德意。疾風揚沙，急兵暴加。如箭無蹤，聲斷賊攻。八方皆風，當防其衝。旋風倏入，當防敵襲。望江南。旋風入敵，急擊勿失。天時統論。旋風入壘，吹倒兵仗，敵夜燒營，伏防所向。武備志。風回雲轉，是謂歸氣。南史。風繞旗竿，直而垂下，鼙鼓無聲，將死于野。乙巳占。連風冥晦，大水爲害。冥冥寒急，遠方叛逆。乙巳占。融風怒來，火日成災。左傳。雨晴風起，其占可擬。乙巳占。風吹旗翻，其軍不還。右中風揚，其師得糧。宋御覽引孫子占。勝候之風，順我所攻，旌旗前指，揚舉從容，向敵終日，軍行有功。敗候之風，逆風來應，其氣旁勃，旌旗不定，甚則折旗，挫敗之證。風雲順逆，勝敗攸分。風氣俱逆，不可出軍。乙巳占通候。雲如衆風，是謂風師。大兵大災，不可以弭。星宿光揺，來日有風。雲塞天河，月暈青濃，日入雲氣，紫黑相從，皆以風占，隨時變通。武備志、天時統論。

風暴之氣，陰不見日。雷雨晦冥，須防損失。攻城圍邑，延久經旬，不逢雷雨，慎勿距闉。通典。兵出郊城，雷雨如傾，此名沐尸，不宜遠征。望江南。大雨既甚，師必無功。抱朴子。

霾之爲氣，雨不沾衣，塵土霏微，上下乖離。占經。天地之霾，君臣之乖。晉志。若不大旱，外兵斯來，占應半月，或主一時。占經。十日以上，久霾應之。乙巳占。黃霧四塞，臣叛邦危。漢書晉書崔鴻十六國春秋。天氣慘澹，漸轉深黃，必有大風，預止舟航。望江南。

蒙爲霧氣，昏曀蔽天。漢書、五行志。正旦而暝，下奪君權。晉書。若蒙圍城，出入準焉，有入處者，外兵攻入。若有出者，內兵突擊。通典。晝不見日，夜不見星，有雲障蔽，陰謀是徵。晝暝無光，夜晦晝明，久陰不雨，下有叛臣。乙巳占、占經。濛濛無光，士卒內亂，將軍嚴令，賞功備患。乙巳占。日月陰沈，雲降不雨，兩敵圖謀，經旬備禦。占經引黃帝兵法。

霧之爲氣，凝地之陰，陽不順時，蔽匿深沈。入門。四時氣旺，方色可憑。防海輯要。冬行夏令，氛霧冥冥。禮記月令。陰來冒陽，衆邪交侵。晉志。陰陽氣亂，霧職其由，乍合乍散，下有陰謀。白虹青霧，姦臣謀主。四霧中紅，必有敵攻。霧若凝脂，夜污人衣。黑而成陣，兵起邊夷。武備志。晝霧夜明，臣志得伸。夜霧晝濛，亂政之臣。乙巳占。三日霧蒙，必起狂風。霧起帶塵，兵擾經旬。武備志。凡攻城壘，有霧盤旋，一面忽散，全軍進焉。或起一面，三方則無，從起處攻，不爽厥圖。入門。霧不入城，城不可攻。武備志。四霧圍城，當月臨衝。兵書。白霧四集，城必受兵。抱朴子。不出其月，四面圍城。宋御覽引兵書。四圍無霧，勿攻其營。重霧迷空，連朝不通，占防失陷，反吉爲凶。兩軍對敵，霧雨紛紛，馬步齊來，直撼吾軍。青黃色霧，騰罩山川，乍合乍開，詐僞伏焉。入門。若霧非霧，衣冠不濡，見則其域，被甲而趨。日出沒時，霧橫截之，白喪黑警，得雨則非。晉志。天陰有霧，三日必雨。不雨應占，疫癘雜處。事類賦注引帝王世紀及望江南。霧赤塵紅，迅起黑風，暴兵疾急，莫待圍攻。明史紀事本末。霧似懸尸，連營速移。不移必敗，占者慎之。望江南。

虹之爲氣，忌見營中。軍上白虹，曲蜺相從，下有大敗，入井尤凶。占經及望江南。是召百殃，更嫌霧濛，夜見臣危，旦見主憂。白虹至地，大戰血流。晉志。

虹從外入，此城可襲。如從南方，入飲城中，即於其方，選士臨衝，繞城不匝，謹守其闕，軍從此入，賊從此滅。宋御覽引黃帝出軍訣。虹出日暈，拔城之應。武備志。從虹所止，出外取勝。宋御覽引雜兵書。虹出五墓，道旁有伏。虹貫路邊，埋伏牽連。赤白當衝，急宜駐兵。虹滅進發，戰勝揚旌。入門。虹伏斗口，敵閒潛來，佯降暗掩，豫弭其災。武備志。

雷爲正氣，剛急非常，不時兵起，所在飢荒。雷鳴軍上，戰利先舉。無雲而雷，是謂天鼓，將戰聞雷，忌自敵來。若爲我利，後起前摧，雷聲四起，軍營休止。望江南。暴雷一聲，軍發防驚。牙旂雷擊，須防姦細。入門。帳上雷鳴，必有伏匿。冬雷有星，外國失君。武備志。

凡占雨氣，參合尤詳。奔如飛鳥，黑似羣羊，雲行杼軸，細潤而蒼，晦朔弦望，蔽日月旁，五日必雨，未雨知防。宋御覽引京房易飛候。躍魚雲起，雨下隨方。遲者雨少，急疾流滂。同上引黃子發相雨書。日出雲覆，四方黑雲，占有大雨，雨小雲青。東南雲黑，巳刻雨零。雲如海濤，風雨即興。家藏元人寫本相雨書。雲厚而潤，雨來急迅。蒼蛇直衝，風雨從東。朝東夕西，雲掩日規。昏黃慘淡，風雨應之。四方無雲，且看天河，三枚如豨，翌日滂沱。占經。黑雲相接，謂之合羅，其直出者，若豬渡河，大雨立沛，申儆勿訛。田家雜占。天河電明，急雨傾盆。望江南。河中接橋，韭雨瀟瀟。田家雜占。天河無雲，更覘北斗，青雲蔽之，立時雨有。乙巳占。黑雲上覆，大雨不久。宋御覽引天文要集。白雲遮蓋，三日傾缶。占經。赤雲在斗，甘霖無有。乙巳占。雲遮北斗，三日不雨，主將有憂，心存恐懼。漢志。斗氣蒼白，無雲有風。在日入後，風狂夜中，黑雲主雨，氣如魚龍。在日初出，暈掩風從，黑雲極天，是名大溝，不雨兵起，雨下無尤。占經。雨候黑雲，占之日中。如一匹布，雨勢急衝。二疋二日，三疋三日，以布計雨，應占弗失。宋御覽引京房風角要訣。白雲廣布，亦應兵謀。占經。潤兵霑衣，泣兵不霑。六弢。無雲而雨，陰冷兵殲。入門、抱朴子、隋書。風起旺地，雨來勢急。東春西秋，準此爲則。田家占。日若生耳，風雨之徵。北耳主雨，南耳主晴。乙巳占。月色初生，黃安赤争，青白多雨，正黃久晴。黑雲貫月，當其始出，是謂激雲，大雨暴疾。宋御覽引黃帝占及河圖緯。五卯之日，候西北方，雲如羣羊，大雨流滂。占經引師曠占。卯日得雨，穀貴宜防。黃帝占。暈雲青白，大水漂麥。兵鏡。雲連牛車，大水盈衢。武備志。雲行向東，作雨無蹤。雲行向西，急披簑衣。雲行向南，雨水潭潭。雲行向北，如乾研墨。中州方言孔平仲談苑楊慎經說。雲如斑駁，是曰風花。謝華啓秀。雨雲水波，謹察勿訛。呂氏春秋。

海戰占雲，最爲要徵。雲隨東風，急疾雨傾。雲起四下，散如煙霧，必主大風，止風得助。雲若車形，及若海豬，發風必猛，先時備諸。夏秋之際，海沙雲起，即有颶風，當知所止。月暈而風，日暈而風，從暈缺來，方向研攻。鈔本海防書。

候塵之氣，望敵先推。塵高且銳，是爲車來。塵卑而廣，徒來倏哉。孫子。塵高濃厚，渾渾而起，不亟備之，騎兵來矣。兵少塵亂，部伍散漫。兵多塵清，部伍分明。軍止塵止，大將威行。列陣之初，有塵飛揚，必有急兵，從起處防。虎鈐經。馬步多少，望塵可知。是爲名將，鳴鳶載旂。宋御覽引兵書。

天之所雨，星氣爲災。魚鼈鳥獸，金鐵貨財，皆應兵喪，無俟疑猜。天雨若血，急兵作孽。雨若水銀，刑枉殺人。雨如樹粟，外邦輸穀。雨及菽麥，主穀不熟。兵糧困乏，惟日不足。天雨如墨，是謂陰謀。壬人勢張，上下乖尤。天裂見人，兵兆離分。天鏡。

金銀之氣，高出山巔。天官書。金礦色黃，氣若鏡圓。上赤下青，金氣最真，占以金日，其象猶人。地鏡。五金之礦，生於高山。重峯疊嶂，峻嶺之閒。唐語林。銀礦白銳，素霧彌天。流散在地，撥之宛然。氣似雄雞，白銀見焉。草青莖赤，其下有鉛。山有磁石，下有銅金。地鏡。錢銅之氣，青雲最深。事類賦注。丹砂木精，得金乃升。參同契。丹砂之下，黃金瑩潔。管子。土爲金父，水爲金液，以藏生金，其氣不竭，丹砂和鐵，金乃可鍊。唐順之武編。鉛礦之下，得銀不絕。管子。金遇鉛碎，其理可說。物類相感志。水銀化金，性本純陰。在山即化，出山不成。純陽石氣，合化堪徵。廣記引奇事記。斷岡伏礦，行砂出金。地鏡。赭氣有鐵，艴氣有銅，紫氣上浮，玉在石中。邵諤望氣經。

葬乘生氣，亦貴有光。望雲而葬，孫吳發祥。宋御覽引史書。黃氣紫雲，其貴非常。若他光怪，既有損傷。後漢書。如新月形，當葬其幽。暮見日光，定出封侯。宋御覽引五音圖墓書。地有吉氣，土隨而起，天光發新，氣來形止。郭璞葬書。氣不上浮，其地已葬。一見即徵，新葬之狀。袁守定地理啖蔗說。黃氣封侯，青氣公卿，白氣刑戮，相冢之徵。青烏子相冢書。夏末秋初，昏曉推詳。祖宗關峽，并及穴場，真氣直生，在山之巔。假氣橫抹，真僞辨焉。紅黃上浮，穴結山巔，或青或白，穴近水泉。禽氣多文，獸氣主軍，上大下小，氣真不假。啖蔗說。

相宅之氣，百家繽紛。赤氣汎財，青氣有銀，白氣財散，黃氣家興。地鏡。若見黑氣，宅伏五兵。廣記相宅占氣法。白氣上騰，主者灾愆。若氣未全，應在來年。定命録。

營中地氣，大略隨形。風衝休住，水遠勿停，次審休咎，取類占城。城突黑氣，防陷防兵，月内有戰，急便移旌。武備志。地水生塵，戰不出旬。地裂地陷，退舍不敗。望江南。軍中地裂，全營徙居。地震大戰，陰謀亦虞。抱朴子。營生碎石，將軍去職。營生艾草，疾癘纏繞。望江南。地生白麪，將軍力竭。武備志。偏地生毛，糧乏兵逃。占經。江河水赤，占曰泣血。道路艱屯，禍生可決。後漢書注引唐蒙博物志。地中水湧，主將有恐。兵鏡。湧泉忽出，下有謀害。地中有聲，急兵相爭。地鏡。地湧黑氣，兵燹立至。説鈴。樹木猝枯，外兵急屠。無故地長，失地民亡。八月水冰，亦主兵喪。地鏡。地忽生穀，自天降福。武備志。地起錢花，獲勝還家。望江南。

觀人氣色，先辨於微。皮上爲色，皮中氣機，絲爲紋理，細察毋遺。人倫大統賦。凡色之起，五藏爲根，朝見於面，夕還其門。春看三陽，夏驗印堂，秋覘鼻準，冬視下巴。袁柳莊相法。耳白於面，名滿天下。耳輪屬水，得金無價。歐陽文忠集燕山集。眉長過目，必有文名。人眼木星，近水秀生。定命録。鼻長智長，黄明忠良。鼻準屬金，得土榮昌。人倫大統賦。唇如丹砂，富貴清華。口唇屬土，紅潤起家。相理衡真。口赤如丹，貴壽無差。藝文類聚引相書雜要。舌至準頭，位必封侯。舌紅屬火，長則冠儒。燕山集。舌如絳赤，乃是賢人。藝文類聚引相書。赤色貫瞳，多嗜殺人。定命録。眼尾青色，陰人爲賊。大統賦。兩耳色青，急疾亡身。眉白如弓，戰陣防凶。相法。鼻下黑氣，必有水厄。定命録。鼻準色青，不當遠行。額角赤滯，或如墨煙，面有垢痕，意外屯邅。黑繞太陽，青纏口角，盧扁無功，勿投方藥。相法。惰色唵滯，驕色浮淫，選士教戰，補救在心。曾文正公集。勝負之徵，精神先見。明將察之，臨機不眩。六弢。

雜録

宋・薛居正等《舊五代史》卷二《梁書二・太祖紀第二》 九月甲戌，帝以岐軍諸寨連結稍盛，因親統千騎登高診之。時秋空澄霽，煙靄四絶，忽有紫雲如繖蓋，凝於龍旌之上，久之方散，觀者咸訝之。《永樂大典》卷三千二百八。是時，帝以岐人堅壁不戰，且慮師老，思欲旋旆以歸河中，因密召上將數人語其事。時親從指揮使高季昌獨前出抗言曰：「天下雄傑，窺此舉者一歲矣，今岐人已困，願少俟之。」

宋・薛居正等《舊五代史》卷五九《袁象先傳》 天復元年，表授刺史，充本州團練、埇橋鎮遏都知兵馬使。會淮寇大至，圍迫州城，象先殫力禦備，時援兵未至，頗懷憂沮。一日，登北城，憩其樓堞之上，怳然若寢，夢人告曰：「我陳璠也，嘗板築是城，舊第猶在，今爲軍舍，可爲我立廟，即助公陰兵。」象先納之。「翌日，淮寇急攻其壘，梯衝角進，是日州城幾陷。頃之，有大風雨，居民望見城上兵甲無算，寇不能進，即時退去。」象先方信鬼神之助，乃爲之立祠，至今里人禱祝不輟。

宋・薛居正等《舊五代史》卷七二《張承業傳》 夾城之役，遣承業求援於鳳翔。時河中阻絶，自離石渡河，春冰方泮，凌澌奔蹴，艤舟不得渡，因禱河神，是夜夢神人謂曰：「子但渡，流冰無患。」既寤，津吏報曰：「河冰合矣。」凌晨，躡冰而濟，旋踵冰解。

宋・洪邁《夷堅志》甲卷二《黑風大王》 汾陰后土祠，在汾水之南四十里，前臨洪河，連山爲廟。蓋漢唐以來故址，宫闕壯麗。紹興間陷入女真，統軍黑風大王者，領兵數萬，將窺梁益，館于祠下，腥羶汙穢，盈積如阜，不知掃除。一夕乘醉欲入寢閣，觀后真容，且有媟瀆之意。左右固諫，弗聽。率四十奴僕徑往，未及舉目，火光勃鬱，雜烟霧而興，冷風激人，立不能定。統軍懼，急趨出，殿門閉目，有數輩在後，足脛爲闑閾翦斷。統軍百拜禱謝，乞以翼旦移屯，至期天宇清廓。杲日正中，片雲忽從祠上起，震電注雨，頃刻水深數尺，向之糞汙，蕩滌無纖埃。統軍齊戒致祭，捐錢五萬緡以贖過，士卒死者什二三。

其他應用部

論説

漢・鄭玄《駁五經異義・五臟所屬》 謹案：月令春祭脾，夏祭肺，季夏祭心，秋祭肝，冬祭腎，與古尚書同。

駁曰：月令祭四時之位，及其五臟之上下次之耳。冬位在後，而腎在下。夏位在前，而肺在上。春位小前，故祭先脾。秋位小却，故祭先肝。腎也，脾也，俱在鬲下。肺也，心也，肝也，俱在鬲上。祭者必五，故有先後焉，不得同五行之氣。今醫病之法，以肝爲木，心爲火，脾爲土，肺爲金，腎爲水，則有瘳也。若反其術，不死爲劇。

漢・鄭玄注《乾坤鑿度》卷上 古文八卦

☴古風字，今巽卦。風散萬物，天地氣脉不通，由風行之，逐形入也，風無所不入。

☶古山字。外陽内陰，聖人以山含元氣，積陽之氣成石，可感天雨降，石潤然，山澤通元氣。

☵古坎字。水情内剛外柔，性下不上，恒附於氣也。

又☳古雷字，今爲震動。雷之聲形，能鼓萬物，息者起之，閉者啓之。

☱古澤之，今之兑。兑澤萬物，不有拒，上虚下實，理之澤萬物，象斷流曰澤。

又 立乾坤巽艮四門

巽爲風門，亦爲地户。聖人曰：乾坤成氣，風行天地，運動由風氣成也。上陽下陰，順體入也。能入萬物，成萬物，扶天地，生散萬物。風以性者，聖人居天地之間，性禀陰陽之道，風爲性體，因風正聖人性焉。《萬形經》曰：二陽一陰，無形道也。風之發洩，由地出處，故曰地户。户者牖户，通天地之元氣，天地不通，萬物不蓄。

又 立坎離震兑四正

月，坎也，水魄。聖人畫之，二陰一陽，内剛外弱。坎者水，天地脉，周流無息，坎不平月，水滿而圓，水傾而昃，坎之缺也。月者，闕，水道，聖人究得源脉，浰涉淪漣，上下無息。在上曰漢，在下曰脉，潮爲澮，隨氣曰濡，陰陽礡磤爲雨也。月陰精，水爲天地信，順氣而潮，潮者水氣來往，行險而不失其信者也。

日，離，火宫，正中而明，二陽一陰，虚内實外，明天地之目。《萬形經》曰：太陽順四方之氣。古聖曰：燭龍行東時肅清，行西時嘔噢，行南時大曒，行北時嚴殺。順太陽實元，煖燠萬物，形以鳥離。燭龍四方，萬物嚮明，承惠煦德，實而遲重。聖人則象，月即輕疾，日則凝重，天地之理然也。

雷木，震，日月出入門。日出震，月入於震。震爲四正德，形皷萬物不息。聖人畫二陰一陽，不見其體，假自然之氣，順風而行，成勢作烈，盡時而息，天氣不和，震能飜息，萬物不長，震能鼓養。《萬形經》曰：雷，天地之性情也，情性之理自然。《萬形經》論。

澤金水，兑，日月往來門。月出澤，日入於澤，四正之體。氣正元體，聖人畫之，二陽一陰，重上虚下實，萬物燥澤，可及天地。怒澤能悦萬形，惡澤能美，應天順人。承順天者不違拒，應人者澤滋萬業，以帝王法之，故曰澤潤，天地之和氣然也。

漢・徐幹《中論》卷下《夭壽第十四》 夫信無過於四時，而春或不華，夏或隕霜，秋或雨雪，冬或無冰，豈復以爲難哉？所謂禍者，已欲違之而反觸之者也，比干、子胥已知其必然而樂爲焉，天何罪焉？

宋・洪邁《容齋隨筆・五筆》卷二 孫馬兩公所言

盧照鄰有疾，問孫思邈曰：高醫愈疾奈何。答曰：天有四時五行，寒暑迭居，和爲雨，怒爲風，凝爲雪霜，張爲虹蜺，天常數也。人之四支五藏，一覺一寐，吐納往來，流爲榮衛，章爲氣色，發爲音聲，人常數也。陽用其形，陰用其精，天人所同也。失則烝生熱，否生寒，結爲瘤贅，陷爲癰疽，奔則喘乏，竭則焦槁，發乎面，動乎形。天地亦然，五緯縮贏，孛彗飛流，其危診也。寒暑不時，其烝否也。石立土踊，是其瘤贅。山崩土陷，是其癰疽。奔風暴雨，其喘乏。川瀆竭涸，其焦槁。高醫導以藥石，救以砭劑，聖人和以至德，輔以人事，故體有可愈之疾，天有可振之災。

元・朱震亨《格致餘論》 陽有餘陰不足論

人受天地之氣以生，天之陽氣爲氣，地之陰氣爲血。故氣常有餘，血常不足。何以言之？天地爲萬物父母。天大也爲陽，而運於地之外。地居天之中爲陰，天之大氣舉之。日實也，亦屬陽，而運於月之外。月缺也，屬陰，禀日之光以爲明者也。人身之陰氣，其消長視月之盈缺。故人之生也，男子十六歲而精通，女子十四歲而經行，是有形之後，猶有待於乳哺水穀以養，陰氣始成而可與陽氣爲配，以能成人，而爲人之父母。古人必近三十、二十而後嫁娶，可見陰之難於成，而古人之善於攝養也。《禮記》注曰：惟五十然後養陰者有以加。《内經》曰：年至四十陰氣自半而起居衰矣。又曰：男子六十四歲而精絶，女子四十九歲而經斷。夫以陰氣之成，止供給得三十年之視聽言動，已先虧矣。人之情欲無涯，此難成易虧之陰氣，若之何而可以供給也。經曰：陽者天氣也，主外。陰者地氣也，主内。故陽道實陰道虚。又曰：至陰虚天氣絶，至陽盛地氣不足。觀虚與盛之所在，非吾之過論。主閉藏者腎也，司疏泄者肝也。二臟皆有相火，而其系上屬於心。心君火也，爲物所感則易動，心動則相火亦動，動則精自走，相火翕然而起，雖不交會，亦暗流而疏泄矣。所以聖賢只是教人收心養心，其旨深矣。天地以五行更迭衰旺而成四時，人之五臟六腑亦應之而衰旺。四月屬巳，五月屬午，爲火太旺。火爲肺金之夫，火旺則金衰。六月屬未，爲土大旺，土爲水之夫，土旺則水衰。况腎水常藉肺金爲母，以補助其不足，故《内經》諄諄於資其化源也。古人於夏必獨宿而淡味，兢兢業業於愛護也。保養金水二臟，正嫌火土之旺爾。《内經》曰：冬不藏精者，春必温病。十月屬亥，十一月屬子，正火氣潛伏閉藏，以養其本然之真，而爲來春發生升動之本。若於此時恣嗜欲以戕賊，至春升之際，下無根本，陽氣輕浮，必有温熱之病。夫夏月火土之旺，冬月火氣之伏，此論一年之虚耳。若上弦前下弦後，月廓月空亦爲一月之虚。大風大霧，虹霓飛電，暴寒暴熱，日月薄蝕，憂愁忿怒，驚恐悲哀，醉飽勞倦，謀慮勤動，又皆爲一日之虚。若病患初退，瘡痍正作，尤不止於一日之虚。今因多有春末夏初，患頭痛脚輭，食少體熱，仲景謂春夏劇秋冬差，而脉弦大者，正世俗所謂注夏病。若犯此四者之虚，似難免此。夫當壯年便有老態，仰事俯育一切隳壞。興言至此，深可驚懼。古人謂不見所欲，使心不亂。夫以温柔之盛於體，聲音之盛於耳，顔色之盛於目，馨香之盛於鼻，誰是鐵漢，心不爲之動也。善攝生者，於此五箇月出居於外，苟值一月之虚，亦宜暫遠帷幕，各自珍重，保全天和，期無負敬身之教，幸甚。

夏月伏陰在内論

天地以一元之氣，化生萬物。根於中者，曰神機。根於外者，曰氣血。萬物同此一氣，人靈於物，形與天地參而爲三者，以其得氣之正而通也。故氣升亦升，氣浮亦浮，氣降亦降，氣沈亦沈。人與天地同一橐籥。子月一陽生，陽初動也。寅月三陽生，陽初出於地也。此氣之升也。巳月六陽生，陽盡出於上矣。此氣之浮也。人之腹屬地氣，於此時浮於肌表，散於皮毛，腹中虚矣。經曰：夏月經滿，地氣溢滿，入經絡受血，皮膚充實。長夏氣在肌肉，所以表實。表實者，裏必虚。世言夏月伏陰在内，此陰字有虚之義。若作陰冷看，其悮甚矣。或曰：以手捫腹，明知其冷，非冷而何。【略】若夫涼臺水館，大扇風車，陰水寒泉，果冰雪涼之傷，自内及外，不用温熱，病何由安。詳玩其意，實非爲内伏陰而用之也。前哲又謂升降浮沈則順之，寒熱温涼則逆之。若於夏月火令之時，妄投温熱，寧免實實虚虚之患乎。或曰：巳月純陽，於理或通，五月一陰，六月二陰，非陰冷而何。予曰：此陰之初動於地下也。四陽浮於地上，燔灼焚燎，流金爍石，何陰冷之有。孫真人製生脉散，令人夏月服之，非虚而何。

春宣論

春，蠢也。陽氣升浮，草木萌芽，蠢然而動。前哲謂春時人氣在頭，有病宜吐。又曰：傷寒大法，春宜吐，宣之爲言揚也。謂吐之法自上出也。今之世俗，往往有瘡痍者，膈滿者，蟲積者以爲不於春時宣瀉以毒藥，不可愈也。醫者遂用牽牛、巴豆、大黄、枳殼、防風輩爲丸，名之曰春宣丸。於二月、三月服之，得下利而止。於初瀉之時，臟腑得通，時暫輕快，殊不知氣升在上，則在下之陰甚弱，而用利藥戕賊其陰，其害何可勝言。况仲景用承氣湯等下藥，必有大滿，大實堅，有燥屎，轉失氣，下逼迫而無表證者，方行此法。可下之證未悉具，猶須遲以待之。泄利之藥，其可輕試乎。余伯考形肥骨瘦，味厚性沈，五十歲輕於聽言，忽於三月半購春宣丸一貼，服之下兩三行。每年率以爲常。至五十三歲時，七月初炎熱之甚，無病暴死。此豈非妄認春宣爲春瀉，而致禍耶。自上召下曰宣，宣之一字，吐也明矣。張子和先生已詳論之，昔賢豈妄言哉。詳之審訂無疑。後之死者，又有數人，愚故表而出之，以爲後人之戒。

天氣屬金説

邵子曰：天依地，地依天，天地自相依附。《内經》曰：大氣舉之也。夫自清濁肇分，天以氣運於外而攝水，地以形居中而浮於水者也。是氣也，即天之謂也。自其無極者觀之，故曰天氣。至清、至剛、至健，屬乎金者也。非至剛，不能攝此水。非至健，不能運行無息以舉地之重。非至清，其剛健不能長，上古而不老。或曰：子以天氣爲屬金者，固《易》卦取象之義，何至遂以屬金言之乎。善言天者，必有證於人。善言大者，必有譬於小。願明以告我。曰：天生萬物人爲貴，人形象天，可以取譬，肺主氣外應皮毛。《内經》謂陽爲外衛，非皮毛乎。此天之象也。其包裹骨肉、臟腑於其中，此地之象也。血行於皮裏肉腠，晝夜周流無端，此水之象也。合三者而觀，非水浮地、天攝水、地懸於中乎。聖人作《易》，取金爲氣之象，厥旨深哉。

綜述

漢・戴德《大戴禮記》卷二《夏小正》 正月

啓蟄。言始發蟄也。

鴈北鄉。先言鴈而後言鄉者，何也？見鴈而後數其鄉也。鄉者，何也？鄉其居也，鴈以北方爲居。何以謂之？生且長焉爾。九月遰鴻鴈，先言遰而後言鴻鴈，何也？見遰而後數之，則鴻鴈也。何不謂南鄉也，曰：非其居也，故不謂南鄉。記鴻鴈之遰也，而不記其鄉，何也？曰：鴻不必當小正之遰者也。

雉震呴。呴也者，鳴也。震也者，鼓其翼也。正月必雷，雷不必聞，惟雉爲必聞之。何以謂之雷，則雉震呴，相識以雷。

魚陟負冰。陟，升也。負冰云者，言解蟄也。

農緯厥耒。緯，束也。束其耒云爾。用是見君之亦有耒也。

初歲祭耒，始用暢也。【略】

囿有見韭。囿也者，園之燕者也。

時有俊風。俊者，大也。大風，南風也。何大于南風也，曰：合冰必于南風，解冰必于南風。生必于南風，收必于南風。故大之也。

寒日滌凍塗。滌也者，變也，變而煖也。凍塗者，凍下而澤上多也。

田鼠出。田鼠者，嗛鼠也，記時也。

農率均田。率者，循也。均田者，始除田也，言農夫急除田也。

獺獻魚。【略】

鷹則爲鳩。【略】

農及雪澤。案釋澤古通用言雪澤之無高下也。【略】

柳稊。稊也者，發孚也。

梅杏杝桃則華。杝桃，山桃也。

二月

往耰黍，禪。禪，單也。

初俊羔助厥母粥。【略】

來降燕乃睇。【略】

剝鱓以爲鼓也。

有鳴倉庚。倉庚者，商庚也。商庚者，長股也。

榮芸。

時有見稊，始收。有見稊而後始收，是小正序也。小正之序時也，皆若是也。稊者，所爲豆實。

三月

參則伏。伏者，非亡之辭也。星無時而不見，我有不見之時，故曰伏云。

攝桑。攝而記之，急桑也。

委楊。楊則花而後記之。

羵羊。羊有相還之時，其類羵羵然，記變爾。或曰：羵，羝也。

縠則鳴。縠，天螻也。

頒冰。頒冰者，分冰以授大夫也。

采識。識，草也。

妾子始蠶。【略】

執養宮事。【略】

祈麥實。麥者，案各本作麥實者，今從傳本。五穀之先見者，故急祈而記之也。

越有小旱。越，于也。記是時恒有小旱。

四月

昴則見。

初昏南門正。【略】

越有大旱。記時爾。【略】

五月

參則見。【略】

浮游有殷。【略】

鴂則鳴。【略】

時有養日。【略】

初昏大火中。大火者，心也。心中，種黍菽糜時也。

煮梅。爲豆實也。

蓄蘭。爲沐浴也。【略】

六月

初昏斗柄正在上。五月大火中，六月斗柄正在上，用此見斗柄之不正當心也。蓋當依依尾也。煮桃。桃也者，杝桃也。杝桃也者，山桃也。煮以爲豆實也。

鷹始摯。始摯而言之，何也。諱殺之辭也，故言摯云。

七月

秀雚葦。未秀則不爲雚葦，秀然後爲雚葦，故先言秀。

狸子肇肆。【略】

湟潦生苹。【略】

苹秀。【略】

寒蟬鳴。【略】

初昏織女正東鄉。

時有霖雨。

灌荼。【略】

斗柄縣在下則旦。

八月

剥瓜。剥瓜也者，畜瓜之時也。【略】

剥棗。剥也，者取也。

栗零。零也者，降也。零而後取之，故不言剥也。

丹鳥羞白鳥。【略】

辰則伏。【略】

鹿人從。【略】

鴽爲鼠。

參中則旦。

九月

内火。内火也者，大火。大火也者，心也。

遰鴻鴈。遰，往也。

主夫出火。主夫也者，主以時縱火也。

陟玄鳥蟄。【略】

熊羆貊貉鷈鼬則穴。【略】

榮鞠，鞠草也，鞠榮而樹麥，時之急也。

王始裘。【略】

辰繫于曰。

雀入于海爲蛤。蓋有矣，非常入也。

十月

豺祭獸。善其祭而後食之也。

初昏南門見。【略】

黑鳥浴。【略】

時有養夜。【略】

玄雉入于淮，爲蜃。【略】

織女正北鄉，則旦。【略】

十有一月

王狩。王狩者，言王之時田也。冬獵為狩。

陳筋革。【略】

嗇人不從。不從者，弗行。

于時月也，萬物不通。

隕麋角。隕，墜也。日冬至，陽氣至，始動，諸向生皆蒙蒙符矣，故麋角隕，記時焉爾。

十有二月

鳴弋。【略】

玄駒賁。【略】隕麋角。蓋陽氣且睹也。故記之也。

漢・王充《論衡》卷一九　恢國篇

宣帝鳳皇五至，麒麟、神雀、甘露、醴泉、黄龍、神光。平帝白雉、黑雉。孝明麒麟、神雀、甘露、醴泉、白雉、黑雉、芝草、連木、嘉禾，與宣帝同奇，有神鼎黄金之怪。一代之瑞，累仍不絶。此則漢德豐茂，故瑞祐多也。孝明天崩，今上嗣位，元二之間，嘉德布流。三年，零陵生芝草五本。四年，甘露降五縣。五年，芝復生。六年，黄龍見，大小凡八。前世龍見不雙，芝生無二，甘露一降。而今八龍並出，十一芝累生，甘露流五縣。德惠盛熾，故瑞繁夥也。自古帝王，孰能致斯。儒者論曰：王者推行道德，受命於天。《論衡・初秉》以爲王者生稟天命，性命難審，且兩論之。酒食之賜，一則爲薄，再則爲厚。如儒者之言，五代皆一受命，唯漢獨再，此則天命於漢厚也。如審《論衡》之言，生稟自然，此亦漢家所稟厚也。絶而復屬，死而復生。世有死而復生之人，人必謂之神。漢統絶而復屬，光武存亡，可謂優矣。【略】夫雨露之施，内則注於骨肉，外則布於他族。唐之晏晏，舜之烝烝，豈能踰此。【略】夫地動天時，非政所致。皇帝震畏，猶歸於治，廣徵賢良，訪求過闕。高宗之側身，周成之開匱，勵能逮此。穀登歲平，庸主因緣以建德政，顛沛危殆，聖哲優者，乃立功化。是故微病恒醫皆巧，篤劇扁鵲乃良。建初孟年，無妄氣至，歲之疾疫也。比旱不雨，牛死民流，可謂劇矣。皇帝敦德，俊乂在官，第五司空股肱國維，轉穀振贍，民不乏餓，天下慕德，雖危不亂。民饑於穀，飽於道德，身流在道，心回鄉内。以故道路無盜賊之跡，深幽迥絶無劫奪之姦，以危爲寧，以困爲通，五帝三王，孰能堪斯哉。

驗符篇

建初三年，零陵泉陵女子傅寧宅土中，忽生芝草五本，長者尺四五寸，短者七八寸，莖葉紫色，蓋紫芝也。【略】四年，甘露下泉陵、零陵、洮陽、始安、冷道五縣，榆柏梅李，葉皆洽溥，威委流漉，民嗽吮之，甘如飴蜜。五年，芝草復生泉陵男子周服宅上六本，色狀如三年芝，并前凡十一本。【略】芝草延年，仙者所食，往世生出不過一二，今并前後凡十一本，多獲壽考之徵，生育松喬之糧也。甘露之降，往世一所，今流五縣，應土之數，德布濩也。皇瑞比見，其出不空，必有象爲，隨德是應。【略】甘者，養育之味也，皇帝仁惠愛黎民，故甘露降。龍，潛藏之物也，陽見於外，皇帝聖明，招拔巖穴也。瑞出必由嘉士，祐至必依吉人也。天道自然，厥應偶合。

《周禮注疏》卷四《天官冢宰・庖人》　凡用禽獻：春行羔豚，膳膏香。夏行腒鱐，膳膏臊。秋行犢麛，膳膏腥。冬行鱻羽，膳膏羶。【略】疏：言凡用禽獻者，四者不同，故言凡也。煎和謂之用，故云凡用禽獻也。云春行羔豚膳膏香者，言行者，義與用同。春用羔豚者，草物始生，羔豚食而肥。膳膏香者謂牛膏。春，木王，火相，土死，羔豚爲其太盛，牛屬中央土，故以死之脂膏殺其氣。夏行腒鱐膳膏臊者，腒謂乾雉。鱐謂乾魚。膏臊，犬膏。腒鱐，夏之暵熱而乾，故食之，爲其大盛。夏時金死，犬屬西方金，故用死之脂膏煎和之。云秋行犢麛膳膏腥者，秋時草物有實，犢麛食之而肥，故秋用犢麛。膏腥謂雞膏。雞屬東方木，時木死，故用死之脂膏煎和之。云冬行鱻羽膳膏羶者，鮮謂魚。羽謂鴈。冬，魚之性定，鴈又新來，故用食之。膏羶謂羊膏。羊屬南方火。冬時火死，魚鴈食之太盛，故用死之脂膏煎和之。五行不言北方豕之脂膏者，以其中央土王，分於四時，土賊水，但無中央食法，故不言豕之脂膏也。

《周禮注疏》卷五《天官冢宰下・食醫》　凡食齊眂春時，注：飯宜温。羹齊眂夏時，注：羹宜熱。醬齊眂秋時，注：醬宜涼。飲齊眂冬時，注：飲宜寒。疏：言凡食齊眂春時者，言凡者，總與下四時爲目，故言凡以該之。言食者，即上六食，則《内則》所云食齊一也。言飯之齊和。眂，猶比也。四時常温，比於春時，故鄭云飯宜温。羹齊眂夏時者，謂大羹、鉶羹、菜，羹等其所齊和，四時常熱，故云眂夏時，羹宜熱故也。云醬齊眂秋時者，案醢人、醢人唯有醯醢，不言醬，即豆醬也。案《公食大夫》公親設醬。醬者，食之主，言醬則該諸豆實。四時皆須涼，故言醬齊眂秋時。又云飲齊眂冬時者，謂若《漿人》六飲水漿之等。四時皆須寒，故言飲齊眂冬時，飲宜寒故也。凡和，春多酸，夏多苦，秋多辛，冬多鹹，調以滑甘。注：各尚其時味，而甘以成之，猶水火金木之載於土。《内則》曰：棗栗飴蜜以甘之，堇荁枌榆娩槁滫瀡以滑之。疏：言凡和者，亦與下四時爲目。言春多酸者，東方木味酸，屬春，謂和食，酸多於餘味一分，故云春多酸。云夏多苦者，南方火味苦，屬夏，夏時調和食，苦亦多於餘味一分，故云夏多苦。秋多辛者，西方金味辛，屬秋，秋時調和食，辛亦多於餘味一分，故云秋多辛。冬多鹹者，北方水味鹹，屬冬，冬時調和食，鹹亦多於餘味一分，故言冬多鹹。調以滑甘者，中央土味甘，屬季夏，金木水火，非土不載，於五行土爲尊，於五味甘爲上，故甘總調四味。滑者，通和往來，亦所以調和四味，故云調以滑甘。此五味之言，出《洪範》及《月令》。【略】

疾醫掌養萬民之疾病。四時皆有癘疾：春時有痟首疾，夏時有痒疥疾，秋時有瘧寒疾，冬時有嗽上氣疾。注：癘疾，氣不和之疾。痟，酸削也。首疾，頭痛也。嗽，欬也。上氣，逆喘也。《五行傳》曰：六癘作見。疏：言掌養萬民之有疾病者，此主療治疾病。而云養者，但是療治，必須將養，故以養言之。疾病兩言之者，疾輕，病重，故注《論語》

云疾甚曰病。謂疾病俱療，故兩言之。此直言萬民，不言王與大夫，《醫師》雖不言，或可醫師治之。云四時皆有癘疾者，此言亦與下爲目。云春時有痟首疾者，春是四時之首，陽氣將盛，惟金沴木，故有頭首之疾。言痟者，謂頭痛之外別有酸削之痛，云夏時有痒疥疾者，四月純陽用事，五月已後陰氣始起，惟水沴火，水爲甲，疥有甲，故有疥痒之疾。云秋時有瘧寒疾者，秋時陽氣漸銷，陰氣方盛，惟火沴金，兼寒兼熱，故有瘧寒之疾。云冬時有嗽上氣疾者，冬時陰氣盛，陽氣方起，惟土沴水，以土壅水，其氣不通，故有嗽上氣之疾。【略】以五味、五穀、五藥養其病，注：養猶治也。病由氣勝負而生，攻其贏，養其不足者。五味，醯酒飴蜜薑鹽之屬。五穀，麻黍稷麥豆也。五，藥草木蟲石穀也。其治合之齊，則存乎神農、子儀之術云。疏：言養猶治也者，病者須養之，故云養猶治也。云病由氣勝負而生者，假令夏時熱，病者體寒，即是水，水贏而勝也，火氣負而不足也，故言由氣勝負而生。云攻其贏，養其不足者，夏時病者，則五味中食甘，五穀中食稷，以甘稷是土之穀味，土所剋水，是攻其贏也。土生於火，土是火之子，食甘稷，爲子養母之道，故云養其不足也。云五味，醯酒飴蜜薑鹽之屬者，醯則酸也，酒則苦也，飴蜜即甘也，薑即辛也，鹽即鹹也，此即五味酸苦辛鹹甘也。鄭不言五味酸鹹等，而言醯酒之屬者，當時醫方，見用醯酒之等，故舉以言焉。

凌人掌冰，正歲，十有二月，令斬冰，三其凌。注：正歲季冬，火星中，大寒，冰方盛之時。《春秋傳》曰：火星中而寒暑退。凌，冰室也。三之者，爲消釋度也。故書正爲政。鄭司農云：掌冰政，主藏冰之政也。杜子春讀掌冰爲主冰也。政當爲正。正謂夏正。三其凌，三倍其冰。疏：言掌冰者，謂凌人總掌藏冰出冰之事，故云掌冰也。云正歲十有二月令斬冰者，正歲謂夏之建寅爲正，十有二月謂建丑之月。冰堅腹厚之時，令入山斬冰。三其凌者，凌謂冰室之中三倍納冰，備消釋度故也。【略】春始治鑑。注：鑑，如甄，大口，以盛冰，置食物于中，以禦温氣。春而始治之，爲二月將獻羔而啓冰。疏：春，謂正月。始治鑑者，鑑是盛冰之器，春豫治之，爲二月將出冰。注釋曰：鑑如甄者，漢時名爲甄，即今之甕是也，故云如甄，大口，以盛冰。云春而始治之，爲二月將獻羔而啓冰者，案《月令·仲夏》云：獻羔而開冰，先薦寢廟。《七月》詩亦云：四之日其蚤，獻羔祭韭。是二月出冰者，公始用之。【略】大喪，共夷槃冰。注：夷之言尸也。實冰于夷槃中，置之尸牀之下，所以寒尸。尸之槃曰夷槃，牀曰夷牀，衾曰夷衾，移尸曰夷于堂，皆依尸而爲言者也。《漢禮器制度》大槃廣八尺，長丈二尺，深三尺，漆赤中。【略】夏頒冰，掌事。注：暑氣盛，王以冰頒賜，則主爲之。《春秋傳》曰：古者日在北陸而藏冰，西陸朝覿而出之。疏：夏頒冰者，據頒賜羣臣言。掌事者，謂主此賜冰多少，合得不合得之事。注釋曰：謂二月之時，蠅蟲已生，公始用之。四月已後，暑氣漸盛，則賜及羣下。云《春秋傳》曰者，《左氏》昭四年正月，大雨雹，季武子問于申豐曰：雹可禦乎。對曰：聖人在上，無雹。雖有，不爲災。古者日在北陸而藏冰，西陸朝覿而出之。其藏之也，深山窮谷，固陰沍寒，於是乎取之。其出之也，朝之禄位，賓、食、喪、祭，於是乎用之。其藏之也，黑牡、秬黍，以享司寒。其出之也，桃弧、棘矢，以除其災。其出入也時。食肉之禄，冰皆與焉。大夫命婦喪浴用冰。祭寒而藏之，獻羔而啓之，公始用之，火出而畢賦。【略】《爾雅》曰：西陸，昴也。若然，日體在昴在三月內，得爲夏頒冰者，據三月末之節氣，故證夏頒冰。此言夏，據得夏之節氣。《春秋》言火出者，據周。正於《七月》詩二之日鑿冰，三之日納於凌室，四之日其蚤，獻羔祭韭。孫皓問：藏之既晚，出之又早何。鄭答：豳土晚寒，故夏正月納冰。夏二月仲春，大簇用事，陽氣出地，始温，故禮應開冰，先薦寢廟，是公始用之也。秋刷。注：刷，清也。鄭司農云：刷除冰室，當更内新冰。玄謂秋涼，冰不用，可以清除其室。

《周禮注疏》卷一四《地官司徒·媒氏》 中春之月，令會男女。注：中春，陰陽交，以成昏禮，順天時也。疏：王肅論云：吾幼爲鄭學之時，爲謬言尋其義，乃知古人可以於冬。自馬氏以來，乃因《周官》而有二月之説。《詩》東門之楊，其葉牂牂。毛傳曰：男女失時，不逮秋冬。三星，參也，十月而見東方，時可以嫁娶。又云：時尚暇務須合昏因，萬物閉藏於冬，而用生育之時，娶妻入室，長養之母，亦不失也。孫卿曰：霜降逆女，冰泮殺止，《詩》曰：將子無怒，秋以爲期。《韓詩傳》亦曰：古者霜降逆女，冰泮殺止，士如歸妻，迨冰未泮。爲此驗也。而玄云歸，使之來歸於已，謂請期時。來歸之言，非請期之名也。或曰親迎用昏，而曰旭日始旦，何用哉。《詩》以鳴鴈之時納采，以感時而親迎，而《周官》中春令會男女之無夫家者，是於時奔者不禁，則昏姻之期非此日也。《孔子家語》曰：霜降而婦功成，嫁娶者行焉。冰泮而農業起，昏禮殺於此。又曰：冬合男女，秋班時位也。《詩》曰：有女懷春，吉士誘之。春日遲遲，女心傷悲。綢繆束芻，三星在隅。我行其野，蔽芾其樗。倉庚于飛，熠熠其羽。《詩·殷頌》曰：天命玄鳥，降而生商。《月令》：仲春玄鳥至之日，以大牢祠于高禖，天子親往。玄鳥生乳之月，以爲嫁娶之候，天子重之而祀焉。凡此皆與仲春合者也。《夏小正》曰：二月，綏多士女，冠子嫁女娶妻之時，交昏於仲春。秋以爲期，此淫奔之詩。《易·泰卦》：六五，帝乙歸妹，以祉元吉。鄭説云五爻，辰在卯，春爲陽中，萬物以生，生育者嫁娶之貴，仲春之月，嫁娶男女之禮，福禄大吉。《易》之《咸卦》柔上剛下，二氣感應以相與。皆説男下女。《召南·草蟲》之詩，夫人待禮，隨從在塗，見采蕨者以詩自興。又云士如歸妻，迨冰未泮。舊説云：士如歸妻，我尚及冰未泮定納。其篇義云：嫁娶以春，陽氣始生萬物，嫁娶亦爲生類，故《管子篇·時令》云：春以令男女。融謹案：《春秋》魯送夫人、嫁女，四時通用，無譏文。然則孔子制素王之法，以遺後世，男女以及時盛年爲得，不限以日月。《家語》限以冬，不附於《春秋》之正經，如是則非孔子之言也。嫁娶以仲春，著在《詩》《易》《夏小正》之文，且仲春爲有期之言。秋冬春三時嫁娶，何自違也。《家語》冬合男女窮天數之語。《詩》《易》《禮》傳所載，《咸》《泰》《歸妹》之卦，《國風·行露》《綢繆》有女懷春，倉庚于飛、熠熠其羽，春日遲遲，樂與公子同歸之歌，《小雅》我行其野、蔽芾其樗之歎，此春娶之證也。禮，諸侯越國娶女，仲春及冰未散請期，乃足容往反也。秋如期往，淫奔之女，不能待年，故設秋迎之期。《摽有梅》之詩，殷紂暴亂，娶失其盛時之年，習亂思治，故美文王能使男女得及其時。

陳、晉棄《周禮》，爲國亂悲傷，故刺昏姻不及仲春。玄說云：嫁娶以仲春，既有羣證，故孔晁曰：有女懷春，毛云：春不暇，待秋。春日遲遲，女心傷悲，謂蠶事始起，感事而出。蔽芾其樗，喻愚惡夫。熠熠其羽，喻嫁娶之盛飾。三星在隅，孟冬之月，參見東方，舉正昏以刺時。此雖用毛義，未若鄭云用仲春爲正禮爲密也。是以《詩》云：匏有苦葉，濟有深涉。箋云：匏葉苦而渡處深，謂八月時。時陰陽交會，始可以爲昏禮，納采問名。又云：士如歸妻，迨冰未泮。箋云：歸妻，使之來歸於已，謂請期冰未散，正月中以前二月可以爲昏。然則以二月爲得其實，惟爲有故者，得不用仲春。於是時也，奔者不禁。注：重天時，權許之也。注釋曰：云於是時，謂是仲春時。此月既是娶女之月，若有父母不娶不嫁之者，自相奔就，亦不禁之。但人而無禮，胡不遄死，以當禮乃可得爲配。言奔者不禁者，鄭云權許之，其實非正禮也。若無故而不用令者，罰之。注：無故，謂無喪禍之變也。有喪禍者娶，得用非仲春之月。

《周禮注疏》卷二九《夏官司馬・大司馬》 中冬，教大閱。注：春辨鼓鐸，夏辨號名，秋辨旗物，至冬大閱，簡軍實。凡頒旗物，以出軍之旗則如秋，以尊卑之常則如冬，司常佐司馬時也。大閱備軍禮，而旌旗不如出軍之時，空辟實。疏：以冬時農隙，故大簡閱軍實之凡要也。注釋曰：云春辨鼓鐸已下，欲見春夏秋各教其一，至冬大閱之時總教之。故云至冬大閱軍實。云凡頒旗物，以出軍之旗則如秋，以尊卑之常則如冬，司常佐司馬時也者，以其王與諸侯所建秋冬同。【略】鄭云：大閱備軍禮，而旌旗不如出軍之時，空辟實者，大閱雖備禮，是教戰，非實出軍法，是其空也。秋教治兵，治兵是出軍法，故寄出軍之旗於彼。是冬之空辟實出軍法者也。趙商問：《巾車職》建大麾以田，注田，四時田獵。商按《大司馬》職，四時皆建大常何。鄭答曰：麾，夏之正色。田雖習戰，春夏尚生，其時宜入兵，夏本不以兵得天下，故建其正色以春夏田。至秋冬出兵之時，乃建大常。

宋・沈括《夢溪筆談》卷七《象數一》 醫家有五運六氣之術，大則候天地之變，寒暑風雨，水旱螟蝗，率皆有法。小則人之衆疾，亦隨氣運盛衰。今人不知所用，而膠於定法，故其術皆不驗。假令厥陰用事，其氣多風，民病濕泄。豈溥天之下皆多風，溥天之民皆病濕泄邪。至于一邑之間，而雨暘有不同者，此氣運安在。欲無不謬，不可得也。大凡物理有常、有變，運氣所主者，常也。異夫所主者，皆變也。常則如本氣，變則無所不至，而各有所占。故其候有從、逆、淫、鬱、勝、復、太過、不足之變，其發皆不同。若厥陰用事，風而草木榮茂，是之謂從。天氣明潔，燥而無風，此之謂逆。太虛埃昏，流水不冰，謂之淫。大風折木，雲物濁擾，此之謂鬱。山澤焦枯，草木零落，此之謂勝。大暑燔燎，螟蝗爲灾，此之謂復。山崩地震，埃昏時作，此之謂太過。陰森無時，重雲晝昏，此之謂不足。隨其所變，疾癘應之。皆視當時當處之候。雖數里之間，但氣候不同，而所應全異，豈可膠於一證。熙寧中，京師久旱，祈禱備至，(建)〔連〕日重陰，人謂必雨。一日驟晴，炎日赫然。予時因事入對，上問雨期，予對曰：雨候已見，期在明日。衆以謂頻日晦溽，尚且不雨，如此暘燥，豈復有望。次日，果大雨。是時濕土用事，連日陰者，從氣已効，但爲厥陰所勝，未能成雨。後日驟晴者，燥金入候，厥陰當折，則太陰得伸，明日運氣皆順，以是知其必雨。此亦當處所占也。若他處候別，所占亦異。其造微之妙，間不容髮。推此而求，自臻至理。

歲運有主氣，有客氣。常者爲主，外至者爲客。初之氣厥陰，以至終之氣太陽者。四時之常叙也，故謂之正氣。唯客氣本書不載其目，故說者多端，或以甲子之歲天數始于水下一刻，乙丑之歲始于二十六刻，丙寅歲始于五十一刻，丁卯歲始于七十六刻者，謂之客氣。此乃四分歷法求寒之氣，何預歲運。又有相火之下，水氣承之，土位之下，風氣承之，謂之客氣。此亦主氣也。與六節相須，不得爲客。大率臆計，率皆此類。凡所謂客者，歲半以前，天政主之。歲半以後，地政主之。四時常氣爲之主，天地之政爲之客。逆主之氣爲害暴，逆客之氣爲害徐。調其主客，無使傷沴，此治氣之法也。

宋・莊綽《雞肋編》卷上 順昌種谷道人云：「大風先倒無根樹，傷寒偏死下虛人。」王恬智叟云：「犯色傷寒猶易治，傷寒犯色最難醫。」王丹元素云：「治風先治脾，治痰先治氣。」皆衛生之要也。

宋・王執中《鍼灸資生經》卷二 相天時

《千金》云：日正午以後乃可灸，謂陰氣未至，灸無不著，午前平旦穀氣虛，令人癲眩，不可鍼灸。卒急者，不用此例。

《下經》云：灸時若遇陰霧、大風雪、猛雨、炎暑、雷電、虹霓暫停，候晴明即再灸，急難亦不拘此。

宋・高似孫《緯略》卷二 避風

《養性經》曰：治身之道，春避青風，夏避赤風，秋避白風，冬避黑風。孫思邈論衛生，以爲人當避暗風、箭風者，蓋此之謂也。

風經

《黄帝風經》曰：調長、祥和，天之喜風也。抑揚、奔厲，天之怒風也。晉江逌風賦所謂若飂厲狂，觸物怒號，捲揚江海，回拔陵崤。此蓋用莊子中事喜風二字，未經人用也。

宋・高似孫《緯略》卷四 五時食

蔡邕《月令論》曰：問者曰：春食麥、羊，夏食菽、雞，魚之屬，但以爲時味之宜，不合於五行。《月令》服飾、器械之制，皆從五行者說，所食獨不以五行，不已略乎。曰：亦嘗思之矣。凡十二辰之會，五時所食者，必家人所蓄：丑牛、未羊，戌犬，酉雞，亥豕而已。其餘虎以下，非食也。

明・李時珍《本草綱目》卷一下　四時用藥例

李時珍曰：《經》云：必先歲氣，毋伐天和。又曰：升降浮沉則順之，寒熱溫涼則逆之。故春月宜加辛溫之藥，薄荷、荆芥之類，以順春升之氣；夏月宜加辛熱之藥，香薷、生薑之類，以順夏浮之氣；長夏宜加甘苦辛溫之藥，人參、白朮、蒼朮、黄蘗之類，以順化成之氣；秋月宜加酸溫之藥，芍藥、烏梅之類，以順秋降之氣；冬月宜加苦寒之藥，黄芩、知母之類，以順冬沉之氣，所謂順時氣而養天和也。《經》又云：春省酸、增甘以養脾氣，夏省苦、增辛以養肺氣，長夏省甘、增鹹以養腎氣，秋省辛、增酸以養肺氣，冬省鹹增苦以養腎氣。此則既不伐天和，而又防其大過，所以體天地之大德也。味者，捨本從標，春用辛涼以伐木，夏用鹹寒以抑火，秋用苦溫以泄金，冬用辛熱以涸水，謂之時藥。殊背《素問》逆順之理，以夏月伏陰，冬月伏陽，推之可知矣。雖然月有四時，日有四時，或春得秋病，夏得冬病，神而明之，機而行之，變通權宜，又不可泥一也。王好古曰：四時總以芍藥爲脾劑，蒼朮爲胃劑，柴胡爲時劑，十一臟皆取决于少陽，爲發生之始故也。凡用純寒、純熱之藥，及寒熱相雜，並宜用甘草以調和之，惟中滿者禁用甘爾。

五運六淫用藥式

李時珍曰：司天主上半年，天氣司之，故六淫謂之所勝，上淫于下也，故曰平之。在泉主下半年，地氣司之，故六淫謂之于內，外淫于內也，故曰治之。當其時而反得勝已之氣者，謂之反勝。六氣之勝，何以徵之。燥甚則地乾，暑勝則地熱，風勝則地動，濕勝則地泥，寒勝則地裂，火勝則地涸是也。其六氣勝復主客，證治病機甚詳，見《素問・至真要大論》文多不載。

明・李時珍《本草綱目》卷五《目録》　水部

李時珍曰：水者，坎之象也。其文横則爲☵，縱則爲巛。其體純陰，其用純陽。上則爲雨露霜雪，下則爲海河泉井。流止寒溫，氣之所鍾既異；甘淡鹹苦，味之所入不同。是以昔人分別九州水土，以辨人之美惡壽夭。蓋水爲萬化之源，土爲萬物之母。飲資于水，食資于土。飲食者，人之命脈也，而營衛賴之。故曰：水去則營竭，穀去則衛亡。然則水之性味，尤慎疾衛生者之所當潛心也。今集水之關于藥食者，凡四十三種，分爲二類，曰天，曰地。舊本水類共三十二種散見玉石部

明・李時珍《本草綱目》卷五《水之一》　雨水拾遺

釋名：時珍曰：地氣升爲雲，天氣降爲雨，故人之汗，以天地之雨名之。

氣味：鹹，平，無毒

立春雨水主治：夫妻各飲一盃，還房，當應時有子，神效。藏器。宜煎發散及補中益氣藥。時珍

發明：時珍曰：余嘗按虞摶《醫學正傳》云：逢立春節雨水，其性始是春升生發之氣，故可以此水煮中氣不足、清氣不升之藥。古方婦人無子，是日夫婦各飲雨水一盃，還房有孕，蓋亦取其資始發育萬物之義也。

梅雨水主治：洗瘡疥，滅瘢痕，入醬易熟。藏器。

發明：藏器曰：江淮以南，地氣卑濕，五月上旬連下旬尤甚。《月令》土潤溽暑，是五月中氣。過此節以後，皆須曝書畫。梅雨沾衣，便腐黑。澣垢如灰汁，有異他水。但以梅葉湯洗之乃脱，餘並不脱。時珍曰：梅雨或作黴雨，言其沾衣及物，皆生黑黴也。芒種後逢壬爲入梅，小暑後逢壬爲出梅。又以三月爲迎梅雨，五月爲送梅雨，此皆濕熱之氣，鬱遏熏蒸，釀爲靈雨。人受其氣則生病，物受其氣則生黴，故此水不可造酒醋。其土潤溽暑，乃六月中氣，陳氏之説誤矣。

液雨水主治：殺百蟲，宜煎殺蟲消積之藥。時珍。

發明：時珍曰：立冬後十日爲入液，至小雪爲出液，得雨謂之液雨，亦曰藥雨。百蟲飲此皆伏蟄，至來春雷鳴起蟄乃出也。

潦水綱目

釋名：時珍曰：降注雨水謂之潦，又淫雨爲潦。韓退之詩云，潢潦無根源，朝灌夕已除，是矣。

氣味：甘，平，無毒。主治：煎調脾胃、去濕熱之藥。時珍。

發明：成無己曰：仲景治傷寒瘀熱在裏，身發黄，麻黄、連軺、赤小豆湯，煎用潦水者，取其味薄而不助濕氣利熱也。

露水拾遺

釋名：時珍曰：露者，陰氣之液也，夜氣着物而潤澤於道傍也。

氣味：甘，平，無毒。主治：秋露繁時，以槃收取，煎如飴，令人延年不饑。藏器。稟肅殺之氣，宜煎潤肺殺祟之藥，及調疥癬蟲癩諸散。虞摶。

百草頭上秋露，未晞時收取。愈百疾，止消渴，令人身輕不饑，悅澤。別有化雲母作粉服法。藏器。八月朔日收取，摩墨點太陽穴，止頭痛；點膏肓穴，治勞瘵，謂之天灸。時珍。

百花上露，令人好顏色。藏器。

栢葉上露，菖蒲上露，並能明目，旦旦洗之。時珍。

韭葉上露，去白癜風，旦旦塗之。時珍。

凌霄花上露，入目損目。

發明：《呂氏春秋》云：水之美者，有三危之露，爲水即重於水也。時珍曰：秋露造酒最清洌。姑射神人吸風飲露。漢武帝作金盤承露，和玉屑服食。楊貴妃每晨吸花上露，以止渴解酲。番國有薔薇露，甚芬香，云是花上露水。未知是否。藏器曰：凡秋露春雨着草，人素有瘡及破傷者觸犯之，瘡頓不痒痛，乃中風及毒水，身心反張似角弓之狀，急以鹽豉和麪作盤子，於瘡上灸一百壯，出惡水數升，乃知痛痒而瘥也。

甘露拾遺

釋名：膏露，綱目。瑞露，綱目。天酒，綱目。神漿。時珍曰：按《瑞應圖》云：甘露，美露也。神靈之精，仁瑞之譯，其凝如脂，其甘如飴。故有甘、膏、酒、漿之名。《晉中興書》云：王者敬養耆老，則降於松柏，尊賢容衆，則降於竹葦。《列星圖》云：天乳一星明潤，則甘露降。已上諸說，皆瑞氣所感者也。《呂氏春秋》云：水之美者，三危之露。和之美者，揭雩之露，其色紫。《拾遺記》云：崑崙之山有甘露，望之如丹，着草木則皎瑩如雪。《山海經》云：諸沃之野，摇山之民，甘露是飲，不壽者八百歲。《一統志》云：雅州蒙山常有甘露。已上諸說，皆方域常産者也。杜鎬言：甘露，非瑞也，乃草木將枯，精華頓發於外，謂之雀餳，於理甚通。

氣味：甘，大寒，無毒。主治：食之潤五臟，長年不饑，神仙。藏器。

甘露蜜拾遺

集解：藏器曰：生巴西絶域中，狀如餳也。時珍曰：按《方國志》云：大食國秋時收露，朝陽曝之，即成糖霜，蓋此物也。又《一統志》云：撒馬兒罕地在西番，有小草叢生，葉細如藍，秋露凝其上，味如蜜，可熬爲餳，夷人呼爲達即古賓，蓋甘露也。此與刺蜜相近，又見果部。

氣味：甘，平，無毒。主治：胸膈諸熱，明目止渴。藏器。

冬霜拾遺

釋名：時珍曰：陰盛則露凝爲霜，霜能殺物而露能滋物，性隨時異也。乾象占云：天氣下降而爲露，清風薄之而成霜。霜所以殺萬物，消禍沴。當降而不降，當殺物而不殺物，皆政弛而慢也。不當降而降，不當殺物而殺物，皆政急而殘也。許慎《說文》云：旱霜曰霧，白霜曰皚。又有玄霜。承曰：凡收霜，以雞羽掃之，瓶中密封陰處，久亦不壞。

氣味：甘，寒，無毒。主治：食之解酒熱，傷寒鼻塞，酒後諸熱面赤者。藏器。和蚌粉，傅暑月痱瘡，及腋下赤腫，立瘥。陳承。

附方：新一。寒熱瘧疾。秋後霜一錢半，熱酒服之。《集玄方》。

臘雪宋嘉祐

釋名：時珍曰：按劉熙《釋名》云：雪，洗也。洗除瘴癘蟲蝗也。凡花五出，雪花六出，陰之成數也。冬至後第三戊爲臘。臘前三雪，大宜菜麥，又殺蟲蝗。臘雪密封陰處，數十年亦不壞；用水浸五穀種，則耐旱不生蟲。洒几席間，則蠅自去。淹藏一切果食，不蛀蠹，豈非除蟲蝗之驗乎。藏器曰：春雪有蟲，水亦易敗，所以不收。

氣味：甘，冷，無毒。主治：解一切毒，治天行時氣温疫，小兒熱癇狂啼，大人丹石發動，酒後暴熱，黄疸，仍小温服之。藏器。洗目，退赤。張從正。煎茶煮粥，解熱止渴。吴瑞。宜煎傷寒火暍之藥，抹痱亦良。時珍。

發明：宗奭曰：臘雪水，大寒之水也，故治已上諸病。

雹拾遺

釋名：時珍曰：程子云，雹者，陰陽相搏之氣，蓋沴氣也。或云：雹者，砲也，中物如砲也。曾子云：陽之專氣爲雹，陰之專氣爲霰。陸農師云：陰包陽爲雹，陽包陰爲霰。雪六出而成花，雹三出而成實。陰陽之辨也。《五雷經》云：雹乃陰陽不順之氣結成。亦有懶龍鱗甲之內，寒凍生冰，爲雷所發，飛走墮落，其大者如斗升，小者如彈丸。又蜥蜴含水，亦能做雹，未審果否。

氣味：鹹，冷，有毒。時珍曰：按《五雷經》云，人食雹，患疫疾大風顛邪之證。藏器曰：醬味不正者，當時取一二升納入甕中，即還本味也。

夏冰拾遺

釋名：凌。時珍曰：冰者，太陰之精，水極似土，變柔爲剛，所謂物極反兼化也。故字從水，從文。《周禮》凌人掌冰，以供祭祀賓客。《左傳》：古者日在北陸而藏冰，西陸朝覿而出之。其藏之也，深山窮谷，固陰沍寒。其用之也，禄位、賓客、喪祭。郎顗曰：藏冰以時，則雷出不震，棄冰不用，則雷不發而震。今人冬月藏冰於窖，登之以鹽是也。《淮南萬畢術》有凝水石作冰法，非真也。

氣味：甘，冷，無毒。主治：去熱煩，熨人乳石發熱腫。藏器。解煩渴，消暑毒。吴瑞。傷寒陽毒，熱盛昏迷者，以冰一塊置於膻中良。亦解燒酒毒。時珍。

發明：藏器曰：夏暑盛熱食冰，應與氣候相反，便非宜人，誠恐入腹冷熱相激，却致諸疾也。《食譜》云：凡夏用冰，止可隱映飲食，令氣涼爾，不可食之。雖當時暫快，久皆成疾也。時珍曰：宋徽宗食冰太過，病脾疾。國醫不效，召楊介診之。介用大理中丸。上曰：服之屢矣。介曰：疾因食冰，臣因以冰煎此藥，是治受病之原也。服之果愈。若此，可謂活機之士矣。

附方：新一。滅瘢痕。以凍凌頻熨之，良。《千金方》。

神水綱目

集解：時珍曰：《金門記》云，五月五日午時有雨，急伐竹竿，中必有神水，瀝取爲藥。

氣味：甘，寒，無毒。主治：心腹積聚及蟲病，和獺肝爲丸服。又飲之，清熱化痰，定驚安神。時珍。

節氣水綱目

集解：時珍曰：一年二十四節氣，一節主半月，水之氣味，隨之變遷，此乃天地之氣候相感，又非疆域之限也。《月令通纂》云：正月初一至十二日，至一日主一月。每旦以瓦瓶秤水，視其輕重，重則雨多，輕則雨小。觀此，雖一日之内，尚且不同，況一月乎。

立春清明二節貯水，謂之神水。主治：宜浸造諸風脾胃虚損諸丹丸散及藥酒，久留不壞。

寒露、冬至、小寒、大寒四節，及臘日水，主治：宜浸造滋補五臟及痰火、積聚、蟲毒諸丹丸，并煑釀藥酒，與雪水同功。

立秋日五更井華水，主治：長幼各飲一盃，能却瘧痢百病。

重午日午時水，主治：宜造瘧痢瘡瘍金瘡，百蟲蠱毒諸丹丸。小滿、芒種、白露三節内水，主治並有毒。造藥、釀酒醋一應食物，皆易敗壞。人飲之，亦生脾胃疾。並時珍。

明・吴惟順《兵鏡》卷一五　逐月風忌

正月忌七八日風，乃北風也。

二月忌初二北風。

三月忌清明北風，俗云：三月三，九月九，無事莫至水邊走。

五月忌雪至風，以正月下雪日爲始，筭至五月，乃一百二十日之内，主此風。

六月十二日忌彭祖風，在前後三四日。

七八月若有三日南風，必有北風報之。

九月九日前後三四日内，忌九朝風。

十月忌初五風，在前後三四日内。

十一月忌冬至風。

臘月二十三四，忌掃塵風。

清・計六奇《明季北略》卷一　紀異

自古有國家者，一代之興，必有絶異之休祥著于始；一代之亡，亦必有非常之災祲兆于前。驗之天地，徵之人物，斷斷不爽者。萬曆三十四年丙午三月雞鳴候，西南方天上懸一闊刀，口向上，凡一月而滅。五月，遂生李自成，兵象見矣。三十六年戊申，南京大水，禾黍俱無。鳳翔袁應泰爲淮徐道，黄河出碑，文云：「碑出干戈動，江東血水流。荒茫天地亂，發難鬼神愁。」末云：「洪武元年青田劉伯温書于晝寢。」淮徐道袁啓未幾，應泰經略遼東，喪師失地，殆無虚日。

四十四年【略】六月二十三日，蜻蜓自東南來，環飛蔽天，高者極青冥，卑及檐楹而止，彷彿如北方大風揚塵沙，莫能名其多也。人云海風吹來者。秀水有異鳥，人頭鳥身，集于樹，竟日乃去。大旱，秋旱尤盛。定遠富農劉子元捕蝗甚力，蝗如片雲墜下，將子元頃刻食盡。

清・王士禛《香祖筆記》卷一一　乾州武則天陵墓，過客題詩譏笑者，必有風雷之異。利州乃武生處，今四川廣元縣是也。嘉陵江岸皇澤寺有其遺像，乃是一比丘尼。予過之題詩云：鏡殿春深往事空，嘉陵禍水恨難窮。曾聞奪壻瑤光寺，持較金輪恐未工。蓋用《洛陽伽藍記》瑤光寺尼工奪壻之語以譃之，且曰：爾果有靈，不妨以風雷相報。已而晴江如練，微風不作，頃刻百里。豈老狐獨靈于乾陵，不靈于利州乎？記之以發一笑。李義山亦有二絶句，自注云感孕金輪處。

佛果禪師云：閻浮提雨浄水，具諸天相。時方大旱，雨忽降，莫知其價，此兜率天上雨摩尼也。方欲收禾，霖雨不止，此阿修羅中雨兵仗也。甘雨及時，人皆飽足，此護世城中雨美饍也。乙酉春無雨雪，四月、閏四月，麥秋將屆，猶不雨，至五月乃沛然霑足，其後連雨，幸旋晴霽，而田家時有恒雨之懼。兜率、修羅在反掌間，信天道之難測也。

清・林君陞《舟師繩墨》　舵工事宜

舵者，猶人之心也。繚、斗、碇，猶人之四肢也。船上衆兵，猶人之百骸也。心若主持得正，則四肢、百骸皆得其道。心若主持不正，則四肢百骸盡失其宜。

故一船着力，全在舵工。《三略》曰：用軍之害，猶豫爲大，審決既定，應進則進，應退則退，細思猶豫之害，在爾舵工尤甚。凡事謀於衆則吉，惟爾舵工事宜，要在你一心主宰，衆人都不能參贊一見的。況行船一遇風浪，兵心莫不摇惑，礁脉淺沙，他又如何曉得。所以仰觀俯察，舵工獨任其勞。仰觀之法如何？風雲不測，變化無窮。雖古今推算之書甚多，有曰乾坤秘録，有曰雷霆都司，有曰測天賦，有曰洩天機，細究其法，都不過占風雲氣象而已，且其説亦有渺茫處。今取其簡而明，明而易者，如霧後須防風颶，夏秋更有雷風，秋天夜間有露決無颶，交冬北風雖大不爲颱，夏至以後北風一起，即有風颱。又要曉得六月雷響止九颱，七月雷響九颱來。但風颱雷颶，各有雲象可觀。總之四季有不應時之風，就知不宜。每天再看日月出没，若有黑雲横蔽，非風即雨，兼以天神未動，海神先動。或水有臭味，或水起黑沫，或無風偶發移浪，無風自動曰移崇明縣志作依。礁頭浪響，皆是做風的預兆，緊緊留心。俯察之理，如何潮候，隨四時之節令，長退有一定之去來。春潮大在申酉戌，夏潮大在亥子丑，秋潮大在巳午未，冬潮大在寅卯辰，各按時候。即如春天初一日，此處不淺可過；轉至夏來初一日，此處却過不去。由此類推。行船無失，但礁脉有明暗，流水有順逆，一被島嶴山嶼所阻，又有緩急遲早，隔省更不相同。若遇無風之際，一到水急礁淺，先要度量船之大小，纔可强施槳櫓，以避其害。所以風颶險，流水更險，欲求妥穩，惟有斟酌抛碇而已。又如春天多有烟霧，若在内洋駕駛，礁脉叢雜，無論晝夜俱須停泊爲要。【略】如黑夜大洋遇風，不敢收嶴，惟有憑香戧繖，戧去香點若干，收回照依若干，以防礁岸攏淺之虞。或浪大不能轉戧，只可將篷蹲少，繚母往下風挽緊，朝東而行，可避山嶼。然凡遇風颶，要蹲篷幾頁，傳集頭目各兵，各司其事，至鬆繂纘繚，盡宜開戧，又要迅速。若是順風遇颶，尤要戧起，繚已收緊，可放檣繂。如篷尚喫風，又防檣繂或鬆不下，腰縵掛緊大桅，此際戧若太起，復恐轉戧。所以開泊轉戧，先要叫顧頭篷者小心提防，其於夏秋遇颱之後，須知轉西回南。

碇手事宜

波濤浩渺，望戰艦如磐石，知碇之爲功甚大，故抛碇之法宜詳。走碇之害不小，孑然獨艘，則飄流撞擱，一船盡受其害，若鱗次聯踪，則風急浪涌，禍延更覺其慘。常見厦門作颶，上風一船斷碇，一撞二，二撞四，如轉圓石於千仞之山，一時數十號大船，頃刻盡成虀粉，所以遇着聯踪，其抛碇，切忌雁行，須按七星圓式細悉碇木利害。【略】抛碇之法有三：一看風之順逆，如順風逆流，等大篷頭篷齊下，方可抛碇。若順風順流，又要看嶴之寛窄。嶴若寛，戧起抛碇，然後下篷。嶴若窄而淺，即在嶴口下大篷。駛頭篷進嶴，聽叫頭繚放去，小戧一起，即可抛碇，是名走馬抛。抛碇之法，大畧具此三者。再於泥爛風大，防碇劃地而走，須用薄板一塊，長二尺許，較碇齒闊一寸鑿四孔，用繩揎繫於碇齒，可以爬泥，俗語唤做碇鞋。至碇揎繫不可長短，長短亦能走碇。倘移地避颶，事起倉猝，或恐車關人力起碇遲誤，備用大毛竹一根，縛於碇紉浮水，以便歸取。碇手熟此，何致把碇遲疑，胸無定見。故能措舟師如磐石之安者，此又碇手之功也。

清·楊經《固原州志》卷九　朝那祈雨文（趙時春）

嗚呼，維大氣之分，莫尊於神，莫靈於人。故人知求庇於神，而賴神以惠民。今茲盛夏，天中之日，薰風養物之辰，胡迺西風振厲，捲雨推雲，宜茂者槁，宜潤者曦。原厥爽謬，在吾官吏，不在小民。雖然，某常學之矣。夫吏之心不在民，而惟私其家與身者，神固默相我君治殛之矣。如某等之恥，與彼黨甘遯山林，志欲潔己以安人，宜蒙昭鑒於神，令敬誓約，托天地皇明之洪造，期以三日請雨於神。如果三日而雨，是正直之道尚存，而區區爲國爲民之志終伸也。敢不奮勵斯世，以報答天庥於神。如其不然，亦將卷懷藏密，潛完葆真，以俟歸化於神。決此一幾，唯神明分。

中夏報朝那湫神廟文（趙時春）

去冬絶雪，夏雲不留，幾七月餘。泉涸塵浮，偏走羣望，亦莫我憂。時春乃諗於神，唯神是求。濬源增沛，廻飈雲油。夜滂泧暢，浹日霏遊。不徐不疾，既沾既優。稿者盡起，占之有秋。萬姓謳歌，仰戴神休。敬薦肥腯，以充俎羞。神其克享，駿惠我儔。大沛靈雨，濡洽原丘。用終神惠，五穀豐收。

五月望報朝那文（趙時春）

維神參佐天地，時若雨暘。阜植嘉穀，民物永康。又除其菑沴，陰罰不良。敬陳歲報，永永爲常。伏望消釋冰雹，收剪蚜蚄。一盜必犯，九月始霜。四境兆人，永庇休光。

紀事

《穆天子傳》卷一 癸未，雨雪，天子獵于鈃山之西阿，阿，山陂也。於是得絶鈃山之隊。**【略】**庚寅，北風雨雪(詩曰，北風其凉，雨雪其霧。)，天子以寒之故，命王屬休。

《穆天子傳》卷二 季夏丁卯，天子北升于春山之上，以望四野，曰：春山，是唯天下之高山也。孳木(闕)華畏雪。天子於是取孳木華之實，曰：春山之澤，清水出泉，温和無風，飛鳥百獸之所飲食，先王所謂縣圃。

又 甲申，至於黑水西膜之所謂鴻鷺，於是降雨七日，天子留骨六師之屬。天子乃封長肱于黑水之西河，是惟鴻鷺之上，以爲周室主。是曰留骨之邦。

《穆天子傳》卷五 丁丑，天子(闕)雨乃至，祭父自圃鄭來謁留昆歸玉百枝，陖翟致賂，良馬百駟，歸畢之寶，以詰其成。

又 丙辰，天子南遊于黄(闕)室之丘，以觀夏后啓之所居，乃(闕)于啓室。天子筮獵蘋澤，其卦遇訟，䷅坎下乾上。逢公占之曰，訟之繇，藪澤蒼蒼，其中(闕)宜其正公。戎事則從，祭祀則憙，畋獵則獲。(闕)飲逢公酒，賜之駿馬十六，絺紵三十篋。逢公再拜稽首，賜筮史狐(闕)有陰雨，夢神有事，是謂重陰。天子乃休，日中大寒，北風雨雪，有凍人。天子作詩三章以哀民，曰，我徂黄竹。(闕)員閟寒，帝收九行，嗟我公侯。百辟冢卿，皇我萬民，旦夕弗忘。我徂黄竹，(闕)員閟寒。帝收九行，嗟我公侯，百辟冢卿。皇我萬民，旦夕勿窮。有皎者鴼，翩翩其飛。嗟我公侯，(闕)勿則□，居樂甚寡，不如□土。禮樂其民。天子曰，余一人則淫，不皇萬民。(闕)登，乃宿于黄竹。天子夢羿射于塗山，祭公占之，疏(闕)之(闕)乃宿于曲山。

三國魏·鄭小同《鄭志》卷上 孫皓問：凌人十二月斬冰，即以其月納之。《七月》言三之日納于凌陰，四之日即出之。藏之既晚，出之又早何？答曰：夏十二月取冰，二月開冰，四月班冰，是其常也。藏之既晚，出之又早。晚者建寅乃藏，與此《周禮》十二月藏冰較遲一月。故出之早者，四月，夏之二月，出冰與《周禮》同。今豳土晚寒，故可夏正月納冰。夏二月仲春，太簇用事，陽氣出，地始温，故禮應開冰，先薦寢廟。

《孔子家語》卷二《致思第八》 子路爲蒲宰，爲水備，與其民修溝瀆，以民之勞煩苦也，人與之簞食簞笥一壺漿。孔子聞之，使子貢止之。子路忿然不悦，往見孔子曰：由也以暴雨將至，恐有水災，故與民修溝洫以備之，而民多匱餓者，是以簞食壺漿而與之。夫子使賜止之，是夫子止由之行仁也。夫子以仁教而禁其行，由不受也。

晉·陳壽《三國志》卷一一《魏志·田疇傳》 時方夏水雨，而濱海洿下，濘滯不通，虜亦遮守蹊要，軍不得進。太祖患之，以問疇。疇曰：「此道，秋夏每常有水，淺不通車馬，深不載舟船，爲難久矣。舊北平郡治在平岡，道出盧龍，達于柳城；自建武以來，陷壞斷絶，垂二百載，而尚有微徑可從。今虜將以大軍當由無終，不得進而退，懈弛無備。若嘿回軍，從盧龍口越白檀之險，出空虚之地，路近而便，掩其不備，蹋頓之首可不戰而禽也。」太祖曰：「善。」乃引軍還，而署大木表于水側路傍曰：「方今暑夏，道路不通，且俟秋冬，乃復進軍。」虜候騎見之，誠以爲大軍去也。太祖令疇將其衆爲鄉導，上徐無山，出盧龍，歷平岡，登白狼堆，去柳城二百餘里，虜乃驚覺。單于身自臨陳，太祖與交戰，遂大斬獲，追奔逐北，至柳城。軍還入塞，論功行封，封疇亭侯，邑五百户。

晉·陳壽《三國志》卷一七《魏志·于禁傳》 建安二十四年，太祖在長安，使曹仁討關羽於樊，又遣禁助仁。秋，大霖雨，漢水溢，平地水數丈，禁等七軍皆没。禁與諸將登高望水，無所回避，羽乘大船就攻禁等，禁遂降，惟龐悳不屈節而死。

晉·陳壽《三國志》卷三六《蜀志·關羽傳》 (建安)二十四年，先主爲漢中王，拜羽爲前將軍，假節鉞。是歲，羽率衆攻曹仁於樊。曹公遣于禁助仁。秋，大霖雨，漢水汎溢，禁所督七軍皆没。禁降羽，羽又斬將軍龐悳。

晉·袁宏《後漢紀》卷六《光武皇帝紀》 十一年春三月己酉，上幸南陽，過章陵祠園廟。初，公孫述遣大司徒任滿、翼江王田戎將數萬人據荆門，浮橋横江，以絶水道。營壘跨山，以塞陸路。上遣吴漢、岑彭、臧宫將六萬兵擊荆門。

詔岑彭曰：「大司馬習用騎兵，不曉水戰荆門之事，一由征南而已。」閏月，吳漢、岑彭率師攻之。時大東風，吹船逆流，直衝浮橋，因放火燒之，風怒火盛，短兵接戰，蜀兵驚怖。大軍遂順風並進，所擊無前。斬任滿，溺死者數千人，田戎退保江州，岑彭遂長驅入江關。

南朝宋·范曄《後漢書》卷一上《光武帝紀上》 （更始元年）六月己卯，光武遂與營部俱進，自將步騎千餘，前去大軍四五里而陳。【略】諸將既經累捷，膽氣益壯，無不一當百。光武乃與敢死者三千人，從城西水上衝其中堅，尋、邑陳亂，乘銳崩之，遂殺王尋。城中亦鼓譟而出，中外合勢，震呼動天地，莽兵大潰，走者相騰踐，奔殪百餘里閒。會大雷風，屋瓦皆飛，雨下如注，滍川盛溢，虎豹皆股戰，士卒爭赴，溺死者以萬數，水爲不流。王邑、嚴尤、陳茂輕騎乘死人度水逃去。盡獲其軍實輜重，車甲珍寶，不可勝筭，舉之連月不盡，或燔燒其餘。

南朝宋·范曄《後漢書》卷一〇〇《天文志上》 （地皇）四年六月，漢兵起南陽，至昆陽。【略】莽有覆敗之變見焉。晝有雲氣如壞山，墮軍上，軍人皆厭，所謂營頭之星也。占曰：「營頭之所墮，其下覆軍，流血三千里。」是時光武將兵數千人赴救昆陽，奔擊二公兵，并力猋發，號呼聲動天地，虎豹驚怖敗振。會天大風，飛屋瓦，雨如注水。二公兵亂敗，自相賊，就死者數萬人。競赴滍水，死者委積，滍水爲之不流。殺司徒王尋。軍皆散走歸本郡。王邑還長安，莽敗，俱誅死。營頭之變，覆軍流血之應也。

北魏·酈道元《水經注》卷三六《溫水》 元嘉二十年，以林邑頑凶，歷代難化，恃遠負衆，慢威背德。北寶既臻，南金闕貢，乃命偏將，與龍驤將軍、交州刺史檀和之，陳兵日南，修文服遠。二十三年，揚旍從四會浦口，入郎湖。軍次區粟，進逼圍城，以飛梯雲橋，懸樓登壘。鉦鼓大作，虎士電怒，風烈火揚，城摧衆陷，斬區粟王范扶龍首，十五以上，坑截無赦，案，坑近刻作戮。樓閣雨血，填尸成觀。

北齊·魏收《魏書》卷三五《崔浩傳》 始光中，進爵東郡公，拜太常卿。時議討赫連昌，羣臣皆以爲難，唯浩曰：「往年以來，熒惑再守羽林，皆成鉤已，其占秦亡。又今年五星併出東方，利以西伐。天應人和，時會並集，不可失也。」世祖乃使奚斤等擊蒲坂，而親率輕騎襲其都城，大獲而還。及世祖復討昌，次其城下，收衆僞退。昌鼓譟而前，舒陣爲兩翼。會有風雨從東南來，揚沙昏冥。宦者趙倪進曰：「今風雨從賊後來，我向彼背，天不助人。又將士飢渴，願陛下攝騎避之，更待後日。」浩叱之曰：「是何言歟！千里制勝，一日之中豈得變易？賊前行不止，後已離絕，宜分軍隱出，奄擊不意。風道在人，豈有常也！」世祖曰「善」。分騎奮擊，昌軍大潰。

唐·房玄齡等《晉書》卷一《宣帝紀》 景初二年，【略】會霖潦，大水平地數尺，三軍恐，欲移營。帝令軍中敢有言徙者斬。都督令史張靜犯令，斬之，軍中乃定。賊恃水，樵牧自若。諸將欲取之，皆不聽。司馬陳珪曰：「昔攻上庸，八部並進，晝夜不息，故能一旬之半，拔堅城，斬孟達。今者遠來而更安緩，愚竊惑焉。」帝曰：「孟達衆少而食支一年，吾將士四倍于達而糧不淹月，以一月圖一年，安可不速？以四擊一，正令半解，猶當爲之。是以不計死傷，與糧競也。今賊衆我寡，賊飢我飽，水雨乃爾，功力不設，雖當促之，亦何所爲。自發京師，不憂賊攻，但恐賊走。今賊糧垂盡，而圍落未合，掠其牛馬，抄其樵采，此故驅之走也。夫兵者詭道，善因事變。賊憑衆恃雨，故雖飢困，未肯束手，當示無能以安之。取小利以驚之，非計也。」朝廷聞師遇雨，咸請召還。天子曰：「司馬公臨危制變，計日擒之矣。」既而雨止，遂合圍。

唐·李肇《唐國史補》卷下 東北風，謂之潮信。一本作信風。七月八月有上信，三月有鳥信，五月有麥信，暴風之候，有拋車雲，舟人必祭婆官而事僧伽。江湖語云：水不載萬。言大船不過八九千石。然則大曆、貞元間，有俞大娘航船最大，居者養生、送死、嫁娶悉在其間。開巷爲圃，操駕之工數百。南至江西，北至淮南，歲一往來，其利甚溥，此則不啻載萬也。洪鄂之水居頗多，與屋邑殆相半。凡大船必爲富商所有，奏商聲樂，從婢僕以據柂樓之下，其間大隱，亦可知矣。

後晉·劉昫等《舊唐書》卷八九《王方慶傳》 聖曆二年壹月，則天欲季冬講武，有司稽緩，延入孟春。方慶上疏曰：「謹按《禮記·月令》：『孟冬之月，天子命將帥講武，習射御角力。』此乃三時務農，一時講武，以習射御，角校才力，蓋王者常事，安不忘危之道也。『孟春之月，不可以稱兵。』兵者，甲胄干戈之總名。兵金性，剋木，春盛德在木，而舉金以害盛德，逆生氣。『孟春行冬令，則水潦爲敗，雪霜大摯，首種不入。』蔡邕《月令章句》云：『太陰新休，少陽尚微，而行冬令以導水氣，故水潦至而敗生物也。雪霜大摯，折陽者也。太陰干時，雨雪而霜，故大傷首種。首種，謂宿麥也，麥以秋種，故謂之首種。入，收也，春爲沍寒所傷，故至夏麥不成長也。』今孟春講武，是行冬令，以陰政犯陽氣，害發生之德。

臣恐水潦敗物，霜雪損稼，夏麥不登，無所收入也。伏望天恩不違時令，至孟冬教習，以順天道。」手制答曰：「比爲久屬太平，多歷年載，人皆廢戰，並悉學文。今者用整兵威，故令教習。卿以春行冬令，則水潦爲敗，舉金傷木，則便害發生。循覽所陳，深合典禮，若違此請，乃月令虛行。佇啓直言，用依來表。」

後晉・劉昫等《舊唐書》卷一三三《李晟傳》（元和十一年）由是愬乘其無備，十月，將襲蔡州。【略】是日，陰晦雨雪，大風裂旗旆，馬慄而不能躍，士卒苦寒，抱戈僵仆者道路相望。其川澤梁逕險夷，張柴已東，師人未嘗蹈其境，皆謂投身不測。初至張柴，諸將請所止，愬曰：「入蔡州取吳元濟也。」諸將失色。監軍使哭而言曰：「果落李祐計中！」愬不聽，促令進軍，皆謂必不生還；然已從愬之令，無敢爲身計者。愬道分五百人斷洄曲路橋，其夜凍死者十二三。

宋・歐陽修《新唐書》卷一九六《孫思邈傳》 思邈於陰陽、推步、醫藥無不善，孟詵、盧照隣等師事之。照隣有惡疾，不可爲，感而問曰：「高醫愈疾，奈何？」答曰：「天有四時五行，寒暑迭居，和爲雨，怒爲風，凝爲雪霜，張爲虹蜺，天常數也。人之四支五藏，一覺一寐，吐納往來，流爲榮衛，章爲氣色，發爲音聲，人常數也。陽用其形，陰用其精，天人所同也。失則蒸生熱，否生寒，結爲瘤贅，陷爲癰疽，奔則喘乏，竭則燋槁，發乎面，動乎形。天地亦然：五緯縮贏，孛彗飛流，其危診也；寒暑不時，其蒸否也；石立土踊，是其瘤贅；山崩土陷，是其癰疽；奔風暴雨其喘乏，川瀆竭涸其燋槁。高醫導以藥石，救以砭劑；聖人和以至德，輔以人事。故體有可愈之疾，天有可振之災。」

宋・司馬光《資治通鑑》卷二五〇《唐紀二十一》 丁巳，新明堂成，高二百九十四尺，方三百尺，規模率小於舊。上施金塗鐵鳳，高二丈，高，古槁翻。後爲大風所損；更爲銅火珠，羣龍捧之，更，工衡翻。號曰通天宮。赦天下，改元萬歲通天。

宋・沈括《夢溪筆談》卷三《辨證一》 解州鹽澤，方百二十里。久雨，四山之水悉注其中，未嘗溢，大旱未嘗涸。滷色正赤，在版泉之下，俚俗謂之蚩尤血。唯中間有一泉，乃是甘泉，得此水然後可以聚人。其北有堯梢梢音消水，一謂之巫咸河。大滷之水，不得甘泉和之，不能成鹽。唯巫咸水入，則鹽不復結，故人謂之無鹹河，爲鹽澤之患，築大堤以防之，甚於備寇盜。原其理，蓋無鹹乃濁水，入滷中，則淤澱鹵脈，鹽遂不成，非有他異也。

宋・沈括《夢溪筆談》卷一三《權智》 陵州鹽井，深五百餘尺，皆石也。上下甚寬廣，獨中間稍狹，謂之杖鼓腰。舊自井底用柏木爲幹，上出井口，自木幹垂綆而下，方能至水。井側設大車絞之。歲久，井幹摧敗，屢欲新之，而井中陰氣襲人，入者輒死，無緣措手。惟候有雨入井，則陰氣隨雨而下，稍可施工，雨晴復止。後有人以一木盤，滿中貯水，盤底爲小竅，釃水一如雨點，設于井上，謂之雨盤，令水下終日不絕。如此數月，井幹爲之一新，而陵井之利復舊。

宋・沈括《夢溪筆談》卷一八《技藝》 予伯兄善射，自能爲弓。其弓有六善：一者性體少而勁，二者和而有力，三者久射力不屈，四者寒暑力一，五者弦聲清實，六者一張便正。凡弓性體少則易張而壽，但患其不勁。欲其勁者，妙在治筋。凡筋生長一尺，乾則減半。以膠湯濡而梳之，復長一尺，然後用，則筋力已盡，無復伸弛。又揉其材令仰，然後傅角與筋，此兩法所以爲筋也。凡弓節短則和而虛，節長則健而柱，節得中則和而有力，仍弦聲清實。凡弓初射與天寒，則勁強而難挽。射久、天暑，則弱而不勝矢，此膠之爲病也。凡膠欲薄而筋力盡，強弱任筋而不任膠，此所以射久力不屈，寒暑力一也。弓所以爲正者，材也。相材之法視其理，其理不因矯揉而直，中繩則張而不跛，此弓人之所當知也。

宋・沈括《夢溪筆談》卷二五《雜誌二》 江湖間唯畏大風。冬月風作有漸，船行可以爲備。唯盛夏風起于顧盼間，往往罹難。曾聞江國賈人有一術，可免此患。大凡夏月風景，須作于午後。欲行船者，五鼓初起，視星月明潔，四際至地，皆無雲氣，便可行。至於巳時即止。如此，無復與暴風遇矣。國子博士李元規云：平生遊江湖，未嘗遇風，用此術。

又 曹翰圍江州三年，城將陷，太宗嘉其盡節於所事，遣使諭翰：城下日，拒命之人盡赦之。使人至獨木渡，大風數日，不可濟。及風反而濟，則翰已屠江州無遺類，適一日矣。唐吏部尚書張嘉福奉使河北，逆韋之亂，有勑處斬，尋遣使人赦之。使人馬上昏睡，遲行一驛，比至，已斬訖。與此相類，得非有命歟。

慶曆中，河北大水，仁宗憂形于色。有走馬承受公事使臣到闕，即時召對，問：河北水災何如。使臣對曰：懷山襄陵。又問：百姓如何。對曰：如喪考妣。上默然。既退，即詔閤門：今後武臣上殿奏事，並須直說，不得過爲文飾。至今閤門有此條，遇有合奏事人，即預先告示。

宋・沈括《夢溪筆談》卷二六《藥議》 古法採草藥多用二月、八月，此殊未當。但二月草已萌，八月苗未枯，採掇者易辨識耳，在藥則未爲良時。大率用根者，若有宿根，須取無莖葉時採，則津澤皆歸其根。欲驗之，但取蘆服、地黃輩觀，無苗時採，則實而沉。有苗時採，則虛而浮。其無宿根者，即候苗成而未有花時採，則根生已足而又未衰。如今之紫草，未花時採，則根色鮮澤。過而採，則根色黯惡，此其効也。用葉者取葉初長足時，用芽者取芽初萌苗時，用花者取花初敷時，用實者成實時採。皆不可限以時月。緣土氣有蚤晚，天時有愆伏。如平地三月花者，深山則四月花。白樂天《遊大林寺》詩云：人間四月芳菲盡，山寺桃花始盛開。蓋常理也，此地勢高下之不同也。如筀竹笋，有二月生者，有四月生者，有五月而方生者，謂之晚筀。稻有七月熟者，有八九月熟，有十月熟者，謂之晚稻。一物同一畦之間，自有蚤晚，此性之不同也。嶺、嶠微草，淩冬不凋，并、汾喬木，望秋先隕。諸越則桃李冬實，朔漠則桃李夏榮，此地氣之不同。一畝之稼，則糞溉者先芽。一丘之禾，則後種者晚實，此人力之不同也。豈可一切拘以定月哉。

宋・王讜《唐語林》卷二《文學》 德宗暮秋獵于苑中。是日，天已微寒，上謂近臣曰：九月衣衫，二月衣袍，與時候不相稱，欲遞遷一月，何如。左右皆拜謝。翌日，命翰林議之，而後下也。李趙公吉甫時爲承旨，以聖人上順天時，下盡物理，表請宣示天下，編之於令。李相程初爲學士，獨不署名，别狀奏曰：臣謹按《月令》，十月始裘。《月令》是明皇帝刪定，不可改易。上乃止。由是與吉甫不協。

唐・王讜《唐語林》卷六《補遺》 德宗幸奉天，朱泚自率兵至于城下。有西湖寺僧陷在賊中，僧甚機巧，教泚造攻城雲梯，其高九十餘尺，上施板屋樓櫓，可以瞰城中。渾中令李司徒奏曰：賊鋒矢既盛，雲梯又壯，縱之恐不能禦。及其尚遠，請以鋭兵挫之。遂出師五千，束緼居後，約戰酣而燎。風逆，不能舉火，二公酹酒祝之，詞氣慷慨，士百其勇。須臾風回，舉火縱之，鼓譟而進，梯遂蕩盡。德宗御城樓以觀，衆呼萬歲。

宋・周密《武林舊事》卷七 德壽宫起居注乾道三年三月初十日，南内遣閤長至德壽宫奏知：連日天氣甚好，欲一二日間恭邀車駕幸聚景園看花，出自聖意選定一日。

又 (淳熙六年)九月十五日，明堂大禮。十三日值雨，未時奏請宿齋。北内送天花蘑菇、蜜煎山藥棗兒，乳糖，巧炊、火燒角兒等。十四日早，車駕詣景靈宫，回太廟宿齋。雨終日不止，午後太上遣提舉至太廟傳語官家：連日祀事不易，所有十六日詣宫飲福，以陰雨泥濘勞頓，可免到宫行禮。天氣陰寒，請官家善進御膳，頻添御服。聖旨遣閤長回奏：上感聖恩，至日若登樓肆赦時，依舊詣宫行禮。若值雨不登門時，續當奏聞。至晚，雨不止，宣諭大禮使趙雄：來早更不乘輅，止用逍遥輦詣文德殿致齋，一應儀仗排立，並行放免，從駕官並常服以從。併遣御藥奏聞北内：來日爲值雨，更不乘輅，謹遵聖旨，更不過宫行飲福禮。太上令傳語官家：既不乘輅，此間也不出去看也。大禮使趙雄雖已得旨，猶不許放散。上聞之曰：來早若不晴時，有何面目。雄聞之曰：縱使不晴得罪，不過罷相耳。堅執不肯放散。至黄昏後雨止月明，上大喜，遣内侍李思恭宣諭大禮使，仍舊乘輅，再遣御藥奏聞北内，以天晴仍舊乘輅，候登門肆赦訖，詣宫行飲福禮。十五晴色甚佳，車駕自太廟乘輅還内，日映御袍，天顔甚喜，都民皆贊嘆聖德。

又 淳熙十一年六月初一日，車駕過宫，太上命提舉傳旨：盛暑請官家免拜。至内殿起居，太上令小内侍扶掖，免拜謝恩，太后處亦免拜。太上邀官裏便背兒至冷泉堂進早膳訖，太上宣諭云：今歲比常年熱甚。上起答云：伏中正要如此。太上云：今日且留在此納凉，到晚去。

宋・江休復《嘉祐雜誌》 解池鹽歲課愈多而不精，耆老云：每南風起，鹽結，須以杴翻轉，令風吹則堅實，今任其自熟其畦下者，率虚軟。吳左丞春卿云：初任臨安日，捕到鹽，令鋪户驗之，外界官鹽則刑輕，私鹽則刑重，患爲鋪户所欺。於庭下，各取數紙裹之，外用帖子題記，置案上，分鋪户作兩番，去帖隔驗之，然後絶欺弊，始靳其驗法，細詰之，乃肯道，云煮鹽用蓮子爲候，十蓮者，官鹽也。五蓮以下，鹵水灕，爲私鹽也。私鹽色紅白，燒稻灰染其色，以效官鹽，于是嗅以辨之，自是不用鋪户，自能辨矣。

元・脱脱等《金史》卷二七《河渠志・漕渠》 其制，春運以冰消行，暑雨畢。秋運以八月行，冰凝畢。

元・脱脱等《金史》卷三四《禮志七・風雨雷師》 明昌五年，禮官言：「國之大事，莫重於祭。王者奉神靈，祈福祐，皆爲民也。我國家自祖廟禘祫五享外，惟社稷、嶽鎮海瀆定爲常祀，而天地日月風雨雷師其禮尚闕，宜詔有司講定儀注以聞。」尚書省奏：「天地日月，或親祀或令有司攝事。或風雨雷師乃中祀，合令有司攝之。且又州縣之所通祀者也，合先舉行。」制可。

乃爲壇於景豐門外東南，闕之巽地，歲以立春後丑日，以祀風師。牲、幣進熟，如中祀儀。又爲壇於端禮門外西南，闕之坤地，以立夏後申日以祀雨師，其儀如中祀，羊豕各一。是日，祭雷師於位下，禮同小祀，一獻，羊一，無豕。其祝稱「天子謹遣臣某」云。

元·脱脱等《金史》卷三五《禮志八·祈禜》　大定四年五月，不雨。命禮部尚書王競祈雨北嶽，以定州長貳官充亞、終獻。又卜日於都門北郊，望祀嶽鎮海瀆，有司行事，禮用酒脯醢。後七日不雨，祈太社、太稷。又七日祈宗廟，不雨，仍從嶽鎮海瀆如初祈。其設神座，實樽罍，如常儀。其樽罍用瓢齊，擇甘瓠去柢以爲尊。祝板惟五岳、宗廟、社稷御署，餘則否。後十日不雨，乃徙市，禁屠殺，斷傘扇，造土龍以祈。雨足則報祀，送龍水中。

元·陶宗儀《説郛》卷五上　形墳·乾坤易　乾形天　地天降氣，日天中道，月天夜明，山天曲上，川天曲下，雲天成陰，氣天罶蒙。

坤形地　天地圓丘，日地圜宫，月地斜曲，山地險徑，川地廣平，雲地高林，氣地下濕。

陽形日　天日昭明，地日景隨，月日從朔，山日沈西，川日流光，雲日蔽霧，氣日昏蔀。

陰形月　天月淫，地月伏輝，日月代明，山月升騰，川月東浮，雲月藏宫，氣月冥陰。

土形山　天山岳，地山磐石，日山危峰，月山斜巔，川山島，雲山岫，氣山巖。

水形川　天川漢，地川河，日川湖，月川曲池，山川澗，雲川溪，氣川泉。

雨形雲　天雲祥，地雲黄霙，日雲赤曇，月雲素雯，山雲疊峰，川雲流霏，氣雲散彩。

風形氣　天氣垂氤，地氣騰氲，日氣晝圍，月氣夜圓，山氣籠烟，川氣浮光，雲氣流霞。

元·陶宗儀《説郛》卷一三下《李氏刊誤》（李涪）　祈雨

庚子歲夏旱，禾黍不逾尺，京城米粟日增，其價一日達彼九重，天子下詔宰臣禱祀。所宜承命不過一二日，虔誠于郊廟。乃下太常擇日，太卜署狀，宜用來月六日癸亥。至是，旱苗悉爲枯荄矣。

元·陶宗儀《説郛》卷一四下《資暇録》（李濟翁）　蟲霜旱潦曲子名并辭

飲坐令作，有不悟而飲罰爵者，皆曰：蟲傷旱潦，或云：蟲傷水旱，且以爲薄命不偶，萬口一音。未嘗究四字之意何也。蟲傷宜爲蟲霜，蓋言田農水旱之外，抑有蟲蝕霜損。此四者田農之大害。

元·陶宗儀《説郛》卷二五下《緯略》（高似孫）　避風

養性經曰：治身之道，春避青風，夏避赤風，秋避白風，冬避黑風。孫思邈論衛生，以爲人當避暗風、箭風者，蓋此之謂也。

元·陶宗儀《説郛》卷三七《曲洧舊聞》（朱弁）　麥秋種夏熟，備四時之氣。蕎麥葉青，花白，莖赤，子黑，根黄，亦具五方之色。然方結實時，最畏霜，此時得雨，則於結實尤宜，且不成霜，農家呼爲解霜雨。穄，西北人呼爲糜子，有兩種，早熟者與麥相先後，五月間熟者，鄭人號爲麥争場。

元·陶宗儀《説郛》卷四七下《文昌雜録》（龐元英）　國子朱司業言：南方柑橘雖多，然亦畏霜。每霜時，亦不甚收。惟洞庭霜雖多，即無所損。詢彼人云：洞庭四面皆水也。水氣上騰，尤能辟霜。所以洞庭柑橘最佳，歲收不耗，正爲此爾。

元·陶宗儀《説郛》卷五〇下《續聞見近録》（王鞏）　先公任諫官時大旱，請對乞駕出祈雨。仁宗曰：太史言月二日當雨，月一日當出。先公曰：臣謂是日無雨。上曰：卿何以知之。曰：陛下既知有雨，則安用祈求？知有雨而祈非誠也。天非至誠不格，臣是以知無雨也。上曰：明日當出。先公曰：臣乞傳旨，閤門上即召近璫喻。曰：明日於醴泉觀等處祈雨。先公曰：何不遠出，豈憚熱乎。凶歲，百姓衣食將不給矣。上每意動，則耳輪先赤，厲聲曰：待去西太一宫。先公曰：乞傳旨。上曰：卿不知典故，出城不預告也。先公曰：此國初以來防不虞耳，今太平久矣，人渴望清光，預使知之，不過村落觀駕者多爾。上乃喻旨，翌日特召先公隨駕，非例也。是日熾日，塵埃遍空，上色不怡，及歸至瓊林苑憩蹕，有雲烟起西太一宫上。上瞻顧間，雷霆大震，遂雨。至鄭門，自逍遥輦易平頭輦，且徹蓋以承雨。入内傳旨，先公明日入對。及對，上喜甚，曰：此雨，卿所致也。先公曰：陛下盛德格天，天下之幸。上曰：昨夕歸内不敢寢，於殿下設香案，焚生龍腦十七斤以謝天。左右進繖，亦却之，立至三更，自頂至踵，無不霑濕。先公曰：陛下雖答天之誠如此，盛德之至也，然陰氣不可不防，宜爲社稷自重。上曰：當無雨之際，恨不身爲犧牲，何暇自愛也。

元·陶宗儀《説郛》卷五〇下《山居新語》（王瑀）　蒙古禱雨

蒙古人之禱雨者，非若方士，惟取净水一盆，浸石子數枚而已。其大者若鷄卵，小者不等，然後默持密呪，將石子淘漉玩弄，如此良久，輒有雨。石子名曰鮓答，乃走獸腹中所産，狗牛馬者最妙。

元·陶宗儀《説郛》卷七三上《祛疑説》（儲泳）　天道不遠説

夫冬雷則草木華，蟄蟲奮，人多疾疫，一炁使然。景星慶雲，不生聖賢則産祥瑞，象見于上則應在於下。如虹蜺，妖氣也，當大夏而見，則不能損物，百物未告成也。秋見則百穀用耗矣，或入人家而能致火，飲井則泉竭，入醬則化水。和氣致祥，妖氣致異，厥有明驗。天道感物，如響斯應，人事感天，其有不然者乎。如風花出海而爲飄風，山川出雲而爲時雨。農家以霜降前一日見霜，則知清明前一日霜止，霜降後一日見霜，則知清明後一日霜止。五日十日而往，前後同占，欲出秧苗，必待霜止，每歲推驗，若合符節。天道果遠乎哉。感於此則應於彼，有此象則有此數，乃不易之理也。

明·郎瑛《七修類稿》卷六《天地類》　三十六雨　《春秋説題》曰：「一歲三十六雨，天地之氣宣；十日小雨，應天文也；十五日大雨，以斗運也。」《京房易候》則曰：「十日一雨，歲凡三十六雨，以爲時若之應。」據《説題》計之，一年止得二十八雨；一月四雨，則又爲四十八雨矣。或有差訛，不同其數也，姑俟知者請究。

求雨求晴漢文

嘉靖壬午，浙藩承大中丞蒼梧吴公廷舉之命，督予注釋董仲舒《求雨》《求晴》二文，務欲解其事理所以然之故，一時脱稿，只以爲董子真可謂惑於災異也。後往往聞之宦客，以二文嘗驗之南海，驗之湖湘，驗之南直隸矣。因思亦嘗勞心於此，檢稿遂録於天地類，請正博雅，文難通處，因於原文，未暇改正，不贅。

春旱求雨，令縣邑以水日，令民禱社，家祀户。無伐名木，無斬山林。暴巫，聚蛇八日。於邑之東門之外爲四通之壇，方八尺，植蒼繒八，其神共工，祭以生魚八，玄酒，具清酒、膊脯，擇巫之清潔辯言利辭者以祝。齋三日，服蒼衣，先再拜，乃跪陳，陳已，復再拜，乃起。祝曰：昊天生五穀以養人，今五穀病旱，恐不成，敬進清酒、膊脯，再拜請雨。雨幸大澍，奉牲。以甲乙日爲蒼龍，長八丈，居中央。爲小龍七，各長四丈，於東方。皆東向，其間相去八尺。取小童八人，皆齋三日，服青衣而舞之。田嗇夫亦齋三日，服青衣而立之。諸里社通之於閭外之溝，取五蝦蟆，錯置社中。池方深八尺，深二尺，置水蝦蟆焉。具清酒、膊脯，祝齋三日，服蒼衣，拜跪，陳祝如初。取三歲雄鷄、三歲豭猪，皆燔之於四通神宇。令民闔邑南門，置水其外。開北門，具老豭猪一，置於里北門之外。市中亦置一豭猪，聞鼓聲，皆燒猪尾。取死人骨埋之，開山淵，積薪而燔之。決通道橋之壅塞不行者，決瀆之。幸而得雨，以猪一，酒鹽黍財足，以茅爲席，毋斷。

夏求雨。令邑以水日，家人祀竈。無舉土功，更大浚井。暴釜於壇，臼杵於術，七日。爲四通之壇於邑南門之外，方七尺，赤繒七。其神蚩尤，祭之以赤雄鷄，玄酒，具清酒、膊脯，祝齋三日，服赤衣，拜跪陳祝如春。以丙丁日爲大赤龍一，長七丈，居中央。又爲小龍六，各長三丈五尺，於南方。皆南向，其間相去七尺。壯者七人，皆齋三日，服赤衣而舞之。司空嗇夫亦齋三日，服赤衣而立之。鑿社而通之閭外之溝，取五蝦蟆，錯置里社之中，池方七尺，深一尺。酒膊祝齋，衣赤衣，拜跪陳祝如初。取三歲雄鷄、豭猪，燔之，四通神宇，開陰閉陽如春。

季夏，禱山陵以助之。令縣邑一徙市於南門之處。五日，男子無得入市。家人祀中霤。無興土功。聚巫市傍，爲之結蓋。爲四通之壇於中央，植黄繒五。其神后稷，祭之以母飩。玄酒，具清酒、膊脯，各令爲祝，齋三日，衣黄。皆如春祠。以戊己日爲大黄龍一，長五丈，居中央。又爲小龍四，各二丈五尺，於南方。皆南向，其間相去五尺。丈夫五人，齋三日，服黄衣而舞之。老者五人，亦齋三日，衣黄衣而立之。亦通社中於閭外之溝，取蝦蟆池方五尺，深一尺。他皆如前。神農求雨，第十九日戊己不雨，命爲黄龍，又爲大龍，壯者舞之，季立之。又曰東方小僮舞之，南方壯者，西方沾北方，人舞之。

已上既與原書不同，或眷寫之誤，不敢强解。

秋，暴巫至九日，無舉火事，煎金器，家人祀門。爲四通之壇於邑西門之外，方九尺，植白繒九。其神大昊，祭之桐木魚，玄酒，具清酒、膊脯，衣白衣。他如春。以庚辛日爲大白龍一，長九丈，居中央。爲小龍八，各長四丈五尺，於西方。皆西向，其間相去九尺。鰥者九人，皆齋三日，服白衣而舞之。司馬亦齋三日，衣白衣而立之。蝦蟆池方九尺，深一尺。他皆如前。

（各）〔冬〕，舞龍六日，禱於名山以助之。家人祀井。無壅水。爲四通之壇於邑北門之外，方六尺，植黑繒六。其神玄冥，祭之以黑狗子六，玄酒，具清酒、膊脯。祝齋三日，衣黑衣，祝禮如春。以壬癸日，爲大黑龍一，長六丈，居中央。爲小龍五，各長三丈，於北方。皆北向，其間相去六尺。老者六人，皆齋三日，衣黑衣而舞之。尉亦齋三日，衣黑衣而立之。蝦蟆池如春。四時皆以水〔日〕，爲龍，必取潔土，爲之結蓋，龍成而發之。四時皆以庚子之日，令吏民夫婦皆偶處。凡求雨之大體，丈夫欲藏匿，女子欲和而樂。神書又曰：開神山神淵，積薪，夜擊鼓譟而燔之，爲其旱也。

又　止雨文

雨大多，令縣邑以土日，塞水瀆，絶道，蓋井，禁婦人不得出入市。令縣鄉里皆掃社下。縣邑若亟令吏嗇夫三人以上，祝一人；鄉嗇夫若吏三人以上，祝一人；里正父老三人以上，祝一人，皆齋三日，各衣時衣，具豚一，黍、小米、鹽、美酒，財足祭社。擊鼓三日，而祝。先再拜，乃跪陳，陳已，復再拜，乃起。祝曰：諾，天生五穀以養人，今淫雨太多，五穀不和。敬進肥牲清酒，以請社靈，幸爲止雨，除民所苦，無使陰滅陽，不順於天。天之常意，在於利人，人願止雨，敢告於鼓，鼓而無歌，至罷而止。凡止雨之大體，女子欲其藏而匿，丈夫欲其和而樂也。開陽閉陰，闔閭水而開火。以朱絲縈社十周，衣朱衣赤幘。言罷。一以辛亥之日。書到即起，縣社令長、若亟、尉、官長，各城邑社、嗇夫、里、吏正、老人，皆出至於社下，鋪而罷，三日而止。未至三日，天大星亦止。

明・朗瑛《七修類稿》卷四五《事物類》　祈雨　吾友吴惟可謹，丁丑進士，嘗與予言：其祖宦游某地，時天旱，守延一法師祈雨。師曰：「今天久旱，非入龍湫驅龍，則不可得。闔郡官人當拜俟於淵，慎不可驚懼呼我名也。」守疑且信之。師至湫所，焚符躬下，頃之乘龍而起，遊咏湫面，時雨加注，諸官莫敢退。久之，守不得已呼其名令止，則龍轟然掀法師於空中，直逝而下，雨即止也。法師身落如裂帛。期年，其子痛父不得其死，焚符入湫以誅龍。偶見父乃藍面衛一宫門，問其子何來，子以意告之。父曰：「汝快行，吾術不精，罰至如此，汝切忽習之。」又曰：「某處延一道士祈雨，其術名月孛法，用十五六歲女子，共入密室，雖綫縫以紙封固。守欲得雨之速，任其所爲，惟見黑雲密布，雷聲隱隱，雨則無之，勢將移日矣。守乃令人密開紙縫以瞰之，則道士披髮仗劍，足躡女子陰門，而彼此口舌盡出，勢已垂危。時則霹靂一聲，大雨如注，道士起步而女子蘇省矣。後有如此法者云：當時無人開縫，則道士、女人俱死於室。嗚呼！二子之術業未精，一則致死，一則幸生，世有恃術以强爲者，夫豈能奪天之功耶？此郭景純尚亦不能逃於今午。

明・郎瑛《七修續稿》卷七《奇謔類》　祈雨

嘉靖癸亥，杭因祈雨，府差景隆錢道士往富陽縣龍門山取龍。去縣幾百里，山路崎嶇，荆棘叢密，衣體俱爲損傷。至則本地鄉民亦爲雨而潭中已得一蛙，供於廟矣。道士焚牒拜潭，亦得四蝦一蛙，置瓮以行。途間辛苦，不免與同事者怨，以爲一蛙而費苦錢糧人役如此，至杭無雨，可煮食之。頃刻雷雨作交，淋灕遍體，咫尺不可辨也。晚視瓮中二物，無一存，駭然，只得仍到龍潭拜求。廟僧曰：「勢不可得矣。」復又懼以官法，僧不得已，供蛙與之。至杭，果得雨。將送還潭，視之，瓮中又無矣。予舊聞蘇人都少卿言，同年陸景福知寧波日，取金錢於天井山之事亦然，意於正稿「辨證類」中，論龍乃神物，非若程子所云龍只是獸，人得而玩者，非也。今益信諸。

明・戚繼光《紀效新書》卷一八　逐月風忌

正月忌七八日風，乃北風也。二月忌初二北風。三月忌清明北風。五月忌雪至風，以正月下雪日爲始，算至五月，乃一百二十日之内，主此風。六月十二日忌彭祖風，在前後三四日。七八月若有三日南風，必有北風報之。九月九日前後三四日内，忌九朝風。十月忌初五風，在前後三四日内。十一月冬至風。臘月廿三四，掃塵風。

明・謝肇淛《五雜俎》卷五　喻皓最工製塔，在汴起開寶寺。塔極高且精，而頗傾西北，人多惑之，不百年平正如一。蓋汴地平無山，西北風高，常吹之故也。其精如此。

明・謝肇淛《五雜俎》卷六　晉會稽夏仲御，能作水戲，操柁正櫓，折旋中流，初作鯔鰞躍，後作鯆鮃引，飛鷁首，掇獸尾，奮長梢而直逝者三焉。於是風波振駭，雲霧杳冥，白魚跳入舟者八九。又作大禹慕歌之聲，曹娥河女之章，子胥小海之唱，以足扣船，引聲喉囀，清激慷慨。大風應至，含水嗽天，雲雨響集，叱咤讙呼，雷電晝冥，集氣長嘯，沙塵烟起。王公已下，莫不駭恐。此與李謩所遇父老何異？亦曠代之異人也。

明・談遷《棗林雜俎・義集》　劉炳文海舟紀程　萬曆乙未，浙帥劉炳文提舟師從海道趨登州備倭，四閱月始至。《紀》云：乙未上元從台州開帆百里，至金鰲山，高宗南渡避金處也。歷老鼠嶼，出琛門，風適猛烈。兩礁夾起，東西磯，牛頭、聖堂兩門尤爲險阻。而五嶼、羊嶼、昏山、黄珠茶鹽兩山，皆四面巉剥。總莫系泊，飄逐空洋，夜半颶發，船各涣散。詰旦於靈門山聚合，出金齒門。因潮浮至箬竿山，復依南田罍，夜獨韭山，船多破損，收回五爪山修艙。至點燈礁，犯及亂礁洋，爲藏龍藪。倏爾驚觸，震蕩翻激，水赤天昏，龍鬚卷水，至半空而倒瀉，船皆碎毁，幾爲魚鱉。出白馬礁，過大漠坑，依險而泊。由浪檑頭，轉歷昇羅嶼，得登普陀山，傍依金缽盂，儼然峙焉。出此渡横山洋，入五爪湖，移往廟子湖。隨風逐浪，直蹴陳錢山。其下有大毒，信宿而住，面顔盡變，且多患瘧疾。

及下八山浪，崗馬蹟，李婿嶴，舉皆砂石亂列。其水有緑有黑，有淡有辛，有苦有臭，有清澈見底，蝦魚可數，有淺灘如湖，蛟龍鱗角顯著。俄爲颶風打出窮洋，直抵倭國五島山，轉經漁山假泊沙。俟風息，驅灘山過鼠狼湖，及上川下川、鷹巢頭諸山，再入西洋嶴，則謂之落漈。船凡撇入，十無一回。乃乘颶風逐羊山，上有聖姑礁。盤礴巍峨，宛如裝砌。許山聯脈金山衛，其柘林、乍浦、澉浦，延袤千餘里，又皆控扼三吴者也。復順流而東，七丫諸港，岐分錯雜，窒礙莫前。崇明縣孤懸海外，而大陰、新安諸沙，生聚甚夥。福山直對三爿沙，傍通楊子江，與狼山相望。若東洲河、七星港、竪河口、黄涇河，不下十餘口。海潮灌浸，直達維楊。轉而西行，有三槿、大横、深汫、非予四口，張方、大樓、瀝水、姜系、掘巷五港。一望無山，其川山窪、川漁窪、三寨窪，狂瀾澎湃，殊甚險剥，水紋斑斕，因號「虎斑水」。僅得開山，無嶴可泊，至射陽湖之雲梯關宿焉。適反風解纜，自辰至申，浤浤頹波，極目無際。漏下三鼓，得抵鷹山之灣，問其程，則餘五百里。越明日，朔風舉帆，踴躍碧虚，蹀躞於黄混水，號曰「望炅洋」，依憑延真島。此皆從來人跡不到之鄉，但見靈鰍老黿，三五噴沫相逐，大者方丈，高厚六尺，殼背亂纓，長目虎口，就磯舒伏。迤邐於白山高公諸島，登竹島之巔，四顧廖廓，惟東海所城甚邇。其夜三面受風，避入杜林山，因陟雲臺山。古三元修道上昇處也。翼日西北作雲，東南吼風，巨浪掀翻，桅檣斷折，凡三日夜，不知疾行幾千里。膠葛呀呷，風雖少平，餘波尤湧。東方既白，迸崖滴水之灣，隸山東境上矣，去安東衛僅百里。須臾潮至，開行二三日，海天一色，並無嶴嶼可以停舟，野宿洋飄，如浮萍無定。泊裁堂山，至拓溝、塔埠、杜家港諸洋。越日入膠港，補繕壞船。過東島，依田横島，夜泊福山島南。山若有神，上無草木，中有穴洞，悲鳴有聲。翼日至草島嘴，去大嵩三五十里。風濕瀰漫，海面愈睽，僅有巨高島、棘簪島、靈井山，依傍海陽，所距咫尺，莫能躋焉。夜將半，犁入魚綱上，探水不過十餘丈，乃莫耶島也。與遼東連界，海運所經故道，至聿青島明光山，不半潮已達塔島，覓泉取水。相望佛山，濤沫潠灑，宛如一掛珠簾。頃刻抵渚裏，去查山僅幾里。上有古蹟路，甚崎嶇，附葛攀藤，一步一蹶，得造其絶頂焉。其上復有南天門，巉岏秀拔，凌接雲際。東限一洞，幽稚修潔。昔王陽真人煮練於此，騎白鶴飛昇，有雲光宫在焉。傍多山茶，名子心，香馥襲火。丹井碧泉，峥嶸犄角，天然雲房石室也。登舟行於馬大嘴，見一巨魚，横於亂礁上，長百餘丈，其脊如山，口闊無鱗。令刃其脊，總數百人僅開一肋。肉不堪烹，可熬油。棟骨一節計千餘斤，而肉内小刺跡逾尋丈。潮迴日落，攜刺數根而西，遇颶風。至寧津所，戍卒蕭條，煙火不過百餘家。西有岩石，參差十數里，乃西楊舍人之墓。每每作祟，覆雨翻雲，秋則遠去掠人田禾，春夏於此邀劫過船。捩舵放舟，越三百里，遥望大洋，突起數丈，如銀砌玉妝，近如噴雪飾粉，俗呼爲白蓬頭者是也。其山脈綿亘，暗藏水底，密邇成山，鬱嵂數百里，皆雄崖劍峰。萬里海濤，衔注會集。秦始皇造石橋渡海觀日，神人驅石，鞭之見血，至今山石皆紅。内有成山衛。出此險道，泄口宵行，至威清衛所，開泊劉公泊。其島尚有居址，似舊有遼人在焉。不移時入大空島，島多浮石，即頑鈍碔砆，浮水不沈。轉入寧海州外洋，盤旋落子窩之裡，若清泉寨寄山所。又其扞屏，遞過福山縣，入龍山港，至栲栲島，乃雲晴雨止。轉泊八角山，則見斜曛凝耀，磯嶼煙籠，始若樓臺錯列，繼若城郭周圍，俄而人馬縱横，又俄而旗幟掩映，出没無定，變換不常，或告曰此海市也。旁有長山島，有黑島，上多巨蛇，産金砂，少選抵蓬萊閣矣。自浙適齊，計日四越月，計程七千里。自浙江達直隸，延袤二千七百里，自直隸金山衛抵東海所計一千八百里，自東海抵登萊計二千四百里。（謝肇淛删略）

明·談遷《棗林雜俎·中集》 鹽池　解州鹽池，蚩尤所窟穴。平時淺波，歲九月九日先後數日當大風雨，爲化鹽之候。彼二十里之聚，各儲草薦木屑、竹枝樹梗、敝履壞絮之屬，一切雜投。狂風一夕作凍，明日視之滿皆鹽花矣。味甘咸，甚瑩潔，始祭蚩尤之旗。官收其半，民取其餘，無不滿志。

寧夏鎮城南北各三十里，俱有鹽池。其産不多，官亦不禁，不知於古何若。河東邊外有花馬、紅柳、鍋底三池，以鏡外棄。今鹽池之在三山兒者曰大鹽池，在故鹽州城之西北者曰小鹽池。其地曰孛羅等，池最多，皆分隸大鹽池。其鹽不勞人力，因風而生，原額三千二百餘引。弘治九年，延綏寧夏二鎮輪招馬匹，尋乃奏革。正德初，總制楊一清奏如河東運司例，每引收銀一錢五分，增課五萬二千引。

明·佚名《海道經》 璠聞楊子江者，實海運之患也。必當擇取小訊大訊䑸開洋，鮮有危險。如大訊行船，倘值東風勢急，惡水急緊，船䑸稠密，一船退下，紐二連三，繳碇交纏，頭梢相擊，風雨相攻，人無措手，直至沙灘，必有損壞，宜深慎之。海道水程，至元一十七年始。

准備緩急　如遇順風使帆之時，勢顛猛，便減帆幔，投奔港汊稍泊，不得貪程，恐風勢不止，天色昏暮，迤邐前行，不知宿泊，多有疎失，不可不知。遇順風，正使帆，其間忽轉打頭風，便當使回風尋港汊爲穩。勿得當江抵捱，指望風息，恐致雨細。如緩急猝暴風，奔港灘不及之時，急搶上風，多抛鐵猫，牢繫繩纜，如重戰船，則頻頻點看水倉，怕有客水侵入，隨處劄艙。如小船則看風色如何，別尋泊處。如春夏間於港汊内泊船，須要多用壯繩，深打樁橛，不以早晚，恐有山水廢洪衝突之患。

清・計六奇《明季南略》卷三 誌異

弘光元年，即清朝順治二年也。乙酉年元旦，又爲乙酉日，天文家云：「太歲值事不利。」是日日有蝕之。中書舍人林翹疏稱：「正月初六日，雷聲自北至西，占在趙、晉之野有兵。日在庚寅，主口角妖言。」翹，江浦人，善星術，馬士英在戌日，卜其大用。至是，士英神其術，因薦授中書，尋躐一品武銜，蟒玉趨事。未幾，獲妖僧大悲。僧係齊庶宗詐冒定王，下法司會審，棄市。初八日壬辰，立春，流星入紫薇宫。初九，大雷電雨雹。張縉彦奏：「十一日乙未午刻，河南開封府滎澤縣郭村忽現大城，堞門畢具，二時方隱。天官家謂廣漠之氣成城郭，今河南茫無人烟故也。」十三日丁酉夜亥未，月食。二月二十癸酉，欽天監正楊邦慶奏：「近來日月色甚赤。」上問是何分野，何無占候，其訪術者舉用。

清・查繼佐《罪惟録・帝紀》卷九《憲宗純皇帝紀》 成化二十一年二月，却鹵延綏。丁卯，月當食不食，治欽天監官罪。三月，地震，風霾晝晦，風雹殺千人，談災異不勝數，河南大飢。時椒寢漸繁，帝頗有易儲意，欽天監奏泰山震動，應在東宫，得喜乃解。帝驚，意遂已。

清・查繼佐《罪惟録・列傳》卷八中《寧正》 寧正，字正卿，壽州人，少爲韋德成養子。洪武中，德成從征有功，戰殁宣州，贈京兆郡侯。正襲職，代領其衆，歷功擢鳳翔衛副指揮使，從下中原山陝功最。三年，鎮河州，吐蕃來寇，以兵逆之。阻河未冰，不得渡，正祝曰：「天意破賊，河水當合。」忽有冰如巨屋自上流來，須臾合且堅。正直擣鹵營，鹵不意，大驚，以爲神，俱投戈降。

清・查繼佐《罪惟録・列傳》卷九上《方孝孺》 方孝孺，二子克勤、克家。克勤國初爲濟寧知府，學宗考亭，研究至忘寢食。在官興學百區，省獄與徭，民受其惠。禱雨涕泣祖跣，雨輒應。三年增户口半。永嘉侯亮祖將舟師北征，水涸舟膠，且大動民夫，克勤哀禱，大雨，舟通。

清・劉獻廷《廣陽雜記》卷三 子騰言：四川多狨，食猴者也。鼻孔反上向天，見雲起，聞雷聲，即趨避隱處，取樹葉以覆其鼻，少雨滴入，輒死矣。

又 子騰言：平涼一帶，夏五六月間常有暴風起，黄雲自山來，風亦黄色，必有冰雹，大者如拳，小者如栗，壞人田苗，此妖也。土人見黄雲起，則鳴金鼓，以鎗砲向之施放，即散去。或有中者，必灑血雨，雲則漸低而去，入山穴中。人逐其迹，圍其穴，以火藥薰之，久之其物死，掘而出之，非大蛇則大蟆也，口中腹中皆冰塊云。

清・董含《三岡識略》卷二 寒穴泉

《墨莊漫録》載，華亭縣有寒穴泉，與惠山泉味同，邑人鮮知者。王荆公有詩云：「神震冽冰霜，高穴雪與平。空山渟千秋，不出嗚咽聲。山風吹重寒，山月相與清。北客不到此，如何洗煩酲。」宋華亭屬秀州，不知此泉在何山中，惜不可考。

清・董含《三岡識略》卷三 玄霜

五月望，白虹二，其長竟天，至暮始滅。又關中玄霜盈尺。按晉時墨霧，着人如墨。或曰此兵象也。

又 雷震浮屠

七月，雷震景州浮屠，火逾三刻乃滅。憶先宗伯忠諫公幼海，直言遣戍，過曹溪，登塔，從四僧四仆。忽雷震塔中，烟焰環繞，目不能視。良久得出，則僧與仆俱斃，惟公獲全。公首擊巨奸，名重海内，然性暴急，卒受蒼頭之禍，天或以此示儆與？

又 天雨砂

六月，遂安縣天雨砂，如蟲矢，又如芥子。七月復雨。占云：角蟲爲灾。是秋，四鄉牛疫，死者數千頭。

清・董含《三岡識略》卷六 太湖水溢

太湖跨三州，納徽、浙諸山之水，周圍八百里。吴江縣去湖較近，于〔六月〕十二日辰刻，西南風起，水一擁而至，平地高丈許，漂没廬舍，溺者數百人。縣令大驚，一耆老白壓水故事，取縣榜從橋上投水，拜呼曰：「吴江没矣。」水遂退。

清・董含《三岡識略》卷八 關公著靈

五月十五日，越東嚴州府久雨，山水暴發，注流復漲，駭浪滔天。初閉城以拒之，俄頃水高於城，四圍皆成巨浸，女墻上可行舟，溺者不計其數。傍郭一古剎，祀關壯武，主僧頗修戒行，夜半夢關公蹴之曰：「起起！我先行，汝可與周將軍偕來。」僧驚寤，水已没榻，自分必死。忽見周將軍浮水欲出，遂附其背。溯流一百餘里，直抵富陽。時富陽居民遠見神像，長三四丈，駕波逆浪，泛泛而至，趨視乃關公也。不數刻，又見巨像背負一僧，亟救之。叩其故，大驚。于是募資建寺，奉香火焉。

清・王士禛《池北偶談》卷二一　香山嶴

極西曰大西洋，去中國九萬里，三年始至，往者以其太遠，祇就旁島遷販，未嘗親至其地也。番舶之出以冬月，冬月多北風，其來以四五月，四五月多南風。既出，則嶴中黑白鬼一空，計期當返，則婦孺遶屋號呼，以祈南風，亦輒有驗。其舵工素與海習，雖卒遇颶母浮椒，亦萬不失一云。右見龔兵部蘅圃翔麟《珠江奉使記》。

清・王士禛《池北偶談》卷二二　嶗山道士

嶗山又名勞山，在即墨界，山中多一二百歲人。有高密張生者，讀書道觀。【略】又一日，張爲其徒説《周易》，道人從牕外聽之，呼曰：「君所述皆俗説。」試叩之，名理出人意表。生授其學，遂以説《易》擅東方。一日薄暮，大雷雨震電，張閉門，從牕隙中見天神數百輩，圍繞道士房，如作禮狀，驚愕不敢喘息。比達曙，雨止，開門視之，道士門已反鐍，寂無人矣。是夜，山中道觀數十百處皆見道士焉。

又　洞庭神

宋牧仲犖言其鄉梁中翰遂奉使西粤時，道出洞庭，風日晴明，呼風而渡。忽雷雨驟至，雲氣晝晦，舟中人共見一神人，美鬚髯，戴烏紗巾，騎異獸，行水上。獸身半在波濤中，僅露頭角。後一人形貌怪偉，啣獸尾而行，其速如飛。去船里許，人獸皆漸騰上，雲雨晦冥，遂不復見。舟人以爲洞庭之神也。梁，丙戌進士，後官山東提學道僉事。

清・王士禛《池北偶談》卷二三　風磨風扇

西域哈烈、撒馬兒罕諸國，多風磨。其制：築垣牆爲屋，高處四面開門，門外設屏牆迎風，室中立木爲表，木上用圍置板乘風，下置磨石，風來隨表旋動，不拘東西南北，俱能運轉，風大而多故也。耶律文正詩：「衝風磨舊麥，懸杵搗新粳。」

又有風扇，於帳房中，高懸布幔，下多用頭髮當面，設繩索牽動，自然有風，不用揮扇也。見陳誠《西域録》。

清・王士禛《池北偶談》卷二四　河套喇嘛

時或旱澇，亦往祈焉。旱則喇嘛首頂以瓷鉢水禱於山，以口噗之，雨如期至。或雨時，喇嘛曰，此中不須雨，亦以頂水噗之，雨即分雲而下。澇則左手指間揩一小紅旗，掌中托一小浄水瓶，右手捻訣而前，至山上，口誦梵語，雨即止。

清・胡天游《春秋夏正》卷一　經：桓公五年秋，大雩。

傳曰：秋，大雩。書不時也。凡祀，啓蟄而郊，龍見而雩，始殺而嘗，閉蟄而烝，過則書。

公羊傳：大雩者何，旱祭也。何休云：祭言大雩，大旱可知也。

穀梁注云：月雩正也，時雩不正也。雩，得雨曰雩，不得雨曰旱。

左氏發傳：明雩之失時，而兼及郊嘗烝。始乎春，終乎冬，云啓蟄，云龍見，云始殺閉蟄，而四時備。是春冬夏秋之序，不言而已正。云過則書者，明春秋所主。一以夏月爲正，其以過而書示譏者，皆非夏月之正。書示譏者皆非夏月之正，則春秋一以夏月爲正者，義益顯矣。上既書秋王以諸侯伐鄭。此傳大雩復言秋者。杜征南云：十二公傳唯此及襄二十六年有兩秋，此發雩祭例，欲顯天時以指時事。故重言秋，恐不必然，或秋字爲羡，杜鑿解之耳。

詩序云：噫嘻。春夏祈穀於上帝也。孔穎達云：成王，周公之時，春郊夏雩，以祈求甘雨，而成穀實，爲此祭於上帝。顧嘗論之。古者有祈必有報，啓蟄而卜上辛，祈也。季秋享於明堂，報也。祈一報一，禮之經也。若春已郊祈，而夏雩復祈穀實，不近於瀆乎。故詩序之説，於義未足。若三傳並指旱祭，斯得雩之實。夫雩固爲旱祈，非爲穀祈。詩曰：琴瑟擊鼓，以祈甘雨，是雩意也。若祈得甘雨，則穀之成自在其中。故詩又曰：以介我稷黍，穎達包兩意兼説之，亦主歸於祈求膏雨，可全詩序之義也。夏小正，四月越有大旱，四月龍星見。故傳曰龍見而雩者，當旱而雩。明周雩祭正與夏旱月同用此祈也。

陳祥道禮書云：大雩猶大饗大旅之謂。魯之大雩，僭也。然魯郊以春，而大雩率以秋，意者亦以其僭，故特避正雩月而用於秋耶。顧雩本爲民祈降甘澤，乃魯之大雩，則疑但欲竊用其禮，初不必盡爲旱祈。知者，以經書大旱二，書不雨者七，是時都無大雩之文。當大雩時，又不言旱，是不盡旱雩之明驗。春秋書大雩二十一，襄五年秋、八年九月、二十八年秋八月、昭三年秋八月、六年九月、十六年九月、二十四年八月、二十五年秋七月，傳皆曰旱，餘無旱文。傳唯知雩爲旱祈，故於襄、昭時雩以旱實之。如穀梁之説，言旱不言雩則不雩，言雩則不言旱而旱在其中。疑亦出自臆論者。

清・嵇璜、劉墉等《續通志》卷二一九《列傳・唐十九》　王求禮久視元年三月，大雨雪，蘇味道等以爲瑞，率羣臣入賀，求禮讓曰：季春雨雪爲瑞雪，則冬月雷渠爲瑞雷邪，味道不從。既賀者入，求禮即厲言：今陽氣僨升，而陰冰激射，此大災也。主荒臣佞，瑞何自來，羣臣震恐，后爲罷朝，然以剛正故仕不達。神龍初，終衛王府參軍。

稽璜、劉墉等《續通志》卷二六一《列傳・唐六十一》 段文昌

太和四年，檢校左僕射，徙帥荆南州，或旱，禬解必雨，或久雨，遇出遊必霽。民爲語曰：旱不苦，禱而雨，雨不愁，公出遊。南詔襲南安，帝以文昌得蠻夷心，詔使下檄慰讓，即日解而去，復節度西川。

稽璜、劉墉等《續通志》卷三八九《列傳・宋九十三》 林大中

紹興二年，春雷電交作，有旨訪時政闕失。大中疏曰：仲春雷電，大雪繼作，以類求之，則陰勝陽之明驗也。男爲陽，而女爲陰，君子爲陽，而小人爲陰。當辨邪正，毋使小人得以間君子。當思正始之道，母使女謁之得行。

清・郝懿行《山海經箋疏》卷五《中山經》 吉神泰逢司之，某狀如人而虎尾，是好居于萯山之陽，出入有光。泰逢神動天地氣也。言其有靈爽，能興雲雨也。夏后，孔甲田於萯山之下，天大風晦冥。孔甲迷惑，入於民室。見《呂氏春秋》也。

清・郝懿行《山海經義疏》卷一五《大荒南經》 大荒之中，有山名死塗之山，青水窮焉。有雲雨之山，有木名曰欒，禹攻雲雨，有赤石焉生欒，言山有精靈，復變生此木於赤石之上。黄本赤枝青葉，羣帝焉取藥。

清・郝懿行《山海經義疏》卷一七《大荒北經》 有係昆之山者，有共工之臺，射者不敢北鄉。有人衣青衣，名曰黄帝女魃。音如旱妭之魃。懿行案玉篇引文字指歸曰：女妭秃無髮，所居之處天不雨也。同魃。李賢注：後漢書引此經作妭云妭亦魃也。蚩尤作兵伐黄帝，黄帝乃令應龍攻之冀州之野。應龍畜水，蚩尤請風伯雨師，縱大風雨。黄帝乃下天女曰魃，懿行案：御覽引此經魃作妭，藏經本此下亦俱作妭。史記正義引龍魚河圖云：黄帝以仁義不能禁止蚩尤，乃仰天而歎，天遣糸女下授黄帝兵符伏蚩尤。雨止，遂殺蚩尤。魃不得復上，所居不雨。叔均言之帝，後置之赤水之北，叔均乃爲田祖，魃時亡之，所欲逐之者，令曰：神北行。先除水道，決通溝瀆。言逐之必得雨，故見先除水道今之逐魃是也。懿行案：藝文類聚一百卷引神異經云：南方有人長二三尺袒身而目在頂上，走行如風，名曰魃。所見之國大旱，赤地千里。一名狢，遇者得之投溷中乃死旱災消，是古有逐魃之説也。魏書載：咸平五年，晉陽得死魃長二尺而頂各二目。通考言：永隆元年，長安獲女魃長尺有二寸，然則神異經之説蓋不誣矣。今山西人説，旱魃神體有白毛飛行絶迹，而東齊愚人有打旱魃之事，其説怪誕不經，故備書此正之。

清・顧炎武《日知録》卷一二 雨澤　洪武中，令天下州縣長吏月奏雨澤。蓋古者龍見而雩，《春秋》三書不雨之意也。承平日久，率視爲不急之務。永樂二十二年十月，仁宗即位。通政司請以四方雨澤奏章類送給事中收貯，上曰：祖宗所以令天下奏雨澤者，欲前知水旱，以施恤民之政，此良法美意。今州縣雨澤章奏乃積於通政司，上之人何繇知。又欲送給事中收貯，是欲上之人終不知也。如此徒勞州縣何爲。自今四方所奏雨澤，至即封進，朕親閲焉。今《大明會典》具載雨澤奏本式。嗚呼，太祖起自側微，升爲天子，其視四海之廣猶吾莊田，兆民之衆猶吾佃客也，故其留心民事如此。當時長吏得以言民疾苦，而里老亦得詣闕自陳。後世雨澤之奏遂以寖廢，天災格而不聞，民隱壅而莫達，然後知聖主之意有不但於祈年望歲者。民親而國治，有以也夫。

清・錢泳《履園叢話》卷九 唐觀音寺碣

陸德明爲秦王世民撰《觀音寺碣》，在武德五年，謂秦王平王世充、竇建德，班師凱旋，駐蹕廣武，值夜雨作，東南雲際，光燄射天，見觀音菩薩全身畢露，王頓首拜瞻，乃建此寺。觀此已開有唐一代奉佛之端矣。余謂德明著《經典釋文》，世稱儒者，何乃作此語，爲後世口舌乎？援儒入墨，當自德明始。

清・錢泳《履園叢話》卷一三 鼎甲

吴中有諺云：潮過唯亭出狀元。唯亭，鎮名也，去郡東四十餘里。乾隆庚子六月十八日夜，東北風大作，海潮洶湧，直至婁關。明年辛丑，長洲錢湘舲解元棨果中會元，臚唱第一。道光辛卯八月，潮水又過唯亭。其明年壬辰，吴縣吴鍾駿狀元及第。是科會元馬學易亦在同城。

清・錢泳《履園叢話》卷一四 水牛

國初安東縣長樂北鄉名團墟，鄉民張姓者，畜水牛百頭，入水輒失其一。一夕，張夢牛云：我已成龍，與桑墟河龍鬬，不勝，君可於吾角上繫二刀以助之乎。張旦起，視羣牛中誰可繫刀者。有一牛最大，腹下起鱗，如龍然，遂以雙刃繫之。次日大風雨，桑墟河龍傷一目遁去，此牛遂入大河，化爲龍。今過大河，諱牛字，過桑墟，諱瞎字，否則風濤立至矣。丁丑秋日，余遊海州雲臺山，聞之舟人所述如此。亦載《海州志》。

清・楊炳南《海録》（一） 萬山，一名魯萬山，廣州外海島嶼也。山有二，東

山在新安縣界，西山在香山縣界，沿海魚船藉以避風雨。西南風急則居東澳，東北風急則居西澳，凡南洋海艘俱由此出口。故紀海國自萬山始既出口，西南行過七洲洋，有七洲浮海面，故名。又行經陵水，見大花、二花大洲各山。順東北風約四五日，便過越南會安順化界，見咕嗶羅山、朝素山、外羅山、順化，即越南王建都之所也。其風俗土產志者，既多不復録。又南行約二三日，到新州。又南行約三四日，過龍柰，又謂之陸柰，即海國見聞所謂禄賴也，爲安南舊都。由龍柰順北風，日餘至本底國。本底國在越南西南，又名勘明，疑即占城也。國小而什于越南、暹羅二國之間，其人顔色較越南稍黑，語音亦微異。土產鉛、錫、象牙、孔雀、翡翠、箭銅、班魚脯。又順東北風西行，約五六日，至暹羅港口。

又　土番居埔頭者，多以捕魚爲生。每日上午，各操小舟乘南風出港，下午則乘北風返。棹南風謂之出港風，北風謂之入港風。日日如此，後無變易。

清·楊炳南《海録》(二)　凡木工，多用風鋸其製先爲一板屋，令四柱皆活，可隨意遷轉。【略】編竹篾以爲帆，帆有八斜，張於内外輻上以乘風，兩輻則張一帆，其長視輻寬則較内外輻之縱而定，其尺寸上復幕以布帆，帆葉風而輪轉，則軸隨之而轉。布帆則視風之疾徐以爲舒卷，疾則卷，徐則張。屋内軸上環以數鐵鋸架木干，鋸端以石厭之，鋸隨軸轉則水自製矣。所以活屋之四柱而任意遷徙者，欲以乘八風也。

又　由吕宋北行四五日，可至臺灣入中國境。若西北行五六日，經東沙，又日餘見擔于山，又數十里即入萬山，到廣州矣。東沙者，海中浮沙也。在萬山東，故呼爲東沙。往吕宋、蘇禄者，所必經其沙有二，一東一西，中有小港可以通行。西沙稍高，然浮于水面者亦僅有文許。故海舶至此遇風雨，往往迷離至于破壞也。凡往潮閩江浙天津各船，亦往往被風至此，泊入港内，可以避風。掘井西沙，亦可得水。沙之正南是爲石塘，避風于此者慎，不可妄動也。

又　凡船來中國，皆南行過峽轉東南。經地問噶喇叭，置買雜貨，北入噶喇叭峽，過茶盤即地盆，經紅毛淺而來。若不泊噶喇叭，則由地問北經馬神崑甸西至茶盤，北經紅毛淺而來。九月以後北風急，則由地問借風向交來蘇禄小吕宋東沙而來。其往小西洋貿易者，則由噶喇叭西北行，經蘇蘇之西呢是之東，又西北經呢咕吧拉而往，由小西洋復來。中國則東南行，經亞齊東北麻六呷西南入白石口，轉茶盤而來。遇北風則由白石口東南行，至細利窪入小港，經蘇禄小吕宋東沙而來。內港船來往，則必乘南北風。其蘇禄吕宋一道從未有能借風而行者，此其大畧也。

清·段光清《鏡湖自撰年譜》　同治三年

定八月初十日寅時開工。時日早，天尚微雨。余曰：總要今冬雨雪稀少，則塘易成功。芳洲告余曰：自六月中同大人來塘閲後，亦念工程甚大，所以至上海設壇拜經七日，求神默佑；又扶乩問祖師：此工成否？師祖批示：此工易成，今冬塘上並無雨雪。祖師之言向來可信，今冬或可無久雨雪。又前見塘身未坍之處，棺木朽壞，枯骨暴露極多，我在上海辦小棺數千具，收埋暴露枯骨。余曰：此真萬善同歸也。至寅時，天忽晴霽，余與諸董事一同行看，然後開工。土夫頭分立七處，俱歸總局領費，各處皆有董事一人，汛官兩人彈壓。雖是土工居多，而於潮頭能到之處，亦多備塘柴木料，以作柴壩護衛之用。其有海潮曾經決口，鹹水内灌處所，起底皆用木樁柴壩。時值兵亂以後，困苦流離者皆來服役，並有江蘇之民亦來赴工，故每日在工挑土者，不止萬人。果自開工以後，非惟不阻雪，並塘上亦無暴風。故自八月開工以後，再至臘月底無一日停工，雖臘月三十日，新正初一日，亦不停工。藩司蔣護院一日臨塘，見赴工者如是之多，又皆奮發踴躍，喜曰：向疑是工難成，自今觀之，不日可冀工成矣。值此歲底，亦不停工回家度歲乎？經芳洲答曰：今年一冬無雨雪，恐新春必有雨雪，若不趕此天氣成功，雨雪一來，春潮隨至；但此等情形，上海同事尚未周知，年底經費，或送不及，惟有向大人庫借四萬元，以充目前之用。藩司笑曰：漫説暫借，即由我地方官設措，亦是理當。此工之成，有天之贊，有人之助也。

又　同治四年

正月，至諸衙門及各相好紳士家拜年。人日後，喆兒往上海帶兵赴福建。余同趙樸齋赴塘上，路過半浦，鄭婿邀余及同行諸人至家。次日，又順道看鄭家墳山。初十後始抵塘上。船剛抵岸，余即邀同人往閲新工，駭曰：工將成矣，何其速也。一更後，始抵局中，問經芳洲：何以工程如是之速？笑而答曰：舊臘底藩台臨塘，見塘上做工如此多人，個個踴躍争先，藩台亦看得高興，嘆曰：可惜歲逼，恐需停工。芳洲答曰：歲是一年一度，曾與做工人談過，度歲本尋常事，我與爾等年年度歲，何必回家始爲度歲，我與爾等今年塘上度歲，工既可以早成，爾等亦可多得幾錢以糊家口，伊等皆肯信吾兄；但恐歲底，上海經費接濟不來，惟有向大人庫中借洋四萬元，日後仍從上海歸款。藩司以洋借我，歲底亦未停工，是以功能速成也。又笑曰：我們塘功既成，轉眼將大降雨雪矣。是夜，天果大風，次早大雪，一連三日雪。芳洲嘆曰：幸喜功成，不然，奈何？余曰：賴兄一片誠心，所以既結人緣，又得天眷也。三日後，雪止，天霽，余將赴杭州見新撫軍，午後，汛官來報撫軍明日臨塘，余乃約諸董事即在塘上迎接撫軍；撫軍慰勞諸董事。

清・徐建寅《兵學新書》卷一三　住宿

露宿曠野無風，有大樹庇蔭，能免寒氣露水。夜静在低凹地，比高凸地更冷。欲覓避風處，看風吹過地面，青草不甚摇動之處，風力必小宜宿。

清・顧公燮《消夏閑記摘抄》卷上　張獻忠

張獻忠陝西膚施縣人。兒時，隨父販棗，至四川内江，以驢繫紳坊，糞溺污其石柱。紳僕駡之，鞭其父，令以手掬他所。時獻在旁，怒目不敢争，誓云：我後來時盡殺爾等，方洩吾恨。後入蜀，内江民無噍類。甲申一月初十，獻賊殺成都百姓於東門外洪順橋，舉刃時，迅雷奮擊者三，賊指天怒曰：爾放我下界殺人，今乃以雷嚇我。即用三礮還擊之。是日尸骸激水，橋爲之折。【略】丙戌十二月，本朝肅王入蜀討獻，大霧中直奪其營。章京雅布蘭射之，中其喉。獻跨馬走，章京鰲拜直前擒之。肅王數其罪，磔誅之，尸之轅門。士女往斫之，骨肉糜爛殆盡，年四十一。或云：獻忠被射時，拔箭在手，大呼曰：咱生在燕子嶺，死在鳳凰山，伏弢而斃。其瘞屍處，生惡木多刺，着人即潰爲瘡痏。樹叢中時有黑虎噬人，天陰黑，人即不行。

胡法師祈雨

康熙四十二年，蘇郡大旱，中丞宋公率屬赴元妙觀延法師胡德果建壇祈雨。胡見撫長揖不拜，宋公笑曰：如此大法師，定能祈得甘霖，如不驗，將以責胡也。胡大恐，請用月孛法。是日半夜星月皎潔，觀者如堵。胡登壇，裸婦人，而仗劍指其私處，施符念呪，霎時雲行雨施，雷電交作。胡急下臺，奔至三清殿，雷火霹靂隨之，鬚衣俱焚，平地水深三尺。胡急呼曰：請大人接雨，撫率屬跪露臺，衣冠盡濕。書贈胡法有師承扁額，以昭奬勵。然未雨之先，婦不知何來，既雨之後，婦不知何往。傳言此法，符呪尚易，但一動私念，立即震死。非正心誠意者不能，胡即施亮生師姪也。

海眼

乾隆二十五年，陳撫軍宏謀率屬赴元妙觀求雨。得雨後，修三清神像，見像背一孔，以繩數十丈投之，莫窮其際，或云是海眼，亦想當然耳。

禁屠祈雨

蘇郡人居稠密，昔年新正，無日中爲市者，遇元宵始開。故歲暮蒸糕以爲點心，今則元旦亦開市矣。總之生計艱難，一日不做，即一日不活。如有司禁屠祈雨，必三令五申，勉爾遵行。前撫薩公載三日前出示禁屠，率屬親詣元妙觀步禱，過屠門仍然懸肉無忌。公顧謂屬員云：他們造孽，與我等無干，有司遂置不問，民感其德。次日不禁自絶，甘霖亦大沛矣。

清・何崧泰、史樸《遵化通志》卷一三　長蘆之鹽，豐財、越支、蘆臺三場，其舊半煎半曬。煎者，何竈丁，秋日採草於所分場中，至十一月間鑿海冰藏之，春暖以後淋其滷鍋煎之，週十二時爲一伏火，凡乾六鍋，每鍋約得鹽百觔。詰旦出坑灰，曬於亭場，俟鹽花浸入灰内，仍實灰於坑以取滷，其試滷也。投石蓮滷中，沉而下者，爲淡滷。而横側者，鹽淡半焉，煎之則耗薪。必浮而立於滷面者，乃爲鹽滷。以此入鍋，可頃刻成鹽。將成時，又須投皂角數片，鹽始凝。至於積灰，則以年久者爲良滷水，浸潤其成鹽尤多。久旱則潮氣下降，土燥則鹽不生花，久雨則客水浸淫，亭場沾溼，曬之反致銷蝕，故以灰取滷，必雨暘時，若鹽乃豐也。

清・許應鑅《撫州府志》卷首〔雍正元年〕天命下而雨。是日陛辭，即霑灑霡霂。明日出都，滂沱如注，行七十里至良鄉始休。又明日至河間，行潦載塗，遇河臣遣人飛奏雨澤云：山東亦以是日大雨，河道深通矣。狂喜奔馳，晝夜催趲，自是每漕渠稍淺，時雨即至。九月初七日，尾幫盡抵天津，銜艫貫舢，惟楊村以北潞河秋涸，駁船不敷，躊躇卻顧必扔。有涷阻者，值漕臣入京，屬其奏請截留尾幫。

清・綦世英《洞庭湖志》卷五　石米斗米湖中非風不行，甚有候至旬月者，遇順風則瞬息可數千里，一日可以過湖。胡諺有升米洞庭、斗米洞庭、石米洞庭之説。言過湖遲速之相懸，資糧不可不預備也。

清・齊翀《南澳志》　凡濱山尋澳泊船之處，南風則以南負山而北面海者爲澳，北風則以北負山而南面海者爲澳。南風則尋南風澳，北風則尋北風澳，此其常也。獨五六月應屬南風，而遇北風之時，不可泊北風澳。蓋以北風轉南之時，呼吸變更，颱雨嚴焉以北風而受南風，駕避不及隨刻粉碎矣。海上風有定信，如早東則晚西，早南則晚北。惟八月風無常信，故八月最難出海。

著録

《黄帝内經素問》(唐・王冰注)卷一　四氣調神大論篇第二

春三月，此謂發陳，春陽上升，氣潛發散生育庶物，陳其姿容，故曰發陳也。所謂春三月者，皆因節候而命之，夏秋冬亦然。天地俱生，萬物以榮，天氣温，地氣發，温發相合，故萬物滋榮。夜卧早起，廣步於庭，温氣生，寒氣散，故夜卧早起，廣步於庭。被髮緩形，以使志生，法，象也。春氣發生於萬物之首，故被髮緩形，久使志意發生也。生而勿殺，予而勿奪，賞而勿罰，春氣發生，施無求報，故養生者，必順於時也。此春氣之應，養生之道也。所謂因時之序也。然立春之節，初五日東風解凍，次五日蟄蟲始振，後五日魚上冰。次雨水氣，初五日獺祭魚，次五日鴻雁來，後五日草木萌動，次仲春驚蟄之節，初五日小桃華，(新校正云詳小桃華，《月令》作桃始華)次五日倉庚鳴，後五日鷹化爲鳩。次春分氣，初五日元鳥至，次五日雷乃發聲芍藥榮，後五日始電。次季春清明之節，初五日桐始華，次五日田鼠化爲鴽牡丹華，後五日虹始見。次穀雨氣，初五日萍始生，次五日鳴鳩拂其羽，後五日戴勝降於桑。凡此六氣一十八候，皆春陽布發生之令，故養生者必謹奉天時也。(新校正云詳芍藥榮牡丹華，今月令無)逆之則傷肝，夏爲寒變，奉長者少。逆，謂反行秋令也。肝象木，王於春，故行秋令，則肝氣傷，夏火王而木廢，故病生於夏。然四時之氣，春生夏長，逆春傷肝，故少氣以奉於夏長之令也。夏三月，此謂蕃秀，陽自春生，至夏洪盛，物生以長，故蕃秀也。蕃，茂也盛也。秀，華也美也。天地氣交，萬物華實。舉夏至也。脉要精微論曰，夏至四十五日，陰氣微上，陽氣微下，由是則天地氣交也。然陽氣施化，陰氣結成，成化相合，故萬物華實也。陰陽應象大論曰，陽化氣陰成形。夜卧早起，無厭於日，使志無怒，使華英成秀，使氣得泄，若所愛在外，緩陽氣則物化，寬志意則氣泄，物化則華英成秀，氣泄則膚腠宜通，時令發揚，故所愛亦順陽而在外也。此夏氣之應，養長之道也。立夏之節，初五日螻蟈鳴，次五日蚯蚓出，後五日赤箭生，(新校正云，按《月令》作王瓜生)次小滿氣，初五日吴葵華(新校正云，按《月令》作苦菜秀)次五日靡草死，後五日麥秋至。次仲夏芒種之節，初五日螗螂生，次五日鵙始鳴，後五日反舌無聲。次夏至氣，初五日鹿角解，次五日蜩始鳴，後五日半夏生木槿榮。次季夏小暑之節，初五日温風始至，次五日蟋蟀居壁，後五日鷹乃學習。次大暑氣，初五日腐草爲螢，次五日土潤溽暑，後五日大雨時行。凡此六氣一十八候，皆夏氣揚蕃秀之令，故養生者，必敬順天時也。(新校正云，詳木堇榮，今《月令》無)逆之則傷心，秋爲痎瘧，奉收者少，冬至重病。逆謂反行冬令也。痎，痎瘦之瘧也。心象火，王於夏，故行冬令則心氣傷，秋金王而火廢，故病發於秋而爲痎瘧也。然四時之氣，秋收冬藏，逆夏傷心，故少氣以奉於秋收之令也。冬水勝火，故重病於冬至之時也。秋三月，此謂容平，萬物夏長，華實已成，容狀至秋，平而定也。天氣以急，地氣以明，天氣以急，風聲切也。地氣以明，物變色也。早卧早起，與鷄俱興，懼中寒露故早卧，欲使安寧故早起。使志安寧，以緩秋刑，志氣躁則不慎其動，則助秋刑，急順殺伐生，故使志安寧緩秋刑也。收斂神氣，使秋氣平，神蕩則欲熾，欲熾則傷和氣，和氣既傷則秋氣不平調也，故收斂神氣，使秋氣平也。無外其志，使肺氣清，亦順秋氣之收斂也。此秋氣之應，養收之道也，立秋之節，初五日凉風至，次五日白露降，後五日寒蟬鳴。次處暑氣，初五日鷹乃祭鳥，次五日天地始肅，後五日禾乃登。次仲秋白露之節，初五日盲風至鴻雁來，次五日元鳥歸，後五日羣鳥養羞。次秋分氣，初五日雷乃收聲，次五日蟄蟲坯户景天華，後五日水始涸。次季秋寒露之節，初五日鴻雁來賓，次五日雀入大水爲蛤，後五日菊有黄華。次霜降氣，初五日豺乃祭獸，次五日草木黄落，後五日蟄蟲咸俯。凡此六氣一十八候，皆秋氣正收斂之令，故養生者，必謹奉天時也。(新校正云，詳景天華三字今《月令》無)逆之則傷肺，冬爲飧泄，奉藏者少。逆謂反行夏令也。肺象金，王於秋，故行夏令則氣傷。冬水土而金廢，故病發於冬。飧泄者，食不化而泄中也。逆秋傷肺，故少氣以奉於冬藏之令也。冬三月，此謂閉藏，草木凋，蟄蟲伏，地户閉塞，陽氣伏藏。水冰地坼，無擾乎陽。陽氣下沉，水冰地坼，故宜周密不欲煩勞擾謂煩也勞也。早卧晚起，必待日光，避於寒也。使志若伏若匿，若有私意，若已有得，皆謂不欲妄出於外，觸冒寒氣也。去寒就温，無泄皮膚，使氣亟奪，去寒就温，言居深室也。《靈樞經》曰：冬日在骨，蟄蟲周密，君子居室。無泄皮膚，謂勿汗也。汗則陽氣發泄，陽氣發泄則數爲寒氣所迫奪之亟數也。此冬氣之應，養藏之道也。立冬之節，初五日水始冰，次五日地始凍，後五日雉入大水爲蜃。次小雪氣，初五日藏虹不見，次五日天氣上騰地氣下降，後五日閉塞而成冬。次仲冬大雪之節，初五日冰益壯地始坼鶡旦不鳴，次五日虎始交，後五日芸始生荔挺出。次冬至氣，初五日蚯蚓結，次五日麋角解，後五日水泉動。次季冬小寒之節，初五日鴈北鄉，次五日鵲始巢，後五日雉雊。次大寒氣，初五日鷄乳，次五日鷙鳥厲疾，後五日水澤腹堅。凡此六氣一十八候，皆冬氣正養藏之令，故養生者必謹奉天時也。逆之則傷腎，春爲痿厥，奉生者少。逆謂反行夏令也，腎象水，王於冬，故行夏令則腎氣傷。春木王而水廢，故病發於春也。逆冬傷腎，故少氣以奉於春生之令也。天氣，清净光明者也，言天明不竭，以清净，故致人之壽延長，亦由順動而得，故言天氣以示於人也。藏德不止，故不下也。四時成序，七曜周行，天不形言，是藏德也。德隱則應用不屈，故不下也。《老子》曰：上德不德。是以有德也。言天至尊高，德猶見隱也，况全生之道，而不順天乎。天明則日月不明，邪害空竅，天所以藏德者，爲其欲隱大明，故大明見則小明滅，故大明之德不可不藏，天若自明，則日月之明隱矣。所諭者，何言人之真氣，亦不可泄露，當清淨法道，以保天真。苟離於道，則虚邪入於空竅。陽氣者閉塞，地氣者冒明。陽謂天氣，亦風熱也；地氣謂濕，亦雲霧也。風熱之害人，則九竅閉塞，霧濕之爲病，則掩翳精明，取類者，在天則日月不光，在人則兩目藏曜也。《靈樞經》曰：天有日月，人有眼目。雲霧不精，則上應白露不下，霧者雲之類，露者雨之類，夫陽盛則地不上應，陰虚則天不下交，故雲霧不化精微之氣，上應於天而爲白露不下之咎矣。陰陽應象大論曰：地氣上爲雲，天氣下爲雨，雨出地氣，雲出天氣，明二氣交合，乃成雨露。方盛衰論曰：至陰虚，天氣絶；至陽盛，地氣不足。明氣不相召，亦不能交合也。交通不表，萬物命故不施，不施則名木多死。夫雲霧不化其精微，雨露不霑於原澤，是爲天氣不降，地氣不騰，變化之道既虧，生育之源斯泯，故萬物之命，無稟而生，然其死者，則名木先應，故云名木多死也。名，謂名果珍木。表，謂表陳其狀也。《易·繫辭》曰：天地絪緼，萬物化醇。然不表交通，則爲否也。《易》曰：天地不交，否。惡氣不發，風雨不節，白露不下，則菀藁不榮。言害氣伏藏而不散發，風雨無度，折傷復多，槁木蘊積，春不榮也。豈惟其物獨遇是而有之哉。賊風數至，暴雨數起，天地四時不相保，與道相失，則未央絶滅。不順四時之和，數犯八風之害，與道相失，則天真之氣，未期久遠而致滅亡。唯聖人從之，故身無奇病，萬物不失，生氣不竭。道非遠於人，人心遠於道，惟聖人心合於道，故壽命無窮。從，猶順也，謂順四時之令也。然四時之令，不可逆之，逆之則五藏内傷而他病起。逆春氣，則少陽不生，肝氣内變。逆夏氣，則太陽不長，心氣内洞。逆秋氣，則太陰不收，肺氣焦滿。逆冬氣，則少陰不藏，腎氣獨沈。夫四時陰陽者，萬物之根本也。時序運行，陰陽變化，天地合氣，生育萬物，故萬物之根，悉歸於此。所以聖人春夏養陽，秋冬養陰，以從其根，陽氣根於陰，陰氣根於陽，無陰則陽無以生，無陽則陰無以化。全陰則陽氣不極，全陽則陰氣不窮。春食涼，夏食寒，以養於陽。秋食温，冬食熱，以養於陰。滋苗者必固其根，伐下者必枯其上，故以斯調節，從順其根，二氣常存。蓋由根固百刻，曉暮食亦宜然。故與萬物沈浮於生長之門。逆其根，則伐其本，壞其真矣。故陰陽四時者，萬物之終始也，死生之本也，逆之則災害生，從之則苛疾不起，是謂得道。道者，聖人行之，愚者佩之。從陰陽則生，逆之則死。從之則治，逆之則亂，反順爲逆，是謂内格。

又　生氣通天論篇第三

凡陰陽之要，陽密乃固，陰陽交會之要者，正在於陽氣閉密而不妄泄爾。密不妄泄，乃生氣强固而能久長，此聖人之道也。兩者不和，若春無秋，若冬無夏，兩，謂陰陽。和，謂和合，則交會也。若，如也。言絶陰陽和合之道者，如天四時，有春無秋，有冬無夏。所以然者，絶廢於生成也。故聖人不絶和合之道，但貴於閉密以守固，天真法也。因而和之，是謂聖度。【略】是以春傷於風，邪氣留連，乃爲洞泄。風氣通肝，春肝木旺，木勝脾土，故洞泄生也。夏傷於暑，秋爲痎瘧。夏熱已甚，秋陽復收，陽熱相攻，則爲痎瘧。痎，老也，亦曰瘦也。秋傷於濕，上逆而欬，濕，謂地濕氣也。秋濕既勝，冬水復王，水來乘肺，故欬逆病生。發爲痿厥。濕氣内攻於藏府則欬逆，外散於筋脉則痿弱也。《陰陽應象大論》曰：地之濕氣，盛則害皮肉筋脉。故濕氣之資發爲痿厥。厥，謂逆氣也。冬傷於寒，春必温病。冬寒且凝，春陽氣發，寒不爲釋，陽怫於中，寒怫相持，故爲温病。四時之氣，更傷五藏。寒暑温涼，遞相勝負，故四時之氣，更傷五藏之和也。

又　金匱真言論篇第四

黄帝問曰：天有八風，經有五風，何謂。岐伯對曰：八風發邪，以爲經風，觸五藏，邪氣發病。所謂得四時之勝者，春勝長夏，長夏勝冬，冬勝夏，夏勝秋，秋勝春，所謂四時之勝也。春木，夏火，長夏土，秋金，冬水，皆以所剋殺而爲勝也。言五時之相勝者，不謂八風中人則病，各謂隨其不勝則發病也。勝，謂制剋之也。東風生於春，病在肝，俞在頸項。南風生於夏，病在心，俞在胷脅。西風生於秋，病在肺，俞在肩背。北風生於冬，病在腎，俞在腰股。中央爲土，病在脾，俞在脊。故春氣者病在頭，夏氣者病在藏，秋氣者病在肩背，冬氣者病在四支。故春善病鼽衄，以氣在頭也。《禮記·月令》曰：季秋行夏令，則民多鼽嚏。仲夏善病胷脅，長夏善病洞泄寒中，秋善病風瘧，以凉折暑，乃爲是病。《禮記·月令》曰：孟秋行夏令，則民多瘧疾也。冬善病痺厥。血象於水，寒則水凝，以氣薄流，故爲痺厥。故冬不按蹻，春不鼽衄，春不病頸項，仲夏不病胷脅，長夏不病洞泄寒中，秋不病風瘧，冬不病痺厥，飧泄，而汗出也。夫精者，身之本也。故藏於精者，春不病温。此正謂冬不按蹻，則精氣伏藏，以陽不妄升，故春無温病。夏暑汗不出者，秋成風瘧。此正謂以風涼之氣折暑汗也。此平人脉法也。故曰：陰中有陰，陽中有陽。平旦至日中，天之陽，陽中之陽也。日中至黄昏，天之陽，陽中之陰也。日中陽盛，故曰陽中之陽。黄昏陰盛，故曰陽中之陰。陽氣主晝，故平旦至黄昏皆爲天之陽，而中復有陰陽之殊耳。合夜至雞鳴，天之陰，陰中之陰也。雞鳴至平旦，天之陰，陰中之陽也。雞鳴陽氣未出，故曰陰中之陰。平旦陽氣已升，故曰陰中之陽。故人亦應之。夫言人之陰陽，則外爲陽，内爲陰。言人身之陰陽，則背爲陽，腹爲陰。言人身之藏府中陰陽，則藏者爲陰，府者爲陽。肝心脾肺腎五藏皆爲陰，膽胃大腸小腸膀胱三焦六府皆爲陽。所以欲知陰中之陰陽中之陽者何也。爲冬病在陰，夏病在陽，春病在陰，秋病在陽，皆視其所在，爲施針石也。故背爲陽，陽中之陽，心也。背爲陽，陽中之陰，肺也。腹爲陰，陰中之陰，腎也。腹爲陰，陰中之陽，肝也。腹爲陰，陰中之至陰，脾也。此皆陰陽表裏内外雌雄相輸應也，故以應天之陰陽也。以其氣象參合，故能上應於天。

《黄帝内經素問》卷二　陰陽應象大論篇第五

天有四時五行，以生長收藏，以生寒暑燥濕風。春生夏長，秋收冬藏，謂四時之生長收藏。冬水寒，夏火暑，秋金燥，春木風，長夏土濕，謂五行之寒暑濕燥風也。然四時之氣，土雖寄王，原其所主，則濕屬中央，故云五行以生寒暑燥濕風五氣也。【略】故曰冬傷於寒，春必温病。夫傷於四時之氣，皆能爲病，以傷寒爲毒者，最爲殺厲之氣，中而即病，故曰傷寒。不即病者，寒毒藏於肌膚，至春變爲温病，至夏變爲暑病。故養生者，必慎傷於邪也。春傷於風，夏生飧泄。風中於表則内應於肝，肝氣乘脾，故飧泄。夏傷於暑，秋必痎瘧。夏暑已甚，秋熱復壯，兩熱相攻，故爲痎瘧。痎，瘦也。秋傷於濕，冬生欬嗽。秋濕既多，冬水復王，水濕相得，肺氣又衰，故冬寒甚則爲嗽。

又　陰陽離合論篇第六

天覆地載，萬物方生，未出地者命曰陰處，名曰陰中之陰。處陰之中，故曰陰處。形未動出，亦是爲陰。以陰居陰，故曰陰中之陰。則出地者命曰陰中之陽。形動出者，是則爲陽，以陽居陰，故曰陰中之陽。陽予之正，陰爲之主。陽施正氣，萬物方生，陰爲主持，群形方立。故生因春，長因夏，收因秋，藏因冬。失常則天地四塞。春夏爲陽，故生長也。秋冬爲陰，故收藏也。若失其常道，則春不生，夏不長，秋不收，冬不藏。夫如是則四時之氣閉塞，陰陽之氣無所運行矣。陰陽之變，其在人者，亦數之可數。天地陰陽雖不可勝數，在於人形之用者，則數可知之。

《黄帝内經素問》卷四　移精變氣論篇第十三

當今之世不然，憂患緣其内，苦形傷其外，又失四時之從，逆寒暑之宜，賊風數至，虚邪朝夕，内至五藏骨髓，外傷空竅肌膚，所以小病必甚，大病必死，故祝由不能已也。帝曰：善。余欲臨病人，觀死生，決嫌疑，欲知其要，如日月光，可得聞乎。岐伯曰：色脉者，上帝之所貴也，先師之所傳也。上古使僦貸季理色脉而通神明，合之金木水火土，四時八風六合，不離其常，先師以色白脉毛，而合金應秋。以色青脉弦而合木應春。以色黑脉石而合水應冬。以色赤脉洪而合火應夏。以色黄脉代而合土應長夏及四季。然以是色脉，下合五行之休王，上副四時之往來。故六合之間，八風鼓坼，不離常候，盡可與期。何者，以見其變化而知之也。變化相移，以觀其妙，以知其要，欲知其要，則色脉是矣。言所以知四時五行之氣，變化相移之要妙者。何以，色脉故也。

又　診要經終論篇第十六

黄帝問曰：診要何如。岐伯對曰：正月二月，天氣始方，地氣始發，人氣在肝。方，正也。言天地氣正發生其萬物也。木治東方王七十二日。猶當三月節後一十二日，是木之用事，以月而取，則正月二月，人氣在肝。三月四月，天氣正方，地氣定發，人氣在脾。天氣正方，以陽氣明盛地氣定發，爲萬物華而欲實也，然季終土寄而王，土又生於丙，故人氣在脾。五月六月，天氣盛，地氣高，人氣在頭。天陽赫盛，地焰高升，故言天氣盛，地氣高，火性炎上，故人氣在頭也。七月八月，陰氣始殺，人氣在肺。七月三陰支生，八月陰始肅殺，故云陰氣始殺也。然陰氣肅殺，類合於金，肺氣象金，故人氣在肺也。九月十月，陰氣始冰，地氣始閉，人氣在心。陰氣始凝，地氣始閉，隨陽而入，故人氣在心。十一月十二月，冰復，地氣合，人氣在腎。陽氣深復，故氣在腎也。夫氣之變也，故發生於木，長茂於土，盛高而上，肅殺於金，避寒於火，伏藏於水，斯皆隨順陰陽氣之升沈也。故春刺散俞及與分理，血出而止，甚者傳氣，間者環也。夏刺絡俞，見血而止，盡氣閉環，痛病必下。秋刺皮膚，循理，上下同法，神變而止。冬刺俞竅於分理，甚者直下，間者散下，春夏秋冬，各有所刺，法其所在。春刺夏分，脉亂氣微，入淫骨髓，病不能愈，令人不嗜食，又且少氣。春刺秋分，節攣逆氣，環爲欬嗽，病不愈，令人時驚，又且哭。春刺冬分，邪氣著藏，令人脹病不愈，又且欲言語。夏刺春分，病不愈，令人解墯。夏刺秋分，病不愈，令人心中欲無言，惕惕如人將捕之。夏刺冬分，病不愈，令人少氣，時欲怒。秋刺春分，病不已，令人惕然，欲有所爲，起而忘之。秋刺夏分，病不已，令人益嗜卧，又且善瘳。秋刺冬分，病不已，令人洒洒時寒。冬刺春分，病不已，令人欲卧不能眠，眠而有見。冬刺夏分，病不愈，氣上發爲諸痺。冬刺秋分，病不已，令人善渴。

《黄帝内經素問》卷五　脉要精微論篇第十七

帝曰：脉其四時動柰何。知病之所在柰何。知病之所變柰何。知病乍在内柰何。知病乍在外柰何。請問此五者可得聞乎。言欲順四時及陰陽相應之狀，候也。岐伯曰：請言其與天運轉大也。指可見陰陽之運轉，以明陰陽之不可見也。萬物之外，六合之内，天地之變，陰陽之應，彼春之暖，爲夏之暑，彼秋之忿，爲冬之怒，四變之動，脉與之上下。六合謂四方上下也。春暖爲夏暑，言陽生而至盛，秋忿爲冬怒，言陰少而之壯也。忿一爲急，言秋氣勁急也。以春應中規，春脉耎弱輕虛而滑如規之象，中外皆然，故以春應中規。夏應中矩，夏脉洪大兼之滑數，如矩之象可正平之，故以夏應中矩。秋應中衡，秋脉浮毛輕濇而散，如秤衡之象，高下必平，故以秋應中衡。冬應中權。冬脉如石兼沉而滑，如秤權之象，下遠於衡，故以冬應中權也。以秋中衡冬中權者，言脉之高下異處如此爾。此則隨陰陽之氣，故有斯四應不同也。是故冬至四十五日，陽氣微上，陰氣微下。夏至四十五日，陰氣微上，陽氣微下。陰陽有時，與脉爲期。期而相失，知脉所分。分之有期，故知死時。察陰陽升降之凖，則知經脉遞遷之象，審氣候遞遷之失，則知氣血分合之期，分期不差，故知人死之時節。微妙在脉，不可不察，察之有紀，從陰陽始。推陰陽升降，精微妙用，皆在經脉之氣候，是以不可不察，故始以陰陽爲察候之綱紀。始之有經，從五行生。生之有度，四時爲宜。言始所以知有經脉之察候司應者何哉。蓋從五行衰王而爲凖度也。徵求太過不及之形診，皆以應四時者爲生，氣所宜也。補寫勿失，與天地如一。得一之情，以知死生。是故聲合五音，色合五行，脉合陰陽。聲表宫商角徵羽，故合五音。色見青黄赤白黑，故合五行。脉彰寒暑之休王，故合陰陽之氣也。【略】是故持脉有道，虛静爲保。春日浮，如魚之游在波。夏日在膚，泛泛乎萬物有餘。秋日下膚，蟄蟲將去。冬日在骨，蟄蟲周密，君子居室。故曰：知内者，按而紀之。知外者，終而始之。此六者持脉之大法。【略】帝曰：病成而變何謂。岐伯曰：風成爲寒熱，生氣通天論曰：因於露風，乃生寒熱，故風成爲寒熱也。癉成爲消中，癉謂濕熱也，熱積於内，故變爲消中也。消中之證善食而瘦。厥成爲巔疾，厥，謂氣逆也，氣逆上而不已，則變爲上巔之疾也。久風爲飧泄，久風不變，但在胃中，則食不化而泄利也。以肝氣内合而乘胃，故爲是病焉。《陰陽應象大論》曰：風氣通於肝，故内應於肝也。脉風成爲癘。《經風論》曰：風寒客於脉而不去，名曰癘風。又曰：癘者有榮氣熱附，其氣不清，故使其鼻柱壞而色敗，皮膚瘍潰。然此則癩也。夫如是者，皆脉風成結變而爲也。病之變化，不可勝數。帝曰：諸癰腫筋攣骨痛，此皆安生。岐伯曰：此寒氣之腫，八風之變也。八風，八方之風也。然癰腫者，傷東南西南風之變也。筋攣骨痛者，傷東風北風之變也。《靈樞經》曰：風從東方來，名曰嬰兒風，其傷人也，外在筋紐。風從東南來，名曰弱風，其傷人也，外在於肌。風從西南來，名曰謀風，其傷人也，外在於肉。風從北方來，名曰大剛風，其傷人也，外在於骨。由此四風之變而三病乃生，故下問對是也。帝曰：治之奈何。岐伯曰：此四時之病，以其勝治之愈也。

又 平人氣象論篇第十八

平人之常氣稟於胃，胃者平人之常氣也。人無胃氣曰逆，逆者死。春胃微弦曰平，弦多胃少曰肝病，但弦無胃曰死。胃而有毛曰秋病，毛甚曰今病。藏真散於肝，肝藏筋膜之氣也。夏胃微鈎曰平，鈎多胃少曰心病，但鈎無胃曰死。胃而有石曰冬病，石甚曰今病。藏真通於心，心藏血脉之氣也。長夏胃微耎弱曰平，弱多胃少曰脾病，但代无胃曰死。耎弱有石曰冬病，弱甚曰今病。藏真濡於脾，脾藏肌肉之氣也。秋胃微毛曰平，毛多胃少曰肺病，但毛無胃曰死。毛而有弦曰春病，弦甚曰今病。藏真高於肺，以行榮衛陰陽也。冬胃微石曰平，石多胃少曰腎病，但石無胃曰死。石而有鈎曰夏病，鈎甚曰今病。藏真下於腎，腎藏骨髓之氣也。【略】脉從陰陽，病易已。脉逆陰陽，病難已。脉得四時之順，曰病無他。脉反四時及不閒藏，曰難已。春得秋脉，夏得冬脉，秋得夏脉，冬得四季脉，皆謂反四時，氣不相應，故難已也。【略】脉有逆從四時，未有藏形，春夏而脉瘦，秋冬而脉浮大，命曰逆四時也。春夏脉瘦，謂沈細也。秋冬浮大，不應時也。大法，春夏當浮大而反沈細，秋冬當沈細而反浮大，故曰不應時也。風熱而脉静，泄而脱血脉實，病在中脉虛，病在外脉濇堅者，皆難治，命曰反四時也。

《**黄帝内經素問**》**卷六**　玉機真藏論篇第十九

黄帝問曰：春脉如弦，何如而弦。岐伯對曰：春脉者，肝也，東方木也，萬物之所以始生也。故其氣來，耎弱輕虛而滑，端直以長，故曰弦。反此者病。帝曰：何如而反。岐伯曰：其氣來實而强，此謂太過，病在外。其氣來不實而微，此謂不及，病在中。帝曰：春脉太過與不及，其病皆何如。岐伯曰：太過則令人善忘，忽忽眩冒而巔疾。其不及則令人胷痛引背，下則兩脅胠滿。帝曰：善。夏脉如鈎，何如而鈎。岐伯曰：夏脉者心也，南方火也，萬物之所以盛長也，故其氣來盛去衰，故曰鈎，反此者病。帝曰：何如而反。岐伯曰：其氣來盛去亦盛，此謂太過，病在外。其氣來不盛，去反盛，此謂不及，病在中。帝曰：夏脉太過與不及，其病皆何如。岐伯曰：太過則令人熱而膚痛，爲浸淫。其不及則令人煩心，上見欬唾，下爲氣泄。帝曰：善。秋脉如浮，何如而浮。岐伯曰：秋脉者肺也，西方金也，萬物之所以收成也，故其氣來輕虛以浮，來急去散，故曰浮。反此者病。帝曰：何如而反。岐伯曰：其氣來毛而中央堅，兩傍虛，此謂太過，病在外。其氣來毛而微，此謂不及，病在中。帝曰：秋脉太過與不及，其病皆何如。岐伯曰：太過則令人逆氣而背痛，愠愠然。其不及則令人喘，呼吸少氣而欬，上氣見血，下聞病音。帝曰：善。冬脉如營，何如而營。岐伯曰：冬脉者腎也，北方水也，萬物之所以合藏也，故其氣來沈以搏，故曰營。反此者病。帝曰：何如而反。岐伯曰：其氣來如彈石者，此謂太過，病在外，其去如數者，此謂不及，病在中。帝曰：冬脉太過與不及，其病皆何如。岐伯曰：太過則令人解㑊，眷脉痛而少氣，不欲言。其不及則令人心懸如病飢，胗中清，脊中痛，少腹滿，小便變。帝曰：善。帝曰：四時之序，逆從之變異也，然脾脉獨何主。岐伯曰：脾脉者土也，孤藏以灌四傍者也。【略】黄帝曰：凡治病察其形氣色澤，脉之盛衰，病之新故，乃治之，無後其時。形氣相得，謂之可治。色澤以浮，謂之易已。脉從四時，謂之可治。脉弱以滑，是有胃氣，命曰易治，取之以時。形氣相失，謂之難治。色夭不澤，謂之難已。脉實以堅，謂之益甚。脉逆四時，爲不可治。必察四難，而明告之。所謂逆四時者，春得肺脉，夏得腎脉，秋得心脉，冬得脾脉。其至皆懸絶沈濇者，命曰逆四時。未有藏形，於春夏而脉沈濇，秋冬而脉浮大，名曰逆四時也。

《黄帝内經素問》卷七　藏氣法時論篇第二十二

黄帝問曰：合人形以法四時五行而治，何如而從，何如而逆，得失之意，願聞其事。岐伯對曰：五行者，金木水火土也。更貴更賤，以知死生，以決成敗，而定五藏之氣，間甚之時，死生之期也。帝曰：願卒聞之。岐伯曰：肝主春，足厥陰少陽主治，其日甲乙。肝苦急，急食甘以緩之。心主夏，手少陰太陽主治，其日丙丁。心苦緩，急食酸以收之。脾主長夏，足太陰陽明主治，其日戊己。脾苦濕，急食苦以燥之。肺主秋，手太陰陽明主治，其日庚辛。肺苦氣上逆，急食苦以泄之。腎主冬，足少陰太陽主治，其日壬癸。腎苦燥，急食辛以潤之，開腠理，致津液，通氣也。病在肝，愈於夏，夏不愈，甚於秋，秋不死，持於冬，起於春，禁當風。【略】病在心，愈在長夏，長夏不愈，甚於冬，冬不死，持於春，起於夏，禁温食熱衣。【略】病在脾，愈在秋，秋不愈，甚於春，春不死，持於夏，起於長夏。禁温食飽食，濕地濡衣。【略】病在肺，愈在冬，冬不愈，甚於夏，夏不死，持於長夏，起於秋。禁寒飲食，寒衣。【略】病在腎，愈在春，春不愈，甚於長夏，長夏不死，持於秋，起於冬。禁犯焠㶼熱食，温炙衣。

又　宣明五氣篇第二十三

五病所發：陰病發於骨，陽病發於血，陰病發於肉，陽病發於冬，陰病發於夏，夏陽氣盛，故陰病發於夏。冬陰氣盛，故陽病發於冬。各隨其少也。是謂五發。

五邪所亂：邪入於陽則狂，邪入於陰則痺，搏陽則爲巔疾，搏陰則爲瘖，陽入之陰則靜，陰出之陽則怒，是謂五亂。

五邪所見：春得秋脉，夏得冬脉，長夏得春脉，秋得夏脉，冬得長夏脉，名曰陰出之陽，病善怒不治，是謂五邪皆同，命死不治。

《黄帝内經素問》卷八　寶命全形論篇第二十五

黄帝問曰：天覆地載，萬物悉備，莫貴於人。人以天地之氣生，四時之法成。天以德流，地以氣化，德氣相合而乃生焉。《易》曰：天地絪緼，萬物化醇，此之謂也。則假以温涼寒暑，生長收藏，四時運行而方成立。君王衆庶，盡欲全形，形之疾病，莫知其情，留淫日深，著於骨髓，心私慮之。余欲鍼除其疾病，爲之奈何。【略】帝曰：余念其痛，心爲之亂惑反甚，其病不可更代，百姓聞之以爲殘賊，爲之奈何。岐伯曰：夫人生於地，懸命於天，天地合氣，命之曰人。人能應四時者，天地爲之父母。人能應四時和氣而養生者，天地恒畜養之，故爲父母。《四氣調神大論》曰：夫四時陰陽者，萬物之根本也。所以聖人春夏養陽，秋冬養陰，以從其根，故與萬物沈浮於生長之門也。知萬物者，謂之天子。天有陰陽，人有十二節。節謂節氣，外所以應十二月，内所以主十二經脉也。天有寒暑，人有虚實。寒暑有盛衰之紀，虚實表多少之殊，故人以虚實應天寒暑也。能經天地陰陽之化者，不失四時。知十二節之理者，聖智不能欺也。經常也。言能常應順天地陰陽之道而脩養者，則合四時牛長之宜。能知十二節氣之所遷至者，雖聖智亦不欺侮而奉行之也。能存八動之變，五勝更立。能達虚實之數者，獨出獨入，呿吟至微，秋毫在目。帝曰：人生有形，不離陰陽。天地合氣，別爲九野，分爲四時。月有小大，日有短長。萬物並至，不可勝量。虚實呿吟，敢問其方。岐伯曰：木得金而伐，火得水而滅，土得木而達，金得火而缺，水得土而絶，萬物盡然，不可勝竭。故鍼有懸布天下者五，黔首共餘食，莫知之也。

又　八正神明論篇第二十六

黄帝問曰：用鍼之服，必有法則焉，今何法何則。岐伯對曰：法天則地，合以天光。帝曰：願卒聞之。岐伯曰：凡刺之法，必候日月星辰四時八正之氣，氣定乃刺之。候日月者，謂候日之寒温，月之空滿也。星辰者，謂先知二十八宿之分，應水漏刻者也。畧而言之，常以日加之於宿上，則知人氣在太陽，否日行一舍，人氣在三陽與陰分矣。四時八正之氣者，謂四時正氣八節之風，來朝於太一者也。謹候其氣之所在而刺之，氣定乃刺之者，謂八節之風氣靜定，乃可以刺經脉調虚實也。故歷忌云：八節前後各五日，不可刺灸，凶。是則謂氣未定，故不可灸刺也。是故天温日明，則人血淖液而衛氣浮，故血易寫，氣易行。天寒日陰，則人血凝泣而衛氣沈。泣，謂如水中居雪也。月始生則血氣始精，衛氣始行，月郭滿則血氣實，肌肉堅。月郭空則肌肉減，經絡虚，衛氣去，形獨居。是以因天時而調血氣也。是以天寒無刺，血凝泣而衛氣沉也。天溫無疑，血淖液而氣易行也。月生無寫，月滿無補，月郭空無治，是謂得時而調之。因天之序，盛虛之時，移光定位，正立而待之。候日遷移，定氣所在，南面正立，待氣至而調之也。故曰：月生而寫，是謂藏虛。月滿而補，血氣揚溢，絡有留血，命曰重實。月郭空而治，是謂亂經。陰陽相錯，真邪不別，沈以留止，外虛內亂，淫邪乃起。帝曰：星辰八正何候。歧伯曰：星辰者，所以制日月之行也。八正者，所以候八風之虛邪以時至者也。八正謂八節之正氣也。八風者，東方嬰兒風，南方大弱風，西方剛風，北方大剛風，東北方凶風，東南方弱風，西南方謀風，西北方折風也。四時者，所以分春秋冬夏之氣所在以時調之也。八正之虛邪，而避之勿犯也。四時之氣所在者，謂春氣在經脉，夏氣在孫絡，秋氣在皮膚，冬氣在骨髓也。然觸冒虛邪，動傷真氣，避而勿犯乃不病焉。以身之虛而逢天之虛，兩虛相感，其氣至骨，入則傷五藏，工候救之，弗能傷也。故曰，天忌不可不知也。帝曰：善。其法星辰者，余聞之矣，願聞法往古者。歧伯曰：法往古者，先知鍼經也。驗於來今者，先知日之寒溫，月之虛盛，以候氣之浮沉，而調之於身，觀其立有驗也。觀其冥冥者，言形氣榮衛之不形於外，而工獨知之，以日之寒溫，月之虛盛，四時氣之浮沈，參伍相合而調之，工常先見之，然而不形於外。故曰，觀於冥冥焉，通於無窮者，可以傳於後世也。是故工之所以異也。然而不形見於外，故俱不能見也。視之無形，嘗之無味，故謂冥冥，若神髣髴。虛邪者，八正之虛邪氣也。正邪者，身形若用力，汗出腠理開，逢虛風，其中人也微，故莫知其情，莫見其形。上工救其萌牙，必先見三部九候之氣，盡調不敗而救之，故曰上工。下工救其已成，救其已敗。救其已成者，言不知三部九候之相失，因病而敗之也。知其所在者，知診三部九候之病脉處而治之，故曰守其門户焉。莫知其情，而見邪形也。

又 離合真邪論篇第二十七

黃帝問曰：【略】余願聞邪氣之在經也，其病人何如，取之奈何。歧伯對曰：夫聖人之起度數，必應於天地。故天有宿度，地有經水，人有經脉。天地溫和，則經水安静，天寒地凍，則經水凝泣。天暑地熱，則經水沸溢。卒風暴起，則經水波涌而隴起。夫邪之入於脉也，寒則血凝泣，暑則氣淖澤，虛邪因而入客，亦如經水之得風也。經之動脉，其至也亦時隴起。其行於脉中，循循然。其至寸口中手也，時大時小，大則邪至，小則平，其行無常處，在陰與陽，不可爲度。從而察之，三部九候。卒然逢之，早遏其路。【略】帝曰：候氣奈何。謂候可取之氣也。歧伯曰：夫邪去絡入於經也，舍於血脉之中，其寒溫未相得，如涌波之起也。時來時去，故不常在。故曰，方其來也，必按而止之，止而取之，無逢其衝而寫之。帝曰：善。然真邪以合，波隴不起，候之奈何。歧伯曰：審捫循三部九候之盛虛而調之。察其左右上下，相失及相減者，審其病藏以期之。氣之在陰，則候其氣之在於陰分而刺之；氣之在陽，則候其氣之在於陽分而刺之，是謂逢時。《靈樞經》曰：水下一刻，人氣在太陽；水下四刻，人氣在陰分也。積刻不已，氣亦隨在，周而復始。故審其病藏，以期其氣而刺之。不知三部者，陰陽不別，天地不分。地以候地，天以候天，人以候人。調之中府，以定三部。故曰，刺不知三部九候病脉之處，雖有大過且至，工不能禁也。因不知合之四時五行，因加相勝，釋邪攻正，絶人長命。

又 通評虛實論篇第二十八

帝曰：絡氣不足，經氣有餘，何如。歧伯曰：絡氣不足，經氣有餘者，脉口熱而尺寒也。秋冬爲逆，春夏爲從，治主病者。春夏陽氣高，故脉口熱尺中寒爲順也。十二經十五絡，各隨左右而有太過不足，工當尋其至應以施鍼艾，故云治主其病者也。帝曰：經虛絡滿何如。歧伯曰：經虛絡滿者，尺熱滿，脉口寒濇也。此春夏死秋冬生也。秋冬陽氣下，故尺中熱脉口寒爲順也。帝曰：治此者奈何？歧伯曰：絡滿經虛，灸陰刺陽。經滿絡虛，刺陰灸陽。以陰分主絡，陽分主經故爾。帝曰：脉實滿，手足寒，頭熱，何如。歧伯曰：春秋則生，冬夏則死。大略言之，夏手足寒，非病也，是夏行冬令，夏得則冬死。冬脉實滿頭熱，亦非病也，是冬行夏令，冬得則夏亡，反冬夏以言之，則皆不死，春秋得之是病，故生死皆在時之孟月也。脉浮而濇，濇而身有熱者死。【略】帝曰：春亟治經絡，夏亟治經俞，秋亟治六府，冬則閉塞。閉塞者，用藥而少鍼石也。所謂少鍼石者，非癰疽之謂也。冬月雖氣門閉塞，然癰疽氣烈，內作大膿，不急寫之，則爛筋腐骨，故雖冬月，亦宜鍼石以開除之。癰疽不得頃時回。所以癰疽之病，冬月猶得用鍼石者何此病頃時回轉之間，過而不寫，則內爛筋骨，穿通藏府。

《黃帝内經素問》卷一〇 瘧論篇第三十五

帝曰：論言夏傷於暑，秋必病瘧，今瘧不必應者，何也。歧伯曰：此應四時者也。其病異形者，反四時也。其以秋病者寒甚，秋氣清涼，陽氣下降，熱藏肌肉，故寒甚也。以冬病者寒不甚，冬氣嚴冽，陽氣伏藏，不與寒争，故寒不甚。以春病者惡風，春氣溫和，陽氣外泄，內腠開發，故惡於風。以夏病者多汗。夏氣暑熱，津液充盈，外泄皮膚，故多汗也。帝曰：夫病溫瘧與寒瘧，而皆安舍，舍於何藏。歧伯曰：溫瘧者得之冬中於風，寒氣藏於骨髓之中，至春則陽氣大發，邪氣不能自出，因遇大暑，腦髓爍，肌肉消，腠理發泄，或有所用力，邪氣與汗皆出。此病藏於腎，其氣先從内出之於外也。腎主於冬，冬主骨髓，腦爲髓海，上下相應，厥熱上熏，故腦髓銷爍，銷爍則熱氣外薄，故肌肉減削，而病藏於腎也。如是者，陰虚而陽盛，陽盛則熱矣。衰則氣復反入，入則陽虚，陽虚則寒矣。故先熱而後寒，名曰温瘧。

又 欬論篇第三十八

岐伯曰：【略】人與天地相參，故五藏各以治時，感於寒則受病，微則爲欬，甚者爲泄，爲痛。寒氣微則外應皮毛，内通肺，故欬。寒氣甚則入於内，内裂則痛，入于腸胃則泄痢。乘秋則肺先受邪，乘春則肝先受之，乘夏則心先受之，乘至陰則脾先受之，乘冬則腎先受之。

《黄帝内經素問》卷一二 風論篇第四十二

黄帝問曰：風之傷人也，或爲寒熱，或爲熱中，或爲寒中，或爲癘風，或爲偏枯，或爲風也，其病各異，其名不同，或内至五藏六府，不知其解，願聞其説。岐伯對曰：風氣藏於皮膚之間，内不得通，外不得泄。腠理開疎，則邪風入，風氣入已，玄府閉封，故内不得通，外不得泄也。風者善行而數變，腠理開則洒然寒，閉則熱而悶。其寒也則衰食飲，其熱也則消肌肉，故使人怢慄而不能食，名曰寒熱。寒風入胃，故食飲衰。熱氣内藏，故消肌肉。寒熱相合，故怢慄而不能食，名曰寒熱也。【略】以春甲乙，傷於風者爲肝風。以夏丙丁，傷於風者爲心風。以季夏戊己，傷於邪者爲脾風。以秋庚辛，中於邪者爲肺風。以冬壬癸，中於邪者爲腎風。

又 痺論篇第四十三

黄帝問曰：痺之安生。岐伯對曰：風寒濕三氣雜至，合而爲痺也。其風氣勝者爲行痺，寒氣勝者爲痛痺，濕氣勝者爲著痺也。帝曰：其有五者何也。言風寒濕氣各異，則三痺生有五何氣之勝也。岐伯曰：以冬遇此者爲骨痺，以春遇此者爲筋痺，以夏遇此者爲脉痺，以至陰遇此者爲肌痺，以秋遇此者爲皮痺。冬主骨，春主筋，夏主脉，秋主皮，至陰主肌肉，故各爲其痺也。至陰謂戊己月，及土寄王月也。

又 厥論篇第四十五

黄帝問曰：厥之寒熱者何也。岐伯對曰：陽氣衰於下則爲寒厥，陰氣衰於下則爲熱厥。帝曰：熱厥之爲熱也，必起於足下者何也。岐伯曰：陽氣起於足五指之表，陰脉者集於足下而聚於足心，故陽氣勝則足下熱也。帝曰：寒厥之爲寒也，必從五指而上於膝者，何也。岐伯曰：陰氣起於五指之裏，集於膝下，而聚於膝上，故陰氣勝則從五指至膝上寒。其寒也，不從外，皆從内也。帝曰：寒厥何失而然也。岐伯曰：前陰者，宗筋之所聚，太陰陽明之所合也。春夏則陽氣多而陰氣少，秋冬則陰氣盛而陽氣衰。此人者質壯，以秋冬奪於所用，下氣上争不能復，精氣溢下，邪氣因從之而上也。

《黄帝内經素問》卷一三 病能論篇第四十六

帝曰：有病厥者，診右脉沈而緊，左脉浮而遲，不然，病主安在。岐伯曰：冬診之右脉，固當沈緊，此應四時。左脉浮而遲，此逆四時。在左當主病在腎，頗關在肺，當腰痛也。《上經》者，言氣之通天也。《下經》者，言病之變化也。《金匱》者，決死生也。《揆度》者，切度之也。《奇恒》者，言奇病也。所謂奇者，使奇病不得以四時死也。恒者，得以四時死也。所謂揆者，方切求之也，言切求其脉理也。度者，得其病處，以四時度之也。

《黄帝内經素問》卷一六 水熱穴論篇第六十

帝曰：春取絡脉分肉，何也。岐伯曰：春者木始治，肝氣始生，肝氣急，其風疾，經脉常深，其氣少不能深入，故取絡脉分肉間。帝曰：夏取盛經分腠，何也。岐伯曰：夏者火始治，心氣始長，脉瘦氣弱，陽氣留溢，熱熏分腠，内至於經，故取盛經分腠。絶膚而病去者，邪居淺也。所謂盛經者，陽脉也。帝曰：秋取經俞，何也。岐伯曰：秋者金始治，肺將收殺，金將勝火，陽氣在合，陰氣初勝，濕氣及體，以漸於雨濕霧露，故云濕氣及體。陰氣未盛，未能深入，故取俞以寫陰邪，取合以虚陽邪，陽氣始衰，故取於合。帝曰：冬取井榮，何也。岐伯曰：冬者水始治，腎方閉，陽氣衰少，陰氣堅盛，巨陽伏沈，陽脉乃去，故取井以下陰逆，取榮以實陽氣，故曰冬取井榮，春不鼽衄，此之謂也。

《黄帝内經素問》卷一七 調經論篇第六十二

帝曰：風雨之傷人柰何。岐伯曰：風雨之傷人也，先客於皮膚，傳入於孫脉，孫脉滿則傳入於絡脉，絡脉滿則輸於大經脉。血氣與邪并客於分腠之間，其脉堅大，故曰實。實者，外堅充滿，不可按之，按之則痛。帝曰：寒濕之傷人柰何。岐伯曰：寒濕之中人也，皮膚不收，肌肉堅緊，榮血泣，衛氣去，故曰虚。虚者，聶辟氣不足，按之則氣足以温之，故快然而不痛。帝曰：陰與陽并，血氣以并，病形以成，刺之柰何。岐伯曰：刺此者，取之經隧，取血於營，取氣於衛，用形哉，因四時多少高下。

《黄帝内經素問》卷一八 四時刺逆從論篇第六十四

是故春氣在經脉，夏氣在孫絡，長夏氣在肌肉，秋氣在皮膚，冬氣在骨髓中。

帝曰：余願聞其故。岐伯曰：春者，天氣始開，地氣始泄，凍解冰釋，水行經通，故人氣在脉。夏者，經滿氣溢，入孫絡受血，皮膚充實。長夏者，經絡皆盛，内溢肌中。秋者，天氣始收，腠理閉塞，皮膚引急。冬者蓋藏，血氣在中，内著骨髓，通於五藏。是故邪氣者，常隨四時之氣血而入客也。至其變化不可爲度，然必從其經氣辟除其邪，除其邪則亂氣不生。帝曰：逆四時而生亂氣柰何。岐伯曰：春刺絡脉，血氣外溢，令人少氣。春刺肌肉，血氣環逆，令人上氣。春刺筋骨，血氣内著，令人腹脹。夏刺經脉，血氣乃竭，令人解㑊。夏刺肌肉，血氣内却，令人善恐。夏刺筋骨血，氣上逆，令人善怒。秋刺經脉，血氣上逆，令人善忘。秋刺絡脉，氣不外行，令人卧不欲動。秋刺筋骨，血氣内散，令人寒慄。冬刺經脉，血氣皆脱，令人目不明。冬刺絡脉，内氣外泄，留爲大痺。冬刺肌肉，陽氣竭絶，令人善忘。凡此四時刺者，大逆之病，不可不從也。反之，則生亂氣相淫病焉。故刺不知四時之經病之所生，以從爲逆，正氣内亂，與精相薄，必審九候，正氣不亂，精氣不轉。

《黄帝内經素問》卷一九　天元紀大論篇第六十六

黄帝問曰：天有五行，御五位，以生寒暑燥濕風。人有五藏，化五氣，以生喜怒思憂恐。論言五運相襲，而皆治之，終朞之日，周而復始，余已知之矣。願聞其與三陰三陽之候，柰何合之。鬼臾區稽首再拜對曰：昭乎哉問也。夫五運陰陽者，天地之道也，萬物之綱紀，變化之父母，生殺之本始，神明之府也，可不通乎。故物生謂之化，物極謂之變，陰陽不測謂之神，神用無方謂之聖。夫變化之爲用也，在天爲玄，在人爲道，在地爲化。化生五味，道生智，玄生神。神在天爲風，風者，教之始天之使也，天之號令也。在地爲木；在天爲熱，在地爲火；在天爲濕，在地爲土；在天爲燥，在地爲金；在天爲寒，在地爲水。故在天爲氣，在地成形，氣謂風熱濕燥寒，形謂木火土金水。形氣相感而化萬物矣。然天地者，萬物之上下也。左右者，陰陽之道路也。天有六氣御下，地有五行奉上。當歲者爲上主司天，承歲者爲下主司地。不當歲者二氣居右，北行轉之。二氣居左，南行轉之。金木水火運北面正之常，左爲右，右爲左，則左者南行，右者北行而反也。水火者，陰陽之徵兆也。以水火之寒熱，彰信陰陽之先兆也。金木者，生成之終始也。木主發生應春，春爲生化之始。金主收斂應秋，秋爲成實之終。終始不息，其化常行，故萬物生長化成收藏自久。氣有多少，形有盛衰，上下相召而損益彰矣。【略】帝曰：上下相召，柰何。鬼臾區曰：寒暑燥濕風火，天之陰陽也，三陰三陽上奉之。太陽爲寒，少陽爲暑，陽明爲燥，太陰爲濕，厥陰爲風，少陰爲火，皆其元在天，故曰，天之陰陽也。木火土金水火，地之陰陽也，生長化收藏下應之。木，初氣也。火，二氣也。相火，三氣也。土，四氣也。金，五氣也。水終氣也。以其在地應天，故云下應也。氣在地，故曰地之陰陽也。天以陽生陰長，地以陽殺陰藏。天有陰陽，地亦有陰陽。天有陰，故能下降。地有陽，故能上騰。是以各有陰陽也。陰陽交泰，故變化由之成也。木火土金水火，地之陰陽也，生長化收藏，故陽中有陰，陰中有陽。陰陽之氣，極則過亢，故各兼之。《陰陽應象大論》曰：寒極生熱，熱極生寒。又曰：重陰必陽，重陽必陰。言氣極則變也，故陽中兼陰，陰中兼陽。所以欲知天地之陰陽者，應天之氣動而不息，故五歲而右遷。應地之氣静而守位，故六朞而環會。天有六氣，地有五位，天以六氣臨地，地以五位承天，蓋以天氣不加君火故也。以六加五，則五歲而右餘一氣，故遷一位，若以五承六，則常六歲乃備盡天元之氣，故六年而環會，所謂周而復始也。地氣左行，往而不返，天氣東轉，常自火運數五歲已，其次氣正當君火氣之上，法不加臨，則右遷君火氣上，以臨相火之上，故曰五歲而右遷也。由斯動静，上下相臨，而天地萬物之情，變化之機可見矣。動静相召，上下相臨，陰陽相錯，而變由生也。天地之道，變化之微，其由是矣。帝曰：上下周紀，其有數乎。鬼臾區曰：天以六爲節，地以五爲制。周天氣者，六朞爲一備。終地紀者，五歲爲一周。六節，謂六氣之分。五制，謂五位之分。位應一歲，氣統一年，故五歲爲一周，六年爲一備。備謂備歷天氣，周謂周行地位，所以地位六而言五者，天氣不臨君火故也。君火以明，相火以位。君火在相火之右，但立名於君位，不立歲氣，故天之六氣不偶，其氣以行君火之政，守位而奉天之命，以宣行火令爾。以名奉天，故曰君火以名。守位稟命，故云相火以位。五六相合，而七百二十氣爲一紀。凡三十歲千四百四十氣，凡六十歲而爲一周。不及太過，斯皆見矣。曆法一氣十五日，因而乘之，積七百二十氣即三十年，積千四百四十氣即六十年也。經云：有餘而往，不足隨之。不足而往，有餘從之。故六十年中，不及太過，斯皆見矣。【略】帝曰：其於三陰三陽合之柰何。鬼臾區曰：子午之歲，上見少陰。丑未之歲，上見太陰。寅申之歲，上見少陽。卯酉之歲，上見陽明。辰戌之歲，上見太陽。巳亥之歲，上見厥陰。少陰所謂標也，厥陰所謂終也。厥陰之上，風氣主之。少陰之上，熱氣主之。太陰之上，濕氣主之。少陽之上，相火主之。陽明之上，燥氣主之。太陽之上，寒氣主之。所謂本也，是謂六元。帝曰：光乎哉道。明乎哉論。請著之玉版，藏之金匱，署曰天元紀。

又　五運行大論篇第六十七

黄帝坐明堂，始正天綱，臨觀八極，考建五常，請天師而問之曰：論言天地之動静，神明爲之紀，陰陽之升降，寒暑彰其兆。余聞五運之數於夫子，夫子之所言，正五氣之各主歲爾。首甲定運，余因論之。鬼史區曰：土主甲己，金主乙庚，水主丙辛，木主丁壬，火主戊癸。子午之上，少陰主之。丑未之上，太陰主之。寅申之上，少陽主之。卯酉之上，陽明主之。辰戌之上，太陽主之。巳亥之上，厥陰主之。不合陰陽，其故何也。歧伯曰：是明道也。此天地之陰陽也。夫數之可數者，人中之陰陽也，然所合數之可得者也。夫陰陽者，數之可十，推之可百，數之可千，推之可萬。天地陰陽者，不以數推以象之謂也。帝曰：願聞其所始也。歧伯曰：昭乎哉問也。臣覽《太始天元册》文，丹天之氣，經于牛女戊分。黅天之氣，經于心尾己分。蒼天之氣，經于危室柳鬼。素天之氣，經于亢氐昴畢。玄天之氣，經于張翼婁胃。所謂戊己分者，奎壁角軫，則天地之門户也。夫候之所始，道之所生，不可不通也。帝曰：善。【略】帝曰：余聞鬼史區曰，應地者静。今夫子乃言下者左行，不知其所謂也。願聞何以生之乎。歧伯曰：天地動静，五行遷復，雖鬼史區其上候而已，猶不能徧明。夫變化之用，天垂象，地成形，七曜緯虛，五行麗地。地者，所以載生成之形類也。虛者，所以列應天之精氣也。形精之動，猶根本之與枝葉也，仰觀其象，雖遠可知也。帝曰：地之爲下否乎。歧伯曰：地爲人之下，太虛之中者也。帝曰：馮乎。歧伯曰：大氣舉之也。大氣，謂造化之氣，任持大虛者也。所以太虛不屈。地久天長者，蓋由造化之氣任持之也。氣化而變，不任持之，則太虛之器亦敗壞矣。夫落葉飛空，不疾而下，爲其乘氣，故勢不得速焉。凡物有形處地之上者，皆有生化之氣任持之也。然器有大小不同，壞有遲速之異，及至氣不任持，則大小之壞一也。燥以乾之，暑以蒸之，風以動之，濕以潤之，寒以堅之，火以温之。故風寒在下，燥熱在上，濕氣在中，火遊行其間，寒暑六入，故令虛而化生也。地體之中凡有六入，一曰燥，二曰暑，三曰風，四曰濕，五曰寒，六曰火。受燥故乾性生焉，受暑故蒸性生焉，受風故動性生焉，受濕故閏性生焉，受寒故堅性生焉，受火故温性生焉，此謂天之六氣也。故燥勝則地乾，暑勝則地熱，風勝則地動，濕勝則地泥，寒勝則地裂，火勝則地固矣。六氣之用。帝曰：天地之氣，何以候之。歧伯曰：天地之氣，勝復之作，不形於診也。脉法曰：天地之變，無以脉診，此之謂也。【略】帝曰：寒暑燥濕風火，在人合之奈何。其於萬物，何以化生。歧伯曰：東方生風，東者日之初，風者教之始，天之使也，所以發號施令，故生自東方也。景霽山昏，蒼埃際合。崖谷若一，巖岫之風也。黄白昏埃，晚空如堵，獨見天垂，川澤之風也。加以黄黑白埃承下，山澤之猛風也。風生木，陽升風，草木敷榮，故曰風生木也，此和氣之化生也。若風氣施化，則飄揚敷折，其爲變極，則本拔草除也。運承丁卯、丁丑、丁亥、丁酉、丁未、丁巳之歲，則風化不足。若乘壬申、壬午、壬辰、壬寅、壬子、壬戌之歲，則風化有餘於萬物也。木生酸，酸生肝，肝生筋，筋生心。其在天爲玄，玄謂玄冥也。丑之終，東方白，寅之初，天色反黑，太虛皆闇，在天爲玄，象可見。在人爲道，在地爲化，化生五味。道生智，玄生神，化生氣。神在天爲風，鳴紊啓坼，風之化也。振拉摧拔，風之用也。歲屬厥陰在上，則風化於天，厥陰在下，則風行於地。在地爲木，在體爲筋，在氣爲柔，在藏爲肝。在性爲暄，其德爲和，其用爲動，風摇而動，無風則萬類皆静。其色爲蒼，其化爲榮，其蟲毛，其政爲散，其令宣發，其變摧拉，其眚爲隕，隕墜也。大風暴起，草泯木墜。其味爲酸，其志爲怒。怒傷肝，悲勝怒。風傷肝，燥勝風。酸傷筋，辛勝酸。南方生熱，陽盛所生，相火君火之政也。太虛昏翳，其若輕塵，山川悉然，熱之氣也。大明不彰，其色如丹，鬱熱之氣也。若行雲暴升，嵸然葉積，乍盈乍縮，崖谷之熱也。熱生火，熱甚之氣，火運盛明，故曰熱生火。火者，盛陽之生化也。熱氣施化則炎暑鬱燠，其爲變極則燔灼銷融，運乘癸酉、癸未、癸巳、癸卯、癸丑、癸亥歲，則熱化不足，若乘戊辰、戊寅、戊子、戊戌、戊申、戊午歲，則熱化有餘，火有君火相火，故曰熱生火，又云火也。火生苦，苦生心，心生血，血生脾。其在天爲熱，在地爲火，在體爲脉，在氣爲息，在藏爲心。其性爲暑，其德爲顯，其用爲躁，其色爲赤，其化爲茂，其蟲羽，其政爲明，其令鬱蒸，其變炎爍，其眚燔焫，其味爲苦，其志爲喜。喜傷心，恐勝喜。熱傷氣，寒勝熱。苦傷氣，鹹勝苦。中央生濕，中央土也，高山土濕，泉出地中，水源山隈，雲生巖谷，則其象也。夫性内蘊動而爲用，則雨降雲騰，中央生濕，不遠信矣。故《歷候記》土潤溽暑於六月，謂是也。濕生土，濕氣内蘊，土體乃全。濕則土生，乾則土死。死則物類彫喪，生則萬物滋榮，此濕氣之化爾。濕氣施化，則土宅而雲騰雨降，其爲變極則驟注土崩也。土生甘，甘生脾，脾生肉，肉生肺。其在天爲濕，言神化也。柔潤重澤，濕之化也。埃鬱雲雨，濕之用也。歲屬太陰在上，則濕化於天。太陰在下，則濕化於地。在地爲土，在體爲肉，在氣爲充，在藏爲脾。其性静兼，其德爲濡，其用爲化，其色爲黄，其化爲盈，其蟲倮，其政爲謐，其令雲雨，濕氣布化之所成。其變動注，動反静也。地之動則土失性，風摇不安，注雨久下也。久則垣岸復爲土矣。其眚淫潰，淫，久雨也。潰土崩潰也。其味爲甘，其志爲思。思傷脾，怒勝思。濕傷肉，風勝濕。甘傷脾，酸勝甘。西方生燥，陽氣已降，陰氣復升，氣爽風勁，故生燥也。夫巖谷青埃，川源蒼翠，煙浮草木，遠望氤氲，此金氣所生，燥之化也。夜起白朦，輕如微霧，遐邇一色，星月皎如，此萬物陰成，亦金氣所生，白露之氣也。太虛埃昏，氣鬱黄黑，視不見遠，無風自行，從陰之陽，如雲如霧，此殺氣也，亦金氣所生，霜之氣也。山谷川澤，濁昏如霧，氣鬱蓬勃，慘然戚然，咫尺不分，此殺氣將用，亦金氣所生，運之氣也。天雨大霖，和氣而起，雲光陽曜，太虚節清，燥生西方，義可徵也。若西風大起，木偃雲騰，是爲燥與濕争，氣不勝也，故當復雨。然西風雨晴，天之常氣，故有東風雨止，必有西風復雨，因雨而乃自晴。觀是之爲，則氣有往復，動有燥濕，變化之象，不同其用矣。由此則天地之氣，以和爲勝，暴發奔驟，氣所不勝，則多爲復也。燥生金，金生辛，辛生肺，肺生皮毛，皮毛生腎。其在天爲燥，神化也。霧露清勁，燥之化也。肅殺凋零，燥之用也。歲屬陽明在上，則燥化於天。陽明在下，則燥行於地者也。在地爲金，在體爲皮毛，在氣爲成，在藏爲肺。其性爲凉，其德爲清，其用爲固，其色爲白，其化爲斂，其蟲介，其政爲勁，其令霧露，凉氣化生。其變肅殺，其眚蒼落，其味爲辛，其志爲憂。憂傷肺，喜勝憂。熱傷皮毛，寒勝熱，辛傷皮毛，苦勝辛。北方生寒，陽氣伏，陰氣升，政布而大行，故寒生也。太虚澄净，黑氣浮空，天色黯然，高空之寒氣也。若氣似散麻，本末皆黑，微見川澤之寒氣也。太虚清白，空猶雪映，遐邇一色，山谷之寒氣也。太虚白昏，火明不翳，如霧雨氣，遐邇肅然，北望色玄，凝雰夜落，此水氣所生，寒之化也。太虚凝陰，白埃昏翳，天地一色，遠視不分，此寒濕凝結，雪之將至也。地裂水冰，河渠乾涸，枯澤浮鹹，木斂土堅，是土勝水，水不得自清，水所生，寒之用也。寒生水，寒資陰化，水所由生，此寒氣之生化爾。寒氣施化則水冰雪雰，其爲變極，則水涸冰堅。運乘丙寅、丙子、丙戌、丙申、丙午、丙辰之歲，則寒化大行，乘辛未、辛巳、辛卯、辛丑、辛亥、辛酉之歲，則寒化少。水生鹹，鹹生腎，腎生骨髓，髓生肝。其在天爲寒，神化也。凝慘冰雪，寒之化也。凛冽霜雹，寒之用也。歲屬太陽在上，則寒化於天。太陽在下，則寒行於地。在地爲水，陰氣布化，流於地中，則爲水泉。澄澈流衍，水之體也。漂蕩没溺，水之用也。在體爲骨，在氣爲堅，在藏爲腎。其性爲凛，其德爲寒，其用爲本闕，其色爲黑，其化爲肅，其蟲鱗，其政爲静，其令本闕，其變凝冽，其眚冰雹，其味爲鹹，其志爲恐。恐傷腎，思勝恐。寒傷血，燥勝寒。鹹傷血，甘勝鹹。五氣更立，各有所先，非其位則邪，當其位則正。

又　六微旨大論篇第六十八

帝曰：初中何也。岐伯曰：所以分天地也。帝曰：願卒聞之。岐伯曰：初者地氣也，中者天氣也。氣之初，天用事，天用事則地氣上騰於太虚之内。氣之中，地氣主之，地氣主則天氣下降於有質之中。帝曰：其升降何如。岐伯曰：氣之升降，天地之更用也。帝曰：願聞其用何如。岐伯曰：升已而降，降者謂天。降已而升，升者謂地。氣之初，地氣升，氣之中，天氣降，升已而降，以下彰天氣之下流，降已而升，以上表地氣之上應。天氣下降，地氣上騰，天地交合，泰之象也。《易》曰：天地交泰是以天地之氣，升降常以三十日半下上，下上不已，故萬物生化，無有休息，而各得其所也。天氣下降，氣流于地。地氣上升，氣騰于天。故高下相召，升降相因，而變作矣。氣有勝復，故變生也。帝曰：善。寒濕相遘，燥熱相臨，風火相值，其有聞乎。岐伯曰：氣有勝復，勝復之作，有德有化，有用有變，變則邪氣居之。夫撫掌成聲，沃火生沸，物之交合，象出其間，萬類交合，亦由是矣。天地交合，則八風鼓拆，六氣交馳於其間，故氣不能正者，反成邪氣。帝曰：何謂邪乎。邪者，不正之目也。天地勝復，則寒暑燥濕風火六氣互爲邪也。岐伯曰：夫物之生從於化，物之極由乎變，變化之相薄，成敗之所由也。夫氣之有生化也，不見其形，不知其情，莫測其所起，莫究其所止，而萬物自生自化，近成無極，是謂天和。見其象，彰其動，震烈剛暴，飄泊驟卒，拉堅摧殘，摺拆鼓慄，是謂邪氣，故物之生也。静而化成，其毁也躁而變革，是以生從於化，極由乎變，變化不息，則成敗之由常在，生有涯分者，言有終始爾。故氣有往復，用有遲速，四者之有，而化而變，風之來也。天地易位，寒暑移方，水火易處，當動用時，氣之遲速往復故不常在，雖不可究識意端，然微甚之用，而爲化爲變，風所由來也。人氣不勝，因而感之，故病生焉，風匪求勝於人也。帝曰：遲速往復，風所由生，而化而變，故因盛衰之變耳。成敗倚伏遊乎中，何也。岐伯曰：成敗倚伏生乎動，動而不已則變作矣。動静之理，氣有常運，其微也爲物之化，其甚也爲物之變。化流於物，故物得之以生。變行於物，故物得之以死。由是成敗倚伏，生於動之微甚遲速爾。豈唯氣獨有是哉。人在氣中，養生之道，進退之用，當皆然也。帝曰：有期乎。岐伯曰：不生不化，静之期也。人之期，可見者二也，天地之期不可見也。夫二可見者，一曰生之終也，其二曰變易與上同體。然後捨小生化，歸於大化，以死後猶化變未已，故可見者二也。天地終極，人壽有分，長短不相及，故人見之者鮮矣。帝曰：不生化乎。言亦有不生不化者乎。岐伯曰：出入廢則神機化滅，升降息則氣立孤危。出入謂喘息也，升降謂化氣也。夫毛羽倮鱗介，及飛走蚑行，皆生氣根於身中，以神爲動静之主，故曰神機也。然金玉土石，鎔埏草木，皆生氣根於外，假氣以成立主持，故曰氣立也。故非出入則無以生長壯老已，非升降則無以生長化收藏，是以升降出入，無器不有。故器者生化之宇，器散則分之，生化息矣。器，謂天地及諸身也。宇，謂屋宇也。以其身形包藏府藏，受納神靈，與天地同，故皆名器也。故無不出入，無不升降。化有小大，期有近遠，四者之有，而貴常守，四者謂出入升降也。反常則災害至矣。故曰，無形無患，此之謂也。帝曰：善。有不生不化乎。岐伯曰：悉乎哉問也。與道合同，惟真人也。帝曰：善。

《黄帝内經素問》卷二〇　氣交變大論篇第六十九

黄帝問曰：五運更治，上應天朞。陰陽往復，寒暑迎隨。真邪相薄，内外分離。六經波蕩，五氣傾移。太過不及，專勝兼并。願言其始，而有常名。可得聞乎。歧伯稽首再拜，對曰：昭乎哉問也。是明道也。【略】帝曰：五運之化，太過何如。歧伯曰：歲木太過，風氣流行，脾土受邪，民病飧泄，食減體重，煩冤腸鳴，腹支滿，上應歲星。【略】歲火太過，炎暑流行，金肺受邪，民病瘧，少氣，欬喘血溢，血泄注下，嗌燥、耳聾、中熱、肩背熱，上應熒惑星。【略】收氣不行，長氣獨明，雨水霜寒，上應辰星。金氣退避，火氣獨行，水氣折之，故雨零冰雹，及徧降霜寒而殺物也。水復於火，天象應之，辰星逆凌，乃寒災於物也。【略】歲土太過，雨濕流行，腎水受邪。變生得位，藏氣伏，化氣獨治之，泉涌河衍，涸澤生魚，風雨大至，土崩潰，鱗見于陸，病腹滿溏泄，腸鳴反下，甚而太谿絶者，死不治，上應歲星。諸甲，歲也。得位，謂季月也。藏水氣也，化土氣也，化太過，故水藏伏匿，而化氣獨治。土勝木復，故風雨大至，水泉涌，河渠溢，乾澤生魚。濕既甚矣，風又鼓之，故土崩潰。土崩潰謂垣頹岸仆，山落地入也。河溢泉涌，枯澤水滋，鱗物豐盛，故見于陸地也。【略】歲金太過，燥氣流行，肝木受邪。【略】歲水太過，寒氣流行，邪害心火，民病身熱，煩心、躁悸、陰厥，上下中寒，譫妄、心痛，寒氣早至，上應辰星。甚則腹大脛腫，喘欬，寢汗出，憎風，大雨至，埃霧朦鬱，上應鎮星。上臨太陽，雨冰雪霜不時降，濕氣變物，病反腹滿，腸鳴，溏泄，食不化，渴而妄冒，神門絶者死不治，上應熒惑辰星。諸丙歲也。丙辰、丙戌歲，太陽上臨，是謂天符之歲也。寒氣太甚，故雨化爲冰雪，雨冰則雹也。霜不時降，彰其寒也。土復其水，則大雨霖霪，濕氣内深，故物皆濕變。帝曰：善。其不及何如。歧伯曰：悉乎哉問也。歲木不及，燥廼大行，清冷時至，加之薄寒，是謂燥氣。燥，金氣也。生氣失應，草木晚榮，後時之謂失應也。肅殺而甚，則剛木辟著，悉萎蒼乾，上應太白星。天地淒愴，日見朦昧，謂雨非雨，謂晴非晴，人意慘然，氣象凝斂，是爲肅殺甚也。民病中清，胠脅痛，少腹痛，腸鳴，溏泄，涼雨時至，上應太白星。其穀蒼，金氣秉木，肝之病也。乘此氣者，腸中自鳴而溏泄者，即無胠脅少腹之痛疾也。微者善之，甚者止之，遇夏之氣，亦自止也。遇秋之氣，而復有之，涼雨時至，謂應時而至也。金土齊化，故涼雨俱行，火氣來復，則夏雨少。金氣勝木，太白臨之，加其宿屬分皆災也。金勝畢歲，火氣不復，則蒼色之穀不成實也。上臨陽明，失氣生政，草木再榮，化氣廼急，上應太白、鎮星。其主蒼早。復則炎暑流火，濕性燥，柔脆草木焦槁，下體再生，華實齊化，病寒熱、瘡瘍、疿胗、癰痤，上應熒惑、太白，其穀白堅。火氣復金，夏生大熱，故萬物濕性，時變爲燥，流火爍物，故柔脆草木及蔓延之類，皆上乾死而下體再生。若辛熱之草，死不再生也。小熱者死少，大熱者死多。火大復已，土氣間至，則涼雨降，其酸苦甘鹹性寒之物，乃再發生。新開之與先結者，齊承化而成熟，火復其金，太白減曜，熒惑上應則益光芒，加其宿屬則皆災也。以火反復，故曰白堅之穀，秀而不實。白露早降，收殺氣行，寒雨害物，蟲食甘黄。脾土受邪，赤氣後化，心氣晚治，上勝肺金，白氣廼屈，其穀不成，欬而鼽，上應熒惑、太白星。陽明上臨，金自用事，故白露早降，寒涼大至，則收殺氣行，以太陽居土濕之位，寒濕相合，故寒雨害物，少於成實，金行伐木，假途於土，子居母内，蟲之象也。歲火不及，寒廼大行，長政不用，物榮而下，凝慘而甚，則陽氣不化，廼折榮美，上應辰星。【略】復則埃鬱大雨，且至黑氣廼辱，病鶩溏腹滿，食飲不下，寒中腸鳴，泄注腹痛，暴攣痿痺，足不任身，上應鎮星、辰星，玄穀不成。埃鬱雲雨土之用也，復寒之氣必以濕，濕氣内淫，則生腹疾身重。歲土不及，風廼大行，化氣不令，草木茂榮，飄揚而甚，秀而不實，上應歲星。歲金不及，炎火廼行，生氣廼用，長氣專勝，庶物以茂，燥爍以行，上應熒惑星。【略】復則寒雨暴至，廼零冰雹霜雪殺物，陰厥且格，陽反上行，頭腦户痛，延及□頂發熱，上應辰星。丹穀不成，民病口瘡，甚則心痛。寒氣折火，則見冰雹霜雪冰雹先傷而霜雪後損，皆寒氣之常也。其災害，廼傷於赤化也。諸不及而爲勝所犯，子氣復之者，皆歸其方也。陰厥，謂寒逆也。格至也，亦拒也。水行折火，以救困金，天象應之，辰星明熒，赤色之穀，爲霜雹損之。歲水不及，濕廼大行，長氣反用，其化廼速，暑雨數至，上應鎮星。濕大行，謂數雨也。化速，謂物早成也。火濕齊化，故暑雨數至，乘水不及，而土勝之，鎮星之象，增益光明，逆凌留犯，其又甚矣。復則大風暴發，草偃木零，生長不鮮，面色時變，筋骨併辟，肉瞤瘛，目視䀮䀮，物疎璺，肌肉胗發，氣并鬲中，痛於心腹，黄氣廼損，其穀不登，上應歲星。木復其土，故黄氣反損，而黅穀不登也。謂實不成，無以登祭器也。木氣暴復，歲星下臨宿屬分者災。帝曰：善。願聞其時也。歧伯曰：悉哉問也。木不及，春有鳴條律暢之化，則秋有霧露清涼之政。春有慘淒殘賊之勝，則夏有炎暑燔爍之復。其眚東，其藏肝，其病内舍胠脅，外在關節。火不及，夏有炳明光顯之化，則冬有嚴肅霜寒之政。夏有慘淒凝冽之勝，則不時有埃昏大雨之復。其眚南，其藏心，其病内舍膺脅，外在經絡。土不及，四維有埃雲潤澤之化，則春有鳴條鼓拆之政。四維發振拉飄騰之變，則秋有肅殺霖霪之復。其眚四維，其藏脾，其病内舍心腹，外在肌肉四支。金不及，夏有光顯鬱蒸之令，則冬有嚴凝整肅之應。夏有炎爍燔燎之變，則秋有冰雹霜雪之復。其眚西，其藏肺，其病内舍膺脅肩背，外在皮毛。西方肺之主也。水不及，四維有湍潤埃雲之化，則不時有和風生發之應。四維發埃昏驟注之變，則不時有飄蕩振拉之復。其眚北，其藏腎，其病內舍腰脊骨髓，外在谿谷踹膝。【略】帝曰：夫子之言五氣之變，四時之應，可謂悉矣。夫氣之動亂觸遇，而作發無常會，卒然災合，何以期之。岐伯曰：夫氣之動變固不常在，而德化政令災變，不同其候也。帝曰：何謂也。岐伯曰：東方生風，風生木，其德敷和，其化生榮，其政舒啓，其令風，其變振發，其災散落。南方生熱，熱生火，其德彰顯，其化蕃茂，其政明曜，其令熱，其變爍焫。中央生濕，濕生土，其德溽蒸，其化豐備，其政安靜，其令濕，其變驟注，其災霖潰。溽，濕也。蒸，熱也。驟注，急雨也。霖，久雨也。潰爛泥也。西方生燥，燥生金，其德清潔，其化緊斂，其政勁切，其令燥，其變肅殺，其災蒼隕。北方生寒，寒生水，其德淒滄，其化清謐，其政凝肅，其令寒，其變溧冽，其災冰雪霜雹。淒滄，薄寒也。謐，静也。肅中，列嚴整也。溧冽，甚寒也。冰雪霜雹，寒氣凝結所成。水復火則非時而有也。是以察其動也，有德有化，有政有令，有變有災，而物由之，而人應之也。

又 五常政大論篇第七十

帝曰：三氣之紀願聞其候。岐伯曰：悉乎哉問也。敷和之紀，木德周行，陽舒陰布，五化宣平。【略】委和之紀，是謂勝生，生氣不政，化氣迺揚，長氣自平，收令迺早，涼雨時降，風雲並興，涼，金化也。雨，濕氣也。風，木化也。雲，濕氣也。草木晚榮，蒼乾凋落，物秀而實，膚肉內充。【略】伏明之紀，是謂勝長，長氣不宣，藏氣反布，收氣自政，化令迺衡，寒清數舉，暑令迺薄，承化物生，生而不長，成實而稚，遇化已老，陽氣屈伏，蟄蟲早藏。【略】其主冰雪霜寒。凝慘溧冽，則暴雨霖霪，凝慘溧冽，水無德也。暴雨霖霪，土之復也。眚於九，九，南方也。其主驟注雷霆震驚，天地氣争而生是變氣交之內，害及粢盛及傷鱗類。沈□淫雨。沈陰淫雨，濕變所生也。卑監之紀，是謂減化，化氣不令，生政獨彰，長氣整，雨迺愆，收氣平，不相干犯，則平整。化氣減，故雨愆期。風寒並興，草木榮美，風，木也。寒，水也。土少，故寒氣得行。生氣獨彰，故草木敷榮而端美。秀而不實，成而粃也。【略】從革之紀，是謂折收，收氣迺後，生氣迺揚，長化合德，火政迺宣，庶類以蕃。【略】炎光赫烈，則冰雪霜雹，炎光赫烈，火無德也。冰雪霜雹，水之復也。水復之作，雹形如半珠。眚於七，七，西方也。其主鱗伏彘鼠，歲氣早至，迺生大寒。涸流之紀，是謂反陽，藏令不舉，化氣迺昌，長氣宣布，蟄蟲不藏，土潤水泉減，草木條茂，榮秀滿盛。【略】埃昏驟雨，則振拉摧拔，埃昏驟雨，土之虐也。振拉摧拔，木之復也。眚於一，一，北方也。其主毛顯狐狢，變化不藏，故乘危而行，不速而至，暴虐無德，災反及之，微者復微，甚者復甚，氣之常也。發生之紀，是謂啓□。土疎泄，蒼氣達，陽和布化，陰氣迺隨，生氣淳化，萬物以榮。【略】赫曦之紀，是謂蕃茂。陰氣內化，陽氣外榮，炎暑施化，物得以昌。【略】暴烈其政，藏氣迺復，時見凝慘，甚則雨水霜雹切寒，邪傷心也。敦阜之紀，是謂廣化。厚德清静，順長以盈，至陰內實，物化充成，煙埃朦鬱，見於厚土，大雨時行，濕氣迺用，燥政迺辟。【略】堅成之紀，是謂收引。天氣潔，地氣明，陽氣隨陰治化，燥行其政，物以司成，收氣繁布，化洽不終。【略】流衍之紀，是謂封藏。寒司物化，天地嚴凝，藏政以布，長令不揚。其化凛，其氣堅，其政謐，其令流注，其動漂泄沃涌，其德凝慘寒雰，其變冰雪霜雹。【略】政過則化氣大舉，而埃昏氣交，大雨時降，邪傷腎也。暴寒數舉，是謂政過。火被水凌，土來仇復，故天地昏翳，土水氣交，大雨斯降而邪傷腎也。故曰，不恒其德，則所勝來復；政恒其理，則所勝同化，此之謂也。帝曰：天不足西北，左寒而右涼。地不滿東南，右熱而左温。其故何也。岐伯曰：陰陽之氣，高下之理，太少之異也。高下，謂地形。太少，謂陰陽之氣，盛衰之異。今中原地形，西北方高，東南方下，西方涼，北方寒，東方温，南方熱，氣化猶然矣。東南方，陽也，陽者其精降於下，故右熱而左温。陽精下降，故地以温而知之於下矣。陽氣生於東而盛於南，故東方温而南方熱，氣之多少明矣。西北方，陰也，陰者其精奉於上，故左寒而右涼。陰精奉上，故地以寒而知之於上矣。陰氣生於西而盛於北，故西方涼北方寒。是以地有高下，氣有温涼。高者氣寒，下者氣熱。故適寒涼者脹之，温熱者瘡。下之則脹已，汗之則瘡已。此湊理開閉之常，太少之異耳。西北東南，言其大也。夫以氣候驗之，中原地形所居者，悉以居高則寒，處下則熱。嘗試觀之，高山多雪，平川多雨，高山多寒，平川多熱，則高下寒熱可徵見矣。中華之地，凡有高下之大者，東西南北各三分也。其一者，自漢蜀江南至海也。二者，自漢江北至平遥縣也。三者，自平遥北山北至蕃界北海也。故南分大熱，中分寒熱兼半，北分大寒。南北分外，寒熱尤極。大熱之分，其寒微，大寒之分，其熱微。然其登涉極高山頂，則南面北面，寒熱懸殊，榮枯倍異也。又東西高下之別亦三矣，其一者自汧源縣西至沙州，二者自開封縣西至汧源縣，三者自開封縣東至滄海也。故東分大温，中分温涼兼半，西分大涼。大温之分，其寒五分之二，大涼之分，其熱五分之二，温涼分外，温涼尤極，變爲大喧大寒也。約其大凡如此。然九分之地，寒極於東北，熱極於西南。九分之地，其中有高下不同，地高處則濕，下處則燥，此一方之中小異也。若大而言之，是則高下之有一也。何者。中原地形，西高北高，東下南下。今百川滿湊，東之滄海，則東南西北高下可知。一爲地形高下，故寒熱不同。二則陰陽之氣有少有多，故表温涼之異爾。今以氣候驗之，乃春氣西行，秋氣東行，冬氣南行，夏氣北行。以中分校之，自開封至汧源，氣候正與歷候同。以東行校之，自開封至滄海，每一百里，秋氣至晚一日，春氣發早一日。西行校之，自汧源縣西至蕃界磧石，其以南向及西北東南者，每四十里，春氣發晚一日，秋氣至早一日。北向及東北西南者，每一十五里，春氣發晚一日，秋氣至早一日。南行校之，川形有北向及東北西南者，每五百里，（新校正云，按別本作十五里）陽氣行晚一日，陰氣行早一日。南向及東南西北川，每一十五里，熱氣至早一日，寒氣至晚一日。廣平之地，則每五十里，陽氣發早一日，寒氣至晚一日。北行校之，川形有南向及東南西北者，每二十五里，陽氣行晚一日，陰氣行早一日。北向及東北西南川，每一十五里，寒氣至早一日，熱氣至晚一日。廣平之地，則每二十里，熱氣行晚一日，寒氣至早一日。大率如此。然高處峻處，冬氣常在，平處下處，夏氣常在，觀其雪零草茂，則可知矣。然地土固有弓形川，蛇行川，月形川，地勢不同，生殺榮枯，地同而天異。凡此之類，有離向丙向巽向乙向震向處，則春氣早至，秋氣晚至，早晚校十五日。有丁向坤向庚向兑向辛向乾向坎向艮向處，則秋氣早至，春氣晚至，早晚亦校二十日。是所謂帶山之地也，審觀向背，氣候可知。寒涼之地，湊理開少而閉多，閉多則陽氣不散，故適寒涼，腹必脹也。濕熱之地，湊理開多而閉少，開多則陽發散，故往溫熱，皮必瘡也。下之則中氣不餘，故脹已。汗之則陽氣外泄，故瘡愈。帝曰：其於壽夭何如。岐伯曰：陰精所奉其人壽，陽精所降其人夭。帝曰：善。其病也，治之柰何。岐伯曰：西北之氣，散而寒之。東南之氣，收而溫之。所謂同病異治也。故曰，氣寒氣涼，治以寒涼，行水漬之。氣溫氣熱，治以溫熱，强其內守。必同其氣，可使平也，假者反之。寒方以寒，熱方以熱，溫方以溫，涼方以涼，是正法也，是同氣也。行水漬之，是湯漫漬也。若西方北方有冷病，假熱方溫方以除之，東方南方有熱疾，須涼方寒方以療者，則反上正法以取之。帝曰：善。一州之氣，生化壽夭不同，其故何也。岐伯曰：高下之理，地勢使然也。崇高則陰氣治之，污下則陽氣治之。陽勝者先天，陰勝者後天。先天，謂先天時也。後天，謂後天時也。悉言土地生榮枯落之先後也。物既有之，人亦如然。此地理之常，生化之道也。帝曰：其有壽夭乎。岐伯曰：高者其氣壽，下者其氣夭，地之小大異也。小者小異，大者大異。大，謂東南西北相遠萬里許也。小，謂居所高下相近二十三十里或百里許也。地形高下懸倍不相計者，以近爲小，則十里二十里。高下平慢氣相接者，以遠爲小，則三百里二百里。地氣不同，乃異也。故治病者，必明天道地理，陰陽更勝，氣之先後，人之壽夭，生化之期，乃可以知人之形氣矣。不明天地之氣，又昧陰陽之候，則以壽爲夭，以夭爲壽，雖盡上聖救生之道，畢經脉藥石之妙，猶未免世中之誣斥也。帝曰：善。其歲有不病，而藏氣不應不用者何也。岐伯曰：天氣制之，氣有所從也。帝曰：願卒聞之。岐伯曰：少陽司天，火氣下臨，肺氣上從，白起金用，草木眚火，見燔焫革，金且耗大，暑以行欬，嚏鼽衄鼻窒，曰瘍寒熱胕腫。風行于地，塵沙飛揚，心痛胃脘痛，厥逆鬲不通，其主暴速。陽明司天，燥氣下臨，肝氣上從，蒼起木用而立，土迺眚。淒滄數至，木伐草萎，脅痛目赤，掉振鼓慄，筋痿不能久立。卯酉之歲候也。木用，亦謂木功也。淒滄，大涼也。此病之起天氣生焉。暴熱至，土迺暑，陽氣鬱發，小便變，寒熱如瘧，甚則心痛，火行于槁，流水不冰，蟄蟲迺見。少陰在泉，熱監于地，而爲是也。病之所有，地氣生焉。太陽司天，寒氣下臨，心氣上從，而火且明，丹起金迺眚，寒清時舉，勝則水冰，火氣高明，心熱煩，嗌乾，善渴，鼽嚏，喜悲數欠，熱氣妄行，寒迺復，霜不時降，善忘甚則心痛，土迺潤，水豐衍，寒客至，沈陰化濕氣變物，水飲內稸，中滿不食，皮㾬肉苛，筋脉不利，甚則胕腫，身後癰。厥陰司天，風氣下臨，脾氣上從，而土且隆黃起，水迺眚，土用革，體重，肌肉痿，食減口爽，風行太虛，雲物搖動，目轉耳鳴，火縱其暴，地迺暑，大熱消爍，赤沃下，蟄蟲數見，流水不冰，其發機速。少陰司天，熱氣下臨，肺氣上從，白起金用，草木眚，喘嘔寒熱，嚏鼽衄鼻窒，大暑流行，甚則瘡瘍燔灼，金爍石流，地迺燥清，淒滄數至，脅痛善太息，肅殺行，草木變。太陰司天，濕氣下臨，腎氣上從，黑起水變，埃冒雲雨，胷中不利，陰痿氣大衰，而不起不用，當其時，反腰脽痛，動轉不便也。丑未之歲候也。水變，謂甘泉變鹹也。埃，土霧也。冒，不分遠也。雲雨，土化也。脽，謂臀肉也。病之有者，天氣生焉。厥逆地迺藏陰，大寒且至，蟄蟲早附，心下否痛，地裂冰堅，少腹痛，時害於食，乘金則止水，增味迺鹹，行水減也。

《黃帝内經素問》卷二一　六元正紀大論篇第七十一

黃帝問曰：六化六變，勝復淫治，甘苦辛鹹酸淡先後，余知之矣。夫五運之化，或從五氣，或逆天氣，或從天氣而逆地氣，或從地氣而逆天氣，或相得，或不相得，余未能明其事。欲通天之紀，從地之理，和其運，調其化，使上下合德，無相奪倫。天地升降，不失其宜，五運宣行，勿乖其政，調之正味從逆，奈何。氣同謂之從，氣異謂之逆，勝制爲不相得，相生爲相得。司天地之氣，更淫勝復，各有主治，法則欲令平調氣性，不違忤天地之氣，以致清静和平也。岐伯稽首再拜，對曰：昭乎哉問也。此天地之綱紀，變化之淵源，非聖帝孰能窮其至理歟。臣雖不敏，請陳其道。令終不滅，久而不易。氣主循環，同於天地，太過不及，氣序常然，不言永定之制，則久而更易，去聖遼遠，何以明之。帝曰：願夫子推而次之，從其類序，分其部主，別其宗司，昭其氣數，明其正化，可得聞乎。部主，謂分六氣所部主者也。宗司，謂配五氣運行之位也。氣數，謂天地五運氣更用之正數也。正化，謂歲直氣味所宜酸苦甘辛鹹寒溫冷熱也。岐伯曰：先立其年，以明其氣。金木水火土，運行之數。寒暑燥濕風火，臨御之化。則天道可見，民氣可調，陰陽卷舒，近而無惑，數之可數者，請遂言之。遂，盡也。帝曰：太陽之政奈何。岐伯曰：辰戌之紀也。

太陽　太角　太陰　壬辰　壬戌　其運風，其化鳴紊啓拆，其變振拉摧拔，其病眩掉目瞑。

太角初正　少徵　太宮　少商　太羽終

太陽　太徵　太陰　戊辰　戊戌同正徵　其運熱，其化暄暑鬱燠，其變炎烈沸騰，其病熱鬱。

太徵　少宮　太商　少羽終　少角初

太陽　太宮　太陰　甲辰歲會　甲戌歲會　其運陰埃，其化柔潤重澤，其變震驚飄驟，其病濕下重。

太宮　少商　太羽終　太角初　少徵

太陽　太商　太陰　庚辰　庚戌　其運涼，其化霧露蕭飋，其變肅殺凋零，其病燥背瞀胸滿。

太商　少羽終　少角初　太徵　少宮

太陽　太羽　太陰　丙辰天符　丙戌天符　其運寒，其化凝，慘慄冽，其變冰雪霜雹，其病大寒，留於谿谷。

太羽終　太角初　少徵　太宮　少商

凡此太陽司天之政，氣化運行先天，六步之氣，生長化成收藏，皆先天時而應至也。餘歲先天同之也。天氣肅，地氣靜，寒臨太虛，陽氣不令，水土合德，上應辰星鎮星。其穀玄黅，天地正氣之所生長化成也。黅，黃也。其政肅，其令徐，寒政大舉，澤無陽燄，則火發待時，寒甚則火鬱，待四氣乃發暴爲炎熱也。少陽中治，時雨迺涯，止極雨散，還於太陰，雲朝北極，濕化迺布，北極雨府也。澤流萬物，寒敷於上，雷動于下，寒濕之氣，持於氣交，民病寒濕，發肌肉萎，足痿不收，濡寫血溢。初之氣，地氣遷，氣迺大温，草迺早榮，民迺厲，温病迺作，身熱頭痛嘔吐，肌腠瘡瘍。二之氣，大涼反至，民迺慘，草迺遇寒，火氣遂抑，民病氣鬱中滿，寒迺始。因涼而乂之於寒氣，故寒氣始來近人也。三之氣，天政布，寒氣行，雨迺降，民病寒反熱中，癰疽注下，心熱瞀悶，不治者死。當寒反熱，是反天常，熱起於心則神之危亟，不急扶救，神必消亡，故治者則生，不治則死。四之氣，風濕交爭風化爲雨，迺長迺化迺成，民病大熱少氣，肌肉萎，足萎，注下赤白。五之氣，陽復化，草迺長迺化迺成，民迺舒。大火臨御，故萬物舒榮。終之氣，地氣正，濕令行，陰凝太虛，埃昏郊野，民迺慘悽，寒風以至，反者孕迺死。故歲宜苦以燥之温之，必折其鬱氣，先資其化源，抑其運氣，扶其不勝，無使暴過而生其疾，食歲穀以全其真，避虛邪以安其正，適氣同異，多少制之。同寒濕者，燥熱化，異寒濕者，燥濕化，故同者多之，異者少之。用寒遠寒，用涼遠涼，用温遠温，用熱遠熱，食宜同法，有假者反常，反是者病，所謂時也。時謂春夏秋冬，及間氣所在，同則遠之，即雖其時。若六氣臨御，假寒熱温涼以除疾病者則勿遠之。如太陽司天，寒爲病者，假熱以療，則熱用不遠。夏餘氣例同。故曰，有假反常也，食同藥法，爾若無假反法，則爲病之媒，非方制養生之道。帝曰：善。陽明之政奈何。岐伯曰：卯酉之紀也。

陽明　少角　少陰　清熱勝復同　同正商　丁卯歲會　丁酉　其運風清熱。

少角初正　太徵　少宮　太商　少羽終

陽明　少徵　少陰　寒雨勝復同　同正商　癸卯　癸酉　其運熱寒雨。

少徵　太宮　少商　太羽終　太角初

陽明　少宮　少陰　風涼勝復同　己卯　己酉　其運雨風涼。

少宮　太商　少羽終　少角初　太徵

陽明　少商　少陰　熱寒勝復同　同正商　乙卯天符　乙酉歲會　太一天符　其運涼熱寒。

少商　太羽終　太角初　少徵　太宮

陽明　少羽　少陰　雨風勝復同　辛卯少宮同

辛酉　辛卯　其運寒雨風。

少羽終　少角初　太徵　太宮　太商

凡此陽明司天之政，氣化運行後天。六步之氣，生長化成，庶務動靜，皆後天時而應，餘少歲同。天氣急，地氣明，陽專其令，炎暑大行，物燥以堅，淳風迺治。風燥橫運，流於氣交，多陽少陰，雲趨雨府，濕化迺敷，雨府，太陰之所在也。燥極而澤。燥氣欲終，則化爲雨澤，是謂三氣之分也。其穀白丹，天地正氣所化生也。間穀命太者，其耗白甲品羽，金火合德，上應太白熒惑，其政切，其令暴，蟄蟲迺見，流水不冰。民病欬嗌塞，寒熱發暴，振慄癃閟，清先而勁，毛蟲迺死。熱後而暴，介蟲迺殃。其發躁，勝復之作，擾而大亂，清熱之氣，持於氣交。初之氣，地氣遷，陰始凝，氣始肅，水迺冰，寒雨化，其病中熱脹面目浮腫，善眠，鼽衄嚏欠嘔，小便黃赤，甚則淋。二之氣，陽迺布，民迺舒，物迺生，榮厲大至，民善暴死。三之氣，天政布，涼迺行，燥熱交合，燥極而澤，民病寒熱。四之氣，寒雨降，病暴仆，振慄，譫妄，少氣嗌乾，引飲，及爲心痛、癰腫瘡瘍、瘧寒之疾，骨痿血便。五之氣，春令反行，草迺生榮，民氣和。終之氣，陽氣布，候反温，蟄蟲來見，流水不冰，民迺康平，其病温。故食歲穀以安其氣，食閒穀以去其邪。歲宜以鹹以苦以辛，汗之清之散之，安其運氣，無使受邪，折其鬱氣，資其化源。以寒熱輕重少多其制，同熱者多天化，同清者多地化。用涼遠涼，用熱遠熱，用寒遠寒，用温遠温，食宜同法，有假者反之，此其道也。反是者，亂天地之經，擾陰陽之紀也。帝曰：善。少陽之政柰何。歧伯曰：寅申之紀也。

少陽　太角　厥陰　壬寅　壬申　其運風鼓，其化鳴紊啓坼，其變振拉摧拔，其病掉眩支脅驚駭。

太角初正　少徵　太宫　少商　太羽終

少陽　太徵　厥陰　戊寅天符　戊申天符　其運暑，其化暄囂鬱燠，鬱變炎烈沸騰，其病上熱鬱血溢，血泄心痛。

太徵　少宫　太商　少羽終　少角初

少陽　太宫　厥陰　甲寅　甲申　其運陰雨，其化柔潤重澤，其變震驚飄驟，其病體重胕腫痞飲。

太宫　少商　太羽終　太角初　少徵

少陽　太商　厥陰　庚寅　庚申　同正商　其運涼，其化霧露清切，其變肅殺凋零，其病肩背胸中。

太商　少羽終　少角初　太徵　少宫

少陽　太羽　厥陰　丙寅　丙申　其運寒肅，其化凝慘凓冽，其變冰雪霜雹，其病寒浮腫。

太羽終　太角初　少徵　太宫　少商

凡此少陽司天之政，氣化運行先天，天氣正，地氣擾，風迺暴舉，木偃沙飛，炎火迺流。陰行陽化，雨迺時應，火木同德，上應熒惑歲星。其穀丹蒼，其政嚴，其令擾，故風熱參布，雲物沸騰，太陰横流，寒迺時至，涼雨並起。民病寒中，外發瘡瘍，内爲泄滿，故聖人遇之，和而不争。往復之作，民病寒熱瘧泄，聾瞑嘔吐，上怫腫色變。初之氣，地氣遷，風勝迺摇，寒迺去，候迺大温，草木早榮，寒來不殺。温病迺起，其病氣怫於上，血溢目赤，欬逆頭痛，血崩脅滿，膚腠中瘡。少陰之化。二之氣，火反鬱，白埃四起，雲趨雨府，風不勝濕，雨迺零，民迺康。其病熱鬱於上，欬逆嘔吐，瘡發於中，胷嗌不利，頭痛身熱，昏憒膿瘡。三之氣，天政布，炎暑至，少陽臨上，雨迺涯。民病熱中聾瞑，血溢膿瘡，欬嘔鼽衄，渴嚏欠喉痺，目赤，善暴死。四之氣，涼迺至，炎暑閒化，白露降，民氣和平，其病滿身重。五之氣，陽迺去，寒迺來，雨迺降，氣門迺閉，剛木早凋。民避寒邪，君子周密。終之氣，地氣正，風迺至，萬物反生，霿霧以行。其病開閉不禁，心痛陽氣不藏而欬。抑其運氣，贊所不勝，必折其鬱氣，先取化源，暴過不生，苛疾不起，故歲宜鹹辛宜酸，滲之泄之漬之發之，觀氣寒用以調其過。同風熱者多寒化，異風熱者少寒化。太角太徵，歲同所熱，以寒化多之。太宫太商太羽，歲異風熱，以涼調其過也。用熱遠熱，用温遠温，用寒遠寒，用涼遠涼，食宜同法，此其道也。有假者反之，反是者病之階也。帝曰：善。太陰之政柰何。歧伯曰：丑未之紀也。

太陰　少角　太陽　清熱勝復同　同正宫　丁丑　丁未　其運風清熱。

少角初正　太徵　少宫　太商　少羽終

太陰　少徵　太陽　寒雨勝復同　癸丑　癸未　其運熱寒雨。

少徵　太宫　少商　太羽終　太角

太陰　少宫　太陽　風清勝復同　同正宫　己丑太一天符　己未太一天符　其運雨風清。

少宫　太商　少羽終　少角初　太徵

太陰　少商　太陽　熱寒勝復同　乙丑　乙未　其運涼熱寒。

少商　太羽終　太角初　少徵　太宫

太陰　少羽　太陽　雨風勝復同　同正宫　辛丑　辛未　其運寒雨風。

少羽終　少角初　太徵　少宫　太商

凡此太陰司天之政，氣化運行後天，萬物生長化成，皆後天時而生成也。陰專其政，陽氣退辟，大風時起，天氣下降，地氣上騰，原野昏霿，白埃四起，雲奔南極，寒雨數至，物成於□夏。南極，雨府也。□夏，謂立秋之後一十日也。民病寒濕腹滿，身䐜憤，胕腫，痞逆，寒厥，拘急。濕寒合德，黄黑埃昏，流行氣交，上應鎮星辰星。其政肅，其令寂，其穀黅玄，正氣所生成也。故陰凝於上，寒積於下，寒水勝火，則爲冰雹，陽光不治，殺氣迺遷，黄黑昏埃，是謂殺氣，自北及西，流行於東及南也。故有餘宜高，不及宜下，有餘宜晚，不及宜早，土之利，氣之化也。民氣亦從之。閒穀命其太也。其閒氣之大者言其穀也。初之氣，地氣遷，寒迺去，春氣正，風迺來，生布萬物以榮，民氣條舒，風濕相薄，雨迺後。民病血溢，筋絡拘强，關節不利，身重筋痿。二之氣，大火正，物承化，民迺和，其病温厲大行，遠近咸若，濕蒸相薄，雨迺時降。應順天常，不愆時候，謂之時雨。三之氣，天政布，濕氣降，地氣騰，雨迺時降，寒迺隨之。感於寒濕，則民病身重，胕腫，胷腹滿。四之氣，畏火臨，溽蒸化，地氣騰，天氣否隔，寒風曉暮，蒸熱相薄，草木凝烟，濕化不流，則白露陰布，以成秋令，民病腠理熱，血暴溢，瘧，心腹滿熱，臚脹，甚則胕腫。五之氣，慘令已行，寒露下，霜迺早降，草木黃落，寒氣及體，君子周密，民病皮腠。終之氣，寒大舉，濕大化，霜迺積，陰迺凝，水堅冰，陽光不治。感於寒，則病人關節禁固，腰脽痛，寒濕推於氣交而爲疾也。必折其鬱氣而取化源，九月化源迎而取之以補益也。益其歲氣無使邪勝，食歲穀以全其真，食間穀以保其精。故歲宜以苦燥之温之，甚者發之泄之。不發不泄則濕氣外溢，肉潰皮拆而水血交流。必贊其陽火，令禦甚寒，冬之分，其用五步量氣用之也。從氣異同，少多其判也。同寒者以熱化，同濕者以燥化。少宮、少商、少羽歲同寒。少宮歲又同濕。濕過故宜燥，寒過故宜熱。少角少徵歲，平和處之也。異者少之，同者多之。用涼遠涼，用寒遠寒，用温遠温，用熱遠熱，食宜同法。假者反之，此其道也。反是者病也。帝曰：善。少陰之政奈何。歧伯曰：子午之紀也。

少陰　太角　陽明　壬子　壬午　其運風鼓，其化鳴紊啓拆，其變振拉摧拔，其病支滿。

太角初正　少徵　太宮　少商　太羽終

少陰　太徵　陽明　戊子天符　戊午太一天符　其運炎暑，其化暄曜鬱燠，其變炎烈沸騰，其病上熱血溢。

太徵　少宮　太商　少羽終　少角初

少陰　太宮　陽明　甲子　甲午　其運陰雨，其化柔潤時雨，其變震驚飄驟，其病中滿身重。

太宮　少商　太羽終　太角初　少徵

少陰　太商　陽明　庚子　庚午　同正商　其運涼勁，其化霧露蕭飋，其變肅殺凋零，其病下清。

太商　少羽終　少角初　太徵　少宮

少陰　太羽　陽明　丙子歲會　丙午　其運寒，其化凝慘凓冽，其變冰雪霜雹，其病寒下。

太羽終　太角初　少徵　太宮　少商

凡此少陰司天之政，氣化運行先天，地氣肅，天氣明，寒交暑，熱加燥，雲馳雨府，濕化迺行，時雨迺降，金火合德，上應熒惑太白。其政明，其令切，其穀丹白，水火寒熱，持於氣交而爲病始也。熱病生於上，清病生於下，寒熱凌犯而争於中。民病欬喘血溢，血泄，鼽嚏，目赤，眥瘍，寒厥入胃，心痛，腰痛，腹大，嗌乾腫上。初之氣，地氣遷，燥將去，寒迺始，蟄復藏，水迺冰，霜復降，風迺至，陽氣鬱，民反周密，關節禁固，腰脽痛，炎暑將起，中外瘡瘍。二之氣，陽氣布，風迺行，春氣以正，萬物應榮，寒氣時至，民迺和，其病淋，目瞑目赤，氣鬱於上而熱。三之氣，天政布，大火行，庶類蕃鮮，寒氣時至，民病氣厥心痛，寒熱更作，欬喘目赤。四之氣，溽暑至，大雨時行，寒熱互至，民病寒熱，嗌乾，黃癉，鼽衄，飲發。五之氣，畏火臨，暑反至，陽迺化，萬物迺生迺長榮，民迺康，其病温。終之氣，燥令行，餘火內格，腫於上，欬喘，甚則血溢。寒氣數舉，則霿霧翳，病生皮腠，內舍於脅下，連少腹而作寒中，地將易也。必抑其運氣，資其歲勝，折其鬱發，先取化源，無使暴過而生其病也。食歲穀以全真氣，食間穀以辟虛邪，歲宜鹹以耎之，而調其上，甚則以苦發之，以酸收之，而安其下，甚則以苦泄之，適氣同異而多少之。同天氣者，以寒清化。同地氣者，以温熱化。太角太徵，歲同天氣，宜以寒清治之。太宮太商太羽，歲同地氣，宜以温熱治之化治也。用熱遠熱，用涼遠涼，用温遠温，用寒遠寒，食宜同法，有假則反，此其道也。反是者病作矣。帝曰：善。厥陰之政奈何。歧伯曰：己亥之紀也。

厥陰　少角　少陽　清熱勝復同　同正角　丁巳天符　丁亥天符　其運風清熱。

少角初正　太徵　少宮　太商　少羽終

厥陰　少徵　少陽　寒雨勝復同　癸巳　癸亥　其運熱寒雨。

少徵　太宮　少商　太羽終　太角初

厥陰　少宮　少陽　風清勝復同　同正角　己巳　己亥　其運雨風清。

少宮　太商　少羽終　少角初　太徵

厥陰　少商　少陽　熱寒勝復同　同正角　乙巳　乙亥　其運涼熱寒。

少商　太羽終　太角初　少徵　太宮

厥陰　少羽　少陽　雨風勝復同　辛巳　辛亥　其運寒雨風。

少羽終　少角初　太徵　少宮　太商

凡此厥陰司天之政，氣化運行後天，諸同正歲，氣化運行同天，太過歲運化氣行先天時，不及歲化生成後天時，同正歲化生成，與天二十四氣遲速同，無先後也。天氣擾，地氣正，風生高遠，炎熱從之，雲趨雨府，濕化迺行，風火同德，上應歲星熒惑。其政撓，其令速，其穀蒼丹，間穀言太者，其耗文角品羽。風燥火熱，勝復更作，蟄蟲來見，流水不冰，熱病行於下，風病行於上，風燥勝復形於中。初之氣，寒始肅，殺氣方至，民病寒於右之下。二之氣，寒不去，華雪水冰，殺氣施化，霜迺降，名草上焦，寒雨數至，陽復化，民病熱於中。三之氣，天政布，風迺時舉，民病泣出，耳鳴，掉眩。四之氣，溽暑濕熱相薄，争於左之上，民病黄癉而爲胕腫。五之氣，燥濕更勝，沈陰迺布，寒氣及體，風雨迺行。終之氣，畏火司令，陽迺大化，蟄蟲出見，流水不冰，地氣大發，草迺生，人迺舒，其病温厲。必折其鬱氣，資其化源，贊其運氣，無使邪勝。歲宜以辛調上，以鹹調下，畏火之氣，無妄犯之。用温遠温，用熱遠熱，用涼遠涼，用寒遠寒，食宜同法，有假反常，此之道也。反是者病。【略】帝曰：勝復之氣，其常在也，災眚時至，候也柰何。岐伯曰：非氣化者，是謂災也。帝曰：天地之數，終始柰何。岐伯曰：悉乎哉問也。是明道也。數之始，起於上而終於下。歲半之前，天氣主之。歲半之後，地氣主之。歲半，謂立秋之日也。上下交互，氣交主之，歲紀畢矣。故曰，位明氣月可知乎，所謂氣也。大凡一氣主六十日而有奇，以立位數之，位同一氣，則月之節氣中氣可知也。故言天地氣者以上下體言，勝復者以氣交言，横運者以上下互，皆以節氣準之，候之災眚，變復可期矣。帝曰：余司其事，則而行之，不合其數，何也。岐伯曰：氣用有多少，化洽有盛衰。衰盛多少，同其化也。帝曰：願聞同化何如。岐伯曰：風温春化同，熱曛昏火夏化同，勝與復同，燥清烟露秋化同，雲雨昏暝埃長夏化同，寒氣霜雪冰冬化同。此天地五運六氣之化，更用盛衰之常也。【略】帝曰：夫子言用寒遠寒，用熱遠熱，余未知其然也，願聞何謂遠。岐伯曰：熱無犯熱，寒無犯寒，從者和，逆者病，不可不敬畏而遠之，所謂時興六位也。四時氣王之月，藥及食衣，寒熱温涼四者，皆宜避之，差四時同犯，則以水濟水，以火助火，病必生也。帝曰：温涼何如。岐伯曰：司氣以熱，用熱無犯。司氣以寒，用寒無犯。司氣以涼，用涼無犯。司氣以温，用温無犯。間氣同其主無犯，異其主則小犯之，是謂四畏，必謹察之。帝曰：善。其犯者何如。岐伯曰：天氣反時則可依(則)〔時〕，及勝其主則可犯，夏熱甚則可以熱犯熱，寒氣不甚則不可犯之。以平爲期而不可過，氣平則止，過則病生，過而病生與犯同也。是謂邪氣反勝者。差冬反温，差夏反冷，差秋反熱，差春反涼，是謂四時之邪勝也。勝則反其氣以平之。故曰，無失天信，無逆氣宜，無翼其勝，無贊其復，是謂至治。【略】帝曰：善。五運之氣亦復歲乎。岐伯曰：鬱極迺發，待時而作也。待，謂五及差分位也。大温發於辰巳，大熱發於申未，大涼發於戌亥，大寒發於丑寅，上件所勝臨之，亦待間氣而發，故曰待時也。新校正云詳注及字疑作氣。帝曰：請問其所謂也。岐伯曰：五常之氣，太過不及，其發異也。帝曰：願卒聞之。岐伯曰：太過者暴，不及者徐。暴者爲病甚，徐者爲病持。帝曰：太過不及，其數何如。岐伯曰：太過者其數成，不及者其數生，土常以生也。帝曰：其發也何如。岐伯曰：土鬱之發，巖谷震驚，雷殷氣交，埃昏黄黑，化爲白氣，飄驟高深，鬱謂鬱抑，天氣之甚也，故雖天氣亦有涯也。分終則衰，故雖鬱者怒發也。土化不行，炎亢無雨，木盛過極，故鬱怒發焉。土性静，定至動也。雷雨大作，而木上相持之氣，乃休解也。《易》曰：雷雨作解此之謂也。土雖獨怒，木尚制之，故但震驚於氣交之中，而聲尚不能高遠也，故曰雷殷氣交。氣交，謂土之上盡山之高也。詩云，殷其雷也。所謂雷雨生於山中者，土既鬱抑，天木制之，平川土薄，氣常乾燥，故不能先發也。山原土厚，濕化豐深，土厚氣深，故先怒發也。擊石飛空，洪水迺從，川流漫衍，田牧土駒。疾氣驟雨，岸落山化，大水横流，石迸勢急，高山空谷，擊石先飛，而洪水隨至也，洪大也。巨川衍溢，流漫平陸，漂蕩淹没於粢盛，大水去已，石土危然，若羣駒散牧於田野。凡言土者，沙石同也。化氣迺敷，善爲時雨，始生始長，始化始成。化土化也。土被制，化氣不敷，否極則泰，屈極則伸，處怫之時，化氣因之，乃能敷布於庶類，以時而雨，滋澤草木而成也。善，調應時也。化氣既少，長氣已過，故萬物始生始長，始化始成。言是四始者，明萬物化成之晚也。故民病心腹脹腸鳴，而爲數後，甚則心痛脅䐜，嘔吐霍亂，飲發注下，胕腫身重。雲奔雨府，霞擁朝陽，山澤埃昏，其迺發也，以其四氣。雨府，太陰之所在也。埃，白氣，似雲而薄也。埃固有微甚，微者如紗縠之騰，甚者如薄雲霧也，甚者發近，微者發遠。四氣，謂夏至後三十一日起，盡至秋分日也。雲横天山，浮游生滅，怫之先兆。天際雲横，山猶冠帶，巖谷叢薄，乍滅乍生，有土之見，怫兆已彰，皆平明古之浮游，以午前候望也。金鬱之發，天潔地明，風清氣切，大涼迺舉，草樹浮煙。燥氣以行，霿霧數起，殺氣來至，草木蒼乾，金迺有聲。大涼，次寒也。舉，用事也。浮煙，燥氣也。殺氣，霜氛正殺氣者，以丑時至長者亦卯時辰時也。其氣之來，色黄赤黑，雜而至也。物不勝殺，故草木蒼乾。蒼，薄青色也。故民病欬逆，心脅滿，引少腹善暴痛，不可反側，嗌乾，面塵色惡。山澤焦枯，土凝霜鹵，怫迺發也。其氣五。夏火炎亢，時雨既愆，故山澤焦枯，土上凝白鹹鹵，狀如霜也。五氣，謂秋分後至立冬後十五日内也。夜零白露，林莽聲悽，怫之兆也。夜濡白露，曉聽風悽，有是乃爲金發徵也。水鬱之發，陽氣迺辟，陰氣暴舉，大寒迺至，川澤嚴凝。寒雰結爲霜雪，寒雰，白氣也。其狀如霧而不流行，墜地如霜雪，得日晞也。甚則黄黑昏翳，流行氣交，迺爲霜殺，水迺見祥。黃黑，亦濁惡氣，水氣也。祥，妖祥，亦謂泉出平地。故民病寒客心痛，腰脽痛，大關節不利，屈伸不便，善厥逆，痞堅腹滿。陽光不治，空積沈陰，白埃昏暝而迺發也。其氣二火前後。太虛深玄，氣猶麻散，微見而隱，色黑微黃，怫之先兆也。木鬱之發，太虛埃昏，雲物以擾，大風迺至，屋發折木，木有變。故民病胃脘當心而痛，上支兩脅，鬲咽不通，食飲不下，甚則耳鳴眩轉，目不識人，善暴僵仆。太虛蒼埃，天山一色，或氣濁色，黃黑鬱若，横雲不起雨，而迺發也。其氣無常，氣如塵如雲，或黃黑鬱然，猶在太虛之間，而特異於常，乃其候也。長川草偃，柔葉呈陰，松吟高山，虎嘯巖岫，怫之先兆也。草偃，謂無風而自低。柔葉，謂白楊葉也。無風而葉皆背見，是謂呈陰。如是皆通微甚，甚者發速，微者發徐也。山行之候，則以松虎期之，原行亦以麻黃爲候，秋冬則以梧桐蟬葉候之。火鬱之發，太虛腫翳，大明不彰，腫翳，謂赤氣也。大明，日也。炎火行，大暑至，山澤燔燎，材木流津，廣廈騰煙，土浮霜鹵，止水迺減，蔓草焦黃，風行惑言，濕化迺後。太陰太陽在上，寒濕流於太虛，心火應天鬱抑，而莫能彰顯。寒濕盛已，火迺與行，陽氣火光，故曰澤燔燎，井水減少，妄作訛言，雨已愆期也。濕化迺後，謂陽亢主時，氣不争長，故先旱而後雨也。【略】帝曰水發而雹雪，土發而飄驟，木發而毀折，金發而清明，火發而曛昧，何氣使然。岐伯曰：氣有多少，發有微甚。微者當其氣，甚者兼其下，徵其下氣而見可知也。六氣之下，各有承氣也，則如火位之下，水氣承之。水位之下，土氣承之。土位之下，木氣承之。木位之下，金氣承之。金位之下，火氣承之。君位之下，陰清承之。各徵其下，則象可見矣。故發兼其下，則與本氣殊異。帝曰：善。五氣之發，不當位者，何也。岐伯曰：命其差。謂差四時之正月位也。帝曰：差有數乎。言日數也。岐伯曰：後皆三十度而有奇也。後，謂四時之後也，差三十日餘八十七刻半，氣猶未去而甚盛也。度，日也。四時之後令當爾。帝曰：氣至而先後者何。岐伯曰：運太過則其至先，運不及則其至後，此候之常也。帝曰：當時而至者，何也。岐伯曰：非太過，非不及，則至當時。非是者眚也。當時，謂應日刻之期也，非應先後至而有先後至者，皆謂災眚災也。帝曰：善。氣有非時而化者，何也。岐伯曰：太過者當其時，不及者歸其已勝也。冬雨春涼，秋熱冬寒之類，皆爲歸已勝也。帝曰：四時之氣，至有早晏高下左右，其候何如。岐伯曰：行有逆順，至有遲速，故太過者化先天，不及者化後天。氣有餘故化先，氣不足故化後。帝曰：願聞其行何謂也。岐伯曰：春氣西行，夏氣北行，秋氣東行，冬氣南行。故春氣始於下，秋氣始於上，夏氣始於中，冬氣始於標。春氣始於左，秋氣始於右，冬氣始於後，夏氣始於前。此四時正化之常，故至高之地，冬氣常在，至下之地，春氣常在，高山之巓，盛夏冰雪，污下川澤，嚴冬草生，常在之義足明矣。必謹察之。帝曰：善。黃帝問曰：五運六氣之運見六化之正，六變之紀，何如。岐伯對曰：夫六氣正紀，有化有變，有勝有復，有用有病，不同其候，帝欲何乎。帝曰：願盡聞之。岐伯曰：請遂言之。夫氣之所至也，厥陰所至爲和平，少陰所至爲暄，太陰所至爲埃溽，少陽所至爲炎暑，陽明所至爲清勁，太陽所至爲寒雰，時化之常也。厥陰所至爲風府，爲璺啓。少陰所至爲火府，爲舒榮。太陰所至爲雨府，爲負盈。少陽所至爲熱府，爲行出。陽明所至爲司殺府，爲庚蒼。太陽所至爲寒府，爲歸藏，司化之常也。厥陰所至爲生，爲風摇。少陰所至爲榮，爲形見。太陰所至爲化，爲雲雨。少陽所至爲長，爲蕃鮮。陽明所至爲收，爲霧露。太陽所至爲藏，爲周密。氣化之常也。厥陰所至爲風生，終爲肅。風化以生則風生也，肅靜也。少陰所至爲熱生，中爲寒。熱化以生則熱生也，陰精承上，故中爲寒也。太陰所至爲濕生，終爲注雨。濕化以生則濕生也，在上太陰，故終爲注雨。少陽所至爲火生，終爲蒸溽。火化以生則火生也，陽在上，故終爲蒸溽。陽明所至爲燥生，終爲涼。燥化以生則燥生也，陰在上，故終爲涼。太陽所至爲寒生，中爲温。寒化以生則寒生也，陽在内，故中爲温。德化之常也。風生毛形，熱生翮形，濕生倮形，火生羽形，燥生介形，寒生鱗形。六化，爲生歲及間氣所在而各化生，常無替也。非德化，則無能化生也。厥陰所至爲毛化，少陰所至爲羽化，太陰所至爲倮化，少陽所至爲羽化，陽明所至爲介化，太陽所至爲鱗化，德化之常也。厥陰所至爲生化，温化也。少陰所至爲榮化，暄化也。太陰所至爲濡化，濕化也。少陽所至爲茂化，熱化也。陽明所至爲堅化，涼化也。太陽所至爲藏化，寒化也。布政之常也。厥陰所至爲飄怒太涼，飄怒，木也。大涼，下承之金氣也。少陰所至爲大暄寒，大暄，君火也。寒，下承之陰精也。太陰所至爲雷霆驟注烈風，雷霆驟注，土也。烈風，下承之水氣也。少陽所至爲飄風燔燎霜凝，飄風，旋轉風也。霜凝，下承之水氣也。陽明所至爲散落温，散落，金也。温，下承之火氣也。太陽所至爲寒雪冰雹白埃，霜雪冰雹，水也。白埃，下承之土氣也。氣變之常也。變謂變常平之氣，而爲甚用也。用甚不已，則下承之氣兼行，故皆非本氣也。厥陰所至爲撓動，爲迎隨。少陰所至爲高明焰，爲曛。太陰所至爲沈陰，爲白埃，爲晦暝。少陽所至爲光顯，爲彤雲，爲曛。陽明所至爲煙埃，爲霜，爲勁切，爲悽鳴。太陽所至爲剛固，爲堅芒，爲立，令行之常也。厥陰所至爲裹急，少陰所至爲瘍胗身熱，太陰所至爲積飲否隔，少陽所至爲嚏嘔爲瘡瘍，陽明所至爲浮虛，太陽所至爲屈伸不利，病之常也。厥陰所至爲支痛，少陰所至爲驚惑惡寒戰慄譫妄，太陰所至爲稸滿，少陽所至爲驚躁瞀昧暴病，陽明所至爲鼽尻陰股膝髀腨䯒足病，太陽所至爲腰痛，病之常也。厥陰所至爲緛戾，少陰所至爲悲妄衄衊，太陰所至爲中滿霍亂吐下，少陽所至爲喉痺耳鳴嘔涌，陽明所至皴揭，太陽所至爲寢汗痙，病之常也。厥陰所至爲脅痛嘔泄，少陰所至爲語笑，太陰所至爲重胕腫，少陽所至爲暴注瞤瘛暴死，陽明所至爲鼽嚏，太陽所至爲流泄禁止，病之常也。凡此十二變者，報德以德，報化以化，報政以政，報令以令。氣高則高，氣下則下，氣後則後，氣前則前，氣中則中，氣外則位，位之常也。故風勝則動，熱勝則腫，燥勝則乾，寒勝則浮，濕勝則濡泄，甚則水閉胕腫，隨氣所在，以言其變耳。帝曰：願聞其用也。岐伯曰：夫六氣之用，各歸不勝而爲化。故太陰雨化，施於太陽。太陽寒化，施於少陰。少陰熱化，施於陽明。陽明燥化，施於厥陰。厥陰風化，施於太陰。各命其所在以徵之也。【略】帝曰：天地之氣盈虛何如。岐伯曰：天氣不足，地氣隨之。地氣不足，天氣從之，運居其中而常先也。運謂木火土金水，各生歲者也。地氣勝則歲運上升，天氣勝則歲氣下降，上升下降運氣，常先遷降也。惡所不勝，歸所同和，隨運歸從而生其病也。故上勝則天氣降而下，下勝則地氣遷而上，多少而差其分，微者小差，甚者大差，甚則位易氣交，易則大變生而病作矣。《大要》曰：甚紀五分，微紀七分，其差可見，此之謂也。

《黄帝内經素問》卷二二　至真要大論篇第七十四

黄帝問曰：五氣交合，盈虛更作，余知之矣。六氣分治，司天地者，其至何如。岐伯再拜對曰：明乎哉問也。天地之大紀，人神之通應也。帝曰：願聞上合昭昭，下合冥冥，柰何。岐伯曰：此道之所主，工之所疑也。帝曰：願聞其道也。岐伯曰：厥陰司天，其化以風。飛揚鼓折，和氣發生，萬物榮枯，皆因而化變成敗也。少陰司天，其化以熱。炎蒸鬱燠，故庶類蕃茂。太陰司天，其化以濕。雲雨潤澤，津液生成。少陽司天，其化以火。炎熾赫烈，以爍寒災。陽明司天，其化以燥。乾化以行，物無濕敗。太陽司天，其化以寒。對陽之化也。以所臨藏位命其病者也。【略】帝曰：善。天氣之變何如。岐伯曰：厥陰司天，風淫所勝，則太虛埃昏，雲物以擾，寒生春氣，流水不冰。民病胃脘當心而痛，上支兩脅，鬲咽不通，飲食不下，舌本强，食則嘔，冷泄，腹脹，溏泄，瘕，水閉，蟄蟲不去。病本于脾，衝陽絶，死不治。少陰司天，熱淫所勝，怫熱至，火行其政。民病胸中煩熱，嗌乾，右胠滿，皮膚痛，寒熱，欬喘，大雨且至，唾血，血泄，鼽衄，嚏嘔，溺色變，甚則瘡瘍，胕腫，肩背臂臑，及缺盆中痛，心痛，肺䐜，腹大滿膨膨而喘欬。病本于肺，尺澤絶，死不治。太陰司天，濕淫所勝，則沈陰且布，雨變枯槁。胕腫骨痛，陰痺，陰痺者，按之不得，腰脊頭項痛，時眩，大便難，陰氣不用，饑不欲食，欬唾則有血，心如懸。病本于腎，太谿絶，死不治。少陽司天，火淫所勝，則温氣流行，金政不平。民病頭痛，發熱惡寒而瘧，熱上皮膚痛，色變黄赤，傳而爲水，身面胕腫，腹滿，仰息，泄注赤白，瘡瘍，欬唾血，煩心，胸中熱，甚則鼽衄。病本于肺，天府絶，死不治。陽明司天，燥淫所勝，則木迺晚榮，草迺晚生。筋骨内變，民病左胠脅痛，寒清于中，感而瘧，大涼革候，欬，腹中鳴，注泄，鶩溏，名木斂生菀于下，草蕉上首，心脅暴痛，不可反側，嗌乾，面塵，腰痛，丈夫㿗疝，婦人少腹痛，目昧，眥瘍，瘡，痤癰，蟄蟲麥見。病本于肝，太衝絶，死不治。太陽司天，寒淫所勝，則寒氣反至，水且冰。血變于中，發爲癰瘍，民病厥心痛，嘔血，血泄，鼽衄，善悲，時眩仆運，火炎烈，雨暴迺雹，胸腹滿，手熱，肘攣，掖衝，心澹澹大動，胸脇胃脘不安，面赤目黄，善噫，嗌乾，甚則色炲，渴而欲飲。病本于心，神門絶，死不治。所謂動氣知其藏也。【略】帝曰：勝復之作，動不當位，或後時而至，其故何也。言陽盛于夏，陰盛于冬，清盛于秋，温盛于春，天之常候，然其勝復氣用，四序不同，其何由哉。岐伯曰：大氣之生，與其化衰盛異也。寒暑温涼，盛衰之用，其在四維。故陽之動，始於温，盛於暑。陰之動，始於清，盛於寒。春夏秋冬，各差其分。言春夏秋冬四正之氣，在于四維之分也。即事驗之，春之温，正在辰巳之月。夏之暑，正在午未之月。秋之涼，正在戌亥之月。冬之寒，正在寅丑之月。春始于仲春，夏始于仲夏，秋始于仲秋，冬始于仲冬。故丑之月，陰結層冰于厚地。未之月，陽焰電掣于天垂。戌之月，霜清肅殺而庶物堅。辰之月，風扇和舒而陳柯榮秀。此則氣差其分，昭然而不可蔽也。然陰陽之氣，生發收藏，與常法相會，徵其氣化，及在人之應，則四時每差，其日數與常法相違，從差法乃正當之也。故《大要》曰，彼春之暖，爲夏之暑。彼秋之忿，爲冬之怒。謹按四維，斥候皆歸。其終可見，其始可知，此之謂也。言氣之少壯也。陽之少爲暖，其壯也爲暑。陰之少爲忿，其壯也爲怒。此悉謂少壯之異氣，證用之盛衰，但立盛衰于四維之位，則陰陽終始應用，皆可知矣。帝曰：差有數乎。岐伯曰：又凡三十度也。帝曰：其脈應皆何如。岐伯曰：差同正法，待時而去也。《脈要》曰，春不沈，夏不弦，冬不濇，秋不數，是謂四塞。天地四時之氣，閉塞而無所運行也。沈甚曰病，弦甚曰病，濇甚曰病，數甚曰病，參見曰病，復見曰病，未去而去曰病，去而不去曰病。反者死。夏見沈，秋見數，冬見緩，春見中，是謂反也。犯違天命，生其能久乎。故曰，氣之相守司也，如權衡之不得相失也。權，衡秤也。天地之氣，寒暑相對，温清相望，如持秤也。高者否，下者否，兩者齊等，無相奪倫，則清静而生化，各得其分也。夫陰陽之氣清，静則生化治，動則苛疾起，此之謂也。動，謂變動常平之候，而爲災眚也。苛，重也。帝曰：幽明何如。岐伯曰：兩陰交盡，故曰幽。兩陽合明，故曰明。幽明之配，寒暑之異也。帝曰：分至何如。岐伯曰：氣至之謂至，氣分之謂分，至則氣同，分則氣異，所謂天地之正紀也。言冬夏二至，是天地氣主歲至其所在也。春秋二分，是間氣，初二四五四氣，各分其政于主歲左右也。故曰至則氣同，分則氣異也。所言二至二分之氣配者，此所謂是天地氣之正紀也。帝曰：夫子言春秋氣始于前，冬夏氣始于後，余已知之矣。然六氣往復，主歲不常也，其補寫奈何。以分至明六氣分位，則初氣四氣，始于立春立秋前各一十五日爲紀法，三氣六氣，始于立夏立冬後各一十五日爲紀法，由是四氣前後之紀，則三氣六氣之中，正當二至日也。故曰，春秋氣始于前，冬夏氣始于後也。然以三百六十五日易一氣，一歲已往，氣則改新，新氣既來，舊氣後去，所宜之味，天地不同，補寫之者應知先後，故復以問之也。岐伯曰：上下所主，隨其攸利，正其味則其要也，左右同法。《大要》曰，少陽之主，先甘後鹹。陽明之主，先辛後酸。太陽之主，先鹹後苦。厥陰之主，先酸後辛。少陰之主，先甘後鹹。太陰之主，先苦後甘。佐以所利，資以所生，是謂得氣。帝曰：善。夫百病之生也，皆生於風寒暑濕燥火，以之化之變也。風寒暑濕燥火，天之六氣也。静而順者爲化，動而變者爲變，故曰之化之變也。經言盛者寫之，虚者補之。余錫以方士，而方士用之，尚未能十全，余欲令要道必行，桴鼓相應，猶拔刺雪汗，工巧神聖，可得聞乎。岐伯曰：審察病機，無失氣宜，此之謂也。

《黃帝内經素問》卷二四 方盛衰論篇八十

雷公請問氣之多少，何者爲逆，何者爲從，黃帝答曰：陽從左，陰從右，老從上，少從下，是以春夏歸陽爲生，歸秋冬爲死。反之則歸秋冬爲生。是以氣多少逆皆爲厥。問曰：有餘者厥耶。答曰：一上不下，寒厥到膝，少者秋冬死，老者秋冬生。氣上不下，頭痛巔疾，求陽不得，求陰不審，五部隔無徵，若居曠野，若伏空室，緜緜乎屬不滿日。

《靈樞經》卷一 本輸第二

黃帝問於岐伯曰：凡刺之道，必通十二經絡之所終始，絡脈之所别處，五輸之所留，六府之所與合，四時之所出入，五藏之所溜處，闊數之度，淺深之狀，高下所至。願聞其解。岐伯曰：請言其次也。【略】是六府之所與合者，春取絡脈諸滎大經分肉之間，甚者深取之，間者淺取之。夏取諸腧孫絡肌肉皮膚之上。秋取諸合，餘如春法。冬取諸井諸腧之分，欲深而留之。此四時之序，氣之所處，病之所舍，藏之所宜。轉筋者，立而取之，可令遂已。痿厥者，張而刺之，可令立快也。

《靈樞經》卷二 根結第五法音

岐伯曰：天地相感，寒暖相移，陰陽之道，孰少孰多。陰道偶，陽道奇，發於春夏，陰氣少，陽氣多，陰陽不調，何補何寫。發於秋冬，陽氣少，陰氣多，陰氣盛而陽氣衰，故莖葉枯槁，濕雨下歸，陰陽相移，何寫何補。奇邪離經，不可勝數，不知根結，五藏六府，折關敗樞，開闔而走，陰陽大失，不可復取。

又 本神第八法風

黃帝問於岐伯曰：凡刺之法，先必本於神。【略】岐伯答曰：天之在我者德也，地之在我者氣也，德流氣薄而生者也。【略】故智者之養生也，必須四時而適寒暑，和喜怒而安居處，節陰陽而調剛柔，如是則僻邪不至，長生久視。是故怵惕思慮者則傷神，神傷則恐懼流淫而不止。因悲哀動中者，竭絶而失生。喜樂者，神憚散而不藏。愁憂者，氣閉塞而不行。盛怒者，迷惑而不治。恐懼者，神蕩憚而不收心。怵惕思慮則傷神，神傷則恐懼自失，破䐃脱肉，毛悴色夭，死于冬。脾愁憂而不解則傷意，意傷則悗亂，四肢不舉，毛悴色夭，死於春。肝悲哀動中則傷魂，魂傷則狂忘不精，不精則不正當人，陰縮而攣筋，兩脇骨不舉，毛悴色夭，死于秋。肺喜樂無極則傷魄，魄傷則狂，狂者意不存人，皮革焦，毛悴色夭，死于夏。腎盛怒而不止則傷志，志傷則喜忘其前言，腰脊不可以俛仰屈伸，毛悴色夭，死于季夏。

又 終始第九法野

凡刺之屬，三刺至穀氣，邪僻妄合，陰陽易居，逆順相反，沈浮異處，四時不得，稽留淫泆，須針而去。【略】春氣在毛，夏氣在皮膚，秋氣在分肉，冬氣在筋骨，刺此病者冬以其時爲齊。故刺肥人者，秋冬之齊。刺瘦人者，以春夏之齊。病痛者陰也，痛而以手按之不得者陰也，深刺之。

《靈樞經》卷四 四時氣第十九

黃帝問於岐伯曰：夫四時之氣，各不同形，百病之起，皆有所生，灸刺之道，何者爲定。岐伯答曰：四時之氣，各有所在，灸刺之道，得氣穴爲定。故春取經血脉分肉之間，甚者深刺之，間者淺刺之。夏取盛經孫絡，取分間絶皮膚。秋取經腧，邪在府，取之合。冬取并滎，必深以留之。

《靈樞經》卷六　師傳第二十九

黄帝曰：胃欲寒饑，腸欲熱飲，兩者相逆，便之奈何。且夫王公大人、血食之君，驕恣從欲，輕人，而無能禁之，禁之則逆其志，順之則加其病，便之奈何。治之何先。岐伯曰：人之情，莫不惡死而樂生，告之以其敗，語之以其善，導之以其所便，開之以其所苦，雖有無道之人，惡有不聽者乎。黄帝曰：治之奈何。岐伯曰：春夏先治其標，後治其本。秋冬先治其本，後治其標。黄帝曰：便其相逆者奈何。岐伯曰：便此者，食飲衣服，亦欲適寒温，寒無凄愴，暑無出汗。食飲者，熱無灼灼，寒無滄滄，寒温中適，故氣將持。乃不致邪僻也。

又　五亂第三十四

黄帝曰：經脉十二者，别爲五行，分爲四時，何失而亂。何得而治。岐伯曰：五行有序，四時有分，相順則治，相逆則亂。黄帝曰：何謂相順。岐伯曰：經脉十有二者，以應十二月。十二月者，分爲四時。四時者，春秋冬夏，其氣各異，營衛相，隨陰陽已和，清濁不相干，如是則順之而治。

又　五癃津液别第三十六

黄帝問於岐伯曰：水穀入於口，輸於腸胃，其液别爲五。天寒衣薄則爲溺與氣，天熱衣厚則爲汗，悲哀氣并則爲泣，中熱胃緩則爲唾。邪氣内逆，則氣爲之閉塞而不行，不行則爲水脹，余知其然也，不知其何由生，願聞其道。岐伯曰：水穀皆入於口，其味有五，各注其海，津液各走其道。故三焦出氣，以温肌肉，充皮膚，爲其津。其流而不行者爲液。天暑衣厚則腠理開，故汗出。寒留於分肉之間，聚沫則爲痛。天寒則腠理閉，氣濕不行，水下留於膀胱，則爲溺與氣。

《靈樞經》卷七　順氣一日分爲四時第四十四

黄帝曰：夫百病之所始生者，必起于燥濕、寒暑、風雨、陰陽、喜怒、飲食、居處，氣合而有形，得藏而有名，余知其然也。夫百病者，多以旦慧晝安，夕加夜甚，何也。岐伯曰：四時之氣使然。黄帝曰：願聞四時之氣。岐伯曰：春生夏長，秋收冬藏，是氣之常也，人亦應之，以一日分爲四時，朝則爲春，日中爲夏，日入爲秋，夜半爲冬。朝則人氣始生，病氣衰，故旦慧。日中人氣長，長則勝邪，故晝安。夕則人氣始衰，邪氣始生，故加。夜半人氣入藏，邪氣獨居于身，故甚也。

黄帝曰：其時有反者何也。岐伯曰：是不應四時之氣，藏獨主其病者，是必以藏氣之所不勝時者甚，以其所勝時者起也。黄帝曰：治之奈何。岐伯曰：順天之時，而病可與期。順者爲工，逆者爲粗。黄帝曰：善。五聞刺有五變，以主五輸，願聞其數。岐伯曰：人有五藏，五藏有五變，五變有五輸，故五五二十五輸，以應五時。黄帝曰：願聞五變。岐伯曰：肝爲牡藏，其色青，其時春，其音角，其味酸，其日甲乙。心爲牡藏，其色赤，其時夏，其日丙丁，其音徵，其味苦。脾爲牝藏，其色黄，其時長夏，其日戊已，其音宫，其味甘。肺爲牝藏，其色白，其音商，其時秋，其日庚辛，其味辛。腎爲牝藏，其色黑，其時冬，其日壬癸，其音羽，其味鹹。是爲五變。黄帝曰：以主五輸奈何。藏主冬，冬刺井。色主春，春刺滎。時主夏，夏刺輸。音主長夏，長夏刺經。味主秋，秋刺合。是謂五變，以主五輸。黄帝曰：諸原安合，以致六輸。岐伯曰：原獨不應五時，以經合之，以應其數，故六六三十六輸。黄帝曰：何謂藏主冬，時主夏，音主長夏，味主秋，色主春。願聞其故。岐伯曰：病在藏者，取之井。病變于色者，取之滎。病時間時甚者，取之輸。病變于音者，取之經。經滿而血者，病在胃及以飲食不節得病者，取之於合，故命曰味主合。是謂五變也。

又　五變第四十六

黄帝問于少俞曰：余聞百疾之始期也，必生于風雨寒暑，循毫毛而入腠理，或復還，或留止，或爲風腫汗出，或爲消癉，或爲寒熱，或爲留痹，或爲積聚，奇邪淫溢，不可勝數，願聞其故。夫同時得病，或病此，或病彼，意者天之爲人生風乎，何其異也。少俞曰：夫天之生風者，非以私百姓也，其行公平正直，犯者得之，避者得無殆，非求人而人自犯之。黄帝曰：一時遇風，同時得病，其病各異，願聞其故。少俞曰：善乎哉問。請論以比匠人。匠人磨斧斤礪刀，削斲材木。木之陰陽，尚有堅脆，堅者不入，脆者皮弛，至其交節，而缺斤斧焉。夫一木之中，堅脆不同，堅者則剛，脆者易傷，況其材本之不同，皮之厚薄，汁之多少，而各異耶。夫木之蚤花先生葉者，遇春霜烈風，則花落而葉萎。久曝大旱，則脆木薄皮者，枝條汁少而葉萎。久陰淫雨，則薄皮多汁者，皮潰而漉。卒風暴起，則剛脆之木，枝折杌傷。秋霜疾風，則剛脆之木，根摇而葉落。凡此五者，各有所傷，況於人乎。黄帝曰：以人應木奈何。少俞答曰：木之所傷也，皆傷其枝，枝之剛脆而堅，未成傷也。人之有常病也，亦因其骨節皮膚腠理之不堅固者，邪之所舍也，故常爲病也。

《靈樞經》卷八　論勇第五十

黄帝問于少俞曰：有人于此，並行並立，其年之長少等也，衣之厚薄均也，卒然遇烈風暴雨，或病或不病，或皆病，或皆不病，其故何也。少俞曰：帝問何急。黄帝曰：願盡聞之。少俞曰：春青風，夏陽風，秋涼風，冬寒風。凡此四時之風者，其所病各不同形。黄帝曰：四時之風，病人如何。少俞曰：黄色薄皮弱肉者，不勝春之虚風。白色薄皮弱肉者，不勝夏之虚風。青色薄皮弱肉，不勝秋之虚風。赤色薄皮弱肉，不勝冬之虚風也。黄帝曰：黑色不病乎。少俞曰：黑色而皮厚肉堅，固不傷于四時之風，其皮薄而肉不堅，色不一者，長夏至而有虚風者，病矣。其皮厚而肌肉堅者，長夏至而有虚風，不病矣。其皮厚而肌肉堅者，必重感于寒，外内皆然，乃病。黄帝曰：善。

《靈樞經》卷一〇　五音五味第六十五

上徵與右徵同，穀麥，畜羊，果杏，手少陽，藏心，色赤，味苦，時夏。

上羽與大羽同，穀大豆，畜彘，果栗，足少陰，藏腎，色黑，味鹹，時冬。

上宫與大宫同，穀稷，畜牛，果棗，足太陰，藏脾，色黄，味甘，時季夏。

上商與右商同，穀黍，畜雞，果桃，手太陰，藏肺，色白，味辛，時秋。

上角與大角同，穀麻，畜犬，果李，足厥陰，藏肝，色青，味酸，時春。

又　百病始生第六十六

黄帝問于岐伯曰：夫百病之始生也，皆生於風雨寒暑，清濕喜怒。喜怒不節則傷藏，風雨則傷上，清濕則傷下。三部之氣，所傷異類，願聞其會。岐伯曰：三部之氣各不同，或起於陰，或起於陽，請言其方。喜怒不節，則傷藏，藏傷則病起於陰也。清濕襲虚，則病起於下。風雨襲虚，則病起於上，是謂三部。至於其淫泆不可勝數。黄帝曰：余固不能數，故問先師，願卒聞其道。岐伯曰：風雨寒熱，不得虚，邪不能獨傷人。卒然逢疾風暴雨而不病者，蓋無虚，故邪不能獨傷人，此必因虚邪之風，與其身形，兩虚相得，乃客其形，兩實相逢，衆人肉堅。其中於虚邪也，因於天時，與其身形，參以虚實，大病乃成，氣有定舍，因處爲名，上下中外，分爲三員。

又　邪客第七十一

黄帝問於伯高曰：願聞人之肢節，以應天地奈何。伯高答曰：天圓地方，人頭圓足方以應之。天有日月，人有兩目。地有九州，人有九竅。天有風雨，人有喜怒。天有雷電，人有音聲。天有四時，人有四肢。天有五音，人有五藏。天有六律，人有六府。天有冬夏，人有寒熱。天有十日，人有手十指。辰有十二，人有足十指莖垂以應之。女子不足二節，以抱人形。天有陰陽，人有夫妻。歲有三百六十五日，人有三百六十節。地有高山，人有肩膝。地有深谷，人有腋膕。地有十二經水，人有十二經脈。地有泉脈，人有衛氣。地有草蓂，人有毫毛。天有晝夜，人有卧起。天有列星，人有牙齒。地有小山，人有小節。地有山石，人有高骨。地有林木，人有募筋。地有聚邑，人有䐃肉。歲有十二月，人有十二節。地有四時不生草，人有無子。此人與天地相應者也。

又　論疾診尺第七十四

四時之變，寒暑之勝，重陰必陽，重陽必陰，故陰主寒，陽主熱，故寒甚則熱，熱甚則寒。故曰：寒生熱，熱生寒，此陰陽之變也。故曰：冬傷於寒，春生癉熱。春傷於風，夏生後泄腸澼。夏傷於暑，秋生痎瘧。秋傷於濕，冬生咳嗽。是謂四時之序也。

又　刺節真邪第七十五

請言解論，與天地相應，與四時相副，人參天地，故可爲解。下有漸洳，上生葦蒲，此所以知形氣之多少也。陰陽者，寒暑也。熱則滋雨而在上，根荄少汁。人氣在外，皮膚緩，腠理開，血氣減，汁大泄，皮淖澤。寒則地凍水冰，人氣在中，皮膚緩，腠理閉，汗不出，血氣强，肉堅濇。當是之時，善行水者，不能往冰。善穿地者，不能鑿凍。善用針者，亦不能取四厥。血脈凝結，堅搏不往來者，亦未可即柔。故行水者，必待天温冰釋凍解，而水可行，地可穿也。

又　九宫八風第七十七

立秋二玄委西南方　秋分七倉果西方　立冬六新洛西北方　夏至九上天南方　招摇中央　冬至一葉蟄北方　立夏四陰洛東南方　春分三倉門東方　立春八天留東北方　太一常以冬至之日，居葉蟄之宫四十六日，明日居天留四十六日，明日居倉門四十六日，明日居陰洛四十五日，明日居天宫四十六日，明日居玄委四十六日，明日居倉果四十六日，明日居新洛四十五日，明日復居葉蟄之宫，曰冬至矣。太一日遊，以冬至之日，居葉蟄之宫，數所在，日從一處，至九日，復反於一，常如是無已，終而復始。太一移日，天必應之以風雨，以其日風雨則吉，歲美民安少病矣，先之則多雨，後之則多汗。太一在冬至之日有變，占在君。太一在春分之日有變，占在相。太一在中宫之日有變，占在吏。太一在秋分之日有變，占在將。太一在夏至之日有變，占在百姓。所謂有變者，太一居五宫之日，病風折樹木，揚沙石。各以其所主占貴賤，因視風所從來而占之。風從其所居之鄉來爲實風，主生，長養萬物。從其衝後來爲虚風，傷人者也，主殺主害者。謹候虚風而避之，故聖人日避虚邪之道，如避矢石然，邪弗能害，此之謂也。是故太一入徙立於中宫，乃朝八風，以占吉凶也。風從南方來，名曰大弱風，其傷人也，内舍於心，外在於脈，氣主熱。風從西南方來，名曰謀風，其傷人也，内舍於脾，外在於肌，其氣主爲弱。風從西方來，名曰剛風，其傷人也，内舍於肺，外在於皮膚，其氣主爲燥。風從西北方來，名曰折風，其傷人也，内舍於小腸，外在於手太陽脈，脈絶則溢，脈閉則結不通，善暴死。風從北方來，名曰大剛風，其傷人也，内舍於腎，外在於骨與肩背之膂筋，其氣主爲寒也。風從東北方來，名曰凶風，其傷人也，内舍於大腸，外在於兩脇腋骨下及肢節。風從東方來，名曰嬰兒風，其傷人也，内舍於肝，外在於筋紐，其氣主爲身濕。風從東南方來，名曰弱風，其傷人也，内舍於胃，外在肌肉，其氣主體重。此八風皆從其虚之鄉來，乃能病人。三虚相摶，則爲暴病卒死。兩實一虚，病則爲淋露寒熱。犯其雨濕之地，則爲痿。故聖人避風，如避矢石焉。其有三虚而偏中於邪風，則爲擊仆偏枯矣。

《靈樞經》卷一二　九針論第七十八

黄帝曰：余聞九針於夫子，衆多博大矣，余猶不能寤，敢問九針焉生。何因而有名。岐伯曰：九針者，天地之大數也，始於一而終於九。故曰：一以法天，二以法地，三以法人，四以法時，五以法音，六以法律，七以法星，八以法風，九以法野。【略】四者時也，時者，四時八風之客於經絡之中，爲瘤病者也。故爲之治針，必筩其身而鋒其末，令可以瀉熱出血，而痼病竭。五者音也，音者，冬夏之分，分於子午，陰與陽别，寒與熱争，兩氣相摶，合爲癰膿者也。故爲之治針，必令其末如劍鋒，可以取大膿。六者律也，律者，調陰陽四時而合十二經脈，虚邪客於經絡而爲暴痺者也。故爲之治針，必令尖如氂，且員且鋭，中身微大，以取暴氣。七者星也。【略】八者風也，風者，人之股肱八節也，八正之虚風，八風傷人，内舍於骨解腰脊節腠理之間，爲深痺也。故爲之治針，必長其身，鋒其末，可以取深邪遠痺。九者野也。【略】黄帝曰：願聞身形應九野奈何。岐伯曰：請言身形之應九野也，左足應立春，其日戊寅己丑。左脇應春分，其日乙卯。左(毛)[手]應立夏，其日戊辰己巳。膺喉首頭應夏至，其日丙午。右手應立秋，其日戊申己未。右脇應秋分，其日辛酉。右足應立冬，其日戊戌己亥。腰尻下竅應冬至，其日壬子。六府膈下三臟應中州，其大禁，大禁太一所在之日及諸戊已。凡此九者，善候八正所在之處，所主左右上下身體有癰腫者，欲治之，無以其所直之日潰治之，是謂天忌日也。

又　歲露論第七十九

黄帝問於岐伯曰：經言夏日傷暑，秋病瘧，瘧之發以時，其故何也。岐伯對曰：邪客於風府，病循膂而下，衛氣一日一夜，常大會於風府，其明日日下一節，故其日作晏。【略】黄帝問於少師曰：余聞四時八風之中人也，故有寒暑，寒則皮膚急而腠理閉，暑則皮膚緩而腠理開。賊風邪氣，因得以入乎。將必須八正虚邪，乃能傷人乎。少師答曰：不然。賊風邪氣之中人也，不得以時。然必因其開也，其入深，其内極病，其病人也卒暴。因其閉也，其入淺以留，其病也徐以遲。黄帝曰：有寒温和適，腠理不開，然有卒病者，其故何也。少師答曰：帝弗知邪入乎。雖平居，其腠理開閉緩急，其故常有時也。黄帝曰：可得聞乎。少師曰：人與天地相參也，與日月相應也。故月滿則海水西盛，人血氣積。肌肉充，皮膚緻，毛髪堅，腠理郄烟垢著。當是之時，雖遇賊風，其入淺不深。至其月郭空，則海水東盛，人氣血虚，其衛氣去，形獨居，肌肉減，皮膚縱，腠理開，毛髪殘，膲理薄，烟垢落。當是之時，遇賊風則其入深，其病人也卒暴。黄帝曰：其有卒然暴死暴病者何也。少師答曰：三虚者，其死暴疾也。得三實者，邪不能傷人也。黄帝曰：願聞三虚。少師曰：乘年之衰，逢月之空，失時之和，因爲賊風所傷，是謂三虚。故論不知三虚，工反爲粗。帝曰：願聞三實。少師曰：逢年之盛，遇月之滿，得時之和，雖有賊風邪氣，不能危之也。黄帝曰：善乎哉論，明乎哉道。請藏之金匱，命曰三實，然此一夫之論也。黄帝曰：願聞歲之所以皆同病者，何因而然。少師曰：此八正之候也。黄帝曰：候之奈何。少師曰：候此者，常以冬至之日，太一立於葉蟄之宫，其至也，天必應之以風雨者矣。風雨從南方來者，爲虚風，賊傷人者也。其以夜半至也，萬民皆卧而弗犯也，故其歲民小病。其以晝至者，萬民懈惰而皆中於虚風，故萬民多病。虚邪入客於骨而不發於外，至其立春，陽氣大發，腠理開，因立春之日，風從西方來，萬民又皆中於虚風，此兩邪相摶，經氣結代者矣。故諸逢其風而遇其雨者，命曰遇歲露焉。因歲之和，而少賊風者，民少病而少死。歲多賊風邪氣，寒温不和，則民多病而死矣。黄帝曰：虚邪之風，其所傷貴賤何如。候之奈何。少師答曰：正月朔日，太一居天留之宫，其日西北風，不雨，人多死矣。正月朔日，平旦北風，春，民多死。正月朔日，平旦北風行，民病多者，十有三也。正月朔日，日中北風，夏，民多死。正月朔日，夕時北風，秋，民多死。終日北風，大病死者十有六。正月朔日，風從南方來，命曰旱鄉，從西方來，命曰白骨，將國有殃，人多死亡。正月朔日，風從東方來，發屋，揚沙石，國有大災也。正月朔日，風從東南方行，春有死亡。正月朔，天利温不風，糴賤，民不病。天寒而風，糴貴，民多病。此所謂候歲之風，戕傷人者也。二月丑不風，民多心腹病。三月戌不温，民多寒熱。四月巳不暑，民多癉病。十月申不寒，民多暴死。諸所謂風者，皆發屋，折樹木，揚沙石，起毫毛，發腠理者也。

明・陳耀文《天中記》卷二　漢

金之散氣。《史記・天官書》曰：漢者，金之散氣，其本曰水。漢，星多則多水，少則旱。

河精。川德布精上爲星，河精上爲天漢。河圖活地象。

水氣。天河水氣也，精光轉運於天。詩箋水精爲天漢。靈憲。

水精。上浮星元氣之英，漢水之精也。氣發而升，精華上浮，宛轉隨流，名之曰天河，一曰雲漢，衆星出焉。物理論。

風

天地之使。風者，天地之使也。河圖辛通記。

萬物之首。《樂動聲儀》云：風者，禮樂之始，萬物之首。

漂物。管子曰：風，漂物者也。風之所飄，不避貴賤美惡。宋王風賦云楚王曰：夫風者，天地之氣，溥暢而至，不擇貴賤高下而加焉。噫氣。南郭子綦曰：大塊噫氣，其名曰風。是惟無作，作則萬竅怒號。而獨不聞之翏翏乎。

無根。陰陽散爲風，風氣無根也。五經通義。

陰陽怒。淮南子曰：天之偏氣，怒者爲風。《春秋元命苞》曰：陰陽怒爲風。

太玄中精。風溼太玄之中精，故能動化百物而行乎天上，風陰也。而其發爲陽。子華書。

天之號令。《翼氏風角》曰：風者天之號令，所以譴告人君者。郎顗曰：風者號令，天之威怒。蔡伯喈上封事曰：風者天之號令，所以教人也。張奐疏曰：風爲號令，動物通氣，四正四維風者，陰陽亂氣激發而起者也。猶人之内氣因喜怒哀樂激越而發也。故春氣温，其風温以和，喜風也。夏氣盛，其風熛以怒，怒風也。秋氣勁，其風清以淒，清風也。冬氣實，其風慘以烈，固風也。此四正之風也。又有四維之風：東北明庶，庶物出幽入明也。東南融風，其道以長也。西南清明，百物備成也。西北不周，方潛藏也。此八風者，方土異氣，徐疾不同，和平則順，違逆則凶，非有使之者也。氣積自然怒，則飛沙揚礫，發屋拔樹，喜則不摇枝動草，順物布氣。天地之性，自然之體也。物理論。

八風。《易緯》曰：八節之風，謂之八風。立春條風至，春分明庶風至，立夏清明風至，夏至景風至，立秋涼風至，秋分閶闔風至，立冬不周風至，冬至廣莫風至。《春秋考異郵》曰：八風殺生以節翺翔。風之爲言萌也。其立字，蟲動於几中者爲風。《吕氏春秋》曰：何謂八風：東北曰炎風，一曰融風。東方曰滔風，東南曰薰風，南方曰巨風，西南曰淒風，西方曰飂風，西北曰厲風，北方曰寒風。

喜氣怒氣。《黄帝風經》曰：調暢祥和，天之喜氣也。折揚奔厲，天之怒氣也。風者，氣也。得怒之氣則暴，得喜之氣則和，得金之氣則涼，得木之氣則温，得火之氣則炎，得水之氣則烈。

祥風。《黄帝占》曰：風不及地，和緩而來，謂之祥風。《符瑞圖》曰：祥風者，瑞風也，一名景風。《尸子》述太平事云：其風，春爲發生，夏爲長嬴，秋爲方盛，冬爲安静，四氣和，爲通正，謂之永風。《禮稽命徵》曰：出號令合民心，則祥風至。孝經援神契云：德至八方，則祥風至。《尚書大傳》曰：王者德及皇天，則祥風起。

五風。女媧没，大庭氏之王有天下，五風異色。枚乘《七發》曰：衆芳芬鬱，亂於五風。遁甲開山圖。

夢風得相。黄帝夢大風吹，天下之塵垢皆去。寤而嘆曰：風爲號令，執政者也。垢去土，后在也。天下豈有姓風名后者哉。於是依占而求之，得風后於海隅，登以爲相。帝王世紀。

脯翣。堯時厨中自生肉脯，其薄如箑，摇動則風生，使食物寒而不臭，名曰脯翣。世紀。

解愠阜財。舜作五弦之琴，以歌《南風》，歌曰：南風之薰兮，可以解吾民之愠兮。南風之時兮，可以阜吾民之財兮。世紀。

協風。《國語》史伯對鄭桓公曰：虞幕能聽協風，以成樂生物者也。虢文公諫周宣王曰：先時五日，瞽告有協風至。陸機詩：協風旁駭。陸雲詩：協風應律。

折蓋。武王伐紂，大風折蓋，太公因折蓋之形，而制曲蓋。崔豹古今注。

雷電以風。周公居東二年，爲詩以貽王，名之曰《鴟鴞》。秋，大熟，未獲，天大雷電以風，禾盡偃，大木斯拔，邦人大恐。王與大夫盡弁，以啓《金縢》之書，乃得周公請代武王之説。王執書以泣曰：昔公勤勞王家，唯予冲人弗及知。今天動威以彰周公之德。王出郊，天乃雨，反風，禾則盡起。尚書金縢。

別風。《韓詩外傳》曰：成王時，越裳重譯而來朝，曰：久矣，天之不迅風疾雨也，海不揚波也。意者，中國殆有聖人乎。《尚書大傳》曰：天無烈風淫雨，意中國有聖人乎。《文心雕龍》云：《尚書大傳》有別風淮雨。帝王世紀云烈風淫雨。別列淮淫，字似潛移。淫列義當而不奇，淮別理乖而新異。傳毅制詠，已用淮雨，固知愛奇之心，古今一也。

爰居避。《國語》曰：海鳥曰爰居，止於魯國東門之外。臧文仲使國人祭之。展禽曰：今兹海其有災乎。夫廣川之鳥獸，恒知而避其災也。是歲也，海多大風，冬燠。虞翻注曰：是爰居之所避也。賈逵注曰：爰居雜縣也。

六鷁退。六鷁退飛過宋都風也。

占老子。將去周出關，以升崑崙。關令尹喜占風，逆知當有神人來過，乃歸道見老子。老子知喜命應得道，乃停關下，以長生之事授之。神仙傳。

襲齊殿。庶女者，齊之寡婦，養姑。姑女利母財而殺母，以告寡婦，婦不能自解。以冤告天，大風襲於齊殿。史記。

御風。列子御風，常以立春歸於八荒，立秋遊乎風穴。是風至，則草木發生，去則摇落，謂之離合風。陸機要覽。列子曰：列子師老商氏友伯高子，進二子之道，乘風而歸。莊子曰：列子御風冷然旬有五日而後返。

蕭蕭。荆軻入秦，燕太子丹送別易水上歌曰：風蕭蕭兮易水寒，壯士一去兮不復還。《楚辭》秋風瀏以蕭蕭。史記。

雄風雌風。楚襄王遊於蘭臺之宫，宋玉景差侍。有風颯然而至，王乃披襟而當之曰：快哉此風，寡人所與庶人共者耶。宋玉對曰：此獨大王之風耳，庶人安得共之。夫風入於深宫，經於洞房，清清冷冷，愈病析酲。發明耳目，寧體便人，此謂大王之雄風。夫庶人之風，塕然起於窮巷之間，動沙堁，吹死灰，憞慁鬱邑，毆温致濕，此謂庶人之雌風也。

以鵲占風。孝武坐未央前殿，天新雨。東方朔屈指獨語。上問之，對曰：殿後栢上有鵲，立枝上，東向而鳴。視之果然。問朔何以知之，對曰：此以人事知之，風從東方來，鵲尾長，傍風則順，背風則蹶，必當順風而立，是以知也。朔傳。

李孝貞詠(散)〔鵲〕：東立朝雨霽，南飛夜月明。

避風臺。《拾遺記》云：漢成帝與趙飛燕戲於太液池，每輕風時至，飛燕殆欲隨風入水，帝以翠纓結飛燕之裙。今太液池尚有避風臺，即飛燕結裙之處。《楊妃外傳》云：明皇覽漢成帝外傳以趙飛燕身輕，置七寶避風臺，謂妃子曰：爾則任吹多少。妃子對曰：霓裳一曲，足以高掩。前世。

鄭公風。射的山南有白鶴山，此鶴爲仙人取箭。漢太尉鄭弘嘗採薪，得一遺箭，頃有人覓，弘還之，問何所欲，弘識其神人也，常患若邪溪載薪爲難，願旦南風，暮北風。後果然。故若邪溪風至今猶然，呼爲鄭公風也。孔靈符會稽記。

手指。葛玄行過神廟，乘車不下，須臾有大風逐玄，埃塵漲天。玄大怒，曰：小邪敢爾。即舉手指風，風便止。神仙傳。

少女風。管輅過清河倪太守。時天旱，倪問輅雨期，輅曰：今夕當雨。樹上已有少女微風，樹間又少男風起，衆鳥和鳴，其應至矣。須臾雨至。別傳。劉孝威詩：電舒長男氣，枝摇少女風。

扇蔽。庾亮出鎮江州，以帝舅故内執朝權。王導不能平，時王在冶城坐，大風揚塵，王輙舉扇拂塵曰：元規塵汙人。世説。

仁風。《晉陽秋》曰：袁宏爲東郡守，謝安執宏手授扇，宏曰：謹當奉揚仁風，慰彼黎庶。

清風。謝安云：小時在殿廷，會見王丞相，便覺清風來拂人。

青鳥啣符。吴真君嘗遇大風，書符置屋上，有青鳥啣去，風即止。續仙傳。

司風令史。明帝體肥，憎風，夏月常着小皮衣。拜左右二人爲司風令史。風起方面，輙先起聞。宋書。

長風。《宋書》曰：宗慤，字元幹。少時從父徵士炳問其志，答曰：願乘長風破萬里浪。《高唐賦》曰：長風至而波起。《西京賦》：長風激於別隯，起洪濤而揚波。《江賦》：長風颾以增扇。

小人風。齊神武時芒山之役，風從西來入營。李業興曰：小人風來，當大勝。神武曰：若勝，以爾爲本州刺史。後果驗。北史。

跋扈將軍。隋煬帝泛舟，忽陰風波，嘆曰：此風可謂跋扈將軍。清異録。

如焚侯君集。平高昌之後，太宗欲以其地爲郡縣。褚遂良曰：高昌塗路，沙磧千里，冬風冰冽，夏風如焚，行人遇之多死。貞觀政要。

勝風。山人包超，明皇令隨哥舒翰西征，每陣常得勝風。酉陽雜俎。

巽二起風。蕭志忠景雲元年爲晉州刺史，將以臘日畋遊，先一日，有樵者於霍山見一長人，向谷長嘯。俄有兕鹿豕狐兔雉鴈駢匝百許，長人曰：余玄冥使者，奉北帝之命，明日蕭使君當畋汝輩，若干合鷹死，若干合箭死。羣獸皆戰懼請命，有老麋屈膝求救，使者曰：東谷嚴四善謀，可就彼祈求羣獸從行。樵者覘之，至東谷有黄冠一人，老麋哀請，黄冠曰：若祈滕六降雪，巽二起風，即蕭使君不復遊獵矣。昨滕六喪偶，得美女納之，雪立降矣。巽二好飲酒，得醇醪賄之，則風立生。有二狐自稱，能取之。羣獸散去。翌日未明，風雪暴至，竟日乃罷，蕭使君不復獵矣。幽怪録。

銀瓶止風。天寶時，一日大風卒起，詔不空禳止，請銀瓶一枚作法加持，須臾戢静。忽因池鵝悮觸瓶傾，其風又作，急暴過前，勑令再止，隨止隨効。帝乃賜號曰知藏焉。宋高僧傳。

封十八姨。天寶中，崔元微春時月夜於苑中，見青衣女伴，曰楊氏李氏陶氏，又緋衣小女曰石醋醋，忽報封家十八姨來，言辭冷冷，有林下風。醋醋曰：女伴在苑中，每被惡風相撓，常求十八姨相庇。處士每歲，旦作一朱幡，上圖日月五星之文，於二月一日平旦，微有東風，立於苑東，則免難矣。崔明年至此日立幡，是日東風刮地，折木飛花，而苑中繁花不動。崔始悟女伴即衆花之精，封家姨乃風神也。博異記。

占風鐸。唐岐王宫中，於竹林内懸碎玉片子，每夜聞玉片子相觸之聲，即知有風，號占風鐸。開元遺事。

相風旌。五王宫中，各於庭中立長竿，掛五色旌於竿頭。旌之四垂，綴以小金鈴。有聲即使侍從者視旌之所向，可以知四方風候。開元遺事。

詠薰風。柳公權侍文宗遊後庭聯句，帝曰：人皆苦炎熱，我愛夏日長。柳曰：薰風自南來，殿閣生微凉。本傳。

貪狼風。前蜀王衍，咸寧元年十月幸秦州至梓橦，大風發屋拔木，太史曰：此貪狼風也，當有敗軍殺將者。衍不省。至綿谷而唐師入其境，衍懼，遽還。唐師所至，州縣俱迎降。

東方生風。東者日之初，風者教之始，天之使也，所以發號施令，故生自東方也。景霽山昏，蒼埃際合。崖谷若一，巖岫之風也。黄白昏埃，晚空如堵，獨見天垂，川澤之風也。加以黄黑白埃承下，山澤之猛風也。内經五運行論。鳴紊啓折，風之化也。振拉摧拔，風之用也。上。

風師。《吕氏春秋》曰：風師曰飛廉，應劭云飛廉神禽，能致風氣者也。《楚詞》後飛廉使奔屬。《風俗通》云：周禮以柳箕祀風師。風師者，箕星也。箕主簸揚，能致風氣。易巽爲長女，長者伯也，故曰風伯。戌之神爲風伯，故以丙戌日祀於西北，火勝金爲木相也。晉天文志曰：箕一名天鷄，主八風。凡日月宿在箕、壁、軫、翼者風起。孫子火攻之法曰：起火有日月者，月在箕、畢、軫、翼也。四宿者，風起之日也。《春秋緯》曰：月失其行，離于箕者，風揚沙。《郊祀志》注師古曰：風伯，飛廉。雨師，屏翳也。説者謂爲箕畢星。志既言二十八宿，又有風伯、雨師，則知非箕畢也。風伯，名方道彰。七籤。

磔。《爾雅》云：祭風曰磔。孫炎云：既祭披磔其牲，以風散之。李巡曰：祭風以牲頭蹄及皮，破之以祭，故曰磔。郭璞曰：今俗當大道中磔狗云以止風，此其象云。

羊角。《莊子》曰：鵬之背若太山，鵬翼若垂天之雲，摇羊角而上者九萬里，絶雲氣，負青天。司馬注：羊角，風曲上行若羊角。駱賓王啓：摶羊角以垂天，展驥足而騰景。王勃啓：牛蹄已倦，臨大壑而驤鱗。羊角可逢，想高衢而撫翼。

異名《爾雅》云：南風曰凱風，詩邶風凱風自南。東風曰谷風，邶風習習谷風。北風謂之凉風，邶風北風其凉。西風謂之秦風，大雅大風有隧。焚輪謂之頽，郭曰暴風從上下小雅惟風及頽。從上下曰飈，説文：飈疾風也。亦曰扶摇，廻風楚詞：悲廻風。曰飄，日出而風曰暴，陰而風曰曀，風而雨土曰霾。《月令》云：疾風曰盲風。《風俗通》曰：猛風曰颲，凉風曰瀏，微風曰飈，小風曰颼，小風從孔來曰颷。

不鳴條。儒者論太平瑞應，皆言五日一風，風不鳴條。論衡。董仲舒云：太平之世，風不摇條，開甲破萌而已。西京雜記。太平時，陰陽和，風雨咸同，海内不偏。地有險易，故風有遲疾。雖太平之政，猶有不能均同也。唯平均乃不鳴條。易稽覽圖。

君子風。風或清明來久長，不摇樹木枝葉，離地三二丈者，此有龍德在於下。風或清明不及二三尺者，此君子之風也。風俗通。

高下風。高者道遠，下者道近，凡大風非常，三日三夜者，天下盡風也。二日二夜者，天下半風也。一日一夜者，千里風也。抱朴子。

疾遲。凡風動，初遲後疾，其來遠。初急後緩，其發近。凡風動葉十里，鳴條百里，摇枝二百里，墮葉三百里，折小枝四百里，折大枝五百里，飛沙石千里，拔大樹根五千里。凡鳴條以上，皆百里風也。乙巳占。

鳥巢。扶枝鳥鵲識歲之多風，去喬木而巢扶枝。注扶旁也。淮南子。

烏向風立，魚逆水而上。烏向風而立，取其鱗羽之順也。有微風不知所從來，但觀烏之所向。瑣碎録。

酒沈溢。《淮南子》曰：物類之相應，玄妙深微，論辯不能解。故東風至而酒沈溢。《造化權輿》云：以爲東方之氣，風也。故凍非東風不能解，湛非東風不能溢。

虎嘯。《春秋元命苞》曰：猛虎嘯，谷風起，類相動也。《淮南子》曰：虎嘯而谷風至。注虎陽獸也，與風類同。成公綏《嘯賦》云：飛廉鼓於幽隧，猛虎應於中谷。

鳶鳴。前有塵埃，則載鳴鳶。注鳶鳴則風生。禮記·曲禮。

惠風。《魏都賦》：惠風如薰。邊讓《章華臺賦》曰：惠風春施。謝混《游西池》詩云：惠風蕩繁囿。吕向曰：春風也。晉袁羊曰：何嘗見明鏡疲於屢照，清流憚於惠風。

光風。《招魂》云：光風轉惠汜崇蘭。此注光風謂雨已日出而風，草木有光也。

緒風。《楚詞》款秋冬之緒風。注云：緒，餘也。謝靈運詩：初景革緒風，新陽改故陰。顔延年和謝詩云：倚巖聽緒風。

厲風。《莊子》云：泠風則小和，飄(則)[風]則大和，厲風濟則衆竅爲虛，而獨不見之調調，之刀刀乎。注，泠泠小風，厲風大風也。

獵葉風。周生《列子》曰：夫獵葉之風，不應八節。

石尤風。宋孝武帝《丁督護歌》云：願作石尤風，四面斷行旅。陳子昂入峽阻風云：故鄉今日友，歡會坐應同。寧知巴峽路，辛苦石尤風。戴叔倫贈裴明州詩：知得未得去，慚愧石尤風。郎士元留盧秦卿詩：知有前期在，難分此夜中。無將故人酒，不及石尤風。李義山詩：來風貯石郵。

香風。王子年《拾遺記》曰：瀛洲時有香風冷然而起，張袖受之，則歷年不歇，着肌膚必軟滑。

祛塵風。崑崙山有四面風者，言東南西北一時俱起也。又有祛塵之風，若衣服塵污者，風至吹之，衣則淨如浣濯。

落梅風。五月有落梅風，江淮以爲信風。又有霖霔，號爲梅雨，沾衣服皆敗。風土記。

黄雀風。南中六月則有東南長風，俗號黄雀風。時海魚化爲黄雀，因爲名也。風土記。

鯉魚風。《提要録》鯉魚風，乃九月風也。李賀詩：門前流水江陵道，鯉魚風起芙蓉老。又古詞云：瑞霞成綺，映舴艋鯉魚風起。

信風。江淮船泝流而上，常待東北風，謂之信風。七八月有上信，三月有鳥信，五月有麥信。國史補。

花信風。徐鍇《歲時記》云：三月花開，名花信風。《東皐雜録》：江南自初春至初夏，五日一番風候，謂之花信風。梅花風最先，楝花風最後。凡二十四番以爲寒絶也。后詩人詩云：楝花開後風光好，梅子黄時雨意濃。徐師川詩云：一百五日寒食雨，二十四番花信風。又古詩云：早禾映雨初晴后，苦楝花風吹日長。

颶風。《嶺南録》云：嶺嶠秋夏雄風曰颶，發自午至夜半乃止，仆屋僵樹，甚者颺屋瓦若飛蝶，累年一發，或歲再三。《南越志》云：熙安間多颶風。颶者，具四面之風也。一曰具風，常以六七月發，未至時三日，鷄犬爲之不寧，大者或至七日，小者一二日。外國以爲黑風。《嶺表録異》云：南海秋夏，間或雲物慘然，有暈如虹，長六七尺。此候則颶風必發，故呼爲颶母。見忽有震雷，則颶風不作矣。舟人嘗以爲候，預爲備之。番禺雜記云：颶風將作，有微風細雨，先緩後急，謂之鍊風。

舶棹風。吴中梅雨初過，颯然清風而至彌旬，謂之舶棹風，此番商客海舶初回，風送而至。瑣碎録。吴中每暑月，則東南風數日，甚者至踰旬而止，吴人名之曰舶趠風。云海外舶船，禱於神而得之，乘此風到浙江間也。東坡吴中詩云：三旬已過黄梅雨，萬里初來舶趠風。唐溪詩話。

古風。發屋折木者曰怒風，揚沙轉石者曰狂風，四轉五復者曰亂風，暴風卒起乍有乍無者曰暴風，獨鹿蓬勃者曰勃風，扶摇羊角者曰飄風，風來清涼温和塵埃不起者曰和風。乙巳占。

四方風。《南越志》云：熙安界多風，俗號爲四方之風。

五風信。吴俗以十月初五日爲五風生日，太湖漁者千餘家，盛陳牲醴饗並湖諸神祠，祈此日有風，則每五日風雨如期而至，終歲皆然，可以揚帆取魚，謂之五風信。

海風。海道之險曰癡風，曰黑風。癡風之作，連日怒號不已，四方莫辨。黑風則天色晦冥，不分晝夜。圖經。

俊風。正月時有俊風。俊者，大也。大風，南風也。何大於南風也，曰合冰必於南風，解冰必於南風。生必於南風，收必於南風。故大之也。大戴禮。

剛風。鵰鳶展翅，不能動去地四十里。風力猛壯可驗，有剛風世界。抱朴子。

風山。北屋縣故城西十里，有風山。其山有穴如輪，風氣蕭索常不止。

風門山。風門山有石門，去地百餘丈，將欲風起，此門隱隱有黑氣上。須臾，有黑風竟天。武陵記。

風母。風母出九德縣，似猨，見人若慚出頸。打殺得風還活。劉欣期交洲記。

風井。盛弘之《荆州記》曰：宜都佷山縣山有風穴，口大數尺，名曰風井。夏則風出，冬則風入。風出入之時，吹拂左右常浄。暑月經之，凛然有衣裘想。袁山松云：夏則風出，冬則風入，春秋分則静。余往觀之，其時四月，去穴數數丈，須臾寒慄言至，六月中尤不可當。往人有冬過者，置笠穴中，風吸之。經日還步陽溪，得其笠，則知潛通矣。水經。

風穴。龍山石上，往往有仙人及龍迹，故以爲名。四麓各有一大穴，大如車輪。春則風生東，秋出西，夏出南，冬出北，不相奪倫。有沙門法猛，於夏日入其東穴，見石屋石人，欲窮諸穴，便見有人厲聲云：法師其餘皆如東者，不宜來見穢。猛乃愕然，不覺身在穴外。邢子勵地記。

犬自穴出。汝南臨汝縣有小山，曰崆峒。其顛洞穴如盎，將有大風雨，則白犬自穴出，田夫以爲候。亦名曰玉燭峯。三水小牘。

見雲知風。白崖山之右，有巨穴如井，不知淺深。穴口四圍津津如汗，間有氣出，騰空爲白雲，須臾風起，怒號如雷。里人見雲，即知風，氣散則風定，細則風小，盛則風猛。窒其穴風雖少而民多瘴，開則風如故而瘴亦衰。

風輪子。華子云：棲三陰之正氣於風輪，其專精之名曰太玄。《寶積經》云：有風輪名清涼，能使一雲普覆三千大千世界。

三種風輪。難陀苑中，自然有三種風輪，曰開，曰浄，曰吹。開者，有風來開苑諸門。浄者，有風輪來掃除其地令皆清浄。順者，有風輪來吹諸華樹令花布散。起世經。

山猈。法獄之山有獸，其名曰山猈。暉。其行如風，見則天下大風。山海經。

折丹。大荒之中有山，曰鞠陵焉山，有人名曰折丹。處東極以出入風。折丹，神人也。山海經。

蓬蓬風。謂蛇曰：予蓬蓬然起於北海，而入於南海也。夫折大木飛大屋者，惟我能也。莊子・秋水。

嫋嫋。九歌曰：嫋嫋兮秋風，洞庭波兮木葉下。謝靈運詩：嫋嫋秋風過。湯惠休白紵歌：秋風嫋嫋入曲房。

瑟瑟。劉公幹贈從弟詩：亭亭山上松，瑟瑟谷中風。

獵獵。鮑明遠還都詩：鱗鱗夕雲起，獵獵晚風遒。

鯨魚報風。扶南之西海裏，有山週迴千里，有大石名爲海彭，闊可百里。海神欲爲風暴動，但先聞此石震響如雷，則鯨便起而風也。扶南傳。

高沙洞。朝鮮慶尚道清道郡南二里有鰲山，東有一谷名曰高沙洞。天將風雨，先期而鳴，噴出雲氣，雲入洞内則雨，雲出洞外則風，大鳴則即日有驗，小鳴則三二日乃驗。志。

相風。帝與娥皇汎於海上，以桂枝爲表，結芳茅爲旗，刻玉爲鳩，置與表端，言知四時之候。今之相風，此遺像也。王子年拾遺記。

相風烏。長安南有靈臺，高十仞，上有銅渾天儀。又有相風銅烏，或云遇千里風乃動。郭緣生述征記。

雷

天鼓。《河圖帝通紀》曰：雷，天之鼓也。抱朴子同。

陰陽合。《春秋元命苞》曰：陰陽合爲雷。《曾子》曰：陰陽之氣俱，則爲雷。楊泉《物理論》曰：積風成雷。

陰陽相薄。陰陽相薄感而爲雷，激而爲霆。穀梁傳。《説文》：霆，雷餘聲也鈴鈴。所以挺出萬物。震，劈歷，萬物者。徐鉉云别作霹靂非。《五經通義》：震與霆皆霹靂也。《東京賦》：霹靂激而增響。《前天文志》：辟歷夜明。《晉書・楚王瑋傳》：大風雷雨辟歷。

天地長子。雷於天地爲長子，以其首長，萬物與其出入也。陽用事百八十三日而終，陰用事亦百八十三日而終。雷二月出地，百八十三日，雷出則萬物出。八月入地，百八十三日，雷入則萬物入。此其常經也。故雷安萬物安，雷害萬物害，猶國也。君安國亦安，君害國亦害。洪範論。人君之象，於易雷以二月出。其卦曰：豫言萬物隨雷出地，皆逸豫也。以八月入，其卦曰歸妹，言雷復歸。入地則孕毓根核，保藏蟄蟲，避盛陰之害。出地則養長華實，發楊隱伏，宣盛陽之德。入能除害，出能興利，人君之象也。五行傳。雷以十一月起黃鍾，二月大聲，八月閉藏。京房占。

辟陰除害。孔子云：雷之始發大壯始，君弱臣強從解起。靁者，所以開發萌芽，辟陰除害。萬物須靁而解，資雨而潤。故《經》曰：靁以動之，雨以潤之。王者崇寬大，順春令，則靁應節，不則發動於冬，當震反潛。故《易傳》曰：當靁不靁，太陽弱也。後漢郎顗傳。

號令。郎顗曰：雷者號令，其德生養。

出滯。號文公諫周宣王曰：陰陽分布，震雷出滯。國語。

拒難折衝。《五星占》云：雷電殺人何。雷，天拒難折衝之臣也。君承用節度，即雷以節，暴人威福，則雷電殺人。京房易傳。

大陽激氣。雷者，太陽之激氣也。正月陽動，故正月始雷。五月陽盛，故五月雷迅。秋冬陽衰，故秋冬雷潛。盛夏之時，太陽用事，陰氣乘之。陰陽分爭，則相校軫。校軫則激射。激射爲毒，中人輒死，中木木折，中屋屋壞。人在木下屋間，偶中而死矣。論衡。

震驚百里。《論語讖》曰：雷震百里聲相附。宋均注曰：雷動百里，故因以制國也。雷聲，爲諸侯之政教所至相附近也。《鄺炎對事》曰：或曰，雷震驚百里，何以知之。炎曰：以其數知之，夫陽動爲九，其數三十六。陰静爲八，其數三十二。一陽動二陰，從故曰百里。《論衡》云：千里不同風，百里不共雷。

藏冰棄冰。凡藏冰以時則雷出不震，棄冰不用則雷不發而震。左傳。

陽聲。雷者陽聲，出非其時，臣竊君柄之象。唐五行志。

天怒。《論衡》曰：世名雷電爲天怒，隆隆之聲，天怒之音。吴武陵遺孟簡書曰：古稱一世三十年，子厚之斥十二年，殆半世矣。霆碎電射，天怒也，不能終朝。聖人在上，安有畢世而怒人臣耶。

雄雷雌雷。春雷初起，其音洛洛霹靂者，所謂雄雷，旱氣也。其鳴依依，音不大霹靂者，謂之雌雷，水氣也。師曠。

軒轅星。軒轅星主雷雨之神。春秋合城圖。

雷君。雷君出裝，隱隱西行。霖雨不止，流爲江河。易林變占。

雷公。圖畫之工，圖雷之狀，纍纍如連鼓形。又圖一人，若力士謂之雷公，使之左手引連鼓，右手椎之。論衡。雷公江赫冲。道經。

黃帝雷精。黃帝以雷精起。河圖。

塗山雷震。禹會塗山之夕，大風雷震，有甲步卒千餘人，其不被甲者，以紅綃帕抹其額，自此遂爲軍儀之服。二儀實録。

射天震死。帝武乙無道，爲偶人，謂之天神。與之博，令人爲行。天神不勝，乃僇辱之。爲革囊，盛血，仰而射之，命曰射天。武乙獵於河渭之間，暴雷，武乙震死。史記。

震乘。武王伐紂，雨甚雷疾，武王之乘，雷震而死。周公曰：天不祐周矣。太公曰：君秉德而受之，不可如何也。六韜。

雷電以風。《尚書大傳》云：周公薨，成王欲葬之於成周，天乃雷電以風，禾即盡偃，大木斯拔，周人大恐。王葬周公於畢，示不敢臣也。張奂疏云：昔周公葬不如禮，天乃動威。

雷師。《穆天子傳》云：吉日辛酉，天子升崑崙之丘，以觀黃帝之宫而封豐隆之葬，以詔後世。郭璞云：豐隆筮師，御雲得大壯卦，遂爲雷師。《淮南子》曰：季春三月，豐隆乃出，以將其雨。張衡《思玄賦》云：豐隆軒其震霆，雲師䨠以交集。《抱朴子》云：故聾瞽在乎形器，則不信豐隆之與玄象矣。《玉樞經》：雷師皓翁，悉力雷司，委心火部。

雷神隨擊。東海上有勇士曰菑丘訢，以勇遊於天下，過神淵飲馬，馬沉訢去朝服，拔劍而入，三日三夜，殺二蛟龍而出，雷神隨而擊之，十日十夜，眇其左目。韓詩外傳。

擊齊臺。《淮南子》曰：庶女叫天，雷電下擊，景公臺隕，支體傷折，海水大出。許慎註云：庶賤之女，齊之寡婦，無子不嫁，事姑謹敬。無男有女，女利母財，令母嫁婦，婦終不肯。女殺母以誣寡婦。婦不能自明冤結，叫天，天爲作雷電，下擊景公之臺，隕壞也。毀景公之支體，海水爲之大溢出也。

震廟。九月己卯晦，震夷伯之廟，罪之也，於是展氏有隱慝焉。左傳十五。

感雷而生。子路感雷精而生。尚剛好勇，親涉衛難，結纓而死。孔子聞而覆醢每聞雷鳴，乃中心惻怛。故後人忌焉，以爲常也。論語説。

雷火化雀。秦穆公出狩，天震大雷，下有火化爲白雀，御丹書集公車，曰秦伯霸。尚書中候。

無雲而雷。《史記》秦二世元年，天無雲而雷，劉向以爲雷當託於雲，猶君託臣，陰陽之合也。二世不恤天下，萬民有怨畔之心。是歲，陳勝起，天下畔，趙高作亂，秦遂以亡。一曰，《易》震爲雷，爲貌不恭也。前漢書。

母畏雷。蔡順母平生畏雷。自亡後，每有雷震，順奔塚泣曰：順在此。汝南先賢傳。《晉書》王裒《孝子傳》：竺彌伏父墳泣，同避雷室。湖陽縣春秋蓼國，樊重之邑也，重母畏雷，爲石室避之，悉以文石爲堦砌，今猶存。盛弘之荆州記。

辨誣。河南李叔卿爲功曹，應舉孝廉。同時應者害之，使婢宣言叔卿淫其寡妹。其妹傷被淫之名，遂到府門自殺，叔卿亦自殺，明已無佖也。後三年，霹靂害叔卿者，以屍置叔卿塚前。其家收而葬之，秋又震發其塚。列女后傳。

失匕箸。曹公從容謂先主曰：天下英雄，唯使君與操。本初之徒，不足數也。先主方食，失匕箸。會雷大震，先主曰：聖人言，迅雷風烈必變，良有以也，一震乃可致此。華陽國志。

虎御。曹爽夢二虎御雷公，若二升椀，放着庭中，以問占者，馬訓曰：憂兵。訓退告妻曰：爽將以兵亡，不出旬日。世語。

遇震不驚。《世説》云：夏侯太初嘗倚柱作書，時大雨，霹靂破所倚柱，衣服焦然，神色無變，書亦如故。賓客左右，皆跌蕩不得住。曹嘉之晉紀作諸葛誕。《語林》云：夏侯太初從魏帝拜陵，陪列於松柏下。時暴雨霹靂，正中所立之樹，冠冕焦壞，左右覩之皆伏，太初顔色不改。臧榮緒亦作諸葛誕。載記劉曜，年八歲，從元海獵於西山，遇雨，止樹下，雷震樹，旁人莫不顛仆，曜神色自若。元海異之曰：此吾家千里駒也。

寢栢移災。王丞相令郭璞試作一卦。卦成，郭意色甚惡，云：公有震厄。王問：有可消伏理不。郭曰：命駕西出數里，得一栢樹，截斷如公長，置床上常寢處，災可消矣。王從其語，數日中，果震栢粉碎，子弟皆稱慶。大將軍云：君乃復委罪於樹木。世説。

雷車。義興人姓周，永和中出都。日暮，道邊有一新草小屋，有一女出門望見周曰：日已暮，前村尚遠。臨賀詎得至。周便求寄宿。向一更中，聞外有小兒唤阿香官，唤汝推雷車。女乃辭去，明朝視宿處乃見一新塚。後五年，果作臨賀太守。續搜神記。柳公權嘗見親故説：元和末，止建州山寺中。夜半，覺門外喧閙，因潛於牕櫺中觀之，見數人運斤造雷車，如圖畫者。酉陽雜俎。白日揚光，雷車避藏。易林。

雷神墮地。晉扶風楊道和，夏于田中，值雷雨，至桑下，霹靂下擊之，道和以鋤格折其肱，遂落地，不得去。色如丹，目如鏡，毛角長三尺，餘狀如六畜，頭似彌猴。搜神記。

震惡。佛佛虜凶虐暴忍，常自言，國名佛佛，則是佛中之佛。尋被震死，既葬，又震出之題背四字，表其凶逆。異苑。

震齊棟。齊永明十一年三月，震於東齋，棟崩。左右密欲治繕，竟陵王子良曰：此豈可治。留之志吾過，且旌天之愛我也。明年子良薨。南齊書。

擊大航。顧協爲通事舍人，大通二年，霆擊大航然盡。建康縣馳啓，協以爲非吉祥，未即呈聞。後帝知之，曰：霆之所擊，一本罰惡龍，一彰朕之有過。協掩惡揚善，非曰忠公。由是見免。南史。

霹靂鬭。神武嘗閲馬於北牧，道逢暴雨，大雷電震地，前有浮圖一所。神武令薛孤延按稍直前，未至三十步，震燒浮圖，孤延唱殺，繞浮圖走，火遂滅。孤延還，眉鬚及馬髮尾皆焦，神武嘆其勇決，曰：薛孤延乃能與霹靂鬭。北齊書。

雷卵。牙門將陳義即雷之諸孫。昔陳氏因雷雨晝冥，庭中得大卵，覆之數月，卵破，有嬰兒出焉。自後日有雷扣擊户庭，入其室中，就於兒所，似若乳哺者。歲餘，兒能食，乃不復至。遂以爲己子。義即卵中兒也。投荒雜記。丁謂撰記云：舊記云，雷欽州南七里有擎水雷，今南渡是也。始者里民陳氏家無子，因射獵中獲一大卵，圍及尺餘，携歸家不知其何名。忽一日，霹靂而開，遽生一子，鞠育撫養，遂成其家。鄉俗異之，曰雷種。陳天建二年也。

雷公夾樹。唐代州西十餘里，有大槐震雷所擊，中裂數丈，雷公夾於樹間，吼如霆震。時狄仁傑爲都督，賓從往觀，衆皆披靡，無敢進者。仁傑單騎逕進，迫而問之。乃云：樹有乖龍，所由令我逐之。落勢不堪，爲樹所夾。若相救者，當厚報德。仁傑命鋸匠破樹，方得出，其後吉凶必先報命。

分地界。開元中，漳泉二州，分彊界不均，互訟于臺省，制使不能斷者數年。一日忽大雷雨，霹靂一聲，崖壁中裂。所競之地，拓爲一逕，因爲官道。壁中有方篆六行，二十四字，皆廣數尺。人莫能識。貞元初，流人李協辯之曰：漳泉兩州，分地太平。永安龍溪，山高氣清。千年不惑，萬古作程。所云永安龍溪者，兩郡界首鄉名也。漳泉故事録異記。

方士致雷。玄宗嘗冬月召山人包超，令致雷聲。超對曰：來日及午有雷。遂令高力士監之。一夕，醮式作法，及明至巳矣，天無纖翳。力士懼之。超曰：將軍視南山，當有黑氣如盤矣。力士望之，如其言。有頃風起，黑氣彌漫，疾雷數聲。酉陽雜俎。

霹靂車。李鄘在北都介休縣，百姓送解牒，夜止晉祠宇下。夜半，有人叩門云：介休王暫借霹靂車，某日至介休收麥。良久，見數人共持一物如幢扛，上環綴旗幡，其幡凡二十八葉，每葉有光如電起。以授之百姓遍報鄰村，村人悉不信。其日，介山上有雲氣蔽天，注雨如綆，風吼雷震。凡損麥千餘頃，數村以民爲妖訟之。酉陽雜俎。

雷公形。貞元四年，宣州忽大雷雨，一物墮地，猪首，手足各兩指，執一赤虵嚙之。俄頃，雲暗而失。時皆圖而傳之。酉陽雜俎。雷州春夏多雷，無日無之秋日則伏地中。其狀如彘，人取而食之。國史補。嘗有雷民，因大雷電，空中有物，豕首鱗身，狀甚異。民揮刀以斬，其物踣地，血流道中，而震雷益厲。其夕凌空而去。自後揮刀民居屋，頻爲天火所災。雷民圖雷以祀者，皆豕首鱗身也。投荒雜録。

震林甫。元和元年六月，惠州一娼女震死於市衢，脇下有朱字云：李林甫，以毒虐弄正權，帝命震死。龍城録。

震逆臣宫。元和中，李師道據青齊，不貢不覲。憲宗命將討之，王師不利，而師道益驕。乃建新宫，擬天子正衙，卜日而居。是夕雲物遽晦，風雨如撼，遂爲震擊傾圮。俄復繼以天火，了無遺者。青齊人相顧語曰：人臣逆君譴見於天，安可逃其戾乎。旬餘，師道果誅死。宣室志。

震寺刹。蕭澣初至遂州，造二播刹施於寺，齋慶畢作樂，忽暴雷震，刹俱成數十片。至來歲，雷震日澣死。酉陽雜俎。

瓮列梁上。元稹在江夏襄州賈塹有庄，新起堂，上梁纔畢，疾風甚雨。時庄客輸油六七瓮，忽震一聲，油瓮悉列於梁上，一滴不漏。其年元卒。酉陽雜俎。

劈山填石。東陽郡濱於浙江，有山周數百里，江水曲而環焉。還滯舟楫，人頗病之。常侍敬昕，太和中出守。其山一夕雲物曛晦，暴風雷電，動蕩室廬。江水騰溢，莫不惶惑。迨曉方霽。人往視之，已劈而中分，相遠數百步，引江流直而貫焉。其環曲處，悉填以石，遂無縈繞之患。宣室志。

兄弟五人。葉遷韶曾避雨，救雷公於夾樹間。翌日，雷公以墨篆一卷與之曰：依此可致雷雨，袪疾苦，立功救人。我兄弟五人，要聞雷聲，但喚雷二。雷五性剛躁，無危急之事，不可喚之。自是行符致雨，咸有殊効。嘗醉於吉州爲太守所辱，乃大呼雷五。時郡中亢旱，忽震霹暴作。太守下階禮接，請爲致雨。信宿霑足，因爲遠近所傳。神仙感應傳。

雷神移床。吴柴再用爲光州。一日大震雷，家人皆伏匿，再用當户危坐不動。俄見有襦袴四人，舁再用坐敗床出庭中，復大震，屋折有龍出。九國志。

雷公籙。巴蜀間於高山頂或潔地建天公壇，祈水旱，蓋開元中上帝所降儀法，以示人也。其壇或牛羊所犯，及預齋者飲酒食肉，多爲震死。新繁人王堯因往別業，村民烹豚待之。有一人自天公齊迴，乃即席食肉。王謂曰：爾不懼雷霆耶。曰：我與雷爲兄弟，何懼之有。王異之，乃詰其所謂。曰：我受雷公籙，與雷同職。因取其籙驗之，果如其説。仍有數卷，或畫壯夫以拳杖地爲井，號拳杖井，或畫一士負薪柎，號一谷柴。或以七手撮出簸之，號七山簸。江陵東村李道士舍亦有此籙，云：玉洞法籙。北夢瑣言。

誤擊。江西村中有人震死，既而空中呼曰：誤矣。可作蚯蚓爛擣，覆臍中，當差。如言擣之，遂蘇。稽神録。

擊妬。閩王延翰忠懿王，審知子也。妻博陵崔氏性悍妬殘忍。嘗以練縛姬侍而鞭之，練染血赤乃止。又置木掌摑人。一旦盛暑，天無纖雲，而霆震擊斃於中庭。或者曰，忠懿暴終，博陵之鴆故也。五國故事。

擊章惇。章惇徽宗時貶雷州司户，卒後欽宗北狩至檀州，雷擊民間一男子，背上朱書：賊臣章惇。南燼録。

雷公墨。雷州之西，有雷公廟。彼中百姓每年配納雷皷、雷車，人有以黄魚、彘肉同食者，立遭雷震。人皆敬而憚之。每大雷雨後，人多於野中拾得黳石，謂之雷公墨，扣之鎗然，光瑩如漆。又於霹靂處，或土木中，得楔如斧者，謂之霹靂楔，與小兒珮帶，皆辟驚邪。與孕婦磨服，爲催生藥。皆有應驗。嶺表録異。凡訟者投牒，必以雷墨雜常墨書之爲利。投荒雜録。

霹靂碪。玉門之西有一國，國中有山，山上有祠廟。國人歲歲出石碪數千輸廟中，名曰霹靂碪。給霹靂用，從春雷出，碪日減，至秋而盡。玄中記。

服䖒。揄次之山，有鳥名橐䖒，服其毛羽，令人不畏雷。山海經。

食魚。正過之水其内有飛魚，食之不畏雷。郭璞讚曰：飛魚如豚，赤文無羽，食之辟兵，不畏雷音。山海經。

雷穴。興州一處名雷穴，每雷聲，水塞穴流，魚隨流而〔出〕。百姓每候雷聲，繞樹網獲魚無限。酉陽雜俎。

雷塘。柳州有雷山，雨崖皆東西，雷水出焉。蓄崖中，曰雷塘，能出氣，氣作雷，雨變見有光。禱用俎魚豆彘脩形糈稌陰酒，虔則應。柳文。

雷聲。雷聲兜率天作歌頌音，閻浮提作海潮音。酉陽雜俎。

雕雷。雷部鬼神，晝勞夕役，動有捶楚。大則考戮。屑雲雕雷，無有已時，檄龍命鴉，以息彼作。玉樞經。

雷同。後漢桓譚疏云：畧雷同之俗語，詳通人之雅謀。注：雷之發聲，衆物同應，俗人無是非之心，出言同者謂之雷同。馮衍《顯志賦》：紛綸流於權利兮，親雷同而妬異。

雷神。雷澤有雷神，龍首人身，鼓其腹則雷。山海經。

五雷。玉霄一府所統三十六天内院中司，東西華臺、玄館妙閣、四府六院及諸有司，各分曹局，所以揔司五雷天臨三界者也。玉樞經。

雷耕。雷人陰冥雲霧之夕，呼爲雷耕。曉視田中，必有開墾之迹。有是乃爲嘉祥。投荒雜録。

雷藏。村民鑿山爲穴，多品供雷冀雷享之，名雷藏。番禺雜記。

雷郎。民家女或爲神所依，即呼爲雷郎，得子曰雷子。同上。

玉虎。令訾野中有玉虎，晨鳴雷聲，聖人感期而興。括地篆。

不蓋醬。雷不蓋醬。俗説今人腹中雷鳴。風俗通。今月上下如弦之時，觸醬輒壞，里俗忌之。埤雅。

戒容止。雷將發聲，有不戒其容止者，生於不備，必有凶災。月令。雷電之子，必病癲狂。玄女房中經。

電

雷解。《説文》云：電，陰陽激燿也。《字指》曰：儵爚，電光也。《釋名》云：殄也。乍見則殄滅也。

雷光。電謂之雷光。五經通義。

陽光。《禮記・月令》二月始電。疏：云電陽光，陽微則光不見，此月陽氣漸盛，以擊於陰，其光乃見。

陰陽分爭。曾子曰：陰陽之氣，交則爲電。《莊子》曰：陰氣伏於黄泉，陰氣上通於天，陰陽分争，故爲電。

列缺。《大人賦》：貫列缺之倒景。服虔曰：天閃也。前書。《思玄賦》：列缺曄其照夜。張衡曰：電也。後書。《噬嗑》：列缺摶礔礰灼。《傳》曰：列缺摶雷之動也，礔礰灼電之耀也。元包。月支獻猛獸兩目如天，礔礰之交光。十洲記。

宣示光耀。太平之世，電不眴目，宣示光輝而已。西京雜記。

繞斗。黄帝有熊氏，母曰附寶，有蟜氏之女也。見大電光繞北斗，樞星照郊野，感附寶而孕。帝王世紀。

天笑。《仙傳拾遺》：木公與一玉女投壺，設不入者，天爲之嚱噓。注：□噓開口而笑。神異經：東王公與玉女投壺，梟而脱誤不接者，天爲之笑，開口流光，今電是也。

弄雷電。西王母曰：東方朔爲太山仙官，太上使至方丈，勑三天司命。朔但務山水遊戲，擅弄雷電，激波揚風，致令蛟螈陸行，山崩海竭。太上謫斥，使在人間。漢武故事。

目爛如電。王戎幼而聰悟，神彩秀徹。視日不眩，裴楷目之曰：戎眼爛如巖下電。晉書。

繞室。上元中，台州一道士王遠，知善易善，知人死生禍福，作揔十五卷。一日，因曝書雷雨忽至，赤電遶室。在暝霧中一老人叱曰：所泄者書何在，上帝令吾攝六丁雷電追取。遂失易揔。龍城録。

繞案。睦昭符金陵人，保大中常州刺史。一日，坐聽事，雷雨暴至，電光如金蛇繞案，吏卒皆震伏，昭符不懾撫案叱之，雷電遽散，及舉案，惟得鐵索，重百斤，昭符亦不變色，徐命舉索納庫中。南唐書。

四方電。東方有電名曰無厚，南方有電名曰順流，西方有電名墮光明，北方有電名百生樹。無厚與墮光明相觸相對，順流與百生相觸相對，故虛空雲聚之中，出生大明，名曰電光。起世經。

炟炟豊雷。磤磤，其聲震也。電炟炟，其光睒也。元包。

雲

陰陽聚。陰陽聚爲雲。春秋元命包。

山川氣。《説文》曰：雲，山川氣也。又曰：大澤之潤氣也。《洪範五行傳》云：雲起於山而彌於天。

舍陽。雲之爲言運也。觸石而起謂之雲，舍陽而起以精運也。春秋説題辭。

天地之本。雲者，天地之本也。河圖帝通紀。

雨具。荀顗上書順帝云：夫賢者化之本，雲者雨之具也。得賢而不用，猶久陰而不雨也。後漢書。

地氣。《黄帝素問》云：清揚爲天，濁陰爲地，地氣上爲雲，天氣下爲雨。雨出地氣，雲出天氣。注曰：陰凝上結則合以成雲，陽散下流則注而爲雨。雨從雲以施化，故言雲出地氣。憑氣以交合，故言雲出天。

友風子。《雨雲賦》云：託地而游宇，友風而子雨。荀子。

雲翳。初出爲雲，繁雲爲翳。論衡。

雲泉。相應黄泉之埃上爲黄雲，青泉之埃上爲青雲，赤泉之埃上爲赤雲，白泉之埃上爲白雲，玄泉之埃上爲玄雲。河圖始開。

比類示人。《吕氏春秋》曰：山雲草莽，水雲魚鱗，旱雲烟火，雨雲水氣。淮南子作涔雲波水。無不比類其所生以示人。

各國雲象。韓雲如布，趙雲如牛，楚雲如日，宋雲如車，魯雲如馬，衛雲如犬，周雲如輪，秦雲如行人，魏雲如鼠，齊雲如絳衣，越雲如龍頭，蜀雲如倉囷。兵書。

扶日呈瑞。蒼帝起，青雲扶日。赤帝起，赤雲扶日。黄帝起，黄雲扶日。白帝起，白雲扶日。洛書。

五雲。《周禮・保章氏》以五雲之物，辨吉凶、水旱、豐荒之祲。鄭司農注：二至二分觀雲氣，青爲蟲，白爲喪，赤爲兵荒，黑爲水，黄爲豐。

慶雲。《史記》曰：若煙非煙，若雲非雲，郁郁紛紛，蕭索輪囷，是謂卿雲。卿雲見，喜氣也。漢書作慶。《西京雜記》董仲舒曰：太平之時，雲則五色而爲慶，三色而成矞。

景雲。景雲《孫氏瑞應圖》曰：景雲者，太平之應也。一曰慶雲，非氣非煙，氤氳五色，謂之慶雲。春秋運斗樞曰：天子孝則景雲出游。《禮斗威儀》曰：景明也，言雲氣光明也。蔡邕什誨曰：屬炎氣於景雲。

梢雲。《孫氏瑞應圖》云：梢雲，瑞雲。人君德至則出，若樹木梢梢然也。郭璞江賦：梢雲，冠其嶸。

紀官。《左傳》郯子曰：黄帝以雲紀，故爲雲師而雲名。服虔曰：黄帝受命得景雲之瑞，故以雲紀事。杜預曰：縉雲氏蓋其一官也。

合符釜山。《史記》：黄帝合符釜山。《洞冥記》東方朔云：東海大明之墟有釜山，山出瑞雲，應王者之符命。如堯時有赤雲之祥之類。蓋黄帝黄雲之瑞，故曰合符應於釜山也。《春秋演孔圖》云：黄帝之將興，黄雲升於堂。

金枝玉葉。黄帝與蚩尤戰於涿鹿之野，常有五色雲氣，金枝玉葉，止於帝上，有花葩之象，因作華蓋。古今注。

沉璧。雲起堯沉璧於河，白雲起，迴風摇落。尚書中候。

卿雲歌。舜爲賓客，禹爲主人，百工相和而歌卿雲，帝乃倡曰：卿雲爛兮，禮縵縵兮，於是八風脩通，卿雲叢聚。注：言和氣應也。叢或爲族，或以雲出爲岫，迴薄而難以名狀也。

白雲入房。《春秋演孔圖》曰：文命之候，玄龍御雲，天命於湯，白雲入房。注：白雲金精入湯房也。

青雲浮河。成王觀於洛河，沈璧。禮畢，王退俟。至於日昧，榮光幷出幕河，青雲浮洛。尚書中候。

灰滅。楚有蒼雲如霓，圍軫七蟠，中有荷斧之人，向軫而蹲。太史唐勒以葭灰遺於地，乃更滅拂之，其蒼雲爲之半滅。又遺灰乃盡去之，故曰：唐史之策，上滅蒼雲。春秋文曜鈎。蘆灰投地，蒼雲自滅。感應類從。

朝雲。赤帝女姚姬，未行而卒，葬於巫山之陽，故曰巫山之女。楚懷王遊於高唐，晝寢，夢見與神遇，自稱是巫山之女。王因幸之。去而辭曰：妾在巫山之陽，高丘之岨。旦爲朝雲，暮爲行雨，朝朝暮暮，陽臺之下。旦朝視之如言，故爲立廟，號曰朝雲。襄陽耆舊傳宋玉集。

芒碭。雲氣高祖隱於芒碭山澤間，吕后與人俱求常得之。高祖怪問之吕后曰：季所居上常有雲氣，故從往常得季。漢書。彤雲晝聚，素靈夜哭。陸機《高祖功臣頌》。

覆鼎。武帝時，汾陰得寶鼎，迎至中山，晏温，有黄雲焉。漢〔書〕。

白雲爲蓋。武帝封泰山禪肅然山，其夜若有光，晝有白雲出封中。漢志。上禪肅然，白雲爲蓋。漢武故事。

紫雲輦。西王母乘紫雲輦，雲氣勃鬱，盡爲香氣。漢武内傳。

青雲干吕。天漢三年，月氏國獻神香。使者曰：國有常占，東風入律，十旬不休，青雲干吕，連月不散。意中國有好道之君。十洲記。

吉雲。東方朔至東極過吉雲之澤，雲起五色，卓木皆成五色露。帝得之，徧賜羣臣。洞冥記。

凌雲。相如作《大人賦》：帝覽之，飄飄有凌雲之氣。漢書。

雲成宫闕。光武封泰山，雲氣成宫闕，百官並見之。封禪儀。

去後雲起。薊子訓至(各)〔洛〕，公卿以下候之者怕數百人，後因遁去。初去之日，唯見白雲騰，起如是數十處。後漢書。

開雲見日。獻帝使趙岐解關東，罷兵。公孫瓚與袁紹書云：趙大僕御命來征，宣揚朝恩，若開雲見日。後漢紹傳。

披雲覩天。樂廣爲尚書令，衛瓘見而奇之，命諸子造焉，曰：每見此人，瑩然若披雲霧而覩青天。晉書。

雲闕。咸和元年，闕雲聲如暴風雨。晉書。

落身世祖，在江洲起義建牙軍，有紫雲二段落於身上。宋書。高祖北征，至洛陽，常有紫雲見於軍上。宋書。

思親。狄仁傑爲并州法曹其親在河陽別業，赴任於并登太行白雲孤飛曰：吾親舍所居，近此雲下。悲泣佇立久之，候雲移乃行。唐新語。

謬圖五色。中宗后韋氏，禁中謬傳有五色雲氣后衣笥，帝圖以示諸朝，因大赦天下。唐書。

賊瑞。建中三年冬十月庚申，朱滔、王武俊、田悦、李納爲壇魏西，祀天，各僭爲王滔等三讓乃就位。是日，三叛軍上有雲氣頗異，燧望笑曰：是雲無知，乃爲賊瑞耶。唐書。

表符。唐正元壬午，有五色雲見長安。太史張璪曰：在宋分後一百六十年，有聖人興其地。至天成丁亥宋祖生洛陽。

五色蓋。廳拾遺：崔希喬轉馮翊令，有雲如蓋，當其廳事前，須臾五色錯雜，徧於州郭。唐書。

天瑞。鄭珀子仁規仁表，皆豪爽有文表，嘗以門閥文章自高，曰：天瑞有五色雲，人瑞有鄭仁表。唐書。

雲氣甚嘉。五代吕師周謂其裨將綦毋章曰：吾與楚人爲敵境，吾嘗望其營上雲氣甚嘉，未易敗也。楚馬殷傳。

鳳竹。祥符元年封泰山，十月壬辰天文院言：紫雲如蓋，黄雲如龍鳳，青雲如竹木，名梢雲。宋史。

五色。天聖五年，仁宗初臨軒試進士，琦名在第二。時唱名第一甲方終，太史奏日下五色雲見，左右從官皆賀於殿上。韓琦家傳。

貢雲。宣和中，艮嶽初成，令近山多造油絹囊，以水濕之，曉張於危巒絶巘之間，既而雲盡入，遂括囊以獻，名曰貢雲。每車駕所臨，則盡縱之，須臾，滃然充塞，如在千巖萬壑間。齊東野語，又載東坡山歸牧白雲入籠放之作攓雲篇。

雲將。莊子曰：雲將東遊，過扶搖之枝而適遭鴻蒙。曰：天氣不和，地氣鬱結，六氣不調，四時不節，今我願合六氣之精，以育羣生。李注云：雲將，雲主帥也。

五嶽雲。《公羊傳》曰：觸石而出，膚寸而合，不崇朝而徧乎天下者，惟泰山雲耳。尚書大傳：五嶽皆觸石出雲。

四海雲。《淮南子》云：先王之政，四海之雲至，而脩封彊。注云：立春之後，四海出雲。

八極雲。八極之雲，是雨天下。八門之風，是節寒暑。八紘八寅大澤之雲，以雨九州而和中土。淮南子。

周雲。《淮南子》云：周雲之蘢蓯，遼巢澎濞而爲雨。注：周，密也。蘢蓯，聚合也。遼巢澎濞，蘊藉貌也。

圛圛。書曰：圛圛升雲，半有半無。圛，回行也。説文。

云云。《吕氏春秋》曰：雲氣西行，云云然，冬夏不輟。

雲輿。仲長統詩：春雲爲輿，秋風爲駟。傅玄詩：雲爲車兮風爲馬。

金翹。雲卷金翹，日輝合璧，紅塵暗陌，丹霞映峙。金樓子。

雲互。王僧達祭顔延年文云：情條雲互。謝靈運辨論云：情理雲互，物已相傾。李陵詩云：仰視驚雲逝，紛紛互相踰。

礮車雲。暴風之候，有砲車雲。國史補。舟人占雲，若砲車起，急避之，乃大風候也。東坡詩：終日江頭天色惡，砲車雲起風欲作。

南雲。陸機《思親賦》：指南雲以寄欽，望歸風而效誠。陸雲贈鄭曼季詩：聲播東汜，響溢南雲。宋文帝北伐詩云：不覩南雲陰，但見胡風起。江總揚州九日詩：心逐南雲逝，形隨北鴈來。謝靈運上書云：注心南雲，爲日已久。

東雲。義熙七年，朱齡石代蜀袁豹爲檄文云：梁益人士，驅迫一時，待命寇讎之戮，餧嘔豺狼之吻，豈不遡誠南凱，延首東雲。宋袁湛傳。

雕雲。顔延年詩：雕雲麗璇蓋，祥飇被綵斿。《南齊・祥瑞志》：流火赤雀，實紀周祚，雕雲素靈，發祥漢氏。沈炯陳武帝哀策：雕雲布族，祥星結樞。

愁雲。班婕妤《擣素賦》：停風軒而結睇，對愁雲之浮沉。傅玄詩：浮雲含愁色，悲風坐自嘆。謝惠連《雪賦》：寒風積愁雲繁。

渫雲。《蜀都賦》：窮岫渫雲，日月怕翳。謝玄暉詩：渫雲已漫漫，多雨亦淒淒。

纖雲。曹植魏德論：纖雲不形，陽光赫戲。傅弈詩：纖雲時髣髴，渥露霑我裳。

鮮雲。陸士衡《悲哉行》：和風飛清響，鮮雲垂薄陰。

崇雲。《猛虎行》：崇雲臨岸駭，鳴條隨風吟。

曾雲。園葵詩：曾雲無温液，嚴霜有凝感。

歸雲。擬古詩：驚飈褰反信，歸雲難寄音。

流雲。顔延年詩：流雲藹青闕，皓月鑒丹空。

石梁雲。應襄陽石梁山出雲應驗符合，鄉人候之若：(曰)〔白〕雲起定雨，黄雲起則風，黑雲起則多病。物類相感志。

崑崙五色。崑崙山有九層，每層相去萬里。有雲氣五色，從下望之，皆有城闕之象。崑崙者，西方曰須彌山，有九層，其第七層有景雲出，以映朝日。拾遺記。

香雲。員嶠山，一名環丘。有雲石，駁駱如錦川，扣之則片片，翕翕然雲出。俄而遍潤天下，西有星池，有爛石常浮於水邊，其色紅，質虚似肺，燒之有煙香，聞數百里，煙氣升天則成香雲，遍潤則成香雨。同上。

屯雲。曹子建漢高贊云：屯雲斬蛇。傅玄詩：屯雲結不解。謝靈運詩：屯雲被曾嶺。

霧

陰陽亂氣。陰陽之氣，亂則霧。曾子。

積水上溢。騰水上溢，故爲霧。莊子。

百邪之氣。霧者，百邪之氣，爲陰冒陽，本於地而行於天。五行志。

霧不塞望。太平之世，霧不塞望，浸淫被泊而已。西京雜記。

三日霧。黄帝時，天大霧三日，帝遊洛水之上，見大魚，殺五牲以醮之，天乃甚雨七日七夜。魚沉〔流〕始得圖書焉。今之河圖，即其書也。世傳大霧三日必有甚雨，自此始也。帝王世紀。

蚩尤作霧。黄帝與蚩尤戰於涿鹿之野。蚩尤作大霧彌三日，軍人皆惑，黄帝乃令風后法斗機作指南車，以别四方，遂擒蚩尤焉。志林。

地吐黄霧。桀無道，地吐黄霧。尚書中候。

伊尹卒霧三日。伊尹卒年百有餘歲，天霧三日，沃丁葬，以天子之禮。帝王世紀。伊尹受戮，大霧三日。抱朴子。

開而覩天。文王遇姜公於渭陽，執竿而釣。文王得之，灼若披雲而見白日，霍若開霧而覩青天。徐幹中論。

噴水爲霧。燕昭王七年，沐胥國來朝，有道術人名尸羅噴水爲雰霧，暗數里間。俄復吹爲疾風，雰霧皆止。拾遺記。

大霧免難。高祖至平城，爲匈奴所圍，七日天大霧，漢使人還往，胡不覺。後得免平城之難。漢書。

乘霧。東方朔乘雲飛去，仰望天霧覆之，不知所在。漢武内傳。

立起雲霧。淮南王聞有道術之士，必卑辭厚幣以致之，於是八公乃往，一人能坐致風雨，立起雲霧。神仙傳。東海人黄公立興雲霧，坐成山河。西京雜記。

陰侵陽。成帝建始中，黄霧四塞，上問楊興等。對曰：陰盛侵陽之氣也。漢書。王氏五侯同日俱封，其日黄霧四塞。還蜀欒巴爲尚書郎，忽一旦天大霧，對坐不相見，失巴所在，尋問之，云其日還成都，與親故别，時亦風雨晦冥。葛洪神仙傳。蜀郡鄧公，呼吸成霧。蘇子。

能作霧。張楷字公超，有道術，居華山谷中。能爲五里霧。人學其術者，填門如市，故云霧市。神仙傳。時關西人裴優亦能作三里霧，自以不如楷，往從學之，楷避不見。謝承書。

迷路。曹公赤壁敗，行雲夢大澤中，遇大霧，迷失道路。國志。

不迷。劉雄鳴每行，雲霧中識道不迷，時人謂能爲霧。魏畧。

半天。劉先主遣軍取李曠，先生起霧半天，備騎自相殺，先生乃入吳。李先生傳。

冒霧。王肅、張衡、馬均者，昔俱冒霧行，一人無恙，一人病，一人死。無恙者飲酒，病者食，死者空腹。博物志。

孝感。盱眙民王彭先丁母艱，民喪至孝。元嘉之始，父又喪亡。彭兄弟二人土工未就，鄉人助彭作塼，塼事須水濟，值天旱，穿井盡力不得水。彭號窮無計，一旦天霧，霧消之後，於塼竈前自然水生。元嘉起居注。

晝昏。天寶間，霧昏暗十步外不見人，是謂晝昏。五行志。

數里。韓似在桂州，有妖賊封盈，能爲數里霧。聲言某日將攻桂州。有紫氣者，我必勝。至期，果紫氣如疋帛，自山亘於州城。白氣直衝，紫氣遂散。天忽大霧，至午稍霽。雜俎。

枉殺致霧。馬希聲矯殷令殺高郁，是日大霧四塞，殷怪之，曰：吾嘗從孫儒，每殺不辜，天必大霧，豈馬步獄有冤死乎。明日，吏以狀白，殷撫膺大哭。五代楚世家。

服霧。霧者，金石之盈氣。女真張微子服霧得仙。

迷空步障。高麗見博學記，呼霧迷爲空步障。清異録。

素霧。曲江縣有銀山，山常多素霧。湘州記。

金霧。蓬萊山，東有鬱夷國，時有金霧。

明・陳耀文《天中記》卷三　雨

輔時。雨者，輔時生養均遍，故謂之雨。禮統。雨者輔也。什名。天地之施雨者，天地之施也。河圖帝通紀。陽制于陰，故爲雨。春秋潛潭巴。

陰陽和。天地之氣，和則雨。曾子。

二氣均。王弼云：雨者，陰在於上，而陽薄之，而不得通，則烝而爲雨。此說非也。何者夫陰陽二氣，生於黃泉，氤氳交結。出地爲雲，二氣力均，則能爲雨。或陰氣少而陽氣多，或陰氣多而陽氣少，皆不能爲雨也。《小畜》：不雨者，陰氣少也。《小過》：不雨者，陽氣少也。《小畜》：上九既雨既處者，陽極則陰也。故孔子曰：天作時雨，山川出雲。雲也者，非一氣能生者也。譬之於炊，或有水而無火，有火而無水，皆不能生氣。必須水火備而後氣生，氣生本於釜中，非結成於甑上也。由此而論，雲必結於地中，陰陽相將而出，非陰先而陽後，尚不能爲雲，豈能爲雨乎。兼明書。

地氣。風爲天氣，雨爲地氣，風順時而行，雨應風而下。命曰：天氣下，地氣上，陰陽交通，萬物成矣。范子計然。

陰氣。天將雨，人之病爲之先動，是陰相應而起也。天將陰雨。又使人睡臥者，陰氣也。漢名臣奏。

神雨。神農之理天下，欲雨則雨，五日爲行雨，旬日爲穀雨，一旬五日爲時雨。萬物咸利，故曰神雨。尼子。神農之治天下，甘雨時降，五穀繁植。淮南子。

族雲。黃帝見廣成子於空同曰：而治天下，雲氣不待族而雨。莊子。族雲飛泉室，震風洸羽卿。鮑照詩。

洗甲兵。文王命散宜生卜伐紂吉乎。曰：不吉。鑽龜，龜不兆，數蓍不交而折。將行之日，雨輜車至軫。行之日，幟折爲三。散宜生曰：此卜四不祥，不可舉事。太公進曰：是非子之所知也。祖行之日，雨輜重車，是洗濯甲兵也。六韜。

暴雨。太公爲灌壇令，武王夢婦人當道夜哭，問之曰：吾是東海神女，嫁於西海神童，今灌壇令當道，廢我行，我行必有大風雨，而太公有德，吾不敢以暴風雨過，是毀君德。武王明日召太公，三日三夜，果有疾風暴雨，從太公邑外過。博物志。

風波立霽。武王伐紂，至河上，雨甚，疾雷，晦暝。揚波於河，衆甚懼。武王曰：余在天下，誰敢干志者，風波立霽。搜神記。

雨必以夜。周公載紀而天下太平，當此之時，雨不破塊，風不鳴條，旬而一雨，雨必以夜，無丘陵高下皆熟。鹽鐵論。

淫雨，宋大水，公使弔焉，天作淫雨，害於粢盛，若之何不弔？對曰：孤實不敬，天降之災，又以爲君憂，拜命之辱。左莊十一年。

膏雨。子游答季孫曰：以子產之仁愛譬夫子，其猶浸水之與膏雨乎。夫浸水所及則生，不及則死，膏雨之所生也。廣民之受賜也，普莫，識其由來者。孔叢子。孔子，相魯三月，不令而行，沛若時雨之灌萬物，莫不興起也。鹽鐵論。

月離畢。孔子出，使子路齎雨具，有頃，天果大雨。子路問其故，孔子曰：昨暮月離于畢。後日，月復離于畢。孔子出，子路請齎雨具，孔子不聽，出果無雨。子路問其故，孔子曰：「昔日月離其陰，故雨；昨暮月離其陽，故不雨。」論衡。

商羊舞。齊有一足之鳥，飛集殿前，舒翅而跳，齊侯異之，訪諸孔子。孔子曰：此鳥名曰商羊，昔童兒在屈其一脚，振迅兩臂而跳且謡曰：天將大雨，商羊鼓舞。今齊有之，其應至矣。急告民趨，治溝渠，脩堤防，果大霖雨，諸國傷害人民，唯齊有備。家語。

假蓋。孔子將行，雨而無蓋，門人曰：商也有之。孔子曰：商之爲人也，甚悋于財。吾聞與人交，推其長者，違其短者，故能敬也。家語。

雨水滅表。齊、韓、魏共攻燕楚王，使景陽將而救之，暮舍，使左右司馬各營壁地，已，植表，景陽怒曰：女所營者，水皆欲滅表，焉可以舍。乃令徙，明日大雨，山水大出，所營者，水皆滅表，軍吏乃服。戰國策。

狸知雨。有客詣，董仲舒談論微奥，仲舒疑之客。又云：天欲雨。仲舒因戲之曰：巢居却風，穴處知雨。卿非狐狸，即其老鼠。客化爲老狸而走。幽明録。

蟻封穴。《東觀漢記》云：沛獻王輔善《京氏易》。永平五年少雨，上以易林占之，繇曰：蟻封穴屋，大雨將至。以問輔，輔曰：蹇，艮下坎上，艮爲山，坎爲水，山出雲爲雨，蟻穴屋時，雨將至，故以蟻爲興屋。

豫備。任文公爲治中從事。時大旱，白刺史曰：五月一日，當有大水，其變已至，不可防救，宜令吏人豫爲其備。刺史不聽，文公獨儲大舩，百姓或聞，頓有爲防者。到其日旱烈，文公急命促載，使白刺史，刺史笑之。日將中，天北雲起，須臾大雨，至餔時，湔水涌起十餘丈，突壞廬舍，所害數千人。後漢書。

噀酒。郃信臣爲少府，南陽遭火，熱數萬人。信臣時在丞相匡衡坐，心動，會酒東向漱之，遣火處見雲西北來，冥晦大雨以滅火，雨酒香。郃氏家傳。

隨車。百里嵩字景山，爲徐州刺史，境遭旱，嵩出巡處甘雨輒澍。東海祝其合鄉等，二縣父老訴曰：人等是公百姓，獨不迄際，乃迴赴之，雨隨車而下。謝承書。鄭弘爲騶令勤行德化。魯國當春大旱，五穀不豐，騶獨致雨偏熟，遷淮陰太守，消息繇賦，政不煩苛。行春大旱，隨車致雨。後漢。

漱水。樊英，隱於壺山。嘗有暴風從西方起，英謂學者曰：成都市火甚盛。因含水西向漱之。乃令記其時日客，後有從蜀來云：是日大火，有黑雲從東起，須臾大雨，火遂得滅。後漢書。

避雨。茅容耕于野時，與等輩避雨樹下。衆皆夷踞相對，容獨危坐逾恭。郭林宗行見而奇之，因請寓宿。後漢書。

折巾。郭林宗嘗於陳梁間行遇雨，巾一角墊，時人乃故折巾一角，以爲林宗巾。其見慕如此。後漢書。

留客。昔羽山有神人焉，逍遥于中岳，與左元放共遊薊子訓所，坐欲起，子訓應欲留之，一日之中三雨，今呼五月三雨亦爲留客雨。陸機要覽。

刻雨期。管輅與倪清河刻雨期倪未信輅曰：十六日壬子，直滿，畢星中已有水氣，水氣之發，動於卯辰，此必至之應也。又夫昨檄召五星，宣布星符，刺下東井，告命南箕，使召雷公、電父、風伯、雨師，羣岳吐陰，衆川激精，雲漢垂澤，蛟龍含靈，爗爗朱電，吐咀杳冥，殷殷雷聲，噓吸雨靈，習習谷風，六合皆同，咳唾之間，品物流形。天有常期，道有自然，不足爲難也。向暮，果有艮風鳴鳥。日未入，東南有山雲樓起。黄昏之後，雷聲動天。到一鼓中，星月皆没，風雲並興，玄氣四合，大雨河傾。倪謂輅言：誤中耳不爲神也。輅曰：誤中與天期，不亦工乎。管輅別傳。

蟲粟。懷帝永嘉中，梁州雨十旬，麥化爲飛蛾。又荆州久雨，粟化爲蟲蟲，中郎王義興表曰：堯生神禾，晉有蟲粟，陛下自以聖德何如，帝有慙色。

霖浩。元魏高祖詔云：撫師于霖浩之辰。魏書。

率衆訢天。苟金龍爲梓潼太守，帶關城戍主，梁人攻圍，會金龍病，妻劉率勵拒戰百有餘日，井在城外，尋爲賊陷城中絶水，劉集衆告天，俄而澍雨。劉命出公私布絹乃至衣服，懸之城中，絞而取水，所有雜器悉儲之。於是人心益固。梁人退宣武嘉之官其子。

雨珠。梁大同中，嘗驟雨，殿前往往有雜色寶珠，梁武帝觀之甚有喜色，虞寄因上《瑞雨頌》。帝謂寄兄荔曰：此頌典裁清拔，卿家之士龍也。陳書。

風雨不異。王惠常臨曲水，風雨暴至，坐者皆馳散，惠徐起，不異常日，不以霑霈而改。南史。

暴雨不改。裴粲曾詣清河王懌，下車始進，便屬暴雨，粲容步舒雅，不以霑濡改節。懌乃令人持蓋覆之，歎謂左右曰：何代無奇人。魏書。

審雨堂。古槐中蟻穴也。元魏時盧汾嘗叩樹，有一女子衣青出引汾入見廳堂，危豁有堂題曰：審雨堂。窮神秘苑。

月額雨。《金樓子》自敘云：初至荆州孟秋之月，亢陽日久，月旦雖雨，俄而便晴。有人云：月雨額，千里赤。蓋旱之徵也。吾筮當雨，又以十七日筮于時雲卷金翹，日暉合璧，紅塵暗陌，丹霞映峙，咸謂亢陽之勢，未沐膏澤。筮遇坎之比。予曰：坎者，水也。子爻爲世，其在今。夜三更乎，地上有水，稱之爲比，其夜果有甘雨。

雨官。張元賓得仙，入華陽洞爲理禁伯，其職主水蓋，雨官也。真誥。

李靖行雨。李靖微時，嘗射獵靈山中會暮，投宿一巨宅，有老婦延之。中夜，扣門甚急，婦人曰：此非人世，乃龍宫也，今天符命行雨，二子俱出，計兩處雲程合踰萬里，欲奉煩頃刻如何，遂命黄頭鞲青驄馬。又命取雨器，乃一小瓶子繫於鞍前。戒曰：馬躍嘶鳴，取瓶中水一滴滴馬騣上，謹勿多也。既而電掣雲間，見所憩村連下二十滴既歸。老婦泣曰：何相負之甚此，一滴乃地上一尺雨也。此村夜半，平地水深二丈。豈復有人妾已受譴杖八十矣。玄怪録。

優賢之應。貞觀末，房玄齡避位屋第。時天旱，太宗將幸芙蓉園以觀風俗。玄齡聞之，戒其子曰：「鑾輿必當見幸。」亟使掃灑兼備饌。具有頃，太宗果先幸其第，便載入宫。其夕大雨，咸以爲優賢之應。大唐新語。

徙營。裴行儉高宗時，爲定襄道大總管，討突厥。大軍次單于北，暮已立營，塹壕既周，行儉更命徙營高崗。吏白：士安堵不可擾。不聽，促徙之。比夜風雨暴至，前占營所，水深丈餘，衆莫不駭歎。問何以知之，行儉曰：自今第如我節制，毋問我所以知也。唐書。

閉北門神龍。元年七月，洛水漲壞廬舍。宋務先疏曰：雨暘或愆，則貌言爲咎，雩禜之法，存乎禮典。今暫逢霖雨，即閉坊門，豈有一坊一市，遂能感召靈星。暫閉暫開，便欲發揮社道哉。至今巷議街言，共呼坊門爲宰相，謂能節宣風雨，燮理陰陽。夫如是，則赫赫師尹，便爲虛設；悠悠蒼生，復何所望。唐休璟以霖雨爲害，咎在主司，上表解任冀移陰咎之，徵復免夜行之責。舊唐五行志。

牛劣景龍中。洛下霖雨百餘日，宰相不能調陰陽，乃閉坊市北門，卒無効，霑溢益甚。人歌云：禮賢不解開東閤，燮理惟能閉北門。朝野僉載。時駕車者苦甚污街中言曰：宰相不能調陰陽，致茲恒雨，令我污行。會中書令楊再思過，謂之曰：於理則然，亦卿牛劣耳。舊五行志。

雨工儀鳳中。柳毅於涇陽見婦人，牧羊道畔。怪而問之曰：洞庭龍君小女也，問牧羊何用，曰：非羊也，雨工也，雷霆之類也。毅後配此女開元中猶在。異聞録。

知雨。邠王守禮，章懷太子之子也。時雖積陰累日，守禮白於諸王曰：欲晴。果晴。愆陽涉旬，守禮曰：即雨。果連澍。岐王等奏之云：邠哥有術。守禮曰：臣無術也。則天時以章懷遷謫，臣幽閉宮中十餘年，每歲被勑杖數頓，見瘢痕甚厚。欲雨，臣脊上即沈悶，欲晴，即輕健，臣以此知之，非有術也。涕泗霑襟，玄宗亦憫然。舊唐書。

占雨石。蘇頲有一錦紋花石，鏤爲筆架，置於硯席間。每天欲雨，即津出如汗，逡巡而雨。頲以此爲雨候。開元遺事。

霖鈴。上既幸蜀，初入邪谷，霖雨彌旬，於棧道中聞鈴聲，與山相應上悼念貴妃，因採其聲爲雨淋鈴曲以寄恨焉。明皇雜録。

御史雨。顏真卿開元中，爲監察御史，使河、隴時五原有冤獄，久不決，真卿至，立辨之。天方旱，獄決乃雨，郡人呼之御史雨。舊唐書。

霖甚。豆盧瑑乾符中拜相，宣制日，大風雷雨拔樹。左丞韋蟾與瑑善，往賀之。瑑言及雷雨之異，蟾曰：此應相公爲霖作解之祥也。瑑笑曰：霖何甚耶，及巢賊犯京師，瑑遇害於張直方之第。識者以風雷不令之兆。舊唐書。

假雨具。孔極侍郎爲補遺時，嘗朝回值雨，而無雨備，乃於人家簷廡下避之。過食時，雨益甚，其人乃延入廳事。有一叟出迎甚恭，酒饌亦甚豐潔，極爲謝之，且假雨具。叟曰：予閒居，不預人事，寒暑風雨，未嘗冒也。置此欲安施乎，令於他處假借以奉之。極退而嘆嗟，若忘宦情。語人曰：斯大隱者也。北夢瑣言。

雨懼抽稅。南唐時關司歛率尤繁，商人苦之。屬近甸亢旱，一日，宴于北苑。烈祖謂侍臣曰：畿甸雨，都城不雨，何也？得非獄市之間，違天意歟，申漸高乘談諧進曰：雨懼抽稅，不敢入京。烈祖大笑，即下令，除一切額外稅。信宿之間，膏澤告足。南唐書。江南野録作李家明從后主登臺，雨不破塊，太平之世，雨不破塊，津莖潤葉而已。西京雜記。

十日一雨。一歲三十六雨，天地之氣宜。十日小雨，應天文也。十五日大雨，以斗運也。春秋説題。太平之時，五日一風，十日一雨。歲凡三十六雨，此休徵時若之應。易飛候。夫風氣雨露，本當和適。儒者論太平瑞應，言其風祥、露甘，風不鳴條，雨不破塊，可也。言其五日一風，十日一雨，褒之甚也。風雨雖適，不能五日、十日正如其數。論衡。

屏翳。《廣雅》云：雨師謂之屏翳。《山海經》：屏翳在海東，人謂之雨師。《天問》：屏號起雨，何以興之。虞喜《志林》：雨師屏翳。《大象賦》：太白降神于屏翳。注云：其精降爲雨師之神。張景陽詩：飛廉應南箕，豐隆迎號屏。顏師古云：屏翳一名萍號。韋昭曰：屏翳，雷師。章懷《思玄賦》注曰：雲師李善《選》注云，説者雖多，併無明據。曹植《詰咎文》云：河伯典澤，屏翳司風。《洛神賦》屏翳收風，川后静波。植既以爲風師，不可引他説以非之。按《大人賦》：召屏翳誅風伯，刑雨師，如相如之言，又非風師矣。今折衆論以雨師爲正。《風俗通》云：雨師玄冥。《列仙傳》：赤松子神農時雨師。

涷雨。《爾雅》：暴雨謂之涷雨。註：今江東呼夏月暴雨爲涷雨。《離騷》云：令飄風兮先驅，使涷雨兮灑塵。

東雨。陸機《九愍感逝》云：眷南雲，以興悲蒙東雨而涕零。

苦雨。《左傳》申豐曰：春無淒風秋，無苦雨。杜預曰：苦雨爲人所患苦也。陸士衡詩：淒風迕時序，苦雨遂成霖。晉潘尼宋伍緝之，並作《苦雨賦》。

愁霖。《左傳》曰：雨三日以往爲霖。《纂要》云：苦雨亦曰愁霖。江淹詩：有滰興春節，愁霖貫秋序。應瑒、王仲宣、曹子建、陸雲並作《愁霖賦》。

陵雨。《法言》曰：震風陵雨，然後知夏屋帡幪。李軌曰：陵雨，暴雨也。陸衡《演連珠》曰：迅風陵雨，不謬晨禽之察。

長雨。蔡邕《霖賦》云：瞻玄雲之晻晻，懸長雨之森森。

幽雨。宋孝武之《江州》詩：山曲蒙幽雨，江路結流寒。

屑雨。木玄虛《海賦》：崩云屑雨，浤浤汩汩。注：屑雨，飛灑之貌。

雨絶。蔡邕《表志》云：罪惡無狀，投畀有北，灰滅雨絶，世路無由。陳琳《檄吴將校》曰：雨絶，於天虞翻交州上。孫權書曰：罪棄雨絶，拜賀無階。曹子建《文帝誄》曰：雲往雨絶。文欽《降吴表》云：秉命不幸常隸魏國，雨絶于天，自知無路。潘岳《楊氏七哀》詩：漼如葉落樹，邈然雨絶天。晉傅玄辭：忽如雨絶雲。郭璞詩：高下理自殊，一乖雨絶天。江文通雜傳詩：雨絶無還雲，花落豈留英。

雨足。晉張協《雜詩》曰：雲根臨八極，雨足灑四溟。又云：翳翳結繁雲，森森散雨足。曹毘《請雨文》曰：雲根山積而中披，雨足垂零而復散。

礎潤。《淮南子》山雲蒸而柱礎潤。謝莊詩：鵝起知風舞，礎潤識雲流。江淹詩：水鸛巢層甍，山雲潤柱礎。

懸炭。以炭與物稱之，使輕重等，懸室中。天將雨則炭重，天晴則炭輕。感應類從志。

魚噞。穴藏先知雨，陰曀未集，魚已噞喁；巢居之鳥先知風，樹木未摇，鳥已翔。春秋漢含孳。天將雨也，魚已噞之。淮南子。

鸛鳴。鸛鳴于垤，婦歎于室。薛君曰：鸛，水鳥，巢居知風，穴處知雨，天將雨而蟻出壅土，鸛鳥見之，長鳴而喜。韓詩。

鷸知。《前天文志》：天將雨，鷸知之。師古曰：《逸周書》知天文者冠鷸冠，以鷸知天時故也。

焦明至。焦明至，爲雨備。焦明水鳥也。樂□聲儀。

黑蜧躍。《淮南子》曰：犧牛騂毛，宜於廟牲。其於致雨，不若黑蜧。高誘曰：黑蜧，黑蛇也，潛於神泉，能致雲雨。許慎曰：黑蜧神虬，潛泉而居，將雨則躍。張景陽詩，黑蜧躍重淵，商羊舞野庭。

朱鱉浮。朱鱉浮於波上，必大雨。淮南子。

黑猪渡河。夜半天漢中有黑氣相逐，俗謂之黑猪渡河，雨候也。朝野僉載。天河中黑雲主雨，謂之天河作壩。瑣碎録。

鳩逐婦。《埤雅》曰：鵓鳩陰則屏逐其雌，晴則呼而返之。語曰：天將雨，鳩逐婦。《爾雅翼》云：今人辨其聲以爲無屋住云。

雲覆北斗。北斗者，不欲雲覆之，有黑雲覆之，大雨。傅子天文要集。韓休喜雨賦：天垂貫斗之，雲神召離畢之月。

朝霞。張協《雜詩》：金風扇素節，丹霞啟陰期，朝霞迎白日，丹氣臨陽谷。傅玄詩：徂暑未一旬，重陽翳朝霞。吴諺云：朝霞不出門，暮霞行千里。

月如仰瓦。江鄰幾云：劉師顔視月占旱，問之云：古語有之，月如彎弓，少雨多風；月如仰瓦，不求自下。雜志。月初生而仰，則月中多雨。諺曰云云。瑣碎録。

乾星照書。雨夜見星，明日復雨。王建詩：照泥星出依然黑，淹爛庭花不肯休。吴語云：星宿照爛土，明日依舊雨。姚令威《叢話》云：乾星照濕土。又諺曰：雲行西，星照泥，皆言雨候也。瑣碎録。

杏花雨。《提要録》：杏花開時，正值清明後，必有雨也，謂之杏花雨。古詩：沾衣欲濕杏花雨，吹面不寒楊柳風。

潑火雨。河朔人謂清明雨爲潑火雨。退齋雅聞。

榆莢雨。三月榆莢雨，高地强土可以種禾。氾勝之書。

梅雨。《風土記》：夏至雨名黄梅雨，霑衣服皆敗黦。《四時纂要》云：梅熟而雨，曰梅雨。又，閩人以立夏後逢庚日爲入梅，芒種後逢壬爲出梅。瑣碎録。

分龍。俗以五月雨爲分龍雨。一曰隔轍雨。續博物志。

濯枝。六月有大雨，名濯枝雨。風土記。

三時雨。六月必有三時雨，農家以爲甘澤，邑里相賀。曰：喜雨。歲時記。

洗車、灑淚。七月六日雨，曰洗車雨。七日雨，曰灑淚雨。歲時雜記。

黄雀雨。九月雨爲黄雀雨。提要録。羅鄂州詞云：九月江南秋色，黄雀雨，鯉魚風。

爛雨。同州謂沾足爲爛雨。侯鯖録。

木頭點土。戊辰、己巳、戊戌、己亥日，爲木頭點土，須陰雨。梁次張詩：歲次屬金知稔熟，木頭點土驗滂沱。吹劍録。

坎化。《周易集林・雜占》曰：占天雨否，外卦得陰爲雨。得陽不雨，其爻發變；得坎爲雨，得離不雨。巽化爲坎，先風後雨；坎化爲巽，先雨後風。

玉女披衣。顧野王《輿地志》曰：萍鄉西津有玉女岡，其嶅天氣若雨，石間即湧五色玄雲之氣，百姓咸云玉女披衣。又名玉女嶅。段成式詩：不顧石郎戴笠，難甘玉女披衣。

峴山張蓋。安定郡有峴陽峯，峯上有池，若雨則雲起中，若車蓋然。故里諺曰：峴山張蓋雨滂沛。三水小牘。

山帶。張野《廬山記》：天將雨，則有白雲，或冠峯岩，或亘中嶺，俗謂之山帶，不出三日必雨。唐詩：風吹山帶遥知雨。

石燕飛《湘州記》云：零陵山有石燕，遇雨則飛。如生燕雨止則還如石。庚信晴詩：已歡無石燕。

龍蟠應鼓。《蜀都賦》曰：潛龍蟠於沮澤，應鳴鼓興雨。註曰：巴東有澤水，人謂有神龍，不可鳴鼓，鳴鼓其傍，即便雨矣。

闞東西風。闞東西風則晴，東風則雨。闞西西風則雨，東風則晴。續博物志。

漏天。《梁益記》：大小漏天在雅州西北，山谷高深，沈晦多雨，黎縣常多風，故謂黎風雅雨。寰宇記：邛都縣漏天秋夏常雨，故曰漏天。僰道有大黎山、小黎山，四時霖霪不絶。俗呼爲大漏天、小漏天。

當天井多雨。牂牁郡，上當天井，故多雨潦。華陽國志。

諸天雨。兜率天雨摩泥，寶珠護世城雨美膳，阿脩羅天雨兵杖，閻浮提世界雨清浄之水。法苑珠林。

三種雨。雨有三種，天及龍皆能降雨。天雨細霧下者是，龍雨甚麄下者是。又阿脩羅共天鬬時，亦能降雨，粗細不定雨有二種，有喜雨，瞋雨。若雨調和者，是歡喜雨，若興雷電霹靂者，是瞋恚雨。分别功德論。

河伯使者。西海上有人焉，乘白馬朱鬣，白衣赤冠，從十二童子，馳馬西海土，如飛，名曰河伯使者。其所至之國，雨水滂沱也。神異經。

無爲君。鄭有不毛山，上有無爲之君，分布雲雨於九州之内。遁甲開山圖。

天泣。夫軍出逢天無雲而雨，此天泣也。軍没不還。太公兵法。大將始行，雨而薄不濡衣冠，是謂天泣。魏武兵書摭要。中和三年三月，淅西天鳴，聲如轉磨，無雲而雨。元和十二年正月，乙酉星見而雨占曰：無雲而雨，是謂天泣。唐五行志。

甲子雨。俚諺云：春雨甲子，赤地千里。夏雨甲子，乘船入市。秋雨甲子，禾頭生耳。冬雨甲子，牛羊凍死。鵲巢下地，其年大水。朝野僉載。

雨土。乾符二年，洛陽暴雨，有物墮地如羖羊，不食，頃之入地中，其跡月餘不滅，或以爲雨土也。占曰：當旱。唐五行志。

祈雨

靈雨。《瑞應圖》曰：靈雨者瑞雨也。降而應物，謂之靈雨。遇歲亢旱，責躬引咎，理察冤枉，退出貪殘，側身脩政，則降以靈雨。如其有道術，禱祝山川，致龍轉石，閉陽縱陰之類，誠非瑞應。是故魯侯有暴尫之誚，齊景公以祠山見譏。

應龍。《山海經》：應龍已殺蚩尤，又殺夸父，乃去南方處之，故南方多雨。又云：應龍殺蚩尤與夸父，不得復土，故下數旱。旱而爲應龍之狀，乃得大雨。郭璞曰：今之土龍本此，氣應自然冥感，非人所能爲者。

土龍。《淮南子》曰：土龍致雨注曰：湯遭旱，作土龍以象雲從龍也。《法言》曰：象龍之致雨，艱矣哉，龍乎！龍乎！應璩與。岑文瑜書云：土龍矯首于玄寺，泥人鶴立于闕里。

六事自責。湯既克夏，大旱五年，不收湯乃以身禱于桑林，剪其髮、鄺其手，以身爲犧牲。吕氏春秋。以六事自責曰：政不節與，使民疾與，宫室崇與，女謁盛與，苞苴行與，讒夫興與，何不雨至斯極也。荀子。言未訖，而四海之雲湊，千里之雨至。淮南子。當此時也，絃歌鼓舞者禁之。尸子。書曰：湯旱自責，天應以雨。夫《春秋》大雩，董仲舒設土龍，皆爲一時間也。一時不雨，恐懼雩祭，求陰請福，憂念百姓也。湯遭旱七年，以五過自責，謂何時也。夫遭旱一時，輒自責乎。旱至七年，乃自責也。謂一時輒自責，七年乃雨，天應之誠，何其留也。始謂七年乃自責，憂念百姓，何其遲也。不合雩祭之法，不厭憂民之義。《書》之言未可信也。論衡。

伐殷武。王以二月癸亥夜陳未畢而雨，注：王至牧野之日夜陳師，陳師未畢而雨，雨天地神人叶同之應也。國語。武王兵入南郊，前歌後舞，甲子進兵，乙丑而雨。太公伏符陰謀。

討邢。衛大旱卜有事於山川，不吉。甯莊子曰：昔周飢，克殷而年豐。今邢無道，諸侯無伯，天其或者欲使衛討邢乎。從之，師興而雨。左傳十九。

六過自讓。僖公三年春夏不雨，於是僖公憂閔，玄服避舍。率羣臣禱山川，以六過自讓，絀女謁，放下讒佞郭都等十三人，誅領人之吏受貨賂趙祝等九人，釋更徭之逋罷軍寇之誅，去苛刻峻文慘毒之教，所蠲浮令四十五事。曰：方今天旱，野無生稼，寡人當死，百姓何罪。不敢煩人請命，願撫萬人害，以身塞無狀。禱已，舍齊南郊。雨大澍也。春秋考異郵。《易内傳》曰：人君奢侈，多飾宫室，其時旱，其灾火。是故魯僖遭旱，脩政自敕，下鍾鼓之縣，休繕治之官，雖則不寧，而時雨自降。後郎顗傳。

焚巫尫。夏，大旱。公欲焚巫尫。臧文仲曰：巫尫何爲，天欲殺之，則如勿生。若能爲旱，焚之滋甚。公從之。左僖二十一。穆公欲暴尫巫，縣子對以從市。檀弓。

自貶。孔子在齊，齊大旱，春饑，景公問於孔子曰：旱如之何。孔子曰：凶年則乘駑馬，力役不興，馳道不脩，祈以幣玉，祭事不懸，祀以下牲，此則賢君自貶以救民之禮。家語。

暴露。齊大旱，景公欲祠靈山。晏子曰：夫靈山固以石爲身，以草木爲毛髮。天久不雨，髮將燋，身將熱，彼獨不欲雨乎，祠之何益。公欲祠河伯，曰：夫河伯以水爲國，以魚鱉爲民，天久不雨，百川將竭，國民將亡矣，詎獨不用雨乎。祠之無益，公避宫殿暴露，與山靈河伯共其憂，其幸而雨乎。公乃出野暴露，三日，天果大雨。晏子春秋。

人祠乃雨。宋景公之時，天大旱三年，卜之，曰：必以人祠，乃雨。景公下堂頓首曰：凡吾所以求雨者，爲吾民也。今使吾以人祠，乃且雨，寡人將自當之。言未卒，而天大雨方千里。莊子一作齊景公。

蜀侯雨。秦王誅蜀侯惲後迎葬咸陽，天雨三日，不通，因葬成都，故蜀人求雨祀蜀侯必雨。蜀本記。

縱陰閉陽。董仲舒治國以春秋災異之變推陰陽，所以錯行，故求雨，閉諸陽，縱諸陰。其止雨反是師古曰：謂若閉南門禁舉火，及開北門水灑人之類是也。

祠靈星。元封二年，夏旱，公孫卿曰：黄帝時封則天旱，乾封三年。上乃下詔：天旱，意乾封乎。其令天下尊祠靈星焉。前郊祀志。趙瑶爲閬中令，時西州遭旱。瑶率掾吏齋成于靈星池，歸咎自責，稽首流血，應時大雨。益部耆舊傳。

理孝婦冤。東海有孝婦，少寡無子，養姑十餘年甚謹，姑恐累不得嫁，逐自經死。姑女告婦殺母，吏捕驗治，孝婦自誣服，具獄上府，于公爲辨明其冤。太守不聽竟論殺孝婦，郡中枯旱三年。後太守至，卜筮其故，于公以爲前太守彊斷孝婦之咎。於是太守自祭孝婦冢，因表其墓。天立大雨，歲熟。漢書。《後漢書》殷丹因孟嘗言祭上虞寡婦，《晉列女傳》劉曜時呼延謨辨陝縣婦人事同。

決獄致雨。永平十三年，楚王英謀爲逆，事互相牽引拘繫者千餘人，三年而獄不決，坐掠幽而死者百餘人。天用災旱，赤地千里。袁安拜楚郡太守即控轡而行，既到決獄事，人人具録其辭狀，本非首謀，爲主所引，應時理遣，一旬之中，言千人之命。其時甘雨滂霈，歲大豐稔。汝南先賢傳後漢書。

止殺。永平三年夏旱，而大起北宫，鍾離意免冠上疏帝策詔報云：比上天降旱，密雲數會，分布禱請，闚候風雲，北祈明堂，南設舞雩。今又勑大匠，止作諸宫，減省不急，庶消災譴。詔因謝公卿百僚遂應時澍雨焉。意傳。

罷督郵。汝南高獲善天文，鮑昱爲汝南太守，時郡境大旱，昱自往問何以致雨，獲曰：急罷三部督郵，明府當自北出，到三十里亭雨可致也。昱從之，果得大雨。謝書。

葬客骸。周暢性仁恕，爲河南尹。夏旱，久禱無應，因收葬洛城傍客死骸骨萬餘人，應時澍雨，歲乃豐稔。謝書。梁簡文啟。將恐督郵不除，失在汝南之守，曝胔未收，無傷河南之尹。

積薪自焚。諒輔字漢儒，廣漢新都人。仕郡爲五官椽。時夏大旱，出禱山川曰：輔爲郡股肱，不能進諫納忠，薦賢退惡，和調陰陽，至今天地否隔，萬物燋枯，百姓喁喁，無所告訴，咎盡在輔。今太守自省責已，自曝中庭使輔請罪爲民祈福，輔今敢自誓，若至日中不雨，乞以身塞無狀。乃積薪柴將自焚焉。至禺中時，山氣轉起，雷雨大作，一郡霑潤，世以稱其至誠。搜神記。李邕驕陽賦：水干土而成，妖誓禺中而有請。《春秋繁露》：水干土則大旱。

禱名山。建初五年詔曰：去年雨澤不適，今時復旱，如炎如焚。其令二千石理冤獄，録輕係。禱五嶽四瀆，及名山能興雲致雨者，冀蒙不崇朝徧雨天下之報。後書。明帝詔曰：長吏各潔齋禱請，冀蒙嘉澍。

推陰陽消伏。楊統漢建初中爲鼓城令，一州大旱，統推陰陽消伏，縣界蒙澤。太守宗湛使統爲郡求雨，亦即降澍。後漢楊厚傳。

彌日不旋。元和元年，鄭弘爲太尉。時旱，朝廷百僚皆暴請雨，夏炎熱，小雨，羣官即還舍。弘彌日不旋，大雨注，稼穡遂豐。謝書。

火起雨降。戴封字平仲，遷西華令。其年大旱，禱請無獲，乃積薪坐其上以自焚。火起而大雨，遠邇嘆服。謝書。

祝令特苦。漢祝良字石卿，謝書邵平。順帝時爲洛陽令。歲時亢旱，天子祈雨不得。良暴身階庭，告誠引罪，自晨至中，紫雲沓起，甘雨登降，人爲之歌曰：天久不雨，蒸人失所。天王自出，祝令特苦。精符感應，滂沱下雨。晉劉彧長沙耆舊傳。

令簿自焚。桂陽先賢畫讚云：臨武張熹字季智，爲平輿令。時天下大旱，熹躬禱未獲應，熹乃積柴自焚，主簿崇、小吏張化，從熹焚焉。火既燎，天靈感，應即澍雨。水經。

捐俸贍民。夏香，字曼卿，永興人也。年十五，縣長葛君，出臨靈星，會客飲宴。時郡遭大旱，香進諫曰：昔殷湯遭旱，以六事自責，而雨澤應澍，成王悔過，偃禾復起。自古先聖，畏懼天異，以思變復，以濟民命。今始罹天災，縣界獨甚，未聞明達崇殷周之德，臨祭獨歡，百姓枯瘁，神祇有靈，必不享也。百姓不足，君孰與足，宜當還寺，長即罷會，身捐俸禄，以贍飢民。會稽典録。

首陽神使靈帝。熹平五年，人旱，禱請名山，未獲答應。時處士平陽蘇騰字玄成，夢陟首陽，有神馬之使在道。明覺而思之，以其夢陟狀上聞，天子開三府，請雨使者與郡縣户曹掾吏登山升祠，手書要曰：君況我聖主以洪澤之福，天尋興雲，即降甘雨。蔡邕夷齊碑。

竹人致雨。馬均大巧，能削竹作人語。時天下大旱，人皆將酒與此竹人語，天下須臾雨也。

架屋致雨。三國吴時董奉居豫章。時大旱，縣令丁士彦議曰：聞董君有道，當能致雨。乃自求之奉曰：雨易得耳。貧道屋皆見天，雨至何堪。令曰：先生當致雨，當爲架好屋。明日，丁爲立屋聚土作泥，擬數里取水。奉曰：不須爾暮當大雨。乃止。暮即大雨，高下皆平。神仙傳。

書符廟中。吴主曾與葛玄坐於樹上望，見道間人民請雨，帝曰：百姓請雨，安可得乎。玄曰：易得耳，即書符著社廟中，日午天地冥晦，大雨流注，中庭平地水尺餘。葛仙公傳。

精誠感神。東晳太康中，郡大旱，苗稼敗，晳爲邑人請雨，三日中雨水三尺。衆人以其有術數，精誠感於神明。爲之歌曰：東先生，通神明，請天三日甘雨零。我黍以育，我稷以生，何以疇之，報東先生。王隱晉書。

房心興雨。符離縣《相山碑》辭云：晉武帝太康五年，憲令有國諸侯祀界内山川，時相山屬沛國，令郭卿云：相山上應房心之星，能興雲雨。會天旱，祈雨即應。乃建廟刻石，紀銘曰：巍巍相山，盤紆穹崇，上慶房心，與天雲沖，興雲播雨，稼穡以豐。唐永徽元年立。寰宇記。

白龍降祠。石虎時大旱。虎遣其太子詣臨漳西滏口祈雨，久雨不降。乃令佛圖澄自行，即有白龍降于祠所，其日大雨，方數千里。晉書。

詠雲漢詩。《前涼録》曰：張玄靚時大旱，令諸祈雨之官皆詠《雲漢》詩。索綏曰：《雲漢》陳周宣之美，非却旱之文。昔神鼎出漢，虞丘不賀。今詞與事違，恐非致澤之意也。

呪龍致雨。沙公，西域沙門也。有秘術，每旱，苻堅帝使呪龍，便下鉢中，天輒大雨。秦録。

旱疫平印。元魏世祖。太延元年，自三月不雨至六月，使有司遍請羣神，數日，雲雨震灑流澤霑渥。有鄜婦人持方寸玉印，請潞縣侯孫家賣之。孫家得印，奇之，求訪婦人，莫知所在。玉色鮮白光照，内映印有三字爲龍鳥之形，要妙奇巧不類人迹文曰：旱疫平。寇天師曰《龍文紐書》云：此神中三字印也。本圮反靈徵志。

鞭神像。南安王元楨爲相州刺史，鄴城有石虎廟人奉祀之楨，告虎神像云：三日不雨，當加鞭罰。請雨不驗，遂鞭像一百。是月，疽發背薨。魏書。奚康生爲相州，以天旱令人鞭石虎畫像，復就西門豹祠祈雨，不獲，令吏取豹舌。未幾，二兒暴喪，身亦遇疾，巫以爲虎豹之祟。魏書。

張水曹。梁武帝禱雨蔣山未應，神見夢曰：陽羨九斗山有神，號張水曹，能興雲雨。帝如其言，遣使致祭，雨隨至，後旱禱輒應。

祠天井。梁始興王憺爲都督荆州刺史，時大旱，憺使祠于天井，有巨蛇長二丈出遶祠壇，而注雨，歲大豐。南史。荆州記云：有外國人能呪龍，使至天井有巨蛇云。

靈澤後周。保定三年，盛營宫室春夏大旱。黎季明上封事曰：成湯遭旱，以六事自陳。宣王太甚，而珪璧斯竭。今農要之月，時雨猶愆，率土之心，有懷渴仰。豈或作事不節，有違時令，舉措失中，倘邀斯旱，春秋莊公三十一年冬，不雨。《五行傳》以爲是歲一年而三築臺，奢侈不恤人也。僖公二十一年夏，大旱。《五行傳》以爲時作南門，勞人興役。漢惠帝五年夏，大旱。《五行傳》以爲先是發十四萬六千人城長安。武帝元狩三年夏，大旱。《五行傳》以爲是歲發天下故吏穿昆明池。然則土木之功，動人興役，天輒應之以異。典籍作誡，儻或可思。上天譴告，改之則善。今若息人省役，以答天譴，庶靈澤時降，嘉穀有成，則年登可覬，子來非晚。北史本傳。

祀華岳。達奚武爲同州刺史時旱，武祀華山廟，岳既高峻人迹罕通。武年逾六十，攀藤而上，於是稽首祈請，陳百姓懇誠。晚不得還，即于岳上藉草而宿。夢一白衣人來，執武手曰：快辛苦，甚相嘉尚。武遂驚覺，益用祇肅。旦而澍雨，遠近霑洽。高祖聞之，璽書勞武曰：感公至誠，甘澤斯應，賜雜彩百疋。周書。

禱白兆。于翼建德二年爲安州總管。時大旱，滍水絶流。舊俗，每逢亢旱，禱白兆山祈雨。帝先禁羣祀，山廟已除。翼遣主簿祭之，即日澍雨，歲遂有年。百姓感之，聚會歌舞頌之。北史。

禱木仙。魯般燉煌人，未詳年代，巧侔造化。嘗作木鳶，其父乘之，至吴會吴人以爲妖，殺之。般怨吴人殺其父，於肅州城南作一木仙人，舉手指東南，吴地大旱三年。卜曰，般所爲也。於是賫物巨千謝之。般爲斷其一手，其月吴中大雨。唐初工人尚祈禱其木仙。酉陽雜俎。

雨禁絶重。什玄照講經于嵩山，有三叟來聽，問之乃龍也。玄照曰：今愆陽經時，可致甘澤乎。三叟曰：召雲施雨，固是細事，但雨禁絶重，不奉命擅行，誅責非輕，長老如求孫居士見救，則雨可立致也。玄照爲求于思邈，果于一日一夜，千里霑足。神仙感遇傳。

田使君歌。田仁會，永徽二年，爲平州刺史，勸學務農，稱爲善政，轉郢州刺史，屬時旱，仁會自曝祈禱，竟獲甘澤。其年大熟，百姓歌曰：父母育我田使君，精誠爲人上天聞。田中致雨山出雲，倉廩既實禮義申。但願常在不患貧。舊唐書。

玉龍子。玉龍子唐太宗於晉陽宫得之，廣不數寸，而温潤精巧，非人間所有。帝相傳以爲國瑞，武后以賜玄宗及即位初，每京師旱禱之，必有霖注。逼視若奮鱗鬣，開月中，三輔大旱，帝復祈禱，而涉旬無應。乃命密投於南内龍池。俄而雲霧暴起，風雨隨作。神異録明皇别録。

白檀香龍。玄宗嘗詔術士羅公遠，與不空同祈雨，校功力。俱詔問之，不空曰：臣昨焚白檀香龍，上命左右掬庭水嗅之，果有檀香氣。每祈雨無他軌，但設數繡座，手簸旋數寸木神，念呪擲之，自立於座上。伺木神吻角牙出，目瞚，則雨至。酉陽雜俎。

鏡龍。僧一行，開元中嘗旱，玄宗令祈雨。一行言：當得一器，上有龍狀者，方可致雨。上令於内庫中遍視之，皆言不類。數日後，指一古鏡，鼻盤龍，喜曰：此有真龍矣。乃持入道場，一夕而雨。同上。

召龍致雨。玄宗嘗幸東都，天大旱，時有竺乾僧無畏，號三藏，善召龍致雲之術。上遣高力士召之請雨。無畏云：今旱，數當然耳。召龍適足暴物，不可爲也。上强之，無畏盛一鉢水以刀攪之，作胡言呪水。須臾有龍，如指大在鉢水中復呪之，白氣自鉢中。興若一匹素者，少頃大風震雷，力士及天津之南，風雨亦隨馳至矣。衢中大樹多拔。力士比復奏，衣盡沾濕。柳氏舊聞。

畫龍致雨。開元中大旱，上於新池創一殿，召馮紹正四壁各畫一龍，西壁一素龍蜿蜒，若奮風雲隨筆而生，壁上鱗甲皆熱，有白氣自簷廡出池中，波濤洶湧，俄有白龍乘雲而起，風雨大作。明皇雜録。

祀介推。王維《京兆張公德政碑》云：公之守邠也，仍歲大旱，郡祀介推雖屢舞僊僊，而靈應未若。公命束蘊取火，伐樹置薪，釃酒而祝曰：有功于人，祀爲明神。無德而禄，禍亦覆餗。自絳以來，人實祀子，神既靡答，人將安仰。若亭午而雨，則樹其鷺羽，執此騂毛。不然者，火燎將至，焮天爍地，靈衣且爲灰燼，豐屋將爲茂草，爾其圖之。言未異而雲興，拜未起而雨降，周于闔境，不入他郡。右丞集。

撤土龍。馬璘代宗永太初，拜行營節度使，天大旱，里巷爲土龍聚巫以禱，璘曰：旱由政不脩。即令撤之。明日雨，是歲大穰。本傳。

巫覡對舞。黎幹大曆八年，復爲京兆尹。時大旱，幹造土龍，自與巫覡對舞，彌月不應。又禱孔子廟，帝嘆曰：丘之禱久矣。使毁土龍，帝減膳節用，既而霔雨。新唐書。

自責吴公。信陵貞元中爲望江令，有仁政，天旱，爲請雨文云：必也私欲之求，行于邑里，黯黷之政，施於黎元，令長之罪也，神得而誅之。豈可移于人而害其歲。既卒官百姓留葬縣境爲之，立祠宋崇寧時勑賜靈施廟。蘇州志。

不苦不愁。段文昌文宗太和中帥荆州，或旱禬解必雨，或久雨遇出遊必霽。民爲語曰：旱不苦，禱而雨，雨不愁公出遊。本傳新唐書。

投巫水中。會昌中，狄惟謙爲晉陽令，屬邑亢旱，禱于晉祠，畧無其應。時有并州女巫，郭天師者少爲符術，出入宫掖，狄敦請祈雨，期滿無徵，仍辱狄不知天道。翌日，惟謙責其妖妄，叱左右鞭于神前，投之潭水，遽命設席焚香，放還從吏人皆危之。時沙石流鑠，忽起片雲，大如車蓋，先覆惟謙立所，四郊雲霧會之。雷震數聲，甘雨大澍，州將表列其事，詔書褒異仍賜錢五十萬，惟謙仁傑之後也。劇談録。

黑龍湫。牛僧孺鎮襄陽久旱，有處士能豢龍，公請致雨。處士曰：江漢間無龍，獨一湫泊中有黑龍，難制强驅之必爲災。公固命之，果有大雨而漂流萬戶。尚書故實。

僕馬爲獻。姑臧李仲吕，咸通末，調授汝之魯山令。爲政明練，吏不敢欺。遇旱，請禱羣望，皆不應。仲吕乃潔齋，自禱于縣二十里魯山堯祠，以所乘烏馬及騶人張翰爲獻。祭畢，將下山，雲務暴起，及平澤而大雨，僕馬皆暴殞。於是仲吕復設祭，圖僕馬于東壁。三水小牘。

蛇醫。王彦威鎮汴，夏旱，李玘過汴，因宴王以旱爲言，李醉曰：欲雨甚易耳。可求蛇醫四頭，石甕二枚，每甕實以水浮二蛇醫，以木蓋密泥之，分置於鬧處，甕前後設席燒香。選小兒十歲已下十餘，令執小青竹，晝夜更擊其甕，不得少輟，王如言試之，一日兩夜雨大注。舊説龍與蛇師爲親家焉。酉陽雜俎。

龍吸硯水。有僧講經，山寺常有一叟來聽，問其姓氏曰：某乃山下潭中龍也，幸歲旱得閒，來此聽法，僧曰：公能救旱乎曰：上帝封江湖，有水不得輒用。僧曰：此硯中水可用乎。乃就硯吸水徑去，是夕，雷雨大作逮曉視之雨悉黑水。幕府燕聞。

大雨由天。張士伯禱雨于嶧山，忽聞空中語曰：大雨由天，小雨由山。海録碎事。

蒲蕭祈雨。僖宗時夏旱，詔大京兆用器水、鑪香、蒲蕭、絳幡致於坊市門，將以用舊法而召雨也。羅隱上疏曰：陛下以蒲蕭輩爲請者，豈爲其靈於嶽瀆者乎。夫嶽瀆受祭據封尚未能爲陛下出力，彼蒲蕭輩復何足以動天。夫天之有雨澤，猶陛下有渥恩。雨澤可以委曲千之，則陛下渥恩，亦可以委曲千之矣。請追癸巳日詔。文粹。

答龍。五代周李元懿，爲青州北海縣令，泥龍求雨無應，李令笞龍責之，即日雨足。周史。

龍潤。李煜在國時自作《祈雨文》曰：尚乖龍潤之祥。清異録。

蜥蜴求雨。熙寧中京師久旱，按古法令坊巷以甕貯水，插柳枝，泛蜥蜴。小兒呼曰：蜥蜴蜥蜴，興雲吐霧，降雨滂沱，放汝歸去。時蜥蜴不能盡得，往往以蝎虎代之，入水即死。小兒更曰：冤苦冤苦，我是蝎虎，似恁昏沈，焉得甘雨。倦游雜録。

鵝鴨。諫議宋紹興乙卯，以旱禱雨。諫議大夫趙霈上言：自來祈禱，斷屠止禁猪羊，今後請併禁鵝鴨。時胡致堂在兩掖，見之笑曰：可謂鵝鴨諫議矣。聞虜中有龍虎大王，當以鵝鴨諫議當之。

神龍池。絳北有陽石山，有神龍池，黄帝時遣雲陽先生養龍於此，帝王歷代養龍之處，國有水旱不時，即祀池請雨。遁甲開山圖。

桐木魚。董仲舒請雨，秋用桐木魚。淮南子。

方士呪龍。使者甘宗所奏西域事云：方士能神呪者，臨泉禹步吹氣，龍即浮出。長十數丈。更吹龍輒縮，至數寸，乃掇取著壺中，或有四五龍以少水養之。聞有旱處，便賫龍往賣，一龍直數十斤金，發壺中出一龍著潭中，復禹步吹之，長十數丈，須臾而雲雨四集。抱朴子。

蒙古禱雨。蒙古人之禱雨者，非若方士，惟取净水一盆，浸石子數枚而已，其大者若雞卵，小者不等。然後默持密呪，將石子淘漉玩弄，如此良久，輒有雨，石子名曰：鮓答，乃走獸腹中所産，狗牛馬者最妙。輟耕録楊瑀山居新語。

楓子。《爾雅》曰：楓攝攝。孫炎注：攝木生江上，有寄生高三四尺，生毛，一名楓子，天旱以泥塗之即雨。朝野僉載：江東江南山中，多有楓木人，於楓樹脚下生，似人形，長三四尺，夜雷雨，即長與樹齊，見人即縮依舊。有人合以笠子，明日看，笠子掛在樹上，土人旱而欲雨，以竹束其頭，揳之即雨，人取以爲試極驗。

虎骨。南山久旱，即以長繩繫虎頭骨，以投有龍湫潭中，入水，即掣不定。俄頃，雲起潭中，雨亦隨降。而足乃取出龍虎敵也。雖枯骨猶能激動如此。劉賓客嘉話尚書故實。

投犬。舒州灊山下有九并，其實九眼泉也。旱則殺一犬投其中，大雨必降，犬亦流出焉。劉賓客嘉話。

鞭陰石。狼山縣有一山獨立峻絶，西北有石穴，以獨行百步許二大石，其門相去一丈，許俗名其一爲陽石，一爲陰石。水旱爲災，鞭陽石則雨。鞭陰石則晴。盛弘之荆州記。

泥石牛。鬱林郡山東南有一池，池邊有一石牛，人祀之。若旱，百姓殺牛祈雨，以牛血和泥泥石牛背，禮畢，則天雨大注，洗牛背泥盡即晴。廣州記。

燒崖山。太原郡東有崖山，天旱土人常燒土山，以求雨。俗傳崖山神娶河伯女，故河伯見火，必降雨以救之，今山上多生水草。酉陽雜俎。

舉卧石。荆州永豐縣東鄉里，有卧石一丈九尺六寸，其形似人，面體青黄隱起，狀若雕刻。境若旱，便齊手而舉之，小舉小雨，大舉大雨，相傳此石忽見於此。酉陽雜俎。

雨母山。湘東有雨母山，山有祠壇，每祈禱無不降澤，以是名之。荊州記。温庭筠敘雨云：銅姑尚注石姥方勤。

雨瀨。來陽縣有雨瀨。此縣時旱，百姓共壅塞之，甘雨普降，若一鄉獨壅雨，亦偏降應隨方，所其信若符刻。荊州記。

羅霄石乳。王孚《安城記》云：宜春萍鄉羅霄山，澤水所出，傍出石乳。天旱，吏人祝之，因以大木長三四尺投井，即雨。水懸湊井溢，輒令木湧出而雨止，蓋潛龍之穴宅。以陽居陰，精神上通，故扣之必有玄感，若《蜀都賦》所謂應鳴鼓而興雨者也。

神石。交州記云：九真去郡三里有珍山，山有神石廟，值天亢旱二千石親到以水澆石，即雲雨立降。

霽

雨止。《說文》云：霽，雨止也；霎，雨霽也。霩雨止雲罷貌也。

禜門。《禮記》曰：雩禜祭水旱也。《三禮義宗》云：雩，祈雨之祭；禜，止雨之祭；每禜于城門。

吹笛止雨。周穆王時，天下連雨，三月穆王乃吹笛，其雨遂止也。

應魏祚。延康元年，大霖雨，五十餘日。魏有天下乃霽，魏受祚之應也。魏署五行志。

蘇峻滅。咸和四年，陰霖五十餘日，蘇峻滅乃霽。晉中興徵祥記。

夢白頭翁。文虔字仲孺，爲郡功曹。時霖雨廢民業，太守憂悒，召虔補户曹。掾虔奉教齋戒，在社三日，夜夢見白頭翁謂曰：爾來何遲，虔具白所夢。太守曰：昔禹夢青繡衣男子，稱滄水使者，禹知水脈當通。若掾此夢，將其比也。明日果大霽。長沙耆舊傳。

術止。道士劉道合，隱于嵩山，高宗召入禁中，深尊禮之。及將封太山，屬久雨，帝令于儀鸞殿作止雨之術，俄而霽朗，帝大悦。舊唐書。

誅二張。長安四年九月後，霖雨并雪，凡陰一百五十餘日，至神龍元年正月五日，誅二張，孝和反正，方晴霽。舊唐書。張柬之既遷則天于上陽宫，中宗猶以皇太子監國，告武氏之廟。時，累日陰翳，御史崔渾奏：宜正唐徽號毁武氏廟以順天下之心，中宗深納之。制命既行，陰雲四除，萬里澄廓，咸以爲天人之應。唐新語。

誅竇懷真。先天二年四月，陰，至六月一百餘日，至七月三日，誅竇懷真等一十七家，方晴。舊唐書。

立太子。貞元二十一年，順宗風疾，叔文用事，連月霖雨不霽，乃以憲宗爲皇太子，制出日即晴。《傳》所謂皇之不極，厥罰恒陰，皆此類也。上。

禱雞翁温。造初赴鎮漢中，遇大雨，平地水深尺餘，乃禱雞翁山祈晴，俄而疾風驅雲，即時開霽。文宗嘗聞其事，會造入對言之，乃詔封雞翁山爲侯。上。

宣宗自責。大中初，京師嘗淫雨涉月，將害粢盛。分命禱告，百無一應。宣宗一日在内殿，顧左右執鑪，降階踐泥，焚香仰視，若自責者。久之，御眼沾濕，感動左右。旋踵而急雨止。翌日而凝陰開，比秋而大有年。真陵十七事。

露

陰液。露者，陰液也。釋爲露，結爲霜。月令章句。

從地出。和氣津液凝爲露，露從地出。五經通義。

甘露。《瑞應圖》曰：甘露者，美露也，神靈之精，仁瑞之澤。其凝如脂，其甘如飴，一名膏露，一名天酒。《白虎通》曰：甘露者，美露也，降則物無不盛。董仲舒云：露結珠而成甘，結潤而成膏。

天乳星。《列星圖》曰：天乳一星，在氐北，主甘露。占。明潤則甘露降。《禮斗威儀》曰：君治政，則軒轅之精散爲甘露。松栢竹受。耆老得敬，則松栢受甘露；尊賢愛老，不失細微，則竹箠受露。孫氏瑞應圖。

天地合。《老子》曰：天地相合，以降甘露，人莫之，令而自均。書林事録。

寶露壇。高辛時，丹丘之國，獻瑪瑙甕，以盛甘露。甕至堯時猶存，甘露在其中，盈而不竭，謂之寶露，以頒賜羣臣。至舜時，露已漸減。舜遷寶甕於衡山之上，故衡山之岳有寶露壇。舜於壇下起月館，以望夕月。舜南巡至衡山，百辟羣后皆得露泉之賜。時有雲氣生於甘露壇，又遷寶甕於零陵之上。東方朔《寶甕銘》曰：寶雲生於露壇，祥風起於月館，望三壺如盈尺，視八鴻如縈帶。拾遺記。

冬下。桀無道，露冬下。春秋序。

三危揭雩。伊尹説湯曰：水之美者，三危之露；和之美者，揭雩之露，其色紫。呂氏春秋。

沾衣。子胥諫吴王，王怒，暮歸，舉衣出宫，宫中羣臣皆曰：天無霖雨，宫中無泥露，相君舉衣，行高何爲。子胥曰：吾以越諫王，王心迷，不聽吾言，宫中生草棘，霧露沾吾衣。羣臣聞之，莫不悲傷。吴越春秋。

玉杯仙掌。《漢武帝故事》曰：帝作金莖擎玉杯，以承雲表之露，和玉屑服之以求仙。又曰：作銅承露，盤上有仙人掌以承露也。《西都賦》：抗仙掌以承露，擢雙立之金莖。《西京賦》：立脩莖之仙掌，承雲表之清露。衛覬立魏明帝疏曰：漢武信求神仙之道，謂當得雲表之露以餐玉屑，故立僊掌以承高露。

五色露。東方朔遊吉雲之地，漢武帝問朔曰：何名吉雲。曰：其國俗常以雲氣占吉凶。若吉樂之事，則滿室雲起，五色照著於草木，皆成五色露，露味甘。帝曰：吉雲五色露可以得否。朔乃東走，至夕而還，得玄、黄、青露，盛之琉璃器以授帝，帝遍賜羣臣，得露嘗者，老者少疾病皆愈。洞記。

降未央。元康元年三月詔曰：鳳皇集秦山陳留甘露，降未央宫，其赦天下。宣紀。

政感。山陽百里嵩，爲濟南相，甘露降于郡，安帝嘉其露，徵祥拜大鴻臚。爲徐州刺史，甘露再降廳事前樹。謝承書。

芳林園露。《魏志》曰：明帝鑄承露盤，莖長十二丈，銅龍繞其根，立於芳林園，甘露乃降。明帝《與東阿王詔》曰：昔先帝時，甘露屢降於仁壽殿前，靈芝生芳林園中。自吾建承露盤已未，甘露復降芳林園仁壽殿前。曹植《魏德論》曰：玄德洞幽，飛花上蒸。甘露以降，蜜淳冰凝。覩陽弗晞，瓊爵是承。承露盤館曰：氣之清者莫如。闕。

玉杯。吴猛將弟子登廬山，過石梁，見一老坐桂樹下，以玉杯承甘露與猛。述異記。

五明囊。弘農鄧紹八月旦入華山採藥，見一童子執五綵囊承栢葉上露，皆如珠滿囊，問之云：赤松先生取以明目，言終便失所在。齊諧記。八月一日，作五明囊，盛取百草頭露洗眼，眼明。述征記。

佳祥。晉翟鏗啟庾翼述甘露曰：甘露降學堂柳樹，與幹吏共嘗，味極甜，宜表賀，翼答曰：甘露自古佳祥，而頃天下多故，何以致此，且其味尚薄，未知瑞應否，而近得一白兔，少羸小，且養之，併上。

嘉露。元嘉中，甘露頻降，狀如細雪。二十四年七月，江夏王義恭上嘉禾甘露頌云：蘭林甫樹嘉露頻流。宋符瑞志。

午降。元嘉二十七年四月，豫章南昌。戊午午時，天氣晴明，有彩霧映覆郡邑，甘露又自雲降。太守劉思考以上聞兩致。崔鴻字彦鸞光子也，領郎中以父憂解任，甘露降其廬前樹。世宗以本官徵鴻。四年，復有甘露降于京兆宅之庭樹。魏書。

感致。武定六年，甘露降宫闕，文武同賀，魏帝令羣臣各言，德績感致所由。崔昂曰：吉凶兩門，不由符瑞，故桑雉之戒，實啟中興，小鳥孕大，未聞福感。所願雖休勿休。允答天意帝爲斂容。北史。邢子才頌曰：流甘委素，玉潤氷鮮。蜜房下結，珠琲上懸。藝文。李德林爲百官賀表云：上玄乃顧，神物薦委，飛甘灑潤，玉散珠連。昔魏明仙掌，竟無靈液，漢武金莖，空望雲表，豈若神漿可挹，流味九户之前。天酒自零，凝照三階之下，臣等振鱗撫翼，空馳魚鳥之心，瘞玉編金，待云亭之后。初學記。《事文類聚》以此爲梁時虞寄《瑞雨頌》誤。

潤肺。太真妃宿酒初消，多苦肺熱，嘗陵晨獨遊後苑，傍花樹，以手攀枝，口吸花露，藉其露，液潤于肺也。開元遺事。

政致。李懸爲具州刺史，甘露徧庭樹，其邑人曰：美政所致重降林攢。貞元初爲福唐尉。聞母病棄官還母亡，自埏甓作塚廬其右，有白鳥來甘露降，觀察使李若初遣官屬驗實，會露晞，里人失色，攢哭曰：天所降露禍我耶，俄而露復集，鳥亦回翔。詔作二闕于墓前時號闕下林家。新唐書。

甘露之變。李訓十一月帝御紫宸殿，京兆尹韓約奏甘露降金吾左仗樹，羣臣賀。訓、元輿奏言：甘露近在禁中，陛下宜親往觀以承天貺。許之。即輦入含元殿，詔宰相羣臣往視。訓奏言：非甘露。帝曰：豈約妄耶，顧中尉仇士良，于志弘等驗之，訓因欲閉之諸官人，使無免者。

薔薇露。五代時，蕃使蒲阿散以十五瓶獻。

鶴警。白鶴性警，至八月露降，流于草葉上，滴滴有聲，則鳴。周處風土記。

仙丘露。仙丘降露，仙人常飲之。山海經。

桂露。元封三年，婁遏國獻能言龜。東方朔曰：唯承桂露以飲之。洞冥記。

丹露。畢勒國人飲丹露爲漿。丹露者，日初出有露汁如珠也。上。

香露。炎帝始百穀滋阜。神芝發其異色，靈苗擢其嘉穎，陸地丹蕖，駢生如蓋，香露滴瀝，下流成池。拾遺記。

朱露。崑崙山有甘露濛濛似霧，著草木則滴瀝如珠。亦有朱露，望之色如丹，著木石赭然，如赤雪灑焉。似瑶器承之，如粘人君盛德則下。上。

玉露。齊武帝紀云：卿雲玉露。南史。玉露凋晚林。舊唐書李密。

霜

陰精。霜者陰精，冬令也。四時代，謝以霜收殺，霜之爲言亡也，物以終也。

春秋考異郵。

陰凝。陰陽之氣各静其所，則静矣。陽氣勝，則散爲雨露，陰氣勝，則凝爲霜雪。大戴禮。

露凝。詩含神霧曰：陽氣終，白露爲霜。蔡邕《月令章句》曰：露凝爲霜。潘安仁賦云：天凝露以降霜兮，木葉落而埧枝。殺木霜，以殺木露，以潤草。春秋元命苞。

挫物。《援神契》曰：霜，以挫物。

殺伐之表。霜殺伐之表，秋季霜始降，鷹隼擊。王者順天行誅，以成肅殺之威。若政令苛，則夏下霜，誅伐不行，則冬霜不殺草。春秋感精符。

從地升。寒氣凝以爲霜，從地升也。五經通義。

鴻雁南飛。天霜樹落葉，而鴻雁南飛。五經鈎沈。

駟見。《國語》曰：駟見而霣霜，霣霜而冬裘具。賈逵曰：駟，房星也。

附木。誅不原情，其霜附木不下地。不教而誅，其霜反在草下。京房易傳。

工休。《禮》曰：季秋之日，霜始降，則百工休。鄭玄注曰：謂膠漆之作停。

嫁娶行。《家語》曰：霜降而婦功成，嫁娶者行焉。王肅注云：季秋霜降，嫁娶始于此。《詩》云：將子無怒，秋以爲期。

青女。秋三月青女乃出，以降霜雪。高誘注曰：青女，天神青腰玉女，主霜雪也。《楞嚴經》：青女者，主霜雪之神也。梁昭明博山《香爐賦》：青女司寒，紅花翳景。

夏隕霜。桀無道，夏隕霜。命曆序。

仲夏霜。穆公即位，仲夏霜殺草，日中不消。上。

不殺草。菽魯僖公即位，隕霜不殺草，李梅實梅，李大樹比草爲貴，是君不能伐也。定公即位，隕霜殺菽，菽者稼最强，季氏之萌。春秋考異郵。

履霜操。《琴操》曰：履霜操者，伯奇之所作也。伯奇者，吉甫之子也。吉甫聽其後妻之言，疑其孝子伯奇，遂逐之，伯奇編衣，采楟花而食之。清朝履霜，自傷無罪見放逐，乃援琴而鼓之。

六月飛霜。《淮南子》曰：鄒衍事燕惠王盡忠左右譖之，王繫之獄仰天而哭，夏五月天爲之下霜。江淹書云：昔者賤臣叩心，飛霜繫於燕地。庶女告天，振風襲於齊臺。

宋井霜。先民有言，明出乎幽，著生乎微。故宋井之霜，以基昇正之寒。黄蘆之萌，以兆大中之暑，事亦如之。中論脩木。

順天氣。孫寶爲京兆尹，以立秋日署候文東部督郵。入見，勅曰：今日鷹隼始擊，當順天氣取奸惡，以成嚴霜之誅。漢書。

爲秋霜。光武崩廣陵，王荆作飛書，與東海王彊搆逆曰：當爲秋霜，無爲檻羊。注：秋霜肅殺於物，檻羊受制於人。後漢書。

晝霜。北齊武成時晝霜下，其年傳位於太子緯。隋書。

盛夏隕霜。證聖元年六月，陸州隕霜，殺草。吴越地燠而盛夏隕霜，昔所未有。五行志。

凝霜封樹。《唐書》曰：寧王憲疾，時京城寒甚，凝霜封樹。時學者以爲，春秋雨木氷即此，是亦名樹介，言其象介胄也。憲見而歎曰：此俗所謂樹稼者也。諺曰：樹稼，達官怕。必有大臣當之，吾其死矣。十一月薨。

不害嘉穀。元和十四年四月，淄青隕霜殺惡草及荆棘，而不害嘉穀。唐史五行。

豐山鍾鳴。《山海經》曰：豐山有九鍾，是知霜鳴。郭璞注曰：霜降則鍾鳴，故言知也。

春雷驗霜。周則天時，春雷始鳴記其日，計其數滿一百八十日，霜必降。又曰：雁從北來，記其日。後八十日霜降。朝野僉載。

霜信。北方白雁秋深乃來，來則霜降。謂之霜信。古今詩話。

紺碧。廣延國霜色紺碧。拾遺記。

甘霜。嵰州霜甘。上。

玄霜。西王母云：仙藥中有玄霜、絳雪。漢武内傳。裴航遇仙女樊夫人，詩曰：一飲瓊漿百感生，玄霜搗盡見雲英。傳奇。

鶺鴒覆背。鶺鴒常向日而飛，畏霜露，早晚希出，有時夜飛，夜飛則以樹葉覆其背上。

雪

陰氣凝。陰氣盛，則凝爲雪。曾子。雲，霧，雨之徵也。夏則爲露，冬則爲霜，(濕)[温]則爲雨，寒則爲雪。雨露凍凝者，皆由地發，不從天降。論衡。

花六出。凡草木花皆五出，雪花獨六出。韓詩外傳。

不封條。太平之代雪不封條，凌殄毒害而已。西京雜記。

五穀之精。《氾勝之書》云：取雪汁漬原蠶矢五六日，待什，手挼之，和穀種之，能禦旱。故謂雪爲五穀之精也。

一丈雪。武王伐紂，都洛邑未成，陰寒，雨雪十餘日，深丈餘。甲子平旦，不知何五大夫乘五車從兩騎止門外，欲謁武王。武王將不出見，太公曰：不可，雪深丈餘，而車騎無迹，恐是聖人。王使太師尚父謝五大夫曰：賓幸臨之，失不先問，方脩法服。太師尚父使人持一器粥出，進五車兩騎曰：大夫在內，方對天子，天寒，故進熱粥以御寒，未知長幼從何起。兩騎曰：先進南海君，次河伯、風伯、雨師。粥既畢，使者具以告尚父。尚父告武王曰：客可見矣。武王曰：諸神各有名乎。師尚父曰：南海神名祝融，北海神名玄冥，東海神名勾芒，西海神名蓐收，河伯名馮脩，請使謁者各以其名召之。武王乃于殿上，謁者于殿下，門外引祝融進。五神皆驚，相視而歎。祝融拜武王。王曰：天陰乃遠來，何以教之。神曰：王伐殷立周，謹來受命，願勑風伯雨師，各使奉其職。武王曰：予歲時，亦無廢禮焉。太公金匱伏符陰謀。

賦黃竹。丙辰，天子遊黃臺之丘，獵於苹澤，有降雨，天子乃休。日中大寒，北風雨雪，有凍人。天子作《黃竹詩》三章以哀之，曰：我徂黃竹，闕負閟寒。郭璞注曰：閟，閉也。穆天子傳。

甜雪。穆王東至大攕之谷，西王母來進嵰州甘霜甜雪。嵰州去玉門三千里，地多寒，雪霜著木石之上，皆融而甘，可以爲菓。拾遺記。西岳記云：甘雪惠茲禾黍。北堂。

披裘猶寒。天雨雪，楚莊王披裘當户曰：我猶寒，彼百姓賓客甚矣，乃使巡(因)〔國〕中，求百姓賓客之無居宿，絶糧者，國人大悦。尸子。

歌召。靈王起昆明臺，召諸方士。有二人乘遊龍飛龍之輦，王迎之上廣，時天下大旱，地裂木然。其一人先唱能爲霜雪。王乃請焉，于是引氣一吸，則雲起雪飛，坐者皆凜然。拾遺記。

負薪而哭。王孫子曰：衛君重裘累茵而坐，見路有負薪而哭者，問之曰：雪下衣薄也。衛君曰：爲君而不知民，孰以我爲君。於是開府金，出倉粟，以賑貧窮。

雨雪不寒。景公時，雨雪三日，公披狐白之裘，曰：怪哉，雨雪三日不寒。晏子曰：古之賢君，飽而知人飢，温而知人寒。公曰：善，出裘發粟以與飢寒者。晏子春秋。

梁山操。《琴操》曰：曾子耕太山下，雨雪不得歸，思父母，作梁山操。

牛目。魏惠王死，葬有日矣。天大雨雪，至於牛目，羣臣請弛期，太子不許。犀首以告惠公。惠公諫曰：昔王季歷葬於渦山之尾，欒水齧其墓，見棺之前和，文王曰：譆，先君必欲一見羣臣百姓也，天故使欒水見之。於是出而爲之張朝，百姓皆見之，三日而後更葬，此文王之義也。太子曰：甚善，敬弛期，更擇葬日。呂氏春秋。《北堂書抄》引《孟子》作滕文，引《戰國策》作惠王。

青雪。燕昭王時，廣延國來獻，其國去燕七萬里，在扶桑東，其地寒，盛夏之日氷厚至丈，常雨青雪，氷霜之色，皆如紺碧。拾遺記。

履雪。東郭先生久待詔公車，貧困飢寒，衣敝，履不完。行雪中，履有上無下，足盡踐地，道中人笑之，東郭先生應之曰：誰能履行雪中，令人視之，其上履也，其履下處乃似人足者乎。史記。

牛馬縮如蝟。漢元封二年，大雪深一丈，野中鳥獸皆死，牛馬踡縮如蝟。

齧雪。蘇武，持節使於匈奴，單于幽武置大窖中，絶不與食。天雨雪，武臥齧雪與氈毛并咽之，數日不死。匈奴因以爲神。漢書。

赤雪。《宋朝雜事》曰：太康七年，河陰雨、赤雪，二頃。《唐五行志》：貞元二十一年正月甲戌，雨赤雪于京師。

掘得玉馬。東瀛公騰字元邁，自并州遷鎮鄴。行次真定，時大雪，當其門前數十步獨液不積。騰怪而掘之，得玉馬，高尺許，齒皆缺。騰以爲馬國姓，上送之以爲瑞，或謂無齒則不食。是后騰爲汲桑所殺。異苑。

平地尺雪。陸機誅日，平地尺雪，時人以爲冤。別傳。

雨雪降變。石季龍以五月内，發五百里内萬人，築華林苑垣，周旋數十里，至八月，天暴雨雪，深三尺，凍死數千人。太史奏：作役非時，天降此變。虎乃誅起部尚書朱軌以塞天災。鄴中記。

柳絮因風。謝太傅寒雪日内集，與兒女講論文義，俄而雪驟，公欣然曰：白雪紛紛何所似。兄子胡兒曰：散鹽空中差可擬。兄女曰：未若柳絮因風起。世說。

集衣。大明五年正月戊午元日，花雪降庭，殿時右衛將軍謝莊下殿，雪集衣還白，上以爲瑞，於是公卿并作花雪詩。宋書符瑞志。

載樵給乏。梁南平王偉，每祁寒積雪，則遣人載樵米，隨乏絶者賦給之。南史。

映雪讀書。宋齊語曰：孫康家貧，嘗映雪讀書，清淡，交游不雜。孫氏世録。

雪霰兆凶。梁元帝徐妃初嫁夕，車至西州，而疾風大起，發屋折木，無何雪霰交下，帷簾皆白，及長還之日。又大雷，震西州廳事兩柱俱碎，帝以爲不祥，後果不終婦道。南史。

飛雪不霑。梁邵陵王爲魏將楊忠所殺，投於江岸，經日色不變，鳥獸莫敢近。時飛雪飄零，屍横道，路周回數步，獨不霑灑。舊主師郝破敵斂之於襄陽，葬之日，黄雪雰糅，惟冢壙所獨不下雪。楊忠悔而祭之，百姓爲立廟。上。

立雪中。長孫儉舊嘗詣闕奏事，時值大雪，遂立於雪中待報，自旦達暮，竟無惰意。其奉公勤至，皆此類也。後周書。

禬神致雪。薛延陀使大度設擊李思摩，摩走朔州，太宗詔李勣營朔州，部將薛萬徹率勁騎先收執馬者，故延陀不能去，斬首數千級，獲馬萬五千。大度設亡去，萬徹追弗及。殘卒奔漠北，會雪甚，衆皸踣死者十八。始延陀能以術禬神致雪，冀困勣師，及是反自斃云。回紇傳。

盛夏取進。高宗盛夏思雪，明崇儼坐頃取以進曰：雪往陰山取之。藝術傳。

盛夏積雪。咸亨元年，吐蕃遣大臣論仲琮入朝，帝召見對曰：烏海之陰，盛夏積雪。吐蕃。

元日雪。長壽二年元日大雪，其夜質明而晴。上謂侍臣俗云：元日有雪，則百穀豐，未知此語有何故實。文昌左丞姚璹對云：《汜勝之書》云：雪是五穀之精，以其汁種和，則年穀大穰。又宋武帝大明五年元日降雪，以爲嘉瑞。上曰：朕臨御萬民，心存百姓，如得年登歲稔，即可爲大瑞。雖獲麟鳳，亦何用焉。舊唐書。

春雪非瑞。久視二年都城三月，雨雪，鳳閣侍郎蘇味道以爲瑞雪，率百官表賀。左拾遺王求禮云：公爲宰相，不能燮理陰陽，非時降雪，又將災而爲瑞，誣罔視聽。若以三月雪爲瑞雪，即臘月雷，亦爲瑞雷耶。味道不從，舉朝唫笑，以爲口實。上。

雪不移足。郭元振爲安西大都護時，西突厥首領烏質勒部落强盛，欵塞通和，元振就其牙帳計會軍事。時天大雪，元振立于帳前，與烏質勒言議。須臾，雪深風凍，元振未嘗移足，烏質勒年老，不勝寒苦，會罷而死。上。

立雪待友。蕭至忠嘗與友人期於路隅，會風雪凍冽，諸人皆奔避就宇下，至忠曰：焉有與人期而求安失信乎，獨不去。上。又滕六降雪事見風巽二下。

遇雪誓神。開元時王晙將并州兵西濟討叛，虜間行倍道，趨之夜於山中，忽遇風雪甚盛，晙恐失期，仰天誓曰：晙若事君不忠，不討有罪，明靈所殛，固自當之。而士衆何辜，令其艱苦。若誠心忠烈，天艱孔明，當止雪迴風，以濟戎事。言訖，風迴而雪止。上。

没靴韋斌。每朝會不敢離位笑言。嘗大雪，在廷者皆振裾更立，斌不徙足。雪甚，幾至没靴，亦不失恭。安石傳。

雪花如翼。天寶初，安思順進五色玉帶，上怪近日西貢無五色玉，令責安西諸蕃。蕃言：爲小勃律所刼，沮。上怒，李林甫贊成上意，命王天運將四萬人往征之。屠其城，虜二千人及其珠璣而還。勃律中有術者言：將軍無義，不祥，天將大風雪矣。行數百里，忽驚風四起，雪花如翼，風激小海水成冰柱，起而復摧。經半日，小海漲湧，四萬人一時凍死。酉陽雜俎。

掃雪迎賓王。元寶，每大雪之際，則令僕夫門巷掃雪爲徑，迎揖賓客。飲宴爲暖寒之會。天寶遺事。

葛三避雪。大曆初，鍾陵崔希真，工繪事。冬日晨出，見一老人避雪門下，延入。具大麥麵食之，又獻松花酒，老人懷中取一丸藥置酒中，酒頓甘美，仍取數丸遺崔。崔入宅，復出見老人已去，有圖于所畫素上者，皆非常意所及。遂踏雪尋至，蘆洲中見船中數人，而樵客在側。顧笑曰：葛三乃見逼于伊人。李極光天師曰：此真人葛洪第三子所畫也。其藥乃千歲松膠也。原化記。野處詩：天上惟留滕六住，人間會有葛三來。

雪夜平蔡。李愬襲吴元濟，出文成栅，是日，雨雪大風，裂旗旆，馬慄而不能躍，士卒抱戈凍死者十二三。比夜半至懸瓠城，雪愈甚，近城有鵝鴨池，愬令擊驚之，以雜其聲。遂登城縛元濟。愬傳。

深雪袒寢。蜀有道士陽狂，俗呼爲灰袋，嘗人雪中衣布褐入青城山，暮投蘭若，求僧寄宿，至夜半，雪深風起，僧慮其已死，就視之。去床數尺，氣蒸如炊。酉陽雜俎。

以雪爲銀。耿先生大中召之官嘗大雪，戲之曰：先生能以雪爲銀乎。曰：可。乃取雪自投於熾炭中，灰埃芒起，徐以炭周覆之。過食頃，曰：可矣。乃取出，赫然若銅，置之於地，及冷，爛然爲鋌銀，及視其下，若垂酥滴乳之狀。江表志。

瑞葉。王綸女爲鬼所憑，自稱爲燕華君。有雪詩云：何事月娥期不在，亂飄瑞葉落人間。説與人云：天上瑞木，開花六出。古今詩話。

馬耳。王晉之與霍辨對談，雪盈尺，王曰：雪太深乎。霍曰：看北臺馬耳果何如。左右曰：有兩尖在。東坡《雪夜》詩：試掃北臺看馬耳，未隨埋没有雙尖。示兒編。

陰作威。《春秋潛潭巴》曰：大雪甚厚，必有女主天雪連月陰作威。宋均曰：雪爲陰臣道。

冬夏有雪。《山海經》曰：由首山、小威山、空桑山，並冬夏有雪。《漢書西域傳》曰：天山冬夏有雪。

積雪。雲南郡四五月猶積雪皓然，代郡陰山五月猶宿雪，八月未復雪。

銀花。《羣仙録》姚君上昇之日，天雨銀花，繽紛滿地。宋之問《雪中應制》詩：瓊章定少千人和，銀樹先舒六出花。劉夢得詩：銀花垂院榜，翠羽撼條鈴。

堅立不動。達摩止嵩山少林寺面壁，有僧神光事之，夜大雪，堅立不動。達摩契之與易名惠可，即二祖也。傳燈録。

六出公。《東陽夜怪録》有雪詩云：愛此飄飖六出公，輕瓊洽絮舞長空。呼雪爲公，取呼竹爲君之意也。

剪水作花。陸暢雪詩：仙人寧底巧，剪水作花飛。本事詩。

雪蛆。峨眉雪蛆，大治内熱。江隣幾雜志。

寒凝。春洩氣爲雨，寒凝爲雪。五經通義。

霰

陽之專氣。《大戴禮》曾子云：陽之專氣爲雹，陰之專氣爲霰。霰雹者一氣之化也。盛陽之氣在雨水則温煖爲雨，陰氣薄而脅之，不相入則轉而爲雹。盛陰之氣在雨水則凝滯而爲雪，陽氣薄而脅之，不相入則消散而下，因水而爲霰。故《春秋穀梁説》曰：苞者陰脅陽之象，霰者陽脅陰之符也。

稷雪。《説文》曰：霰，積雪也。《埤雅》云：霰，閩俗謂之米雪。今名濟雪，亦曰濕雪。詩補傳：霰，米雪。又曰粒雪。

花雪。韓詩曰：如彼雨雪，先集維霰。薛君注：霰，英也。花葉謂之英。《離騷》云：秋菊之落英。左思云：落英飄飖是也。然則霰爲花雪矣。宋書·符瑞志。

霄雪。《爾雅》：雨霓爲霄雪。注詩：先集惟霓霓，氷雪雜下者謂之霄雪。疏：霄即消也。《爾雅》又云：雨雪相和爲霰。

冬夜霰雪。有丁生寓朗州藥宫，久夜霰雪方甚，二三羽衣圍爐，有肥羜美酒之嘆。丁曰：致之何難。闢户奮袂去，至夜分，蒙雪回，提一銀榼酒，熟羊一足，云浙帥厨中物。留之而去。瑣言。

雹

雨氷。《説文》曰：雹，雨氷也。蔡邕《月令章句》云：雨凝，曰雹也。北方氣。東方之氣雷，南方之氣電，西方之氣虹霓，北方之氣雲、雨、雹、霰、雪。造化權輿。

愆陽伏陰。凡雹，皆冬之愆陽，夏之伏陰也。漢五行志。

徵動羽。《風角占》曰：徵動羽有雹霜。陳陸瓊詩：惟徵動羽，惟陰脅陽。雨水作沴，凝氣爲祥。

陰氣專精。《春秋考異郵》曰：陰氣之專精凝合生雹。雹之爲言合也。以妾爲妻，陰精凝而見戒也。後漢張奂疏云：陰氣專用，則凝精爲雹。

如礪。夷王七年，冬雨雹大如礪。紀年。

氣凝。《春秋漢含孳》曰：專一精并氣凝爲雹。宋均注：謂若魯僖公脅于齊，以妾爲妻，尊重齊，媵無迴曲之心，感陰水氣，乃使結而不解散。

禦雹。春王正月，大雨雹。季武子問於申豐曰：雹可禦乎。對曰：聖人在上，無雹，雖有，不爲災。古者，日在北陸而藏氷；西陸朝覿而出之。其藏之也周，其用之也徧，則冬無愆陽，夏無伏陰，春無凄風，秋無苦雨，雷出不震，無菑霜雹。今藏川池之氷，棄而不用。風不越而殺，雷不發而震。雹之爲菑，誰能禦之。左昭四。

如桃李。成帝問劉向曰：俗説文帝曰，時天下斷獄二人，米一斗一錢，有此事否。對曰：皆不然。後元年雨雹如桃李，深三尺，尋太宗之世，不可爲升平。風俗通。

馬頭雞子。武帝元封三年十二月，雨雹，大如馬頭。宣帝地節四年五月，山陽濟陰雨雹如雞子，深二尺五寸，殺二十人，蜚鳥皆死。成帝河平二年四月，楚國雨雹，大如斧，飛鳥皆死。漢書。

雹淵沈伏。袁安爲陰平長，有惠化。縣先有雹淵，冬夏未嘗消釋，歲中輒出，飛布十數里，大爲民害。安乃推誠潔齋，引愆貶已，至誠感神，雹遂爲之沈淪，伏而不起，乃無苦雨淒風焉。小說。

縣界獨無。韓稜，字伯師，除爲下邳令。視事未周，吏人愛慕。時隣縣皆雹傷稼，稜縣界獨無。東觀漢記。

如杯棬。永初三年夏，河西縣大雨雹，皆如杯棬，大者或如斗，殺畜生雉兔，折樹木。孔叢子。

陰乘陽。延光元年，河西大雨雹，如斗。安帝見孔季彥問其故，對曰：此皆陰乘陽之徵。今貴臣擅權，母后黨盛，陛下宜脩聖德，慮此二者也。後漢尹敏傳。

如斗。獻帝初平四年六月，寒風如冬，右扶風雹如斗，殺人，前後雨雹，此最爲大。時帝亂遷失政，天下潰亂。袁山松書。

介推怒。石勒時，雹起西河界山，大如雞子，平地三尺，洿下丈餘，行人、禽獸死者萬數，歷太原、樂平、武鄉、趙郡、廣平、鉅鹿千餘里，樹木摧折，禾稼蕩然。勒問徐光，光曰：去年禁寒食，介推帝鄉之神也，歷代所尊，故有此災矣。崔鴻十六國春秋。

金石皆銷。石遵襲位，鄴中暴風雨，震留雹如斗，金石皆銷，月餘乃滅。歷代記。

氣激。永熙中，有風雹之變，王椿上疏曰：風爲號令，皇天所以示威，雹者氣激，陰陽有所交諍。殆行令殊節，舒急失中之所及也。魏書恩幸傳。

撒珠應雹。隋煬帝南幸時，陰雲驟作，俄雨氷雹忽降，擊龍舟之蓋，既晴，上思雹。虞世基請令宮女撒珠璣于舟中，以應雹聲。又抛龍腦于錦帆之上，以象霰雪。開河記。

宣麻降雹。乾符六年五月，巢寇自廣陵將及襄漢，朝廷以王鐸爲南面都統，崔沆豆盧瑑同日拜相。宣麻之際，殿上霧氣四塞，及政事堂立班賀，有雹大如雞卵。識者以爲鈞軸不祥之兆。明年京師陷，二相俱及于難。劇談録。

高等寺樓。楊行自言：天祐初，在鼓城，避暑于佛寺，雨雹方甚，忽聞大聲震地，走視門外，乃見一雹，其高與寺樓等，入地可丈餘，經月雹乃消。稽神録。

蜥蜴吐。劉居中至嵩山顛，有大蜥蜴數百，皆長三四尺。人以食食之，撫摩其身滋膩如脂。一日，聚繞水盆邊，各就取水，纔入口，即吐雹。已圓結如彈丸，積之于側，俄頃雹纍滿地。忽震雷一聲起，彈丸皆失去。明日人來，言昨日雨雹大作，乃知蜥蜴所爲。夷堅志。

無異鐫刻。熙寧中，河州雨雹，大者如雞卵，小者如蓮芡，或如人頭。耳、目、口、鼻皆具，無異鐫刻。次年，王師平河州。硬雨。紹興十七年五月初，臨安大雨雹。太學屋瓦皆碎。學官申朝廷脩不可言雹，稱爲硬雨。軒渠録。有一村，人多爲不善者，夜中行人聞神過，云付硬雨施行。次日，雨雹大損禾稼。

木再花。木再花，夏有雹。酉陽雜俎。

柴都。東房有柴都焉，在齊國有山，山有泉水，如井狀，深不測。至春夏時，雹從井中出，常敗五穀。人常以柴塞之，不柴塞則出也，故號爲柴都。郭氏玄中記。

都泉。安丘城南三十里，雹都泉，其雹或出或否，亦不爲災異。伏琛齊地記。

神井。雍丘縣夏后公祠有神井，能興霧雹。陳留風俗傳。

流銅。《涼州異物志》曰：有大人生於北邊，偃卧於野，其高如山，頓脚成谷，橫身塞川。近之有災銅雹擊旃。注曰：旃，之也。唯可遥看，不可到下，到下則雷霆流銅鐵之丸爲雹以擊殺人。

霞

乘霞。燕昭王二年，海人乘霞獻龍膏。拾遺記。

流霞臺。上元夫人謂西王母曰：阿瓊，有六甲之術，用之可以遊景雲之宮，登流霞之臺。漢武内傳。

飲流霞。河東蒲坂項曼都，好道學仙，去三年而反，家問其狀，都曰：欲飲食，仙人輒飲我以流霞。每飲一杯，數日不飢。論衡。

飲流霞。碩漫卿夢到天上仙人，以流霞一杯飲之。謂曰：公後貴壽不可以不重也，其味甘，其色赤，其香馥郁。

乘霞仙人。劉根隱于積谷山飛霞洞，嘗乘霞至天台。温州舊志。

霞舉。海西時，諸公每朝猶暗，惟會稽王來，軒軒如朝霞舉。世說。李白，玄宗召見於便殿，神氣高朗，軒軒然若霞舉。酉陽雜俎。

凝霞臺。大中年，日本王子來朝，云：國東三萬里有集真島，島上有凝霞臺。杜楊編。

日精。日者霞之實，霞者日之精。飡霞之道甚秘，致霞之道甚易。九光。崑崙山之上，有瓊華之室，紫翠丹房，景雲燭日，朱霞九光。十洲記。赤水氣蒸。崑崙山有五色水，赤水之氣，上蒸爲霞而赫然。河圖。五色霞。崑崙山第八層，有五色霞。拾遺記。

錦綺。開元傑東嶺洞谷銘曰：朝霞照海兮錦綺開。文粹。

虹

螮蝀。《詩》云：螮蝀在東。《爾雅》：螮蝀謂之雩。螮蝀虹也。注：俗呼爲美人，以江東呼雩。《月令》季春之月，虹始見。《音義》云：虹雙出，色鮮盛者爲雄，(雌)曰虹。闇者爲雌，雌曰蜺。是陰陽交會之氣。

挈貳。《爾雅》：蜺爲挈貳。注：蜺，雌虹也。挈貳其別名也。見尸子。

《離騷》云：雌蜺㛹嬛以曾撓。

天弓。天弓虹也，又謂之帝弓。明者爲虹。暗者爲蜺。白虎通。

陽炙。陰陽炙陰爲虹。莊子。虹霓爲析翳。尸子。

天二氣。天二氣即成虹，地二氣即洩藏，人二氣即生病。文子。

天忌。虹蜺者，天之忌也。淮南子。

陰陽之精。虹蜺者陰陽之精也。漢天文志。

斗之亂精。霓者，斗之亂精也。斗失度，則投霓見態，主惑于毀譽。春秋演孔圖。

陽氣動。虹者，陽氣之動。史記。

流渚。帝摯少昊氏母曰：女節，見星如虹下流華渚，既而夢接意感，生少昊。宋符瑞志。

竟天。大虹竟天，握登見之，意感生帝舜於姚墟。瑞應圖。

貫牛山。《春秋文曜鈎》曰：白虹貫牛山。管仲諫曰：無近妃宫，恐失權。齊侯大懼，去色黨，更立賢輔，使后出望，上牛山四面聽之，以厭神。宋均注曰：山，君位也，虹蜺，陰氣也。陰氣貫之，君惑于妻黨之象也。望謂祭以謝過也。《後漢》李氏家書李郃曰：齊桓公遭虹貫斗牛之變，納管仲之謀，齊以大安。楊賜傳亦引。

青虹。晉定公十八年，青虹見。紀年。

化玉。孔子脩《春秋》制《孝經》既成，乃齋戒向北斗星而拜，告備于天。乃有赤氣如虹，自上而下，化爲黄玉，上有刻文。孔子跪而授之。搜神記。

貫日。《戰國策》曰：唐雎謂秦王曰：聶政刺韓傀，白虹貫日。《列士傳》曰：荆軻發後，太子見虹貫日，不徹，曰：吾事不成矣。後聞軻死，事不立，曰：吾知之矣。《漢書鄒陽傳》曰：荆軻慕燕丹之義，白虹貫日，太子畏之。

屬宫飲井。上官桀謀廢昭帝，迎立燕王，是時天雨虹下，屬宫中飲井井水竭。漢書。

女子之祥。靈帝和光元年，虹晝見御座殿庭前，色青赤。上引蔡邕問之，對曰：虹霓，小女子之祥。張璠漢記。

天投蜺。光和元年，有黑氣墮北宫温明殿東庭中，黑如車蓋，起奮迅，身五色，有頭，體長十餘丈，形貌似龍。上問蔡邕，對曰：所謂天投蜺者也，不見足尾，不得稱龍。後五行志。

繞船兆禍。《吴志》曰：諸葛恪攻新城出往東興，有白虹見其船，還拜蔣陵，白虹復繞其軍。《吴録》云恪曰：虹何爲此來哉，果爲孫峻所殺。

斷虹入樹。故越王無諸舊宫上，有大杉樹，空中可坐十餘人。越人夏世隆，高尚不仕，常之故宫。因雨霽欲暮，斷虹飲於宫池，漸漸縮小，化爲男子，著黄赤紫之間衣而入樹，良久不出。世隆怪異，乃召鄰之年少十數人，往視之，見男子爲大赤蛇盤遶。從懼不敢逼，而少年遥擲瓦礫，聞樹中有聲極異，如婦人之哭。須臾，雲霧不相見，又聞隱隱如遠雷之響。俄有一彩龍，與赤鵠飛去，及曉，世隆往觀之，見樹中紫蛇皮及五色蛟皮，欲取以歸，有火生樹中，樹焚蕩盡。吴景帝永安三年七月也。東甌後記。

與人相接。廬陵巴丘人陳濟，爲州吏。其婦秦在家，一丈夫長大端正，著絳碧花，衫色炫耀，來從之。後常相期於一山澗，共與寢處，不覺有人道相感接。如是積年。村人觀其所至，輒有虹見。秦至水側，丈夫以金瓶，引水共飲，後遂有身。生而如人，多肉。濟假還，秦懼見之，乃納兒著甕中。此丈夫以金瓶與之令覆兒云：兒小，未可得將去，不須作衣，我自衣之，即與絳囊與裹之，令可時出與乳，于時風雨晦冥，隣人見虹下其庭。丈夫復少時，將兒去，亦風雨晦冥，人見二虹出其家。數年而來省母。後秦適田，見二虹於澗，畏之。須臾，見丈夫云：是我，無所畏。從此乃絶。神異傳搜神記。

經天有岐。劉聰麟嘉元年，東西赤虹經天南，有一岐，太史令康相曰：虹達東西者，許洛以南，不可圖也。一岐南徹者，李氏當仍跨巴蜀，司馬獻終據全吴之象，天下其三分乎。載紀。

彌天愍帝。建興五年正月，帝在平陽，虹蜺彌天，其年帝爲劉聰所殺。晉書。

五重。張駿六年，有彩虹五重隆隆，如鐘鼓之聲。前涼録。

黑虹下營。張駿薨，子重華嗣(石)〔立〕，虎遣將軍王擢攻拔武街始與進圍抱罕，重華遣宋輯率衆拒之。濟河，次于金城，將決戰。乃有黑虹下于營中，少日輯病卒。述異記。

夜出。《晉安帝紀》曰：義熙二年七月夜，彩虹出西方，蔽月。

吐金。晉陵薛願，義熙初有虹飲其釜澳，噏響便竭。願輦酒灌之，隨投隨咽，便吐金滿器，於是灾弊日祛而豐富數臻。異苑。

飲粥。劉義慶在廣陵有疾，白虹貫城，野麏入府，心甚惡之。因陳求還。宋書。義慶在廣陵卧疾，食粥，忽白虹入室，就飲其粥。義慶擲器于堦，遂作風雨聲，振于户庭。獨異志。

化女後。魏明帝正光二年夏六月，首陽山中有晚虹下飲於溪泉。有樵人陽萬於嶺下見之。良久，化爲女子，年十六七。異之，問不言。乃告浦津戍將宇文顯，取之以聞。明帝召入宫，幸未央宫視之，見其容貌姝美。問云：我天女也，暫降人間。帝欲逼幸，而色甚難。復令左右擁抱，聲如鐘磬，化爲虹而上天。八朝窮怪録。

貫東宫門。隋太子勇知其將廢，憂懼，計無所出。乃問于占候人王輔賢。輔賢曰：白虹貫東宫門，太白襲月，皇太子廢退象也。北史本傳。

天使。韋臯鎮蜀，嘗與賓客宴郡西亭。暴風雨，俄頃而霽。忽虹霓自空而下，直入庭，垂首于筵，吸其飲食且盡。五色似霞，首似驢，四視左右，久而方去。公懼，罷宴曰：吾聞虹蜺者，妖沴之氣。今止吾宴，怪之甚矣。豆盧署曰：夫虹蜺天使也，降于邪則爲戾，降于正則爲祥。公正人也，敢以祥賀。後旬餘，有詔就拜中書令。宣室志成都記。

入宅。元和二年三月，彩紅入潤州大將張子良宅。初入漿甕水盡，入井飲之。是年九月，李錡反，令子良收宣歙，子良反兵圍城，錡就擒，子良拜金吾。尋歷方鎮。祥異集驗。

蜺龍。侯弘實，蒲坂人也。年方十三四，嘗寐於簷下，天將大雨，有虹自河飲水。俄貫于弘實之口。其母見，不敢驚焉。良久，虹自天没于弘實之口，不復出焉。及覺，母問有夢否？對曰：適夢入河飲水，飽足而歸。母默喜，知其必貴。後數月，有蜀僧詣門相之，謂其母曰：此蜺龍也，但離去鄉井，近江海宦官，方有顯榮。弘實後爲將領。同光三年，從興聖太子收蜀，爲眉州刺史，節制夔州。復自江寧，遷于黔府，二府二鎮，皆近大江。鑑戒録。

入殿。南漢劉龑，乾亨九年八月，白虹入其三清殿中，龑頗憂畏，其外震懼，會有詞臣王宏欲説隱，乃以白虹爲白龍見，上賦以賀之，隱大悦，乃改元白龍。更名龔五國故事。

環廳行。荆州有氣如虹，五采奪目。有首如驢，長數十丈。環廳事而行，三匝而滅。占者曰：庭中將有哭聲，然非州府之咎。頃之，順貞穆后崩，發哀于此堂。稽神録。

美人虹。《異苑》曰：古者有夫妻，荒年菜食而死，俱化成青絳，故俗呼爲美人虹。郭云：虹爲雩，俗呼爲美人。

揚輝。《春秋考異郵》曰：虹蜺出，亂惑棄和，荀爽貽。李膺書曰：不謂夷之初旦，明而未融，虹蜺揚輝，棄和取同。

夜光易。是類謀曰：晝視無日，虹蜺煌煌，夜視無月，彗孛將將。又曰：天卑地高，雷誰公。行星晝奔，蜺夜光。

五色。虹五色迭至，照于宫殿，有兵革之事。春秋潛潭巴。

九虹。九女并御，則九虹并見。感精符。

婚姻失序。夫陰陽不和，婚姻失序，即生此氣。月令章句。

天陂。斷霓天陂垂。杜牧弄水亭。

紛錯。宋務光云：虹霓紛錯，陰陽之沴也。

明・陳耀文《天中記》卷四　四時

四時。四時，四方各一時。時，期也，不失期也，物之生死各應節期而止也。釋名。

陰陽大經。陰陽者，天地之大理也。四時者，陰陽之大經也。刑德者，四時之合也。刑德合於時，則生福。詭則生禍。管子。

四方。東方曰歲星，其時曰春，其氣曰風，風生木。南方曰日，其時曰夏，其氣曰陽，陽生火。西方曰辰，其時曰秋，其氣曰陰，陰生金。北方曰月，其時曰冬，其氣曰寒，寒生水。管子。

四選。四時天之四選也，春者少陽之選，夏者太陰之選，秋者少陰之選，冬者太陰之選。四選之中，各有孟仲季，故一歲之中有四時，一時之中有三長，天之節也。春秋繁露。

六合。孟春與孟秋爲合，仲春與仲秋爲合，季春與季秋爲合，孟夏與孟冬爲合，仲夏與仲冬爲合，季夏與季冬爲合。孟春始盈，孟秋始縮。仲春始出，仲秋始内。季春大出，季秋大内。孟夏始緩，孟冬始急。季夏德畢，季冬刑畢。淮南子。

陰陽專精。陰陽之專精爲四時。四時之散精爲萬物。

斗指。斗指東方曰春，斗指南方曰夏，斗指西方曰秋，斗指北方曰冬。公羊隱元年注。

日行。日行北陸謂之冬，西陸謂之秋，南陸謂之夏，東陸謂之春。後律曆志。

四禁。明王有四禁：春無殺伐，無割大陵，伐大木，斬大山，行大火，誅大臣，收穀賦錢。夏無遏水，達名川，塞大谷，動土功，射鳥獸。秋無赦過，釋罪，緩刑。冬無爵賞禄，傷伐五藏。故春政不禁則五穀不成，夏政不禁則草木不榮，秋政不禁則姦邪不勝，冬政不禁則地氣不藏。四者俱犯，則陰陽不和，風雨不時。管子。

至禁。天下之君發號施令必順于四時。四時不正則陰陽不調，寒暑失常。如此，則歲惡，五穀不登。聖主發令，必審于四時，此至禁也。越絶。

天生。天生四時，地生萬物。春道生，萬物榮。夏道長，萬物成。秋道斂，萬物盈。冬道藏，萬物静。盈則藏，静則復起。六韜。

乘時授事。魏相奏曰：明王謹于尊大，慎于養人，故立（義）〔羲〕和之官以乘四時，節授民事。高帝時，謁者，趙堯舉春，李舜舉夏，兒湯舉秋，貢禹舉冬，四人各職一時。漢書。

時政。和帝時，欝林養奮對策曰：天有陰陽，陰陽有四時，四時有政令。春夏則予惠布施寬仁，秋冬則剛猛盛威行刑。賞罰殺生各應其時，則陰陽和，四時調，五穀升。廣州先賢傳。

太順。夫春生夏長，秋收冬藏，此天地之大經也。弗順則無以爲天下紀綱，故曰四時之大順，不可失也。司馬遷傳。

陰陽太少。立天之道曰陰與陽，陰陽各有少太，是生四時。少陽爲春，太陽爲夏，少陰爲秋，太陰爲冬也。蔡邕月令章句。

四時解。春之言蠢也，萬物蠢然而生也。夏假也，寬假萬物使生長也。秋緧也，緧迫萬物使時成也。冬終也，物終成也。釋名。

玉燭。四時和，爲玉燭。爾雅。

皇帝王伯。夫三皇象春，五帝象夏，三王象秋，五伯象冬。皇王，德運也。伯者，繼空續乏以成曆數，故其道駁。漢王莽傳。

立四時。神農治天下，立四時之節。居子。

代御。日月遞照，四時代御。繁啓蕃長於春夏，畜積收藏於秋冬，是禹桀之所同也。禹以治，桀以亂，治亂非時也。荀天論。

翻校。老成子學幼於尹文先生，遂能存亡自在，翻校四時。列穆王。

邦禁。范子曰：天生萬物之時，聖人命之曰春。春不生遂者，故天不重爲春。春者，夏之父也。故春生之，夏長之，秋成而殺之，冬受而藏之。春肅而不生者，王德不究也。夏寒而不長者，臣下不奉主命也。秋順而復榮者，百官刑不斷也。冬温而泄者，發府庫賞無功也。此所謂四時者，邦之禁也。越絶書。

四時之節。春者，陽氣始上，故萬物生。夏者，陽氣畢上，故萬物長。秋者，陰氣始下，故萬物收。冬者，陰氣畢下，故萬物藏。故春夏生長，秋收冬藏，四時之節也。管子。

將心。將軍之心，滔滔如春，曠曠如夏，湫漻如秋，典凝如冬，因形而與之化，隨時而與之移。淮南子。

物繫於時。夫名之繫於實也，猶物之繫於時也。生物者春也，吐華者夏也，布葉者秋也，收成者冬也。斯無爲而自成者，若强爲之，則傷其性矣。徐幹中論。

萬物根本。夫四時陰陽者，萬物之根本也，所以聖人春夏養陽，秋冬養陰，以從其根，故與萬物沉浮於生長之門，逆其根則伐其本，壞其真矣。故陰陽四時者，萬物之終始也。黄帝素問。

萬類咸宜。春生之，夏長之，秋成之，冬斂之。萬類咸宜，百姓日用而不知。文中子。

明・陳耀文《天中記》卷六　熱

熱煑。《釋名》曰：熱，爇也。如火之燒熱也。或曰：暑，煑也。如煑物也。

溽暑。《禮》曰：季夏之月，土潤溽暑。《説文》曰：溽，濕暑也。

焦金爛石。夏至陰陽之會，北方而物動於下，南方物動於上，故至日後爲熱焦金爛石也。春秋繁露。

蔭暍。武王蔭暍人於柳下，而天下懷。淮南子。武王見暍人，王自左擁而右扇之。世説。

身熱。阪闐賓國，武帝時剽殺漢使，成帝時復遣使奉獻謝罪，杜欽説大將軍王鳳，不令使使向闐賓國，曰：此國道經大頭痛小頭痛之山，赤土身熱之阪，令人身熱無色，頭痛嘔吐，驢畜盡然。漢書。

壽麻。壽麻之國，爰有大暑，不可以往。山海經。

赤帝。所司南方之極，自北户之界至炎風之野，赤帝祀融之所司。淮南子。

穿岸爲室。馬援征武陵五溪蠻夷，進營壺頭。賊乘高守隘，水疾船不得上。會暑甚，士卒多疫死，援亦中病，遂因乃穿岸爲室以避炎氣。本傳。武陵記曰：壺頭山邊有石窟，即援所穿室也。室内有蛇如百斛船大，云是援之餘靈也。

渡瀘。諸葛亮《出師表》曰：五月渡瀘，深入不毛。蜀志。《益州記》曰：瀘水即武侯渡處，水有熱氣，暑天不敢行。

入水避暑。葛洪從祖仙公，每大醉及夏天盛熱，輒入深水底，入日乃出者，正以能閉氣胎息故耳。抱朴子。

露臺。桂館一名甘泉，作迎風觀寒露臺，以避暑。潘岳關中記。

熱身熨婦。荀奉倩與婦至篤。冬月婦病熱，乃出中庭自取冷，還以身熨之。婦亡，奉倩後少時亦卒。以是獲譏於世。世説。

瓜鎮心。鄭灼字茂昭，勵志好學，多苦心熱，若瓜時輒偃卧，以瓜鎮心，便起讀誦，其篤志如此。梁書。

避暑九成宫。太宗欲幸九成宫，馬周上疏曰：宫去京三百里，本爲避暑行也，太上皇留熱處，而陛下走涼處，温清之道，臣所未安。太宗善其言。唐書。

童子參見。岑文本避暑山亭，忽有報：上清童子元寶，衣淺服青衣，曰此上清五銖服。出門不見，伺之，東行數步，於院牆下瞥然而没。文本命工力掘之，古墓中得古錢一枚。文本方悟上清童子是青銅，名元寶，錢之文也。博異志。

積冰成山。玄宗起涼殿，拾遺陳知節上疏極諫。上令力士召對。時暑毒方甚，上在涼殿，座後冰激扇車，風獵衣襟。知節至，賜坐石塌，陰霤沉吟，仰不見日，四隅積冰成山簾水飛灑，坐内含凍。復賜冰屑麻飲，陳體生寒栗，腹中雷鳴，再三請起方許，上猶拭汗不已。陳纔及門，遺洩狼籍，逾日復召，謂曰：卿論事宜審，勿以己方萬乘也。廬陵官下記。

冷蛇。申王有肉疾，腹垂至骭。玄宗召南方取冷蛇數條賜之，蛇長數尺，色白，不螫人，執之冷如握冰。申王腹有數約，夏月置于約中，不復覺煩暑。酉陽雜俎。

出征冒暑。王承宗叛，詔吐突承璀出討，兵老不決，白居易上言：今暑濕暴露，兵氣薰蒸，雖不顧死，孰堪其苦。本傳。

辟暑犀。文宗延學士於内庭，討論經義，李訓講《周易》微義頗葉於上意。時方盛夏，遂命取冰玉腰帶及辟暑犀如意以賜訓，訓謝之。上曰：如意足以與卿爲談柄也。神異。

龍皮避暑。韋澳、孫宏，大中時同在翰林。盛暑，上在太液池中，宣二學士。既赴召，中貴人頗以絺綌爲訝，初殊未悟。及就坐，但覺寒氣逼人，熟視有龍皮在側。尋宣賜銀餅，餡食之甚美，既而醉以醇酎。二公因兹苦河魚者數夕。上竊知笑曰：卿不奈事，朕日進十數，未嘗有損。銀餅餡，皆乳酪膏腴所製也。摭言。

鴈臣。元魏時，北夷酋長遣子入侍者，常秋來春去，以避中國之熱。時人謂之鴈臣。伽藍記。

熱風。西域大流沙，多熱風，觸人及六畜皆迷仆。唐書。

土熱。牂柯無城郭，土熱多霖雨，稻粟再熟。上。

陽水。有雲大如車蓋十餘，此陽水之氣，必暑，有暍者。京房易飛候。

褦襶。《古樂府詩》云：今世褦襶子，觸熱向人家。炙轂子云：褦襶，笠子也。《集韻解》云：褦襶，不曉事。

不畏盛暑。吕公著居家，夏不排窗不揮扇，冬不附火。一日盛夏，楊大夫懷寶，字器之，將赴鎮戎軍倅來辭。器之乃吕氏甥，公著於西窗下烈日中，公裳對飲三盃。器之汗流浹背，公凝然不動。雜志。

冰鼠。北方曾冰萬里，厚百丈，有磎鼠在冰下土中焉。行如鼠，食草木，肉重千斤，可以作脯，食之已熱。其毛八尺，可以爲褥，卧之却寒。其皮可以蒙鼓，聲聞千里。有美尾，可以來鼠。此尾所在，鼠聚。今江南鼠，食草木爲災，此類也。神異經。

鑠石。《楚辭》云：魂兮歸來，東方不可以託。十日代出，流金鑠石。《抱朴子》云：朱飈鑠石，不能靡蕭士之木。

南方生熱。《陰陽應象大論》云：南方生熱，注：陽氣炎灼，故生熱，暄暑成燠熱之用也。《五運行大論》注云：暄暑鬱蒸，熱之化也。炎赫沸騰，熱之用也。又云：太虚昏翳，其若輕塵，山川悉然，熱之氣也。大明不彰，其色如丹，鬱然之氣也。若形雲恭升，從然闕乍盈下闕也。内經。

伊鬱。感乎溽暑之伊鬱，而慮性命之所乎。景福殿賦。

爛渭賈誼。《旱雲賦》：隆盛暑而無聊兮，煎砂石而爛渭。湯風至而含熱兮，羣生悶滿而愁憒。畝畝枯槁而失澤兮，壤石相聚而爲害。

焦金。陰陽之會，冬合北方而物動於下，夏合南方而物動於上。上下之大動皆在日至之後。爲寒則凝冰烈地，爲熱則焦沙爛石。氣之精異於是。繁露。

寒

捍。《釋名》曰：寒，捍也，捍格也。

𩅧。《説文》曰：𩅧，寒也。從雨執聲，凜清寒也。

義氣。天地嚴凝之氣，始於西南而盛於西北，此天地之義氣也。禮記。

北方生寒。《應象論》云：北方生寒。注：陰氣凝冽，故生寒。藏清慘冽，寒之用也。《運行論》注云：凝慘冰雪，寒之化也。凜冽霜雹，寒之用也。柔耎之物，遇寒則堅，寒之化也。大虛澄淨，黑氣浮空，天色黯然，高空之寒氣也。若氣似散麻，本末皆黑，微見川澤之寒氣也。太虛清白，空尤雪映，遐邇一色，山谷之寒氣也。太虛白昏，火明不翳，如霧雨氣，遐邇肅然，北望色玄，凝雰夜落，此水氣所生，寒之化也。太虛凝陰，白埃昏翳，天地一色，遠視不分，此寒濕凝結，雪之將至也。地裂水冰，河渠乾涸，枯澤浮鹹，木斂土堅，是土勝水，冰不得自清，水所生，寒之用也。

大火。中大火，寒暑之候也。火星中而寒暑退。豳七月注。單襄公曰：火見而清風戒寒。國語。張耀曰：火中，寒暑乃退。注：心以季夏昏中而暑退，季冬旦中而寒退。左昭三。

挾纊。楚子圍蕭申公巫臣曰：師人多寒。王巡三軍，拊而勉之，三軍之士皆如挾纊。左宣十二。

出裘衣寒。賈子云：楚王當户而立，愀然有寒色曰：寡人尚然，奈百姓何。乃出府裘以衣寒者也。北堂書抄。

築臺。景公起火臺，歲寒，役之凍餒者有焉，公延晏子坐，飲酒樂，晏子歌曰：庶民之凍，我若之何，奉上靡弊，我若之何，歌終，喟然流涕。公止之曰：子殆爲大臺之役夫。寡人將罷。晏子春秋。

鑿池。衛靈公天寒鑿池，宛春諫曰：天寒起役，恐傷民。公曰：天寒乎。宛春曰：公衣狐裘，坐熊席，陬隅有竈，是以不寒。今民衣敝不補，履決不組。君則不寒矣，民則寒矣。公曰：善。令罷役。左右以諫曰：君鑿池，不知天之寒也，而春也知之。以春之知之也而令罷之，福將歸于春也，而怨將歸于君。公曰：不然。夫春也，魯國之匹夫也，而我舉之，夫民未有見焉，今將令民，以此見之。曰春也有善，於寡人有也，春之善非寡人之善歟。吕氏春秋。

解裘。田單爲齊相，過淄水，有老人涉淄而出，不能行，寒坐于沙中，乃解裘衣之。襄王曰：單之後施欲取我國乎。有貫珠者聞之曰：不如因以爲己善。乃下令曰：寡人憂民之寒，而單解裘衣人，稱寡人之意。於是閭里相與語曰：田單之愛人，乃王之教也。戰國策。

四月寒。秦始皇九年四月寒凍，民有死者。洪範五行傳。

墮指。上聞韓王信降匈奴，上將擊之，連戰乘勝逐北至樓煩，會天寒，士卒墮指者十二三。漢書。

積陰。鼂錯上疏曰：夫狐貉之地，積陰之處也，木皮三寸水厚六尺，食肉而飲酪，其人密理，鳥獸毳毛，其性能寒。漢書。

忍寒。元帝時，漢中道人王仲都，能忍寒。乃於盛寒日令袒衣，載以駟馬，於昆明池上環水而走，御者厚衣狐裘甚寒，而仲都獨無變色。桓譚新論。

八月大寒。王莽天鳳四年八月，莽親之南郊，鑄作威斗。是日大寒，百官人馬有凍死者。漢書。

盛夏寒。盛夏多寒，韋彪上疏諫曰：臣聞政治之本，必須陰陽。伏見立夏以來，當暑而寒，殆刑罰刻急，郡國不時令之所致也。謝承書。

六月如冬。獻帝初平四年六月，寒風如冬時。續五行志。

大寒吐火。葛仙公與客談語，時天大寒。仙公謂客曰：居貧不能人人得爐火，請作一大火，共致煖者。仙公因吐氣，火赫然從口出，須臾火滿屋，客皆熱脱衣。别傳。

龍涸常寒。六月二十六日發龍涸，晝夜肅肅，常寒，不復得脱襦袴，將從七十二人，面盡黎黑，口唇青瞭。沙州記。

辟寒金。嗽金鳥，出昆明國，形如雀，色黄，常翱翔於海上。魏明帝時，其國來獻此鳥，飴以真珠飲以龜腦，鳥常吐金屑如粟，鑄之可以爲器。此鳥不畏霜雪，乃起小臺處之，名曰辟寒臺。皆用水精爲户牖，使内外通光，宫人争以鳥吐之金用飾釵珮，謂之辟寒金，故宫人相嘲曰：不服辟寒金，那得帝王心。不服辟寒鈿，那得帝王憐。拾遺記。

誰似辟寒金，聊借與空牀暖。古樂府。

凌破河橋。永寧二年十二月，大寒凌破河橋。晉朝雜事。

八月寒凍。十三年春二月，虎率三公九卿躬耕籍田，后率三夫人、命婦先蠶近都。是歲八月，雨雪大寒，行旅凍死。石虎别傳。

鶴語寒。大興二年冬，大雪。南州人見二白鶴語於橋下曰：今兹寒不減堯崩年也。於是飛去。異苑。

傷民。大興四年，大寒，傷民冰厚，時王敦肆亂，殺戮忠良。晉朝雜事。

入宫酷寒。桓玄入建康宫，逆風迅激，旍旗不立，法章儀飾，一皆傾偃。是月酷寒。晉中興書。

奇寒。魏使崔劼曰：今歲奇寒，江淮亦冰。酉陽雜俎。

辟寒犀。開元二年冬至，交趾國進犀一株，色黄如金。使者請以金盤置於殿中，温温然有暖氣襲人。上問其故，使者對曰：此辟寒犀也，頃自隋文帝時，本國曾進一株，至今日。上甚悦，厚賜之。天寶遺事。

裂膚。涼州都督楊敬述使官屬盧公等勒兵討突厥，會大寒裂膚，士卒不能張弓矢，乃敗。唐書。

寒門。北方有北極之山，曰寒門。淮南子。注積寒所在，故曰寒門。《楚辭》：踔絶垠于寒門。《大人賦》：軼先驅於寒門。

冗居。挹樓國地寒，人多冗居。廣志。

明・陳耀文《天中記》卷一〇　冰

凌凍澌泮。積冰曰凌。冰壯曰凍。冰流曰澌。冰解曰泮。風俗通。

凌人。凌人掌冰，正歲，十有二月。令斬冰，絶水凌，春始治鑑。祭祀共冰鑑，賓客共冰，大喪共夷槃冰。夏頒冰，掌事，秋刷。周禮。

六月冰。三月冰，歲不成。四月冰，天下荒。五月冰，其國亡。六月冰，天下兵。京房。

藏冰出冰。申豐曰：古者日在北陸而藏冰，西陸朝覿而出之，其藏冰也，深山窮谷，固陰沍寒，於是乎取之。其出之也，朝之禄位，賓食喪祭，於是乎用之。其藏之也，黑牡秬黍，以享司寒。其出之也，桃弧棘矢，以除其災。其出入也，時食肉之禄，冰皆與焉。大夫命婦，喪浴用冰。祭寒而藏之，獻羔而啓之，公始用之。火出而畢賦。自命夫、命婦，至於老疾，無不受冰。山人取之，縣人傳之，輿人納之，隸人藏之。夫冰以風壯，而以風出。其藏之也周，其用之也徧，《七月》之卒章，藏冰之道也。左傳。

寒温節。晏子曰：景公伐魯，得東門無澤，問曰：魯年穀何如。對曰：陰不凝，陽冰厚五寸者，寒温節也。寒温節則政平，政平則年穀熟。請禮魯以息怨。

闕地爲牀。楚子使薳子馮爲令尹，遂以疾辭。方暑，闕地，下冰而牀焉，重繭衣裘，鮮食而寢。楚子使醫視之，復曰：瘠則甚矣，而血氣未動。左傳。

春無冰。春，無冰。梓慎曰：今茲宋、鄭其饑乎。陰不勝陽也。左傳。

天瑞。光武從邯鄲避王郎兵，至滹沲河，導吏還言：河冰流澌，無船不可濟。左右皆惶畏爲王郎所及。上命王霸前往視之，實然。霸念還言驚衆，雖不可渡，且臨冰上尚可爲阻，即白曰：冰堅可渡。士衆大喜，上大笑曰：果妄言也。比至河，流澌冰合可履，馬欲僵，各以囊盛沙布冰上。乃渡，渡未畢數車而冰陷。光武謂官屬曰：王霸權以濟事，殆天瑞也。東觀記。

冰厚丈餘。靈帝光和六年冬，北海東萊瑯琊井冰厚丈餘。後書。

陷冰丸。黄巾羣起，青州刺史焦和恐賊乘冰渡河，多作陷冰丸投河中。賊衆遂潰。上。

濟河冰泮。石勒伐劉曜於洛陽，從大河南濟，時河凍將合，軍至而冰自泮，舟楫無用，遂生擒曜，謂是神靈之助。異苑。

天橋。慕容德正月渡黎陽津，其夕流澌冰合。是夜濟師，旦魏師至而冰泮，鄴令韓軌言於德曰：昔光武渡滹沱，冰澌自合。今大王濟河，天橋自成。德迺大悦。南燕録。

不冰。南燕汝水不冰，燕王慕容超惡之。李超對曰：良由逼帶京城，近日月也。燕王大悦。鶴林玉露。

葦結。昭成帝征劉衛辰，時河冰未成，帝乃以葦絙約澌，俄然冰合，乃散葦于上，冰草相結若浮橋，衆軍利涉。衛辰與宗族西走。魏書。

敲冰煮茗。王休居太白山下，日與僧道異人往還。每至冬時，取溪冰敲其精瑩者煮建茗，共賓客飲之。開元遺事。

常堅冰。劉宗初，拘弭國貢常堅冰，其國有大凝山，中有冰千年不釋。乃齎至京師，潔冷如故，雖炎暑赫日不消，嚼之則與中國者無異。杜陽編。

海冰。穆宗長慶元年，海州海水冰，南北二百里，東望無際。五行志。

冰花如纈。開成末，河陽黄魚池，池冰作花如纈。酉陽。

冰紋如畫。景福中，滄州城塹中，冰有紋如畫，有竹木、牡丹、車馬人物、樓臺殿閣之狀。時人以爲地當有兵難。近華孽也。五行志。

冰合。後唐莊宗南伐，周德威軍不利，或號曰：晉王渡河而北矣。日晚明宗與末帝相失，軍無所止，河冰初解，比無舟楫，帝泣曰：吾兒安在，吾主安歸，身世盡於斯矣。是夜大寒雪，深盈尺，冰有復合處，帝踐之以渡，不旋踵而冰解。帝宿先鋒砦，翌日聞莊宗土山之捷。軍聲復振。册府。

冰橋。周太祖乾祐中，北征至澶州驛，河冰已解，浮橋難立，衆憂之。其夜，西北風裂凝凍。比旦津吏報：冰堅可渡。步騎踐冰而行，衆謂之凌橋。日夕，津吏報曰：冰橋泮矣。

鑿冰而浴。郭忠恕窮冬即鑿河冰而浴，其傍凌澌消釋，人皆異之。本傳。

貢冰。藍田縣歲貢冰，常在冬杪。如藍水不冰，則主吏宣命以祭。一夕而成冰，形似柱礎，清虚明潔，或有粟砂線葉粘于其中，則命鐫取，以滾湯沃之。或沃以冷，則凍斂不固，尋復脱去。唐闕史。

天畫。金末，河冰凍成龜文，又有花卉禽獸之狀，巧過雕鏤。時人謂之天畫。大金國志。

化玻瓈。千歲積冰，結爲玻瓈。酉陽。

賣冰。袁參上姚崇書曰：昔蒯人爲商，賣冰于市。客不苦熱者，將買之，蒯人自以得時，欲邀以數倍之利，客怒而去，俄而其冰亦散。故蒯人進且不得冰，二者俱亡，自泣而去。今君坐青雲之中，平衡天下，士皆欲附。此亦君賣冰之秋，而士買冰之際也。使君强自遲迴至于冰散，尚欲開口，其事焉得哉。願少圖之，無爲蒯人之事也。摭言。

藝文

漢・司馬遷《史記》卷一一七《司馬相如列傳》　自我天覆，雲之油油。甘露時雨，厥壤可游。滋液滲漉，何生不育。嘉穀六穗，我穡曷蓄。

又　非唯雨之，又潤澤之。非唯濡之，氾尃濩之。萬物熙熙，懷而慕思。名山顯位，望君之來。君乎君乎，侯不邁哉！

漢・劉向《列仙傳》卷上　赤松子

赤松子者，神農時雨師也，服水玉以教神農，能入火自燒。往往至崑崙山上，常止西王母石室中，隨風雨上下。炎帝少女追之，亦得仙，俱去。至高辛時，復爲雨師，今之雨師本是焉。

眇眇赤松，飄飄少女。接手翻飛，泠然雙舉。縱身長風，俄翼玄圃。妙達巽坎，作範司雨。

又　赤將子輿

赤將子輿者，黄帝時人。不食五穀，而噉百草花。至堯帝時，爲木工。能隨風雨上下，時時於市中賣繳，亦謂之繳父云。

蒸民粒食，孰享遐祚。子輿拔俗，餐葩飲露。託身風雨，遥然矯步。雲中可遊，性命可度。

漢・劉向《列仙傳》卷下　赤須子

赤須子，豐人也。豐中傳世見之，云秦穆公時主魚吏也，數道豐界災害水旱，十不失一。臣下歸向，迎而師之，從受業，問所長。好食松實、天門冬石脂，齒落更生，髮墮再出。服霞絶後，遂去吴山下，十餘年，莫知所之。

赤須去豐，爰憩吴山。三藥並御，朽貌再鮮。空往師之，而無使延。顧問小智，豈識巨年。

漢・王逸《楚辭章句》卷二《九歌章句》　湘夫人

【略】嫋嫋兮秋風，嫋嫋，秋風摇木貌也。洞庭波兮木葉下。言秋風疾，則草木摇，湘水波，而樹葉落矣。以言君政急則衆民愁，而賢者傷矣。或曰：屈原見秋風起而木葉墮，悲歲徂盡，年衰老也。

又　大司命

【略】廣開兮天門，紛吾乘兮玄雲。吾，謂大司命也。言天尊重司命，將出遊戲，則爲大開禁，開使乘玄雲而行。令飄風兮先驅，迴風爲飄。使涷雨兮灑塵。暴雨爲涷雨。言司命爵位尊高，出則風伯、雨師先驅，爲軾路也。君回翔兮以下，回，運也。言司命行有節度，雖乘風雨，然徐廻運而來下也。踰空桑兮從女。紛總總兮九州，何壽夭兮在予。高飛兮安翔，言司命執持天政，不以人言易其則度，復徐飛高翔而行。乘清氣兮御陰陽。陰主殺，陽主生。言司命常乘天清明之氣，御持萬民死生之命也。

又　東君

【略】青雲衣兮白霓裳，言日神來下，青雲爲上衣，白霓爲下裳。日出東方，入西方，故用其方色以爲飾也。舉長矢兮射天狼。

又　河伯

【略】與女遊兮九河，河爲四瀆長，其位視大夫。屈原亦楚大夫，欲以官相友，故言女也。九河：徒駭、大史、馬頰、覆鬴、胡蘇、簡、絜、鉤磐、鬲津也。衝風起兮横波。衝，隧也。屈原設意與河伯爲友，俱遊九河之中，想蒙神祐，反遇隧風，大波涌起，所託無所也。

又 山鬼

【略】表獨立兮山之上，表，特也。言山鬼後到，特立於山之上，而自異也。雲容容兮而在下。杳冥冥兮羌晝晦，言山鬼所在至高邈，雲出其下，雖白晝猶暝晦也。東風飄兮神靈雨。飄，風貌。《詩》曰：匪風飄兮。言東風飄然而起，則神靈應之而雨。以言陰陽相感，風雨相和。屈原自傷獨無與和也。**【略】**靁填填兮雨冥冥，猨啾啾兮狖夜鳴。風颯颯兮木蕭蕭，言已在深山之中，遭雷電暴雨，猨狖號呼，風木摇動，以言恐懼失其所也。或曰：雷爲諸侯，以興於君。雲雨冥昧，以興佞臣。猨猴善鳴，以興讒人。風以喻政，木以喻民。雷填填者，君妄怒也。雨冥冥者，羣佞聚也。猨啾啾者，讒夫弄口也。風颯颯者，政煩擾也。木蕭蕭者，民驚駭也。思公子兮徒離憂。

漢・王逸《楚辭章句》卷一〇《大招章句》 青春受謝，青，東方春位，其色青也。謝，去也。白日昭只。昭，明也。言歲始春，青帝用事，盛陰已去，少陽受之，則日色黄白，昭然光明，草木之類，皆含氣，芽蘖而生。以言魂魄亦宜順陽氣而長養也。春氣奮發，春，蠢也。發，洩也。萬物遽只。遽，猶競也。言春陽氣奮起，上帝發洩，和氣温燠，萬物蠢然，競起而生，各欲滋茂。以言精魂亦宜奮發精明，令己盛壯也。冥凌浹行，冥，玄冥，北方之神也。凌，猶馳也。浹，遍也。魂無逃只。逃，竄也。言歲始春，陽氣上陞，陰氣下降，玄冥之神，偏行凌馳於天地之間，收其陰氣，閉而藏之，故魂不可以逃，將隨太陰下而沈没也。魂魄歸徠，無遠遥只。遥，猶漂遥，放流貌也。魂者，陽之精也。魄者，陰之形也。言人體含陰陽之氣。失之則死，得之則生。屈原放在草野，憂心愁悴，精神散越，故自招其魂魄。言宜順陽氣始生而徠歸，已無遠漂遥，將遇害也。魂虖歸徠，無東無西，無南無北只。東有大海，溺水浟浟只。浟浟，流貌也。言東方有大海，廣遠無涯，其水淖溺，沈没萬物，不可度越，其流浟浟，又迅疾也。螭龍並流，上下悠悠只。悠悠，螭龍行貌也。言海水之中，復有螭龍神獸，隨流上下，並行遊戲，其狀悠悠，可畏懼也。霧雨淫淫，地氣發泄，天氣不應，曰霧。淫淫，流貌也。白皓膠只。皓膠，水凍貌也。言大海之涯，多霧惡氣，天常甚雨，如注瀍水，冬則凝凍，皓然正白，回錯膠戾，與天相薄也。魂虖無東，湯谷寂只。言魂神不可東行，又有湯谷日之所出，其地無人，視聽寂然，無所見聞。或曰：寂，水蘸之貌。魂虖無南，南有炎火千里，炎，火盛貌也。《尚書》曰：火曰炎上。蝮蛇蜒只。蜒，長貌也。言南方太陽，有積火千里，又有惡虵，蜿蜒而長，有蛒毒也。山林險隘，虎豹蜿只。鰅鱅短狐，王虺騫只。魂虖無南，蜮傷躬只。魂虖無西，西方流沙，漭洋洋只。豕首縱目，被髮鬤只。長瓜踞牙，誒笑狂只。魂虖無西，多害傷只。魂虖無北，北有寒山，逴龍赩只。逴龍，山名。赩，赤色，無草木貌。言北方有常寒之山，陰不見日，名曰逴龍。其土赤色，不生草木，不可過之，必凍殺人也。代水不可涉，深不可測只。言復有代水廣大，不可過度，其深無底，不可窮測，沈没人也。天白顥顥，寒凝凝只。言北方冬夏積雪，其光顥顥，天地皆白，冰凍重累，其狀凝凝，其寒酷烈，傷肌骨也。魂虖無往，盈北極只。言我魂歸乎北極，空虚不可盈滿。往必隕墜，不得出也。魂魄歸來，閒㠯靜只。言己魂魄，宜急徠還我之身，隨己遊戲。心既閒，樂居清靜也。

漢・王逸《楚辭章句》卷一三《七諫章句》 沈江

【略】浮雲陳而蔽晦兮，使日月乎無光。忠臣貞而欲諫兮，讒諛毁而在旁。秋草榮其將實兮，微霜下而夜降。微霜殺物，以喻讒諛。言秋時百草將實，微霜夜下而殺之，使不得成熟也。以言讒人晨夜毁己，亦將害己身，使其忠名不得成也。商風肅而害生兮，商風，西風。肅，急貌。百草育而不長。言秋氣起，則西風急疾而害生物，使百草不得盛長；以言君令急促，剗傷百姓，使不得保其性命也。

又 自悲

【略】何青雲之流瀾兮，微霜降之蒙蒙。蒙蒙，盛貌。《詩》云：零雨其蒙。言遭佞人羣聚，造作虚辭，君政用急；天早下霜，則害草木，傷其真節也。徐風至而徘徊兮，疾風過之湯湯。風爲號令。言君命寬則風舒，風舒則已徘徊而有還志也。令急風疾，則已惶遽，欲急去也。聞南藩樂而欲往兮，至會稽而且止。見韓衆而宿之兮，問天道之所在。借浮雲以送予兮，載雌霓而爲旌。駕青龍以馳鶩兮，班衍衍之冥冥。忽容容其安之兮，超慌忽其焉如。苦衆人之難信兮，願離羣而遠舉。登巒山而遠望兮，好桂樹之冬榮。南方有不死之草，北方有不澤之冰也。觀天火之炎煬兮，聽大壑之波聲。大壑，海水也。言己仰觀天火，下覩海水，心愁思也。引八維以自道兮，含沆瀣以長生。居不樂以時思兮，食草木之秋實。飲菌若之朝露兮，構桂木而爲室。雜橘柚以爲囿兮，列新夷與椒楨。鵾鶴孤而夜號兮，哀居者之誠貞。

漢・王逸《楚辭章句》卷一四《哀時命章句》 **【略】**霧露濛濛其晨降兮，雲依斐而承宇。言幽居山谷，霧露濛濛而晨來下，浮雲依斐承我屋霤，晝夜闇冥也。虹霓紛其朝霞兮，夕淫淫而淋雨。言天雲雜色，虹霓揚光，紛然炫燿，日未明旦，復有朝霞，則夕淋雨，愁且思也。怊茫茫而無歸兮，悵遠望此曠野。言已幽居遇雨，愁思茫茫，無所依歸，但見曠野草木盛茂也。下垂釣於谿谷兮，上要求於仙者。言已幽居無事，下則垂釣餌於谿谷，上則要結仙人，從之受道也。與赤松而結友兮，比王僑而爲耦。使梟楊先導兮，白虎爲之前後。浮雲霧而入冥兮，騎白鹿而容與。言己與仙人俱出，則山神先道，乘雲霧騎白鹿而游戲也。

漢·王逸《楚辭章句》卷一五《九懷章句》 尊嘉

季春兮陽陽，三月温和，氣清明也。列草兮成行。百卉垂條，吐榮華也。余悲兮蘭生，哀彼香草，獨隕零也。委積兮從横。枝條摧折，傷根莖也。江離兮遺捐，辛夷兮擠臧。伊思兮往古，亦多兮遭殃。伍胥兮浮江，屈子兮沈湘。運余兮念兹，心内兮懷傷。望淮兮沛沛，濵流兮則逝。榜舫兮下流，東流兮磕磕。蛟龍兮導引，文魚兮上瀨。抽蒲兮陳坐，援芙蕖兮爲蓋。水躍兮余旌，風波動我，摇旗旛也。繼以兮微蔡。雲旗兮電騖，遂乘風電，驅横奔也。儵忽兮容裔。河伯兮開門，迎余兮歡欣。顧念兮舊都，懷恨兮艱難。竊哀兮浮萍，汎淫兮無根。

又 蓄英

秋風兮蕭蕭，陰氣用事，天政急也。舒芳兮振條。動摇百草，使芳熟也。微霜兮眇眇，霜凝微薄，寒深酷也。病殀兮鳴蜩。飛蟬卷曲，而寂默也。玄鳥兮辭歸，燕將入海，化爲蛤也。飛翔兮靈丘。悲鳴神山，奮羽翼也。望谿兮滃鬱，川谷吐氣，雲闇昧也。熊羆兮呴嗥。猛獸應秋，將害賊也。唐虞兮不存，堯舜已過，難追逐也。何故兮久留。臨淵兮汪洋，顧林兮忽荒。修余兮袿衣，騎霓兮南上。託乘赤霄，登張翼也。乘雲兮回回，載氣溶溶，意中惡也。亹亹兮自强。將息兮蘭皋，失志兮悠悠。蒶藴兮黴黧，思君兮無聊。身去兮意存，愴恨兮懷愁。

漢·王逸《楚辭章句》卷一六《九歎章句》 逢紛

裳襜襜而含風兮，襜襜，摇貌。衣納納而掩露。納納，濡濕貌也。上曰衣，下曰裳。言已放行山野，下裳襜襜而含疾風，上衣濡濕而掩霜露，單行獨處，身苦寒也。赴江湘之湍流兮，順波湊而下降。湊，聚也。言已乘船赴江湘之疾流，順聚波而下行，身危殆也。徐徘徊於山阿兮，阿，曲隅也。飄風來之洶洶。洶洶，讙聲也。言已至於山之隈曲，且徐徘徊，冀想君命。飄風卒至，復聞讒佞洶洶，欲來害已也。馳余車兮玄石，玄石，山名。步余馬兮洞庭。平明發兮蒼梧，夕投宿兮石城。石城，山名。言已動履大水，宿止名山，用志清潔且堅固也。芙蓉蓋而蔆華車兮，紫貝闕而玉堂。紫貝，水蟲名。《援神契》曰：江水出大貝。薜荔飾而陸離薦兮，魚鱗衣而白蜺裳。白露紛紛以塗塗兮，塗塗，厚貌。秋風瀏瀏以蕭蕭。瀏瀏，風疾貌。言四時欲盡，白露已降，秋風急疾，年歲且老，愁憂思也。身永流而不還兮，魂長逝而常愁。

歎曰：譬彼流水，紛揚磕兮。波逢洶洶，紛滂沛兮。水性清潔平正，順而不争，故以喻屈原也。言水逢風紛亂，揚波滂沛，失其水性。以言屈原志行清白，遭逢貪佞，被過放逐，亦失其本志也。揄揚滌盪，漂流隕往，觸岑石兮。岑，鋭也。言風揄揚水流，隕往觸鋭利之石，使之危殆。以言讒人亦揚已過，使得辠罰也。龍卬脟圈，繚戾宛轉，阻相薄兮。言水得風則龍卬繚戾，與險阻相薄，不得順其流性也。以言忠臣逢讒人，亦匡攘恇遽而竄伏也。遭紛逢凶，蹇離尤兮。垂文揚采，遺將來兮。

宋·吴芾《湖山集》卷二《阻風又成數語呈江朝宗》 平生航浙河，不知幾往返。豈不或滯留，有時容幸免。未若此番來，所向輒相反。順水即值風，便風還阻淺。夜來至奔牛，一雨成瓴建。妻孥笑相看，陡覺雙遐展。謂可便及城，假館少休偃。平明風横生，吹我船頭轉。咫尺不可前，安能達京輦。客路固多艱，我行亦太蹇。何當歸去來，高卧青山遠。一任雨兼風，杜門都不管。

宋·吴芾《湖山集》卷一〇《到儀真沙河阻風三首》 快意由來未易逢，順流却值打頭風。篙師知是江神怒，引棹重回小浦中。

求退那知却冒遷，天心人意古難全。今朝行役還堪笑，下水船爲上水船。

連日狂風已作難，今朝濁浪更如山。江神堅我歸田志，故示危機一水間。

宋·王令《廣陵集》卷一二《揚子江阻風》 揚子江風十月初，西駕巨浪渺無隅。常憂傾摇地爲動，意欲起塞天無虛。大舟不行就繫岍，小舟分去争得魚。舟中壯士起坐笑，有酒更爲斜陽酤。

宋·蘇軾《東坡全集》卷三《發洪澤中塗遇大風復還》 風浪忽如此，吾行欲安歸。掛帆却西邁，此計未爲非。洪澤三十里，安流去如飛。居民見我還，勞問亦依依。攜酒就船賣，此意厚莫違。醒來夜已半，岸木聲向微。明日淮陰市，白魚能許肥。我行無南北，適意乃所祈。何勞弄澎湃，終夜摇窗扉。妻孥莫憂色，更有篋中衣。

宋·蘇軾《東坡全集》卷二二《慈湖夾阻風五首》 捍索桅竿立嘯空，篙師酣寢浪花中。故應菅蒯知心腹，弱纜能争萬里風。

此生歸路愈茫然，無數青山水拍天。猶有小船來賣餅，喜聞墟落在山前。

我行都是退之詩，真有人家水半扉。千頃桑麻在船底，空餘石髮挂魚衣。

月輪亭午汗珠融，誰識南訛長養功。暴雨過雲聊一快，未妨明月却當空。

卧看落月横千丈，起喚清風得半帆。且並水村欹側過，人間何處不巉巖。

宋·蘇軾《東坡全集》卷二六《新灘阻風》 北風吹寒江，來自兩山口。初聞似摇扇，漸覺平沙走。飛雲滿峞谷，舞雹穿窗牖。灘下三日留，識盡灘一作山前叟。孤舟倦鴉軋，短纜困牽揉。嘗聞不終朝，今此何其久。只應留遠人，此意固亦厚。吾今幸無事，閉户爲飲酒。

宋·王十朋《梅溪後集》卷一一《詩》 過金口市江中有渚，名鯉魚甲，渚上有蘆花。連日遇逆風，舟以寸進，挽舟者行蘆中，成四絶。

江山滿眼似相迎，一閧人烟問地名。舟過已經金口市，水流應到石頭城。

鯉魚甲露江中渚，蘆荻花浮渚上霜。檣影落江疑是釣，巨鱗驚躍鷺飛忙。

長江十里渺連空，逆水那堪更逆風。定是江神憐遠去，欲吹船轉浙江東。

江神不借一帆風，患水難收寸進功。欹枕高眠真有媿，挽舟人在荻花中。

又 買魚行九月既望，舟遇風不敢行，魚肉果蔬之味俱無，糧亦幾絶。日暮聞讙譟聲，有小舟破浪而來，買紅鹽魚及鮓，舟人争買之。予亦買以薦杯，因作買魚行示聞詩聞禮。

風伯一怒聲如雷，排空濁浪山崔嵬。江湖千里人影絶，一葉小舟何處來。蘆荻花中有漁者，簑笠爲衣楫爲馬。止將烟水作生涯，紅麴鹽魚荷裹鮓。舟人争買不論錢，我亦聊將薦杯斝。烹庖入坐氣微腥，飣餖登盤色如赭。但能得趣酒杯中，也勝彈鋏人門下。君不見，仲尼魚餒則不食，陳蔡面猶含菜色。又不見，退之欲飽東海鯨，焉知家有啼飢聲。我居江鄉厭海味，今日魚蝦八珍貴。朱門日興費萬錢，未必一生常適意。爾曹異日宦西東，一飯安得如今同。寄鮓不須勞孟宗，但願清白傳家風。我將歸結雞豚社，不用擊鲜如陸賈。但願年豐魚米賤，欣然醉飽同天下。

又 天晴風順舟行過石首縣宿劉郎洑

殘月照荆江，晨曦浴暘谷。雲收瘦山腰，風順飽帆腹。微茫見石首，俄頃過吾目。方兹驚洶湧，何敢求迅速。快意固可喜，遅鈍或爲福。風乎亦難矣，去順來者讟。江神豈世情，吾亦不私祝。

宋·王十朋《梅溪後集》卷一五 烏沙鎮避風

風避烏沙鎮，心懷白帝城。峽中險已過，江上浪宜平。維舟岳陽之西岸徐師港，風作不敢行，再留一宿。用韓昌黎洞庭阻風韵，示同行朱仲文、張子是。

月行南箕口，簸揚不肯休。我至洞庭側，狂瀾阻行舟。東望岳陽城，一葦宿可投。吾欲破巨浪，試呼舟子謀。舟子笑謂我，官豈乘浮丘。同行一二官，好勇豈仲由。君子不行險，少遲勿煩啾。明朝風自定，鼓枻無憂愁。汗顔答舟子，汝語非謬悠。書以示同人，欲速不可求。

又 初欲維舟岳陽樓下適風作遂泊南津

岳陽樓下風波惡，過客舟行不容泊。遥從湖口入南津，看盡湖山與城郭。樓閣峥嶸照眼明，君山當面如蓬瀛。雄文誰繼范文正，妙曲亦無滕子京。

又 舟遇逆風破浪賦詩

風撼楚江水，雲横鄂渚天。支頤看山色，破浪出詩篇。門掩瀕江舍，帆揚上水舡。江神不借便，歸興自飄然。

又 銅陵阻風

兩年官絶塞，萬里下瞿唐。秋浦浪方息，銅陵風又狂。五松人憶白，雙竹句思黄。今夜舟中月，中秋何處光。

江入銅陵縣，舟藏蘆葦間。郵亭危壓浦，佛屋陋依山。月出烏將繞，風高雁欲還。江山不貧處，一覽見塵寰。

又 塗中遇雨

江流渺渺風吹浪，驛路迢迢雨作泥。好把金章换簑笠，故山深處把鋤犁。

又 驛中阻雨

淫浸秋雨阻桐川，無術那能補漏天。傳舍終宵不成寐，點燈重讀舊詩篇。

宋·袁説友《東塘集》卷一 采石遇順風

我觀挽强弓，去鏃不可止。弓力小有盡，所至亦無幾。又觀鴻鵠飛，冲霄勢難已。天高羽翼倦，俄復知還矣。何如我行舟，雄風東北起。危檣張横幅，波濤湧前水。青山掠窗户，白浪送舟尾。快哉一帆速，何止萬牛比。飛蓬偶飈灩，稚子且憂喜。衆曰無彼懼，天借此風只。鳴鉦十數過，瞬目三百里。嗟我出修門，江淛半經履。輕舟縱壑便，未見捷如此。頗聞順逆勢，殆似倚伏理。逆境當反視，順亦無自侈。今朝進固鋭，明日去還弛。遲速本何常，付之造物耳。

過風頂山

直上風頂山，如接天上語。環觀千里内，此山峙爲主。循彼下山脊，翠石滿原膴。巉巖巧雕刻，詭特效蟠舞。青蒼高一色，磊塊千萬數。光膩細潑油，滋腴潤經雨。攢天石林居，綿地三茅宇。大湖石可並，靈壁磬同取。少却俄回首，一洞視須俯。崖深拱四壁，下蟄蛟龍虎。梯躡不可下，蹲望深可怖。但覺拂衣塵，微風洞門鼓。太息天地間，紛紛詫奇覩。雲収樹陰轉，山净川華吐。長吟筆力窮，小憩去程阻。

宋·袁説友《東堂集》卷四 順風至采石

快哉真得楚王風，鉦鼓喧江四面雄。但欲帆檣催上水，敢辭井路傍西戎。江空歲晚飛煙外，人静霜明過浪中。少泊山腰羌笛斷，一樽那肯爲詩窮。

宋·袁說友《東堂集》卷七　遇順風

天高江闊快飛篷，雲去山移過眼中。江上鼓鼙驚不斷，連朝送我岳陽風。

遇順風不及到齊山

愛渠風伯送行舟，莫作齊山一日留。直向峽江千里去，攙天絶壁快吟眸。

發山陽得順風二首

曉入山陽古渡頭，輕帆獵獵送行舟。風師憐我征程滯，頃刻揚舲到泗州。

一陣南風更帶同，輕扶柂櫓疾於飛。舟行若借帆檣便，細數何須十日歸。

被旨許浦蒐兵道中凍合舍舟行陸二首

已辦輕舟著脚登，笑渠河伯故陰凝。征車政欲周阡陌，贏得天教一夜氷。

荒村十里展琉璃，依舊籃輿涉水湄。自是小臣懷恐懼，要令履薄但兢危。

常熟敲氷行舟三首

岸頭猛作敲氷勢，船下俄聞戛玉聲。寸進未應容退尺，要於此地卜平生。

畫鷁悠悠輒退飛，一程百里兩程歸。天公若念羈懷惡，一夜東風便解圍。

一枕更闌客夢回，氷聲猶作浪聲來。并刀曾剪松江水，更欲從渠爲剪開。

舟行跨江之南北隨流以行夜船多在淮西

蜀道登天在一涯，乾旋坤轉任推排。此身已是萍遊客，終日行江夜宿淮。

渡楊子江遇顛風和霍希文韻三首

危檣恰恰傍金山，風送船回勢莫攀。忘却波濤望金碧，無邊閣上幾層欄。

衝濤逐浪不禁寒，何止舟行百丈灘。柂櫓一聲江已轉，瓜州岸上報平安。

朝暾下接水光明，風激濤頭浪捲層。衮衮舟帆來復往，江心笑殺幾閒僧。

宋·岳珂《玉楮集》卷七　久不雨裏河舟不可行，戚橋平氏小舫在東壖予介紹假之以行。

裏河累月雨不時，河流一綫田拆龜。馮河無地訪一葦，有舫艤岍知爲誰。尺牋扣問真漫與，白頭雖新還亟許。從來遇合無古今，中流一壺真千金。

宋·王邁《臞軒集》卷一六　歸舟過桐江晚風不順

長江渺渺雨濛濛，自在扁舟一葉中。欲識此行無可意，往來俱被打頭風。

宋·戴昺《東野農歌集》卷四　己亥九日，屏翁約諸孫登高西嶼，阻風舟行不前，遂會於吾家。山海圖之上洒邊翁有詩留題因次韻。

良辰樂事兩相關，喜我樓臺便往還。不用移舟過西嶼，只消把酒對南山。風於破帽如相約，菊爲新篘欲笑顏。留作千年佳話處，詩翁醉墨照楣間。

如京至西興阻風雨

月將圓夜出鄉關，纔到西興月又殘。老去問名先已懶，近來行路覺尤難。雲烟漠漠吳山暗，風雨瀟瀟浙水寒。識破人生真逆旅，此身何處不堪安。

宋·梅應發、劉錫《開慶四明續志》卷一〇　出郊偶賦己未六月十七日

聊驅小隊出郊圻，天遣涼風却午曦。雨脚似披千疋練，山容如障數層帷。並岸低疇苗領長，近坡高隴稻頭垂。因他景物思吾土，還是黃雞白酒時。

又　喜雨二解呈檢閱同官諸丈。己未七月。

烏穉新春玉粒堆，齊頭穲穉又相催。高田猶怕夾秋旱，上界俄聞發水雷。幾日雲車停野外，今宵雨旆入城來。須史簷溜如奔峽，枕上吟哦一快哉。

須知造化自心生，風雨雲雷特踐形。人在兩間元有事，天於萬類豈無情。焦枯蒙潤物蘇醒，昏去聲悶得涼身泰平。昨夜桃笙時便背，定應收捲向金莖。

宋·高似孫《緯略》卷一〇　分風送船

《荆州記》曰：洞庭湖神，一曰宫庭湖遇客祈禱能分風送南北船拾遺記。漢曹毗詩：分風爲二，擘流成兩。劉剛詩：迴艫乘派水，舉櫂逐分風。正謂此也。漢鄭弘少時採薪，得一遺箭。頃之，有人覓箭，問弘何所欲，弘識其神人也，答曰：常患若耶溪載薪爲難，願朝南風，暮北風。後果然，世號樵風。水經曰：鄭弘少以清節自居，恒躬採伐，用留糧膳。每出入溪津，常感神風送之，村人貪藉風勢，常依隨往還，有淹留者，徒輩相謂曰：汝不欲及鄭公風耶。其感致如此。宋之問詩：歸舟何路遠，日暮便樵風。秦系題鏡湖野老所居詩：湖裏尋君去，樵風送往返。孟浩然詩：帆得樵風送，春逢穀雨晴。皮日休詩：海月爲京信，樵風送酒船。胡文恭公詩：雨別荆臺夢，風迴越水樵。錢公輔詩：仙客常因一箭贈，樵風長到五雲間。允初徵鏡湖故事詩：將尋煉藥井，更逐賣樵風。楊億送越僧詩：花雨六時飄講席，樵風千里送浮杯。齊唐詩：濯足樵風波，振衣禹穴巔。吳奎詩：樵風漾歸舟，飄然一葉輕。分風南北，蓋不止若耶溪也。

宋·潛說友《咸淳臨安志》卷五一　東樓樂天詩：《初領郡政衙退登東樓作》：鰥惸心所念，簡牘手自操。何言符竹貴，未免州縣勞。賴是餘杭郡，臺榭遶官曹。凌晨親政事，向晚恣遊遨。山冷微有雪，波平未生濤。水心如鏡面，千里無纖毫。直下江最闊，近東樓更高。煩襟與滯念，一望皆遁逃。《杭州春望》：望海樓明照曉霞，護江隄白踏晴沙。濤聲夜入伍員廟，柳色春藏蘇小家。紅袖織綾誇柿蔕，青旗沽酒趁梨花。誰家湖寺西南路，草綠

裙腰一道斜。《重題别東樓》：東樓勝事我偏知，氣象多隨昏旦移。湖卷衣裳白重疊，山張屏障緑參差。海仙樓塔晴方出，江女笙簫夜始吹。春雨星攢尋蟹火，秋風霞颭弄潮□。太守經年嘲不盡，郡齋空作百篇詩。《寄題餘杭郡樓》：官歷二十政，宦遊二十秋。江山與風月，最憶是杭州。北郭沙隄尾，西湖石岸頭。緑觴春送客，紅燭夜回舟。不敢言遺愛，空知念舊遊。憑君吟此句，題向望濤樓。《東樓南望八韻》：不厭東南望，江樓對海門。風濤生有信，天水合無痕。鷁帶雲帆動，鷗和雪浪翻。魚鹽聚爲市，煙火起成村。日脚金波碎，峯頭鈿點繁。送秋千里雁，報冥一聲猿。已豁煩襟悶，仍開病眼昏。郡中登眺處，無勝此東軒。《江樓夕望》：海天東望夕茫茫，山勢川形闊復長。燈火萬家城四畔，星河一道水中央。風吹古木晴天雨，月照平沙夏夜霜。能就江樓消暑否，比君茅舍較清涼。《郡樓夜宴留客》：北客勞相訪，東樓爲一開。褰簾待月出，把火看潮來。艷聽竹枝曲，香傳蓮子杯。寒天殊未曉，歸騎且遲迴。《江樓晚眺景物鮮奇吟翫成篇寄水部張員外》：澹煙疎雨間斜陽，江色鮮明海氣涼。蜃散雲收破樓閣，虹殘水照斷橋梁。風翻白浪花千片，雁點青天字一行。好著丹青圖寫取，題詩寄與水曹郎。東坡《望海樓》：海上濤頭一線來，樓前指顧雪成堆。從今潮上君須上，更看銀山二十回。橫風吹雨入樓斜，壯觀應須好句誇。雨過潮平江海碧，電光時掣紫金蛇。青山斷處塔層層，隔岸人家喚欲曆。江上秋風晚來急，爲傳鐘鼓到西興。樓下誰家燒夜香，玉笙哀怨弄清涼。臨風有客吟秋扇，拜月無人見晚粧。沙河燈火照山紅，歌鼓喧喧語笑中。爲問少年心在否，角巾欹側鬢如蓬。(復登望海樓五首)

又 有美堂東坡與太守陳密學襄自有美堂夜歸詩：娟娟雲月稍侵軒，瀲瀲星河半隱山。魚鑰未收清夜永，鳳簫猶在翠微間。淒風瑟縮經絃柱，香霧低迷著髻鬟。共喜使君能共樂，萬人齊看火城還。有美堂暴雨詩：遊人脚底一聲雷，滿坐頑雲撥不開。天外黑風吹海立，浙東飛雨過江來。十分瀲灧金樽凸，千杖敲鏗羯鼓催。喚起謫仙泉灑面，倒傾蛟室瀉瓊瑰。

明·楊慎《升菴集》卷一九 秋日枕疾

陋巷本寂寞，病來人更稀。氣候倏忽變，陰晴頃刻非。量移寒燠榻，調停單袷衣。餘生付泡影，焉知衡氣機。

風前黄葉樹，雨後紫苔墻。肺病知秋早，身閒覺日長。杵聲頻擣藥，烟縷漸消香。遮眼聊書卷，雕蟲久已忘。

新秋悼亡二首

清商不堪聽，白露自生愁。孤枕寒先入，空堦雨未休。夢魂回永夜，悲怨集新秋。奇樹中庭色，傷心不再遊。

黄葉擁堦深，秋聲雜暮砧。天空孤鶴唳，露冷百蟲吟。錦暗宵衾色，瓊沉曉珮音。可憐摇落節，感此倍蕭森。

清·李世寅《承德府志》 迴蹕至避暑山莊即事

罷圍三日至山莊，細雨清塵送小涼。大異昨秋跋深濘，卻欣早麥潤新秧。後凋顯出連林緑，帶濕飛來落葉黄。詎必□忙催返轡，登高合此度重陽。

清·李師沆《鳳臺縣志》卷二一 竹

種竹如人意，聊爲傾一尊。春雲長護母，夜雨遍生孫。翠質凝空靄，寒光炤野墩。愛君疎散甚，欲劚對金根。

清·宋席珍《宣統定安縣志》卷八《藝文志》 水壇井張嶽崧。圓勢山麓有泉出焉。甃爲井，大旱不涸，禱雨輒應。

圓勢山石何粼粼，循麓得澗流清泉。陰厓幽絶不見日，終古寒洌山之垠。每當盛夏苦炎酷，臨茲未濯膚先皴。泉流百步不可陟，泥淖深没交淵瀠。距泉十丈得畦畛，跬步震動頻逡巡。川源焦竭患旱魃，茲泉依舊鳴潺湲。昔傳禱雨志靈應，壇壝香幣陳氤氳。山神于此宅靈秘，雲輿風馬時騰騫。噴吸元氣降膏澤，蘇枯灑潤占豐年。我聞岱宗作霖雨，觸石膚寸崇朝雲。何圖荒僻有奇跡，濯纓奚止誇清漣。會當井汲並受福，豈徒觴濫流涓涓。

清·李琰《康熙萬州志》卷四《藝文志》 風雨連綿賦曾永和

丙子之秋，時維八月。禾黍離離，穜稑膴膴。覆高原而黛起，亙平野而雲鬱。華宴雲就，寧薈蔚之將敷。堅好不渝，望西成之有獲。豈非協風中律，甘雨如期。雖資地利以養，實賴天時以煦。夫何災祲疊至，禍我農民，天色及常，海氣甚惡。斷霓飲海而北指，赤雲夾日而南翔。變天地之陰，赫然怒起；郁山林之氣，倏爾冥濛。怖獸盡爲辟易，驚鳥靡不疾呼。少焉風聲震盪，萬籟俱鳴，翱翔九野，散漫千林。始颼颼兮飄拂，終烈烈以逶迤。揉拔喬木，礧擊巨石。吞泥沙於一卷，落崩崖於瞬息。麗娟遇之而毛聳，奮滿聞之而股栗。掀開杜陵茅屋，四壁空懸；遠送王浚樓船，一去千里。草木因而折傷，禾黍隨而偃僕。拔根斷穗，填漬污泥，竟畝如掃，艱哉玉粒。倘風而無雨，猶爲寡婦之利無幾。天垂貫斗之雲，神招離畢之月。淫雨逾旬，連聯不歇。勢急訝盆翻聲，鳴如玉戛，百廛泓潦，千井埋煙。眺窮陰兮斷地，看積水兮連天。去馬來牛，莫辨清渭濁涇，何分禾頭生耳。黍穗曲拳，無可刈獲，安望有牛。更可悲者，嗜學儒生，守貧節士，屋漏沿槧，家虚甑石。茅楝淋淋，蓬門寂寂。睹洚水之溢淫，每坐隅而嘘煦，此非歲行之常經，抑或天數之偶值。所賴守土張侯弛張有法，行政不乖，如傷在念，終其永懷。秉精誠以祈禱，弭風雨之爲災。阜財解愠而風不鳴條，灑潤飛甘而雨不破塊。會見災祲潛消，同歡協氣交泰。庶可少延饑民之殘喘，且兆豐歲於將來。

清・趙宜霖《正安州志》卷四《詩文》 禱雨老龍洞朱元暉

山形如龍趨古鳳，一山高懸老龍洞。老龍戲水水護龍，水撼洞門山欲動。洞口腥風颯盎古木號，雷走絶澗山魅逃。攀援屏息敢逼視，挂枝么鳳升木猱。洞口羅列石筍六，瀑布晴飛珠萬斛。兹石大抵子姓行，俯視他山殆奴僕。風塵懶我一微官，蒿目難禁衆姓艱。五月無雨至六月，秧田龜拆山糧乾。樂源山高田更薄，溝澮皆盈轉眼涸。就令豐登尚苦租，胡然旱魃還爲虐。我祝老龍龍怒飛，排雲叫閶奮鱗髟，始知高卧東山客，也有蒼生霖雨時。

雜録

漢・劉珍《東觀漢記》卷一三《列傳八》 張純

建武二十六年，詔純曰：禘、祫之祭，不行已久矣。宜據經典，詳爲其制。純奏曰：《禮》三年一祫，五年一禘。《春秋傳》曰：大祫者何，合祭也。毁廟及未毁廟之主皆登，合食入太祖廟，五年而再殷。漢舊制三年一祫，毁廟主合食高廟，存廟主未嘗合祭。元始五年，諸王公列侯廟會，始爲禘祭。又前十八年親幸長安，亦行此禮。禘之爲言諦，諦定昭穆尊卑之義也。禘祭以夏四月，夏者陽氣在上，陰氣在下，故正尊卑之義也。祫祭以冬十月，冬者五穀成熟，物備禮成，故合聚飲食也。

漢・張仲景《金匱要略》卷二《痓濕暍》 風濕相搏，一身盡疼痛，法當汗出而解。值天陰雨不止，醫云：此可發汗，汗之病不愈者，何也。蓋發其汗，汗大出者，但風氣去，濕氣在，是故不愈也。若治風濕者，發其汗，但微微似欲汗出者，風濕俱去也。

漢・張仲景《金匱要略》卷六《血痹虚勞》 勞之爲病，其脉浮大，手足煩，春夏劇，秋冬瘥，陰寒精自出，痠削不能行。

漢・張仲景《金匱要略》卷一二《痰飲欬嗽》 脈弦索，有寒飲，冬夏難治。

漢・張仲景《金匱要略》卷二三《雜療方》 秋冬收藏之令，自不同於春夏耳。

漢・張仲景《金匱要略》卷二四《禽獸魚蟲禁忌并治》 春不食肝，夏不食心，秋不食肺，冬不食腎，四季不食脾。辨曰：春不食肝者，爲肝氣王，脾氣敗，若食肝則又補肝，脾氣敗尤甚，不可救。又肝王之時，不可以死氣入肝，恐復魂也。若非王時，即虚，以肝補之，佳。餘臟准此。

凡蟹未遇霜多毒，其熟者乃可食之。

十月勿食被霜生菜，令人面無光，目澁，心痛，腰疼，或發心瘧。瘧發時，手足十指爪皆青，困委。

晉・郭璞《元中記》 樹精

秦始皇時，終南山有梓樹，大數百圍，蔭宫中。始皇惡之，興兵伐之，天輒大風雨，飛沙走石，人皆疾走。至夜，瘡合有一人中風雨傷寒，不能去留宿，夜聞有鬼來問樹言：秦王凶暴相伐，得不困耶。樹曰：來即作風雨擊之，其奈吾何。又曰：秦王使三百人披頭以赤絲繞樹伐汝，得無敗乎。樹淡然無言。疾人報秦王，案言伐斷。中央有一青牛出，逐之走入於河。于是秦王乃置髦頭騎。御覽六百八十書鈔髦頭。

晉・干寶《搜神記》卷一 赤松子者，神農時雨師也，服冰玉散，以教神農，能入火不燒。至崑崙山，常入西王母石室中，隨風雨上下。炎帝少女追之，亦得僊，俱去。至高辛時，復爲雨師，遊人間。今之雨師本是焉。

赤將子轝者，黄帝時人也。不食五穀，而啗百草華。至堯時，爲木工。能隨風雨上下。時於市門中賣繳，故亦謂之繳父。

彭祖者，殷時大夫也。姓籛，名鏗，帝顓頊之孫陸終氏之中子，歷夏而至商末，號七百歲。常食桂芝。歷陽有彭祖僊室。前世云，禱請風雨，莫不輒應。常有兩虎在祠左右。今日祠之訖地，則有兩虎跡。

孫策欲渡江襲許，與于吉俱行，時大旱。所在熇厲，策催諸將士，使速引船，或身自早出督切。見將吏多在吉所。策因此激怒，言：我爲不如吉耶。而先趨附之。便使收吉至，呵問之曰：天旱不雨，道路艱澀，不時得過。故自早出，而卿不同憂戚，安坐船中，作鬼物態，敗吾部伍。今當相除。令人縛置地上暴之，使請雨若能感天，日中雨者，當原赦。不爾，行誅。俄而雲氣上蒸，膚寸而合。比至日中，大雨總至，溪澗盈溢。將士喜悦，以爲吉必見，原並往慶慰。策遂殺之。將士哀惜，藏其尸。天夜，忽更興雲覆之。明旦往視，不知所在。策既殺吉，每獨坐，彷彿見吉在左右。意深惡之，頗有失常。後治瘡方差，而引鏡自照，見吉在鏡中，顧而弗見。如是再三，撲鏡大叫，瘡皆崩裂，須臾而死。吉，瑯邪人，道士。

吴時有徐光者，嘗行術於市里。從人乞瓜，其主勿與，便從索瓣，杖地種之。俄而瓜生蔓延，生花成實，乃取食之，因賜觀者、鬻者。反視所出賣，皆亡耗矣。凡言水旱甚驗。過大將軍孫綝門，褰衣而趨，左右唾踐。或問其故，答曰：流血臭腥，不可耐。綝聞，惡而殺之。斬其首，無血。及綝廢幼帝，更立景帝，將拜陵，上車，有大風盪綝車，車爲之傾。見光在松樹上，拊手指揮，嗤笑之。綝問侍從，皆無見者。俄而景帝誅綝。

葛玄，字孝先，從左元放受九丹液仙經。嘗與吴主坐樓上，見作請雨土人，帝曰：百姓思雨，寧可得乎。玄曰：雨易得耳。乃書符著社中，頃刻間，天地晦冥，大雨流淹。帝曰：水中有魚乎。玄復書符擲水中，須臾，有大魚數百頭。使人治之。

吴猛，濮陽人仕，吴爲西安令。因家分寧性至孝，遇至人丁義，授以神方。又得秘法神符，道術大行。嘗見大風，書符擲屋上，有青烏銜去，風即止。或問其故，曰：南湖有舟，遇此風，道士求救。驗之果然。西安令干慶死已三日，猛曰：數未盡，當訴之于天。遂臥屍旁，數日，與令俱起。後將弟子回豫章，江水大急，人不得渡。猛乃以手中白羽扇畫江水，横流，遂成陸路，徐行而過，過訖水復。觀者駭異。嘗守潯陽，參軍周家有狂風暴起，猛即書符擲屋上，須臾風静。

趙昞嘗臨水求渡，船人不許。昞乃張帷蓋，坐其中，長嘯呼風，亂流而濟。於是百姓敬服，從者如歸。長安令惡其惑衆，收殺之。民爲立祠於永康，至今蚊蚋不能入。

晉・干寶《搜神記》卷四 風伯，雨師，星也。風伯者，箕星也。雨師者，畢星也。鄭玄謂：司中、司命，文星第四、第五星也。雨師一曰屏翳，一曰號屏，一曰玄冥。

文王以太公望爲灌壇令。期年，風不鳴條。文王夢一婦人甚麗，當道而哭。問其故。曰：吾泰山之女，嫁爲東海婦，欲歸，今爲灌壇令當道有德，廢我行。我行必有大風疾雨。大風疾雨，是毁其德也。文王覺，召太公問之。是日果有疾雨暴風，從太公邑外而過。文王乃拜太公爲大司馬。

晉・干寶《搜神記》卷六 説曰，善言天者，必質於人，善言人者，必本於天。故天有四時，日月相推，寒暑迭代，其轉運也，和而爲雨，怒而爲風，散而爲露，亂而爲霧，凝而爲霜雪，立而爲虹霓，此天之常數也。人有四肢五臟，一覺一寐，呼吸吐納，精氣往來，流而爲榮衛，彰而爲氣色，發而爲聲音，此亦人之常數也。若四時失運，寒暑乖違，則五緯盈縮，星辰錯行，日月薄蝕，彗孛流飛，此天地之危診也。寒暑不時，此天地之蒸否也。石立土踴，此天地之瘤贅也。山崩地陷，此天地之癰疽也。衝風暴雨，此天地之奔氣也。雨澤不降，川瀆涸竭，此天地之焦枯也。

晉・干寶《搜神記》卷八 湯既克夏，大旱七年，洛川竭。湯乃以身禱於桑林，翦其爪髮，自以爲犧牲，祈福於上帝。於是大雨即至，洽於四海。

武王伐紂，至河上，雨甚疾，雷晦冥，揚波於河，衆甚懼。武王曰：余在，天下誰敢干余者。風波立濟。

孔子修春秋，制孝經，既成，齋戒向北辰而拜，告備於天。乃洪鬱，起白霧摩地，白虹自上而下，化爲黄玉，長三尺，上有刻文。孔子跪受而讀之，曰：寶文出，劉季握。卯金刀，在軫北。字禾子，天下服。

晉・干寶《搜神記》卷九 漢征和三年三月，天大雨。何比干在家，日中，夢貴客車騎滿門。覺以語妻，語未已，而門有老嫗，可八十餘，頭白，求寄避雨。雨甚而衣不沾漬。雨止，送至門。乃謂比干曰：公有陰德，今天錫君策，以廣公之子孫。因出懷中符策，狀如簡，長九寸，凡九百九十枚，以授比干，曰：子孫佩印綬者，當如此算。

晉・干寶《搜神記》卷一三 樊東之口有樊山，若天旱，以火燒山，即至大雨。今往往有驗。

又 湘穴中有黑土，歲大旱，人則共壅，水以塞此穴，穴淹則大雨立至。

晉・干寶《搜神記》卷二〇 晉魏郡亢陽，農夫禱於龍洞，得雨，將祭謝之。孫登見曰：此病龍雨，安能蘇禾稼乎。如弗信，請嗅之。水果腥穢。龍時背生大疽，聞登言，變爲一翁，求治，曰：疾痊當有報。不數日，果大雨。見大石中裂開一井，其水湛然。龍蓋穿此井以報也。

唐・虞世南《北堂書鈔》卷一四六《鹽三十三》　大旱地生鹽。《紀年》云：晉幽公二年，大旱，地生鹽。雨多以祭社。《春秋繁露》云：雨多以鹽及美酒祭社。

唐・張鷟《朝野僉載》卷五　景雲中，西京霖雨六十餘日。有一胡僧，名寶嚴，自云有術法，能止雨，設壇場，誦經咒。其時禁屠宰，寶嚴用羊二十口，馬兩匹以祭。祈請經五十餘日，其雨更盛。於是斬逐胡僧，其雨遂止。

唐・佚名《三輔黄圖》卷五《臺榭》　漢靈臺，在長安西北八里。漢始曰清臺，本爲候者觀陰陽天文之變，更名曰靈臺。郭延生《述征記》曰：長安宫南有靈臺，高十五仞，上有渾儀，張衡所制。又有相風銅烏，遇風乃動。一曰長安靈臺上有相風銅烏，千里風至，此烏乃動。又有銅表高八尺，長一丈三尺，廣尺二寸，題云：太初四年造。

宋・李昉等《太平廣記》卷三九四　僧文净

唐金州水陸院僧文净。因夏屋漏，滴於腦，遂作小瘡。經年，若一大桃。來歲五月後，因雷雨霆震，穴其贅。文净睡中不覺，瘡後唯贅痛。遣人視之，如刀割，有物隱處，乃蟠龍之狀也。

又　雷公廟

雷州之西雷公廟。百姓每歲配連鼓雷車，有以魚彘肉同食者。立爲霆震，皆敬而憚之。每大雷雨後，多於野中得黳石，謂之雷公墨。叩之鎗然，光瑩如漆。又如霹靂處，或土木中，得楔如斧者，謂之霹靂楔。小兒佩帶，皆辟驚邪；孕婦磨服，爲催生藥。必驗。出嶺表録異。

宋・李昉等《太平廣記》卷三九五　江西村嫗

江西村中霆震，一老婦爲電火所燒，一臂盡傷。既而空中有呼曰：誤矣。即墜一餅，餅有藥如膏。曰：以此傅之，即差。如其言，隨傅而愈。家人共議，此神藥也，將取藏之。數人共舉其餅，不能動。頃之，復有雷雨，收之而去。又有村人震死。既而空中呼曰：誤矣。可取蚯蚓爛搗，覆臍中，當差。如言傅之，遂蘇。

宋・李昉等《太平御覽》卷九《風》　《史記》曰：項王圍漢王三匝。於是風從西北起，折木，發屋，揚沙石，楚軍大亂，而漢王乃得與數十騎遁去。

又曰：蚩尤氏能徵風召雨，與黄帝争强，帝滅之于冀。

《養性經》曰：治身之道，春避青風，夏避赤風，秋避白風，冬避黑風。

宋・李昉等《太平御覽》卷一一《雨下》　《太公金匱》曰：武王師到牧野，陣未畢，而暴風疾雨，雷電幽冥，前後不見。太公曰：善。雷電者，是吾軍動應天也。

《太公陰符謀》曰：昔紂嘗以六月獵於西土，西土之老少相與謀曰：君王逆天，此其命固不壽也。後數日而暴風大雨發屋拔木，漂殺人民、六畜。明年，諸侯謀合，四方兵起。

宋・蘇軾《東坡志林》卷一　論雨井水

時雨降，多置器廣庭中，所得甘滑不可名，以潑茶煮藥，皆美而有益，正爾食之不輟，可以長生。其次井泉甘冷者，皆良藥也。乾以九二化坤之六二爲坎，故天一爲水。吾聞之道士，人能服井花水，其熱與石硫黄鍾乳等，非其人而服之，亦能發背腦爲疽，蓋嘗觀之。又分、至日取井水，儲之有方，後七日輒生物如雲母狀，道士謂水中金，可養鍊爲丹，此固常見之者。此至淺近，世獨不能爲，況所謂玄者乎！

宋・司馬光《資治通鑑》卷二六七《後梁紀二》　太祖開平四年四月丁卯，宋州節度使衡王友諒獻瑞麥，一莖三穗，帝曰：豐年爲上瑞。今宋州大水，安用此爲！詔除本縣令名。本縣指産瑞麥之縣。

宋・葉夢得《避暑録話》卷上　今歲熱甚，聞道路城市間多昏仆而死者，此皆虚人勞人，或飢飽失節，或素有疾，一爲暑氣所中，不得泄，則關竅皆窒，非暑氣使然，氣閉塞而死也。産婦、嬰兒尤甚。古方治暑無他法，但用辛甘發散，疏導心氣，與水流行，則無能害之矣。

宋・葉夢得《避暑録話》卷下　居高山者常患無水，京口甘露、吴下靈巖皆聚徒數百人而沽水于下，有不勝其勞者。今道場山亦無水，以汙池積雨水，供濯溉，不得已則飲之。人無食猶可，水不可一日闕，但有水者不知其爲重爾。吾居東西兩泉，西泉發于山足，蓊然澹而不流，其來若不甚壯，匯而爲沼纔盈丈，溢其餘流于外。吾家内外幾百口，汲者繼踵，終日不能耗一寸。東泉亦在山足，而伏流決爲澗，經碧淋池，然後會大澗而出，傍澗之人取以灌園者皆此水也。其發于上以供吾飲，亦纔五尺。兩泉皆極甘，不減惠山，而東泉尤冽，盛夏可冰齒，非烹茶釀酒不常取。今歲夏不雨幾四十日，熱甚，草木枯槁，山石皆可薰灼人。凡山前諸澗悉斷流，有井者不能供十夫一日之用，獨吾兩泉略不加損。平居無水者既患不能得水，有水而易涸者，方其有時又以爲常而不貴，今吾泉乃特見衆艱于得水之時，故居者始知其利，蓋近于有常德者。天固使吾有是居也哉。

橘極難種，吾居山十年，凡三種而三槁死。其初移栽皆三四尺餘，一歲便結實，纍然可愛。未幾，偶歲大寒多雪，即立槁。雖厚以苫覆草擁，不能救也。蓋性極畏寒，而吾居在山之半，又面北多北風，與平地氣候絶不同。山前梅花及桃李等率常先開半月，蓋五七之間如此。今吴中橘亦惟洞庭東西兩山最盛，他處好事者園圃僅有之，不若洞庭人以爲業也。凡橘一畝比田一畝利數倍，而培治之功亦數倍于田。橘下之土幾于用篩，未嘗少以瓦甓雜之。田自種至刈不過一二耘，而橘終歲耘，無時不使見纖草，地必面南爲屬級，次第使受日。每歲大寒，則于上風焚糞壤以温之，吾不如老圃，信有之矣。

吾居雖畧備，然材植不甚堅壯，度不過可支三十年即一易。人生不能無役，閒中種木亦是一適。今山之松已多矣，地既皆闢，當歲益種松一千，桐杉各三百，竹凡見隙地皆植之，盡五年而止，可更有松五千，桐杉各千五百。三十年後，使居者視吾室敝則伐而新之，竹但取其風霜毀折與侵道妨行者，可不外求而足。今歲積益，與此山竹無慮增數千竿，松杉生不滿三尺者，處處有之，桐子已實，伺其墜，多畜之。冬春之間當與汝曹日策杖山行，自課擇僕之健而愿者，兩人供役，吾不爲無事矣。然此居竟何有。吾年六十，猶思預植良材爲後計，柳子厚詩云：晚學壽張樊敬侯，種漆南園待成器。使子厚在，寧免一笑耶。

宋・羅泌《路史》卷八　故樂由陽來，而水化律，有五聲十二律之變，既而六十卦之合。得六十卦之合，得而十日十二辰之數制矣。因而六之當，期之日致矣。氣不頓進，律無獨成奏，黄鐘歌，大吕奏，大簇歌，應鐘以合聲也。聽樂均權，土灰度晷，景候鐘律，以諧氣也。聲合，而後神示之降出可期。氣諧，而後陰陽之進退可效，相生相化。輕者，黈之。重者，溓之。畸者，我之。謪者，削之。而五運、六氣、九宫、四治之難去矣。體用相權，彌綸布攟，于以退乎不正之氣，而召乎不及之氣。是故春宫秋律，而百卉凋。冬宫夏律，而雷發聲。宫動觳而寒谷春生，徵動羽而霜雹夏零，猶寓之造化而取之也。聲生于日，律生于辰。日紀六甲，辰紀五子，八卦納甲，而土日通焉。五子居律，而八卦隱焉。是故以聲召氣，以律定歷，取八方之全聲，而寓之八方之全器，于以察天地之龢命，乖别之妖，而敵情之勝負，馬步之多少，悉未逆而知之。同聲相應，物之情也。是故殺氣并而音尚宫，武王徯紂之必敗。南風委而死聲至，師曠必楚之。無功七六之絲合，而八卦之氣成四寸之管來，而八方之風至充之者，足以移民風而化民俗。

宋・羅泌《路史》卷九　樂者，陰陽之和也。聖人者，協陰陽之聲，制其器，以宣其和而已。琴瑟者，樂之本和者也。琴統陽，瑟統陰，以陽佐陰，不可易也，是故。登歌，惟王備琴瑟，諸侯則有瑟而無琴。燕禮登歌有瑟而已，所以别于王也。瑟惟陰也，故朱襄鼓五絃之瑟，而羣陰來。琴惟陽也，故虞氏鼓五絃之琴，而南風至。陰陽之應，各從其類，是以伯牙鼓琴而馬仰秣，瓠巴鼓瑟而魚出聽。魚，水物。而馬，火物。以類應也。楊泉曰：琴欲高張，瑟欲下聲，數不踰。琴以佐陽也，陽主生，故其情喜。陰主殺，故其情悲。陰陽并毘，則寒暑不成，而四時忒矣。此帝女之鼓瑟所以動陰聲，而悲不能克也。故樂惟不可苟作也，先王以術調鼎，以鼎調樂，樂和而玉燭調矣。詩云：琴瑟在御，莫不静好。此古之君子無故之所以不徹歟。

宋・林之奇《拙齋文集》卷一九《祭文》　祈風文

維洪範之庶徵，媲時風於聖功，此大而化之之事，自匪雨暘寒燠之可同。故凡大塊之噫氣，悉由造化之密庸。然彼化工之不宰，必以山川之神，司其闔闢而職是，變通古之明神，血食斯民而立。能事於此者，則有旦暮常便樵采於若耶之徑。南北分送客舟於洞庭之中，彼逆其所順，而强其所劣，尚能丕顯於靈蹤。矧曰用天之時，因地之利，而得其勢之所順，宜其有禱而必應，有欲而必從。緊靈祠之奠食，烱正直而睿聰，來蟻慕之不絶，信響應之無窮，兹良月之初吉，肅嚴霜於孟冬，屬蠻商之遄往，與朔飈而適逢，乃蒇儀於常禮，延飛御乎。梵宫望軸轤之善濟，致泉貨之屢豐，瞻雲海之浩渺，假一息之蓬蓬。

祈風舶司祭文

夫祭有祈焉，有報焉。祈也者，所以先神而致其禱。報也者，所以後神而荅其賜，祈不可以爲報，而報不可以爲祈，自古然也。而舶事之歲，舉事祀典于神，則異乎。是於夏之祈，有冬之報。於冬之祈，有夏之報。風之舒慘，每以時應則祠之。踈數必以時舉，如循環之不窮。禮雖不腆，在神宜歆之。

宋・王楙《野客叢書》卷二九　挽河洗兵

吴曾《漫録》曰：杜詩有《洗兵馬》，末云：安得壯士挽天河，净洗甲兵長不用。案《説苑》，武王伐紂，風霽而乘以大雨。散宜生諫曰：此非妖與。王曰：非也，天洗兵也。僕觀梁簡文詩：洗兵逢驟雨，送陣出黄雲。《裴行儉碑》曰：洗兵諸真之水，刷馬蚺心之山。此皆有洗兵之語。所謂挽天河語，子美之前罕聞。張説詩：貫索挽河流。

宋・真德秀《西山文集》卷五四《祝文》　祈風祝文

惟泉爲州，所恃以足公私之用者，蕃舶也。舶之至時與不時者，風也。而能使風之從律而不愆者，神也。是以國有典祀，俾守土之臣一歲而再禱焉。嗚呼，郡計之殫，至此極矣。民力之耗，亦既甚矣。引領南望，日需其至。以寬倒垂之急者，唯此而已。神其大彰厥靈，俾波濤晏清，舳艫安行，順風揚飄，一日千里，畢至而無梗焉。是則吏與民之大願也，謹頓首以請。

宋·周密《癸辛雜識·續集》卷下 四聖水燈

西湖四聖觀前每至昏後有一燈浮水上，其色青紅，自施食亭南至西陵橋復回。風雨中光愈盛，月明則稍淡。雷電之時，則與電爭光閃爍。余一之所居在積慶山巔，每夕觀之無少差，凡看二十餘年矣。

宋·周密《癸巳雜志·別集》卷下 天籟

風之吹，萬不同，天籟也。禽鳥啁噍，亦天地自然之聲，作樂者當於此取則焉。所謂聽風聽水作霓裳，近之矣。以簫韶九成，鳳凰來儀，擊石拊石，百獸率舞，蓋以我自然之聲。感彼自然之應，所謂同聲相應者也。

明·董斯張《廣博物志》卷三 馬均大巧，能削竹作人語。時天下大旱，人皆將酒與此竹人語，天下須臾雨也。郭子。

文虔，字仲孺，爲郡功曹。時霖雨廢民業，太守憂悒，召虔補户曹。掾虔奉教齋戒，在社三日，夜夢見白頭翁，謂曰：爾來何遲？虔具白所夢。太守曰：昔禹夢青繡衣男子，稱滄水使者，禹知水脉當通。若掾此夢，將其兆也。明日果霽。長沙耆舊傳。

太康中，都界大旱，束晳爲邑人請雨，三日而雨注，衆謂晳誠感，爲作歌曰：束先生，通神明，請天三日，甘雨零零。我黍以育，我稷以成。何以酬之？報束長生。晉書。

晉周暢，性仁惠和篤。穆帝時，爲河南尹。永和二年夏旱，久禱無雨，因收葬枯骨萬餘，乃大雨。後位至光祿勳上。宋大明六年，天下亢旱。禱祈山川累月無驗，世祖請求那跋陁羅三藏法師祈雨。跋陁即往北湖釣臺燒香祈請，不復飲食，默而誦經，密加祕咒。明日晡時西北雲起，初如團蓋，日在桑榆，風震雲合，連日降雨。法苑珠林。

明·謝肇淛《五雜俎》卷一 上官桀時，虹下宫中飲井，井爲竭。越王無諸宫中斷，虹飲於宫池，漸漸縮小，化爲男子。韋皐在蜀宴將佐，有虹垂首於筵，吸其飲食。晉陵薛願虹飲其釜，願輦酒灌之，遂吐金以報。劉義慶在廣陵，方食粥，虹飲其粥。張子良在潤州，虹飲其甕漿。後魏首陽山中，虹飲於溪。史傳所書，不一而足。夫虹乃陰陽之氣，倏忽生滅，雖有形而無質，乃能飲食，亦可怪矣。今山谷中，虹飲溪澗，人常遇之，亦有飲於池者。昔秦苻生謂太白入井，自爲渴爾。以此觀之，其言亦未足深笑也。

今人虹霓俱作平聲讀，然虹亦作去聲，今鳳陽虹縣是也。霓亦作入聲。沈約郊居賦，雌霓連蜷云，恐人讀作平聲是也。既有雌雄，復能飲食，故字皆從蟲。

余在浙中，見人呼虹作厚音，嘗笑之。後見用脩丹鉛録作鱟。鱟者，海物之名也，其字從魚，豈可指爲虹霓乎。燕、齊人呼爲醬，又可笑矣。吾郡方言呼爲空去聲。按韻書，虹一音貢，又作虹，則閩音亦有自來也。

唐代州西有大槐樹，震雷擊之，中裂數丈，雷公爲樹所夾，狂吼彌日，衆披靡不敢近。狄仁傑爲都督，逼而問之，乃云：樹有乖龍，所由令我逐之，落勢不堪，爲樹所夾，若相救者，當厚報德。仁傑乃命鋸匠破樹，方得出。夫雷公被樹夾已異矣，能與人言，尤可怪也。又葉遷招曾避雨，亦救雷公於夾樹間。翌日，雷公授以墨篆，與仁傑事政同。

諒輔爲五官掾，大旱禱雨，不獲，積薪自焚，火起而雨大至。戴封在西華亦然。臨武張熹爲平輿令，乃卒焚死。有主簿小吏皆從焚，焚訖而澍雨至。水旱之數，聖帝明王不能卻也。而以身殉之，不亦過乎。諒、戴幸而獲免，張熹死而効靈。前二人之雨，天所以示聽卑之意也。後者之焚，天所以絶矯誣之端也。天亦巧矣。

昔人謂亢旱之時，上帝有命，封禁五瀆，此誠似之，每遇旱，即千方祈禱，精誠憊竭，杳無其應也。燕、齊之地，四五月間，嘗苦不雨，土人謂有魃鬼在地中，必掘出鞭而焚之，方雨。魃既不可得，而人家有小兒新死者，輒指爲魃，率衆發掘，其家人極力拒敵，常有叢歐至死者。時時形之訟牘間，真可笑也。

清·計六奇《明季北略》卷一 張真人請雪

是歲六月，真人在京師，上欲試其術，使之請雪。真人遂于初七日登壇祈請，令諸法官作事。及十二日，雪果下，凡求五日也。庚戌九月十九日，江西法師董言元述。

清·吳任臣《十國春秋》卷四七《前蜀十三·列傳》 僧子朗

高祖時梁州大旱，祈禱無驗。子朗詣州，言力能致雨。乃具十石甕貯水，身坐其中，水滅頂者凡三日，而雨足。州將王宗儔優禮之，竟莫知所往。有僧令藹者，他日於興州遇之，因叩其術。答曰：此閉氣法耳，習之一月就。本法於湫潭中作觀想，與龍相繫，龍爲定力所制，必致驚動，因而得雨。然不如甕中爲之，保無他害。

清・朱彝尊《日下舊聞考》卷一四六　初聞雷則抖衣，日蚤蝨不生。見電曰虹，戒莫指，謂生指頂瘡，日惡指也。初雪，戒不入口，日毒。再雪，則以炖茶。積雪，以塑於庭。

清・錢泳《履園叢話》卷一八　雷門

雷門，即今紹興府城之五雲門。《元和郡縣志》云句踐所立，以吴有蛇門，得雷而發，表事吴之意。《會稽記》云雷門上有大鼓，圍二丈八尺，每一鼓，聲聞洛陽。孫恩之亂，鼓爲軍人斫破，有雙白鶴飛出，後遂不鳴。會稽。

清・錢泳《履園叢話》卷二三　鳥槍打雨

嘉慶元年，苗人滋事，上遣福公康安提兵征討。時值四五月，霖雨間作，無一日晴者。福公憂之，命道士祈晴，不應。乃遣鳥槍兵向天而開，始放日光，隔數日雖開槍，亦不應也。此余弟子楊生補帆在軍中親見其事。聞甘肅省每遇陰霾致損田禾，須開鳥槍打散，亦此意也。

清・采衡子《蟲鳴漫録》卷二　鍾山之巔產茶，恒在雲霧中，其境亦人跡罕至處。山有白雲寺，春日採茶，僧必於雲霧朦朧時摘取，則葉於盞內，自分三層，氤氲起雲霧之狀。若日出霧散時採之，則否。故每年所得甚少。雖有力者求之，亦不可得。有士人在寺讀書年餘，與僧交最厚，瀕行僧贈茶一小包，士心輕之，抵家擲諸架上，復有顯者覓此茶入貢，百計不能得。士人憶及僧所贈者，取視色香未變，試獻之，顯者喜，酬以二千金，方知此物之足貴也。

山東濟南府有大清橋，爲濟河之鎖鑰，橋孔十一，其中水獨黑，無敢刺舟而過者。齊河縣某素習水性，常入橋底探視，有一巨黿伏焉，若睡熟狀，偶以語人。富商有好事者罵九騍於河岸，以鐵鍊繫絨緶，賄某入水潛縛黿足，鞭騍而馳，須臾天地昏黑，浪高數丈，橋欄掀入空中，大懼，遽斷其緶，叩禱請罪乃已。有趙生者，素桀驁，因營屋購木於省，會泛大筏過橋必欲由中孔，榜人再三諫阻不允，筏甫入孔即如鐵鑄，數十人撑曳不少動，風浪大作，勢甚可怖，羣相跪禱，約兩時許，筏忽出孔如箭，激直射數十丈，硼然作聲，□斷如斬，木散人溺，趙亦入水，撈救始甦。

鄱陽湖中左蠡山，有將軍廟，最有靈應，稍忤之，輒起風濤。相傳廟中必有一顛僧，似瘋非瘋，日坐殿中。凡一日之事，必於早間露其端倪，如風浪平静，忽云：須放救生船至某處，必有傾覆之患。或云：廟中備鹽米一月，必有連旬風雨至。合寺僧衆之往來及游客之留宿與否，住持轉不得自主，必詢之顛僧。神龕邃密，簾幕低垂，無敢窺伺者。此僧二三日，輒掃除精潔，令無纖塵。此僧圓寂，復有一僧如此。其傳不息，亦異矣哉。

清・徐壽基《續廣博物志》卷一　天地

《酉陽雜俎》載：求雨法，以蛇醫四頭，十石大甕二枚，貯水令滿，每甕浮蛇醫二，以木蓋密泥之，分置閒庭。甕前設席燒香，令小兒十餘皆十歲以下者，執小青竹，晝夜更擊其甕，不得少歇。三日内必雨。云，龍與蛇醫爲親家也。

《靈樞》秘笈：潭淵中有蛟龍伏藏者，以虎骨投之，則觸其怒，而風雨暴起。

沈括《夢溪筆談》云：江湖畏大風，冬月猶漸，盛夏風起於顧盼之間。凡夏月風起，皆在午後。當於五鼓初起，視星月明朗，四際至地皆無雲，便可行。已時即止，則無復與暴風遇。

清・徐壽基《續廣博物志》卷二　五行

雷火所及，金石銷鎔，而漆器不壞。

清明日雨，則凡竹中皆有積水，餘日則無。

水性有重輕，古人有秤水之法：河水最重，天雨水次之，雪水又次之，露爲最輕。以各種水用各種顔色别之，合置琉璃瓶内，夜露一宿，則分别等次，釐然各判。

盛宏之《荆州記》：佷山縣有一山獨立峻絶，西北有石穴，以燭行百步許，二大石其間相去一丈許，俗名其一爲陽石，一爲陰石。水旱爲災，鞭陰石則雨，鞭陽石則晴。

清・徐壽基《續廣博物志》卷一一　靈術

祈雨法驗者絶少。《岣嶁神書》云：用硃筆書四十九火字於黄絹納蝦蟇口中，埋太歲所臨之地，七日内必有大雨。

談薈縋虎頭骨於龍穴，可以致雨。瘞龜板於棗根，可以召雷。

清・徐壽基《續廣博物志》卷一五　珍寶

龜珠辟塵，蜈蚣珠辟火，蛛珠與螺珠皆定風。今福建藩庫有定風珠一顆，使臣出洋例准攜帶，即螺蛛也。

《廣記》：梁武帝遣人入龍宫，求得如意珠之下者，光照十里，光之所及，無風雨、雷電、水火、刀兵諸毒。又有鶴珠，鶴之所生也。厲驪珠之中者，光照十步，光之所及，園蛇虺蟲豸之毒。

清・孫之騄《二申野録》卷四　甲辰二月，當塗縣春大飢。三月興國雨雹，大者重四五斤，劈視之中雜泥土，椽瓦盡爲摧折，殺鳥獸草木。夏五月，安亭鎮女子張氏年十九，姑脅凌與爲亂不從。夜羣賊戕諸室縱火焚尸，天反風滅火，賊共舁欲投火，尸如數石重莫能舁。前三日，縣故有貞烈廟，廟旁人聞鼓樂從天上來，火出柱中，轟轟有聲，縣宰自往拜之。時大旱，三月無雨。士大夫哀祭，已大雨如注。賊子籲天拜，拜忽兩腋血流。縣宰命暴姑尸壇上，禁其家不得收。家夜收之，雷雹暴至，羣鬼百數，啾啾共來，逐遂棄去。及官奉檄啓視女子，時經暑三月，不腐僵臥，膚肉如生，頸脅二創孔有血沫，仵人吐舌，謂未有也。噫，亦異哉。觀古傳記載忠烈事多有神奇，今日見之益信，於是知節義天所護，然不能使之必無遭害，何也？

癸丑正月戊寅朔，日食，陰雨不見，頃之大雪。三月松江府治遍地生毛，細如髮，五色俱備。嘉興宣公橋失火，延燒甚廣。時士人黄澄泉偶泊舟橋下，見火中有物如貓，火愈燒其物愈大，少頃即成一大紅人。泉歸數日，家亦被焚。新會城西烈日中雨血，血不成點，其形如縷。

清・孫之騄《二申野録》卷六　九月乙亥朔，江西大水。二十四日戊戌，赤氣亘天，遼陽赤地千里。冬十月乙卯，四方有蒼白雲，風從東南來，微細。太史占曰：立冬之節有雲，人主吉，天下苦；風從巽來，冬温，明年旱，天下苦，鳳陽其與乎。素問：風從東南來，名曰弱風，其傷入也。十一月熒惑犯左相，初十日淮安大雷，連發電光四照。

清・孫之騄《二申野録》卷七　壬戌正月十一日，卯後日旁有直氣一道，直立日北，長二丈餘。二月淮安天雨沙土，黄色，蔽日無光。三月二十四日，邳桃沭陽雨冰雹，二麥傷。北城元帝廟槐樹自火。五月京師旱，壬午大雨雹。二十日遼陽城起白雲，後起黑雲，變成紅雲一塊，從空墮下，火光焰天，城内房屋人口牲畜燒死幾盡。七月淫雨，傾壞山海邊垣官民廬舍無算。初五日寅時，萊州地震有聲。次日，怪風大作，拔木傾屋，黄河船有被風掀起在岸者。初七日申刻，日四珥，珥旁有赤氣一道，狀如虹霓，忽成一人字，頭向南，脚向北，久而不散。是日，鹽山大雨，壞官民廬舍，禾稼盡没。九月二十三日，迅雷電、風雨、晦冥。次日午後，有聲如雷，有烟如雲。冬十月，淮北河清，有龍見于北花房臨河，長可數寸，鱗爪畢具，碧光耀目。宋太監取之以綿絮裝入金盒内，奏知御前取玩，累日馴擾不驚，但以各物投之，皆不食。後有詔送至黑龍潭，忽然口吐雲霧，揚身露爪，長數十丈，烈風暴雨從之而去。

明・黄佐《嘉靖廣東通志・瓊州府・山川》　［瓊山縣］六十里曰雲露山。中有三潭，俗呼陷屋潭。上潭林木陰森，人莫敢近。次二潭有小石如橄欖，有竅可穿。歲旱禱雨多應。

又　［臨高縣］西南十里有落雲嶺。脈自那盆蜿蜒而來，勢不甚高。將雨，則雲出棲泊。

又　［樂會縣］東南十里有三山神嶺。其上有泉，名金牛井，四時不涸。鄉人遇旱，禱之多應。西南七十里有風門嶺。諸黎出入咽喉之所。上有瀑布懸出，無涸時。旱久，聲響則雨應。

又　［陵水縣］南十里有多雲嶺。名靈山，峻拔巢雲，禱雨多應。

又　［崖州］十里有報福嶺。土人遇旱，望有白雲氣騰爲雨候，號「靈山」。雨畢祭之，因名。東北一百二十里有回風嶺。以颶風不過此嶺而名。唐李德裕《崖州道中》詩：嶺水爭分路轉迷，桄榔椰葉暗蠻溪。愁沖霧毒逢蛇草，畏落沙蟲避燕泥。五月佘田收火米，三更津吏報潮雞。不堪腸斷思鄉處，紅槿花開越鳥啼。明張習詩：古驛投來近海嫫，坐看高嶺插青天。明朝要向回風過，便類蓬瀛頂上仙。

又　［感恩縣］東南十五里曰息風山。中有巨穴，深百尺許，黑暗莫測。颶風傷禾，黎人禱之，多止。

清・明誼《道光瓊州府志》卷四三《龍潭廟記》　范梈記：距臨高西二十里曰西村，有龍潭。宋故事：令天下旱雩，擇郡縣地爲壇，刺史、縣令帥諸吏奉祭，具如法。兹其遺也。壇三成，長一丈，廣半之。北有潭，東西廣七之二。潭中有穴二，水碧黑色，測之無底，父老傳天聖間常有白龍出焉。其在祀典者，以此潭水西灌千餘畝，大旱不殺，甚雨不漏。或曰地近海穴，故然。天久旱，青白氣上騰，禱者以爲雨應。延祐元年，安豐牛君那海來尹，是縣會旱，禱之，雨三日，既霽又雨，穀大熟。思所以侈靈報貺，惟是表章。先時，民有侵壇側地以食者，墾辟四出，褻汙不虔。君盡複而樹之，注汲有塗，奠瘞有次，泓涵澄映，勃鬱蔥菁，歲時祇報，贊、拜、跪、起，祀官以嚴，神明以欣。二年，又旱。余録囚曆，縣尹請述其事，刻諸壇石。欲往察，不果，命吏翦叢翳、審面勢以來，且與龍約曰：庶余文哉，以神視餘。吏反而雨隨至，禾乃大起。籲，亦可謂靈已。夫宰百里所以治夫人也。神，依人者也。神依乎人者，事之猶若是備至，則治人之道何以尚之。

況山川之功在禮猶足稱者。乃爲樂龍之章以授之，俾其人世世歌以承祀，且並刻焉。辭曰：仙仙兮舞羽，坎坎兮拊鼓。龍之居兮有宫棟，白雲兮下爲宇。湛湛兮天門，龍之來兮從繽紛。吾莫去兮回皇洞，簫亮兮須君。蹇須君兮日復夜，柈有蒸兮芳有藉。折素馨兮楊柳，元天矯兮上下。我有大田兮海之隅，薯蕷充實兮黍稻於。於終古兮介祜，我民兮樂胥。據黄《通志》修。

清・聶緝《光緒臨高縣誌》卷一八《祈雨告士民示樊庶》 示諭闔縣士庶兵商人等知悉：惟照堯水湯旱，古亦有之，謂致災之由不因人事，是自欺矣。東海有孝婦，則沉冤不雨，賢知若文公，而黷墳滋愧，蓋非大聖人不能寡過也。本縣治臨三載，日惕匪躬，期盡厥職，惟揣才識短淺，不能事事得當。近見天時炎熱，雨澤衍期，是皆本縣之責。即於是朔焚牒城隍，約於五日内大沛甘霖，否則歷數本縣過愆，奏聞上帝，以殛不職。迄今屆期，雨澤不降。嗟我臨民，望雲若渴，本縣寧惜一身，爲萬姓請命哉。除再激切矢誓牒告城隍外，本縣自初六日爲始，不循舊習，禁止屠沽，亦不假靈，僧道止期，矢心齋戒，日夜哀求。赫赫上帝，民具爾瞻，或者鑒我民之無罪，賜沛甘霖，察本縣之過愆，立爲降禍。倘蒙上天宥眚，雨澤宏施，田禾沾潤，則本縣與爾百姓共荷生全矣。特此攄誠曉諭，惟期共諒餘心。以上《舊志》。

清・聶緝《光緒臨高縣志》卷二一《禱旱再移城隍文樊庶》 爲臨邑亢旱不時，幽明職分宜盡省躬請命望沛甘霖事：竊惟臨地瀕海，土瘠民貧，兼以惰農自安，不習轆轤灌溉之利，一經亢旱，人心惶惶，官民交困。知縣樊庶涖治三載，舉有益於民生者，莫不蚤夜兢兢，爲民區劃。獨以才識短淺，時事孔艱，不能盡使瘡痍登于衽席。所幸連歲祈請，披瀝血誠，神明眷民，兼以眷令，往往如期沛澤，應如影響。庶亦不敢專恃神惠，稍懈初心。乃今正值耔耘，何以自冬徂春不雨者，幾四閲月，田疇幹坼，播種無時。若再愆期，則小稔無望，國賦虧損，其不職之過，固不待閉門自思，然後滋愧也。是豈聽訟不明歟，刑罰不中歟，簠簋不飭歟，抑遠鄉疾苦未及周知歟，胥吏衙役奉法不善歟。凡此皆司牧者之罪，有一於此，則雖逃於國法，亦必殛於上帝。若吾臨百姓任土作貢，終歲勞苦，上而天庚賴以供，下而口體賴以養，不應代令罹此慘酷也。合急焚牒城隍，矢心請命。伏乞立賜甘霖，以遂春耕，然後察庶之愆，降之以禍。如此，不獨罪有攸歸，即神之顯赫益昭，報於無疆矣。言盡於此，惟神鑒察。

清・潘廷侯《康熙瓊山縣誌》卷四《壇廟》 颶風祠

在東關外迎春館後。府縣官於端午日祭，行通獻禮。祠壇，明萬曆四十五年重建。天啟七年圮廢，基址猶存，今應議修，使神有依，風災可弭云。

天妃廟

在海口，元建。妃姓林，莆田人，都巡林公願六女，出處見《靈著録》。廟曆明洪武間累葺。商人譚海清等建後寢三間，築觀音山及諸神像。今渡海來往者，官必告廟行禮，四民必祭卜方行。附：類稿《北京天妃宫記略》云：宋宣和中，朝廷遣使臣船海中流，適有風濤之變，賴神以免難。

靈山祠

在靈山。宋、元建，祀靈山、香山、瓊崖、定邊、通濟、班帥六神。明洪武三年，例勘該祀神祇，知府宋希顔奏入祀典，令例以三月九日祭。新官必先謁祀，迎春忌雨。成化年間，副使涂斐旱禱雨最應，始大其廟，有記。

泰華廟

在縣東十里興義都陳村。元建，祀太華仙妃。按：妃姓陳，於元至順治三年十月望日升化。鄉人災、旱、疫、盜，隨禱即應。

東昌廟

在縣東二里東昌都馬坡村。明初鄉人建，祀黄、王二元帥。爲本郡口上遞年上元設口。凡祈年、禱雨、捍患、禦災，屢驗。

龍廟

在郡西二十里博崖都，宋建。廟座山中，石路崎嶇，樹木陰涼，殊有景趣。廟前途同歸有井，傍有湖，水自龍口流若懸河，出井入湖，長流不息，縱旱不涸。凡旱祈禱，官事民必親謁。於康熙十九年遇旱，巡道僉使範公養民躬親徒步，與士民到廟祈禱，甘霖果應。

清・王贄《康熙瓊山縣誌》卷一《山川》 龍廟西湖

在縣西二十里博崖都。泉自石岩流出，極清。昔人刻石爲龍，置穴中，水從龍口湧出，故名龍潭。旱禱即雨。

東湖

在縣東一十五里博茂都。舊有巨室居此，忽陷爲湖，水色深黑。元時天旱，湖中一物直豎如柱，高十餘丈，須臾而撲，聲撼動地。不二日，大雨。官民因建廟於側，每遇旱，取水以禱，輒應。康熙四十一年，大旱，文武各官步行祈禱，有應，立碑縣前，免兩圖差役以爲遞年修祭之需。四十五年，知縣王贄重建廟三間。凡旱，廟中有火光燦爛，三五日即雨。

清・瞿雲魁《乾隆陵水縣志》卷一《山川》　周碌嶺在城東十里，爲水口港關捍，高十餘丈。上有神祠，禱雨多應。

清・瞿雲魁《乾隆陵水縣志》卷九　重建龍王廟記瞿雲魁

予涖陵之明年三月，農民望雨甚殷。予乃設壇祈禱，不崇朝而得甘霖。嗚呼！非天之仁愛吾民，何以求之即應也。然而天之行雨，龍實司之。《抱朴子》曾有言曰：山中辰日稱雨師者，龍也。龍之爲龍，其有功德於民，若是宜其俎豆於不祧也。陵地濱海，土田多在山中，非若他處有河水可以車灌。其田皆兩熟，全賴雨澤始得耕耨。維彼旱魃不敢爲虐，是以屢豐年，此龍王大有造於陵民也。民食神之德而不知所報，予滋懼矣。城南舊有龍王廟，傾圮已久。邑民艱於費，而更新之議未舉也。予因念予之愛民，更賴於神之愛民，民受神福無異於予受神福。舊址尚在，予亟捐廉俸以經營之。庶幾哉，廟貌一新，神其妥也。將見自今以往雨暢時若，陵之民永沐神庥，百室盈寧，是則予之禱祝以望者耳。

清・馬日炳《康熙文昌縣志》卷一〇《藝文志》　謝雨文丁未五月。清・沈彲。

日者農時不雨，不得不惟神是瀆。時以方禁屠酤，故未逮用牲牷，深恐違越俗例，神不居歆。不謂幸邀怙恃，甘霖隨禱，敬從民請，趨答神庥。但瓊俗故事，祈賽必宰耕牛。竊揆鄙衷，未見其可。夫雨者，民之天。牛者，農之本。今祈雨以爲農也，而反殺牛以病農，縱愚民無知而成習，諒明神有靈，必不享矣。昔我世祖章皇帝仁民愛物，頒梓《牛戒》一書，即未遍於海外，想已達於神聽，亦可畏也，伊可懷也。今彲敢效齊宣之仁術，以羊易牛。惟神其體，帝之好生，去大用小，永以爲例，勿再屠牛，則豈惟人物承休，抑亦帝所嘉賴。若必以有其舉之，無敢廢也。吏[實]不職，民實無良，而敢吝愛斯牲，慢神褻祀，則予不難[剪發剸]爪，以身代犧。第思赫聲濯靈之謂何，而乃幹餱致衎，忍觳觫而任枯槁也。愚知神之不爾矣。神爲其德，務卒永惠余黎，則受天百祿，降爾遐福，應地無疆，與天罔極，不亦休乎！

清・李琰《康熙萬州志》卷一　山川

西北二十里曰高山嶺。在州西北畢凹都。脈自馬鞍來。山下有井，甘冽。頂上大石，有泉，旱，禱之，水滴，天即雨。

又　陂塘

蒼溪陂，又名郭官壩。州西六里。北流，通後朗陂。鄉人築壩，堰水灌田。天將雨，水聲如吼，響聞十里。

清・李琰《康熙萬州志》卷四《藝文志》　偶雨亭記韋邦相

嘉靖七年秋八月，餘以樂會令轉守萬。越明年己丑二月，上浣值旱。先以連歲荒歉，民食維艱，遂惶惶于道路。予率諸父老僚屬，遍禱於海上諸神。越三晨爲望日，不雨，復建壇於城北及境內山川。如是者再三晨，復不雨。至二十二日，裂去冠裳，荷柳自罰者再四。晨誓神以必雨，乃已圖龍五彩，作《祈雨歌》凡四首，俾童子途誦拜懇者。又三晨，至二十八日，復不雨。於是閉閤思過，不復憧憧往來，惟自修省而已。至二十九夜三鼓，大雨，過二刻，萎田方蘇。三月初二乙未又雨，初四丁酉又雨，皆如初降之數。然後畎畝足苗，乃穗。諸父老鼓舞相慶於庭，曰：今雨之賜，皆明公遺澤。敢求明公退省所，爲喜雨序。予曰：相不德，不能變災爲祥。方自咎不暇，其何以序。爲請辭。又數日，諸士夫咸爲詩歌凡若干首來賀。予曰：蘇長公以文章名宋，爲天下後世法。相維竊祿六稔，再調海濱，落落者又三稔。幸守一隅，無所建明。將何以步先躅，爲若屬玷請辭。父老曰：古今人品不相上下，今雨無異昔時，而萬安之政，他日不轉而爲扶風之治乎。不志，將何以風有位者而垂將來。慎勿讓，以成衆志。予不能辭，因念之曰偶雨亭。今夫世族之家，構亭榭結綺羅爲休息所，煮鐵累石以爲山，遍植草木以供習玩，費百金之資弗惜也。必且依依然，已種而複莳，既去而複望，搖其根以驗其虛實，爪其膚以察其榮悴，然卒罕有生者。至於牧兒插枝泉壑相戲，則望望然去而弗顧。旬日之間，茁然生芽，而枝而幹而拱把，曾不知其曆幾星霜而昂宵聳壑矣。何也，蓋心系於意必肴無之間耳。夫天下事，意必於固有者，其終將至於無成。忘懷於無我者，其終必至於有獲。是以古之人絶乎意必固我之私，一付之天定，而不假於人爲，惟順吾事以俟之。斯固予所答父老之請，而亦名亭之意也。大傳曰：易窮則變，變則通，通則久。雖古之聖帝明王，不下堂階，垂衣裳而天下治者，亦不外此。今日之事，正天心仁愛吾民，遇旱而雨，雨則苗盛，盛則穗，穗則獲，獲而不已，是爲豐年。其天運迴圈之機，自有不容已者。予始視篆，適逢其機，亦偶然耳，于予何有哉？諸父老曰：諾。請書此，以紀歲月云。

清・蕭應植《乾隆瓊州府志》卷一《山川》　瓊山縣

雲露山　在城西六十里。高百餘丈，中有三潭，歲旱於此禱雨。

又

東湖　在城東十五里博茂都。相傳有巨室居此，一夕陷爲湖，官民立廟湖上，遇旱請水，以禱即雨。

西湖　在城西二十里博崖都。有泉自石岩流出，極清。昔人刻石爲龍，置穴中，水從龍口湧出，故名龍潭。上有龍廟，禱雨輒應。

雙塘　在城南四十里下石山都。大小相連，淵深莫測，旱禱即雨。

澄邁縣

石鼉崳　在城西三十里。奇石如鼉，潤則旱，幹則雨。

文昌縣

邁豆山　在城南十里。山有泉，禱雨輒應。

玉陽山　又名青山嶺，在城西北十里，高二十丈。林木青翠，泉水清洌。上有神壇，禱雨輒應。

鼓樓嶺　在城西南三十里，高十餘丈。上有二石，左似牛，右似鼉。鄉人禱雨輒應。

靈山嶺　在城西十五里。上有神壇、井泉，禱雨多應。

七星泉　在七星嶺東。泉湧不竭，禱雨多應。

會同縣

多異嶺　在城東南二十里，高百餘丈。數山相連，中多怪石奇岩。上有井，遇旱禱雨，多應。

天星井　在永安都。祈雨多應。

多異井　在太平都多異嶺上。禱雨多應。

樂會縣

三山神嶺　在城東南十二里，高四十餘丈。上有泉曰金牛井，四時不涸，旱禱輒應。

臨高縣

灘神峒　在城南十九里邁龍村。灘中聳一巨石，高廣二丈，旁有穴。昔人于石上砌壇祈禱，人禱灘響必雨，久雨灘響必晴。

清・蕭應植《乾隆瓊州府志》卷九《藝文志》　山毗耶神禱雨有應記　范梈

瓊之臨高西去有山，山以毗耶名，神亦以毗耶名。毗耶果何物哉？《寰宇記》有云，山頂有獸，狀似大蟲，俾人以毗耶呼之，故以名山。籲，山其神乎，物其神乎。其妙用爲難名也。得之邑之耆老曰：漢建武二年，青州人王氏家于邑之南村，有子長名祈，次名律，與邑人王居傑獵於山，倦憩石上，祈爲石所吞啖，居傑三引刀不解。祈曰：我爲毗耶大神，隱此石室，以後可以純白牲三年一祀我。語訖則神人兩途矣。律與居傑歸而謀之，里人如期致祭，後人因之，乃知人因石而神，山因神而名，自是神赫厥靈。宋靖康年間，逆酋王文滿攻掠我邊鄙，虔劉我人民，兵少怯敵，登山告神，而神以蠆蜂驅之，賊徒敗北。建炎二年，陳韜、莫因等賊侵境，邑之官叩神求相，一指顧間，渠魁授首，比之風鶴雪鵝，公山草木，尤其神也。人以爲神，故歲之水旱則禱之，疾厲祟降則禱之，鹹若有答焉。語邑人曰：夫渤海之五峰，蜀地之三峨，奇則奇矣，豈若此山之有其神。魏榆之石能言，金華之石可叱，怪則怪矣，豈若此石之靈而異。況其功于國，惠於民，厥勳章明，宜受顯祀壇而祭之，必碑以紀之，俾邑人不忘神之賜，後來者亦知山之所以名，神之所以靈也。僉曰：唯唯。爰鐫石而銘之曰：高山濛洪，俯視衆峰。天造石室，有神居中。靈妙變化，機神感通。英物呵護，三邊息烽。陽於而和，十雨五風。民乃受賜，報彰神功。歲有常祀，爆牲致恭。刻在金石，以垂無窮。

清・蕭應植《乾隆瓊州府志》卷一〇《方伎》　王賓臣，字敬而。康熙庚辰七月赴高州考貢，值天大旱，有司永禱不應。臣言求雨必得奇門真傳。人異其言，聞之有司，敦請之。披髮仗劍立壇上，以目視日，竟日不下睫，已而果雨，觀者稱其術之神。臣曰：雨未足，當再禱之。明日烈日如故，臣曰：此劫數也，奈何。有司士民懇之不已，乃至發祥寺，登浮圖四級，上下左右悉以符篆封之，且曰：明午必大雨，但從東南來可保無虞，若從西北則吾軀命盡矣。因作書與家人訣。次日未刻，烈日中忽狂風大作，霹靂環繞，滂沱如注。有老人見大鷹口含火丸旋塔左右，勢甚可怖。須臾天氣清寧，意爲無事。及仰視，已立僵于轟震中矣。州人以臣爲百姓死，立廟祀之，有禱輒應，督學陳作文祭之。

清・蕭應植《乾隆瓊州府志》卷一〇《仙釋》　林道玖，臨高博文人，幼好老莊，長悟玄機，結茅屋棲跡。呼召風雷，立降雨澤。嘗以履擲水中，化爲魚。身嘗輕舉高數十丈，又能豎旗劍於空中。景炎二年蛻解。鄉人以爲異，名其居爲崇真堂，刻像祀之，曰妙道真人。

清・韓祐《康熙儋州志》卷一《民俗志・節序》　農家俗忌：元日喜乾。俗云：冬濕年乾，禾米滿山。二月二、三日雷禁。不敢工作，以祈雨暘時若。三月三日雨，則天蠶損秧，旬多風雨，田水易乾，而則穀秕，雹則死。四月八日雨，則殺蟲，不蠹禾。五月端午以雨測田。不雨，高田傷；旱雨，低田傷；惟晚雨俱宜。芒種以星候種。插蒔值芒種，豬母枷、犁尾等星出，則秧死。五六月南風，宜早禾。俗云：西風爲早禾婿。殺占禾。夜熱則雨。七月七日雨，利狗尾粟。禾穗卷耳，則多風，西風起則穀秕。十月以雨暘知來歲。自朔日至十二日，當下一歲之月。雨，則其月多雨；暘，則旱。祭竈以雞骨占年。占其左右孔數，全則豐，相對大豐，缺一則歉。如臨高，則占其首骨，有黑點則豐，否則歉。十一月冬至雨，知有年。俗云：冬乾年濕，禾米莫粒。凡冬夜暖，雨。十二月除夕，以天色昏明占所宜穀。昏黑宜豆，宜小熟黑芒禾；光明，宜白芒禾。他如以虹占旱，以颶母對日則風急，附日則遲，蜂窠高則無風，苦蘆葉幾節則幾風占風，以西北風占海溢，以榕根白、牛乳子滴、蟻路搬入占雨，以春鵝子多、小熟米味無香占七占，以霜冷占麥，以五色雀占旱澇，以海熱占荒，以益智實占豐歉等，測皆有驗。

清·潘廷侯《康熙陵水縣志》卷三《風俗》 五方風氣異宜，民生其間異俗。陵自唐宋以來漸摩日久，禮義之道民聞其概。迨我朝鼎革之後，文教四訖，其風聲氣習頓易改觀焉。

民性樸直，俗尚檳榔，近有古風。婚喪循禮。疾病以巫爲醫，以草爲藥。男事耕讀，婦女貿易。低簷茆屋以避颶風，即文武公署亦沿其習。日色最毒，能裂人肌膚。瘴露又重，且晚觸之便生疾病。故男婦出入往來，皆須戴藤笠。節序占曆與郡城稍異。

清·陶大濬《羅平州鄉土志》卷一二 祥瑞記知州陶大濬

春秋記異不記祥，綱目災祥並記，静軒周氏發明。漢明帝時，君德清明，政事修舉，天人交感，故獲有年之應。綱目書之，所以著當時治效之美，正與麟經並行不悖，蓋瑞象依德而至，災異緣政而生。光緒丙午，滇省奇旱，夏至期過尚未栽插。惟羅平自初春以至長夏，雨暘以時，耕種應候。迨閏四月中旬，高阜農田秧水稍嫌未足，遂於二十日設壇祈禱，越日普獲霖雨，溝澮皆盈，芋麥含包，秧苗發秀。至五月半，夏水覺涸，畦秧待澤，復於十九日虔誠祈禱，仰荷蒼昊普佑，即日渥霈甘霖，連綿不已，越五六日。雖高山旱田栽種不多，而平原近水之區，盡成緑野青疇，繡壤相接，四民鼓舞相慶。詢之逆旅過客，慎垣一帶尚未霑足，民心皇皇，穀價數倍於曩昔。其近者百餘里，遠者三五百里，仍皆荒旱，勢已成災。以此視彼，奚啻天淵也。迨天貺之節，天朗氣清，晡時祥雲西見，於署後大於車輪者二，瑞彩繽紛，五色畢具，下則白雲高捧。約一炊黍時，始冉冉而没，州之男婦羣聚而觀，欣然色喜，以爲未有之徵焉。帝世興，歌雲糺，太史必書雲物，後世居今稽古，得之於耳聞，究未寓之於目見。余忝任州事兩載有餘，適值新政頻興，逐漸改良，又累奉 大府檄飭，一以興利除弊爲要，自顧一介庸愚，毫無建樹。惟有宣上德以達下情，而地方適以謐安，或者豐年之兆，其在斯乎。於戲霞光，表異郁紛，著泰階之平奇，彩兆祥靄，吉占豐年之瑞，適因纂輯州志，故並著之於篇。

是月十九日傍晚，清浦李協戎於大小井防次，欻見彩雲一朵，隨夕陽而現，横懸空際，五色繽紛，復馳書以告，正與前事後先輝映，而又皆在州屬，爲數十年未有之奇，豐年之懸，其在是乎。梧岡附識。

謝雨文知州陶大濬

竊惟禮重大雩傳記龍見，《説文》夏祭，樂於赤帝，以祈甘雨。自成湯禱於桑林，而後世隨因之相沿。休徵洪範之疇，時暘時雨，慨及中谷之蓷，嘆乾嘆修。乃羅平自入夏以來，陰陽偶愆，不畢雨而箕風，天地屯膏。不離月而杲日，自信官等竭誠祈禱，爲民請命。仰荷神恩，迭賜甘霖，詠靈雨於衛詩。且説桑田之駕，聽歌豳於蚩氓，盡含樂歲之聲。須臾望慰三農，方徵神功，普被頃刻，恩流四境。預知豐歲，有賴此時，以社以方，鼓御田祖，旋見多黍多稌，稼詠曾孫。且督樵豎牧童，叱緑野催耕之犢，願鳩九柯十匠，築黄州喜雨之亭。惟冀五風十雨，嘉祥恒沐神庥，庶幾九穗雙岐，上瑞頻書大有。尚享。

圖表

唐《占雲氣書》（出自敦煌莫高窟藏經洞）

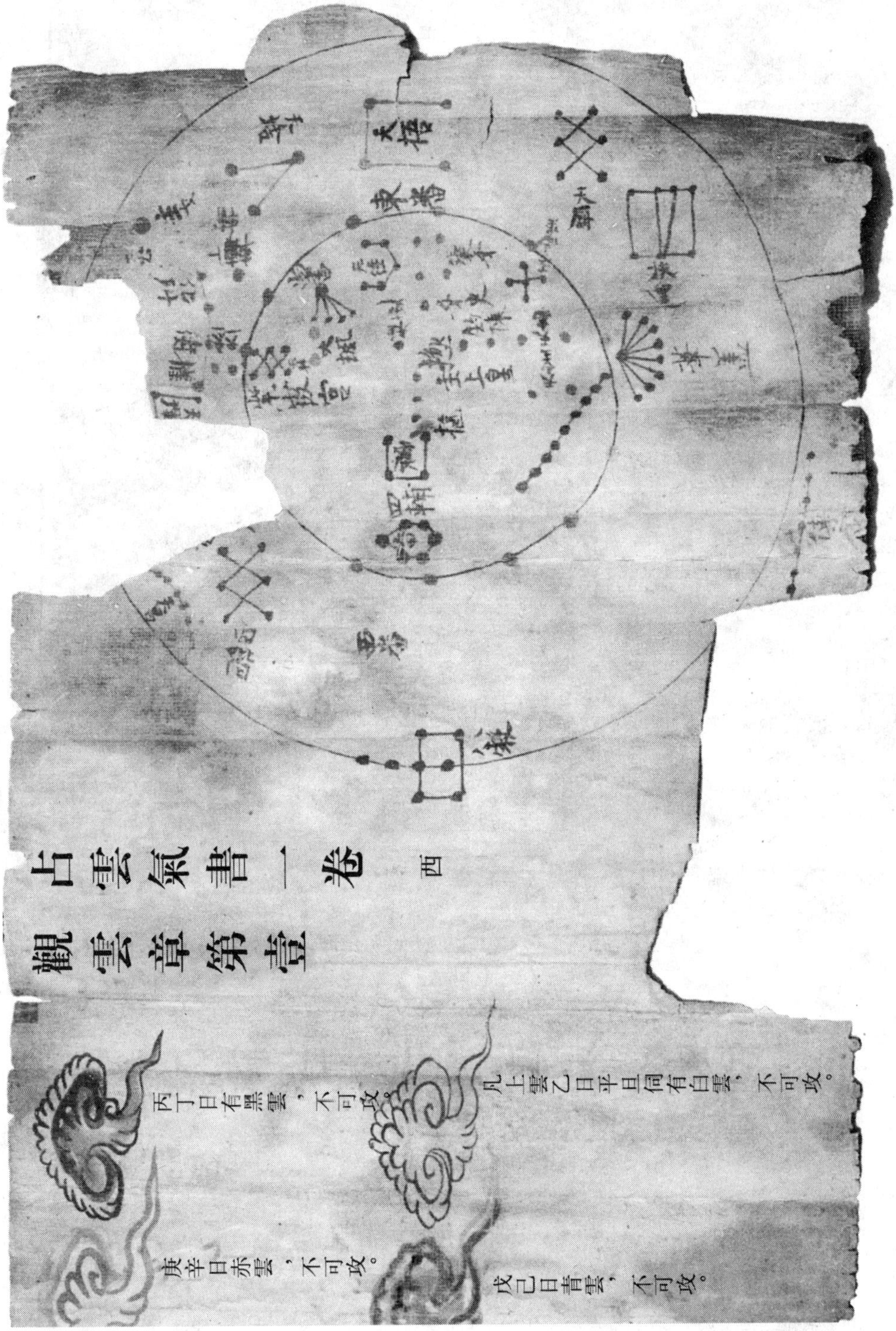

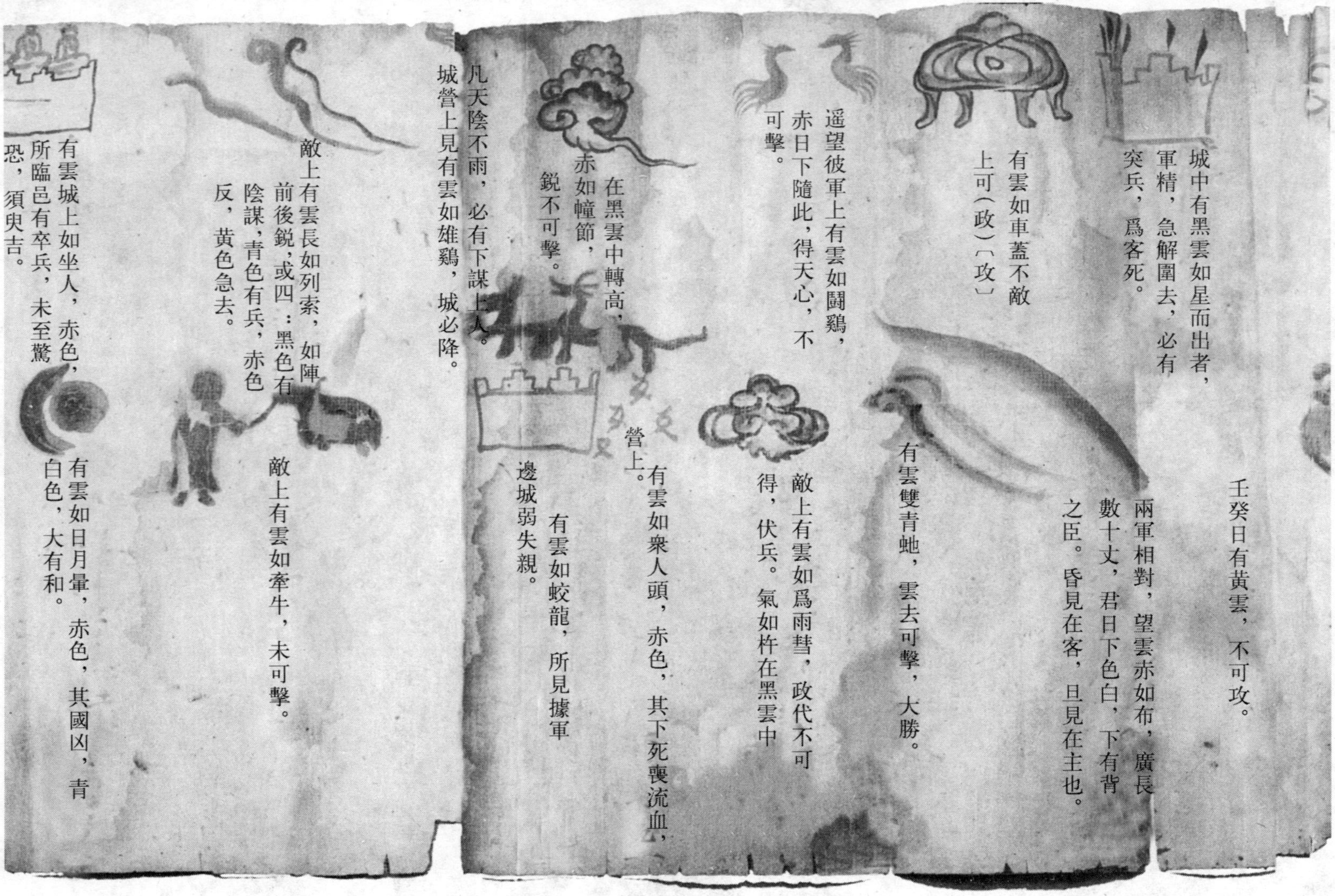

壬癸日有黃雲，不可攻。

城中有黑雲如星而出者，軍精，急解圍去，必有突兵，爲客死。

兩軍相對，望雲赤如布，廣長數十丈，君日下色白，下有背之臣。昏見在客，旦見在主也。

有雲如車蓋不敵上可（政）〔攻〕

有雲雙青虵，雲去可擊，大勝。

遥望彼軍上有雲如鬬鷄，赤日下隨此，得天心，不可擊。

敵上有雲如爲雨彗，政代不可得，伏兵。氣如杵在黑雲中

有雲如衆人頭，赤色，其下死喪流血，營上。

在黑雲中轉高，赤如幢節，鋭不可擊。

有雲如蛟龍，所見據軍邊城弱失親。

凡天陰不雨，必有下謀上人。城營上見有雲如雄鷄，城必降。

敵上有雲長如列索，如陣前後鋭，或四：黑色有陰謀，青色有兵，赤色反，黃色急去。

敵上有雲如牽牛，未可擊。

有雲如日月暈，赤色，其國凶，青白色，大有和。

有雲城上如坐人，赤色，所臨邑有卒兵，未至驚恐，須臾吉。

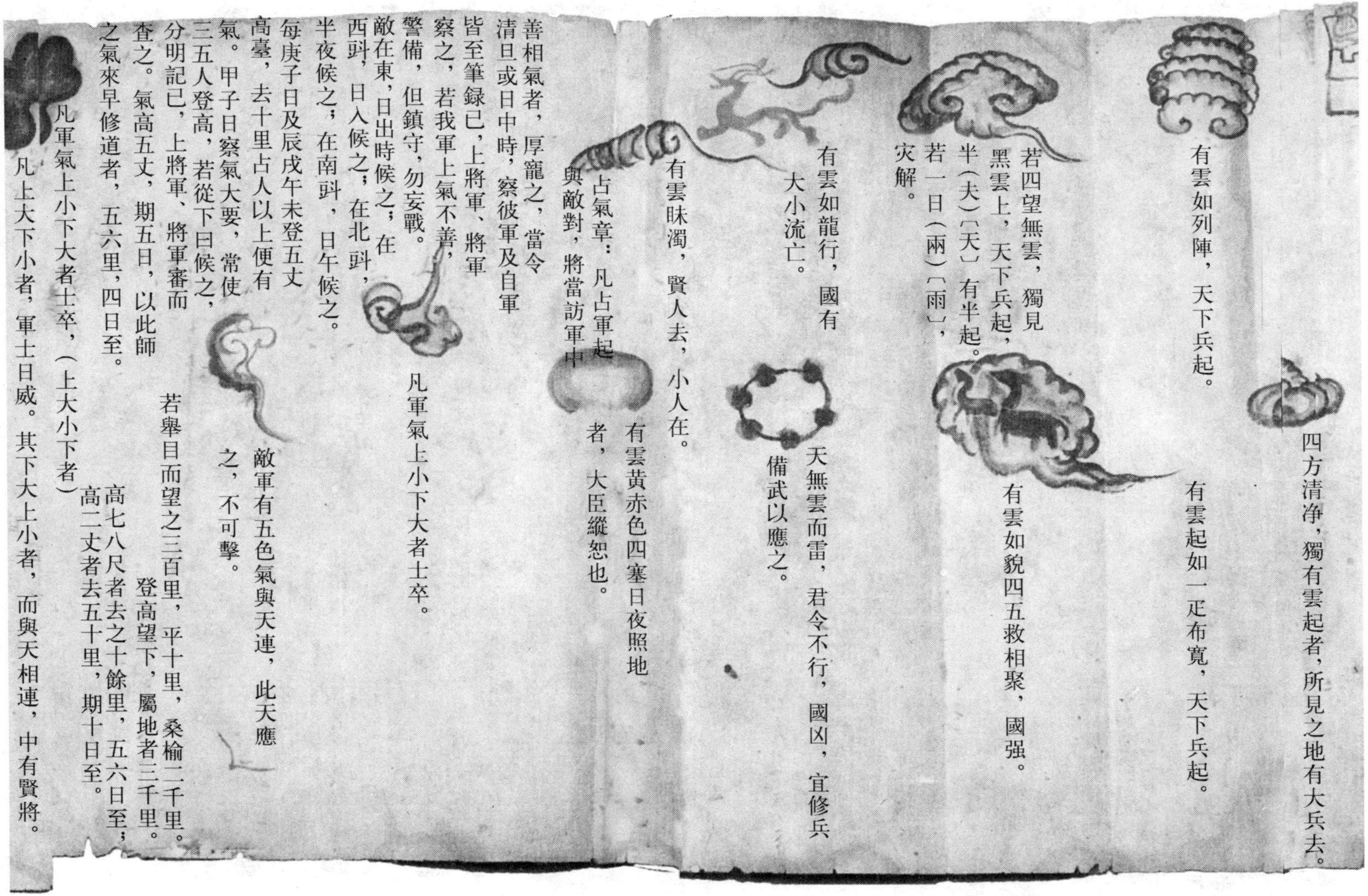

四方清淨，獨有雲起者，所見之地有大兵去。

有雲起如一疋布寬，天下兵起。

有雲如列陣，天下兵起。

有雲如貌四五救相聚，國强。

若四望無雲，獨見
黑雲上，天下兵起，
半(夫)〔天〕有半起。
若一日(兩)〔雨〕，
灾解。

天無雲而雷，君令不行，國凶，宜修兵
備武以應之。

有雲如龍行，國有
大小流亡。

有雲黃赤色四塞日夜照地
者，大臣縱怨也。

有雲昧濁，賢人去，小人在。

占氣章：凡占軍起
與敵對，將當訪軍中
善相氣者，厚寵之，當令
清旦或日中時，察彼軍及自軍
皆至筆録已，上將軍、將軍
察之，若我軍上氣不善，
警備，但鎮守，勿妄戰。
敵在東，日出時候之；在
西斗，日入候之；在北斗，
半夜候之；在南斗，日午候之。
每庚子日及辰戌午未登五丈
高臺，去十里占人以上便有
氣。甲子日察氣大要，常使
三五人登高，若從下曰候之，
分明記已，上將軍、將軍審而
查之。氣高五丈，期五日，以此師
之氣來早修道者，五六里，四日至。

凡軍氣上小下大者士卒。

敵軍有五色氣與天連，此天應
之，不可擊。

若舉目而望之三百里，平十里，桑榆二千里。
登高望下，屬地者三千里。
高七八尺者去之十餘里，五六日至；
高二丈者去五十里，期十日至。

凡軍氣上小下大者士卒，(上大小下者)
凡上大下小者，軍士日威。其下大上小者，而與天相連，中有賢將。

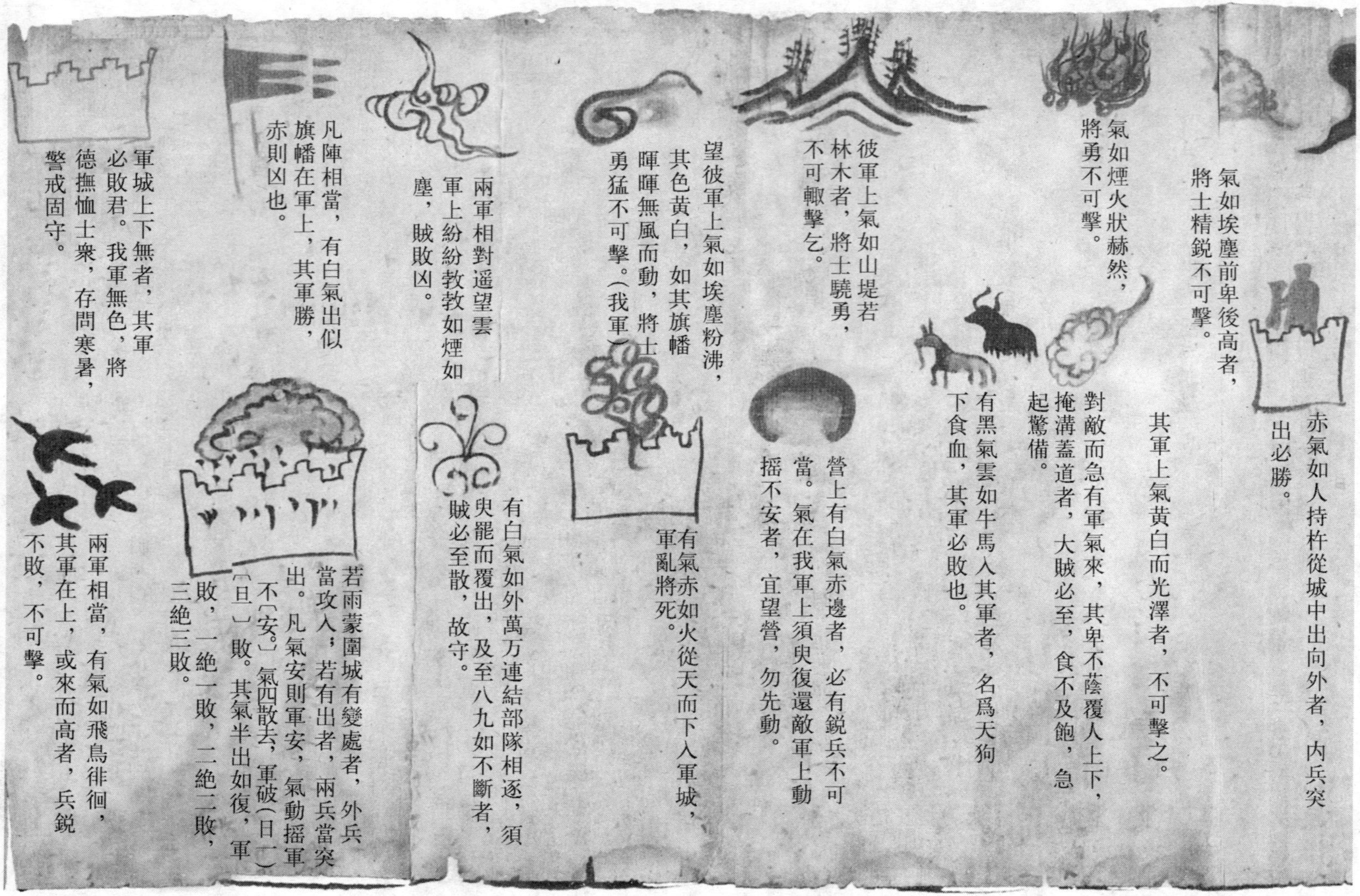

氣如埃塵前卑後高者，將士精銳不可擊。

赤氣如人持杵從城中出向外者，內兵突出必勝。

氣如煙火狀赫然，將勇不可擊。

其軍上氣黃白而光澤者，不可擊之。

對敵而急有軍氣來，其卑不蔭覆人上下，掩溝蓋道者，大賊必至，食不及飽，急起驚備。

有黑氣雲如牛馬入其軍者，名爲天狗下食血，其軍必敗也。

彼軍上氣如山堤若林木者，將士驍勇，不可輙擊乞。

營上有白氣赤邊者，必有鋭兵不可當。氣在我軍上須臾復還敵軍上動搖不安者，宜望營，勿先動。

望彼軍上氣如埃塵粉沸，其色黃白，如其旗幡暉暉無風而動，將士勇猛不可擊。（我軍）

有氣赤如火從天而下入軍城，軍亂將死。

有白氣如外萬万連結部隊相逐，須臾罷而覆出，及至八九如不斷者，賊必至散，故守。

兩軍相對遥望雲軍上紛紛教教如煙如塵，賊敗凶。

凡陣相當，有白氣出似旗幡在軍上，其軍勝，赤則凶也。

若雨蒙圍城有變處者，外兵當攻入；若有出者，兩兵當突出。凡氣安則軍安，氣動摇軍不〔安。〕氣四散去，軍破（日一）〔旦〕敗。其氣半出如復，軍敗，一絶一敗，二絶二敗，三絶三敗。

軍城上下無者，其軍必敗君。我軍無色，將德撫恤士衆，存問寒暑，警戒固守。

兩軍相當，有氣如飛鳥徘徊，其軍在上，或來而高者，兵鋭不敗，不可擊。

其氣如火夜燭人者，軍士散亂。
若人嘗者將死。
兩軍相望，前有中有
黑者，必有伏兵，不可擊。
其氣如牛猪者，瓦解之氣，
軍必大敗。

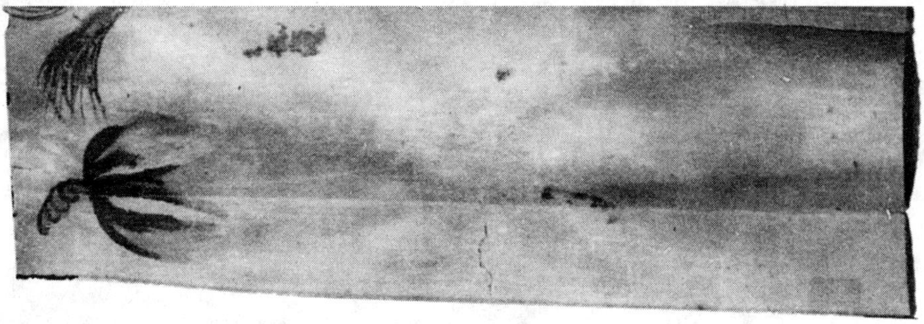

氣象災害總部

[illegible][illegible]災害[illegible][illegible]

綜合部

題解

《爾雅・釋天》 穀不熟爲饑，蔬不熟爲饉，果不熟爲荒，仍饑爲荐。

《莊子・天運》 天其運乎？地其處乎？日月其争於所乎？孰主張是？孰維綱是？孰居無事推而行是？意者其有機緘而不得已邪？意者其運轉而不能自止邪？雲者爲雨乎？雨者爲雲乎？孰隆施是？孰居無事淫樂而勸是？風起北方，一西一東，有上彷徨，孰噓吸是？孰居無事而披拂是？敢問何故？巫鹹祒曰：「來！吾語女。天有六極五常，帝王順之則治，逆之則凶。九洛之事，治成德備，監照下土，天下戴之，此謂上皇。

漢・劉熙《釋名》卷一《釋天》 災，烖也，火所燒滅之餘曰烖。言其於物如是也。害，割也，如割削物也。

漢・王充《論衡》卷一五《變動篇》 論災異者，已疑於天用災異譴告人矣。更説曰：「災異之至，殆人君以政動天，天動氣以應之。譬之以物擊鼓，以椎扣鐘，鼓猶天，椎猶政，鐘鼓聲猶天之應也。人主爲於下，則天氣隨人而至矣。」

漢・王充《論衡》卷一八《感類篇》 陰陽不和，災變發起，或時先世遺咎，或時氣自然。

宋・任廣《書敘指南》卷一 祥瑞災異時運

四時和曰玉燭氣和。《後漢・西域》。太平時曰清穆之世，蔡邕。又曰清明之世，班固。又曰貞期，姜肱贊。又曰天下密如，崔實。又曰無四方之虞。《左傳》。甘露曰天酒。《神異經》。日食曰日變。《晉・禮志》。日食盡曰日有食之既。《公羊》。禳日食瀀曰伐鼓于社。《左傳・昭公》。君損車服曰降服乘縵。《左傳・成公》。君損膳曰君爲之不舉。《左傳》。君過災罪己曰引災自厚，陳寵。又曰不責臣司。仝上。天火曰災，《左傳・宣公》。人火曰火。仝上。旱災曰旱異，《公羊》。又曰雲漢作旱，《後漢紀》。又曰炕陽，《前漢・五行志》。又曰失雨不時，《前・食貨傳》。又曰炎暵成冷。盧懷慎。近不雨曰比無雨潤。李固。雨遲曰春節未雨。楊震。失火盛曰風怒火盛，岑彭。又曰濫炎妄起。《前・五行志》。物燒盡曰煬而爲姖。潘岳。種麥不得曰宿麥不下。《後漢紀》。洪水曰沈菑。揚雄。蝗蟲曰螽。《前漢・五行志》。以虛弭災曰未撥災異。谷永。瑞星曰景星。《漢書音義》。五星之祥曰若貫珠。《易坤靈圖》上至德之萌。瑞雲曰卿雲。《西京雜記》。風雨時曰祥風甘雨。班固。四時氣和曰玉燭。《爾雅》。日不顯食曰陰食。蔡邕。妖星曰挽攙搶。《漢書音義》。風雨爲害曰風雨菑。孝武。書災祥曰禨祥妖孽。《新序》。

豐凶斂散

歲大豐曰上歲，《史・天官》。又曰上熟，《前・食貨》。又曰大有年。《公羊》。連歲熟曰屢豐年。《詩》。歲粗熟曰僅有年。《公羊》。豐年帶約凶年租曰補敗。《穀梁》。連年不登曰累凶年。上。凶年事多曰歲札事叢。劉禹錫。凶年民流曰民物流遷。陳蕃。災傷水旱曰無年。唐李絳。計人口算斂曰頭會箕斂。陳餘。用内藏物散人曰斥内帑。皇甫湜。一穀不升曰歉，《韓詩外傳》穀。二穀不升曰饑，上。三穀不升曰饉，上。四穀不升曰荒，上。五穀不升曰大侵。上。必當豐曰年歲宜應。杜延年。捕蝗術曰逐蝗之道。應璩書。穀不熟曰饑，《爾雅》。蔬不熟曰饉，上。果不熟曰荒，上。仍饑曰荐。上。凶年不輸税曰歲惡不入。《前・食貨》。書旱曰春種未下，《後・光武》。又曰久旱傷麥。上。大旱曰野無生稼。《春秋考異記》。

宋・李昉等《太平御覽》卷三五《凶荒》 《穀梁傳》曰：一穀不熟謂之歉，二穀不熟謂之饑，三穀不熟謂之饉。《周書》曰：天有四殃，水旱饑荒。其至無時，非積畜何以待之？墨子曰：百穀不收謂之旱，三穀不收謂之凶，四穀不收謂之餽，音匱。五穀不收謂之饑。《爾雅》云：穀不熟爲饑，蔬不熟爲饉。《爾雅》云穀不熟曰饑，蔬不熟曰饉，果不熟爲荒，仍饑爲薦。

論說

《文子》卷下 老子曰：衰世之主，鑽山石，挈金玉，擿礲蜃，消銅鐵，而萬物不滋，刳胎焚郊，覆巢毁卵，鳳凰不翔，麒麟不遊。構木爲臺，焚木而畋；竭澤而漁，積壤而丘處，掘地而井飲，濬川而爲池，築城而爲固，拘獸以爲畜；則陰陽繆戾，四時失序，雷霆毁折，雹霜爲害，萬物焦夭，處於太半，草木夏枯，三川絶而不流。分山川谿谷，使有壤界計人衆寡，使有分數設機械險阻以爲備。制服色等異貴賤。差賢不肖，行賞罰。則兵革起，而忿争生，虐殺不辜，誅罰無罪，於是興矣。

《春秋左傳注疏》卷八 《經》二十有二年春，王正月肆大眚。注：無傳，赦有罪也。易稱赦過宥罪。《書》稱「眚災肆赦」。《傳》稱「肆眚圍鄭」，皆放赦罪人盪滌衆，故以新其心，有時而用之，非制所常，故書。音義眚，所景反。盪音蕩，又作蕩。滌，徒歷反。疏注正義曰：肆大眚者，肆緩也。眚過也。緩縱大過，是赦有罪也。大罪猶赦，則小罪亦赦之。猶今赦書大辟罪以下，悉皆原免也。《易》解卦象云：雷雨作，解君子以赦過宥罪。解卦坎下震上，震爲雷，坎爲雨，雷動雨下，而萬物解散，故君子以此卦象而放赦有過，寬宥罪人也。書稱眚災肆赦。《舜典文》孔安國云，眚過，災害肆緩也。過而有害，當緩赦之。肆眚圍鄭，襄九年傳文也，此諸言肆眚者，皆是放赦罪人蕩滌衆，故除其瑕穢以新其心也，必其國有大患，非赦不解；或上有嘉慶，須布大恩，如是乃行此事。故釋例曰：天有四時，得以成歲。雷霆以振之，霜雪以齊之，春陽以煖之，雲雨以潤之，然後能相育也。天且弗違，而況於人乎？物不可終否，故受之以同人。同人者，與人同也。解天下之至，結成天下之亹，亹肆大眚之謂也。堯曰，咨爾舜有罪，不敢赦。所以須待革命，有時而用之，非制所常，故書之也。

《左傳・昭公元年》 山川之神，則水旱癘疫之災，於是乎禜之。日月星辰之神，則雪霜風雨之不時，於是乎禜之。若君身，則亦出入飲食哀樂之事也，山川星辰之神，又何爲焉？僑聞之，君子有四時：朝以聽政，晝以訪問，夕以修令，夜以安身。於是乎節宣其氣，勿使有所壅閉湫底，以露其體。【略】天有六氣，降生五味，發爲五色，徵爲五聲，淫生六疾。六氣曰陰、陽、風、雨、晦、明也。分爲四時，序爲五節，過則爲災。陰淫寒疾，陽淫熱疾，風淫末疾，雨淫腹疾，晦淫惑疾，明淫心疾。女，陽物而晦時，淫則生内熱惑蠱之疾。今君不節不時，能無及此乎？

《逸周書》卷二《大匡解第十一》 維周王宅程三年，遭天之大荒。作大匡，以詔牧其方，三州之侯咸率。王乃召冢卿、三老、三吏大夫、百執事之人，朝于大庭。問罷病之故，政事之失，刑罰之戾，哀樂之尤，賓客之盛，用度之費，及關市之徵，山林之匱，田宅之荒，溝渠之害，怠惰之過，驕頑之虐，水旱之菑。曰：不穀不德，政事不時，國家罷病，不能胥匡，二三子，尚助不穀，官考厥職，鄉問其人，因其耆老，及其總害，慎問其故，無隱乃情。及某日以告于廟，有不用命，有常不赦。王既發命，入食不舉，百官質方不食饔。及期日質明，王麻衣以朝，朝中無采衣。官考其職，鄉問其利，因謀其菑，旁匡於衆，無敢有違，詰退驕頑，方收不服，慎惟怠惰，什伍相保，動勸游居，事節時茂，農夫任户，户盡夫出。農廩分鄉，鄉命受糧，程課物徵，躬競比藏，藏不粥糴，糴不加均，賦洒其弊，鄉正保貸。成年不償，信誠匡助，以輔殖財。財殖足食，克賦爲徵，數口以食，食均有賦。外食不贍，開關通糧，糧窮不轉，孤寡不廢。滯不轉留，戍城不留。足以守，出旅分均，馳車送逝，旦夕運糧。於是告四方遊旅旁生，忻通所在，津濟道宿，所至如歸。幣租輕，乃作母，以行其子。易資貴賤，以均遊旅，使無滯。無粥熟，無室市，權内外，以立均，無蚤暮，閭次均行。均行衆從，積而勿以罰助均，無使之窮，平均無之，利民不淫。無播蔬，無食種，以數度多少省用。祈而不賓祭，服漱不制。車不雕飾，人不食肉，畜不食穀，國不鄉射，樂不牆合。牆屋有補無作。資農不敗務，非公卿不賓，賓不過具。哭不留日，登降一等。庶人不獨，葬伍有植，送往迎來，亦如之。有不用命，有常不違。

《莊子・秋水》 禹之時，十年九潦而水弗爲加益。湯之時，八年七旱而崖不爲加損。

《吕氏春秋・開春論・愛類》 民寒則欲火，暑則欲冰，燥則欲濕，濕則欲燥。寒暑燥濕相反，其於利民一也。利民豈一道哉？當其時而已矣。

漢・桓寬《鹽鐵論》卷八《水旱》 大夫曰：禹湯，聖主后稷，伊尹賢相也，而有水旱之災。水旱天之所爲饑穰，陰陽之運也，非人力。故太歲之數在陽爲旱，在陰爲水。《天文訓》曰：八尺之景，修徑尺五寸。景脩則陰氣勝，景短則陽氣勝，陰氣勝則爲水，陽氣勝則爲旱。六歲一饑，十二歲一荒，天道固然殆，非獨有司之罪也。

賢良曰：古者，政有德，則陰陽調，星辰理，風雨時。故循行於内，聲聞於外，爲善於下，福應於天。亢倉子楚曰：水陰沴也，陰於國政，類刑人事，類私旱陽過也。陽於國政，類德人事，類盈楚以爲。凡遭水旱，天子宜正刑修德，百官宜去私戒盈，則以類而消，百福日至矣。周公載紀，而天下太平，國無夭傷，歲無荒年。當此之時，雨不破塊，風不鳴條，旬而一雨，雨必以夜，無丘陵高下皆熟。傳曰：國無道，則飄風厲疾，暴雨折木，陰陽錯氛，夏寒冬温，春熱秋榮，日月無光，星辰錯行，民多疾病，國多不祥，羣生不壽，而五穀不登。當成周之時，陰陽調，寒暑平，羣生遂，萬物寧。故曰：其風治，其樂連，其驅馬舒，其民依依，其行遲遲，其意好好。董仲舒曰：太平之世，則風不鳴條，開甲散萌而已。

雨不破塊，潤葉津莖而已。雷不驚人，號令啓發而已。電不眩目，宣示光耀而已。霧不寒望，浸淫被泊而已。雪不封條，凌殄毒害而已。雲則五色，而爲慶三色而成。甭露則結，味而成甘，結潤而成膏。此聖人之在上，則陰陽和，風雨時也。《論衡》曰：太平瑞應，山出車，澤出馬，男女異路，市無二價，耕者讓畔，班白不提挈，關梁不閉道，不搪掠，風不鳴條，雨不破塊，五日一風，十日一雨。《尚書大傳》曰：成王時，越裳重譯而來，朝曰久矣。天之無烈，風迅雨意，中國有聖人乎！《詩》曰：有渰萋萋，興雨祁祁。今不省具所然而曰：陰陽之運也，非所聞也。孟子曰：野有餓殍，不知收也，狗豕食人食，不知檢也。爲民父母，民饑而死，則曰非我也，歲也，何異乎。以刃殺之，則曰非我也，兵也。方今之務，在除饑寒之患，罷鹽鐵，巡權利，分土地，趣本業，養桑麻，盡地力也。寡功節用，則民自富。如是，則水旱不能憂，凶年不能累也。《周書》曰：天有四殃，水旱飢荒。其至無時，非務積聚，何以俻之。《夏箴》曰：小人無兼年之食，遇天飢，妻子非其有也。大夫無兼年之食，遇天飢，臣妾輿馬非其有也。戒之哉，弗思、弗行，至無日矣。不明開塞、禁舍者，其如天下何人各修其學，而尊其名。聖人制之，故諸橫生盡，以養從生，從生盡，以養一文。夫無殺夭胎，無伐不成材，無堕四時。

漢·陸賈《新語》卷下　明誠第十一

惡政生於惡氣，惡氣生於災異。蝮蟲之類，隨氣而生，虹蜺之屬，因政而見。治道失於下，則天文度於上。惡政流於民，則蟲災生於地。賢君智則知隨變，而改緣類，而試思之於(缺三字)變。聖人之理，恩及昆蟲，澤及草木，乘天氣而生，隨寒暑而動，莫不延(缺四字)傾耳，而聽化。聖人察物，無所遺失，上及日月星辰，下至鳥獸草木昆蟲(缺三字)，鷁之退飛，治五石之所損。所以不失纖微，至於鴝鵒，來冬多麋，言鳥獸之類(缺三字)也。十有二月，李梅實，十月殞霜，不煞菽。言寒暑之氣，失其節也。鳥獸草木，尚欲各得其所。故曰：則天之明，因地之利，觀天之化，推演萬事之類，散之於(缺二字)之間。調之以寒暑之節，養之以四時之氣，同之以風雨之化，故絶國異俗莫不知。

思務第十二

分之以度，紀之以節，星不晝見，日不夜照，雷不冬發，霜不夏降。臣不凌君，則陰不(缺二字)陽，盛夏不暑，隆冬不霜，黑氣苞日，彗星楊(缺二字)，虹蜺冬見，蟄蟲夏藏，熒惑亂宿，衆星失行。聖人因天變，而正其失，理其端，而正其本。堯承蚩尤之失，而思欽(缺三字)君子見惡於外則知變於内。

《春秋穀梁傳》卷四　桓公十四年，春，正月，無冰。無冰，時燠也。秋，八月壬申，御廩災。乙亥，嘗。御廩之災不志，此其志何也？以爲唯未易災之餘而嘗可也。志不敬也。天子親耕以共粢盛，王后親蠶以共祭服，國非無良農工女也，以爲人之所盡事其祖禰，不若以己所自親者也。何用見其未易災之餘而嘗也？曰甸粟，而内之三宫，三宫米而藏之御廩，夫嘗必有兼甸之事焉。壬申，御廩災。乙亥嘗。以爲未易災之餘而嘗也。

《春秋穀梁傳》卷一〇　文公三年，秋，雨螽于宋。外災不志，此何以志也？曰，災甚也。其甚奈何？茅茨盡矣。著於上，見於下，謂之雨。

《春秋穀梁傳》卷八　僖公十五年，九月己卯晦，震夷伯之廟。晦，冥也。震，雷也。夷伯，魯大夫也。因此以見天子至於士皆有廟：天子七廟，諸侯五，大夫三，士二。故德厚者流光，德薄者流卑。是以貴始，德之本也；始封必爲祖。

漢·賈誼《新書》卷三《憂民事勢》　王者之法，民三年耕，而餘一年之食。九年而餘三年之食，三十歲而民有十年之蓄。故禹水八年，湯旱七年，甚也。野無青草，而民無饑色，道無乞人，歲復之。後猶禁陳耕，古之爲天下誠有具也。王者之法，國無九年之蓄，謂之不足。無六年之蓄，謂之急。無三年之蓄，曰國非其國也。今漢興三十年矣，而天下愈屈食至寡也。陛下不省邪，未穫耳。富人不貸，貧民且饑。天時不收，請賣宅鬻子。既或聞耳曩頃不雨，令人寒心，一雨爾，慮若更生，天下無蓄。若此，甚極也。其在王法謂之何，必須困至乃慮，窮至乃圖，不亦晚乎？竊伏念之，愈使人悲，然則所謂國無人者，何謂也。有天下而欲其安者，豈欺陛下者哉？上弗自憂，將以誰偷？五歲小康，十歲一凶，三十歲而一大康。蓋曰，大數也。自人人相食至於今，若干年矣。即不幸有方二三千里之旱，天下何以相救？卒然邊境有數十萬衆聚天下，將何以饋之矣？兵旱相承，民填溝壑，剽盗攻擊者興繼而起，中國失救，外敵必駭，一日而及，此之必然，且用事之人未必此省，爲人上弗自省憂。然事困乃驚而督下，曰此天也，可奈何？事既無如憂之何，及方今，始秋時，可善爲。陛下少間，可使臣從丞相、御史計之。臣議詔，所自用秩二千石。上雖幸使誼計，勿厚疏，殆無傷也有時矣。

漢·戴德《大戴禮記》卷一一　于是降之災，水旱臻焉，霜雪大薄，甘露不降，百草蔫黄，五穀不升，民多夭疾，六畜餼胔。此太上之不論，不議也。

漢·戴德《大戴禮記》卷一三　王者，動必以道，静必以理。動不以道，静不以理，則自夭而不壽，訞孽數起，神靈不見，風雨不時，暴風水旱竝興，人民夭死，五穀不滋，六畜不蕃息。

《禮記註疏》卷四六《祭法》 燔柴於泰壇，祭天也。瘞埋於泰折，祭地也。用騂犢。注：壇折封土爲祭處也。壇之言坦也，坦明貌也，折炤晳也，必爲炤明之名，尊神也。地陰祀用黝牲，與天俱用犢，連言爾。

埋少牢於泰昭，祭時也。相近於坎壇，祭寒暑也。王宮，祭日也。夜明，祭月也。幽宗，祭星也。雩宗，祭水旱也。四坎壇，祭四方也。山林、川谷、丘陵，能出雲爲風雨，見怪物，皆曰神。有天下者，祭百神。諸侯在其地則祭之，亡其地，則不祭。注：昭明也，亦謂壇也。時四時也，亦謂陰陽之神也。埋之者，陰陽出入於地中也。凡此以下，皆祭。用少牢相近，當爲禳祈聲之誤也。禳猶卻也，祈求也。寒暑不時，則或禳之，或祈之。寒於坎，暑於壇，王宮曰壇，王君也。日稱君宮壇營域也，夜明亦謂月壇也。宗皆當爲禜字之誤也。幽禜亦謂星壇也。星以昏始見禜之，言營也。雩禜亦謂水旱壇也。雩之言，吁嗟也。《春秋傳》曰：日月星辰之神，則雪霜風雨之不時，於是乎禜之山川之神。則水旱癘疫之不時，於是乎禜之四方，即謂山林、川谷、丘陵之神也。祭山林、丘陵於壇，川谷於坎，每方各爲坎，爲壇怪物雲氣非常見者也。有天下謂天子也，百者假成數也。

漢·司馬遷《史記》卷二九《河渠書》 自河決瓠子後二十餘歲，歲因以數不登，而梁楚之地尤甚。天子既封禪巡祭山川，其明年，旱，乾封少雨。天子乃使汲仁、郭昌發卒數萬人塞瓠子決。於是天子已用事萬里沙，則還自臨決河，沈白馬玉璧于河，令羣臣從官，自將軍已下皆負薪寘決河。是時東郡燒草，以故薪柴少，而下淇園之竹以爲楗。

天子既臨河決，悼功之不成，乃作歌曰：【略】於是卒塞瓠子，築宮其上，名曰宣房宮。而道河北行二渠，復禹舊迹，而梁、楚之地復寧，無水災。

漢·司馬遷《史記》卷三〇《平準書》 孝景時，上郡以西旱，亦復脩賣爵令，而賤其價以招民；及徒復作，得輸粟縣官以除罪。益造苑馬以廣用，而宮室列觀輿馬益增脩矣。

至今上即位數歲，漢興七十餘年之閒，國家無事，非遇水旱之災，民則人給家足，都鄙廩庾皆滿，而府庫餘貨財。京師之錢累巨萬，貫朽而不可校。太倉之粟陳陳相因，充溢露積於外，至腐敗不可食。衆庶街巷有馬，阡陌之閒成羣，而乘字牝者儐而不得聚會。守閭閻者食粱肉，爲吏者長子孫，居官者以爲姓號。故人人自愛而重犯法，先行義而後絀恥辱焉。當此之時，網疏而民富，役財驕溢，或至兼并豪黨之徒，以武斷於鄉曲。宗室有土公卿大夫以下，爭于奢侈，室廬輿服僭于上，無限度。物盛而衰，固其變也。

漢·司馬遷《史記》卷三三《魯周公世家》 周公卒後，秋未穫，暴風雷（雨），禾盡偃，大木盡拔。周國大恐。成王與大夫朝服以開金縢書，王乃得周公所自以爲功代武王之説。二公及王乃問史百執事，史百執事曰：「信有，昔周公命我勿敢言。」成王執書以泣，曰：「自今後其無繆卜乎！昔周公勤勞王家，惟予幼人弗及知。今天動威以彰周公之德，惟朕小子其迎，我國家禮亦宜之。」王出郊，天乃雨，反風，禾盡起。二公命國人，凡大木所偃，盡起而築之。歲則大孰。於是成王乃命魯得郊祭文王。魯有天子禮樂者，以褒周公之德也。

漢·司馬遷《史記》卷三九《晉世家》 四年，晉饑，乞糴於秦。繆公問百里奚，百里奚曰：「天菑流行，國家代有，救菑恤鄰，國之道也。與之。」邳鄭子豹曰：「伐之。」繆公曰：「其君是惡，其民何罪！」卒與粟，自雍屬絳。

五年，秦饑，請糴於晉。晉君謀之，慶鄭曰：「以秦得立，已而倍其地約。晉饑而秦貸我，今秦饑請糴，與之何疑而謀之！」虢射曰：「往年天以晉賜秦，秦弗知取而貸我。今天以秦賜晉，晉其可以逆天乎？遂伐之。」惠公用虢射謀，不與秦粟，而發兵且伐秦。秦大怒，亦發兵伐晉。

六年春，秦繆公將兵伐晉。晉惠公謂慶鄭曰：「秦師深矣，奈何？」鄭曰：「秦內君，君倍其賂；晉饑秦輸粟，秦饑而晉倍之，乃欲因其饑伐之：其深不亦宜乎！」晉卜御右，慶鄭皆吉。公曰：「鄭不孫。」乃更令步陽御戎，家僕徒爲右，進兵。九月壬戌，秦繆公、晉惠公合戰韓原。惠公馬鷙不行，秦兵至，公窘，召慶鄭爲御。鄭曰：「不用卜，敗不亦當乎！」遂去。

漢·司馬遷《史記》卷四〇《楚世家》 二十七年春，吴伐陳，楚昭王救之，軍城父。十月，昭王病於軍中，有赤雲如鳥，夾日而蜚。昭王問周太史，太史曰：「是害於楚王，然可移於將相。」將相聞是言，乃請自以身禱於神。昭王曰：「將相，孤之股肱也，今移禍，庸去是身乎！」弗聽。卜而河爲祟，大夫請禱河。昭王曰：「自吾先王受封，望不過江、漢，而河非所獲罪也。」止不許。孔子在陳，聞是言，曰：「楚昭王通大道矣。其不失國，宜哉！」

漢·司馬遷《史記》卷一二九《貨殖列傳》 昔者越王句踐困於會稽之上，乃用范蠡、計然。計然曰：「知鬭則修備，時用則知物，二者形則萬貨之情可得而觀已。故歲在金，穰；水，毁；木，饑；火，旱。旱則資舟，水則盗車，物之理也。

六歲穰，六歲旱，十二歲一大饑。夫糶，二十病農，九十病末。末病則財不出，農病則草不辟矣。上不過八十，下不減三十，則農末俱利，平糶齊物，關市不乏，治國之道也。積著之理，務完物，無息幣。以物相貿，易腐敗而食之貨勿留，無敢居貴。論其有餘不足，則知貴賤。貴上極則反賤，賤下極則反貴。貴出如糞土，賤取如珠玉。財幣欲其行如流水。」修之十年，國富，厚賂戰士，士赴矢石，如渴得飲，遂報彊吳，觀兵中國，稱號「五霸」。

又 白圭，周人也。當魏文侯時，李克務盡地力，而白圭樂觀時變，故人棄我取，人取我與。夫歲孰取穀，予之絲漆；繭出取帛絮，予之食。太陰在卯，穰；明歲衰惡。至午，旱；明歲美。至酉，穰；明歲衰惡。至子，大旱；明歲美，有水。至卯，積著率歲倍。欲長錢，取下穀；長石斗，取上種。能薄飲食，忍嗜欲，節衣服，與用事僮僕同苦樂，趨時若猛獸摯鳥之發。故曰：「吾治生產，猶伊尹、呂尚之謀，孫吳用兵，商鞅行法是也。是故其智不足與權變，勇不足以決斷，仁不能以取予，彊不能有所守，雖欲學吾術，終不告之矣。」蓋天下言治生祖白圭。白圭其有所試矣，能試有所長，非苟而已也。

漢・劉向《新序》卷二《雜事》 梁君出獵，見白雁羣，梁君下車彀弓欲射之。道有行者，梁君謂行者止，行者不止，白雁羣駭。梁君怒，欲射行者。其御公孫襲下車撫矢曰：君止。梁君忿然作色而怒曰：襲不與其君，而顧與他人，何也？公孫襲對曰：昔齊景公之時，天大旱三年，卜之曰：必以人祠乃雨。景公下堂頓首曰：凡吾所以求雨者，爲吾民也。今必使吾以人祠，乃且雨，寡人將自當之。言未卒，而天大雨方千里者，何也？爲有德於天，而惠於民也。今主君以白雁之故，而欲射人，襲謂主君言，無異於虎狼。梁君援其手，與上車，歸入廟門，呼萬歲。曰：幸哉，今日也，他人獵皆得禽獸，吾獵得善言而歸。

《易緯辨終備》 雪霜水疾，旱饑喪地，動山崩淪，慧隕，物恡悖淫。負之傍害，水決，江德潰河空移徙赤黃。箕風飄石，折拔樹，酷深。長大卒嬉，暴大暘。解裂珥偶，虹霓萎行。

漢・趙煜《吴越春秋》卷五《勾踐陰謀外傳第九》 十三年，越王謂大夫種曰：孤蒙子之術，所圖者吉，未嘗有不合也。今欲復謀吴，奈何？種曰：君王自陳，越國微鄙，年穀不登，願王請糴以入其意。天若棄吴，必許王矣。越乃使大夫種使吴。因宰嚭求見，吴王辭曰：越國洿下水旱不調，年穀不登，人民飢乏，道荐饑餒，願從大王，請糴來歲，即復太倉，惟大王救其窮窘。【略】子胥曰：臣聞士窮非難抑心下人，其後有激人之色。臣聞越王饑餓，民之困窮可因而破也。今不用天之道，順地之理而反輸之食，固君之命狐雉之相戲也。夫孤卑體而雉信之，故狐得其志而雉必死，可不慎哉？

漢・王充《論衡》卷四《變虚篇》 宋、衛、陳、鄭之俱災也，氣變見天。梓慎知之，請於子產，有以除之，子產不聽。天道當然，人事不能卻也。使子產聽梓慎，四國能無災乎？堯遭鴻水時，臣必有梓慎、子韋之知矣。然而不卻除者，堯與子產同心也。案，子韋之言曰：熒惑，天使也。心，宋分野也。禍當君。審如此言，禍不可除，星不可卻也。若夫寒温失和，風雨不時，政事之家，謂之失誤所致，可以善政賢行變而復也。

漢・王充《論衡》卷五《異虚篇》 見春之微葉，知夏有莖葉。覩秋之零實，知冬之枯萃。桑穀之生，其猶春葉秋實也，必然猶驗之。【略】說災異之家以爲天有災異者，所以譴告王者，信也。夫王者有過，異見於國。不改，災見草木。不改，災見於五穀。不改，災至身。《左氏春秋傳》曰：國之將亡，鮮不五稔。災見於五穀，五穀安得熟？不熟，將亡之徵。災亦有且亡五穀不熟之應。天不熟，或爲災，或爲福。禍福之實未可知，桑穀之言安可審。論說之家著於書記者皆云：天雨穀者凶。《書》傳曰：蒼頡作書，天雨穀，鬼夜哭。此方凶惡之應和者，天何用成穀之道，從天降而和，且猶謂之善，況所成之穀從雨下乎。極論訂之，何以爲凶？夫陰陽和則穀稼成，不則被災害。陰陽和者，穀之道也，何以謂之凶？絲成帛，縷成布。賜人絲縷，猶爲重厚，況遺人以成帛與織布乎。夫絲縷猶陰陽，帛布猶成穀也。賜人帛不謂之惡，天與之穀何故謂之凶？夫雨穀吉凶未可定，桑穀之言未可知也。

漢・王充《論衡》卷一〇《非韓篇》 使禮義廢，綱紀敗，上下亂而陰陽繆，水旱失時，五穀不登，萬民飢死，農不得耕，士不得戰也。子貢去告朔之餼羊。孔子曰：賜也，爾愛其羊，我愛其禮。子貢惡費羊，孔子重廢禮也。故以舊防爲無益而去之，必有水災。以舊禮爲無補而去之，必有亂患。

漢・王充《論衡》卷一五《明雩篇》 變復之家，以久雨爲湛，久暘爲旱。旱應亢陽，湛應沈溺。或難曰：夫一歲之中，十日者一雨，五日者一風。雨頗留，湛之兆也。暘頗久，旱之漸也。湛之時，人君未必沈溺也。旱之時，未必亢陽也。人君爲政，前後若一。然而一湛一旱，時氣也。范蠡、計然曰：太歲在子水，毀。金，穰。木，饑。火，旱。夫如是，水旱饑穰，有歲運也。歲直其運，氣當其世，變復之家，指而名之。人君用其言，求過自改。暘久自雨，雨久自暘，變復之家，遂名其功。人君然之，遂信其術。試使人君恬居安處不求己過，天猶自雨，雨猶自暘。暘濟雨濟之時，人君無事，變復之家，猶名其術。是則陰陽之氣，以人爲主，不說於天也。夫人不能以行感天，天亦不隨行而應人。

春秋，魯大雩，旱求雨之祭也。旱久不雨，禱祭求福，若人之疾病祭神解禍矣。此變復也。《詩》云：月離于畢，比滂沲矣。《書》曰：月之從星，則以風雨。然則風雨隨月所離從也。房星四表三道，日月之行，出入三道。出北則湛，出南則旱。或言出北則旱，南則湛。案月爲天下占，房爲九州候。月之南北，非獨爲魯也。孔子出，使子路齎雨具。有頃，天果大雨。子路問其故，孔子曰：昨暮月離于畢。後日，月復離畢。孔子出，子路請齎雨具，孔子不聽，出果無雨。子路問其故，孔子曰：昔日，月離其陰，故雨。昨暮，月離其陽，故不雨。夫如是，魯雨自以月離，豈以政哉？如審以政令，月離于畢爲雨占，天下共之。魯雨，天下亦宜皆雨。六國之時，政治不同，人君所行賞罰異時，必以雨爲應政令，月離六七畢星，然後足也。魯繆公之時，歲旱。繆公問縣子：天旱不雨，寡人欲暴巫，奚如？縣子不聽。欲徙市，奚如？對曰：天子崩，巷市七日。諸公薨，巷市五日。爲之徙市，不亦可乎？案縣子之言，徙市得雨也。案詩、書之文，月離星得雨。日月之行，有常節度，肯爲徙市故，離畢之陰乎？夫月畢，天下占。徙魯之市，安耐移月？月之行天，三十日而周。一月之中，一過畢星，離陽則陽。假令徙市之感，能令月離畢陽，其時徙市而得雨乎？夫如縣子言，未可用也。

董仲舒求雨，申《春秋》之義，設虛立祀，父不食於枝庶，天不食於下地。諸侯雩禮所祀，未知何神。如天神也，唯王者天乃歆，諸侯及今長吏，天不享也。神不歆享，安耐得神？如雲雨者氣也，雲雨之氣，何用歆享？觸石而出，膚寸而合，不崇朝而徧雨天下，泰山也。泰山雨天下，小山雨國邑。然則大雩所祭，豈祭山乎？假令審然，而不得也，何以效之？水異川而居，相高分寸，不決不流，不鑿不合。誠令人君禱祭水旁，能令高分寸之水流而合乎？夫見在之水，相差無幾，人君請之，終不耐行。況雨無形兆，深藏高山，人君雩祭，安耐得之？夫雨水在天地之間也，猶夫涕泣在人形中也。或賚酒食請於惠人之前，求出其泣，惠人終不爲之隕涕。夫泣不可請而出，雨安可求而得？雍門子悲哭，孟嘗君爲之流涕。蘇秦、張儀悲説坑中，鬼谷先生泣下沾襟。或者儻可爲雍門之聲，出蘇張之説以感天乎？天又耳目高遠，音氣不通。杞梁之妻，又已悲哭，天不雨而城反崩。夫如是，竟當何以致雨？雩祭之家，何用感天？案月出北道，離畢之陰，希有不雨。由此言之，北道，畢星之所在也。北道星肯爲雩祭之故，下其雨乎？孔子出，使子路齎雨具之時，魯未必雩祭也。不祭，沛然自雨。不求，曠然自暘。夫如是，天之暘雨，自有時也。一歲之中，暘雨連屬，當其雨也，誰求之者？當其暘也，誰止之者？人君聽請，以安民施恩，必非賢也。天至賢矣，時未當雨，爲請求之故，妄下其雨，人君聽請之類也。

變復之家，不推類驗之，空張法術，惑人君。或未當雨，而賢君求之而不得。或適當自雨，惡君求之，遭遇其時。是使賢君受空責，而惡君蒙虛名也。世稱聖人純而賢者駮，純則行操無非，無非則政治無失。然而世之聖君，莫有如堯、湯。堯遭洪水，湯遭大旱。如謂政治所致，堯、湯惡君也。如非政治，是運氣也。運氣有時，安可請求？世之論者，猶謂堯、湯水旱。水旱者，時也，其小旱湛皆政也。假令審然，何用致湛，審以政致之，不脩所以失之，而從請求，安耐復之？世審稱堯、湯水旱，天之運氣，非政所致。夫天之運氣，時當自然，雖雩祭請求，終無補益。而世又稱湯以五過禱於桑林，時立得雨。夫言運氣，則桑林之説絀。稱桑林，則運氣之論消。世之説稱者，竟當何由？救水旱之術，審當何用？

夫災變，大抵有二：有政治之災，有無妄之變。政治之災，須耐求之，求之雖不耐得，而惠愍惻隱之恩，不得已之意也。慈父之於子，孝子之於親，知病不祀神，疾痛不和藥，又知病之必不可治，治之無益，然終不肯安坐待絶，猶卜筮求祟，召毉和藥者，惻痛慇懃，冀有驗也。既死氣絶，不可如何，升屋之危，以衣招復，悲恨思慕，冀其悟也。雩祭者之用心，慈父孝子之用意也。無妄之災，百民不知，必歸於主。爲政治者慰民之望，故亦必雩。

問：政治之災，無妄之變，何以別之？曰：德酆政得，災猶至者，無妄也。德衰政失，變應來者，政治也。夫政治則外雩而內改，以復其虧。無妄則內守舊政，外脩雩禮，以慰民心。故夫無妄之氣，歷世時至，當固自一，不宜改政。何以驗之？周公爲成王陳立政之言曰：時則物有間之，自一話一言，我則末維成德之彥，以乂我受民。周公立政，可謂得矣。知非常之物，不賑不至，故勑成王自一話一言，政事無非，毋敢變易。然則非常之變，無妄之氣，間而至也。水氣間堯，旱氣間湯。周宣以賢，遭遇久旱。建初孟季，北州連旱，牛死民乏，放流就賤。聖主寬明於上，百官共職於下，太平之明時也。政無細非，旱猶有，氣間之也。聖主知之，不改政行，轉穀賑贍，損酆濟耗。斯見之審明，所以救赴之者得宜也。魯文公間，歲大旱，臧文仲曰：脩城郭，貶食省用，務嗇勸分。文仲知非政，故徒脩備，不改政治。變復之家，見變輒歸於政，不揆政之無非，見異懼惑，變易操行，以不宜改而變，秖取災焉。

何以言必當雩也？曰：春秋大雩，傳家在宣《公羊》、《穀梁》無譏之文，當雩明矣。曾皙對孔子言其志曰：暮春者，春服既成，冠者五六人，童子六七人，浴乎沂，風乎舞雩，詠而歸。孔子曰：吾與點也。魯設雩祭於沂水之上。暮者，晚也。春謂四月也。春服既成，謂四月之服成也。冠者、童子，雩祭樂人也。浴乎沂，涉沂水也，象龍之從水中出也。風乎舞雩，風，歌也。詠而饋，詠歌饋祭也，歌詠而祭也。説論之家，以爲浴者，浴沂水中也，風乾身也。周之四月，正歲二月也，尚寒，安得浴而風乾身？由此言之，涉水不浴，雩祭審矣。《春秋左氏傳》曰：啓蟄而雩。又曰：龍見而雩，啓蟄龍見。皆二月也。春二月雩，秋八月亦雩。春祈穀雨，秋祈穀實。當今靈星，秋之雩也。春雩廢，秋雩在。故靈星之祀，歲雩祭也。孔子曰：吾與點也。善點之言，欲以雩祭調和陰陽，故與之也。使雩失正，點欲爲之，孔子宜非，不當與也。樊遲從游，感雩而問，刺魯不能崇德而徒雩也。

夫雩，古而有之。故《禮》曰：雩祭，祭水旱也。故有雩禮，故孔子不譏，而仲舒申之。夫如是，雩祭，祀禮也。雩祭得禮，則大水鼓用牲于社，亦古禮也。得禮無非，當雩一也。禮祭也社，報生萬物之功。土地廣遠，難得辨祭，故立社爲位，主心事之。爲水旱者，陰陽之氣也。滿六合難得盡祀，故脩壇設位，敬恭祈求，效事社之義，復災變之道也。推生事死，推人事鬼。陰陽精氣，儻如生人能飲食乎？故共馨香，奉進旨嘉，區區惓惓，冀見荅享。推祭社言之，當雩二也。歲氣調和，災害不生，尚猶而雩。今有靈星，古昔之禮也。況歲氣有變，水旱不時，人君之懼，必痛甚矣。雖有靈星之祀，猶復雩，恐前不備，形繹之義也。冀復災變之虧，獲酆穰之報，三也。禮之心悃愊，樂之意歡忻。悃愊以玉帛效心，歡忻以鐘鼓驗意。雩祭請祈，人君精誠也。精誠在内，無以效外。故雩祀盡已惶懼，關納精心於雩祀之前，玉帛鐘鼓之義，四也。臣得罪於君，子獲過於父，比自改更，且當謝罪惶懼。於旱如政治所致，臣子得罪獲過之類也。默改政治，潛易操行，不彰於外，天怒不釋。故必雩祭，惶懼之義，五也。漢立博士之官，師弟子相訶難，欲極道之深，形是非之理也。不出横難，不得從説。不發苦詰，不聞甘對。導才低仰，欲求裨也。砥石劘厲，欲求銛也。推春秋之義，求雩祭之説，實孔子之心，考仲舒之意，孔子既殁，仲舒已死，世之論者，孰當復問？唯若孔子之徒，仲舒之黨，爲能説之。

漢・王充《論衡》卷一五《順鼓篇》 《春秋》之義，大水，鼓用牲于社。説者曰：鼓者，攻之也。或曰：脅之。脅則攻矣，陽勝攻社以救之。或難曰：攻社，謂得勝負之義。未可得順義之節也。人君父事天，母事地。母之黨類爲害，可攻母以救之乎？以政令失道陰陽繆盭者，人君也。不自攻以復之，反逆節以犯尊，天地安肯濟？使湛水害傷天，不以地害天，攻之可也。今湛水所傷，物也。萬物於地，卑也。害犯至尊之體，於道違逆，論《春秋》者，曾不知難。案雨出於山，流入於川，湛水之類，山川是矣。大水之災，不攻山川。社，土也。五行之性，水土不同。以水爲害而攻土，土勝水。攻社之義，母乃如今世工匠之用椎鑿也？以椎擊鑿，令鑿穿木。今儻攻土令厭水乎？且夫攻社之義，以爲攻陰之類也。甲爲盗賊，傷害人民，甲在不亡，舍甲而攻乙之家，耐止甲乎？今雨者，水也。水在，不自攻水，而乃攻社。案天將雨，山先出雲，雲積爲雨，雨流爲水。然則山者，父母。水者，子弟也。重罪刑及族屬，罪父母子弟乎？罪其朋徒也。計山水與社，俱爲雨類也，孰爲親者？社，土也。五行異氣，相去遠。

殷太戊桑穀俱生。或曰：高宗恐駭，側身行道，思索先王之政，興滅國，繼絶世，舉逸民，明養老之義，桑穀消亡，享國長久。此説者，春秋所共聞也。水災與桑穀之變何以異？殷王改政，春秋攻社，道相違反，行之何從？周成王之時，天下雷雨，偃禾拔木，爲害大矣。成王開金縢之書，求索行事，得周公之功，執書以泣，遏雨止風，反禾，大木復起。大雨久湛，其實一也。成王改過，春秋攻社，兩經二義，行之如何？

月令之家，蟲食穀稼，取蟲所類象之吏，笞擊僇辱以滅其變。實論者謂之未必真是，然而爲之，厭合人意。今致雨者，政也、吏也，不變其政，不罪其吏，而徒攻社，何能復塞？苟以爲當攻其類，衆陰之精，月也，方諸鄉月，水自下來，月離于畢，出房北道，希有不雨。月中之獸，兔、蟾蜍也。其類在地，螺與蚄也。月毁於天，螺蚄陷缺，同類明矣。雨久不霽，攻陰之類，宜捕斬兔、蟾蜍，椎破螺蚄，爲其得實。蝗蟲時至，或飛或集，所集之地，穀草枯索。吏卒部民，塹道作埳，榜驅内於塹埳，杷蝗積聚以千斛數，正攻蝗之身，蝗猶不止。況徒攻陰之類，雨安肯霽？

《尚書大傳》曰：煙氛郊社不脩，山川不祝，風雨不時，霜雪不降，責於天公。

臣多弑主,孽多殺宗,五品不訓,責於人公。城郭不繕,溝池不脩,水泉不隆,水爲民害,責於地公。王者三公,各有所主。諸侯卿大夫,各有分職。大水不責卿大夫而擊鼓攻社,何知不然,魯國失禮,孔子作經,表以爲戒也。公羊高不能實,董仲舒不能定,故攻社之義,至今復行之。使高尚生,仲舒未死,將難之曰:久雨湛水溢,誰致之者?使人君也,宜改政易行以復塞之。如人臣也,宜罪其人以過解天。如非君臣,陰陽之氣偶時運也,擊鼓攻社,而何救止?

《春秋》説曰:人君亢陽致旱,沈溺致水。夫如是,旱則爲沈溺之行,水則爲亢陽之操,何乃攻社?攻社不解,朱絲縈之,亦復未曉。説者以爲社陰,朱陽也,水陰也,以陽色縈之,助鼓爲救。夫大山失火,灌以壅水,衆知不能救之者,何也?火盛水少,熱不能勝也。今國湛水,猶大山失火也。以若繩之絲,縈社爲救,猶以壅水灌大山也。

原天心以人意,狀天治以人事。人相攻擊,氣不相兼,兵不相負,不能取勝。今一國水,使真欲攻陽,以絶其氣,悉發國人操刀把杖以擊之。若歲終逐疫,然後爲可。楚、漢之際,六國之時,兵革戰攻,力彊則勝,弱劣則負。攻社一人擊鼓,無兵革之威,安能救雨?

夫一暘一雨,猶一晝一夜也。其遭若堯、湯之水旱,猶一冬一夏也。如或欲以人事祭祀復塞其變,冬求爲夏,夜求爲晝也。何以效之?久雨不霽,試使人君高枕安卧,雨猶自止。止久至於大旱,試使人君高枕安卧,旱猶自雨。何則?暘極反陰,陰極反暘。故夫天地之有湛也,何以知不如人之有水病也?其有旱也,何以知不如人有痺疾也?禱請求福,終不能愈,變操易行,終不能救。使醫食藥,冀可得愈,命盡期至,醫藥無效。

堯遭洪水,春秋之大水也,聖君知之,不禱於神,不改乎政,使禹治之,百川東流。夫堯之使禹治水,猶病水者之使醫也。然則堯之洪水,天地之水病也。禹之治水,洪水之良醫也。説者何以易之?攻社之義,於事不得。雨不霽,祭女媧,於禮何見?伏羲、女媧俱聖者也。舍伏羲而祭女媧,春秋不言。董仲舒之議,其故何哉?夫春秋經但言鼓,豈言攻哉?説者見有鼓文,則言攻矣。夫鼓未必爲攻,説者用意異也。【略】大水用鼓,或時再告社,陰之太盛,雨湛不霽。陰盛陽微,非道之宜,口祝不副,以鼓自助,與日食鼓用牲于社,同一義也。俱爲告急,彰陰盛也。事大而急者用鐘鼓,小而緩者用鈴篍,彰事告急,助口氣也。大道難知,大水久湛,假令政治所致,猶先告急,乃斯政行。【略】擊鼓之人,伐如何耳。使誠若申包胥,一人擊得。假令一人擊鼓,將耐令社與秦王同感,以土勝水之威,却止雲雨。雲雨氣得與吴同,恐消散入山,百姓被害者得蒙霽晏,有楚國之安矣。迅雷風烈,君子必變,雖夜必興,衣冠而坐,懼感變異也。

夫水旱猶雷風也,雖運氣無妄,欲令人君高枕幄卧,幄字一本作据以俟其時,無惻怛憂民之心。堯不用牲,或時上世質也。倉頡作書,奚仲作車,可以前代之時,無書車之事,非後世爲之乎?時同作殊,事乃可難。異世易俗,相非如何。俗圖畫女媧之象爲婦人之形,又其號曰女。仲舒之意,殆謂女媧古婦人帝王者也。男陽而女陰,陰氣爲害,故祭女媧求福祐也。《傳》又言:共工與顓頊争爲天子,不勝,怒而觸不周之山,使天柱折,地維絶。女媧消煉五色石以補蒼天,斷鼇之足以立四極。仲舒之祭女媧,殆見此傳也。本有補蒼天、立四極之神,天氣不和,陽道不勝,儻女媧以精神助聖王止雨湛乎?

漢·王充《論衡》卷一六《亂龍篇》 董仲舒申春秋之雩,設土龍以招雨,其意以雲龍相致。《易》曰:雲從龍,風從虎。以類求之,故設土龍。陰陽從類,雲雨自至。儒者或問曰:夫易言雲從龍者,謂真龍也,豈謂土哉?楚葉公好龍,墻壁槃盂皆畫龍,必以象類爲若真,是則葉公之國常有雨也。《易》又曰:風從虎。謂虎嘯而谷風至也。風之與虎,亦同氣類。設爲土虎,置之谷中,風能至乎?夫土虎不能而致風,土龍安能而致雨?古者畜龍,乘車駕龍,故有豢龍氏、御龍氏。夏后之庭,二龍常在,季年夏衰,二龍低伏。真龍在地,猶無雲雨,況僞象乎?禮,畫雷樽象雷之形,雷樽不聞能致雷,土龍安能而動雨?頓牟掇芥,磁石引針,皆以其真是,不假他類。他類肖似,不能掇取者,何也?氣性異殊,不能相感動也。

劉子駿掌雩祭,典土龍事,桓君山亦難以頓牟、磁石不能真是,何能掇針、取芥。子駿窮,無以應。子駿,漢朝智囊,筆墨淵海,窮無以應者,是事非議誤,不得道理實也。曰:夫以非真難,是也。不以象類説,非也。夫東風至,一有感字酒湛溢。鯨魚死,彗星出,天道自然,非人事也。事與彼雲龍相從,同一實也。日,火也。月,水也。水火感動,常以真氣。今伎道之家,鑄陽燧取飛火於日,作方諸取水於月,非自然也,而天然之也。土龍亦非真,何爲不能感天?一也。

陽燧取火於天,五月丙午日中之時,消煉五石,鑄以爲器,乃能得火。今妄取刀劍偃月之鉤,摩以向日,亦能感天。夫土龍既不得比於陽燧,當與刀劍偃月鈎爲比。二也。

齊孟常君夜出秦關，關未開，客爲鷄鳴而真鷄鳴和之。夫雞可以姦聲感，則雨亦可以僞象致。三也。

李子長爲政，欲知囚情，以梧桐爲人，象囚之形。鑿地爲埳，以盧爲槨，卧木囚其中。囚罪正則木囚不動；囚冤侵奪，木囚動出。不知囚之精神著木人乎，將精神之氣動木囚也？夫精神感動木囚，何爲獨不應從土龍？四也。

舜以聖德，入大麓之野，虎狼不犯，蟲蛇不害。禹鑄金鼎象百物，以入山林，亦辟凶殃。論者以爲非實，然而上古久遠，周鼎之神，不可無也。夫金與土，同五行也，使作土龍者如禹之德，則亦將有雲雨之驗。五也。

頓牟掇芥，磁石、鉤象之石非頓牟也，皆能掇芥；土龍亦非真，當與磁石、鈎象爲類。六也。

楚葉公好龍，墻壁盂樽皆畫龍象，真龍聞而下之。夫龍與雲雨同氣，故能感動，以類相從。葉公以爲畫致真龍，今獨何以不能致雲雨？七也。

神靈示人以象不以實，故寢卧夢悟見事之象。將吉，吉象來。將凶，凶象至。神靈之氣，雲雨之類。八也。

神靈以象見實，土龍何獨不能以僞致真也？上古之人，有神荼、鬱壘者，昆弟二人，性能執鬼，居東海度朔山上，立桃樹下，簡閲百鬼。鬼無道理，妄爲人禍，荼與鬱壘縛以盧索，執以食虎。故今縣官斬桃爲人，立之户側。畫虎之形，著之門闌。夫桃人非荼、鬱壘也，畫虎非食鬼之虎也，刻畫效象，冀以禦凶。今土龍亦非致雨之龍，獨信桃人畫虎，不知土龍。九也。

此尚因緣昔書，不見實驗。魯般、墨子刻木爲鳶，蜚之三日而不集，爲之巧也。使作土龍者若魯般、墨子，則亦將有木鳶蜚不集之類。夫蜚鳶之氣，雲雨之氣也。氣而蜚木鳶，何獨不能從土龍？十也。

夫雲雨之氣也，知於蜚鳶之氣，未可以言。釣者以木爲魚，丹漆其身，近之水流而擊之，起水動作，魚以爲真，並來聚會。夫丹木非真魚也，魚含血而有知，猶爲象至。雲雨之知，不能過魚。見土龍之象，何能疑之？十一也。

此尚魚也，知不如人。匈奴敬畏郅都之威，刻木象都之狀，交弓射之，莫能一中，不知都之精神在形象邪，亡也將匈奴敬鬼精神在木也？如都之精神在形象，天龍之神亦在土龍。如匈奴精在於木人，則雩祭者之精亦在土龍。十二也。

金翁叔，休屠王之太子也，與父俱來降漢，父道死，與母俱來，拜爲騎都尉。母死，武帝圖其母於甘泉殿上，署曰休屠王焉提。翁叔從上上甘泉，拜謁起立，向之泣涕沾襟，久乃去。夫圖畫，非母之實身也，因見形象，涕泣輒下，思親氣感，不待實然也。夫土龍猶甘泉之圖畫也，雲雨見之，何爲不動。十三也。

此尚夷狄也。有若似孔子，孔子死，弟子思慕，共坐有若孔子之座。弟子知有若非孔子也，猶共坐而尊事之。雲雨之知，使若諸弟子之知，雖知土龍非真，然猶感動，思類而至。十四也。

有若，孔子弟子，疑其體象，則謂相似。孝武皇帝幸李夫人，夫人死，思見其形。道士以術爲李夫人，夫人步入殿門，武帝望見，知其非也，然猶感動，喜樂近之。使雲雨之氣，如武帝之心，雖知土龍非真，然猶愛好感起而來。十五也。

既效驗有十五，又亦有義四焉。立春東耕。爲土象人，男女各二人，秉耒把鋤。或立土牛，未必能耕也。順氣應時，示率下也。今設土龍，雖知不能致雨，亦當夏時以類應變，與立土人土牛同。一也。

禮，宗廟之主，以木爲之，長尺二寸，以象先祖。孝子入廟，主心事之，雖知木主非親，亦當盡敬。有所主事，土龍與木主同。雖知非真，示當感動，立意於象。二也。

塗車、芻靈，聖人知其無用，示象生存，不敢無也。夫設土龍知其不能動雨也，示若塗車、芻靈而有致。三也。

天子射熊，諸侯射麋，卿大夫射虎豹，士射鹿豕，示服猛也。名布爲侯，示射無道諸侯也。夫畫布爲熊麋之象，名布爲侯，禮貴意象，示義取名也。土龍亦夫熊麋布侯之類。四也。

夫以象類有十五驗，以禮示意有四義。仲舒覽見深鴻，立事不妄，設土龍之象，果有狀也。龍暫出水，雲雨乃至。古者畜龍御龍常存無雲雨，猶舊交相闊遠，卒然相見，歡欣歌笑，或至悲泣涕，偃伏少久，則示行各恍忽矣。《易》曰：雲從龍。非言龍從雲也。雲樽刻雷雲之象，龍安肯來？夫如是，傳之者何可解，則桓君山之難可説也，則劉子駿不能對，劣也。劣則董仲舒之龍説不終也。《論衡》終之。故曰：亂龍者終也。

漢·王充《論衡》卷一七《治期篇》 夫世亂民逆，國之危殆災害，繫於上天。賢君之德，不能消卻。《詩》道周宣王遭大旱矣。《詩》曰：周餘黎民，靡有孑遺。言無有可遺一人不被害者。宣王賢者，嫌於德微。仁惠盛者，莫過堯、湯。堯遭洪水，湯遭大旱。水旱，災害之甚者也，而二聖逢之，豈二聖政之所致哉？天地

曆數當然也。以堯湯之水旱，準百王之災害，非德所致。非德所致，則其福祐非德所爲也。【略】

案穀成敗，自有年歲。年歲水旱，五穀不成，非政所致，時數然也。必謂水旱政治所致，不能爲政者莫過桀紂。桀紂之時，宜常水旱。案桀紂之時，無饑耗之災。災至自有數，或時反在聖君之世。實事者説堯之洪水，湯之大旱，皆有遭遇，非政惡之所致。説百王之害，獨謂爲惡之應，此見堯、湯德優，百王劣也。審一足以見百，明惡足以照善。堯湯證百王，至百王遭變，非政所致，以變見而明禍福。五帝致太平，非德所就明矣。

有水旱之災，猶人遇氣而病也。災禍不除，至於國亡，猶病不愈，至於身死也。論者謂變徵政治，賢人温病色凶，可謂操行所生乎？謂水旱者無道所致，賢者遭病，可謂無狀所得乎？謂亡者爲惡極，賢者身死，可謂罪重乎？夫賢人有被病而早死，惡人有完彊而老壽，人之病死，不在操行爲惡也。然則國之亂亡，不在政之是非。惡人完彊而老壽，非政平安而常存。由此言之，禍變不足以明惡，福瑞不足以表善，明矣。

在天之變，日月薄蝕，四十二月日一食，五十六月月亦一食，食有常數，不在政治，百變千災，皆同一狀，未必人君政教所致。歲害鳥帑，周、楚有禍綝。然之氣見，宋、衛、陳、鄭皆災。當此之時，六國政教，未必失誤也。歷陽之都，一夕沈而爲湖，當時歷陽長吏，未必誑妄也。成敗繫於天，吉凶制於時。人事未爲，天氣已見，非時而何？五穀生地，一豐一耗。穀糴在市，一貴一賤。豐者未必賤，耗者未必貴。豐耗有歲，貴賤有時。時當貴，豐穀價增。時當賤，耗穀直減。夫穀之貴賤不在豐耗，猶國之治亂不在善惡。

賢君之立，偶在當治之世，德自明於上，民自善於下，世平民安，瑞祐並至，世則謂之賢君所致。無道之君，偶生於當亂之時，世擾俗亂，災害不絶，遂以破國亡身滅嗣，世皆謂之爲惡所致。若此，明於善惡之外形，不見禍福之内實也。禍福不在善惡，善惡之證不在禍福。長吏到官，未有所行，政教因前，無所改更。然而盜賊或多或寡，災害或無或有，夫何故哉？長吏秩貴，當階平安以升遷，或命賤不任，當由危亂以貶詘也。以今之長吏，況古之國君，安危存亡，可得論也。

漢・王充《論衡》卷一八《感類篇》　陰陽不和，災變發起，或時先世遺咎，或時氣自然。賢聖感類慊懼，自思災變惡徵何爲至乎？引過自責，恐有罪，畏慎恐懼之意，未必有其實事也。何以明之？以湯遭旱，自責以五過也。聖人純完，行無缺失矣，何自責有五過？然如《書》曰：湯自責，天應以雨。湯本無過，以五過自責，天何故雨？以無過致旱，亦知自責，不能得雨也。由此言之，旱不爲湯至，雨不應自責。然而前旱後雨者，自然之氣也。此言書之語也。難之曰：《春秋》大雩，董仲舒設土龍，皆爲一時間也。一時不雨，恐懼雩祭，求陰請福，憂念百姓也。湯遭旱七年，以五過自責，謂何時也？夫遭旱一時，輒自責乎？旱至七年，乃自責也。謂一時輒自責，七年乃雨，天應之誠，何其留也。如謂七年乃自責，憂念百姓，何其遲也。不合雩祭之法，不厭憂民之義。《書》之言未可信也。由此論之，周成王之雷風發，亦此類也。

《金縢》曰：秋水熟，未穫。天大雷電以風，禾盡偃，大木斯拔，邦人大恐。當此之時，周公死，儒者説之，以爲成王狐疑於周公，欲以天子禮葬公。公，人臣也，欲以人臣禮葬公，公有王功。狐疑於葬周公之間，天大雷雨，動怒示變，以彰聖功。古文家以武王崩，周公居攝，管、蔡流言，王意狐疑周公，周公奔楚，故天雷雨以悟成王。

夫一雷一雨之變，或以爲葬疑，或以爲信讒，二家未可審。且訂葬疑之説，秋夏之際，陽氣尚盛，未嘗無雷雨也，顧其拔木偃禾，頗爲狀耳。當雷雨時，成王感懼，開《金縢》之書，見周公之功，執書泣過，自責之深。自責適已，天偶反風，書家則謂天爲周公怒也。千秋萬夏，不絶雷雨。苟謂雷雨爲天怒乎？是則皇天歲歲怒也。正月陽氣發泄，雷聲始動，秋夏陽至極而雷折。苟謂秋夏之雷，爲天大怒，正月之雷，天小怒乎？雷爲天怒，雨爲恩施。使天爲周公怒，徒當雷不當雨，今(雷)雨俱至，天怒且喜乎？子於是日也哭則不歌。《周禮》：子夘稷食菜羹，哀樂不並行。哀樂不並行，喜怒反并至乎？

秦始皇帝東封岱嶽，雷雨暴至。劉媪息大澤，雷雨晦冥。始皇無道，自同前聖，治亂自謂太平，天怒可也。劉媪息大澤，夢與神遇，是生高祖，何怒於生聖人而爲雷雨乎？堯時大風爲害，堯繳大風於青丘之野。舜入大麓，烈風雷雨。堯舜世之隆主，何過於天，天爲風雨也？大旱，《春秋》雩祭，又董仲舒設土龍以類招氣，如天應雩龍，以爲雷雨。何則秋夏之雨與雷俱也。必從《春秋》、仲舒之術，則大雩龍，求怒天乎？師曠奏《白雪之曲》，雷電下擊，鼓清角之音，風雨暴至。苟爲雷雨爲天怒，天何憎於白雪清角，而怒師曠爲之乎？此雷雨之難也。

又問之曰：成王不以天子禮葬周公，天爲雷風，偃禾拔木，成王覺悟，執書泣過，天乃反風，偃禾復起，何不爲疾反風以立大木，必須國人起築之乎？應曰：天不能。曰：然則天有所不能乎？應曰：然。難曰：孟賁推人人仆，接人而起接人立。天能拔木，不能復起，是則天力不如孟賁也。秦時三山亡，猶謂天所徙也。夫木之輕重，孰與三山？能徙三山，不能起大木，非天用力宜也。如謂三山非天所亡，然則雷雨獨天所爲乎？【略】

迅雷風烈，孔子必變。禮，君子聞雷，雖夜，衣冠而坐，所以敬雷懼激氣也。聖人君子於道無嫌，然猶順天變動，況成王有周公之疑，聞雷雨之變，安能不振懼乎？然則雷雨之至也，殆且自天氣，成王畏懼，殆且感物類也。夫天道無爲，如天以雷雨責怒人，則亦能以雷雨殺無道。古無道者多，可以雷雨誅殺其身，必命聖人興師動軍，頓兵傷士，難以一雷行誅，輕以三軍尅敵，何天之不憚煩也。或曰：紂父帝乙射天毆，地游涇、渭之間，雷電擊而殺之。斯天以雷電誅無道也。

帝乙之惡，孰與桀紂？鄒伯奇論桀紂惡不如亡秦，亡秦不如王莽，然而桀紂秦莽之地不以雷電。孔子作《春秋》，采毫毛之善，貶纖介之惡，采善不踰其美，貶惡不溢其過。責小以大，夫人無之。成王小疑，天大雷雨。如定以臣葬公，其變何以過此。《洪範》稽疑，不悟災變者，人之才不能盡曉，天不以疑責備於人也。成王心疑未決，天以大雷雨責之，殆非皇天之意。書家之説，恐失其實也。

漢・王充《論衡》卷二〇《須頌篇》 謚者，行之跡也。謚之美者，成、宣也。惡者，靈、厲也。成湯遭旱，周宣亦然。然而成湯加成，宣王言宣，無妄之災，不能虧政，臣子累謚，不夫實也。由斯以論堯，堯亦美謚也，時亦有洪水，百姓不安，猶言堯者，得實考也。夫一字之謚，尚猶明主，況千言之論，萬文之頌哉？

【略】

建初孟年，無妄氣至，聖世之期也。皇帝執德，救備其災，故順皷、明雩，爲漢應變。是故災變之至，或在聖世。時旱禍湛，爲漢論災。是故《春秋》爲漢制法，《論衡》爲漢平説。從門應庭，聽堂室之言，什而失九，如升堂闚室，百不失一。《論衡》之人，在古荒流之地，其遠非徒門庭也。日刻徑重十里，人不謂之廣者，遠也。望夜甚雨，月光不暗，人不睹曜者，隱也。聖者垂日月之明，處在中州。隱於百里，遥聞傳授，不實。形耀不實，難論。得詔書到，計吏至，乃聞聖政。

漢・王充《論衡》卷二一《死僞篇》 董仲舒請雨之法，設土龍以感氣。夫土龍非實，不能致雨，仲舒用之致精誠，不顧物之僞真也。然則周公之請命，猶仲舒之請雨也。三王之非鬼，猶聚土之非龍也。

漢・王充《論衡》卷二五《祭意篇》 《禮》曰：有虞氏禘黄帝而郊嚳，祖顓頊而宗堯。夏后氏亦禘黄帝而郊鯀，祖顓頊而宗禹。殷人禘嚳而郊冥，祖契而宗湯。周人禘嚳而郊稷，祖文王而宗武王。燔柴於太(大)壇，祭天也。瘞埋於太折，祭地也。用騂犢。埋少牢於太昭，祭時也。相近於坎壇，祭寒暑也。王宮，祭日也。夜明，祭月也。幽宗，祭星也。雩宗，祭水旱也。四坎壇，祭四方也。山林、川谷、丘陵能出雲，爲風雨，見怪物，皆曰神。有天下者，祭百神。諸侯在其地則祭之，亡其地則不祭。此皆法度之祀，禮之常制也。

王者父事天，母事地，推人事，父母之事，故亦有祭天地之祀，山川以下，報功之義也。緣生人有功得賞，鬼神有功亦祀之。山出雲雨潤萬物，六宗居六合之間，助天地變化，王者尊而祭之。故曰六宗。高皇帝四年，詔天下祭靈星。七年，使天下祭社稷。靈星之祭，祭水旱也，於禮舊名曰雩。

雩之禮，爲民祈穀雨，祈穀實也。春求雨，秋求實，一歲再祀，蓋重穀也。春以二月，秋以八月，故《論語》曰：莫春者，春服既成，冠者五六人，童子六七人，浴乎沂，風乎舞，雩詠而歸。莫春，四月也。周之四月，正歲二月也。二月之時，龍星始出，故《傳》曰：龍見而雩。龍星見時，歲已啟蟄而雩。春雩之禮廢，秋雩之禮存，故世常脩靈星之祀，到今不絶。名變於舊，故世人不識。禮廢不具，故儒者不知。世儒案禮，不知靈星何祀。其難曉而不識，説縣官名曰明星。緣明星之名，説曰歲星，歲星東方也。東方主春，春主生物，故祭歲星求春之福也。四時皆有力於物，獨求春者，重本尊始也。

審如儒者之説，求春之福，反以秋祭，非求春也。《月令》：祭户以春，祭門以秋，各宜其時。如或祭門以秋，謂之祭户，論者肯然之乎？不然，則明星非歲星也，乃龍星也。龍星二月見，則雩祈穀雨。龍星八月將入，則秋雩祈穀實。儒者或見其義，語不空生。春雩廢，秋雩興，故秋雩之名，自若爲明星也。實曰靈星，靈星者，神也，神者，謂龍星也。羣神謂風伯、雨師、雷公之屬。風以摇之，雨以潤之，雷以動之，四時生成，寒暑變化，日月星辰，人所瞻仰。水旱，人所忌惡。四方，氣所由來。山林川谷，民所取材用。此鬼神之功也。

漢・王充《論衡》卷二九《案書篇》 《新語》，陸賈所造，蓋董仲舒相被服焉，皆言君臣政治得失，言可采行，事美足觀，鴻知所言，參貳經傳，雖古聖之言，不能過增。陸賈之言，未見遺闕，而仲舒之言雩祭可以應天，土龍可以致雨，頗難曉也。夫致旱者以雩祭，不夏郊之祀，豈晉侯之過邪？以政失道，陰陽不和也。晉廢夏郊之祀，晉侯寢疾，用鄭子產之言，祀夏郊而疾愈。如審雩不脩，龍不治，與晉同禍，爲之再也。以政致旱，宜復以政，致雨而復。脩雩治龍，其何益哉。《春秋》公羊氏之説，亢陽之節，足以復政。陰陽相渾，旱湛相報，天道然也，何乃脩雩設龍乎？雩祀，神喜，龍成雨至，亢陽不改，旱禍不除，變復之義，安所施哉。且夫寒温與旱湛同，俱政所致，其咎在人。獨爲亢旱求福，不爲寒温求祐，未曉其故。如當復報寒温，宜爲雩龍之事。鴻材巨識，第兩疑焉。

漢・荀悦《前漢紀》卷七《孝文帝》（二年冬十月，）太中大夫賈誼説曰：管子有言，倉廪實，知禮節，民不足而可治者，未嘗聞也。古人有言曰：一夫不耕，或受之饑。一女不織，或受之寒。生之有時，而用之無度，物力必匱。且歲有饑餓，天之常行。即不幸有方二三千里之旱，國何以相卹？卒然邊境有急，百萬之衆，國家何以饋之？方今之務，務在絶末伎遊食之巧，驅民而歸之於農。太子家令鼂錯復説上曰：今土地、人民不減於古，無堯湯水旱之災，而畜積不及古者，何也？以地有餘利，民有遺力，生穀之土，未盡墾耕。山澤之利，物未盡出。遊食之士，未盡歸農。夫饑寒切于肌膚。慈母不能以保赤子，君安能以有民？夫金玉寶貨，饑不可食，寒不可衣。然而衆貴之者，以上用之故也。其爲物輕微易藏，在於把握，可以周流海内，而無饑寒之患。此令臣下輕倍其主，而民易去其鄉。盜賊有所勸，而逃亡者得輕資矣。粟米布帛，生於地，長於時，聚於市，非可一日而成。一日不得，則饑寒並至。是故明王貴五穀而賤金玉。今農夫五口之家，其服作者不過二人，其能耕者不過百畝。百畝之收，不過三百石。春耕夏種，秋收冬藏，四時之間，無日休息。又給縣官供徭役，憂病艱難，其中勤苦如此。然復時被水旱蝗蟲之災，急政暴賦，朝令暮得。有者貴賣，無者倍舉，是賣田宅、鬻子孫以償債者衆也。而商賈大者積儲倍息，小者坐列販賣。故其男不耕耘，女不蠶織，衣必重綵，食必重肉，無農夫之苦。有百千之得，因其富厚，交通王侯，力過吏勢，以利相傾，乘良策肥，千里遨遊，此商人所以兼農人，農人所以流亡也。今漢法律賤商人，商人已富貴矣。尊農夫，農夫已貧賤矣。故主之所貴，俗之所賤，法之所卑，吏之所尊，上下相反，好惡相忤，而欲國富法立，不可得矣。當今之務，在於重農，使民勸業而已。欲人務農，在貴粟。貴粟之道，在於使民以粟爲賞罰。今募天下入粟塞下，即得拜爵，得以除罪。如此，富人有爵，農人有粟，粟有所行，而國用足矣。

漢・荀悦《前漢紀》卷九《孝景》 後元二年夏四月，詔曰：雕文刻鏤，傷農事者也。錦繡纂組，害女功者也。農事傷，則饑之本，女功害，則寒之原。夫饑寒並至，能不爲非者寡矣。朕親耕，后親桑，以奉宗廟粢盛祭服，以爲天下先。不受獻，減太官，省徭賦，欲天下務農蠶，常有畜積，以備災害。

漢・荀悦《前漢紀》卷一〇《孝武二》（元光元年，董仲舒開其議：）災異之變，何緣而起？性命之情，或夭或壽，或仁或鄙，習聞其號，未昭其理。今欲風流而令行，刑輕而姦改，何修而臻於此。其明以喻朕意。靡有所隱。仲舒對曰：臣謹案春秋，以觀天人之際，甚可畏也。國家將有失道之敗，而天乃先出災害以譴告之。不知自省，又降怪異以驚恐之，尚不知變，而後傷敗乃至。自非大無道之世，天欲盡扶持而全安之。事在勉彊而已。勉彊學問，則聞見博而智益明矣。勉彊行道，則德日起而大有功矣。【略】廢德義，任刑罰，刑罰不中，則生邪氣。邪氣積於下，怨惡畜於上。上下不和，則陰陽繆戾而妖孽生矣。此災異所緣而起也。

漢・荀悦《前漢紀》卷一六《孝昭一》（元平元年春二月，）王吉上疏諫曰：大王不好經術，而好逸游。伏軾撙銜，馳騁不止。口倦於叱咤，手勤於轡箠，身勞於車輿。朝則冒霜霧，晝則犯埃塵，夏則爲大暑之所暴炙，冬則爲風霜之所偃薄。非所以養性命。

漢・荀悦《前漢紀》卷一八《孝宣二》（元康二年，丞相諫曰：）軍旅之後，必有凶年。言民以愁苦之氣，傷陰陽之和也。兵出雖勝，必有後憂。今郡國守相，率多不精選，風俗尤薄，水旱不時。郡國盜賊繇多。今左右不憂，乃欲發兵報纖微之忿於遠夷，此乃所謂季孫之憂，不在顓臾，而在蕭牆之内也。上乃棄車師之地。丞相又奏言古有羲和之官，以承四時之節，以敬授人時，人君動静，奉順陰陽，則和氣應而災害不生。自高皇帝時，有主四時之官。臣願陛下選用明經通知陰陽者四人，各主一時，明言所職，以順陰陽。上從之。丞相勑掾吏案事郡國。若休告還府，輒白四方得失異聞，盜賊災變，輒奏言之，以廣視聽。

漢・荀悦《前漢紀》卷二二《孝元二》（永光元年）當此之時，日月薄蝕而無光。其詩曰：日有蝕之，亦恐之醜。又曰：日月鞠凶，不用其行。天變見於上，地變動於下。水泉沸騰，山谷易處。其詩曰：百川沸騰，山冢卒崩，高岸爲谷，深谷爲陵。霜降失節，不以其時。其《詩》曰：正月繁霜，我心憂傷。民之訛言，亦孔之將。此皆不和賢不肖易位之所致也。自此之後，天下大亂。厲王奔彘，幽王見弑，尹氏世卿而專恣，諸侯背叛而不朝。二百四十二年之間，日蝕三十六，地震五，山陵崩阤二，彗星見三，野雞夜鳴，常星不見，夜中星隕如雨者一，火災十四，長狄入中國三，五石隕墜，六鶂退飛。冬麋，有蜮蜚，鸜鵒來巢。晝晦，雨木冰，李梅冬實，七月霜降，草木死，八月殺菽。大雨雹，雷電失序，水旱饑饉，蝝螽俱出，衆災並起。當此之時，禍亂輒應。弑君三十六，亡國五十二。諸侯奔走，不得保其社稷者，不可勝數。周室多禍，晉敗其師於貿戎。鄭傷桓王，戎執其使，五大夫爭權，三君更立，莫能正理，遂至陵遲，不能復興。由此觀之，氣和致祥，氣乖致異。祥多者，其國安。異衆者，其國危。天地之常德，古今之通議也。當今邪正雜糅，忠讒並進，章交公車，人滿北軍，朝臣乖忤，分曹爲黨，更相讒愬，不可稱言。是以災異並起，皆妖氣之所致也。夫履衰周之迹，循詩人之刺，而欲成太平，致雅頌，猶却行而求及前人也。讒邪所以並進者，由上多疑心，既已用賢人，行善政，而或譖之。則賢人退而善政消矣，懷多疑之心者，來讒賊之口。持不斷之意者，開羣枉之門。讒邪進者賢人退，羣枉盛者正士消。故易有否泰，善惡相消。《詩》曰：雨雪麃麃，見晛聿消。故《易》曰：飛龍在天，大人造也。在下位，則與類俱進。故《易》曰：拔茅連茹，以其彙。征吉。今姦邪與賢臣並進，在交戟之内，數設危險之言，欲以傾移主上。此天地所以見誡，災異所以重至也。自古聖王未有無誅而治者，故舜有四放之罰，孔子有兩觀之誅。今以陛下之聖明，宜深思天地之心，察兩觀四放之意，鑒否泰之卦，觀雨雪之詩。歷唐周之所進以爲法，原秦魯之所消以爲戒。考祥應之福，省災異之禍，以揆當時之變。仰鑒前古之事，宜放遠佞邪之黨，廣開衆正之路。決斷狐疑，分別去就，則百異消滅，衆祥並至。太平之基，萬世之利，顯等見其書而愈與許史比周而怨向。

漢・班固《白虎通義》卷上《災變》 天所以有災變何？所以譴告人君，覺悟其行，欲令悔過修德，湥思慮也。《援神契》曰：行有點缺，氣逆于天，情感變出，以戒人也。災異者，何謂也？《春秋潛潭巴》曰：災之言傷也，隨事而誅。異之言怪，先感動之也。何以言災有哭也？《春秋》曰：新宮火，三日哭。《傳》曰：必三日哭何？禮也。災三日哭，所以然者。宗廟先祖所處，鬼神無形體也。今忽得天火，得無爲災所中乎？故哭也。變者何謂也？變者，非常也。《耀嘉》曰：禹將受位，天意大變，迅風靡木，雷雨晝冥。服乘者何謂也？衣服乍大乍小，言語非常。故《尚書大傳》曰：時則有服乘也。孽者何謂也？曰：介蟲生爲非常。《尚書大傳》曰：時則有介蟲之孽，時則有龜孽。堯遭洪水，湯遭大旱，示有譴告乎？堯遭洪水，湯遭大旱，命運時然。所以或災變或異何？各隨其行，因其事也。霜之爲言亡也，陽以散云。雹之爲言合也，陰氣專精，積合爲雹。日食者必殺之何？陰侵陽也。鼓用牲于社。社者衆陰之主，以朱絲縈之，鳴鼓攻之，以陽責陰也。故《春秋》曰：日食鼓用牲于社。所以必用牲者，社，地別神也，尊之，故不敢虛責也。日食，大水則鼓用牲於社。大旱，則雩祭未雨，非苟虛也。勑陽責下，求陰道也。

漢・班固《漢書》卷一〇《成帝紀》 鴻嘉元年春二月，詔曰：「朕承天地，獲保宗廟，明有所蔽，德不能綏，刑罰不中，衆冤失職，趨闕告訴者不絕。是以陰陽錯謬，寒暑失序，日月不光，百姓蒙辜，朕甚閔焉。《書》不云乎？『即我御事，罔克耆壽，咎在厥躬。』方春生長時，臨遣諫大夫理等舉三輔、三河、弘農冤獄。公卿大夫、部刺史明申敕守、相，稱朕意焉。其賜天下民爵一級，女子百户牛、酒，加賜鰥、寡、孤、獨、高年帛。逋貸未入者勿收。」壬午，行幸初陵，赦作徒。以新豐戲鄉爲昌陵縣，奉初陵，賜百户牛、酒。

二年春，行幸雲陽。

三月，詔曰：「古之選賢，傅納以言，明試以功。故官無廢事，下無逸民，教化流行，風雨和時，百穀用成，衆庶樂業，咸以康寧。朕承鴻業十有餘年，數遭水、旱、疾疫之災，黎民婁困於饑寒，而望禮義之興，豈不難哉！朕既無以率道，帝王之道日以陵夷，意乃招賢選士之路鬱滯而不通與，將舉者未得其人也？其舉敦厚有行義、能直言者，冀聞切言嘉謀，匡朕之不逮。」

四年春正月，詔曰：「數敕有司，務行寬大，而禁苛暴，訖今不改。一人有辜，舉宗拘繫，農民失業，怨恨者衆，傷害和氣，水旱爲災，關東流冗者衆，青、幽、冀部尤劇，朕甚痛焉。未聞在位有惻然者，孰當助朕憂之！已遣使者循行郡國。被災害什四以上，民貲不滿三萬，勿出租賦。逋貸未入，皆勿收。流民欲入關，輒籍内。所之郡國，謹遇以理，務有以全活之。思稱朕意。」

漢・班固《漢書》卷二四上《食貨志上》 末年，盜賊羣起，發軍擊之，將吏放縱於外。北邊及青、徐地人相食，雒陽以東米石二千。莽遣三公將軍開東方諸倉賑貸窮乏，又分遣大夫謁者教民煮木爲酪；酪不可食，重爲煩擾。流民入關者數十萬人，置養澹官以廩之，吏盜其廩，飢死者什七八。莽恥爲政所至，乃下詔曰：「予遭陽九之厄，百六之會，枯、旱、霜、蝗，飢饉薦臻，蠻夷猾夏，寇賊奸軌，百姓流離。予甚悼之，害氣將究矣。」歲爲此言，以至於亡。

漢·班固《漢書》卷二七上《五行志上》 《春秋》成公十六年正月，雨，木冰。劉歆以爲上陽施不下通，下陰施不上達，故雨，而木爲之冰，雰氣寒，木不曲直也。劉向以爲冰者陰之盛而水滯者也，木者少陽，貴臣卿大夫之象也。此人將有害，則陰氣（協）〔脅〕木，木先寒，故得雨而冰也。

又 《傳》曰：「簡宗廟，不禱祠，廢祭祀，逆天時，則水不潤下。」

説曰：水，北方，終臧萬物者也。其於人道，命終而形臧，精神放越，聖人爲之宗廟以收魂氣，春秋祭祀，以終孝道。王者即位，必郊祀天地，禱祈神祇，望秩山川，懷柔百神，亡不宗事。慎其齊戒，致其嚴敬，鬼神歆饗，多獲福助。此聖王所以順事陰氣，和神人也。至發號施令，亦奉天時。十二月咸得其氣，則陰陽調而終始成。如此則水得其性矣。若乃不敬鬼神，（致）〔政〕令逆時，則水失其性。霧水暴出，百川逆溢，壞鄉邑，溺人民，及淫雨傷稼穡，是爲水不潤下。京房《易傳》曰：「顓事有知，誅罰絶理，厥災水，其水也，雨殺人以隕霜，大風天黄。飢而不損茲謂泰，厥災水，水殺人。辟遏有德茲謂狂，厥災水，水流殺人，已水則地生蟲。歸獄不解，茲謂追非，厥水寒，殺人。追誅不解，茲謂不理，厥水五穀不收。大敗不解，茲謂皆陰。解，舍也，王者於大敗，誅首惡，赦其衆，不則皆函陰氣，厥水流入國邑，隕霜殺（穀）〔叔草〕。」

漢·班固《漢書》卷二七下之上《五行志下之上》 王賀。賀即位，天陰，晝夜不見日月。

漢·班固《漢書》卷二七下之下《五行志下之下》 二十四年「五月乙未朔，日有食之」。董仲舒以爲宿在胃，魯象也。後昭公爲季氏所逐。劉向以爲自十五年至此歲，十年間天戒七見，人君猶不寤。後楚殺戎蠻子，晉滅陸渾戎，盜殺衛侯兄，蔡、莒之君出奔，吴滅巢，公子光殺王僚，宋三臣以邑叛其君。它如仲舒。劉歆以爲二日魯、趙分。是月斗建辰。《左氏傳》梓慎曰：「將大水。」昭子曰：「旱也。日過分而陽猶不克，克必甚，能無旱乎！陽不克，莫將積聚也。」是歲秋，大雩，旱也。二至二分，日有食之，不爲災。日月之行也，春秋分日夜等，故同道；冬夏至長短極，故相過。相過同道而食輕，不爲大災，水旱而已。

隱公三年「二月己巳，日有食之」。《穀梁傳》曰，言日不言朔，食晦。《公羊傳》曰，食二日。董仲舒、劉向以爲，其後戎執天子之使，鄭獲魯隱，滅戴，衛、魯、宋咸殺君。《左氏》劉歆以爲正月二日，燕、越之分野也。凡日所躔而有變，則分野之國失政者受之。人君能修政，共禦厥罰，則災消而福至；不能，則災息而禍生。故經書災而不記其故，蓋吉凶亡常，隨行而成禍福也。周衰，天子不班朔，魯曆不正，置閏不得其月，月大小不得其度。史記日食，或言朔而實非朔，或不言朔而實朔，或脱不書朔與日，皆官失之也。京房《易傳》曰：「亡師茲謂不禦，厥異日食，其食也既，並食不一處。誅衆失理，茲謂生叛，厥食既，光散。縱畔茲謂不明，厥食，先大雨三日，雨除而寒，寒即食。專禄不封，茲謂不安，厥食既，先日出而黑，光反外燭。君臣不通茲謂亡，厥蝕三既。同姓上侵，茲謂誣君，厥食四方有雲，中央無雲，其日大寒。公欲弱主位，茲謂不知，厥食中白青，四方赤，已食地震。諸侯相侵，茲謂不承，厥食三毁三復。君疾善，下謀上，茲謂亂，厥食既，先雨雹，殺走獸。弒君獲位，茲謂逆，厥食既，先風雨折木，日赤。内臣外鄉，茲謂背，厥食食且雨，地中鳴。冢宰專政，茲謂因，厥食先大風，食時日居雲中，四方亡雲。伯正越職，茲謂分威，厥食日中分。諸侯爭美於上，茲謂泰，厥食日傷月，食半，天營而鳴。賦不得，茲謂竭，厥星隨而下。受命之臣專征雲試，厥食雖侵光猶明，若文王臣獨誅紂矣。小人順受命者征其君雲殺，厥食五色，至大寒隕霜，若紂臣順武王而誅紂矣。諸侯更制，茲謂叛，厥食三復三食，食已而風。地動。適讓庶，茲謂生欲，厥食日失位，光晻晻，月形見。酒亡節茲謂荒，厥蝕乍青乍黑乍赤，明日大雨，發霧而寒。」凡食二十占，其形二十有四，改之輒除；不改三年，三年不改六年，六年不改九年。推隱三年之食，貫中央，上下竟而黑，臣弒從中成之形也。後衛州籲弒君而立。

漢·班固《漢書》卷三六《楚元王傳》 是後尹氏世卿而專恣，諸侯背畔而不朝，周室卑微。二百四十二年之間，日食三十六，地震五，山陵崩阤二，彗星三見，夜常星不見，夜中星隕如雨一，火災十四。長狄入三國，五石隕墜，六鶂退飛，多麋，有蜮、蜚，鸜鵒來巢者，皆一見。晝冥晦。雨木冰。李梅冬實。七月霜降，草木不死。八月殺菽。大雨雹。雨雪靁霆失序相乘。水、旱、饑、蝝、螽、螟蠭午並起。

漢·班固《漢書》卷七二《貢禹傳》 又言古者不以金錢爲幣，專意於農，故一夫不耕，必有受其飢者。今漢家鑄錢，及諸鐵官皆置吏卒徒，攻山取銅鐵，一歲功十萬人已上，中農食七人，是七十萬人常受其飢也。鑿地數百丈，銷陰氣之精，地臧空虚，不能含氣出雲，斬伐林木亡有時禁，水旱之災未必不繇此也。

凡民有七亡：陰陽不和，水旱爲災，一亡也；【略】又有七死：【略】歲惡飢餓，六死也；時氣疾疫，七死也。【略】

天人同心，人心説則天意解矣。乃二月丙戌，白虹虷日，連陰不雨，此天有憂結未解，民有怨望未塞者也。

漢・班固《漢書》卷七五《京房傳》 上曰：「唯有道者能以往知來耳。」房因免冠頓首，曰：「《春秋》紀二百四十二年災異，以視萬世之君。今陛下即位已來，日月失明，星辰逆行，山崩泉涌，地震石隕，夏霜冬靁，春凋秋榮，隕霜不殺，水旱螟蟲，民人飢疫，盗賊不禁，刑人滿市，《春秋》所記災異盡備。陛下視今爲治邪，亂邪？」上曰：「亦極亂耳。尚何道！」房曰：「今所任用者誰與？」上曰：「然幸其瘉於彼，又以爲不在此人也。」房曰：「夫前世之君亦皆然矣。臣恐後之視今，猶今之視前也。」

漢・班固《漢書》卷八一《匡衡傳》 臣聞天人之際，精祲有以相盪，善惡有以相推，事作乎下者象動乎上，陰陽之理各應其感，陰變則静者動，陽蔽則明者晻，水旱之災隨類而至。今關東連年饑饉，百姓乏困，或至相食，此皆生於賦斂多，民所共者大，而吏安集之不稱之效也。陛下祗畏天戒，哀閔元元，大自減損，省甘泉、建章宫衛，罷珠崖，偃武行文，將欲度唐虞之隆，絶殷周之衰也。

漢・班固《漢書》卷八五《谷永傳》 陛下即位，委任遵舊，未有過政。元年正月，白氣較然起乎東方，至其四月，黄濁四塞，覆冒京師，申以大水，著以震蝕。各有占應，相爲表裏，百官庶事無所歸倚，陛下獨不怪與？白氣起東方，賤人將興之表也；黄濁冒京師，王道微絶之應也。夫賤人當起而京師道微，二者已醜。陛下誠深察愚臣之言，致懼天地之異，長思宗廟之計，改往反過，抗湛溺之意，解偏駮之愛，奮乾剛之威，平天覆之施，使列妾得人人更進，猶尚未足也，急復益納宜子婦人，毋擇好醜，毋避嘗字，毋論年齒。推法言之，陛下得繼嗣於微賤之間，乃反爲福。得繼嗣而已，母非有賤也。後宫女史使令有直意者，廣求於微賤之間，以遇天所開右，慰釋皇太后之憂愠，解謝上帝之譴怒，則繼嗣蕃滋，災異訖息。陛下則不深察愚臣之言，忽於天地之戒，咎根不除，水雨之災，山石之異，將發不久；發則災異已極，天變成形，臣雖欲捐身關策，不及事已。

漢・班固、劉珍《東觀漢記》卷五《郊祀志》 章帝元和二年，詔曰：經稱秩元祀，咸秩無文。祭法，功施于民，則祀之。以死勤事，則祀之。以勞定國，則祀之。能禦大災，則祀之。以日月星辰，民所瞻仰也。山林川谷邱陵，民所取財用也。非此族也，不在祀典。《傳》曰：聖王先成民而後致力于神。又曰：山川之神，則水旱癘疫之災，于是乎禜之。日月星辰之神，則雪霜風雨之不時，于是乎禜之。孝文十二年，令曰：比年五穀不登，欲有以增諸神之祀。王制曰：山川神祇有不舉者，爲不敬。今恐山川百神應典祀者，尚未盡秩。其議增修羣祀宜享祀者，以祈豐年，以致嘉福，以蕃兆民。《詩》不云乎：懷柔百神，及河喬嶽。有年報功，不私幸望，豈嫌同辭，其義一焉。

漢・蔡邕《蔡中郎集》卷二 陳政要七事

臣伏讀聖旨，雖周成，遇風訊諸執事，宣王遭旱，密勿祗畏無以或加。臣聞天降灾異，緣象而至，霹靂數發，殆刑誅繁多之所生也。風者，天之號令，所以教人也。夫昭事上帝則自懷多福，宗廟致敬，則鬼神以著國之大事，實先祀典，天子聖躬，所當恭事。臣自在宰府，及備朱衣迎氣，五郊而車駕，稀出四時，致敬屢委有司，雖有解，除猶爲疎廢，故皇天不悦，顯此諸異。《洪範傳》曰：政悖德隱，厥風發屋折木，坤爲地道，易稱安貞，陰川憤盛，則當静反動，法爲下叛，夫權不在上。則雹傷物，政有苛暴，則虎狼食人，貪物利民，則蝗蟲損稼。

答詔問災異八事

詔問曰：即祚以來，災眚屢見，頻歲月蝕，地動風水，不時疾癘流行，迅風折樹，河洛盛溢。臣聞陽勝則震，陰勝則食思亂，則風，貌失則雨，視闇則疾癘流行，水不潤下，則河流滿溢。明君正上下，抑陰尊陽，修五事於聖躬，致幾甸於供御，則其救也。

《周禮注疏》卷一五 凡天患，禁貴儥者，使有恒賈。注：恒，常也。謂若貯米穀棺木，而睹久雨疫病者貴賣之，因天災害阨民，使之重困。疏：注釋曰，鄭云：謂若貯米穀棺木者，以其天患無過凶荒札喪，故鄭知富人豫貯米穀以擬凶荒，豫貯棺木以擬死，而睹久雨疫病賣之也。四時之珍異亦如之。注：薦宗廟之物。疏：釋曰：此珍異亦是富人賤時豫貯，而後貴時賣之。注釋曰：案月令，四時有珍異之物，皆云先薦寢廟，故鄭以爲薦宗廟，舉重而言也。

《周禮注疏》卷二一 大札、大荒、大烖，素服。注：大札，疫病也。大荒，饑饉也。大烖，水火爲害。君臣素服縞冠，若晉伯宗哭梁山之崩。疏：注釋曰：知大札疫病者，以《春秋傳》有天昏札瘥之文，故知札爲疫病也。云大荒，饑饉也者，爾雅：穀不熟曰饑，蔬不熟曰饉。即《曲禮》云歲凶年穀不登是也。云大烖水火爲害者，謂若春秋宋災，謂有水災爲害。又《孔子世家》云：哀三年，孔子云桓僖災，又《公羊》云：雉門災之類，皆火災也。云君臣素服縞冠，若晉伯宗哭梁山之崩者，事在成五年。引之者，證此服素服首服縞冠之意。若然，梁山崩，非大札、大荒、大烖，引爲證者，欲見山崩與大札大荒服同。是以大司樂云：凡日月食，四鎮五嶽崩，令去樂。下文云：大札、大凶、大烖，令弛縣。弛縣與去樂互相明，則去樂是同。梁山崩又是四鎮五嶽之類，則大札、大荒、素服縞冠，與哭梁山崩同可知。若然，此言素服，案玉藻云：年不順成，則天子素服，乘素車，食無樂。義與此合。彼又云：年不順成，大夫不得造車馬，君衣布搢本，義與此違者，彼衣布謂常服，爲禱祈，義與此同也。

《周禮注疏》卷二六 凡邦之大烖，歌哭而請。注：有歌者，有哭者，冀以悲哀感神靈也。疏：釋曰：大烖言歌哭而請，則大烖謂旱暵者。注釋曰：按林碩難曰：凡國有大烖，歌哭而請。魯人有日食而哭者。《傳》曰：非所哭。哭者哀也，歌者是樂也。有哭而歌，是以樂烖。烖而樂之，將何以請？哀樂失所，禮又喪矣。孔子曰：哭則不歌，歌哭而請，道將何爲？玄謂日食，異者也，於民無困，哭之爲非。其所烖害，不害穀物，故哭非禮也。董仲舒曰：雩求雨之術，呼嗟之歌。《國風・周南》、《小雅・鹿鳴》，燕禮、鄉飲酒、大射之歌焉。然則《雲漢》之篇，亦大旱之歌。《考異郵》曰《集二十四旱志》玄服而雩，緩刑理察，挺罪赦過，呼嗟哭泣，以成發氣。此數者，亦大烖歌哭之證也。多烖哀也，歌者樂也，今喪家輓歌，亦謂樂乎？孔子哭則不歌，是出何經？《論語》曰：子於是日哭則不歌。謂一日之中，既以哀事哭，又以樂而歌，是爲哀樂之心無常，非所以譏此禮。若然，此云歌者，憂愁之歌，若《雲漢》之詩是也。

南朝宋・范曄《後漢書》卷一下《光武帝紀下》 （建武六年春正月）辛酉，詔曰：「往歲水旱蝗蟲爲災，穀價騰躍，人用困乏。朕惟百姓無以自贍，惻然愍之。其命郡國有穀者，給稟高年、鰥、寡、孤、獨及篤癃、無家屬貧不能自存者，如《律》。二千石勉加循撫，無令失職。」

南朝宋・范曄《後漢書》卷二《顯宗孝明帝紀》 （永平十八年）夏四月己未，詔曰：「自春已來，時雨不降，宿麥傷旱，秋種未下，政失厥中，憂懼而已。其賜天下男子爵，人二級，及流民無名數欲占者人一級。鰥、寡、孤、獨、篤癃、貧不能自存者粟，人三斛。理冤獄，録輕繫。二千石分禱五岳四瀆。郡界有名山大川能興雲（致）雨者，長吏各絜齋禱請，冀蒙嘉澍。」

南朝宋・范曄《後漢書》卷四《孝和帝紀》 （永元五年二月）丁未，詔曰：「去年秋麥入少，恐民食不足。其上尤貧不能自給者户口人數。往者郡國上貧民，以衣履釜鬵爲貲，而豪右得其饒利。詔書實覈，欲有以益之，而長吏不能躬親，反更徵召會聚，令失農作，愁擾百姓。若復有犯者，二千石先坐。」

（永元十二年）三月丙申，詔曰：「比年不登，百姓虚匱。京師去冬無宿雪，今春無澍雨，黎民流離，困於道路。朕痛心疾首，靡知所濟。『瞻仰昊天，何辜今人？』三公朕之腹心，而未獲承天安民之策。數詔有司，務擇良吏。今猶不改，競爲苛暴，侵愁小民，以求虚名，委任下吏，假執行邪。是以令下而姦生，禁至而詐起。巧法析律，飾文增辭，貨行於言，罪成乎手，朕甚病焉。公卿不思助明好惡，將何以救其咎罰？咎罰既至，復令災及小民。若上下同心，庶或有瘳。其賜天下男子爵，人二級，三老、孝悌、力田三級，民無名數及流民欲占者人一級；鰥、寡、孤、獨、篤癃、貧不能自存者粟，人三斛。」

南朝宋・范曄《後漢書》卷五《孝安帝紀》 （永初三年）三月，京師大飢，民相食。壬辰，公卿詣闕謝。詔曰：「朕以幼沖，奉承鴻業，不能宣流風化，而感逆陰陽，至令百姓飢荒，更相噉食。永懷悼歎，若墜淵水。咎在朕躬，非羣司之責，而過自貶引，重朝廷之不德。其務思變復，以助不逮。」癸巳，詔以鴻池假與貧民。

唐・虞世南《北堂書鈔》卷一五六《凶荒》 天有四殃，水旱饑荒。《周書》云。天既喪亂，饑饉荐臻。詩注曰：荐，重也。臻，至也。穀不熟爲饑，蔬不熟爲饉。《爾雅》云：穀不熟曰饑，蔬不熟曰饉，菓不熟爲荒，仍饑爲荐。仍饑荐饑。《左傳》曰：晉荐饑，使乞糴于秦，秦伯謂百里奚，與諸乎？對曰：天災流行，國家代有救災恤鄰道也，行道有福平。鄭之子豹在秦，請伐晉。秦伯曰：其君是惡，其民何罪？秦于是乎輸粟于晉，自雍及絳，相繼命之，曰汎舟之役。補五穀不升爲大饑。《穀梁傳》云：五穀不升爲大饑。一穀不升謂之嗛，二穀不升謂之饑，三穀不升謂之饉，四穀不升謂之歉，五穀不升謂之大侵。補。一穀不升謂之嗛，二穀不升謂之饑，三穀不升謂之饉，四穀不升謂之歉，五穀不升謂大侵。並見上。九穀不登，《政書》云：比年九穀不登，菜蔬不熟，不可不深慮。三麥不收，曹植云：太和三年大旱，三麥不收，百姓饑饉。蜂食民苗，《洪範五行》云：秦昭王三十八年，上郡大饑，山木盡死，蜂食民苗，民無所食。蟲鼠爲害。王治《臨吴郡上表》云：前民辭求相鬻賣，一則救民也，二則供官也，方今之要當課功受業，又蟲鼠爲害，瓜麥已盡也。囷鹿空，《國語》云：越大夫種謀曰，今吴既罷，而荒大荐饑，市無赤米，而囷鹿空虚，其民必移就蒲贏于東海之濱。《補案註》云：圓者爲囷，方者爲簏。附。瓜麥盡，王治《臨吴郡上表》，見前。民多饑饉。《東觀漢記》云：王莽末，南方枯旱，民多饑饉，掘鳧茨而食。民饑告糴，《國語》云：魯饑，臧文仲以玉磬如齊告糴。金斤易粟，《東觀》云：王莽末，天下旱，連年穀不成。建武元年，耕作者少，民饑饉，黄金一斤，易粟一斗。米斛萬錢，《漢書》：高祖二年，關中大饑，米斛萬錢。米石二千，又云，王莽時，雒陽米石二千，遣大夫謁者，教民煮木實爲酪。補。穀斛五十萬，豆麥二萬。《英雄記》云：李傕等相攻戰長安中，盜賊不禁，白日擄掠，是時穀一斛五十萬，豆麥二萬，人相食。補。士卒菜菽雜半，《漢書》云：宋義遣其子襄相齊身送之，無鹽飲酒，高會天寒大雨，士卒凍饑，項羽曰，將戮力而攻秦，久留不行。今歲饑，民貧卒，食半菽軍，無見糧，酒飲酒，高會不恤士卒，而徇私宴，非社稷之臣也。註曰，士卒食蔬菜以菽雜半之。補大夫糟糠不足。《吴志》云：駱統母改適爲華歆小妻，統時八歲，遂與親客歸會稽，事嫡母甚謹。時饑荒，鄉里及遠方客多有困乏，統爲之飲食衰少，其姊仁愛有行，寡居無子，見統甚哀之，數問其故。統曰：士大夫，糟糠不足，我何心獨飽？姊曰：誠如是，何不告我而自苦。若此，乃自以私粟與統。又以告母，母亦賢之，遂使分施，由是顯名。補士食藻菜。《東觀記》云，赤眉還入長安，鄧禹與戰敗，走至高陵，軍士饑餓，皆食藻菜。民食桑榆。魏大尉司馬懿奏云，秋雨潦傷五穀，又無蔬菜，比萬民已有食桑榆皮者。黎藿給食。《典畧》云，從興平元年至建安元年，其間四歲，咸陽蕭條，後賊李傕等，始將部曲入長安，居董卓故塢中，取棗藜藋以給食，發塚取衣蓋形。補桑椹爲糧。《英雄記》云：五穀不登，民人以桑椹爲糧。使民輸芋。《汝南先賢傳》云：袁安爲陰平長時，年饑荒，民皆菜食，租入不畢，使民輸芋。木實爲酪。桑榆爲飯。謝承《後漢書》云：袁術在壽春，百姓以桑榆爲飲。噉弩煮履。《東觀漢記》：隗囂時，民饑饉乃噉弩煮履。掘野鼠以食之。《晉中興書》云：中原亂徐龕石勒，左右交侵，百姓饑饉，野無生草，時或掘野鼠捕蟄鷰而食之。發苑果以活民。韓子云：秦大饑，應侯請發五苑果棗栗以活民。開倉廩以賑民。《魏志》云，黄初三年，民饑，使尚書杜畿持節開倉廩以賑民。膳不祭肺，馬不食穀。《禮記》云：歲凶年穀不登，君膳不祭肺，馬不食穀，馳道不除。凶札則無關門之徵。周禮司關職掌國貨之節。以聯門市司貨賄之出入者，掌其治禁與其徵廛，凡貨不出于關者，舉其貨，罰其人。凡所達貨賄者，則以節傳出之，國凶札則無關門之徵猶幾。補無陳充庭戲作樂《續漢書》云：永初四年，詔此年饑，加有軍旅，且勿設戲作樂，正旦無陳充庭車也。

唐·房玄齡等《晉書》卷五《愍帝紀》 （建興四年）冬十月，京師饑甚，米斗金二兩，人相食，死者太半。太倉有麴數十𩎼，麴允屑爲粥以供帝，至是復盡。帝泣謂允曰：「今窘厄如此，外無救援，死于社稷，是朕事也。然念將士暴離斯酷，今欲聞城未陷爲羞死之事，庶令黎元免屠爛之苦。行矣遣書，朕意決矣。」

唐·房玄齡等《晉書》卷二七《五行志上》 京房《易傳》曰：「顓事者加，誅罰絶理，厥災水。其水也，雨，殺人，以隕霜，大風天黄。饑而不損，兹謂泰，厥大水，水殺人。避遏有德，兹謂狂，厥水，水流殺人也。已水則地生蟲。歸獄不解，兹謂追非，厥水寒，殺人。追誅不解，兹謂不理，厥水五穀不收。大敗不解，兹謂皆陰，厥水流入國邑，隕霜殺穀。」董仲舒曰：「交兵結讐，伏尸流血，百姓愁怨，陰氣盛，故大水也。」

《經》曰：「庶用五事：一曰貌，二曰言，三曰視，四曰聽，五曰思。貌曰恭，言曰從，視曰明，聽曰聰，思曰睿。恭作肅，從作乂，明作哲，聰作謀，睿作聖。休徵：曰肅，時雨若。乂，時暘若。哲，時燠若。謀，時寒若。聖，時風若。咎徵：曰狂，恒雨若。僭，恒暘若。豫，恒燠若。急，恒寒若。霿，恒風若。」

唐·李延壽《北史》卷四〇《韓麒麟傳》 太和十一年，京都大饑，麒麟表陳時務曰：

古先哲王，經國立政，積儲九稔，謂之太平。故躬藉千畝，以率百姓。用能衣食滋茂，禮教興行。逮於中代，亦崇斯業，入粟者與斬敵同爵，力田者與孝悌均賞。實百王之常軌，爲政之所先。今京師人庶，不田者多，游食之口，三分居二。蓋一夫不耕，或受其饑，況於今者，動以萬計？故頃年山東遭水，而人有餒終，今秋京都遇旱，穀價踊貴，實由農人不勸，素無儲積故也。

伏惟陛下天縱欽明，道高三五，上垂覆載之澤，下有凍餒之人，皆由有司不爲其制，長吏不恤其本。自承平日久，豐穰積年，競相矜夸，浸成侈俗。故令耕者日少，田者日荒，穀帛罄於府庫，寶貨盈於市里，衣食匱於室，麗服溢於路，饑寒之本，實在於斯。愚謂凡珍玩之物，皆宜禁斷。吉凶之禮，備爲格式，令貴賤有別，人歸朴素。制天下男女，計口受田，宰司四時巡行，臺使歲一案檢，勤相勸課，嚴加賞罰。數年之中，必有盈贍，雖遇凶災，免於流亡矣。

往年校比户貫，租賦輕少。臣所統齊州，租粟纔可給俸，略無入倉。雖於人爲利，而不可長久。脱有戎役，或遭天災，恐供給之方，無所取濟。請減絹布，增益穀租，年豐多積，歲儉出振。所謂私人之穀，寄積於官，官有宿積，則人無荒年矣。

唐·李延壽《北史》卷四一《楊播傳》 （建義初，）時災儉連歲，逸欲以倉粟振給，而所司懼罪不敢。逸曰：「國以人爲本，人以食爲命，假令以此獲戾，吾所甘心。」遂出粟，然後申表。右僕射元羅以下，謂公儲難闕，並執不許；尚書令、臨淮王彧以爲宜貸二萬；詔聽貸五萬。逸既出粟之後，其老小殘疾不能自存活者，又於州門造粥飼之，將死而得濟者以萬數。帝聞而善之。

唐·李延壽《北史》卷四二《王肅傳》 （大和）二十年七月，帝以久旱不雨輟膳，百僚詣闕。帝在崇虚樓，遣舍人問肅。對曰：「伏承陛下輟膳，已經三旦，羣臣不敢自寧。臣聞堯水湯旱，自然之數，須聖人以濟世，不由聖以致災，是以國儲九年，以禦九年之變。昨四郊之外已蒙滂澍，唯京城之内微爲少澤。蒸庶未闕一飧，陛下輟膳三日，臣庶惶惶，無復情地。」帝遣答曰：「雖不食數朝，猶自無感，朕誠心未至之所致也。朕志確然，死而後已。」是夜，澍雨大降。

唐・劉肅《唐新語》卷一三《記異》　則天時，新豐縣東南露臺鄉，因風雨震雷，有山踴出，高二百尺，有池周迴三頃，池中有龍鳳之形，禾麥之異。則天以爲休禎，號曰慶山。荆州人俞文俊上書曰：「臣聞天氣不和則寒暑併，人氣不和而瘤贅出，地氣不和而堆阜出。今陛下以女主處陽位，反易剛柔，故地氣隔塞而出變爲災。陛下謂之慶山，臣以爲非慶也。宜側身修德，以答天譴。不然，殃禍立至。」則天大怒，流之嶺南。

後晉・劉昫等《舊唐書》卷三七《五行志》　右僕射唐休璟以霖雨爲害，咎在主司，上表曰：「臣聞天運其工，人代之而爲理；神行其化，爲政資之以和。得其理則陰陽以調，失其和則災沴斯作。故舉才而授，帝唯其難；論道於邦，官不必備。頃自中夏，及乎首秋，郡國水災，屢爲人害。夫水，陰氣也，臣實主之。臣忝職右樞，致此陰沴，不能調理其氣，而乃曠居其官。雖運屬堯年，則無治水之用；位侔殷相，且闕濟川之功。猶負明刑，坐逃皇譴。皇恩不弃，其若天何？昔漢家故事，丞相以天災免職。臣竊遇聖時，豈敢靦顏居位。乞解所任，待罪私門，冀移陰咎之徵，復免夜行之眚。」

宋・薛居正等《舊五代史》卷一〇《梁書・末帝紀下》　（龍德元年）五月丙戌朔，制曰：

朕聞惟辟動天，惟聖時憲，故君爲善則天降之以福，爲不善則降之以災。朕以眇末之身，託於王公之上，不能荷先帝艱難之運，所以致蒼生塗炭之危。兵革薦興，灾害仍集，内省厥咎，蓋由朕躬。故北有犬戎猾夏之師，西有蒲同亂常之旅，連年戰伐，積歲轉輸，虔劉我士民，侵擾我郡邑。師無宿飽之饋，家無擔石之儲。而又水潦爲灾，蟲蝗作沴，戒譴作於上，怨咨聞於下。而況骨肉之内，竊弄干戈，畿甸之中，輒爲陵暴。但責躬而罪已，敢怨天以尤人。蓋朕無德以事上玄，無功以及兆庶，不便於時者未能去，有益於民者未能行，處事昧於酌中，發令乖於至當，招致灾患，引翼禍殃。罪在朕躬，不敢自赦。

宋・薛居正等《舊五代史》卷三四《唐書・莊宗紀八》　（同光四年春正月）壬戌，詔以去歲災沴，物價騰踊，自今月三日後避正殿，減膳撤樂，以答天譴。應去年遭水災州縣，秋夏税賦並與放免。自壬午年已前所欠殘税，及諸色課利，已有勑命放免者，尚聞所在却有徵收，宜令租庸司切準前勑處分。應京畿内人户，有停貯斛斗者，並令減價出糶，如不遵行，當令檢括。

宋・田錫《咸平集》卷一二《水旱論》　天之六氣，進退盈虚，固有常矣。造化之理使然。蓋陽氣生於子，其卦直復䷗。五陰而一陽，陽氣雖微，乘得進數，剛德浸長，利有攸往。然羣邪在上，莫之余逆也。寒暑迭代，日月將迎，以至於純陽用事，其數斯極，其勢斯復，故陰氣生於午，其卦直姤䷫。五陽而一陰，陰氣肇至，乘得進數，柔道浸長，利有攸往。雖衆陽在上，莫之能拒也。三才隨之而變化，六氣循之而進退。其間陰陽差軼，水旱乘之。水乘其進數，則滛雨作沴。旱乘其進數，則亢陽爲災。水與旱，其數自極，然後陰晴乃順，何以明之？旱數極則淫雨繼之，水數極則亢陽繼之。天地水能移其數，豈聖人能樽節其過哉？當其水旱爲災也，害於粢盛，民懷怨咨。天子則禱於羣望，諸侯則祈於境内，牲玉蘋蘩，奔走於土木偶之間。日望其感通月俟，其報應既而旱愈甚，至於水澤竭，草木枯。雨彌甚，則防水横流，害於衆民，猶以爲精意不虔，尚貽天譴。由是誠請益莊祠禱，益勤冀其萬一通於神鑒，神愈不靈，肹蠁無朕，旱加炎焚，雨加霖淫，乃復喧然，聚議於朝，代黎民籲天之意，佇陰隲，必報之感。貶常膳，避正殿，徹樂懸，釋縲囚，然後戚然復告上下四方之神，不知陰之數已老，而當晴衆謂之因禱而獲。霽陽之數已極，而當雨衆謂之因祠而有應。於是載潔籩豆，載豐玉帛，賽之酬之、畏之、謝之。安知陽之數九而陰之數六，陰乘陽之大數，而作沴故。鯀治水九載而弗成，陽乘陰之大數而爲害。故湯禱雨七年而方獲。易曰：七日來復，又曰婦喪茀，七日勿逐，得此乃往而必復之數，自然也。數有大小，時有進退，數之大者，積年數之小者，積月以是明，陰陽之數，上下四方之神，可得而司之，不可得而專之，稽陰陽進退之數，得水旱災沴之旨也。

宋・李昉等《太平御覽》卷三五《凶荒》　《禮》曰：歲凶年，穀不登，君膳不祭肺馬，不食粟，馳道不除，祭事不懸，大夫不食粱，士飲酒不樂。皆爲自損憂民。禮殺生以祭先，有虞氏以首，夏后氏以心，殷人以肝，周人以肺。不祭肺則不殺生也。天子食日少牢，朔日太牢。諸侯食日特牲，朔日少牢。除馳道，爲妨民取蔬食。懸樂器，鐘磬之屬也。粱，嘉食也。不樂，去琴瑟也。　又曰：凶年則乘駑馬，祀以下牲。

傳曰：五年春無冰。梓慎曰：今兹宋其饑乎？歲在星紀，而淫於玄枵，以有時災，陰不堪陽。時燠無冰也，陰盛用事而温無冰，是陰不勝陽，地氣發泄也。　蛇乘龍，龍，宋鄭之星，宋鄭必饑。又曰：宋公子鮑，禮於國人。宋饑竭，其粟以貸之。年自七十以上，無不饋遺也。

《漢書》曰：高祖二年，關中大饑，米斛萬錢。又曰：漢興接秦之弊，諸侯並起，民失作業而大饑饉。米石五千，人相食，死者過半。高祖乃命民得鬻子就食蜀漢。又曰：歲饑，民貧卒食半菽。又曰：元帝二年，齊地饑，米石二千餘。又曰：王莽時，睢陽以東，米石二千。莽遣二公將運關東，諸侯倉振貸窮乏，又分遣大夫謁者救民，煮木實爲酪，酪不可食，重爲煩擾，流民入關者數千餘人，置養贍官以廩之，盜發其廩，民餓死者十七八。

《東觀漢記》曰：王莽末，南方枯旱，民多飢餓，民于野澤掘鳧茨而食。

謝承《後漢書》曰：趙典兄子温，遭歲大饑，散家糧以賑窮餓，所活萬餘人。

王隱《晉書》曰：永嘉五年，洛中大饑，五月摯虞餓死。

《晉中興書》曰：中原亂。中宗初，鎮江左，假郗鑒龍驤將軍兖州刺史鎮鄒山，又徐龕石勒左右交侵，百姓饑饉，野無生草，時或掘野鼠、蟄燕而食之。又曰：大興元年詔曰，亢旱穀貴，百姓嗷嗷。有資者貴糴，貧羸之民益困。漢世穀貴，官賤糴，使價不超越，謂之平準。今雖無此，可出邸閣米萬斛，使三分減一，以平其價，令貧困者悉得，是以至秋也。

《周書》曰：天有四殃，水旱饑荒。其至無時，非積畜何以備之。

《夏歸藏》曰：士無兼年之食，遇大饑，妻子非其妻子也。大夫無兼年之食，遇大饑，輿馬臣妾非其有也。國無兼年之食，遇大饑，百姓非其有也。戒之哉。

《國語》曰：越大夫種謀曰，今吴既罷，而大荒薦饑，市無赤米，而困簏空虛，其民必移就食，蒲贏于東海之濱。

崔鴻《十六國春秋》曰：諸州自建武元年十一月不雨雪，至十二年八月穀價踊貴，金斤值米二升。民流死者十有五六，百姓嗷然，人無生賴。又曰：建元元年，襄國大饑，穀二升值銀一斤，肉一斤值銀一兩。

韓子曰：秦大饑，應侯請發五苑果棗以活民。王曰：秦法賞有功，誅有罪。今發五苑，是有功無功俱賞也。

墨子曰：百穀不收，謂之旱。二穀不收，謂之凶。四穀不收，謂之餽。五穀不收，謂之饑。

袁子《正書》問滑釐曰：今當凶年，有欲與子隋侯之珠者，又有欲與子一鍾之粟者，子將何擇？釐曰：吾取粟，可以救窮。

《河圖》曰：日月兩重暈者，饑之象也。

魏《名臣奏》曰：太尉司馬懿奏云，秋澇傷五穀，又無菜蔬，四方饑饉，有食桑皮者。又曰：幽州每歲不登，人相食，有蝗旱之災，民人始知採秬以棗椹爲糧，穀一石十萬錢。公孫伯圭開置屯田，稍稍得自供給。又曰：建安七年，都中大饑，米一斛二萬錢。

《博物志》曰：凶年暫辟穀法，但食蠟半斤輒支十日不飢。

宋·李昉等《太平御覽》卷八七四《叙咎徵》 《易》曰：履霜堅冰至。文言曰：積善之家，必有餘慶，積不善之家，必有餘殃。

《尚書·洪範》曰：咎徵曰狂，恒雨若。僭，恒暘若。豫，恒燠若。急，恒寒若。蒙，恒風若。

《洪範五行傳》曰：凡有所害謂之災，無所害而異於常謂之異。故害爲已至，異爲方來。

《家語》孔子曰：天災地妖，所以儆人主也。寤寐徵怪，所以儆人臣也。災妖不勝善政，寤夢不勝善行。

京氏《別對災異》曰：五穀無實，何？君無仁德，臣懷叛戾，華飾虛舉，薦賢名實不相副，内爲蘇秦之行，外以夷齊之行，故致五穀多無實。朝廷無賢，害氣傷穡不收，國大饑。其救也，選明經，舉茂才，改往修來，退去貪狼，施恩行惠，賞賜勞臣。此災消矣。

宋·王禹偁《小畜集》卷一四《書蝗》 仲尼修春秋，設九例物爲災，則書之，不爲災，則闕之。蓋物之災祥，繫君之善惡。特取其爲災者，以垂戒爾。苟不爲災者，亦書之，則慮後之爲君者謂災不由德，而由於數也。斯聖人之微旨在焉。故《傳》曰：有蜚不爲災，亦不書。噫去聖漸遠，詭誕爭起，陰陽家流得以蔓其説，使君天下者，視天災時變，不務德以禳之，但委其數而已，吁可悲也。然則君有修德禦災轉禍爲福者，苟滅而不書，曷以儆後代。是以堯水、湯旱非不災也，能以德禦之爾。皇宋嗣統之七載，夏四月有飛蝗。上念粢盛稼穡之重，則貶常膳，避正寢，徹宫懸，眚災宥刑以赦天下。曾未旬，浹蝗死於野。或曰，皇上以勤儉之德馴致太平，無爲之風將有待也。天其或者，因怠於理，故用蝗以爲戒。果能修德以禦之，則我后之德，唐堯之德也。宋景之退熒惑，太宗之去蟲蝗，得爲比邪？儒臣不佞，敢作書蝗一篇。附於國史之末，非獨彰我朝之善，亦欲垂後世之戒也。

宋·王欽若《册府元龜》卷一九三《弭災》 夫天災流行，國家代有，而南面之君，寅威靈命，側身戒懼，又曷嘗不消咎徵而道善氣者，自孫吴崛起，保界川險，劉宋乘勢，再王江左。迨夫朱氏，垂及千禩，其或天象，謫見五行，愆度旱暵，昏墊風霾，蟲蠹交作害物，震驚下民，而能虔恭夕惕，克謹天戒，修補闕政，申嚴祀典，惠綏矜卹，稽衆詢事，斯亦往聖罪己之道，春秋勤民之旨焉。

宋・姚鉉《唐文粹》卷四九　移雨神（司空圖）

夏滿不雨，民前後走神所，刲羊豕而跪乞者，凡三而後得請。民大喜，且將報祀。愚獨以爲惑，何者？天以神乳育百苗穀，必時既豐，然後民相率以勞神之勤於事而祀焉。今始愒其施以愁疲民，是神怠天之職也。必希民之求而遂應，是神玩天之權也。既應而俾民輸怨於天，歸惠於己，是神攘天之德也。推怨何以爲義？利腥膻之饋，何以爲仁？怠天下之事，何以爲敬？蔑是數者，何以爲神？假曰非吾所得顓，然知民之情而不時請於上，是亦徒偶於位，此愚所以感也。噫，天不可終謾，民不可久侮，竊爲神危之奈何。

風雨對（羅隱）

風雨雪霜，天地之所權也。山川、藪澤，鬼神之所伏也。故風雨不時，則歲有饑饉。雪霜不時，則人有疾病。然後禱山川、藪澤以致之，則風雨雪霜，果爲鬼神所有也，明矣。得非天之高不可以周理而寄之山川，地之厚不可以自運而憑之鬼神。苟祭祀不時則饑饉作，報應不至則疾病生，是鬼神用天地之權也。而風雨雪霜爲牛羊之本矣，復何歲時爲，復何人民爲。是以大道不旁出，懼其弄也，大政不問下，懼其偷也。夫欲何言？

宋・包拯《包孝肅奏議集》卷一　謹天誡

臣竊見近者太白犯月於箕尾之分，熒惑犯鎮星於虚危之分，而又冬雷震發，雨木成冰。博詢前聞，固不虚發。臣謹按歷代五行志曰：太白犯月，月犯太白，熒惑犯鎮星，皆外寇之兆。雨木成冰者，説者謂上陽施不下通，下陰施不上達，故雨木爲之冰。冰者，陰之盛。木者，少陽貴神，卿大夫之象，亦曰木冰，爲木介。介者，甲兵之象。又曰冬雷者，所發之地主兵。謂雷以二月出，八月入也。今年冬而震雷雨雹者，陽不閉藏而發泄，皆失節之異。夫月者，太陰之長，后妃、大臣、諸侯之象，亦主夷狄。鎮星所管宋、衛、陳、鄭之分。若金火凌犯，固不爲福。況又箕尾屬燕，虚危屬齊，設或内非其應，則北人之患，山東之憂，亦須大爲之防。且頃歲有星孛之異，近復有巨嵎之震，不可忽也。今四方災旱，流亡未復，雖遣使綏撫貸粟賑給，而上下困竭，濟卹攸艱，此乃天意，篤佑聖宋，丁寧陛下，如是之至也。書曰：曆象，日月、星辰，此言王者當仰視天文，俯察地理，觀日月消息，候星辰躔次，揆山川變動，參人民謡俗以考休咎。若見災異，則退而責躬，恐懼修德以應之。有不可救者，則蓄儲備以待之。故宗社享無疆之福。伏望陛下省災異之來，驗休祥之應，謹奉上天之戒以揆當時之務，外則幅員之廣，戎狄寇盜之可虞；内則機政之繁，號令賞罰之未信。固宜進擢賢傑，振張紀律，廣闢衆正之路，屏絶羣枉之門，斥遠奸憸，慎重聽納，近自宫禁，遠及邊陲，杜漸防微，中外協濟。如此，則庶幾後患可弭。惟聖度裁處。

上殿劄子

臣竊見冬春以來天下旱乾爲虐，而陛下避殿徹膳，累下詔書，勤求直言，疎理刑獄，寬省民力，雖古之聖帝明王，責躬罪己，無此之甚焉。故詔音所至，甘澤隨降，和氣應於上，民心悦於下。天意聖德，合若符契。當上穹眷祐之如是，則陛下尤宜勵精求治，以答殊貺。臣聞法令者，人主之大柄，而國家治亂安危之所繫焉，不可不慎緣。近歲以來，賞罰之典或尚因循，且人知法令之不足信，則賞罰何以沮勸乎？昔唐文宗問宰臣李石，天下何以易治。李石對以朝廷法令行則易治。誠哉，治道之要，無大於此。伏望陛下臨決大政，信任正人，賞者必當其功，不可以恩進。罰者，必當其罪，不可以幸免。邪佞者，雖近必黜。忠直者，雖遠必收。法令既行，紀律自正，則無不治之國，無不化之民，在陛下力行而已。亢旱之災，天之常數，固不足貽陛下深憂，惟陛下留神省察。

宋・包拯《包孝肅奏議集》卷七　請差災傷路分安撫

臣竊聞江淮、兩浙、荆湖南北路近歲旱澇相繼，粒食踴貴。淮南西路蘄黄等州尤甚。去秋霖雨，殞霜損害苗稼，今夏大水飄流居人，兼又官中配糴民間之蓄，盡輸入官，官糴既多。迨今五月不雨，秋苗悉已枯槁，米價斗一百文。縱江淮稔時，米雖賤而民有饑者，況遇凶年，亦何卒歲，爲其無備故也。今則民間之蓄，盡爲軍儲矣。民失其賴，流亡日衆。故賊盗充斥，聚集成羣，大者近百人，小亦不下數十人。所在剽虜，官司不能禁。自光壽以南距江亦皆如是。州縣上下，遞相蒙蔽，不以上聞，使朝廷無繇知之。況今秋苗稼既槁，則望在來夏。而彫殘之民，朝不謀夕，豈能及來夏乎？且天之降咎，必在於凶年者，蓋年凶，則民饑。饑，則盗起。盗起，則姦雄出。姦雄出，則不可制矣。豈可不深懼而豫防之哉？伏望聖慈申命執政大臣應江淮、兩浙、荆湖等州軍，自去夏至今秋災傷甚處，選差臣僚，遍令體量安撫，從便宜而賑貸之。夫救灾卹患，國之常也。若忽而不顧，寖成大患，得不爲朝廷之深憂乎？

請免陳州添折見錢

臣訪聞知，陳州任師中昨奏，爲本州管下五縣，自去冬遇大雨雪，凍折桑棗等，并今年養蠶只及三五分，二麥不熟，全有損失去處，除擘畫不放省税外，只乞與免支移折變。已奉聖旨，令京西轉運司相度聞奏。竊知本路轉運司牒陳州令，將今年夏税大小麥與免支移，只令就本州送納見錢，却令將大小麥每斗折見錢一百文，脚錢二十文，諸般頭子、倉耗又納二十文，是每斗麥納錢一百四十文。況見今市上小麥每斗實價五十文，乃是於災傷年分二倍，誅剥貧民也。則民間錢貨從何出辦，兼將客户等蠶鹽一斤一例折作見錢一百文，又將此一百文紐做小麥二斗五升。每斗亦令納見錢一百四十文計，每斤土鹽却納三百五十文。況一郡五縣，數十萬口，非常暴斂，小民重困，體實非便。欲乞特降指揮，令本州疾速依見今在市二麥實價估定錢數，令民取便送納見錢或納本色，庶使京輔近地不濟人户稍獲蘇息，兼慮本路應係災傷州軍，或有似此重行折變之處，亦乞特行勘會，速賜指揮，若稍稽延，恐無所及。

請救濟江淮饑民

臣聞天以五星爲府，人以九穀爲命。五星紊於上，則災異起於下。九穀絶於野，則盗賊興於外。天之於人，上下相應。故天變於其上，則人亂於其下。是天人相與之際，甚可畏也。若變異上著，則恐懼脩省以謝於下，年穀不登，則賑貸予賚而卹其困，蓋不使天有大變而民有饑色，則人獲富壽，而國享安寧矣。方今災異之變尤甚，臣近已論列詳矣。惟江淮六路連歲亢旱，民食艱阻，流亡者比比皆是。朝廷昨遣使命安撫賑貸，以救其敝，而東南歲運上供米六百萬石，近雖減一百萬石，緣逐路租税盡已蠲復，則糧斛從何而出。未免州縣配糴以充其數，由是民間所出，悉輸入官。民儲已竭，配者未已，縱有米價，率無可糴。父子皇皇相顧，不捄老弱者，死於溝洫。少壯者，聚爲盗賊。不幸奸雄，乘間而起，則不可制矣。當以何道而卒安之哉？且國家之患，未有不沿此而致，可不熟慮乎。欲望聖慈，特降指揮應江淛六路災傷州縣，凡是配糴及諸般科率，一切止絶。如敢故犯，並坐違制，庶幾少釋疲民倒垂之急。其上供米數若不敷元額，即候向去豐熟補填。仍令州縣官吏多方擘畫，捄濟饑民，不得失所。兼委逐路提轉專切提舉，如不用心捄濟，以致流亡及結成羣黨，即乞一例，重行降黜。

請支義倉米賑給百姓

臣訪聞江、淛、荆、湖等路，自去秋亢旱田苗一例，災傷即目，米價甚高，民食不足，若不速令捄濟，必致流亡。强壯者，起爲盗賊。老弱者，轉死溝洫。因此生事爲患，不細緣逐州，除軍糧常平倉外，别無大段斛斗准備。竊知王琪見起，請義倉所在，見管米數稍多州縣，必未敢專輒支用。若一一取候朝廷指揮，往復數月，當此艱食之際，恐無所及。欲望特降指揮，下逐路轉運司勘會轄下元係災傷州縣，如委實人户闕食，即令畫時將義倉米速行賑濟，以濟貧民。如允臣所奏，即乞早賜指揮。

宋・石介《徂徠集》卷一一　水旱責三公論

漢以水旱責三公。後世論者兩出：一以爲三公燮理陰陽之官也，責是。一以爲水旱繫乎君，不當責三公。予謂二者皆有偏也。責三公，則君怠。責君，則相怠。夫君者，天下之治無不統，主其大者。天地陰陽也，在堯，則曰欽若昊天、曆象、日月、星辰。在舜，則曰璇璣、玉衡以齊七政。人君統治天地陰陽者也。三公佐人君以燮理天地陰陽之道，與政通。政道序，則陰陽之道序。政道忒，則陰陽之道忒。天地陰陽序，而風雨時。天地陰陽忒，而風雨不時。若然，三公與君同體也。政道得，風雨時。君、三公同享其利。政道失，風雨差，君、三公同當其責。以水旱責三公，不專於三公也。天譴於君，君惟當惕懼，脩德，改行厲善，以答天譴。君責三公，則有罷免者，若水旱，君則罪己，三公則免官，不能逃其責也。彼責專三公，三公佐君以燮理天地陰陽者也。佐者，且得罪。君可坐視災譴，晏然安樂，曰彼三公之責也，吾何與焉？是引君於荒且怠矣。彼責專於君，三公佐君燮理天地陰陽者也。君則惕懼，不敢安寧。三公乃申申廟堂，飽食宴坐，曰彼君之責也，我何與焉？是接臣於驕且慢矣。荒與怠，政疵癘也。驕與慢，國殃灾也。若是水旱，君則罪己，三公則免，予之説長。

宋・文彦博《潞文公集》卷九　堯湯水旱何以不爲民患論

夫陰陽舛度，而水旱失常，當其爲害，未有不因其所由也。蓋法度失於下，則災變見於上，其或上失其道，國無其人，或讒邪得路而日興，或忠良含憤而被逐，或兵甲縱暴而弗戢，或刑罰苛刻而無當，或土木之工不息，或聚斂之法太重，由是男怨女曠，民不聊生，墜於塗炭，蹐地無歸，所以怨憤之氣積而災沴之患作矣。歷代而下未或無之。而堯湯之朝，莫斯爲甚。一則九載而滔天，一則七年而闕二字，浩浩沃日，赫赫流金，禾黍蕩盡，農時靡登，而遐邇無菜色，上下無離心，海内晏然，域中清肅。其故何哉？愚雖不敏，竊議斯言。夫堯舜之水旱者，非政教之所失，非冤憤之所致也。蓋時之所及不可得而移易也。然卒不能爲患者，蓋備之有素焉。當二時之臨御，則孜孜求治，宵旰忘疲，敦清净之教，革苛弊之刑，教民勤稼穡之務，化下絶澆漓之風，賦斂尤薄，國富刑清，百姓由是阜康，六合於焉乎泰。明哉之謡作，樂只之頌興。及其水旱之作沴也，而國方富强，民方康壽，時既隆盛，又何患害之能及焉。故古語有之曰：國無九年之儲非國也。家無三年之儲非家也。然而當堯湯富庶之代，民俗安阜之時，其畜積復何止於九年、三年哉。是則以九年、三年之儲畜，禦九載七載之災沴，不亦可乎？而又畜於稔歲，濟於凶年，此治國之大術爾。抑又洪範九疇以農爲本，良以。食者，民之天。民者，邦之本。食足則民盛，民盛則邦興。如此，則縱有災沴，患將奚爲。聊舉斯一隅，則其他可知矣。

宋·歐陽修、宋祁《新唐書》卷三五《五行志二》 「治宫室，飾臺榭，内淫亂，犯親戚，侮父兄，則稼穡不成。」謂土失其性，則有水旱之災，草木百穀不熟也。又曰：「思心不睿，是謂不聖。厥咎霿，厥罰常風，厥極凶短折。時則有脂夜之妖，時則有華孽，贏蟲之孽，時則有牛禍，時則有心腹之痾，時則有黄眚黄祥，時則有木、火、金、水、土沴。」

宋·歐陽修、宋祁《新唐書》卷一一八《宋務光、李中敏傳》 神龍元年，大水，詔文武九品以上官直言極諫，務光上書曰：臣嘗觀天人相與之際，有感必應，其間甚密，是以教失於此，變生於彼。《易》曰：「天垂象，見吉凶，聖人象之。」竊見自夏以來，水氣勃戾，天下多罹其災，洛水暴漲，漂損百姓。《傳》曰：「簡宗廟，廢祠祀，則水不潤下。」夫王者即位，必郊祀天地，嚴配祖宗。自陛下御極，郊、廟、山川不時薦見。又水者陰類，臣妾之道，氣盛則水泉溢塡，虹蜺紛錯，暑雨滯霪，陰勝之沴也。後廷近習或有離中饋之職以干外政，願深思天變，杜絶其萌。又自春及夏，牛多病死，疫氣浸淫。《傳》曰：「思之不睿，時則有牛禍。」意者萬機之事，陛下未躬親乎？晁錯曰：「五帝其臣不及，則自親之。」今朝廷賢佐雖多，然莫能仰陛下清光。願勤思法宫，凝就大化。以萬方爲念，不以聲色爲娱；以百姓爲憂，不以犬馬爲樂。臣聞三五之君不能免淫亢，顧備禦存乎人耳。災興細微，安之不怪，及禍變已成，駭而圖之，猶水決治防、病困求藥，雖復僶俛，尚何救哉！夫塞變應天，實繫人事。今霖雨即閉坊門，豈一坊一市能感發天道哉？必不然矣。故里人呼坊門爲宰相，謂能節宣風雨。天工人代，乃爲虚設。

李中敏：時以司門員外郎上言：「雨不時降，夏陽驕愆，苗欲槁枯，陛下憂勤，降德音，俾下得盡言。臣聞昔東海誤殺一孝婦，大旱三年。臣頃爲御史臺推囚，華封儒殺良家子三人，陛下赦封儒死。然三人者，亦陛下赤子也。神策士李秀殺平民，法當死，以禁衛，刑止流。宋申錫位宰相，生平餽致一不受，其道勁正，姦人忌之，陷不測之辜，獄不參驗，銜恨而没，天下士皆指目鄭注。臣知數冤必列訴上帝，天之降災，殆有由然。漢武帝國用空竭，桑弘羊興筦榷之利，然卜式請亨以致雨。況申錫之枉，天下知之，何惜斬一注以快忠臣之魂，則天且雨矣。」帝不省。中敏以病告滿，歸潁陽。注誅，以司勳員外郎召。

宋·歐陽修、宋祁《新唐書》卷一二七《裴耀卿傳》 開元二十年遷京兆尹。明年秋，雨害稼，京師飢。帝將幸東都，召問所以救人者。耀卿曰：「陛下既東巡，百司畢從，則太倉、三輔可遣重臣分道賑給，自東都益廣漕運，以實關輔，關輔既實，則乘輿西還，事蔑不濟。且國家大本在京師，但秦地狹，水旱易匱。往貞觀、永徽時，禄稟者少，歲漕粟二十萬略足；今用度寖廣，運數倍且不支，故數東幸，以就敖粟。爲國大計，臣願廣陝運道，使京師常有三年食，雖水旱不足憂。

宋·歐陽修、宋祁《新唐書》卷一三〇《裴漼傳》 睿宗造金仙、玉真二觀，時旱甚，役不止，漼上言：「春夏毋聚大衆，起大役，不可興土功，妨農事。若役使乖度，則有疾疫水旱之災，此天人常應也。今自冬徂春，雨不時降，人心憔然，莫知所出，而土木方興，時暵之孽，職爲此發。今東作云始，丁壯就功，妨多益少，飢寒有漸。《春秋》莊公三十一年冬，不雨，是時歲三築臺；僖公二十一年夏，大旱，是時作南門。陛下以四方爲念，宜下明制，令二京營作、和市木石，一切停止。有如農桑失時，户口流散，雖寺觀營立，能救飢寒敝哉！」不報。遷兵部侍郎。以銓綜勞，特授一子官。開元五年，爲吏部侍郎，甄拔士爲多。拜御史大夫。

宋·歐陽修、宋祁《新唐書》卷一三二《吴兢傳》 開元十三年，帝東封太山，道中數馳射爲樂。兢諫曰：「方登岱告成，不當逐狡獸，使有垂堂之危，朽株之殆。」帝納之。明年六月，大風，詔羣臣陳得失。兢上疏曰：「自春以來，亢陽不雨，乃六月戊午，大風拔樹，壞居人廬舍。傳曰：『敬德不用，厥災旱。』上下蔽隔，庶位踰節，陰侵於陽，則旱災應。』又曰：『政悖德隱，厥風發屋壞木。』風，陰類，大臣之象。恐陛下左右有姦臣擅權，懷謀上之心。臣聞百王之失，皆由權移於下，故曰：『人主與人權，猶倒持太阿，授之以柄。』夫天降災異，欲人主感悟，願深察天變，杜絶其萌。且陛下承天后、和帝之亂，府庫未充，冗員尚繁，户口流散，法出多門，賕謁大行，趨競彌廣。此弊未革，寔陛下庶政之闕也，臣不勝惓惓。願斥屏羣小，不爲慢游，出不御之女，減不急之馬，明選舉，慎刑罰，杜僥倖，存至公，雖有旱風之變，不足累聖德矣。」

宋·歐陽修、宋祁《新唐書》卷一四九《劉晏傳》 晏始以官船漕，而吏主驛事，罷無名之斂，正鹽官法，以裨用度。起廣德二年，盡建中元年，黜陟使實天下户，收三百餘萬。王者愛人，不在賜與，當使之耕耘織紝，常歲平斂之，荒年蠲救之，大率歲增十之一。而晏尤能時其緩急而先後之。每州縣荒歉有端，則計官所贏，先令曰：『蠲某物，貸某户。』民未及困，而奏報已行矣。議者或譏晏不直賑救，而多賤出以濟民者，則又不然。善治病者，不使至危憊；善救災者，勿使至賑給。故賑給少則不足活人，活人多則厥國用，國用厥則復重斂矣；又賑給近僥幸，吏下爲姦，彊得之多，弱得之少，雖刀鋸在前不可禁，以爲二害。災沴之鄉，所乏糧耳，它産尚在，賤以出之，易其雜貨，因人之力，轉於豐處，或官自用，則國計不覂；多出菽粟，恣之糶運，散入村閭，下户力農，不能詣市，轉相沾逮，自免阻飢，不待令驅，以爲二勝。晏又以常平法，豐則貴取，饑則賤與，率諸州米嘗儲三百萬斛。豈所謂有功於國者邪！

宋·歐陽修、宋祁《新唐書》卷一六二《獨孤及、許孟容、李訥傳》 獨孤及上疏陳政曰：今其心顒顒，獨恃於麥，麥不登，則易子齩骨矣。陛下不以此時厲精更始，思所以救之之術，忍令宗廟有累卵之危，萬姓悼心失圖，臣實懼焉。去年十一月丁巳夜，星隕如雨，昨清明降霜，三月苦熱，錯繆顛倒，沴莫大焉。此下陵上替，怨讟之氣取之也。天意丁寧譴戒，以警陛下，宜反躬罪己，旁求賢良者而師友之，黜貪佞不肖者，下哀痛之詔，去天下疾苦，廢無用之官，罷不急之費，禁止暴兵，節用愛人，兢兢乾乾，以徼福于上下，必能使天感神應，反妖災爲和氣矣。【略】

德宗知其能，召拜禮部員外郎。貞元十九年夏，大旱，上疏言：「陛下齋居損膳，具牲玉，走羣望，而天意未答，豈豐歉有定，陰陽適然乎？竊惟天人交感之際，繫教令順民與否。今户部錢非度支歲計，本備緩急，若取一百萬緡代京兆一歲賦，則京圻無流亡，振災爲福。又應省察流移征防當還未還，役作禁錮當釋未釋；負逋饋送，當免免之；沈滯鬱抑，當伸伸之：以順人奉天。若是而神弗祐、歲弗稔，未之聞也。」先是，爲裴延齡、李齊運流斥者，雖十年弗内移，故孟容因旱及之。帝始不悦，改太常少卿。【略】

建子訥，字敦止，及進士第。遷累中書舍人，爲浙東觀察使。性疏下，遇士不以禮，爲下所逐，貶朗州刺史。召爲河南尹。時久雨，洛暴漲，訥行水魏王堤，懼漂汨，疾馳去，水遂大毁民廬。議者薄其材。

宋·歐陽修、宋祁《新唐書》卷一九七《陳君賓傳》 陳君賓，陳鄱陽王伯山子也。仕隋爲襄國通守。武德初，挈郡聽命，封東陽郡公，遷邢州刺史。貞觀初，徙鄧州，州承喪亂後，百姓流冗，君賓加意勞徠，不期月，皆還自業。明年，四方霜潦，獨君賓所治有年，儲倉充羡，蒲、虞二州民就食其境。太宗下詔勞之曰：「去年關内六州穀不登，糇糧少，令析民房逐食。聞刺史與百姓識朕此懷，務相安養，還有贏糧，出布帛贈遺行者。此知水旱常數，更相拯贍，禮讓興行，海内之人皆爲兄弟，變澆薄之風，朕顧何憂？已命有司録刺史以下功最；百姓養户，免今年調物。」

宋·歐陽修、宋祁《新唐書》卷一七八《劉蕡傳》 太和二年，舉賢良方正能直言極諫，帝引諸儒百餘人于廷，策曰：臣前所謂「捄災旱在乎致精誠」者，臣謹按《春秋》，魯僖公一年之中，三書「不雨」者，以其人君有恤人之志也；文公三年之中，一書「不雨」者，以其人君無閔人之心也。故僖致誠而旱不害物，文無卹閔而變則成災。陛下有閔人之志，則無成災之變矣。

宋·歐陽修、宋祁《新唐書》卷二〇二《蘇源明傳》 源明因上疏極諫曰：淫雨積時，道路方梗，甚不可一也。自春大旱，秋苗耗半，斂穫未畢，先之以清道之役，申之以供頓之苦，甚不可二也。每立殿廊，見旌旗之下，餓夫執殳，仆于行間，日見二三；市井餒餧求食，死于路旁，日見四五。甚不可三也。姦夫盜兒，連牆接棟，磨礪以須陛下之出，御史大夫必不能澄清禁止。甚不可四也。聖皇巡蜀之初，都内財貨、吏民資産，糜散于道路之手，至有乘馬駃驢入宣政、紫宸者。況陛下初有四海，威制不及曩時遠矣。今兹東行，殆賊臣誘掖陛下而已。《詩》曰「三星在霤」，謂危亡在於須臾，臣不勝嗚咽，爲陛下痛之。願速罷幸，不然，窮町樂禍，已扼腕於下。甚不可五也。方今河、洛驛騷，江湖叛換，《詩》曰：「中原有菽，庶民采之。」彼思明、楚元，皆采菽之人也。陛下何遽輕萬乘而速成之邪？甚不可六也。大河南北，舉爲寇盜，王公以下，廩稍匱絶，將士糧賜，僅支日月，而中官冗食，不減往年，梨園雜伎，愈盛今日，陛下未得穆然高枕，殆繇此也。自非中書指使，太常正樂外，願一切放歸，給長牒勿事，須五六年後，隨事蠲省。今聚而仰給，甚不可七也。

宋·王令《廣陵集》卷一九《龍池説》 距真而西七十里，曰六合縣，地皆原皋無川澤。縣行五里曰龍池。池之南居民數十家，又有亭以休行者。余嘗過而宿焉，愛其池之寬遠，既而策之，又殊渾不可窮極，且怪其龍池之謂，因求而問之。則曰，世傳此地舊無池，爲常人居。昔而忽陷焉，既而有龍居之也。今其池之東北，冬寒水涸淺處，尚見柱石與遺井在焉。以是驗之舊，爲人居也，決不疑矣。民四時必具祭，否則水旱如旁郡，即不爾則風雹害稼。余舊嘗疑於龍，今又得此説，私怪駭之。因退而思之，曰：天地人，三才也。上而爲天，日月星辰在焉，而不得下，而雜人也。下而爲地，山川草木在焉，而不得上，而雜天也。況又中而人，與禽獸哉，是各有分定，而不可雜以上下也。故飛者雖高，已上則窮。穴者雖卑，已深則死。而龍者潛而伏淵，躍而飛天，風雷雲雨，動且從焉，是其神亦大矣。獨能雜出於天地人之間，吁亦盛哉。今何孑然獨居此也，夫人非龍曹也。地陷真郊，人則陷死。龍獨害人而居之，安耶祭而有求也？所求非所力，則雖祭當不受，而民或不祭，而龍又當凌風厲雹以驚禍之耶。夫風雨，天之付龍者，以其能行雲施雨，蘸焦活枯而然爾。龍何旱而不用爲雨，不祭而用是求食耶。江海至大也，横亘數千里，鯤鰕共容之，龍盍居而且樂焉，而何爲齪齪居此，與蚯蚓伍也。豈彼不容龍，而龍私居此耶。不然，則龍懼其大而不往也。余觀易之乾卦及他經傳所載，凡擬聖人君子則必以龍是。豈龍者，能利人而不自私者耶，今何乃爾也。夫龍者，豈盡居此焉耶，又將若人者，有君子人，而有小人人耶。

宋·程顥《程氏經説》卷五 三月癸酉，大雨、震電。庚辰，大雨雪。陰陽運動有常而無忒。凡失其度，皆人爲感之也，故春秋災異必書。漢儒傳其説而不達其理，故所言多妄。三月大雨、震電，不時災也。大雨雪非常爲大，亦災也。

宋·蘇軾《東坡全集》卷五四 述災沴論賞罰及修河事繳進歐陽修議狀劄子

臣今日邇英進讀寶訓，及雍熙、淳化間事。太宗皇帝每見時和歲豐，雨雪應時，喜不自勝，舉酒以屬羣臣。又是日熒惑與日同度，太史奏言當旱，既而雨足歲豐。臣讀至此，因進言水旱雖天數，然人君修德，可以轉災爲福。故宋景公一言，熒惑退三舍。元豐八年，熒惑守心，逆行犯房，又逆而西垂，欲犯氐。氐四星，后妃之象也。方是時，二聖在位，發政施仁，惟恐不及。臣視熒惑退舍甚速，如有所畏，不敢復西，以此知天人之應，捷於影響。太宗皇帝親致太平，而每遇豐年，若獲非常之福。喜樂如此者，豈非水旱不作，自是朝廷難得之事乎？《書》曰：天聰明自我民聰明。匹夫匹婦有不獲其所猶能致水旱，而况政令之失，小及一方，大及四海，其爲災沴，理在不疑。自二聖嗣位，于今四年，恭儉慈孝，至仁至公，可謂盡矣。而四年之中，非水則旱，日月薄蝕，五星相凌，淫雨大雪，常寒久陰之類，殆無虚月，豈盛德之報也哉？臣愚無知，竊謂陛下身修而政未修，故監司守令多不得人。百姓失職，無所告訴，謡怨上達，以傷陰陽之和。所以致此者，蓋由朝廷賞罰不明，舉措不當之咎也。

黄河自天禧已來，故道漸以淤塞，每決而西，以就下耳。熙寧中，決於曹村，先帝盡力塞之，不及數年，遂決小吴。先帝聖神，知河之欲西北行也久矣，今强塞之，縱獲目前之安，而旋踵復決，必然之勢也，故不復塞。今都水使者王孝先乃欲於北京南開孫村河，欲奪河身以復故道。此豈獨一方之安危，天下之休戚也。古者舉大事，謀及庶人，上下僉同，然猶有意外之患。今内自工部侍郎、都水屬官，外至安撫轉運使及外監丞，皆以爲故道高仰，勢若登屋，功必無成，而患有不可測者。以至河北吏民，無賢愚貴賤皆以爲然。獨一孝先以爲可作。臣聞自孫村至海口舊管堤埽四十五所，役兵萬五千人，勾當使臣五十員，歲支物料五百餘萬。自小吴之決，故道諸埽，皆廢不治。堤上榆柳，并根掘取。殘零物料，變賣無餘。官吏役兵，僅有存者。使孫村之役，不能奪過河身，則官私財力，舉爲虚棄。若幸而復行故道，則四十五埽皆以廢壞，横流之災，必倍於今。

乞賑濟浙西七州狀

元祐四年十一月初四日，兩浙西路兵馬鈐轄龍圖閣學士朝奉郎蘇軾狀奏：勘會浙西七州軍冬春積水不種，早稻及五六月水退方插，晚秧又遭乾旱。早晚俱損，高下並傷。民之艱食，無甚今歲。見今米㪷九十足錢，小民方冬已有饑者。兩浙水鄉，種麥絶少。來歲之熟，指秋爲期，而熟不熟，又未可知。深恐來年春夏之交，必有饑饉、盜賊之憂。本司除已與提轉商量，多方擘畫准備外，有合申奏事件，謹具畫一如左。

奏浙西災傷第一狀

元祐五年七月十五日，龍圖閣學士左朝奉郎知杭州蘇軾狀奏：右臣聞，事豫則立，不豫則廢，此古今不刊之語也。至於救災恤患，尤當在早。若災傷之民救之於未饑，則用物約而所及廣，不過寬減上供糶賣常平，官無大失，而人人受賜。今歲之事是也。若救之於已饑，則用物博而所及微，至於耗散省倉虧損課利，官爲一困而已饑之民終於死亡。熙寧之事是也。熙寧之災傷本緣天旱米貴，而沈起、張靚之流不先事奏聞，但務立賞閉糴，富民皆争藏穀，小民無所得食，流殍既作，然後朝廷知之。始勑運江西及截本路上供米一百二十三萬石濟之。巡門俵米，攔街散粥，終不能救。饑饉既成，繼之以疾疫，本路死者五十餘萬人。城郭蕭條，田野丘墟，兩税課利皆失其舊。勘會熙寧八年，本路放税米一百三十萬石，酒課虧減六十七萬餘貫，畧計所失，共計三百二十餘萬貫石。其餘耗散，不可悉數。至今轉運司貧乏不能舉手，此無它，不先事處置之過也。去年浙西數郡先水後旱，災傷不減熙寧，然二聖仁智聰明，於去年十一月中首發德音，截撥本路上供斛㪷二十萬石賑濟，又於十二月中寬減轉運司元祐四年上供額斛三分之一，爲米五十餘萬斛，盡用其錢買銀絹上供，了無一毫虧損。縣官而命下之日，所在歡呼，官既住糴，米價自落。又自正月開倉糶常平米，仍免數路税務所收五穀力勝錢，且賜度牒三百道，以助賑濟。本路帖然，遂無一人餓殍者。此無它，先事處置之力也。由此觀之，事豫則立，不豫則廢。其禍福相絶如此。恭惟二聖天地父母之心，見民疾苦，匍匐救之本，不計較費用多少。而臣愚魯無識，但知權利害之輕重，計得喪之大小。以謂譬如，民庶之家置莊田招佃客，本望租課，非行仁義。然猶至水旱之歲，必須放免欠負借貸種糧者，其心誠恐，客散而田荒。後日之失，必倍於今故也，而況有天下子萬姓而不計其後乎？臣自去歲以來，區區獻言，屢瀆天聽者，實恐陛下客散而田荒也。去歲杭州米價每㪷至八九十，自今歲正月以來日漸減落，至五六月間浙西數郡大雨不止，太湖泛溢，所在害稼。六月初，間米價復長，至七月初，㪷及百錢足陌。見今新米已出，而常平官米不敢住糶，災傷之勢恐甚於去年。何者？去年之災，如人初病。今歲之災，如病再發，病狀雖同，氣力衰耗恐難支持。又緣春夏之交，雨水調匀。浙人喜於豐歲，家家典賣、舉債，出息以事田作，車水築圩，高下殆遍，計本已重，指日待熟，而淫雨風濤一舉害之。民之窮苦，實倍去歲。近者，將官劉季孫往蘇州，按教臣密令季孫沿路體訪。季孫還，爲臣言此數州不獨淫雨爲害，又多大風駕起潮浪，堤堰圩埠率皆破損，湖州水入城中，民家皆尺餘。此去歲所無有也。而轉運判官張璹自常潤還，所言畧同，云親見吴江平望八尺，間有舉家田苗没在深水底，父子聚哭，以船栰撈摝，云半米猶堪炒喫，青稭且以喂牛。正使自今雨止，已非豐歲。而況止不止又未可知，則來歲之憂，非復今年之比矣。何以言之？去年杭州管常平米二十三萬石，今年已糶過十五萬石，雖餘八萬石，而糶賣未已，又緣去年災傷放税及和糴不行，省倉闕數，所有上件常平米八萬石，只了兊撥充軍糧，更無見在。惟有糴常平米錢近八萬貫，而錢非救饑之物。若來年米益貴，錢益輕。雖積錢如山，終無所用。熙寧中，兩浙市易出錢百萬，緡民無貧富皆得取用，而米不可得。故曳羅紈帶金玉横尸道上者不可勝計。今來，浙東西大抵皆糴過常平米，見在絶數少。熙寧之憂，凛凛在人眼中矣。臣材力短淺，加之衰病，而一路生齒憂責，在臣受恩既深，不敢別乞，間郡日夜思慮，求來年救饑之術，別無長策，惟有秋冬之間，不惜高價多糴常平米以備來年出糶。今來浙西數州米既不熟，而轉運司又管上供年額斛㪷一百五十餘萬石，若兩司争糴，米必大貴。饑饉愈迫，和糴不行。來年青黄不交之際，常平有錢無米，官吏拱手，坐視人死，而山海之間接連甌閩，盜賊結集，或生意外之患，則誅殛，臣等何補於敗。以此，須至具實聞奏，伏望聖慈備録臣奏，行下户部及本路轉運提刑兩路鈐轄司，疾早相度，來年合與不合，准備常平斛㪷出糶救饑。如合准備，即具逐州合用數目，臣已約度杭州合用二十萬石，仍委逐司擘畫合如何措置，令米價不至大段翔湧，收糴得足。如逐司以謂不須准備出糶救濟，即令各具保明來年委得不至饑殍流亡，結罪聞奏。緣今來已是入秋，去和糴月日無幾，比及相度，往復取旨，深慮不及於事。伏乞詳察速賜指揮，臣屢犯天威，無任戰慄，待罪之至，謹録奏聞，伏候勑旨。

奏浙西災傷第二狀

元祐五年七月二十五日，龍圖閣學士左朝奉郎知杭州蘇軾狀奏：右臣近奏爲浙西數郡淫雨風濤爲害，恐災傷之勢甚於去年，而常平斛㪷例皆出糶見在數少，恐來年民間厥食無可賑濟，乞備録臣奏下户部及本路提轉鈐轄司相度合，如何擘畫收糴準備出糶，未蒙施行。今月二十一日、二十二日、二十三日皆連晝夜大風雨，二十四日雨稍止，至夜復大雨。竊料蘇湖等州風濤所損，必加於前。若不早作擘畫，廣行收糴常平斛㪷準備，則來歲必有流殍之憂。伏惟聖慈，早賜愍救檢會前奏，速賜施行。臣別無材術，惟知屢奏，喧瀆聖聽，罪當萬死，謹録奏聞，伏候勑旨。

上執政乞度牒賑濟因修廨宇書

軾頓首上書門下僕射相公閤下：去年浙中冬雷發洪，太湖水溢，春又積雨，蘇湖常秀皆水。民就高田秧稻以待水退，及五六月稍稍分種，十不及四五。而又繼之以旱。以故早晚皆傷，高下並損。自元豐以來，民之艱食未有如今歲者也。軾已三奏其事，至今未報。蓋人微言輕，理自當爾。然亦恐監司諸郡不盡以實奏，而廟堂所訪問往來之人或揣所樂聞不盡以實告，故朝廷以軾言爲過耳。不然豈有仁聖在上，羣賢並用，而肯恬不爲意乎？入冬以來，緣諸郡閉糴而稅務用例違條收五穀力勝錢，故米價斗至八九十，衢睦等州至百餘錢，皆足錢，炎炎可畏。軾用印板出榜千餘道，止絶此兩事。自半月來，米穀通流，價亦稍平。然浙中無麥，青黄之交，當在來秋，而熟不熟又未可知。民懲熙寧流殍之禍，上户有米者，皆靳惜不肯出。其勢非大出官米不能救。

上吕僕射論浙西災傷書

軾頓首上書門下僕射相公閣下：軾近上章論浙西淫雨、颶風之災，伏蒙恩旨，使與監司諸人議所以爲來歲之備者，謹已條上二事。軾才術淺短，禦災無策，但知叫號朝廷，乞寬減額米，截賜上供。言狂計拙，死罪、死罪。然三吴風俗，自古浮薄而錢塘爲甚。雖室宇華好，被服粲然，而家無宿舂之儲者，蓋十室而九。自經熙寧饑疫之災，與新法聚斂之害，平時富民殘破略盡，家家有市易之欠，人人有鹽酒之債。田宅在官房廊傾倒，商賈不行，市井蕭然，譬如衰羸久病之人，平時僅自支持，更遭風寒暑濕之變，便自委頓。仁人君子當意外將護，未可以壯，夫常理期也。今年錢塘賣常平米十八萬石。得米者皆叩頭誦佛，云官家將十八萬石米，於烏鳶狐狸口中奪出數十萬人，此恩不可忘也。夫以區區戰國公子，尚知焚券市義，今以十八萬石米，易錢九萬九千緡而能活數十萬人，此豈下策也哉。竊惟仁聖在上，輔以賢哲，一聞此言，理無不行。但恐世俗諂薄成風，揣所樂聞與所忌諱，不以仁人君子期左右，爭言無災或言有災，而不甚積衆口之驗，以惑聰明。此軾之所私憂過慮也。八月之末，秀州數千人訴風災，吏以爲法有訴水旱而無訴風災，拒閉不納，老幼相騰，踐死者十一人，方按其事。由此言之，吏不喜言災者，蓋十人而九，不可不察也。軾既條上二事，且以關白、漕憲兩司官吏皆來見軾，曰，此固當今之至計也。然恐朝廷疑公爲漕司地，奈何。軾曰，吾爲數十萬人性命言也，豈卹此小小悔吝哉。去年秋冬諸郡閉糴，商賈不行，軾既劾奏通之，又舉行災傷法約，束本路不得收五穀力勝錢，三郡米大至施及浙東。而漕司官吏，緣此愠怒，幾不見容。文符往來，僚吏恐悚，以軾之私意，其不爲漕司地也審矣。力勝之免，去歲已有成法。然今歲未敢舉行者，實恐再忤漕司，怨咎愈深。此則軾之疲懦畏人，不免小有回屈之罪也。伏望相公一言檢舉成法，自朝廷行下使五穀通流，公私皆濟。上以明君相之恩，下以安孤危之迹，不勝幸甚。去歲朝旨免力勝錢止於四月。浙中無麥，須七月初間見新穀。故自五月以來米價復增，軾亦曾奏乞展限至六月，終不報。今者若蒙施行，則乞以六月爲限，去歲恩旨寬減上供額米三分之一，而户部必欲得見錢，浙中遂有錢荒之憂。軾奏乞以錢和買銀絹上供。三請而後，可今者若蒙施行，即乞一時行下，軾竊度事勢。若不且用愚計，來歲恐有流殍盜賊之憂，或以其狂淺過計，事難施用。即乞别除一小郡，仍選才術有餘，可以坐消災沴者使任一路之責。幸甚、幸甚。干冒臺重，伏紙慄戰不宣。

宋・司馬光《資治通鑑》卷一五 （文帝十二年）鼂錯言於上曰：「聖王在上而民不凍飢者，非能耕而食之，織而衣之也，爲開其資財之道也。故堯有九年之水，湯有七年之旱，而國亡捐瘠者，以畜積多而備先具也。今海内爲一，土地人民之衆不減湯、禹，加以無天災數年之水旱，而畜積未及者，何也？地有遺利，民有餘力；生穀之土未盡墾，山澤之利未盡出，游食之民未盡歸農也。

夫寒之於衣，不待輕煖；飢之於食，不待甘旨；飢寒至身，不顧廉恥。人情，一日不再食則飢，終歲不製衣則寒。夫腹飢不得食，膚寒不得衣，雖慈父不能保其子，君安能以有其民哉！明主知其然也，故務民於農桑，薄賦斂，廣畜積，以實倉廩，備水旱，故民可得而有也。民者，在上所以牧之；民之趨利，如水走下，四方無擇也。

夫珠、玉、金、銀，飢不可食，寒不可衣；然而衆貴之者，以上用之故也。其爲物輕微易藏，在於把握，可以周海内而無飢寒之患。此令臣輕背其主而民易去其鄉，盜賊有所勸，亡逃者得輕資也。粟、米、布、帛，生於地，長於時，聚於力，非可一日成也；數石之重，中人弗勝，不爲姦邪所利，一日弗得而飢寒至。是故明君貴五穀而賤金玉。

今農夫五口之家，其服役者不下二人，其能耕者不過百畮，百畮之收不過百石。春耕，夏耘，秋穫，冬藏，伐薪樵，治官府，給繇役。春不得避風塵，夏不得避暑熱，秋不得避陰雨，冬不得避寒凍，四時之間無日休息。又私自送往迎來、弔死問疾、養孤長幼在其中。勤苦如此，尚復被水旱之災，急政暴賦，賦斂不時，朝令而暮改。有者半賈而賣，無者取倍稱之息，於是有賣田宅，鬻妻子以償責者矣。而商賈，大者積貯倍息，小者坐列販賣，操其奇贏，日游都市，乘上之急，所賣必倍。故其男不耕耘，女不蠶織，衣必文采，食必粱肉。無農夫之苦，有仟伯之得。因其富厚，交通王侯，力過吏勢，以利相傾。千里游敖，冠蓋相望，乘堅、策肥，履絲、曳縞。此商人所以兼并農人，農人所以流亡者也。

方今之務，莫若使民務農而已矣。欲民務農，在於貴粟；貴粟之道，在於使民以粟爲賞罰。今募天下入粟縣官，得以拜爵，得以除罪。如此，富人有爵，農民有錢，粟有所渫。夫能入粟以受爵，皆有餘者也；取於有餘以供上用，則貧民之賦可損，所謂損有餘，補不足，令出而民利者也。今令民有車騎馬一匹者，復卒三人；車騎者，天下武備也，故爲復卒。神農之教曰：『有石城十仞，湯池百步，帶甲百萬，而無粟，弗能守也。』以是觀之，粟者，王者大用，政之本務。今民入粟受爵至五大夫以上，乃復一人耳，此其與騎馬之功相去遠矣。爵者，上之所擅，出於口而無窮；粟者，民之所種，生於地而不乏。夫得高爵與免罪，人之所甚欲也；使天下人入粟於邊以受爵、免罪，不過三歲，塞下之粟必多矣。」帝從之，令民入粟於邊，拜爵各以多少級數爲差。

文帝前十六年　詔曰：「間者數年不登，又有水旱、疾疫之災，朕甚憂之。愚而不明，未達其咎：意者朕之政有所失而行有過與？乃天道有不順，地利或不得，人事多失和，鬼神廢不享與，何以致此？將百官之奉養或廢，無用之事或多與，何其民食之寡乏也。夫度田非益寡，而計民未加益，以口量地，其於古猶有餘，而食之甚不足者，其咎安在？無乃百姓之從事於末以害農者蕃，爲酒醪以靡穀者多，六畜之食焉者衆與？

宋・司馬光《資治通鑑》卷二三　（昭帝始元二年）秋，八月，詔曰：「往年災害多，今年蠶、麥傷，所振貸種、食勿收責，毋令民出今年田租！」

宋・司馬光《資治通鑑》卷三二　成帝元延元年，上以災變，博謀羣臣。北地太守谷永對曰：「王者躬行道德，承順天地，則五徵時序，五徵，即《洪範》之八庶徵，曰雨、曰暘、曰寒、曰燠、曰風也。百姓壽考，符瑞並降。失道妄行，逆天暴物，則咎徵著郵，《洪範》之常雨、常暘、常寒、常燠、常風，爲咎徵著明也。天見咎徵，以明著人君之過也。妖孽並見，《洪範五行傳說》曰：凡草木之類謂之妖；妖，猶夭胎，言尚微也。蟲豸之類謂之孽；孽則芽孽矣。見，賢遍翻。饑饉荐臻。終不改寤，惡洽變備，不復譴告，更命有德。如魯哀禍大天不降譴是也。此天地之常經，百王之所同也。加以功德有厚薄，期質有脩短，時世有中季，天道有盛衰。陛下承八世之功業，當陽數之標季，孟康曰：陽九之末季也。涉三七之節紀，孟康曰：至平帝，乃三七二百一十歲之厄，今已涉向其節紀。遭《無妄》之卦運，應劭曰：天必先雲而後雷，雷而後雨；而今無雲而雷。無妄者，無所望也。萬物無所望於天，災異之最大者也。師古曰：取《易》之《無妄卦》爲義。項安世曰：古妄與望通，秦、漢言无妄，皆無望也。朱英之說黄歇與揚子《法言》皆然。故《太玄》以去準无妄，謂其無所復望也。在《易》則自爲誠妄之妄。直百六之災阸，《易九戹》曰：初入元，百六陽九。孟康曰：《易傳》也。所謂陽九之戹，百六之會也。初入元，百六歲有戹者，則前元之餘氣也。師古曰：直，當也。孔穎達曰：凡水旱之歲，曆運有常。按《律曆志》云：十九歲爲一章，四章爲一部，二十部爲一統，三統爲一元。則一元有四千五百六十歲。初入元一歲有陽九，謂旱九年。次三百七十四歲陰九，謂水九年。以一百六歲并三百七十四歲爲四百八十歲，《註》云，六乘八之數。次四百八十歲有陽九，謂旱九年。次七百二十歲陰七，謂水七年。次七百二十歲陽七，謂旱七年。又註云：七百二十者，九乘八之數。次六百歲陰五，謂水五年。次六百歲陽五，謂旱五年。註云：六百歲者，以八乘八，八八六十四。又以七乘八，七八五十六，相并爲一千二百歲。於《易》七、八不變，氣不通，故合而數之，各得六百歲。次四百八十歲陰三，次四百八十歲陽三，除入元至陽三，除去災歲，總有四千五百六十年。其災歲，兩個陽九年，一個陰九年，一個陰、陽各七年，一個陰、陽各五年，一個陰、陽各三年，總有五十七年，并前四千五百六十年，通爲四千六百一十七歲。此一元之氣終矣。此是陰陽水旱之大數也。所以正用七、八、九、六相乘者，以水數六，火數七，木數八，金數九，此交互相乘也。以七、八、九、六陰陽之數自然，故有九年、七年、五年、三年之災。三難異科，雜焉同會。建始元年以來，二十載間，羣災大異，交錯鋒起，多於《春秋》所書。內則爲深宮後庭，將有驕臣悍妾、醉酒狂悖卒起之敗，北宮苑囿街巷之中、臣妾之家幽閒之處徵舒、崔杼之亂。外則爲諸夏下土，將有樊並、蘇令、陳勝，項梁奮臂之禍。安危之分界，宗廟之至憂，臣永所以破膽寒心。豫言之累年，下有其萌，然後變見於上，可不致慎！禍起細微，姦生所易。願陛下正君臣之義，無復與羣小媟黷宴飲。勤三綱之嚴，修後宮之政，抑遠驕妬之寵，崇近婉順之行。朝覲法駕而後出，陳兵清道而後行，無復輕身獨出，飲食臣妾之家。三者既除，內亂之路塞矣。諸夏舉兵，萌在民饑饉而吏不恤，興於百姓困而賦斂重，發於下怨離而上不知。《傳》曰：『飢而不損，茲謂泰，厥咎亡。』比年郡國傷於水災，禾麥不收，宜損常稅之時，而有司奏請加賦，甚繆經義，逆於民心，市怨趨禍之道也。臣願陛下勿許加賦之奏，益減奢泰之費，流恩廣施，振贍困乏，敕勸耕桑，以慰綏元元之心，諸夏之亂庶幾可息！」

宋・司馬光《資治通鑑》卷三三　（成帝綏和二年）九月，上以災異問待詔李尋。李尋曰：「臣聞五行以水爲本，水爲準平，王道公正脩明，則百川理，落脈通。偏黨失綱，則涌溢爲敗。今汝、潁漂涌，與雨水並爲民害，此《詩》所謂『百川沸騰』，咎在皇甫卿士之屬。唯陛下少抑外親大臣！

騎都尉平當使領河隄，奏：「九河今皆寘滅。按經義，治水有決河深川而無隄防壅塞之文。河從魏郡以東多溢決；水迹難以分明，四海之衆不可誣。宜博求能浚川疏河者。」上從之。

待詔賈讓奏言：「治河有上、中、下策。古者立國居民，疆理土地，必遺川澤之分，度水勢所不及。大川無防，小水得入，陂障卑下，以爲汙澤，使秋水多得其所休息，左右游波寬緩而不迫。夫土之有川，猶人之有口也，治土而防其川，猶止兒啼而塞其口，豈不遽止，然其死可立而待也。故曰：『善爲川者決之使道，善爲民者宣之使言。』蓋隄防之作，近起戰國，雍防百川，各以自利。齊與趙、魏以河爲竟，趙、魏瀕山作隄，去河二十五里，河水東抵齊隄則西泛趙、魏。趙、魏亦爲隄，去河二十五里，雖非其正，水尚有所遊盪。時至而去，則填淤肥美，民耕田之；或久無害，稍築宫宅，遂成聚落；大水時至，漂没，則更起隄防以自救，稍去其城郭，排水澤而居之，湛溺自其宜也。今隄防陿者去水數百步，遠者數里，於故大隄之内復有數重，民居其間，此皆前世所排也。河從河内黎陽至魏郡昭陽，東西互有石隄，激水使還，百餘里間，河再西三東，迫阸如此，不得安息。

今行上策，徙冀州之民當水衝者，決黎陽遮害亭，放河使北入海。河西薄大山，東薄金隄，勢不能遠，泛濫朞月自定。難者將曰：『若如此，敗壞城郭、田廬、冢墓以萬數，百姓怨恨。』昔大禹治水，山陵當路者毁之，故鑿龍門，闢伊闕，析厎柱，破碣石，墮斷天地之性；此乃人功所造，何足言也。今瀕河十郡，治隄歲費且萬萬，及其大決，所殘無數。如出數年治河之費以業所徙之民，遵古聖之法，定山川之位，使神人各處其所而不相奸。且大漢方制萬里，豈其與水争咫尺之地哉！此功一立，河定民安，千載無患，故謂之上策。

若乃多穿漕渠於冀州地，使民得以溉田，分殺水怒，雖非聖人法，然亦救敗術也。可從淇口以東爲石隄，多張水門。恐議者疑河大川難禁制，滎陽漕渠足以卜之。冀州渠首盡，當仰此水門，諸渠皆往往股引取之。旱則開東方下水門，溉冀州。水則開西方高門，分河流，民田適治，河隄亦成。此誠富國安民、興利除害，支數百歲，故謂之中策。

若乃繕完故隄，增卑倍薄，勞費無已，數逢其害，此最下策也！」

宋·司馬光《資治通鑑》卷三四　哀帝建平四年，諫大夫渤海鮑宣上書曰：今民有七亡：陰陽不和，水旱爲災，一亡也；縣官重責更賦租税，二亡也；貪吏並公，受取不已，三亡也；豪强大姓，蠶食亡厭，四亡也；苛吏繇役，失農桑時，五亡也；部落鼓鳴，男女遮列，六亡也；盗賊劫略，取民財物，七亡也。七亡尚可，又有七死：酷吏毆殺，一死也；治獄深刻，二死也；冤陷亡辜，三死也；盗賊横發，四死也；怨讎相殘，五死也；歲惡饑餓，六死也；時氣疾疫，七死也。民有七亡而無一得，欲望國安，誠難；民有七死而無一生，欲望刑措，誠難。

宋·司馬光《資治通鑑》卷四六　章帝建初元年春正月，詔兖、豫、徐三州稟賦飢民。上問司徒鮑昱：「何以消復旱災？」對曰：「陛下始踐天位，雖有失得，未能致異。臣前爲汝南太守，典治楚事，繫者千餘人，恐未能盡當其罪。夫大獄一起，冤者過半。又，諸徙者骨肉離分，孤魂不祀。宜一切還諸徙家，蠲除禁錮，使死生獲所，則和氣可致。」帝納其言。

宋·司馬光《資治通鑑》卷四九　（安帝永初元年）秋，九月，庚午，太尉徐防以災異、寇賊策免。三公以災異免，自防始。辛未，司空尹勤以水雨漂流策免。

宋·司馬光《資治通鑑》卷五〇　安帝延光元年　帝數遣黄門常侍及中使伯榮往來甘陵，尚書僕射陳忠上疏曰：「今天心未得，隔并屢臻，青、冀之域，淫雨漏河，徐、岱之濱，海水盆溢，兖、豫蝗蝝滋生，荆、揚稻收儉薄，并、涼二州羌戎叛戾，加以百姓不足，府帑虚匱。陛下以不得親奉孝德皇園廟，比遣中使致敬甘陵，朱軒駢馬，相望道路，可謂孝至矣。然臣竊聞使者所過，威權翕赫，震動郡縣，王、侯、二千石至爲伯榮獨拜車下，發民修道，繕理亭傳，多設儲偫，徵役無度，老弱相隨，動有萬計，賂遺僕從，人數百匹，頓踣呼嗟，莫不叩心。河間託叔父之屬，清河有陵廟之尊，及剖符大臣，皆猥爲伯榮屈節車下，陛下不問，必以爲陛下欲其然也。伯榮之威，重於陛下，陛下之柄，在於臣妾，水災之發，必起於此。昔韓嫣託副車之乘，受馳視之使，江都誤爲一拜，而嫣受歐刀之誅。臣願明主嚴天元之尊，正乾剛之位，不宜復令女使干錯萬機。重察左右，得無石顯漏泄之姦？尚書納言，得無趙昌譖崇之詐？公卿大臣，得無朱博阿傅之援？外屬近戚，得無王鳳害商之謀？若國政一由帝命，王事每決於己，則下不得偪上，臣不得干君，常雨大水必當霽止，四方衆異不能爲害。」書奏，不省。

宋·司馬光《資治通鑑》卷五一　（順帝陽嘉二年）春，正月，詔公車徵顗，問以災異。顗上章曰：「三公上應臺階，下同元首，政失其道，則寒陰反節。今之在位，競託高虚，納累鍾之奉，亡天下之憂。棲遲偃仰，寢疾自逸，被策文，得賜錢，即復起矣，何疾之易而愈之速！以此消伏災眚，興致升平，其可得乎！今選牧、守，委任三府；長吏不良，既咎州、郡，州、郡有失，豈得不歸責舉者！而陛下崇之彌優，自下慢事愈甚，所謂『大網疏，小網數』。三公非臣之仇，臣非狂夫之作，所以發憤忘食，懇懇不已者，誠念朝廷，欲致興平。臣書不擇言，死不敢恨！」因條便宜七事：「一，園陵火災，宜念百姓之勞，罷繕脩之役。二，立春以後陰寒失節，宜采納良臣，以助聖化。三，今年少陽之歲，春當旱，夏必有水，宜遵前典，惟節惟約。四，去年八月，熒惑出入軒轅，宜簡出宮女，恣其姻嫁。五，去年閏十月，有白氣從西方天苑趨參左足，入玉井，恐立秋以後，將有羌寇畔戾之患，宜豫告諸郡，嚴爲備禦。六，今月十四日乙卯，白虹貫日，宜令中外官司，並須立秋然後考事。七，漢興以來三百三十九歲，於時三朞，宜大蠲法令，有所變更。王者隨天，譬猶自春徂夏，改青服絳也。自文帝省刑，適三百年，而輕微之禁，漸已殷積。王者之法，譬猶江、河，當使易避而難犯也。」

二月，顗復上書薦黃瓊、李固，以爲宜加擢用。又言：「自冬涉春，訖無嘉澤，數有西風，反逆時節，朝廷勞心，廣爲禱祈，薦祭山川，暴龍移市。臣聞皇天感物，不爲僞動；災變應人，要在責己。若令雨可請降，水可攘止，則歲無隔并，太平可待。然而災害不息者，患不在此也！」書奏，特拜郎中；辭病不就。

宋·司馬光《資治通鑑》卷五二 陽嘉四年，李固以商柔和自守，不能有所整裁，乃奏記於商曰：「數年以來，災怪屢見。孔子曰：『智者見變思形，愚者覩怪諱名。』天道無親，可爲祗畏。誠令王綱一整，道行忠立，明公踵伯成之高，全不朽之譽，豈與此外戚凡輩耽榮好位者同日而論哉！」商不能用。

宋·司馬光《資治通鑑》卷五五 恒帝延熹九年，平原襄楷詣闕上疏曰：「臣聞皇天不言，以文象設教。臣竊見太微，天廷五帝之坐，而金、火罰星揚光其中，於占，天子凶；又俱入房、心，法無繼嗣。前年冬大寒，殺鳥獸，害魚鼈，城傍竹柏之葉有傷枯者。臣聞於師曰：『柏傷竹枯，不出二年，天子當之。』今自春夏以來，連有霜雹及大雨雷電，臣作威作福，刑罰急刻之所感也。太原太守劉瓆，南陽太守成瑨，志除姦邪，其所誅翦，皆合人望。而陛下受閹豎之譖，乃遠加考逮。三公上書乞哀瓆等，不見採察而嚴被譴讓，憂國之臣，將遂杜口矣。臣聞殺無罪，誅賢者，禍及三世。自陛下即位以來，頻行誅罰，梁、寇、孫、鄧並見族滅，其從坐者又非其數。

二年春正月，御史中丞樊準以郡國連年水旱，民多飢困，上疏：「請令太官、尚方、考功、上林池籞諸官，實減無事之物；五府調省中都官吏、京師作者。又，被災之郡，百姓凋殘，恐非賑給所能勝贍，雖有其名，終無其實。可依征和元年故事，遣使持節慰安，尤困乏者徙置荆、揚孰郡。今雖有西屯之役，宜先東州之急。」太后從之，悉以公田賦與貧民，即擢準與議郎吕倉並守光禄大夫。二月，乙丑，遣準使冀州、倉使兗州稟貸，流民咸得蘇息。

宋·司馬光《資治通鑑》卷五〇 安帝建光元年，太后自臨朝以來，水旱十載，四夷外侵，盜賊内起，每聞民饑，或達旦不寐，躬自減徹以救災戹，故天下復平，歲還豐穰。

宋·司馬光《資治通鑑》卷一一七 安帝義熙十一年九月，魏比歲霜旱，雲、代之民多飢死。太史令王亮、蘇坦言於魏主嗣曰：「按讖書，魏當都鄴，可得豐樂。」嗣以問羣臣，博士祭酒崔浩、特進京兆周澹曰：「遷都於鄴，可以救今年之饑，非久長之計也。山東之人，以國家居廣漠之地，謂其民畜無涯，號曰『牛毛之衆』。今留兵守舊都，分家南徙，不能滿諸州之地，參居郡縣，情見事露，恐四方皆有輕侮之心；且百姓不便水土，疾疫死傷者必多。又，舊都守兵既少，屈丏、柔然將有窺窬之心，舉國而來，雲中、平城必危，朝廷隔恒、代千里之險，難以赴救，此則聲實俱損也。今居北方，假令山東有變，我輕騎南下，布濩林薄之間，孰能知其多少！百姓望塵懾服，此國家所以威制諸夏也。來春草生，湩酪將出，兼以菜果，得及秋熟，則事濟矣。」嗣曰：「今倉廩空竭，既無以待來秋，若來秋又饑，將若之何？」對曰：「宜簡飢貧之户，使就食山東；若來秋復饑，當更圖之，但方今不可遷都耳。」嗣悦曰：「唯二人與朕意同。」乃簡國人尤貧者詣山東三州就食，遣左部尚書代人周幾帥衆鎮魯口以安集之。嗣躬耕藉田，且命有司勸課農桑；明年，大熟，民遂富安。

宋·司馬光《資治通鑑》卷一三七 武帝永明九年冬十月，庚寅，魏主謁永固陵，毁瘠猶甚。穆亮諫曰：「陛下祥練已闋，號慕如始。王者爲天地所子，爲萬民父母；未有子過哀而父母不戚，父母憂而子獨悦豫者也。今和氣不應，風旱爲災，願陛下襲輕服，御常膳，鑾輿時動，咸秩百神，庶使天人交慶。」詔曰：「孝悌之至，無所不通。今飄風、旱氣，皆誠慕未濃，幽顯無感也。所言過哀之咎，諒爲未衷。」

宋·司馬光《資治通鑑》卷一九三 貞觀元年，關中饑，米斗直絹一匹；二年，天下蝗；三年，大水。上勤而撫之，民雖東西就食，未嘗嗟怨。是歲，天下大稔，流散者咸歸鄉里，米斗不過三、四錢，終歲斷死刑纔二十九人。東至于海，南極五嶺，皆外户不閉，行旅不齎糧，取給於道路焉。

宋·司馬光《資治通鑑》卷二〇三　高宗永淳元年五月，東都霖雨。乙卯，洛水溢，溺民居千餘家。關中先水後旱、蝗，繼以疾疫，米斗四百，兩京間死者相枕於路，人相食。

宋·司馬光《資治通鑑》卷二一七　玄宗天寶十三載，自去歲水旱相繼，關中大饑。楊國忠惡京兆尹李峴不附己，以災沴歸咎於峴，九月，貶長沙太守。峴，禕之子也。上憂雨傷稼，國忠取禾之善者獻之，曰：「雨雖多，不害稼也。」上以爲然。扶風太守房琯言所部水災，國忠使御史推之。是歲，天下無敢言災者。高力士侍側，上曰：「淫雨不已，卿可盡言。」對曰：「自陛下以權假宰相，賞罰無章，陰陽失度，臣何敢言！」上默然。

宋·司馬光《資治通鑑》卷二一〇　睿宗景雲二年，右補闕辛替否上疏，以爲：「自古失道破國亡家者，口說不如身逢，耳聞不如目覩。臣請以陛下所目覩者言之。太宗皇帝，陛下之祖也，撥亂返正，開基立極。官不虛授，財無枉費。不多造寺觀而有福，不多度僧尼而無災，天地垂祐，風雨時若，粟帛充溢，蠻夷率服，享國久長，名高萬古。陛下何不取而法之！中宗皇帝，陛下之兄，棄祖宗之業，徇女子之意；無能而禄者數千人，無功而封者百餘家。造寺不止，費財貨者數百億，度人無窮，免租庸者數十萬，所出日滋，所入日寡。奪百姓口中之食以養貪殘，剥萬人體上之衣以塗土木，於是人怨神怒，衆叛親離，水旱並臻，公私俱罄，享國不永，禍及其身。陛下何不懲而改之！自頃以來，水旱相繼，兼以霜蝗，人無所食，未聞賑恤，而爲二女造觀，用錢百餘萬緡。陛下豈可不計當今府庫之蓄積有幾，中外之經費有幾，而輕用百餘萬緡，以供無用之役乎！

宋·邵伯温《聞見録》卷一九　康節登其院嘗作洛陽古賦【略】其六曰：水旱爲沴，年歲耗虛，此天地之常理，雖聖人不能無。蓋有備而無患，貴儆戒於不虞。不得中者，加以寬猛失政，重輕逸權，不有水旱而民已困，而況有水旱兵革者焉。所謂本末交失，不亡何待？天下有成敗六焉，此之謂也。

宋·邵伯温《聞見録》卷二三八　憲宗元和七年春正月，振武河溢，毁東受降城。三月，丙戌，上御延英殿，李吉甫言：「天下已太平，陛下宜爲樂。」李絳曰：「漢文帝時兵木無刃，家給人足，賈誼猶以爲厝火積薪之下，不可謂安。今法令所不能制者，河南北五十餘州，犬戎腥羶，近接涇、隴，烽火屢驚，加之水旱時作，倉廩空虛，此正陛下宵衣旰食之時，豈得謂之太平，遽爲樂哉！

宋·邵伯温《聞見録》卷二四四　文宗太和六年春正月壬子，詔以水旱降繫囚。羣臣上尊號曰太和文武至德皇帝，右補闕韋温上疏以爲：「今水旱爲災，恐非崇飾徽稱之時。」上善之，辭不受。

宋·邵伯温《聞見録》卷二八三　齊王天福八年，是歲，春夏旱，秋冬水，蝗大起，東自海壖，西距隴坻，南踰江、淮，北抵幽薊，原野、山谷、城郭、廬舍皆滿，竹木葉俱盡。重以官括民穀，使者督責嚴急，至封碓磑，不留其食，有坐匿穀抵死者。縣令往往以督趣不辦，納印自劾去。民餓死者數十萬口，流亡不可勝數。於是留守、節度使下至將軍，各獻馬、金帛、芻粟以助國。

宋·沈括《夢溪筆談》卷一一　皇祐二年，吳中大饑，殍殣枕路。是時范文正領浙西，發粟及募民存餉，爲術甚備。吳人喜競渡，好爲佛事。希文乃縱民競渡。太守日出宴于湖上，自春至夏，居民空巷出遊。又召諸佛寺主首，諭之曰：饑歲工價至賤，可以大興土木之役。於是諸寺工作鼎興。又新敖倉吏舍，日役千夫。監司奏劾杭州不恤荒政，嬉遊不節，及公私興造，傷耗民力。文正乃自條叙所以宴遊及興造，皆欲以發有餘之財，以惠貧者。貿易飲食，工技服力之人，仰食于公私者，日無慮數萬人。荒政之施，莫此爲大。是歲，兩浙唯杭州晏然，（民）不流徙，皆公之惠也。歲饑發司農之粟，募民興利，近歲遂著爲令。既已恤饑，因之以成就民利，此先王之美澤也。

宋·李綱《梁谿集》卷一三六　災異志

天地之大，一身是也。血氣調而府藏平，則身以之康强。德政脩，而人物安，則天地以之和順。至于身失于衛生之經，而疾病生焉。則發于其色，形于其脉者，善醫者能知之。天地失于燮理之道，而災異作焉。則天變見于上，地變見于下，知道者亦能察之。夫豈有物使之然哉。一氣之運，有開必先小之，一身大之。天地吉凶妖祥，未有無其兆者也。古先哲王觀變而懼，脩厥德、正厥事以應天，則凶妖可以轉而爲吉祥。如太戊之桑穀，高宗之雊雉，宋景之妖星退舍天人之際，疾如影響不可誣已。孔子作春秋，二百四十年間災異之變必謹書之。所以使君人者，知有所畏而自反也。漢儒引類附會其說，既不足以取信。而後世導諛之臣諂其君，以天地之變不足畏，每有災異，恬不加恤，又從而爲之辭，遂使時君世主不復畏天，而肆情于民物之上，稔成禍亂，未有若崇觀以來也。靖康之初，夷狄憑陵宗社，危急生靈，肝腦塗地，中國之禍，古所未有，是豈一朝一夕之故哉。其本在於不知畏天，馴致使然也。故余取聞見之所及災異之大者，著之于篇，使後世有考焉，作災異志。

證兆志

天人之際，其理一也。天之所爲，即人之所爲。人之所欲，即天之所欲。故國之將興，君明臣良，庶事皆舉，寖明寖説變而爲禍福禬禳之事之過也。治天下者，從于儒，則治安之效。如彼溺于道釋之跡，則禍亂之階。如此亦可觀矣。然則有天下者，如之何？治之之道，一本于儒。而道釋之教，存而勿論，以助教化，以通逍遥，且設法以禁其徒之太濫者，宫室之太過者，斯可矣。又何必人其人，火其書，廬其居，然後足以爲治哉？

災異論

孔子作春秋書，日食、地震、山陵崩、隕常星、不見夜中星、隕如雨、五石隕墜、六鷁退飛、鸜鵒來巢、霜不殺草、李梅冬實者，所以記異也。書水火之災，雨雹、大雪、震電、晦冥多麋、有蜮饑旱、螽螟有蝝，所以記災也。災異之名，自此而起。漢儒因之，推配五行以爲之説，是耶，非耶？曰孔子之所以書之者，是也。漢儒之所以推配之者，非也。何哉？天地萬物以人爲本。庶政脩而萬事康。得治之道，則地平天成，物遂其性，豈有災異之變哉。政悖其宜，事失其叙，有亂之理，則見于天者，日月薄蝕，彗孛飛流，霜雪風雨之不時，而反時爲災者，天之變也。見于地者，山崩川竭，水火爲災，震動陷裂，而反物爲妖者，地之變也。見于物者，羽毛鱗介之孽，草木金石之怪，螟蝗蠭蝝螽午竝起，而稼穡卒痒者，物之變也。聖人必謹記之，使治人事者，畏天戒恐懼，脩省以消去之。故曰：孔子之所以書之者，是也。漢儒不揣其本，而齊其末，以天地之變，物之妖孽痾眚，著于形數聲色者，推而配之五行，某事失，則某災爲之應，某異見，則某事爲之符。其説牽合附會，迂闊而難信，故曰漢儒之所以推配之者，非也。然則天地與物之變，孰使之然哉？主張翕闢。亦有司之者耶曰：通天下一氣耳，和氣致祥，乖氣致異。人事著于此，而祥異應于彼。猶影響之于形聲，自然之符，而理之必至者也。胡不以身觀之，元氣衰而邪氣乘之，則疾病不祥之色見于面目，達于氣體，可視而知，可診脉而得。其本在于腑臟之失其平而已。善醫者調其腑臟，而疾病可痊。善治者脩其政事，而災異可弭。故堯以水而儆予，湯以旱而責躬，大戊以桑穀而脩厥德，高宗以雊雉而正厥事，宣王遇旱暵之災而懼，太宗罹蝗螟之異而憂，皆能弭災異以爲和平。身致大治，豈非畏天戒之明驗乎？後世談經術者，以漢儒推配之説，牽合附會爲不足信，併與聖人所以書災異之意，一切廢之其説，以謂天地與物之變，咸其自爾。吾無與也，何足畏乎。遂使人主樂聞其説，不復畏天而有恐懼脩省之心。其爲害豈淺淺哉！夫災異祥瑞，其理一也。災異之説，使人畏而有所戒。祥瑞之説，使人驕而有所怠。聖人語災異而不語祥瑞者，懼其君驕故也。今有一草木之祥、一羽毛之瑞，則相與嗟嘆，而三賀之。至于天地萬物之變，則恬不加恤，以謂未嘗有災異焉。其亦異于聖人之意矣。

宋·羅泌《路史》卷四三《堯水不禱》 宋大水，鼓用牲於社。湯大旱，禱桑林。大水用牲，是水有禳事矣，水有禱禳，堯胡爲而不禳？大旱致禱，是旱有禱賽矣。旱有禱，水胡爲而不禱？曰：水之有潦，猶人之有水蠱也。歲之有旱，猶人之有瘴疾也。瘴疾、水蠱人之奇疹。潦災旱熯，亦天地之大疹也。瘴疾水蠱，非善誦之可蠲，非禳禱之可免。大水大旱，豈善誦、善禱之可移哉？堯舜神聖，委其然也。是故不易政，不致禱，惟命伯禹益稷治之而已。是蠱之必用，醫瘴之必以藥也。伯禹益稷從而治之，百川順流，此亦天地之蠱瘴，而獲夫良工之起之也。然則湯之致禱，豈知不足於聖人歟？亦示教也。身有疾，有不可不爲善。親有疾，有不可不盡誠。赤子冒疾，藥之弗至，抑坐視而弗軫乎？抑將走羣祀，而幸其功之一見乎？然則湯之禱，宋之鼓亦所以盡其誠而已矣。故湯宋之致禱以示教也。堯舜之不禱，而命禹以任正也。禜社伐鼓，其亦果能益乎？桑林者，社也。社爲陰，鼓用聲也。聲爲陽，伐鼓於社，以陽而起陰，有是言也。雖然，桑林之舉，將七年而後禱乎，禱七年而後應乎，七年而後禱民事不已緩乎。禱七年而後應其報，不亦晚乎。吾固曰：湯宋之禱，以示教也。堯任正也，由智者觀之，思過半矣。

宋·王栐《燕翼詒謀録》卷四 民間訴水旱，舊無限制。或秋而訴夏旱，或冬而訴秋旱，往往於收割之後欺罔官吏，無從覈實。拒之則不可，聽之則難信。故太宗淳化二年正月丁酉，詔荆湖、江淮、二浙、四川、嶺南管内州縣訴水旱，夏以四月三十日，秋以八月三十日爲限。自此遂爲定制。

宋·莊綽《雞肋編》卷中 自中原遭胡虜之禍，民人死於兵革、水火、疾饑、墜壓、寒暑、力役者，蓋已不可勝計。而避地二廣者，幸獲安居。連年瘴癘，至有滅門。如平江府洞庭東西二山，在太湖中，非舟楫不可到。胡騎寇兵，皆莫能至。然地方共幾百里，多種柑橘、桑麻，餬口之物，盡仰商販。紹興二年冬，忽大寒，湖水遂冰，米船不到，山中小民多餓死。富家遣人負戴，蹈冰可行，遽又泮坼，陷而没者亦衆。汎舟而往，卒遇巨風激水，舟皆即冰凍重而覆溺，復不能免。又是歲八月十八日，錢唐觀潮，往者特盛。岸高二丈許，上多積薪，人皆乘薪而立。忽風駕洪濤出岸，激薪崩摧，死者有數百人。衢州開化縣界嚴、徽、信州之間，萬山所環，路不通驛，部使者率數十年不到，居人流寓，恃以安處。三年春，偶邑人以私怨告衆事魔，有白馬洞繆羅者，殺保正，怒其乞取，其弟四六者，輒衣赭服，傳宣諠動。至遣官兵往捕，一方被害。七夕日，興化軍忽大水，城內七尺，連及泉州界，漂千餘家。前此父老所不記。蓋九州之內，幾無地能保其生者。豈一時之人，數當爾邪？少陵謂「喪亂死多門」，信矣！

三代之世，無九年之蓄爲不足，而後世常乏終歲之儲。非特敦本力田者少，而食者衆，亦酒醴以糜之耳。蓋健啖者一飯不過於二升，飲酒則有至於無算。今略舉以見：漢景帝三年夏旱，禁酤酒，至後元年夏始得酤，凡五年。武帝天漢三年，榷酒酤。昭帝始元六年罷榷，升四錢。後漢和帝永元十六年，兗、豫、徐、冀四州比年多雨，禁酤酒。順帝漢安二年，禁酤酒。蜀先主時，天旱禁酒。晉孝武太元八年，開酒禁。安帝隆安五年，歲饑禁酒。石勒以百姓始復業，資儲未豐，於是重制禁釀，郊祀宗廟皆以醴酒，行之數年，無復釀者。宋文帝元嘉十二年六月禁酒，二十一年正月復禁酒，卹饑也，二十二年八月開酒禁，有年也。唐高宗咸亨元年，以穀貴禁酒。肅宗至德三載三月辛卯，以歲饑禁酤酒，俟麥熟依常式。德宗大曆十四年罷榷酤，建中三年復榷。宋明帝時，歲旱人飢，顏峻上言禁錫一月，息米近萬斛。紹興初穀貴，酒價不足以償米麴之直。余嘗獻議，欲以穀代俸錢而禁酤酒，時以爲訝。

宋・吕祖謙《宋文鑑》卷四七《論災異》 臣伏以聖王所甚畏事者，莫如天；所甚聽用者，莫如民。是故，觀天意於災祥，察民情於謡俗。因災祥以求治之得失，原謡俗以知政之善否。誠少留意則皆粲然矣。前古賢聖之君，莫不循此以導其下。忠信之臣，莫不緣此以諷其上。上下相飭而自天祐之。竊見朝廷每有吉應嘉瑞，則公卿稱賀。至於災異，非常可怪之事，則寂然莫有言者。雖歸美將順臣子之常操，而於儆戒吁俞理似未盡。陛下復不自延問以求天意，恐非所謂小心翼翼，昭事上帝聿懷多福者也。臣愚以謂五經災異之説，最深最切。設四方所上奇物怪變、妖孽沴疾有非常可疑者，宜使儒學之。臣據經義傳時事以言，若其言是，可以當天意。若其言非，可以廣聖聰。如近日雨雪驟寒，人有凍死者，此亦災變之一端矣。惟聰明睿智、憂深思遠，順時防微，不可不慮也。臣忝近列愚不能通古今，竊觀前世商高宗、周成王畏天威、享福祚之益，誠願陛下留意於此，臣不勝區區。

宋・吕祖謙《古文關鍵》卷下《救災議》 河北地震水災，隳城郭，壞廬舍，百姓暴露乏食。主上憂憫，下緩刑之令，遣拊循之使，恩甚厚也。然百姓患於暴露，非錢不可以立屋廬；患於乏食，非粟不可以飽。二者不易之理也，非得此二者，雖主上憂勞於上，使者旁午於下，無以救其患，塞其求也。有司建言請發倉廩與之粟，壯者人日二升，幼者人日一升。主上不旋日而許之，賜之可謂大矣。然有司之所言，特常行之法，非審計終始，見於衆人之所未見也。今河北地震水災所毀敗者甚衆，可謂非常之變也。遭非常之變者，亦必有非常之恩，然後可以振之。今百姓暴露乏食，已廢其業矣。使之相率日待二升之廩於上，則其勢必不暇乎他爲，是農不復得修其畎畝，商不復得治其貨賄，工不復得利其器用，閒民不復得轉移執事。一切棄百事而專意於待升合之食以偷爲性命之計，是直以餓殍之徒養之而已，非深思遠慮爲百姓長計也。以中户計之，户爲十人，壯者六人，月當受粟三石六斗。幼者四人，月當受粟一石二斗。率一户，月當受粟五石，難可以久行也。則百姓何以贍其後。久行之，則被水之地，既無秋成之望，非至來歲麥熟賑之，未可以罷。自今至於來歲麥熟，凡十月，一户當受粟五十石。

今被災者十餘州，州以二萬户計之，中户以上及非災害所被不仰食縣官者去其半，則仰食縣官者爲十萬户，食之不徧，則爲施不均而民猶有無告者也。食之徧，則當用粟五百萬石而足，何以辦此，又非深思遠慮公家長計也。至於給授之際，有淹速、有均否、有真僞、有會集之擾、有辨察之煩。厝置一差，皆足致弊，又羣而處之，氣久蒸薄，必生疾癘，此皆必至之害也。且此不過能使之得旦暮之食耳，其於屋廬構築之費，將安取哉。

屋廬構築之費，既無所取，而就食於州縣，必相率而去其故居。雖有頹墻壞屋之尚可完者，故材舊瓦之尚可因者，什器衆物之尚可賴者，必棄之而不暇顧，甚則殺牛馬而去者有之，伐桑棗而去者有之，其害又可謂甚也。

今秋氣已半，霜露方始，而民露處不知所蔽蓋，流亡者亦已衆矣。如是不止則將空近塞之地。空近塞之地，失戰鬭之民，此衆士大夫之所慮而不可謂無患者也。空近塞之地，失耕桑之民，此衆士大夫所未慮而患之尤甚者也。何則？失戰鬭之民，異時有警邊戍，不可以不增爾。失耕桑之民，異時無事，邊糴不可以不貴矣。二者皆可不深念歟？萬一或出於無聊之計，有窺倉庫盜一囊之粟，一束之帛者，彼知已負有司之禁，則必鳥駭鼠竄，竊弄鋤梃於草茅之中，以捍游徼之吏。强者既囂而動，則弱者必隨而聚矣。不幸或連一二城之地，有枹鼓之警，國家胡能晏然而已乎？况夫外有夷狄之可慮，内有郊祀之將行，安得不防之於未然、銷之於未萌也。然則爲今之策，下方紙之詔，賜之以錢五十萬貫，貸之以粟一百萬石，而事足矣。何則？今被災之州爲十萬户，如一户得粟十石、得錢五千，下户常産之貲，平日未有及此者也，彼得錢以完其居，得粟以給其食，則農得修其畎畝，商得治其貨賄，工得利其器用，閒民得轉移執事，一切得復其業而不失其常生之計，與專意以待二升之廩於上，而勢不暇乎他爲，豈不遠哉。此可謂深思遠慮，爲百姓長計者也。由有司之説，則用十月之費，爲粟五百萬石。由今之説，則用兩月之費，爲粟一百萬石，况貸之於今而收之於後，足以振其艱之而終無損於儲峙之實，所實費者錢五鉅萬貫而已。此可謂深思遠慮，爲公家長計者也。又無給授之弊、疾癘之憂，民不必去其故居，苟有頽墻壞屋之尚可完者，故材舊瓦之尚可因者，什器衆物之尚可賴者，皆得而不失。况於全牛馬、保桑棗，其利又可謂甚也。雖寒氣方始而無暴露之患，民安食足，則有樂生自重之心。各復其業，則勢不暇乎他爲。雖驅之不去，誘之不爲盗矣。夫飢歲，聚餓殍之民而與之升合之食，無益於救災補敗之數，此常行之弊法也。

今破去常行之弊法，以錢與粟一舉而賑之，足以救其患、復其業。河北之民聞詔令之出，必皆喜上之足賴而自安於畎畝之中，負錢與粟而歸，與其父母妻子，脱於流離轉死之禍，則戴上之施而懷欲報之心，豈有已哉。天下之民，聞國家措置如此恩澤之厚，其孰不震動感激，悦主上之義於無窮乎。如是而人和不可致，天意不可悦者，未之有也。人和洽於下，天意悦於上，然後玉路徐動就陽，而郊荒夷殊，陬奉幣來享，疆内安輯，里無囂聲。豈不適變於可爲之時，消患於無形之内乎？此所謂審計終始，見於衆人之所未見也。不早出此，或至於一有枹鼓之警，則雖欲爲之，將不及矣。

或謂方今錢粟恐不足以辦此。夫王者之富，藏之於民，有餘則取，不足則與。此理之不易者也。故曰百姓足，君孰與不足？百姓不足，君孰與足？蓋百姓富貴而國獨貧，與百姓餓殍而上獨能保其富者，自古及今未之有也。故又曰：不患貧而患不安，此古今之至戒也。是故古者，二十七年耕，有九年之蓄，足以備水旱之災。然後謂之王政之成，唐水湯旱，而民無捐瘠者，以是故也。今國家倉庫之積，固不獨爲公家之費而已，凡以爲民也。雖倉無餘粟，庫無餘財，至於救災補敗尚不可以已。况今倉庫之積，尚可以用，獨安可以過，憂將來之不足，而立視夫民之死乎。古人有言曰：剪爪宜及膚，割髮宜及體，先王之於救災，髮膚尚無足愛，况外物乎？且今河北州軍凡二十七，災害所被十餘州軍而已。他州之田秋稼足，望令有司於糴粟常價，斗增一二十錢，非獨足以利農。其於增糴一百萬石易矣。斗增一二十錢，吾權一時之事，有以爲之耳。以實錢給其常價，以茶荈、香藥之類佐其虚估，不過損茶荈、香藥之類，爲錢數鉅萬貫，而其費已足。茶荈、香藥之類與百姓之命孰爲可惜，不待議而可知者也。夫費錢五鉅萬貫，又捐茶荈香藥之類，爲錢數鉅萬貫而足以救一時之患，爲天下之計，利害輕重又非難明者也。顧吾之有司能越拘攣之，見破常行之法與否而已。此時事之急也，故述斯議焉。

宋·范浚《香溪集》卷六《水旱説》 昔者聖王之牧天下也，以爲土地甚大，非國家所能盡治，又非國家所當盡私。故悉天下土地授之於民，使播種五穀，而什一其税焉。聖王又以五穀不能自實，必得天地餘和以滋熟之，然後有成而不害。故又爲之立宰相而調陰陽焉。既授以土地，又爲之調陰陽，則上之所以爲民者，至矣。於是，而民有不勤、田有不治，則非歲時之罪也。爲主吏者，從而詰曰：爾地肥矣，而天時不乖，爾田胡不遂乎，爾爲稼穡之不勤，耘耔之不力，以至若是其荒也，爾責其可逃乎？是雖穀不粒登，督其税收之可也。是非主吏之虐也。其或陰陽失和，炎雨愆節，以水以旱而穀粟不登，則非人力之罪，蓋歲時之不宜也。於是而蠲其水旱所當税者，免之可也。主吏又從而詰曰：爾之田胡爲若，是吾不知有水旱，但知税之入也。税不入從而扑之，是非主吏之虐耶。今國家之法若曰民田有水旱不當税者免之，官吏不恤，罰及無赦，嗚呼，其無良法耶，其無良吏耶。

宋·王十朋《梅溪集·奏議》卷四《又代上劄子》 臣誤蒙聖恩出典藩府，適承去秋灾傷之後，上貽陛下東顧之憂。臣自到官，夙夜惶懼，每以催科爲後，撫字爲先，比緣米價湧騰，越人艱食。除得旨賑濟及乞糴常平義倉外，臣又令八縣官吏躬行勸諭，凡有穀米之家，不問官户編民，但以等第高下、積蓄多寡，並令發廩減價，與官米並糴，遂獲廣濟，免致失所。又自新春以來，彌月不雨，播種失時，民心嗷嗷，朝不遑夕。臣退思厥咎，實由臣荒政所致。因思古人致雨之術，每求之於人事間，深慮刑獄有冤，致傷和氣。遂於今月初六日，親至囹圄，疎決滯囚，仍分遣官僚，徧決縣獄。又集僧道輩，就府治焚修。凡山川廟貌，靡不祈禱。臣亦晝夜齋蔬，不敢少懈。神明鑒臨，果若有感，忽於初八日得雨。連夕霶霈，農事復興，民情大悅。夫曰雨曰暘，皆陛下聖德所致。其膏澤所及，固不止一方。而臣喜雨之心，獨倍常情者，蓋緣臣所領州連年水旱，民不聊生，儻更數日不雨，則事有大可憂者。今一雨三日，有年可期。臣與闔境吏民，不勝歡欣鼓舞，感戴聖恩之至。

宋·王十朋《梅溪集·後集》卷二五　與宰相論灾異

某謹按春秋隱公九年三月癸酉，大雨震電。庚辰大雨雪。周之三月，即今之正月也。穀梁曰：八日之間再有大變，陰陽錯行，故謹而日之。劉向曰：雷未可以出，電未可以見，雷電既已見，則雪不當復降，皆失節也。雷電陽也，雨雪陰也。雷出非其時者，是陽不能閉，陰氣縱逸而將爲害也。今月十五日戊子，大雨雪而雷聲繼作，識者憂之春秋之時。八日有變，而聖人書之以爲異。今一日之間，雷雪併作，其爲灾異比春秋爲尤甚。雷作而雪止，是陽能勝陰也。雷作而雪益甚，是陽不勝陰之明驗也。恭惟主上，仰畏天變，俯恤民隱，放房錢以寬細民，遣郎官以決滯獄，固宜德之動天，不俟終日。然而積雪不消止而復作，逮今且十日矣。豈應天，當以實而小惠不足以彌灾耶。某竊謂春秋所書，必有事應先儒。陽不能閉，陰氣縱逸而將爲害之語，不可不察。

與安撫監司論灾傷

茲者伏見火灾流行，大風淫雨繼以怒濤漲溢，爲害滋甚。今據上虞縣供申，有漭死者一百六十八人，飄蕩屋宇者四百五十三家，逃移者一百二十七户。禾苗腐爛，顆粒不收，人民困餓號泣，待盡兼聞。其他諸縣皆有灾傷。除上虞縣供申外，其餘並不見申到。深恐邑官坐視，不以恤民爲意，欲乞行下諸縣，令各具灾傷申聞，仍與措置賑卹及乞以上虞等狀申聞朝廷，以廣聖主畏天灾，卹民隱之意。某備員幕職，不敢不聞，言涉狂妄，皇恐死罪。

與都提舉論灾傷賑濟

某伏覩今歲風水灾傷，浙江之東越爲最甚。上貽宸念，特加賑恤。某今有已見輒條具如後，乞賜詳酌施行。一本府有紹興二十七年以前積欠税租等，數目非一。今歲既不登，民方艱食，一年常賦猶無以輸，積歲逋負，何從而出。欲乞敷奏朝廷將積欠税租，權行倚閣。俟來歲有秋，仍舊輸納。庶俾一郡生靈，均被大惠。一切見本府訟牒私債居多，往往其間不實者半。蓋緣受理之門，既啓虚妄之訴，遂興至有增數目，以求判賂。胥吏以買直所負無幾，所廢不貲。今歲方凶荒，救死不贍，若加以私債訟牒之擾，則民之流亡餓踣者必多。欲乞敷奏朝廷，應新舊私債不問多寡，並權放一年。官司不得受理，俟來秋豐稔，依數盡償，庶使貧民不致重困。

一灾傷去處，蒙聖旨將義倉米賑濟，仁恩廣大，萬姓鼓舞。某猶慮諸邑人户有逃移於未獲旨之前，不知今日有賑濟之恩者，或賣爲奴婢，或流爲乞丐，或匿爲鼠竊，殊可矜憫。欲乞臺慈委諸令佐，廣行告諭，招誘復業。如家計物業悉已破壞，仍重加拯救，無致失所，以廣一聖主勤恤之意。

一風潮所壞海塘，如前日上虞縣陳請之類，依法合以食利人户修築。今濱海之民，既被灾傷，富者、困貧者，飢況工役廣大，必難取辦於食利之所。不免役他鄉之民，然又不能無怨。欲乞臺慈委自令佐，或以官米，或誘富民，隨多寡出穀或米，日給升斗以顧之。仍諭食利之户，時加犒勞。方艱食之秋，民幸於得食而不憚於出力。雖非食利之民，亦必欣然就役而不辭。如是，則修築之功，不日可就。

宋·朱熹《晦庵集》卷一四　論災異劄子

臣竊聞今月五日夜，漏方下五六刻間，都城之内忽有黑煙四塞，草氣襲人，咫尺之間不辨人物。著於面目，皆爲沙土。臣雖不曾親見，然親舊相訪，見之者多驗之。數人其説如一，決非虚妄。臣竊思惟間者以來，災異數見，秋冬雷雹、苦雨傷稼。山摧地陷，無所不有。皆爲陰盛陽微之證。陛下雖嘗下責躬之詔，出敢諫之令，而天心未豫，復有此怪，亦爲陰聚包陽，不和而散之象。臣竊懼焉，而恐其未有敢以聞於聖聽者也。蓋嘗聞之商中宗時，有桑穀並生於朝，一暮大拱，中宗能用巫咸之言，恐懼修德，不敢荒寧，而商道復興，享國長久至於七十有五年。高宗祭於成湯之廟，有飛雉升鼎耳而鳴。高宗能用祖己之言，克正厥事，不敢荒寧，而商用嘉靖享國亦久，至於五十有九年。古之聖王，遇災而懼，修德正事，故能變災爲祥。其效如此。伏願陛下視以爲法，克己自新，蚤夜思省，舉心動念，出言行事之際，常若皇天、上帝臨之在上，宗社、神靈守之在旁，懔懔然不復敢使一毫私意萌於其間，以煩譴告，而又申敕中外大小之臣，同寅協恭，日夕謀議，以求天意之所在而交修焉。則庶乎災害日去，而福禄日來矣。臣不勝惓惓愛君憂國之至，取進止。

宋·朱熹《晦庵集》卷一六　奏巡歷婺衢救荒事件狀

臣昨按視紹興府嵊縣、諸暨縣已具事目，奏聞訖續於正月十一日，入婺（婺）

州浦江縣界，歷義烏、金華、武義縣，由蘭溪縣界入衢州龍遊、西安、常山、開化、江山縣。今有合奏聞事謹具下項：

一、婺(婺)州諸邑蘭溪水旱相仍，被災最甚，金華次之。而境内馬海白沙一帶爲尤甚，其他又次之。惟永康一縣爲稍輕。大槩通計比之，紹興府諸邑事體殊不侔，然諸縣措置不無乖謬。以臣所見，武義坊郭已有飢民，而訪聞蘭溪金華山谷之間，流殍已衆。幸今守臣錢佃頗能究心料理，專委通判一員往來檢察，請到鄉官五員，日夕商議計當，不至大段闕敗。臣尚恐其所有錢米不足支用，已於昨蒙聖恩所賜錢内，取撥台州處州義倉米錢五萬貫，應副本州糴米糶濟，伏乞睿照。

一、衢州常山開化水旱最甚，江山次之，西安龍遊又次之。通計其實，不減婺州。但緣當時州郡吝於檢放，常山、開化係災傷極重去處。而常山所放僅及一分六釐有奇。開化又止一釐一毫而已。故文案之間，但覺災傷輕可而兩邑之民陰受其害，不可勝言。聞得歲前死亡已多，今之所見羸餓之民，亦有甚於婺州諸邑者。西安雖輕於兩邑，而聞芝溪一源向來俞七俞八作過去處，人民已極困悴，加之守倅皆已逼替吏民解弛，無復條貫。臣竊憂之，已輒行下本州所得朝廷許撥義倉米五萬石内，將一萬石專充賑濟。專委曹官兩員、鄉官三員，分縣措置收拾飢餓羸困之人，貌驗支給。伏乞睿旨。

宋·朱熹《晦庵集》卷一七　奏衢州守臣李嶧不留意荒政狀

臣昨蒙賜對輒論州縣檢放災傷不實之弊。伏蒙聖慈開納，即降睿旨，令臣詢訪不實最多去處，按劾施行。臣恭禀聖訓伏，自到任即行詢訪，大抵本路被災諸郡，檢放分數，多不盡實，而衢州尤甚。蓋自去歲大水之後，知州事朝散郎李嶧專務掩蔽，不以實聞。及轉運司訪聞差官驗問，既得其實。反爲李嶧執稱無水，而其親戚方在政路，曲爲主張。遂再下提刑司體究，欲以遂其姦詐，幸所差官，不肯曲從。方欲具以實聞，又爲李嶧生事把持，至今未竟及。既遭旱，嶧又妄申諸司稱民不闕食，未至流移。後來甚不得已，然後差官檢視。所差之官，受其風旨，早田之旱例不爲檢。晚田又不盡實。如常山一縣被災最甚，通計無慮七八分。而嶧乃只作一分六釐減放。至開化縣被災不減常山，而其所放則又僅及一釐一毫而已。臣今行視兩縣之境，水痕尚存高岸，民居皆至半壁。山谷之人採取蕨根以充飢腸，羸瘦萎黄，非復人貌。歲前雨寒死亡已多，而李嶧恬然略不加恤，對臣依舊隱諱，堅執舊説。其於荒政全不留意，但知一味差人下縣督責財賦，急如星火。所蒙聖恩撥賜米斛共六萬石，不爲不多。而至今日久，並不科撥下縣，亦不曉諭民間。諸縣官吏尚有初不聞者，況於窮民何緣得知聖主天地涵育之恩。加以病昏不能視履，百度廢弛，不成州郡。不但檢放不實，荒政不修而已也。臣既奉聖訓詢訪，見得上件事理，不敢緘默以負委寄，敢昧萬死，按劾以聞。伏惟聖慈，早賜處分。

乞住催被災州縣積年舊欠狀

臣伏覩四月二十二日聖旨指揮，紹興府蕭山、諸暨、會稽、山陰、嵊縣五縣并嚴州諸縣，各爲去年水旱最甚，可將第四第五等人户合納今年夏税和買役錢，並特與展限兩月起催，内有願依條限送納之人，聽從其便。仰見陛下愛育黎元天地父母之意，臣竊慮州縣奉行不虔仰稽睿澤，即已鏤板多印小榜散下紹興府五縣曉示。去訖臣訪聞本路被災州縣知通令佐，多有只見蠶麥稍熟，便謂民力已蘇。遽於此時催理積年舊欠，上下相乘轉相督促，使斯民方幸脱於溝壑之憂，而一旦便罹追呼，決撻囚繫之苦，甚可哀痛。況今疫氣盛行，十室九病，呻吟哭泣之聲所不忍聞，豈堪官吏更加殘擾。臣雖已行下諸州及通判約束外，尚慮未能禁戢，欲望聖慈特降指揮，令被災最重州縣，如紹興府衢婺州，且據今年合納官物照應三限條法，勸諭人户及時送納其積年舊欠，直候秋冬收成之後逐料帶催，庶幾飢餓餘民得以有活。其温台等州，去年災傷雖不至甚，然亦不爲樂歲，并乞同此指揮戒飭官吏不得意外生事，妄有搔擾，則一路生民蒙被德澤不勝幸甚。臣以狂妄曲荷優容，偶有所聞，不敢不奏，累瀆天威。臣無任戰栗，俟辠之至，須至奏聞者。

奏巡歷沿路災傷事理狀

今具沿路災傷事理下項，須至奏聞者：

一、臣七月十六日再到田間看視蝗蟲，大者絶少，而小者尚多，當處多是旱中，禾稻皆已成熟，多被喫損。人户皆稱檢官未到見分數，不敢收割。臣已牒本府催促所差下官日下出門，前來檢視去訖。又支錢付曹娥監鹽官收買十四、十五都蝗蟲，并行埋瘞。續據上虞餘姚縣申到本縣蝗蟲頗多，亦已行下催促支錢收捕埋瘞。今來，頻得雨澤，遠近沾足，竊意其蟲必當殄滅，已牒本府，一面審實具奏。伏乞聖照。

一、臣十七日經歷上虞縣界，田皆遭旱，彌望焦赤。間有近水去處，尚有些小可望收成。觀其災傷，委是至重，而本縣不受人户投訴，反將投訴人户刷具舊欠，監繫門頭及出招子催督税賦，無問貧富大小，人户五日一限，逐限輸官之外人吏定要乞錢一百文，省其不到者，即差公人下鄉追捉，搔擾尤甚。乞覓尤多，人户不勝其苦。一日之間，遮臣泣訴者至五七百狀。臣已送本府存恤究治施行去訖，更乞聖慈特賜指揮，庶幾州縣有所懲戒，免致重困飢民，不勝幸甚。

一、臣十八日到嵊縣，其旱勢尤甚於上虞。蓋紹興諸縣之旱，嵊爲最，而上虞次之，餘姚又次之。然上虞、餘姚去年猶得薄收，獨嵊縣一連三年遭此極重之災，雖其上户中家已覺艱窘，鰥寡細民則已有掇稗子而食者。臣曾支錢三十文買到所採稗子一升，今申納尚書省，欲乞宣索一賜觀覽，早降指揮，令紹興府將此三縣新舊税租特與倚閣，俟見秋苗合放分數，斷自宸衷，别賜處分，不勝幸甚。

一、臣十九日至新昌縣，是日午後連得大雨，幾至通夕。本縣先來亦苦乾旱。早稻皆已失收，中晚之田亦已龜折。方自中旬以來，連日得雨，田中遂皆有水，中晚之禾間有可望去處，可勝上虞等縣。但諸縣大抵旱乾日久，得雨後時秋序已深，氣候寒冷，其間稻苗雖尚青活，而不復能結實者亦多有之，荒熟之形尤難分别。臣已遍牒檢視官員切宜子細，不可差誤，伏乞聖照。

宋·李心傳《建炎以來繫年要録》卷九八　紹興六年二月，本路因旱甚，民流檢放之餘，通不及三分税米。内仍有五等下户折錢之數，委無可以支給。本路大軍并將兵自十一月折半支錢，尚自拖欠一月及口食等，米無可指，準逐旋守等諸縣催趣殘零，放不盡税㪷升支散，惴惴有旦暮之憂。今來十二月，積陰雨雪不止，自下旬雪霰交作，間有雷電，冰凝不解，深厚及尺。州城内外，飢凍僵仆，不可勝數。除用度牒招募僧行，隨即瘞埋。旬日之間，閲實剃度僧行不少。自中冬闕食，城内白晝剽劫，城外十室九空。盜賊迫於飢窮，十數爲羣，持杖剽奪行旅舟船，道路幾於阻絶。除散遣緝捕官晝夜巡察，遇有發露，隨即擒獲斬决、流配，殆無虚日。近方少戢，流移漸歸，墾治田畝。遭此凍雪寒餓，死損枕籍道路，雖自席益在任，分置三場給粥以濟，日近數目加增至市里居民。逐軍營婦，不憚愧耻，與乞丐隨逐仰給。觀此灾沴，正宜倍加賑卹，以副陛下仁民愛物之意。況本路州縣，累經敵馬殘壞尤甚。遺黎九死之餘，去歲一年備兼五大：大兵、大火、大旱、大飢，今復大雪。若通融一路，所有極力救濟，或恐不能延及秋熟。蓋去麥熟尚四月，禾熟尚七月。若更撥錢九萬及撥米應副四處，非唯上供已，無可支移。其錢亦何由辦足，定見州縣剥膚搥髓，百姓愈不聊生。臣昨嘗以帥司激賞有備，屢乞責辦相兼，應副湖南軍馬及席益移鎮罄竭所有，秖了迎新送故之費。今帥漕兩司空虚無一月之儲，而大軍諸兵有拖欠之積。萬一雨雪不止，移運不繼，飢寒併至，或生他虞。雖誅責臣身，無救於事。亦知朝廷費廣不敢别覬支降。唯望特降睿旨，將應副諸處錢米速賜蠲免。詔弼將節次降到米斛，疾速措置賑濟，仍具去年上供苗米正色及折錢實數，申尚書省。著此以見湖南事宜兼自來監司所奏災傷未有如此之詳者，故全載之。

宋·洪邁《容齋隨筆·四筆》卷三《水旱祈禱》　海内雨暘之數，郡異而縣不同，爲守爲令，能以民事介心，必自知以時禱祈，不待上命也。而省部循案故例，但視天府爲節下之諸道轉運司，使巡内州縣各詣名山靈祠精潔致禱，然固難以一槩論。乾道九年秋，贛吉連雨暴漲，予守贛方多備土囊，壅諸城門以杜水入。凡二日乃退，而臺符令禱雨予格之不下，但據實報之。已而聞吉州於小廳設祈晴道場，大廳祈雨。問其故，郡守曰請霽者，本郡以淫潦爲灾。而請雨者，朝旨也。其不知變如此，殆爲威侮神天，幽冥之下，將何所据憑哉。俚語笑林謂兩商人入神廟，其一陸行，欲晴，許賽以猪頭；其一水行，欲雨，許賽羊頭。神顧小鬼言，晴乾喫猪頭，雨落吃羊頭，有何不可，正謂此耳。坡詩云：耕田欲雨刈欲晴，去得順風來者怨。若使人人禱輒遂，造物應須日千變。此意未易爲庸俗道也。

宋·洪邁《容齋隨筆·五筆》卷七《風災霜旱》　慶元四年，饒州盛夏中時雨頻降。六七月之間，未嘗請禱。農家水車龍具倚之於壁，父老以爲所未見，指其西成有秋，當倍常歲。而低下之田，遂以潦告。餘干安仁乃於八月罹地火之厄。地火者，蓋苗根及心孽蟲生之，莖榦焦枯，如火烈烈，正古之所謂蝥賊也。九月十四日，嚴霜連降，晚稻未實者，皆爲所薄，不能復生。諸縣多然，有常產者，訴於郡縣。郡守孜孜愛民，有意蠲租。然僚吏多云，在法無此兩項。又云，九月正是霜降節，不足爲異案。白樂天諷諫杜陵叟一篇曰：九月霜降秋早寒，禾穗未熟皆青乾。長吏明知不申破，急斂暴徵求考課。此明證也。予因記元祐五年，蘇公守杭日與宰相吕汲公書論浙西災傷曰：賢哲一聞此言理無不行，但恐世俗諂薄成風，揣所樂聞與所忌諱，争言無災或有災而不甚損。八月之末，秀州數千人訴風災，吏以爲法有訴水旱而無訴風災，閉拒不納，老幼相騰踐死者十一人。由此言之，吏不喜言災者，蓋十人而九，不可不察也。蘇公及此可謂仁人之言，豈非昔人立法之初，如所謂風災、所謂旱霜之類，非如水旱之田可以稽考。懼貪民乘時或成冒濫，故不輕啓其端。今日之計，固難添創條式。但凡有災傷出於水旱之外者，專委良守令推而行之，則實惠及民，可以救其流亡之禍，仁政之上也。

宋·王楙《野客叢書》卷八《蔡邕》 蔡邕傳曰：光和元年七月，詔邕與光禄大夫楊賜等詣金馬門問災異。邕悉心以對，事悉在五行志注云，其志今亡，而《續漢志》引蝗蟲及雌雞二事而已。僕考邕集，當時答詔問，凡有八事：一虹蜺，二白衣入德陽門，三雌雞化雄，四日蝕地動、風雨不時、疾癘流行、迅風折樹，五星辰錯謬，六蝗蟲冬出，七平城門武庫屋壞，八令邕分別皁囊封上，勿漏所問。邕對悉有據依，皆傳所不載。

宋·王楙《野客叢書》卷二五《夏商鑄錢》 世言錢起於周太公九府圜法。《前漢志》云：凡貨金錢布帛爲用，夏殷以來，其詳靡記。漢《鹽鐵論》亦曰：夏后以貝，殷以紫石。後世或金錢刀布，是周以前未用錢。僕觀《太公六韜》曰：武王入殷，散鹿臺之金錢以與殷民。《史記》曰：紂厚賦斂以入鹿臺之錢。又曰：散鹿臺之錢以賑濟貧民。高謙之亦曰：昔禹遭大水，以歷山金鑄錢救人之困。湯遭大旱，以莊山之金鑄錢贖人之賣子。是三代皆已鑄錢，不但周也。

宋·祝穆《古今事文類聚·前集》卷五《荒歲》 《羣書要語》：一穀不升謂之歉，二穀不升謂之饑，三穀不升謂之饉，四穀不升謂之荒，五穀不升謂之大侵。大侵之禮，君食不兼味，臺榭不塗弛，候迎道不除，百官修而不制，鬼神禱而不祀。《穀梁》。以荒政十二聚萬民：一曰散利，二曰薄徵，三曰緩刑，四曰弛力，五曰舍禁，六曰去幾，七曰眚禮，八曰殺哀，九曰蕃樂，十曰多昏，十一曰索鬼神，十二曰除盜賊。《周禮》。穀不熟爲饑，蔬不熟爲饉，果不熟爲荒。仍饑爲薦，《爾雅》。民無菜色，王制野有餓莩。《孟》。振廩勸分，左敝邑易子而食，析骸以爨。《宣十五》。嗷嗷蒸人，聚泣田畝。《德宗實録》。

宋·孔傳續白居易原本《白孔六帖》卷八二《饑饉五》 白：懸磬：傳，室如懸磬，野無青草。凶年荒政：百姓不足，君孰與足。五穀不熟，其國乃虛。歲凶年。穀不登。年雖大殺。殺饑。年不順成。天災流行。國家代有。大侵：《穀梁》：五穀不熟爲大侵。大侵之禮，君膳不祭肺，馬不食穀。陽九之阨。甚虛之食。四阻防饑。百姓艱食。人困國虛。士虛人耗。不饑何爲。流亡：《詩》曰：瘨我饑饉，民卒流亡，瘼病也。大荒：凶年。年無儲蓄之歲。祈年不應。《周禮》：祈年，祈豐年也。野荒人散。周禮。餒在其中，大時不齊。同年有豐凶之異。風雨不節則饑。翔踴翔貴。懸耜，水旱爲災。蒸黎孔疚。軍無見糧，歲惡不入。人賣爵子：賣爵及子。堯水：湯旱孔給米：孝敬皇帝弘帝，幸東都，詔監國時，關中饑。弘視廡下兵食有榆皮、蓬實者，悄然命家令寺給米。饑人就食：李勣破王世充，密署東海郡公，是時河南、山東大水。隋帝令饑人就食。黎陽倉吏不時發死者，日數萬。百姓荐饑：陳子昂：高宗崩，將遷梓宫長安，於是關中無歲。子昂盛言：東都勝塏，可營山陵，上書曰：頃遭荒饉，百姓荐饑，薄河而右，惟有赤地，循壠以北，不逢青草，父兄轉徙，妻子流離，賴天悔禍，去年薄稔。重繭走治下：王方翼遷肅州刺史，它郡民或餒死，皆重繭走方翼治下，乃出私錢，作水磑薄其贏以濟饑瘵，創舍數十百楹居之。全活甚衆。拾橡實以飯：崔從歲饑，拾橡實以飯。荒饉日甚：張廷珪疏曰：或謂天戒不足畏，而上帝馮怒，風雨迷錯，荒饉日甚，則無以濟下矣。南方連饉：敬晦歷浙西觀察使時，南方連饉，有詔弛推酒茗官用，告要晦處身儉勤，貲力遂充。請出米三十萬石贍貧民：楊於陵遷浙東觀察使，越人饑，請出米三十萬石贍貧民。賜米使賑饑捐：丁公著長慶中，浙東災癘，拜觀察使，詔賜米七萬斛，使賑饑捐。削木皮以食：李密：淮陽歲饑，削木皮以食。斂封植宋璟檢校貝州刺史時，河北水，歲大饑。三思使斂封植，璟拒不與，故爲所擠。採木實野蔬而食：五代晉高祖皇后李氏從帝而北，出榆關行砂磧中，饑不得食，遣宫女從官採木實野蔬而食。斗易一縑：陸贄奏議：貞觀之初，荐屬霜旱。自關輔綿及三河之地，米價踴貴，斗易一縑，道路之間，餒而相藉。路有委骨：文粹：王維張公德政碑野，無遺糠，路有委骨。減雙雞之膳：同上王維張公德政碑，饔人減雙雞之膳，圉人省五馬之秣。陶不獻服，污不塓館，自身以往，振廩同食。雖人煙不動，道殣相望。見饉不驚李華《中書政事堂記》：聞荒不救，見饉不驚，此堂得以殺之。民漉漕渠遺米：杜悰時方旱，道路流亡藉藉，民至漉漕渠遺米自給，呼爲聖米，取陂澤茭蒲，實皆盡。歲饑骨相枕於野：劉武周爲鷹揚府校尉，見天下已亂，陰有異。計因宣言于衆曰：今歲饑死者，骨相枕於野。府君開倉不恤，豈憂百姓意乎？以市怒其軍，皆憤怒。人大餒：死者係路。朱粲傳至有樵蘇，莫爨糠麧，靡資不暇，聊生方憂轉死。張廷珪請崇儉約疏。

宋·袁燮《絜齋集》卷三 論弭咎徵宜戒逸豫劄子

臣聞洪範之有庶徵，古人所以明天人貫通之理也。于休徵則曰哲，時燠若。于咎徵，則曰豫，恒燠若。何謂哲？明于是非之謂也。何謂豫？安于逸樂之謂也。時者，當其可之謂；恒者，過于偏之謂。人主明于是非，有如黑白，必能憂勤政治，必能總攬權綱。賢必任而不貳，邪必去而勿疑。利于民者，必能興之；害于民者，必能除之。和氣所感，嘉祥必應。此時燠所以順之也。人君安于逸豫，昏而不明，窒而不通，舒緩而不肅，寬柔而無斷，朝廷之政事不能自有所施設，天下之人才不能自有所進退，國無定論，人有離心，乖氣所召，災患必作，此恒燠所以應之也。天人一理，隨感而應，可不畏哉。陛下臨政圖治，不爲不久，而和氣有未充，災異猶未弭。去年久旱，河流斷絶，種麥未及而田已揚塵，不可復種矣。人皆憂之，曰：他日其可接食乎？祈雪未應，人情皇皇，又皆曰：疫癘其將作乎？螟蝗其將熾乎？恒燠之爲害如此，至于冬深，雨則降矣。而麥猶未出，雪已作矣。而移時即止，是恒燠之流毒猶未歇也。陛下早朝晚罷，不徇于貨色，不盤于遊田，無逸豫之失，而有逸豫之災，此豈可不推原其故歟？以臣所見，所謂逸豫非必貨色、遊田之謂。當邊烽未熄、戎事方殷之際，而優游恬愉，若四方無虞之日，真才未必能用，宿弊未必能革。駸駸焉日入于頽敝之域。軍民愁怨，無所赴愬。茲非逸豫之所致歟。病已深矣，事已迫矣，汲汲圖之，猶懼不及，又可悠悠乎？毋以嘉祥之略應爲喜，而以餘災之猶在爲懼。肆頒明詔，引咎責躬，曰：天下其許朕自新，改絃易轍，勇于必爲，人主作興于上，人臣震悚于下，無敢驕奢，無敢耽樂，朝思夕慮，翼贊明主，同以宗社生靈爲憂，何患乎災異之不消乎？臣聞人主患無其志，不患無其功。竊觀陛下天資之粹美，聖德之純茂，足以冠羣倫，足以恢遠略。所以每獲面對，未嘗不陳二帝、三王之道。每侍經幄，未嘗不進憂國、愛民之言。誠願陛下勿自菲薄，恢張志氣，卓乎如古大有爲之君。今日恒燠之災，人皆以爲逸豫所致。臣日夜憂思，不知所出何者，逸豫之失，人主之大戒也。區區殘敵，假息僑寓，我有其備，何患不克。若因循縱弛，無奮發之心，而專以自守爲説，守不能固，寖微寖弱而遂至于通和，則大事去矣。無可言者矣，堂堂大朝而委靡至此，可不痛哉。此臣所以惓惓而不自已也。詩不云乎，敬天之怒，無敢戲豫。惟陛下深思此言，常以逸豫爲戒，宗社幸甚，生靈幸甚。

論弭咎徵宜開言路劄子

臣恭聞紹熙二年仲春月朔，疾雷震驚，繼以大雪。光宗皇帝惕然祇懼。越六日，詔侍從臺諫、兩省郎官館職，各條具朝政闕失以聞。一時忠臣良士，獻言者甚衆。當時急務莫不上達，可謂有應天之實矣。咎徵雖形，邦本自固，姦宄不作，疆場不聳，豈非變災爲祥之明驗歟。今陛下寬仁恭儉，不敢荒寧，畏天之心，亦已篤矣。迺正月二十四日，氣令甚燠，及夜過半，天大雷電，發于都邑。二十六日霰集不止，通夕飛雪，積于平地，久而後消。夫雷乃發聲，蟄蟲啓户，著于月令之仲春。今先期而發，已非其時矣。雷，陽也，中國亦陽也。雪，陰也，外裔亦陰也。當春而雪未爲害也，而作于雷震之餘，陽已發舒，而陰忽用事，不宜積而積，陰盛而陽微，有外裔侵侮中國之象，豈小故哉。蓋自殘金竄伏汴都，陛下不忍拒絶，仍與通好。羣盜之歸附者，拒而不納。流民之逃死者，卻而不受。故此曹皆惟我是怨，而金人以我爲怯，糾合羣怨，致死于我，侵犯王略無時無之。陛下履至尊之位，而見輕于垂亡之國，辱莫大焉，其可以不自奮發乎。虞書曰：元首起哉，起云者，奮發之謂也。元首奮發，則國人莫不奮發矣。深懲既往之失，克圖日新之功。恢張紀綱，振起頽惰以伸中國之威，以破外裔之膽，此所謂奮發也。臣不暇遠引，姑以近代之事明之。金亮之犯淮也，兵力甚强。自謂長江奄忽可渡，我高宗皇帝曾不少懾，下詔親征，敷奏其勇而益，內修政事。王繼先醫術之精罕見其比，所以保衛聖躬者也。臺諫力排其姦而籍其家貲，劉婕妤寵冠後庭，中外所知也。一言救解，繼先則斥之不旋踵，張去爲閹官之長，驕横久矣，亦以臺諫之言而投諸散地。此三事者，皆行于金亮犯境之日，敵勢雖暴而聖斷赫然。此國威所以復振，而金亮所以遂却也。人主之所爲，不必屑屑于細。故惟能舉二三大事，足以聳動天下者，奮發而力行之，則尊居九重而威震六合，反覆手掌之間爾。雷雪之變，人皆以爲陰盛陽微之故。此乃皇天啓佑上聖欲以剛濟柔，以威輔德，而成以陽制陰之功也。陛下其可不仰體天意歟。光宗親遭此變，敷求讜言。陛下必欲消變致祥，亦宜開忠直之路，以通天下之情。古者孟春之月，遒人以木鐸徇于路，官師相規，工執藝事以諫求之如此之切，蓋不如是無以聞己過而修闕政也。天災固可畏，然人君修省則有其象而無其應。向也，陰盛而陽微。今也，以陽而制陰，蕞爾殘金，豈能抗衡于中國哉。日月中天，爝火自息。臣不勝惓惓，惟陛下留神取進止。

宋·魏峴《四明它山水利備覽》卷上 洪水灣築堤

淳祐三年秋，連經大風，水衝壞江隄。溪汗走泄，峴聞于府。黄大卿併委築治。始於八月二十八日，至九月初七日畢。堤高二丈，濶一丈二尺，長一十二丈，爲工三百七十二，爲錢共計八十七貫二百九十文足。

宋·魏峴《四明它山水利備覽》卷下 重修增它山堰記（魏行己）

漢宣帝嘗曰：庶民所以安其田里而無愁恨者，政平訟理也。與我共此者，其惟良二千石乎。噫，若漢宣帝者，可謂知治之本，所以能中興漢室，功光祖宗也。今天子挺生上聖之資，造中興之業，況以民爲邦之本，加惠于元元者，至優至渥，方且輟。近班之法，從殿方面之侯藩，躬行阜俗之化，專意牧字之仁。千里之民，何其幸也。經紹興丙寅，農事舉趾，而它山之堰，緣颶風忽起，朝汐衝突，川淤隄塹，堰埭墮圮，七鄉民田將就枯涸，海波江鹵駸駸瀰漫。太守待制，秦公憂見顔色，乃默禱神祠，使息風濤。委督官吏經營强堰，然後增葺它山，補土石之罅漏，塞梁坍之隤穴。易土以石，冶鉄而固之。旬日之間，厥功告成。非獨使今秋豐稔，千里足食，且俾斯民永賴其利于無窮。古之良二千石，雖龔黄不能過也。誠可以仰寬東顧之憂，上副明天子委任之意，猗歟休哉。堰成之日，泛舟者謌詠其德，力農者感懷其恩。咸謂異時入秉鈞衡，登庸華要，必能霖雨，四海舟航巨川。蓋權輿見於此也。夫四明澤國，負三江，捍兩湖，潮汐上下，衝接山下。其來則溝澮皆盈，其去則田疇皆涸。所恃以分甘泉、鹹鹵者，隄防堅固而已。方其堅全則均被其利，毁決則悉罹其危。惟它山一堰，所係尤重。七鄉之間，膏腴無慮千數百頃，瀦爲平湖，疏爲長河，以待旱乾水溢之患，皆它山一堰之利。是以今春偶經墊決，環境之民惶怖憂恐，所謂鳩工積累公帑私財不擾不費，若有旦助成以不日，皆太守待制秦公至誠之所感也。邦人德之，形于歌頌。行己偶奉府檄實董其事，不敢嘿而不書。大宋紹興十六年餘月望日，知明州鄞縣丞魏行己謹誌。

宋·潛説友《咸淳臨安志》卷四〇 賑荒獎論淳熙十五年七月

京師爲衆大之地，無屬邑以屢豐，水旱無捐瘠之民。咨守臣而共理，粤維舊歲，值彼亢陽，忱念農田，寖艱粒食，内亟圖于賑恤，外申飭于拊循。卿體國愛人，奉公任職，酌輕重之宜而發粟，究始終之惠以及時。迄聞全濟之多，搆復阜成之舊敷。陳來，上嘉歎不忘。守臣韓彥質謹記曰：臣恭惟皇帝陛下臨御宇内二十有七年，于今治民敬天，終始惟一，用能導迎休嘉，雨暘以時，農扈屢登，有富無寠。間遇水旱，則取陳發藏，猶足以濟乃。淳熙丁未夏五月不雨，至于秋七月，歲以不登。民用艱食，上心閔焉，亟遣使開倉議所以賑貸之。臣以駑材待罪京邑，深惟流逋貽當宁憂，乃下其事于九邑分屬僚吏，所以宣布德意者，纖悉罔敢怠起。是歲之秋，越明年之夏，凡用太倉粟一十有一萬石，而民以全安，浸復生業，竣事上聞，有詔賜臣，以示褒勸。臣伏讀訓詞，且懼且恧，其敢貪天之功以速大戾。謹拜手稽首，言曰：夫天行靡常，凶歲代有。古之聖人不能必天之無水旱，而能使水旱之不爲災。是故，稽天之浸不足以病。堯民之時，雍而樂石之旱，不足以蠹商民之允殖，以其備豫之有素也。維去歲之歉，若可廩廩而鄉無移民，户無耗口者，緊聖天子恭儉撙節，儲偫充仞，恩澤不壅于下流之所致。顧惟小臣職司牧養，惟謹布宣，其何力之有焉。敢以明詔，勒諸堅珉，昭示休德，以詔罔極。

宋·潛説友《咸淳臨安志》卷八九 梁吳興郡，屢以水灾失收。有言當漕大瀆以瀉浙江中。大通二年春，詔發吳郡、吳興、義興三郡民丁就役。昭明太子統上疏曰：聞吳興屢年失收，民頗流移，吳郡大城亦不全熟，穀價猶貴，刼盜屢起。所在有司不皆聞奏如復。今兹失業，慮恐爲弊更深，不審可得權停否，高祖優詔喻焉。

侍御史賈易言，蘇軾在杭州務以暴横立威，故决配税户顔章兄弟皆無罪之人。今則漸蒙貸免矣，既而專爲姑息以邀小人之譽，兼設欺弊以竊忠藎之名。如累年災傷不過一二分，軾則張大其言，以甚於熙寧七八年之患。彼年饑饉疾疫，人之死亡者十有五六，豈有更甚于此者。又嘗建言以興修水利者，皆爲虚妄無實，而自爲奏請浚治西湖，乞賜度牒賣錢雇役，聞亦不免科借居民什器畚鍤之類，虐使捍江廂卒，築爲長隄於湖中，以事游觀，于公私並無利害。監司畏其彊，無敢觸其鋒者，况敢檢按其不法耶云云。宣諭曰：賈易排擊人太深，須與責降。大防對曰：易誠過當，若欲定叠，不若兩罷爲便。可之。元祐六年

知泰州田錫上疏云云：今月十二日，有杭州差人齎牒泰州，會問公事。臣問彼處米價每斗六十五文足，彼中難得錢。又問疾疫死者多少。人稱餓死者不少，無人收拾，溝渠中皆是死人。却有一僧收拾埋藏，有一千人作一坑處，有五百人作一窖處。臣又問有無得雨，稱春來亦少雨澤。臣問既少雨澤，麥苗應損，稱彼處種麥稀少。咸平三年

宋·梅應發、劉錫同《寶慶四明志·四明續志》卷八 祈禱龍見附

寶祐五年夏六月，不雨。大使丞相焦勞請禱，靡所不至，迺延廣仁院。白衣大士若靈應，廟神祠山城隍諸像列公堂而祈焉。一日亭午，驕陽如焚。公方露香禱于庭，俄密雲起，南方有黑龍見，蜿蜒飛動，萬目駭視，雨隨下如注，四郊霑足，歲事獨稔於旁郡。六年三月，種未入土，彌月旱亢，人情皇皇。公齊心禱祈如前，望日迎天井山蜥蜴神，雖間霡霂，卒未大應。公謂民命近止，雨少緩，則不及事。即齊宿真隱觀，設碧玉醮以告于帝，時夜半焚章，雷雨沛然，徹旦未休。黎明公還府，夾道呼相公雨，歡聲如雷，河流洋溢。農皆荷鍤乃亦有秋，民不乏絶者，公之力也。開慶元年五月，苦淫潦不止，低田凡三蒔，秧渰没而偃，民搏手無策，禱禳無所不用其極。公曰，虚文非所以格天也，乃命僚佐決府縣三獄訟出繫囚，盡蠲五年以上。苗税減放，諸酒庫一分息著爲額。令下，百姓鼓舞，陰雲解駮，天日清明。公又慮積水之害禾也，委官周行田野，偏啟諸閘。有碶堰所不能泄者，則決之水既疏，苗之仆者興焉。越兩月，雨復愆期，公禱輒霽，歲卒大熟。蓋三年之間，常暘苦雨，無歲無之。公一忱所格，如響斯應。民雖至迫切，

亦恃公以無恐。公詩有云：數莖半黑半絲髮，一片憂晴憂雨心。念慮未嘗不在畎畝間也。傳曰：閔雨者，有志乎民者也。喜雨者，有志乎民者也。其公之謂乎。天井山蜥蜴神。公爲請于朝，元年七月，已侯封者，加二字。未封者，悉侯之。蓋以旌龍見之靈云。

宋・吴自牧《夢粱録》卷一八　恩霈軍民

宋朝行都於杭，若軍若民，生者死者，皆蒙雨露之恩。但霈澤常頒，難以枚舉，姑述其一二焉。遇朝省祈晴請雨，禱雪求瑞，或降生及聖節日分，淫雨雪寒，居民不易，或遇慶典大禮，明堂皆頒降黄榜，給賜軍民。

宋・鄭樵《通志》卷七四　災祥序

仲尼既没，先儒駕以妖妄之説，而欺後世。後世相承，罔敢失墜者，有兩種學：一種妄學，務以欺人。一種妖學，務以欺天。凡説春秋者，皆謂孔子寓襃貶於一字之間，以陰中時人，使人不可曉解。三傳唱之於前，諸儒從之於後，盡推己意而誣以聖人之意。此之謂欺人之學。説洪範者，皆謂箕子本河圖洛書，以明五行之旨。劉向創釋其傳於前，諸史因之而爲志於後。析天下災祥之變而推之於金、木、水、火、土之域，乃以時事之吉凶，而曲爲之配。此之謂欺天之學。夫春秋者，成周之典也。洪範者，皇極之書也。臣舊作春秋傳，專以明王道，削去三家襃貶之説，所以杜其妄。今作災祥畧，專以記實迹，削去五行相應之説。所以絶其妖，且萬物之理不離五行，而五行之理其變無方。離固爲火矣，而離中有水。坎固爲水矣，而坎中有火。安得直以秋大水爲水行之應，成周宣榭火爲火行之應乎？况周得木德，而有赤烏之祥，漢得火德而有黄龍之瑞。此理又如何邪？豈其晉厲公一視之遠，周單公一言之徐，而能關於五行之沴乎？豈其晉申生一衣之偏，鄭子臧一冠之異而能關於五行之沴乎？如是，則五行之繩人甚於三尺矣。臣竊觀漢儒之説，以亂世無如春秋之深，災異無如春秋之衆者，是不考其實也。臣每謂春秋雖三王之亂，世猶治於漢唐之盛時，何哉？春秋二百四十年，而日食三十六。唐三百年而日食過百。舉春秋地震五，漢和平中積二十一日而地百二十四動。舉春秋山傾者二，漢文帝時一年之間齊楚山二十九所同日圮。舉春秋大水者八，後漢延平中一月之間郡國三十六大水。其他小小災異，則二百四十年之事不及後世一年也。如李梅冬實，鸜鵒來巢之類，在後世不勝書，使春秋之人而親見後世事，豈但慟哭流涕而已哉。以春秋視後世不爲亂世也，何哉？後世之法度不及春秋之法度，後世之人才不及春秋之人才。其所以感和氣而弭災異者，又安可望春秋乎？嗚呼，天地之間災祥萬種，人間禍福冥不可知。奈何以一蟲之妖，一氣之戾，而一一質之，以爲禍福之應，其愚甚矣。况凶吉有不由於災祥者，宋之五石、六鷁可以爲異矣，而内史叔興以爲此陰陽之事，非吉凶所生。魏安平太守王基筮於管輅，輅曰：君家有三怪：一則生男墮地走入竈死，二則大蛇牀上銜筆，三則烏來入室與燕鬬。兒入竈者，宋無忌之妖；蛇銜筆者，老舊佐之妖。烏與燕鬬者，老鈴下之妖。此三者，足以爲異而無凶兆，無所憂也。王基之家卒以無患。觀叔興之言，則國不可以災祥論興衰。觀管輅之言，則家不可以變怪論休咎。惟有和氣致祥，乖氣致異者，可以爲通論。

宋・吴泳《鶴林集》卷一五　臣聞先儒有言：臣者，君之陰也。妻者，夫之陰也。小人者，君子之陰也。陽明勝，則婦婉而順，臣共而義，小人遠而伏，故禨祥休徵並應而沓來。陰濁行，則婦乘夫，臣僭君，小人内而君子外，故妖孽異眚，層見而疊出。攷之先漢灾異之來，抑何其稠也。坤震載摇，則嘉鳳之專應之；河井湧決，則班趙之寵當之。黜向任恭，佞諂求進，而彗流日蝕之譴見。北邊驛騷，匈奴驕肆，而大雨水溢之災起。一事失，一異應，天人相與之際，豈不甚可畏哉。漢不足進矣。紹興開中天之業，乾道有重熙之運，君德清明，政事修舉，内無女謁之寵，朝無專政之臣，憸壬無蔽主之失，夷狄無猾夏之患。然天多沈陰而雨數降，霖霪不止，而日少光。修之人事者，既無一缺之非，而驗之天象者，猶有譴告之異。吁，可以見天心之仁愛人君矣。然聖祖神宗，豈一日忘敬天之怒哉？慮政事之錯失也，思兵將之驕恣也，念百姓之愁怨也，軫刑獄之多冤也，君臣交修而德日隆，天人交感而善日應。卒能易水潦而豐登，變妖眚而休福者，蓋灾異之來雖與漢同，而人君之德獨與漢異也。况今木行失度，既有苦雨數來之愆，積陰不歛，又有穀爛于場之慮，則修明二祖之政，在清朝可不亟加之意。

宋・杜範《清獻集》卷八《論災異劄子》　臣聞周宣王之中興序云漢之詩者美之曰：遇災而懼，側身脩行。又曰：百姓見憂，夫天以災變警戒人主，其玩視而不知畏者，固亂亡之道。苟知畏矣，惟恐懼貶抑而不能脩省於躬行，厲飭於政事，則雖有隱憂，百姓將何見焉。欲以感悦人心，興復治功，其道無由也。臣讀國史，竊見高宗紹興二十一年春正月，雷發非時而雨雪繼之，殿中侍御史陳俊卿進言謂：魯隱公八年再有大異，孔子謹而書之：震雷陽也，雨雪陰也，意者陽不能制陰，故陰出而爲害。以類推之，是敵人窺伺中國，臣下玩習威權之象也，可不懼乎。迺者立春之三日，雷震連夕而繼以大雪。陛下惕然祇畏，寢稱觴之儀，罷垂拱之宴，一念所格，轉陰爲晴。自天基誕節雲翳豁開數日以來，天宇清宴，天之仁愛陛下可謂甚至，蓋以易感之機而開陛下，非以可喜之祥而怠陛下也。陛下亦嘗以陳俊卿之言思之否乎？夫天秉陽君德也，洩以非時而使陰慝之氣出而乘之，陵暴肆虐紛不可止，則代天職而爲天之子者，亦盍知所以自警矣。徒曰恐懼貶抑而已，而不思振厲奮發以昭布剛德，以整飭弊事，則是有負於上天示戒之意。

宋·徐鹿卿《清正存稿》卷二《壬寅進故事》 進《漢書》李尋對災異故事云，臣聞事有安於尋常之玩忽而關於世道之消長者，不可不察也。夫天一生水，而木火土金由是相生而不窮，此造化之妙，常與理亂相爲流通，觀於水則可以知王道矣。夫天傾西北，地不滿東南。故水曰潤下，又曰水無有不下。此勢之順、理之正也。否則，反常矣。昔在帝堯，雖有洚水之災，然特以水未有所歸之故爾。一疏導之，則其勢未嘗不順也。今浙江之水，由衢嚴婺杭而下，至於湖秀吴門，以達於海。朝宗之勢，滔滔汩汩，不知其千百年矣。六飛南渡，駐蹕錢塘，雄據百川之會。比者，畿甸旱暵，赤地千里，不惟河流斷絶而井泉且枯矣。考之《五行志》，如伊洛竭、川竭、河竭，皆大變也。得無有類此者乎，是可懼也。不特此爾，黄河之濁，黑水之黑，乃其本也。若江水則清矣。今都城積水，汙穢壅滯，以不雨之故而變亦大矣。乂大可懼也。今秋之杪，清龍江而上，海水忽漸漲溢，由吴松江以溢於太湖，由霅川以溢於行都，宜下而高，其勢未已。其反常尤甚焉。百川之不得其理，則王道之不能公正，脩明從可知矣。夫無一念之私，然後謂之公；無一毫之僞，然後謂之正；無一物之不理，然後謂之修；無一事之不顯，然後謂之明。是故以君道臨下者常也，而優游牽制，則反常矣。以君子勝小人者，常也，而薰猶雜處，則反常矣。以中國制夷狄者，常也。而分限不嚴，則反常矣。以府中統宫中者，常也，而因緣窺伺，則反常矣。一事反常，則事事失其常。一事不理，則事事非其理。水者生物之始。水失其性，則生生之道幾乎熄矣。使桑田不至易處，陵谷不至變遷，斡旋造化整飭經常，特在聖明警懼一念間爾。惟陛下留神。

宋·祝穆《古今事文類聚·前集》卷五 風雨對（羅隱）

風、雨、雪、霜，天地之所權也。山、川、藪、澤，鬼神之所伏也。故風雨不時，則歲有饑饉。雪霜不時，則人有疾病。然後禱山川藪澤以致之。則風雨雪霜，果爲鬼神所有也，明矣。得非天之高，不可以自理而寄之山川。地之厚，不可以自運而憑之鬼神。苟祭祀不時，則饑饉作報應，不至則疾病生，是鬼神用天地之權也。而風雨雪霜，爲牛羊之本矣。復何歲時爲、復何人民爲，是以大道不旁出，懼其弄也，大政不問下，懼其偷也。天欲何言。

清·黄鼎《管窺輯要》卷六六《五行五事五色祥眚》 經曰敬用五事：一曰貌，二曰言，三曰視，四曰聽，五曰思。貌曰恭，言曰從，視曰明，聽曰聰，思曰睿。恭作肅，從作乂，明作哲，聰作謀，睿作聖。休徵曰：肅時雨若，乂時暘若，哲時奥若，謀時寒若，聖時風若。咎徵曰：狂恒雨若，僭恒暘若，舒恒奥若，急恒寒若，霜恒風若。

清·查繼佐《罪惟録志·五行志》 （明太祖）十三年庚申六月，上宴坐謹身殿，雷震，恍惚殿角有人，長三尺，青膚而翅，狀似猿猴，兩目睒睒有光。因問儒臣：『雷有神乎？』對曰：『此陰陽相搏之氣。』上曰：『不然。』遂下詔，謂五雷着迹於殿庭，其減膳修省。

清·嵇璜、劉墉等《續通志》卷二八八 李業，高祖皇后之幼弟也。高祖時爲武德使。隱帝即位業以皇太后故，益用事。時天下旱蝗，河決、京師大風拔木、壞城門。宫中數見怪物，投瓦石撼門扉。

清·嵇璜、劉墉等《續通志》卷三三一 （宋仁宗時）棣州汙下，苦水患，仕衡奏徙州西北七十里，既而大水没故城丈餘。明年旱蝗發，積粟賑民，仕衡又移五萬斛濟京西。遷仕衡知陳州，州大水，築大隄以障水患，徙潁州，復知陳州。

清·嵇璜、劉墉等《續通志》卷三三九 （天聖七年，）歲大蝗旱，江淮京東滋甚。仲淹請遣使循行，未報。乃請問曰：宫掖中半日不食當何如？帝惻然，乃命仲淹安撫江淮，所至開倉（振）（乏）〔賑之〕，禁民淫祀。奏蠲廬舒折役茶，江東丁口鹽錢，且條上捄敝十事。會郭皇后廢，率諫官御史伏閤争之，不能得。明日將留百官揖宰相廷争，方至待漏院，有詔出知睦州。歲餘徙蘇州。州大水，民田不得耕。仲淹疏五河，導太湖注之海。興作未就，尋徙明州轉運使。奏留仲淹以畢其役。

清·嵇璜、劉墉等《續通志》卷三五六 （宋神宗熙寧二三年間，）今西夏之款未入，反側之兵未安，三邊瘡痍流潰未定，河北大旱，諸路大水，民勞貶乏。

清·嵇璜、劉墉等《續通志》卷三六一 （宋徽宗年間）王安石問免役事。黄廉據舊法以對。安石曰：是必能辨新法。白，神宗召訪時務，對曰：陛下意在便民，法非不良也。而吏非其人，所以法行而民病，陛下不盡察也。河朔被水，河南、齊、晉旱。淮浙飛蝗，江南疫癘，陛下不盡知也。帝即命廉體量賑濟。

清·嵇璜、劉墉等《續通志》卷四九四 （金章宗明昌六年，）時帝數以歷代珍寶分賜近侍，敬又上疏曰：臣聞世皇時，大臣有功所賜不過鞶革，重惜天物，爲後世慮至遠也。今山東大饑，燕南亢旱，海潮爲災，天文示儆，地道失寧，京畿南北蝗飛蔽天，正當聖主恤民之日。近侍之臣不知慮此，奏稟承請，殆無虛日，甚至以府庫百年所積寶物，偏賜僕御閽寺之流，乳稚童孩之子，帑藏或空。萬一國有大事，人有大功，又將何以爲賜乎？乞追回原賞，以示恩不可濫。

清·嵇璜、劉墉等《續通志》卷四九八 （元順帝）元統元年，擢監察御史首上疏，請親祀宗廟赦命不宜數，又陳時政五事。時日月薄蝕，烈風暴作，河北山東旱蝗爲災，乃復條陳九事上之。

清·畢沅《續資治通鑑》卷六《宋紀六》太祖開寶三年 秋，七月，壬寅，詔：「民訴水旱災傷者，夏不得過四月，秋不得過七月。」

清·畢沅《續資治通鑑》卷一二《宋紀十二》太宗雍熙元年 澶州言民訴水旱二十畝以下求蠲税者，朝臣以田畝不多，請勿受其訴，帝曰：「若此，貧民田少者，恩常不及。災沴蠲税，政由窮困，豈以多少爲限邪！」辛未，詔：「自今民訴水旱，勿擇田之多少，悉與檢視。」壬申，蠲諸州民去年官所貸粟。

清·畢沅《續資治通鑑》卷二七《宋紀二十七》真宗大中祥符元年 十二月，詔：「江淮發運司部内，各留三年之儲以備水旱。」先是江、淮米運送京師，至是司天監言揚、楚之分當爲水旱沴，防患故也。

清·畢沅《續資治通鑑》卷三四《宋紀三十四》真宗天禧三年 立性淳謹，尤喜論事。大中祥符間，士大夫爭奏符瑞，立獨言：「水發徐、兗，旱連江、淮，無爲烈風，金陵大火，是天所以戒驕矜；而中外多上雲露、草木、禽蟲諸物之瑞，此何足爲治道哉！願敕有司：草木之異，雖大不録，水旱之變，雖小必聞。」前後凡上四十餘事云。

清·畢沅《續資治通鑑》卷三七《宋紀三十七》仁宗天聖七年 蘇舜欽上疏曰：陛下即位未及十年，數遭水旱，雖徵賦咸入而百姓困乏。若大興土木，則費用不知紀極，財力耗於内，百姓勞於下，内耗下勞，何以爲國！今爲陛下計，莫若采〔來〕吉士，去佞人，修德以勤至治，使百姓足給而徵税寬減，則可以謝天意而安民情矣。夫賢君見變，修道除凶；亂世無象，天不譴告。今幸天見之變，是陛下修己之日，豈可忽哉！

清·畢沅《續資治通鑑》卷五三《宋紀五十三》仁宗皇祐五年 秋，七月庚戌，帝謂輔臣曰：「頃聞諸州軍常於夏秋之際，先奏時雨霑足，田稼登茂，後或災傷，遂不敢奏，致使民税不得蠲除，甚非長吏愛民之意，宜申飭之。」

清·畢沅《續資治通鑑》卷五五《宋紀五十五》仁宗至和二年 三月丁亥，知審刑院張揆，言知虢州周日宣妄言澗水衝注城郭，當坐不實之罪，帝曰：「州郡多奏祥瑞，至水旱之災，或抑而不聞。今守臣自陳墊壞官私廬舍，意亦在民，當恕其罪。」

翰林學士歐陽修言：「朝廷欲俟秋興大役，塞商胡，開横隴，回大河於故道。夫動大衆必順天時，量人力，謀於其始而審於其終，然後必行，計其所利者多，乃可無悔。往年河決商胡，執政之臣，不審計慮，遽謀修塞，凡科配稍〔梢〕芟一千八百萬，騷動六路百餘州軍，官吏催驅，急若星火，虛費民財，爲國斂怨。今又聞復有修河之役，聚三十萬人之衆，開一千餘里之長河，計其所用物力，數倍往年。當此天災歲旱，民困國貧之際，不量人力，不順天時，知其有大不可者五：蓋自去秋至春，半天下苦旱，而京東尤甚，河北次之，國家常務安靜，賑卹之猶恐民起爲盜，況於兩路聚大衆，興大役乎！此其必不可者一也。河北自恩州用兵之後，繼以凶年，人户流亡，十失八九，數年以來，稍稍歸復，而物力未充。又，京東自去冬無雨雪，麥不生苗，將踰暮春，粟未布種，農心焦勞，所向無望。若別路差夫，又遠者難爲赴役，一出諸近，則兩路力所不任，此其必不可者二也。往年議塞滑州決河，儲積物料，誘率民財，數年之間，始能興役。今國用方乏，民力方疲，且合商胡，塞大決之洪流，此一大役也；鑿横隴，開久廢之故道，又一大役也；自横隴至海千餘里，埽岸久已廢頓，須興緝，又一大役也。往年公私有力之時，興一大役尚須數年，今猝興三大役於災旱貧虛之際，此其必不可者三也。就令商胡可塞，故道未必可開。鯀障洪水，九年無功，禹因水之流，疏而就下，水患乃息。今欲逆水之性，障而塞之，奪洪河之正流，使人力斡而回注，此其必不可者四也。横隴湮塞已二十年，商胡決又數歲，故道已平而難鑿，安流已久而難回，此其必不可者五也。宜速止罷，用安人心。」

夏，四月，知諫院范鎮言：「竊以水旱之作，由民之不足而怨，民之不足，由有司之重斂，有司之重斂，由官冗兵多，與土木之費廣而經制不立也。國家自陝西用兵增兵以來，賦役煩重，及近年不惜高爵重禄，假借匪人，轉運使復於常賦外進羨錢以助南郊，其餘無名斂率，不可勝計，皆貪政也。貪政之發，發於掊克暴虐，此民所以怨，干天地之和而水旱作也。臣欲乞使中書、樞密院通知兵民財利大計，與三司量其出入，制爲國用，天下民力，庶幾少寬，以副陛下憂勞之心。」自天聖以來，帝每以經費爲慮，命官裁節，臣下亦屢以爲言，而有司不能承上之意，牽於習俗，卒無所建明，議者以爲恨焉。

清·畢沅《續資治通鑑》卷五六《宋紀五十六》仁宗嘉祐元年　八月，於是范鎮言：「國家自用新樂，日食，星變，冬雷，秋雹，大雨不時，寒暑不節，不和之氣，莫甚此者。去年十二月晦，大雨雪，大風，宮架輒壞；元日大朝會，樂作而陛下疾作。臣恐天意以爲陛下不應變祖宗舊樂而輕用新樂也。乞下執政大臣參議，且用祖宗舊樂，以俟異時別加制作。」

清·畢沅《續資治通鑑》卷六六《宋紀六十六》神宗熙寧元年　八月，（司馬）光曰：「天地所生財貨百物，止有此數，不在民則在官；譬如雨澤，夏澇則秋旱。不加賦而國用足，不過設法以陰奪民利，其害甚於加賦。」

清·畢沅《續資治通鑑》卷七一《宋紀七十一》神宗熙寧八年　冬，十月己亥，詔以災異數見，避殿，減膳，求直言，及詢政事之未協于民者。王安石率同列上疏言：「晉武帝五年，彗出軫，十年，又有孛，而其在位一十八年，與《乙巳占》所期不合。蓋天道遠，先王雖有官占，而所信者人事而已。天文之變無窮，上下傅會，不無偶合。【略】安石曰：「祈寒暑雨，民猶怨咨，此無庸卹。」帝曰：「豈若并祈寒暑雨之怨亦無邪！」安石不悦，退而屬疾卧。

清·畢沅《續資治通鑑》卷七六《宋紀七十六》神宗元豐四年　壬辰，前河北轉運判官呂大忠言：「天下二稅，有司檢放災傷，執守謬例，每歲僥倖而免者，無慮三二百萬，其餘水旱蠲閣，類多失實。民披訴災傷狀，多不依公式令。諸縣不點檢所差官，不依編敕起離月日程限，託故辭避，乞詳定立法。」

清·畢沅《續資治通鑑》卷一三九《宋紀一百三十九》孝宗乾道二年　孝宗乾道二年十月，知温州劉孝韙，言本州大水之後乞修築塘堤事，帝因言：「朕近覽《神宗實録》，是時災異甚多，何也？」魏杞對曰：「天出災異譴告人君，正如父訓飭爲人子者，不必問自己有過無過，但常恐懼修省而已。」帝曰：「卿之言甚善，若不恐懼修省，自取滅亡之道也。」

清·畢沅《續資治通鑑》卷一四二《宋紀一百四十二》孝宗乾道六年　八月，己酉，權發遣衡州韓堅常，請廣糴常平，帝曰：「若一州得二十萬石常平米，雖有水旱，不足憂矣。」新福建轉運副使沈樞言州郡水旱，請留轉運司和糴米接續常平賑糶，帝曰：「即行之。」

清·畢沅《續資治通鑑》卷一四三《宋紀一百四十三》孝宗乾道九年　十月乙酉，臣僚言：「州郡水旱，往往諱言，雖有陳奏，未必能盡其實。遂至下之疾苦壅於上聞，上之德意抑於下究。蓋諱言水旱者，慮朝廷罪其失政也。不盡其實者，慮州用之闕而不繼也。屬縣申請，至於取問者有之，必欲其不問而後已。民間告訴，抑令伏熟者有之，必欲其無所陳而後已。欺天罔上，其罪可勝言哉！望申嚴行下，凡有旱傷，必須從實檢放，不得亂有沮抑，致奸和氣。仍乞令逐路常平提舉官躬親巡歷，同帥漕之臣覺察按劾以聞。庶幾〔饑〕民被實惠。」詔從之。

清·畢沅《續資治通鑑》卷一六七《宋紀一百六十七》理宗端平元年　淮西運判杜杲上言曰：「臣備員邊郡，切見沿淮旱蝗連歲，加以調發無度，輦運不時，生聚蕭條，難任徵發。中原板蕩，多年不耕無糧，可因千里餽運，士不宿飽。若虛內以事外，移南以實北，腹心之地，豈不可慮！」

清·畢沅《續資治通鑑》卷一九一《元紀九》世祖至元三十年　二月十三日，感和氣以消水旱。比年以來，水旱無時，霜災屢作，山崩地震，變出非常，姦臣柄用，盜賊竊發，百姓嗸嗸，日趨於困。臣嘗讀中元已來國書詔條，未嘗不以生靈爲念，棄捐細故，講信修睦，以用兵爲重。此堯、舜好生之德，禹、湯克寬不自滿假之仁也。願陛下爲民祈天請命，使黎庶知其無好兵之心，天地鬼神諒其不得已之意，庶幾天迴哀眷，易乖戾而爲和平，變荒歉而爲豐稔，天下幸甚！

清·畢沅《續資治通鑑》卷一九四《元紀十二》成宗大德六年　十二月辛酉，御史臺言：「自大德元年以來，數有星變及風水之災，民間乏食。陛下敬天愛民之心，無所不盡，理宜轉災爲福。而今春霜殺麥，秋雨傷稼，五月太廟災，尤古今重事。得非荷陛下重任者，不能奉行聖意，以致如此。若不更新，後難爲力。請令中書省與老臣識達治體者共圖之。」復請禁諸路釀酒，減免差稅，賑濟飢民，帝皆嘉納，命即議行之。

清·畢沅《續資治通鑑》卷一九八《元紀十六》仁宗延祐二年　正月，御史臺言：「比年地震、水旱、民流、盜起，皆風憲顧忌，失於糾察，宰臣燮理有所未至。或近侍蒙蔽，賞罰未當，或獄有冤濫，賦役繁重，以致乖和。宜與老臣共議所由。」詔明言其事當行者以聞。

清·畢沅《續資治通鑑》卷二八〇《元紀二十六》順帝至正元年　五月，帝又數以歷代珍寶分賜近侍，敬復上疏曰：「臣聞世皇時，大臣有功，所賜不過鞶帶，重惜天物，爲後世慮至遠也。今山東大饑，燕南亢旱，海潮爲災，天文示儆，地道失寧，京畿南北蝗飛蔽天，正當聖主卹民之時。近侍之臣，不知慮此，奏稟承請，殆無虚日，甚至以府庫百年所積之寶物，徧賜僕御、閹寺之流，乳稚、童孩之子，帑藏幾空。萬一國有大事，人有大功，又將何以爲賜乎？宜追回所賜，以示恩不可濫，庶允公論。」

清・顧炎武《日知録》卷三〇《人事感天》 隋文帝立晉王廣爲皇太子，其夜烈風大雪，地震山崩，民舍多壞，壓死者百餘口。唐園宗爲臨淄王，將誅韋氏與劉幽求等，微服入苑中，向二鼓，天星散落如雪。幽求曰：「天道如此，時不可失。」文宗以右軍中尉王守澄之言，召鄭注對于浴堂門，是夜彗出東方，長三尺。然則荆軻爲燕太子丹謀刺秦王，而白虹貫日。衛先生爲秦昭王畫長平之事，而太白食昴，固理之所有。孟子言「氣壹則動志」，其此之謂與。

清・蘇輿《春秋繁露義證》卷四 僖十四年夏，大雨水。冬，大雨雪。盧云：隱九年三月癸酉，大雨震電，庚辰大雨雪。此一事在今之正月若大水，唯桓公十三年在夏，餘皆在秋，然亦非雨水也。冬大雨雪。公羊昭四年經有之，在周正月，然疏云正本皆作雹字。左氏僖十年經冬大雨雪，公羊作雹，疑此正文當作冬大雨雹。昭三年冬亦有此事。輿案此處疑是誤。文隱九年三月癸酉，大雨震電，庚辰大雨雪，此春秋時大異也。不應闕之。疑本作大雨震電，又大雨雪。宋高宗紹興三十一年，風雷大雨雪。侍御史汪澈言春秋魯隱時，大雨震電，繼以雨雪。孔子以八日之間再有大變謹而書之。今一夕之間，二異交至。此陰盛之證。殆爲金人正用此事。

清・李瀚章、曾國荃《湖南通志》卷首之一《詔諭》 康熙四十四年 諭户部：朕宵旰勤民，廑思愛養惟務，減徵寬賦，以期實惠黎元。閒有州縣水旱不登，即詔所司亟議，蠲、賑其直隸各省。每歲應輸額賦，有以次遞蠲者，有頻蠲數年者，有將帶徵積欠，暫令停徵者，凡以蠲除額賦，專爲小民樂業，遂生一歲以内，足不踐長吏之庭，耳不聞追呼之擾，庶幾休養日久，馴致家給户足，而民咸得所也。曩年楚省錢糧雖累行豁免，今已經歷數載，未經特蠲，應將該省額賦全免一年，以示朕加恩優渥之至意。湖北、湖南，康熙四十五年，除漕糧漕項外，其餘地丁銀米一概免徵，舊欠未完者，並停輸納，爾部移文，該督撫令各飭屬員，張示徧諭窮鄉僻壤，咸得周知。儻不肖官吏於額徵之外，巧立名色，別有科派私圖肥己者，察出定治重罪。爾部即遵諭行。

雍正元年癸卯 今年夏月朕以北省二麥歉收，差員到南省於秋成後采買米石，以備賑貸平糶。朕意切於爲民，正欲酌盈劑虚，以羡補不足也。又恐有不便於民之處，於差員臨行之時，再三申諭：「地方米多方可采買，不必定要買足。」今聞各省地方官因欽差買米，禁止商販不許出境。大負朕痌瘝之意，甚屬不合。況浙江及江南蘇松等府地窄人稠，即豐收之年，亦皆仰食於湖廣江西等處。今秋成歉收，若商販不通，必致米價騰貴。該部速即行文各省總督巡撫，凡有米商出境，任便放行，使湖廣江西安慶等處米船直到蘇州，蘇州米船直到浙江，毋得阻撓。庶幾有無流通，民皆足食，以副朕愛養元元之意。

雍正三年甲辰 天心致使旱澇成災，閭閻受困，此則地方大吏隱蔽之咎也。嗣後督撫等於地方纔覺有水旱之事即據實速奏，庶朕可及時修省祈求爾。督撫等亦宜省咎思過，勤求民隱，勿徒爲祝禱之虚文，以飾愚民之觀聽。

清・李瀚章、曾國荃《湖南通志》卷首之二《詔諭》 乾隆十六年又因江浙、河南、山東等省均被偏災，復將被災州縣新舊漕糧分別蠲緩，其應減幫船甚多，今該旗丁等所有苦蓋日用之費，若照例給予一半月糧，恐有不敷。其災減軍丁情形自更拮據，著將各該省截留蠲緩，減船各丁於例給折半之外再加恩賞，給二分以卹丁力。

乾隆五十四年 諭曰畢沅等奏稱，武陵縣疊遭水旱，本年雖屬豐稔，究係積歉之區，民力未紓。華容、安鄉二縣，上年湖水倒漾，亦有緩徵，錢糧及借給種麥工本銀兩若同時並徵，不免稍形竭蹶等語。

乾隆五十九年，而偶遇水旱偏祲，隨時蠲租，賜復賑貸，兼施不下帑金數千萬兩，所以涵養生息，子愛黎元至周且渥。

清・謝旻等修、陶成等纂《江西通志》 諭積貯雍正三年

上諭：古者視歲之上中爲儲蓄之節，蓋官民經畫久遠，不爲一時苟且之計，積之於豐年，用之於歉歲。所謂有備無患，法良而意美也。朕自臨御以來，宵旰勤求，無刻不以民依爲念，乃重農積粟之詔屢下，而閭閻卒少蓋藏，官倉亦多虧缺。即如直隸保定等府，去歲頗稱有秋，今春二麥亦熟，乃以夏秋雨水過多，田禾被澇，而民間遂有饑色，幾至流離，若非多方賑恤，窮民必致失所。此皆草野無知，食不以時，用不以禮，但快目前之有餘，罔計異日之不足。一遭旱澇，追悔無從。至於常平等倉，原爲備荒而設。乃有司奉行不力，多致缺額，罪何可逭。

茲據江南、浙江、江西、湖廣、福建、河南、山西、陝西、廣東、廣西、雲南、貴州等省督撫報稱，今歲秋成八九十分不等。朕覽奏不勝慰悦，又重爲吾民計及長久，宜及此時講求儲蓄之道，以備將來。

是以朕每於水旱等事，皆實心内省，必係朕有過失，上天儆戒示譴也。至於各省旱澇之事，朕皆視同一體，原無彼此之别。惟是地方相隔路遠，彼地偶有水旱，有司未必即行具報，及至奏達，朕前而緊急之時已過，是以朕無從盡其誠心爲之祈禱。此其責，則全在本省督撫矣。督撫受朕委任之重，爲朕養育萬民，必視百姓之疾苦如痛癢之在己身。一遇水旱饑饉，必思所以致此之由，或因本省之政事吏治有闕，即思速爲改易之，或因本地之人心、風俗不端，即思速爲化導之。兢兢業業，修省祈禱，竭盡誠心，一如朕之朝乾夕惕，斷無不可以挽回。

清・查繼佐《罪惟録》卷三 明崇禎十六年癸未二月之八日，上親祀社稷，夜半，忽大風雪，黄幄破飛，侍□□持之，始得行禮。庭燎皆滅，坎中五色，土皆飛盡。五月晦，延張真人主醮奉先殿，日午無雨而震，從殿西角鴟吻中火起，似有物下，繞殿三匝，隱隱有聲，頃從殿上匾額中隱去。從來置匾，多□劍懸其背，鐵質而銅柄。時柄已鎔爲汁矣，劍墮。冬□□大疫，中者皆不能言，三日死無算。

清・董含《三岡識略》卷一〇 己巳（康熙二十八年）七月二十四至二十六，連日大風，既而溽暑鬱烝，禾心發細蟲，嚙傷者十七八，木棉爲風簸摇，十不存一。我郡復大荒，較上年尤甚。而郡邑吏方申文報十分全熟，至蕪浙接壤蟲不爲害，何松民之獨罹其厄乎？予作《匿荒行》以紀之云：去年旱災荒過半，粒食維艱價差賤。今年蟲災不可説，嚙斷禾心枯欲徧。磨鐮采割苗已空，遮陌連畦白如霰。一石纔礱一斗穀，稻莖狼籍根零亂。奸農恣食復竊藏，升斗肯呈田主面。俟天到鄉傳憲檄，擇日開倉急流電。發言米畢幾被縛，結黨持刀如拒戰。縣官勘災行村落，初亦攢眉減懽宴。豈料移荒反報熟，剜髓敲筋憑判斷。虎差索錢朝打門，使氣咆哮聲未善。傷哉此寃將安訴，百歲老翁幾經見。吴閶携李地接壤，獨怪吾鄉罹此變。賣兒换米償未足，眼見流離死他縣。低昂誰敢尤蒼穹，積孽或遭天所譴。嗟余薄田止二頃，一粒何從供午膳。甑欹税迫妻孥愁，爲此躊躕踈筆硯。誰將此情達至尊，滿目瘡痍期顧眷。賤子饑寒何足云，瘦來窪背參差便。

清・鈕琇《觚賸》卷五《息壤》 《淮南子》：鯀堙洪水，盗帝之息壤，帝使祝融殺之羽淵。據《續博物志》，息壤在荆州南門外，狀若屋宇。陷土中而猶見其脊，旁有石，記云不可犯，犯之頗致雷雨。有妄意掘發，水坌上不可制。考東坡詩序亦然。康熙乙丑春，余晤太康王司訓鈿於汝上。言壬寅歲，從其先大人官荆南。時值大旱，土人請掘息壤。初不之信，閲三月不雨，不得已從其請。出荆州南門外隄上，掘不數尺，有狀若屋而露其脊。復下尺許，啓屋而入，見一物正方，上鋭下廣，迫視非木非土，非石非金，其紋如篆。土人云，此即息壤也。急掩之，其夜暴雨不止。歷四十餘日，大江泛濫，遂決萬城隄，幾陷荆州。可爲前誌之證。石記今亦不存。

清・傅恒等《歷代通鑑輯覽》卷一〇 （周赧王十二年）秋七月，秦蝗疫（寒）。先是，秦大饑。在丁巳年。至是蝗疫，令民納粟千石拜爵一級。後五年夏四月，秦大寒，民有凍死者。

清・傅恒等《歷代通鑑輯覽》卷六九 晉天福八年。南唐李璟保大元年。殷王延政天德元年。南漢劉晟乾和元年。是歲并殷凡六國三鎮。晉旱水蝗，民大饑。是歲，晉境春夏旱，秋冬水，蝗大起，原野山谷城郭廬舍皆滿，竹木葉俱盡，重以官括民穀，使者督責嚴急，不留其食，有坐匿穀抵死者。縣令往往納印自劾去，民餒死者數十萬口，流亡不可勝數。朝廷以恒定飢甚，獨不括民穀。杜威即杜重威，避晉主諱去重奏請如例，用判官王緒謀檢索殆盡，得百萬斛。威止奏三十萬斛，餘皆入其家。又令判官李沼稱貸于民，復滿百萬斛，闔境苦之。定州吏欲援例爲奏，節度使馬全節不許。曰吾爲觀察使，節度兼觀察職在養民，豈忍效彼所爲乎？

清・傅恒等《歷代通鑑輯覽》卷九六 （元成宗大德二年，）開鐵幡竿渠元時上都渠名，今宣化府獨石口東北有鐵幡竿嶺，在故開平城南，渠蓋導源于此時欲開鐵幡竿渠，召郭守敬至上都議之。守敬曰，頻年山水暴下，非爲大渠，堰廣五七十步不可。執政吝于工費，以其言爲過。縮其廣三之，明年大雨，山水注下，渠不能容，漂没人畜廬帳，幾犯行殿。帝謂省臣曰，郭太史神人也，惜其言不用耳。七年，兩浙大饑。平江等十五路，霪雨害稼。詔發粟賑民，一月仍減直糶米三十萬石，協濟之。時台州諸路旱饑尤甚。行省檄浙東元帥托歡徹爾舊作脱歡察兒，今改賑之。托歡徹爾殘虐不恤。治中陳孚訴于宣，撫使亟發廩以賑，民之殍者已十六七。

清・傅恒等《歷代通鑑輯覽》卷九七 （元武宗）至大元年八月，諸路水旱蝗。時淮揚旱蝗，江浙大水。詔凡發使賑貸之處，差税並蠲除之，仍令有司贖饑民所鬻子女。中書省臣言，夏秋之間鞏昌地震，歸德暴風，濟寧、泰安、真定大水，民居蕩析。江浙饑荒之餘，疫癘大作，死者相枕藉。父鬻其子，夫離其妻，哭聲震野，所不忍聞。是皆臣等不才，猥當大任，以致陰陽失序，願避賢路。帝曰：災害有由，非爾等所致也。但當慎所行爾。

清・傅恒等《歷代通鑑輯覽》卷九八 （元順帝）元統二年，水旱疫，民饑。浙西水旱疾疫，饑民至五十七萬户。元順帝至正丁亥七年，詔選臺閣名臣出爲守令，以連年水旱，民多失業，選臺閣名臣二十六人，出爲守令，許民間利害。

清・傅恒等《歷代通鑑輯覽》卷一〇五 （明憲宗成化元年）秋八月，兩畿湖廣、浙江、河南饑。給事中袁芳等上言，比來救荒無術，老弱轉死，丁壯流移，南陽荆襄流民十餘萬。兩京浙豫或水或旱，禾麥絶收。乞敕官司賑濟。于是命王恕及浙豫撫按各賑其屬，旋遣工部侍郎沈義往保定，僉都御史吴琛往淮陽，內外諸臣請緩徵鹽鈔逋賦等。皆從之。

清・顧炎武《日知録》 明朝英宗正統三年四月甲寅，命羅廣西、雲南、四川、浙江陳積倉糧，遂令軍民無輓運之勞，而困庾免陳紅之患，誠一時之便計也。自折銀之後，不二三年，頻有水旱之災。而設法勸借至千石以上以賑凶荒者，謂之義民，詔復其家。至景泰間，納粟之例，紛紛四出，相傳至今，而國家所收之銀不復知其爲米矣。

清・王慶雲《石渠餘記》卷一 紀賑貸

凡賑，有賑米，有折賑，有賑貸。大抵極貧民便賑米，次貧民便賑錢，稍貧民便賑貸。然必視災之重輕，與民所緩急，而爲之等。國初賑務，於旗地加詳，閒及直隸。

康熙九年，淮揚水，人給米五斗。又分設米廠，人日一升，三日一給。自是以後，各省賑災，大率口日以合計。時頻年賑卹，發帑數十萬或百萬，遣部院堂司官往司其事。至被災地廣，惟恐恩澤或遺，則分命大臣往賑。如康熙四十二年賑山東，是年凡官民助賑，皆與議敘。京師三佐領出一人。時一千餘佐領，共得三百人，人借與銀三千兩，分往各州縣賑給，以來年七月爲限。四十九年賑陝、甘，皆分三路竝賑。四十六年以淮揚倉無存穀，折給大口月三錢，小口半之。乾隆四十八年賑榆、綏同。

雍正初，每令煮賑與散賑兼行，又定勘災給糧，有司必親臨，毋假手吏胥里甲。近城設粥廠，四鄉二十里設米廠。米廠照煮賑之數，月給一次。八年，北河漫溢，遣官領帑，分四路賑濟。

乾隆元年，令勘災之吏胥，飯食、册籍、紙張，酌動存公銀兩。三年諭曰：「學田爲數無多，貧生身列膠庠，自不便與貧民一例散賑。」嗣後遇賑貸之時，教官將貧生名籍開送地方官，於存公項内量發，交教官均散。先是，賑濟之米每口日支三四合至七八合無定數。是年定凡賑大口，日給五合，小口半之。七年定地方凡遇水旱，即行撫卹。先賑一月，謂之正賑。亦曰急賑。既察明災分户口，被災六分極貧，加賑一月。七八分極貧，加兩月。次貧加一月，九分十分，以次遞加一月，謂之加賑。或地方積歉，或災出非常，得將極貧加賑至七八月，次貧五六月。或賑期已滿而有旨格外加恩者，亦謂之加賑。凡加賑，則正賑時遺漏貧民，竝先可餬口，而後力不能支者，亦得增入。雍正十一年諭旨。又定山西、湖廣、貴州，不分極貧次貧，并省各省又次貧名目。臣以爲民有貧富之差，固也。至於均之貧民，均之被災，則極貧與次貧，其辨甚微，況區之以又次貧之目，是徒使吏胥上下操縱，以市其升合之恩，豈朝廷救災意乎！舊例夏災不入蠲，至是定凡夏災地不兩熟，及雖兩熟而秋禾不可種者，得照秋災請賑。風災如雹災，得貸種。傷大田者，亦以秋災論。

二十二年山東、江南水。諭曰：「豫省之夏邑、商邱四縣，與蕭、碭、曹、單災地，犬牙相錯，豈獨無災？此中州之民淳樸忠厚，不敢言災，是以賑卹未及，益用嘉憫。著該撫即勘明加賑。」尋命侍郎裘日修往，相度疏濬，以工代賑，引溝塍積水達於河。自十月至明年二月，賑垂畢。諭曰：「譬如赤子出慈母之懷，未能强飯，遽斷其乳，其何以堪，其再加賑一月。」自後加賑之外，復有展賑或概賑。貧民則不分極次，或穀食不足，則本折相兼。折價自五錢加至一兩。被災重者，再加四錢。攷純廟之世，府庫漸充，賑貸之費亦漸廣。

今舉其大者，如乾隆七年，黄、淮交漲，石林決口。江蘇、安徽共賑米二百四十萬，銀七百四十餘萬。十二年山東九十州縣大水，賑米五十餘萬，穀四十餘萬，銀一百七十餘萬。三十五六年直隸災，用部庫二百二十餘萬，通倉及截漕米稱是。又撥西安藩庫二百萬，以賑甘肅。四十三年河溢河南，四十六年江蘇大水，各賑銀百六七十萬。次年黄河溢三省，撥浙商佐工銀八十萬濟江南，淮商公輸銀二百萬濟山東。時豐、沛、曹、單災尤甚，命予賑不論月，災退始停。五十年河南旱，賑銀二百五十萬。五十一年賑安徽，撥關稅一百萬。時河決山安北岸，總河李世傑請開捐例以佐工需，上不許，竝諭以上年江南等處賑費用至千餘萬，部庫尚存銀七千餘萬。五十五年蕭、碭水災，撥銀百萬，又撥運關庫銀百萬以賑之。六十年中，凡一隅偏災，賑費數萬兩至數十萬者，不可勝計，而履端行慶，甲年災區，乙年新春加賑，蓋歲以爲常。

嘉慶元年，河溢豐汛六堡，令先以饝餅乾糧散給災民，乃次第賑卹。以後多有此旨。陝西延安旱，加恩每口日給六合。亦小口給半。六年六月，畿輔大水，遣官領部局制錢、京倉稜米，先於京城散賑，又分四路遣大臣前往賑卹。惟南路之台費蔭陳霞蔚撫賑最速，有旨優敍。其冬直隸奏乞賑費百五十萬，允之。上嘗論外省辦賑之濫，不在災民，而在吏胥。敢有需索册費，致貧民不甘領賑者，罪無赦。獎撫賑深得民心之武清知縣朱傑，以稾城、大城二縣查賑遲延，褫其職。十九年，豫省睢工漫口，而山東、安徽、湖北、陝、甘各省，或水或旱，山西地震，同時舉賑。於是通政司副使蔣祥墀、御史孫世昌、胡承珙等，各條上賑災積弊，如委員查災藉端需索，藩庫發帑，借款扣除，造册不核户口之虚實，胥吏易於侵漁，設廠不酌道里之遠近，飢民疲於奔走，或浮開折算，或早晚失時，糴米煮粥則攙和沙灰，給錢折銀，則扣平短串。乃勅各大吏實心督率，務令實惠及民。臣以爲荒政十二，司徒第舉其綱，若鴻雁之何以安集，民勞之何以無縱，詭隨則有非令甲所能詳者。昔高宗有言：「積歉之區，尤資良牧。」至哉聖言，盡之矣。

凡貸，有籽種，有口糧，有折貸。大約常年之貸，遇歉免息。歉歲之貸，徑免其息。見乾隆元年諭。雍正四年，定收成八分以上，石收息一斗，七分以上，免息，六分五分，分兩年責償，此常貸也。乾隆十七年，令災民所貸種食，夏災貸者，秋後責入。秋災貸者，來年麥收責入，均免息。此災貸也。凡遇災民貸口糧，大口三斗，小口半之。乾隆四十九年大名旱。貸籽種，畝以四升雍正十一年慶雲鹽山。或五升，乾隆三十六年陝西寶雞。或畝賑以籽種三升。乾隆三十年仁和六縣。折給則畝五分乾隆四十九年山東。或六分。是年河南，次年同。官或買牛給民，以資力作，或借給草價，使養耕牛。乾隆七年。臣嘗讀直隸督臣方觀承紀曰：「賑所以救農也，國家府庫倉廩之積，皆農力也。出其所入於豐年者，以賑其荒，恩非倖邀也。故司賑者必視田畝被災輕重，與器用牛具之有無，以別極貧、次貧。其不因災而貧者，則非農也。不因災而貧者亦賑，誤以賑爲博施之舉也。夫農飢則四民皆飢，穀貴則百物皆貴，蓋推廣恩澤而及之耳，非賑政之本意也。故災賑首重賑農，其餘乏食之民，不過爲區別，斯可矣。」觀承之論，可謂正矣。抑臣猶有説焉：農民伏處田野，畏官府如神明。不幸遇災，有坐而待殍而已。其抱牘而泣請者與聚市而諠譁者，必非農也。然則如之何而可？減糴以待城市，必孤窮者而後賑焉。賑貸以待四鄉，稍有餘者亦令糴焉，庶乎其不遺不濫也乎！

又凡地震成災，死者傷者，廬舍壞者，計而賑之。康熙二十七年雲南劍川，三十四年山西平陽。官弁因災身故，照巡洋被風例賜卹。乾隆三年例。凡民閒火災，准動存公銀兩酌給。同上。其它風潮霜雹之災，皆視水旱，以輕重賑卹，載在例案，兹不具載。

紀災蠲

臣恭讀本朝方策，既隨事而爲之紀。其閒有紀之不勝紀而遺之不可遺者，則擬爲表以廣收之。卹災乃其一也，凡災之待卹者，曰水，曰旱，曰蝗，曰霜雹，曰地震，曰火。濱海者，曰潮，曰颶。凡卹災，有蠲賦，有減徵，有緩徵，有賑，有貸，有免一切逋欠。今詳具於表而約取歷朝因災蠲賑事例，别爲篇，俾司牧者有所考焉。

國初功令，凡遇災蠲，於起運存留均減。存留不足，即減起運。有司藉口無項可免，使民不沾實惠者論罪。順治六年定。凡災蠲州縣，以蠲免之數刊發免單，已入者抵明年正賦，違者以贓論。順治八年定。

凡卹災，辨其分數。順治閒定被災八分至十分，免十之三。五分至七分免二，四分免一。康熙十七年，改五分以下爲不成災，六分免十之一，七分以上免二，九分以上免三。雍正六年諭曰：「自古人君，無不卹民之災，而蠲免之數，往往多寡不同，則時勢盈絀，爲之不得已也。如明洪武時，凡水旱地方，税銀即與蠲免。成化時被災之地十分減免三分。弘治時全荒者免七分，九分者免六分，遞減至四分免一而止。我朝順治以來，蠲數多寡不同，旋減旋增，皆因其時勢爲之。數十年來，雖定三分之例，然聖祖仁皇帝深仁厚澤，愛養斯民，或因偶有水旱而全蠲本地之租，亦且並無荒歉而輪免天下之賦，浩蕩之恩，不可勝舉。朕即位以來，清理虧空，剔除弊端，數年之中，庫帑漸見充裕，用沛特恩，將蠲免之例加增分數。」見會典事例。於是改十分者免七，九分免六，八分免四，七分免二，六分免一。至乾隆元年，令被災五分得視六分，亦免一。顧此有司奉行之常格耳。臣稽歷朝以來，於報災重者，常全行蠲免，而未嘗拘拘於分數。且猶恐地方勘報不實，故例外復有加分。如康熙七年直隸五十州縣水，九分以上，全除其租，七分八分免四。其年江南淮揚水，例外免一分。後邳州等處加免二分，至有災出非常，饑連仍歲，莫不蠲賑兼施，務從其厚。

凡報災定其期限，夏災以六月，秋災以七月，後以九月，皆先以情形入告。既報，督撫親至災所，率屬發倉先賑，於四十五日内具題。又康熙三年户部言：凡遇災之地，先將額賦停徵十之三，以待題免。四年，御史郝惟訥言：凡災地，田賦免若干，丁賦亦免若干。時地丁分徵，故詔旨加詳。後丁歸地糧，凡有蠲免，未有不地丁兼及者。九年給事中莽佳言：遇災蠲賦，令竝免佃户之租。後又定業户免七，佃户免三之例。四十九年户部議覆給事中高遐昌條奏。時申嚴定例，凡蠲免，取里圖結狀送部科。恩旨下日，州縣不即出示，或蠲不及數，納不留抵者，照侵欺律，上司竝坐。康熙六年定。初，輪蠲省分遇偏災，則不再蠲，惟甘肅於乾隆三十六年輪免，適有旱災，令於次年按分補免。見會典。而巡幸之地，例免十之三。遇暘雨不時，則免十之五、十之七無常數。凡偏災州縣，按區圖村莊地畝，别其分數，不以闔邑地畝通算。蓋一邑之中，有高下山川磽沃之不同，爲牧令者，能視其民之飢飽如其家人，辨其地之窪隆如其堂奥，而後恩澤所施，無遺無濫。竊以爲親民之官，平日巡行邑里，周知土宜者，上也。臨事而不避勞苦，躬自相度災分者，次也。平日視百姓如途人，臨事以吏胥爲耳目，斯爲下矣。臣讀通考，見康熙四十六年江南、浙江旱，免兩省明年丁銀七十萬，賦銀三百八十餘萬，糧四十八萬，豁江蘇積欠銀六十餘萬，米麥三十餘萬。次年二省水，再免明年地丁六百三十餘萬。又按乾隆初年東南數被水，如七年、十一年、十八年，淹浸尤廣。嘗令户部會計江南蠲賑之數。雍正十三年閒，凡免百四十餘萬。乾隆元年至十八年，計免銀二千四百九十餘萬，糧米稱是。時有言博施難繼者，上乃作勵志詩以自勉。見《御製詩二集》。

考聖祖、高宗兩朝以普免輪免錢糧爲國家大恩澤，其偏災蠲免者，史册或不備書，今姑舉一二事，亦以見東南爲財賦所出，其豐歉關繫度支者，鉅也。仁宗之世，無普免而多災蠲。嘉慶六年永定、滹沱交溢，畿輔被災者，百餘州縣。而頻歲東南兩河爲患尤劇，蠲免之數，莫得而詳。恭讀聖訓，有一災而免及數省者，如八年衡家樓漫口，則河南封邱等七縣、直隸長垣等三縣、山東菏澤等十四州縣皆免錢糧。有一災而免及數年者，如十六年河南李家樓漫口，則免虞城縣地丁一年，高邑二年，永城三年，又免江南安徽之蕭縣五河地丁一年，宿州、靈璧二年，碭山、泗州三年。時以畿輔各淀積水未消，令按年以淹涸情形上請。計是年所免者，安州三百頃，新河二百頃，隆平、寧晉均八百頃各有奇，其它一省一隅，不能悉數也。如六年甘肅旱，免積欠一百七十萬之類。夫荒政十二，首重薄徵。國家有詔蠲租，必有務令實惠及民之語。以臣所聞，近日疆臣上計，乃有急公花户，雖蠲免而亦輸將者，是民之好義而又有餘力上供者邪？抑有司不能奉承德意出納之吝致然也邪？

清·屠寄《蒙兀兒史記·蒙史九》 元成宗大德三年春正月壬辰，詔以水旱減郡縣田租十分之三。傷甚者盡免之。老病單弱者，差税竝免三年。

清·屠寄《蒙兀兒史記·蒙史十六》 元順帝至正七年十二月丙子，汗以連年水旱，民多失業，選臺閣名臣二十六人出爲守令。仍許以民閒利害實封呈省。

清·屠寄《蒙兀兒史記·蒙史十六》志六 祈穀壇西，亦爲祈禱雨澤之地。白龍潭龍神祠，在密雲縣東。詳密雲祠祀。昆明湖廣潤靈雨祠，在玉帶橋之西，每歲春秋諏吉致祭。《禮部則例》百二十七。

嘉慶十七年諭：昆明湖廣潤靈雨祠龍神靈應夙著，本年三月二十九日，朕因農田望澤前往拈香，甫回御園，甘霖立沛。旬日以來，大田微覺乾燥，朕昨早復親詣拈香默禱，旋即油雲密布，午後甘膏滲灑，四野優霑，本日又得陣雨滂沛，神佑感孚，如響斯應，允宜崇加稱號，於原封安佑普濟神號下，敬增沛、澤、廣、生四字，並著禮部查照黑龍潭、玉泉山兩處龍神祠祀典，一體春秋致祭，以昭靈貺。欽此。時應宫在西安門内金鼇坊南，雍正二年敕建，以祀龍神。《畿輔通志》。宣仁廟在東安門内北池子，雍正六年敕建，以祀風神。嘉慶九年重修。《會典·事例》六百六十三。凝和廟在宣仁廟南，《一統志》。雍正八年敕建，以祀雲神。《舊聞考》三十九。昭顯廟在興隆寺南，《一統志》。雍正十年敕建，以祀雷神。《舊聞考》四十一。

清·屠寄《蒙兀兒史記·蒙史十六》志二三《地理志五》 《記》有之：天子祭天地，諸侯祭社稷，大夫祭五祀。今州縣地與古侯國等，山川社稷古諸侯之所有事者，州縣吏皆得行之。聖天子明察之至意，及奉境内祀咸自誠其爲民祈福之心，故得無水旱之災，厲疫之害。其有不列於命祀而爲民俗所趨者，則山農、野老日犇走蛾伏於牲肥酒香之旁栗，然時若有臨質之者，莫不遷善而去惡。孔子曰：鬼神之德，其至矣乎。

良鄉縣風雲、雷雨、山川壇，在南門外東南臺上。《新志》。

清·王者輔等《宣化府志》卷一 康熙二十年四月，奉旨蠲免宣府前衛、深井堡、左衛、懷安衛、蔚州衛等五處及東西二城本年地丁錢糧。以上五處連年水旱雨雹，洊饑故也。

清・李鴻章、黄彭年《畿輔通志》卷一一　天於圜丘，日月星辰、雲雨風雷，分四從壇祈穀。壇在圜丘，壇北曰大享殿。按：明初以冬至祀天圜丘，夏至祀地方澤。洪武十年罷之，而以正月上辛，合祀天地于大祀殿。順天府社稷壇。各州邑祀同。風雲雷雨山川壇。各州邑祀同。按：漢、唐、宋，風雷雨皆各立壇，以祭均未及雲。明洪武二年，詔風雲雷雨合爲一壇。六年，風雲雷雨山川共爲一壇。八年，又以城隍合祭於壇。康熙五十四年，勅建風伯、雨師二廟。雍正六年，各立廟以祭。

清・吴履福、繆荃孫《光緒昌平州志》卷九《祠廟記第十》　社稷壇在州城西門外少南。雲雨風雷山川城隍壇在州城南門外少西。都龍王廟在龍王山巔，明洪武八年重修，光緒四年祈雨有靈。

明《通州志》卷五《壇廟》　叙曰：國之大事，在祀與戎。古者諸侯各守封内之祀，故今郡縣守土之吏，爲百神所依，是故重土穀。故祀社稷風雨，欲時寒暑欲節，養育庶類，牖導群生。故祀風雲雷雨祀、城隍祀、土地祀、土神禦災。風雲雷雨山川壇在州治南門外教場西南，洪武三年知州熊春建壇，制與社稷同。

乾旱部

題解

漢・許慎《説文・日部》 旱，不雨也，從日。熱，温也，從火。

漢・劉熙《釋名・釋天》 暑，煑也。熱，如煑物也。熱，爇也，如火所燒爇也。

唐・歐陽詢《藝文類聚》卷五《熱》 《説文》：溽，濕暑也。《山海經》曰：壽麻之國爰有大暑，不可以往。《禮記・月令》曰：季夏之月，土潤溽暑。《毛詩》曰：旱既太甚，藴隆蟲蟲，赫赫炎炎，云我無所。《淮南子》曰：南方之極，自北户之界，至炎風之野，赤帝祝融之所司。《京房易飛候》曰：有雲大如車蓋十餘，此陽水之氣，必暑有暍者。《五經通義》曰：冬至陽動於下，推陰而上之，故寒於上。夏至陰動於下，推陽而上之，故大熱於上。《易》曰：日月運行，一寒一暑。日在牽牛則寒，日在東井則暑。牽牛外宿遠人，故寒。東井内宿近人，故温也。《括地圖》曰：天毒國最大、最熱。夏，草木皆乾死，民善没水以避日，入時暑常入寒泉之下。梁簡文帝《苦熱詩》曰：六龍騖不息，三伏啓炎陽。寢興煩几案，俯仰倦幃牀。滂沲汗似鑠，微靡風如湯。洄池愧生浪，蘭殿非含霜。細簾時半捲，輕幌乍横張。雲斜花影没，日落荷心香。願見洪崖井，詎憐河朔觴。梁何遜《苦熱詩》曰：昔聞草木燋，今覩沙石爛。噎噎風逾静，曈曈日漸旰。習静悶衣襟，讀書煩几案。卧思清露浥，坐待高星燦。蝙蝠户中飛，蠛蠓𥶡間亂。實無河朔飲，空有臨淄汗。

宋・祝穆《古今事文類聚・前集》卷五《旱》 《羣書要語》：水干土，則大旱。《繁露》：旱之言悍也，陽驕蹇所至也。《春秋考異》七八月之間旱，天油然作雲，沛然下雨，則苗浡然興之矣。《孟子》。頃者炎旱，日更增甚，沙礫銷鑠，草木焦卷，處凉臺而有欝蒸之煩，浴寒冰而有灼爛之慘。宇宙雖廣，無陰以憩。應休璉《與岑文瑜書》。司巫：若國大旱，則率巫而舞雩。《周禮》。南方有人長二三尺，袒身而目在頂上，走行如風，名曰魃，所見之國大旱，赤地千里。一名狢，遇者得之，投溷中乃死，旱災消也。雩者，爲旱求也。《穀粱》。旱，所謂常陽，不謂常陽而謂旱者，以爲災也。旱之爲言乾，萬物傷而乾不得水也。君持亢陽之節暴虐於下，故旱災應也。《洪範五行傳》。大旱，金石流土，山焦而不熱。《莊子》。

宋・孔傳續白居易原本《白孔六帖》卷八二　旱一

白：旱暵，國乃大旱。天災流行，天降之災。天厲不戒，上天降災，山陵不收，高田不熟，水泉咸竭，時雨不降：百穀不成，五穀不滋，害於粢盛。爲災：自十月至于五月不雨，不爲災。野無青草。雲漢美宣王遇災能懼：《詩》曰：旱既大甚，耗斁下土，旱魃爲虐，赫赫炎炎，如惔如焚，滌滌山川。歲旱：時災。若歲大旱：用汝作霖雨。八月不雨：君不舉。七年：呂氏春秋曰：成湯之旱，七年煎沙爛石。流沙鑠石：湯七年旱。未覩鸛鳴：《詩》：鸛鳴于垤，將雨之候也。且憂狼顧：賈誼曰：失時不雨，人且狼顧，狼顧恐懼貌。仰夫膏雨，已愆天降之期。望彼畢星：未及月離之候。天厲流行，地財耗斁：詩耗斁下土，注旱害也，斁敗也。東作既嗟於歲旱：南山空望於朝隮。屯西郊之雲：且聞不雨。廢南畝之稼：豈望有秋？一溉之功：夫爲稼於代編，一有溉之益，雖歸燋爛，而一溉之旱，苗必後枯也。大時不齊：同年有豐凶之異也。《禮記》。懸耜。其雨其雨，杲杲出日：人專望雨而日出也。愆陽：陽驕。憤歎成陰，歡娱爲旱：晉石珩問袁甫曰：壽陽已西，恒旱已東，恒澇，何也？甫曰：壽陽已東，吴人也，夫亡國之音哀，鼎足强邦，一朝失職，憤歎成陰，陰積成水，故恒澇也。壽陽已西，中國新平强渼，美寶盡入，志滿心盈，長爲旱。故《公羊》曰：魯僖公甚悦，故旱，是以京師。若抑强扶弱，則天下和平。密雲徒自西郊：零雨未沾南畝。雲重積而又散：雨垂下而復收。《文選》。水旱免税令：令曰：諸田有旱蟲霜處，拘見營田，州縣撿實且帳申省，十損四已上免租税調，七已上課役俱免。若桑麥損盡，各免其所輸，聽折來年，經二年後不在折，限其應免者，通計麥用爲分數。孔自三月不雨至五月：張行成拜左僕射，永徽四年自三月不雨至五月。行成懼以老乞身。訴旱：崔蕘出爲陝虢觀察使，不恤人疾苦，或訴旱者指廷樹示之曰：柯葉尚爾，何旱爲？即榜笞之。頻年霜旱：魏徵上疏曰：貞觀初頻年霜旱。關西小旱，耕稼是憂：張説疏。石然：十三年雲陽石然，自冬至五月不雨，徵上疏極言。旱熯之災：疏又曰：今旱熯之災遠被郡國。詔求直言：張廷珪，玄宗開元初大旱，關中饑。詔求直言，廷珪上疏。入秋亢旱：辛替否疏曰：入秋亢旱，草木枯黄，下人咨嗟，未知所濟。雨不時降，夏陽驕愆：李中敏大和六年，天旱。文宗内憂，詔詢所以致雨者，中敏上言，雨不時降，夏陽驕愆，苗欲槁枯。陛下憂勤降德，音俾下，得盡言，昔東海誤殺一孝婦，大旱三年。

宋申錫位宰相，生平饋致一不受，其道勁正，姦人忌之，陷不測之辜獄，不參驗銜恨而歿。天下士皆指目。鄭注，臣知數冤，必列訴上帝，天之降災，殆有由然。漢武帝國用空竭，然卜式請烹桑弘羊以致雨。況申錫之枉，天下知之，何惜斬。一注以快忠臣之魂，則天且雨矣，帝不省。**大旱責民逋賦**：李渤遷江州刺史，上言：臣州治田二千頃，今旱死者千九百頃，若徇度支所斂，臣懼天下謂陛下當大旱責民三十年逋賦。**以時救恤**：李吉甫，江淮旱，浙東西尤甚，有司不爲請，吉甫曰：以時救恤，帝驚，馳遣使分道賑貸。**馬燧**：徙懷州時，師旅後大旱。田茀不及耕，燧務勤教化。**農告無入**：段秀實爲營田判官，是歲大旱。農告無入涇，大將焦令諶曰，我知入，不知旱也，責之。急農無以償，往訴秀實，秀實書牒免之。**江淮大旱**：李絳時，江淮大旱。帝下赦令，有所蠲弛，絳言江淮流亡，所貸未廣，而宫人猥積有怨，鬲之。思當大出之，以省經費。**問陰陽祲沴**：鮑防時，比歲旱。策問陰陽祲沴，質對漢故事，免三公。卜式請烹弘羊，指當時輔政者。**避正殿減膳**：張薦初貞元時，京師旱。帝避正殿、減膳，薦白限日以應古制。**上疏**：許孟容，貞元十九年夏，大旱上疏。**理囚繫**：盧商大中元年春，旱。詔商與御史中丞封敖，理囚繫於尚書省。**奏圻滻水溉民田**：崔珙遷京兆尹，會大旱。奏圻滻水入禁中者，取十九溉民田。**劉蕡策曰**：臣前所謂救災旱，在乎致精誠者。臣謹按春秋魯僖公七月之中三書，不雨者以人君有恤，人之志也。文公三年之中，一書不雨者，以人君無閔，人之心也。故僖致精誠而旱不害物，文無恤閔，而旱則成災矣。陛下有恤人之志，則無成災之變。**逋捐係路**：李翺爲廬州時，州旱。遂疫逋捐係路。**人情愁惴**：裴延齡帝罷，陸贄宰相時，大旱。人情愁惴，延齡言，贄等失權怨望。**多出宫人**：鄭覃開成三年，旱。帝多出宫人，李班入賀，覃又推贊。**菽麥失時**：高郢代宗爲太后，營章敬寺郢以白衣上書，諫曰：比八月，雨不潤下，菽麥失時。黔首狼顧，憂在艱食，若遂不給，將何以救之。**上陳闕政**：權德輿貞元十九年，大旱。德輿因是，上陳闕政。**乞盡免江淮兩賦**：白居易元和四年，天子以旱甚下詔，有所蠲貸振除災沴。居易見詔，節未詳，即建言乞盡免江淮兩賦。**歲旱用屈**：崔縱貞元元年，天子郊見爲大禮使，歲旱。用屈縱樽裁文物，儉而不陋。**災暵成沴**：盧懷慎曰：今民力敝極，儻災暵成沴，何以濟之。**乖政之氣**：張九齡言，乖政之氣，發爲水旱，天道雖遠其應甚邇。昔東海枉殺孝婦，天旱久之。一吏不明，匹婦匪命，則天昭其冤。**久旱，入境輒雨**：裴寬出爲蒲州刺史，州久旱。寬入境輒雨。**時暵之孽**：裴漼，進中書舍人，睿宗造金仙玉真二觀，時旱甚。役不止，漼上言：今自冬徂春，雨不時降，人心憔，然莫知所出，而土木方興，時暵之孽，職爲此發。今東作云始，丁壯就功，妨多益少，飢寒有漸。春秋莊公三十一年冬，不雨。是時歲三築臺。僖公二十一年夏，大旱，是時作南門。陛下以四方爲念，宜下明制，令二京營作和市木石一切停止，不報。**陰侵於陽**：吴兢上疏曰：自春以來，亢陽不雨。《傳》曰，敬德不用，厥災旱，上下蔽隔，庶位踰節，陰侵於陽，則旱災應。**煬旱**：楊炎爲相，劉文喜不奉詔，時方煬旱，人情騷雋，羣臣皆請赦，文喜帝不聽。**請蠲租税**：嚴郢兼御史中丞，會秋旱，郢請蠲租税。**歲仍旱**：李栖筠出爲常州刺史，歲仍旱。**疫旱**：王仲舒爲婺州刺史，州疫旱。人徙死，幾空居。五年，里閭增完，加金紫服，徙蘇州。**民賦不入**：除江西觀察使水旱，民賦不入，歎曰：我當減燕樂他用可乎，爲出錢二萬代之上。**流亡藉藉**：杜悰復鎮淮南時，方旱。道路流亡藉藉。**權德輿**：十九年大旱，上言十四年夏旱，吏趣常賦，至縣令爲民歐辱者，不可不察。**不害有秋**：李實拜河南尹，貞元二十年旱，關輔饑。實方務聚斂以結恩，民訴府，上一不問。德宗訪外疾苦，實詭曰：歲雖旱，不害有秋。**江淮旱歉**：韋温會羣臣，請上尊號。温固諫：今河南水，江淮旱歉，京師雪積五尺，此非崇飾虚名。時帝順納。**無年**：高瑀領忠武節度使，州比水旱無年，見隄渠門。**穀價騰踴**：紀處訥神龍元年夏，大旱。穀價騰踴。中宗召問所以救之者。**天乙之武也，焦土而爛石**：楊炯渾天賦。**旱鉢**：嚴司空在太原時，市童因於水際泅戲，見流下一物，争取之，乃一瓦瓶，重帛冪之。市童因就岸撲破，有嬰兒長尺餘，遂迅走逐之，頃刻足下旋風起，已蹈數尺。近岸舟子遽以篙擊殺之，髮朱色，目在頂上，謂之旱鉢，一云旱魃。雜俎。**夏建亢旱**：韓文論天旱狀：今年已來，京畿諸縣夏建亢旱。秋又早霜，田種所收十不存一。**女魃**：《五行志》：人痾永隆元年，長安獲女魃，長尺有二寸，其狀恠異。《詩》曰：旱魃爲虐，如炎如焚。是歲秋不雨至于明年正月。**旱有三**：《唐文粹》：盛均，人旱解：涒灘歲越垠，曠旱塞諸陽，遷市不雨，祈山川庶神又不雨，觴土龍舞巫覡愈不雨。或言邦有術人，能捕退龍而誅之。昔歲嘗然農剩其澤，及召術人至，而旱色如故。太守怒亟，命擒之，術人遁去矣。其遺囊有書一幅，目曰：人旱。旱有三，曰天旱、國旱、人旱。曷爲天旱？蹇陽肆凶，下土祇敬，雖六七歲，黎民不饑。曷爲國旱？君道熾災，德涸仁枯，貪風暴氣，蒸爲時癘。曷爲人旱？邦燬其政，吏賊其行，千里人心，燥不爲陰。**京師孟夏以後旱，則先祈嶽鎮、海瀆及諸山川，能興雲雨者，皆於北郊祭**：又祈社稷，又祈宗廟，每月七日，皆一祈。不雨還從嶽瀆，如初。旱甚，則修雩。秋分後，雖旱不雩。雨足則報祀。若州縣，則祈社稷及境内山川。《通典》。**里巷爲土龍**：馬璘拜行營節度使，天大旱。里巷爲土龍，聚巫以禱。璘曰：旱由政不修，即令徹之。明日雨，是歲大穰。**田不及耕**：馬燧徙懷州時，師旅後歲大旱。田茀不及耕燧止。横調。**畫龍致雨**：《盧氏雜説》：明皇一年，亢旱。内中起龍，祈雨將作。少監馬紹正於屋壁畫西方龍，繪事未畢，覺黑雲往梁棟，俄而龍拏獲穿屋飛去，雨遂足。**分道賑贍**：劉思立在高宗時爲名御史，于時河南北大旱。詔遣御史中丞崔謐等分道賑贍。**秋苗耗半**：蘇源明、史思明陷洛陽，有詔幸東京將親征。源明因上疏極諫曰：自春大旱，秋苗耗半，斂穫未畢，先之以清道之役，申之以供頓之苦，其不可二也。**青天湛然，旱氣轉甚**：韓愈《賀雨表》。**田畝少收**：是年京師旱，田畝少所收。上憐民無食，兵賦半已休。韓愈《赴江陵詩》。有苗盈野而天不雨：今農既勤於稼，有苗盈野，而天不雨。《祭竹林神文》。龍恠潛溟波：候時救災旱。《李白流夜郎至西塞驛》。雨降不濡物，良田起黃埃：杜詩。飛鳥苦熱死，池魚涸其泥：同上。九泉焦枯：而四海滲涸兮。柳宗元《解祟賦》。天作旱災，嘉穀將槁：韓文。曲江祭龍大。求蚍醫：王彥威鎮汴，夏旱。袁王傅李杞過汴，因宴王以旱爲言，李醉曰：可求蚍醫數頭，作大瓮，前後設香席，選十歲以下小兒十餘，令執小青竹，晝夜更互，擊其瓮不令少輟。王如言試之，雨大注數百里。舊説龍與蚍，爲親家。《南部新書》。皇帝親臨長安萬年二赤縣決獄，膏雨沾足：杜甫《説旱》。冬麥黃枯，春種不入：上。怨氣積，冤氣盛，亦能致旱：同上。稚老孤窮指苗，然鼎將穗秀矣。忍令荈死以絶民命：杜牧《祭神》。苗方甲而水湮之，苗秀好而旱荈之：同上。以蓬子爲麵：懿宗時，自關中至海大旱。冬蔬皆盡，貧者以蓬子爲麵，槐葉爲虀。唐《食貨志》。前年關中旱，閭里多死饑：韓愈《歸彭城》。大旱：許孟容上疏言，陛下齋居，損膳具牲，玉走群望而天意未荅，豈豐歉有定，陰陽適然乎？切惟天人交感之際，繫教令順民與否，今順人奉天，而神弗祐，歲弗稔，未之聞也。種不入土，野無青草：韓愈《上李尚書》：今年以來，不雨者百有餘日。種不入土，野無青草。若旱之望雨：盧陵郡王瑗爲幽州都督兵。曹參軍王利涉説瑗曰：若諸刺史召之不至，將何以全？瑗曰：奈何？對曰：山東豪傑嘗爲竇建德所用，今失職與編户夷此，其思亂，若旱之望雨。退藏恨雨師，健步聞旱魃。杜甫

旱備二

白修城，勸分：魯大旱，欲焚巫尪。臧文仲曰：非，旱備也修城郭，貶食省用，務嗇勸分，此其務也。徙市：見下祈禱門。恤人之心：救患之策。有備：無患、無虞。耗數爲災：雖爽月離之作。流行有備：則無歲取之虞。愆陽爲沴：歲不順布。布政有經：衆無匡懼。存救之術，《禮》曰：九年耕必有三年之食，以三十年之通，雖有凶旱水溢，民無菜色，然後天子食日舉以樂。方二三千里：賈誼曰：不幸有方二三千里之旱，胡以相恤。孔置錢河陰院以虞水旱：歸融盧周仁取羨錢進京師，融劾奏詔不從，置錢河陰院以虞水旱。義倉：薛訥爲藍田令，有富商倪氏於御史臺理其私債。中丞來俊臣受其貨財，斷出義倉米二千石以給之。訥曰：義倉本備水旱以爲儲蓄，安敢絶衆人之命以資一家之産。竟報上不與。

祈禱三

白有事於山川：衛大旱，有事於山川。不吉興師，伐邢而雨。龍見而雩：龍見建巳之月，祭天，爲百穀祈甘雨。桑林之禱：湯克夏，大旱。湯乃以身禱于桑林，剪爪髮自以爲犧牲，以祈於天。雨大至，人悦之。潛龍蟠於沮澤，應鳴鼓以降雨：《蜀都賦》。靡神不舉。雲漢詩曰：自郊徂宫，上下奠瘞，靡神不舉，靡受斯牲，圭璧既卒，寧莫我聽。《詩》。禜之：鄭子産曰：山川之神，則水旱厲疫之災，於是乎禜之。雩禜：精誠。隨車：百里嵩爲徐州，境内旱。嵩行部所經，雨輒隨車而霔。禮崇禋祀：神享精誠。信天厲之可移：冀地財之不害。設玄寺，建靈壇：並祈雨之所見文選。土龍矯首而立：女巫頓足而舞。歲屬亢陽：《禮》：修禱祝。念夫膏澤既愆，天降之期：感以精誠，惟望月離之應。祈年：求豐年也。望歲曝身：祝長，字幼卿，爲洛陽令時亢旱。長爲曝身階庭，引罪自咎。甘雨乃降，人歌詠之。積薪：後漢諒輔爲五官掾時，太守禱無應，輒自曝身庭中自責，祝曰日中不雨，以身塞無狀，乃積薪自環。日未中霔雨，一郡皆沾足。又戴封爲西華令，大旱。封欲焚軀，俄而雨至。春至秋禜：謂雩禜水旱之神。《周禮》。俾率舞於小巫：庶祈年於大有。並走群望：展禮雩壇。焚巫尪：魯大旱，公欲焚巫尪。臧文仲曰：天欲殺之，則如勿生。若能爲旱焚之，滋甚也。暴巫尪：《禮》：歲旱。穆公召縣子而問焉。曰：吾欲暴巫而奚若？對曰：天則不雨而暴人之疾，不可。吾欲暴尪而奚若。對曰：天則不雨，而望之愚婦人，無乃疏乎？爲之徙市不亦可乎？《周禮》春官女巫職，歲旱暵，則舞雩。邦有大災，則歌哭以請：或歌或哭，冀以悲哀感神明也。月令孟夏大雩，帝禱祠、山川、古之卿士有益於人者，以祈穀實。雩，祭天祈雨也。山川、古卿士能致雲雨者，皆祭之。徙市：見上。用師：衛大旱，卜有事於山川，不吉寧。莊子曰：昔周饑克殷而年豐，今邢方無道，天其或者欲使衛討邢乎？從之，師興而雨。《傳》。洗兵：武王伐紂，大雨洗兵。閉陽門：董仲舒曰：以春秋災異之變，推陰陽之所錯行，故求雨，閉陽門，雨甚。欲止，則反是。斬山木：鄭大旱，使屠擊祝欵豎拊有事於桑山，斬其木，不雨。于産曰：有事於山藝、山林，而斬其木，其罪大矣。奪之官邑。秋再雩：春秋昭二十五年秋九月，上辛大雩。季辛又雩。《傳》曰：秋書大雩，旱甚也。凡天災，有幣無牲，祈以幣更：以幣代牲。殺孝婦枯旱：東海孝婦養姑甚謹，姑恐累不得嫁，遂自縊死。姑女告婦殺姑，婦自誣服罪其獄。上府于公爲縣吏，明其枉，竟殺此婦。東海枯旱三年。後太守至問其故，於是殺牛祭孝婦冢。即日而注大雨。上虞寡婦：上虞寡婦養姑，姑死，夫女弟素與婦不叶，誣婦鴆殺母，縣竟殺之，旱二年。孟嘗是時明之，不得後太守殷舟至，嘗具言之，祭婦遂雨。去奸：河南春夏旱。太守魯褒至，屏退姦殘，澍雨數降。録囚：後漢和帝時旱。帝行洛府寺録囚，舉冤滯收。洛陽令抵罪，司隸河南尹左降。未及還宫，澍雨也。請修政：周舉宣光時，三輔旱。請雨舉書云，云宜出後宫不御之女，治天下冤滯之獄，除大官重職之費，云云。請烹大臣：桑弘羊爲御史大夫，興推酤鹽鐵之利。時天下大旱，卜式曰：弘羊爲天

子大臣而與小人争利，烹弘羊，天乃大雨。**掩骼**：周暢爲河南尹時久旱，祈雨無應，暢因收葬洛陽城旁客死骼骨以萬餘人，應時雨，大豐稔。**天文推步**：楊統授河洛書及天文推步之術，爲彭城令時旱，統推陰陽消復，縣蒙澤。太守使爲郡求雨，亦降。自是朝廷災異，多訪之。**至誠**：束晳爲廣陵郡，累大旱。晳請雨三日，雨澍。衆謂晳至誠，乃歌曰：束先生，通神明。**祈禱令**：祠令云：京師四月已降，旱則祈雨，理冤獄、賑窮乏、掩骼埋胔，先祈嶽鎮、海瀆及祈山川、能出雲者，北郊望而告之。又祈社稷，不雨則徙其市。**孔祠曲江池**：孔戣授京兆尹，歲旱。文宗憂甚，戣躬祠曲江池，一夕大澍。**造土龍**：黎幹復爲京兆尹時大旱。幹造土龍，自與巫覡對舞，彌月不應，又禱孔子廟。帝笑曰：丘之禱久矣，使毁土龍。帝減膳、節用，既而澍雨。**由政不修**：馬璘邠寧節度使，天大旱。里巷爲土龍，聚巫以禱。璘曰：旱由政不修，即命徹之。明日雨。**自暴以祈**：田仁會爲平州刺史，歲旱，自暴以祈。而雨大至，穀遂登。人歌曰：父母育我兮，田使君。挺精誠兮，上天聞。中田致雨兮，山出雲。倉廩實兮，禮義申。願君常在兮，不患貧。**禱乾陵而雨**：外戚武三思明年春大旱。帝遣三思攸暨禱乾陵而雨，帝悦。**周王徒勤于方岳，商帝虚美于桑林**：柳宗元文。**商后徒勤於自剪**：周公空愧於舞雩。同上。**瑞鳥迎舟，掩商羊之舞仙。雲覆水協，從龍之徵**：同上。**木神**：不空每祈曰：無它軌則，但設敷繡座手簸旋數寸木神，念呪擲之，自立於座上，伺木神，吻角牙，出目瞋，則雨至。《酉陽雜俎》。**鏡龍**：僧一行開元中嘗旱。玄宗令祈雨，一行言當得：一器，上有龍狀者方可。令於内庫中遍視之，皆言不類。數日後指一古鏡，鼻盤龍。喜曰：此有真龍矣，乃持入道場，一夕而雨。同上。**指拂雲氣**：從容録魏郡開成中大旱。徧禱山嶽不應，或言西况山陸先生道行精明，請之必驗。太守已下乃携杏酒青羊以備牲醪，告于山中先生，受禮，訖對太守，呼吸數過，五指連拂之，爪甲間皆出雲煙之氣，惟中指氣象甚。盛先生曰：郡中雨得周足，諸縣皆獲八分，亦可小稔已，而其説不誣。**清風時興白日顯行**：若響若荅，冀除天地山川，清風時興，白日顯行。韓愈《潮州禱晴文》。**劃劙雲陰卷日月也**：同上。**雖屢舞僊僊，而靈應未若**：王維京兆張公德政碑，仍歲大旱。郡祠介推，雖屢舞僊僊，而靈應未若。公命束藴取火伐樹，寘薪釃酒而祝曰：有功於人祀爲明神，無德而禄，禍亦覆餗，自絳已來人，實祀子純犧大璧，不敢愛必以薦也。童兒季女不敢黷，必以敬也。神既靡荅，人將安仰，若亭午而雨，則植其鷺羽，執此騂毛。不然者，火燎將至焮，天燦地靈，衣且爲煨燼豐屋將爲茂草爾。其圖之，言未畢，而雲興，拜未起，而雨降周於闔境。**無畏致雨**：上令無畏求雨，曰：旱數當然，求龍適足，致暴雨爾，乃盡去求雨之具，以一鉢水，小刀攪之，作胡言須臾，龍如指大。入鉢巾復攪，呪之白氣自鉢中出，如煙一疋練。少頃，大風雨震雷。**零雨隨車或當宵而應**：唐贊皇公禱祝論歲，或大旱必先令掾屬祈請。積旬無效，乃自躬行未嘗不零雨隨車，或當宵而應。其術無他，唯至誠而已。將與祭必閒居三日，清心齋戒，雖禮未申於泂酌，而意已接於神明。所以理郡八年，歲皆大稔。江左黎庶謳謡至今。**剪爪致詞，積薪自誓**：古人乃有剪爪致詞，積薪自誓，精意上達而雨必滂沱。此亦至誠。同上。**玉龍**：《明皇别録》：玉龍子，太宗於晉陽得之。開元中三輔大旱，帝命密投玉龍於南内龍池，雲雨隨作。《雞跖集》。**絳幡祈雨**：唐《文粹》羅隱請追癸巳日詔疏：夏五月，京畿旱。癸巳日聞詔，大京兆用器水鑪香、蒲蕭、絳幡輩致於坊市門，將用舊法而召雨也。臣聞天之有雨澤，猶陛下之有渥恩，雨澤可以委曲千之。則陛下渥恩亦可以委曲千之矣。彼蒲蕭輩何足以動天，臣請追癸巳日詔。**敢告誅黑，蜧抶陰蜺**：柳宗元祈晴文。**納其雲氣，復我川澤**：禜門文同上。**衆靈受職，薈蔚且躋於南山，百穀仰榮滂濡遂霑於東作**：柳宗元。**焚白檀香龍**：明皇又嘗詔術士羅公遠與不空同祈雨，令校功力上俱召問之。不空曰：臣昨焚白檀香龍，上令左右掬庭水嗅之，果有檀香氣。**段文昌**：徙荆南州或旱，禬禱必雨，或久雨遇出遊必霽。民爲語曰：旱不苦禱而雨，雨不愁公出遊。《唐史》。

清《淵鑑類函》卷二二一

增尚書曰：曰僭恒暘若。原《洪範五行傳》曰：旱所謂常陽，不謂常陽而謂旱者，以爲災也。旱之爲言乾，萬物傷而乾不得水也。君持亢陽之節，暴虐于下，興師旅勤，衆勞民以起城邑，臣下悲怨而心不從，故陽氣盛而失度，故旱災應也。《左傳》曰：龍見而雩。《穀梁》曰：雩者，爲旱求也。原《春秋考異郵》曰，旱之言悍也。陽驕蹇所致也。《春秋繁露》曰：水干土則大旱。

清·蘇輿《春秋繁露義證》卷三

大雩者何？旱祭也。見桓五年傳，案：古者孟夏之雩爲常雩。遇旱而禱則爲大雩。難者，曰大旱，雩祭而請雨。《玉海》云：禮儀志注郎顗傳注竝引此語。大水鳴鼓而攻社。莊二十五年秋大水，鼓用牲于社于門，周禮大祝掌六祈，一曰攻淩云。《説苑》攻作劫。天地之所爲，陰陽之所起也。《説苑·辨物篇》：夫水旱俱天地陰陽所爲也。大旱則雩祭而請雨。大水則鳴鼓而劫社。何也？曰：陽者陰之長也。其在鳥則雄爲陽，雌爲陰。其在獸則牡爲陽，牝爲陰。其在民則夫爲陽，而婦爲陰。其在家則父爲陽，而子爲陰。其在國，則君爲陽，而臣爲陰。故陽貴而陰賤，陽尊而陰卑，天之道也。今大旱者，陽氣太盛以厭於陰，陰厭陽固陽其填也，惟填厭之太甚，使陰不能起也。亦雩祭拜請而已無敢加也。至於大水及日蝕者，皆陰氣太甚，而上減陽精。以賤乘貴，以卑陵尊，大逆不義。故鳴鼓而懾之，朱絲縈而劫之。由此觀之，春秋乃正天下之位，徵陰陽之失直責逆者不避其難，是亦春秋之不畏强禦也。故劫嚴社而不爲驚，靈出天王而不爲不尊上，辭蒯聵之命不爲不聽其父，絶文姜之屬而不爲不愛其母，其義之盡耶，其義之盡耶。又案，王充頗駮仲舒攻社之議。見《順鼓篇》。又云：雨不霽，祭女媧。于禮何見？伏羲、女媧俱聖者也。舍伏羲而祭女媧，春秋不言董仲舒之議，其故何哉？然則仲舒有旱祭女媧之議，而今未見。曰大旱，陽滅陰也。陽滅陰者尊厭卑也固其義也。

清・顧公燮《丹午筆記》 所謂「旱魃」

瀆川周野堂尚質知山東德州時，三月不雨，聞山中有旱魃爲虐。

論説

《呂氏春秋》卷九《季秋紀第九・順民》 昔者湯克夏而正天下，天大旱，五年不收。湯乃以身禱於桑林。曰：余一人有罪，無及萬夫。萬夫有罪，在余一人。無以一人之不敏，使上帝鬼神傷民之命。於是，剪其髮，酈其手，以身爲犧牲，用祈福於上帝，民乃甚説，雨乃大至，則湯達乎鬼神之化人事之傳也。

《孔叢子》卷下《連叢子上第二十二・叙世》 建初元，歲大旱。天子憂之，問群臣政教得失。子豐乃上疏曰：臣聞爲不善而災報得其應也。爲善而災至，遭時運也。陛下即位日新，視民如傷，而不幸耗旱，時運之會爾，非政教之所致也。昔成湯遭旱，因自責省，故散積減御，損膳而大有年。意者，陛下未爲成湯之事焉。天子納其言而從之，三日雨即降，轉拜黄門。

漢・劉安《淮南子》卷九《主術訓》 延陵季子，聽魯樂而知殷夏之風，論近以識遠也。作之上古，施及千歲，而文不滅，況於並世化民乎。湯之時，七年旱，以身禱於桑林之際，而四海之雲湊，千里之雨至。

漢・董仲舒《春秋繁露》卷一六《求雨第七十四》 春旱求雨，令縣邑以水日禱社稷山川。家人祀户，無伐名木，無斬山林。暴巫，聚尫八日。於邑東門之外，爲四通之壇，方八尺，植蒼繒八，其神共工，祭之以生魚八，玄酒，具清酒、膊脯，擇巫之潔清辯利者以爲祝，祝齋三日，服蒼衣，先再拜，乃跪陳，陳已，復再拜，乃起。祝曰：「昊天生五穀以養人，今五穀病旱，恐不成實，敬進清酒膊脯，再拜請雨。雨幸大澍，即奉牲禱。」以甲乙日爲大蒼龍一，長八丈，居中央，爲小龍七，各長四丈，於東方，皆東鄉，其間相去八尺，小童八人，皆齋三日，服青衣而舞之，田嗇夫亦齋三日，服青衣而立之，諸社通之於閭外之溝，取五蝦蟆，錯置社之中，池方八尺，深一尺，置水蝦蟆焉，具清酒、膊脯，祝齋三日，服蒼衣，拜跪陳祝如初，取三歲雄雞與三歲豭豬，皆燔之於四通神宇，令閭邑里南門，置水其外，開里北門，具老豭豬一，置之於里北門之外，市中亦置豭豬一，聞鼓聲，皆燒豭豬尾，取死人骨埋之，開山淵，積薪而燔之，通道橋之壅塞，不行者決瀆之，幸而得雨，以豬一，酒鹽黍財足，以茅爲席，毋斷。

夏求雨，令縣邑以水日，家人祀竈，無舉土功，更火浚井，暴釜於壇，臼杵於術，七日爲四通之壇于邑南門之外，方七尺，植赤繒七，其神送尤，祭之以赤雄雞七、玄酒，具清酒、膊脯，祝齋三日，服赤衣，拜跪陳祝如春辭。以丙丁日爲大赤龍一，長七丈，居中央，又爲小龍六，各長三丈五尺，於南方，皆南鄉，其間相去七尺，壯者七人，皆齋三日，服赤衣而舞，司空嗇夫亦齋三日，服赤衣而立之，鑿社，而通之閭外之溝，取五蝦蟇，錯置里社之中，池方七尺，深一尺，具酒脯，祝齋，衣赤衣，拜跪陳祝如初，取三歲雄雞豭豬，燔之四通神宇，開陰閉陽如春。

季夏禱山陵以助之，令縣邑十日壹徙市於邑南門之外，五日禁男子無得行入市，家人祠中霤，無舉土功，聚巫市傍，爲之結蓋，爲四通之壇於中央，植黄繒五，其神后稷，祭之以母鮀五、玄酒，具清酒、膊脯，令各爲祝齋三日，衣黄衣，皆如春祠。以戊己日爲大黄龍一，長五丈，居中央，又爲小龍四，各長二丈五尺，於南方，皆南鄉，其間相去五尺，丈夫五人，皆齋三日，服黄衣而舞之，老者五人，亦齋三日，衣黄衣而立之，亦通社中於閭外之溝蝦蟆池，方五尺，深一尺，他皆如前。

秋暴巫尫至九日，無舉火事，無煎金器，家人祠門，爲四通之壇於邑西門之外，方九尺，植白繒九，其神少昊，祭之以桐木魚九，玄酒，具清酒、膊脯，衣白衣，他如春。以庚辛日爲大白龍一，長九丈，居中央，爲小龍八，各長四丈五尺，於西方，皆西鄉，其間相去九尺，鰥者九人，皆齋三日，服白衣而舞之，司馬亦齋三日，衣白衣而立之，蝦蟆池，方九尺，深一尺，他皆如前。

冬舞龍六日，禱於名山以助之，家人祠井，無壅水，爲四通之壇於邑北門之外，方六尺，植黑繒六，其神玄冥，祭之以黑狗子六、玄酒，具清酒、膊脯，祝齋三日，衣黑衣，祝禮如春。以壬癸日爲大黑龍一，長六丈，居中央，又爲小龍五，各長三丈，於北方，皆北鄉，其間相去六尺，老者六人，皆齋三日，衣黑衣而舞之，尉亦齋三日，服黑衣而立之，蝦蟆池，皆如春。

四時皆以水日，爲龍必取潔土爲之，結蓋，龍成而發之。四時皆以庚子之日，令吏民夫婦皆偶處。凡求雨之大體，丈夫欲藏匿，女子欲和而樂。

漢・劉向《説苑》卷一 湯之時大旱七年，雒圻川竭，煎沙爛石，於是使人持三足鼎，祝山川，教之祝曰：政不節耶？使人疾耶？苞苴行耶？讒夫昌耶？宫室營耶？女謁盛耶？何不雨之極也。蓋言未已而天大雨。故天之應人，如影之隨形，響之效聲者也。詩云：上下奠瘞，靡神不宗。言疾旱也。

漢・衛宏《漢官舊儀・補遺》 求雨。太常禱天地、宗廟、社稷、山川，以賽各如其常，牢禮也。四月立夏，旱乃求雨，禱雨而已。後旱，復重禱而已。訖立秋，雖旱不得禱求雨也。《禮儀志》注。

漢・鄭玄《起廢疾》 何休曰：公羊書雩者，善人君應變求索。不雩，則言旱。旱而不害物，言不雨也。就如穀梁設本不雩，何以明之？如以不雨明之，設旱而不害物何以別乎？釋曰：雩者，夏祈穀實之禮也，旱亦用焉，得雨書雩，明雩有益，不得雨書旱，明旱災成，後得雨無及也。國君而遭旱，雖有不憂民事者，何乃廢禮本，不雩禱哉，顧不能致精誠也。旱而不害物，故以久不雨別之。文二年、十三年自十有二月、自正月不雨，至於秋七月是也。《穀梁傳》曰：歷時而言，不雨，文不閔雨也，以文不憂雨，故不如僖時書不雨，文所以不閔雨者，素無志於民，性退弱，而不明又見時久不雨，而無災耳。

漢・荀悦《申鑒》卷四《雜言上第四》 湯禱桑林，邾遷于繹，景祠于旱，可謂愛民矣。

漢・王充《論衡》卷八《藝增篇》 《詩》曰：周餘黎民，靡有孑遺，是謂周宣王之時，遭大旱之災也。詩人傷旱之甚，民被其害，言無有孑遺一人不愁痛者。夫旱甚，則有之矣。言無孑遺一人，增之也。夫周之民，猶今之民也。使今之民也，遭大旱之災，貧羸無蓄積，扣心思雨。若其富人，穀食饒足者，廩囷不空，口腹不飢，何愁之有？天之旱也，山林之間不枯，猶地之水，丘陵之上不湛也。山林之間，富貴之人，必有遺脱者矣，而言靡有孑遺，增益其文，欲言旱甚也。

《周禮注疏》卷一六 旱暵，共其雩斂。注：稻人共雩斂，稻急水者也。鄭司農云：雩事所發斂。疏：釋曰，此旱雩，據夏五月已後脩雩者，暵者，旱之熱氣。若四月龍見而雩，未必旱暵也。然二種雩皆供雩斂也。注釋曰：鄭意，餘官不言共雩斂，於此官特言共者，以稻是水穀，急須水，故旱時特使共雩之發斂也。

《周禮注疏》卷二六 司巫掌羣巫之政令。若國大旱，則帥巫而舞雩。注：雩，旱祭也。天子於上帝，諸侯於上公之神。鄭司農云：魯僖公欲焚巫尪，以其舞雩不得雨。疏：釋曰：掌羣巫之政令者，下文男巫、女巫皆掌之。云若國大旱，則帥巫而舞雩者，謂帥女巫已下，是以女巫職云旱暵則舞、雩，亦據脩雩而言也。注釋曰：言雩，旱祭也者。經云國大旱而舞雩，明雩是旱祭，是以《春秋緯考異郵》云：雩者，呼嗟求雨之祭。云天子於上帝，諸侯於上公之神，知者，按《禮記・月令》：大雩，帝習盛樂。據天子雩五帝。按彼下文：命百縣，雩祀百辟卿士。百縣，謂畿内鄉遂，明畿外諸侯亦雩祀百辟卿士，即古上公句龍柱、棄之等。是天子祀上帝，諸侯祀上公。若魯與二王後得祀天者，亦得雩祭天。鄭司農云魯僖公欲焚巫尪，以其舞雩不得雨者。按僖二十一年，夏大旱，公欲焚巫尪。尪不必舞雩，故檀弓云：魯穆公云吾欲暴尪而奚若？又云：吾欲暴巫而奚若？縣子曰：天則不雨，而暴人之疾，子虐，無乃不可與。鄭注云：尪者，面鄉天，覬天哀而雨之。明非舞雩之人。司農兼引尪者，挾句連引之，其實非舞者。若四月正雩，非直有男巫、女巫。按《論語》，曾晳云春服既成，童子六七人，冠者五六人，兼有此等，故舞師云教皇舞，帥而舞旱暵之事。舞師，謂野人能舞者，明知兼有童子、冠者可知。國有大烖，則帥巫而造巫恒。注：杜子春云：司巫帥巫官之屬，會聚常處以待命也。玄謂恒，久也。巫久者，先巫之故事。造之，當按視所施爲。

旱暵，則舞雩。注：使女巫舞旱祭，崇陰也。鄭司農云：求雨以女巫，故檀弓曰：歲旱，繆公召縣子而問焉，曰：吾欲暴巫而奚若？曰：天則不雨，而望之愚婦人，無乃已疏乎。疏：釋曰：此謂五月已後脩雩，故有旱暵之事。旱而言暵者，暵謂熱氣也。注釋曰：司農引繆公者，魯繆公，春秋後事。縣子者，魯大夫。欲暴巫者，以其舞雩不得雨。引之者，證使女巫舞雩之事。

三國魏・鄭小同《鄭志》卷下 董仲舒曰：雩，求雨之術，呼嗟之謌。《國風・周南》、《小雅・鹿鳴》燕禮鄉飲酒，大射之謌焉。然則，雲漢之篇，亦大旱之歌。攷《異郵曰集二十四旱志》玄服而雩，緩刑理察，挺罪赦過，呼嗟哭泣，以成發氣，此數者，亦大烖歌哭之證也。

唐・虞世南《北堂書鈔》卷九 責躬

禹湯罪已，其興也勃焉。山崩川竭，爲之出次左傳臺榭不塗，馳道不除，《穀梁傳》。日有食之。天子不舉，左傳罪當朕躬，弗敢自赦。萬方有罪，在予一人。予一人有罪，無以爾萬方。朕躬有罪，無以萬方萬方有罪，罪在朕躬。萬姓仇予，予將疇依。百姓有過，在予一人。禹見罪人，問而泣之，《説苑》。湯旱而禱，孫卿子成王思慕。湯之救旱，素車白馬。《尸子》云：湯之救旱也，素車白馬布衣，身嬰白茅，以身爲牲，當此時也，絃歌鼓舞止。降服乘縵。傳云：山崩川竭，君爲之乘縵。

祈禱

琴瑟擊鼓以祈甘雨。又甫田篇云：琴瑟擊鼓以御田祖，以祈甘雨，以戒我稷黍，以穀我士女。禹解於陽盱之河，湯禱於桑林之下。《淮南子》曰：聖人者，不恥身賤而愧道之不行，不憂命之短而憂百姓之窮也。是故禹爲水，以身解於陽盱之河，湯爲旱，以身禱於桑林之下。聖人之憂民，如此其至也。補。

祈雨暴身。《長沙耆舊傳》云：祝良字名卿，爲洛陽令時，亢旱祈雨不得，良乃暴身階庭，告誠引罪，自辰至申，紫雲沓起，甘雨大降，民歌之曰：天久不雨，蒸民失所，天王自出，祝令特苦，精符感應，滂沱而下。

以身爲牲：《東觀漢記》云：鄧太后嘗體不安，左右憂惶，至令禱祠，願以身朼牲。太后聞之，甚怒，即勅令禁止，以爲何故？乃有此不祥之言。左右咸流涕嘆息，曰：太后臨大病，不自顧而念兆民，後病遂瘳。豈非天地之應與。補。

以人爲代，見上仙室禱風雨。

仙室禱風雨：《列仙傳》云：歷陽有彭祖仙室，前世禱請風雨，嘆不輒應，常有兩虎在祠左右，今日祠訖即有虎跡。補。

神仙請吉凶。《搜神記》云：益州有神仙以石爲室，其民奉祠之，自稱黄室公。凡欲問吉凶者，持紙筆及墨置石室中，須臾來視之，其言吉凶甚驗，不見其形。

白龍降祀：《晉書》佛圖澄傳云：石虎時，正月六月不雨，澄詣西滏口，稽首曝露，即有白龍二頭降於祠下，於是雨溢數千里。

退歸南位，更選賢主：《唐書》曰：文宗時，以久旱分命羣官，徧祠祈禱于紫宸殿。對宰臣憂形于色。宰臣以星官所奏，天時當爾，乞勿過勞。聖慮上凛然改容，曰：朕爲天下主，無德及人致此災旱。今又見謫于上，若三日不雨，當退歸南位，更選賢主，天下宰臣，嗚咽流涕，各請罪乞，免相位。是夜澍雨大洽。《續補》。

唐·李延壽《北史》卷八二《儒林傳下·黎景熙》　保定三年，盛營宫室，春夏大旱，詔公卿百僚，極言得失。季明上封事曰：臣聞成湯遭旱，以六事自陳。宣王太甚，而珪璧斯竭。豈非遠慮元元，俯哀黎庶。今農要之月，時雨猶愆，率土之心，有懷渴仰。陛下垂情萬類，子愛羣生，覲禮百禮，猶未豐洽。豈或作事不節，有違時令，舉措失中，當邀斯旱。

《春秋》，君舉必書，動爲典禮。水旱陰陽，莫不應行而至。孔子曰：「言行，君子之所以動天地，可不慎乎！」春秋莊公三十一年冬，不雨，《五行傳》以爲是歲一年而三築臺，奢侈不恤人也。僖公二十一年夏，大旱，《五行傳》以爲時作南門，勞人興役。漢惠帝二年夏，大旱。五年夏，大旱，江河水少，谿澗水絶，《五行傳》以爲先是發十四萬六千人城長安。漢武帝元狩三年夏，大旱，《五行傳》以爲是歲發天下故吏，穿昆明池，然則土木之功，動人興役，天輒應之以異。典籍作誡，儻或可思，上天譴告，改之則善。今若息人省役，以答天譴，庶靈澤時降，嘉穀有時，則年登可凱，子來非晚。《詩》云：「人亦勞止，迄可小康，惠此中國，以綏四方。」或恐極陽生陰，秋多雨水，年復不登，人將無凱。如又薦飢，爲慮更甚。

唐·房玄齡等《晉書》卷二八《五行志中》　庶徵恒陽，劉向以爲春秋大旱也。其夏旱，雩，《禮》謂之大雩。不傷二穀謂之不雨。京房《易傳》曰：「欲德不用茲謂張，厥災荒，旱也。其旱陰雲不雨，變而赤，因四際。師出過時茲謂廣，其旱不生。上下皆蔽茲謂隔，其旱天赤三月，時有雹殺飛禽。上緣求妃茲謂僭，其旱三月大温亡雲。君高臺府茲謂犯陰侵陰，其旱萬物根死，數有火災。庶位踰節茲謂僭，其旱澤物枯，爲火所傷。」

唐·劉肅《唐新語》卷一一　貞觀末，房玄齡避位歸第。時天旱，太宗將幸芙蓉園以觀風俗。玄齡聞之，戒其子弟曰：鑾輿必當見幸。亟使灑掃備饌。俄頃，太宗果先幸其第，便載入宫。其夕大雨，咸以爲優賢之應。

唐·王定保《唐摭言》卷六　是知天贊明主而福相公。當此之時，亦宜應天之休，報主之寵，彌縫其闕，匡救其災。若尸禄備員，則焉用彼相矣。僕聞位稱燮理者，則道合陰陽。四時不愆，則百姓無怨。豈有冬初不雪，春盡不雨，麥苗繼日而青死，桑葉未秋而黄落，蠢蠢迷愚，嗷嗷愁怨，而相公温眠甲第，飽食廟堂，僕則天地之一生人，亦同人而怨相公也。京房《易傳》曰：欲德不用茲謂張，言人君欲賢者而不用，徒張此意。厥災荒，云大旱也，陰陽不雨。復曰師出過時茲謂曠，其旱不生。夫天道遠，人道邇。僕多言者也，安知天道。請以人事言之。主上開張翰林，引納才子，公以傲物而富貴驕人，爲相以來，竟不能進一賢，拔一善。漢高祖云：當今之賢士，豈獨異于古人乎？有而不知，是彰相公之暗。知而不用，是彰相公之短。故自十月不雨至于五月，雲纔積而便散，雨垂落而復收，此欲德不用之罰也。仍聞羌渾爲孽，日寇邊陲。邦家連兵，來往塞下。巴西諸將，必不出師，過時之咎也。四郊之多壘，卿大夫之辱也。不知廟堂肉食者何以謀之相公在外十餘年，而復相國，險阻艱難，備嘗之矣。民之情僞，盡知之矣。今人室如懸罄，野無青草，何恃而不恐。天則不雨，公將若之何？昨五月有恩，百官受賜，相公官既大，物亦多，有金銀器及錦衣等，聞公受之，面有喜色。今歲大旱，黎民阻饑，公何不固辭金銀，請賑倉廩？懷寶衣錦，於相公安乎？百姓餓欲死，公何不舉賢自代，讓位請歸，公三爲相而天下之人皆以公爲亢極矣。夫物極則反，人盛必衰。日中則昃，月滿則虧。

宋·李昉等《太平御覽》卷一一《祈雨》　《禮記·月令》曰：命有司爲民祈祀山川、百源。大雩，帝用盛樂，乃命百縣雩祀，百辟卿士有益於人民者，以祈穀實。雩者，祭祀雨之名，大雩爲用盛樂也。《漢書》曰：董仲舒爲江都相理國，以春秋災異之變，推陰陽所以錯行，故求雨，閉諸陽，縱諸陰，其止雨反是。范蔚宗《後漢書》曰：諒輔仕郡爲五官椽，時夏大旱。太守自出禱山川，連日而無所降。輔乃自暴庭中，慷慨呪曰：輔爲股肱，不能進諫納忠，和調陰陽，至令天地否隔，萬物枯焦，咎盡在輔。今敢有所請，若至日中不雨，乞以身塞無狀。於是積薪聚艾茅以自環，搆火將自焚。未及中時，天雲晦合，須臾澍雨。謝承《後漢書》曰：戴封字平仲，遷西華令，其年大旱。禱請無獲，乃積薪，坐其上以自焚，火起而大雨，遠邇歎服，遷中山相。又曰：爰延轉議郎，徐州遭旱。延使持節到東海請雨，豐澤應時，與京師同日俱霔。還，拜五官中郎將。又曰：周暢性仁慈，爲河南尹。夏旱，久禱無應。因收葬洛城傍客死骸骨萬餘人。應時澍雨，歲乃豐稔。又章和元年，有詔以鄭宏爲大尉。時旱，朝廷百僚皆暴請雨，夏炎熱，小雨，郡官即還舍，宏彌日不旋，大雨如注，稼穡遂豐。又汝南周獲，善占天文，爲郡門下椽。鮑昱爲汝南太守時，郡境大旱。昱自往問何以致雨？獲曰：急罷三部督郵明府，當自北出，到四十里亭，雨可致也。昱從之，果得大雨，每行縣輒軾其閭。《東觀漢記》曰：曹褒爲河内大守時，自春至六月無雨，穀貴，百姓頗流離。褒到省吏職，退去貪殘，屢得澍雨，其秋大熟，百姓給足，流民皆還。又和熹鄧后永初二年三月，京師旱，至五月朔太后幸雒陽，省獄舉冤，未還宮，澍雨大降。司馬彪《續漢書》曰：永初六年，張奮代劉方爲司空時，歲災旱。祈雨無應，乃表，即時引見，口陳時政之宜，明日，和帝召太尉司徒幸洛陽，即大雨三日。《蜀本紀》曰：秦王誅蜀侯惲後迎葬咸陽，天雨三月不通，因葬成都，故蜀人求雨祠蜀侯必雨。王隱《晉書》曰：束晳太康中郡大旱，苗稼敗晳，乃命邑人躬共請雨。三日中雨水三尺，衆人以其有術數，精誠於神明，百姓歡喜，爲之歌曰：束先生，通神明，請天三日甘雨零，我黍以萌，我稷以生，何以疇之，報束長生。高閭《燕志》曰：太平十五年，自春不雨至於五月。有司奏右部王苟，妻産妖，傍人莫覺，俄而失之，乃暴苟妻於社，大雨普落。魚豢《典略》曰：舊制求雨，太常禱天地、宗廟、社稷、山川，已賽如其常祭牢禮。四月立夏，旱乃求雨。立秋雖旱，不禱求雨。到七月必賽之，秋冬春三時不求雨。崔鴻《春秋前燕録》曰：建熙七年五月，慕容暐下書曰：朕以寡德蒞政，多違亢陽，三時光陰錯緒，農植之辰而零雨莫降，其令有司徹樂，大官以菜食，常供祭奠，既而澍雨。又《前涼録》曰：張植爲西城校尉與奮威將軍，牛霸率騎救張冲，六月至于流沙無水，士卒渴甚，植乃剪髮，肉袒徒跣升壇慟泣請雨，俄而雲起，西北雨水成川，植殺所乘馬祭天而去。又《前秦録》曰：沙公西域沙門也，有秘術，每旱苻堅常使呪龍，龍便下鉢中，天輒大雨。《後魏書》曰：孝文太和二年，京師旱，祈天於北苑，親自禮焉。減膳、避正殿，澍雨大洽。三年，帝祈雨於北苑，是日大澍雨。《益都耆舊傳》曰：趙瑶爲閬中令，遭旱，請雨於靈星，應時大雨。《葛仙翁傳》曰：吴主曾與仙翁坐於榭上，望見道間人民請雨，土人累時不得，仙翁曰：雨可得耳，即書符著社廟中，日午大雨尺餘水。《長沙耆舊傳》曰：祝良爲洛陽令時亢旱。天子祈雨不得，良暴身階庭，告誡引罪，紫雲沓起，甘雨乃降。《佛圖澄傳》曰：石虎時，自正月至六月不雨，澄詣滏口祠稽首暴露，即有二白龍降祠下，於是雨遍數千里。干寶《搜神記》曰：湯既克夏，大旱七年。洛川竭，湯乃以身禱於桑林，剪其髮自以爲犧牲，祈福於上帝，於是大雨即至，洽于四海。又湘東新年縣有一穴，穴中有黑土。歲旱人則共壅水於此穴，穴淹則立大雨。宋永初《山川記》曰：鄱陽長壽山，山形似白馬，雲出於鞍中，不崇朝而雨。《晏子春秋》曰：齊景公時旱，欲祠靈山。晏子曰：山以石爲身，草木爲髮，天苟不雨，髮焦身熱，獨不欲雨乎，祠之何益？公曰：祠河伯可乎？曰：河伯以水爲國，以魚鼈爲民，久旱國將亡，民將滅，獨不欲雨乎？君避殿、暴露，其索雨乎？公出野暴露，天果大雨。《淮南子》曰：土龍致雨。許慎註曰：湯遭旱作土龍，以象雲從龍也。又董仲舒請雨，秋用桐木魚。《山海經》曰：東荒北隅，有山名土丘，應龍處南極殺蚩尤，與夸父不得復上，故下數旱，旱而爲應龍之狀，乃得大雨今之土龍本此也。《遁甲開山圖》曰：絳北有陽石山，有神龍池。黄帝時，遣雲陽先生養於此。帝王歷代養龍之處，國有水旱，不時即祀池請雨。《爾雅》孫炎註曰：攝木生江上，有奇枝，高三四丈，生毛一名楓子。天旱，以泥塗之即雨。《傅咸自叙》曰：太始九年，自春不雨涉夏節。聖皇勞慮，分使祈禱，余以太子洗馬兼司徒，祈越三朝，雨大降，退作喜雨賦。

宋·李昉等《太平御覽》卷三四《熱》

《釋名》曰：熱，爇也，如火之燒爇也，或曰暑，煮也，如煮物也。《説文》曰：溽濕暑也。《易》口：寒往則暑來。《書》曰：哲時燠若。又曰：僭恒暘若。《詩》曰：誰能執熱，逝不以濯。《禮》曰：季夏之月，土潤溽暑。鄭玄注曰潤溽塗温。又曰：仲春行夏令，則國乃大旱，煖氣早來。又曰：仲秋行夏令，則其國火災，寒熱不節。《易稽覽圖》曰：夏至之後三十日極熱。《京房易占候》曰：有雲大如車蓋，十餘，此陽火之氣，必暑有暍者。《五經通義》曰：冬至陽動于下，推陰而上之，故大寒於上。夏至陰動于下，推陽而上之，故大熱于上。故《易》云：日月運行，一寒一暑，日在牽牛則寒，在東井則暑，牽牛外宿遠人，故寒，東井内宿近人，故温也。《白虎通》曰：夏至陰始起，反大熱者何？陰起陽氣推而上，故大熱也。又曰：暍者反凍于冷風。管子曰：善爲國者，使農寒耕而熱耨。《淮南子》曰：熱焦沙，寒凝水。《抱朴子》曰：洪從祖佛公每大醉及夏天盛熱，輒入深淵之底，一日許乃出，以能閉氣胎息故耳。又曰：或問不熱之道，曰或服玄水丸，或服飛霜散，昔王仲都用此方也。《益州記》曰：瀘水即武侯渡處，水有熱氣，暑天不敢行。《廣州志》曰：南方炎洲氣薰數萬里爲瘴。又曰：南方地暑熱，交趾麥不成秀，麻不生蕪菁無根。《括地圖》曰：天毒國最大暑熱，夏草木皆乾死，民善收水以避暑，將暑常入寒泉之下。《山海經》曰：壽林之國，夏有大暑，不可以往。《黄帝素問》曰：黄帝問岐伯曰，人傷于寒，而轉爲熱，何也？曰：夫寒盛則生熱也。魏王粲《大暑賦》曰：或赫熾以瘴炎，或鬱術而燠蒸，獸狼望以倚喘，鳥垂翼而弗翔。根生苑而焦炙，豈含血而能當。仰庭槐而嘯風，風既生其如湯。氣呼吸以袪暍，汗雨下而沾裳。就清泉以自沃，猶沃涊而不凉。體煩如以於悒，心情悶而窘惶。又曹植《大暑賦》曰：大暑赫其遂蒸，元服華而尚黄。蛇折鱗於靈窟，龍觧角于皓蒼，遂乃温風赫曦，草木垂幹，山拆海沸，沙融爍爛，飛魚躍渚，潛黿浮岸，鳥張翼以遠栖，獸交逝而雲散。嵇含《困熱賦》序曰：夫閏于夏則崇暑，在冬則增寒。永熙元年，閏在仲夏三伏之節，始奏商秋之辰未，期於時下里，貧生居室卑陋小巷，不來清風，短廡不足增蔭，外困流汗，内懷煩嘆，歎彼厦屋之士，口饜珍味，體逸高廊，並天而寒暑殊，同世而憂樂異。卞伯玉《大暑賦》曰：體沸灼乎如燎，汗流爛兮珠連。程曉詩曰：平生三伏時，道路無行車。閉門避暑卧，出入不相過。今世褦襶子，觸熱到人家。主人聞客至，顰蹙奈此何。謂當行起去，安坐正跰跨。所説無一急，踏踏吟何多。疲倦向之苦，甫問居極邪。摇扇臂中疼，流汗正滂沱。莫謂此小事，亦是人一瑕。傳戒諸高明，熱行宜見訶。晋傅玄詩曰：朱朔運將極，溽暑晝夜興。裁動四支廢，舉身若山陵。珠汗洽玉體，呼吸氣鬱蒸。塵垢自成泥，素粉隨手凝。魏曹植九詠曰：温風翕兮煎沙石，鳥罔竄兮獸無蹠。蹠，之石切，天覆我也。言天暖，石焦、地熱，鳥無所逃、獸無所蹈履也。

宋·李昉等《太平御覽》卷三五《旱》 《春秋考異郵》曰：旱之言悍也。陽驕蹇所致也。《詩》曰：旱既大甚，滌滌山川。又曰：旱魃爲虐，如惔如焚，我心癉暑，憂心如熏。又曰：旱既大甚，藴隆蟲蟲。《書·説命》曰：若歲大旱，用汝作霖雨。又曰：僭恒暘若。《禮》曰：繆公召縣子問，天久不雨，吾欲暴尫而奚若？曰：天則不雨而暴人之疾，子無乃不可與。然則暴巫而奚若？曰：天則不雨，而望之愚婦人於以求之，無乃已踈與。《周禮》曰：司巫掌羣巫之政，令若國之大旱，則率巫而舞雩。又曰：女巫掌歲時，祓除釁浴，旱暵則舞雩。《傳》曰：衛大旱，寧莊子曰：昔周饑，克殷而年豐。今邢方無道，天其或者欲使衛討邢乎？從之，師興而雨。又曰：魯僖公三年，自十月不雨至于五月，不曰旱，不爲災也。又曰：衛大旱，卜有事於山川，不吉。又曰：僖公二十一年夏大旱，公欲焚巫尫。臧文仲曰：非旱備也，修城郭，貶食省用，務穡勸分，此其務也。巫尫何爲，天欲殺之，則如勿生，若能爲旱焚之，滋甚。公從之，是歲饑而不害。又曰：魯文公十年正月不雨至于七月。周正月，今之十一月。周七月，今之五月。又曰：魯宣公九年葬我小君敬嬴，旱無麻，始用葛茀。又曰：魯昭公十六年秋，鄭大旱。使屠擊有事于桑山，事祭山也斬其木，不雨。子産曰，有事于山，蓺山林也，而斬其木，其罪大矣，奪之官邑。《漢書》曰：百里嵩，字景山，爲徐州刺史，時旱，嵩行部傳車所經即雨，輒澍東海，祝其合鄉，三縣在山間。嵩未往三縣，獨不得雨，父老請之，入界即雨澍。又曰：和帝永元六年秋旱。時洛陽有寃囚，帝録囚理寃，未還宫雨澍。《續漢書》曰：郡國旱，公卿行雩禮求雨，閉諸陽門，衣皂衣，興土龍，立土人舞童二佾，七日一度。又曰：郡國俾各掃除社稷，公卿官長，以次行雩禮求雨也。管子曰：春不收枯骨朽胔，伐枯木而去之，則夏旱至矣。尸子曰：湯之救旱也，乘素車白馬，著布衣，身嬰白茅爲牲，禱於桑林之野，此時弦歌鼓舞者禁之。孟子曰：七八月之間旱，則苗槁矣。槁枯也。《晏子春秋》曰：齊景公時旱，欲祀靈山及河伯。晏子曰：夫山以石爲身，以草木爲毛髮。今久不雨，毛髮將焦，身且熱，豈山不欲雨乎，祀之何益？君宜避殿，暴露以索雨也。公從之，出野果大雨。《世説》曰：湯時大旱七年。雒川竭，煎沙爍石，乃使持三鼎祀山川。《祝詞》曰：政不節邪？民失職邪？宫室崇邪？女謁盛邪？苞苴行邪？讒夫昌邪？何不雨之甚。《洪範五行傳》曰：魯宣十年秋大旱。時公興師伐邾，取繹夫伐國，亢陽益師旅，百姓所不欲也。應是大旱。《益都耆舊傳》曰：趙瑶爲漢中令，大旱。瑶請雨於靈星，應時降雨。《搜神記》曰：周暢爲河南尹，元初二年大旱。暢乃葬路旁露骸，爲立義塚。應時注雨。又曰：諒輔，字洪儒，新都人，爲郡五官掾，時大旱。太守自暴中庭而雨不降。輔自誓曰，日中雨不降，請以身塞無狀，無狀謂所祈雨不降。乃積薪柴自焚。至日中，時大雨，一都沾潤。《神農求雨書》曰：春夏雨日而不雨，甲乙不雨命爲青龍，又爲火龍，東方小童舞之。凡如此而不雨，潛處闔南門置水其外，開北門取人骨埋之。

如此而不雨，命巫祝而暴之，不雨，禱山神，積薪擊鼓而焚之。《瑞應圖》曰：遇旱責躬引咎，理察冤枉，退去貪殘，側修惠政，則降以靈雨。如其有道術，禱祀山川，致龍轉石，閉陽從陰之類，誠非瑞應，是以魯侯有暴尫之請。齊景公以祠山見譏。董仲舒曰：春旱求雨，令縣邑以水日，令民禱社，家人祀户，無伐名木，無斬山林，曝巫聚尫八日。於邑東門外爲四通之壇，方八尺，植蒼繒八。其神共工，祭以魚八。夏求雨，亦以水日，家人祀竈，無舉土功，更浚水井，曝釜甑、杵臼七日。爲四通壇于邑南門外，方七尺，植赤繒七。其神蚩尤，祭以赤雄雞七。凡求雨之大體，丈夫欲藏匿女子，欲和而樂。《師曠占旱》曰：歲欲旱，旱草先生。旱草者，蒺藜也。《山海經》曰：大華之山削成四方。有蛇名肥，遺六足，四翼見則天下大旱。湯時也東荒之北隅，有山名土丘，應龍處南極殺蚩尤，與夸父不得復上，故下數旱，旱而作龍。應之乃得大雨。上無作雨者故也又曰：奚昆之山有人衣青衣，名曰黄帝女妖。音魅蚩尤代黄帝請風伯雨師，帝乃下天女曰，妖雨止遂殺蚩尤，妖不得復上，所居不雨。

宋・李昉等《太平御覽》卷八七九　《尚書・洪範》咎徵曰：僭恒暘若。君行僭差常陽順之。《禮記・檀弓》下曰：歲旱，穆公召縣子而問然。曰：天久不雨，吾欲曝尫而奚若？尫者，面向天，冀天哀而雨也。曰：天則不雨而曝人之疾，子虐毋乃不可乎。尫，疾人之所哀，曝之是虐。然則吾欲曝巫而奚若？曰：天則不雨，而望之愚婦人于以求之，毋乃已疏乎。徙市則奚若？曰：天子崩巷市七日，諸侯薨巷市三日，爲之徙市，不亦可乎。徙市者，庶民之喪禮也。今徙市，是憂戚于旱若喪也。《左傳》僖公曰：夏大旱，公欲焚巫尫，臧文仲曰：非旱備也。脩城郭，貶食省用，務嗇勸分，嗇儉也勸分，有無相濟，此其務也。巫尫何爲？天欲殺之，則如勿生，若能爲旱，焚之滋甚。公從之，是歲饑而不害。又昭公時，鄭大旱，使屠擊有事于桑山，有事祭也斬其木，不雨。子産曰：有事于山，藝山林也，藝養護令繁殖。而斬其木，其罪大矣，奪之官邑。《春秋考異郵》曰：旱之言悍也，陽驕蹇所致也。《春秋繁露》曰：水干土，則大旱。《洪範五行傳》曰：魯桓公五年，大雩，旱也。先是殺君而立，有危亡之心，而下有悲憤之氣，外結大國，娶于齊以爲夫人。後比二年，天子使大夫來聘，桓上得天子之意，下得大國之心，則有亢陽之心，以御臣下。興邢邱之役，以勞百姓，則臣下離心而不從。故應是而秋大旱也。又曰：魯宣公十年秋，大旱。是時，公與齊伐萊。夫伐國，亢陽節也，師徒百姓所不欲也。故應是而大旱也。又曰：旱所謂常陽，不謂常陽，而謂旱者，以旱爲災也。旱之爲言乾也，萬物傷于乾，而不得水也。君持亢陽之節，暴虐于下，興師旅，動衆勞民，以起城邑。臣下悲怨而心不從，故陽氣盛而失度，故旱災應也。《物理論》曰：陽盈而過故致旱。《家語》曰：景公問孔子曰，旱如之何？孔子曰：凶年則乘駑馬，力役不興，馳道不脩，馳道，君祈所行道祈以幣玉，君所祈請用幣及玉，不用牲也祭祀不縣，不縣不作樂也祀以下牲，當用太牢者用少牢此賢君自貶以救民之禮也。

宋・王欽若《册府元龜》卷一四五　懿宗咸通十年六月戊戌，制曰：動天地者，莫若精誠，致和平者，莫若修政。朕顧惟庸昧，託于王公之上，于兹十一年矣。【略】今盛夏驕陽，時雨久曠，憂勤蒸庶，旦夕焦勞。内修香火以虔祈，外罄牲玉以精禱，仰俟玄貺必致甘滋，而油雲未興，秋稼闕望，靚兹愆亢軫于誠懷。復慮暴政煩刑，强官酷吏，侵漁囊橐，陷害孤煢，致有冤抑之人，搆成災沴之氣。主守長吏無忘奉公，伐叛興師，蓋非獲已除姦討逆，必使當辜，苟或陷及平人。自然風雨愆侯，凡行營將帥切在審詳，昭示惻憫之心，敬聽勤卹之旨，應京城天下諸州府見禁囚徒，除十惡五逆、官典犯贓，故意殺人、合造毒藥、光火持杖開劫墳墓及關連徐州逆黨外，並宜量罪輕重，速令決遣，無久繫留。雷雨不周，田疇方瘁，誠宜愍物以示好生，其京城未降雨，問宜令坊市權斷屠宰。昨陝虢中使迴方知蝗旱有損處，諸道長吏分憂共理，宜各推公共思濟物界，内有饑歉，切在慰安，哀此蒸人，無俾艱食，徐方寇孽，未殄師旅，有征凡合誅鋤，審分淑慝，無令脅從，横死元惡偷生，宜申告伐之文，使知逆順之理。於戲，每思禹湯之罪己，其庶成康之措刑，孰謂德信未孚，教化猶梗，咨爾多士，毗予一人，既引過在躬，亦漸幾于理，布告中外，稱朕意焉。

哀宗天祐二年三月，詔曰：朕以宿麥未登，時陽久亢，慮闕粢盛之備，軫予宵旰之憂，所宜避正位於宸居，減珍羞於常膳，諒惟眇質深合罪躬，庶其昭感之祥，以致滂沱之澤。今月八日已後，不坐正殿及減常膳。

宋・姚鉉《唐文粹》卷二七《請追癸巳日詔疏》（羅隱）　歲貢賤臣隱，既以文不得意，且抱犬馬之疾於長安，夏五月京畿旱。癸巳日聞詔，大京兆用器水鑪、香蒲、蕭絳幡輩致於坊市門，將所以用舊法而召雨也。臣踴起疾榻間，以爲明天子憂人，雖舜禹，不如是之勤，幸甚、幸甚。臣又聞水旱與天地同出，苟時或然不可以倉卒除去，今秦地旱已逾月矣，而陛下禱祠亦以頻矣。天之高，地之厚，五嶽之緜亘，四瀆之宏遠，陛下命百執事啓祈外，何嘗不以心祝之。雖莖槁苗乾，而百姓不怨嗟者，其感陛下之誠深也。今以蒲蕭輩爲請者，豈陛下爲其靈於嶽瀆者乎。夫嶽瀆視陛下之公輔，裂陛下之土田，苟陛下憂，則嶽瀆亦宜憂矣。受祭據封者，尚未能爲陛下出力，彼蒲蕭輩復何足以動天？臣爲陛下不取也。臣又聞天之有雨澤，猶陛下有渥恩，雨澤可以委曲干之，則陛下渥恩亦可以委曲干之矣。臣聞天子有左右史將所以記事、記言，然後付太史氏，臣必恐其得以容易編牘，今冒死請追癸巳日詔，苟若陛下落十六聖之教訓，雖五種栖野，而百姓不暇掇，豈蒲蕭輩之所及乎。昔殷湯之代，臣不以旱爲災，仁聖之君在上也。今旱未及殷代而陛下憂已過矣，臣請因旱以賀萬姓，俾其知陛下心。

宋·王欽若《册府元龜》卷四六《人旱解》(盛均) 涒灘歲越，垠曠旱塞，諸陽遷市不雨，祈山川庶神又不雨，觴土龍、舞巫覡愈不雨。或言邦有術人，能捕退龍而譟之，昔歲嘗然，農剩其澤，及召術人至而旱色如故。太守怒，亟命擒之，術人遁去矣。其遺囊有書，一幅目曰人旱。旱有三：曰天旱、國旱、人旱。曷爲天旱？蹇陽肆凶，下土祇慎，雖六七歲，黎人不飢。曷爲國旱？君道熾災，德涸仁枯，貪風暴氣，蒸爲時癘。曷爲人旱？邦燬其政，吏賊其行，千里人心，燥不爲陰。夫天旱求諸仁，仁洽而時豐。國旱求諸德，德潤而澤流。人旱求諸政，政清而俗阜。今貨遊方於上，刑黷於下，百姓焦愁，結成恨暑，所謂人旱者也。邦守不清，其政而逮龍貨雨，是猶乘撻適海、豢羊望翼，於何可冀乎？太守得書增怒。是歲自正月不雨至於五月，明年殍死者數千人，而太守亦以財禍。

宋·文彦博《潞公文集》卷三〇 奏久旱乞不追擾事元祐五年五月

臣聞化國之日，舒以長蓋，不奪農時，不妨民力。故日力有餘而歲收有望。臣竊以自春以來，時雨愆亢，人情惶惶，謂必艱食。

宋·歐陽修、宋祁《新唐書》卷一一八《張廷珪、韓思復傳》 玄宗開元初，大旱，關中飢，詔求直言。廷珪上疏曰：「古有多難興國，殷憂啓聖，蓋事危則志鋭，情苦則慮深，故能轉禍爲福也。景龍、先天間，凶黨構亂，陛下神武，汎掃氛垢，日月所燭，無不濡澤，明明上帝，宜錫介福。而頃陰陽愆候，九穀失稔，關輔尤劇。臣思天意，殆以陛下春秋鼎盛，不崇朝有大功，輕堯、舜而不法，思秦、漢以自高，故昭見咎異，欲日慎一日，永保大和，是皇天於陛下睠顧深矣，陛下得不奉若休旨而寅畏哉！誠願約心削志，考前王之書，敦素樸之道，登端士，放佞人，屏後宮，減外廄，場無蹴鞠之玩，野絶從禽之樂，促遠境，罷縣戍，矜惠惸獨，蠲薄徭賦，去淫巧，捐珠璧，不見可欲，使心不亂。或謂天戒不足畏，而上帝馮怒，風雨迷錯，荒饉日甚，則無以濟下矣。或謂人窮不足恤，而億兆攜離，愁苦昏墊，則無以奉上矣。斯安危所繫，禍福之原，奈何不察？今受命伊始，華夷百姓清耳以聽，刮目以視，冀有聞見，何遽孤其望哉？」【略】

(思復)調梁府倉曹參軍，會大旱，輒開倉賑民，州劾責，對曰：「人窮則濫，不如因而活之，無趣爲盜賊。」州不能詘。

宋·歐陽修、宋祁《新唐書》卷一一九《白居易傳》 四年，天子以旱甚，下詔有所蠲貸，振除災沴。居易見詔節未詳，即建言乞盡免江淮兩賦，以救流瘠，且多出宫人。憲宗頗采納。

宋·歐陽修、宋祁《新唐書》卷一二六《韓休傳》 右丞元琇判度支也，以關輔旱，請運江南租米西給京師。帝委滉專督之，而琇畏其剛愎難共事，請自江至揚子，滉主之；揚子以北，自主之。滉由是銜琇。會琇以京師錢重貨輕，發江東鹽監院錢四十萬緡入關。滉紿奏：「運錢至京師，率費萬致千，不可從。」帝責謂琇，琇曰：「千錢其重與斗米均，費三百可致。」帝以諭滉，滉執不可。至是，誣劾琇饋米與淄青李納、河中李懷光。帝怒，不復究驗，貶琇雷州司户參軍。左丞董晉白宰相劉滋、齊映曰：「昨關輔用兵，方蝗旱，琇不增一賦，而軍興皆濟，可謂勞臣。今被謫無名，刑濫人懼，假令權臣逞志，公胡不請三司鞫之？」滋、映不能用。給事中袁高抗疏申執，滉指爲黨與，寢不報。

宋·歐陽修、宋祁《新唐書》卷一二七《張嘉貞傳》 會李少良劾元載陰罪，載斥其狂，下御史臺治訊，而延賞適拜大夫，不滿所私，出爲淮南節度使。歲旱，民它遷，吏禁之。延賞曰：「食者，人恃以活。拘此而斃，不如適彼而生。苟存吾人，何限爲？」乃具舟遣之，敕吏爲修室廬，已逋債，而歸者更增於舊。瓜步舟艫津湊，而遥繫江南，延賞請度屬揚州，自是行無稽壅。

宋·歐陽修、宋祁《新唐書》卷一三八《馬璘傳》 永泰初，拜四鎮行營節度、南道和蕃使。俄檢校工部尚書，北庭行營、邠寧節度使。元日，有卒犯盜，或曰宜赦，璘曰：「赦之，則人將伺其日爲盜。」遂戮之。天大旱，里巷爲土龍聚巫以禱，璘曰：「旱由政不修。」即命撤之。明日雨，是歲大穰。未幾，徙涇原，權知鳳翔、隴右節度副使，四鎮、北庭如舊，復以鄭、潁二州隸之。

宋·歐陽修、宋祁《新唐書》卷一五二《李絳傳》 吳少誠病甚，絳建言：「淮西地不與賊接，若朝廷命帥，今乃其時，有如阻命，則決可討矣。然鎮、蔡不可并取，願赦承宗，趣立蔡功。」時江淮大旱，帝下赦令有所蠲弛，絳言：「江淮流亡，所貸未廣，而宮人猥積，有怨鬲之思，當大出之，以省經費。嶺南之俗，鬻子爲業，可聽；非券劑取直者，如掠賣法，敕有司一切苛止。」帝皆順納。

宋・歐陽修、宋祁《新唐書》卷一五三《段秀實傳》 初，秀實爲營田官，涇大將焦令諶取人田自占，給與農，約熟歸其半。是歲大旱，農告無入，令諶曰：「我知入，不知旱也。」責之急，農無以償，往訴秀實。秀實署牒免之，因使人遜諭令諶。令諶怒，召農責曰：「我畏段秀實邪？」以牒置背上，大杖擊二十，輿致廷中。秀實泣曰：「乃我困汝。」即自裂裳裹瘡注藥，賣己馬以代償。淮西將尹少榮頗剛鯁，入罵令諶曰：「汝誠人乎！涇州野如赭，人飢死，而爾必得穀，擊無罪者。段公，仁信大人，惟一馬，賣而市穀入汝，汝取之不恥。凡爲人傲天災，犯大人，擊無罪者，尚不愧奴隸邪！」令諶聞，大愧流汗，曰：「吾終不可以見段公。」一夕，自恨死。

宋・歐陽修、宋祁《新唐書》卷一六五《權德輿傳》 十九年，大旱，德輿因是上陳闕政曰：「陛下齋心減膳，閔惻元元，告于宗廟，禱諸天地，一物可祈，必致其禮，一士有請，必聽其言，憂人之心可謂至已。臣聞銷天災者脩政術，感人心者流惠澤，和氣洽，則祥應至矣。畿甸之内，大率赤地而無所望，轉徙之人，斃踣道路，慮種麥時，種不得下。宜詔在所裁留經用，以種貸民。今兹租賦及宿逋遠貸，一切蠲除。設不蠲除，亦無可斂之理，不如先事圖之，則恩歸於上。去十四年夏旱，吏趣常賦，至縣令爲民毆辱者，不可不察。

宋・歐陽修、宋祁《新唐書》卷一六七《裴延齡、李實傳》 時大旱，人情愁惴。延齡言：贄等失權怨望，顯言歲饑民流、度支糧芻乏以激怒衆士。它日，帝畋苑中，而神策軍訴度支不賦廐芻者，天子惑延齡言，乃下詔斥逐贄等，朝廷震恐。延齡又捕充所善吏張忠榜掠之，誣充「没官錢五十萬緡，以餌結權幸，令妻以犢車載金餉贄」。忠具獄，其母投訴光順門匭，有詔御史審劾，一夕得狀，乃釋忠。延齡不得逞，復奏充妄用京兆錢穀，願下有司比句，以比部郎中崔元翰欲釋憾於贄也。賴刑部侍郎奚陟辨治，充等得不冤。

(李實)累進司農卿，擢拜京兆尹，封嗣道王。怙寵而愎，不循法度。貞元二十年旱，關輔飢，實方務聚斂以結恩，民訴府上，一不問。德宗訪外疾苦，實詭曰：「歲雖旱，不害有秋。」乃峻責租調，人窮無告，至徹舍鬻苗輸于官。優人成輔端爲俳語諷帝，實怒，奏賤工謗國，帝爲殺之。或言：「古者，瞽誦箴諫，雖詼諧託諭，何誅焉？」帝悔，然不罪實。

宋・歐陽修、宋祁《新唐書》卷一九七《田仁會傳》 田仁會，雍州長安人。祖軌，隋幽州刺史，封信都郡公。永徽中，爲平州刺史，歲旱，自暴以祈，而雨大至，穀遂登。人歌曰：「父母育我兮田使君，挺精誠兮上天聞，中田致雨兮山出雲，倉廩實兮禮義申，願君常在兮不患貧。」

宋・歐陽修、宋祁《新唐書》卷二二《劉憲傳》 劉憲字元度，宋州寧陵人。父思立，在高宗時爲名御史，于時河南、北大旱，詔遣御史中丞崔謐等分道賑贍，思立建言：「蠶務未畢而遣使撫巡，所至不能無勞餞。又賑給須立簿最稽出入，往返停滯，妨廢且廣。若無驛處，馬須豫集，以一馬勞數家，今農事待雨興作，輟日役，破歲計，本欲安存，更煩擾之。望且責州縣給貸，須秋遣使便。」詔聽，罷謐等行。

宋・程顥《程氏經説》卷五 大雩：成王尊周公，故賜魯重祭，得郊禘大雩。大雩，雩于上帝，用盛樂也。諸侯雩于境内之山川耳。成王之賜，魯公之受，皆失道也。故夫子曰：魯之郊禘，非禮也。周公其衰矣。大雩歲之常祀，不能皆書也，故因其非時則書之。遇旱災則非時而雩，書之。所以見其非禮且志旱也，郊禘亦因事而書。

三十有一年冬不雨。一歲三築臺，明年春城小穀，故冬書不雨。閔之深也。

宋・蘇軾《東坡全集》卷五《問雩月何以爲正》 對：雩者，先王所以存夫愛民之心而已也。天之應乎人君者，以其德不其言也。人君修其德，使之無愧乎。其中而又何禱也。雖然，當歲之旱也，聖人不忍安坐而視民無告，故爲之雩。雩者，先王之所以存夫愛人之心而已也。爲傳者不達乎此，而爲是非紛紛之論，亦可笑矣。《穀梁傳》曰：月雩，正也。秋大雩，非正也。冬大雩，非正也。月雩之爲正何也？其時窮人力盡，是月不雨，則無及矣。雩之必待其時窮人力盡，何也？雩者，爲旱請也。古人之重請以爲非讓也。嗚呼！爲民之父母，安視其急而曰毛澤未盡，人力未竭，以行其區區之讓哉。愚以爲，凡書雩者，記旱也。一月之旱，故雩書月。一時之旱，故雩書時。書雩之例時月而不日。唯昭公之末年八月上辛大雩，季辛又雩。而昭公之雩，非旱雩也。公羊以爲又雩者，聚衆以逐季氏。然則旱雩之例，亦可見矣。《傳例》曰，凡災異歷日者月，歷月者時，歷時者加日，又雩，記旱也。旱記災也，故愚以此爲例謹對。

清《淵鑑類函》卷二二 京氏《别對災異》曰，久旱何？曰：人君無施澤惠利于下，則致旱也。不救即蝗蟲殺穀。其救也，省謫罰行寬大，惠兆民勞功，吏賜鰥寡廩不足。

《神農求雨書》曰：春夏，雨日而不雨，甲乙命爲青龍，又爲火龍，東方小童舞之。丙丁不雨，命爲赤龍，南方壯者舞之。戊己不雨，命爲黄龍，壯者舞之。庚辛不雨，命爲白龍，又爲火龍，西方老人舞之。壬癸不雨，命爲黑龍，北方老人舞之。如此不雨，潛處闔南門，置水其外，開北門，取人骨埋之。如此不雨，命巫祝而暴之。不雨，神山積薪擊鼓而焚之。《神異經》云：南方有人，長二三尺，袒身而目在頂上，行走如風，名曰魃。所見之國大旱，赤地千里。一名狢，遇者得之，投溷中乃死，旱災消也。《增尸子》曰：湯之救旱也，乘素車白馬，著布衣，身嬰爲牲，禱于桑林之野。《世説》曰：湯時大旱七年，雒川竭，煎沙爛石，乃使持三鼎祝山川，教祝曰：政不節耶，使人疾耶，賄賂行耶，讒夫昌耶，宫室崇耶，女謁盛耶，何不雨之甚耶。原《洪範五行傳》曰：魯桓公五年大雩，旱也。先是公弑君，而立有自危之心，而下有怨懟之氣，外結大國娶于齊以爲夫人。後比二年，天子使大夫來聘，極上得天子意，憑大國之心，則有亢陽之意，以御臣下，興邢丘之役，以勞百姓，則臣下離心而不從，故應是而秋大旱。增又曰：魯宣公十年秋，大旱。時公興師與齊伐葉，夫伐國亢陽，蓋師旅百姓所不欲也。應時大旱。

原《左傳》曰：衛大旱，卜有事于山川，不吉寧。莊子曰：昔周饑，克殷而年豐，天其或者欲使衛討邢乎？從之。師興而雨。又曰：夏大旱，公欲焚巫尪，臧文仲曰：非旱備也，脩城郭，貶食省用，務穡勸分，此其務也。巫尪何爲？天欲殺之，則如勿生，若能爲旱，焚之滋甚，公從之。是歲饑而不害。

韓子曰：晉公使師曠奏清徵。師曠曰：清徵不如清角。平公曰：清角可得聞乎？師曠曰：君德薄不足以聽之，聽之將恐有敗。公曰：寡人老矣，所好者音，願遂聽之。師曠不得已而鼓之。一奏之，有雲從西北方起。再奏之，大風至，大雨隨之，裂帷幕，破俎豆，隳廊瓦，坐者散走，平公恐懼，伏于廊室。晉國大旱，赤地三年，平公之身遂癃病。

《左傳》曰：鄭大旱。使屠擊有事於桑山，斬其木，不雨。子産曰：有事于山，藝山林也，而斬其木，其罪大矣。

晏子曰：齊大旱。公召羣臣問曰：天不雨久矣，民且飢色，吾使人卜之，祟在高山廣澤，寡人少賦斂，以祠靈山可乎？羣臣皆莫有對者。晏子進曰：不可，祠此無益也。夫靈山固以石爲身，以草木爲毛髮，天久不雨，髮將燋，身將熱。

彼獨不欲雨乎？祠之何益？

《家語》曰：孔子在齊，齊大旱，春饑。哀公問于孔子曰：旱如之何？孔子曰：凶年則乘駑馬，力役不興，馳道不脩，祈以幣玉，祭事不懸，祀以下牲，此則賢君自貶以救民之禮也。

《汝南先賢傳》曰：袁安爲楚相，會楚王英事互相牽引，拘繫者千餘人，三年而獄不決，坐掠幽而死者百餘人。天用災旱，赤地千里。安受拜，即控轡而行，既到决獄事，人人具録其辭狀，本非首謀，爲主所引，應時理遣，一旬之中延千人之命。其時甘雨滂霈，歲大豐稔。

《東觀漢記》曰：和熹鄧后稱制。京師旱，至五月朔。太后幸雒陽寺省庶獄，舉冤囚。杜冷不殺人，自誣被掠羸困，使輿見，畏吏不敢自理，吏將去，微疾舉頸，若欲有言。太后察視覺之，即呼還問狀，遂信。即時收令，下獄抵罪，尹左遷。行未還宫，澍雨大降。

《孔叢子》曰：子豐拜高第御史。建初元年，歲大旱。乃上疏曰：臣聞爲不善而災報得其應也。爲善而災至，遭時運也。陛下即位日新，視民如傷而不幸耗旱，時運之會耳，非政教之所致也。昔成湯遭旱，因自責減御損膳而大有年，天意者，陛下未爲成湯之事焉。天子納其言，而從之三日，雨即降。轉拜黄門侍郎，典東觀事。

《會稽典録》曰：夏香，字曼卿，永興人也，爲農夫。香挺然特立，明果獨斷。年十五，縣長葛君出臨虛里會客飲宴，時郡遭大旱，香進諫曰：昔殷湯遭旱，以六事自責而雨澤應澍，成王悔過，偃禾復起。自古先聖畏懼天異，必思變復以濟民命。今始罹天災，縣界獨甚，未聞明達崇殷周之德，臨祭獨歡，百姓枯瘁，神祇有靈，必不享也。百姓不足，君孰與足？宜當還寺，長即罷會，身捐俸禄以贍飢民。

清・嵇璜、劉墉等《續通志》卷一三三 唐(元)〔玄〕宗開元五年記載裴漼旱役之説：睿宗造金仙、玉真二觀。時旱甚，役不止。漼上言：春夏毋聚大衆，起大役，不可興土功，妨農事。若役使乖度，則有疾疫水旱之烖。此天人常應也。今自冬徂春，雨不時降，人心憔然，莫知所出。而土木方興，時暵之孽，職爲此發。春秋莊公三十一年，冬不雨，是時歲三築臺。僖公二十一年夏大旱，是時作南門。陛下以四方爲念，宜下明制，令二京營作和市木石一切停止，有如農桑失時，户口流散，雖寺觀營立，能救饑寒敝哉？

清・嵇璜、劉墉等《續通志》卷三〇七　宋太宗太平興國：荆南府，府俗尚淫祀，屬久旱，盛陳禱雨之具。郭贄始至，命悉撤去投之江，不數日大雨。

清・嵇璜、劉墉等《續通志》卷三三二　宋仁宗、真宗《實録》：李行之才，真宗雅亦知之，再遷侍御史。陝西旱蝗，命往安撫，發倉粟救，乏絶，又蠲耀州積年逋租還。仁宋慶曆年間，鄭驤建言蜀人引江水溉田，率有禁。歲旱利不均，宜弛其禁。又言：京西旱，舊禁粟無出國門，可且勿禁。

清・嵇璜、劉墉等《續通志》卷四〇〇　宋理宗寶慶年間：綱謂：治盜雖尚嚴，豈得鍜鍊傅會以成其罪。於是，得減死禱雨。龍瑞宫有物蜿蜒，朱色，盤旋壇上者三日。綱曰：吾欲雨而已，毋爲異以惑衆。言未竟，雷雨大至。歲以大熟。

清・畢沅《續資治通鑑》卷一一《宋紀十一》（太宗太平興國八年）九月乙丑，帝謂宰相曰：「朕念民耕稼之勤，春秋賦租，軍國用度所出，恨未能去之。比令兩税三限外，特加一月，而官吏不體朝旨，自求課最，恣行捶罰，督令辦集。此一事尤傷和氣，宜申儆之。」乃詔：「諸州長吏察訪屬縣，有以催科用刑殘忍者論其罪。」又謂宰相曰：「民訴水旱，即使檢覆，立遣上道，猶恐後時。頗聞使者或逗留不發，州縣慮賦斂違期，日行鞭箠，民亦俟檢覆改種。若此稽緩，豈朕勤卹之意乎！自今遣使檢覆災旱，量其地之遠近，事之大小，立限以遣之。」

清・畢沅《續資治通鑑》卷一五《宋紀十五》（太宗端拱二年）自秋徂冬不雨，知制誥田錫上言：「此實陰陽不和，調燮倒置，上侵下之職而燭理未盡，下知上之失而規過未能。」疏入，帝及宰臣皆不悦，出錫知陳州。

清・畢沅《續資治通鑑》卷一六《宋紀十六》（太宗淳化四年，）帝以江、淮、浙、陝比歲旱災，民多轉徙，頗恣攘奪，抵冒禁法，己卯，遣工部郎中韓援〔授〕、考功員外郎潘慎修等八人分路巡撫，俾招集流亡，導揚壅遏，按決庶獄，率從輕典。有可以惠民者，悉許便宜從事。官吏罷軟苛刻者上之。詔令有所未便，亦許條奏。

清・畢沅《續資治通鑑》卷二九《宋紀二十九》（真宗大中祥符三年）十二月，及將有汾陰之役，會歲旱，京師近郡穀價翔貴。奭遂奏疏曰：「先王卜征五年，歲習其祥，祥習則行，不習則增修德而改卜。陛下始畢東封，更議西幸，則非先王卜征五年慎重之意，其不可一也。夫汾陰后土，事不經見。昔漢武帝將行封禪大禮，欲優游其事，故先封中岳，祀汾陰，始巡幸郡縣，浸尋于泰山。今陛下既已登封，復欲行此，其不可二也。《周禮》圜丘、方澤，所以郊祀天地，今南北郊是也。漢初承秦，唯立五畤以祀天，而后土無祀，故武帝立祠於汾陰。自元、成以來，從公卿之義，徙汾陰后土于北郊，後之王者多不祀汾陰。今陛下乃欲舍北郊而祀汾陰，其不可三也。西漢都雍，去汾陰至近。今陛下經重關，越險阻，輕棄京師根本，其不可四也。河東者，唐王業所起之地，唐又都雍，故明皇間幸河東，因祀后土，與聖朝事異。今陛下無故欲祠汾陰，其不可五也。夫遇災而懼，周宣所以中興。比年以來，水旱相繼，陛下宜側身修德以荅天譴，豈宜下徇姦回，遠勞民庶，忘社稷之大計，慕簫鼓之盤游！其不可六也。夫雷以二月出，八月入，失時則爲異。今震雷在冬，爲異尤甚。天戒丁寧，陛下未悟，其不可七也。先王先成民而後致力于神，今國家土木之功，累年未息，水旱作沴，饑饉居多，乃欲勞民事神，神其享之乎！其不可八也。陛下欲行此禮，不過如漢武帝、唐明皇刻石頌功而已，此皆虚名也。陛下欽明濬哲，當追蹤二帝、三王之事，豈止效此虚名！其不可九也。唐明皇嬖寵害政，姦佞當塗，身播國屯，兵纏魏闕。今議者引開元故事以爲盛烈，乃欲倡導陛下而爲之，其不可十也。臣猶懼言不逮意，願少賜清問，以畢其説。」

清・畢沅《續資治通鑑》卷三三《宋紀三十三》（真宗大中祥符九年）秋七月乙卯，分命内臣與轉運使、諸州通判、職官按視蝗傷苗稼，仍許即時改種，悉除其租。申禁宫城音樂十日。癸亥，上封者言：蝗旱由大臣子弟恣横所致。詔曰：「近以蝗蝝傷於苗稼，考前書之所記，由部吏之侵漁。屬者郡縣之官，冒法不檢，子弟之輩，怙勢肆求，民實怨嗟，氣用堙鬱，俛從輕典，恐長弊風。自今士大夫各務敦修，更思教勖，姑念保家之美，勿貽敗類之羞，苟掇顯尤，難從末減。仍令所在官司謹察視之！」

清・畢沅《續資治通鑑》卷三七《宋紀三十七》（仁宗天聖五年，）陝西轉運司言，同、華等州旱，虸蚄蟲食苗。太常博士、祕閣校理、國史院編修官謝絳上疏曰：「去年京師大水，敗民廬舍，河渠暴溢，幾冒城郭。今年苦旱，百姓疫死，田穀焦槁，秋成絶望，此皆大異也。陛下夙夜勤苦，思有以攬塞時變，固宜改更理化，下罪己之詔，修順時之令，宣羣言以導壅，斥近幸以損陰。而聖心優柔，重在改作，號令所發，未聞有以當天心者。夫風雨寒暑之於天時，爲大信也。信不及於物，澤不究於下，則水旱爲沴。近日制命有信宿輒改，適行遽止，而欲風雨以信，其可得乎！

清・畢沅《續資治通鑑》卷四二《宋紀四十二》（仁宗康定元年，）以知同州龐籍爲陝西都轉運使。籍嘗上言：「連年災異，天久不雨，臣竊謂凡乘輿所用，宮中所費，宜取先朝爲則。今宿師西鄙，力戰重傷，方獲功賞，而内官、醫官、藥官，無功時享豐賜，故天下指目，謂之三官。願少裁損，專厲戰功，寇不足平也。」

清・畢沅《續資治通鑑》卷四八《宋紀四十八》（仁宗慶曆七年，）昌朝與育數爭論帝前，論者多不直昌朝。時方閔雨，昌朝引漢災異册免三公故事，上表乞罷。御史中丞高若訥在經筵，帝問以旱故，若訥因言：「陰陽不和，責在宰相。《洪範》：『大臣不肅，則雨不時若。』」帝用其言，即罷昌朝等。尋復命育知許州。

清・畢沅《續資治通鑑》卷七〇《宋紀七十》（神宗熙寧七年）三月，翰林學士韓維對延和殿。帝曰：「天久不雨，朕夙夜焦勞，奈何？」維曰：「陛下憂閔旱災，損膳避殿，此乃舉行故事，恐不足以應天變。願陛下痛自責己，下詔廣求直言，以開壅閉。」帝感悟，即命維草詔行之。乙丑，詔曰：「朕涉道日淺，闇於致治，政失厥中，以干陰陽之和，乃自冬迄今，旱暵爲虐，四海之内，被災者廣。間詔有司，損常膳，避正殿，冀以塞責消變，歷日滋久，未蒙休應。

清・畢沅《續資治通鑑》卷一一二《宋紀一百十二》（高宗紹興三年）七月，庚辰，輔臣奏事，吕頤浩言雨足，帝曰：「日者亢旱，朕甚憂之，以穡事無望矣。今霑足如此，殆將有秋。《春秋》二百四十二年，書大有年者纔一，書有年者再而已。以此知豐登之難得也。」先是自六月丙午不雨，帝命議獄刑，弛力役，進素饍，及是雨乃足，翼日，帝始御玉食焉。

清・畢沅《續資治通鑑》卷一一六《宋紀一百十六》（高宗紹興六年）三月，綱又言：「今日之事，莫利營田。然淮南兵革，江湖旱災之餘，民力必不給。謂宜令淮南、襄、漢宣撫諸使，各置招納司，以招納京東、西、河北流移之民。明出文榜，厚加撫諭，撥田土，給牛具，貸種糧，使之耕鑿。許江、湖諸路于地狹人稠地分自行招誘，而軍中兵願耕者聽，則人力可用矣。初年租課，盡畀佃户，方耕種時，仍以錢糧給之，秋成之後，官爲糴買，次年始收其三分之一，二年之後乃收其半，罷錢糧，此其大概也。不然，徒有營田之實，何補于事！」詔都督府行（行府）措置。其後頗施行之。

清・畢沅《續資治通鑑》卷一一八《宋紀一百十八》（高宗紹興七年）秋七月辛巳，張浚等奏禱雨備至，未獲休應，帝曰：「應天須以實，如卹刑、弛役之類，當更有實惠可及民者。朕曉夜思之，如積欠一事，爲民之害甚大。比因移蹕，所過州郡，下蠲除之令，民間極喜。可將紹興五年以前稅賦積欠及其他逋負，議蠲之，庶幾少蘇民力。」浚等退而條具，悉施行焉。

清・畢沅《續資治通鑑》卷一四〇《宋紀一百四十》（孝宗乾道四年）八月乙未，頒祈雨雪之法於諸路。

清・畢沅《續資治通鑑》卷一四三《宋紀一百四十三》（孝宗乾道九年）八月丙子，臣僚言江西連歲荒旱，不能預興水利爲之備，乃降詔曰：「朕惟旱乾、水溢之災，堯、湯盛時有不能免，民未告病者，備先具也。豫章諸郡，但阡陌近水者，苗秀而實；高仰之地，雨不時至，苗輒就槁。意水利不修，失所以爲旱備乎？今諸道名山，川源甚衆，民未知其利。然則通溝瀆，瀦陂澤，監司、守令顧非其職歟？其爲朕相丘陵原隰之宜，勉農桑，盡地利，平繇行水，勿使失時，朕將即勤惰而寓賞罰。」十一月辛亥，臣僚言：「今歲旱傷，非特浙東被害，如江西諸州，例皆闕雨，禾稻不收，而贛、吉二州尤甚。江東之太平、廣德，淮西之無爲軍、和州，多是先被水患，繼之以旱。其間州郡，或有諱言境内災傷，不即申陳，致失檢放條限。或有雖曾申聞，指（措）置賑濟事件，朝廷未與行下。救荒之政，譬如拯溺救焚，勢不可緩，今欲從朝廷專委逐路提舉官躬親巡歷，如委係失收，不曾檢放，或檢放不實者，仰將今年苗米依合減分數，權行停閣，令候來年秋熟帶納。其有和糴米斛、拋降馬料及諸色科買，並權與住罷一年。應合賑糶、賑濟者，許提舉官將一路見管常平義倉米通融撥借應副。其有諸州已條畫到措置賑濟事件，朝廷速降指揮。庶幾官吏便可奉行，百姓早被實惠。」詔從之。

清・畢沅《續資治通鑑》卷一四四《宋紀一百四十四》（孝宗淳熙二年）十一月，己巳，提舉江東潘甸，提舉淮東葉翥，權發遣平江府陳峴，言修治陂塘事，帝曰：「昨委諸路興修水利以備旱乾，今歲災傷，乃不見有灌溉之利，若非修築滅裂，即是元申失實。江東被傷分數尤甚，潘甸特降一官，落職；葉翥降兩官，陳峴一官。」

清・畢沅《續資治通鑑》卷一四七《宋紀一百四十七》（孝宗淳熙七年）十一月壬申，知南康軍朱熹，請將今年苗米除檢放外，有合納苗米九千九百石，撥充軍糧，帝曰：「南康旱傷，已撥米賑濟矣。可更依所請。」趙雄曰：「聖德簡儉，惟利百姓，則不惜内帑。」帝曰：「向來於内帑無妄用，上以奉二親，下以犒軍而已。」

清・畢沅《續資治通鑑》卷一四八《宋紀一百四十八》（孝宗淳熙九年）秋

七月，提舉浙東常平朱熹，以前後奏請多見抑，幸而從者，率稽緩後時，又以旱蝗相仍爲憂，疏言：「爲今之計，獨有斷自聖心，沛然發號，責躬求言，然後君臣相戒，痛自省改。其次惟有盡出内庫之錢，以供大禮之費，爲收糴之本，詔户部無得催理舊欠，諸路漕政遵依條限檢放租税，詔宰臣沙汰被災路分州軍監司、守臣之無狀者，遴選賢能，責以荒政，庶足以下結人心，消其乘時作亂之意。不然，臣恐所憂者不止於餓殍而在於盜賊，蒙其害者不止於官吏而上及於國家也。」

清·畢沅《續資治通鑑》卷一五一《宋紀一百五十一》（孝宗淳熙十五年）冬十月丙寅，知湖州趙思言：「湖州實瀕太湖，有隄爲之限制，且列二十七浦漊，引導湖水以溉民田，各建斗門以爲蓄泄之所，視旱澇爲之啓閉。去歲之旱，高下之田俱失霑溉，委官訪求遺跡，開濬浦漊，不數日間，湖水通徹，遠近獲利，而於斗門因加整葺，請詔守臣，逐歲差官親詣湖隄相視，開濬浦漊，補治斗門，庶幾永久。」從之。

清·畢沅《續資治通鑑》卷一五二《宋紀一百五十二》（光宗紹熙三年）四月，金地旱，參知政事張萬公等，乞依漢故事免官，金主曰：「卿等何罪！殆朕行事有不逮者。」萬公曰：「天道雖遠，實與人事相通，惟聖人言行可以動天地。昔成湯以六事自責，周宣遇災而懼，側身修行，莫不修飾人事。方今宜崇節儉，不急之役，無名之費，可俱罷去。」金主曰：「災異不可專言天道，蓋必先盡人事耳。故孟子言王無罪歲。」

清·畢沅《續資治通鑑》卷一五五《宋紀一百五十五》（寧宗慶元六年）秋七月，金平章政事張萬公乞致仕。時北部雖罷兵，而邊事方殷，連歲旱暵，災異數見，又多變更制度，民以爲不便，旋又改之，紛紛無定。萬公素沈厚深謹，務安静少事，與同列議多不合。然頗嫌畏，不敢犯顔强諫，須金主有問，然後審察利害而質言之，金主雖稱善而弗行，故萬公以衰病丐閒。辛未，金主諭曰：「近卿言數事，朕未嘗行，乃朕之過。卿年未老而遽告病，今特賜告兩月，復起視事。」

九月，先是金有司議於西南、西北路沿邊築壕塹以備蒙古。役未就，御史臺言所開旋爲風沙所平，無益於禦侮而徒勞民。金主嘗以旱，問張萬公致災之由，萬公對曰：「勞民之久，恐傷和氣，宜從御史臺言罷之。」

清·畢沅《續資治通鑑》卷一五六《宋紀一百五十六》（寧宗嘉泰三年）夏四月丁巳，金敕有司祈雨，仍頒土龍法。

清·畢沅《續資治通鑑》卷一六八《宋紀一百六十八》（理宗端平二年）上言：「臣考致旱之由，曰和糴增多而民怨，流散無所歸而民怨，檢税不盡而民怨，籍貲不以罪而民怨，凡此皆起於大兵之後，而勢未有以消之，故愈積而愈極也。成湯，聖主也，而桑林之禱，猶以六事自責。陛下願治，七年於此，災祲饑饉，史不絶書，其故何哉？朝令夕改，靡有常規，則政不節矣；行齎居送，略無罷日，則使民疾矣；陪都園廟，工作甚殷，則土木營矣；潛邸女冠，聲焰滋熾，則女謁盛矣；珍玩之獻，罕聞卻絶，則苞苴行矣；鯁切之言，類多厭棄，則讒夫昌矣；此六事者，一或有焉，猶足以致旱。望亟降罪己之詔，修六事以回天心。羣臣之中，有獻聚斂、剽竊之論以求進者，必重黜之，俾不得以上誣聖德，則旱雖烈猶可弭，不然，民怨於内，敵逼於外，事窮勢迫，何所不至！陛下雖謀臣如雲，猛將如雨，亦不知所以爲策矣。」帝然之。

清·畢沅《續資治通鑑》卷一七六《宋紀一百七十六》（理宗景定元年）五月，張文謙在中書省，以安國便民爲務。王文統見信於蒙古主，素忌文謙，議論不相下，故文謙求外出。將之大名，語文統曰：「民困日久，況當大旱，不量減賦，何以慰來蘇之望？」文統曰：「上新即位，國家經費正仰税賦，苟復減損，何以供給？」文謙曰：「百姓足，君孰與不足！俟時和年豐，取之未晚也。」於是蠲常賦十之四，商酒税十之一。

清·畢沅《續資治通鑑》卷一九七《元紀十五》（武宗至大三年）累年山東、河南諸郡，蝗、旱洊臻，郊關之外，十室九空，民之扶老攜幼就食他所者，絡繹道路，其他父子、兄弟、夫婦至相與鬻爲食者，比比皆是。當此災異之時，朝廷宜減膳、徹樂，去幾、緩刑，停一應不切之役。

清·祁俊藻《馬首農言·備荒》 區田，劚地爲區，布種而灌溉之，可備旱荒。櫃田，築土如櫃，種藝其中，以時疏洩，可備水荒。行之山國，則櫃田尚可。區田非宜，以無水可灌溉耳。至於蝗災，吾邑罕見。惟蚜蚄傷稼，乃旱蟲也。農人言，此蟲遇白項鴉羣飛則滅。秉畀炎火，可以治蝗，不能除蚜蚄也。水、旱、蟲災皆難備禦，則蓄積之法不可不講。北方高燥，無霉變之虞，粟可支久。耕三餘一，耕九餘三，謹其蓋藏，毋縱商販囤積。一遇歉歲，富民或施貸，或平糶，不待蠲賑，而民無死徙。救荒之策，無善於此。必不得已，則所謂《救荒本草》《野菜博録》《康濟録》諸書，皆可參試。至王氏《農書》附載辟穀數方，則又不得已之下策矣。道光十一年，壽陽大旱，予弟宿藻與村人議周急之策。其略曰：「今歲旱荒，秋成歉薄，不敵去歲之半。數百里内，米價騰踴。閏九月間，邑侯鍾公汪傑令於城闕市鎮各處號囤禁米，平價出糶。救時卹災，誠善政也。但村舍無糧，去市較遠，寒餓之人，負米往來數十里，頗覺費力。且有孤貧、婦女、老病、幼弱之人，升合所需，早晚零買，既不能遠赴城市，又不能多辦錢鈔，告糴無門，取攜不便，晨餐夕飯，幾於斷炊。此合社所共知，同人難坐視者也。茲於十二月十五日鳴鐘齊集北寺，村人公議，量力捐貲，得錢若干，存社買米，隨時隨價，公入公出。現錢買米，不短不賒。錢米輪轉，運濟周流。迨至明歲秋收，糧米充足，販糶有人，給用不乏，復將錢本各歸原人。再者，量米之時，議有定數。多，不許過一升。少，則合勺聽便。祇給貧户不時之需，難供大衆無窮之用。至於力辦斗粟人家，自宜仍赴城市糴買。村社錢少米缺，勢難支應。公議至平，事出情願。如有隱蔽、偷減、攘奪之事，不遵約束，輕則合社議罰，重則稟官究治。凡我村人，各宜安貧守儉，自食其力，無慢無私，以期感召豐亨也。

綜述

漢・鄭玄《起廢疾》 何休曰：公羊書雩者，善人君應變求索。不雩則言旱，旱而不害物，言不雨也。就如穀梁，設本不雩，何以明之？如以不雨明之，設旱而不害物，何以别乎？釋曰：雩者，夏祈穀實之禮也，旱亦用焉。得雨書雩，明雩有益。不得雨書旱，明旱災成，後得雨無及也。國君而遭旱，雖有不憂民事者，何乃廢禮，本不雩禱哉？顧不能致精誠也。旱而不害物，故以久不雨别之。文二年，十三年，自十有二月，自正月不雨，至於秋七月，是也。《穀梁傳》曰：歷時而言不雨，文不閔雨也。以文不憂雨，故不如僖時書不雨。文所以不閔雨者，素無志於民，性退弱而不明，又見時久不雨而無災耳。

唐・歐陽詢《藝文類聚》卷一〇〇《災異部》 旱

《春秋考異郵》曰：旱之言悍也，陽驕蹇所致也。

《山海經》曰：泰華之上，削成而四方，有蛇名曰肥遺，六足四翼，見則天下旱。又曰：東荒北隅有山，名土邱，應龍處南極，殺蚩尤夸父，不得復上，故下數旱。旱而作龍，應之乃得大雨。

周官曰：司巫掌羣巫之政令，若國大旱，則率巫而舞雩。《禮記》曰：歲旱，穆公召縣子而問焉。曰：天久不雨，吾欲暴尫而奚若？曰：天則不雨，曝人之疾，子虐，毋乃不可與。然，則吾欲曝巫而奚若？曰：天則不雨，而望之愚婦人，於已求之，毋乃已疎乎？徙市則奚若？曰：天子崩，巷市七日。諸侯〔公〕薨，巷市三日，爲之徙市，不亦可乎。

韋曜《毛詩》問曰：雲漢之詩，旱魃爲虐。《傳》曰：魃，天旱鬼也。《箋》曰：旱氣生魃，天有常神，人死爲鬼，不審旱氣，生魃奈何？答曰：魃鬼，人形，眼在頂上，天生此物則將旱也。天欲爲災，何所不生，而云有常神者耶。

《左傳》曰：鄭大旱，使屠擊有事於桑山，斬其木，不雨。子産曰：有事於山，藝山林也，而斬其木，其罪大矣。又曰：衛大旱，卜有事於山川不吉甯。莊子曰：昔周飢克殷，而年豐，天其或者欲使衛討邢乎？從之，師興而雨。又曰：夏大旱，公欲焚巫尫。臧文仲曰：非旱備也，修城郭，貶食省用，務穡勸分，此其務也。巫尫何爲，天欲殺之？則如勿生，若能爲旱，焚之滋甚。公從之。是歲，饑而不害。

《春秋繁露》曰：水干土，則大旱。

《家語》曰：孔子在齊，齊大旱，春饑。哀公問於孔子曰：旱如之何？孔子曰：凶年則乘駑馬，力役不興，馳道不修，祈以幣瑤。祭事不懸，祀以下牲。此則賢君自貶以救民之禮也。

管子曰：春不收枯骨於背，伐枯木而去之，則夏旱至矣。晏子曰：齊大旱，公召群臣問曰：天不雨久矣，民且飢色，吾使人卜之，祟在高山廣澤，寡人少賦斂以祠靈山可乎？群臣皆莫有對者。晏子進曰：不可，祠此無益也。夫靈山，固以石爲身，以草木爲毛髮，天久不雨，髮將焦，身將熱，彼獨不欲雨乎，祠之何益？

莊子曰：梁君出獵，見白鴈群，君欲射之。道有行者駭之，君怒欲射行者。其御公孫龍下車撫矢曰：昔先公時，大旱三年，卜之以人祠乃雨。公下堂頓首曰：吾欲所以求雨，以爲民也。當之言未卒，而天大雨，方千里者，何爲？於天而意於民。今君主以白鴈而欲殺人乎？

《洪範五行傳》曰：魯桓公五年，大雩，旱也。先是公弑君而立，有自危之心，而下有怨懟之氣，外結大國，娶於齊以爲夫人。後比二年，天子使大夫來聘極，上得天子意，憑大國之心，則有亢陽之意以御臣下，興州邱之役以勞百姓。

則臣下離心而不從，故應是而秋大旱。又曰：旱所謂常陽，不謂常陽而謂旱者，以爲災也。旱之爲言乾，萬物傷而乾不得水也。君持亢陽之節，暴虐於下，興師旅，勤衆勞民以起城邑，臣下悲怨而心不從，故陽氣盛而失度，故旱災應也。

《物理論》曰：陽盈而過，故致旱。

《神農求雨書》曰：春夏雨日而不雨，甲乙命爲青龍，又爲火龍，東方小童舞之。丙丁不雨，命爲赤龍，南方壯者舞之。戊巳不雨命爲黄龍，壯者舞之。庚辛不雨命爲白龍，又爲火龍，西方老人舞之。壬癸不雨命爲黑龍，北方老人舞之。如此不雨，潛處闔南門，置水其外，開北門取人骨埋之。如此不雨，命巫祝而曝之。曝之不雨，神山積薪擊鼓而焚之。

《黄帝占書》曰：日中三足烏，見者大旱赤地。

《師曠占》曰：歲欲旱，旱草先生。旱草者，蒺藜也。

《神異經》曰：南方有人，長二三尺，袒身而目在頂上，走行如風，名曰魃。所見之國，大旱，赤地千里。一名狢遇者得之，投溷中乃死，旱災消也。

京氏《别對災異》曰：久旱何？曰：人君無施澤惠利於下，則致旱也。不救，即蝗蟲害穀。其救也，省讁罰，行寬大，惠兆民勞功，吏賜鰥寡廩不足。

孔叢子曰：子豊拜高第御史，建初元年，歲大旱，乃上疏曰：臣聞爲不善而災報，得其應也。爲善而災至，遭時運也。陛下即位日新視民，如傷而不幸耗旱，時運之會耳，非政教之所致也。昔成湯遭旱，因自責，減御損膳而大有年，天意者。陛下未爲成湯之事焉。天子納其言而從之，三日雨即降，轉拜黄門侍郎，典東觀事。

《會稽典録》曰：夏香，字曼卿，永興人也，爲農夫。香挺然特立，明果獨斷。年十五，縣長葛君出臨虐星會客，飲宴時郡遭大旱。香進諫曰：昔殷湯遭旱以六事自責，而雨澤應澍。成王悔過，偃禾復起。自古先聖畏懼天異，必思變復以濟民命。今始罹天災，縣界獨甚，未聞明達，崇殷周之德，臨祭獨歡，百姓枯瘁，神祇有靈，必不享也。百姓不足，君孰與足。宜當還寺長，即罷會，身捐俸禄以贍饑民。

祈雨

《吕氏春秋》曰：昔者，殷湯克夏而王天下。五年不雨，湯乃以身禱於桑林。於是翦其髮，割其爪，以爲犧用，祈福於上帝。

荀卿《大略》曰：湯旱而禱曰：政不節？與使民疾與？宫室榮與？女謁盛與？苞苴行與？讒夫興與？何不雨至斯極也。

《説苑》曰：湯之時大旱七年，雒坼川竭，煎沙爛石。於是使人持三足鼎祝山川。教之祝曰：政不節耶？使民疾耶？盖辭未已而天下大雨。

《搜神記》曰：諒輔字漢儒，廣漢新都人，少給佐史，漿水不交，爲從事，大小畢舉，郡縣歛手。夏枯旱時，以五官掾出，禱山川曰：輔爲郡股肱，不能進諫納忠，薦賢退惡，和調陰陽，至令天下否滿，萬物焦枯，百姓喁喁，無所告訴。咎盡在輔。太守内省責已，自曝中庭，使輔謝罪，爲民祈福，曰無效，令敢自誓，至日中雨不降，請以身塞無狀，乃積薪柴將自焚焉。至禺中時，山氣轉起，雷雨大作，一郡霑潤，世以稱其至誠。

序　晉傅咸《喜雨賦》序曰：泰始九年，自春不雨以涉夏節，草木共然，百姓以堯有九載之水，湯有七年之旱，恐遭斯運，並有懼心。聖皇勞慮，分使祈禱，徧于群臣。余以太子洗馬，兼司徒請雨，百辟莅事三朝而大雨降。退作斯賦。

文　晉《曹毗請雨文》曰：下邳内史曹毗，敬告山川諸靈，頃節運錯戾，旱亢陰消，川竭谷虛。石流山燋，天無纖雲，野有横飈。盛夏應暑而或涼，草木無霜而自凋。遑遑農夫，輟耕田畔。悠悠舟人，頓棹川岸。雲根山積而中披，雨足垂零而復散。聖主當膳而減味，牧伯忘餐而過晏，民庶拊心而顰顣，搢紳不期而同歎。斯亦憂勤之極情，而明靈之達觀矣。

宋・司馬光《資治通鑑》卷一三六　武帝永明五年，魏春夏大旱，代地尤甚；加以牛疫，民餒死者多。六月，癸未，詔内外之臣極言無隱。齊州刺史韓麒麟上表曰：「古先哲王，儲積九稔；古者，三年耕，餘一年食；九年耕，餘三年食。以三十年之通制國用，則當有九年之蓄。國無九年之蓄曰不足，無六年之蓄曰急，無三年之蓄曰國非其國也。逮於中代，亦崇斯業，入粟者與斬敵同爵，力田者與孝悌均賞。今京師民庶，不田者多，遊食之口，參分居二。自承平日久，豐穰積年，競相矜夸，遂成侈俗。貴富之家，童妾袨服，工商之族，僕隸玉食；而農夫闕糟糠，蠶婦乏短褐。故令耕者日少，田有荒蕪；穀帛罄於府庫，寶貨盈於市里；衣食匱於室，麗服溢於路。飢寒之本，實在於斯。愚謂凡珍異之物，皆宜禁斷；吉凶之禮，備爲格式；勸課農桑，嚴加賞罰。數年之中，必有盈贍。往年校比户貫，租賦輕少。臣所統齊州，租粟纔可給俸，略無入倉，雖於民爲利而不可長久，脱有戎役，或遭天災，恐供給之方，無所取濟。可減絹布，增益穀租；年豐多積，歲儉出賑。所謂私民之穀，寄積於官，官有宿積，則民無荒年矣。」

宋・司馬光《資治通鑑》卷一三七　永明九年，魏自正月不雨至于癸酉，有司請祈百神，帝曰：「成湯遭旱，以至誠致雨，謂湯以六事自責也。固不在曲禱山川。今普天喪恃，喪，息浪翻。幽顯同哀，何宜四氣未周，謂一期而四時之氣始周。遽行祀事！唯當責躬以待天譴。」譴，去戰翻。

宋・司馬光《資治通鑑》卷一四〇　明帝建武三年七月，魏主以久旱，自癸未不食至于乙酉，羣臣皆詣中書省請見。帝在崇虚樓，遣舍人辭焉，且問來故。豫州刺史王肅對曰：「今四郊雨已霑洽，獨京城微少。細民未乏一餐而陛下輟膳三日，臣下惶惶，無復情地。」帝使舍人應之曰：「朕不食數日，猶無所感。比來中外貴賤，皆言四郊有雨，朕疑其欲相寬勉，未必有實。方將遣使視之，果如所言，即當進膳。」

宋・司馬光《資治通鑑》卷一九五　太宗貞觀十三年五月，旱。甲寅，詔五品以上上封事。魏徵上疏，以爲陛下志業，比貞觀之初，漸不克終者凡十條。其間一條，以爲頃年以來，輕用民力。乃云：「百姓無事則驕逸，勞役則易使。自古未有因百姓逸而敗、勞而安者也。」此恐非興邦之至言。

宋・司馬光《資治通鑑》卷二三一　德宗興元元年十一月，上曰：「朕方欲用卿，人亦何易可保！慎勿違衆，恐并爲卿累也。」泌退，遂上章，請以百口保滉。他日，上謂泌曰：「卿竟上章，已爲卿留中。雖知卿與滉親舊，豈得不自愛其身乎！」對曰：「臣豈肯私於親舊以負陛下！顧滉實無異心，臣之上章，以爲朝廷，非爲身也。」上曰：「如何其爲朝廷？」對曰：「今天下旱、蝗，關中米斗千錢，倉廩耗竭，而江東豐稔。願陛下早下臣章以解朝衆之惑，面諭韓皋使之歸覲，今滉感激無自疑之心，速運糧儲，豈非爲朝廷邪！」上曰：「善！朕深諭之矣。」

宋・司馬光《資治通鑑》卷二三五　貞元十一年春二月，陸贄既罷相，裴延齡因譖京兆尹李充、衛尉卿張滂、前司農卿李銛黨於贄。會旱，延齡奏言：「贄等失勢怨望，言於衆曰：『天下旱，百姓且流亡，度支多欠諸軍芻糧，軍中人馬無所食，其事奈何！』以動摇衆心，其意非止欲中傷臣而已。」

宋・司馬光《資治通鑑》卷二三六　貞元十九年十二月，京兆尹嗣道王實務徵求以給進奉，言於上曰：「今歲雖旱而禾苗甚美。」由是租税皆不免，人窮至壞屋賣瓦木、麥苗以輸官。優人成輔端爲謡嘲之；實奏輔端誹謗朝政，杖殺之。監察御史韓愈上疏，以「京畿百姓窮困，應今年税錢及草粟等徵未得者，請俟來年蠶麥。」愈坐貶陽山令。

宋・司馬光《資治通鑑》卷二四八　宣宗大中元年二月，癸未，上以旱故，減膳徹樂，出宫女，縱鷹隼，止營繕，命中書侍郎、同平章事盧商與御史中丞封敖疏理京城繫囚。大理卿馬植奏稱：「盧商等務行寬宥，凡抵極法，一切免死。彼官典犯贓及故殺人，平日大赦所不免，今因疏理而原之，使貪吏無所懲畏，死者銜冤無告，恐非所以消旱災、致和氣也。昔周饑，克殷而年豐，衛旱，討邢而雨降，是則誅罪戮姦，式合天意，雪冤決滯，乃副聖心也。乞再加裁定。」詔兩省五品以上議之。

宋・司馬光《資治通鑑》卷二五二　僖宗乾符元年春正月丁亥，翰林學士盧攜上言，以爲：「陛下初臨大寶，宜深念黎元。國家之有百姓，如草木之有根柢，若秋冬培溉，則春夏滋榮。臣竊見關東去年旱災，自虢至海，麥纔半收，秋稼幾無，冬菜至少，貧者磑蓬實爲麪，蓄槐葉爲齏；或更衰羸，亦難收拾。常年不稔，則散之鄰境；今所在皆饑，無所依投，坐守鄉閭，待盡溝壑。其蠲免餘税，實無可徵；而州縣以有上供及三司錢，督趣甚急，動加捶撻，雖撤屋伐木，雇妻鬻子，止可供所由酒食之費，未得至於府庫也。或租税之外，更有他徭；朝廷儻不撫存，百姓實無生計。乞敕州縣，應所欠殘税，並一切停徵，以俟蠶麥；仍發所在義倉，亟加賑給。至深春之後，有菜葉木牙，繼以桑椹，漸有可食；在今數月之間，尤爲窘急，行之不可稽緩。」敕從其言，而有司竟不能行，徒爲空文而已。

宋・司馬光《資治通鑑》卷二七三　莊宗同光三年夏四月初，五臺僧誠惠以妖妄惑人，自言能降伏天龍，命風召雨；帝尊信之，親帥后妃及皇弟、皇子拜之，誠惠安坐不起，羣臣莫敢不拜。時大旱，帝自鄴都迎誠惠至洛陽，使祈雨，士民朝夕瞻仰，數旬不雨。或謂誠惠：「官以師祈雨無驗，將焚之。」誠惠逃去，慚懼而卒。六月，帝苦溽暑，於禁中擇高涼之所，皆不稱旨。宦者因言：「臣見長安全盛時，大明、興慶宫樓觀以百數。今日宅家曾無避暑之所，宫殿之盛曾不及當時公卿第舍耳。」帝乃命宫苑使王允平別建一樓以清暑。宦者曰：「郭崇韜常不伸眉，爲孔謙論用度不足，恐陛下雖欲營繕，終不可得。」上曰：「吾自用内府錢，無關經費。」然猶慮崇韜諫，遣中使語之曰：「今歲盛暑異常，朕昔在河上，與梁人相拒，行營卑濕，被甲乘馬，親當矢石，猶無此暑。今居深宫之中而暑不可度，柰何？」對曰：「陛下昔在河上，勍敵未滅，深念讎恥，雖有盛暑，不介聖懷。今外患已除，海内賓服，故雖珍臺閒館猶覺鬱蒸也。陛下儻不忘艱難之時，則暑氣自消矣。」帝默然。宦者曰：「崇韜之第，無異皇居，宜其不知至尊之熱也。」帝卒命允平營樓，日役萬人，所費巨萬。崇韜諫曰：「今兩河水旱，軍食不充，願且息役，以俟豐年。」帝不聽。

宋・王珪《華陽集》卷二八　賜曾公亮旱災乞退第一表不允，斷來章批答省表具之。朕迹災祥之來，緣政教而起。乃大河之北，民饑薦臻，三輔之交，歲暵靡已。宿麥將瘁，嘉穀未敷。方佇雲霓之興，敢愛牲璧之舉，而卿内修政事，上格天心，忽時澤之應祈，已農疇之盈望。猶煩需牘，遂欲辭權。雖嘉引咎之恭，未體仰成之意。所請宜不允，仍斷來章。

宋・李綱《梁谿集》卷八五《親筆賑濟詔書》　朕以諸路去歲旱災，深慮細民艱食。而州縣府庫空虚，未知拯救之術，慨然在念，夙夜不忘。惟吾帥守監司委付一路，分朕憂顧者也，必不忍坐視不恤，其協力悉心，多方勸誘積米之家，俾其食用之餘，盡以出糶。尚庶幾濟兹數月流殍之苦，務修乃職，以副朕意。付李綱。

宋・李綱《梁谿集》卷八五《乞蠲免災傷路分人户四年積欠劄子》　臣已到江西本路界，首交割職事，延見父老，詢問民間疾苦。皆云：去歲旱傷之後，穀價翔踴，民間乏食，第三等户止是食粥，第四、第五等户多是掘草根而食。官中見催紹興四年積欠，無從可出。臣契勘下户積欠，有一二十户合納一石者。雖數目不多，然民無從出，復有公吏須索之擾，情實可憫。伏望聖慈特降睿旨，將災傷路分第三等已下人户紹興四年積欠特與蠲免，或權行倚閣，候秋成日隨苗送納。庶幾仰副陛下加惠元元之意。

宋・李綱《梁谿集》卷八六《畫一措置賑濟歷并繳奏狀》　契勘本路去歲旱災尤甚，今正當新陳不接之時，米價翔踴，細民闕食。下户流移，無本耕種。上軫聖慮，屢降德音，督責監司守令，廣行賑濟。今月二十二日，被受御筆詔書節文，令帥守監司多方勸誘積米之家，以其食用之餘，盡數出糶，庶幾濟此流殍數月之苦。

宋・李綱《梁谿集》卷八八《論賑濟劄子》　臣昨者入覲，伏蒙聖慈宣諭。江西旱災飢民闕食，使之推行賑濟。及至境上，又奉親筆詔書，令勸誘積米之家以其食用之餘盡數出糶，以濟流殍之苦。臣仰體天意，敢不夙夜自竭，以奉詔旨。自到本路，與監司協力行移州縣。凡有流徙闕食之民，通融斛斗，盡令給米收養，共賑濟五萬九十二人。又給歷州縣遣官檢察令，勸誘積米之家減價出糶米麥穀二十一萬八千一百二十四石五斗。其間亦有願入米麥以助官中賑濟者，臣已各項開具數目，别狀奏聞。訖契勘本路連年旱歉，去歲尤甚。臣到任之初，米一升價錢至一百三四十文。近來雨澤霑足，早禾已熟，米價頓減，新米一升止四五十文。將來秋成決有可望之理。此蓋陛下勤恤民隱，至誠惻怛，聖德感召和氣之所致。然今春小民乏本，田畝有不曾種蒔者甚多。人情方蘇，未宜重取，更望朝廷寬假有以涵養之，乃爲得計。昔周宣遇烖而懼，側身修行而王化復行，前日旱暵，安知不爲中興之資，在陛下特加聖意而已。干冒天威，不勝戰越。

宋・李綱《梁谿集》卷九三《獎諭賑濟詔書》　敕李某省所奏賑濟飢民招還流亡事具悉。朕臨朝，願治當寧興，嗟念百姓之多艱，恐一夫之失所，而去歲亢旱遍及江湖。誦雲漢之詩而不敢康，致桑林之禱而不敢怠。申飭使者分拯黎元，移粟他州，備修荒政，究兹惠術，責在帥臣。惟予廊廟舊弼之賢，能體國家勤恤之意，撫綏罷病，安輯流亡，方略敷施，功效顯著，推霖雨之餘潤，活一路之生靈。眷言忠勤，寔副倚賴，爲之嘉歎，至于再三。故兹獎諭，想宜知悉。

宋・李綱《梁谿集》卷九八《本路闕雨乞罷免奏狀》　右臣契勘本州自七月以後不雨，遣官致禱管下神祠、佛宇、應有仙聖靈跡去處及築壇塑龍，迎請聖水，躬親齋素，日事祈求，雖獲感應，並皆微細，不得霑足。見今晚田已是亢旱，此蓋守土之臣德薄人微，繆當方面之寄，精神不足以感格，政術不足以共理，致兹旱暵覃及一方。伏望聖慈特賜罷免，遴選帥守以寬憂顧。臣不勝祈天俟命，激切屏營之至。

宋・羅泌《路史》卷三九《神農求雨書》　大旱雩祭而祈雨，大水鳴鼓而攻社。被雩以青衣，繫社以朱索，此陰陽之義也。《神農求雨書》曰：春夏雨日而不雨，甲乙命爲青龍，又爲火龍，東方小童舞之。丙丁不雨，命爲赤龍，南方壯者舞之。戊己不雨，命爲黄龍，壯者舞之。庚辛不雨，命爲白龍，又爲火龍，西方老人舞之。壬癸不雨，命爲黑龍，北方老人舞之。如此不雨，潛處闔南門，置水其外，開北門，取人骨埋之。如此不雨，命巫祝而暴之。如此不雨，神仙積薪擊鼓而焚之。漢董仲舒爲請雨法：春，令縣以水日禱社稷山川。【略】劉歆致雨，其作土龍，吹律諸方備具，蓋本諸此。漢世旱，則公卿官長以次雩禮。士人舞僮，七日一易，如故事。自立春盡立秋，郡國上雨澤以爲農也。故尸子云：神農之理，天下欲雨則雨。五日爲行雨，旬日爲穀雨，旬五日爲時雨。萬物咸利，故曰神雨。五日一風，十日一雨，豈非太平之應哉。

宋・王之望《漢濱集》卷五《論賑濟狀》　臣去年十一月，伏準省劄，備奉聖旨，支撥常平錢米賑濟實被旱傷去處，或支用不足，即於存留舊宣撫司樁積錢米内取撥。本司措置行下州縣，依條體量，自第四等以下闕食以常平義倉米斛賑給。如本州屬縣米斛有闕，係沿流縣分，即自本州量度數目支撥。前去如不係沿流去處，即行下本處兑换税米。支散據用過數，將在州常平義倉撥還。若無合兑换税米，即約度合用米數估定在市實價，具數申本司以憑通融一路之數。移用支本錢前去糴買應副遂寧府等州見管斛斗，比諸州數多，即令減價出糶。據榮叙瀘州長寧軍富順監申，不係旱傷州縣，别無闕食飢流民外，潼川遂寧果合昌普資渠州懷安軍申劄到闕食飢民人數，今自十二月初六日以後，節次賑給，至今年三月終止，共賑濟過飢民一萬八千六百六十人，斛斗一萬一千四百八十二石二斗，出糶過斛斗五千七十石三斗，普州安居。樂至縣錢米不足，於潼川府通融應副過錢引三千八十五道七百七十六文。其舊宣撫司樁積錢米不曾取撥。州縣官吏推行有稍不如法者，亦懲治一二處，以此不敢違戾，朝廷實惠得以下及於民。一路之間，並無流殍，利澤洋溢，歌頌藹然，真盛德事，謹録奏聞。伏候勅旨。

宋·汪應辰《文定集》卷四　御劄問蜀中旱歉畫一回奏

臣準御前金字牌降到御寶實封劄子，伏蒙聖慈以問，蜀中缺雨，不甚有妨秋成否？倘爲旱甚，當作如何救濟，令臣詳具聞奏。臣遵稟聖訓，謹具畫一如後：

一、成都府路軍，惟成都府九縣，今歲大熟。其他雖豐歉不齊，互相乘除，亦可僅得中熟。惟是綿州旱甚，田苗不實。臣曾問權綿州李蘩何以爲計。李蘩云：本州有常平米一萬石，錢一萬貫，若更以錢糴米，可以添助賑濟。伏乞睿照。

一、臣伏見利路劍州旱歉，又甚于綿州。目今米價每石錢引十二三道，如武連縣已自絶市無米。臣嘗問劍州通判宇文紹奕本州利害。紹奕爲臣言，蜀中諸州如利閬綿梓等處，屯駐軍馬，並從官中應付錢糧。惟是劍州軍馬總領所令本州自行和糴。夏秋兩料糧六萬八千餘石，馬料二萬六百餘石。係以人户家業錢均敷總領所支，到糴本米每石錢引六道，馬料每石三道，又更高折絹估。以目今時值計之，民間不得半價，至于搬運輸納之費，又在其外。況劍州夏秋正税不過米麥二萬四百餘石，而和糴乃加數倍。如今年民間乏食，雖使有錢，亦無從得米。其劍州近處地名水口，係通水路。頃年曾于水口置廒收支，今若選委官員以糴本錢，就豐熟去處收糴米斛于水口，貯積支遣，可以寬減民力贍給軍糧，實爲兩便。臣竊謂州縣災傷，雖合納常賦，亦當減賦。豈可重賦之外，更此重困。若不及時拯救，民何以堪。臣已爲新除總領查籥詳言之。若查籥到司之後，必有措置。伏望聖慈，更賜行下總領所，相度施行。

再奏蜀旱歉

臣先準御前實封劄子以蜀中缺雨，倘爲旱甚，當作如何賑濟，令臣詳具聞奏者，臣除已遵稟條具外，今有續次合奏聞事件，謹具畫一如後：

一、成都府路惟綿州旱歉最甚。臣前已具奏外，今得總領查籥書云：綿州屯駐將兵歲支米五萬餘石，係總領所支錢就本州糴買應付。今歲諸縣荒旱，自八月至今絶無新米上市。官司雖追集牙人及賣米鋪户，多支本錢，勒令承買，例皆無米可賣。往往請錢而去，即便走竄上下，皇皇無以爲計。今來總領所措置，召募土豪自糴綿州米五萬石，更不于民間收糴，伏乞睿照。

一、利路惟劍州今歲旱歉最甚，臣前已具奏外，今得總領查籥書云：欲蠲免本州今年民間科糴一料。又得利路轉運判官王瑨書云：已差官檢踏本州災傷，俟見合減放數目，即依條施行。伏乞睿照。

所有劍州科糴曲折，臣前已詳悉具奏。今來更不再瀆聖聽。右臣竊以綿劍兩州若免得糴買軍糧，又依條減放災傷税租，將來更出糶常平米，可以接濟到麥熟，庶幾不爲甚害。臣又契勘得總領所累年敗壞之後，目今軍糧缺乏。若以常人處之，但應急取辦，豈暇恤民，而查籥尚未到司，乃能于此時隨事措置，救濟百姓，其處心行事，實爲過人。臣不敢不具奏知取進止。臣竊以唐劉晏理財以養民爲先，今如查籥所爲，亦使遠方監司守令皆知聖意，所在有所勸慕。十一月十一日三省同奉聖旨，查籥令學士院降詔奬諭。

御劄再問蜀中旱歉

臣準御前金字牌降到御寶實封劄子，伏蒙宣示：蜀中今夏缺雨，未知秋成之後，即今歲事何如，民間不知艱食否，可具奏來者契勘。臣先準御劄以蜀中倘爲旱甚，當作如何救濟，令臣詳具奏續。準尚書省劄子，三省同奉聖旨，給降度牒四百道，付臣專充糴本措置賑濟，不得别將他用。臣凡三次具奏所有蜀中豐歉、米價低昂及所以救濟之策，伏計悉已仰徹天聽。

宋·洪适《盤洲文集》卷四六《奏旱災劄子》八月十二日　臣比讀邸報，伏見陛下以江西、湖南旱暵，側身禱祈，屏徹葷味。又令帥臣監司汰擇守令，德至渥也。臣謂江東兩郡之旱，亦江西湖南之旱也。陛下必不慮遠而忘近，恤彼而緩此，特未達于天庭爾。及覩七月下旬，施行洪潭兩路賑恤，指揮猶未及乎江東兩郡，豈有司奏牘或未詳查，不能感動天聽耶？臣於是不謀於人而謀於心，不慮其身而慮其災，輒敢犯分言之。臣之鄉邦，自去夏五月至于今春曾無終日好雨。故陂塘所瀦之水甚鮮，並水之田僅能車畎播種。至于高卬之田，種不土入者，四境之内居三之一。自春接夏，或累日，或盈旬間得小雨，尚或不能破塊壞地軀坼，早稻焦枯，其瀕水低田有歲收千石米者，今有百石之穀。若是者，蓋無幾也。通六邑之中，百分不穫一二。自夏接秋，惟六月甲子得數刻之雨。既不濊潤，亦不周徧。節過白露，驕陽轉甚，晚稻又復槁矣。常歲八月，民種蕎麥，可充一兩月糧。異時饑饉，得蘿蔔、雜菜和米作糜，亦可度日。皆以久乾土硬，而不可種。自此不雨，則來年𪎭麥特未可望。小民艱食，或有攜妻子赴井同死者，或有聚衆强糴而相殺傷者，或有逢縣尉而持刃拒抗，致憲司傳以爲賊而出兵掩捕者。前月提舉官史俣入饒州界，親見流民襁負係道，俣恨無以留之。今去者紛紛，至于卒歲將十室九空，何以爲邦。自來水旱未嘗早闕絶粒，所闕廪食不過開歲數月。饒州去秋已小歉，八年早禾不穫，自季夏而食闕。若秋冬之交，有雨澤、有人力可以蓺，麥逆數成熟，尚有七八月期，士民上户，鮮有隔年之儲，猶無以自贍其家。故耕夫轉徙所不遑恤，率是交還牛犂，泣辭而後去。所留牛犢，無水可飲、無稈可積，不保其存也。田家營穀作種，尚且艱難。若人牛又闕，則向去春耕益爲可慮。蓋今歲之旱，起于饒州。若池之建德東流，與饒境相接者，亦薄旱。饒之德興，浮梁、安仁數村，與徽信相接者，則微有所收。江東之旱，惟饒與南康兩郡。出境則江洪，以往亦旱也。父老七十歲者，云自歷年以來，所未嘗見。今州縣若不免租，則有田者無以輸納。若放苗不收，則州縣何以給遣。切聞饒州有前年樁留三萬石米，已借充官兵月糧，所餘止有萬石。朝廷捐以與之，不過可支一月。見在常平義倉二萬餘石，併得去年儲粟賑贍，尚不能足。蓋六邑窮民有籍于官者，二十萬户。且約一家三口，家得石粟，僅能飽其一月之腹。爾倘官無餘粟，野有餓莩。歸之天災，無可奈何，可也不得已。有秩者，暫閣奉稍，亦可也。飢餓之民，散而之四方，不至聚而掠奪爲盜，幸也。數千營卒，一月無糧，其肯俛首餒死乎？臣區區過計，非私于鄉邦而然也。恐他日重貽旰食之憂，故具述凶歉之實以聞，不敢妄及臆説。伏望聖慈察其心而信其言，捄其災而弭其患。臣不勝戰汗待罪之至。

宋·朱熹《晦庵集》卷一一　貼黄

本軍管内去秋晚田旱損，去冬地震有聲。臣已各具奏聞。去訖是後，一向闕雨，耕牛疫死。今雖得雨，恐已後時，而牛死不止，勢甚可慮。伏乞睿照，臣昨蒙賜對面奉玉音，治天下當以正心誠意爲本，常竊仰歎，聖學高明，深達治本。如此天下安得不治。比年以來，乃聞道路之言，妄謂陛下惡聞正心誠意之説。臣下當進對者至相告戒以爲語忌。臣雖有以決知其不然，然竊深慮此語流傳，上累聖德下惑羣聽。伏望睿明，更賜財幸。

宋·朱熹《晦庵集》卷一三　延和奏劄四

臣比因講求荒政，復有二事，雖非今日拯救之急，而實異時久遠之利，不敢不言。今謹別具進呈下項：一、臣昨任南康軍日，適值旱傷。深慮檢放掻擾下户，偶有士人陳説，乞將五斗以下苗米人户免檢全放，當時即與施行，人以爲便。本路提舉常平尤袤，遂以其法行之諸郡，其利甚博。近日經由信州，則聞玉山一縣亦得檢官如此措置。除上三等户隨分減放外，下二等户盡行蠲免，通計一縣所放亦不過共成五分。問之道旁居民，莫不稱其平允。此最爲法之善者，而律令未有明文。

宋·朱熹《晦庵集》一六　奏南康軍旱傷狀

照會本軍并管屬星子、都昌、建昌縣，自六月以來天色亢陽，缺少雨澤，田禾乾枯。本軍恭依御筆處分，嚴禁屠宰，精意祈禳，及行下逐縣，精加祈禱。去後今據星子、都昌、建昌縣申依應遍詣，寺觀、神祠及諸潭洞，建壇祭祀請水，精加祈禱雨澤，並無感應。今來諸鄉旱禾多有乾損，及備據税户陳德祥等狀，披訴所布田禾緣雨水失時，早禾多有乾槁，不通收刈，申乞委官檢視。本軍今檢準淳熙令諸官私田災傷，秋田以七月聽經縣陳訴至月終止。本軍除已依條施行外，須至奏聞。

乞放免租税及撥錢米充軍糧賑濟狀

臣伏覩本軍今爲久缺雨澤，旱田旱損，已依準令式具狀奏聞，訖照對本軍地荒田瘠，税重民貧。昨於乾道七年，曾遭大旱。伏蒙聖恩放免本年夏秋二税錢、米紬絹共八萬六千三百二十貫石匹，及詔本路監司應副軍糧米四千石，撥到糴軍糧米錢九千餘貫，并撥本軍未起米一萬一千七百餘石。本軍借兑過乳香度牒錢一萬餘貫，湊糴軍糧支遣官兵及撥到賑濟米五萬石。又拖欠兩年上供折帛月樁等錢，共九萬三千四百一十六貫石匹兩。然後遺民復得存活以至今日。今玆不幸，復罹枯旱之災。又蒙陛下親降御筆，深詔守臣精加祈禱。而臣奉職無狀，無以感格幽明，祈禱兩月，殊無應効。今則早田什損七八，晚田亦未可知，正得薄收，其數亦不能當早田之一二。訪聞耆老云：乾道七年之旱，雖不止於如此，然當時承屢豐之後，富家猶有蓄積，人情未至驚憂。又以朝廷散利薄徵，賑給之厚，而人民猶不免於流移殍死，閭井蕭條，至今未復。況今民間蓄積不及往時，人情已甚憂懼。目下軍糧便闕支遣，計料見管常平斛斗，亦恐將來不足賑濟支用。若不瀝懇先自奏聞，竊恐將來流殍之禍及他意外之憂，又有甚於前日。欲望聖慈早降睿旨，許依分數放免税租外，更令轉運常平兩司多撥錢米，應副軍糧，準備賑濟，則一郡軍民庶幾不致大段狼狽。冒犯天威，臣無任恐懼待辠之至。

再奏南康軍旱傷狀

照對本軍管屬星子、都昌、建昌三縣管下諸鄉，自春夏以來，雨澤少愆，尋行祈禱，於五月中旬已獲感應，稍稍霑足，遂至高下之田，皆已布種。至六月上旬以來，又闕雨澤及遍詣管屬靈跡寺觀神祠諸處淵潭取水，建置壇場，依法册祭龍，及修設醮筵，禁止屠宰，精加祈禱。自後未獲感應，其管下民户陂塘所積水利，雖車戽注蔭禾稻，緣乾亢日久，兼又風色滲漏，是致民田多有乾槁，不通收刈。見不住據人户投陳旱傷不絶。本軍恭依御筆處分，嚴禁屠宰，精意祈禳，及行下逐縣精加祈禱。去後據星子、都昌、建昌縣申，依應遍詣，寺觀、神祠、及諸潭洞建壇，祭祀請水，精加祈禱雨澤，並無感應。今來諸鄉早禾多有乾損，及備據税户陳德祥等狀披訴，所有田禾緣雨水失時，早禾多有乾槁，不通收刈，申乞委官檢視。本軍檢準淳熙令諸官私田災傷，秋田以七月聽經縣陳訴至月終止。具録奏聞。

奏推廣御筆指揮二事狀

具位臣朱熹伏覩本路安撫使司牒備奉御筆指揮：頗聞雨澤愆期，有妨農務，仰本路帥守勤恤民隱，决遣滯獄，嚴禁屠宰，精加祈禳，若未感格，即具奏聞。當議降香前來，期於必應，俾雨澤霑足，寬朕憂軫。卿等各勉旃毋怠。臣伏讀聖訓，有以仰見陛下畏天之誠，愛民之切。雖成湯桑林之禱，宣王雲漢之章，無以過此，甚盛德也。臣幸以愚賤獲奉詔旨，謹以謄寫播告，質之幽明，仰憑威靈，屢獲感應。但其雨澤不至浹洽均匀，目今正是早禾吐穗結實之時，尚多闕水。去處又聞湖南、湖北、淮西等路，例皆枯旱，將來不幸，或至荒歉。即雖移民移粟之小惠，亦無所施。臣是以夙夜憂惕，不遑啓居。竊以愚見，推廣聖訓，畫爲二策具以奏聞，如有可採，乞賜施行。庶幾有以導迎和氣，銷去旱災，仰寬陛下宵旰之憂。惟是不量卑鄙，屢犯天威，無任震懼，隕越之至。臣之所陳，謹具如後：

一、臣伏讀聖詔，有曰勤恤民隱，臣謹已遵稟施行。訖然臣竊聞陸贄有言：民者邦之本，財者民之心。其心傷，則其本傷。其本傷，則支幹凋瘁，而根柢蹶拔矣。推此言之，則今日所以勤恤民隱，莫若寬其税賦，弛其逋負，然後可以慰悦其心，而感召和氣也。臣自去年到任之初，即以本軍星子縣税賦偏重，嘗具奏聞，乞賜蠲減。及續體訪到三縣，夏料木炭錢科紐太重，亦嘗具申省部及提點司，其木炭錢近得提點司保明條奏，已蒙聖恩蠲減二千貫。訖獨星子減税一事，雖蒙聖恩施行，而户部行下漕司，漕司委官覈實，近日方得回申，户部此事若格以有司之法，必是方多沮難，未容便得蠲減所願聖慈深賜。矜憐直降睿旨，特依所乞，則此縣之民庶幾復得樂生安土，永爲王民，不勝幸甚。

簽黄

臣契勘紹興府今年人户丁錢，已蒙聖慈盡數蠲放。今者，本路諸州例遭災旱，而台州丁錢最重，下户尤以爲苦，欲望聖慈許將台州五縣第五等人户今年丁絹特與蠲放，庶幾千里飢民得免，追呼決撻之擾，不勝幸甚，伏取聖旨。一、臣昨所奏逐項事理並蒙開允，獨有依準舊制，募飢民修水利一事，未蒙施行。臣竊見連年災旱，國家不忍坐視夫民之死，大發倉廩以拯救之，其費以臣億計。蓋其賑給者，固不復收。其賑糶者，雖曰得錢，而所折閲，亦不勝計，仁聖之心於此，固無所吝。然飢民百萬，安坐飽食，而於公私無毫髮之補，則議者亦深惜之。故臣嘗竊仰稽令甲私計以爲，若微於數外有所增加，以爲募民興役之資，則救災、興利一舉而兩得之。其與見行糶給之法，利害之筭，相去甚遠。

宋·袁説友《東塘集》卷九　給降度牒下蜀路提舉司補糴常平米疏：臣聞堯之水，湯之旱，雖古帝王有所不免，然其卒收還定安集之效者，豈有他哉。恃其能備先具爾，蓋事不預備，則猝不可支。思患預防，則應之必裕，此必至之理也。臣不才，前歲誤蒙聖恩俾護全蜀，黽勉殫竭，不敢少懈。苟有所見，亟願徹聞。臣竊見蜀中去秋潼川、利州、成都府三路以旱傷歲歉，潼川府路爲甚，利路次之，成都路又次之。方旱歉之初，民已狼狽。如潼川、利州兩路之旱共十餘州，蜀人謂前此所未有者。其爲狼狽饑荒之狀，必已一一仰徹聖聰，臣不敢縷舉。仰蒙陛下軫念遠民，力行惠政，給降度牒，添印楮幣，有司得以憑藉惠澤，舉行荒政。三路飢民，蒙陛下天地父母之恩，何可紀極。惟是三路常平義倉，蜀中每歲所入，比之東南，數目絶少。去歲既遭旱歉，所當發倉廩以救饑饉。夫以累年儲偫而各處現在原不甚多。繼而提舉司節次自行支撥，及諸州又各就撥充賑濟，或給散借本，或搬運縻費，皆取辦於常平。雖幸得此支用以活飢民，而今三路現在米斛既已十去七八，所存今已無幾。若不預軫先備之念，早爲儲蓄之策，萬一向去復有水旱，則各路常平見存斗斛豈能？支吾，臨時必將袖手無策。況每遇飢歲，米既鮮少，價復昂貴。提舉常平司具申制置司各具到各路各州已支過及現在常平米斛之數。如潼川路常平司元管本司及諸路常平米斛一萬三百八十餘石，去歲已支過三千三百九十六石，今現在僅有六千餘石。利路常平司元管本司及諸州常平米斛一十六萬九千餘石，去歲已支過四萬五千餘石，今現在僅有一十二萬石。成都府路常平司元管本司及諸州常平米斛一十九萬餘石，去歲已支過四萬六百餘石。緣本路旱傷州郡，止係三州所以支撥數目差少，今現在却有一十五萬餘石。三路提舉官節次申催，乞從制置司奏聞，趁得今歲諸路一稔之後，可以收糴米斛以備。先具乞從朝廷支撥錢物以多寡降下三路常平司，添助將來糴米樁備急猝。臣竊思饑荒之歲，專以賑濟爲先。而賑濟之策，專以有米爲恃。若非預行樁備，臨時委難旋糴。蜀中江流之險與山行之艱阻，尤非臨時可以搬運。今來三路提舉官申控懇切，臣若不仰告君父，則他日或遇水旱，常平米斛有闕，臣雖去，此亦豈無緘默失言之罪。臣愚欲望聖慈，法堯湯先具之備，念蜀民遠阻之難，特賜睿旨，酌量三路常平司米斛。其已支及現在數目多寡，各與斟酌，給降度牒若干。道委各路提舉官將賣到錢盡數分給去歲旱傷諸州。趁今歲收成之後，委各州佐官收糴米斛，專充常平倉樁管，非因水旱不得支動。

宋·鄭樵《通志》卷四二《大雩》　周制月令，建巳月大雩五方上帝。《左氏傳》曰：龍見而雩，角亢見時周之。六月陽氣盛，常旱，故雩，爲百穀以祈膏雨。其壇名曰雩，禜於南郊之傍，配以五人帝。太昊配青帝，炎帝配赤帝，軒帝配黃帝，少昊配白帝，顓帝配黑帝。命樂正習盛樂。《月令》云：仲夏樂師修鞀鞞鼓均琴瑟、管簫、執干戚戈羽調竽笙箎簧飭鐘磬柷敔而俱作，故曰盛樂也。舞皇舞。析白羽爲之形如帗也。舞師云教皇舞，帥而舞旱暵之事。月令命有司爲民祈祀山川、百源，百辟卿士有益於民者以祈穀實。天子雩上帝，諸侯雩山川，卿士謂古之上公以下，若勾龍社稷之類也。何休注《春秋公羊傳》曰：旱則君親之南郊以六事謝過，自責政不善歟，使人失職與，宮室崇歟，婦謁盛歟，苞苴行歟，讒夫昌歟。使童男童女各八人而呼雩也。按：《月令》本出於管子，即周時人也。至秦呂不韋編爲《呂氏春秋》，漢戴聖又集成《禮記》，原其根本並周制。若國大旱，則司巫帥巫而舞雩。若旱暵，則女巫舞雩。漢承秦滅學，雩禮廢，旱太常禱天地宗廟。《雜論》曰：劉歆致雨具作土龍。武帝元封六年旱，女子及巫丈夫不入市。成帝五年六月始命諸官止雨，朱繩反縈社，擊鼓攻之。是後，水旱常不和。干寶曰朱絲縈社，社，太陰也，朱，火色也，絲屬離，天子伐鼓於社，責羣陰也。諸侯用幣於社，請上公也。伐鼓於朝，退自責也。此昔人厭勝之術。後漢自立春至立夏、盡立秋，郡國上雨澤若少，郡縣各埽除社稷，公卿官長以次行雩禮以求雨。《春秋繁露》曰：大旱雩祭而請雨，大水鳴鼓而攻社。閉諸陽，衣皁，興土龍，《山海經》曰：大荒東北隅中有山，名凶犂。土邱應龍，處南極。殺蚩尤與夸父不得復上。故下數旱而爲應龍之狀，乃得大雨。郭璞曰：今之土龍本此，氣應自然冥感，非人所能。立土人舞僮二佾，七日一變，如故事。反拘朱縈社，伐朱鼓。禱賽以少牢如禮。晉武帝咸寧二年春旱，因後漢舊典，諸旱處廣加祈請。五月祈雨于社稷山川。東晉穆帝永和中有議，制雩壇於國南郊之旁，依郊壇近遠，祈上帝百辟，旱則祈雨，大雩社稷、山林、川澤。舞僮八佾，凡六十四人，皆皁服，持羽翳而歌雲漢之詩。齊明帝建武二年旱雩，以武帝配饗於雩壇。梁武帝天監元年有事雩壇，壇於南郊之左，高及廣輪四丈，周十二丈四陛。帝以爲雨既類陰而求之正陽，其謬已甚。東方既非盛陽而爲生養之始。則雩壇應在東方祈晴，亦宜此地，遂移於東郊。十年，帝又以雩祭燔柴，以火祈水，於理爲乖，於是停用柴燎，從坎瘞典。大同五年，又築雩壇於籍田兆內，四月後旱，則祈雨行七事。一理冤獄及失職者，二賑鰥寡孤獨，三省傜輕賦，四舉進賢良，五黜退貪邪，六命會男女恤怨曠，七徹膳羞弛樂。天子降法服七日乃祈社稷，乚日乃祈山林、川澤、常興雲雨者，七日乃祈羣廟之主于太廟，七日乃祈古來百辟卿士有益於人者。七日乃大雩，上帝徧祈前祈所有事者。大雩禮於壇。用黃牯牛一，祈五天帝及五人。帝各依其方，以太祖配位於青帝之南，五官配食於下。七日乃去樂，又徧祈社稷、山林、川澤。就故地處大雩國南，除地爲墠，舞僮六十四人，皆衣皁服，爲八列，各執羽翳，每列歌《雲漢》詩一章而畢。旱而祈雨，則報以太牢，皆有司行事。唯雩則不報也。若郡國縣旱請雨，則五事同時並行。五事則謂黜退貪邪以上如前議。守令皆齋潔三日，乃祈社稷。七日不雨，更齋祈如初。三變仍不雨，復齋祈其界山林、川澤、常興雲雨者。祈而澍，亦各有報。陳因梁故事。武帝時以德皇帝配、文帝時以武帝配、廢帝時以文帝配，牲用黃牛，而以清酒四升洗其首。

其壇壝配饗歌舞，皆如梁禮。天子不親奉，則太宰、太常、光禄行三獻禮，其法皆採齊建武二年舊典。後魏文成帝和平元年四月旱，詔州郡於其界內，神無大小，悉洒埽薦以酒脯，年登之後，各隨本秩祭以牲牢。北齊以孟夏龍見而雩，祭太微以五精。帝於夏郊之東爲圓壇，廣四十五尺，高九尺。四面各一陛，爲三壝。外營相去深淺，并燎壇一如南郊。若建午未申之月不雨，則使三公祈五帝於雩壇。禮用玉帛，有燎不設樂。選伎工端絜善謳詠者，使歌雲漢之詩於壇南。其儀如郊禮。隋制雩壇國南十三里，啓夏門外道左，高一丈，周二十丈。孟夏龍見則雩五方上帝，配以五人，帝於上以太祖配饗，五官從祀於下。牲用犢十，各依方色。若京師孟夏後旱，則祈雨，行七事，如梁之七事。七日祈嶽鎮、海瀆及諸山川能興雲雨者。又七日祈社稷，及古來百辟卿士有益於人者。又七日乃祈宗廟及古帝王有神祠者。又七日乃修雩祈神州。又七日仍不雨，復從嶽瀆以下祈，禮如初。秋分以後不雩，但禱而已。皆用酒脯初請。後二旬不雨者，即徙市、禁屠，皇帝御素服，避正殿，減膳，撤樂，或露坐聽政，百官斷傘扇，令家人造土龍。雨則命有司報州縣祈，則理冤獄，存鰥寡孤獨，掩骼埋胔，絜齋祈于社稷。七日乃祈界內山川能興雲雨者，徙市，斷屠，雨亦有報。唐武德初，定令每歲孟夏雩祀昊天上帝於圓丘。景皇帝配牲，用蒼犢二，五方上帝五人，帝五官並從祀，用方色犢十。貞觀雩祀於南郊。顯慶禮於圓丘。開元十一年，孟夏後旱，則祈雨，審理冤獄，賑恤窮乏，掩骼埋胔。先祈嶽鎮、海瀆及諸山川能興雲雨者。皆於北郊遥祭而告之，又祈社稷，又祈宗廟，每月七日皆一祈。不雨還從嶽瀆如初，旱甚則大雩。秋分後不雩。初祈後一旬不雨，即徙市，禁屠殺，斷扇，造大土龍。雨足則報祀祈，用酒脯醢，報准常祀，皆有司行事。

宋·鄭樵《通志》卷九八　紹興六年二月乙巳，右諫議大夫趙霈言，去秋旱傷連接東南，今春饑饉特異常歲。湖南爲最，江西次之，浙東福建又次之。然今日賑救之術，不過二説，惟兼行之，斯可以活飢貧而消盗賊。一則發廩粟減價以濟之，二則誘民户賑糶以給之。諸路固嘗有旨，許借常平義倉矣，又嘗令州縣措置賑糶矣。然艱難之際，兵食方闕，義倉之粟，諒亦無幾。州縣往往逐急移用無可賑給，唯勸誘民户賑糶尤爲實惠。然豪右閉糴，蓋其常態。况當飢歲，彼孰知恤，全在州責之守，縣責之令，多方勸諭上户，估定中價，俾以所食之餘，各行出糶，稍濟貧乏，務在均平。然自來官中賑濟，多在城郭，遂致鄉村細民，不能徧及。臣願以上户所認米數紐計，城郭、鄉村之户多寡分擘米數。縣差丞簿於在城及逐鄉要鬧處，監視出糶，計口給數照支，或支五日，或併十日。其交籌收錢，並令人户親自掌管，官不得干預。既無所擾，人亦願從此惠而不費之道，損有餘補不足之術也。從之。

宋·李心傳《建炎以來繫年要録》卷九七　紹興六年春正月辛未，上以雪寒，細民艱食，命有司賑之。翌日謂尚書右僕射張浚曰，朕居燠室尚覺寒，細民甚可念。若湖南、江西旱災去處，亦宜早措置賑濟，民既困窮，則老弱者轉於溝壑，强悍者流爲盗賊。朕爲民父母，豈得不憂。浚曰陛下推是心以往，則足以感召和氣，况實惠乎。甲午，以江、湖、福建、浙東旱，命監司帥臣修荒政，輔臣進呈戒約旱災路分監司帥守賑濟飢民等文字。上曰：歲飢民多流殍，朕心惻然，官爲發廩以賑給之，則民受實惠，苟爲不然，雖詔令數下，恐徒文具耳。宜申飭有司，多方措置米斛。江東西、湖南北、福建、浙東路，令逐路監司行下旱傷州縣，恪意遵行。如奉行有方，别無流亡，當行旌賞。如流亡稍衆或聚而爲盗，即重行竄責，並令帥臣監司比較優劣，保明來上取旨賞罰。中興聖政臣留正等曰：水旱之災，治世所不能免，然必有以處之。周有荒政，漢有賑貸之令。本朝從而推廣之。災之所被，必開倉廩，已逋負，休力役。甚，則轉他路粟以給之，又甚，則出内帑金帛以濟之。視前代益周密矣。至於戒飭監司督州縣以存恤有方與奉行不謹者，而爲之賞罰，則自太上皇帝始，州縣之官以字民爲職者也。職乎字民遇其災而不能救焉。罰將奚辭彼，知罰之可畏，而賞之可慕也。於救民何敢不力，民之免於溝壑者，非太上皇帝之賜歟。二百餘年之間，德積而彌高，澤濬而益深。民之戴宋，永永無斁宜矣。

宋·魏峴《四明它山水利備覽》卷下　西湖引水記（舒亶）按州圖經，鄞縣南二里有小湖，唐貞觀中令王君炤修也。蓋今里俗所謂細湖頭者，乃其故處焉，湖廢久矣，獨其西隅尚存，今所謂西湖是也。明爲洲，瀕海枕江，水難蓄而善泄。歲小旱則池井皆竭，而是湖所以南引它山之水，爲旱歲備。熙寧乙卯，歲大旱，湖涸。建中靖國改元之夏秋不雨，湖又涸。民渴甚，至穴窊下漉滀滓以飲。而國家將有事于郊丘，上供之舟復，阸不得進，公私交病，上下狼顧，漫不知所爲策者。州于是以其事屬監船場宣德郎唐君，君即繇南門道河上，凡八十有五里，抵所謂它山堰者，躊躇相視，遂盡得其利病。蓋所謂它山者，四明之衆山萃焉，一山作雨，則澗壑交會，出爲漫泝。方歲小旱，衆山未必皆不雨，而溪泝未必遂絶也。特河勢中窊循兩隄，率支渠釃泄以去。以故不得行，蓋非特天時之罪也。

君既得其所以爲利病，審其宜矣，乃屬民盡堙諸渠口，而稍浚上源。因以其土窒補堰隙，復累石于其上，以遏入江之羨泝，於是水稍引以北。顧獨距城十數里，河赤地裂深尺餘。凡邦之人，莫不皆謂水無可行之理，要非淹旬積雨莫能濟也。君謂審如是，豈人力所能及哉。頗聞善政王侯實始作堰，以茲水賜其邦人。廟貌固在也，其能漠然乎？即爲民致禱焉。一昔而水，輒薄城下，不數日湖泝漫然，至清洌可食。而行舟于河，不復留礙，耋穉懽叫里巷，相屬一方，遂以無虞。噫，侯一何異哉！雖然，前此湖蓋嘗涸矣，無有能發其利者。發其利自宣德君始。君誠善其始矣。顧非後以相之，則莫能善其終。蓋宣德君身筦庫之責，而能用意勤民之事。侯生既施勞于人，而歿猶炯炯如此，蓋可謂有志于民，而與夫世之任人責而不思憂，視民哉而莫知救者，顧可同日而語哉。侯諱元暐，史不傳，不知何許人也。唐太和中實令是邑，得之父老，它山以北故時皆江也。溪泝猥斥并與潮汐上下，水不蓄泄，旱潦爲災。侯爲視地高下，伐木斲石，横巨泝而約之，率三入江，七泝于河，溉田凡八百餘頃，其功利博矣。故民至今祠之。宣德君名意，字居正，江陵人也。乃祖若父以風節文章聞天下，而君清直强學，不苟于其職，克似其家世者也。既德侯之賜，不敢忘斥幣以致飾其像矣。又屬余以紀其事，余以謂天時之不常久矣，安知歲不旱而湖無涸乎？故其論如此，且以著二君之志，而因以告夫後來者，使有考焉。冬十月令日誌。舒公亶引《水記》云：按圖經鄞縣南二里有小湖，唐貞觀中令王君炤所修也。蓋今俗語所謂細湖頭，乃其故處也。唐《地理志》載鄮縣注云：南二里有小江湖，開元中令王元暐置小江湖，即日湖也。楊蒙引《水記》云：唐人王元暐令鄮始導它山之水作堰，江溪約水勢貫城以入，瀦爲平湖，魏行己增修。堰記云：它山一堰，七鄉膏腴，無慮千數百頃，瀦爲平湖，疏爲長河，以待旱乾水溢之患。《唐志》言：小江湖王侯所置，而記亦言侯置堰瀦湖。君炤在貞觀，而侯在太和，不應貞觀嘗修而太和復言始置，豈王君既修之後湖廢，而侯復開浚之，故言置耶？蓋湖之爲湖久矣，它山未堰之前，四明諸山之水多泄于江，水不及湖。雖修易涸，其餘可知。它山既堰之後，王侯疏河引水入城，復開是湖以爲瀦蓄之地。若是，則雖謂侯置湖可也。然舊實有湖，不言修而言置，何耶？夫略有沮洳餘瀝之可因，謂之修可也。明之爲州，東北皆江，而西南皆山，間一二百里。湖在平陽之地，水無其源，多時必廢爲平地明矣，非置而何？魏峴記。

重修它山堰引水記（楊蒙）

四明，澤國也。大湖漫其西南，大江帶其東北。然七八月之交，十日不雨，則舟膠于河，民病暍矣。蓋湖獨用以溉旁湖之田。江又潮汐上下，鹵惡而不適用。唐人王元暐令鄮始道它山之水作溪約水勢貫城以入，瀦爲平湖，疏爲長河，掬爲幽沼，後人德之。爰立廟貌丐，請封爵侯，曰善政，世世祀之。歲久川淤堤墊堰墮，人各自私岐分派引，旱涸如初。先是監船場宣德郎唐意往窒其岐派，培其堰堤，水雖暫至，二年復涸。議者謂不可復修矣。簽幕承議郎張君適蒞其事，白于州率邑大夫宣議郎龔君，詢其父老，相其利害，增卑以高，易土以石，冶鐵而固之，俾潦不至淫，旱不至涸，肩輿而往，操舟而還，邦人聚觀，歎瞻神速。承議君諱必强，明人也。蓋古所謂不敢欺者，宣議君諱行修，修政勤民，蓋古不忍欺者。二君相濟，公私不擾而厥功告成。實徽宗崇寧二年七月二十七日，承議郎錢塘楊蒙爲之記，其詞曰：有唐太和王侯始基，粤歲數百，民食其利，二君嗣功，既困、既崇，又將永永而無窮，湯湯其流，泛泛其舟，以溉以灌，以酌以游，于以著君之休。

宋·王柏《魯齋集》卷一〇《禱雨劄子》 伏聞某官憂農閔雨，靡神不宗而又禱祈於社稷，於義尤爲至當。蓋社者，實山林、川澤、丘陵、墳衍、原隰五土之祇，而后土勾龍氏其配也。稷者，實專于原隰之祇，能生五穀者。而后稷，周棄氏其配也。自昔國家所以昭事祈報莫重於此，與其屈膝於老子釋氏之祠，與夫妖妄淫昏之鬼者，相去遠矣。愚又聞天子祭天地，諸侯祭其境内之山川。今用黄冠之教，而上供其皇天上帝，是禮之僭也。又以髠緇、夷族旋繞厠穢於宣布教化之庭，是禮之亂也。至於職分所得而祭於禮爲正者，則前後未有能舉而行之者，誠爲缺典。夫山川所以爲神靈者，以其氣之所烝，能出雲雨、潤澤萬物故也。今東陽之爲郡，北山奠其後，雙溪媲其前，此所謂境内之名山大川是也。愚自兒童時，每見北山有雲冒其巔，須臾必雨。雨則滂沛，周於四境。近年以來，雲雨多興于南山之西，而所及者有限。蓋陰倡而陽不和，其氣逆而勢不順。縱有豐年而東北常歉。蓋北山者，一郡之望山也，今其氣鬱亢久矣。誠得賢使君立其壇壝，牲幣之制，考其登降，奠饋之節躬，率僚寀精白嚴事，必有昭應。夫人之於天地，均一氣之流行。然是氣無所攝屬，則決無感應。蓋天子命諸侯主是山川以蒞其人民社稷之事。故其氣屬我相聯接而無間。夫山川者，天地之正氣也。人以正氣感之，則正氣應，以戾氣感之，則正氣不應矣。苟能正其祭祀之本，先須闕，其感召之氣。凡政事之淹鬱者疏剔之，凡徵催之苛急者寬弛之，使千里人民之氣和，而山川之氣已漸和矣。然後齊肅一心，積蓄誠意，會山川之氣通幽顯之神，何祈禱而不應哉。

宋・祝穆《古今事文類聚・前集》卷五《禱雨》　土龍致雨

甲乙日不雨，命爲青龍東方，小童舞之。丙丁不雨，命爲赤龍南方，壯者舞之。戊已不雨，命爲黄龍中央，壯者舞之。庚辛不雨，命爲白龍西方，老人舞之。壬癸不雨，命爲黑龍北方，老人舞之。如此不雨，潛處闔南門，置水其外，開北門，取人骨埋之。如此不雨，命巫祝而曝之。曝之不雨，神山積薪擊鼓而焚之。太平之時，十日一雨。凡歲三十六雨。此休徵時若之應。鬱林郡山有池，池有石牛，歲旱百姓殺牛祈雨，以牛血和泥，泥石牛背祠畢，天雨洪注，石牛背泥盡即晴。顧微《廣州記》。詩句：雲驅鐵騎千山合，雨挽銀河一夜傾。

湯禱桑林

湯伐桀後大旱七年，煎砂鑠石。太史占之，曰當以人禱。湯曰：吾所爲請雨者，民也。若必以人禱，吾請自當，遂齋戒剪髮斷爪，素車白馬，身嬰白茅，以身爲犧牲，禱於桑林之野，持三足鼎祝於山川，曰：政不一與，民失職與，宫室營與，婦謁盛與，苞苴行與，讒夫昌與，何不雨之極。言未已，而天大雨。

宣王遇旱

雲漢尹吉甫美宣王也。遇災而懼，側身修行欲銷去之。天下喜於王化復行，故作是詩也。倬彼雲漢，昭回於天。王曰：於乎！何辜今之人？天降喪亂，饑饉薦臻。靡神不舉，靡愛斯牲。圭璧既卒，寧莫我聽？旱既太甚，蘊隆蟲蟲。不殄禋祀，自郊徂宫。上下奠瘞，靡神不宗。旱既太甚，滌滌山川。旱魃爲虐，如惔如焚。我心憚暑，憂心如熏。

祠神何益

齊景公時大旱，乃召羣臣而問曰：天久不雨，民有饑色，寡人欲少賦斂，以祠靈山，可乎？羣臣莫對。晏子進曰：此不可祠，無益也。夫靈山固以石爲身，草爲髮。天久不雨，髮將焦，身將爇，彼獨不欲雨乎？祠之無益。景公曰：吾欲祠河伯，可乎？晏子曰：夫河伯以水爲國，以魚鼈爲民，天久不雨，百川將竭，國民將亡矣，誰獨不用雨乎？祠之無益。景公曰：奈何？曰：避宫殿，暴露，與山靈河伯共其憂，其幸而雨乎。景公乃出野暴露三日，天果大雨。

暴巫爲疏

魯歲旱。穆公召縣子而問曰：天久不雨，吾欲暴尪而奚若？曰：天則不雨而暴人之疾，無乃不可歟。然則吾欲暴巫而奚若？曰：天則不雨而望之愚夫婦人以求之，毋乃已疏乎。卒爲之徙市。

天旱乾封

西漢《郊祀志》云：夏旱，公孫卿曰：黄帝時，封則天旱乾封三年。上乃下詔曰：天旱意乾封乎？其令天下尊祠靈星焉。

積薪自焚

戴封，字平仲，遷西華令，其年大旱。禱請無獲，乃積薪坐其上以自焚，火起而大雨遠邇。嘆服。謝承《後漢書》。

檄召五星

魏管輅，字公明，過清河倪太守時，天旱，倪問雨期。輅曰：今夕當雨。樹上已有少女風樹間，又有陰鳥和鳴，又少男風起，衆鳥亂翔，其應至矣。倪不之信，輅曰：十六日壬子，畢星中已，有水氣，又作檄召五星，宣布星符剌下東井，告南箕，使召雷公、電父、風伯、雨師，須臾風雲並興，玄雲四合，大雨河傾。

禱而必雨

唐段文昌帥荆南，或旱禬解必雨，或久雨出遊必霽。民爲語曰：旱不苦禱而雨，雨不愁公出遊。

仁宗禱雨

慶曆間京師夏旱，諫官王公素乞親行禱雨。帝曰：太史言月二日當雨，一日欲出禱。公曰：臣非太史，是日不雨帝問，故公曰陛下幸其當雨以禱不誠，不誠不可動天，臣故知不雨。帝曰明日禱雨醴泉觀。公曰：醴泉之近，猶外朝也。豈憚暑不遠出邪？帝每意動則耳赤，耳已盡赤。厲聲曰：當禱西太乙宫。公乞傳旨。帝曰：車駕出郊，不預告卿不知典故。公曰：國初以虞非常，今久太平，預告使百姓望清光者衆耳，無虞也。諫官故不扈從，明日特召王公以從，日色甚熾，埃霧漲天。帝玉色不怡，至瓊林苑回望西太乙宫上有雲氣，如香煙以起，少時雷雨至。帝却逍遥輦御平輦徹蓋還宫，明日召對。帝曰：朕因卿得雨。

蜥蜴求雨

熙寧中，京師久旱。按古法令坊巷以甕貯水插柳枝，泛蜥蜴，小兒呼曰：蜥蜴蜥蜴，興雲吐霧，降雨滂沱。放汝歸去時，蜥蜴不能盡得，往往以蝎虎代之，入水即死。小兒更曰：冤苦冤苦，我是蝎虎，似恁昏沉，怎得甘雨。《倦游雜録》。

師興而雨

衛大旱，卜有事於山川不吉寧。莊子曰：昔周饑克殷而年豐。今邢無道，諸侯無伯，天其或者欲使衛討邢乎？從之。師興而雨。《左氏傳》。

行部雨降

漢百里嵩爲徐州刺史，境内旱。嵩行部車所經，甘雨輒降。

雨隨車至

後漢鄭弘遷淮陰太守，行春大旱，隨車致雨。

決獄而雨

袁安爲楚相，會楚王英事，互相牽引，拘繫者千餘人，三年而獄不決。坐掠幽而死者百餘人。天用炎旱，赤地千里。安決獄事人，人具録其辭狀，本非首謀，爲王所引應，時理遣一旬之中，延千人之命。其時甘雨滂沛，歲大豐稔。《汝南先賢傳》。

呼御史雨

唐顔真卿爲監察御史使河隴時，五原有冤獄，久不決。天且旱，真卿辨獄而雨，郡人呼御史雨。

象化（牛僧孺）

象龍禱雨，三月不應。巫病民盗，王甚愁。儒有言曰：王無愁也，象之誤也。夫龍善化雨，而時在乎天。天使雨龍得化，不使雨龍不得化。聖人象龍而救民，是乃象。其化者也，龍之性。善學者，人之心。故象性莫若心而已。使非心可象，則鳲鳩之性均，而木刻鳲鳩，足以象均耶？獬豸之性觸，而瑰飾獬豸冠，足以象觸邪？龍以性善化，而龍於化人者衣衮，則其象不以土木，亦明矣。湯以是龍，其聰而深，無不聞也。龍其明而高，無不見也。言若出爲靈，而物仰之。有陰智若躍乎淵，而物觸之。有潤天而不雨，百姓祝王爲雨也。雖七歲炎炎，不聞有咨者，而況三月哉？

移雨神（司空圖）

夏滿不雨，民前後走神所刲羊豕而跪乞者，凡三而後得。請民大喜，且將報祀。愚獨以爲惑，何者？天以神乳育百穀，必時既豐。然後民相率以勞神之勤，於事而祀焉。今始慆其施以愁疲民，是神怠天之職也。必希民之求而遂應，是神玩天之權也。既應而俾民輸怨於上，歸惠於己，是神攘天之德也。推怨何以爲義？利腥膻之饋何以爲仁？怠天下之事，何以爲敬？蔑是數者，何以爲神？假曰非吾所得顓，然知民之情，而不時請於上，是亦徒偶於位，此愚所以惑也。噫，天不可終慢，民不可久侮，竊爲神危之奈何。

歲荒禁酒

蜀大旱，先主禁酒，有釀具並坐之。唐初無酒禁。乾元元年，京師酒貴，肅宗以廪食方屈，乃禁京城酤酒，期以麥熟如初。二年饑，復禁酤。

趙公賑饑

熙寧九年夏，吴越大旱。知越州趙公抃前民之未飢，爲書問屬縣所被災者，二萬一千九百餘人。公斂富人所輸及僧道食之羨者，得粟四萬八千餘石。又爲之出官粟，得五萬二千餘石。或給或糶，又僦民完城四千一百丈。

蘇公賑饑

杭州大旱，蘇軾請于朝免本路上供米三之一，故米不翔貴。復得賜度牒百易米以救饑者，又立病坊作饘粥藥劑，遣吏挾醫分坊治病，活者甚衆。

不增米價

趙清獻知越州。兩浙旱蝗，米價踴貴，餓死者十五六。諸州皆榜衢路，立賞禁人增米價。公獨榜衢路令有米者，任增價糶之。於是諸州米商輻輳詣越，米價更賤，民無饑死者。《記聞》。

薪米互易

吴遵路明道末，天下旱蝗。遵路知通州，乘民未饑，募富者，得錢幾萬貫。分遣衙校航海糴米於蘇秀，使物價不增，又使民採薪芻，官爲收買，以爲直糴官米。至冬大雪，取以元價易薪芻與民，官不傷財，民且蒙利。

宋・真德秀《西山文集》卷三三《禱雨説》 雲蒸雨降，雖自於天，其實從一念中流出。故禱祈未效不可怠，怠則不誠矣。既效不可矜，矜則不誠矣。不效不可愠，愠則不誠尤甚焉。未效，但當省己之未至，曰此吾之誠淺也，德薄也，於神乎奚尤。既效則感且懼，曰我何以得此也。不效則省己當彌甚，曰神將辠我矣，吾其能容身覆載間乎。蓋天之水旱，猶父母之譴怒也。爲人子者，見其親聲色，一旦異常，戒儆畏惕，宜如何邪。方其未復，當如大舜，號泣于旻天。時如伯奇履霜中，野時幸而復，則喜而不敢忘，敬而不敢弛，惴惴焉，恐親之復我怒也。故曰，仁人之事親如事天，事天如事親。紹定己丑中元前一日，禱雨于仙游山。書此自警，且以告親友之同致禱者。

宋・王應麟《六經天文編》卷下《雲漢》 楊泉《物理論》云：漢水之精也。氣發而升精華浮上，宛轉隨流，名曰天河，一曰雲漢。《埤雅》曰：萬物之精上爲列星，河精上爲天漢。《詩》曰：倬彼雲漢，昭回于天。言水氣之在天，爲雲。水象之在天，爲漢。今皆倬然昭明，回轉於上，則非雨之候也。又曰：瞻卬昊天，有嘒，其星言旱久而繁星備見，則尤非雨之候也。且其正言，昊天則夏之時也。以今觀之，炎夏旱暵而熱，則小星森布如棊，星陽之精也。陽盛而亢，則星稠於上，其理然也。

清・張廷玉等《明史》卷四八《禮志二・大雩》 明初，凡水旱災傷及非常變異，或躬禱，或露告於宮中，或於奉天殿陛，或遣官祭告郊廟、陵寢及社稷、山川，無常儀。嘉靖八年春祈雨，冬祈雪，皆御製祝文，躬祀南郊及山川壇。次日，祀社稷壇。冠服淺色，鹵簿不陳，馳道不除，皆不設配，不奏樂。九年，帝欲於奉天殿丹陛上行大雩禮。夏言言：「按《左傳》『龍見而雩』。蓋巳月萬物始盛，待雨而大，故祭天爲百穀祈膏雨也。《月令》：『雩帝用盛樂，乃命百縣雩祀，祀百辟卿士有益於民者，以祈穀實。』《通典》曰：『巳月雩五方上帝，其壇名雩，禜於南郊之傍。』先臣丘濬亦謂：『天子於郊天之外，別爲壇以祈雨者也。後世此禮不傳，遇有旱暵，輒假異端之人爲祈禱之事，不務以誠意感格，而以法術劫制，誣亦甚矣。』濬意欲於郊傍擇地爲雩壇，孟夏後行禮。臣以爲孟春既祈穀矣，苟自二月至四月，雨暘時若，則大雩之祭，可遣官攝行。如雨澤愆期，則陛下躬行禱祝。」乃建崇雩壇於圜丘壇外泰元門之東，爲制一成，歲旱則禱，奉太祖配。

十二年，夏言等言：「古者大雩之祀，命樂正習盛樂，舞皇舞。蓋假聲容之和，以宣陰陽之氣。請於三獻禮成之後，九奏樂止之時，樂奏《雲門之舞》。仍命儒臣括《雲漢》詩詞，制《雲門》一曲，使文武舞士並舞而合歌之。蓋《雲門》者，帝堯之樂，《周官》以祀天神，取雲出天氣，雨出地氣也。且請增鼓吹數番，教舞童百人，青衣執羽，繞壇歌《雲門之曲》而舞，曲凡九成。」因上其儀，視祈穀禮。又言：「大雩乃祀天禱雨之祭，凡遇亢旱，則禮部於春末請行之。」帝從其議。十七年，躬禱於壇，青服，用一牛，熟薦。

清・陳逢衡《竹書紀年集證》卷一五 十九年大旱。孫之騄曰《春秋繁露》云：火干土，則大旱。衡案：前編自成湯十有八祀，至二十有四祀，俱書旱。較竹書先一年。二十年大旱，夏桀卒於亭山，禁弦歌舞。孫之騄曰荀子，桀死于亭山。註：亭山，南巢之山，或本作鬲山。案：《漢・地理志》：盧江有灊縣，當是誤以灊爲鬲。傳寫又誤爲亭。《路史》：桀立四十有三載，而放三年死。

于亭山

統箋案：《輿地志》曰，巢縣卧牛山，後有桀王城。《晉書・地理志》註云：桀死于是。未詳。今據《竹書》：桀卒于亭山，是即巢縣之卧牛山矣。衡案《三墳補逸》云：桀失天下二年始卒。湯遇之猶若此也，而謂武王有黄鉞之事哉。夫黄鉞之事，誠爲誕妄，而胡氏謂湯之遇桀，猶若此云云者，蓋誤以弦歌之禁爲湯哀，桀而然也。不知禁弦歌舞湯，自爲憂旱計，於夏桀卒於亭山無涉。案《尸子》云：湯之救旱也，素車白馬，布衫，身嬰白茅以爲犧牲，當此時也，弦歌鼓舞者禁之。

二十一年，大旱，鑄金幣。統箋案：《管子》曰：湯七年旱，民之無饘賣子者。湯以莊山之金鑄幣，而贖民之無饘賣子者。《漢書・食貨志》註，師古曰：凡言幣者，所以通貨物，易有無也。故金之與錢，皆名爲幣也。若然，則湯之鑄金幣，蓋鑄金以爲幣也。横渠理窟曰，幣、金、玉、齒、革、布、泉之雜名，是也。其後齊桓公令左司馬伯公，將白徒鑄錢于莊山，蓋又法湯而爲之。

二十二年，大旱。孫之騄曰：墨子《殷書》曰：湯五年旱。許慎曰：湯遭旱，作土龍以象雲，從龍也。統箋案：漢公孫宏曰：臣聞堯遭洪水，使禹治之，未聞禹之有水也。若湯之旱，則桀之餘烈也。

二十三年，大旱。統箋案：《莊子》書公孫龍曰：湯之時，八年七旱。《氾勝之書》曰：湯有旱災，伊尹爲區田。《後漢・劉般傳》有區種法，言區土壅禾根也。區與漚同。

二十四年，大旱。王禱于桑林，雨。《墨子・兼愛下篇》：湯曰：惟予小子履敢用元牡告於上天。后曰，今天大旱，即當朕身履未知，得罪于上下，有善不敢蔽，有罪不敢赦，簡在帝心，萬方有罪，即當朕身。朕身有罪，無及萬方。即此言，湯貴爲天子，富有天下。然且不憚以身爲犧牲，以祠説于上帝、鬼神。即此湯兼也。《吕氏春秋・順民篇》：湯克夏，而正天下。天大旱五年不收，湯乃以身禱于桑林，曰：余一人有罪，無及萬夫。萬夫有罪，在余一人，無以一人之不敏，使上帝，鬼神傷民之命。于是，翦其髮、𨟕其手以身爲犧牲，有祈福于上帝。民乃甚説，雨乃大至。《説苑・君道篇》：湯之時，大旱七年，雒坼川竭，煎沙爛石。於是，使人持三足鼎，祝山川。教之祝曰：政不節耶，使人疾耶，苞苴行耶，讒夫昌耶，宫室崇耶，女謁盛耶，何不雨之極也？蓋言未已，而天大雨。孫之騄曰：洪容齋四筆引《吕氏春秋》云：武王勝殷，立成湯之後，于宋以奉桑林。《淮南子》云：湯之旱，以身禱于桑山之林。許慎註：桑山之林，能興雲致雨，故禱之。《淮南》又云：桑林生臂手，註桑林神，名陸氏，曰莊子，有桑林之舞。則桑林，又樂名也。統箋案：《殷本紀》曰：湯既放桀，後大旱七年，以身禱于桑林之野，曰：無以余一人之不敏，傷民之命，以六事自責。言未已，大雨方數千里。又案：《左傳》：昭二十一年，宋城舊墉及桑林之門。《國策》張儀説韓王曰：秦東取成皋、宜陽，則鴻臺之宫，桑林之苑，非王之有矣。《吕氏春秋》：湯禱于桑林之社，而雨大至。衡案：湯旱五年、七年之説不一，今據紀年十九年書，旱至二十四年，共六年，而二十四年即得雨，當以五年爲是。

二十五年作大濩樂。《墨子・三辯篇》：湯放桀于大水，環天下自立，以爲王事成功立，無大後患。因先王之樂，又自作樂，命曰：護。《吕氏春秋・古樂篇》：殷湯即位，夏爲無道暴虐，萬民侵削，諸侯不用軌度，天下患之。湯于是率六州以討桀，罪功名大成，黔首安寧。湯乃命伊尹作爲《大護》，歌晨露，修九招六列以見其善。統箋案，孔氏曰晨露九招六列，蓋《大護》之別曲名也。《春秋元命包》：湯之時，其民大樂，其救之於患害，故樂名《大護》，護者救也。《韓詩外傳》：湯作濩，聞其宫聲，使人温良而寬大。聞其商聲，使人方廉而好義。聞其角聲，使人惻隱而愛仁。聞其徵聲，使人樂養而好施。聞其羽聲，使人恭敬而好禮。詩曰，湯降不遲，聖敬日躋。統箋案：《左傳》襄十年，宋公享晉侯于楚邱，請以桑林。杜註：桑林，殷天子之樂名，是大濩。因桑林之禱而作也。熊氏曰濩護也，言湯之寬仁，能救護生民也。衡案：世紀：二十有四祀大旱。太史卜曰：當以人禱。湯曰：吾所謂請雨者，民也。若必以人禱，吾請自當。遂齋戒、翦髮、斷爪禱於桑林之野，以六事自責。言未已，大雨數千里，歲則大熟。天下驩洽，遂作桑林之樂，名曰大濩。是大濩，因得雨而作也。《史記・司馬相如傳》：匪惟雨之，又潤澤之，匪惟偏之，汜布濩之，則大濩。因雨得名，自是正解。若以爲事成功立，遂作樂以象之，是惟恐慚德之不彰也。今據紀年，作大濩樂不書于克夏之時，而紀于得雨之後，可爲世紀切證。故《説文》云：雨流霤下貌，蓋湯作樂，本名大濩。作護字者，古通用耳，是以古人引用俱作濩字。《春官・大司樂》大濩，《莊子》湯有大濩，張華詩軼武超濩，傅休奕《雲門篇》夏夏殷濩又有作護者。《春秋繁露》，湯作護。王儉《釋奠詩》，樂起咸護，以及沈約之鏗鏘掩咸護，權德輿之正聲邁咸護。蘇軾之擊壤追咸護，是也。

初巡狩

統箋案，鄭志答孫皓曰：唐虞之禮，五載一巡狩。夏殷之時，天子蓋六年一巡狩。今湯以連年大旱，故七年初巡狩也。

清・陳逢衡《竹書紀年集證》卷三一　二十二年，大旱。陳幽公薨。二十三年，大旱。宋僖公薨。二十四年，大旱。杞武公薨。二十六年，大旱。統箋按：《詩序》曰：雨無正，大夫刺幽王也。鄭箋曰，當爲刺厲王。詩宗周既滅，靡所止戾。宗周鎬京也，王流于彘，無所安定也。今據《竹書》，厲王流彘以後，二十二年至二十六年，歲皆大旱。故其詩曰，降喪饑饉，斬伐四國。又曰，戎成不退，饑成不遂，正大夫作雨無正之詩以刺之，正厲王洊旱時也。子貢《詩傳》曰，王室播遷，大夫贄御之，臣賦雨無其極。申培《詩説》曰，雨無其極，大夫有不忠于王室者，贄御之，臣閔之而作。劉元成曰，嘗讀《韓詩》，有《雨無極》篇，比毛詩篇首多『雨無其極，傷我稼穡』八字。則正厲王居彘，連年大旱時詩也。若幽王即位，日食、日暈、震雹、隕霜，一一書之。豈連年大旱而不書乎？鄭箋以爲刺厲王是也。鄭環曰雨無極，猶云無雨大甚。

王陟于彘

統箋按：厲王居彘十五年。周定公召穆公立太子靖爲王，共伯和歸其國，遂大雨。原註：大旱既久，廬舍俱焚，會汾王崩卜于太陽。兆曰厲王爲祟周公，召公乃立太子靖，共和遂歸國。和有至德，尊之不喜，廢之不怒，逍遥得志于共山之首。《詩・小雅・都人士・世本古義》曰，周人思共伯和也。按《竹書紀年》，周厲王十二年，王亡奔彘國，人圍王宫，執召穆公之子殺之。十三年，王在彘，共伯和攝行天子事。二十六年，大旱。王陟于彘，周定公召穆公，立太子靖爲王。共伯和歸其國，遂大雨。周宗亡而復存，實賴共伯之力。此詩之作，當在其逍遥共山時，故有行歸于周，萬民所望之語。

清・陳逢衡《竹書紀年集證》卷三三　二十五，年大旱。王禱于郊廟遂雨。《詩・大雅》：「倬彼雲漢，昭回于天。王曰於乎，何辜今之人。天降喪亂，饑饉薦臻。靡神不舉，靡愛斯牲。圭璧既卒，寧莫我聽。旱既太甚，蘊隆蟲蟲。不殄禋祀，自郊徂宫。上下奠瘞，靡神不宗。后稷不克，上帝不臨。耗斁下土，寧丁我躬。旱既太甚，則不可推。兢兢業業，如霆如雷。周餘黎民，靡有孑遺。昊天上帝，則不我遺。胡不相畏，先祖于摧。旱既太甚，則不可沮。赫赫炎炎，云我無所。大命近止，靡瞻靡顧。羣公先正，則不我助。父母先祖，胡寧忍予。旱既太甚，滌滌山川。旱魃爲虐，如惔如焚。我心憚暑，憂心如薰。羣公先正，則不我聞。昊天上帝，寧俾我遯。旱既太甚，黽勉畏去。胡寧瘨我以旱，憯不知其故。祈年孔夙，方社不莫。昊天上帝，則不我虞。敬恭明神，宜無悔怒。旱既太甚，散無友紀。鞫哉庶正，疚哉冢宰。趣馬師氏，膳夫左右。靡人不周，無不能止。瞻卬昊天，云如何里。瞻卬昊天，有嘒其星。大夫君子，昭假無贏。大命近止，無棄爾成。何求爲我，以戾庶正。瞻卬昊天，曷惠其寧。」《世本古義》雲漢，仍叔美宣王憂旱也。序云，仍叔美宣王也。宣王承厲王之烈，内有撥亂之志，遇裁而懼，側身修行，欲銷去之。天下喜於王化復行，百姓見憂，故作是詩也。　皇甫謐以爲，宣王元年不藉千畝，虢文公諫而不聽，天下大旱。二年不雨，至六年乃雨，以爲二年始旱，積旱五年。謐之此言，無所憑據，不可依信。鄒忠允云，嘗考《竹書》，厲之末年，頻年大旱，廬舍俱焚。會其陟也，卜于太陽兆曰，汾王爲祟周，定公召穆公，乃立太子靖爲王，共伯和歸，其國遂大雨。　然則雨不係新王所禱，明矣。《竹書》：宣王二十五年，大旱。王禱於郊廟，遂雨。　雲漢之作，意在此。時觀其詩曰，祈年孔夙，方社不莫。則涖政蓋亦有年。　愚案：不藉千畝，據《國語》《史記》《竹書》，係宣王末年，事皇甫氏，指爲初元致旱之繇。其繆甚明。乃皇王大紀，于宣王二年，以天下大旱書，三四五年書旱，六年書大旱。《通鑑前編》亦載，宣王六年大旱，皆似祖《詩序》及謐説。

清・陳逢衡《竹書紀年集證》卷四三　三年，晉大旱，地生鹽。衡案：孫之騄曰，《北堂書鈔》《竹書》：晉幽公三年，大旱，地生鹽。又洪頤煊曰，《北堂書鈔》一百四十六引作：晉幽公七年，地下有「長」字。　今閲《北堂書鈔》，實是三年地下，亦無長字，不知洪所見是何本也。今據《紀年》在晉幽公七年，與洪所引《書鈔》合，或係後人改正之本。徐文靖曰：案《水經注》：畦水耗竭，土自成鹽，亦是類也。

清・胡天游《春秋夏正》卷二　經：僖公三年春王正月，不雨。夏四月，不雨。六月，雨。自十月至五月不雨，非不雨也，雨微，不足潤物滋穀，猶不雨也。至盡夏穀無所滋，則害歲耳。六月盡夏時也，沾浹澤尺，苗興勃然，是爲得時，故喜而書之。《春秋考異郵》云，僖公之時，春夏不雨，於是降服避舍，捐去浮令四十五事，舍齋南郊，雨遂大澍。何邵公因之，謂僖不恤衆庶，比致三旱。能飭過求己，省百官，理冤獄，放佞臣郭都等，精誠感天，不雩而雨。語同無稽，昔人言公羊長於讖，好爲讖者，其休之徒歟？經：僖公二十有一年夏，大旱。

經：宣公七年秋，公至自伐萊，大旱。《詩序》，雲漢，仍叔美宣王也。正六七月交河漢案户之時，夏小正：七月時有霖雨。《莊子》：秋水時至，百川灌河。管子：時則有熇陽盛雨。月令：季夏之有，水潦盛昌，大雨時行，凡言夏皆巳午未月，言秋皆申酉戌月。經書：夏秋水旱，無不如此。《晏子春秋》：齊大旱，景公欲祠靈山河伯，問於晏子，晏子以爲無益，曰，君誠能靈山河伯共憂，幸而雨乎。於是天果大雨，民得種樹。就種樹時言之，則亦旱在巳午月也。天地陰陽之氣，有甚變者，有變而不變者，夏旱秋水是也。以今時觀之，亦旱常在夏，而秋多有水，雖去春秋甚遠，天地之常候則然。若傳天作淫雨，害於粢盛，明當八九月穀就熟時，雨水爲災，故以粢盛之害爲弔也。《春秋考異郵》云，旱者陽氣移精不施，君上失制，奢淫僭侈，氣亂惑天，則旱。《京房易傳》云，欲德不用，兹謂張，其旱陰雲不雨。師出過時，兹謂廣，其旱不生。居高臺府，兹謂犯，陰侵陽，其旱萬物根死。庶位踰節，兹謂僭，其旱澤物枯爲火所傷。《洪範五行傳》説曰，不敬鬼神，政令逆時，則水不潤下，百川逆溢，溺人民，及淫雨傷稼穡。漢人好言陰陽，以經術相傅會，董江都以《公羊》、《春秋》推災異，京君明、劉子政以《易》、《尚書》繼之，雖欲託以儆戒人君，顧亦有勉强難通者。自仲舒與向爲占，説已不同，而其後既爲一家之學，各有專師，愈成膠滯。晉武平吴，壽陽以西當旱，而其東常雨，或以問袁甫。甫猶襲劉向之説以對，謂昔魯僖甚悦，故致旱。夫僖以悦致旱，若然文公之時，自十有二月至於七月不雨，自正月至於七月不雨，經凡三書之，旱可知矣。豈文亦以悦而致此。《春秋感精符》云，宣公初税畝，其冬蝝生，公受過變寤，明年復古行中，十六年冬，大有年，何休取之以注《公羊》，不自非其誣也，學《春秋》者，甚勿以之。

清·計六奇《明季北略》卷五　崇禎二年己巳南居益請發軍餉。三月二十八日，陝西户部侍郎南居益奏曰：「九邊要害，半在關中，故芻餉之需，獨倍他省。邇因宇内多事，司農告匱，延綏、寧、固三鎮，額糧缺至三十六月矣。去歲闔省荒旱，室若磬懸，野無青草，邊方斗米貴至四錢，軍民交困囂然，喪其樂生之心。」

清·計六奇《明季北略》卷五　馬懋才備陳大饑崇禎二年四月二十六日疏　臣陝西安塞縣人也，中天啟五年進士，備員行人。初差關外解賞，再差貴州典試，三差湖廣頒詔，奔馳四載，往還數萬餘里。臣見諸臣具疏，有言父棄其子、夫鬻其妻者，有言掘草根以自食、採白石以充饑者，猶未詳言也。臣今請悉爲皇上言之。臣鄉延安府，自去歲一年無雨，草木枯焦。九八月間，民爭採山間蓬草而食，其粒類糠皮，其味苦而澁，食之僅可延以不死。至十月以後，而蓬盡矣，則剥樹皮而食，諸樹惟榆皮差善，雜他樹皮以爲食，亦可稍緩其死。迨年終而樹皮又盡矣，則又掘其山中石塊而食，石性冷而味腥，少食輒飽，不數日則腹脹下墜而死。民有不甘于食石而死者，始相聚爲盜，而一二稍有積貯之民遂爲所刼，而搶掠無遺矣，有司亦不能禁治。間有獲者，亦恬不知怪，曰：「死于飢，與死于盜等耳，與其坐而饑死，何不爲盜而死，猶得爲飽死鬼也。」最可憫者，如安塞城西有糞城之處，每日必棄一二嬰兒于其中，有號泣者，有呼其父母者，有食其糞土者。至次晨，所棄之子已無一生，而又有棄之者矣。更可異者，童穉輩及獨行者，一出城外，便無蹤跡。後見門外之人，炊人骨以爲薪，煑人肉以爲食，始知前之人皆爲其所食。而食人之人亦不免，數日後面目赤腫，内發燥熱而死矣。于是死者枕藉，臭氣薰天。縣城外掘數坑，每坑可容數百人，用以掩其遺骸，臣來之時已滿三坑有餘，而數里以外不及掩者，又不知其幾許矣。小縣如此，大縣可知；一處如此，他處可知。幸有撫臣岳和聲弭盜賑饑，捐俸煮粥，而道府州縣各有所施，然粥有限而饑者無窮，杯水車薪，其何能濟乎？又安得不相率而爲盜也？且有司束于功令之嚴，不得不嚴爲催科，僅存之遺黎，止有一逃耳！此處逃之于彼，彼處復逃之于此，轉相逃，則轉相爲盜，此盜之所以徧秦中也。總秦地而言，慶陽、延安以北，饑荒至十分之極，而盜則稍次之；西安、漢中以下，盜賊至十分之極，而饑荒則稍次之。天降奇荒，所以資自成也。

清·計六奇《明季北略》卷一〇　崇禎七年甲戌　三月，山、陝大饑，民相食。山西自去秋八月至是不雨，大饑，民相食。鳳陽總督楊一鵬奏言：「去冬十一月，有異鳥蒙集淮、泗之間，雀喙、鷹翅、兔足、鼠爪，來自西北，千萬爲羣，未嘗棲樹，集于田食二麥。」亦異災也。五月，飛蝗蔽天。六月，江西饑。八月，河南大旱。

清·計六奇《明季北略》卷一三　崇禎十年丁丑　責臣罪己　閏四月，大旱，久祈不雨，聖諭責臣罪己曰：「帝德好生，降罰必有所致。久祈不應，乃朕躬之悃誠未能上達，朝廷之德澤不能下沾。

清·計六奇《明季北略》卷一四　崇禎十一年戊寅　八月十六日，吾錫飛蝗蔽天，自西北來，往東南去，凡六日，至二十一日止。十月廿六，打搶王中訒家中罄盡。

清·計六奇《明季北略》卷一五　崇禎七年七月，時大金吾吴孟明引二子庚臣、世臣，即于禁獄授教，先課一藝，擊節讚賞，決其登第。孟明極其奉之，供膳服御，精腆逾至尊，在坴陽一人入口之費，日必罄六金。參之者發其杖母也，竟無訊讞之期。淹至三年，京師夏旱，諭各衙門陳弊政，宣冤抑，吴孟明奏曰：「臣衙門冤抑，自有法司平允，非所敢預聞。但有幽禁三年，無人爲之雪，理如鄭鄤者，或當釋放，以召天和者也。」

七月二十五日，吾邑飛蝗蔽天，所集之地，禾苣立盡。當事設法捕捉，斗米易斗蝗，小民爭捕之，或焚或瘞，不啻萬萬計。餘種未殄，民猶苦飢。

清·計六奇《明季北略》卷一六　崇禎十三年庚辰　賑民　閏正月，命巡城御史煮粥賑饑，發帑金八千賑真定，發帑金六千賑山東。二月，風霾亢旱，詔求直言。三月，分賑畿南三萬金。是日雨。又賑京師貧民各錢二百。七月，發帑金二萬賑順天、保定。八月，發倉粟賑河東饑民。九月，命有司祭難民，瘞暴骸。冬十月，出帑金萬兩市舊棉衣二萬，給京師窮民。

崇禎十三年庚辰　歲饑。是時比年旱歉，穀貴人饑，予隨内父杭濟之先生讀書于洛社，道中青、赤、黑諸色蟲，長可五寸許，縱横塍畔，幾無下足處，蒙噉禾菽。予于杭氏齋中，每啜菉荳粥。六月二十一日，予從先生自洛社歸，經全州巷，扉緊閉，聞破落户欲取徐氏耳，遂從村後行。南眺數里，烟焰騰升，咸云焚石塘孫氏也，人情嗷嗷洶洶。廿二、廿三兩日，蕃塘橋貧者相聚數十人，抵有米家傳餐而掠焉，聲言將及吾鎮。

正月初六戊午，雷電交作，大雨三寸。時在大寒，尚未立春，冬行夏令，倒行逆施，其災異之應，在是年六月終，爲百姓城中搶米，延及各鄉俱搶。而究其致搶之因，蓋爲自夏至秋，天無滴雨，米價一兩七錢，而大户又不糶米，激成搶米之變也。

六月初六至初十，五日月下，蝗蟲落落飛過，久旱所致也。七月廿五日下午，飛蝗蔽天而來，自西北往東南，吾錫城中屋上俱盈二三寸，道途父老俱云「目中未見」。廿九下午，蝗飛三日，至八月初二、初四兩日，蔽天而下。十二下午，落落飛過，晚更甚。是年租税四五分，白米二兩一石。

六月十七，暑甚。是日下午，饑民燒燬馬世奇房屋一帶，亂拳毆碎頭面，血污滿體，以世奇侵去官糶米銀二百兩故也。鄉紳之體，從此大失矣。十七至二十日，鄉城打搶。十八，各店舖搶米，大户俱搶。十九、二十，大搶。廿一，各鄉大搶。廿二日，知縣龐昌胤緝拿亂民一二十人監處，城中始定。廿三日以後，無日不解審亂民，官打死四五十人，而鄉間打死燒死者無算。此等異變，亦一時之劫數也。七月十五，蘇州闗上有富户施姓者，不糶官米，百姓各執器械，斬門而入，殺五十餘人，其家立盡。吴下之變如此。當時承平既久，連歲旱饑，民心蠢蠢思動矣。幸江左柔脆，無强有力者起于其間爲之倡耳。不然，幾何而不豫、楚也！

清·計六奇《明季北略》卷一七 崇禎十四年辛巳 六月，兩京、山東、河南、浙江旱蝗。《無錫實録》云：立春後積陰連月，霪雨如注，河渠皆溢，二麥損收。及秋，復苦旱，米價騰踴，貧民不能舉火，採槿及草以食，道殣相枕。邑令酌議官糶焉，然擁擠殊甚，强而近者，一日兩糴以市利；弱而遠者，不能得其一焉。時徽州米價尤貴。其地山浮于田，故苦旱。十三年庚辰，五兩二錢一石。十四、十五兩年，五兩一石。至順治八年辛卯，米缺，七兩五錢一石，猶和糠一斗、水一斗，實米止八斗耳。每日富室人食米三合，婢女俱流境外。是年，上而江北，下而蘇、杭，饑民相枕于道。六月，米價二兩七錢，後至三兩二錢。麥價二兩二錢，油每斤八分。

又 崇禎十四年辛巳 崇禎十一年，是歲遼陽旱蝗，秋禾嗷盡。清兵陷山東濟南，擄德王，殺遼東金總戎。十二年，遼陽復旱蝗，秋稻靡遺。十三年，遼陽大飢，父子相食，斗米一千二百，值銀壹兩七錢。然斗斛三倍吾鄉，約六兩一石。

清·計六奇《明季北略》卷一九 崇禎十六年癸未 弘光元年春，旱。袁州一年二熟，時禾苗悉枯死。宜春爲首縣，邑令朱某，年纔十九，徵糧不息，百姓共攜枯秧擲于庭，挈持朱令出詣田中親視，且曰：「禾已枯死，尚徵糧耶？」譁甚。

順治四年丁亥，大旱，城中絶粒四日，湖廣米至，始得生。此四劫也。明年戊子，大疫。此五劫也。經此五劫，民生凋敝，至今城中止存千室，地多丘墟。有驛政道及兵千人鎮守本州云。

清·吴任臣《十國春秋》卷四九《凶荒》 原國虚人散五穀不熟，其國乃虚。周禮，野荒人散。困籭空瓜麥盡。《國語》云，越大夫種謀曰，今吴既罷而荒，大薦饑，市無赤米，而困籭空虚，其民必移，就食蒲嬴于東海之濱。案注云：圓者爲困，方者爲籭，詳後蟲鼠爲害註。金斤斗粟米斛萬錢。《東觀漢記》云：王莽末，天下旱連年，穀不成。建武元年耕作者少，民饑饉。黄金一斤易粟一斗。《漢書》：高祖二年，闗中大饑，米斛萬錢。

清·黄鼎《管窺輯要》卷七八《荒旱》 漢武帝元封元年，小旱。上令官求雨，卜式言曰：縣官當食租衣税而已，今弘羊令吏坐市列肆販物求利，烹弘羊天乃雨。漢獻帝興平元年，大旱。自四月至七月，帝避正殿請雨，遣使洗囚徒，原輕繫。是歲穀一斛五十萬，豆麥一斛二十萬，人相食，啖白骨，委積使侍。御史侯汶出太倉米豆爲飢人作糜粥，經日而死者無數。帝親御座前量試作糜，乃知非實，遂讓有司杖侯汶五十。三國吴孫策，欲渡江襲許昌，于吉偕行時，大旱，所在熇厲。策怒，吉惑衆，令人縛置地下，暴之，使請雨，若能感天，日中雨者當原赦，不，爾行誅。俄而雲氣上蒸，膚寸而合，比至日中大雨忽至，溪澗盈溢。將士喜悦，以爲吉必見原，策竟殺之，將士共藏其尸。天夜忽更，興雲覆之，明但往視，不知所在。出《搜神記》。

天監六年，旱甚，詔祈蔣帝神求雨，十旬不降。帝怒，命載荻欲焚蔣廟並神影，爾日開朗欲起火，當神上忽有雲如繖，倏忽驟雨如瀉，臺中官殿皆自振動。帝懼，馳詔追停，少時還静。帝備法駕修謁，是時魏軍攻鍾離，蔣帝神報勅必園許，扶助既而無雨。淮水暴長六七尺，曹景宗督師大挫敵人，凱旋之後，廟中人馬脚盡有泥濕。當時並目覩焉。武帝普通中南浦侯推字智進，歷淮南晉陵，吴郡太守所臨，必赤地大旱，吴人號旱母焉。

南梁簡文帝大寶元年三月，江南連年旱蝗，江楊尤甚，百姓流亡，草木根菜食之皆盡，富室或衣羅綺懷金玉而死，白骨成丘。

北魏文帝太和二十年七月，魏主以久旱不食三日。群臣請見，魏主遣舍人辭焉，且問來故，王肅對曰：今四郡雨已沾洽，獨京都微少，庶民未乏一餐，而陛下撤膳三日，臣下惶惶無復請地。魏主使應之曰：朕不食數日猶無所感，比來中外皆言四郊有雨，朕疑其欲相寬勉，未必有實，方將遣使視之。果如所言，即當進膳，如其不然，朕何以生，爲當以身爲萬民塞咎耳，是夕大雨。

北魏南安王禎爲相州刺史，太和二十年五月，鄴城旱。禎祈雨于郡。有石季龍廟人奉祀之，禎告神像云，三日不雨當加鞭罰，請雨不驗遂鞭像一百，是月疽發背薨。

唐高宗永隆元年，長安獲女魃長尺有二寸，其狀怪異。詩曰旱魃爲虐，如惔如焚。是歲秋不雨，至于明年正月。唐德宗貞元元年春，大飢，東都河南河北米斗千錢，死者相枕。唐宣宗大中六年夏，淮安飢。海陵高郵民於官河中漉得異米，號聖米。唐僖宗光啓二年二月，荆襄大飢，米斗三千錢，人相食。三年揚州大飢，米斗萬錢。

宋神宗熙寧六年，七月不雨。至於七年之三月，人無生意，東北流民每風沙霾曀，扶携塞道，羸瘠愁苦，身無完衣，並城民買麻糽麥麩合米爲糜，或茹木食草根，至身被鎖械而負瓦揭木賣以償官，纍纍不絶。監安上門，鄭俠繪《流民圖》以獻，曰：旱由安石所致，去安石天必雨，坐竄嶺南。宋高宗建炎元年，汴京大飢，米升錢二百，一鼠直數百錢，人食水藻、椿葉，道殣骼無餘胔。建炎三年，山東郡國大飢，人相食。時金人陷京，東郡民聚爲盗，至車載乾尸爲糧。

高宗紹興三年四月旱，至于七月。帝蔬食露禱乃雨。紹興五年五月，大燠四十餘日，草木焦稿，山石灼，人暍死者甚衆。宋孝宗乾道四年夏六月，旱。帝命撤蓋親疇於太乙宫而雨。宋光宗紹熙三年冬，潼川路不雨，氣燠如仲夏，日月皆赤。宋寧宗嘉泰四年春，撫袁州隆興府臨江軍大飢。殍死者不可勝瘞，有舉家二十七人同赴水死者。寧宗嘉定二年春，兩淮荆襄建康府大飢，米十錢，數千人食草木。淮民刲道殣食發瘞胔，繼之人相搤噬。流于揚州者，數千家。渡江者，聚建康，殍死日八九十人。嘉定八年夏五月大燠，草木枯槁，百泉皆竭，行都斛水百錢，江淮杯水數十錢，暍死者甚衆遠。穆宗應曆十六年五月甲申，歲旱。上泛舟于池，禱雨不雨。捨舟立水中而禱，俄頃乃雨。元順帝仍改至元二年四月，黄州蘄州等路大旱。順帝至正十九年正月至五月京師大飢，銀一錠得米僅八升，死者無算。保定路莩死盈道，軍士掠孱弱以爲食。

紀事

《春秋左傳注疏》卷一一（起僖公元年盡五年）經：二年冬十月，不雨。注：傳在三年。

經：三年春，王正月不雨，夏四月不雨。注：一時不雨則書首月，傳例曰：不曰旱，不爲灾。疏：注正義曰：一時不雨則書首月者，解去冬，今春也。書首月者，皆竟時不雨次。月不雨不復書也。故夏四月不雨，五月不雨，不復書。六月得雨，乃書之。此由不雨日久，方始追叙其事。每時一書，所以詳其文也。不於去年冬十月及今年正月不雨，注必於夏四月不雨，注者以下有六月雨，既備書。則五月不雨，亦應備書。今唯云夏四月不雨，故杜云：一時不雨則書首月，以解五月不書不雨之意。文二年自十有二月不雨，至于秋七月。十三年自正月不雨至于秋七月，二者皆總書不雨。又不書得雨之月。與此年書不雨，文異者。《穀梁傳》曰：一時言不雨者，閔雨也。閔雨者，有志乎民者也。六月雨，雨云者，喜雨也。喜雨者，有志乎民者也。文二年傳曰：歷時而言，不雨，文不憂雨也。不憂雨者，無志乎民也。言僖有憂民之志，故每時一書文，無憂民之志，是以歷時總書，賈逵取以爲説。杜既不注或亦史異辭也。六月雨。注示：旱不竟夏。傳：三年春不雨，夏六月雨，自十月不雨，至于五月不曰旱，不爲災也。注周六月夏四月於播種，五稼無損。

《春秋左傳注疏》卷一二（起僖公六年，盡十四年）經：十有一年秋，八月大雩。注：無傳，過時故書。

經：有十三年秋，九月大雩。注：無傳書過。

○冬，晉荐饑。注：麥禾皆不熟。疏：《正義》曰，釋天云：穀不熟爲饑，仍饑爲荐。李巡曰：穀不成熟曰饑。連歲不熟曰荐。使乞糴于秦，秦伯謂子桑與諸乎。對曰：重施而報，君將何求。注言不損秦。重施而不報，其民必攜，攜而討焉，無，衆必敗注。不義，故民離，謂百里與諸乎，注百里秦。大夫對曰：天災流行國家，代有救災恤鄰道也。行道有福乎。

《春秋左傳注疏》卷一三（僖公十五年至二十一年）經：二十有一年夏，大旱。注：雩不獲雨，故書旱。自夏及秋，五稼皆不收。疏：《正義》曰，春秋之例，旱則脩雩，雩必爲旱。而經或書雩，或書旱者，雩而得雨，喜雩。有益書雩，不書旱。雩不得雨則書旱，明災成此時。雩不獲雨，故書旱也。周之夏，即今之二月，三月，四月也。於時方欲下種。此月不雨，未能成災。而書夏大旱者，此後雖得少雨，而終是不堪生殖，從夏及秋，五稼悉皆不收。不收之後，擇最旱之月而書之。故書夏大旱也。劉炫云：大旱而不書，饑者。《傳》云：是歲也，饑而不害，故不書饑。

○夏，大旱。公欲焚巫尪。注：巫尪女巫也，主祈禱請雨者，或以爲尪，非巫也。瘠病之人，其面上向，俗謂天哀其病，恐雨入其鼻，故爲之旱。是以公欲焚之。疏：《正義》曰：《周禮》女巫職云旱。暵則舞雩，此以爲旱，欲焚之。故知巫尪女巫也。并以巫尪爲女巫，則尪是劣弱之稱，當以女巫。尪弱故稱尪也，或以爲尪非巫也。巫是禱神之人，尪是瘠病之人，二者非一物也。尪是病人，天恐雨入其鼻，俗有此說，不出傳記義或當然。故兩解之也。《檀弓》云：歲旱，穆公召縣子而問焉，曰：天久不雨，吾欲暴尪而奚若？曰：天則不雨，而暴人之疾，子虐無乃不可與。鄭玄云：尪者，面鄉天覬，天哀而雨之。又曰：吾欲暴巫而奚若？鄭玄云：巫主接神，亦覬天哀而雨之。彼欲暴人疾而求雨。故鄭玄以爲，覬天哀而下雨，此欲燒殺以求雨。故杜以爲，天哀之而不雨，意異。故解異也。禮記既言：暴尪又別言暴巫，巫尪非一物。記言暴人之疾，則尪是病人，或說是也。臧文仲曰：非旱備也，脩城郭，貶食省用，務穡勸分。注：穡，儉也。勸分，有無相濟。疏正義曰：穡是愛惜之義，故爲儉也。襄二十四年，《穀梁傳》曰：五穀不升，謂之大侵。大侵之禮，君食不兼味，臺榭不塗，弛侯廷道不除，百官布而不制，鬼神禱而不祀。《曲禮》云：歲凶，年穀不登，君膳不祭，肺馬不食穀，如此之類，皆是務爲儉也。務爲儉穡，而脩城郭者。服虔云：國家凶荒，則無道之國，乘而加兵，故脩城郭爲守備也。此其務也，巫尪何爲天欲殺之，則如勿生。若能爲旱焚之，滋甚，公從之。是歲也，饑而不害。注：不傷害民。

《春秋左傳注疏》卷三〇（起襄公五年，盡九年）經：五年秋，大雩。秋大雩旱也。注：雩夏祭所以祈甘雨。若旱，則又修其禮，故雖秋雩，非書過也。然經與過雩同文，是以傳每釋之，曰旱也。雩而獲雨，故書雩而不書旱。疏：《正義》曰，例稱龍見而雩，是夏祭常禮，所以祈甘雨也。過時則書，若值歲旱，則又修此雩，禮而爲祈禱。故雖秋雩，非書過也。此是爲旱而雩，非常雩過時也。但經書大雩，則過雩旱，雩無以相別，故爲旱而雩，傳皆言旱以釋之。釋例曰：始夏而雩者，爲純陽，用事防有災。旱而祈之也。至於四時之旱，則又用比禮而求雨，故亦曰雩。經書雩，而傳不以旱釋之者，皆過雩也。經書過雩，則與旱雩不別，故傳皆發之，是解發，傳言旱之意也。雩爲旱禱而不書旱者，雩而獲雨，故書。雩而不書旱，雩不得雨則書旱，以明災成。僖二十一年夏大旱是也，雩而獲雨，則書雩，《穀梁》傳文也。

經：八年秋九月，大雩。

傳：八年秋九月，大雩，旱也。

經：二十有八年春，無冰。秋八月，大雩。

傳：二十八年春，無冰。梓慎曰：「今兹宋、鄭其饑乎？歲在星紀，而淫于玄枵，以有時災，陰不堪陽。蛇乘龍。龍，宋、鄭之星也，宋、鄭必饑。玄枵，虛中也。枵，秏名也。土虛而民秏，不饑何爲？」

秋八月，大雩，旱也。

《春秋左傳注疏》卷四二（昭公三年至四年）經：三年，八月大雩。

傳：三年，八月大雩，旱也。

《春秋左傳注疏》卷四三（昭公五年至六年）經：六年秋九月，大雩。傳：六年，秋九月，大雩，旱也。

《春秋左傳注疏》卷四六（昭公十三年至十六年）經：十有六年九月大雩音義雩音于

傳：十六年○九月，大雩，旱也。鄭大旱，使屠擊、祝款、竪柎有事於桑山。斬其木，不雨。子産曰：有事於山，蓺山林也。注：蓺養護，令繁殖。音義蓺音藝令方呈反而斬其木，其罪大矣。奪之官邑。

《春秋左傳注疏》卷五一（昭公二十四至二十五年）經：二十四年秋八月大雩

傳：二十四年○秋八月大雩旱也。

經：二十有五年秋七月，上辛大雩，季辛又雩。注：季辛，上旬之辛也，言又重上事。疏：注正義曰月有三辛。上辛，上旬之辛也。季辛，下旬之辛也。長歷推校此年七月已丑朔，上辛月三日，季辛二十三日也。不書其日之辰空言辛者，本見旱甚，欲知二雩相去遠近耳。無取於辰，故空書辛也。季辛又雩，不言大者，言又見其重上事上辛是大雩，明季辛亦大雩也。春秋旱則修雩。雩而得雨則書雩，喜雩有益；雩而不得雨則書旱，以明災成。此書二雩者，上辛雩而得雨，雨少，尋即爲旱，故季辛又雩。傳曰：秋書再雩，旱甚也。是言前雩少得雨，旱甚而復雩，故賈云上辛不注是也。《公羊傳》曰又雩者何？又雩者非雩，聚衆以逐季氏也。公以九月始孫，豈七月已與季氏戰乎？若使時實不旱，亦不得託雩以聚衆矣。

傳二十五年〇秋書再雩，旱甚也。疏：正義曰：既言旱甚而經不書旱者，傳言旱甚，解經一月再雩。再雩雖曰旱甚，然而後雩得雨不至成災，故不書旱。

《竹書紀年》卷上 殷商成湯十九年，大旱。二十年，大旱。二十一年，大旱。二十二年，大旱。二十三年，大旱。二十四年，大旱，王禱于桑林，雨。

《竹書紀年》卷下 厲王二十二年，大旱。二十三年，大旱。二十四年，大旱。二十五年大旱。二十六年，大旱。王陟于彘，周定公、召穆公立太子靖爲王，共伯和歸其國，遂大雨。大旱既久，廬舍俱焚。

威烈王三年，晉大旱，地生鹽。五年，晉丹水出，反潔。

《春秋穀梁傳》卷二 隱公五年，螟。蟲災也。甚則月，不甚則時。注：甚則即盡，不及歷月。《禮》月令曰：仲春行夏令則蟲螟爲害。隱公八年，螟。

《春秋穀梁傳》卷三 桓公五年，秋，大雩。注，雩者，旱祭請雨之名。傳例曰：雩得雨曰雩，不得雨曰旱。月雩正也，時雩不正也。《禮・月令》曰：仲冬行夏令則其國乃旱。疏：雩，音於，祭名。注釋曰：何休云，祭言大雩，大旱可知也。君親之南郊以六事謝過自責。曰：政不一與，民失職與，宮室崇與，婦謁盛與，苞苴行與，讒夫倡與。使童男女各八人舞而呼雩，故謂之雩。賈逵云：言大雩者，別於山川之雩。《左氏》說不爲旱者，亦稱大雩。則雩稱大者，或如賈言也，名之爲雩者。鄭云：雩之言籲也，籲嗟以求雨，服虔。杜預以爲，雩之言遠也，遠爲百穀祈膏雨也，未知二說誰當。范意夫爲大旱以六事謝過，或如何說舞而呼雩，理恐不然云。《傳例》曰者，僖十一年，傳文也，云月雩正也，時雩不正也。定元年傳文，此雩不月者，何休云譏公驕溢也，案《穀梁傳》：意月雩則正時，雩則非正。不論驕溢之事，則何休之言不可通於此也。

《春秋穀梁傳》卷六 莊公三十一年冬，不雨。

《春秋穀梁傳》卷七 僖公二年冬十月，不雨。不雨者，勤雨也。

僖公三年春，王正月，不雨。不雨者，勤雨也。夏四月，不雨。一時言不雨者，閔雨也。閔雨者，有志乎民者也。徐人取舒。六月，雨。雨雲者，喜雨也。喜雨者，有志乎民者也。

《春秋穀梁傳》卷八 僖公十一年秋八月，大雩。雩月，正也。雩得雨曰雩，不得雨曰旱。僖公十三年秋九月，大雩。僖公十五年八月，螽。螽，蟲災也。甚則月，不甚則時。

《春秋穀梁傳》卷九 僖公二十一年夏，大旱。旱，時正也。

《春秋穀梁傳》卷一〇 文公二年，自十有二月不雨至於秋七月。歷時而言不雨，文不憂雨也。不憂雨者，無志乎民也。

《春秋穀梁傳》卷一一 文公十年，自正月不雨，至於秋七月。歷時而言不雨，文不閔雨也。不閔雨者，無志乎民也。及蘇子盟于女栗。

又 文公十三年，自正月不雨，至於秋七月。大室屋壞。大室屋壞者，有壞道也，譏不修也。

《春秋穀梁傳》卷一二 宣公六年秋八月，螽。宣公七年秋，大旱。宣公十三年，秋，螽。宣公十五年，秋，螽。仲孫蔑會齊高固于無婁。初稅畝。初者始也。古者什一，藉而不稅。初稅畝，非正也。古者三百步爲裡，名曰井田。井田者，九百畝，公田居一。私田稼不善，則非吏；公田稼不善，則非民。初稅畝者，非公之去公田而履畝十取一也，以公之與民爲已悉矣。古者公田爲居，井灶蔥韭盡取焉。冬，蝝生。蝝非災也。其曰蝝，非稅畝之災也。饑。

《春秋穀梁傳》卷一三 成公三年秋，大雩。

又 成公七年，冬，大雩。雩，不月而時非之也。冬無爲雩也。

《春秋穀梁傳》卷一五 襄公五年秋，大雩。

又 襄公七年八月，螽。襄公八年秋九月，大雩。

《春秋穀梁傳》卷一六 襄公十六年秋，大雩。襄公十七年九月，大雩。襄公二十有八年春，無冰。秋八月，大雩。

《春秋穀梁傳》卷一七 昭公三年八月，大雩。昭公六年秋，九月，大雩。

《春秋穀梁傳》卷一八 昭公十六年九月，大雩。昭公二十四年秋八月，大雩。昭公二十五年秋七月，大雩。季辛，又雩。季者，有中之辭也。又，有繼之辭也。

《春秋穀梁傳》卷一九 定西元年九月，大雩。雩月，雩之正也。秋大雩，非正也。冬大雩，非正也。秋大雩，雩之爲非正何也？毛澤未盡，人力未竭，未可以雩也。雩月，雩之正也。月之爲雩之正何也？其時窮人力盡然後雩，雩之正也。何謂其時窮人力盡？是月不雨，則無及矣。是年不艾，則無食矣，是謂其時窮人力盡也。雩之必待其時窮人力盡何也？雩者，爲旱求者也。求者，請也，古之人重請。定公七年秋，大雩。九月，大雩。定公十二年秋，大雩。

《春秋穀梁傳》卷二〇 哀公十二年冬，十有二月，螽。哀公十三年九月，螽。冬，十有二月，螽。

漢・董仲舒《春秋繁露》卷一五《郊祀第六十九》　周宣王時，天下旱，歲惡甚，王憂之。其詩曰：倬彼雲漢，昭回于天。王曰：嗚呼，何辜今之人！天降喪亂，飢饉薦臻。靡神不舉，靡愛斯牲。圭璧既卒，寧莫我聽。旱既太甚，蘊隆蟲蟲。不殄禋祀，自郊徂宫。上下奠瘞，靡神不宗。後稷不克，上帝不臨。耗射下土，寧丁我躬。宣王自以爲不能乎后稷，不中乎上帝，故有此災。有此災，愈恐懼而謹事天。

漢・司馬遷《史記》卷六《秦始皇本紀》　三年，歲大饑。四年十月庚寅，蝗蟲從東方來，蔽天。五年，冬雷。

漢・司馬遷《史記》卷一〇《孝文本紀》　後六年，天下旱，蝗。帝加惠：令諸侯毋入貢，弛山澤，減諸服御狗馬，損郎吏員，發倉庾以振貧民，民得賣爵。

漢・司馬遷《史記》卷一一《孝景本紀》　中四年三月，置德陽宫。大蝗。秋，赦徒作陽陵者。後二年十月，大旱。衡山國、河東、雲中郡民疫。

漢・司馬遷《史記》卷二八《封禪書》　其明年，伐朝鮮。夏，旱。公孫卿曰：「黄帝時封則天旱，乾封三年。」上乃下詔曰：「天旱，意乾封乎？其令天下尊祠靈星焉。」

漢・司馬遷《史記》卷四五《韓世家》　二十五年，旱，作高門。屈宜臼曰：「昭侯不出此門。何也？不時。吾所謂時者，非時日也，人固有利不利時。昭侯嘗利矣，不作高門。往年秦拔宜陽，今年旱，昭侯不以此時卹民之急，而顧益奢，此謂『時絀舉贏』。」二十六年，高門成，昭侯卒，果不出此門。

漢・班固《漢書》卷二《惠帝紀第二》　二年夏，旱。五年夏，大旱。

漢・班固《漢書》卷四《文帝紀》　九年春，大旱。

六年夏四月，大旱，蝗。令諸侯無入貢，弛山澤，減諸服御，損郎吏員。發倉庾以振民。民得賣爵。

漢・班固《漢書》卷五《景帝紀》　中元三年夏旱，禁酤酒。秋九月，蝗。後元二年秋，大旱。

漢・班固《漢書》卷六《武帝紀》　建元四年六月，旱。元光六年夏，大旱，蝗。元朔五年春，大旱。元封四年夏，大旱，民多暍死。六年秋，大旱，蝗。太始二年秋，旱。

漢・班固《漢書》卷七《昭帝紀》　始元六年夏，旱，大雩，不得舉火。元鳳五年夏，大旱。

漢・班固《漢書》卷八《宣帝紀》　本始三年夏五月，大旱。郡國傷旱甚者，民毋出租賦。三輔民就賤者，且毋收事，盡四年。

漢・班固《漢書》卷九《元帝紀》　初元三年夏，旱。六月，詔曰：「蓋聞安民之道，本繇陰陽。間者陰陽錯謬，風雨不時。朕之不德，庶幾羣公有敢言朕之過者，今則不然。媮合苟從，未肯極言，朕甚閔焉。永惟烝庶之饑寒，遠離父母妻子，勞於非業之作，衛於不居之宫，恐非所以佐陰陽之道也。其罷甘泉、建章宫衛，令就農。百官各省費。條奏毋有所諱。有司勉之，毋犯四時之禁。丞相御史舉天下明陰陽災異者各三人。」於是言事者衆，或進擢召見，人人自以得上意。

漢・班固《漢書》卷一〇《成帝紀》　建始二年夏，大旱。

漢・班固《漢書》卷一二《平帝紀》　元始二年，郡國大旱，蝗，青州尤甚，民流亡。安漢公、四輔、三公、卿大夫、吏民爲百〔姓〕困乏獻其田宅者二百三十人，以口賦貧民。遣使者捕蝗，民捕蝗詣吏，以石斗受錢。天下民貲不滿二萬，及被災之郡不滿十萬，勿租税。民疾疫者，舍空邸第，爲置醫藥。賜死者一家六尸以上葬錢五千，四尸以上三千，二尸以上二千。罷安定呼池苑，以爲安民縣，起官寺市里，募徙貧民，縣次給食。至徙所，賜田宅什器，假與犂、牛、種、食。又起五里於長安城中，宅二百區，以居貧民。

漢・班固《漢書》卷二四下《食貨志下》　元封元年，是歲小旱，上令百官求雨。卜式言曰：「縣官當食租衣税而已，今弘羊令吏坐市列，販物求利。亨弘羊，天乃雨。」久之，武帝疾病，拜弘羊爲御史大夫。

漢・班固《漢書》卷二七中之上《五行志中之上》　文公十三年，「大室屋壞」。又未三年而吉禘，前後亂賢父聖祖之大禮，内爲貌不恭而狂，外爲言不從而僭。故是歲自十二月不雨，至于秋七月。後年，若是者三，而太室屋壞矣。

庶徵之恒陽，劉向以爲春秋大旱也。其夏旱雩祀，謂之大雩。不傷二穀，謂之不雨。京房《易傳》曰：「欲德不用茲謂張，厥災荒。荒，旱也。其旱，陰雲不雨，變而赤，因而除。師出過時茲謂廣，其旱不生。上下皆蔽茲謂隔，其旱天赤三月，時有雹殺飛禽。上緣求妃茲謂僭，其旱三月大温亡雲。居高臺府，茲謂犯陰侵陽，其旱萬物根死，數有火災。庶位踰節茲謂僭，其旱澤物枯，爲火所傷。」

釐公二十一年「夏，大旱」。董仲舒、劉向以爲齊(威)〔桓〕既死，諸侯從楚，釐尤得楚心。楚來獻捷，釋宋之執。外倚彊楚，炕陽失衆，又作南門，勞民興役。諸雩旱不雨，略皆同説。

宣公七年「秋，大旱」。是夏，宣與齊侯伐萊。

襄公五年「秋，大雩」。先是宋魚石犇楚，楚伐宋，取彭城以封魚石。鄭畔于中國而附楚，襄與諸侯共圍彭城，城鄭虎牢以禦楚。是歲鄭伯使公子發來聘，使大夫會吳于善道。外結二國，内得鄭聘，有炕陽動衆之應。

八年「九月，大雩」。時作三軍，季氏盛。

二十八年「八月，大雩」。先是，比年晉使荀吳、齊使慶封來聘，是夏邾子來朝。襄有炕陽自大之應。

昭公三年「八月，大雩」。劉歆以爲昭公即位年十九矣，猶有童心，居喪不哀，炕陽失衆。

六年「九月，大雩」。先是莒牟夷以二邑來犇，莒怒伐魯，叔弓帥師，距而敗之，昭得入晉。外和大國，内獲二邑，取勝鄰國，有炕陽動衆之應。

十六年「九月，大雩」。先是昭公母夫人歸氏薨，昭不感，又大蒐于比蒲。晉叔嚮曰：「魯有大喪而不廢蒐。國不恤喪，不忌君也；君亡感容，不顧親也。殆其失國。」與三年同占。

二十四年「八月，大雩」。劉歆以爲《左氏傳》二十三年邾師城翼，還經魯地，魯襲取邾師，獲其三大夫。邾人愬于晉，晉人執我行人叔孫婼，是春乃歸之。

二十五年「七月，上辛大雩，季辛又雩」，旱甚也。劉歆以爲時后氏與季氏有隙。又季氏之族有淫妻爲讒，使季平子與族人相惡，皆共譖平子。

定公(十)〔七〕年「九月，大雩」。先是定公自將侵鄭，歸而城中城。二大夫帥師圍鄆。

嚴公三十一年「冬，不雨」。是歲，一年而三築臺，奢侈不恤民。

釐公二年「冬十月不雨」，三年「春正月不雨，夏四月不雨」，「六月雨」。先是者，嚴公夫人與公子慶父淫，而殺二君。國人攻之，夫人遜于邾，慶父犇莒。釐公即位，南敗邾，東敗莒，獲其大夫。有炕陽之應。

文公二年，「自十有二月，不雨至于秋七月」。文公即位，天子使叔服會葬，毛伯賜命。又會晉侯于戚。公子遂如齊納幣。又與諸侯盟。上得天子，外得諸侯，沛然自大。躋釐公主。大夫始顓事。

十年，「自正月不雨，至于秋七月」。先是公子遂會四國而救鄭。楚使越椒來聘。秦人歸襚。有炕陽之應。

十三年，「自正月不雨，至于秋七月」。先是曹伯、杞伯、滕子來朝，郕伯來犇，秦伯使遂來聘，季孫行父城諸及鄆。二年之間，五國趨之，内城二邑。炕陽失衆。一曰，不雨而五穀皆孰，異也。文公時，大夫始顓盟會，公孫敖會晉侯，又會諸侯盟于垂隴。故不雨而生者，陰不出氣而私自行，以象施不由上出，臣下作福而私自成。一曰，不雨近常陰之罰，君弱也。

惠帝五年夏，大旱，江河水少，谿谷絶。先是發民男女十四萬六千人城長安，是歲城乃成。

文帝三年秋，天下旱。是歲夏，匈奴右賢王寇侵上郡，詔丞相灌嬰發車騎士八萬五千人詣高奴，擊右賢王走出塞。

後六年春，天下大旱。先是發車騎材官屯廣昌，是歲二月復發材官屯隴西。後匈奴大入上郡、雲中，烽火通長安，三將軍屯邊，又三將軍屯京師。

景帝中三年秋，大旱。

武帝元光六年夏，大旱。是歲，四將軍征匈奴。

元朔五年春，大旱。是歲，六將軍衆十餘萬征匈奴。

元狩三年夏，大旱。是歲，發天下故吏伐棘上林，穿昆明池。

天漢元年夏，大旱。其三年夏，大旱。先是貳師將軍征大宛還。天漢元年，發適民。二年夏，三將軍征匈奴，李陵没不還。

征和元年夏，大旱。是歲發三輔騎士閉長安城門，大搜，始治巫蠱。明年，衛皇后、太子敗。

昭帝始元六年，大旱。先是大鴻臚田廣明征益州，暴師連年。

宣帝本始三年夏，大旱，東西數千里。先是五將軍衆二十萬征匈奴。

神爵元年秋，大旱。是歲，後將軍趙充國征西羌。

成帝永始三年、四年夏，大旱。

漢・劉珍《東觀漢記》卷一《世祖光武皇帝》 王莽末年，天下大旱，蝗蟲蔽天，盜賊羣起，四方潰畔。荆州、下江、平林兵起，王匡、王鳳爲之渠率。時南陽旱饑，而帝田獨收。帝仁智明達，多權略，樂施愛人，在家重慎畏事，勤于稼穡。

四年夏五月，帝幸盧奴，爲征彭寵故也。自王莽末，天下旱霜連年，百穀不成。元年之初，耕作者少，民飢饉。黄金一斤，易粟一石。至二年秋，天下野穀旅生，麻菽尤盛，或生苽菜菓實，野蠶成繭，被山民收爲絮，採穫穀果，以爲蓄積。至是歲，野穀生者稀少，而南畝亦益闢矣。

漢·劉珍《東觀漢記》卷二《穆宗孝和皇帝》　六年秋七月，京師旱。幸洛陽寺，録囚徒、舉寃獄。未還宮而澍雨。

漢·劉珍《東觀漢記》卷六《和熹鄧皇后》　永初二年三月，京師旱至五月朔。太后幸洛陽寺，省庶獄，舉寃囚，杜令不殺。人自誣被掠，羸困便輿，見畏吏不敢自理。吏將去，微疾舉頸，若欲有言。太后察視，覺之即呼還，問狀。遂得申理。即時收令，下獄抵罪。尹左遷，行未還宮，澍雨大降。

漢·劉珍《東觀漢記》卷七《北海靖王興》　北海靖王興，興遷弘農太守，縣吏張申有伏罪，興收申案論，郡中震慄。時年旱，分遣文學循行屬縣，理寃獄，宥小過，應時甘雨澍降。每朝廷有異政，京師雨澤，秋稼好醜，輒驛馬下問興。其見親重如此。

漢·劉珍《東觀漢記》卷一八《秦彭》　秦彭，字國平。元成間，宗族五人，同爲二千石，故號爲萬石。秦氏彭擢開陽城門候，爲山陽太守時，山陽新遭地動，後饑旱。穀貴米石七八萬，百姓窮困。

《春秋公羊傳注疏》卷四《桓公五年》　秋大雩。傳：大雩者何？旱祭也。注：雩，旱請雨祭名。不解大者，祭言大雩，大旱可知也。君親之南郊，以六事謝過，自責曰：政不一與？民失職與？宫室榮與？婦謁盛與？苞苴行與？讒夫倡與？使童男女各八人，舞而呼雩，故謂之雩。不地者，常地也。疏：注：君親之，至倡與，解云：皆《韓詩》傳文。政不一與，謂政不專一，出自權臣之門。民失職與，謂廢其農業。宫室崇與，謂若丹楹刻桷之屬。婦謁盛與，謂阿請亂國。苞苴行與，謂受人之魄，政以賄成。讒夫倡與，謂若魯任鄭瞻。〇使童至之雩，解云：論語云：冠者五六人，童子六七人，與此異者，彼言暮春者，春服既成，明魯人正雩，故其數少，復不言男女。今此書見于經，非正雩也。凡修雩者，皆爲旱甚而作之，故其數多，又兼男女矣。是以司巫職曰：若國大旱，則率巫以舞雩是也。《春秋説文》：冠者七八人，童子八九人者，蓋是天子雩也。〇不地者，常地也。解云，謂在魯城南沂水上。然則何以不言旱？注：據日食鼓用牲于社。疏：注，解云：莊二十五年經，彼舉日食乃言鼓用牲于社，此不言旱，直言大雩，故据難之。言雩，則旱見。言旱，則雩不見。注：從可知，故省文也。日食獨不省文者，與大水同禮，若但言鼓用牲，則不知其所爲。必見雩者，善其能戒懼天災，應變求雨，憂民之急也。疏注：與大至急也，解云：諸言日食與大水皆鼓用牲也。即莊二十五年秋，大水鼓用牲于社是也。何以書？記災也。注：旱者，政教不施之應。先是桓公無王行，比爲天子所聘，得志益驕，去國遠狩，大城祝丘，故致此旱。疏：注比爲天子所聘。解云：即莊四年夏，天王使宰渠伯糾來聘是也。〇大城祝丘，解云：在今年夏，正以大崩壞敗，然後發衆城之，故曰大城。〇去國遠狩，解云：即四年春，公狩于郎是也。

《春秋公羊傳注疏》卷九　莊公三十一年冬，不雨。傳：何以書？記異也。注：《京房易傳》曰：旱異者，旱久而不害物也。斯禄去公室，福由下作。故陽雖不施，而陰道獨行，以成萬物也。先是比築三臺，慶牙專政之應。

《春秋公羊傳注疏》卷一〇　僖公二年冬十月，不雨。傳：何以書？記異也。注説與前同。疏：注解云：即莊三十一年冬，不雨。傳云：何以書？記異也。《京房易傳》曰：旱異者，旱久而不害物也。斯禄去公室，福由下作。故陽雖不施，而陰道獨行，以成萬物也。先是比築三臺，慶牙專政之應。今此亦是，僖公喜於得立，委任陪臣，不恤政事。故有此罰耳。

僖公三年春，王正月，不雨。夏四月，不雨。傳：何以書？記異也。注：太平一月不雨，即書。春秋亂世，一月不雨，未害物，未足爲異，當滿一時乃書。一月書者，時僖公得立，欣喜不恤庶衆，比致三旱，即能退辟正殿，飭過求已，循省百官，放佞臣郭都等，理寃獄四百餘人，精誠感天，不雩而得澍雨，故一月即書，善其應變改政。旱不從上發傳者，著人事之備積於是。疏：注太平至即書，解云：即莊三十一年冬不雨，傳云：何以書，記異是也。〇比至三旱，解云：即上二年冬，十月不雨，三年春，王正月，不雨。夏四月，不雨是也。〇即能至澍雨，解云：皆感精符文。〇故一月即書，解云：即去年十月不雨，今年正月不雨，夏四月不雨是也。〇不從上發，傳解云：即上二年十月，不雨之下，已發云何以書？記異也。今不從其例，而又發之者，欲著人事之備積于是故也。

《春秋公羊傳注疏》卷一一　僖公十一年秋，八月，大雩。注：公與夫人出會不恤民之應。

僖公十三年秋，九月，大雩。注：由陽穀之會不恤民，復會于鹹城、緣陵，煩擾之應。

僖公二十一年夏，大旱。

《春秋公羊傳注疏》卷一三　文公二年自十有二月不雨，至于秋七月。傳：何以書，記異也。注：以不言旱。大旱以災書，此亦旱也。曷爲以異書？大旱之日短而云災。注云：言也，言有災。疏：大旱以災書，解云：即僖二十一年經書夏大旱，傳云：何以書，記災也是也。故以災書。此不雨之日長而無災，故以異書也。注，此祿去公室，政在公子遂之所致也。不就莊三十一年發傳者，此最甚事著。疏：注，不就至事著，解云：莊三十一年冬，不雨，傳云：何以書，記災也。然則彼一時不雨，是以不得發。傳云不雨之日長，此則歷四時，故言最甚事著也。

《春秋公羊傳注疏》卷一四　文公十三年，自正月不雨，至秋七月。注：公子遂所致。

《春秋公羊傳注疏》卷一五　宣公七年秋，大旱。注：爲伐萊踰時也。

《春秋公羊傳注疏》卷一九　襄公元年秋，大雩。八年秋九月，大雩。

《春秋公羊傳注疏》卷二〇　襄公十七年九月，大雩。注：比年仍見圍，不暇恤民之應。

《春秋公羊傳注疏》卷二一　襄公二十有八年春，無冰。注：豹羯爲政之所致。疏：注解云，成元年無冰之下注云，《尚書》曰：舒恒燠若。《易京房傳》曰：當寒而温，倒置也。是時成公幼少，季孫行父專權而委任之所致。

襄公二十八年秋八月，大雩。注：公方久如楚，先是豫賦于民之所致。

《春秋公羊傳注疏》卷二二　昭公三年八月，大雩。注：先是公季孫宿比如晉。六年秋九月，大雩。八年秋，大雩。

《春秋公羊傳注疏》卷二三　昭公十六年九月，大雩。注：先是公數如晉。

《春秋公羊傳注疏》卷二四　昭公二十四年秋八月，大雩。注：先是公如晉，仲孫貜卒民被其役。時年叔倪出會。故秋七月復大雩。

又　昭公二十五年秋，七月，上辛大雩。季辛又雩。

傳：又雩者何？疏：解云諸夏雩，祭文悉不言。又異于常例，故執不知問。又雩者，非雩也，聚衆以逐季氏也。注：一月不當再舉雩。言又雩者，起非雩也。昭公依托上雩，生事聚衆，欲以逐季氏。不書逐季氏者，諱不能逐，反起下孫，及爲所敗。故因雩起其事也。但舉日，不舉辰者，辰不同，不可相爲上下。又日爲君，辰爲臣，去臣，則逐季氏意明矣。上不當日，言上辛者，爲下辛張本。不言下辛，言季辛者，起季氏不執下而逐君。疏：注解云：僖三年注云，太平一月不雨即書，春秋亂世，一月不雨，未害物，未足爲異，當滿一時乃書。然則春秋之義，一時能害，方始書雩，豈有再舉其雩乎？故曰一月不當再舉雩矣。既無再舉雩之例，而言又雩者何？以起其非實雩，故云言又雩者起非雩也。但舉日不舉辰者，正以去年夏五月乙未朔日有食之，則此月上辛爲辛丑，下辛爲辛酉，所以直言辛，不兼言丑、酉者。若言辛丑、辛酉，即是參差不同，不可相爲上下故也。十日爲陽、爲幹，故爲君之義。十二辰爲陰、爲枝，故爲臣之象。故云日爲君，辰爲臣。春秋之雩，其例書時，即桓五年秋大雩之文是，故云上不當日也。若然，亦不合月。而云七月者，欲見上辛下辛皆七月之日故。凡言上者，對下之稱。既言上辛而不言下辛者，欲起季氏不執臣下之卑而逐君矣。

《春秋公羊傳注疏》卷二五　定公元年九月，大雩。注定公得位，尤喜而不恤民之應。

《春秋公羊傳注疏》卷二六　定公七年夏四月，大雩。注：先是公侵鄭，城中城，季孫斯、仲孫忌如晉圍運，費重不恤民之應。九月，大雩。注：承前費重不恤民，又重之以齊師伐我，我自救之役。

定公十二年秋，大雩。注：不能事事信用孔子，聖澤廢。

漢・荀悦《前漢紀》卷七《孝文一》　九年夏，大旱。

漢・荀悦《前漢紀》卷九《孝景帝》　中元三年夏，四月，旱。秋九月，蝗。四年夏，蝗。

漢・荀悦《前漢紀》卷一〇《孝武一》　建元四年六月，旱。

漢・荀悦《前漢紀》卷一三《孝武三》　元狩三年夏，大旱。五月赦天下。元狩四年冬，會天大旱，上令百官請雨。太子傅卜式言於上曰：縣官當衣食租税而已。今弘羊令吏坐市列肆，販賣求利，獨烹弘羊，天乃雨。是時董仲舒説上曰：古税民不過什一，使民歲不過三日。民財用，内足以養老盡孝，外足以事上供税，下足以畜妻子。故民悦而從上。至秦則不然，用商鞅之法，改帝王之道，除井田之制，富者田連阡陌，貧者無立錐之地。

漢・荀悦《前漢紀》卷一五《孝武六》　二年春正月，行幸回中。秋大旱。趙中大夫白公穿渠引涇水，首起池陽谷口，尾入櫟陽渭中。廣袤一百里，溉田四千五百餘頃，因名曰白渠。民得饒，歌之曰：「田於何所，池陽谷口，鄭國在前，白渠在後，舉鍤成雲，決渠爲雨，水流竈下，奂跳入釜，涇水一石，其泥數斗，且溉且糞，長我禾黍，衣食京師，百萬餘口。」言此兩渠之饒也。鄭國，昔韓國之小水工也。韓患秦東伐，欲罷勞之，乃遣鄭國説秦，令鑿渠引涇水。自中山以西抵湖口爲渠。緣北山東注洛水，三百餘里，以溉田。中作而情覺，秦欲殺鄭國。鄭國曰：始臣爲計，然渠成亦秦之利。臣爲韓延數年之命，而爲秦建萬世之功。秦以爲然，卒使就渠，溉田四萬餘頃，收皆一畝一鍾。於是關中沃野，無凶年之憂。秦以富彊，因以名爲鄭國渠。昔魏文侯時，西門豹爲鄴令，有令名，至文侯曾孫襄王，與羣臣飲酒。王祝曰：令吾臣皆如西門豹之爲臣也。史起進曰：魏氏之行田以百畝，鄴獨以三百畝，是惡田也。漳水在旁，西門豹不知用之。若知而不興，是不仁也。若其不知，是不智也。夫仁智而豹未之盡，何足法也？於是以史起爲鄴令。遂決漳水溉，鄴以富。魏之河内民歌之曰：鄴有令名爲史公，決漳水兮，溉鄴旁。終古斥鹵兮，生稻糧。百姓豐足，民用寧康。皆言水之大利也。

漢·荀悦《前漢紀》卷一七《孝宣一》 本始三年夏，大旱。

漢·荀悦《前漢紀》卷一九《孝宣三》 神雀元年秋，七月大旱。

漢·荀悦《前漢紀》卷二四《孝成一》 建始二年夏，大旱。東平王牟有罪，削二縣。秋，罷太子博望苑。賜宗室朝請者，減乘輿廄馬。丞相匡衡又奏郡國候神方士使者，所祠凡六百八十三所，其二百八所應祀，或疑無明文，不可奉祀。其餘四百七十五所，不應祀，請罷之。又奏高帝、武帝、宣帝所立山川羣祠，凡百二十餘所，非典，皆罷之。候神、方士、使者、副使、待詔七十餘人皆罷歸。

漢·荀悦《前漢紀》卷二五《孝成二》 鴻嘉三年夏四月，大旱。

漢·荀悦《前漢紀》卷二六《孝成三》 永始三年夏，大旱。

永始四年夏，大旱。

晉·陳壽《三國志》卷三《魏書·明帝紀》（太和五年三月），自去冬十月至此月不雨，辛巳，大雩。

晉·陳壽《三國志》卷九《魏書·夏侯惇傳》 太祖自徐州還。時大旱，蝗蟲起，惇乃斷太壽水作陂，身自負土，率將士勸種稻，民賴其利。轉領河南尹。

晉·陳壽《三國志》卷四七《吴書·吴主傳》 赤烏三年春正月，詔曰：「蓋君非民不立，民非穀不生。頃者以來，民多徵役，歲又水旱，年穀有損，而吏或不良，侵奪民時，以致饑困。自今以來，督軍郡守，其謹察非法，當農桑時，以役事擾民者，舉正以聞。」夏四月，大赦。冬十一月，民饑，詔開倉廩以賑貧窮。

晉·陳壽《三國志》卷四八《吴書·三嗣主傳》 五鳳二年，是歲大旱。

晉·干寶《搜神記》卷七 晉元帝建武元年六月，揚州大旱。去年十二月，斬督運令史淳于伯，血逆深上柱二丈三尺，旋複下深四尺五寸。是時淳于伯冤死，遂頻旱三年。刑罰妄加，群陰不附，則陽氣勝之。罰，又冤氣之應也。

晉·干寶《搜神記》卷八 湯既克夏，大旱七年，洛川竭。湯乃以身禱于桑林，自以爲犧牲，祈福於上帝。於是大雨即至，洽于四海。

南朝宋·范曄《後漢書》卷一上《光武帝紀上》 建武五年夏四月，旱，蝗。五月丙子，詔曰：「久旱傷麥，秋種未下，朕甚憂之。將殘吏未勝，獄多冤結，元元愁恨，感動天氣乎？其令中都官、三輔、郡、國出繫囚，罪非犯殊死一切勿案，見徒免爲庶人。務進柔良，退貪酷，各正厥事焉。」

南朝宋·范曄《後漢書》卷一下《光武帝紀下》 建武十八年五月，旱。

南朝宋·范曄《後漢書》卷二《顯宗孝明帝紀》 永平十八年，是歲，京師及三州大旱，詔勿收兖、豫、徐州田租、芻稾，其以見穀賑給貧人。

南朝宋·范曄《後漢書》卷四《孝和帝紀》 章和二年五月，京師旱。

永元九年六月，蝗，旱。戊辰，詔：「今年秋稼爲蝗蟲所傷，皆勿收租、更、芻稾。若有所損失，以實除之，餘當收租者亦半入。其山林饒利，陂池漁採，以贍元元，勿收假税。」秋七月，蝗蟲飛過京師。

永元十六年，秋七月，旱。戊午，詔曰：「今秋稼方穗而旱，雲雨不霑，疑吏行慘刻，不宣恩澤，妄拘無罪，幽閉良善所致。其一切囚徒於法疑者勿決，以奉秋令。方察煩苛之吏，顯明其罰。」

南朝宋·范曄《後漢書》卷五《孝安帝紀》 永初五年五月，旱。

元初元年夏四月，京師及郡國五旱、蝗。

元初二年五月，京師旱，河南及郡國十九蝗。

元初三年夏四月，京師旱。

元初五年三月，京師及郡國五旱，詔稟遭旱貧人。

元初六年五月，京師旱。

南朝宋·范曄《後漢書》卷六《孝順帝紀》 永建三年六月，旱。遣使者録囚徒，理輕繫。

陽嘉二月京師旱。庚申，勑郡國二千石各禱名山岳瀆，遣大夫、謁者詣嵩高、首陽山，并祠河、洛，請雨。戊辰，雩。甲戌，詔曰：「政失厥和，陰陽隔并，冬鮮宿雪，春無澍雨。分禱祈請，靡神不禁。深恐在所慢違『如在』之義，今遣侍中王輔等，持節分詣岱山、東海、滎陽、河、洛，盡心祈焉。」

陽嘉三年春二月己丑，詔以久旱，京師諸獄無輕重皆且勿考竟，須得澍雨。

陽嘉四年春二月丙子，自去冬旱，至于是月。

南朝宋・范曄《後漢書》卷八《孝靈帝紀》 光和五年夏四月，旱。六年夏，大旱。

中和六年九月，自六月雨，至于是月。

南朝宋・范曄《後漢書》卷九《孝獻帝紀》 建安十九年，夏四月，旱。

南朝宋・范曄《後漢書》卷三五《張奮傳》 永元六年，時歲災旱，祈雨不應，乃上表曰：「比年不登，人用飢匱，今復久旱，秋稼未立，陽氣垂盡，歲月迫促。夫國以民爲本，民以穀爲命，政之急務，憂之重者也。臣蒙恩尤深，受職過任，夙夜憂懼，章奏不能敘心，願對中常侍疏奏。」即時引見，復口陳時政之宜。明日，和帝召太尉、司徒幸洛陽獄，録囚徒，收洛陽令陳歆，即大雨三日。

南朝宋・范曄《後漢書》卷六一《黄瓊傳》 永建三年，大旱，瓊復上疏曰：「昔魯僖遇旱，以六事自讓，躬節儉，閉女謁，放讒佞者十三人，誅稅民受貨者九人，退舍南郊，天立大雨。今亦宜顧省政事，有所損闕，務存質儉，以易民聽。尚方御府，息除煩費。明敕近臣，使遵法度，如有不移，示以好惡。數見公卿，引納儒士，訪以政化，使陳得失。又囚徒尚積，多致死亡，亦足以感傷和氣，招降灾旱。若改敝從善，擇用嘉謀，則灾消福至矣。」書奏，引見德陽殿，使中常侍以瓊奏書屬主者施行。

南朝宋・范曄《後漢書》卷一〇三《五行志一》 世祖建武五年夏，旱。《京房傳》曰：「欲德不用，茲謂張，厥災荒，其旱陰雲不雨，變而赤煙四陰。衆出過時，茲謂廣，其旱不生。上下皆蔽，茲謂隔，其旱天赤三月，時有雹殺飛禽。上緣求妃，茲謂僭，其旱三月大温亡雲。君高臺府，茲謂犯陰侵陽，其旱萬物根死，有火災。庶位踰節，茲謂僭，其旱澤物枯，爲火所傷。」是時天下僭逆者未盡誅，軍多過時。

章帝章和二年夏，旱。

和帝永元六年秋，京都旱。時雒陽有冤囚，和帝幸雒陽寺，録囚徒，理冤囚，令下獄抵罪。行未還宮，澍雨降。

安帝永初六年夏，旱。

安帝七年夏，旱。

元初元年夏，旱。

元初二年夏，旱。

元初六年夏，旱。

順帝永建三年夏，旱。

永建五年夏，旱。

陽嘉二年夏，旱。

沖帝永（嘉）〔熹〕元年夏，旱。

桓帝元嘉元年夏，旱。

延熹元年六月，旱。

靈帝熹平五年夏，旱。六年夏，旱。

光和五年夏，旱。六年夏，旱。

獻帝興平元年秋，長安旱。

南朝梁・沈約《宋書》卷一七《禮志四》 晉武帝咸寧二年春，久旱。四月丁巳，詔曰：「諸旱處廣加祈請。」五月庚午，始祈雨于社稷山川。六月戊子，獲澍雨。此雩禜舊典也。

南朝梁・沈約《宋書》卷二四《天文志二》 晉成帝咸康元年二月己亥，太白犯昴。占曰：「兵起，歲大旱。」六月，旱。

咸康三年六月辛未，有流星大如二斗魁，色青，赤光耀地，出奎中，没婁北。案占爲飢，五穀不藏。是月，大旱。

南朝梁・沈約《宋書》卷二五《天文志三》 太元十四年十二月，熒惑入羽林。乙未，月犯歲星。占並同上。七月，旱。

南朝梁・沈約《宋書》卷二六《天文志四》 大明三年，歲大旱，民饑。

魏明帝太和二年五月，大旱。元年以來，崇廣宮府之應也。又是春，晉宣帝南禽孟達，置二郡；張郃西破諸葛亮，斃馬謖。亢陽自大，又其應也。

太和五年三月，自去冬十月至此月不雨，辛巳，大雩。是春，諸葛亮寇天水，晉宣王距卻之，亢陽動衆。又是時三隅分據，衆出多過時也。《春秋説》曰：「傷二穀，謂之不雨。」

魏齊王正始元年二月，自去冬十二月至此月不雨。是時宣王功蓋魏朝，欲德不用之應也。

魏高貴鄉公甘露三年正月，自去秋至此月旱。時晉文王圍諸葛誕，衆出過時之應也。初，壽春秋夏常雨潦，常淹城，而此旱踰年，城陷乃大雨。咸以爲天亡。

吴孫亮五鳳二年，大旱，民饑。是歲閏月，魏將文欽以淮南衆數萬口來奔，孫峻又破魏將曹珍于高亭。三月，朱異襲安豐，不克。七月，城廣陵、東海二郡。十二月，以馮朝爲監軍使者，督徐州諸軍，軍士怨叛。此亢陽自大，勞民失衆之罰也。其役彌歲，故旱亦竟年。

吴孫晧寶鼎元年春夏旱。是時晧遷都武昌，勞民動衆之應也。

晉武帝泰始七年五月閏月，旱，大雩。

泰始八年五月，旱。是時帝納荀勗邪説，留賈充不復西鎮，而任愷稍疏，上下皆蔽之應也。又李憙、魯芝、李胤等並在散職，近欲德不用之謂也。

泰始九年，自正月旱，至于六月，祈宗廟社稷山川，癸未雨。

泰始十年四月，旱。去年秋冬，采擇卿校諸葛沖等女，是春五十餘人入殿簡選。又取小將吏女數十人，母子號哭於宫中，聲聞于外，行人悲酸。是殆積陰生陽之應也。

晉武帝咸寧二年五月，旱，大雩，及社稷山川。至六月，乃澍雨。

晉武帝太康二年，自去冬旱，至此春平吴，亢陽動衆自大之應也。

太康三年四月，旱。乙酉，詔司空齊王攸與尚書、廷尉、河南尹録訊繫囚，事從蠲宥。

太康五年六月，旱。此年正月，天陰，解而復合。劉毅上疏曰：「必有阿黨之臣，姦以事君者，當誅而不赦也。」帝不答。是時荀勗、馮紞僭作威福，亂朝尤甚。

太康六年三月，青、涼、幽、冀郡國旱。

太康六年六月，濟陰、武陵旱，傷麥。

太康七年夏，郡國十三旱。

太康八年四月，冀州旱。

太康九年夏，郡國三十三旱。

太康九年六月，扶風、始平、京兆、安定旱，傷麥。

太康十年二月，旱。

晉武帝太熙元年二月，旱。自太康以後，雖正人滿朝，不被親仗；而賈充、荀勗、楊駿、馮紞等，迭居要重。所以無年不旱者，欲德不用，上下皆蔽，庶位踰節之罰也。

晉惠帝元康元年七月，雍州大旱，殞霜疾疫。關中飢，米斛萬錢。

元康七年七月，秦雍二州大旱。故其年氐羌反叛，雍州刺史解系敗績。是年正月，周處、盧播等復敗，關西震亂。交兵彌歲，至是飢疫荐臻，戎、晉並困，朝廷不能振，詔聽相賣鬻。九月，郡國五旱。

晉惠帝永寧元年，自夏及秋，青、徐、幽、并四州旱。是年春，三王討趙王倫，六旬之中，大小數十戰，死者十餘萬人。十二月，郡國十二又旱。

晉懷帝永嘉三年五月，大旱。襄平縣梁水淡淵竭，河、洛、江、漢皆可涉。是年三月，司馬越歸京都，遣兵入宫，收中書令繆播等九人殺之。此僭踰之罰也。又四方諸侯，多懷無君之心，劉淵、石勒、王彌、李雄之徒，賊害民命，流血成泥，又其應也。

永嘉五年，自去冬旱至此春。去歲十二月，司馬越棄京都，以大衆南出，多將王公朝士，及以行臺自隨，斥黜禁衛，代以國人。宫省蕭然，無復君臣之節矣。

《晉陽秋》云：「愍帝在西京，旱傷荐臻。」無注記年月也。

晉愍帝建武元年六月，揚州旱。去年十二月，淳于伯冤死，其年即旱，而太興元年六月又旱。干寶曰「殺伯之後旱三年」是也。案前漢殺孝婦則旱，後漢有囚亦旱，見謝見理，並獲雨澍，此其類也。班固曰：「刑罰妄加，羣陰不附，則陽氣勝，故其罰恒陽。」

晉元帝太興四年五月，旱。是時王敦强僭之釁漸著。又去歲蔡豹、祖逖等，並有征役。

晉元帝永昌元年，大旱。是年三月，王敦有石頭之變，二宫陵辱，大臣誅死。

永昌元年閏十一月，京都大旱，川谷並竭。僭踰無上，故旱尤甚也。

晉明帝太寧三年，自春不雨，至于六月。去年秋，滅王敦，亢陽動衆自大之應也。

晉成帝咸和元年秋，旱。是時庾太后臨朝稱制，羣臣奏事稱「皇太后陛下」。此婦人專王事，言不從而僭踰之罰也。

咸和二年夏，旱。

咸和五年五月，旱。去年殄蘇峻之黨，此春又討郭默滅之。亢陽動衆之應也。

咸和六年四月，旱。

咸和八年七月，旱。

咸和九年，自四月不雨，至于八月。

晉成帝咸康元年六月，旱。是時成帝沖弱，不親萬機，内外之政，委之將相。此僭踰之罰，故連歲旱也。至四年，王導固讓太傅，復子明辟，是後不旱，殆其應也。時天下普旱，會稽餘姚特甚，米斗直五百，民有相鬻。

咸康二年三月，旱。

咸康三年六月，旱。

晉康帝建元元年五月，旱。是時宰相專政，方伯擅重兵，又與咸康初同事也。

晉穆帝永和元年五月，旱。有司奏依董仲舒術，徙市開水門，遣謁者祭太社。是時帝在繈抱，褚太后臨朝如明穆太后故事。

永和五年七月，不雨，至于十月。

永和六年閏月，旱。

晉穆帝升平三年十二月，大旱。

升平四年十二月，大旱。

晉哀帝隆和元年夏，旱。是時桓温强恣，權制朝廷，僭踰之罰也。又去年慕容恪圍冀州刺史吕護，桓温出次宛陵，范汪、袁真並北伐，衆出過時也。

晉海西太和四年十二月，涼州春旱至夏。

晉簡文帝咸安二年十月，大旱民飢。是時嗣主幼沖，桓温陵僭。

晉孝武帝寧康元年二月，旱。是時桓温入覲高平陵，闔朝致拜，踰僭之應也。

寧康三年冬，旱。

晉孝武帝太元四年六月，大旱。

太元八年六月，旱。

太元十年七月，旱饑。

太元十三年六月，旱。

太元十五年七月，旱。

太元十七年秋，旱，至冬。是時茹千秋爲驃騎諮議，竊弄主相威福；又丘尼乳母親黨及婢僕之子，階緣近習，臨民領衆。又在所多上春竟囚，不以其辜，建康獄吏枉暴尤甚。此僭踰不從，冤濫之罰也。

晉安帝隆安四年五月，旱。去冬桓玄迫殺殷仲堪，而朝廷即授以荆州之任；司馬元顯又諷百僚悉使敬己。此皆陵僭之罰也。

隆安五年夏秋，大旱，十二月不雨。

晉安帝元興元年七月，大饑，九月十月不雨。

元興二年六月，不雨，冬，又旱。是時桓玄奢僭，十二月，遂篡位。

元興三年八月，不雨。是時王旅四伐，西夏未平。

晉安帝義熙六年九月，不雨。是時王師北討廣固，疆理三州。

義熙八年十月，不雨。是秋，王師西討劉毅；分遣伐蜀。

義熙十年九月，旱，十二月，又旱。井瀆多竭。

宋文帝元嘉二年夏，旱。

元嘉四年秋，京都旱。

元嘉八年五月，揚州諸郡旱。

元嘉十九年、二十年，南兖、豫州旱。

元嘉二十七年八月，不雨，至二十八年三月。時索虜南寇。

孝武帝大明七年、八年，東諸郡大旱，民飢死者十六七。先是江左以來，制度多闕，孝武帝立明堂，造五輅。是時大發徒衆，南巡校獵，盛自矜大，故致旱災。

後廢帝元徽元年八月，京都旱。

南朝梁・蕭子顯《南齊書》卷九《禮志上》 建武二年旱，有司議雩祭依明堂。祠部郎何佟之議曰：「《周禮・司巫》云『若國大旱，則帥巫而舞雩』。鄭玄云『雩，旱祭也。天子於上帝，諸侯以下於上公之神』。又《女巫》云『旱暵則舞雩』。鄭玄云『使女巫舞旱祭，崇陰也』。鄭衆云『求雨以女巫』。《禮記・月令》

云『命有司爲民祈祀山川百原，乃大雩帝，用盛樂。乃命百縣雩祀百辟卿士有益於民者，以祈穀實』。鄭玄云『陽氣盛而恒旱。山川百原，能興雲致雨者也。衆水所出爲百原，必先祭其本。雩，吁嗟求雨之祭也。雩帝，謂爲壇南郊之旁，祭五精之帝，配以先帝也。自鞉鞞至柷敔爲盛樂，他雩用歌舞而已。百辟卿士，古者上公以下，謂勾龍、后稷之類也。《春秋傳》曰龍見而雩，［雩之］(止)［正］當以四月』。王肅云『大雩，求雨之祭也。《傳》曰龍見而雩，謂四月也。若五月、六月大旱，亦用雩。《禮》於五月著雩義也』。晉永和中，中丞啓，雩制在國之南爲壇，祈上帝百辟，舞童八列六十四人，歌《雲漢》詩，皆以孟夏。得雨，報太牢。于時博士議，舊有壇，漢、魏各自討尋。《月令》云『命有司祈祀山川百原，乃大雩』。又云『乃命百縣雩祀百辟卿士』。則大雩所祭，唯應祭五精之帝而已。勾芒等五神，既是五帝之佐，依鄭玄説，宜配食於庭也。鄭玄云『雩壇在南郊壇之旁』，而不辨東西。尋地道尊右，雩壇方郊壇爲輕，理應在左。宜於郊壇之東，營域之外築壇。既祭五帝，謂壇宜員。尋雩壇高廣，《禮》《傳》無明文，案《覲禮》設方明之祀，爲壇高四尺，用珪璋等六玉，禮天地四方之神，王者率諸侯親禮，爲所以教尊尊也。雩祭五帝，粗可依放。謂今築壇宜崇四尺，其廣輪仍以四爲度，徑四丈，周員十二丈而四階也。設五帝之位，各依其方，如在明堂之儀

北齊・魏收《魏書》卷八《世宗宣武帝紀》 延昌元年夏四月，詔以旱故，食粟之畜皆斷之。戊辰，以旱，詔尚書與羣司鞫理獄訟，詔河北民就穀燕恒二州。辛未，詔饑民就穀六鎮。丁丑，帝以旱故，減膳撤懸。五月辛卯，疏勒及高麗國並遣使朝獻。丙午，詔天下有粟之家，供年之外，悉貸饑民。自二月不雨至於是晦。六月壬申，澍雨大洽。戊寅，通河南牝馬之禁。己卯，詔曰：「去歲水災，今春炎旱，百姓饑餒，救命靡寄，雖經蠶月，不能養績。今秋輸將及，郡縣期於責辦，尚書可嚴勒諸州，量民資産，明加檢校，以救艱弊。」庚辰，詔出太倉粟五十萬石，以賑京師及州郡饑民。

唐・令狐德棻等《周書》卷五《武帝紀上》 保定二年夏四月甲辰，禁屠宰，旱故也。三年五月甲子朔，避正寢不受朝，旱故也。

天和元年四月辛亥，雩。

建德二年秋七月己巳，祠太廟。自春末不雨，至於是月。壬申，集百寮於大德殿，帝責躬罪己，問以治政得失。戊子，雨。八月丙午，關内大蝗。

唐・令狐德棻等《周書》卷六《武帝紀下》 建德五年秋七月乙未，京師旱。

唐・令狐德棻等《周書》卷二〇《賀蘭祥傳》 大統十四年時盛夏亢陽，祥乃親巡境内，觀政得失。見有發掘古冢，暴露骸骨者，乃謂守令曰：「此豈仁者之爲政耶。」於是命所在收葬之，即日澍雨。是歲，大有年。州境先多古墓，其俗好行發掘，至是遂息。

唐・令狐德棻等《周書》卷四七《黎景熙傳》 保定三年，盛營宫室。春夏大旱，詔公卿百寮，極言得失。季明上書曰：臣聞成湯遭旱，以六事自陳。宣王太甚，而珪璧斯竭。豈非遠慮元元，俯哀兆庶。方今農要之月，時雨猶愆，率土之心，有懷渴仰。陛下垂情萬類，子愛羣生，覲禮百神，猶未豐洽者，豈或作事不節，有違時令，舉措失中，儻邀斯旱。《春秋》，君舉必書，動爲典禮，水旱陰陽，莫不應行而至。孔子曰：「言行，君子之所以動天地，可不慎乎。」春秋莊公三十一年冬，不雨。《五行傳》以爲是歲一年而三築臺，奢侈不恤民也。僖公二十一年夏，大旱。《五行傳》以爲時作南門，勞民興役。漢惠帝二年夏，大旱。五年夏，大旱，江河水少，谿澗水絶。《五行傳》以爲先是發民十四萬六千人城長安。漢武帝元狩三年夏，大旱。《五行傳》以爲是歲發天下故吏穿昆明池。然則土木之功，動民興役，天輒應之以異。典籍作誡，儻或可思。上天譴告，改之則善。今若息民省役，以答天譴，庶靈澤時降，嘉穀有成，則年登可覬，子來非晚。《詩》云：「民亦勞止，迄可小康。惠此中國，以綏四方。」或恐極陽生陰，秋多雨水，年復不登，民將無覬。如又荐飢，爲慮更甚。

唐・魏徵等《隋書》卷一《高祖紀上》 開皇二年五月己酉，旱，上親省囚徒。其日大雨。

唐・魏徵等《隋書》卷二二《五行志上》 梁天監元年，大旱，米斗五千，人多餓死。《洪範五行傳》曰：「君持亢陽之節，興師動衆，勞人過度，以起城邑，不顧百姓，臣下悲怨。然而心不能從，故陽氣盛而失度，陰氣沉而不附。陽氣盛，旱災應也。」初帝起兵襄陽，破張沖，敗陳伯之，及平建康，前後連戰，百姓勞敝，及即位後，復與魏交兵不止之應也。

陳太建十二年春，不雨至四月。先是周師掠淮北，始興王叔陵等諸軍敗績，淮北之地皆没於周，蓋其應也。

東魏天平四年，并、肆、汾、建、晉、絳、秦、陝等諸州大旱，人多流散。

東魏武定二年冬春旱。

後齊天保九年夏，大旱。先是大發卒築長城四百餘里，勞役之應也。

乾明元年春，旱。先是發卒數十萬築金鳳、聖應、崇光三臺，窮極侈麗，不恤百姓，亢陽之應也。

唐・魏徵等《隋書》卷二三《五行志下》 梁天監十五年，是歲荆州大旱。

唐・房玄齡等《晉書》卷三《世祖武帝紀》 太康六年夏四月，郡國四旱。九年六月郡國三十二大旱，傷麥。

唐・房玄齡等《晉書》卷四《孝惠帝紀》 永平七年秋七月，雍、梁州疫。大旱，隕霜，殺秋稼。關中饑，米斛萬錢。

永寧元年，是歲，郡國十二旱，六蝗。

唐・房玄齡等《晉書》卷五《孝懷帝、愍帝紀》 永嘉三年三月，大旱，江、漢、河、洛皆竭，可涉。

建興五年秋七月，大旱，司、冀、青、雍等四州螽蝗。石勒亦競取百姓禾，時人謂之「胡蝗」。

唐・房玄齡等《晉書》卷六《中宗元帝紀》 建元元年，是歲，揚州大旱。

太興元年六月，旱，帝親雩。四年五月，旱。

唐・房玄齡等《晉書》卷七《顯宗成帝紀》 咸和元年九月，旱。十一月壬子，時大旱，自六月不雨，至於是月。咸和二年夏四月，旱。五年夏五月，旱，且飢疫。九年秋八月，大雩。自五月不雨，至于是月。咸康元年，是歲，大旱，會稽餘姚尤甚，米斗五百價，人相賣。二年三月，旱，詔太官減膳，免所旱郡縣繇役。戊寅，大雩。三年夏六月，旱。建元元年五月，旱。

唐・房玄齡等《晉書》卷八《哀帝紀》 隆和元年夏四月，旱。

唐・房玄齡等《晉書》卷九《簡文帝紀》 咸安二年，是歲三吴大旱，人多餓死，詔所在振給。寧康元年夏五月，旱。太元四年六月，大旱。五年夏四月，大旱。十三年夏六月，旱。十七年，是歲自秋不雨，至于冬。十八年秋七月，旱。

唐・房玄齡等《晉書》卷二七《五行志上》 義熙四年，吴孫晧時，常歲無水旱，苗稼豐美而實不成，百姓以飢，闔境皆然，連歲不已。吴人以爲傷露，非也。案劉向《春秋説》曰「水旱當書，不書水旱而曰大無麥禾者，土氣不養，稼穡不成」，此其義也。

元帝太興二年，吴郡、吴興、東陽無麥禾，大饑。

成帝咸和五年，無麥禾，天下大饑。

穆帝永和十年，三麥不登。十二年，大無麥。

孝武太元六年，無麥禾，天下大饑。

安帝元興元年，無麥禾，天下大饑。

唐・房玄齡等《晉書》卷二八《五行志下》 魏明帝太和二年五月，大旱。元年以來崇廣宫府之應也。又，是春宣帝南擒孟達，置二郡，張郃西破諸葛亮，斃馬謖。亢陽自大，又其應也。

太和五年三月，自去冬十月至此月不雨。辛巳，大雩。

齊王正始元年二月，自去冬十二月至此月不雨。去歲正月，明帝崩。二月，曹爽白嗣主，轉宣帝爲太傅，外示尊崇，内實欲令事先由己。是時宣帝功蓋魏朝，欲德不用之應也。

高貴鄉公甘露三年正月，自去秋至此月旱。是時文帝圍諸葛誕，衆出過時之應也。初，壽春秋夏常雨淹城，而此旱踰年，城陷，乃大雨。咸以誕爲天亡。

吴孫亮五鳳二年，大旱，百姓饑。是歲征役煩興，軍士怨叛。此亢陽自大，勞役失衆之罰也。其役彌歲，故旱亦竟年。

孫晧寶鼎元年，春夏旱。時孫晧遷都武昌，勞役動衆之應也。

武帝泰始七年五月閏月旱，大雩。八年五月，旱。是時帝納荀勖邪説，留賈充不復西鎮，而任愷漸疎，上下皆蔽之應也。及李憙、魯芝、李胤等並在散職，近厥德不用之謂也。

九年，自正月旱，至于六月，祈宗廟社稷山川。癸未，雨。十年四月，旱。去年秋冬，採擇卿校諸葛沖等女。是春，五十餘人入殿簡選。又取小將吏女數十人，母子號哭於宫中，聲聞于外，行人悲酸。是殆積陰生陽，上緣求妃之應也。

咸寧二年五月旱，大雩。至六月，乃澍雨。

太康二年旱，自去冬旱至此春。三年四月旱，乙酉詔司空齊王攸與尚書、廷尉、河南尹録訊繫囚，事從蠲宥。

太康五年六月，旱。此年正月天陰，解而復合。

太康六年三月，青、梁、幽、冀郡國旱。六月，濟陰、武陵旱，傷麥。七年夏，郡國十三大旱。八年四月，冀州旱。九年夏，郡國三十三旱，扶風、始平、京兆、安定旱，傷麥。十年二月，旱。

太熙元年二月，旱。自太康已後，雖正人滿朝，不被親仗，而賈充、荀勖、楊駿、馮紞等迭居要重，所以無年不旱者，欲德不用，上下皆蔽，庶位踰節之罰也。

惠帝元康七年七月，秦、雍二州大旱，疾疫，關中饑，米斛萬錢。因此氐羌反叛，雍州刺史解系敗績。而饑疫荐臻，戎晉並困，朝廷不能振，詔聽相賣鬻。其九月，郡國五旱。

永寧元年，自夏及秋，青、徐、幽、并四州旱。十二月，又郡國十二旱。

懷帝永嘉三年五月，大旱，襄平縣梁水淡池竭，河、洛、江、漢皆可涉。是年三月，司馬越歸京都，遣兵入宮，收中書令繆播等九人殺之，皆僭踰之罰也。又四方諸侯多懷無君之心，劉元海、石勒、王彌、李雄之徒賊害百姓，流血成泥，又其應也。五年，自去冬旱至此春。

元帝建武元年六月，揚州旱。去年十二月，淳于伯冤死，其年即旱，而太興元年六月又旱。干寶曰「殺淳于伯之後旱三年」是也。刑罰妄加，羣陰不附，則陽氣勝之罰也。

元帝太興四年五月，旱。是時王敦陵僭已著。

永昌元年夏，大旱。是年三月，王敦有石頭之變，二宮陵辱，大臣誅死，僭踰無上，故旱尤甚也。其閏十一月，京都大旱，川谷並竭。

明帝太寧三年，自春不雨，至于六月。

成帝咸和元年，夏秋旱。是時庾太后臨朝稱制，言不從而僭踰之罰也。

咸和二年夏，旱。五年五月，大旱。六年四月，大旱。八年秋七月，旱。九年，自四月不雨，至于八月。

咸康元年六月，旱。是時成帝沖弱，未親萬機，內外之政，決之將相。此僭踰之罰，連歲旱也。至四年，王導固讓太傅，復子明辟。是後不旱，殆其應也。時天下普旱，會稽、餘姚特甚，米斗直五百，人有相鬻者。二年三月，旱。三年六月，旱。時王導以天下新定，務在遵養，不任刑罰，遂盜賊公行，頻五年亢旱，亦舒緩之應也。

康帝建元元年五月，旱。

穆帝永和元年五月，旱。是時帝在襁褓，褚太后臨朝，如明穆太后故事。五年七月不雨，至于十月。六年夏，旱。八年夏，旱。九年春，旱。升平三年冬，大旱。四年冬，大旱。

哀帝隆和元年夏，旱。是時桓温强恣，權制朝廷，僭踰之罰也。

海西公太和元年夏，旱。四年冬，旱。涼州春旱至夏。

簡文帝咸安二年十月，大旱，饑。自永和至是，嗣主幼沖，桓温陵僭，用兵征伐，百姓怨苦。

孝武帝寧康元年三月，旱。是時桓温入覲高平陵，闔朝致拜，踰僭之應也。三年冬，旱。

太元四年夏，大旱。八年六月，旱。十年七月，旱，饑。初，八年破苻堅，九年諸將略地，有事徐豫，楊亮、趙統攻討巴沔。是年正月，謝安又出鎮廣陵，使子琰進次彭城，頻有軍役。

太元十三年六月，旱。去歲北府遣戍胡陸，荆州經略河南。是年夏，郭銓置戍野王，又遣軍破黄淮。

太元十五年七月，旱。十七年，秋旱至冬。是時烈宗仁恕，信任會稽王道子，政事舒緩。

唐・李百藥《北齊書》卷二《神武紀下》 武定二年三月癸巳，神武巡行冀、定二州，因朝京師。以冬春亢旱，請蠲懸責，賑窮乏，宥死罪以下。又請授老人板職各有差。

唐・李百藥《北齊書》卷四《文宣紀》 天保八年春三月，大熱，人或暍死。

唐・李百藥《北齊書》卷八《後主紀》 武平五年夏五月，大旱。

唐・李延壽《南史》卷二《宋文帝紀》 元嘉二十八年三月丙申，大旱。

唐・李延壽《南史》卷一〇《陳宣帝紀》 太建十二年夏四月己卯，大雩。壬午，雨。

唐・李延壽《北史》卷二《魏紀二》 泰常四年冬十二月戊申，詔以六鎮、雲中、高平、二雍、秦州徧遇災旱，年穀不收，開倉廩振乏。有徙流者，喻還桑梓。

天安元年，是歲，州鎮十一旱，人飢，開倉振恤。

唐・李延壽《北史》卷三《魏紀三》 太和元年十二月丁未，州郡八水旱蝗，人飢，詔開倉振恤。二年夏四月己丑，京師旱。甲辰，祈天災於北苑，親自禮焉，減膳避正殿。丙午，澍雨大洽，曲赦京師。四年，是歲，郡鎮十八水旱，人飢，詔開倉振恤。八年十二月，州鎮十五水旱，人飢，詔使者開倉振恤。九年，是歲，京師及州鎮十三水旱傷稼。

唐・李延壽《北史》卷四《魏紀四》 正始三年五月丙寅，詔以時澤未降，春稼已旱，或有孤老餒疾，無人贍救，因以致死，暴露溝塹者，令洛陽部尉，依法棺埋。延昌元年春正月乙巳，以頻年水旱，百姓饑弊，分遣使者，開倉振恤。夏四月，詔以旱故，斷食粟之畜。丁卯，詔曰：「遷京嵩縣，年將二紀，博士端然虛祿。靖言念之，有兼愧慨。可嚴敕有司，國子學，孟冬使成；太學、四門，明年暮春令就。」戊辰，以旱故，詔尚書與羣司鞫理獄訟。辛未，詔饑人就穀六鎮。丁丑，帝以旱故，減膳徹懸。五月丙午，詔天下有粟之家，供年之外，悉貸饑人。自二月不雨至於是月。庚辰，詔出太倉粟五十萬石，以振京師及州郡饑人。延昌二年秋八月辛卯，詔以水旱饑儉，百姓多陷罪辜，降死以下刑。神龜元年六月，自正月不雨，是月辛卯，澍雨乃降。二年二月壬寅，詔以旱故，命依舊雩祈，察理冤獄，掩胔埋骼，振窮恤寡。三月甲辰，澍雨大洽。

唐・李延壽《北史》卷五《魏紀五》 武定六年三月辛亥，以冬春亢旱，赦罪人各有差。

唐・李延壽《北史》卷六《齊紀上》 建明元年居無何，又使劉貴請兆，以并、肆頻歲霜旱，降户掘黄鼠而食之，皆面無穀色，徒汚人國土。請令就食山東，待温飽而處分之。兆從其議。天保八年春三月，大熱，人或暍死。

唐・李延壽《北史》卷七《齊紀中》 天保九年夏四月，大旱，帝以祈雨不降，毁西門豹祠，掘其冢。

唐・李延壽《北史》卷八《齊紀下》 天統四年四月，自正月不雨，至於是月。六月甲子朔，大雨。甲申，大風，拔木折樹。武平五年夏五月，大旱。

唐・李延壽《北史》卷一〇《周紀下》 保定元年秋七月戊申，以旱故，詔所在降死罪已下囚。更鑄錢，文曰布泉，以一當五，與五銖並行。二年二月癸丑，以久不雨，宥罪人，京城三十里内禁酒。夏四月甲辰，以旱故，禁屠宰。建德四年，是歲，岐、寧二州人飢，開倉振恤。五年秋七月乙未，京師旱。大象二年夏四月，己卯，以旱故，降見囚死罪已下。壬午，幸仲山祈雨，至咸陽宫，雨降。

唐・李延壽《北史》卷一一《隋紀上》 開皇二年五月己酉，以旱故，上親省囚徒，其日大雨。四年六月甲寅，以雍、同、華、岐、宜五州旱，命無出今年租調。六年八月辛卯，關内七州旱，蠲其賦稅。十四年五月辛酉，關内諸州旱。八月辛未，關中大旱，人飢，行幸洛陽，并命百姓山東就食。

唐・李延壽《北史》卷一二《隋紀下》 大業八年，是歲，大旱疫，人多死，山東尤甚。

唐・李延壽《北史》卷二三《于栗磾傳》 建德二年，時大旱，涓水絶流。舊俗每逢亢旱，禱白兆山祈雨。帝先禁羣祀，山廟已除。翼遣主簿祭之，即日澍雨，歲遂有年。百姓感之，聚會歌舞頌之。

唐・李延壽《北史》卷三七《奚康生傳》 太和初，後除相州刺史，在州，以天旱令人鞭石季龍畫像，復就西門豹祠祈雨，不獲，令吏取豹舌。未幾，二兒暴喪，身亦遇疾，巫以爲季龍、豹之祟。

唐・吴兢《貞觀政要》卷八 貞觀二年，京師旱，蝗蟲大起。太宗入苑視禾，見蝗蟲，掇數枚而呪曰：「人以穀爲命，而汝食之，是害於百姓。百姓有過，在予一人，爾其有靈，但當蝕我，心無害百姓。」將吞之，左右遽諫曰：「恐成疾，不可。」太宗曰：「所冀移灾朕躬，何疾之避？」遂吞之。自是蝗不復爲灾。林氏之奇曰：夫天灾可以至誠感，不可以人力勝。太宗掇蝗而吞之，不忍民受其灾，其害自息。明皇遣使捕之，欲以人力勝天，而其灾愈甚。天人之際，豈不甚明矣哉。愚按：昔成湯禱旱於桑林，以六事自責，身代犧牲，是不自有其身矣。夫千金之子，猶知愛其身，人君以一身履九五之尊，位崇高莫大焉。此身爲何如也，惟能知吾之一身，億萬蒼生之身也。則凡吾赤子之癢疴疾痛舉切其身矣。太宗念蝗之爲民害，取而吞之，曰寧食吾肺腸，與湯之身代犧牲，皆不自有其身者也。其感天心也，宜哉。漢王嘉曰：應天以實不以文，此之謂也。

後晉・劉昫等《舊唐書》卷二《太宗紀上》 貞觀元年，是夏，山東諸州大旱，令所在賑恤，無出今年租賦。

後晉・劉昫等《舊唐書》卷三《太宗紀下》 貞觀十三年，自去冬不雨至于五月。甲寅，避正殿，令五品以上上封事，減膳罷役，分使賑恤，申理冤屈，乃雨。

後晉・劉昫等《舊唐書》卷四《高宗紀上》 永徽元年秋七月丙寅，以旱，親録京城囚徒。是歲，雍、絳、同等九州旱蝗。

後晉・劉昫等《舊唐書》卷五《高宗紀下》 總章二年秋七月，劍南益、瀘、嶲、茂、陵、邛、雅、緜、翼、維、始、簡、資、榮、隆、果、梓、普、遂等一十九州旱，百姓乏絶，總三十六萬七千六百九十户，遣司珍大夫路勵行存問賑貸。是冬無雪。三年二月戊申，以旱，親録囚徒，祈禱名山大川。咸亨元年，是歲，天下四十餘州旱及霜蟲，百姓飢乏，關中尤甚。詔令任往諸州逐食，仍轉江南租米以賑給之。

儀鳳二年夏四月，以河南、河北旱，遣使賑給。是冬無雪。三年四月丁亥朔，以旱，避正殿，親録囚徒，悉原之。永淳元年是春，關内旱，日色如赭。

後晉・劉昫等《舊唐書》卷六《則天皇后紀》 聖曆三年，是夏大旱。

後晉・劉昫等《舊唐書》卷七《中宗紀》 神龍三年，是春，自京師至山東疾疫，民死者衆。河北、河南大旱。是夏，山東、河北二十餘州旱，飢饉疾疫死者數千計，遣使賑卹之。

後晉・劉昫等《舊唐書》卷八《玄宗紀上》 開元二年春正月，關中自去秋至于是月不雨，人多饑乏，遣使賑給。九年，是冬無雪。十四年，是秋，十五州言旱及霜。二十四年，是夏大熱，道路有暍死者。

後晉・劉昫等《舊唐書》卷九《玄宗紀下》 天寶六年，自五月不雨至秋七月。乙酉，以旱，命宰相、臺寺、府縣録繫囚，死罪決杖配流，徒已下特免。庚寅始雨。九年三月辛亥，西嶽廟災。時久旱，制停封西嶽。

後晉・劉昫等《舊唐書》卷一一《代宗紀》 永泰元年，是春大旱，京師米貴，斛至萬錢。夏四月己巳，乃雨。秋七月庚子，雨。時久旱，京師米斗一千四百，他穀食稱是。二年六月自春旱，此月庚子始雨。大曆六年八月，夏旱，此月己未始雨。是歲春旱，米斛至萬錢。十二年六月癸巳，時小旱，上齋居祈禱。

後晉・劉昫等《舊唐書》卷一二《德宗紀上》 貞元元年秋七月，關中蝗食草木都盡，旱甚，灞水將竭，井多無水。

後晉・劉昫等《舊唐書》卷一三《德宗紀下》 貞元六年三月甲子，以旱，日色如血，無光。是夏，淮南、浙東西、福建等道旱，井泉多涸，人渴乏，疫死者衆。十二年冬十月壬戌，詔以京畿旱，放租稅。

後晉・劉昫等《舊唐書》卷一四《順宗紀》 元和三年，是歲，淮南、江南、江西、湖南、山南東道旱。

後晉・劉昫等《舊唐書》卷一五下《憲宗紀下》 元和九年五月，是月旱，穀貴，出太倉粟七十萬石，開六場糶以惠飢民。

後晉・劉昫等《舊唐書》卷一七上《敬宗紀》 寶曆元年，是歲，淮南、浙西、宣、襄、鄂、潭、湖南等州旱災傷稼。

後晉・劉昫等《舊唐書》卷一七下《文宗紀下》 太和七年正月壬子，詔：「朕承上天之睠佑，荷列聖之不圖，宵旰憂勞，不敢暇逸，思致康乂，八年于茲。而水旱流行，疫疾作沴，兆庶艱食，札瘥相仍。蓋德未動天，誠未感物，一類失所，其過在予。載懷罪己之心，深軫納隍之歎。如聞關輔、河東，去年亢旱，秋稼不登，今春作之時，農務又切，若不賑救，懼至流亡。京兆府賑粟十萬石，河南府、河中府、絳州各賜七萬石，同、華、陝、虢、晉等州各賜十萬石，並以常平義倉物充。

開成四年六月戊辰，以久旱，分命祠禱，每憂動於色。宰相等奏曰：「水旱時數使然，乞不過勞聖慮。」上改容言曰：「朕爲人主，無德及天下，致茲災旱，又謫見於天。若三日不雨，當退歸南内，更選賢明以主天下。」宰臣嗚咽流涕，各請策免。是夜，大雨霑霈。丁丑，襄陽山竹結實，其米可食。

後晉・劉昫等《舊唐書》卷二四《禮儀志四》 顯慶中，京師孟夏以後旱，則祈雨，審理冤獄，賑恤窮乏，掩骼埋胔。永泰二年，春夏累月亢旱，詔大臣裴冕等十餘人，分祭川瀆以祈雨。

後晉・劉昫等《舊唐書》卷三七《五行志》 神龍三年夏，山東、河北二十餘州大旱，饑饉死者二千餘人。

後晉・劉昫等《舊唐書》卷一〇〇《裴漼傳》 太極元年，睿宗爲金仙、玉真公主造觀及寺等，時屬春旱，興役不止。漼上疏諫曰：臣謹案《禮記》春、夏令曰：無聚大衆，無起大役，不可興土功，恐妨農事。若號令乖度，役使不時，則人加疾疫之危，國有水旱之災，此五行之必應也。今自春至夏，時雨愆期，下人憂心，莫知所出。陛下雖降哀矜之旨，兩都仍有寺觀之作，時旱之應，實此之由。且春令告期，東作方始，正是丁壯就功之日，而土木方興，臣恐所妨尤多，所益尤少，耕夫蠶妾，飢寒之源。故《春秋》「莊公三十一年冬，不雨」，《五行傳》以爲「歲三築臺」；「僖公二十一年夏，大旱」，《五行傳》以「時作南門，勞人興役」。陛下每以萬方爲念，睿旨殷勤，安國濟人，防微慮遠。伏願下明制，發德音，順天時，副人望，兩京公私營造及諸和市木石等並請且停，則蒼生幸甚。農桑失時，户口流散，縱寺觀營構，豈救黎元飢寒之弊哉！

後晉・劉昫等《舊唐書》卷一五四《許孟容傳》 貞元十九年夏旱，孟容上疏曰：臣伏聞陛下數月已來，齋居損膳，爲兆庶心疲，又敕有司，走於羣望，牲於百神，而密雲不雨，首種未入。豈觴醪有闕，祈祝非誠，爲陰陽適然，豐歉前定，何聖意精至，甘澤未答也？臣歷觀自古天人交感事，未有不由百姓利病之急者，切者，邦家教令之大者，遠者。京師是萬國所會，强幹弱枝，自古通規。其一年税錢及地租，出入一百萬貫。臣伏冀陛下即日下令，全放免之；其次，三分放二。且使旱涸之際，免更流亡。若播種無望，徵斂如舊，則必愁怨遷徙，不顧墳墓矣。臣愚以爲德音一發，膏澤立應，變災爲福，期在斯須。户部所收掌錢，非度支歲計，本防緩急别用。今此炎旱，直支一百餘萬貫，代京兆百姓一年差科，實陛下巍巍睿謀，天下鼓舞歌揚者也。復更省察庶政之中，有流移征防，當還而未還者；徒役禁錮，當釋而未釋者；逋懸饋送，當免而未免者；沉滯鬱抑，當伸而未伸者。有一於此，則特降明命，令有司條列，三日内聞奏。

宋・薛居正等《舊五代史》卷四《梁書四・太祖紀四》 開平二年二月，自去冬少雪，春深農事方興，久無時雨，兼慮有災疾，帝深軫下民，遂命庶官徧祀於羣望，掩瘞暴露，令近鎮案古法以禳祈，旬日乃雨。

宋・薛居正等《舊五代史》卷六《梁書六・太祖紀六》 乾化元年三月辛卯，以久旱，令宰臣分禱靈迹，翌日大澍雨。十一月壬辰，宣宰臣各赴望祠禱雨。故事，皆以兩省無功職事爲之，帝憂民重農，尤以足食足兵爲念，爰自御極，每愆陽積陰，多命丞相躬其事。辛丑，大雨雪，宰臣及文武師長各奉表賀焉。

十二月，詔以時雪稍愆，命丞相及三省官各詣望祠祈禱。

宋・薛居正等《舊五代史》卷七《梁書七・太祖紀七》 二年正月甲申，以時雪久愆，命丞相及三省官羣望祈禱。詔曰：「謗木求規，集囊貢事，將裨理道，豈限側言。應内外文武百官及草澤，並許上封事，極言得失。」三月丙午，次濟源縣。詔曰：「淑律將遷，亢陽頗甚，宜令魏州差官祈禱龍潭。」戊申，詔曰：「雨澤愆期，祈禱未應，宜令宰臣各於魏州靈祠精加祈禱。」

宋・薛居正等《舊五代史》卷二九《唐書五・莊宗紀三》 同光元年四月，是歲自正月不雨，人心憂恐，宣赦之日，澍雨溥降。初，唐咸通中，金、水、土、火四星聚于畢、昴。

宋・薛居正等《舊五代史》卷三二《唐書八・莊宗紀六》 同光三年夏四月癸酉，租庸使奏：「時雨久愆，請下諸道州府，依法祈禱。」從之。辛巳，以旱甚，詔河南府徙市，造五方龍，集巫禱。五月戊申，幸龍門廣化寺祈雨。己未，幸玄元廟禱雨。

宋・薛居正等《舊五代史》卷四八《唐書二四・末帝紀下》 清泰三年六月庚午，詔曰：「時雨稍愆，頗傷農稼，分命朝臣祈禱。」

宋・薛居正等《舊五代史》卷七六《晉書二・高祖紀二》 天福元年十二月辛卯，時自秋不雨，經冬無雪，命羣官徧加祈禱。二年十二月甲辰，車駕幸相國寺祈雪。

宋・薛居正等《舊五代史》卷七七《晉書三・高祖紀三》 天福三年八月壬午，定州奏境内旱，民多流散。己丑，詔：「河府、同州、絳州等三處災旱，逃移人户下所欠累年殘税，并今年夏税差科，及麥苗子沿徵諸色錢物等並放。其逃户下秋苗，據見檢到數不計是元額及出剩頃畝，並放一半。委觀察使散行曉諭，專切招攜，應歸業户人，仍指揮逐縣切加安撫。」

宋・薛居正等《舊五代史》卷八〇《晉書六・高祖紀六》 天福七年三月壬戌，分命朝臣諸寺觀禱雨。是春，鄴都、鳳翔、兖、陝、汝、恒、陳等州旱。五月，州郡十八奏旱蝗。

宋・薛居正等《舊五代史》卷八一《晉書七・少帝紀一》 天福七年九月丁丑朔，百官素服臨於天清殿。己卯，分命朝臣詣寺觀禱雨。十一月戊戌，詔宰臣等分詣寺廟祈雪。

宋・薛居正等《舊五代史》卷八四《晉書一〇・少帝紀四》 開運二年六月，是月，兩京及州郡十五並奏旱。三年四月乙亥，宰臣詣寺觀禱雨。曹州奏部民相次餓死凡三千人。時河南、河北大飢，殍殕甚衆，沂、密、兖、鄆寇盜羣起，所在屯聚，剽劫縣邑，吏不能禁。兖州節度使安審琦出兵捕逐，爲賊所敗。戊寅，幸相國寺禱雨。

宋・薛居正等《舊五代史》卷九〇《晉書一六・楊彦詢傳》 天福七年春，楊彦詢授華州節度使、檢校太尉。在任二年，屬部内蝗旱，道殣相望，彦詢以官粟假貸，州民賴之存濟者甚衆。

宋・薛居正等《舊五代史》卷一一〇《周書一・太祖紀一》 乾祐元年四月，河北諸州旱，徐州餓死民九百三十有七。乾祐元年七月丙辰，以久旱，幸道宫、佛寺禱雨，是日大澍。開封府言，陽武、雍丘、襄邑三縣，蝗爲鸜鵒聚食，詔禁捕鸜鵒。庚申，樞密使郭威加同平章事。辛酉，滄州上言，自今年七月後，幽州界投來人口凡五千一百四十七，北土饑故也。

宋・李昉等《太平御覽》卷八七九 《史記》曰：紂末年，大旱。俄爲武王所殺滅也。又曰：晉莊伯元年不雨雪。二年翟人俄伐翼，至于晉郊。又曰：共和十年，大旱，火焚其屋。伯和篡位立收，又火旱。又曰：魯莊公三十年冬，不雨。是歲一年三築臺于郎，夏築臺于薛，秋築臺于秦。又曰：僖公二年三月春夏不雨。莊公夫人與公子慶父淫而弑二公，國人攻之。

《漢書》曰：襄公五年秋大雩。先是宋魚石奔楚，楚伐宋取彭城，以封魚石。八年九月大雩，時作三軍，季氏盛。二十八年八月，大雩。晉使荀吳齊使慶封來聘，是夏邾子來朝襄公，有亢陽自大之應。

又曰：昭公三年八月，大雩。公居喪不哀，亢陽失衆之應。六年九月大雩。先是莒牟夷以三邑來奔莒，怒伐魯。亢陽動衆之應。十六年九月，大雩。昭公夫人薨，昭公不戚。又大蒐於蒲魯有大哀公，無戚容殆其失國。二十五年七月大雩，旱甚，又雩。劉歆以爲，時君與季氏有隙，昭公伐季氏，爲季氏所敗，出奔齊。

又曰：惠帝五年夏，大旱。江河水少，谿谷絶。先是發男女十四萬人城長安。

又曰：文帝立，是秋大旱。其年濟北王興居反伏誅。五年春，天下大旱。

又曰：武帝元光六年夏，大旱。是年衛青、李廣、公孫賀等四將軍出匈奴。元朔五年春，大旱。是歲六將軍衆十餘萬征匈奴。元狩三年夏，大旱。是歲發天下吏伐棘，上林穿昆明池。天漢中，頻大旱。是年三將軍征匈奴，李陵没。征和元年夏，大旱。

又曰：宣帝本始三年夏，大旱，東西數千里。

《續漢書》曰：和帝時夏旱，傷苗稼。其年武陵蠻叛，叛寇金城。

又曰：順帝時京師旱。揚州六郡賊寇四十九縣，殺其長吏。

又曰：桓帝時京師旱。郡國飢疫，人相食。明年皇后崩，梁冀用事尤甚。

又曰：獻帝興平元年秋，三輔旱，人相食，白骨委積。郭汜攻李傕，矢及御前，李傕逼乘輿，幸其營壘。

《魏志》曰：有白毛玠出見黥面反者，其妻子没，爲官婢玠曰：使天不雨，盖此也。太祖大怒，收玠付獄。大理鍾繇詰玠曰：急當陰霖，何以反旱？玠遂黜免。

《晉書》曰：武帝太始八年五月旱。是時，帝納荀勗邪説，留賈充不復西鎮，上下皆蔽之應也。

又曰：太始十年四月旱。去年秋冬採擇卿校諸葛沖等女五十餘人，入殿簡選，又取小將吏女數十人，母子號哭於宮中，聲聞於外，行人悲酸，是使積陰生陽之應。

又曰：永寧元年春，夏部國旱。

又曰：懷帝永嘉初大旱，河洛江漢皆可涉。

又曰：元帝時夏大旱。

王隱《晉書》曰：愍帝建興四年，丞相府督軍令史淳于伯刑，於建康市百姓，誼譁咸曰：伯冤。於是大旱三年。

晉《中興書徵祥説》曰：咸和六年夏旱，七年秋冬旱。是時烈宗仁恕，信任會稽王道子亦舒緩之應。

又曰：隆安二年冬旱且寒甚。四年夏、五年秋旱。

又曰：太元二十年冬無雪，亦猶春秋之無氷恒燠之罰也。是時任會稽王道子縱酒宴，樂不卹政，事舒緩之應也。

《宋書》曰：孝武時頻年大旱，人飢死者十有六七。時帝造明堂，又大興師徒南巡校獵，盛自矜大，故旱災。

《梁書》曰：武帝時大旱，米斗五千文，人多餓死。時與魏交兵，前後連年，百姓勞弊。

《魏書》曰：静帝天平元年，諸州大旱，人多流散。

又曰：武定年冬春大旱。

《隋書》曰：北齊文宣天保年，夏大旱。時大發卒築長城四百餘里。乾明年春旱。先是發卒數千築金鳳、聖應、崇光三臺，窮極侈麗，不恤百姓。

又曰：後主河清二年夏大旱。突厥二萬衆毁長城，寇恒州内外肅嚴。

又曰：隋煬帝時大旱，人疫死，死人如山。明年楊玄感反。于時羣盗蜂起，天下離叛之應。又發卒百餘萬築長城，百姓失業。至八年天下旱，百姓流亡。時發四海兵，親征高麗。六軍凍餒死者十八九。至十三年天下大旱，時郡縣鄉邑悉築長城，男女無少長，皆就役。

隋巢子曰：幽厲之時，天旱地拆。

《尸子》曰：湯之救旱也，素車白馬，布衣身嬰，白茅以身爲牲，當此時也，絃歌鼓舞者禁之。

宋・王欽若《册府元龜》卷一一三　殷湯時，大旱七年，洛川竭。

昭帝始元六年，夏旱，大雩，不得舉火。抑陽助陰也。

平帝元始二年，大旱。遣使者捕蝗，民捕蝗，詣吏以石㪷受錢。

宋・王欽若《册府元龜》卷一四三　明帝永平十八年四月己未，詔曰：自春以來，時雨不降，宿麥傷旱，秋種未下，政失厥中憂懼而已，其理冤獄録，輕繫二千石，分禱五嶽四瀆郡界，有名山大川能興雲雨者吏各潔齋，禱請冀蒙嘉澍。

建初五年二月庚辰朔，日有食之。詔曰：朕新離供養，愆咎衆著，上天降異，大變隨之。詩不云乎？亦孔之醜。又久旱傷麥，憂心慘切。公卿已下，其舉直言極諫，能指朕過失者，各一人遣詣，公車將親覽問焉。其以巖穴爲先，勿取浮華。又詔曰：春秋書無麥苗重之也，去秋雨澤不適，今時復旱如炎、如焚，凶年無時而爲備未至，朕之不德，上累三光，震慄切切，痛心疾首。前代聖君博思咨諏，雖降災咎輒，有開匱反風之應。今予小子，徒慘慘而已，其令二千石，理冤獄，録輕繫，禱五嶽、四瀆及名山，能興雲致雨者，冀蒙不崇朝，偏雨天下之報，務加肅敬焉。

八年九月京師蝗，吏民言事者，多歸責有司。詔曰：蝗蟲之異，殆不虚生，萬方有罪，在予一人。而言事者，專咎自下非，助我者也。朕寤寐恫矜，思弭憂釁，昔楚嚴無災而懼，成王出郊而反風，將何以輔朕不逮，以塞災變。百寮師尹勉脩厥職，刺史二千石，詳刑辟，理冤虐，恤鰥寡，矜孤弱，思致災興蝗之咎。

十六年秋七月戊午，詔曰：今秋稼方穗而旱，雲雨不霑，疑吏行慘刻不宣恩澤，妄拘無罪，幽閉良善所致。其一切囚徒於法疑者勿决，以奉秋令。方察煩苛之吏顯明其罰。

順帝永建三年七月丁酉，茂陵園寢災。帝縞素避正殿。陽嘉元年二月京師旱。庚申勑郡國二千石，各禱名山、嶽瀆，遣大夫謁者，詣嵩高首陽山，并祠河雒請雨。戊辰雩。甲戌詔曰：政失厥和，陰陽隔并，冬鮮宿雪，春無澍雨，分禱祈請靡神不禜，深恐在所慢違。如在之義，今遣侍中王輔等持節分詣岱山、東海、禜陽河雒盡心祈焉。

永興二年九月，詔曰：朝政失中，雲漢作旱，川靈涌水，蝗蟲滋蔓，殘我百穀。太陽虧光，饑饉荐臻。其不被害郡縣，當爲饑餒者儲，天下一家，趣不糜爛，則爲國寶。其禁郡國不得賣酒，祠祀裁定。

延熹九年正月詔曰：比歲不登，人多饑窮，又有水旱疾疫之困，盜賊徵發，南州尤甚。災異日食，譴告累至，致亂在予，仍獲咎徵。其令大司農，絶今歲調度徵求，及前年所調未畢者，勿復收。責其災旱盜賊之郡勿收租，餘郡悉半入。

魏明帝太和五年三月辛巳，以四年十月至是不雨，大雩。

齊王正始元年三月，以旱，詔令獄官亟平冤枉，理出輕微，羣公卿士讜言嘉謀各悉乃心。

晉武帝太始七年閏五月，大雩。太官減膳。

咸寧四月丁巳，詔曰：諸旱處廣加祈請。五月庚午，始祈雨于社稷山川。

愍帝建興元年六月，旱。帝親雩。

咸康二年三月，以旱詔太官減膳，免所旱郡縣徭役。

哀帝隆和元年四月，以旱詔：出輕繫振困乏。十二月詔曰：戎旅路次，未得輕減賦役，元象失度，亢旱爲患，豈政事未治，將有版築渭濱之士邪，其搜揚隱滯，蠲除苛碎，詳議法令，咸從損要。

後魏文成和平五年四月，以旱故減膳，責躬。是夜澍雨大降。

太和四年二月癸巳，詔曰：統承乾緒，君臨海内，夙興昧旦，如履薄冰。今東作方興，庶類萌動，品物資始，膏雨不降，歲一不登，百姓饑乏，朕甚懼焉。其勑天下祀山川、羣神及能興雲雨者，修飾祠堂，薦以牲璧，民有疾苦，所在存問。

太和五年四月甲寅，詔曰：時雨不霑，春苗萎悴，諸有骸骨之處，皆勑埋藏，勿令露見，有神祇之所悉，可禱祈。

太和十五年正月不雨至于四月。有司奏祈百神。詔曰：昔成湯遇旱，齊景逢災，並不繇祈山川而致雨，皆至誠發中，澍潤千里。萬方有罪，在予一人。今普天喪恃，幽顯同哀，神若有靈，猶應未忍安饗何。宜四氣未周，便欲祀事，唯當考躬責己，以待天譴。

太和十七年五月丁丑，以旱撤膳。

宣武景明四年四月戊戌，詔曰：酷吏爲禍，繇古同患，孝婦淫刑，東海燋壤。今不雨十旬，意者其有冤獄乎？尚書鞫京師見囚，務虚聽察之理。己亥，帝以旱減膳、撤樂。辛丑澍雨大洽。

正始元年六月，以旱撤樂、減膳。公卿以下引咎責躬。詔曰：朕以菲德政刑多舛，陽旱歷旬，京師枯悴，在予之責，夙宵疚懷。

永平元年五月，帝以旱故，減膳，撤樂。

二年五月，帝以旱故，減膳，撤樂，禁斷屠殺。

延昌元年四月丁丑，帝以旱故，減膳，徹樂。詔尚書與郡司鞫理獄訟，又詔食粟之畜皆斷之。

孝明熙平元年五月丁卯朔，詔曰：災旱積辰，苗稼萎悴，比雖微澍，猶未霑洽，晚種不納，企望憂勞。在予之責，思自兢厲，尚書可釐，恤獄犴辯，其淹枉簡量輕重，隨事以聞，無使一人怨嗟，增傷和氣，土木作役權皆休罷。勸農省務肆力田，疇庶嘉澤，近降豐年可必。

神龜二年二月，詔曰：農要之月，時澤弗應，嘉穀未納，三麥枯悴，德之無感，歎懼兼懷，可勑內外依舊雩祈，率從祀典，察獄理冤，掩齜埋骼。冀瀛之境，狂寇暴野死者，既多白骨橫道，可遣專令收葬。賑窮恤寡，救疾存老，准訪前式，務令周備。三月澍雨大洽。

正光元年五月，詔曰：朕以寡薄運膺寶圖，雖未明，求衣惕懼，終日而闇昧，多闕炎旱爲災，在予之媿，無忘寢食。今刑獄繁多，囹圄尚積，宜敷仁惠以濟斯民。

正光二年七月癸丑，詔曰：時澤弗霑，禾稼凋損，在予之責。夙宵震懼，雖剋躬徹樂，仍無昭感。

三年六月，詔曰：朕以沖昧夙纂寶歷，不能祇奉上靈，感延和氣致，令災旱頻歲，嘉雨弗洽，百稼焦萎，晚種未下，將成災年。秋稔莫覬，在予之責，憂懼震懷。今可依舊分遣有司，馳祈嶽瀆及諸山川百神，能興雲雨者，盡其虔肅，必令感降，玉帛、牲牢隨應，薦享上下，羣官側躬，自勵理冤獄，止土功，減膳徹樂，禁止屠殺。

四年八月戊寅，詔曰：朕以眇闇，忝承鴻緒，因祖宗之基，託王公之上，每鑒寐屬慮思，康億兆比，雨旱愆時，皇運舛錯，政理闕和，靈祇表異，永尋夕惕，載恧于懷。宜詔百司，各勤厥職，諸有鰥寡、窮疾、冤滯不申者，並加憐恤，若孝子順孫、廉貞義節、才學超異、獨行高緒者，具以言上朕，將親覽，加以旌命。

後周武帝保定二年，以久不雨降宥罪人，京城三十里內禁酒，四月又禁屠宰。

建德元年五月，帝以大旱，集百官于庭，詔之曰：盛農之節，亢陽不雨，氣序愆度，蓋不徒然，豈朕德薄刑，賞非中歟？將公卿大臣或非其人歟？宜進直言，無得有隱。公卿各引咎自責。其夜澍雨。

二年三月不雨至于七月，集百寮于大德殿。帝責躬罪己，問以治政得失。

隋高祖開皇三年四月旱。帝親祀雨師于國城之西南。十四年正月，以歲旱祀泰山，以謝愆咎，大赦天下。

宋・王欽若《冊府元龜》卷一四四　唐高祖武德四年三月，帝以旱故，親錄囚徒，俄而澍雨。

貞觀三年四月丙午，以旱甚，避正殿。六月詔曰：朕以眇身祇膺大寶，託王公之上，居億兆之尊，勵志克己，詳求至治，兢兢業業，四載于茲矣。上不能使陰陽順序，風雨以時；下不能使禮樂興行，家給人足。而關輔之地，連年不稔，自春及夏亢陽爲虐，雖復潔誠祈禱，靡愛斯牲，膏雨愆應，田疇廢業，斯乃上玄貽譴，在予一人，元元何辜罹此災害。朕是用食不甘味，寢不安席，瞻西郊而載惕，仰雲漢而疚心，內顧諸己，永懷前載，既明不自見，德不被物，豈賞罰不衷，任用失所，將奢侈未革，苞苴尚行者乎？文武百辟，宜各上封事，極言朕過，勿有所隱。是月遣開府儀同三司長孫無忌、左僕射房玄齡、工部尚書段綸、刑部尚書韓仲良，祈雨於名山大川。

貞觀十七年三月甲子，以久旱，詔曰：去冬之間雪無盈尺，今春之內雨不及時，載想田疇，恐乖豐稔。農爲政本，食乃人天。百姓嗷然，萬箱何冀。昔頹城之婦，隕霜之臣，至誠所通，感應天地。今州縣獄訟常有冤滯者，是以上天降鑒，延及兆庶，宜令覆囚，使至州縣，科簡刑獄以申枉屈，務從寬宥，以布朕懷庶，使桑林自責，不獨美於殷湯，齊郡表墳，豈自高於漢代。六月癸巳，以旱不視朝。乙巳謂侍臣曰：殷湯周宣求雨懇禱，昔聞其語，今見其心，比望雲蒸雨，濃重於金膏玉液。又詔曰：朕以寡德，祇膺寶命，而政慙稽古，誠闕動天和氣，愆于陰陽亢旱，涉於春夏，靡愛斯牲，莫降雲雨之澤。詳思厥咎，在予一人。今避茲正殿以自剋責，尚食常膳亦宜量減。京官五品已上，各進封事，極言無隱，朕將親覽，以答天譴。

高宗永徽五年正月，以時旱，手詔京官文武九品已上及朝集，使各進封事，極言厥咎。

顯慶四年七月，以亢旱避正殿。

總章二年二月戊辰，以旱親慮京城囚徒。其天下見禁囚，委當州長官慮之，仍令所司分禱名山大川。

咸亨元年三月，以歲旱穀貴，詔司成弘文、崇賢館及書筭律醫胡書等，諸色學生，并別勑修撰寫經書官典及書手等官，供食料者宜並權停。其有職任者，各還本司。自餘放歸本貫，秋熟已後更聽進止。

八年以時旱親慮囚徒，多有原宥，仍令沛王賢慮諸司囚，周王顯慮雒州及兩縣囚。

上元二年四月，久旱，避正殿，減膳，徹懸，兼令百官極言得失，勿有所隱。

儀鳳三年四月朔，以旱避正殿，親慮京城繫囚悉原宥之。仍令禮部尚書楊思敬往中嶽以申祈禱。

中宗神龍二年正月，以旱親録囚徒，多所原宥，其東都及天下諸州委所在長官詳慮，又遣使祭五嶽、四瀆，并諸州名山、大川能興雲雨者。五月，以旱避正殿，尚食減膳。

睿宗延和元年七月丙戌，以炎旱命減膳。囚徒並決斷勿使冤滯，土木之功並停。

永隆三年五月戊申，以旱故下詔曰：司牧生人愛之如子，睠兹災旱，倍切憂勤。將理政不明邪，冤囚有滯邪，疵癘道長邪，陰陽氣隔邪，何崇朝密雲布未洽也？載加寅畏，弗敢荒寧，誠不動天，歎深罪己，思從避減，以塞愆尤，俾月離有期，星退何遠。朕今避正殿，減常膳，仍令諸司長官各言時政得失，以輔朕之不逮。天下見禁囚徒中或以痛自誣者，各令長官審加詳覆，疑有冤濫，隨事案理，仍告於社稷，備展誠祈。諸州旱處，有山川能興雲致雨者，亦委州縣官長速加禱祀。

永隆六年七月，帝以亢旱不御正殿，於小殿視事。詔曰：皇天應人，必有所謂。此月少雨，蓋非徒然，深慮繫囚或有冤滯。京城内諸司見禁囚徒，並以來日過，朕將親慮，所司量准舊典，其杖以下，情不可恕者速決，自餘即放却。書門下省察囚繫，及天下水旱之州皆令賑恤。不急之務一切停罷。七月，詔曰：今月之初雖降時雨，自此之後頗愆甘液。如聞側近禾豆微致焦萎，深用憂勞。式資祈請丘禱，則久常典宜遵，即令禮部侍郎王闕、太常少卿李暠，分往華嶽河瀆祈求。

永隆九年夏五月己未，勑諸州水旱。時有其五嶽四瀆，宜令所司差使致祭，自餘名山、大川及古帝王，并名賢將相陵墓，並令所司州縣長官致祭，仍各修飾洒掃。

十二年七月，河東、河北旱。命中書舍人寇泚，宣慰河東道給事中李昇期，宣慰河北道百姓有匱乏者，量事賑給。帝親禱于内壇場，三日曝立。

十四年六月丁未，以久旱分命六卿祭山川。【略】

永隆二十一年四月，以久旱命太子少保陸象先、户部尚書杜暹等七人，往諸道宣慰、賑給，仍令黜陟官吏，疎決囚徒。

天寶十四載三月，詔曰：近日以來，時雨未降，在於宿麥慮有所傷。雖憂勤之心，不忘於黎庶，而精誠之至，冀展於靈祇，宜令太子、太師陳希烈祭玄冥，光禄卿李憕祭風伯，國子祭酒李麟祭雨師。仍取今年二十三日，各申誠請，務令蠲潔如朕意焉。又詔曰：關輔郡邑，霈澤屢施京城，在近時雨未降，是用軫慮匪寧于懷。其諸郡壇，雖已勤請，攸資遍祭，庶達誠心，宜令吏部侍郎蔣烈今月二十五日祭天皇地祇。給事中王維等分祭于五星壇，務申虔潔以副朕懷。

乾元元年五月己亥，亢旱。陰陽人李奉先自大明宮出金龍及紙錢，太常音樂迎之，送於曲江池，投龍祈雨。宰相及禮官並於池所，行祭禮畢，奉先投龍於池。

二年三月癸亥，以久旱徙東西二市。於是祭風伯、雨師，修雩祀壇，爲泥人土龍，及望祭名山大川而祈雨。

代宗永泰元年七月，以久旱，遣近臣分録大理京兆囚徒。

三年六月庚子，以大旱，分遣左僕射裴冕等，禱祝川瀆及徙市，閉諸坊門，祀風伯、雨師。是日乃雨。

德宗貞元元年五月癸卯，命右庶子裴諝、殿中少監馬錫、鴻臚少卿韋倪，分禱終南秦嶺諸山，以祈雨。

十二月丁亥，詔曰：朕以眇身繼明列聖，不能纂修先志，以洽昇平，馴致寇戎，屢興兵革，上玄降譴，蝗旱爲災，年不順成，人方歉食，言念於此，實用傷懷。是以齊心別宮，與人祈穀，雖陽和在候而黔首無聊，稱慶于予，竊所不敢其來年，正月一日朝賀宜罷。

二年正月壬辰朔，以關輔荒饉停朝賀之禮。丙申詔曰：朕以薄德託于人上，勵精思理，期致雍熙。而鑒之不明，百度多缺，傷痍未瘳而徵役薦起，流亡既甚而賦斂彌繁，人怨上聞，天災下降，連歲蝗旱，蕩無農收。惟兹近郊，遭害尤甚。豈非昊穹作沴，深警予衷，跼蹐憂惕，罔知攸措。今穀價騰踊，人情震驚，鄉閭不居，骨肉相棄，流離殞斃所不忍聞。公私之間，廩食俱竭，既無賑恤，猶復徵求，財殫力盡，捶楚仍及，弛征則軍莫之贍，厚取則人何以堪念。五月，百寮上表，請復御膳，先以旱蝗、寇盜充斥，故從貶省至是。從之。

六年三月，以旱故遣使分禱山川。是春京畿、關輔、河南大無麥苗。

十一年五月，以旱故令禮部尚書董晉巡覆百司禁囚。

十二年四月，以久旱令百司速決囚徒。

十五年三月，以久旱令李巘、鄭雲逵於炭谷秦嶺祈雨。四月，以久旱令陰陽術士陳混嘗、吕廣順及摩尼師祈雨。

十九年正月至於六月不雨，分公卿望祈于嶽鎮、海瀆、名山、大川，精禱于太社、太稷、太廟、天皇、地祇及山川能出雲爲雨者。六月，詔曰：京師近郊時雨未洽，慮囹圄冤滯，致傷和氣，是用軫於朕心，其御史臺、大理寺及京兆府等，諸司繫囚中書門下與有司，亟議條理冤滯以聞。

憲宗元和七年三月庚午，以旱故詔京畿内禁囚徒，據罪輕重宜疎理處分。

宋・王欽若《册府元龜》卷一四五　唐穆宗長慶二年十二月己亥，詔曰：自冬以來甚少雨雪，農耕方始，災旱是虞。

敬宗寶曆二年六月癸亥，詔曰：近日京城雖已得雨，畿甸之内霑灑未周，災歉是虞。黎元重困，救旱之備，深所注懷。

文宗太和元年六月庚子，詔：緣自夏少雨，應見禁囚徒。宜差清彊御史，各就諸司巡勘速理聞奏。

太和六年五月庚申，詔曰：朕聞王者之理天下，一物失所，興納隍之，咎一夫不獲，歎時予之辜。雖饑疫凶荒國家代有，而陰陽祲沴儆戒，朕躬自諸道，水旱害人，疫疾相繼，宵旰罪己，興寢疚懷，屢降詔書，俾副勤恤，發廩蠲賦，救患賑貧，亦謂至矣。

太和六年七月壬寅，詔曰：秋稼方茂，時稍愆亢，慮有冤繫，致傷和氣。應内外諸司見禁囚徒，各委本司長吏隨罪疎決，務從寬典副我憂懷。

宋・王欽若《册府元龜》卷一四五　太和七年正月壬子，詔曰：朕承上天之眷佑，荷累聖之丕圖，宵旰兢勞，不敢暇逸，思致康乂八年。于今而水旱流行，疾疫作沴，兆庶艱食，札瘥相仍，蓋德未動天，誠未感物。一類失所，有過在予，載懷罪己之心，深軫納隍之歎。宜敷惠澤，式表憂勤。如聞去年以來，河東、關輔亢旱爲災，秋稼不收，人甚窮困。今方春之時，須務農事，若不賑救，恐至流亡。其京兆、府河中等九州府，宜賜七萬石。同華、陝虢晉等州各賜十萬石，並以常平義倉及折糴斛㪷充，無本色以運米折給，爲本州府長吏明作等第，差官吏對面宣賜，先從貧下起給，京兆府太和六年青苗搉酒錢在百姓腹内，並放免京兆、河中、同華、陝虢、晉絳等州府自太和六年秋税。以前諸色逋懸在百姓腹内，悉放免。議獄恤刑，前王攸重，苟有冤滯，即傷陽和，應在城諸司、諸使應有囚徒，限七月内處分，訖奏聞。河南府八州府勑到准此處分，諸色功役非灼然交切者，勒停。應管内名山大川，能致風雨者，委長吏精誠禱請水旱之數。【略】

太和七年七月己酉，勑曰：今緣稼穡方滋，旬月少雨，慮其冤滯或有感傷。宜委左僕射李程及御史大夫鄭覃同就，尚書省疎理諸司囚徒，務從寬降，限五日内畢，聞奏。其外州府，爲有稍旱處，委長吏速准此處分。壬子，以旱命吏部尚書令狐楚、御史大夫鄭覃同，疎決囚徒，甲寅徙市。閏七月乙卯，詔曰：朕嗣纂聖圖，覆育生類，兢業寅畏，上承天休而陰陽失和，膏澤愆候，害我稼穡，災于黔黎，有過在予，敢忘咎責，是用避殿，徹樂、減膳，省刑。思惕慮以覃，思庶薦誠而致雨，時澤未降。已來，朕當避正殿，減供膳，太常教坊聲樂權停，閑習飛龍厩馬量減食粟，其百司官署厨饌亦宜權減。陰陽鬱堙，縶繫傷害，有紊和氣，是乖燮調。今放出宫人一千人，其諸道今年合進鷹犬，宜數内停減一百頭。聯在五坊者，宜減放一百頭。聯京城囚徒，慮有冤滯，已委疎決務從寬降，宜令鄭覃、令狐楚速具條疏，聞奏。内外諸司先有修造，稍非急切者，並宜停省。公卿、百寮及戚里、舊將相之家，如有僭侈、踰制，委御史臺糾察聞奏。諸州府長吏及縣令有貪縱苛暴者，委御史臺訪察聞奏。名山大川及能興雲致雨者，各委長吏精誠祈禱於戲。朕受天眷佑，爲人父母，暵旱作沴，焦勞匪寧，徧祀山川，靡愛珪璧，非食罪己，緩獄消災，載深勤雨之心，冀警納隍之戒，凡百士庶宜諒予懷時，以久無雨，帝徧走羣望，至是復有此詔，既而甘澤普霑，人心大悦。

太和八年六月甲午，詔曰：近者咎徵所集，陽亢成災。靡神不宗，未獲嘉應，豈刑政之尚乖其當，將獄犴之未察其冤，夙興以思，庶答天譴。宜令尚書右僕射李逢吉、御史大夫鄭覃於尚書省疎理刑獄，輕繫者，咸從於決遣。重條者，議所以矜寬，小大以情，必詳、必慎，致誠無怠，稱朕意焉。

太和九年三月乙丑，制以仍歲水旱，黎民艱食，其宰牧非才，貪殘爲害，及承前積弊，須有條疏，或冤獄留滯，速宜疎決者，並委觀察使糾察詳訪，具狀聞奏，用弭天眚。七月詔：曲江雩，土龍。

開成二年四月戊申，詔曰：自春以來未降甘澤。從來但以過時無雨議祈禱，及至降洒已似後時。今雖未旱，亦要沾洽，各宜差官精誠祈禱。七月庚午，詔曰：農人徧野，甘澤稍愆，眷言時苗未保收穫，齋心懇禱，猶望有成。各宜差長吏所在靈廟禱祈。乙亥，以久旱移市，開坊市南門。乙酉，詔曰：秋旱未雨，慮有幽冤縲禁多時。須議疎決京司刑獄，宜令右僕射兼門下侍郎平章事鄭覃，親往疎理。乃分命宰臣祈雨於太廟、太社白帝壇。己丑，遣侍御史崔虞、孫範各往諸道巡覆蝗蟲，并加宣慰。

開成三年正月乙亥，京兆尹崔珙奏：畿内去冬少雪，宿麥未滋，今欲差少尹於終南廣惠公廟祈禱。諸縣各委令長於靈跡處精誠祈請，從之。癸未詔曰：朕自守丕訓，恭臨大寶，兢兢業業十有三年，何嘗不惠下以愛人，克己以利物，外無畋遊之樂，内絶土木之功，浣衣菲食，宵興夕惕，厚於身者無不去，便於人者無不行，損羣方之底貢，驅時風於樸素，將以宏祖宗法制，致夷夏雍熙，勤求理道，日冀平泰。而去秋旱蝗所及稼穡卒瘁，哀此蒸人，懼罹艱食。是用順時布令，助煦育之深仁，施惠覃恩，法雨露之殊澤。其淄青兖海鄆曹濮，去秋蝗蟲害物偏甚，其三道，有去年上供錢及斛㪷，在百姓腹内者，並宜放免。今年夏税上供錢及斛㪷亦宜全放，仍以當處常平義倉斛㪷速加賑救京兆府。諸州府應有蝗蟲米穀貴處，亦宜以常平義倉及側近官中所貯斛㪷量加賑賜。【略】

後唐莊宗同光元年十二月庚寅，自冬無雪，差官分道禜於百神。

二年二月自冬不雨，命禱百神。

三年，勑：時雨稍愆，差官祈禱。

八月乙未，勑旬日霖雨，恐傷秋稼，須命祈止，冀獲開晴，可差官分禱祠廟。

同光三年十二月戊寅，勑：節及杪冬稍愆時雪，須命祈禱以濟農功，宜令有司差官分命祈祭諸神廟。乙酉輿駕幸廣化寺祈雪。

同光三年正月戊午，時雨稍愆，命興唐府差官分禱祠廟。二月辛丑，帝祈雨於郭伯神祠。四月丁卯，勑時雨少愆，恐妨農事，須命祈禱，冀遂豐登。宜令差官分道祈禱百神。癸酉，租庸院奏：時雨少愆，恐傷宿麥，兼慮有妨耕稼。請諸道州府依法祈禱。從之。辛巳勑：亢陽稍甚，祈禱未徵，將致感通，難避勞擾。宜令河南府於府門造五方龍，集巫禱祭，徙市。五月壬子勑：時雨尚未沾足，宜令河南府徙市閉坊門，依法畫龍，置水祈請。令宰臣於諸寺燒香。戊申，帝幸龍門之廣化寺，開佛塔請雨。

明宗天成元年五月辛未，以時雨稍愆，分命朝臣禱祠、嶽瀆。六月癸未，宣宰臣於諸寺祈雨。辛丑勑：近以時雨稍愆，恐傷禾稼，爰命祈禱，果獲感通，宜令本官各於本處賽謝。

三年八月汴州稍旱，命丞相祈雨於寺觀。十二月以十月至是月少雪，命公卿散祈於祠廟。

四年十二月丙午，中書舍人程遜奏：三冬未降時雪，請命臣僚虔申祈禱。從之。

長興元年四月甲辰，勑：自夏以來稍愆時雨，宜差官祈禱。

二年三月勑：自春以來，稍愆時雨。宜分命朝臣祈禱。四月乙巳，帝幸龍門寺祈雨，至晚還宫。乙卯勑：久愆時雨，深疚予心。雖遍虔祈，猶未溥足。宜廣推恩之道，更敷恤物之懷，貴獲感通，必彰靈應。宜令諸道州府、各委長吏親問刑獄，省察冤濫，應見禁囚徒，除犯死刑外，餘盡時疎放。

長興四年七月壬午勑：時雨稍愆，慮傷時稼，分命朝臣禱禜諸神。

末帝清泰元年六月丙子，諸内外差官祈雨。自去年秋不雨，冬無雪。帝初至至德宫，雨數寸，至是旱，京師暍死十數人。帝命韓昭裔開廣化寺三藏塔，是夕雨至三寸。丁酉以久旱，京師酷熱，自七日至十三日暍死者數百，道路死者相望，帝深憫惻，日遣中使往龍門廣化寺禱雨。百僚奔走祠宇，至十三日，雨四寸。七月己亥，分命宰臣百僚諸祠廟祈雨。甲辰幸龍門佛寺禱雨，至晚還宫。又詔以京畿旱遣供奉官賀守圖湯王廟取聖水，澤州西界有析城山，山巔有池水，側有湯廟，土人遇旱，取水禱雨多驗。先是帝憂旱甚，房暠言聖水可以致雨故也。

清泰元年十一月辛亥，詔曰：朕君於人上，燭理不明，自冬初迄今未降密雪，虞愆伏災及黎民。宜令宰臣百寮，分詣諸祠壇祈告。十二月戊子，以自冬無雪詔宰臣盧文紀祈嵩嶽。庚寅幸龍門廣化寺，開無畏塔祈雪，自卯至申時還宮。又侍御史陳保極上疏，玄冬告謝，密雪未零，竊慮今夏龍德啓圖，鑾旌赴闕，擁十萬衆臨九重城，讋怖龍神震驚，方位致瘥札爲沴，風雨失時，請在京諸寺觀置迎年消災資福，安土地龍神道場，優詔從之。

清泰二年三月丙申，詔宰臣姚顗告嵩嶽，右丞陳韜光告亳州，太清宫祈雨。四月壬午，以京畿旱命宰臣盧文紀告太微宫、太廟，姚顗告嵩嶽。十二月癸未，詔曰：陰陽爽侯，時雪稍愆，分命臣僚詣祠廟祈請。

三年正月戊戌以自去冬少雪，幸龍門廣化寺，開無畏師塔祈禱。三月庚寅詔曰：時雨稍愆，宜分命朝臣祠廟祈禱。五月庚午詔曰：時雨稍愆，頗傷農稼，分命朝臣祈禱。居數日，以庶官禱請不虔，乃命宰臣盧文紀禱太微宫，姚顗崇道宫，馬裔孫清宫嵩嶽，又無雨。帝問宰臣愆伏之故，文紀等奏曰：愆伏之本，《洪範》有其説，若考校往代，理義相違。臣等思之，此蓋時數，若求於政失，則兵戰之氣生陰霖，擾攘之氣生蝗旱，稍近理也。自頃皇祚甫寧，徵求過當，雖宸念疾心事不獲，已無足論其變沴也。帝俛首而已。七月丁亥，同華言自夏不雨，京畿旱。遣供奉官杜紹懷往析城山取聖水。

晉高祖天福元年十二月辛卯，以自秋不雨，經冬無雪，命羣官散禱山川。

二年十二月甲辰，幸相國寺祈雪。

天福七年三月壬戌，以春旱分命朝臣諸寺觀神祠禱雨。丁丑詔宰臣馮道等於開元諸寺及紫極宫祈雨。

少帝天福八年五月癸巳勑：以久愆時雨，遣宰臣馮道等諸寺觀虔祈，其餘祠廟仍下開封府偏差官禱之。甲辰勑以飛蝗作沴，膏雨久愆，應三京鄴都諸道州府見禁囚人，除十惡行刼諸殺人者及僞行印信、合造毒藥、官典犯贓外，罪者減一等，餘並放。内有欠官錢者，宜令三司酌量與限監出徵理。乙巳，幸相國寺祈雨。六月庚戌，宣差侍衛馬軍都指揮使李守貞以蝗爲害往臯門村祭告。丁巳，宣遣供奉官衛延韜嵩山投龍祈雨。壬戌宣供奉官朱彦威等七人，各部領奉國兵士一指揮，於封丘、長垣、陽武、浚儀、酸棗、中牟、開封等縣捕蝗。又遣内班秦宗超亳州太清宫祈雨。

開運三年二月壬戌勑令，以漸及春農，久愆時雨，深慮囹圄或有滯淹，宜郵刑章，甫召和氣，其諸道州府見禁人等，並須據罪輕重疾速斷遣，仍限半月内有斷遣，訖奏。四月己未，以久旱命宰臣趙瑩與羣官禱雨。戊寅帝幸相國寺祈雨。

漢隱帝乾祐元年四月庚辰朔，以自春不雨，勑青州收瘞用兵討楊光遠時骸骨。丁亥以旱幸道宫佛寺禱雨，賜僧道帛有差，未時還宮。正月戊午勑，以旱分命羣官於諸寺觀、神祠祈雨。七月乙卯，以久旱帝幸道宫佛寺禱雨，仍分命羣官祈諸神祠，賜僧道帛有差，日晚還宫，玄雲四布，猛風北至，俄而澍雨尺餘，人情熙熙。

周太祖廣順二年夏四月，戊子勑，以旱分命羣臣於諸祠廟祈禱雨。

三年正月丁卯，以自去冬京師無雪，是日分命朝臣於祠廟祈禱。

宋·王欽若《册府元龜》卷一四六 平帝元始二年四月，郡國大旱。民疾疫者，舍空邸第，爲置醫藥。賜死者一家六尸以上葬錢五千，四尸以上三千，二尸以上二千。起官寺市里，募徙貧民，縣次給食至徙所，賜田宅、什器，假與犂牛種食，又起五里於長安城中，二百區以居貧民。

元和八年三月，詔曰：比年不登，百姓虚匱，京師去冬無宿雪，今春無澍雨，黎民流離，困於道路，其賜鰥寡孤獨老癃貧不能自存者，粟人三斛。

隋高祖開皇十四年八月，關中大旱，人饑。行幸雒陽，因令百姓山東就食，從官竝准，見口賑給，不以官位爲限。十二月東巡狩，關中户口就食雒陽者，道路相屬，帝勑斥候，不得輒有驅逼男女參厠於仗衛之間，遇逢扶老携幼者，輒引馬避之，慰勉而去。至艱險之處，見負擔者，遽令左右扶助之。

宋·王欽若《册府元龜》卷一四七 咸亨元年八月，以天下四十餘州旱及霜蟲，百姓饑乏，關中尤甚詔：雍同華蒲絳五州百姓乏絶者，聽於興鳳梁等州逐糧。

代宗寶應元年十月乙卯，勑曰：浙江東西去歲旱損，所出租賦頗甚艱辛，今秋已來復聞遭水，百姓重困，何以克堪？朕所以未明求衣，日旰忘食，思弘理道，良用疚懷。今所徵收，唯正租庸而已。其餘差役咸使矜量，頗亦申明，冀稍安緝，如聞諸道節度使不承正勑，妄有徵科，州縣望風便行文牒，務爲逼迫，自應誅求事，且因循轉用生弊，不有懲革，何以息人。自今已後，宜令本道觀察及租庸使嚴加訪察。其州縣除正勑支遣外，不得轉承諸使文牒，徵率一物已上。如或有犯，便仰停務，具名彈奏。

宋·王欽若《册府元龜》卷一九三 宋少帝景平元年，以旱詔，赦五歲以下罪人。

八年三月，大雩。六月旱，故又大雩。

後廢帝元徽元年，京師旱。詔曰：比亢序愆，度留熏燿晷，有傷秋稼，方貽民瘼。朕以眇疾，未弘政道，囹圄尚繁，枉滯猶積，夕厲晨矜，每惻于懷。尚書令可與執法以下，就訊衆獄，使冤訟洗遂，困弊昭蘇，頒下州郡，咸令無壅。

陳高祖永定三年夏，久旱。閏四月丙午，幸鍾山祀蔣帝廟，是日降雨，迄于月晦。

宣帝大建十二年三月己卯，以旱大雩。壬午雨。

梁高祖開平二年二月，自去冬少雪，春深農事方興，久無時雨，兼慮有災疾。帝深軫下民，遂命庶官遍祀于羣望，掩瘞暴露，令近鎮案古法以禳祈，旬日乃雨。五月己丑，令下諸州，去年有蝗蟲下子處，蓋前冬無雪，今春亢陽，致爲災沴，實傷壠畝，必慮今秋重困稼穡。自知多在荒陂、榛蕪之内。所在長吏，各項分配地界，精加翦撲，以絶根本。六月辛亥，以亢陽慮時政之闕，乃詔曰：邇者，下民喪禮，法吏舞文，銓衡既失於選求，州鎮又無其舉刺，風俗未厚，獄訟實繁，職此之由，上貽天譴。至是決遣囚徒，及戒勵中外。

乾化元年三月辛卯，以久旱令宰臣分禱靈迹，翌日大澍雨。丙子復憫雨，命宰臣分往嵩華祈禱。十一月宣宰臣各赴望祠禱雨，故事皆以兩省無功職事爲之。帝憂民重農，猶以足食、足兵爲念，爰自御極，每愆陽積陰，多命丞相躬其事。辛丑大雨雪，宰臣及文武師長各奉表賀焉。

乾化元年十二月，詔以時雪稍愆，命丞相及三省官各於望祠祈禱。

二年正月甲申，以時雪稍愆，命丞相及三省官羣望祈禱。二月癸丑，勑曰：今載春寒頗甚，雨澤仍衍，司天監占以夏秋必多霖潦，宜令所在郡縣告喻百姓，備淫雨之患。三月丙午，帝北巡次至濟源縣，詔曰：淑律將遷，亢陽頗甚，宜令魏州差官攬龍祈禱。戊申詔曰：雨澤愆期，祈禱未應，宜令宰臣各於魏州靈祠，精加祈禱。

乾化二年五月辛卯，詔曰：亢陽滋甚，農事已傷，宜令宰臣于兢赴中嶽，杜曉赴西嶽，精切祈禱，其近京靈廟，宜委河南尹五帝壇風師、雨師、九宫真人，委中書各差官祈之。

宋・歐陽修《新五代史》卷八《晉高祖紀》 天福元年十二月，旱。七年十二月庚午，旱蝗。

宋・歐陽修《新五代史》卷一〇《漢隱帝紀》 乾佑元年五月，旱蝗。秋七月戊申，鸜鵒食蝗。丙辰，禁捕鸜鵒。

宋・歐陽修《新五代史》卷二九《晉臣傳》 天福八年秋，時天下旱、蝗，民餓死者歲十數萬，而君臣窮極奢侈以相誇，尚如此。

宋・歐陽修《新五代史》卷三〇《漢臣傳》 隱帝即位，時天下旱，蝗，黄河決溢，京師大風拔木，壞城門。

宋・歐陽修《新五代史》卷五一《雜傳三九》 天福六年，是歲，鎮州大旱、蝗，重榮聚飢民數萬，驅以嚮鄴，聲言入覲。

宋・歐陽修、宋祁《新唐書》卷二《太宗皇帝紀》 貞觀元年，是夏，山東旱，免今歲租。三年三月庚午，以旱蝗責躬，大赦。三年正月丙午，以旱避正殿。六月戊寅，以旱慮囚。十三年五月甲寅，以旱避正殿，詔五品以上言事，減膳、罷役，理囚、賑乏，乃雨。貞觀二十三年三月己未，自冬旱，至是雨。

宋・歐陽修、宋祁《新唐書》卷三《高宗紀》 永徽元年七月辛酉，以旱慮囚。是冬，無雪。三年正月甲子，以旱避正殿，減膳，降囚罪，徒以下原之。四年四月壬寅，以旱慮囚，遣使決天下獄，減殿中、太僕馬粟，詔文武官言事。甲辰，避正殿，減膳。麟德元年五月丙寅，以旱避正殿。是冬，無雪。乾封二年正月丁丑，以旱避正殿，減膳，慮囚。七月己卯，以旱避正殿，減膳，遣使慮囚。咸亨元年七月甲戌，以雍、華、蒲、同四州旱，遣使慮囚，減中御諸廄馬。八月丙寅，以旱避正殿，減膳。九月閏月癸卯，皇后以旱請避位。是歲，大饑。二年六月癸巳，以旱慮囚。儀鳳二年，是歲冬，無雪。

宋・歐陽修、宋祁《新唐書》卷四《則天紀》 垂拱元年五月壬戌，以旱慮囚。二年，是冬，無雪。三年二月己亥，以旱避正殿，減膳。四月癸丑，以旱慮囚。是歲，大饑。天授元年三月乙酉，以旱減膳。延載元年二月乙亥，以旱慮囚。長安三年四月乙巳，以旱避正殿。神龍三年十二月丙戌，以突厥寇邊，京師旱、河北水，減膳，罷土木工。景龍元年正月丙辰，以旱慮囚。五月丙午，以旱避正殿，減膳。三年六月庚子，以旱避正殿，減膳，撤樂。

宋・歐陽修、宋祁《新唐書》卷五《玄宗紀》 先天元年，是春，旱。七月丙戌，以旱減膳。開元二年正月壬午，以關内旱，求直諫，停不急之務，寬繫囚，祠名山大川，葬暴骸。三年五月丁未，以旱録京師囚。戊申，避正殿，減膳。六年八月庚辰，以旱慮囚。七年閏七月辛巳，以旱避正殿，徹樂，減膳。甲申，慮囚。八月丙戌，慮囚。九年，是冬，無雪。十七年，是冬，無雪。天寶元年，是冬無冰。六年七月乙酉，以旱降死罪，流以下原之。九年三月辛亥，華嶽廟災，關内旱，乃停封。

宋・歐陽修、宋祁《新唐書》卷六《代宗紀》 永泰元年四月己巳，自春不雨，至于是而雨。大曆元年，是冬，無雪。七年五月乙未，以旱大赦，減膳，徹樂。十月乙亥，以淮南旱，免租庸三之二。十三年，冬，無雪。

宋・歐陽修、宋祁《新唐書》卷七《德宗紀》 建中元年，是冬無雪。貞元元年，是春旱。六年春，旱。七年，是冬無雪。十年六月，自春不雨至于是月。十三年四月辛酉，以旱慮囚。壬戌，雩于興慶宫。十四年是冬，無雪，京師饑。元和四年三月閏月己酉，以旱降京師死罪非殺人者。元和九年五月癸酉，以旱免京畿夏税。十年二月，自冬不雨至于是月。

宋・歐陽修、宋祁《新唐書》卷八《穆宗、文宗、武宗紀》 長慶三年三月癸亥，淮南、浙東西、江南、宣歙旱，遣使宣撫，理繫囚，察官吏。大和元年六月乙卯，以旱降京畿死罪以下。大和三年八月辛酉，以旱免京畿九縣今歲租。七年七月閏月乙卯，以旱避正殿，減膳，徹樂，出宫女千人，縱五坊鷹犬。開成二年四月乙卯，以旱避正殿。五年六月丙寅，以旱避正殿，理囚，河北、河南、淮南、浙東、福建蝗疫，州除其徭。會昌五年三月，旱。六年二月癸酉，以旱降死罪以下，免今歲夏税。大中元年二月癸未，以旱避正殿，減膳，理京師囚，罷太常教坊習樂，損百官食，出宫女五百人，放五坊鷹犬，停飛龍馬粟。八年三月，以旱理囚。十二年二月閏月，自十月不雨，至于是月雨。

宋・歐陽修、宋祁《新唐書》卷九《懿宗、僖宗紀》 咸通十年六月戊戌，以蝗旱理囚。十四年四月辛卯，以旱理囚。乾符三年二月丙子，以旱降死罪以下。五月庚子，以旱理囚，免浙東西一歲税。是冬，無雪。廣明元年三月辛未，以旱避正殿，減膳。

宋・歐陽修、宋祁《新唐書》卷一〇《昭宗、哀帝紀》 天福元年二月甲寅，以旱避正殿，減膳。天祐二年四月乙未，以旱避正殿，減膳。

宋・歐陽修、宋祁《新唐書》卷三五《五行志二》 武德三年夏，旱，至于八月乃雨。四年，自春不雨，至于七月雨。少陰之氣，其氣毁則不雨。少陰者，金也，金爲刑，爲兵，刑不辜，兵不戢，則金氣毁，故常爲旱。火爲盛陽，陽氣彊悍，故聖人制禮以節之。禮失則僭而驕炕，以導盛陽，火勝則金衰，故亦旱。於五行，土實制水，土功興則水氣壅閼，又常爲旱。天官有東井，主水事，天漢、天江，亦水祥也。水與火仇，而受制於土，土火譎見若日蝕過分而未至，與七曜循中道之南，皆旱祥也。七年秋，關内、河東旱。

貞觀元年夏，山東大旱。二年春，旱。三年春，夏，旱。四年春，旱。自太上皇傳位至此，而比年水旱。九年秋，劍南、關東州二十四，旱。十二年，吴、楚、巴、蜀州二十六，旱，冬不雨至于明年五月。十七年春、夏旱。二十一年秋，陝、絳、蒲、夔等州旱。二十二年秋，開、萬等州旱，冬不雨至于明年三月。

永徽元年，京畿雍、同、絳等州十旱。二年九月，不雨至于明年二月。四年夏、秋旱，光、婺、滁、潁等州尤甚。

宋・歐陽修、宋祁《新唐書》卷三六《五行志三》 開成二年夏，旱，揚州運河竭。

宋・歐陽修、宋祁《新唐書》卷九七《魏徵傳》 貞觀十三年，自冬至五月不雨。徵上疏極言曰：貞觀初，頻年霜旱，畿内户口並就關外，攜老扶幼，來往數年，卒無一户亡去。此由陛下矜育撫寧，故死不攜貳也。比者疲於徭役，關中之人，勞弊尤甚。雜匠當下，顧而不遣。正兵番上，復別驅任。市物襁屬於廛，遞子背望於道。脱有一穀不收，百姓之心，恐不能如前日之帖泰。夫禍福無門，惟人之召，人無釁焉，妖不妄作。今旱熯之災，遠被郡國，凶醜之孽，起於轂下，此上天示戒，乃陛下恐懼憂勤之日也。千載休期，時難再得，明主可爲而不爲，臣所以鬱結長歎者也！

宋・歐陽修、宋祁《新唐書》卷一〇四《張行成傳》 永徽四年，自三月不雨至五月。

宋・司馬光《資治通鑑》卷一二 惠帝二年夏，旱。五年夏，大旱，江河水少，谿谷水絶。

宋・司馬光《資治通鑑》卷一四 文帝前九年春，大旱。

宋・司馬光《資治通鑑》卷一五 文帝後六年夏四月，大旱，蝗。

宋・司馬光《資治通鑑》卷一六 景帝中三年夏，旱，禁酤酒。景帝後二年秋，大旱。

宋・司馬光《資治通鑑》卷一七　武帝建元四年六月，旱。

宋・司馬光《資治通鑑》卷一八　武帝元光六年夏，大旱。

宋・司馬光《資治通鑑》卷一九　武帝元朔五年春，大旱。

宋・司馬光《資治通鑑》卷二一　武帝元封四年夏，大旱。六年秋，大旱。武帝天漢元年夏，大旱。

宋・司馬光《資治通鑑》卷二二　武帝天漢三年夏四月，大旱。赦天下。征和元年夏，大旱。

宋・司馬光《資治通鑑》卷二三　昭帝元始六年夏，旱。元鳳五年夏，大旱。

宋・司馬光《資治通鑑》卷二四　宣帝本始三年，大旱。

宋・司馬光《資治通鑑》卷二八　元帝初元三年夏，旱。

宋・司馬光《資治通鑑》卷三〇　成帝建始二年夏，大旱。

宋・司馬光《資治通鑑》卷三一　成帝鴻嘉三年夏四月，大旱。

宋・司馬光《資治通鑑》卷三二　成帝永始四年夏，大旱。

宋・司馬光《資治通鑑》卷三四　哀帝建平四年春正月，大旱。

宋・司馬光《資治通鑑》卷三八　王莽天鳳六年，關東饑旱連年。

宋・司馬光《資治通鑑》卷四一　光武帝建武五年夏四月，旱，蝗。

宋・司馬光《資治通鑑》卷四三　建武十八年五月，旱。

宋・司馬光《資治通鑑》卷四五　明帝永平十八年，是歲京師及兗、豫、徐州大旱。

宋・司馬光《資治通鑑》卷四七　章帝章和二年五月，京師旱。

宋・司馬光《資治通鑑》卷四八　和帝永和四年六月，旱，蝗。六年秋七月，京師旱。八年六月，旱，蝗。永元十六年秋七月，旱。

宋・司馬光《資治通鑑》卷四九　安帝永初二年夏，旱。五月，丙寅，皇太后幸雒陽寺及若盧獄録囚徒。六年五月，旱。元初元年夏四月，京師及郡國五旱，蝗。六年五月，京師旱。

宋・司馬光《資治通鑑》卷五一　順帝永建二年三月，旱。三年夏六月，旱。五年夏四月，京師旱。陽嘉元年春正月，京師旱。

宋・司馬光《資治通鑑》卷五二　陽嘉三年五月，戊戌，詔以春夏連旱，赦天下。四年春，旱。秋八月，太原旱。

宋・司馬光《資治通鑑》卷五三　恒帝元嘉元年夏四月，京師旱，任城、梁國饑，民相食。

宋・司馬光《資治通鑑》卷五四　延熹元年六月，大雩。四年秋，七月，京師雩。

宋・司馬光《資治通鑑》卷五七　靈帝熹平五年夏四月，大雩。六年夏四月，大旱。

宋・司馬光《資治通鑑》卷五八　光和五年夏四月，旱。六年夏，大旱。

宋・司馬光《資治通鑑》卷六一　獻帝興平元年，自四月不雨至于是月，穀一斛直錢五十萬，長安中人相食。帝令侍御史侯汶出太倉米豆爲貧人作糜，餓死者如故。帝疑稟賦不實，取米豆各五升於御前作糜，得二盆。乃杖汶五十，於是悉得全濟。建安十九年夏四月，旱。

宋・司馬光《資治通鑑》卷七一　明帝太和二年五月，大旱。

宋・司馬光《資治通鑑》卷七三　明帝青龍三年秋七月，洛陽崇華殿災。帝問侍中領太史令泰山高堂隆曰：「此何咎也？於禮寧有祈禳之義乎？」對曰：「《易傳》曰：『上不儉，下不節，孽火燒其室。』又曰：『君高其臺，天火爲災。』此人君務飾宮室，不知百姓空竭，故天應之以旱，火從高殿起也。」

宋・司馬光《資治通鑑》卷七四　邵陵厲公正始元年春，旱。

宋・司馬光《資治通鑑》卷八一　武帝太康六年，青、梁、幽、冀州旱。八年，郡國三十三大旱。

宋・司馬光《資治通鑑》卷八七　懷帝永嘉三年夏，大旱。江、漢、河、洛皆竭，可涉。

宋・司馬光《資治通鑑》卷九〇　元帝建武元年秋七月，大旱。

宋・司馬光《資治通鑑》卷九五　成帝咸康元年夏，人旱，會稽餘姚米斗五百。

宋・司馬光《資治通鑑》卷九九　穆帝永和八年五月，大旱。

宋・司馬光《資治通鑑》卷一〇〇　升平二年九月，秦大旱。堅減膳徹樂，命后妃以下悉去羅紈；開山澤之利，公私共之，息兵養民。三年十二月，大旱。旱不爲災。

宋·司馬光《資治通鑑》卷一〇三　簡文帝咸安二年十月，三吴大旱，人多餓死。

宋·司馬光《資治通鑑》卷一〇六　孝武帝太元十年秋七月，旱，饑，井皆竭。

宋·司馬光《資治通鑑》卷一二〇　文帝元嘉三年秋，大旱。

宋·司馬光《資治通鑑》卷一二一　元嘉五年春正月辛未，時大旱、疾疫，弘上表引咎遜位，帝不許。七年，秦自正月不雨至于九月，民流叛者甚衆。

宋·司馬光《資治通鑑》卷一二三　文帝元嘉十五年秋七月，時漠北大旱，無水草，人馬多死。

宋·司馬光《資治通鑑》卷一二九　孝武帝大明五年，魏大旱，詔：「州郡境内，神無大小，悉灑掃致禱，俟豐登，各以其秩祭之。」於是羣祀之廢者皆復其舊。八年，東方諸郡連歲旱饑，米一升錢數百，建康亦至百餘錢，餓死什六七。

宋·司馬光《資治通鑑》卷一三二　明帝泰始五年，魏自天安以來，比歲旱饑，重以青、徐用兵，山東之民疲於賦役。顯祖命因民貧富爲三等輸租之法，等爲三品：上三品輸平城，中輸他州，下輸本州。又，魏舊制：常賦之外，有雜調十五，至是悉罷之，由是民稍贍給。

宋·司馬光《資治通鑑》卷一四五　武帝天監元年，是歲，江東大旱，米斗五千，民多餓死。三年六月，魏大旱。

宋·司馬光《資治通鑑》卷一四七　天監十一年春，大旱。

宋·司馬光《資治通鑑》卷一六七　永定二年夏四月辛巳，齊主以旱祈雨於西門豹祠，不應，毁之，并掘其冢。

宋·司馬光《資治通鑑》卷一六九　文帝天康元年三月丙午，周主祀南郊。夏四月辛亥，大雩。

宋·司馬光《資治通鑑》卷一七四　宣帝太建十二年夏四月己巳，周天元祠太廟。己卯，大雩。壬午，幸仲山祈雨。

宋·司馬光《資治通鑑》卷一七五　長城公至德元年四月癸巳，隋主大雩。

宋·司馬光《資治通鑑》卷一七八　文帝開皇十四年秋七月，關中大旱，民飢。上遣左右視民食，得豆屑雜糠以獻。上流涕以示羣臣，深自咎責，爲之不御酒肉，殆將一朞。庚午，爲壇於泰山，柴燎祀天，以歲旱謝愆咎，禮如南郊。又親祀青帝壇，赦天下。

宋·司馬光《資治通鑑》卷一八一　煬帝大業八年，是歲大旱疫，山東尤甚。

宋·司馬光《資治通鑑》卷一九二　太宗貞觀元年六月，山東大旱，詔所在賑恤，無出今年租賦。二年正月，上謂黄門侍郎王珪曰：「開皇十四年大旱，隋文帝不許賑給，而令百姓就食山東，比至末年，天下儲積可供五十年。煬帝恃其富饒，侈心無厭，卒亡天下。但使倉廩之積足以備凶年，其餘何用哉！」三月壬子，關内旱饑，民多賣子以接衣食。己巳，詔出御府金帛爲贖之，歸其父母。庚午，詔以去歲霖雨，今兹旱蝗赦天下。詔書略曰：「若使年穀豐稔，天下乂安，移災朕身，以存萬國，是所願也，甘心無吝。」會所在有雨，民大悦。

宋·司馬光《資治通鑑》卷一九三　貞觀二年九月丙午，天少雨，中書舍人李百藥上言：「往年雖出宫人，竊聞太上皇宫及掖庭宫人，無用者尚多，豈惟虚費衣食，且陰氣鬱積，亦足致旱。」上曰：「婦人幽閉深宫，誠爲可愍。灑掃之餘，亦何所用，宜皆出之，任求伉儷。」於是遣尚書左丞戴胄、給事中洹水杜正倫於掖庭西門簡出之，前後所出三千餘人。

宋·司馬光《資治通鑑》卷二〇一　高宗總章元年，是歲京師及山東、江、淮旱，饑。二年三月甲戌朔，以旱赦天下。咸亨元年秋八月，關中旱，饑。九月閏月癸卯，皇后以久旱，請避位，不許。

宋·司馬光《資治通鑑》卷二〇五　則天后長壽元年五月丙寅，禁天下屠殺及捕魚蝦。江淮旱，饑，民不得采魚蝦，餓死者甚衆。

宋·司馬光《資治通鑑》卷二〇八　中宗景龍元年二月丙戌，上遣武攸暨武三思詣，乾陵祈雨。既而雨降，上喜。五月戊戌，上以歲旱穀貴，召太府卿紀處訥謀之。

宋·司馬光《資治通鑑》卷二一二　玄宗開元十二年六月壬辰，上以山東旱，命臺閣名臣以補刺史。

宋·司馬光《資治通鑑》卷二二三　代宗永泰元年，是春不雨，米斗千錢。

宋·司馬光《資治通鑑》卷二二四　大曆六年三月，河北旱，米斗千錢。

宋·司馬光《資治通鑑》卷二二五　大曆九年六月，京師旱。京兆尹黎幹作土龍祈雨，自與巫覡更舞。彌月不雨，又禱於文宣王。上聞之，命撤土龍，減膳節用。秋七月戊午，雨。

宋・司馬光《資治通鑑》卷二三一　德宗貞元元年六月，時連年旱、蝗，度支資糧匱竭。大旱，灞、滻將竭，長安井皆無水，度支奏中外經費纔支七旬。

宋・司馬光《資治通鑑》卷二四二　穆宗長慶二年，平叔又奏徵遠年逋欠。江州刺史李渤上言：「度支徵當州貞元二年逃户所欠錢四千餘緡，當州今歲旱災，田損什九。陛下柰何於大旱中徵三十六年前逋負！」

宋・司馬光《資治通鑑》卷二四五　文宗太和八年夏六月丙戌，上以久旱詔求致雨之方。司門員外郎李中敏上表，以爲：「仍歲大旱，非聖德不至，直以宋申錫之冤濫，鄭注之姦邪。今致雨之方，莫若斬注而雪申錫。」表留中；中敏謝病歸東都。

宋・司馬光《資治通鑑》卷二四八　武宗會昌五年，會春旱，弘宣命軍民隨意自往取之，粟皆入境，約秋稔償之。時成德、魏博皆饑，獨易定之境無害。

宋・司馬光《資治通鑑》卷二五一　懿宗咸通九年十二月，會旱，山泉竭，數萬口皆渴死。是歲，江、淮旱，蝗。

宋・司馬光《資治通鑑》卷二七三　莊宗同光三年，自春夏大旱。六月壬申始雨。

宋・司馬光《資治通鑑》卷二七八　明宗長興三年秋七月庚寅，武安、静江節度使馬希聲以湖南比年大旱，命閉南嶽及境内諸神祠門，竟不雨。

宋・司馬光《資治通鑑》卷二七九　潞王清泰元年，是歲秋冬旱，民多流亡，同、華、蒲、絳尤甚。

宋・司馬光《資治通鑑》卷二九一　太祖廣順三年七月，唐大旱，井泉涸，淮水可涉，飢民渡淮而北者相繼，濠、壽發兵禦之，民與兵鬭而北來。帝聞之曰：「彼我之民一也，聽糴米過淮。」唐人遂築倉，多糴以供軍。八月，己未，詔唐民以人畜負米者聽之，以舟車運載者勿予。

宋・江少虞《事實類苑》卷四　慶曆七年春旱，楊億再當制降詔，中書門下既進草。上以爲罪己之詞未至也，令更撰之。其詞有乃：自去冬時雪不降，今春大旱，赤地千里，天或震動以戒，朕躬兹用屈己，以悔愆歸誠而上叩，冀上穹之降監，憫下民之無辜，與其降疾於民，不若移殃於朕。自三月十九日，避殿、减膳，許中外實封言事，從王旦賈魏相吴春卿闞樞密副使，令詔罷出獵。明日詔南郊毋得上尊號。二十七日幸西太一宫祈雨。日色方熾，上命徹盖，既還宫，乃雨。又明日宰相、參知政事降官。是日，遂大雨。上作喜雨詩賜二府。

宋・朱翌《猗覺寮雜記》卷上　皇甫湜爲退之神道碑云：貞元十九年，關中旱饑，人死相枕藉。吏刻取息先生列言：天下根本，民急如是，請寬民徭，免田租之弊。專政者惡之，斥爲陽山令。退之赴江陵，途中詩云：是年京師旱，田畝少所收。云云：傳聞閭里間，赤子棄渠溝。持男易斗粟，掉頭莫肯酬。我時出衢路，餓者何其稠。云云：適余除御史，誠當得言秋，拜疏移閣門，爲忠寧自謀。又云：僶俛不回顧，行行詣連州。則因論旱貶陽山，無疑不知史何據而云論宫市。

宋・魏泰《東軒筆録》卷四　熙寧十年夏，京輔大旱。主上以祈禱未應，聖慮焦勞。一夕夢異，僧吐雲霧致雨。翊日，甘澍滂足。遂以其像求之旁閣中，乃第十尊羅漢也。上之精虔，感應如此。時集賢王丞相珪，有賀雨詩，略曰：「良弼爲霖孤宿望，神僧作霧應精求。」即其事也。

宋・魏泰《東軒筆録》卷六　熙寧十年，京師旱。上焦勞甚，樞密副使王韶言：昔桑弘羊爲漢武帝籠天下之利，是時卜式乞烹弘羊以致雨。今市易務裒剋民利十倍。弘羊而比來，官吏失於奉行者多至黜免。今之大旱，皆由吕嘉問作法害人，以致和氣不召。臣乞烹嘉問以謝天下，宜甘澤之可致也。

宋・陸游《南唐書》卷二　保大十年十二月，雩。是歲大旱。十一年夏六月不雨，井泉竭涸，淮流可涉，旱蝗民饑，流入周境。

宋・陸游《南唐書》卷三　開寶元年春三月戊申，以樞密使右僕射殷崇義爲左僕射同平章事，境内旱。太祖賜米麥十萬石。冬十一月立國后周氏。

宋・鄭樵《通志》卷七四《旱》　春秋魯莊公三十一年冬，不雨。僖公二年冬十月，不雨。三年正月，不雨。四月，不雨。六月，不雨。二十一年夏，大旱。文公二年，自十二月不雨至秋七月。十年，自正月不雨至秋七月。十三年，自正月不雨至秋七月。宣公七年，大旱。襄公五年秋，旱雩。八年秋九月，旱雩。二十八年秋八月，旱雩。昭公三年秋八月，旱雩。六年秋九月，旱雩。十六年秋九月，旱雩。二十四年秋八月，旱雩。二十五年秋七月，旱再雩。宣公十年秋九月，旱雩。漢惠帝五年夏五月，大旱，江河水少，谿谷絶。孝文帝三年秋，天下旱。九年春，大旱。後六年夏四月，大旱。孝景帝中三年夏，旱。後二年秋，大旱。孝武帝建元四年夏六月，旱。元光六年夏，大旱。元朔五年春，大旱。元狩三年夏，大旱。元封四年夏，大旱。民多暍死。六年秋，大旱。天漢元年夏，大旱。二年夏，大旱。太始二年秋，旱。孝昭帝始元六年夏，旱。元鳳五年夏，大旱。孝宣帝本始三年夏，大旱，東西數千里。神爵元年秋，大旱。孝元帝初元三年夏，旱。孝成帝建始二年夏，大旱。河平元年春三月，旱，傷麥，民食榆葉。永始三年夏，大旱。四年夏，大旱。鴻嘉三年夏，大旱。孝哀帝延平四年春，大旱。孝平帝元始二年夏，郡國大旱。後漢光武建武五年夏四月，旱。六年夏六月，旱。九年春，旱。十二年夏五月，旱。二十一年夏六月，旱。孝明帝永平元年夏五月，旱。八年冬，旱。十一年秋八月，旱。十五年秋八月，旱。十八年春三月，旱。章帝建初元年，大旱。二年夏，雒陽旱。四年夏，旱。元和元年春，旱。章和二年夏，旱。孝和帝永元二年，郡國十旱。四年，郡國十旱。五年，丹陽郡國二十二旱。六年秋七月，京師旱。九年夏六月，旱。十六年秋七月，旱。孝安帝永初二年夏五月，旱。三年，郡國八旱。四年夏，旱。五年夏，旱。六年夏五月，旱。七年夏，旱。元初元年夏，京師及郡國五旱。二年夏五月，京師旱。三年夏四月，京師旱。五年春三月，京師及郡國五旱。六年夏五月，京師旱。建光元年，郡國四旱。延光元年，郡國五旱。孝順帝永建二年春三月，旱。三年夏五月，旱。五年夏四月，京師旱。陽嘉元年春，旱。二年夏，旱。三年，河南三輔大旱。四年春二月，自去冬旱至于是月。永和四年秋八月，太原郡旱。沖帝永嘉元年夏，旱。孝質帝太初元年春二月，京師旱。孝桓帝元嘉元年夏，京師旱。延熹元年夏六月，旱。孝靈帝熹平五年夏，旱。六年夏四月，大旱。光和五年夏四月，旱。六年夏，大旱。孝獻帝興平元年秋七月，三輔大旱。魏明帝太和二年夏五月，大旱。五年春三月，自去冬十月至此月，不雨，大雩。齊王正始元年春二月，自去冬十二月至此月不雨。高貴鄉公甘露三年春正月，自去秋至此月旱。吴大帝嘉禾四年，自去冬十月不雨至于夏。會稽王五鳳二年，大旱。歸命侯寶鼎元年春，夏，旱。晉武帝泰始七年夏五月閏月，旱，大雩。八年夏五月，旱。九年自正月，不雨至于六月。十年夏四月，旱。咸寧二年夏六月，自春旱至于是月。太康二年，自去冬旱至春。三年夏四月，旱。五年夏六月，旱。六年春三月，青、梁、幽、冀，郡國旱。夏六月，濟、陰、武陵旱傷麥。七年夏五月，郡國十三旱。八年夏四月，冀州旱。九年夏，郡國三十三旱。扶風、始平、京兆、安定旱，傷麥。十年春二月，旱。太熙元年春三月，旱。孝惠帝元康七年秋七月，秦、雍二州大旱。九月郡國五旱。永寧元年，自夏及秋，青、徐、幽、并四州旱。十二月，郡國又十二旱。孝懷帝永嘉三年夏五月，大旱。襄平縣梁水淡地竭，河洛、江漢皆可涉。孝愍帝建興元年夏六月，揚州旱。元帝太興元年夏六月，旱。四年夏五月，旱。永昌元年夏六月，旱。冬閏十一月，京都大旱。川谷並竭。明帝太寧三年，自春不雨至于六月。成帝咸和元年冬十一月，自六月不雨至于是月。二年，夏旱。五年夏五月，大旱。六年夏四月，大旱。八年秋七月，旱。九年，自四月不雨至于八月。咸康元年，大旱。米斗直五百，人有相鬻者。二年春三月，旱。夏六月，旱。康帝建元元年夏五月，旱。穆帝永和元年夏五月，旱。五年自秋七月，不雨至于十月。六年夏，旱。八年秋七月，旱。九年春三月，旱。升平三年冬，大旱。四年冬，大旱。哀帝隆和元年夏，旱。海西公太和元年夏四月，旱。四年冬，旱。涼州春旱至夏。簡文帝咸安二年冬十月，三吴大旱。人多餓死。孝武帝寧康元年夏五月，旱。三年冬，旱。太元四年夏，大旱。八年夏六月，旱。十年秋七月，旱。十三年六月，旱。十五年秋七月，旱。十七年秋，旱至冬。安帝隆安二年冬，旱。四年夏五月，旱。五年夏、秋，大旱。元興元年九月、十月不雨，泉水涸。二年六月，不雨。冬又旱。三年八月，不雨。義熙四年冬，不雨。六年九月，不雨。八年冬十月，不雨。九年秋、冬，不雨。十年九月，旱。冬十二月，旱，井瀆多竭。宋文帝元嘉八年夏六月，旱，大雩。二十年，諸州旱。二十八年春，大旱。孝武帝大明七年，浙江東諸郡大旱。後廢帝元徽元年秋八月，都下大旱。梁武帝天監元年，大旱。米斗五千，人多餓死。簡文帝大寶元年，自春迄夏，大旱。人相食，都下尤甚。陳宣帝大建十二年春，不雨至于四月。後魏文成帝太安五年，六鎮、雲中、高平、二雍、秦州旱。和平五年夏閏四月，旱。獻文帝天安元年，州鎮十一旱。皇興二年，州鎮二十七旱。孝文帝延興二年，州鎮十二旱。三年，州鎮十一旱。太和元年，州郡八旱。二年，州鎮二十餘旱。四年，郡鎮十八旱。八年，州鎮十五旱。九年，京師及州鎮十一旱。宣武帝正始元年夏六月，旱。永平三年夏五月，冀、定二州旱。延昌元年夏四月，旱。正光元年秋七月，旱。東魏孝靜帝天平二年春，夏，旱。四年，并、肆、汾、建、晉、絳、秦、陝等諸州大旱。武定二年春，旱。六年，自去冬至春亢旱。北齊文宣帝天保九年夏，大旱。乾明元年春，旱。武成帝河清二年夏四月，并、汾、晉、東雍、南汾五州旱。後主天統二年春，旱。四年夏五月，自正月不雨至于是月。武平五年夏五月，大旱。後周武帝保定二年夏，旱。建德元年夏，大旱。二年秋七月，自春末不雨至于是月。五年秋七月，京師旱。隋文帝開皇四年，雍、同、華、岐、宜五州旱。十四年，關内諸州旱。秋八月關中大旱。煬帝大業四年，燕代緣邊諸郡旱。八年，天下旱，百姓流亡。十三年，天下大旱。

宋·李心傳《建炎以來繫年要録》卷九一　紹興五年秋七月戊子，時，湖南旱。行府奏，減本路秋税苗米之半。從之。丙申，免湖南上供米三年，用本路漕臣請也。言者論，今歲亢旱滋久，荒歉日廣，民窮盜起，深可爲慮。

宋·邢凱《坦齋通編》　乾道辛卯，江南赤旱。王寧爲武寧宰，務從寬厚號。王佛子至是惡少，强取人米穀予家。充里正擒逃軍林姓者，解之縣寧，命敲折手足以示衆。

宋·徐鹿卿《清正存稿》卷五《福州請雨記》　紹定壬辰夏六月不雨至於秋七月。徧走羣祀未效。大帥番陽李公以石鼓閩重鎮其下，衆水所匯必出雲爲風雨。乃命屬吏南昌徐鹿卿致禱，丙申詣寺齋宿，丁酉黎明，登屴崱禮畢而雨，是夕大雨，戊戌又大雨，己亥雨止。槁者蘇，涸者流，刻而識之侈神之休。右記刻于鼓山大頂峰，隸書在朱文公「天風海濤」四大字之傍。

宋·王偁《東都事略》卷五　明道二年秋七月戊子詔曰：比年以來，蝗旱作沴。郡國交奏，日月相仍，豈朕德之不明，將天時之適爾。夙夜循省，咎實在予。自今尊號去「睿聖文武」四字。

宋·王偁《東都事略》卷六　慶曆三年五月戊子，雨。上曰：天久不雨，將害民田。朕每焚薌上禱於天，昨寢殿中聞雷遽起，冠帶露立殿庭。須臾雨霑衣，或冀枯苗尚可救。

宋·王偁《東都事略》卷八　熙寧七年三月乙丑詔曰：朕涉道日淺，晻于致治，政失厥中，以干陰陽之和。乃冬迄春旱暵爲虐，四海之内被災者廣。間詔有司損常膳，避正殿，冀以塞責消變。歷日滋久，未蒙休應。嗷嗷下民，大命近止。中夜以興，震惕靡寧，永惟其咎，未知攸出意者。朕之聽納不得於理與，獄訟非其情與，賦斂失其節與，忠謀讜言鬱於上聞而阿諛壅蔽以成其私者衆與，何嘉氣之久不效也。應中外文武臣僚並許實封直言朝政闕失，朕將親覽，攷求其當，以輔政理三事。大夫其務悉心交儆，成朕志焉。夏四月己巳，上以久旱，見輔臣嗟嘆懇惻。王安石曰：水旱常數，堯湯所不免。陛下即位以來，累年豐稔。今旱暵雖遠，但當修益人事以應天災耳。上曰：「朕所以恐懼如此者，正爲人事有所未修也。」

宋·王偁《東都事略》卷九　元祐二年夏四月旱。辛卯詔曰：朕承祖宗之休獲紹大統，而涉道日淺，昧于致治，萬事失中，以干陰陽之和。乃自冬迄夏，旱暘爲虐，四方之内被災者廣。生民嗷嗷，無所告勞永維。災變之來，蓋不虛發。意者，朕之聽納不得於理與，功罪失當而賦税無節與，民力屈竭而土木不息與，抑忠言壅於上聞而德澤不下流與，何災異之滋至也。非克己思過，洗心脩德，其何以荅塞天變協至太和。可自今避正殿、減常膳，公卿大夫其勉修厥職，共圖消復。

元祐五年四月自去冬不雨，至于五月丁亥始雨。

宋·王偁《東都事略》卷一〇　大觀三年九月，江淮大旱，自六月不雨至于冬十月。

宋·王偁《東都事略》卷一一　政和元年夏，淮南旱。

宋·葉隆禮《重訂契丹國志》卷一〇　戊子乾統八年夏四月，射柳祈雨。

宋·周密《武林舊事·增補》卷七　紹興五年夏，大旱。朝廷遍禱山川祠廟不應。遣臨安守往上天竺迎靈感觀音於法惠寺，建道場滿三七日，又弗應。時六月過半矣，苦行頭陀潘法慧者，默禱于佛，乞焚右目以施取鐵彈，投諸火煆，置眼中，燃香其上，香焰纔起，大雨傾注。

宋·俞文豹《吹劍録外集》　嘉熙庚子大旱。京尹趙存耕科敷巨室糴米，始官給三十六千一石。未幾，粒價增四五倍。豪民巨姓破家蕩産，氣死、縊死者相踵。至今父老痛之。

元·脱脱等《遼史》卷六《穆宗紀上》　應曆十二年夏五月庚午，以旱命左右以水相沃，頃之，果雨。

元·脱脱等《遼史》卷七《穆宗紀下》　應曆十六年五月甲申，以歲旱泛舟于池禱雨。不雨，捨舟立水中而禱，俄頃乃雨。

元·脱脱等《遼史》卷一〇《穆宗紀一》　統和元年九月癸丑朔，以東京、平州旱、蝗，詔振之。

元·脱脱等《遼史》卷一三《聖宗紀四》　統和八年夏四月庚午，以歲旱諸部艱食，振之。

元·脱脱等《遼史》卷二二《道宗紀二》 咸雍二年秋七月丁卯，以歲旱遣使振山後貧民。三年，是歲南京旱、蝗。

元·脱脱等《遼史》卷二三《道宗紀三》 咸雍十年夏四月，旱。

元·脱脱等《遼史》卷二四《道宗紀四》 大康六年五月庚寅，以旱禱雨，命左右以水相沃，俄而雨降。

元·脱脱等《遼史》卷二七《天祚皇帝紀一》 壽隆七年夏四月，旱。

元·脱脱等《金史》卷六《世宗紀上》 正隆四年五月，旱。癸卯，勅有司審冤獄，禁宮中音樂，放毬場役夫。乙巳，詔禮部尚書王競禱雨于北岳。己酉，命參知政事石琚等於北郊望祭禱雨。壬子，雨。正隆九年六月戊戌，以久旱命宮中毋用扇。庚子，雨。

元·脱脱等《金史》卷七《世宗紀中》 正隆十二年四月，旱。癸亥，以久旱命禱祠山川。五月丁丑，久旱而雨。十六年五月庚申，遣使禱雨静寧山神，有頃而雨。二十年七月，旱。

元·脱脱等《金史》卷八《世宗紀下》 正隆二十三年四月壬戌，勅有司爲民禱雨。是夕，雨。

元·脱脱等《金史》卷九《章宗紀一》 明昌元年五月，不雨。乙卯，祈于北郊及太廟。三年五月甲戌，祈雨于社稷。是日，雨。

元·脱脱等《金史》卷一〇《章宗紀二》 承安元年三月丁酉，如萬寧宫。不雨，遣官望祭嶽鎮海瀆于北郊。夏四月辛亥，命尚書右丞胥持國祈雨于太廟。壬子，遣使審決冤獄。京城禁傘扇。乙丑，命御史大夫移剌仲方祈雨于社稷。壬申，命參知政事馬琪祈雨于太廟。戊寅，上以久不雨，命禮部尚書張暐祈于北嶽。己卯，遣官望祭嶽鎮海瀆于北郊。

元·脱脱等《金史》卷一一《章宗紀三》 承安四年五月壬辰朔，以旱下詔責躬，求直言，避正殿，減膳，審理冤獄，命奏事於泰和殿。戊戌，命有司望祭嶽瀆禱雨。己亥，應奉翰林文字陳載言四事：其一，邊民苦于寇掠；其二，農民困于軍須；其三，審決冤滯，一切從寬，苟縱有罪；其四，行省官員，例獲厚賞，而沿邊司縣，曾不霑及，此亦干和氣，致旱災之所由也。上是之。戊申，宰臣以京畿雨，率百官請御正殿，復常膳。不從。庚戌，諭宰臣曰：「諸路旱，或闕執政。今惟大興、宛平兩縣不雨，得非其守令之過歟？」司空襄、平章政事萬公、參知政事揆上表待罪。上以罪已答之，令各還職。詔頒銅杖式。壬子，祈雨于太廟。乙卯，更定軍功賞格。戊午，司空襄以下再請御正殿，復常膳。不從。六月丁卯，雨。司空襄以下復表請御正殿，復常膳。從之。甲戌，以雨足，命有司報謝于太廟。

元·脱脱等《金史》卷一二《章宗紀四》 泰和四年二月丁酉，以山東、河北旱詔祈雨東、北二嶽。三月癸酉，命大興府祈雨。夏四月己亥，祈雨于太廟。丙午以祈雨，望祀嶽鎮海瀆于北郊。癸丑，祈雨于社稷。甲寅，以久旱下詔責躬，求直言，避正殿，減膳撤樂，省御廄馬，免旱災州縣徭役及今年夏税。遣使審繫囚，理冤獄。庚申，祈雨于太廟。五月乙丑，祈雨于北郊。有司請雩，詔三禱嶽瀆社稷宗廟，不雨，乃行之。甲戌，雨。乙亥，百官上表請御正殿，復常儀。

元·脱脱等《金史》卷一三《衛紹王紀》 大安二年六月，大旱。下詔罪己，振貧民闕食者。曲赦西京、太原兩路雜犯，死罪減一等，徒以下免。崇慶元年三月，大旱。十一月，賑河東南路、南京路、陝西東路、山東西路、衛州旱災。

元·脱脱等《金史》卷一四《宣宗紀上》 至寧元年五月，陝西大旱。三年三月戊寅，諭尚書省，歲旱，議弛諸處碾磑，以其水溉民田。己卯，雨。自去冬不雨雪，至是始雨。四年六月癸卯，詔有司祈雨。壬子，以旱，詔參知政事李革審決京師冤獄。

元·脱脱等《金史》卷一五《宣宗紀中》 興定二年六月丁巳，上以久旱諭宰臣治京獄冤。癸亥，遣高汝礪、徒單思忠禱雨。秋七月甲戌，以旱災詔中外。己卯，遣官望祀嶽鎮海瀆于北郊，享太廟，祭太社、太稷，祭九宫貴神于東郊，以禱雨。遣太子太保阿不罕德剛、禮部尚書楊雲翼分道審理冤獄。

元·脱脱等《金史》卷一六《宣宗紀下》 興定四年六月甲戌，京畿不雨，勅有司閲獄，雜犯死罪以下皆釋之。五年二月癸酉，以旱災曲赦河南路。三月丙午，以旱築壇祀雷雨師。壬子，雨。

元·脱脱等《金史》卷一七《哀宗紀上》 正大二年夏四月甲午，以京畿旱，遣使慮囚。五月丁丑，以旱甚責己，避正殿，減常膳，赦罪。三年三月，陝西旱。夏四月辛丑，以旱遣官禱于濟瀆。癸卯，祈于太廟。禁傘扇。五年六月壬戌，以旱赦雜犯死罪已下。八月乙卯，以旱遣使禱于上清宫。九月庚寅，雨足，始種麥。

元・脱脱等《金史》卷一九《世紀補》 大定二十五年四月，久不雨，帝親禱，即日霑足。

元・脱脱等《金史》卷二三《五行志》 皇統三年，陝西旱。大定十二年四月，旱。大定十六年，是歲，中都、河北、山東、陝西、河東、遼東等十路旱，蝗。二十年七月，旱。明昌元年夏，旱。二年五月，桓、撫等州旱。秋，山東、河北旱，飢。三年秋，旱。承安元年五月自正月不雨，至是月雨。二年，自正月至四月不雨。五月旱。泰和三年四月，旱。四年四月，旱。五年夏，旱。衛紹王大安二年，是歲四月，山東、河北大旱，至六月，雨復不止，民間斗米至千餘錢。三年三月，山東、河北、河東諸路大旱。崇慶元年，是歲，河東、陝西、山東、南京諸路旱。二年，是歲，河東、陝西大旱，京兆斗米至八千錢。至寧元年七月，以河東、陝西諸處旱，遣工部尚書高朶剌祈雨于嶽瀆，至是雨足。宣宗貞祐三年四月，自去冬不雨，至于是月。四年七月，旱。興定二年六月，旱。三年四月夏，旱。四年六月，旱。五年三月，以久旱，詔中外，仍命有司祈禱。元光元年四月，京畿旱。哀宗正大二年四月，旱。三年四月，旱蝗。五年四月，京畿旱。

元・脱脱等《金史》卷四七《食貨志二》 太宗天會十二年正月，以水旱免中都、西京、南京、河北、河東、山東、陝西去年租税。十七年三月，詔免河北、山東、陝西、河東、西京、遼東等十路去年被旱蝗租税。泰和四年四月，以久旱下詔責躬，免所旱州縣今年夏税。

元・脱脱等《金史》卷五〇《食貨志五》 熙宗皇統三年三月，陝西旱饑，詔許富民入粟補官。

元・脱脱等《宋史》卷六六《五行志四》 建隆二年，京師夏旱，冬又旱。三年，京師春夏旱。河北大旱，霸州苗皆焦仆。又河南河中府，孟、澤、濮、鄆、齊、濟、滑、延、隰、宿等州，並春夏不雨。四年，京師夏秋旱。又懷州旱。

乾德元年冬，京師旱。二年正月，京師旱。夏，不雨。是歲，河南府，陝虢、麟、博、靈州旱，河中府旱甚。四年春，京師不雨。江陵府、華州、漣水軍旱。五年正月，京師旱，秋，復旱。

開寶二年夏至七月，京師不雨。三年春夏，京師旱。邠州夏旱。五年春，京師旱；冬，又旱。六年冬，京師旱。七年，京師春夏旱；冬，又旱。河南府、晉解州夏旱。滑州秋旱。八年春，京師旱。是歲，關中饑旱甚。

太平興國二年正月，京師旱。三年春夏，京師旱。四年冬，京師旱。五年夏，京師旱；秋，又旱。六年春夏，京師旱。七年春，京師旱。孟、虢、絳、密、瀛、衛、曹、淄州旱。九年夏，京師旱。秋，江南大旱。

雍熙二年冬，京師旱。三年冬，京師旱。四年冬，京師旱。

端拱二年五月，京師旱，秋七月至十一月，旱；上憂形於色，蔬食致禱。是歲，河南、萊登深冀旱甚，民多飢死，詔發倉粟貸之。

淳化元年正月至四月，不雨，帝蔬食祈雨。河南鳳翔大名京兆府、許、滄、單、汝、乾、鄭、同等州旱。二年春，京師大旱。三年春，京師大旱；冬，復大旱。是歲，河南府、京東西、河北、河東、陝西及亳、建、淮陽等三十六州軍旱。四年夏，京師不雨，河南府許、汝、亳、滑、商州旱。五年六月，京師旱。

至道元年，京師春旱。二年春夏，京師旱。

咸平元年春夏，京畿旱。又江浙、淮南、荆湖四十六軍州旱。二年春，京師旱甚。又廣南西路、江、浙、荆湖及曹、單、嵐州、淮陽軍旱。三年春，京師旱。江南頻年旱。四年，京畿正月至四月不雨。

景德元年，京師夏旱，人多暍死。三年夏，京師旱。

大中祥符二年春夏，京師旱。河南府及陝西路，潭、邢州旱。三年夏，京師旱。江南諸路，宿州、潤州旱。八年，京師旱。九年秋，京師旱。大名府、澶州、相州旱。

天禧元年，京師春旱，秋又旱。夏，陝西旱。四年春，利州路旱。夏，京師旱。五年冬，京師旱。

天聖二年春，不雨。五年夏秋，大旱。六年四月，不雨。

明道元年五月，畿縣久旱傷苗。二年，南方大旱。景祐三年六月，河北久旱，遣使詣北嶽祈雨。

慶曆元年九月丁未朔，遣官祈雨。二年六月戊寅，祈雨。三年，遣使詣嶽、瀆祈雨。四年三月丙寅，遣内侍兩浙、淮南、江南祠廟祈雨。五年二月，詔天久不雨，令州縣決淹獄。又幸大相國寺、會靈觀、天清寺、祥源觀祈雨。六年四月壬申，遣使祈雨。七年正月，京師不雨。二月丙寅，遣官嶽瀆祈雨。三月辛丑，西太乙宫祈雨。

皇祐元年五月丁未，遣官祈雨。三年，恩、冀諸州旱。三月，分遣朝臣詣天下名山、大川、祠廟祈雨。

至和二年四月甲午，遣官祈雨。

嘉祐五年，梓州路夏秋不雨。七年三月甲子，罷春燕，以久旱故也。辛丑，西太乙宫祈雨。

治平元年春，京師踰時不雨。鄭滑蔡汝潁曹濮洺磁晉耀登等州、河中府、慶成軍旱。二年春，不雨。

熙寧二年三月，旱甚。三年，諸路旱。六月，畿内旱。八月，衢州旱。五年五月，北京自春至夏不雨。七年，自春及夏河北、河東、陝西、京東西、淮南諸路久旱；九月，諸路復旱。時新復洮河亦旱，羌户多殍死。八年四月，真定府大旱。八月，淮南、兩浙、江南、荆湖等路旱。九年八月，河北、京東、京西、河東、陝西旱。十年春，諸路旱。

元豐二年春，河北、陝西、京東西諸郡旱。三年春，西北諸路旱。五年，亢旱。六年夏，畿内旱。

元祐元年春，諸路旱。正月，帝及太皇太后車駕分日詣寺觀禱雨。是冬，復旱。二年春，旱。三年秋，諸路旱，京西、陝西尤甚。四年春，京師及東北旱，罷春燕。八年秋，旱。

紹聖元年春，旱，疎決四京畿縣囚。三年，江東大旱，溪河涸竭。四年夏，兩浙旱。

元符元年，東南旱。二年春，京畿旱。

建中靖國元年，衢、信等州旱。

大觀二年，淮南、江東西諸路大旱，自六月不雨，至于十月。

政和元年，淮南旱。三年，江東旱。四年旱，詔振德州流民。

宣和元年二月，詔汝、潁、陳、蔡州飢民流移，常平官勒停。秋，淮南旱。四年，東平府旱。五年夏，秦鳳路旱。是歲，燕山府路旱。

建炎二年夏，旱。

紹興二年，常州大旱。帝問致旱之由，中書舍人胡交修奏，守臣周杞殘酷所致；尋以屬吏坐贓及殺不辜，竄嶺南。三年四月，旱，至于七月。帝蔬食露禱，乃雨。五年五月，浙東、西旱五十餘日。六月，江東、湖南旱。秋，四川郡國旱甚。六年，夔、潼、成都郡縣及湖南衡州皆旱。七年春，旱七十餘日。六月，又旱，江南尤甚。八年冬，不雨。九年六月，旱六十餘日，有事于山川。十一年七月，旱。乙卯，禱雨于圜丘、方澤、宗廟。十二年三月，旱六十餘日。秋，京西、淮東旱。十二月，陝西旱。十八年，浙東、西旱，紹興府大旱。十九年，常州、鎮江府旱。二十四年，浙東、西旱。二十九年二月，旱七十餘日。秋，江、浙郡國旱。三十年春，階、成、鳳、西和州旱。秋，江、浙郡國旱，浙東尤甚。

隆興元年，江、浙郡國旱，京西大旱。二年，台州春旱。興化軍、漳、福州大旱，首種不入，自春至于八月。

乾道三年春，四川郡縣旱，至于秋七月，綿、劍、漢州，石泉軍尤甚。四年夏六月旱，帝將撤蓋，親禱于太乙宫而雨。時襄陽、隆興、建寧亦旱。五年夏秋，淮東旱，盱眙、淮陰爲甚。六年夏，浙東、福建路旱，温、台、福、漳、建爲甚。七年春，江西東、湖南北、淮南、浙婺、秀州皆旱。夏秋，江洪筠潭饒州、南康興國臨江軍尤甚，首種不入。冬，不雨。九年，婺處温、台、吉、贛州、臨江、南安諸軍、江陵府皆久旱，無麥苗。

淳熙元年，浙東、湖南郡國旱，台、處、郴、桂爲甚。蜀關外四州旱。二年秋，江、淮、浙皆旱，紹興、鎮江、寧國、建康府、常、和、滁、真、揚州、盱眙、廣德軍爲甚。三年夏，常、昭、復、隨、郢、金、洋州、江陵、德安、興元府、荆門、漢陽軍皆旱。四年春，襄陽府旱，首種不入。五年，常綿州、鎮江府及淮南、江東西郡國旱，有事于山川羣望。六年，衡、永、楚州、高郵軍旱。七年，湖南春旱，諸道自四月不雨，行都自七月不雨，皆至于九月。紹興、隆興、建康、江陵府，台、婺、常、潤、江、筠、撫、吉、饒、信、徽、池、舒、蘄、黄、和、潯、衡、永州，興國、臨江、南康、無爲軍皆大旱，江筠徽婺州、廣德軍、無錫縣尤甚，禱雨于天地、宗廟、社稷、山川羣望。八年正月甲戌，積旱始雨。七月，不雨，至于十一月，臨安、鎮江、建康、江陵、德安府，越、婺、衢、嚴、湖、常、饒、信、徽、楚、鄂、復、昌州，江陰、南康、廣德、興國、漢陽、信陽、荆門、長寧軍及京西、淮郡皆旱。九年夏五月，不雨，至于秋七月，江陵、德安、襄陽府，潤、婺、温、處、洪、吉、撫、筠、袁、潭、鄂、復、恭、合、昌、普、資、渠、利、閬、忠、涪、萬州，臨江、建昌、漢陽、荆門、信陽、南平、廣安、梁山軍，江山、定海、象山、上虞、嵊縣皆旱。十年六月旱，至于七月，江淮、建康府、和州、興國軍，恭、涪、瀘、合、金州，南平軍旱。十一年四月，不雨至于八月，興元府，吉、贛、福、泉、汀、漳、潮、梅、循、邕、賓、象、金、洋、西、和州，建昌軍皆旱，興元、吉尤甚。冬，不雨至于明年二月。十四年五月，旱。甲申，帝親禱于太乙宮。七月己酉，大雩于圜丘，望于北郊，有事于嶽、瀆、海凡山川之神。時臨安、鎮江、紹興、隆興府，嚴、常、湖、秀、衢、婺、處、明、台、饒、信、江、吉、撫、筠、袁州，臨江、興國、建昌軍皆旱，越、婺、台、處、江州，興國軍尤甚，至于九月，乃雨。十五年，舒州旱。

紹熙元年，重慶府，蘄池州旱。二年五月，真、揚、通、泰、楚、滁、和、普、隆、涪、渝、遂，高郵，盱眙軍，富順監皆旱，簡、資、榮州大旱。三年夏，郢、揚、和州大旱。秋，簡、資、普、榮、敘、隆，富順監亦大旱。四年，綿州大旱，亡麥。簡、資、普、渠、合、州，廣安軍旱。江浙自六月不雨，至于八月，鎮江、江陵府，婺、台、信州，江西、淮東旱。五年春，浙東、西自去冬不雨，至于夏秋，鎮江府，常、秀州，江陰軍大旱，廬、和、濠、楚州爲甚，江西七郡亦旱。

慶元二年五月，不雨。三年，潼、利、夔路十五郡旱，自四月至于九月，金、蓬、普州大旱。四月壬子，禱于天地、宗廟、社稷。六年四月，旱。五月辛未，禱于郊丘、宗社。鎮江府、常州大旱，水竭，淮郡自春無雨，首種不入，及京、襄皆旱。

嘉泰元年五月，旱。丙辰，禱于郊丘、宗社。戊辰，大雩于圜丘。浙西郡縣及蜀十五郡皆大旱。二年春，旱，至于夏秋。七月庚午，大雩于圜丘，祈于宗社。浙西，湖南、江東旱，鎮江建康府，常秀潭永州爲甚。四年五月，不雨，至于七月。浙東西、江西郡國旱。

開禧元年夏，浙東、西不雨百餘日，衢、婺、嚴、越、鼎、澧、忠、涪州大旱。二年，南康軍、江西湖南北郡縣旱。三年二月，不雨。五月己丑，禱于郊丘、宗社。

嘉定元年夏，旱，閏月辛卯，禱于郊丘、宗社。二年夏四月，旱，首種不入，庚申，禱于郊丘、宗社。六月乙酉，又禱，至于七月乃雨。浙西大旱，常、潤爲甚。淮東西、江東、湖北皆旱。四年，資、普、昌、合州旱。六年五月，不雨至于七月，江陵、德安、漢陽軍旱。八年春，旱，首種不入。四月乙未，禱于太乙宮。庚子，命輔臣分禱郊丘、宗社。五月庚申，大雩于圜丘，有事于嶽、瀆、海，至于八月乃雨。江、浙、淮、閩皆旱，建康、寧國府，衢、婺、温、台、明、徽、池、真、太平州，廣德、興國、南康，盱眙，安豐軍爲甚，行都百泉皆竭，淮甸亦然。十年七月，不雨，帝日午曝立，禱于宮中。十一年秋，不雨，至于冬，淮郡及鎮江建寧府，常州，江陰，廣德軍旱。十四年，浙、閩、廣、江西旱，明、台、衢、婺、温、福、贛、吉州，建昌軍爲甚。十五年五月，不雨，岳州旱。

嘉熙元年夏，建康府旱。三年，旱。四年，江、浙、福建旱。

淳祐七年，旱。十一年，閩、廣及饒州旱。

咸淳六年，江南大旱。十年，廬州旱，長樂、福清二縣大旱。

元・脱脱等《宋史》卷六七《五行志五》 嘉祐三年，夔州路旱，饑。熙寧三年，河北、陝西旱。四年，河北旱，饑。

紹興十二年十二月，陝西不雨，五穀焦枯，涇、渭、灞、滻皆竭。時秦民以饑離散，壯者爲北人所買，郡邑遂空。

元・馬端臨《文獻通考》卷三〇四《物異考十》 恒陽

春秋僖公二十一年夏，大旱。宣公七年秋，大旱。襄公五年秋，大雩。八年九月，大雩。二十八年八月，大雩。昭公三年八月，大雩。六年九月，大雩。十六年九月，大雩。二十四年八月，大雩。二十五年七月，上辛大雩，季辛又雩，旱甚也。定公十年九月，大雩。莊公三十一年冬，不雨。是歲一年而三築臺，奢侈不恤民。僖公二十年冬十月，不雨。三年春正月，不雨。夏四月，不雨。文公二年，自十二月不雨至於秋七月。十年，自正月不雨至於秋七月。十三年，自正月不雨至於秋七月。秦始皇十二年，天下大旱，六月至八月乃雨。

漢惠帝五年夏，大旱，江河水少，谿谷絶。文帝三年秋，天下旱。後六年，天下大旱。九年春，大旱。景帝中三年秋，大旱。後二年秋，大旱。武帝建元四年六月，旱。元光六年夏，大旱。元朔五年春，大旱。元狩三年夏，大旱。元封六年秋，大旱。天漢元年夏，大旱。其三年夏，大旱。征和元年夏，大旱。昭帝始元六年，大旱。元鳳五年夏，大旱。宣帝本始元年夏，大旱，東南數千里。神爵元年秋，大旱。元帝建昭二年，大旱。成帝永始三年、四年夏，大旱。平帝建平四年春，大旱。

後漢世祖建武三年七月，洛陽大旱。五年夏，旱。京房《易傳》曰：欲德不用，茲謂張厥災荒。其旱。陰雲不雨，變而赤，因四陰衆出過時，茲謂廣，其旱不生。上下皆蔽，茲謂隔，其旱天赤。三月時，有雹殺飛禽，上緣求妃，茲謂僭其旱。三月大温亡雲，君高臺府，茲謂犯陰侵陽，其旱萬物根死，有火災。庶位踰節，茲謂僭，其旱澤物枯，爲火所傷。《春秋考異郵》曰：國大旱，冤獄結旱者，陽氣移，精不施。君上失制，奢淫僭差氣亂惑，天則旱徵見，又云陰厭陽，移君淫民惡陰精不舒，陽偏不施。《管子》曰：春不收枯骨，伐枯木而起。去之，則夏旱。《方儲對策》曰：百姓苦、士卒煩，碎責租稅失中，暴師外營，經歷三時，内有怨女，外有曠夫，王者熟推其祥，揆合於天，圖之事情，旱災可除。夫旱者，過日，天王無意於百姓，恩德不行，萬民煩擾，故天應以無澤。《古今注》曰：建武六年六月、九年春、十二年五月、二十一年六月，明帝永平元年五月、八年冬、十一年八月、十三年八月十八年三月，並旱。章帝章和二年夏，旱。《古今注》曰：建初二年夏，雒陽旱。四年夏，元和元年春，並旱。按《楊終傳》：建初元年大旱，穀貴，終以爲廣陵楚淮陽濟南之獄徙者，數萬人吏民怨曠上疏云：久旱。孔藂曰：建初元年，大旱，天子憂之。侍御史孔豊上疏曰：臣聞爲不善而災，報得其應也。爲善而災，至遭時運也。陛下即位，日淺視民如傷而不幸，耗旱時運之會耳，非政教所致也。昔成湯遭旱，因自責，省畋散積，減御損食，而大有年意者。陛下未爲成湯之事焉。天子納其言而從之。三日雨。即降轉拜黄門郎典東觀事。和帝永元六年秋，京師旱。《古今注》曰：永元二年，郡國十四旱。十五年，丹陽郡國二十二並旱，或傷稼。安帝《古今注》曰：永初元年郡國八旱，分遣議郎請雨。按：本紀二年五月，旱，皇太后幸雒陽寺，録囚徒，即日雨。安帝永初六年夏，旱。《古今注》曰：三年郡國八，四年、五年夏，並旱。七年夏，旱。元初元年夏，旱。二年夏，旱。三年夏旱。六年夏，旱。《古今注》曰：建光元年郡國四旱。延光元年郡國五，並旱傷稼。順帝永建三年夏，旱。五年夏，旱。陽嘉二年夏，旱。臣昭按：本紀元年二月，京師旱。又周舉傳：三年，河南三輔大旱，五穀傷災，天子親自露坐德陽殿東廂請雨。沖帝永嘉元年夏，旱。《古今注》曰：本初元年二月，京師旱。桓帝元嘉元年夏，旱。延熹元年六月旱。靈帝熹平五年夏，旱。六年夏旱。光和五年夏旱。六年夏旱。獻帝興平元年秋，長安旱。《獻帝起居注》曰：建安十九年夏，四月旱。

魏明帝太和二年五月，大旱。太和五年三月，自去冬十月至此月，不雨，辛巳大雩。齊王正始元年二月，自去冬十二月至此月，不雨。高貴鄉公甘露三年正月，自去秋至此月，旱。

吴孫權嘉禾四年，自十月不雨至於夏。孫亮五鳳二年，大旱，百姓饑。孫皓寶鼎元年春夏，旱。

晉武帝泰始七年五月閏月，旱，大雩。八年五月，旱。九年，自正月旱至於六月，祈宗廟、社稷、山川，癸未雨。十年四月，旱。咸寧二年五月，旱、大雩，至六月乃澍雨。太康二年，旱，自去冬至此春。三年四月，旱。乙酉，詔司空齊王攸與尚書廷尉河南尹録訊繫囚，事從蠲宥。五年六月，旱。此年正月，天陰解而復合。六年三月，青、梁、幽、冀郡國旱。六月，濟陰、武陵旱傷麥。七年夏，郡國十三，大旱。八年四月，冀州旱。九年夏，郡國三十三，旱。扶風、始平、京兆、安定旱，傷麥。十年二月，旱。太熙元年三月，旱。惠帝元康七年七月，秦、雍二州大旱，疾疫，關中饑，米斛萬錢。其九月，郡國五旱。永寧元年自夏及秋，青、徐、幽、并四州旱。十二月，又郡國十二旱。懷帝永嘉三年五月，大旱。襄平縣梁水淡池竭，河洛江漢皆可涉。五年，自去冬旱至此春。愍帝建興元年六月，揚州旱。元帝太興元年六月，又旱。元帝太興四年五月旱。永昌元年夏，大旱。閏十一月，京都大旱，川谷並竭。明帝太寧三年，自春不雨至於六月。成帝咸和元年夏秋旱。二年夏旱。五年五月，大旱。六年四月，大旱。八年秋七月，旱。九年，自四月不雨至於八月。咸康元年六月，旱。時天下普旱，會稽餘姚特甚，米斗直五百，人有相鬻者。二年三月，旱。三年六月，旱。康帝建元元年五月旱。穆帝永和元年五月，旱。五年七月，不雨至於十月。六年夏旱。八年夏旱。九年春旱。升平三年，冬大旱。四年冬，大旱。哀帝隆和元年夏旱。海西公太和元年夏，旱。四年冬旱，涼州春旱至夏。簡文帝咸安二年十月，大旱，饑，孝武帝寧康元年三月，旱。三年冬，旱。太元四年夏，大旱。八年六月，旱。十年七月，旱，饑。十三年六月，旱。十五年七月，旱。十七年秋，旱，至冬。安帝隆安二年冬，旱寒甚。四年五月，旱。五年夏秋，大旱。十二月不雨。元興元年九月、十月不雨，泉水涸。二年六月，不雨。冬又旱。三年八月，不雨。義熙四年冬，不雨。六年九月，不雨。八年十月，不雨。九年秋冬，不雨。十年九月，旱。十二月，又旱，井瀆多竭。宋文帝元嘉八年夏六月，旱、大雩。二十八年三月，大旱。孝武大明八年，東諸郡大旱，甚者，米一斗數百，都下亦至百餘錢。餓死者十六七。

梁武帝天監元年，大旱。米斗五千，人多餓死。簡文帝大寶元年夏，大旱。人相食，都下尤甚。

陳宣帝太建十二年春，不雨至四月。後魏孝文太和十五年，自正月不雨至於四月。宣武景明四年，旱。正始元年，旱。永平二年，旱。三年，冀定二州旱。延昌元年，自二月不雨至五月。孝明神龜元年，自正月不雨至六月。正元二年，旱。孝静帝天平二年，大旱。

東魏天平四年，并、肆、汾、建、晉、絳、秦、陝等諸州大旱，人多流散。武定二年冬春，旱。後齊天保九年夏，大旱。乾明元年春，旱。河清二年四月，并晉已西五州旱。隋開皇四年已後，京師頻旱。大業四年，燕代緣邊諸郡旱。八年，天下旱，百姓流亡。時發四海兵，帝親征高麗，六軍凍餓死者十八九。十三年，天下大旱。

唐武德三年夏，旱至於八月乃雨。四年，自春不雨至於七月。雨少，陰之氣。其氣毀則不雨。七年秋，關内、河東旱。貞觀元年夏，山東大旱。二年春旱。三年春夏旱。四年春，旱，自太上皇傳位至此而比年水旱。九年秋，劒南、關東州二十四，旱。十二年，吴楚、巴蜀州二十六旱，冬不雨至於明年五月。十七年春夏，旱。二十一年秋，陝、絳、蒲、夔等州旱。二十二年秋，開、萬等州旱，冬不雨至於明年三月。永徽元年，京畿、雍、同、絳等州十，旱。二年九月，不雨至於明年二月。四年夏秋，旱，光、婺、滁、潁等州尤甚。顯慶五年春，河北州二十二，旱。總章元年，京師及山東江淮，大旱。二年七月，劒南州十九，旱，冬無雪。咸亨元年春，旱。秋，復大旱。儀鳳二年夏，河南、河北旱。三年四月，旱。永隆二年，關中，旱，霜，大饑。永淳元年，關中大旱，饑。二年夏，河南、河北旱。永昌元年三月，旱。神功元年，黄隨等州旱。久視元年夏，關内、河東旱。長安二年春，不雨至於六月。三年冬，無雪至於明年二月。神龍二年冬，不雨至於明年五月。京師、山東、河北、河南旱，饑。太極元年春，旱。七月，復旱。開元二年春，大旱。十二年七月，河東、河北旱。帝親禱雨，宫中設壇席，暴立三日。九月，蒲同等州旱。十四年秋，諸道州十五旱。十五年，諸道州十七旱。十六年，東都、河南、宋亳等州旱。二十四年夏，旱。永泰元年春，夏旱。二年，關内大旱，自三月不雨至於六月。大歷六年春，旱至於八月。建中三年，自五月不雨至於七月。興元元年冬，大旱。貞元元年春，旱，無麥苗，至於八月旱甚，灞滻將竭，井皆無水。六年春，關輔大旱，無麥苗。夏，淮南、浙西、福建等道大旱，井泉竭，人暍且疫死者甚衆。七年，揚、楚、滁、壽、澧等州旱。十四年，春旱無麥。十五年夏，旱。十八年夏，申光、蔡州旱。十九年，正月不雨至七月甲戌乃雨。永貞元年秋，江浙、淮南、荆南、湖南、鄂岳、陳許等州二十六旱。元和三年，淮南、江南、江西、湖南、廣南、山南東西皆旱。四年春夏，大旱。秋，淮南、浙西、江西、江東旱。七年夏，揚、潤等州旱。八年夏，同、華二州旱。十五年夏，旱。寶曆元年秋，荆南、淮南、浙西、江西、湖南及宣、襄、鄂等州旱。

太和元年夏，京畿、河中、同州旱。六年，河東、河南、關輔旱。七年秋，大旱。八年夏，江淮及陜華等州旱。九年秋，京兆、河南、河中、陜華、同等州旱。開成二年春夏，旱。四年夏，旱，浙東尤甚。會昌五年春，旱。六年春，不雨，冬又不雨至明年二月。大中四年，大旱。咸通二年秋，淮南、河南不雨至於明年六月。九年，江淮旱。十年夏，旱。十一年夏，旱。廣明元年春夏，大旱。中和四年，江南大旱，饑，人相食。景福二年秋，大旱。光化三年冬，京師旱至於四年春。宋建隆二年，京師夏旱，冬又旱。三年，京師春夏旱。河北大旱，霸州苗皆焦仆。又河南、河中府孟澤濮鄆齊濟澶滑延隰宿等州並春夏不雨。四年，京師夏秋，旱。又懷州旱。

乾德元年冬，京師旱。二年正月，京師旱。夏不雨，冬無雪。是歲，河南府陜、虢、麟、博、靈州旱，河中府旱甚。四年春至夏，京師不雨。江陵府華州漣水軍旱。五年正月，京師旱。秋復旱，冬無雪。開寶元年冬，京師無雪。二年夏至七月，京師不雨。三年春夏，京師旱，冬無雪，邠州夏旱。五年春，京師旱，冬又旱。六年冬，京師旱。七年，京師春夏旱，冬又旱，河南府，晉解州夏旱，滑州秋旱。八年春，京師旱，是歲關西饑，旱甚。太平興國二年正月，京師旱。三年春夏，京師旱。四年冬，京師旱。七年春，京師旱。孟、虢、絳、蜜、瀛、衛、曹、淄州旱。九年夏，京師旱。秋，江南大旱。雍熙二年冬，京師旱。三年冬，京師旱。四年冬，京師旱。端拱二年五月，京師旱。秋七月至十一月旱。上憂形於色，蔬食致禱。是歲，河南登、萊、深、冀旱甚，民多饑死，詔發倉粟貸之人五斗。淳化元年正月至四月，不雨。京師民饑。上蔬食祈雨。河南、鳳翔、大名、京兆府，許、滄、單、汝、乾、鄭、同州旱。二年春，京師大旱蝗。冬復大旱。是歲，河南、北，河東，陝西及亳、建、淮陽等三十六州軍旱。三年夏，京師不雨。河南府許、汝、亳、滑、商州旱。五年六月，京師旱疫。遣太醫和藥救之。至道元年，京師春旱，冬無雪。二年春夏，京師旱，冬無雪。咸平元年春夏，京畿旱，又江浙、淮南、荆湖四十六州軍旱。二年春，京師旱甚，又廣南西路、江浙、荆湖及曹、單、嵐州，淮陽軍旱。三年春，京師旱。江南頻年旱歉，多疾疫。四年，京畿正月至四月不雨。

景德元年，京師夏旱，人多暍死。三年夏，京師旱。大中祥符二年春夏，京師旱，河南府及陝西路，潭、邢州旱。三年夏，京師、江南路及宿、潤州旱。八年春，京師旱。九年秋，京師旱。又大名府澶相州旱。天禧元年，京師春旱，秋又旱。夏，陝西旱。四年春，利州路旱，夏京師旱。五年冬，京師旱。天聖二年春，不雨。八年辛未，開封府言陽武等一十三縣大旱傷苗。六年四月，不雨。明道元年，畿縣久旱傷苗。明道二年，南方大旱，種餉皆絶，人多流亡，因饑成疫，死者十二三。官作粥糜以飼之，得食輒死。寶元元年，益州路自夏至秋不雨，兩蜀大旱。慶曆三年，京師自春至夏不雨。四年春，京師及諸路久不雨。七年正月，京師不雨。皇祐三年，恩冀諸州旱。嘉祐五年，梓州路夏秋不雨。七年春旱。治平元年春，京師踰時不雨，鄭、滑、蔡、汝、潁、亳、曹、濮、洺、磁、晉、耀、登等州，河中府，慶成軍旱。二年春不雨。熙寧二年三月，旱甚。三年，畿内及諸路旱，八月衞州旱。五年五月，北京自春至夏不雨。七年，自春至夏，河北、河東、陝西、京東、西淮南諸路久旱。九月諸路復旱。時新復洮河亦旱，羌户多殍死。八年四月，真定府旱。八月，淮南、兩浙、江南、荆湖等路旱。九年八月，河北、京東西、河東、陝西旱。十年春，諸路旱。元豐二年春，河北、陝西、京東西諸路旱。三年春，西北諸路旱。五年春旱。六年夏，畿内旱。八年旱。元祐二年春旱。三年秋，諸路旱，京西、陝西尤甚。四年春，京師及東北旱。五年旱。八年秋旱。

紹聖元年春旱。三年江東大旱，溪河涸竭。四年夏，兩浙旱。元符元年，東南旱。二年春，京畿旱。建中靖國元年，衢、信州旱。大觀三年，淮南、江東、西諸路大旱。六月，不雨至於十月。政和元年，淮南旱。三年，江東旱疫。宣和元年，淮南秋旱。四年東平府旱。五年夏，秦鳳路旱。是歲，燕山府路旱。建炎二年夏旱。紹興二年，常州大旱。三年四月，旱至於七月。五年五月，浙東西旱五十餘日。六月，江東、湖南旱。秋，四川郡縣旱甚。六年，夔潼、成都郡縣及湖南衡州皆旱。七年春，旱七十餘日，六月又旱。八年冬不雨。九年六月，旱六十餘日。十一年七月，旱。十二年三月，旱六十餘日。秋，京西、淮東旱。十八年，浙東西旱。二十九年二月，旱七十餘日。秋，江浙郡國旱。三十年春，階、成、鳳、西、和州旱。秋，江浙、郡邑旱，浙東尤甚。隆興元年，江浙郡縣旱，京西大旱。三年，台州春旱，興化軍漳福州大旱，首種不入，自春至於八月。乾道三年春，四川郡縣旱，至於秋七月。綿、劍、漢、州，石泉軍尤甚。四年六月，旱。襄陽、隆興、建寧俱旱。五年夏秋，淮東旱，盱眙、淮陰爲甚。六年夏，浙東、福建路旱，温、台、福、漳、建爲甚。七年春，江東西湖南北、淮南、浙婺、秀州皆旱，至於夏。秋，江、洪、筠、潭、饒、南康、興國、臨江尤甚，首種不入，冬不雨。九年，浙東婺、處、温、台州，江西吉、贛、臨江、南安，湖北江陵府皆久旱，無麥苗。

淳熙元年，浙東、湖南郡縣旱。台、處、郴、桂爲甚。蜀關外四州旱。二年秋，江、浙、淮皆旱。紹興、鎮江、寧國、建康、常、和、滁、真、揚、盱眙、廣德爲甚。三年夏，浙西、常、昭、復、隨、郢、金、洋州，江陵、德安、興元、荆門、漢陽皆旱。四年春，襄陽旱，首種不入。五年，浙西、鎮江、常州、蜀綿州及淮南、江東西旱。六年，衡、永、楚、高郵旱。七年，湖南旱。諸道自四月不雨，行都自七月不雨，皆至九月。越、台、婺、常、潤、秀，隆興、興國、臨江，江、筠、撫、吉、饒、信、徽、池，建康，南康，舒、蘄、黄、和、無爲，潭、衡、永、江陵，皆大旱。八年正月甲戌，積旱，始雨。七月，不雨至於十一月。越、婺、衢、嚴、湖、常、臨安、鎮江、江陰，建康，饒、信、徽、南康，廣德、興國、江陵、德安，鄂、復，漢陽、信陽、荆門、昌、長寧、京西、淮郡皆旱，徽、楚、嚴、越尤甚。九年，五月不雨至於七月。潤、婺、處、温、洪、吉、撫、筠、袁，臨江、建昌、江陵、德安，潭、鄂、復、漢陽、荆門、信陽，恭、合、昌、普、資、渠、利、閬、忠、涪、萬，梁山、南平、廣安、襄陽皆旱。十年，六月旱至於七月。江、淮、建、康、和，興國，恭、涪、瀘、合、金，南平旱。十一年，四月不雨至於八月。吉、贛、建、昌、福、泉、汀、漳、潮、梅、循、邕、賓、象，興元、金、洋、西和皆旱。吉、興元尤甚。冬不雨至明年二月。十四年五月，旱。臨安、鎮江，嚴、常、湖、秀、紹興、衢、婺、處、明、台、饒、信、隆、興、江、吉、撫、筠、袁，臨江、興國、建昌皆旱。十五年，舒州旱。

紹熙元年，重慶、蘄州、池州旱。二年五月，真、揚、通、泰、楚、滁、和，高郵、盱眙，及蜀普、隆、涪、渝、遂，富順監皆旱。簡、資、榮州大旱。三年夏，郢、揚、和三州大旱。秋，簡、資、普、榮、敘、隆、富順監，復大旱。四年，綿州大旱，亡麥。簡、資、普、渠、合州，廣安軍旱。江浙自六月不雨至於八月。婺、台、信，鎮江、江陵、江西、淮東，旱。五年，浙東西自去冬不雨至於夏秋，常、秀，鎮江、江陰、大旱。淮東西旱，廬、和、濠、楚爲甚。江西七郡，秋旱。慶元三年，潼、利、夔路十五郡旱，自四月至於九月。金、蓬、普州大旱。六年四月，旱。常州、鎮江府大旱，水竭。淮郡自春無雨，首種不入，及京襄皆旱。嘉泰元年夏五月，旱。浙西郡縣及蜀郡十五皆大旱。二年春，旱至於夏秋。浙西、湖南、江東旱。常、秀、潭、永，鎮江、建康爲甚。四年五月，不雨至七月，浙東、江西旱。

開禧元年夏，浙東西不雨百餘日。衢、婺、嚴、越大旱。澧、忠、涪亦大旱。二年，南康軍、江西、湖南北旱。三年二月，不雨。嘉定元年，夏旱，至七月乃雨。二年四月旱，首種不入至七月乃雨。浙西大旱，常、潤爲甚。淮東西、江東、湖北皆旱。四年，資、昌、普、合州旱。六年五月，不雨至七月，江陵、德安、漢陽旱。八年春旱，首種不入至八月乃雨。江、浙、淮、閩，皆旱。衢、婺、温、台、明，徽、池、真，太平、建康、寧國、廣德、興國、南康、盱眙、安豐爲甚。十年七月不雨。十一年秋，不雨至於冬。淮郡及常州、鎮江、建康、江陰、廣德旱，蔬麥皆枯。十四年，浙、閩、廣旱。明、台、衢、婺、温、福爲甚。江西旱，贛、吉、建昌爲甚。十五年五月，不雨至七月。贛州大旱。十六年五月，不雨，岳州旱。

恒燠

春秋桓公十五年春，亡冰。劉向以爲：周春，今冬也。成公元年二月，無冰。襄公二十八年春無冰。《説》曰：水旱之災，寒暑之變，天下皆同。故曰：無冰，天下異也。

漢武帝元狩六年冬，亡冰。昭帝始元二年冬亡冰。

後齊天保八年三月，大熱人或暍死。唐天寶元年冬，無冰，爲陰失節也。貞元十四年夏，大燠。元和九年六月，大燠。長慶二年冬，少雪不冰，凍草木萌荑如正月。廣明元年十一月，煖如仲春。

宋淳化二年冬，京師無冰。大中祥符二年，京師冬温無冰。天聖五年夏秋，大暑，毒氣中人。占者曰：此《洪範》所謂恒燠也。嘉祐六年冬，京師無冰。治平四年冬，無雪。元豐八年冬，無雪。元祐元年冬，無雪。四年冬，無雪。五年冬，無冰雪。紹興五年五月，大燠，四十餘日，草木焦槁，山石可灼，人死於暑者甚衆。三十一年冬，無雪。乾道三年冬，温，少雪無冰。五年冬，温亡雪。六年冬，復温無雪，無冰。紹熙三年，潼川路不雨，氣燠如仲夏，日月皆赤，榮州尤甚。慶元元年冬，無雪。四年冬，無雪越歲，春燠而雷。六年冬，燠無雪，桃李華，蟄蟲不藏。開禧三年冬，少雪。嘉定元年春，燠如夏。六年冬燠無冰，有雷，昆蟲不蟄。八年夏五月，大燠，草木枯槁，百泉皆竭，行都斛水百錢。江淮盃水數十錢，暍死者甚衆。九年冬，無雪。十三年冬，無冰。臘無雪越歲，春暴燠，土燥、泉竭。

元・馬端臨《文獻通考》卷五四〇　元興元年七月大饑，九月、十月不雨，泉水涸。二年六月不雨，冬又旱。三年八月，不雨。義熙四年冬，不雨。六年九月，不雨。八年十月不雨。九年秋冬不雨。十年九月旱，十二月又旱，井瀆多竭。宋文帝元嘉八年夏六月，旱，大雩。二十八年三月，大旱。孝武大明八年，東諸郡大旱，甚者米一斗數百，都下亦至百餘錢，餓死者十六七。梁武帝天監元年，大旱，米斗五千，人多餓死。《洪範五行傳》曰：君持亢陽之節，興師動衆，勞人過度，故旱災應。簡文帝大寶元年夏，大旱，人相食，都下尤甚。陳宣帝太建十二年春，不雨至四月。後魏孝文太和十五年，自正月不雨至於四月。開成二年春夏，旱。四年夏旱，浙東尤甚。會昌五年春旱。六年春不雨，冬又不雨至明年二月。大中四年，大旱。咸通二年秋，淮南、河南不雨至於明年六月。九年江淮旱。十年夏旱。十一年夏旱。廣明元年春夏大旱。中和四年江南大旱，饑，人相食。景福二年秋，大旱。光化三年冬，京師旱至於四年春。宋建隆二年，京師夏旱，冬又旱。三年京師春夏旱，河北大旱，霸州苗皆焦仆，又河南河中府孟、澤、濮、鄆、齊、濟、澶、滑、延、隰、宿等州並春夏不雨。四年京師夏秋旱，又懷州旱。乾德元年冬，京師旱。二年正月，京師旱，夏不雨，冬無雪。是歲河南府陝、虢、麟、博、靈州旱。河中府旱甚。四年春至夏，京師不雨，江陵府華州、漣水軍旱。五年正月京師旱，秋復旱，冬無雪。開寶元年冬，京師無雪。二年夏至七月京師不雨。三年春夏京師旱。冬無雪，邠州夏旱。五年春京師旱，冬又旱。六年冬京師旱。七年京師春夏旱，冬又旱。河南府晉解州夏旱。梁簡文帝大寶元年，時江南連年旱，蝗，江揚尤甚，百姓流亡，相與入山谷、江湖采草根、木葉、菱芡而食之，所在皆盡，死者蔽野。富室無食，皆鳥面鵠形，衣羅綺，懷珠玉，俯伏牀帷，待命聽終，千里絶烟，人迹罕見，白骨成聚如丘隴焉。

明・田汝成《西湖遊覽志餘》卷二三　宋嘉泰辛酉，大旱，西湖之魚皆浮。

明・宋濂等《元史》卷二《太宗紀》　太宗十年秋八月，陳時可、高慶民等言諸路旱蝗，詔免今年田租，仍停舊未輸納者，俟豐歲議之。定宗三年，是歲大旱，河水盡涸，野草自焚，牛馬十死八九，人不聊生。

明・宋濂等《元史》卷四《世祖紀一》　中統元年八月癸亥，澤州、潞州旱，民饑，敕賑之。

明・宋濂等《元史》卷五《世祖紀二》　中統三年五月甲申，東平、濱棣旱。四年八月壬子，彰德路及洺、磁二州旱，免彰德今歲田租之半，洺、磁十之六。壬申，真定路旱。十一月甲申，東平、大名等路旱，量減今歲田租。至元元年夏四月壬子，東平、太原、平陽旱，分遣西僧祈雨。

明・宋濂等《元史》卷六《世祖紀三》　至元二年，是年，西京、北京、益都、真定、東平、順德、河間、徐、宿、邳蝗旱。三年，是歲，京兆、鳳翔旱。四年，順天東鹿縣旱，免其租。是歲，京兆大旱。六年六月癸巳，真定等路旱蝗，其代輸築城役夫户賦悉免之。九月壬戌，豐州、雲内、東勝旱，免其租賦。冬十月丁亥，廣平路旱，免租賦。

明・宋濂等《元史》卷七《世祖紀四》　七年秋七月乙丑，山東諸路旱蝗。免軍户田租，戍邊者給糧。十月丁亥，以南京、河南兩路旱蝗，減今年差賦十之六。九年二月戊戌，以去歲東平及西京等州縣旱蝗水潦，免其租賦。十二年，是歲，衛輝、太原等路旱。

明・宋濂等《元史》卷九《世祖紀六》 十四年三月庚寅朔，以冬無雨雪，春澤未繼，遣使問便民之事於翰林國史院，耶律鑄、姚樞、王磐、竇默等對曰：「足食之道，唯節浮費，靡穀之多，無踰醪醴麴蘖。況自周、漢以來，嘗有明禁。祈賽神社，費亦不貲，宜一切禁止。」從之。五月辛亥，以河南、山東水旱，除河泊課，聽民自漁。

明・宋濂等《元史》卷一〇《世祖紀七》 十五年夏四月戊午，察郡縣被旱災甚者，吏廉能者，舉以聞。其貪殘不勝任者，劾罷之。甲子，以時雨霑足，稍弛酒禁，民之衰疾飲藥者，官爲醞釀量給之。十六年三月，以保定路旱，減是歲租三千一百二十石。秋七月癸酉，以趙州等處水旱，減今年租三千一百八十一石。命散都修佛事十有五日。

明・宋濂等《元史》卷一一《世祖紀八》 十七年八月癸巳，大都、北京、懷孟、保定、南京、許州、平陽旱，十八年三月丙申，以遼陽、懿、蓋、北京、大定諸州旱，免今年租稅之半。

明・宋濂等《元史》卷一二《世祖紀九》 十九年八月辛亥，真定以南旱，民多流移，和禮霍孫請所在官司發廩以賑。從之。二十年春正月丙寅，以燕南、河北、山東諸郡去歲旱，稅糧之在民者，權停勿徵。仍諭：「自今管民官，凡有災傷，過時不申，及按察司不即行視者，皆罪之。」壬申，御史臺言：「燕南、山東、河北去年旱災，按察司已嘗閲視，而中書不爲奏免，民何以堪。請權停稅糧。」制曰「可」。

明・宋濂等《元史》卷一三《世祖紀十》 二十二年五月戊寅，廣平、汴、梁鈞、鄭旱。戊戌，汴梁、懷孟、濮州、東昌、廣平、平陽、彰德、衛輝旱。

明・宋濂等《元史》卷一四《世祖紀十一》 二十三年五月甲戌，汴梁旱。癸巳，京畿旱。二十四年，是歲，平陽春旱，二麥枯死，秋種不入土。

明・宋濂等《元史》卷一五《世祖紀十二》 二十五年二月甲戌，蓋州旱，民饑，蠲其租四千七百石。夏四月丙辰，萊縣、蒲臺旱饑，出米下其直賑之。九月癸未朔，甘州旱饑，免逋稅四千四百石。

明・宋濂等《元史》卷一六《世祖紀十三》 二十七年四月癸巳，平山、真定、棗強三縣旱，靈壽、元氏二縣大雨雹，並免其租。秋七月丁卯，滄州樂陵旱，免田租三萬三百五十六石。

明・宋濂等《元史》卷一七《世祖紀十四》 二十九年二月壬辰，山東廉訪司申：「棣州境内春旱且霜，夏復霖潦，饑民啖藜藿木葉，乞賑䘏。」敕依東平例，發附近官廩，計口以給。六月丙子，（太）〔大〕寧路惠州連年旱澇，加以役繁，民餓死者五百人，詔給鈔二千錠及糧一月賑之，仍遣使責遼陽省臣阿散。

明・宋濂等《元史》卷一八《成宗紀一》 元貞元年六月，是月鞏昌、環州、慶陽、延安、安西旱。秋七月壬寅，太原、平陽、安豐、河間等路旱。八月己巳，汴梁、安西、真定等路旱。九月戊戌，武衛萬盈屯及延安路隕霜殺禾，高郵府、泗州、賀州旱。

明・宋濂等《元史》卷一九《成宗紀二》 二年秋七月，懷、孟、大名、河間旱。九月，是月河間之莫州、獻州旱。是歲，太原、開元、河南、芍陂旱，蠲其田租。大德元年三月庚寅，道州旱，遼陽饑，並發粟賑之。六月，河間、大名路旱。秋七月丁亥，懷州武陟縣旱。八月丁巳揚州、淮安、寧海州旱。真定、順德、河間旱、疫。九月己丑，衛輝路旱，疫。鎮江之丹陽、金壇旱，並以糧給之。冬十月戊午，歷陽、合肥、梁縣及安豐之蒙城、霍丘自春及秋不雨。揚州、淮安路饑。十一月戊子，常州路及宜興州旱，並賑之。是歲，順德、河間、大名、平陽旱。河間之樂壽、交河疫，死六千五百餘人。二年五月壬寅，平灤路旱，發米五百石，減其直賑之。己酉，（南）〔衛〕輝、順德旱。十二月辛巳，揚州、淮安兩路旱、蝗，以糧十萬石賑之。

明・宋濂等《元史》卷二〇《成宗紀三》 大德三年五月，是月，鄂、岳、漢陽、興國、常、澧、潭、衡、辰、沅、寶慶、常寧、桂陽、茶陵旱，免其酒課、夏稅。江陵路旱、蝗，弛其湖泊之禁，仍並以糧賑之。九月己亥，揚州、淮安旱，免其田租。冬十一月丙子，以淮安、江陵、沔陽、揚、廬、隨、黄旱，汴梁、歸德水，隴、陝蝗，並免其田租。十二月癸酉，淮安、揚州饑，甘肅亦集乃路屯田旱，並賑以糧。四年三月乙未，寧國、太平兩路旱，以糧二萬石賑之。五月，揚州、南陽、順德、東昌、歸德、濟寧、徐、濠、芍陂旱，蝗。八月甲子，大名之白馬縣旱。十一月壬寅朔，真定路平棘縣旱。五年六月，是月，汴梁、南陽、衛輝、大名、濮州旱。九月丙辰，江陵、常德、澧州皆旱，並免其門攤、酒醋課。汴梁之封丘、（武陽）〔陽武〕、蘭陽、中牟、延津，河南澠池、蘄州之蘄春、廣濟、蘄水旱。六年正月丙午，陝西旱，禁民釀酒。三月丁酉，以旱、溢爲災，詔赦天下。大都、平灤被災尤甚，免其差稅三年，其餘災傷之地，已經賑恤者免一年。今年内郡包銀、俸鈔，江淮已南夏稅，諸路鄉村人户散辦門攤課程，並蠲免之。八年六月丁酉，扶風、岐山、寶鷄諸縣旱。

明・宋濂等《元史》卷二一《成宗紀四》 九年五月丁未，大都旱，遣使持香禱雨。癸亥，以陝西渭南、櫟陽諸縣去歲旱，蠲其田租。道州旱。六月甲午鳳翔、扶風旱。八月，象州、融州、柳州旱。十年五月辛未，大都旱，遣使持香禱雨。

明・宋濂等《元史》卷二二《武宗紀一》 十一年秋七月己丑，安西等郡旱饑，以糧二萬八千石賑之。至大元年二月癸巳，汝寧、歸德二路旱、蝗，民饑，給鈔萬錠賑之。五月甲申，渭源縣旱饑，給糧一月。

明・宋濂等《元史》卷二三《武宗紀二》 至大三年五月，威州、洺水、肥鄉、鷄澤等縣旱。

明・宋濂等《元史》卷二四《仁宗紀一》 皇慶元年八月辛卯，濱州旱，民饑，出利津倉米二萬石，減價賑糶。二年三月壬子，禿忽魯言：「臣等職專燮理，去秋至春亢旱，民間乏食，而又隕霜雨沙，天文示變，皆由不能宣上恩澤，致兹災異，乞黜臣等以當天心。」丙辰，以亢旱既久，帝於宫中焚香默禱，遣官分禱諸祠，甘雨大注。九月戊申，京師大旱，帝問弭災之道，翰林學士程鉅夫舉湯禱桑林事，帝獎諭之。十二月甲申，京師以久旱，民多疾疫，帝曰：「此皆朕之責也，赤子何罪。」明日，大雪。以嘉定州、德化縣民災，發粟賑之。

明・宋濂等《元史》卷二五《仁宗紀二》 延祐二年六月辛丑，以濟寧、益都亢旱，汰省宿衛士芻粟。

明・宋濂等《元史》卷二六《仁宗紀三》 四年夏四月己亥，德安府旱，免屯田租。乙丑，帝嘗夜坐，謂侍臣曰：「雨暘不時，奈何？」蕭拜住對曰：「宰相之過也。」帝曰：「卿不在中書耶？」拜住惶愧。頃之，帝露香默禱。既而大雨，左右以雨衣進，帝曰：「朕爲民祈雨，何避焉！」

明・宋濂等《元史》卷二七《英宗紀一》 七年夏四月，是月，左衛屯田旱、蝗，左翊屯田蟲食麥苗。六月丁丑，荆門州旱。至治元年夏四月庚戌，袁州、建昌旱，民皆告饑，發米四萬八千石賑之。廣德路旱，發米九千石減直賑糶。六月己巳，臨江路旱，免其租。

明・宋濂等《元史》卷二八《英宗紀二》 二年三月丙子，河間、河南、陝西十二郡春旱。夏四月辛亥，洪澤、芍陂屯田去年旱、蝗，並免其租。六月戊辰，揚州屬縣旱，免其租。九月甲子，臨安河西縣春夏不雨，種不入土，居民流散，命有司賑給，令復業。十一月戊申，太陰掩井。岷州旱，疫，賑之。十二月辛卯，河南及雲南烏蒙等處屯田旱。三年五月，大同路鴈門屯田旱損麥。

明・宋濂等《元史》卷二九《泰定紀一》 十一月丁巳，沅州黔陽縣饑，芍陂屯田旱，並賑之。是歲，土番岷州春疫，夏旱。泰定元年三月癸丑，臨洮狄道縣，冀寧石州、離石、寧鄉縣旱，饑，賑米兩月。六月己卯，河間、晉寧、涇州、揚州、壽春等路，湖廣、河南諸屯田皆旱。二年三月乙亥，荆門州旱，潞州、薊州、鳳州、延安、歸德等處民及山東蒙古軍饑，賑糧、鈔有差。五月丙子，潭州、興國屬縣旱。六月丁未，新州路旱。七月壬申，順德、汴梁、德安、汝寧諸路旱，免其租。

明・宋濂等《元史》卷三〇《泰定紀二》 三年三月乙巳朔，帝以不雨自責，命審決重囚，遣使分祀五嶽四瀆、名山大川及京城寺觀。五月庚午，廬州、鬱林州及洪澤屯田旱。六月己亥，峽州旱。七月庚申，大名、永平、奉元諸路屬縣旱。九月戊辰，南恩州旱，民饑，並賑之。冬十月庚子，懷慶、修武縣旱，免其租。十一月己巳，沔陽府旱，免其稅。四年五月丁卯，大都、南陽、汝寧、廬州等路屬縣旱蝗。六月乙未，汝寧府旱。八月，真定、晉寧、延安、河南等路屯田旱。冬十月壬戌，龍興路屬縣旱，免其租。十一月辛卯，永平路水旱，民饑，蠲其賦三年。十二月己未，大都、保定、真定、東平、濟南、懷慶諸路旱，免田租之半。是歲，汴梁、延安、汝寧、峽州旱。致和元年五月，涇州靈臺縣旱。六月，江陵路屬縣旱。

明・宋濂等《元史》卷三一《明宗紀》 天曆二年五月乙亥，西木鄰等四十三驛旱災，命中書以糧賑之，計八千二百石。己卯，趙王馬札罕部落旱，民五萬五千四百口不能自存，敕河東宣慰司賑糧兩月。七月壬申，監察御史把的于思言：陝西等處饑饉荐臻，餓殍枕藉，加以冬春之交，雪雨愆期，麥苗槁死，秋田未種，民庶遑遑，流移者衆。

明・宋濂等《元史》卷三二《文宗紀一》 致和元年十一月庚午，汴梁、河南等路及南陽府頻歲蝗旱，禁其境内釀酒。陝西自泰定二年至是歲不雨，大饑，民相食。

明・宋濂等《元史》卷三三《文宗紀二》 天曆二年三月壬申，以去冬無雪，今春不雨，命中書及百司官分禱山川羣祀。夏四月戊戌，以陝西久旱，遣使禱西嶽、西鎮諸祠。賜衛士萬三千人鈔，人八十錠。丙辰，河南廉訪司言：「河南府路以兵、旱民饑，食人肉事覺者五十一人，餓死者千九百五十人，饑者二萬七千四百餘人。乙弛山林川澤之禁，聽民采食，行入粟補官之令，及括江淮僧道餘糧以賑。」從之。六月丁酉，鐵木兒補化以旱乞避宰相位，有旨諭之曰：「皇帝遠居沙漠，未能即至京師，是以勉攝大位。今亢陽爲災，皆予闕失所致。汝其勉修厥職，祗修實政，可以上答天變。」峽州旱。秋七月戊午，大都之東安、薊州、永清、益津、潞縣，春夏旱，麥苗枯。八月甲寅，河南府路旱疫，又被兵，賑以本府屯田租及安豐務遞運糧三月。九月丙子，以衞輝路旱，罷蘇門歲輸米二千石。癸未，上都西按塔罕、闊干忽剌禿之地，以兵、旱，民告饑，賑糧一月。冬十月庚戌，湖廣、常德、武昌、澧州諸路旱饑，出官粟賑糶之。十一月戊午，冠州旱。甲子，廬州旱饑，發糧五千石賑之。江西龍興、南康、撫、瑞、袁、吉諸路旱。十二月甲午，冀寧路旱饑，賑糧二千九百石。癸卯，蘄州路夏秋旱饑，賑米五千石。壬子，黄州路及恩州旱，並免其租。

明・宋濂等《元史》卷三四《文宗紀三》 至順元年春正月辛巳，濠州去年旱，賑糧一月。大(明)〔名〕路及江浙諸路俱以去年旱告。秋七月丁丑，開元、大同、真定、冀寧、廣平諸路及忠翊侍衞左右屯田，自夏至于是月不雨。九月丁未，鐵里干、木隣等三十二驛，自夏秋不雨，牧畜多死，民大饑，命嶺北行省人賑糧二石。

明・宋濂等《元史》卷三五《文宗紀四》 二年四月壬申，衡州路屬縣比歲旱蝗，仍大水，民食草木殆盡，又疫癘，死者十九，湖南道宣慰司請賑糧米萬石，從之。河中府蝗。晉寧、冀寧、大同、河間諸路屬縣，皆以旱不能種告饑。六月，是月晉寧，亦集乃二路旱。八月，景州自六月至是月不雨。金州及西和州頻年旱災，民饑，賑以陝西鹽課鈔五千錠。是歲，冀寧、河南二路旱，大饑。

明・宋濂等《元史》卷三六《文宗紀五》 三年二月己酉，德寧路去年旱，復值霜雹，民饑，賑以粟三千石。

明・宋濂等《元史》卷三七《寧宗紀》 八月，是月，冀寧路之陽曲、河曲二縣及荆門州皆旱。九月，河南府之洛陽縣旱。

明・宋濂等《元史》卷三八《順帝紀一》 四年六月，兩淮旱，民大饑。十一月乙卯，江浙旱饑，發義倉糧，募富人入粟以賑之。元統二年三月，湖廣旱，自是月不雨至于八月。四月成州旱饑，詔出庫鈔及發常平倉米賑之。河南旱，自是月不雨至于八月。六月，大寧、廣寧、遼陽、開元、瀋陽、懿州水旱蝗，大饑，詔以鈔二萬錠，遣官賑之。八月，是月南康路諸縣旱蝗，民饑，以米十二萬三千石賑糶之。至元元年夏四月，河南旱，賑恤芍陂屯軍糧兩月。

明・宋濂等《元史》卷三九《順帝紀二》 二年三月，是月陝西旱，無麥。五月，是月婺州不雨，至于六月。是歲，江浙旱，自春至于八月不雨，民大饑。

明・宋濂等《元史》卷四〇《順帝紀三》 六年秋七月戊午，以星文示異，地道失寧，蝗旱相仍，頒罪己詔於天下。

明・宋濂等《元史》卷四一《順帝紀四》 至正三年秋七月，是月，興國路大旱。七年夏四月，是月河東大旱，民多饑死，遣使賑之。十一月己未，迤北荒旱缺食，遣使賑濟驛户。八年五月丁巳，四川旱，饑，禁酒。

明・宋濂等《元史》卷四三《順帝紀六》 十三年，是歲，自六月不雨至于八月。

明・宋濂等《元史》卷五〇《五行志一》 皇慶元年，冬無雪，詔禱嶽瀆。延祐元年，大都檀、薊等州冬無雪，至春草木枯焦。中統三年五月，濱、棣二州旱。四年八月，真定郡及洺、磁等州旱。至元元年二月，東平、太原、平陽旱，分命西僧禱雨。五年十二月，京兆大旱。八年四月，蔚州靈仙、廣靈二縣旱。九年六月，高麗旱。十三年十二月，平陽路旱。十六年七月，趙州旱。十八年二月，廣寧，北京大定州旱。二十三年五月，汴梁旱。京畿旱。二十四年春，平陽旱，二麥枯死。二十五年，東平路須城等六縣，安西路商、耀、乾、華等十六州旱。二十六年，絳州大旱。

元貞元年六月，環州、葭州及咸寧、伏羌、通渭等縣旱。七月，河間肅寧、樂壽二縣旱。泗州、賀州旱。二年八月，大名開州、懷孟武陟縣、河間肅寧縣旱。九月，莫州、獻州旱。十月，化州旱。十二月，遼東、開元二路旱。

大德元年六月，汴梁、南陽大旱，民鬻子女。九月，鎮江丹陽、金壇二縣旱。十二月，平陽曲沃縣旱。二年五月，衞輝、順德、平灤等路旱。三年五月，荆湖諸郡及桂陽、寶慶、興國三路旱。十月，揚、廬、隨、黄等州旱。四年，平棘、白馬二縣旱。五年六月，汴梁、南陽、衞輝、大名等路旱。九月，江陵旱。八年六月，鳳翔扶風、岐山、寶鷄三縣旱。九年七月，晉州饒陽縣，漢陽漢川縣旱。八月，象州、融州、柳州屬縣旱。十年五月，京畿旱。安西春夏大旱，二麥枯死。

至大三年夏，廣平亢旱。

皇慶元年六月，濱、棣、德三州及蒲臺、陽信等縣旱。二年九月，京畿大旱。

延祐二年春，檀、薊、濠三州旱。夏，鞏昌、蘭州旱。四年四月，德安府旱。

五年七月，真定、河間、廣平、中山大旱。七年六月，黃、蘄二郡及荆門(軍)〔州〕旱。

至治元年六月，大同路旱。二年十一月，岷州旱。三年夏，順德、真定、冀寧大旱。

泰定元年六月，景、清、滄、莫等州，臨汾、涇川、靈臺、壽春、六合等縣旱。九月，建昌郡旱。二年五月，潭州、茶陵州、興國永興縣旱。七月，隨州、息州旱。三年夏，燕南、河南州縣十有四亢陽不雨。七月，關中旱。四年二月，奉元醴泉、順德、唐山、邠州、淳化等縣旱。六月，潞、霍、綏德三州旱。八月，藤州旱。

致和元年二月，廣平、彰德等郡旱。

天曆元年八月，陝西大旱，人相食。二年夏，真定、河間、大名、廣平等四州四十一縣旱。峽州二縣旱。八月，浙西湖州，江東池州、饒州旱。十二月，冀寧路旱。

至順元年七月，肇州、興州、東勝州及榆次、滏陽等十三縣旱。二年，霍、隰、石三州，阜城、平地二縣旱。

明・宋濂等《元史》卷五一《五行志二》 元統元年夏，紹興旱，自四月不雨至于七月。淮東、淮西皆旱。二年三月，湖廣旱，自是月不雨至于八月。四月，河南旱，自是月不雨至于八月。秋，南康旱。至元元年夏，河南及邵武大旱。二年，蘄州、黃州、浙東衢州、婺州、紹興、江東信州、江西瑞州等路及陝西皆旱。六年夏，廣東南雄路旱，自二月不雨至于五月，種不入土。至正二年，彰德、大同二郡及冀寧平晉、榆次、徐溝縣，汾州孝義縣，忻州皆大旱，自春至秋不雨，人有相食者。秋，衛輝大旱。三(月)〔年〕秋，興國大旱。四年，福州大旱，自三月不雨至于八月。興化、邵武、鎮江及湖南之桂陽皆旱。五年，曹州禹城縣大旱。夏，膠州高密縣旱。六年，鎮江及慶元奉化州旱。七年，懷慶、衛輝、河東及鳳翔之岐山、汴梁之祥符、河南之孟津皆大旱。八年三月，益都臨淄縣大旱。五月，四川旱。十年夏秋，彰德旱。十一年，鎮江旱。十二年，蘄州、黃州大旱，人相食。浙東紹興旱。台州自四月不雨至于七月。十三年，蘄州、黃州及浙東慶元、衢州、婺州，江東饒州，江西龍興、瑞州、建昌、吉安，廣東南雄，湖南永州、桂陽皆大旱。十四年，懷慶河內縣，孟州，汴梁祥符縣，福建泉州，湖南永州，寶慶，廣西梧州皆大旱。祥符旱魃再見，泉州種不入土，人相食。十五年，衛輝大旱。十六年，婺州、處州皆大旱。十八年春，薊州旱。莒州、濱州、般陽(滋)〔淄〕川縣、霍州、鄜州、鳳翔岐山縣春夏皆大旱。莒州家人自相食，岐山人相食。十九年，晉寧、鳳翔，廣西梧州、象州皆大旱。二十年，通州旱。汾州介休縣自四月至秋不雨。廣西賓州大旱，自閏五月不雨至于八月。二十二年，河南洛陽、孟津、偃師三縣大旱，人相食。二十三年，山東濟南、廣西賀州皆大旱。

明・葉子奇《草木子》卷三 至正癸巳秋，大旱，溪澗皆渴。

明・王圻《續文獻通考》卷二二二 宋寧宗嘉定十四年，兩浙旱，浙東尤甚。理宗嘉熙四年，處州、福建大旱。淳祐七年夏六月己酉，旱。十一年，閩旱。寶祐元年，閩旱。五年，處州旱。

度宗咸淳十年，閩旱。長樂、福清二縣爲甚。處州亦旱。

遼穆宗應曆十二年五月，旱。命左右以水相沃，頃之果雨。十六年正月，以歲旱泛舟於池禱雨。不雨，舍舟並田中禱，乃雨。十七年四月射柳祈雨，復以水沃羣臣。

景宗保寧元年五月，旱，射柳祈雨。七年四月，旱。

興宗重熙九年六月旱，射柳祈雨。十五年，楊桔爲定武軍節度使時，亢旱。視事夕，大雨。民歌之曰：何以蘇我，上天降雨。誰其撫我，楊公作主。

道宗咸雍二年七月，以歲旱賑山後貧民。十年四月，旱。太康六年五月以旱禱雨，命左右以水相沃，俄而雨降。

天祚帝乾統元年四月，旱。八年六月旱，射柳祈雨。時蕭文知易州大旱，百姓憂甚，爲文禱之，輒雨。

金熙宗天眷三年六月，大旱，使蕭彥讓田瑴，決西京囚。

世宗大定四年五月，旱。癸卯勅有司審冤獄，禁宮中音樂，放毬場役夫，詔禮部尚書王競禱雨于北嶽，壬子雨。九年六月，以久旱命宮中毋用扇，庚子雨。十二年四月，旱。十六年五月，中都、河北、山東、陝西、河東、遼東等十路皆旱。二十年七月，旱。又，夏旱。

章宗明昌元年夏，旱。二年五月，桓撫等州旱。秋，山東、河北旱。三年秋，綏德旱。承安元年，自正月至五月不雨。命徙市乃雨，詔復市如常。二年，自正月至四月不雨。四年五月，旱。泰和二年四月，旱。五年夏，旱。

衛紹王大安二年四月，山東、河北大旱。三年三月，山東、河北、河東諸路大旱。崇慶元年七月，河東、陝西、山東、南京諸路旱。二年，陝西、河東大旱。至寧元年七月，以河東、陝西諸處旱，遣工部尚書朵剌祈雨於嶽瀆。三年四月，自去冬不雨至於是月。四年七月，旱。興定四年六月，旱。五年三月，以久旱詔中外，仍命有司祈禱。元光元年四月，京畿旱。

哀宗正大三年四月，旱。天興二年六月，自歸德，遷蔡連日大雨，及蔡始晴，復大旱。四月識者，以爲不祥。

元世祖中統元年，澤州潞州旱。三年五月，東平州、濱、棣二州旱。四年八月，真定郡及洺、滋等州，彰德路旱。十一月，東平、大名等路旱。至元元年二月，東平、太原、平陽旱，分命西僧禱雨。三年夏，黄州旱。婺州春不雨至秋。八月十二日，西京、北京、益都、真定、東平、順德、河間、徐、宿、邳旱。三年，京兆鳳翔旱。四年，順天、束鹿縣旱。秋八月，邵武大旱。五年十月，京兆大旱，真定旱。六年，灃州、雲內、東勝及廣平路旱。七年三月，益都、登萊旱。七月，山東諸路，南京、河南兩路旱。九年六月，高麗旱。十二年，衛輝、太原等路旱。十三年十二月，平陽路旱。十五年，西京奉聖州及彰德等處旱。十六年七月，趙州、保定路旱。十七年，大都、北京、懷孟、保定、南京、許州、平陽旱。十八年二月，廣寧、北京、大定州旱。是年，平陽路松山縣旱。十九年，真定以南旱，民多流移。二十二年五月，廣平、汴梁、鈞州、鄭州、懷孟、濮州、東昌、廣平、平陽、彰德、衛輝旱。二十三年，平灤、太原旱。五月，汴梁、京畿旱。二十四年春，平陽旱，二麥枯死，秋種不入土。二十五年，東平路須城等縣，安西路商耀，乾華等十六州旱。二十六年，絳州大旱。二十七年夏四月，平山、真定、棗強三縣旱。二十九年二月壬辰，山東棣州境內大旱。三十年，真定、寧晉旱。

成宗元貞元年。七月，河間肅寧、樂壽二縣，泗州、賀州旱。八月，真定路旱。二年八月，大名開州、懷、孟，武涉縣，河間肅寧縣及真定旱。九月，莫州、獻州旱。十月，化州旱。十二月，遼東、開元二路旱。大德元年，濟南及金、復州、順德、河間、大名、平陽旱。六月，汴梁、南陽大旱，民鬻子女。七月，荆南郡旱。八月丁巳，寧海州大旱。九月，江陵、鎮江、丹徒、金壇二縣旱。十二月，平陽、曲沃縣旱。二年五月，衛輝、順德、平灤等路旱。三年五月，荆河諸郡及桂陽、寶慶、興國三路旱。十月，楊、廬、隨、黄等州旱。四年，平棘、白馬二縣旱。五年六月，汴梁、南陽、衛輝、大各(名)等路，旱。九月，江陵旱。七年，台州諸路旱。八年六月，鳳翔扶風、岐山、寶鷄三縣旱。九年，大都旱。七月，晉慶州饒陽縣、漢陽、漢川旱。八月，蒙州、融州、柳州屬縣旱。十年，台州旱。五月，大都、京畿旱。安西春夏大旱，二麥枯死。十一年，台州又旱。夏四月，不雨至秋八月，人相食。

武宗至大元年，諸路旱。三年夏，廣平、大名路旱。

仁宗皇慶元年六月，濱、棣、德三州及蒲臺、陽信等縣旱。二年九月，京畿大旱。四年四月，德安旱。延祐二年春，檀、蘇、濠三州旱。夏，鞏昌、蘭州旱。四年夏四月，不雨。德安府旱。五年六月，荆州旱。七月，真定、河間、廣平中山、大旱。七年六月，黄、蘄二郡及荆門軍旱。

英宗至治三年六月，大同路旱。二年十一月，岷州旱。三年夏，順德、真定、冀寧大旱。

泰定帝泰定元年六月，江淮、湖廣、河南、景清、滄莫等州，臨汾、涇川、靈臺、壽春、六合、等縣旱。九月，建昌郡旱。二年五月，關陝、潭州、茶陵州、興國、永興縣旱。七月，隨州、息州旱。三年夏，燕南、河南州縣十有四亢陽不雨。七月，關中旱。四年二月，奉元、醴泉、順德、唐山、邠州、淳化等縣旱。六月，畿內江南潞霍、綏、德三州旱。八月，藤州旱。十二月，真定路旱。致和元年二月，廣平、彰德等郡旱。八月，陝西大旱，人相食。

文宗天曆元年九月，陝西大旱，人相食。二年正月，陝西大旱。自泰定二年至今不雨。己巳，撫州旱，自五月至八月不雨。夏，真定、河間、大名、廣平等四州四十一縣、峽州二縣旱。八月，浙西、湖州、江東、池州、饒州旱。十二月，冀寧旱。至順元年七月，肇州、興州、東勝州及榆次、滏陽等十三縣旱。二年，霍、隰、石三州，阜城、平城二縣旱。三月，浙西旱。諸路饑民八十餘萬户。二年秋八月，真定路自夏至今不雨。

順帝元統元年夏，紹興旱，自四月不雨至於七月。淮東、淮西亦旱。二年三月，湖廣旱，自是月不雨至于八月。四月，河南旱，自是月不雨至于八月。六月，遼東旱。秋，南康旱。至元元年四月，東平路久旱，遣西僧祈雨。夏，河南及邵武路大旱。二年，蘄州、黄州、浙東、衢州、婺州、紹興、江東、信州、江西瑞州等路及陝西皆旱。六年夏，廣東南雄路旱，自二月不雨至于五月，種不入土。至正二年，彰德、大同二郡及冀寧、平晉、榆次、徐溝縣，汾州孝義縣，忻州皆大旱，自春至秋不雨，人有相食者，衛輝亦大旱。三年秋，興國大旱。四年，福州大旱，自三月不雨至于八月。興化、邵武、鎮江及河南之桂陽、膠州、高密縣皆旱。五年，曹州禹城縣、膠州高密縣旱。六年，鎮江及慶元奉化州旱。七年，懷慶衛輝、河東及鳳翔之岐山、汴梁之祥符、河南之孟津皆大旱。八年三月，益都、臨淄縣大旱。

五月，四川旱。十年夏，彰德旱。十一年，鎮江旱。十二年，蘄州、黄州大旱，人相食。浙東紹興旱，自四月不雨至于九月。桂陽、大名俱旱。十三年，蘄州、黄州及浙東慶元、衢州、婺州、江東、饒州、江西龍興、瑞州、建昌、吉安、廣東南雄、河南永州、桂陽皆大旱。十四年，懷慶河内縣、孟州汴梁、祥符縣、福建泉州、湖廣永州、寶慶、廣西梧州皆大旱，祥符旱魃再見。泉州種不入土，人相食。十五年，衛輝大旱。十六年，婺州、處州皆大旱。十八年春，薊州旱，莒州、濱州、般陽、滋川縣、霍州、鄜州、鳳翔岐山縣春夏皆大旱。莒州人自相食，岐山亦然。十九年，晉寧、鳳翔、廣西梧州、象州皆大旱。二十年，通州旱。汾州介休縣自四月至秋不雨。廣西賓州大旱，自閏五月不雨至于八月。二十二年，河南洛陽、孟津、偃師三縣大旱，人相食。二十三年，山東濟南、廣西賀州皆大旱。

太祖吳元年丁未夏六月，久旱。上日減膳、素食，宮中皆然，既而大雨，羣臣請復膳，不許。詔免今年田租。洪武三年庚戌夏，久不雨。上命擇日詣山川壇躬禱，先命皇后與諸妃執爨爲昔日農家之食，令皇大諸王供饋于齋所。至日，上素服草履，徒步出詣出川，壇設藁席，露坐晝曝于日，頃刻不移，夜卧于地，衣不解帶，皇太子捧榼進蔬食，雜麻麥菽粟，已而大雨。歲遂熟。八年秋八月，京師大旱。十四年，金陵久不雨，詔罰守城指揮俸，罪其不祈雨也。二十六年，京師大旱，詔求直言。

憲宗成化八年夏四月，京畿自二月至今不雨，大風竟日，運河水涸。十五年己亥，京省大旱。二十年甲辰夏五月，京畿、陝西、河南、山東、山西俱大旱。

孝宗弘治八年秋七月，西北諸省大旱。十六年癸亥夏五月，京師大旱。

武宗正德五年庚午夏六月，京師旱霾。十一年丙子夏五月，風霾大旱。

世宗嘉靖元年，久旱。即位日，大雨霑足，頃復開霽。觀者皆慶爲中興之兆。二年九月，南畿十四郡、北畿、山東、河南、湖廣、江西俱旱災，赤地千里，殍殣遍道。五年，江左大旱。七年，北畿、河南、山東、山西、陝西大旱，勅求直言，且諭輔臣盡言，以體朕憂。十二年春二月，不雨。上祈禱不應，因製自咎，説示群臣使知警惕。十七年夏四月，兩京、山東、陝西、福建、湖廣大旱。二十年，畿内旱蝗，議發帑金賑之。三十七年五月，大旱，禾盡槁。上齋祀高玄，忽雷電交至，澍雨沾足，羣臣表賀。四十年二月，京師不雨。上禱于玄壇得雨。四十三年，因旱乃于正月二十七日致齊禱雨。先是傳諭徐階等日，今日風沙又作，必嚴祈禱。今旱固，未必如前歲而黄霾土雨灾疫，或過之擬所舉行勿怠，遂有是禱。

十二月旱，風霾。言官請計京官林潤復劾鄢懋卿五罪。上命削爵。

穆宗隆慶二年六月，浙江、福建、四川、陝西、淮安、鳳陽等處大旱。

今上萬曆十六年，蘇松等處大旱。十七年，蘇松又旱。二十四年閏八月，浙江巡撫劉元霖奏杭、嘉、湖三府自五月以來，旱魃爲虐，禾苗失種，秋成無望。二十九年五月初六日，禮部奏二月至今，畿輔内外半年不雨，土脈焦枯，河井乾涸，二麥盡槁。巡按何爾健奏阜平縣丈水洞礦夫張世誠饑餓，將自己六歲小孩殺死賣食。請自五月初六日爲始，仍各青衣角帶于本衙辦事宿歇，致齋，益加虔惕。諸司照例停刑、禁屠。五日遣官恭詣天地社稷、山川、風雲雷雨等壇、黑龍潭廟祝文、祭品，行各該衙門撰述備辦，仍行順天府官督率所屬干應祀神廟竭誠祈禱。奉旨今歲旱暵異常，雨澤未澍。朕在宫中密禱，夙夜惶惶，依擬着百官，再加修省，務期感格祭告。南郊遣公徐文璧，北郊侯陳良弼山川，尚書李戴社稷，尚書陳渠風雲雷雨等壇，侍郎馮琦黑龍潭廟，真人張國祥各竭虔行禮，仍行順天府官率屬祈禱。

金世宗大定二十九年，冬無雪。

元世祖至元十三年，冬無雪。

明武宗正德七年冬，燕趙河朔之地無雪而燠。

清·張廷玉等《明史》卷一《太祖紀一》 至正四年，旱蝗，大饑疫。二十七年夏五月，是月，以旱減膳素食，復徐、宿、濠、泗、壽、邳、東海、安東、襄陽、安陸及新附地田租三年。

清·張廷玉等《明史》卷二《太祖紀二》 洪武二年庚戌，詔曰：朕軫厥勞，已免元年田租。遭旱民未蘇，其更賜一年。應天、太平、鎮江、宣城、廣德供億浩穰。去歲蠲租，遇旱惠不及下。其再免諸郡及無爲州今年租稅。三年五月，是月旱，齋戒，后妃親執爨，皇太子諸王饋於齋所。四年春正月戊申，免山西旱災田租。七年春正月，是月平陽、太原、汾州、歷城、汲縣旱蝗，並免租税。九年夏四月庚戌，京師自去年八月不雨，是日始雨。秋七月，賑永平旱災。

清·張廷玉等《明史》卷三《太祖紀三》 二十四年六月甲子，久旱録囚。二十六年夏四月庚寅，旱，詔羣臣直言得失，省獄囚。

清·張廷玉等《明史》卷九《宣宗紀》 宣德三年夏四月閏月壬寅，録囚。免山西旱災税糧。八年，是春，以兩京、河南、山東、山西久旱，遣使振卹。六月乙酉，禱雨不應，作《閔旱詩》示羣臣。

清・張廷玉等《明史》卷一〇《英宗前紀》 十年夏四月丁卯，以久旱考察布、按二司及府州縣官。正統三年五月丁未，免陝西平涼六府旱災夏税。三年六月癸酉，以旱讞中外疑獄。十四年五月壬辰，旱，太監金英同法司録囚。

清・張廷玉等《明史》卷一一《景帝紀》 景泰六年五月己巳，禱雨於南郊。

清・張廷玉等《明史》卷一二《英宗後紀》 天順七年三月壬寅，旱，詔行寬卹之政，停各處銀場。

清・張廷玉等《明史》卷一三《憲宗紀一》 成化六年二月丁丑，禱雨於郊壇。八年夏四月，京師久旱，運河水涸。

清・張廷玉等《明史》卷一四《憲宗紀二》 十七年夏四月庚申，以久旱風霾敕羣臣修省。二十年，是秋，陝西、山西大旱饑，人相食，停歲辦物料，免税糧，發帑轉粟，開納米事例振之。二十三年五月乙卯，旱，遣使分禱天下山川。

清・張廷玉等《明史》卷一五《孝宗紀》 弘治六年夏四月辛酉，久旱，敕修省，求直言。十年三月辛亥，以旱霾修省，求直言。

清・張廷玉等《明史》卷一六《武宗紀》 正德五年三月辛未，禱雨，釋獄囚，免正德三年逋賦。八年三月甲午，以旱敕羣臣修省。

清・張廷玉等《明史》卷一七《世宗紀一》 嘉靖元年秋七月己酉，以南畿、浙江、江西、湖廣、四川旱，詔撫按官講求荒政。八年二月甲申，旱，躬禱於南郊。冬十一月戊申，禱雪，己酉，雪。十七年夏四月甲子，禱雨於郊壇。戊辰，雨。

清・張廷玉等《明史》卷一八《世宗紀二》 四十五年六月丙子，旱，親禱雨於凝道雷軒，越三日雨，羣臣表賀。

清・張廷玉等《明史》卷二〇《神宗紀一》 萬曆元年夏四月夏庚午，旱，諭百官修省。十一年閏二月乙酉，振臨、鞏、平、延、慶五府旱災，免田租。十三年二月，京師自去年八月不雨，至於是月。庚午，大雩。三月甲申，大雩。夏四月丙午，大雩。戊申，以旱詔中外理冤抑，釋鳳陽輕犯及禁錮年久罪宗。戊午，步禱於南郊，面諭大學士等曰：「天旱，雖由朕不德，亦天下有司貪婪，剥害小民，以致上干天和，今後宜慎選有司。」蠲天下被災田租一年。五月丙戌，雨。十四年三月戊戌，以旱霾，諭廷臣陳時政。戊午，久旱，敕修省。十五年夏四月，京師旱，大疫。六月戊辰，禁廷臣奢僭。秋七月山西、陝西、河南、山東旱。十七年六月乙巳，南畿、浙江大旱，太湖水涸，發帑金四十萬賑之。

清・張廷玉等《明史》卷二一《神宗紀二》 二十六年夏四月壬申，京師旱，敕修省。二十七年夏四月己丑，久旱，敕修省。二十八年秋七月辛亥，旱，敕修省。二十九年六月，京師自去年六月不雨，至是月乙亥始雨。山東、山西、河南皆大旱。三十年二月戊午，河州黄河竭。三十六年冬十月癸酉，山東旱饑，蠲振有差。三十七年，是秋湖廣、四川、河南、陝西、山西旱。三十八年夏四月辛卯，以旱災異常，諭羣臣各修職業，勿彼此攻訐。三十九年夏四月，京師旱。四十三年六月戊寅，久旱，敕修省。閏八月丁巳，山東大旱，詔留税銀振之。四十四年秋七月，是月，陝西旱。四十五年春二月戊午，以去冬無雪，入春不雨，敕修省。夏五月丙子，久旱，再諭修省。四十八年八月丙午朔，遼東大旱。

清・張廷玉等《明史》卷二二《熹宗紀》 天啓二年夏四月甲申，京師旱。六年五月己酉，以旱災敕羣臣修省。是夏，江北、山東旱蝗。

清・張廷玉等《明史》卷二三《莊烈帝紀一》 崇禎元年五月辛巳，禱雨。二年六月癸亥，以久旱，齋居文華殿，敕羣臣修省。三年夏四月乙卯，以久旱，齋居文華殿，諭百官修省。四年夏四月庚戌，禱雨。七年三月庚戌，山西自去年不雨至於是月，民大饑。十年夏四月癸巳，旱，清刑獄。六月，是夏，兩畿、山西大旱。

清・張廷玉等《明史》卷二四《莊烈帝紀二》 十一年九月，陝西、山西旱饑。十三年二月戊寅，以久旱求直言。三月甲申，禱雨。是年，兩畿、山東、河南、山、陝旱蝗，人相食。十四年三月乙酉，禱雨。六月，兩畿、山東、河南、浙江、湖廣旱蝗。

清・張廷玉等《明史》卷二八《五行志一》 洪武五年，河南黄河竭，行人可涉。崇禎十六年，松江自五月至七月不雨，河水盡涸。

清・張廷玉等《明史》卷二九《五行志二》 洪熙元年正月癸未，以京師一冬不雪，詔諭修省。正統九年冬，畿內外無雪。十二年冬，陝西無雪。景泰六年冬，無雪。天順元年冬，宫中祈雪。是年，直隸、山西、河南、山東皆無雪。二年冬，命百官祈雪。六年冬，直隸、山東、河南皆無雪。成化元年冬，無雪。五年冬，燠如夏。六年二月壬申，以自冬徂春，雨雪不降，敕諭羣臣親詣山川壇請禱。十年二月，南京、山東奏，冬春恒燠，無冰雪。十一年冬，以無雪祈禱。十五年冬，直隸、山東、河南、山西無雪。十九年冬，京師、直隸無雪。弘治九年冬，無雪。十五年冬，無雪。十八年冬，温如春，無雪。正德元年冬，無雪。永嘉自冬至春，麥穗桃李實。三年冬，無雪。六年至九年，連歲無雪。十一年冬，無雪。嘉靖十四年，冬深無雪，遣官徧祭諸神。十九年冬，無雪。二十年十二月癸卯，禱雪於神祇壇。二十四年十二月甲午，命諸臣分告宫廟祈雪。三十二年冬，無雪。三十三年十二月壬申，以災異屢見，即禱雪日爲始，百官青衣辦事。三十六年冬，無雪。三十九年冬，無雪。明年，又無雪。帝將躬禱，會大風，命亟禱雪兼禳風變。四十一年至四十五年冬，祈雪無虚歲。隆慶元年冬，無雪。四年冬，無雪。萬曆四年十二月己丑，命禮部祈雪。十六年、十七年、二十九年、三十七年、四十七年，亦如之。崇禎五年十二月癸酉，命順天府祈雪。六年、七年冬，無雪。

清・張廷玉等《明史》卷三〇《五行志三》 洪武三年，夏旱。六月戊午朔，步禱郊壇。四年，陝西、河南、山西及直隸常州、臨濠、北平、河間、永平旱。五年夏，山東旱。七年夏，北平旱。二十三年，山東旱。二十六年，大旱，詔求直言。

永樂十三年，鳳陽、蘇州、浙江、湖廣旱。十六年，陝西旱。

宣德元年夏，江西旱。湖廣夏秋旱。二年，南畿、湖廣、山東、山西、陝西、河南旱。七年，河南及大名夏秋旱。八年，南、北畿，河南、山東、山西自春徂夏不雨。九年，南畿、湖廣、江西、浙江及真定、濟南、東昌、兖州、平陽、重慶等府旱。十年，畿輔旱。

正統二年，河南春旱。順德、兖州春夏旱。平凉等六府秋旱。三年，南畿、浙江、湖廣、江西九府旱。四年，直隸、陝西、河南及太原、平陽春夏旱。五年，江西夏秋旱。南畿、湖廣、四川府五，州衛各一，自六月不雨至於八月。六年，陝西旱。南畿、浙江、湖廣、江西府州縣十五，春夏並旱。七年，南畿、浙江、湖廣、江西府州縣衛二十餘，大旱。十年夏，湖廣旱。十一年，湖廣及重慶等府夏秋旱。十二年，南畿及山西、湖廣等府七，夏旱。十三年，直隸、陝西、湖廣府州七，夏秋旱。十四年六月，順天、保定、河間、真定旱。

景泰元年畿輔、山東、河南旱。二年，陝西府四、衛九，旱。三年，江西旱。四年，南北畿、河南及湖廣府三，數月不雨。五年，山東、河南旱。六年，南畿及山東、山西、河南、陝西、江西、湖廣府三十三，州衛十五，皆旱。七年，湖廣、浙江及南畿、江西、山西府十七，旱。

天順元年夏，兩京不雨，杭州、寧波、金華、均州亦旱。三年，南北畿、浙江、湖廣、江西、四川、廣西、貴州旱。四年，濟南、青州、登州、肇慶、桂林、甘肅諸府衛，夏旱。五年，南畿府四、州一及錦衣等衛連月旱，傷稼。七年，北畿旱。濟南、青州、東昌、衛輝，自正月不雨至於四月。

成化三年，湖廣、江西及南京十一衛旱。四年，兩京春夏不雨。湖廣、江西旱。六年，直隸、山東、河南、陝西、四川府縣衛多旱。八年，京畿連月不雨，運河水涸，順德、真定、武昌俱旱。九年，彰德、衛輝、平陽旱。十三年四月，京師旱。是歲，真定、河間、長沙皆旱。十五年，京畿大旱，順德、鳳陽、徐州、濟南、河南、湖廣皆旱。十八年，兩京、湖廣、河南、陝西府十五、州二，旱。山西大旱。十九年，復旱。二十年，京畿、山東、湖廣、陝西、河南、山西俱大旱。二十二年六月，陝西旱，蟲鼠食苗稼，凡九十五州縣。八月，北畿及江西三府旱。九月，温、台大旱，長沙諸府亦旱。

弘治元年，南畿、河南、四川及武昌諸府旱。三年，兩京、陝西、山東、山西、湖廣、貴州及開封旱。四年，浙江府二，廣西府八，及陝西洮州衛旱。六年，直隸、山東、河南、山西及襄陽、徐州旱。七年，福建、四川、山西、陝西、遼東旱。八年，京畿、陝西、山西、湖廣、江西大旱。十年，順天、淮安、太原、平陽、西安、延安、慶陽旱。十一年，河南、山東、廣西、江西、山西府十八旱。十二年夏，河南四府旱。秋，山東旱。十三年，慶陽、太原、平陽、汾、潞旱。十四年，遼東鎮春至秋不雨，河溝盡涸。十六年夏，京師大旱，蘇、松、常、鎮夏秋旱。十八年，北京及應天四十二衛旱。

正德元年，陝西三府旱。二年，貴州、山西旱。三年，江南、北旱。四年，旱，自三月至七月，陝西亦旱。七年，鳳陽、蘇、松、常、鎮、平陽、太原、臨、鞏旱。八年，畿輔及開封、大同、浙江六縣旱。九年，順天、河間、保定、廬、鳳、淮、揚旱。十一年，北畿及兖州、西安、大同旱。十五年，淮、揚、鳳陽州縣三十六及臨、鞏、甘州旱。十六年，兩京、山東、河南、山西、陝西自正月不雨至於六月。

嘉靖元年，南畿、江西、浙江、湖廣、四川、遼東旱。二年，兩京、山東、河南、湖廣、江西及嘉興、大同、成都俱旱，赤地千里，殍殣載道。三年，山東旱。五年，江左大旱。六年，北畿四府，河南、山西及鳳陽、淮安俱旱。七年，北畿、湖廣、河南、山東、山西、陝西大旱。八年，山西及臨洮、鞏昌旱。九年，應天、蘇、松旱。十年，陝西、山西大旱。十一年，湖廣、陝西大旱。十七年夏，兩京、山東、陝西、福建、湖廣大旱。十九年，畿内旱。二十年三月，久旱，親禱。二十三年，湖廣、江西旱。二十四年，南、北畿，山東、山西、陝西、浙江、江西、湖廣、河南俱旱。二十五年，南畿、江西旱。二十九年，北畿、山西、陝西旱。三十三年，兖州、東昌、淮安、揚州、徐州、武昌旱。三十四年，陝西五府及太原旱。三十五年夏，山東旱。三十七年，大旱，禾盡槁。三十九年，太原、延安、慶陽、西安旱。四十年，保定等六府旱。四十一年，西安等六府旱。

隆慶二年，浙江、福建、四川、陝西及淮安、鳳陽大旱。四年夏，旱，詔諸司停刑。六年夏，不雨。

萬曆十一年八月庚戌朔，河東鹽臣言：解池旱涸，鹽花不生。十三年四月戊午，因久旱，步禱郊壇。京師自去秋至此不雨，河井並涸。十四年三月乙巳，以久旱，命順天府祈禱。十七年，蘇、松連歲大旱，震澤爲平陸。浙江、湖廣、江西大旱。十八年四月，旱。二十四年，杭、嘉、湖三府旱。二十六年四月，旱。二十七年夏，旱。二十九年，畿輔、山東、山西、河南及貴州黔東諸府衛旱。三十年夏，旱。三十四年夏，亢旱。三十七年，楚、蜀、河南、山東、山西、陝西皆旱。三十八年夏，久旱，濟、青、登、萊四府大旱。三十九年夏，京師大旱。四十二年夏，不雨。四十三年三月，不雨，至於六月。山東春夏大旱，千里如焚。四十四年，陝西旱。秋冬，廣東大旱。四十五年夏，畿南亢旱。四十七年，廣西梧州旱，赤地如焚。

泰昌元年，遼東旱。

天啓元年，久旱。五年，真、順、保、河四府，三伏不雨，秋復旱。七年，四川大旱。

崇禎元年夏，畿輔旱，赤地千里。三年三月，旱，擇日親禱。五年，杭、嘉、湖三府，自八月至十月，七旬不雨。六年，京師及江西旱。十年夏，京師及河東不雨，江西大旱。十一年，兩京及山東、山西、陝西旱。十二年，畿南、山東、河南、山西、浙江旱。十三年，兩京及登、青、萊三府旱。十四年，兩京、山東、河南、湖廣及宣、大邊地旱。十六年五月辛丑，祈禱雨澤，命臣工痛加修省。

清·計六奇《明季北略》卷一五　崇禎十二年己卯三月，高淳旱蝗。冬十月，彗星見，諭停刑。是年兩京、河南、山東、山西、陝西旱飢。

清·吴偉業《綏寇紀略》卷一二　崇禎元年戊辰，自四月至七月不雨。八月恒雨。霜殺稼。冬大雨雪，木冰。歲大饑。

清·吴偉業《綏寇紀略》卷一二　崇禎元年。陝西自四月不雨至于七月。八月，霪雨不止。歲大饑。七年，河南大旱。山西自六年八月至七年四月不雨。永寧民蘇倚哥食父母。九年，山西饑，人相食。十二年，北京、山東、河南、山西大饑，民掘坑塹然火以驅蝗，須臾填滿。四月十八日，會寧縣降旱霜，自春徂夏不雨。十三年，兩京、山東、河南、山西、陝浙，旱蝗。河南北數千里，白骨縱横，民父子相食。

清·吴任臣《十國春秋》卷一六　南唐保大十一年六月至秋七月，不雨，井泉竭涸，淮流可涉，旱蝗，民飢。流入北境者相繼以鄂州。保大十二年自十一年六月，一作八月。不雨至於今年三月，大饑疫，命州縣鬻糜食餓者。

清·吴任臣《十國春秋》卷四九　後蜀廣政二十四年，自春至于夏無雨，螟蝗見成都。

清·計六奇《明季南略》卷二　崇禎十五年壬午十月初四戊午，應天府尹禳旱。

清·查繼佐《罪惟録》帝紀卷之一　丁未吴元年元至正二十七年。免租。徐、宿、襄陽、濠、泗、安陸各免二年。六月，不雨，帝減膳，蔬食自咎，雨。諸臣皆勸進，帝曰：「漢友諒方有一隅，妄自大，卒用敗滅，爲天下笑。」終不允。洪武三年庚戌，六月，旱甚，帝躬自禱祈，草履徒步，詣山川壇，夜藁席露坐，晝爆烈日中。皇太子持榼進農家麥菽飰。凡三日，天爲大雨。洪武五年壬子夏四月，以旱故，令宫中咸蔬食。輒雨。七年甲寅五月，減蘇松嘉湖重稅。旱，帝躬禱之，雨。振蘇民饑。

清·查繼佐《罪惟録》帝紀卷之三　永樂五年丁亥。廣西大旱。

清·查繼佐《罪惟録》帝紀卷之六　正統二年丁巳六月，京師旱。時小兒爲土龍禱雨，歌于塗曰：「雨帝雨帝，城隍土地，雨若再來，還我土地。」正統九年甲子夏四月，大旱，遣官請雨於岳鎮海瀆。正統十年乙丑，浙江台寧等府久旱，民疫，命禮部右侍郎王英代禱南鎮。甫至紹興，大雨，既禱，復大雨，時稱侍郎雨。正統十四年己巳春，時久旱，命太監金瑛同三法司堂上官會審獄囚，以消天變，瑛中坐，尚書以下左右列，此内臣五年審録之始。

清·查繼佐《罪惟録》卷之九　成化四年戊子夏四月，天旱，罷修西山塔院。成化十三年丁酉夏四月，災變頻仍，京師旱。成化二十二年丙午六月，陝西旱，鼠食禾稼，凡九十五州縣。成化二十三年丁未。旱災，免湖廣屯糧十之六。

清·查繼佐《罪惟録》帝紀卷之一〇　弘治元年戊申冬十月，以旱災，免河南等府税糧。

清·查繼佐《罪惟録》帝紀卷之一一　正德九年甲戌夏四月，旱。

清·查繼佐《罪惟録》帝紀卷之一二　嘉靖二年癸未。久旱，風霾。修省，停齋醮興造。嘉靖三年甲申，大旱。嘉靖六年丁亥五月，旱，露禱。嘉靖七年戊子，北京、山東、河南、山西、陝西大旱，詔求直言。嘉靖十年辛卯秋七月，賑陝西旱螟，順天大水有差。嘉靖十一年壬辰，賑陝西旱災。嘉靖十七年戊戌夏四月，旱禱，貶服罷屠，雩，天爲雨。嘉靖二十二年癸卯秋七月，久旱，禱輒應，醮朝天宫。嘉靖二十九年庚戌閏六月，以旱災，免税十之三。兩畿、山西等處嘉靖三十年辛亥夏四月，賑畿南旱災。嘉靖四十年辛酉五月，以旱霾，令大小九卿自陳。

清·查繼佐《罪惟録》帝紀卷之一四　萬曆十年壬午，山西連旱，平涼、固原城外坑殍者三五十處，幾滿。有富室女，父母餓死，懸標自鬻，爲無賴男子所調笑，自撞坑死。又一少婦，夫死投坑，韓王憐而起之，謝曰：「夫餓以死，妾安能飽活也。」哭不食，三日死。萬曆十三年乙酉春正月，旱災，上步行祈禱，免天下被災地方錢糧一半。萬曆十四年丙戌秋七月，江北苦旱，詔安撫流移，禁戢攘奪。

清·查繼佐《罪惟録》帝紀卷之一七　崇禎元年戊辰六月，召對平臺，諭天道亢旱，法宜平允，海内久疲賦役，郡縣毋輕調改。崇禎四年辛未夏四月，以旱災，發帑十萬兩賑陝飢，就撫七千人。崇禎十年丁丑閏四月，禱雨不應，上但責敷内外臣工所致。崇禎十二年己卯夏四月，論釋經繫，免高淳縣去年旱蝗田租。是年，兩京、河南、山東、西及陝西旱飢。崇禎十三年庚辰二月，粥京城饑，人錢二百。户科給事中左懋第請因災害，稍減加派之數，不報。已又發帑三萬兩賑畿南。是日雨，免兩河積逋，并及宿州、沭陽、通州等處。

清·查繼佐《罪惟録》帝紀卷之一九　辛卯監國六年永曆五年（順治八年）秋七月，旱饑，乞粟於日本，爲航粟數千斛濟舟山。

清·查繼佐《罪惟録》志卷三《五行志》　成化元年乙酉，陝西旱災。十八年壬寅。十二月，河以北各府縣旱災。弘治八年乙卯十月，是月，諸省大疫，復大旱。萬曆十八年庚寅，揚州大旱，茭藪之田如焚。二十九年辛丑，貴州大旱。三十年壬寅五月，陝西黄河竭流二十四日。三十七年己酉，江西、福建同日大水，淹死人民各十餘萬。山西大旱。三十八年庚戌，京師大旱。四十四年丙辰，蝗、旱。丹陽人禳蝗，以牛豕祀蒲大王，蝗即嚙竹樹菱蘆，不及五穀。有朱姓，牲醞已具，蝗過而輒寢其事，蝗返嚙其畝盡。四十五年丁巳，山東西旱蝗。九月，湖廣夏旱，秋水，蝗蝻蔽天，三災並至。天啓元年辛酉，河以北大旱十二月。崇禎十二年己卯，兩京及陝西大旱饑。

清·劉獻廷《廣陽雜記》卷四　辛未崇禎四年夏，諸商人聞江北旱蝗相繼，爭糴米而東。舳艫首尾相銜，蔽江而下。漢江之間，米價日增，而江南依然如故。利之所在，人爭趨之。反貴爲賤，翻賤成貴，甚矣。

清·董含《三岡識略》卷九　戊辰康熙二十七年，京師亢旱。自正月至五月，大風時作而雨澤不降，因大赦天下。學士德格勒者，自言明易理，令占之。奏曰：天地不交，陰陽不和，安得有雨？上怒曰，豈一年不雨。即至二十五日乃雨。

清·姚廷遴《歷年記》上　崇禎十四年辛巳三月至九月無雨，江南大旱，草木皆枯死。我地向來無蝗，其年甚多，飛則蔽天，止則盈野，所到之處無物不光，亦大異事也。是時聞四方流賊大亂，我地戒嚴，百姓驚惶。年歲大荒，冬，道上餓者無算，章知縣設法賑濟。崇禎十六年癸未，其年大旱，虬江底下尚掘深井打水。

清·姚廷遴《歷年記》中　順治十八年辛丑，四、五、六、七月大旱，城市鄉鎮異常祈雨，直至七月十五日方雨，本縣地界尚有不及者。康熙十年辛亥，是年春旱，三月方雨。四、五月雨竟少，六、七月大旱，稻苗干枯，東土更甚。我地幸潮到，可以救旱，豈知七月初一起竟無潮，稻田枯。二十日方有潮來，所以亦歉收。豆全荒，我種豆，俱早發，苗茂盛，至立秋後，天氣熱極，豆俱眠倒，顆粒無收。

清·姚廷遴《歷年記》下　康熙十七年五月十六大雨後，竟大旱，至七月十六日方雨。

清·姚廷遴《續歷年記》　康熙三十一年歲次壬申，春夏無大雨，種稻者忙于戽水。康熙三十二年歲次癸酉，二、三月總無甚大雨，至四月初五方有小雨寸許，人家俱種早花，蠶豆亦熟，初十邊俱斫圓麥，自後竟無雨。四月二十一有小雨，六月初一亦小雨，聞南方有幾寸，是時河水枯涸，稻苗皆壞。其年自五月二十一落雨寸許，後竟大旱，直至六月二十八有小雨，僅沾塵而已。七月初七有雨寸許，因旱極不能濟事。

清·葉夢珠《閱世編》卷一　災祥之告，無代無之，要以遇災而懼，則天不爲災，修救有方，則民不爲害。是以聖人慎之。史册所載，不可枚舉。以予所見災害之甚者，莫如崇禎十四年辛巳之旱。自是以來，災變：

崇禎十四年辛巳夏，亢旱，蜚蝗蔽天，焦禾殺稼。郡守方公岳貢，聽訟贖鍰，俱責令捕蝗瘞之，動以數十百石計，蝗終不能盡。是歲大饑。越明年春，壬午，有司各勸縉紳富室捐米煮粥，分地而給。饑民遠近響應，提攜襁負，絡繹不絕。

甚者不及到廠而斃于路，或飽粥方歸而殞于途，道殣相望，嬰兒遺棄，婦女流離，有望門投止，無或收惜，而轉死於溝壑者。是時，白米石價五兩，豆麥稍差，糟糠粃稃，價亦驟貴。賓客過從，餉之一飯，便同盛筵。傭募工作，惟求一飽，不問年麥，世風爲之一變。蓋松民貿利，半仰給於織紡。其如山左荒亂，中州糜爛，尤其吾鄉，易子而食，析骸而炊，布商裹足不至，松民惟有立而待斃耳。加以軍興餉急，欠漕米一石，時須價銀五兩有奇。本邑無米，乞糴他境，莫不破家。值邑紳張訒叟先生入掌户垣，疏請准麥折價，得允十分之二，每石折銀一兩五錢，較之米價，猶稱易辦。延至初夏，麥秋大稔，民慶更生，而疾疫大作，幾於比户死亡相繼。此予有生以來所見第一凶歲也。

十七年甲申六月，亢旱。直至冬至不雨，井汲俱竭。除浦潮而外，其餘支流盡涸，舟楫斷絶，陸行者假道河中，遂成坦途，争水釁者，往往鬭毆成訟。其後各從池底鑿井深一、二丈，方得鹹濁之水，澄而炊飲。甚有隨鑿隨涸，終不得泉者。令君彭公報荒疏中，有「米價貴，水價倍貴；飢欲死，渴更欲死」二語，蓋實事也。商旅不行，物價騰湧。至十二月，始得一雨連日，方快霑足，而民已困憊矣。

本朝順治九年壬辰，歲旱。九年壬辰，大旱，水竭，幾及甲申之夏。自五月至八月，外河始通潮水，若積水内池。直至次年癸巳四月十五日，方得大雨盈滿。本年禾苗俱槁，民不聊生。十八年辛丑，大旱。自六月初至閏七月中，僅得小雨偶灑。八月望後，始得沛雨。約計十旬亢旱，禾苗枯槁，川渠俱涸，人行河底，往來便于平陸。早稻有内池積水者，間熟半收，晚禾絶種，民多菜色。

康熙十七年戊午六月、七月，亢旱，河水俱涸。余於四月二十六日往澄江。六月二十六日歸，舟次杜行内趙家樓，潮不得達，舍舟步至荀里，半由河底作途。後見邸報，知大江南北、河南、山東俱旱，赤地千里，京師尤甚，每日渴斃多人。皇上躬行步禱，日至天壇拜祈，齋戒禁屠。余在江上，茹素已逾半月，一路歸，絶無葷腥鬻於市肆，亦異事也。又華、婁二邑，自六月望後起，至康熙二十八年己巳。直隸、遼東旱荒。詔蠲本年及來歲田租，遣官運米分賑，京師施粥以食貧民，淮、徐皆然。直至次年春、夏方止。二十九年庚午，是年三輔及山東、山西亢旱，至四月二十七日，澍雨竟日。

清·鈕琇《觚賸》卷二 明甲申（崇禎十七年）六月大旱。

清·王士禛《香祖筆記》卷六 康熙三十二年甲申夏，不雨，暑酷甚。

清·傅恒等《歷代通鑑輯覽》卷二 夏后氏大禹十有九祀，大旱。祀棄以配稷，舊以農配稷，至是大旱，易以棄配。二十有四祀，禱于桑林，雨。大旱七年，王禱于桑林之野，祝曰：毋以予一人之不敏傷民之命，以六事自責曰：政不節與？民失職與？宫室崇與？女謁盛與？苞苴行與？讒夫昌與？言未已，大雨，方數千里。

清·傅恒等《歷代通鑑輯覽》卷三 周武王六年，大旱。自二年不雨至于是年。

清·傅恒等《歷代通鑑輯覽》卷一三 漢惠帝二年戊申，夏旱。漢惠帝五年辛亥，夏大旱，江河水少，谿谷水絶。

清·傅恒等《歷代通鑑輯覽》卷一四 漢文帝九年庚午春大旱。漢文帝二十二年癸未夏，大旱蝗。詔：弛利、省費、振民，令諸侯毋入貢，弛山澤，減諸服御，損郎吏員，發倉庾以振貧民，民得賣爵。漢景帝十五年己亥秋，大旱

清·傅恒等《歷代通鑑輯覽》卷一六 漢武帝元封二年壬申，時歲旱，天子既出無名，乃禱。漢武帝元封二年壬申，旱，上以旱爲憂。公孫卿曰，黄帝時封則天旱乾。封三年上乃下詔曰，天旱意乾封乎。蘇林曰：謂天旱之意欲新封之土乾燥乎。漢武帝元封四年夏大旱，民多暍死。漢武帝元封六年丙子秋，大旱蝗。漢武帝天漢元年辛巳夏，大旱，赦。漢武帝天漢三年癸未夏，大旱，赦。漢武帝征和元年己丑夏，大旱。

清·傅恒等《歷代通鑑輯覽》卷一七 漢昭帝元鳳五年己巳夏，大旱。

清·傅恒等《歷代通鑑輯覽》卷一八 漢成帝建始二年夏，大旱。

清·傅恒等《歷代通鑑輯覽》卷二一 後漢世祖光武皇帝建武五年己丑夏四月旱，蝗。

清·傅恒等《歷代通鑑輯覽》卷二二 漢章帝建初二年夏四月，大旱。

清·傅恒等《歷代通鑑輯覽》卷二三 後漢肅宗孝章皇帝章和二年五月，京師旱。後漢和帝永元四年，旱蝗。永元六年秋，京師旱。永元九年夏六月，京師旱蝗。永元十六年秋七月，旱。孝安帝戊申永初二年夏五月，旱，太后親録囚徒。安帝辛亥永初五年，時連旱，蝗饑荒，而驅蹙劫掠，流離分散，隨道死亡，或棄捐老弱，或爲人僕妾，喪其大半。永初六年夏五月，旱。後漢安帝元初元年夏，旱蝗。京師及郡國五。元初二年五月，旱蝗。京師及郡國凡十九。元初三年夏四月，京師旱。元初五年春旱。京師及郡國凡五。元初六年五月，京師旱。

清·傅恒等《歷代通鑑輯覽》卷二四 安帝延光三年夏五月，旱。時春夏連旱。上露坐德陽殿東廂請雨，問消變之術。周舉對曰，陰陽閉隔，則水旱成災。

後漢桓帝元嘉元年，京師旱。任城梁國饑民相食。

清・傅恒等《歷代通鑑輯覽》卷二五　靈帝中平六年夏四月，大旱蝗。以旱蝗詔令三公，條奏長吏苛酷貪汙者，罷免之。靈帝光和五年夏四月，旱。靈帝光和六年夏，大旱。

清・傅恒等《歷代通鑑輯覽》卷二六　後漢獻帝興平元年，自四月不雨至于七月。穀一斛直錢五十萬，長安中人相食。帝令侍御史侯汶出太倉米豆爲平人作糜，餓死者如故。帝疑稟賦不實，取米豆各五升于御前作糜，得二盆。及杖汶五十，於是悉得全濟。

清・傅恒等《歷代通鑑輯覽》卷二八　蜀漢昭烈帝章武九年，自十月不雨至于三月。

清・傅恒等《歷代通鑑輯覽》卷三〇　晉孝惠皇帝元康七年秋七月，雍秦旱疫，米斛萬錢。

清・傅恒等《歷代通鑑輯覽》卷三一　晉孝懷皇帝永嘉三年，夏，大旱，江漢河洛皆可涉。

清・傅恒等《歷代通鑑輯覽》卷三三　東晉穆帝升平二年，秦大旱。秦王堅減膳徹樂，命后妃以下悉去羅紈，開山澤之利，息兵養民，旱不爲災。

清・傅恒等《歷代通鑑輯覽》卷三六　東晉安帝義熙十一年，魏比歲霜旱，雲(云)代民多饑死。熒惑不見八十餘日，復出東井，秦大旱。

清・傅恒等《歷代通鑑輯覽》卷四〇　丁卯，齊永明五年魏太和十一年魏大旱，秋七月，詔有司賑貸。魏春夏大旱，代地尤甚，牛疫民死，齊州刺史韓麒麟上表，于是詔有司開倉賑貸。丙子，齊建武三年魏大和二十年魏旱。久旱，魏主不食三日。羣臣請見，魏主遣舍人辭焉，且問來故。王肅對曰，今四郊雨已霑洽，獨京城微少，庶民未乏一餐，而陛下撤膳三日，臣下惶惶無復情地。魏主使應之曰，朕不食數日，猶無所感，比來中外皆言四郊有雨，朕疑其欲相寬勉，未必有實。方將遣使視之，果如所言，即當進膳，如其不然，朕何以生爲，當以身爲萬民塞咎耳。是夕大雨。

清・傅恒等《歷代通鑑輯覽》卷四一　壬子，齊中興二年，梁高祖武帝蕭衍天監元年魏景明三年梁大旱飢。是歲，江東大旱，斗米五千，民多飢死。癸未梁天監二年魏景明四年魏大旱。魏大旱。邢巒奏，昔者，明王重粟帛，輕金玉，何則？粟帛養民而安國，金玉無用而敗德，故也。

清・傅恒等《歷代通鑑輯覽》卷四四　庚午，梁太宗簡文帝綱大寶元年梁旱蝗。時江南連年旱蝗，江楊尤甚。百姓流亡，草根木葉食之皆盡，富室或衣羅綺懷金玉而死，白骨成聚如邱隴焉。

清・傅恒等《歷代通鑑輯覽》卷四七　高祖文皇帝開皇十四年。關中旱饑。上遣左右視民食，得豆屑雜糠以獻，上流涕以示羣臣，深自咎責，爲之不御酒食殆將一月。八月帥民就食于洛陽，敕斥候不得驅迫男女參厠于仗衛之間，遇扶老攜幼者輒引馬避之，至艱險處見負擔者命左右扶助。

清・傅恒等《歷代通鑑輯覽》卷四八　隋煬帝大業八年，山東大旱。

清・傅恒等《歷代通鑑輯覽》卷五〇　太宗文武皇帝貞觀元年，山東旱。詔所在賑卹，蠲其租賦。二年戊子關內旱饑，赦天下。上嘗謂侍臣曰，古語有之，赦者小人之幸，君子之不幸。一歲再赦，善人喑啞，夫養稂莠者，害嘉穀，赦有罪者賊良民。故朕即位以來，不欲數赦，恐小人恃之輕犯憲章故也。至是以連年水旱，赦天下，且曰使年豐穀稔，天下乂安，移災朕身是所願也。會所在有雨。民大悦。

清・傅恒等《歷代通鑑輯覽》卷五一　唐太宗貞觀十三年己亥夏五月，旱。詔五品以上言事。

清・傅恒等《歷代通鑑輯覽》卷五二　唐高宗總章元年戊辰，京師、山東、江淮旱饑。唐高宗咸亨元年庚午，關中旱饑。閏月，皇后以旱請避位，不許。唐高宗儀鳳二年丁丑夏四月，河南北旱。唐高宗永淳元年壬午，關中旱蝗。

清・傅恒等《歷代通鑑輯覽》卷五六　唐肅宗永泰元年乙巳，旱，斗米千錢。自春不雨至四月乃雨，及是麥稔。京兆尹第五琦請稅，百姓田十畝收其一，曰此古什一之法也。上從之。已而，京兆用琦稅法。民多流亡，久乃罷之。

清・傅恒等《歷代通鑑輯覽》卷五七　唐代宗皇帝大曆六年辛亥三月，河北旱，米斗千錢。大曆九年甲寅，京師旱，秋七月雨。京兆尹黎幹作土龍祈雨，自與巫覡，更舞彌月，不雨。上聞之，命撤土龍，減膳節用，七月雨。

清・傅恒等《歷代通鑑輯覽》卷五八　唐德宗皇帝貞元元年乙丑，大旱。灞滻將竭，長安井皆無水。度支奏，中外經費纔支七旬。詔，浮費冗食皆罷之。

清・傅恒等《歷代通鑑輯覽》卷六一　唐文宗皇帝太和八年甲寅夏六月，旱。上以久旱詔求致雨之方。

清・傅恒等《歷代通鑑輯覽》卷六二　唐宣宗皇帝大中元年丁卯二月，旱。

上以旱故，減膳徹樂，出宮女，縱鷹隼，止營繕。懿宗皇帝咸通九年戊子，是歲江淮旱蝗。僖宗皇帝乾符元年甲午春正月，關東旱饑。翰林學士盧攜上言曰，國家之有百姓如草木之有根柢，若秋冬培溉則春夏滋榮。今關東旱災，所至皆饑人。無依、投待、盡溝壑，其蠲免餘税實無可徵，而州縣督趨甚急，動加捶撻。雖撤屋代木雇妻鬻子，止可供所由酒食之費，未得至于府庫也。朝廷儻不撫存，百姓實無生計，乞敕州縣一切停徵，仍發義倉，亟加賑給。敕從其言，而有司竟不能行。

清・傅恒等《歷代通鑑輯覽》卷六七　五季乙酉後唐同光三年。大旱。初五，臺僧誠惠自言，能降伏天龍，命風召雨。唐主親帥后妃拜之。誠惠安坐不起，羣臣莫敢不拜。獨郭崇韜不拜。會大旱。迎至洛陽，使祈雨，數旬不雨。或謂誠惠官以師祈雨無驗，將焚之。誠惠逃去，慚懼而死。

清・傅恒等《歷代通鑑輯覽》卷六八　五季壬辰唐長興三年，是歲凡四國三鎮。冬旱。是歲秋冬旱。民多流亡，同華蒲絳尤甚。

清・傅恒等《歷代通鑑輯覽》卷七〇　五季癸丑周廣順三年。秋七月，唐大旱，井泉涸，淮水可涉，饑民度淮相繼。

清・傅恒等《歷代通鑑輯覽》卷七二　宋太宗端拱二年己丑，自二月不雨至于夏五月，詔録繫囚，遣使分諸路決獄。端拱二年己丑，大旱，自秋徂冬不雨。田錫上言，此實陰陽失和，調燮倒置。上侵下之職，而燭理未盡，下知上之失而規過，未能疏入。帝及宰臣皆不悦，出錫知陳州。淳化二年辛卯春，旱蝗。時連歲旱蝗，是年尤甚。禱雩無應，帝手詔宰相曰，朕將自焚以答天譴。翌日大雨，蝗盡死。

清・傅恒等《歷代通鑑輯覽》卷七三　宋真宗皇帝咸平二年己亥春閏三月，旱。求直言。轉運副使朱台符上疏言，宜重農以積粟，簡卒以省費，專將帥之任以安邊，慎守令之。選以惠民。帝優詔褒答之。大中祥符二年己酉，陕西旱蝗。大中祥符三年庚戌秋，旱蝗。

清・傅恒等《歷代通鑑輯覽》卷七五　宋仁宗皇帝慶曆三年癸未，自正月不雨至于是月。帝禱于西太乙宫，是日雨。京師久旱，遣使祠禱嶽瀆，羣臣請帝親禱于郊。帝曰，太史言月二日當雨，今將以旦日出禱。王素曰，臣非太史，然度是日必不雨。帝問其故。素對曰，陛下知其且雨而禱之應，天不以誠故也。帝竦然。詔，明日詣西太乙宫諫官故不在屬車間時，命素扈從日甚熾埃氛翳空比車駕還。未薄城，天大雷電而雨。慶曆四年甲申，京師旱蝗。上謂輔臣曰，方歲旱，而飛蝗，百姓何罪罹此。默禱上帝願歸咎朕躬。余靖等言，災異之來實由人事闕失，今陛下既有引過之言，達於天地神祇伏乞，必踐其言，必行其實，專聽斷攬威權號令信於人，恩澤及於下，則災異消和氣應矣。七年丁亥，春二月，大旱。詔求直言。

清・傅恒等《歷代通鑑輯覽》卷七七　宋神宗皇帝熙寧七年甲寅，大旱。詔求直言。夏四月，權罷新法，雨。自去秋七月，不雨至夏四月。帝憂形于色，欲盡罷法度之不善者。王安石曰，水旱常數，堯湯所不免，但當修人事以應之。帝曰，朕所以恐懼者正爲人事之未修爾，今取免行錢，太重人情咨怨，自近臣以至后族，無不言其害者。馮京曰，臣亦聞之。安石曰，士大夫不逞者以京爲歸，故京獨聞此言臣未之聞也。翰林學士韓維言，陛下損膳避殿乃舉行故事，恐不足以應變。當痛自責，已廣求直言。帝即命維草詔，行之初光州司法參軍鄭俠，以秩滿入京久之監安上門會歲饑，征斂苛急，東北流民每風沙霾曀，扶攜塞道，羸疾愁苦，身無完衣，或茹木實草根。至身被鎖械，而負瓦揭木，賣以償官累累不絶。俠乃繪所見爲圖，并疏陳時政之失，詣閤門，不納，遂假稱密急發馬遞上之。銀臺司且云陛下觀臣之圖，行臣之言，十日不雨，即乞斬臣宣德門外，以正欺君之罪。疏奏，帝反覆觀圖，長吁數四，袖以入內，是夕寢不能寐。翌日遂命開封體放免行錢，三司察市易，司農發常平倉，三衛具熙河所用兵，諸路上民物流散之故，青苗免役，權息追呼，方田保甲並罷，凡十有八事。民間讙呼相賀。是日果大雨，遠近沾洽。

清・傅恒等《歷代通鑑輯覽》卷八六　宋高宗皇帝紹興十二年壬戌金皇統二年。十二月陝西大旱。初陝西連歲不雨。至是，涇、渭、灞、滻皆竭。民無以食，多饑死者。

清・傅恒等《歷代通鑑輯覽》卷八八　宋孝宗皇帝淳熙六年己亥金大定十九年夏旱。詔求直言。

清・傅恒等《歷代通鑑輯覽》卷八九　宋寧宗嘉泰元年辛酉金泰和元年。大旱。

清・傅恒等《歷代通鑑輯覽》卷九〇　宋寧宗皇帝開禧三年丁卯金泰和七年。秋七月，大旱蝗。蝗飛蔽天，食浙西豆粟皆盡。詔郡邑賑恤之。

清・傅恒等《歷代通鑑輯覽》卷九六　元成宗皇帝元貞元年乙未六月，安西、延安、鞏昌、慶陽、環州旱。時許扆爲陝西行省右丞。以關中饑議發廩賑之，同列以未經奏請不可。宸曰,民爲邦本,今饑餒若此,若俟命下無及矣,擅發之罪吾當任之。遂發粟賑貧。命亦尋下。

清・傅恒等《歷代通鑑輯覽》卷九七　元仁宗皇慶二年癸丑,京師大旱,疫。仁宗延祐四年丁巳春二月,詔郡縣復置義倉。夏四月不雨,帝嘗夜坐謂侍臣曰:雨暘不時,奈何?蕭拜珠曰:宰相之過也。帝曰:卿不在中書,邪拜珠惶愧。頃之,帝露香禱于天,既而大雨,左右以雨衣進。帝曰:朕爲民祈雨,何避焉?元泰定帝泰定四年丁卯,旱蝗民饑。

清・傅恒等《歷代通鑑輯覽》卷九八　元明宗皇帝元年己巳八月,陝西大旱饑。陝西自泰定二年至是不雨。歲大饑,人相食。圖卜特穆爾乃起張養浩爲中丞,往賑之。先是養浩棄官家居七詔不起。至是聞命登車即行,道經華山,禱于岳祠,一雨三日,到官復大雨。禾黍自生,秦人大喜。是年旱蝗民饑。河南北、山東、兩浙饑民毋論百餘萬户,自嵩汝至淮南死亡相籍,命所在州縣官以便宜賑之。至順癸酉四年,順帝元統元年,兩淮大旱。元順帝至元二年丙子,江浙自春至八月不雨,民大饑。時江州諸縣民饑甚。總管王大中貸富室粟賑之,而免其雜役,以爲息。元順帝至正丁亥七年,河東大旱。民多饑死。元順帝至正十二年壬辰六月,大名路旱蝗。饑民七十餘萬口。

清・傅恒等《歷代通鑑輯覽》卷一〇〇　明洪武三年庚戌五月,是月,旱。六月朔帝親禱于山川壇,越五日雨。帝齋于西廡皇后躬執爨爲農家食,太子諸王饋于齋所,帝素服草屨徒步至壇,席藁曝日中,夜卧于地,凡三日。詔省獄囚,命有司訪求通經術深明治道者。越五日,大雨。

清・傅恒等《歷代通鑑輯覽》卷一〇三　明英宗正統三年戊午六月旱。録囚。秋,陝西饑。

清・傅恒等《歷代通鑑輯覽》卷一〇四　明英宗正統十三年戊辰夏四月,兩畿、山東、河南、湖廣旱蝗。十四年己巳六月,旱。明景泰元年庚午夏四月,旱。六年乙亥五月,帝禱雨南郊,以兩畿及各省旱蝗也。七年丙子八月,浙江、江西、湖廣,旱。

清・傅恒等《歷代通鑑輯覽》卷一〇五　明憲宗成化六年庚寅夏四月旱。北畿、山東、河南大旱。陝西、四川、山西、兩廣、雲南並饑。八年壬辰夏四月旱。京畿連月不雨,運河水涸。

清・傅恒等《歷代通鑑輯覽》卷一〇六　明憲宗成化二十年甲辰。旱。京畿、山東、湖廣、陝西、河南、山西俱大旱,道殣相望。

清・傅恒等《歷代通鑑輯覽》卷一〇八　明世宗皇帝嘉靖二年癸未夏四月,旱。兩畿、山東、河南、湖廣、江西及嘉興、大同、成都、皆旱,赤地千里,殍殣載道,帝以災異勅羣臣修省。

清・傅恒等《歷代通鑑輯覽》卷一一〇　明世宗皇帝嘉靖四十五年丙寅六月,旱。明神宗萬曆九年辛巳京師旱,南畿饑。張居正上言,淮、鳳、蘇、松連被災傷,徐宿間,至以樹皮充饑,或聚爲盜。昔元末之亂,亦起于此,當破格賑之。陛下宜撙節宫中耗費,嘉靖朝用最浩繁,内庫尚有餘積,今已增額,猶稱缺乏有限之財,安能供無窮之用。帝嘉納之。

清・傅恒等《歷代通鑑輯覽》卷一一一　明神宗皇帝萬曆十年壬午夏四月,京師旱疫。萬曆十五年丁亥夏四月,旱。秋七月,江北、山西、陝西、河南、山東旱。時所在災荒,河北尤甚。户部右侍郎孫丕揚字叔孝富平人。上言,海内困,加派宜寬賦節用,損上益下,以培蒼生大命。帝感其言,頗有所減罷。明神宗萬曆十七年己丑六月,賑南畿浙江饑,南畿久旱。浙江大風海溢,既而亦旱,發帑金八十萬賑之。萬曆二十六年戊戌夏,京師旱。萬曆二十七年己亥夏旱。萬曆二十九年辛丑夏五月,旱。畿輔、山東、河南赤地數千里。萬曆四十三年乙卯夏五月,畿内、山東旱。萬曆四十五年丁巳,夏旱,自去冬無雪,入春不雨至是,大旱,災歉遍天下。

清・傅恒等《歷代通鑑輯覽》卷一一三　明熹宗天啓六年丙寅,江北、山東旱蝗。

清・傅恒等《歷代通鑑輯覽》卷一一四　明莊烈帝崇禎四年辛未夏四月,旱。莊烈帝崇禎七年甲戌夏四月,山西、陝西饑。山西自去年八月不雨至于是月,大饑,人相食。陝西亦大旱,詔發帑賑之。

清・傅恒等《歷代通鑑輯覽》卷一一五　明莊烈帝崇禎十年丁丑,兩畿、山西大旱,山東河南蝗。崇禎十一年戊寅,兩畿、山東、河南大旱蝗。崇禎十二年己卯六月,畿内、山東、河南、山西旱蝗。

清張英等《淵鑑類函》卷二二　《增塵史》曰:東漢永熙年間,會大旱,自十一月至於三月。河東、河北、陝西流民大入京師,與城外飢民市麻籸麥麩,爲之糜,或掘草根採木實以食。俠上疏曰:今天下憂苦,質妻鬻女,父子不保,拆屋伐桑,争貨于市輸官糴米,皇皇不給之狀,繪爲一圖。此臣安上門日所見,百不及一。陛下覲臣之圖，行臣之言，十日不雨，乞斬臣以正欺罔之罪。

清・嵇璜、劉墉等《續通志》卷二　唐太宗貞觀元年是夏，山東旱，免今歲租。貞觀二年三月庚午，以旱蝗責躬大赦，癸酉雨。貞觀三年六月戊寅，以旱慮囚，遣使慰撫關內諸州。貞觀四年二月丁巳，以旱詔公卿言事。貞觀十三年五月甲寅，以旱避正殿，詔五品以上言事，減膳，罷役，理囚，賑(乏)〔之〕，乃雨。貞觀二十三年三月己未，自去冬旱至是始雨，辛酉大赦。

清・嵇璜、劉墉等《續通志》卷三　唐高宗永徽元年秋七月辛酉，以旱慮囚。永徽元年，是歲雍絳同等九州旱蝗。永徽三年春正月甲子，以旱避正殿，減膳，降囚罪，徒以下原之。永徽四年夏四月壬寅，以旱慮囚，遣使決天下獄，減殿中太僕馬粟，詔文武官言事，甲辰避正殿，減膳。永徽五年春正月丙寅，以旱詔文武官朝集使言事。乾封二年春正月丁丑，以旱避正殿，減膳，慮囚。唐高宗總章二年七月癸巳，以援吐谷渾，劍南，益瀘等一十九州旱，遣使存問，賑貸之。高宗咸亨元年秋七月甲戌，以雍、華、蒲、同四州旱，遣使慮囚，減中御諸廄馬。高宗咸亨元年八月丙寅，以旱避正殿，減膳。咸亨二年夏六月癸巳，以旱慮囚。高宗上元二年四月丙戌，以旱避正殿，減膳，撤樂，詔百官言事。

清・嵇璜、劉墉等《續通志》卷四　唐中宗嗣聖二年太后垂拱元年五月壬戌，以旱慮囚。嗣聖四年太后垂拱三年二月己亥，以旱避正殿，減膳。嗣聖七年周武氏天授元年三月乙酉，以旱減膳。嗣聖十一年周武氏延載元年二月乙亥，以旱慮囚。

清・嵇璜、劉墉等《續通志》卷五　唐中宗神龍二年十二月，京師旱。景龍元年春正月丙辰，以旱慮囚。景龍元年五月以旱避正殿減膳。唐睿宗延和元年秋七月丙戌，以旱減膳。

清・嵇璜、劉墉等《續通志》卷六　唐玄宗開元二年春正月，關中自去秋至于是月不雨。壬午遣使賑給，求直諫寬繫囚。開元三年五月丁未，以旱慮囚。戊申，避正殿，減膳。六月，山東諸州大蝗，遣御史下諸道捕之。開元四年二月，以關中旱，遣使祈雨于驪山。開元六年八月，以旱慮囚。

清・嵇璜、劉墉等《續通志》卷七　唐玄宗天寶六載三月乙酉，以旱命宰相臺寺府縣慮囚。天寶九載三月辛亥，西嶽廟災，以久旱停封西嶽。夏五月庚寅，慮囚。

清・嵇璜、劉墉等《續通志》卷一一　唐德宗貞元十一年五月庚午，以旱命有司慮囚。十三年夏四月，以旱慮囚。

清・嵇璜、劉墉等《續通志》卷一二　唐憲宗永貞元年九月丙子，以亢旱賑申、光、蔡米十萬石，陳、許五萬石。憲宗元和四年十一月癸卯，以浙西旱，出米二萬石賑之。元和七年二月壬辰，以京畿旱出粟三十萬石賑之。其元和六年所貸粟，並放免。三月庚午，敕諸司慮囚。元和九年五月癸酉，以旱免京畿夏稅。

清・嵇璜、劉墉等《續通志》卷一三　唐穆宗長慶二年冬十月甲寅，以江淮諸州旱損詔取常平義倉粟減價糶之。敬宗寶曆二年六月癸亥，以旱命諸司疏理繫囚。

清・嵇璜、劉墉等《續通志》卷一四　文宗太和元年六月甲寅，以旱降京畿死罪以下。泰和七年秋七月己酉，以旱命諸司慮囚，甲寅，以旱徙市。閏月乙卯，以旱避正殿減膳，徹樂，出宮女千人，縱五坊鷹犬，停修造事非急務者。八月庚寅，降死罪以下。泰和八年六月甲午，以旱詔諸司慮囚。文宗開成二年秋七月乙亥，以久旱徙市，閉坊門，乙酉以蝗旱詔諸司慮囚。武宗會昌六年春二月癸酉，以旱降京城死罪以下，免今歲夏稅。

清・嵇璜、劉墉等《續通志》卷一六　唐僖宗乾符二年秋七月，以蝗避正殿、減膳。乾符三年五月庚子，以旱慮囚，免浙東西今歲稅。

清・嵇璜、劉墉等《續通志》卷一八　唐昭宗天復元年二月甲寅朔以旱避正殿減膳。

清・嵇璜、劉墉等《續通志》卷二二　五代後晉高祖天福八年五月甲辰旱蝗。大赦。

清・嵇璜、劉墉等《續通志》卷二六　宋太宗端供二年夏五月戊戌，以旱慮囚，遣使決諸道獄。宋太宗淳化元年冬十月，以乾鄭二州、河南壽安等十四縣旱，州蠲今歲租十之四，縣蠲其稅。十一月，免大名府管內今歲租十之七。淳化三年夏五月己酉，以旱遣使分決諸路獄，六月戊寅，慮囚。

清・嵇璜、劉墉等《續通志》卷二八　宋仁宗天聖三年八月辛未，蠲陝西旱災州軍租。天聖五年十一月丁酉，以陝西旱蝗減其租。明道二年三月丁亥，祈雨於會靈觀上清宮景德開寶寺。

清・嵇璜、劉墉等《續通志》卷二九　宋仁宗慶曆五年二月癸卯，以久旱詔州縣毋淹繫刑獄。辛亥祈雨於相國天清寺會靈祥源觀。慶曆七年三月丁亥，以旱罷大宴。癸巳，避正殿，減常膳。辛丑，祈雨於西太一宮。壬寅，陳執中宋庠丁度以旱降官一等。

清·嵇璜、劉墉等《續通志》卷三〇　宋神宗熙寧二年三月乙未，以旱慮囚。夏四月戊申，富弼曾公亮以旱上表待罪。丁巳遣使察諸路農田水利、賦、役。甲子免河北歸業流民夏稅。神宗熙寧三年八月丙寅，以旱慮囚，降死罪以下，(振)〔賑〕衛州饑仍蠲其租。熙寧七年三月癸卯，以旱避殿減膳。秋七月癸亥，詔河北兩路捕蝗，又詔開封、淮南提點提舉司檢覆蝗，旱，(振)〔賑〕河北西路災。神宗元豐六年五月庚寅，以旱慮囚。

清·嵇璜、劉墉等《續通志》卷三一　宋哲宗紹聖元年夏四月丙午，以旱恤刑。己酉，詔中外決獄。

清·嵇璜、劉墉等《續通志》卷三六　宋孝宗隆興元年秋七月乙巳，以旱蝗、星變詔侍從臺諫兩省官條上時政闕失。孝宗乾道七年，是歲湖南、江東、西路旱，(振)〔賑〕之。乾道九年二月壬申蠲江西旱傷五州逋負米。孝宗淳熙三年春正月甲寅，以常州旱，寬其逋負之半，(振)〔賑〕淮東饑，仍貸貧民種。乙丑(振)〔賑〕恤歸正人。淳熙三年，是歲京西、湖北諸州，興元府金洋州旱，賑之。淳熙七年秋七月丁卯，以旱決繫囚。淳熙八年秋七月辛卯，以不(兩)〔雨〕決繫囚。淳熙八年八月己亥，(振)〔賑〕臨安府，及嚴州饑民，辛丑募民(振)〔賑〕糶。十二月癸卯，以徽饒二州民流者衆，出南庫錢付新浙東提舉常平，朱熹(振)〔賑〕糶。辛亥，蠲諸路旱傷州軍明年身丁錢物。淳熙十年秋七月乙丑，以不雨決繫囚。丙寅，如明慶寺禱雨。甲戌，以夏秋旱暵避殿減膳，令侍從臺諫兩省卿監郎官館職，各陳朝政闕失，分命羣臣禱雨于天地宗廟社稷山川。丁丑，除災傷州縣淳熙八年欠稅。淳熙十四年，是歲兩浙、江西、淮西、福建旱，(振)〔賑〕之。

清·嵇璜、劉墉等《續通志》卷三七　宋光宗紹熙三年夏四月甲寅，(振)〔賑〕四川旱傷郡縣。紹熙四年八月戊午，(振)〔賑〕江東、浙西、淮西旱傷貧民。紹熙五年夏四月壬寅，以不雨，命大理三衙臨安府及兩浙決繫囚，釋杖以下。寧宗慶元二年五月辛巳，以旱禱于天地宗廟社稷，詔大理三衙臨安府兩浙州縣決繫囚。慶元三年夏四月壬子，以旱禱于天地宗廟社稷。九月壬寅，以四川旱詔蠲其租。慶元六年五月丙辰，以旱決中外繫囚。癸亥，避正殿減膳。丙寅，詔大理三衙臨安府及諸路闕雨，州縣釋杖以下囚。辛未，以久不雨，詔中外陳朝廷過失及時政利害。是歲，建康府，常、潤、楊、楚、通、泰、和七州，江陰軍旱，(振)〔賑〕之。寧宗嘉泰元年五月戊午，以旱禱于天地宗廟社稷，詔大理三衙臨安府兩浙州縣決繫囚。癸亥，釋諸路杖以下囚。丁卯，命有司舉行寬恤之政十六條。嘉泰元年，是歲，浙西、江東、兩淮、利州路旱，(振)〔賑〕之，仍蠲其賦。嘉泰二年秋七月癸亥，以旱釋諸路杖以下囚。己巳，命有司奉行寬恤之政七條，庚午，禱于天地宗廟社稷，復行寬恤四事。是歲，邵州旱，(振)〔賑〕之。嘉泰四年秋七月甲子，以旱詔大理三衙臨安府兩浙及諸路決繫囚。戊辰，禱于天地宗廟社稷。己巳，命諸路提刑從宜斷疑獄，蠲内外諸軍逋負營運息錢。辛未，蠲兩浙闕雨州縣逋租。寧宗開禧元年，是歲，江浙、福建、二廣諸州旱，賑之。開禧三年二月庚申，以旱詔大理三衙臨安府決繫囚。甲子，(振)〔賑〕旱傷州縣貧民，命諸路提刑司從宜斷疑獄。辛未，以旱禱于天地宗廟社稷，命有司舉行寬恤之政八條。五月己丑，以旱禱于天地宗廟社稷。寧宗嘉定元年夏四月閏月癸未，詔大理三衙臨安府及諸路闕雨州縣決繫囚釋杖以下。辛卯，以旱禱于天地宗廟社稷。癸巳，減膳。乙未，蠲兩浙闕雨州縣貧民逋租，命大理三衙臨安府兩浙州縣決繫囚。丙申，如太乙宫明慶寺禱雨。丁酉，以旱詔求言。五月乙丑，以飛蝗爲災減膳。乙酉，以蝗禱于天地社稷。嘉定二年五月丁酉，以旱詔諸路監司決繫囚，劾守令之貪殘者。辛丑，申命州縣捕蝗。己未，以旱詔羣臣上封事。庚申，禱于天地宗廟社稷。六月乙酉，復禱雨于天地宗廟社稷。嘉定四年夏四月己丑，以吴曦没官田租代，除闕外四州旱傷秋税。嘉定六年五月丁卯，以旱命大理三衙臨安府決繫囚。七年六月辛丑，以旱命諸路州軍禱雨。甲辰，詔諸路監司守臣速決滯訟。丙午，蠲兩浙路諸州贓賞錢。壬子，釋大理三衙及兩浙路杖以下囚。嘉定八年三月丙戌，釋江淮闕雨州縣杖以下囚。夏四月乙未，如太一宫明慶寺禱雨。辛丑，避正殿減膳。壬寅，禱雨于天地宗廟社稷。癸卯，詔中外臣民直言時政得失。乙巳，減臨安及諸路雜犯死罪以下囚。嘉定十四年，是歲浙東、江西、福建諸路旱，賑之。嘉定十五年三月丁巳，詔江西提舉司(振)〔賑〕恤旱傷州縣。

清·嵇璜、劉墉等《續通志》卷三八　理宗紹定二年五月，詔(振)〔賑〕成都潼川路旱災。理宗寶祐六年夏四月庚辰朔，以不雨避正殿減膳。

清·嵇璜、劉墉等《續通志》卷四二　遼穆宗應曆十二年夏五月庚午，以旱命左右以水相沃禱雨。遼穆宗應曆十六年五月甲申，以歲旱泛舟於池禱雨，復捨舟立于水中。

清·嵇璜、劉墉等《續通志》卷四三　遼聖宗統和八年夏四月庚午，以歲旱、諸部艱食賑之。

清・嵇璜、劉墉等《續通志》卷四五　遼道宗咸雍二年秋七月丁卯，以歲旱遣使(振)〔賑〕山後貧民。道宗太康六年五月庚寅，以旱禱雨，命左右以水相沃。

清・嵇璜、劉墉等《續通志》卷四六　金大定四年五月，旱，敕有司審冤獄、禁宮中音樂，放毬場役夫。乙巳詔王競禱雨于北岳。己酉，命石琚等於北郊望祭禱雨。大定九年六月戊戌，以久旱命宮中毋用扇。

清・嵇璜、劉墉等《續通志》卷五〇　金大定十七年三月辛亥，詔免河北等十路去年被旱蝗租稅，賑東京博索哈斯罕三路。

清・嵇璜、劉墉等《續通志》卷五一　大定二十三年三月壬戌，敕有司爲民禱雨，是夕雨。

清・嵇璜、劉墉等《續通志》卷五二　明昌元年夏五月乙卯，祁雨於北郊及太廟。戊午，拜天於西苑。壬戌，祈雨於社稷。己巳，復祈雨於太廟。丙子，以祈雨望祭嶽鎮海瀆於北郊。章宗承安元年五月乙酉，以久旱徙市。六月甲寅，以百姓艱食，詔出倉粟十萬石減價糶之。章宗承安四年五月壬辰朔，以旱下詔，責躬求直言，避正殿，減膳，審理冤獄，命奏事於泰和殿。戊戌，命有司望祭嶽瀆禱雨。

清・嵇璜、劉墉等《續通志》卷五三　金章宗泰和四年二月丁酉，以山東、河北旱，詔祈雨東北二嶽。夏四月甲寅，以久旱下詔責躬求直言，避正殿減膳，撤樂，省御廏馬。免旱災州縣徭役及今年夏稅，遣使審繫囚，理冤獄。

清・嵇璜、劉墉等《續通志》卷五五　金宣宗興定五年二月癸酉，以旱災曲赦河南路。三月丙戌朔，帝御仁安殿祈雨，仍望祭于北郊。

清・嵇璜、劉墉等《續通志》卷五六　金哀宗正大二年夏四月甲午，以京畿旱，減膳赦罪，遣使慮囚。五月丁丑以旱甚，責己避正殿。

清・嵇璜、劉墉等《續通志》卷五八　元世祖中統元年八月癸亥，以澤潞二州旱賑之。中統二年二月，東平大名等路旱，量減今歲田租。

清・嵇璜、劉墉等《續通志》卷六〇　元世祖至元十八年二月己丑，發肅州等處飢民鑿渠溉田，以北京大定諸州旱，免今年租稅之半。至元二十年春正月丙寅，以燕南、河北、山東諸郡去歲旱，稅糧之在民者權停勿徵，仍諭自今管民官，凡有災傷，過時不申及按察司不即行視者，皆罪之。

清・嵇璜、劉墉等《續通志》卷六二　元成宗元貞四年三月乙未，以寧國太平兩路旱賑之。成宗大德六年三月丁酉，以旱溢爲災詔赦天下，大都平灤被災尤甚，免其差稅三年，其餘災傷之地已經賑恤者，免一年，今年內郡包銀俸鈔，江淮以南夏稅諸路鄉村人户，散辦門攤課程並除之。

清・嵇璜、劉墉等《續通志》卷六四　元仁宗皇慶元年十二月丁亥，遣官祈雪於社稷、嶽鎮、海瀆。皇慶二年三月丙辰，以亢旱既久，帝於宮中焚香默禱，遣官分禱諸祠。九月戊申，京師大旱，帝問弭災之道。翰林學士程鉅夫舉湯禱桑林事，帝獎諭之。仁宗延祐二年六月辛丑，以濟寧、益都亢旱，汰省宿衛士芻粟。延祐四年四月乙丑，禁嶺北酒，帝嘗夜坐謂侍臣曰：雨暘不時奈何。蕭拜珠對曰：宰相之過也。帝曰，卿不在中書耶，拜珠惶愧。帝露香默禱，既而大雨。

清・嵇璜、劉墉等《續通志》卷一七〇《災祥略・旱》　唐高祖武德三年，夏旱。四年春，不雨至七月。七年秋，關內河東旱。太宗貞觀元年夏，山東大旱。二年春旱。三年春夏旱。四年春旱。九年秋，劍南關東二十四州旱。十二年，吳楚巴蜀二十六州旱。十七年，春夏旱。二十一年秋，陝絳蒲夔等州旱。二十二年秋，開、萬等州旱。高宗永徽元年，京畿，雍、同、絳等州大旱。二年九月，不雨至明年二月。四年，夏秋旱。顯慶五年春，河北二十二州旱。總章元年，京師、山東、江淮大旱。二年七月，劍南十州旱。咸亨元年，春秋旱。儀鳳二年夏，河南河北旱。三年四月旱。永隆二年關中旱。永淳元年關中大旱。二年夏，河南河北旱。武后永昌元年三月旱。神功元年黃、隨等州旱。久視元年夏，關內河東旱。長安二年春不雨至六月。三年冬無雪至明年二月。中宗神龍二年冬，不雨至明年五月，京師、山東、河北、河南旱。睿宗太極元年，春秋旱。玄宗開元二年春，大旱。十二年七月，河東、河北旱，九月蒲同等州旱。十四年秋，諸道州十五旱。十五年，諸道州十七旱。十六年，東都、河南、宋、亳等州旱。二十四年，夏旱。代宗永泰元年，春夏旱。二年，關內大旱。大歷六年春，旱至八月。德宗建中三年五月，不雨至七月。興元元年冬，大旱。貞元元年，春旱至八月，灞、滻將竭。六年春，關輔大旱。夏，淮南、浙西、福建等道大旱。七年，揚、楚、滁、壽、澧等州旱。十四年，春旱。十五年，夏旱。十八年夏，申、蔡、光等州旱。十九年，正月不雨至七月。順宗永貞元年秋，江浙、淮南、荆南、湖南、鄂、岳、陳、許等二十六州旱。憲宗元和三年，淮南、江南、江西、湖南、廣南、山南東西皆旱。四年，春夏大旱。秋，淮南、浙西、江西、江東旱。七年夏，揚、潤等州旱。八年夏，同、華二州旱。十五年，夏旱。敬宗寶曆元年秋，荆南、淮南、浙西、江西、湖南及宣、襄、鄂等州旱。文宗太和元年夏，京畿、河中、同州旱。六年，河東、河南、關輔旱。七年秋，大旱。八年夏，江、淮、陝、華等州旱。九年秋，京兆、河南、河中，陝、華、同等州旱。開成二年，春夏旱。四年夏，旱。武宗會昌五年春，旱。六年春，不雨，冬不雨至明年二月。宣宗大中四年，大旱。懿宗咸通二年秋，淮南、河南不雨至明年六月。九年，江淮旱。十年，夏旱。十一年，夏旱。僖宗廣明元年春夏，大旱。中和四年，江南大旱。昭宗景福二年秋，大旱。光化三年冬，京師旱。四年春，旱。宋太祖建隆二年，京師夏旱，冬又旱。三年，京師春夏旱，河北大旱，又河南、河中府孟、津、濮、鄆、齊、濟、滑、延、隰宿等州，春夏不雨。四年，京師夏秋旱，又懷州旱。乾德元年冬，京師旱。二年正月，京師旱，夏不雨，是歲河南府陝、虢、麟、博、靈州旱，河中旱甚。四年春夏，京師不雨，江陵府華州、漣水軍旱。五年正月，京師旱，秋復旱。開寶二年夏秋，京師不雨。三年春夏，京師旱，邠州夏旱。五年春，京師旱，冬又旱。六年冬，京師旱。七年，京師春夏旱，冬又旱，河南府晉、解州夏旱，滑州秋旱。八年春，京師旱，是歲關中旱甚。太宗太平興國二年正月，京師旱。三年春夏，京師旱。四年冬，京師旱。五年冬，京師旱，秋又旱。六年春夏，京師旱。七年春，京師旱，孟、虢、絳、密、瀛、衛、曹、淄州旱。九年夏，京師旱，秋江南大旱。雍熙二年冬，京師旱。三年冬，京師旱。四年冬，京師旱。端拱二年五月，京師旱，秋七月至十一月旱，是歲，河南萊、登、深、冀旱甚。淳化元年，正月至四月不雨，河南鳳翔、大名、京兆府，許、滄、單、汝、乾、同、鄭等州旱。二年春京師大旱。三年春冬如之，是歲河南府、京東西、河北、河東、陝西及亳、建、淮、揚等三十六州軍旱。四年夏，京師不雨，河南府許汝亳滑商州旱。五年六月，京師大旱。至道元年春，京師旱。二年春夏，京師旱。真宗咸平元年春夏，京畿旱，江浙、淮南、荆湖四十六軍州旱。二年春，京師及廣南西路、江浙、荆湖，曹、單、嵐州，淮陽軍旱。三年春，京師及江南旱。四年，京畿正月至四月不雨。景德元年夏，京師旱。三年夏如之。大中祥符二年春夏，京師、河南府、陝西路，潭、邢州旱。三年夏，京師、江南諸路、宿、潤州旱。八年，京師旱。九年秋，京師、大名府，澶、相州旱。天禧元年春秋，京師旱。仁宗天聖二年，春不雨。五年夏秋，大旱。六年四月，不雨。明道元年五月，畿縣久旱。二年，南方大旱。景祐三年六月，河北大旱。皇祐三年，恩、冀諸州旱。嘉祐五年，梓州路夏秋不雨。七年三月，以久旱罷春宴。英宗治平元年春，京師踰時不雨，鄭、滑、蔡、汝、潁、曹、濮、洺、磁、晉、耀、登等州，河中府慶成軍旱。二年春，不雨。神宗熙寧二年三月，旱。三年，諸路旱，六月畿內旱，八月衛州旱。五年五月，北京自春至夏不雨。七年春夏，河北、河東、陝西、京東西、淮南諸路久旱。九月，諸路復旱，洮河亦旱。八年四月，真定府大旱。八月，淮南、(雨)〔兩〕浙、江南、荆湖等路旱。九年八月，河北、京東西、河東、陝西旱。十年春，諸路旱。元豐二年春，河北、陝西、京東西路郡旱。三年春，西北諸路旱。五年，亢旱。六年夏，畿內旱。哲宗元祐元年春，諸路旱，冬復旱。二年，春旱。三年秋，諸路旱。四年春，京師及東北旱。八年秋旱。紹聖元年春旱。三年江東大旱。四年夏，兩浙旱。元符元年，東南旱。二年春，京畿旱。徽宗建中靖國元年，衢、信等州旱。大觀二年，淮南、江東西諸路大旱。政和元年，淮南旱。三年，江東旱。宣和元年秋，淮南旱。四年，東平府旱。五年夏，秦鳳路旱，是歲燕山府路旱。高宗建炎二年，夏旱。紹興二年，常州大旱。三年四月，旱至七月。五年五月，浙東西旱，六月江東湖南旱，秋四川郡縣旱。六年，夔潼成都郡縣及湖南衡州皆旱。七年春旱，六月又旱。八年冬不雨。九年六月旱。十一年七月旱。十二年三月旱，秋，京西、淮東旱，十二月陝西旱。十八年，浙東西旱，紹興府大旱。十九年，常州、鎮江府旱。二十四，年浙東西旱。二十九年二月旱，秋，江浙郡縣旱。三十年春，階成鳳西和州旱，秋江浙郡縣旱。孝宗隆興元年，江浙郡縣旱，京西大旱。二年，台州春旱，興化軍漳福州大旱。乾道三年春，四川郡縣旱。四年六月旱。五年夏秋，淮東旱。六年夏，浙東、福建路旱。七年春，江西東、湖南北、淮南浙婺秀州旱，夏，秋江、洪、筠、潭、饒州，南康、興國、臨江軍尤甚。九年，婺、處、温、台、吉、贛州，臨江諸軍，江陵府久旱。淳熙元年，浙東、湖南郡縣及蜀關外四州旱。二年秋，江淮、浙旱。三年夏，常、昭、復、隨、郢、金洋州，江陵、德安、興元府，荆門、漢陽軍皆旱。四年春，襄陽府旱。五年，常、綿州、鎮江府及淮南、江東西郡縣旱。六年，衡、永、楚州、高郵軍旱。七年，湖南春旱，諸道自四月不雨，行都自七月不雨，皆至九月，紹興、隆興、建康、江陵府，台、婺、常、潤、江、筠、撫、吉、饒、信、徽、池、舒、蘄、黄、和、潯、衡、永州，興國、臨江、南康、無爲軍皆大旱。八年七月不雨至十一月，臨安、鎮江、建康、江陵、德安府，越、婺、衢、嚴、湖、常、饒、信、徽、楚、鄂、復、昌州，江陰、南康、廣德、興國、漢陽、信陽、荆門、長寧軍及京西、淮郡皆旱。九年夏，五月不雨至七月，江寧、德安、襄陽府，潤、婺、温、處、洪、吉、撫、筠、袁、潭、鄂、復、恭、合、昌、普、資、渠、利、閬、忠、涪、萬州，臨江、建昌、漢陽、荆門、信陽、南平、廣安、梁山軍，江山、定海、象山、上虞、嵊縣皆旱。十年，江淮、建康府，和州，興國軍，恭、涪、瀘、合、金州，南平軍旱。十一年，興元府，吉、贛、福、泉、汀、漳、潮、梅、循、邕、賓、象、金、洋、西、和州，建昌軍皆旱。十五年，舒州旱。光宗紹熙元年，蘄、池州旱。二年，真、揚、通、泰、楚、滁、和、普、隆、涪、渝、遂、高郵、盱眙軍，富順監皆旱，簡資榮州大旱。三年夏，郢陽、和州大旱，秋簡、資、普、榮、叙、隆、富順監亦大旱。四年，綿州大旱，簡、資、普、渠、合州，廣安軍，鎮江、江陵府，信、婺、台州，江東、淮西旱，江浙六月不雨至八月。五年，浙東西、鎮江、常、秀、江陰軍大旱，廬、和、濠、楚爲甚，江西七郡亦旱。寧宗慶元三年，潼、利、夔。路十五郡旱，金、蓬、普州大旱。六年，鎮江、常州大旱，京襄皆旱。嘉泰元年，浙東西郡縣及蜀十五郡大旱。二年，浙西、湖南、江東旱。四年，浙東西、江西郡縣旱。開禧元年，衢、婺、嚴、越、鼎、澧、忠、涪大旱。二年，南康軍、江西、湖南北郡縣旱。嘉定元年，夏旱。二年四月旱，浙西、常潤、淮東西、江東、湖北皆旱。四年，資、昌、普、合州旱。六年，江陵、德安、漢陽軍旱。八年，江、浙、淮、閩皆旱，行都百泉皆竭，淮甸亦然。十一年，淮郡及鎮江、建寧、常州、江陰、廣德軍旱。十四年，浙、閩、廣、江西旱。十五年，岳州旱。理宗嘉熙元年，建康府旱。四年，江浙、福建旱。淳祐七年旱。十一年，閩、廣及饒州旱。度宗咸淳六年，江南大旱。十年，廬州旱，長樂、福清大旱。遼穆宗應曆十二年五月旱。十六年五月旱。十七年四月旱。景宗乾亨二年四月旱。聖宗統和十六年四月旱。道宗咸雍三年南京旱。太康六年五月旱。金熙宗皇統三年陝西旱。世宗大定十二年四月旱。十六年中都河北、山東、陝西、河東等十路旱。章宗明昌二年五月桓撫等州旱。秋，山東河北旱。三年綏德旱。承安元年，正月不雨至五月。二年，正月不雨至四月。四年，五月旱。泰和三年，四月旱。五年夏旱。衛紹王大安二年四月，山東、河北大旱。三年，山東、河北、河東諸路大旱。崇慶元年，河東、陝西、山東、南京諸路旱。二年，河東、陝西大旱。至寧元年，河東、陝西諸路旱。宣宗貞祐二年，冬不雨至明年四月。四年七月旱。興定二年六月旱。三年夏旱。四年六月旱。五年三月旱。元光元年四月，京畿旱。哀宗正大四年，四月旱。五年，四月京畿旱。元世祖中統三年五月，濱、棣二州旱。四年八月，真定及洺、磁等州旱。至元元年二月，東平、太原、平陽旱。五年十二月，京兆大旱。八年四月，靈仙、廣靈二縣旱。十三年十二月，平陽路旱。十六年七月，趙州旱。十八年二月，廣寧、北京、大定州旱。二十三年五月，汴梁、京畿旱。二十四年春，平陽旱。二十五年，東平路須城等六縣，安西路商耀乾華等十六州旱。二十六年，絳州大旱。成宗元貞元年六月，環州、葭州及咸寧、伏羌、通渭等縣旱。七月，肅寧、樂壽二縣及泗、賀二州旱。二年八月，大名、開州、懷孟、武陟、河間、肅寧旱。九月，莫獻二州旱。十月，化州旱。十二月，遼東開元二路旱。大德元年六月，汴梁、南陽大旱。九月，丹陽、金壇旱。十二月，曲沃縣旱。二年五月，衛輝、順德、平灤等路旱。三年五月，荆湖諸郡及桂陽、寶應、興國三路旱。十月，揚、廬、隨、黄等州旱。四年，平棘白馬二縣旱。五年六月，汴梁、南陽、衛輝、大名等路旱。九月，江陵旱。八年六月，鳳翔、扶風、岐山、寶雞三縣旱。九年七月，饒陵、漢川二縣旱。八月，象、融、柳三州屬縣旱。十年五月，京畿旱，安西春夏大旱。武宗至大三年夏，廣平亢旱。仁宗皇慶元年六月，賓、棣、德三州及蒲臺、陽信等縣旱。二年九月，京畿火旱。延祐二年春，檀、薊、濠三州旱，夏鞏、昌、蘭州旱。四年四月，德安府旱。五年七月，真定、河間、廣平、中山大旱。七年六月，黄、蘄二郡及荆門軍旱。英宗至治元年六月，大同路旱。二年十一月，岷州旱。三年夏，順德、真定、冀寧大旱。泰定帝泰定元年六月，景、清、滄、莫等州，臨汾、涇川、靈臺、壽春、六合等縣旱。九月，建昌郡旱。二年五月，潭州、茶陵州、興國、永興縣旱。七月，隨、息二州旱。三年夏，燕南、河南十四州縣旱。七月，關中旱。四年二月，奉元、醴泉、順德、唐山、邠州、淳化等縣旱。六月，潞、霍、綏德三州旱。八月，藤州旱。致和元年二月，廣平、彰德等郡旱。文宗天曆元年八月，陝西大旱。二年夏，真定、河間、大名、廣平等四州四十一縣及峽州二縣旱。八月，浙西、湖州、江東、饒州、池州旱。十二月，冀寧路旱。至順元年七月，肇州、興州、東勝州及榆次、滏陽等十三縣旱。二年，霍、隰、石三州，阜城、平地二縣旱。順帝元統元年夏，紹興旱，淮東西皆旱。二年三月，湖廣旱。四月，河南旱。秋，南康旱。至元元年夏，河南及邵武大旱。二年，蘄州、黄州、浙東、衢州、婺州、紹興、江東、信州、江西、瑞州等路及陝西皆旱。六年夏，南雄路旱。至正二年，彰德、大同二郡及冀寧、平晉、榆次、徐溝、汾州、孝義、泝州皆大旱。秋，衛輝大旱。三年秋，興國大旱。四年，福州大旱。五年，曹州禹城大旱，夏高密旱。六年，鎮江及慶元奉化州旱。七年，懷慶、衛輝、河東及岐山、祥符、孟津皆大旱。八年三月，臨淄縣大旱。五月，四川旱。十年夏秋，彰德旱。十一年，鎮江旱。十二年，蘄黄大旱，浙東、紹興、台州旱。十三年，蘄黄及浙東、慶元、衢、婺、江東、饒州、江西龍興、瑞州、建昌、吉安、廣東南雄、湖廣永州、桂陽皆大旱。十四年，河內、孟州、汴梁、祥符、泉永、寶慶、梧州皆大旱。十五年，衛輝大旱。十六年，婺處二州大旱。十八年，春薊州旱，莒州、濱州、般陽、淄川、霍州、鄜州岐山春夏皆大旱。十九年，晉寧、鳳翔、梧州、象州大旱。二十年，通州旱，介休縣四月至秋不雨，賓州大旱。二十二年，河南洛陽、孟津、偃師大旱。二十三年，濟南、賀州大旱。明太祖洪武三年，夏旱。四年，陝西、河南、山西及直隸常州、臨濠、北平、河間、永平旱。五年夏，山東旱。七年夏，北平旱。二十三年，山東旱。二十六年，大旱。成祖永樂十三年，鳳翔、蘇州、浙江、湖廣旱。十六年，陝西旱。宣宗宣德元年夏，江西旱，湖廣夏秋旱。二年，南畿、湖廣、山東、山西、陝西、河南旱。七年，河南及大名夏秋旱。八年，南北畿、河南、山東、山西春夏不雨。九年，南畿、湖廣、江西、浙江及真定、濟南、東昌、兗州、平陽、重慶等府旱。十年，畿輔旱。英宗正統二年，河南春旱，順德、兗州春夏旱，平涼等六府秋旱。三年，南畿、浙江、湖廣、江西九府旱。四年，直隸、陝西、河南及太原、平陽春夏旱。五年夏秋，南畿、湖廣、四川府五州衛各一及江西旱。六年，陝西旱，南畿、浙江、湖廣、江西十五府州縣春夏並旱。七年，南畿、浙江、湖廣、江西二十餘府州縣衛大旱。十年夏，湖廣旱。十一年，湖廣及重慶等府夏秋旱。十二年，南畿及山西、湖廣等七府旱。十三年，直隸、陝西、湖廣七府州夏秋旱。十四年六月，順天、保定、河間、真定旱。景帝景泰元年，畿輔、山東、河南旱。二年，陝西四府九衛旱。三年，江西旱。四年，南北畿、河南及湖廣三府數月不雨。五年，山東、河南旱。六年，南畿及山東、山西、河南、陝西、江西、湖廣三十三府十五衛旱。七年，湖廣、浙江及南畿、江西、山西十七府旱。英宗天順元年夏，兩京不雨，杭州、寧波、金華均州亦旱。三年南北畿、浙江、湖廣、江西、四川、廣西、貴州旱。四年，濟南青州、登州、肇慶、桂林、甘肅諸府衛夏旱。五年，南畿四府一州及錦衣等衛連月旱。七年北畿旱。憲宗成化三年，湖廣、江西及南京十一衛旱。四年，兩京春夏不雨，湖廣江西旱。六年，直隸、山東、河南、陝西、四川旱。八年，京畿、順德、真定、武昌旱。九年，彰德，衛輝，平陽旱。十三年四月，京師旱，真定、河間、長沙皆旱。十五年，京畿大旱，順德、鳳陽、徐州、濟南、河南、湖廣皆旱。十八年，兩京、湖廣、河南、陝西十五府二州旱，山西大旱。十九年，復旱。二十年，京畿、山東、湖廣、陝西、河南、山西俱大旱。二十二年六月，陝西旱。八月，北畿及江西三府旱。九月，温台大旱，長沙諸府亦旱。孝宗弘治元年，南畿、河南、四川及武昌諸府旱。三年，兩京、陝西、山東、山西、湖廣、貴州及開封旱。四年，浙江二府廣西八府及洮州衛旱。六年，北直、山東、河南、山西及襄陽、徐州旱。七年，福建、四川、山西、陝西、遼東旱。八年，京畿、陝西、山西、湖廣、江西大旱。十年，順天、淮安、太原、平陽、西安、延安、廣陽旱。十一年，河南、山東、廣西、江西、山西十八府旱。十二年夏，河南四府旱，秋山東旱。十三年，慶陽、太原、平陽、汾潞旱。十四年，遼東鎮春至秋不雨。十六年夏，京師大旱，蘇松常鎮夏秋旱。十八年，北京及應天四十二衛旱。武宗正德元年，陝西三府旱。二年貴州、山西旱。三年，江南北旱。四年陝西旱。七年，鳳翔、陝西、蘇松常鎮、平陽、太原、臨鞏旱。八年，畿輔及開封、大同、浙江六縣旱。九年，順天、河間、保定、廬鳳、淮揚旱。十一年，北畿及兗州、西安、大同旱。十五年，淮揚鳳三十六州縣及臨鞏、甘州旱。十六年，兩京、山東、河南、山西、陝西正月不雨至六月。世宗嘉靖元年，南畿、江西、浙江、湖廣、四川、遼東旱。二年，兩京、山東、河南、湖廣、江西及大同、嘉興、成都俱旱。三年，山東旱。五年，江左大旱。六年，北畿四府、河南、山西及淮鳳旱。七年，兆畿、湖廣、河南、山東、山西、陝西大旱。八年，山西及臨洮、鞏昌旱。九年，應天、蘇松旱。十年，陝西、山西大旱。十一年，湖廣、陝西大旱。十七年夏，兩京、山東、陝西、福建、湖廣大旱。十九年，畿內旱。二十年三月久旱。二十三年，湖廣、江西旱。二十四年，南北畿、山東、山西、陝西、浙江、江南湖廣、河南旱。二十五年，南畿、江西旱。二十九年，北畿、山西、陝西旱。三十三年，兗州、東昌、淮、揚、徐、武昌旱。三十四年，陝西五府及太原旱。三十五年，山東旱。三十七年，大旱。三十九年，太原、延安、慶陽、西安旱。四十年，保定等六府旱。四十一年，西安等六府旱。穆宗隆慶二年，浙江、福建、四川、陝西及淮鳳大旱。四年夏旱。六年夏不雨。神宗萬曆十一年八月，河東解池涸。十三年久旱。十四年久旱。十七年，蘇松連歲大旱，震澤爲平陸，浙江、湖廣、江西大旱。十八年四月旱。二十四年，杭嘉湖旱。二十六年四月旱。二十七年夏旱。二十九年，畿輔、山東、山西、河南及貴州黔東諸府衛旱。三十年夏旱。三十四年夏亢旱。三十七年，楚蜀、河南、山東、山西、陝西皆旱。三十八年夏，久旱，濟青登萊大旱。三十九年，京師大旱。四十二年夏不雨。四十三年三月，不雨至六月，山東春夏大旱。四十四年，陝西旱，秋冬廣東大旱。四十五年夏，南畿亢旱。四十七年梧州旱。光宗泰昌元年，遼東旱。僖宗天啓元年久旱。五年夏，順保河三伏不雨，秋復旱。七年，四川大旱。莊烈帝崇禎元年夏，畿輔旱。三年三月旱。五年，杭嘉湖八月至十月七旬不雨。六年，京師及江西旱。十年夏，京師及河東不雨，江西大旱。十一年，兩京及山東、山西、陝西旱。十二年，畿南、山東、河南、山西、浙江旱。十三年，兩京及登青萊旱。十四年，兩京、山東、河南、湖廣及宣大邊地旱。

清·嵇璜、劉墉等《續通志》卷二六一　唐德宗貞元十九年，大旱。

清·嵇璜、劉墉等《續通志》卷三七九　宋徽宗政和六年，周祀守常州，坐殘雪免，會大旱。帝問交修，致旱之由。對以殆祀佚罰之故。

清·嵇璜、劉墉等《續通志》卷三八四　淳熙二年，歲旱。

清·嵇璜、劉墉等《續通志》卷三九一　淳熙八年，是〔歲〕自夏至秋不雨。至是得雨，帝喜。

清·嵇璜、劉墉等《續通志》卷三九八　宋寧宗嘉定七年，江東常平適歲旱，亟發庫庾之積，凡州縣窠名隸倉司者，無新舊皆住催，爲錢六萬一千緡，米十有三萬七千，麥五千八百石。遣官分行賑濟，饑者予粟，病者予藥。尺籍之單弱者，市民之失業者皆曲軫之。袁甫詣學宮講説，歲大旱，請于朝得度牒、緡錢、綾紙以助賑恤。疫萬大作，刱藥院療之，前後持節江東五年，所活殆不可數計。

清·嵇璜、劉墉等《續通志》卷四〇〇　宋理宗淳祐七年，大旱。霖應詔言：諫議大夫不易則不雨，京兆尹不易則不雨。

清·顧公燮《丹午筆記》　黄冠祈雨：丹稜學博何修，遵義人。云：天啓年間，蜀大旱。遵義守令集黄冠祈雨。法師素稱有道者，拜章伏地彌日。及起，守詢之，云上帝召天下都城隍議事，章出甚遲。問議何事，云但聞問戰場起於何處。又問何處，云在陝西。

蝗灾饑荒：崇禎十三年，蘇郡蝗灾，斗米千錢。城中申少師、范長白、管進士玉音家，俱被饑民搶劫一空。撫憲黄希憲六門賑粥，民心稍安。次年大熟。

旱年：康熙四十六年，蘇郡大旱，大樹自焚。是時，米賣七文一升，竟長至二十四文。乾隆五十年己巳，旱荒。乾隆五十年，江南旱魃爲虐，幾至赤地千里，較之二十年尤甚，與康熙四十六年彷彿。二十年，不過蘇屬偏灾，尚有産米之區，源源接濟。今則兩湖、山東、江西、浙江、河南俱旱，舟楫不通，貧民在在失業，米貴至四五十文一升，肉價每斤一百五十文，其它食物，或貴至二三倍。死亡相望，白晝公然搶奪，禁之不止。中丞閔公鶚元勸紳士捐米賑粥，齊、盤、葑門，五路庵，木瀆各設一廠，每廠日有萬餘人，死者亦日有千餘人。至五十一年三月停廠。次年雨暘時若，物價漸平，民心稍安，時錢串九十。此康熙四十五年所未有之奇荒也。雖曰天數，皆由暴殄不惜物力，致有此劫。所幸者，大荒之後，未有大疫也。是年太湖水涸，在在有井露出，俱係磚砌，上鐫「晉太康年間制，吴某監造」。

清·陳鴻《莆變小乘》　甲辰（康熙三年）春無雨，穀貴，每石一兩銀。四五月俱旱，五月十九日乃雨。庚申（康熙十九年）自本年二月初七日大雨，初八日又雨。此後俱無雨，七月設壇祈雨。十一日，文武官同百姓步行，至吴公廟祈雨。十三日，又同至壺山蟹井請水。仍無雨。癸亥（康熙二十二年）五月，月餘無雨，蘇太守請梅峰李雲龍，設壇如前祈雨。六月十六小雨，十八大雨，二十三又雨。臺灣是年地大震，加以乾旱日久，米每石糶銀五兩，人心思亂。康熙三十五年三四月大旱，城鄉紛紛祈雨。鄉民鄭瓚具呈，言須請能郊李雲龍祈雨。縣官從其請，令取蜥蜴七尾，造紙龍七條，閉南門，登壇作法甚虔，仍大旱無雨。

清·畢沅《續資治通鑑》卷二《宋紀二》　太祖建隆三年五月甲子，幸相國寺禱雨。時遼亦旱，庚午，遼主命左右以水相決，頃之果雨。丙子，以河北諸州旱，遣使乘傳檢旱苗。甲申，復幸相國寺禱雨。乙酉，詔撤樂，大官進蔬食。建隆二年，吴越自五月不雨至七月。建隆三年，是年河北、陝西、京東諸州旱、蝗，悉蠲其租。六月己亥，以旱故，減京畿及河北諸州死罪以下。

清·畢沅《續資治通鑑》卷四《宋紀四》　太祖乾德四年五月甲申，遼主以歲旱，泛舟於池，禱雨。不雨，舍舟立水中，俄頃乃雨。

清·畢沅《續資治通鑑》卷五《宋紀五》　太祖乾德五年夏四月丙子，遼主射柳祈雨，復以水沃羣臣。

清·畢沅《續資治通鑑》卷八《宋紀八》　太祖開寶八年五月辛亥，射柳祈雨。遼主如頻蹕淀清暑。

清·畢沅《續資治通鑑》卷一〇《宋紀十》　太宗太平興國六年夏四月辛未，幸太平興國寺禱雨。五月己未，雨降死罪囚，流以下釋之。

清·畢沅《續資治通鑑》卷一一《宋紀十一》　太宗太平興國七年屬歲旱，艱食，民多爲盜。帝憂之，守素既至，漸以寧息。太宗太平興國八年九月，遼以東京、平州旱蝗，旋以南京秋潦，暫停關徵，以通山西糴易。

清·畢沅《續資治通鑑》卷一五《宋紀十五》　太宗端拱二年自三月不雨至於五月。戊戌，帝親録京城諸司繫獄囚，多所原減。帝以歲旱減膳，徧走羣望，皆弗應。是夕，手詔賜宰相趙普等，言：「自星變以來，久愆雨雪。朕當與卿等審刑政之闕失，念稼穡之艱難，恤物安民，庶祈眷佑。」淳化元年夏四月庚午，遼以歲旱，賑諸部饑。太宗淳化二年三月己巳，帝以歲旱蝗，詔呂蒙正等曰：「元元何罪！大譴如是，蓋朕不德之所致也。卿等當於文德殿前築一臺，朕將暴露其上，三日不雨，卿等共焚朕以答天譴。」蒙正等惶恐謝罪，匿詔書。翼日而雨，蝗盡死。

清・畢沅《續資治通鑑》卷一六《宋紀十六》　太宗淳化三年五月己酉，帝以時雨久愆，遣常參官十七人分詣諸路按決刑獄。是夕，雨。六月，甲申，有蝗自東北來，蔽天，經西南而去。帝謂宰相曰：「此蟲必害田稼，朕憂心如擣。亟遣人馳詣所集處視之！」對曰：「此蟲因旱乃生，頻雨則不能飛。聖心憂念黎庶，固當感通天地。」是夕，大雨，蝗盡殪。

清・畢沅《續資治通鑑》卷一八《宋紀十八》　太宗至道元年二月甲申，命宰相、羣官禱雨。又命中使分祀五岳，故事，御署祝版以遣之。

清・畢沅《續資治通鑑》卷二〇《宋紀二十》　真宗咸平元年夏四月己酉，祈雨。五月甲子，以旱，幸大相國寺祈雨，升殿而雨。真宗咸平二年帝以亢旱，詔中外臣庶並直言極諫。

清・畢沅《續資治通鑑》卷二二《宋紀二十二》　真宗咸平四年，宰相李沆等以旱，表求罷；不許。戊午，雨。自去冬旱，帝每御蔬菜，憂問切至。

清・畢沅《續資治通鑑》卷二八《宋紀二十八》　真宗大中祥符二年去冬，詔京師賜酺五日，以二月五日爲始。于是久旱。二月，令陝西發廩振糶，旱故也。

清・畢沅《續資治通鑑》卷三三《宋紀三十三》　真宗大中祥符九年九月庚戌，以不雨，罷重陽宴。甲寅，令諸路轉運使督民捕蝗。帝以久旱，憂形於色，減膳撤樂，徧走羣望。及是霑沛，帝作《甘雨應祈詩》，近臣畢和。丁巳，詔：「諸州蝗旱，今始得雨，方在勸農，罷諸營造。」己未，詔：「諸州縣七月以後訴災傷者，準格例不許；今歲蝗旱，特聽受其牒訴。」戊辰，青州言飛蝗投海死。真宗天禧元年，是春，京畿旱。夏四月庚午，王旦至自兗州，言：「曹、濟、徐、鄆州，廣濟、淮陽軍每年船運上供斛斗三十七萬石。去歲蝗旱，望免夏税一科支移。」詔可。五月(庚戌)，詔以仍歲蝗旱，遣使分路安撫。

清・畢沅《續資治通鑑》卷三五《宋紀三十五》　真宗乾興元年，及通判淄州，歲旱蝗，他穀皆不粒，民以蝗不食菽，猶可藝，而患無種，諷行縣至鄒平，發官廩貸民，即出三萬斛。

清・畢沅《續資治通鑑》卷三七《宋紀三十七》　仁宗天聖五年六月甲戌，以京畿旱，禱雨於玉清昭應宮、開寶寺。丙子，詔決畿內繫囚。丁丑，雨。

清・畢沅《續資治通鑑》卷三八《宋紀三十八》　仁宗明道元年三月，江、淮旱。戊戌，詔慮繫囚，流以下降一等，杖、笞釋之。

清・畢沅《續資治通鑑》卷三九《宋紀三十九》　仁宗明道二年八月戊子，詔以蝗旱自責，去尊號「睿聖文武」四字，仍令中外直言闕政。時仍歲蝗旱，執政謂宜有變更以導迎和氣。

清・畢沅《續資治通鑑》卷四一《宋紀四十一》　仁宗景祐四年十二月庚寅，逸凡四至蜀，諳其民風。會歲旱，逸使作堰，壅江水溉民田，自出公租減價以賑。民初饑，多殺耕牛食之，犯者皆配關中。逸奏：「民殺牛以活將死之命，與盜殺者異。若不禁之，又將廢穡事。今歲小稔，請一切放還，復其業。」報可。

清・畢沅《續資治通鑑》卷四一《宋紀四十一》　仁宗寶元二年八月己巳，西川自夏至秋不雨，民大飢。庚辰，命韓琦爲益利路體量安撫使，西染院副使王從益副之。

清・畢沅《續資治通鑑》卷四二《宋紀四十二》　仁宗康定元年六月，是月，遼射柳祈雨。

清・畢沅《續資治通鑑》卷四五《宋紀四十五》　仁宗慶曆三年夏四月丙辰，以春夏不雨，遣使祠禱岳瀆。五月庚辰，幸相國寺、會靈觀祈雨。

清・畢沅《續資治通鑑》卷四六《宋紀四十六》　仁宗慶曆三年十二月，韓琦至陝西，屬歲大饑。是冬，大旱，河中、同、華等州飢民，相率東徙。琦即選官分詣州縣，發省倉以賑之，奏差提點刑獄許宗壽專切往來提舉蒲、華、同三州，所活凡二百五十四萬餘人，他州稱是。時民力久困，琦乃蠲賦役，察官吏能否，升黜之。又以兵數雖多，而雜以疲老，耗用度，選禁軍不堪征戰者，停放一萬二千餘人。

清・畢沅《續資治通鑑》卷四八《宋紀四十八》　仁宗慶曆七年三月丁亥，以旱罷大宴。癸巳，詔曰：「自冬訖春，旱暵未已，五種弗入，農作失業。朕惟災變之來，應不虛發，殆不敏不明以干上帝之怒，咎自朕致，民實何愆！與其降疾于人，不若移災于朕。自今避正殿，減常膳，中外臣僚，指當世切務，實封條上。三事大夫，其協心交儆，稱予震懼之意焉！」

清・畢沅《續資治通鑑》卷五〇《宋紀五十》　仁宗皇祐元年秋七月初，知定州韓琦言：「河朔久不雨，請祈無所應。若出自聖懷，禱於天地山川，宜獲嘉澤。」尋遣祕閣校理張子思持密詞禱於北岳。至是以雨足聞。丙申，定州雨。

清・畢沅《續資治通鑑》卷五一《宋紀五十一》　仁宗皇祐二年三月甲午，遣官祈雨。仁宗皇祐三年五月庚戌朔，以恩、冀等州旱，詔長吏決繫獄。

清・畢沅《續資治通鑑》卷五四《宋紀五十四》　仁宗皇祐五年冬十月，詔以蝗旱，令監司諭親民官上民間利害。

清・畢沅《續資治通鑑》卷五五《宋紀五十五》　仁宗至和二年三月，是月，以旱除畿内民逋租及去年秋逋稅，罷營繕諸役。

清・畢沅《續資治通鑑》卷五七《宋紀五十七》　仁宗嘉祐三年八月丁未，詔三司：「京師比歲旱，屢蠲民租，其以緡錢十萬下本路助糴軍儲。」

清・畢沅《續資治通鑑》卷六二《宋紀六十二》　英宗治平元年四月，司馬光言：「伏見權御史中丞王疇建言，乞陛下循真宗故事，幸諸寺觀祈雨，朝廷雖從其請，至今車駕未出。臣愚以爲車駕暫出，近在京城之内，亦何必拘瞽史之言，選揀時日。伏望斷自聖心，於一兩日間，車駕早出，爲民祈雨，以副中外之望。」甲午，祈雨於相國、大清寺、醴泉觀。

清・畢沅《續資治通鑑》卷六四《宋紀六十四》　英宗治平三年秋七月丁卯，遼主如蒲絲淀。以歲旱，遣使賑山後貧民。十一月，司馬光奏曰：「今歲彗星彰見，連月乃滅，飛蝗害稼，日有食之。加之陝西、河東，夏秋乏雨，禾既不收，麥仍未種；西戎内侮，邊鄙未安。」

清・畢沅《續資治通鑑》卷六五《宋紀六十五》　英宗治平四年五月辛巳，以久旱命宰臣禱雨。十一月，戊子，分命宰臣祈雪。

清・畢沅《續資治通鑑》卷六六《宋紀六十六》　神宗熙寧元年春正月丁丑，以旱減天下囚罪一等，杖以下釋之。壬辰，帝幸寺觀祈雨。神宗熙寧二年三月乙未，以旱慮囚。夏四月戊戌，省内外土木工。初，羣臣請上尊號及作樂，帝以久旱不許。

清・畢沅《續資治通鑑》卷六八《宋紀六十八》　神宗熙寧三年八月丙寅，以旱慮囚，死罪以下遞減一等，杖笞者釋之。以衛州旱，令轉運司賑卹，仍蠲租賦。

清・畢沅《續資治通鑑》卷六九《宋紀六十九》　神宗熙寧六年秋七月甲寅，是歲，賑河北、陝西旱饑，除民租。以旱録在京囚，死罪以下降一等，杖罪釋之。

清・畢沅《續資治通鑑》卷七〇《宋紀七十》　神宗熙寧七年三月癸卯，以旱避正殿，減膳。夏，四月，自去歲秋七月不雨至於是月，帝憂形於色，嗟歎懇惻，欲盡罷法度之不善者。王安石曰：「水旱常數，堯、湯不免。今旱暵雖久，但當修人事以應之。」帝曰：「朕所以恐懼者，正爲人事之未修耳。今取免行錢太重，人情咨怨，自近臣以至后族，無不言其害者。」至是大旱，東北流民，扶攜塞道，羸瘠愁苦，身無完衣，並城民買麻籸麥麵合米爲糜，或茹木實草根，至身被鎖械，而負瓦揭木，賣以償官，纍纍不絕。俠知安石不可諫，乃繪所見爲圖，具疏詣閤門，不納，遂稱密急，發馬遞，上之銀臺司，其略曰：「去年大蝗，秋冬亢旱，麥苗焦枯，五種不入，羣情懼死。方春斬伐，竭澤而漁，草木魚鼈，亦莫生遂。災患之來，莫知或禦。願陛下開倉廩，賑貧乏，取有司掊克不道之政，一切罷去，冀下召和氣，上應天心，延萬姓垂死之命。【略】臣謹按安上門逐日所見，繪成一圖，百不及一，但經聖覽，亦可流涕，況于千萬里之外，有甚于此者哉！陛下觀臣之圖，行臣之言，十日不雨，即乞斬臣宣德門外，以正欺君之罪。」疏奏，帝反覆觀圖，長吁數四，袖以入内。是夕，寢不能寐。翼日癸酉，遂命開封體放免行錢，三司察市易，司農發常平倉，三衞(衙)具熙河所用兵，諸路上民物流散之故，青苗免役，權息追呼，方田、保甲並罷，凡十有八事，民間歡叫相賀。是日，果雨。初，景思立覆軍，賊勢復振，而京師風霾旱災相仍，議者欲棄河湟，帝數遣中使戒韶持重勿出。及是捷聞，乃大喜，賜詔嘉之。五月戊戌朔，左司郎中、天章閣待制李師中言：「旱既太甚，民將失所。今日之事，非有動民之行，應天之實，恐不足以塞天變。」五月丙寅，遼主以久旱，命録囚。

清・畢沅《續資治通鑑》卷七一《宋紀七十一》　神宗熙寧八年正月己未，洮西安撫司以歲旱，請爲粥以食羌户飢者。

清・畢沅《續資治通鑑》卷七二《宋紀七十二》　神宗熙寧十年三月辛酉，分命輔臣祈雨於郊廟社稷，仍詔開封府界、京東、西、河北轉運、提點刑獄司，各訪名山靈祠，委長吏請禱。壬申，詔州縣捕蝗。五月，抃知越州時，兩浙旱蝗，米價踊貴，餓死者什五六。諸州皆榜衢路，立告賞，禁人增米價。抃獨榜衢路，令有米者任增價糶之。於是諸州米商輻輳詣越，米價更賤，民無餓死者。先是淮浙饑，詔出本界上供米損市價糶，以活飢民。發運副使盧秉言：「價雖賤，貧者終不得米，請償糴本，盡以其餘賑卹流民。」詔可。是歲奏計，帝問曰：「如聞滁、和民食蝗以濟，有之乎？」秉對曰：「有之。民飢甚，死者相枕籍。」秋，七月，甲寅，禱雨。

清・畢沅《續資治通鑑》卷七三《宋紀七十三》　神宗元豐元年春正月庚戌，命河北轉運使令所在長吏分禱名山，旱故也。

清・畢沅《續資治通鑑》卷七五《宋紀七十五》　神宗元豐三年五月，遼主以旱禱雨，令左右以水相沃，俄而雨降。

清・畢沅《續資治通鑑》卷七六《宋紀七十六》　神宗元豐四年五月癸丑，遼永清、武清、固安三縣蝗。六月，戊午，河北諸郡蝗生。戊辰，詔：「聞河北飛蝗極盛，漸已南來，速令開封府界提舉司、京東、西路轉運司遣官督捕；仍告諭州縣，收穫先熟禾稼。」癸未，命提點開封府界諸縣鎮公楊景略、提舉開封府界常平等事王得臣督諸縣捕蝗。

清・畢沅《續資治通鑑》卷七七《宋紀七十七》　神宗元豐六年五月庚寅，以旱慮囚。

清・畢沅《續資治通鑑》卷七九《宋紀七十九》　哲宗元祐元年正月甲辰，王巖叟奏：「自冬不雪，今涉春矣，旱暵爲災，變異甚大。」癸丑，太皇太后躬詣中太一宮、集禧觀祈雨。帝幸相國寺祈雨。夏四月辛卯，詔：「諸路旱傷，蠲其租。」壬辰，以旱慮囚。十二月，戊申，詔以冬温無雪，決繫囚。

清・畢沅《續資治通鑑》卷八〇《宋紀八十》　哲宗元祐二年夏四月辛卯，詔：「自今月十一日，避正殿，減常膳，公卿大夫其勉修厥職，共圖消復。」以梁燾奏春夏大旱故也。己亥，太皇太后以旱，權罷受册禮。詔諸路監司分督郡縣刑獄。五日而雨。

清・畢沅《續資治通鑑》卷八一《宋紀八十一》　哲宗元祐四年三月，劉安世言：「去冬迄今春，雨雪愆期，夏苗將稿〔槁〕，秋種未布，伏望特罷宴樂，以示閔雨之意。」丁亥，詔罷春宴。夏四月乙巳，呂大防等以久旱求罷，不允。

清・畢沅《續資治通鑑》卷八一《宋紀八十一》　哲宗元祐五年二月癸卯，詔：「時雨稍愆，應五岳、四瀆州軍，令長吏祈禱。」丁未，減天下囚罪，杖以下釋之。夏四月甲辰，呂大防等以旱乞罷，詔答不允。丁巳，詔以旱避殿，減膳，罷五月朔日文德殿視朝。五月乙亥，雨。己卯，御殿，復膳。是歲，京北旱。

清・畢沅《續資治通鑑》卷八三《宋紀八十三》　哲宗紹聖元年夏四月丙午，以旱，詔卹刑。

清・畢沅《續資治通鑑》卷八五《宋紀八十五》　哲宗紹聖四年五月辛酉，以皇太妃服藥及亢旱，決四京囚。是歲，兩浙旱饑，詔行荒政，移粟賑貸。

清・畢沅《續資治通鑑》卷八五《宋紀八十五》　哲宗元符元年九月，丁未，以霖雨罷秋宴。

清・畢沅《續資治通鑑》卷八六《宋紀八十六》　哲宗元符二年四月丁亥，以旱減四京囚罪一等，杖以下釋之。

清・畢沅《續資治通鑑》卷八七《宋紀八十七》　徽宗建中靖國元年四月，是月，遼地旱。是歲，河東地震，京畿蝗，兩浙、湖南、福建旱。

清・畢沅《續資治通鑑》卷八八《宋紀八十八》　徽宗崇寧元年，是歲京畿、京東、河北、淮南蝗，江、浙、熙、河、漳、泉、潭、衡、郴州、興化軍旱。徽宗崇寧二年，是歲，諸路蝗。

清・畢沅《續資治通鑑》卷九〇《宋紀九十》　徽宗大觀元年，是歲，秦鳳旱。

清・畢沅《續資治通鑑》卷九〇《宋紀九十》　徽宗大觀二年六月丙申，遼射柳祈雨。徽宗大觀三年，是歲，江、淮、荆、浙、福建大旱，自六月不雨至於十月。秦、鳳、階、成饑，發粟振之，蠲其賦。

清・畢沅《續資治通鑑》卷九一《宋紀九十一》　徽宗政和三年，是歲，江東旱。

清・畢沅《續資治通鑑》卷九二《宋紀九十二》　徽宗政和七年，是歲，大旱，帝以爲念。

清・畢沅《續資治通鑑》卷九三《宋紀九十三》　徽宗宣和元年，十一月，淮甸旱饑，民失業，遣監察御史察訪。十二月，是月，京西饑，淮東大旱，遣官賑濟。

清・畢沅《續資治通鑑》卷九四《宋紀九十四》　徽宗宣和三年，是歲，諸路蝗。

清・畢沅《續資治通鑑》卷九五《宋紀九十五》　徽宗宣和五年，是歲，秦、鳳旱，河北、京東、淮南饑，遣官賑濟。

清・畢沅《續資治通鑑》卷一一二《宋紀一百十二》　高宗紹興三年秋七月癸酉，宰相呂頤浩、參知政事席益、簽書樞密院事徐俯，以旱乞罷政。帝曰：「與其去位，曷若同寅協恭，交修不逮，思所以克厭天心者！」頤浩等乃復視事。丙子，以久旱，詔諸路監司分按州縣，親録囚徒以察冤滯。

清・畢沅《續資治通鑑》卷一一五《宋紀一百十五》　高宗紹興五年六月癸丑，詔曰：「聞諸路久愆雨澤，繇朕不德，致使亢旱。雖恐懼修省，思所以答譴戒，弭天災，尚慮州縣違戾詔令，重擾吾民，致傷和氣。除税租和預買及應副大軍之外，應干科斂催驅等事，日下並罷。仍仰州縣具其所罷名件申尚書省。」甲寅，尚書左僕射趙鼎、知樞密院事孟庾、參知政事沈與求奏：「自五月丙子不雨，今越四旬，叨冒近司，輔政無狀，致此譴戒，乞賜黜責。」詔：「各安厥位，無得再請。」

清·畢沅《續資治通鑑》卷一一六《宋紀一百十六》 高宗紹興六年春正月辛未，翼日，謂尚書右僕射張浚曰：「朕居燠室尚覺寒，細民甚可念。若湖南、江西旱災去處，亦宜早措置賑濟。民既困窮，則老弱者轉于溝壑，强悍者流爲盗賊，朕爲民父母，豈得不憂！」浚曰：「陛下推是心以往，則足以感召和氣，況實惠乎！」三月辛未，詔：「去歲旱傷及四分以上州縣，所負紹興四年已前錢帛之税，皆除之。」

清·畢沅《續資治通鑑》卷一一八《宋紀一百十八》 高宗紹興七年秋七月壬申，張浚以旱乞率從官禱雨，又乞弛役、慮囚等數事，因奏：「如浙西諸郡及宣州、廣德軍地形未覺旱，如鎮江、建康地形高，最覺闕雨。」上曰：「朕患不知四方水旱之實，宫中種兩區稻，其一地下，其一地高。昨日親閲之，地高者，其苗有槁意矣。須精加祈求，庶幾數日間得雨也。」

清·畢沅《續資治通鑑》卷一二三《宋紀一百二十三》 高宗紹興十年閏六月，是月，大旱，使蕭彦讓、田穀（轂）決西京囚。

清·畢沅《續資治通鑑》卷一二四《宋紀一百二十四》 高宗紹興十一年，是秋，金境多蝗。

清·畢沅《續資治通鑑》卷一二九《宋紀一百二十九》 高宗紹興二十年，去歲因旱凶，民杜八子者，乘時嘯聚，遂破建陽。

清·畢沅《續資治通鑑》卷一三三《宋紀一百三十三》 高宗紹興三十年秋冬之交，淮水淺涸，徒步可過，若敵今歲未動，請江、淮一帶，遴選武臣爲守，公私荒田，悉撥以充屯田，使募人耕之，暇則練習，專務持重，勿生釁端。來則堅壁勿戰，去則入壁勿追，使之終無所得而自困，此持久之説也。

清·畢沅《續資治通鑑》卷一三七《宋紀一百三十七》 高宗紹興三十二年癸亥，觀文殿大學士、判建康府張浚言：「軍籍日益凋寡，補集將士，必資西北之人，能戰忍苦，方爲可仗。訪得東北今歲蝗蟲大作，米價湧貴，中原之人，極艱于食。乞朝廷多撥米斛或錢物，付臣措置招徠，人心既歸，北勢自屈。」詔以米萬石予之。

清·畢沅《續資治通鑑》卷一三八《宋紀一百三十八》 孝宗隆興元年三月丙申，金中都以南八路蝗，詔尚書省遣官捕之。五月，中都蝗。命參知政事完顏守道按問大興府捕蝗官。秋，七月，乙巳，以旱、蝗、星變，詔侍從、臺諫、兩省官條上時政闕失。孝宗隆興二年五月癸卯，金以旱，敕有司審寃獄，禁宫中音樂，放毬場役夫。

清·畢沅《續資治通鑑》卷一四〇《宋紀一百四十》 孝宗乾道三年九月，是秋，以四川旱，賜制置司度牒四百，備賑濟。

清·畢沅《續資治通鑑》卷一四一《宋紀一百四十一》 孝宗乾道五年六月，金主以久旱，命宫中毋用扇。庚子，雨。

清·畢沅《續資治通鑑》卷一四二《宋紀一百四十二》 孝宗乾道七年九月壬申朔，帝曰：「江西、湖南旱歉，宜可募兵兩路，各且募千人。」

清·畢沅《續資治通鑑》卷一四三《宋紀一百四十三》 孝宗乾道八年四月癸亥，金以久旱，命禱祀山川。五月丁丑，金主次凖居，（舊作阻居。）久旱而雨。六月，帝曰：「江西旱荒之餘，州縣亦是無備，亦多由官吏非其人。」旋命賑江西饑。

又 孝宗乾道九年冬十月，臣僚言：「浙東諸郡旱傷，如温、台二州，自來每遇不稔，全賴轉海般運浙西米斛，粗能贍給。聞浙西平江、秀州邊海諸縣不令放出，於荒歉之處爲害甚大，請嚴禁遏糴。」從之。

清·畢沅《續資治通鑑》卷一四四《宋紀一百四十四》 孝宗淳熙元年冬十月戊辰，命紹興府上供米與蠲放，以守臣張宗元言諸縣旱傷故也。十二月，甲子，以鹽官縣旱，減放苗租。孝宗淳熙二年九月丁卯，以浙東旱傷，令轉運提舉興修水利。

清·畢沅《續資治通鑑》卷一四五《宋紀一百四十五》 孝宗淳熙三年春正月甲寅，以常州旱，寬其逋負之半。賑淮東饑，仍命賑（貸）貧民種。金亦以是日免去年被水旱路分租税。六月，是月，金山東兩路蝗。孝宗淳熙四年三月辛亥，金免河北七路去年旱蝗租税，賑東京三路。金主謂赫舍哩良弼曰：「堯有九年之水，湯有七年之旱，而民不病飢。今三年不登而人民乏食，何也？」良弼對曰：「古者地廣民淳，崇尚節儉，而又惟農事是務，故蓄積多而無饑饉之患。」

清·畢沅《續資治通鑑》卷一四七《宋紀一百四十七》 孝宗淳熙七年秋七月，是月，以旱，決繫囚，分命羣臣禱雨於山川。金地亦旱。八月，甲申，以禱雨未應，詔職事官以上各實封言事。是夕，雨。九月，詔：「印會子百萬緡，均給江、浙，代納旱傷州縣月樁錢。」是歲，二浙、江東西、湖北、淮西傷旱，檢放並販（賑）濟，計合二百萬緡斛。十一月，己未，知隆興府張子顔言：「曩乾道之旱，江西安撫龔茂良有請，欲明諭州縣，於賑濟畢日按籍比較，稽其登耗而爲守令賞罰，以此流移者少。今歲旱傷，欲乞許臣依茂良所請以議守令賞罰。」從之。是歲，江、浙、淮西、湖北旱，蠲租，發廩貸給，趣州縣決獄，募富民賑濟補民，故歲雖凶，民無流殍。

清·畢沅《續資治通鑑》卷一四八《宋紀一百四十八》 孝宗淳熙八年六月戊午，户部言去年兩浙、江東西、湖北、淮西旱傷，共檢收米一百三十七萬餘石，詔與蠲放。庚申，户部乞撥還去年旱傷無收經總等錢二十六萬餘緡。帝曰：「可盡與之。」八月，丙午，諭云：「朕緣久旱不雨，曉夕思所以寬卹，無事不在念。今且將諸路節次泛抛招軍並與蠲免。」九月，以江、浙、湖北旱，出爵募民賑濟。十二月癸卯朔，以徽、饒二州民流者衆，罷守臣官。出南庫錢三十萬緡，付朱熹賑糶。丁未，禁諸州營造。辛亥，蠲諸路旱傷州軍明年身丁錢。孝宗淳熙九年正月庚寅，詔：「江、浙、兩淮旱傷州縣，貸民稻種，計度不足者，貸以樁積錢。」六月庚申，臨安蝗，詔守臣亟加焚瘞。秋七月甲戌，以常平、義倉及樁官米四十萬石付諸司預備賑糶。辛巳，出南庫錢三十萬緡付朱熹備賑糧。八月，淮東、浙西蝗。壬子，定諸州捕蝗賞罰。除朱熹直徽猷閣，以其賑濟有勞也。冬十月甲子，蠲諸路旱傷州軍淳熙七年、八年逋賦。

清·畢沅《續資治通鑑》卷一四九《宋紀一百四十九》 孝宗淳熙十年秋七月庚午，禮部太常寺言：「《開寶通禮》，州縣水旱則祈社稷，典禮具存。見今朝廷或遇水旱，亦行祈禱。今欲依臣僚所陳，遇有水旱，令州縣先祈社稷，請朝廷指揮行下。」詔從之。先是臣僚言：「州縣遭水旱，神祠、佛宫，無不徧走，而社稷壇壝，闃然莫或顧省。彼五土、五穀之神，百代尊奉，豈應祈報獨不得與羣祀同饗精純！」於是下禮寺看詳而有是命。甲戌，以旱，詔求直言。丁丑，詔除災傷州縣淳熙八年税。癸未，宰相王淮、梁克家，知樞密院事周必大，簽書樞密院兼權參知政事施師點，以旱乞避位，不許。帝曰：「數日羣臣應詔言事，並無及朕過失，但多言刑獄事；然刑獄自有成法也。」甲申，雨。孝宗淳熙十一年春正月，是月，户部上去歲旱傷減放之數，帝初欲下漕臣覈實，既而曰：「若爾，則來年州郡必懷疑，不與檢放矣。」秋七月，是月，以泉、福、興化饑，興元旱，並賑之。

清·畢沅《續資治通鑑》卷一五〇《宋紀一百五十》 孝宗淳熙十二年二月壬申，吉州乞將旱傷最重太和、吉水、廬陵縣見欠夏税，並與蠲放，從之。

清·畢沅《續資治通鑑》卷一五一《宋紀一百五十一》 孝宗淳熙十四年六月戊寅，以久旱，頒晝龍祈雨法。甲申，駕詣太乙宫祈雨，次詣明慶寺。癸巳，王淮等以旱求罷，不許。秋，七月，詔曰：「政事不修，旱暵爲虐，可令侍從、臺諫、兩省、卿監、郎官、館職疏陳闕失及當今急務，毋有所隱。」己酉，詔監司條上州縣弊事，民間疾苦。辛亥，避殿，減膳，徹樂。丙辰，命臨安府捕蝗，募民輸米賑濟，除紹興新科下户今年和市布帛二萬八千匹。辛酉，以江西、湖南饑，給度牒，糴米備賑。八月辛未，賜度牒百道，米四萬餘石，備賑紹興府饑。

清·畢沅《續資治通鑑》卷一五二《宋紀一百五十二》 光宗紹熙元年五月丙子，金以祈雨，望祭岳鎮、海瀆於北郊。光宗紹熙三年四月，金地旱。五月乙酉，金以雨足，致祭於社稷。

清·畢沅《續資治通鑑》卷一五三《宋紀一百五十三》 光宗紹熙四年秋七月丙子，以旱決滯獄。八月戊午，賑江東、浙西、淮西旱傷貧民。光宗紹熙五年夏四月壬寅，以不雨，命決繫囚，釋杖以下。五月戊子，金以桓、撫二州旱，遣使禱於緡山。

清·畢沅《續資治通鑑》卷一五四《宋紀一百五十四》 寧宗慶元二年三月癸卯，金以久旱，敕尚書省曰：「刑獄雖已奏行，其間恐有疑枉，其再議以聞。人命至重，不可不慎也。」五月乙酉，金以久旱徙市。庚寅，詔復市如常。六月甲寅，金主以仲夏始得雨足，百姓艱食，出倉粟十萬石，減價糶之。寧宗慶元三年九月壬寅，以四川旱，蠲民賦。

清·畢沅《續資治通鑑》卷一五五《宋紀一百五十五》 寧宗慶元五年五月，金主以旱，下詔責躬，求直言，避殿，減膳，審理冤獄。庚戌，金主諭宰相曰：「諸路旱或關執政，今惟大興、宛平兩縣不雨，非其守令之過歟？」司空襄，平章政事張萬公，參知政事布薩揆，上表待罪，金主以罪己答之，令各還職。寧宗慶元六年五月丙辰，以旱決中外繫囚。丙寅，詔大理、三衙、臨安府及諸路闕雨州縣釋杖以下囚。戊辰，詔侍從、臺諫、兩省、卿監、郎官、館職疏陳闕失及當今急務。辛未，以久旱，詔中外陳朝廷過失及時政利害。

清·畢沅《續資治通鑑》卷一五六《宋紀一百五十六》 寧宗嘉泰元年五月戊午，以旱禱於天地、宗廟、社稷。詔大理、三衙、臨安府、兩浙州縣決繫囚。六月辛卯，金祈雨於北郊。是歲，浙西、江東、兩淮、利州路旱，賑之，仍蠲其賦。

清・畢沅《續資治通鑑》卷一五六《宋紀一百五十六》 寧宗嘉泰二年秋七月癸亥，以旱釋諸路杖以下囚。寧宗嘉泰三年五月庚辰，以旱，釋杖以下囚。

清・畢沅《續資治通鑑》卷一五七《宋紀一百五十八》 寧宗嘉泰四年二月，金以山東、河北旱，詔祈雨東、北二岳。秋七月甲子，以旱，詔大理、三衙、臨安府、兩浙及諸路決繫囚。辛未，蠲兩浙州縣逋租。八月，先是金以旱求直言。寧宗開禧元年秋七月，以旱，決繫囚。冬十月，甲子，江州守臣陳鑄，以歲旱，圖獻瑞禾，詔奪一官。寧宗開禧二年九月，山東連歲旱，蝗，沂、密、萊、莒、濰五州尤甚。萬公慮民飢盜起，當預備賑濟，而兵興，國用不給，乃請將僧、道度牒并鹽引付山東行部給買，納粟易換，又言督責有司禁戢盜賊之方，金主皆從之。

清・畢沅《續資治通鑑》卷一五八《宋紀一百五十八》 寧宗開禧三年春正月庚申，以旱詔決繫囚。秋七月，大旱，飛蝗蔽天，食浙西豆粟皆盡。乙酉，下詔罪己，命郡邑賑卹之。

又 寧宗嘉定元年夏四月辛卯，以旱禱於天地、宗廟、社稷。乙未，蠲兩浙闕雨州縣貧民逋賦。命大理、三衙、臨安府、兩浙州縣決繫囚。丁酉，詔求直言。五月丁卯，以蝗災，詔侍從、臺諫疏奏闕政，監司、守令條上民間利害。金遣使分路捕蝗。秋七月，(金)詔頒捕蝗圖於中外。寧宗嘉定二年五月丁酉，以旱詔諸路監司決繫囚，劾守令之貪殘者。辛丑，命州縣捕蝗。

清・畢沅《續資治通鑑》卷一五九《宋紀一百五十九》 寧宗嘉定三年春正月甲辰，下詔招諭羣盜，復詔戒監司、守令曰：「歲比旱、蝗，民食不登，捐瘠流亡，良可哀痛。而監司、守令，鹵莽具文，未悉朕志，其能按發而無拘攣與？撫字而無刻薄與？不然，何吾民不安業而忍爲盜賊之歸也？」五月甲辰，以去歲旱、蝗，百官應詔封事，命兩省擇可行者以聞。六月，金大旱。金主下詔罪己，賑貧民闕食者，曲赦西京、太原兩路，雜犯死者減一等，徒以下免。寧宗嘉定四年夏四月己丑，以吳曦没官田租代輸闕外四州旱傷秋税。十二月，著作佐郎真德秀輪對，因論災異曰：「近歲以來，旱蝗頻仍，饑饉相踵。【略】矧今冬令已深，將雪復止，和氣尚鬱，嘉應未臻，此古人所謂天有憂結未解，民有怨望未塞者也。」寧宗嘉定五年三月，金大旱。十一月壬戌，金賑河東南路、南京路、陝西東路、山東西路、衛州旱災。十二月丁丑，再蠲濠州租税一年。寧宗嘉定六年五月丁卯，以不雨，命大理、三衙、臨安府決繫囚。是月，陝西大旱。

清・畢沅《續資治通鑑》卷一六〇《宋紀一百六十》 寧宗嘉定六年九月閏月己丑，以湖北旱傷，詔監司、守令賑卹。寧宗嘉定七年六月甲辰，以旱，命諸路監司、守臣決滯訟。壬子，釋大理、三衙及兩浙路杖以下囚。是歲，兩浙、江東西路旱、蝗。

清・畢沅《續資治通鑑》卷一六一《宋紀一百六十一》 寧宗嘉定十一年秋七月己卯，金以旱，命禮部尚書楊雲翼分理冤獄。

清・畢沅《續資治通鑑》卷一六二《宋紀一百六十二》 寧宗嘉定十五年三月丁巳，賑江西州縣旱傷。

清・畢沅《續資治通鑑》卷一六三《宋紀一百六十三》 理宗寶慶元年夏四月甲午，金以京畿旱，遣使慮囚。五月丁丑，金主以旱甚責己，避正殿，減膳，赦罪。六月，金陝西旱甚，行省完顏哈達齋戒請雨；雨澍，歲事有收，民德之。

清・畢沅《續資治通鑑》卷一六四《宋紀一百六十四》 理宗紹定元年六月壬戌，金以旱，赦雜犯死罪以下。理宗紹定二年五月，詔：「成都、潼川路旱，制置司及各路監司疾速措置賑卹，務要實惠及民，仍攷察郡縣奉行勤惰以聞。」

清・畢沅《續資治通鑑》卷一六八《宋紀一百六十八》 理宗端平二年六月庚辰，祈雨，録行在繫囚。理宗端平三年二月甲寅，以祈雨，決中外繫囚。

清・畢沅《續資治通鑑》卷一六九《宋紀一百六十九》 理宗嘉熙二年，蒙古徵收課税使陳時可、高慶民等言，諸路旱蝗。詔免今年田租，仍停舊未輸納者，俟豐歲議。理宗嘉熙三年夏四月，以不雨，復詔州縣賑流民，決繫囚，蠲贓賞錢。庚戌，以雨未通濟，復詔決中外繫囚，原減有差。庚辰，以久不雨，再決中外繫囚。秋七月戊辰朔，命諸路提舉常平司，下所部州縣捕蝗。九月辛卯，以江、湖、浙東、建、劍、汀、邵旱傷，詔：「諸路提舉常平司，覈所部州縣常平義倉之儲，以備賑濟。仍敕制、總司，今後毋輒移用，違者坐之。」從左司諫徐榮叟請也。冬十月，詔出封樁庫祠牒三百道，下江東憲司，賑饒、信、南康三郡旱傷之民。

清・畢沅《續資治通鑑》卷一七〇《宋紀一百七十》 理宗嘉熙四年六月辛丑，命近臣禱雨於天地、宗廟、社稷、宫觀。壬子，録行在繫囚。江、浙、福建旱、蝗。詔曰：「亢陽爲害，日事禱祈，邈無報應。且聞飛蝗爲孽，朕心惕然。自七月一日，避正殿，減常膳，應中外臣僚，並許直言朝廷闕失。」知寧國府杜範召還都，首言：「旱嘆薦臻，人無粒食，楮券猥輕，物價騰踴，行都之内，氣象蕭條，左浙近輔，殍死盈道，流民充斥，剽掠成風，是内憂已迫矣。」秋七月甲子，出封樁庫緡錢二十萬貫賑臨安貧民。杜範復上疏曰：「天災旱嘆，昔固有之。而倉廩匱竭，月支不繼，斗粟一千，其增未已，富户淪落，十室九空，此又昔之所無也。甚而闔門飢死，相率投江，里巷聚首以議執政，軍伍誶語所不忍聞，此何等氣象，而見於京師衆大之區！浙西稻米所聚，而赤地千里。淮民流離，襁負相屬，欲歸無所，奄奄待盡。使邊塵不起，尚可苟活萬一。敵騎衝突，彼必奔迸南來，或相攜從敵，因爲之鄉導，巴蜀之覆轍可鑒也。」理宗淳祐元年六月丙寅，以旱、蝗，録行在繫囚。

清·畢沅《續資治通鑑》卷一七一《宋紀一百七十一》 理宗淳祐四年十一月戊午，以禱雪，出封樁庫十八界楮幣二十萬賑臨安細民，犒三衙諸軍亦如之。理宗淳祐五年六月丙寅，以旱決中外繫囚。秋七月辛丑，以常、潤大旱，命有司舉行卹政。乙巳，出封樁庫楮幣賑臨安細民。十二月壬戌朔，以祈雪，詔大理寺、三衙、臨安府、兩浙州軍并建康府，繫囚杖以下釋之。理宗淳祐六年六月丙午，以禱雨，詔中外決繫囚，杖以下釋之。臣僚言：「旱勢可慮，請分命臣僚徧禱羣望，仍令有司疎決淹獄，及下諸路勸諭富家接濟細民，以弭盜賊。」從之。

清·畢沅《續資治通鑑》卷一七二《宋紀一百七十二》 理宗淳祐七年五月乙卯，以禱雨未應，詔諸路録囚。己未，禱雨于天地、宗廟、社稷。六月丙申，詔求直言，弭旱。冬十月，以嚴州旱，詔豐儲倉給米萬石賑糶。甲寅，以鎮江府旱，詔兩浙轉運司檢覈蠲租七萬四千石有奇。十二月庚寅，以近畿旱，詔：「正歲、天基節大宴權免，其州郡賜宴，務從省約，毋得科擾，以副朕敬天愛民之意。」理宗淳祐八年三月，自太宗皇后稱制以來，法度不一，内外離心。至是國内大旱，河内盡涸，野草自焚，牛馬死者十八九，人不聊生。五月庚戌，以闕雨，詔録行在繫囚。理宗淳祐九年三月癸酉朔，以衢、信州旱，給豐儲倉米五千石賑之。

清·畢沅《續資治通鑑》卷一七四《宋紀一百七十四》 理宗寶祐二年是春，蜀中旱。

清·畢沅《續資治通鑑》卷一七五《宋紀一百七十五》 理宗寶祐六年三月辛亥朔，祈雨。

清·畢沅《續資治通鑑》卷一七七《宋紀一百七十七》 理宗景定四年六月壬子，蒙古河間、益都、燕京、真定、東平諸路蝗。八月壬子，蒙古以旱免彰德路今歲田租之半，洺、磁二州十之七。蒙古濱、棣二州蝗，真定路旱。十一月甲申，蒙古以東平、大名等旱，量減今年田租。理宗景定五年夏四月壬子，蒙古東平、太原、平陽旱，分遣西僧祈雨。八月，高斯得應詔曰：「連年旱暵，田野蕭條，物價翔踴，民命如綫。」

清·畢沅《續資治通鑑》卷一七八《宋紀一百七十八》 度宗咸淳元年秋七月辛酉，蒙古益都大蝗，饑，命減價糶官粟以賑。度宗咸淳二年，是歲，蒙古東平、濟南、益都、平灤、真定、洺磁、順天、中都、河間、北京蝗，京兆、鳳翔旱。

清·畢沅《續資治通鑑》卷一七九《宋紀一百七十九》 度宗咸淳六年，是歲，蒙古以應昌府及山東、淄、萊路饑，賑之。南京、河南兩路旱，減其賦。

清·畢沅《續資治通鑑》卷一八四《元紀二》 世祖至元十六年夏四月，大都等十六路蝗。

清·畢沅《續資治通鑑》卷一八五《元紀三》 世祖至元十八年二月，以遼陽、懿、蓋、北京、大定諸州旱，免今年租税之半。

又 世祖至元十八年，是歲，平陽路松山縣旱，高唐、夏津、武城等縣蟊害稼，並免今年租，計三萬六千餘石。

又 世祖至元十九年八月，真定以南旱，民多流移，和爾果斯請所在官司發廩以賑，從之。

清·畢沅《續資治通鑑》卷一八六《元紀四》 世祖至元二十年正月丙寅，御史臺言：「燕南、河北、山東，去歲旱災，按察司已嘗閲視，而中書不爲奏免税糧，民何以堪！」詔有司權停勿徵，仍諭：「自今管民官，凡有災傷，過時不申，及按察司不即行視者，皆罪之。」

清·畢沅《續資治通鑑》卷一八九《元紀七》 世祖至元二十七年夏四月癸巳，河北十七郡蝗，敕賑之。平山、真定、棗强三縣旱。並免其租。秋七月，滄州樂陵旱，免田租三萬餘石。

清·畢沅《續資治通鑑》卷一九二《元紀十》 成宗元貞元年六月，是月，陝西旱、饑，行省右丞許扆議發廩賑之，同列以未經奏請，不可，扆曰：「民爲邦本，今飢餒若此，必俟命下，無及矣。擅發之罪，吾當任之。」遂發粟賑貸。成宗元貞二年六月，是月，大都、真定等路蝗，海南民飢，發粟賑之。是歲，太原、開元、河南、芍陂旱，蠲其田租。

清・畢沅《續資治通鑑》卷一九三《元紀十一》 成宗大德元年三月，道州旱，遼陽饑，並賑之。成宗大德二年夏四月，江南、山東、浙江、兩淮、燕南屬縣多蝗。成宗大德三年五月，是月，以鄂、岳諸州旱，免其酒課、夏稅，江陵路旱、蝗，弛其湖泊之禁，並以糧賑之。九月，揚州、淮安旱，免其田租。成宗大德四年三月，乙未，寧國、太平旱，賑之。

清・畢沅《續資治通鑑》卷一九四《元紀十二》 成宗大德六年三月丁酉，以旱溢爲災，詔赦天下。平灤被災尤甚，免其差稅三年。其餘災傷之地，已經賑卹者免一年。今年内郡包銀俸鈔，江淮以南夏稅，諸路鄉邨人户散辦門攤課程，並蠲免之。成宗大德七年元貞初，圖呼魯遷江浙右丞，適歲旱，方至而雨，民心大悅。

清・畢沅《續資治通鑑》卷一九六《元紀十四》 武紀至大二年四月，益都諸路蝗。六月，癸亥，選官督捕蝗。

清・畢沅《續資治通鑑》卷一九八《元紀十六》 仁宗皇慶元年八月，是月，濱州旱。仁宗皇慶二年三月壬子，圖呼魯言：「臣等職專燮理，去秋至春亢旱，民間乏食。」九月，京師大旱。帝問弭災之道，翰林學士承旨程鉅夫舉桑林六事以對，忤時宰意。十二月，京師以久旱，民多疾疫，帝曰：「此皆朕之責也，赤子何罪！」明日，大雪。仁宗延祐元年春正月，帝初政風動天下，正與諸老臣陳贊之力居多，累乞致仕，不許，遂有是命。時議經理河南、淮、浙、江西民田，增茶、鹽課額。正極言不可，弗從。歲大旱，野無麥穀，種不入土。

清・畢沅《續資治通鑑》卷一九九《元紀十七》 仁宗延祐二年五月辛丑，以濟寧、益都亢旱，汰省衛士芻粟。仁宗延祐四年夏，四月己亥，德安旱，免屯田租。乙丑，帝夜坐，憂旱，謂侍臣曰：「雨暘不時，柰何？」蕭拜珠曰：「宰相之過也。」帝曰：「卿不在中省耶？」蕭拜珠惶愧。頃之，帝露香默禱。既而大雨，左右以雨衣進，帝曰：「朕爲民祈雨，何避焉！」

清・畢沅《續資治通鑑》卷二〇二《元紀二十》 泰定帝泰定元年三月，以臨洮諸縣旱饑，賑之。泰定帝泰定二年三月，荆門州旱，肇慶諸路饑，賑之。

清・畢沅《續資治通鑑》卷二〇三《元紀二十一》 泰定帝泰定三年三月乙巳朔，帝以不雨自責，命審決重囚，遣使分祀五嶽、四瀆之神及名山大川并京城寺觀。六月，中書省臣言：「比來郡縣旱蝗，臣等不能調燮，故災異降戒。今當恐懼修省，力行善政，亦冀陛下敬慎修德，憫卹生民。」帝嘉納之。泰定帝泰定四年秋七月己亥，御史臺言内郡、江南旱、蝗洊至，非國細故，丞相達實特穆爾、都爾蘇，參知政事布哈、史惟良，參議邁努並乞解職。帝曰：「朕當自儆，卿等亦宜各欽厥職。」

清・畢沅《續資治通鑑》卷二〇四《元紀二十二》 泰定帝致和元年十二月，陝西自泰定二年至是歲不雨，大饑，民相食。

清・畢沅《續資治通鑑》卷二〇五《元紀二十三》 明宗天曆二年八月，天旱，道士持青蛇曰：「盧師谷小青，謂龍也，禱之即雨。」思誠以其惑人殺蛇，逐道士，雨亦隨至，遂有年。縣多淫祠，動以百餘計，刑牲以祭者無虚日，思誠悉命毁之，唯存漢董仲舒祠。九月丙子，以衛輝路旱，罷蘇門歲輸米二千石。

清・畢沅《續資治通鑑》卷二〇七《元紀二十五》 順帝元統二年二月，湖廣旱，自是月不雨至於八月。夏四月，河南旱，自是月不雨至於八月。八月，是月，南康路旱蝗，賑之。順帝至元二年秋七月，是月，黄州蝗，督民捕之，日有五斗。是歲，江浙旱，自春至於八月不雨，民大飢。

清・畢沅《續資治通鑑》卷二〇八《元紀二十六》 順帝至元六年秋七月戊午，以星文示異，地道失寧，蝗旱相仍，頒罪己詔於天下。順帝至正三年秋七月，是月，興國路旱。

清・畢沅《續資治通鑑》卷二〇九《元紀二十七》 順帝至正七年夏四月，是月，河東大旱，民多飢死，遣使賑之。

清・畢沅《續資治通鑑》卷二一〇《元紀二十八》 順帝至正十二年六月，是月，大名路旱蝗，飢民七十餘萬口，給鈔十萬錠賑之。

清・畢沅《續資治通鑑》卷二一一《元紀二十九》 順帝至正十二年十二月，蘄、黄二州大旱，人相食。順帝至正十三年九月，是秋，大旱，溪澗皆涸。是歲，自六月不雨至于八月。

清・畢沅《續資治通鑑》卷二一二《元紀三十》 順帝至正十四年，適歲大旱，公私匱乏，道通乃移咨江浙行省，借米數十萬石，鹽數十萬引，凡軍民約三日入〔人〕糴官米一斗，入緡鈔二貫。又三日，買官鹽十斤，入緡鈔二貫，民皆便之，由是安堵如故，而賊亦不敢犯其境。

清・畢沅《續資治通鑑》卷二一五《元紀三十三》 順帝至正十九年五月，山東、河東、河南及關中等處飛蝗蔽天，人馬不能行，所落溝塹盡平，民大飢。八月，己卯，蝗自河北飛渡汴梁，食田禾盡。

清・畢沅《續資治通鑑》卷二一九《元紀三十七》　順帝至正二十七年五月，吴王［朱元璋］以天久不雨，日減膳素食，仍下令免徐、宿、濠、泗、襄陽、安陸等郡稅糧三年。

清・顧炎武《日知録》卷一一　《後漢・光武紀》言：「王莽末，天下旱蝗。黄金一斤易粟一斛。」

清・顧炎武《日知録》卷一九　《韓昌黎集》有《上京兆尹李實書》曰：「愈來京師，於今十五年。所見公卿大臣不可勝數，皆能守官奉職無過失而已。未見有赤心事上，憂國如家如閤下者。今年以來，不雨者百有餘日，種不入土，野無青草，而盜賊不敢起，穀價不敢貴，百坊百二十司六軍二十四縣之人，皆若閤下親臨其家。老姦宿贓，銷縮摧沮，魂亡魄喪，影滅跡絶。非閤下條理鎮服，布宣天子威德，其何能及此？」至其爲《順宗實録》書貶京兆尹李實爲通州長史，則曰：「實諂事李齊運，驟遷至京兆尹，恃寵强愎，不顧文法。是時春夏旱，京畿乏食。實一不以介意，方務聚斂徵求，以給進奉。每奏對輒曰：『今年雖旱，而穀甚好。』由是租稅皆不免，人窮至壞屋賣瓦木，貸麥苗以應官。」

清・顧炎武《日知録》卷二九　明永樂宣德間，韃靼來降。近者連年荒旱，五穀不登，而國家之用則不可缺。是以天下米粟水陸竝進，歲入京師數百萬石，而軍民竭財殫力，涉寒暑，冒風霜，苦不勝言。然後一夫得數斛米至京師者，幸也。若其運至中塗，食不足衣不贍，而有司督責之愈急，是以不暇救死，往往枕籍而亡者，不可勝計。其降人坐享俸禄，施施自得。嗚呼！既奪赤子之食以養禽獸，而又驅其力使餽之。赤子卒至於饑困以死，而禽獸則充實厭足，仁人君子所宜痛心者。

清・顧炎武《日知録》卷三〇　《曹景宗傳》：「梁武帝時，旱甚。詔祈蔣帝神。十旬不雨。帝怒，命載荻，欲焚其廟。將起火，當神上忽有雲如繖，倏忽，驟雨如瀉。臺中宮殿皆自振動。帝懼，馳詔追停。少時還静。自此帝畏信遂深。自踐阼以來，未嘗躬自到廟，於是備法駕，將朝臣修謁。」

清・錢泳《履園叢話・叢話一》　席氏多賢

蘇州東洞庭山有席康侯者，【略】適當明季，蝗旱不登，餓莩載道，而齊魯幽燕之區爲尤甚。康侯以爲畿輔重地也，不可飢饉，乃日夜焦心，思所以賑濟之法。時司農告匱，百姓洶洶，地方大吏亦惟有束手而已。康侯遂散家財，走襄樊，挽粟數十萬石，普爲賑救。

又　米價

康熙四十六年，蘇、松、常、鎮四府大旱。是時米價每升七文，竟長至二十四文。次年大水，四十八年復大水，米價雖較前稍落，而每升亦不過十六七文。雍正、乾隆初，米價每升十餘文。二十年蟲荒，四府相同長至三十五六文，餓死者無算。後連歲豐稔，價漸復舊，然每升亦秖十四五文，爲常價也。至五十年大旱，則每升至五十六七文。自此以後不論荒熟總在廿七八至三十四五文之間爲常價矣。

清・錢泳《履園叢話・叢話四》　圖賑法

嘉慶甲戌歲，江南北大旱，赤地千里。時督撫大吏命各州縣勸捐賑恤，而無錫金匱兩邑侯韓公履，寵齊公彦槐，亦下鄉勘災，順便勸捐。無錫計捐十三萬餘緡，金匱計捐十二萬四千餘緡，活人無算。其圖賑之法前人未有，已載齊公徵信録中，兹特再録一通，無論水荒旱荒勸捐放賑者，當以此爲法。

嘉慶十有九年江南大旱。金匱分無錫地，地勢視無錫爲高，被災尤劇。八九月，間槐嘗以事赴鄉，竊見赤地數十里，民間炊無米，爨無薪，汲無水，惻然憂之。

清・錢泳《履園叢話・叢話十四》　乾隆乙巳歲大旱。【略】乾隆五十年，江南旱。其次年三月，米至石五千文，饑民載道。

清・王汝潤《馥芬居日記》　咸豐六年，是年之苦亢旱，春間無大雨，黄梅又不雨，河水盡竭。余家太倉，航船不能通，停止二十餘日。自七月十六日有潮水進内河，方能通。是年之旱，同於嘉慶十九年，而米價自二十八文長至三十八文。柴，自個七毫長至四五文不等，較三年分尚好些。鄉間苗存五分，木棉存三分。計雨數，自四月以來至六月初十方雨，約計一寸。七月初七，雨約計七分。十四日，雨約計二分。縣尊王佛云現在下鄉勘荒，未知其如何辦法也。外邊殺至丹陽，合省内地旱荒。荒亂交集，未知舉家何如結局也。八月初五日，蝗蟲蔽天，自西北至東南。初六日，城中仍有。余捉一只觀之，即只蜢樣子。四扇旱荒，至秋不雨，故有此蟲。莫大之災，老年及見，不幸也。六年（分）旱荒，欲用賑濟。顧桂山請糴米平糶，業經縣尊批準，已買米三百餘擔，市上米價驟長數百文，民病甚。安甫侄不忍坐視，即稟請仍照舊章，以錢發賑，始無弊病。

清・段光清《鏡湖自撰年譜》　嘉慶二十五年庚辰五月，大旱，直至秋冬不雨，秋成無收。先父命余往佃莊監割，見農家男婦大小，或撈水草以充饑，或掘土蝦以果腹。歸語先父，先父嘆曰：余家亦應啜粥，以應天災。自是天災連年，余家每一粥一飯，習以爲常。

道光二十六年六月，天久不雨，上憲親至天竺，請觀音大士下山，設壇海會寺祈雨。蓋杭州遇旱，官不求大士，則民心不洽也。凡城中官員，每日兩次至壇中伺候。數日，偶得微雨，即撤壇，仍送大士歸天竺。西湖皆涸，旱災已成，秋成乃定，緩四徵六。是歲旱災，雖有緩，仍有徵也。

道光二十七年，六月，天旱，民間惶恐。以去年旱荒，若今年又旱，則生機將絶也。鄉間少年欲迎神求雨。建德舊俗，求雨抬神入城，則城鄉管業之户必須讓租。少年求雨，爲讓租計也。有年長曰：段太爺在我建德，民間情形，無不知之。今塘堰尚有積水，而抬神求雨，段太爺下鄉問之，其將何辭以對。越數日，旱益甚，竟有求雨入城者。一人寬衣大帽，裝神像，步履顛倒如醉人狀，行神前，但不至縣，各衙門俱到，請本府出，問：太尊何以不用好官求雨？

咸豐三年，上年旱荒，四鄉貧民向富室乞食，打門敲户，集衆喧嚷，余雖到處彈壓，不能禁也。召城中富户至署，告之曰：保富必先濟貧，行法必先加惠。若毫不加惠，而徒以法治之，非惟不能，我亦不忍。於是紳富協議，勸捐買米，賑濟貧民，賑至麥熟停止。

咸豐九年，五月回浙，北地大旱，蝗生，大江以南久雨傷麥，自余回省後，天遂晴，杭人皆喜。

清・蘇輿《春秋繁露義證》卷四　僖三十三年，正月不雨，至於秋七月。

清・孫之騄《二申野録》卷一　明洪武三年庚戌夏六月，京師旱。五年壬子，河南黄河竭，行人可涉。八年乙卯秋八月，京師大旱。十二年己未閏五月，北平久不雨。二十年丁卯六月，溧陽大旱。二十六年癸酉夏四月，太白經天，京師大旱。二十九年丙子冬十二月，五星紊度，溧陽大旱、禾藁。三十年丁丑六月，杭州旱。永樂十五年丁酉夏五月，山東旱蝗。宣德八年癸丑夏四月，山東旱饑。六月，久不雨。九年甲寅，常州夏旱。秋當塗大旱，江潮竭，民飢疫。台州、金華、蘭溪大旱，傷稼。瓊州大饑。

清・孫之騄《二申野録》卷二　明正統元年丙辰夏四月，河北旱蝗。二年丁巳六月，京師旱。時小兒爲土龍禱雨謡。八年癸亥五月，畿内旱蝗。六月，溧陽旱。九年甲子夏四月，大旱，遣官請雨于嶽鎮海瀆。十年乙丑冬十月，祀南鎮。時浙江台寧等府久旱，民遭疾疫。景泰四年癸酉秋八月，常州大旱，人相食。六年乙亥閏五月，江水泛漲，溧陽夏秋大旱，民飢疫。七年丙子夏四月，餘姚旱，桐廬、蘭溪大旱，天台新昌飢。天順四年庚辰，會稽、餘姚、新昌旱。五年辛巳春二月，餘姚新城大旱。成化二年丙戌閏三月，江淮旱飢。四年五月，京師大旱。六月，常州旱。五年己丑秋七月，山東、河南旱災。十二月，無雪。六年庚寅秋七月，河間縣夏潦秋旱。冬十月，河南旱，京師米價騰踊。七年辛卯，荆襄大旱。八年壬辰，廣州旱。京畿自二月至夏四月不雨，運河水涸。九年癸巳春正月，北直隸、山東民飢，相食。秋七月應天、上元、休寧等縣水旱災。成化十二年丙申夏四月，台州大旱飢。十五年己亥夏四月，畿省水旱。十六年庚子冬十一月，直隸、順德所屬九縣旱災。湖廣江西等各奏災傷。十七年辛丑，溧陽春夏大旱。十九年癸巳冬十月，大旱。二十年甲辰夏五月，京畿、陝西、河南、山東、山西大旱。秋七月，河北、燕南諸省大飢。二十二年丙午夏五月京師大旱，鳳陽人相食。諸暨、餘姚、義烏大旱。

清・孫之騄《二申野録》卷三　弘治元年戊申，金華蘭溪大旱，鳳陽旱饑。四年辛亥，蘭溪、武義、義烏大旱。五年壬子春二月，杭州以旱災，免徵税糧。六年癸丑，蘭溪五月至八月不雨，無麥禾。七年甲寅，十月至十二月餘姚不雨。八年乙卯春正月至三月，餘姚不雨。十二年己未春，餘姚不雨。十三年庚申，餘姚三月不雨至五月晦，乃雨。十六年癸亥五月，京師大旱，當塗縣旱，六合大飢。九月，杭州大旱。正德三年戊辰三月，會稽、金華、台州各縣大旱，溧陽、溧水、高淳旱。四年己巳，蘇州六月旱。五年庚午六月，京師旱霾。六年辛未正月，鳳陽旱，無麥。十一年丙子五月，風霾大旱。十六年辛巳，杭州自八月不雨至十二月。

清・孫之騄《二申野録》卷四　嘉靖元年壬午春正月，杭州旱，河渠枯涸。二年癸未春正月，南京大旱，米價騰湧，人相食。七年戊子五月，山東、河南、山西、陝西大旱，八年己丑二月甲申，京師旱。躬禱於南郊山川社稷，不雨。三月，興寧、歸善大飢。六月，潮州旱，山無遺蕨，民多餓莩。十年辛卯夏五月，京師旱。十四年乙未，溧陽、江浦、六合旱蝗。十五年丙申，廣州、肇慶、南雄、韶州大旱。十七年戊戌春二月，京師大旱。十八年己亥，杭州自春二月不雨至于夏六月，井泉皆竭。十九年庚子三月，鳳陽旱，會稽、諸暨、新昌、餘姚蝗。二十年辛丑六月，建德六縣旱蝗，常州夏旱。二十二年癸卯，興寧八月不雨至明年五月。二十三年甲辰夏五月，時大旱，三月無雨。南康四縣大旱五月至七月，人民半死。上海連歲大旱，江寧常州大旱，民飢。是年浙江大荒，平湖尤甚。二十四年乙巳五月，常州、江寧大旱蝗，無錫惠山泉上下池連年乹涸，石龍口亦涓滴絶流。二十五年丙午六月初六日，漳水澄清二日，常州旱，杭州大蝗。二十六年丁未，是歲自夏至冬浙江潮汐不至，水源乹涸，中流可泳而度。三十七年戊午五月，大旱。三十八年己未八月，江陰旱荒蟲。七月溧陽大旱。四十年辛酉閏五月旱霾。

清・孫之騄《二申野録》卷五　隆慶元年丁卯十二月，諸暨浣江潭中，石有文曰：戊辰大旱。是歲旱，而不荒。萬曆五年丁丑正月，江寧春不雨，井泉多竭，河可涉。十年壬午六月，山西連年大旱，百姓死亡。平涼固原城外掘萬人大坑三五十處，處處多滿。有一富家女，父母餓死，頭插草標上街自鬻。十三年乙酉夏四月，京師旱。淮安自春徂夏亢暘，生民逃竄。十四年丙戌七月，北直、河南、山西、山東、陝西旱。十六年戊子四月，歲大旱。江南大旱疫，死者無算。六月旱，瘟疫盛行。鬻妻女至空室者十家而八，骸骨不及收者，滿山谷間。十七年己丑夏四月，江南大旱。六月，杭州旱疫。十八年庚寅，夏已過，亢暘不雨，禱祈未應。十九年辛卯，山東荒旱，蝗蝻爲災。是歲，中州大旱，死者相枕藉。二十年壬辰，其年五月晦至七月中，酷暑無雨，田禾盡枯。二十四年丙申四月，雷州大旱，赤地千里。二十六年戊戌，是年大旱，顆粒無收。

清・孫之騄《二申野録》卷六　三十二年甲辰，安東三月亢旱。三十三年乙巳，杭州六月無雨至于七月，台州旱蝗。三十六年戊甲三月、四月，淮安郡火災四十日，又四十日亢旱無雨。三十七年己酉，是時，齊、魯、淮、徐流民載道，荒蕪罕治，民稱五月不雨，三農失望，長條現而赤地飛蝗，起而蔽天，無登場之稼，無入土之麥。陂隰萑葦盡充盃食，彌望皆禿，村塢壞垣，半是鹿場逃亡殆盡。山西大旱。山東旱蝗，畿南真保諸處皆大旱，赤地千里。三十八年庚戌四月，京師風霾蔽天，旱魃爲虐，自畿輔至山東、河南、山西、巴蜀等處兩年無雨，三農久廢，蝗起河竭。三十九年辛亥，台州春夏不雨，六月始種禾。四十年壬子九月至閏十一月，淮安恒暘。四十一年癸丑三月，京師大旱，勑禮官竭誠感格以祈天澤。四十五年丁巳七月，山西大旱，山東大蝗。九月湖廣承天等處夏旱。四十七年己未四月，鳳陽大旱，秋無麥禾。

清・孫之騄《二申野録》卷七　天啟三年癸亥閏十月，潤州毘陵一帶河水盡竭。四年甲子五月，京師旱。五年乙丑四月，山陰、會稽、諸暨大旱。

清・孫之騄《二申野録》卷八　崇禎元年戊辰，陝西自四月至七月不雨。三年庚午春，秦連歲旱，邊卒以飢餉譁。四年辛未，河間春夏大旱，榆林連年旱，西安大旱。六年癸酉，都昌五月至九月不雨。六月，河南大旱。是年，陝西、山西大飢，當塗大旱，風無遺粒。七年甲戌三月，山西自去秋八月至是，不雨，人相食。閏八月，河南大旱。八年乙亥，開化自五月不雨至十月。九年丙子，延西圍、綏德、江寧自四月至七月不雨，遍地如掃。十一月，金華八縣大旱，民食土，名觀音粉，嵊縣新昌皆旱。十年丁丑閏四月，是月大旱，久祈不雨。十一年戊寅六月，常州旱。十一日蕭山蝗入境，無禾，鳳翔蝗食禾，大飢。十二年己卯九月，北直、山東、河南、山西旱飢，飛蝗遍野。十三年庚辰六月，泰階坼紹興不雨。十二月，兩京、山東、河南、山西、陝西、浙江大旱，人相食，草木俱盡。十四年辛巳，紹興連歲旱，民苦飢。諸暨、上虞、餘姚蝗遍野。河間大旱，蝗飛蔽天，人相食。當塗旱大飢疫。上海大旱蝗，餓莩載道，有賣婆竊人子女，全家殺之以供飽啖。隣人聞所烹肉甚香，啟鍋視之手足宛然，鳴官立斃之。蕭山下鄉人許三，殺子而食。兩京、河南、山東、浙江蝗多，飢。是年，杭城旱，飢。即富家亦半食粥，或兼煮蠶荳以充飢。貧者採榆屑木以食。

清・屠寄《蒙兀兒史記・蒙史十一》　元仁宗延祐四年夏四月，是月不雨。汗嘗夜坐，謂侍臣曰：「雨暘不時，奈何？」蕭拜住對曰：「宰相之過也。」汗曰：「卿不在中書耶？」

清・屠寄《蒙兀兒史記・蒙史十六》　元順帝至正三年七月，河南自四月不雨，至於是月。至正七年，是歲河東晉寧旱。賑之。

清・吳廣成《西夏書事》卷三九　宋嘉定元年，夏應天二年，秋七月，時諸路旱蝗，河南高田種不入土，中國與金地荒歉者多，惟夏國及北方稻麥皆大熟。

藝文

《詩經・大雅・蕩》　倬彼雲漢，昭回於天。王曰：於乎！何辜今之人？天降喪亂，饑饉薦臻。靡神不舉，靡愛斯牲。圭壁既卒，寧莫我聽？旱既大甚，蘊隆蟲蟲。不殄禋祀，自郊徂宮。上下奠瘞，靡神不宗。後稷不克，上帝不臨。耗斁下土，寧丁我躬。旱既大甚，則不可推。兢兢業業，如霆如雷。周餘黎民，靡有孑遺。昊天上帝，則不我遺。胡不相畏？先祖於摧。旱既大甚，則不可沮。赫赫炎炎，雲我無所。大命近止，靡瞻靡顧。群公先正，則不我助。父母先祖，胡寧忍予？旱既大甚，滌滌山川。旱魃爲虐，如惔如焚。我心憚暑，憂心如熏。群公先正，則不我聞。昊天上帝，寧俾我遯？旱既大甚，黽勉畏去。胡寧瘨我以旱？憯不知其故。祈年孔夙，方社不莫。昊天上帝，則不我虞。敬恭明神，宜無悔怒。旱既大甚，散無友紀。鞫哉庶正，疚哉冢宰。趣馬師氏，膳夫左右。靡人不周，無不能止。瞻卬昊天，雲如何里！瞻卬昊天，有嘒其星。大夫君子，昭假無贏。大命近止，無棄爾成。何求爲我。以戾庶正。瞻卬昊天，曷惠其寧？

清・嚴可均《全晉文》卷五一傅咸《喜雨賦》 於是祀融熾景，羲和警轡，亢陽火憤，野無生類。悠悠億兆，同茲慘悴，伊我皇之仁德兮，配肅育於二儀，屢刻而勤政兮，廣請禱於靈祇。孰謂天高，其聽不邈，孰謂神遠，厥應孔昭。潔齊致虔，于茲三朝。陰鬱怫而騰起，陽菴薆而自消，飛廉扇谷風之翼翼，靈岳興慶雲之飄飄。遂乃重陰四會，溟邈無垠，方中降雨，亘夜迄今，生我百穀，粒我蒸民。昔洪水滔天於唐堯之朝，亢旱爲灾於殷湯之世。下民其咨，莫能俾乂，歷稔九七，僅免斯害，猶以疇咨爲美談，躬禱爲勛代。

唐・王維《王右丞集箋注》卷四《苦熱》 赤日滿天地，火雲成山嶽。草木盡焦卷，川澤皆竭涸。輕紈覺衣重，密樹苦陰薄。莞簟不可近，絺綌再三濯。思出宇宙外，曠然在寥廓。長風萬里來，江海蕩煩濁。却顧身爲患，始知心未覺。忽入甘露門，宛然清涼樂。

唐・杜甫《集千家註杜工部詩集》卷五 夏日歎

夏日出東北，陵天經中街。朱光徹厚地，鬱蒸何由開。上蒼久無雷，無乃號令乖。雨降不濡物，良田起黃埃。飛鳥苦熱死，池魚涸其泥。萬人尚流冗，舉目唯蒿萊。至今大河北，化作虎與豺。浩蕩想幽薊，王師安在哉。對食不能餐，我心殊未諧。眇然貞觀初，難與數子偕。

火 公自注：楚俗大旱則焚山擊鼓，有合神農書。

楚山經月火，大旱則斯舉。舊俗燒蛟龍，驚惶致雷雨。爆嵌魑魅泣，崩凍嵐陰昈。羅落沸百泓，根源皆萬古。青林一灰燼，雲氣無處所。入夜殊赫然，新秋照牛女。風吹巨焰作，河棹騰烟柱。勢欲焚昆侖，光彌焮洲渚。腥至焦長蛇，聲吼纏猛虎。神物已高飛，不見石與土。爾寧要謗讟，憑此近熒侮。薄關長吏憂，甚昧至精主。遠遷誰撲滅，將恐及環堵。流汗卧江亭，更深氣如縷。

熱三首

雷霆空霹靂，雲雨竟虛無。炎赫衣流汗，低垂氣不蘇。乞爲寒水玉，願作冷秋菰。何似兒童歲，風涼出舞雩。

瘴雲終不滅，瀘水復西來。開户人高卧，歸林鳥却迴。峽中都似火，江上只空雷。想見陰宮雪，風門颯踏開。

朱李沉不冷，雕胡炊屢新。將衰骨盡痛，被暍味空頻。歘翕炎蒸景，飄颻征伐人。十年可解甲，爲爾一霑巾。

唐・白居易《白氏長慶集》卷一 賀雨

皇帝嗣寶曆，元和三年冬。自冬及春暮，不雨旱爞爞。上心念下民，懼歲成災凶。遂下罪己詔，殷勤制萬邦。帝曰予一人，繼天承祖宗。憂勤不遑寧，夙夜心忡忡。元年誅劉闢，一舉靖巴邛。二年戮李錡，不戰安江東。顧惟眇眇德，遽有巍巍功。或者天降沴，無乃儆予躬。上思荅天戒，下思致時邕。莫如率其身，慈和與儉恭。乃命罷進獻，乃命賑饑窮。宥死降五刑，責己寬三農。宫女出宣徽，廄馬減飛龍。庶政靡不舉，皆出自宸衷。奔騰道路人，傴僂田野翁。歡呼相告報，感泣涕沾胸。順人人心悦，先天天意從。詔下纔七日，和氣生沖融。凝爲油油雲，散作習習風。晝夜三日雨，淒淒復濛濛。萬心春熙熙，百穀青芃芃。人變愁爲喜，歲易儉爲豐。乃知王者心，憂樂與衆同。皇天與后土，所感無不通。冠珮何鏘鏘，將相及王公。蹈舞呼萬歲，列賀明庭中。小臣誠愚陋，職忝金鑾宫。稽首再三拜，一言獻天聰。君以明爲聖，臣以直爲忠。敢賀有其始，亦願有其終。

夏旱

太陰不離畢，太歲仍在午。旱日與炎風，枯燋我田畝。金石欲銷鑠，況兹禾與黍。嗷嗷萬族中，唯農最辛苦。憫然望歲者，出門何所覩。但見棘與茨，藋生徧場圃。惡苗承沴氣，欣然得其所。感此因問天，可能長不雨。

杜陵叟 傷農夫之困也。

杜陵叟，杜陵居，歲種薄田一頃餘。三月無雨旱風起，麥苗不秀多黃死。九月降霜秋早寒，禾穗未熟皆青乾。長吏明知不申破，急斂暴徵求考課。典桑賣地納官租，明年衣食將何如。剥我身上帛，奪我口中粟。虐人害物即豺狼，何必鉤爪鋸牙食人肉。不知何人奏皇帝，帝心惻隱知人弊。白麻紙上書德音，京畿盡放今年税。昨日里胥方到門，手持尺牒牓鄉村。十家租税九家畢，虛受吾君蠲免恩。

唐·白居易《白氏長慶集》卷一六《秋熱》

西江風候接南威，暑氣常多風氣微。猶道江州最涼冷，至今九月着生衣。

唐·白居易《白氏長慶集》卷二一《贈韋處士六年夏大熱旱》

驕陽連毒暑，動植皆枯槁。旱日乾密雲，炎煙焦茂草。少壯猶困苦，況予病且老。脱無白栴檀，何以除熱惱。汗巾束頭鬢，羶食熏襟抱。始覺韋山人，休糧散髮好。

唐·白居易《白氏長慶集》卷二八《苦熱》

頭痛汗盈巾，連宵復達晨。不堪逢苦熱，猶賴是閒人。朝客應煩倦，農夫更苦辛。始慙當此日，得作自由身。

銷暑

何以銷煩暑，端居一院中。眼前無長物，窓下有清風。熱散由心静，涼生爲室空。此時身自得，難更與人同。

唐·白居易《白氏長慶集》卷三〇 旱熱二首

彤雲散不雨，赫日吁可畏。端坐猶揮汗，出門豈容易。忽思公府内，青衫折腰吏。復想驛路中，紅塵走馬使。征夫更辛苦，逐客彌顑頷。日入尚趨程，宵分不遑寐。安知北窓叟，偃臥風颯至。簟拂碧龍鱗，扇摇白鶴翅。豈唯身所得，兼示心無事。誰言苦熱天，元有清涼地。

勃勃旱塵氣，炎炎赤日光。飛禽颭將墜，行人渴欲狂。壯者不耐飢，飢火燒其腸。肥者不禁熱，喘急汗如漿。此時方自悟，老瘦亦何妨。肉輕足健逸，髮少頭清涼。薄食不飢渴，端居省衣裳。數匙粱飯冷，一領綃衫香。持此聊過日，焉知畏景長。

唐·白居易《白氏長慶集》卷五九《祈雨九龍神文》

積始長慶二年夏六月，相天子無狀，降居于同，愁慙焦勞，求念人隱，思有以報陛下莫大之恩。涉歲于兹，理用不效，冬不時雪，春不時雨。越二月，宿麥不滋，耒耜不剌，大懼兹歲患成于人，以羞陛下之奬寄。刻責罪悔，罔識攸咎。大凡天降庇厲，必因於人，豈予心之虛削孤獨依倚氣勢耶？將予刑之僭濫失所，寃哀無告耶？或予政之抑塞和令，開洩閉藏耶？舉動云爲，罔不在我。神怒天譴，降災于我身，我不敢讓。今夫蠢蠢何罪，物物何知，使不肖者長理，而災害隨至，無乃天之降罰，不得其所耶？痛毒惻怛，無所赴露。惟龍司水于同，同人神之，謹齋戒沐浴，叩首揮淚，願以小子積爲千萬請命于龍，龍其鑒之，克三日雨我田疇，其有以報，不然災于予身，亦足以謝。伏惟尚饗。

報雨九龍神文

同州刺史元積，謹以清酌庶羞之奠，敬祭于九龍之神。是月己巳，刺史積以二從事蒙受塵露，百里詣龍，爲七邑民赴訴不雨。予固慙惻，言訖涕下，親爲龍言，龍意享若，是夕而應，庚午而降，辛未而洽，癸酉而飫，中戌而霽，乙亥而報。報典不渝，龍祐宜永，訖是嘉穀，勿旱勿霪，歲其有成，無忘龍德。尚饗。

清·董浩、阮元等《全唐文》 **李隆基《喜雨賦》**

仰重華於齊政，步文命之彝倫。何天道之云遠，亦明徵之在人。迄中夏而自春，遘愆陽而爲亢。雲重結而復解，雨纔滴而還障。山祠植珪而不答，田畯倚耒而怊悵。京兆來奏，音官撰曲，將土龍而矯首，請神巫而頓足。彼有憑而可舉，予何抑而未許。恐歲凶之及人，寧天譴於我身。爾乃潔齋壇墠，五精是祠，暴立炎赫，二日爲期。上帝臨我，衷誠不欺。重泉蒸潤，觸石吐滋。平雲黯而鋪幕，密雨森其散絲。無雷無電，不震不眩；　匪疾匪除，乍合乍疏；　泛草泊樹，垂珠點露；　過闕入樓，含烟雜霧；　或噴薄而攢集，或淋漓而灌注；　亂積水之圓文，拂微風之斜度。寰海浹而康東，畎畝欣而相顧。絲管合兮夜將曉，芙蓉開兮日未暮。原夫雨之爲德也：無小大之異精，無高卑之不平，無華朽之偏潤，無臭薰之隔榮。喜夫雨之今應也，起一言而不舍，經累辰而廣瀉；　納清陰之浮涼，同顥氣之飄灑；　感作霖於殷命，諷其滂於周雅。家尚知乎禮節，國有望於豐霸。小陽臺之神人，却大宛之走馬。觀雲行而雨施，吾何事乎天下？

宋·王禹偁《小畜集》卷五 和楊遂賀雨

我罷内廷職，出臨永陽民。永陽民雖庶，未免多饑貧。富之既無術，齪齪爲謹身。可堪今夏旱，如燎復如焚。厥田本塗泥，坐見生埃氛。稚老無所訴，嗷嗷望穹旻。食禄憂人憂，晝夜眉不伸。促決獄中囚，徧禱境内神。楚辭有山鬼，廟貌羅水濱。胡法有浮圖，寺宇連城闉。齋莊命寮寀，供給抽俸緡。鼓笛迎湫水，香花照金輪。誠知非典故，且慰旱熯人。偶與天雨會，滂沱四郊勻。插秧復修堰，野叟何欣欣。可辦官賦税，亦免農艱辛。燮調賴時相，感應由聖君。於吾復何有，敢望歌頌云。清流楊水部，德與我爲鄰。仇香官位屈，何遜詩格新。見投賀雨篇，言自人口聞。天君蓋私我，過實豈相親。爲霖非我事，職業唯詞臣。若有民謡起，當歌帝澤春。庶使採詩官，入奏助南熏。

宋・王禹偁《小畜集》卷一三　苦熱行

六龍銜火燒寰宇，魏王冰井如湯煮。松枝桂葉凝若癡，喘殺豀頭嘯風虎。北溟鎔却萬丈冰，千斤凍鼠狀如蒸。我聞胡土長飛雪，此時日晒地皮裂。僊芝瑶草不敢茁，湖川竹焦琅玕折。西郊雲好雨不垂，堆青叠碧徒爾爲。

宋・王禹偁《小畜集》卷二三　賀雨表

臣某言：伏覩今月日甘雨大降。宰臣吕某等便殿稱賀者，自秋以來，時雨不降，遇災而懼，至誠爰禱於上玄。有感則通甘澤，忽霈於下土，豐登有望，朝野同歡。伏惟尊號皇帝陛下七政咸齊，五行爲質，夤畏昊穹之命，焦勞刑政之源。一昨妖彗告災，豐年失望，宿麥播而未茁，旱雲垂而不霈。陛下靡愛斯牲，徧走羣望，降廷臣而決獄，御便殿以録囚，御筆摛文。一夜引萬方之罪，清詞瀝懇經旬，祈五福之宫。惟德動天，而天不違至誠，感神而神授職，向夕而月離于畢，崇朝而雲上于天，散絲徧洒於焦枯，比屋重興于耒耜，豈止小康之兆，將書大有之年。堯眉舒八彩之顰，免貽臣辱；舜樂復九成之奏，大悦民心。凡在含生，同知大賚。臣爲霖寡術，和鼎備員，方期册免之文，以塞燮調之咎。處臺司而愈愧，荷聖感以彌深。伏限未任拜起，不獲稱慶朝堂。

賀雪表

臣某言：伏覩今月九日臘雪應時，宰臣吕某等便殿稱賀。伏以臘者，四時之暮，所以成歲功。雪者五穀之精，所以滋農畝，實上玄之垂祐，表聖主之憂民。凡在昌朝，共欣嘉瑞。中謝伏惟尊號皇帝陛下，勤勞庶政，欽順天時。因百姓以爲心，思躋壽域；慮一夫之不獲，常若納隍。而自秋徂冬，密雲不雨。陛下念兆民之稼穡，憂七廟之粢盛，徹金石於堯軒，減葷膻於舜甑。而又京師之內，鰥寡之徒，大頒金帛之資，用拯饑寒之累。靡神不舉，有感則通。遂令六出之祥，大副三農之望，連宵委積，偏野霑濡，彰聖德以彌光，書有年而無愧。臣方居假，告忽覩休祥。雖慙調燮之功，但樂豐登之望。

宋・范仲淹《范文正奏議》卷上　奏乞救濟陝西飢民

臣等竊見陝西永興軍，同、耀、華州，陝府等處，今夏災旱，得雨最晚，民間秋稼甚無所望，官中倉廩亦無積貯。若不作擘畫，即百姓大段流移，殍亡者衆，兼軍食闕絶，臨時轉漕不及。臣等欲乞朝廷速降指揮，委本路都轉運使孫沔，速相度上件州軍向去救濟飢民及辦給軍食有何次第。如難爲擘畫，即便於黄河内搬輦自京以來斛斗往彼應副。仍速行相度沿路如何計綱，即不至艱阻。事狀聞奏，候到，乞朝廷早賜施行。慶曆三年七月四日，臣范仲淹、臣韓琦。

奏乞差官陝西祈雨

今來關中大旱，永興、同華、陝、虢以來，無二三分秋苗，粟米每斗一百五十文足，兼鄉村無可收糴，人心嗷嗷，賊盜不少。欲乞聖慈選精謹使命至西嶽廟專行祭告，並於陝西靈湫等處祈雨澤，以救生民。仍乞委轉運使一員赴西嶽廟點檢廟貌、祭器、法物，並添差兵士灑掃防護，所貴崇奉之禮，不至廢墜。

宋・范仲淹《范文正集》卷二　依韻答賈黯監丞賀雪

今之刺史古諸侯，孰敢不分天子憂。自秋徂冬渴雨雪，旬奏空文慙轉郵。得非郡國政未洽，刺史閉閤當自尤。上賴天子仁且聖，神龍奔走不俟求。同雲千里結雪意，一夕密下誠如羞。曉來賞心江海上，東望不見三神丘。渾祛厲氣發和氣，明年黍稷須盈疇。烟郊空闊獵者健，酒市暖熱沽人稠。光精璨璨奪劍戟，清寒拂拂生衣裘。鈴齋賀客有喜色，飲酣歌作擊前籌。常願帝力及南畝，盡使風俗如東鄒。誰言吾子青春者，意在生民先發謳。

水車賦如歲大旱，汝爲霖雨。

器以象制，水以輪濟。假一轂汲引之利，爲萬頃生成之惠。揚清激濁，誠運轉而有時；救患分災，幸周旋於當世。有以見天假之年，而王無罪歲者也。當其東作云布，西成以期。何密雲不雨兮，若焚若灼；而大田多稼兮，如渴如飢。耒耜之功既至，倉箱之望將危。豈無陂池，抱甕之行曷濟？亦有溝洫，挈瓶之利胡爲？乃有智者樂水而起予，梓人治材而和汝。謂一溉之可洽，俾百兩之斯舉。因無傷於濡軌，軋軋臨川；初有認於埋輪，翹翹在渚。是車也，匪疾匪徐，彼水也，突如來如。補畎畝之不足，損溪壑之有餘。渤潏騰波，忽若刺山之泉湧；潺湲去浪，漸如澄江之練舒。詎見瓶羸，那慙綆短。流洋洋兮乍若膏潤，苗忻忻兮初如律暖。載脂載牽，幾通鄭國之渠；弗馳弗驅，自解成湯之旱。動將勢旋，發與機會，既引重之象著，亦救焚之功大。河水浼浼，得我而不滯不凝；原田每每，用我而無災無害。仁常汲下，智復鈎深。于以見因民之利，于以見洗物之心。若夫大禹之年，應資治水；必也高宗之世，亦命爲霖。至如賢人在輔，德施周普。五日一風，十日一雨，則斯車也，吾猶不取。

宋・宋祁《景文集》卷四七　時雪贊

右臣伏以自秋迄冬，天久不雨，畝首憔悴，農或嘆愁。皇帝陛下，儲精懇禱，弗遑中旰，盛德震動，霏雪應祈，流霙灑素，煖癘銷解。伏想宸心，即時歡豫，民猷君體，凱慰同深。臣叨塵從列，竊忭嘉應，不勝踴躍之至，謹作時雪贊一首。凡十韻，韻十六言，推本天意。遂及聖功，語局文褊，無以鋪張光大，輒用繕寫，隨狀上進，以聞內訟，荒斐伏用，戰汗謹奏。

歲次協洽，惟仲之冬。不雨十旬，有害無農。地房泄蒸，蟄户弗坯。日赭風熯，窮天漲埃。皇帝曰咨，災或儆予。精禱通神，神與聖符。日在庚辰，先集惟寒。長風北驅，重陰宛延。自霰而霙，霏霏飛飛。憑雲委華，即壤流輝。其雨其浮，膏凝液流。縞爾南山，肪我西疇。惟雪其時，上天降康。逢僭成沴，值德爲祥。爲祥伊何，來歲之宜。根深粒繁，乃京乃坻。拂癘湯溫，納于太和。翦翦勞甿，易歎而歌。旱未及傷，雪也載霧。皇帝德功，萬年不忘。

宋·宋祁《景文集》卷四八 長源公廟再祈雨文

仲夏以來，甘澍愆候，秔稻方茂，浸灌告勞，天高日烈，雲族弗應，年之儉穰，近在旦暮。祁也省咎，弗敢舍安。分命乃僚，奔告羣祀。意者，政弛而多纇歟，獄宽而無告歟，賕賂行歟，捐瘠多歟。有一于是長人任罪，疾癘是降，誅罰是嬰不當，感損佳應，以害百穀。惟公望紀，斯土流潤千里，願監薄訴，垂庇我民，驅祓旱殃，大沛膏澤，就成苞穎，于萬斯倉，甘潔神粢，充衍國賦，養老嬉幼，無有後艱，神實賜之，其敢忘德，不敢私請，謹以清酒、制幣，歸窮申款。

南嶽祈雨文

仲夏以來，日烈風熯，雲油戢澍，于兹四旬。祁竊惟荆揚之人，以稻爲命。稻不時穫，終焉阻飢。今稺秀甫興，浸灌云竭，原師田畯，憂控不寧。卜之二旬，翹仰甘澤，有年在此，無年亦在此。惟帝宅是靈嶽，保佑下民，歆馨監虔，厥由景嚮，願賜霶霈以奬歲功，俾我百穀，嶷然霑足，使得上奉邦賦，次潔神粢，老穉壯食，充養室家。天造陰騭，帝實尸之。至于長人之官，政事疵纇，顯誅幽殛，亶無所逃，元元孔歎，傒帝得請符印，有守不獲，身請祕祠。謹遣文學參軍文郁竭誠代訴。

里社龍神祈雨文

維至和二年歲次乙未二月乙丑朔，越十二日庚子，具官宋祁謹以酒脯、果茗、養羞舒鳫之牲，敢告于里社龍神。比亢陽爲沴，順氣弗效，農夫告勤，是用遣僚屬有請于龍，彌跨四旬，雨雪三集，潤纔及寸輒止。今土脈冒蒸，百昌萌芽，此時不雨，歲且大乏。惟人依神爲庇，惟神享人之祀。歸窮上叩，不應不止。神其走驅雷風，興雲致雨，彌漫沾足，潔滌品彙，無令無年，以貽龍羞。

祈雨文

去歲前暵後潦，斯人困甚，朝廷蠲減徭賦以救流亡。今春膏盈憒，雨弗霑霈，宿麥告悴，穀未及種，力農駭嗟，和氣屯凝，惟神一境之望，陰相天惠，泄風出雲，是庇是資，敢修禬典，以丐豐嘏。

五龍堂謝雨文

維皇祐六年，歲次甲午二月乙丑朔，越二十日甲申，具位宋祁謹以清酌之奠昭告于五龍之神，昨旱暵爲虐，綿跨冬春，二麥瘁枯，民屋疵癘，守吏震愧，用齋潔以致，上控于神。信辭幽通，神實歆應，甘澤飛霂，霑被四疆。然穡事方作，尚須膏潤，惟至誠可以感神，惟明神可以庇民。敢因報謝，更蘄來澤。

祈雪文

比親按禬典以求甘澤，神不賜違，嘉雪遽霑，未能周浹，天已開霽。疑薄誠不足迎復至和。今土膏冒橛，農耜就畝，而雲合不膚，風輒披攘，陽悍而驕，造燠奪寒，以佐温癘。比屋流染，兹人愁呻，罔所告窮，宿麥焦熯，穀乏無助。刺史夙夜震惕，不知爲計，是用改祓蒙心，再請諸神。惟神責刺史多罪，降戾其躬，以震不虔，垂憫元元，蚤貺甘澍，驅魃投災，沛發嘉生，萬物茂遂，皆神之賜。潔幣儲牲，將謝厥成。

北嶽祈雪文

自冬無雪，大寒不效，宿麥瘁枯，涉春之仲，土墳凍泮，天極愈高，暖氣蚤來，厲鬼挾疫，以中齊人，寒咳僵仆，赭埃蒙田，耒耜弗施。夫家愁嘆疾首，無訢坐待飢虛。臣荷二千石，印綬克長，此邦部九州軍地，幅員千里，有民不獲，匪臣孰司。臨政不敏，御下弗明，事神不虔，怨詛騰布，爲疾爲旱。職臣所召，向者已遣府從事投訴祠闕，冀蒙嘉生而涉月跨歲，太和閉鬱，終風連朝，雲合輒披。臣日自省，不知所救，惟身多罪，蔽暗懦愚，非帝所赦，不敢逃誅。斯民何辜，罹此亢厄？孩耋相持，驅就困窮，有仁如帝而不垂憫惻。聞古諸侯祭境内山川，以山川能出雲，爲風雨，見怪物，福庇其下而血食之，自侯以降眷犧儲醪，跽伏進薦，或禴或嘗，不敢有貳，以能爲之主也。惟帝所宅，乃州之望。何材不取，何變不儲，然則蓄而泄之，沛潤千里，振洗惔焚，奮張葉芽，滋液流浸，啓侑有年，是嶽所以主而州所以爲望也。人能事神，神能庇人。方窮而訴，必見哀許，物薄請豐，所恃至誠。

南嶽祈雪文

自秋徂冬，旱既太甚。歲聿暮止，霏雪無應，畎畮兹悴，雲漢日昭，噭噭黎元，何辜于下。政不時乂，責在長人。或獄犴愁寃，或調役苛暴，蒙闇多罪，不當神心，感傷至和，因害嘉應。咎苟有執，不敢逃誅，誠願身嬰疾癘，明塞無狀，墜越厥命，以紓民災。陛下憂勞萬方，適肆大眚，上天氣應，不容并隔，惟帝保宅濡霍，震顯厥靈，儲陰孕怪，播澤千里。民之命在于穀，穀之相在于神，翹誠崇朝跂沛，甘澤若獲，毆蕩温鬱，祓除旱殃，則馨香嘉栗，厥有常報。不敢私請，謹以嘉幣旨酒，式侑虔禱。

宋·吴芾《湖山集》卷二　和王澧州喜雨

田父苦亢旱，傷心涕泗沱。使君憫斯民，雩禜亦何多。古廟舞羣巫，祆屬肩相摩。密雲自西郊，奈汝旱魃何。天官感精誠，霹靂加譴訶。遂協畢星好，一洗吾民疴。頓覺田畝間，歡然聲氣和。人生一飽足，寧復憂其他。要當及豐年，對酒仍高歌。秖愁偃鼠腹，未醉顔已酡。

和林大任上許守喜雨

退之訟風伯，風伯罪固彰。未若旱魃甚，千里塵沙黄。我欲持斧鉞，尸諸古道傍。此志竟未就，展轉成悲凉。使君有妙術，在德非馨香。神龍不敢卧，感會趍靈場。霈然下甘雨，天地森開張。旱魃不待誅，一旦自摧藏。

和閭丘省幹喜雨韻

良田方苦莠驕驕，甘雨如何閟九霄。賢守治聲喧道路，聖君德澤播黎苗。寧容赤地炎威熾，果見青天旱氣消。昨夜東皋已霑足，康衢滿耳沸歌謡。

鈴齋坐嘯不爲頗，愁嘆翻然變詠歌。千里正憂無舊穀，一朝俄喜浹新禾。雲師蔽日如張幟，雨陣横空似擁戈。我忝郡丞何所補，但將新句對松哦。

喜雨

聞道他邦盡禱祈，沛然膏澤上遲遲。有年已是天私我，連日那堪雨及時。聲入萬家添喜氣，凉生千里解炎曦。也知造物恩難報，且採歡謡綴小詩。

和許守喜雨韻

使君盛德格皇天，奔走羣龍雨霈然。坐使稿苗成茂實，潛將豐歲换凶年。荷鋤野老欣嘉應，抱甕田夫得晏眠。擬倩樂工絃盛事，山城那得有師涓。

千里焦枯頓鬱蒼，邦人寧復慮年荒。大田一雨渾霑足，鄰壤羣偷更伏藏。治郡羨君端有術，救民愧我獨無方。夜來復誦新詩句，嘆賞徘徊月轉廊。

宋·石介《徂徠集》卷二　寄永叔

九龍行雨歲在子，皇天之命實勤止。泓湫水煖皆慾飽，七龍嬉戲兩龍睡。卷藏密雲空自膏，畜聚甘雨不肯施。旱魃妖狂作民虐，風伯暴怒興日熾。訴號仰天天不聞，九州之禾皆乾瘁。嗟乎龍職職行雨，失職不雨民胡恃。騶虞義獸心實仁，不忍斯民不食死。向龍慢罵數龍罪，龍不能答滿面恥。偷向上帝讒騶虞，騶虞得罪龍竊喜。欲知龍與騶虞分，仁與不仁而已矣。

宋·石介《徂徠集》卷三　久旱

風伯且須戢頭角，放出龍喙萬丈長。喙垂一尺雨一丈，得雨萬丈成豐穰。

宋·石介《徂徠集》卷二〇　鄆州知州祈雨文

黄石之靈，夫萬民恃五穀而生也，百穀仰膏雨而長也。故一日無穀，則民困且饑，逾月不雨，則穀焦且死。自去年正月風雨不順序，天變乎上，歲凶乎下，黎民阻飢，皇皇焉，日望其新麥，曰庶幾不死矣。三月且不雨，麥不出壠，穀不出土，日凄風亢，陽旱既太甚。其政不修邪，其化不流邪，刺史不德而民無告邪？陰陽逆而不順，和氣塞而不來，苟以政不脩化不流，守吏不德而民無告，天示譴，則罪在守吏。凡有禍有罰，宜加守吏。守吏且不敢怨，不敢辭，民何辜而天不雨以絶民之食？神聽不明，罰不當罪，民不肯受，而敢咨敢嗟。神儼然南面，有此土宇，厥民歲供飲食，祗事於神，有辠當神罰民。其奚辭乎？無罪而罹禍，民其肯受乎？惟神其移於某身而使斯民活。且神昔在炎漢，曾以三略授子房，建萬世基矣。人民亟受其福，其功略大矣，其德略遠矣。而有土方千里之内，並在神之左右，豈不能爲作福休以庇覆膏沐之？守吏既不德、不明、不能養斯民，神又其棄諸，惟神仁於斯民。

旱雷

夏旱亦已久，衆懼非常災。茫茫大田中，赤風起炎埃。密雲徒滿空，甘澤竟不來。但聞南山下，日日喧怒雷。

宋·文同《丹淵集》卷二　苦熱行

黄人頓駕留天中，金鵶吐火燒碧空。炎光染雲聳岌岌，旱氣爍土飛蓬蓬。龍摇乾胡不作雨，虎裂渴吻無生風。安得有術擘海水，入底一扣鮫人宫。

宋·文同《丹淵集》卷四　大熱見田中病牛

壠上病牛良可悲，皮毛枯槁頭角垂。兩鼻谽谺只自喘，四蹄屶岌曾不疲。

牧童默坐罷牽挽，耕叟拱立徒嗟咨。朝驅暮使氣力盡，爾死主人安得知。

宋・文同《丹淵集》卷一二　不雨

陵陽官居遇久旱，發喘渾如起新病。已驚赤日晨可畏，更恨炎風午尤盛。徒嗟禾黍盡焦落，無奈蠅蚉轉豪横。安得神龍駕九霄，大霔滿傾如倒井。

宋・文同《丹淵集》卷一三　狗溪迎湫祈雨輒應

夏雨渴久矣，秋苗憂槁然。至誠通祝版，靈貺逐香煙。桐祓應無訟，困倉定有年。曹公三大堰，一夜滿民田。

宋・李覯《盱江集》卷三五　喜雨

人皆喜膏澤，我獨憂豐年。歲凶已賤糴，年豐安得錢。賦役忽驚駭，倉廩甘棄捐。銖銅苟可換，富貴寧我憐。歸來官事了，相弔柴門邊。農夫未盡死，穀價應常然。王心幸仁聖，分職當忠賢。謂穀賤爲美，咄咄無欺天。

閔雨詩

吴江之南，是曰豐國。五種之生天下食，一歲不登，吾民菜色。如何天不仁，縱彼旱孽稱其神。矯矯赤龍推火軒，來自東南山。咸池悏水不敢沃，陽侯失色愁烹煎。況兹畎畝流涓涓，何足吸之唇齒間。但見禾與黍，蓬勃紅塵起。土伯勑其屬，掃路迎飢鬼。哀哉氓蚩蚩，託身釜鬲惟蒸炊。小人怨咨君子知，天生天殺今其時。我聞皇穹大德在生育，愛養萬物同嬰兒。産民之身賦民食，中道絶之何所爲。當時冥冥間，委任非其宜。山川之神各守土，羣龍受位司天池。上帝當軒親戒勑，十日一雨無愆期。帝心仁且信，臨下固不疑。謂言庶事有分職，屏去視聽思無爲。安知愚下鬼，負德孤恩難制指。弄天之權侮人命，貪嗜牛羊邀祭祀。忽焉一物不稱情，因教此旱灾生靈。雷霆之官畏罪莫敢諫，頭枕天鼓眠不醒。帝在紫微垣，下隔千里雲。徒勞銜血向空哭，帝心雖聖安得聞。北斗侍帝側，斡運氣母均四時。五星曁衆宿，照曜亡偏私。夫何容此鬼，恣行胷臆輕天威。定是機務繁，耳目有所遺。小臣亦何者，草莽負奇節。欲係神頸無長繩，欲斬龍頭劍鋒缺。皇穹如未察凶邪，空使小臣心鬱結。

宋・王安石《臨川文集》卷八　山田久欲拆

山田久欲拆，秋至尚求雨。婦女喜秋凉，踏車多笑語。朔雲卷衆水，慘淡吹平楚。横陂與直塹，疑即没洲渚。霍霍反照中，散絲魚幾縷。鴻蒙不可問，且往知何許。敧眠露下舸，側見星月吐。龍骨已嘔啞，田家真作苦。

宋・王安石《臨川文集》卷八六　祈雨文

惟神美名正氣，索之前史詳矣。噫，昔人也，挺王臣之節，忠信我任，德誼我負，故時君倚焉。今其神也，享廟食之貴，陰陽吾職，禍福吾柄，故州民賴焉。今千里旱暵，及時不雨，農夫悼心，郡將失色，某遂躬率僚屬來請于大廡下，惟神全死生之大名，開聰明于一方，霈甘霔以足民食，則前謂人神之靈於古，今無愧焉。尚饗。

宋・李壁《王荆公詩注》卷一　元豐行示德逢

四山翛翛映赤日，田背坼如龜兆出。湖陰先生坐草室，看踏溝車望秋實。雷蟠電掣雲滔滔，夜半載雨輸亭皋。旱禾秀發埋牛尻，豆死更蘇肥莢毛。倒持龍骨掛屋敖，買酒澆客追前勞。三年五穀賤如水，今見西成復如此。元豐聖人與天通，千秋萬歲與此同。先生在野固不窮，擊壤至老歌元豐。

宋・孔平仲《清江三孔集》卷一九　祈雨文

旱暵爲虐，詩人所疾歲不一登，民憂百出矧齊之旱。自秋及春，種不入土，邑多流人，雲雷其興，下雨滂沛，施功一朝，可及終歲。神食此土，當爲民憂，民望久矣，無爲神羞。

祈雪文

歲律將暮，宿麥盈野。亢陽連旬，甘澤不下。隴畝之民，蓋多懼者，凄然回飆。渰然興雲，播爲嘉雪，餘施及春，應兹虔禱，其在明神。尚享。

詩曰：上天同雲，雨雪雰雰。先王訓民以田而事之在大者，人力不能爲也。故以雨雪爲喜，及一得之，則稱道詠嘆，形于章句。然則繫於民者，豈不重哉？今歲將更新，祈禱亦至，而亢陽爲梗，美應未臻，則民事之奈何？而刺史亦難勝其責，是用有請于祠下，惟降之嘉瑞，以慰民情，而協于詩人之詠，則神之惠賜爲多。尚享。

歲律其暮，久苦亢陽。南畝之民，愭然失望，再趨祠下，禱求亦至而密雲未合，嘉應難期，況潤物之功，莫如時雪陰惠所及，闔境是瞻，敢具醪脩。以薦誠悃。尚享。

宋・孔平仲《清江三孔集》卷二一　祈雨

皇天久不雨，旱風滿東國。春田廢鉏犁，秋事闕牟麥。縣官緊租賦，守令抱憂責。交馳謁羣望，不敢愛牲帛。而我處學宫，于邦乃賓客。霜寒怯早起，卧聽車馬適。方兹祈求急，不預奔走役。精誠倘蒙報，豈不沾潤澤。古有支離形，亦有支離德。而我頗施施，支離在官職。雖然憫元元，覽鏡見顔色。高詠雲漢篇，千秋意悽惻。

宋・孔平仲《清江三孔集》卷二二　禱神

歲旦大旱兮，田事甚荒。疫癘將作兮，火菑流行。循神之名兮，其德有常。靈鑒不遠兮，照此忱誠。出雲洩洩兮，靈雨其雱。庶幾此民兮，不乏粢盛。

金陵觀雨

丞相初下車，憂勤到南畝。旱乾爲祈禱，甘雨輒盈缶。氣從鍾山發，浪入秦淮吼。奔騰與擺蹙，執熱復何有。我時在舟中，清爽浮户牖。垢衣得浣濯，快意一搔首。深宵對明月，滅燭從更久。昨日見投龍，于今慰枯朽。至誠必有答，況乃調元手。

夏旱

元豐四年夏六月，旱風揚塵日流血。高田已白低田乾，陂池行車井泉竭。多稼如雲欲成就，天胡不仁忍斷絶。雷聲隆隆電摇幟，雨竟無成空混熱。如聞大河決北方，目極千里波濤黄。我願蛟龍卷此水，洒落東南救焦死。又聞戎瀘方用兵，戰車甲馬穿雲行。安得疏江擁三峽，餘波末流灌百城。分支引派入南畝，盡使枯槁得復生。志大心勞竟何補，仰視雲漢高溟溟。吾徒禄食固可飽，更願眼前無餓莩。

喜雨

低田有水高田乾，南風日日吹塵土。新秧已生未種得，此時却得彌天雨。連山蔽空望不極，溢徑盈庭勢漂滷。從今歲事當有成，飽喫香秔胡可數。老來涉世心益懶，只欲棲遲守環堵。若令積穀支歲年，便可終焉事農圃。

宋・孔平仲《清江三孔集》卷二四　喜雨上太守

曾佩金章禱象龍，滂沱飛雨出無窮。泰山吐霧連朝暗，東海驅波半夜空。爽壓炎蒸民少病，潤流枯涸歲將豐。黄堂下視相歡意，助以袁宏一扇風。

宋・王令《廣陵集》卷七　小雨

一夜風聲驚屋破，四鄰叩壁呼我賀。久知旱勢非所期，果見雨逐浮雲過。庭塘流注已有餘，田畝不霑亦奈何。雷嗔電笑竟何爲，幽人空廢南軒卧。

宋・王令《廣陵集》卷九　暑旱苦熱

清風無力屠得熱，落日著翅飛上山。人固已懼江海竭，天豈不惜河漢乾。崑崙之高有積雪，蓬萊之遠常遺寒。不能手提天下往，何忍身志遊其間。

宋・王令《廣陵集》卷一五　暑中懶出

暑雲無雨易飛揚，旱日當天不可望。浪走俗塵無遠到，不如嘉樹坐餘涼。已嫌風少難平暑，更被蟬饑取實腸。夢到周公才我事，如何陶令説羲皇。

不雨

去歲秋霖若決川，今春不雨旱良田。道邊老幼饑將死，雲外蛟龍懶自眠。赤日有威空射地，清江無際漫連天。誰將民瘼戕雙闕，四海皇恩一漏泉。

宋・王令《廣陵集》卷一七　苦熱

土燥木根焦，禽窮自拔毛。龍遺赤日走，天避火雲高。虎懼千山熾，鯨憂四海熬。風微不飽腹，蟬亦爲身號。

宋・蘇軾《東坡全集》卷八　和李邦直沂山祈雨有應

高田生黄埃，下田生蒼耳。蒼耳亦已無，更問麥有幾。蛟龍睡足亦解慚，二麥枯時雨如洗。不知雨從何處來，但聞呂梁百步聲如雷。試上城南望城北，際天菽粟青成堆。饑火燒腸作牛吼，不知待得秋成否。半年不雨坐龍慵，共怨天公不怨龍。今朝一雨聊自贖，龍神社鬼各言功。無功日盜太倉穀，嗟我與龍同此責。勸農使者不汝容，因君作詩先自劾。

蠍虎

黄雞啄蠍如啄黍，窓間守宫稱蠍虎。闇中繳尾伺飛蟲，巧捷功夫在腰膂。跂跂脉脉善緣壁，陋質從來誰比數。今年歲旱號蜥蜴，狂走兒童鬧歌舞。能銜渠水作冰雹，便向蛟龍覓雲雨。守宫努力搏蒼蠅，明年歲旱當求汝。

宋・蘇軾《東坡全集》卷九　起伏龍行徐州城東二十里有石潭，父老云與泗水通。增損清濁，相應不差，時有河魚出焉。元豐元年春旱，或云置虎頭潭中可以致雷雨，用其説，作起伏龍行一首。

何年白竹千鈞弩，射殺南山雪毛虎。至今顱骨帶霜牙，尚作四海毛蟲祖。東方久旱千里赤，三月行人口生土。碧潭近在古城東，神物所蟠誰敢侮。上欹蒼石擁巖竇，下應清河通水府。眼光作電走金蛇，鼻息爲雲擢煙縷。當年負圖傳帝命，左右羲軒詔神禹。爾來懷寶但貪眠，滿腹雷霆瘖不吐。赤龍白虎戰明日，倒卷黄河作飛雨。嗟吾豈樂鬭兩雄，有事徑須煩一怒。

宋・蘇軾《東坡全集》卷一〇　祈雪霧猪泉出城馬上作贈舒堯文

二年走吴越，踏遍千里山。朝隨白雲去，莫與栖鴉還。翩如得木狖，飛步誰能攀。一爲符竹累，坐老敲榜間。此行亦何事，聊散腰脚頑。浩蕩城西南，亂山如玦環。山下野人家，桑柘雜榛菅。歲晏風日暖，人牛相對閒。薄雪不蓋土，麥苗稀可删。願君發豪句，嘲詼破天慳。

次韻舒堯文祈雪霧猪泉

長笑蚍醫一寸腹，銜氷吐雹何時足。蒼鵝無罪亦可憐，斬頸横盤不敢哭。豈知泉下有猪龍，卧枕雷車踏陰軸。前年太守爲旱請，雨點隨人如撒菽。太守歸國龍歸泉，至今人詠淇園緑。我今又復罹此旱，凛凛疲民在溝瀆。却尋舊迹叩神泉，坐客仍携王子淵。看草中和樂職頌，新聲妙語慰華顛。曉來泉上東風急，鬚上氷珠老蛟泣。怪詞欲逼龍飛起，嶮韻不量吾所及。行看積雪厚埋牛，誰與春工掀百蟄。此時還復借君詩，餘力汰輈仍貫笠。揮毫落紙勿言疲，驚龍再起震失匙。

答郡中同僚賀雨

水旱行十年，饑疫遍九土。奇窮所向惡，歲歲祈晴雨。雖非爲己求，重情終愧古。鬼神亦知我，老病入腰膂。何曾拜向人，此意難不許。重雲凄已合，微潤先流礎。蕭蕭止還作，坐聽及三鼓。天明將吏集，泥土滿靴屨。登城望麰麥，緑浪風掀舞。愧我賢友生，雄篇鬬新語。君看大熟歲，風雨占十五。天地本無功，祈禳何足數。渡河不入境，豈若無蝗虎。而況刑白鵞，下策君勿取。

次韻孔毅甫久旱已而甚雨三首

饑人忽夢飯甑溢，夢中一飽百憂失。只知夢飽本來空，未悟真饑定何物。我生無田食破硯，爾來硯枯磨不出。去年太歲空在酉，傍舍壺漿不容乞。今年旱勢復如此，歲晚何以黔吾突。青天蕩蕩呼不聞，況欲稽首號泥佛。甕中斷蝎尤可笑，跂跂脉脉何等秩。陰陽有時雨有數，民是天民天自卹。我雖窮苦不如人，要亦自是民之一。形容雖似喪家狗，未肯弭耳争投骨。倒冠落幘謝朋友，獨與蚊雷共圭蓽。故人嗔我不開門，君視我門誰肯屈。可憐明月如潑水，夜半清光翻我室。風從南來非雨候，且爲疲人洗烝鬱。褰裳一和快哉謡，未暇饑寒念明日。

去年東坡拾瓦礫，自種黄桑三百尺。今年刈草蓋雪堂，日炙風吹面如墨。平生懶惰今始悔，老大勤農天所直。沛然例賜三尺雨，造化無心怳難測。四方上下同一雲，甘霔不爲龍所隔。蓬蒿下濕迎曉來，燈火新凉催夜織。老夫作罷得甘寢，卧聽墻東人響屐。奔流未已坑谷平，折葦枯荷恣漂溺。腐儒麄糲支百年，力耕不受衆目憐。破陂漏水不耐旱，人力未至求天全。會當作塘徑千步，横斷西北遮山泉。四鄰相率助舉杵，人人知我囊無錢。明年共看决渠雨，饑飽在我寧關天。誰能伴我田間飲，醉倒惟有支頭甎。

天公號令不再出，十日愁霖并爲一。君家有田水冒田，我家無田憂入室。不如西州楊道士，萬里隨身惟兩膝。沿流不惡泝亦佳，一葉扁舟任漂突。山芎麥麴都不用，泥行露宿終無疾。夜來饑腸如轉雷，旅愁非酒不可開。楊生自言識音律，洞簫入手清且哀。不須更待愁井塌，見人白骨方銜盃。

宋·蘇軾《東坡全集》卷一六　次韻朱光庭喜雨

久苦趙盾日，欣逢傳説霖。坐知千里足，初覺兩河深。破屋常持傘，無薪欲爨琴。清詩似庭燎，雖美未忘箴。

次韻劉貢父省上喜雨

密雲今日破郊西，疎雨瀟瀟未作泥。要及清閒同笑語，行看衰病費扶攜。花前白酒傾雲液，户外青驄響月題。不用臨風苦揮淚，君家自與竹林齊。

次韻張昌言喜雨

千里黄流失故居，年來赤地到青徐。遥聞争誦十行語，無異親巡六尺輿。精貫天人一言足，雲興嶽瀆萬靈趨。愛君誰似元和老，賀雨詩成即諫書。

宋·蘇軾《東坡全集》卷一九　禱雨龍公既應劉景文有詩次韻

張公晚爲龍，抑自龍中來。伊昔風雲會，咄嗟潭洞開。精誠苟可貫，賓主真相陪。洞簫振羽舞，白酒浮雲罍。言從關洲妃，遠去焦氏臺。倒傾瓶中雨，一洗麥上埃。破旱不論功，乘雲却空回。嗟龍與我輩，用意豈遠哉。使君今子義，英風冠東萊。笑説龍爲友，幽明莫相猜。

宋·蘇軾《東坡全集》卷二九　真興寺閣禱雨

太守親從千騎禱，神翁遠借一盃清。雲陰黯黯將嘘遍，雨意昏昏欲醖成。已覺微風吹袂冷，不堪殘日傍山明。今年秋熟君知否，應向江南飽食粳。

宋·蘇軾《東坡全集》卷九八　徐州祈雨青詞

河失故道，遺患及於東方；徐居下流，受害甲於他郡。田廬漂蕩，父子流離。飢寒頓仆於溝坑，盜賊充盈於犴獄。人窮計迫，理極詞危，望二麥之一登，救饑民於垂死，而天未悔禍，歲仍大荒。水未落而旱已成，冬無雪而春不雨。烟塵蓬勃，草木焦枯。今者麥已過期，穫不償種。禾未入土，憂及明年。臣等恭循舊章，並走羣望，意水旱之有數，非鬼神之得專，是用稽首告哀，籲天請命。若其賦政多僻，以謫見于陰陽；事神不恭，以獲戾于上。下臣實有罪，罰其敢辭，小民無知，大命近止。願下雷霆之詔，分敕山川之神，朝隮寸雲，暮洽千里，使歲中熟，則民猶小康。

諸宮觀等處祈雨青詞

饑饉之患民，流者期年。吁嗟之求詞，窮於是日。仰惟至道之助，推廣上天之仁，召呼羣龍，時賜霈澤。罔以不德，而廢其言。

宋·蘇軾《東坡全集》卷九九　禱雨磻溪祝文

歲秋矣，物之幾成者，待雨而已。穟者已秀，待雨而實。三日不雨，則穟者不實矣。莢者已孕，待雨而秀。五日不雨，則莢者不秀矣。野有餘土，室有閒民，待雨而耕且種。七日不雨，則餘土不耕，閒民不種矣。穟者不實，莢者不秀，餘土不耕，而閒民不種，則守土之臣，將有不任職之誅。而山川鬼神，將乏其祀，茲用不敢寧居，齋戒擇日，並走羣望。而精誠不款，神不顧答，吏民無所請命。吏民既以雨望公，公亦當任其責，敢布腹心，公實圖之。尚饗。

鳳翔太白山祈雨祝文

維西方挺特英偉之氣，結而爲此山。惟山之陰威潤澤之氣，又聚而爲湫潭，缾罌罐勺，可以雨天下，而況於一方乎？乃者，自冬徂春，雨雪不至，西民之所恃以爲生者，麥禾而已。今旬不雨，即爲凶歲。民食不繼，盜賊且起，豈惟守土之臣所任以爲憂，亦非神之所當安坐而熟視也。聖天子在上，凡所以懷柔之禮，莫不備至，下至於愚夫小民，奔走畏事者，亦豈有他哉。凡皆以爲，今日也，神其盍亦鑒之。上以無負聖天子之意，下以無失愚夫小民之望。尚饗。

祈雨龍祠祝文

神食于民，吏食于君。各思乃事，食則無愧。吏事農桑，神事雨暘，匪農不力，雨則時嗇。召呼風霆，來會我庭。一勺之水，膚寸千里。尚饗。

祈雨吳山祝文

杭之爲邦，山澤相半。十日之雨，則病水。一月不雨，則病旱。故水旱之請，黷神爲甚。今者止雨之禱，未能踰月，又以旱告矣。吏以不德爲愧，神以不倦爲德，願終其賜，俾克有秋。尚饗。

奉詔禱雨諸廟祝文

噫嗟艱歲，胡閼斯雨。念我東南，餔饟中土。迎秋餞伏，農不再舉。有事郊廟，萬方畢助。漕溝絶流，庭實未旅。下書哀痛，超軼堯禹。矧茲守臣，廢食悼懼。民之禍福，間不容縷。今不憖救，後訴無所。天高莫謁，神或可籲。尚饗。

禱雨社神祝文

噫我侯社，我民所恃。祭于北墉，答陰之義。陽亢不反，自春徂秋。迄冬不雨，嗣歲之憂。吏民嗷嗷，謹以病告。錫之雨雪，民敢無報。尚饗。

禱雨后土祝文

神食于社，蓋數千年。更歷聖王，訖莫能遷。源深流遠，愛民宜厚。雨不時應，亦神之疚。社稷惟神，我神惟人。去我不遠，宜軫我民。尚饗。

禱雨稷神祝文

農民所病，春夏之際。舊穀告窮，新穀未穟。其間有麥，如暍得涼。如行千里，弛擔得漿。今神何心，毖此雨雪。敢求其他，尚憫此麥。尚饗。

祭常山祝文五首密州

洪惟上帝以斯民屬於山川羣望，亦如天子以斯民屬於守土之臣。惟吏與神，其職惟通，殄民廢職，其咎惟均。哀我邦人，遭此凶旱。流殍之餘，其命如髮。而飛蝗流毒，遺種布野，使其變躍飛騰，則桑柘麥禾，舉罹其災，民其罔有孑遺，吏將獲罪，神且乏祀。茲用慄慄危懼。謹以四月初吉，齋居蔬食，至于閏月辛丑，若時雨沾洽，蝗不能生，當與吏民躬執牲幣，以答神休。嗚呼，我州之望，不在神乎？父老謂神，求無不獲，克有常德，以名茲山。其可不答，以愧此名。若曰歲之豐凶在天，非神之所得專。吏將亦曰：民之休戚在朝廷，我何知焉？則誰任其責矣。上帝與吾君，愛民之心一也。凡吏之可以請于朝者，既不敢不盡，則神之可以謁于帝者，宜無所不爲。尚饗。

峩峩茲山，望我東國。爲帝司雨，涵濡百物。自我再禱，應不旋轂。迨茲有秋，歲得中熟。嗟此薄禮，曷稱其德。陶匠並作，新其楹桷。豈以爲報，民苟不怍。歲云徂矣，麰麥未殖。嗣歲之憂，既謝且謁。惠然雨我，以永休烈。尚饗。

比年以來，蝗旱相屬。中民以上，舉無歲蓄。量日計口，斂不待熟。秋田未終，引領新穀。如行遠道，百里一宿。苟無舍館，行李夜哭。有秋不雨，霜露殺菽。黃糜黑黍，不滿囷簏。麥田未耕，狼顧相目。道之云遠，飢腸誰續。五日不雨，民在坑谷。猗嗟我侯，靈應響速。帝用嘉之，惟新命服。祈而不獲，厥愆在僕。洗心祇載，敢辭屢瀆。庶哀斯民，朝夕濡足。尚饗。

天子有命，閔茲旱暵。俾我守臣，並走羣望。惟神聰明慈惠，求無不獲。既再禱矣，雖嘗一雨，不及膚寸。吏實不德，不足以蒙神之休。導迎善氣，以致甘澤。洪惟聖天子之意，其可不答，而飢羸之民將轉于溝壑，其可不一救之。瀆神之罰，吏其敢辭。尚饗。

熙寧九年七月某日，詔封常山神爲潤民侯，十月某日具位。蘇軾謹以清酌少牢之奠，昭告于侯之廟曰：嗚呼，旱蝗之爲虐也，三年於兹矣。東南至于江海，西北被于河漢，饑饉疾疫靡有遺矣。我瞻四方大川喬嶽，食于斯民者甚衆，而受寵於吾君者可謂巍巍矣。訴之而必聞，求之而必獲。思我農夫而救其災沴，不爲倏雲驟雨，苟以應禱之虚名，而有膏澤積潤，可以及民之實效，卓然如侯者幾希矣。凡天子之爵，命有德而致之，則爲榮，無功而享之，則爲辱。今侯澤此一郡而施及于四鄰，其受五等之爵，而被七命之服也，可謂無愧而有光輝矣。願侯益脩其實，以充其名，上以副天子之意，而下以塞吏民之望，民其奉事有進而無衰矣。尚饗。

祈雨祝文

杭州之爲郡，負山帶江，水澤不留，適旬不雨，農有憂色。挽州浚河公私告病，吏既無術，莫知所救，不敢坐視，惟神之求，庶幾閔民之窮，赦吏之凟，賜以一雨，敢忘其報。尚饗。

祈雨迎張龍公祝文

維元祐六年歲次辛未十月丙辰朔二十五日庚辰，龍圖閣學士左朝奉郎知潁州軍州事蘇軾，謹請州學教授陳師道，并遣承務郎迨，以清酌庶羞之奠，敢昭告于昭靈侯張公之神，稽首龍公，民所祇威，德博而化，能潛能飛，食于潁人，淮潁是依。受命天子，命服有輝。爲國庇民，凡請莫違。歲旱夏秋，秋穀既微。冬又不雨，麥槁而腓。閔閔農夫，望歲畏饑。並走羣望，莫哀我欷。於赫遺蛻，靈光照幃。惠肯臨我，言從其妃。翩舞雩詠，薦其潔肥。雨雪在天，公執其機。游戲俛仰，千里一麾。被及淮甸，三輔王畿。積潤滂流，浹日不晞。我率吏民，鼓鐘旎旗。拜送于郊，以華其歸。尚饗。

祈雨僧伽塔祝文

維元祐七年歲次壬申三月甲申朔十二日乙未，龍圖閣學士左朝奉郎新知揚州軍州事充淮南東路兵馬鈐轄蘇軾，謹以香燭茶果之供，敢昭告于大聖普照王之塔。淮東西，連歲不稔，農末皆病，公私並竭。重以浙右大荒，無所仰食。望此夏田，以日爲歲。大麥已秀，小麥已孕。時雨不至，垂將焦枯。凶豐之決，近在旬日。軾移守廣陵，所部十郡，民窮爲盜，職所當憂。才短德薄，救之無由。伏願大聖普照王，以解脱力，行平等慈。噫欠雲雷，咳唾雨澤。救焚拯溺，不待崇朝。敬瀝肝膽，尚鑒聽之。尚饗。

北嶽祈雨祝文

維元祐九年歲次甲戌四月壬寅朔十六日丁巳，端明殿學士兼翰林侍讀學士、左朝奉郎定州路安撫使兼馬步軍都總管知定州軍州及管内勸農使輕車都尉賜紫金魚袋蘇軾，敢以制幣茶果清酌之奠，敢昭告于北嶽安天元聖帝：都城以北，燕薊之南，既徂歲而不登，又歷時而未雨，公私並竭，農末皆傷，麥將槁而禾未生，民既流而盜不止。豐凶之決，近在浹辰，溝壑之憂，上貽當宁。仰止喬嶽，食于朔方，卷舒雲霓，呼吸雨霽。若其安視小民之急，何以仰符上帝之仁。軾以短才，謬膺重寄，儻有罪以致旱，寧降罰于微躬。今者，得請于朝，齊居以禱，旦夕是望，吁夏而求，雨我夏田，兼致西成之富，實兹邊廩，少寬北顧之憂。拜賜以時，敢忘其報。尚饗。

祈雨諸廟祝文

某神之靈，去歲之秋，民苦饑饉，望此一麥，以日爲歲，不雨彌月，敢以病告。與其救之於已竭，不若起之於未枯。敢冀有神，時賜甘澤，豐登之報，我其敢忘。尚饗。

祈雨祝文

六月不雨，乃時之常，或霖或霪，於稼則傷。稼將有秋，民饑所望。某也不德，守此一方，罪在守臣，無俾民殃。人不能神，易雨而暘。神其聽之，庶乎降康。

祈雪霧猪泉祝文

噫嘻，我民何辜于天，不水則旱。于今二年，天未悔禍，百日不雨，雪不斂塵，麥不蓋土。天子命我禱于山川，側聞此山神龍之淵，躬拜稽首，敢丐一勺，得雪盈尺，牲酒是酢。

祈雪祝文

水旱輒求，惟吏之羞。有求不倦，惟神之休。乙卯之雪，膚寸而已。如燔輿薪，救以勺水。嘉肴旨酒，既謝且祈。願終其賜，盈尺爲期。

祭常山神祝文

吏實不德，無以導迎順氣，消復災沴。惟神之求，神亦閔其不才而嘉其勤。凡有告請，靡所不答。乃者有謁乎神，即退之三日，時雨周洽，去城百里，而近蝗獨不生，凡我吏民，孰不歸德于神。然而一雨之後，彌月不繼，百里之外，蝝生如初。豈神之能應於前，不能應於後，能卹其近，不能卹其遠？蓋吏不稱職，政刑失中，戾于民心，以不能終神之賜。而我州之民，比歲饑殍，凋殘之餘，不復堪命。若又不熟，則流離之禍，其莫知所止矣。神之聰明，其忍以吏不稱職之所致而不卒救之歟？今夏麥垂登，而秋穀將稿，若時賜霈澤，驅攘蟲災，以完我西成之資，歲秋九月，當與吏民復走廟下。

宋・蘇軾《東坡全集》卷一一四　大相國寺開啟祈雨道場齋文

伏以旱暵既久，麥禾將空，仰惟天人之師，宜專雲雨之施，庶幾慈愍，寬我憂危。

鄭州超化寺祈雨齋文

伏以常暘爲災，歷時愈熾，秋穀未蓺，夏苗將空，天意未回，佛慈所愍，願以不思議智力，大解脱神通，時興法雲，普賜甘澤。

後苑瑶津亭開啟祈雨道場齋文

六月徂夏，方金火之争。三農望秋，乏雷雨之施。嗟人何罪，逢歲之艱，自非妙覺之等慈，孰極疲民於重困。有嚴禁苑，祇建浄筵，念我憂勞，錫之膏澤。非獨起枯焦於田野，抑將掃疾疫於里閭，嘉與含生，永均介福。

奏告天地社稷宗廟宫觀寺院等處祈雨雪祝文

伏以朞年以來，水旱作沴，迨兹徂歲，復苦常暘。疾疫將興，農末俱病，方齋居而默禱，庶精意之登聞，敢祈春臘之交，沛然雨雪之賜，願均介福，敷錫羣生。

五嶽四瀆等處祈雪祝文

伏以歷冬不雪，兩歲之憂，疾癘將興，麥麰就槁，分命守土告於有神，下民其咨，天聽不遠，毋愛同雲之澤，以成盈尺之祥，苟利于民，敢忘其報。

天地社稷宗廟神廟等處祈雨祝文

惟德弗類，致常暘之灾。斯民何辜，有薦饑之懼。旬浹不雨，麥禾皆空。循省再三，夙夜祇慄。引領雲霓之望，援手溝壑之餘，既窮之詞，其忍弗聽。

五嶽四瀆等處祈雨祝文

期年以來，水旱作沴。振廩同食，冠蓋相望。已責勸分，公私並竭，惟待一熟之麥，以蘇垂死之民。而冬不雨，以徂春苗將秀，而不實。顧惟冲昧有失，政刑感傷陰陽，延及鰥寡，既非下民之罪，亦豈上帝之心。惟神聰明，毋愛膏澤。則民有息肩之漸，神無乏祀之憂。

宋・李之儀《姑溪居士後集》卷七　久旱湫舍殆不可遣免一夕雷雨忽作

半夜一霪雨，斷夢失炎蒸。汗甑不復鼓，蚊雷爲之停。逡巡萬竅號，破窓風如傾。絺帷強主宰，庭砌已滿盈。極護老稚奔，懽呼閭里情。但覺萬里返，浩蕩隨滄溟。掠眼纔閃爍，劈耳俄掀轟。豈暇計飄溺，且護嬰兒驚。小休月在户，却視斗挂甍。唧唧與啾啾，次第先秋鳴。粤從臘雪後，旱魃苦自明。焦枯病三農，芽田不滋榮。隴畆半折裂，几席饒蠅蝱。端若一大難，眊焉猶宿酲。點我讀書燈，凉宵聊與征。庶几簡牘中，暫寓蠻觸争。

宋・秦觀《淮海集》卷三一　謝雨文

謹以清酌庶羞之奠，敢昭告於某神，惟大荒落，陽氣浸驕。沮傷天和，怒風鳴條。川池既耗，土山行焦。念士之毛，民憀不聊。祇奉明命，爰率我僚。禱雨於神，惠此東臯。日走祠下，莫敢告勞。神享其誠，精祲且交，油然作雲，遂不崇朝。其散如絲，其沃如膏。焦卷一變，蔚爲美苗。罷遣兒曹，無復叫號。巫覡反室，藏緘鼓簫。秋成可期，玉燭遂調。樽有旨酒，豆有嘉殽。拜貺于神，神鑒其昭。尚饗。

宋・王珪《華陽集》卷三　依韻和元參政喜雨四首

歲旱連春與俗憂，忽興嘉雨徧羣州。郊禾蕤蕤青如積，宫瓦差差翠欲流。良弼爲霖辜宿望，神僧作霧應精求。西成喜有登年候，况此新晴見麥秋。

瑶津禱雨見皇憂，誰約金仙下帝州。樓閣繞雲千地湧，魚龍噓水五天流。至精自與三靈契，殊例終緣萬宇求。柄國老臣無異術，但將嘉蔭續陽秋。

紫殿宵祈感聖憂，玉毫曾降梵王州。慈深三界雲常聚，法徧諸天雨自流。襏襫趍耕皆帝力，汙邪滿載爲民求。年年睿澤霑羣物，愧未酬恩鬢已秋。

君心常與下民憂，嘉應爲霖詎一州。夢繞金人雲氣滿，笑回玉女電光流。已成沃野千箱望，豈事靈壇屢舞求。邊粟定儲三百萬，臯蘭何必預防秋。

宋・王珪《華陽集》卷一四　集英殿禱天地祈雨道場密詞

伏以夏序之初，物生方楙，天陽驕厲，農畆焦勞。惕惟眇德之臨，深念羣元之夥，而時氣未順，秋成曷期。敢祇薦于齋，衷庶默回于善應，終興潤雨，以助登年。

西京無畏三藏祈雨默詞

伏以自冬終春，陽氣升鬱，時雨弗降，害于嘉生。覺慈無邊，具大神智，濟民及物，灑澤應期。

宋・王珪《華陽集》卷一六　集英殿開啓祈雨道場齋文

伏以自春涉夏，陰陽虧并，雨弗降滋，至於害歲，嗣膺丕統，焦勞如焚，有覺大慈，力隨普應。

集英殿開啓祈雨粉壇道場齋文

伏以驕陽薄陰，秋氣未附。密雲留雨，農疇靡滋，結祕法於道場，假能仁於溥界，默回嘉應，大澤羣元。

集英殿接續開啓祈雨道場齋文

伏以秋籥適中，天未降澤，農疇皆槁，民將遇饑。敢載祓於禁楹，庸嗣嚴於梵席。終蘄慧力，溥濟含生。

西京無畏三藏前開啟祈雨道場齋文二道

伏以方春東作，雨弗降滋，歲事將虧，羣心如灼。大慈濟物，應現無方，油然興雲，以澤萬物。

伏以秋氣已肅，亢陽薄陰，槁禾盈疇，民望如灼，大慈覺世，通於至忱，油然興雲，徧澤嘉植。

西京竺法三藏泗州普照明覺大師前開啓祈雨道場齋文

伏以春夏之交，雨不時降，宿麥將瘁，民咨亡聊。顧守邦圖，永思厥咎。大慈濟物，通于至忱，彌沴爲祥，期布嘉澤。

宋・李復《潏水集》卷一二　夏旱

浮雲蔽空旱日熾，日酷燒雲雲散裂。雲怒漏穿未肯去，日光迸射千道血。蔽天頑狠鬬不歇，天工默默無與決。乘時争勝更苦熱，魚龍戢戢愁海竭。

和朱公揆禱雨五龍廟

太師占歲驗律管，氣來姑洗聲猶短。野人告病三月餘，公堂嚴齋五日滿。相招禱雨陟南山，出城鞭馬追飛繖。林鳩怒鳴競逐婦，穴蟻移居自銜卵。迎路商羊舞若飛，隨車少女風不斷。陰昇陽交兆已見，神意感通知憫旱。焚香灑酒灑枯地，草根清流忽盈盌。兹事舊傳或未信，誠禱靈答知非誕。祠亭豐碑高突兀，歲紀神麚魏所纂。草木森嚴無兀散，登山層級繞巖巒。趣門一徑極平坦，簫鼓于今幾百年。暘雨無愆雩禜罕，今朝霡霂千里蘇。太守憂民罄誠欵。四郊宿麥遠青青，土膏脉潤天已暖。明朝牲幣躬脩報，豈憚陟降步巘嶮。魯無禾麥書春秋，須知民事不可緩。

宋・毛滂《東堂集》卷一〇　祈雪文

念歲且盡，當寒而温。天雖小差，人則大病，豈惟病也，饑將繼之。姑召膚寸之雲，噫欠盈尺之瑞，我惟不請，神無不從。

爲湖州太守祈雪文

戊寅之春，旱魃盛氣，寒沙寸碧，俯見魚背，饑蠶出筐，老農釋耒。誰謂秋郊，蔚有卧穟。驕陽憑淩，荐歲偃蹇。稚稼柔桑，不絶如綫。今誰致之，雞有餘啄。今雖焦勞，德則凉薄。噫欠飄忽，風驚水立。欲問此恩，碧潭千尺。令不敢有，告我州伯。伯聆而嘻，六邑之民。我弟我子，有澤斯均。是何一家，東雨西晴。遣吏送誠，庶分餘滴。薦羞芬苾，將命祗慄。惟我州伯，令問甚休。六邑千里，和氣所遊。藉令不禱，神得無意。今聞其言，宜奮且喜。上封請秩，豈神所欲。謂予不信，有如皎日。

謝雪文

我之依神，猶指有掌。神之報我，如谷答響。我養吾民，媪之負襁。民反不信，神獨深亮。豈有雨暘，寄神之宫。持券取之，若探懷中。翳陽爲陰，吹雨作雪。玉樹瑶峯，曉相映發。未雪憂疫，既雪亦憂。道有凍骨，吏不能裒。耿耿念之，奈此皸瘃。扶桑忽暾，雰霧澄駮。令實不德，神苟不怒。豈俾無功，坐收豐豫。神其儆我，厥意可訂。反怒爲德，以是愧令。爵芬豆肥，敢不修敬。

又

某之息肩，曾未浹月。秋則不雨，冬亦不雪。神非容心，吏有慚德。蒼山之下，紫潭之湄。我以旱來，雷電隨之。窮冬不裘，蒼鵝再血。日午無雲，暮霰朝雪。封豕芳醪，聊以告潔。神食無羞，吏亦塞責。

宋・許景衡《橫塘集》卷二　東郊

東郊過新雨，野色何氛氲。嘉苗起萎病，萬頃堆寒雲。田父揖行客，苦訴村墟貧。年年夏旱時，赤地流黄塵。小兒困鋤耘，烈日背欲皴。大兒斡水車，手足無完筋。官租且不供，矧欲養吾身。東隣久無煙，幾口能生存。西隣逐熟去，今作何鄉人。行客謝老農，艱難困勞塵。而今新官家，寬大布深仁。大臣亦端良，乘時轉鴻鈞。汝豈不自覺，新歲雨澤勻。寰區日寧靖，百物方訢訢。爾曹死亦足，及爲太平民。

宋・王安中《初寮集》卷八　大名狄梁公廟祈雨文代梁帥

維公忠貫天地，氣勁金石，仗義蹈險，凛凛一德，武孽鳴晨，唐日中蝕。公徐請命，貫血横臆。廬陵既還，五龍來翼。大明升照，匪公孰力。扶顛之功，草木所知。寧豐汝南，罔不懷思。魏人載德，百世奉祠。獨賢斗南，豈但一時。維此魏人，所欲必告，農功穡事，有相之道。今兹之稼，既方既阜。迨天閔雨，民憂用禱。維古上公，神通陰陽。吁噓而雩，抑有故常。公降自天，去復騎星。留游舊都，髣髴英靈。某在茲居守，神交冥冥。忠義之感，尚想典刑。胡不慨然，吸呼雷霆。流惠焦槁，與之蘇醒。儻霑嘉澤，歲得上熟，自公及私，異世蒙福。祠庭之完，奉嘗之續，率民報貺，當罄祇肅。

宋・王庭珪《盧溪文集》卷一一　次韻周子發喜雨

天邊旱魃凌高秋，草木焦卷生百憂。正欲焚山泣魑魅，忽驚暴雨交田疇。牲羞奔走羣祀喜，雷公怒叱萬鬼囚。何當盡洗炎熱苦，坐令清風還九州。

宋・王庭珪《盧溪文集》卷一二　和黄元授喜雨防城之役，邨落騷然。冀採此詩，當更講求利病也。

天公叱起羣龍顛，黑風立海倒百川。黄流忽通南北港，白水自滿高低田。官軍從來仰征賦，農民豈解持戈鋋。雖得一雨洗炎熱，夜吏捉人誰使然。

宋・王庭珪《盧溪文集》卷一五　感雨癸丑

天久不雨，羣情焦熬。郡府方索民築郛，縣内惴恐，既而禱雨石屋山。連日大澍，喜而作是詩呈縣令黄平國。拜起爐烟繞碧虚，卧龍隨雨躍天衢。道邊草木已焦卷，巖下風雷若指呼。河隴豈無寃繫獄，海汙防有浴川夫。君王屢詔寬徭役，亦念凋氓苦未蘇。

宋・李綱《梁谿集》卷一五　喜雨

北風吹雲雲不開，濛濛細雨和煙來。舟行雖阻亦可喜，潤澤及物誠佳哉。我辭閩嶺遵江渚，百日皆晴未嘗雨。江淮旱暵已踰年，牟麥焦枯但黄土。漕渠千里不復通，況復巨寇興兵戎。從兹一雨百事散，願化災沴爲康豐。

次韻王堯明喜雨古風

神化茫茫端莫測，不雨踰時忽盈尺。誰云幽默志難通，一念周圓誠已格。井枯河竭欲飛塵，麥秀漸漸實半振。翠虬潛伏杳無處，遺蝗出地方鱗鱗。觀音妙智悲慈主，爲灑楊枝作甘雨。應憐禱禬罄勤渠，致遣神人夢中語。雨暘之數雖有時，遲速亦可精神移。世間萬法盡心造，報若影響寧難期。不知今夕復何夕，千里風雲來陣墨。驅雷掣電雨建瓴，似赴前期初不忒。威神自在誰復如，噀酒投軀術已疎。有秋頗足慰民望，可喜更須煩史書。衣冠北渡連墻堵，旅食經時念終窶。已欣霖雨起蟠龍，更慶天兵擒猛虎。邇來世事不掛心，惟有憂國思猶深。安得年豐羣盗息，歸助擊壤堯民音。

宋・王之道《相山集》卷三　和秦壽之喜雨

雲峰擁稜層，不動若頑石。追凉困無所，何當日云夕。揮箑汗如流，欲卧莫安席。雲頭從北來，微風動踈荻。滂沱一尺雨，旱魃驚辟易。巾屨獲暫御，尊酒容復覓。誰憐貧長卿，空洞家四壁。熬熬爐炭中，萬物同一息。明朝槁苗興，農甿歌帝力。

秋日訪程元明喜雨而作

去年夏六月，我來自臨安。滂沲一夜雨，原隰俱瀰漫。俛仰忽再秋，秋旱畎澮乾。嘉穀槁垂盡，萬口空長歎。我從相山來，朝雲起巑岏。油然遍寰宇，半道濡征鞍。亭午至君家，簷聲落驚湍。詰旦視大田，青青已堪看。會見百室盈，陋巷飽一簞。何獨解君憂，我心其少寬。襲芳富卉木，秋炎苦摧殘。柯葉頓欣榮，秀色良可餐。速宜置尊酒，一洗儒生酸。我雖不解飲，醒狂佐君歡。

宋・王之道《相山傳》卷四　信陽和同官喜雨韻

欲識農夫田作苦，久雨禱晴晴禱雨。禱晴得雨雨得晴，此患到今傳自古。苾芬非是蕭蘭馨，誠心一發通三靈。文昌俗吏亦何者，乃能致雨興雷霆。爾來旱氣爞爞熱，夜望天涯電光掣。原田嘉穀半焦黄，何獨枯魚濡涸轍。忽然一雨洗瘴昏，珠玉無邊難價論。坐令愁嘆變歡抃，千巖萬壑江流奔。從今不厭商羊舞，十日一犂均下土。漏邦寒儉酒味醨，且磑新茶其分乳。庭前花草還青葱，想見黍稌紛芃芃。吾君早晚復疆宇，屢豐將見追元豐。天人大抵常相即，人若必天天可必。願修人事格天心，天若不從非所恤。泰亨自復先朋來，時通端不憂塵埃。新詩要非所宜辱，敢以木李酬瓊瑰。六年無蓄號不足，菜色定應緣半菽。要令汸暴似海岳，豈但河沙論秉斛。炎天赫日當流金，去國多年思轉深。只今淮北望霓切，須煩伊傅資商霖。

次韻子厚弟喜雨行贈趙守端質

我生畏暑如畏焚，奈此歲旱風塵昏。十年廢放卧巖壑，名雖八品身黎元。恒暘乞雨雨乞霽，雨轉爲淫暘轉熾。不知此理果何如，每訝天心異人意。去年避地還家園，蒿萊滿目高侵天。秋陽肆虐冬益甚，涉春陂澤皆平川。邇來焦槁遍區宇，黄金融液膠流弩。趙侯日爲疲瘵憂，應怪魯書三不雨。天人大抵常相資，顧我録録傷無奇。鬻漿苦涼屠苦熱，敢望屏翳從招麾。聖主東巡羣后覲，萬里江淮方水運。折衝禦侮賴親賢，何獨爲霖福斯郡。精誠昭格吾誰欺，頃間禱雨人所知。忽然簷溜瀉河漢，數聲霹靂轟相隨。公堂六月清無暑，旋磑龍團試分乳。官曹相賀復何言，且戒農夫築場圃。小人托庇安村墟，獲同野老歌而呼。

願公玉帶懸金魚，奉報得雨禾生稃。霏霏不厭沾衣裾，稍晴欲自躬犁鋤。斯民食足吾其俱，何妨把酒仍觀書。

次韻張文伯喜雨

新詩句句堪流傳，令人讀之神凜然。孟君已死不可見，如公筆力今無前。天生百穀養萬姓，暄潤稍闕功難全。江城秋旱望一溉，斯民窮極伊誰憐。滂沱忽澍三尺雨，稿苗厭厭蘼緜緜。不知何以遽得此，有賢太守方承宣。焚香默禱辭未絶，精誠已格高高天。油雲垂布若可攬，沾濡車蓋初言旋。西成指日多黍稌，頌歌未負賡豐年。豚蹄盂酒謝神貺，鼓腹一笑非予偏。

和董令升喜雨用前韻

夜聽簷聲翻急雨，想見膏潤均率土。先生休戚共斯民，憂在惔焚非憚暑。人情類被饑所移，我爾相忘自甘苦。寧從禱旱身暴日，肯對驅蝗歌侑俎。用心何獨追老杜，大庇寒儒歡廣宇。要令匹夫被惠澤，上致吾君堯舜數。嗟予糞朽伏邱壑，尺短寸長無足取。洊蒙珠玉過稱揚，丈夫殆以氣相許。

宋·王之道《相山集》卷七　秋日喜雨題周材老壁

大旱彌千里，羣心迫望霓。簷聲聞夜溜，山氣見朝隮。處暑餘三日，高原滿一犁。我來何所喜，焦槁免無泥。

宋·王之道《相山集》卷九　憫旱

食貧那識小槽紅，回也簞瓢久屢空。翹候載芟歌濟濟，忍看雲漢嘆爞爞。困窮轉覺蓬心隘，憔悴猶憐菜頰豐。坐對驕陽思霈澤，日占鳴鸛望穹窿。

和陶尉喜雨呈張文伯

賀客休辭酒盞深，使君心是老農心。精誠已致當時雨，膏澤將爲異歲霖。得水槁苗俱競秀，乘秋高鳥自能吟。宣風宜有中和作，戛玉鏘金播八音。

和王冲之喜雨呈張文伯

指點邦人著眼看，魯侯雩祭正玄端。望來已見千山雨，此去那憂百穀乾。高廩有期從穧斂，犇霆何處起龍蟠。新詩得得書靈應，傳與羣公好縱觀。

和石守道喜雨

夏旱逼小暑，種入土者十纔四五。而原隰龜坼，秧亦就槁。太守張仲交爲民請禱，翼日片雲作，環城獲一溉之潤，而大雨繼之，遠邇霑足。因觀石徂徠喜雨之什，勉用其韻，且俾兒曹同賦。庚辰夏五月庚子。

坐聽簷雨快高吟，酒到從斟不厭深。酣戰遂符占蟻信，鬱輿良慰望霓心。一時與被堯天澤，四海同蘇傅野霖。霑足豈惟秋有歲，麥田猶及趂犁金。俗諺謂：五月犁金，六月犁銀，七月犁土。今尚五月，故云。

伏蒙知縣、縣尉二寮友以夏旱得雨，賡石徂徠喜雨韻見貺，不可虛辱，復嗣其韻書謝，仍命兒曹同賦：

綠槐陰外聽蟬吟，節過分龍夏已深。千里亢陽憂歲旱，一時甘雨快人心。養禾不害連朝曀，沃暑應容數日霖。多謝同寮憐老拙，雙南佳句競鏗金。

追和東坡張昌言喜雨呈同官

旱魃正須三尺雨，飛廉旋布四天雲。詩成采筆揮瓊玖，酒到酡顔散纈紋。蓮沼灔翻宵溜急，槐庭清送午風薰。欣欣千里農夫慶，衰病空慚老使君。

宋·王之道《相山集》卷一一　次韻高守無隱苦熱

鬱蒸還起砲車雲，旱氣方隆雨未能。應念開幬來白鳥，故成灑酒聚青蠅。南皮痛飲君當繼，北牖高眠我獨醒。人仰郡侯清可倚，署中真是一條冰。

次彥時兄苦旱韻

斗粟衡門且自安，老來筋力厭辛酸。官游動是三年別，邂逅應容一笑歡。荷浦珠聯秋露溢，稻田龜坼暑風乾。昨朝溪足捎新雨，已覺羸軀怯夜寒。

宋·王之道《相山集》卷一二　喜雨

雷聲翻海電光紅，濯濯薔薇一夜空。雲氣共看淵躍蜿，雨祥曾驗葉生蟲。佇期多稼千箱富，先慶來麰百室豐。飾喜自慚樽酒薄，只將香火向穹窿。

次韻周漕喜雨

十載棲遲畎畝間，無聊尤苦屢無年。可憐一雨今時若，便覺千塍頓鬱然。擊壤有期應共慶，效顰非分敢爭妍。正當簷溜江河決，想見高吟夜不眠。

宋·王之道《相山集》卷一三　秋日憫旱題香山莊舍

千里驕陽稼穡枯，人心窮極但天呼。須煩巖壑爲霖手，下澤蒼生慰海隅。

七夕苦旱望雨

田禾吐白將就槁，野草垂黃幾欲燃。來日天孫嫁河鼓，洗車今喜有賫緣。

宋·王之道《相山集》卷二八　祈雪文

雪爲五穀之精。雪不時降，則五穀不實，而民無以爲生。重惟夏大旱，斯民每食不飽，惟麥是藾，以冀來歲之成。其勢誠可迫，其情誠可矜矣。三分其冬，今過其二，而愆陽若此，麥何望焉？民將何所仰焉？上天同雲，雨雪雰雰，以沃此麥，而慰此民。非神之難，神其格思。

祭白虹山神文

惟神以興雲出泉之功，嘉惠此方，民物受賜。舊矣而歲或大旱，雲雖時興，而不能作霖雨，泉雖日出，而不能滋稼穡，則神之功或幾乎？虧今度兩山之間截然爲堤，以瀦蓄積潦，待其歲旱，泄而放之，用沃山下之田，使焦槁者蘇，榮茂者實，永永爲萬世利。是功也，豈易量哉？興役之始，敢不以告。

宋・王洋《東牟集》卷二　憫旱

天心愛民非不勤，民心有恨天必聞。爲嫌流水入城郭，指撝山澤收浮雲。浮雲未肯便承命，往來空中無定性。平時風伯讒口多，忍看雲師自奔橫。願得天公張網羅，要令滅跡須嚴科。雷公傳聲澤靈死，嗚呼奈爾風伯何。

喜雨寄上饒守

東村叢祠聞伐鼓，西村巫家女兒舞。滿城半笑半悲啼，唯有使君心獨苦。使君日日拜土龍，尊彝浄潔籩豆豐。公厨彌月不御肉，七十行老筋力充。明明上天採民譽，先使千嶂雲朣朧。知公不肯愛珠玉，非玉非珠只雨粟。如今萬室動歌弦，穩保千箱滿穜稑。不須袞袞談政理，但持此事獻天子。從來上瑞是豐年，會有徵書封玉璽。有如不掩造物功，盡付妙手歸長空。長空冥冥不可名，請公便作喜雨亭。

宋・范浚《香溪集》卷三　歎旱

我行田間歎且驚，田間旱塊絲縱横。荆榛惡草亦枯瘁，雖有稷黍何由生。田邊老人爲予語，欲語先愁淚如雨。老兒百指住山西，世業農桑不工賈。年年此田收好穀，玉粒長腰春百斛。公私取給有贏餘，作飯爲糜肥口腹。今年旱種良辛苦，抱甕澆畦寧入土。困傾舊穀已無餘，新穀蹂蕪復如許。年年百指無憂畏，今年百指俱憔悴。餓死填溝自不辭，只愁逋負官家税。即今官税催輸入，督吏臨門如火急。老兒可是樂徵呼，其柰黍頭無一粒。我感翁言情激烈，却笑老翁言太拙。爲陳天子有深仁，子惠窮民念民切。況今官府皆時賢，會將租責都蠲捐。庶幾儉歲亦得飽，且與爾曹圖醉眠。

宋・史浩《鄮峰真隱漫録》卷二三　昌國縣衙祈雨疏

炎曦久亢，天外峯攢，秋稼垂成，田間龜拆。傾斯民之渴望，祈我佛之哀憐，載涓公宇之塵，用啓祇園之會。伏願濃雲靄若，甘雨霈然，蘇萬隴之焦枯，慰終年之勤動，普均生殖，仰戴慈仁。

福州祈雨設水陸疏

某猥以孱陋之姿，被此蕃宣之寄，由政刑之失當，致水旱之相乘，心實知非咎將誰執。況紀綱不振，列城有獄訟之冤，而教化不明，百姓積貪嗔之過。叢兹衆惡，悉本一身。和氣爲之消亡，咎徵自然發。現已期年，而在鎮無十日之伸眉。今則不雨經時，涉春已久。農欲興於耒耜，澤不潤於田疇，種無入土之期，人有望霓之急。雖兩宵震電，獲粗及於焦枯。然三日爲霖，猶覬優於霡霂。感通已賴神力，障隔實在人心。不敢怨天，唯當罪己，用啓冥陽之供，以昭懺悔之誠。謹取淳熙元年二月二十一日重於福州設廳羞，設水陸大齋之會，普申供養。諸佛菩薩，莫不梵唄宣揚，花幔散墜。既設嘉餚珍果，又陳風馬金錢。演章句之甚深，變馨香之無盡。仰惟法馭，咸賜光臨，驅旱魃以歸空，策驕龍而效職，使此連畦之白壤，化爲萬頃之清漪。澤澤其耕，欣欣有喜。荷蓑荷笠，歲功實自於權輿；曰雨曰暘，時節更緊於保護。則斯民之一飽，皆列聖之洪私。某既蒙花成，又當追責，誓圖竭力，仰報垂慈。

禱雨

久閼天公澤，焦然品彙情。遏雲虹屢飲，擊海電空明。禱祀山川遍，薰修道釋并。帝心終閔物，國力未休兵。帽覆烏龍頂，軍移黑蟻營。乍看雲葉密，遥想浪花平。早熟攙先刈，高荒趁晚耕。歸逋庭少訟，交潤水無争。喜氣連城洽，餘波集澮盈。蕉心重自展，荷葉密相傾。菊映蘭兼茂，松連竹共清。杯觴初料理，書帙尚縱横。欲賦田園樂，猶慚組綬縈。隱淪千古重，名利一絲輕。釣客風流遠，農師局次生。庶幾逃責罰，户户有坻京。

宋・釋文珦《潛山集》卷二　夏雨應禱

當夏而閔雨，百神靡不宗。精誠既上達，所願神輒從。觸石忽生雲，初亦無多濃。東風借其力，斯須滿諸峯。稍久彌六虚，油油復溶溶。炎歊化清涼，密布難知重。雷電發靈響，潭湫起飛龍。甘霔罔不周，非止千里封。槁苗浡然興，連疇遂芃芃。焚香拜天賜，歡聲徧羣農。當書大有年，賦食皆足供。公私有餘羨，露積如崇墉。誓言爲酒醴，報祀於秋冬。降福宜孔皆，萬國稱時雍。

宋・釋文珦《潛山集》卷五　旱雨

賊臣弄權罔明主，億萬蒼生受辛苦。大家巨室盡逃亡，臢積黄金向郿隖。弘羊未烹旱如許，弘羊將烹天乃雨。吾言此雨是雨穀，點點活人勝珠玉。聖恩新放限田租，從此農家飽飦粥。

夏暑正隆望秋得雨因賦長句

夏日烈烈揚暉光，陽氣入土土力强。望秋三日雨滂滂，庶物浡然俱阜昌。雨暘時若異咎恒，秔稻嶷嶷如人長。西風朝夕吹新凉，風來已作酒飯香。老農再拜謝穹蒼，此去足以供烝嘗。只今吏卒多豺狼，唯恐肆威加奪攘。一粒不得入我腸，父子悲啼茹糟糠。願將此意達君王，毋官貪冒官循良。

宋・釋文珦《潛山集》卷六　旱雨

驟雨幡然下，風雷駕疾威。烏兼巢穴墮，龍挾水雲飛。物象回生意，神功解旱圍。田間喜相語，點點勝珠璣。

宋・釋文珦《潛山集》卷七　歲旱

經歲雨不作，溪源皆絶流。旱妖長似夏，蟲響謾占秋。滿目傷黎庶，焦心在冕旒。天河盍傾瀉，併洗甲兵憂。

宋・王十朋《梅溪集・前集》卷八　浴佛無雨

俗言浴佛天必雨，今年浴佛天愈晴。招提鍾磬集梵侶，世尊塵埃思一清。紛然膜拜口誦偈，舉頭看天紅日明。或云天意與佛拗，不放雨師龍伯行。天雖不雨佛亦浴，誤此億萬蒼生情。廟堂何人職調燮，勸天與佛無使争。沛然一雨四方足，億萬蒼生俱沐浴。

喜雨用前韻

去年春夏人苦雨，今年春夏人厭晴。水枯秧老農務急，霈然膏澤來太清。小民易怨亦易喜，不知天意常分明。何須頻禱應上公，但起夏禹陳五行。五風十雨堯舜世，自古天意緣人情。今兹一雨荷帝力，龍神社鬼無妄争。南畝有餘人意足，蠶已三眠更三浴。

宋・王十朋《梅溪集・後集》卷七　祈雨不應

歉歲還鄉益困窮，瓶無儲粟酒尊空。醉經且學文中子，閔雨難祈應上公。

宋・王十朋《梅溪集・後集》卷一三　八月十二日雨

七月之間旱如燬，禱而得之偶然耳。八月又旱農無秋，同僚勸效前日求。我方省愆未及禱，沛然一雨蘇羣槁。古人重請應上公，何敢頻煩瀆蒼穹。但願時暘及時雨，不獨一州天下普。

宋・王十朋《梅溪集・後集》卷一七　祈雨未應提舶知宗道觀焚香明日遂雨提舶有詩次韻

一雨誰之力，因公發善心。同爲上公請，小作傅巖霖。高廩行將實，南風日已駸。涓辰祈善利，感應亦猶今。

次韻知宗賀雨

雲飛初類愈隨郊，珠忽跳空室舞蛟。但願農多大田稼，不愁風捲少陵茅。才踈政事由來拙，天遠精誠未易交。三日禱祈纔一雨，自知無處避謳嘲。

次韻陸倅賀雨

目注雲霓爲國憂，何心肥馬更輕裘。庶民愁恨旱無雨，三日滂沱農有秋。且喜上公容我請，不辭大白共君浮。人言太守無才術，端藉士龍監此州。

次韻蔣教授喜雨

我來遥自東甌東，賢非朱邑鄉守桐。泉方洞城半年爲郡治亡狀，四月不雨心憂農。水田龜拆秧已老，雲霓望斷天穹隆。少學春秋老欲用，區區願請應上公。真人不待瓣香禱，泉有蔡真人祠，水旱必禱。紫帽已有微雲蒙。沛然一雨四境足，眼見穲稏青連空。皇天愛民恕守罪，有始其賜寧無終。既令地免晉國赤，亦不水似元時洪。廣文先生坐絳帳，憂國心與黄堂同。揮毫作頌繼吉甫，開卷穆穆生清風。

宋・王十朋《梅溪集・後集》卷一九　次韻何興化德揚閔雨

熒惑照南紀，千里生塵埃。守臣失其職，閔雨腸空摧。奔走佞佛老，吁嗟禱風雷。爍石勢愈熾，望霓心可哀。民情有愁恨，天意那能回。緬懷端明公，豈薄德與才。乞雨問山神，胡爲亦遲徊。鄰邦賢使君，道妙藏靈臺。不待雨催詩，却以詩篇催。佇聽寫糟牀，遥期街賀盃。政理陰陽和，誠加金石開。餘波必及我，飄灑桐城隈。兩郡桐青青，年豐廩崔嵬。普天望作霖，公盍歸乎來。

喜雨再用前韻

南國久無雨，渴心欲生埃。麥既枯且死，木亦黄而摧。方春雲已火，未夏蚊成雷。刺史固有罪，斯民自宜哀。真人及人士，久出應思回。閉陽縱諸陰，愧無董生才。林鳩厭呼唤，石燕徒低徊。有日上扶桑，無雲起陽臺。方修九淵祀，遽聞尺木催。想驚阿香夢，疑噀欒巴盃。夜中簷溜響，枕上愁顔開。願徧普天下，不止泉山隈。莫作鼎湖浪，因風下崔嵬。明朝賀雨詩，定自莆中來。

宋・王十朋《梅溪集・後集》卷二〇　得雨復用聞水車韻

蜕骨木龍憂不雨，更唤兩牛眠下土。農家以架車者爲眠牛水從地底飛上田，不減在天行雨苦。庭中忽見天雨花，白衣真人游郡衙。但願爲霖莫爲潦，免使泥陷羸牛車。

宋・王十朋《梅溪集・後集》卷二八　諸廟祈雨文

兹者七月不雨，禱祈未應。神廟食于此，其可坐視而不救乎？油然雲，沛然雨，在神呼吸間也。宜速効職，毋作神羞。

韓魏公祠祈雨文

惟公生爲我宋之元勛，死爲紫府之真人，育于泉南，必念斯民。泉人愛公，祠象一新，願以嘉祐治平之霖雨，沛然一洗千里旱暵之塵。

韓魏公祠謝雨文

連月不雨，靡神不宗。禱而不應，有請于公。不數日間，膏澤遂通。龍神社鬼，孰敢争功。願終其惠，時和歲豐。永俾邦人，廟貌是崇。

諸廟謝雨文

旱魃爲虐，且誰之尤。守臣失職，惟神是求。久而莫應，牟麥不收。得之桑榆，有事西疇。播厥百穀，庶幾有秋。緊神之德，何敢不酬。雨尚未足，民猶有憂。願終其惠，毋作神羞。

祈雨疏

旱不自作，端繇郡政之荒；民亦何辜。仰冀天心之閔。月屬流火，時逢亢陽。百穀不得其生，羣黎無以爲命。咸切望霓之志，輒殫請禱之誠。閉諸陽而縱諸陰，媿乏董生之術；油然雲而沛然雨，願興宋國之苗。

謝雨疏

旱魃爲虐，千里起望霓之心；精誠所加，匹夫有動天之道。兹因七月之不雨，仰祈三日之爲霖。遂於俄爾之間，忽下沛然之澤，一洗煩暑，勃興槁苗。天自天而人自人，理若難感；暘曰暘而雨曰雨，恩何可忘。

宋·周麟之《海陵集》卷一　憂旱

老農病旱如膏肓，汲井灌秧秧已黃。湖田半作龜兆坼，河渠斷道不可航。中興救旱不必焚巫尫，當去民害烹弘羊。嗟哉銷變此不務，龍川佛舍徒祈禳。天子食不遑，側身感天天與祥。霈然坐待三尺雨，擬賦雲漢歌宣王。

宋·仲并《浮山集》卷一〇　祈雨文

禾棲南畝，竚期倉庚之登；雲密西郊，盍慰田廬之望。演秘言於琅笈，輸誠意於璚穹。念此吴人，力於農事，寧婦子而盈百室；所望有秋，先公田而後我私。尚資一雨，伏願興油雲於反掌，霈膏澤於崇朝。潛消螟螣之災，畢刈茨梁之稼。仰祈天鑒，曲徇民言。

謝雨文

周雅之歌有年，方切農夫之望；魯史之書不雨，實爲守土之憂。敢先事而致祈，乃指期而獲應。油雲晝合，膏澤夜零，慰我民心，孰非神力。邇遐共慶，已卜千倉之稻粱；稚耋相呼，預圖九月之場圃。尚終此惠，默相其成。

謝雨疏

踰旬不雨，正懷旱暵之憂；卜日叩閽，即獲雲霓之應。連緜甘霔，霑足多田，吏逃失職之愆，農有逢年之喜。恩將何報，言不能宣。天且不違，願終十雨五風之惠；人之所欲，庶底千倉萬箱之收。

宋·仲并《浮山集》卷七一　祁雪文

涉冬少寒天，且不雨，非時雪以鎮之。則開歲必有癘疫之患。方卜日致，祈已如響，荅固嘗示繽紛之兆矣。磬折以禱，神其聽之。

謝雪文

荆門不見雪距今四歲。一禱而三日，再白神之爲賜大矣。馨罏瀝腸，何足言報。

謝雨文

歙在羣山中，厥土燥乾，水不可瀦。六七月之間，十日不雨，則閔閔然有無年之憂。越五月乙巳雲霓不作，禾已秀，亡以趨澤。方齋心瀝辭，將以癸亥拜手祠下。乃壬戌之晝，驟雨相仍，黎明復有沛然之賜，肥瘠霑足，人用欣然，神有厖恩，何以言報。

祈雪文

三冬屢有雪意，或雲同而解，或霰集而止，或雨過而霽。去春不再，旬若終無六出之祥。則民必有癘疾，吏不敢嘿，齋心乞憐，惟神其相之。

宋·范純仁《范忠宣集》卷一　喜雪賦

余謫守於山城兮，唯土瘠而民窮。加農事之鹵莽兮，仰雨暘之適中。昧豐凶之迭有兮，蓋天道猶張弓。雖唐商之盛兮，亦難恃乎全功。賴睿明之在上兮，常十雨而五風。偶愆陽之微疹兮，候甫涉乎季冬。既四聰之旁達兮，復親覽乎奏封。詔禱祠於羣望兮，戒守牧以稠重。邁成湯之憂民兮，軫淵衷而有忡。宜小臣之承命兮，增惕懼而虔恭。豈人子之失職兮，煩慈父而尸饔。走名山以展祀兮，忘崖巘而谷穹。致帝命之丁寧兮，爰震起乎蟄龍。矧聖人之先天兮，固天心之所同。降嘉雪於八紘兮，與和氣而並充。唯駿德之昭格兮，方有變乎時雍。寧止瑞于一朝兮，稷麥黍之芃芃。民既富而後教兮，將神化之日隆。當刑清而訟息兮，士得委蛇而自公。嗟一人之餘慶兮，賚億兆以何豐。

宋·朱熹《晦庵集》卷八六　廣佑廟祈雨文

大王有功德於此土之人，苟有雨暘之憂，無不禱於大王。其禱之也，則無不昭答，如影響之隨至。斯民之心，歸之如父母，信之如蓍蔡者，有年於此矣。間者上天降災，陽愆陰伏，嘉生百物，不蒙滋潤。熹等乃大速亂於厥禱祠之事，罔克專於大王，懈惰弗虔，咎由熹等，而使千里之民田疇涸枯，禾稼槁悴。今其甚者，有若燔灼矣。雖並走羣望，懇祈備至，而雲氣將交，旋即解駁，焦然不能有膚寸之合，秋陽益驕，燥烈殊甚，物之蒙害，日以益深。若自今以往三日不雨，則千里之民所恃以爲生者，蕩析無餘。而無以爲食，其老弱將轉乎溝壑而死，少壯者將散而爲賊盜，以爭其旦夕之命。其禍亂之至，豈有所極哉。失今不捄，三日之後，大王雖顧而哀之，不可拯已。故熹等私竊計議以爲，莫若奔走歸誠，請命於大王之祠下。大王若哀其迫切，赦其前愆，有以惠綏之，則三日之内，熹等齋宿以俟休命。三日而不應，則是大王終棄絶之。熹等退而恐懼，以待誅殛，不敢復進而禱矣。恭惟大王闔闢造化一雨之恩，蓋其餘事，誠有意哀此千里之民，則願無愛而亟爲之，熹等之願也。拜伏於庭，不勝哀叩懇切之至。謹告。

豐利侯祈雨文

熹多病不才，濫尸郡寄，修政不德，以干陰陽之和，自秋以來天久不雨，早稻雖已收成，而晚田不免告病。吁嗟之禱徧於羣望，而嘉澤未應，風日益高，氣日益寒，雲既合而復離，禾既秀而不能有以實也。朝兢夕惕，不遑啓居。惟侯聰明，久食茲土。雨暘之柄，惟厥攸司。日者雖已致祠，懼或不能蠲潔以達誠意，欲躬走謁，又恨符印之守，不克以前，謹遣某官奔告祠下，而熹祗率僚吏拜送於門，西望叩頭，再拜以請。惟侯哀矜，賜之一雨，以卒終歲之惠。則豈惟吏之不良，獲免於戾，而邦人父子，實蒙其休。所以報事侯者，其敢有懈也。

祈雨文

間以旱災，奉詔致禱。閲月踰，時雨不可得。稻之早熟者，什失八九。而吏之所以爲禮樂與辭者，亦既竭矣。欲取水湫淵，罷祠祀，而專力乎人事之備，則又念夫稻有晚出，而未就者，不能無冀幸於萬一。於是感歎憤激，不能自已。躬詣靈湫，而冀於有神。請復與神爲三日之期以聽休命。惟神受職帝庭，降食茲土，以福其人爲事。今人之急，如此神若弗聞，亦何神哉？若三日不雨，雨而不周，且浹於四封，惟天聰明，吾恐神之不得安其室。神尚聽之毋忽。

祈雨文

吏既不德，無以媚於上，下以召和氣，而福斯人。其所以布主恩，救民命者，罔不惟神之依。故熹往者，嘗輒有請於神，而亦既受其賜矣。然方是時，霖潦之災獨環越百里之間。爲然若今之旱，則自浙河以東爲州者七，無不告病，捐瘠之民凜然，日有狼顧之憂。乃不齊祓奔走以告於神，其將安所歸命。敢叩祠庭，頓顙屏息以俟嘉應。惟神幸哀憐之。謹告。

宋·李石《方舟集》卷一　憂旱

清和氣始交，候火未可熾。雨師偶失職，焰焰使人畏。東湖冷如冰，捨此誰止沸。猊吻呀不吐，濁泥點枯翠。農田不難料，焦灼凜生意。西南有重屯，百萬方振臂。自今數秋成，一飽儻可冀。蛟龍卧慵懶，朱鳥誇羽翅。吾生老文園，肺渴不自慰。安得挽天河，併爲洗兵氣。

宋·李石《方舟集》卷二　夏旱

四月旱火坤西維，湫潭百丈滄江湄。潭中老龍帝所御，偃蹇不任世俗羈。招呼頻費香火誠，去則甚速來何遲。炎官火繖日輪午，一塵不動天琉璃。火光之中興白霧，風伯鼓鞴雷奮椎。黑雲壓城白晝暝，倒瀉銀漢傾天池。帝勅九烏以震死，血飽龍吻紛淋漓。再拜謂龍曷少霽，龍與我職均有司。商霖儻可通帝夢，正直炯炯唯龍知。

宋·李石《方舟集》卷一四　祈雨祝文

比者，時雨有愆，吏不敢以旱言懼，以爲瀆也。迺今日轉盛而勢未回，辭欲陳而情以迫者，歲大旱，民何以生？茲用不敢不告神其相之，霈爲三日之霖，以惠此一方。吏敢不敬神之休。

宋·張栻《南軒集》卷四二　祈雨

服嶺以南，土剛而農惰，夏秋之交，數日不雨，已或告病求神，雖瀆理不容緩。伏惟矜惠下民，早沛甘澤，周及四境，俾克大濟，豐年之報，敢不敬修。

祈雨

春且盡矣，民將蒔田。而時雨少靳，土膏不滋。歲事所係甚重，是用奔走控告明神，伏惟矜憐，沛以甘澤，周徧浹洽，克濟南畝，寔惟神休，吏之不恭，敢不修省。

祈雨

惟今之歲，賴神之休。早稻既穫矣，而彌旬不雨。禾之晚者，秀而未實。一簣之功，正在今日。是用奔走控告沛澤之賜。惟神終惠之。

祈雨

惟茲晚稼，既視其生長，以至于今，亦且穗矣，必待一雨之沛而後成實。乃或靳焉，害于垂成。惟神之仁，獨不矜此。豈人事有以干陰陽之和歟，政有不平，刑有不中，驕怠之或萌實長民者之責。惟民之寡弱，獨何與此，盍降罰于吏而苦其民。今茲一日不雨，則有一日之傷，事既迫矣。號呼于神，惟神其哀念之。

祈雨

維茲之歲，已屆暮春。時澤未洽，麥苗就槁。穀種不入，人心皇皇。吏用恐懼，奔走以告。惟神之仁，哀此下民。沛以甘雨，雷動風行。周溥霑足，以開有年。敢不敬恭，克承休德。

謝雨

近以雨澤未溥，薦有控告。賴神之靈，連獲嘉應。久燥之壤，悉得就耕，謹再拜以謝。惟是農事之難，自茲以往，苗而秀，秀而實，所仰於雨澤大霈，盖源源也。惟神幸終賜，以成有年，謹再拜以祈。

謝雨祈晴

夏至之日，某以南畝望雨，控告于神。賴神之靈應不旋踵。今既半月，沛澤不翅有餘矣。而連綿不已，陰氣未收，復懼爲下田之菑。是用再有請于神，望即開霽以終其賜。夫久晴而祈雨，積雨而丐晴，其爲請誠若無厭者，惟神矜此下民，赦吏之瀆而有以俯狥之。自今以往，伏願五六日至于旬，時雨暘相，須無過與不及。保我嘉穀以迄于有秋，則實拜神之大惠，吏之修省，其敢弗虔。

宋・李洪《芸庵類藁》卷一　迎送神辭有序

紹興戊辰夏五月甲子迄八月丙戌不雨，武原之旱視他邑爲甚。河流既斷，禳祈逮徧，苗稼盡槁。丁亥，邑令余衍稽之，衆議請水于烏龍井。翌日，水次縣十五里，驕陽如焚，陰雲忽興，雷雨隨至，民大悅。寘水佛祠緇素朝夕歌唄。自是甘雨日以繼夜，旬有二日，四野霑足。己未，邑令率父老送神歸之。按是廟稱蘇臯二王，吳驃騎將軍蘇舉，字子羽，葬於武原。宋高祖嘗夢而異之，封征南將軍，明帝載加册命。又《吳地志》云：昔有牛糞，金邑人臯伯與弟逐牛入山，土崩壓死。今邑南金牛山是也。龍井之始，或傳神騅跑地出泉，因以爲名。事載《海鹽圖經》傳聞。邑之父老祭法曰：能禦大災、捍大患，則祀之。惟神之靈，距今千年，廟食茲邑，救此旱暵，肸蠁如荅，是宜永崇廟貌，佑我黎氓，因採民謠作迎送神辭，使歲時歌以侑神。

惟龍湫兮，其源莫窮。利萬物兮，精神可通。歲大旱兮，我民之恫。酌彼泉兮，神聽孔聰。擊鼓坎坎兮，于神之宮薄。采溪毛兮，饋進兩公。神欣欣兮，鑒我民衷。神之來兮，雨其濛。念我稼穡兮，滌去爞爞。缾罍甚小兮，膏澤甚豐。驕陽摧威兮，奔走豐隆。民之謳歌兮，千古英風。旱既太甚，神是籲兮，一勺之水。爲甘霔兮，伊神正直。歆誠愫兮，三日爲霖。彌旬注兮，我稼既興。舟在步兮，微我兩公。余曷愬兮，擊鼓其鏜。山之下兮，桂酒椒漿。餞神去兮，功成惠孚。去不顧兮，攜幼扶鮐。民塞路兮，卒相有年。多黍稌兮，澤惠無忘。永終古兮。

宋・薛季宣《浪語集》卷一五　以漕司命祈雨祝文

某不敏，適時多艱，縣政不修，澤不下逮，積怨於民，獲罪於神。乃歲仲秋，亢陽不雨，黍稷薿薿，害於垂成。受命祈田，憂心靡見，神其降監，哀此下民，興雨祁祁，實函斯活，致天之罰於令之身，神道聰明，崇朝其澤。

祈雨祝文

某涖事武昌，於今歲三涉矣，其誠不能感物，積怨結於人心。歲有水旱之菑，輒歸之雩禜，而神不吾違也，寧不多愧，乃歲中夏苗斯茂矣。雨澤不降，龜拆於田，荏苒更旬，秋成何望。屬當師役，民將弗堪。神其憐之，副此哀禱。

宋・王炎《雙溪類稿》卷一　喜雨賦并序

丙申夏四月，武昌闔郡不雨，越五月三日。崇陽宰吳侯以誠禱雨，遂優渥。按春秋僖公三年春，正月不雨，夏四月不雨，六月雨。說者曰：書不雨者，閔雨也。書雨者，喜雨也。喜雨者，有志於民也。今吳侯禱雨以誠，不崇朝而雨隨之，可謂有志於民矣。作喜雨賦，其詞曰：

歲行於涒灘之辰，斗建於實沈之次，環鄂渚之七縣，值亢陽之爲沴。風自南而且霾，日將北而如燬。雲霓鬱而不興，旱魃驕而孰禦。策余馬於郊牧，喧龍骨之咿嚘。淲池瀦其既竭，陂堰支其斷流。視衍沃而龜坼，况高田之未耰；苗已悴而半槁，懼西疇之不收。幾張頤而待哺，舉蹙頞而增憂。粵桃溪之令君，念民命之惟穀。茲土曠而農惰，雖儋石而無蓄。緊告糴之少艱，米翔踴而如玉。儻既月而旱甚，民必仆於溝瀆，講雩祀之故事，虛心齋而竭誠。謁梵王之蓮宮，羞蘋蘩之潔清。欸仙伯之靈巖，釋輿馬而草行。陰曀曀以隨盖，颸悠悠而擁旌。

柱礎濕其有汗，鐘鼓豁其無聲。紛舉手以加額，曰雨兆其已形。黽日蕆儀，肅我庭宇，駕龍駿螭，攸屆攸止。雲將前驅，雨師踵至。越三日而爲霖，罄一同而均利。稼芃芃而驟蘇，澮汩汩而如注。免爲殍於凶年，占築場於樂歲。沸輿頌而載涂，歌令君之陰賜。其歌曰：霡霂兮涵濡，污邪兮滿車。其饟兮有黍，稻粳兮可炊。豈弟之澤，民肥不臞。我字我撫，公留勿歸。均此大惠，公歸勿徐。吴侯聞而哂之曰：父老之言，何美之溢也。向也，民憂而憂，此吏責也。今也，民喜而喜，吏不敢以爲德也。然旱而禱，禱而雨，如重負之獲釋也。酌我醑醴，旅我殽核，合僚友而一笑，吾敢忘夫帝力。

宋·王炎《雙溪類稿》卷三　喜雨歌

去年夏旱田原枯，龍骨取水禾不蘇。張頣待哺神所憫，吏既禱之甘雨隨。東阡西陌喜相賀，化我磽确成膏腴。炊粳釀黍作秋社，翁媪醉飽兒孫嬉。今年種藝方入土，梅天宜雨還不雨。高仰之田黽兆開，污邪亦半無流水。帝從人欲不待祈，豐隆擊鼓羣龍趍。山南山北起雲霧，雨脚急來如綆縻。富家安坐有紅粟，田家作苦惟饘粥。丁壯力耕兒飯牛，旱時得雨勝珠玉。

宋·王炎《雙溪類稿》卷四　秋旱得雨

下田出黽兆，高田半黄埃。禾穗槁欲死，益以蝥賊災。鉦鼓競禱祈，民病神所哀。劃空走笑電，隱地鳴怒雷。雲將爲前驅，頗送甘雨來。老穉喜欲狂，稍覺生意回。雞豚賽秋社，屈指篘新醅。米價免翔貴，我亦懷抱開。涼聲遶松梢，披襟可徘徊。執熱汗如雨，得此亦快哉。短歌當町謡，因以侑一杯。

宋·王炎《雙溪類稿》卷二七　西峰禱雨疏

人情恐懼，同苦旱乾。佛道慈悲，稍沾膏潤。欲丐渥優之澤，敢伸悃愊之私，再具忱辭，仰干明聽。恭惟垂正法眼，具大悲心。閻浮提世中，未嘗過去；兜率陀天上，本自如來。言念衆生，可通危悃。方亢陽之爲沴，恐南畝之無成。已聞閭閻有嘆息愁恨之聲；豈免道路致攘奪流移之患。方千室共嚴於齋戒，而四郊漸沐於霑濡。伏願一錫飛空，羣龍起蟄，幾聲鐵笛，化爲天下之雷音，五色錦衣，散作人間之雲蔭。沛然甘雨，興此槁苗。當俾凶年，復爲樂歲。引手加額，果獲免於阻饑；以口語心，顧敢忘於大造。

祈雨疏

農夫是蔍是蔉，方懷仰膏澤之勤。旱魃如惔如焚，大懼失豐年之望。衆所甚急，吏其敢安。念遷徙之新民，耕污萊之瘠土。百夫有洫，千夫有澮，僅築鑿於陂池。二歲爲菑，三歲爲畬。始翦除於荆棘，儻灌溉失水泉之利，則老羸有溝壑之憂。天雖高而其聽甚卑，人可矜而必從所欲。是用敬諏剛日，訊掃公庭，瞻上帝之傳臨，祈羣靈之並集，興雲雷於瞬息之頃，垂雨露於枯槁之餘。懇懇私心，敢意潛通於蒼昊；蚩蚩生齒，庶幾沾丐於鴻私。

祈雨疏

人以穀而爲命，必望豐登；苗非雨則不生，有妨種藝。矧茲瘠土，加以惰農，稍潤澤之愆期，即田疇之告病。敬伸愚欵，仰叩高真，願成三日之霖，普及一雷之地。何蓑何笠，既可殖於良苗；如櫛如墉，庶終收於多稼。

天慶觀祈雨疏

三農刈穫，雖在秋成。百穀萌芽，實由春作。乃以此時而不雨，難乎卒歲之無饑。況乏盖藏，公私凛凛；未能播種，老稚喁喁。輒控丹誠，仰干洪造。吏如有罪，敢免譴訶；民實何辜，願垂矜憫。雲雷一動，沛爲三日之霖；穜稑並生，終獲千倉之積。

丁夘祈雨疏

孟秋之始，方近農收。浹辰以來，遽憂旱暵。且三時所務，最爲勤苦。而一時不食，未免阻饑。合老穉之忱辭，修禱祈之故事。翻經精舍，取水靈湫。叩諸佛之慈悲，丐神明之佑助。水泉竭而得雨，雖珠玉之不如；粳稻熟而有年，庶丁黄之相保。不勝悃欵，仰冀矜從。

宋·袁説友《東塘集》卷一　連宵得雨應禱

蜀旱昔流行，皇恩念凋瘵。饑寒乏冬酒，烹剥仰春菜。二麥儻復失，一飽竟安在。當春苦旱乾，甘澤未沾沛。奔走山川靈，翻覆雲雨改。連宵建瓴水，萬畝輕花穗。如渴飲得泉，如病藥得瘥。高原沃清潤，熱蒸蒙濯灑。只今麥隴收，可以日月待。喜氣挂珠玉，詞源擁濤瀨。自憐憂國願，窘似生體疥。得此霡霂益，遂入清涼界。容我早歸田，懷章東望拜。

宋·袁説友《東塘集》卷四　禱雨於保福寺是日大雨坐

常暘爲虐勢流金，稽首長松幸屈臨。一佛等慈清苦海，衆生度厄浴甘霖。沛然而下期中熟，可以無饑免大祲。好雨倰人愁抱釋，退思疇昔尚熏心。

和趙成子提幹喜雨韻

一天膏澤下民區，此意拳拳敢自居。欲寫吴歌誇歲好，苦無傑語愧才虛。稍留佳客聯珠履，共酹餘觴笑麴車。試問蘇州兩年熟，豈無名筆作農書。

十年三已冒爲州，每每於民有旱憂。午聽雷聲鳴屋角，晚驚雨脚壓雲頭。及時三日爲霖好，爲汝千箱樂歲求。欲辦一椽名喜雨，愧無老筆賛宸旒。

宋・姜特立《梅山續藁》卷一　苦熱二首

天地無情處，青林不動時。扇車熱爐鞴，竹簟煖琉璃。蟬喘烟生樹，蚊饕汗浹肌。不知秋後鬢，留得幾莖絲。

寸炬已如灼，積冰殊未涼。禦寒終有具，治熱更無方。坐溜午時汗，狂尋子夜漿。如何得鄒律，吹下九秋霜。

宋・吴泳《鶴林集》卷一四　祈雨祝文

社稷　民生之命莫重於穀，國中之神莫貴於社。古之人，水旱風雨必禱於其地者，祈穀實也。今田苗已穗矣，而日曝之。雨信已通矣，而風閣之。若非明神庇我穡事，則東作廢而西成壞矣。燎薌釃酒，惟神終惠之。

諸神　新穀既升，稍緩求荒之責。時雨不降，又深害稼之憂。鸛巢棲垤而不鳴，龍骨掛梁而復下。非仰祈於甘霔，恐立壞於垂成。用殫一忱，遍走羣祀。伏願叱風霆而密運，沛膏澤以滂流。既霑既足，既渥既優，盡除妖魃，實堅實好，實發實秀，永保嘉生。

風師　六月怕十，七月怕半風之候也。自季夏以來，時雨不降。民所望雲霓也，而吹使離之；穀所仰膏雨也，而吹使散之。早禾晚稻，幾壞於成，用率官僚致禱壇壝，惟神歛陽烏之景，祛海鳥之災，使沛然其澤下於民，則吏與邦人有敬焉，何敢訟。

雷師　天地未解，雲雷方屯，新穀既升，時雨不降，用祈于社，復禱于神。幸鞭霹靂之車，密沛滂沱之澤，使電交至而雨滿盈，則神之仁也，亦民之望也。

雨師　蚕穀將升，晚禾且穗，田以旱告，憂心如熏。東作既勤矣，將合仞者，只數日也；西成在望矣，欲傾盆者，只一雨也。吏職其顯，神司其幽。鞭雷車，摇電幟，壓終風，霈甘澤，俾集溝澮皆盈，特在神闢闔轉移間耳。某率耄倪，敬共以候。

祈雨祝文

廟步　水旱不時，祭山川之神，古諸侯事也。某自去歲出守是邦，肅雨乂暘，粗得一稔。今春以來，大雪壓土，麥不得芃芃而茂也。柔桑蔽空，蠶不得羸羸而盛也。四月之閏，又以旱告，脱或秧稻失其候，民饑盗起，豈不關千里利害哉？敢潔瓣香以祈甘澤，興雲致雨，惟神其惠之。

社神　在詩，旱則祈於方社。在禮，裁則祀於社祠。古者諸侯，凡國中有水旱疾疫之事，不但禱於境内山川之神而已。後世治不知本燎薌寺觀用牲廟宇，便謂知典禮之大抑，不知受風雨達天地之氣，莫貴於社也。今夏閏告旱，敢不忱禱，惟神佑之，甘雨隨霆，則邦之望也，民之幸也。

勾谿禱雨祝文

惟水旱不時，祭山川之神，此古諸侯事也。而士得以行之，非獲已也。吾鄉之俗，土曠而瘠，民良而貧，士循禮畏法而窮，無水旱而猶水旱也，況六月不雨至於秋七月耶？今稻已秧矣，而槁不得滋也，芋已區矣，而焦不得沃也。脱或公上有不時之科須，罔測之號令，則農之家不得儲粟矣，士之家不得祀兹酒矣，四山之木不得息且潤而如彼其濯濯矣。民窮至此，更不待戈椿喉而斧伐命也。是不可不闓國之衣冠，選牲釃酒用幣禱之於神也。尊神其閔之，俾雷雨之動，滿盈四郊，庶幾上下，各有函活之意，神之惠也，民之望也，士之志也。

社稷風雷雨師　社神地之道，稷司稼之寶，潤以風雨，鼓之雷霆。國有旱暵凶荒之災而不致禱於兹者，是之謂不知本也。方閔閔望歲，皇皇求雨，即其本之所自出，日率僚吏有請焉。嘉賴神休，遄霈甘澤，物無疵癘，穀用順成，敢不敬共以謝。

祈雨祝文

昭澤侯　國家令典，縣有水旱則禱于山之神，誠以興雲致雨，神實司之。惟神宅彼南山，奠我四境。比者以旱有禱於神，遄降膏澤。今又踰浹日矣，而陽驕不挫，雷鳴之田，水竭土坼。用敢援令典，以修明薦。伏望赦吏之謬，憫民之生，殷其靁于山陽，霈甘澤於境内。某與百里之民，跂立以冀。

諸廟　縣有水旱，詣神祠祈禱，此國之令典也。比者四境之内，亢陽爲災。雷鳴之田，水不滿盈。民心嗸嗸，靡所戾止。令之弗虔，固無以感陰陽之和，神奠兹土，其忍則安用是援令典，以修明薦。惟神鑒此精忱，大霈甘澤，以蘇我田稺，則吏與民不敢忘神之德。

靈濟廟　惟國有水旱，長吏以下禱於山川之神，令典也。神能平水與旱，而朝廷爵之通侯，優恩也。先皇帝以神有勸德，始封爲惠澤侯。嘉定十七年秋出命而實慶改元之秋符到。受誥之日，民適以旱告，某曰以令典奔走，在廟吏固不敢不虔。受國之優恩而霈然，使膏澤下於民，想神於冥冥中，亦不敢不敬天之休也。

雨神　惟天地間陰陽相交而爲雨，雨所以沛天澤而潤萬物也。國家舊典，立夏後申日祭雨神。某爲邑長於斯，豈敢簡彝，有椒其馨，有潔斯牲，其明以承厥祀，俾膏潤百里，物無枯燥，惟神其相之。

社壇　國中之神莫貴於社，所以受風雨達天地之氣也。矧爲邑長於斯，民以旱告，則於社之禱。其敢曰莫，用是熏香，敬共壇壝之神。儻蒙明神庇我穡事，勑風霆以下膏澤，俾勿壞於垂成，若是，人民其敢忘報。

祈雪社稷祝文

社稷之壇，受霜露風雨以達天地之氣，而雪不與焉。故吏不以祈雪告陋哉。彼安知雪者，霜之餘氣，雨之清芬，積陰冱寒，合成而爲瑞者哉？用是祗率官寮禱于壇壝，雨天花，豐地寶以育人民。惟神其惠之。

宋·方大琮《鐵菴集》卷三三　西山玉隆宮祈雨

鍾陵千里之地，時乃愆陽；玉隆萬壽之宮，邦之司命。素稱妙濟，敢控微衷。臣再至南昌，適逢東作。雖社節播種，幸得雨之應期；然土脈久乾，甫逾旬而告病。飭羽流而演法，憑神力以籲天。伏願連日爲霖，俾前功之不廢；成雲荷鍤，幸卒歲之可期。

袁州行司祈雨

秋陽久暴，驚赤地之如焚；晚稼垂枯，籲蒼天而有請。蓋高非遠，大叫祈憐。伏念臣所部十一州，維時七八月，緑雲變稿，嗟三農望霓之可傷。白露過期，更數日不雨，則難救民病。孔亟吏責奚逃，陳菲薦于公堂，控微衷于大造。伏願鑒其迫切，錫以滂沱，轉旱歲爲三登，使禾盡起，苟吾民得一飽，晚粟何憂。

謝雨送許真君

火老三辰之次，亢旱如焚。玉隆萬壽之居，爲民司命。屈臨公宇，祈沛甘霖，望膚寸以難成，詞再三而欲竭。心乎默禱，憑祝史以無庸；人所弗聞，荷高真之垂聽。陰雲俄合，膏澤溥沾，非薄德所能感通。蓋此邦自蒙矜惻，仙歸漸遠，物望未休。仰止西山，馳精神而俱到；洎于南畝，願優渥之無遺。

謝雨送聖水

以風雨名池，而龍實神之，此非池中物也。必有以推其溥施之功而驗其變化之妙。今茲秋陽爲沴，乞靈祠下一勺之水，當爲彌天之澤。曾謂少蘇枯槁，即歸靈湫而遂止乎。尚祈不嗇其出，不倦共施，俾沛然霈足以滿農之望，慰吏之懇，以無負池之名與龍之實。

宋·真德秀《西山文集》卷五三　諸廟祈雨祝文

俗以仲夏再挾爲分龍之日，曰雨曰霽，歲之豐歉於是而占焉。儲粟之家，亦必俟是日之雨，然後肯泄其所藏，以惠閭里。其利害豈它日比哉。載念湖湘，實爲凋俗，歲雖告稔，民食尚艱。一有不登，立見擠壑。是用先期三日以奔告於有神，惟神愛民之心不減於守土之吏，幸哀而憐之，賜以滂沛之澤，則一稔可卜，百憂以寬。拜神之賜，寧有紀極。謹告。

祈雨祝文

七八月之間旱，從古以來病之。蓋良苗之將穟，猶嬰兒之欲長；膏澤之弗繼，猶乳哺之失時。命之存亡，於是焉在，其忍安視而弗以告乎？惟神不愛須臾之勞，以捄其垂絶之命，使民獲有年之賜，則吏其敢忘神之功。謹告。

祈雨諸廟祝文

昔者，吕氏之書以秋行夏令爲舛，漢人論兑離之治，亦各有其時焉。自履素商，月有半矣，而蘊隆之虐方熾，膏潤之澤甚微，誰謂九秋，乃如三伏，陰陽失叙，莫甚於斯。秕政干和，敢不自省。惟神赦吏之辠，憫民之菑，油然而雨伯，非特洗歊煩之氣，抑以全豐稔之功，稽首投誠，立俟嘉應。謹告。

祈雨祝文

詩曰：芃芃黍苗，陰雨膏之。言苗之方盛，非雨無以滋之也。況仲夏之月，其節曰芒種，其候曰分龍，必潤澤以時，則豐穰可卜。農書之占，厥有常驗。此某之所以奔告於神而不敢後也。自春以來，民困貴糴，今數月矣。吏雖百方以救之，未能大有濟也。惟入梅之後與分龍之日，膏澤應期而至，則民之蓋藏者盡出，糴賈不抑而自平。此在神一舉手之功爾，矜民生之久困，察吏術之已窮。惟明神其垂意焉。幸甚謹告。

諸龍潭祈雨祝文

迺者，甲寅以後之雨，距今甫半月耳。炎風烈日，相爲煽薄。故雖下田之水，亦有竭告者，況高卬之地乎？吏有從田間來者，以爲數日不雨，則多稼可虞。自聞斯言，膺肺如灼，蓋民之窘於貴糴，於茲半載矣。盻盻焉，惟早稼登場是望，以紓其困，以捄其急者，非常歲比也。今嘉穀方苗，而膏澤弗繼。一或失望，其將奈何？此某之所以痛心疾首，而有禱於龍君之靈也。郡紱所縻，不克躬詣，而遣官以前，惟龍君之神變，迅速興雲雨以澤萬物，直一嘘吸間耳。以一嘘吸之勞，而可以救數十萬生靈之命，龍君其肯靳乎？敢再拜以竢。

上封雷池祝文

迺者尉掾之行已控，忱詞請命於龍君矣。區區悃誠，尚慮未徹，謹洊遣簿正以前。蓋信宿以來，旱氣爞爞益甚。前日大田多稼，凜然可虞。龍君而不亟捄之，則後雖賜雨，將無所及矣。幸哀而憐之，不惜一嘘吸之勞，而全數十萬生靈之命。龍君之功之德所以簡於上帝者，又將如何哉？敬再拜以俟。

靈湫請水祝文

間以旱勢可憂，遣官致禱於靈湫矣。今旱氣日熾，其爲可憂，又甚於前念，非躬禱不可。印綬所縻，願莫之遂，是用恭迎靈湫之水，安奉於郡庭。伏願章示威神，使油雲鬱興，陰風慘變，從車蓋而來，崇朝之頃，霈爲大雨。則龍君之有大造於兹土也，其可以限量計哉。某謹帥吏民敬共以俟。

零陵王廟祈雨祝文

惟王之威靈著於湘土，某知所敬仰久矣。歲時禱祀，諉諸有司，而不以身親焉，則某之辠也。今旱勢甚酷，羣情嗸嗸。學校之士以爲王於旱潦之求，無不響答。特未嘗顓，有請而已。某是用瞿然爲愧且懼，俯伏祠下，控誠而拜禱焉。幸哀斯民，亟賜以雨，使歲事獲全而人無流莩，其所以圖報於王者，其曷敢有忘。

西濟王後殿祈雨祝文

維聖母有池，靈變甚異見於崇寧間。守臣李閎之記，屬兹亢旱，羣情皇皇，而此邦之民乃有以刻文來告者，某甚恨知之不蚤也。謹命幙僚恭伸禱請，伏惟慈仁，亟彰嘉應，使膏澤隨霈，嘉穀獲全，則某所以答靈休而侈神貺者，其曷敢不虔，敢再拜以請。

南嶽火德星君祝文

比因亢旱虔致禱祈，恭遇南方火德執法星君正臨軫宿，下照長沙。臣已卜日躬修醮謝，冀蒙福佑，潛弭旱災。而臣適有瘡瘍之疾，未敢祗謁高真，謹令儒林郎武安軍節度推官趙希崑先詣殿庭代陳忱悃，伏望聖慈俯賜矜憫，推旱魃於熾張之際，霈甘霖於旣亢之餘，俾歲事獲全，民命可續，嘉與闔境王靈共拜更生之恩，謹俟疾平，亟酬忱願，仰祈聖察。

社稷風雨雷神祈雨祝文

天久不雨，良苗將槁。嗸嗸下民，大命近止。肆陳菲薦，力請於神。膏澤沛然，恭俟嘉應。

諸廟祝文

在詩有之：旱既太甚，蘊隆蟲蟲。又曰：旱魃爲虐，如惔如焚。昔蓋聞之，今乃親見。咎由牧守，民焉何辜。以神之仁非無意於濟物者而懇祈屢矣，迄未之應，母乃天數流行，有非神所得專者乎？采諸衆言，惟碧王之醮，功力最大。已涓良日，祇按關科螻蟻之誠懼難上達，願神哀此下土，亟控請於昊穹，庶幾回眷佑之仁而膺潤澤之賜，使大田多稼不至甚損，而生靈之命尚或可全。所以圖報於神者，其曷敢有已。

諸廟祈雨祝文

乃者蚕稼將登，既厄於夏旱矣。今晚苗方盛而雨復不時。是猶尫羸之人，一疾未瘉，而再疾隨之也。嗚呼，此豈明神之所忍邪？甘霖沛然一洗枯槁，在神特指顧之力，而民免溝壑之憂，再拜以祈，上俟嘉應。

祭大仙祈雨祝文

嗚呼，嘘風霆，噴雨霧，變化倏忽莫如南臺百丈之山。而普照靈澤，實以帝念典司其間。夫以佛道之尊，仙道之大，固萬靈之所聽命。而巖洞之幽邃，湫淵之深窈，又神龍之所蟠。宜其百數十年以旱致禱者，莫不猶響之斯答，未嘗有如今日之艱。豈佛與仙之仁無意於捄此土之厄乎？抑天時之當爾，而天意之未還。嗚呼，昔歲之饑民病極矣。雖去冬一稔，曾未蘇其痍瘝。儻或再歉，則顛連於溝壑，歔呼於山谷，殆將何所不有。豈容一日之少安，然則今兹之豐凶，乃民命存亡之決。而賜雨之淹速，則又豐凶之所關。此某之所以望雲霓，而涕泗瞻原野而辛酸也。吾佛與仙之仁於此而不亟捄，則是寘斯人於度外，而坐視其塗炭。昊穹至仁，必不忍以萬物爲芻狗。吾佛與仙儻爲斯人而力請，則天意一回，化驕陽而爲霖雨，殆猶反掌之非難。嗚呼，事勢迫矣，民望極矣，吾佛與仙真之捄，不可不亟矣。是用寫哀誠而噓愬，敢罄竭其肺肝，興玄雲之靉靆，沛大雨之瀰漫，起禾稼之將枯，洗瘡痍而復完，則某將大書深刻於巖石之上，昭聖功之不刊。嗚呼，謹告。

再祭大仙祈雨祝文

嗚呼，旱勢酷矣。三日不雨，則高下之田，蚕晚之稼，皆無遺育矣。方來之禍，將無策以捄。而生民之命，不可以復續。夫以普照靈澤之仁，寧顧恝然於此。今翠峰龍君之來，衆聖咸集，豈不能力回造化，而爲一方生民之福，敢殫誠以致祈，冀響應之遄速也。謹告。

社稷神　風雨雷師　城隍諸廟祈雨祝文

六月之雨，春秋書之於册，蓋喜之也。以六月之雨爲可喜，則其不雨之可憂，明矣。比自甲寅以來，雨之弗繼者兼旬。於此，芃芃之苗無以膏潤，其憂顧不大矣乎？既以籲於天，又將愬於神，而泂酌未伸，嘉澤已霈，蓋爲之喜。而不寐明發，夙興敬拜於壇壝之下，爲民而謝，且爲民而禱焉。淅玉炊薌數日以俟，惟神終此大惠，俾吾民均遂一飽之樂，豈不休哉。謹告。

宋·杜範《清獻集》卷一八　廣惠王祈雨祝文

某假守凋郡，適際常暘，時已中夏，苗猶未立，民命國脉，所關甚大。比嘗躬詣廟下，控伸憂禱，前月末已拜。神賜恭謝未幾，而亢旱猶昨。播植失時，民窮罔訴。大王以威德顯靈，廟食于兹者幾年矣。民生休戚，豈不聞知。切見數日以來，雲氣屢合，雨脚欲來，尋即開霽，若有阻于其間。使不得敷澤于下者，豈某之薄德不足以事神治民，某之精誠不足以昭格上下，謬政舛令不足以致祥召和而然耶？守有罪，殛而去之，神之職也。以守之罪而移災于百姓，將暵數十萬頃而使之不得種，數百萬户而使之不得食。神之聰明正直，恐不若是抑，豈此方之人所以尊事祈望於大王之本心哉？守之罪，其何敢辭，然大王於捍患救菑似亦失職矣。憂懼靡寧，稽之故實，祇迎神駕，屈臨府治。庶可朝夕躬伸禱祈，冀回威聽以霈時雨之澤，以活一郡之生靈，而某將免于戾，亦惟大王之命，謹再詣祠庭恪恭以告，神其鑒之。

龍王祝文

惟神躍淵升天，變化無迹，興雲致雨，功用莫測，奕奕靈祠，奠一邦域，屬以常暘。禱祈孔亟，神之格思，隨賜甘澤，惜不爲霖，未徧疇陌，圩田少濟，山田尚坼，更冀明靈，念我矜惻，霈然滂沱，南畝洋溢，種蒔若雲，皆神之錫。迄用有年，戴德何極。

社壇祝文

夏令已中，稻苗未立。民心皇皇，郡計岌岌。犇走祈禬，我是用急。神亦我矜，昔宵雨集。儻爲三霖，應徧原隰。惜也遽霽，未之溥及。遲以旬時，種烏可入。維社主土，福我邦邑。垂閔歲艱，俾民乃粒。興起雲雷，掀揭龍蟄。既澤高原，亦利庳濕。百種懷新，人裕家給。

廣惠王　龍王　社壇祝文

比以旱魃肆虐，歲事可虞，遍走百神，用祈甘澤。惟神不以守之始至未有德於民而厭棄之。爰鑒其衷，有禱斯應，興雲致雨，凡至再至三而意猶未艾也。千耦一耘，西成可望。聊陳薄薦，少答洪休。更冀時爲三日之霖，高高下下，彌滿充溢，則戴神之賜，其永無窮。

諸廟祝文

某昔焉閔雨，已拜神賜。芃芃黍苗，一稔可冀。忽覩蝗孽，飛空欲蔽。來也何從，去也曷戾。胡爲不祥，念之憂悸。豈非繆政，感召至是。人力易窮，捕之非計。匪藉威靈，曷殲噍類。禦菑捍患，抑神之事。痛心以告，鑒此精意。善保秋成，克終大惠。

宋·岳珂《玉楮集》卷七　夏旱三首

去年旱勢已殊常，今歲農家更可傷。支港鮒臣空涸轍，大田龜兆未移秧。祇今已是眼滴血，此後應無肉補瘡。蟣虱小臣惟痛哭，第憑宗社叫蒼蒼。

宣昇接境古高圩，多稼連雲號上腴。水毁木饑猶解有，刀耕火耨故應無。瓠肥何計今糠覈，草竊空憂古葦苻。昨夜濃雲望東北，祇應雨脚在三吳。

問津六輔到長安，滿目疲羸不忍觀。耕耨又孤今歲飽，蓋藏尤比去年難。綺羅有目須令見，鐵石爲心方自寬。欲借玉階空悵望，救民無術愧空餐。

火雲

清晨洗月露，雲色已如血。惟憂農畝枯，敢嘆征途熱。瀕湖十萬户，旦旦望霓切。龍骨夾岸鳴，晝暮不暇歇。祇今牛犂地，已作龜兆裂。平湖三十里，泱漭幾盡竭。矧此一綫渠，而不比涸轍。天閽高莫叫，歲事漸無説。如予方懷章，何以救餘孑。回首望堯雲，憑風哀涕雪。

宋·徐鹿卿《清正存稿》卷六　次史君喜雨韻併呈府判

明公閔雨志平民，祈禱無他只一真。萬里天高隨感應，半空雷震忽亨屯。挽回庚嶠生生意，化作商霖處處均。歸斡元功調玉燭，從今三過續絲綸。

次史君喜雨偈韻

朱幡臨涖甫經秋，已報民庸總若疇。賸有心思圖惠養，更無毫末事誅求。操存對越神明久，應禱旋銷旱魃憂。天意念功殊味别，且將甘露畧相酬。

田里懽傳歲有秋，已占休證叶龜疇。連朝霪雨忻從欲，一念通神只反求。暫向嶺邊宣主澤，每先天下爲民憂。藩方久袖爲霖手，百萬蒼生願未酬。

為曾僉喜雨

隔年亢旱到初春，才掛征帆雨浥塵。諒得靖共神所介，更留約束後來遵。今朝南浦悲行子，明日陽關憶故人。老我滯留歸未得，斗升全爲白頭親。

宋·吳潛《履齋遺稿》卷一 喜雨歌

南州六月天不雨，千里川原成赤土。禾黍盈疇强半枯，桔槔遍野民勞苦。望雲仰見日在天，旱魃肆虐如焚煎。馮夷匿淵恐波竭，夸娥走海愁山然。天外悠然片雲起，倏忽走騰八埏裏。猛風驚電白晝昏，霹靂一聲蛟蜃起。馬上誰把天瓢傾，須臾陸地波濤生。禾黍芃芃復故秀，羣黎載道生歡聲。秋來尚見時豐阜，會須售粲三錢斗。官家燮理當有人，太史還看書大有。

宋·李曾伯《可齋雜藁》卷二四 代祈雪意旨

杪冬届候，瑞雪愆期。陰陽未應於天和，時序幾行於春令。阡陌慮蝗蝻之爲孽，閭閻形病癘之過憂。深懼贊襄，有乖燮理，爰潔涓於琳宇，用祗扣於璇穹。伏願協氣潛回，同雲密布，散作千里蜚化之慶，預開來年多稼之休。庶副民祈，式寬臣責。

江東漕祈雨

三農告旱，致當寧之軫憂。一道觀風，爲斯民而請命。輒忘再瀆，敢瀝寸誠。眷維公家多事之時，值適頻年用師之後。流離麕集，㬥㬥而仰食，軍旅狼顧，嗸嗸以張頤。所望有秋，以保諸夏，茲不雨至於斯極，况有蜚而且爲災。疇拆猶龜，河流如線。非但穡事興失時之嘆，亦將糧道有弗繼之憂。伊民何辜，皆吏之咎。倘三日之霖未應，則一歲之計奈何。用藏殊科，載祈嘉貺。伏願曲回天鑒，俯念民生，澤起龍蟠，大霈崇朝之愿，境無蝗害，庶臻中熟之年。

采石水府廟祈雨

慮極龜疇，驕陽愈熾。瞻言犀渚，神物所潛。爰就建於靈壇，用甫延於真馭。眷時適多虞之際，方歲惟一稔之期。背夏涉秋，迺歷時而告旱。自江暨浙，合數郡以同憂。不惟大田多稼，侵就於槁枯，亦且罔水行舟，莫通於餽運。雖僅四郊之枯潤，未蒙三日之滂沱。豈天怒之未回，繇吏愆之所致。不雨至於此極，吾國其何以支。伏願大垂金闕之慈，亟下綠章之勅，天龍一指，救民命於垂危。螟螣盡除，保農功之中熟。

宋·方岳《秋崖集》卷三 秋熱 蘊隆日日等西風，等得西風更藴隆。四十日秋無點雨，誰將消息到梧桐。山氣爞爞旱火光，墻頭枯草半青黃。飢腸慣作晴雷吼，且乞梧桐一夜涼。

宋·方岳《秋崖集》卷六 次韻劉簿禱雨西峰

句律清圓蚌剖胎，斷無塵土到靈臺。開張九虎排雲入，約束五龍驅雨來。造物無私心感動，太平有象筆追回。焚香小待生呈物，未放青天萬里開。愛民端與共胞胎，消得黃金爲築臺。一道香烟隨牒去，五更風雨入詩來。雪燈字暗心猶在，霜葉衫枯首獨回。氣格老蒼能過我，柴門不厭爲君開。

次韻王尉賀雨

老天自不負吾君，誰向靈均三沐熏。鶴立待收連夜雨，龍歸看帶入山雲。摩挲一飽豈易得，愁嘆多年不忍聞。亦欲買牛横短笛，華山一半倘容分。

宋·方岳《秋崖集》卷九 熱

脱巾無計避炎熇，安得長風上泬寥。自浴寒泉眉子硯，時澆蒼石膽瓶蕉。老來轉覺身爲累，貧甚豈爲山可樵。坐想草亭新竹上，一林碎月玉翛翛。

宋·方岳《秋崖集》卷一二 社日以旱蔬食

驕陽挾融風，合力爲此旱。南山膚寸雲，六合望彌滿。怒吹不待族，赤日行火繖。幽窓幾長身，玉立拯蕭散。中乾不自持，槁項何足算。以茲占西疇，可想一本稈。社公亦耐事，水舊不渠管。方勤玉食憂，下令屠牛坦。坐令宰平手，無肉醉町畽。但聞寬大書，已責寧使緩。龍湫有潛鱗，鬱屈睡欲嬾。移文頌風伯，九關誰可欸。

秋熱

衰老不耐暑，喜甚秋咫尺。秋來幾何時，炮煮乃爾劇。老夫大失望，亦自媿兩屐。青山吾故人，可想不可覿。農家請言田，使我舌屢喈。六月瀦爲泥，七月槁爲腊。十無一二存，政昔蝗狼藉。吾饑不能臘，子熱不能夕。子熱猶可涼，吾饑那可常。

宋·方岳《秋崖集》卷一三 夜聞雨用誠齋新涼韻

歲事不可常，吾生復餘幾。立秋五十日，殊未涼風至。山田欲生煙，旱氣亦可已。撼撼聲入桐，中夜攬衣起。未議填飢腸，且與洗渴髓。霡霂倘優渥，安用雷電駛。相傳水晶宮，法施政如此。焦枯寬一分，熱惱清十倍。稽首不昧香，我意則佛意。問雨從何來，君其無罪歲。

避暑冷泉

火雲散鱗甲，萬瓦如炊㷮。東華車馬塵，襬襶不自禁。誰能半日閒，脱身此窺臨。百錢買漁篷，横截南北岑。追隨二三子，未害山水淫。邂逅十八公，俱作笙鶴吟。頗聞彼上人，振鬣萬馬瘖。試詩没字碑，往聽無絃琴。空堂無枯秀，契我回向心。清凉一味禪，揮玉開煩襟。笑指亭下泉，杉竹涵幽深。薛橋於三閘，龍怒飛出林。奔雷吼春壑，晴雪生午陰。人間正炎熱，去作三日霖。

雨望

前溪雨埋村，咫尺不我過。雷霆但濛鴻，林莽亦掀簸。竟微一飄灑，起此北窓卧。對面自秦越，孰爲天宇大。得非老龍公，憫念茅屋破。田父適在傍，出語驚四坐。指予兩青虹，可見不可唾。是能隔截之，帝澤誰與播。坐令水南人，一蹉成百蹉。上天本均平，夫豈不渠奈。虹亦何能神，書生例窮餓。

祈雨

中夏大雩，月令也。相彼南畝，維其龜矣。有芃者苗，亦既萎矣。吁嗟雩兮，雨其時矣。

謝雨

田龜矣，而雨耕之。秧艾矣，而雨插之。此則爾明神之有大造于吾民也。令敢不端笏歸貺。

宋・姚勉《雪坡集》卷四七 祈雨迎利貺

秋且成矣，常暘暵之，不惠厥終，民且艱食。邦侯迎禱，亦既感通，民之望霓，尤冀沾足。惟王廟食兹土，民恃以天，胡寧忍予俾至斯極。用是肅奉珍，駕往即道宫，率籲合欽以請甘雨。神旗肇舉，雱霈隨車，三日爲霖，豐我穡事，惟世祀之，永永無斁。

迎仰山祈雨

神有掌于天，實職風雨稼且穡矣。常暘暵之，民將無以食。吏爲此懼，奉神主于佛宫，爲民請甘雨之賜。轉槁而蘇，回歉而豐，神反掌間耳。密雲隨車，涷雨洗道。肅御之初，敢以此告。

迎龍王祈雨

噓雲吐雨，厥惟神龍。王實司之，歉可使豐。不雨月餘，苗且槁死。王食是邦，忍使及此。敢奉神御，于梵之庭。靈旗欻來，駕風鞭霆。載雱甘霖，活我嘉穀。感神之庥，曷日而足。

謝雨

比以亢陽日驕，心與苗槁，並走羣望，輯而祈之。神惠顧歆，甘雨隨格。吏何以得此神之福我民也。雖然，願神其終福之。今也膏雖施而未周，槁僅蘇而未澤。神不福我，民無前日之雨矣。神之福我，民繼自今猶大有望於神也。三日以往爲霖，願神其終福之。豐年報功，有祀典在。

戊午春祈雨

春事方興，旱乾已甚。未見播種，豈有收成。念蠢蠢之爲氓，將嗷嗷而乏食。謹隨里衆，虔告穹旻。雖略遂於沾濡，尚未臻於滂沛。似聞旱勢，遠自上京，蓋千里以皆然，不一邦之獨爾。臣憂惶愈甚，寢食不遑，深虞羣小之蔽君，是致上天之降怒。自涉兹歲，益異前時，日月爲之無光，霾霧從而肆翳。雷音不震，得非號令之或乖，雨膏愆期，無乃恩光之失施。惟祖宗三百年積累之仁，而海宇億兆姓生靈之心。實關宗社之計，盡傷甽畝之心。惟祖宗三百年積累之仁，而海宇億兆姓生靈之衆。咎在臣下，罪非小民。矧敵國之方强，賴本根之自固。儻成旱勢，禍起蕭墻。臣興言及兹，過慮彌切。上而憂國，下則哀民。惟仰籲於聖聰，庶可回於否運。是用勤拳，百拜懇切。瓣香願，憫愚忱，大施甘澤。油然雲，沛然雨，盡救暵枯。鼓以雷，潤以風，遂通泉脉。

宋・王柏《魯齋集》卷一 喜雨賦

己丑之秋七月，將望長嘯，與客命駕經從於南山之下，農人告予曰：兩月不雨，驕陽盛熾，傷禾稼之就槁，竭陂塘而莫溉，溝澮胥涸，草木病瘁，渺一飽之未期，斂雙眉而墮淚，長嘯愀然。歸而與客曰：「四海蒼生望霖雨，不知龍向此中蟠。」此非王金陵之詩乎？想新法之紛張，瞻青苗而色沮，澤民之事業如是乎？金陵之所謂霖雨，猶今春之淫潦。所以基後日之禍也。當其太空潑墨，雷奔電掣，溪原爲一，桑麻冒没。菌衣生於用器，蛙蚓行乎幾席，麥欲秀而泥蟠，蠶正飢而葉濕，墻壁苔穿，鶯花狼藉。於是足沈礎潤之氣，衣費香篝之烟，望元雲之坱鬱，慨沈穡之永歎。何斂散之失時，紊盈虚之大權。而乃巽二閉户，阿香熟眠。魃皷舞於煩世，龍深潛於九淵。幸玉清之悔禍，遣六丁而下觀，翕炎煦畢，疏河浚泉，祝融斂跡而退避，屏翳振馭而著鞭。長嘯不寐，側耳而聽，初淅瀝而萃，蔡忽砰□而奔騰，如獰風兮入溝壑，如怒潮兮來海門，又如百萬慓悍之衆銜枚赴敵，而戈甲夜鳴。滴馬鬃於李靖，洗牛背於欝林。點滴瓦溝兮有碎玉韻，建瓴屋角兮有瀑布聲。激竹溜之宫徵，焕花徑之精神。自是渴者澤，仆者起，枯者沃，華者成。如沈疴之遽脱，如亂邦之中興，又如光弼入子儀之軍，一號令而旗幟鮮明，化彫瘵而豐裕，消愁歎而歡忻。一點一穀，如坻如京，童子不識秋事之可慶，但喜新得涼於户庭也。長嘯於是，誦孟氏勃興之語，賡詩人有年之篇，獻於太守。太守不有，歸乎天子。天子謙謙，功不敢專，讓於皇天。皇天冥冥，不得而名，本大德之好生也歟。

宋・王柏《魯齋集》卷二　催雨

人世如居甑，驕陽不可鉏。未聞芻作狗，安得夢維魚。賦斂生民槁，干戈國計虚。安危關一飽，雨意莫躊躇。

喜雨

滃欝雙雲合，雰霔一雨通。新涼驅積暑，喜氣薄高穹。點點含生意，聲聲起死功。田家雖少歉，尚可及年豐。

和汪元思喜雨韻

龍蟄金瓶小，神驅雨陣斜。建瓴飛素練，走潤舞生蛇。風使開雲磨，雷香隱砲車。農人有驕色，一飽不須賒。

和得全喜雪韻

天道流行自有經，一冬常燠大無倫。臨期飛雪粗成冷，只隔明朝便是春。窗外曉山高積玉，夢回夜月更鋪銀。玄冥恰似輪臺悔，改過雖新已悮人。

宋・方夔《富山遺稿》卷一　喜雨

去年稻田荒，七月青蟲起。今年七月雨，稻田盈尺水。人生會有涯，飢飽互煎煑。造物如狙公，顛倒生嗔喜。我岑枯槁人，未脱烟火味。試問河豚羹，何如江鱠美。

宋・方逢辰《蛟峯文集》卷八　毛伯玉以六月廿七日來訪，是年天不雨梅，亢熱異常。書數韻述懷且以贈之。

伯玉不我過，過我必六月。老天雨不梅，五行一乃絶。亢離單用事，赤烏赤如血。人寰何皐辜，幾欲炮烙殺。左手觧衣襟，右手不停箑。脱帽無奈何，而況可腰折。西望禽鬼焦，東望金魚涸。前山牛眠涔，亦復如火發。相攜將安之，只合坐論説。伯玉老先輩，家傳洞林訣。談辯管郭雄，五鬼皆避易。借君鐵柱杖，蹴踏六月雪。爲我買雪山，斲冰作天穴。

宋・祝穆《古今事文類聚・前集》卷五　祈雨（杜牧之）

東堤黑風駕海水，海底卷上天中央。錚棧雷車轍軸壯，矯攫蛟龍爪尾長。神鞭鬼御載陰帝，來往噴洒何顛狂。四方歲騰玉京仗，萬里橫牙羽木槍。

祈雨（蘇子瞻）

長笑蛇醫一寸腹，銜水吐雹何時足。蒼鵞無罪亦可憐，斬頭横盤不敢哭。豈知泉下有猪龍，卧枕雷車踏陰軸。前年太守爲旱請，雨點隨人如撒菽。龍山山人信英武，撝駕雷車呵電母。山中歸時風色變，中路已見商羊舞。夜牎騷騷鬧松竹，胡畦泫泫流膏乳。庶將積潤掃餘孽，收拾豐歲還明主。

郴州祈雨（韓愈）

乞雨女郎魂，炰羞潔且繁。廟開鼯鼠叫，神降越巫言。旱氣期銷蕩，陰官想駿奔。行看五馬入，蕭颯已隨軒。

井（韓愈）

居然鱗介不能容，石眼環環水一鍾。聞説旱時求雨澤，只疑蝌蚪是蛟龍。

觀祈雨（李約）

桑修無葉土生煙，簫管迎龍水廟前。朱門幾處看歌舞，猶恐春陰咽管絃。

喜雨（韓稚圭）

何假嗔雷擊怒桴，默然嘉澤浹民區。經時亢隔羣心駭，數月焦熬一陣蘇。已發宋苗安在揠，再生莊鮒不虞枯。須臾慰滿三農望，斂却神功寂似無。

檢覆郊城旱田示同官及寄河南諸賢（劉貢父）

昔歲歉無年，今麥仍薦飢。罷民去南畝，賤價捐東菑。籍籍道路間，餓者何纍纍。藜藿不充腸，蕭然旄與倪。嗟我禄代耕，每食爲不怡。徒懷仲由志，身賤那得施。屬城上民訟，比牒皆苦詞。奉詔實有無，百聞謝一窺。星言説桑田，行與父老期。觸熱不敢休，重趼寧告疲。郊原赤如赫，秉穗無孑遺。蓘藝不可分，四旁生蒺藜。流行誠代有，愚弱豈易欺。附上亦有刑，殘下罪攸司。鄙夫不忍此，告吏咸赦之。庶茲咻噢恩，足以蘇惸嫠。大農急經費，言利析毫釐。二吾猶不足，一切寧謂宜。國僑敏争承，鄭邑用不危。馮驩焚券書，田氏人若歸。區區二小邦，兩士能若斯。當官在必行，匪石安可移。諸公悉吾友，此志良弗非。當令狗路人，一聽狂者詩。

旱謡（張文潛）

十月不雨井水渾，孤城烈日風颺塵。楚天萬里無纖雲，旱氣塞空白晝昏。土龍蜥蜴竟無神，田中水車聲相聞。努力踏車莫厭勤，但憂水勢傷禾根。道旁執送者何人，稻塍争水殺厥鄰。五湖七澤水不貧，正賴老龍一屈伸。

宋・潛説友《咸淳臨安志》卷九七　曾南豐錢塘得雨

連章天上乞身閑，笑入吴船擁節還。一夜風雷驅旱魃，始知霖雨出人間。

旌旗東下路塵開，六月風雲席上回。正恐一方人暍死，直將霖雨過江來。

宋・林景熙《霽山文集》卷一　贈泰霞真士祈雨之驗

火旂餤餤燒坤垠，蒺藜滿道風揚塵。槁苗無花不作穀，老農扶杖田頭哭。哭聲不爲塡溝渠，室罄何以供官輸。檄龍唄佛寂不應，蜥蜴那能擅權柄。泰霞真士鞭風霆，緑章叩天天亦驚。玄雲沛雨起膚寸，點點都是盤中飯。須臾收斂歸無聲，翩然駕虬出山城。我聞調元功自古，亢爲常暘伏常雨。廟堂有道司牧良，坐看玉燭開金穰。淮南捕蝗蝗更在，饑蛟齧人陸成海。肥羊日日供大官，論功乃使專黄冠。真(士)[土]寸田無水旱，天機子夜交離坎。

宋・衛宗武《秋聲集》卷一　小園避暑

六月畏酷熱，簟枕依林塘。古木同臭味，幽鳥含宫商。天孫雲錦機，丹碧交薦香。晴瀾泛清薰，襟袂生微涼。巉巉萬石間，修篘間新篁。羽葆列千挺，灩灩浮緑光。林飈一戛擊，環珮聲鏗鏘。披衣獨危坐，意氣超羲黄。豈惟熱惱除，冰雪置我腸。却愁林外人，久苦炎威張。天瓢忽傾倒，旱魃宜消亡。是月已火流，不日占金穰。時雖厭兵革，人或飽稻粱。此園僅如握，無徑不就荒。猶喜卉木存，弗爲斤斧戕。揚揚桂吐芬，粲粲菊有芳。清賞備四時，花辰復青陽。太平本無象，嗣歲或小康。於焉盍朋簪，一笑傳清觴。

久晴喜雨詩

日夕庚暑祥，無以祛熱惱。甘霔從何來，雷轟電光繞。勢如天潢翻，滂流浹清曉。六合開新宇，一氣蘇羣稿。涼飈散窗户，炎熇泯如掃。從此協雨暘，免使虞旱潦。庶幾膴膴原，俱斂穰穰寶。大東與小東，民力差已耗。天公匪憒憒，善應固有道。未憂供百需，且欲資一飽。維魚行協占，焚尫頌有昊。

立秋喜雨

天心本至仁，生意豈有息。粤從書夏五，甘霔絶點滴。涼風自西來，時送中夜濕。田腹泯龜文，屋角掛龍骨。我稷與我黍，實穎而實栗。屢豐固難望，一飽或可必。豈惟曾孫庾，如坻亦如櫛。滯穗不斂穧，可續窮民食。但虞耗鼠雀，尤恐資螟螣。願減漢民租，少裕東南力。

宋・衛宗武《秋聲集》卷二　次韻憫雨

百穀仰雨而蕃滋，乃穎乃苞乃成實。鍤雲方喜高下齊，大田俄報東南坼。民窮至此噫亦甚，無年餓死其無日。佛靈猶未致涓流，人力焉能施寸尺。況當十室九室空，可堪百里千里赤。仰天無路扣彼蒼，望雲自旦尋至黑。一歲不稔百沴生，所憂豈止人艱食。聲嗟氣歎方載途，屈莫求伸枉莫直。繇來有感則有應，影響一機端可必。時遷事改理不移，今日天工豈殊昔。烹羊乃雨古語云，何假雷師起河伯。調元贊化更有人，怪魃螟蝝俱蟄跡。人心既悦天意從，利澤須能致甘澤。油然沛然苗勃興，奚用象龍施五色。

立秋喜雨

炎炎老火燒太空，熏灼萬類勢欲鎔。高田幅裂稼已腐，低壤釜沸禾生蟲。金蛇飛走天鼓震，須臾散滅茫無踪。火輪烈烈揚熾焰，夜鏡炯炯摩青銅。老夫望歲甚田叟，恨無神術驅羣龍。平明披衣視雲氣，霧靄四合何冥濛。沾濡俄頃遂滂沛，奔騰浩瀚猶崩洪。雨珠雨玉何足貴，雨菽雨粟亦有窮。涓流膏潤入秉穗，穰穰九穀苞其中。良疇何啻萬萬頃，一稔囷櫛過崇墉。溢爲懽聲沸比屋，洗空愁嘆蘇三農。亦知誠感斯嚮答，古佛之一真圓通。嗟吾年來生計蕩，殆若枯葉隨飄風。甌窶汙邪不應禱，凍餓真與窮民同。繼今甘霔願時有，鼓腹擊壤歌年豐。

用韻再作

一氣運行於虚空，有形孰不歸陶鎔。燠寒燥濕互爲用，功被草木并昆蟲。胡然陽亢乃作沴，豐隆屏翳俱潛蹤。炎炎赫赫勢太甚，烹煎萬有何殊銅。田疇龜坼河港斷，水車不運骨掛龍。俄驚片雲變反掌，宇宙未剖猶鴻濛。初如綫溜氣纔應，繼若瓴建聲何洪。豈徒神力能致此，意者高厚悲人窮。豐凶由數亦匪數，厥有造化行其中。年來五穀亦狼戾，曾孫之庾高於墉。秖今户户嘆赤立，富者恨不爲耕農。要知千人萬人心，心心默與天相通。熙熙田畯争薦喜，烹葵剥棗追豳風。更看十月場圃築，黄雞白酒村村仝。但祈田祖去螟螣，願如荆叟歌元豐。

宋・于石《紫巖詩選》卷三　祈雨

六月不雨至七月，草木脆乾石欲裂。方士畫符如畫鴉，呵叱風伯鞭雷車。九天雲垂海水立，驕陽化爲雨三日。萬口競誇方士靈，彼亦自謂吾符神。誰知水旱皆天數，貪天之功天所惡。吾心修德可弭灾，大抵雨從心上來。桑林自責天乃雨，豈在區區用方士。

宋・梅應發、劉錫同《寶慶四明志・四明續志》卷九　喜雨

雷使巡行徧五方，夾秋不怕旱爲殃。人間祥瑞三伏雨，枕上吟哦終夕涼。已卜晚青催出穗，且將早赤急舂糧。有司不損應言損，隨分蠲租助蓋藏。

莫嫌暴涷勢如歕，此是家家老飯盆。雨足蛟龍應得謝，秋登雞犬亦蒙恩。頻年已喜稼無賊，今歲尤欣禾有孫。回首江南田谷口，西風颭颭倍消魂。

再用前韻

行雨龍公屢易方，魃妖誰敢扇餘殃。田疇接得三年熟，枕簟供來幾夜涼。更喜征夫無減竈，定應行旅不賫糧。寄聲鄞土黃承事，有粟何須更窖藏。

不假焦仙把酒歕，須臾澍雨若翻盆。官應可了劭農事，天豈終慳及物恩。無復絶糧憂魯叟，何須進食念王孫。只愁撩得秋聲動，老客他鄉易斷魂。

六用喜雨韻

午牕隨分理殘香，掃地關門付小蒼。連夜月無昨夜色，今朝雨有幾朝涼。白頭悵望家千里，黃耳寄歸書一箱。徧問西疇全熟否，還鄉百口免憂皇。

毋煩符祝不祥禁，并遣商羊旱魃沉。自媿何關太守力，誰知最切老婆心。苦身見説湯誅髮，沾體曾聞禹墮簪。乾溢兩無年大有，君王德澤海千尋。

雲霾幾日障危岑，户牖綢繆要背陰。又是撩空孤鴈唳，那堪穴壁亂蛩音。潘郎寂寞嗟輕簟，楚女淒涼起斷砧。大抵人生嫌老大，一回秋思一回深。

八用喜雨韻

飯抄雲子得能香，秋賽村村答上蒼。雀集田疇營宿飽，牛閒籬落卧新涼。棲棲底用干鄰粟，翼翼惟應詠我箱。一稔居然寬百慮，不須禹稷更皇皇。

殘暑如蒸尚不禁，坐鄰三鼓斗杓沉。雨調可是月離畢，時熟元來歲在心。筋力不堪凭几案，頭顱惟便卸冠簪。呼童火燎焦冥種，投隙藏虛未易尋。

礫石何分埠與岑，神功且幸景多陰。願聞慶義空中語，喜聽子期巖下音。南圃壁懸居士杖，西鄰牀撼女郎砧。消磨鄉思憑杯酒，力不能任莫放深。

九用喜雨韻

何消黍稷薦馨香，三尺擡頭即昊蒼。雨缶決來如此溢，風車輪與自然涼。問他金玉堆成塢，更使珠璣積在箱。逢却年饑堪煮否，移民移粟定旁皇。

倒甕翻盆勢莫禁，旱灘焦磧盡低沉。定知此喜非常喜，只是將心去比心。人樂和豐方賣劍，誰貪遺滯忽亡簪。村翁曳杖前山去，丁祝孫來酒户尋。

家鄉千里隔千岑，想見飛鳴鶴在陰。留滯又煩山寄檄，平安且幸竹傳音。漫誇齋静香凝寢，但覺簷高響發砧。若把悲愁情緒較，蚕秋不似暮秋深。

宋·梅應同、劉錫同《寶慶四明志·四明續志》卷一〇　喜雨和趙右司

車水耕田正閔農，夜來好雨一犂通。相近可是須羣望，陟降元來即上穹。擊壤何曾知帝力，觀風誰與達天聰。見他東作思南墅，愁殺江南桑苧翁。

喜雨和史司直

六丁海面揭封回，天上屯雲撮得來。連月不曾聽澍雨，今年方始見轟雷。定知水畝移秧插，底用泥塗把穀栽。聞説君王勤露禱，固應妖魃不爲烖。

簷溜終宵稍慰心，更須三日始爲霖。雲雷尚覺經綸狹，暑雨猶疑咨怨深。不假溟鯤能激水，何須垤鸛解知陰。回頭谷口耕樵侶，辜負盟言愧斷金。

喜雨二解

烏穱新春玉粒堆，齊頭穲穱又相催。高田猶怕夾秋旱，上界俄聞發水雷。幾日雲車停野外，今宵雨旆入城來。須臾簷溜如奔峽，枕上吟哦一快哉。

須知造化自心生，風雨雲雷特踐形。人在兩間元有事，天於萬物豈無情。焦枯蒙潤物蘇醒，昏悶得涼身泰平。晚夜桃笙時便背，定應收捲向金莖。

宋·朱長文《樂圃餘藁》卷一　佳雨應祈因昔年諸友作詩今再叙舊

晏侯昔爲州，歲旱慶霖雨。夫君與方子，吟思共清苦。不才輒繼聲，玉石愧同處。賡訓自邦君，高詠編幕府。開編讀英辭，風義恨修阻。歷年屈指八，閱守今已五。

温温劉蘇州，揚仁美風土。篇章極清新，操行到淳古。去年掌膠庠，幸此廕德宇。遇君來自西，暫作皐橋旅。並游盍簪裾，良宴陪樽俎。辱顧眼俱青，言詩多見與。近當庚伏間，不雨疾禾黍。田乾如龜裂，一溉勞遠取。如惔沴氣生，望歲羣心沮。園居雖閒曠，何處逃蘊暑。使君憂憫深，雩祀以時舉。精誠禱祠下，若與神告語。隨車油飛雲，闔境膏澤溥。稿苗興膴原，涸轍通別浦。萬輪水可汲，千笠草務去。秈禾與稏稻，指期入我庾。清暉登谿山，餘潤滿林圃。中吴垂白叟，買酒相忭舞。掃石邀良朋，清風快談麈。此時無一詩，懽意何以叙。朝家日隆平，二聖保基緒。施仁塞天淵，敷政皆堯禹。舊臣留旦奭，新相拜房杜。風和調舜琴，俗厚空周圄。銷變召泰和，協氣應律吕。吾儕夙承學，嘉慶幸親覩。相期美康平，復見頌多稌。

宋·周紫芝《太倉稊米集》卷九　憫雨歎

南方久不雨，旱氣日益酷。起視夜何其，星斗燦滿目。朝雲藹空濛，暮雨思霢霂。雷師方鞭車，風伯忽舞纛。百神各顛倒，誰爲調玉燭。兩宫方蒙塵，百執被驅逐。萬里沙漠行，長征犯三伏。懸知臣子心，北望眢兩目。願與膚寸雲，朝隮暮滲漉。天公倘悔禍，何止望一熟。皇輿既言歸，壤地亦旋復。誰當挽天河，

下洗憂憤辱。

宋·周紫芝《太倉稊米集》卷一〇 夏熱歎

祝融當權不可奪，海水欲沸山欲裂。黃頭父老見事多，謂有此身無此熱。老人何得怨天公，山堂日日多南風。烏紗欹帽剪雲葉，白髮吹雪飛鬔鬆。已挹蔗漿澆熱惱，更注井花回睡容。人生如此亦不惡，飽食安坐初何功。蒙塵况駐奉天輦，避暑望幸驪山宮。敵兵入漢作巢窟，戰騎横戈歲馳突。旌旗耀日紅蔽天，鐵甲烘雲氣銷骨。安得壯士如惡來，上訴帝閽關鑰開。盡瀉天河作飛雨，四海八方無一埃。秋禾不槁敵不來，我亦高枕喧春雷。

明·唐順之《荆川集》卷三 次人憂旱作

歲歲吴儂事水耕，朝朝占雨愁雲輕。澤中不聞鳩語合，田際但見龜文生。野老舐糠猶自得，書生炊桂亦何情。東南生計已如此，聞道山西又點兵。

清·董含《三岡識略》卷一〇 旱詩

三時已過未分秧，澤國塵沙十丈黃。赤帝不傳雷雨令，白鷗猶憶水雲鄉。籬邊抱甕侵朝露，松下披襟納晚凉。怪殺潭西狂道士，緑章頻上信茫茫。

清·張英等《淵鑑類函》卷二二 杲日。愆陽《詩》曰：其雨其雨，杲杲出日。人專望雨而日出也。愆陽，陽驕也。八月，七年八月不雨則君不舉。《吕氏春秋》曰：成湯之旱七年，煎沙爛石。未覩鸛鳴，且憂狼顧。《詩》：鸛鳴于垤，將雨之候也。賈誼曰：失時不雨，人且狼顧。注：狼顧，恐懼貌。憤歎成陰，歡娱爲旱。晉石衡問袁甫曰：壽陽已西恒旱，已東恒澇，何也？甫曰：壽陽已東，吴人也。夫亡國之音哀，鼎足强邦，一朝失職，憤歎成陰。陰積成水，故恒澇也。壽陽已西中國新卑强吴美寶盡入志滿心盈，長爲旱。故公羊曰：魯僖公甚悦故旱，是以京師若抑强扶弱，則天下和平。天厲流行，地財耗斁。厲，疾疫也，《詩》：耗斁下土，注：旱害也。斁，散也。密雲徒自西郊，零雨未沾南畝。雲重積而又散，雨垂下而復收。東作既嗟於歲旱，南山坐望於朝隮。屯西郊之雲，且聞不雨；廢南畝之稼，豈望有秋。仰夫膏雨，已愆天降之期；望彼畢星，未及月離之候。增鑠石，流金，俱楚詞旱備原有備無虞。耗斁爲災，雖爽月離之候；流行有備，則無歲取之虞。

免税，《水旱免税令》曰：諸田有旱蟲霜處，拘見營田州縣檢實具帳申省，十四損已上免租税調，七已上課役俱免，若桑麥損盡，各免其所輸，聽折來年，經二年後不在折限其應免者，通計麥用爲分數。懸耜，不爲災，自十月至于五月不雨不爲災必後枯。夫爲稼於畝，偏有一溉之益，雖歸燋爛而一溉之，旱苗必後枯也。倬彼雲漢，《詩序》：雲漢，美宣王遇災能懼。用汝霖雨。《書》：若歲大旱，用汝作霖雨。時雨不降，百穀不成，五穀不滋，害于粢盛。高田不熟。天時不齊，《禮記》：同年有豐凶之異也。天厲不戒。野無青草，民且菜色。詳後旱備。山陵不收，水泉咸竭。旱備原千里之旱，賈誼曰：不幸有方二三千里之旱，胡以爲恤。三年之食，禮曰九年耕必有三年之食，以三十年之通，雖有凶旱水澇，民無菜色。然後天子食日舉以樂。恤人之心，救患之策，愆陽爲沴，歲不順布。布政有經，衆無匡懼。

晉·李顒　經過渦路詩　言歸越東足，逝將反上都。後洫填中路，改轍脩兹衢。旦發石亭境，夕宿桑首墟。勁焱不興潤，零雨莫能濡。亢陽彌十旬，涓滴未暫舒。泉流成平陸，結駟可廻車。肇允相忘鱗，翻爲涸池魚。咫步不能移，白日奄桑榆。

梁·庾肩吾　奉和武帝苦旱詩　陽山蛇不蟄，洳澤鳥猶攢。暫息流膏雨，將似怨祁寒。文衣夜不卧，疏食晝忘餐。潔誠同望祀，惟馨等浴蘭。江蘋享上帝，荆璧奠高巒。繁雲興岳立，蒸穴動龍蟠。渭渠還積水，滮池更起瀾。

楊萬里　憫旱詩　鳴鳩唤雨如唤晴，水車夜啼聲徹明。乖龍嬾睡未渠醒，阿香推熱呼不譍。下田半濕高全坼，幼秧欲焦老差碧。書生所向便四壁，賣漿逢寒步逢棘。還家浪作飽飯謀，買田三歲兩無秋。一門手指百二十，萬斛量不盡窮愁。小兒察我慘不樂，旋沽邨酒聊相酌。更哦子美醉時歌，焉知飢死捐溝壑，水車啞啞止復作。

蘇軾　久旱望雨　飢人忽夢飯甑溢，夢中一飽百憂失。只知夢飽本來空，未悟真飢定何物。我生無田食破硯，爾來硯枯磨不出。去年太歲空在酉，傍舍壺漿不容乞。今年旱勢復如此，歲晚何以黔吾突。青天蕩蕩呼不聞，况欲稽首號泥佛。甕中蝎蜥尤可笑，跂跂脉脉何等秩。陰陽有時雨有數，民是天民天自卹。我雖窮苦不如人，要亦自是民之一。形容可似喪家狗，未肯弭耳争投骨。倒冠落幘謝朋友，獨與蚊雷共圭蓽。故人嗔我不開門，君視我門誰肯屈。可憐明月如潑水，夜半清光翻我室。風從南來非雨候，且爲疲人洗蒸鬱。褰裳一和快哉謡，未暇飢寒念明日。

漢·東方朔　旱頌　維昊天之大旱，失精和之正理。遥望白雲之鬔，淳滃瞳瞳而亡止。陽風吸習而熇熇，羣生悶懣而愁憒。隴畝枯槁而允布，壤石相聚而爲害。農夫垂拱而無爲，釋其耰鉏而下涕。悲壇畔之遭禍，痛皇天之靡濟。

魏陳王曹植・告咎文　五行致災，先史咸以爲應政而作。天地之氣，自有變動，未必政治之所興致也。于時大風發屋拔木，意有感焉。聊假天帝之命，以誥咎。祈福。其辭曰：上帝有命風伯雨師，夫風以動氣，雨以潤時，陰陽協和，庶物以滋。亢陽害苗，暴風傷條。伊周是遇，在湯斯遭，桑林既禱，慶雲克舉。偃禾之復，姬公走楚。況我皇德，承天統民。禮敬川岳，祇肅百神。享兹元吉，釐福日新。至若炎旱赫羲，飈風扇發。嘉卉以萎，良木以拔。何谷宜填，何山應伐。何靈宜論，何神宜謁。於是五靈振竦，皇祇赫怒，招摇警怯，欃槍奮斧。河伯典澤，屏翳司風，右呵飛廉，顧叱豐隆。息飈遏暴，元敕華嵩。慶雲是興，效厥年豐。遂乃沈陰坱圠，甘澤微微。雨我公田，爰及予私。黍稷盈疇，芳草依依。靈禾重穗，生彼邦畿。年登歲豐，民無餒飢。

驕陽賦　維皇穹之造物，何靈鑒之不昭。寂然陰閉，倏爾陽驕。風行天而啓象，水干土而成妖。山蛇則四翼呈歲，日烏則三足昇朝。亭皐背春兮失色，草木先秋而欲凋。螢飛火井，蛙動陽飈。嗟乎，春之云滌，山之方焦。旱如何其，農爲足恤。雲祁祁而始布，日杲杲而行出。立嗇夫於丙丁，命小童於甲乙。春雷無聞奮豫，夜月罕當離畢。阡陌之多稌不滋，堯湯之下人斯疾。是則，墳封孝婦，東海之守非才；囚繫宛囿，河南之尹未黜。

清・朱彝尊、于敏中等《日下舊聞考》卷一〇　乾隆二十四年御製社稷壇禱雨詩：敢云久矣惄予心，躬禱靈壇重致忱。加玉義緣祈芘蔭，升香敬用佇居歆。祝辭請命出衷曲，皇樂調和冀答陰。五日爲期難更緩，油雲即待霈甘霖。

清・朱彝尊、于敏中等《日下舊聞考》卷五七　乾隆二十四年御製躬舉大雩祈雨詩：北至都踰旱種期，晚田急待澤斯時。人窮反本呼天籲，旱甚因誰責已知。湯禱載陳三足鼎，宣憂重訂八章詩。好生帝德其寧惠，渴望雲行即雨施。

清・朱彝尊、于敏中等《日下舊聞考》卷一四六　凡歲時不雨，家貼龍王神馬於門，磁瓶插柳枝掛門之旁。小兒塑泥龍，張紙旗，擊金鼓，焚香。各龍王廟羣歌曰：青龍頭，白龍尾，小孩求雨天歡喜。麥子麥子焦黄，起動起動龍王。大下小下，初一下到十八。

清・朱彝尊《曝書亭集》卷八　旱

水潦江淮久，今年復旱荒。翻風無石燕，蔽野有飛蝗。桎梏懲屠釣，橧巢迫死亡。虚煩乘傳使，曾發海陵倉。

清・查慎行《敬業堂詩集》卷一四　苦旱

積雨乃祈晴，久晴廼望雨。如何望雨意，止在驅炎暑。難將田野情，一概例官府。江流空浩浩，不救稌與黍。南山昨日雲，竚待商羊舞。狂飈忽捲散，吹井作乾土。朝來禱龍祠，會衆伐大鼓。此邦歲早穫，隣郡給商賈。六月合嘗新，過時恐無補。可憐關中旱，移粟累晉楚。糧船從東來，輓送方接武。家家募丁壯，日日候江滸。寧知餽運人，自迫忍饑苦。天心莽難測，含痛向誰語。

雜録

《山海經・大荒北經》　大荒之中，有山名曰不句，海水入焉。有係昆之山者，有共工之臺，射者不敢北嚮。有人衣青衣，名曰黄帝女魃。蚩尤作兵伐黄帝，黄帝乃令應龍攻之冀州之野。應龍畜水。蚩尤請風伯雨師，縱大風雨。黄帝乃下天女曰魃，雨止。遂殺蚩尤。魃不得復上，所居不雨。叔均言之帝，後置之赤水之北。叔均乃爲田祖。魃時亡之，所欲逐之者，令曰：神北行。先除水道，決通溝瀆。

晉・陶淵明《搜神後記》卷九　後漢諒輔，字漢儒，廣漢新都人，少給佐吏，漿水不交，爲從事，大小畢舉，郡縣斂手。時夏枯旱，太守自曝中庭，而雨不降；輔以五官掾出禱山川，自誓曰：「輔爲郡股肱，不能進諫、納忠、薦賢、退惡、和調百姓，至令天地否隔，萬物枯焦，百姓喁喁，無所控訴，咎盡在輔。今郡太守内省責己，自曝中庭，使輔謝罪，爲民祈福；精誠懇到，未有感徹，輔今敢自誓：若至日中無雨，請以身塞無狀。」乃積薪柴，將自焚焉。至日中時，山氣轉黑，起雷，雨大作，一郡沾潤。世以此稱其至誠。

何敞吴郡人，少好道藝，隱居，里以大旱，民物憔悴，太守慶洪遣户曹掾致謁，奉印綬，煩守無錫。敞不受。退，歎而言曰：「郡界有災，安能得懷道！」因跋涉之縣，駐明星屋中，蝗蝝消死，敞即遁去。後舉方正博士，皆不就，卒於家。

後漢徐栩，字敬卿，吴由拳人，少爲獄吏，執法詳平。爲小黄令時，屬縣大蝗，野無生草，過小黄界，飛逝，不集。刺史行部，責栩不治。栩棄官，蝗應聲而至。刺史謝，令還寺舍，蝗即飛去。

周暢，性仁慈，少至孝，獨與母居，每出入，母欲呼之，常自齧其手，暢即覺手痛而至。治中從事未之信。候暢在田，使母齧手，而暢即歸。元初二年，爲河南尹，時夏大旱，久禱無應；暢收葬洛陽城旁客死骸骨萬餘，爲立義冢，應時澍雨。

南朝宋・范曄《後漢書》卷七六《孟嘗傳》　孟嘗，字伯周，會稽上虞人也。【略】上虞有寡婦，至孝養姑。姑年老壽終，夫女弟先懷嫌忌，乃誣婦厭苦供養，加鴆其母，列訟縣庭。郡不加尋察，遂結竟其罪。嘗先知枉狀，備言之於太守，太守不爲理。嘗哀泣外門，因謝病去，婦竟冤死。自是郡中連旱二年，禱請無所獲。後太守殷丹到官，訪問其故，嘗詣府具陳寡婦冤誣之事。因曰：「昔東海孝婦，感天致旱，于公一言，甘澤時降。宜戮訟者，以謝冤魂，庶幽枉獲申，時雨可期。」丹從之，即刑訟女而祭婦墓，天應澍雨，穀稼以登。

北齊・魏收《魏書》卷七三《奚康生傳》　在州，以天旱，令人鞭石虎畫像；復就西門豹祠祈雨，不獲，令吏取豹舌。未幾，二兒暴喪，身亦遇疾，巫以爲虎、豹之祟。

唐・歐陽詢《藝文類聚》卷四七　司空

《續漢書》曰：張奮爲司空，時歲災旱，祈雨不應，乃上表，即時引見，復口陳時政之宜，帝召太尉司徒，幸洛陽獄，録囚徒，大雨三日。

唐・李延壽《南史》卷五五《曹景宗傳》　天監六年，先是旱甚，詔祈蔣帝神求雨，十旬不降。帝怒，命載荻欲焚蔣廟并神影。爾日開朗，欲起火，當神上忽有雲如繖，倏忽驟雨如寫，臺中宮殿皆自振動。帝懼，馳詔追停，少時還靜。自此帝畏信遂深。自踐阼以來，未嘗躬自到廟，於是備法駕將朝臣修謁。是時，魏軍攻圍鍾離，蔣帝神報敕，必許扶助。既而無雨水長，遂挫敵人，亦神之力焉。凱旋之後，廟中人馬脚盡有泥濕，當時並目覩焉。

唐・李延壽《北史》卷六一《賀蘭祥傳》　大統九年，時盛夏亢陽，祥親巡境內，觀政得失，見有發掘古冢，暴露骸骨，乃謂守令曰：「此豈仁者爲政邪！」命所在收葬之。即日澍雨，是歲大有年。境內多古墓，其俗好行發掘，至是遂息。

唐・徐堅《初學記》卷二　積薪

環艾　謝承《後漢書》曰：戴封，字平仲，遷西華令。其年大旱，禱請不獲，乃積薪坐其上以自焚。火起而大雨，遠邇歎服。遷中山令。范曄《後漢書》曰：諒輔仕郡爲五官椽，時夏大旱，太守自祈請。輔曰：若至日中不雨，以身塞無狀。於是積薪聚艾茅以自環，搆火將自焚。未及中時，而天雲晦合，須臾澍雨。

石牛　桐魚　顧微《廣州記》曰：鬱林郡山東南有池，池有石牛。歲旱，百姓殺牛祈雨。以牛血和泥，泥石牛背，詞畢天雨，洪注洗牛背，泥盡即晴。《淮南子》曰：董仲舒請雨，秋用桐木魚。

唐・皇甫枚《三水小牘・下》　姑臧李仲呂，咸通末，調授汝之魯山令。爲政明練，吏不敢欺。遇旱，請禱，羣望皆不應。仲呂乃潔齋自禱於縣二十里魯山堯祠，以所乘烏馬及騶人張翰爲獻。祭畢，將下山，雲霧暴起，及平澤而大雨，僕馬皆暴殞。於是仲呂復設祭，圖僕馬於東壁。

宋・李昉等《太平廣記》卷三九六　房玄齡

唐貞觀末，房玄齡避位歸第。時天旱，太宗將幸芙蓉園，以觀風俗。玄齡聞之，戒其子曰：「鑾輿必當見幸。」亟使灑掃，兼備饌具。有頃，太宗果先幸其第，便載入宮。其夕大雨，咸以爲優賢之應。出《大唐新語》。

不空三藏

唐梵僧不空，得總持門，能役百神。玄宗禮之。歲旱，命祈雨。不空言可過某日，今祈之必暴。上乃命金剛三藏，設壇請雨。果連淋注不止，坊市有漂溺者。遽召不空止之。遂於寺庭，建泥龍五六。乃溜水，胡言罵之。良久，復置之大笑。有頃雨霽。玄宗又嘗詔術士羅公遠與不空祈雨，互陳其効。俱召問之。不空曰：臣昨焚白檀香龍。上命左右掬庭水嗅之，果有檀香氣。每祈雨，無他軌則，但設數繡座，手旋數寸木神，念咒擲之。自立於座上。伺木神口角牙出，目瞚，雨輒至。出《酉陽雜俎》。

一行

僧一行。開元中嘗旱，玄宗令祈雨。曰：當得一器，上有龍狀者，方可致之。命如內府遍視，皆言不類。後指一鏡鼻盤龍。喜曰：「此真龍矣。」持入道場，一夕而雨。或云：「是揚州所進。」初範模時，有異人至。請閉户入室。數日開户。模成，其人已失。有圖並傳，見行於世。此鏡，五月五日於揚子江心鑄之。出《酉陽雜俎》。

無畏三藏

玄宗嘗幸東都。大旱。聖善寺竺乾國三藏僧無畏，善召龍致雨術。上遣力士疾召請雨。奏云：「今旱數當然。召龍必興烈風雷雨，適足暴物，不可爲之。」上彊之曰：「人苦暑病久矣。雖暴風疾雷，亦足快意。」不得已，乃奉詔。有司陳請雨之具，幡幢像設甚備。笑曰：「斯不足以致雨。」悉命撤之。獨盛一鉢水，以小刀子攪旋之。胡言數百祝之。須臾有龍，狀類其大指，赤色，首撤水上。俄復没於鉢中，復以刀攪呪之三。頃之，白氣自鉢中興，如爐煙，徑上數尺，稍稍引出講堂外。謂力士曰：「亟去，雨至矣。」力士絶馳去。還顧白氣，旋繞亘空，若一匹素，既而昏霾大風，震雷而雨。力士纔及天津之南，風雨亦隨馬而至，天衢大樹多拔。力士比復奏，衣盡沾濕。出《柳氏史》。

玉龍子

唐玄宗至渭水，侍者得玉龍子進。上皇曰：「吾爲嬰兒時，天后召諸孫坐於殿上，觀其嬉戲。因出西國所貢玉環兼盃盤，羅列殿上，縱令争取，以觀其志。莫不奔競，厚有所得。時吾在其中獨坐，略不爲動。」后撫吾背曰：「此兒當爲太平天子。」因取玉龍子賜吾。本太宗於晉陽宮得之。文德皇后嘗置之衣中，及大帝載誕日，后以珠絡衣褓並玉龍子賜焉。其後嘗藏於内府。雖廣不數寸，而温潤精巧，非人間所有，以爲國瑞，帝帝相傳。上皇即位初，每京師憫雨，即禱之，必有霖注。逼而視之，若奮鱗鬣。開元中，三輔大旱。上皇復祈禱，而涉旬無應。乃密投於南内龍池，俄而雲物暴起，風雨隨作。及上皇幸西蜀，車駕廻次渭水，將渡，駐蹕於水濱。左右侍者，因臨流濯弄，沙中得之。自後夜中必有光彩，煇煥一室。上皇還京，爲小黄門私竊，以遺李輔國，常致櫝中。輔國將敗，夜聞櫝中如有聲，開而視之，已亡所在。人有詩曰：「聖運潛符瑞玉龍，自興雲雨更無縱。不如渭水沙中得，争保鑾輿復九重。」出《神異録》。

子朗

僞蜀王氏。梁州天旱，祈禱無驗。僧子朗詣州，云能致雨。乃具十石甕貯水，僧坐其中。水減于頂者，凡三日雨足。州將王宗儔異禮之。檀越雲集，後莫知所適。僧令藹，他日於興州見之。因問其術，曰：此閉氣耳，習之一月就。本法於湫潭中作觀，與龍相繫。龍爲定力所制，必致驚動，因而致雨。然不如甕中爲之，保無他害。出《北夢瑣言》。

宋・李昉等《太平御覽》卷九《魏志・管輅傳》曰：輅過清河倪太守時，大旱。輅言樹上已有少女，微風，樹間又有陰鳥和鳴，其雨應至矣。果如其言。

宋・歐陽修、宋祁《新唐書》卷二〇九《酷吏傳・部弘霸》　是時大旱，弘霸死而雨。又洛陽橋久壞，至是成。都人喜。后問羣臣：「外有佳事邪？」司勳郎中張元一曰：「比有三慶：旱而雨，洛橋成，弘霸死。」

宋・蘇軾《東坡志林》卷三　太白山舊封公爵

吾昔爲扶風從事，歲大旱，問父老境内可禱者，云：「太白山至靈，自昔有禱無不應。近歲向傳師少師爲守，奏封山神爲濟民侯，自此禱不驗，亦莫測其故。」吾方思之，偶取《唐會要》看，云：「天寶十四年，方士上言太白山金星洞有寶符靈藥，遣使取之而獲，詔封山神爲靈應公。」吾然後知神之所以不悦者，即告太守遣使禱之。若應，當奏乞復公爵，且以瓶取水歸郡。水未至，風霧相纏，旗幡飛舞，髣髴若有所見，遂大雨三日，歲大熟。吾作奏檢具言其狀，詔封明應公。吾復爲文記之，且修其廟。祀之日，有白鼠長尺餘，歷酒饌上，嗅而不食。父老云：「龍也。」是歲嘉祐七年。

宋・蘇軾《東坡志林》卷四　記樊山

自余所居臨皋亭下，亂流而西，泊於樊山，爲樊口，或曰「燔山」。歲旱燔之，起龍致雨。或曰樊氏居之，不知孰是。

宋・蘇軾《東坡全集》卷三六　雩泉記

常山在東武郡治之南二十里，不甚高大，而下臨城中，如在山下，雉堞樓觀，髣髴可數。自城中望之，如在城上，起居寢食，無往而不見山者，其神食於斯民固宜也。東武濱海多風而溝瀆不留，故率常苦旱，禱於兹山，未嘗不應。民以其可信而恃。蓋有常德者，故謂之常山。熙寧八年春，夏旱。軾再禱焉，皆應如響，乃新其廟。廟門之西南十五步有泉，汪洋折旋如車輪，清涼滑甘，冬夏若一，餘流溢去，達于山下。兹山之所以能常其德，出雲爲雨，以信於斯民者，意其在此。而號稱不立，除治不嚴，農民易之。乃琢石爲井，其深七尺，廣三之二，作亭於其上，而名之曰雩泉。古者謂吁嗟而求雨曰雩，今民吁嗟其所不獲。而呻吟其所疾痛，亦多矣。吏有能聞而哀之，荅其所求，如常山雩泉之可信而恃者乎？軾以是愧於神，乃作吁嗟之詩以遺東武之民，使歌以祀神而勉。吏云：吁嗟常山，東武之望。匪石巖巖，惟德之常。吁嗟雩泉，維山之滋。維水作聰，我民所噫。我歌雲漢，于泉之側。誰其尸之，涌溢赴節。堂堂在位，有號不聞，我愧于中，何以籲神。神尸其昧，我職其著。各率爾職，神不汝棄。酌山之泉，言采其蔬。跪以薦神，神其吐之。

宋・王鞏《甲申雜記》　内侍劉永達，奉命北嶽祈雨，久之不應。召羣巫訊之，皆不驗。或謂一巫甚驗，劉亟召之。巫甚倨慢，曰：嘉應侯也。劉曰：嘉應侯爵，豈憑女巫自售。巫叱怒不已。劉曰：侯之廟在京師何地？巫妄指他所。

劉遂加鞭箠，久之巫乃服，曰：「我北京左藏庫庫子也，因盜官錢三十貫，爲同輩告首，乃召告者入庫交錢，遂殺之。既而自刃死，初亦莫知死也，如大昏醉中，莫知身世所在。

宋・王鞏《甲申聞見二録補遺》　先公任諫官時，大旱。請對乞駕出祈雨。仁宗曰：「太史言月二日當雨，月一日當出。」先公曰：「臣謂是日無雨。」上曰：「卿何以知之？」曰：「陛下既知有雨，則安用祈求？知有雨而求，非誠也。天非至誠不格，臣是以知無雨也。」上曰：「明日當出。」先公曰：「臣乞傳旨閤門。」上即召近璫喻曰：「明日于醴泉觀等處祈雨。」先公曰：「何不遠出，豈憚熱乎？凶歲百姓，衣食將不給矣。」上每意動則耳輪先赤，厲聲曰：「待去西太一宫。」先公曰：「乞傳旨。」上曰：「卿不知典，故出城不預告也。」先公曰：「此國初以來，防不虞耳。今太平久矣，人渴望清光，預使知之，不過村落觀駕者多爾。」上乃喻旨，翌日特召先公隨駕，非例也。是日熾日，塵埃遍空，上色不怡。及歸，至瓊林苑憩蹕，有雲煙起西太一宫上。上瞻顧間，雷霆大震，遂雨至鄭門。自逍遥輦易平頭輦，且徹蓋以承雨，入内傳旨先公，明日入對。及對，上喜甚，曰：「此雨卿所致也。」先公曰：「陛下盛德格天，天下之幸。」上曰：「昨日歸内，不敢寢於殿，下設香案，焚生龍腦十七斤以謝天。左右進繖亦却之，立至三更，自頂至踵無不霑濕。」先公曰：「陛下雖答天之誠，如此盛德之至也。然陰氣不可不防，宜爲社稷自重。」上曰：「當無雨之際，恨不身爲犧牲，何暇自愛也。」

宋・王鞏《聞見近録》　慈聖光獻皇后養女范觀音，得幸仁宗，温成患之。一歲大旱，仁宗祈雨甚切，至然臂香以禱。宫人内璫皆左右然之。祈雨之術備矣。天意弗答，上心憂懼。温成養母賈氏，宫中謂之賈婆婆，威動六宫。時相認之，以爲其姑。乃陰謂丞相，請出宫人，以弭災變，上從之。温成乃白上，非出所親厚者，莫能感天意，首出其養女以率六宫，范氏遂被出而雨未應。上問臺官李柬之曰：「惟册免議，未行耳。」是夕鎖院，賈氏營救不獲。時相從工部侍郎，拜武鎮軍節度使、同中書門下平章事、判北京，雨遂霔。

宋・司馬光《資治通鑑》卷二一二　玄宗開元八年春正月，侍中宋璟疾負罪而妄訴不已者，悉付御史臺治之。謂中丞李謹度曰：「服不更訴者出之，尚訴未已者且繫。」由是人多怨者。會天旱有魃，魃，蒲撥翻，旱神也。《神異經》曰：南方有人長二三尺，袒身，目在項上，走行如風，其名曰魃，所見之國大旱，赤地千里。一名旱母，遇者得之，投溷中即死。優人作魃狀戲於上前，問魃：「何爲出？」對曰：「奉相公處分。」又問：「何故？」魃曰：「負冤者三百餘人，相公悉以繫獄抑之，故魃不得不出。」上心以爲然。

宋・文瑩《續湘山野録》　太平興國五年，秘書丞安德裕知廣濟軍。是歲亢旱，因禱於髣山神祠。方注香，神自幃中冉冉而出，古服峩冠，拱揖而前立。安以至誠所感，殊不爲懼，遂訴愆亢之災。答曰：「某堆阜之神也，又竊鄉人之薦，愧無酬答，恨力小地卑，不能興致雲雨，雖云龍司厥職，動息由天。某當爲公至主者之所，密候雨信，必先期奉報。」言訖而隱。安是夕夢神白：「雨候甚邇，只在來早。」及期大澍，千里告足。翌日，公具牢醴以謝之。

宋・何薳《春渚紀聞》卷一　李右轄抑神致雨二異

李右轄公素，初爲吉州永豐尉，夜夢二神赴庭，一神秉牒見訴云：「某，縣境地神也，被隣邑地神，妄生威福，侵境以動吾民，民因爲大建祠宇，日饜牲牢之奉，某之祠香火不屬也。以公異日當宰衡天下，故敢求決於公。」公素爲折隣神越疆之罪，二神拜伏而出。既覺，聞報新祠火起，神座一爇而盡。又大觀間，公自工部郎中出典泗州，是歲淮甸久不雨，至於苗穀焦垂，郡幕請以常例啓建道場，禱于僧伽之塔。公曰：「唯容作施行。」郡民憫雨之心，晨夕爲遲。而至旬日，略無措置事件。殆至父老扣馬而請，及怨讟之言，盈于道路。往來親舊與寮屬，乘間委曲言者再三，公但笑答曰：「某忝領郡寄，凶旱在某之不德，無日不念也，且容更少處之。」一日晨起，視事畢，呼郡吏亟令告報塔下，具佛盤，啓建請雨道場。仍報郡官，俱詣行香，且各令從人具雨衣從行。一郡腹誹，以爲狂率。既至塔下，焚香致敬訖，復令具素飯，留郡官就食，待雨而歸。飯罷，烈日如焚，公再率郡寮，詣僧伽前炷香默禱者久之，休于僧寺。須臾，雷起南山，甘澤傾注，舉郡懽呼，集香花迎擁公車，還郡而散。一雨三日，千里之外，蒙被其澤。時郡倅曾紘帥郡官，賀雨之次，密以前日公漫不省衆請，而一出便致霈澤，如宿約者，何謂也。公徐語之曰：「某自兩月前，意念天久不雨，必爲秋田之害。即於治事廳後，齋居飯素，取僧伽像，嚴潔致恭，晨夕供禱，非不盡誠。前夕忽夢僧伽見過，具言上帝以此方之民，罪罰至重，勑龍鎮水。老僧晨夕享公誠禱，特於帝前，以公罪己憂歲之心，陳於帝。今已得請，來日幸下訪，當以隨車爲報也。某拜謝再三。既覺，知普照王非欺我者，遂決意帥諸公，同詣塔下，焚禱俟之，無他異也。」

宋・朱翌《猗覺寮雜記》卷下　後漢戴封爲西華令，大旱。積薪坐其上，自焚，火起而雨。涼輔爲廣漢掾太守，禱雨連日無所得，輔自暴庭中，祝曰：「云云輔今，敢自祈禱。積薪聚茭茅自環發火，其旁將自焚。未及日中，澍雨沾足。近世浮屠氏，多爲自焚祈雨以惑人。不知自古士大夫已如此，不可專罪浮屠也。

宋・王讜《唐語林》卷一　會昌中，晉陽令狄惟謙，梁公之後，善爲政。州境亢陽涉春夏，數百里水泉耗竭。禱於晉祠者，數旬無應。有女巫郭者，攻符術厭勝之道。有監軍攜至京師，因緣出入宫掖，其後歸，遂號天師。天既久不雨境内，莫知所爲。皆曰若得天師至晉祠，則旱不足憂矣。惟謙請於主帥曰：灾厲流行，氓庶焦灼，若非天師一救萬姓，恐無聊生。於是主帥親自爲請，巫者許之。惟謙具幡蓋迎自私室，躬爲控馬，既至祠所，盛設供帳，飲饌自旦。及夕立於庭下，如此者兩日。語惟謙曰：爲爾飛符於上帝，請雨三日，雨當足矣。觀者雲集，三夕雨不降。又曰：此土灾沴，亦由縣令無德爲爾。再請七日當有雨。惟謙引罪於己，奉之愈恭。及期又無應。郭乃驟索馬入州宅。惟謙曰：天師已爲百姓此來，更乞祈禱。勃然怒罵曰：庸瑣官人不知禮，天時未肯下雨，留我復奚爲？惟謙謝曰：明日排比相送。遲明，郭將歸肴醴，一無所設，坐於堂上大怒。惟謙曰：左道女子，妖惑日久，當須斃此焉，敢言歸。叱左右曳於神堂前，杖背三十，投於潭水。祠後有山極高，遂令設席焚香，端笏立於其上。闔縣駭云：長官打殺天師。馳走者紛紜。祠上忽有雲如車，蓋覆惟謙，逡巡四合，雷震數聲，甘澤大澍數尺。於是士民自山頂擁惟謙而下，州將初責以專殺巫者，既而嘉其精誠有感，與監軍表言其事，制書褒曰：狄惟謙劇邑良才，忠臣華胄，覩此天厲將殫下民，當請禱於晉祠，類投巫於鄴縣，曝山極之畏景，事等焚軀；起天際之油雲，法同剪爪。遂使旱風潛息，甘澤施流。昊天猶鑒於克誠，余志豈忘於褒善。特頒朱紱，俾耀銅章，勿替令名，更昭殊績。賜章服并錢五十萬。

宋・王讜《唐語林》卷三　代宗時久旱。京兆尹黎幹于朱雀門街造龍，召城中巫覡舞雩。幹與巫覡史起舞，觀者駭笑。經月不雨，幹又請禱于文宣王。上聞之曰：丘之禱久矣，命毁土龍，罷祈雨，減膳節用以聽天命，及是大霈，百官入賀。

宋・王讜《唐語林》卷四　元和初，南嶽道士田良逸、蔣含弘有道業，遠近稱之，號曰田蔣。良逸天資高峻，虚心待物，不爲表飾。吕侍郎渭、楊侍郎憑觀察湖南，皆師事之。潭州旱，祈雨不應，或請邀之。楊曰：田先生豈爲人祈雨者耶？不得已迎之。良逸蓬髮敝衣，欣然就舉，到郡亦終無言。即日降雨，所居嶽觀内建黄籙壇場已俱，而天陰晦，弟子請先生祈晴。良逸亦無言，岸幘垂髮而坐，左右整冠，履扶而昇壇，亦遂晴霽。

宋・王讜《唐語林》卷五　明皇嘗幸東都，天大旱，且暑。時聖善寺有竺乾僧無畏，號曰三藏，善召龍致雨之術。上遣力士疾召無畏請雨。無畏奏曰：今旱數當然爾，召龍興烈風雷雨適足暴物，不可爲也。上使强之曰：人苦暑久矣，雖暴風疾雷亦足快意。無畏辭不獲已，遂奉詔。有司爲陳請雨具，而幡幢像設甚備。無畏笑曰：斯不足以致雨。悉令撤之，獨盛一鉢水。無畏以小刀于水鉢中攪旋之，梵言數百呪水。須臾之間有龍，其狀如指，赤色，首瞰水上，俄頃没于水鉢中。無畏復以刀攪水，呪者三。有頃，白氣自鉢中興，如爐烟，徑上數尺，稍引去講堂外。無畏謂力士曰：亟去，雨至矣。力士馳馬去而四顧，見白氣疾旋，自講堂而西，若尺素騰上，既而昏霾、大風，震雷、暴雨如瀉。力士馳及天津之南，風雨亦隨馬而至矣。街中大樹多拔。力士復奏，衣盡沾濕。孟温禮爲河南尹，目見其事。温禮子嘗言于李栖筠，與力士同在先朝。吏部員外郎李華撰無畏碑，亦云：前後奉詔，禳旱致雨，滅火回風，昭昭然遍諸耳目也。明皇紫宸殿櫻桃熟，命百官口摘之。

宋・王讜《唐語林》卷六　令孤楚鎮東平，絢侍行當送親郊外逆旅中，時久旱。絢因問民間疾苦，有老父曰：天旱盗賊且起。復曰：今風不鳴條，雨不破塊。絢以相反詰之。荅曰：自某日不雨至於是月，豈非不破塊乎？賦税徵迫，販妻鬻子，不給繼以桑枝，豈非不鳴條乎？

宋・陸游《南唐書》卷一七　申漸高優人，昇元中爲教坊部長，時關徵苛急，屬畿内旱。一日宴北苑烈祖，顧侍臣曰：近郊頗得雨，獨都城未雨，何也？得非刑獄有冤乎？漸高遽進曰：大家何怪，此乃雨畏抽税，故不敢入京爾。烈祖大笑，明日下詔弛税額，信宿大雨霑洽。

宋・范成大《吴船録》卷下　息壤在子城南門外，舊記以爲不可犯。畚鍤所及，輒復如故，又能致雷雨。唐元和中，裴宙爲牧，掘之六尺得石樓，如江陵城樓狀。是歲霖雨爲災，用方士説復埋之，一夕如舊，相傳如此。近歲遇旱，則郡守設祭掘之，畚其土於旁，以俟報應，往往掘至石樓之簷，則雨作矣。雨則復以故土還覆之，不聞其壞之息也。然掘土而致雨，則辛幼安云親驗之而信。

宋・范成大《吴郡志》卷一二　靈祐廟即慧感顯祐善利夫人廟，在能仁寺内。夫人陸氏，梁衛尉卿僧瓚之女。僧瓚捨宅爲寺，夫人就居之。是爲重玄寺。

寺祀夫人爲伽藍神，號聖姑。元符元年，郡大旱。通判祝安上攝郡，禱而應，以其事聞，錫封慧感夫人。郡人奔湊致禱，相與社而稷之。闔境祠廟，莫能尚也。其節次加封，及始末靈感之跡，具諸記中。碑陰記：元符元年，歲在戊寅夏，吴中大旱。徧禱羣祀，畧無應者。是歲高田不穫，人多暍死。負販之民，皆捨其業而以售水自資。涉冬至二年春夏之交，舟車益不通，百貨湧貴，城中溝澮堙淤，發爲疫氣。通判軍州事朝請郎祝公，適領郡事，迺用故事，早暮分禱於所宜祀者。一日，會承天寺客言，此乃梁衛尉卿陸僧瓚捨其第爲之，昔號廣德重玄寺。陸卿有女子不嫁，經營其事，既死，祠于寺之東廡。開寶中，吴越忠懿王朝京師，道出吴江，大風幾覆舟，見女子拯之。自言重玄寺之神也。本國加封號感應聖姑。今里中事之甚，敬公聞即謁，且言明日致禱。既歸宿，齋于廳事，舉家沐浴，蔬食相約，得雨而後復膳。黎明躬至祠下，再拜而言曰：郡承連年之旱，流亡疾沴，相乘而作。農事失時，歲且大饑。雖某有罪，獲戾不逃。然將爲國家之憂，神其哀之能，即致雨，尚可救也，屏息聽命。寺僧獻兆曰：神告即雨，衆甚不然，憮然而退，憩於齋堂。左右告曰：天油然作雲矣，未及命駕，澍雨應至，老幼驩呼於道。至有不忍以簦笠自庇者，即日盈尺，闔境告足。自爾有請必應，如取所寄。邦人無復水旱之憂。歲大有年，乃具事白于外臺使者以聞，詔書褒美，特封慧感夫人。秩視公侯，列于典祠。【略】元符三年歲次庚辰秋八月乙未朔十日甲辰布衣林戊記。

宋・王楙《野客叢書》卷二四　飢食榆皮

乙卯春歉甚，淮人至剥榆皮以塞飢腸。所至榆林，彌望皆白，或者咨嗟，謂不知何以如此。僕讀《前漢・天文志》，河平元年旱傷麥，民食榆皮。《淮南・萬畢術》亦曰：八月剥榆，令人不飢。知古者，嘗以此爲弭飢之具。是以庾信《謝賚米啓》曰：剥榆皮於秋塞，掘蠻鼠於寒山。掘鼠事見蘇武臧洪等傳。

宋・羅大經《鶴林玉露》卷八　韓昌黎上大尹李實書云，愈來京師於今十五年，所見公卿大臣不可勝數，皆能守官奉職，無過失而已。未見有赤心事上憂國如閣下者。今年以來，不雨者百有餘日。種不入土，野無青草，而盗賊不敢起，穀價不敢貴。百坊百二十司、六軍二十四縣之人，皆若閣下親臨其家，老姦宿贓，銷縮摧沮，魂亡魄喪，影滅迹絶，非閣下條理鎮服，布宣天子威德，其何能及此。其後作《順宗實録》乃云：實諂事李齊運驟遷至京兆尹，恃寵强愎，不顧邦法。是時大旱，畿甸乏食，實一不以介意。方務聚斂徵求，以給進奉。每奏對輒曰：今年雖旱，而穀甚好。由是租税皆不免，陵轢公卿，勇於殺害，人不聊生。及謫通州長史，市里讙呼，皆袖瓦礫，遮道伺之，與前書一何反也。

宋・洪邁《容齋隨筆》卷八　韓文公佚事

韓文公自御史貶陽山，新舊二唐史皆以爲坐論宫市事。按公《赴江陵塗中》詩，自叙此事甚詳，云：是年京師旱，田畝少所收。有司恤經費，未免煩誅求。傳聞閭里閒，赤子棄渠溝。我時出衢路，餓者何其稠。適會除御史，誠當得言秋。拜疏移閤門，爲忠寧自謀。上陳人疾苦，無令絶其喉。下言畿甸内，根本理宜優。積雪驗豐熟，幸寬待蠶麰。天子惻然感，司空嘆綢繆。謂言即施設，乃反遷炎州。皇甫湜作公神道碑云：關中旱，饑人死相枕藉，吏刻取恩。先生列言，天下根本，民急如是，請寬民徭而免田租。專政者惡之，遂貶。

宋・洪邁《容齋隨筆》卷一二　紹興乙卯，以旱禱雨。諫議大夫趙霈上言：自來祈禱，斷屠止禁猪羊，今後請并禁鵝鴨。時胡致堂在西掖見之，笑曰：可謂鵝鴨諫議矣。聞敵中有龍虎大王，請以鵝鴨諫議當之。

宋・洪邁《容齋隨筆・四筆》卷三　蕨萁養人

自古凶年饑歲，民無以食。往往隨所值以爲命。如范蠡謂，吴人就蒲蠃於東海之濱。蘇子卿掘野鼠所去草實，及齧雪與旃毛并咽之。王莽教民煮木爲酪。南方人饑餓，羣入野澤，掘鳧茨，鄧禹軍士食藻菜。建安中咸陽人拔取酸棗、藜藿以給食。晉郗鑒在鄒山，兗州百姓掘野鼠蟄。燕幽州人以桑椹爲糧，魏道武亦以供軍岷蜀食芋，如此而已。吾州外邑巕㠊山，在樂平德興境。李羅萬斛山，在浮梁樂平鄱陽境。皆緜亘百餘里，山出蕨萁。乾道辛卯紹熙癸丑歲旱，村民無食，争往取其根，率以昧旦荷鉏往掘，深至四五尺。壯者日可得六十斤，持歸，擣取粉水澄細者，煮食之。如粔籹狀，每根二斤，可充一夫一日之食。冬晴且暖，田野間無不出者，或不遠數十里，多至數千人，自九月至二月終，蕨抽拳則根無力，於是始止，蓋救餓羸者半年。天之生物爲人世之利至矣。古人不知用之，傳記亦不載，豈他邦不産此乎？

宋・洪邁《夷堅志》甲卷一　河中西巖龍

皇統中河中府大旱。太守李金吾祈禱未效，聞西巖寺僧慈惠，戒律精高，爲緇徒所仰，乃往請之。僧曰：身老無以動天地，但每日説法之時，必有一老叟來聽講，莫知所從來，疑爲龍也。當試扣之，須金吾明旦至此，潔誠以待。李曰諾，如期叟至。李正從此語，望其入寺，即焚香設席，命左右掖之再拜致詞。叟驚止之曰：使君屈膝於山翁，敢問何以？李曰：亢陽爲災，五種不入，萬民將無以生。願龍君慈仁，亟下甘澤，當肇建祠宇，歲時奉祀，以彰顯大神之威靈，惟神念之。叟無言，少頃顰蹙而歎曰：噫，泄吾天機者，師也，吾死無日矣。遂告李曰：使君勿憂，誓以死報。又顧僧吾今以師故，獲罪上穹，立降誅罰，吾即死尸墜於地。然不出此境中乞爲作證明，使闔郡民爲行壇七晝夜，庶幾藉此功德，可獲超昇。僧許之而去，於是一雨三日，外邑虞鄉有死龍墮山下。李盡率士庶召浮屠千人，詣其處築壇場，延慈惠演。供事畢，龍見于空，作人言謝曰：吾雖蒙天誅而賴法力救助，乘無上妙，因得爲菩薩龍矣。李爲建廟，請額於朝，且名其地爲蒼龍。谷小説載：釋玄照講法華經於嵩山，有三叟日來諦聽，自言是龍。照以天旱，令降雨。叟曰：雨禁絶重，儻不奉命，擅行譴責非細，唯孫處士能解弟子之禍。照爲謁孫思邈致懇，是夜千里雨足。三叟化爲獺，匿於孫所居後沼，遣使者捕執。孫使解而釋之，事頗相類。

宋·洪邁《夷堅志》甲卷五　雷州雷神

淳熙丙申，桂林連月不雨。秋冬之交，農圃告病，府守張敬夫栻遣駛卒持公牒詣雷州雷王廟，問何時當雨。既至投牒畢，宿於祝官之家。是夜駛祝同夢神令具報，云明年上元前三日方有微雨，仍以錢二千與來使，且命於牒中併言之。又諭駛曰：錢須令左司見駛拜謝，且往辭，得牒及錢于案上，歸途乏用，遂使所犒錢。至復命，張視牒，問錢何在。時纔餘百錢，探懷取呈，猶銅錢也。張顧左右，轉接諦翫，則變爲紙灰矣。至正月十二日，果得小雨，僅能洒塵於沾丐，殊無補。

宋·洪邁《夷堅志》乙卷三　周狗師

岳州崇陽縣村巫周狗師者，能行禁禱小術，而嗜食狗肉，以是得名。最工於致雨，其法以紙錢十數，束豬頭雞鴨之供，乘昏夜詣湫洞有水源處，而用大竹插紙錢入水，謂之刺泉。凡以旱來請者，命之列姓及田疇畝，步具于疏内。不移日，雨必降，唯名在禱疏者得雨，它或隔一塍、越一塹，雖本出泉處，黄旱自若。村民方有求時，先持錢粟爲餉。未能辦者，至牽牛爲質。及應感，則齎錢贖取之。周所獲不鮮，然但以買酒肉飲啖，所居則茅屋一區而已。其所刺泉穴或源水即時乾竭，懼爲彼民所抑，故必夜往。邑宰常苦旱，並走羣祠，了不嚮荅。呼周使禱，周曰：請知縣與佐官皆詣某所，須攜雨具以行，恐蒼卒沾濡，無以自蔽。宰勉從之，施法甫畢，大雨至臨川。眼醫鄭宗説，嘗游行到岳，識其人，悔不捐槖裝傳其術也。刺泉之法，方策不載，他處亦未之有。

宋·洪邁《夷堅志》戊卷一　杉洋龍潭　淳熙甲辰歲，福州盛夏不雨。府帥趙子直命諸邑，凡境内有神祠、湫淵靈異之處，悉加敬禱。古田縣杉洋山有三潭，在巖嶺峭拔間。居民每往祈雨，多獲甘霔。於是邑丞陳某詣其處，焚香致詞罷，向潭簪笏端立，願一覩龍形。丞爲人愿慤，移時不懈，俄黑雲從山腰起，徧覆大空。一物躍出第三潭，盤於巖石之上，蓋龍股也。色正黄，其大如椽。陳倉卒趨下，得民家少憩，即時大雨周浹一縣，三日乃止。郡上其事于朝，詔加封立廟。

宋·洪邁《夷堅志》戊卷七　蒼嶺二龍

台州仙居縣在萬山中，其巍然竦峙於西南者，曰蒼嶺。東際温，西抵婺，中分以南，隸括蒼。其崖谷之絶異，林泉之幽茂者，咸萃於此。循北趾而登，當山之半，窪而爲二潭，相距三里，深不可測，有龍潛焉。以旱禱者必應。淳熙十四年秋，二浙苦旱。詔下郡守令祇謁名山川以請雨。邑宰蘇光庭率士民齋宿於潭次，高者嶮峭路絶，非緣石扳蘿而不可到，乃持刺字效世俗通謁者，投諸潭中。俄有物蜿蜒而出，一黑一黄，盤辟俯首，意若相就，方罄折接之，即躍而入。遂迎止潭下之仰高亭，設香茗果，饌，侑以梵唄之音，既訖禮，夜漏未盡，十刻星象燦然。黎明下嶺，雲氣倏合，雨亦隨至，少齊，復有雲自東南而上，滂沱三日，一境霑足。時七月二十六日也。先是蘇夜夢神人云，姓曹氏，攜二小蛇，跨溪而下，縱之平田，相次而升。其龍之色，雲氣所從之，方霽而復雨之狀，皆與夢符。獨不悟曹神之説。山居之老人言，此潭舊名槽潭，以其形似之也。斯其是乎？蘇念靈應之異，欲後人永永敬事。於是出捐公錢，立屋十間，與潭相嚮，大修香火焉。台州教授陸峻爲記刻石。蘇今通判無爲軍以示予。

桃源潭龍

德興崛崛山，亘百餘里，有三潭龍螭所藏。其在桃源塢者，時現光怪。頃歲一村嫗過之，見異物如牛卧潭側，鱗甲熠熠，每片如斗大，其長夭矯數丈許。嫗狼狽奔歸，尚能爲家人道所見，即死。淳熙中，縣境苦旱，民吴彦柔者與妻素奉佛教，親詣潭所，焚香啟告曰：天久不雨，田禾將槁乾，願一施靈賜，濟以甘澤。於是旋繞四傍，虔誦經咒。少焉，一小青蛇出水面，俄化爲巨鯉，久之又化爲鮎，而首則蛇也，悠洋自如。吴祝曰：若神龍，能下雨救禾苗，當以家財建立祠廟於此，使民俗永遠香火供事。則又露雙角屹然。吴遽趨下，未幾大雨傾注，彌日方已，闔境賴以有秋。

宋·祝穆《古今事文類聚·前集》卷五蘇軾《喜雨亭記》　亭以雨名志，喜也。古者，有喜則以名物，示不忘也。周公得禾以名其書，漢武得鼎以名其年，叔孫勝狄以名其子。雖其喜之大小不齊，其示不忘，一也。余至扶風，之明年，始治官舍，爲亭於堂之北，而鑿池其南，引流種樹以爲休息之所。是歲之春，雨麥於岐山之陽，其占爲有年。既而彌月不雨，民方以爲憂。越三月乙卯，乃雨。甲子，又雨。民以爲未足。丁卯，大雨三日乃止。官吏相與慶於庭，商賈相與歌於市，農夫相與抃於野。憂者以樂，病者以愈，而吾亭適成，於是舉酒於亭上，以屬客而告曰：五日不雨可乎？曰：五日不雨，則無麥。十日不雨可乎？曰：十日不雨，則無禾。無麥、無禾，歲且薦饑，獄訟繁興而盜賊滋熾，則吾與二三子，雖欲優游以樂於此亭，其可得耶？今天不遺斯民，始旱而賜之以雨，使吾與二三子得相與優游而樂於此亭者，皆雨之賜也，其又可忘耶？既以名亭，又從而歌之曰：使天而雨珠，寒者不得以爲襦。使天而雨玉，飢者不得以爲粟。一雨三日，伊誰之力。民曰太守。太守不有，歸之天子。天子曰不然，歸之造物。造物不自以爲功，歸之太空。太空冥冥，不可得而名，吾以名吾亭。

宋·周密《癸辛雜識·續集》卷下　金貞祐初，洛陽大旱。登封西吉成村有旱魃，爲虐父老。云旱魃至，必有火光，即魃也。少年輩入昏，凭高望之，果見火光入農家，以大棓擊之，火燄散亂，有聲如馳。古人説，旱魃長三尺，其行如風，未聞有聲也。

宋·潛説友《咸淳臨安志》卷九二　淳熙七年夏秋之交，浙西不雨苦旱。吳江塔院大古井，其水穢黑，不堪汲飲。僧命匠王大者浚之。日亭午外間居人見烈焰從井中出，蓬勃丈許，匠被爇，皮膚皆灼破，急出即死。一賣果實小民過其傍，亦損面。又焚井亭，自是水清冷可鑒。同時有菜户孫氏亦浚井，匠入鑿土，聞其下人聲良久。一衣綠者坐胡床，一黃衫卒捧文書，一童侍立。匠望其處如官府，然廳堂整峻，黃衣叱之出，急引索而登，僅獲免。識者疑爲龍神所據，無復敢窺，此井遂廢。

宋·高似孫《緯略》卷七　張士伯禱雨於峍山，忽聞空中語曰：大雨由天，小雨由山。神仙盛遇有人叩其祈雨，神告之曰：雨禁絶重。

元·楊瑀《山居新話》卷三　蒙古人有能祈雨者，輒以石子數枚浸於水盆中玩弄，口念呪語，多獲應驗。石子名曰鮓荅，乃走獸腹中之石，大者如雞子，小者不一。但得牛馬者爲貴，恐亦是牛黄狗寶之類。

明·黄暐《蓬窗類紀·災異紀》　弘治壬子癸丑，山東連旱。黎庶艱食，壯者流移，幼者賣去。其諸老與病不能行者，待斃而已。閏五月三日，牐卒報老嫗自溺，莫能救，竟沉。予亟往詢之，嫗郭氏女，年八十三，孀居垂五十年。惟一子應役江南，三年弗返，存亡未卜，嫗老不能行丐。詣其鄰，鄰自顧不贍，莫肯與。縱有與者，亦不充，且不繼。嫗饑不堪忍，遂溺。予命水手起其屍，具棺斂，求其良人故阡合葬焉，而弔以詩。詩載《清源集》。

傅俊，生二子。長曰海，善經理，足以備養，而沮於其妻。次曰小小，孱且幼，藉其父以食。父老而康稔，歲足自給，且以給其幼。弘治癸丑，山東旱甚。比得雨，又浹旬不止，漲溢通衢。生理蕭索，居民艱窘，俊日一餐，亦罔繼，往就海養。海初以窶辭，既而曰：即養不能及其弟。父曰：然則汝以養吾者養吾幼，吾自圖之。言訖去，遂不見，已躍入閘河死矣。幼子匍匐來死所，求父屍不獲，遂赴水死。觀者泣下。嗚呼！傅海不孝，而不罹顯戮。小小死孝，而不被旌褒。司民社者，將得辭其責乎？

明·陶宗儀《説郛》卷三六上　玄宗嘗幸東都，天大旱，且暑時。聖善寺有天竺乾僧無畏，號三藏，善召龍致雨之術。上遣高力士疾名無畏請雨。無畏奏曰：今旱，數當然耳。召龍必興烈風雷雨，適足暴物，不可爲之也。上强使之曰：人苦暑疾，雖暴風疾雷亦足快意。無畏不得已，乃奉詔。有司爲陳請雨之具，幡像具備。無畏笑曰：斯不足以致雨，而悉命去之。獨盛一鉢水，以小刀攪旋之，胡言數百祝，水須臾有如龍狀，其大類指，赤色，首噉水上，俄復没于鉢中。無畏復以刀攪水。頃之，白氣自鉢中興，如爐煙上數尺，稍稍引出講堂外。無畏謂力士曰：亟去，雨至矣。力士疾馳去，顧見白氣疾起，自講堂而西，如一疋練。既而昏霾，大風雷霆而雨。力士纔及天津之南，風雨亦隨馬而至。馳至衢中，大樹多拔，力士比復奏，衣盡霑濕。

明·葉子奇《草木子》卷二　禹貢曰：攻山取銅鐵，鑿地數百丈，銷陰之精，地藏空虚，不能含氣出雲，水旱之災未有不由此也。

師曠云，歲欲豐，甘草先生。薺也歲欲苦，苦草先生。葶藶也歲欲惡，惡草先生。水藻也歲欲旱，旱草先生。蒺藜也歲欲雨，雨草先生。藕也歲欲病，病草先生。艾也歲欲流，流草先生。蓬也

清·顧炎武《日知録》卷一四　《周禮》女巫舞雩，但用之旱暵之時。使女巫舞，旱祭者，崇陰也。《禮記·檀弓》：「歲旱，穆公召縣子而問曰：『吾欲暴巫而奚若？』曰：『天則不雨，而望之愚婦人，無乃已疏乎？』」

《唐書·黎幹傳》：「代宗時，爲京兆尹。時大旱，幹造土龍，自與巫覡對舞。

彌月不應，又禱孔子廟。帝笑曰：『丘之禱久矣。』使毀土龍。」

清·畢沅《續資治通鑑》卷一一《宋紀十一》（太宗太平興國八年）秋七月辛未，郭贄罷參知政事。贄嘗因論事奏曰：「臣遭不次之遇，誓以愚直上報。」帝曰：「愚直何益於事！」贄對曰：「雖然，猶勝奸邪。」至是飲酒過量，遇入對，宿酲未解，帝怒，責授祕書少監，尋出知荆南府。俗尚淫祀，屬久旱，盛陳禱雨之具，贄始至，悉命撤去，投之江，不數日，大雨。

清·畢沅《續資治通鑑》卷一七三《宋紀一百七十三》（理宗淳祐十一年）冬十月閏月丁巳朔，侍御史陳垓言：「朱熹近世大儒，有功斯道。曾任浙東常平使者，適值旱歉，講荒政，立義倉，流風善政，逮今未泯。帥臣馬天驥，規創書堂，請廣其未備，招延名儒，以重教育。」從之。

清·畢沅《續資治通鑑》卷一七三《宋紀一百七十三》（理宗淳祐十二年）五月甲申朔，禱雨。乙酉，諭輔臣曰：「禱祈未應，可求之人事。」徐清叟言土木之役宜省，帝然之。甲午，以禱雨，出封樁庫十八界楮二十萬給散諸軍有差。乙未，雨。

清·畢沅《續資治通鑑》卷二七〇《元紀二十五》（順帝至元三年）秋七月。庚戌，河南武陟縣禾將熟，有蝗自東來，縣尹張寬仰天祝曰：「寧殺縣尹，毋傷百姓。」俄有魚鷹羣飛啄食之。

清·李鴻章、黄彭年《畿輔通志》 正德中，有紫墟道人遊永清，冬月單衣，好醉酒，醉中或言休咎，皆驗。人以其狂，不甚奇也。天大旱，令韓某禱雨，不得。紫墟告令曰：公爲民禱，誠矣。願致雨，以稱公。登壇嘿坐久之，約來日日中有雨。至期不雨，紫墟曰：北街有人登屋破吾法，可擒之。果得人，曰李某。更請免其罰，因令四人乘善馬立壇下，各向一方，曰一雨則所向疾馳，盡馬力而止。及雨，三方遠霑鄰境，獨東方不逾二里。紫墟曰：必役人勸馳也。問其人，因馬蹶而止。韓令更邀之。紫墟更叩齒三，則震亦三，東方復雨如三方。令方欲厚報，紫墟已潛去。《燕山叢録》。

洪澇部

題解

《爾雅·釋水》 暴雨謂之涷，小雨謂之霡霂，久雨謂之霪，霪謂之霖。

漢·王充《論衡》卷一五《明雩篇》 變復之家，以久雨爲湛，久暘爲旱。旱應亢陽，湛應沈溺。

漢·許慎《説文》 水，準也。北方之行，象衆水並流，中有微陽之氣也。凡水之屬皆從水。雨，水從雲下也，象天門，象雲水，靁其間也。凡雨之屬皆從雨。霖，雨三日已往，從雨林。

漢·劉熙《釋名·釋水》 《尸子》曰：神農氏治天下，欲雨則雨，五日爲行雨，旬爲穀雨，旬五日爲時雨，正四時之制，萬物咸利，故謂之神。《楚辭》曰：雷填填兮，雨冥冥。又曰：令飄風兮先驅，使涷雨兮灑塵。《河圖帝通紀》曰：雨者，天地之施也。《曾子》曰：天地之氣和則雨。《山海經》曰：爲應龍之狀乃得大雨。《老子》曰：驟雨不終日。《風土記》曰：六月有大雨名濯枝雨。《説文》曰：霽，雨止也。

隋·杜公瞻《編珠》卷一 濯枝雨，觸石雲：《周處風土記》曰：六月常有大雨，名濯枝雨。《春秋公羊傳》曰：泰山之雲觸石而出，膚寸而合，不崇朝而雨徧天下。覆船雲，倒井雨：《京房易飛候》曰：天晴而有黑雲如覆船於日下，當雨。傅玄詩曰：霖雨如倒井，黄潦起洪波。湍流激垣牆，門庭若決河。決河，倒洛：夏侯孝若雷雨賦曰：若覆河而懸井，似翻伊而倒洛。

唐·徐堅《初學記》卷二《天部·雨》 雲，雨水從雲下也。雨者輔也，言輔時生養。《尚書》曰：休徵曰肅時雨若，咎徵曰狂恒雨若。《京房易候》云：太平之時，十日一雨，凡歲三十六雨。此休徵時若之應。《爾雅》云：小雨曰霡。霂雨三日已上曰霖。久雨爲霪。暴雨曰涷雨。時雨曰澍雨。雨與雪雜下曰霰。《纂要》云：疾雨曰驟雨，徐雨曰零雨。雨久曰苦雨，亦曰愁霖雨。晴曰霽雨，而晝晴曰啓雨。水曰潦雨。雲曰渰，亦曰油雲。梅熟而雨曰梅雨。雨師曰屏翳。

宋·孔傳續白居易原本《白孔六帖》卷八二《水澇》 白：平原出水爲大水。天作淫雨害於粢盛。宋大水，公使人弔之，云云。天降之災，秋大水，鼓用牲于社，于門，非常也。鄭大水，龍鬬於時門之外洧泉。水潦將降，懼不得歸：荀偃士匄請於荀罃請班師。高下有水災，爲大水。《穀梁》：水。訛言水至，漢建始三年秋，京師相驚，言大水至，百姓奔走，相蹂躪。王鳳言：太后上及後宫可御船。王商曰：自古無道，水猶不冒城郭。今政化和平，此必訛言。俄而定，鳳大慙。先徙高地：公沙穆爲弘農令，元壽元年三輔已東漂没。穆曉占，乃預告百姓徙高地，遂得免。没溺之憂，下民昏墊。凡雨自三日已往爲霖。救水以鼓衆。《穀梁》。雨水不時。《禮》。下水上騰。水潦爲敗。苦雨數來。墊溺。水損免税。具旱門注。水潦敗國。禜用赤幘：《晉書》：雨多，則禜祭用赤幘朱衣，閉諸陰，朱紫禜社，伐朱鼓。孔漂居人六百家，魏徵：是歲大雨，穀洛溢毁，官寺十九漂，居人六百家。徵陳事。山東及江淮大水：虞世南：貞觀八年，山東及江淮大水。帝憂之問，世南對：恐有冤獄枉大，宜省録纍囚。水氣勃戾，宋務光：神龍元年，大水。詔九品以上官直言極諫。務光上書曰：切見自夏以來，水氣勃戾，天下多罹其災。洛水暴漲，漂損百姓。傳曰：簡宗廟廢祠祀，則水不潤下。夫王者即位，必郊祀天地，嚴配祖宗。自陛下御極，郊廟、山川，不時薦見。又水者陰類，臣妾之道氣盛，則水泉溢須，虹蜺紛錯，暑雨滯霪，陰勝之沴也。後廷近習，或有離中饋之職以干外政。願深思天變，杜絶其萌。壞廬舍：權德輿：貞元八年，關東、淮南、浙西州縣皆大水，壞廬舍，漂殺人。德輿建言，宜擇羣臣明識通方者，持節勞徠。韋巨源。遷侍中武三思封户，貝州屬大水。刺史宋璟義免其租，巨源以爲蠶桑可輸，繇是河朔人，多流徙者。秋雨害稼：裴耀卿：開元二十年，遷京兆尹。明年，秋雨害稼。帝將幸東都，召問所以救人者。雨潦敗稼：崔沔爲魏州刺史，雨潦敗稼，沔弛禁便人。行水魏王堤：李訥爲河南尹時久雨，洛暴漲。訥行水魏王堤，懼漂溺，疾馳去，水遂大毁民廬。損田：韓滉以户部侍郎判度支。大曆十二年秋，大雨害稼什八。京兆尹黎幹言狀滉恐，有所蠲貸，固表不實。代宗命御史行視，實損田三萬餘頃，始渭南令劉藻附滉言，部田無害。御史趙計按驗，如藻言。帝又遣御史朱敖覆實，害田三千頃。帝怒曰：縣令所以養民。而田損不問，豈邱隱意耶？貶南浦員外尉。計亦斥爲豐州司户員外參軍。霖潦：戴冑：帝將修復洛陽宫，冑諫曰：七月以來，霖潦未止，濱河南北，田正洿下，年之有無未可知。三鴉谷水：《五行志》：景龍八年，鄧州三鴉口大水塞谷，或見二小兒以水相沃，須臾有蛇，大十圍，張口仰天，人或斫射之。俄而暴雷雨，漂溺數百家。岸有善崩，流或斷堤，泛濫疇壠，坡陁圃畦。柳宗元《祈晴文》。野夫興

憂，官守增惕。敬用瓢齊，以展周索。同上天涯歇滯雨，粳稻卧不翻。杜甫霖雨

閉坊門：宋務光：今霖雨閉坊門，豈一坊一市能感發天道，幾必不然矣。故里人呼坊門爲宰相，謂能節宣風雨，天工人代，乃爲虛設。六陰作潦而不就：歐陽詹德勝頌。水澇爲災：竇建德：方今水澇爲災，民力刓敝，主上不是卹而親駕臨遼。去歲東郡水生，民爲流屍。韓愈《歸彭城》。

明・宋濂等《元史》卷五〇《五行志一》 五行，一曰水。潤下，水之性也。失其性爲沴，時則霧水暴出，百川逆溢，壞鄉邑，溺人民，及凡霜雹之變，是爲水不潤下。其徵恒寒，其色黑，是爲黑眚黑祥。

清・張英等《淵鑑類函》卷二二 《增禮》曰雨水不時。《穀梁》曰：高下有水，災爲大水也。

清・蘇輿《春秋繁露義證》卷三 大水者，陰滅陽也。陰滅陽者，卑勝尊也。

論説

《管子・水地》 水者，地之血氣，如筋脈之通流者，故曰水具財也。

《管子・度地》 五害之屬，水最爲大。水有大小，有遠近，水出山而流入海者，命曰經水；引他水入于大水及海者，命曰枝水；出於地溝，流于大水，及於海者，又命曰川水也。

《莊子・秋水》 秋水時至，百川灌河。

唐・歐陽詢《藝文類聚》卷二 《論衡》曰：雲霧，雨之徵也，夏則爲露，冬則爲霜，温則爲雨，寒則爲雪。雨、露、凍、凝者，皆由地發，不從天降。《家語》曰：齊有一足之鳥，飛於公朝，止於殿前，舒翅而跳。齊侯遣使訪孔子，孔子曰：此鳥名商羊，昔童兒有屈其一脚，振迅兩臂而跳，且謡曰，天將大雨，商羊起舞。今齊有之，其應至，將有水爲災。

宋・王霆震《古文集成》卷七三《救災議》 河北地震、水災，隳城郭，壞廬舍，百姓暴露乏食。主上憂憫，下緩刑之令，遣持循之使，恩甚厚也。然百姓患於暴露，非錢不可以立屋廬；患於乏食，非粟不可以飽。兩句《綱目》。二者不易之理也。非得此二者，雖主上憂勞於上，使者旁午於下，無以救其患、塞其求也。有司建言，請發倉廩與之粟。壯者人日二升，幼者人日一升。主上不旋日而許之，賜之可謂大矣。然有司之所言，特常行之法，非審計終始見於衆人之所未見也。今河北地震、水災所毁敗者甚衆，可謂非常之變也。遭非常之變者，亦必有非常之恩，然後可以振之。

今百姓暴露乏食，已廢其業矣。使之相率日待二升之廩於上，則其勢必不暇乎他爲，是農不復得修其畎畝，商不復得治其貨賄，工不復得利其器用，閒民不復得轉移執事。一切棄百事而專意於待升合之食，以偷爲性命之計。是直以餓莩之徒養之而已，非深思遠慮爲百姓長計也。以中户計之，户爲十人，壯者六人，月當受粟三石六斗。幼者四人，月當受粟一石二斗。率一户月當受粟五石，難可以久行也。則百姓何以贍其後？久行之，則被水之地，既無秋成之望，非至來歲麥熟賑之未可以罷。自今至於來歲，麥熟凡十月，一户當受粟五十石。今被災者十餘州，州以二萬户計之，中户以上及非災害所被，不仰食縣官者，去其半，則仰食縣官者爲十萬户，食之不遍，則爲施不均，而民猶有無告者也。食之遍，則當用粟五百萬石而足，何以辦此，又非深思遠慮，爲公家長計也。

至於給授之際，有淹速，有均否、有真僞，有集會之擾，有辨察之煩。厝置一差，皆足致弊，又羣而處之，氣久蒸薄，必生疾癘，此皆必至之害也。且此不過能使之得旦暮之食耳。其於屋廬構築之費，將安取哉？屋廬構築之費，既無所取，而就食於州縣必相率而去。其故居雖有頹墻壞屋之尚可完者，故材舊瓦之尚可因者，什器衆物之尚可賴者，必棄之而不暇顧，甚則殺牛馬而去者，有之。伐桑棗而去者，有之。其害又可謂甚也。

今秋氣已半，霜露方始，而民露處不知所蔽盖，流亡者亦已衆矣。如不可止，則將空近塞之地，失耕桑之民，此衆士大夫所未慮，而患之尤甚者也。空近塞之地，失耕桑之民，此衆士大夫之所慮，而不可謂無患者也。何則？失戰鬬之民，異時有警，邊戍不可以不增爾。失耕桑之民，異時無事，邊糴不可以不貴矣。二者皆可不深念歟？

萬一或出於無聊之計，有窺倉庫，盜一囊之粟、一束之帛者，彼知已負有司之禁，則必鳥駭鼠竄，竊弄鋤梃於草茅之中，以扞游徼之。吏强者，既嚣而動。則弱者，必隨而聚矣。不幸或連一二城之地，有枹鼓之警，國家胡能晏然而已

乎？况今外有夷狄之可慮，内有郊祀之將行，安得不防之於未萌也。

然則爲今之策，下方紙之詔，賜之以錢五十萬貫，貸之以粟一百萬石，而事足矣。何則？今被災之州爲十萬户，如一户得粟十石、得錢五千，下户常産之貲，平日未有及此者也。彼得錢以完其居，得粟以給其食，則農得修其畎畝，商得治其貨賄，工得利其器用，閒民得轉移執事。一切得復其業，而不失其常生之計。與專意以待二升之廩於上，而勢不暇乎他爲，豈不遠哉？此可謂深思遠慮，爲百姓長計者也。

由有司之説，則用十月之費，爲粟五百萬石。由今之説，則用兩月之費，爲粟一百萬石。况貸之於今，而收之於後，足以振其艱乏而終無損於儲峙之實。所實費者，錢五鉅萬貫而已。此可謂深思遠慮，爲公家長計者也。又無給授之弊、疾癘之憂，民不必去其故居。苟有頽墻壞屋之尚可完者，故材舊瓦之尚可因者，什器衆物之尚可用者，皆保而不失。况於全牛馬、保桑棗，其利又可謂甚也。雖寒氣方始，而無暴露之患。民安居食足，則有樂生自重之心。各復其業，則勢不暇乎他爲。雖驅之不去，誘之不爲盗矣。

夫飢歲聚餓殍之民而與之升合之食，無益於救災補敗之數，此常行之弊法也。今破去常行之弊法，以錢與粟一舉而賑之，足以救其患、復其業。

河北之民，聞詔令之出，必皆喜上之足，賴而自安於畎畝之巾，負錢與粟而歸，與其父母妻子脱於流離轉死之禍，則戴上之施，而懷欲報之心，豈有已哉。天下之民，聞國家厝置如此，恩澤之厚，其孰不震動感激、悦主上之義於無窮乎？如是而人和不可致、天意不可悦者，未之有也。人和洽於下，天意悦於上，然後玉路徐動，就陽而郊，荒夷殊陬，奉幣來享，疆内安輯，里無囂聲，豈不適變於可爲之時，消患於無形之内乎？此所謂審計終始，見於衆人之所未見也。

不早出此，或致於一有枹鼓之警，則雖欲爲之，將不及矣。或謂方今錢粟恐不足以辦此。夫王者之富，藏之於民。有餘則取，不足則與。此理之不易者也。故曰：百姓足，君孰與不足。百姓不足，君孰與足。蓋百姓富實而國獨貧，與百姓餓殍而上獨能保其富者，自古及今未之有也。

故又曰：不患貧而患不安，此古今之至戒也。是故，古者二十七年，耕有九年之蓄，足以備水旱之災。然後謂之王政之成。唐水湯旱而民無捐瘠者，以是故也。今國家倉庫之積，固不獨爲公家之費而已，凡以爲民也。雖倉無餘粟、庫無餘財，至於救災補敗，尚不可以已。况今倉庫之積尚可以用獨，安可以過憂將來之不足，而立視夫民之死乎？古人有言曰：剪爪宜及膚，割髮宜及體。先王之於救災，髮膚尚無足愛，况外物乎？且今河北州軍凡三十七，災害所被十餘州軍而已。他州之田，秋稼足望。今有司於糴粟常價，斗增一二十錢，非獨足以利農，其於增糴一百萬石易矣。斗增一二十錢，吾權一時之事，有以爲之耳。以實錢給其常價，以茶荈香藥之類，佐其虚估，不過捐茶荈香藥之類，爲錢數鉅萬貫而其費已足。茶荈香藥之類，與百姓之命，孰爲可惜？不待議而可知者也。夫費錢五鉅萬貫，又捐茶荈香藥之類，爲錢數鉅萬貫，而足以救一時之患，爲天下之計利害輕重，又非難明者也。顧吾之有司能越拘攣之見，破常行之法與否而已。此時事之急也，故述斯議焉。

明・謝肇淛《五雜俎》卷四 水柔於火，而水之患慘於火。火可避，而水不可避。火可撲滅，而水無如之何，直俟其自落耳。若癸卯山東之水，丁未南畿之水，己酉閩中之水，壬子北都之水，皆骸骨蔽野，百里無烟，兵戈之慘，無以逾之。然北方之水，或可隄防而障，或可溝澮而通。惟南方山水之發，疾如迅雷，不可禦也。

清・陳逢衡《竹書紀年集證》卷三 《史記・夏本紀》：當帝堯之時，洪水滔天，浩浩懷山，襄陵下民，其憂。堯求能治水者，羣臣四嶽皆曰：鯀可。堯曰：鯀爲人負命毁族，不可。四嶽曰：等之未有賢於鯀者，願帝試之。於是堯聽四嶽，用鯀治水，九年而水不息，功用不成。於是，帝堯乃求人更得舜。舜登用，攝行天子之政，巡狩行視。鯀之治水無狀，乃殛鯀於羽山以死。天下皆以舜之誅爲是。〇志疑案，陸德明、莊子釋文云：堯六十年放驩兜，六十四年流共工，六十六年竄三苗。陸氏必有案據，吾然其言，而鯀獨未及考。《竹書紀年》云：堯六十一年命崇伯鯀治河，六十九年黜崇伯鯀，政合九載，績用弗成之文，其事出堯不出舜。故《國語》太子晉曰：有崇伯鯀，堯用殛之。《左傳》子産曰：堯殛鯀羽山。《漢書》鮑宣曰：堯放四罪而天下服。《後書》樊儵曰：唐堯大聖，尚優遊四凶之獄，使天下咸知。然後殛罰，並以放四罪爲堯。惟萬章從戰國流俗之言，稱此事屬舜，蓋與《左傳》僖三十三年胥臣言舜殛鯀，興禹同誤。史公謬仍之後，儒解經未經參檢而復以舜所去之四。不才子并爲一科，不亦舛乎。

金履祥曰：案周漢以來，諸史多稱堯有九年之水，今考其時，自洪水方割，即舉鯀，俾乂九載無成，而後舉舜，又二年始舉禹，禹八年於外而始告成功，前後計二十餘年矣。而九年者，蓋指鯀九載之間也。計自方劃以來，洪水之害無歲。無之如後世，歲有河決之患。鯀於其間，多爲隄防以障之，而患日滋甚。孟子叙泛濫之禍，在舉舜敷治之上。則九年之云，蓋謂此時也。然洪水之害，一日不可緩，而待鯀九載無功始易之，何也？傳稱：禹能修鯀之功。則九載之間，非盡無功，但無成耳。而三考黜陟之典，不可廢，是以有羽山之貶焉。又案，經稱：鯀堙洪水。傳稱：鯀障洪水。《國語》又稱：其墮高堙卑。經稱：禹決九川。孟子稱：禹疏九河，瀹濟漯，決汝漢，掘地而放之海。然則，鯀之治水也，障之。禹之治水也，導之。其成敗之由以此。

清·嵇璜、劉墉等《續通志》卷二二五　唐中宗神龍元年大水，詔文武九品以上官直言極諫。

清·嵇璜、劉墉等《續通志》卷二三〇　唐玄宗開元四年，進同紫微黃門平章事修國史，武后久視中后避暑三陽宮，汔秋未還。張說上疏曰：宮距洛城百六十里，有伊水之隔，崿坂之峻，過夏涉秋水潦方積，道壞山險，不通轉運。河廣無梁，咫尺千里，扈從兵馬，日費資餼。連雨彌旬，即難周濟。陛下太倉武庫並在都邑，紅粟利器蘊若山丘，奈何去宗廟之上都，安山谷之僻處，是猶倒持劍戟，示人鐏柄。臣竊爲陛下不取。夫禍變之生，在人所忽。故曰：安樂必戒，無行所悔，此不可一也。宮城褊小，萬方輻湊，填郛溢郭，併鍤無所，排斥居人，蓬宿草次，風雨暴至。不知庇託，孤惸老病，流轉衢巷。陛下作人父母，將若之何？此不可二也。池亭奇巧，蕩誘上心。削巒起觀，堨流漲海，俯貫地脉，仰出雲路，易山川之氣，奪農桑之土。延木石，運斧斤，山谷連聲，春夏不輟。勸陛下作此者，豈正人邪？詩云：人亦勞止，迄可小康，此不可三也。御苑東西二十里，外無墻垣扃禁，內有榛叢谿谷，猛獸所伏，暴慝所憑。陛下往往輕行，警蹕不肅，歷蒙密，乘險巇，卒有逸獸狂夫驚犯左右，豈不殆哉。易曰：思患豫防。願爲萬姓持重，此不可四也。今北有胡寇覷邊，南有夷獠騷徼，関西小旱，耕稼是憂。

清·嵇璜、劉墉等《續通志》卷三二六　宋仁宗天聖初，若谷知延州。州有東西兩城夾河，秋夏水溢，岸輒圮，役費不可勝紀。若谷乃制石版爲岸，押以(巨)〔拒〕水，後雖暴水，不復壞官倉。

清·嵇璜、劉墉等《續通志》卷三八四　紹興年間，龔茂良進言。江浙大水，詔陳闕失。茂良疏曰：水至陰也，其占爲女寵，爲嬖佞，爲小人專制。崇觀政和，小人道長，內則憸腐竊弄，外則姦回充斥。于是京城大水，以至金人入侵。

清·畢沅《續資治通鑑》卷四八《宋紀四十八》　（仁宗慶曆六年）九月，時數有災異，户部員外郎兼侍御史知雜事梅摯引《洪範》上變戒曰：「王省惟歲，謂王總羣吏，如歲兼四時，有不順則省其職。今日食于春，地震于夏，雨水于秋，一歲而變及三時，此天意以陛下省職未至而丁寧告戒也。伊、洛暴漲，漂廬舍，海水入台州，殺人民，浙江潰防，黄河溢埽，所謂水不潤下。陛下宜責躬修德，以回上帝之眷祐，陰不勝陽，則災異衰止而盛德日起矣。」

清·畢沅《續資治通鑑》卷五〇《宋紀五十》　（仁宗皇祐元年）二月，初，河北大水，流民入京東者不可勝數。弼擇所部豐稔者五州，勸民出粟，得十五萬斛，益以官廩，隨所在貯之；擇公私廬舍十餘萬區，散處其人，以便薪水。官吏自前資待闕寄居者，皆給其禄，使即民所聚，選老弱瘠病者廩之。山林陂澤之利，有可取以爲生者，聽流民取之，其主不得禁。官吏皆書其勞，約爲奏請，使他日得以次受賞於朝；率五日遣人以酒肉飯糗勞之，人人爲盡力。流民死者，爲大冢葬之，謂之叢冢，自爲文祭之。及流民將復其業，又各以遠近受糧歸。凡活五十餘萬人，募而爲兵者又萬餘人。帝聞之，遣使慰勞，就遷其秩。弼曰：救災，守臣職也。辭不受。前此救災者，皆聚民城郭中，煑粥食之，飢民聚爲疾疫及相蹈籍死，或待哺數日，不得粥而仆，名爲救而實殺之。弼所立法，簡便周至，天下傳以爲式。

清·畢沅《續資治通鑑》卷六三《宋紀六十三》　（英宗治平二年）八月乙未，下詔求直言。

司馬光疏曰：頃暴雨大至，川澤皆溢，都城摧圮，廬舍覆没殆盡，死於壓溺者不可勝紀，此乃非常之大災。意者陛下於舉動循守之間，萬一有所未思乎？

九月，百禄所對策曰：簡宗廟，廢祭祀，則水不潤下。昔漢孝哀尊共皇而河南潁川大水，孝安尊德皇而京師及郡國二十九大水，孝桓尊崇皇而六郡地裂、水涌、井溢，孝靈尊仁皇而京師大水。異世同驗，密如符節。

清·畢沅《續資治通鑑》卷一三〇《宋紀一百三十》　（高宗紹興二十四年）九月乙丑，大理寺丞環周言：臨安、平江、湖、秀四州，低下之田多爲積水浸灌。蓋緣溪山諸水，接連併歸太湖，自太湖水分爲二派，由松江入海，東北由諸浦注之江。其松江泄水，諸浦中惟白茅一浦最大，今爲泥沙淤塞，每歲遇暑雨稍多，則東北一派，水必壅溢，遂至積浸，有傷農田。請令有司相視，於農隙開決白茅浦水道，俾水勢分派流暢，實四州無窮之利。詔轉運司措置。

清・畢沅《續資治通鑑》卷一四二《宋紀一百四十二》（孝宗乾道七年）二月壬戌，帝曰：去秋水澇，朕甚以百姓之食爲憂。今却無流移之人。虞允文言：監司、守臣，類能究心荒政，故米不翔貴。帝曰：亦賴支官中米斛。梁克家言：數年來，常平樁積，極留聖意。不然，今日豈有米斛可以那撥！帝曰：如此理會，尚且不足。允文等因言：諸郡守臣若得人，遇歲水旱，寧致上勤聖慮！帝曰：當擇其有顯效者旌之。

清・畢沅《續資治通鑑》卷一六三《宋紀一百六十三》（理宗寶慶二年）夏四月癸巳，祕書少監范楷，言淫雨未止，歲事可慮，帝動容曰：不知何以弭災？楷曰：願陛下益加儆懼。帝曰：《洪範》雨暘寒燠風，皆歸之肅乂哲謀聖。以此知人事與天意常相感通。楷曰：人主與天地尤近，所以古人夙夜畏威。帝曰：敬天一念，朕因此加謹。

清・畢沅《續資治通鑑》卷一六四《宋紀一百六十四》（理宗紹定元年）春正月壬午，趙至道言：「霪雨傾霪，撥科賑卹，而監司、守令，奉詔不虔。」

清・錢泳《履園叢話・叢話四》　王政所重，莫先民食，而食出于農，農資于水。水得其用，可以挽凶而爲豐，化瘠以爲沃，利莫大焉。水不得其用，可以反豐而致凶，化沃以爲瘠，害莫甚焉。【略】

三吴之民，但知水旱之爲害，而不知人事之不修，遂謂湖之淺深、江之通塞、無關緊要，而一經水旱，事窮勢迫，搶地呼天而莫之應，是誰之過歟？今太湖、百瀆，七十二漊皆湮没矣，枝河、枝港半成茭蘆矣，白茅、劉河、七浦皆爲平陸矣，吴淞雖開，水流不暢，以浩渺無涯之水，決他何處去耶？嗚呼！旱年則水無自蓄，水年則水無自洩。三吴水旱之憂，恐自此始矣。

水之爲利甚廣，而害亦甚廣。蓋治之則爲利，不治則爲害也。所謂害者，害民田也。民田一害，則民食何由而生？賦税何由而出？餓死者有之，鬻兒女者有之，迫而爲盗賊者有之。至如去年之水，田禾既湮没矣，民舍亦漂流矣，而城郭之坍塌、墳墓之衝決、桑麻之枯萎、花豆之不登，至于流離載道，民不聊生，反勞聖躬之籌畫，不惜數十萬帑藏以加惠元元，水之爲害至于此耶。故曰治之則爲利，不治則爲害。

清《直報》（光緒二十一年四月初九）　風雨再記

是月也哉生魄，風雨連朝，日甚一日，昨已操觚爲記。霽後聞海爲之嘯，沿海兵民死傷無算。怪哉，不死於疾而死於飢已非正命，不死於水而死於陸，不死於水陸之力戰而死於風雨之寒戰，奇矣。諸河陡漲，時有淹漫之信。畿輔一帶，決口輕歲，多未堵塞。積水未退者無論，其已退者，民雖日日斷炊，一見水退可耕，必於無可稱貸之處多方稱貸，或倍蓰其價借糴籽糧，以冀春種秋收。乃甫見萌芽旋又淹澇，哀鴻遍野，縱我民無盡劉，已不能胥匡以生。此固天降之灾，亦實人謀之不善也。天無親，亦無心。漢楚之際，亡項興劉，豈皆天運？項王力雖拔山，氣可蓋世，而出納之吝印刓弊而不忍予；高祖儀雖粗疎，口亦善罵，而賞罰立決；趨銷印、趨刻印則差强人意耳。自古天下無不爲患之河，何况於海。至天作淫雨害於粢盛，天灾流行國家代有一視。謀國者之知道與不知道而已。孟子曰：仁則榮，不仁則辱。今惡辱而居不仁，是猶惡濕而居下也。如惡之莫如貴德而尊士，賢者在位，能者在職，國家閒暇。及是時，明其政刑，雖大國必畏之矣。於是誦鴟鴞之詩曰：爲此詩者，其知道乎？能治其國家，誰敢侮之。誠以詩云：迨天之未陰雨者，其義可深長思也。天不以不雨者，縱人心之逸豫。亦不以驟雨者，蹙小民之生機。既於將雨而先示以陰，復於未陰而多需以日。令人作未雨之綢繆，天意亦可見矣。經云：至誠之道可以前知。非獨至誠，物莫不可以前知者。蟄先寒而閉，蟻先澇而徙，鳶先風而翔，蓬蒿、黍稷先雨而生水根。非惟動植之物爲然也，雖陳設不動之物亦有之。礎先雨而潤，鐘先霽而清，兩間之內，陰陽鼓盪，物機可徵。直握印符之券，如此之類，數之不盡。物且如是，何况至誠。清明在躬，志氣如神，嗜欲所至，有開必先舉。凡熒惑德星，川沸水鳴，俯仰之間偶一觀察，罔非吾心之發見。故星隕石，言妖由人興，人無釁，妖不自作也。心之所發，如形於影。偃者俯，蹶者跛，豈影之罪哉？或且疑感應之説，其理太杳，遠於事情，是未嘗于天事人事息息相關處，一尋其確據也。

清《直報》（光緒二十一年四月初十）　風雨再記

禹治洪水錫洛，書法陳之《洪範》，武王克殷，訪箕子以天道。箕子推衍《洪範》，告武王以繼天。立極之大典，上稽天文，下察地理，中參人物古今之變，究興亡之徵兆，列爲九疇；其言八政，則以食爲首，貨次之，賓師等又次之；其言庶徵，曰雨，曰燠，曰暘，曰寒，曰風；孔傳云：雨以潤物，燠以長物，暘以乾物，寒以成物，風以動物，而統歸于皇建。其有極天人之感，非涉虚論。武王崩，成王委喪，周公負扆，二叔監殷流言于國，謂公將不利于孺子，遂以殷叛。周公東征二年而後罪人斯得。初公之舉政也，成王疾，公爲書請命于天，願以身代。而納具書于金縢，王瘳而未察也。流言已起，公東征，天大雷電以風，禾盡偃，大木斯拔，邦人大恐。太公召公，以金縢告。王啓之，執書以泣，遂迎公，天乃雨反風，禾盡起，歲且大熟。夫成王即賢，周公即聖，一念之疑，一念之釋。雖可格天，何其速也。孟子曰：盡信書，不如無書。愚于金縢，初亦不能無疑焉。何也？古帝武湯，聖君也。以湯之聖而天旱。强秦之國，暴主也。以秦之暴而天稔，是天自天而人自人也。僖公二十一年夏大旱，公欲焚巫尪臧文。仲曰：非旱備也，修城郭，貶食省用，務穡勸分，此其務也。巫尪何爲，天欲殺之，何如勿生。若能爲患，焚之滋甚。公從之。是歲也，飢而不害。由是言之，則搔首呼天，撫膺問天，執簡泣天，投龜詬天者，宜乎？天之不應、不答、不憐、不怒矣。不知人第，知天居萬物之上，而不知天之所以爲大者，實在萬物之中。而體物不遺日月、星辰、風霜、雨露之變態，人皆見之。至於日月何爲而代明，星辰何爲而垂象，風霜雨露何爲而生殺，其中有數、有理，統歸於陰陽之一氣。宇宙間無往非氣，即無往非天。雷電反風之天，實即成王、周公胸中之天。疑則天變，釋則天順。此固人所顯見者。至於湯何爲而治，秦何爲而暴，旱之何爲而使湯修省稔之，何爲而使秦速亡。文仲何爲而力諫，僖公何爲而遽從。此中福禍之由，昭然不爽，人或未之見也，然而易見也。嘗見瘠土之處，饑饉相因。民之居是鄉者，同被其災。而貧者自貧，富者自富。其貧者無不因循，無不躁妄。歲未熟而冀其一熟，一熟而望其屢熟。一切日用興作之事，或株守舊例，或好生事端，其心無刻不貪天，無刻不恃天。至貧無可救，遂相率而怨天，彼固無如天何也。其富者無不修省，無不振作。其處心積慮，事事與貧民相反。其致富也一若人棄我取，彼廢此興，無非天之與之者，而貪天恃天之民，卒不以對觀而有悟也，豈非天奪其魄乎？《書》曰：天視自我民視，天聽自我民聽。《左氏》云：國將興聽于民，將亡聽于神。神聰明正直而一者也。依人而行，號多涼德，其何土之能得？愚以爲神者，心之神也。大者，心之天也。何謂神，至靈至敏之機也。何謂天，自然必然之合也。古之所謂上帝、上天者，皆尊之之託詞，非真有一人爲天之宰而司其事，亦非謂此清輕上浮之大塊也。異日試更爲天說以相質，可乎？

綜述

《管子》卷一八《度地》 善爲國者，必先除其五害。人乃終身無患害而孝慈焉。桓公曰：願聞五害之說。管仲對曰：水一害也，旱一害也，風霧雹霜一害也，厲一害也，蟲一害也，此謂五害。五害之屬，水最爲大。五害已除，人乃可治。桓公曰：願聞水害。管仲對曰：水有大小，又有遠近，水之出於山而流入於海者，命曰經水。水別於他水入於大水及海者，命曰枝水。山之溝，一有水，一毋水者，命曰谷水。水之出於他水，溝流於大水及海者，命曰川水。出地而不流者，命曰淵水。此五水者，因其利而往之，可也。因而扼之可也。而不久常有危殆矣。桓公曰：水可扼而使東西南北及高乎？管仲對曰：可，夫水之性以高走下，則疾，至於漂石，而下向高，即留而不行，故高其上領，瓴之，尺有十分之三，里滿四十九者，水可走也。乃迂其道而遠之，以勢行之。水之性，行至曲必留退，滿則後推前。地下則平行，地高即控，杜曲則擣毀，杜曲激則躍，躍則倚，倚則環，環則中，中則涵，涵則塞，塞則移，移則控，控則水妄行，水妄行則傷人，傷人則困，困則輕法，輕法則難治，難治則不孝，不孝則不臣矣。故五害之屬，傷殺之類，禍福同矣。知備此五者，人君天地矣。桓公曰：請問備五害之道。管子對曰：請除五害之說，以水爲始。請爲置水官，令習水者爲吏，大夫、大夫佐各一人，率部校長官佐，各財足，乃取水左右各一人，使爲都匠水工。令之行水道、城郭、堤川、溝池、官府、寺舍及州中，當繕治者，給卒財足。令曰：常以秋歲末之時閱其民，案家人比地，定什伍口數，別男女大小，其不爲用者輒免之，有錮病不可作者疾之，可省作者半事之。并行以定甲士當被兵之數，上其都。都以臨下，視有餘不足之處，輒下水官。水官亦以甲士當被兵之數，與三老、里有司、伍長、行里，因父母案行，閱具備水之器。以冬無事之時。籠、臿、板、築各什六，土車什一，雨葷什二，食器兩具，人有之。錮藏里中，以給喪器。後常令水官吏與都匠因三老、里有司、伍長案行之。常以朔日始，出具閱之，取完堅，補弊久。去苦惡。常以冬少事之時，令甲士以更次益薪，積之水旁。州大夫將之，唯毋後時。其積薪也，以事之已；其作土也，以事未起。天地和調，日有長久。以此觀之，其利百倍。故常以無事具器，有事用之，水常可制，而使毋敗。此謂素有備而豫具者也。桓公曰：當何時作之？管子曰：春三月，天地乾燥，水糾列之時也。山川涸落，天氣下，地氣上，萬物交通。故事已，新事未起，草木荑生可食。寒暑調，日夜分，分之後，夜日益短，晝日益長。利以作土功之事，土乃益剛。令甲士作隄大水之旁，大其下，小其上，隨水而行。地有不生草者，必爲之囊。大者爲之隄，小者爲之防，夾水四道，禾稼不傷。歲埤增之，樹以荊棘，以固其地。襍之以栢楊，以備決水。民得其饒，是謂流膏。令下貧守之，往往而爲界，可以無敗。當夏三月天地氣壯，大暑至，萬物榮華，利以疾薅殺草歲，使令不欲擾，命曰不長。不利作土功之事。放農焉，利皆耗十分之五，土功不成。當秋三月，山川百泉踊，降雨下，山水出，海路距，雨露屬，天地湊汐。利以疾作，收斂毋留，一日把，百日餔，民毋男女，皆行於野。不利作土功之事，濡濕日生，土弱難成。利耗什分之六，土工之事亦不立。當冬三月，天地閉藏，暑雨止，大寒起，萬物實熟。利以填塞空郄，繕邊城，塗郭術，平度量，正權衡，虛牢獄，實廥倉，君修樂，與神明相望。凡一年之事，畢矣。舉有功，賞賢，罰有罪，遷有司之吏而第之。不利作土工之事，利耗什分之七，土剛不立。晝日益短，而夜日益長，利以作室，不利以作堂。四時以得，四害皆服。桓公曰：寡人悖，不知四害之服，奈何？管仲對曰：冬作土功，發地藏。則夏多暴雨，秋霖不止。春不收枯骨朽脊，伐枯木而去之，則夏旱至矣。夏有大露原煙，噎下百草，人采食之，傷人。人多疾病而不止，民乃恐殆。君令五官之吏與三老、里有司、伍長行里順之，令之家起火爲溫，其田及宮中皆蓋井，毋令毒下及食器，將飲傷人。有下蟲傷禾稼，凡天菑害之下也，君子謹避之，故不入九死也。大寒、大暑、大風、大雨，其至不時者，此謂四刑。或遇以死，或遇以生。君子避之，是亦傷人。故吏者所以教順也。三老、里有司、伍長者，所以爲率也。五者已具，民無願者，願其畢也。故常以冬日順三老、里有司、伍長，以冬賞罰，使各應其賞而服其罰。五者不可害，則君之法犯矣。此示民而易見，故民不比也。桓公曰：凡一年之中，十二月作土功，有時則爲之，非其時而敗，將何以待之？管仲對曰：常令水官之吏，冬時行隄防，可治者，章而上之都，都以春少事作之。已作之後，常案行，隄有毀作，大雨，各葆其所。可治者趣治，以徒隸給。大雨，隄防可衣者衣之，衝水，可據者據之，終歲以毋敗爲固，此謂備之。常時，禍何從來？所以然者，獨水蒙壞，自塞而行者，江河之謂也。歲高其隄，所以不没也。春冬取土於中，秋夏取土於外，濁水入之，不能爲敗。桓公曰：善。仲父之語寡人畢矣，然則寡人何事乎哉？亟爲寡人教側臣。

《管子》卷二二《山權數》 桓公問管子曰：請問權數。管子對曰：天以時爲權，地以財爲權，人以力爲權，君以令爲權。失天之權，則人地之權亡。桓公曰：何爲失天之權則人地之權亡？管子對曰：湯七年旱，禹五年水，民之無饘賣子者。湯以莊山之金鑄幣而贖民之無饘賣子者。禹以歷山之金鑄幣而贖民之無饘賣子者。故天權失，人地之權皆失也。故王者歲守十分之參。三年與少半成，歲三十一年而藏十一年，與少半藏參之一，不足以傷民，而農夫敬事力作，故天毀埊，凶旱水泆，民無入於溝壑乞請者也，此守時以待天權之道也。

《晏子春秋・内篇・諫上第一》 景公之時，霖雨十有七日。公飲酒日夜相繼。晏子請發粟於民，三請不見許。公命柏遽巡國致能歌者，晏子聞之不説，遂分家粟於氓，致任器於陌。徒行見公曰：十有七日矣，懷寶鄉有數十，飢氓里有數家，百姓老弱，凍寒不得裋褐，飢餓不得糟糠，敝撤無走，四顧無告，而君不卹，日夜飲酒，令國致樂不已，馬食府粟，狗饜芻豢，三保之妾，俱足粱肉，狗馬保妾，不已厚乎？民氓百姓不亦薄乎？故里窮而無告，無樂有上矣。飢餓而無告，無樂有君矣。嬰奉數之筴，以隨百官之吏。民飢餓窮約而無告，使上淫湎失本而不卹，嬰之罪大矣。再拜稽首，請身而去。遂走而出。公從之，兼於塗而不能逮，令趣駕追晏子，其家不及，粟米盡於氓，任器存於陌，公驅及之康内。公下車從晏子曰：寡人有罪，夫子倍棄不援，寡人不足以有約也。夫子不顧社稷百姓乎？願夫子之幸存寡人，寡人請奉齊國之粟米財貨委之百姓，多寡輕重惟夫子之令。遂拜於途。晏子乃返，命稟巡氓，家有布縷之本而絶食者，使有終月之委。絶本之家，使有期年之食。無委積之氓與之薪橑，使足以畢霖雨。令柏巡氓，家室不能禦者予之金，巡求氓寡用財乏者，死三日而畢，後者若不用令之罪。公出舍，損肉撤酒，馬不食府粟，狗不食飦肉。

《晏子春秋・内篇・諫上第二》 景公爲長庲，將欲美之，有風雨作。公與晏子入坐飲酒，致堂上之樂酒酣，晏子作歌曰：穗乎，不得穫，秋風至兮。殫零落，風雨之弗殺也，太上之靡弊也。歌終，顧而流涕，張躬而舞。公就晏子而止之曰：今日夫子爲賜而誡于寡人，是寡人之罪。遂廢酒罷役，不果成長庲。

《吕氏春秋》卷二一　河出孟門大溢，逆流。無有丘陵沃衍，平原高阜，盡皆滅之。名曰鴻水。禹於是疏河決江，爲彭蠡之障。乾東土所活者千八百國。此禹之功也。勤勞爲民無苦乎，禹者矣。

漢·董仲舒《春秋繁露》卷一六《止雨第七十五》　雨太多，令縣邑於土日塞水瀆，絶道，蓋井，禁婦人不得行入市，令縣鄉里皆掃社，下縣邑若丞合史嗇夫三人以上，祝一人，鄉嗇夫若吏三人以上，祝一人，里正父老三人以上，祝一人，皆齋三日，各衣時衣，具處一，黍鹽美酒財足祭社，擊鼓三日，而祝先再拜，乃跪陳，陳已，復再拜，乃起。祝曰：嗟！天生五穀以養人，今淫雨太多，五穀不和，敬進肥牲清酒，以請社靈，幸爲止雨，除民所苦，無使陰滅陽。陰滅陽，不順於天，天之常意在於利人，人願止雨，敢告於社。鼓而無歌，至罷乃止。凡止雨之大體，女子欲其藏而匿也，丈夫欲其和而樂也，開陽而閉陰，闔水而開大，以朱絲縈社十周，衣赤衣赤幘，三日罷。

二十一年八月甲申朔丙午，江都相仲舒告内史中尉：陰雨太久，恐傷五穀，趣止雨，止雨之禮，廢陰起陽，書十七縣，八十離鄉，及都官吏千石以下夫婦在官者，咸遣婦歸，女子不得至市，市無詣井，蓋之，勿令泄，鼓用牲於社。祝之曰：雨以太多，五穀不和，敬進肥牲，以請社靈，社靈幸爲止雨，除民所苦，無使陰滅陽。陰滅陽，不順於天，天意常在於利民，願止雨，敢告。鼓用牲於社，皆壹以辛亥之日，書到，即起縣社令長若丞尉官長，各城邑社嗇夫里吏正里人皆出，至於社，下餔而罷，三日而止。未至三日，天大星亦止。

漢·劉向《説苑》卷一　宋大水，魯人弔之曰：天降淫雨，谿谷滿盈，延及君地，以憂執政，使臣敬弔。宋人應之曰：寡人不佞，齋戒不謹，邑封不修，使人不時，天加以殃。又遺君憂，拜命之辱。君子聞之曰：宋國其庶幾乎？問曰：何謂也？曰：昔者，夏桀殷紂不任其過，其亡也忽焉。成湯文武知任其過，其興也勃焉。夫過而改之，是猶不過也。故曰：其庶幾乎。宋人聞之，夙興夜寐，早朝晏退，弔死問疾，戮力宇内。三年歲豐政平。嚮使宋人不聞君子之語，則年穀未豐而國未寧。詩曰：佛時仔肩，示我顯德行。此之謂也。

漢·劉向《説苑》卷一五　齊桓公之時，霖雨十旬。桓公欲伐漅陵，其城之值雨也，未合。管仲隰朋以卒徒造於門，桓公曰：徒衆何以爲？管仲對曰：臣聞之，雨則有事。夫漅陵不能雨，臣請攻之。公曰：善。遂興師伐之。既至，天卒間外士在内矣。桓公曰：其有聖人乎？乃還旗而去之。

漢·班固《漢書》卷二八上《地理志上》　堯遭洪水，褱山襄陵，天下分絶，爲十二州，使禹治之。水土既平，更制九州，列五服，任土作貢。

漢·班固《漢書》卷二九《溝洫志》　王莽時，徵能治河者以百數，其大略異者，長水校尉平陵關並言：河決率常於平原、東郡左右，其地形下而土疏惡。聞禹治河時，本空此地，以爲水猥，盛則放溢，少稍自索，雖時易處，猶不能離此。上古難識，近察秦漢以來，河決曹、衛之域，其南北不過百八十里者，可空此地，勿以爲官亭民室而已。大司馬史長安張戎言：水性就下，行，疾則自刮除，成空而稍深。河水重濁，號爲一石水而六斗泥。今西方諸郡，以至京師東行，民皆引河、渭山川水溉田。春夏乾燥，少水時也，故使河流遲，貯淤而稍淺；雨多水，暴至則溢決。而國家數隄塞之，稍益高於平地，猶築垣而居水也。可各順從其性，毋復灌溉，則百川流行，水道自利，無溢決之害矣。御史臨淮韓牧以爲：可略於《禹貢》九河處穿之，縱不能爲九，但爲四五，宜有益。大司空掾王横言：河入勃海，勃海地高於韓牧所欲穿處。往者天嘗連雨，東北風，海水溢西南，出寖數百里，九河之地已爲海所漸矣。禹之行河水，本隨西山下東北去。《周譜》云：定王五年河徙，則今所行非禹之所穿也。又秦攻魏，決河灌其都，決處遂大，不可復補。宜却徙完平處，更開空，使緣西山足乘高地而東北入海，乃無水災。沛郡桓譚爲司空掾，典其議，爲甄豐言：凡此數者，必有一是。宜詳考驗，皆可豫見，計定然後舉事，費不過數億萬，亦可以事諸浮食無産業民。空居與行役，同當衣食；衣食縣官，而爲之作，乃兩便，可以上繼禹功，下除民疾。王莽時，但崇空語，無施行者。

漢·班固《漢書》卷七五《李尋傳》　臣聞五行以水爲本，其星玄武婺女，天地所紀，終始所生。水爲準平，王道公正修明，則百川理，落脈通；偏黨失綱，則踴溢爲敗。《書》云：水曰潤下。陰動而卑，不失其道。天下有道，則河出圖，洛出書，故河、洛決溢，所爲最大。今汝、潁畎澮皆川水漂踴，與雨水並爲民害，此《詩》所謂：爗爗震電，不寧不令，百川沸騰者也。其咎在於皇甫卿士之屬。唯陛下留意詩人之言，少抑外親大臣。

漢·班固《漢書》卷八四《翟方進傳》　初，汝南舊有鴻隙大陂，郡以爲饒，成帝時，關東數水，陂溢爲害。方進爲相，與御史大夫孔光共遣掾行(事)〔視〕，以爲決去陂水，其地肥美，省隄防費而無水憂，遂奏罷之。及翟氏滅，鄉里歸惡，言方進請陂下良田不得而奏罷陂云。王莽時常枯旱，郡中追怨方進，童謠曰：壞陂誰？翟子威。飯我豆食羹芋魁。反乎覆，陂當復。誰云者？兩黃鵠。

南朝梁·沈約《宋書》卷三三《五行四》 《五行傳》曰：簡宗廟，不禱祠，廢祭祀，逆天時，則水不潤下。謂水失其性而爲災也。又曰：聽之不聰，是謂不謀。厥咎急，厥罰恒寒，厥極貧。時則有鼓妖，時則有魚孽，時則有豕禍，時則有耳痾，時則有黑眚、黑祥。惟火沴水。魚孽，劉歆傳以爲介蟲之孽，謂蝗屬也。

北齊·魏收《魏書》卷一一二上《靈徵上》 《洪範論》曰：大水者，皆君臣治失而陰氣稸積盛强，生水雨之災也。

唐·吴兢《貞觀政要》卷一〇 貞觀十一年，大雨，穀水溢，衝洛城門，入洛陽宫，平地五尺，毁宫寺十九，所漂七百餘家。太宗謂侍臣曰：朕之不德，皇天降災。將由視聽弗明，刑罰失度，遂使陰陽舛謬，雨水乖常。矜物罪己，載懷憂惕。朕又何情獨甘滋味？可令尚食斷肉料，進蔬食。文武百官各上封事，極言得失。中書侍郎岑文本上封事曰：臣聞開撥亂之業，其功既難，守已成之基，其道不易。故居安思危，所以定其業也。有始有卒，所以崇其基也。今雖億兆乂安，方隅寧謐，既承喪亂之後，又接凋弊之餘，户口減損尚多，田疇墾闢猶少。覆燾之恩著矣，而瘡痍未復，德教之風被矣，而資産屢空。是以古人譬之，種樹年祀綿遠，則枝葉扶疎。若種之日淺，根本未固，雖壅之以黑墳，暖之以春日，一人摇之，必致枯槁。今之百姓，頗類於此。常加含養，則日就滋息。暫有征役，則隨日凋耗。凋耗既甚，則人不聊生。人不聊生，則怨氣充塞。怨氣充塞，則離叛之心生矣。凡此數者，雖爲國之恒道，陛下之所常行。臣之愚昧，惟願陛下思而不怠，則至道之美與三五比隆，億載之祚與天地長久。雖使桑穀爲妖，龍蛇作孽，雉雊於鼎耳，石言於晉地，猶當轉禍爲福，變災爲祥，况雨水之患，雨水，作水旱陰陽恒理，豈可謂天譴而繫聖心哉？臣聞古人有言：農夫勞而君子養焉，愚者言而智者擇焉，輒陳狂瞽，伏待斧鉞。太宗深納其言。

宋·李昉等《太平御覽》卷五九《水災》 《書》曰：上天降災，下民昏墊。又曰：湯湯洪水，方割蕩蕩，懷山襄陵，浩浩滔天。《傳》曰：凡平原出水爲大水。《漢書·五行志》曰：高后三年，漢中南郡水出，流六千餘家，南陽沔水流萬餘家。是時女主獨治，諸吕相王。

《續漢書·五行志》曰：桓帝永興二年，彭城兩水逆流。永壽元年，洛水溢至津城門，漂流人物。是時梁冀争政，嫉害忠直，後遂誅滅。

獻帝建安二年，漢水溢，害人物。是時天下大亂。

救水災 《史記》曰：堯命鯀治水，九載功績不成。

謝承《後漢書》曰：沛國陳宣，字子興。建武十年，雒水出，造天津城門，或欲築塞之。宣諫曰：昔王尊正身，金隄水退。况聖主耶？言未絶，而水去。

范曄《後漢書》曰：公沙穆鋭思河洛推步之術。永壽元年雨，大水。三輔以東，無不漂没。穆明曉占候，乃預告，令百姓徙居高地，故弘農人獨得免災。

又曰：任文公，巴郡人也，爲治中從事時，天大旱。白刺史曰，五月一日當有大水。其變已至，不可防救，宜令民吏預爲之備。刺史不聽。文公獨詣大船，百姓或有信文公頗有防者，到其日，旱。烈文公急命從載白刺史，刺史不信。至日中，雲起，須臾雨至，晡時，湔水湧起十餘丈，突壞廬舍，所害數千人。

《淮南子》曰：古者，水爲民害。禹鑿龍門，辟伊闕，平治水土，使民得陸處，百姓不親五品，不遜契教，以君臣之義，父子之親，夫婦之别，長幼之序，田野不修，民食不足，后稷乃教之。辟地墾草，糞土種穀。令百姓家給人足，故三后之後，無不王者，有陰德也。

又曰：往古之時，四極廢，九州裂，水浩漾而不息，於是女媧積蘆灰以止淫。

宋·范仲淹《范文正集》卷九《上吕相公并呈中丞諮目》 某諮目，再拜上僕射相公：伏蒙回賜鈞翰，又訪以疏導積水之事，何巖廊之上而意及畎畝？是伊尹恥一物不獲之心也。天下幸甚！某連蹇之人，常欲省事，及觀民患，不忍自安。去年姑蘇之水踰秋不退，計司議之於上，窮俗語之於下，某爲民之長，豈敢曲沮焉。然初未甚曉，惑於羣説。及按而視之，究而思之，則了然可照。今得一二以陳焉，願垂鈞造審而勿倦，則浮議自破，斯民之福也。姑蘇四郊畧平，窊而爲湖者，十之二三。西南之澤尤大，謂之太湖，納數郡之水。湖東一派濬入于河，謂之松江。積雨之時，湖溢而江壅，横没諸邑。雖北壓揚子江，而東抵巨浸，河渠至多，堙塞已久，莫能分其勢矣。惟松江退落，漫流始下，或一歲大水，久而未耗，來年暑雨復爲沴焉。人必荐饑，可不經畫？今疏導者，不惟使東南入于松江，又使西北入于揚子之與海也，其利在此。夫水之爲物，蓄而停之，何爲而不害；決而流之，何爲而不利。或曰：江水已高，不納此流。某謂不然。江海所以爲百谷王者，以其善下之，豈獨不下於此耶？江流或高，則必滔滔旁來，豈復姑蘇之有乎？矧今開畎之處，下流不息，亦明驗矣。或曰：日有潮來，水安得下？某謂不然。大江長淮，無不潮也，來之時刻少，而退之時刻多，故大江長淮會天下之水，畢能歸于海也。或曰：沙因潮至，數年復塞，豈人力之可支？某謂不然。新導之河，必設諸閘，常時扃之，禦其來潮，沙不能塞也。每春理其閘外，工減數倍矣。旱歲亦扃之，駐水溉田，可救熯涸之災。潦歲則啟之，疏積水之患。或謂開畎之役，重勞民力，某謂不然。東南之田，所植惟稻，大水一至，秋無他望。災沴之後，必有疾疫乘其羸，十不救一。謂之天災，實由饑耳。如能使民以時導達溝瀆，保其稼穡，俾百姓不饑而死，曷爲其勞哉。民勤而生，不亦愈於惰而死者乎？或謂力役之際，大費軍食，某謂不然。姑蘇歲納苗米三十四萬斛，官私之糴又不下數百萬斛。去秋蠲放者三十萬，官私之糴無復有焉。如豐穰之歲，春役萬人，人食三升，一月而罷，用米九千石耳。荒歉之歲，日以五升召民爲役，因而賑濟一月而罷，用米萬五千石耳。量此之出，較彼之入，孰爲費軍食哉？或謂陂澤之田，動成渺瀰，導川而無益也，某謂不然。吴中之田，非水不殖，減之使淺，則可播種，非必決而涸之，然後爲功也。昨開五河，洩去積水，今歲平和，秋望七八。積而未去者，猶有二三未能播殖，復請增理數道，以分其流，使不停壅。縱遇大水，其去必速，而無來歲之患矣。又松江一曲，號曰盤龍港，父老傳云出水尤利。如總數道而開之，災必大減。蘇、秀間有秋之半，利已大矣。畎澮之事，職在郡縣，不時開導，刺史縣令之職也。然今之世有所興作，横議先至，非朝廷主之，則無功而有毀。守土之人，恐無建事之意矣。蘇、常、湖、秀，膏腴千里，國之倉庾也。浙漕之任及數郡之守，宜擇精心盡力之吏，不可以尋常資格而授，恐功利不至，重爲朝廷之憂，且失東南之利也。某已具此聞于相府，仰惟中丞有憂天下之心，爲亦留意於此焉。干冒威重，卑情不任惶懼之至。

宋・文彦博《潞公文集》卷二二《奏黄河水勢》 臣本司於七月九日，據衛州申管勾運河於良弼申：今月四日，沙河水漲，沬過上東水堰。尋下牐板攔絶不住，沬過牐板，透入運河，行流本司。爲今六月七日，大名府御河連併添漲，日夕救護，僅免決溢。尋牒衛州，火急閉塞牐口。續據衛州申：尋捲埽於上東水口，閉塞了當，有些小津漏，見劄填次。本司爲穿府城水，大闕梁下不通舟船，切慮運河牐口依前固護不定。透黄河水入御河，即爲害不細。已奏乞指揮都水監速差官，就運河牐口固護。今月十九日，却據澶州申、據臨河縣申，十七日午時指遥堤上巡覷，見水自西南來，波浪緊急，問得人民，言説衛州樊店西黄河口決，一概水東北行流。十六日夜二更以來到本縣，衝注二十餘疃人户。觀此水勢，及民間所説，爲害不細。縣司已急於沿河差船，令佐親監轄，救渡人命去訖。又據衛州黎陽縣申，今月十五日御河水渾濃漲猛，水色與别日不同，認是黄河漲溢沬岸，通流入御河。至三更，御河水一沬出，兩岸見，今北來將及南門。本縣令佐都監即是救應隄口城門，至十六日南門西門堤口節次破決，水頭一併向城流注，遮塞不定，遂緊切一向固護城壁官物者，本司即時火急再行文字，轉指揮府城以上縣鎮官吏，嚴切固護隄防。如水勢大，必不可防遏。即令本地分官吏究心詳審，計較利害，相度踏行，有自來分減水勢。舊河道處，即便火急，開決分減水勢，無致奔衝，直向府城爲害。去訖伏乞更賜指揮都水監，選委公心知河事官赴衛州，相度調集人兵物料，固護隄防，取進止。

今據衛州十四日狀申，水勢沬過埽背，於運河上約後行流，救護不定及稱河勢危急處，係運河上約衛州，屬河北西路，仍乞下西路轉運司疾速應付人兵物料。

宋・文彦博《潞公文集》卷二二《再奏運河利害》熙寧十年 臣於去年冬奏：衛州王供埽下開堤，取黄河水作運河，置閘引水入御河，深爲不便，以爲大則決溢，小則淤澱，尋聞差官定奪利害。今來果致黄河水入運河，防遏不住，沬過閘口，衝注下流，州府縣鎮爲患甚大，切慮定奪。所未知得今來運河之害，乞指揮定奪。所下衛州及大名路安撫司取索，自七月四日及十四日後來申報，決溢一宗文字，看詳定奪。

宋・文彦博《潞公文集》卷二四《奏黄河曹村決溢利害乞擇水官》熙寧十年 臣於今年正月六日奏，爲據德州申：大河自去年秋夏至今冬，河底淤澱，通流不決，河勢變移，不循故道。見今四散漫流，兩岸俱被水患。臣詳黄河下流，淤澱疏濬不行，泄水不快，即上流水勢須至壅遏，若不預行經制，切慮將來河水泛漲，必於魏博恩澶等州決溢爲患。自後不聞水監别有擘畫，只是固護東流北岸。今年五六七月間，大名金新堤一帶諸埽非常危急，果致澶州決溢。臣又檢會，今年正月八日奏，爲近年以來河防官吏以減省物料，指望酬賞。只緣三四年來，黄河非常水小，埽岸偶無危急，是致減得物料，即非久遠常制，必恐埽岸漸次有失添修。若將來河水泛漲，始舊必致。踈虞伏乞檢會舊條，不以減省物料，指望酬獎。今年夏秋水漲，諸埽危急，多稱物料少數。亦聞今來曹村埽決溢，自熙寧八年、九年、十年檢計春料，合行接貼低怯之處，三年之中並不曾應付接貼，兼本埽兵士多在别處占使，或駕船裝搬水利司小麥外，見在只有兵士十七人實役，致今以來堤身低小怯薄，遂至決溢。臣前來因論列河事并及水官乞行慎擇，今河岸京東州縣人民被水患者，莫知其數，嗷嗷籲天。上軫聖念，而水官不能自訟，猶汲汲以希賞，於理何安。臣前後所陳，出於至誠，本圖補報，非敢激訐，輕有干冒，伏望聖慈垂察。

宋・文彦博《潞公文集》卷二五《奏西京災傷事元豐四年六月**》** 臣體量得西京畿内諸縣今春以來麥苗極盛，有望豐登。無何自四月、五月中直至收穫之際，大雨頻併，繼日不止，遂至頗損麥苗，所存者三四分。須至趁時收穫上場，所冀收拾殘餘，粗救饑困。臣體訪得所收多者，僅及三四分。日有人户經官披訴苗傷，又緣官吏拘文爲已，收割在場。及有持打了者，不以爲憑，須得存留查苗，在地方可驗覆。今若不與檢放，必至人户逃移。況今夏多雨害稼，衆所明知，難爲巧詐。伏望朝廷特降指揮下本路轉運司，仔細體量，實有災傷，即早與減放分數，所貴人户不致逃移，更望朝廷矜察，早降指揮取進止。

宋・歐陽修、宋祁《新唐書》卷三五《五行二》 《五行傳》曰：簡宗廟，不禱祠，廢祭祀，逆天時，則水不潤下。謂水失其性，百川逆溢，壞鄉邑，溺人民，而爲災也。又曰：聽之不聰，是謂不謀。厥咎急，厥罰常寒，厥極貧。時則有鼓妖，時則有豕禍，時則有耳痾，時則有雷電、霜、雪、雨、雹、黑眚黑祥，惟火沴水。

宋・歐陽修、宋祁《新唐書》卷一〇二《虞世南傳》 貞觀八年，進封縣公。會隴右山崩，大蛇屢見，山東及江、淮大水，帝憂之，以問世南，對曰：春秋時，梁山崩，晉侯召伯宗問焉。伯宗曰：國主山川，故山崩川竭，君爲之不舉，降服，乘縵，徹樂，出次，祝幣以禮焉。梁山，晉所主也，晉侯從之，故得無害。漢文帝元年，齊、楚地二十九山同日崩，水大出，詔郡國無來貢，施惠天下，遠近洽穆，亦不爲災。晉惠帝時，又山東淫雨，江、淮大水，恐有冤獄枉繫，宜省録纍囚，庶幾或當天意。帝然之，於是遣使賑飢民，申挺獄訟，多所原赦。

宋・歐陽修、宋祁《新唐書》卷一六五《權德輿傳》 貞元八年，關東、淮南、浙西州縣大水，壞廬舍，漂殺人。德輿建言：江、淮田一善熟，則旁資數道，故天下大計，仰於東南。今霪雨二時，農田不開，庸亡日衆。宜擇羣臣明識通方者，持節勞徠，問人所疾苦，蠲其租入，與連帥守長講求所宜。賦取於人，不若藏於人之固也。帝乃遣奚陟等四人循行慰撫。

宋・歐陽修、宋祁《新唐書》卷一九七《賈敦頤、韋景駿、盧弘宣傳》 賈敦頤，曹州冤句人。貞觀時，徙瀛州刺史，州瀕滹沱、滱二水，歲溢溢，壞室廬，寖洳數百里。敦頤爲立堰庸，水不能暴，百姓利之。

韋景駿，司農少卿弘機孫。中明經，神龍中，歷肥鄉令。縣北瀕漳，連年泛溢，人苦之。舊防迫漕渠，雖峭岸，隨即壞決。景駿相地勢，益南千步，因高築鄣，水至堤趾輒去，其北燥爲腴田。又維艚以梁其上，而廢長橋，功少費約，後遂爲法。方河北飢，身巡閭里，勸人通有無，教導撫循，縣民獨免流散。及去，人立石著其功。

開成中，山南、江西大水，詔弘宣與吏部郎中崔瑨分道賑卹，使有指。還，遷京兆尹、刑部侍郎。拜劍南東川節度使。明年春，大旱，教民隨力往取，時幽、魏饑甚，獨易、定自如。至秋，悉收所貸，軍食以饒。

宋・歐陽修、宋祁《新唐書》卷二〇七《宦者傳上・高力士》 十三年秋大雨，帝顧左右無人，即曰：「天方災，卿宜言之。」力士曰：「自陛下以權假宰相，法令不行，陰陽失度，天下事庸可復安？臣之鉗口，其時也。」帝不答。明年禄山反。

宋・蘇軾《東坡全集》卷五八《申明户部符節略賑濟狀》 元祐五年八月二十五日，龍圖閣學士左朝奉郎知杭州蘇軾狀奏：臣近以今年浙西數郡大雨不止，太湖泛溢，所在害稼，尋于七月十五日具狀奏聞，乞下户部及本路轉運、提刑、兩路鈐轄司疾早相度，來年合與不合，準備常平斛㪷，出糶救饑，如合準備，即具諸州合用數目。臣已約度杭州合用二十萬石。仍委逐司擘畫，合如何措置，令米價不至大段翔湧，收糴得足。如逐司以謂不須準備出糶救濟，即令各具保明來年委得不至饑殍流亡，結罪聞奏。今准尚書户部符，本路轉運、提刑、鈐轄司准都省批送下八月四日勑，中書省知杭州、充兩浙西路兵馬鈐轄蘇軾奏，勘會今年五六月間，浙西數郡大雨不止，太湖泛溢，所在害稼災傷之勢，恐甚於去年。伏望下户部及本路轉運、提刑及兩路鈐轄司相度，來年合如何準備救濟，候勑旨。八月四日，三省同奉聖旨依奏。奉勑如右，牒到奉行。都省批：八月五日辰時送户部施行，内相度仍限半月者。右臣竊詳户部符内，止是節略行下。既奉聖旨依奏，即未審元初並依臣所奏，係有司節略，爲復只依今來户部符下一節事理，切緣臣前奏所乞：「如逐司以謂不須準備出糶救濟，即令各具保明來年委得不至饑殍流亡，結罪聞奏」之意，蓋欲逐司官吏依寔相度，不敢滅裂，須至再具申明，伏乞朝廷檢會臣前奏逐節事理，特賜明降指揮施行。謹録奏聞，伏候勑旨。

宋・蘇軾《東坡全集》卷五八《相度準備賑濟第一狀》 元祐五年九月七日，龍圖閣學士左朝奉郎知杭州蘇軾狀奏：准尚書户部符，准勑知杭州、兩浙西路兵馬鈐轄蘇軾奏，勘會今年五六月浙西數郡大雨不止，太湖泛溢，所在害稼災傷之勢，恐甚於去年，伏望下户部及本路轉運、提刑、兩路鈐轄司相度，來年合如何準備救濟。奉聖旨依奏，都省批内相度限半月。本司今相度到準備救濟事件如左：

一、本司勘會去年八九月間，杭州在市米價每㪷六十文足，至十一月足長至九十五文足。其勢方踊貴間，因朝旨寬減轉運司上供額斛三分之一，即時米價減落。及本州正月内便行出糶常平米，至七月終，共糶一十八萬餘石。以此米價無由增長，人免流殍。今來在市米，見今已是七十五文足，至冬間，轉運司收糴上供額斛，及檢放秋税軍糧恐有闕少，亦須和糴取足。又本州須糴常平米二十餘萬石，諸州亦各收買，似此争糴，必須踊貴。縱使大破官錢，收糴得足，亦恐來年闕食，小民必不辦高價收買官米。至時若米貴人饑，本司必須奏乞減價出賣。竊料仁聖在上，必不忍坐視人饑，不許減價，約度浙西諸郡，今年必須和糴常平米五十餘萬石，準備來年出糶。若價高本重，至時每㪷只減十文，亦須坐失五萬餘貫，而況饑饉已成，流殍不已，則朝廷所以救恤之者，其費豈止五萬貫而已哉？欲乞聖慈特許寬減轉運司今來上供額斛一半，仍依去年例令折價錢，置場收買金銀紬絹上供，則朝廷無所耗失，而浙中米價稍平，常平收糴得足，來年不至大段減價出賣，耗折常平本錢。一路之人，得免流殍，爲惠不小。【略】深慮轉運司官吏職在供餽，所有寬減額斛難於自言。伏望聖明以一方生靈爲心，非爲苟寬官吏之責，特賜過慮及早施行。又況所乞數目雖廣，如所耗損錢數不多，若待饑饉已成，然後垂救，則所費十倍無及於事。伏乞決自聖意，指揮三省更不下有司往復勘當施行。謹録奏聞，伏候勅旨。

宋·蘇軾《東坡全集》卷五八《相度準備賑濟第二狀》 元祐五年九月十七日，龍圖閣學士左朝奉郎知杭州蘇軾狀奏：近准朝旨，令本司及轉運司、提刑司相度準備來年被災闕食人户。本司已具二事聞奏，乞寬減轉運司上供額斛一半，截撥上供米三十萬石，準備及補軍糧之闕，未蒙回降指揮。本司再相度來年準備大計，全在廣糴常平斛㪷，於正月以後，便行出糶，平準在市管價，以免流殍之災。此外更無長策。今來選差官吏，開倉和糴，優估米價，戒約專㪷，不得乞覓，非不嚴切。然經今一月，並無一人赴倉入中。體問得蓋是蘇、湖、常、秀大段災傷，兼自八月半間至今陰雨不止，災傷之餘，所收無幾，又少遇晴乾，已熟者不得刈。已刈者，不得舂。有穀無米，日就腐壞。見今訪聞蘇、秀州，在市米價已是九十五文足。添長之勢，炎炎未已。本司欲便令杭州添價收糴，不惟助長米價，爲小民目下之患，又官本既貴，來年難爲出糶。若不添錢，又恐終是收糴不行。來年春夏間闕米出糶，必有流殍之憂。竊料至時難以諱言災傷，官吏亦須畧具事實聞奏。仁聖在上，理無不救，必須多方於鄰路擘畫斛㪷賑濟。若不預爲之防，則恐隣路無備。臨時擘畫不行，須至先事奏乞者。右本司勘會，去歲朝旨，寬減轉運司上供額斛三分之一，却令將折斛錢買銀絹上供。又今年本司亦奏乞寬減額斛一半，如蒙施行，即轉運司折斛錢萬數不少。又勘會提刑司，今年諸州糴常平米至多，所管常平司官錢萬數不少。但有錢無米，坐視饑殍，爲憂不細。欲乞聖慈，過爲防慮，特勅發運司相度擘畫錢本，於江淮近便豐熟州軍，差官置場，和糴白米五十萬石，嚴賜指揮，須管數足，仍搬運至真、揚州椿管。若令來春本路闕常平米出糶，即令發運司撥發，於逐州下卸，仍以本路常平錢充還。若至時本路常平米有備，不須搬運上件米出糶，即就撥充本路轉運司上供額斛，却以寬減折斛錢充還。如此，即於朝省錢物，無所耗損，而於本路生靈億萬性命，稍免溝壑之憂。謹録奏聞，伏候勅旨。

貼黄：今年災傷實倍去年，但官吏上下皆不樂檢放，諱言災傷。只如近日秀州嘉興縣，因不受訴災傷詞狀，致踏死四十餘人，大率所在官吏皆同此意。但此一處以踏死人多，獨彰露耳。若朝廷只據逐處申奏，及檢放秋税分數，即無由盡見災傷之寔。又臣軾切見轉運、提刑司所奏災傷，皆無迫切懇至之語。朝論必以臣爲過當，然臣實見連年災傷，父老皆言事勢不減熙寧。民間有錢，尚困無米，餓死四十萬人。況今民間絶無見錢，若又無米，則流殍之災未易度量。伏望聖慈深爲防慮。若來年人户元不闕食，不須如此擘畫，則臣不合過當，張皇之罪所不敢辭，縱被誅譴，終賢於有災無備，坐視人死而不能救也。

宋·蘇軾《東坡全集》卷六五《乞減價糶常平米賑濟狀》 紹聖元年正月某日，端明殿學士兼翰林侍讀學士左朝奉郎知定州蘇軾狀奏：勘會元祐八年，河北諸路並係災傷。内定州一路，雖只是雨水爲害，然其實亦及五分以上。只緣有司出納之吝，不與盡實檢放，秋税内定州只放二分。自臣到任後，累有人户披訴乞倚閣，又緣已過條限，致難施行。今體問得春夏之交，人户委是闕食。既非河水災傷，即每事只依編敕指揮，欲坐觀不救，恐非朝廷仁聖本意。臣欲便將常平斛㪷借貸，雖已有成法，不煩奏請。又體問得河北沿邊人户，爲見朝廷昔年遣使賑濟，不問人户高下、願與不願借請，一例散貸，後來節次倚閣放免。以此愚民生心僥倖，每有借貸，例不肯及時還納，多是拖欠，指望倚閣放免。既煩鞭撻追呼，使吏卒因緣爲奸，畢竟不免失陷官物。兼約度得本州自第四等以下，每户貸兩石，官破十萬石，不過濟得五萬户。人户請納，耗費房店、宿食不過得一石五㪷，入口未必能濟活一家，而五萬户之外，人户更不沾惠。鞭撻驅催，若得健吏，亦不過收得十七，其失陷三萬石可必也。又欲抄劄飢貧，奏乞法外賑濟，不惟所費浩大，有出無收。而此聲一布，飢貧雲集，盗賊疾疫，客主俱斃。又况准條，邊郡不得聚集飢民。以上二事，既皆不便，只有依條將常平斛㪷依價出糶，即官司簡便，不勞抄劄。勘會給納煩費，但得數萬石斛㪷在市，自然壓下物價。境内百姓，人人受賜。古今之法，莫良於此。但以本州見管常平米二十七萬餘石，每㪷衮紐到元本一百四文，比在市實直尚多二十二文，以此無人收糴。若不别作奏請，專守本條，不與减價出糶，深恐今年春夏新陳不接之際，必致大段流殍。伏望聖慈愍念，比之本州，將十萬石常平米依條借貸，必須失陷三萬餘石。非惟所給不廣，而給納驅催之弊亦多，特許將本路諸州、軍見管常平米，契勘在市實直。知委是價高，出糶不行，即許每㪷於衮紐價錢上减錢出糶，不得减過十分之二，仍給與貧民歷頭，令每日零買，不得令近上人户頓買興販，仍限不得糴過本州縣見管常平數目三分之一。約度定州合糶得九萬石，若每㪷各减錢十分之二，即本州紐計虧元本官錢一萬八千七十二貫文。比之借貸失陷，猶爲省費。而本州裏外出九萬石米在市，則一境生靈，皆荷聖恩全活。又却得錢準備將來豐熟物賤，却行收糴，兼利農末，爲惠不小者。右伏乞朝廷詳酌，早賜施行。如以爲便，即乞行下本司約束，覺察轄下官吏，所貴人沾實惠。謹録奏聞，伏候敕旨。

貼黄：契勘在市米價日長，正是二月間，合行出糶伏乞速賜指揮，入急遞行下。

宋・蘇軾《東坡全集》卷六五《論浙西閉糴狀》　本路今歲不熟，初水後旱，早晚俱傷，高下並損。已具事由聞奏去訖。勘會本路，唯蘇、湖、常、秀等州出米浩瀚，常飽數路，漕輸京師。自杭、睦以東衢、婺等州，謂之上鄉，所産微薄，不了本土所食。里諺云：上鄉熟，不抵下鄉一鍋粥。蓋全仰蘇、秀等州商旅販運，以足官私之用。今來雖一例災傷，而蘇、秀等州所産終是滂沛。訪聞逐州，例皆閉糴，嚴立賞罰，不許米斛出境，是致杭州常平省倉糴買不行，民亦闕食。見今粳米已至八九十足錢。尋具牒蘇、秀等州，不得閉糴。訪問逐州，雖承受本司指揮，依舊閉糴。尋差識字公人陳宥往秀州抄録到所出榜示二本，其大畧云：如有諸色人擡價買米，販往别州，許人告捉，立定賞，多者至五十貫。兼取問得杭州米行人狀稱，因逐州見今立賞告捉私販，全無米船到州。認是逐州官吏堅意閉糴，本司無緣止絶。若商旅不行，米貴不已，公私窘乏，賊盗之類何所不有。以此合係，本司知管除已牒轉運、提刑司外，須至奏聞者。

右本司訪聞得浙中父老，皆言熙寧七八年兩浙災傷，人死(太)〔大〕半。當時雖係天時不熟，亦是本路監司郡守如張靚、沈起之流處置乖方，助成災變。既無方畧賑濟，惟務所在閉糴。蘇、秀等州米斛既不到杭，杭州又禁米不得過浙東，是致人心驚危。有停塌之家，亦皆深藏固惜，不肯出糶。民有衣被、羅紈，戴佩珠金，而米不可得，斃於道路，不可勝數。流殍之變，古今罕聞。伏望仁聖痛加哀憐，曲賜過慮體念。今來浙中雖未是大段凶年，只恐官吏有失措置，漸成災患，所憂不小。若商旅不行，米貴不已，農夫闕食，春夏之交無力種，則明年災傷，公私並竭，不知何以待之。伏望聖慈，深以熙寧之事爲鑑，嚴賜指揮本路監司，多方擘畫，安之於未動，救之於未危。仍乞指揮速行止絶逐州閉糴。所貴杭、睦、衢、婺等州，不至全然乏食。謹録奏聞，伏候敕旨。

宋・司馬光《資治通鑑》卷三六《漢紀二十八》　太保舜奏言：徵能治河者以百數，其大略異者，長水校尉平陵關並言：「河決率常於平原，東郡左右，其地形下而土疏惡。聞禹治河時，本空此地，以爲水猥盛則放溢，少稍自索，雖時易處，猶不能離此。上古難識。近察秦、漢以來，河決曹、衛之域，其南北不過百八十里。可空此地，勿以爲官亭、民室而已。」御史臨淮韓牧以爲：「可略於《禹貢》九河處穿之，縱不能爲九，但爲四、五，宜有益。」大司空掾王横言：「河入勃海地，高於韓牧所欲穿處。往者天常連雨，東北風，海水溢西南出，浸數百里，九河之地已爲海所漸矣。禹之行河水，本隨西山下東北去。《周譜》云：『定王五年，河徙，』則今所行非禹之所穿也。又秦攻魏，決河灌其都，決處遂大，不可復補。」

宋・司馬光《資治通鑑》卷二〇八《唐紀二十四》　中宗神龍元年秋七月，河南、北十七州大水。八月戊申，以水災求直言。右衛騎曹參軍西河宋務光上疏，以爲：「水陰類，臣妾之象，恐後庭有干外朝之政者，宜杜絶其萌。今霖雨不止，乃閉坊門以禳之，至使里巷謂坊門爲宰相，言朝廷使之燮理陰陽也。又，太子國本，宜早擇賢能而立之。又，外戚太盛，如武三思等，宜解其機要，厚以禄賜。又，鄭普思、葉静能以小技竊大位，亦朝政之蠹也。」疏奏，不省。

宋・司馬光《資治通鑑》卷二三四《唐紀五十》　德宗貞元八年秋七月，河南、北、江、淮、荆、襄、陳、許等四十餘州大水，溺死者二萬餘人，陸贄請遣使賑撫。上曰：「聞所損殊少，即議優恤，恐生姦欺。」贄上奏，其略曰：「流俗之弊，多徇諂諛，揣所悦意則侈其言，度所惡聞則小其事。制備失所，恒病於斯。」又曰：「所費者財用，所收者人心，苟不失人，何憂乏用！」上許爲遣使，而曰：「淮西貢賦既闕，不必遣使。」贄復上奏，以爲：「陛下息師含垢，宥彼渠魁，惟兹下人，所宜矜恤。昔秦、晉讎敵，穆公猶救其饑，況帝王懷柔萬邦，唯德與義，寧人負我，無我負人。」八月，遣中書舍人京兆奚陟等宣撫諸道水災。

八月，陸贄上言：今夏江、淮水潦，米貴加倍，人多流庸。關輔以穀賤傷農，宜加價以糴而無錢；江、淮以穀貴人困，宜減價以糶而無米。而又運彼所乏，益此所餘，斯所謂習見聞而不達時宜者也。今江、淮斗米直百五十錢，運至東渭橋，僦直又約二百，米糙且陳，尤爲京邑所賤。據市司月估，斗糶三十七錢。耗其九而存其一，餒彼人而傷此農，制事若斯，可謂深失矣！頃者每年自江、湖、淮、浙運米百一十萬斛，至河陰留四十萬斛，貯河陰倉；至陝州又留三十萬斛，貯太原倉，餘四十萬斛輸東渭橋。今河陰、太原倉見米猶有三百二十餘萬斛，京兆諸縣斗米不過直錢七十，請令來年江、淮止運三十萬斛至河陰，河陰、陝州以次運至東渭橋，其江、淮所停運米八十萬斛，委轉運使每斗取八十錢於水災州縣糶之，以救貧乏，計得錢六十四萬緡，減僦直六十九萬緡。請令户部先以二十萬緡付京兆，令糴米以補渭橋倉之缺數，斗用百錢以利農人；以一百二萬六千緡付邊鎮，使糴十萬人一年之糧，餘十萬四千緡以充來年和糴之價。其江、淮米錢、僦直並委轉運使折市綾、絹、絁、綿以輸上都，償先貸户部錢。

宋・王珪《華陽集》卷二二《賜判大名府韓琦爲水災撫輯河北詔》 勑：大河之北，歲比不登，又有水溢、地震之災。方春東作，民益不聊生，攜老幼棄田廬，日流徙於道，朕甚閔之。豈役煩斂重而吏莫之省邪？將奸人乘此災變而動之也。朕中夜以興，爲之惨怛不安，前日徙卿以鎮大名者，非有意於此乎？其經制之方，已聽便宜從事。若有可以佐吾民者，宜帥意遠思，爲朕撫輯而賑全之，毋使浚民以重民困也。

宋・王珪《華陽集》卷二三《雨災許言時政闕失詔》 蓋聞古之聖賢在位，陰陽和，風雨時，日月光，星辰静，黎民阜蕃以底休平。朕甚慕之。朕猥以眇身，託于王公之上，夙夜之思，惟懼不能以承先帝鴻業。而比年以來，水潦爲沴。乃八月庚寅大雨，京師室廬墊傷，被溺者衆，大田之稼，害于有秋。竊迹灾變之來，曾不虚發。豈朕之不敏于德，而不明于政歟。將天下刑獄滯冤，賦繇煩苦，民有愁嘆亡聊之聲以干其順氣歟？不然，則何天戒之甚著也。今飭躬焦思，欲銷復大異，而未聞在位者之忠言，進祈自新，厥路何繇焉。應中外臣寮並許上實封，言時政闕失，及當世之利病，可以佐元元者，悉心以陳，毋有所諱。執政大臣皆朕之股肱，其協德交修，以輔朕之不逮。

宋・王珪《華陽集》卷二五《賜知台州李頎救濟水災奬諭勑書》 勑某臨海之邦，水忽暴溢，民之被害，朕甚憫焉。汝奉寄於州，而能繕完城壘堤防之修，以安集於吾民，外臺列功，繼達予聽，顧不爾，勞之嘉乎。

宋・王珪《華陽集》卷二六《賜參知政事趙概雨灾乞退第一表不允批答》 省表具之。夫灾祥之應，亶如影響之隨。言貌之違，倏致雨暘之變。朕茂膺丕命，祇憲先猷，顧邦治之未孚，感天恩之再生。迺煩碩輔，引咎興言，載循菲躬，望古盈愧，矧至精仰格，甫銷沴氣之原，而感德交修，終濟丕平之務。欲辭厥位，豈副予懷。所請宜不允。

宋・王珪《華陽集》卷二六《賜趙概雨灾乞退第二表不允斷來章批答》 省表具之。夫天之篤右王者，自非大失道。盡欲扶持而全安之。灾變之來，初莫不恐懼，已則晏然以自若，豈所謂答天之實哉？比者，淫雨之作，咎流萬民，朕甚懼之。今大異甫銷，思與輔政之臣，益圖所以興治之本，以上當天心。卿乃引灾自言，而懷去位之計，朕何望焉。所請宜不允，仍斷來章。

宋・王珪《華陽集》卷二六《賜趙概雨灾乞退第三表不允斷來章批答》 省表具之。比以天序失和，秋霖暴至，顧德弗類，側身靡寧。而卿居與政之司，悼爲民之害，屢引陰陽之變，欲還爵秩之榮，且永初之推咎，臺衡豈足銷于天眚；樂安之不詧，禮義尚何畏於人言，益陳乃謀，用鑒不逮。所請宜不允，仍斷來章。

宋・王珪《華陽集》卷二六《賜參知政事歐陽修雨灾乞退第一表不允批答》 省表具之。灾異者，天地之所戒也。朕德薄致咎，淫雨暴作，下民昏墊，離於非辜，深惟欝悼，未識厥序，非夫一二股肱之良以交儆，予違則信宿之間，休氣來應，未易臻此。經不云乎萬方有罪，罪在朕躬。卿何疑而上書，乃引變辭位三復之際，予心憮然。所請宜不允。

宋・王珪《華陽集》卷二六《賜歐陽修雨灾乞退第二表不允斷來章批答》 省表具之。朕推鴻範之文，貌不恭，則常雨致厥罰。采漢儒之所論，遏有德，則大水乘厥灾。故天變之所從，皆人事之所召，豈朕失奉神臨人之肅，忘尊賢汲善之勤？乃伏陰沴辰，滛潦暴物，始圖銷異之術，爰下責躬之書，煩喆輔之興言，引裁符而避位，況積流收壑，訖無病涉之虞，翳景澄秋，猶有登農之望。往其助始，終以蒙成。所請宜不允，仍斷來章。

宋・王珪《華陽集》卷二六《賜歐陽修雨灾乞退第三表不允斷來章批答》

省表具之。夫治邦不飭，則必致四序之失和；天譴之來，又將儆一人之興德。今順氣靡洽，滛潦爲灾，重循不穀之繇，方厭已然之效，眷言近輔迭上奏函，更推變異之原，自引寵榮之戒。且君臣相勑，當圖庶事之康，而暘燠以時，終底九疇之義。載惟沖避，曷應靈承。所請宜不允，仍斷來章。

宋・王珪《華陽集》卷二八《賜宰臣韓琦雨災乞退第一表不允批答》 省表具之。蓋聞天右王者，故災異數下，以譴告之。顧德不明，蒙淫雨之罰。水泉涌出，壞民室廬，朕甚懼焉。方反躬念愆，思有以荅天之戒，而正陽顯見，感不旋日，豈特朕力之致哉？誠股肱大臣飭正萬事之應也。書不云乎？百姓有過，在予一人。何遽上書，欲上大丞相印綬。漠然予心，將何寄焉。所請宜不允。

宋・王珪《華陽集》卷二八《賜韓琦雨災乞退第二表不允斷來章批答》 省表具之。朕接隆平之序，懷寅畏之心，迺素秋之甫成，忽淫雨之暴降。然止於近郊，則顧其害，靡大彌於再宿，則迹其感不遲。今人事之已修，天變之已返，而猶據災而引咎，援故而辭權，雖蹈夫聖賢遠覽之思，殆謬於君臣交儆之意。書云：勑天之命，方徯咎繇之歌。詩曰：畏天之威，始安文王之道，勉規弗及，終底於休。所請宜不允，仍斷來章。

宋・王珪《華陽集》卷二八《賜韓琦雨災乞退第三表不允斷來章批答》 省表具之。堯被襄陵之災，終勤於稽。古湯離剪爪之患，猶勉於承天。朕不能跂二帝之功，摹三王之迹，而陰陽之靡，順風雨之不時，未飭厥事之違，乃歸有司之責。如是，則謬於疇采，空興四岳之嗟；忘於綏人，孤式九圍之命。尚蘄丕應，宜彌來封。所請宜不允，仍斷來章。

宋・王珪《華陽集》卷二八《賜宰臣曾公亮雨災乞退第一表不允批答》 省表具之。朕迹災變之繇，率緣象類，而至格休平之應，莫匪誠忱之通。比積陰以盭和，乃淫雨之降儆，稼穡卒痒於近甸，室廬幾潰於橫流。方責躬以永思，俄導順而來復，欽惟元德之宰，惕奉明威之臨，外協釐於庶工，內輔飭於五事。奚列章而自咎，欲謝寵以爲安。且堯沴九年，未聞去位之佐；而宋災一國，猶興罪己之言。過實在予，疑何及此。所請宜不允。

宋・王珪《華陽集》卷二八《賜曾公亮地震水災乞退第二表不允斷來章批答》 省表具之。朕獲保宗廟，夙夜祗畏，顧德不能綏天下。乃甲申地震，河朔大水，壓覆人民，朕甚懼焉。卿三朝社稷之臣，方共圖所以應變之術，奚遽上書而引咎也。昔我文考，嘗因天異，下罪己之詔，而不敢督過大臣，矧予小子，不勑躬自思，乃敢聽丞相避位哉？所請宜不允，仍斷來章。

宋・王珪《華陽集》卷二八《賜曾公亮雨災乞退第三表不允斷來章批答》

省表具之。天人之交，其微可畏。陰陽之沴，厥罰有來。自淫雨之下，祥已高穹之返，聽申眷弼疑之任，重懲譴異之由，欲避位於鼎司，數置章於軍府，無流民之譎，而過援石慶之歸，非愆陽之災，而固引祖榮之咎，在於匪德，良亦非懷。所請宜不允。仍斷來章。

宋・沈括《夢溪筆談》卷一一 慶曆中，河決北都商胡，久之未塞，三司度支副使郭申錫親往董作。凡塞河決垂合，中間一埽，謂之合龍門，功全在此。是時屢塞不合。時合龍門埽長六十步。有水工高超者獻議，以謂埽身太長，人力不能壓，埽不至水底，故河流不斷，而繩纜多絕。今當以六十步爲三節，每節埽長二十步，中間以索連屬之。先下第一節，待其至底，沉壓第二、第三。舊工爭之以爲不可，云：二十步埽，不能斷漏。徒用三節，所費當倍，而決不塞。超謂之曰：第一節水信未斷，然勢必殺半。壓第二節，止用半力，水縱未斷，不過小漏耳。第三節乃平地施工，足以盡人力。處置三節既定，即上兩節自爲濁泥所淤，不煩人功。申錫主前議，不聽超説。是時賈魏公帥北門，獨以超之言爲然，陰遣數千人於下流收漉流埽。既定而埽果流，而河決愈甚，申錫坐謫。卒用超計，商胡方定。

宋・李綱《梁谿集》卷四〇《論水災事乞對奏狀》 右臣伏覩陛下以積水暴集，渰浸民居，迫近都城，累降御筆，分遣官吏，固護隄防，拯濟漂溺。仰見陛下聖慮焦勞，曲盡防患之理。然臣竊謂，國家都汴百有六十餘載，未嘗少有變故。今事起倉卒，遠邇驚懼，誠大異也。臣嘗躬詣郊外，竊見積水之來，自都城以西，漫爲巨浸。東距汴堤，停蓄深廣，湍悍峻激，東南而流，其勢未艾。以宗廟社稷之靈，雉堞防守之固，萬無他慮。然或淹緩旬時，因有風雨，有不可不慮者。此誠陛下寅威天戒，博詢衆謀之時，而羣臣竭智効力，捐軀報國之秋也。累日以來，傾耳以聽，缺然未聞，臣竊怪之。夫變異不虛發，必有感召之因。災害未易禦，必有消弭之策。周官於國危，則有大詢之禮。祖宗每遇災變，亦降詔求言。

臣愚伏望陛下，斷自淵衷，特詔在廷之臣，各具所見以聞，擇其可採者。非時賜對，特加驅策，施行其説。因衆智協衆，力濟危圖安。上以答天地之戒，下以慰億兆之心，天下不勝幸甚。臣仰荷陛下，天地父母之恩，親加識擢，得侍清光，常思奮不顧身，以循國家之急。輒有已見，急切利害，事須面奏。伏望聖慈降旨閤門，許臣來日因侍立次直前奏事。庶幾得盡狂瞽，仰裨聖慮之萬一。伏候敕旨。

宋·李綱《梁谿集》卷四〇《論水便宜六事奏狀》 右臣近嘗奏請以水潦爲患，乞賜燕間敷陳利害。今月十四日，崇政殿侍立閤門傳旨，令臣先退。惶懼戰慄，居家待罪，不敢供職。聖恩寬厚，未奉誅責，日夕惴恐，跼蹐無他。伏念臣愚惷，謏聞孤立，寡與惟知。仰事陛下以國家爲心，比見積水暴集，逼爾都城，私憂過計，輒貢狂瞽，情迫意切，言皆不倫，觸盛意，犯隆旨，自干雷霆之威，死有餘罪。自非陛下恕其愚直，天地父母矜而憐之，誰復爲臣言者。臣竊以水旱之災，雖堯湯有所不免。惟聖人爲能遇災而懼，側身修行，博詢衆謀以銷去之。故堯於洪水方割之時，有疇咨之言。湯於旱既太甚之日，有六事之責。皆能轉災以爲福，易沴以爲和。此古聖人之明驗也。今者水患之來，起於倉卒。人心惶懼，遠邇震驚。幸賴宗社之靈，陛下睿筭之審，屢降御筆處分，疏導通決，勢漸退落。雖畿甸旁近皆罹其災，而都城無虞，人意漸定。然臣竊以謂水災既退之後，朝廷未可以謂無事，正宜講究利害，增固隄防，夤念天戒，益以修省，不可忽也。臣愚惷不揆，輒妄發昧死上便宜六條：一曰治其原，二曰折其勢，三曰固河防，四曰恤民隱，五曰省煩費，六曰廣儲蓄。惟陛下留神幸察，臣恭惟國家卜世定鼎眷都。大梁平原沃野，彌望千里，非有高山峻嶺爲之阻。而都城以西，京索交流，陂澤相接，自西徂東，地勢傾下，加以雨潦，不能吞納，則決溢東注，俯灌都城，其勢然也。爲今之計，莫若相視陂塘疏導，京索增卑培薄，固以隄防，節以斗門，旱則水有所泄，雖霖雨，其勢不得接連而下，可以爲萬世之利。此則治其源之策也。臣竊觀自昔善捍水患者，必爲長隄以濟其衝，其意以謂以數仞之城，而拒方至之水。風濤之所鼓薄亦已危矣。限以長隄，殺其怒勢，然後人力可施而城益堅。今積水之來，自都城之西，浩如江湖，東抵汴岸，南阻新堤。雖停蓄深廣而卒不能至城下者，有隄以爲之阻也。由隄而行，散漫湍激，至都城之南，則徑抵護龍河者，無隄以爲之阻也。爲今之計，莫若距城數里之外，因高地勢繚以長隄，使雖有積水決溢之患，循隄四瀉，不能薄城，可以禦一時之急。此則折其勢之策也。國家都汴處大河之下，流其所恃以爲固者，埽岸堅而法制嚴也。比年以來，玩習苟簡。護衛之卒，散於抽差；備禦之儲，耗於轉易。河齒隄防，日朘月削，恬不加恤，如廣武埽，其距清汴纔百餘步，去冬危殆屢矣。其不決溢者，特幸耳。使夏秋之交，乘霖雨湍暴之勢，果能保其無虞乎？夫以陂澤積水暴集之患，猶可驚駭。况大河之勢，又可不爲之深慮哉？臣愚願擇深知河事者，相地形回清汴，使與大河相遠，仍詔有司遵守法制，存留兵革，儲積材料。敢有抽差轉易者，必處以刑。此則固河防之策也。今茲積水之來，衝白沙蕩中，牟迫都城，散漫畿甸之邑，淹浸屋廬，漂溺民畜，損傷苗稼，不可以數計。今又決其南以注於陳蔡之郊，決其北以注於相衛之境。疏汴渠之下，流於陳留，則數千里之内，悉被其患矣。陛下惻怛憂勞，降詔拯濟，德意甚厚。臣猶竊慮，州縣監司未能悉意奉行也。願詔諸路應被災傷地分，今年秋租並與蠲免。水過之後，安集民居，借貸賑濟，務令復業，無使失所，以副陛下之意。此則恤民隱之策也。臣竊惟去歲江淮泛溢，東南之民悉皆流移。賴陛下聖慈，以六路上供米斛，廣加賑濟，民得無死，德至渥也。然州縣蕭條，帑廩匱乏，迨今未復。今畿甸旁近，又有積水之患矣。何以堪之？臣愚願陛下斷自宸衷，凡營繕工役，花石綱運，有可省者，權令減罷。數年之間，民力漸完，國用以足，然後惟陛下之所命耳。裕民豐財，莫是爲大，臣所謂罷不急之務者，此也。臣又惟古者，九年必有三年之蓄，二十七年必有九年之蓄，然後無旱乾水溢之患，教化行，習俗美而頌聲興，是爲太平治之至也。祖宗以來，舊有封樁米斛以千萬計，所以爲兵民之天，宗社之本也。比年來，工役寖多，仰食者衆，歲以侵耗，遂致殫竭。今國計所仰者，獨東南六路轉輸歲額耳。假使一方水旱，歲額不登，將胡以自給？静以思之，可爲寒心。臣愚願陛下明詔有司裁蠶食者，幸歲豐登，朝廷多降糧本，委彊幹官吏，廣行收糴，別項上供，以充封樁之數。歲歲如此，及祖宗舊額而後止。此朝廷之所優爲，何不留意而獨爲懔懔也。養兵足國，莫是爲急，臣所謂廣國之儲者，此也。凡此六者，皆當今之要務，顧臣智識淺陋，文字荒疎，言不足以達意。惟陛下財幸下臣章，宰執議其可否。如可採録，望賜施行。臣比者嘗獻愚計，伏蒙聖慈寬假，未賜斧鉞之誅，輒復自竭冒昧天聽，庶幾芻蕘之言，有補萬一，仰報盛德。

貼黄一：臣伏以水患暴至，失於隄防，憑陵都城，久未退息，厥異甚大，誠不可忽。伏望陛下，畏天戒、固民心、收士用、嚴守衛，以彌寧災害，大慰天下之望。避殿、減膳，告於天地、宗廟、社稷，所以畏天戒也。法禹湯之罪己，以詔萬方，親御六龍，率羣臣負土石，以先士卒，所以固民心也。誅水官之不勝任者，以正典刑，擇材智而驅策之，與共患難，所以收士用也。輟營繕花石之不急者，併卒伍而部分之，以備不虞，所以嚴守衛也。四者既具，又在陛下修身中之誠，感動天心，如此而災害不彌、和氣不臻，未聞之也。臣不勝惓惓盡死節，惟陛下裁察。

貼黄二：臣區區之誠，以謂暴水之災，理不虚發。在廷之臣，瘖默取容，無肯奏知。陛下以克謹天地告戒之意者，不勝憤懣，嘗罄狂愚，冒瀆聖聰。今又不能自已，輙復妄發。伏望陛下察臣之意，少賜寬假，無使忠義之士鉗口結舌，視臣爲戒天下，不勝幸甚。

宋・李綱《梁谿集》卷四〇《論水事待罪奏狀》 右臣今月十二日，曾具奏以暴水爲災，迫浸都城，恐非細故，欲望陛下寅念天戒，招徠讜言，仍有已見，急切利害。乞因侍立直前奏事。今月十三日，崇政殿侍立，宰執退。傳旨閤門，令臣先退。更不侍立，臣不勝惶懼戰越之至，見今居家待罪，不敢供職，伏望聖慈，特賜黜責施行。

宋・王之望《漢濱集》卷七《温州水灾放罪自劾奏劄》 臣今月十九日準尚書省劄子，勘會已降指揮。温、台州近被水灾，逐州守臣王某、陳巖肖，各不即聞奏。陳巖肖仍賑恤遲緩。王某特降一官，陳巖肖落職放罷。近台州申獲海賊首領毛大等五十七人。温州申獲次首領許大等九十六人。十月十一日三省同奉聖旨，王某、陳巖肖各有捕賊之勞，以功贖過，特與放罪。前降指揮更不施行内。陳巖肖與宫觀臣伏讀訓勑，感激涕流。臣誤蒙聖恩，畀以便郡政事乖剌，洊致天灾，不能即以上聞，罪在不赦。况臣嘗侍帷幄，深識聖主勤恤民隱，亟欲知四方疾苦之心，宜與它郡守不同，而老病之餘，誖眊如此，陛下何賴焉？考實論情，合加重譴，乃從末減，恐未足以壓服公議。若以捕獲海賊功過相除，自是明見千里之外。創置水寨及將士用命所致，臣何力之？有正使建明其事偶出於官，亦守臣常職，惡足以贖蔽灾之大過。黜官一秩，已爲輕典，更加貸宥，何以示刑？伏望聖慈，特賜處分，將臣降官，指揮依舊施行，仍從罷免，以爲付委不效之戒。其於陛下信賞必罰，綜核名實之政，豈小補哉？臣無任慚懼戰慄，俯伏待罪之至，取進止。

宋・王之望《漢濱集》卷七《條奏温州水灾後措置事件奏議》 臣近覩邸報臣僚劄子，自夏至秋，浙東一路瀕海之郡三遭風水，甚至民間以木筏搬載，湍急之處，廬舍飄蕩。禾稼不以早晚，或秀而未實，或實而未收，浸淫損害，所餘亡幾。在法水傷去處，差官檢視，蠲減田租。似聞州縣之吏，恐爲己累，懵不加恤，惟懼朝廷之得聞也。欲望先委浙東監司及諸郡守臣，詢聞著實被水去處，分差清强官檢視，定其高下，减免租税，并行下諸路監司郡守覺察，或有灾傷，先期從實奏上，庶幾不敢欺隱。奉聖旨依奏，續於今月十四日。轉運副使劉敏士到州，布宣德音，體訪委曲，過於優卹，惠利有加。恭惟皇帝陛下憂民救灾之誠，至深、至厚。恩澤所施，孰不鼓舞。然浙東七郡，其四瀕海，被灾輕重，各有等差，不皆如臣劄子所言。臣先呼集諸縣知縣，赴州親加審問，皆云損傷不多。其人素皆愛民，非喜爲掊克者，所言可信。又戒更切詢究，不得抑遏人户狀詞，各皆遵禀而去。既是損傷不多，則檢踏蠲放，合依條限。難以前期，張皇申奏。至於講求荒政，固已預爲隄備，大抵於成法之外，更務寬假。此皆守臣職分之常。其所設施，何敢一一溷瀆朝聽。陛下撫養黎庶，視之如子。每聞疾苦，宵旰軫懷，臨遣漕臣，躬行按視。此堯舜之用心也。臣豈容隱默，畧無陳述，謹具本州風水後措置事件，編成一册，繕寫投進以聞。庶幾上寬宸慮少，副綜核之意，伏乞睿照。

宋・洪适《盤洲文集》卷五〇《水災應詔奏狀八月一日**》** 臣今月一日，准尚書省劄子。七月三十日，三省同奉聖旨。政事不修，災異數見。江浙水澇，有害秋成。朕自八月一日避殿减膳，思所以應天之實，可令侍從臺諫，卿監郎官館職，疏陳闕失及當今急務，毋有所隱，劄送臣者。

右臣聞災變之發，率多緣類而起。漢儒一一牽合，則有附會不經之失。然理之當者，亦不可因噎廢食而曲爲之説。臣謹按《漢書・五行傳》云，陰氣勝，故其罰常雨，水傷百穀，姦軌並作。魯莊公十一年秋大水。董仲舒以爲，魯宋比年爲乘丘鄑之戰，百姓愁怨，陰氣盛，故二國俱水。厥後水災，皆歸之兵興民怨所至。國家自數載以來，兵民死於戎事，肝腦塗地者不鮮，父母、妻子啼號之聲未絶也。陛下有兼愛南北之心，而獷狡變詐，干戈未可得而戢。今水不潤下，江湖逆溢，田疇溝澮與河渠連而爲一。已秀之禾，不得而穫。下民嗸嗸，未有生意。官無積藏，安得人人而飽之。霖潦彌月，勢猶未已，陰氣可謂盛矣。陛下畏天愛民，至誠惻怛，明詔廷臣，使之盡言，堯舜之用心也。臣愚以爲，陰勝陽之沴，遠人闖于外，姦宄蟄於内也。今外之所以待敵人者，朝廷有潛算，小臣不敢輕議。而區區愚慮，竊恐季孫之憂不在顓臾。臣入對之始及輪進故事，皆以歸正人爲憂。繼因晚召，亦嘗奏陳仰勤天問矣。數旬以來，漸已萌芽。臣幸因奉詔，敢復詳言。向之爲美談者皆曰：中原遺黎，望王師之來，則簞食壺漿，願削左袵，所以繦負而至。又其思慕聖德之切者，臣在江淮之間二年，所聞殊異於是。蓋山東仍年旱蝗耕者，無所得食。故扶老攜幼，南來偷生。又聞趙王世隆之徒，聚衆攻剽彼國，指名蹤捕，亦以荒歲。故牽連親戚，相率來歸。其意蓋欲王師恢復，因得乘勢横行，逞其所欲。上可以得官爵，次可以得金帛。子女不失，歸其故鄉。既來之後，大失素望，更相嘆恨。而將帥所部，又役使詈辱，無以得其驩心。去復買和仲以督府之令，驅其孥累數萬口冒暑而來，絶海遇風，已葬魚腹，而婦人老稚數百同舟，蒸鬱相搏，疾病枕籍死者，不暇瘞埋。既抵所屯，雖計口給粟，不能充飢。愁怨之氣，上干陰陽之和，實在於此。初到京口，則掘山中草根以代蔬茹。數月之後。三五成羣，掇拾棄菜敗蘆於市廛之間。其計無聊，何以久處。父子數口，雜於方丈之舍。上雨旁風，無以蔽障。甚者，寢處於泥淖之内。以他人視之，不可一朝居也。此臣目擊耳。聞者如此，其人之在山東，皆有室廬、南畝，生生之具自若也。今雖使禽鳥，豈不思歸。欲歸無計，則姦軌之謀，不得已而作。今日誅甲，明日誅乙，必草芟獸獮然後已。況邇來北方已有招納之牓，又有訹誘之人，其黨聚於江浙兩城，散於淮甸諸郡。去帝城不遠，亦復有之。一呼相應，特未艾也。或曰：叛者已治，是大不然。譬之急湍奔流，勢必赴壑於其中間。築土以拒之，終於衝軼横潰而止耳。臣之管見，以謂其人趫趫可用，大勝江浙所募。若使人給家足，無飢寒匱乏之患，樂補軍籍之缺，誠爲大利。若其懷土不忘，則宜優其歸費，送以舟楫，使之踰淮而去，則可以窒患於未萌，施恩於不報，怨氣可弭，天災可消。或曰：縱之使去，不若遷之别壤，以離其黨。是又不然，此輩捐生業，棄墳墓，遠來歸我，亦招誘者誤之。今遷之别壤，居上者，誰有仁民之心，官又無以贍之，客居窮處，速其死耳。是無罪而殺之也，可不念哉。當今陰盛之患，在外者，猶可隨機而應。在内者，莫急於此。蓋浙西非盜賊窟穴，雖流徙困殍，必無弄兵之事。臣私憂過計，伏望聖慈，曲賜采擇而區處之。至於譏切時政，毛舉小事，言而難行，徒以沽名賣直，則臣所不敢冒犯天威。臣不勝戰汗。

宋·王柏《魯齋集》卷九《水災後劄子》 竊惟婺女之爲郡，三面阻山，而太末之水限其西南，中間沃壤甚狹，豐年樂歲，僅僅自保。國家無兼歲之儲，上農無半年之食。一遇水旱，上下俱困。今年陰沴，馮陵西疇告病。横風淫雨，浸蕩於其外。螟螣蟊賊，蝕嚙於其内。烏茸槁粒，一目百里。雖無洚水，亦爲凶年。況七八月之間，山裂石走，百川沸騰，五邑狂瀾，會于一夕，傾覆我室廬，漂蕩我家具，淪没我稼穡，殄絶我民命，横尸被野，冤氣蔽天。雖咸淳，亦不如是之甚也。此豈小故哉！死者吾末如之何，而生者日就溝壑，尤爲可念。伏惟某官任父母，斯民之責，推己溺己飢之心，散財發粟，徧加拯恤，德至渥也。既而申奏朝廷，大捐稍廩，賦出泉符，使者跋履巡按，官吏奔走山谷，所以慰勞給助，恩已醲矣。然識者之慮，無餘憾於今日，深有憂於方來，何者？膏腴在下，而瀕溪磽瘠，居高而帶山。下者，宜秔、宜粳、宜秫，高者，宜粟、宜豆、宜油麻。又其次，則蕎麥、芋果、蔬菔，幸免十不二三。蓋濱溪者，洪水之所匯。帶山者，洪水之所發。浸者成芽，没者就槁，衝突者砂石，縱横者陵谷易位。凶年之禍，未有如是之慘者。來者糴價翔踴，細民艱食，已無可疑。講行賑濟，又將次第而舉。然賑濟於今日，局面與去歲不同。蓋承豐穰之後者易，承凋瘵之餘者難。吾邦自庚子之春，講行勸分于今，三年一舉，而民猶樂從，再舉而民力已竭，三舉則元氣必絶矣。是以講行於吴侍郎之時，不勞趣辦，上下歡然。講行于趙都承之時，科擾程督，費力殊甚。講行于今日，實無良策。蓋富家巨室，赤立以待新令，先有啼飢之憂，況弱户乎？是故，勸分之令(雞)〔難〕以復舉。夙夜以思，惟有籲哀朝廷，歸命君父，撥借四五萬石之米，俟來春糶錢椿積，秋成糴還朝廷，決不以煩瀆爲罪本州。又作急那融四五萬石之資，日下差官，收糴於浙西，俟。將來賑糶訖事，此錢亦不患耗折。但浙西晚禾將熟，趂發運司未下知糴之令，則數萬石之米，攙先收拾，止浙西一二中户從容可辦，此其次也。大抵凶荒之餘，必有盜賊攘奪之患。計出無聊，勢使然也。但得乞米之奏，轉糴之官，即日就道，便可徧諭鄉村，告以此意。使百姓知官司既加振業于前，又有措置於後，必無貴糴之憂，必無流莩之慮，徘徊顧藉，邪心自消。然後糾結保伍，申嚴號令，按逐苛刻之吏，禁戢暴横之民，庶幾千里之愁嘆自銷，國家之根本益固，誠非小補也。

宋·祝穆《古今事文類聚·前集》卷五《區處流民》 富公弼知鄆州，自鄆移青。會河溯大水，民流京東。擇所部豐稔者三州，勸民出粟，得十五萬斛。益以官廩，隨所在貯之，得公私廬舍千餘萬間，散處其人，以便薪水山林河渡之利。有可取以爲生者，聽流民取之，其主不得禁。凡活五十萬人。募而爲兵者，又萬餘人。上聞之，即拜禮部侍郎。公曰：救災，守臣職也。辭不受。前此救灾者，皆聚民城郭中，煑粥食之。聚爲疾疫，或待次數日不食，得粥皆僵仆。名爲救之，而實殺之。自公立法，簡便天下，傳以爲法。《神道碑》。

元·脱脱等《宋史》卷六一《地理志四》 潤下，水之性也。水失其性，則爲災沴。舊説以恒寒、鼓妖、魚孽、豕禍、雷電、霜雪、雨雹、黑眚、黑祥皆屬之水，今從之。醴泉、河清雖爲瑞應，苟非其時，未必不爲異，故雜附于編。他如甘露、嘉禾、芝草一切祥瑞之物，見于後者，因其事而考其時，則休咎自見，故亦各以類相從云。

清・胡天游《春秋夏正》卷一　《經》：桓公三年，冬有年。　胡安國云：獨桓有年存而不削者，桓獲罪於天，宜得水旱凶災，今乃有年，是反常也，故以爲異特存耳。

《經》：莊公七年秋，大水無麥苗。　秋，大水無麥苗，或以爲夏之五月，周之孟秋，麥方熟，禾苗始種，皆敗於水。是尤闇於《經》之甚者也。夫麥苗者，《經》專舉麥言之，固不謂苗之爲禾及諸穀，又不謂爲五月之孟秋也。凡麥種乎秋，登乎夏。《夏小正》言：榮鞠樹麥，時之急也。《説文》云：秋種厚薶，故謂之麥。麥，金穀也。故苗於季秋，宿乎冬，秀乎卯，盛于辰，成于巳。然則秋大水無麥苗者，麥甫播而敗乎水，漂失其種，無復萌芽。故云：大水無麥苗，此《經》意也。且若以爲五穀之苗而悉無之，則是冬當饑。然《經》不書。《傳》復曰：秋無麥苗，不害嘉穀。明麥之甫播者，大水敗之。而禾穀之就熟者，不害于水矣。夫堯典、邠詩、小正、月令、時訓並以鳥獸、昆蟲、草木驗紀四時，以其得氣之先。苗萌鳴躍，應候常準，故也。若夫麥禾五種，降乎天，生乎土，含芽有時，萩長有日，于時尤應。故《黄帝書》曰：四時之不正，正五穀而已。言五穀可以正冬春，使人不惑。然則《經》書秋不月者，統一時言之。此大水者，實則夏正八九月矣。《聞舊記》云：洪武初，徵隱士。至，太祖問之曰：諸穀莖皆三節，麥莖獨四節，何也？對曰：麥秋種夏熟，受雨露于四時，是以四節。太祖稱善。此亦可備秋無麥苗之一解也。

《經》：莊公二十有八年冬，大無麥禾，臧孫辰告糴于齊。　凡書有年，書饑，書告糴，皆于冬者。邠詩：十月穫稻，是時野穀盡入。然後國君命有司計一歲之通，定其豐歉，史乃書之。是歲終之事。何休説《公羊》，乃云：無麥禾，蓋秋水所傷。疏者承之。因謂無麥是建未前事，疾莊公不制夫人，令其陰盛。故加大以見之，非唯昧經，并失《公羊》意。又出賣餅家下者，直當刊此野文耳。

《經》：宣公十有六年冬，大有年。　胡安國云：宣公弒立，水旱饑饉。宜相繼而作，乃大有年，所以爲異。

按桓、宣二君固有罪，然歲者民之命，民亦何罪，當因兩君而被災譴之咎乎？年穀順成，則百姓安樂，故舊史□而書之，夫子謹而取之，重民故也。秦、晉爲怨，晉饑，乞糴于秦。秦伯曰：吾怨其君，而矜其民，卒與之糴。天之于民，不若秦伯乎？如安國之論，怒一人而及千萬人，春秋之罪人也。

紀事

《春秋左傳》卷四　《經》：桓公元年，秋，大水。注：書災也。《傳》例曰：凡平原出水爲大水。

《春秋左傳》卷六　《經》：十有三年夏，大水。

《春秋左傳》卷七　《經》：莊公七年秋大水。

《春秋左傳》卷八　《經》：十有一年秋，宋大水。

《春秋左傳》卷九　《經》：二十有四年，大水。《經》：二十有五年秋，大水。

《春秋左傳》卷四八　《傳》：昭公十九年，鄭大水，龍鬬于時門之外，洧淵。

《竹書紀年》卷上　黄帝軒轅氏五十年秋七月庚申，鳳鳥至帝，祭于洛水。庚申，天霧三日三夜，晝昏。

《竹書紀年》卷下　隱王《史記》作赧王，名延，盖赧、隱聲相近。六年十月，大霖雨，疾風，河水。

顯王二年，河水赤于龍門，三日。五年，雨碧于郢地，忽長十丈有餘，高尺半。六年，雨黍于齊。八年，入河水于圃田，又爲大溝而引圃水。瑕陽人自秦導岷山，青衣水來歸。

《春秋穀梁傳》卷二　隱公九年三月癸酉，大雨震電。

《春秋穀梁傳》卷三　桓公元年，大水注。

《春秋穀梁傳》卷四　桓公八年冬十月，雨雪。桓公十三年夏，大水。

《春秋穀梁傳》卷五　莊公七年秋，大水。莊公十一年秋，宋大水。

《春秋穀梁傳》卷六　莊公二十五年秋，大水。

《春秋穀梁傳》卷八　僖公十年冬，大雨雪。

《春秋穀梁傳》卷一三　成公五年秋，大水。

《春秋公羊傳》卷四　桓公元年秋，大水。

《春秋公羊傳》卷五　桓公十三年夏，大水。

《春秋公羊傳》卷六　莊公七年秋，大水。無麥苗。

《春秋公羊傳》卷七　莊公十一年秋，宋大水。

《春秋公羊傳》卷八　莊公二十五年秋，大水。

《春秋公羊傳》卷一六　宣公十年六月，大水。先是城平陽，取根牟及蘱，役重民怨之所生。

漢·司馬遷《史記》卷二《夏本紀》　當帝堯之時，鴻水滔天，浩浩懷山襄陵，下民其憂。堯求能治水者，羣臣四嶽皆曰鯀可。堯曰：「鯀爲人負命毀族，不可。」四嶽曰：「等之未有賢於鯀者，願帝試之。」於是堯聽四嶽，用鯀治水。九年而水不息，功用不成。於是帝堯乃求人，更得舜。舜登用，攝行天子之政，巡狩。行視鯀之治水無狀，乃殛鯀於羽山以死。天下皆以舜之誅爲是。於是舜舉鯀子禹，而使續鯀之業。

漢·司馬遷《史記》卷五《秦本紀》　獻公十八年，雨金櫟陽。

漢·司馬遷《史記》卷六《秦始皇帝本紀》　二十八年，始皇東行郡縣，上鄒嶧山。立石，與魯諸儒生議，刻石頌秦德，議封禪望祭山川之事。乃遂上泰山，立石，封，祠祀。下，風雨暴至，休於樹下，因封其樹爲五大夫。

漢·司馬遷《史記》卷一一《孝景本紀》　中五年夏，天下大潦。

漢·司馬遷《史記》卷二八《封禪書》　始皇之上泰山，中阪遇暴風雨，休於大樹下。諸儒生既絀，不得與用於封事之禮，聞始皇遇風雨，則譏之。於是始皇遂東遊海上，行禮祠名山大川及八神，求僊人羨門之屬。

漢·司馬遷《史記》卷四三《趙世家》　十八年，大潦，漳水出。魏冉來相趙。二十七年，徙漳水武平南。河水出，大潦。

漢·班固《漢書》卷三《高后紀》　高后三年夏，江水、漢水溢，流民四千餘家。八年夏，江水、漢水溢，流萬餘家。

漢·班固《漢書》卷四《文帝紀》　文帝十二年冬十二月，河決東郡。

漢·班固《漢書》卷六《武帝紀》　武帝建元三年春，河水溢于平原，大飢，人相食。元光三年春，河水徙，从頓丘東南流入勃海。夏五月，河水決濮陽，泛郡十六。發卒十萬救決河。起龍淵宮。元狩三年秋，遣謁者勸有水災郡種宿麥。舉吏民能假貸貧民者以名聞。元鼎二年夏，大水，關東餓死者以千數。

漢·班固《漢書》卷七《昭帝紀》　昭帝始元元年秋七月，大雨，渭橋絶。

漢·班固《漢書》卷九《元帝紀》　元帝初元元年九月，關東郡國十一大水，饑，或人相食，轉旁郡錢穀以相救。初元二年六月，關東饑，齊地人相食。秋七月，詔曰：「歲比災害，民有菜色，慘怛於心。已詔吏虚倉廩，開府庫振救，賜寒者衣。今秋禾麥頗傷。一年中地再動。北海水溢，流殺人民。陰陽不和，其咎安在？公卿將何以憂之？其悉意陳朕過，靡有所諱。」永光五年秋，潁川水出，流殺人民。

漢·班固《漢書》卷一〇《成帝紀》　成帝建始三年秋，關内大水。七月，虒上小女陳持弓聞大水至，走入横城門，闌入尚方掖門，至未央宫鉤盾中。吏民驚上城。九月，詔曰：「乃者郡國被水災，流殺人民，多至千數。京師無故訛言大水至，吏民驚恐，奔走乘城。」建始四年秋，大水，河決東郡金隄。冬十月，御史大夫尹忠以河決不憂職，自殺。陽朔二年秋，關東大水，流民欲入函谷、天井、壺口、五阮關者，勿苛留。

漢·班固《漢書》卷二四上《食貨志上》　元帝即位，天下大水，關東郡十一尤甚。二年，齊地饑，穀石三百餘，民多餓死，琅邪郡人相食。永始二年，梁國、平原郡比年傷水災。

漢·班固《漢書》卷二四下《食貨志下》　其明年，山東被水災，民多飢乏，於是天子遣使虚郡國倉廩以振貧。猶不足，又募豪富人相假貸。尚不能相救，乃徙貧民於關以西，及充朔方以南新秦中七十餘萬口，衣食皆仰給於縣官。數歲，貸與産業，使者分部護，冠蓋相望，費以億計，縣官大空。是時山東被河災，及歲不登數年，人或相食，方二三千里。天子憐之，令飢民得流就食江淮間，欲留，留處。使者冠蓋相屬於道護之，下巴蜀粟以振焉。

漢·班固《漢書》卷二七上《五行志上》　嚴公二十八年「冬，大(水)亡麥禾」。桓公元年「秋，大水」。故十三年夏，復大水。嚴公七年「秋，大水，亡麥苗」。十一年「秋，宋大水」。二十四年，「大水」。宣公十年「秋大水，飢」。成公五年「秋，大水」。襄公二十四年「秋，大水」。高后三年夏，漢中、南郡大水，水出流四千餘家。四年秋，河南大水，伊、雒流千六百餘家，汝水流八百餘家。八年夏，漢中、南郡水復出，流六千餘家。南陽沔水流萬餘家。文帝後三年秋，大雨，晝夜不絶三十五日。藍田山水出，流九百餘家。(燕)〔漢水出〕，壞民室八千餘所，殺三百餘人。元帝永光五年夏及秋，大水。潁川、汝南、淮陽、廬江雨，壞鄉聚民舍，及水流殺人。成帝建始三年夏，大水，三輔霖雨三十餘日，郡國十九雨，山谷水出，凡殺四千餘人，壞官寺民舍八萬三千餘所。昭帝始元元年七月，大水雨，自七月至十月。成帝建始三年秋，大雨三十餘日；四年九月，大雨十餘日。

漢·班固《漢書》卷七五《翼奉傳》 是歲，關東大水，郡國十一飢，疫尤甚。上乃下詔江海陂湖園池屬少府者以假貧民，勿租稅；損大官膳，減樂府員，省苑(囿)〔馬〕，諸宮館稀御幸者勿繕治；太僕少府減食穀馬，水衡省食肉獸。

漢·班固《漢書》卷九九中《王莽傳中》 天鳳二年二月，邯鄲以北大雨霧，水出，深者數丈，流殺數千人。

漢·班固《漢書》卷九九下《王莽傳下》 地皇元年七月，是月，大雨六十餘日。令民入米六百斛爲郎，其郎吏增秩賜爵至附城。地皇二年四月，遣太師王匡、更始將軍廉丹東，祖都門外，天大雨，霑衣止。

漢·劉珍《東觀漢記》卷三 桓帝永興二年，蝗水爲災，五穀不登。令所傷郡國，皆種蕪菁以助民食。

漢·劉珍《東觀漢記》卷一三 建武八年間，郡國七大水涌泉盈溢。林以爲倉卒時兵擅權作威，張氏雖皆降散，猶尚有遺脱，長吏制御無術，元元侵陵之所致也。上疏曰：臣聞先王無二道，明聖用而治。見惡如農夫之務去草焉，芟夷蕴崇之，絶其本根，勿使能殖，畏其易也。比年，大雨，水潦暴長，涌泉盈溢，灾壞城郭官寺、吏民廬舍，潰徙離處，潰成坑坎。臣聞水，陰類也。易卦，地上有水比，言性不相害，故曰樂也。而猥相毁墊淪失，常敗百姓安居。殆陰下相爲蠹賊，有大小負勝不齊，均不得其所，侵陵之象也。詩云：畏天之威，于時保之。惟陛下留神明察，往來懼思，天下幸甚。

漢·劉珍《東觀漢記》卷一九 安帝元年，郡國被水災，比州湮没，死者以千數。災異數降，西羌反叛，殺略人吏，京師淫雨，蟊賊傷稼穡。防比上書，自陳過咎，遂策免。

漢·荀悦《前漢紀》卷八 孝文帝十二年冬，十有二月，河決東郡酸棗，潰金隄。後元三年春正月，行幸代。秋大雨，晝夜不絶，四十五日。藍田山水出，流一百餘家。漢水出，壞民室八十餘家。所殺三百餘人。

漢·荀悦《前漢紀》卷一〇 武帝建元三年春，河水決溢於平原。大饑，人相食。賜茂陵徙者户錢二十萬，田二頃。

漢·荀悦《前漢紀》卷一一 武帝元光三年春，河水徙自頓丘東南，入于渤海。夏五月，封高帝功臣後五人並爲列侯。河決濮陽，汎十六郡。發卒十萬救河決，起龍淵宫。

漢·荀悦《前漢紀》卷一三 武帝元鼎二年三月，大雨雪。夏，大雨水。關中餓死者以千數。秋九月，詔曰：仁不異遠，義不辭難，江南饑寒，下巴蜀之粟，致之江陵。遣博士分循行，吏民有能救饑困者，具舉以聞。

漢·荀悦《前漢紀》卷一六 平帝元始元年秋七月。大雨。渭橋絶。冬無冰。

漢·荀悦《前漢紀》卷二四 成帝建始三年秋，關中大雨水四十餘日。京師人無故相驚，言大水至，百姓奔走號呼，長安中大亂。上親御前殿召公卿議。大將軍王鳳以爲，太后及上與後宫，可御舟船。令吏民百姓上長安城。羣臣皆從王鳳議。王商者，宣帝舅樂昌侯武之子，曰：自古無道之國，水猶不冒入城郭。今政治和平，何爲當有大水一旦暴至？此爲訛言。不宜令民上城，重驚百姓耳。上乃止。有頃，長安中稍稍自定，上歎美商之固守，數稱其議。鳳甚慙，自恨失言。四年夏四月，雨雪。秋，桃李實，大雨水十餘日。河決東郡金隄。沈溉兖豫，入平原、千乘、濟南，凡灌四郡三十二縣。敗毁官寺、民屋廬四萬所。

漢·荀悦《前漢紀》卷二六 成帝鴻嘉四年秋，雨魚于新都，長五尺。勃海清河河水溢，灌縣邑三十一，壞官亭民舍四萬餘所。丞相御史李尋以爲陰氣盛溢，則水爲之長，故一日之内，晝減夜增，所謂水不潤下，猶日月變見於天也。

漢·劉歆《西京雜記》卷一 漢高帝七年，京師大水。祭山川以止雨。丞相御史二千石，禱祠如求雨法。

漢·劉歆《西京雜記》卷二 文帝初，多雨積霖，至百日而止。

晉·陳壽《三國志》卷四七《吴志二·吴主傳》 赤烏八年夏，茶陵縣鴻水溢出，流漂居民二百餘家。

晉·陳壽《三國志》卷四八《吴志三·三嗣主傳》 五鳳元年夏，大水。永安四年夏五月，大雨，水泉涌溢。

晉·干寶《搜神記》卷八 武王伐紂，至河上，雨甚，疾雷，晦冥，揚波於河，衆甚懼。武王曰：「餘在天下，誰敢幹餘者？」風波立濟。

南朝宋·范曄《後漢書》卷一下《光武帝紀》 建武七年，是夏，連雨水。八年秋，大水。是歲大水。二十九年五月，大水。三十年夏五月，大水。

南朝宋·范曄《後漢書》卷四《和帝、殤帝紀》 永元元年，是歲，郡國九大水。十年夏五月，京師大水。冬十月，五州雨水。《東觀記》曰：「京師大雨，南山水流出至東郊，壞人廬舍。」十二年六月，舞陽大水，賜被水災尤貧者穀，人三斛。十六年二月己未，詔兗、豫、徐、冀四州比年雨多傷稼，禁沽酒。夏四月，遣三府掾分行四州，貧民無以耕者，爲雇犂牛直。

延平元年六月丁未，郡國三十七雨水。

南朝宋・范曄《後漢書》卷五《孝安帝紀》 永初四年秋七月乙酉，三郡大水。五年，郡國八雨水。

元初四年秋七月，京師及郡國十雨水。詔曰：「今年秋稼茂好，垂可收穫，而連雨未霽，懼必淹傷。夕惕惟憂，思念厥咎。夫霖雨者，人怨之所致。」

建光元年，是秋，京師及郡國二十九雨水。冬十一月丙午，詔京師及郡國被水雨傷稼者，隨頃畝減田租。

延光元年，是歲，京師及郡國二十七雨水、大風，殺人。詔賜壓溺死者年七歲以上錢，人二千；其壞敗廬舍、失亡穀食，粟，人三斛；又田被淹傷者，一切勿收田租；若一家皆被灾害而弱小存者，郡縣爲收斂之。二年九月，郡國五雨水。

南朝宋・范曄《後漢書》卷六《孝順帝紀》 永建四年，五州雨水。秋八月庚子，遣使實覈死亡，收斂稟賜。

永壽元年六月，洛水溢，壞鴻德苑。南陽大水。

南朝宋・范曄《後漢書》卷七《孝桓帝紀》 延熹二年夏，京師雨水。

南朝宋・范曄《後漢書》卷八《孝靈帝紀》 熹平元年六月，京師雨水。

熹平三年秋，洛水溢。四年夏四月，郡國七大水。

光和六年秋，金城河水溢。五原山岸崩。

中平五年，郡國七大水。

南朝宋・范曄《後漢書》卷九《孝獻帝紀》 建安二年秋九月，漢水溢。是歲飢，江淮閒民相食。十七年秋七月，洧水、潁水溢。十八年，大雨水。十九年五月，雨水。二十四年八月，漢水溢。

南朝宋・范曄《後漢書》卷六六《王允傳》 初平三年春，連雨六十餘日，允與士孫瑞、楊瓚登臺請霽，復結前謀。瑞曰：「自歲末以來，太陽不照，霖雨積時，月犯執法，彗孛仍見，晝陰夜陽，霧氣交侵，此期應促盡，内發者勝。幾不可後，公其圖之。」

南朝宋・范曄《後漢書》卷七二《董卓傳》 初平三年，明年夏，大雨晝夜二十餘日，漂没人庶，又風如冬時。詔曰：「災異屢降，陰雨爲害，使者銜命宣布恩澤，原解輕微，庶合天心。欲釋冤結而復罪之乎！一切勿問。」

南朝宋・范曄《後漢書》卷八二下《方術傳下・公沙穆》 永建五年，公沙穆遷弘農令。縣界有螟蟲食稼，百姓惶懼。穆乃設壇謝曰：「百姓有過，罪穆之由，請以身禱。」於是暴雨既霽而螟蟲自銷，百姓稱曰神明。永壽元年，霖雨大水，三輔以東莫不湮没。穆明曉占候，乃豫告，令百姓徙居高地，故弘農人獨得免害。

南朝宋・范曄《後漢書》卷一〇〇《天文志上》 建武三十年，是歲五月及明年，郡國大水，壞城郭，傷禾稼，殺人民。

南朝宋・范曄《後漢書》卷一〇一《天文志中》 永平三年，是歲伊、雒水溢，到津城門，壞伊橋，郡七縣三十二皆大水。

孝安永初元年，是歲郡國四十一縣三百一十五雨水。四瀆溢，傷秋稼，壞城郭，殺人民，是其應也。

南朝宋・范曄《後漢書》卷一〇三《五行志一》 和帝永元十年，十三年，十四年，十五年，皆淫雨傷稼。《古今注》曰：「光武建武六年九月，大雨連月，苗稼更生，鼠巢樹上。十七年，雒陽暴雨，壞民廬舍，壓殺人，傷害禾稼。」

安帝元(年)〔初〕四年秋，郡國十淫雨傷稼。

永寧元年，郡國三十三淫雨傷稼。

建光元年，京都及郡國二十九淫雨傷稼。

延光元年，郡國二十七淫雨傷稼。二年，郡國五連雨傷稼。順帝永建四年，司隸、荆、豫、兗、冀部淫雨傷稼。六年，冀州淫雨傷稼。

桓帝延熹二年夏，霖雨五十餘日。案《公沙穆傳》，永壽元年霖雨，大水，三輔以東莫不湮没。

靈帝建寧元年夏，霖雨六十餘日。

熹平元年夏，霖雨七十餘日。

中平六年夏，霖雨八十餘日。

南朝宋・范曄《後漢書》卷一〇五《五行志三》 和帝永元元年七月，郡國九大水，傷稼。京房《易傳》曰：「顓事有知，誅罰絶理，厥災水。其水也，(而)〔雨〕殺人，隕霜、大風，天黃。飢而不損，兹謂泰，厥水水殺人。辟遏有德，兹謂狂，厥水水流殺人，已水則地生蟲。歸獄不解，兹謂追非，厥水寒殺人。追誅不解，兹謂不理，厥水五穀不收。大敗不解，茲謂皆陰，厥水流入國邑，隕霜殺穀。」

永元十二年六月，潁川大水，傷稼。

殤帝延平元年五月，郡國三十七大水，傷稼。董仲舒曰：「水者，陰氣盛也。」

安帝永初元年冬十月辛酉，河南新城山水虣出，突壞民田，壞處泉水出，深三丈。是年郡國四十一水出，漂没民人。二年，大水。三年，大水。四年，大水。五年，大水。

延光三年，大水，流殺民人，傷苗稼。

質帝本初元年五月，海水溢樂安、北海，溺殺人物。

桓帝建和二年七月，京師大水。

永興元年秋，河水溢，漂害人物。

二年六月，彭城泗水增長，逆流。

永壽元年六月，雒水溢至津陽城門，漂流人物。

永康元年八月，六州大水，勃海海溢，没殺人。五月，山水大出，漂壞廬舍五百餘家。

熹平二年六月，東萊、北海海水溢出，漂没人物。三年秋，雒水出。四年夏，郡國三水，傷害秋稼。

光和六年秋，金城河溢，水出二十餘里。

中平五年，郡國六水大出。

獻帝建安二年九月，漢水流，害民人。十八年六月，大水。二十四年八月，漢水溢流，害民人。

南朝梁·沈約《宋書》卷五《文帝紀》 元嘉五年六月庚戌，京邑大水。乙卯，遣使檢行賑贍。十一年五月，是月，京邑大水。十二年六月，丹陽、淮南、吴興、義興大水，京邑乘船。己酉，以徐、豫南、兗三州，會稽、宣城二郡米數百萬斛，賜五郡遭水民。二十年，是歲，諸州郡水旱傷稼，民大饑。遣使開倉賑卹，給賜糧種。二十一年六月，連雨水。丁亥，詔曰：「霖雨彌日，水潦爲患，百姓積儉，易致乏匱。二縣官長及營署部司，各隨統檢實，給其柴米，必使周悉。」

南朝梁·沈約《宋書》卷二五《天文志三》 太元十五年八月，諸郡大水，兗州又蝗。十九年十月癸丑，太白犯歲星，在斗。至隆安元年，王恭等舉兵顯王國寶之罪，朝廷赦之。是後，連歲水旱民飢。

南朝梁·沈約《宋書》卷三〇《五行志一》 魏明帝太和元年秋，數大雨，多暴雷電，非常，至殺鳥雀。案楊阜上疏，此恒雨之罰也。太和四年八月，大雨霖三十餘日，伊、洛、河、漢皆溢，歲以凶饑。

孫亮太平二年二月甲寅，大雨震電；乙卯，雪，大寒。案劉歆說，此時當雨而不當大，大雨，恒雨之罰也。於始震電，之明日而雪大寒，又恒寒之罰也。劉向以爲既已震電，則雪不當復降，皆失時之異也。先震電而後雪者，陰見間隙，起而勝陽。

晉武帝泰始六年六月，大雨霖。甲辰，河、洛、沁水同時並溢，流四千九百餘家，殺二百餘人，没秋稼千三百六十餘頃。

晉武太康五年七月，任城、梁國暴雨，害豆麥。太康五年九月，南安霖雨暴雪，折樹木，害秋稼；魏郡、淮南、平原雨水，傷秋稼。是秋，魏郡、西平郡九縣霖雨暴水，霜傷秋稼。

晉惠帝永寧元年十月，義陽、南陽、東海霖雨，淹害秋麥。

晉成帝咸康元年八月乙丑，荆州之長沙攸、醴陵，武陵之龍陽三縣，雨水浮漂屋室，殺人，傷損秋稼。

宋文帝元嘉二十一年六月，京邑連雨百餘日，大水。

孝武帝大明元年正月，京邑雨水。大明五年七月，京邑雨水。大明八年八月，京邑雨水。

明帝太始二年六月，京邑雨水。

順帝昇明三年四月乙亥，吴郡桐廬縣暴風雷電，揚砂折木，水平地二丈，流漂居民。

南朝梁·沈約《宋書》卷三三《五行志四》 魏文帝黄初四年六月，大雨霖，伊、洛溢至津陽城門，漂數千家，流殺人。京房《易傳》曰：「顓事有知，誅罰絶理，厥災水。其水也，雨殺人，已隕霜，大風天黄。饑而不損，茲謂泰。厥災水殺人。避遏有德，茲謂狂。厥災水，水流殺人也；已水則地生蟲。歸獄不解，茲謂追非。厥水寒殺人。追誅不解，茲謂不理。厥水五穀不收。大敗不解，茲謂皆陰。厥水流入國邑，隕霜殺穀。」

吴孫權赤烏八年夏，茶陵縣鴻水溢出，流漂二百餘家；十三年秋，丹陽故鄣等縣又鴻水溢。

太元元年，又有大風涌水之異。

魏明帝景初元年九月，淫雨過常，冀、兗、徐、豫四州水出，没溺殺人，漂失財産。

吴孫亮五鳳元年夏，大水。

吴孫休永安四年五月，大雨，水泉涌溢。

吴孫休永安五年八月壬午，大雨震電，水泉涌溢。

晉武帝泰始四年九月，青、徐、兗、豫四州大水；七年六月，大雨霖，河、洛、伊、沁皆溢，殺二百餘人。

晉武帝咸寧元年九月，徐州水；二年七月癸亥，河南魏郡暴水，殺百餘人；八月，荆州郡國五大水。

咸寧三年六月，益、梁二州郡國八暴水，殺三百餘人；七月，荆州大水；九月，始平郡大水；十月，青、徐、兗、豫、荆、益、梁七州又水。

咸寧四年七月，司、冀、兗、豫、荆、揚郡國二十大水。

晉武帝太康二年六月，泰山、江夏大水。泰山流三百家，殺六千餘人；江夏亦殺人。

太康四年七月，司、豫、徐、兗、荆、揚郡國二十大水，傷秋稼，壞屋室，有死者。

太康六年三月，青、涼、幽、冀郡國十五大水。

太康七年九月，西方安定等郡國八大水。

太康八年六月，郡國八大水。

晉惠帝元康二年，有水災。

元康五年五月，潁川、淮南大水；六月，城陽、東莞大水殺人；荆、揚、徐、兗、豫五州又大水。

元康六年五月，荆、揚二州大水。按董仲舒説，水者陰氣盛也。

元康八年五月，金墉城井水溢。

元康八年九月，荆、揚、徐、兗、冀五州大水。

晉惠帝永寧元年七月，南陽、東海大水。

晉惠帝太安元年七月，兗、豫、徐、冀四州水。

晉孝懷帝永嘉四年四月，江東大水。

晉元帝太興三年六月，大水。

太興四年七月，大水。

晉元帝永昌二年五月，荆州及丹陽、宣城、吴興、壽春大水。

晉明帝太寧元年五月，丹陽、宣城、吴興、壽陽大水。

晉成帝咸和元年五月，大水。

咸和二年五月戊子，京都大水。

咸和四年七月，丹陽、宣城、吴興、會稽大水。

咸和七年五月，大水。

晉成帝咸康元年八月，長沙、武陵大水。

晉穆帝永和四年五月，大水。

永和五年五月，大水。

永和六年五月，大水。

永和七年七月甲辰夜，濤水入石頭，死者數百人。

晉穆帝升平二年五月，大水。

升平五年四月，大水。

晉海西太和六年六月，京都大水，平地數尺，侵及太廟。朱雀大航纜斷，三艘流入大江。丹陽、晉陵、吴國、吴興、臨海五郡又大水，稻稼蕩没，黎庶饑饉。

晉簡文帝咸安元年十二月壬午，濤水入石頭。

晉孝武帝太元三年六月，大水。

太元五年，大水。

太元六年六月，荆、江、揚三州大水。

太元十年夏，大水。

太元十三年十二月，濤水入石頭。

太元十五年七月，兗州大水。

太元十七年六月甲寅，濤水入石頭，毁大航，漂船舫，有死者；京口西浦，亦濤入殺人。永嘉郡潮水涌起，近海四縣人民多死。

太元十九年七月，荆州、彭城大水傷稼。

太元二十年，荆州、彭城大水。

太元二十一年五月癸卯，大水。

晉安帝隆安三年五月，荆州大水。

隆安五年五月，大水。

晉安帝元興二年十二月，桓玄篡位。其明年二月庚寅夜，濤水入石頭。

元興三年二月己丑朔夜，濤水入石頭，漂没殺人，大航流敗。

晉安帝義熙元年十二月己未，濤水入石頭。

義熙二年十二月己未夜，濤水入石頭。

義熙三年五月丙午，大水。

義熙四年十二月戊寅，濤水入石頭。

義熙六年五月丁巳，大水。

義熙八年六月，大水。

義熙九年五月辛巳，大水。

義熙十年五月丁丑，大水；戊寅，西明門地穿涌水出，毁門扉及限；七月乙丑，淮北災風大水殺人。

義熙十一年七月丙戌，大水，淹漬太廟，百官赴救。

宋文帝元嘉五年六月，京邑大水。

元嘉十一年五月，京邑大水。

元嘉十二年六月，丹陽、淮南、吴、吴興、義興五郡大水，京邑乘船。

元嘉十八年五月，江水汎溢，没居民，害苗稼。

元嘉十九年、二十年，東諸郡大水。

元嘉二十九年五月，京邑大水。

孝武帝孝建元年八月，會稽大水，平地八尺。

孝武帝大明元年五月，吴興、義興大水。

大明四年八月，雍州大水。

大明四年，南徐、南兖州大水。

後廢帝元徽元年六月，壽陽大水。

順帝昇明元年七月，雍州大水，甚於關羽樊城時。

昇明二年二月，於潛翼異山一夕五十二處水出，流漂居民。七月丙午朔，濤水入石頭，居民皆漂没。

南朝梁・蕭子顯《南齊書》卷二《高帝紀下》 建元元年九月辛丑，詔「二吴、義興三郡遭水，減今年田租」。二年六月癸未，詔「昔歲水旱，曲赦丹陽、二吴、義興四郡遭水尤劇之縣」。

南朝梁・蕭子顯《南齊書》卷三《武帝紀》 永明五年六月辛酉，詔曰：「比霖雨過度，水潦洊溢，京師居民，多離其弊。遣中書舍人、二縣官長隨宜賑賜。」八月乙亥，詔「今夏雨水，吴興、義興二郡田農多傷，詳蠲租調」。六年八月乙卯，詔「吴興、義興水潦，被水之鄉，賜痼疾篤癃口二斛，老(落)〔疾〕一斛，小口五斗」。八年冬十月丁丑，詔「吴興水淹過度，開所在倉賑賜」。癸巳，原建元以前逋租。十一年五月戊辰，詔曰：「水旱成災，穀稼傷弊，凡三調衆逋，可同申至秋登。京師二縣、朱方、姑熟，可權斷酒。」秋七月丁巳，詔曰：「頃風水爲災，二岸居民，多離其患。加以貧病六疾，孤老稚弱，彌足矜念。遣中書舍人履行沾卹。」

南朝梁・蕭子顯《南齊書》卷一九《五行志》 永明八年四月己巳，起陰雨，晝或暫晴，夜時見星月，連雨積霖，至十七日乃止。十一年四月辛巳朔，(去)〔自〕三月戊寅起，而其閒暫時晴，從四月一日又陰雨，晝或見日，夜乍見月，回復陰雨，至七月乃止。

永泰元年十二月二十九日雨，至永元元年五月二十一日乃晴。《京房占》曰：「冬雨，天下饑。春雨，有小兵。」《傳》曰：「大雨雪，猶庶徵之常雨也，然有甚焉。雨，陰。大雨雪者，陰之畜積甚也。一曰與大水同象，曰攻爲雪耳。」

建元二年閏月己丑，雨雪。三年十一月，雨雪，或陰或晦，八十餘日，至四年二月乃止。

建武二年，有大鳥集建安，形如水櫝子。其年，郡大水。三年，大鳥集東陽郡，太守沈約表云：「鳥身備五采，赤色居多。」案《樂緯叶圖徵》云：「焦明鳥質赤，至則水之感也。」

永明二年四月，烏巢内殿東鴟尾。三年，大鳥集會稽上虞。其年，縣大水。

建元二年，吴、吴興、義興三郡大水。二年夏，丹陽、吴二郡大水。四年，大水。

永明五年夏，吴興、義興水雨傷稼。六年，吴興、義興二郡大水。

建武二年冬，吴、晉陵二郡水雨傷稼。

永元元年七月，濤入石頭，漂殺緣淮居民。應本傳。

北齊・魏收《魏書》卷七上《高祖孝文帝紀上》 太平四年，是歲，詔以州鎮十八水旱，民飢，開倉賑恤。

太和九年八月庚申，詔曰：「數州災水，飢饉荐臻，致有賣鬻男女者。天之所譴，在予一人，而百姓無辜，横罹艱毒，朕用殷憂夕惕，忘食與寢。今自太和六年已來，買定冀、幽、相四州飢民良口者，盡還所親，雖娉爲妻妾，遇之非理，情不樂者亦離之。」

北齊・魏收《魏書》卷八《世宗宣武帝紀》 太和二十三年，是歲，州鎮十八水，民飢，分遣使者開倉賑恤。

延昌元年春正月乙巳，以頻水旱，百姓饑弊，分遣使者開倉賑恤。甲午，州郡十一大水，詔開倉賑恤。以京師穀貴，出倉粟八十萬石以賑貧者。二年夏四月庚子，以絹十五萬匹賑恤河南郡饑民。五月，壽春大水，遣平東將軍奚康生等步騎數千赴之。六月乙酉，青州民饑，詔使者開倉賑恤。

北齊・魏收《魏書》卷一〇五之三《天象志一之三》 太和五年，是歲，京師大霖雨，州鎮十二饑。

北齊・魏收《魏書》卷一一二上《靈徵志上》 太祖天賜三年八月，霖雨，大震，山谷水溢。

太宗泰常三年八月，河内大水。

世祖延和元年六月甲戌，京師水溢，壞民廬舍數百家。

真君八年七月，平州大水。

高祖太和二年夏四月，南豫、徐、兗州大霖雨。六年七月，青、雍二州大水。八月，徐、東徐、兗、濟、平、豫、光七州，平原、枋頭、廣阿、臨濟四鎮大水。九年九月，南豫、朔二州各大水，殺千餘人。二十二年戊午，兗、豫二州大霖雨。二十三年六月，青、齊、光、南青、徐、豫、兗、東豫八州大水。

世宗景明元年七月，青、齊、南青、光、徐、兗、豫、東豫，司州之潁川、汲郡大水，平隰一丈五尺，民居全者十四五。

正始二年三月，青、徐州大雨霖，海水溢出於青州樂陵之隰沃縣，流漂一百五十二人。

永平三年七月，州郡二十大水。

延昌元年夏，京師及四方大水。二年五月，壽春大水。

肅宗熙平元年六月，徐州大水。二年九月，冀、瀛、滄三州大水。

正光二年夏，定、冀、瀛、相四州大水。

孝昌三年秋，京師大水。

出帝太昌元年六月庚午，京師大水，穀水汎溢，壞三百餘家。

孝靜元象元年，定、冀、瀛、滄四州大水。

興和四年，滄州大水。

唐・姚思廉《梁書》卷二《武帝紀中》 武帝天監十二年夏四月，京邑大水。

唐・姚思廉《梁書》卷三《武帝紀下》 武帝普通元年秋七月己卯，江、淮、海並溢。

唐・姚思廉《陳書》卷三三《王元規傳》 梁時，山陰縣有暴水，流漂居宅，元規唯有一小船，倉卒引其母妹并孤姪入船，元規自執楫棹而去，留其男女三人，閣於樹杪，及水退獲全，時人皆稱其至行。

唐・令狐德棻等《周書》卷二《文帝紀下》 文帝大統十六年九月丁巳，軍出長安。時連雨，自秋及冬，諸軍馬驢多死。

唐・魏徵等《隋書》卷三《煬帝紀上》 煬帝大業七年秋，大水，山東、河南漂没三十餘郡，民相賣爲奴婢。

唐・魏徵等《隋書》卷二二《五行志上》 東魏武定五年秋，大雨七十餘日。

後齊河清三年六月庚子，大雨，晝夜不息，至甲辰。山東大水，人多餓死。

天統三年十月，積陰大雨。

武平七年七月，大霖雨，水澇，人户流亡。

後周建德三年七月，霖雨三旬。

陳太建元年七月，大雨，震萬安陵華表，又震慧日寺刹，瓦官寺重閣門下一女子震死。

唐・魏徵等《隋書》卷二三《五行志下》 中大通五年，是歲，大水，百姓饑饉。

唐・房玄齡等《晉書》卷三《世祖武帝紀》 咸寧元年九月甲子，徐州大水。四年秋七月癸巳，荆、揚郡國二十皆大水。

太康四年秋七月丙寅，兗州大水，復其田租。是歲，河内及荆州、揚州大水。

唐・房玄齡等《晉書》卷四《孝惠帝》 永平五年，是歲，荆、揚、兗、豫、青、徐等六州大水，詔遣御史巡行振貸。六年五月，荆、揚二州大水。八年秋九月，荆、豫、揚、徐、冀等五州大水。

永寧元年秋七月，兗、豫、徐、冀等四州大水。

唐・房玄齡等《晉書》卷五《孝懷帝紀》 永嘉四年夏四月，大水。

唐・房玄齡等《晉書》卷六《中宗元帝紀》 太興三年六月，大水。四年秋七月，大水。

唐・房玄齡等《晉書》卷七《顯宗成帝紀》 咸和元年五月，大水。二年五月戊子，京師大水。四年二月，大雨霖。秋七月，有星孛于西北。會稽、吳興、宣城，丹楊大水。

咸康元年秋八月，長沙、武陵大水。

唐・房玄齡等《晉書》卷八《孝宗穆帝紀》 永和四年五月，大水。開平五年夏四月，大水。

唐・房玄齡等《晉書》卷九《孝武帝》 太元三年六月，大水。五年五月，大水。六年夏六月庚子，揚、荆、江三州大水。十年五月，大水。十五年八月，沔中諸郡及兗州大水。十八年夏六月己亥，始興、南康、廬陵大水，深五丈。十九年秋七月，荆、徐二州大水，傷秋稼，遣使振卹之。二十年夏六月，荆、徐二州大水。

唐・房玄齡等《晉書》卷一〇《安帝紀》 義熙十一年秋七月丙戌，京師大水，壞太廟。

唐・房玄齡等《晉書》卷二七《五行志上》 魏文帝黄初四年六月，大雨霖，伊、洛溢，至津陽城門，漂數千家，殺人。

吴孫權赤烏八年夏，茶陵縣鴻水溢出，漂二百餘家。十三年秋，丹楊、故鄣等縣又鴻水溢出。

魏明帝景初元年九月，淫雨，冀、兗、徐、豫四州水出，没溺殺人，漂失財産。

吴孫亮五鳳元年夏，大水。

孫休永安四年五月，大雨，水泉涌溢。五年八月壬午，大雨震電，水泉湧溢。

武帝泰始四年九月，青、徐、兗、豫四州大水。七年六月，大雨霖，河、洛、伊、沁皆溢，殺二百餘人。

咸寧元年九月，徐州大水。二年七月癸亥，河南、魏郡暴水，殺百餘人。閏月，荆州郡國五大水，流四千餘家。三年六月，益、梁二州郡國八暴水，殺三百餘人。七月，荆州大水。九月，始平郡大水。十月，青、徐、兗、豫、荆、益、梁七州又大水。四年七月，司、冀、兗、豫、荆、揚郡國二十大水，傷秋稼，壞屋室，有死者。

太康二年六月，泰山、江夏大水，泰山流三百家，殺六十餘人，江夏亦殺人。四年七月，兗州大水。十二月，河南及荆、揚六州大水。五年九月，郡國四大水，又隕霜。是月，南安等五郡大水。六年四月，郡國十大水，壞廬舍。七年九月，郡國八大水。八年六月，郡國八大水。

惠帝元康二年，有水災。五年五月，潁川、淮南大水。六月，城陽、東莞大水，殺人，荆、揚、徐、兗、豫五州又水。六年五月，荆、揚二州大水。八年五月，金墉城井溢。九月，荆、揚、徐、冀、豫五州大水。

永寧元年七月，南陽、東海大水。

太安元年七月，兗、豫、徐、冀四州水。

孝懷帝永嘉四年四月，江東大水。

元帝太興三年六月，大水。四年七月，又大水。

永昌二年五月，荆州及丹楊、宣城、吴興、壽春大水。

明帝太寧元年五月，丹楊、宣城、吴興、壽春大水。

成帝咸和元年五月，大水。二年五月戊子，京都大水。四年七月，丹楊、宣城、吴興、會稽大水。七年五月，大水。

咸康元年八月，長沙、武陵大水。

穆帝永和四年五月，大水。五年五月，大水。六年五月，又大水。七年七月甲辰夜，濤水入石頭，死者數百人。

升平二年五月，大水。五年四月，又大水。

海西太和六年六月，京師大水，平地數尺，浸及太廟。朱雀大航纜斷，三艘流入大江。丹楊、晉陵、吴郡、吴興、臨海五郡又大水，稻稼蕩没，黎庶饑饉。

簡文帝咸安元年十二月壬午，濤水入石頭。

孝武帝太元三年六月，大水。五年五月，大水。六年六月，揚、荆、江三州大水。八年三月，始興、南康、廬陵大水，平地五丈。十年五月，大水。十三年十二月，濤水入石頭，毁大航，殺人。十五年七月，沔中諸郡及兗州大水。十七年六月甲寅，濤水入石頭，毁大航，漂船舫，有死者。京口西浦亦濤入殺人。永嘉郡潮水湧起，近海四縣人多死。十八年六月己亥，始興、南康、廬陵大水，深五丈。十九年七月，荆徐大水，傷秋稼。二十年六月，荆徐又大水。二十一年五月癸卯，大水。

安帝隆安三年五月，荆州大水，平地三丈。五年五月，大水。

元興二年十二月，桓玄篡位。其明年二月庚寅夜，濤水入石頭。商旅方舟萬計，漂敗流斷，骸胔相望。江左雖頻有濤變，未有若斯之甚。三年二月己丑朔夜，濤水入石頭，漂没殺人，大航流敗。

義熙元年十二月己未，濤水入石頭。二年十二月己未夜，濤水入石頭。三年五月丙午，大水。四年十二月戊寅，濤水入石頭。六年五月丁巳，大水。乙丑，盧循至蔡洲。八年六月，大水。九年五月辛巳，大水。十年五月丁丑，大水。戊寅，西明門地穿，涌水出，毁門扇及限，亦水沴土也。七月乙丑，淮北風災，大水殺人。十一年七月丙戌，大水，淹濆太廟，百官赴救。

魏明帝太和元年秋，數大雨，多暴卒，雷電非常，至殺鳥雀。太和四年八月，大雨霖三十餘日，伊、洛、河、漢皆溢，歲以凶饑。

吴孫亮太平二年二月甲寅，大雨，震電。乙卯，雪，大寒。案劉歆説，此時當雨而不當大，大雨，恒雨之罰也。於始震電之明日而雪，大寒，又常寒之罰也。劉向以爲既已雷電，則雪不當復降，皆失時之異也。

武帝泰始六年六月，大雨霖。甲辰，河、洛、伊、沁水同時並溢，流四千九百餘家，殺二百餘人，没秋稼千三百六十餘頃。

太康五年七月，任城、梁國暴雨，害豆麥。九月，南安郡霖雨暴雪，樹木摧折，害秋稼。是秋，魏郡西平郡九縣，淮南、平原霖雨暴水，霜傷秋稼。

惠帝永寧元年十月，義陽、南陽、東海霖雨，淹害秋麥。

元帝太興三年，春雨至于夏。

永昌元年，春雨四十餘日，晝夜雷電震五十餘日。

成帝咸和四年，春雨五十餘日，恒雷電。

咸康元年八月乙丑，荆州之長沙攸、醴陵，武陵之龍陽，三縣雨水，浮漂屋室，殺人，損秋稼。

唐・房玄齡等《晉書》卷一〇五《石勒載記下》 太興二年，暴風大雨，震電建德殿端門，襄國市西門，殺五人。雹起西河介山，大如雞子，平地三尺，洿下丈餘，行人禽獸死者萬數，歷太原、樂平、武鄉、趙郡、廣平、鉅鹿千餘里，樹木摧折，禾稼蕩然。勒正服于東堂，以問徐光曰：「歷代已來有斯災幾也？」光對曰：「周、漢、魏、晉皆有之，雖天地之常事，然明主未始不爲變，所以敬天之怒也。」

唐・李百藥《北齊書》卷七《武成紀》 河清三年六月庚子，大雨晝夜不息，至甲辰乃止。秋九月閏月乙未，詔遣十二使巡行水潦州，免其租調。

唐・李百藥《北齊書》卷八《後主紀》 天統二年十一月，大雨雪。武平七年春正月壬辰，詔去秋已來，水潦人饑不自立者，所在付大寺及諸富户濟其性命。甲寅，大赦。秋七月丁丑，大雨霖。是月，以水澇遣使巡撫流亡人户。

唐・李延壽《南史》卷二《宋紀中》 元嘉十七年八月，徐、兖、青、冀四州大水，遣使振卹。十八年夏五月甲申，沔水汎溢，害居人。二十年，自去歲至是，諸州郡水旱傷稼，人大飢，遣使開倉賑卹。

唐・李延壽《南史》卷九《陳紀上》 紹泰二年六月壬子，其夜，大雨震電，暴風拔木，平地水丈餘。齊軍晝夜坐立泥中，縣鬲以爨，足指皆爛。

唐・李延壽《南史》卷一〇《陳本紀下》 太建十年閏六月丁卯，大雨，震大皇寺刹，莊嚴寺露盤，重陽閣東樓，千秋門内槐樹及鴻臚府門。十二年冬十月癸丑，大雨，震電。

唐・李延壽《南史》卷五五《曹景宗傳》 天監六年三月，因春水生，淮水暴長六七尺。

唐・李延壽《北史》卷二《魏紀二》 天安二年十一月，州鎮二十七水旱，詔開倉振恤。

唐・李延壽《北史》卷三《魏紀三》 太和六年八月癸未朔，分遣大使巡行天下遭水之處，丐其租賦，貧儉不自存者，賜以粟帛。八年六月戊辰，武州水壞人居。九年八月庚申，詔曰：「數州災水，飢饉荐臻，致有賣鬻男女者。天譴在予一人，百姓横罹艱毒。今自太和六年已來，買定、冀、幽、相四州飢人良口者，盡還所親。雖娉爲妻妾，遇之非理，情不樂者，亦離之。」

唐・李延壽《北史》卷四《魏紀四》 太和二十三年，是歲，州鎮十八水饑，分遣使者，開倉振恤。

延昌元年三月甲午，州郡十一大水，詔開倉振恤。以京師穀貴，出倉粟八十萬石以振恤貧者。二年，是夏，十三郡大水。

唐・李延壽《北史》卷八《齊紀下》 清河三年六月庚子，大雨，晝夜不息，至甲辰乃止。

天統三年，是秋，山東大水，人飢，僵尸滿道。

武平六年八月丁酉，冀、定、趙、幽、滄、瀛六州大水。七年春正月壬辰，詔去秋已來，水潦，人飢不自立者，所在付大寺及諸富户，濟其性命。秋七月丁丑，大雨霖。是月，以水澇，遣使巡撫流亡人户。

唐・李延壽《北史》卷九《周紀上》 武成元年六月戊子，大雨霖。詔公卿大夫士爰及牧守黎庶等，令各上封事，讜言極諫，無有所諱。其遭水者，有司可時巡檢，條列以聞。

唐・李延壽《北史》卷一一《隋紀上》 開皇四年春正月壬午，齊州水。六年二月乙酉，山南荆淅七州水，遣前工部尚書長孫毗振恤之。秋七月辛亥，河南諸州水。

仁壽二年七月壬辰，河南北諸州大水，遣工部尚書楊達振恤之。三年十二月癸酉，河南諸州水，遣納言楊達振恤之。

唐・李延壽《北史》卷一二《隋紀下》 大業七年秋，大水，山東、河南漂没三十餘郡，民相賣爲奴婢。

唐・李延壽《北史》卷八六《蘇瓊傳》 天保中，郡界大水，人災，絶食者千餘家。瓊普集郡中有粟家，自從貸粟，悉以給付飢者。

唐・許嵩《建康實録》卷七 咸康元年秋七月，白虹貫日。八月乙丑，荆州、長沙，武陵龍陽等三縣，大水漂屋室，殺人，損秋稼。

後晉・劉昫《舊唐書》卷三《太宗紀下》 貞觀七年八月，山東、河南三十州大水，遣使賑恤。八年七月，山東、河南、淮南大水，遣使賑恤。十一年秋七月癸未，大霪雨。穀水溢入洛陽宫，深四尺，壞左掖門，毁宫寺十九所；洛水溢，漂六百家。九月丁亥，河溢，壞陜州河北縣，毁河陽中潬。幸白司馬坂以觀之，賜遭水之家粟帛有差。

後晉・劉昫《舊唐書》卷四《高宗紀上》 永徽元年，齊、定等十六州水。五年閏五月丁丑夜，大雨，水漲暴溢，漂溺麟遊縣居人及當番衛士，死者三千餘人。六月，恒州大雨，滹沱河泛溢，溺五千餘家。癸丑，蒲州汾陰縣暴雨，漂溺居人，浸壞廬舍。丙寅，河北諸州大水。六年八月，先是大雨，道路不通，京師米價暴貴，出倉粟糶之，京師東西二市置常平倉。九月乙酉，洛州大水，毁天津橋。七年九月庚辰，括州海水泛溢，壞安固、永嘉二縣，損四千餘家。

麟德二年六月，鄜州大水，壞城邑。

後晉・劉昫《舊唐書》卷五《高宗下》 總章二年六月戊申朔，日有蝕之。括州大風雨，海水泛溢永嘉、安固二縣城郭，漂百姓宅六千八百四十三區，溺殺人九千七十、牛五百頭，損田苗四千一百五十頃。冀州大水，漂壞居人廬舍數千家。並遣使賑給。

咸亨四年秋七月辛巳，婺州暴雨，水泛溢，漂溺居民六百家，詔令賑給。

永隆二年八月丁卯朔，河南、河北大水，許遭水處往江、淮已南就食。

永淳元年五月壬寅，自丙午連日澍雨，洛水溢，壞天津及中橋立德、弘教、景行諸坊，溺居民千餘家。六月，關中初雨，麥苗澇損，後旱，京兆、岐、隴螟蝗食苗並盡，加以民多疫癘，死者枕藉於路。詔所在官司埋瘞。是秋，山東大水，民饑。二年秋七月己巳，河水溢，壞河陽城，水面高於城內五尺，北至鹽坎，居人廬舍漂没皆盡，南北並壞。

後晉・劉昫《舊唐書》卷六《則天皇后紀》 永淳二年秋七月，大雨，洛水泛溢，漂流居人五千餘家，遣使巡問賑貸。

後晉・劉昫《舊唐書》卷七《中宗紀》 神龍元年六月丁巳，河北十七州大水，漂没人居。戊辰，洛水暴漲，壞廬舍二千餘家，溺死者甚衆。八月戊申，以水災，令文武官九品以上直言極諫。河南洛陽百姓被水兼損者給復一年。

後晉・劉昫《舊唐書》卷八《玄宗紀上》 開元五年六月壬午，鞏縣暴雨連月，山水泛濫，毁郭邑廬舍七百餘家，人死者七十二。汜水同日漂壞近河百姓二百餘家。六年六月甲申，瀍水暴漲，壞人廬舍，溺殺千餘人。八年六月壬寅夜，東都暴雨，穀水泛漲。新安、澠池、河南、壽安、鞏縣等廬舍蕩盡，共九百六十一户，溺死者八百一十五人。許、衛等州掌閑番兵溺者千一百四十八人。十年五月，東都大雨，伊、汝等水泛漲，漂壞河南府及許、汝、仙、陳等州廬舍數千家，溺死者甚衆。十四年秋七月癸丑夜，瀍水暴漲入漕，漂没諸州租船數百艘，溺者甚衆。九月，五十州言水，河南、河北尤甚，蘇、同、常、福四州漂壞廬舍，遣御史中丞宇文融檢覆賑給之。十五年夏五月，晉州大水，漂損居人廬舍。秋七月庚寅，鄜州洛水泛漲，壞人廬舍。辛卯，又壞同州馮翊縣廨宇，及溺死者甚衆。是秋，六十三州水，十七州霜旱；河北饑，轉江淮之南租米百萬石以賑給之。二十一年，是歲，關中久雨害稼，京師饑，詔出太倉米二百萬石給之。

後晉・劉昫《舊唐書》卷九《玄宗紀下》 開元二十九年秋七月乙卯，洛水汎漲，毁天津橋及上陽宫仗舍。洛、渭之間，廬舍壞，溺死者千餘人。九月，大雨雪，稻禾偃折，又霖雨月餘，道途阻滯。

天寶元年夏六月庚寅，武功山水暴漲，壞人廬舍，溺死數百人。四年秋八月河南睢陽、淮陽、譙等八郡大水。十年，是秋，霖雨積旬，牆屋多壞，西京尤甚。十二年八月，京城霖雨，米貴，令出太倉米十萬石，減價糶與貧人。仍令中書門下就京兆、大理疏決囚徒。

後晉・劉昫《舊唐書》卷一一《代宗紀》 寶應二年九月，自七月大雨未止，京城米斗值一千文。蝗食田。是秋，蝗食田殆盡，關輔尤甚，米斗千錢。

永泰元年九月，自丙午至甲寅大雨，平地水流。二年秋七月，自五月大雨，洛水泛溢，漂溺居人廬舍二十坊。河南諸州水。

大曆二年，是秋，河東、河南、淮南、浙江東西、福建等道五十五州奏水災。六年九月，自八月連雨，害秋稼。九年，是秋大雨。十一年秋七月戊子夜，暴澍雨，平地水深盈尺，溝渠漲溢，壞坊民千二百家。十二年，是秋，宋、亳、陳、滑等州水。

後晉·劉昫《舊唐書》卷一二《德宗紀上》 貞元二年五月丙申，自癸巳大雨至於兹日，饑民俟夏麥將登，又此霖澍，人心甚恐，米斗復千錢。辛酉，大風雨，街陌水深數尺，人有溺死者。三年十月，東都、河南、江陵、汴州、揚州大水，漂民廬舍。

後晉·劉昫《舊唐書》卷一三《德宗紀下》 貞元八年八月乙丑，以天下水災，分命朝臣宣撫賑貸。河南、河北、山南、江淮凡四十餘州大水，漂溺死者二萬餘人。十二月庚寅，詔賜遭水縣乏絶户米三十萬石。十年，是春霖雨，罕有晴日。六月辛未晦，有水鳥集於左藏庫，是夜暴雨，大風折木。十八年秋七月庚辰，蔡、申、光三州春水夏旱，賜帛五萬段，米十萬石，鹽三千石。

後晉·劉昫《舊唐書》卷一四《順宗紀》 元和三年，是秋，京師大雨。秋七月丁未，渭南暴水，壞廬舍二百餘户，溺死六百人，命府司賑給。八年十一月，京畿水，旱，霜，損田三萬八千頃。十二年六月乙酉，京師大雨，含元殿一柱傾，市中水深三尺，壞坊民二千家。是歲，河南、河北水。

後晉·劉昫《舊唐書》卷一六《穆宗紀》 元和十五年八月，同州雨雪，害秋稼。九月己巳，宋州大水，損田六千頃。己酉，大雨三日，至是雨雪，樹木無風而摧仆者十五六。滄、景水，損田。

後晉·劉昫《舊唐書》卷一七上《敬宗紀》 長慶四年六月辛巳，敕以霖雨命疏決京城繫囚。秋七月戊申朔。己酉，睦州清溪等六縣大雨，山谷發洪水泛溢，漂城郭廬舍。襄、均、復等州漢江溢，漂民廬舍。八月甲寅，陳、許、蔡、鄆、曹、濮等州水害秋稼。

後晉·劉昫《舊唐書》卷一七下《文宗紀下》 太和四年九月己丑，淮南天長等七縣水，害稼。十一月，淮南大水及蟲霜，並傷稼。是歲，京畿、河南、江南、荆襄、鄂岳、湖南等道大水，害稼，出官米賑給。五年六月丁卯朔。戊寅，以霖雨涉旬，詔疏理諸司繫囚。秋七月甲辰，劍南東、西兩川水，遣使宣撫賑給。是歲，淮南、浙江東西道、荆襄、鄂岳、劍南東川並水，害稼，請蠲秋租。是冬，京師大雨雪。六年二月戊寅，蘇、湖二州水，賑米二十二萬石，以本州常平義倉斛斗給。八年春正月癸酉，揚、楚、舒、廬、壽、滁、和七州去年水，損田四萬餘頃。開成元年冬十月己酉，揚州江都七縣水旱，損田。三年八月丙戌朔。甲午，山南東道諸州大水，田稼漂盡。丁酉，詔：「大河而南，幅員千里，楚澤之北，連亘數州。以水潦暴至，隄防潰溢，既壞廬舍，復損田苗。言念黎元，罹此災沴，或生業蕩盡，農功索然，困餒彫殘，豈能自濟。宜令給事中盧弘宣往陳許、鄭滑、曹濮等道宣慰，刑部郎中崔瑨往山南東道、鄂岳、蘄黄道宣慰。」四年秋七月庚辰朔，西蜀水，害稼。甲辰，滄景、淄青大水。

後晉·劉昫《舊唐書》卷一八上《武宗紀》 會昌元年七月己巳，襄郢江左大水。

後晉·劉昫《舊唐書》卷一九上《懿宗紀》 咸通四年正月，是月，東都、許、汝、徐、泗等州大水，傷稼。十四年八月，河南大水，自七月雨不止，至釋服後方霽。

後晉·劉昫《舊唐書》卷三六《天文志下》 大曆十二年，是歲，春夏旱，八月大雨，河南大水，平地深五尺。

後晉·劉昫《舊唐書》卷三七《五行志》 貞觀十一年七月一日，黄氣竟天，大雨，穀水溢，入洛陽宫，深四尺，壞左掖門，毁宫寺一十九；洛水暴漲，漂六百餘家。

永徽五年六月，恒州大雨，自二日至七日。滹沱河水泛溢，損五千三百家。

總章二年七月，冀州奏：六月十三日夜降雨，至二十日，水深五尺，其夜暴水深一丈已上，壞屋一萬四千三百九十區，害田四千四百九十六頃。九月十八日，括州暴風雨，海水翻上，壞永嘉、安固二縣城百姓廬舍六千八百四十三區，殺人九千七十，牛五百頭，損田苗四千一百五十頃。

咸亨元年五月十四日，連日澍雨，山水溢，溺死五千餘人。

永淳元年六月十二日，連日大雨，至二十三日，洛水大漲，漂損河南立德弘敬、洛陽景行等坊二百餘家，壞天津橋及中橋，斷人行累日。先是，頓降大雨，沃若懸流，至是而泛溢衝突焉。西京平地水深四尺已上，麥一束止得一二升，米一斗二百二十文，布一端止得一百文。國中大饑，蒲、同等州没徙家口并逐糧，飢餒相仍，加以疾疫，自陝至洛，死者不可勝數。西京米斗三百已下。二年三月，洛州黄河水溺河陽縣城，水面高於城内五六尺。自鹽坎已下至縣十里石灰，並平流，津橋南北道無不碎破。

文明元年七月，温州大水，漂流四千餘家。

長安三年，寧州大霖雨，山水暴漲，漂流二千餘家，溺死者千餘人，流屍東下。十七日，京師大雨雹，人有凍死者。四年，自九月至十月，晝夜陰晦，大雨雪。都中人畜，有餓凍死者。令開倉賑恤。

神龍元年七月二十七日，洛水漲，壞百姓廬舍二千餘家。二年三月壬子，洛陽東十里有水影，月餘乃滅。四月，洛水泛溢，壞天津橋，漂流居人廬舍，溺死者數千人。

開元五年六月十四日，鞏縣暴雨連日，山水泛漲，壞郭邑廬舍七百餘家，人死者七十二；汜水同日漂壞近河百姓二百餘户。八年夏，契丹寇營州，發關中卒援之。軍次澠池縣之闕門，野營穀水上。夜半，山水暴至，二萬餘人皆溺死，唯行綱役夫樗蒱，覺水至，獲免。逆旅之家，溺死死人漂入苑中如積。其年六月二十一日夜，暴雨，東都穀、洛溢，入西上陽宮，宮人死者十七八。畿内諸縣，田稼廬舍蕩盡。掌關兵士，凡溺死者一千一百四十八人。京城興道坊一夜陷爲池，一坊五百餘家俱失。其年，鄧州三鵶口大水塞谷，初見二小兒以水相潑，須臾，有大蛇十圍已上，張口向天，人或斫射之，俄而暴雷雨，漂溺數百家。十年二月四日，伊水泛漲，毀都城南龍門天竺、奉先寺，壞羅郭東南角，平地水深六尺已上，入漕河，水次屋舍，樹木蕩盡。河南汝、許、仙、豫、唐、鄧等州，各言大水害秋稼，漂没居人廬舍。十四年六月戊午，大風拔木發屋，端門鴟吻盡落，都城内及寺觀落者約半。七月十四日，瀍水暴漲，流入洛漕，漂没諸州租船數百艘，溺死者甚衆，漂失楊、壽、光、和、廬、杭、瀛、棣租米一十七萬二千八百九十六石，并錢絹雜物等。因開斗門決堰，引水南入洛，漕水燥竭，以搜漉官物，十收四五焉。七月甲子，懷、衛、鄭、滑、汴、濮、許等州澍雨，河及支川皆溢，人皆巢舟以居，死者千計，資産苗稼無孑遺。滄州大風，海運船没者十一二，失平盧軍糧五千餘石，舟人皆死。潤州大風從東北，海濤奔上，没瓜步洲，損居人。是秋，天下八十五州言旱及霜，五十州水，河南、河北尤甚。十五年七月甲寅，雷震興教門樓兩鴟吻，燒樓柱，良久乃滅。二十日，鄜州雨，洛水溢入州城，平地丈餘，損居人廬舍，溺死者不知其數。二十一日，同州損郭邑及市，毀馮翊縣。八月八日，澠池縣夜有暴雨，澗水、穀水漲合，毀郭邑百餘家及普門佛寺。是歲，天下六十三州大水，損禾稼、居人廬舍，河北尤甚。十八年六月乙丑，東都瀍水暴漲，漂損揚、楚、淄、德等州租船。壬午，東都洛水泛漲，壞天津、永濟二橋及漕渠斗門，漂損提象門外助舖及仗舍，又損居人廬舍千餘家。二十九年，暴水，伊、洛及支川皆溢，損居人廬舍，秋稼無遺，壞東都天津橋及東西漕；河南北諸州，皆多漂溺。

天寶十載，廣陵郡大風架海潮，淪江口大小船數千艘。十三載秋，京城連月澍雨，損秋稼。九月，東方瀍、洛水溢隄穴，衝壞一十九坊。

上元二年，京師自七月霖雨，八月盡方止。京城宫寺廬舍多壞，街市溝渠中漉得小魚。

永泰元年，先旱後水。九月，大雨，平地水數尺，溝河漲溢。時吐蕃寇京畿，以水，自潰而去。二年夏，洛陽大雨，水壞二十餘坊及寺觀廨舍。河南數十州大水。

大曆四年秋，大雨。是歲，自四月霖澍，至九月。京師米斗八百文，官出太倉米賤糶以救饑人。京城閉坊市北門，門置土臺，臺上置壇及黄幡以祈晴。秋末方止。五年夏，復大雨，京城饑，出太倉米減價以救人。十二年秋，大雨。是歲，春夏旱，至秋八月雨，河南尤甚，平地深五尺，河決，漂溺田稼。

貞元二年夏，京師通衢水深數尺。吏部侍郎崔縱，自崇義里西門爲水漂浮行數十步，街舖卒救之獲免；其日，溺死者甚衆。東都、河南、荆南、淮南江河泛溢，壞人廬舍。四年八月，連雨，灞水暴溢，溺殺渡者百餘人。八年秋，大雨，河南，河北、山南、江淮凡四十餘州大水，漂溺死者二萬餘人。時幽州七月大雨，平地水深二丈；鄭、涿、薊、檀、平五州，平地水深一丈五尺。又徐州奏：自五月二十五日雨，至七月八日方止，平地水深一丈二尺；郭邑廬里屋宇田稼皆盡，百姓皆登丘塚山原以避之。

元和七年正月，振武界黄河溢，毀東受降城。五月，饒、撫、虔、吉、信五州山水暴漲，壞廬舍，虔州尤甚，水深處四丈餘。八年五月，許州奏：大雨摧大隗山，水流出，溺死者千餘人。六月庚寅，京師大風雨，毀屋揚瓦，人多壓死。水積城南，深處丈餘，入明德門，猶漸車輻。辛卯，渭水暴漲，毀三渭橋，南北絶濟者一月。時所在霖雨，百源皆發，川瀆不由故道。丙申，富平大風，折樹一千二百株。辛丑，出宫人二百車，人得娶納，以水害誡陰盈也。九年秋，淮南、宣州大水。十一年五月，京畿大雨，害田四萬頃，昭應尤甚，漂溺居人。衢州山水涌，深三丈，壞州城，民多溺死。浮梁、樂平溺死者一百七十人，爲水漂流不知所在者四千七百户。潤、常、湖、陳、許等州各損田萬頃。十二年秋，大雨，河南北水，害稼。其年六月，京師大雨，街市水深三尺，壞廬舍二千家，含元殿一柱陷。十五年九月十一日至十四日，大雨兼雪，街衢禁苑樹無風而摧折、連根而拔者不知其數。仍令閉坊市北門以禳之。滄州大水。

長慶二年十月，好時山水泛漲，漂損居人三百餘家，河南陳、許二州尤甚。詔賑貸粟五萬石，量人户家口多少，等第分給。

大和三年四月，同官暴水，漂没三百餘家。六年，徐州自六月九日大雨至十一日，壞民舍九百家。四年夏，鄆、曹、濮雨，壞城郭田廬向盡。蘇、湖二州水，壞六堤，水入郡郭，溺廬井。許州自五月大雨，水深八尺，壞郡郭居民大半。

會昌元年七月，襄州漢水暴溢，壞州郭。均州亦然。

開成元年夏六月，鳳翔麟遊縣暴風雨，飄害九成宮正殿及滋善寺佛舍，壞百姓屋三百間，死者百餘人，牛馬不知其數。

長安四年九月後，霖雨并雪，凡陰一百五十餘日，至神龍元年正月五日，誅二張，孝和反正，方晴霽。

先天二年四月，陰，至六月一百餘日，至七月三日，誅竇懷貞等一十七家，方晴。

景龍中，東都霖雨百餘日，閉坊市北門，駕車者苦甚污，街中言曰：「宰相不能調陰陽，致兹恒雨，令我污行。」會中書令楊再思過，謂之曰：「於理則然，亦卿牛劣耳。」

貞元二十一年，順宗風疾，叔文用事，連月霖雨不霽。乃以憲宗爲皇太子，制出日即晴。《傳》所謂「皇之不極，厥罰恒陰」，皆此數也。

後晉·劉昫《舊唐書》卷一八五上《良吏傳上》 景駿明經舉。神龍中，累轉肥鄉令。縣北界漳水，連年泛溢。舊隄迫近水漕，雖修築不息，而漂流相繼。景駿審其地勢，拓南數里，因高築隄。暴水至，隄南以無患，水去而隄北稱爲腴田。

後晉·劉昫《舊唐書》卷一九〇中《文苑傳中》 開元初，許景先奏曰：「但古制不存，禮章多闕，官員累倍，帑藏未充，水旱相仍，繼之師旅，既不足以觀德，又未足以威邊，耗國損人，且爲不急。開元十年夏，伊、汝泛溢，漂損居人廬舍，溺死者甚衆。

宋·薛居正等《舊五代史》卷四《梁書四·太祖紀四》 開平二年秋七月甲戌，大霖雨，陂澤泛溢，頗傷稼穡。帝幸右天武軍河亭觀水。

宋·薛居正等《舊五代史》卷三二《唐書八·莊宗紀六》 同光二年秋七月乙巳，曹州大雨，平地水三尺。八月辛巳，汴州奏，大水損稼。癸未，宋州大水，鄆、曹等州大風雨，損稼。癸巳，放朝參三日，以霖雨故也。陝州奏，河水溢岸。三年六月壬申，京師雨足。自是大雨，至於九月，晝夜陰晦，未嘗澄霽，江河漂溢，隄防壞決，天下皆訴水災。

宋·薛居正等《舊五代史》卷三三《唐書九·莊宗紀七》 同光三年秋七月丁酉，以久雨，詔河南府依法祈晴。滑州上言，黄河決。丁未，洛水泛漲，壞天津橋，以舟濟渡，日有覆溺者。壬子，河陽、陝州上言，河溢岸。陝州上言，河漲二丈二尺，壞浮橋，入城門，居人有溺死者。乙卯，汴州上言，汴水泛漲，恐漂没城池，於州城東西權開壕口，引水入古河。澤潞上言，自今月一日雨，至十九日未止。戊午，許州、滑州奏，大水。八月庚辰，鄴都大水，御河泛溢。癸未，河南縣令羅貫長流崖州，尋委河南府決痛杖一頓，處死，坐部内橋道不修故也。甲申，鳳翔奏，大水。乙酉，青州大水、蝗。九月辛卯朔，河陽奏，黄河漲一丈五尺。癸巳，鎮州、衛州奏，水入城，壞廬舍。庚子，襄州奏，漢江漲溢，漂溺廬舍。甲寅，司天上言：「自七月三日大雨，至九月十八日後方晴，三辰行度不見。」閏十二月甲午，是時，兩河大水，户口流亡者十四五，都下供饋不充，軍士乏食，乃有鬻子去妻，老弱採拾於野，殍踣於行路者。

宋·薛居正等《舊五代史》卷三七《唐書一三·明宗紀三》 天成元年秋八月壬辰，以久雨，放百僚朝參，詔天下疏理繫囚。

宋·薛居正等《舊五代史》卷四三《唐書一九·明宗紀九》 長興三年三月癸卯，帝顧謂宰臣曰：「春雨稍多，久未晴霽，何也？」馮道對曰：「水旱作沴，雖是天之常道，然季春行秋令，臣之罪也。更望陛下廣敷恩宥，久雨無妨於聖政也。五月戊申，襄州奏，漢江大漲，水入州城，壞民廬舍。六月丁巳，衛州奏，河水壞堤，東北流入御河。戊午，詔以霖雨積旬，久未晴霽，京城諸司繫囚，並宜釋放。甲子，以大雨未止，放朝參兩日。洛水漲泛二丈，廬舍居民有溺死者。金、徐、安、潁等州大水，鎮州旱。詔應水旱州郡，各遣使人存問。秋七月己丑，秦、鳳、兗、宋、亳、潁、鄧大水，漂邑屋，損苗稼，赤甲山崩。丁未，詔諸州府遭水人户各支借麥種及等第賑貸。

宋·薛居正等《舊五代史》卷五七《郭崇韜傳》 三年夏，雨，河大水，壞天津橋。

宋·薛居正等《舊五代史》卷五九《袁象先傳》 天祐三年，授陳州刺史、檢校司空。是歲，陳州大水，民饑，有物生於野，形類蒲萄，其實可食，貧民賴焉。

宋·薛居正等《舊五代史》卷六一《張敬詢傳》 天成五年，授滑州節度使。以河水連年溢堤，乃自酸棗縣界至濮州，廣隄防一丈五尺，東西二百里，民甚賴之。

宋・薛居正等《舊五代史》卷六九《胡裝傳》 同光初，以裝爲給事中，從幸洛陽。時連年大水，百官多窘，裝求爲襄州副使。

宋・薛居正等《舊五代史》卷七六《晉書二・高祖紀二》 天福二年六月乙未，襄州奏，江水漲一丈二尺。

宋・薛居正等《舊五代史》卷七七《晉書三・高祖紀三》 天福三年八月甲申，襄州奏，漢江水漲一丈一尺。十月戊寅，襄州奏，江水漲，害稼。

宋・薛居正等《舊五代史》卷七八《晉書四・高祖紀四》 天福四年秋七月庚子朔，日有蝕之。西京大水，伊、洛、瀍、澗盡溢，壞天津橋。閏七月庚午朔，百官不入閣，雨霑服故也。八月己亥朔，河決博平，甘陵大水。

宋・薛居正等《舊五代史》卷七九《晉書五・高祖紀五》 天福六年五月庚午，涇州奏，雨雹，川水大溢，壞州郡鎮戍二十四城。

宋・薛居正等《舊五代史》卷八〇《晉書六・高祖紀六》 天福六年九月丙戌，兖州上言，水自西來，漂没秋稼。冬十月丁亥朔，遣鴻臚少卿魏玭等四人，分往滑、濮、鄆、澶視水害苗稼。七年五月，州郡五奏大水，十八奏旱蝗。

宋・薛居正等《舊五代史》卷八四《晉書一〇・少帝紀四》 開運三年七月丙申，楊劉口河決西岸，水闊四十里。辛亥，宋州穀熟縣河水、雨水一概東流，漂没秋稼。自夏初至是，河南、河北諸州郡餓死者數萬人，羣盜蜂起，剽略縣鎮，霖雨不止，川澤汎漲，損害秋稼。八月，是月，秦州雨，兩旬不止，鄴都雨水一丈，洛京、鄭州、貝州大水，鄴都、夏津臨清兩縣，餓死民凡三千三百。盜入臨濮、費縣。

宋・薛居正等《舊五代史》卷一〇一《漢書三・隱帝紀上》 乾佑元年四月，是月，河決原武縣。

宋・薛居正等《舊五代史》卷一〇二《漢書四・隱帝紀中》 乾佑二年九月癸亥，鄴都、磁、相、邢、洺等州奏，霖雨害稼。西京奏，洛水溢岸。

宋・薛居正等《舊五代史》卷一〇三《漢書五・隱帝紀下》 乾祐三年五月閏月癸巳，京師大風雨，壞營舍，吹鄭門扉起，十數步而墮，拔大木數十，震死者六七人，水平地尺餘，池隍皆溢。

宋・薛居正等《舊五代史》卷一一一《周書二・太祖紀二》 廣順元年六月辛卯朔，邢州大雨霖。癸丑，鄴都、洺、滄、貝等州大雨霖。

宋・薛居正等《舊五代史》卷一一二《周書三・太祖紀三》 廣順二年六月十七日，是日大雨，城下行宮，水深數尺。其日晚，至中都縣，帝笑謂侍臣曰：「今日若不離城下，則當爲潦所溺矣。」秋七月丙辰，是日大風雨，破屋拔樹。襄州大水。

宋・薛居正等《舊五代史》卷一一三《周書四・太祖紀四》 廣順三年六月，是月河南、河北諸州大水，霖雨不止，川陂漲溢。襄州漢水溢入城，深一丈五尺，居民皆乘筏登樹。秋七月戊寅朔，徐州言，龍出豐縣村民井中，即時澍雨，漂没城邑。

宋・薛居正等《舊五代史》卷一一四《周書五・世宗紀一》 顯德元年十一月戊戌，詔宰臣李穀監築河隄。先是，鄆州界河決，數州之地，洪流爲患，故命穀治之，役丁夫六萬人，三十日而罷。

宋・薛居正等《舊五代史》卷一一八《周書九・世宗紀五》 顯德五年八月庚辰，延州奏，渫溪水漲，壞州城，溺死者百餘人。

宋・薛居正等《舊五代史》卷一二〇《周書一一・恭帝紀》 顯德六年九月，是月，京師及諸州郡霖雨踰旬，所在水潦爲患，川渠泛溢。

宋・薛居正等《舊五代史》卷一四一《五行志》 梁開平四年十月，梁、宋、輝、亳水，詔令本州開倉賑貸。

唐同光二年七月，曹州大水，平地三尺。八月，江南大雨溢漫，流入鄆州界。十一月，中書門下奏：「今年秋，天下州府多有水災，百姓所納秋税，請特放加耗。」從之。三年六月至九月，大雨，江河崩決，壞民田。七月，洛水泛漲，壞天津橋，漂近河廬舍，艤舟爲渡，覆没者日有之。鄴都奏，御河漲於石灰窯口，開故河道以分水勢。鞏縣河堤破，壞倉廒。八月，勅：「如聞天津橋未通往來，百官以舟檝濟渡，因茲傾覆，兼踣泥塗。自今文武百官，三日一趨朝，宰臣即每日中書視事。」四年正月，勅：「自京以東，幅圓千里，水潦爲沴，流亡漸多。宜自今月三日後，避正殿，減常膳，徹樂省費，以答天譴。應去年經水災處鄉村，有不給及逃移人户，夏秋兩税及諸折科，委諸處長吏切加點檢，並與放免，仍一年内不得雜差遣。應在京及諸縣，有停貯斛斗，並令減價出糶，以濟公私，如不遵守，仰具聞奏。」

長興元年夏，鄜州上言，大水入城，居人溺死。二年六月壬戌，汴州上言，大雨，雷震文宣王廟講堂。十一月壬子，鄆州上言，黄河暴漲，漂溺四千餘户。三年四月，棣州上言，水壞其城。是月己巳，鄆州上言，黄河水溢岸，闊三十里，東流。五月丁亥，申州大水，平地深七尺。是月戊申，襄州上言，漢水入城，壞民廬舍，又壞均州郛郭，水深三丈，居民登山避水，仍畫圖以進。是月甲子，洛水溢，壞民廬舍。三年七月，諸州大水，宋、亳、潁尤甚。宰臣奏曰：「今秋宋州管界，水災最盛，人户流亡，粟價暴貴。臣等商量，請於本州倉出斛斗，依時出糶，以救貧民。」從之。是月，秦州大水，溺死窯谷内居民三十六人。夔州赤甲山崩，大水漂溺居人。

清泰元年九月，連雨害稼。詔曰：「久雨不止，禮有所禳，禜都城門，三日不止，乃祈山川，告宗廟社稷。宜令太子賓客李延範等禜諸城門，太常卿李懌等告宗廟社稷。」

晉天福四年七月，西京大水，伊、洛、瀍、澗皆溢，壞天津橋。八月，河決博平，甘陵大水。六年九月，河決於滑州，一概東流，居民登丘冢，爲水所隔。詔所在發舟檝以救之。兖州、濮州界皆爲水所漂溺，命鴻臚少卿魏玭、將作少監郭廷讓、右金吾衛將軍安濬、右驍衛將軍田峻於滑、濮、澶、鄆四州，檢河水所害稼，并撫問遭水百姓。兖州又奏，河水東流，闊七十里，至七年三月，命宋州節度使安彦威率丁夫塞之。河平，建碑立廟於河決之所。

開運元年六月，黄河、洛河泛溢堤堰，鄭州原武、滎澤縣界河決。

周廣順二年七月，暴風雨，京師水深二尺，壞牆屋不可勝計。諸州皆奏大雨，所在河渠泛溢害稼。三年六月，諸州大水，襄州漢江漲溢入城，城内水深一丈五尺，倉庫漂盡，居人溺者甚衆。

宋·王溥《五代會要》卷一一《水溢》 梁開平四年，青、宋、冀、亳水。詔令本州以省倉粟麥等賑貸。

後唐同光二年十二月，中書門下奏，今年秋天下州府例有水災，百姓所納秋税，請特放加耗。從之。三年六月至九月大雨，江河決，壞民田。七月，洛水泛漲，壞天津橋，漂近河廬舍，艤舟爲渡，覆没者日有之。鄴都奏，御河漲於石灰窑口，開故河道，以分水勢。鞏縣河決，冲住倉廒。八月，勅：如聞天津橋未通往來，百官以舟船濟渡。因兹傾覆，兼踣泥塗。自今文武百官，可三日一趨朝，宰臣即每日中書視事。四年正月，勅：自京以東，幅員千里，水潦爲沴，流亡漸多，宜自今月三日後避正殿，減膳，撤樂省費，以答天譴。應去年經水決處鄉村，有不逮及逃移人户，差科夏秋兩税及諸折科。委逐處長吏切加點檢，並與放免，仍一年内不得雜差遣應。在京及諸縣有停住斛斗並令減價出糶，以濟公私，如在

遵守，仰具奏聞。

長興三年七月，諸州大水，宋、亳、潁尤甚。宰臣奏曰：今秋宋州管界水灾最甚，人户流亡，粟價暴貴。臣等商量，請於本州出斛斗，依時價出糶，以救貧民。兼大水之後，頗且宿麥，窮民不辦種子，亦望本州據人户等第支借麥種，自十石至三石。候來年收麥，據原數却令收納。從之。

清泰元年九月，連雨害稼。詔曰：久雨不止，禮有祈禳，禜都城門，三日不止，仍祈山川，告宗廟社稷。宜令太子賓客李延範等禜諸城門；太常卿李懌等告宗廟社稷。

晉天福四年七月，西京大水，伊、洛、瀍、澗皆溢，壞天津橋。八月河決，博平、甘陵大水。六年九月，河決於滑州，一溉東流，居民登邱冢，爲水所隔。詔所在發舟船以救之。兖州、濮州界，皆爲水所漂溺。命鴻臚少卿魏玭，將作少監霍廷讓，右領衛將軍安璹，右統衛將軍田畯，于滑、濮、澶、鄆四州檢河水所害稼，并撫問遭水百姓。兖州又奏，河水東流，濶七十里，水勢南流入沓河及揚州河。至七年三月，命宋州節度使安彦威率丁夫塞之。河平，建碑立廟於河決之所。七年四月詔曰：近年已來大河頻決，漂蕩户口，妨廢農桑，言念蒸民，用兹凋弊。凡居牧守，皆委山河，既在封圻，所宜專切。今後宜令沿河廣晉府、開封府尹逐處觀察防禦，使刺史等並兼河堤使，名額任便，差選職員，分擘勾當，有堤堰怯薄，水勢冲注處，預先計整，不得臨時失於防護。

開運元年六月，黄河、洛河泛溢，壞堤堰。鄭州原武滎澤縣界河決。

周廣順三年七月，暴風雨。京師水深二尺，壞墻屋不可勝計。諸州皆奏：大雨所在，河渠泛害稼。三年六月，諸州大水。襄州、漢江泛溢，壞羊馬城，大城内水深一丈五尺，倉庫漂盡，居人溺者甚衆。

宋·李昉等《太平御覽》卷八七七《雨》 《史記》曰：夏桀末年，大雨水，爲湯所放。

《京房易妖古》曰：雨鳴瓦任滅，武大臣專擅，霖雨壞道。《尚書·洪範·咎徵》曰：狂恒雨若。

《左傳》曰：莊公二十年秋，宋大水。公使吊焉，曰：天作淫雨，害於粢盛，若之何不弔？對曰：孤實不敬，天降之災，又以爲君憂拜命之辱。

《京氏別對·災異》曰：人君擅私，恣意重情，不異臣下同謀，即致偏雨夜墮也。不救，致苦雨降，萬民愁，潦水絶道。其救也，興公道，無私黨，此災消矣。

《漢書》曰：文帝後元三年秋，大雨晝夜不絶二十五日，流散民家。又曰：昭帝時，秋大雨自七月至十月。又曰：成帝時，秋大雨四十餘日。又曰：哀帝時，夏大雨，雹，又冬風雨，雹。又曰：王莽地皇中，莽兵出東都門外，天大雨沾衣。長安一父老嘆曰：是爲泣。時百姓飢。又曰：四年六月，光武兵至昆至弟至莽，使司徒王尋、司空王邑將兵百萬圍之。會天大風飛屋瓦，雨下如注，三分兵亂敗，自相殘殺，睢水爲之不流。

《後漢書》曰：靈帝時，夏，京師大雨水。其秋又雨水暴出，其年竇太后崩。是苦雨之應也。又曰：獻帝初平初，董卓逼帝入長安時，入宫日，大雨晝昏。又曰：獻帝時，夏大雨水。又曰：獻帝末，司徒王允殺董卓時，李傕、郭汜攻陷長安，殺戮甚衆。及收卓屍，葬日大風雨，水從藏溢，漂卓棺出於穴，俄而傕、汜皆被殺。

《續漢書》曰：建光元年，京都及國郡二十九日，滛雨傷稼。又曰：桓帝延熹二年夏，霖雨五十餘日。又曰：靈帝建寧元年夏，霖雨六十餘日。

《魏志》曰：明帝時大雨，殺鳥雀。時帝居喪不哀，出入弋獵，故有恒雨爲罰之變。

《晉書》曰：元帝時大雨四十餘日，晝夜雷電。又曰：成帝時，頻年大雨恒雷。

《齊書》曰：明帝時，王敬則爲大司馬，拜日大雨洪注。

崔鴻《十六國春秋》曰：後趙石勒將冠鄴，霖雨二月不止。又曰：石勒元年，大霖雨滂溢，衡山陷谷，巨松摧拔，東至于海。後又霖雨，中山暴水，流漂巨木百萬。

《隋書》曰：魏静帝時，大雨七十餘日。又曰：北齊武成清河年，大雨晝夜不息數十日。山東大水，人多饑死。又曰：後主天統三年，積陰大雨。

《隋書》曰：文帝仁壽元年夏，驟雹震雨，大風拔木。

《唐書》曰：則天長安四年九月，霖雨兼雪，陰凡一百五十餘日。至神龍元年正月，五王誅二張，孝和反正，方見晴霽。又曰：德宗真元二十一年，順宗風病，王叔文用事。連陰雨不霽，乃以憲宗爲皇太子。太子出，日即晴。

宋・李昉等《太平御覽》卷八七七《無雲而雨》　《春秋感精符》曰：失陽事，則無雲而雨。

《河圖秘徵》曰：主急妄怒，失陽事則主無雲而雨。

《京氏别對・災異》曰：無雲暴雨何？人君封拜無功，進無德，則致不雲而雨。暴過惡暴楊誅反受罪，密雲而不雨，其殺也，誅彊卹弱信及兆民，雲雨時也。

《隋書》曰：梁武帝，雨自七月至十一月。又曰：元帝承聖中，相州賊陸納推李洪鴉爲王。時天日晴，初無雲霧，軍發之際，倏然風雨，時人謂爲君泣，百姓竊有知敗也。

《京房》曰：若出軍之日無雲而雨，此天泣，軍没不還。雨不沾衣，名曰鬼泣，其軍必敗。

《抱朴子》曰：無雲而雨，是爲雨血，將軍當兵講武以應之，大雨軍中，甚必無功。

宋・王欽若《册府元龜》卷一四三　元帝初元元年九月，關東郡國十一大水，饑，或人相食。轉旁郡錢穀以相救。詔曰：間者陰陽不調，黎民饑寒，無以保治。惟德淺薄，不足以充入舊貫之居。其令諸宫館希御幸者勿繕治，太僕減穀，食馬水衡省肉食獸。二年六月，關東饑。齊地人相食。七月詔曰：歲比災害，民多菜色，慘怛于心，已詔吏虚倉廩開府庫賑救，賜寒者衣。今秋禾麥頗傷。一年中地再動，北海水溢，流殺人民，陰陽不和，其咎安在，公卿將何以憂之？其悉意陳朕過，靡有所諱。

元帝大興元年十一月，詔曰：朕以寡德，纂承洪緒，能調和陰陽，下不能濟育羣生，災異屢興，咎徵仍見。壬子、乙卯，雷震，暴雨上不盖天災譴誡，所以彰朕之不德也。羣公卿士，其各上封事，具陳得失，無有所諱，將親覽焉。

貞觀八年七月，隴右山摧，大蛇見。山東、河南、淮海之地多大水。帝以問祕書監虞世南曰：是何祥也，脩何術可以禳之？對曰：蛇見山澤，盖深山大澤必有龍蛇，亦不足怪也。山東足雨，雖則其常，陰慘過久，恐有寃獄，伏願科省係囚，庶幾或當天意。且妖不勝德，唯修德，可消變。帝然之。遣使者分道賑恤饑人，申理獄訟，多所原免。十一年七月，車駕廻雒陽，詔以水災，諸司供進悉令減省，凡在供役，量事停廢。

宋・王欽若《册府元龜》卷一四四　上元三年八月，青州大風，齊、淄等七州大水。詔停此中尚梨園等作坊，減少府監雜匠，放還本邑。兩京及九成宫土木工作亦罷之。天下囚徒委諸州長官慮之。

玄宗先天二年六月，以久霖雨，告乾陵及太廟，帝減膳避正殿。

開元二年四月壬子，以久雨，命有司禜京城門。十六年九月，以久雨，帝思宥罪緩刑，乃下制曰：古之善爲邦者，重人之命，執法之中，所以和氣洽，嘉生茂。今秋京城連雨隔月，恐耗其膏粒而害于粢盛，抑朕之不明，何政之闕也。永惟久雨者，陰氣凌陽，冤塞不暢之所致。

天寶十二年八月，京師連雨二十餘日。米涌貴，令中書門下就京兆大理疎決囚徒。

大曆四年，自四月，雨連霖至秋。京師米斗至八百，官出米二萬石，分場出糶，貧人閉坊市。北門置土臺及黄幡以祈晴，是日雨止。

宋・王欽若《册府元龜》卷一四五 唐穆宗長慶四年六月辛巳，詔曰：近者夏麥垂熟，霖雨稍多。雖不甚損傷，亦是陰陽小沴，必慮囚徒之中或有冤濫。宜令御史中丞、刑部侍郎、大理卿同疎理決，遣訖聞奏，其在內諸軍使囚徒亦委本司疎決，聞奏。

哀宗天祐三年九月，詔以久雨，恐妨農事，遣工部侍郎孔績禜定鼎門。如不止，止于三日。

後唐莊宗同光三年八月乙未，勑：旬日霖雨，恐傷秋稼，須命祈止，冀獲開晴。九月辛卯朔，勑：霖雨未止，恐傷苗稼及妨收穫。宜令差官於諸寺觀神祠虔心祈禱，仍令河南府差官應有靈迹處精虔祈止。丙午勑：霖雨未晴，宜令宰臣、尚書、丞郎分於寺觀祈晴。

明宗天成元年八月，勑：久雨不晴，慮傷農稼，可申命禱禜。仍曉諭天下州府疏理繫囚，無令寃滯。二年正月，司天奏：今年歲日五鼓後，東方有青黑雲，主歲多陰雨，宜行禳禜禱祠。從之。三年七月，霖雨稍甚。命宰臣散於寺觀祈晴。

長興二年八月丙子勅：陰雨稍頻，慮妨收穫。宜令河南府依古法祈晴。三年三月丙申，帝以春雨稍頻，慮妨耕種，宜令河南府依古法祈晴。帝問翰林參謀趙延文，自春以來頻雨何故。奏曰：緣火犯井，所以頻雨兼雷聲似夏，並不益時，乞寬刑獄。從之。壬寅，司天奏：以時雨過多，請差官禱禜。從之。六月辛酉，命文武百官應在京寺觀神祠祈晴。又勅：霖雨積旬，尚未晴霽，睠言刑獄，慮在滯淹。京城諸司繫囚並宜疎理釋放。七月，以久雨未晴分命禱禜。勑天下州府見禁囚徒，據事理疾速斷決，不得滯淹。久雨未晴，恐至淹抑。

清泰元年八月甲申，詔曰：霖雨稍頻，慮妨收穫，分命朝臣諸祠宇祈晴。乙未，詔曰：苦雨連綿，已踰旬浹。差官祈禜，尚未晴明，宜令宰臣李愚、劉昫、盧文紀、姚顗各於諸寺觀虔告。自十一日後，霖不止，至是日稍霽。九月己亥，詔曰：久雨未霽，禮有祈禳，禜都城門。三日不止，乃祈山川，告宗廟社稷。宜令太子賓客李延範等禜諸城門，太常卿李懌、工部尚書崔居儉告宗廟社稷。甲辰詔曰：霖霪稍甚，愆伏爲災，朕燭理不明，慮傷和氣，都下諸獄，委御史臺差官慮問西都，差留守判官藩鎮，差觀察判官、刺史、州委軍事判官、諸縣委令録據見繫罪人，一一親自録問，恐姦吏逗留致其淹抑，晝時疎理，如是大獄，即具奏聞。癸卯，司天監靈臺郎李德舟以霖雨爲災，獻唐初太史令李淳風祈晴法。詔曰：李德舟顯陳藝術，特貢封章，以霖雨之爲災，恐粢盛之不稔，請修祈醮以示消禳，恭以天地、星辰、宗廟、社稷、雨師、風伯皆遵祀典，薦告不虧。二年七月戊辰，以京師苦雨，遣左武衛將軍穆延輝嵩山祈晴。九月乙酉，京師以大雨霖祈晴。

宋・王欽若《册府元龜》卷一四六 宣帝地節四年九月，詔曰：朕惟百姓失職，不贍遣使者循行郡國，問民所疾苦，吏或營私，煩擾不顧厥咎，朕甚閔之。今年郡國頗被水災，已賑貸鹽民之食。而賈咸貴，衆重困。其減天下鹽賈。

陽朔二年秋，關東大水。詔流民欲入函谷、天井、壺口、五阮關者，勿苛留。遣諫議大夫、博士分行視。

鴻嘉四年正月，詔水旱爲災，關東流冗者衆，青、幽、冀部尤劇，朕甚痛焉。已遣使者循行。郡國流民，欲入關輒籍内所之郡國，謹遇以理，務有以全活之，思稱朕意。

哀帝以綏和二年四月即位，是年秋詔曰：迺者河南潁川郡水出，流殺人民，壞敗廬舍，遣光禄大夫循行舉籍，賜死者棺錢，人三千。

後漢光武建武六年正月，詔曰：往歲水旱蝗蟲爲災，穀價騰踴，人用困乏。朕惟百姓無以自贍，惻然愍之。其命郡國有穀者，給稟，高年鰥寡孤獨及老癃無家屬貧不能自存者，如律二千石，勉加循撫無令失職。三十年五月大水，賜天下鰥寡孤獨老癃貧不能自存者粟，人六斛。

延光元年三月改元。是歲，京師及郡國二十七雨水，大風殺人。詔壓溺死者，年七歲以上錢，人二千。其壞廬舍，已失穀食粟人三斛。若一家人皆災害而弱小存者，郡縣爲收斂之。

順帝永建四年八月，以五州雨水，遣使實覈死亡收斂稟賜。

永興二年六月，詔司隸校尉部刺史曰：蝗災爲害，水變仍至，五穀不登，人無宿儲，其令所傷郡國種蕪菁以助人食。

永壽元年六月，雒水溢，又南陽大水。詔被水死流失屍骸者，令郡縣鉤求收葬，及所唐突壓溺物故，七歲已上賜錢人二千。

永康元年八月，六州大水，勃海溢。詔州郡，賜溺死者七歲以上錢，人二千，一家皆被害者，悉爲收斂。

晉武帝太始七年六月，大雨霖，伊雒河溢，流居人四千餘家，殺三萬餘人。有詔賑貸給棺。

咸寧二年七月，河南魏郡暴水殺百餘人，詔給棺。

延昌元年六月，詔曰：去歲水災，今春炎旱，百姓饑餒，救命靡寄。雖經蠶月不能養績，今秋輸將及郡縣，其於責辨尚書，可嚴，勒諸州量民貲產，明加檢點，以救艱敝。

後周明帝武成元年六月，大霖雨。詔遭水者，有司時巡檢簡條例以聞。

宋·王欽若《册府元龜》卷一四七 高宗永徽元年六月，新豐南大雨。零口山水暴出，漂廬舍，溺死者九十餘人。詔：給死者絹布三疋，仍給棺瘞埋之。乏絶者，給資之。宣、歙、饒、常等州暴雨，水漂殺四百餘人。詔爲瘞埋，仍給貸之。六年六月辛丑，商州山水漂壞居人廬舍。遣使存問之。

顯慶元年七月己卯，宣州涇縣山水暴漲，高四丈餘，漂蕩村落，溺殺二千餘人。制賜死者物各五段，廬舍損壞者，量爲營造，并賑給之。四年七月，連州山水暴漲，漂没七百餘家。詔鄉人爲造宅宇，仍賑給之。

總章二年九月，海水泛溢，壞永嘉、安固二縣墎居人廬舍六千餘家。遣使脩葺宅宇，溺死者各賜物五段。

上元三年八月，青州大風，海水泛溢，漂損居人廬宅五千餘家。齊淄等七州大水。詔賑貸貧乏溺死者，賜物理殯之。舍宅壞者，助其營造。

永隆元年秋，河南北諸州大水。詔遣使分往存問，其漂溺死者，各給棺槥。其家賜物七段。屋宇破壞者，勸課鄉閭助其脩葺。糧食乏絶者，給貸之。二年八月，河南、河北大水。詔溺死者，各贈物三段。

神龍元年六月，雒水暴漲，壞人廬舍二千餘家，溺死者數百人。令御史存問賑卹，官爲瘞埋。

開元八年六月，河南府穀、雒、涯三水泛漲，漂溺居人四百餘家，壞田三百餘頃。諸州當防丁、當番衛士、掌閑廄者，千餘人。遣使賑恤及助脩屋宇。其行客溺死者，委本貫存恤其家。十年五月，東都大雨，伊汝等水泛，壞河南府及許、汝、仙、陳四州廬舍數千家，溺死者甚衆。詔河南府巡行所損之家，量加賑貸，并借人力助營宅屋。十四年七月，以懷、鄭、許、滑、衛等州水潦，遣右監門衛將軍、知内侍省事黎敬仁宣慰，如有遭損之處，應須營助賑給，並委使與州縣相知量事處置。九月，命御史中丞兼户部侍郎宇文融往河南、河北道遭水州宣撫。若屋宇摧壞，牛畜俱盡及征人之家不能自存立者，量事助其脩葺。

大曆十八年七月，詔曰：朕獲主兆人，以臨方夏，憂勤于政，思底康寧。然而理化未孚，水旱爲沴，或傷壞廬舍，漂損田疇。朕爲人父母，用切于衷。其諸道應遭水損州縣，令委本道觀察使速具條疏聞，奏當有處分。

宣宗大中四年正月，詔有水旱處，宜令州縣長吏多方優恤，務使安存。如有甚不支濟，仰具事繇聞奏，別議處分。

宋·王欽若《册府元龜》卷一九三 弭灾　南齊武帝即位，詔曰：水潦爲患，星緯乖序，京都囚繫，可克日訊決，諸遠獄委刺史以時察判。

開平三年八月甲午，以秋稼將登，霖雨特甚，命宰臣已下禱於社稷諸祠。四年五月己丑朔，以連雨不止，至壬辰。御文明殿，命宰臣分拜祠廟。八月車駕西征，己巳次陝府，是時憫雨。且命宰臣從官分禱。靈迹既中，而雨翌日止。帝大悅。九月辛丑，以久雨命宰臣薛貽矩、鼎門趙光逢祠嵩岳。

宋·姚鉉《唐文粹》卷七六呂周任《泗州大水記》 《春秋左氏傳》曰：天反時爲妖，地反物爲災，其於水也，反利爲害矣。在唐堯時，包山陵而浩滔天。在漢武時，浮齧桑而浸鉅野。皆震蕩上心，昏墊下人，其故何哉？天其或者警休明而表忠誠也。皇唐貞元八年，歲在壬申夏六月，上帝作孽，罰兹東土，浩淼長瀾，周亘千里，請究其本而言之。是時山泐桐栢，發洪歕湧，下注淮瀆，平湍七丈，浮壽逾濠，下連滄波，東風駕海，潮上不落，雨水相逆，濺濤倒流，矗縮迴薄，衝壅淮泗，積陰驟雨，河瀉瓴建，不捨晝夜，至於旬浹，乾坤合怒，雲雷爲屯，以水濟水，呑洲漂防，走不及竄，飛不及翔，連甍爲河宫，噍類如魚鼈，事出慮外，孰能圖之。開府儀同三司檢校右散騎常侍兼御史大夫泗州刺史武當郡王張公以其始至也，聚邑老以防，故寨薪楗石以禦之，其漸盛也。運心術以馭事，維舟編桴以載之，遂連舳促櫓，斂邑之惸嫠老弱，州之庫藏圖籍，官府之器，先寘于遠墅，軍資、甲楯、士女、馬牛，遽遷於水次。將健丁壯，遏水之不可者，任使而自安，逮數日而計行矣。洪波汗漫，不測涯涘，驚飈鼓濤，舟不得不覆。巨浪崩山，城不得不圮。崇邱如島，稍稍而没，夏屋如查，汎汎相繼，天迴地轉，混茫其中。公獨與左右十數人，纜舟於郡城西南隅女牆瀑堵之上，以向衝波之來，不亦危哉。公之左右失色，同辭請移。公曰：伾天子守土臣也，苟有難而違之，若君命何？且南山隔淮，幾五六里，吾能往矣。況是別境，離局姦也，雖死不爲。公於是使部內十驛，遷於虹城西鄙而南，傍南而東四百里，達維揚之路，俾星郵無壅。又東北直渡，經下邳五百里，至於徐州，通廉察之問。又移淮南城，將令斷扁舟往來，立標樹信，以虞寇盜之變。公每端拱對水而訴曰：伾奉聖主明詔，司牧此州，以觀萬姓，河公何爲不仁？降此大沴，伾之罪也。厲聲正色，阽危不撓，歷再旬而水定，又再旬而水抽，自水始至，及水始耗，已六時矣。又一時而復流，郊境之內，無平不陂，郛郭之間，無岸不谷，尺椽片瓦，蕩然無所有。可異者，惟公之露寢與内寢，巋然存焉。豈不可浮而往，蓋不可顛而壞乎？斯則神仰公之仁，先庶物而遺己。神賞公之忠，臨大難而守節。神高公之義，動適權以成務，故保其聽政養安之所，旌公之善也。昔邵伯之理也，人愛甘棠而勿翦，方兹神靈扶持，不亦遠乎？公乃捨車而徒，棄輜而泥，弔亡恤存，綏復軍郡。遠軫聖慮，詔左庶子姚公弔而賑之。至於修府署，建城池，詔有司計功而賞緡，立鄽市，造井屋。公申勸料程，以貫以貸，纔逾年而城邑復常矣。其於縮板爲垣，樹柳爲麗，端衢四達，廨宇雙峙，即公之新意也。天災流行，何代無之？逢昏即盛，遇賢即退，故劉昆返風而火滅，王尊臨河而水止，蓋忠誠之至也。公嘗領羸兵守孤城，以百當萬，俾國家全山東之地，名載青史，公即國之長城也。今以一葦之航，絓於危堞之上，以當漲海之勢，城頹而一塊不傾，水止而所濟獲全。公即國之貞臣也。固知明主之委任於公也，皆感而通焉。周任不敏，學於舊史氏，借古以諭公，未或同年矣，謹述而紀之。

宋·歐陽修《新五代史》卷五《唐紀五·莊宗下》　同光二年八月，大雨霖，河溢。九月壬子，置水于城門，以禳熒惑。

宋·歐陽修《新五代史》卷八《晉紀八·高祖》　天福三年八月己丑，蠲水旱民稅。六年冬十月，河決滑、濮、鄆、澶州。七年三月，歸德軍節度使安彥威塞決河于滑州。

宋·歐陽修《新五代史》卷九《晉紀九·出帝》　開運三年六月己丑，河決漁池。大饑，羣盜起。秋七月，大雨，水，河決楊劉、朝城、武德。八月辛酉，河溢歷亭。九月，河決澶、滑、懷州。九月癸卯，大雨霖，河決臨黃。冬十月，河決衛州，丙寅，河決原武。

宋·歐陽修《新五代史》卷一〇《漢紀一〇·高祖》　乾祐元年五月乙亥，河決滑州、魚池。

宋·歐陽修《新五代史》卷一二《周紀一二·太祖》　廣順三年夏六月，大雨，水。

宋·歐陽修《新五代史》卷一四《唐太祖家人傳》　同光三年，滹沱河大水。

同光三年秋，大水，兩河之民，流徙道路，京師賦調不充，六軍之士，往往殍踣，乃預借明年夏、秋租稅，百姓愁苦，號泣于路，莊宗方與后荒于畋遊。

宋·歐陽修、宋祁《新唐書》卷二《太宗皇帝紀》　貞觀十一年七月癸未，大雨，水，穀、洛溢。九月丁亥，河溢，壞陝州河北縣，毀河陽中潬，幸白司馬坂觀之，賜瀕河遭水家粟帛。

宋·歐陽修、宋祁《新唐書》卷三《高宗皇帝紀》　開耀元年八月丁卯，以河南、河北大水，遣使賑乏絶，室廬壞者給復一年，溺死者贈物，人三段。

永淳元年五月乙卯，洛水溢。

弘道元年八月丁卯，滹沱溢。己巳，河溢，壞河陽城。

宋·歐陽修、宋祁《新唐書》卷四《則天順聖武皇后紀》　長壽元年五月，洛水溢。七月，又溢。八月甲戌，河溢，壞河陽縣。二年五月癸丑，河溢棣州。

神龍元年七月甲辰，洛水溢。三年四月己亥，雨毛于鄮縣。辛丑，洛水溢。

宋·歐陽修、宋祁《新唐書》卷五《玄宗皇帝紀》　先天二年六月辛丑，以雨霖避正殿，減膳。

開元四年七月丁酉，洛水溢。六年六月甲申，瀍水溢。八年三月甲子，免水旱州逋負，給復四鎮行人家一年。六月庚寅，洛、瀍、穀水溢。十年六月丁巳，河決博、棣二州。七月庚辰，給復遭水州。十八年六月乙亥，瀍水溢。壬午，洛水溢。二十年九月戊辰，以宋、滑、兖、鄆四州水，免今歲稅。

天寶十年八月乙卯，廣陵海溢。十三年，是秋，瀍、洛水溢。

宋·歐陽修、宋祁《新唐書》卷六《代宗皇帝紀》　廣德二年五月，洛水溢。

大曆元年七月癸酉，洛水溢。七年二月庚午，江州江溢。十二年，是秋，河溢。

宋·歐陽修、宋祁《新唐書》卷七《德宗皇帝紀》　建中元年，黄河、滹沱、易水溢。

貞元三年五月，揚州江溢。四年八月，灞水溢。八年六月，淮水溢。十一年十月，朗、蜀二州江溢。

元和七年正月癸酉，振武河溢，毁東受降城。八年六月辛卯，渭水溢。

宋・歐陽修、宋祁《新唐書》卷八《穆宗皇帝紀》 長慶四年，是夏，漢水溢。

大和二年，是夏，河溢，壞棣州城。四年，是夏，舒州江溢。

開成元年七月，滹沱溢。三年夏，漢水溢。

會昌元年七月壬辰，漢水溢。三年九月丁未，以雨霖，理囚，免京兆府秋税。

大中四年四月壬申，以雨霖，詔京師、關輔理囚，蠲度支、鹽鐵、户部逋負。

宋・歐陽修、宋祁《新唐書》卷九《懿宗皇帝紀》 咸通八年七月，雨湯于下邳。十四年十二月癸卯，大赦，免水旱州縣租賦，罷貢鷹鶻。

宋・歐陽修、宋祁《新唐書》卷三五《五行志二》 垂拱二年九月己巳，雍州新豐縣露臺鄉大風雨，震雹，有山湧出，高二十丈。

永昌中，華州赤水南岸大山，晝日忽風昏，有聲隱隱如雷，頃之漸移東數百步，擁赤水，壓張村民三十餘家，山高二百餘丈，水深三十丈，坡上草木宛然。

宋・歐陽修、宋祁《新唐書》卷三六《五行志三》 貞觀三年秋，貝、譙、鄆、泗、沂、徐、豪、蘇、隴九州水。四年秋，許、戴、集三州水。七年八月，山東、河南州四十，大水。八年七月，山東、江淮大水。十年，關東及淮海旁州二十八，大水。十一年七月癸未，黄氣際天，大雨，穀水溢，入洛陽宫，深四尺，壞左掖門，毁官寺十九；洛水漂六百餘家。九月丁亥，河溢，壞陝州之河北縣及太原倉，毁河陽中潬。十六年秋，徐、戴二州大水。十八年秋，穀、襄、豫、荆、徐、梓、忠、緜、宋、亳十州大水。十九年秋，沁、易二州水，害稼。二十一年八月，河北大水，泉州海溢，驩州水。二十二年夏，瀘、越、徐、交、渝等州水。

永徽元年六月，新豐、渭南大雨，零口山水暴出，漂廬舍；宣、歙、饒、常等州大雨，水，溺死者數百人。秋，齊、定等州十六，水。二年秋，汴、定、濮、亳等州水。四年，杭、夔、果、忠等州水。五年五月丁丑夜，大雨，麟遊縣山水衝萬年宫玄武門，入寢殿，衛士有溺死者。六月，河北大水，滹沱溢，損五千餘家。六年六月，商州大水。秋，冀、沂、密、兖、滑、汴、鄭、婺等州水，害稼；洛州大水，毁天津橋。十月，齊州河溢。

顯慶元年七月，宣州涇縣山水暴出，平地四丈，溺死者二千餘人。九月，括州暴風雨，海水溢，壞安固、永嘉二縣。四年七月，連州山水暴出，漂七百餘家。

麟德二年六月，鄜州大水，壞居人廬舍。

總章二年六月，括州大風雨，海溢，壞永嘉、安固二縣，溺死者九千七十人；冀州大雨，水平地深一丈，壞民居萬家。

咸亨元年五月丙戌，大雨，山水溢，溺死五千餘人。二年八月，徐州山水漂百餘家。四年七月，婺州大雨，山水暴漲，溺死五千餘人。

上元三年八月，青州大風，海溢，漂居人五千餘家；齊、淄等七州大水。

永隆元年九月，河南、河北大水，溺死者甚衆。二年八月，河南、河北大水，壞民居十萬餘家。

永淳元年五月丙午，東都連日澍雨；乙卯，洛水溢，壞天津橋及中橋，漂居民千餘家。六月乙亥，京師大雨，水平地深數尺。秋，山東大雨，水，大饑。二年七月己巳，河溢，壞河陽橋。八月，恒州滹沱河及山水暴溢，害稼。

文明元年七月，温州大水，漂千餘家；括州溪水暴漲，溺死百餘人。

如意元年四月，洛水溢，壞永昌橋，漂居民四百餘家。七月，洛水溢，漂居民五千餘家。八月，河溢，壞河陽縣。

長壽二年五月，棣州河溢，壞居民二千餘家。是歲，河南州十一，水。

萬歲通天元年八月，徐州大水，害稼。

神功元年三月，括州水，壞民居七百餘家。是歲，河南州十九，水。

聖曆二年七月丙辰，神都大雨，洛水壞天津橋。秋，河溢懷州，漂千餘家。

三年三月辛亥，鴻州水，漂千餘家，溺死四百餘人。

久視元年十月，洛州水。

長安三年六月，寧州大雨，水，漂二千餘家，溺死千餘人。四年八月，瀛州水，壞民居數千家。

神龍元年四月，雍州同官縣大雨，水，漂居民五百餘家。六月，河北州十七，大水。七月甲辰，洛水溢，壞民居二千餘家。二年四月辛丑，洛水壞天津橋，溺死數百人。八月，魏州水。

景龍三年七月，澧水溢，害稼。九月，密州水，壞民居數百家。

開元三年，河南、河北水。四年七月丁酉，洛水溢，沈舟數百艘。五年六月甲申，瀍水溢，溺死者千餘人；鞏縣大水，壞城邑，損居民數百家；河南水，害稼。八年夏，契丹寇營州，發關中卒援之，宿澠池之缺門，營穀水上，夜半，山水暴至，萬餘人皆溺死。六月庚寅夜，穀、洛溢，入西上陽宫，宫人死者十七八，畿内諸縣田稼、廬舍蕩盡，掌閑衛兵溺死千餘人，京師興道坊一夕陷爲池，居民五百餘家皆没不見。是年，鄧州三鴉口大水塞谷，或見二小兒以水相沃，須臾，有蛇大十圍，張口仰天，人或斫射之，俄而暴雷雨，漂溺數百家。十年五月辛酉，伊水溢，毁東都城東南隅，平地深六尺；河南許、仙、豫、陳、汝、唐、鄧等州大水，害稼，漂没民居，溺死者甚衆。六月，博州、棣州河决。十二年六月，豫州大水。八月，兗州大水。十四年秋，天下州五十，水，河南、河北尤甚，河及支川皆溢，懷、衛、鄭、滑、汴、濮人或巢或舟以居，死者千計；潤州大風自東北，海濤没瓜步。十五年五月，晉州大水。七月，鄧州大水，溺死數千人；洛水溢，入鄜城，平地丈餘，死者無算，壞同州城市及馮翊縣，漂居民二千餘家。八月，澗、穀溢，毁澠池縣。是秋，天下州六十三，大水，害稼及居人廬舍，河北尤甚。十七年八月丙寅，越州大水，壞州縣城。十八年六月壬午，東都瀍水溺揚、楚等州租船，洛水壞天津、永濟二橋及民居千餘家。十九年秋，河南水，害稼。二十年秋，宋、滑、兗、鄆等州大水。二十二年秋，關輔、河南州十餘，水，害稼。二十七年三月，澧、袁、江等州水。二十八年十月，河南郡十三，水。二十九年七月，伊、洛及支川皆溢，害稼，毁天津橋及東西漕、上陽宫仗舍，溺死千餘人。是秋，河南、河北郡二十四，水，害稼。

天寶四載九月，河南、淮陽、睢陽、譙四郡水。十載，廣陵大風駕海潮，沈江口船數千艘。十三載九月，東都瀍、洛溢，壞十九坊。

廣德元年九月，大雨，水平地數尺，時吐蕃寇京畿，以水自潰去。二年五月，東都大雨，洛水溢，漂二十餘坊；河南諸州水。

大曆元年七月，洛水溢。二年秋，湖南及河東、河南、淮南、浙東西、福建等道州五十五水災。七年二月，江州江溢。十年七月，杭州海溢。十一年七月戊子夜，澍雨，京師平地水尺餘，溝渠張溢，壞民居千餘家。十二年秋，京畿及宋、亳、滑三州大雨水，害稼，河南尤甚，平地深五尺，河溢。

建中元年，幽、鎮、魏、博大雨，易水、滹沱横流，自山而下，轉石折樹，水高丈餘，苗稼蕩盡。

貞元二年六月丁酉，大風雨，京城通衢水深數尺，有溺死者。東都、河南、荆南、淮南江河溢。三年三月，東都、河南、江陵、汴揚等州大水。四年八月，灞水暴溢，殺百餘人。八年秋，自江淮及荆、襄、陳、宋至于河朔州四十餘，大水，害稼，溺死二萬餘人，漂没城郭廬舍，幽州平地水深二丈，徐、鄭、涿、薊、檀、平等州，皆深丈餘。八年六月，淮水溢，平地七尺，没泗州城。十一年十月，朗、蜀二州江溢。十二年四月，福、建二州大水，嵐州暴雨，水深二丈。十三年七月，淮水溢于亳州。十八年春，申、光、蔡等州大水。

永貞元年夏，朗州之熊、武五溪溢。秋，武陵、龍陽二縣江水溢，漂萬餘家。京畿長安等九縣山水害稼。

元和元年夏，荆南及壽、幽、徐等州大水。二年六月，蔡州大雨，水平地深數尺。四年十月丁未，渭南暴水漂民居二百餘家。六年七月，鄜坊、黔中水。七年正月，振武河溢，毁東受降城。五月，饒、撫、虔、吉、信五州暴水，虔州尤甚，平地有深至四丈者。八年五月，陳州、許州大雨，大隗山摧，水流出，溺死者千餘人。六月庚寅，大風，毁屋揚瓦，人多壓死；京師大水，城南深丈餘，入明德門，猶漸車輻。辛卯，渭水漲，絶濟。時所在百川發溢，多不由故道。滄州水潦，浸鹽山等四縣。九年秋，淮南及岳、安、宣、江、撫、袁等州大水，害稼。十一年五月，京畿大雨水，昭應尤甚；衢州山水害稼，深三丈，毁州郭，溺死百餘人。六月，密州大風雨，海溢，毁城郭；饒州浮梁、樂平二縣暴雨，水，漂没四千餘户；潤、常、潮、陳、許五州及京畿水，害稼。八月甲午，渭水溢，毁中橋。十二年六月乙酉，京師大雨，水，含元殿一柱傾，市中水深三尺，毁民居二千餘家；河南、河北大水，洺、邢尤甚，平地二丈；河中、江陵、幽澤潞晉隰蘇台越州水，害稼。十三年六月辛未，淮水溢。

長慶二年七月，河南陳、許、蔡等州大水；好時山水漂民居三百餘家；處州大雨，水，平地深八尺，壞城邑，桑田大半。四年夏，蘇、湖二州大雨，水，太湖決溢；睦州及壽州之霍山山水暴出；鄆、曹、濮三州雨，水壞州城、民居、田稼略盡；襄、均、復、郢四州漢水溢決。秋，河南及陳、許二州水，害稼。

寶曆元年秋，鄜、坊二州暴水；兗、海、華三州及京畿、奉天等六縣水，害稼。

大和二年夏，京畿及陳、滑二州水，害稼；河陽水，平地五尺；河決，壞棣州城；越州大風，海溢；河南鄆、曹、濮、淄、青、齊、德、兗、海等州並大水。三年四月，同官縣暴水，漂没三百餘家；宋、亳、徐等州大水，害稼。四年夏，江水溢，没舒州太湖、宿松、望江三縣民田數百户；鄜、坊水，漂三百餘家；浙西、浙東、宣歙、江西、鄜坊、山南東道、淮南、京畿、河南、江南、荆襄、鄂岳、湖南大水，皆害稼。五年六月，玄武江漲，高二丈，溢入梓州羅城；淮西、浙東、浙西、荆襄、岳鄂、東川大水，害稼。六年二月，蘇、湖二州大水。六月，徐州大雨，壞民居九百餘家。七年秋，浙西及揚、楚、舒、廬、壽、滁、和、宣等州大水，害稼。八年秋，江西及襄州水，害稼；蘄州湖水溢；滁州大水，溺萬餘户。

開成元年夏，鳳翔麟遊縣暴雨，水，毁九成宫，壞民舍數百家，死者百餘人。七月，鎮州滹沱河溢，害稼。三年夏，河決，浸鄭、滑外城；陳、許、鄜、坊、鄂、曹、濮、襄、魏、博等州大水；江、漢漲溢，壞房、均、荆、襄等州民居及田産殆盡；蘇、湖、處等州水溢入城，處州平地八尺。四年秋，西川、滄景、淄青大雨，水，害稼及民廬舍，德州尤甚，平地水深八尺。五年七月，鎮州及江南水。

會昌元年七月，江南大水，漢水壞襄、均等州民居甚衆。

大中十二年八月，魏、博、幽、鎮、兖、鄆、滑、汴、宋、舒、壽、和、潤等州水，害稼；徐、泗等州水深五丈，漂没數萬家。十三年夏，大水。

咸通元年，潁州大水。四年閏六月，東都暴水，自龍門毁定鼎、長夏等門，漂溺居人。七月，東都、許、汝、徐、泗等州大水，傷稼。九月，孝義山水深三丈，破武牢關金城門汜水橋，六年六月，東都大水，漂壞十二坊，溺死者甚衆。七年夏，江淮大水。秋，河南大水，害稼。十四年八月，關東、河南大水。

乾符三年，關東大水。

光化三年九月，浙江溢，壞民居甚衆。

乾寧三年四月，河圮于滑州，朱全忠決其堤，因爲二河，散漫千餘里。

咸通八年七月，泗州下邳雨湯，殺鳥雀。水沸于火，則可以傷物，近火沴水也。雨者，自上而降；鳥雀，民象。

光化三年九月，杭州有龍鬬于浙江，水溢，壞民廬舍。占同天寶十四載。

宋・歐陽修、宋祁《新唐書》卷九七《魏徵傳》 貞觀七年，是歲，大雨，穀、洛溢，毁宫寺十九，漂居人六百家。

宋・歐陽修、宋祁《新唐書》卷一一一《薛仁貴傳》 高宗幸萬年宫，山水暴至，夜突玄武門。

宋・歐陽修、宋祁《新唐書》卷一一八《見素傳》 十三載，玄宗苦雨潦閲六旬。

宋・蘇軾《東坡全集》卷八《河復》 熙寧十年秋，河決澶淵，注鉅野，入淮泗，自澶魏以北皆絶流，而濟楚大被其害。彭門城下水二丈八尺七，十餘日不退，吏民疲於守禦。十月十三日，澶州大風終日，既止而河流一枝已復故道。

宋・司馬光《資治通鑑》卷八《秦紀三》 二世皇帝二年秋七月，大霖雨。雨三日以往爲霖。

宋・司馬光《資治通鑑》卷一三《漢紀五》 高皇后三年夏，江水、漢水溢，流四千餘家。八年江、漢水溢，流萬餘家。

宋・司馬光《資治通鑑》卷一五《漢紀七》 文帝前十二年冬十二月，河決酸棗，東潰金隄、東郡，大興卒塞之。

宋・司馬光《資治通鑑》卷一六《漢紀八》 景帝五年六月，大水。

宋・司馬光《資治通鑑》卷一七《漢紀九》 武帝建元三年，河水溢于平原。大饑，人相食。

宋・司馬光《資治通鑑》卷一九《漢紀十一》 武帝元狩三年，山東大水，民多飢乏。

宋・司馬光《資治通鑑》卷二〇《漢紀十二》 武帝元鼎二年夏，大水，關東餓死者以千數。

宋・司馬光《資治通鑑》卷二三《漢紀十五》 昭帝始元元年，大雨，至于十月，渭橋絶。

宋・司馬光《資治通鑑》卷二八《漢紀二十》 元帝初元元年，關東郡國十一大水，饑，或人相食；轉旁郡錢穀以相救。

宋・司馬光《資治通鑑》卷二九《漢紀二十一》 元帝永光五年秋，潁川水流殺人民。初，武帝既塞宣房，後河復北決於館陶，分爲屯氏河，東北入海，廣深與大河等，故因其自然，不隄塞也。是歲，河決於清河靈鳴犢口，而屯氏河絶。

宋・司馬光《資治通鑑》卷三〇《漢紀二十二》 成帝河平三年八月，河復決平原，流入濟南、千乘，所壞敗者半建始時。

成帝陽朔二年秋，關東大水。

宋・司馬光《資治通鑑》卷三七《漢紀二十九》 王莽始建國三年，河決魏郡，泛清河以東數郡。

宋・司馬光《資治通鑑》卷三八《漢紀三十》 王莽天鳳二年，邯鄲以北大雨，水出，深者數丈，流殺數千人。

宋・司馬光《資治通鑑》卷四二《漢紀三十四》 光武帝建武八年，是歲，大水。

宋・司馬光《資治通鑑》卷四四《漢紀三十六》 光武帝建武三十年五月，大水。三十一年夏五月，大水。

明帝永平三年，是歲，京師及郡國七大水。

宋·司馬光《資治通鑑》卷四五《漢紀三十七》 永平八年秋，郡國十四大水。十二年初，平帝時，河、汴決壞，久而不脩。

宋·司馬光《資治通鑑》卷四七《漢紀三十九》 和帝永元元年，是歲，郡國九大水。

宋·司馬光《資治通鑑》卷四八《漢紀四十》 和帝永元十四年，三州大水。

宋·司馬光《資治通鑑》卷四九《漢紀四十一》 殤帝延平元年九月，六州大水。冬十月，四州大水，雨雹。

安帝永初元年，是歲，郡國十八地震，四十一大水，二十八大風，雨雹。二年六月，京師及郡國四十大水。三年三月，京師大饑，民相食。六月關東水潦，人民飢餓死盡。是歲，京師及郡國四十一雨水，并、涼二州大飢，人相食。四年秋七月乙酉，三郡大水。五年，是歲，郡國八雨水。

宋·司馬光《資治通鑑》卷五〇《漢紀四十二》 永寧元年冬十月，京師及郡國三十三大水。

建光元年，京師及郡國二十七雨水。范書《帝紀》作「二十九」。

延光元年，是歲，京師及郡國二十七雨水。

宋·司馬光《資治通鑑》卷五三《漢紀四十五》 質帝本初元年五月，海水溢，漂没民居。

恒帝建和二年秋七月，京師大水。三年秋八月，京師大水。

永興元年秋七月，郡、國三十二河水溢。百姓饑窮流宂者數十萬户，冀州尤甚。

永壽元年夏，南陽大水。

宋·司馬光《資治通鑑》卷五四《漢紀四十六》 延熹二年夏，京師大水。

宋·司馬光《資治通鑑》卷五六《漢紀四十八》 永康元年六月，【張：「月」作「州」。】大水，勃海溢。

靈帝建寧元年六月，京師大水。

宋·司馬光《資治通鑑》卷五七《漢紀四十九》 熹平元年六月，京師大水。四年夏四月，郡國七大水。

宋·司馬光《資治通鑑》卷五八《漢紀五十》 光和六年秋，金城河水溢出二十餘里。

宋·司馬光《資治通鑑》卷五九《漢紀五十一》 中平五年夏，郡國七大水。六年六月，大水。

宋·司馬光《資治通鑑》卷六六《漢紀五十八》 獻帝建安十八年，大雨水。十九年夏五月，雨水。

宋·司馬光《資治通鑑》卷七〇《魏紀二》 文帝黄初四年六月，大水。

宋·司馬光《資治通鑑》卷七三《魏紀五》 明帝景初元年九月，冀、兖、徐、豫大水。冀州統趙、鉅鹿、安平、平原、樂陵、勃海、河間、博陵、清河、中山、常山。徐州統彭城、下邳、東海、琅邪、廣陵、臨淮。豫州統潁川、汝南、汝陰、梁、沛、譙、魯、弋陽、安豐。

宋·司馬光《資治通鑑》卷七九《晉紀一》 武帝泰始四年九月，青、徐、兖、豫四州大水。青州統齊國、濟南、樂安、城陽、東萊。徐州統彭城、下邳、東海、琅邪、廣陵、臨淮。兖州統陳留、濮陽、濟陰、高平、任城、東平、濟北、泰山。豫州統潁川、汝南、襄城、汝陰、梁國、沛、譙、魯、弋陽、安豐。

泰始五年青、徐、兖三州大水。

宋·司馬光《資治通鑑》卷八〇《晉紀二》 咸寧三年秋七月，兖、豫、徐、青、荆益、梁七州大水。四年夏，司、冀、兖、豫、荆、揚州大水，司州，即漢司隸校尉所部也。漢司隸部察郡縣與州刺史同，晉遂定名司州，統河南、滎陽、弘農、上洛、平陽、河東、汲郡、河内、廣平、陽平、魏郡、頓丘。冀州者，亂則冀安，弱則冀强，荒則冀豐，統趙國、鉅鹿、安平、平原、樂陵、勃海、河間、高陽、博陵、清河、中山、常山等郡國。螟傷稼。

宋·司馬光《資治通鑑》卷八一《晉紀三》 太康四年，河南及荆、揚等六州大水。統江夏、南郡、襄陽、南陽、順陽、義陽、新城、魏興、上庸、建平、宜都、南平、武陵、天門、長沙、衡陽、湘東、零陵、邵陵、桂陽、武昌、安成。

宋·司馬光《資治通鑑》卷八二《晉紀四》 惠帝元康五年夏六月，荆、揚、兖、豫、青、徐六州大水。七年秋九月，荆、豫、徐、揚、冀五州大水。

宋·司馬光《資治通鑑》卷九〇《晉紀十二》 元帝建武元年秋七月，河、汾溢，漂千餘家。

宋·司馬光《資治通鑑》卷一一一《晉紀三十三》 安帝隆安三年，是歲，荆州大水，平地三丈，仲堪竭倉廩以賑飢民。

宋·司馬光《資治通鑑》卷一二二《宋紀四》 文帝元嘉八年，魏南鄙大水，民多餓死。

宋·司馬光《資治通鑑》卷一三三《宋紀十五》 蒼梧王元徽元年，魏州鎮十一水旱，相州民餓死者二千八百餘人。

宋·司馬光《資治通鑑》卷一四九《梁紀五》 武帝普通元年已卯，江、淮、海並溢。

宋·司馬光《資治通鑑》卷一七〇《陳紀四》 臨海王光大元年九月丁巳，山東水，饑，按李百藥《書》：山東大水，人飢。僵尸滿道。

宋·司馬光《資治通鑑》卷一七五《陳紀九》 長城公至德元年，是歲，詔西自蒲、陝，東至衛、汴，河東郡，蒲州。恒農郡，陝州。汲郡，衛州。陳留郡，汴州。水次十三州，募丁運米。

宋·司馬光《資治通鑑》卷一八一《隋紀五》 煬帝大業七年，山東、河南大水，漂没三十餘郡。冬十月乙卯，底柱崩，偃河逆流數十里。

宋·司馬光《資治通鑑》卷一八四《隋紀八》 恭帝義寧元年，河南、山東大水，餓殍滿野，煬帝詔開黎陽倉賑之，吏不時給，死者日數萬人。

宋·司馬光《資治通鑑》卷一九四《唐紀十》 太宗貞觀七年九月，山東、河南四十餘州水，遣使賑之。八年秋七月，山東、河南、淮、海之間大水。

宋·司馬光《資治通鑑》卷一九五《唐紀十一》 貞觀十一年秋七月癸未，大雨，穀、洛溢入洛陽宫，壞官寺、民居，溺死者六千餘人。

宋·司馬光《資治通鑑》卷一九九《唐紀十五》 高宗永徽五年四月閏月丁丑夜，大雨，山水漲溢，衝玄武門，宿衛士皆散走。右領軍郎將薛仁貴上遽出乘高，俄而水入寢殿，水溺衛士及麟遊居人，死者三千餘人。六月，丙午，恒州大水，呼沱溢，漂溺五千三百家。

宋·司馬光《資治通鑑》卷二〇二《唐紀十八》 咸亨四年秋七月，婺州大水，溺死者五千人。

宋·司馬光《資治通鑑》卷二〇八《唐紀二十四》 中宗神龍元年六月戊辰，洛水溢，流二千餘家。

宋·司馬光《資治通鑑》卷二一二《唐紀二十八》 玄宗開元八年六月，瀍、穀漲溢，漂溺幾二千人。十年五月，伊、汝水溢，漂溺數千家。

宋·司馬光《資治通鑑》卷二一三《唐紀二十九》 開元十四年秋七月，河南、北大水，溺死者以千計。十五年秋七月戊寅，冀州河溢。十八年六月壬午，洛水溢，溺東都千餘家。

宋·司馬光《資治通鑑》卷二一四《唐紀三十》 開元二十九年秋七月乙亥，東都洛水溢，溺死者千餘人。

宋·司馬光《資治通鑑》卷二三九《唐紀五十五》 憲宗元和八年夏六月，大水。十一年九月乙亥，饒州大水，漂失四千七百户。

宋·司馬光《資治通鑑》卷二四〇《唐紀五十六》 元和十二年秋七月，大水，或平地二丈。

宋·司馬光《資治通鑑》卷二四九《唐紀六十五》 宣宗大中十二年八月，河南、北、淮南大水，徐、泗水深五丈，漂没數萬家。

宋·司馬光《資治通鑑》卷二五二《唐紀六十八》 懿宗咸通十四年秋七月，關東、河南大水。

宋·司馬光《資治通鑑》卷二六〇《唐紀七十六》 昭宗乾寧三年夏四月辛酉，河漲，將毁滑州城，朱全忠命決爲二河，夾滑城而東，爲害滋甚。

宋·司馬光《資治通鑑》卷二八二《後晉紀三》 高祖天福六年九月辛酉，滑州言河決。

宋·司馬光《資治通鑑》卷二八五《後晉紀六》 齊王開運三年秋七月，河決楊劉，西入莘縣，廣四十里，自朝城北流。

宋·司馬光《資治通鑑》卷二八八《後漢紀三》 高祖乾祐元年五月乙亥，滑州言河決魚池。魚池，地名，河決之後，謂之魚池口。

宋·司馬光《資治通鑑》卷二八九《後漢紀四》 隱帝乾祐三年六月，河決鄭州。歐《史》曰：六月，癸卯，河決原武。按原武縣屬鄭州。《九域志》云：原武縣在鄭州之北六十里。

宋·司馬光《資治通鑑》卷二九〇《後周紀一》 太祖廣順二年六月丁酉，蜀大水入成都，漂没千餘家，溺死五千餘人，壞太廟四室。戊戌，蜀大赦，賑水災之家。

宋·司馬光《資治通鑑》卷二九一《後周紀二》 太祖廣順二年冬十月，契丹瀛、莫、幽州大水，流民入塞，散居河北者數十萬口，契丹州縣亦不之禁。十二月，丙戌，河決鄭、滑，遣使行視脩塞。三年春正月丙辰，帝以河決爲憂，王峻自請往行視，許之。

宋·司馬光《資治通鑑》卷二九二《後周紀三》 太祖顯德元年，河自楊劉至于博州百二十里，連年東潰，分爲二派，匯爲大澤，彌漫數百里；又東北壞古堤而出，灌齊、棣、淄諸州，至于海涯，漂没民田廬不可勝計，流民採菰稗、捕魚以給食，朝廷屢遣使者不能塞。

世宗顯德二年，汴水自埇橋東南悉爲汚澤。

宋·邵伯温《聞見録》卷三 元豐七年甲子六月二十六日，洛中大雨。伊洛漲，壞天津橋，波浪與上陽宫牆齊，夜西南城破。伊洛南北合而爲一，深丈餘。公卿士庶第宅廬舍皆壞，唯伊水東渠有積薪塞水口，故水不入府第。明年夏，洛水復漲至新城隄下，不能入洛。

宋·葉夢得《避暑録話》卷上 余在許昌，歲適大水災傷，西京尤甚。流殍自鄧唐入吾境，不可勝計。余盡發常平所儲，奏乞越常制賑之。幾十餘萬人，稍能全活。惟遺棄小兒無由皆得之。

宋·江少虞《事實類苑》卷四 治平二年八月三日，大雨一夕，都城水深數尺。

宋·陸游《南唐書》卷一 昇元六年春正月癸巳，都下大水，秦、淮溢。六月常、宣、歙三州大雨，漲溢。

宋·范成大《吴郡志》卷四六 元豐元年七月四日夜，蘇州大風雨，潮高二丈餘，漂蕩尹山至吴江塘岸，洗滌橋梁，沙土皆盡，惟石僅存崑山。張浦沙保有六百户悉漂盡。惟餘五户空屋，人亦不存。

元豐四年七月，蘇州大水。西風駕湖水浸没民居。凡邊湖者，皆蕩盡，或舉家不知所在。松江長橋亦推去其半。橋南至平望皆如掃，内外死者萬餘人。翌日水退，村人漸獲流尸。蘇匠爲棺，一日盡售無，以繼之人云，吴江以北，民露地而哭。平望以南，刈禾而歌。

宋·袁樞《通鑑紀事本末》卷四下《河決之患》 漢元帝永光五年初，武帝既塞宣房，後河復北決於館陶，分爲屯氏河，東北入海。廣深與大河等，故因其自然，不隄塞也。是歲，河決清河靈鳴犢口，而屯氏河絶。武帝元封二年，上使汲仁郭昌發卒數萬人，塞瓠子河決築宫，其上名曰宣房宫。

成帝建始四年夏四月，大雨水十餘日，河決東郡金隄。先是清河都尉馮逡奏言：郡承河下流，土壤輕脆易傷，頃所以闊無大害者，以屯氏河通兩川分流也。今屯氏河塞，靈鳴犢口又益不利，獨一川兼受數河之任，雖高增隄防，終不能泄。如有霖雨，旬日不霽，必盈溢。九河故迹，今既滅難明，屯氏河新絶未久，其處易浚；又其口所居高，於以分殺水力，道里便宜，可復浚以助大河，泄暴水，備非常。不豫修治，北決病四五郡，南決病十餘郡，然後憂之晚矣。事下丞相、御史，白遣博士許商行視，以爲常方用度不足，可且勿浚。後三歲，河果決於館陶及東郡金隄，泛濫兖、豫，入平原、千乘、濟南，凡灌四郡、三十二縣，水居地十五萬餘頃，深者三丈，壞敗官亭、室廬且四萬所。冬十一月，御史大夫尹忠以對方畧疏濶，上切責其不憂職，自殺。遣大司農非調，調均錢穀河決所灌之郡，謁者二人發河南以東船五百艘，徙民避水居邱陵九萬七千餘口。

河平元年春，杜欽薦犍爲王延世於王鳳，使塞決河。鳳以延世爲河隄使者。延世以竹落長四丈，大九圍，盛以小石，兩船夾載而下之。三十六日，河隄成。三月詔以延世爲光禄大夫，秩中二千石，賜爵關内侯，黄金百斤。二年秋八月，河復決平原，流入濟南、千乘，所壞敗者半。建始時，復遣王延世與丞相史楊焉及將作大匠許商、諫大夫乘馬延年同作治，六月乃成。復賜延世黄金百斤，治河卒非受平賈者，爲著外繇六月。

鴻嘉四年秋，渤海、清河、信都河水溢溢，灌縣邑三十一，敗官亭、民舍四萬餘所。平陵李尋等奏言：議者常欲求索九河故迹而穿之。今因其自決，可且勿塞，以觀水執；河欲居之，當稍自成川，跳出沙土，然後順天心而圖之，必有成功，而用財力寡，於是遂止不塞。朝臣數言百姓可哀，上遣使者處業振贍之。

綏和二年九月，騎都尉平當使領河隄奏：九河今皆寘滅。按經義，治水有決河深川，而無隄防壅塞之文。河從魏郡以東北多溢決，水迹難以分明。四海之衆不可誣。宜博求能浚川疏河者。上從之。待詔賈讓奏言：治河有上、中、下策。古者立國居民，疆理土地，必遺川澤之分，度水執所不及。大川無防，小水得入，陂障卑下，以爲汙澤，使秋水多得其所休息，左右游波寬緩而不迫。夫土之有川，猶人之有口也。治土而防其川，猶止兒啼而塞其口，豈不遽止，然其死可立而待也。故曰：善爲川者，決之使道。善爲民者，宣之使言。蓋隄防之作，近起戰國，壅防百川，各以自利。齊與趙、魏以河爲竟。趙、魏瀕山，齊地卑下，作隄去河二十五里，河水東抵齊隄，則西泛趙、魏。趙、魏亦爲隄，去河二十五里，雖非其正，水尚有所遊盪。時至而去，則填淤肥美，民耕田之。或久無害，稍築宫宅，遂成聚落。大水時至漂没，則更起隄防以自救。稍去其城郭，排水澤而居之，湛溺自其宜也。今隄防，陿者去水數百步，遠者數里，於故大隄之内，復有數重，民居其間，此皆前世所排也。河從河内黎陽至魏郡昭陽，東西互有石隄，激水使還，百餘里間，河再西三東，迫阸如此，不得安息。今行上策，徙冀州之民當水衝者，決黎陽遮害亭，放河使北入海。河西薄大山，東薄金隄，執不能遠，泛濫朞月自定。難者將曰：若如此，敗壞城郭、田盧、冢墓以萬數，百姓怨恨。昔大禹治水，山陵當路者毀之。故鑿龍門，辟伊闕，析底柱，破碣石，墮斷天地之性，此乃人功所造，何足言也。今瀕河十郡，治隄歲費且萬萬，及其大決，所殘無數。如出數年治河之費，以業所徙之民，遵古聖之灋，定山川之位，使神人各處其所而不相奸，且以大漢方制萬里，豈其與水争咫尺之地哉？此功一立，河定民安，千載無患，故謂之上策。若乃多穿漕渠於冀州地，使民得以溉田，分殺水怒，雖非聖人灋，然亦救敗術也。可從淇口以東爲石隄，多張水門，恐議者疑河大川難禁制，滎陽漕渠足以卜之。冀州渠首盡，當仰此水門。諸渠皆往往股引取之。旱則開東方下水門，溉冀州。水則開西方高門，分河流。民田適治，河隄亦成。此誠富國安民、興利除害、支數百歲，故謂之中策。若乃繕完故隄，增卑培薄，勞費無已，數逢其害，此最下策也。

平帝元始四年，王莽奏徵能治河者以百數，其大畧異者，長水校尉平陵關並言：河決率常於平原、東郡左右，其地形下而土疏惡。聞禹治河時，本空此地，以爲水猥盛則放溢，少稍自索。雖時易處，猶不能離此。上古難識。近察秦、漢以來，河決曹、衛之域，其南北不過百八十里。可空此地，勿以爲官亭、民室而已。御史臨淮韓牧以爲：可畧於禹貢九河處穿之，縱不能爲九，但爲四、五宜有益。大司空掾王横言：河入勃海地，高於韓牧所欲穿處。往者天嘗連雨，東北風，海水溢，西南出，寖數百里。九河之地，已爲海所漸矣。禹之行河水，本隨西山下東北去。《周譜》云：定王五年，河徙，則今所行非禹之所穿也。又秦攻魏，決河灌其都。決處遂大，不可復補。宜郤徙完平處，更開空，使掾西山足，乘高地而東北入海，乃無水災。司空掾沛國桓譚典其議，爲甄豐言：凡此數者，必有一是。宜詳考驗，皆可豫見。計定然後舉事。費不過數億萬，亦可以事諸浮食無産業民。空居與行役，同當衣食。衣食縣官，而爲之作，乃兩便，可以上繼禹功，下除民疾。時莽但崇空語，無施行者。

王莽始建國三年，河決魏郡，泛清河以東數郡。先是莽恐河決，爲元城冢墓害。及決東去，元城不憂水，故遂不堤塞。

明帝永平十二年初，平帝時河、汴決壞，久而不修。建武十年，光武欲修之。浚儀令樂俊上言：民新被兵革，未宜興役，乃止。其後汴渠東侵，日月彌廣，兖、豫百姓怨歎，以爲縣官恒興佗役，不先民急。會有薦樂浪王景能治水者，夏四月詔發卒數十萬，遣景與將作謁者王具修汴渠隄，自滎陽東至千乘海口千餘里。十里立一水門，令更相洄注，無復潰漏之患。景雖節省役費，然猶以百億計焉。十三年夏四月，汴渠成，河、汴分流，復其舊迹。

宋·鄭樵《通志》卷七四《大水》 春秋桓公元年秋，大水，十三年夏，大水。莊公七年秋，大水。無麥苗。十一年秋，宋大水。二十四年，魯大水。明年，仍大水。宣公十年秋，大水，飢。成公五年秋，大水。襄公二十四年秋，大水。漢高后三年夏，漢中南郡大水，江、漢溢，流四千餘家。四年秋，河南大水，伊、洛溢，流千六百餘家，汝水流八百餘家。八年夏，漢中南郡水復出，流六千餘家。南陽沔水流萬餘家。孝文帝十二年冬十二月，河決東郡。後三年藍田山水出，流九百餘家，壞民室八千餘所，殺三百餘人。孝武帝建元三年，河水溢于平原。元光三年春，河水徙從頓邱東南流入勃海。夏五月，河水決濮陽，汎郡十六。元鼎二年夏，大水，關東飢死者以千數。元封二年，河決東郡瓠子。孝元帝初元元年秋九月，關東郡國十一大水。初元二年，北海水溢。永光五年夏及秋，大水。成帝建始三年秋，大水，山谷水出，凡殺四千餘人，流官寺、民舍八萬三千餘所。四年秋，大水，河決東郡金隄。陽朔二年秋，關東大水。鴻嘉四年秋，渤海清河溢。綏和二年秋，河南潁川郡水出，流殺人民，壞敗廬舍。後漢世祖建武八年，大水。三十年夏五月，大水。三十一年夏五月，大水。孝明帝永平三年，郡國七大水。孝和帝永元元年秋七月，郡國九大水，傷稼。十年夏五月，京師大水。十二年夏六月，舞陽大水。殤帝延平元年秋九月，六州大水。冬十月，四州大水。安帝永初元年冬十月辛酉，新城山泉水暴出，突壞人田，水深三丈。二年夏六月，京師及郡國四十九，大水。四年秋七月，三郡大水。質帝太初元年夏五月，海水溢，樂安、北海漂溺人物。桓帝建和二年秋七月，京師大水。三年秋八月，京師大水。永興元年秋，河水溢，漂害人物。二年夏六月，彭城泗水增長逆流。永壽元年夏六月，洛水溢，至津陽城門，漂流人物。永康元年秋八月，六州大水。勃海海溢，殺人。靈帝建寧四年春二月，海水溢。夏五月，山水暴出，漂壞廬舍五百餘家。熹平二年夏六月，東萊、北海水溢，漂殺人物。三年秋，洛水溢。四年夏四月，郡國七大水。光和六年秋，金城河水溢出二十餘里。中平五年夏六月，郡國七大水。獻帝建安二年秋九月，漢水溢，流人民。二十四年秋八月，漢水溢，漂流人民。魏文帝黄初四年夏六月，伊、洛溢，至津陽城門，漂數千家，殺人。明帝景初元年秋九月，冀、兖、徐、青四州水出，漂溺人物。吳大帝赤烏八年夏，茶陵縣鴻水溢出，漂二百餘家。十三年秋八月，丹楊、句容及故鄣、寧國鴻水溢出。太元元年，大風，江海涌溢，平地深八尺。會稽王五鳳元年夏，大水。晉武帝泰始四年秋九月，青、徐、兗、豫四州大水，伊、洛溢。七年夏六月，河、洛、伊、沁皆溢，流居人四千餘家，殺二百餘人。咸寧元年秋九月，徐州大水。二年秋七月癸亥，河南、魏郡暴水，殺百餘人。閏九月，荆州郡國五大水，流四千餘家。三年夏六月，益、梁二州，郡國八暴水，殺三百餘人。秋七月，荆州大水。九月，始平郡大水。冬十月，青、徐、兗、豫、荆、益、梁七州又大水。四年秋七月，司、冀、兗、豫、荆、揚，郡國二十大水，傷秋稼，壞屋室，有死者。太康二年夏六月，泰山、江夏大水。泰山流三百家，殺六十餘人。江夏亦殺人。四年秋七月丙寅，兗州大水。是歲，河南郡及荆州、揚州俱各大水。五年秋九月，郡國五大水。是月，南安等五郡大水。六年夏四月，郡國十大水，壞廬舍。七年秋九月，郡國八大水。八年夏六月，郡國八大水。惠帝元康二年，水災。五年夏五月，潁川、淮南大水。六月，城陽、東莞大水，殺人。荆、揚、徐、兗、豫五州又水。六年夏五月，荆、揚二州大水。八年秋九月，荆、揚、徐、冀、豫五州大水，雍州有半。永寧元年秋七月，南陽、東海大水。太安元年秋七月，兗、豫、徐、冀四州大水。懷帝永嘉四年夏四月，江東大水。元帝太興三年夏六月，大水。四年秋七月，大水。明帝太寧元年夏五月，丹陽、宣城、吴興、壽春大水。成帝咸和元年夏五月，大水。二年夏五月戊子，京都大水。四年秋七月，丹陽、宣城、吴興、會稽大水。七年夏五月，大水。咸康元年秋八月，長沙、武陵大水。穆帝永和四年夏五月，大水。五年夏五月，大水。六年夏五月，大水。七年秋七月甲辰夜，濤水入石頭，死者數百人。升平二年夏五月，大水。五年夏四月，大水。哀帝興寧元年夏四月，湖瀆溢。廢帝太和六年夏六月，京師大水，平地數丈，浸及太廟、朱雀，大航纜斷，三艘流入大江。丹陽、晉陵、吴郡、吴興、臨海五郡並大水，禾稼蕩没，黎庶饑饉。簡文帝咸安元年冬十二月壬午，濤水入石頭。孝武帝太元三年夏六月，大水。五年夏五月，大水。六年夏六月，揚、荆、江三州大水。八年春三月，始興、南康、廬陵大水，平地五丈。十年夏五月，大水。十三年冬十二月，濤水入石頭，毁大航，殺人。十五年秋七月，沔中諸郡及兗州大水。十七年夏六月甲寅，濤水入石頭，毁大航，漂船舫，有死者。京口西浦亦濤入殺人。永嘉郡潮水湧起，近海四縣人多溺死。十八年夏六月己亥，始興、南康、廬陵大水，深五丈。十九年秋七月，荆、徐大水，傷秋稼。二十年夏六月，荆、徐又大水。二十一年夏五月癸卯，大水。安帝隆安三年夏五月，荆州大水，平地三丈。五年夏五月，大水。元興三年春二月己丑朔夜，濤水入石頭，漂没殺人，大航流敗。庚寅夜，濤水入石頭，商旅方舟萬計漂敗流斷，骸胔相望，江左雖頻有濤水之患，未有若斯之甚。義熙元年冬十二月己未，濤水入石頭。二年冬十二月己未夜，濤水入石頭。三年夏五月丙午，大水。四年冬十二月戊寅，濤水入石頭。六年夏五月丁巳，大水。八年夏六月，大水。九年夏五月辛巳，大水。十年夏五月丁丑，大水。秋七月乙丑，淮北風災，大水殺人。十一年秋七月丙戌，京師大水，淹漬太廟，百官赴救。宋文帝元嘉五年夏六月，都下大水。七年，吴興、晉陵、義興大水。十二年夏六月，丹陽、淮南、吴郡、吴興、義興大水，都下乘船。十七年秋八月，徐、兗、青、冀四州大水。十八年夏五月甲申，河水汎溢，殺居人。十九年夏閏五月，都下大水。二十年，諸郡水。二十四年，徐、兗、青、冀四州大水。孝武帝大明元年夏五月，吴興、義興大水。二年秋八月壬戌，襄陽大水。四年秋八月，雍州大水。後廢帝元徽元年夏六月乙卯，壽陽大水。三年春三月己巳，都下水。齊高帝建元元年，吴郡、吴興、義興三郡大水。武帝永明九年秋八月，吴興、義興大水。東昏侯永元元年秋七月，都下大水，死者甚衆。梁武帝天監二年夏六月，太末、信安、安豐三縣大水。六年秋八月戊戌，都下大水，濤上御道七尺。七年夏五月，都下大水。十二年夏四月，都下大水。十五年，淮堰破緣，淮城戍林落十餘萬口皆漂入海。普通元年秋七月己卯，江、淮、海並溢。中大通五年夏五月戊子，都下大水，御道通船。陳後主禎明二年夏六月，大風自西北，激濤水入石頭，城、淮渚暴溢，漂舟乘。後魏明元帝泰恒二年，勃海、范陽郡水。獻文帝皇興二年，州鎮二十七水。孝文帝延興二年夏六月，安州水。是歲，州鎮十一大水。三年，州鎮十一大水。太和元年，州郡八大水。二年，州鎮二十餘大水。四年，州鎮十八水。八年，州鎮十五大水。九年，京師及州鎮十三大水。二十三年，州鎮十八水。宣武帝正始四年夏四月戊戌，鍾離大水。延昌元年春三月甲午，州郡十一大水。二年夏五月，壽春大水。是夏，州郡十三大水。東魏孝静帝元象元年夏，山東大水，蝦蟇鳴于樹上。北齊武成帝河清二年冬十二月，兗、趙、魏三州大水。三年，西兗、梁滄、趙州、司州之東郡陽平、清河、武郡，冀州之長樂、勃海水。後主天統三年，并州、汾水溢。武平六年秋八月，冀、定、趙、幽、滄、瀛六州大水。隋文帝開皇六年春二月乙酉，山南荆淅七州水。秋七月辛亥，河南諸州大水。十八年，杞、宋、陳、亳、曹、戴、潁等州水。仁壽二年秋九月，河南北諸州大水。三年冬十二月，河南諸州大水。煬帝大業三年，河南諸州大水，漂没三十餘郡。大雨水春秋魯隱公九年春三月癸酉，大雨震電。秦二世三年秋七月，大雨霖至于八月。漢孝文帝後元三年秋，大雨晝夜不絶，凡三十五日。孝景帝六年冬十二月，霖雨。孝武帝元狩六年冬十月，雨水，無氷。孝昭帝始元元年秋七月，大雨，渭橋絶。孝元帝永光三年冬，雨水、大霧。五年夏及秋，潁川、汝南、淮陽、廬江雨，壞聚民屋舍，及水流殺人。孝成帝建始三年秋，三輔大雨三十餘日。四年秋九月，大雨十餘日。後漢世祖建武六年秋九月，大雨連月，苗稼更生，鼠巢樹上。七年夏，連雨水。十七年，雒陽暴雨，壞民廬舍，壓殺人，傷禾稼。孝明帝永平八年秋，郡國十四雨水。和帝永元十年冬十月，五州大雨水。十三年，荆州雨水。十四十五年，皆滛雨傷禾稼。殤帝延平元年夏六月，郡國三十七雨水。安帝永初元年，郡國四十一雨水，或山水暴至。三年，郡國四十一雨水。五年，郡國八雨水。元初四年秋七月，京師及郡國十雨水。永寧元年自三月至冬十月，京師及郡國凡三十三雨水。建光元年，京師及郡國二十九雨水。二年秋九月，郡國五雨水。三年，京師及郡國三十六雨水。順帝永建四年夏五月，司、隸、荆、豫、兖、冀、部雨水。六年，冀州雨水傷稼。桓帝延熹二年夏，大霖雨五十餘日。靈帝建寧元年夏六月，京師雨水。熹平元年夏六月，京師霖雨七十餘日。中平六年夏，霖雨八十餘日。孝獻帝建安十八年夏五月，大雨水。魏文帝黄初四年夏六月，大雨水。明帝太和元年秋，數大雨多暴，雷電非常，至殺鳥雀。四年秋八月，大雨霖，凡三十餘日。景初元年秋九月，滛雨。四年秋八月，大雨霖三十餘日。吴會稽王太平二年春二月甲寅，大雨震電。景帝永安四年夏五月，大雨水，水泉涌出。五年秋八月壬午，大雨震電，水泉涌溢。晋武帝泰始七年夏六月，大雨霖，没秋稼千三百六十餘頃。太康五年秋七月，任城、梁國暴雨，害豆麥。九月，南安郡大霖雨、暴雪，樹木摧折，害秋稼。是秋，魏郡西平郡九縣，淮南平原霖雨暴水，霜傷秋稼。惠帝永寧元年冬十月，義陽、南陽、東海霖雨，淹害秋麥。元帝太興三年春，雨至于夏。永昌元年春，雨四十餘日，晝夜雷電震五十餘日。成帝咸和四年春二月，大雨四十餘日，恒雷電。咸康元年秋八月，荆州之長沙攸、醴陵，武陵之龍陽三縣雨水，浮漂屋室殺人、損秋稼。宋孝武帝大明元年春，都下雨水。梁武帝天監七年七月，雨至十月乃霽。陳宣帝大建十二年秋八月，大雨霖。後魏明元帝泰恒三年秋八月，鴈門、河内大雨水。東魏孝静帝武定五年秋，大雨七十餘日。北齊武成帝河清三年夏六月庚子，大雨，晝夜不息，至甲辰。山東大水，人多飢死。後主天統三年冬十月，積陰大雨。武平七年秋七月，大霖雨，水漂人户流亡。後周武帝建德三年七月，霖雨三旬。

宋·方勺《泊宅編》卷六　宣和己亥夏，京師水溢，朝廷方以有司失隄防，劾官吏。

宋·方勺《泊宅編》卷八　政和六年，江、浙大水，秋糴貴，餓莩盈路。

宋·王偁《東都事略》卷二　建隆五年秋七月己巳，詔曰：自夏以來，水旱爲沴，深慮民庶至於流離，宜令諸州長吏告民無轉徙，被灾民蠲其賦。開寶二年春正月壬戌，皇帝以暑雨班師。秋九月大霖雨。五年春正月壬辰，大雨雪。五月，霖雨，放後宫五十餘人。

宋·王偁《東都事略》卷五　天聖四年六月，建州、劒州、邵武軍大水。庚寅，大雨、震雷，平地水數尺，壞京城民舍。河南府鄭州，大水。六年秋七月，河北大水。

宋·王偁《東都事略》卷六　慶曆八年六月甲午，河北大水。嘉祐元年夏四月，河北大氷。壬子，河決商胡。六月乙亥，太社太稷壇壞。己卯詔曰：迺者淫雨降災，大水爲沴。兩河之間決溢爲患。

宋·王偁《東都事略》卷七　治平二年八月庚寅，大雨。乙未，詔曰：蓋聞古之聖賢在位，陰陽和、風雨時、日月光、星辰静、黎民阜蕃以底休平。而比年以來，水潦爲沴。乃八月庚寅，大雨，京師室廬墊傷，被溺者衆。大田之稼，害于有秋。三年三月癸酉，上以雨潦詔諸路轉運使提點刑獄，體量刑獄冤滯，民間疾苦，速行辨理，及加賑卹。

宋·葉隆禮《重訂契丹國志》卷五　應曆二年冬十月，瀛、莫、幽州大水，流民入塞者，四十萬口。

宋·葉隆禮《重訂契丹國志》卷七　太平十一年，時黄河暴漲，溺會同驛。

宋·周密《癸辛雜識·續集》卷上《湖翻》　至元庚寅五月，連雨四十日，浙西之田盡没無遺。農家謂尤甚於丁亥歲，雖景定辛酉亦所不及也。幸而不没者，則大風駕湖水而來，田廬頃刻而盡。村落名之曰湖翻。農人皆相與結隊往淮南，趁食於太湖。買舟百十餘，所載數千人同往。甫至湖心，大風驟至，悉就溺死。又有千餘人，渡楊子江，濟者同日亦沉於江。净慈靈隱，皆停堂客，僧數百皆渡江還浙東。内四僧偶别門徒，至中途，忘攜雨具，還取之，至江干，則渡舟解維矣。方悵然自失，舟至中流，亦爲風浪所覆，四僧幸而得免。豈非所謂劫數者耶？

元·脱脱等《遼史》卷一三《聖宗紀四》　統和九年六月，是月，南京霖雨傷稼。十一年六月，大雨。

元·脱脱等《遼史》卷一四《聖宗紀五》　統和二十七年秋七月甲寅朔，霖雨，潢、土、斡剌、陰涼四河皆溢，漂没民舍。

元·脱脱等《遼史》卷一五《聖宗紀六》 統和二十九年春正月乙亥朔，班師，至貴州南峻嶺谷，大雨連日，馬駝皆疲，甲仗多遺棄，霽乃得渡。

元·脱脱等《遼史》卷一七《聖宗紀八》 太平十一年夏五月，大雨水，諸河橫流，皆失故道。

元·脱脱等《遼史》卷二二《道宗紀二》 咸雍二年夏四月，霖雨。四年秋七月，是月，南京霖雨，地震。

元·脱脱等《遼史》卷二五《道宗紀五》 大安三年秋七月庚午，大雨，罷獵。五年夏四月甲子，霖雨，罷獵。七年八月庚寅，以霖雨，罷獵。

元·脱脱等《遼史》卷二六《道宗紀六》 壽隆四年夏四月辛丑，以雨，罷獵。

元·脱脱等《遼史》卷二七《天祚皇帝紀一》 乾統二年六月壬辰，以雨罷獵，駐蹕散水原。秋七月，獵黑嶺，以霖雨，給獵人馬。八年秋七月戊辰，以雨罷獵。

元·脱脱等《金史》卷五《海陵紀》 正隆六年十月丁未，翼日，雨。

元·脱脱等《金史》卷六《世宗紀上》 正隆六年，是歲，東梁水漲溢，暴至城下，水與城等，決女牆石罅中流入城，湍激如涌，城中人惶駭，上親登城，舉酒酹之，水退。

元·脱脱等《金史》卷七《世宗紀中》 正隆十七年七月，是月，大雨，河決。

元·脱脱等《金史》卷一〇《章宗紀二》 明昌四年五月辛巳，諭左司，徧諭諸路，令月具雨澤田禾分數以聞。癸未，以久雨，禁。

元·脱脱等《金史》卷一四《宣帝紀上》 至寧二年五月戊寅，將發，雨，不果行。壬午，是日雨，至甲申止。

元·脱脱等《金史》卷一五《宣宗紀中》 興定二年七月癸未，大雨。

元·脱脱等《金史》卷一六《宣宗紀下》 興定四年七月辛卯，是日，雨。八月乙亥，上諭宰臣，河南水災，唐、鄧尤甚。

元·脱脱等《金史》卷一七《哀宗紀上》 正大二年夏四月丁酉，宿、鄭州雨傷麥。三年五月己未，大雨。乙丑，大雨。

元·脱脱等《金史》卷二三《五行志》 穆宗攻阿踈日，辰巳間，忽暴雨昏曀，雷電環阿踈所居，是夕有巨火聲如雷，墜阿踈城中，遂攻下之。

太宗天會二年，曷懶移鹿古水霖雨害稼，且爲蝗所食。秋，泰州潦，害稼。

天眷元年夏七月丁酉，按出滸河溢，壞民廬舍。

世宗大定八年六月，河決李固渡，水入曹州。十七年七月，大雨，滹沱、盧溝水溢，河決白溝。二十年秋，河決衛州。二十六年秋，河決，壞衛州城。

章宗大定二十九年五月，曹州河溢。

明昌元年七月，淫雨傷稼。四年五月，霖雨，命有司祈晴。六月，河決衛州，魏、清、滄皆被害。五年八月，河決陽武故堤，灌封丘而東。

宣宗貞祐二年六月，潮白河溢，漂古北口鐵裹關門至老王谷。

興定元年秋，霖雨。四年七月，河南大水，唐、鄧尤甚。

天興二年六月，上遷蔡，自發歸德，連日暴雨，平地水數尺，軍士漂没。及蔡始晴，復大旱數月。

元·脱脱等《金史》卷四七《食貨志二》 太宗天會十六年正月，詔免去年被水旱路分租税。十八年正月，免中都、河北、河東、山東、河南、陝西等路前年被災租税。十九年秋，中都、西京、河北、山東、河東、陝西以水旱傷民田十三萬七千七百餘頃，詔蠲其租。二十年三月，以中都、西京、河北、山東、河東、陝西路前歲被災，詔免其租税。二十一年九月，以中都水災，免租。二十六年，軍民地罹水旱之災者，二十一萬頃，免税凡四十九萬餘石。二十七年六月，免中都、河北等路嘗被河決水災軍民租税。十一月，詔河水泛溢，農田被災者，與免差税一年。

明昌二年三月，勅自今民有訴水旱災傷者，即委官按視其實，申所屬州府，移報提刑司，同所屬檢畢，始令翻耕。三年六月，有司言河州災傷，闕食之民猶有未輸租者，詔蠲之。九月，以山東、河北三路被災，其權閣之租及借貸之粟，令俟歲豐日績徵。上如秋山，免圍場經過人户今歲夏秋租税之半。

宣宗貞祐四年十月，以久雨，令寬民輸税之限。

元·脱脱等《宋史》卷六一《五行志一上》 建隆元年十月，棣州河決，壞厭次、商河二縣居民廬舍、田疇。二年，宋州汴河溢。孟州壞堤。襄州漢水漲溢數丈。四年八月，齊州河決。九月，徐州水損田。

乾隆二年四月，廣陵、揚子等縣潮水害民田。七月，泰山水，壞民廬舍數百區，牛畜死者甚衆。三年二月，全州大雨水。七月，蘄州大雨水，壞民廬舍。開封府河決，溢陽武。河中府、孟州並河水漲，孟州壞中潬軍營、民舍數百區。河壞隄岸石，又溢于鄆州，壞民田。泰州潮水損鹽城縣民田。淄州、濟州並河溢，害鄒平、高苑縣民田。四年，東阿縣河溢，損民田。觀城縣河決，壞居民廬舍，注大名。又靈河縣隄壞，水東注衛南縣境及南華縣城。七月，滎澤縣河南北隄壞。八月，宿州汴水溢，壞堤。淄州清河水溢，壞高苑縣城，溺數百家及鄒平縣田舍。

泗洲淮溢。衡州大雨水月餘。五年，衡州河溢，毁州城，没溺者甚衆。

開寶元年六月，州府二十三大雨水，江河汎溢，壞民田、廬舍。七月，泰州潮水害稼。八月，集州霖雨河漲，壞民廬舍及城壁、公署。二年七月，下邑縣河決。是歲，青、蔡、宿、淄、宋諸州水，真定、澶、滑、博、洺、齊、潁、陳、亳、許州水，害秋苗。三年，鄭、澶、鄆、淄、濟、虢、蔡、解、徐、岳州水災，害民田。四年六月，汴水決宋州穀熟縣濟陽鎮。又鄆州河及汶、清河皆溢，注東阿縣及陳空鎮，壞倉庫、民舍。鄭州河決原武縣。蔡州淮及白露、舒、汝、廬、潁五水並漲，壞廬舍、民田。七月，青、齊州水傷田。五年，河決澶州濮陽。絳、和、廬、壽諸州大水。六月，河又決開封府陽武縣之小劉村。宋州、鄭州並汴水決。忠州江水漲二百尺。六年，鄆州河決楊劉口。懷州河決獲嘉縣。潁州淮、溵水溢，渰民舍、田疇甚衆。七月，歷亭縣御河決。單州、濮州並大雨水，壞州廨、倉庫、軍營、民舍。是秋，大名府，宋、亳、淄、青、汝、澶、滑諸州並水傷田。七年四月，衛、亳州水。泗州淮水暴漲入城，壞民舍五百家。安陽縣河漲，壞居民廬舍百區。八年五月，京師大雨水。濮州河決郭龍村。六月，澶州河決頓丘縣。沂州大雨，水入城，壞居舍、田苗。九年三月，京師大雨水。淄州水害田。

太平興國二年六月，孟州河溢，壞温縣堤七十餘步，鄭州壞滎澤縣寧王村堤三十餘步；又漲于澶州，壞英公村堤三十步。開封府汴水溢，壞大寧堤，浸害民田。忠州江漲二十五丈。興州江漲，毁棧道四百餘間。管城縣焦肇水暴漲，踰京水。濮州大水，害民田凡五千七百四十三頃。潁州潁水漲，壞城門、軍營、民舍。七月，復州蜀、漢江漲，壞城及民田、廬舍。集州江漲，汎嘉川縣。三年五月，懷州河決獲嘉縣北注。又汴水決宋州寧陵縣境。六月，泗州淮漲入南城，汴水又漲一丈，塞州北門。十月，滑州靈河已塞復決。四年三月，河南府洛水漲七尺，壞民舍。泰州雨水害稼。宋州河決宋城縣。衛州河決汲縣，壞新場堤。八月，梓州江漲，壞閣道、營舍。九月，澶州河漲。鄆州清、汶二水漲，壞東阿縣民田。復州沔陽縣湖皛漲，壞民舍、田稼。五年五月，潁州潁水溢，壞堤及民舍。徐州白溝河溢入州城。七月，復州江水漲，毁民舍，堤塘皆壞。六年，河中府河漲，陷連堤，溢入城，壞軍營七所、民舍百餘區。鄜、延、寧州並三河水漲，溢入州城；鄜州壞軍營，建武指揮使李海及老幼六十三人溺死；延州壞倉庫、軍民廬舍千六百區；寧州壞州城五百餘步，諸軍營、軍民舍五百二十區。七年三月，京兆府渭水漲，壞浮梁，溺死五十四人。四月，耀、密、博、衛、常、潤諸州水害稼。六月，均州涢水、均水、漢江並漲，壞民舍，人畜死者甚衆。又河決臨邑縣。漢陽軍江水漲五丈。七月，大名府御河漲，壞范濟口。南劍州汀水漲，壞居民舍一百四十餘區。京兆府咸陽渭水漲，壞浮梁，工人溺死五十四人。九月，梧州江水漲三丈，入城，壞倉庫及民舍。十月，河決懷州武陟縣，害民田。八年五月，河大決滑州房村，徑澶、濮、曹、濟諸州，浸民田，壞居民廬舍，東南流入淮。六月，陝州河漲，壞浮梁；又永定澗水漲，壞民舍、軍營千餘區。河南府澍雨，洛水漲五丈餘，壞鞏縣官署、軍營、民舍殆盡。穀、洛、伊、瀍四水暴漲，壞京城官署、軍營、寺觀、祠廟、民舍萬餘區，溺死者以萬計。又壞河清縣豐饒務倉庫、軍營、民舍百餘區。雄州易水漲，壞民廬舍。鄜州河水漲，溢入城，壞官寺、民舍四百餘區。荆門軍長林縣山水暴漲，壞民舍五十一區，溺死五十六人。八月，徐州清河漲丈七尺，溢出，塞州三面門以禦之。九月，宿州睢水漲，汎民舍六十里。是夏及秋，開封、浚儀、酸棗、陽武、封丘、長垣、中牟、尉氏、襄邑、雍丘等縣河水害民田。九年七月，嘉州江水暴漲，壞官署、民舍，溺者千餘人。八月，延州南北兩河漲，溢入東西兩城，壞官寺、民舍。淄州霖雨，孝婦河漲溢，壞官寺、民田。孟州河漲，壞浮梁，損民田。雅州江水漲九丈，壞民廬舍。新州江漲，入南砦，壞軍營。

雍熙二年七月，朗江溢，害稼。八月，瀛、莫州大水，損民田。三年六月，壽州大水。

端拱元年二月，博州水害民田。五月，英州江水漲五丈，壞民田及廬舍數百區。七月，磁州漳、滏二水漲。

淳化元年六月，吉州大雨，江漲，漂壞民田、廬舍。黄梅縣堀口湖水漲，壞民田、廬舍皆盡，江水漲二丈八尺。洪州漲壞州城三十堵、民廬舍二千餘區，漂二千餘户。孟州河漲。二年四月，京兆府河漲，陝州河漲，壞大堤及五龍祠。六月乙酉，汴水溢于浚儀縣，壞連堤，浸民田。辛卯，又決于宋城縣。博州大霖雨，河漲，壞民廬舍八百七十區。亳州河溢，東流汎民田、廬舍。七月，齊州明水漲，壞黎濟砦城百餘堵。許州沙河溢。雄州塘水溢，害民田殆盡。嘉州江漲，溢入州城，毁民舍。復州蜀、漢二江水漲，壞民田、廬舍。泗州招信縣大雨，山河漲，漂浸民田、廬舍，死者二十一人。八月，藤州江水漲十餘丈，入州城，壞官署、民田。九月，邛州蒲江等縣山水暴漲，壞民舍七十區，死者七十九人。是秋，荆湖北路江水注溢，浸田畝甚衆。三年七月，河南府洛水漲，壞七里、鎮國二橋，又山水暴漲，壞豐饒務官舍、民廬，死者二百四十人。十月，上津縣大雨，河水溢，壞民舍，溺者三十七人。四年六月，隴城縣大雨，牛頭河漲二十丈，没溺居人廬舍。九月，澶州河漲，衝陷北城，壞居人廬舍、官署、倉庫殆盡，民溺死者甚衆。梓州玄武縣涪河漲二丈五尺，壅下流入州城，壞官私廬舍萬餘區，溺死者甚衆。十月，澶州河決，水西北流入御河，浸大名府城，知府趙昌言壅城門禦之。

至道元年四月甲辰，京師大雨雷電，道上水數尺。五月，虔州江水漲二丈九尺，壞城，流入深八尺，毁城門。二年六月，河南瀍、澗、洛三水漲，壞鎮國橋。七月，建州溪水漲，溢入州城，壞倉庫、民舍萬餘區。鄆州河漲，壞連堤四處。宋州汴河決穀熟縣。閏七月，陝州河漲。是月，廣南諸州並大雨水。

咸平元年七月，侍禁、閤門祇候王壽永使彭州回，至鳳翔府境，山水暴漲，家屬八人溺死。齊州清、黄河泛溢，壞田廬。二年十月，漳州山水泛溢，壞民舍千餘區，民黄拏等十家溺死。三年三月，梓州江水漲，壞民田。五月，河決鄆州王陵埽。七月，洋州漢水溢，民有溺死者。四年七月，同州洿谷水溢夏陽縣，溺死者數十人。五年二月，雄、霸、瀛、莫、深、滄諸州，乾寧軍水，壞民田。六月，京師大雨，漂壞廬舍，民有壓死者，積潦浸道路，自朱雀門東抵宣化門尤甚，皆注惠民河，河復漲，溢軍營。

景德元年九月，宋州汴水決，浸民田，壞廬舍。河決澶州横隴埽。二年六月，寧州山水泛溢，壞民舍、軍營，多溺死者。三年七月，應天府汴水決，南注亳州，合浪宕渠東入于淮。八月，青州山水壞石橋。四年六月，鄭州索水漲，高四丈許，漂榮陽縣居民四十二戸，有溺死者。鄧州江水暴漲。南劍州山水泛溢，漂溺居人。七月，河溢澶州，壞王八埽。八月，横州江漲，壞營舍。

大中祥符元年六月，開封府尉氏縣惠民河決。二年七月，徐、濟、青、淄大水。八月，鳳州大水，漂溺民居。十月，京畿惠民河決，壞民田。三年六月，吉州、臨江軍並江水泛溢，害民田。九月，河決河中府白浮梁村。四年七月，洪、江、筠、袁州江漲，害民田，壞州城。八月，河決通利軍，大名府御河溢，合流壞府城，害田，人多溺死。九月，河溢于孟州温縣。蘇州吴江汎溢，壞廬舍。十一月，楚、泰州潮水害田，人多溺者。五年正月，河決棣州聶家口。七月，慶州淮安鎮山水暴漲，漂溺居民。六年六月，保安軍積雨河溢，浸城壘，壞廬舍，判官趙震溺死，又兵民溺死凡六百五十人。七年六月，泗州水害民田。河南府洛水漲。秦州定西砦有溺死者。八月，河決澶州。十月，濱州河溢于安定鎮。八年七月，坊州大雨河溢，民有溺死者。九年六月，秦州獨孤谷水壞長道縣鹽官鎮城橋及官廨，民舍二百九十五區，溺死六十七人。七月，延州洎定平、安遠、塞門、栲栳四砦山水泛溢，壞堤、城。九月，雄、霸州界河泛溢。利州水漂棧閣萬二千八百間。

天禧三年六月，河決滑州城西南，漂没公私廬舍，死者甚衆，歷澶州、濮、鄆、濟、單至徐州，與清河合，浸城壁，不没者四板。明年既塞。六月，復決于西北隅。

乾興元年正月，秀州水災，民多艱食。十月己酉夜，滄州鹽山、無棣二縣海潮溢，壞公私廬舍，溺死者甚衆。是歲，京東、淮南路水災。

天聖初，徐州仍歲水災。三年十一月辛卯，襄州漢水壞民田。四年六月丁亥，劍州、邵武軍大水，壞官私廬舍七千九百餘區，溺死者百五十餘人。是月，河南府、鄭州大水。十月乙酉，京山縣山水暴漲，漂死者衆，縣令唐用之溺焉。是歲，汴水溢，決陳留堤，又決京城西賈陂入護龍河，以殺其勢。五年三月，襄、潁、許、汝等州水。七月辛丑，泰州鹽官鎮大水，民多溺死。六年七月壬子，江寧府、揚、真、潤三州江水溢，壞官私廬舍。是月，雄、霸州大水。八月甲戌，臨潼縣山水暴漲，民溺死者甚衆。是月，河決楚王埽。七年六月，河北大水，壞澶州浮橋。

明道元年四月壬子，大名府冠氏等八縣水浸民田。

景祐元年閏六月甲子，泗州淮、汴溢。七月，澶州河決横隴埽。八月庚午，洪州分寧縣山水暴發，漂溺居民二百餘家，死者三百七十餘口。三年六月，虔、吉諸州久雨，江溢，壞城廬，人多溺死。四年六月乙亥，杭州大風雨，江潮溢岸，高六尺，壞堤千餘丈。八月甲戌，越州大水，漂溺居民。

寶元元年，建州自正月雨，至四月不止，谿水大漲，入州城，壞民廬舍，溺死者甚衆。

康定元年九月甲寅，滑州大河泛溢，壞民廬舍。

慶曆元年三月，汴流不通。八年六月乙亥，河決澶州商胡埽。是月，恒雨。七月癸丑，衛州大雨水，諸軍走避，數日絶食。是歲，河北大水。

皇祐元年二月甲戌，河北黄、御二河決，並注于乾寧軍。河朔頻年水災。二年，鎮定復大水，並邊尤被其害。三年七月辛酉，河決館陶縣郭固口。八月，汴河絶流。四年八月，鄜州大水，壞軍民廬舍。

嘉祐二年六月，開封府界及京東西、河北水潦害民田。自五月大雨不止，水冒安上門，門關折，壞官私廬舍數萬區，城中繫栰渡人。七月，京東西、荆湖北路水災。淮水自夏秋暴漲，環浸泗州城。是歲，諸路江河決溢，河北尤甚，民多流亡。三年七月，京、索、廣濟河溢，浸民田。五年七月，蘇、湖二州水災。六年七月乙酉，泗州淮水溢。七年六月，代州大雨，山水暴入城。七月，寶州山水壞城。河決北京第五埽。

治平元年，慶、許、蔡、潁、唐、泗、濠、楚、廬、壽、杭、宣、鄂、洪、施、渝州、光化軍水。九月，陳州水災。二年八月庚寅，京師大雨，地上涌水，壞官私廬舍，漂人民、畜産不可勝數。是日，詔開西華門以洩宮中積水，水奔激，殿侍班屋皆摧没，人畜多溺死，官爲葬祭其無主者千五百八十人。

熙寧元年秋，霸州山水漲溢，保定軍大水，害稼，壞官私廬舍、城壁，漂溺居民。河決恩、冀州，漂溺居民。二年八月，河決滄州饒安，漂溺居民，移縣治於張爲村。泉州大風雨，水與潮相衝泛溢，損田稼，漂官私廬舍。四年八月，金州大水，毁城，壞官私廬舍。七年六月，熙州大雨，洮河泛溢。八年四月，潭、衡、邵、道諸州江水溢，壞官私廬舍。九年七月，太原府汾河夏秋霖雨，水大漲。十月，海陽、潮陽二縣海潮溢，壞廬舍，溺居民。十年七月，河決曹村下埽，澶淵絶流，河南徙，又東匯于梁山、張澤濼，凡壞郡縣四十五，官亭、民舍數萬，田三十萬頃。洺州漳河決，注城。大雨水，二丈河、陽河水湍漲，壞南倉，溺居民。滄、衛霖雨不止，河濼暴漲，敗廬舍，損田苗。

元豐元年，章丘河水溢，壞公私廬舍、城壁，漂溺民居。舒州山水暴漲，浸官私廬舍，損田稼，溺居民。四年四月，澶州臨河縣小吴河溢北流，漂溺居民。五月，淮水泛漲。五年秋，陽武、原武二縣河決，壞田廬。七年六月，青田縣大水，損田稼。七月，河北東、西路水。北京館陶水，河溢入府城，壞官私廬舍。八月，趙、邢、洺、磁、相諸州河水汎溢，壞城郭、軍營。是年，相州漳河決，溺臨漳縣居民。懷州黄、沁河泛溢，大雨水，損稼，壞廬舍、城壁。磁州諸縣鎮，夏秋漳、滏河水泛溢。臨漳縣斛律口決，壞官私廬舍，傷田稼，損居民。

元祐四年，夏秋霖雨，河流泛漲。八年，自四月雨至八月，晝夜不息，畿内、京東西、淮南、河北諸路大水。

紹聖元年七月，京畿久雨，曹、濮、陳、蔡諸州水，害稼。

元符元年，河北、京東等路大水。二年六月，久雨，陝西、京西、河北大水，河溢，漂人民，壞廬舍。是歲，兩浙、蘇、湖、秀等州尤罹水患。

大觀元年夏，京畿大水。詔工部都水監疏導，至于八角鎮。河北、京西河溢，漂溺民户。十月，蘇、湖水災。二年秋，黄河決，陷没邢州鉅鹿縣。三年七月，階州久雨，江溢。四年夏，鄧州大水，漂没順陽縣。

政和五年六月，江寧府、太平、宣州水災。八月，蘇、湖、常、秀諸郡水災。七年，瀛、滄州河決，滄州城不没者三版，民死者百餘萬。

重和元年夏，江、淮、荆、浙諸路大水，民流移，溺者衆，分遣使者振濟。【略】

宣和元年五月，大雨，水驟高十餘丈，犯都城，自西北牟駝岡連萬勝門外馬監，居民盡没。前數日，城中井皆渾，宣和殿後井水溢，蓋水信也。至是，詔都水使者決西城索河堤殺其勢，城南居民冢墓俱被浸，遂壞藉田親耕之稼。水至溢猛，直冒安上、南薰門，城守凡半月。已而入汴，汴渠將溢，於是募人決下流，由城北入五丈河，下通梁山濼，乃平。十一月，東南州縣水災。【略】六年秋，京畿恒雨。河北、京東、兩浙水災，民多流移。

建炎二年春，東南郡國水。

紹興二年閏月，徽、嚴州水，害稼。三年七月丙子，泉州水三日，壞城郭、廬舍。五年秋，西川郡國水。六年冬，饒州雨水壞城四百餘丈。十四年五月丙寅，婺州水。乙丑，蘭溪縣水侵縣市，丙寅中夜，水暴至，死者萬餘人。十六年，潼川府東、南江溢，水入城，浸民廬。十八年八月，紹興府、明婺州水。二十二年，淮甸水。二十三年，金堂縣大水。潼川府江溢，浸城内外民廬。宣州大水，其流泛溢至太平州。七月，光澤縣大雨，溪流暴湧，平地高十餘丈，人避不及者皆溺，半時即平。二十七年，鎮江建康紹興府、真太平池江洪鄂州、漢陽軍大水。二十八年六月丙申，興、利二州及大安軍大雨水，流民廬，壞橋棧，死者甚衆。九月，江東、淮南數郡水。浙東、西沿江海郡縣大風水，平江紹興府、湖常秀潤爲甚。二十九年七月戊戌，福州水入城，閩、候官、懷安三縣壞田廬。三十年五月辛卯夜，於潛、臨安、安吉三縣山水暴出，壞民廬、田桑，溺死者甚衆。三十一年八月，建始縣大水，流民廬，死者甚衆。三十二年四月，淮溢數百里，漂民田廬，死者尤衆。六月，浙西郡縣山涌暴水，漂民舍，壞田覆舟。

隆興元年八月，浙東、西州縣大風水，紹興平江府、湖州及崇德縣爲甚。二年七月，平江、鎮江、建康、寧國府，湖、常、秀、池、太、平、廬、和、光州，江陰、廣德、壽春、無爲軍，淮東郡皆大水，浸城郭，壞廬舍、圩田、軍壘，操舟行市者累日，人溺死甚衆。越月，積陰苦雨，水患益甚，淮東有流民。

乾道元年六月，常、湖州水壞圩田。二年八月丁亥，温州大風，海溢，漂民廬、鹽場、龍朔寺，覆舟溺死二萬餘人，江濱胔骼尚七千餘。三年六月，廬、舒、蘄州水，壞苗稼，漂人畜。七月己酉，臨安府天目山湧暴水，決臨安縣五鄉民廬二百八十餘家，人多溺死。八月，湖、秀州、上虞縣水，壞民田廬。時積潦至于九月，禾稼皆腐。江東山水溢，江西諸郡水，隆興府四縣爲甚。四年七月壬戌，衢州大水，敗城三百餘丈，漂民廬、孳牧，壞禾稼。諸暨縣大水害稼。江寧、建康府水。是歲，饒、信亦水。五年七月丁巳，建寧府瑞應場大漈、山棗等山暴水湧出，漂民廬，溺死甚衆。是歲夏秋，温、台州凡三大風，水漂民廬，壞田稼，人畜溺死者甚衆，黄巖縣爲甚。六年五月，平江、建康、寧國府，温、湖、秀、太平州，廣德軍及江西郡大水，江東城市有深丈餘者，漂民廬，湮田稼，潰圩隄，人多流徙。八年五月，贛州、南安軍山水暴出，及隆興府，吉、筠州，臨江軍皆大雨水，漂民廬，壞城郭，潰田害稼。六月壬寅，四川郡縣大雨水，嘉、眉、邛、蜀州，永康軍及金堂縣尤甚，漂民廬，決田畝。九年五月戊午，建康、隆興府，嚴、吉、饒、信、池、太平州，廣德軍水，漂民居，壞圩湮田，分水縣沙塞四百餘畝，采石流民多渡江。六月，湖北郡縣水。

淳熙元年七月壬寅、癸卯，錢塘大風濤，決臨安府江隄一千六百六十餘丈，漂居民六百三十餘家，仁和縣瀕江二鄉壞田圃。三年八月辛巳，台州大風雨，至于壬午，海濤、溪流合激爲大水，決江岸，壞民廬，溺死者甚衆。癸未，行都大雨水，壞德勝、江漲、北新三橋及錢塘、餘杭、仁和縣田，流入湖、秀州，害稼。浙東西、江都郡縣多水，婺州、會稽、嵊、廣德軍，建平三縣尤甚。四年五月庚子，建寧府、福南、劍州大雨水，至于壬寅，漂民廬數千家。己亥夜，錢塘江濤大溢，敗臨安府隄八十餘丈；庚子，又敗隄百餘丈。明州瀕海大風，海濤敗定海縣隄二千五百餘丈、鄞縣隄五千一百餘丈，漂没民田。九月丁酉、戊戌，大風雨駕海濤，敗錢塘縣隄三百餘丈；餘姚縣溺死四十餘人，敗隄二千五百六十餘丈；敗上虞縣隄及梁湖堰及運河岸；定海縣敗隄二千五百餘丈；鄞縣敗隄五千一百餘丈。五年六月戊辰，古田縣大水，漂民廬，圮縣治市橋。閏月己亥，階州水，壞城郭。乙巳，興化軍及福清縣及海口鎮大水，漂民廬、官舍、倉庫，溺死者甚衆。六年夏，衢州水。秋，寧國府，温、台、湖、秀、太平州水，壞圩田，樂清縣溺死者百餘人。七年五月戊戌，分宜縣大水，決田害稼。八年五月壬辰，嚴州大水，漂浸民居萬九千五百四十餘家、壘舍六百八十餘區。紹興府大水，五縣漂浸民居八萬三千餘家，田稼盡腐；漁浦敗隄五百餘丈，新林敗隄通運河。是歲，徽、江二州亦水。十年五月辛巳，信州大水入城，沈廬舍、市井。襄陽府大水，漂民廬，蓋藏爲空。江東、浙東數郡亦水。八月辛酉，雷州大風激海濤，没瀕海民舍，死者甚衆。九月乙丑，福、漳州大風雨，水暴至，長溪、寧德縣瀕海聚落，廬舍、人舟皆漂入海，漳城半没，浸八百九十餘家。丁卯，吉州龍泉縣大水，漂民廬，壞田畝，溺死者衆。十一年四月，和州水，湮民廬，壞圩田。五月丙申，階州白江水溢，決隄圮城，浸民廬、壘舍、祠廟、寺觀甚多。建康府、太平州水。六月甲申，處州龍泉縣大雨，水浸民舍，壞杠梁，湮田害稼。七月壬辰，明州大風雨，山水暴出，浸民市，圮民廬，覆舟殺人。十二年六月，婺州及富陽縣皆水，浸民廬，害田稼。八月戊寅，安吉縣暴水發棗園村，漂廬舍、寺觀，壞田稼殆盡，溺死千餘人。是歲，鄂州自夏徂冬，水浸民廬。九月，台州水。十四年三月辛未，汀州水，漂百餘家、軍壘六十餘區。十五年五月，淮甸大雨水，淮水溢，廬、濠、楚州，無爲、安豐、高郵、盱眙軍皆漂廬舍、田稼，廬州城圮。荆江溢，鄂州大水，漂軍民壘舍三千餘。江陵、常德、德安府，復、岳、澧州，漢陽軍水。戊午，祁門縣羣山暴匯爲大水，漂田禾、廬舍、冢墓、桑麻、人畜什六七，浮胔甚衆，餘害及浮梁縣。六月，建寧、隆興府，袁、撫州，臨江軍水圮民廬。七月，黄巖縣水敗田瀦。番易湖溢番易縣，漂民舍、田稼，有流徙者。十六年四月甲戌，紹興府新昌縣山水暴作，害稼湮田，漂民廬。五月丙辰，沅、靖州山水暴溢至辰州，常德府城没一丈五尺，漂民廬舍。汀州大水，浸民廬千五百餘家，溺死三千人。分宜縣水。丁巳，階州白江水溢，浸城市民廬。六月庚寅，鎮江府大雨水五日，浸軍民壘舍三千餘。辛卯，潼川府東南二江溢，決隄，毁橋，浸民廬，涪城、中江、射洪、通泉、郪縣没田廬。

紹熙二年三月，寧化縣連水漂廬舍、田畝，溺死二十餘人。五月戊申，建寧州水。己酉，福州水，浸附郭民廬，懷安、候官縣漂千三百餘家，古田、閩清縣亦壞田廬。庚午，利州東江溢，壞隄、田、廬舍。辛未，潼川府東、南江溢；六月戊寅，又溢，再壞隄橋，水入城，没廬舍七百四十餘家，郪、涪、射洪、通泉縣匯田爲江者千餘畝。七月癸亥，嘉陵江暴溢，興州圮城門、郡獄、官舍凡十七所，漂民居三千四百九十餘。潼川、崇慶府，緜、果、合、金、龍、漢州，懷安、石泉、大安軍，魚關皆水。時上流西蕃界古松州江水暴溢，龍州敗橋閣五百餘區，江油縣溺死者衆。三年五月壬辰，常德府大雨水，浸民田廬。乙未，潼川府東、南江溢，後六日又溢，浸城外民廬，人徙於山。己亥，池州大雨水連夕，青陽縣山水暴湧，漂田廬殺人，蓋藏無遺；貴池縣亦水。庚子，涇縣大雨水，敗隄，圮縣治、廬舍。六月辛丑，建平縣水，敗隄入城，漂浸民廬。甲戌，祁門縣水。七月壬申，天台、仙居縣大水連夕，漂浸民居五百六十餘，壞田傷稼。襄陽、江陵府大雨水，漢江溢，敗隄防，圮民廬、没田稼者逾旬；復州、荆門軍水，亦如之。鎮江府三縣水，損下地之稼。四年四月，上高縣水，浸二百餘家。五月壬申、癸酉，奉新縣大雷雨水，漂浸八百二十餘家。五月辛未、丙子，鎮江府大雨水，浸營壘六千餘區。戊寅，安豐軍大水，平地三丈餘，漂田廬，絲麥皆空。是月，諸暨、蕭山、宣城、寧國縣大水，壞田稼。廣德軍屬縣水害稼。筠州水浸民廬。戊寅，進賢縣水，圮百二十餘家。六月丙申，興國軍水，池口鎮及大冶縣漂民廬，有溺死者。戊戌，靖安縣水，漂三百二十餘家。是夏，江、贛州、江陵府亦水。七月乙酉，豐城縣水，壬午，臨江軍水，皆圮民廬。丁亥，新淦縣漂浸二千三百餘家。八月辛丑，隆興府水，圮千二百七十餘家。吉州水，漂浸民廬及泰和縣官舍。自夏及秋，江西九州三十七縣皆水。是歲，興化軍大風激海濤，漂没田廬尤多。五年五月辛未，石埭、貴池、涇縣皆水，圮民廬，溺死者衆。是月，泰州大水。七月壬申，慈溪縣水，漂民廬，決田害稼，人多溺死。乙亥，會稽、山陰、蕭山、餘姚、上虞縣大風駕海濤，壞隄，傷田稼。八月辛丑，錢塘、臨安、新城、富陽、於潛縣大雨水，餘杭縣尤甚，漂没田廬，死者無算。安吉縣水，平地丈餘。平江、鎮江、寧國府，明、台、温、嚴、常州，江陰軍皆水。是秋，武陵縣江溢，圮田廬甚衆。

慶元元年六月壬申，台州及屬縣大風雨，山洪、海濤並作，漂没田廬無算，死者蔽川，漂沉旬日；至于七月甲寅，黄巖縣水尤甚。七月，臨安府水。二年秋，浙東郡國大水。三年九月，紹興府屬縣二、婺州屬縣二，水害稼。五年秋，台、温、衢、婺水，漂民廬，人多溺死。六年五月，建寧府，嚴、衢、婺、饒、信、徽、南劍州及江西郡縣皆大水，自庚午至于甲戌，漂民廬，害稼。

嘉泰二年七月丙午，上杭縣水，圮田廬，壞稼，民多溺死。建安縣漂軍民廬舍百二十餘。山摧，覆民廬七十七家，溺壓死者六十餘。丁未，長溪縣漂民廬二百八十餘家。古田縣漂官舍、民廬甚衆，溺死者二百七十。劍浦縣圮三百五十餘家，死者亦衆。三年四月，江南郡邑水害稼。

開禧元年九月丙戌，漢、淮水溢，荆襄、淮東郡國水，楚州、盱眙軍爲甚，圮民廬，害稼。二年五月庚寅，東陽縣大水，山千七百三十餘所，同夕崩洪，漂聚落五百四十餘所，湮田二萬餘畝，溺死者甚衆。三年，江、浙、淮郡邑水，鄂州、漢陽軍尤甚。

嘉定二年五月己亥，連州大水，敗城郭百餘丈，没官舍、郡庠、民廬，壞田畝，聚落甚多。六月辛酉，西和州水，没長道縣治、倉庫。丙子，昭化縣水，没縣治，漂民廬。成州水，入城，圮壘舍。同谷縣及遂寧府、閬州皆水。七月壬辰，台州大風雨激海濤，漂圮二千二百八十餘家，溺死尤衆。三年四月甲子，新城縣大水。五月，嚴、衢、婺、徽州，富陽、餘杭、鹽官、新城、諸暨、淳安大雨水，溺死者衆，圮田廬、市郭，首種皆腐。行都大水，浸廬舍五千三百，禁旅壘舍之在城外者半没，西湖溢。四年七月辛酉，慈溪縣大水，圮田廬，人多溺者。八月，山陰縣海敗堤，漂民田數十里，斥地十萬畝。五年五月庚戌，嚴州水。六月丁丑，台州及建德、諸暨、會稽縣水，壞田廬。六年六月丁丑，淳安縣山涌暴水，陷清泉寺，漂五鄉田廬百八十里，溺死者無算，巨木皆拔。丁亥，於潛縣大水。戊子，諸暨縣風雷大雨，山涌暴作，漂十鄉田廬，溺死者尤多。錢塘縣、臨安餘杭於潛安吉縣皆水。九年五月，行都及紹興府，嚴、衢、婺、台、處、信、饒、福、漳、泉州，興化軍大水，漂田廬，害稼。十年冬，浙江濤溢，圮廬舍，覆舟，溺死甚衆。蜀、漢二州江没城郭。十一年六月戊申，武康、吉安縣大水，漂官舍、民廬，壞田稼，人畜死者甚衆。十二年，鹽官縣海失故道，潮汐衝平野三十餘里，至是侵縣治，廬州、港瀆及上下管、黄灣岡等場皆圮；蜀山淪入海中，聚落、田疇失其半，壞四郡田，後六年始平。十四年，建康府大水。十五年七月，蕭山縣大水。時久雨，衢、婺、徽、嚴暴流與江濤合，圮田廬，害稼。十六年五月，江、浙、淮、荆、蜀郡縣水，平江府，湖、常、秀、池、鄂、楚、太平州，廣德軍爲甚，漂民廬，害稼，圮城郭、隄防，溺死者衆。鄂州江湖合漲，城市沈没，累月不泄。是秋，江溢，圮民廬。餘杭、錢塘、仁和縣大水。福、漳、泉州，興化軍水壞稼十五六。十七年五月，福建大水，漂水口鎮，民廬皆盡，候官縣甘蔗砦漂數百家，人多溺死；建寧府没平政橋，入城；南劍州圮郡治、城樓、郡獄、官舍，城壞，民避水樓上者皆死。乙卯，建昌軍大水，城不没者三板，漂民廬，圮官舍、城郭、橋梁，害稼。

紹定二年，天台、仙居縣大水。四年，沿江水災。

端平三年三月辛酉，蘄州大雨水，漂民居。是年，英德府、昭州及襄、漢江皆大水。

嘉熙元年，饒、信州水。二年，浙江溢。

淳祐二年，紹興府，處、婺州水。七年，福建水。十年，嚴州水。十一年八月甲辰，汀州山水暴至，漂人民。九月，江陵水。是年，江、浙多水，饒州亦水。十二年六月，建寧府，嚴、衢、婺、信、台、處、南劍州，邵武軍大水，冒城郭，漂室廬，死者以萬數。

寶祐元年七月，温、台、處、信、饒州大水。

開慶元年五月己未，婺州水，漂民廬。是歲，滁、嚴州水。

景定二年，浙東水。

咸淳六年五月，大雨水。七年五月甲申，諸暨縣大水，漂廬舍。是月，重慶府江水泛溢者三，漂城壁，壞樓櫓。十年三月，廬州水。四月，紹興府大雨水。八月，臨安府水，安吉、武康縣水。

元・脱脱等《宋史》卷六七《五行志五》 開寶四年，州府六水、一旱，諸州民乏食。五年，大饑。六年，水，民饑。【略】

雍熙三年，階州福津縣常峽山圮，壅白江水，逆流高十許丈，壞民田數百里。淳化二年五月，名山縣大風雨，登遼山圮，壅江水逆流入民田，害稼。咸平元年七月庚午，寧化軍汾水漲，壞北水門，山石摧圮，軍士有壓死者。二年七月庚寅，靈寶縣暴雨崖圮，壓居民，死者二十二戶。三年三月辛丑夜，大澤縣三陽砦大雨崖摧，壓死者六十二人。【略】

慶元二年六月辛未，台州黄巖縣大雨水，有山自徙五十餘里，其聲如雷，草木、冢墓皆不動，而故址潰爲淵潭。時臨海縣清潭山亦自移。

元・馬端臨《文獻通考》卷二九六《水災》 春秋桓公元年秋，大水。十三年，復大水。莊公七年秋，大水，亡麥苗。十一年秋，宋大水。二十四年，大水。宣公十年秋，大水。成公五年秋，大水。襄公二十四年秋，大水。

漢高后三年夏，漢中、南郡大水。水出流四千餘家。四年秋，河南大水。伊雒流千六百餘家。汝水流八百餘家。八年夏，漢中南郡水復出，流六千餘家。南陽沔水流萬餘家。文帝十二年十一月，河決東郡。後三年秋，大水，晝夜不絶三十五日。藍田山水出，流九百餘家。渟壞民室八千餘所，殺三百餘人。武帝建元二年春，河水溢於平原。元光三年春，河水徙，從頓邱東南流入渤海。五月河決濮陽。汜郡十六，發卒十萬救決河。元鼎二年夏，大水。關東餓死以千數。元帝初元元年，關中十一郡大水。二年北海水溢，流殺人民。五年夏及秋，大水。潁川、汝南、淮陽、廬江雨，壞鄉聚民舍及水流殺人。成帝建始三年夏，大水。三輔霖雨三十餘日。郡國十九雨，山谷水出。凡殺四千餘人，壞官寺、民舍八萬三千餘所。四年，河決東郡金隄一。陽朔二年秋，關東大水。

王莽始建國二年，河決魏郡，泛清河以東數郡。

後漢光武建武六年，東郡以北傷水。七年六月戊辰，雒水溢至津城門。弘農都尉治爲水所漂殺民人，傷稼及廬舍。八年秋大水。三十一年五月大水。明帝永平三年，京師及郡國七大水。七年秋，郡國十四大水。和帝永元元年七月，郡國九大水，傷稼。十年五月丁巳，京師大雨。山水流出至東郊，壞民廬舍。十二年六月，潁川大水傷稼。殤帝延平元年五月，郡國三十七大水傷稼。安帝永初元年冬十月辛酉，河南新城山水虣出，突壞民田。壞處泉水出深三丈。是年郡國四十一水出，漂没人民。二年大水。臣昭按：《本紀》：京師及郡國四十有水。《周嘉傳》：是夏旱，嘉收葬客死骸骨，應時澍雨，歲乃豐稔，則水不爲災也。三年大水。臣昭按：《本紀》：京師及郡國四十一雨水。四年大水。臣昭按：《本紀》云三郡。五年大水。臣昭按：《本紀・郡國八》。六年河東池水變色，皆赤如血。延光三年，大水流殺人民，傷苗稼。質帝本初元年五月，海水溢。樂安、北海溺殺人物。桓帝建和二年七月，京師大水。三年八月，京都大水。永興元年秋，河水溢，漂害人物。臣昭按：《朱穆傳》云：漂害數千萬戶。二年六月，彭城、泗水增長逆流。永壽元年六月，雒水溢，至津陽城門，漂流人物。臣昭按：《本紀》又南陽大水。永康元年八月，六州大水，渤海海溢，没殺人。五月，山水大出，漂壞廬舍五百餘家。袁山松書曰：是河東之水暴出也。熹平二年六月，東萊北海海水溢出，漂流人物。三年秋，雒水出。四年夏，郡國三水傷害秋稼。光和六年，金城河溢，東出二十餘里。中平五年，郡國六水大出。臣昭按：袁山松書曰：山陽、梁沛、彭城、下邳、東海、瑯琊，則是七郡。獻帝建安二年九月，漢水溢，流害民田廬舍。袁山松書曰：曹操專政十七年，七月大水，淯水溢。十八年六月，大水。獻帝《起居注》曰：七月大水，上親避正殿。八月以雨不止且還殿。二十四年八月，漢水溢，流害民田廬舍。

魏文帝黄初四年六月，大雨霖，伊、洛溢，至津陽城門，漂數千家，殺人。明帝景初元年九月，淫雨。冀、兖、徐、豫四州水出，溺殺人，漂失財産。

吴孫權赤烏八年夏，茶陵縣洪水溢出，漂二百餘家。十三年秋，丹陽、故鄣等縣又洪水溢出。太元元年又有大風涌水之異。孫亮五鳳元年夏，大水。孫休永安四年五月，大雨，水泉湧溢。五年八月壬午，大雨震電，水泉湧溢。

晋武帝泰始四年九月，青、徐、兖、豫四州大水。七年六月，大雨霖。河、洛、伊、沁皆溢，殺二百餘人。咸寧元年九月，徐州大水。二年七月癸亥，河南魏郡暴水，殺百餘人。閏月，荆州郡國五大水，流四千餘家。三年六月，益、梁二州郡國八暴水，殺三百餘人。七月，荆州大水。九月始，平郡大水。十月，青、徐、兖、豫、荆、益、梁七州又大水。四年七月，司、冀、兖、豫、荆、揚郡國二十大水，傷秋稼，壞屋室，有死者。太康三年六月，泰山、江夏大水。泰山流三百家，殺六千餘人。江夏亦殺人。四年七月，兗州大水。十二月，河南及荆、揚六州大水。五年九月，郡國四大水，又殞霜。是月，南安等五郡大水。六年四月，郡國十大水，壞廬舍。七年九月，郡國八大水。八年六月，郡國八大水。惠帝元康二年有水災。五年五月，潁川、淮南大水。六月城陽、東莞大水，殺人。荆、揚、徐、兗、豫五州又水。六年五月，荆、揚二州大水。八年五月，金墉城井溢。九月，荆、揚、徐、冀、豫五州大水。永寧元年七月，南陽、東海大水。泰安元年七月，兗、豫、徐、冀四州水。元帝太興三年六月，大水。四年七月，又大水。永昌二年五月，荆州及丹陽、宣城、吴興、壽春大水。明帝太寧元年五月，丹陽、宣城、吴興、壽陽大水。成帝咸和元年五月，大水。二年五月戊子，京都大水。七年五月，大水。咸康元年八月，長沙、武陵大水。

穆帝永和四年五月，大水。五年五月，大水。六年五月，又大水。七年七月甲辰夜，濤水入石頭，死者數百人。升平二年五月，大水。五年四月又大水。海西太和六年六月，京師大水，平地數尺，浸及太廟，朱雀。大航纜斷，三艘流入大江。丹陽、晉陵、吴郡、吴興、臨海五郡又大水，稻稼蕩没，黎庶饑饉。簡文帝咸安元年十二月壬午，濤水入石頭。孝武帝太元三年六月，大水。五年五月，大水。六年六月，揚、荆、江三州大水。八年三月，始興、南康、廬陵大水，平地五丈。十年五月，大水。十三年十二月，濤水入石頭，毁大航，殺人。十五年七月，沔中諸郡及兗州大水。十七年六月甲寅，濤水入石頭，毁大航，漂船舫，有死者。京口西浦亦濤入殺人。永嘉郡潮水湧起，近海四縣人多死。十八年六月己亥，始興、南康、廬陵大水，深五丈。十九年七月，荆、徐大水，傷秋稼。二十年六月，荆、徐又大水。安帝隆安三年五月，荆州大水，平地三丈。五年五月，大水。元興二年十二月，其明年二月庚寅夜，濤水入石頭，商旅、方舟萬計漂敗，流斷骸胔相望。三年二月己丑朔夜，濤水入石頭，漂没殺人，大航流敗。義熙二年十二月己未夜，濤水入石頭。三年五月丙午，大水。四年十二月戊寅，濤水入石頭。六年五月丁巳，大水。八年六月，大水。九年五月辛巳，大水。十年五月丁丑，大水。戊寅，西明門地穿涌，水出毁門扇及限亦水沴土也。七月乙丑，淮北風災，大水殺人。十一年七月丙戌，大水淹漬太廟，百官赴救。

宋文帝元嘉五年六月，都下大水。七年十二月，吴興、晉陵、義興大水。十二年六月，丹陽、淮南、吴興、義興大水，都下乘船。十七年八月，徐、兗、青、冀四州大水。十八年五月甲申，河水汎溢，害居人。十九年閏五月，都下水。二十四年，徐、兗、青、冀四州大水。二十五年冬，青州城南遠望見地中如水出，有影，謂之地鏡也。孝武大明元年正月庚午，都下雨水。

齊武帝永明九年，吴興、義興大水。廢帝永元元年七月，都下大水，死者甚衆。

梁武帝天監二年六月，太禾、信安、安豐三縣大水。六年八月，建康大水，濤上御道七尺。七年五月，建康又大水。十二年四月，建康大水。普通元年七月己卯，江淮海並溢。中大通五年五月，建康大水，御道通船。

後魏宣武帝元年，州鎮十八水饑。延昌元年，郡國十一大水。二年，十三郡大水。

東魏孝静帝元象元年，山東大水。蝦蟇鳴於樹上。

後齊武成河清二年十二月，兗、趙、魏大水。後主天統三年，并州汾水溢。武平六年八月，山東諸州大水。

隋文帝開皇六年，山南、荆、浙七州水。十八年，河南八州大水。仁壽二年，河南、河北諸州大水。煬帝大業三年，河南大水，漂没三十餘郡。

唐太宗貞觀三年秋，貝、譙、鄆、泗、沂、徐、亳、蘇、隴九州水。水太陰之氣也。四年秋，許、戴、集三州水。七年八月，山東、河南州四十大水。八年七月，山東、江淮大水。十年，關東及淮海旁州二十八大水。十一年七月癸未，黄氣際天，大雨，穀水溢，入洛陽宫，深四尺，壞左掖門，毁官寺十九。洛水漂六百餘家。九月丁亥，河溢壞陝州之河北縣及太原倉，毁河陽中潬。十六年秋，徐、戴二州大水。十八年秋，穀、襄、豫、荆、徐、梓、忠、綿、宋、亳十州大水。十九年秋，沁、易二州水害稼。二十一年八月，河北大水。泉州海溢，驩州水。二十二年夏，瀘、越、徐、交、渝等州水。高宗永徽元年六月，新、豐、渭南大雨。零陵山水暴出，漂廬舍。宣、歙、饒、常等州大雨，水溺死者數百人。秋，齊、定等州十六水。二年秋，汴、定、濮、亳等州水。四年，杭、夔、果、忠等州水。五年五月丁丑夜，大雨，麟遊縣山水衝萬年宫，元武門入寢殿。衛士有溺死者。六月河北大水，滹沱溢，損五千餘家。六年六月，商州大水。秋，冀、沂、密、兗、滑、汴、鄭、婺等州水害稼。洛州大水，毁天津橋。十月齊州河溢。顯慶元年九月，溫州暴風雨，海水溢，壞安固、永嘉二縣。四年七月，連州山水暴出，漂七百餘家。麟德二年十月，鄜州大水，壞居人廬舍。總章二年六月，括州大風雨，海溢，壞永嘉、安固二縣，溺死者九千七十人。冀州大雨，水平地深一丈，壞民居萬家。咸亨元年五月丙戌，大雨。山水溢，溺死者五千餘人。二年八月，徐州山水，漂百餘家。四年七月，婺州大雨，山水暴漲，溺死五千餘人。上元三年八月，青州大風，海溢，漂居人五千餘家。齊、淄等七州大水。永隆元年九月，河南、河北大水，溺死者甚衆。二年八月，河南、河北大水，壞民居十萬餘家。永淳元年五月丙午，東都連日澍雨。乙卯，洛水溢，壞天津橋及中橋，漂居民千餘家。六月乙亥，京師大雨水，平地水深數尺。秋，山東大雨水，民大饑。二年七月己巳，河溢，壞河陽橋。八月，恒州、滹沱河及山水暴出，害禾稼。文明元年七月，温州大水，漂千餘家。括州溪水暴漲，溺死百餘人。武后如意元年四月，洛水溢，壞永昌橋，漂居民四百餘家。七月，洛水溢，漂居民五千餘家。八月，河溢，壞河陽縣。長壽二年五月，棣州河溢，壞居民二千餘家。是歲，河南州十一水。神功元年三月，括州水，壞民居七千餘家。是歲河南州十九水。聖曆二年七月，丙辰，神都大雨，洛水壞天津橋。秋，河溢懷州，漂千餘家。三年三月辛亥，鴻州水，漂千餘家，溺死四百餘人。長安三年六月，寧州大雨水，漂二千餘家，溺死千餘人。四年八月，瀛州水溢，壞民居數千家。中宗神龍元年四月，雍州同官縣大雨水，漂没居民五百餘家。六月，河北州十七大水。七月甲辰，洛水溢，壞民居二千餘家。二年四月辛丑，洛水壞天津橋，溺死者數百人。八月，魏州水。景龍三年七月，澧水害稼。九月，密州水壞民居數百家。元宗開元三年，河南、河北水。四年七月丁酉，洛水溢，沉舟數百艘。五年六月甲申，瀍水溢，溺死者千餘人。鞏縣大水，壞城邑，損居民數百家。河南水害稼。八年夏，契丹寇營州，發關中卒援之宿澠池之缺門營穀水上，夜半山水暴至，萬餘人皆溺死。六月庚寅夜，穀、洛溢，入西上陽宫，宫人死者十七八。畿内諸縣田稼、廬舍蕩盡，掌衛兵溺死千餘人。京師興道坊，一夕陷爲池。居民五百餘家皆没。十年五月辛酉，伊水溢，毁東都城東南隅，平地深六尺。河南許、僊、豫、陳、汝、唐、鄧等州大水害稼，漂没民居，溺死甚衆。六月，博州、棣州河決。十二年六月，豫州大水。八月，兖州大水。十四年秋，天下州五十水，河南、河北尤甚。河及支川皆溢，懷、衛、鄭、滑、汴、濮人或巢或舟以居，死者千計。潤州大風自東北，海濤没瓜步。十五年五月，晉州大水。七月，鄧州大水，溺死數千人。洛水溢，入鄜城，平地丈餘，死者無算，壞同州城市及馮翊縣漂民居二千餘家。八月，澗、穀溢，毁澠池縣。是秋，天下州六十三大水，害稼及居人廬舍。河北尤甚。十八年六月壬午，東都瀍水溺揚、楚等州租船。洛水壞天津永濟二橋及民居千餘家。二十年秋，宋、滑、兖、鄆等州大水。

二十二年秋，關輔、河南州十餘水，害稼。二十七年三月，澧、袁、江等州水。二十八年十月，河南郡十三水。二十九年七月，伊洛及支川皆溢，害稼，毁天津橋及東西漕。上陽宫仗舍溺死千餘人。是秋河南、河北郡二十四水害稼。天寶四載九月，河南、淮陽、睢陽、譙四郡水。十載，廣陵大風駕海潮，沉江口船數千艘。十三載九月，東都瀍、洛溢，壞十九坊。代宗廣德元年九月，大雨水，平地數尺。二年五月，東都大雨，洛水溢，漂二十餘坊。河南諸州水。大曆元年七月，洛水溢。二年秋，湖南及河東、河南、淮南、浙東、西、福建等道州五十五水災。七年二月，江州江溢。十年七月，杭州海溢。十一年七月戊子夜，澍雨京師，平地水尺餘，溝渠漲溢，壞民居千餘家。十二年秋，京畿及宋、亳、滑三州大雨，水害稼。河南尤甚，平地深五尺，河溢。德宗建中元年，幽鎮魏博大雨，易水滹沱横流，自山而下，轉石折樹，水高丈餘，苗稼蕩盡。貞元二年六月丁酉，大風雨，京城通衢水深數尺，有溺死者。東都、河南、荆南、淮南江河溢。三年三月，東都、河南、江陵、汴揚等州大水。四年八月，灞水暴溢，殺數百人。八年秋，自江淮及荆襄、陳宋至於河朔州四十餘大水害稼，溺死二萬餘人，漂没城郭、廬舍。幽州平地水深二丈，徐、鄭、涿、薊、檀、平等州皆深丈餘。九年六月，淮水溢，平地七尺，没泗州城。十一年十月，朗、蜀二州江溢。十二年四月，福建二州大水。嵐州暴雨，水深二丈。十八年春，申、光、蔡等州大水。順宗永貞元年夏，朗州之熊武五溪溢。秋，武陵、龍陽二縣江水溢，漂萬餘家。京畿、長安等九縣，山水害稼。憲宗元和元年夏，荆南及壽、幽、徐等州大水。四年十月丁未，渭南暴水，漂民居二百餘家。六年七月，鄜、坊、黔、中水。七年正月，振武河溢，毁東受降城。五月，饒、撫、虔、吉、信五州暴水，虔州尤甚。平地有深至四丈者。八年五月，陳州、許州大雨，大隗山摧，水流出，溺死者千餘人。六月庚寅，大風毁屋揚瓦，人多壓死。京師大水，城南深丈餘，入明德門，猶漸車輻。辛卯，渭水漲，絶濟。時所在百川發溢，多不由故道。滄州水潦，浸鹽山等四縣。九年秋，淮南及岳安、宣江、撫袁等州大水害稼。十一年五月，京畿大雨水，昭應尤甚。衢州山水害稼，深三丈，毁州郭，溺死百餘人。六月，密州大風雨，海溢毁城郭。饒州浮梁、樂平二縣暴雨，水漂没四千餘户。潤、常、潮、陳、許五州及京畿水害稼。十二年六月乙酉，京師大雨水，含元殿一柱傾市中，水深三尺，毁民居二千餘家。河南、河北大水，洺邢尤甚，平地二丈。河中、江陵、幽、澤、潞、晉、隰、蘇、台、越州水害稼。十五年秋，洪、吉、信、滄等州水。穆宗長慶二年七月，河南陳、許、蔡等州大水。好時山水，漂民居三百餘家。處州大雨，水平地深八尺，壞城邑、桑田大半。四年夏，蘇、湖二州大雨水，太湖決溢。睦州及壽州之霍山，山水暴出。鄆、曹、濮三州雨水，壞州城民居、田稼略盡。襄、均、復、郢四州漢水溢決。敬宗寶曆元年秋，鄜、坊二州暴水。兖、海、華三州及京畿、奉天等六縣水害稼。文宗太和二年夏，京畿及陳滑二州水害稼，河陽水平地五尺，河決，壞棣州城。越州大風，海溢。河南鄆、曹、濮、淄、青、齊、德、兖、海等州并大水。三年四月，同官縣暴水，漂没三百餘家。宋、亳、徐等州大水害稼。四年夏，江水溢，没舒州太湖、宿松、望江三縣民田數百户，鄜、坊水漂三百餘家。浙西、浙東、宣歙、江西、鄜坊、山南、東道、淮南、京畿、河南、江南、荆襄、鄂岳、湖南大水，皆害稼。五年六月，元武江漲，高二丈，溢入梓州羅城。淮西、浙東、浙西、荆襄、岳鄂、東川大水害稼。六年二月，蘇湖二州大水。六月，徐州大雨，壞民居九百餘家。八年秋，江西及襄州水害稼。蘄州湖水溢，滁州大水溺萬餘户。開成元年夏，鳳翔、麟遊縣暴雨，水毁九成宫，壞民舍數百家，死者百餘人。三年夏，河決浸鄭、滑外城。陳、許、鄜、坊、鄂、曹、濮、襄、魏、博等州大水。江漢漲溢，壞房、均、荆、襄等州，民居及田產殆盡。蘇、湖、處等州水溢，入城處州平地八尺。四年秋，西川滄、景、淄、青大雨，水害稼及民廬舍。德州尤甚，平地水深八尺。武宗會昌元年七月，江南大水。漢水壞襄、均等州民居甚衆。宣宗大中十二年八月，魏、博、幽、鎮、兖、鄆、滑、汴、宋、舒、壽、和、潤等州大水害稼。徐、泗等州水深五丈，漂數萬家。十三年夏，大水。懿宗咸通元年，潁州大水。四年閏六月，東都暴水，自龍門毁定鼎、長夏等門，漂溺居人。七月，東都許、汝、徐、泗等州大水傷稼。九月，孝義山水深三丈，破武牢關金城門汜水橋。六年六月，東都大水，漂壞十二坊，溺死者甚衆。七年夏，江淮大水。秋，河南大水害稼。十四年八月，關東河南水。僖宗乾符三年，關東水。昭宗光化三年九月，浙江溢，壞民居。乾寧三年四月，河圯於滑州，朱全忠決其隄，因爲二河散漫千餘里。

梁太祖開平四年十月，滑、宋、許、亳水。

後唐莊宗同光二年秋，水災。三年七月，洛水泛漲，壞天津橋，漂近河廬舍，艤舟爲渡，覆没者，日有之。鄴都奏，御河漲，於石灰窯口開故河道，以分水勢。鞏縣河決，注倉敖。明帝長興三年七月，諸州大水，宋、亳、潁尤甚。

晉高祖天福四年七月，西京大水，伊洛瀍澗皆溢，壞天津橋。八月，河決博平，甘陵大水。六年九月，河決於滑州，一溉東流，居民登邱家爲水所隔，詔所在發舟船以救之。兖州、濮州界皆爲水所漂溺。兖州奏：河水東流，闊七十里，勢南流入沓河、揚州河。出帝開運元年六月，黄河、洛河泛溢，壞堤堰。鄭州原武、滎澤縣界河決。

周太祖廣順二年七月，暴風雨，京師水深二尺，壞墻屋不可勝計。諸州皆奏：大雨所在河渠泛溢害稼。三年六月，諸州大水。襄州漢江漲溢，壞羊馬城，大城内水深一丈五尺，倉庫漂盡，居人溺者甚衆。

宋太祖建隆元年十月，棣州河決，壞厭次商河二縣居民廬舍、田疇。二年，宋州汴水溢。孟州河溢，壞堤。蔡州大霖雨，壞道路，行舟。襄州漢水漲溢數丈。四年八月，齊州河決。乾德二年四月，揚州、廣陵、揚子等縣潮水害民田。七月，泰州山水暴漲，壞居民廬舍數百區，牛畜死者甚衆。二年七月，蘄州大雨水，壞居民廬舍。開封府河溢。陽武、塞縣、門河、中府、孟州並河漲，孟州壞潭軍營、民舍數百區。河中壞石臺百餘步。澶州河壞隄，毁護岸石百八十步。又溢於鄆州，壞民田。泰州湖溢，損鹽城縣民田。淄州濟水並清河溢，害鄒平、高苑縣民田。四年四月，鄆州東阿縣河溢，損民田數百頃。澶州觀城縣河決，壞居民廬舍，注大名。又滑州靈河縣堤壞，水東注衛南縣境及曹州南華縣城。又七月，鄭州滎澤縣河南北堤壞。又八月，宿州汴水溢，壞堤。淄州、青河水溢，壞高苑縣城，溺數百家及鄒平縣田疇、民舍。泗州淮溢。衡州大雨水月餘。五年，衛州河溢，毁州城，没溺者衆，城中水深五尺。開寶元年六月，州府二十三大雨水，江河汎溢，壞民田、廬舍。二年二月，車駕駐蹕潞州，積雨累日未止。七月，宋州下邑縣河水決。九月，京師大雨霖。是歲，青、蔡、宿、淄、宋州水及雹害夏苗。真定府，澶、滑、澤、博、洺、齊、潁、蔡、陳、宋、亳、宿、許州水，害秋苗。三年，鄭、澶、滑、鄆、淄、濟、虢、蔡、解、徐、岳州水災，害民田。四年六月，汴水決宋州穀熟縣濟陽鎮，又鄆州河及汶水清河皆溢，注東阿縣及陳空鎮，壞倉庫、民舍。鄭州河決。原武縣，蔡州淮及白露、舒、汝、廬、潁五水並漲，壞廬舍及民田。七月，青齊州水傷田。五年五月，京師雨連旬不止，河決。澶州、濮陽縣、河南、河北諸州，皆言大雨霖。絳、和、廬、壽州大水。六月，河又決開封府陽武縣之小劉村。宋州、鄭州並汴水決，忠州江水漲二百尺。六年六月，鄆州河決楊劉口，懷州河決護嘉，潁州淮溿水溢，渰民舍、田疇甚衆。七月，貝州歷亭縣御河決。單、濮州並大雨，水壞州廨、倉庫、軍營、民舍。是秋，大名府宋、亳、淄、青、汝、澶、滑州並水傷田。七年四月，衛、亳州水。泗州淮暴漲，入城壞居民五百家。相州安陽河漲，壞居民廬舍數百區。八年五月，京師大雨水，濮州河決郭龍村。六月澶州河決，頓邱縣、沂州大雨，水入城，壞民居舍、田疇。九年三月，京師大雨水。秋又霖雨，淄州水害田。太宗太平興國二年六月，孟州河溢，又漲於澶州，壞英公村堤三十步。陝州壞浮梁，失舟十五。開封府汴水溢，壞大靈隄，浸害民田。忠州江漲二十五丈，又興州江漲，毀棧道四百餘間。鄭州管城縣焦肇水暴漲，踰京水；濮州大水，害民田，凡五千七百四十三户。潁州潁水漲，壞城門軍營、民舍。七月，集州江漲，汎嘉川縣民十三户。是歲，道州春霖雨不止，平地水二丈餘。三年五月，懷州河決，獲嘉縣北注，又汴水決宋州寧陵縣境。六月泗州淮漲溢，入南城。汴水又漲一丈，塞州北門。十月，滑州靈河已塞，復決。四年三月，河南府洛水漲七尺五寸，壞民舍。泰州雨水害禾稼。宋州河漲，宋城縣衛州河決汲縣，壞新堨堤。八月，梓州江漲，壞閣道營舍。又九月，澶州河漲，陷浮梁上囤十六。鄆州清、汶二水漲，壞東阿縣民田。五年五月，京師連旬雨不止，潁州潁水溢，壞堤及民舍。徐州白溝河溢，入州城。七月，復州江水漲，毀民舍，隄塘皆壞。六年，河中府河漲，陷連堤，溢入城，壞軍營七所、民舍百餘區。鄜、延、寧州並三河水漲，溢入州城。鄜州壞軍營。延州壞倉庫、軍民廬舍千六百區。寧州壞州城五百餘堵，軍營、神祠、民舍五百二十區。七年三月，京兆府渭水漲，壞浮梁，溺者五十四人。耀、密、博、衛、常、潤州水，害禾稼。六月，均州涢水，均水、漢江並漲，壞民居，人畜死者甚衆。漢陽軍江水漲五丈餘。七月，大名府御河漲，壞范濟口。南劍州、江州水漲，壞居人廬舍一百四十餘區。京兆府咸陽縣渭水漲，壞浮梁，工人溺死五十四人。九月，梧州江水漲三丈，入城，壞倉廩及民廬舍。又十月，河決懷州武陟縣，害民田。八年五月，河大決滑州房村，徑、澶、濮、曹、濟諸州，浸民田，壞居人廬舍，東南流入淮。六月，陝州河水漲，壞浮梁。又永定澗水漲，壞民舍、軍營千餘區。河南府澍雨，洛水漲五丈餘，壞鞏縣官署軍營、民舍殆盡。穀、洛、伊、瀍四水暴漲，壞京城官署軍營、寺觀、祠廟、民舍萬餘區，溺死者以萬計。又壞河清縣豐饒務倉庫、軍營、民舍千餘區。夔州江水漲七尺。七月，祚州資河漲溢入城，壞軍營、民舍百餘區。雄州易水漲一丈三尺，壞民廬。鄜州河水漲溢入城，壞官寺、民舍四百餘區。荆門軍長林縣山水暴漲，壞民居舍五十一區，凡五十六人溺死。八月，徐州清河水漲丈七尺，溢出隄塞，州三面門以禦之。九月，宿州睢水漲，汎民舍六十里。是夏及秋，開封、浚儀、酸棗、陽武、封邱、長垣、中牟、尉氏、襄邑、雍邱等縣，河水害田。九年七月，嘉州江水暴漲，壞官署、民舍，溺死者千餘人。又八月，延州南北兩河漲溢，入東西兩城，壞官寺、民舍。淄州霖雨，孝婦河漲溢，壞官寺、民舍，漂溺人畜。澶州河漲，壞民田。孟州河漲，斷浮梁，損民田。雅州江水漲九丈，壞民廬舍。新州江漲，入南寨，壞軍營。雍熙二年七月，朗州江溢害稼。三年六月，壽州大水。端拱元年五月，英州江水漲五丈餘，壞民田及廬舍數百區。七月，磁州、漳滏二水漲。淳化元年六月，吉州大雨，江漲丈三尺，漂壞民田、廬舍。蘄州黄梅縣堀口，湖水漲，壞民田、廬舍都盡。江州江水漲二丈八尺。七月，洪州江水漲，壞州城三十堵，及民廬舍二千餘區，漂二千餘户。秦州隴城縣大雨，壞官私廬舍殆盡，溺死者百三十七人。二年四月，京兆府河水漲，壞咸陽縣浮梁，漂艦十七。六月乙酉，汴水溢於浚儀縣，壞連隄，浸民田。辛卯，又決於宋州。宋城縣、博州大霖雨，河漲溢，壞民廬舍八百七十區。亳州河水溢，東流，汎民田，壞廬舍。七月，齊州明水漲，壞黎濟寨城百餘堵。許州沙河溢，雄州唐河水漲，害民田殆盡。嘉州江漲丈八尺，溢入州城，毀民舍。復州蜀、漢二江水漲，壞民田、廬舍。九月，卭州蒲江等縣山水暴漲，壞民舍七十區，死者七十九人。是秋，荆南北路江水注溢，浸田畝甚衆。三年七月，河南府洛水漲，壞七里鎮國二橋。又山水暴漲，壞豐饒務官舍民居，溺死者二百四十人。十月，商州上津縣大雨，河水溢，壞民舍，溺者三十七人。四年六月，隴城縣大雨，牛頭河漲二十丈，没溺居人、廬舍。七月，京師大雨，十晝夜不止，朱雀、崇明門外積水尤甚，軍營、廬舍多壞。九月，澶州河水漲，衝陷北城，壞居民廬舍、官署倉庫殆盡，民溺死者甚衆。梓州元武縣涪江漲二丈五尺，壅決流入州城，壞官私廬舍萬餘區，溺死者甚衆。是秋，陳、潁、宋、亳、許、蔡、徐、濮、澶、博州霖雨，秋稼多敗。十月，澶州河決西北流，入御河，浸大名府城。五年秋，開封府宋、亳、陳、潁、泗、壽、鄧州雨水害稼。至道元年四月甲辰，京師大雨雷電，道上水數尺。二年六月，河南府瀍、澗、洛三水漲，壞鎮國橋。七月，建州溪水漲溢，入州城內，壞倉庫、民舍萬餘區。鄆州河水漲，壞連隄四處。宋州河決穀熟縣。閏七月，陝州河漲，漂大樹，壞浮梁，失連艦。是月廣南諸州並雨水。真宗咸平元年正月，昭州雨霖，害民田，溺死者百五十七人。齊州清、黄河汎溢，壞田廬。二年十月，潭州山水汎溢，壞民舍千餘區，民黄拏等十家俱溺死。三年三月，梓州江水漲，壞民田。五月，河決鄆州王陵埽。七月，洋州漢水溢，民多有溺死者。四年七月，同州洿谷水溢，夏陽縣民溺死者數十人。五年二月，雄、霸、瀛、深、滄州乾寧軍水溢，害民田。六月，京師大雨，漂壞廬舍，民有厭死者，積潦浸道路，自朱雀門東抵宣化門尤甚，皆注惠民河。河復漲溢，軍營多壞。景德元年九月，宋州汴水決，浸民田，壞廬舍。河決澶州橫隴埽等。二年六月，寧州山水汎溢，壞民舍、軍營，多溺死者。三年七月，應天府汴水決，南注亳州合浪宕渠，東入於淮。四年五月，鄭州索水漲，高四丈許，漂滎陽縣居民四十二户，有溺死者。六月，鄧州江水暴漲，南劍州山水汎溢，漂溺居人。七月，河溢澶州，壞王八埽。大中祥符元年六月，開封府尉氏縣惠民河決。二年七月，徐、濟、淄、青州大水。八月，無爲軍大風雨拔木，壞城門、營壘、民舍，壓溺千餘人。鳳州大水，漂溺居民。十月，兖州霖雨害稼，京畿惠民河決，壞民田。三年五月辛丑，京師大雨，平地數尺，壞軍營、民舍，多壓死者，近畿積潦。六月，吉州臨江軍並江水汎溢，害民田。九月，河決河中府白浮圖村。四年七月，江、洪、筠、袁州江漲，害民田，壞州城。八月，河決通利軍大名府，御河水溢合流，壞府城，害民田，人多溺死者。九月，河溢於孟州溫縣。蘇州吴江汎溢，壞民廬舍。十一月，楚、秦州潮水害田，民多溺死。五年正月，河決棣州聶家口。七月，慶州淮安鎮山水暴漲，漂溺居民。六年六月，保安軍積雨，河溢，浸城壘，壞廬舍，判官趙震溺死，又兵民溺者，凡六百五十人。七年六月，泗州水溢，害民田。河南府洛水漲，秦州定西寨山水暴漲，有溺死者。八月，河決澶州。十月，濱州河溢於安定鎮。九年六月，秦州獨孤谷水漲，壞長道縣鹽官鎮城橋及官廨、民舍共二百九十五區，溺死者六十七人。七月，延州洎定平、安遠、寨門、栲栳四寨，山水汎溢，壞隄城。九月，雄、霸州界河汎溢。利州水漂棧閣萬一千八百間。天禧三年六月，河決滑州城西南，漂没公私廬舍，死者甚衆。歷澶、濮、鄆、濟、單至徐州，與清河合，浸城壁，不没者四版，明年既塞。六月，復決於西北隅。

元·馬端臨《文獻通考》卷二九七《水災》

仁宗乾興元年，蘇、湖、秀水壞民田。是歲十月，京東淮南水災。天聖四年六月，建州邵武軍大水，壞廬舍，溺人。庚寅，京師及河南府鄭州大水。九月京東、江淮、兩浙、福建諸州、軍雨水，壞民廬舍。是歲，汴水決溢。六年七月，江寧府揚、真、潤三州，江水溢，壞廬舍。雄、霸州大水。八月，永興軍山水暴漲，溺死居民。是月，河決王楚埽。七年六月，河北大水。明道二年，京師水，壞軍營、府庫。景祐元年，泗州淮、汴溢。七月，澶州河決橫隴埽。三年，虔、吉等州水。四年六月，杭州江潮溢，壞隄千餘丈。八月，越州大水，漂溺居民。寶元元年，建州水。康定元年，滑州河溢。慶曆八年六月，河決澶州商胡埽。是歲，河北大水。皇祐元年二月，河北黃、御二河竝決，注於乾寧軍，河朔頻年水災。二年，鎮定復大水，竝邊尤被其害。三年七月，河決大名府館陶縣郭固口。嘉祐元年六月，京師及京東西、河北水潦，害民田，雨壞社稷壇及官私廬舍數萬區，城中繫栰渡人。七月，京東西、荆湖北路水災，淮水自夏秋暴漲，壞浸泗水城。是歲，諸路江河決溢，河北尤甚，民多流亡。六年，淮水溢。英宗治平元年，京師、許、蔡、陳、潁、唐、泗、濠、楚、廬、壽、杭、宣、鄂、洪、施、渝州、光化軍俱有水災。二年八月庚寅，京師大雨，地上涌水，壞廬舍，漂人畜。神宗熙寧元年秋，霸州山水漲溢。保定軍大水害稼，壞官私廬舍、城壁，漂溺居民，河決恩、冀州，漂溺居民。二年八月，河決滄州饒安，漂溺居民，移縣治於張爲村。泉州大風，雨水與潮相衝泛溢，損田稼，官私廬舍。四年八月，金州大水，毁城，壞官私廬舍。七年六月，熙州大雨，洮河汎溢。陝州大雨，漂溺陝平、陸二縣。八年四月，潭、衡、邵、道州江水溢，壞官私廬舍。九年七月，太原府汾河夏秋霖雨，大水漲。十月，潮州海陽、潮陽二縣，海潮漲溢，壞廬舍，溺居民。十年七月，河決曹村下埽，澶淵絶流；河南徙，又東匯於梁山張澤濼，凡壞郡縣四十五，官亭、民舍數萬，田三十萬頃。洺州漳河決，注城，大雨，水二丈，河陽河水湍漲，壞南倉，溺居民。元豐元年，齊州章邱河水溢，壞公私廬舍、城壁，漂溺居民。舒州山水暴漲，浸官私廬舍。四年四月，澶州臨河縣小吴河溢，北流，漂溺居民。五月，淮水泛漲。七月，泰州海風駕大雨，漂浸州城，壞公私舍數千楹。七年七月，河北東西路、北京館陶河溢，水入府城，壞官私廬舍。八月，趙、邢、洺、磁、相州河水汎溢，壞城郭、軍營。是年，相州漳河決，溺臨漳縣居民。懷州黃沁河泛溢，大雨水損稼，壞廬舍、城壁。磁州諸縣鎮，夏秋漳、滏河水汎溢。相州臨漳縣斛律口決，壞官私廬舍，傷田稼，損居民。哲宗元祐八年，京畿、京東西、淮南、河北諸路大水。紹聖元年，京畿、曹、濮、陳、蔡等州水，害稼。元符元年，河北、京東等路大水。二年六月，陝西、京西、河北大水，河溢流，漂人民廬舍。徽宗崇寧元年，京城水，壞廬舍，溺人。大觀元年夏，京畿大水，詔工部都水監疏導，至於八角鎮。河北、京西河溢，漂溺民户。十月，蘇、湖水災。二年秋，黃河決，陷没邢州鉅鹿縣。三年七月，階州久雨，江溢。四年夏，鄧州大水，漂没順陽縣。政和五年六月，江寧府、太平、宣州水災。八月，蘇、湖、常、秀等諸郡水災。七年，瀛、滄州河水決，滄州城不没者三板，民死百餘萬。八年夏，江、淮、荆、浙諸路大水，民流移，漂溺者衆，分遣使者賑濟。宣和元年五月，大雨。水驟高十丈餘，犯都城，自西北牟駝岡連萬勝門外馬監，居民盡没。十一月，東南州縣水災。高宗紹興二年閏四月，徽、嚴州水害稼。三年七月丙子，泉州水壞城郭、廬舍。五年秋，西川郡國水。六年冬，饒州雨水，壞城四百六十餘丈。十六年，潼川府東南江溢，水入城，浸民廬。十八年八月，越、明、婺州水。二十八年六月，興利二州，大安軍大水，流民廬，壞橋棧，死者甚衆。九月，江東、淮南數郡水。浙東西沿江海郡縣大風，水平江，紹興湖常秀潤爲甚。三十年五月，畿縣於潛、臨安、湖州安吉等三縣山水暴出，漂民廬，壞田桑，人溺死甚衆。三十二年四月，淮水溢數百里，漂民田廬，死者甚衆。六月，浙西郡縣山湧暴水，漂民室，壞田，覆舟。孝宗隆興元年八月，浙東西州縣大風水，越、蘇、湖及崇德縣爲甚。二年七月，蘇、湖、常、秀、潤、昇、宣、池、太平、廣德、廬、和、光、壽春、無爲及淮東郡，皆大水，浸城郭，壞廬舍、圩田、軍壘，舟行廛市累日，人溺死甚衆。越月，積陰苦雨，水患益甚。乾道元年六月，常、湖水壞圩田。二年八月，温州大風，海濤流溢沿江民廬、鹽場，覆舟，溺死者二萬餘人，江濱胔骼尚七千餘人。三年六月，廬、舒、蘄州水，壞苗稼，漂人畜。七月，臨安府天目山湧，暴水決臨安縣五鄉民廬二百八十餘家，人多溺死。八月，上虞縣，湖、秀州水，壞民田廬，時積潦至於九月，禾稼皆腐。江東水溢於山，江西隆興四縣爲甚。四年七月，衢州大水，敗城三百餘丈，漂民廬，孳牧，壞禾稼。江陵、建寧、紹興、饒信皆水。五年夏秋，温，台凡三大風，水漂民廬，壞稼，溺人甚衆，黄巖縣爲甚。六年五月，蘇、昇、宣、温、湖、秀、太平、廣德大水，城市有深丈餘者，江西亦大水。八年五月，吉、筠、臨江、隆興皆大水。六月，四川郡縣大水。嘉、眉、邛、蜀、永康、金堂尤甚。九年五月，嚴、吉、饒、信、池、太平、建康、隆興、廣德軍水，漂民居，壞圩田，分水縣沙塞四百餘畝。六月，湖北郡縣水。淳熙元年七月，錢塘大風，濤決臨安府江隄一千六百六十餘丈，漂民居六百三十餘家。三年八月，台州大風雨，海濤、溪流合激爲大水，決江岸，壞民廬，溺人。是月，行都及浙東西、江東郡邑多水。四年五月，建寧、福南劍大雨，水漂民廬數千家，錢塘江濤大溢，敗隄一百八十餘丈。明州瀕海風濤，敗隄，漂没民田。九月，大風雨駕海濤，錢塘、餘姚、上虞、定海、鄞縣敗隄，溺人。五年六月，階州水壞城郭。福州、興化俱大水。六年夏秋，衢、温、台、湖、秀、太平、寧國水，壞圩田，溺人。八年五月，嚴州、紹興府大水流民舍，敗隄岸，腐禾稼。徽、江州亦水。十年五月，信州、襄陽及江東西、浙東數郡水。秋，台州水。八月，雷州大風激海濤，没瀕海民舍，溺人。九月，福、漳州大風雨，水暴至，瀕海聚落，廬舍、人舟皆流入海，漳城半没。十一年四月，和州水。五月，階州白江水溢，壞隄及民舍，溺人。七月，明州大風雨，山水暴至，浸城，覆舟，殺人。十二年六月，婺州水。是歲，鄂州水，浸民廬，自夏徂冬乃退。十四年，汀州水。十五年五月，淮甸大雨水。淮水溢，廬、濠、楚、無爲、安豐、高郵、盱眙軍皆漂民室，壞田稼。荆江溢，鄂州大水漂民室三千餘家。復、岳、澧、江陵、常德、德安、漢陽皆水。至六月，建寧、隆興、袁撫、臨江皆水圮民廬。十六年五月，沅、靖州山水溢，沿江下辰州，常德府城没一丈五尺，漂民廬舍。六月，鎮江、潼川俱水溢，壞民廬及田。光宗紹熙二年五月，建寧水，福州水浸城，屬縣漂没民廬。利州、潼川、嘉陵、興州、綿、果、合、金、龍、漢、崇慶、懷安、右泉、大安俱有水患，民溺死甚衆。三年五月，常德府水浸民田廬，徽、宣、池、廣德皆水。七月，台州、襄陽、江陵、荆門、復州俱水。鎮江水損稼。四年，安豐、紹興、寧國、廣德、筠州水害稼。興國、贛州、江州、江陵皆水。七月，臨江、隆興、吉州水圮民廬。自夏及秋，江西九州三十七縣皆水。興化風激海濤，没田廬。五年五月，池州、寧國、太平、紹興皆水。八月，行都及明、台、温、嚴、常、平、鎮江、寧國、江陰、常德皆水。寧宗慶元元年六月，台州諸縣大風雨，山洪濤竝作，没田廬無算。二年秋，浙東郡國大水。三年九月，紹興、婺州水害稼。五年秋，台、温、衢、婺水，漂廬，溺人。六年五月，嚴、衢、婺、饒、信、徽、南劍、建寧及江西郡國皆大水，自庚午至甲戌，漂民廬，害稼。嘉泰二年七月，汀州、建寧、福州、南劍及江西郡邑水，害苗稼。開禧元年九月，淮、漢水溢荆襄。二年五月，婺州、東陽山崩，洪漂聚落五百四十餘所，湮田二萬餘頃。三年，江、浙、淮郡縣水，鄂、漢尤甚。嘉定二年六月，西和、利州、成州、閬州、遂寧皆水。七月，台州海濤流圮民廬，溺人。三年四月，嚴、衢、婺、徽大水。行都水浸民廬。西湖溢，瀕湖民居皆圮。五年五月，嚴州、台州水。六年六月，嚴州及臨安、紹興、湖州屬縣皆水。九年五月，行都及紹興、嚴、衢、婺、台、處、信、饒、福、漳、泉、興化十二郡，大水，漂田廬，害稼。十年冬，浙江濤溢，圮瀕江廬舍，覆舟，溺人。蜀、漢二州大江没城郭。十二年，畿縣鹽官海失故道，潮汐衝平野三十餘里，至是侵縣治，鹽場多圮。十五年七月，紹興水，衢、婺、徽、嚴暴流，與江濤合，圮田廬，害稼。十六年五月，江、淮、浙、荆蜀郡縣水。蘇、湖、常、秀、池、鄂、楚、太平、廣德爲甚。鄂州江湖合漲，城市沈没，累月不洩。是秋江濤溢，圮沿江民廬。畿縣及福、漳、泉、興化大水，壞田稼十五六。十七年五月，福建大水，建寧、南劍尤甚。建昌大水，圮民廬，城郭，敗稼。

明·宋濂等《元史》卷七《世祖紀四》 至元九年六月壬辰，是夜京師大雨，壞牆屋，壓死者衆。

明·宋濂等《元史》卷八《世祖紀五》 十年，是歲，諸路蟲螟災五分，霖雨害稼九分，賑米凡五十四萬五千五百九十石。

十二年，是歲霖雨傷稼，凡賑米三千七百四十八石，粟二萬四千二百六石。

明·宋濂等《元史》卷九《世祖紀六》 十三年，是歲，東平、濟南、泰安、德州、漣海、清河、平灤、西京西三州，以水旱缺食，賑軍民站户米二十二萬五千五百六十石，粟四萬七千七百十二石，鈔四千二百八十二錠有奇。平陽路旱，濟寧路及高麗、瀋州水，並免今年田租。

明·宋濂等《元史》卷一〇《世祖紀七》 十五年，是歲，西京奉聖州及彰德等處水旱民饑，賑米八萬八百九十石，粟三萬六千四十石，鈔二萬四千八百八十錠有奇。十六年，保定等二十餘路水旱風雹害稼。

明·宋濂等《元史》卷一一《世祖紀八》 十七年八月癸巳，濮州、東平、濟寧、磁州水。十八年，是歲，保定路清苑縣水，平陽路松山縣旱，高唐、夏津、武城等縣蟊害稼，並免今年租，計三萬六千八百四十石。

明·宋濂等《元史》卷一二《世祖紀九》 十九年八月辛亥，江南水，民饑者衆。

明·宋濂等《元史》卷一四《世祖紀十一》 二十三年九月乙丑朔，以太廟雨壞，遣瓮吉剌帶致告，奉安神主別殿。十一月丙子，以平灤、太原、汴梁水旱爲災，免民租二萬五千六百石有奇。二十四年六月乙亥，霸州益津縣霖雨傷稼。九月辛卯，東京、(誼)[義]、靜、麟、威遠、婆娑等處大霖雨，江水溢，没民田。是歲，浙西諸路水，免今年田租十之二。保定、太原、河間、般陽、順德、南京、真定、河南等路霖雨害稼，太原尤甚，屋壞壓死者衆。

明·宋濂等《元史》卷一五《世祖紀十二》 二十五年二月己卯，京師水，發官米，下其價糶貧民。五月己丑，汴梁大霖雨，河決襄邑，漂麥禾。六月壬申，睢陽霖雨，河溢害稼，免其租千六十石有奇。癸未，資國、富昌等一十六屯雨水、蝗害稼。七月丙戌，保定路霖雨害稼，蠲今歲田租。庚子，膠州連歲大水，民採橡而食，命減價糶米以賑之。霸、漷二州霖雨害稼，免其今年田租。八月丁丑，嘉祥、魚臺、金鄉三縣霖雨害稼，蠲其租五千石。九月己丑，獻、莫二州霖雨害稼，免田租八百餘石。

二十六年六月辛亥，桂陽路寇亂水旱，下其估糶米八十七百二十石以賑之。丁丑，濟寧、東平、汴梁、濟南、棣州、順德、平灤、真定霖雨害稼，免田租十萬五千七百四十九石。秋七月辛巳，雨壞都城，發兵、民各萬人完之。癸巳，平灤屯田霖雨損稼。甲午，御河溢。辛丑，河間大水害稼，癸卯，沙河溢。鐵燈杆堤決。八月壬子，霸州大水，民乏食，下其估糶直沽倉米五千石。辛酉，大都路霖雨害稼，免今歲租賦，仍減價糶諸路倉糧。九月丙申，平灤、昌國等屯田霖雨害稼。

明·宋濂等《元史》卷一六《世祖紀十三》 二十七年二月癸巳，晉陵、無錫二縣霖雨害稼，並免其田租。夏四月辛巳，芍陂屯田以霖雨河溢，害稼二萬二千四百八十畝有奇，免其租。五月己巳，江陰大水，免田租萬七百九十石。庚午，尚珍署廣備等屯大水，免其租。六月壬申朔，河溢太康，没民田三十一萬九千八百餘畝，免其租八千九百二十八石。壬辰，泉州大水。秋七月，終南等屯霖雨害稼萬九千六百餘畝，免其租。七月戊申，江西霖雨，贛、吉、袁、瑞、建昌、撫水皆溢，龍興城幾没。戊午，鳳翔屯田霖雨害稼，免其租。丁卯，江夏水溢，害稼六千四百七十餘畝，免其租。魏縣御河溢，害稼五千八百餘畝，免其租百七十五石。十一月辛丑，廣濟署洪濟屯大水，免租萬三千一百四十一石。

二十八年二月壬辰，雨壞太廟第一室，奉遷神主別殿。秋七月己未，雨壞都城，發兵二萬人築之。八月丙子，大名之清河、南樂諸縣霖雨害稼，免田租萬六千六百六十九石。九月乙巳，景州、河間等縣霖雨害稼，免田租五萬六千五百九十五石。

明·宋濂等《元史》卷一七《世祖紀十四》 二十九年五月己未，龍興路南昌、新建、進賢三縣水，免田租四千四百六十八石。六月甲子，平江、湖州、常州、鎮江、嘉興、松江、紹興等路水，免至元二十八年田租十八萬四千九百二十八石。丁亥，湖州、平江、嘉興、鎮江、揚州、寧國、太平七路大水，免田租百二十五萬七千八百八十三石。九月丁丑，以平灤路大水且霜，免田租二萬四千四十一石。

三十年三月庚申，雨壞都城，詔發侍衛軍三萬人完之，仍命中書省給其傭直。是歲，真定、寧晉等處，被水、旱、蝗、雹爲災者二十九。

明·宋濂等《元史》卷一八《成宗紀一》 三十一年五月，峽州路大水。九月，趙州之寧晉等縣水。冬十月，遼陽行省所屬九處大水，民饑，或起爲盜賊，命賑恤之。

元貞元年五月丙申，饒州、鎮江、常州、湖州、平江、建康、太平、常德、澧州皆水。六月戊申，濟南路之歷城縣大清河水溢，壞民居。壬子，以近邊役煩及水災，免咸平府民八百户今年賦税。乙卯，江西行省所轄郡大水無禾，民乏食，令有司與廉訪司官賑之，仍弛江河湖泊之禁，聽民採取。是月，泰安、曹州、濟寧路水。秋七月壬寅，大都、遼東、東平、常德、湖州武衛屯田大水。八月癸亥，賑遼陽民被水者糧兩月。己巳，平江、安豐等路大水。九月戊戌，宣德府大水，軍民乏食，給糧兩月。平江、廬州等路大水。

明·宋濂等《元史》卷一九《成宗紀二》　二年五月，太原之平晉，獻州之交河、樂壽，莫州之莫亭、任丘，及湖南醴陵州皆水。秋七月，彰德、真定、曹州、濱州水。八月，寧海州大雨。大名路水。九月，常德之沅江縣水，免其田租。河決河南杞、封丘、祥符、寧陵、襄邑五縣。冬十月，是月，廣備屯及寧海之文登水。十一月，象食屯水，免其田租。是(月)〔歲〕，大都、保定、汴梁、江陵、沔陽、淮安水。

大德元年春正月辛卯，汴梁、歸德水。木憐等九站饑，以米六百餘石賑之。給可温種田户耕牛。三月庚寅，歸德、徐、邳、汴梁諸縣水，免其田租。五月丙寅，河決汴梁，發民三萬餘人塞之。庚寅，漳河溢，損民禾稼。饒州鄱陽、樂平及隆興路水。六月，和州歷陽縣江漲，漂没廬舍萬八千五百餘家。以糧四千餘石賑廣平路饑民，萬五千石賑江西被水之家，二百九十餘石賑鐵里干等四站饑户。秋七月丁亥，河決杞縣蒲口。郴州路、耒陽州、衡州之酃縣大水山崩，溺死三百餘人。八月丁巳，池州、南康、寧國、太平水。九月丙寅，詔恤諸郡水旱疾疫之家。罷括兩淮民田。己丑，饒州、臨江等路，温之平陽、瑞安二州大水。冬十月戊午，韶州、南雄、建德、温州皆大水。並賑之。十一月戊子，常德路大水。是歲，濟南及金、復州水，旱。大都之檀州、順州，遼陽、瀋陽，廣寧水。

二年春正月壬辰，詔以水旱減郡縣田租十分之三，傷甚者盡免之，老病單弱者差税並免三年。己酉，建康、龍興、臨江、寧國、太平、廣德、饒池等處水，發臨江路糧三萬石以賑，仍弛澤梁之禁，聽民漁采。二月丙子，浙西嘉興、江陰，江東建康、溧陽、池州水，旱，並賑恤之。湖廣省漢陽、漢川水，免其田租。秋七月癸巳，汴梁等處大雨，河決壞隄防，漂没歸德數縣禾稼、廬舍，免其田租一年。

明·宋濂等《元史》卷二〇《成宗紀三》　三年八月，是月，汴梁、大都、河間水。

四年五月，真定、保定、大都通、薊二州水。

五年六月乙亥，平江等十有四路大水，以糧二十萬石隨各處時直賑糶。大都路水。癸丑，浙西積雨泛溢，大傷民田，詔役民夫二千人疏導河道，俾復其故。八月己巳，平灤路霖雨，灤、漆、淝、汝河溢，民死者衆，免其今年田租，仍賑粟三萬石。是歲，大名、宣德、奉聖、歸德、寧海、濟寧、般陽、登州、萊州、益都、濰州、博興、東平、濟南、濱州、保定、河間、真定、大寧水。

六年冬十月壬午，濟南、濱、(隸)〔棣〕、泰安、高唐州霖雨，米價騰湧，民多流移，發粟賑之，併給鈔三萬錠。

明·宋濂等《元史》卷二一《成宗紀四》　七年六月乙巳，浙西淫雨，民饑者十四萬，賑糧一月，仍免今年夏税并各户酒醋課。

八年五月，大名之濬、滑，德州之齊河霖雨。汴梁之祥符、太康，衛輝之獲嘉，太原之陽武河溢。六月丁酉，汴梁祥符、開封、陳州霖雨，蠲其田租。秋七月癸亥，以順德、恩州去歲霖雨，免其民租四千餘石。八月，以大名、高唐去歲霖雨，免其田租二萬四千餘石。九月癸酉，以冀、孟、輝、雲内諸州去歲霖雨，免其田租二萬二千一百石。

九年三月戊午，以濟寧去歲霖雨傷稼，常寧州饑，並賑恤之。六月甲午，潼川霖雨江溢，漂没民居，溺死者衆，敕有司給糧一月，免其田租。以隆興、撫州、臨江等路水，汴梁霖雨爲災，並給糧一月。秋七月丁卯，沔陽之玉沙江溢，陳州之西華河溢，嶧州水，賑米四千石。揚州之泰興，江都，淮安之山陽水，蠲其田租九千餘石。八月，歸德、陳州河溢，大名大水，揚州饑。

十年閏正月，是月，以曹之禹城去歲霖雨害稼，民饑，發陵州糧二千餘石賑之。三月乙未，道州營道等處暴雨，江溢山裂，漂蕩民廬，溺死者衆，復其田租。夏四月，是月，贛縣暴雨水溢，賑糧有差。六月壬戌，大名、益都、易州大水。景州霖雨。

明·宋濂等《元史》卷二二《武宗紀一》　十一年九月，是月，襄陽霖雨，民饑，敕河南省發粟賑之。

至大元年秋七月辛卯，濟寧大水入城，詔遣官以鈔五千錠賑之。己巳，真定淫雨，水溢，入自南門，下及藁城，溺死者百七十七人，發米萬七百石賑之。是月，江南、江北水旱饑荒，已嘗遣使賑恤者，至大元年差發、官税並行除免。九月丙辰(朔)，中書省臣言：「夏秋之間，鞏昌地震，歸德暴風雨，泰安、濟寧、真定大水，廬舍蕩析，人畜俱被其災。江浙饑荒之餘，疫癘大作，死者相枕籍。父賣其子，失鬻其妻，哭聲震野，有不忍聞。」

明·宋濂等《元史》卷二三《武宗紀二》　三年六月，襄陽、峽州路、荆門州大水，山崩，壞官廨、民居二萬一千八百二十九間，死者三千四百六十六人。汝州大水，死者九十二人。六安州大水，死者五十二人。沂州、莒州、兖州諸縣水没民田。秋七月丙戌，循州大水，漂廬舍二百四十四間，死者四十三人，發米賑之。冬十月甲寅，山東、徐、邳等處水、旱，以御史臺没入贓鈔四千餘錠賑之。

明·宋濂等《元史》卷二四《仁宗紀一》　四年六月己巳，濟寧、東平、歸德、高唐、徐、邳諸州水，給鈔賑之。河間、陝西諸縣水，旱傷稼，命有司賑之，仍免其今年租。秋七月丁丑，鞏昌寧遠縣暴雨，山土流涌。是月，江陵屬縣水，民死者衆，太原、河間、真定、順德、彰德、大名、廣平等路，德、濮、恩、通等州霖雨傷稼，敕有司賑恤。九月，是月，江陵路水漂民居，溺死十有八人。

皇慶元年夏四月庚寅，龍興新建縣霖雨傷禾。八月辛卯，寧國路涇縣水，賑糧二月。

明·宋濂等《元史》卷二五《仁宗紀二》　延祐元年五月庚辰，武陵縣霖雨，水溢，溺死居民，漂没廬舍禾稼，潭州、漢陽、思州民饑，並發廩減價糶賑之。

二年秋七月，是月，畿内大雨，漷州、昌平、香河、寶坻等縣水，没民田廬；潭州、（金）〔全〕州、永州路，茶陵州霖雨，江漲，没田稼，出米減價賑糶。

明·宋濂等《元史》卷二六《仁宗紀三》　五年五月己卯，鞏昌隴西縣大雨，南土山崩，壓死居民，給糧賑之。

六年六月丁丑，以濟寧等路水，遣官閲視其民，乏食者賑之，仍禁酒，開河泊禁，聽民採食。汴梁、益都、般陽、濟南、東昌、東平、濟寧、（恭）〔泰〕安、高唐、濮州、淮安諸處大水。十月己卯，濟南濱、棣州、章丘等縣水，免其田租。

明·宋濂等《元史》卷二七《英宗紀一》　七年夏四月，亳州水。五月辛巳，汝寧府霖雨傷麥禾，發粟五千石賑糶之。六月丁丑，棣州、高郵、江陵水。秋七月，是月，後衛屯田及潁、息、汝陽、上蔡等縣水。八月甲戌，河間路水。九月癸巳，瀋陽水旱害稼，弛其山場河泊之禁。是歲，河決汴梁原武，浸灌諸縣；滹沱決文安、大（成）〔城〕等縣；渾河溢，壞民田廬。秦州成紀縣暴雨，山崩，朽壤墳起，覆没畜産。

至治元年六月己巳，霸州大水，渾河溢，被災者二萬三千三百户。秋七月丙子，淮安路屬縣水。戊寅，通州潞縣榆棣水決。庚辰，滹沱河及范陽縣巨馬河溢。乙酉，大雨，渾河防決。乙亥，蒲陰縣大水。庚子，薊州平谷、漁陽等縣大水。大都，保定、真定、大名、濟寧、東平、東昌、永平等路，高唐、曹、濮等州水。乞兒吉思部水。八月壬寅〔朔〕，安陸府水，壞民廬舍。甲辰，高郵興化縣水，免其租。壬戌，淮安路鹽城、山陽縣水，免其租。

明·宋濂等《元史》卷二八《英宗紀二》　二年二月戊申，順德路九縣水旱，賑之。甲子，恩州水，民饑，疫，賑之。夏四月丙寅，松江府上海縣水，仍旱。五月庚午，睢、許二州去年水旱，免其租。閏五月乙卯，以淮安路去歲大水，遼陽路隕霜殺禾，南康路旱，並免其租。六月甲戌，新平、上蔡二縣水，免其租。壬午，辰州江水溢，壞民廬舍。丁亥，奉元屬縣水，淮安屬縣旱，並免其租。庚寅，思州風，雹，建德路水，皆賑之。秋七月戊戌，淮安路水，民饑，免其租。甲子，南康路大水，廬州六安縣大雨，水暴至，平地深數尺，民饑，命有司賑糧一月。九月戊戌，大寧路、水達達等驛，水傷稼，賑之。十一月辛酉，平江路水，損官民田四萬九千六百三十頃，免其租。十二月甲子朔，南康建昌州大水，山崩，死者四十七人，民饑，命賑之。十二月辛卯，徽州、廬州、濟南、真定、河間、大名、歸德、汝寧、鞏昌諸處及河南芍陂屯田水。

三年五月丙辰，東安州水，壞民田千五百六十頃。戊午，真定路武邑縣雨水害稼。諸衛屯田及永清縣水。六月乙酉，易、安、滄、莫、霸、祁諸州及諸衛屯田水，壞田六千餘頃。秋七月丙辰，漷州雨，水害屯田稼。

明·宋濂等《元史》卷二九《泰定帝紀一》　三年九月，南康、漳州二路水，淮安、揚州屬縣饑，賑之。

泰定元年四月辛巳，雲南中慶、昆明屯田水。六月己卯，大都，真定晉州、深州，奉元諸路及甘肅河渠營田等處，雨傷稼，賑糧二月。大司農屯田、諸衛屯田、彰德、汴梁等路雨傷稼。大同渾源河，真定滹沱河，陝西渭水、黑水，渠州江水皆溢，並漂民廬舍。秋七月戊申，奉元路朝邑縣、曹州楚丘縣、大名路開州濮陽縣河溢，大都路固安州清河溢，順德路任縣沙、（澧）〔灃〕、洺水溢，真定、廣平、廬州等十一郡雨傷稼，龍慶州雨雹大如雞子，平地深三尺，定州屯河溢，山崩，免河渠營田租。大都、鞏昌、延安、冀寧、龍興等處饑，賑糶有差。八月癸未，秦州成紀縣大雨，山崩，水溢，壅土至來谷河成丘阜。汴梁、濟南屬縣雨水傷稼，賑之。九月癸丑，奉元路長安縣大雨，澧水溢，延安路洛水溢，濮州館陶縣及諸衛屯田水，建昌、紹興二路饑，賑糧有差。十二月乙亥，温州路樂清縣鹽場水，民饑，發義倉粟賑之。兩浙及江東諸郡水、旱，壞田六萬四千三百餘頃。

二年正月閏月己卯，雄州歸信諸縣大雨，河溢，被災者萬一千六百五十户，賑鈔三萬錠。南賓州、棣州等處水，民饑，賑糧二萬石，死者給鈔以葬。三月辛酉，咸平府清河、寇河合流，失故道，壞堤堰，敕蒙古軍千人及民丁修之。四月戊申，鞏昌路伏羌縣大雨，山崩。五月丙子，大都路檀州大水，平地深丈有五尺，汴梁路十五縣河溢，江陵路江溢。六月丁未，通州三河縣大雨，水丈餘。潼川府綿江、中江水溢入城郭。冀寧路汾河溢。奉元、衛輝路及永平屯田豐贍、昌國、濟民等署雨傷稼，蠲其租。七月壬申，睢州河決。八月辛丑，衛輝路汲縣河溢。九月丁丑，開元路三河溢。冬十月丙辰，寧夏路、曹州屬縣水。是歲，御河水溢。

明・宋濂等《元史》卷三〇《泰定帝紀二》 三年春正月戊申，恩州水，以糧賑之。二月甲辰，歸德府屬縣河決，民饑，賑糧五萬六千石。五月庚午，雄州饑，太平、興化屬縣水，並賑之。揚州路屬縣財賦官田水，並免其租。六月己亥，大同屬縣大水，萊蕪等處冶户饑，賑鈔三萬錠。光州水，中山安喜縣雨雹傷稼，大昌屯河決，大寧、盧州、德安、梧州、中慶諸路屬縣水旱，並蠲其租。七月庚申，河決鄭州，陽武縣，漂民萬六千五百餘家，賑之。永平、大都諸屬縣水，大風，雨雹。汴梁路水。大同渾源河溢。檀、順等州兩河決。温榆水溢。八月辛丑，真定蠡州、奉元蒲城等縣及無爲州諸處水。九月戊辰，揚州、寧國、建德諸屬縣水，汾州平遥縣汾水溢。冬十月癸酉，河水溢，汴梁路樂利堤壞，役丁夫六萬四千人築之。庚子，瀋陽、遼陽、大寧等路及金、復州水，民饑，賑鈔五萬錠。十一月己巳，永平路大水，免其租，仍賑糧四月。錦州水溢，壞田千頃，漂死者百人，人給鈔一錠。崇明州海溢，漂民舍五百家，賑糧一月，給死者鈔二十貫。十二月，亳州河溢，漂民舍八百餘家，壞田二千三百頃，免其租。大寧路大水，壞田五千五百頃，漂民舍八百餘家，溺死者人給鈔一錠。

四年五月丁卯，睢州河溢。六月乙未，汴梁路河決。秋七月，雲州黑河水溢。衢州大雨水，發廩賑饑者，給漂死者棺。遼陽遼河、老撒加河溢，右衛率部饑，並賑之。八月，揚州路崇明州、海門縣海水溢，汴梁路扶溝、蘭陽縣河溢，没民田廬，並賑之。建德、杭州、衢州屬縣水。

致和元年四月，廣寧路大水。六月，南寧、開元、永平諸路水。

明・宋濂等《元史》卷三二《文宗紀一》 致和元年，是歲，杭州、嘉興、平江、湖州、鎮江、建德、池州、太平、廣德等路水，没民田萬四千餘頃。

明・宋濂等《元史》卷三三《文宗紀二》 天曆二年六月丙午，永平屯田府所隷昌國諸屯大風驟雨，平地出水。是月，陝西雨。益都莒、密二州春水，淮東諸路、歸德府徐、邳二州大水。秋七月辛巳，以淮安海寧州、鹽城、山陽諸縣去年水，免今年田租。

明・宋濂等《元史》卷三四《文宗紀三》 至順元年五月，右衛左右手屯田大水，害禾稼八百餘頃。六月，高唐、曹州及前、後、武衛屯田水災。秋七月閏月戊申，大都、(太)〔大〕寧、保定、益都諸屬縣及京畿諸衛、大司農諸屯水，没田八十餘頃。杭州、常州、慶元、紹興、鎮江、寧國諸路及常德、安慶、池州、荆門諸屬縣皆水，没田一萬三千五百八十餘頃。松江、平江、嘉興、湖州等路水，漂民廬，没田三萬六千六百餘頃，饑民四十萬五千五百七十餘户，詔江浙行省以入粟補官鈔三千錠及勸率富人出粟十萬石賑之。

明・宋濂等《元史》卷三五《文宗紀四》 二年三月戊子，浙西諸路比歲水旱，饑民八十五萬餘户。壬寅，大同路累歲水旱，民大饑。夏四月壬戌，潞州潞城縣大水。甲子，陝西行省言終南屯田去年大水，損禾稼四十餘頃，詔蠲其租。五月己卯，安慶之望江縣、淮安之山陽縣去歲皆水災，免其田租。丙戌，常德之桃源州去歲水災，免其租。甲辰，寧夏、紹慶、保定、德安、河間諸路屬縣大水。六月庚午，以揚州泰興、江都二縣去歲雨害稼，免今年租。是月，大都、保定、真定、河間、東昌諸路屬州縣及諸屯水。彰德路臨漳縣漳水決。秋七月甲午，歸德府雨傷稼，免今年租。戊戌，高郵府去歲水災，免今年租。湖州安吉縣大水暴漲，漂死百九十人，人給鈔二十貫瘞之，存者賑糧兩月。是月，大都、河間、漢陽屬縣水，廬州去年水。八月，是月，江浙諸路水潦害稼，計田十八萬八千七百三十八頃。澧州、泗州等縣去年水，免今年租。冬十月辛酉，吴江州大風雨，太湖溢，漂没廬舍資畜千九百七十家，命江浙行省給鈔千五百錠賑之。是歲，真定路屬州水。

明・宋濂等《元史》卷三六《文宗紀五》 三年春正月癸未，江西行省言，梅州頻年水旱，民大饑，命發粟七百石以賑糶。二月庚午朔，洛水溢。五月丁酉，揚州之江都、泰興，德安府之雲夢、應城縣水。汴梁之睢州、陳州、開封、(之)蘭陽、封丘諸縣河水溢。滹沱河決，没河間、清州等處屯田四十三頃。常、寧州饑，賑糶米二千四百石。六月乙丑，益都、濟寧大雨。無爲州、和州水。

明・宋濂等《元史》卷三七《寧宗紀》 至順三年八月，冀寧路之陽曲、河曲二縣及荆門州江水又溢。高郵府之寶應、興化二縣，德安府之雲夢、應城二縣大雨，水。九月，益都路之莒、沂二州，泰安州之奉符縣，濟寧路之魚臺、豐縣，曹州之楚丘縣，平江、常州、鎮江三路，松江府，江陰州，中興路之江陵縣，皆大水。

明·宋濂等《元史》卷三八《順帝紀一》 四年六月，大霖雨，京畿水平地丈餘，饑民四十餘萬，詔以鈔四萬錠賑之。涇河溢，關中水災。黄河大溢，河南水災。秋七月，霖雨。潮州路水。

元統二年春正月辛卯，東平須城縣、濟寧濟州、曹州濟陰縣水災，民饑，詔以鈔六萬錠賑之。二月，是月，灤河、漆河溢，永平諸縣水災，賑鈔五千錠。瑞州路水，賑米一萬石。三月庚子，杭州、鎮江、嘉興、常州、松江、江陰水旱疾疫。賑饑民五十七萬二千户。四月，益都、東平路水。六月戊午，淮河漲，淮安路山陽縣滿浦、清岡等處民畜，房舍多漂溺。丙寅，宣德府水災，出鈔二千錠賑之。九月壬子，吉安路水災，民饑，發糧二萬石賑糶。

至元元年六月庚辰，大霖雨。是年，江西大水，民饑，賑糶米七萬七千石。

明·宋濂等《元史》卷三九《順帝紀二》 二年五月乙卯，南陽、鄧州大霖雨，自是日至於六月甲申，湍河、白河大溢，水爲災。六月庚子，涇水溢。八月戊寅，大都至通州霖雨，大水，敕軍人修道。

三年六月壬辰，彰德大水，深一丈。

四年二月，賑京師、河南、北被水災者。六月己丑，邵武路大雨，水入城郭，平地二丈。

明·宋濂等《元史》卷四〇《順帝紀三》 五年秋七月甲申，常州宜興山水出，勢高一丈，壞民廬。

六年二月，是月，福寧州大水，溺死人民。京畿五州十一縣水，每户賑米兩月。秋七月乙卯，奉元路盩厔縣河水溢，漂流人民。

至正元年六月，是月，揚州路崇明、通、泰等州，海潮湧溢，溺死一千六百餘人，賑鈔萬一千八百二十錠。

二年六月，是月，汾水大溢。

明·宋濂等《元史》卷四一《順帝紀四》 至正四年春正月庚寅，河決曹州，雇夫萬五千八百修築之。是月，河又決汴梁。五月，大霖雨，黄河溢，平地水二丈，決白茅堤、金堤，曹、濮、濟、兖皆被災。秋七月，灤河水溢。

七年十二月丙子，以連年水旱，民多失業。

八年夏四月辛未，河間等路以連年河決，水旱相仍，户口消耗，乞減鹽額，詔從之。五月丁酉朔，大霖雨，京城崩。庚子，廣西山崩，水湧，灕江溢，平地水深二丈餘，屋宇、人畜漂没。壬子，寶慶大水。六月，是月，山東大水，民饑，賑之。

明·宋濂等《元史》卷四二《順帝紀五》 九年夏四月壬午，以河間鹽運司水災，住煎鹽三萬引。五月，是月，白茅河東注沛縣，遂成巨浸。蜀江大溢，浸漢陽城，民大饑。秋七月，是月，大霖雨，水没高唐州城；江、漢溢，漂没民居、禾稼。

十二年六月丙午，中書省臣言，大名路開、滑、濬三州、元城十一縣水旱蟲蝗，饑民七十一萬六千九百八十口，給鈔十萬錠賑之。

明·宋濂等《元史》卷四三《順帝紀六》 十三年，是夏，薊州大水。

明·宋濂等《元史》卷四五《順帝紀八》 十七年冬十月，静江路山崩，地陷，大水。

明·宋濂等《元史》卷四七《順帝紀十》 二十七年夏五月丙子朔，以去歲水潦霜災，嚴酒禁。

明·宋濂等《元史》卷五〇《五行志一》 至元元年，真定、順天、河間、順德、大名、東平、濟南等郡大水。四年五月，應州大水。五年八月，亳州大水。六年十二月，獻、莫、清、滄四州及豐州，渾源縣大水。九年九月，南陽、懷孟、衛輝、順天等郡，洺、磁、泰安、通、灤等州淫雨，河水並溢，圮田廬，害稼。十三年十二月，濟寧及高麗瀋州水。十四年六月，濟寧路雨水，平地丈餘，損稼。曹州定陶、武清二縣，濮州、堂邑縣雨水，没禾稼。十二月，冠州、永年縣水。十六年十二月，保定等路水。十七年正月，磁州、永平縣水。八月，大都、北京、懷孟、保定、東平、濟寧等路水。十八年二月，遼陽懿州、蓋州水。十一月，保定清苑縣水。二十年六月，太原、懷孟、河南等路沁河水涌溢，壞民田一千六百七十餘頃。衛輝路清河溢，損稼。南陽府唐、鄧、裕、嵩四州河水溢，損稼。十月，涿州巨馬河溢。二十一年六月，保定、河間、濱、棣大水。二十二年秋，南京、彰德、大名、河間、順德、濟南等路河水壞田三千餘頃。高郵、慶元大水，傷人民七百九十五户，壞廬舍三千九十區。二十三年六月，安西路華州華陰縣大雨，潼谷水涌，平地三丈餘。杭州、平江二路屬縣水，壞民田一萬七千二百頃。大都涿、漷、檀、順、薊五州，汴梁、歸德七縣水。二十四年六月，霸州益津縣雨水。九月，東京(誼)〔義〕、静、威遠、婆娑等處水。二十五年七月，膠州大水，民采橡爲食。十二月，太原、汴梁二路河溢，害稼。二十六年二月，紹興大水。十月，平灤路水，壞田稼一千一百頃。二十七年正月，甘州、無爲路大水。五月，江陰州大水。六月，河溢太康縣，没民田三十一萬九千畝。八月，沁水溢。廣州清遠縣大水。十一月，河決祥符義唐灣，太康、通許二縣，陳、潁二州，大被其患。二十八年二月，常德路水。八月，浙東婺州水。九月，平灤、保定、河間三路大水。二十九年五月，龍興路南昌、新建、進賢三縣水。六月，鎮江、常州、平江、嘉興、湖州、松江、紹興等路府水。揚州、寧國、太平三郡大水。岳州華容縣水。三十年五月，深州静安縣大水。十月，平灤路水。三十一年八月，趙州寧晉縣水。十月，遼陽路水。

元貞元年五月，建康溧陽州，太平當塗縣，鎮江金壇、丹徒等縣，常州無錫州，平江長洲縣，湖州烏程縣，鄱陽餘干州，常德沅江，澧州安鄉等縣水。六月，泰安州奉符、曹州濟陰、兖州(磁)〔嵫〕陽等縣水。歷城縣大清河水溢，壞民居。七月，遼東和州、大都武衛屯田水。九月，廬州、平江二郡大水。二年五月，太原平晉縣，獻州交河、樂壽二縣，莫州任丘、莫亭等縣，湖南醴陵州水。六月，大都路益津、保定、大興三縣水，損田稼七千餘頃。真定(古)〔鼓〕城、獲鹿、藁城等縣，保定葛城、歸信、新安、束鹿等縣，汝寧潁州，濟寧沛縣，揚、廬、岳、澧四郡，建康、太平、鎮江、常州、紹興五郡水。八月，棣州、曹州水。九月，河決河南杞、封丘、祥符、寧陵、襄邑五縣。十月，河決開封縣。十二月，江陵潛江縣，沔陽玉沙縣，淮安海寧朐山、鹽城等縣水。

大德元年三月，歸德徐州，邳州宿遷、(濉)〔睢〕寧，鹿邑三縣，河南許州臨潁、郾城等縣，睢州襄邑，太康、扶溝、陳留、開封、杞等縣，河水大溢，漂没田廬。五月，河決汴梁，發民夫三萬五千塞之。漳水溢，害稼。龍興、南康、澧州、南雄、饒州五郡水。六月，和州歷陽縣江水溢，漂廬舍一萬八千五百區。七月，郴州耒陽縣、衡州酃縣大水，溺死三百餘人。(七)〔九〕月，温州平陽、瑞安二州水，溺死六千八百餘人。十一月，常德武陵縣大水。二年六月，河決蒲口，凡九十六所，泛溢汴梁、歸德二郡。大名、東昌、平灤等路水。三年八月，河間郡水。四年五月，保定、真定二郡，通、薊二州水。六月，歸德睢州大水。五年五月，宣德、保定、河間屬州水。寧海州水。六月，濟寧、般陽、益都、東平、濟南、襄陽、平江七郡水。七月，江水暴風大溢，高四五丈，連崇明、通、泰、真州定江之地，漂没廬舍，被災者三萬四千八百餘户。遼陽大寧路水。八月，平灤郡雨，灤河溢。順德路水。六年四月，上都大水。五月，濟南路大水。歸德府徐州、邳州睢寧縣雨五十日，沂、武二河合流，水大溢。東安州渾河溢，壞民田一千八十餘頃。六月，廣平路大水。七年五月，濟南、河間等路水。六月，遼陽、大寧、平灤、昌國、瀋陽、開元六郡雨水，壞田廬，男女死者百十有九人。修武、河陽、新野、蘭陽等縣趙河、湍河、白河、七里河、沁河、潦河皆溢。台州風水大作，寧海、臨海二縣死者五百五十人。八年五月，太原陽武縣、衛輝獲嘉縣、汴梁祥符縣河溢。大名滑州、濬州雨水，壞民田六百八十餘頃。八月，潮陽颶風海溢，漂民廬舍。九年六月，汴梁(武陽)〔陽武〕縣思齊口河決。東昌博平、堂邑二縣雨水。潼川郪縣雨，綿江、中江溢，水決入城。龍興、撫州、臨川三郡水。七月，沔陽玉沙縣江溢。嶧州水。揚州泰興縣、淮安山陽縣水。八月，歸德府寧陵，陳留、通許、扶溝、太康、杞縣河溢。大名元城縣大水。十年五月，雄州、灤州水。平江、嘉興二郡水，害稼。六月，保定滿城、清苑二縣雨水。大名、益都、定興等路大水。七月，平江路大風，海溢。吴江州大水。十一年六月，靖海、容城、束鹿、隆平、新城等縣水。七月，冀寧文水縣汾水溢。十一月，盧龍、灤河、遷安、昌黎、撫寧等縣水。

至大元年七月，濟寧路雨水，平地丈餘，暴決入城，漂廬舍，死者十有八人。真定路淫雨，大水入南門，下注藁城，死者百七十人。彰德、衛輝二郡水，損稻田五千三百七十頃。二年七月，河決歸德府，又決汴梁封丘縣。三年六月，洧川、鄄城、汶上三縣水。峽州大雨，水溢，死者萬餘人。七月，循州、惠州大水，漂廬舍二百九十區。四年六月，大都三河縣、潞縣，河東祁縣，懷仁縣，永平豐盈屯雨水害稼。七月，東平、濟寧、般陽、保定等路大水。江陵松滋縣、桂陽臨武縣水。

皇慶元年五月，歸德睢陽縣河溢。六月，大寧、水達達路雨，宋瓦江溢，民避居亦母兒乞嶺。八月，松江府大風，海水溢。二年五月，辰州沅陵縣水。六月，涿州范陽縣，東安州，宛平縣，固安州，霸州益津、永清、永安等縣雨水，壞田稼七千六百九十餘頃。河決陳、亳、睢三州，開封、陳留等縣。八月，崇明、嘉定二州大風，海溢。

延祐元年五月，常德路武陵縣雨水，壞廬舍，溺死者五百人。六月，涿州范陽、房山二縣渾河溢，壞民田四百九十餘頃。七月，沅陵、盧溪二縣水。八月，肇慶、武昌、建康、杭州、建德、南康、江州、臨江、袁州、建昌、贛州、安豐、撫州等路水。二年六月，河決鄭州，壞汜水縣治。七月，京師大雨。(鄭)〔漷〕州、昌平、香河、寶坻等縣水。全州、永州江水溢，害稼。三年四月，潁州(泰)〔太〕和縣河溢。七月，婺源州雨水，溺死者五千三百餘人。四年正月，解州鹽池水。五年四月，廬州合肥縣大雨水。六年六月，河間路漳河水溢，壞民田二千七百餘頃。益都、般陽、濟南、東昌、東平、濟寧等路，曹、濮、泰安、高唐等州大雨水，害稼。遼陽、廣寧、瀋陽、永平、開元等路水。大名路屬縣水，壞民田一萬八千頃。汴梁、歸德、汝寧、彰德、真定、保定、衛輝、南陽等郡大雨水。七年四月，安豐、廬州淮水溢，損禾麥一萬頃。城父縣水。五月，江陵縣水。六月棣州、德州大雨水，壞田四千六百餘頃。七月，上蔡、汝陽、西平等縣水。八月，霸州文安、文成二縣滹沱河溢，害稼。汾州平遥縣水。是歲，河决汴梁原武縣。

至治元年六月，霸州大水，渾河溢，被災者三萬餘户。七月，薊州平谷、漁陽二縣，順州邢臺、沙河二縣，大名魏縣，永平石城縣大水。彰德臨漳縣漳水溢。大都固安州，真定元氏縣，東安，寶坻縣，淮安清河、山陽等縣水。東平、東昌二路，高唐、曹、濮等州雨水害稼。乞里吉思部江水溢。八月，安陸府雨七日，江水大溢，被災者三千五百户。雷州海康、遂溪二縣海水溢，壞民田四千頃。九月，京山、長壽二縣漢水溢。十月，遼陽、肇慶等郡水。二年正月，儀封縣河溢。二月，濮州大水。閏五月，睢陽縣亳社屯大水。六月，奉元郿縣，邠州新平、上蔡二縣水。八月，廬州六安、舒城二縣水。十一月，平江路大水，損民田四萬九千六百頃。三年五月，東安州水，壞民田一千五百餘頃。真定武邑縣水害稼。六月，大都永清縣雨水，損田四百頃。七月，漷州雨水害稼。九月，漳州、建昌、南康等郡水。

泰定元年五月，漷州、固安州水。隴西縣大雨水，漂死者五百餘家。龍慶路雨水傷稼。六月，益都、濟南、般陽、東昌、東平、濟寧等郡二十有二縣，曹、濮、高唐、德州等處十縣淫雨，水深丈餘，漂没田廬。大同渾源河溢。陳、汾、順、晉、恩、深六州雨水害稼。真定滹沱河溢，漂民廬舍。陝西大雨，渭水及黑水河溢，損民廬舍。渠州江水溢。七月，真定、河間、保定、廣平等郡三十有七縣大雨水五十餘日，害稼。大都路固安州清河溢。順德路任縣沙、(澧)[灃]、洺水溢。奉元朝邑縣，曹州楚丘縣，開州濮陽縣河溢。九月，延安路洛水溢。奉元長安縣大雨，(澧)[灃]水溢。濮州館陶縣水。十二月，杭州鹽官州海水大溢，壞隄塹，侵城郭，有司以石囤木櫃捍之不止。二年正月，大都寶坻縣，肇慶高要縣雨水。鞏昌路水。閏正月，雄州歸信縣大水。二月，甘州路大雨水，漂没行帳孳畜。三月，咸平府清、寇二河合流，失故道，隳堤堰。四月，涿州房山、范陽二縣水。岷、洮、文、階四州雨水。五月，檀州大水，平地深丈有五尺。高郵興化、江陵公安二縣水。河溢汴梁，被災者十有五縣。六月，冀寧路汾河溢。潼(江)[川]府綿江、中江水溢入城，深丈餘。衛輝汲縣，歸德宿州雨水。濟寧路虞城、碭山、單父、豐、沛五縣水。七月，睢州河决。八月，霸州、涿州、永清、香河二縣大水，傷稼九千五十餘頃。九月，開元路三河溢，没民田，壞廬舍。十月，寧夏鳴沙州大雨水。三年正月，恩州水。二月，歸德府河决。六月，大同縣大水。汝寧光州水。七月，河决鄭州，漂没陽武等縣民一萬六千五百餘家。東安、檀、順、漷四州雨，渾河决，温榆水溢，傷稼。延安路膚施縣水，漂民居九十餘户。八月，鹽官州大風，海溢，捍海隄崩，廣三十餘里，袤二十里，徙居民千二百五十家以避之。真定蠡州，奉元蒲城縣，無爲州，歷陽、含山等縣水。九月，平遥縣汾水溢。十一月，崇明州三沙鎮海溢，漂民居五百家。十二月，遼陽大水。大寧路瑞州大水，壞民田五千五百頃，廬舍八百九十所，溺死者百五十人。四年正月，鹽官州潮水大溢，捍海隄崩二千餘步。四月，復崩十九里，發丁夫二萬餘人，以木柵竹落磚石塞之，不止。六月，大都東安、固安、通、順、薊、檀、漷七州，永清、良鄉等縣雨水。七月，上都雲州大雨。北山黑水河溢。雲安縣水。八月，汴梁扶溝、蘭陽二縣河溢，漂民居一千九百餘家。濟寧虞城縣河溢，傷稼。十二月，夏邑縣河溢。汴梁中牟、開封、陳留三縣，歸德邳、宿二州雨水。

致和元年三月，鹽官州海隄崩，遣使禱祀，造浮圖二百十六，用西僧法厭之。河决碭山、虞城二縣。四月，鹽官州海溢，益發軍民塞之，置石囤二十九里。六月，南寧、開元、永平等路水。河間(林)[臨]邑縣雨水。益都、濟南、般陽、濟寧、東平等郡三十縣，濮、德、泰安等州九縣雨水害稼。七月，廣西兩江諸州水。

天曆元年八月，杭州、嘉興、平江、湖州、建德、鎮江、池州、太平、廣德九郡水，没民田萬四千餘頃。二年六月，大都東安、通、薊、霸四州，河間靖海縣雨水害稼。永平昌國諸屯水。

至順元年六月，河决大名路長垣、東明二縣，没民田五百八十餘頃。曹州、高唐州水。七月，海潮溢，漂没河間運司鹽二萬六千七百引。閏七月，平江、嘉興、湖州、松江三路一州大水，壞民田三萬六千六百餘頃，被災者四十萬五千五百餘户。杭州、常州、慶元、紹興、鎮江、寧國等路，望江、銅陵、長林、寶應、興化等縣水，没民田一萬三千五百餘頃。大都、保定、大寧、益都屬州縣水。二年四月，潞州潞城縣大雨水。五月，河間莫亭縣，寧夏河渠縣，紹慶彭水縣及德安屯田水。六月，彰德屬縣漳水决。十月，吳江州大風，太湖水溢，漂民居一千九百七十餘家。十二月，深州、晉州水。三年三月，奉元朝邑縣洛水溢。五月，汴梁河水溢。江都、泰興、雲夢、應城等縣水。六月，汾州大水。

明・宋濂等《元史》卷五一《五行志二》 元統元年五月，汴梁陽武縣河溢害稼。六月，京畿大霖雨，水平地丈餘。涇河溢，關中水災。黄河大溢，河南水災。泉州霖雨，溪水暴漲，漂民居數百家。七月，潮州大水。(元統)二年正月，東平須城縣、濟寧濟州、曹州濟陰縣水災。二月，灤河、漆河溢，永平路屬縣皆水。瑞州路水。三月，山東霖雨，水湧。四月，東平、益都水。五月，鎮江路水。宣德府大水。六月，淮河漲，漂山陽縣境内民畜、房舍。九月，吉安路水。至元元年，河決汴梁封丘縣。二年五月，南陽鄧州大水。六月，涇水溢。八月，大都至通州霖雨，大水。三年二月，紹興大水。五月，廣西賀州大水害稼。六月，衛輝淫雨至七月，丹、沁二河泛漲，與城西御河通流，平地深二丈餘，漂没人民房舍，田禾甚衆。民皆棲於樹木，郡守僧家奴以舟載飯食之，移老弱居城頭，日給糧餉，月餘水方退。汴梁蘭陽、尉氏二縣，歸德府皆河水泛溢。黄州及衢州常山縣皆大水。四年五月，吉安永豐縣大水。六月，邵武大水，城市皆洪流，漂沿溪民居殆盡。五年(五)〔六〕月庚戌，汀州路長汀縣大水，平地深三丈許，損民居八百家，壞民田二百頃，溺死者八千餘人。七月，沂州沂、沭二河暴漲，決隄防，害田稼。邵武光澤縣大水。常州宜興縣山水出，勢高一丈，壞民居。六年二月，京畿五州十一縣及福州路福寧州大水。五月甲子，慶元奉化州山崩，水湧出平地，溺死人甚衆。六月，衢州西安、龍游二縣大水。庚戌，處州松陽、龍泉二縣積雨，水漲入城中，深丈餘，溺死五百餘人。遂昌縣尤甚，平地三丈餘。桃源鄉山崩，壓溺民居五十三家，死者三百六十餘人。七月壬子，延平南平縣淫雨，水泛漲，溺死百餘人，損民居三百餘家，壞民田二頃七十餘畝。乙卯，奉元路盩厔縣河水溢，漂溺居民。八月甲午，衛輝大水，漂民居一千餘家。十月，河南府宜陽縣大水，漂民居，溺死者衆。至正元年，汴梁鈞州大水，揚州路崇明、通、泰等州海潮湧溢，溺死一千六百餘人。二年四月，睢州儀封縣大水害稼。六月癸丑夜，濟南山水暴漲，衝東西二關，流入小清河，黑山、天麻、石固等寨及卧龍山水通流入大清河，漂没上下民居千餘家，溺死者無算。三年二月，鞏昌寧遠、伏羌、成紀三縣山崩水湧，溺死者無算。五月，黄河決白茅口。七月，汴梁中牟、扶溝、尉氏、洧川四縣，鄭州滎陽、汜水、河陰三縣大水。四年五月，霸州大水。六月，河南鞏縣大雨，伊、洛水溢，漂民居數百家。濟寧路兖州、汴梁鄢陵、通許、陳留、臨潁等縣大水害稼，人相食。七月，灤河水溢，出平地丈餘，永平路禾稼、廬舍漂没甚衆。東平路東阿、陽穀、汶上、平陰四縣，衢州西安縣大水。温州颶風大作，海水溢，漂民居，溺死者甚衆。五年七月，河決濟陰，漂官民亭舍殆盡。十月，黄河泛溢。七年五月，黄州大水。八月壬午，杭州、上海浦中午潮退而復至。八年正月辛亥，河決，陷濟寧路。四月，平江、松江大水。五月庚子，廣西山崩水湧，灕江溢，平地水深二丈餘，屋宇、人畜漂没。壬子，寶慶大水。乙卯，錢塘江潮比之八月中高數丈餘，沿江民皆遷居以避之。六月己丑，中興路松滋縣驟雨，水暴漲，平地深丈有五尺餘，漂没六十餘里，死者一千五百人。是月，膠州大水。七月，高密縣大水。九年七月，中興路公安、石首、潛江、監利等縣及沔陽府大水。夏秋，蘄州大水傷稼。十年五月，龍興瑞州大水。六月乙未，霍州靈(巖)〔石〕縣雨水暴漲，決隄堰，漂民居甚衆。七月，汾州平遥縣汾水溢。静江荔浦縣大水害稼。十一年夏，龍興南昌、新建二縣大水。安慶桐城縣雨水泛漲，花崖、龍源二山崩，衝決縣東大河，漂民居四百餘家。七月，冀寧路平晉、文水二縣大水，汾河汎溢東西兩岸，漂没田禾數百頃。河決歸德府永城縣，壞黄陵岡岸。静江路大水，決南北二陡渠。十二年六月，中興路松滋縣驟雨，水暴漲，漂民居千餘家，溺死七百人。七月，衢州西安縣大水。十三年夏，薊州豐潤、玉田、遵化、平谷四縣大水。十四年六月，河南府鞏縣大雨，伊、洛水溢，漂没民居，溺死三百餘人。秋，薊州大水。十五年六月，荆州大水。十六年，河決鄭州河陰縣，官署民居盡廢，遂成中流。山東大水。十七年六月，暑雨，漳河溢，廣平郡邑皆水。秋，薊州四縣皆大水。十八年秋，京師及薊州、廣東惠州、廣西四縣，賀州皆大水。十九年九月，濟州任城縣河決。二十年七月，通州大水。二十二年三月，邵武光澤縣大水。二十三年，孟州濟源、温縣水。七月，河決東平壽張縣，圮城牆，漂屋廬，人溺死甚衆。二十四年三月，益都縣井水溢而黄。懷慶路孟州、河内、武陟縣水。七月，益都路壽光縣、膠州高密縣水。二十五年秋，薊州大水。東平須城、東阿、平陰三縣河決小流口，達于清河，壞民居，傷禾稼。二十六年二月，河北徙，上自東明、曹、濮，下及濟寧，皆被其害。六月，河南府大霖雨，瀍水溢，深四丈許，漂東關居民數百家。秋七月，汾州介休縣汾水溢。薊州四縣，衛輝、汴梁、鈞州大水害稼。八月，棣州大清河決，濱、棣二州之界，民居漂流無遺。濟寧路肥(水)〔城〕縣西黄水汎溢，漂没田禾民居百有餘里，德州齊河縣境七十餘里亦如之。

至正二十五年六月戊申，京師大雨，有魚隨雨而落，長尺許，人取而食之。

至元五年六月庚戌，汀州長汀縣山蛟出，大雨驟至，平地湧水，深三丈餘，漂没民居八百餘家，壞田二百餘頃。

明・郎瑛《七修類稿》卷二《金山水》 嘉靖十八年七月間，大水。漂没揚州鹽場數十處，而人民死者無算。其日，揚子江水下數十丈，金山露其脚。過日聞揚州水害，正前日之涸時也，始知隨風湧之而去揚也。追思《唐史》記：開元十四年，潤州大風擁江濤過金山，遂没瓜步，數日江水復平，豈虚語哉。

明・郎瑛《七修類稿》卷五《黑雲蕩日大水入京》 嘉靖二十四年十二月二十以後，接連五日，時有黑塊大小不一，往來衝日，早暮人皆見之。二十五年六月二十五之夕日，京連雨。西山水發湧入都城數尺，房屋多倒没，死者無算。直入皇城，其年無灾變者，豈非人能勝天意也。

明・謝肇淛《五雜俎》卷四 萬曆己酉夏五月廿六日，建安山水暴發，建溪漲數丈許，城門盡閉。有頃，水踰城而入，溺死數萬人。兩岸居民、樹木蕩然如洗。驛前石橋甚壯麗，水至時人皆集橋上。無何，有大木隨流而下衝橋，橋崩，盡葬魚腹。翌日，水至福州，天色晴明而水暴至，斯須没堦。又頃之，入中堂矣。余家人集園中小臺避之。臺僅尋丈，四周皆巨浸矣。或曰：水上臺。可奈何，然計無所出也。少選，妹聟鄭正傳，泥淖中自御肩輿迎老母暨諸室人至其家，始無恙，蓋鄭君所居，獨無水也。然水迄不能逾吾臺而止，越二日始退。方水至時，西南門外白浪連天，建溪浮屍蔽江而下。亦有連棲屋數間，泛泛水面，其中燈火尚熒熒者；亦有兒女尚聞啼哭聲者；其得人救援，免於魚鱉，千萬中無一二耳。水落後，人家粟米、衣物爲所浸漬者，出之皆黴黑臭腐，觸手即碎，不復可用。當時，吾郡縉紳，惟林民部世吉捐家貲葬無主之屍，凡以千計。而一二巨室大駔，反拾浮木無數，以蓋别業，賢不肖之相，去遠矣。

閩中不時暴雨，山水驟發，漂没室廬，土人謂之出蛟，理或有之。大凡蛟蜃藏山穴中，歲久變化，以挾風雨以出，或成龍、或入海。閩烏石山下瞰學道公署，數年前，鄰近居民常見巨蟒，長數百尺，或蹲山麓，或蟠官署觚稜之上，雙目如炬。至己酉秋八月一夜，大風雨，烏石山崩，自後蟒不復見。云，先是阮中丞一鶚無功於閩，而廟食山巔，輿論不愜也。是日山崩，政當其處，祠宇盡爲洪水漂流，片瓦隻椽杳不可見，時以爲異云。

吴興水，多於山間暴下，其色殷紅，禾苗浸者，盡死，謂之發洪。晉中亦時有之。岢嵐四面皆高山，而中留狹道，偶遇山水迸落，過客不幸，有盡室葬魚腹者。州西一巨石，大如數間屋，水至民常棲止其上。一日，水大發，民集石上者千計。少選，浪衝石轉，瞬息之間，無復孑遺，哭聲遍野。時固安劉養浩爲州守，後在東郡爲余言之，亦不記其何年也。

清・張廷玉等《明史》卷二《太祖紀二》 洪武三年六月壬戌，大雨。六年秋七月壬寅，命户部稽渡江以來各省水旱災傷分數，優恤之。九年秋七月，蠲蘇、松、嘉、湖水災田租。

清・張廷玉等《明史》卷三《太祖紀三》 十八年秋七月，振河南水災。十九年春正月辛酉，振大名及江浦水災。二十三年秋七月壬辰，河決開封，振之。癸巳，崇明、海門風雨海溢，遣官振之，發民二十五萬築隄。八月，振河南、北平、山東水災。

清・張廷玉等《明史》卷八《仁宗紀》 永樂二年二月，四方水旱饑饉，輒遣振恤，仁聞大著。二十二年冬十月戊申，通政使請以四方雨澤章奏送給事中收貯。帝曰：「祖宗令天下奏雨澤，欲知水旱，以施恤民之政。」

清・張廷玉等《明史》卷九《宣宗紀》 宣德七年，是秋，免兩畿及嘉興、湖州水災税糧。

清・張廷玉等《明史》卷一一《景帝紀》 景泰三年六月，大雨，河決沙灣。秋七月辛卯，兩淮大水，河決，命都御史王文巡視安輯。四年夏四月乙酉，沙灣河復決。五年二月乙巳，以雨暘弗時，詔修省，求直言。秋七月癸酉，振南畿水災。十二月，免南畿、浙江被災税糧。六年夏四月癸未，河決開封。七年夏五月戊寅，以水旱災異，敕内外諸臣修省。

清・張廷玉等《明史》卷一三《憲宗紀一》 成化六年八月癸丑，以水旱相仍，下詔寬卹。

清・張廷玉等《明史》卷一五《孝宗紀》 弘治四年秋八月庚戌，蘇、松、浙江水，停本年織造。冬十月戊午，河溢，振河南被災者。六年二月丁巳，擢布政使劉大夏右副都御史，治張秋決河。十年，振山東、四川水災。十三年八月辛卯，振江西水災。十五年八月庚戌，以南京、鳳陽霪雨大風，江溢爲災，遣使祭告，敕兩京羣臣修省。

清・張廷玉等《明史》卷二〇《神宗紀一》 萬曆元年夏四月壬申，振淮安水災。秋七月，河決徐州。

二年夏四月庚午，振淮、揚、徐水災。

三年五月庚子，淮、揚大水，詔察二府有司，貪酷老疾者罷之。六月戊辰，浙江海溢。戊寅，命撫、按官，有司賢否一體薦劾，不得偏重甲科。是夏，蘇、松、常、鎮大水。秋八月丁丑，河決高郵、碭山。

十年冬十月丙申，蘇、松大水，蠲振有差。

十一年夏四月甲戌，承天大雨，江溢。冬十月辛未，河南水災，蠲振有差。

十五年六月，京師大雨。振卹貧民。秋七月，江南大水，河決開封，蠲振有差。八月庚申，以災沴頻仍，敕撫、按官懲貪吏，理冤獄，蠲租、振卹。

二十三年，江北大水，淮溢，浸泗州祖陵。

二十四年，是秋，河決黃堌口。

清・張廷玉等《明史》卷二一《神宗紀二》 二十九年秋九月壬寅，河決開封、歸德。

三十一年，是夏，河決蘇家莊，北浸豐、沛、魚臺、單縣。

三十二年夏四月丁酉，昌平大水，壞長、泰、康、昭四陵石梁。秋七月庚戌，京師大雨，壞城垣。

三十五年六月，湖廣及徽、寧、太平、嚴州大水。

三十六年夏六月己卯，南畿大水。

三十七年，是秋，福建、浙江、江西大水。

三十九年五月，廣西、廣東大水。六月，自徐州北至京師大水。

四十年秋八月，河決徐州。

四十一年，兩畿、山東、江西、河南、廣西、湖廣、遼東大水。

四十四年六月丁卯，河決祥符朱家口，浸陳、杞、睢、柘諸州縣。秋七月，是月，江西、廣東水。

清・張廷玉等《明史》卷二二《熹宗紀》 天啓四年秋七月癸亥，河決徐州。六年六月壬午，河決廣武。是夏，京師大水。

清・張廷玉等《明史》卷二三《莊烈帝紀一》 崇禎五年六月，京師大雨水。壬申，河決孟津。

清・張廷玉等《明史》卷二八《五行志一》 洪武元年六月戊辰，江西永新州大風雨，蛟出，江水入城，高八尺，人多溺死。事聞，使賑之。三年六月，溧水縣江溢，漂民居。四年七月，南寧府江溢，壞城垣。衢州府龍游縣大雨，水漂民廬，男女溺死。五年八月，嵊縣、義烏、餘杭山谷水湧，人民溺死者衆。六年七月，嘉定府龍游縣洋、雅二江漲，翼日南溪縣江漲，俱漂公廨、民居。七年八月，高密縣膠河溢，傷禾。八年七月，淮安、北平、河南、山東大水。十二月，直隸蘇州、湖州、嘉興、松江、常州、太平、寧國，浙江杭州俱水。九年，江南、湖北大水。七月，湖廣、山東大水。十年六月，永平灤、漆二水没民廬舍。七月，北平八府大水，壞城垣。十一年十月丙辰，河決蘭陽。十二年五月，青田山水没縣治。十四年八月庚辰，河決原武。十五年二月壬子，河南河決。三月庚午，河決朝邑。七月，河溢滎澤、陽武。是歲，北平大水。十七年八月丙寅，河決開封，橫流數十里。是歲，河南、北平俱水。十八年八月，河南又水。是年，江浦、大名水。二十三年正月庚寅，河決歸德。七月癸巳，河決開封，漂没民居。是歲，襄陽、沔陽、安陽水。二十四年十月，北平、河間二府水。二十五年正月，河決陽武，開封州縣十一俱水。二十六年十一月，青、兗、濟寧三府水。二十七年三月，寧陽汶河決。二十八年八月，德州大水，壞城垣。三十年八月丁亥，河決開封，三面皆水，犯倉庫。

永樂元年五月，章丘漯河決岸，傷稼。八月，安丘縣紅河決。二年六月，蘇、松、嘉、湖四府俱水。七月，湖廣、江西水。九月，河決開封，壞城。三年三月，溫縣水決隄四十餘丈。濟、澇二水溢。八月，杭州屬縣多水，淹男婦四百餘人。七年五月，安陸州江溢，決渲馬灘圩岸千六百餘丈。六月，壽州水決城。是歲，泰興江岸淪於江者三千九百餘丈。渾河決固安。八年五月，平度州濰水及浮糠河決，浸百十三所。七月，平陽縣潮溢，漂廬舍。八月庚申，河溢開封。十二月戊戌，河決汴梁，壞城。九年正月，高郵甓社等九湖及天長諸水暴漲。六月，揚州屬州縣五江潮漲四日，漂人畜甚衆。七月，海寧潮溢，漂溺甚衆。八月，漳、衛二水決隄淹田。九月，雷州颶風暴雨，淹遂溪、海康，壞田禾八百餘頃，溺死千六百餘人。是歲，湖廣、河南水。十年七月，盧溝水漲，壞橋及隄岸，溺死人畜。保定縣決河岸五十四處。十一月，吳橋、東光、興濟、交河、天津決隄傷稼。十二月，安州水決直亭等河口八十九處。十二年十月，臨晉涑河逆流，決姚暹渠堰，流入硝池，淹没民田，將及鹽池。十三年六月，北畿、河南、山東水溢，壞廬舍，没田禾，臨清尤甚。滏、漳二水漂磁州民舍。十四年夏，南昌諸府江漲，壞民廬舍。七月，開封州縣十四河決隄岸。永平灤、漆二河溢，壞民田禾。福寧、延平、邵武、廣信、饒州、衢州、金華七府，俱溪水暴漲，壞城垣房舍，溺死人畜甚衆。遼東遼河、代子河水溢，浸没城垣屯堡。十八年夏秋，仁和、海寧潮湧，堤淪入海者千五百餘丈。二十年五月，廣東諸府潮溢，漂廬舍，壞倉糧，溺死三百六十餘人。

夏秋，湖、廣，沔陽江漲，河南北及鳳陽河溢。二十一年五月，峨眉溪水漲，溺死百三十人。八月，瓊州府潮溢，漂溺甚衆。二十二年七月，黃巖潮溢，溺死八百人。九月庚辰，河溢開封。

洪熙元年六月，驟雨，白河溢，衝決河西務、白浮、宋家等口堤岸。臨漳漳、滏二河決堤岸二十四。真定滹沱河大溢，没三州五縣田。七月，容城白溝河漲，傷禾稼。渾河決盧溝橋東狼窩口，順天、河間、保定、灤州俱水。

宣德元年六七月，江水大漲，襄陽、穀城、均州、鄖縣，緣江民居漂没者半。黃、汝二水溢，淹開封十州縣及南陽汝州、河南嵩縣。三年五月，邵陽、武岡、湘鄉暴風雨七晝夜，山水驟長，平地高六尺。永寧衛大水，壞城四百丈。六月，渾河水溢，決盧溝河堤百餘丈。七月，北畿七府俱水。五年七月，南陽山水泛漲，衝決堤岸，漂流人畜廬舍。六年六月，渾河溢，決徐家等口，順天、保定、真定、河間州縣二十九俱水。河決開封，没八縣。七年六月，太原河、汾並溢，傷稼。八年六月，江西瀕江八府江漲，漂没民田，溺死男婦無算。九年正月，沁鄉沁水漲，決馬曲灣，經獲嘉、新鄉，平地成河。六月，渾河決東岸，自狼河口至小屯廠，順天、順德、河間俱水。七月，遼東大水。

正統元年閏六月，順天、真定、保定、濟南、開封、彰德六府俱大水。二年，鳳陽、淮安、揚州諸府，徐、和、滁諸州，河南開封，四五月河、淮泛漲，漂居民禾稼。九月，河決陽武、原武、滎澤。湖廣沿江六縣大水決江堤。三年，陽武河決，武陟沁決，廣平、順德漳決，通州白河溢。四年五月，京師大水，壞官舍、民居三千三百九十區。順天、真定、保定三府州縣及開封、衛輝、彰德三府俱大水。七月，滹沱、沁、漳三水俱決，壞饒陽、獻縣、衛輝、彰德堤岸。八月，白溝、渾河二水溢，決保定安州堤。蘇、常、鎮三府及江寧五縣俱水，溺死男婦甚衆。九月，滹沱復決深州，淹百餘里。五年五月至七月，江西江溢，河南河溢。六年五月，泗州水溢丈餘，漂廬舍。七月，白河決武精、瀰縣堤二十二處。八月，寧夏久雨，水泛，壞屯堡墩臺甚衆。八年六月，渾河決固安。九年七月，揚子江沙洲潮水溢漲，高丈五六尺，溺男女千餘人。閏七月，北畿七府及應天、濟南、岳州、嘉興、湖州、台州俱大水。河南山水灌衛河，没衛輝、開封、懷慶、彰德民舍，壞衛所城。十年三月，洪洞汾水堤決，移置普潤驛以遠其害。夏，福建大水，壞延平府衛城，没三縣田禾、民舍，人畜漂流無算。河南州縣多大水。七月，延安衛大水，壞護城河堤。九月，廣東衛所多大水。十月，河決山東金龍口陽穀堤。十一年六月，渾河溢固安。兩畿、浙江、河南俱連月大雨水。是歲，太原、兗州、武昌亦俱大水。十二年春，贛州、臨江大水。五月，吉安江漲淹田。十三年六月，大名河決，淹三百餘里，壞廬舍二萬區，死者千餘人。河南、濟南、青、兗、東昌亦俱河決。七月，寧夏大水。河決漢、唐二壩。河南八樹口決，漫曹、濮二州，抵東昌，壞沙灣等堤。十四年四月，吉安、南昌臨江俱水，壞壇廟、廨舍。

景泰元年七月，應天大水，没民廬。三年六月，河決沙灣白馬頭七十餘丈。八月，徐州、濟寧間，平地水高一丈，民居盡圮。南畿、河南、山東、陝西、吉安、袁州俱大水。四年春夏，河連決沙灣。五年六月，揚州潮決高郵、寶應堤岸。七月，蘇、松、淮、揚、廬、鳳六府大水。八月，東、兗、濟三府大水，河漲淹田。六年六月，開封、保定俱大水。閏六月，順天大水，灤河泛溢，壞城垣民舍，河間、永平水患尤甚。武昌諸府江溢傷稼。七年六月，河決開封，河南、彰德田廬淹没。是歲，畿內、山東俱水。

天順元年夏，淮安、徐州、懷慶、衛輝俱大水，河決。三年六月，穀城、景陵，襄水湧泛傷稼。四年夏，湖北江漲，淹没麥禾。北畿及開封、汝寧大水。七月，淮水決，没軍民田廬。五年七月，河決開封土城，築磚城禦之。越三日，磚城亦潰，水深丈餘。周王後宮及官民乘筏以避，城中死者無算。襄城水決城門，溺死甚衆。浙江亦大水。六年七月，淮安大水，潮溢，溺死鹽丁千三百餘人。七年七月，密雲山水驟漲，軍器、文卷、房屋俱没。

成化三年六月，江夏水決江口堤岸，迄漢陽，長八百五十丈有奇。五年，湖廣大水。山西汾水傷稼。六年六月，北畿大水。九年六月，畿南五府及懷慶俱大水。八月，山東大水。十一年五月，湖廣水。十二年八月，浙江風潮大水。淮、鳳、揚、徐亦俱大水。十三年二月甲戌，安慶大雪，次日大雨，江水暴漲。閏二月，河南大水。九月，淮水溢，壞淮安州縣官舍、民屋，淹没人畜甚衆。十四年四月，襄陽江溢，壞城郭。五月，陝州大水，人多淹死。七月，北畿、山東水。九月，河決開封護城堤五十丈。十八年七月，昌平大水，決居庸關水門四十九，城垣、鋪樓、墩臺一百二。八月，衛、漳、滹沱並溢，自清平抵天津。

弘治二年五月，河決開封黃沙岡抵紅船灣，凡六處，入沁河。所經州縣多災，省城尤甚。七月，順、永、河、保四府州縣大水。四年八月，蘇、松、浙江水。五年夏秋，南畿、浙江、山東水。七年七月，蘇、常、鎮三府潮溢，平地水五尺，沿江者一丈，民多溺死。九年六月，山陰、蕭山山崩水湧，溺死三百餘人。十四年五月，貴池水漲，蛟出，淹死二百六十餘人，旁邑十二皆大水。七月，廉州及靈山海漲，淹死百五十餘人。閏七月，瓊山颶風潮溢，平地水高七尺。八月，安、寧、池、太四府大水，蛟出，漂流房屋。十五年七月，南京江水泛溢，湖水入城五尺餘。十七年六月，廬山平地水丈餘，溺死星子、德安民，及漂没廬舍甚衆。

正德元年六月，陝西徽州河溢，漂没居民、孳畜。二年六月，固原河漲，平地水高四尺，人畜溺死。三年九月，延綏、慶陽大水。五年九月，安、寧、太三府大水，溺死二萬三千餘人。十一月，蘇、松、常三府水。六年六月，汜水暴漲，溺死百七十六人，毁城垣百七十餘堵。十二年，順天、河間、保定、真定大水。鳳陽、淮安、蘇、松、常、鎮、嘉、湖諸府皆大水。荆、襄江水大漲。十五年五月，江西大水。十六年七月，遼陽湯站堡大水決城。

嘉靖元年七月，南京暴風雨，江水湧溢，郊社、陵寢、宫闕、城垣吻脊欄楯皆壞。拔樹萬餘株，江船漂没甚衆。廬、鳳、淮、揚四府同日大風雨雹，河水泛漲，溺死人畜無算。二年七月，揚、徐復大水。夏、秋間，山東州縣俱大水。八月，蘇、松、常、鎮四府大水，開封亦如之。五年六月，陝西五郎壩大水三丈餘，衝決官舍。徐、沛河溢，壞豐縣城。六年秋，湖廣水。十六年秋，兩畿、山東、河南、陝西、浙江各被水災，湖廣尤甚。二十六年七月丙辰，曹縣河決，城池漂没，溺死者甚衆。二十七年正月，汧陽大水没城。

隆慶元年夏，京師大水。六月，新河鮎魚口沉運船數百艘。是歲，襄陽、鄖陽水。二年七月，台州颶風，海潮大漲，挾天台山諸水入城，三日溺死三萬餘人，没田十五萬畝，壞廬舍五萬區。三年閏六月，真定、保定、淮安、濟南、浙江、江南俱大水。七月壬午，河決沛縣，自考城、虞城、曹、單、豐、沛至徐州，壞田廬無算。九月，淮水溢，自清河至通濟閘及淮安城西，淤三十里，決二壩，入海。莒、沂、郯城之水又溢出邳州，溺人民甚衆。四年七月，沙、薛、汶、泗諸水驟溢，決仲家淺等漕堤。八月，陝西大水，河決邳州。五年四月，又決邳州，自曲頭集至王家口新堤多壞。是歲，山東、河南大水。

萬曆元年七月，荆州、承天大水。二年六月，福建永定大水，溺七百餘人。八月庚午，淮安、揚州、徐州河溢傷稼。三年四月，淮、徐大水。五月，淮水大決。六月，杭、嘉、寧、紹四府海湧數丈，没戰船、廬舍、人畜不計其數。八月，淮、揚、鳳、徐四府州大水，河決高郵、碭山及邵家口、曹家莊。九月，蘇、松、常、鎮四府俱水。四年正月，高郵清水堤決。九月，河決豐、沛、曹、單。十一月，淮、黄交溢。六年六月，清河水溢。七年五月，蘇、松、鳳陽、徐州大水。八月，又水。是歲，浙江大水。九年五月，從化、增城、龍門溪壑泛漲，田禾盡没，淹死男婦無算。七月，福安洪水踰城，漂没廬舍殆盡。八月，泰興、海門、如皋大水，塘圩坡埂盡決，溺死者甚衆。十一年四月，承天江水暴漲，漂没民廬，人畜無算。金州河溢没城。十四年夏，江南、浙江、江西、湖廣、廣東、福建、雲南、遼東大水。十五年五月，浙江大水。七月，開封及陝州、靈寶河決。是歲，杭、嘉、湖、應天、太平五府江湖泛溢，平地水深丈餘。七月終，颶風大作，環數百里，一望成湖。十六年八月，河決東光魏家口。十九年六月，蘇、松大水，溺人數萬。九月，泗州大水，州治浸三尺。淮水高於城，祖陵被浸。十月，揚州湖淮漲溢，決邵伯堤五十餘丈，高郵南北閘俱衝。二十年夏秋，真、順、廣、大四府水。二十一年五月，邳州、高郵、寶應大水決湖堤。二十二年七月，鳳陽、廬州大水。二十三年四月，泗水浸祖陵。二十四年秋，杭、嘉、湖三府大水。二十九年八月，沔陽大水入城。三十年六月，京師大水。三十一年五月，成安、永年、肥鄉、安州、深澤、漳、滏、沙、燕河並溢，決堤横流。祁州、静海圮城垣，廬舍殆盡。六月，泰安大水，淹八百餘人。三十二年六月，昌平大水，壞各陵橋道。七月，永平、真、保三府俱水，淹男婦無算。八月，河決蘇家莊，淹豐、沛，黄水逆流灌濟寧、魚臺、單縣。三十五年六月，黄州蛟起。武昌、承天、鄖陽、岳州、常德大水，漂没廬舍。徽州、寧國、太平、嚴州四府山水大湧，漂人口甚衆。閏六月，京師大水，長安街水深五尺。三十七年九月，福建、江西大水。四十一年六月，通惠河決。七月，京師大水。南畿、江西、河南俱大水。八月，山東、廣西、湖廣俱大水。九月，遼東大水。四十二年，浙江、江西、兩廣俱水。四十四年七月，江西、廣東水。四十六年八月，潮州六縣海颶大作，溺萬二千五百餘人，壞民居三萬間。

天啓三年，睢寧河決。六年秋，河決匙頭灣，倒入駱馬湖，自新安鎮抵邳、宿，民居盡没。是歲，順天、永平二府大水，邊垣多圮。

崇禎三年，山東大水。四年六月，又大水。五年六月壬申，河決孟津口，横浸數百里。七年五月，邛、眉諸州縣大水，壞城垣、田舍，人畜無算。十年八月，敘州大水，民登州堂及高阜者得免，餘盡没。十三年五月，浙江大水。十四年七月，福州風潮泛溢，漂溺甚衆。十五年六月，汴水決。九月壬午，河決開封朱家寨。癸未，城圮，溺死士民數十萬。山西潞水北流七晝夜，勢如潮湧。

清・嵇璜、劉墉等《續通志》卷六　唐(元)〔玄〕宗開元八年三月甲子，免水旱州通賦，給復四鎮行人家。開元十四年六月戊午以旱暴風雨，命中外官言事。

清・嵇璜、劉墉等《續通志》卷二二　後晉高祖天福三年八月己丑，蠲水旱民稅。

清・嵇璜、劉墉等《續通志》卷二五　宋太祖乾德五年秋七月己酉，免水旱災户今歲租。宋太祖開寶三年秋七月乙巳，立報水旱期式。

清・嵇璜、劉墉等《續通志》卷二八　宋仁宗天聖元年秋七月壬申，除戎瀘州虚估稅錢，詔職田遇水旱蠲租如例。辛巳蠲天下逋負，八月丙申降天下囚罪。

清・嵇璜、劉墉等《續通志》卷三〇　宋神宗熙寧八年冬十月己亥，詔以災異數見，不御前殿，減常膳，求真言。

清・嵇璜、劉墉等《續通志》卷三六　宋孝宗隆興元年八月丙子，以飛蝗風水災避殿減膳，罷借諸路職田之令。是歲以兩浙大水旱蝗，悉蠲其租。

清・嵇璜、劉墉等《續通志》卷三七　宋光宗紹熙三年五月己亥，蠲四川水旱州縣租。紹熙四年秋七月丙子，以不雨命諸路提刑決滯獄。戊寅，命臨安府及三衙決繫囚釋杖以下。八月丙申，蠲紹興丁鹽茶租錢。丁酉，罷郡縣賣没官田。癸丑，詔三省議(振)〔賑〕州縣水旱。

光宗紹熙五年八月丁未，命三省議(振)〔賑〕諸路州縣水旱。是歲，兩浙、淮南、江東西路水旱(振)〔賑〕之仍蠲其賦。

寧宗嘉泰四年夏四月甲辰，(振)〔賑〕江西水旱州縣。

清・嵇璜、劉墉等《續通志》卷三八　宋理宗開慶元年五月丁巳，詔湖北諸郡去年旱潦饑疫，令江陵、常澧岳壽諸州發米(振)〔賑〕糶。

清・嵇璜、劉墉等《續通志》卷五〇　金大定十六年春正月甲寅，詔免去年被水旱路分租稅。

大定十八年春正月庚申，詔免中都河北、河東、山東、河南、陝西等路前年被災租稅。

大定十九年春二月乙卯，免去年被水旱民田租稅。

清・嵇璜、劉墉等《續通志》卷六〇　元世祖至元十八年二月丙戌賑浙東饑。

清・嵇璜、劉墉等《續通志》卷三九八宋寧宗嘉定七年　袁甫又告于朝曰：江東或水而旱，或旱而水，重以雨雪連月，道殣相望，至有舉家枕藉而死者。此去麥熟尚賒，事勢益急。詔給度牒，百道助費。

清・畢沅《續資治通鑑》卷三三《宋紀三十三》（真宗大中祥符九年）九月詔：「災傷州軍，有以私廪賑貧民者，二千石與攝助(教)，三千石與大郡助(教)，五千石至八千石第授本州文學、司馬、長史、別駕。」

清・畢沅《續資治通鑑》卷六八《宋紀六十八》（神宗熙寧四年）秋七月丁酉，劉摯上疏：**【略】**河北大旱，諸路大水，民勞財乏，縣官減耗。

清・畢沅《續資治通鑑》卷六九《宋紀六十九》（神宗熙寧五年）二月戊辰，遼以歲饑，免武安州租稅，賑恩、蔚、順、惠等州民。夏四月壬子，遼賑義、饒二州飢民。

清・畢沅《續資治通鑑》卷七〇《宋紀七十》（神宗熙寧七年）冬十月戊寅，詔浙西路提舉司出米賑常、潤州饑。

清・畢沅《續資治通鑑》卷九三《宋紀九十三》（徽宗重和元年）八月，是月，掖廷大火，自甲夜達曉；大雨如傾，火益熾。凡爇屋五千餘間。

清・畢沅《續資治通鑑》卷一一二《宋紀一百十二》（高宗紹興三年）八月甲辰，詔曰：「比者雨暘弗時，幾壞苗稼，朕方寅畏怵惕。又復地震，蘇、湖益甚，朕甚懼焉。蓋天降災，其應必至，皆朕失德，不能奉順乾坤，協序陰陽之故。咨爾在外大小之臣，有能應變弭災，輔朕不逮者，極言無隱。」

清・畢沅《續資治通鑑》卷一三八《宋紀一百三十八》（孝宗隆興元年）八月，丙子，以飛蝗、風水爲災，避殿，減膳，罷借諸路職田之令。

清・畢沅《續資治通鑑》卷一三九《宋紀一百三十九》（孝宗乾道元年）春正月，金以和議成詔中外；復命有司，旱、蝗、水溢之處，與免租賦。

孝宗乾道二年（一一六六）　五月丁卯，詔：「諸路監司、守臣預講荒政，如水旱無備，必置于罰；備預有方，當議推賞。」

清・畢沅《續資治通鑑》卷一四二《宋紀一百四十二》（孝宗乾道六年）是歲，兩浙、江東、西、福建水旱。

清・畢沅《續資治通鑑》卷一四三《宋紀一百四十三》（孝宗乾道八年）正月丙申，金以水旱免中都、西京、南京、河北、河東、山西、陝西去年租稅。

清・畢沅《續資治通鑑》卷一四四《宋紀一百四十四》（孝宗淳熙二年）九月乙酉，賑淮南水旱州縣。

清・畢沅《續資治通鑑》卷一四六《宋紀一百四十六》（孝宗淳熙六年）二月，金免去年被水旱民田租税。

清・畢沅《續資治通鑑》卷一五七《宋紀一百五十七》（寧宗嘉泰四年）夏四月，賑卹江西水旱州縣。

清・畢沅《續資治通鑑》卷一七二《宋紀一百七十二》（理宗淳祐六年）秋七月，壬戌，泉州饑，州民謝應瑞自出私鈔四十餘萬糴米，以賑鄉井，全活甚衆，詔補進義校尉。

清・畢沅《續資治通鑑》卷一七三《宋紀一百七十三》（理宗淳祐十一年）秋七月丙戌，帝諭輔臣曰：「諸州間多水旱，皆由人事未盡。如省刑罰，薄税斂，蠲逋負，禁科抑，懲官吏之姦，察民情之枉，可令諸路監司下之郡邑，有關涉六事者，日下遵行。」

清・畢沅《續資治通鑑》卷一七六《宋紀一百七十六》（理宗景定三年）二月。臨安饑，詔賑卹貧民。時馬光祖知榮王與芮府有積粟，三往見之，王以他辭，光祖乃卧於客次，王不得已見焉。光祖厲聲曰：「天下誰不知儲君爲大王子！民飢欲死，不以收人心乎？」王以廩虚辭，光祖探懷中出片紙曰：「某倉、某倉若干。」王語塞，遂許以三十萬。光祖遣吏分給，活飢民甚衆。

清・畢沅《續資治通鑑》卷一七九《宋紀一百七十九》（度宗咸淳五年）是歲河南、河北、山東諸郡蝗，恩州、曹州、開元、東昌、大名、東平、濟南、高唐、固安饑，賑之。

清・畢沅《續資治通鑑》卷一八三《元紀一》（世祖至元十四年）五月辛亥，以河南、山東水旱，除河泊課，聽民自漁。

清・畢沅《續資治通鑑》卷一九三《元紀十一》（成宗大德元年）八月丙寅，詔卹諸郡水旱疾疫之家。

（成宗大德三年）時河朔連年水旱，五穀不登，元珪言：「《春秋》之義，以養民爲本，凡用民力者必書。蓋民力息則生養遂，生養遂則教化行而風俗美。」宰相嘉其言，土木之工稍爲之息。

清・畢沅《續資治通鑑》卷二一〇《元紀十九》（英宗至治二年）三月，河間、河南、陝西十二郡春旱秋霖，民飢，免其租之半。

清・畢沅《續資治通鑑》卷二一〇《元紀二十》（泰定帝泰定元年）正月，自延祐末，水旱相仍，民不聊生。

清・畢沅《續資治通鑑》卷二三〇《元紀二十一》（泰定帝泰定三年）十二月，敕以來年元夕搆燈山於内庭，御史趙師魯以水旱請罷其事，從之。

（泰定帝泰定四年）春正月庚寅，監察御史辛鈞，言西商鬻寶，動以數十萬錠，今水旱民貧，請節其費，不報。

清・畢沅《續資治通鑑》卷二六〇《元紀二十四》（文宗至順二年）夏四月，衡州路比歲旱蝗，仍大水，民食草木殆盡，又疫癘者十九。壬申，湖南道宣慰司請賑糧米萬石，從之。

清・畢沅《續資治通鑑》卷二八〇《元紀二十六》（順帝至正三年）十二月，衛輝、冀寧、忻州大饑，人相食。

承天護聖寺火，詔更作之，稷言水旱相仍，公私俱乏，不宜妄興大役，議遂寢。稷，滕州人。

清・畢沅《續資治通鑑》卷二九〇《元紀二十七》（順帝至正六年）冬十月，閏月乙亥，詔赦天下，免差税三分，水旱之地全免。

（順帝至正七年）十一月乙巳，中書户部言：「各處水旱，田禾不收，湖廣、雲南，盜賊蜂起，兵費不給，而各位集賽冗食甚多，請加分揀。」帝牽於衆請，令三年後減之。

十二月丙子，以連年水旱，民多失業，選臺閣名臣二十六人出爲守令，許以民間利害實封呈省。

（順帝至正八年）夏四月辛未，河間等路以連年河決，水旱相仍，户口消耗，乞減鹽額，詔從之。

清・嵇璜、劉墉等《續通志》卷二　唐太宗貞觀七年八月，以山東、河南大水，遣使賑之。

清・嵇璜、劉墉等《續通志》卷三　唐高宗永徽元年，是歲，齊、定等十六州水。二年春正月戊戌，詔遭蟲水處，發義倉賑之。雍、同二州各遣使存問。唐高宗總章二年六月戊申朔，括州大風雨，海水溢。冀州大水。

清・嵇璜、劉墉等《續通志》卷五　唐中宗神龍元年六月丁巳，河北十七州大水。秋七月甲辰，洛水溢。二年十二月，河北水。唐玄宗先天二年二月辛丑，以雨霖避正殿減膳。

清・嵇璜、劉墉等《續通志》卷六　唐玄宗開元四年秋七月丁酉，洛水溢。開元五年六月壬午，鞏縣暴雨連月，山水泛溢，汜水同日泛溢。六年夏六月甲申，瀍水溢。八年六月庚寅，洛、瀍、穀水溢。十四年秋七月癸未，瀍水溢。八月丙午，河決魏州。十五年夏五月，晉州大水。秋七月戊寅，冀州河溢。庚寅，鄜州之洛水溢。

清・嵇璜、劉墉等《續通志》卷七 唐玄宗天寶十三載，是秋霖雨，人多乏食。

清・嵇璜、劉墉等《續通志》卷八 唐肅宗至德二載三月癸酉，以久雨詔疏理刑獄。

清・嵇璜、劉墉等《續通志》卷一一 唐德宗貞元八年秋八月乙丑，以水災遣使分道宣撫。

清・嵇璜、劉墉等《續通志》卷一二 唐憲宗元和七年春正月癸酉，振武河溢，毁東受降城。

清・嵇璜、劉墉等《續通志》卷一三 唐穆宗長慶四年六月辛巳，以霖雨，命疏決京城囚。

清・嵇璜、劉墉等《續通志》卷一四 唐文宗泰和五年六月戊寅，以霖雨，詔諸司慮囚。

清・嵇璜、劉墉等《續通志》卷一七 唐昭宗乾寧元年秋七月，以雨霖，避正殿減膳。

清・嵇璜、劉墉等《續通志》卷一八 唐昭宗天祐三年九月，是月，以霖雨，禜于都門。

清・嵇璜、劉墉等《續通志》卷二五 宋太祖開寶元年六月癸丑，詔民田爲霖雨河水壞者，免今年夏税。開寶五年夏四月丙午，遣使檢視水災田。六月丁酉，詔淫雨河決沿河民田有爲水害者，有司以聞，除其租。

清・嵇璜、劉墉等《續通志》卷二六 宋太宗淳化四年冬十月辛巳，遣使按行畿縣民田被水者，蠲其租。五年九月辛酉，遣使分行宋、亳、陳、潁、泗、壽、鄧、蔡等州按行民田被水及種蒔不及者，蠲其租。

清・嵇璜、劉墉等《續通志》卷二七 宋真宗天禧三年八月庚戌，遣使䘏京東西、河北水災。真宗乾興元年春正月戊戌，蠲秀州水災民租，二月庚子大赦。

清・嵇璜、劉墉等《續通志》卷二八 宋仁宗天聖四年六月辛卯，以大水避正殿減常膳。丁酉，降天下囚罪，蠲畿内京東西、淮南、河北被水民田租。五年秋七月己亥，振秦州水災，賜被溺家錢米。丙辰，塞滑州決河，詔察京東被災縣吏不職者。六年秋八月乙丑，詔免河北水災州軍秋税。七年夏四月庚寅，赦天下，免河北被水民租賦。八年春三月，詔河北被水州縣毋税牛。

清・嵇璜、劉墉等《續通志》卷二九 宋仁宗慶曆八年三月壬戌，以霖雨慮囚。秋七月戊戌，以河北水，令州縣募饑民爲軍。九月戊午，詔以今年江淮漕米給河北州軍。冬十一月壬戌，出廩米減價濟畿内貧民。十二月乙丑，以霖雨，頒德音改明年元減天下囚罪一等，徒以下釋之，出内藏錢帛貿粟，以濟河北流民。仁宗皇祐元年春正月甲戌朔，以河北水災，罷上元張燈，停作樂。己未，以緡錢市穀種分給河北貧民。二年閏十一月丁卯，以河北水，詔蠲民租。仁宗嘉祐元年春正月甲子，蠲被災田租及倚閣税。夏四月壬子朔，六塔河復決，甲戌慮囚。六月辛未，免畿内、京東西、河北被水民田租。秋七月乙酉，命京東西、湖北監司分行水災州軍振饑，蠲租。丙戌，賜河北流民水壓溺死者，賜其家錢有差。己丑，出内藏銀絹振貸河北。乙巳，貸被水災民麥種。

清・嵇璜、劉墉等《續通志》卷三〇 宋神宗熙寧四年秋七月甲午，振兩浙水災。神宗元豐七年，是歲，河東饑，河北水壞洺州廬舍，蠲其税。

清・嵇璜、劉墉等《續通志》卷三一 宋哲宗元祐元年二月辛酉，以大名河決，詔安撫使韓絳振之。元祐八年八月壬戌，遣使按視京東西、河南北、淮南水災。哲宗紹聖元年九月癸卯，遣御史劉拯按河北水災賑饑民。哲宗元符二年秋七月庚戌，賑河北水災。

清・嵇璜、劉墉等《續通志》卷三三 宋徽宗宣和元年十一月甲子，以東南諸路水災，令監司郡守悉心振救。

清・嵇璜、劉墉等《續通志》卷三五 宋高宗紹興二十八年八月己丑，檢放風水災傷州縣苗税，仍振貸饑民。九月癸未，蠲平江、紹興、湖州被水民逋賦。宋高宗紹興二十九年春二月庚午，振湖、秀諸州饑民。癸未，蠲沙田蘆場爲風水所侵者租之半。紹興三十一年夏四月丁巳，以久雨傷蠶麥，盗賊間發。

清・嵇璜、劉墉等《續通志》卷三六 宋孝宗隆興元年三月庚申，以久雨，命有司振災傷、察刑禁。是歲，以江東大水，悉蠲其租。二年六月辛酉，以淫雨，詔州縣理滯囚。丁丑，賑江東、兩淮被水貧民。秋七月癸丑，以江東、浙西大水，詔侍從臺諫卿監郎官館職陳闕失，及當今急務。八月甲寅朔，以災異避殿減膳。甲子，以久雨決繫囚。辛巳，詔振淮東被水州縣。九月辛丑；以久雨，出内庫金糴米賑(貪)〔貧〕民。孝宗乾道元年二月甲辰，以久雨避殿減膳，蠲兩淮災傷州縣身丁錢絹，決繫囚。二年夏四月戊寅，以久雨，減大理三衙、臨安府及浙西州縣雜犯死罪以下一等。九月辛亥，遣官按視温州水災，振貧民決繫囚。三年六月辛卯，振泉州水災。四年秋七月己丑，以久雨慮囚，減臨安府三衙死罪以下。九年春正月閏月戊申，以久雨，命大理三衙、臨安府及兩浙州縣決繫囚，減雜犯死罪以下。孝宗淳熙元年冬十月癸亥，以積雨，命中外決繫囚。三年八月壬午，以久雨命中外決繫囚。冬十月甲戌，以久雨命中外決繫囚。是歲，紹興府、台、婺州水，並振之。八年五月辛卯，以久雨減京畿及兩浙囚罪以下，貸貧民稻種錢。十四年七月戊辰，雨，命給舍看詳監司所條弊事。

清·嵇璜、劉墉等《續通志》卷三七　宋光宗紹熙三年十一月壬申，振襄陽府被水貧民。四年六月丙申，振江浙、兩淮、荆湖被水貧民。五年冬十月庚子，以久雨，命大理三衙、臨安府、兩浙州縣決繫囚，釋杖以下。寧宗慶元元年二月癸亥，以久雨，釋大理三衙、臨安府、兩浙路杖以下囚。九月壬午朔，蠲臨安府水災貧民租，乙酉，以久雨決繫囚。四年八月丁卯朔，以久雨決繫囚。五年，是歲，饒、信、江、撫、嚴、衢、台七州，建昌、興國軍，廣東諸州水，振之。六年，是歲，建寧府，徽、嚴、衢、婺、饒、信、南劍七州水，賑之。寧宗嘉泰二年，是歲，建寧府，福、汀、南劍、瀘四州水，賑之。寧宗開禧元年，兩淮、京西、湖北諸州水，振之。二年二月丁巳，以久雨，詔大理三衙、臨安府及諸路決繫囚。嘉定三年三月丙辰，以久雨，釋兩浙州縣繫囚。是歲，臨安、紹興二府嚴、衢二州大水，振之，仍蠲其賦。五年三月戊辰，以久雨，詔大理三衙、臨安府、兩浙州縣決繫囚。六年，是歲，兩浙諸州大水，振之。九年六月戊申，振浙西被水州縣，寬其租。秋九月甲申，詔兩浙、江東監司覈州縣被水最甚者，蠲其租。十年五月辛巳，以久雨，釋大理三衙、臨安府杖以下囚，蠲茶鹽賞錢。冬十月乙巳，以久雨，釋大理三衙、臨安府及兩浙諸州杖以下囚。十一年六月辛酉，詔湖州振恤被水貧民。秋七月辛卯，蠲四川關外諸州税役。十四年，是歲，沔、成、階、利四州水，振之。十六年九月乙巳，詔江淮諸司振被水貧民。冬十一月辛亥，以太平州大水，振之。十二月辛巳，命淮東西總領及沿江被水州，募江西、湖南民入米補官。

清·嵇璜、劉墉等《續通志》卷三八　理宗寶慶元年秋七月丁丑，振滁州水災。三年秋七月丁酉，詔振被水郡縣其竹木等税勿復。理宗紹定二年冬十月壬戌，振台州水災，除其租及茶、鹽、酒、酤諸雜税。理宗嘉熙二年秋七月壬午，以霖雨、烈風，詔避殿、減膳、徹樂。理宗淳祐十年秋九月戊寅，以嚴州水，蠲其租。冬十月丁酉，詔郡邑間有水患，隨處發義倉振之。十二年六月丙寅，以嚴、衢、婺、台處，上饒、建寧、南劍、邵武大水。遣使分行振恤，仍除今年租。理宗開慶元年五月丁巳，詔婺州大水，發義倉米振之。理宗景定二年六月乙未，詔霖雨爲沴，避正殿、減膳、徹樂。九月辛酉，以湖、秀二州水災，詔申、嚴荒政。三年二月丁亥，振臨安、安吉、嘉興水災。

清·嵇璜、劉墉等《續通志》卷三九　宋度宗咸淳元年五月閏月乙巳，以久雨，減直糶米濟京城民，自是米價高即發廪平糶以爲常。丁未，發錢贍在京小民及殿前步馬司軍人，自是行慶恤災，或霪雨雪寒咸賜，如上數。六年冬十月己卯，詔台州發義倉并豐儲倉米振水災。閏月己酉，以安吉州水，免公田租。十一月丁丑，以嘉興、華亭兩縣水，免公田及民田租。七年春正月辛未，以諸暨縣水，免其租。三月戊寅，振賑和州無爲鎮巢安慶諸州饑。乙酉振賑平江府及吉州饑仍減直振糶。戊子。發米往建德府濟糶。六月丙申，振諸暨縣被水民。戊午，振紹興府饑。

清·嵇璜、劉墉等《續通志》卷四四　遼聖宗統和十六年夏四月癸卯，振崇德宫所隸被水州縣。

清·嵇璜、劉墉等《續通志》卷四五　遼道宗太康二年春正月己未，如春水。

清·嵇璜、劉墉等《續通志》卷四六　遼道宗壽隆三年春正月丁亥，如春水。二月甲辰朔，以南京水，遣使振之。

清·嵇璜、劉墉等《續通志》卷四九　金世宗大定四年春正月丁酉，如安州春水，詔扈從人舍民家者，人日支錢一百。九年二月庚子，以中都等路水，免税。以曹、單二州被水尤甚，給復一年。

清·嵇璜、劉墉等《續通志》卷五一　金世宗大定二十三年壬午，如春水，詔夾道三十里内被役之民與免今年租税。

清·嵇璜、劉墉等《續通志》卷五二　金章宗承安二年六月戊申，敕王遵古霖雨免入直，以年老且嘗侍講讀也。

清·嵇璜、劉墉等《續通志》卷六〇　元世祖至元十七年春正月辛亥，磁州永平縣水。給鈔貸之。十八年二月，以遼陽懿蓋水，免今年租税之半。

清·嵇璜、劉墉等《續通志》卷六一　元世祖至元三十年五月丙寅，以浙西大水，令富家募佃人疏決水道。

清·嵇璜、劉墉等《續通志》卷六三　元武宗至大元年秋七月丁卯，賑濟寧水災。己巳，賑真定及藁城水災。

清·嵇璜、劉墉等《續通志》卷六四 元武宗至大二年十二月甲申，以浙西水災，免漕、江浙糧四分之一，存留賑濟。

清·嵇璜、劉墉等《續通志》卷二六一 唐德宗貞元八年，關東、淮西、浙西州縣大水，壞廬舍，漂殺人。

清·嵇璜、劉墉等《續通志》卷三八二 宋高宗紹興三十一年春，大雨無麥苗，荆浙盜起。詔侍從臺諫條陳弭災禦盜之術。

清·嵇璜、劉墉等《續通志》卷三九八 宋寧宗嘉定七年春夏，雨久，湖溢，諸郡被水。

清·嵇璜、劉墉等《續通志》卷四〇〇 宋理宗寶慶三年，大水。綱發粟三萬八千餘，緡錢五萬，賑之。蠲租六萬餘石。捐瘠頓蘇，無異常歲。

清·嵇璜、劉墉等《續通志》卷四〇五 宋理宗端平三年八月，霖雨大風，四疏句去。九月，禋祀雷變，請益力。

清·嵇璜、劉墉等《續通志》卷四九七 元順帝至正元年，雲州遇暴風雨，山水大至。

清·嵇璜、劉墉等《續通志》卷一七二《災祥略·大水》 江海泛溢附：唐太宗貞觀三年秋，貝、譙、鄆、泗、沂、徐、濠、蘇、隴九州，水。四年秋，許、戴、集三州水。七年八月，山東、河南四十州大水。八年七月，山東、江淮大水。十年，關東及淮、海、旁二十八州大水。十六年秋，徐、戴二州大水。十八年秋，穀、襄、豫、荆、徐、梓、忠、綿、宋、亳十州大水。十九年秋，沁、易二州水。二十一年八月，河北大水，泉州海溢，驩州水。二十二年夏，瀘、越、徐、交、渝等州水。高宗永徽元年秋，齊、定等十六州水。二年秋，汴、定、濮、亳諸州水。四年，杭、夔、果、忠等州水。五年六月，河北大水。六年六月，商州大水。秋，冀、沂、密、兖、滑、汴、鄭、婺等州水。洛州大水，毁天津橋。顯慶元年七月，宣州涇縣山水暴出，平地四丈。四年七月，連州山水漂七百餘家。麟德二年六月，鄜州大水。咸亨二年八月，徐州山水漂百餘家。上元三年八月，齊、淄等七州大水。永隆元年九月，河南、河北大水。二年八月，如之。武后文明元年七月，温州大水。長壽二年，河陽十一州水。萬歲通天元年八月，徐州大水。神功元年三月，括州水。是歲，河南十九州水。聖曆三年三月，鴻州水。久視元年十月，洛州水。長安四年八月，瀛州水。中宗神龍元年六月，河北十七州大水。二年八月，魏州水。景龍三年七月，澧水溢。九月，密州水。玄宗開元三年，河南、河北水。五年六月，鞏縣大水。八年，鄧州三鴉口大水。十年，河南許、仙、豫、陳、汝、唐、鄧等州大水。十二年六月，豫州大水。八月，兖州大水。十四年秋，天下五十州水。河南、北尤甚。十五年五月，晉州大水。七月，鄧州大水。是秋，天下六十三州大水。十七年八月，越州大水。十九年秋，河南水。二十年秋，宋、滑、兖、鄆等州大水。二十二年秋，關輔、河南十餘州水。二十七年，澧、袁、江等州水。二十八年十月，河南十三郡水。二十九年秋，河南、北二十四郡水。天寶四載，河南睢、陽、淮、譙四郡水。代宗廣德二年，河南諸州水。大曆二年秋，湖南及河東、河南、淮南、浙東西、福建等道五十五州水。七年二月，江州江溢。德宗貞元三年，東都、河南、江陵、汴、揚等州大水。八年秋，自江淮及荆、襄、陳、宋至於河朔四十餘州大水。十一年十月，蜀、朗二州江溢。十二年四月，福建二州大水。十八年春，申、光、蔡等州大水。順宗永貞元年夏，熊武五溪溢。秋，武陵、龍陽江溢。京畿長安等九縣山水害稼。憲宗元和元年夏，荆南及壽、徐等州大水。四年十月，渭南暴水。六年十月，鄜坊、黔中水。七年五月，饒、撫、虔、吉、信五州暴水，虔州尤甚。八年六月，京師大水。九年秋，淮南及岳、安、宣、江、撫、袁等州大水。十一年六月，潤、常、湖、陳、許五州及京畿水。十二年六月，河北、河南大水，洺州尤甚。河中、江陵、幽、澤、潞、晝、隰、蘇、台、越諸州水害稼。十五年秋，洪、吉、信、滄等州水。穆宗長慶二年七月，河南陳、許、蔡等州大水。四年夏，襄、均、復、郢四州漢水溢。秋，河南及陳、許二州水。敬宗寶曆元年秋，鄜、坊二州暴水。兖、海、華三州及京畿舉天等六縣水。文宗太和二年夏，京畿及陳、滑二州水。河南鄆、曹、濮、淄、青、齊、德、兖、海等州並大水。三年四月，同官縣暴水。宋、亳、徐等州大水。四年夏，江溢，没舒州三縣田。浙東西、宣、歙、江西、鄜、坊、山南、東道、淮南、京畿、河南、江南、荆襄、鄂岳、湖南大水。五年六月，玄武江漲。淮西、浙東西、荆襄、岳鄂、東川大水。六年二月，蘇、湖大水。七年秋，浙西及揚、楚、舒、廬、壽、滁和、宣等州大水。八年秋，江西及襄州水。滁州大水。開成三年夏，陳、許、鄜、坊、鄂、曹、濮、襄、魏、博等州大水。五年七月，鎮州及江南水。武宗會昌元年七月，江南大水。宣宗大中十二年八月，魏、博、幽、鎮、兖、鄆、滑、汴、宋、舒、壽、和、潤、徐、泗等州水。十三年夏，大水。懿宗咸通元年，潁州大水。四年閏六月，東都暴水。七月，東都、許、汝、徐、泗等州大水。九月，孝義山水深三丈。六年六月，東都大水。七年夏，江淮大水。秋，河南大水。十四年八月，關東、河南大水。僖宗乾符三年，關東大水。昭宗光化三年，浙江溢。梁太祖開平四年十月，滑、宋、許、亳水。後唐莊宗同光二年秋，水災。明宗長興三年七月，諸州大水，宋、亳、潁尤甚。晉高祖天福四年七月，西京大水。八月，甘陵大水。六年，兗、濮水。周太祖廣順三年六月，諸州大水。宋太祖建隆四年九月，徐州水。開寶二年，青、蔡、宿、宋、足、真、定、澶、博、洛、齊、潁、陳、亳、許等州水。三年，鄭、澶、鄆、淄、濟、虢、蔡、解、徐、岳州水。四年七月，青、齊二州水。五年，絳、和、廬、壽諸州大水。六年秋，大名府宋、亳、淄、青、汝、澶、滑諸州水。七年，衛、亳二州水。九年三月，淄州水。太宗太平興國二年六月，忠州、興州江漲。濮州大水。潁州水漲。七月，復州、蜀漢二州江漲。集州江漲。四年三月，河南府水。五年五月，潁州水溢。七月，復州江漲。七年四月，耀、密、博、衛、常、潤諸州水。六月，均州涢水、均水、漢江並漲。漢陽江漲五丈。七月，南劍州江漲。九月，梧州水漲。九年七月，嘉州江漲。八月，雅州江漲九丈。新州江漲。雍熙二年八月，瀛、莫州大水。三年六月，壽州大水。端拱元年二月，博州水。五月，英州江漲。淳化二年七月，雄州塘水溢，嘉州江漲，復州、蜀漢二州江漲。八月，藤州江漲十餘丈。九月，邛州、蒲江等縣山水暴漲。是秋，荆湖北路江水注溢。真宗咸平二年十月，漳州山水泛溢。三年七月，洋州、漢水溢。四年七月，同州洿谷水溢夏陽縣。五年二月，雄、霸、瀛、莫、深、滄諸州及乾寧軍水。景德二年六月，寧州山水泛溢。三年八月，青州山水壞石橋。四年六月，鄭州索水漲，鄧州江水漲，南劒州山水泛溢。八月，横州江漲。大中祥符二年七月，徐、濟、青、淄大水。八月，鳳州大水。三年六月，吉州、臨江軍江水溢。四年七月，洪州、筠、袁江漲。九月，蘇州吳江溢。七年六月，泗州水。九年六月，秦州獨孤谷水壞長道縣鹽官鎮城橋及廨舍。七月，延州洎定平安塞門栲栳四砦山水泛。乾興元年正月，秀州水。是歲，京東、淮南路水。仁宗天聖元年，徐州水。三年十一月，襄州、漢水壞民田。四年六月，劍州、邵武軍大水。是月，河南府鄭州大水。五年三月，襄、潁、許、汝等州水。七月，鹽官鎮大水。六年七月，揚、真、潤三州江水溢。是月，雄、霸州大水。八月，臨潼縣山水暴漲。七年六月，河北大水。明道元年四月，大名冠、氏等八縣水。二年，京師水。景祐元年八月，分寧縣山水暴發。四年八月，越州大水。慶曆八年，河北大水。皇祐二年，鎮定大水。四年八月，鄜州大水。嘉祐二年六月，開封府界及京東西、河北水。七月，湖北路水。五年七月，蘇、湖二州水。七年，資州山水壞城。英宗治平元年，慶、許、蔡、潁、唐、泗、濠、楚、廬、壽、杭、宣、鄂、洪、施、渝州、光化軍水。九月，陳州水。神宗熙寧元年秋，霸州山水溢，保定軍大水。四年八月，金州大水。八年四月，潭、衡、邵、道諸州江溢。元豐元年，舒州山水漲。七年，青田縣大水。哲宗元祐八年，畿內、京東西、淮南、河北諸路大水。紹聖元年，曹、濮、陳、蔡諸州水。元符元年，河北、京東等路大水。二年六月，陝西、京西、河北大水。是歲，兩浙、蘄、湖、秀等州水。徽宗大觀元年夏，京畿大水。十月，蘇、湖水。三年七月，階州江溢。四年夏，鄧州大水。政和五年六月，江寧、太平、宣州水。八月，蘇、湖、常、秀諸郡水。重和元年夏，江淮、荆、浙諸路大水。宣和元年十一月，東南州縣水。六年，河北、京東、兩浙水。高宗建炎二年春，東南郡縣水。紹興二年，徽、嚴二州水。三年七月，泉州水。五年秋，西川郡縣水。十四年五月，婺州水。蘭溪縣水侵縣市中，夜水暴至，死者萬餘人。十六年，潼川東南江溢。十八年八月，紹興府明、婺二州水。二十二年，淮甸水。二十三年，金堂縣大水，潼川江溢，宣州大水。二十七年，鎮江、建康、紹興府真太、平池、江洪、鄂州、漢陽軍大水。二十八年九月，江東、淮南數郡水。二十九年七月，福州水。三十年五月，於潛、臨安、吉安、山水暴出，壞田廬，溺死甚衆。三十一年八月，建始縣大水。三十二年六月，浙西郡縣山湧，暴水漂舍，壞田，覆舟。孝宗隆興二年七月，平江、鎮江、建康、寧國府、湖、常、秀、池、太平、廬、和、光州、江陰、廣德、壽春、無爲軍、淮東郡皆大水。乾道元年六月，常、湖二州水。三年六月，廬、舒、蘄三州水。八月，湖、秀二州、上虞縣水。九月，江西諸郡水。四年七月，衢州、諸暨大水。江寧、建康水。是歲，饒、信亦水。五年七月，建寧府瑞應場大潦，山棗等山暴水湧出。六年五月，平江、建康、寧國府温、湖、秀、太平州、廣德軍及江西郡大水。八年五月，南安軍山水暴出。九年五月，建康、隆興府嚴、吉、饒、信、池、太平州廣德軍水。六月，湖北郡縣水。淳熙五年六月，古田縣大水。閏月，階州水。興化軍及福清縣海口鎮大水。六年夏，衢州水。秋，寧國府温、台、湖、秀、太平州水。七年五月，分宜縣大水。八年五月，嚴州大水。紹興五縣大水。是歲，徽、江二州亦水。十年五月，信州、襄陽大水。江東、浙東數郡亦水。九月，吉州大水。十一年五月，階州白江水溢。建康府太平州水。十二年六月，婺州、富陽皆水。八月，吉安暴水發。是歲，鄂州自夏徂冬水浸民廬。九月，台州水。十四年三月，汀州水。十五年五月，鄂州大水。江陵、常德、德安府復、岳、澧州、漢陽軍水。祁門縣羣山暴匯，爲大水，漂田、禾、廬、墓、桑、麻、人、畜什六七，浮胔甚衆。六月，建寧、隆興府袁撫州、臨江軍水。七月，黄巖縣水。十六年四月，新昌縣山水暴作。五月，沅靖州山水暴溢。汀州大水。分宜縣水。階州、白江溢。六月，潼川府東南二江溢。光宗紹熙二年三月，寧化縣水。五月，建寧州水。福州水。利州東江溢。七月，嘉陵江溢。潼川、崇慶府緜果合、金龍、漢州、懷安、石泉、大安軍、魚關皆水。古松州江水暴溢。三年五月，潼川府東南江溢。六月，建平縣水，祁門縣水。七月仙居縣大水，復州、荆門軍水，鎮江三縣亦水。四年四月，上高縣水。五月，安豐軍大水。諸暨、蕭山、宣城、寧國縣大水。廣德軍屬縣及筠州進賢縣皆水。六月，興國軍及靖安縣水。是夏，江贛二州、江陵府亦水。七月，豐城縣水，臨江軍水。八月，隆興府水，吉州水。秋，江西九州三十七縣皆水。五年五月，石埭貴池□縣皆水，秦州大水。七月，慈溪縣水。八月，吉安縣水，平江、鎮江、寧國府明、台、温、嚴、常州、江陰軍皆水。是秋，武陵江溢。寧宗慶元元年六月，黄巖縣水。七月，臨安府水。二年秋，浙東郡縣大水。三年九月，紹興府屬縣二、婺州屬縣二皆水。五年秋，台、温、衢、婺水。六年五月，建寧府嚴、衢、饒、婺、信、徽、南劒州及江西郡縣皆大水。嘉泰二年七月，上杭縣水。三年四月，江南郡邑水。開禧元年九月，淮東郡縣水。二年五月，東陽縣大水。三年，江浙淮郡邑水，鄂州、漢陽軍尤甚。嘉定二年五月，連州大水。六月，和州、昭化、成州、同谷、閬州皆水。三年四月，新城縣大水。五月，行都大水。四年七月，慈溪縣大水。五年五月，薊州水。六月，台州及建德、諸暨、會稽縣水。六年六月，於潛大水。錢塘、臨安、餘杭、安吉皆水。九年五月，行都及紹興府嚴、衢、婺、台、處、信、饒、福、漳、泉州興化軍大水。十年冬，蜀漢二州江没城郭。十一年六月，武康、吉安大水。十四年，建康大水。十五年七月，蕭山大水。十六年五月，江、浙、淮、荆、蜀郡水。秋，餘杭、錢塘、仁和大水。福、漳、泉州、興化軍水。十七年五月，福建大水。建昌軍大水。理宗紹定二年，仙居縣大水。四年，沿江水。端平三年，英德府昭州及襄漢江皆大水。嘉熙元年，饒、信州水。二年浙江溢。淳祐二年，紹興府處、婺州水。七年，福建水。十年，嚴州水。十一年八月，汀州山水暴，互漂人民。九月，江陵水。是年，江浙多水，饒州亦水。十二年六月，建寧府嚴、婺、衢、信、台、處、南、劒州邵武軍皆大水。寶祐元年七月，温、台、處、信、饒大水。開慶元年五月，婺州水。是歲，滁、嚴州水。景定二年，浙東大水。廷宗咸淳七年五月，諸暨大水。是月，重慶江溢者三。十年三月，廬州水。八月，臨安府安吉、武康水。遼聖宗統和十二年正月癸丑朔，滹陰鎮水，漂溺三十餘村。十六年四月，崇德宮所隸州縣被水。二十九年八月，南京平州水。開泰元年十二月，諸道水災。太平五年三月，魚兒濼水，一夕有聲如雷，越沙岡四十里，别爲一陂。道宗大安八年十一月丁酉，通州潦，水害稼。金太宗天會二年秋，泰州潦害稼。宣宗興定四年七月，河南大水。元世祖至元元年，真定、順天、河間、順德、大名、東平、濟南等郡大水。四年五月，應天大水。五年八月，亳州大水。六年十二月，獻、莫、清、滄四州及豐州渾源縣大水。十三年十二月，濟寧及高麗、瀋州水。十四年十二月，冠州永年縣水。十六年十二月，保定路水。十七年正月，磁州永平縣水。八月，大都、北京、懷孟、保定、東平、濟寧等路水。十八年二月，遼陽、懿州、蓋州水。十一月，保定清苑縣水。二十一年六月，保定、河澗、濱棣大水。二十二年秋，高郵、慶元大水。二十三年夏，大都、涿、滹、檀、順、薊五州，汴梁、歸德屬縣，杭州、平江二路屬縣水。二十四年九月，東京、誼静、威遠、博索等處水。二十五年七月，膠州大水。二十六年二月，紹興大水。六月，平灤路水。二十七年正月，無爲路大水。五月，江陰州大水。八月，清遠縣大水。二十八年二月，常德路水。八月，婺州水。九月，平灤、保定、河間三路大水。二十九年五月，龍興路、南昌、新建、進賢三縣水。六月，鎮江、常州、平江、嘉興、湖州、松江、紹興等路府水。揚州、寧國、太平三郡大水。華容縣水。三十年五月，静安縣大水。十月，平灤路水。三十一年八月，寧晉縣水。十月，遼陽路水。成宗元貞元年五月，建康、溧陽州、太平、當塗縣、鎮江、金壇、丹徒等縣，常州、無錫州平江、長洲縣，湖州烏程縣，鄱陽、餘干州，常德、沅江、澧州、安鄉等縣水。六月泰安州，奉、符、曹州，濟、陰、兖州，嵫陽等縣水。七月，遼東和州、大都、武衛、屯田水。九月，廬州、平江二郡大水。二年五月，平晉、交河、樂壽、任邱、莫亭等縣，醴陵州水。六月，大都路，益津、保定、大興三縣水。古城、獲鹿、藁城、歸信、新安、東鹿、汝寧、潁州、濟寧、沛縣，揚、廬、岳、澧、四郡，建康、太平、鎮江、常州、紹興五郡皆水。八月，棣、曹二州水。十二月，潛江、玉沙、海寧、朐山、鹽城等縣水。大德元年五月，龍興、南康、澧州、南雄、饒州五郡水。六月，溧陽江溢。七月，來陽、鄄縣大水。温州路平陽、瑞安二州水。十一月，武陵縣大水。二年，大名、東昌、平灤等路水。三年八月，河間郡水。四年五月，保、真二郡，通、薊二州水。六月，睢州大水。五年五月，宣德、保定、河間屬州水。海寧州水。六月，濟寧、般陽、益都、東平、濟南、襄陽、平江七郡水。七月，遼陽、大寧路水。八月，順德路水。六年四月，上都大水。五月，濟南路大水。六月，廣平路大水。七年五月，濟南、河間等路水。九年六月，龍興、撫州、臨川三郡水。七月，玉沙縣江溢，嶧州、泰興、山陽水。八月，大名元城水。十年五月，雄、漷二州，平江、嘉興二郡水。六月，大名、益都、定興等路大水。七月，吴江州大水。十一年六月，靖海、容城、東鹿、隆平、新城等縣水。十一月，盧龍、灤河、遷安、昌黎、撫寧等縣水。武宗至大元年七月，彰德、衛輝二郡水。三年七月，循、惠二州大水。四年七月，東平、濟寧、般陽、保定等路大水。江陵、松滋縣，桂陽、臨武縣水。仁宗皇慶元年六月，大寧、碩、違、勒、遼路水。宋□江溢，民避居于山嶺之上。二年五月，辰州路沅陵縣水。延祐元年七月，沅陵、盧溪二縣水。八月，肇慶、武昌、建康、杭州、建德、南康、江州、臨江、袁州、建昌、贛州、安豐、撫州等路水。二年七月，鄭州、昌平、香河、寶坻等縣水。四年正月，解州、鹽池水。六年六月，遼陽、廣寧、潘陽、永平、開元等路及大名路屬縣水。七年四月，城父縣水。五月，江陵縣水。七月，上蔡、汝陽、西平等縣水。英宗至治元年六月，霸州大水。七月，平谷、漁陽、邢臺、沙河、魏石城等縣大水。臨漳縣漳水溢，固安、元氏、寶坻、清河、山陽等州縣水。奇爾吉斯部江水溢。八月，雷州、海康、遂溪海水溢。九月，京山、長壽漢水溢。十月，遼陽、肇慶等郡水。二年二月，濮州大水。閏五月，睢、陽、亳、社皆大水。六月，郿縣、新平、上蔡水。八月，六安、舒城水。十一月，平江路大水。三年五月，東安州水。武邑水。九月，漳州、建昌、南康等郡水。泰定帝泰定元年五月，漷州、固安州水。九月，館陶縣水。十二月，鹽官州鹽大溢。二年正月，鞏昌路水。閏正月，歸信縣大水。四月，房山、范陽水。五月，檀州大水。江陵、公安水。六月，虞城、碭山、單父、豐沛水。八月，霸州、涿州、永清、香河大水。三年正月，恩州水。六月，大同縣大水。光州水。七月，膚施縣水。八月，蠡州蒲城、歷陽、含山水。十二月，遼陽、大寧路、瑞州大水。四年七月，雲安縣水。致和元年六月，南寧、開元、永平等路水。七月，廣西兩江諸州水。文宗天曆元年八月，杭州、嘉興、平江、湖州、建德、鎮江、池州、太平、廣德九郡水。二年六月，永平、昌國諸屯水。至順元年六月，曹州、高唐州水。閏七月，平江、嘉興、湖州、松江三路一州大水。杭州、常州、慶元、紹興、鎮江、寧國等路，望江、銅陵、長林、寶應、興化等縣水。大都、保定、大寧、益都屬州縣皆水。二年五月，莫亭、河渠、彭水及德安、屯田水。十二月，深、晉二州水。三年五月，江都、泰興、雲夢、應城等縣水。六月，汾州大水。順帝元統元年六月，關中水。七月，潮州大水。二年正月，須城、濟州、濟陰水。二月，永平路、瑞州路水。四月，東平、益都水。五月，鎮江路水。宣德大水。九月，吉安路水。至元二年五月，鄧州大水。三年二月，紹興大水。五月，賀州大水。六月，黄州及衢州、常山皆大水。四年五月，永豐大水。六月，邵武大水。五年五月，長汀縣大水。七月，光澤縣大水。六年二月，京畿五州十一縣及福寧州大水。六月，西安、龍游二縣大水。八月，衛輝大水。十月，宜陽大水。至正元年，汴梁、鈞州大水。二年四月，儀封大水。六月，濟南山水暴漲。三年七月，汴梁、中□、扶溝、尉氏、洧州四縣及滎陽、汜水、河陰大水。四年五月，霸州大水。六月，兖州及鄢陵、通許、陳留、臨潁等縣大水。七月，東阿、陽穀、汶上、平陰、西安大水。七年五月，黄州大水。八年四月，平江、松江大水。五月，寶慶大水。六月，膠州大水。七月，高密大水。九年七月，公安、石首、潛江、監利等縣及沔陽府大水。夏秋，蘄州大水。十年五月，龍興、瑞州大水。七月，静江、荔浦大水。十一年夏，龍興、南昌、新建大水。七月，平晉、文水大水。静江路大水。十二年七月，西安縣大水。十三年夏，豐潤、玉田、遵化、平谷大水。十四年秋，薊州大水。十五年六月，荆州大水。十六年，山東大水。十七年，廣平都邑皆水。秋，薊州四縣大水。十八年秋，京師及薊州、惠州、廣西四縣、賀州皆大水。二十年七月，通州大水。二十二年三月，光澤縣大水。二十三年，濟源温縣水。二十四年三月，孟州、河内、武陟水。七月，壽光、高密水。二十五年秋，薊州大水。二十六年七月，薊州四縣、衛輝、汴梁、鈞州大水。明太祖洪武三年六月，溧水縣江溢。四年七月，南寧府江溢。五年，嵊縣、義烏、餘杭、山谷水湧人民，溺死者衆。八年七月，淮安、北平、河南、山東大水。十二月，直隸、緣、湖、嘉、松、常、太寧及杭州俱水。九年，江南、湖北大水。七月，湖廣、山東大水。十年，永平、灤漆二水没廬舍。七月，北平八府大水。十二年五月，肯田山水，没縣治。十五年，北平大水。十七年，河南、北平俱水。十八年八月，河南又水，江浦、大名水。二十三年，襄陽、沔陽、安陽水。二十四年十月，北平、河間水。二十五年，開封十一州俱水。二十六年十一月，青、兖、濟三府水。二十八年，德州大水。成祖永樂二年六月，蘇、松、嘉、湖水。七月，湖廣、江西水。三年三月，畠縣水。八月，杭州屬縣水。七年五月，安陸州江溢。六月，壽州水，決城。是歲，泰興江岸淪於江者，三千九百餘丈。九年正月，高郵、甓社等九湖及天長諸水暴漲。六月，揚州屬縣五江漲。七月，海寧潮溢。是歲，湖廣、河南水。十年七月，盧溝水漲，壞橋堤。十三年六月，北畿、河南、山東水。十四年夏，南昌諸府江漲。七月，福寧、延平、邵武、廣信、饒州、衢州、金華七府俱溪水暴漲，遼東、遼河、代子河水溢。二十一年五月，峩眉溪水漲。仁宗洪熙元年，順天、河間、保定、灤州俱水。宣宗宣德元年六、七月，江水大漲。三年五月，永寧衛大水。七月，北畿七府俱水。五年七月，南陽山水泛。六年六月，順天、保定、真定、河澗等二十九州縣水。八年六月，江西瀕江八府江漲。九年正月，沁鄉沁水漲。六月，順天、順德、河間水。七月，遼東大水。英宗正統元年六月，順天、真定、保定、濟南、開封、彰德大水。二年九月，湖廣沿江六縣大水。四年五月，京師大水，順天、真定、保定三府州縣及開封、衛輝、彰德三府俱大水。八月，蘇、常、鎮及江寧五縣俱水。五年五月至七月，江西江溢。六年五月，泗州水溢。九年閏七月，北畿七府及應天、濟南、岳州、嘉興、湖州、台州俱大水。十年夏，福建大水，河南州縣亦大水。七月，延安衛大水。九月，廣東衛所大水。十一年，太原、兖州、武昌大水。十二年春，贛州臨江大水。五月，吉安江漲。七月，寧夏大水。十四年四月，吉安、南昌、臨江俱水。景帝景泰元年七月，應天大水。三年八月，徐州、濟寧水。南畿、河南、山東、陝西、吉安、袁州俱大水。五年七月，蘇、松、淮、揚、廬、鳳六府大水。八月，東、兖、濟三府大水。六年六月，開封、保定大水。閏六月，順天大水。武昌諸府江溢。七年，畿内山東水。英宗天順元年夏，淮安、徐州、懷慶、衛輝大水。三年六月，穀城、景陵、襄水湧泛。四年夏，湖北江漲，北畿及開封汝寧大水。五年，浙江大水。六年七月，淮安大水。七年七月，密雲山水漲。憲宗成化三年夏，江夏江水決。五年，湖廣大水。六年六月，北畿大水。九年六月，畿南五府及懷慶俱大水。八月，山東大水。十一年五月，湖廣水。十二年八月，浙江及淮、鳳、揚、徐大水。十三年二月，河南大水。十四年四月，襄陽江溢。五月，陝州大水。七月，北畿、山東水。十八年七月，昌平大水。孝宗弘治二年七月，順、永、河、保四府州縣大水。四年八月，蘇松、浙江水。五年，南畿、浙江、山東水。十四年五月，貴池水漲，蛟出。旁邑十二，皆大水。八月，安、池、寧、太四府大水。十五年七月，南京江泛。武宗正德三年九月，延綏、慶陽大水。五年九月，安、寧、太三府大水。六年六月，汜水漲。十二年，順天、保定、河間、真定大水。鳳、淮、蘇、松、常、鎮、嘉、湖諸府皆大水。荆襄江大漲。十五年，江西大水。十六年，遼陽湯□堡大水。世宗嘉靖二年七月，揚徐大水。夏秋，山東州縣大水。八月，蘇、松、常、鎮大水，開封亦如之。五年六月，陝西五郎壩大水。六年秋，湖廣水。十六年秋，兩畿、山東、河南、陝西、浙江、湖廣水。

二十七年正月，沂陽大水。穆宗隆慶元年夏，京師大水。襄陽、鄖陽水。三年閏六月，真定、保定、淮安、濟南、浙江、江南大水。四年八月，陝西大水。五年，山東、河南大水。神宗萬曆元年七月，荆州、承天大水。二年六月，福建永定大水。三年四月，淮、徐大水。八月，淮、揚、徐、鳳大水。九月，蘇、松、常、鎮水。七年五月，蕪、松、鳳、徐大水。八月，又水。是歲，浙江大水。九年七月，福安洪水踰城。八月，泰興、海門、如臯大水。十年十四年夏，江南、浙江、江西、湖廣、廣東、福建、雲南、遼東大水。十五年五月，浙江大水。是歲，杭、嘉、湖、應天、太平五府江湖泛溢。十九年六月，蘇、松大水。九月，泗州大水。二十年夏秋，真、順、廣、大四府水。二十一年五月，邳州高寶大水。二十二年七月，鳳、廬大水。二十三年，泗州浸祖陵。二十四年秋，杭、嘉、湖大水。二十九年八月，沔陽大水。三十年六月，京師大水。三十一年六月，秦安大水。三十二年六月，昌平大水。七月，永、真、保三府俱水。三十五年六月，黄州蛟起，武昌、承天、鄖陽、岳州、常德大水。徽、寧、太、嚴四府山水大湧。六月，京師大水。三十七年九月，福建、江西大水。四十一年七月，京師、南畿、江西、河南大水。八月，山東、廣西、湖廣大水。九月，遼東大水。四十二年，浙江、江西、兩廣俱水。四十四年七月，江西、廣東水。熹宗天啓三年，順天、順平大水。莊烈帝崇禎二年，山東大水。四年六月，又大水。七年五月，眉邛諸州縣大水。十年八月，敘州大水，十三年五月，浙江大水。

清·嵇璜、劉墉等《續通志》卷一七二《災祥略·河決》 支河決溢附：唐太宗貞觀十一年九月丁亥，河溢，壞河北縣及太原倉，毁河陽中潬。高宗永徽五年六月，滹沱河溢。六年六月，洛水毁天津橋。十月，齊州河溢。永淳元年，洛水溢，壞天津橋及中橋。二年七月，河溢。八月，滹沱河溢。武后如意元年四月，洛水壞水昌橋。七月，洛水溢。八月，河溢河陽縣。長壽二年，棣州河溢。聖曆二年，洛水壞天津橋。中宗神龍元年七月，洛水溢。二年四月，洛水壞天津橋。玄宗開元四年七月，洛水溢。五年六月，瀍水溢。八年六月，穀、洛溢。十五年七月，洛水溢。八月，澗、穀溢。十八年，洛水瀼天津永濟二橋。十九年七月，伊、洛及支川皆溢。代宗廣德二年，洛水溢。大曆元年七月，洛水溢。十二年秋，河溢。德宗建中元年，易水、滹沱横流。貞元二年，東都、河南河溢。八年，淮水溢。十三年七月，淮溢于亳州。憲宗元和七年正月，振武河溢，毁東受降城。十一年八月，渭水溢。十三年六月，淮水溢。文宗太和二年，河決，壞棣州城。開成元年七月，鎮州滹沱河溢。三年夏，河決浸鄭滑外城。昭宗乾寧三年四月，河圮於滑州，朱全忠決其堤，因爲二河散漫千餘里。後唐莊宗同光三年七月，洛水泛漲，御河漲，於石炭窯口開河，故道以分水勢。晉高祖天福四年八月，河決博平。六年九月，河決中都，入於沓河。十月，河決滑、濮、鄆、澶州。出帝開運元年六月，河決滑州環梁山，入於汶濟。三年六月，河決魚池。七月，河決楊劉朝城。武德八月，河溢歷亭。九月，河決檀、滑、懷州，又決臨黄。十月，河決衛州，又決原武。漢隱帝乾祐元年四月，河決原武。五月，河決滑州。三年六月，河決原武。周太祖廣順二年七月，河渠泛溢。宋太祖建隆元年十月，棣州河決。二年，孟州河決。四年八月，齊州河決。乾德三年，開封河溢陽武，塞門縣河中府，孟州並河漲，又溢于鄆州。四年四月，河溢鄆州東阿縣，又決澶州觀城縣，注大名，又決滑州靈河縣堤，東注衛南縣境及曹州南華縣城。七月，河溢滎澤。八月，宿州汴水壞堤，淄州清河水溢。五年，衛州河溢。開寶元年八月，集州河漲。二年七月，下邑河決。四年六月，汴水決，鄆州河及汶清河皆溢，注東阿縣及陳空鎮。又決原武縣，蔡州淮及白露、舒汝、潁、盧五水並漲。五年，河決澶州。又決陽武之小劉村。六年，鄆州河決楊劉口，懷州河決獲嘉縣。七月，歷亭縣御河決。七年，安陽縣河漲。八年，濮州河決郭龍村。澶州河決頓邱縣。太宗太平興國元年，孟州河溢，又漲於澶州、開封。汴水壞大寧堤。三年五月，懷州河決獲嘉縣，北注。又汴水決寧陵縣境。十月，滑州靈河決。四年三月，河決宋城縣，又決汲縣。五年五月，徐州白溝河溢。六年，河中府河漲，陷連堤郿。延寧州並三河水漲溢。七年三月，京兆渭水漲。六月，河決臨邑縣。七月，大名府御河漲。十月，河決武陟縣。八年五月，河大決滑州房村，徑澶、濮、曹、濟東南流入淮。六月，陝州河漲，穀、洛、伊、瀍四水暴漲，鄜州河漲。八月，徐州清河漲。是年夏及秋，開封、浚儀、酸棗、陽武、封邱、長垣、中牟、尉氏、襄邑、雍邱河水害民田。九年八月，延州南北河溢，淄州孝婦河溢，孟州河漲，壞橋梁。端拱元年七月，漳、滏二水漲。淳化元年六月，孟州河漲。二年四月，京兆、陝州河漲。六月，溢於浚儀縣，又決於宋城縣，又博州河漲，又溢於亳州，東流。七月，許州沙河溢。三年，河南洛水漲。四年六月，隴城縣牛頭河漲。九月，澶州河漲。十月，又決西北，流入御河，浸大名府。至道二年六月，瀍、澗、洛三水漲。七月，鄆州河壞連堤四處。宋州汴河決穀熟縣。閏七月，陝州河漲。真宗咸平元年，齊州清黄河溢。三年五月，河決鄆州王陵埽。五年六月，惠民河漲。景德元年九月，宋州汴水決，河決澶州黄龍埽。三年，應天汴水決，南注亳州，合浪岩渠，東入於淮。四年七月，河溢澶州王霸埽。大中祥符元年，尉氏縣惠民河決。三年九月，河決河中白浮梁村。四年正月，河決通利軍，大名御河溢，合流壞城。九月，河溢於孟州。五年五月，河決棣州聶家口。六年六月，保定軍河溢。七年八月，河決澶州。十月，濱州河溢於定鎮。八年七月，坊州河溢。九年九月，河溢雄霸界。天禧三年六月，河決滑州，歷澶、濮、鄆、濟、單至徐州，與清河合，明年復決於西北隅。仁宗天聖四年，汴水決陳留隄，又決京城西賈陂，入護龍河，以殺其勢。六年八月，河決楚王埽。景祐元年七月，河決橫隴埽。康定元年二月，河北黄御二河決，並注於乾寧軍。三年七月，河決館陶縣郭固口。八月，汴河絶流。嘉祐二年，淮水自夏秋環浸泗州城。三年七月，京索廣濟河溢。七年七月，河決北京第五埽。神宗熙寧元年，河決恩冀州。八月，決滄州饒安移縣治於張爲村。七年，洮河溢。十年七月，河決曹村，下埽澶淵純流河南徙，又東匯於梁山張澤濼。又洺州漳河決，河陽河漲。元豐元年，章邱河溢。四年，臨河縣小吳河溢北流。五年，河決陽武、原武。七年七月，館陶河溢。八月，趙、邢、洺、□、相諸州河溢。是年，漳河決，臨漳縣黄沁河溢，懷州溢，河決臨漳縣斛律口。哲宗元祐四年夏秋，河漲。元符二年，京。陝西、河北河溢。徽宗大觀元年，河北、京西河溢。二年，黄河決陷鉅鹿縣。政和七年，河決滄州。遼太祖元年四月，準塔河暴漲，民廬田稼悉被其災。聖宗統和十一年七月己丑，桑乾羊河溢，居庸關西害稼禾殆盡。奉聖、南京居民廬舍多被水墊没者。二十七年七月甲寅朔，潢土鄂羅木陰涼，四河皆溢，漂没民舍。太平十一年夏五月，諸河橫流，皆失故道，墊没民田及廬舍千有餘里。道宗太康八年七月，沙河溢，永清、歸義、新城、安次、武清、香河六縣傷稼。金熙宗天眷元年七月丁酉，愛新河溢，壞民廬舍。世宗大定八年六月，河決李固渡，水溢入曹州。十七年七月，滹沱盧溝水溢，河決白溝。二十年七月，河決衛州。二十六年秋，河決衛州。二十九年六月，河溢曹州。章宗明昌四年六月，河決衛州。五年七月，河決陽武，灌封邱而東。元世祖至元二十年六月，太原、懷孟、河南等路沁河溢，衛輝清河溢，南陽府唐、鄧、裕、嵩四州河溢。十月，涿州巨馬河溢。二十五年十二月，太原、汴梁二路河溢。二十七年六月，河溢太康縣。八月，沁水溢。十一月，河決祥符義塘彎。成宗元貞元年六月，歷城、大清河溢。二年九月，河決河南杞封邱祥符寧陵襄邑。十月，河決開封。大德元年三月，河溢歸德、徐州、邳州、睢寧、鹿邑、河南許州、臨潁、睢州、襄邑、太康、扶溝、陳留、開封杞等縣。五月，又決汴梁。二年六月，河決蒲口。五年八月，灤河溢。六年五月，東安州渾河溢。七年六月，修武、河陽、新野、蘭陽等縣，趙河、湍河、七里河、沁河、潦河皆溢。八年五月，河溢陽武、獲嘉、祥符。九年六月，河決陽武思齊口。八月，河溢歸德、寧陵、陳留、通許、扶溝、太康、杞縣。武宗至大二年七月，河決歸德，又決汴梁、封邱。仁宗皇慶元年五月，睢陽河溢。二年六月，陳、亳、睢三州，開封陳留等縣河決。延祐元年六月，范陽、房山、渾河溢。二年六月，河決鄭州。三年四月，河溢泰和縣。六年六月，河間路漳河溢。七年四月，安豐廬州淮水溢。八月，文安、大成二縣滹沱河溢。是歲，河決汴梁、原武。英宗至治元年六月，霸州渾河溢。七月，臨漳縣漳水溢。二年五月，儀封河溢泰定。帝泰定元年六月，大同渾源河溢，真定滹沱河溢，陝西黑水河溢。七月，固安州清河溢，朝邑、楚邱、濮陽河溢。九月，延安路洛水溢。二年三月，成平、清滱二河合流失故道，隳堤堰。五月，河溢汴梁。六月，翼寧汾河溢。七月，河決睢州。九月，開元路三河溢。三年二月，河決歸德。七月，河決鄭州。又東安、檀、順、漷四州渾河決。四年七月，北山黑水河溢。八月，扶溝、蘭陽河溢。又溢虞城縣。十二月，夏邑縣河溢。致和元年三月，河決碭山、虞城二縣。文宗至順元年六月，河決長垣、東明二縣。三年五月，汴梁河溢。順帝元統元年五月，河溢陽武。六月，黃河大溢。二年二月，灤河、漆河溢。六月，山陽縣准河漲。至元元年，河決封邱。三年七月，丹、沁二河漲，與御河通。汴梁、蘭陽、尉氏及歸德河溢。六年七月，盩厔縣河溢。至正三年五月，河決白茅口。四年七月，灤河溢。五年七月，河決濟陰。十月，黃河溢。八年正月，河決濟寧路。十一年七月，河決永城縣。十六年，河決河陰縣。十七年，漳河溢。十九年九月，河決任城。二十三年七月，河決壽張。二十五年二月，河決小流口，達於清河。二十六年，河北徙上自東明曹濮下及濟寧皆被害。八月，棣州大清河決，肥水縣西黃水泛溢。明太祖洪武七年八月，高密膠河溢。十一年十月，河決蘭陽。十四年八月，河決原武。十五年二月，河南河決。三月，又決朝邑。七月溢滎澤陽武。十七年八月，河決開封。二十三年正月，河決歸德。七月，決開封。二十五年正月，河決陽武。二十七年三月，寧陽汶河決。三十年八月，河決開封。成祖永樂元年五月，章邱漯河決。八月，安邱紅河決。二年九月，河決開封。七年，渾河決固安。八年五月，浮糠河決。八月，河溢開封。十二月，河決汴梁。十年七月，保定河決。十四年七月，開封十四州縣河決永平二十年夏秋，河南北及鳳陽河溢。二十二年九月，河溢開封。仁宗洪熙元年六月，白河決河西、務白、浮宋家等口，臨漳、漳滏二河決，真定滹沱河溢。七月，容城白溝河漲，渾河決盧溝橋東狼窩口。宣宗宣德元年七月，黃、汝二水溢。三年六月，渾河決盧溝堤。六年六月，渾河決徐家等口，河決開封。九年六月，渾河決東岸自白狼河口至小屯廠。英宗正統元年夏，河淮泛漲。九月河決陽武、原武、滎澤。三年，陽武河決武陟，沁決廣平、順德，漳決通州，白河溢。四年七月，滹沱、沁、漳三河決饒陽獻縣、衛輝、彰德。八月，白溝渾河決安州堤。九月，滹沱河決深州。五年，河南河溢。六年七月，白河決武清漷縣堤。八年六月，渾河決固安。十年十月，河決山東金龍口陽穀堤。十一年，渾河溢周安。十三年六月，大名河決，又決河南、濟南、青兗、東昌。七月，決漢唐二壩。又決河南八樹口。景帝景泰三年六月，河決沙彎白馬頭。四年春夏，河連決沙灣。八月，東兗濟河漲。六年閏六月，順天灤河溢。七年六月，河決開封、河南、彰德。英宗天順元年夏，淮、徐、懷慶、衛輝河決。三年七月，淮水決。五年七月，河決開封。憲宗成化十三年九月，淮水溢。十四年九月，河決開封。十八年八月，衛、漳、滹沱溢。孝宗弘治二年五月，河決開封黃沙岡抵紅船灣，入沁河。武宗正德二年六月，固安河漲。世宗嘉靖五年六月，徐沛河溢。二十六年七月，曹縣河決。穆宗隆慶三年七月，河決沛縣。九月，淮水溢，自清河至通濟閘，及淮安城西，淤三十三里決二壩，入海。莒沂、郯城之水又溢出邳州。四年七月，沙薛汶泗諸水驟溢。八月，河決邳州。五年又決邳州，自曲頭集至王家口。神宗萬曆二年八月，淮揚徐河溢。三年五月，淮大決。八月，河決高郵碣山及邵家口曹家庄。四年正月，高郵清水堤決。九月，河決豐沛曹單，淮黃交溢。五年閏八月，徐州河淤淮河南徙決高寶諸湖堤。六年六月，清河溢。十一年四月，金州河溢。十五年七月，開封及陝州靈寶縣河決。十六年八月，河決東光魏家口。三十年五月，成安、永年、肥鄉、安州、深澤、漳滏沙燕河並溢決。三十二年八月，河決蘇家庄，淹豐沛，黃水逆流，灌濟寧魚臺、單縣。四十一年六月，通惠河決。熹宗天啓三年，睢寧河決。六年秋，河決匙頭灣，倒入駱馬湖。莊烈帝崇禎五年六月，河決孟津。十五年六月，汴水決。九月，河決開封朱家寨。

清・嵇璜、劉墉等《續通志》卷一七二《災祥略・大雨水》 唐高祖武德六年秋，關中久(兩)〔雨〕。太宗貞觀十五年春，霖雨。高宗永徽元年六月，新豐渭南大雨，宣、歙、饒、常等州大雨水。五年五月丁丑夜，大雨，麟游縣山衝萬年宮玄武門。六年八月，京城大雨。顯慶元年八月，霖雨，更九旬乃止。總章二年六月，冀州大雨。咸亨元年五月丙戌，大雨。四年七月婺州，大雨。永淳元年六月乙亥，京師大雨水。秋，山東大雨水。武后聖曆二年七月丙辰，神都大雨。長安三年六月，寧州大雨水。中宗神龍元年四月，同官縣大雨水。玄宗開元二年五月壬子，久(兩)〔雨〕，禜京城門。十六年九月，關中久雨。天寶五載秋，大雨。十二載八月，久雨。十三載秋，大霖雨。肅宗至德二載三月癸亥，大雨，至甲戌乃止。上元元年四月，雨，訖閏乃止。二年秋，霖雨連月，渠竇生魚。代宗廣德元年九月，大雨水。二年五月，東都大雨。永泰元年九月丙午，大雨，至丙寅。大曆四年四月，雨，至九月。五年夏，復大雨。六年八月，連雨。十一年七月戊子夜，京師澍雨。十二年秋，京畿及宋、亳、滑三州大雨水。德宗建中元年，幽、鎮、魏、博大雨。貞元二年五月乙巳，雨，至丙申。六月丁酉，京城大雨。八年七月，幽州大雨，徐州雨，自五月至七月。十一年秋，大雨。十二年四月，嵐州暴雨。十九年八月己未，大霖雨。憲宗元和二年六月，蔡州大雨。六年七月，霖雨。八年五月，陳、許大雨。十一年五月，京畿大雨。十二年六月，京師大雨。八月壬申雨，至九月戊子。十五年二月，大雨。八月久雨。宋、滄、景等州大雨。穆宗長慶二年七月，處州大雨。四年夏，蘄、湖二州大雨水。鄆、漢、曹大雨水。敬宗寶曆元年六月，雨至八月。文宗太和四年夏，鄆、曹、濮等州大雨。六年六月，徐州大雨。開成元年夏，麟游暴雨，毀九成宮。四年秋，西川及滄、景、淄、青大雨水。五年七月，霖雨。宣宗大中十年四月，雨至九月。懿宗咸通九年六月，久雨，禜明德門。僖宗乾符五年秋，大霖雨。廣明元年八月，大霖雨。昭宗天復元年八月，久雨。後唐莊宗同光三年六月至九月，大雨。廢帝清泰元年九月，連雨。周太祖廣順二年，諸州大雨。宋太祖乾德三年二月，全州大雨水。七月，蘄州大雨水。四年八月，衡州大雨水。開寶元年六月，二十三府州大雨水。八月，集州霖雨。二年九月，京師大雨霖。五年五月，京師諸州皆大雨霖。六年七月，單、濮大雨水。八年五月，京師大雨水。六月，沂州大雨水。九年三月，京師大雨水。太宗太平興國四年三月，泰州大雨水。五年五月，京師雨連旬不止。九年八月，淄州霖雨。雍熙三年八月，京師大霖雨。淳化元年六月，吉州大雨。二年六月，博州大霖雨。七月，昭信縣大雨。三年十月，上津縣大雨。四年六月，隴城縣大雨。七月，京師大雨。五年秋，開封、宋、亳、陳、潁、泗、壽、鄧等州雨水。至道元年四月，京師大雨。二年七月，廣南諸州大雨水。真宗咸平四年六月，京師大雨。五年六月，京師大雨。大中祥符六年六月，保安軍積雨。八年七月，坊州大雨。天禧四年七月，京師連雨彌月。仁宗乾興元年二月，蘇、湖、秀三州大雨。元聖四年六月，京師大雨。九月，京東、江淮、閩浙諸州雨水。景祐三年六月，虔、吉諸州久雨。四年六月，杭州大風雨。寶元元年，建州正月至四月雨不止。慶曆八年七月，衛州大雨水。嘉祐二年五月丁未，大雨。乙亥，雨壞社稷壇。二年五月，大雨不止，水冒安上門。四年八月，霖雨。六年七月，河北、京西、淮南、江浙四路霪雨。閏八月，京師久雨。七年六月，代州大雨水。英宗治平元年，京師自夏及秋久雨不止。二年八月庚寅，京師大雨。神宗熙寧七年六月，熙州大雨。九年七月，太原霖雨。元豐七年，懷州大雨水。哲宗元祐四年夏秋，霖雨。八年，自四月雨至八月，晝夜不息。紹聖元年七月，京畿久雨。二年九月，以久雨罷秋宴。三年七月，久雨。元符二年六月，久雨。徽宗建中靖國元年二月，久雨。崇寧元年七月，久雨。三年六月，久雨。四年五月，京師久雨。七月至九月，所在霖雨。大觀三年七月，階州久雨。宣和元年五月，大雨水。六年秋，京畿恒雨。欽宗靖康元年四月，京師大雨。五月至六月，雨傷稼。高宗建炎二年春，霖雨。紹興元年，行都、婺州雨，並壞城。三年正月元日，雨至二月。七月，四川霖雨，至越歲正月。四年六月，霪雨。五年三月，霖雨，行都九月雨至明年正月。六年冬，饒州雨水。七年十月，建康久雨。八年三月，雨至四月。二十一年夏，襄陽大雨十餘日。二十三年七月，光澤縣大雨。二十八年六月，興、利二州及大安軍大雨水。三十一年四月，久雨。三十二年六月，浙西大雨水。孝宗隆興元年三月，行都霖雨。二年七月，浙西、江東大霖雨。乾道二年正月，雨至四月。三年八月，江、浙、淮、潤霖雨。六年五月，連雨六十餘日。十一月，連雨。辛巳，郊開雲於圜丘，百步外有霪雨。八年五月，贛州南安軍及隆慶府吉、筠州，臨江軍皆大雨水。六月，四川郡縣大雨水。淳熙三年五月，淮、浙積雨。八月，行都大雨水。四年五月，建寧府福州、南劍州大雨水。八年四月，雨。五月，久雨。十一年六月，龍泉縣大雨水。十五年五月，淮甸大雨水。十六年五月，浙西、湖北、福建、淮東、利西諸道大雨霖。六月，鎮江大雨水。光宗紹熙三年五月壬辰，常德大雨水。己亥，池州大雨水。庚子，涇縣大雨水。七月，襄陽、江陵大雨水。四年五月，鎮江大雨水。五年八月，錢塘、臨安、新城、富陽、淤潛、餘杭大雨水。寧宗慶元元年正月，霖雨。二月又雨至三月。五月，霖雨。又七月雨至八月。二年八月，行都霖雨。三年七月，雨連月。五年五月，行都雨。六月，浙東霖雨至八月。嘉泰二年六月，福建路連雨至七月。開禧元年七月，利路霖雨。十月，行都霪雨，至明年三月。嘉定三年五月，嚴、衢、婺、徽州、富陽、餘杭、鹽官、新城、諸暨、淳安縣大雨水。四年八月，霖(南)〔雨〕至九月。五年春，霪雨。浙東西六月雨至七月。六年六月，諸暨縣大雨。七年九月，陰雨至十月。九年四月、六月大霖雨。十年三月，連雨至四月。十月，霖雨。十一年六月，浙西大霖雨。十二年六月，霖雨彌月。十五年七月，浙東西霖雨。十六年五月，浙西、湖北、江東、淮東霖雨。十七年八月，霖雨。理宗端平三年三月，蘄州大雨水。度宗咸淳六年五月，大雨水。十年四月，紹興府大雨水。遼太祖神册二年六月，幽州霖雨潦。聖宗統和十一年六月，大雨水。太平十一年五月，大雨水。道宗咸雍四年七月，南京霖雨。太康八年七月，南京霖雨。金章宗明昌元年七月，霪雨。六年八月，大雨，有龍起于渾儀鰲趺臺，俄仆。宣宗興定元年秋，霖雨。哀宗天興二年六月，歸德暴雨。元世祖至元九年六月，京師大雨。十四年六月，濟寧路雨水。二十三年六月，安西路華陰縣大雨。二十四年九月，太原、河間、河南等路霖雨。二十五年七月，霸、漷二州霪雨。八月，嘉祥、魚臺、金鄉三縣霪雨。九月，莫、獻二州及保定路霪雨。二十六年六月，濟寧、東平、汴梁、濟雨，順德、真定、平灤、棣州霪雨。二十八年八月，大召、清河、南樂諸縣霖雨。九月，河間霪雨。成宗大德七年六月，遼陽、大寧、平灤、昌國、潘陽、開元六郡雨水。八年五月，滑州、濟州雨水。九年六月，博平堂邑雨水。十年六月，滿城、清苑雨水。武宗至大元年七月，濟寧路雨水，真定路霪雨大水。三年六月，峽州大雨水。四年六月，大都、三河、潞縣、河東、祁縣、懷仁、永平、豐盈屯雨水。仁宗皇慶元年，隆興路新建縣雨水。二年六月，涿州、范陽、東安、宛平、固安、霸州、益津、永清、永安等縣雨水。延祐元年五月，武陵縣雨水。二年七月，京師大雨。三年七月，婺源大雨水。五年四月，合肥縣大雨水。六年六月，益都、般陽、濟南、東昌、東平、濟寧等路，曹濮、泰安、高唐等州大雨水。汴梁、歸德、汝寧、彰德、真定、保定、衛輝、南陽等郡亦大雨水。七年六月，棣州、德州大雨水。英宗至治元年，東平、東昌二路，高唐、曹濮等州雨水。八月，安陸大雨。三年六月，永清縣雨水。泰定帝泰定元年五月，隴西縣大雨水。隆慶路雨水。六月，益都、般陽、濟南、東昌、東平、濟寧等郡三十二縣，曹濮、高唐、德州等處十縣，霪雨。陳、汾、順、晉、恩、深六州雨水。七月，真、保、河、廣等郡三十七縣大雨水。二年正月，寶坻、高要二縣雨水。二月，甘州路大雨水。四月，岷、洮、文、階四州雨水。六月，汲縣、宿州雨水。十月，鳴沙州大雨水。四年八月，中牟、陳留、開封三縣，邳、宿二州雨水。致和元年六月，河間林邑縣及益都、濟南、般陽、濟寧、東平等郡三十縣，濮、德、泰安等州九縣雨水。文宗天曆二年六月，東安、通、薊、霸四州及靖海縣雨水。(互)〔至〕順二年四月，潞城縣大雨水。順帝元統元年六月，京畿大雨水。二年三月，山東霖雨。至元二年五月，鄧州大霖雨。八月，大都至通州霖雨。三年六月，衛、輝霪雨，至七月。六年七月，南平縣雨水。至正二年秋，彰德路霪雨。三年四月至七月，汴梁滎澤縣，鈞州新鄭、密縣霖雨。四年夏，汴梁、蘭陽、許州、長葛、郾城、襄城、睢州、歸德、鹿邑、虞城霪雨。八月，益都霪雨。五年夏秋，汴梁、祥符、尉氏、洧州、鄭州、鈞州、亳州久雨。河間路霪雨。八年五月，京師大霖雨。新鄭縣霪雨。九年七月，高唐州大霖雨，歸德府霪雨浹十旬。十年二月，彰德路大雨。二十年七月，高苑、黽池二縣大雨。二十三年七月，河內、修武、武陟三縣及孟州霪雨。二十四年秋，安邱縣大雨。二十五年秋，密州、安邱、潞州、汴梁、許州及鈞州密縣霪雨。二十七年秋，彰德路霪雨。明太祖洪武四年七月，龍游縣大雨水。十三年七月，海康縣大雨水。二十三年冬，山東二十九州縣久雨。惠帝建文元年三月，蘇家橋大雨，平地水三尺。成祖永樂元年三月，京師霖雨。七月，建寧衛霪雨。二年七月，新安衛霪雨。八月，北京霪雨。六年七月，思明霪雨。十二年九月，密雲後衛霪雨。二十年正月，信豐雨水壞城，瞿城衛亦如之。二十一年二月，六安衛霪雨。是歲，建昌守禦所淮安、懷來等衛皆霪雨。二十二年，壽州、贛州、振武、密雲、蘇州、南北畿及山東州縣霪雨。仁宗洪熙元年夏，蘇、松、嘉、湖積雨。閏七月，京師大雨。九月，密雲久雨。英宗正統元年七月，順天、山東、河南、廣東霪雨。四年夏，居庸關及定州衛霪雨。六年，寧夏久雨。七年，青、萊、濟、淮、鳳、徐雨五月至六月。十一年春，江西七府十六縣霪雨。十二年六月，瑞金霪雨。十三年秋，寧都大雨。景帝景泰三年，永平、兗州及大嵩等二十衛所久雨。四年，南畿、河南、山東十府一州，自五月雨至八月。五年，杭、嘉、湖大雨，六旬不止。七月，京師久雨。六年，北畿五府、河南二府及雲南大理諸府久(兩)〔雨〕。七年，(雨)〔兩〕畿、江西、河南、浙江、山東、山西、湖廣共三十府恒雨。英宗天順元年，濟、兗、青大雨閱月。四年，南陽雨，自五月至七月。七年五月，淮、鳳、揚、徐大雨。憲宗成化元年六月，畿東大雨水。八月，通州大雨。二年，定州積雨，壞城墩臺垛。八年，鳳陽大雨，壞陵垣。十三年七月，京城大雨。十四年八月，鳳陽大雨，没民居，以千計。

十八年，懷慶諸府，夏秋霪雨三月。孝宗弘治三年七月，南京驟雨，壞午門城垣。七年五月至八月，義州等衛大雨。八年五月，南京陰雨踰月。十年七月，安陸霪雨。十八年，京畿六月雨至八月。武宗正德元年七月，鳳陽諸府大雨。十二月，蕪、松、常、鎮、嘉、湖大雨。十六年，京師久雨。世宗嘉靖十六年，京師自夏及秋，雨不絶。二十五年八月，京師大雨。三十三年六月，如之。四十五年九月，鄖陽大霪雨。穆宗隆慶元年六月，京師大雨。遼東自五月至七月雨不止。神宗萬曆元年七月，霪雨。十一年四月，承天大雨水。十五年，蕪、松五月至七月霪雨。二十四年，杭、嘉、湖三府霪雨。二十八年七月，興化、蒲田、連江、福安大雨。二十九年春夏，蕪、松、嘉、湖霪雨。三十二年七月，京師霪雨，城崩。熹宗天啓六年閏六月，大雨連旬。是歲，遼東霪雨，壞山海關內外城垣。七年，山東二十八州縣積雨。莊烈帝崇禎五年六月，大雨。八月，又雨，衝損慶陵。九月，順天二十七縣雨水。十一年夏，雨浹旬。十二年十二月，浙江霪雨。十三年四月至七月，寧、池諸郡霪雨。十五年十月，黃、蘄、德安諸郡縣霪雨。

清・計六奇《明季北略》卷二　天啓六年六月二十八日至閏六月初三日，北京大雨傾盆，城中水長六尺，房屋倒塌，壓死人口甚多。又良鄉縣晝夜陰雨，數日不止。至初一日半夜，水由西城門灌入，倉穀漂流，田禾衝入江內，尸橫遍野。又武清、東安、大興諸縣，俱大雨數日，禾盡淹没。順天府尹疏。

清・計六奇《明季北略》卷五　自天啟四年至七年，無錫二年大水，一年赤旱，又一年蝗蝻。

清・吳偉業《綏寇紀略》卷九　崇禎十五年九月十五日三更，河決開封。自成前後三攻汴。此時，天大雨經旬不止。黃流驟漲，兩口一時竝決，聲聞百里，丁夫荷鍤者，隨堤漂没，賊營亦沉萬人，河流直衝汴城，自北門入，穿東南門以出，流入渦水，汴人皆溺死。開封初受圍，官以城守，閱民得百萬户。圍後民之死于疫與饑者十之二。尚得八十萬户。水至，周王從後山逃出，率宮眷及寧鄉、安鄉、永壽、仁和諸王露棲西城，貫雨中。撫按以下官從之。

清・黃鼎《管窺輯要》卷六六　漢高后三年夏，漢中南郡大水，水出流四千家。高后四年秋，河南大水。伊、洛流千六百餘家，汝水流八百餘家。高后八年夏，漢中南郡水復出，流六千餘家。南陽沔水流萬餘家。

隋煬帝大業七年夏四月，山東河大水，漂没三十餘郡。十月，底柱崩，偃河逆流數十餘里。

唐高宗永隆元年八月，河水在南北大壞民居十餘萬家。

唐玄宗開元八年六月庚寅夜，穀、洛溢入西上陽，宮内人死者十七八，畿内諸縣田稼、廬舍蕩盡。掌閑衛兵溺死千餘人，京師興道坊一夕陷爲池，居民五百餘家皆没不見。其年，鄧州三鴉口大水塞谷，或見二小兒以水相沃。須臾，一蛇大十圍，張口仰天。人或砍射之，俄而，暴雷漂溺數千家。

唐僖宗中和三年秋，汴水入於淮水，鬬壞船數艘。

唐昭宗大順二年七月癸丑甲夜，汴州相國寺佛閣災，是日暮微雨震電，或見有赤塊轉門譙藤網中，周而火作，既而大雨暴至，平地水深數尺，火益甚，延及民居，三日不滅。

建炎三年四月，鼎州桃元洞大水，巨石隨水而下。

宋孝宗淳熙八年五月壬辰，嚴州大水，漂浸民居萬九千五百四十餘家，壘舍六百八十餘區。紹興府大水，五縣漂浸民居八萬三千餘家，田稼盡腐。

元文宗至順元年閏七月，平江、嘉興、湖州、松江三路一州大水，壞民田三萬六千六百餘頃，被災者四十萬五千五百餘户。

元順帝至元五年五月，汀州路長汀縣大水，平地深三丈許，損民居八百家，壞民田二百頃，溺死者八千餘人。

清・吳任臣《十國春秋》卷四九　廣政十五年夏六月朔，二龍戰鬭之象，須臾天地皆暝，大雨雹。明日灌口奏岷江大漲，鎖塞龍處鐵柱頻撼。丁酉，大水入成都，壞延秋門，《蜀檮杌》作六月朔，其夕大水漂城。《錦里耆舊傳》作大水入京城，漂蕩五門。今悉從《通鑑》。漂没千餘家，溺死五十餘人，衝毁太廟四室及司天監。戊戌，大赦境内賑水災之家。命宰相范仁恕禱青羊觀，又遣使往灌州下詔罪己。

清・查繼佐《罪惟録・帝紀》卷一　洪武十年丁巳春二月，賑水災。帝觀天，以爲天隨二十八宿右旋。洪武十八年乙丑。秋七月，免租。賑水災。諭災傷州縣有司不以實聞，置極刑，耆宿得詣闕陳訴。

清・查繼佐《罪惟録・帝紀》卷六　正統九年甲子六月，浙西大水。

清・查繼佐《罪惟録・帝紀》卷九　成化七年辛卯秋八月，賑水災。浙江、山東。

清・查繼佐《罪惟録・帝紀》卷一〇　弘治四年辛亥八月，以水災，暫停江南織造。

清・查繼佐《罪惟録・帝紀》卷一一　正德十五年庚辰五月，巡撫王守仁奏：江西大水，自劾四罪，乞罷。

清·查繼佐《罪惟録·帝紀》卷一二　嘉靖二年癸未秋七月，江北大水。二十五年丙午六月，大雨水，發賑。八月，水災，免畿內、山東税糧。三十一年壬子，河決徐州，塞運道五十里。賑水災。鳳淮徐揚及畿內、江西。三十四年乙卯閏十一月，以水災，免畿南税糧。四十年辛酉，卹江南水災。

清·查繼佐《罪惟録·帝紀》卷一三　隆慶元年丁卯六月，水災。上素服避殿修省。三年己巳九月，賑淮陽水災，仍改折常熟等縣漕糧有差。

清·查繼佐《罪惟録·帝紀》卷一四　萬曆十四年丙戌秋七月，江南苦水，詔安撫流移，禁戢攘奪。三十二年甲辰秋七月，都城雨崩。三十五年丁未六月，賑京師水災。三十六年戊申，大水，南京大小衙門合疏告災。三十七年己酉，江閩大水，共淹死人民十餘萬。

清·查繼佐《罪惟録·帝紀》卷一七　崇禎七年甲戌秋八月，連雨四十日，饑。

清·查繼佐《罪惟録·志》卷三　洪武元年戊申，蛟發永新州，城溢水八尺，溺死甚夥。十年丁巳春，蘇、松、浙西大水。秋，北平等八府大水。十四年辛酉八月，武原縣河決。十五年壬戌二月，河南水災。十二月，北平大水。十七年甲子六月，睢州河決。八月，決開封東月隄，決杞縣。十八年乙丑八月，河南水災。十一月，河南、山東水災。二十四年辛未五月，北平水災。

永樂二十年壬寅，江南水災。

正統三年戊午五月，江北大水，京師、浙西更甚。十三年戊辰七月，河決滎陽，經陳留自亳入渦口，又經蒙城至懷遠入淮。東昌大水。

天順四年庚辰秋，大水，江南尤甚。

成化元年乙酉，江南一百四十餘處水災。三年丙戌，北京、山東四府大水。九年癸巳六月，畿南大水，河間蝗。十四年戊戌，江北水害。

弘治十七年甲子六月，廬山鳴如雷，水發平地丈餘，漂溺無數。

正德四年己巳六月，河決沛縣。七月，河決曹縣。五年庚午，壽州土崩，水溢。六年辛未七月，夔州山崩水溢。七年壬申三月，嶧縣大水。八年癸酉四月，河決黄陵岡。十月，平陽、太原大水。十四年己卯四月，蒼梧縣山崩。鄱陽湖蛟龍鬥，小姑平，水溢城中丈餘，人民溺死無數。水退，有一黑龍，蛟二十餘，死沙汀。

嘉靖六年丁亥二月，水溢薊州。十六年丁酉八月，承天府水災。二十五年丙午，京城大水。

隆慶三年己巳六月，河決沛縣，淮陽水災。

萬曆三十五年丁未閏六月，京師大水，官民廬舍傾塌，人民渰溺。三十六年戊申，江南大水，太湖與諸陸平，奏牘稱二百年未有之災。四十五年丁巳，江西漳州大水。

天啓元年辛酉正月，江南大水。六年丙寅七月，遼陽水災，禾黍蕩没，垣墻頹爛，官舍民居倒敗無計。天壽山寶城神路，橋梁紅門墻垣博岸俱被沖倒。延綏清澗人畜沉没，多死。

清·計六奇《明季南略》卷四　崇禎十八年乙酉七月初四癸丑，天忽大雨，平地積數尺，城一隅崩，成棟入。

清·董含《三岡識略》卷五　甲辰（康熙三年）七月初二，暴雨，至初八日止。西山水復發，衝斷蘆溝橋兩洞，長新店、良鄉、涿州、商家林、單家橋、雄縣、獻縣、任丘以上俱被漂没，二十餘日水始退。至如唐山、曲州、鷄澤、平鄉、鉅鹿地勢窪下，九月盡積水尚存，汪洋無際。

清·董含《三岡識略》卷七　甲寅（康熙十三年）八月初四日，暴雨自午至酉，溝渠皆溢。時通縣試士，俄頃街巷堂皇俱成巨浸，生童泅水出，有幾至溺死者。民家或坐几上，或伏屋角，竟夕不歡。翊日水方退。

清·董含《三岡識略》卷八　己未（康熙十四年）八月，京師十九日至廿一日，大雨三日。街巷積水成河，民房盡行衝倒。辛酉（康熙十六年），淮安府五月二十七日，大雨五晝夜，堤倒河決數處，直犯郡城，渰死人畜無數。知府曹君取府堂鎮淮扁投于河，水稍退。

清·董含《三岡識略》卷九　乙丑（康熙二十四年）自五月至七月，淮、揚、滁一帶大雨如注，晝夜不息，水勢洶湧，四面成巨浸。田禾、廬舍俱没，百姓驚竄，有登塔頂餓死者，有浮至蘆蕩爲毒蛇嚙死者，有以長繩連繫一家數口同日併命者，慘狀種種不一。水退禾盡槁，地方官繕疏上聞。閏四月二十五日，處州府山水陡發，頃刻高三四丈，又蘭谿縣起蛟，裂地出水，青田、麗水、龍游、江山、開化、仙居等邑，疾風驟雨，水同日暴長，城中居人初闔户以拒之，既啓户欲奔避，而巨浪衝入，水高于雉堞，溺死者不計其數。

清·董含《三岡識略》卷一〇　己巳（康熙二十八年）七月二十三、二十四日，起中餘姚、上虞、慈谿等縣起蛟，山水驟發，高丈餘，田禾、房屋淹没者甚衆。辛未（康熙三十年）六月二十四日，佘山塔後地中有聲如雷自辰至未，忽大雨傾注，平地水高三尺。有蛟兩角，裂地而出，又猛將廟地方銀杏一株，大數圍，扎過其上，連根拔去。

清・董含《三岡續識略》 丙子（康熙三十五年）七月二十一日，江寧、句容縣暴雨不止，山水忽發，平地水深四尺，郭外水更洶湧，城堞不没者僅存三坂，變起倉猝，漂没者千餘人。時督學張公方試士，諸生苦僦居價昂，寄寓城外者，淹死亦數十人。

清・姚廷遴《歷年記》上 明崇禎十七年甲申，是年多雨。順治七年庚寅，是年大水多雨，五六月更甚，平地水深二尺，經月不退。東鄉出門者，俱手竹竿，緝水而走。

清・姚廷遴《歷年記》中 康熙二年癸卯，是年春雨連旬，夏間甚凉，至秋疫病時行，連村合户俱病倒，家家獻神送鬼，甚多奇異。八月，此時陰雨數日，水漲，出入俱跣足。康熙七年戊申三月二十九日天雨起，至五月二十五日止，兩月陰雨，早花多死。京中七月初二日大雨起，初八止，平地積水一、二尺。康熙九年庚戌，是年正月多雨，無四五日晴。二、三月多雨水漲，飄没甚多，小熟件件半收。四、五月又多雨。六月十一日，大風潮，平地水漲，坍壞草房及舊屋無算。小東門木行木牌飄散，亂木塞路，從來風潮未有如此之大者。即如余宅，住門面房者，南壁俱倒。又聞吴江平地忽水漲四五尺，又云宜興地方出蛟。七、八月又多大雨，花豆俱爛。康熙十五年丙辰三月，雨，日夜不止，元四、五日晴。是年春夏多雨，雨大極，出入難行，水溢有半月而退。及至八月，大雨一日夜，平地水深二尺許，種稻者竟不踏車而收成，種花竟荒，好者不過六十斤。康熙十六年丁巳，元旦大雨，拜年者無一人。初二日陰，初三日又雨，至十二日方有日色。

又 康熙二十九年歲次庚午四月十六日，大雨起，嗣後綿綿不絶，花俱草没，脱花者忙甚。五月二十後方晴，二十六、七、八日又大雨，看來種花者又要荒矣。八月初三大雨起，至初六日止，重新水漲，平地水深二尺，兼之大潮，城内俱没。初八日又雨，至十二日止，水大異常，聞餘姚起蛟故也。康熙三十年三月初六日清明，因連日天雨，至十二方出標墓，又值大雨。三月十五日早，至斜橋山化紙錁，即往浦東舍内，將到又大雨，鞋襪衣服俱濕，至晚稍停，而化紙錠。明晨即歸，未及三里又下雨，明日方停。今歲自五月初十立梅後，時常有雨，至十九大雨竟日，連連不絶，直至七月花草俱没，水亦大極，出入艱難。我家墻門外階沿石，從未水没其上，惟是年兩次没入，經月不退，歲事又荒矣。八月初旬多雨，初八、九兩日大風潮，花鈴盡脱，中秋後稍稍有花，亦嫌雨多。棉收不過廿斤，低者二、三十斤；稻亦蟲蛀，好者僅擔許，低者穀幾斗而已，苦不可言。康熙三十三年立秋一月，儼若黄梅光景，不料九月十一日大雨如注，落至午後，河溢漲起，申時分平地水高二尺，儼如混沌之狀。上則大雨傾盆，下則潮水泛濫。合宅倉皇，至晚更甚，人家俱收拾，忙至半夜後而漸止，我家墻門客堂内從未没着，今至尺許，房中亦有水，地板俱浮，至天明水始退，而人慶重生。低處甚有水及竈面而至半壁者，東西望去，竟同滄海，利害之甚。本日退去五寸，十三日後竟不退矣，每日只退寸許，經月始退見地面，棉、稻、豆之重生者盡腐爛，變成奇荒，慘不可言，余六十餘歲從未遇此。康熙三十三年歲次甲戌。初二下午有細雨，初三小雨竟日，至十五日方晴暖，才一日復陰雨連旬。正月内天好只兩日，二月初好起，倒發大冷做二月八，初十後梅花盛開。九月二十二日大風雨，水漲至階沿石上而止，幸三日即退，故無恙。康熙三十四年歲次乙亥，自舊年十二月十八日雨起，至二十八日微有日色，二十九日即陰。除夕大雨，元旦起至十一日，非雨即雪，再無日光。六月二十三日清晨，有黑雲在北天做陣起，大風雨約有三寸，午後又大雨大風，竟變而爲風潮矣。二十四日更甚，平地水漲四尺有餘，二十五日中午停止，低處田畝俱荒，水至半月方退，甚有播種晚豆者，有種緑豆者，百姓又叫苦矣。康熙三十六年二月二十日，此時聞皇上歲暮回京，見舊秋張提臺報水災疏，發部議賑。又聞部駁：據巡撫、總督疏稱水災，止言水高四尺，今提督報稱水高一丈二尺，與督、撫兩疏大不相符，合着該地方官核實，以議欺誑隱匿之罪。因此張提臺星夜着人到松江，取舊秋百姓所控荒呈，并石董漕（按：名文焯，正白旗人）署府印時所收荒呈，飛送到京備審。

清・葉夢珠《閲世編》卷一 順治五年戊子五月十六日，烈風、驟雨、大水。二十四日戊子，又大雨，低鄉漂没。七月十七日庚辰，連日風雨，晚禾遍野焦萎。究其故，則食心食節，一莖之中，小蟲無數。十五年戊戌八月初九日甲戌夜，大雨傾倒。至初十日乙亥，風雨尤甚，河水于午後頓增數尺，我家居址，頗稱高阜，然更增寸水，便可入室矣。時予在郡城，親見府治内出水譙樓下，門内水高二三尺，勢若倒峽，府治前人不能行，亦有生所僅見者。

康熙七年戊申七月初三庚子，京師大雨，三晝夜不止，平地水深數尺。初九日尤甚，至晚，山西水發，衝倒蘆溝橋，橋上水高數尺，西城坍毁數丈，行人裹足，文移停閣。九年庚戌四月，大水。五月，積雨，水勢益漲，與順治戊戌八月同。然戊戌之水，計日而退，是歲則逾月如故。月杪，予往澄江，由郡城歷青浦、崑山、吴門、無錫抵江上，皆一望無涯。六月十一日丙申，風潮大作，暴水增漲，浙西諸郡，幾沉水底，歷冬逾春，此亦數十年間僅見之水災也。予作《庚戌水災聞見録》，詳紀其事。十九年庚申六月至七月望後，大雨時作，江南大水。七月杪，水方退。八月初二日夜，澍雨竟夕，水復驟漲，衝倒上海南城數丈，壓死居民七人。江南、江北大水，一望如海，罕見平陸。二十八年己巳七月二十三日壬子〔二十〕四日癸丑，浙江餘姚、上虞、慈溪三縣，山水大發，高有丈餘，田禾房屋俱淹没，因起蛟也。是兩日，吾鄉風水大作，田禾花豆，亦頗損壞，見邸抄。

清・鈕琇《觚賸》卷二《水災風變》 康熙庚戌六月十二日，大水猝至，間以狂飈。村落之家，漂牀沈竈，人皆露處，繞郭諸所，罹禍尤烈，枕屍大小，以數百計。萬曆三十六年水至，邑令上樓，向額再拜，取以投水，勢遂定。是日趙令促騎出署，水没馬腹，不能行。康熙丙子七月廿三日午後，北風陡發，雨如懸瀑，平地湧水，驟至數尺。夜半返風而南，勢益狂猛。篝燈密室中，無不盡滅。屋瓦交飛，頹牆覆屋者十家而九。所在喬木，倒折殆盡。城隍廟有四古榆，大皆合抱，連根盡拔。真異變也。先一日，句容縣水發時，士子録科者，多寓城外。水驟至不及避，淹死數十人。

清・王士禛《香祖筆記》卷四 康熙四十二年癸未七月初五日，上傳尚書臣士禛、大理寺卿李斯義，掌河南道監察御史吕琨、同内閣户部赴乾清門，問山東今年水災情形，并問前遣官照口外養蒙古例往賑，實有益于百姓否。臣士禛奏：「皇上軫念民艱，特遣人員照口外養蒙古之例賑濟。地方大小官員仰體聖意，實心料理不敢文具視之，自實有裨益于百姓。但今年之災非比去年，去年被水不過十餘州縣，今年則六郡無不被水，加以丹災，視去年不啻數倍。今舊穀已盡，新穀絶望，民間所苦在于無米。」上諭户部尚書凱音布速發通州倉米往賑。

清・傅恒等《歷代通鑑輯覽》卷一三 漢（高后吕雉）三年夏，江漢水溢，流四千餘家。是秋伊、洛、汝水皆溢。八年夏，江漢水溢。流萬餘家。

清・傅恒等《歷代通鑑輯覽》卷一四 漢太宗孝文皇帝十二年冬十二月，河决酸棗，東潰金堤。《括地志》：金堤一名千里堤，在白馬東。白馬，漢縣故城，在衛輝府滑縣東北。于是東郡大興卒塞之。劉友益曰：書河决始此。詔，民入粟邊，拜爵免罪，賜民今年半租。漢景帝中元五年夏，大水。

清・傅恒等《歷代通鑑輯覽》卷一五 漢武帝元狩三年，山東大水，徙其民于關西朔方。山東被水民多饑乏，遣使虚倉粟以振，猶不足。又募富人假貸，尚不能相救。乃徙貧民于關以西及充朔方以南新秦中，七十餘萬口，衣食皆仰給縣官。

清・傅恒等《歷代通鑑輯覽》卷一六 漢世宗孝武皇帝元鼎三年夏，大水，關東饑。漢孝昭皇帝始元元年秋七月，大雨，至於十月。

清・傅恒等《歷代通鑑輯覽》卷一八 漢孝元皇帝初元元年秋九月，關東大水、饑。關東郡國十一大水、饑。人或相食，轉旁郡錢穀以相救。漢元帝永元五年秋，潁川大水。西漢成帝陽朔元年秋，關東大水。漢孝成皇帝建始三年秋，大雨。京師民訛言，大水至關内，大雨四十餘日，京師民相驚，言大水至，奔走相蹂躪。

清・傅恒等《歷代通鑑輯覽》卷二〇 漢新莽天鳳二年，邯鄲以北大雨，水深者數丈，流殺數千人。

清・傅恒等《歷代通鑑輯覽》卷二二 後漢光武帝建武三十一年夏五月，大水。

清・傅恒等《歷代通鑑輯覽》卷二三 後漢孝和皇帝永元元年大水。郡國凡九。後漢和帝永元十年夏五月，京師大水。永元十年冬十月，雨水。凡五州。十四年。大水。凡三州。孝殤皇帝延平元年五月，河東垣山崩，雨水。詔：實覈傷害，除其田租。郡國三十七大水，詔曰：間者水災害稼，朝廷憂懼，而郡國欲獲虚譽，遂多張墾田，競增户口，掩匿盗賊、奸惡，無懲署用非次選舉乖宜，貪苛慘毒，延及平民。九月，大水。凡六州。以連遭大水，百姓苦役方中陵中也。秘藏及諸工，作減十之九。後漢孝安皇帝永初元年秋九月，以寇賊、雨水，策免太尉防司空勤。三公以災異免自此始。後漢安帝永初三年十二月，雨水，并凉。大饑，人相食。永初四年秋七月，大水。凡三郡。五年，蝗，九州。雨水。郡國八。永寧元年，大水。郡國凡三十三。

清・傅恒等《歷代通鑑輯覽》卷二五 後漢孝桓皇帝永康元年大水，渤海溢。靈帝建寧元年戊申六月，京師大水。熹平元年壬子夏六月，大水。四年乙卯夏四月，大水。中平五年戊辰夏六月，大水，凡郡國七。六年夏四月，大水。

清・傅恒等《歷代通鑑輯覽》卷二六 後漢孝靈皇帝中平五年夏六月，大水。凡郡國七。

清·傅恒等《歷代通鑑輯覽》卷二八　蜀漢昭烈皇帝章武二年，丞相亮聞魏兵至，次于成固赤坂以待之。召李嚴使將二萬人赴漢中。會天大雨三十餘日，棧道斷絕。于是魏華歆楊阜王肅等，皆以爲言叡乃詔真等班師。

清·傅恒等《歷代通鑑輯覽》卷二九　晉泰始四年、吴寶鼎三年九月，晉大水。晉咸寧二年、吴天璽元年，晉大水。晉咸寧四年、吴天紀二年，秋，晉大水、螟。

清·傅恒等《歷代通鑑輯覽》卷三〇　晉惠帝元康五年夏，荆、揚、兖、豫、青、徐六州大水。元康八年秋九月，荆、豫、徐、揚、冀五州大水。

清·傅恒等《歷代通鑑輯覽》卷四一　南北朝梁天監十二年、魏延昌二年夏五月，魏壽陽大水。壽陽久雨，大水入城，廬舍皆没。魏揚州刺史李崇勒兵泊于城上，城不没者二版。

清·傅恒等《歷代通鑑輯覽》卷四八　隋煬帝大業七年，山東、河南大水，漂没三十餘郡。

清·傅恒等《歷代通鑑輯覽》卷五〇　唐太宗貞觀七年秋九月，山東四十餘州水，遣使賑之。八年秋七月，山東、河南大水。

清·傅恒等《歷代通鑑輯覽》卷五一　唐太宗文武皇帝貞觀十一年秋七月，穀、洛溢。詔百官極言過失。大雨，穀、洛溢入洛陽宫，壞官寺、民居，溺死者六千餘人。唐高宗皇帝永徽五年夏閏四月，帝在萬年宫，夜大水。上在萬年宫，夜大雨，山水衝元武門。俄而，水入寢殿，漂溺三千餘人。六月恒州大水。滹沱溢，漂溺五千餘家。

清·傅恒等《歷代通鑑輯覽》卷五二　唐高宗咸亨四年秋七月，婺州大水。唐高宗永淳元年五月，洛水溢。

清·傅恒等《歷代通鑑輯覽》卷五三　唐中宗皇帝神龍元年，洛水溢，流二千餘家。河南北十七州大水。

清·傅恒等《歷代通鑑輯覽》卷五四　唐元宗明皇帝開元十四年秋七月，河南北大水。八月，魏州河溢。二十九年秋七月，洛水溢。

清·傅恒等《歷代通鑑輯覽》卷五五　唐元宗明皇帝天寶十三載。自去歲，水旱相繼，關中大饑。

清·傅恒等《歷代通鑑輯覽》卷五六　唐肅宗皇帝廣德二年九月，關中蟲蝗，霖雨。

清·傅恒等《歷代通鑑輯覽》卷五七　唐代宗大曆十二年。霖雨。先是秋霖，河中府池鹽多敗。

清·傅恒等《歷代通鑑輯覽》卷六〇　唐憲宗皇帝元和八年夏六月，大水。元和十二年秋七月，大水。

清·傅恒等《歷代通鑑輯覽》卷六二　唐宣宗大中十二年，河南北、淮南大水。徐、泗水深五丈，流没數萬家。唐懿宗咸通十年，關東、河南大水。

清·傅恒等《歷代通鑑輯覽》卷六七　後唐同光三年六月，雨。春夏大旱，至是始雨，遂連雨七十五日始霽，百川皆溢。

清·傅恒等《歷代通鑑輯覽》卷七〇　漢乾祐三年六月，河決鄭州。周廣順二年，蜀大水，壞其太廟。遼大水。瀛莫幽州大水。流民入塞者四十萬口。周詔所在賑給。存處之中，國民被掠得歸者十五六。周廣順三年八月，周塞決河。周大水。

清·傅恒等《歷代通鑑輯覽》卷七一　宋太祖開寶七年，河決澶州。東匯于鄆濮，壞民田廬。宋開寶五年夏五月，大雨河決。大雨河決濮陽。

清·傅恒等《歷代通鑑輯覽》卷七二　宋太平興國八年五月，河決滑州，東南入于淮。此河決入淮之始。河大決滑州之韓村，泛澶、濮、曹、濟諸州，壞民田廬，東南流至彭城入于淮。詔發丁夫十餘萬塞之。時多陰雨。六月大水。江河漢、睢、穀、洛、瀍、澗水溢，溺死者以萬計。

清·傅恒等《歷代通鑑輯覽》卷七三　宋真宗大中祥符二年夏四月，昇州大水。四年六月，江淮大水。秋七月，畿内蝗。八月，河決通利軍。天禧三年己未八月，京東、河北水。

清·傅恒等《歷代通鑑輯覽》卷七四　宋仁宗皇帝天聖四年夏六月，大水，京師大雨，平地水數尺，壞民舍，壓死數百人。京東西及河北、江淮以南，皆大水。天聖六年秋七月，江南、河北水。據《宋史》及《東都事畧》，是年大水並在七月，亦不及兩浙，今改正。江寧府揚、真、潤州江水溢，詔遣使安撫賑恤。河北大水，九月遣近臣十七人巡行。免水災州軍秋稅。

清·傅恒等《歷代通鑑輯覽》卷七六　宋英宗皇帝治平二年八月，京師大水，詔求直言。京師大雨，平地涌水，壞官私、廬舍，漂人民，畜産不可勝計。是日，帝御崇政殿，宰相而下朝參者十數人，而已詔開西華門，以洩宫中積水。水奔激，東殿侍班屋皆摧没，人多溺死，官爲葬祭，其無主者千五百八十人。

清・傅恒等《歷代通鑑輯覽》卷七八　宋哲宗皇帝元祐六年六月，浙西水。杭州死者五十萬，蘇州死者三十萬。詔賜米百萬石，錢二十萬緡賑之。

清・傅恒等《歷代通鑑輯覽》卷八一　宋徽宗皇帝宣和元年五月，京師大水。逾五日，大雨如注，歷七日而止，京城外水高十餘丈。

清・傅恒等《歷代通鑑輯覽》卷八六　宋高宗紹興十四年春正月，樂平水鬭。樂平縣何衝里田隴數十百頃，田中水類爲物所吸，聚爲一直行，高平地數尺，不假隄防而水自行，里南程氏家井水溢，亦高數尺。夭矯如長虹，聲如雷，穿墻毁樓。二水鬭于杉墊，且前且却，約十餘刻乃解，各復故。閩浙大水。内侍右武大夫白鍔，從皇太后北歸者，因閩浙大水，宣言燮理乖盭洪皓，名聞華夷，顧不用鍔。

清・傅恒等《歷代通鑑輯覽》卷八九　宋光宗紹熙三年，是歲諸路大水。宋寧宗慶元五年，是歲諸州大水。

清・傅恒等《歷代通鑑輯覽》卷九三　宋理宗皇帝淳祐十二年夏六月，閩浙大水。嚴、衢、婺、信、台、處、建、劍、邵，同日大水，冒城郭漂室廬，人民死者以萬數。詔遣使分行賑卹之。宋理宗寶祐三年夏五月，閩浙大水。

清・傅恒等《歷代通鑑輯覽》卷九四　宋度宗皇帝咸淳十年八月，大霖雨，天目山崩。水涌安吉、臨安、餘杭，民溺死者無算。

清・傅恒等《歷代通鑑輯覽》卷九六　元世祖皇帝至元二十七年夏四月，河北十七郡蝗，大水。江南民流者四十五萬餘人。凡發粟五十八萬賑之。二十九年夏六月，兩浙水。詔免田租一百二十五萬七千餘石。元成宗元貞元年六月，泰安、曹州、濟寧水。元成宗大德元年秋七月，河決杞縣蒲口。先是河决汴梁，發丁夫三萬塞之，至是蒲口復決。二年秋七月，大雨河決。漂没歸德屬縣田廬、禾稼。江西、江浙，水。賑饑民二萬四千九百有奇。

清・傅恒等《歷代通鑑輯覽》卷九七　元武宗至大三年，荆襄大水，山崩。襄陽、峽州路，荆門州大水，壞官廨、民居二萬一千八百餘間，死者三千四百餘人。汝州、六安州、循州皆大水。元仁宗延佑二年秋七月，畿内大雨水。六年六月，山東、淮南諸路大水。元英宗至治元年六月，渾河溢，被災者二萬三千二百餘户。時大雨，滹沱河及巨馬河俱溢。元泰定帝泰定二年夏五月，河溢汴梁。

清・傅恒等《歷代通鑑輯覽》卷九八　文宗皇帝至順元年，江南大水，江浙、湖廣尤甚。没民田五萬一百八十頃，民饑者四十餘萬户。二年秋八月，江浙水，壞田十八萬八千七百三十八頃。至順四年，大霖雨，京畿水平地丈餘，饑民四十餘萬。時關中、河南俱水災。元順帝元統二年，時山東大水。元順帝至元二年，是歲，鄧州大霖雨三十日，白河水大溢，爲災。五年夏六月，汀州大水，平地水深三丈，没民居八百餘區，人溺死者八千餘。元順帝至正三年秋七月，汴梁大水。自四月至是月，霖雨不止。中牟等七縣皆大水。八年五月，霖雨，山崩江溢。

清・傅恒等《歷代通鑑輯覽》卷一〇〇　明洪武十七年八月，河決開封杞縣。冬十月，河南北平水，遣賑之。

清・傅恒等《歷代通鑑輯覽》卷一〇二　明成祖皇帝永樂二十年夏六月，雨水傷稼。南北畿、山東數十州縣霪雨傷稼。

清・傅恒等《歷代通鑑輯覽》卷一〇三　明英宗皇帝正統元年秋七月，兩畿、山東、河南、陝西、湖廣、廣東大水。四年夏五月，京師人雨，水溢。壞官廨、民居三千三百餘區，貧民露宿，長安街皆滿。五年夏六月，兩畿、山東、河南、浙江、江西大水，江河皆溢。

清・傅恒等《歷代通鑑輯覽》卷一〇四　明英宗皇帝正統十三年，陝西、江西水。秋七月，河決。一自新鄉漫曹、濮抵東昌，潰壽張沙灣，合大清河入海。一自滎澤漫原武，經祥符南，又由陳、留、歷、睢、亳入渦口，至懷遠界入淮。淹地二千餘里，壞城垣、廬舍，溺死男婦不可勝計。明代宗景泰七年六月，河決開封。秋七月，兩畿、山東、河南大水。自夏至秋，大雨不止，諸水並溢，高地丈餘。明英宗天順五年夏五月，大雷雨，平地水深數尺，人咸以爲寃。

清・傅恒等《歷代通鑑輯覽》卷一〇五　明憲宗成化六年六月，大水。順天、河間、永平諸府大水。時旱澇相仍，民食草木幾盡。明憲宗成化八年秋，南畿、浙江大水。

清・傅恒等《歷代通鑑輯覽》卷一〇六　明憲宗成化十八年秋八月，大水。衛、漳、滹沱並溢，又河南霪雨，自六月至于是月。民居漂没者無數，渰死數萬人。明孝宗皇帝弘治二年秋七月，詔求直言。京師霪雨，南京風雷，故有是詔。

清・傅恒等《歷代通鑑輯覽》卷一〇七　明孝宗弘治十七年，廬山鳴，聲如雷。次日，大風雨，平地水丈餘。星子、德安二縣人溺死者無算。

清・傅恒等《歷代通鑑輯覽》卷一〇八　明世宗嘉靖二年秋七月，南畿大水。

清・傅恒等《歷代通鑑輯覽》卷一一〇　明穆宗皇帝隆慶元年六月，霪雨傷稼。穆宗隆慶四年冬十月，河南、山東水。明神宗萬曆二年秋七月，淫雨，昭陵地陷。八月，淮、揚、徐河海並溢。八年六月，南畿大水。

清・傅恒等《歷代通鑑輯覽》卷一一一　明神宗萬曆十五年六月，京師大雨。溺人民無算。秋七月，江南水。

清・傅恒等《歷代通鑑輯覽》卷一一二　明神宗萬曆三十二年秋七月，大雨水。三十九年夏六月，大水。南北兩畿及湖廣皆大水。四十一年秋七月，大水。兩畿，河南、山東、湖廣、江西、廣西俱大水。

清・傅恒等《歷代通鑑輯覽》卷一一三　明熹宗天啓六年，京師水。

清・傅恒等《歷代通鑑輯覽》卷一一四　明莊烈帝崇禎五年六月，京師大雨水。

清・張英等《淵鑑類函》卷二二　增《唐志》曰：貞觀八年，山東及江淮大水。又曰：神龍元年，大水。詔九品以上官直言極諫。宋務光上書曰：切見自夏以來，水氣勃戾，天下多罹其災，洛水暴漲，漂損百姓。

清・顧公燮《丹午筆記》　康熙四十七年，大水，自四月至五月，淫雨四十五日，晝夜無間，南濠俱搭浮橋。先是蛙鳴於樹，人以爲奇。蟲鳥得風氣之先，信然。從此癘疫横行，死者枕藉。四十八年又大水，雖較前稍遜，而米價不減。

清・佚名《吴城日記》　明崇禎十七年六月二十日，吴提督五鼓發令，統兵往吴江、常熟等處。廿一日雨綿亘，至廿六日方止，早稻在田不免傷損。九月初一日。士公因積雨傷稼，令道流於元妙觀祈晴。

清・陳鴻《莆變小乘》　甲辰（康熙三年）六七月，大水異常，城垣崩塌，石塞圮壞。庚申（康熙十九年）七月二十四日，大雨，二十七日方止。溝渠俱滿，枯禾漸蘇。八月初七日日晡，大雨。向晚雨勢轉急。仙邑出孽龍，天雷震死。一大一小。形如蛇，有四足。仙邑水冲至莆，南門城崩數丈。四更水勢浩蕩，一鄉房屋俱倒，水淬直上半城。黎明，南北二洋成鉅浸。風浪滔天，雨愈急，水愈大。老幼死有千餘，六畜不計其數。木料、棺材、米穀、衣服、器具先被水淬，後俱隨波卷去。煙火斷三天，真難極目。

清・畢沅《續資治通鑑》卷六《宋紀六》　太祖開寶三年六月，汴水決寧陵縣，發丁夫塞之，又塞汴口以殺水勢。

清・畢沅《續資治通鑑》卷七《宋紀七》　太祖開寶五年五月辛未，河大決澶州濮陰縣，壬申，命潁州團練使曹翰往塞之。河決大名府朝城縣，河南、北諸州皆大水。六月庚寅，河決陽武縣，汴水決鄭州、宋州。丁酉，詔：「沿河民田有爲水害者，有司具聞，除租。」戊申，發諸州兵士及丁夫凡五萬人塞決河，命曹翰護其役。未幾，河所決皆塞。是月，下詔曰：「近者澶、濮等數州，霖雨荐降，洪河爲患，朕以屢經決溢，重困黎元，每閲前書，詳究經瀆。」

清・畢沅《續資治通鑑》卷八《宋紀八》　太祖開寶八年六月辛亥，河決頓丘。九年夏四月庚子，合祭天地於南郊。時雨彌月不止，及期始霽。

清・畢沅《續資治通鑑》卷一〇《宋紀十》　太宗太平興國五年四月，詔壅汾河晉祠水灌太原，隳其故城。

清・畢沅《續資治通鑑》卷一五《宋紀十五》　太宗淳化二年六月，是月，遼南京霖雨傷稼。

清・畢沅《續資治通鑑》卷一六《宋紀十六》　太宗淳化四年，遼境自夏末大雨，至是桑乾、洋河溢，居庸關西害禾稼殆盡，奉聖、南京居民廬舍多墊溺。是秋，久雨不止，朱雀、崇明門外積水尤甚，往來浮罌筏以濟，壁壘廬舍多壞，近甸秋稼多敗，流移甚衆。陳、潁、宋、亳間盜賊羣起，商旅不行。帝以陰陽愆伏，罪由公府，切責宰相李昉等曰：「卿等盈車受俸，豈知野有餓殍乎？」昉等慚懼拜伏。

清・畢沅《續資治通鑑》卷一八《宋紀十八》　太宗至道元年四月甲辰後三日，大雷雨，街中水深數尺。

清・畢沅《續資治通鑑》卷二二《宋紀二十二》　真宗咸平四年六月丁巳，詔：「東川民田先爲江水所害者，除其租。」

清・畢沅《續資治通鑑》卷二三《宋紀二十三》　真宗咸平六年二月己卯，遣使賑京東、西，淮南水災。三月辛卯朔，田錫言：「去秋已來，霖雨作沴，近畿諸處，水潦爲災，雖爲檢覆災傷，乃是虚名，即行賑貸，且非實事。」

清・畢沅《續資治通鑑》卷二八《宋紀二十八》　真宗大中祥符二年秋七月甲寅朔，遼境霖雨，潢河諸水皆溢，漂没民舍。

清・畢沅《續資治通鑑》卷二九《宋紀二十九》　真宗大中祥符三年五月辛丑，京師大雨，平地數尺，壞廬舍，民有厭死者，賜布帛。

清・畢沅《續資治通鑑》卷三三《宋紀三十三》　真宗大中祥符九年九月己巳，詔聞益州頻雨，穀貴，令發官廩糶濟之；所修玉局觀、上清宮悉罷。

真宗天禧元年六月戊辰朔，遼德妃蕭氏賜死，葬兔兒山(西)，後數日，大風起冢上，晝暝，大雷電而雨，不止者踰月。

清・畢沅《續資治通鑑》卷三四《宋紀三十四》 真宗天禧四年秋七月甲子，大雨，流潦泛溢公私廬舍大半，有壓死者。

清・畢沅《續資治通鑑》卷三六《宋紀三十六》 仁宗天聖元年八月乙卯，詔羣臣就觀，監察御史開封鞠詠言：「陛下新即位，河決未塞，霖雨害稼，宜思所以應災變。臣願陛下以援進忠良、退斥邪佞爲國寶，以訓勸兵農、豐積倉廩爲天瑞，草木之怪，何足尚哉！」

清・畢沅《續資治通鑑》卷三七《宋紀三十七》 仁宗天聖四年六月丁亥，建、劍、邵武等州、軍大水，賑之。庚寅，大雨震電，京師平地水數尺。辛卯，避正殿，減常膳。五年秋七月己亥朔，賑泰州水災。七年二月乙酉，以河水災，委轉運使察官吏不任職者易之。癸巳，募民入粟以賑河北水災。三月丙戌，遣官祈晴。帝因謂輔臣曰：「昨令視四郊，而麥已損腐，民何望焉！此必政事未當天心也。古者大辟，外州三覆奏，京師五覆奏，蓋重人命如此。其戒有司，審獄議罪，毋或枉濫。」又曰：「赦不欲數；然舍是無以召和氣。」夏，四月，庚寅，赦天下，免河北被水民賦租。京師自三月朔雨不止，前赦一夕而霽。六月，太廟齋郎蘇舜欽，詣登聞鼓院上疏曰：「今歲自春徂夏，霖雨陰晦，未嘗少止，農田被災者幾於十九。」

清・畢沅《續資治通鑑》卷三八《宋紀三十八》 仁宗天聖九年五月，遼境諸河，以大雨橫流，失其故道。

清・畢沅《續資治通鑑》卷四八《宋紀四十八》 仁宗慶曆六年秋七月庚寅，河東經略司言雨壞忻、代等州城壁。

清・畢沅《續資治通鑑》卷四九《宋紀四十九》 仁宗慶曆八年三月壬戌，以霖雨録繫囚。

清・畢沅《續資治通鑑》卷五〇《宋紀五十》 仁宗慶曆八年秋七月戊戌，以河北水，令州縣募饑民爲軍。甲寅，遼録囚，減雜犯死罪。八月，己丑，以河北、京東、西水災，罷秋宴。九月(戊午)，詔三司以今年江、淮所運米二百萬斛轉給河北州軍。十二月，時雨潦害稼，壞堤防，兩河間尤甚。十二月乙丑朔，出內藏錢帛賜三司貿粟，以賑河北流民，所過，官爲舍止之，所齎物無收算。

仁宗皇祐元年春正月戊申，以河北水災，罷上元張燈，停作樂。

清・畢沅《續資治通鑑》卷五一《宋紀五十一》 仁宗皇祐二年十一月丙辰，出內藏庫緡錢四十萬，紬絹六十萬，下河北使糴糧草。先是河北頻年水災，朝廷蠲民稅幾盡；至秋，禾稼將登，而鎮、定復大水，沿邊尤被其害。帝憂軍儲不給，故特出內府錢帛以助之。

清・畢沅《續資治通鑑》卷五六《宋紀五十六》 仁宗嘉祐元年六月，時京師自五月大雨不止，水冒安上門，門關折，壞官私廬舍數萬區，城中繫栰渡人，命輔臣分行諸門。而諸路亦奏江河決溢，河北尤甚，民多流亡，令所在賑救之。秋七月乙巳，貸被水災民麥種。八月癸亥，及京師大水，青避水，徙家于相國寺，行止殿上，都下喧然；執政聞之始懼，以熟狀出青判陳州。

又 仁宗嘉祐元年十二月，時京師大水，因言中官、勢族築園榭多跨惠民河，故河塞不通，乃悉毀去。或持地券自言，有僞增步數者，皆審驗，劾奏之。

清・畢沅《續資治通鑑》卷五九《宋紀五十九》 仁宗嘉祐六年秋七月乙酉，泗州淮水溢。丙戌，詔：「淮南、江、浙水災，差官體量蠲稅。」

清・畢沅《續資治通鑑》卷六二《宋紀六十二》 英宗治平元年八月丁巳，以上供米三萬石賑宿、亳州水災饑民。是歲，畿內、宋、亳、陳、許、汝、蔡、唐、潁、曹、濮、濟、單、濠、泗、廬、壽、楚、杭、宣、洪、鄂、施、渝州、光化、高郵軍大水，遣使行視，疏治賑卹，蠲其賦租。

清・畢沅《續資治通鑑》卷六三《宋紀六十三》 英宗治平二年八月庚寅，大雨。辛卯，地涌水，壞官私廬舍，漂殺人畜不可勝數。帝御崇政殿，宰相而下，朝參者十數人而已。詔開西華門以泄宮中積水，水奔激東殿，侍班班屋皆摧沒。丙申，會京師大水，抗推原咎徵，守前說以對，大臣不便之。九月壬戌，以霖雨罷大宴。丙子，會大雨水，時黯已被疾，疏言：「二三執政建兩統貳父之說，故七廟神靈震怒，天降雨水，流殺人民。」

清・畢沅《續資治通鑑》卷六四《宋紀六十四》 英宗治平三年三月癸酉，詔曰：「去秋以來，雨潦爲沴，今星躔生變；咎證昭灼，故避殿撤膳，夙夜惕厲。永惟四海之內，獄訟煩冤，調役頻亢，與鰥寡孤獨死亡貧苦，甚可傷也！轉運使、提點刑獄，分行省察而矜恤之，利病大者悉以聞，庶仁恩家至，副朕寅畏之心焉。」夏四月，遼境霖雨。

清・畢沅《續資治通鑑》卷六六《宋紀六十六》 神宗熙寧元年秋七月，河溢瀛州樂壽埽。遼南京霖雨，地震。九月，辛亥，遼曲赦南京徒罪以下囚。以永清、武清、安次、固安、新城、歸義、容城諸縣並遭水災，復一歲租。

清・畢沅《續資治通鑑》卷六八《宋紀六十八》 神宗熙寧四年秋七月甲午，賑卹兩浙水災。

清・畢沅《續資治通鑑》卷六九《宋紀六十九》 神宗熙寧五年二月壬子，以兩浙水，賜穀十萬石賑之，仍募民興水利。

清・畢沅《續資治通鑑》卷七〇《宋紀七十》 神宗熙寧七年五月乙丑，大雨水，壞陝、平陸二縣。

清・畢沅《續資治通鑑》卷七一《宋紀七十一》 神宗熙寧八年夏四月壬午，湖南江水溢。秋七月甲子，處州江水溢。

清・畢沅《續資治通鑑》卷七六《宋紀七十六》 神宗元豐四年秋七月戊戌，詔：「自今汴河水漲及一丈四尺以上，即令於向上兩隄，相視地形低下可以納水處決之。」己酉，泰州言：「七月甲午，海風夜起，繼以大雨，浸州城，壞公私屋數千間。」詔淮南轉運副使李琮按視以聞。

清・畢沅《續資治通鑑》卷七七《宋紀七十七》 神宗元豐五年秋七月，是月，決大吳埽隄，以舒靈平下埽危急。

遼南京霖雨，沙河溢，永清、歸義、新城、安次、武清、香河六縣傷稼。九月，壬辰，遼遣使行視畿縣民被水患者。是月，河溢滄州南皮上下埽，又溢清池埽，又溢永静軍阜城下埽。六年六月閏月丙戌，汴水溢。

清・畢沅《續資治通鑑》卷七八《宋紀七十八》 神宗元豐七年秋七月甲辰，伊、洛溢。河決元城，知大名府王拱辰言：「河水暴至，數十萬衆號叫求救，而錢穀稟轉運，常平歸提舉，軍器工匠隸提刑，埽岸物料兵卒即屬都水，鹽運司在遠，無一得專，倉卒何以濟民！望許不拘常制。」詔：「事干機速，奏覆牘稟所屬不及者，如所請。」丙午，遣使賑卹，賜溺死者家錢。七年十二月，河東饑，河北水，壞洺州廬舍，並蠲其税。

清・畢沅《續資治通鑑》卷七九《宋紀七十九》 哲宗元祐元年，是歲，河北及楚、海諸州水。

清・畢沅《續資治通鑑》卷八一《宋紀八十一》 哲宗元祐五年，是歲，浙西水災。

清・畢沅《續資治通鑑》卷八二《宋紀八十二》 哲宗元祐七年十一月丁酉，遼以通州水潦害稼，遣使賑之。

清・畢沅《續資治通鑑》卷八三《宋紀八十三》 哲宗元祐八年八月壬戌，遣使按視京東、西，河南、北，淮南諸路水災。戊辰，赦天下。

清・畢沅《續資治通鑑》卷八四《宋紀八十四》 哲宗紹聖元年九月癸卯，遣御史劉拯按河北水災，賑飢民。是歲，洛水溢，河北水，發京東粟賑之。

清・畢沅《續資治通鑑》卷八五《宋紀八十五》 哲宗紹聖四年二月丙辰朔，考異：《遼史道宗紀》作甲辰朔，誤。今改正。遼南京水，遣使賑之。

清・畢沅《續資治通鑑》卷八七《宋紀八十七》 徽宗崇寧元年六月壬辰，遼主以雨罷獵，駐散水原。秋七月甲辰，以雨水壞民廬舍，詔開封府振卹壓溺者。是月，遼主獵于黑嶺，以霖雨，給獵人馬。

清・畢沅《續資治通鑑》卷八八《宋紀八十八》 徽宗崇寧二年二月，遼以武清縣大水，弛其陂澤之禁。

清・畢沅《續資治通鑑》卷九〇《宋紀九十》 徽宗大觀元年秋七月乙酉朔，伊、洛溢。

又 徽宗大觀元年，京東水，河溢，遣官振濟，貸被水户租。二年秋七月戊辰，遼主以雨罷獵。八月辛巳，邢州河水溢，壞民廬舍，復被水者家。三年六月庚寅，冀州河水溢。四年，是歲，夔州江水溢。海水清。

清・畢沅《續資治通鑑》卷九二《宋紀九十二》 徽宗政和五年，是歲，平江府、常、湖、秀三州水。

清・畢沅《續資治通鑑》卷九三《宋紀九十三》 徽宗重和元年秋七月己酉，遣廉訪使者六人賑濟東南諸路水災。九月壬午，詔罷拘白地、禁榷貨、增方田、添税酒價，取醋息、河北加折耗米、東南水災强糴等事。是歲，江、淮、荆、浙、梓州水。十一月甲子，詔：「東南諸路水災，令監司、郡守悉心賑救。」

清・畢沅《續資治通鑑》卷一一三《宋紀一百十三》 高宗紹興四年正月癸酉，輔臣進呈張浚奏：「四川自七月以來，霖雨、地震，蓋名山大川久闕降香，乞製祝文付下。」帝曰：「霖雨、地震之災，豈非重兵久在蜀，調發供饋，椎膚剥髓，民怨所致，當修德撫民以應之，以何禱乎！」

清・畢沅《續資治通鑑》卷一一五《宋紀一百十五》 高宗紹興五年三月甲午，趙鼎奏：「近久雨，恐傷苗稼，欲下臨安府祈（請）［晴］。」孟庾、沈與求曰：「多雨，天氣久寒，蠶損甚衆。」帝曰：「朕見令禁中養蠶，庶使知稼穡艱難。祖宗時于延春閣兩壁畫農家養蠶、織絹甚詳，元符間因改山水。」

清・畢沅《續資治通鑑》卷一二一《宋紀一百二十一》 高宗紹興九年三月己亥，以久雨，放臨安府内外公私僦舍錢三日。自是雨雪則如之。

清・畢沅《續資治通鑑》卷一二三《宋紀一百二十三》 高宗紹興十年閏六月，張俊既破亳州，遇大雨，士皆坐于水中，俊遂引軍還壽春，留雄勝軍統制宋超守亳州，以兵千人與之，民皆失望。

清・畢沅《續資治通鑑》卷一二六《宋紀一百二十六》 高宗紹興十四年六月乙未，帝謂大臣曰：「浙東、福建被水災處，可令監司躬往，悉力賑濟，務使實惠及民，毋爲文具。」

時江、浙、福建同日大水。建州水冒城而入，俄頃深數丈，公私廬舍盡壞，溺死數千人。嚴州水暴至，城不没者數版。右奉議郎、通判州事洪光祖，集舟以援民，且區處山阜，給之薪粥，卒無溺者。衢、信、處、婺等州，民之死者甚衆。

清・畢沅《續資治通鑑》卷一三〇《宋紀一百三十》 高宗紹興二十三年六月己卯，潼川大水，涪江漲。庚辰，沅江武陵漲水壞城，人争保城西牛頭山，（山）趾大溪橋壞，水大至，平地丈五尺，死者甚衆。九月甲午，帝謂大臣曰：「聞潼川路水災，可令轉運、常平司將被災州縣檢放賑濟。」

清・畢沅《續資治通鑑》卷一三三《宋紀一百三十三》 高宗紹興二十九年九月丙申，放臨安府公私僦錢半月。詔：「諸路四等以下户去年未納税賦，兩浙、江東、西去年水災賑貸物料，及浙東、江西民田爲螟螣損稻者，其租賦皆蠲之。」丁酉，減僧、道今年丁錢之半。

清・畢沅《續資治通鑑》卷一三五《宋紀一百三十五》 高宗紹興三十一年冬十月，先是有詔調淮東丁壯萬人付榮，於射陽湖等處緩急保聚。時淮東遭水災，民多乏食，錡請日給民兵錢米及借補首領官資以爲激勸，而轉運使楊抗令榮分其兵之半歸農，半給錢米。至是調赴軍前者，皆潰逸不歸，榮卒不能軍。

清・畢沅《續資治通鑑》卷一三八《宋紀一百三十八》 孝宗隆興元年，金人恃騎射，夏久雨，膠解，弓不可用，故屢敗。是歲，兩浙大水，旱、蝗，江東大水，悉蠲其賦。二年六月辛酉，以淫雨，詔州縣理滯囚。丁丑，賑江東、兩淮被水貧民。癸丑，以江東、浙西大水。詔廷臣言闕政急務。八月甲寅朔，帝以災異，避殿，減膳。九月辛丑，以久雨，出内庫白金四十萬兩，和糴以賑貧民。尋又詔發江西義倉米二十萬石濟之。

清・畢沅《續資治通鑑》卷一三九《宋紀一百三十九》 孝宗乾道元年二月甲辰，以久雨，避殿，減膳，蠲兩淮災傷州縣身丁錢絹，決繫囚。二年夏四月，戊寅，詔：「淫雨爲沴，害及禾麥，可令侍從、臺諫講究所宜以聞。其臨安府并諸路郡縣見禁刑獄，立限結絶，委官分詣檢察。」旋命減繫囚罪。庚辰，詔兩浙漕臣王炎開平江、湖、秀圍田，以壅水害民田故也。九月，辛亥，賑温州水災。

清・畢沅《續資治通鑑》卷一四〇《宋紀一百四十》 孝宗乾道三年三月，是月，賑泉州水災。閏七月甲寅，葉顒等以久雨求罷，不允。詔内外察獄，令大官早晚並進素膳。戊午，慮囚。

清・畢沅《續資治通鑑》卷一四一《宋紀一百四十一》 孝宗乾道五年二月庚子，金以中都等路水，免税；又以曹、單二州被水尤甚，給復一年。冬十月戊子，賑温、台二州被水貧民。以守臣不上聞，各降官，落職放罷，監司各降一官。六年夏四月壬寅，詔：「江東諸郡多被水，漕臣黄石不即躬親按視，可降兩官。」癸卯，詔：「建康、太平被水縣，今年身丁錢並與放免。」

清・畢沅《續資治通鑑》卷一四三《宋紀一百四十三》 孝宗乾道八年八月，是月，四川水災，命賑之。九年正月閏月庚申，以久雨，命大理、三衙、臨安府及兩浙州縣決繫囚，減雜犯死罪一等，杖以下釋之。五月，洪、吉等郡水災，命賑之。

清・畢沅《續資治通鑑》卷一四四《宋紀一百四十四》 孝宗淳熙元年冬十月癸亥，以積雨命中外決繫囚。

清・畢沅《續資治通鑑》卷一四五《宋紀一百四十五》 孝宗淳熙三年九月，台、婺等州水。四年七月，是月，金大雨，河決。

清・畢沅《續資治通鑑》卷一四六《宋紀一百四十六》 孝宗淳熙四年冬十月丙子，詔：「陰雨多日，大理寺、臨安府並屬縣及兩浙西路諸州縣見禁罪人，在内委臺官，在外委提刑，躬身檢察決遣；如路遠分委通判。杖已下並干繫等人，日下並行疏放。」五年六月，閏月，淮東總領言：「高郵、寶應田，歲被水澇者，昔元祐間發運張綸興築長隄二百餘里，爲涵洞一百八十所，石堰、斗門三十六座，以時疏洩，下注射陽湖，流入於海，故年穀屢登。自殘擾之後，盡皆廢壞，湖水漫流。請專委官司守令，于農隙之地，官給米募夫，擇湖水衝要，建石堰、斗門，并管察隄岸之損缺，修築填補。」旋命淮東領總葉翥核實以聞。

清・畢沅《續資治通鑑》卷一四八《宋紀一百四十八》 宋孝宗淳熙八年五月辛卯，以久雨，減京畿及兩浙囚罪有差，貸民稻種錢。七月，紹興府、徽州、嚴州大水，命賑之。十年十二月，是月，兩浙水，命賑之。

清·畢沅《續資治通鑑》卷一四九《宋紀一百四十九》 孝宗淳熙十一年二月，詔：「前以温、台被水，守臣王之望、陳巖肖不即聞奏，賑卹遲緩；之望特降一官，巖肖落職放罷。近台州獲海賊首領，温州獲次首領，王之望、陳巖肖各有捕賊之勞；以功補過，之望放罷，巖肖與宫觀。」五月，乙卯，以建康、太平、寧國、池、饒、廣德、南康、建昌被水，各支常平錢米賑卹之。

清·畢沅《續資治通鑑》卷一五一《宋紀一百五十一》 孝宗淳熙十四年六月，金免中都、河北等路被河決水災軍民租税。十六年五月，常德府、辰、沅、靖州大水入其郛。閏月己卯，階州大水入其郛。六月庚寅，鎮江大水入其郛。

清·畢沅《續資治通鑑》卷一五二《宋紀一百五十二》 光宗紹熙二年五月己酉朔，福州水。己巳，潼川、崇慶二府，大安、石泉、淮安三軍，興、利、果、合、綿、漢六州大水。秋七月己巳，興州大水，漂没數千家。九月乙丑，以久雨，命大理寺、三衙、臨安府及兩浙決繫囚，釋杖以下。三年五月庚子，常德大水入其郛。己亥，蠲四川水旱郡縣租賦。安豐軍大水，平地三丈餘，漂田廬，絲麥皆空。十一月壬申，賑襄陽府被水貧民。

清·畢沅《續資治通鑑》卷一五三《宋紀一百五十三》 光宗紹熙四年正月，金賑河北諸路水災。五月丙子，淮西大水。丙戌，紹興大水。五月，賑江浙、兩淮、荆湖被水貧民。五年冬十月庚子，以久雨，命決繫囚，釋杖以下。十二月丁卯，金免被黄河水災今年秋税。

清·畢沅《續資治通鑑》卷一五四《宋紀一百五十四》 寧宗慶元元年九月壬午朔，蠲臨安府水災貧民賦。

清·畢沅《續資治通鑑》卷一五五《宋紀一百五十五》 寧宗慶元四年八月丁卯，以久雨，決繫囚。五年是歲，賑浙東、江西、廣東被水州縣貧民。

清·畢沅《續資治通鑑》卷一五六《宋紀一百五十六》 寧宗嘉泰三年三月丁丑，以久雨，詔大理、三衙、臨安府決繫囚。

清·畢沅《續資治通鑑》卷一五七《宋紀一百五十七》 寧宗開禧二年春正月丁巳，以久雨，命決繫囚。

清·畢沅《續資治通鑑》卷一五九《宋紀一百五十九》 寧宗嘉定三年三月丙辰，以久雨，釋兩浙州縣繫囚。五月，癸丑，以久雨，發豐儲倉米賑貧民。是歲，臨安、紹興、嚴、衢大水，賑之，仍蠲其賦。金大饑。五年三月戊辰，以久雨，詔大理、三衙、臨安府、兩浙州縣決繫囚。

清·畢沅《續資治通鑑》卷一六〇《宋紀一百六十》 寧宗嘉定六年，兩浙諸州大水，賑之。十年五月辛未，東川大水。

清·畢沅《續資治通鑑》卷一六一《宋紀一百六十一》 寧宗嘉定十年冬十月乙巳朔，以久雨，釋大理、三衙、臨安府及兩浙諸州杖以下囚。十一年六月，辛酉，湖州水，賑之。

清·畢沅《續資治通鑑》卷一六二《宋紀一百六十二》 寧宗嘉定十六年十一月辛亥，以太平州大水，賑卹之。十七年秋七月丁酉朔，賑福建被水貧民。

清·畢沅《續資治通鑑》卷一六三《宋紀一百六十三》 理宗寶慶元年秋七月，滁州水，詔發會子三千緡，米六百石，賑卹被災之家。二年三月，以久雨，蠲大理寺、三衙、臨安府酒所贓賞錢。夏四月，以久雨，詔大理寺、三衙、臨安府、兩浙州縣決繫囚，杖以下釋之。八月甲午，以久雨，蠲大理寺、三衙、臨安府點檢提領酒所贓賞錢。

清·畢沅《續資治通鑑》卷一六四《宋紀一百六十四》 理宗寶慶三年秋七月丁酉，詔曰：「比者疾風甚雨，介于秋成。以朕之不德，上天示譴，夙夜震恐，慮切民瘼。訪聞畿甸多有飄損禾稻，毁害室廬，民居失業，必致流散，深可憐憫！被水州郡，速議賑濟，仍與放行竹木等税及富室假貸，向去且令倚閣，庶幾貧富相資，以寬目前之急；並其他賑卹事件，亟令有司條具以聞。」

理宗紹定元年八月，戊午，以久雨，決大理寺、三衙、兩浙路繫囚，杖以下罪釋之；蠲贓賞錢有差。資政殿學士、知潭州曾從龍言：「州縣賑民之法有三：曰濟，曰貸，曰糶。濟不可常，惟貸與糶爲利可久。今請撥緡錢一十萬有奇，分下潭、湘十縣，委令佐糴米，置惠民倉，比附常平法。」從之。二年九月丁卯，台州水。

清·畢沅《續資治通鑑》卷一六五《宋紀一百六十五》 理宗紹定二年冬十月壬戌，詔賑台州被水之民，蠲諸色賦税有差。三年夏四月癸酉，蠲紹興府餘姚、上虞縣民户折麥二年，以水災也。四年夏四月丙子，以久雨，蠲大理寺、三衙、臨安府點檢贍軍激賞酒庫所見鹽贓賞錢。丁丑，詔中外決繫囚。

清·畢沅《續資治通鑑》卷一六六《宋紀一百六十六》 理宗紹定五年夏四月戊辰，以久雨，決繫囚。

清·畢沅《續資治通鑑》卷一六七《宋紀一百六十七》 理宗紹定六年五月

辛卯，金主發歸德，留元帥王璧守之。時久雨。朝士扈從者徒行泥水中，掇青棗爲糧，足脛盡腫。明日，至亳州，從者二三百人，馬五十匹而已。留一日，進次亳南六十里，避雨雙溝寺中，蒿艾滿目，無一人迹。金主太息曰：「生靈盡矣！」爲之一慟。

清・畢沅《續資治通鑑》卷一六八《宋紀一百六十八》 理宗端平三年三月辛酉，廣東英德大水，賑之。

清・畢沅《續資治通鑑》卷一六九《宋紀一百六十九》 理宗嘉熙二年秋七月甲戌朔，以霖雨，詔求直言。庚寅，釋中外杖以下囚，蠲贓賞錢。冬十月己酉，户部尚書趙與懽言：「暴風淫雨，害於粢盛，浙江東、西，室廬漂蕩，願下哀痛之詔遣賙卹之使，徧行諸道，許以便宜施惠。」從之。

清・畢沅《續資治通鑑》卷一七〇《宋紀一百七十》 理宗淳祐二年六月，以久雨，詔決中外繫囚。是月，積雨，浙西大水。秋七月，是月，常、潤、建康大水，兩淮尤甚。八月丁卯，詔出封樁庫十七界楮幣十萬，賑紹興、處、婺水潦之民。

清・畢沅《續資治通鑑》卷一七二《宋紀一百七十二》 理宗淳祐六年秋七月，庫裕克，太宗長子也。時諸王不服，將謀不軌。會雷雨大作，行營水深尺，遂各散去。七年正月戊寅，詔：「淮、浙發運司給米二萬石，濟建寧、邵武諸郡被水之民。」

清・畢沅《續資治通鑑》卷一七三《宋紀一百七十三》 理宗淳祐十年九月戊寅，詔：「去歲嚴州水患，田租其悉蠲之。」冬十月丁酉，詔：「訪聞郡邑間有水患，細民流移，恐致失所。可令逐處出義倉米，量輕重多寡賑之，務在實惠均及。」十一年夏四月乙巳，帝諭輔臣曰：「積雨於二麥無害否？」鄭清之曰：「目前雖不爲過，然得晴則佳。」謝方叔曰：「二麥似無害。蠶事惡寒，恐少減分數。」帝曰：「淮上諸城，惟合淝濠塹差淺，可諭許堪令其開浚。」五月癸酉，以久雨，蠲大理寺、三衙、臨安府屬縣見監贓賞錢。秋七月，攸縣富民陳衡老，會諸邑水災，衡老願出米五萬石賑濟以贖罪。十二年六月己卯，帝諭侍臣曰：「衢、嚴水災，江東亦苦雨，此陰盛之應。」徐清叟曰：「漢關中大水，翼奉以爲后舅之故。今宜稍抑宦官、戚畹以回天意。」秋七月甲申，諭輔臣曰：「嚴州水勢可駭，移撥之米，當賑濟，不當賑糶。」謝方叔言，衢、婺廬舍亦多漂蕩，宜一體救卹。戊子，帝問信州水災，謝方叔曰：「建寧、南劍、括蒼亦然，救卹宜急。」庚寅，以諸路水災，遣使分郡賑卹諸軍，計院師與往建寧、南劍，國子監簿葉隆禮往嚴、衢、信，登聞檢院胡大昌往婺、處，合告敕凡一百道，分遣有差。辛丑，帝問輔臣三使行日，徐清叟言建寧、南劍水尤甚，師輿所將僅百萬，恐賑卹有限，帝曰：「可增五十萬。」乙巳，帝曰：「聞福建水，傷人頗多。」徐清叟曰：「水退之後，貧民無以爲生，亦有自經溝瀆者。聞帥臣陳昉發楮三十萬、漕臣饒虎臣發楮五十萬、米五千石以賑之，請與除豁。」帝從之。其後蠲九郡苗米凡二十二萬石有奇。八月戊寅，再決中外繫囚，以陰雨未已，詔行寬卹刑獄。

清・畢沅《續資治通鑑》卷一七四《宋紀一百七十四》 理宗寶祐元年秋七月庚寅，温、台、處三郡大水，詔發豐儲倉米及各州義廩賑之。二年九月甲辰，以久雨，出封樁庫十八界、楮幣三十萬，賑三衙諸軍。三年夏四月，浙、閩大水，洪天錫上言：「上下窮空，遠近怨疾，獨貴戚、巨閹享富貴耳。舉天下窮且怨，陛下能與數十人者共天下乎？」五月甲辰，久雨，以監司、州郡辟書宂濫，申嚴禁止。丙午，帝諭輔臣曰：「修築江岸，軍兵不易，聞補工值雨，多不給食，可令特支。」詔出封樁庫十八界，會二十萬給三衙諸軍，賑臨安府民户亦如之。四年二月庚午，以久雨，詔臨安府發平糴倉米二萬石賑糶。庚辰，以久雨，詔：「監司、州郡決繫囚，毋得淹延，獄官毋得兼簽，以妨本職。」再撥平糴倉米二萬石，損價接糶。出封樁庫楮幣二十萬，令殿、馬、步司給犒。其大理寺、三衙、臨安府屬縣諸酒軍所見監贓賞錢，悉蠲之。

清・畢沅《續資治通鑑》卷一七五《宋紀一百七十五》 理宗寶祐五年九月壬子朔，以久雨，出封樁庫十八界楮幣二十萬賑都民，三衙諸軍亦如之。

理宗開慶元年四月，是月，蒙古兵在合州城下。大雷雨凡二十日。詔：「諸路提點刑獄，以五月按理囚徒。」五月，婺州大水，發義倉賑之。

清・畢沅《續資治通鑑》卷一七六《宋紀一百七十六》 理宗景定二年六月乙未，詔：「霖雨爲沴，避殿，減膳，徹樂。」九月，辛酉，詔：「湖、秀二郡水災，守令其亟勸分監司申嚴荒政。」三年二月，時近輔兵變，又多水患，宗學博士楊文仲輪對，言：「春多沈陰，豈但麥秋之憂，於時爲《夬》，尤軫莧陸之慮。天目則洪水發焉，蘇湖則弄兵興焉。」

清・畢沅《續資治通鑑》卷一七七《宋紀一百七十七》 理宗景定五年八月而己未、庚申之歲，大水爲災，浙西之民，死者數千萬。是歲，蒙古真定、順天、河間、順德、大名、濟南、東平、泰安、高唐、洺、磁、曹、濮、濟、博、德、濱、棣等府、州大水。

清・畢沅《續資治通鑑》卷一七八《宋紀一百七十八》　度宗咸淳元年五月閏月乙巳，以久雨，京城減直糶米三萬石。自是米價高即發廩平糶以爲常。丁未，發錢二十萬，贍在京小民；二十萬，賜殿步馬司軍人；二萬三千，賜宿衛。自是行慶、卹災或遇霪雨、雪寒，咸賜如上數。九月，蒙古大名大水，管民總管張弘範輒免其租賦。三年秋八月壬申，以久雨，命決滯獄。

清・畢沅《續資治通鑑》卷一七九《宋紀一百七十九》　度宗咸淳四年十二月戊寅，蒙古以中都、南京、北京州郡大水，免田科。五年，是歲，蒙古益都、淄、萊大水。六年冬十月，台州大水。己卯，詔發倉米賑之。七年六月丙申，以諸暨大雨，暴風，發米賑被水之家。秋七月壬午，四川制置使朱禩孫言：「五月以來，江水凡三泛溢，自嘉而渝，漂蕩城壁，樓櫓圮壞。」

清・畢沅《續資治通鑑》卷一八〇《宋紀一百八十》　度宗咸淳八年冬十月己亥，以會稽、餘姚、上虞、諸暨、蕭山大水，減其田租。九年，是歲，元諸路大水、蝗，賑米凡五十四萬餘石。十年八月癸丑，大霖雨，天目山崩，水湧流，安吉、臨安、餘杭民溺死者無算。

清・畢沅《續資治通鑑》卷一八五《元紀三》　世祖至元十八年，是歲，保定路清苑縣水。免今年租。

清・畢沅《續資治通鑑》卷一八六《元紀四》　世祖至元十九年八月，江南水，民飢者衆。官司發廩以賑。

清・畢沅《續資治通鑑》卷一八七《元紀五》　世祖至元二十三年三月甲戌，雄、霸二州及保定諸縣水泛濫，冒官民田，發軍民築河隄禦之。乙亥，以敏珠爾卜丹仍中書右丞，與郭佑並領錢穀。六月，華州華陰縣大雨，潼谷水湧，平地三丈餘。杭州、平江二路屬縣水壞民田萬七千餘頃。八月，蘇、湖多雨，傷稼，百姓艱食。浙西按察使雷膺請于朝，發廩米二十萬石賑之。江淮行省以發米太多，議存三之一。膺曰：「布宣皇澤，惠養困窮，行省職爾，豈可效有司出納之吝耶！」行省不能奪。

清・畢沅《續資治通鑑》卷一八八《元紀六》　世祖至元二十五年夏四月癸亥，渾河決，發軍築隄捍之。　癸酉，尚書省言：「近以江淮饑，命行省賑之，吏與富民因緣爲姦，多不及于貧者。今杭、蘇、湖、秀四州復大水，民鬻妻女易食，請輟上供米二十萬石，審其貧者賑之。」帝是其言。

清・畢沅《續資治通鑑》卷一八九《元紀七》　世祖至元二十六年六月，濟寧、東平、汴梁、濟南、棣州、順德、平灤、真定霖雨害稼。丁丑，詔免田租十萬五千七百四十九石。秋七月，雨壞都城，發兵、兵各萬人完之。八月，霸州大水，發直沽倉米糶之。辛酉，大都路霖雨害稼，免今年田租。癸酉，以台、婺二州饑，免今歲田租。二十七年正月己巳〔辛未〕，無爲路大水，免今年田租。二月癸巳，晋陵、無錫二縣霖雨害稼，並免其田租。五月，江陰大水，免田租萬七百九十石。六月壬申朔，河溢太康，免溢没地租。秋七月壬辰，泉州大水。魏縣御河溢害稼，免其租。冬十月丁丑，尚書省言：「江陰、寧國等路大水，民流移者四十餘萬户。」帝曰：「此亦何待上聞，當速賑之！」二十八年二月壬辰，雨壞太廟第一室，奉遷神主別殿。

清・畢沅《續資治通鑑》卷一九〇《元紀八》　世祖至元二十八年七月，雨壞都城，發兵二萬人築之。八月戊子，以婺州水，免田租。九月乙巳，景州、河間等縣霖雨害稼，免田租五萬六千餘石。辛酉，免大都今歲田租；保定、河間、平灤三路大水，被災者全免，收成者半之。二十九年六月，湖州、平江、嘉興、鎮江、揚州、寧國、太平七路大水，丁亥，詔免田租一百二十五萬七千八百餘石。

清・畢沅《續資治通鑑》卷一九一《元紀九》　世祖至元三十年三月，雨壞都城，詔發侍衛軍三萬人完之，仍命給其傭值。五月癸亥，詔以浙西大水冒田爲災，令富家募佃人疏決水道。三十一年冬十月，遼陽行省所屬九處大水，民飢，或起爲盜賊，命賑卹之。

清・畢沅《續資治通鑑》卷一九二《元紀十》　成宗元貞元年六月戊申，歷城縣大清河水溢，壞民居。八月癸亥，以遼陽水，賑之。二年五月，是月，（太原平晋、獻州交河）莫州、醴陵皆水。是歲，大都、保定、汴梁、江陵、沔陽、淮安水。

成宗大德元年三月，歸德、徐、邳、汴梁水，免其田租。

清・畢沅《續資治通鑑》卷一九三《元紀十一》　成宗大德元年七月，是月，衡州之酃縣大水，山崩，溺死三百餘人。二年秋七月癸巳，汴梁等處大雨，河決，壞隄防，漂没歸德數縣禾稼廬舍，免其田租一年。三年，是夏大雨，山水注下，渠不能容，漂没人畜廬帳，幾犯行殿。

清・畢沅《續資治通鑑》卷一九四《元紀十二》　成宗大德五年六月乙巳，大興〔寧〕路水，賑以糧。癸丑，浙西積雨泛溢，大傷民田。詔役民夫二千人疏導水路。八月己巳，平灤路霖雨，灤、漆、淝、汝河溢，民死者衆，免其今年田租，仍賑粟三萬石。上都久雨，夜，聞城西北有聲如戰鼓，拱衛直都指揮使王伯勝率衛卒出視之，乃大水暴至。伯勝立具畚鍤，集土石甓罽以塞，分決濠隍以殺其勢，至旦始定，而民弗知。丞相鄂勒哲以聞，帝嘉之。六年夏四月乙亥，濬永清縣南河。庚辰，上都大水，賑其飢民。七年六月，甕山看牐提領言，自閏五月末，晝夜雨不止，六月初旬夜半，山水暴漲，漫流隄上，衝決水口，遂命都水監修白浮、甕山河隄。白浮、甕山，即通惠河上源之所出也。

清·畢沅《續資治通鑑》卷一九五《元紀十三》 成宗大德八年五月，涇水暴漲，毀堰塞渠，陝西行省命屯田府總管瓜勒佳巴延特穆爾及涇陽尹王琚疏導之。秋七月癸酉，以順德、恩州去歲霖雨，免其民租。八月，以大名、高唐去歲霖雨，免其田稅。九年六月甲午，潼川霖雨，江溢，漂没居民，溺死者衆。敕有司給糧一月，免其田租。八月，是月，歸德、陳州河溢。十年三月乙未，道州營道等處暴雨，江溢，山裂，漂蕩民廬，溺死者衆，復其田租。冬十月，吴江州大水，民乏食，發米萬石賑之。十一年二月，是月，道州營道縣暴雨，山裂一百三十餘處。

清·畢沅《續資治通鑑》卷一九六《元紀十四》 武宗至大元年六月，是月，益都水，民飢，采草根樹皮以食，有父食其子者。詔免今歲差傜，仍發粟賑之。秋七月己巳，真定水溢，賑之。九月，中書省言：「夏秋之間，鞏昌地震，歸德暴風雨，濟寧、泰安、真定大水，民居蕩析。江浙饑荒之餘，疫癘大作，死者相枕藉。父鬻其子，夫離其妻，哭聲震野，所不忍聞。是皆臣等不才，猥當大任，以致政事乖違，陰陽失序，害及百姓，願退位以避賢路。」帝曰：「災害事有由來，非爾等所致也，但當慎所行耳。」

又 武宗至大二年十一月庚辰朔，以徐、邳連年大水，悉免今歲差税。又以東平、濟寧薦饑，免差税之半，下户悉免之。

清·畢沅《續資治通鑑》卷一九七《元紀十五》 武宗至大三年六月，是月，荆門州大水，山崩，壞官廨民居二萬餘間，死者二千餘人。汝州、六安州俱大水。秋七月丙戌，循州大水，漂没廬舍。十一月庚辰，河南水。死者給槥，漂廬舍者給鈔，驗口賑糧兩月。免今年租賦。四年九月，是月，江陵路水，漂民居，有溺死者。

清·畢沅《續資治通鑑》卷一九八《元紀十六》 仁宗皇慶元年二月壬申，以霸州文安縣屯田水患，遣官疏決之。八月，是月，涇縣水，賑之。二年五月，順德、冀寧饑，原州水，賑之。

仁宗延祐元年五月，武陵縣霖雨，水溢，溺死居民，漂没廬舍禾稼。二年春正月戊午，賑懷孟、衛輝饑。丙寅，霖雨壞渾河隄堰，没民田，發卒補之。

清·畢沅《續資治通鑑》卷一九九《元紀十七》 仁宗延祐二年六月戊戌，河決鄭州。是月，畿内大雨，灤州、昌平、香河、寶坻等縣水，没民田廬。五年春正月，河北、河南道廉訪副使鄂囉言：「近年河決杞縣小黄村口，滔滔南流，莫能禦遏。陳、潁瀕河膏腴之地浸没，百姓流散。今水迫汴城，遠無數里，倘值霖雨水溢，倉猝何以防禦！方今農隙，宜爲講究，使水歸故道，達于江、淮，不惟陳、潁之民得遂其生，而汴城亦可恃以無患。」詔都水監與汴梁路分監修治。以二月興工，至三月而畢。五月，鞏昌隴西縣大雨，南土山崩，壓死居民，給糧賑之。

清·畢沅《續資治通鑑》卷二〇〇《元紀十八》 仁宗延祐六年六月丁丑，以濟寧等路大水，遣官閱視，其民之貧者賑之，仍開河泊禁，聽民采食。七年是歲，滹沱河決文安、大城等縣，渾河溢，壞民田廬。秦州成紀縣暴雨，山崩，朽壤墳起，覆没畜産。

清·畢沅《續資治通鑑》卷二〇一《元紀十九》 英宗至治元年六月己巳，(霸州大水)渾河溢，被災者二萬三千五〔三〕百户。秋七月戊寅，通州潞縣榆棣水決。庚辰，滹沱河及巨馬河溢。乙酉，大雨，渾河隄決。八月，雷州路海康、遂溪二縣海水溢，壞民田四千餘頃，免其租。九月庚子，安陸府漢水溢，壞民田，賑之。二年十二月甲子朔，南康、建昌大水，山崩，死者四十七人，民飢，命賑之。三年春正月癸巳朔，以禹城縣去秋霖雨，縣人刑著、程進出粟以賑飢民，命旌其門。

清·畢沅《續資治通鑑》卷二〇二《元紀二十》 泰定帝泰定元年六月，是月，大同渾源河、真定滹沱河、陝西渭水、黑水、渠州江水皆溢，並漂民廬舍。秋七月，是月，朝邑、楚丘、濮陽黄河溢，固安州清河溢，任縣沙、灃、洺水皆溢。真定、廣平、廬州等十一郡雨傷稼。定州唐河溢、山崩，免河渠營田租。餘賑卹有差。八月癸未，秦州成紀縣大雨，山崩水溢，壅土至來谷河成丘阜。九月癸丑，奉元路長安縣大雨，灃水溢。延安路洛水溢。二年正月閏月，雄州歸信諸縣大雨，河溢，被災者萬一千六百五十户，賑鈔三萬錠。三月，鞏昌路伏羌路〔縣〕大雨，山崩。五月，浙西諸郡霖雨，江湖水溢，命江浙行省興役疏洩之。大都路檀州大水，平地深丈有五尺。汴梁路十五縣河溢。江陵路江溢。六月，通州三河縣大雨，水丈餘。潼川府綿江、中江水溢入城郭。冀寧路汾水溢。秦州秦安山移。秋七月，睢州河決。九月，漢中道文州霖雨，山崩。開元路三河溢。十一月，常德路水，民飢，賑之。是歲，御河水溢。

清·畢沅《續資治通鑑》卷二〇三《元紀二十一》 泰定帝泰定三年三月，歸德府屬縣河決，民飢，賑之。復賑河間、建昌諸路饑。十一月，錦州水溢，壞田千頃，漂死者百人，人給鈔一錠。崇明州海溢，漂民舍五百家，賑糧一月，死者鈔二十貫。是歲，亳州河溢，漂民舍八百餘家，壞田二千三百頃，免其租。大寧路大水，壞田五千五月頃，漂民舍八百餘家。死者人給鈔一錠。四年秋七月，是月，雲州黑水河溢。八月戊辰，滹沱河水溢，發丁浚治河以殺其勢。冬十月，大都路諸州縣霖雨，水溢，壞民田廬，賑糧二十四萬九千石。是歲，汴梁諸屬縣霖雨，河決。

清·畢沅《續資治通鑑》卷二〇六《元紀二十四》 文宗至順元年七月閏月，是月，江南大水，江浙、湖廣尤甚。八月，江浙水，壞田四十八萬八千餘頃。湖州安吉縣久雨，太湖溢，漂沒居民，賑之。冬十月戊午，吳江州大風雨，太湖溢，漂沒廬舍。辛酉，命江浙行省賑之。

清·畢沅《續資治通鑑》卷二〇七《元紀二十五》 順帝元統元年春二月，是月，大霖雨，京畿水，平地丈餘。涇水溢，關中水災。黃河大溢，河南水災。秋七月，霖雨。二年二月，是月，灤河、漆河溢，永平諸縣水災。九月，壬子，賑吉安路水災。

順帝至元二年五月乙卯，南陽、鄧州大霖雨，自是日至六月甲申，湍河、白河大溢，水爲災。三年六月辛巳，大霖雨，自是日至癸巳不止。御河、黃河、沁河、渾河水皆溢，沒人畜、廬舍甚衆。壬辰，彰德府大水，平地深一丈。秋七月，衛輝府自六月淫雨至是月，平地水深二丈餘，漂沒人民房舍，民皆栖於樹木。郡守僧嘉努以舟載飯食之，移老弱居城頭，日給糧餉。月餘，水方退。四年六月己丑，邵武路大雨，水入城郭，平地二丈，漂民居殆盡。

清·畢沅《續資治通鑑》卷二〇八《元紀二十六》 順帝至元五年六月庚戌，長汀大水，沒民廬八百家，賑卹之。六年六月庚戌，處州松陽、龍泉二縣積雨，水漲入城中，深丈餘，溺死者五百餘人。遂昌縣尤甚，平地二丈餘。桃源鄉山崩，壓死者三百六十餘。冬十月，是月，河南府宜陽等縣大水，漂沒民廬，溺死者衆，人給殯葬鈔一錠，仍賑義倉糧兩月。

順帝至正二年六月壬子，濟南山崩，水湧。是月，汾水大溢。四年五月，是月，大霖雨二十餘日，黃河暴溢，北決白茅隄。六月，黃河又北決金隄，曹、濮、濟、兗皆被災，民老弱昏墊，壯者流離四方。水勢北侵安山，沿入會通、運河，延袤濟南、河間，將壞兩漕司鹽場，省臣以聞。朝廷患之，遣使體量，仍督大臣訪求治河方略。秋七月，灤河水溢。八月丁卯，山東霖雨，民飢相食，賑之。

清·畢沅《續資治通鑑》卷二〇九《元紀二十七》 順帝至正六年五月，丁酉，以黃河決，立河南、山東都水監。六月，是月，羅浮山崩，水湧，溺死百餘人。八年夏四月，平江、松江水災，給海運糧十萬石賑之。五月丁酉朔，大霖雨，京城崩。庚子，廣西山崩，水湧，灕江溢，平地水深二丈餘，屋宇、人畜漂沒。乙卯，錢塘江潮比之八月中高數丈，沿江民皆遷居以避之。六月，己丑，中興路松滋縣驟雨，水暴漲，平地深丈有五尺，漂沒六十餘里，死者一千五百人。是月，山東大水，民飢，賑之。九年七月，是月，大霖雨，水沿〔沒〕高唐州城，江、漢溢，漂沒民居、禾稼。歸德府霖雨浹十旬。十年六月甲子，寧州大雨，山崩。

清·畢沅《續資治通鑑》卷二一〇《元紀二十八》 順帝至正十二年六月中興路松滋縣雨水暴漲，漂民舍千餘家，溺死七百人。

清·畢沅《續資治通鑑》卷二一二《元紀三十》 順帝至正十四年三月，是春，大雨凡八十餘日，羣龍穴地而出者無數。十五年是歲，荆州大水。

清·畢沅《續資治通鑑》卷二一三《元紀三十一》 順帝至正十六年八月，黃河決，山東大水。

清·畢沅《續資治通鑑》卷二一四《元紀三十二》 順帝至正十七年九月閏月，是月，靜江路山崩，地陷，大水。十八年秋七月，是月，京師大水，蝗，民大飢。

清·畢沅《續資治通鑑》卷二一八《元紀三十六》 順帝至正二十五年七月，是月，京師大水，河決小流口，達於清河。

清·畢沅《續資治通鑑》卷二一九《元紀三十七》 順帝至正二十六年秋七月，介休縣大水。二十七年六月戊辰，大雨，吳羣臣請復膳，王曰：「雖雨，傷禾已多，其免民今年田租。」

清·錢泳《履園叢話》卷一四 乾隆戊申年：是年五月，徽嚴二府俱大水，田廬俱沒，餘無他異。

又 嘉慶〔九年〕甲子年五月，吳郡大雨者幾二十日，田俱不能插蒔。

清·王汝潤《馥芬居日記》 道光三年，是年水災。至大之災，莫如道光二十九年，春雨落至四、五月，接連黃梅，水大如道光三年分，而荒災更甚數倍。米價每升從三十五長至六十八文。

清·段光清《鏡湖自撰年譜》 道光二十九年五月，大雨彌月，洪水漲天。余稟水災，有曰：平時舟行河中，今日船摇宅上，農室傾坍，市店閉歇，屍浮纍纍，哀鴻嗷嗷。海鹽惟西鄉最低，有老貢生先至署中，形神慘淡，余以水災之稟示之。貢生曰：農民苦況，父台已盡知之，不知父台將何以處此？余曰：只有辦災耳。貢生曰：上不辦災，將如之何？余曰：若不辦災，余亦必不在爾海鹽也。貢生曰：如此，父台之心盡矣。四鄉有乘災搶掠者，余立會營往拿，並囑鄉民捆送。次日即有一區拘到搶犯十餘名，余即坐堂審問，痛加杖責，隨即釘鐐收禁。百姓觀者擁擠，皆曰：段太爺打人，未有如今日之發恨心也。四鄉聞風，不敢再有搶掠。

撫憲以水災出奏，請發賑銀五十萬，飭部撥發。

咸豐八年五月大雨，城外河灘沙泥，常没馬腹，匠人即在灘上修船，余常騎馬往催。

同治四年五月大水，紹興、山陰地界塘多決口。紹興、山陰七縣，山陰、會稽、蕭山在塘中；塘乃明朝萬曆年間所修，湯太守實主其事，民間立廟祀之，至今不替。大約從前亦有塘，皆不及此塘之完備也，故百姓報之亦厚也。自塘決口，三縣之民皆在水中央矣。余嘗過其地，幸民居多有樓屋，人家皆居樓；其無樓者，或用小船，或用木盆，聚居野外墳地，以墳大抵略高也。雨止，日出，則皆晒濕物於墳頭。呱呱之童，白髮之叟，皆縮居於小船小盆之中。

清·趙翼《竹葉亭雜記》卷八 嘉慶己卯秋，河南省黄河決蘭陽口，鄭州、延津，水皆圍城。河流向由儀封而下。未決時，人見儀封有黑氣一道，横亘於河。如是者一日餘。黑氣中見有大手，河水遂不下流，乃由旁決。此黑氣與大手不知是何異矣。先是春夏間，鄭州城壕徧地皆蛙，大小層累連銜，幾無隙地，斃於履、斃於車者不可勝計。何由而來，何自而去，皆莫能曉。及秋遂有河決之患。蛙，陰類也，常止於窪，大水則不能容。先見，是爲大水異常之兆。次年密縣城壕亦如此，殆有勝焉，人皆驚恐，而卒不驗。此理不可知也。又己卯夏，汜水決。先是春間，有一足鳥大如雞，鳴集縣之文廟桐樹上。人以爲商羊見，主大水。汜水縣果有水患。次年密縣之超化寨有蟲鳴，其音如云「二丈五」，適其時城壕蛙見，俱以爲水來當深二丈五矣，卒復無事，然此蟲究不知爲何蟲也。

清·孫之騄《二申野録》卷一 明洪武八年乙卯夏四月，青氣在趙分恒山之北，杭州等府水災。九年丙辰春正月朔，京城水溢，百官乘船以朝。九月，金星又犯之，蘇松嘉湖大水。十年丁巳三月，錢塘仁和餘杭以水災，被賑户給米一石。秋七月，海潮嚙江岸。九月，浙西大水。十四年辛酉秋八月，河南原武祥符中牟諸縣河決。十六年癸亥冬十一月，河南大水，禾稼蕩盡。十七年甲子秋七月，河南大水。二十三年庚午秋七月，江南北海溢河決。二十四年辛未六月，河決原武入淮。冬十月，北平河間大水。

建文二年庚辰六月，金華大水入城市。

永樂元年癸未六月，京師久雨。二年甲申春三月，惠州大水。冬十一月，杭州水。三年乙酉夏六月，江東饑。秋八月，杭州大水，淹民田七十四頃，漂廬舍千一百八十二間，溺死民男女四百四十口。蘇、松、嘉、湖饑。十四年丙申秋七月，台州蘭溪大水。

宣德三年(戌)〔戊〕申夏六月，杭州大水。

清·孫之騄《二申野録》卷二 正統二年丁巳，鳳陽水。五月，淮安城内行舟，損軍民房屋無算，禾麥蕩然一空。三年戊午夏五月，江北大水，直隸、淮揚被災。四年己未六月，京師大水。八年癸亥夏四月，雷震奉天殿。金華蘭溪水入城市。溧陽秋澇。九年甲子六月，浙西大水。閏七月，浙西又大水。十二年丁卯秋七月，河決張秋，潰沙灣入海，尋決滎澤入淮。

景泰七年丙子四月，遂安大水。五月，蕭山、會稽、山陰大水。

天順四年庚辰四月，蕭山、山陰大水。五月，會稽霪雨傷禾。常州水，秋七月乙亥朔日，杭州雨害稼。五年辛巳夏五月，江南北大水。秋七月，河決開封。

成化元年乙酉春正月，惠州大水。秋七月，南北直隸及河南、山西、湖廣、江西、浙江郡縣大水。二年丙戌秋七月，順天、保定、開封、青州四府大水，瓊州、定安霪雨。四年戊子春二月壬辰朔，台州大雨海溢。六年庚寅五月，京畿大水。通州張家灣等處，被水軍民二千六百六十户，漂損房舍六千四百九十處。當塗縣水，台州大水。十月，保定等府水災。八年壬辰二月，鹽城縣大水。九年癸巳六月，廣平、順德、大名、真定、保定及河南懷慶府大雨水。十年甲午春，鳳陽水。夏四月，金華大水，壞通濟橋。十二年丙申秋七月，諸暨、餘姚大雨水害稼。十四年戊戌秋八月，江北大水。十六年庚子夏五月，高要大水。十七年辛丑夏五月，增城大水。溧陽七月大雨、水溢。十八年壬寅，餘姚水，諸暨江潮至。楓溪、蘭溪、武義水入城市。十九年癸卯，蘭溪、餘姚連年水。五月，香山水溢。二十年甲辰，河源大水。五月，肇慶大水。二十二年丙午五月，蘭溪大水。城市民廬十去八九。河間、鹽城大水。

清·孫之騄《二申野録》卷三　弘治元年戊申五月，靖江大風潮，渰没男婦二千九百五十一口，漂去民居一千五百四十餘間。二年己酉夏五月，河決汴城，入淮，復決黄陵岡，入海。六月，京師大水。四年辛亥冬十一月，杭州府水災。五年壬子，廣潮大雨水，南海饑。七年甲寅夏四月，溧水大水。十年丁巳，鳳陽大水。十四年辛酉四月，廣州大水。十六年癸亥九月，南海、番禺大水。十八年乙丑六月，河源大水、諸暨大水。

正德五年庚午夏四月，慶府安化王寘鐇反，蘭溪大雨水。當塗水入城市，至秋方退。六月，溧陽、溧水、高淳大水，傷稼。七年壬申六月，新寧大水。秋七月，湖州大水。瓊州大風。十一年丙子夏四月，新會大水。六月，陽江霪雨。山崩。十二年丁丑六月，六合縣霖雨，滁水泛溢，街衢乘船筏往來，漂没廬舍甚衆。十三年戊寅六月，江西大水。八月，上海大水。有九龍戰于海。十五年庚辰夏四月，淮安大水，舟楫通于舊城南市橋。五月，江西大水。十六年辛巳，淮安大水。

清·孫之騄《二申野録》卷四　嘉靖元年三月，杭州大水。河南開封府及汝州水災。夏六月，南京暴風雨，江水溢，壞宫闕、城垣、民居。七年五月，陽江大水。八年己丑六月，臨高大雨水，傷禾。十年辛卯秋七月，杭州大雨水，浹旬不止。江水溢，没江浦、六合田。溧水，大水。十四年乙未夏五月，廣、肇、南、韶四郡大水。杭州自春及秋恒雨。十六年丁酉，六合水。肇慶大水。海豐海水溢。十七年戊戌秋七月，句容大水。十九年庚子秋七月，餘姚大水。二十二年癸卯，河間大水。二十五年丙午七月，杭州大水，無禾。二十八年己酉二月，建昌大水，高二丈餘。三十二年癸丑九月，台州大風雨連月，壞稼。三十七年戊午五月，遼東大水。三十九年庚申秋七月，天目山發洪，臨安、於潛、新城大水，杭嘉湖災傷。是月江水漲至三山門，秦淮民居有深數尺者，至九月始退，漫及六合高淳。四十年辛酉秋七月至冬十月，杭州大水，無年。溧陽大水，平地深及丈，瀰望成川。四十五年丙寅六月，六合大雨水，傷禾。

清·孫之騄《二申野録》卷五　隆慶元年丁卯五月，連州大水，平地丈餘。三年己巳五月，江南大水，淮揚皆飢，初吴淞江久湮。四年庚午八月，河決小河口，自宿遷至徐州三百里皆淤，而坡反爲河，六合縣飢。五年辛未五月，韶州大水，英德官署水深四尺。六年壬申，睢寧大雨，河溢。

萬曆七年己卯四月，蘇松大水，江南歲荒。新會大雨水。十年壬午八月，惠州大水，没城雉者五日。十三年乙酉四月，瓊州大雨水，漂溺人畜以萬計。十四年丙戌五月，江寧大雨，自初三至十七日，城中水高數尺，江東門至三山門可行舟。江西、江南、江北水。十五年丁亥自五月至七月，恒雨。齊、魯、燕、趙兩河間飢饉甚。八月，河南開封、封丘、偃師等處及直隸東明、長垣地方河流衝決。十六年戊子，杭州春大雨水。十九年辛卯六月二十五日，荆州府公安縣大雨如注，四晝夜。二十四年丙申冬十一月，河決黄堌口。三十一年癸卯五月，淮安霪雨三旬不止，水溢，人疫死。

清·孫之騄《二申野録》卷六　萬曆三十二年甲辰春正月，大雨，都城崩。五月、六月，大霖雨，水傷菽。三十五年丁未閏六月，是月，京師大雨如注，晝夜不息。京邸高廠之地水深二三尺，各衙門皆成巨浸，平陸爲河，内外城垣傾塌二百餘丈，甚至大内紫金城亦塌壞四十餘丈。會通運河盡衝決，漂損粮船二十三隻，米若干，渰死運軍若干。雨霽三日，正陽、宣武二門外，猶然波濤洶湧，輿馬不得前。是年，霪雨，三楚、三吴，沉竈産蛙，人相食。三十六年戊申正月，南京科道内外，守備大小九卿、應天巡撫各揭帖：地方淫雨連綿，江湖泛漲，自留京以至蘇、松、常、鎮諸郡，皆被渰没，週迴千餘里，茫然巨浸。二麥垂成，而顆粒不登；秧苗將種，而寸土難藝。圩岸無不衝決，廬舍無不傾頽。暴骨漂屍，凄凉滿目；棄妻失子，號哭震天。甚至舊都宫闕，監局向在高燥之地者，今皆蕩爲水鄉，街衢、市肆盡成長河，舟航偏于陸地，魚鱉遊于人家，蓋二百年來未有之災也。四月，杭州大雨水。三十七年己酉五月，福建鄉試，臨期大雨，以十二日爲初試。浙江初試日，大雨水滿三尺，士子多爲浸死。

兩浙、閩、廣、江右溝號肆虚，洪濤漲天，幾爲蛟龍窟穴。秋試改期，二百年來未嘗見。江西、福建同日大水，渰死人民各十餘萬。三十九年辛亥五月，京城大水，霖雨連朝，長安門一帶皆成長河，深五六尺，輿馬不能行。四十年壬子，南康連年大水。三月，淮安淫雨，五月、六月，恒陰。四十一年癸丑三月，當塗大水。六月，大水。四十五年丁巳九月，南漳州各大水。

清·孫之騄《二申野録》卷七　天啟元年辛酉六月，淮安霪雨不止，裏河隄岸衝倒，水由二舖灌入三城，平地深一丈許。二年壬戌十二月，河間大水。四年甲子四月，常州霪雨傷二麥。五月，上海霪雨壞禾，歲飢。六月，江南水患異常。浙江巡撫王治南、直巡撫周起元各疏奏：聞徐州大水。時黄河洶湧，魁山堤潰，四散冲決，徐州東南城，平地水深丈餘，墻塌陷者一百六十四丈，房舍傾倒者八千六百九十餘間，漕米漂流者三千五百六十餘石。預備倉舊積新穀一千七百八十餘石。軍民男婦死于水者，闔城人民去三之二，浮屍枕藉水濱。有司以聞。六年丙寅六月朔，山陰東方五色雲見，義烏大水，舟行衢道。六月，京師大雨。西山洪水驟發，城中水深六尺。新舊屋宇傾倒不計其數。盧溝橋人家被水衝去，良鄉城俱傾，勢若江河，尸横遍野，直至涿州而上。秋七月，霾雨爲災，邊城倒塌。巡撫袁崇焕奏：聞初一日江北狂風暴雨兩晝夜，拔木損舟，河水驟長丈許。各省直多同。初九日，黄河決匙頭灣，洪流倒入駱馬湖左右。自新安鎮以下，邳、宿城外週圍皆水，蕩然大壑，田廬淹没數月。七年丁卯五月，金華洪水，通濟橋壞。七月二十二日，暴風雨，嵊縣學殿、閣、樓、亭盡圮，餘姚大水。

清·孫之騄《二申野録》卷八　崇禎元年戊辰七月，山陰、會稽、蕭山、餘姚、上虞、諸暨大水，府城街市行舟，民溺死者數萬餘。八月，陝西恒雨。七年甲戌八月，餘姚大水。九年丙子八月，鹽山大水，禾稼皆没。十三年庚辰五月，當塗大水，有蝗。

清·屠寄《蒙兀史記·蒙史》十一　元仁宗皇慶二年六月，河決陳、亳、睢三州，開封、陳留二縣。没民田廬。

清·屠寄《蒙兀史記·蒙史》十二　元仁宗延祐七年，是歲，河決汴梁，灌原武諸縣。滹沱決文安大成。渾河溢，壞民田廬。成紀暴雨山崩，朽壤墳起，覆没畜産。

清·屠寄《蒙兀史記·蒙史》十六　元順帝至正三年五月，是月，大霖雨二十餘日，黄河溢，平地水深二丈。北決白茅隄。六月，河決金隄，上自東明，下至豐沛，瀕河州縣皆罹其災。至正七年，是歲，河北彰德、東平、東昌、恩州、高唐水，民大饑，有相食者。振鈔十四萬挺，米六萬石。

清·曾國藩等修、顧長齡彙編《江西全省輿圖》　南昌府南昌縣輿地圖説　縣額設：分防南昌縣汛把總、外委各一員，汛兵三十名，除調省防城兵十五名，餘十五名，分防水旱汛六處。詳圖。

南昌府豐城縣輿地圖説　縣額設：城守把總一員，外委一員，兵丁九十五名，除調省及分防水旱汛九處外，實存城兵四十五名。

南昌府進賢縣輿地圖説　縣額設：城守把總一員，分防潤陂鎮，外委一員，兵丁一百一名，除分防水旱汛七處，及現調省防城外，實存城兵四十四名。

撫州府臨川縣輿地圖説　縣額設：撫州營馬戰守兵丁三百四十三名，分防各縣，并水旱塘汛共四十處。每汛撥防兵五名。

撫州府崇仁縣輿地圖説　縣額設：守城兵五十名，旱塘汛八處。每汛撥防兵五名。

撫州府金谿縣輿地圖説　縣額設：守城兵三十五名，水旱，塘汛二處。每汛撥防兵二名。縣中以鄉領都計六鄉四十七都。

撫州府東鄉縣輿地圖説　縣額：兵二十九名，惟潤溪一汛，撥防兵二名。

建昌府南城縣輿地圖説　縣城額設：建昌營馬戰守兵丁四百九十五名，除分防外縣外，水旱塘汛十三處。每汛撥防兵五名，東港二名，硝石三名。

建昌府南豐縣輿地圖説　縣守城兵共八十八名，留府營四十四名，共三汛。南豐汛兵三十名，盤湖汛兵十名，黄沙汛兵四名。

建昌府廣昌縣輿地圖説　縣額設：廣昌營馬戰守兵丁一百六十九名，水旱塘汛十六處。每汛防兵八名，二名不等。

瑞州府全屬郡縣輿地圖説　馬鞍嶺大蟹鋪，塘汛兵丁各五名，爲高安縣把總專汛。

瑞州府高安縣輿地圖説　高安縣額設：瑞州營共馬戰守兵二百十八名，專汛把總一員，管轄高郵市、灰埠、高岡嶺、馬鞍嶺、大蟹鋪水陸塘汛五所。每汛兵丁五名，歸瑞州營都司僉書統轄。

袁州府分宜縣輿地圖説　城守把總一員，額設兵丁三十七名，駐防縣城。一十六名撥守水塘四處，曰躭江、曰金塘、曰昌山、曰江斜，防汛兵各五名。又旱塘汛一處，曰界首。防汛兵一名，係由袁州協營分撥。

臨江府新喻縣輿地圖説　新喻縣營制，額設：把總、外委各一員，由贛標袁州營分撥。額設兵丁五十二名。管轄水塘汛九處，每汛各派兵丁三名。旱塘汛三處，每汛各派兵丁二名。

吉安府廬陵縣輿地圖説　縣額設城守，吉安營參將一員，守備一員，把總一員，外委三員。額外外委三員，除撥防泰和、吉水、安福及分防本縣水旱七汛外，實存城馬戰守兵共一百七十七名。

吉安府泰和縣輿地圖説　縣額設城守把總一員，外委一員，兵丁五十二名，除分防各水旱汛七處，及現調省防城外，實存城兵三十二名。

吉安府吉水縣輿地圖説　縣額設城守把總一員外委一員，今分駐水北營兵戰守六十一名，分防水旱十汛。

吉安府永新縣輿地圖説　縣額設永新營都司一員、把總一員、外委二員、營兵一百七十八名，都司并外委一員。駐城把總撥防蓮花廳，外委撥防永新縣，除分防水旱汛六處，餘存城。

南安府上猶縣輿地圖説　城守把總一員，外委一員，額設兵丁三十六名，營前汛把總一員，兵丁二十名，上信地汛把總一員，兵丁十三名，以上據營中開送實數。

贛州府雩都縣輿地圖説　贛標左營分防城守汛把總一員，移駐禾豐汛外委一員，額設防兵五十九名，内除留營差操兵丁十五名，實在存城及三門灘小溪塘各兵丁四十四名。又分防興仁汛把總一員，移駐沙興汛外委一員，額設防兵三十五名，外委在内，以上據營中開送實數。

贛州府信豐縣輿地圖説　贛標後營分防信豐汛、城守把總一員、外委一員、汛兵六十五名，書識一名，内分防烏漾灘鐵石口，兵丁各五名，贛縣下寒灘塘防兵十名。實在存城兵四十五名。以上據營中開送實數。

贛州府興國縣輿地圖説　城守都司一員，千總一員外，額設兵丁一百八十名。内石窖塘防兵五名，崖石汛把總一員，兵丁十五名，赤塅汛觀音坳汛、東村汛、南村洞汛、營前汛，防兵各五名，均村汛外委一員。防兵八名，長逕口汛、楓邊汛，防兵各五名。實在存城兵一百一十七名。以上據營中開送實數。

瑞金縣輿地圖説　永鎮營，額設官三員，駐壬田寨都司一員，專防縣城把總一員，協防縣汛外委一員，額設兵丁一百七十八名。除存營外，駐防縣城汛兵丁四十五名，分防羅漢岩，陸塘汛兵丁十五名，瑞林寨汛兵丁十名，沿江陸塘汛兵丁五名，九堡陸塘汛兵丁五名，謝坊水塘汛兵丁五名。

廣信府玉山縣輿地圖説　縣城守把總一員，守兵三十四名，下鎮墟外委一員，管轄汛地一處，防兵三十四名。

廣信府弋陽縣輿地圖説　縣額設守城兵三十三名，水陸塘汛九處。詳圖每汛兵二名。

廣信府廣豐縣輿地圖説　縣額設兵丁四十二名，水陸塘汛七處。每汛防兵二名。

饒州府餘干縣輿地圖説　縣額設兵二十九名，凡七汛，每汛撥防兵五名，汛兵俱係康山鄱湖營分撥。

饒州府樂平縣輿地圖説　縣額設守城兵二十九名，水旱塘汛五處。每汛撥防兵五名。

饒州府萬年縣輿地圖説　縣額設守城兵三十二名，水陸、營汛二處。每汛撥防兵四名。

九江府德化縣輿地圖説　九江鎮標前後兩營，額設馬戰守兵一千名，内除分防建昌安義汛兵一百十名，分防德安瑞昌汛兵九十名，又撥防本縣旱汛六處。

九江府瑞昌縣輿地圖説　縣城守把總一員，額設兵丁三十名，又泥灣馬頭二水汛每汛兵四名，係由九江水師營分撥。

南康府星子縣輿地圖説　縣額設南康營馬戰守兵一百八十八名，内除撥都昌守城兵三十名，又撥星子六水汛兵三十名，又撥都昌六水汛兵三十名。

南康府建昌縣輿地圖説　縣城守兵七十名，由九江前營分撥，又旱汛四處。各設巡兵五名。

南康府都昌縣輿地圖説　縣額設守城兵三十名，由南康營分撥，内派蔡家嶺汛。兵五名，水汛六所，均由南康營撥，兵廵防詳圖。

清·孫之騄《二申野録》卷一　嘉靖二十年辛丑春正月丙子朔，山西太源等府以水、旱、霜、雹災。

清·鍾琦《嘉慶上海縣志》卷一九《祥異》　元至正十八年至二十年三年無收，饑民至煮食兒女。

清·俞樾等《同治上海縣志》卷三〇　康熙四十年辛巳四十一年壬午，連遭水旱，道路多殣。

清《南匯縣續志》卷二二　康熙四十年辛巳至四十一年壬午，連遭水旱道路多殣。

清·韓佩金《奉賢縣志》卷三《海塘》　海塘築於開元元年，華縣創於天寶十年，塘固。先縣而築矣。嗣後海潮衝激，以次淹没。大德五年，風潮後又改築焉，是時塘高一丈，面闊一丈，底二丈。

清·韓佩金《奉賢縣志》卷二〇《災祥》　崇禎十三年，水旱不均，大饑。

清·沈家本等《重修天津府志》卷五　順治十八年，是年直隸水、旱、雹災，免賦有差。《皇朝通考》。

清·吴熊光等《湖北通志》卷四六《祥異》　明嘉靖十五年丙申興國旱、大水。州志。

清康熙四十七年戊子，江夏、嘉魚、漢陽、蘄州、黄梅、廣濟、沔陽、江陵、監利、房縣、保康等州縣，並武昌、武左、荆右、沔陽等衛水旱。蟲鼠災《舊通志》。

清·謝旻等修、陶成等纂《江西通志》卷一〇七《祥異》 隆安元年，王恭等舉兵。二年，恭及桓元陷江州。是後連歲水旱饑。《晉書·志》。

清·徐國相《湖廣通志》卷七〇《胡在恪江陵隄防議》 稽古大禹洒沉澹災，以奠高山大川。而自漢晉以暨有明，南郡大水，荆州大水，史不勝書。而萬曆十九年辛卯，江陵黄灘堤決，民之溺死者無算。二十一年癸巳，逍遥堤旋潰，距今九十餘載。國朝庚寅年江水大漲，時幸瓦全。嗣後癸巳夏江水決於萬城郡，城東數百里茫然巨浸，户遍逃亡矣。癸卯秋，江水決於周尹店，逮丙辰之五月，麥秋方至，而郝穴之江堤潰矣。犬哭鳥散，鳩面鵠形，真繪圖所難盡者。展轉數年，流移畧集，而辛酉七月，黄灘倏央，百年難堪之殃從天而降。驚心駭目一望，直溟渤尾閭耳。集中澤之鴻雁，填崩穴之螻蟻，人自爲築，役用不擾，功爰告成，安瀾共禱，詎意九仞果虧一簣，致使長江復行平地。壬戌六月，江堤復決，比之辛酉爲時更早。禾香於畝，蛟舞於廬。繼而風雨頻作，室廬蕩盡。或身飽於波臣，或田歸於沙壓。背鄉井者，已不可問。

著録

宋·單鍔《吴中水利書》 竊觀三吴之水，爲害滋久，較舊賦之八十，常減其五六。以日月指之，則水爲害於三州逾五十年矣。所謂三州者，蘓、常、湖也。朝廷屢責監司，監司每督州縣，又間出使者尋按舊蹟，使講明利害之原。然而西州之官，求東州之利。目未嘗歷覽地形之高下，耳未嘗講聞湍流之所從來。州縣憚其經營，百姓厭其出力，均曰水之患，天數也。按行者駕輕舟於汪洋之陂，視之茫然，猶擿埴索途，以爲不可治也。間有忠於國、志於民，深求而力究之。然猶知其一而不知其二，知其末而不知其本。詳於此而畧於彼。故有曰：三州之水咸注之震澤。震澤之水，東入於松江，由松江以至於海。自慶曆以來，吴江築長堤横截江流，由是震澤之水常溢而不泄，以至壅灌三州之田，此知其一偏者也。或又曰：由宜興而西，溧陽縣之上有伍堰者，古所以節宣歙、金陵、九陽江之水，由分水銀林二堰，直趨太平州蕪湖。後之商人，由宣歙販運簰木，東入二浙，以伍堰爲艱阻，因相爲之謀，妄紿官長以廢伍堰。伍堰既廢，則宣歙、金陵、九陽江之水，或遇五六月山水暴漲，則皆入於宜興之荆溪，由荆溪而入震澤，蓋上三州之水東灌蘓常湖也。此又知其一偏者耳。或又曰：宜興之有百瀆，古之所以洩荆溪之水，東入於震澤也。今已湮塞，而所存者四十九條，疏此百瀆，則宜興之水自然無患。此亦知其一偏者也。三者之論，未嘗參究其詳，以鍔視其蹟。自西伍堰，東至吴江岸，猶人之一身也。伍堰則首也，荆溪則咽喉也，百瀆則心也，震澤則腹也。旁通震澤衆瀆，則脉絡衆竅也，吴江則足也。今上廢伍堰之固，而宣、歙、池九陽江之水不入蕪湖，反東注震澤，下又有吴江岸之阻。而震澤之水、積而不洩，是猶有人焉桎其手，縛其足，塞其衆竅，以水沃其口。沃而不已，腹滿而氣絶。視者恬然，猶不謂之已死。今不治吴江岸，不疏諸瀆，以洩震澤之水，是猶沃水於人，不去其手桎，不觧其足縛，不決其竅塞，恬然安視而已，誠何心哉！然而百瀆非不可治，伍堰非不可復，吴江岸非不可去。蓋治有先後，且未築吴江岸之先，伍堰之廢已久。然而三州之田，尚十年之間，熟有五六。伍堰猶未爲大患。自吴江築岸已後，十年之間，熟無一二三。欲具驗之，閲三州歲賦所入之數，可以見矣。且以百瀆言之，古者所以洩西來衆水，入震澤而終歸於海，蓋震澤吐納衆水。今納而不吐，鍔竊視熙寧八年，時雖大旱，然連百瀆之田，皆魚游鱉處之地，低汙之甚也。其田去百瀆無多遠，而田之苗，是時亦皆旱死，何哉？蓋百瀆及旁穿小港瀆，歷年不遇旱，皆爲泥沙堙塞，與平地無異矣。雖去震澤甚邇，民力難以私舉，時官又無留意疏導者，苗卒歸於槁死。自熙寧八年迄今十四載，其田即未有不耕之日。歲歲訴潦，民益憔悴。昔嘉祐中，邑尉阮洪深明宜興水利。方是時，吴中水，洪屢上書監司，乞開百瀆。監司允其請，遂鳩工於食利之民，疏導四十九條，是年大熟。此百瀆之驗，歲水旱皆不可不開也。昔范蠡所鑿，與宜興西蠡運河，皆以昔賢名呼。其蠡河，遇大旱則淺澱，中旱則流通，宜興所利，非止百瀆。東有蠡河，横亘，荆溪，東北透湛瀆，東南接罨畫溪。昔范蠡所鑿，與宜興西蠡運河，皆以昔賢名呼。

五堰之上，衆川由荆溪入震澤，注於江，由江歸於海。地傾東南，其勢然也。慶曆二年，欲便糧運，遂築北隄，橫截江流五六十里，致震澤之水，常溢而不洩，浸灌三州之田。每至五六月間，湍流峻急之時，視之，吴江岸之東，水常低，岸西之水，不下一二尺。此隄岸阻水之跡，自可覽也。又睹岸東江尾與海相接處，汙澱茭蘆叢生，沙泥漲塞，而江岸之東，自築岸以來，沙漲成一村。昔爲湍流奔湧之地，今爲民居民田，桑棗塲圃。吴江縣由是歲增舊賦不少。雖然增一邑之賦，反損三州之賦，知幾百倍耶。夫江尾昔無茭蘆壅障流水，今何致此？蓋未築岸之先，源流東下峻急，築岸之後，水勢緩，無以滌蕩泥沙，以至增積茭蘆生矣。茭蘆生則水道狹，水道狹則流洩不快。雖欲震澤之水不積，其可得耶。今欲洩震澤之水，莫若先開江尾茭蘆之地，遷沙村之民，運其所漲之泥，然後以吴江岸鑿其土爲木橋(十)〔千〕所，以通糧運。每橋用耐水土木棒二條，各長二丈五尺。橫樑三條，各長六尺。柱六條，各長二丈。除首尾占閣外，可得二丈餘⿰彳其道。每一里計三百六十步，一里爲橋十所。計除占閣外，可開水面二十三丈。每三十步一橋也。一千條橋，共開水面二千丈，計一十一里四十步也。隨橋⿰彳其開茭蘆爲港走水，仍於下流又開白蜆、安亭二江，使太湖水由華亭、青龍入海，則二州水患必大衰減。常州運河之北偏，乃江陰縣也，其地勢自河而漸低。上自丹陽，下至無錫，運河之北偏，古有洩水入江瀆一十四條：曰孟瀆、曰黄汀堰瀆、曰東函港、曰北戚氏港、曰五卸堰港、曰梨溶港、曰蔣瀆、曰歐瀆、曰魏瀆涇、曰支子港、曰蠡瀆、曰牌涇，皆以古人名或以姓稱之。昔皆以洩衆水入運河，立斗門，又北洩下江陰之江。今名存而實亡。今存者無幾。二浙之糧船不過五百石。運河止可常存五六尺之水，足可以勝五百石之舟，以其一十四處立爲石䃮斗門，每瀆於岸北先築隄岸，則制水入江。若無隄防，則水泛濫而不制，將見灌浸江陰之民田民居矣。昔熙寧中，有提舉沈披者，輒去五卸堰走運河之水，北下江中，遂害江陰之民田，爲百姓所訟，即罷提舉，亦嘗被罪。始欲以爲利，而適足以害之。此未達古人之智，以(智)〔致〕敗事也。竊見錢塘進士余默，兩進三州水利，徒能備陳功力瑣細之事，殊不知本末。惟有言得常州運河晉陵至無錫一十四處，置斗門洩水，北下江陰大江，雖三尺童子，亦知如此可以爲利。然余默雖能言斗門一事，合鍔鄙策，奈何無法度以制入江之水行之，則豈止爲一沈披耶。又睹主簿張實進狀言，吴江岸爲阻水之患，涇函不通。其言然則然矣，雖言吴江岸，而不言措置水之術。蓋古之所創，涇函在運河之下，用長梓木爲之，中用銅輪刀，水衝之，則草可刈也，置在運河底下，暗走水入江。今常州有東西兩函地名者，乃此也。昔治平中，提刑元積中開運河，嘗聞見函管，但見函管之中皆泥沙，以爲功力甚大，非可易復，遂已。今先開鑿江湖海故道堙塞之處，洩得積水，他日治函管，則可。若未能開故道，而先治函管，是知末而不知本也。竊見常州運河之北偏，皆江陰低下之田，常患積水，難以耕植。今河上爲斗門，河下築堤防，以管水入江，百姓由是緣此河堤，可以作田圍，此洩水、利田之兩端也。宜興縣西有夾苧干瀆。在金壇、宜興、武進三縣之界，東至滆湖及武進縣界，西南至宜興，北至金壇，通接長塘湖，西接伍堰。茅山、薛步山水，直入宜興之荆溪，其夾苧干。蓋古人亦所以洩長塘湖東入滆湖，洩滆河之水入大吴瀆、塘口瀆、白魚灣、高梅瀆四瀆及白鶴溪，而北入常州之運河，由運河而入一十四條之港，北入大江。今一十四條之港，皆名存而實亡。累有知利便者獻議朝廷，欲依古開通，北入運河以注大江，自滆湖、長塘湖兩首，各開三分之二，(焉)〔爲〕彼田户皆豪民，不知利便，惟恐開鑿己田，陰構胥吏，皆柅而不行。元豐之間，金壇長官奏乞請開，朝廷又降指揮，委江東及兩浙兩路鹽司相度，及近縣官員又爲彼豪民計構不行。倘開夾苧干瀆通流，則西來他州入震澤之水，可以殺其勢，深利於三州之田也。鍔於熙寧八年，歲遇大旱，竊觀震澤水退數里，清泉鄉湖乾數里，而其地皆有昔日丘墓、街井、枯木之根，在數里之間，信知昔爲民田，今爲太湖也。太湖即震澤也，以是推之，太湖寬廣，逾於昔時。昔云有三萬六千頃，自築吴江岸，及諸港瀆堙塞，積水不洩，又不知其愈廣幾多頃也。鍔又嘗見低下之田，昔人争售之，今人争棄之。蓋積年之水，十無一熟，積空頭之税，或遇頻年不收，則饑餓丐殍，鬻妻子以償王租，或置其田舍其廬而逋。至於酒坊，處有水鄉，沽賣不行，以致敗闕者，比年猶甚。皆緣水傷下田不收故也。鍔又嘗遊下鄉，竊見陂済之間，亦多丘墓，皆爲魚鼈之宅。且古之葬者，不即高山，則於平地陸野之間，豈即水穴以危亡魂耶。嘗得唐埋銘於水穴之中，今猶存焉。信夫昔爲高原，今爲汙澤。今之水不洩如故也。昨熙寧間，檢正張諤命屬吏殿丞劉懿相視，蘇、秀二州海口諸浦瀆，爲沙泥塞壅，將欲疏鑿以決流水。懿相視回申，以謂若開海口諸浦，則東風駕海水倒注，反灌民田。諤謂懿曰：地傾東南，百川歸海，古人開海口諸浦，所以通百川也。若反灌民田，古人何爲置諸浦耶。百川東流則有常，西流則有時，因東風雖致西流，風息則其流亦復歸於海，其勢然也。凡江湖諸浦港，勢亦一同。懿雖信其如此，然猶有説，蓋以昔視諸浦無倒注之患，而今乃有之。蓋昔無吴江岸之阻，諸浦雖暫有泥沙之壅，然百川湍流浩急，泥沙自然滌蕩，隨流以下，今吴江岸阻絶，百川湍流緩慢，緩慢，則其勢難以滌蕩泥沙。設使今日開之，明日復合。又聞秀州青龍鎮入海諸浦，古有七十二會。蓋古人爲七十二會曲折宛轉者，蓋有深意，以謂水隨地勢東傾入海。雖曲折宛轉，無害東流也。若遇東風駕起，海潮洶湧倒注，則於曲折之間有所回激，而泥沙不深入也。後人不明古人之意，而一皆直之，故或遇東風，海潮倒注，則泥沙隨流直上，不復有阻。凡臨江湖海諸港浦，勢皆如此。所謂今日開之，明日復合者此也。今海浦昔日曲折宛轉之勢，不可不復也。夫利害掛於眉睫之間，而人有所不知。今欲洩三州之水，先開江尾，去其泥沙茭蘆，遷沙上之民。次疏吴江岸爲千橋。次置常州運河一十四處之㪷門、石碶、堤防，管水入江。次開道臨江湖海諸縣一切港瀆，及開通茜涇。水既洩矣，方誘民以築田圍。昔夾亶嘗欲使民就深水之中，壘成圍岸。夫水行於地中，未能洩積水而先成田圍，以狹水道，當春夏湍流浩急之時，則水常湧行於田圍之上。非止壞田圍，且淹浸廬舍矣，此不智之甚也。欲乞朝廷指揮下兩浙轉運使，擇智力了幹官員，分布諸縣，則不越數月，其功可畢。所有創橋疏通河港置㪷門利便制度，不在規規而言也。今所畫《三州江湖溪海圖》一本，但可觀大畧，港瀆之名，亦布其一二耳。欲見其詳，莫若下蕪、常、湖諸縣，各畫溪河溝港圖一本，各言某河某瀆通某縣某處，俟其悉上合，而爲一圖，則纖悉若視於指掌之間也。鍔又覩秀州青龍鎮有安亭江一條，自吴江東至青龍，由青龍洩水入海。昔因監司相視，恐走透商税，遂塞此一江。其江通華亭及青龍。夫籠截商税利國，能有幾耶。堰塞湍流，其害實大。又况措置商税，不爲難事。竊聞近日華亭、青龍人户，相率陳狀，情願出錢，乞開安亭江。見有狀准，本縣官吏未與施行。近又訪得宜興西滆湖有二瀆，一名白魚灣，一名大湖吴瀆，洩滆湖之水入運河，由運河入一十四處㪷門下江。其二瀆在塘口瀆之南。又有一瀆名高梅瀆，亦洩滆湖之水入運河。由運河入㪷門，在吴瀆之南。近聞知蕪州王覿奏請開海口諸浦。鍔竊謂海口諸浦不可開。今開之，不逾時，或遇東風，則泥沙又合矣。嘗觀《考工記》曰：善溝者，水齧之。善防者，水淫之。蓋謂上水湍流峻急，則自然下水泥沙齧去矣。今若俟開江尾及疏吴江岸爲橋，與海口諸浦同時興工，則自然上流東下，齧去諸浦沙泥矣。凡欲疏導，必自下而上。先治下，則上之水無不疏。若先治上，則水皆趨下，漫滅下道，而不可施功力，其勢然也。故今治三州之水，必先自江尾海口諸浦，疏鑿吴江岸，及置常州一十四處之㪷門，築堤制水入江，北與吴江兩處分洩積水，最爲先務也。然鍔觀合開三州諸瀆港，不必全藉官錢，蓋三州之民，憔悴之久，人人欲開，故半可以資食利户之力也。今畧舉其一二。若開江尾疏吴江岸爲橋、遷吴江岸東一村之民開地，復爲昔日之江，置一十四處之㪷門，并築一十四條隄，制水入江。開夾苧干，白鶴溪、白魚灣、大吴瀆、塘口瀆、宜興東蠡河已上，非官錢不可開也。若宜興之横塘、百瀆，蕪州之海口諸浦、安亭江，江陰之季子港、春申港、下港、黄田港、利港，宜興縣之塘頭瀆，及諸縣凡有自古洩水諸溝港濱瀆，盡可資食利户之力也。莫若先下三州及諸縣，抄録諸道江湖海一切諸港瀆溝濱自古有名者，及供上丈尺之料功力之費，或係官錢，或係食利私力，期之以施工日月，同日開鑿，同日疏放。若或放水有先後，則上水奔湧東下，衝損在下開浚未畢溝港。以故須同日决放也。或者有謂：昔人創望亭、吕城、奔牛三堰，所以慮運河之水東下不制，是以制堰以節之，以通漕運。自熙寧、治平間，廢去望亭、吕城二堰，然亦不妨綱運者，何耶？鍔曰：昔之太湖及西來衆水，無吴江岸之阻，又一切通江湖海故道，未嘗堙塞，故運河之水，常慮走洩入於江湖之間，是以制堰以節之。今自慶曆以來，築置吴江岸，及諸港浦一切堙塞，是以三州之水常，溢而不洩，二堰雖廢，水亦常溢，去堰若無害。今若洩江湖之水，則二堰猶宜先復。不復，則運河將見涸而粮運不可利。此灼然之利害也。又若宜興創市橋，去西津堰。蓋嘉祐中邑尉阮洪上言監司，就長橋東市邑中創一橋，使運河南通荆溪。初開鑿市街，乃見昔日橋柱尚存泥中。咸謂古爲橋於此也。又運河之西口，有古西津堰，今已廢去久矣。且古之廢橋置堰，以防走透運河之水，今也置橋廢堰，以通荆溪，則溪水常倒注運河之内，今之與古，何利害之相反耶。鍔以爲，古無吴江岸，衆水不積，運河高於荆溪，是以塞橋置堰，以防洩運河之水也。今因吴江岸之阻，衆水積而常溢，倒置運河之内，是以創橋廢堰，見利而不見害也。今若治吴江岸洩衆水，則運河之水，再防走洩，當於北門之外，創一堰可也。其利害蓋如此也。或又曰：竊觀諸縣高原陸野之鄉，皆有塘圩，或三百畆，或五百畆，爲一圩。蓋古之人停蓄水以灌溉民田。以今視之，其塘之外皆水，塘之中未嘗蓄水，又未嘗植苗，徒牧養牛羊畜放鳧雁而已。塘之所創，有何益耶。鍔曰：塘之爲塘，是又堰之爲堰也。昔日置塘蓄水，以防旱歲，今日三州之水，久溢而不洩，則置而爲無用之地。若决吴江岸洩三州之水，則塘亦不可不開以蓄諸水，猶堰之不可不復也。此亦灼然之利害矣。苟堰與塘爲無益，則古人奚爲之耶。蓋古之賢人君子，大智經營，莫不除害興利，出於人之所未到。後之人淺謀管見，不達古人之大智，顛倒穿鑿，徒見其害而未見其利也。若吳江岸止知欲便糧運，而不知遏三州之水，反以爲害。又若廢青龍安亭江，徒知不漏商旅之税，又不知反狹水道以遏百川。今之人所以戾古者，凡如此也。鍔竊觀無錫縣城内運河之南偏有小橋，由橋而南下，則有小瀆，瀆南透梁溪瀆有小堰，名單將軍堰，自橋至梁溪，其瀆不越百步，堰雖有，亦不渡船筏，梁溪即接太湖。昔所以爲此堰者，恐洩運河之水。昔熙寧八年，是歲大旱，運河皆旱涸，不通舟楫。是時鍔自武林過無錫，因見將軍堰，既不渡舟筏，而開是瀆者，古人豈無意乎？因語邑宰焦千之曰：今運河不通舟楫，竊觀將軍堰接運河，去梁溪無百步之遠，古人置此堰瀆，意欲取梁溪之水以灌運河。（十）〔千〕之始以鍔言爲狂，終則然之。遂率民車四十二管，車梁溪之水以灌運河，五日河水通流，舟楫往來。信夫古人經營利害，（几）〔凡〕一溝一瀆，皆有微意，而今人昧之也。嘗見蘇州之茜涇，昔范仲淹命工開導，以洩積水以入於海。當時諫官不知藴州患在積水不洩，咸上疏言仲淹走洩姑藴之水。蓋不知其利，而反以爲害。今茜涇自仲淹之後，未復開鑿，亦久湮塞。鍔存心三州水利，凡三十年矣。每睹一溝一瀆，未嘗不明古人之微意。其間曲折宛轉，皆非徒然。鍔今日之議，未始增廣一溝一瀆，其言與圖符合。若非觀地之勢，明水之性，則無以見古人之意。今并圖以獻，惟執事者上之朝廷，庶幾三州憔悴之民，有望於今日也。

進單鍔《吳中水利書》（蘇軾）

（元祐六年七月二日，翰林學士承旨左朝奉郎知制誥兼侍讀蘇軾狀奏。右）臣竊聞議者多謂吳中本江海太湖故地，魚龍之宅，而居民與水争尺寸，以故常被水患，蓋理之當然，不可復以人力疏治。是殆不然。臣到吳中二年，雖爲多雨，亦未至過甚，而蘇、常、湖三州，皆大水害稼，至十七八，今年雖爲淫雨過常，三州之水，遂合爲一，太湖、松江，與海渺然無辨者。蓋因二年不退之水，非今年積雨所能獨致也。父老皆言，此患所從來未遠，不過四五十年耳，而近歲特甚。蓋人事不修之積，非特天時之罪也。三吳之水，瀦爲太湖，太湖之水，溢爲松江以入海。海水日兩潮，潮濁而江清。潮水常欲淤塞江路，而江水清駛，隨輒滌去，海口常通，故吳中少水患。昔蘇州以東，官私船舫，皆以篙行，無陸挽者。古人非不知爲挽路，以松江入海，太湖之咽喉不敢鯁塞故也。自慶曆以來，松江始大築挽路，建長橋，植千柱水中，宜不甚礙。而夏秋漲水之時，橋上水長高尺餘，況數十里積石壅土築爲挽路乎。自長橋挽路之成，公私漕運便之，日葺不已。而松江始艱噎不快，江水不快，軟緩而無力，則海之泥沙隨潮而上，日積不已。故海口湮滅，而吳中多水患。近日議者，但欲發民治浚海口，而不知江水艱噎，雖暫通快，不過歲餘，泥沙復積，水患如故。今欲治其本，長橋挽路固不可去，惟有鑿挽路於舊橋外，别爲千橋，橋谼各二丈，千橋之積，爲二千丈，水道松江，宜加迅駛。然後官私出力以浚海口。海口既浚，而江水有力，則泥沙不復積，水患可以少衰。臣之所聞，大畧如此，而未得其詳。舊聞常州宜興進士單鍔，有水學，故召問之。出所著《吳中水利書》一卷，且口陳其曲直，則臣言止得十二三耳。臣與知水者考論其書，疑可施用。謹繕寫一本，繳連進上。伏望聖慈深念兩浙之富，國有所恃歲漕都下百五十萬石，其他財賦供餽不可悉數，而十年九澇，公私凋敝，深可愍惜。乞下臣言與鍔書，委本路監司躬親按行，或差强幹知水官吏考實其言，圖上利害。臣不勝區區，謹録奏聞，伏候敕旨。單鍔字季隱，宜興人錫之弟。登嘉祐四年進士，已亥劉輝榜不就官，獨乘一小舟，徧歷三州、蘇、常、湖水道，經三十年。一溝一瀆無不周覽考究，著《吳中水利書》。蘇軾知杭州時，嘗録其書，進於朝不果行。遂隱居不仕。李公擇誌其墓云：才不竟於所用，命不副於所學。後至明時，夏原吉治水，疏吳江水門，濬宜興百瀆。周忱撫吳，修築溧陽二壩，皆如鍔策。鍔墓在頤山之右。

藝文

漢・蔡邕《蔡中郎集》卷四《述行賦》 延熹二年秋，霖雨逾月。是時梁冀新誅，而徐璜、左悺五侯擅貴於其處。又起顯明苑於城西，人徒凍餓，不得其命者甚衆。白馬令李雲以直言死，鴻臚陳君以救雲抵罪。璜以余能鼓琴，白朝廷，勅陳留郡守遣余。到偃師，病不前，得歸。心憤此事，遂託所過，述而成賦。余有行於京洛兮，遘淫雨之經時。塗迍邅其蹇連兮，潦汙滯而爲災。馬桀蹯而不進兮，心鬱悒而憤思。聊弘慮以存古兮，宣幽情而屬詞。【略】尋修軌以增舉兮，邈悠悠之未央。山風汩以飈涌兮，氣慄慄而厲涼。雲鬱術而四塞兮，雨濛濛而漸唐。僕夫疲而劬瘁兮，我馬虺頹以玄黄。格莽丘而税駕兮，陰曀曀而不陽。

【略】玄雲黯以凝結兮，集零雨之溱溱。路阻敗而無軌兮，塗濘溺而難遵。率陵阿以登降兮，赴偃師而釋勤。壯田横之奉首兮，義二士之俠憤。佇淹留以候霽兮，感憂心之殷殷。并日夜而遥思兮，宵不寐以極晨。候風雲之體勢兮，天牢湍而無文。彌信宿而後闋兮，思逶迆以東運。見陽光之顥顥兮，懷少弭而有欣。

【略】亂曰：跋涉遐路，艱以阻兮，終其永懷，窘陰雨兮。歷觀羣都，尋前緒兮。考之舊聞，厥事舉兮。登高斯賦，義有取兮。則善戒惡，豈云苟兮。翩翩獨征，無儔與兮。言旋言復，我心胥兮。

唐・歐陽詢《藝文類聚》卷五九《戰伐》 魏文帝又詩曰：殷殷其雷，濛濛其雨，我徒我車，涉此艱阻，遵彼洹湄，言刈其楚，班之中路，涂潦是御，轔轔大車，載低載昂，嗷嗷僕夫，載僕載僵，蒙涂冒雨，霑衣濡裳。

唐・盧照隣《盧昇之集》卷一《秋霖賦》 覽萬物兮，竊獨悲此秋霖。風横天而瑟瑟，雲覆海而沈沈。居人對之憂不解，行客見之思已深。若乃千井埋煙，百廛涵潦。青苔被壁，緑萍生道。於時巷無人跡，林無鳥聲。野陰霾而自晦，山幽曖而不明。長塗未半，茫茫漫漫。莫不埋輪據鞍，銜悽茹歎。借如尼父去魯，圍陳畏匡。將飢不爨，欲濟無梁。問長沮與桀溺，逢漢陰與楚狂。長櫛風而沐雨，永栖栖以遑遑。及夫屈平既放，登高一望，湛湛江水，悠悠千里。泣故國之長楸，見玄雲之四起。嗟乎，子卿北海，伏波南川，金河别雁，銅柱辭鳶，關山天骨，霜木凋年，眺窮陰兮斷地，看積水兮連天。别有東國儒生，西都才客，屋漏鉛槧，家虚儋石，茅棟淋淋，蓬門寂寂。蕪碧草於園徑，聚緑塵於庖甓。玉爲粒兮桂爲薪，堂有琴兮室無人，抗高情以出谷，馳精義以入神，論有能鳴之鴈，書成已泣之麟，覩皇天之淫溢，孰不隅坐而含顰？已矣哉。若夫繡轂銀鞍，金杯玉盤，坐卧珠璧，左右羅紈，流酒爲海，積肉爲巒？視襄陵而與昏墊，曾不輟乎此歡。豈知乎堯禹之臞瘠，而孔墨之艱難。

唐・高適《高常待集・東平路中遇大水》 天災自古昔，昏墊彌今秋。霖霪溢川原，澒洞涵田疇。指塗適汶陽，挂席經蘆洲。永望齊魯郊，白雲何悠悠。傍沿鉅野澤，大水縱横流。蟲蛇擁獨樹，麋鹿奔行舟。稼穡隨波瀾，西成不可求。室居相枕藉，蛙黽聲啾啾。仍憐穴蟻漂，益羨雲禽游。農夫無倚着，野老生殷憂。聖主當深仁，廟堂運良籌。倉廩終爾給，田租應罷收。我心故鬱陶，征旅亦悲愁，縱懷濟時策，誰肯論吾謀。

唐・杜甫《杜工部詩集》卷二《苦雨奉寄隴西公兼呈王徵士》 今秋乃淫雨，仲月來寒風，羣木水光下，萬家雲氣中。所思礙行潦，九里信不通，悄悄素滻路，迢迢天漢東。願騰六尺馬，背若孤征鴻，劃見公子面，超然懽笑同。奮飛既胡越，局促傷樊籠，一飯四五起，憑軒心力窮。嘉蔬没溷濁，時菊碎榛叢，鷹隼亦屈猛，烏鳶何所蒙。式瞻北鄰居，取適南巷翁，挂席釣川漲，焉知清興終。

唐・白居易《白氏長慶集》卷一《大水》 潯陽郊郭間，大水歲一至。閭閻半漂蕩，城堞多傾墜。蒼茫生海色，渺漫連空翠。風捲白波翻，日煎紅浪沸。工商徹屋去，牛馬登山避。況當率税時，頗害農桑事。獨有傭舟子，鼓枻生意氣。不知萬人災，自覓錐刀利。吾無奈爾何，爾非久得志。九月霜降後，水涸爲平地。

唐・白居易《白氏長慶集》卷一八《陰雨》 嵐霧今朝重，江山此地深。灘聲秋更急，峽氣曉多陰。望闕雲遮眼，思鄉雨滴心。將何慰幽獨，賴此北牕琴。

唐・白居易《白氏長慶集》卷一九《連雨》 風雨闇蕭蕭，雞鳴暮復朝。碎聲籠苦竹，冷翠落芭蕉。水鳥投簷宿，泥蛙入户跳。仍聞蕃客見，明日欲追朝。

宋・黄希《補註杜詩》卷一〇《大雨》 補注，鶴曰：按，公寶應元年建卯月，成都春旱。説云：蜀自十月不雨，抵建卯非雩之時，奈久旱何？意此詩是寶應元年在浣花作。故詩云：西蜀冬不雪，春農尚嗷嗷。上天回哀眷，朱夏雲鬱陶。乃夏方雨至，而梁權道編在廣德二年，若在其年，夏則公自閬州，歸在嚴公幕中，豈有敢辭茅葦漏等句。

西蜀冬不雪，春農尚嗷嗷。洙曰：《搜神記》曰：萬物焦枯，百姓嗷嗷，言旱甚也。蘓曰：吕尚曰：方今亢陽，百卉俱槁。東作不入，民嗷嗷而怨嗟。望修仁德厭此，武王從之。上天回哀眷，蘓曰：漢文帝上天昭明曲回哀眷，憫此黎民。朱夏雲鬱陶。洙曰：謝靈運詩：幽居猶鬱陶。孟子載象謂舜鬱陶思君耳，蓋鬱結于陶窑之義。故可使於朱夏之雲也。執熱乃沸鼎，纖絺成緼袍。洙曰：詩：誰能執熱劉，陶養魚沸鼎；《秋興賦》：釋纖絺語有衣敝緼袍。風雷颯萬里，霈澤施蓬蒿。取辭茅葦漏，已喜黍豆高。三日無行人，二江聲怒號。洙曰：《蜀都賦》：帶二江之雙流。莊子：萬竅怒號。禹偁曰：二江涪江、巴江也。補注，希曰：《寰宇記》云：秦李冰穿二江于成都，城中皆可行舟，今謂内江、外江是也。《蜀都賦》云：帶二江之雙流，故有雙流縣，又按《風俗通》云：秦昭王遣李冰爲蜀太守，開成都兩江溉田萬頃，又《唐志》：成都府有二江府。流惡邑里清，矧兹遠江皐。趙曰：《左傳》有汾澮流其惡，今言大雨所蕩，亦流出穢惡也。荒庭步鸛鶴，洙曰：蓋鶴鳴則雨應也。隱几望波濤。沉痾聚藥餌，頓忘所進勞。趙曰：言以沉痾之，故而聚藥餌，今得大雨清涼，于是頓忘供進藥餌之勞也。則知潤物功，可以貸不毛。洙曰：諸葛亮傳五月渡瀘，深入不毛言不生物也。趙曰：因雨之潤，雖不毛之地亦假貸而生。補注：鶴曰：《漢書·西南夷傳》不毛之地。師古注：不毛言草木不生也。陰色靜壠畝，勸耕自官曹。四鄰出耒耜，何必吾家操。蘇曰：王褒喜見四鄰耒耜之具。西蜀冬不雪，春農尚嗷嗷，上天回哀眷，朱夏雲鬱陶。執熱乃沸鼎，纖絺成縕袍，風雷颯萬里，霈澤施蓬蒿。敢辭茅葦漏，已喜黍豆高，三日無行人，二江聲怒號。補注流惡邑里清，矧茲遠江皋，荒庭步鸛鶴，隱几望波濤。沉疴聚藥餌，頓忘所進勞，則知潤物功，可以貸不毛。補注陰色靜壠畝，勸耕自官曹，四鄰出耒耜，何必吾家操。

宋·王禹偁《小畜集》卷五《霪雨中偶書所見》 丙申二月七，是夕月離畢。春雲忽霢霂，春雨復濛密，綿綿殆三旬，不見天上日。謫宦在淮甸，幽抱常鬱鬱。豈無琅琊山，泥濘不可出。空庭唯蚯蚓，得勢互蟠屈。乘彼積陰氣，小穴恣出沒。山禽忽飛下，長嘴啄深窟。倒曳方力爭，强吞遽全食。穴土與巢林，上下非儔匹。胡然罹此酷，不能保微質。嗟嗟彼羣小，傾奪事匪一。儀鳳去九霄，神龍入泉室。如何役吾眼，瞻視此小物。歸來因浩歎，自悔成詩筆。

宋·王禹偁《小畜集》卷六《秋霖》 秋霖週百日，歲望終何如。嘉穀就穗生，茁茁垂青鬚。宿麥未入土，大田多泥塗。河闊不辨馬，原高恐生魚。時政苟云失，生民亦何辜。雨若是天淚，天眼應已枯。

山雲百日雨，山水十丈波。田疇與道路，一夕成江河。巨石大于瓮，吹轉如蓬窠。夏旱既損麥，秋潦復無禾。津梁盡傾壞，商販絶經過。斗米二百金，吾生將奈何。安敢比夷齊，愚聖不同科。應如元魯山，餓死深山阿。

宋·宋祁《景文集》卷四八《北嶽祈晴文》 維至和元年歲次甲午六月朔，越二十四日，具位臣宋祁敢以酒幣昭告于北嶽安天元聖帝，按時令是月大雨，時行雖然，久陰連澍，比稍無節，因而不止，恐害粢盛，常趙之人勞窶久矣。若今無年，將遂轉溝壑，匱神祀之。國賦兩獲罪辜。則亦惟帝之閔矧，川瀆溢流，壞軍城室廬千所。屯吏走告，守臣不敢寧惟，智慮昏塞，無以招來和氣，是用投誠于神帝，若垂哀憐解，駁屯雲使晴雨得宜，百穀成就，元元足食，其誰敢不據神惠而竭，報禮以詑無疆，祁佩軍印不獲，身到祠所，謹遣司户參軍李沖侍祠。

宋·吴芾《湖山集》卷二《久雨》 歲旦值庚午，已有旱暵憂。甲申與丙子，仍更雨不休。豈惟主夏旱，還慮麥不收。農占吁可畏，使我生春愁。我今安靜退，身外百無求。止願年穀熟，高枕卧林丘。時時與親友，尊酒相獻酬。天意今乃爾，一飽未易謀。衆人憂餓死，我能獨樂不。念此不成寐，中夜涕泗流。無所用吾力，止望天賜休。天不絶民命，會見大有秋。

宋·吴芾《湖山集》卷二《和王夷仲詠施粥》 伊昔豈無旱，赫日流金石。伊昔豈無水，巨浸連天白。未若去歲風，飄忽幾終夕。時方屬新秋，稻子半黄赤。倏然卷地來，一掃不遺力。但覺田疇空，不見倉箱積。餘禍及吾民，來春有飢色。巡門粥妻子，不足充責糴。往往成流離，有家歸不得。我方還里閭，正值此艱厄。有心懷拯救，不寐欲通昔。念無損廩人，此意空憤激。民饑猶己饑，吾寧忍獨食。作糜倒瓶粟，恨不及九百。糾合族與隣，樂從有吾叔。豈但一時利，永作他年額。要令里中人，自此長飽德。雖或有凶年，不復更他適。鄭孚與宋樂，未足爲匹敵。施厚報必豐，會須看他日。

宋·吴芾《湖山集》卷二《有感》 陰陽失調燮，歲事成大饑。我聞江湖間，細民競流離。療饑已無食，卒歲還無衣。民窮聚爲盜，自古誠有之。不謂嚴冬日，宛如暮春時。里閭疫癘起，災沴逮嬰兒。今已歲殘臘，不見雪片飛。中夜不能寐，念此方涕洟。上天復赫怒，雷聲震四維。驟雨相繼作，奔電仍交馳。連夕不能止，遠近俱憂疑。我心更驚愕，倍畏天之威。炷香拜庭下，再三爲民祈。願天正時令，順行無逆施。反雷變作雪，盈尺以爲期，庶幾宇宙內，物物各得宜。

宋·石介《徂徠集》卷二《河決》 崐崘山最大，峨峨横絶域。黄河地下來，洶洶不可測。河伯一發怒，擘開崐崘石。水出東北陬，浩渺無涯極。平地水行疾，九州如咫尺。湯湯勢滔天，黎元多沉溺。上貽堯心憂，四岳舉鯀塞。鯀用汨彝倫，九載無成績。堯怒不能治，遂行羽山殛。有子其曰禹，命使嗣父職。洛中得龜書，九疇文甲拆。禹乃乘四載，周遊視水迹。百川各復道，九河皆開闢。禹功既已成，水患方滋息。竊思夫禹意，河九爲遠策。況云殺其溢，聞之孔安國。三代逾千年，所以無災厄。戰國爭土疆，諸侯用詐力。遷徙無常歲，湮淪不可識。隄障遏水勢，溝渠絶地脉。禹道不復究，河流有壅隔。頻爲中國患，中國不安席。從官徒負薪，河伯弗受璧。欲盡淇園竹，安救瓠子役。民力殫將竭，國財耗亦劇。四方競上疏，羣臣爭籌畫。田蚡方爲相，書來多持扼。豈顧天下利，惟以私田惜。賈誼不爲用，延年亦見斥。如何聖人功，千載復不得。皇宋運熙泰，四聖崇道德。百蠻皆臣順，萬物遂生殖。八十餘年間，人不聞金革。惟茲澶滑郡，河患亦云亟。常記天禧中，山東與河北，蕪秸賦不充，遂及兩京側。騷然半海內，人心愁慘戚。河畔木無幾，隄防有穴隙，流入魏博間，高原爲大澤。良田百萬頃，盡充魚鱉食。救之成勞費，不救悲隱惻。吾君爲深慮，不食到日昃。我忝竊寸祿，素飡堪自責。不負畚一土，私輒逃下籍。又無一言長，萬分有裨益。與世同浮沈，隨羣甘默默。亦或中夜思，斯民苦瘦瘠。四年困蝗旱，五穀餌蟊賊。年來風雨時，纔得一秋麥。手足猶瘡痍，肌膚未豐碩。若待四體肥，斯民無愁色。不然尋九河，故道皆歷歷。一勞而永逸，此成功無數。或可勿復治，順其性所適。使民就寬肥，使水灌鄰畝，試聽芻蕘言，三者君自擇。

宋・石介《徂徠集》卷二〇《南京知府祈晴文》 夫天地，明則有長牧以治之，幽則有神明以官之。惟牧也當大克惠養於斯民，以流德澤。惟神也當大克庇於斯民，以作福貺。惟牧與神共理者也，陰陽以和，百穀嘉登，皆牧與神之功。風雨不時，庶物疵癘，皆牧與神之羞。今天地失度，陰極則流作，此淫雨害於粢盛牧治明也。惟是夙夜，祗栗改行修政，庶幾災禍，自茲少弭，神治幽也，亦豈得安平者哉。今民咨嗟咸歸，咎於守吏，固不敢怠。惟神念之，抑陰扶陽，雨不作大沴弗賊，天之時弗賈，地之利弗絕民之食。皆神之福，守吏不能邀其功，惟神念之。

宋・魏峴《四明它山水利備覽》卷下 題它山兼簡鄞令（舒亶） 嗚呼王封君，心事鬼出没。驅山截長江，化作雲水窟。旱火六月天，萬棟挂龍骨。蕭條一祠宇，像設何髣髴。破屋夜見星，漏雨濕衫笏。杯酒謝車篝，兹事恐亦忽。我聞古先王，報施亦稱物。矧今崇神宫，民力未言屈。豈無制作年，一爲起荒茀。李侯仁賢資，撫字良矻矻。何但清似水，方看健如鶻。沈蹟千載後，行且見披拂。陰功世易忘，遠慮俗多吻。勉哉君毋遲，斯民久已鬱。

粹老使君前被召約住它山，既不果，以書見抵，謂可歎惜，併示廣德湖新記，因成詩一首。

長江滚滚西南流，秋水時至狂不收。大浪似屋山欲浮，王侯旦智禹所啾。萬鬼啄石它山幽，梅梁贔屭卧龍虬。咄嗟湍駭就斂揫，巨靈縮手愚公羞。障成十里沙中洲，支分股引聽所求。水旱稽浸民不憂，那得蟲蝗隨督郵。汙邪甌窶滿車篝，斯民飽暖何所疇。廟灘突兀寒灘頭，歲歲雞黍祠春秋。老農擊鼓稚子謳，當時人物紛雁鷗。豈無鼎食腰金儔，朽骨往往空蒿丘。姓名幾復人間留，惟侯惠施膏如油。江聲浩浩飄颼颼，千古不見使人愁。拔俗萬丈山標嶠，使君不減裴商州。下軍百燄隨鋤耰，一笑四境無瘡疣。天閑老步須驊騮，已聞歸作金華遊。飲賢訪七意未休，畫船載酒岸鳴騶。絡繹與我置脯膴，冠盖紛紛暇莫偷。搔首暢望情綢繆，我問使君亦何尤。西湖萬頃蛟龍湫，幾年荒茀今則修。鼕鼓勿勝財不掊，長堤岌嶪高岑樓。瀉有澮兮蕩有溝，餘波北注引漕舟。桑麻被野禾連疇，鶴鶴白鳥雜魚游。菰蒲菱芡饜採掇，楊柳成幄蔭道周。畊漁謳歌羸病瘳，使君之賜侯可侔。天邊旌旆看悠悠，父老雲梯争攀輈。地僻借恂恨無繇，高文擒秀春華抽。豐碑崒嵂鑱銀鈎，千年空岜留海陬。君知岜日思君不，還如今日人思侯。

又 它山堰（樓鑰）

它山堰頭作奇觀，百萬雷霆聲不斷。誰把并州快剪刀，平剗波瀾成兩段。四明山深水源遠，衆壑會溪長漫汗。滔天狂潦不可留，瀉入長江勢奔竄。賢哉唐家王長官，欲圖永利輸長算。想得慘澹經營時，一一山川應飽看。西偏千嶺相屬聯，惟有它山擁東岸。遂於岜地築横埭，截取衆流心自斷。斟酌利害不全取，高下參差僅雖半。水大七分入于江，徐把三分供溉灌。支流瀰漫穿郡城，脈絡貫通平且緩。旱時及岜水亦足，坐使千年忘旱嘆。無窮廟祀報元功，像設森嚴人敢玩。梅梁夭矯有冥助，大患于今尚能捍。前輩所作多旦靈，日月直是誠心貫。後人小知或更易，費盡工夫隨破散。河堙盍浚謀不集，堤斷河傾流甚悍。富民縮手人受殃，仰望古人重興歎。老木號風波湛碧，畫屏俯仰丹青焕。更須積雨看驚湍，濡足搴裳何足憚。去家不遠時一遊，短船垂綸流可亂。八月倘有仙槎來，便欲乘之泛天漢。

又 題它山善政侯祖（史彌寧）

粲曉輕船掠水飛，乘閒來訪長官祠。靈巒著色四時畫，石瀨有聲千古詩。華黍幾霑膏澤潤，甘棠長起後人思。伊渠不盡爲霖意，除却梅梁誰得知。

又 無名氏詩

誰將倚天劍，斸出天河水。傾瀉落人間，合流奔至此。六丁戰海若，横築萬石壘。波濤斂潮汐，辟易走千里。蓄泄有堨埭，深長富源委。支派繚村落，湖渠貫城市。千畦藉灌溉，萬井酌清沚。偉哉霖雨功，千載流不已。

又 它山堰（薛叔振）

官爲唐令尹，心切禹蒸民。叠石流川水，分波及稼雲。萬濤驚不夜，千古見如新。更有朝宗脈，聲容匪獨鄞。

又 它山堰次永嘉薛振叔韻（魏峴）

一朝堰岜水，千載粒吾民。只仰溪爲雨，何勞旱望雲。四時人飲碧，六月稻嘗新。流出心源澤，年年惠我鄞。

又 出郊觀稼（陳塏）

數月兩出郊，勸農復觀稼。始言麥隴春，今已稻畦夏。女紅綵紝餘，丁黄耘耔暇。暄涼雖不齊，晴雨倏忽乍。百豐未爲多，一歉誠所怕。蠲逋賡上恩，平糶栽米價。毫髮可及民，豈不念夙夜。昔有王長官，築堰它山下。惠利久益博，神靈此其舍。泓深或龍蟄，堅屹無蟻罅。定爲三七分，釃爲數十汊。石梁貫雲濤，誰敢著足跨。沵沙從何來，疑有物驅駕。人力幾淘浚，壅淤仍障壩。旦功終乞惠，去沙而變化。視古誰比方，鄭白其沵亞。

又 回沙閘成用可齋陳公韻（魏峴）

一堰限溪江，七鄉利畊稼。鹵汐回東溟，多水沵仲夏。仁哉王長官，一勞貽永暇。長輪不盡澤，絶勝晴雨乍。旱魃縱肆威，恃此不足怕。滴水一滴金，欲買真無價。年來沙作祟，耄倪憂日夜。役夫鍤方舉，賢帥車方下。豐資發公儲，嚴祀闡神舍。臨沵肅旌騎，問瘼窮隙罅。買地開一渠，内通水百派。山判不可移，石級誰敢跨。董正有贊府，相視皆别駕。仍憂堨尾閘，置柵抵立埧。即乞是商霖，何必驕陽化。它山不可磨，錢秦特其亞。

又 它山堰（應熠）

十里猶聞震地雷，海旦驚懼勒潮迴。遊人只愛山川好，一飽因誰惠得來。

宋·方逢辰《蛟峯文集》卷八 庚寅人日，雨夕大雷電，激而成雹。陽專而陰不勝寒，反爲燠。復雷雹，大雨彌旬。燠極而霰，繼以大雪三日，深山盈丈。自人日至晦，凡二十三日，雨雹霰雪。農民告苦，爲二十韻以記之。

龍馬交戰相長雄，一勝一負互始終。二氣脅擊威力窮，凝冰迸出焦火中。跳丸飛砲怒打空，一夜白盡千頭峯。頃田十萬銀裹封，東皇未肯開冶鎔。山眩水晃人滅蹤，癡猿凍鶴驚折松。鄰雞失旦僧懶鐘，昏曉不辨天地聾。鹽虎坐險終陷凶，獰獅見日空眼紅。書生徑卧身龍鍾，諷諫不到齊王宫。灞陵無驢句不工，萬象醜怪難形容。我聞古語盈尺豐，今深一丈愁殺農。欲將此意問天公，天公高高幾重。

宋·文同《丹淵集》卷四《季夏己亥大雨》 黑雲堆空天地昏，風勢猛惡山岳掀。怪電燒爇嗔霆喧，鯨海起立星漢翻。玉竿銀索傾缾盆，豪威怒力凌乾坤。川陸浩渺同一源，泛濫直欲浮高原。澗谷洶湧龍蛇奔，溝渠溪壑相吐吞。土肉刮盡惟骨存，漂蕩秋稼無一根。天生烝民主仁恩，覆露養育生理蕃。誰持害鑰開禍門，絶滅黍豆災元元。無路能去陳九閽，此事是非安可論。

宋·文同《丹淵集》卷五《大雨》 驚雲駕長風，大雨灑九有。崩騰百川倒，豪怒一雷走。茫茫草木亂，隱隱岩谷吼。高閣晝眠人，覺來但支肘。

宋·文同《丹淵集》卷一二《平雲閣觀雨》 黑雲漆天雷破地，風卷雷射雨傾瀉。噴崖倒壑恣頹蕩，咫尺不可辨牛馬。鷄豚已見逐高浪，禾稻應須没平野。莫言魚鼈走堂厨，且看泥沙漫屋瓦。

宋·文同《丹淵集》卷一二《久雨》 寒鳩劬劬屋上鳴，欲使此雨何時晴。山中有客抱幽鬱，日日起望東方明。今朝晚霞發光焰，喜極再拜當西楹。須臾雲陰又蒙没，遣我涕淚流沾纓。

宋·文同《丹淵集》卷一八《積雨》

京師值積雨，浮淖皆滿城。況當淘決時，左右羅深阬。有客南河居，旦夕隄上行。病僕挾羸馬，十步八九傾。職事有出入，長抱落膽驚。都人素豪恣，小官常見輕。排闥要穩道，斂避不敢争。試欲效呵止，圜目根姓名。往往被濺污，直落舌與睛。歸來事洗濯，袍袴紛縱横。仰首問天公，奉澤當早晴。幸有好日月，何惜施光明。

宋·李覯《盱江集》卷三五《中春苦雨書懷》 春秋書大雨，三日已爲霖。如何方春時，終月常積陰。淙空若泉瀉，瀊地成淵深。曾無晝夜别，顧恐山嶽沈。疑是天上河，底漏不可禁。傍無女媧石，欲補難爲針。又疑坎宫水，陽曜所不臨。何等大鬼物，戲把北斗斟。誰籠三足烏，冷卧空桑林。勾芒失權柄，羞耻啼盈襟。枉殺幾樹花，恣許泥土浸。或云天有意，欲使誅荒淫。田穀彼何罪，芽頴當森森。一粒且漂溺，不啻千黄金。路絶弔客行，餒我憂巢禽。風聲怒打屋，寒氣獰穿衾。況我出山遠，久次兹江潯。嗟嗟歲月晚，悠悠金玉音。無聊但詠笑，有得還歌吟。莫怪旅愁甚，旅人千萬心。

宋·李覯《盱江集》卷三五《雨中作》 羣陰侮陽德，雨陣春嘈嘈。白曉慘成夜，瓦口生飛濤。凝雲列山朝，冷氣攢衣刀。徑鬧有松竹，庭卧唯蓬蒿。花淫得罪隕，鷽辯知時逃。隰苗出水短，木菌隨日高。微吟雅於樂，快飲甘知膏。朱曦待未見，天盖空牢牢。

宋·王安石《臨川文集》卷八《白日不照物》 白日不照物，浮雲在寥廓。風濤吹黄昏，屋瓦更紛泊。行觀蔡河上，負土私力弱。隋堤散萬家，亂若春蠶箔。仍聞決數道，且用寬城郭。婦子夜號呼，西南漫爲壑。

宋·王安石《臨川文集》卷二五《苦雨》

靈場奔走尚無功，去馬來車道不通。風助亂雲陰更密，水争高岸氣尤雄。平時溝洫今多廢，下户京囷久已空。肉食自嗟何所報，古人憂國願年豐。

宋・王安石《臨川文集》卷四六《天地社稷宫觀等處祈晴青詞祝文》 積陰爲沴，霪雨弗止，蕩決漂墊，將爲民菑。懼德不類，以干咎罰。是用齋祓，宗祈明靈。異蒙垂矜，遂獲開霽。休嘉之錫，實被含生。

宋・王安石《臨川文集》卷四六《五嶽四瀆諸廟祈晴祝文》 霪雨弗止，將爲民菑。懼德不孚，以罹咎罰。是用奔走，禱于明神。惟神監觀，惠以時暘。非民獨蒙嘉福，神亦永有休享。

宋・王安石《臨川文集》卷四六《泗州塔謝晴齋文》 天菑于民，霪雨不止。祓除齋戒，並走以祈。實蒙等慈，俯應誠悃。永惟庇貺，其敢弭忘。

宋・孔平仲《清江三孔集》卷一一《中太一宫真室殿祈晴》 天回素節，人望豐年。念嘉穀之將收，值淫霖之相續。惟神主張萬有，照臨六虚。特開琳宇之嚴，盡演琅函之秘。庶憑妙力，早散積陰。致歲序之順成，解羣黎之愁歎。

宋・孔平仲《清江三孔集》卷一一《後苑華景亭開啓祈晴道場齋文》 素秋兹始，寶稼將成。懼此陰霖，害于農事。集祇園之净，衆繙花藏之秘文，庶憑聖因上通于鴻造亟收淫雨，遂致于豐年。

宋・孔平仲《清江三孔集》卷一九《謝晴文》 雨潦爲患，至於累旬。屢脩禱祈以答人，望蒙神之力，啓帝之心，攘除積陰，烜以白日，大宇之内，咸樂其生，賽于靈宫，抑有常典，尚享。

宋・孔平仲《清江三孔集》卷一九《祈晴文》 古之善爲治者，一言之發而天地爲之響應，故能轉禍爲福，以壞爲成。今積雨不時，害於牟麥。禱祈屢脩而霖潦益甚。誠之不至，而不足以動於神明，此所以夙夜怵然，憂職業之廢也。然神巍然廟食，而吏與民齋，戒以奉之，爲日滋久。若陰勝而不抑，陽弱而不持，民危而不扶，物病而不救，豈吏與民，所以事神之意哉，雨雖久及今霽止，猶有賴焉，惟神閔之，尚享。

又

積陰爲沴，禱於靈祠，漠無報佑，豈神不知。朝雲浮浮，閉藏天闉。暮雨瀸瀸，溢于陂池。稻方甚弱，麥種未治。二者交害，農益怨咨，豐荒之事，漫不可期，歲一登稔，實天相之如何。淫雨不以其時，稼穡摧傷，人以嗟咨，齋戒奔走，敢禱靈祠，卷藏陰慝，以舒明離俾，民相慶，鼓舞以嬉，收功頃刻，惟神之爲。

宋・孔平仲《清江三孔集》卷一九《謝晴文》 瀕淮之地，背秋涉冬，而田事未畢。故一有淫雨，則農功垂成而又敗之。是用有禱焉。賴神之庥應，不旋踵雲，陰解駁照及容光，南畝之人，奔走相賀，齋戒以謝，惟神貽之。

宋・孔平仲《清江三孔集》卷一九《謝晴文》 霖潦乘秋爲民之患，涉旬不止。上下憂之，祇率常典籲聞，神聽有應，若響昇于東隅，天地清肅，川原亢爽，就我穡事，躋于有年，神之慶賜，莫與爲厚，爰陳菲薄，以薦厥神。

宋・沈遼《雲巢編》卷一《澧陽大水》 澧陽地湫底，夏雨無時休。疏惡三尺地，民阽爲魚憂。竹屋易飄蕩，薄哉生生謀。羈人豈但免，餓隸資桴浮。洞庭信巨浸，畜洩浮荆州。無廼中江隘，千里壅其流。永懷吾州樂，宅土何夷猶。海隘不厭多，歲旱亦有收。胡爲此契濶，暴下安得瘳。嗟嗟南土人，狐貉守一丘。

宋・沈遼《雲巢編》卷三《零陵觀大水》 春雨淫不已，江水一夕漲。初聞漸其栅，離明已三丈。老弱走山去，浮沉困丁莊。高樓半欲没，木杪維舟舫。睢阜已懷襄，那能辨閭巷。升高瞰其下，犬牙縈疊嶂。始知地形隘，何由保無恙。湘川浩東下，其勢不相讓。安得驅山澤，移徙就空曠。市井安且平，黎民獲生養。羣流亦適性，千里肆夷漾。斯懷知未遂，蓬茆獨怊悵。

宋・蘇軾《東坡全集》卷五《有美堂暴雨》 遊人脚底一聲雷，滿座頑雲撥不開。天外黑風吹海立，浙東飛雨過江來。十分瀲灔金樽凸，千杖敲鏗羯鼓催。唤起謫仙泉灑面，倒傾蛟室瀉瓊瑰。

宋・蘇軾《東坡全集》卷八《河復》 君不見西漢元光元封間，河決瓠子二十年。鉅野東傾淮泗滿，楚人恣食黄河鱣。萬里沙回封禪罷，初遣越巫沉白馬。河公未許人力窮，薪芻萬計隨流下。吾君仁聖如帝堯，百神受職河神驕。帝遣風師下約束，北流夜起澶州橋。東風吹凍收微渌，神功不用淇園竹。楚人種麥滿河淤，仰看浮槎棲古木。

宋・蘇軾《東坡全集》卷二三《江漲用過韻》 草木生故墟，牛羊滿空瀆。春江圍草市，夜浪浮竹屋。已連漲海白，尚帶霍山緑。坎離更休王，魚鼈横陵陸。得非崑崙囚，欲報陸渾衂。行看北風競，來救南國蹙。長驅連山燒，一掃含沙毒。孤吟愍造化，何時停倚伏。當憐水旱氓，不作舟車蓄。江流儻席卷，社酒期茆縮。

宋・蘇軾《東坡全集》卷二三《連雨江漲二首》 越井岡頭雲出山，牂牁江上水如天。牀牀避漏幽人屋，浦浦移家蜑子船。龍卷魚鰕并雨露，人隨雞犬上墻眠。祇應樓下平堦水，長記先生過嶺年。

急雨蕭蕭作晚涼，卧聞榕葉響長廊。微明燈火耿殘夢，半濕簾帷浥舊香。高浪隱牀吹甕盎，闇風驚樹擺琳琅。先生不出晴無用，留向空堦滴夜長。

宋・李之儀《姑溪居士後集》卷六《大雨》 向晚雲驟合，雨點如車輪。入夜勢轉暴，對面語不聞。初疑坤軸裂，漸覺河海翻。傾注恣豪放，溝瀆莫吐吞。平地忽五尺，呼叫均四隣。下堰上輒隙，東塞西遽奔。一身應百給，坐卧不得申。旦自秉鍤刀，彳亍意已昏。念兹嗷嗷農，拱手過一春。入夏又將半，寸苗無宿根。祈禱備衆伎，杳杳天九閽。飢殍漫狼藉，極目無煙村。及此滂沛澤，一洗瘡痍痕。勞我敢有詞，故喜氣已温。置酒會賓客，耕輟翁語孫。爾年非可期，我責亦粗伸。欲赴固踴躍，感慨扃重門。

宋・洪炎《西渡集》卷上《公實作暴雨詩次其韻》 民生惟播殖，天意在農深。一夜傾盆雨，千家粒食心。知時占聚蟻，催種有鳴禽。喜是田間語，青青刺水鍼。

宋・洪炎《西渡集》卷上《次韻即事二首》 自愧山林士，來炊蕭寺烟。怨驚寄猿鶴，飛躍任魚鳶。咄咄空中字，昏昏醉後眠。摛文非孟子，何以差狂顛。

寄榻逢僧夏，登場喜麥秋。一風將浹日，四月尚重裘。去矣吁何及，歸歟幸少休。雨晴寒自戢，桂魄更添愁。

宋・釋文珦《潛山集》卷一《大水後作》 田家望西成，彌月雨霖霪。流潦迷川澤，秔稻盡漂淤。牛犬犇崇丘，雞亦栖高樹。室廬畢沈没，野老無歸處。大家還急租，官中未蠲賦。妻子多轉徙，天高不可籲。但願吾皇知，聖恩加咻噢。下詔發倉廩，賑卹散紅腐。不唯赤子活，亦使根本固。八表皆歸仁，萬歲永終譽。

宋・釋文珦《潛山集》卷五《風雨》 晚來江上天不分，老蛟吐氣成江雲。夜半大風飄屋瓦，頃刻簷間雨如瀉。柴門緊閉不敢開，漸聞水聲到床下。開門處處聞啼號，盡説浪頭三尺高。室廬漂蕩無處所，妻孥大半隨波濤。江市一時爲沮洳，急打行包入山去。通衢沆漭不可行，歷盡西山豺虎路。但願自今風雨調，無復破塊與鳴條。

宋・范純仁《范忠宣集》卷一《暑雨》 暑候積隆暵，驕陽變重陰。朱靈弛綱權，蒸鬱資霖淫。驚聲遞洶洶，密脚羅森森。階除垂玉霤，朝暮無停音。修虹掛明帶，奔雲仆危岑。雷電收震耀，曦光久潛沈。老火不復炎，淒飈迓柔金。大道瀉溪壑，窮巷多汙涔。朝泥涴羸屐，夜氣凌疎衾。腐耳帖朱檻，美實墮青林。蛙黽生意氣，螻蚓相謳吟。嘉穀失耘耨，坐忍萊莠侵。白屋生罅漏，工女停機紝。庭圃亦蕪蔓，誰能辨蕕苓。長夏方長養，漸漬所不禁。伊予抱最靈，咨戚何由愔。安得排九閽，感激露至忱。訴帝求陽明，咄嗟破凝霃。薰風阜萬物，復將歌舜琴。天高不可達，耿耿徒此心。

宋・李石《方舟集》卷一《大水寓武信二首》 前時布穀鳴，早種不入土。翻然變陰沴，兩旬作淫雨。半夜水囓堤，一決不及禦。貧民無燈火，下牀已没股。曉登樹杪呼，出没見屋膂。舟車或幸災，桂玉豈易煮。天數苟有定，民患誰適與。我窮一席地，此憂豈暇汝。爲汝愁天公，閉户不欲語。

民無穴居智，不如彼狐狸。奔流决户入，尚懷囊橐資。倉卒老穉計，共此高樹栖。茫茫無舟筏，渺渺失陵陂。號呼性命急，千鈞懸一絲。引手幸免魚，十五爲流尸。古今民父母，唯有愷悌詩。吾詩本不作，聊以箴厥堤。

宋・李石《方舟集》卷一《驟雨》 荒風吼其前，大雷擊其後。人言黄昏雨，此意無乃驟。飄飄豈惡聲，側耳聽簷溜。一睡喜暫凉，破牕落星宿。明朝看東方，老火已復晝。起行視畦隴，微露泫深秀。柘溝澁不流，焦塊濡未透。看看歲云秋，槁死念誰救。濫興桑羊誅，妄使土龍鬭。彼巫乃誣爾，拜舞雜符呪。舉頭亦茫茫，萬一幸天漏。雲行則雨施，坎畫自羲后。爲霖有真源，中路困坑竇。眼前蒼狗姿，津潤豈能漱。何當捲江海，九萬廣天覆。有禱恐未遲，帝閽吾欲叩。

宋・王炎《雙溪類藁》卷二《大水行》 屯雲墨色日將暮，晦明揮霍雨如注。水聲夜半摇匡床，平旦出門吁可畏。盤渦渶瀁吞邊旁，悍流洶湧行中央。日中雨復綆縻下，溝塍水躍皆渾黃。黑風拗怒雷擊地，浪頭起立三丈彊。杈枒老木根株拔，崚嶒古屋椽桷裂。快馬萬蹄迸突而憑凌，靈鼉百面澒洞而砯砰。鋭兵鏖戰城柵倒，猛虎嗥吼崖谷崩。旁觀氣奪目力眩，瀕流上下俱不寧。升高辟害叫舟楫，篙工倚柂不敢行。寂寥向晚頗衰落，斷霞返照回新晴。鳥飛不盡天界濶，蒼烟淡淡山青青。銜杯引滿幸無恙，收召魂魄猶屏營。往年秋水沈斗壁，闔門九死得一生。今日思之痛方定，一見洪波心震驚。吾聞山挾河回衝底柱，峽束江盤投灔澦。魚龍百怪家其中，風濤暴横無終窮。小溪常時清且淺，漪漣不動平於板。淺津可涉深可梁，一旦沸騰能漭茫。傳聞潰洫山裂破，黑蛟夜出作奇禍。扶崖走石勢力粗，十家六七無室廬。百年枯塚尚漂泊，變生倉卒人爲魚。君不見去年四月不雨至七月，澗谿一綫皆斷絶。川居人曾死於暍，山居人今死於溺。下田黄塵曾蓬勃，高田白沙今障没。嗚呼災害何其頻，勦民之命誰肯任。勦民之命誰肯任，蒼天蒼天實照臨。

宋·方岳《秋崖集》卷一五《田家苦》 六月之雨田成溪，七月之旱煙塵飛。眼中收拾不十年，未議索飯兒啼飢。夜點松明事治穀，規避債家相迫促。平明排闥自分沾，渠更舞權還不足。

宋·方岳《秋崖集》卷一五《大雷雨》 黑雲壓山雨如鏃，霹靂火光龍起陸。四壁淋漓風撼屋，一窓寒燈卧空谷。龍乎龍乎盍歸來，先生牀濕生青苔。未議青黄麥枯死，古語更占春甲子。

宋·方夔《富山遺稿》卷五《大水寄洪復翁》 昨夜龍宫留惡客，使者借車收二麥。溪澗洪流十丈高，不辨東阡與西陌。高田忽變黄鵠陂，下者匯作魚龍宅。新陳接食已觖望，夏不早耕後何獲。似聞山縣未休戍，旁郡豪酋遺俘馘。攜孥扶老避人禍，漂麥漲田遭鬼責。不知造化誰主張，罪欲誰歸問河伯。生平舌耕真左計，邇來硯破筆毛磔。中宵耿耿坐長歎，滿眼兵荒遭此厄。先生少抱調燮才，蒼生不忍飢寒迫。潛深請磨楯鼻墨，試草千言救荒策。

宋·方夔《富山遺稿》卷八《大水》 長時烟雨弄梅黄，身似枯株守破窻。雲氣冒山天失晝，水聲撼屋浪翻江。田通小澗頻障土，船上高原屢徙樁。舉世滔滔何日息，笑傾牀下古罌缸。

宋·方逢辰《蛟峯文集》卷六《田父吟》 清溪眇如斗大邑，萬山壁立土磽瘠。百分地無一分田，九十九分如劍脊。一畝之地高復低，節節級級如横梯。父母畝心一畦可一畝，邊旁一畝分數畦。大家有田僅百畝，三二十畝十八九。父母夫妻子婦孫，一奴一婢成九口。一口日噉米二升，茗醝醯醬菜與薪。共來日費二三斗，尚有輸官七八分。小民有田不滿十，鐮方放兮有菜色。曹胥鄉首冬夏臨，催科差役星火急。年年上熟猶皺眉，一年不熟家家飢。山中風土多食糜，兩兒止肯育一兒。只緣人窮怕餓死，可悲可弔又如此。有司猶曰汝富民，手執鞭敲目怒視。今年淫雨天作難，洶湧澎湃四五番。浮尸敝屋壞江下，迸山裂地如鯨奔。半山都成水澤國，平地皆作龍蛇窟。水頭晚退早復來，屋角朝出夕又没。巋然令丞簿尉衙，下視四境無人家。水平歸家無屋住，有屋住者無生涯。農民拋家認畝隴，擔砂翻石肩皆腫。百千一畝判晚秧，一坵分作兩坵種。都來一畝無百千，買秧已費半百錢。眼前插種已剜肉，頭後豐歉猶在天。晚田再種未可保，早田無秧爲出草。皂衣旦暮來槌門，今年苗税催得早。打快織機趂頭綱，作急糴米輸苗倉。更有一言牢記取，斷不許人言灾荒。

清·張英等《淵鑑類函》卷二二一《水潦五》 宋·唐庚《江漲》詩曰：秋來雨似澆，雨罷水如潮，市改依高岸，津喧救斷橋。雲陰哭鳩婦，池溢走魚苗。天意良難測，前時旱欲焦。又《戊子大水》詩曰：踏歌喧喧雜鐃鼓，潭邊呼龍令作雨。龍嗔揮水十丈餘，千邨萬落幾爲魚。寄謝神龍且安處，熟睡深潭不驚汝。又曰：夜半傳呼河入室，攬衣下牀深没膝。舊來水不到譙門，老巫歸咎西門君。西門君去老巫舞，明年却娶河伯婦。元張養浩《行水災郊外》詩曰：雲駁疎陰漏日華，矓矓晨色散林鴉。馬前怪底猶明月，路轉滿川蕎麥花。

又 吴菜《吴中水澇詩》曰：客來自吴土，示我吴儂言。吴儂歲苦水，謂是太湖翻。太湖四萬頃，三江下流洩。疏瀹久無人，淤汙與海絶。東風一鼓盪，暴雷如頽城。屋扉蚌蛤上，畦畎魚龍争。嘉種不得入，種亦悉爛死。民事何所成，食天俱在水。

清·王汝潤《馥芬居日記》 古風道光三年水災 歲次癸未大水災，新雨並作舊雨來。自春至夏不見斷，五月十九竟浮埃。青苗插處不見影，未插田畝不能栽。泛泛江河千萬頃，小舟行處去復來。吾鄉木棉是地産，登高四顧安在哉？龍作陣、魚作堆，燒空霹靂只驚雷。禀入縣廉四川士，淡之姓矣名春臺。布告四方須補種，紛紛計畫泪滿腮。秧可買、豆可培，取衣入典心未灰。詎知七月風潮起，波翻浪作屋宇隤。田高尚有青青色，低者但見水沿洄。柴桂米珠禁遏糴，可憐倉社空不開。幸有富室秦黄姓，捐銀平糴作豪魁。今已七月二十九，水勢猶然浸石苔。悶坐一室心欲裂，嗚呼！忍覩萬畝荒蕪盡汙萊？

清·董含《三岡識略》卷一〇《補遺》 春雪 康熙三十年辛未元旦，積雪未消。初六日雪，人日又雪，穀日雪尤劇。九日，復大雪。十八日漏二下，忽暴風起，雨雪交作。予閉户塞竇，不禁凛栗，因記之曰：臘雪連春雪，春寒勝臘寒。凍梅舒萼晚，渴鷺啄冰難。税急衣頻典，年荒甕久乾。舊遊零落盡，何處覓新歡。

雜録

《山海經》卷一八《海内經》 炎帝之妻，赤水之子聽訞生炎居，炎居生節並，節並生戲器，戲器生祝融。祝融降處於江水，生共工。共工生術器，術器首方顛，是復土穰，以處江水。共工生后土，后土生噎鳴，噎鳴生歲十有二。洪水滔天。鯀竊帝之息壤以堙洪水，不待帝命。帝令祝融殺鯀于羽郊。鯀復生禹。帝乃命禹卒布土，以定九州。

晉・陶潛《搜神後記》卷九　長沙有人忘其姓名，家住江邊。有女子渚次〔浣〕衣，覺身中有異，後不以爲患，遂妊身。生三物，皆如鮧魚。女以己所生，甚憐異之。乃著澡盤水中養之。經三月，此物遂大，乃是蛟子。各有字，大者爲「當洪」，次者爲「破阻」，小者爲「撲岸」。天暴雨水，三蛟一時俱去，遂失所在。後天欲雨，此物輒來。女亦知其當來，便出望之。蛟子亦舉頭望母良久方去。經年後，女亡，三蛟子一時俱至墓所哭之，經日乃去。聞其哭聲，狀如狗嘷。

安城平都縣尹氏，居在郡東十裡，日黄村，尹佃舍在焉。元嘉二十三年，六月中，尹兒年十三，守佔，見一人年可二十許，騎白馬，張繖，及從者四人，衣並黄色，從東方而來。至門，呼尹兒：「來暫寄息。」因入舍中庭下，坐床，一人捉傘覆之。尹兒看其衣，悉無縫，馬五色斑，似鱗甲而無毛。有頃，雨氣至。此人上馬去，回顧尹兒曰：「明日當更來。」尹兒觀其去，西行，躡虚而漸升，須臾，雲氣四合。白晝爲之晦暝。明日，大水暴出，山谷沸湧，邱壑淼漫。將淹尹舍，忽見大蛟長三丈餘，爲屈庇其舍焉。

武昌虬山有龍穴，居人每見神虬飛翔出入。歲旱禱之，即雨。後人築塘其下，日虬塘。

唐・李延壽《北史》卷三二《崔挺傳》　州舊掖城西北數里，有斧山，峯嶺高峻，北臨滄海，南望岱岳。挺於頂上欲營觀宇，故老曰：「此嶺上，秋夏之際，常有暴雨。相傳云是龍道，恐此觀不可久立。」挺曰：「人龍相去，何遠之有？虬龍倏忽，豈一路乎？」遂營之。數年間，果無風雨之異。挺既代，即爲風雨所毁，遂莫能立。衆以爲善化所感。

唐・李延壽《北史》卷四四《崔亮傳》　除安西將軍、雍州刺史。城北渭水淺不通船，行人艱阻。亮謂僚佐曰：「昔杜預乃造河梁，況此有異長河，且魏、晉之日，亦自有橋。吾今決欲營之。」咸曰：「水淺，不可爲浮橋，汎長無恒，又不可施柱。恐難成立。」亮曰：「昔秦居咸陽，横橋度渭，以像閣道，此即以柱爲橋。今唯慮長柱不可得耳。」會天大雨，山水暴至，浮出長木數百根，藉此爲用，橋遂成立。百姓利之，至今猶名崔公橋。

後晉・劉昫等《舊唐書》卷三七《五行志》　乾元二年六月，虢州閿鄉縣界黄河內女媧墓，天寶十三載因大雨晦冥，失其所在，至今年六月一日夜，河濱人家忽聞風雨聲，曉見其墓踴出，上有雙柳樹，下有巨石二，柳各長丈餘。郡守圖畫以聞，今號風陵堆。

宋・李昉等《太平廣記》卷一四〇《水災》　唐開元八年，契丹叛，關中兵救營府，至澠池缺門，營於穀水側。夜半水漲，漂二萬餘人。唯行綱夜摴蒱不睡，接高獲免。村店並没盡，上陽宫中水溢，宫人死者十七八。其年，京興道坊一夜陷爲池，没五百家。初鄧州三鵶口見二小兒以水相潑，須臾，有大虵十圍已上，張口向天。人或有斫射者，俄而雲雨晦冥，雨水漂二百家。小兒及虵，不知所在。出《朝野僉載》。

宋・蘇軾《東坡志林》卷一《記過合浦》　余自海康適合浦，連日大雨，橋梁大壞，水無津涯。自興廉村净行院下乘小舟至官寨，聞自此西皆漲水，無復橋船，或勸乘蜑並海即白石。是日六月晦，無月，碇宿大海中。天水相接，星河滿天，起坐四顧太息：「吾何數乘此險也！已濟徐聞，復厄於此乎？」稚子過在旁鼾睡，呼不應。所撰《書》、《易》、《論語》皆以自隨，而世未有別本。撫之而嘆曰：「天未欲使從是也，吾輩必濟！」已而果然。七月四日合浦記，時元符三年也。

宋・蘇軾《東坡志林》卷四《合江樓下戲》　合江樓下，秋碧浮空，光摇几席之上，而有茅店廬屋七八間，横斜砌下。今歲大水再至，居人散避不暇。豈無寸土可遷，而乃眷眷不去，常爲人眼中沙乎？

宋・蘇軾《東坡全集》卷九七《山堂銘並叙》　熙寧九年夏六月，大雨。野人來告，故東武城中溝瀆圮壞，出亂石無數，取而儲之，因守居之北墉爲山五，成列植松栢桃李其上，且開新堂北向，以遊心寓意焉。其銘曰：誰哀斯堅，土伯所儲。潦流發之，神以畀予。因廡爲堂，踐城爲山。有喬蒼蒼，俯仰百年。

宋・秦觀《淮海集》卷二五《汝水漲溢説》　汝南風物甚美，但入夏以來水潦爲患，異時道路化爲陂波，汝水漲溢，城堞危險，濕氣重蒸，殆與吴越間不異，郡人歲歲如此。《漢書》稱：汝南有鴻隙陂。翟方進爲相，始奏罷之，郡人怨甚。切意鴻隙陂者，非特爲灌溉之利，菱芡蒲魚之饒，實一郡瀦水處也。大陂既廢，水無歸宿，則自然散漫爲害。又《水經》稱：汝水至汝南郡西北，枝左别出一枝，又屈而東轉南，會汝形如垂瓠，故號縣瓠城。今汝水故道已亡，惟存别枝，水潦暴降，則有泛溢之患，亦其勢然也。在漢時爲豫州刺史治之諸邑，皆春秋時沈、江、道、柏之國，事迹甚多，暇爲作記，無文字檢耳。

宋・羅泌《路史》卷四七 息壤：洪水滔天，鯀竊帝之息壤，以堙洪水。息生之土，長而不窮。故有息石。高子勉《息石詩》序，在江陵莊嚴寺或云轀玉。漢元帝時，臨滁地涌六里，崇二丈。所哀帝之世，無鹽危山，土起覆章如馳道狀，蓋息壤也。江陵之壤，鎖鎮水旱。《江陵圖經》引《别録》云：子城南門地隆起，如伏牛馬。去之，一夕輒復如故在。昔傳爲息壤，騰踐或死。昔高從誨鎮渚宫出，經其處，問書記孫光憲，對以伯禹治水，自岷至荆定彼泉原之穴，慮萬世下有或泛溢，爰以石屋鎮之。蓋本之冥洪録，裴相歐獻之事也。元和初，裴宙鎮荆，掘之六尺，得一石規模樓櫓。悉倣荆城，其中空徑六尺八寸，甚工緻，命徙之藩籬間。是春淫雨，四月不止，潦漲莫遏，人抱爲魚之憂。會歐獻乘居楚山，馳問之。對以事迫，鑿石弗及，令陶範爲江陵城内。廣六尺八寸，樓堞門閾，無少差。于南門外八十步，掘深六尺埋之，當止。宙始驚歎，昔人所填，從之。既瘞祭之夕，復隆起。獻乃洛中道士，博學多聞，亦見《江陵志》。王子融修臧丙之事，雷雨驟集，爰屋而記之。貽救甾者焉。慶曆甲申，尚書郎王子融莅渚宫，自春不雨，遍走群祀。五月壬申，與郡僚及此，以今地無復隆起而石屋詹且露，請掘取驗。雖致水沴，亦足爲快。因具畚鍤置土數百擔以備，俟旦從事。是夕雷雨大至，遠近沾洽，亟以馨俎薦荅。醫博士張若水者，年逾七十，因言兒時見臧大諫丙嘗，以久旱發之。數尺巨石，如屋四面，爲柱爲牖，其南隱出門闔之象，百夫莫動，乃縻以巨索，率水見二百踏，出之大雨而止。未及窮，其石城者，因覆以屋後，更加敞，纍壇繪爲風雷佛之像，陳堯佐易以龍神。皇祐二年，子融致仕始爲記俾。漕吕刻石寘之。蘇軾言其屢應然矣。息壤詩序云：旁有石記，謂不可犯，畚鍤所及，輒復如故。又頗致雷，兩歲旱，屢發有應。柳子所言，龍興寺，地天地之間，自多有此。記是永州云：負甓而起者，尺有五寸，夷之復高鍤者，皆死云。然鯀以堙水殛禹復用之，彼以障汨而此，以填後禍也。《淮南子》云：禹以息壤堙洪水以生，上封之意，有後泄也。

宋・范成大《吴郡志》卷一三 陽山靈濟廟，在澄照寺傍，白龍母廟也。無碑碣可攷。有僧祖照者，以父老相傳，述其事於壁云：東晉隆安中，山下居民繆氏，家有女，及笄出行，風雨暴至，天地陡暗，避於今所謂龍塘之側。俄有一白衣老人，語女曰：氏族爲誰，居何所？女答姓繆。指山之西曰：我家舍於陽山三峰之下，家有父母。老人曰：天色如此，吾無所歸，欲假館，待旦而前，可乎？女曰：當告父母。老人强之再三，遂首肯。語竟，遽失老人所在。女歸有娠，父母惡之，逐出，丐食鄰里。明年三月十八日，至今，所謂龍塚之上，産一肉塊。居民怪之，驚棄水中。倏焉，塊破化而爲龍。夭矯母前，若有所告，其母驚絶於地。即有風雨雷雹，飛沙折木，咫尺不辨人物之異。既開霽，但見白龍昇騰而去，衆乃厚葬其母。自後累降巫語，始祠之於山巔。而雨暘失候，祈禱必應。太平興國間，建廟於山南曹巷。熙寧九年，遷于澄照寺之東隅。建炎間，主僧覺明復一新之。相傳龍子分職瀟湘，每歲是日，必歸山間。風雨凄冷，人以爲龍子誕日云。過是，山中方有春意，其去也，或變怪之狀，見於雲間。紹興十九年六月某日，犇雲靉靆，起於是山。俄頃，盲風驟雨大作。龍自郡城過，捲去女牆數百丈。居人余氏家小亭，吸入雲中。又有負販者，被吸復墮，而無傷焉。又云：昔有白鬚老人，至鎮江江步買船。自云從長沙來，與船人錢十千，先付五千，餘錢約至蘇州陽山看親處還。登舟，即令篙工悉睡，日暮抵許市上岸去，蓋已三百六十里矣。舟人至山下尋覓，值風雨大作，避於廟中。於像前得錢五千。方悟神龍之歸，乃以錢設僧供，辭謝而去。比歲，祈龍母屢應。大吏以聞，紹興二十九年四月，詔賜靈濟廟爲額。乾道四年，告下，封顯應夫人。

靈濟廟，在府東南，舊五龍堂也。淳熙十年秋，大旱。郡守耿秉，即設廳作祈雨道場，設行雨龍王位於東西序。有蜥蜴見於香案果飣之上，蜿蜒不去，終日雲合。秉以杯珓祈之，若有靈異，已而大雨三日。具以事聞，詔賜靈濟廟爲額。

宋・方勺《泊宅編》卷三 贛石數百里之險，天下所共聞。若雨少溪淺，則舟舫皆檥以待，有留數月者。虔州水東有慶顯廟甚靈，或至誠禱之，則一夕爲漲水數尺，送舟出石。故無雨而漲，士人謂之清漲。前此，十大夫有禱輒應，刻石以識於廟庭者甚多。東坡北歸亦然，行次清都觀，有「自笑勞生消底物，半篙清漲百灘空」之句。

宋・方勺《泊宅編》卷九 舊傳贛川清漲，有神司之。據《梁史・武陵王紀》，伐蜀前，此江水可揭，及登舟而水長數尺，皆喜曰：「天贊我也。」又陳武帝自南康赴江州，水暴長，三百里贛石皆没，此非清漲乎？

宋・洪邁《夷堅志》甲卷二《野牛灘》 野牛灘在洛京之白波，與九女廟相接。金皇統中，秋暴漲，居民遭没溺者十室而七。灘下人見羣蛟激躍崖谷間，摧峯破岸，觸處成淵澤，屋廬如洗，田禾一空。大雨五晝夜不止。俄有牛數十，出乎峻顛，乘流而下，與蛟鬬於山麓，黑霧縈繞，火光迸射。經一夕乃霽，水循故道。一蛟長十丈，死于祠下。洛都守孟君，率洛陽、河陽兩郡士精潔奉牲，臨河致祭。頃之，有龍見于雲端，驤首如赴。萬衆仰觀，乃知其化爲牛而殺蛟者，於是即于其地立祠。

宋・洪邁《夷堅志》丙卷七《清塘發洪》　慶元乙卯歲夏五月中旬間，饒州大雨七晝夜，江湖皆溢，水入城者過六尺，鄱陽浮梁尤甚。清塘村去州九十里，劉氏宅其地，是時庭中數處穿小穴，濺水如跳珠，其家謂積水固然，弗以爲慮。至二十二日午未之際，忽成兩大竅，泉涌出其中，方知必有水禍，悉收拾箱篋縛置梁上，而率家人登舟趨後山。甫及山半，水大至，回望故廬，已蕩然隨流而去，無尺椽片瓦存。迨水退往視，則陷爲污澤，了無向來居室形，生生之器具掃空。識者謂蛟螭輩乘水勢與人爲害，然亦不可奈何矣。

宋・洪邁《夷堅志》丁卷三《石城廟神》　贛州石城縣城隍祠，在邑治之側，水旱祈禱多應，士人敬事之。紹熙辛亥五月十七日，大雨傾注，溪流溢涌，浸通衢丈餘，祠門頽敗，士民合力新之。門之左右元塑兩馬，是時忘設置。踰月後，知縣吕大年夢紫袍吏立庭下聲喏曰：大王令傳語長官，出入乏騎乘，欲暫假駿駟兩匹。吕許之，覺而思之，山邑元未嘗養馬，安能遺借？徐悟其事，乃自捐俸錢，即東西塑飾，用錦衣四健卒控馭。至七月，兼旬不雨。致禱祠下。香火才收，陰雲正晝四合，隨得膏澤，歲以大稔。縣人或夢神道從甚偉，正乘所塑東邊馬云。

宋・洪邁《夷堅志》戊卷四《化德驚獸》　慶元元年五月二十四日，九江大雨五晝夜，江流暴溢。雞犬畜産，悉皆漂蕩。有賣果小民黄二，正在德化縣村田間，遇驚獸緣道而來，遽升高木避之。別有婦人，攜兩小兒過其傍，游戲自若，獸亦不動。黄忍怖下視，甚異之。忽有軍十餘人，鳴鉦鼓且至，乃持叉矛來欲驅逐者，獸方始去，渡水而西。黄方敢下地，到城門外。婦人已先在彼，值鬻米粽者，取錢買十枚飼兩兒，挾之而走。

宋・洪邁《夷堅志》戊卷六《天台士子》　淳熙初，台州城外兩江水，因雨大漲涌，幾冒郭門。民死於洪流者不可計。士子某，居城中，而田在黄巖。水未起之前，棹小舟往取穀，所載四十籮。籮容穀一斛。纔出溪口，濤波如山，人乍浮乍沉，相望不絶。士子維舟高岸，遇漂至側者，欲救之，而舟力不能勝。於是每載一人，則擲棄一籮穀。頃刻之間，登者五十輩，而穀盡矣。乃與之還城。時尤延之袤爲郡守，歎賞其仁，即治盛具延請，而餉以百千錢。處和覲文，又畀以門客恩澤，遂補登仕郎，同時有巨室一處女，其家既没，獨坐於浴斛，泛泛垂死，逢漁艇過其傍，呼之曰：我是某坊某家女，能活我，當以臂間兩金纒謝汝。漁人載之至，則無歸矣。女悲哭幾絶，解纒付之。辭曰：娘子家計蕩空，留此物自贍，我不忍取也，捨之而去。漁人之賢，若此使遇惡徒，將弃金而投諸江，豈復有活理也。延之恨不得其人姓氏云。

清・畢沅《續資治通鑑》卷一九《宋紀十九》　太宗至道三年欽若初爲亳州判官，監倉。天久雨，倉司以穀濕不爲受，民自遠來輸租，倉穀且盡，不得輸。欽若悉命輸之倉，且奏不拘年次，先支濕穀，即不至朽敗。太宗大喜，手詔褒答，因識其姓名。

清・畢沅《續資治通鑑》卷一五二《宋紀一百五十二》　光宗紹熙二年十一月，黄貴妃有寵，因帝祭太廟宿齋宫，后殺貴妃，以暴卒聞；及郊，風雨大作，黄壇燭盡滅，不能成禮而罷。帝既聞貴妃卒，又值此變，震懼增疾，自是不視朝，政事多決于后，后益驕恣。

清・畢沅《續資治通鑑》卷一七五《宋紀一百七十五》　理宗寶祐五年十一月，壬戌，詔曰：「朕軫念軍民，無異一體。嘗令天下諸州建慈幼局、平糴倉、官藥局矣，又給官錢付諸營置庫，收息濟貧乏。柰郡守奉行不謹，所惠失實，朕甚憫焉！更有斃于疫癘、水災與夫殁于軍者，遺骸暴露，尤不忍聞也。可行下各路清强監司，嚴督守臣宣制安撫。」

清・畢沅《續資治通鑑》卷二七〇《元紀十五》　順帝至元三年昺，絳州曲沃人，兄榮，爲奎章閣承制學士，奉母王氏官於朝，母殁，昺與榮護喪還家。至平定，大雷雨，流水驟至，昺伏柩上，榮呼之避水，昺不忍舍去，遂爲水所漂没。後得王氏柩于三里外，得昺尸於五里外，故特賜碑以旌之。

清・錢泳《履園叢話》卷二三　吾鄉之北望亭橋，今改爲豐樂橋，南堍爲無錫所轄，北堍爲金匱所轄。嘉慶二十年將重建時，請鄉民原請造縴路，以便往來舟楫。錫令韓君履寵因問諸鄉民，向來有否？曰：「無之。」韓曰：「然則率由舊章可也。」而監造之紳衿華鳳儀輩，因人碌碌，亦不與韓君辯，將陋就簡，數月而成。每遇西北風，其流直衝，無有約束，覆舟殞命者，一歲中總有數次，此「率由舊章」之誤事也，可畏哉！

冰雹部

題解

漢·許慎《説文》 雹，雨冰也，音包。冰，水堅也，从水。

漢·蔡邕《月令章句》 凝曰雹。

漢·班固《漢書》卷二七中之上《五行志中之上》 大雨雹，常寒之罰也。

唐·虞世南撰、明·陳禹謨補註《北堂書鈔》卷一五二《雹》 陽之專氣：曾子云，陽之專氣爲雹。雹者，氣化蓋沴也。水有變春雨雹：《春秋繁露》云：水有變春夏雨雹，此法令緩刑罰不行。寒不降夏雨雹：《博雅》云：十二月寒不降，五月下雨雹。大如礪：《竹書紀年》云：夷王七年冬，雨雹大如礪。大如斧：《漢書》云：成帝和平二年四月，楚國雨雹，大如斧，飛鳥皆死。如馬頭：《漢書》又云：漢武元封三年冬，雨雹大如馬頭。如雞子：《漢書》又云：宣帝地節四年夏五月，山陽雨雹，大如雞子，深二尺五寸，殺人二十，飛鳥皆死。如鴨子：《晉中興書》云：太興三年，雨雹大如鴨子。如杯棬：《孔叢子》云：漢永初三年，河西縣雨雹如杯棬，大者或如斗，殺牲畜，折樹木。如扇：《後漢書》云：獻帝初平二年五月，雨雹大如扇。如斗：《歷代記》云：石遵襲位鄴中，暴風震雷雨雹如斗，金石皆銷，月餘乃滅。又《後漢書》云：延光二年，河西大雨雹如斗。安帝見孔季彦問其故，對曰：此皆陰乘陽之徵，今貴臣擅權，母后黨盛，陛下宜脩聖德，慮此二者。續補。硬雨：《軒渠録》云：有一村人多爲不善者，夜中行人聞神過，曰：付硬雨施行。次日雨雹大損禾稼。續補。銅丸：《異物志》云：有大人生北邊偃，卧于野，其高如山，頓脚成谷，横身塞川，不可近，近則雷霆，流銅鐵之丸爲雹，以擊殺人。續補。

論説

明·王圻《續文獻通考》卷二二三 寶祐四年二月戊午，雨雹。時吴昌裔論四陰證狀。其畧曰：竊見立秋以來，常陰爲沴。先一日，大雨雹。越翼日，暴風至，淫雨不止，至於旬時。蚕禾壞於垂成，晚稻傷於既穎豐稼之候，轉而凶荒，將恐害於粢盛，無以供我軍實。又聞天目一帶，洪浸漂流，水冒近畿，是殆爲兵爲饑之證。古書曰：雨雹，陰脅陽也。霪雨，陰干陽也。方金火之交，而厥罰常雨，此非陰盛陽微之兆乎？夫臣者，君之陰也。妻者，夫之陰也。小人者，君子之陰也。夷狄者，中國之陰也。且自聖上攬權之後，固無昔日擅命之臣。惟威令積弱，不能以運掉三邊。紀綱寖頹，不能以操制諸將。習强者方命，怙寵者玩威，第功賞者多肆於誕誣，報軍書者輙輕於狎侮，偏裨擅離部伍而不知有國法，士卒敢陵州縣而不知有朝廷。□□弱形，漸不可長。此非將帥之權太盛乎？方國步艱難之日，正君心恐懼之時。而道路流言，竊議聖德，謂宫廷宴飲頻爲過差，房闥妃嬪多著位號，知書近侍以奇功而移上意，私謁宦民以險陂而通外交，甚至外廷之除授，或倚於幽陰，帥柄之請求輙通於中禁、牽於柔道。職是厲階，此非女寵之謁太盛乎？端平人才之盛，藹然有小元祐之風。不一二年，初意漸變，君子則厭薄以爲無益，小人則愛惜以爲有才。三凶囑托以潛歸，二蘖覬覦而再起，不惟昔之所斥者復乘隙以求進，而今之所擯者亦旋踵而得遷。旁起多門，自塞正路。此非舊人復用之漸乎？韃虜憑凌中夏，蓋非殘金之比。初犯蜀口，五郡爲墟；繼犯荆襄，十州如燬。將士征行而不得卧，婦子流徙而不得歸。欲戰則恐事力之不强，欲和則慮情款之未實。又況唐鄧均睦之寇，導之以扣江；秦鞏松維之族，誘之以斡腹。内外受敵，殊可寒心。此非夷狄竊發之證乎？凡此四端，是皆陰類事形於下，則變見於天。證象孔昭，警戒甚。至陛下，代天作子者也，所宜昭德塞違，以回渝怒之威。大臣，佐理陰陽者也，所宜開誠布公，以消乖沴之氣。陽明勝則德性用，陰濁勝則物欲行。消長之機，正宜凛凛。今大昕坐朝，間有時不視事之文；私第謁假，或有時不入堂之報。上有躭樂慆逸之漸，下無協恭和衷之風。在内則嬖御懷私以爲君心之蠹，在外則弟子寡謹以爲朝政之累。游言噂沓寵賂彰聞，欲以此銷鑠群慝，呼吸太和，得乎？昔建炎三年六月，陰雨不止。高宗罪己求言，宰執引咎求去，郎官以上皆許言朝政得失。時中書舍人李陵以三陰之説應詔謂，能制將帥之謂剛，能抑宦寺之謂正。御史中丞張守亦以三陰之説抗疏。願嚴恭寅畏以脩其德，更選任輔弼以脩其政，上下動色，祇畏明威，卒扶炎精之光，以基中興之盛，皆自高宗。君相一念，抑畏中來也。臣愚欲望陛下仰繩祖訓，顧諟天明，遠聲色、戢宦寺以清宅心之源，進忠良、斥姦回以公用人之柄，申明典章以重御將之法，謹固封守以嚴備敵之防，而二三大臣，各一乃心，各和乃政，通宮中、府中爲一體，毋使陟罰之異同，合在邊、在廷爲一家，毋使細大之偏重。如此君臣合德，中外革心，未有不轉灾眚而休祥，易陰蒙而陽霽。天下事變，亦當陰消潛弭而不足憂矣。

虞儔應詔上封事曰：臣聞陽奮則爲雷爲電，陰凝則爲雹爲雪。方陰陽之相薄，則雷雹皆至。及陽爲陰所勝，則雷止而雪作。魯隱公九年三月，自癸酉大雨，震雷至庚辰，大雨雪凡八日。劉向以爲，周三月今正月也，雷電未可以發，既發則雪不當復降，是皆失節，故謂之異。吴太平二年三月甲寅，大雨震電至乙卯，大雨雪纔二日耳。史臣以爲，先震電而後雨雪，陰見間隙，起而勝陽。其後禍亂之應，有若符節。往牒具載，良可畏也。今正歲之始，建寅之月，三陽用事，於卦爲泰，自戊寅之庚中，雷電雪雹俱作於三日之間，視魯則數，視吴則疎。臣願陛下以往事之驗，爲方來之鑒，警懼脩省，以答上天仁愛之意，則災異塞於上，禍亂伏於下，在陛下一念之頃耳。臣又聞：朝廷者，陽也。宮禁者，陰也。日昱乎晝，月昱乎夜，而寒暑成。天子理陽道，后治陰德，而後國家理。若宮禁之中宴飲之不節，則非所以崇毖聖躬。賜予之不省，則將至於空虛内藏。女謁行乎内，權勢行乎外，尤不可不防其微而杜其漸也。有一於此，則雷雪之變，乃上帝所叮嚀陛下之意也。不求之身，是無應天之實，天怒愈深矣。至於動戚貴近，時有濫賞，倡優伎藝，每蒙宣引，宮門啓閉，多不以時，豈所謂嚴等威肅宸居哉？臣願陛下畏天之威，謹正始之道，宗社幸甚。臣又聞君子者，陽也；小人者，陰也。自古君子、小人勢不兩立，君子在内、小人在外於卦爲泰，小人在内、君子在外於卦爲否。今朝廷清明，多士濟濟，有官守者修其職，有言職者盡其忠，乃建寅之月，三陽在内，宜泰而否。意者在外小人交結黨與，潛謀進用，如某人輩。臣願陛下覩拔茅連茹之象以進君子，戒履霜堅冰之漸以退小人，毋使鶚鸞並棲，薰蕕共器，則天意解矣。臣又聞中國者，陽也；夷狄者，陰也。自古夷狄之强弱，常係中國之盛衰。今國家南度，甲子已逾一周。胡運將終，朝野咸意中原可復。近者，邊報傳聞信否，雖未可知，第講和日久，邊備廢弛，意者將有奸雄潛萌不肖之心，窺伺間隙，或恐讐耻未復，而唇齒先寒，侯景之事可爲深慮。臣願陛下明詔大臣，遴選逐路帥臣，俾之先事經理，以備不虞。

綜　述

《春秋左傳注疏》卷四二《昭公四年》 大雨雹。季武子問於申豐曰：雹可禦乎？對曰：聖人在上，無雹，雖有不爲災。古者，日在北陸而藏冰。注：陸，道也。謂夏十二月，日在虛危，冰堅而藏之。疏：注《正義》曰：《釋例》云，北陸，虛也。西陸，昴也。孫炎云：陸，中也。北方之宿，虛爲中也；西方之宿，昴爲中也。彼以陸爲中，杜以陸爲道者，陸之爲中、爲道，皆爲正訓，各以意言耳。杜以西陸朝覿，謂奎星朝見，昴爲西方中宿，則昴未得見。宿是日行之道。《爾雅》：高平曰陸，高平是道路之處，故以陸爲道也。日在北陸，爲夏之十二月也。十二月，日在玄枵之次，小寒節，大寒中。《漢書・律曆志》載劉歆《三統曆》云：玄枵之初，日在婺女八度爲小寒節；在危初度爲大寒中；終於危十五度。是夏之十二月，日在虛危也，於是之時，寒極冰厚，故取而藏之也。《周禮・凌人》，正歲十有二月，令斬冰。《詩》云：二之日鑿冰沖沖。《月令》：季冬冰盛水腹，命取冰。鄭玄云：腹，厚也。以此知日在北陸，謂夏之十二月也。西陸，朝覿而出之。注：謂夏三月，日在昴畢，蟄蟲出而用冰。春分之中，奎星朝見東方。疏：《正義》曰：覿，見也。西道之宿，有星朝見者。於是而出之，謂奎星晨見而出冰也。注《正義》曰：杜以西陸爲三月，日在大梁之次，清明節，穀雨中。《三統曆》云：大梁之初，日在胃七度，爲清明節；在昴八度，爲穀雨中；終於畢十一度。是夏之三月，日在昴畢。於是之時，蟄蟲已出，有温暑臭穢，宜當用，冰故以是時出之也。曆法：星去日半次，則得朝見。《三統曆》：春分日在婁四度，宿分奎有十六度，乃次婁。則春分之日，奎之初度，去日已二十度矣，故春分之中，得早朝見東方也。西方凡有七宿，傳言西陸朝覿，於傳之文，未知何宿覿也。服虔以爲二月日在婁四度。春分之中，奎始朝見東方，以是時出冰。《月令》仲春，天子乃獻羔啓冰是也。服虔又以此言出之，即是仲春啓冰，故爲此說。案：下句再言其藏、其出，覆此藏、出之文，言其出之也，朝之禄位，賓食喪祭，於是乎用之，即是班冰之事，非初啓也。安得以出之爲啓冰也。如鄭玄答其弟子孫皓問云：西陸朝覿，謂四月立夏之時。《周禮》夏班冰是也。與杜説異，理亦通也。劉炫云：春分奎星已見，杜以夏三月仍云奎始朝見，非其義也。杜鄭及服三説，鄭爲近之。今知非者，杜以西陸朝覿，實是春分二月，故杜此注云：春分之中，奎星朝見東方。及下獻羔啓之，注云：謂二月春分，獻羔祭韭是也。皆據初出其冰，公始用之時也。所以杜又注云：謂夏之三月，日在昴畢，蟄蟲出而用冰者，以此傳云西陸朝覿而出之，下傳覆之云其出之也，朝之禄位賓食喪祭於是乎用之。既云朝之禄位賓食喪祭，則是普賜羣臣，故杜云：謂夏三月。又下注云言不獨共公，是據普班之時也。故下傳又云火出而畢賦是也。然冰之初出，在西陸始朝覿之時。冰之普出，在西陸朝覿之後。總而言之，亦得稱西陸朝覿而出之也。劉炫不細觀杜意，以爲杜既言春分朝見，又言謂夏三月以規杜失，非也。其藏冰也，深山窮谷，固陰沍寒，於是乎取之。注：沍，閉也。必取積陰之冰，所以道達其氣，使不爲災。疏《正義》曰：此傳再言其藏其出者，上言取之用之之事，下言藏之出之之禮也。山則遠而難窮，故言深山也。谷則近而易盡，故言窮谷也。固，牢也。沍，閉也。牢陰閉寒，言其不得見日寒甚之處，於是乎取之。注《正義》曰：《周禮》鼈人掌互物。鄭司農云：互物，謂龜鼈有甲㒼胡。是沍爲閉也。深山窮谷之冰，至夏猶未釋。陽氣起於下，隔於冰，伏積而不能出，憤發或散而爲雹。藏冰必取此山谷之内積陰之冰，所以道達其氣，使不爲災也。藏冰淩室，所藏不多，積陰之冰，不可取盡。不取川池之冰，以示道達陽氣耳，未必陽氣皆待此而達也。其出之也，朝之禄位，賓食喪祭，於是乎用之。注：言不獨共公。疏《正義》曰：此謂公家用之也。朝廷之臣，食禄在位，大夫以上，皆當賜之冰也。其公家有賓客享食，公家有喪有祭，於是乎用之，言其不獨共公身所用也。《周禮・凌人》云：春始治鑑，凡内外饔之膳羞鑑焉，凡酒漿之酒醴亦如之。祭祀共冰鑑，賓客共冰，大喪共夷槃冰。是公家所用冰也。其藏之也，黑牡秬黍，以享司寒。注：黑牡，黑牲也。秬，黑黍也。司寒，玄冥，北方之神。故物皆用黑。有事於冰，故祭其神。疏注《正義》曰：此祭玄冥之神，非大神，且非正祭，計應不用大牡。杜言黑牡、黑牲，當是黑牡，羊也。秬，黑黍，《釋草》文也。啓冰唯獻羔、祭韭。藏冰則祭用牲黍者，啓唯告而已，藏則設享祭之禮，祭禮大而告禮小故也。《月令》於冬云其神玄冥，故知司寒是玄冥也。此方之神，故物皆用黑，從其方色也。有事於冰，故祭其寒神。其出之也，桃弧棘矢，以除其災。注：桃弓棘箭，所以禳除凶邪，將御至尊故。疏注《正義》曰：《説文》云：弧，木弓也。謂空用木，無骨飾也。服虔云：桃，所以逃凶也。棘矢者，棘赤有箴，取其名也。蓋出冰之時，置此弓矢於凌室之户，所以禳除凶邪。將御至尊，故慎其事，爲此禮也。此傳言其出之也，雖覆上文出之之文其實此出之，謂二月初出之時，公將用之，故設弓矢也。劉炫云：此言出之，覆上西陸朝覿，知是火出時事。二月已啓，此方用弓矢者，二月啓冰始薦宗廟，此公將用之，故設弓矢也。其出入也，時食肉之禄，冰皆與焉。注：食肉之禄，謂在朝廷治其職事就官食者。疏注《正義》曰：在官治事，官皆給食。大夫以上，食乃有肉。故魯人謂曹劌曰肉食者謀之，又説子雅、子尾之食云公膳日雙雞。是大夫得食肉也。傳言食肉之禄，禄即此肉是也。若依禮，常所合食。案：《玉藻》云：天子日食少牢，諸侯日食特牲，大夫特豕，士特豚。則士亦食肉。但彼是在家之禮，非公朝常食也，杜言謂在朝廷治其職事就官食者，以明在官之食有冰耳。下云自命夫命婦，無不受冰，謂賜之冰，受以歸，在家用之也。大夫命婦，喪浴用冰。注：命婦，大夫妻。疏《正義》曰：《喪服傳》曰：大夫弔於命婦，錫衰。命婦弔於大夫，亦錫衰。此傳與彼命婦之文，皆與大夫相對，故杜知是大夫妻也。《喪大記》云：君設大盤，造冰焉；大夫設夷盤，造冰焉；士併瓦盤，無冰。鄭玄云：禮，自仲春之後，尸、既襲、既小斂，先内冰盤中，乃設牀於其上，不施席而遷尸焉。秋凉而止。《士喪禮》，君賜冰亦用夷盤，是當喪之時，特賜之冰，浴訖乃設，故云喪浴用冰。祭寒而藏之，注：享司寒。音義祭寒而藏之，本或作祭司寒者，非。獻羔而啓之，注：謂二月春分獻羔、祭韭，開冰室。疏《正義》曰：上已云其藏冰也，黑牡秬黍，以享司寒，今復云祭寒而藏之，與上一事而重其文者，欲明獻羔而啓之，還是獻之於寒神，故更使藏之、啓之文相對也。注《正義》曰：《詩》云：四之日其蚤，獻羔祭韭。四之日，即夏之二月也。告神而始開冰室，始薦宗廟；薦神之後，公遂用之，俱在春分之月。公始用之。注：公先用，優尊。火出而畢賦。注：火星昏見東方，謂三月、四月中。疏注《正義》曰：十七年傳云：火出於夏爲三月，於商爲四月，於周爲五月。此云火出而畢賦，謂以火出而後賦之，以火出爲始也。《周禮》云夏頒冰，爲正歲之夏，即四月是也，故杜兼言四月。自命夫命婦，至於老疾，無不受冰。注：老，致仕在家者。山人取之，縣人傳之，注：山人，虞官。縣人，遂屬。疏注《正義》曰：《周禮》山虞掌山林之政令，知山人虞官也。《周禮》五縣爲遂，是縣爲遂之屬也。輿人納之，隸人藏之。注：輿、隸，皆賤官。夫冰以風壯，注：冰因風寒而堅。而以風出。注：順春風而散用。其藏之也周，注：周，密也。其用之也徧，注：及老疾。則冬無愆陽，注：愆，過也。謂冬温。夏無伏陰，注：伏陰，謂夏寒。春無淒風，注：淒，寒也。秋無苦雨，注：霖雨爲人所患苦。疏注《正義》曰：詩云：以祈甘雨，此云苦雨。雨水一也，味無甘苦之異，養物爲甘害物爲苦耳。《月令》云：孟夏行秋令，則苦雨數來，五穀不滋。是霖雨爲人所患，謂之苦也。鄭玄云：申之氣乘之，苦雨、白露之類，時物得而傷也。雷出不震，注：震，霆也。疏注《正義》曰：《説文》云：震，劈歷震物者。《釋天》云：疾雷爲霆霓。郭璞云：雷之急激者謂劈歷。則霆是震之別名。雷出不震，言有雷而不爲霹靂也。下云雷不發而震，言無雷而有霹靂也。無菑霜雹，癘疾不降，注：癘，惡氣也。疏《正義》曰：霜雹即是菑。言無此菑害之霜雹也。寒暑失時，則民多癘疾。癘疾，天氣爲之，故云降也。民不夭札。注：短折爲夭，夭死爲札。疏注《正義》曰：《洪範》六極：一曰凶短折。孔安國曰：短未六十，折未三十。是短折爲少夭之名也。《周禮·膳夫》天札則不舉。鄭玄云：天札疫癘也。謂遭疫癘而夭死也。癘疾，謂民病。天札，謂人死。故云夭死爲札。今藏川池之冰，棄而不用。注：既不藏深山窮谷之冰，又火出不畢賦，有餘則棄之。風不越而殺，雷不發而震。注：越，散也。言陰陽失序，雷風爲害。疏《正義》曰：風不以理舒散，而暴疾殺物；雷不徐緩動發，而震擊爲害。雹之爲菑，誰能禦之。《七月》之卒章，藏冰之道也。注：《七月》《詩·豳風》。卒章曰：二之日鑿冰沖沖，謂十二月鑿而取之。三之日納于凌陰，凌陰，冰室也。四之日其蚤，獻羔祭韭，謂二月春分，蚤開冰室，以薦宗廟。疏注《正義》曰：《凌人》：十二月，令斬冰。《月令》十二月令取冰，當是即以其月納於凌室也。《詩》言三之日納于凌陰，即是正月矣。不以鑿冰之月即納之者，鄭玄云：豳土晚寒，可以正月納冰。言由晚寒故也。上言將欲頒賦，公始用之，知蚤開冰室，唯薦宗廟。何休《膏肓》難此云：《春秋》書不雹，以爲政之所致，非由冰也。若今朝廷藏冰，亦不於深山窮谷，何故或無雹。天下郡縣皆不藏冰，何故或不雹。若言有之於古者，必有驗於今。此其不合於義，失天人相與之意。鄭玄箴之曰：雨雹，政失之所致，是固然也。國之失政，君子知其大者，其次知其小者。藏冰之禮，凌人掌之，《月令》載之，豳詩歌之，此獨非政與。故其小者耳。夫深山窮谷，固陰冱寒，極陰之處，氷凍所聚，不取其氷，則氣畜不泄，結滯而爲伏陰。凡雨水，陽也。雪雹，陰也。雨水而伏陰薄之，則凝而爲雹。雨雪而愆陽薄之，則合而爲霰。申豐見時失藏冰之禮而有雹，推之陰陽，知此伏陰所致，亦聖人之寓言也。詳載其言者，以著藏冰之禮，不可廢耳。炫謂鄭言是也。申豐寄言於此，以諫失政，其雹不是盡由冰也。

北齊·魏收《魏書》卷一一二上《靈徵志上》《洪範論》曰：陽之專氣爲雹，陰之專氣爲霰。此言陽專而陰脅之，陰專而陽薄之，不能相入，則轉而爲雹。

清·胡天游《春秋夏正》卷二 經：僖公二十有九年秋，大雨雹。

經：昭公三年冬，大雨雹。四年春，王正月，大雨雹。

春秋三書雹。秋雹多敗稼，冬雹異矣。然秋冬不月，春獨月者，陽氣方達，陰暴鬩之，激而成雹，甚於秋冬。温成董君云：雹者霰之流，陰氣暴上，雨則凝結成雹焉。造化權輿曰：北方之氣雹雪，皆言陰之盛也。凡雹必有龍爲之，在易坤之上六，龍戰于野。正月大雨雹，亦龍戰而乾坤相疑也。夫天地氣交則泰，泰則和，和則雨水，蟄蟲昭蘇，區萌畢達。今雨欲下者凝結爲雹。則不交而氣不通矣。謹書正月，所以志其變。

紀事

《春秋左傳·僖公二十九年》 秋，大雨雹爲災也。

《春秋左傳·昭公三年》 冬，大雨雹。

《春秋左傳·昭公四年》 春，王正月，大雨雹。

《竹書紀年》卷下 夷王七年冬，雨雹大如礪。

漢·司馬遷《史記》卷一一《孝景本紀》 二年秋，衡山雨雹，大者五寸，深者二尺。

又 中元年，衡山、原都雨雹，大者尺八寸。

又 中六年二月己卯，行幸雍，郊見五帝。三月，雨雹。

漢·班固《漢書》卷六《武帝紀》 元鼎三年夏四月，雨雹。關東郡國十餘飢，人相食。

漢·班固《漢書》卷二七中之下《五行志中之下》 釐公二十九年「秋，大雨雹」。劉向以爲盛陽雨水，温煖而湯熱，陰氣脅之不相入，則轉而爲雹；盛陰雨雪，凝滯而冰寒，陽氣薄之不相入，則散而爲霰。故沸湯之在閉器，而湛於寒泉，則爲冰，及雪之銷，亦冰解而散，此其驗也。故雹者陰脅陽也，霰者陽脅陰也，《春秋》不書霰者，猶月食也。釐公末年信用公子遂，遂專權自恣，將至於殺君，故陰脅陽之象見。釐公不寤，遂終專權，後二年殺子赤，立宣公。《左氏傳》曰：「聖人在上無雹，雖有不爲災。」説曰：凡物不爲災不書，書大，言爲災也。凡雹，皆冬之愆陽，夏之伏陰也。

昭公三年，「大雨雹」。是時季氏專權，脅君之象見。昭公不寤，後季氏卒逐昭公。

元封三年十二月，雷雨雹，大如馬頭。宣帝地節四年五月，山陽濟陰雨雹如雞子，深二尺五寸，殺二十人，蜚鳥皆死。成帝河平二年四月，楚國雨雹，大如斧，蜚鳥死。

漢・班固《漢書》卷七八《蕭望之傳》 時大將軍光薨，子禹復爲大司馬，兄子山領尚書，親屬皆宿衛内侍。地節三年夏，京師雨雹，望之因是上疏，願賜清閒之宴，口陳災異之意。宣帝自在民間聞望之名，曰：「此東海蕭生邪？下少府宋畸問狀，無有所諱。」望之對，以爲「《春秋》昭公三年大雨雹，是時季氏專權，卒逐昭公。鄉使魯君察於天變，宜亡此害。今陛下以聖德居位，思政求賢，堯舜之用心也。然而善祥未臻，陰陽不和，是大臣任政，一姓擅勢之所致也。」

漢・班固《漢書》卷九九中《王莽傳中》 始建元年，真定、常山大雨雹。

漢・劉珍《東觀漢記》卷二《穆宗孝和皇帝》 五年六月，郡國大雨雹，大如鴈子。

漢・劉珍《東觀漢記》卷三《威宗孝桓皇帝》 四年，京師雨雹，大如雞子。

漢・何休《春秋公羊傳注疏》卷一一《僖公十年》 冬，大雨雹。何以書，記異也。注：夫人專愛之所生也。疏注解云：蔽障楚女而專取君愛，故生此雹災。

漢・何休《春秋公羊傳注疏》卷一二《僖公二十九年》 秋，大雨雹。注：夫人專愛之所生。

漢・何休《春秋公羊傳注疏》卷二二《昭公三年》 冬，大雨雹。注，爲季氏。

漢・荀悦《前漢紀》卷一三《孝武四》 元狩三年春，正月戊子，陽陵園災。夏四月，雨雹。關東郡國十餘飢，人相食。

漢・荀悦《前漢紀》卷一七《孝宣一》 地節三年四月，京師大雨雹。大行治禮丞蕭望之上疏，願口陳災異。上在民間時，素聞蕭長倩名，曰：此東海蕭生邪。問其狀，對曰：春秋魯昭公三年大雨雹，是時季孫專權，卒逐昭公，向使魯公察其變，宜無此害。附枝大者敗本心，私家盛者公室危。陛下以聖德居位，思政求賢，此堯舜之用心也。然祥瑞未臻，陰陽不和，是大臣任政，一姓專權之所致也。

晉・陳壽《三國志》卷四七《吴志二・吴主傳》 黄龍四年，秋七月，有雹。

南朝宋・范曄《後漢書》卷四《和殤帝紀》 永元五年六月丁酉，郡國三雨雹。

南朝宋・范曄《後漢書》卷五《安帝紀》 永初三年，是歲，京師及郡國四十一雨水雹。《續漢書》曰「雹大如鴈子」也。并涼二州大飢，人相食。

元初四年六月戊辰，三郡雨雹。

元初六年夏四月，沛國、勃海雨雹。

延光元年夏四月癸未，京師郡國二十一雨雹。

南朝宋・范曄《後漢書》卷八《靈帝紀》 建寧二年夏四月癸巳，雨雹。

建寧四年五月，河東地裂，雨雹，山水暴出。

光和四年六月庚辰，雨雹。

中平二年夏四月庚戌，雨雹。

南朝宋・范曄《後漢書》卷九《獻帝紀》 初平四年六月，扶風雨雹。華山崩裂。

南朝宋・范曄《後漢書》卷九五《張奂傳》 建寧元年，明年夏，青蛇見於御坐軒前，又大風雨雹，霹靂拔樹，詔使百僚各言災應。奂上疏曰：「臣聞風爲號令，動物通氣。木生於火，相須乃明。蛇能屈申，配龍騰蛰。順至爲休徵，逆來爲殃咎。陰氣專用，則凝精爲雹。故大將軍竇武、太傅陳蕃，或志寧社稷，或方直不回，前以讒勝，並伏誅戮，海内默默，人懷震憤。昔周公葬不如禮，天乃動威。今武、蕃忠貞，未被明宥，妖眚之來，皆爲此也。宜急爲改葬，徙還家屬。其從坐禁錮，一切蠲除。又皇太后雖居南宫，而恩禮不接，朝臣莫言，遠近失望。宜思大義顧復之報。」天子深納奂言，以問諸黄門常侍，左右皆惡之，帝不得自從。

南朝宋・范曄《後漢書》卷一〇五《五行志三》 和帝永元五年六月，郡國三雨雹，大如雞子。《春秋考異郵》曰：「陰氣之專精凝合生雹。雹之爲言合也。以妾爲妻，大尊重，九女之妃闕而不御，坐不離前，無由相去之心，同輿參駟，房衽之内，歡欣之樂，專政夫人，施而不博，陰精凝而見(滅)〔成〕。」《易讖》曰：「凡雹者，過由人君惡聞其過，抑賢不揚，内與邪人通，取財利，蔽賢，施之，並當雨不雨，故反雹下也。」是時和帝用酷吏周紆爲司隸校尉，刑誅深刻。《古今注》曰：「光武建武十年十月戊辰，樂浪、上谷雨雹，傷稼。十二年，河南平陽雨雹，大如杯，壞敗吏民廬舍。十五年十二月乙卯，鉅鹿雨雹，傷稼。永平三年八月，郡國十二雨雹，傷稼。十年，郡國十八或雨雹，蝗。」《易緯》曰：「夏雹者，治道煩苛，繇役急促，教令數變，無有常法。不救爲兵，强臣逆謀，蝗蟲傷穀。救之，舉賢良，爵有功，務寬大，無誅罰，則災除。」

安帝永初元年，雨雹。二年，雨雹，大如雞子。三年，雨雹，大如鴈子，傷稼。劉向以爲雹，陰脅陽也。是時鄧太后以陰專陽政。

元初四年六月戊辰，郡國三雨雹，大如杅杯及雞子，殺六畜。《古今注》曰：「樂安雹如杅，殺人。」《京房占》曰：「夏雨雹，天下兵大作。」

延光元年四月，郡國二十一雨雹，大如雞子，傷稼。是時安帝信讒，無辜死者多。臣昭案：《尹敏傳》是歲河西大雨雹，如斗。安帝見孔季彦，問其故，對曰「此皆陰乘陽之徵也。今貴臣擅權，母后黨盛，陛下宜修聖德，慮此二者」也。

延光三年，雨雹，大如雞子。《古今注》曰：「順帝永建五年，郡國十二雨雹。六年，郡國十二雨雹，傷秋稼。」

桓帝延熹四年五月己卯，京都雨雹，大如雞子。是時桓帝誅殺過差，又寵小人。

延熹七年五月己丑，京都雨雹。是時皇后鄧氏僭侈，驕恣專幸。明年廢，以憂死，其家皆誅。

靈帝建寧二年四月，雨雹。

建寧四年五月，河東雨雹。

光和四年六月，雨雹，大如雞子。是時常侍、黄門用權。

中平二年四月庚戌，雨雹，傷稼。

獻帝初平四年六月，右扶風雹如斗。《袁山松書》曰：「雹殺人。前後雨雹，此最爲大，時天下潰亂。」

南朝梁·沈約《宋書》卷三三《五行志四》 嘉禾四年七月，雨雹，又隕霜。案劉向説，「雹者陰脅陽」。是時吕壹作威用事，詆毀重臣，排陷無辜。自太子登以下，咸患毒之，而壹反獲封侯寵異。與《春秋》公子遂專任，雨雹同應也。漢安帝信讒，多殺無辜，亦雨雹。董仲舒曰「凡雹皆爲有所脅，行專壹之政」故也。

赤烏十一年四月，雨雹。是時權聽讒，將危太子。其後朱據、屈晃以迕意黜辱，陳象以忠諫族誅，而太子終廢。此有德遭險，誅罰過深之應也。

咸寧五年五月丁亥，鉅鹿、魏郡雨雹傷禾、麥；辛卯，雁門雨雹傷秋稼。

咸寧五年六月庚戌，汲郡、廣平、陳留、滎陽雨雹；丙辰，又雨雹，損傷秋麥千三百餘頃，壞屋百三十餘間；癸亥，安定雨雹；七月丙申，魏郡又雨雹；閏月壬子，新興又雨雹；八月庚子，河東、弘農又雨雹，兼傷秋稼三豆。

晉武帝太康元年三月，河東、高平霜雹，傷桑、麥；四月，河南、河内、河東、魏郡、弘農雨雹，傷麥、豆；五月，東平、平陽、上黨、雁門、濟南雨雹，傷禾、麥、三豆。

太康元年四月庚午，畿内縣二及東平范陽縣雨雹；癸酉，畿内縣五又雨雹。是時王濬有大功，而權戚互加陷抑，帝從容不斷。陰脅陽之應也。

太康二年五月丙戌，城陽、章武、琅邪傷麥；庚寅，河東、樂安、東平、濟陰、弘農、濮陽、齊國、頓丘、魏郡、河内、汲郡、上黨雨雹，傷禾稼。

太康二年六月，郡國十六雨雹。

太康五年七月乙卯，中山、東平雨雹，傷秋稼。

太康五年七月甲辰，中山雨雹；九月，南安大雪，折木。

太康六年六月，滎陽、汲郡、雁門雨雹。

太康九年正月，京都大風雨雹，發屋拔木；四月，隴西隕霜。

晉惠帝元康二年八月，沛及湯陰雨雹。

元康三年四月，滎陽雨雹；弘農湖、華陰又雨雹，深三尺。是時賈后凶淫專恣，與《春秋》魯桓夫人同事。陰氣盛也。

元康五年六月，東海雨雹，深五寸；十二月，丹陽雨雹。

元康七年五月，魯國雨雹。

元康九年五月，雨雹。

晉惠帝永寧元年七月，襄城雨雹。是時齊王冏專政。十月，襄城、河南、高平、平陽雨雹，折木傷稼。

晉愍帝建興元年十一月戊午，會稽大雨震雹。己巳夜，赤氣曜於西北，是夕，大雨震電。庚午，大雪。案劉向説「雷以二月出，八月入」。此月雷電者，陽不閉藏也。既發泄而明日便大雪，皆失節之異也。是時劉載僭號平陽，李雄稱制於蜀，九州幅裂，西京孤微。爲君失時之象。

晉元帝太興二年三月丁未，成都風雹殺人。

太興三年三月，海鹽郡雨雹。是時王敦陵上。

太寧二年四月庚子，京都大雨雹，燕雀死。

太寧三年三月丁丑，雨雹；癸巳，隕霜；四月，大雨雹。是年帝崩，尋有蘇峻之亂。

晉成帝咸和六年三月癸未，雨雹。是時帝幼弱，政在大臣。

晉成帝咸康二年正月丁巳，皇后見于太廟。其夕雨雹。

永和五年六月，臨漳暴風震雹，雨雹大如升。

晉安帝隆安二年三月乙卯，雨雹。是秋，王恭、殷仲堪入伐，終皆誅。

晉孝武帝太元二年四月己酉，雨雹；十二月，大雪。是時帝幼弱，政在將相。
太元十二年四月己丑，雨雹。是時有事中州，兵役連歲。
太元二十年五月癸卯，上虞雨雹。
太元二十一年四月丁亥，雨雹。是時張夫人專幸，及帝暴崩，兆庶尤之。
元興三年四月丙午，江陵雨雹。是時安帝蒙塵。
晉安帝義熙元年四月壬申，雨雹。是時四方未一，鉦鼓日戒。
義熙五年三月己亥，雪深數寸。
義熙五年五月癸巳，溧陽雨雹；九月己丑，廣陵雨雹。明年，盧循至蔡洲。
義熙五年九月己丑，廣陵雨雹。
義熙六年正月丙寅，雪，又雷。
義熙六年五月壬申，雨雹。
義熙八年四月辛未朔，雨雹；六月癸亥，雨雹，大風發屋。是秋，誅劉藩等。
義熙十年四月辛卯，雨雹。
宋文帝元嘉九年春，京都雨雹，溧陽、盱眙尤甚，傷牛馬，殺禽獸。
元嘉十八年三月，雨雹。二十五虜寇青州。
元嘉二十五年正月，積雪冰寒。
元嘉二十九年五月，盱眙雨雹，大如鷄卵。三十年，國家禍亂，兵革大起。
孝武帝大明元年十二月庚寅，大雪，平地二尺餘。明年，虜侵冀州，遣羽林軍北討。
明帝泰始五年四月壬辰，京邑雨雹。

北齊・魏收《魏書》卷一一二上《靈徵志上》 高祖延興四年四月庚午，涇州大雹，傷稼。
承明元年四月辛酉，青、齊、徐、兗大風，雹。
八月庚申，并州鄉郡大雹，平地尺，草木禾稼皆盡。
癸未，定州大雹殺人，大者方圓二尺。
世宗景明元年六月，雍、青二州大雨雹，殺麞鹿。
四年五月癸酉，汾州大雨雹。
六月乙巳，汾州大雨雹，草木、禾稼、雉兔皆死。
七月甲戌，暴風，大雨雹，起自汾州，經并、相、司、兗，至徐州而止，廣十里，所過草木無遺。
正始二年三月丁丑，齊、濟二州大雹，雨雪。
永平三年五月庚子，南秦廣業郡大雨雹，殺鳥獸、禾稼。

唐・房玄齡等《晉書》卷三《武帝紀》 咸寧五年夏四月丁亥，郡國八雨雹，傷秋稼，壞百姓廬舍。
太康元年夏四月，河東、高平雨雹，傷秋稼。遣兼侍中張側、黃門侍郎朱震分使揚越，慰其初附。白麟見于頓丘。三河、魏郡、弘農雨雹，傷宿麥。
太康二年夏六月，東夷五國內附。郡國十六雨雹，大風拔樹，壞百姓廬舍。江夏、泰山水，流居人三百餘家。
秋七月，上黨又暴風雨雹，傷秋稼。
太康五年秋七月戊申，任城、梁國、中山雨雹，傷秋稼。減天下户課三分之一。

唐・房玄齡等《晉書》卷四《惠帝紀》 永平二年，是歲，沛國雨雹，傷麥。三年夏四月，滎陽雨雹。六月，弘農郡雨雹，深三尺。五年八月，東海雨雹，深五寸。五年十二月丙戌，丹楊雨雹。七年夏五月，魯國雨雹。

唐・房玄齡等《晉書》卷七《成帝紀》 咸康二年夏四月丁巳，皇后見于太廟。雨雹。

唐・房玄齡等《晉書》卷九《簡文帝紀》 太元二年夏四月己酉，雨雹。
太元十二年夏四月己丑，雨雹。

唐・房玄齡等《晉書》卷一〇六《石季龍載記上》 季龍下書令刑贖之家得以錢代財帛，無錢聽以穀麥，皆隨時價輸水次倉。冀州八郡雨雹，大傷秋稼，下書深自咎責。遣御史所在發水次倉麥，以給秋種，尤甚之處差復一年。

唐・魏徵等《隋書》卷二二《五行志上》 梁中大通元年四月，大雨雹。《洪範五行傳》曰：「雹，陰脅陽之象也。」時帝數捨身爲奴，拘信佛法，爲沙門所制。
陳太建二年六月，大雨雹；十年四月，又大雨雹；十三年九月，又雨雹。時始興王叔陵驕恣，陰結死士，圖爲不逞，帝又寵遇之，故天三見變。及帝崩，叔陵果爲亂逆。

後晉・劉昫等《舊唐書》卷二《太宗紀上》 貞觀二年五月，大雨雹。

後晉・劉昫等《舊唐書》卷七《中宗紀》 景龍二年春正月丙申，滄州雨雹，大如雞卵。

後晉・劉昫等《舊唐書》卷一一《代宗紀》 大曆七年五月乙酉，雨雹，大風折樹。丙戌夜，月入太微。

後晉・劉昫等《舊唐書》卷一三《德宗紀下》 貞元十七年二月丁酉，雨雹。己亥，雨霜。戊申夜，雷震，雨雹。庚戌，大雨雪兼雹。

後晉・劉昫等《舊唐書》卷一五《憲宗紀下》 元和十二月夏四月甲戌，渭南雨雹，中人有死者。

後晉・劉昫等《舊唐書》卷三七《五行》 景龍二年正月，滄州雨雹，大如雞卵。

宋・李昉等《太平御覽》卷八七八《雹》 京房《易飛候》曰：雹下，盡樹木枝，害五穀者。

《禮記月令》曰：仲夏行冬令，則雹凍傷穀。

《左傳》曰：昭公四年正月，大雨雹。季武子問於申豐曰：雹可禦乎？對曰：聖人在上，無雹，雖有不爲災。古者，日在北陸而藏冰，西陸朝覿而出之。其出入也，時令棄而不用，雹之爲災，誰能禦之。

《春秋考異郵》曰：僖公九年秋昭，三年冬並大雨雹。時僖公專樂齊女，綺畫珠璣之好，掩月光陰，精凝爲災異。昭公事晉，陰精用密，故災。

《史記》曰：周孝王七年，厲王生。冬大雹，牛馬死。江漢俱動及孝王崩，厲王立。王室大亂。

《漢書》曰：宣帝太始中山陽濟陽，雨雹如雞子，深二尺五寸，殺飛鳥，牛馬皆死。七月，大司馬霍禹謀反伏誅。八月，霍皇后廢成帝。時四月，楚國雨雹，大如斧，飛鳥死。時王氏專政。

又曰：王莽時，雨雹殺牛羊。莽殺其少子咸，時天下大亂，百姓窮愁，起爲盜賊。

《後漢書》曰：安帝初元四年六月，郡國三雨雹，大如雞子，殺六畜。時鄧太后以陰專陽政。

又曰：獻帝初平四年六月，扶風雨雹，大如斗，殺人。時天下潰亂，曹操專政，帝臨虛器。

《吴志》曰：孫權時，雨雹。權聽讒，太子和見廢。

《晉書》曰：武帝時，五月雹，傷禾麥，壞屋。時王濬有大功被陷，帝不斷。陰脅陽之應。

又曰：惠帝時，六月雨雹，深三尺。時賈氏專政，遂廢愍，懷太子。

又曰：元帝時，風雹殺人。時王敦擁兵不朝，内外戒嚴。

又曰：明帝時，京都大雨雹，燕雀死。

又曰：四月，大雨雹，是年蘇峻爲亂。

又曰：穆帝時，六月，雨雹，大如升。後四年，張祚在涼州爲宋混所滅。

《宋書》曰：文帝元嘉三十年五月，盱眙雨雹，大如雞卵。明年冬，太子劭兵亂。

《隋書》曰：梁武帝大通中四月，雨雹。時帝數捨身作奴，爲沙門所制，陰脅陽之應。

崔鴻《十六國春秋》曰：後趙石勒時，暴風、大雨雹，震建德殿端門、襄國市西門倒，殺五人。雹起西河，大如雞子，平地三尺，洿下丈餘。行人、禽獸死者萬數。歷千餘里，樹木摧折，禾稼蕩然。勒問徐光，光曰：去年不禁寒食，介子推帝鄉之神也，歷代所尊。故有此災。

又曰：石遵時，雨雹，大如盂升，後百餘日爲石鑒所殺。鑒爲冉閔殺之。

《隋書》曰：陳宣帝大建二年六月八日，大雨雹。十年四月十六日，又大雨雹。始興王叔陵刺後主於喪次，據東府反，俄而伏誅。

宋・王欽若《册府元龜》卷一四七 中宗神龍元年四月，雍州同官縣大雨雹，鳥獸死，及大水漂流居人四五百家。遣員外郎一人巡行賑給被溺死者，官爲埋殯。

宋・歐陽修、宋祁《新唐書》卷三《高宗皇帝紀》 咸亨元年四月庚午，雍州大雨雹。二年四月戊子，大風，雨雹。上元二年十月庚辰，雍州雨雹。

宋・歐陽修、宋祁《新唐書》卷四《則天順聖武皇后紀》 長安三年八月乙酉，京師大雨雹。

宋・歐陽修、宋祁《新唐書》卷六《代宗皇帝紀》 大曆七年五月乙酉，大雨雹。十年五月甲寅，大雨雹。

宋・歐陽修、宋祁《新唐書》卷七《德宗皇帝紀》 建中二年五月，京師雨雹。貞元二年八月丙子，大雨雹。十七年二月丁酉，大雨雹。戊申，大雨雹。庚戌，雨雹。二十年二月庚戌，大雨雹。七月癸酉，大雨雹。

宋・歐陽修、宋祁《新唐書》卷八《穆宗皇帝紀》 元和十五年三月戊辰，雨雹。長慶三年五月壬申，京師雨雹。

宋・歐陽修、宋祁《新唐書》卷九《僖宗皇帝紀》 乾符五年五月丁酉，是日，雨雹。廣明元年四月甲申，京師、東都、汝州雨雹。

宋・歐陽修、宋祁《新唐書》卷三六《五行志三》　貞觀四年秋，丹、延、北永等州雹。

顯慶二年五月，滄州大雨雹，中人有死者。

咸亨元年四月庚午，雍州大雨雹。二年四月戊子，大雨雹，震電，大風折木，落則天門鴟尾三。先儒以爲「雹者，陰脅陽也」。又曰：「人君惡聞其過，抑賢用邪，則雹與雨俱；信讒殺無罪，則雹下毀瓦、破車、殺牛馬。」

永淳元年五月壬寅，定州大雨雹，害麥禾及桑。

天授二年六月庚戌，許州大雨雹。

證聖元年二月癸卯，滑州大雨雹，殺燕雀。

神功元年，嬀、綏二州雹。

聖曆元年六月甲午，曹州大雨雹。

久視元年六月丁亥，曹州大雨雹。

長安三年八月，京師大雨雹，人畜有凍死者。

神龍元年四月壬子，雍州同官縣大雨雹，殺鳥獸。

景龍元年四月己巳，曹州大雨雹。二年正月己卯，滄州雨雹如雞卵。

開元八年十二月丁未，滑州大雨雹。二十二年五月戊辰，京畿渭南等六縣大風雹，傷麥。

大曆七年五月乙酉，雨雹。

貞元二年六月丙子，大雨雹。十七年二月丁酉，雨雹；己亥，霜；戊申，夜，震霆，雨雹；庚戌，大雨雪而雹。五月戊寅，好時縣風雹，害麥。十八年七月癸酉，大雨雹。

元和元年，鄜、坊等州雹。十年秋，鄜、坊等州風雹，害稼。十二年夏，河南雨雹，中人有死者。十五年三月，京畿興平、醴泉等縣雹，傷麥。

長慶四年六月庚寅，京師雨雹如彈丸。

大和四年秋，鄜、坊等州雹。五年夏，京畿奉先、渭南等縣雨雹。

開成二年秋，河南雹，害稼。四年七月，鄭、滑等州風雹。五年六月，濮州雨雹如拳，殺人三十六，牛馬甚衆。

會昌元年秋，登州雨雹，文登尤甚，破瓦害稼。四年夏，雨雹如彈丸。

乾符六年五月丁酉，宣授宰臣豆盧瑑、崔沆制，殿庭氛霧四塞，及百官班賀于政事堂，雨雹如鳧卵，大風雷雨拔木。

廣明元年四月甲申朔，汝州大雨風，拔街衢樹十二三，東都有雲起西北，大風隨之，長夏門内表道古槐樹自拔者十五六，宫殿鴟尾皆落，雨雹大如杯，鳥獸殪於川澤。

宋・司馬光《資治通鑑》卷一五《漢紀七》　景帝二年秋，衡山雨雹，大者五寸，深者二尺。《大戴禮》曰：孔曾子云：陽之專氣爲霰，陰之專氣爲雹。盛陽之氣在雨水，則温暖而爲雨，陰氣薄而脅之不相入，則摶而爲雹也。盛陰之氣在雨水，則凝滯而爲雪，陽氣薄而脅之不相入，則消散而下，因水而爲霰。

宋・司馬光《資治通鑑》卷二〇《漢紀十二》　武帝元鼎三年夏四月，雨雹。關東郡，國十餘饑，人相食。

宋・司馬光《資治通鑑》卷二一《漢紀十三》　武帝元封三年冬十二月，雨雹，大如馬頭。

宋・司馬光《資治通鑑》卷二五《漢紀十七》　宣帝地節三年，京師大雨雹，大行丞東海蕭望之上疏，言大臣任政，一姓專權之所致。

宋・司馬光《資治通鑑》卷三〇《漢紀二十二》　成帝河平二年夏四月，楚國雨雹，大如釜。

宋・司馬光《資治通鑑》卷三七《漢紀二十九》　王莽始建國元年，是歲，真定、常山大雨雹。天鳳元年秋七月，雨雹，殺牛羊。

宋・司馬光《資治通鑑》卷四九《漢紀四十一》　殤帝延平元年冬十月，四州雨雹。

又　安帝永初元年，是歲，郡國二十八雨雹。二年六月，京師及郡國四十大風，雨雹。《東觀記》曰：雹大如芋魁、雞子，風拔樹發屋。

宋・司馬光《資治通鑑》卷五〇《漢紀四十二》　元初六年夏四月，雨雹。延光元年夏四月，京師、郡國四十一雨雹，河西雹大者如斗。

宋・司馬光《資治通鑑》卷五四《漢紀四十六》　恒帝延熹四年五月己卯，亦師雨雹。

宋・司馬光《資治通鑑》卷五五《漢紀四十七》　延熹七年夏，五月己丑，京師雨雹。

宋・司馬光《資治通鑑》卷五八《漢紀五十》　靈帝光和四年六月庚辰，雨雹如雞子。中平二年夏四月庚戌，大雨雹。

宋·司馬光《資治通鑑》卷六〇《漢紀五十二》 獻帝初平四年六月，扶風大雨雹。

宋·司馬光《資治通鑑》卷八二《晉記四》 惠帝元康二年夏六月，弘農雨雹，深三尺。五年夏六月，東海雨雹，深五寸。

宋·司馬光《資治通鑑》卷九八《晉紀二十》 穆帝永和五年甲午，雨雹，大于盂升。

元·脱脱等《遼史》卷二七《天祚皇帝紀一》 乾統三年秋七月，中京雨雹，傷稼。

元·脱脱等《金史》卷六《世宗紀上》 正隆八年五月甲子，北望淀大震、風、雨雹，廣十里，長六十里。

元·脱脱等《金史》卷一〇《章宗紀二》 明昌六年二月丁丑，京師地震。大雨雹，晝晦，震應天門右鴟尾。承安二年六月丙午，雨雹。

元·脱脱等《金史》卷一一《章宗紀三》 承安四年三月戊午，雨雹。

元·脱脱等《金史》卷一二《章宗紀四》 泰和八年夏四月閏月甲午，雨雹。

元·脱脱等《金史》卷一五《宣宗紀中》 興定元年夏四月戊午，單州雨雹傷稼，詔遣官勸諭農民改蒔秋田，官給其種。五月壬辰，延州、原武縣雨雹傷稼，詔官貸民種改蒔。

元·脱脱等《金史》卷一七《哀宗紀上》 正大二年夏四月甲子，鈞、許州大雨雹。三年四月癸卯，河南大雨雹。六月辛卯，京東大雨雹，蝗盡死。

元·脱脱等《金史》卷二三《五行志》 世宗大定八年五月甲子，雨雹，廣十里，長六十里。十一年六月戊申，西南路招討司苾里海水之地雨雹三十餘里，小者如鷄卵。其一最大，廣三尺，長丈餘，四五日始消。二十三年五月丁亥，雨雹，地生白毛。六年二月丁丑，京師地震，大雨雹，晝晦，大風，震應天門右鴟尾壞。六年八月，大雨震雹，有龍起於渾儀鰲趺，臺忽中裂而摧，儀仆於臺下。

承安二年六月丙午，雨雹。四年三月戊午，雨雹。泰和八年閏四月甲午，雨雹。

興定元年四月，單州雹傷稼。五月乙丑，延州原武縣雹傷稼。哀宗正大二年四月，京畿大雨雹。三年六月，京東雨雹，蝗死。五年四月，鄭州大雨雹，桑柘皆枯。

元·脱脱等《宋史》卷六二《五行志一下》 建隆元年十月，臨清縣雨雹傷稼。二年七月，義川、雲岩二縣大雨雹。四年七月，海州風雹。

乾德二年四月，陽武縣雨雹。宋州寧陵縣風雨雹傷民田。六月，潞州風雹。七月，同州部陽縣雨雹害稼。八月，膚施縣風雹霜害民田。三年四月，尉氏、扶溝二縣風雹，害民田，桑棗十損七八。

開寶二年，風雹害夏苗。

太平興國二年六月，景城縣雨雹。七月，永定縣大風雹害稼。五年四月，冠氏、安豐二縣風雹。七年五月，蕪湖縣雨雹傷稼。八年五月，相州風雹害民田。

端拱元年三月，霸州大雨雹殺麥苗。閏五月，潤州雨雹傷麥。

淳化元年六月，許州大風雹，壞軍營、民舍千一百五十六區。魚臺縣風雹害稼。

至道二年十一月，代州風雹傷田稼。

咸平元年九月，定州北平等縣風雹傷稼。三年四月丁巳，京師雨雹，飛禽有隕者。六年四月甲申，京師暴雨雹，如彈丸。

大中祥符三年丙申，京師雨雹。五年八月丙辰，京師雨雹。

天禧元年九月，鎮戎軍彭城砦風雹，害民田八百餘畝。

天聖元年五月丙辰，大雨雹。二年七月壬午，大雨雹。六年，京師雨雹。

嘉祐四年四月丙戌，震雷雨雹。

熙寧元年秋，鄜州雨雹。三年七月、七年四月五月，京師雨雹。八年夏，鄜州、涇州雨雹。九年二月，京師雨雹。十年夏，鄜州雨雹。秦州大雨雹。

紹聖二年十月辛未，西南方有雷聲，次大雨雹。四年閏二月癸卯，京師雨雹，自辰至申。

建中靖國元年二月丙申，京師雨雹。五月辛酉，京師大雨雹。

崇寧三年十月辛丑，京師雨雹。

大觀元年十月己巳、三年五月戊申，京師大雨雹。

政和七年六月，京師大雨雹，皆如拳，或如一升器，幾兩時而止。

宣和四年二月癸卯，京師雨雹。四年三月朔，雨雹。

靖康元年十二月己卯、庚辰，京師雨雹。

建炎三年八月甲戌，大雨雹。

紹興元年二月壬辰，高宗在越州，雨雹震雷。二年二月丙子，臨安府大雨雹。三年正月，雨雹震雷。四年三月己未，大雨雹傷稼。五年閏月乙巳朔，雨雹而雪。十月丁未夜，秀州華亭縣大風雹，雨雹，大如荔枝實，壞舟覆屋。十二月戊辰，雨雹。七年二月癸丑，雨雹。先一夕雷，後一日雪，癸丑又雹。八年六月丙辰，大雨雹。九年二月甲戌，雨雹傷麥。十二月辛未，雨雹。十年二月辛亥，大雨雹。十二月庚辰，雨雹。十一年正月辛酉，雨雹。十三年二月甲子，雨雹傷麥。五月戊午夜，雹。七月庚午、壬申，雹害稼。十一月己未，雨雹。十七年正月庚辰，雨雹；五月丙寅，又雹。二十一年三月己卯，雹傷禾麥。二十八年四月辛亥，雨雹。二十九年二月戊戌，雹損麥。

隆興元年三月丙申夜，雨雹。二年二月丁丑，雹與霰俱。四月庚午，雹。六月，雨雹。七月丁未，雨雹。十月辛卯，雨雹。十二月己亥，雨雪而雹。閏月，雨雹。

乾道元年二月庚寅夜，雹。二年十月辛卯，雨雹。三年二月壬午，雪；癸未，雹。四年正月癸未夜，雹。有霰。二月丁酉、癸丑，雨雹；乙卯，雹而雪。五年二月丙午，雹損麥；六年二月壬午，亦如之。八年七月壬辰，雨雹。

淳熙三年四月丁亥，雨雹。癸巳，天台、臨海二縣大風雹，傷麥。四年正月，建康府雨雹。五月丙寅，雨雹。五年，建康府雨雹者再。六年正月丁丑，雹傷麥。三月壬申夜，大雨雹。八年十二月甲寅，雨雹。十二年二月辛酉夜，雨雹。十三年閏月丙午，雨雹。十五年二月丁亥，雨雪而雹。六月丁卯，雨雹。十六年二月己卯，雹而雨。

紹熙元年二月丙申，雪；丁酉，雹。二年正月戊寅，大雨雹，震雷雹以雨，至二月庚辰，大雪連數日。是月庚寅朔，建寧府大風雨雹，仆屋殺人。三月癸酉，大風雨雹，大如桃李實，平地盈尺，壞廬舍五千餘家，禾麻、蔬果皆損；瑞安縣亦如之，壞屋殺人尤衆。秋，祐川縣大風雹，壞粟麥。

慶元三年二月戊辰，雪；己巳，雹。四月乙丑，雨雹，大如桮，破瓦，殺燕爵。

嘉泰元年三月丙寅，雨雹三日。五月丁丑，雨雹。七月癸亥，大雨而雹。二年四月庚寅，雨雹傷稼。六月庚子，大風雹而寒。四年正月壬辰，雪而雹。

開禧二年正月己酉，雹而雷。

嘉定元年閏月壬申，雨雹害稼。二年三月乙未，雨雹。六年夏，江、浙郡縣多雨雹害稼。十五年九月癸丑，大震雨雹。十六年秋，雨雹。

紹定元年五月丁酉，雨雹。五年九月壬寅，雨雹。六年三月丙辰，大雨雹。

端平二年五月乙未，雹。三年六月庚戌，雨雹。

嘉熙元年二月壬辰，雨雹。

淳祐二年四月壬申，雨雹。八年二月壬辰，雨雹。三月乙丑，雨雹。九年正月，雨雹。

寶祐三年五月，嘉定府大雨雹。

開慶元年五月辛亥，雨雹。

景定元年二月庚申，雨雹。

元・脱脱等《宋史》卷六三《五行志二上》 景祐三年七月庚子，是夜大雨雹。

元・馬端臨《文獻通考》卷三〇五《雹、木冰、冰花》 劉向以木冰爲木，不曲直。《唐志》以冰花爲華孽。愚按木不曲直，與華孽者，皆花木失其常性，而爲妖者也。若木冰乃寒，脅木而成冰，則妖不在木也。冰花乃冰，有異而結花，則妖不在花也。故以與雹同類，而附恒寒之後云。

《春秋》成公十六年正月，雨木冰。劉歆以爲，上陽施不下通，下陰施不上達，故雨而木，爲之冰。雰氣寒木不曲直也。劉向以爲，冰者陰之盛而水滯也。木者，少陽，貴臣卿大夫之象也。此人將有害，則陰氣脅木，木先寒，故得雨而冰也。僖公二十九年秋，大雨雹。劉向以爲，盛陽雨水温煖而湯熱，陰氣脅之不相入，則轉而爲雹。盛陰雨雹，凝滯而冰寒。陽氣薄之，不相入則散而爲霰。故沸湯之，在閉器而湛於寒泉，則爲冰，及雪之銷，亦冰解而散。此其驗也。故雹者，陰脅陽也。春秋不書霰者，猶月食也。《左氏傳》曰：聖人在上，無雹。雖有不爲災。説曰：凡物不爲災不書書。大言爲災也。凡雹，皆冬之愆陽，夏之伏陰也。師古曰：愆，過也，過陽冬温也，伏陰夏寒也。昭公三年大雨雹。漢武帝元鼎三年夏四月，大雨雹。元封三年十二月，雷雨，雹大如馬頭。宣帝地節四年五月，山陽濟陰雨，雹如雞子，深二尺五寸，殺二十餘人，蜚鳥皆死。王莽天鳳元年七月，雨雹殺牛羊。

後漢和帝永元五年六月，郡國三雨雹，大如雞子。《春秋考異郵》曰：陰氣之專精凝合生雹。雹之爲言合也。《易讖》曰：凡雹者過由人君惡聞其過抑賢。《古今注》曰：光武建武十年十月戊辰，樂浪上谷雨雹傷稼。十二年河南平陽，雨雹大如杯，壞敗吏民屋舍。十五年十二月乙卯，鉅鹿雨雹傷稼。永平三年八月，郡國十二雨雹傷稼。十年郡國十八或雨雹蝗。 安帝永初元年，雨雹。二年，雨雹，大如雞子。三年雨雹，大如雁子，傷稼。劉向以爲，雹陰脅陽也。元初四年六月戊辰，郡國三雨雹，大如杅杯及雞子，殺六畜。《古今注》曰：樂安雹如杅，殺人。《京房占》曰：夏雨雹，天下兵大作。延光元年四月，郡國二十一雨雹，大如雞子，傷稼。臣昭按尹敏傳：是歲，河西大雨雹，如斗。三年，雨雹大如雞子。《古今注》曰：順帝永建五年，郡國十二雨雹，六年郡國十二雨雹，傷秋稼。桓帝延熹四年五月己卯，京都雨雹，大如雞子。七年五月己丑，京都雨雹。靈帝建寧二年四月，雨雹。四年五月，河東雨雹。光和四年六月，雨雹，大如雞子。中平二年四月庚戌，雨雹傷稼。孫權嘉禾四年七月，雨雹，又隕霜。劉向說：雹者，陰脅陽也。赤烏十一年四月，雨雹。

晉武帝咸寧五年五月丁亥，鉅鹿魏郡雨雹，傷禾麥。辛卯，雁門雨雹，傷秋稼。六月庚戌，汲郡、廣平、陳留、滎陽雨雹。庚辰，又雨雹。隕霜傷秋麥千三百餘頃，壞屋百三十餘間。癸亥，安定雨雹。七月丙申，魏又雨雹。閏月壬子，新興又雨雹。八月庚子，河南河東弘農又雨雹，兼傷秋稼三豆。太康元年三月，河東高平霜雹，傷桑麥。四月河南河內、河東、魏郡、弘農雨雹，傷麥豆。是月庚午，畿內縣二及東平范縣雨雹。癸酉，畿內縣五又雨雹。五月，東平、平陽、上黨、雁門、濟南雨雹，傷禾麥三豆。二年二月辛酉，隕霜於濟南、琅邪，傷麥。壬申，琅邪雨雹傷麥。三月甲午，河東隕霜害桑。五月丙戌，城陽、章武、琅邪雨雹，傷麥。庚寅，河東、樂安、東平、濟陰、弘農、濮陽、齊國、頓邱、魏郡、河內、汲郡、上黨，雨雹，傷禾稼。六月，郡國十七雨雹。七月，上黨雨雹。三年十二月，大雪。五年七月乙卯，中山、東平雨雹，傷秋稼。甲辰，中山雨雹。六年六月，滎陽汲郡雁門雨雹。九年正月，京都大風雨雹，發屋拔木。惠帝元康二年八月，沛及蕩陰雨雹。三年四月，滎陽雨雹。六月，弘農、湖城、華陰又雨雹，深三尺。五年六月，東海雨雹，深五寸。十二月，丹陽、建業雨雹。七年五月，魯國雨雹。九年五月，雨雹。永寧元年七月，襄城、河南雨雹。十月，襄城、河南、高平、平陽又雨雹，折木傷稼。元帝太興二年三月丁未，成都風雹，殺人。三年三月，海鹽雨雹。明帝太寧二年四月，京都大雨雹，燕雀死。三年四月，大雨雹。成帝咸和六年三月，雨雹。咸康二年正月，皇后見於太廟，其夕雨雹。穆帝永和五年六月，臨漳暴風、震雹，雨雹大如升。海西太和三年四月，雨雹，折木。孝武太元二年四月，雨雹。十二年四月己丑，雨雹。二十年五月，上虞雨雹。二十一年四月，雨雹。安帝隆安二年三月，雹。三年四月，江陵雨雹。義熙元年四月，雨雹。五年五月，溧陽雨雹。九月，廣陵雨雹。六年五月，雨雹。八年四月、六月，皆雨雹。十年四月，雨雹。

石勒時，雹起西河界山，大如雞子，平地三尺，洿下丈餘。行人禽獸，死者萬數。歷太原、樂平、武鄉、趙郡、廣平、鉅鹿千餘里，樹木摧折，禾稼蕩然。勒正服東堂，以問徐光曰：歷代以來，有斯災幾也？光對曰：周、漢、魏、晉皆有之。雖天地之常事，然明主未始不爲變，所以敬天之怒也。去年禁寒食，介推帝鄉之神也，歷代所尊，或者以爲未宜替也。一人吁嗟，王道尚爲之虧，況羣神怨憾而不怒動上帝乎。縱不能令天下同爾，介山左右，晉文之所封也，宜任百姓奉之。勒下書曰：寒食既并州之舊風，朕生其俗，不能異也。前者外議以子推諸侯之臣，王者不應爲忌，故從其議，倘或由之而致斯災乎。子推雖朕鄉之神，非法食者亦不得亂也，尚書其促檢舊典定議以聞。有司奏以子推歷代攸尊，請普復寒食，更爲植嘉樹，立祠堂，給户奉祀。勒黄門郎韋謏駁曰：按《春秋》，藏冰失道，陰氣發泄爲雹，自子推已前，雹者復何所致？此自陰陽乖錯所爲耳。且子推賢者，曷爲暴害如此。求之冥趣，必不然矣。今雖有冰室，懼所藏之冰不在固陰沍寒之地，多皆川池之側，氣泄爲雹也。以子推忠賢，令緜、介之閒奉之爲允，於天下則不通矣。勒從之。於是遷冰室於重陰凝寒之所，并州復寒食如初。

宋文帝元嘉十八年三月，雨雹。

梁武帝中大通元年四月，大雨雹。洪範五行傳曰：雹，陰脅陽之象。

陳宣帝太建二年六月，大雨雹。十年四月，又大雨雹。十三年九月，大雨雹。

唐太宗貞觀四年秋，丹延、北永等州雹。高宗顯慶二年五月，滄州大雨雹，中人有死者。咸亨元年四月庚午，雍州大雨雹。二年四月戊子，大雨雹、震電、大風折木，落則天門鴟尾三。先儒以爲，雹者，陰脅陽也。又曰：人君惡聞其過，抑賢用邪，則雹與雨俱。信讒殺無罪，則雹下毀瓦、破車、殺牛馬。永淳元年五月壬寅，定州大雨雹，害麥禾及桑。武后天授二年六月庚戌，許州大雨雹。證聖元年二月癸卯，滑州大雨雹，殺燕雀。神功元年，嬀、綏二州雹。聖曆元年六月甲午，曹州大雨雹。久視元年六月丁亥，曹州大雨雹。長安三年八月，京師大雨雹，人畜有凍死者。中宗神龍元年四月壬子，雍州同官縣大雨雹，殺鳥獸。景龍元年四月己巳，曹州大雨雹。二年正月己卯，滄州雨雹，如雞子。元宗開元八年十二月丁未，滑州大雨雹。二十二年五月戊辰，京畿渭南等六縣大風雹，傷麥。代宗大曆七年五月乙酉，雨雹。德宗貞元二年六月丙子，大雨雹。十七年二月丁酉，雨雹。己亥，霜。戊申夜，震霆、雨雹。庚戌，大雨雪而雹。五月戊寅，好時縣風雹害麥。十八年七月癸酉，大雨雹。憲宗元和元年，鄜坊等州雹。十年秋，鄜坊等州風雹害稼。十二年夏，河南雨雹中，人有死者。十五年三月，京畿興平、醴泉等縣，雹傷麥。穆宗長慶四年六月庚寅，京師雨雹如彈丸。文宗太和四年，鄜坊等州雹。五年夏，京畿奉先、渭南等縣，雨雹。開成二年秋，河南雹害稼。四年七月，鄭滑等州風雹。五年六月，濮州雨雹如拳，殺人三十六，牛馬甚衆。武宗會昌元年秋，登州雨雹。文登尤甚，破瓦害稼。四年夏，雨雹如彈丸。僖宗乾符六年五月丁酉，宣授宰臣豆盧瑑崔沆制殿庭，氛霧四塞，及百官班賀於政事堂，雨雹如皃卵，大風、雷雨拔木。廣明元年四月甲申朔，汝州大風雨，拔街衢樹十二三。東都有雲起西北，大風隨之，長夏門内表道古槐樹自拔者十五六。宫殿鴟尾皆落。雨雹大如杯，鳥獸殪於川澤。

宋太祖建隆元年十月，大名府臨清縣，雨雹傷稼。二年七月，丹州義川、雲巖二縣大雨雹。三年七月，潞州武鄉等四縣風雹。四年七月，海州風雹。乾德二年四月，開封府陽武縣雨雹。宋州寧陵縣風雨雹，傷民田。六月，潞州風雹。七月，同州郃陽縣雨雹，並害稼。八月，延州膚施縣風雹，隕霜。三年四月，開封府尉氏、扶溝二縣風雹，害民田，桑棗十損七八。六月，曹州濟陰、冤句二縣風雹損田。六年八月，河南府河清縣雨雹。開寶三年夏，同州、滑州大風，雨雹害稼。四年八月，鄆州須城等三縣風雹。八年五月，邢磁州風雹，害桑麥。太宗太平興國二年六月，瀛州景城縣雨雹。七月，相州永定縣，大雨雹害稼。五年四月，大名府冠氏縣、壽州安豐縣雨雹。七年五月，太平州蕪湖縣雨雹傷稼。八年五月，相州風雹傷民田。端拱元年五月，霸州大雨雹，殺麥苗。閏五月，鄆州雨雹，傷麥。淯化元年六月，許州大風雹，壞軍營、民舍千一百五十六區。單州魚臺縣風雹，害稼。至道二年十一月，代州風雹，傷田稼。真宗咸平元年九月，定州北平等縣風雹，傷稼。三年四月丁巳，京師雨雹，飛禽有損者。六年四月甲申，京師暴風，雨雹如彈丸。大中祥符三年八月丙辰，京師雨雹。五年八月丙辰，京師雨雹。天禧元年九月，鎮戎軍彭城寨風雹，害民田八百餘畝。仁宗天聖八年五月丙辰，大雨雹。慶曆元年七月壬午、六年四月甲辰，大雨雹。嘉祐四年四月，大震電、雨雹。神宗熙寧元年秋，鄜州雨雹。三年七月、七年四月、五月京師雨雹。八年夏，鄜州、涇州雨雹。九年二月，京師雨雹。十年夏，鄜州雨雹；秦州大雨雹。哲宗紹聖三年十月辛未，西南方有雷聲，次大雨雹。四年二月癸卯，京師雨雹，自辰初至申。徽宗建中靖國元年二月丙申，京師雨雹。五月辛酉，京師又大雨雹。崇寧三年十月辛丑，大觀元年十月己巳，三年五月戊申，京師大雨雹。政和七年六月，京師大雨雹，如拳或如升器，幾兩時止。宣和四年二月癸卯，京師雨雹。欽宗靖康元年十二月己卯、庚辰，京師雨雹。高宗建炎三年八月甲戌，大雨雹。紹興元年二月壬辰，上在越州，雨雹雷。二年二月丙子，上在臨安，大雨雹。三年正月辛未，雨雹、震雷。陰氣之專精，凝合生雹。陽不禁閉，則非時雷，出陰脅陽象也。三月己未，雨雹，傷稼。五年閏二月乙巳朔，雨雹雪。十月丁未，秀州華亭風雷雨雹，激射疾於箭彈，壞舟覆屋。十一月戊辰，又雹。七年二月癸卯，先一夕雷，後一日雪，癸丑又雹。按《晉書》：雷以二月出，陽出發洩，明日便大雪，皆失節之異。八年六月丙辰，大雨雹。九年二月甲戌，雹傷麥。十二月辛未，又雹。十年二月辛亥，大雨雹。十二月庚辰，又雹。十一年正月辛酉，雨雹。十三年二月甲子，雨雹，傷麥。五月戊午夜，雹。七月壬申，雹害稼。十一月己未，又雹。十七年正月庚辰，雨雹。五月乙丑，又雹。二十一年三月己卯，雹傷禾麥。二十八年四月辛亥，雨雹。二十九年二月戊戌，雹損麥。孝宗隆興元年三月丙申夜，雨雹。二年二月丁丑，雹與霰俱。劉向以爲，雹陰脅陽，霰陽薄陰也。四月庚午，雹。七月丁未，雨雹。十二月己亥，雨雪而雹。乾道元年二月庚寅夜，雹。二年十月辛卯，雨雹。三年二月壬午，雪。癸未，雹。四年正月癸未夜，雹有霰。二月丁酉，又雹。乙卯，又雹而雪。五年二月丙午，雹損麥。六年二月壬午，雹亦損麥。八年七月壬辰，雨雹。淳熙三年四月丁亥，雨雹。癸巳，天台臨海二縣大風雹，傷麥。四年正月丙寅，雨雹。六年正月丁丑，雹傷麥。三月壬申夜，大雨雹，如彈丸。八年十二月甲寅，雨雹。十二年二月辛酉夜，有雹。十三年閏七月丙午，雨雹。十五年二月丁亥，雨雪而雹。六月丁卯，又雹。十六年二月己卯，雹與雨俱。光宗紹熙元年二月丙申，雪。丁酉，雹。二年正月戊寅，大雹，震雷電以雨。二月庚辰，大雪連數日。雷陽也，雪陰也，既雷則不當雪，皆失節之應。二月庚寅朔，建寧府大風雨雹，仆屋殺人。三月癸酉，又大風、雨雹，大如桃李，實平地盈尺，壞城郭民舍七百餘家，鄉落四千三百餘家，禾苗不殖，桑麻、種麥、蔬果皆損。温州瑞安縣亦如之，壞屋殺人尤衆。秋，西和州祐川縣大風，雹壞粟麥穜稑。寧宗慶元三年二月戊辰，雪。己巳，雹。四月乙丑，雨雹，大如杯，破瓦殺燕雀。嘉泰元年三月丙寅、丁卯、戊辰，連雨雹。五月丁丑，又雹。七月癸亥，大雨而雹。二年四月庚寅，雨雹傷稼。六月庚子，大風雹而寒，陰脅陽，又常寒也。四年正月壬辰，雪與雹俱。開禧二年正月己酉，雨雹而雷。嘉定元年閏四月壬申，雨雹害稼。二年三月乙未，雨雹。六年夏，江浙郡國多雨雹，害稼。十五年九月癸丑，大震、雨雹。陽不閉，陰脅陽，皆君道弱、臣道彊之象。十六年秋，又雹。

明·宋濂等《元史》卷五《世祖紀二》 中統三年五月甲申，(天順)〔順天〕、平陽、河南、真定雨雹。四年秋七月壬寅，燕京、河間、開平、隆興四路屬縣雨雹害稼。

明·宋濂等《元史》卷六《世祖紀三》 至元二年，是年，彰德、大名、南京、河南府、濟南、淄萊、太原、弘州雹。四年三月辛丑，夏津縣大雨雹。五年六月甲申，中山大雨雹。六年七月壬戌，西京大雨雹。

明·宋濂等《元史》卷七《世祖紀四》 至元七年五月辛丑，懷州河内縣大雨雹。

明·宋濂等《元史》卷一四《世祖紀十一》 二十四年九月辛卯，大定、金源、高州、武平、興中等處霜雹傷稼。是歲，西京、北京、隆興、平灤、南陽、懷孟等路風雹害稼。鞏昌雨雹，虸蚄爲災。

明·宋濂等《元史》卷一五《世祖紀十二》 二十五年三月己酉，徐、邳屯田及靈壁、(濉)〔睢〕寧二屯雨雹，如雞卵，害麥。五月辛亥，孟州烏河川雨雹五寸，大者如拳。十二月庚辰，因雨雹、河溢害稼，除民租二萬二千八百石。二十六年秋七月辛巳，兩淮屯田雨雹害稼，蠲今歲田租。

明·宋濂等《元史》卷一六《世祖紀十三》 二十七年六月己亥，棣州厭次、濟陽大風雹害稼，免其租。

明·宋濂等《元史》卷一七《世祖紀十四》 二十九年閏六月丁酉，遼陽、瀋州、廣寧、開元等路雹害稼。三十年六月壬子，易州雨雹，大如鷄卵。

明·宋濂等《元史》卷一八《成宗紀一》 三十一年四月，是月，即墨縣雹。五月，是月，密州(路)諸城縣、大都路武清縣雹。七月，棣州陽信縣雹，大風拔木發屋，真定路之南宫、新河，易州之淶水等縣雹。八月，德州之安德縣大風雨雹。元貞元年五月丙申，鞏昌府金州、西和州、會州雨雹，無麥禾。秋七月壬寅，隆興路雹。

明·宋濂等《元史》卷一九《成宗紀二》 二年五月，河中府之猗氏雹。六月，大同、隆興、順德、太原雹。秋七月，太原、懷孟雹。大德元年六月，太原風、雹。二年二月丙子，大都檀州雨雹。

明·宋濂等《元史》卷二〇《成宗紀三》 大德二年八月，隆興、平灤、大同、宣德等路雨雹。四年五月，是月，同州、平灤、隆興雹。

明·宋濂等《元史》卷二一《成宗紀四》 八年五月，是月，蔚州之靈仙，太原之陽曲，隆興之天城、懷安，大同之白登大風雨雹傷稼，人有死者。八月，太原之交城、陽曲、管州、嵐州，大同之懷仁雨雹隕霜殺禾。九年六月甲午，桓州、宣德雨雹。十年夏四月，鄭州暴風雨雹，大若鷄卵，麥及桑棗皆損，蠲今年田租。七月辛巳，宣德等處雨雹害稼。

明·宋濂等《元史》卷二二《武宗紀一》 十一年五月乙丑：建州大雨雹。至大元年五月己巳，管城縣大雨雹。癸未，濟南、般陽雨雹。八月戊子，大寧雨雹。

明·宋濂等《元史》卷二三《武宗紀二》 二年六月，是月，金城、崞州、源州雨雹。延安之神木碾谷、盤西、神川等處大雨雹。三年夏四月丙子，靈壽、平陰二縣雨雹。

明·宋濂等《元史》卷二四《仁宗紀一》 四年夏四月丁卯，南陽等處風、雹。閏七月丁卯，大同宣寧縣雨雹，積五寸，苗稼盡殞。

明·宋濂等《元史》卷二五《仁宗紀二》 延祐元年五月庚辰，膚施縣大風、雹，損禾并傷人畜。二年春正月丙寅，霖雨壞渾河隄堰，没民田，發卒補之。

明·宋濂等《元史》卷二六《仁宗紀三》 五年九月丁亥，大同路金城縣大雨雹。六年六月庚戌，大同縣雨雹，大如雞卵。丁丑，晉陽、西涼、鈞等州，(楊)〔陽〕翟、新鄭、密等縣大雨雹。

明·宋濂等《元史》卷二七《英宗紀一》 七年，是歲，大同雨雹，大者如鷄卵。至治元年六月戊午，涇州雨雹。丁卯，大同路雨雹。秋七月庚子，順德、大同等路雨雹。

明·宋濂等《元史》卷二八《英宗紀二》 二年夏四月辛亥，涇州雨雹，免被災者租。甲寅，南陽府西穰等屯風、雹。

明·宋濂等《元史》卷二九《泰定帝紀一》 三年十二月丁亥，平江嘉定州饑，遼陽答陽失蠻、闊闊部風、雹，並賑之。泰定元年六月己卯，宣德府、鞏昌路及八番金石番等處雨雹。秋七月戊申，龍慶州雨雹，大如雞子，平地三尺。十二月乙亥，延安路雹災，賑糧一月。二年四月戊申，奉元路白水縣雹。五月丙子，洮州、臨洮府雨雹。七月壬申，延安、鄜州、綏德、鞏昌等處雨雹。八月辛丑，延安路安塞縣雨雹。九月丁丑，檀州雨雹。是歲，陝西府雨雹。

明·宋濂等《元史》卷三〇《泰定帝紀二》 三年六月己亥，奉元、鞏昌屬縣大雨雹。四年五月丁卯，常州、淮安二路，寧海州大雨雹。六月乙未，中山府雨雹。致和元年夏四月，是月，靈州、濬州大雨雹。五月，冀寧、廣平、真定諸路屬縣大雨雹。六月，彰德屬縣大雨雹。

明·宋濂等《元史》卷三三《文宗紀二》 天曆二年秋七月辛巳，冀寧陽曲縣雨雹，大者如雞卵。

明·宋濂等《元史》卷三四《文宗紀三》 至順元年春正月辛巳，永平路以去年八月雹災告。秋七月辛酉，真定路之平棘，廣平路之肥鄉，保定路之曲陽、行唐等縣，大風雨雹傷稼。丙寅，大都之順州、東安州大風雨雹傷稼。庚午，開平路雨雹傷稼。

明·宋濂等《元史》卷三五《文宗紀四》 二年七月，冀寧屬縣雨雹傷稼。

明·宋濂等《元史》卷三六《文宗紀五》 三年五月丁酉，甘州大雹。

明·宋濂等《元史》卷三八《順帝紀一》 元統二年二月甲子，塞北東涼亭雹，民饑，詔上都留守發倉廪賑之。至元元年秋七月，是月西和州、徽州雨雹，民饑，發米賑貸之。

明·宋濂等《元史》卷三九《順帝紀二》 二年八月，高郵大雨雹。四年夏四月癸巳，車駕薄暮至八里塘，雨雹，大如拳，其狀有小兒、環玦、獅、象、鼉、卵之形。

明·宋濂等《元史》卷四〇《順帝紀三》 至正二年五月丁亥，東平雨雹如馬首。

明·宋濂等《元史》卷四一《順帝紀四》 六年二月辛未，興國雨雹，大者如馬首。八年八月己卯，山東雨雹。

明·宋濂等《元史》卷四二《順帝紀五》 十一年夏四月乙巳，彰德路雨雹，形如斧，傷人畜。五月癸丑，文水縣雨雹。

明·宋濂等《元史》卷四三《順帝紀六》 十四年六月辛卯朔，薊州雨雹。

明·宋濂等《元史》卷四五《順帝紀八》 二十年五月丁亥朔，雨雹。

明·宋濂等《元史》卷四六《順帝紀九》 二十三年秋七月戊辰朔，京師大雹，傷禾稼。

明·宋濂等《元史》卷四七《順帝紀十》 二十六年六月壬子朔，平遥縣大雨雹。

明·宋濂等《元史》卷五〇《五行志一》 中統二年四月，雨雹，大如彈丸。三年五月，順天、平陽、真定、河南等郡雨雹。四年七月，燕京昌平縣，景州蓨縣，開平路興、松、雲三州雨雹害稼。

至元二年八月，彰德、大名、南京、河南、濟南、太原等郡雨雹。四年三月，夏津縣大雨雹。五年六月，中山大雨雹。六年七月，西京大同縣雨雹。七年五月，河内縣大雨雹。十五年閏十一月，海州贛榆縣雨雹傷稼。十九年八月，雨雹，大如鷄卵。二十年四月，河南風雷雨雹害稼。五月，安西路風雷雨雹。八月，真定元氏縣大風雹，禾盡損。二十二年七月，冠州雨雹。二十四年九月，大定、金源、高州、武平、興中等處雨雹。二十五年三月，靈壁、虹縣雨雹，如鷄卵，害麥。十二月，靈壽、陽曲、天成等縣雨雹。二十六年夏，平陽、大同、保定等郡大雨雹。二十七年四月，靈壽縣大風雹。六月，棣州厭次、濟陽二縣大風雹，傷禾黍菽麥桑棗。二十九年閏六月，遼陽、瀋州、廣寧、開元等路雨雹。三十一年四月，即墨縣雨雹。八月，德州(德安)〔安德〕縣大風雨雹。

元貞元年五月，鞏昌金州、會州、西和州雨雹大，無麥禾。七月，隆興路雨雹。(元貞)二年五月，河中猗氏縣雨雹。六月，隆興(咸)〔威〕寧縣，順德邢臺縣，太原交(河)〔城〕、離石、壽陽等縣雨雹。八月，懷孟武陟縣雨雹。

大德元年六月，太原崞州雨雹害稼。二年二月，檀州雨雹。八月，彰德安陽縣雨雹。四年三月，宣州涇縣，台州臨海縣風雹。八年五月，大寧路建州、蔚州靈仙縣雨雹。太原、大同、隆興屬縣陽曲、天成、懷安、白登風雹害稼。八月，管州，嵐州，交城、陽曲、懷仁等縣雨雹。九年六月，晉寧、冀寧、宣德、隆興、大同等郡大雨雹，害稼。十年四月，鄭州管城縣風雹，大如鷄卵，積厚五寸。五月，大雨雹。七月，宣德縣雨雹。十一年五月，建州雨雹。

至大元年四月，般陽新城縣、濟南厭次縣、益都高苑縣風雹。五月，管城縣大雹，深一尺，無麥禾。八月，大寧縣雨雹害稼，斃畜牧。二年三月，濟陰、定陶等縣雨雹。六月，崞州、源州、金城縣雨雹。延安神(禾)〔木〕縣大雹一百餘里，擊死人畜。三年四月，靈壽、平陰等縣雨雹。四年四月，南陽雨雹。閏七月，宣寧(路)〔縣〕雨雹。

皇慶元年四月，大名濬州、彰德安陽縣、河南孟津縣雨雹。六月，開元路風雹害稼。二年七月，冀寧平定州雨雹。景州阜城縣風雹。八月，大同懷仁縣雨雹。

延祐元年五月，膚施縣大風雹，損稼并傷人畜。六月，宣平、仁壽、白登等縣雨雹。二年五月，大同、宣德等郡雷雹害稼。三年五月，薊州雹深一尺。五年四月，鳳翔府雹傷麥禾。六年六月，大同縣雨雹，大如鷄卵。七月，鞏昌隴西縣雹害稼。七年八月，大同路雷風雨雹。

至治元年六月，武州雨雹害稼。永平路大雹深一尺，害稼。七月，真定、順德等郡雨雹。二年四月，涇州涇川縣雨雹。六月，思州大風雨雹。三年五月，大風雨雹，拔柳林行宫大木。

泰定元年五月，冀寧陽曲縣雨雹傷稼。思州龍泉平雨雹傷麥。六月，順元、太平軍、定西州雨雹。七月，龍慶路雨雹，大如鷄卵，平地深三尺餘。八月，大同白登縣雨雹。二年四月，奉元白水縣雨雹。五月，洮州路可當縣、臨洮府狄(邑)〔道〕縣雨雹。六月，興州、鄜州、静寧州及成紀、通渭、白水、膚施、安塞等縣雨雹。七月，檀州雨雹。三年六月，鞏昌路大雨雹。中山府安喜縣、乾州永壽縣雨雹。七月，房山、寶坻、玉田、永平等縣大風雹，折木傷稼。八月，龍慶(路)〔州〕雨雹一尺，大風損稼。四年七月，彰德湯陰縣，冀寧定襄縣，大同武、應二州雨雹害稼。

致和元年四月，濬州、涇州大雹，傷麥禾。五月，冀寧陽曲縣、威州井陘縣雨雹。六月，涇川、湯陰等縣大雨雹。大寧、永平屬縣雨雹。

天曆二年七月，大寧惠州雨雹。八月，冀寧陽曲縣大雹，如鷄卵，害稼。三年七月，順州、東安州及平棘、肥鄉、曲陽、行唐等縣風雹，害稼。開元路雨雹。

至順二年十二月，冀寧清源縣雨雹。三年五月，甘州雨雹。

明·宋濂等《元史》卷五一《五行志二》 元統元年三月戊子，紹興蕭山縣大風雨雹，拔木仆屋，殺麻麥，斃傷人民。二年二月甲子，塞北東涼亭雨雹。至元元年七月，西和州、徽州雨雹。二年八月甲戌朔，高郵寶應縣大雨雹。是時，淮、浙皆旱，唯本縣瀕河，田禾可刈，悉爲雹所害，凡田之旱者無一雹及之。(至元)四年四月癸巳，清州八里塘雨雹，大過於拳，其狀有如龜者，有如小兒形者，有如獅象者，有如環玦者，或橢如卵，或圓如彈，玲瓏有竅，色白而堅，長老云：「大者固常見之，未有奇狀若是也。」至正二年五月，東平路東阿縣雨雹，大者如馬首。三年六月，東平陽穀縣雨雹。六年二月辛未，興國路雨雹，大如馬首，小者如鷄子，斃禽畜甚衆。五月辛卯，絳州雨雹，大者二尺餘。八年四月庚辰，鈞州密縣雨雹，大如鷄子，傷麥禾。龍興奉新縣大雨雹，傷禾折木。八月己卯，益都臨淄縣雨雹，大如盃盂，野無青草，赤地如赭。九年二月，龍興大雨雹。十年五月，汾州平遥縣雨雹。十一年四月乙巳，彰德雨雹，大者如斧，時麥熟將刈，頃刻亡失，田疇堅如築場，無稭粒遺留者，地廣三十里，長百有餘里，樹木皆如斧所劈，傷行人、斃禽畜甚衆。五月癸丑，文水縣雨雹。十三年四月，益都高苑縣雨雹，傷麥禾及桑。十四年六月，薊州雨雹。十七年四月，濟南大風雨雹。十九年四月，莒州蒙陰縣雨雹。五月，通州及益都臨朐縣雨雹害稼。二十年五月，薊州遵化縣雨雹終日。二十一年五月，東平雨雹害稼。二十二年八月，南雄雨雹如桃李實。二十三年五月，鄜州宜君縣雨雹，大如鷄子，損豆麥。七月，京師及隰州永和縣大雨雹害稼。二十五年五月，東昌聊城縣雨雹，大如拳，小者如鷄子，二麥不登。二十六年六月，汾州平遥縣雨雹。二十七年二月乙丑，永州城中晝晦，鷄棲于塒，人舉燈而食，既而大雨雹，逾時方明。五月，益都大雷雨雹。七月，冀寧徐溝縣大風雨雹，拔木害稼。二十八年六月，慶陽府雨雹，大如盂，小者如彈丸，平地厚尺餘，殺苗稼，斃禽獸。

明·葉子奇《草木子》卷三 至正庚子間，太原雨雹，大如數斗器，牛馬多死。

明·王圻《續文獻通考》卷二二三 寧宗嘉定十五年九月，雷大雨雹。

理宗紹定元年五月丁酉，雨雹。五年七月甲辰，雨雹。端平二年五月丙申，雨雹。三年七月，大雨雹。景定元年正月庚申，雨雹。二年六月丙午，雨雹。嘉熙三年三月癸巳，雨雹。寶祐四年二月戊午，雨雹。

遼聖宗統和十六年，雨木氷。

天祚帝乾統三年七月，中京雨雹，傷稼。

金海陵天德三年十二月己丑，雨木氷。

世宗大定八年二月甲子，北望淀雨雹，廣十里，長六十里。十一年六月戊申，西南路招討司苾里海水之地，雨雹，三十餘里，小者如雞卵。其一最大，廣三尺，長丈餘。四五日始消。二十三年五月，雷雨雹。

章宗承安二年六月丙午，雨雹。四年三月戊午，雨雹。泰和四年正月壬申，雨木氷。十一月丁卯，雨木氷，凡三日。八年四月甲午，雨雹。

宣宗貞祐元年十二月乙卯，雨木氷。二年十二月己酉，雨木氷。興定元年四月，單州雨雹，傷禾。五月，延州原武縣雹傷稼。三年十二月壬申，雨木氷。

哀宗正大二年四月，京畿大雨雹。五年四月，鄭州大雨雹，桑柘皆枯。

元世祖中統二年四月，雨雹，大如彈丸。三年五月，順天、平陽、真定、河南等郡雨雹。四年七月，燕京昌平縣、景州蓨縣、開平路興松雲三州俱雨雹害稼。至元二年八月，彰德、大名、南京、河南、濟南、太原等郡雨雹。四年三月，夏津縣大雨雹。五月，衛地大雨雹。六月，中山大雨雹。五年六月，中山大雨雹。六年二月，興國雨雹，大如馬首，殺禽獸。七月，西京大同縣雨雹，七年五月，河内縣大雨雹。十二年十二月己亥，雨木氷。十五年閏十一月，海州贛榆縣雨雹，傷稼。十六年，保定等二十餘路雨雹，害稼。十九年八月，雨雹，大如雞卵。二十年四月，河南雨雹，害稼。五月，安西路風雷雨雹。八月真定，元氏縣大風雹，禾盡損。二十二年七月，冠州雨雹。二十四年，西京、北京、隆興、平欒、南陽、懷孟等路雨雹，害稼。鞏昌雨雹。九月，大定、金原、高州、武平、興中等處雨雹。二十五年三月，靈壁虹縣雨雹，如雞卵，害麥。十二月，靈壽、陽曲、天成等縣雨雹。二十六年夏，平陽、大同、保安等郡大雨雹。二十七年四月，靈壽縣大風雹。六月，棣州厭次縣大風雹，傷禾、黍、菽、麥、桑、棗。二十九年閏六月，遼陽、瀋州、廣寧、開元等路雨雹。三十年，真定、寧晉雨雹。三十一年四月，即墨縣雨雹。七月，棣州、陽信縣雨雹。真定路南宫新河縣雨雹。八月，德州德安縣雨雹，大風。

成宗元貞元年五月，鞏昌、金州、會州、西和州雨雹，無麥禾。七月，隆興路雨雹。二年五月，河中猗氏縣雨雹。六月，隆興、咸寧縣、順德、邢臺縣、太原交河、離石、壽陽等縣雨雹。八月，懷孟、武陟縣雨雹。大德元年六月，太原崞州雨雹，害稼。二年二月，檀州雨雹。八月，彰德、安陽縣雨雹。四年三月，宣州涇縣，台州臨海縣大風雹。五年七月，暴風起東北雨雹，兼發江河泛溢，自通泰崇明至鎮州，民被災，死者不可勝計。七年十一月，雨木氷。八年五月，大寧路建州、蔚州靈仙縣雨雹。太原大同，隆興屬縣，陽曲、天成、懷安、白登風雹，害稼。八月，營州、嵐州、交城、陽曲、懷仁等縣雨雹。九年六月，晉寧、冀寧、宣德、隆興、太寧等郡大雨雹，害稼。十年四月，鄭州管城縣風雹，大如雞卵，積厚五寸。五月，大雨雹。七月，宣德縣雨雹。十一年五月，建州雨雹。

武宗至大元年四月，般陽、新城縣、濟南厭次縣、益都高苑縣風雹。五月管城縣大雹，深一丈，無麥禾。八月，大寧縣雨雹，害稼，斃畜牧。二年三月，濟、雲、定、陶等縣雨雹。六月，崞州、源州、金城縣雨雹。延安神木縣大雹一百餘里，擊死人畜。三年四月，靈壽、平陰等縣雨雹。四年四月，南陽雨雹。閏七月，宣寧路雨雹。

仁宗皇慶元年四月，大名濬州，彰德安陽縣、河南孟津縣雨雹。六月，開元路風雹，害稼。三年七月，冀寧平定州雨雹。景州、阜城縣風雹。八月，大同懷仁縣雨雹。延祐元年五月，膚施縣大風雹，損稼并傷人畜。六月宣平、仁壽、白登等縣雨雹。二年五月，大同宣德等郡雷雹，害稼。三年五月，薊州雹深一尺。五年四月，鳳翔府雹，傷麥禾。六年六月，大同縣雨雹，大如雞卵。七月，鞏昌、隴西縣雹，害稼。七年八月，大同路風雷雨雹。

英宗至治元年六月，武州雨雹害稼。永平路大雹，深一尺，害稼。七月，真定、順德等郡雨雹。二年四月，涇州涇川縣雨雹。六月，思州大風雨雹。三年五月，大風雨雹，拔柳林行宫大木三千餘株。

泰定帝泰定元年五月，冀寧陽曲縣雨雹，傷稼。思州龍泉縣雨雹，傷麥。六月，順元、太平軍、定西州雨雹。七月，龍慶路雨雹，大如雞卵，平地深三尺餘。八月，大同白登縣雨雹。二年四月，奉元白水縣雨雹。五月洮州路可當縣、臨洮府狄邑縣雨雹。六月，興州、鄜州及成紀通渭，白水、膚施、安塞等縣雨雹。七月，檀州雨雹。三年六月，鞏昌路大雨雹。中山府安喜縣，乾州永壽縣雨雹。七月，房山、寶坻、玉田、永平等縣大風雹，折木損稼。八月，龍慶路雨雹一尺，大風損稼。四年六月，中山府雨雹。七月，彰德湯陰縣，冀寧定襄縣、大同武應二州雨雹，害稼。致和元年四月，濬州、涇州大雹，傷麥禾。五月，冀寧陽曲縣、威州井陘縣大雨雹。六月，涇州湯陰等縣大雨雹。大寧永平屬縣大雨雹。

文宗天曆二年七月，大寧、惠州雨雹。八月，冀寧陽曲縣大雹，如雞卵，害稼。三年七月，順州、東安州及平棘、肥鄉、曲陽、行唐等縣風雹，害稼。開元路雨雹。至順元年七月，平棘、行唐二縣雨雹，傷稼。二年十二月，冀寧清源縣雨雹。丁巳，雨木氷。癸亥，又雨木氷。三年五月，甘州雨雹。

順帝元統元年三月，紹興蕭山縣大風、雨雹，拔木仆屋，殺麻麥，斃人民。二年三月，塞北東凉亭雨雹。至元元年七月，西和州、徽州雨雹。二年八月，高郵、寶應縣大雨雹。是時，淮浙皆旱。惟本縣瀕河田禾可刈，悉爲雹所害。凡田之旱者，無一雹及之。四年四月，清州八里塘雨雹，大過於拳，其狀有如龜者，有如小兒形者，有如獅象者，有如環玦者，或長如卵、或圓如彈，玲瓏有竅色，如雪而堅。五年十一月，瑞州路新昌州雨氷，明年二月，氷始解。至正二年五月，東平路東阿縣雨雹，大者如馬首。四年正月，汴梁路鄭州尉氏、洧川、河陰三縣及龍興靜安縣雨氷。六月，東平陽穀縣雨雹。六年二月，興國縣雨雹，大如馬首，小者如雞卵，斃禽畜甚多。五月，絳州雨雹，大者二尺餘。八年四月，鈞州密縣雨雹，大者如雞子，傷麥禾。龍興奉新縣大雨雹，傷禾折木。八月，益都臨菑縣雨雹，大如盃盂，野無青草，赤地如赭。九年二月，龍興大雨雹。十年五月，汾州平□□雨雹。十一年四月，彰德雨雹，大者如斧，時麥熟將刈，頃刻忘失，田疇堅如築場，無稭粒遺留者，地廣三十里，長百餘里，樹木皆如斧所劈，傷行人，斃禽畜甚衆。十二年五月，文水縣雨雹。九月，冀寧、保德雨氷。十三年四月，益都高苑縣雨雹，傷麥禾及桑。十四年正月，汴河氷皆成五色，花草三日方解。六月，薊州雨雹。十七年四月，濟南大風雨雹。十九年四月，莒州蒙陰縣雨雹。五月，通州及益都臨朐縣雨雹，害稼。二十年五月，薊州遵化縣雨雹終日。二十一年五月，東平雨雹，害稼。二十二年八月，南雄雨雹，如桃李實。二十三年五月，鄜州宜君縣雨雹，大如雞子，損豆麥。七月，京師及隰州永和縣大雨雹，害稼。二十五年五月，東昌聊城縣雨雹，大者如拳，小者如雞子，二麥不登。二十六年六月，汾州平遥縣雨雹。二十七年二月，永州大雨雹。五月，益都大雷雨雹。七月，冀寧徐溝縣大風雨雹，拔木害稼。二十八年正月，慶陽府雨雹，大如盂，小如彈丸，平地厚尺餘，殺苗稼，斃禽獸。二月汴梁雨木氷，狀如樓閣人物，冠帶、鳥獸、花卉，百態具備，羽幢朱葆，彌望不絕，凡五日始解。又十日復氷，自汴至平欒皆然。不一歲，賊陷汴據之。

成祖永樂十二年十一月，金水河及太液池氷凝，具樓閣、龍鳳、花卉之狀，奇巧特異，上賜群臣觀之。呂震以爲禎祥婁見，率百官上表賀，不許。

景皇帝景泰五年春，京師大雹。

憲宗成化五年閏二月癸未，廣東瓊山縣雨雹，大如斗。八年七月丙午，陝西隴州大風雨雹，中有如牛者，五長七八尺，厚三四寸，六日方消。二十年三月甲申，江西新建、豐城、高安三縣大風雨雷雹，壞民舍宇，民多壓死。

孝宗弘治元年戊申夏四月，天壽山大風雨雹。

武宗正德十二年秋九月，上幸大同獵陽和，雨雹，星隕。

世宗嘉靖五年七月朔，江西南豐縣雹，大如碗，形如人頭。萬全都司雹，大如甌，入地尺許。十七年戊戌夏四月八日，吴城雨氷雹。是日未刻，忽烈風迅雷，氷雹如注，其大如李，中有一竅，而四圍皆紋。至西陽山一境，又大如斗，途人不及抵室，或有中其頂，及耳而傷者，盖亦有至死者。三十五年，山東沂州雹，大如盂，小如雞子，平地尺餘，經八里，人畜傷死無筭。三十七年閏七月，淳化諸縣雨雹。三十九年六月初二，泗川茂州大雪雹。秋七月初三，茂州又大雹。

穆宗隆慶元年五月，大同大雨雹。七月，紫荆關雨雹，殺秋稼七十里。四月，萬全、都司大風雷雨雹。二年正月二十四日未時，遵化縣有黑雲忽起，雨氷雹，小者如彈丸，大者如雞子，須臾滿地。夏四月初五卯時，萬全、都司及左右二衛葛峪深井等處，白晝晦冥，雨雹壅至，大者如杯卵，小者如棗栗，牛羊有被傷者。二十六日，大同廣昌縣韓村、周村、馮村、賈村三家村，浮圖峪、木積山等處雨雹，大如卵。四年四月，宣府、大同等處雨雹，厚二尺餘，大如雞卵，禾苗盡傷。五月，山東膠州、臨朐、夏津等縣雨雹，損稼。七月，直隸井陘縣大雨雹，至辛酉雷擊圜丘廣利門鴟吻。御史王喬桂疏乞修省。五年四月，京師大雨雹。五月，宣府馬營堡等處大雨雹，常寧等堡大雨雹，獨石大雨雹。六年四月，昌平州大風、雷雨雹。

今上萬曆三年十一月十一日，京師木氷。十二年夏五月，蘇州、松江等處大雨氷雹，殺傷禾苗花豆不可勝計。二十三年八月十五日，寧遠地方氷雹，大如雞卵，打死牛馬、田禾等物。二十八年六月，山東巡撫劉易從奏，萊州府濰縣于四月十五日天降驟雨，氷雹大作，形如雞卵，平地水深尺餘，將所種大小麥苗并粟穀等項盡行傷壓無存，打死男婦王立兒等十名口，牛駄不計其數。又兖州府鄆城縣，地方東西長五十里、南北闊七八里，于二十三日未時，大風自西北起，拔樹飛瓦，大雨如注，氷雹如拳、如斧、如卵，雜下有二時辰，打死牧童趙差兒等十二名，牲畜驢羊共五十九頭，倒毁民居五百餘間，二麥花禾皆爲虀粉。又濟南府淄川縣于二十四日，氷雹如卵、如碗，怪風震雷，黑氣冲天，磚瓦飄空，人皆抱頭閉户。頃刻間，將廟宇、司館、士民房屋、石墻牌坊盡行毁壞，壓死多命。大甕七個被風飄去，離城五里不損。毁壞民房三千四百七十五間，壓死男婦劉溱等十二名，被傷男婦王可智等六十名，倒石坊六座，廟宇、司舖、公署十四處，打傷麥田二百九十六頃八十九畝。二十九年，延綏榆林二衛所，八月雪雹相繼，禾苗盡死。

明·陸容《菽園雜記》卷三　成化壬辰歲，陝西隴州雨雹，大者如牛馬頭，次者如盌，小者如鵞卵。人與牛羊馬驢被打死甚多，禾苗盡壞。

明·陶宗儀《説郛》卷二四上　紹興十七年五月初，臨安大雨雹，太學屋瓦皆碎。學官申朝廷修，不可言雹，稱爲硬雨。

清・張廷玉《明史》卷二《太祖紀二》　洪武七年六月，陝西平涼、延安、靖寧、鄜州雨雹。

清・張廷玉等《明史》卷一二《英宗後紀》　天順元年六月己亥，是日，大風雨雹，壞奉天門鴟吻，敕修省。

清・張廷玉等《明史》卷一三《憲宗紀二》　八年五月丁巳，大風雨雹，敕羣臣修省。成化元年夏五月辛酉，大雨雹。

清・張廷玉等《明史》卷二一《神宗紀二》　嘉靖三十一年五月戊寅，鳳陽大雨雹，毀皇陵殿脊。

清・張廷玉等《明史》卷二二《熹宗紀》　天啓四年六月丙申，大雨雹。

清・張廷玉等《明史》卷二八《五行志一》　洪武二年六月庚寅，慶陽大雨雹，傷禾苗。三年五月丙辰，蔚州大雨雹，傷田苗。五年五月癸丑夜，中都皇城萬歲山雨冰雹，大如彈丸。七年八月甲午，平涼，延安綏德、米脂雨雹。九月甲子，鞏昌雨雹。八年四月，臨洮、平涼、河州雹傷麥。十四年七月己酉，臨洮大雨雹，傷稼。十八年二月，雨雹。

永樂七年秋，保定、浙東雨雹。十二年四月，河南一州八縣雨雹，殺麥。

正統三年，西、延、平、慶、臨、鞏六府及秦、河、岷、金四州，自夏逮秋，大雨雹。四年五月壬戌，京師大雨雹。五年四月丁酉，平涼諸府大雨雹，傷人畜田禾。六月壬申至丙子，山西行都司及蔚州連日雨雹，其深尺餘，傷稼。八月庚辰，保定大雨雹，深尺餘，傷稼。

景泰五年六月庚寅，易州大方等社雨雹甚大，傷稼百二十五里，人馬多擊死。六年閏六月乙巳，束鹿雨雹，如雞子，擊死鳥雀狐兔無算。

天順元年六月己亥，雨雹，大如雞卵，至地經時不化，奉天門東吻牌摧毀。八年五月丁巳，雨雹。

成化元年四月庚寅，雨雹，大如卵，損禾稼。五月辛酉，又大雨雹。五年閏二月癸未，瓊山雨雹，大如斗。八年七月丙午，隴州雨雹，大如鵝卵，或如雞子，中有如牛者五，長七八寸，厚三四寸，六日乃消。九年五月丁巳，雨雹，如拳。十三年春，湖廣大雨冰雹，牛死無算。十九年六月乙亥，潞州雨雹，大者如盌。二十年二月丙子，清遠雨雹，大如拳。丙戌，大雷電，復雨雹。二十一年三月己丑夜，番禺、南海風雷大作，飛雹交下，壞民居萬餘，死者千餘人。二十二年三月甲寅，南陽雨雹，大如鵝卵。

弘治元年三月壬申夜，融縣雨雹，壞城樓垣及軍民屋舍，死者四人。二年三月戊寅，賓州雨雹如雞子，擊殺牧豎三人，壞廬舍禾稼。庚辰，貴州安莊衛大雷，雨雪雹，壞麥苗。四月辛卯，洮州衛雨冰雹，水湧三丈。四年三月癸卯，裕、汝二州雨雹，大者如牆杵，積厚二三尺，壞屋宇禾稼。四月己酉，洮州衛雨雹及冰塊。水高三四丈，漫城郭，漂房舍，田苗人畜多淹死。五年四月乙丑，莒、沂二州，安丘、郯城二縣，雨雹大如酒盃，傷人畜禾稼。六年八月己巳，長子雨雹，大者如拳，傷禾稼，人有擊死者。辛未，雨雹，大如彈丸，平地壅積。八年二月壬申，永嘉暴風雨，雨雹，大如雞卵，小如彈丸，積地尺餘，白霧四起，毀屋殺黍，禽鳥多死。三月己亥，桐城雨雹，深五尺，殺二麥。己酉，淮、鳳州縣暴風雨雹，殺麥。四月乙亥，常州、泗、邳雨雹，深五寸，殺麥及菜。丙子，沂州雨雹，大者如盤，小者如盌，人畜多擊死。六月乙卯，雨雹。七月乙酉，洮州衛雨冰雹，殺禾。暴水至，人畜多溺死者。丙戌，甘肅西寧大雨雹，殺禾及畜。九年五月丙辰，雨雹。十年二月己卯，江西新城雨冰雹，民有凍死者。三月丁卯，北通州雨冰，深一尺。十三年八月戊子，雨雹。丙午，又雨雹。九月壬戌，又雨雹。十四年四月丁酉，徐州、清河、桃源、宿遷雨冰雹，平地五寸，夏麥盡爛。五月乙亥，登、萊二府雨雹殺禾。七月辛卯，雨雹。

正德元年六月戊辰，宣府馬營堡大雨雹，深二尺，禾稼盡傷。三年四月辛未，涇州雨雹，大如鵝卵，壞廬舍菽麥。四年五月甲午，費縣大雨雹，深一尺，壞麥穀。八年十月戊戌，平陽、太原、沁、汾諸屬邑，大雨雹，平地水深丈餘，衝毀人畜廬舍。十一年六月甲戌，宣府大雨雹，禾稼盡死。九月丙申，貴州大雨雹。十二年五月己亥，安肅大雨雹，平地水深三尺，傷禾，民有擊死者。十三年四月壬午，衡州疾風迅雷，雨雹，大如鵝子，稜利如刀，碎屋，斷樹木如剪。

嘉靖元年四月甲申，雲南左衛各屬雨雹，大如雞子，禾苗房屋被傷者無算。五月己未，蓬溪雨雹，大如鵝子，傷亦如之。二年五月丁丑，大同前衛雨雹。四年四月丁未，大同衛雨雹。五月戊子，固安雨雹。五年五月甲辰，滿城雨雹。六月丁巳，大同縣雨冰雹，俱大如雞子。丁卯，萬全都司及宣府皆雨雹，大者如甌，深尺餘。七月癸未，南豐雨雹，大如盌，形如人面。遂昌雨雹，頃刻二尺，大殺麻豆。六年六月癸丑，鎮番衛大雨雹，殺傷三十餘人。十四年三月辛巳，漢中雨雹，隕霜殺麥。四月庚子，開封、彰德雨雹，殺麥。十八年五月壬辰，慶都、安肅、河間雨冰雹，大如拳，平地五寸，人有死傷者。二十八年三月庚寅，臨清大冰雹，損房舍禾苗。六月丁卯，延川雨雹，如斗，壞廬舍，傷人畜。三十四年五月庚子，鳳陽大冰雹，壞民田舍。三十六年三月癸未，沂州雨雹，大如盂，小如雞卵，平地尺餘，徑八十里，人畜傷損無算。四十三年閏二月甲申，雨雹。四月庚寅，又雨雹。

隆慶元年七月辛巳，紫荆關雨雹，殺稼七十里。三年三月辛未，平溪衛雨雹。平地水湧三尺，漂没廬舍。四月己丑，鄖陽縣雨雹。平地水深二尺。五月癸丑，延綏口北馬營堡雨雹，殺稼七十里。四年四月辛酉，宣府、大同雨雹，厚三尺餘，大如卵，禾苗盡傷。五年四月戊午，大雨雹。六年八月乙丑，祁、定二州大雨雹，傷損禾菽，擊斃三人。

萬曆元年五月辛巳，雨雹。四年四月丙午，博興大雨雹，如拳如卵，明日又如之，擊死男婦五十餘人，牛馬無算，禾麥毁盡。兖州相繼損禾。五月乙巳，定襄雨雹，大者如卵，禾苗盡損。九年八月庚子，遼東等衛雨雹，如雞卵，禾盡傷。十一年閏二月丁卯，泰州、寶應雨雹，如雞子，殺飛鳥無算。五月庚子，大雨雹。十三年五月乙酉，宛平大雨雹，傷人畜千計。十五年五月癸巳，喜峰口大雨雹如棗栗，積尺餘，田禾瓜果盡傷。十九年四月壬子，雨雹。二十一年二月庚寅，貴陽府大雨雹。十月丙戌，武進、江陰大冰雹，傷五穀。二十三年五月乙酉，臨邑雨雹，盡作男女鳥獸形。二十五年八月壬戌，風雹。二十八年六月，山東大風雹，擊死人畜，傷禾苗。河南亦雨冰雹，傷禾麥。三十年四月己未，大雨雹。三十一年五月戊寅，鳳陽皇陵雨雹。七月丁丑，大雨雹。三十四年七月丙戌，又大雨雹，平地水深三尺。三十六年五月戊子，雨雹。四十一年七月丁卯，宣府大雨雹，殺禾稼。四十六年三月庚辰，長泰、同安大雨雹，如斗如拳，擊傷城郭廬舍，壓死者二百二十餘人。十月壬午，雲南雨雹。

天啓二年四月壬辰，大雨雹。

崇禎三年九月辛丑，大雨雹。四年五月，襄垣雨雹，大如伏牛盈丈，小如拳，斃人畜甚衆。六月丙申，大雨雹。七年四月壬戌，常州、鎮江雨雹，傷麥。八年七月己酉，臨縣大冰雹三日，積二尺餘，大如鵝卵，傷稼。十年四月乙亥，大雨雹。閏四月癸丑，武鄉、沁源大雨雹，最大者如象，次如牛。十一年六月甲寅，宣府乾石河山場雨雹，擊殺馬驘四十八匹。九月，順天雨雹。十二年八月，白水、同官、雒南、隴西諸邑，千里雨雹，半日乃止，損傷田禾。十六年六月丁丑，乾州雨雹，大如牛，小如斗，毁傷牆屋，擊斃人畜。

清・計六奇《明季北略》卷二 八年七月己酉朔，山西汾州府臨縣大雨雹三日，積二尺餘，傷稼。

清・計六奇《明季北略》卷六 崇禎三年庚午五月，大同、襄垣等縣雨雹，大如卧牛，如石，且徑丈；小如拳，斃人畜甚衆。六月初八日庚戌，臨潁縣雷風，忽風霾，傾樓拔木。磚瓦磁器，翔空落地無恙，鐵者皆碎。山東、徐州大水。

雹，雨冰也，盛陽雨水温暖，陰氣脇之不相入，則轉而爲雹。風霾雨雹，總是陰晦慘塞之象，而雹大且徑丈，尤史書不經見者。至于磁瓦無恙，鐵者皆碎，則又屈子所云「黄鐘毁棄，瓦釜雷鳴」之謂也，天蓋明示以玉碎瓦全之意乎？是時賤者得志，貴者淪亡，兆于此矣。予每于卷末以《誌異》附之者，知天變人亂亦會當劫運耳。

清・計六奇《明季北略》卷一一 崇禎八年乙亥七月己酉朔，山西汾州府臨縣大雨雹三日，積二尺餘，傷稼。

清・計六奇《明季北略》卷一三 崇禎十年丁丑閏四月初十戊申，山西汾州府武鄉、沁源二縣大雨雹，大者如象，次如牛。是年大旱。

清・吴偉業《綏寇紀略》卷九 萬曆三十四年丙午七月十八日乙酉，雷震朝日壇，風拔樹，大雨雹，涌水。

清・吴偉業《綏寇紀略》卷一〇 甲申六月十三日，是日大雨雹，雷震王寢殿，城中人奔恐。

清・吴任臣《十國春秋》卷四九 後蜀廣政十五年夏六月乙酉朔，教坊優人作灌口神隊，二龍戰闘之象。須臾，天地皆暝，大雨雹。

清・查繼佐《罪惟録・帝紀》卷一〇 弘治元年戊申夏四月，天壽山大雨雹，震驚陵寢，祭告，戒中外修省。

清・查繼佐《罪惟録・志》卷三 成化四年戊子五月，大風雨，有雹墮地，皆黄泥丸子，圓净堅實如梅桃子大，破之，中有硫黄氣。

弘治二年己酉四月，洮州、莊浪等處風雹，水湧。開府河決入沁。四年辛亥四月，洮州衛冰雹，水高三四丈，冒城，漂廬舍。八月，南京雷雹。

正德十二年丁丑九月，上幸陽和，天雨冰雹，軍士有死者。

嘉靖五年丙戌，是年，京師冰雹，大如人頭。大風捲去屋舍數百，不見墮處。

隆慶六年壬申四月，浙江黑眚見。見黑霧中一物蜿蜒如車輪，月光掣電，冰雹隨之。

天啟二年壬戌四月，雨雹，損禾稼。

清・董含《三岡識畧》卷二《秦省雨雹》 五月初六日及二十一日，陝西省城大風霾，雨雹復作，雹大如鷄卵，鴉鵲紛紛墮地，頃刻堆積。

清・董含《三岡識畧》卷三 甲午五月，陝西平凉、隴西二縣冰雹，大如斗，傷禾稼。

清・董含《三岡識畧》卷四 康熙元年五月初四日，河間縣任邱地方雨冰雹，大如人首，擊死二百餘人，牛羊不計其數，田禾盡壞。又大風將制府旗竿二根刮去，城内石牌坊俱帶落城外。

清・董含《三岡識畧》卷八 六月十八日申刻，杭州省城雨冰雹，大者如桃，小者如豆。

清・葉夢珠《閱世編》卷一 康熙十九年庚申七月初四、五、六日，山西大同、遼州等三、四十州縣雨雹，大如斗如升，盈地數尺，積處如冰山。

康熙二十八年己巳四月二十九日，又雨，京城内外兼雨雹，内城更甚。五月二十日庚戌，陝西鎮原縣大雨雹，平地尺餘，豆麥壓盡，民皆號泣。

清・傅恒等《歷代通鑑輯覽》卷一四 漢景帝三年丁亥六月秋，衡山雨雹。大者五寸，深者二尺。

漢武帝光鼎三年丁卯夏四月，雨雹。關東饑。被災郡國凡十餘，人相食。

清・傅恒等《歷代通鑑輯覽》卷一七 漢宣帝地節三年甲寅，大雨雹，以蕭望之爲謁者，京師大雨雹。大行丞蕭望之上疏言，陛下思政求賢堯舜之用心也，然而善祥未臻，陰陽不和，是大臣任政一姓專權之所致也。

清・傅恒等《歷代通鑑輯覽》卷一七 漢宣帝地節四年乙卯夏五月，山陽濟陰雨雹。雹大如雞子，深二尺五寸，殺人，飛鳥皆死。

清・傅恒等《歷代通鑑輯覽》卷二〇 漢新莽天鳳元年秋七月，大風雨雹。風拔木，飛北闕直城門屋瓦，雹殺牛羊。

清・傅恒等《歷代通鑑輯覽》卷二三 後漢孝殤帝延平元年冬十月，大水，雨雹。凡四州。

後漢孝安帝丁未永初元年，地震、大水、大風、雨雹。是歲郡國十八地震，四十一大水，二十八風雹。

永初二年六月，大水、大風、雨雹。京師及郡國凡四十。

孝安帝己未元初六年夏四月，大風，雨雹。沛國渤海。

清・傅恒等《歷代通鑑輯覽》卷二四 後漢孝安皇帝延光元年夏四月，雨雹。京師及郡國凡二十一。河西雹大者如斗。

清・傅恒等《歷代通鑑輯覽》卷三〇 晉孝惠皇帝元康三年夏六月，弘農雨雹，深三尺。四年，大饑。

清・傅恒等《歷代通鑑輯覽》卷七五 宋仁宗慶曆六年夏五月，京師雨雹。

清・傅恒等《歷代通鑑輯覽》卷九七 元仁宗延祐二年五月，成紀縣山移。是夜，疾風雷雹，北山南移至夕河州。次日再移，平地突出土阜，高者二三丈，陷没民居。

清・傅恒等《歷代通鑑輯覽》卷九八 元順帝至元四年夏四月，大雨雹。時帝如上都，次，八里塘雨雹，大如拳，其狀有小兒環玦、獅象等物之形。

明英宗正統庚申五年，陝西大雨雹，深尺餘。

清・傅恒等《歷代通鑑輯覽》卷一〇五 明景皇帝景泰八年，大風雷，雨雹。大風震雷發屋拔木，雨雹大如雞卵，擊毁奉天門東吻，正陽門下馬牌飛擲郊外，都人震恐。風雹之變，曹石二家尤甚。欽天監正湯序。

清・傅恒等《歷代通鑑輯覽》卷一〇六 明孝宗弘治六年秋八月，京師大雨雹。七年春二月，詔羣臣言闕失。去冬雷雹風雨，拔孝陵樹，故有是詔。

清・畢沅《續資治通鑑》卷一一《宋紀十一》 太宗太平興國七年五月，是月，陝州蝗，太平州雨雹傷稼。

清・畢沅《續資治通鑑》卷四一《宋紀四十一》 仁宗寶元元年春正月甲辰，雷。麟、府州及陝西大雨雹。

清・畢沅《續資治通鑑》卷六八《宋紀六十八》 神宗熙寧三年秋七月戊戌，雨雹。

清・畢沅《續資治通鑑》卷七〇《宋紀七十》 神宗熙寧七年五月壬寅，雨雹；癸卯，又雨雹。

清・畢沅《續資治通鑑》卷八六《宋紀八十六》 哲宗元符二年九月，【略】德妃無廢后之嫌，迥與今日事體不同。頃年冬，妃從享景靈宫，是日雷變甚異；今宣制之後，霖雨飛雹，自奏告天地宗廟以來，陰淫不止；天意昭然。

清・畢沅《續資治通鑑》卷八七《宋紀八十七》 徽宗建中靖國元年五月辛

酉朔，大雨雹，詔三省減吏員，節冗費。

清・畢沅《續資治通鑑》卷八八《宋紀八十八》 徽宗崇寧二年秋七月，是月，遼中京雨雹傷稼。

清・畢沅《續資治通鑑》卷九〇《宋紀九十》 徽宗大觀三年五月戊辰，大雨雹。

清・畢沅《續資治通鑑》卷九三《宋紀九十三》 徽宗宣和元年十二月辛卯，大雨雹。

清・畢沅《續資治通鑑》卷一三八《宋紀一百三十八》 孝宗隆興二年六月丁未，雨雹。

清・畢沅《續資治通鑑》卷一五二《宋紀一百五十二》 光宗紹熙二年三月癸酉，建寧雨電（雹），大如桃李，壞民居五千餘家。

清・畢沅《續資治通鑑》卷一六九《宋紀一百六十九》 理宗嘉熙三年三月癸巳，雨雹。

清・畢沅《續資治通鑑》卷一七四《宋紀一百七十四》 理宗寶祐三年四年二月戊辰，雨雹。

清・畢沅《續資治通鑑》卷一七七《宋紀一百七十七》 理宗景定四年六月蒙古燕京、河間、開平、隆興四路屬縣，雨雹害稼。

清・畢沅《續資治通鑑》卷一八八《元紀六》 世祖至元二十四年九月戊申，霜雹爲災，告饑，賑之。

清・畢沅《續資治通鑑》卷一八九《元紀七》 世祖至元二十六年秋七月辛巳，兩淮屯田雨雹害稼，蠲今年田租。

又 世祖至元二十七年夏四月，靈壽、元氏二縣大雨雹。並免其租。六月己亥，棣州厭次、濟陽大風雹，害稼，免其租。

清・畢沅《續資治通鑑》卷一九四《元紀十二》 成宗大德五年秋七月戊戌朔，晝晦，暴風起東北，雨雹兼發，江湖泛溢；東起通、泰、崇明，西盡真州，民被災死者不可勝計。浙西廉訪司僉事趙弘偉，以潤、常民乏食，將發廩以賑，有司以未得報爲辭，弘偉曰：「民旦暮且死，擅發有罪，我先坐。」遂發廩。既而詔以米八萬七千餘石賑之。

清・畢沅《續資治通鑑》卷一九五《元紀十三》 成宗大德八年五月，是月，（蔚州之靈仙，太原之陽曲，隆興之天城、懷安，大同之白登）大風，雨雹；開封之祥符，太康、陽武，衛輝之獲嘉，河溢。八月，太原之交城、陽曲、管州、嵐州，大同之懷仁雨雹，隕霜殺禾。

成宗大德十年夏四月，是月，鄭州暴風雨，雹大若雞卵，積厚五寸，麥及桑棗皆損，蠲今年田租。秋七月辛巳，宣德等處雨雹，害稼。

清・畢沅《續資治通鑑》卷一九六《元紀十四》 武宗至大元年五月己巳，管城縣大雨雹，深一尺，無麥禾。

清・畢沅《續資治通鑑》卷一九七《元紀十五》 武宗至大四年七月閏月，大同宣寧縣雨雹，積五寸，苗稼盡損。

清・畢沅《續資治通鑑》卷一九八《元紀十六》 仁宗延祐元年五月，膚施縣大風雹。損禾并傷畜。

清・畢沅《續資治通鑑》卷一九九《元紀十七》 仁宗延祐二年五月乙丑，秦州成紀縣山移。是夜，疾風雷雹。北山南移至夕河川，次日再移；平地突出土阜，高者二三丈，陷没民居。敕遣官覈驗賑卹。

清・畢沅《續資治通鑑》卷二〇〇《元紀十八》 仁宗延祐六年六月庚戌，大同縣雨雹，大如雞卵。

清・畢沅《續資治通鑑》卷二〇一《元紀十九》 英宗至治三年五月庚子，大風，雨雹，柳林行宫大木盡拔。

清・畢沅《續資治通鑑》卷二〇二《元紀二十》 泰定帝泰定元年秋七月，龍慶州雨雹，大如雞卵，平地深三尺。餘賑卹有差。

清・畢沅《續資治通鑑》卷二〇五《元紀二十三》 明宗天曆二年秋七月辛巳，冀寧陽曲縣雨雹，大者如雞卵。

清・畢沅《續資治通鑑》卷二〇九《元紀二十七》 順帝至正六年五月辛卯，絳州雨雹，大者二尺餘。八月，益都臨淄縣雨雹，大如杯盂，野無青草，赤地如赭。

清・畢沅《續資治通鑑》卷二一〇《元紀二十八》 順帝至正十一年夏四月，乙巳，彰德府雨雹，形如斧，傷人畜。

清・畢沅《續資治通鑑》卷二一七《元紀三十五》 順帝至正二十三年秋七月，戊辰朔，京師大雨雹，傷禾稼。

清・畢沅《續資治通鑑》卷二一九《元紀三十七》 順帝至正二十六年六月

壬子朔，平遥縣大雨雹。

清・顧炎武《日知録》卷二五《介子推》 《傳》不云乎：「違天必有大咎。」先漢武帝猶置别火令丞，典司燧事，後世乃廢之邪。方石勒之居鄴也，於是不禁寒食，而建德殿，震及端門、襄國西門；雹起西河介山，大如雞子，平地三尺，洿下丈餘，人禽死以萬數，千里摧折，秋稼蕩然。夫五行之變如是。而不知者亦以爲爲之推也。雖然魏晉之俗尤所重者，辰爲商星實祀大火，而汾晉參墟。參辰錯行，不毗和所致。

清・顧炎武《日知録》卷三一《緜上》 袁崧《郡國志》曰：「界休縣有介山，有緜上聚子推廟。今其山南跨靈石，東跨沁源，世以爲之推所隱。而漢魏以來，傳有焚山之事（大）〔太〕原、上黨、西河、雁門之民至寒食不敢舉火。石勒禁之，而雹起西河、介山，大如雞子，平地三尺。」

清・姚元之《竹葉亭雜記・雜記八》 甘肅徽縣多蝦蟆精。往往晴天陡作黑雲，遂雨雹，禾稼人畜甚或被傷。土人謂之「白雨」。其地每見雲起，輒以鎗擊之，轟聲羣振，雲亦時散。平時有入山者，見山谷間蝦蟆無數，不論大小，口俱銜冰。皋蘭沈大尹仁樹爲徽縣少府時，有陣雲起，衆鎗齊發，雲中墮一皂靴，送置城隍廟，翌日失所在。沈之姪親爲星伯同年言之。蓋蝦蟆陰類，陰氣所積，時或爲災。北地亦常有之。此精乃喜着皂靴，殊可怪也。

清・孫之騄《二申野録》卷二 明景泰八年丁丑六月，京師大風雷雨雹，走正陽門下馬牌，于郊外曹吉祥之門。巨樹皆折。石亨宅水深數尺。

成化二十一年乙巳順德雨雹。

清・孫之騄《二申野録》卷三 弘治元年戊申春正月，廣州有蝗。夏四月，天壽山大風雨雹。六年癸丑春正月，順德雨雹。十六年癸亥秋八月，鹽山大雨雹，殺稼。

清・孫之騄《二申野録》卷四 嘉靖三年甲申春正月，廣州雨雹，如卵，破屋，殺鳥雀。七年戊子五月，京師大氷雹。十五年丙申二月，句容蝻生，溧陽雨雹。順德、桂州、容奇二堡風雨暴作，雨雹，或如斗，或如蘿，隕於水中沉復浮起，破屋殺畜。夏四月十九日，江陰、無錫一帶氷雹，傷麥，鳥雀多斃，大者如拳，每個中有一眼，類水晶，極明，泰興甚大，有穿屋毀瓦、擊死人畜者。湖廣大飢。十七年戊戌二月初八日未刻，吴城暴風雨雹，大如李，中有一眼，四圍皆紋；而陽山一境，雹如斗塗，人不及抵室，有碎額劈耳而死者。二十三年甲辰三月，興國雨雹，大者重四五斤，劈視之中雜泥土，椽瓦盡爲摧折，殺鳥獸草木。

清・孫之騄《二申野録》卷五 隆慶二年戊辰十一月，萬全衛白晝晦暝，冰雹震擊，牛羊皆死。

萬曆十九年辛卯冬十月，上海雷雹時作，晦夕大震。三十一年癸卯五月，常州烈風，雨雹，傷稼。

清・孫之騄《二申野録》卷七 天啟四年六月初五，京師大雨雹。

清・孫之騄《二申野録》卷八 崇禎四年辛未五月，大同雨雹。襄垣縣雨雹，大如伏牛、如丈石，小如拳，殺人畜甚衆。八年乙亥四月初八日，溧陽、福賢等鄉，雷雨冰雹並作。晝晦暝，飛石揚沙，平地盈尺，植物與屋瓦俱毀。十一年戊寅夏四月，大雨雹。六月二十三日，宣府乾石河山塲，驟雨、怪風、氷雹，打死馬騾四十八疋。十二年己卯五月初九日未刻，撫寧縣自靈溝起，東至沙河長不老口，西至榆關，大雨雹，田禾盡死。十三年庚辰四月，諸暨雨雹，害稼、殺牛羊甚衆。十四年辛巳六月湖廣大風雹。巡按汪承詔以聞。

清・朱彝尊、于敏中《日下舊聞考》 明天順元年五月，京城雷雹雨雹。大風拔木壞屋，走正陽門牌于郊外，曹吉祥之門巨樹皆折，石亨宅水深數尺。京師震恐。

雜録

宋・莊綽《雞肋編》卷上 杜子美詩云：「飯抄雲子白，瓜嚼水晶寒。」李義山《河陽詩》亦云：「梓澤東來七十里，長溝複塹埋雲子。」世莫識「雲子」爲何物。白彦惇云，其姑壻高士新爲吉州兵官，任滿還都，暑月，見其榻上數囊，更爲枕抱。視之，皆碎石，勻大如鳥頭，潔白若玉。云出吉州，土人呼「雲子石」。而周燾子演云：「雲子，雹也。」見唐小説，而不記其書名。義山謂埋於溝塹，則非雹明矣。疑少陵比飯者，是此石也。

宋・莊綽《雞肋編》卷中 吴煇子華中奉云，渠倅嚴州日，太守李裁者信州人，每夕焚《尊勝陀羅尼》以施鬼神。自言前知萬州，有一妓忽持白紙至郡，視其神色，大異平日。問其所訴，乃云：「某乃境内之神。每荷公厚賜，欲以少事相報，願使吏以授其言。」遂令書之，云：「某月日郡界當有災，比鄰境爲輕，冀無驚懼。」欲再詢其名號，則妓已省，不自知其來也。至其日果大風雨，已而震雷大雹，傷害田稼。但循江而過，兩岸所及不廣。比郡至殺人畜，田之損者，十多八九。

明·陶宗儀《輟耕録》卷七《志異》 至正壬辰春，自杭州避難居湖州。三月廿三日，黑氣亘天，雷電以雨，有物若果核，與雨雜下，五色間錯，光瑩堅固，破其實食之，似松子仁，人皆曰娑婆樹子。閏月十二日，復雨。八月，過杭州，因知三月十八日亦雨如湖州，郡人初不以爲異，及九月十日，紅巾犯省治，雨核之地悉被兵火，無有處屋宇如故。余弗之信。九月廿六日，湖州陷，儀鳳橋四向焚戮特甚。追思雨核時，橋四向爲最多，信前言不誣也。後聞池州亦然，與杭日同。池州之禍，尤可慘也。按《白樂天詩集》載：月中嘗墜桂子於天竺寺，葉石林《玉澗雜書》亦云：仁宗天聖中，七月八月兩月之望，有桂子從空降如雨，其大如豆，雜黄、白、黑三色，食之味辛，寺僧道式取以種，得二十五本。二書豈盡妄耶？此理殊不可曉。但今又爲時讖，尤可異也。

雷電部

題解

漢·劉安《淮南子·天文訓》 陰陽相薄,感而爲雷,激而爲霆。

漢·許慎《説文·雨部》 雷,陰陽薄動,靁雨生物者也。【略】霆,雷餘聲也,鈴鈴所以挺出萬物。【略】電,陰陽激燿也。【略】震,劈歷振物者。

《爾雅·釋天》 疾雷爲霆。

論説

漢·王充《論衡》卷六《雷虚篇》 盛夏之時,雷電迅疾,擊折樹木,壞敗室屋,時犯殺人。世俗以爲擊折樹木,壞敗室屋者,天取龍;其犯殺人也,謂之陰過。飲食人以不潔浄,天怒,擊而殺之。隆隆之聲,天怒之音,若人之呴吁矣。世無愚智,莫謂不然。推人道以論之,虚妄之言也。【略】

《禮》曰:「刻尊爲雷之形,一出一入,一屈一伸,爲相校軫則鳴。」校軫之狀,鬱律㟪壘之類也,此象類之矣。氣相校軫分裂,則隆隆之聲,校軫之音也;魄然若敝裂者,氣射之聲也。氣射中人,人則死矣。實説,雷者太陽之激氣也。何以明之?正月陽動,故正月始雷。五月陽盛,故五月雷迅。秋冬陽衰,故秋冬雷潛。盛夏之時,太陽用事,陰氣乘之。陰陽分事,則相校軫。校軫則激射。激射爲毒,中人輒死,中木木折,中屋屋壞。人在木下屋間,偶中而死矣。何以驗之?試以一斗水灌冶鑄之火,氣激𤇯裂,若雷之音矣。或近之,必灼人體。天地爲爐大矣,陽氣爲火猛矣,雲雨爲水多矣,分争激射,安得不迅?中傷人身,安得不死?當冶工之消鐵也,以土爲形,燥則鐵下,不則躍溢而射。射中人身,則皮膚灼剥。陽氣之熱,非直消鐵之烈也;陰氣激之,非直土泥之濕也;陽氣中人,非直灼剥之痛也。

夫雷,火也,氣剡人,人不得無跡。如炙處狀似文字,人見之,謂天記書其過,以示百姓。是復虚妄也。使人盡有過,天用雷殺人,殺人當彰其惡,以懲其後,明著其文字,不當暗昧。圖出於河,書出於洛。河圖、洛書,天地所爲,人讀知之。今雷死之書,亦天所爲也,何故難知?如以一人皮不可書,魯惠公夫人仲子,宋武公女也,生而有文在掌,曰「爲魯夫人」。文明可知,故仲子歸魯。雷書不著,故難以懲後。夫如是,火剡之跡,非天所刻畫也。或頗有而增其語,或無有而空生其言。虚妄之俗,好造怪奇。

何以驗之,雷者火也?以人中雷而死,即詢其身,中頭則鬚髮燒焦,中身則皮膚灼燌,臨其尸上聞火氣,一驗也。道術之家,以爲雷,燒石色赤,投于井中,石燋井寒,激聲大鳴,若雷之狀,二驗也。人傷於寒,寒氣入腹,腹中素温,温寒分争,激氣雷鳴,三驗也。當雷之時,電光時見,大若火之耀,四驗也。當雷之擊,時或燔人室屋及地草木,五驗也。夫論雷之爲火有五驗,言雷爲天怒無一效。然則雷爲天怒,虚妄之言。

唐·虞世南撰、明·陳禹謨補註《北堂書鈔》卷一五二 雷

結蒸成雷:李顒《雷賦》云:伊有湯之肇化兮,陶萬殊于天壤。結隆鬱蒸而成雷兮,鼓訇稜之逸響。積風成雷:《物理論》。天地之鼓:《河圖帝通紀》云:雷,天地之鼓。解而雷作:《易》云:天地解,而雷雨作。雷雨作,而百果草木皆甲坼。補。陰陽相薄爲雷:顧凱之《雷電賦》云:陰陽相薄爲雷,爲電,鼓之以雷。《易》云:鼓之以雷霆,潤之以風雨。補。首長萬物:《洪範五行傳》云:雷與天地爲長子,以其首長萬物,與其出入也。雷動萬物:《易》云:動萬物者,莫疾乎雷。狀如連鼓:《論衡》云:圖畫之工圖雷之狀,纍纍如連鼓形,又圖一人若力士,謂之雷公,使之左手引連鼓,右手椎之。補。春分發聲秋分乃收:《周書》云:春分後五日雷乃發聲,秋分後五日乃收聲。除害興利:《洪範》,見上。拒難折衝:《五星占》云:雷電殺人何?雷天拒難折衝之臣也。君承用節度,即雷以節暴人,威福則雷電殺人。補。聲象車音:司馬相如《長門賦》云:浮雲鬱而四塞兮,天雨而晝陰。雷隱隱而響起兮,聲象君之車音。補。雷出地:《易》云:雷出地,奮豫先王以作樂,崇德殷薦之,上帝以配祖。考補。雷動天:顧凱之《雷電賦》云:光驚于泉底,聲動于天外。

雷淵：司馬相如《大人賦》云：徑入雷室之砰磷。註云：雷室，雷淵也。補。　雷室：《北征記》云：凌雲臺有白石室，名避雷室。補。　黔雷：司馬相如《大人賦》云：左玄冥而右黔雷兮，前長離而後矞皇。註云：黔雷，天上造化神名也。續補。　雷精：《論語》云：子路感雷精而生，尚剛好勇案。《河圖》云：黄帝以雷精起。補。　雷神：《韓詩外傳》云：海上有勇士曰菑邱訢，以勇聞于天下，過神淵飲馬，馬沈。訢去朝服，拔劍而入，三日三夜殺三蛟一龍而出，雷神隨而擊之，眇其左目。　庶女叫天而雷電下：《淮南子》云：淮齊庶女寡，養姑，姑女殺母誣之。庶女叫天，雷電下擊景公臺。補。　武王伐紂而雷震乘：《六韜》云：武王伐紂，雨甚雷疾，震武王之乘。周公曰：天不祐周矣。太公曰：君乘德而受之，不可如何也。續補。　秦穆公出狩天震大雷：《尚書中候》云：秦穆公出狩，天震大雷，下有火，化爲白雀，銜丹書集公車。　順母畏雷：《汝南先賢傳》云：蔡順母平生畏雷，母亡後每有雷震，順輒環冢泣曰順在此。《孝子傳》云：竺彌父生時畏雷，每至天陰輒至墓伏墳悲哭，有白兔在其左右。補。　重母避雷：《荊州記》云：南陽樊重母畏雷，爲石室避之，悉以文石爲堦砌，今猶存。補。　人夢雷：《夢書》云：人夢雷霆爲驚恐。　虎銜雷：《世語》云：曹爽夢二虎銜雷公，雷公若二升椀放著庭中。爽惡之，以問占者，靈臺丞馬訓曰：憂兵訓。《退告其妻曰，爽將以兵亡，不出旬日。補。　雷震樹，色自若：《晉載記》云：劉曜年八歲，從劉元海獵于西山，遇雨，止樹下，雷震，樹旁人莫不顛仆，曜神色自若。元海異之，曰：此我家千里駒也。補。　食毛羽不畏雷：《山海經》云：翔次之山有鳥，名橐蜚，服其毛羽，令人不畏雷。

電

激陽爲電：《河始開圖》。熱氣爲電：《物理論》云：熱氣散而爲電。　陰陽激耀：《說苑》云：雷，陰陽激耀。　陰陽分爭：莊子云：陰氣伏重泉之下，陽氣上通于天。陰陽分爭，故爲電。補。　玉女投壺：《神異經》云：東王公與玉女投壺，梟而脱誤不接者，天爲之笑，開口流光，今電是也。補。　激氣鞭策：《淮南子》云：電，激氣也，以爲鞭策。補。　陽光：《月令》云：二月始電。疏云：電，陽光，陽微則光不見，此月陽氣漸盛，以擊于陰，其光乃見。續補。　雷光：《五經通義》云：電謂之雷光。續補。　眴目：《西京雜記》云：太平之世，電不眴目，宣示光耀而已。續補。

霹靂

陽氣之動：《史記》云：霹靂者，陽氣之動也。　激而爲霆：《淮南子》云：陰陽相薄，激而爲霆。　急雷：《穀梁傳》云：疾雷爲霆。蜆註云：謂急雷爲霹靂。　激霆：《淮南子》，見上。　春雷礔減至秋而盡：《玄中記》云：玉門之西有一國，國中有山，山上有祠廟。國人歲歲出石礔數千輪，廟中名爲霹靂礔，結霹靂用，從春雷出，礔日減，至秋而盡。補。　震太廟柱：《晉中興書》云：安帝義熙三年六月，霹靂震太廟鴟尾徹壁柱，各有文字。　震夷伯廟：《左傳》云：震夷伯之廟，罪也。　霹靂棗樹：《幼童傳》云：潁川庾天祐三歲，在牕下戲，霹靂擊簷前棗樹，此兒晏然。　雷震栢木：《晉書》云：王導令郭璞作卦，璞言公有震厄，可命駕西出數十里，得一栢樹，截斷如身長，置常寢處，災當可消矣。導從其言，數日果震，栢樹粉碎。　滕放震枕不驚：《異苑》云：滕放夏枕石枕卧，忽暴雨，雷震其枕，枕四解，傍人莫不怖懼，而放微覺有聲，不足爲驚。補。　諸葛倚柱自若：曹嘉之《晉紀》云：諸葛誕以氣邁稱，嘗倚柱作書，霹靂震其柱，誕自若。案：《世說》云：夏侯玄嘗倚柱讀書，時暴雨霹靂破所倚柱，衣服焦然，玄神色無變，讀書如故。補。　霹靂高禖：《晉朝雜事》云：元康七年，霹靂破高禖，石乃賈后將誅之應。　半石有草服之不震：《山海經》云：半石之山，有草焉，生而秀，高大，赤葉、赤華，名曰嘉榮，服之不畏霆。註云：不畏霹靂也。　狀如六畜，頭似獮猴：《搜神記》云：扶風楊道和于田中鋤禾，天雷雨，止桑樹下，霹靂擊之，道和以鋤格之，折其左肱，遂落地不得去，色如丹，目如鏡，角如牛，長三尺餘，狀如六畜，頭似獮猴。　霹靂害叔卿者：《列女後傳》云：河南李叔卿爲公曹，應舉孝廉。有欲害之者宣言，叔卿淫其寡妹。同舉人詣尹以骨肉相姦，不合應孝廉。叔卿杜門自絕，妹傷被淫之名，亦到府門自殺。家人憐而葬之。後三日，霹靂害叔卿者，以其屍置叔卿塚前，其家收而葬之，復又震發其塚。續補。　霹靂穴中諸蛇：《續搜神記》云：吳興人章苟者，五月中耕于田，以飯籠置菰裏，晚于菰中伺之見一大蛇偷食。苟即以鋤擊之，蛇便走去。苟逐之，至一坂，有穴，蛇便入穴。但聞號哭，云人斫傷，某甲或云：當付雷公合霹靂殺之。須臾，雲雨合，震電傷苟。苟于是跳梁大罵，云：天公我貧窮，展力耕墾，蛇來偷食我飯，罪在蛇，反來霹靂我，是無知也。雷公若來，當斫破汝腹。須臾，雲雨輒開，乃更霹靂向穴中，諸蛇死者數十。續補。

綜述

南朝梁·蕭子顯《南齊書》卷一九《五行志》

《傳》曰：「雷於天地爲長子，以其首長萬物，與之出入，故雷出萬物出，雷入萬物入。夫雷者人君之象，入則除害，出則興利。雷之微氣以正月出，其有聲者以二月出，以八月入，其餘微者以九月入。冬三月雷無出者，若是陽不閉陰，則出涉危難而害萬物也。」《傳》又曰：「雷電所擊，蓋所感也。皆思心有尤之所致也。」

北齊・魏收《魏書》卷一一二上《靈徵志上》　《洪範論》曰：雷，陽也；雲，陰也。有雲然後有雷，有臣然後有君也。雷託於雲，君託於臣，陰陽之合也。故無雲而雷，示君獨處無臣民也。《洪範論》曰：陽用事百八十三日而終，陰用事亦百八十三日而終，雷出地百八十三日而入地，入地百八十三日而復出地，是其常經也。故雷安，萬物安；雷害，萬物害。猶國也，君安，國亦安；君害，國亦害。不當雷而雷，皆失節也。

宋・田錫《咸平集》卷一《上太宗應詔論火災》　雍熙元年六月，詔曰：朕以不敏不明，託於兆人之上，夙夜祇惕，罔敢怠荒賴。九廟儲祥，上天垂佑，萬務粗治。於今九年而數日前，迅雷之中，烈火遽作，既延災於正殿。蓋示譴於朕躬，恐畏震驚，不遑寧處。上天警戒，必有由然。豈非刑賞之有愆，措置之未當，或近習之屏蔽，致物情之壅塞，賦調未得均一，賢良多所淪滯。有一於此，是斁政經予心惕然，思聞其失，內外羣臣等所宜，各竭忠懇，共申讜議，必期無隱朕，將覽焉。

明・王圻《續文獻通考》卷二二三　寧宗嘉定十四年正月，地震、大雷。是春，金虜入寇蘄黃二州。時彭龜年奏曰：天之鼓舞萬物者，雷風也。君子鼓舞萬民者，號令也。天有雷風之變，乃爲人君號令之應。雷爲天地之動，最爲不測，而難信者。然發以二月，收以八月。人事候之以爲節，未嘗爽也。故萬物因之以動蟄而無病焉。若當收而發，則誤物多矣。【略】雷震不時應，或在是孟冬之月，六陰過盛，而謂之陽月者，以陰盛則衰陽當生爾。今淫雨爲災，蓋陰勝也。【略】正道恐消，邪道恐長，此亦未免動陰勝之應也。當六七月之間，淮浙大旱。剽掠之徒，所至蚋集。今雖少弭，然饑寒漸近。雖朝廷多方軫卹，而州縣在在無米。失今不圖，向後盜賊安保其不作。此亦未免動陰勝之應也。湖南蠻獠，今年侵擾內地，已費調護所得，平帖近聞，虜人復求疵於言語文移之間，我方內外饑饉之迫，豈可外有兵革之釁，備禦之策，茫如捕風。此亦未免動陰勝之應也。淫雨爲災應，或在是願陛下思所以致災之由，求所以弭災之道。事事責實不以虛文大要，君臣之間各自反已，則轉災爲福，反沴爲祥，直反掌耳。惟陛下留神念之。

明・郎瑛《七修類稿》卷五一《雷震人死》　嘗聞震死之人，有硃書背「三日用火」。如此四字，人無識者。後有人云，此米中用水四字，特去中之直書耳。予則以爲好事者爲之也。昨浙省都司周恒齋，亳人也，云其鄉果有硃書批背三行而字不識者。又有自見紅旗於盥盆。數日後人聞空中云，不可錯，不可錯，紅旗者是也。遂擊死。據是，則雷之擊之者，皆神之有意者矣。然則擊木石者，又何爲哉。如《酉陽雜俎》所紀恠誕者又何爲哉？嗚呼，不可謂無，亦不可謂有。此不測所以爲神也。

清・陳逢衡《竹書紀年集証》卷二〇　王畋于河渭，大雷震死。

統箋按：殷本紀帝武乙無道，爲偶人，謂之天神。與之博，令人爲行。天神不勝，廼僇辱之。爲革囊，盛血，仰而射之，命曰射天。武乙獵於河渭之間，暴雷震死。漢書郊祀志：武乙嫚神而震死。

鄭環曰：古未有天子而爲雷所殛者。武乙射天，其罪浮於弑父矣。父者，一家之天。天者，天下古今之父也。是時，商命未訖，故僅殛而死耳。迨嗣王不知修德以迓天，休而商祚不可復延矣。夫紂虐民武誅之，武乙虐天，雷殛之。天討可畏，如此欲祈天。永命者，其亦知所務哉。

德按論衡：紂父帝乙，射天毆地，游涇渭之間，雷電擊而殺之。斯天以雷電誅無道也。以武乙爲帝，乙誤前編於武乙。四祀書：王崩不書，雷震亦非。

清・陳逢衡《竹書紀年集証》卷三四　冬，大雷電。

孫之騄曰：《五行志》：天冬雷，陽不禁閉，以涉危亡。《春秋繁露》：雹者，火氣也。其音徵也，火不炎上，故應之以雹。統箋案：《河圖》曰：陰陽相薄爲雷。元命包曰：陰陽激爲電。《開元占經》曰：冬三月有人雷聞千里者，人君絕令。又曰：天冬雷，地必震。教令撓，則冬雷民饑。

紀事

《春秋左傳》卷一三《僖公十五年》　九月己卯，晦，震夷伯之廟。

《竹書紀年》卷下　孝王七年冬，大雨雹，江漢水。牛馬死。幽王三年，冬，大震雹。

漢·司馬遷《史記》卷一一《孝景本紀》 後三年十月，日月皆(食)赤五日。十二月，晦，雷。日如紫。五星逆行守太微。月貫天廷中。

漢·班固《漢書》卷二《惠帝紀》 五年冬十月，靁，桃李華，棗實。

漢·班固《漢書》卷七《昭帝紀》 元鳳五年冬十一月，大雷。

漢·班固《漢書》卷一〇《成帝紀》 元延元年夏四月丁酉，無雲有雷，聲光耀耀，四面下至地，昏止。赦天下。

漢·班固《漢書》卷二七中之下《五行志中之下》 史記秦二世元年，天無雲而雷。劉向以爲雷當託於雲，猶君託於臣，陰陽之合也。二世不恤天下，萬民有怨畔之心。是歲，陳勝起，天下畔，趙高作亂，秦遂以亡。一曰，《易》《震》爲雷，爲貌不恭也。

漢·班固《漢書》卷二七下之上《五行志下之上》 釐公十五年「九月己卯晦，震夷伯之廟」。劉向以爲晦，暝也；震，雷也。夷伯，世大夫，正(書)〔晝〕雷，其廟獨冥。天戒若曰，勿使大夫世官，將專事暝晦。明年，公子季友卒，果世官，政在季氏。至成公十六年「六月甲午晦」，正晝皆暝，陰爲陽，臣制君也。成公不寤，其冬季氏殺公子偃。季氏萌於釐公，大於成公，此其應也。董仲舒以爲夷伯，季氏之孚也，陪臣不當有廟。震者雷也，晦暝，雷擊其廟，明當絶去僭差之類也。向又以爲此皆所謂夜妖者也。劉歆以爲《春秋》及朔言朔，及晦言晦，人道所不及，則天震之。展氏有隱慝，故天加誅於其祖夷伯之廟以譴告之也。

漢·班固《漢書》卷九九中《王莽傳中》 始建元年冬，雷，桐華。二年冬十二月，雷。

《春秋公羊傳注疏》卷三《隱公九年》 三月癸酉，大雨震電。何以書？記異也。何異爾？不時也。注：震雷電者，陽氣也。有聲名曰雷，無聲名曰電。周之三月，夏之正月，雨當氷雪雜下，雷當聞於地中，其雉雊，電未可見，而大雨震電，此陽氣大失其節，猶隱公久居位不反於桓，失其宜也。日者，一日之中也。凡災異一日者日，歷日者月，歷月者時，歷時者加自文爲異。發於九年者，陽數可以極，而不還國於桓之所致。疏注：雷當至中也。解云：月令二月雷乃發聲，故知正月之時聞於地中矣。其雉雊雞乳，雖起季冬之月，此時猶然，故得言此也。亦有一本云，雷當聞於雉雊誤也。〇凡災至所致。解云：一日者日，即此文是。歷日者月，即桓八年冬，十月，雨雪之屬是也。歷月者時，即桓元年秋，大水之屬是也。歷時者加自文爲異者，即文二年自十有二月不雨，至于秋七月之屬是也。庚辰，大雨雪。何以書？記異也。何異爾？俶，甚也。注：俶，始怒也。始怒甚，猶大甚也。蓋師説以爲平地七尺雪者，盛陰之氣也。八日之間，先示隱公以不宜久居位，而繼以盛陰之氣大怒，此桓將怒而弒隱公之象。

漢·荀悦《前漢紀》卷九《孝景》 孝景六年冬十有二月，雷、雨霖。

漢·荀悦《前漢紀》卷一六《孝昭》 元鳳五年冬十一月，大雷。

漢·荀悦《前漢紀》卷三〇《孝平》 居攝三年，冬雷桐華。

漢·劉歆《西京雜記》 惠帝七年夏，雷震南山，大木數千株皆火燃至末。其下數十畝地，草皆燋黄。其後百許日，家人就其間得龍骨一具，蛟骨二具。

晉·陳壽《三國志》卷四七《吴志二·吴主傳》 赤烏八年夏，雷霆犯宫門柱，又擊南津大橋楹。

晉·陳壽《三國志》卷四八《吴志三·三嗣主傳》 建興元年十二月，是月，雷雨，天災武昌端門；改作端門，又災内殿。

太平二年春二月甲寅，大雨，震電。

永安二年春正月，震電。

南朝宋·范曄《後漢書》卷九《靈帝紀》 初平四年夏五月癸酉，無雲而雷。

南朝宋·范曄《後漢書》卷二五《五行志三》 和帝元興元年冬十一月壬午，郡國四冬雷。是時皇子數不遂，皆隱之民間。是歲，宫車晏駕，殤帝生百餘日，立以爲君；帝兄有疾，封爲平原王，卒，皆夭無嗣。《古今注》曰：「光武建武七年，遼東冬雷，草木實。」

安帝永初六年十月丙戌，郡六冬雷。《京房占》曰：「天冬雷，地必震。」又曰：「教令擾。」又曰：「雷以十一月起黄鍾，二月大聲，八月闔藏。此以春夏殺無辜，不須冬刑致災。蟄蟲出行，不救之，則冬温風，以其來年疾病。其救也，恤幼孤，振不足，議獄刑，貰謫罰。

南朝梁·沈約《宋書》卷三三《五行志四》 魏明帝景初中，洛陽城東橋、洛水浮橋桓楹，同日三處俱震；尋又震西城上候風木飛鳥。時勞役大起，帝尋晏駕。

吴孫權赤烏八年夏，震宫門柱；又擊南津大橋桓楹。

孫亮建興元年十二月朔，大風震電；是月，又雷雨。義同前説。亮終廢。

晉武帝太康六年十二月甲申朔，淮南郡震電。

太康七年十二月己亥，毗陵雷電，南沙司鹽都尉戴亮以聞。

太康十年十二月癸卯，廬江、建安雷電大雨。

晉惠帝永康元年六月癸卯，震崇陽陵標西南五百步，標破爲七十片。是時賈后陷害鼎輔，寵樹私戚。與漢桓帝時震憲陵寢同事也。后終誅滅。

晉惠帝永興二年十月丁丑，雷電。

晉懷帝永嘉四年十月，震電。

晉元帝永昌二年七月丙子朔，雷震太極殿柱。

永昌二年十一月，會稽、吴郡雨震電。

晉明帝太寧元年七月丙子朔，震太極殿柱。

晉成帝咸和元年十月己巳，會稽郡大雨震電。

咸和三年六月辛卯，臨海大雷，破郡府内小屋柱十枚，殺人。

咸和三年九月二日立冬，會稽震電。

咸和四年十二月，吴郡、會稽震電。

咸和四年十二月，丹陽震電。

晉穆帝永和七年十月壬午，雷雨、震電。

晉穆帝升平元年十一月庚戌，雷；乙丑，又雷。

升平五年十月庚午，雷發東南。

晉孝武帝太元五年六月甲寅，雷震含章殿四柱。

太元五年十二月，雷聲在南方。

太元十四年七月甲寅，震宣陽門西柱。

晉安帝隆安二年九月壬辰，雨雷。

晉安帝元興三年，永安皇后至自巴陵。將設儀導入宫，天雷，震人馬各一俱殪。

晉安帝義熙四年十一月辛卯朔，西北疾風；癸丑，雷。

義熙五年六月丙寅，震太廟，破東鴟尾，徹壁柱。

義熙六年正月丙寅，雷又雪。

義熙六年十二月壬辰，大雷。

義熙九年十一月甲戌，雷；乙亥，又雷。

宋文帝元嘉四年十一月癸丑，雷。

元嘉五年六月丙寅，震太廟，破東鴟尾，徹壁柱。

元嘉六年正月丙寅，雷且雪。

元嘉七年十月丙子，雷。

元嘉八年十二月庚辰，雷。

元嘉九年十一月甲戌，雷且雪。

元嘉十四年，震初寧陵口標，四破至地。十七年，廢大將軍彭城王義康。骨肉相害，自此始也。

前廢帝景和元年九月甲午，雷震。

明帝泰始二年九月辛巳，雷震。

泰始四年十月辛卯，雷震。

泰始四年十一月癸卯朔，雷震。

泰始五年十一月乙巳，雷震。

泰始六年十一月庚午，雷。

後廢帝元徽三年九月戊戌，雷。

元徽三年九月丁未，雷。

元徽三年九月戊午，雷震。

元徽三年十月辛未，雷；甲戌，又雷。

從帝昇明三年二月二十四日丙申，震建陽門。

南朝梁·蕭子顯《南齊書》卷一九《五行志》 建元元年十月壬午，夜電光，因雷鳴。

十一月庚戌，電光，有頃雷鳴，久而止。

永明五年正月戊申，夜西北雷聲。

六年十月甲申，夜陰細雨，始聞雷鳴於西北上。

七年正月甲子，夜陰，雷鳴西南坤宫，隆隆一聲而止。

建元二年閏六月丙戌，戊夜震電。

建元四年五月五日，雲雹闇都，雷震于樂遊安昌殿，電火焚蕩盡。

永明八年四月六日，雷震，會稽山陰恒山保林寺刹上四破，電火燒塔，下佛面窗户不異也。

永明中，〔雷〕震東宫南門，無所傷毁，殺食官一人。

永明十一年三月，震于東齋，棟崩。左右密欲治繕，竟陵王子良曰：「此豈可治，留之志吾過，且旌天之愛我也。」明年，子良薨。

北齊·魏收《魏書》卷一一二上《靈徵志上》 顯祖皇興元年七月，東北無雲而雷。

肅宗熙平二年七月，東北有聲如雷。

世宗延昌元年二月己酉，有聲起東北，南引，殷殷如雷，二聲而止。

世祖神䴥元年十月己酉，雨，雷電。

太延三年十月癸丑，雷。

四年十一月丁亥，雷。

高祖太和三年十一月庚戌，豫州雷雨。

戊申，豫州大雷雨，平地水三寸。

四年十月戊戌，雷。

七年十一月辛巳，幽州雷電，城内盡赤。

世宗景明二年十一月辛卯，涼州雷，七發聲。

三年十二月己巳，夜雷，九發聲。

正始元年十一月甲寅，秦、齊、荆、朔四州雷電。

肅宗正光元年正月壬寅，雷。

《春秋》震夷伯之廟，左丘明謂展氏有隱慝焉。劉向以爲夷伯世大夫，天戒若曰：勿使大夫世官，將專事也。

太祖天賜六年四月，震天安殿東序。帝惡之，令左校以衝車攻殿東西兩序屋毁之。帝竟暴崩。

顯祖皇興二年十一月夜，震電。

高祖太和三年五月戊午，震東廟東中門屋南鴟尾。

唐・姚思廉《梁書》卷二《武帝紀中》 天監二年十一月乙卯，雷電大雨，晦。是夜又雷。

唐・房玄齡等《晉書》卷一〇《安帝紀》 義熙四年冬十一月癸丑，雷。

唐・李延壽《南史》卷二《宋紀中》 元嘉二十一年冬十一月丙子，雷且電。二十九年二月乙卯，雷且雪。

唐・李延壽《北史》卷一一《隋紀上》 開皇二十年二月丁丑，無雲而雷。

後晉・劉昫等《舊唐書》卷一一《代宗紀》 永泰元年二月甲子夜，雷霆震擊。

後晉・劉昫等《舊唐書》卷一九下《僖宗紀》 咸通十四年十二月，雷震。

後晉・劉昫等《舊唐書》卷三七《五行志》 開元十七年四月五日，大風震電，藍田山開百餘步。

則天時，宗秦客以佞幸爲内史，受命之日，無雲而雷聲震烈，未周歲而誅。

延和元年六月，河南偃師縣之李材村，有霹靂閃入人家，地震裂，闊丈餘，長十五里，測之無底。所裂之處，井廁相通，所衝之家，棺柩出植平地無損，竟不知其故。

開元十五年七月四日，雷震興教門兩鴟吻，欄檻及柱災。二十九年十一月二十二日，雨木冰，凝寒凍冽，數日不解。寧王見而歎曰：「諺云『樹稼達官怕』，必有大臣當之。」其月王薨。

乾元三年閏四月，大霧，大雨月餘。是月，史思明再陷東都，京師米斗八百文，人相食，殍骸蔽地。

永泰元年二月甲子夜，雷電震烈。三月，降霜爲木冰。辛亥，大風拔木。

大曆二年三月辛亥夜，京師大風發屋。十一月，紛霧如雪，草木冰。十年四月甲申夜，大雨雹，暴風拔樹，飄屋瓦，宫寺鴟吻飄失者十五六，人震死者十二，損京畿田稼七縣。

開元十八年二月十八日，大雨雪，俄又雷震，飛龍厩災。

大順二年七月，汴州相國寺佛閣災。是日晚，微雨，震電，寺僧見赤塊在三門樓藤網中，周遶一帀而火作。良久，赤塊北飛，越前殿飛入佛閣網中，如三門周遶轉而火作。如是三日不息，訖爲灰燼。

元和七年四月，舒州桐城縣有黄、青、白三龍各一，翼風雷自梅天陂起，約高二百尺，凡六里，降于浮塘坡。九年四月，道州二青龍見于江中。

元和十一年十二月，雷，桃李俱花。

咸通六年，與吏部侍郎崔沆同日拜平章事。宣制日，大風雷雨拔樹，左丞韋蟾與瑑善，往賀之。瑑言及雷雨之異，蟾曰：「此應相公爲霖作解之祥也。」瑑笑答曰：「霖何甚耶？」及巢賊犯京師，從僖宗出開遠門，爲盗所制，乃匿於張直方之家，遇害。識者以風雷不令之兆也。

宋・李昉等《太平御覽》卷八七六 雷

《古今五行記》曰：夏桀末年，雷震殺人，其年湯放之。

《左傳》曰：僖公十五年九月，晦震夷伯之廟。董仲舒以爲夷伯季氏之陪臣，不當有廟。明絶去僭差之類。

《河圖》曰：臣僭奢下犯主，則雷電擊朝。

《京氏易五星占》曰：雷霆殺人何？夫雷天拒難之折衝也。人君承用節度，即雷風以節暴行，威福則雷霆殺人。其救也，議獄緩死，則災消矣。

京房《別對災異》曰：雷鳴連而不絶者何？夫雷鳴萬里懼，今鳴不絶，此謂人君行政事民不恐懼也，故致遊雷之災。雷當先電而鳴雷。今與電俱出，或鳴而後電何？此謂執法者貪，所致災也。

《後漢書》曰：桓帝建和三年六月，雷震憲陵寢屋，先是太后聽兄梁冀擅殺李固、杜喬。

《魏志》曰：魏明帝景初中，洛陽水橋同日俱震，時勞役大起。

《古今五行記》曰：吴孫權赤烏八年夏，雷震宫門柱，又擊南津橋。至十三年廢太子和立子亮。

又曰：晉惠帝永康初六月，震崇陽陵標，西南五百步標破。時賈后陷害大臣，終見殺。

《晉中興書・徵祥説》曰：元興三年，永安皇后至，自巴防將設威儀入宫，天大雷，震人馬多死。

沈約《宋書》曰：元嘉十四年，震初寧陵標，四破至地。十七年，廢大將軍彭城王義康。

《後魏書》曰：太祖天賜六年，震天安殿東。序帝惡之，令左校以衝車攻殿，東西兩序屋毁之。

《唐書》曰：太宗貞觀十四年四月，雷震乾元殿前槐樹。

冬雷

京房《易妖占》曰：天冬雷，地必震，教令撓，則冬雷民饑。

《漢書》曰：昭帝五年十一月，大雷震。

《後漢書》曰：安帝永初六年十月，郡國火雷。延光四年十月，郡國凡三十雷。

《晉書》曰：吴孫亮建興初十二月，大風雷，亮見廢。

又曰：愍帝建興初十一月，大雨雷震。劉向以雷二月出，八月入，今此月雷電者，陽不閉藏，失節之異。是時，九州幅裂。至四年，帝降劉曜害之。

《晉中興書・徵祥説》曰：太興元年十一月，京都雷震。時未應雷而恒燠也。

又曰：昇平二年十一月，雷。時皇太后朝舒緩也。

崔鴻《十六國春秋・後趙録》曰：建武十三年十二月，雷，大雨霖。石虎問佛圖澄此何災也。澄曰：其爲我耳，至戊子而葬。

霹靂

《春秋合誠圖》曰：霹靂擊於宫殿者，妃后争政。

《春秋潛潭巴》曰：霹靂擊宫，失君精，池下有謀起。

《春秋繁露》曰：王者言不從，則金不從革，而秋多霹靂，霹靂者，金氣也，其音商故應之。

《續晉陽春秋》曰：太元五年，霹靂破含章殿四柱，殺内侍二人。

《晉朝雜事》曰：元康七年，霹靂破高禖石。占爲賈后將殺愍懷之兆。

《趙書》曰：前石時，暴風雷雨，霹靂震臺壞，署婦人震死，瘞之三日，重霹靂出之。

蔡邕《封事》曰：臣聞天降災異，緣象而至，霹靂數發，殆刑誅繁多之所生。

無雲而雷

《洪範五行傳》曰：秦二世元年，無雲而雷，雷陽也，雲陰也。有雲然後有雷，有臣然後有君。無雲而雷，示君獨處無民臣也。

《竹書紀年》曰：晉莊伯八年，無雲而雷。十月莊伯以曲沃叛。

又曰：幽公元年，無雲而雷。至六年，晉夫人秦嬴弑君於高寢。

又曰：秦二世時，無雲而雷。二世不恤，天下有怨叛之心。是歲，陳勝起兵，天下亂。

《漢書》曰：武帝征和四年，天清晏無雲而雷，聲聞四里。至後年，侍中莽何羅反。

又曰：成帝元延元年夏，無雲而雷，光耀四照，昏乃止。是歲，趙飛燕害後宫皇太子。

《後漢書》曰：獻帝初平四年，無雲而雷，時天下大饑，人民相食。

《晉書》曰：惠帝太安二年四月，諸將立李特子雄爲王。八月，天中裂爲二，無雲而雷。成都王穎舉兵逼京師。

又曰：太安二年，無雲而雷。其年，張方入京燒服御，死者萬計。石超逼帝幸於緱氏，王師不利，大饑人相食。

《梁書》曰：大通六年十二月，西南無雲，有聲而雷。至大同年，魏分爲二，東西各主。

崔鴻《十六國春秋》曰：張重華三十九年十月，無雲而雷，聲皆東南引。四十一年重華死，子曜靈立，爲叔祚篡之。

又曰：南燕慕容超太上二年，無雲而雷，七年爲晉將劉裕所殺。

《隋書》曰：文帝開皇二十年二月，無雲而雷。四月，有聲如瀉水，自南而北。其年皇太子勇廢爲庶人，立晉王爲太子。

《唐書》曰：則天時，宗楚客以佞幸爲內史，受命之日，無雲而雷。

宋・歐陽修、宋祁《新唐書》卷五《玄宗皇帝紀》　開元十八年二月丙寅，大雨，雷震左飛龍廄，災。

宋・歐陽修、宋祁《新唐書》卷七《德宗皇帝紀》　建中元年九月己卯，雷。貞元十七年二月戊申，震電。

宋・歐陽修、宋祁《新唐書》卷九《懿宗皇帝、僖宗皇帝紀》　咸通十四年十二月，震電。乾符二年十一月，震電。

宋・歐陽修、宋祁《新唐書》卷三六《五行志三》　貞觀十一年四月甲子，震乾元殿前槐樹。震耀，天之威怒，以象殺戮；槐，古者三公所樹也。

證聖元年正月丁酉，雷。雷者陽聲，出非其時，臣竊君柄之象。

長安四年五月丁亥，震雷，大風拔木，人有震死者。

延和元年六月，河南偃師縣李材村有震電入民家，地震裂，闊丈餘，長十五里，深不可測，所裂處井厠相通，或衝冢墓，柩出平地無損。李，國姓也；震電，威刑之象；地，陰類也。

永泰元年二月甲子夜，震霆。自是無雷，至六月甲申乃雷。

大曆十年四月甲申，雷電，暴風拔木飄瓦，人有震死者，京畿害稼者七縣。

建中元年九月己卯，雷。四年四月丙子，東都畿汝節度使哥舒曜攻李希烈，進軍至潁橋，大雨震電，人不能言者十三四，馬驢多死。

貞元十四年五月己酉，夏至，始雷。

元和十一年冬，雷。

長慶二年六月乙丑，大風震電，落太廟鴟尾，破御史臺樹。

大和八年七月辛酉，定陵臺大雨，震，廡下地裂二十有六步。占曰：「士庶分離，大臣專恣，不救大敗。」

會昌三年五月甲午，始雷。

咸通四年十二月，震雷。

乾符二年十二月，震雷，雨雹。

乾寧四年，李茂貞遣將符道昭攻成都，至廣漢，震雷，有石隕于帳前。

宋・司馬光《資治通鑑》卷一二《漢紀四》　惠帝五年冬，雷；《洪範論》曰：陽用事百八十三日而終，陰用事百八十三日而終。雷出地百八十三日而入地，入地百八十三日而復出地，是其常經也；多雷爲失常。

宋・司馬光《資治通鑑》卷一六《漢紀八》　景帝前六年冬十二月，雷，霖雨。雨三日以往爲霖。景帝後三年十二月，晦，雷。

宋・司馬光《資治通鑑》卷二一《漢紀十三》　武帝元封三年冬十二月，雷。

宋・莊綽《雞肋編》卷下　紹興四年十二月二十九日三十日，洪州連大雷電，雨雪沍寒。雖立春數日，然於候爲早。老杜詩載「十月荆南雷怒號」，亦以爲異。趙正之都運云：「渠在蜀中，十月聞雷，土人相慶，以爲豐年之兆。」蓋四方遠俗，未可以一理論也。

元・脱脱等《遼史》卷九《景宗紀二》　乾亨二年五月，雷火乾陵松。

元・脱脱等《金史》卷四《熙宗紀》　皇統九年四月壬申夜，大風雨，雷電，震壞寢殿鴟尾，有火入上寢，燒幃幔，帝趨別殿避之。

元・脱脱等《金史》卷八《世宗紀下》　正隆二十三年五月丁亥，雷，雨雹，地生白毛。

元・脱脱等《金史》卷一六《宣宗紀下》　興定四年春正月壬子，晝晦，有頃大雷電，雨以風。

元・脱脱等《金史》卷一八《哀宗紀下》　天興元年九月辛丑，夜大雷，工部尚書蒲乃速震死。

元・脱脱等《金史》卷二三《五行志》　皇統九年四月壬申夜，大風雨，雷電震寢殿鴟尾壞。有火入帝寢，燒帷幔，上懼，徙別殿。天興元年九月辛丑夜，大雷，工部尚書蒲乃速震死。

元・脱脱等《宋史》卷六二《五行志一下》　建隆四年四月癸巳，宿州晝日無雨，雷霆暴作，軍校傅韜震死。是夜夜半，雷起于京師。開封縣署役夫劉延嗣、萬進震死，頃之復蘇，有煙焰自牖入室，因駭仆，徧體焦灼。

乾德二年正月辛巳，雷起京師西南，東行有電。五月戊寅，大名府大雨，雷震焚藁聚。四年七月，海州雷震長吏廳，傷刺史梁彦超。

開寶七年六月，易州雷震，死耀武軍士八人。八年八月，邛州延貴鎮震死民費貴及其子四人。

太平興國二年七月，景城縣震死牛商馮異。

端拱二年八月，興化軍民劉政震死，有文在胸曰「大不孝」。

淳化三年七月，泗州大風雨，震僧伽塔柱。

至道元年三月甲戌，雷未發聲，召司天監寺趙昭問之，答云：「按占書，雷不發聲，寬政之應也。」七月，泗州大風雨，雷震僧伽塔及壞鍾樓。

咸平元年正月戊寅，京師西北有雷電。十一月，瀛州、順安軍並東北有雷。三年冬，黄州西北雷震，似盛夏時。十二月，真定府東南雷。四年十月乙巳，京師西南雷電。閏十二月，大名府雷。六年十一月甲午，京師暴雷震，司天言：「國家發號布德，未及黎庶。」時議改元肆赦，詔宰相增廣條目，采民病悉除之。

景德三年九月丙寅夕，京師大震雷。

大中祥符元年正月癸未，京師西北方雷。五年十二月己巳，京師西北雷電。九年五月，殿侍張信奉南海祝版乘驛至唐州，震死。

嘉祐四年四月丙戌，大震雷，雨雹。

慶曆六年五月，雷雹地震。

紹聖三年十月十五日，西南方有雷聲，次雨雹。

大觀三年十月戊子，大雷雹而雨。

建炎四年正月己未，雷。時御舟次温州章安鎮，高宗謂宰臣曰：「雷聲甚厲，前史以爲君弱臣强，四夷兵不制。」是夕，金人破明州。壬戌，又雷。

紹興五年九月戊寅，雷。十月丁巳，雷。六年十月丙午，雷。九年九月甲午、十月丁卯，雷。十一年十一月己酉，雷。十五年十月辛卯、十二月甲寅，雷。十六年，温州大雷電，震死六人於龍翔寺。十八年閏月甲戌，雷。十九年十月甲寅，雷。二十一年二月辛未，南安軍大雷電，大庾縣震死四人。十一月辛未夜，震雷。十二月癸酉，雷。二十二年十二月戊寅、己卯，雷。二十六年十二月甲子，雷。二十七年九月癸未，雷。三十一年正月丁丑，雷。

乾道三年十一月丙寅，雷雨，不克郊。戊辰，日南至，大震雷。八年九月乙酉，雷。九年閏月癸卯，雷。

淳熙九年九月壬午，雷。十二年十一月戊子，雷。十二月丁丑，雷。十三年正月己丑，雷；後三十五日雪。十四年十一月乙卯，雷。十六年七月乙丑，大雷震太室齋殿東鴟吻。

紹熙元年九月辛酉，雷。十一月壬午，日南至。郊祀，風雨大至，帝震恐，因致疾。四年十一月己卯，日南至；辛巳，雷。五年十月癸巳，大雷電。

慶元二年正月戊子，雷。十一月，雷。三年十月癸亥，雷。六年九月己未，雷。

嘉泰二年正月己巳，雷。三年正月，雷。四年正月辛卯，雷。

開禧二年正月，雪雷。九月，雷。三年十月辛未、癸酉，雷。

嘉定二年九月戊子，雷。三年正月，雷。十月壬申，雷。八月辛丑、九月辛酉，雷。四年九月，雷。五年七月戊辰，雷雨震太室之鴟吻。十月丁酉，雷。六年閏月壬辰，雷震電；乙未昧爽，洊雷。七年九月癸亥，雷。八年九月丙寅，雷。十一年九月辛巳，祀明堂，肆赦，震雷。十四年十月庚午，雷。十五年九月癸丑，雷。十六年九月乙卯、十二月壬辰，雷。十七年九月丁亥，雷。

寶慶二年九月庚申、十月辛丑，雷。

紹定二年九月庚辰，雷。五年九月壬寅，雷。

端平二年十二月辛亥，雷。三年九月庚午，雷。是月，祀明堂，大雨震電。十月戊戌，雷。

嘉熙元年九月丁巳，雷。二年九月己酉、十月庚戌，雷。

淳祐元年十二月丙寅，雷。二年九月己丑，雷。三年二月丙辰，雷。十年十一月壬午，雷。十二年十二月丁丑，雷。

寶祐三年九月，雷。

開慶元年十月乙酉，雷。

景定二年十月戊戌，雷電；己亥，雷電。

咸淳四年閏月丁巳、九月庚申，雷。九年十月癸亥、十二月丙辰、壬戌，雷。

紹興三十年十月壬戌，晝漏半，無雲而雷；癸亥，日過中，無雲而雷。

建炎七年五月，汴京無雲而雷。

元・脱脱等《宋史》卷六三《五行志二上》 雍熙元年五月丁丑，乾元、文明二殿災。初夕，陰雲雷震，火起月華門，翌日辰、巳方止。天聖七年，宫始成，凡二千六百一十楹。至是，火發夜中，大雷雨，至曉而盡。元豐四年六月，欽州大雷震，火焚城屋。

元・脱脱等《宋史》卷六六《五行四》 紹興六年四月，中京大雪雷震，犬數十争赴土河而死，可救者才二三。十三年，南康縣雷雨，羣狸震死于巖穴中，巖石皆爲碎。淳熙元年六月，饒州大雷震犬于市之旅舍。

元・脱脱等《宋史》卷六七《五行五》 嘉定十四年正月乙未夜，地震，大雷。

元・馬端臨《文獻通考》卷二九八 後漢建武二十四年正月戊子，雷雨霹靂，火災高廟北門。元和三年六月丙午，雷雨，火燒北宮朱爵西闕。元宗十八年二月丙寅，大雨雪，俄而雷震，左飛龍厩災。雍熙元年五月丁丑，乾元、文明二殿災。初夕，陰雲雷震，火起月華門，翊日辰巳方止。仁宗天聖七年六月丁未火發夜中，大雷雨至曉而盡。元豐四年六月，衡州火燒官舍、民居七千二百楹。又，欽州亦大雷震，火焚城屋。

元・馬端臨《文獻通考》卷三〇二 惠帝元康四年六月，壽春大雷，山崩地坼，人家陷死。上庸郡亦如之。惠帝元康九年六月夜，暴雷雨，賈謐齋屋柱陷入地，壓謐牀帳。此木沴土土失其性，不能載也。明年謐誅焉。武后垂拱二年九月己巳，雍州新豐縣露臺鄉大風雨震電，有山湧出高一十丈，有池周三百畝，池中有龍鳳之形，禾麥之異。州人俞文俊上言：天氣不和而寒暑隔，人氣不和而贅疣生，地氣不和而堆阜出。元宗開元十七年四月乙亥，大風震電，藍田山摧裂百餘步，畿內山也。國主山川，山摧川竭，亡之證也。占曰：人君德消政易則然。肅宗乾元二年六月乙未，瀕河人聞有風雷。曉見其墓湧出，下有巨石，上有雙柳，各長丈餘。時號風陵堆。神宗熙寧元年，潭州益陽縣雷震，山裂出來。

元・馬端臨《文獻通考》卷三〇三 永昌元年春，四十餘日晝夜雷電，震五十餘日。

元・馬端臨《文獻通考》卷三〇七 雷震

成王時，秋大熟未穫，天大雷電以風，禾盡偃，大木斯拔，邦人大恐。

秦始皇五年冬，雷。

漢惠帝五年冬十月，雷。景帝六年十二月，雷、霖雨。

昭帝元鳳五年十一月，大雷。

王莽始建國二年十二月，雷。

後漢光武建武七年，遼東冬雷，草木實。和帝元興元年冬十一月壬午，郡國四冬雷。殤帝延平元年九月乙亥，陳留雷，有石隕地四。安帝永初六年十月丙戌，郡國六冬雷。《京房占》曰：天冬雷，地必震。又曰，教令擾。又曰，雷以十一月起黃鍾，二月大聲，八月闔藏，此以春夏殺無辜，不須冬刑致災。蟄蟲出行，不救之，則冬溫風，以其來年疾病。其救也，恤幼孤，振不足，議獄刑貰謫罰，災則消矣。《古今注》曰：明帝永平七年十月丙子，越巂雷。七年十月戊子，郡國三冬雷。元初元年十月癸巳，郡國三冬雷。三年十月辛亥，汝南樂浪冬雷。四年十月辛酉，郡國五冬雷。六年十月丙子，郡國五冬雷。永寧元年十月，郡國七冬雷。建元元年十月，郡國七冬雷。延光四年，郡國十九冬雷。《古今注》曰：順帝永和四年四月戊午，雷震擊高廟、世祖廟外槐樹。桓帝建和三年六月乙卯，雷震憲陵寢屋。靈帝熹平六年冬十月，東萊冬雷。中平四年十二月，晦，雨水、大雷電、雹。獻帝初平三年五月丙申，無雲而雷。四年五月癸酉，無雲而雷。魏明帝景初中，洛陽城東橋、城西洛水浮橋桓楹，同日三處俱時震，尋又震西城上候風木飛烏。

吳孫權赤烏八年夏，震宮門柱，又擊南津大橋桓楹。

孫亮建興元年十二月朔，大風震電。是月，又雷雨。

晉武帝太康六年十二月甲申朔，淮南郡震電。七年十二月己亥，毗陵雷電，南沙司鹽都尉戴亮以聞。十年十二月癸卯，廬江、建安雷電、大雨。惠帝永康元年六月癸卯，震崇陽陵標西南五百步，標破爲七十片。永興二年十月丁丑，雷震。懷帝永嘉四年十月，震電。愍帝建興元年十月戊午，會稽大雨、震電。己巳夜，赤氣曜於西北，是夕，大雨震電。庚午，大雪。按劉向説，雷以二月出、八月入。今此月震電者，陽不閉藏也。既發泄而明日便大雪，皆失節之異也。元帝太興元年十一月乙卯，暴雨，雷電。永昌二年七月丙子朔，雷震太極殿柱。十二月，會稽、吳郡雷震電。成帝咸和元年十月己巳，會稽郡大雨震。三年六月辛卯，臨海大雷，破郡府内小屋柱十枚，殺人。九月二日壬午立冬，會稽雷電。四年十一月，吳郡、會稽震電。穆帝永和七年十月壬午，雷雨震電。升平元年十一月庚戌，雷。乙丑，又雷。五年十月庚午，東南方雷。孝武帝太元五年六月甲寅，雷震含章殿四柱，并殺内侍二人。十年十二月，雷聲在南方。十四年七月甲寅，雷震，燒宣陽門西柱。

安帝隆安二年九月壬辰，雷雨。元興三年，永安皇后至自巴陵，將設儀導入宮，天雷震，人馬各一俱殪焉。義熙四年十一月辛卯朔，西北方疾風發，癸丑，雷。六月甲寅，雷震太廟，破東鴟尾，徹柱，又震太子西池合堂。六年正月甲寅，雷，又雪。十二月壬辰，大雷。九年十一月甲戌，雷。乙亥，又雷。

陳宣帝大建元年七月，大雨，震萬安陵華表，又震慧日寺刹、瓦官寺，重閣門下一女子震死。京房《易飛候》曰：雷雨霹靂邱陵者，逆先人令，爲火殺人者，人君用讒言殺正人。十年三月，震武庫。其年六月，又震太皇寺刹、莊嚴寺露槃、重陽閣東樓、鴻臚府門。

北齊後主武平元年夏，震丞相段孝先南門柱。唐太宗貞觀十一年四月甲子，震乾元殿前槐樹。震耀，天之威怒，以象殺戮；槐，古者三公所樹也。武后延載元年六月，淮南偃師縣李村有震電入民家，地震裂，闊丈餘，長十五里，深不可測，所裂處井厠相通，或衝冢墓，柩出平地無損。李，國姓；震電，威刑之象；地，陰類也。證聖元年正月丁酉，雷。雷者，陽聲，出非其時。長安四年五月丁亥，震雷，大風拔木，人有震死者。代宗永泰元年二月甲子夜，震霆。自是無雷，至六月甲申乃雷。大曆十年四月甲申，雷電，暴風拔木，飄瓦，人有震死者。京畿害稼者七縣。德宗建中元年九月乙卯，雷。四年四月丙子，東都畿汝節度使哥舒曜攻李希烈，進軍至潁橋，大雨震電，人不能言者十三四，馬驢多死。貞元十四年五月己酉夏至，始電。憲宗元和十一年冬，雷。穆宗長慶二年六月乙丑，大風，震電，落太廟鴟尾，破御史臺樹。文宗太和八年七月辛酉，定陵臺大雨，震，廡下地裂二十有六步。武宗會昌三年五月甲午，始雷。懿宗咸通四年十二月，震雷。僖宗乾符二年十二月，震雷、雨雹。昭宗乾寧四年，李茂貞遣將符道昭攻成都，至廣漢，震雷，有石隕於帳前。

宋太祖建隆三年四月癸巳，宿州日無雨，雷霆暴作，軍校傅韜震死。是夜〔夜〕半，風雷起於京師。開封縣署役夫劉延嗣、萬進震死，頃之進復蘇，言有烟焰自牖入室，因駭仆，徧體焦灼。乾德二年正月辛巳，雷聲起京師西南，東行有電。五月戊戌，大名府大雨、雷震，焚稾聚。四年七月，海州雷震長吏廳，土木多圮，傷刺史梁彦超。開寶七年六月，易州雷震，死耀武軍士八人。八年八月，邛州延貴鎮震死民費貴及其四子。太宗太平興國二年七月，瀛州景城縣霆震死牛商馮乂。端拱二年八月，興化軍民劉政震死，有文在胷中，曰大不孝。九月丙午夜半，雷聲起京師西北。淳化三年七月，泗州大風雨，震僧伽塔柱。至道元年三月甲戌，京師雷未發聲。七月，泗州大風雨，雷震僧伽塔及壞鐘樓。真宗咸平元年正月戊寅，京師西北有雷電。十一月，瀛州、順安軍並東北有雷。三年十月，黄州西北雷聲如盛夏時。十一月，真定府東南雷。四年十月乙巳，京師西南雷電。閏十二月，大名府雷。五年九月辛亥，京師雷。六年十一月甲午，京師暴雷震。景德三年九月丙寅夕，京師大震電。大中祥符元年正月癸未，京師西北雷。五年十二月己巳，京師西北雷電。九年五月，殿侍張信奉南海祝版乘驛至唐州，震死。徽宗大觀三年十月戊子，大雷電，雨。

高宗紹興五年十月丁巳，雷。六年十月丙午，雷。九年十月丁卯，雷。十一年十一月己酉，雷。十五年十月辛卯，雷。十二月甲寅，雷。十六年，温州大雷電，龍翔寺震死者六人。十九年十月甲寅，雷。二十一年二月辛未，南安軍大雷電。大庾縣治震死者四人。十一月辛未夜，震雷。十二月癸酉，雷。二十二年十二月戊寅、己卯，雷。二十六年十二月甲子，雷。孝宗乾道二年十一月戊辰，日南至，大震雷。七年正月丙戌，雷。自是迄夏無雷。淳熙十二年十一月戊午，雷。十二月丁丑，雷。十三年正月，雷；後三十五日有雪。十四年十一月，冬雷。十六年七月，大雷，震太廟齋殿。光宗紹熙二年正月，雷雪。三年正月庚戌朔，雷。四年十一月己卯，日南至，辛巳雷。五年十月，大雷震。寧宗慶元元年春，無雷。開禧三年十月辛未，雷。嘉定三年十月，雷。五年七月，雷雨，震太廟鴟吻。十月，冬雷。六年閏九月，雷電。十年正月朔，雷。十一年九月辛巳，明堂禮成，肆赦，雷電。十四年、十六年，俱冬雷。

考王十三年，晉無雲而雷。威烈王三年十一月，晉有火下於北方，其聲如鼓。

秦二世元年，天無雲而雷。劉向以爲雷當託於雲，猶君託於臣，陰陽之合也。

漢成帝元延元年四月丁酉，無雲而有雷，聲光耀耀，四面下至地，止。

明·宋濂等《元史》卷四七《順帝紀十》 至正二十八年六月甲寅，雷雨中有火自天墜，焚大聖壽萬安寺。

明·宋濂等《元史》卷五一《五行志二》 至正三年秋，興國路永興縣雷，擊死糧房貼書尹章于縣治。時方大旱，有朱書在其背云：「有旱却言無旱，無災却道有災，未庸殲厥渠魁，且擊庭前小吏。」七年五月庚戌，台州路黄巖州海濱無雲而雷。冬，衛輝路天鼓鳴。十年六月戊申，廣西臨桂縣無雲而雷，震死邑民廖廣達。十二月庚子，汾州孝義縣雷雨。十一年十二月，台州大雨震電。十二年三月丙午，寧國路無雲而雷。十三年十二月庚戌，京師無雲而雷，少頃有火墜于東南。懷慶路河内縣及河南府天鼓鳴于西北。是日，懷慶之修武、潞州之襄垣縣皆無雲而雷，聲震天地。是月，汾州雷雨。十四年十二月，孝義縣雷雨。十九年十二月，台州大雷電。二十一年十一月戊申，温州樂清縣雷。二十七年正月乙未夜，晉寧路絳州天鼓鳴空中，如聞戰鬬之聲。十月，奉元路雷電。

明·王圻《續文獻通考》卷二二三 理宗端平三年九月，有事於明堂，大雨雷震。庚午，朝饗太廟雷電。寶祐三年正月，迅雷。時元夕欲張燈，起居郎牟子才上疏言：倡優下賤，奇技獻笑，渫汙清禁，今震霆示威，願聖明覺悟天意，可回。乃罷元夕張燈。

宋季福州書錦坊有賣米者，一夕，雷震死。其家三人，大者屍上九九字，其文曰：北口冃八戹口冃八亘。人不能識。有一老曰，但於其中直貫一畫，則成文矣。蓋謂米中用水，糠中用水，查也。蓋賣米之家，實如是云。

遼太宗天顯十二年五月，雷震，閏皇殿。

金熙宗皇統九年四月夜，大風雨雷電，壞寢殿鴟尾。

京宗天興元年九月夜，大雷。工部尚書蒲乃速震死。

元順帝至正二年，興國路永興縣雷震，死粮房貼書章尹于縣治。時方大旱，有朱書在其背云：有旱却言無旱，有災却道無災。未庸殲厥渠魁，且擊廷前小吏。七年五月，台州路黃岩縣無雲而雷。十年六月，廣西臨桂縣無雲而雷，震死邑民廖廣達。十一年十二月，台州大雨震電。十二年三月，寧國路無雲而雷。十三年十二月，汾州雷雨。十四年十一月，孝義縣雷雨。十九年十一月，台州大雷電。二十年二月，浙西諸郡震霆，掣電，雪大如掌，頃刻積深尺餘。二十二年十月初五日，大雨雷電。

太祖洪武十三年，雷震謹身殿。

英宗正統八年癸亥夏四月，雷擊奉天殿鴟吻。十四年六月，震雷，風雨驟作。謹身奉天華蓋殿俱災。

景皇帝景泰四年，雷擊奉天殿獸吻。詔求直言。翰林劉球陳時政，王振怒之，暴死獄中。

英宗天順元年丁丑夏五月，京師大雷電，雨下如注，大風拔木，平地水高數尺。

憲宗成化三年六月戊申，雷震南京午門正樓。科道皆有言請修省。十三年十一月，浙江杭州大雷雨，虹見。巡按呂鍾上奏禮部，請移文彼處修省。二十三年丁未夏六月，雷震南京午門。

孝宗弘治八年，長河江西大震雷。

武宗正德元年六月，雷震正殿鴟吻，太廟春獸、天壇樹木、禁門房柱俱摧折燒毀。

世宗嘉靖二年五月初九日，雷擊東城各地方旗竿共六根。十年閏六月，雷震午門西角樓。詔百官修省。十一年十二月二十七日，南昌九江等處雷鳴。十五年五月，雷火灼，謹身殿俱燼，上令修省。十八年六月丁酉，雷震左鴟吻，毀皷樓，上命修省。二十四年，廣東雷州府海康遂溪等縣風雨震電，有火光如毬，自西南起，升至中天，星散，海潮漲溢，壞官民廬舍及人畜田禾不可勝計。三十四年四月，雷始發聲。

穆宗隆慶元年八月大暑，雷震；次日，大寒如嚴冬，夜半雷震達旦。五年六月二十五日午時，雷震圜丘廣利門鴟吻碎之。

今上萬曆十九年五月，薊遼總督蹇達奏：大榆菱角山百總金子夙報，本月初十日酉時，忽然天雷迅烈，擊死守臺兵沈昌并妻張氏，揭去四圍臺垛器械等項。又喜峰百總郭文鎮報，本月初十酉時，天降驟雨，霹靂將百總妻李氏擊死，又擊死防守軍士陳龍，擊傷軍士李策等。二十三年，貴州巡按薛繼茂奏，三月十三日，貴州地方雷鳴，狂雨大雷，打壞田禾。二十五年六月，西華門奉御張用等奏，二十五日五更時分，木門南吻獸頭被雷擊碎。七月，順天巡撫李頤奏，本月初一日暮，田峪關雷火，燒燬臺器。二十七年閏四月，兵科桂有根奏，太廟雷擊槐樹，火光直出。巡視中城御史佴祺奏，十三舖宋大綱家被雷擊，死三人。貴州撫臣江東之奏，平垻衛地方天黑如夜，人目不見，狂風大作，霹靂雷霆，遍地振動，雪雹如碗盆磚石大，自(西)〔酉〕至亥，猶擂石而下。

清・張廷玉等《明史》卷二《太祖紀二》 洪武十三年五月甲午，雷震謹身殿。六月丙寅，雷震奉天門，避正殿省愆。

清・張廷玉等《明史》卷九《宣宗紀》 宣德六年春正月丁丑，大祀天地於南郊。庚辰，大雨雷電。

清・張廷玉等《明史》卷一五《孝宗紀》 弘治七年二月甲子，以去年冬孝陵風雷之變，遣使祭告，修省，求直言，命内外慎刑獄，決輕繫。

清・張廷玉等《明史》卷二〇《神宗紀一》 嘉靖二二年六月己酉，雷雨，西華門災，敕修省。

清・張廷玉等《明史》卷二一《神宗紀二》 三十二年五月癸酉，雷火焚長陵明樓。六月丙戌，以陵災，命補闕官恤刑獄。三十三年五月庚子，雷擊圜丘望燈高杆。六月乙巳，以雷警，敕修省。

清・張廷玉等《明史》卷二八《五行志一》 洪武六年十一月戊申，雷電交作。十三年五月甲午，雷震謹身殿。六月丙寅，雷震奉天門。十月甲戌，雷電。十二月己巳，廣州大風雨雷電。十八年二月甲午，雷電雨雪。二十一年五月辛丑，雷震玄武門獸吻。六月癸卯，暴風，雷震洪武門獸吻。

宣德九年六月甲子，雷震大祀壇外西門獸吻。

正統八年五月戊寅，雷震奉天殿鴟吻。七月辛未，雷震南京西角門樓獸吻。是日，大同巡警軍至沙溝，風雷驟至，裂膚斷指者二百餘人。九年正月辛亥朔，雷電大雨。閏七月壬寅，雷震奉先殿鴟吻。十一年十二月壬寅，大雨雷電，翼日乃止。十四年六月丙辰，南京風雨雷電，謹身殿災。

景泰三年六月庚寅，雷擊宮庭中門，傷人。

天順二年六月己卯，雷震大祀殿鴟吻。四年六月癸丑，雷毁薊州倉厫四。

成化三年六月戊申，雷震南京午門正樓。五年二月乙卯，又震山川壇具服殿之獸吻。八年四月辛未，始雷。十二年十一月癸亥，南京大雷雨。十三年二月甲戌，安慶大雪，既而雷電交作。十一月辛未冬至，杭州大雷雨。戊寅，荆門州大雷電雨雪。十七年七月己亥，雷震郊壇承天門脊獸。十一月丁酉，江南大雷雨雪。

弘治元年五月丙子，辰刻，南京震雷壞洪武門獸吻。巳刻，壞孝陵御道樹。六月己酉，又壞鷹揚衛倉樓、聚寶門旗杆。二年四月庚子，又毁神樂觀祖師殿。三年七月壬子，又壞午門西城牆。六年閏五月丁未，薊州大風雷，拔木偃禾，牛馬有震死者。十二月壬戌，南京雷雨，拔孝陵樹。七年六月癸酉，如之。七月丙辰，神州雷燬城樓。八年十二月丙子，長沙大雷電雨雪。丁丑，南昌、彭水俱大雷電，雨雪雹，大木折。十年四月，雷震宣府西横嶺之南山，傾三十餘丈。七月乙卯，雷擊吉王府端禮門獸吻。十二年四月丙午，雷震楚府承運殿。十四年閏七月庚辰，神州大風雷，擊壞教場旗杆、城樓、大樹。

正德元年五月壬辰，雷震青州衣甲庫獸吻，有火起庫中。六月辛酉，雷擊西中門柱脊，暴風折郊壇松柏，大祀殿及齋宫獸瓦多墮落者。丙子，南京暴風雨，雷震孝陵白土岡樹。十二月己巳朔，南通州雷再震。四年十二月壬寅，杭州大雨雷電，越二日復作。五年六月丙申，雷震萬全衛柴溝堡，斃墩軍四人。七年五月戊辰，雷震餘干萬春寨旗杆，狀如刀劈。閏五月丁亥，雷震成都衛門及教場旗杆。十年閏四月甲申，薊州賺狗崖、東墩及新開嶺關雷火，震傷三十餘人。十二年八月癸亥，南京祭歷代帝王，雷雨大作，震死齋房吏。十二月庚辰，瑞州大雷電。十六年八月，雷擊奉天門。

嘉靖二年五月丁丑，雷擊觀象臺。四年七月己丑，雷擊南京長安左門獸吻。五年四月戊寅，雷擊阜城門城樓南角獸吻及北九舖旗杆。十年六月丁巳，雷擊德勝門，破民屋柱，斃者四人。癸亥，雷擊午門角樓及西華門城樓柱。十五年六月甲申，雷擊南京西上門獸吻，震死男婦十餘人。十六年五月戊戌，雷震謹身殿鴟吻。二十八年六月丁酉朔，雷震奉先殿左吻及東室門槅。三十三年四月乙亥，始雷。三十八年六月丙寅，雷擊奉先殿門外南西二牆。

隆慶元年八月大暑，雷震。次日，大寒，如嚴冬。是夕，雷震達旦。四年六月辛酉，雷擊圜丘廣利門鴟吻。

萬曆三年六月己卯，雷擊建極殿鴟吻。壬辰，雷擊端門鴟尾。六年七月壬子，雷擊南京承天門左簷。十三年七月戊子，雷震郊壇廣利門，震傷榜題「利」字及齋宫北門獸吻。十六年八月壬午，雷震南京舊西安門鐘鼓樓獸頭。十九年五月甲戌，太平路、喜峰路並雷擊，墩臺折，傷官軍。二十一年四月戊戌，雷震孝陵大木。二十二年六月己酉，雷雨，西華門災。七月壬辰，雷擊祈穀壇東天門左吻。二十四年二月己酉夜，鄖縣大雷雨，火光遍十餘里。二十五年七月庚寅朔，雷燬黄花鎮臺垣及火器。三十二年五月癸酉，雷燬長陵樓，又燬薊鎮松棚路墩臺。三十三年五月庚子，大雷電，擊燬南郊望燈高杆。三十七年八月甲寅，雷劈西城上旗杆。

泰昌元年十月己未，雷燬淮安城樓。

崇禎六年十二月丁亥，大風雪，雷電。九年正月甲戌，雷燬孝陵樹。十年四月乙亥，薊州雷火焚東山二十餘里。十二年七月，雷擊破密雲城鋪樓，所貯砲木皆碎。十月乙未立冬，雷電大作。十四年四月癸丑，雷火起薊州西北，焚及趙家谷，延二十餘里。六月丙午，雷震宣府西門城樓。十五年四月癸卯，雷震南京孝陵樹，火從樹出。十六年五月癸巳朔，雷震通夕不止。次日，見太廟神主横倒，諸銅器爲火所鑠，鎔而成灰。六月丙戌，雷震奉先殿鴟吻，槅扇皆裂，銅鐶盡燬。

清·黄鼎《管窺輯要》卷六六 至正二十八年六月甲寅，大都大聖壽萬安寺災。是日未時，雷雨中有火自空而下，其殿齋東鰲魚口火燄出，佛身上亦火起。帝聞之泣下，亟命百官救護。惟世祖、裕宗東西二影堂神主及寶玩器物得免，餘皆焚燬。

清·吴任臣《十國春秋》卷四九 後蜀廣政二十四年冬十月，漢州什邡縣井中有火龍騰空而去，大風吼天，餘燼墜地，延燒數百家。

清·查繼佐《罪惟録·帝紀》卷一 洪武十三年庚申五月甲午，雷震謹身殿，詔以黨誅過當告天下，罪十惡以下皆赦免，并釋在京及臨濠屯田輸作者，免天下今年田租，官員罪黜情非實犯者補職。

清·查繼佐《罪惟録·帝紀》卷六　正統十四年己巳六月丙辰夜，南京雷火，發自謹身殿，延及奉天、華蓋二殿，奉天諸門皆燼。

清·查繼佐《罪惟録·志》卷三　成化三年丁亥六月，雷震南京午門正樓。

成化二十三年丁未，雷震南京午門。

弘治二年己酉七月，吴縣崇義庵，雷震梓樹劈晝地，有「子乃言」三字，横五六尺，直二尺餘。十一月，天地壇齊宫祭服庫火。

弘治五年壬子，揚之瓜州雷震船桅，桅破，出死鼠最多，有重七斤者，不及七斤不勝數。

嘉靖六年丁亥閏五月望，晝晦風雷，電光中見雷神無數，披甲執兵狀人，飛入空復墜。八九十人無恙震死，九人身首異處，牛十九頭亦死，屍裂不可合，屋舍崩倒。

嘉靖十年辛卯三月，雷譴延平悖婦。延平杜氏者，農家三子，皆出耕，三婦悍逆，忍餓其姑，致杜求自盡不得。忽白晝雷作，三婦震死。

嘉靖三十九年庚申九月，大雷雨，東門外有樹合抱自拔仆，一宿復自立。

清·董含《三岡識畧》卷一　癸未（崇禎十六年）秋，雷擊奉天殿。懼甚，復焚符召之，久之不至。

清·董含《三岡識畧》卷四　雷誅訟師

瞨城一奸民，畧識字，喜弄刀筆。一日，與隣人偕往田間，風雨驟至。家人遥見皂旗一、紅旗一，摇颺其傍，迅雷一聲，奸民踣於地，旗隱不見。急趨視，兩足已陷泥淖中，土埋至膝。其子負至岸側，少頃，雷復震，仍埋舊處。觀者悚惕。

清·董含《三岡識畧》卷九　丁卯（康熙二十七年）三月十四日，虞山鹿園地方，有錢生者，年弱冠，娶丁孝廉女爲室。結褵甫月餘，偕妻歸寧。妻母家居南城。是日薄暮，忽大雷雨，電光繞錢氏之室，雷殷殷起几席間，若有所覓，久而不息，將卧榻擊碎，家人悉驚仆。既而迅雷閃電，轉入其母家，女鼻中聞火氣，徧体生烟，駭極，匍匐床下。憑空捉女及生跪道左，震雷一聲，夫婦俱死。雷斧從腦蓋透入，衣服細釧，一物不動。觀者四集。二人俱年少無他過，乃遭天刑，豈前生宿（業）〔孽〕耶？

清·王士禛《香祖筆記》卷七　康熙四十三年甲申七月。四川達州民某兄弟二人，甚友愛，弟未授室而他出，其兄賣身得十二金，爲弟聘婦。弟歸娶。知兄賣身事，乃相持而泣，遣其婦往母家取原聘金爲兄贖身。湖南流民二人某某知其事，尾之，中途擊婦死，而攫其金。忽迅雷大震，擊二人立斃，其尸羅跪于婦家之門，手中持十二金。頃之婦復甦，歸至其家，則二人已先跪門外矣。婦語其故，兄弟鄰里及州人來觀者如堵，莫不嘆異，以爲孝友强暴之報施不爽如此。

清·王士禛《池北偶談》卷二三　俗説雷部擊人，必有天醫隨之，或誤擊則旋活之。近雲南府有二人，同行遇雷，皆殛死。其一人怳忽見一比丘坐其旁，以手摩其腦曰：「汝不應死，勿慮。汝家人尋至矣。」時有目擊者，歸告二人之家，家人皆號泣至，至則生矣，比丘亦不見。宗兄行人爾成敬公説。

清·傅恒等《歷代通鑑輯覽》卷二　商王武乙四祀，王畋于河渭，震死，子太丁立。王無道，爲偶人，謂之天神。與之博，令人爲行。天神不勝，乃僇辱之。爲革囊，盛血，仰而射之，命曰射天。獵于河渭之間，暴雷，震死。

清·傅恒等《歷代通鑑輯覽》卷一〇六　明憲宗皇帝成化十年秋七月，雷震郊壇承天門。

清·傅恒等《歷代通鑑輯覽》卷一一二　明神宗皇帝萬曆三十二年夏五月，雷火，焚長陵明樓。帝以陵災，下詔咨實政。三十三年夏五月，雷震郊壇。

清·嵇璜、劉墉等《續通志》卷二八　宋仁宗天聖七年六月丁未，大雷雨，玉清昭應宫災。甲寅王曾罷，秋七月癸亥，以玉清昭應宫災遣官告諸陵，詔天下不復繕修。

清·嵇璜、劉墉等《續通志》卷三七　宋寧宗嘉定五年秋七月戊辰，以雷雨毁太廟屋，避正殿減膳。

清·嵇璜、劉墉等《續通志》卷三八　宋理宗淳祐二年十一月己亥，日南至，雷電交作。詔避殿減膳，求直言，癸卯決中外繫囚。

清·嵇璜、劉墉等《續通志》卷三二三　宋仁宗景祐中，太平興國寺災。是夕，大雨震雷，朝廷議脩復。昌朝上言：近年寺觀屢災，此殆天示警告。可勿繕治，以示畏天愛人之意。

清·畢沅《續資治通鑑》卷一〇《宋紀十》　太宗太平興國五年五月，是月，遼地大雷，火乾陵松。

清·畢沅《續資治通鑑》卷三七《宋紀三十七》　仁宗天聖七年六月丁未，大雷雨，玉清昭應宫災。宫凡三千六百一十楹，獨長生崇壽殿存。

清・畢沅《續資治通鑑》卷四〇《宋紀四十》　仁宗景祐三年秋七月庚子，太平興國寺災。是夕，大雨，震電，火起寺閣中，燔開先殿及寺舍數百楹。

又　因太平興國寺及開先殿雷電火災，朝廷始議修復，崇政殿説書賈昌朝言：「《易・震卦》之《象》曰：『洊雷震，君子以恐懼修省。』《春秋傳》曰：『人火曰火，天火曰災。』竊惟近年寺觀屢災，此殆天示譴告。請勿繕治，以示畏天戒，愛人力之意。」從之。

清・畢沅《續資治通鑑》卷四一《宋紀四十一》　仁宗寶元元年遼重熙七年正月孟春之初，雷電暴作。臣以爲國家闕失，衆臣莫敢爲陛下言者，唯天丁寧以告陛下。

清・畢沅《續資治通鑑》卷一二八《宋紀一百二十八》　高宗紹興十九年夏四月戊辰，日左右生青赤黄珥，太白犯月。金國太史言不利於君，大臣將作亂。壬申，金京師大風雨，雷電震壞寢殿鴟尾。有火入金主寢殿，燒幃幔，金主趨别殿避之。

清・畢沅《續資治通鑑》卷一四〇《宋紀一百四十》　孝宗乾道三年十一月乙丑朔，金主謂宰臣曰：「聞縣令多非其人，其令吏部考察善惡，明加黜陟。」丙寅，郊，雷雨，望祭于齋宫。癸酉，葉顒、魏杞并罷，以郊祀雷災故也。

清・畢沅《續資治通鑑》卷一五九《宋紀一百五十九》　寧宗嘉定五年秋七月戊辰，以雷雨壞太廟屋，避殿減膳。

清・畢沅《續資治通鑑》卷一六六《宋紀一百六十六》　理宗紹定五年九月辛丑夜，汴京大雷，金工部尚書范納（舊作蒲乃。）速震死。

清・畢沅《續資治通鑑》卷二一〇《元紀三十八》　順帝至正二十八年三月甲寅，雷雨中有火自天墜，焚大聖壽萬安寺。

清・錢泳《履園叢話》卷一七《孽報》　康熙四年六月十四日，嘉定西門外，有一徐氏婦荷鋤往田，忽爲暴雷震死。其子甫垂髫，亦爲雷火所焚而未死，擊其履粉碎。人争拾視，則以字紙置其子之履也。此慢褻字紙之報。

清・毛祥麟《墨餘録》卷二《雷破邪法》　粤兵攻城，除掘地道外，又有邪法，能眯守陴之目，以逞其攻。初圍開封，僞軍師徐某，本道州人，素習辰州法，當在城下用方桌四十餘隻，結成壇式，徐披髮仗劍口喃喃。僉見黑霧平空起，離地約三四尺許，從下望上纖悉可覩。我兵下視模糊莫辨。賊衆藉得仰攻。方危急間，忽西北有紅雲飛至，霹霆一聲，將徐擊死，身如焦炭。左右執幡者二人亦斃。竟日大雨如注，平地水深二尺。敵衣囊火藥盡濕，不能紮營，遂解圍向朱仙鎮去。此咸豐三年五月十三日事也。

清・毛祥麟《墨餘録》卷三《雷擊公廨》　同治丁卯冬，當事於北門外大馬路，建一官署，云欲請設同知。專理洋商事，後不果行。遂額其門曰，洋涇浜理事公廨。戊辰二月二十九日酉分，雷雨大作，霹靂一聲，大堂屋頂正中震開尺許，右前一柱分裂爲四，而屹立不折，牆屋幸亦不損。正不知何所警也。

清・姚元之《竹葉亭雜記》卷七　玉田劉方來言：「辛未（康熙三十年）七月，天津大風暴雨，雷電砰轟，自德州西來，若逐物者。至柴炭廠霹靂震地，廠中大火，雷電復東去，至海岸而止。似有物被追，避匿柴炭廠中，雷一擊，不中，物復東逃入海，追至海岸被獲也。烈風迅雷中，糧艘傷桅數白，或半折、或拔去、或中裂，焚燒無算。及霽，海岸有大魚一，長十數文，脊高過人。有蜘蛛一，大如叵羅，剔去兩目。」余聞秦州人言龍獲重譴，必抉去兩目而死。此二物蓋獲天譴。大魚疑即龍也。

清・姚元之《竹葉亭雜記》卷八　江蘇寶山濱海。海舊去城三十里，今已至城邊。嘉慶丁巳歲秋月，天大雷電風雨，一晝夜不止。海水暴漲，水自城頭下，城門俱閉。次午始晴明，城中人咸至海塘閒，觀見大魚五，或身首截分爲二，或從腰斷，或頭截其半，刀痕甚齊。其魚首多類牛頭，非常魚之狀，一首重至千斤。當是海中怪也。然大雷電相搏一晝夜，神力幾不得勝，此怪亦非常矣。家弟輩俱見之。

清・孫之騄《二申野録》卷二　成化十一年乙未，少詹徐時用因言：去歲春夏，家居其宜興邑西溪中，有三人駕一舟遭雷擊。二十二年六月，雷震南京午門。七月二十五日申時，雷擊吴縣張家梓樹，地上有字，橫徑五六寸，長二尺餘，畫紋如指闊，深入土將寸，其文非篆非草，彷彿類子九之三字。

清・孫之騄《二申野録》卷三　弘治六年癸丑，薊州書晦，迅雷、烈風、電光交掣，室廬撼動，舍瓦皆飛。又攝人起空中，移時復擲下，其震死者，肢體手足分裂異處，凡九人。又震死牛十九頭，亦皆分裂四足復拔去舌。在地，震死太保吏部尚書王恕致仕。

清・孫之騄《二申野録》卷五　隆慶三年己巳閏六月，雷火焚昭慶寺戒壇。

萬曆二十九年辛丑三月，雷擊折天壇燈竿。三十五年丁未冬十二月，順天巡撫劉四科奏言：擦捱子關在本臺根抵起霹靂，雷火一塊進十八號臺，碎旗杆一根，擊死本臺百總湯明之子，又提小孩子一名。

清·孫之騄《二申野録》卷七　天啟六年丙寅閏六月二十一日夜，從西北起火。大雷霹靂一聲，紅光一塊，落于中府東垜舊草頂上，隨即火起。時值大雨，火勢更張，紅光遍撤，移時不息。八月，登州衛所西北角樓于本月十六日夜，守宿人見紅雲一塊，自西南起直至北樓内，有聲如雷。頃刻焚烈壓死守宿軍士，積貯火藥蕩然一空。巡撫李嵩以聞。

清·孫之騄《二申野録》卷八　崇禎十二年己卯秋七月，天雷擊破城舖樓墻七丈餘，木砲擊碎。密雲巡撫趙光拜以聞。十三年庚辰三月初十日夜三更，去孝陵寶城十里長頭，楓香樹、松樹各一，被雷火霹燒。十四年辛巳閏四月初八日，雷火起薊州城西北，燒至趙家谷，延二十餘里。六月初二日，雷震宣城，西門城樓火藥冲發，樓遂糜碎。十六年癸未六月二十三日夜，雷震奉先殿，廟脊鴟吻碎，中有劍削拔去，不知落在何所。廟門玲龍雕刻處，皆損壞，有龍爪痕。

藝　文

唐·白居易《白氏長慶集》卷一八《聞雷》　瘴地風霜早，温天氣候催。窮冬不見雪，正月已聞雷。震蟄蟲蛇出，驚枯草木開。空餘客方寸，依舊似寒灰。

唐·黄希《補注杜詩》　雷大曆元年作

補注：鶴曰：舊史永泰二年春旱，至六月庚子始雨。是年，改大曆元年，自雲安遷居夔州，兹云南方瘴癘地。又云峽中喧擊鼓，當是大曆元年夔州作。永泰元年春，旱至四月乃雨。而公是年秋方寓雲安，此當是大曆元年作無疑。

大旱山岳焦，修可曰：《莊子》大旱，金石流，土山焦。密雲復無雨，洙曰：《小畜卦》密雲不雨。南方瘴癘地，罹此農事苦。封内必舞雩，峽中喧擊鼓，洙曰：《周禮》司巫若國大旱，則率巫而舞雩。《神農求雨書》曰：祈而不雨則曝巫，曝巫不雨則積薪，擊鼓而焚神仙。真龍竟寂寞，土梗空俯僂。吁嗟公私病，税斂缺不補，故老仰面啼，瘡痍向誰數。暴尫或前聞，鞭巫非稽古，修可曰：《禮記》穆公召縣子而問焉，曰：天久不雨，吾欲暴尫而奚若。曰：天則不雨，而暴人疾子，虐，毋乃不可歟。或以爲尫非巫也，瘠病之人，其面上向，俗謂天哀其病，恐雨入其鼻，故爲之旱，故僖公欲焚之。請先偃甲兵，處分聽人主。萬邦但各業，一物休盡取。水旱其數然，堯湯免親覩。洙曰：堯九年之水，湯七年之旱，其數然也。上天鑠金石，蘇曰：武帝時夏旱，張惠歎曰：歊陽如是，金石銷鑠，何況苗稼耶。請陛下修政，以告上天。武帝遂減膳，果獲甘澍。羣盗亂豺虎。二者存一端，愆陽不猶愈。趙曰：以盗賊與旱爲二也。就二者之中言，雖愆陽而旱，不猶勝於盗賊乎。補注：希曰：永泰大曆年，崔旰首亂，兩川爲之騷動。又連遭旱，然旱猶愈於盗賊，謂盗賊之禍尤慘也。昨宵殷其雷，風過齊萬弩。復吹霾翳散，虚覺神靈聚。氣暍腸胃融，汗濕衣裳污。吾衰尤拙計，失望築場圃。

宋·王禹偁《小畜集》卷六《雷》　商山春夏旱，旱雷不降雨。及秋又霖霪，雷聲時一舉。南山復北山，碻磕若虪虎。君子容必變，所以敬天怒。無乃豐隆鬼，恣意擿雷鼓。此怒既非天，敬之亦奚取。

宋·文同《丹淵集》卷四《霹靂六月四日有父子被震者》　君不見前時忽疑天地坼，萬里一聲晴霹靂。彼某氏者爾何人，敢自欺誣被誅礫。子爛華容神火燎，父碎梓潼靈礮劈。惟震與曜今曉然，誰對君親肆姦逆。

宋·文同《丹淵集》卷一九《許中正捕龍雷》　彼龍胡爲被天謫，不肯爲天行雨澤。天敕雷公恣搜索，龍藏何所忽爾獲。提之滿空若曳帛，雹風電火相卷射。雷張兩翅但拍拍，首尾挽之足雙磔。龍力與雷固不敵，雷轉威怒龍褫魄。須臾定見肝胃拆。萬力千氣凡幾畫，斯人斯品入神格。

宋·吴泳《鶴林集》卷一四《祭雷神祝文》　惟天地間陰陽相薄而爲雷。雷所以代天言而動萬物也。國家舊典立夏後申日祭雷神。某爲邑長於斯豈敢簡彝，有苾其香，有潔斯牲，齊明以承厥祀俾，震驚百里，物無疵癘。惟神其鑒之。

宋·方夔《富山遺稿》卷五《立冬前後大雷電震者數日》　雲如車駮低壓城，紅光閃電枉矢行。老龍偷出牛蹄泓，霹靂數聲驚頑冥。雨下如注翻四溟，黑風吹落魚鮪腥。蚯蚓奮角蛇怒鱗，穴居林處無潛形。小目飛箋奏天庭，速收阿香加誅刑。夜闌景霽百怪停，炯炯北極環衆星。

宋·戴昺《東野農歌》卷三《己亥十月晦大雷雨》　舛運頻年見，憂時百慮灰。入冬常苦雨，昨夜又轟雷。土爛麥難種，蟲傷菜失栽。兒童不解事，喜報海棠開。

元·趙孟頫《天冠山題詠詩帖》　雷公趙臥龍，爲國作霖雨。飛電掣金蛇，其誰敢餘侮。

明・顧開雍《顧開雍稿》 滇南月會詞雪夜聞雷

飄飄白雪散優曇，雷鼓聲聲破尉藍。西迎瑶池寒暑斷，阿香素女共朝參。

清・王士禎《精華録》卷九 泰和縣夜泊雷雨

明月墮何處，忽聞鳴雨懸。雷驚殷山起，電急劃江圓。宿鷺依連舸，神龍出大川。戰場蕭瑟極，百感夜茫然。

雜録

晉・陶潛《搜神後記》卷九 吴興人章苟者，五月中，於田中耕，以飯置井菰裡，每晚取食，飯亦已盡。如此非一。後伺之，見一大蛇偷食。苟遂以□斫之，蛇便走去。苟逐之，至一；便入穴，但聞啼聲云：「斫傷我某申。」或言：「當何如？」或云：「付雷公，令霹靂殺奴。」須臾，雲雨冥合，霹靂覆苟上。苟乃跳樑大罵曰：「天使！我貧窮，展力，展力耕懇！蛇來偷食，罪當在蛇，反更霹靂我耶？乃無知雷公也！雷公若來，吾當以□斫汝腹。」須臾，雲雨漸散，轉霹靂向蛇穴中，蛇死者數十。

宋・李昉等《太平廣記》卷三九三 楊道和 晉扶風楊道和，夏於田中，值雷雨，至桑樹下。霹靂下擊之，道和以鋤格，折其肱，遂落地，不得去。唇如丹，目如鏡，毛角長三尺餘。狀如六畜，頭似獼猴。出《搜神記》。

石勒

後趙石勒時，暴風大雨雷雹。建德殿端門、襄國市西門倒，殺五人。雹起西河介山，大如雞子，平地三尺，洿下丈餘。行人禽獸，死者萬數。歷千餘里，樹木摧折，禾稼蕩然。勒問徐光，曰：去年不禁寒食，介推帝鄉之神也。故有此災。出《五行記》。

虢州人

唐虢州有兄弟析居，共分堂宇。至顯慶元年夏夜，雷震烈風可畏。其兄甚懼，欲於弟舍避之，將去復止。門前十數步，先有長坑。風雨拔住屋及老小十一口，皆投坑死。所拔之處，盡坑也。仍卷數千巨細家用物，咸入於坑，訖無遺者。惟牆壁不動。庭槐大可數圍，枝條甚茂，拔其根莖。洪纖俱盡，遂失所在，終尋不得。先是一年。其妻見樹有羊，但共怪之，後遂遭此變。而弟所居，但拔露椽瓦，有似人拆之，餘無所損。有子衛士，在京番直，刺史于立政奏之，敕放子還，仍賜物三十件。時桓思緒爲司功，親檢其事。出《廣古今五行記》。

漳泉界

唐開元中，漳泉二州，分疆界不均，互訟於臺者，制使不能斷。迨數年，辭理紛亂，終莫之決。於是州官焚香，告於天地山川，以祈神應。俄而雷雨大至，霹靂一聲，崖壁中裂。所競之地，拓爲一逕。高千尺，深僅五里，因爲官道。壁中有古篆六行，二十四字，皆廣數尺。雖約此爲界，人莫能識。貞元初，流人李協辯之曰：漳泉兩州，分地太平。永安龍溪，山高氣清。千年不惑，萬古作程。所云永安龍溪者，兩郡界首鄉名也。出《録異記》。

偃師

唐元和元年六月。偃師縣栢李村，震電於民家。地裂，濶丈餘，長十五里，測無底。所裂之處，井厠相通；所衝之墓，棺出地。亦不知所由也。

宋・李昉等《太平廣記》卷三九四 裴用

唐大和，濮州軍吏裴用者，家富於財。年六十二，病死。既葬旬日，霆震其墓，棺飛出百許步，屍柩零落。其家即選他處重瘞焉，仍用大鐵索繫纜其棺。未幾，震如前。復選他處重瘞，不旬日，震復如前，而棺柩灰盡，不可得而收矣。因設靈儀，招魂以葬。出《集異記》。

東陽郡山

唐東陽郡，濱於浙江，有山周數百里，江水曲而環焉，遄滯舟楫，人頗病之。常侍敬昕，大和中出守。其山一夕雲物曛晦，暴風雷雹，動蕩室廬。江水騰溢，莫不惶惑。迨曉方霽，人往視之，已劈而中分，相遠數百步，引江流直而貫焉。其環曲處，悉填以石，遂無縈繞之患。出《宣室志》。

段成式伯

唐段成式三從伯父，少時於陽羡親舊舍，夜值雷雨，每電起光中，見有人頭數十，大於栲栳。出《酉陽雜俎》。

智空

唐晉陵郡建元寺僧智空，本郡人，道行聞於里中，年七十餘。一夕既闔關，忽大風雷，若起於禪堂，殷然不絕。燭滅而塵坌，晦黑且甚，簷宇搖震。矍然自念曰：吾棄家爲僧，迨茲四紀，暴雷如是，豈神龍有怒我者。不然，有罪當雷震死耳。既而聲益甚，復坐而祝曰：某少學浮屠氏，爲沙門迨五十餘年，豈所行乖於釋氏教耶。不然，且有黷神龍耶。設如是，安敢逃其死。儻不然，則愿亟使開霽，俾舉寺僧得自解也。言竟，大聲一舉，若發左右。茵榻傾糜，昏霾顛悖，由是驚慴仆地。僅食頃，聲方息，雲月晴朗。然覺有腥腐氣，如在室內，因燭視之，於垣下得一蛟皮，長數丈，血滿於地。乃是禪堂北有槐，高數十尋，爲雷震死，循理而裂，中有蛟蟠之跡焉。出《宣室志》。

宋・李昉等《太平廣記》卷三九五　楊詢美從子

唐御史楊詢美，居廣陵郡。從子數人皆幼，始從師學。嘗一夕風雨，雷電震耀。諸子俱出户望，且笑且詈曰：我聞雷有鬼，不知鬼安在，願得而殺之，可乎。既而雷聲愈震，林木傾靡。忽一聲轟然，若在于廡。諸子驚甚，即馳入户，負壁而立，不敢輒動。復聞雷聲，若大呵地吼，廬舍搖動。諸子益懼。近食頃，雷電方息，天月清霽。庭有大古槐，擊拔其根而劈之。諸子覺兩髀痛不可忍，具告詢美。命家僮執燭視之，諸髀咸有赤文，横布十數，狀類杖痕，似雷鬼之所爲也。出《宣室志》。

高郵人

唐進士鄭翬家在高郵，親表盧氏莊近水。隣人數家，共殺一白蛇。未久，忽大震雷，雨發，數家陷溺無遺。盧宅當中，唯一家無恙。出《因話録》。

王忠政

唐泗州門監王忠政云，開城中，曾死十二日却活。始見一人，碧衣赤幘，引臂登雲曰：天召汝行，汝隸於左落隊。其左右落隊，各有五萬甲馬，簇於雲頭。俯向下，重樓深室，囊櫃之內，纖細悉見。更異者，見米粒長數尺。凡兩隊，一隊於小項缾子，貯人間水。一隊所貯如馬牙硝，謂之乾雨。皆在前，風車爲殿。每雷震，多爲捉龍。龍有過者，謫作蛇魚，數滿千，則能淪山。行雨時，先下一黄旗，次下四方旗，乃隨龍所在。或霆或雷，或雨或雹，若吾傷一物，則刑以鐵杖。忠政役十一日，始服湯三甌，不復飢困。以母老哀求，得歸。出《唐年小録》。

茅山牛

庚寅歲，茅山有村中兒牧牛。洗所著汗衫，暴於草上而假寐。及寐失之，唯一隣兒在傍。以爲竊去，因相喧競。隣兒父見之，怒曰：「生兒爲盗，將安用之。」即投水中。隣兒匍匐出水，呼天稱寃者數四。復欲投之，俄而雷雨暴至，震死其牛，汗衫自牛口中嘔出，兒乃得免。出《稽神録》。

宋・陳長方《步里客談》卷上　崇寧間，立元祐姦黨碑於宣和殿，蔡京書立於諸長吏廳。事未幾星變，一夕大雷雨，碎宣和殿碑石。遂併諸州者去之，人心不以爲然，而天應之。天人無間，如此體究可以知道。

宋・王楙《野客叢書》卷四《尚書牴牾》　尚書大傳與古文尚書所載不同。大傳謂周公死，王誦欲葬於成周。天乃雷電，以風禾盡偃，大木斯拔，國人大恐。王乃葬周公於畢，示不敢臣也。梅福、張奂等皆引以爲言據。今尚書言，大雷電，以風禾盡偃，大木斯拔。見於周公居東之日，而非其死葬之時。以此一事觀之，則知大傳與經牴牾多矣。

宋・洪邁《夷堅志・甲》卷三《熊二不孝》　興國軍民熊二，稟性悖戾。父明爲軍卒，年老去兵籍，不能營生理，妻又早亡，惟恃子以爲命，而視如路人，至使乞食。明垂泣致懇，肆罵弗聽，將訴之于官，復不忍，但每夕焚香，仰告神天，冀其子回心行孝。如是二年。惡子方從其徒縱飲聚博，長空無雲，忽變陰慘，雨脚如麻，雷電交至，諸人對面翳暗，莫能舉目，聞有呼熊二者，良久開霽，不見其人。相率尋覓，得尸於郭門外，剜其兩眼，截其舌，朱字在背，歷歷可識，曰：不孝之子。時淳熙三年九月七日也。

宋・洪邁《夷堅志・乙》卷三《朱五十秀才》　朱仲山者，鄱陽人，本憲臺小吏，後謝役讀書爲士，稱五十秀才，居于上巷。紹熙五年八月四日晚，俄風起，雨下，電光雷聲，繞其室甚久。一更後，聞空中語曰：往田頭收未了。又有問曰：在甚處。應曰，章田也。語畢，倏然黑氣如曳帛，穿西北去，光響寖息。家人旦起，見屋瓦皆破碎。是時，朱乃在莊數日監割稻。妻慮必致天譴，邀天慶道士張在一往禳謝。張曰：是天威也，吾不敢行。午後一僕來言：秀才昨夜遭雷震死矣。朱平生臨財慳吝，不與人爲周旋，然未聞顯惡，既罹禍酷，或疑爲胥時必有隱慝云。其壻陶生在城中聞之，奔往視之，還家兩日亦死。朱將葬之日，送喪者行田塍畔，忽遭雷怖，皆俯而竄伏，至十月六日，雷復震出其柩。妻命僧誦經作懺哀祈，所有變異，久而未息。

宋・洪邁《夷堅志・乙》卷四《劉氏女》　吉州士人劉伯山之女弟將嫁，前一日，家人置酒話别。天宇晴廓，忽驟雨傾注，雷隱隱發聲。覺有物觸衣裳，身驚仆坐上。少頃即醒，舉體及衣裳悉無所傷，唯左足失履。衆爲尋索，得之户外。履幫帛已裂，剔出紙一片，濶三寸許，有天字滿行。蓋此女用小兒學書紙爲襯托，雷神以其褻慢，故取示以伸敬戒云。女因是感疾，失姻期。又月餘，乃克成禮。

宋・洪邁《夷堅志・乙》卷六《閻義方家雷》 汴人閻義方隨父官於鄱陽，因買宅以居。義方死，其子巘習行五雷術，而爲人儇薄，少誠敬。先娶嚴陵余氏女，經數歲，休離之而蓄妾，每數月無娠姙，逐去。前後七八人，夜耽著酒色，不復於法籙介意。紹興中五年六月正晝大雨，氛霧蔽蒙其室。巘之女年十二三歲，見白衣老翁，丈許，伈伈而入，滾大火毬于庭户。女駭顫欲仆，翁挈之歸房，震雷轟擊，一柱一梁皆有損劈痕，侏儒盡碎。其家先事四聖，繪立像，嘗爲廐下兩馬齧齒至柱處，傷像兩目，乃令畫工復寫別本爲坐像，而捲束舊物，覆以東坡石刻墨竹，是日悉捽烈無餘。一轎析如粉，椅桌之屬皆然。燈架二檠，一長一短，短者捽而長檠不動。庖婢遭火敗面，鄰居一婢郭氏亦爲殘焰所灼。灰埃積地厚寸許，若累年無人居者。附近數家屋宇皆摇動。巘憂降罰未艾，招王仙壇塲道士醮謝。王蓋素行雷者，語之曰：此法中神祇威猛，吾羽流清净，猶常常戒惕，豈君塵俗輩所應用心。凡所傳文書之類宜以付我，不然，將獲大戾。巘懼而從之，且上章謝罪，繳納方法，誓不復敢行。初，巘之女兄爲母楊氏鍾愛，招樂平洪野將仕作贅壻，是歲秋以病亡，臨終與母訣曰：此宅蹀躞已久，必生變怪，宜急徙以避之。母不暇如其説，未幾，有雷禍。

宋・洪邁《夷堅志・丙》卷一《贛州雷》 慶元元年三月二十七日，贛州大雷雨。贛丞張履信既受代，赴同僚餞席于縣治静暉堂。日晡時，廷中忽有火毬十數，旋轉上下，其勢可怖。坐者皆起曰：迅雷風烈必變，此非吾曹所應高會也。相與散歸。至暮開霽，聞郡市一書鋪史杯三者震死，左脅下有朱篆三字。是時憲司文吏劉昭在家晚飯，亦見火毬滾踔于堂，徑入弟房内。弟亦小胥也，正登床視漏處。其妹在房，見朱衣神十餘輩，皆長丈許，睢盱往來。妹喪膽，盡力大叫救人。一神捽其髻以出，曰：不干汝事，則已相去一丈矣。雷斧從屋脊碎椽瓦而下，搦弟至門仆首門限，然後擊破其腦。俄一婢亦殞於庖下。蓋同死者三人云。

宋・洪邁《夷堅志・丙》卷九《熊雷州》 崇仁熊某通判廣府攝守雷州。至之日，吏白當致敬雷廟。熊曰：吾知有社稷、山川之神，學官之祀而已，烏有於雷祠。言未訖，烈風驟雨，震霆飛雹，四合而起。一横板從空墮，前取觀之，乃其家以限倉户者，所題則熊手筆。不勝恐懼，急致香幣，謁謝續馳書質家人，果以其日失此板，竟没於郡。予在西掖時，曾行雷神，加封制其廟曰顯靈。其神曰威德昭顯王，其石神土地，曰協應侯。然則名載祀典，渠可忽哉。

宋・洪邁《夷堅志・戊》卷八《雷震鷄》 慶元二年六月八日，饒州大雷震霆。雙港巡檢營兵張發家先育一雄雞，本志將以償龍堂三牲願者。是日遭雷擊，初斷其足，乃自頭至尾中裂之。雞之獲罪於神明，無由可問。然震雷輕用其威，亦淺矣。

宋・周密《癸辛雜識・續集》卷下《石洞雷火》 費潔堂伯恭云：重慶受圍之際，城外一山極嶮絶，有洞，洞口僅容一人，而其間可受數百人。於是衆競趨之，復以土石窒其穴。時方初夏，一日忽天雷雨，火光穿透洞中，飛走不定。其間有老者云：此必洞中之人，有雷霆死者。遂取諸人之巾，以竹各懸之洞外。忽覩雷神於内，取一巾而去。衆遂擁失巾之人出之洞外，即有神物挾之而去。至百餘步外，仆於田中。其人如癡似醉，莫知所以。然及雷雨息，復往洞中問之。但見山崩壞，洞中之人皆被壓死，無一人得免禍者，惟此失巾人獲存耳。

宋・潛説友《咸淳臨安志》卷九二 乾道三年秋，臨安大雷震，軍器所作坊兵龍澤夫婦，并小兒曰郭僧凡三人，震死于一室。初，澤父全既死，澤妹鐵師居白龜池爲娼。其母但處女家，遇子受俸米，則來取三斗去。澤夫婦頗厭其至，屢出惡言。郭僧者亦相與罵侮，以乞婆目之，故獲此譴。同時有嚴州人陳永年，同其兄開銀鋪于臨安市，狂游不檢。母私儲金十數兩，規以送終，恐永年求取無度，不使知。一日開篋，永年適自外來，見之，遽攫而走。母恚悶仆絶，兄追及争奪，僅得其半以歸母，母遂病卧。是夕，永年亦遭震死。

宋・潛説友《咸淳臨安志》卷二八九 隱帝乾祐三年五月閏月，癸巳，大風，發屋拔木，吹鄭門扉起十餘步而落，震死者六七人，水深平地尺餘。帝召司天監趙延乂，問以禳祈之術，對曰：「臣之業在天文時日，禳祈非所習也。然王者欲弭災異，莫如脩德。」延乂歸，帝遣中使問：「如何爲脩德？」延乂對：「請讀《貞觀政要》而法之。」

元・楊瑀《山居新話》卷二 至治二年，江西廉訪僉事哈喇書吏畢宗遠奏，差陳汝楫巡按至瑞州路。一日，看卷之際，僉事見鼓樓上紅衣人往來。問它人皆不見之。少頃，雷雨大作，電光直入廳事旋繞，隨至卷所，宗遠亟踰杈欄而出，髭鬢悉爲雷火所燎，文卷被羊角風掣去，旋入雲霄，竟不知落於何處。陳汝楫擊死於地。泰定間，宗遠侍父畢敬之，來松江爲庸田使，親言此事。

元・楊瑀《山居新話》卷四　錢塘韓介石，巨室也。延祐夏，忽風雨驟至，令庖僮往樓上閉窗。雨過不見此僮，樓上尋之，則已斃矣。因取所帶刀而斂之，絛鞘皆如故，刀刃則銷鑠過半。事爲《筆談》所載。內侍李舜舉家暴雷所震，人以爲堂屋已焚，窗紙皆黔。有一室刀極鋼堅，就刀室中鎔爲汁而室亦儼然。二事皆相同，此理殊不可强解也。

明・葉子奇《草木子》卷三　庚寅年，冬温。霹靂暴雨時行，衢饒處等州雨黑黍，大如小麥，色黑，咬破視其內，白如粉，草木皆萌芽吐花。

雪中雷電，自至正至庚寅已後屢屢見之。蓋陰陽差舛之氣，異乎常也。辛亥春，其變輕。癸丑春正月十一日，雷而大雪者，凡三四日，又其甚也。

辛卯冬至，雷電大雪同至。丙午夏，平江路當午天大雷雨。有一富家正廳安置匡床、胡椅、圓爐、臺卓，廳旁一室封鎖如故。雷震壁破一孔如盞大，其牀椅爐卓皆從此孔入，堆疊滿室，人皆不解其異。

明・談遷《棗林雜俎》義集《雷》　嘉興吴太宰家內樓，雷震後，凡金玉銅甆之器，俱一細孔如粟。海寧轉塘徐氏有婢抱主人兒被震死。雖兒亡恙，後若干年亦殤。姑蘇人某雷爇其袴外衣，毫不損也。雷神亦善戲矣。

萬曆戊辰六月二十日，福建平和縣東廂外陳孫家有兒在輿中，雷震，其輿而碎，兒仆地活。

天啟乙丑，廣州濠弦里方氏婦張孀居，元夕觀燈，俄黑犬隨歸。二月夜，忽電光燭一室，婦携孩幼坐榻，犬若懼甚，依人，時見數神，若十四五歲童子無髮者，環榻二三尺，欲前踰時，忽捕犬去之。

清朝辛卯四月九日，蘇州張某雷焚其廩米如粉，時米貴，某索高價也。

明・陸容《菽園雜記》卷八　沈通理云：金陵一民家被雷，失去二人，徧求之，乃對坐一空櫃中，其髮莖莖相結。凌季行言：諸御史昌胤家人遇雷震死，徧身衣皆裂成細條，其闊狹如一。邵文敬言：其鄉雷擊一佛殿，兩鴟尾皆失去，蓋脊筒瓦內石灰泥，撤淨如掃，而瓦復不動。張汝弼言：松江一塔被雷，凡七層，每層簷鈴皆失去其舌。夏德乾御史知新淦縣，言本縣一山有雷神，甚靈異。嘗祈雨，雷雨大作，空中有物，形擊如鴨，嘴爪如鷹者三，盤旋而飛。廟有大松十數株，每株爪去其皮二道，自根至梢，俱深入寸許，無一差爽。瞿世用御史嘗知崇仁縣，一日雷雨中有物墮譙樓，黑色，無頭尾，其圓徑丈餘，不久復飛去，疑其爲雷神。此皆平日聞坐客所談，因類記之。

清・錢泳《履園叢話》卷一七《孽報》　蜀中有一無賴子，夏日大醉，裸體仰臥文昌殿前。道士勸之，反被辱詈，道士畏而避之。無賴猶訕謗不已，且對神像遺溺。忽風雷大作，霹靂一聲削柱木一片鋒鋭如刄，適破其腹，劃然中開腸流滿地。更有奇者，神前布幡、器具、柱木皆爲雷火所燒，惟兩柱上所挂金字長聯雷火燒處逐字跳過無一筆燒壞者。時吴門周曷齋太守適官叙永廳，親自往驗，目擊其事。

清・錢泳《履園叢話》卷一七《忤逆報》　山東定陶縣一農家婦，素虐其姑。姑雙瞽欲飲糖湯，婦詈不絶口，乃以雞矢置湯中與之。姑弗知也。忽雷電大作，霹靂一聲婦變爲猪，入厠上食糞。一時觀者日數千人。其後是猪終日在污穢中游行，見人糞則食之，歲餘猶未死。案《南部新書》，有河南酸棗縣下里婦，事姑不孝，忽雷震若有人截婦人首，而以犬頭續之，其事相類。

清・毛祥麟《墨餘録》卷四《雷震東門》　順治乙未夏，震雷起西北，摧東門城墻一角。知縣陸宗贄卜之，遽云邑當有大魁天下者。命修葺時，垣甃龍門二字以議。及己亥會試，朱天襄錦，果以第一人奏捷南宮。

霜凍部

題解

漢·許愼《説文·雨部》 霜，喪也，成物者。

漢·劉熙《釋名·釋天》 霜，喪也，其氣慘毒，物皆喪也。

唐·虞世南撰、明·陳禹謨補註《北堂書鈔》卷一五二《霜》 凝爲霜：蔡邕《月令章句》：寒氣爲霜：《五經通義》云：寒氣凝以爲霜，霜從地升也。白露爲霜：《詩》云：蒹葭蒼蒼，白露爲霜。陰氣爲霜：《大戴禮》：霜，陰陽之氣也，陰氣盛則凝而爲霜。補。又《春秋元命苞》云：陰凝爲霜。附。霜以挫物：《孝經援神契》。成就萬物：京房《氣候》。殺伐之表：《洪範五行傳》云：霜者，殺伐之表。又《春秋感精符》云：霜殺伐之表。季秋霜始降，鷹隼擊王者，順天行誅以成肅殺之威。補。崑崙之氣：徐整《長曆》云：北斗當崑崙山之氣運。註云：春夏爲露，秋冬爲霜。冬令：《春秋考異郵》云：霜者陰精，冬令也。夏霜：《淮南子》云：鄒衍事燕惠王盡忠，左右譖之，王繫之，仰天而哭，夏五月天爲之下霜。駟見而隕：《國語》云：駟見而隕霜，隕霜而冬裘具。註曰：駟，房星也。案：隕今作殞。附。季秋始降：《禮記》，詳下。九鐘知山：《海經》云：豐山有九鐘，是知霜鳴。註云：霜降則鐘鳴，故言知也，物有自然感應而不可爲也。百工休：《禮記》云：季秋之月，霜始降，百工休。繁霜：《詩》云：正月繁霜，我心憂傷。濃霜：陸機《感時賦》云：結濃霜于寒空，凝行雨于雲根。肅霜：《詩》云：九月肅霜。註云：肅，縮也。霜降而收縮萬物也。嚴霜：《楚辭》云：秋既戒之以白露，冬又申之以嚴霜。凝霜夕結：傳玄《正聲賦》。彫霜夜凝：顧愷之《湘川賦》云：宵露潤澤，彫霜夜凝。色如紺碧：《拾遺記》云：廣延國扶桑山常青，雪冰霜之色，皆如紺碧。續補。覆之作璽：《拾遺記》云：員嶠之山石，環邱有冰蠶以霜雪覆之，然後作璽，其色五采，織爲文錦，入水不濡，投火經宿不燎。唐堯之世，海人獻之以爲黼黻。續補。

綜述

清·陳逢衡《竹書紀年集證》卷六 四十七年冬，隕霜不殺草木。

《呂氏春秋·應同篇》：禹之時，天先見草木，秋冬不殺。禹曰，木氣勝、木氣勝，故其色尚青，其事則木。

韓怡曰，災異一視人君之政治。政治得，則災亦爲祥。政治失，則祥亦爲災。霜不殺草，異也。刑期無刑，則好生之德之所致矣。

衡案：春秋僖三十三年，隕霜不殺草，李梅實。《公羊》曰：何以書記，異也。何異爾，不時也。《穀梁》曰：未可殺而殺，舉重也。可殺而不殺，舉輕也。胡氏曰：哀公問於仲尼曰：《春秋》記隕霜不殺草，何爲記之也？曰，此言可殺也，夫宜殺而不殺，則李梅冬實，天失其道，草木猶干犯之，而况君乎？是故，以天道言，四時失其序，則其施必悖，無以統萬象矣。以君道言，五刑失其用，則其權必喪，無以服萬民矣。據此，則隕霜不殺，乃君弱臣强之象。在魯僖之世，季子來歸，爲三桓執政之始，或宜有此。夫以虞夏授受之際，聖主賢，臣賡拜一堂，而亦有，是曷爲哉。蓋以舜將升遐而有是變也。《感精符》曰：誅伐不行，則冬霜不殺草。此季世之事，非所語于有虞之世也。

清·陳逢衡《竹書紀年集證》卷三四 夏六月，隕霜。

《詩·小雅》：正月繁霜，我心憂傷。民之訛言，亦孔之將。念我獨兮，憂心京京。哀我小心，癙憂以癢。父母生我，胡俾我瘉？不自我先，不自我後。好言自口，莠言自口。憂心愈愈，是以有侮。憂心惸惸，念我無祿。民之無辜，并其臣僕。哀我人斯，于何從祿。瞻烏爰止？于誰之屋。瞻彼中林，侯薪侯蒸。民今方殆，視天夢夢。既克有定，靡人弗勝。有皇上帝，伊誰云憎。謂山蓋卑，爲岡爲陵。民之訛言，寧莫之懲。召彼故老，訊之占夢。具曰子聖，誰知烏之雌雄。謂天蓋高，不敢不局。謂地蓋厚，不敢不蹐。維號斯言，有倫有脊。哀今之人，胡爲虺蜴。瞻彼阪田，有菀其特。天之杌我，如不我克。彼求我則，如不我得。執我仇仇，亦不我力。心之憂矣，如或結之。今茲之正，胡然厲之。燎之方揚，寧或滅之。赫赫宗周，褒姒威之。終其永懷，又窘陰雨。其車既載，乃棄爾輔。載輸爾載，將伯助于。無棄爾輔，員于爾輻。屢顧爾僕，不輸爾載。終踰絶險，曾是不意。魯在于沼，亦匪克樂。潛雖伏矣，亦孔之炤。憂心慘慘，念國之爲虐。彼有旨酒，又有嘉殽。洽比其鄰，昏姻孔云。念我獨兮，憂心殷殷。佌佌彼有屋，蔌蔌方有穀。民今之無禄，天夭是椓。哿以富人，哀此惸獨。《世本古義》：正月，大夫刺幽王也。案《竹書紀》：幽王四年夏六月，隕霜。即此詩，所謂正月繁霜者也。子貢傳以爲，西周喪退，大夫傷之。申培説，亦謂周室喪亂，大夫傷之而作。是詩皆不顯其世，朱子引或説曰東遷後詩也。時宗周已滅矣。其言褒姒滅之，有監戒之，意而無憂懼之情。劉公瑾深然之，謂使宗周未滅，褒姒方寵，則詩人之言，未應指斥如是。然滅，威原不同字愚，但據竹書隕霜之事，在幽王四年六月，與此詩合。故定從序説云。

孫之騄曰：當奥而寒，厥災霜，茲謂亡法。

統箋按，《毛傳》曰：正月，夏之四月。鄭箋曰：夏之四月，建巳之月，而多恒寒若之異。《京房易傳》曰：夏霜，君死國亡。又《春秋命曆序》曰：桀無道，夏隕霜，亦是類也。

清・胡天游《春秋夏正》卷二 經：僖公三十有三年冬十月有二月，隕霜不殺草，李梅實。

經：定公元年冬十月，隕霜殺菽。

僖之冬十二月，則今十月也，隕霜不殺草，則紀異也。凡草，仲秋而變，季秋而衰，孟冬寒氣既至，萎爲陳根。霜者司陰行殺，霜既隕矣。草猶若榮，是謂不肅，故紀之也。定之十月，則今八月也。《物名義釋》云：霜之爲言喪，百物至此皆喪落也。《春秋繁露》云：季秋九月，天乃於是時出溧下霜，天之功大究。霜九月而微，至冬則大殺。若八月尚不當霜，又菽者百穀之一，民之所資。不當霜時，隕而殺焉，亦紀異也。自何休、杜預、范甯、孔穎達至宋、元説春秋者，莫不以十二月爲十月，以十月爲八月，特彼所謂十月八月者。蔽於周正，而非能有以真知之也。夫自僖五年失二月之閏，至是猶未正。自襄公二十七年十二月乙亥日有食之，亦久失閏，至是不能正，故月常錯移。是吾之所爲僖冬十二月爲十月，定元年十月爲八月也。《韓非子・内儲説》：魯哀公問於仲尼曰，春秋之記曰，冬十二月，霣霜不殺菽，何爲記此。仲尼對曰，此言可以殺而不殺也。夫宜殺而不殺，李梅冬實。天失道，草木猶犯干之，而況於君人乎？非所引與今經文異，非在戰國。去孔子時尚近，疑見春秋本文。今經不殺草，或文誤，或冬十月隕霜殺菽，當有二與不。知文脱逸者，河北無梅，經書李梅實，所未知也。

或云：《詩》：采蕭穫菽。菽于八月當已穫矣，殺菽疑亦殺草之誤。案袁山松《漢書》：桓帝建和□年十月，陳蕃、劉茂上疏曰，八九州郡，並言隕霜殺菽，彼正十月。尚乃云然，寧於八月而反當不然。孔穎達云：菽者大豆之苗。是耐霜之穀，明八月至十月並應有菽矣。

紀事

《竹書紀年》卷下 幽王四年夏六月，隕霜，陳夷公薨。

《春秋穀梁傳》卷九《僖公三十三年》 十有二月，隕霜不殺草。未可殺而殺，舉重也。可殺而不殺，舉輕也。

《春秋穀梁傳》卷一九《定公元年》 冬十月，隕霜殺菽。未可以殺而殺，舉重。可殺而不殺，舉輕。其曰菽，舉重也。

漢・班固《漢書》卷六《武帝紀》 元光四年夏四月，隕霜殺草。

漢・班固《漢書》卷二七中之下《五行志中之下》 定公元年「十月，隕霜殺菽」。劉向以爲周十月，今八月也，消卦爲《觀》，陰氣未至君位而殺，誅罰不由君出，在臣下之象也。是時季氏逐昭公，公死于外，定公得立，故天見災以視公也。釐公二年「十月，隕霜不殺草」，爲嗣君微，失秉事之象也。其後卒在臣下，則災爲之生矣。異故言草，災故言菽，重殺穀。一曰菽，草之難殺者也，言殺菽，知草皆死也；言不殺草，知菽亦不死也。董仲舒以爲菽，草之彊者，天戒若曰，加誅於彊臣。言菽，以微見季氏之罰也。

武帝元光四年四月，隕霜殺草木。先是二年，遣五將軍三十萬衆伏馬邑下，欲襲單于，單于覺之而去。自是始征伐四夷，師出三十餘年，天下户口減半。京房《易傳》曰：「興兵妄誅，茲謂亡法，厥災霜，夏殺五穀，冬殺麥。誅不原情，茲謂不仁，其霜，夏先大雷風，冬先雨，乃隕霜，有芒角。賢聖遭害，其霜附木不下地。佞人依刑，茲謂私賊，其霜在草根土隙間。不教而誅茲謂虐，其霜反在草下。」

元帝永光元年三月，隕霜殺桑；九月二日，隕霜殺稼，天下大飢。是時中書令石顯用事專權，與《春秋》定公時隕霜同應。成帝即位，顯坐作威福誅。

漢・班固《漢書》卷九九中《王莽傳中》 天鳳元年四月，隕霜，殺屮木，海瀕尤甚。六月，黄霧四塞。七月，大風拔樹，飛北闕直城門屋瓦。雨雹，殺牛羊。

《春秋公羊傳注疏》卷一二《僖公三十三年》 冬十二月，霣霜不殺草，李梅實。何以書？記異也。何異爾？不時也。注，周之十二月，夏之十月也。《易・中孚》記曰：陰假陽威之應也。早霣霜而不殺萬物，至當霣霜之時，根生之物復榮不死，斯陽假與陰威，陰威列索，故陽自霣霜而反不能殺也。此禄去公室，政在公子遂之應也。疏：注陰威列索，解云：正謂陰威列見而散萬物矣。

《春秋公羊傳注疏》卷二五《定公元年》 冬十月，霣霜殺菽。何以書，記異也。注：菽，大豆。時獨殺菽，不殺他物，故爲異。疏：注解云：知獨殺菽，不殺他物者，正以此經特舉殺菽。傳云：記異故也。若更殺他物，則經直云霣霜，不舉穀名。傳云：記災也，即桓元年秋，大水。傳云：何以書？記災也。彼注云：災傷二穀以上是也。此則但傷一穀，既不成災，故謂之異。此災菽也，曷爲以異書？注：據無麥苗以災書。疏：注解云：即莊七年秋，大水，無麥苗。傳云何以書？記災也是也。然則大水殺麥苗，傳云記災。今此霣霜殺菽，傳云記異，故據而難之。若然，向解若更殺他物，則經直言霣霜，不舉穀名。何故？莊七年經云秋大水，無麥苗者，彼傳云一災不書，待無麥，然後書無苗。彼注云，明君子不以一過責人，水旱螟蟲；皆以傷二穀乃書。而不書穀名，至麥苗獨書者，民食最重是也。然則一災不書，今此書者，示以早當誅季氏，故不得不録也。異大乎災也。注：異者，所以爲人戒也。重異不重災，君子所以貴教化而賤刑罰也。周十月，夏八月，微霜用事，未可殺菽。菽者，少類，爲稼强，季氏象也。是時定公喜於得位，而不念父黜逐之恥，反爲淫祀立煬宫，故天示以當早誅季氏。疏：解云：雖曰但傷一物，若以害物言之，災而必書者，正以異重于災故也。何者？隱三年傳注云：異者，非常可怪，先事而至者，隱五年傳注云災者，有害於人物，隨事而至者。然則正由先事而至，可以爲戒，若其變改，竟不害人物，若似君父教戒臣子之義，故但謂之異而貴之矣。災者，隨事而至，害於人物，雖言變改，亦無所及，若似刑罰一施，不可追更之義，故謂之災而不重之。故注云：重異不重災，君子所以貴教化而賤刑罰也。然則直是美大此異，故言異大於災，不論害物與否。五行傳云：害物爲災，不害物爲異，亦通於此矣。注解云，菽季不同，而得爲其象者，正以菽爲第三之稱，故爲少類。季氏於叔孟爲弟，亦是少之義，故得爲其象。菽雖第三，爲稼最强。季氏雖幼，彊於叔孟。故曰菽者，少類，爲稼强，季氏之象也。何氏以爲定公者，昭公之子，與賈、服異。既爲昭公之子而喜於得位者，正以父見放逐，薨於乾侯，讎人秉政有年歲矣，爲道亦何可知，忽然而立，寧不喜乎？是以忘其恥辱，欲求福於淫祀，天怪其所爲，故示之戒也。舊云定公爲昭公弟，立非其次，是以喜之。而謂昭公爲父者，臣子一例故也。云故天示以早當誅季氏也者，天戒若曰，等欲勞心作淫祀之時，不如作意早誅季氏。所以然者，雖作淫祀，終竟無福，早誅季氏，可以復讎去患，故也。

漢・荀悦《前漢紀》卷一一《孝武二》 元光四年夏四月，隕霜殺草。

漢・荀悦《前漢紀》卷二二《孝元二》 永光元年三月，殞霜，殺麥苗。

漢・荀悦《前漢紀》卷三〇《孝平》 居攝六年三月壬申，晦。日有蝕之。四月，隕霜殺草木。六月，黄霧四塞。秋七月，大風，拔樹木，北闕城門瓦飛；雨雹，殺牛羊。

居攝十三年秋，隕霜殺菽，關東大饑。莽問羣臣擒賊方略，故左將軍公孫禄徵來與議。禄曰：太史令宗宣誣天文，以凶爲吉，太傅唐遵飾虚僞以取名，國師劉歆顛倒五經，毁壞師法。

晉・陳壽《三國志》卷四七《吴志二・吴主傳》 黄龍三年九月朔，隕霜傷穀。

南朝梁・沈約《宋書》卷三三《五行志四》 吴孫權嘉禾三年九月朔，隕霜傷穀。按劉向説「誅罰不由君出，在臣下之象也」。是時校事吕壹專作威福，與漢元帝時石顯用事隕霜同應。班固書九月二日，陳壽言朔，皆明未可以傷穀也。壹後亦伏誅。京房《易傳》曰：「興兵妄誅，茲謂亡法。厥災霜，夏殺五穀，冬殺麥。誅不原情，茲謂不仁。其霜夏先大雷風，冬先雨，乃隕霜，有芒角。賢聖遭害，其霜附木不下地。佞人依刑，茲謂私賊。其霜在草根土隙間。不教而誅，茲謂虐。其霜反在草下。」

泰始九年四月辛未，隕霜。是時賈充親黨比周用事。與魯定公、漢元帝時隕霜同應也。

晉武帝咸寧三年八月，平原、安平、上黨、秦郡霜害三豆。

咸寧三年八月，河間暴風寒冰，郡國五隕霜傷穀。是後大舉征吴，馬隆又帥精勇討涼州。

太康二年二月辛酉，殞霜于濟南、琅邪，傷麥；壬申，琅邪雨雪傷麥；三月甲午，河東隕霜害桑。

太康六年二月，東海霜傷桑、麥。

太康六年三月戊辰，齊郡臨菑、長廣不其等四縣，樂安梁鄒等八縣，琅邪臨沂等八縣，河間易城等六縣，高陽北新城等四縣，隕霜傷桑、麥。

太康八年四月，齊國、天水二郡隕霜。十二月，大雪。

太康十年四月，郡國八隕霜。

元康六年三月，東海隕霜殺桑、麥。

元康七年七月，秦、雍二州隕霜殺稼。

元康九年三月旬有八日，河南、滎陽、潁川隕霜傷禾。

北齊・魏收《魏書》卷一二《孝靜紀》　天平三年八月，并、肆、汾、建四州隕霜，大饑。

太康六年三月，郡國六隕霜，傷桑麥。八年夏四月，齊國、天水隕霜，傷麥。九年夏四月，隴西隕霜，傷宿麥。

北齊・魏收《魏書》卷一一二上《靈徵志上》　京房《易傳》曰：興兵妄誅，茲謂亡法，厥災霜，夏殺五穀，冬殺麥；誅不原情，茲謂不仁，夏先大霜。

太祖天賜五年七月，冀州霣霜。

世祖太延元年七月庚辰，大霣霜，殺草木。

高宗和平六年四月乙丑，霣霜。

高祖太和三年七月，雍、朔二州及枹罕、吐京、薄骨律、敦煌、仇池鎮並大霜，禾豆盡死。六年四月，潁川郡霣霜。七年三月，肆州風霜，殺菽。九年四月，雍、青二州霣霜。六月，洛、肆、相三州及司州靈丘、廣昌鎮霣霜。十四年八月乙未，汾州霣霜。

世宗景明元年四月丙子，夏州霣霜，殺草。六月丁亥，建興郡霣霜，殺草。八月乙亥，雍、并、朔、夏、汾五州，司州之正平、平陽頻暴風，霣霜。二年三月辛亥，齊州霣霜，殺桑麥。四年三月壬戌，雍州霣霜，殺桑麥。辛巳，青州霣霜，殺桑麥。

正始元年五月壬戌，武川鎮霣霜。六月辛卯，懷朔鎮霣霜。七月戊辰，東秦州霣霜。八月庚子，河州霣霜殺稼。二年四月，齊州霣霜。五月壬申，恒、汾二州霣霜殺稼。七月辛巳，豳、岐二州霣霜。乙未，敦煌霣霜。戊戌，恒州霣霜。三年六月丙申，安州霣霜。四年三月乙丑，豳州頻霣霜。四月乙卯，敦煌頻霣霜。八月，河州霣霜。

永平元年三月乙酉，岐、豳二州霣霜。己丑，并州霣霜。四月戊午，敦煌霣霜。二年四月辛亥，武州鎮霣霜。

延昌四年三月癸亥，河南八州霣霜。

肅宗熙平元年七月，河南、北十一州霜。

唐・姚思廉《梁書》卷二《武帝紀中》　天監三年三月，隕霜殺草。六年三月庚申朔，隕霜殺草。

唐・魏徵等《隋書》卷二三《五行志下》　大同三年六月，朐山隕霜。

陳太建十年八月，隕霜，殺稻菽。

唐・房玄齡等《晉書》卷三《武帝紀》　咸寧三年八月癸亥，暴寒且冰，郡國五隕霜，傷穀。

唐・房玄齡等《晉書》卷四《惠帝紀》　永平六年三月，東海隕霜，傷桑麥。彭城呂縣有流血，東西百餘步。

唐・房玄齡等《晉書》卷六《元帝紀》　太寧元年二月丙寅，隕霜。壬申，又隕霜，殺穀。

唐・李百藥《北齊書》卷二《神武紀下》　天平四年二月乙酉，神武以并、肆、汾、建、晉、東雍、南汾、泰、陝九州霜旱，人饑流散，請所在開倉賑給。

唐・李延壽《北史》卷一《魏紀一》　神瑞二年冬十月丙寅，詔以頻遇霜旱，年穀不登，命出布帛倉穀以振貧窮。

唐・李延壽《北史》卷五《魏紀五》　天平三年八月，并、肆、涿、建四州霜霣，大飢。

唐・李延壽《北史》卷六《齊紀上》　天平四年二月乙酉，神武以并、肆、汾、建、晉、東雍、南汾、秦、陝九州霜旱，人飢流散，請所在開倉振給。

後晉・劉昫等《舊唐書》卷二《太宗紀上》　貞觀元年八月，是月，關東及河南、隴右沿邊諸州霜，害秋稼。二年八月，河南、河北大霜，人饑。

後晉・劉昫等《舊唐書》卷一一《代宗紀》　永泰元年三月庚子夜，降霜，木有冰。歲饑，米斗千錢，諸穀皆貴。

宋・李昉等《太平御覽》卷八七八　霜

謝承《後漢書》曰：郎顗上事曰，今歲常有霜氣，月不舒光，日不宣耀。陛下倦於萬機，政有闕也。

《抱朴子》曰：若霜氣有圍城或入於城，則外兵得入。若霜氣從內出，主人出戰。

京房《易傳》曰：興兵妄誅厥災，夏霜殺五穀。誅不原情，兹謂不仁。冬先雨，乃隕霜，有芒角。賢聖遭害，其霜附木，不入地也。

《毛詩》曰：正月繁霜，我心憂傷。正月，夏之四月也。繁，多也。四月建巳，純陽用事，霜多，急恒寒若之異，傷害萬物，故心憂也。

《春秋考異郵》曰：魯僖公即位，隕霜不殺草，李梅實。梅李大樹比草爲貴，是君不能伐也。定公即位，隕霜不殺菽。菽者，稼最强，季氏之萌。

又曰：穆公即位，仲夏霜殺草，日中不消。

《春秋命曆序》曰：桀無道，夏出霜。

《師曠占》曰：春夏一日有霜者，君父母酷政大嚴大殺，天以示之。何以言之霜滅殺萬草，坐不殺也。見變如此，宜損威殺重人之命。

《漢書・五行志》曰：左傳僖公時，八月霜，不殺草，謂襄仲專權，殺嫡立庶，公室遂弱。至三十三年冬，霜不殺草。劉向以爲君誅不行舒緩之應。是時，公子遂專政，三桓繼爲卿，皆爲亂也。

又曰：定公元年八月，霜殺菽。劉向以爲誅罰不由君出，在臣下之象。是時，季氏逐昭公死于外。

又曰：武帝時，四月霜，殺草木。是時天下户口減耗。

又曰：元帝時，三月、九月隕霜，殺稼。時宏恭石顯專政，迫逐忠烈，進用邪佞。

又曰：王莽天鳳六年四月，霜，殺草木，則專政所致。至地皇四年秋，霜，關東人相食。馬適、王匡等起兵，羣盜大亂。

《晉書》曰：武帝時，八月霜害豆。又五月隕霜，傷穀。時大舉征兵。又五月霜，殺桑麥。時王濬大功被陷無辜。

又曰：惠帝時，三月霜，傷木。五月，雨雹。時賈后廢愍，懷太子。

《隋書》曰：梁武帝時，三月六月，降霜殺草。時發卒拒魏，百姓勞苦。

《唐書》曰：太宗貞觀初，突厥頡利可汗部落五月霜降。至四年爲僕射李靖所滅。

晝霜

《隋書》曰：北齊武城時，晝霜下。其下日，傳位於太子緯。

宋・王欽若《册府元龜》卷一四四 太宗貞觀元年七月，關東、河南、隴右及緣邊諸州，霜害秋稼。九月辛酉詔曰：蟲霜爲害，風雨不時，政道未康，咎徵斯在朕，祇奉明命，撫育黔黎，憂愍之至，實切懷抱，輕徭薄賦，務本勸農，必望民殷，物阜家給人足。而陰陽不和，氣候乖舛，永言罪己，撫心多愧。河北燕趙之際，山西并潞所管及蒲虞之郊，豳延以北，或春逢亢旱，秋遇霜滛，或蟊賊成災，嚴凝早降，有致饑饉惻惕，無忘特宜矜恤救其疾苦。可令中書侍郎温彦博、尚書右丞相魏徵、治書侍御史孫伏伽、檢校中書舍人辛諝等分往諸州，馳驛檢行其苗稼不熟之處，使知損耗多少，户口乏糧之家，存問若爲支計，必當細勘，速以奏聞，待使人還京量行賑濟。

宋・歐陽修、宋祁《新唐書》卷二《太宗皇帝紀》 貞觀元年八月，河南、隴右邊州霜。

宋・歐陽修、宋祁《新唐書》卷七《德宗皇帝紀》 貞元十七年二月己亥，霜。元和九年三月丁卯，隕霜殺桑。

宋・歐陽修、宋祁《新唐書》卷八《宣宗皇帝紀》 大中三年，是春，隕霜，殺桑。

宋・歐陽修、宋祁《新唐書》卷九《僖宗皇帝紀》 中和元年，是秋，河東霜，殺禾。

宋・歐陽修、宋祁《新唐書》卷三六《五行志三》 貞觀元年秋，霜，殺稼。京房《易傳》曰：「人君刑罰妄行，則天應之以隕霜。」三年，北邊霜殺稼。

永徽二年，綏、延等州霜，殺稼。

調露元年八月，邠、涇、寧、慶、原五州霜。

證聖元年六月，睦州隕霜，殺草。吴、越地燠而盛夏，隕霜，昔所未有。四年四月，延州霜，殺草。四月純陽用事，象人君當布惠于天下，而反隕霜，是無陽也。

開元十二年八月，潞、綏等州霜，殺稼。十五年，天下州十七霜，殺稼。

元和二年七月，邠、寧等州霜，殺稼。九年三月丁卯，隕霜，殺桑。十四年四月，淄、青隕霜，殺惡草及荆棘，而不害嘉穀。

寶曆元年八月，邠州霜，殺稼。

大和三年秋，京畿奉先等八縣早霜，殺稼。

大中三年春，隕霜，殺桑。

中和元年春，霜。秋，河東早霜，殺稼。

宋・司馬光《資治通鑑》卷一八《漢紀十》 武帝元光四年夏，隕霜，殺草。

宋・司馬光《資治通鑑》卷二八《漢紀二十》　元帝永光元年三月，雨雪，隕霜，殺桑。九月，隕霜，殺稼，天下大饑。

宋・司馬光《資治通鑑》卷三七《漢紀二十九》　王莽天鳳元年夏四月，隕霜，殺草木，海瀕尤甚。

宋・司馬光《資治通鑑》卷三八《漢紀三十》　王莽地皇二年秋，隕霜，殺菽，關東大饑，蝗。

宋・王安石《臨川文集》卷一三《丙戌五日京師作二首》　北風閣雨去不下，驚沙蒼茫亂昏曉。傳聞城外八九里，雹大如拳死飛鳥。

浮雲離披久不合，太陽獨行乾萬物。誰令昨夜雨雺霮，北風蕭蕭寒到骨。

宋・王偁《東都事略》卷五　寶元元年春正月甲辰，麟府州及陝西大雨雹。

宋・王偁《東都事略》卷六　慶曆六年五月，甲申雨雹。

宋・王偁《東都事略》卷一〇　大觀元年十月癸亥，大雨雹。

宋・祝穆《古今事文類聚前集》卷四《歷代雹災》　漢文帝後元年，雨雹，如桃李，深三尺。《風俗通》。　景帝二年秋，雨雹，大者五寸。永初三年夏，河西縣大雨雹，如杯棬大，或如斗，殺畜生雉兔，折樹木。《孔叢子》。　漢武帝元封三年冬，雨雹，大如馬首。宣帝地節四年夏，山陽雨雹，大如雞子，深二尺五寸，殺人，飛鳥皆死。《本紀》。

元・脱脱等《金史》卷一七《哀宗紀上》　正大四年八月己巳，隕霜，禾盡損。

元・脱脱等《金史》卷二三《五行》　正隆四年十一月庚寅，霜附木。承安二年十月癸卯晨，陰霜附木，至日入亦如之。興定五年十二月丁丑，霜附木。哀宗正大四年八月癸亥，是日，霜損禾皆盡。

元・脱脱等《宋史》卷六二《五行志一下》　建隆三年春，厭次縣隕霜，殺桑，民不蠶。

淳化三年三月，商州霜，花皆死。

景德四年七月，渭州瓦亭砦早霜，傷稼。

大中祥符九年十二月，大名、澶相州並霜，害稼。

至和二年，河東自春隕霜，殺桑。

紹興七年二月庚申，霜，殺桑稼。

淳熙十六年七月，階、成、鳳、西和州霜，殺稼幾盡。

紹熙三年九月丁未，和州隕霜連三日，殺稼。是月，淮西郡國稼皆傷。

嘉熙元年三月，霜。

明・宋濂等《元史》卷四《世祖紀一》　中統二年秋七月庚辰，西京、宣德隕霜，殺稼。

明・宋濂等《元史》卷五《世祖紀二》　中統三年五月甲申，西京、宣德、(咸)〔威〕寧、龍門霜。八月戊申，河間、平灤、廣寧、西京、宣德、北京隕霜，害稼。四年夏四月丙寅，西京武州隕霜，殺稼。

明・宋濂等《元史》卷六《世祖紀三》　至元二年，太原霜災。

明・宋濂等《元史》卷七《世祖紀四》　至元七年夏四月壬午，檀州隕黑霜三夕。八年秋七月乙亥，鞏昌、臨洮、平涼府、會、蘭等州隕霜，殺禾。

明・宋濂等《元史》卷一一《世祖紀八》　至元十七年夏四月庚子，寧海、益都等四郡霜，真定七郡蟲，皆損桑。

明・宋濂等《元史》卷一五《世祖紀十二》　二十六年十二月庚寅，禿木合之地霜，殺稼，禿魯花之地饑，給九十日糧。

明・宋濂等《元史》卷一六《世祖紀十三》　二十七年五月庚戌，陝西南市屯田隕霜，殺稼，免其租。十一月辛丑，興、松二州隕霜殺禾，免其租。辛酉，隆興路隕霜，殺稼，免其田租五千七百二十三石。

明・宋濂等《元史》卷一八《成宗紀一》　元貞元年正月癸亥，又以隕霜殺禾，復賑安西王山後民米一萬石。九月戊戌，武衛萬盈屯及延安路隕霜，殺禾。二年八月，咸寧縣，金、復州，隆興路隕霜，殺禾。

明・宋濂等《元史》卷二〇《成宗紀三》　大德五年五月，商州隕霜，殺麥。六年，而今春霜，殺麥；秋雨，傷稼。

明・宋濂等《元史》卷二一《成宗紀四》　七年夏四月丁亥，濟南路隕霜，殺麥。五月乙卯，般陽路隕霜。八年三月庚辰，灤城、濟陽等縣隕霜，殺桑。九年三月戊午，河間、益都、般陽屬縣隕霜，殺桑，撫之。十年秋七月辛巳，大同之渾源隕霜，殺禾。

明・宋濂等《元史》卷二二《武宗紀一》　至大元年八月己酉，大同隕霜，殺禾。

明・宋濂等《元史》卷二三《武宗紀二》　至大二年八月丁丑，永平路隕霜，殺禾。

明・宋濂等《元史》卷二四《仁宗紀一》　四年秋七月，大寧等路隕霜，敕有司賑恤。

明・宋濂等《元史》卷二五《仁宗紀二》 延祐元年閏三月丁丑，汴梁、濟寧、東昌等路，隴州、開州，青城、齊東、渭源、東明、長垣等縣隕霜，殺桑果禾苗，歸州告饑，出糧減價賑糶。

明・宋濂等《元史》卷二七《英宗紀一》 七年，是歲，諸衛屯田隕霜害稼。

明・宋濂等《元史》卷二八《英宗紀二》 至治三年秋七月丙辰，冀寧、興和、益津縣雨，黑霜。

明・宋濂等《元史》卷二九《泰定帝紀一》 三年，是歲秋，沂州定襄縣及忠翊侍衛屯田所營田、象食屯田所隕霜，殺禾。泰定二年七月壬申，宗仁衛屯田隕霜，殺禾。

明・宋濂等《元史》卷三〇《泰定帝紀二》 三年秋七月乙巳，怯憐口屯田霜，賑糧二月。

明・宋濂等《元史》卷三四《文宗紀三》 至順元年二月甲午，自庚寅至是日，京師大霜晝霧。癸卯，汴梁路封丘、祥符縣霜災。閏七月丙戌，忠翊衛左右屯田隕霜，殺稼。辛卯，寧夏、奉元、鞏昌、鳳翔、大同、晉寧諸路屬縣隕霜，殺稼。

明・宋濂等《元史》卷三五《文宗紀四》 二年秋七月，是月，寧夏霜爲災，並免今年田租。

明・宋濂等《元史》卷三七《寧宗紀》 三年八月，是月，渾源、雲内二州隕霜，殺禾。

明・宋濂等《元史》卷四一《順帝紀四》 至正七年九月甲辰，遼陽霜早，傷禾，賑濟驛户。

明・宋濂等《元史》卷四七《順帝十》 二十七年夏五月辛巳，大同隕霜，殺麥。二十八年夏四月丙午，隕霜，殺菽。

明・宋濂等《元史》卷五〇《五行一》 中統二年五月，西京隕霜，殺禾。三年五月，宣德、(咸)〔威〕寧等路隕霜。八月，河間、平灤等路隕霜，害稼。四年四月，武州隕霜殺麥禾。

至元二年八月，太原隕霜。七年四月，檀州隕霜。八年七月，鞏昌會、蘭等州霜，殺稼。十七年四月，益都隕霜。二十一年三月，山東隕霜，殺桑，蠶盡死，被災者三萬餘家。二十七年七月，大同、平陽、太原隕霜，殺禾。二十九年三月，濟南、般陽等郡及恩州屬縣霜，殺桑。

元貞二年八月，金、復州隕霜，殺禾。

大德五年三月，湯陰縣霜，殺麥。五月，商州霜，殺麥。六年八月，大同、太原霜，殺禾。七年四月，霜，殺麥。八年三月，濟陽、灤城二縣霜，殺桑。八月，隕霜，殺稼。九年三月，河間、益都、般陽三郡屬縣隕霜，殺桑。清、莫、滄、獻四州霜，殺桑二百四十一萬七千餘本，壞蠶一萬二千七百餘箔。十年七月，大同渾源縣霜，殺禾。八月，綏德州米脂縣霜，殺禾二百八十頃。

至大元年八月，大同隕霜，殺禾。

皇慶二年三月，濟寧霜，殺桑。

延祐元年三月，東平、般陽等郡，泰安、曹、濮等州大雨雪三日，隕霜，殺桑。閏三月，濟寧、汴梁等路及隴州、開州、青城、渭源諸縣霜，殺桑，無蠶。七月，冀寧隕霜殺稼。四年夏，六盤山隕霜，殺稼五百餘頃。五年五月，雄州歸信縣隕霜。六年三月，奉元路同州隕霜。七年八月，益津縣雨，黑霜。

至治三年七月，冀寧(曲陽)〔陽曲〕縣、大同路大同縣、興和路(咸)〔威〕寧縣隕霜。八月，袁州宜春縣隕霜，害稼。

泰定二年三月，雲需府大雪，民饑。

天曆三年二月，京師大霜，晝霧。

至順元年閏七月，奉元西和州，寧夏應理州、鳴沙州，鞏昌静寧、邠、會等州，鳳翔(鱗)〔麟〕遊，大同山陰，晉寧潞城、隰川等縣隕霜，殺稼。

明・宋濂等《元史》卷五一《五行志二》 至正六年九月，彰德雨雪，結凍如琉璃。七年八月，衛輝隕霜殺稼。九年三月，温州大雪。十年春，彰德大寒，近清明節，雨雪三尺，民多凍餒而死。十一年三月，汴梁路鈞州大雷雨雪，密縣平地雪深三尺餘。十三年秋，邵武光澤縣隕霜，殺稼。二十三年三月，東平路須城、東阿、陽穀三縣隕霜，殺桑，廢蠶事。八月，鈞州密縣隕霜，殺菽。二十七年三月，彰德大雪，寒甚於冬，民多凍死。五月辛巳，大同隕霜，殺麥。秋，冀寧路徐溝、介休二縣雨雪。十二月，奉元路咸寧縣井水冰。二十八年四月，奉元隕霜，殺菽。

明・王圻《續文獻通考》卷二二二 天祚帝乾統九年七月，隕霜，殺稼。正隆四年十一月庚寅，霜附冰。

章宗承安五年十月癸卯，晨陰，霜附冰，至日入亦如之。宣宗興定五年十二月丁丑，霜附冰。

哀宗正大三年春，大寒。四年八月癸亥，風，霜隕，禾皆盡。

世祖中統二年五月，西京隕霜，殺禾。三年五月，宣德、咸寧等路隕霜。八月，河間平灤等路隕霜，害稼。四年四月，武州隕霜，殺麥禾。至元八年七月，昌會、蘭等州隕霜，殺稼。十七年四月，海、寧、益、都四郡隕霜，損桑。二十一年三月，山東隕霜，殺蠶盡死，被灾者三萬餘家。二十六年五月丁丑，濟南、棣州隕霜，殺菽。二十七年七月，大同、平陽、太原隕霜，殺禾。二十九年三月，濟南、般陽等郡及恩州屬縣隕霜，殺桑。

成宗元貞二年八月，金復州隕霜，殺禾。大德五年二月，湯陰縣隕霜，殺麥。五月，商州隕霜，殺麥。六年，大同、太原隕霜，殺禾。七年四月，隕霜，殺麥。八年三月，濟陽、灤城隕霜，殺桑。八月，隕霜，殺稼。九年三月，河間、益都、般陽三郡屬縣隕霜，殺桑一百四十一萬七千餘本，壞蠶一萬二千七百餘箔。十年七月，大同渾源縣隕霜，殺禾。八月，綏德州、米脂縣隕霜，殺禾二百八十頃。至大元年，大名路隕霜，殺桑。八月，大同隕霜，殺禾。

仁宗皇慶二年三月，濟寧隕霜，殺桑。延(佑)(祐)元年三月，東平、般陽等郡，泰安曹濮等州，大雨雪三日，隕霜，殺桑。閏三月，濟寧、汴梁等路及隴州、開州、清城、渭源諸縣隕霜，殺桑無蠶。七月，冀寧隕霜，殺稼。四年夏六月，盤山隕霜，殺稼五百餘頃。五年五月，雄、德、歸信縣隕霜，殺桑。七年八月，益、津縣雨黑霜。

英宗至治三年七月，冀寧、(曲陽)(陽曲)縣、大同縣、興和路咸寧縣隕霜，殺禾。八月，袁州、宜春縣隕霜，害稼。

泰定帝泰定二年三月，霑府大雪，民饑。

文宗天曆三年二月，京師大霜，晝霧。至順元年閏七月，奉元、西湖州、寧夏應理州、鳴沙州、鞏昌靜寧、邠會等州，鳳翔麟遊、大同山陰、晉寧潞、城隰川等縣隕霜，殺稼。

順帝元統三年三月壬辰，河州大雪十日，深八尺，馬駝牛羊凍死者十九，民大饑。至正六年六月，達達地大風雪，羊馬皆死。九月，彰德雨雪，結凍如琉璃。七年八月，衛輝隕霜，殺稼。九年三月，温州大雪。十年春，彰德大寒，近清明節，雨雪三尺，民多凍餒而死。十一年三月，汴梁路鈞州大雷，雨雪。高密縣平地雪深三尺餘。十三年秋，邵武光澤縣隕霜，殺稼。二十三年三月，東平路須城、東阿穀陽三縣隕霜，殺桑，廢蠶事。八月，鈞州密縣隕霜，殺菽。二十七年三月，彰德大雪，寒甚於冬，民多凍死。五月辛巳，大同隕霜，殺麥。秋，冀寧路徐溝、介休二縣雨雪。十二月，奉元路咸寧縣井水冰合。二十八年四月，奉元隕霜殺菽。

憲宗成化十三年七月，陝西鞏昌、平凉諸州縣隕霜，殺稼。

武宗正德七年冬，江淮風雪連旬，南至洞庭緩流處，冰厚尺餘。

今上萬曆六年十一月，大雪浹旬，民多凍死。二十三年冬，十二月至正月，江南雪久，殭尸無算。

清·張廷玉等《明史》卷一二《英宗後紀》 天順三年冬十月，是月，命法司會廷臣，每歲霜降録囚，後以爲常。

清·張廷玉等《明史》卷二八《五行志一》 洪武十四年五月丁未，建德雪。六月己卯，杭州晴日飛雪。二十六年四月丙申，榆社隕霜損麥。景泰四年，鳳陽八衛二三月雨雪不止，傷麥。天順四年三月乙酉，大雪，越月乃止。成化二年四月乙巳，宣府隕霜，殺青苗。十九年三月辛酉，陝西隕霜。弘治六年十月，南京雨雪連旬。八年四月庚申，榆社、陵川、襄垣、長子、沁源隕霜，殺麥豆桑。辛酉，慶陽諸府縣衛所三十五，隕霜，殺麥豆禾苗。九年四月辛巳，榆次隕霜，殺禾。是月，武鄉亦隕霜。十七年二月壬寅，鄖陽、均州雨雪雹，雪片大者六寸。六月癸亥，雨雪。正德八年四月乙巳，文登、萊陽隕霜，殺稼。丙辰，殺穀。十三年三月壬戌，遼東隕霜，禾苗皆死。嘉靖二年三月甲子，郯城隕霜，殺麥。辛未，殺禾。二十二年四月己亥，固原隕霜，殺麥。隆慶六年三月丁亥，南宮隕霜，殺麥。萬曆二十四年四月己亥，林縣雪。二十六年十一月辛亥，彰德隕霜，不殺草。三十八年四月壬寅，貴州暴雪，形如土磚，民居片瓦無存者。四十四年正月，雨紅黃黑三色雪，屋上多巨人跡。崇禎六年正月辛亥，大雪，深二丈餘。十一年五月戊寅，喜峰口雪三尺。十三年四月，會寧隕霜，殺稼。十六年四月，鄢陵隕霜，殺麥。

清·查繼佐《罪惟録·志》卷之三 成化二十一年乙巳十一月，時有冰稼之災，似烟非烟，似雪非雪，草樹被之，皆成幡幢諸像。又白氣如練，作白蛇形，形散，有聲如雷。

清·董含《三岡識略》卷五《青霜》 乙巳五月初八日，山西省城雨霜三日，其色正青。所及之處，草木盡枯。

清·董含《三岡識略》卷九《黑霜》 甲子（康熙二十三年）四月二十一日，陝西龍德、莊浪二縣，天降黑霜，麥菜盡枯。

漢新莽辛巳地皇二年秋，隕霜，殺菽。關東大饑蝗。

清・傅恒等《歷代通鑑輯覽》卷一五　漢武帝元光五年辛亥夏四月，隕霜殺草。

清・傅恒等《歷代通鑑輯覽》卷二〇　漢新莽天鳳元年夏四月，隕霜，殺草木。

清・嵇璜、劉墉等《續通志》卷二　唐太宗貞觀二年八月辛丑立二王後，是月，河南、河北大霜，人饑。

清・嵇璜、劉墉等《續通志》卷六二　元成宗大德六年十二月辛酉，御史臺臣言：自大德元年以來，數有星變及風水之災，民間乏食，陛下敬天愛民之心無所不盡，理宜轉災爲福，而今春霜殺麥，秋雨傷稼。

清・嵇璜、劉墉等《續通志》卷三九八　宋寧宗嘉定七年，番陽霜，殺桑。

清・畢沅《續資治通鑑》卷九〇《宋紀九十》　徽宗大觀三年秋七月，是月，遼地隕霜，傷稼。遼主以中京饑，命昭德軍節度使耶律盂〔孟〕簡偕學士劉嗣昌減價糶粟，事未畢而盂〔孟〕簡卒。

清・畢沅《續資治通鑑》卷一六四《宋紀一百六十四》　理宗寶慶三年八月己巳，隕霜，禾盡隕〔皆盡〕。

清・畢沅《續資治通鑑》卷一六五《宋紀一百六十五》　理宗紹定四年秋七月，丙戌，臣僚言：「建、劍之間，秋霜，害稼，請下諸司措置，般運廣米，應濟市糴。湖、秀、嚴、徽，春霜，損桑，水潦爲沴，令監司郡守留意賑存，與減税色。」從之。

清・畢沅《續資治通鑑》卷一七七《宋紀一百七十七》　理宗景定三年八月，蒙古河間、平濼〔灤〕、廣寧、西京、宣德、北京隕霜，害稼。庚戌，蒙古發粟三十萬，賑濟南飢民。

理宗景定四年（一二六三）夏四月，蒙古西京、武州隕霜，殺稼。

清・畢沅《續資治通鑑》卷一八八《元紀六》　世祖至元二十四年九月戊申，咸平、懿州、北京，以納顔叛，民廢耕作，又霜雹爲災，告饑，詔以海運糧五萬石賑之。

清・畢沅《續資治通鑑》卷一八九《元紀七》　世祖至元二十七年五月庚戌，陝西南市屯田隕霜，殺稼，免其租。

清・畢沅《續資治通鑑》卷一九二《元紀十》　成宗元貞元年春正月，以隕霜殺禾，賑安西王山後民米。

清・畢沅《續資治通鑑》卷一九四《元紀十二》　成宗大德五年五月，商州隕霜，殺麥。

成宗大德七年（一三〇三）夏四月，濟南路隕霜，殺麥。五月，般陽路隕霜。

清・畢沅《續資治通鑑》卷一九五《元紀十三》　成宗大德十年秋七月，大同之渾源隕霜，殺禾。

清・畢沅《續資治通鑑》卷一九七《元紀十五》　武宗至大四年秋七月，是月，大寧等路隕霜。

清・畢沅《續資治通鑑》卷一九八《元紀十六》　仁宗皇慶二年三月，而又隕霜、雨毛，天文示變。

仁宗延祐元年三月丁丑，畿内饑，賑之。濟地〔寧〕等路隕霜，殺桑果禾苗，歸州饑，出粟平糴。

清・畢沅《續資治通鑑》卷二〇〇《元紀十八》　仁宗延祐七年，是歲，益津縣隕黑霜。

清・畢沅《續資治通鑑》卷二〇一《元紀十九》　英宗至治三年秋七月，是月，冀寧、興和、大同三路隕霜。

清・畢沅《續資治通鑑》卷二〇二《元紀二十》　泰定帝泰定二年秋七月，是月，宗仁衛屯田隕霜，殺禾。

清・畢沅《續資治通鑑》卷二一九《元紀三十七》　順帝至正二十七年五月辛巳，大同隕霜，殺麥。

清・畢沅《續資治通鑑》卷二二〇《元紀三十八》　順帝至正二十八年三月丙午，隕霜殺菽。

清・顧炎武《日知録》卷三一　《宋書》言：晉太康六年三月戊辰，樂安、梁鄒等八縣隕霜，傷桑麥。

清・孫之騄《二申野録》卷二　正統八年癸亥春三月，台州大霜如雪，殺草木。成化十三年丁酉秋七月，陝西鞏昌、平凉府諸州縣隕霜，傷稼。

清・孫之騄《二申野録》卷三　弘治十六年癸亥秋八月，隕霜，殺稼。

清・孫之騄《二申野録》卷四　嘉靖九年庚寅六月，慶元縣大霜，殺禾。二十年辛丑六月，鹽山隕霜，殺禾。

清・孫之騄《二申野録》卷八　崇禎元年戊辰三月，義烏隕霜，殺麥。八月陝西霜，殺稼。

冰雪部

題解

《左傳・隱公九年》平地尺爲大雪，雪有七尺雪。

漢・劉熙《釋名・釋天》雪，綏也，水下遇寒氣而凝綏綏然也。霰，星也，冰雪相摶如星而散也。【略】灾，裁也。火所燒滅之餘曰裁，言其於物如是也。害，割也，如割削物也。

論說

唐・歐陽詢《藝文類聚》卷二《天部下・雪》《毛詩》曰：北風其涼，雨雪其雱。又曰：今我來思，雨雪霏霏。又曰：上天同雲，雨雪雰雰，又曰：雨雪瀌瀌，見晛曰消。晛日氣也。

《山海經》曰：由首之山、小威之山、空桑之山竝冬夏有雪。

《穆天子傳》曰：雨雪，天子獵于鈃山之西阿。又曰：北風雨雪，天子遊黄室之丘，筮獵苹澤，日中大寒，北風雨雪有凍人，天子作黄竹詩。

《晏子春秋》曰：景公時，雨雪三日，公披狐白之裘。晏子入，公曰：怪哉，雨雪三日不寒。晏子曰：古之賢君飽而知人饑，温而知人寒。公曰：善，出裘發粟以與饑寒者。

王孫子曰：昔衛君重裘累茵而坐，見路有負薪而哭之者，問曰：何故也？對曰：雪下衣薄，是以哭之。於是衛君懼見於顔色，曰：爲君而不知民，孰以我爲君？於是開府金，出倉粟以賑貧窮。

《漢書・蘇武傳》曰：單于幽武置大窖中，絶不與飲食。天雨雪，武卧齧雪與旃毛并咽之，數日不死，匈奴以爲神。

《論衡》曰：雲霧，雨之徵也。夏則爲露，冬則爲霜，温則爲雨，寒則爲雪。雨、露、凍、凝者，皆由地發，不從天降。

《氾勝之書》曰：取雪汁以漬原蠶矢，漬之五六日，釋，因摩之，雜穀種，使稼能旱，故謂雪五穀之精也。

《録異傳》曰：漢時大雪，積地丈餘。洛陽令身出按行，見民家皆除雪。出至袁安門無有路，謂安已死，令人除雪入户，見安僵卧。問：何以不出？安曰：大雪，人皆餓，不宜干人。令以爲賢，舉爲孝廉。

《楚辭・招魂》曰：魂兮歸來，北方不可以止。增冰峨峨，飛雪千里。又曰：霰雪紛其無垠。又曰：霰雪霏霏，糅其增加。又曰：霰雪紛紛而薄木。又曰：桂棹兮蘭枻，斲冰兮積雪。

《韓詩外傳》曰：凡草木花多五出，雪花獨六出。雪花曰霙雪，雲曰同雲。

《西京雜記》曰：太平之代，雪不封條，凌弭毒害而已。自上而下曰雨雪。

宋鮑照《詠雪詩》曰：胡風吹朔雪，千里度龍山。集君瑶臺裏，飛舞兩楹前。

梁簡文帝《雪朝詩》曰：同雲凝暮序，嚴陰屯廣隰。落梅飛四注，翻霙舞三襲。實斷望如連，恒分似相及。已觀池影亂，復見簾珠濕。又詠雪詩曰：晚霰飛銀礫，浮雲暗未開。入池消不積，因風隨復來。思婦流黄素，温姬玉鏡臺。看花言可折，定自非春梅。又詠雪顛倒使韻曰：鹽飛亂蝶舞，花落飄粉匳。

梁丘遲《望雪詩》曰：氛氲發紫漢，雜沓被朱城。倏忽銀臺構，俄頃玉樹生。緜緜九軌合，昭昭四區明。

梁裴子野《上朝值雪詩》曰：沐雪欻千門，櫛風朝萬户。集霰渝丹蔽，流雲飄繡柱。滴瀝垂土膏，闌干懸石乳。又詠雪詩曰：飄颻千里雪，倏忽度龍沙。從雲合且散，因風卷復斜。拂草如連蝶，落樹似飛花。若贈離居者，折以代瑶華。

梁吴均《詠雪詩》曰：微風摇庭樹，細雪下簾隙。縈空如霧轉，凝階似花積。不見楊柳春，徒看桂枝白。又詠雪詩曰：雪逐春風來，過集巫山野。瀾漫雖可愛，翻揚詎堪把。問君何所思，昔日同心者。坐須風雪霽，相期雒城下。

梁何遜《詠雪詩》曰：凝階似月夜，拂曙曉疑春。蕭散忽如盡，徘徊已復新。

若逐微風起，誰言非玉塵。

晉李顒《雪賦》曰：何時雪之嘉澤，亦應變而俱凝，隨同雲而下降，固霑渥之所興。

梁劉孝綽《對雪詩》曰：桂華殊皎皎，柳絮亦霏霏。詎比咸池曲，飄飖千里飛。耻均班女扇，羞灑曹人衣。浮光亂粉壁，積照朗彤闈。

周劉璠《雪賦》曰：天地否閉，凝而成雪。應乎玄冬之晨，在於冱寒之節。混蒼雲暮同，嚴風曉別。散亂徘徊，雰霏皎潔。違朝陽之曜煦，就凌陰之慘冽。混二儀而並色，覆萬有而皆空。既奪朱而成素，實矯異而爲同。始飄飖而稍落，遂紛糅而無窮。曉攝光而映净，夜合影而通曨。似北荒之明月，比西崑之閬風。

晉孫楚《雪賦》曰：堯九載以山栖兮，湯請禱於桑林。罔二聖以濟世兮，孰繁衍以迄今。嗟亢陽之踰時兮，情反側以寢興。豐隆灑雪，交錯翻紛，膏澤偃液，普潤中田，肅肅三麥，實獲豐年。

綜述

漢·班固《漢書》卷二七《五行志中之下》 傳曰：「聽之不聽，是謂不謀，厥咎急，厥罰恒寒，厥極貧。時則有鼓妖，時則有魚孽，時則有豕禍，時則有耳痾，時則有黑眚黑祥。惟火沴水。」

「聽之不聽，是謂不謀」，言上偏聽不聽，下情隔塞，則不能謀慮利害，失在嚴急，故其咎急也。盛冬日短，寒以殺物，政促迫，故其罰常寒也。寒則不生百穀，上下俱貧，故其極貧也。君嚴猛而閉下，臣戰栗而塞耳，則妄聞之氣發於音聲，故有鼓妖。寒氣動，故有魚孽。雨以龜爲孽，龜能陸處，非極陰也；魚去水而死，極陰之孽也。於《易·坎》爲豕，豕大耳而不聰察，聽氣毁，故有豕禍也。一曰，寒歲豕多死，及爲怪，亦是也。及人，則多病耳者，故有耳痾。水色黑，故有黑眚黑祥。凡聽傷者病水氣，水氣病則火沴之。其極貧者，順之，其福曰富。劉歆聽傳曰有介蟲孽也，庶徵之恒寒。劉向以爲春秋無其應，周之末世舒緩微弱，政在臣下，奥煖而已，故籍秦以爲驗。秦始皇帝即位尚幼，委政太后，太后淫於吕不韋及嫪毐，封毐爲長信侯，以太原郡爲毐國，宫室苑囿自恣，政事斷焉。故天冬雷，以見陽不禁閉，以涉危害，舒奥迫近之變也。始皇既冠，毐懼誅作亂，始皇誅之，斬首數百級，大臣二十人，皆車裂以徇，夷滅其宗，遷四千餘家於房陵。是歲四月，寒，民有凍死者。數年之間，緩急如此，寒奥輒應，此其效也。劉歆以爲大雨雪，及未當雨雪而雨雪，及大雨雹，隕霜殺叔草，皆常寒之罰也。劉向以爲常雨屬貌不恭。京房《易傳》曰：「有德遭險，兹謂逆命，厥異寒。誅過深，當奥而寒，盡六日，亦爲雹。害正不誅，兹謂養賊，寒七十二日，殺蜚禽。道人始去兹謂傷，其寒物無霜而死，涌水出。戰不量敵，兹謂辱命，其寒雖雨物不茂。聞善不予，厥咎聾。」

南朝梁·沈約《宋書》卷三三《五行志四》 庶徵之恒寒，劉歆以爲「大雨雪、及未當雨雪而雨雪、及大雨雹、隕霜殺菽草，皆常寒之罰也」。京房《易傳》曰：「有德遭險，兹謂逆命。厥異寒。誅罰過深，當燠而寒，盡六日，亦爲雹。害正不誅，兹謂養賊。寒七十二日，殺飛禽。道人始去，兹謂傷。其寒物無霜而死，涌水出。戰不量敵，兹謂辱命。其寒雖雨物不茂。」

北齊·魏收《魏書》卷一一二上《靈徵志上》 《洪範論》曰：《春秋》之大雨雪，猶庶徵之恒雨也，然尤甚焉。夫雨，陰也，雪又陰也。大雪者，陰之稸積盛甚也。一曰與大水同，冬故爲雪耳。

宋·李昉等《太平御覽》卷三四《寒》 釋名曰：寒，捍也，捍格也。《説文》曰：霸，寒也，从雨，執聲。凛清寒也。

《書》曰：休徵曰，謀時寒若；（曰）咎徵曰，急恒寒若。孔安國曰：君能謀則時寒順之，君行急則常寒順之。

又曰：冬祁寒，小民亦惟曰怨咨。

《詩》曰：一之日觱發，風寒也。二之日栗烈。寒氣也。

又曰：北風刺虐也，衛國並爲威虐，百姓不親，莫不相携而去。故云北風其凉，雨雪其滂。北風，寒凉之風也，滂，盛貌也。箋云：寒凉之風病害萬物，喻君政教酷暴，民皆避亂而去。

《禮記》曰：天地嚴凝之氣，始于西南，而盛于西北。此天地之義象也。

又《月令》曰：仲春行秋令，則寒氣總至。

又曰：季冬之月，命有司大儺，旁磔出土牛，以送寒氣。鄭玄曰：丑爲牛。

又曰：九月中氣，是月也，霜始降，則百工休。乃命有司曰，寒氣總至，人力不堪，其皆入室。霜降清風戒寒，將以聚人入室。又曰：孟冬行夏令，則國多暴風，巽爲風，夏主巽風事，故行夏令則多暴風。方冬不寒，夏氣干時，方冬而温。蟄蟲復出。蟲以寒蟄，温而復出。

又曰：大寒之月，雞始乳，鴈北鄉。

又曰：季春行冬令，則寒氣時發，草木皆肅。

又曰：雲南郡點蒼山，特寒。四月五月中，猶積雪皓然。謝承《後漢書》曰：盛夏多寒，常彪上疏諫曰：臣聞政治之本，必順陰陽。伏見立夏以來，當暑而寒，殆刑罰刻急，郡國不和時令之所致也。

《東觀漢書》曰：王郎起兵，上自東南馳，夜至蕪蔞亭，時天寒冽，衆皆饑疲。馮異上豆粥。明旦上謂諸將曰：昨得公孫豆粥，寒飢俱解。

《續漢書·五行志》曰：獻帝初平四年六月，寒風如冬時。又曰：光和四年冬，大寒。北海、東萊、瑯琊井中氷厚尺餘，大有年。

又，窮谷之地，固陰沍寒。

《趙書》曰：汲桑，六月盛暑，重裘累茵，使人扇之，患不清凉，斬扇者。軍中謂之謡曰：奴爲將軍何可羞，六月累茵披貂裘，不識寒暑斬人頭。

《易稽覽圖》曰：冬至之後三十日極寒。

京房《易占妖》曰：春夏寒，政教急。

《春秋運斗樞》曰：日行失，則雖當暖而寒。

《春秋考異郵》曰：繆公即位，仲夏大寒。氷錯亂甚也。

《老子》曰：躁勝寒，静勝熱。

《尸子》曰：雨雪，楚莊王披裘當户曰：我猶寒，彼百姓賓客甚矣。乃巡國中，求百姓賓客之無居宿餧糧者賑之。國人大悦。

又曰：朔方之寒，氷厚六尺，木皮三寸，北極山有不釋之氷。

《晏子》曰：景公時，雪三日，公披狐白裘。晏子入，公曰：怪哉，雨雪三日不寒。晏子曰：古之賢君，飽而知人飢，煖而知人寒。公曰：善。出裘發粟，以與飢寒者。

又曰：景公起大臺，歲寒，役人凍死者有焉。

《管子》曰：大寒、大暑、大風、大雨，其至不時，此謂四刑。

《淮南子》曰：北方有北極之山，曰寒門。積寒所在，故曰寒門。

《吕氏春秋》曰：衛靈公天寒鑿池。宛春曰：天寒恐傷民。公曰：寒哉。春曰：君衣狐裘，坐熊席，取火，是故不寒。民衣敝不補，君則不寒，民則寒矣。公曰：善，命罷役。左右曰：是德必歸于春。公曰：不可，春所有之善，即寡人之善也。衛人悦，當時衛公得君道矣。

又曰：見瓶水之氷，而知天下之寒。

《國語》曰：火見而清風戒寒，火，心星。清風，寒風也。清風至而修城郭。

《戰國策》曰：田單爲齊相，過淄水，有老人涉淄而寒，不能行。單乃解裘衣與之。襄王曰：單之厚施，欲取我國乎？有貫珠者聞之，曰：不如因與焉已。下令曰：寡人憂民之寒，單解衣與之，稱寡人意。於是閭里相與語曰：單之愛人，乃王之致也。

《説苑》曰：國有五寒，而水凍不與焉。一曰政外，二曰女廣，三曰謀泄，四曰不敬卿士而國敗，五曰不能治内而務外。此五者一見，惟禍無福。

桓譚《新論》曰：元帝時，漢中有逸人王仲都，能忍寒。乃於盛寒日令袒衣，載以駟馬，於昆明池上繞氷而走，御者厚衣狐裘甚寒，而仲都獨無變也。

《論衡》説寒温有曰：人君喜則温，怒則寒。

又曰：河東項曼都好道學仙，去家三年而返，曰：去時有數仙人將上天，離月數里而上月之旁，其寒凄凄。

《穆天子傳》曰：天子遊黄臺之丘，日中大寒，雨雪，有凍死人。天子作黄竹詩以愍之。

《葛仙公别傳》曰：公與客談語，時天大寒。仙公謂曰：客居貧不能人人得爐火，請作一大火，共致煖氣何如？因吐氣，火赫然從口出，須臾火滿屋，客皆熱，脱衣。

《石虎别傳》曰：十三年春二月，虎率三公九卿躬耕籍田，又令夫人與命婦先蠶近郊。是歲八月，雨雪大寒，行旅凍死。

《鍾離意别傳》曰：嚴遵昔與光武俱爲諸生，暮夜宿息，二人寒不得寢卧。更相謂曰：後日豪貴，憶此勿相忘。别後數年，光武有天下，徵遵不至也。

《西京雜記》曰：淮南王好方士，皆以術見，嘘吸爲寒暑。

劉向《别録》曰：燕有寒谷，不生五穀，鄒衍吹律以煖之，乃生禾黍，因名黍谷。

《廣志》曰：挹樓國地寒，人多穴居也。

又曰：北方寒，氷厚三尺，地凍五尺，人氣出口爲凌，馬首常創。

《洪範五行傳》曰：秦始皇九年四月，寒凍，民有死者。

又曰：聽不聰，事不謀，厥罰恒寒。

《晉朝雜事》曰：永寧二年十二月，大寒，凌破河橋。

又曰：大興四年，大寒，傷民。氷厚時，王敦肆亂，殺戮忠良。

《神異經》曰：北方有層氷萬里，厚百尺，下有鼷在氷下土泥中，其形如鼠，食水草，肉重萬斤，作脯食之已熱，其毛長八尺，可以爲褥，卧之可以却寒。

《黄帝素問》曰：地冽爲寒。

《太公金匱》曰：武王伐紂，紂徃洛邑，天陰雨寒，雪十餘日。

漢張奐與《延篤書》曰：太陰之紀，氷厚三尺，木皮三寸，風威寒冽，損筋傷骨，非老僊者所堪，而復加之以師旅，因之以饑饉，衆艱罄集，不可一二言也。

傅玄詩曰：季冬時慘冽，猛寒不可勝。嚴風截人耳，素雪隨地凝。艸上飛霜起，波中自生氷。未夕結重衾，崇朝不敢興。

又陸機樂府《苦寒行》曰：北遊幽朔城，凉野多險艱。俯入窮谷底，仰陟高山巔。凝氷結重澗，積雪被長巒。陰雲興巖側，悲風鳴樹端。不覩白日景，但聞寒鳥喧。猛獸憑林嘯，玄猿臨岸歎。夕宿喬木下，慘愴恒鮮歡。渴飲堅氷漿，飢待零霜餐。

又《連珠》曰：沈寒凝海，不能結風。

《琴操》曰：曾子嘗耕于泰山之下，遭天雨雪寒凍，旬日不得歸，乃作憂思歌也。

宋袁淑七言《詠寒雪》曰：渚幽寒兮石烟聚，日華收兮山氣深。邊亭哀兮夜燧滅，孤松振兮空岫吟。魚戢鱗兮鳥收翰，虹蟄火兮龍藏金。

紀事

《春秋左傳注疏》卷二八《成公十六年》經：十有六年，春，王正月，雨木冰。

注：無傳。記寒過節，冰封著樹。正義曰：正月，今之仲冬，時猶有雨，未是盛寒。雨下即著樹爲冰，記寒甚之過其節度。《公羊》《穀梁》皆云雨而木冰，是冰封著樹也。今世時有之，皆寒甚所致也。

《春秋穀梁傳》卷一四《成公十六年》 春，王正月，雨，木冰。雨而木冰也。志異也。《傳》曰：根枝折。

《春秋穀梁傳》卷一七《昭公四年》 春，王正月，大雨雪。

漢・司馬遷《史記》卷六《秦始皇本紀》 九年四月，是月，寒凍，有死者。

又 二十一年，大雨雪，深二尺五寸。

漢・司馬遷《史記》卷四三《趙世家》 成侯二年六月，雨雪。

漢・班固《漢書》卷五《景帝紀》 六年春三月，雨雪。

漢・班固《漢書》卷六《武帝紀》 元狩元年十二月，大雨雪，民凍死。元狩六年冬十月，雨水亡冰。元鼎二年三月，大雨雪。

漢・班固《漢書》卷七《昭帝紀》 始元元年冬，無冰。

漢・班固《漢書》卷九《元帝紀》 永光五年冬十一月，齊、楚地震，大雨雪，樹折屋壞。

漢・班固《漢書》卷一〇《成帝紀》 建始四年夏四月，雨雪。陽朔二年春，寒。詔曰：「昔在帝堯立羲、和之官，命以四時之事，令不失其序。故《書》云『黎民於蕃時雍』，明以陰陽爲本也。今公卿大夫或不信陰陽，薄而小之，所奏請多違時政。傳以不知，周行天下，而欲望陰陽和調，豈不謬哉！其務順四時月令。」三月，大赦天下。

漢・班固《漢書》卷二七中之下《五行志中之下》 桓公八年「十月，雨雪」。周十月，今八月也，未可以雪，劉向以爲時夫人有淫齊之行，而桓有妬(媚)〔娼〕之心，夫人將殺，其象見也。桓不覺寤，後與夫人俱如齊而殺死。凡雨，陰也，雪又雨之陰也，出非其時，迫近象也。董仲舒以爲象(大)〔夫〕人專恣，陰氣盛也。

釐公十年「冬，大雨雪」。劉向以爲先是釐公立妾爲夫人，陰居陽位，陰氣盛也。《公羊經》曰「大雨雹」。董仲舒以爲公脅於齊桓公，立妾爲夫人，不敢進羣妾，故專壹之象見諸雹，皆爲有所漸脅也，行專壹之政云。

昭公四年「正月，大雨雪」。劉向以爲以於吳而爲同姓，謂之吳孟子。君行於上，臣非於下。又三家已彊，皆賤公行，慢侮之心生。董仲舒以爲季孫宿任政，陰氣盛也。

文帝四年六月，大雨雪。後三歲，淮南王長謀反，發覺，遷，道死。京房《易傳》曰：「夏雨雪，戒臣爲亂。」

景帝中六年三月，雨雪。

武帝元狩元年十二月，大雨雪，民多凍死。

元鼎二年三月，雪，平地厚五尺。

元鼎三年三月水冰，四月雨雪，關東十餘郡人相食。是歲，民不占緡錢有告者，以半畀之。

元帝建昭二年十一月，齊楚地大雪，深五尺。

建昭四年三月，雨雪，燕多死。谷永對曰：「皇后桑蠶以治祭服，共事天地宗廟，正以是日疾風自西北，大寒雨雪，壞敗其功，以章不鄉。宜齊戒辟寢，以深自責，請皇后就宫，鬲閉門户，毋得擅上。且令衆妾人人更進，以時博施。皇天説喜，庶幾可以得賢明之嗣。即不行臣言，災異俞甚，天變成形，臣雖欲復捐身關策，不及事已。」其後許后坐祝詛廢。

漢·班固《漢書》卷九四上《匈奴傳上》 是時，漢初定，徙韓王信於代，都馬邑。匈奴大攻圍馬邑，韓信降匈奴。匈奴得信，因引兵南踰句注，攻太原，至晉陽下。高帝自將兵往擊之。會冬大寒雨雪，卒之墮指者十二三，於是冒頓陽敗走，誘漢兵。漢兵逐擊冒頓，冒頓匿其精兵，見其羸弱，於是漢悉兵，多步兵，三十二萬，北逐之。高帝先至平城，步兵未盡到，冒頓縱精兵三十餘萬騎圍高帝於白登，七日，漢兵中外不得相救餉。

是歲，漢使貳師將軍西伐大宛，而令因杅將軍築受降城。其冬，匈奴大雨雪，畜多飢寒死，而單于年少，好殺伐，國中多不安。左大都尉欲殺單于，使人間告漢曰：「我欲殺單于降漢，漢遠，漢即來兵近我，我即發。」初漢聞此言，故築受降城，猶以爲遠。

貳師在匈奴歲餘，衛律害其寵，會母閼氏病，律飭胡巫言先單于怒，曰「胡故時祠兵，常言得貳師以社，今何故不用？」於是收貳師，貳師（怒）〔罵〕曰：「我死必滅匈奴！」遂屠貳師以祠。會連雨雪數月，畜産死，人民疫病，穀稼不孰，單于恐，爲貳師立祠室。

其冬，單于自將萬騎擊烏孫，頗得老弱，欲還。會天大雨雪，一日深丈餘，人民畜産凍死，還者不能什一。於是丁令乘弱攻其北，烏桓入其東，烏孫擊其西。凡三國所殺數萬級，馬數萬匹，牛羊甚衆。又重以餓死，人民死者什三，畜産什五，匈奴大虚弱，諸國羈屬者皆瓦解，攻盗不能理。其後漢出三千餘騎，爲三道，並入匈奴，捕虜得數千人還。匈奴終不敢取當，茲欲鄉和親，而邊境少事矣。

漢·班固《漢書》卷九九中《王莽傳中》 天鳳三年二月乙酉，地震，大雨雪，關東尤甚，深者一丈，竹柏或枯。大司空王邑上書言：「視事八年，功業不效，司空之職尤獨廢頓，至乃有地震之變。願乞骸骨。」莽曰：「夫地有動有震，震者有害，動者不害。《春秋》記地震，《易繫》《坤》動，動静辟脅，萬物生焉。災異之變，各有云焉。天地動威，以戒予躬，公何辜焉，而乞骸骨，非所以助予者也。使諸吏散騎司禄大衛脩寧男遵諭予意焉。」

《春秋公羊傳》卷五《桓公八年》 冬十月，雨雪。何以書？記異也。何異爾？不時也。注：周之十月，夏之八月，未當雨雪，此陰氣大盛，兵象也。是後有郎師，龍門之戰，流血尤深。

《春秋公羊傳》卷一八《成公十六年》 春，王正月，雨木冰。雨木冰者何？雨而木冰也，何以書？記異也。注：木者，少陽，幼君，大臣之象。冰者，凝陰兵之類也。冰脅木者，君臣將執於兵之徵也。

《春秋公羊傳》卷二二《昭公四年》 春，王正月，大雨雪。注：爲季氏。

漢·荀悦《前漢紀》卷一六《孝昭一》 元始六年，單于欲必降之，乃置（蘇）武大窖中，絶不與飲食七日。天雨雪，武嚙雪與旃毛并咽之，數日不死。

漢·荀悦《前漢紀》卷二二《孝元二》 建昭二年冬十有一月，齊楚地震，大雨雪，深五尺，樹折屋壞。

漢·荀悦《前漢紀》卷三〇《孝平》 居攝八年春二月，大雨雪，深者二丈，柏竹咸枯死。

漢·劉歆《西京雜記》卷二 元封二年，大寒，雪深五尺，野鳥獸皆死，牛馬皆蜷蹜如蝟。三輔人民凍死者，十有二三。

晉·陳壽《三國志》卷四七《吴志二·吴主傳》 赤烏四年春正月，大雪，平地深三尺，鳥獸死者大半。

南朝宋·范曄《後漢書》卷八《靈帝紀》 光和六年冬，東海、東萊、琅邪井中冰厚尺餘。

南朝宋·范曄《後漢書》卷一〇五《五行志三》 靈帝光和六年冬，大寒，北海、東萊、琅邪井中冰厚尺餘。袁山松《書》曰：「是時羣賊起，天下始亂。」《讖》曰：『寒者，小人暴虐，專權居位，無道有位，適罰無法，又殺無罪，其寒必暴殺。」」

南朝梁・沈約《宋書》卷八《明帝紀》 泰始三年春正月閏月庚午，京師大雨雪，遣使巡行，賑賜各有差。

南朝梁・沈約《宋書》卷三〇《五行志一》 魏文帝黄初六年正月，雨木冰。按劉歆説，木不曲直也。劉向曰：「冰者陰之盛，木者少陽，貴臣象也。此人將有害，則陰氣脅木，木先寒，故得雨而冰也。」是年六月，利成郡兵蔡方等殺太守徐質，據郡反，多所脅略，并聚亡命。遣二校尉與青州刺史共討平之。太守，古之諸侯，貴臣有害之應也。一説以木冰爲甲兵之象。是歲，既討蔡方，又八月，天子自將以舟師征吴，戎卒十餘萬，連旍數百里，臨江觀兵。

晉元帝太興三年二月辛未，雨木冰。後二年，周顗、戴淵、刁協、劉隗皆遇害，與《春秋》同事，是其應也。一曰，是後王敦攻京師，又其象也。

晉穆帝永和八年正月乙巳，雨木冰。是年，殷浩北伐，明年，軍敗，十年，廢黜。又曰，荀羡、殷浩北伐，桓温入關之象也。

晉孝武帝太元十四年十二月乙巳，雨木冰。明年二月，王恭爲北蕃；八月，庾楷爲西蕃；九月，王國寶爲中書令，尋加領軍將軍；十七年，殷仲堪爲荆州。雖邪正異規，而終同摧滅，是其應也。一曰，苻堅雖敗，關、河未一，丁零鮮卑，侵略司、兖，竇揚勝扇逼梁、雍，兵役不已，又其象也。

南朝梁・沈約《宋書》卷三三《五行志四》 吴孫權赤烏四年正月，大雪，平地深三尺，鳥獸死者(太)〔大〕半。是年夏，全琮等四將軍攻略淮南、襄陽，戰死者千餘人。其後權以讒邪，數責讓陸議，議憤恚致卒。與漢景、武大雪同事也。

晉武帝泰始六年冬，大雪。

泰始七年十二月，大雪。

太康三年十二月，大雪。元康五年十二月，丹陽建業大雪。

晉惠帝光熙元年閏八月甲申朔，霰雪。劉向曰：「盛陽雨水湯熱，陰氣脅之，則轉而爲雹。盛陰雨雪凝滯，陽氣薄之，則散而爲霰。」今雪非其時，此聽不聰之應也。

晉孝懷帝永嘉元年十二月冬，雪平地三尺。

永嘉七年十月庚午，大雪。

晉元帝永昌二年十二月，幽、冀、并三州大雪。

晉明帝太寧元年十二月，幽、冀、并州大雪。

咸和九年八月，成都雪。其日李雄死。

晉康帝建元元年八月，大雪。是時政在將相，陰氣盛也。與《春秋》魯昭公時季孫宿專政同事。劉向曰：「凡雨，陰也，雪又雨之陰也。出非其時，迫近象也。」

晉穆帝永和三年八月，冀方大雪，人馬多凍死。

永和十年五月，涼州雪。明年八月，枹罕護軍張瓘帥宋混等攻滅張祚，更立張曜靈弟玄靚。京房《易傳》曰：「夏雨雪，戒臣爲亂。」

永和十一年四月壬申朔，雪；十二月戊午，雷；己未，雷。是時帝幼，母后稱制，政在大臣。

晉穆帝升平二年正月，大雪。

太元二十一年十二月，連雪二十三日。是時嗣主幼沖，冢宰專政。

晉安帝元興二年十二月，酷寒過甚。是時桓玄篡位，政事煩苛，是其應也。晉氏失在舒緩，玄則反之。劉向曰：「周衰無寒歲，秦滅無燠年。」此之謂也。

元興三年正月甲申，霰雪，又雷。雷霰不應同日，失節之應也。二月，義兵起，玄敗。

北齊・魏收《魏書》卷一一二上《靈徵志上》 世祖始光二年十月，大雪數尺。真君八年五月，北鎮寒雪，人畜凍死。高祖太和四年九月甲子朔，京師大風，雨雪三尺。世宗正始元年五月壬戌，武川鎮大雨雪。四年二月乙卯，司、相二州暴風，大雨雪。九月壬申，大雪。肅宗正光二年四月，柔玄鎮大雪。

唐・姚思廉《陳書》卷三二《殷不害傳》 梁元帝立，以不害爲中書郎，兼廷尉卿，因將家屬西上。江陵之陷也，不害先於别所督戰，失母所在。于時甚寒，冰雪交下，老弱凍死者填滿溝壍。不害行哭道路，遠近尋求，無所不至，遇見死人溝水中，即投身而下，扶捧閲視，舉體凍濕，水漿不入口，號泣不輟聲，如是者七日，始得母屍。不害憑屍而哭，每舉音輒氣絶，行路無不爲之流涕。即於江陵權殯，與王裒、庾信俱入長安，自是蔬食布衣，枯槁骨立，見者莫不哀之。

唐・令狐德棻等《周書》卷一《文帝紀上》 魏永熙三年夏四月，軍出木峽關，大雨雪，平地二尺。

唐・魏徵等《隋書》卷二二《五行志上》 東魏武定四年冬，天雨木冰。《洪範五行傳》曰：「陰之盛而凝滯也。木者少陽，貴臣象也。將有害，則陰氣脅木，木先寒，故得雨而氷襲之。木氷一名介，介者兵之象也。」時司徒侯景制河南，及神武不豫，文襄懼其爲亂而徵之，景因舉兵反。豫州刺史高元成、襄州刺史李密、廣州刺史暴顯並爲景所執辱，貴臣有害之應也。其後左僕射慕容紹宗與景戰於渦陽，俘斬五萬。

後齊天保二年，雨木氷三日。初，清河王岳爲高歸彦所譖，是歲以憂死。武平元年冬，雨木氷；明年二月，又木氷。時録尚書事和士開專政。其年七月，太保、琅邪王儼矯詔殺之。領軍大將軍庫狄伏連、尚書右僕射馮子琮，並坐儼賜死。九月，儼亦遇害。

武平六年、七年，頻歲春冬木氷。其年周師入晉陽，因平鄴都。後主走青州，貴臣死散，州郡被兵者不可勝數。

唐·魏徵等《隋書》卷二三《五行志下》 東魏武定四年二月，大寒。人畜凍死者，相望於道。京房《易飛候》曰：「誅過深，當燠而寒。」是時後齊神武作相。先是尒朱文暢等謀害神武，事泄伏誅，諸與交通者，多有濫死。

河清元年，歲大寒。京房《易傳》曰：「有德遭險，茲謂逆命。厥異寒。」識曰：「殺無罪，其寒必異。」

唐·房玄齡等《晉書》卷三《武帝紀》 太康七年十二月己亥，河陰雨赤雪二頃。

唐·房玄齡等《晉書》卷九《簡文帝紀》 太元十四年冬十二月乙巳，雨木冰。

唐·房玄齡等《晉書》卷一〇《安帝紀》 義熙五年三月己亥，大雪，平地數尺。

唐·房玄齡等《晉書》卷二七《五行上》 魏文帝黄初六年正月，雨木冰。案劉歆説，上陽施不下通，下陰施不上達，故雨，而木爲之冰，雰氣寒，木不曲直也。劉向曰，冰者陰之盛，木者少陽，貴臣卿大夫象也。此人將有害，則陰氣脅木，木先寒，故得雨而冰也。元帝太興三年二月辛未，雨木冰。穆帝永和八年正月乙巳，雨木冰。孝武帝太元十四年十二月乙巳，雨木冰。

唐·李百藥《北齊書》卷八《後主紀》 天統三年春正月乙未，大雪，平地二尺。

唐·李延壽《北史》卷三《魏紀三》 太和四年九月戊子，詔曰：「隆寒雪降，可遣侍臣詣廷尉獄及囚所，察飢寒者給以衣食，桎梏者代以輕鎖。」

唐·李延壽《北史》卷八《齊紀下》 河清二年冬十二月，是時，大雨雪連月，南北千餘里，平地數尺，霜晝下，雨血於太原。

唐·李延壽《北史》卷一〇《周紀下》 大象二年春正月戊申，雨雪，雪止又雨細黄土，移時乃息。

唐·許嵩《建康實録》卷四 甘露三年，是年，後主聞之大喜曰：此天命也。遂載太后已下六宫嬪妾千餘人，濟自牛渚，陸道西上，呼云青蓋入洛陽，以從天命。行至華里，遇大雪，途壞，兵士皆被甲持仗，百人共引一車，寒凍欲死，妃后菜色，兵人不堪，曰：若遇敵當便倒戈耳。左右進諫，皆不納，東觀令華覈固争。後主乃遂追前出軍伐晉無功事，大司馬丁奉斬之。

後晉·劉昫等《舊唐書》卷五《高宗紀下》 咸亨元年冬十月癸酉，大雪，平地三尺餘，行人凍死者贈帛給棺木。令雍、同、華州貧窶之家，有年十五已下不能存活者，聽一切任人收養爲男女，充驅使，皆不得將爲奴婢。儀鳳三年十一月乙未，昏霧四塞，連夜不解。丙申，雨木冰。

後晉·劉昫等《舊唐書》卷一一《代宗紀》 永泰二年春正月丁巳朔，大雪平地二尺。大曆四年春正月乙亥，大雪，平地盈尺。七年十二月癸酉，大雪。九年十一月戊戌，大雪，平地盈尺。

後晉·劉昫等《舊唐書》卷一二《德宗紀上》 貞元二年正月庚子，大雪，平地尺餘。

後晉·劉昫等《舊唐書》卷一三《德宗紀下》 貞元六年春正月戊辰朔，戊申，大雪。貞元十二年十二月己未，大雪平地二尺，竹柏多死。十三年夏四月壬戌，上幸興慶宫龍堂祈雨。乙丑，大雪。

後晉·劉昫等《舊唐書》卷一六《穆宗紀》 長慶二年是冬十月頻雪，其後恒燠，水不冰凍，草木萌發，如正二月之後。

後晉·劉昫等《舊唐書》卷一七下《文宗紀下》 太和六年春正月乙未朔，以久雪廢元會。

後晉·劉昫等《舊唐書》卷三七《五行志》 儀鳳三年十一月十四日，雨木冰。貞元二年正月，大雪雨，平地深尺餘。雪上有黄色，狀如浮埃。四年正月，陳留十里許雨木，皆大如指，長寸餘，木有孔通中，所下立者如植。其年，宣州暴雨震電，有物墮地，猪首，手脚各有兩指，執一赤斑蛇食之。逡巡，黑雲合，不見。八年二月，京師雨土。五月己未，暴風，破屋拔樹，太廟屋及諸門寺署壞者不可勝計。十年六月辛丑晦，有水鳥集於左藏庫。其夜暴雨，大風拔樹。十七年二月五日，大雨雹。七日，大霜。十六夜，大雨，震雷且雹。十九日，大雨雪而雹。

宋・薛居正等《舊五代史》卷三三《莊宗紀七》　同光三年十二月癸未，是時大雪苦寒，吏士有凍踣於路者。伊、汝之民，飢乏尤甚，衛兵所至，責其供餉，既不能給，因壞其什器，撤其廬舍而焚之，甚於剽劫。縣吏畏恐，竄避於山谷間。甲申，出御札示中書門下，以今歲水災異常，所在人户流徙，以避徵賦，關市之征，抽納繁碎，宜令宰臣商量條奏。

宋・薛居正等《舊五代史》卷一四一《五行志》　三年九月，大水，太原葭蘆茂盛，最上一葉如旗狀，皆南指。十二月己丑，雨木冰。是月戊戌，霜霧大降，草木皆如冰。

宋・王溥《五代會要》卷一一　漢天福十二年十一月二日旦，天大昏霧，木有氷。至十一日，霜露著草皆爲氷。周廣順三年十一月一日，雨大氷。

宋・李昉等《太平御覽》卷八七八《雪》　《左傳》曰：昭公四年正月，大雪。劉向以爲昭公娶吴婚於同姓。董仲舒以爲季孫宿專政，陰氣盛也。

《漢書》曰：武帝時，十二月大雨雪，人凍死。時衡山王謀反，廢而殺之。

又曰：元帝時，十一月齊楚大雨雪，深五尺。時石顯陷魏郡太守京房殺之。

又曰：王莽天鳳中，地震，大雨雪，深一丈，竹栢枯死。其年瑯琊女子吕母爲子報仇，黨至數萬，時天下大亂，饑。

《晉書》曰：吴孫權時，正月大雨雪，平地三尺，鳥獸死者大半。將軍全琮攻畧淮南，戰死者千餘人。

又曰：孫亮時，春，大雨雪，震雷。既雷則雪不當復降。而亮見廢。

《宋書》曰：孝武時，大雪平地三尺。

《後魏書》曰：世宗太平真君八年，比鎮大雪，人畜凍死。

宋・李昉等《太平御覽》卷八七八《不時雪》　《左傳》曰：桓公八年八月，雨雪。劉向以爲夫人有淫，行將弑之象。桓公不覺，與夫人如齊而弑死。凡雨陰也，雪又雨之陰也，出非其時，迫近象也。董仲舒以爲，陰氣盛也，《易通卦驗》曰：乾得坎之蹇，則夏雨雪。

京房曰：夏雨雪，臣爲亂。

《漢書》曰：文帝時，六月，大雨雪。後二年，淮南王長謀反，遷蜀道死。

又曰：武帝時，三月，雨雪，平地厚五尺。是歲，御史大夫張湯有罪自殺，丞相嚴青翟自殺，三長史棄市。

又曰：成帝陽朔四年四月二日，雨雪，燕雀死。後二年，許皇后廢。

《晉書》曰：武帝時，大雪。明年有步闡楊肇之敗，死傷甚衆。又，九月，大雪，折木。

又曰：穆帝時，八月，大雪，人馬凍死。時政由臣下。

崔鴻《十六國春秋》曰：前凉張祚和平元年大會，黑風晝闇。五月，雨雪，行人凍死。祚廣征兵三十餘道，入擊南山諸羌。時入千里，張掖人王鸞上書諫言，軍不可行，且有大變。祚怒爲妖言，斬之。祚與嚴展、吴純升飛鸞觀，征虜趙長、校尉張璹入謙光殿，拜張元靚爲主，咸稱萬歲。祚愕然便下曰：欲殺我耶！長曰：然。遂刺祚，傷額，殺之。

又曰：後蜀李雄以晉咸康六年八月死。其日宫内積雪，自外則否。

《石虎鄴中記》曰：虎以五月發五百里内萬人營華林苑。至八月，天暴雨雪，雪深三尺，作者凍死數千人。太史奏：作役非時，天降此變。虎誅起部尚書朱軌以塞天災。

《廣五行記》曰：梁武帝時，三月大雪，平地三尺。時義州刺史文僧朗以州叛於魏。大同中七月，青州雪害苗稼。交州刺史李賁舉兵僭號。

《後魏書》曰：静帝興和二年五月，大雪。時北齊神武發卒十萬築鄴城。

又曰：武定時，二月，大雪，人畜凍死。

《隋書》曰：北齊武成河清二年二月，大雪連日，南北千里，平地數尺。時匈奴與周師入荆州，殺掠萬人。

又曰：武成任用和士開，至後主復寵之。隴東王胡長仁，元舅之尊，欲即政，被士開所譖，出爲齊州刺史。武平二年三月，天忽降雪，一尺餘。時生苗已出，雪覆之壠禾頭，後微萎而不死。百姓相謂曰：禾不死，壠凍。長仁在齊州，密遣刺客殺士開。事發，勑遣使於齊州賜死。則壠凍之驗。

《晉書》曰：武帝大康七年，河陰雨、赤雪二頃

宋・李昉等《太平御覽》卷八七九　京房《易傳》曰：有德遭險，兹謂逆命，厥異寒。

《洪範五行傳》曰：聽之不聰，是謂不謀厥，罰恒寒。

《史記》曰：秦始皇九年四月，大寒，人凍死。時嫪（毒）〔毐〕及大臣二十人餘車裂以殉，夷滅宗族。遷四千餘家於房陵。

《晉書徵祥説》曰：大興四年冬，大寒，民凍死。是時王敦肆亂，天子弗

能禁。

《魏書》曰：静帝武平年二月，大寒，人畜凍死。

宋・王欽若《册府元龜》卷一四五　天福四年十二月丁巳，帝御便殿謂馮道曰，大雪害民，五旬不止。京城之下十八神祠、六寺二觀悉令祈禱，了無其驗。得非朕之凉德不儲神休者乎？道對曰：陛下克己恭儉，無荒無怠，推恩四海，必合天心，但愛民慎刑始終如一。雖星宿之變，水旱之沴，亦將警聖人而成其德也。帝曰：朕聽斷有誤，卿當再三正之，安静小心，共相保守，因令出薪炭、米粟給軍士貧民等。

宋・歐陽修《新五代史》卷一四《唐太祖家人傳》　同光三年十二月癸未，是時大雪，軍士寒凍，金鎗衛兵萬騎，所至責民供給，壞什器，徹廬舍而焚之，縣吏畏懼，亡竄山谷。

宋・歐陽修《新五代史》卷一七《晉家人傳》　開運四年正月丁亥，是時雨雪寒凍，皆苦饑。太后使人謂寺僧曰：「吾嘗於此飯僧數萬，今日豈不相憫邪？」寺僧辭以虜意難測，不敢獻食。帝陰祈守者，乃稍得食。

宋・歐陽修《新五代史》卷四〇《雜傳》　天福元年，自冬涉春，雨雪不止，民凍餓死者日以千數。米斗直錢七千，至燒人屎煮尸而食，父自食其子，人有争其肉者，曰：「此吾子也，汝安得而食之！」人肉斤直錢百，狗肉斤直錢五百，父甘食其子，而人肉賤於狗。天子於宫中設小磨，遣宫人自屑豆麥以供御，自後宫、諸王十六宅，凍餒而死者日三四。城中人相與邀遮茂貞，求路以爲生，茂貞窮急，謀以天子與梁以爲解。昭宗謂茂貞曰：「朕與六宫皆一日食粥，一日食不托，安能不與梁和乎？」三年正月，茂貞與梁約和，斬韓全誨等二十餘人，傳首梁軍，梁圍解。天子雖得出，然梁遂劫東遷而唐亡，茂貞非惟亡唐，亦自困矣。

宋・歐陽修《新五代史》卷五一《雜傳》　天福六年，是冬大寒，潰兵飢凍及見殺無孑遺。

宋・歐陽修、宋祁《新唐書》卷五《玄宗皇帝紀》　開元二十九年九月丁卯，大雨雪。十一月己巳，雨木冰。

宋・歐陽修、宋祁《新唐書》卷六《代宗皇帝紀》　永泰元年三月庚子，雨木冰。

宋・歐陽修、宋祁《新唐書》卷七《德宗皇帝紀》　貞元四年正月，雨木冰于陳留。十七年二月庚戌，大雪。二十二年冬，雨木冰。元和十年二月丙午，雪。

宋・歐陽修、宋祁《新唐書》卷三六《五行志三》　顯慶四年二月壬子，大雨雪。方春，少陽用事，而寒氣脅之，古占以爲人君刑法暴濫之象。近常寒也。

咸亨元年十月癸酉，大雪，平地三尺，人多凍死。

儀鳳三年五月丙寅，高宗在九成宫，霖雨，大寒，兵衛有凍死者。

開耀元年冬，大寒。

久視元年三月，大雪。

神龍元年三月乙酉，睦州暴寒，且冰。

開元二十九年九月丁卯，大雨雪，大木偃折。

大曆四年六月伏日，寒。

貞元元年正月戊戌，大風雪，寒；丙午，又大風雪，寒，民飢，多凍死者。十二年十二月，大雪甚寒，竹柏柿樹多死。占曰：「有德遭險，厥災暴寒。」十九年三月，大雪。二十年二月庚戌，始雷，大雨雹，震電，大雨雪。既雷則不當雪，陰脅陽也，如魯隱公之九年。

元和六年十二月，大寒。八年十月，東都大寒，霜厚數寸，雀鼠多死。十二年九月己丑，雨雪，人有凍死者。十五年八月己卯，同州雨雪，害稼。

大和六年正月，雨雪踰月，寒甚。九年十二月，京師苦寒。

長慶元年二月，海州海水冰，南北二百里，東望無際。

會昌三年春，寒，大雪，江左尤甚，民有凍死者。

咸通五年冬，隰、石、汾等州大雨雪，平地深五尺。

景福二年二月辛巳，曹州大雪，平地二尺。

天復三年三月，浙西大雪，平地三尺餘，其氣如煙，其味苦。十二月，又大雪，江海冰。

天祐元年九月壬戌朔，大風，寒如仲冬。是冬，浙東、浙西大雪。吴、越地氣常燠而積雪，近常寒也。

宋・司馬光《資治通鑑》卷二九《漢紀二十一》　元帝建昭二年冬十一月，齊、楚大雨雪，樹折，屋壞。

宋・司馬光《資治通鑑》卷三八《漢紀三十》　王莽天鳳三年春二月乙酉，地震，大雨雪，關東尤甚，深者一丈，竹柏或枯。

宋・司馬光《資治通鑑》卷一六九《陳紀三》　文帝天嘉四年十二月己酉，時大雪數旬，南北千餘里，平地數尺。

宋・司馬光《資治通鑑》卷一九二《唐紀八》 太宗貞觀元年，會大雪，深數尺，雜畜多死，連年饑饉，民皆凍餒。頡利用度不給，重斂諸部，由是內外離怨，諸部多叛，兵浸弱。頡利益衰，國人離散。會大雪，平地數尺，羊馬多死，民大飢，頡利恐唐乘其弊，引兵入朔州境上，揚言會獵，實設備焉。鴻臚卿鄭元璹使突厥還，言於上曰：「戎狄興衰，專以羊馬爲候。今突厥民飢畜瘦，此將亡之兆也，不過三年。」上然之。羣臣多勸上乘間擊突厥，上曰：「新與人盟而背之，不信；利人之災，不仁；乘人之危以取勝，不武。縱使其種落盡叛，六畜無餘，朕終不擊，必待有罪，然後討之。」

宋・司馬光《資治通鑑》卷二〇二《唐紀十八》 高宗儀鳳三年五月丙寅，山中雨，大寒，從兵有凍死者。

宋・司馬光《資治通鑑》卷二四六《唐紀六十二》 文帝開成四年，會歲疫，大雪，羊馬多死，回鶻遂衰。

宋・莊綽《雞肋編》卷二七四 莊宗同光三年十一月丙子，時大雪，吏卒有僵仆於道路者。伊、汝間饑尤甚，衛兵所過，責其供餉，不得，則壞其什器，撤其室廬以爲薪，甚於寇盜，縣吏皆竄匿山谷。

宋・王栐《燕翼詒謀録》卷五 至和元年二月乙未，因大雨雪，詔天下長吏詳酌公私房錢，與放三日。非遇大雨雪，不許蠲放，仍每歲不得過三次。是時天下承平，百餘年矣。仁宗皇帝凝神穆清而念慮，及於細微，真聖主也。

宋・江少虞《事實類苑》卷四九《氷稼山頹》 熙寧三年，京輔猛風大雪，草木皆稼，厚者氷及數寸，既而華山震，阜頭谷圮折數十丈，蕩摇十餘里，覆壓甚衆。唐天寶中氷稼而露王死。故當時諺曰：冬凌樹稼，達官怕。又詩有泰山其頹，哲人其萎之説。衆謂大臣當之，未數年，而司徒侍中魏國公韓琦薨。王荆公作挽詞，略曰：氷稼嘗聞達官怕，山頹今見哲人萎。蓋謂是也。

宋・魏泰《東軒筆録》卷五 熙寧三年，京輔猛風大雪，草木皆稼，厚者冰及數寸，既而華山震，阜頭谷圮折數十百丈，蕩摇十餘里，覆壓甚衆。唐天寶中，冰稼而寧王死。故當時諺曰：冬淩樹稼，達官怕。又禮有泰山其頹，哲人其萎之説。衆謂大臣當之未數年，而司徒侍中魏國韓公琦薨。王荆公作挽詞，畧曰：冰稼嘗聞達官怕，山頹今見哲人萎。蓋謂是也。

宋・魏泰《東軒筆録》卷七 汴渠舊例十月閉口，則舟楫不行。王荆公當國，欲通冬運，遂不令閉口。水既淺澁，舟不可行，而流氷頗損舟楫。於是以脚船數十，前設巨碓，以搗流氷。而役夫苦寒，死者甚衆。京師有諺語曰：昔有磨去磨平漿水，今見碓搗冬凌。

宋・王偁《東都事略》卷一二 靖康元年閏十一月甲午，大雨雪。甲辰，大雪。丙午，大雪。丙辰，大風雪不止。乙卯，雪大作，盈三尺不止。癸未，詔曰：風雪大寒，小民闕乏凍餒，皆朕不德所致，其艮山竹木許任便樵採。

宋・宇文懋昭《大金國志》卷一 收國二年，是年，北方寒甚。裂膚墮指，多有死者。北方苦寒，故多衣皮。雖得一鼠，亦褫皮藏去。婦人以羔皮帽爲飾，直十數千，不敵三大羊之價。不貴貂鼠，以其見日及火，則剥落無色也。

宋・祝穆《古今事文類聚・前集》卷四《雪寒墮指》 漢高帝自將兵擊匈奴。冬大寒雨雪，卒之墮指者十二三。《匈奴傳》。

宋・祝穆《古今事文類聚・前集》卷四《鳥獸凍死》 漢元封二年，大雪，深一丈。野中鳥獸皆死，牛馬踡縮如蝟。

元・陸友仁《硯北雜志》卷上 洞庭以種橘爲業者，其利與農畝等。宋政和元年冬，大寒，積雪尺餘，河水盡氷。凡橘皆凍死。明年，伐而爲薪取給焉。葉少蘊作《橘薪》，以志其異。

天曆二年冬，大雨雪。太湖氷厚數尺，人履氷上如平地。洞庭柑橘，凍死幾盡。明年秋，水。又明年春，三吴之人饑疫，死者數十萬。

元・脱脱等《遼史》卷二《太祖紀下》 神冊四年冬十月丙午，次烏古部，天大風雪，兵不能進，上禱于天，俄頃而霽。

元・脱脱等《遼史》卷二三《道宗紀三》 咸雍八年十一月丙辰，大雪，許民樵採禁地。

元・脱脱等《遼史》卷一八《興宗紀一》 重熙十六年三月壬寅，大雪。

元・脱脱等《遼史》卷四《太宗紀下》 會同二年六月丁丑，雨雪。

元・脱脱等《遼史》卷二四《道宗紀四》 大康九年夏四月丙午朔，大雪，平地丈餘，馬死者十六、七。大安二年八月戊子，以雪罷獵。

元・脱脱等《遼史》卷二五《道宗紀五》 大安三年春正月己卯，大雪。

元・脱脱等《遼史》卷二七《天祚皇帝紀一》 乾統九年八月丁酉，雪，罷獵。

元・脱脱等《金史》卷四《熙宗紀》 皇統二年三月辛丑，大雪。

元・脱脱等《金史》卷六《世宗紀上》 正隆四年正月壬寅，至安州。大雪。

元・脱脱等《金史》卷八《世宗紀下》 正隆二十五年十月甲子，禁上京等路大雪及含胎時採捕。十一月庚辰朔，詔曰：「豺未祭獸，不許採捕。」冬月，雪尺以上，不許用網及速撒海，恐盡獸類。

元・脱脱等《金史》卷一〇《章宗紀二》　承安二年冬十月甲午，大雪，以米千石賜普濟院，令爲粥以食貧民。

元・脱脱等《金史》卷一二《章宗紀四》　泰和五年春正月己未朔，大雪。十一月戊戌，大雪，免朝參。

元・脱脱等《金史》卷一五《宣宗紀中》　興定二年十二月乙巳，命徒單思忠祈雪，已而，大雪。三年正月壬午，大雪。

元・脱脱等《金史》卷一七《哀宗紀上》　正大五年二月乙巳朔，大寒，雷，雨雪，木之華者盡死。天興元年春正月丁酉，大雪。二月戊午，關、陝行省總帥兩軍及秦、藍帥府軍棄潼關而東，與之遇，天又大雪，未戰而潰。

元・脱脱等《金史》卷一九《世紀補》　大定十九年十一月，改葬明德皇后于坤厚陵，帝徒行輓靈車，遇大風雪，左右進雨具，帝却之，比至頓所，衣盡霑濕，觀者無不下淚。

元・脱脱等《金史》卷二三《五行志》　皇統二年三月辛丑，大雪。貞元三年十二月己丑，雨，木冰。明昌四年十一月壬午，木冰。泰和四年正月壬申，陰霧，木冰。十一月丁卯，陰。木冰凡三日。宣宗貞祐元年十二月乙卯，雨木冰。二年十二月己酉，雨木冰。興定三年十二月壬申，雨木冰。哀宗正大三年春，大寒。五年春，大寒。二月，雷而雪，木之華者皆敗。天興元年正月丁酉，大雪。二月癸丑，又雪。戊午，又雪。五月，大寒如冬。

元・脱脱等《宋史》卷六二《五行志一下》　建隆三年春，延、寧二州雪，盈尺，溝洫復冰，草木不華。丹州雪二尺。

太平興國七年三月，宣州霜雪，害桑稼。

雍熙二年冬，南康軍大雨雪，江水冰，勝重載。

端拱元年閏五月，鄆州風雪，傷麥。

淳化三年九月，京兆府大雪，殺苗稼。四年二月，商州大雪，民多凍死。

咸平四年三月丁丑，京師及近畿諸州雪，損桑。

天禧元年十二月，京師大雪，苦寒，人多凍死，路有僵尸，遣中使埋之四郊。二年正月，永州大雪，六晝夜方止，江、溪魚皆凍死。

慶曆三年十二月丁巳，大雨雪。

皇祐四年十二月己丑，雪。初，帝以愆亢，責躬減膳，每見輔臣，憂形於色。龐籍等因言：「臣等不能燮理陰陽，而上煩陛下責躬引咎，願守散秩以避賢路。」帝曰：「是朕誠不能感天而惠不能及民，非卿等之過也。」是夕，乃得雪。

至和元年正月，京師大雪，貧弱之民凍死者甚衆。

嘉祐元年正月甲寅朔，御大慶殿受朝。前一夕，殿庭設仗衛既具，而大雨雪，折宮架。是日，帝因感風眩，促禮行而罷。壬午，大雨雪，泥塗盡冰。都民寒餓，死者甚衆。

元祐二年冬，京師大雪連月，至春不止。久陰恒寒，罷上元節遊幸，降德音諸道。八年十一月，京師大雪，多流民。

元符二年正月甲辰朔，御大慶殿受朝賀，以雪罷。

政和三年十一月，大雨雪，連十餘日不止，平地八尺餘。冰滑，人馬不能行，詔百官乘轎入朝。飛鳥多死。七年十二月，大雪。詔收養内外乞丐老幼。

靖康元年閏十一月，大雪，盈三尺不止。天地晦冥，或雪未下時，陰雲中有雪絲長數寸墮地。二年正月丁酉，大雪，天寒甚，地冰如鏡，行者不能定立。是月乙卯，車駕在青城，大雪數尺，人多凍死。

建炎三年六月，寒。

紹興元年二月寒食日，雪。五年二月乙巳，雨雪。六年二月癸卯，雪。十三年三月癸丑，雨雪。十七年二月丙申，雪。十八年二月癸卯，雪。二十八年三月丙寅，雨雪。二十九年二月戊戌，大雪。三十一年正月戊子，大雨雪，至于己亥，禁旅壘舍有壓者，寒甚。

乾道元年二月，大雪。三月，暴寒，損苗稼。二年春，大雨，寒，至于三月，損蠶麥。二月丙申，雪。四年二月癸丑，大雪。五年二月戊子，雪。六年五月，大風雨，寒，傷稼。七年二月丙辰，雨雪。

淳熙十二年，淮水冰，斷流。是冬，大雪，自十二月至明年正月，或雪，或霰，或雹，或雨水，冰沍尺餘，連日不解。台州雪深丈餘，凍死者甚衆。十六年四月戊子，天水縣大雨雪，傷麥。

紹熙元年三月，留寒至立夏不退。十二月，建寧府大雪，深數尺。查源洞寇張海起，民避入山者多凍死。二年正月，行都大雪積沍，河冰厚尺餘，寒甚。是春，雷雪相繼，凍雨彌月。四年二月己未，雪。

慶元五年二月庚午，雪。六年二月乙酉，雪。五月，亡暑，氣凛如秋。

開禧三年二月戊申，雪。

嘉定元年二月甲寅，雪。四年二月丙子，雪。六年二月丁亥，雪。六月，亡暑，夜寒。九年二月乙酉、丙申，雪。十年二月庚申、壬戌，雪。十七年三月癸丑，雪。

寶慶元年四月辛卯，雪。

紹定四年二月己巳，雨雪。六年三月壬子，雨雪。

端平元年二月癸酉，雨雪。二年三月乙未，雨雪。

嘉熙二年二月乙未，雨雪。

淳祐六年二月壬申，雨雪。

寶祐元年二月壬子，雨雪。二年三月戊子，雨雪。六年二月，雨雪。

開慶元年二月庚辰，雨雪。

景定五年二月辛亥，雨雪。

元・馬端臨《文獻通考》卷三〇五　恒寒

《春秋》桓公八年十月，雨雪。周十月今八月也，未可以雪。定公元年十月，隕霜，殺菽。僖公二年十月，隕霜，不殺草。考王六年六月，秦雨雪。威烈王四年四月，晉大雨雪。漢文帝四年六月，大雨雪。景帝中六年二月，雨雪。武帝元光四年四月，隕霜，殺草木。元狩元年十二月，大雨雪，民多凍死。元鼎二年三月，雪，平地厚五尺。元鼎三年三月，水冰。四月，雨雪，關東十餘郡人相食。元帝永光元年三月，雨雪，隕霜，殺桑。九月二日，隕霜殺稼，天下大饑。建昭二年十二月，齊楚地大雪，深五尺。四年三月，雨雪，燕多死。是日，皇后親蠶，疾風自西北，大寒雨雪，壞敗其功。成帝陽朔四年四月，雨雪，燕雀死。王莽天鳳元年四月，隕霜，殺草木。三年二月，大雨雪，關東尤甚，深者一丈，竹柏皆枯。四年八月，大寒。百官人馬有凍死者。地皇二年秋，隕霜，殺菽。後漢靈帝光和六年冬，大寒。北海東萊、琅邪，井中冰厚尺餘。獻帝初平四年六月，寒風如冬時。右扶風雹如斗。袁山松書曰：雹殺人，前後雨雹，此最爲大，時天下潰亂。吳孫權嘉禾三年九月朔，隕霜，傷穀。四年七月，雨雹又隕霜。赤烏四年正月，大雪，平地深三尺，鳥獸死者大半。晉武帝泰始九年四月，隕霜。咸寧二年八月，平原、安平、上黨、泰山四郡霜，害三豆。是月，河閒暴風寒冰。郡國五隕霜，傷穀。六月，汲郡廣平、陳留、滎陽雨雹，隕霜，傷秋麥千三百餘頃。太康元年三月，河東、高平霜雹，傷桑麥。二年三月，河東隕霜，害桑。五年九月，南安大雪，折木。六年三月，齊郡臨淄等四縣、樂安等八縣、琅邪等八縣、河閒等八縣、高陽等四縣隕霜，傷桑麥。八年四月，齊國天水二郡隕霜。九年四月，隴西隕霜。十年四月，郡國八隕霜。惠帝元康六年三月，東海雨雪，殺桑麥。七年七月，秦、雍二州，隕霜，殺稼。九年三月，河南滎陽、穎川隕霜，傷禾。光熙元年閏八月，霰雪。劉向曰：盛陽雨水湯熱，陰氣脅之，則轉而爲雹。盛陰雨雪凝滯，陽氣薄之，則散而爲霰。明帝太寧三年三月丁丑，雨雪；癸巳，隕霜。成帝咸和九年八月，成都大雪。康帝建元元年八月，大雪。時政在將相，陰氣盛也。劉向曰：凡雨陰也，雪又雨之陰也。出非其時，迫近象也。穆帝永和三年八月，冀方大雪，人馬多凍死。十年五月，涼州雪。十一年四月，霜。安帝義熙五年三月己亥，雪，深數尺。梁武帝天監三年三月、六年三月，並隕霜殺草。普通三年三月，大雪，平地三尺。大同三年六月，朐山隕霜。七月，青州雪，害苗稼。十年十二月，大雪，平地二尺。陳宣帝太建十年八月，隕霜，殺稻菽。東魏靜帝興和二年五月，大雪。武定四年二月，大雪。人畜凍死，相望於道。北齊武成河清元年，歲大寒。二年二月，大雪連月，南北千餘里，平地數尺，繁霜晝下。後主天統二年，大雪。三年正月，大雪，平地二尺。武平三年正月，又大雪。

唐太宗貞觀元年秋，霜殺稼。三年，北邊霜，殺稼。高宗永徽二年，綏延等州霜，殺稼。顯慶四年二月壬子，大雨雪。方春，少陽用事，而寒氣脅之，古占以爲人君刑法暴濫之象。近常寒也。咸亨元年十月癸酉，大雪，平均三尺，人多凍死。儀鳳三年五月丙寅，高宗在九成宮，霖雨，大寒，兵衛有凍死者。調露元年八月，邠、慶、寧、涇、原五州霜。開耀元年冬，大寒。武后證聖元年六月，睦州隕霜，殺草。吳越地燠而盛夏隕霜，昔所未有。四年四月，延州霜，殺草。久視元年三月，大雪。中宗神龍元年三月乙酉，睦州暴寒且冰。元宗開元十二年八月，潞綏等州霜，殺稼。十五年，天下州十七霜，殺稼。二十九年九月丁卯，大雨雪，大木偃折。代宗大曆四年六月，伏日寒。德宗貞元元年正月戊戌，大風雨寒。丙午又大風雪寒，民饑多凍死者。十二年十二月，大雪，甚寒，竹柏柿樹多死。十九年三月，大雪。二十年二月庚戌，始雷，大雨雹，震電。大雨雪。既雷，則不當雪，陰脅陽也。憲宗元和二年七月，邠、寧等州霜，殺稼。六年十二月，大寒。八年十月，東都大寒，霜厚數寸，雀鼠多死。九年三月丁卯，隕霜，殺桑。十二年九月己丑，雨雪，人有凍死者。十四年四月，淄、青隕霜，殺惡草及荆棘，而不害嘉穀。二十五年八月己卯，同州雨雪，害稼。穆宗長慶元年二月，海州海水冰，南北二百里，東望無際。敬宗寶曆元年八月，邠州霜，殺稼。文宗太和三年秋，京畿奉先等八縣，旱霜，殺稼。六年正月，雨雪踰月，寒甚。九年十二月，京師苦寒。武宗會昌三年春，寒，大雪。江左尤甚，民有凍死者。宣宗大中三年春，隕霜，殺桑。懿宗咸通五年冬，隰、石、汾等州大雨雪，平地深五尺。僖宗中和元年春，霜。秋，河東旱霜，殺稼。昭宗景福二年二月辛巳，曹州大雪，平地二尺。天復二年三月，浙西大雪，平地三尺餘。其氣如煙，其味苦。十二月，又大雪，江海冰。天祐元年九月壬戌朔，大風，寒如仲冬。浙東、浙西大雪。吳、越地氣常燠而積雪，近常寒也。

宋太祖建隆三年春，延寧二州雪盈尺，溝洫復冰，草木不華。丹州雪，二尺許。棣州厭次縣隕霜，殺桑，民不蠶。太宗太平興國七年三月，宣州霜雪，害桑稼。雍熙四年冬，南康軍大雨雪，江水冰，勝重載。端拱元年閏五月，鄆州風雪，傷麥。淳化三年三月，商州霜，花木皆死。九月，京兆府大雪，殺苗稼。四年二月，商州大雪，民多凍死。真宗咸平四年三月丁丑，京師及近畿諸州風雪，損桑。景德四年七月，渭州瓦亭寨早霜，傷稼。大中祥符九年十一月，大名府、澶州、相州並霜害稼。天禧元年十二月，京師大雪，苦寒，人多凍死，路有僵尸，遣中使埋之四郊。二年正月，永州大雪，六晝夜方止。江溪魚皆凍死。仁宗至和元年正月，京師大雪，貧弱之民凍死者甚衆。二年，河東自春至夏，隕霜，殺桑。嘉祐四年正月，自冬雨雪，泥塗盡冰，都民饑寒，死於道路者甚衆。哲宗元祐二年冬，京師大雪連月，至春不止。久陰常寒，罷上元節游幸，降德音諸道。八年十一月，京師大雪，多流民。元符二年正月甲辰朔，御大慶殿受朝賀，以雪罷。徽宗政和三年十一月，大雨雪，連十餘日不止，平地八尺餘。冰滑，人馬不能行，詔許百官乘轎入朝。飛鳥多死。七年十二月，大雪。詔收養内外乞丐老幼。欽宗靖康元年閏十一月，大雪，盈三尺不止。天地晦冥，或雪未下時，陰雲中有雪絲長數寸墮地。二年正月丁酉，大雪，天寒甚，地冰如鏡，行者不能定立。是月乙卯，車駕在青城，大雪數尺，人多死。高宗建炎三年六月，久陰，霖雨而寒。紹興元年二月，寒食日雪。七年二月，霜，殺桑稼。十三年三月，雪。二十八年三月，雨雪。三十一年正月戊子，大雨雪，至己亥，逾旬不止。禁旅壘舍有壓者，時久雪寒甚。孝宗乾道元年三月，暴寒。苗稼多凍死。二年春，大雨寒，至於三月，損蠶麥。京房以爲，聞善不予，其寒雖雨物不茂。六年夏五月，大風雨，寒，稼多腐敗。淳熙十二年，淮水冰，斷流。與《唐志》長慶海冰同占。十二月，大雪，至明年正月，或雪、或霰、或雹，或雨冰、或冰沍尺餘，連日不解。台州雪深丈餘，民凍死。十六年四月戊子，成州天水縣大雨雪，麥皆凍死。七月，階、成、鳳、西和四州霜，殺稼盡。與漢永光夏霜同占。光宗紹熙元年三月，留寒至立夏不退。二年正月，行都大雪，積沍河冰厚尺餘，寒甚。是春，雷雪相繼，凍雨彌月。三年九月丁未，和州隕霜，連三日，殺稼。是月，淮西郡國稼皆肅於霜，民大饑。寧宗慶元六年五月，亡暑，氣如凜秋。嘉定六年六月，亡暑，夜寒。與京房當燠而寒同占。

木冰

魏文帝黄初六年正月，雨木冰。晉元帝太興三年二月辛未，雨木冰。穆帝永和八年正月乙巳，雨木冰。孝武太元四年十二月乙己，雨木冰。東魏孝静武定四年冬，天雨，木冰。北齊後主天保元年，雨，木冰三日。武平元年冬，雨木冰。明年二月，又雨木冰。六年七月，頻歲雨木冰。唐高宗永徽二年十一月甲申，陰霧，凝凍封樹木，數日不解。麟德元年十二月癸酉，氛霧，終日不解。甲戌，雨木冰。儀鳳三年十一月，亦如之。武后延載元年十月癸酉，白霧，木冰。中宗景龍四年三月，雨木冰。元宗開元二十九年十一月，雨木冰，寒甚，數日不解。代宗永泰元年三月，雨木冰。大曆二年十一月，氛霧如雪，草木冰。德宗貞元元年十二月，雨木冰。二十年冬，雨木冰。穆宗長慶三年十一月，雨木冰。敬宗寶曆元年十一月，雨木冰。文宗太和七年十二月夜，霧，木冰。開成四年九月，雨雪，木冰。武宗會昌元年十二月，雨木冰。四年正月，木冰。後晉高祖天福十二年十一月旦日，天大昏務，木有冰，至十一日，霜露着草木皆爲冰。後周太祖廣順三年十一月，雨木冰。

宋真宗咸平元年十一月庚戌，雨木冰。大中祥符五年正月戊寅，京師雨木冰。仁宗慶曆三年十二月，大雨雪，木冰。英宗治平二年十月乙巳，雨木冰。神宗熙寧三年十月、八年正月，京師雨木冰。哲宗元祐八年二月，京師大寒，霰，雪，雨，木冰。徽宗宣和五年十月乙酉，雨木冰。欽宗靖康元年十月乙卯，雨木冰。二年正月丁酉，雨木冰。

冰花

唐昭宗景福中，滄州城塹中冰有文，如畫大樹華葉芬敷者。後晉出帝開運二年正月，東京封邱門外壕内冰上有文，若大樹華芬敷之狀，相連數十株，宛如圖畫。宋真宗景德元年二月，保順軍城壕冰，隱起文爲桃李華、雜人物之狀。大中祥符九年正月，霸州渠冰，有文如花葩狀。高宗紹興七年十二月，中書門下省檢正官張宗元出撫淮西軍，寓家建康府，盆冰有文如畫，佳卉茂木，華葉芬敷，日易以水，變趣奇出，盡春暄乃止。孝宗淳熙初，秀州吕氏家冰瓦有文，樓觀、車馬、人物並蔕芙蓉、重英牡丹、長春萱草、藤蘿，經日不釋。中興以來，長老所記，或雨而木冰、或霜而木冰者甚多，不曰異，郡國不以聞。蓋日官失之，故木冰無録者。

明・宋濂等《元史》卷一五《世祖紀十二》　至元二十五年三月乙未，以往歲北邊大風雪，拔突古倫所部牛馬多死，賜米千石。

明・宋濂等《元史》卷二六《仁宗紀三》　延祐六年十二月癸酉，是夜風雪甚寒，帝謂侍臣曰：「朕與卿等居暖室，宗戚、昆弟遠戍邊陲，曷勝其苦。歲賜錢帛，可不偏及耶。」敕上都、大都冬夏設食于路，以食饑者。

明・宋濂等《元史》卷二八《英宗紀二》　至治三年夏四月己卯，蒙古大千户部，比歲風雪斃畜牧，賑鈔二百萬貫。

明・宋濂等《元史》卷二九《泰定帝紀一》　九月，大寧蒙古大千户部風雪斃畜牧，賑米十五萬石。

明・宋濂等《元史》卷三〇《泰定帝紀二》　致和元年六月，是月，諸王喃答失、徹徹禿、火沙、乃馬台諸(郡)〔部〕風雪斃畜牧，士卒饑，賑糧五萬石、鈔四十萬錠。奉元、延安二路饑，賑鈔四千八百九十錠。

明・宋濂等《元史》卷三五《文宗紀四》　至順二年四月壬戌，鎮寧王那海部曲二百，以風雪損孳畜，命嶺北行省賑糧兩月。十二月丁巳，雨木冰。癸亥，雨木冰。

明・宋濂等《元史》卷四〇《順帝紀三》　五年五月己未朔，晃火兒不剌、賽禿不剌、紐阿迭烈孫、三卜剌等處六愛馬大風雪，民饑，發米賑之。十一月癸酉，瑞州路新昌州雨木冰，至明年二月始解。六年三月丁巳，大斡耳朵思風雪爲災，馬多死，以鈔八萬錠賑之。秋七月庚辰，達達之地大風雪，羊馬皆死，賑軍士鈔一百萬錠；并遣使賑怯烈干十三站，每站一千錠。十二月，寶慶路大雪，深四尺五寸。

明・宋濂等《元史》卷五〇《五行志一》　泰定二年三月，雲需府大雪，民饑。大德七年十一月辛酉，木冰。至順二年十一月丁巳，雨木冰。十二月癸亥，雨木冰。

明・王圻《續文獻通考》卷二二一　遼大宗會同三年六月丁丑，雨雪。

興宗重熙十六年三月，大雪。

道宗咸雍八年十二月丙辰，大雪，許民樵採禁地。太康八年九月，大風雪，牛馬多死。九年四月，大雪，平地丈餘，馬死者十六七。太安三年正月，大雪。

天祚帝乾統二年三月，大寒，冰復合。

金熙宗皇統二年三月辛丑，大雪。

世宗大定四年正月，如安州大雪，詔扈從人舍民家者人支錢一千與其主。

哀宗正大五年春，大寒。二月，雷雨雪，木之華者皆敗。天興元年正月丁酉，大雪。二月癸丑，又雪，戊午又雪。五月，大寒如冬。

清・張廷玉等《明史》卷二八《五行志》　景泰四年冬十一月戊辰至明年孟春，山東、河南、浙江、直隸淮、徐大雪數尺，淮東之海冰四十餘里，人畜凍死萬計。五年正月，江南諸府大雪連四旬，蘇、常凍餓死者無算。是春，羅山大寒，竹樹魚蚌皆死。衡州雨雪連綿，傷人甚多，牛畜凍死三萬六千蹄。成化十三年四月壬戌，開原大雨雪，畜多凍死。十六年七八月，越巂雨雪交作，寒氣若冬。弘治六年十一月，鄖陽大雪，至十二月壬戌夜，雷電大作，明日復震，後五日雪止，平地三尺餘，人畜多凍死。正德元年四月，雲南武定隕霜殺麥，寒如冬。萬曆五年六月，蘇、松連雨，寒如冬，傷稼。四十六年四月辛亥，陝西大雨雪，羸橐駝凍死二千蹄。

清・計六奇《明季北略》卷二〇　廿一庚辰，驟寒，大雪，凍死人無數。

清・胡天游《春秋夏正》卷二　《經》隱公九年春三月癸酉，大雨，震電。庚辰，大雨雪。

《傳》曰：癸酉，大雨霖以震。書，始也。庚辰，大雨雪，亦如之。書，時失也。凡雨，自三日以往爲霖。平地尺爲大雪。

杜元凱云：三月今正月，夏正月也。微陽始出，未可震電；既震電，又不當大雨雪，故皆爲時失。曲哉元凱之言也。按《月令》，仲春之月，日夜分，雷乃發聲，始電。《時訓解》云：春分又五日，雷乃發聲；又五日，始電，雷不發聲，諸侯厲民，不始電，君無威震。《夏小正注》云：正月必雷，雷不必聞，惟雉爲必聞。則雉震呴，相識以雷。謂建寅之月，於卦爲泰，天地和同，陽氣動作，雉與雷感而相震呴。況夏正正月啓蟄，何云夏之正月。微陽始出，未可震電乎。且《傳》云時失，惟指庚辰大雨雪言之。杜解兼蒙雨雪，尤非其旨，推傳之意。本謂正月當啓蟄而有雷，正月不震。至二月時，於卦得豫，雷出地奮。又雨水應二月節，宜震且雨。今至三月，然後始大雨震電，經則書之。故曰書始也。三月陽日進，陰日消，霜雪則絶。況自癸酉至庚辰，已將及旬，震出之陽，用事逾盛。復爲陰干顛倒錯忤，同於春秋繁露所謂水干木，春下霜者。故書時失。唯夏三月不得復有雪，是以經書其異，傳則申之。若周三月尚得有雪，何異之紀哉。凡雨，自三日以往爲霖，平地尺爲大雪，此傳自明大雨雪亦如之之義。言大雪過三日，如雨三日以往之爲霖者同。故云亦如也。凡傳所云，舉明雪非時而大且久，以發經所書。彼謂既雪且雷，亦若癸酉之雨兼震電者，淺之乎釋傳者也。

經桓公八年冬十月，雨雪。

經僖公十年冬，大雨雪。

書雨雪何也。《埤雅》云：三農之事，雪欲盛而徧。《汜勝之書》云：雪者五穀之精，上天同雲，詩人所歌。十月雪得時故書，猶書六月雨，喜之也。若過其節則淫書大雨雪，言過其節也。杜以十月今八月，書時失，則徒拘爾。

清·吴偉業《綏寇紀略》卷九 清世宗順治二年乙酉年正月，大雨雪。二月，本朝大兵至潼關攻之。

清·查繼佐《罪惟録·帝紀》卷一 洪武十二年己未春正月，合祀天地於南郊，奉仁祖配。時天宇澄霽，上悦，令儒臣紀其事。三月，卹天下孤老，勅曰：「雨雪經旬，嚴寒切骨，記朕側微，艱苦歷歷，豈今重裘擁閣，遒遽忘之！」賜幼户煢寡鹽斤有差。

清·查繼佐《罪惟録·志》卷三 正德四年十二月，吴中大雪，僵死多人。震澤無流澌，率涉冰行。瀕海有樹，水激成冰，相傳爲木介，兆兵戰。

清·董含《三岡識略》卷五 癸卯（康熙二年）十二月，大雪灾。十八日午後，大雪達曙，厚二尺餘，層冰峩峩，往來路絶。澱湖有十餘人操舟而前，至中流，河氷驟合，篙櫓忽膠，去岸又遠，一夕俱死。又有人親迎，凍死于道。

清·董含《三岡識略》卷一〇 庚午（康熙二十九年）臘月初四日薄暮，雪；翼日，雪愈甚，牛馬縮如蝟毛。旬有五日，寒威不解，滴水成堅冰，往來路絶。二十日，河始開，有夜航從浦東歸，至魯家匯爲氷凌撞破，舟平沈，死者三十七人。廿八日，又大雪盈尺，居人手足皸瘃闔，户不敢出，凍死于道者比比而是。據百歲老人云，有生以來，所稀覯也。

辛未（康熙四十二年）元旦，積雪未消。初六日，雪；人日，又雪；穀日，雪尤劇；九日，復大雪；十八日，漏下二忽暴風起，雨雪交作。予閉户塞竇，不禁凜溧。

清·姚廷遴《歷年記》中 清康熙七年八月初六日，天雨，城中人言下雪，冷可穿絮。

康熙九年，大雪。先是十一月初，即發大風冰凍起，非風即雨，非陰凍即大雪，雪下數次，經旬不消；又聞浙江及常鎮等處雪丈許。階平表弟往京朝覲北上，據云一路雪凍七八尺，凍死者甚多。山東巡撫題疏覲期寬限一月，二月初七尚有不到者，疑凍死在途也。

康熙十五年十一月冬至起，落大雪，以後九九落雪。十二月初一，大西北風，天寒甚，余出邑走未一里，須上結冰成塊，及至周家渡，黄浦内冰排塞滿，無渡舡，因而轉至余秀宫家過夜。初八日，又大雪，平地有尺余。十七〔日〕，又大雪。十九日，踏冰而歸，路上積雪經月不消，人難行走。二十九夜，又大雪。除夕半夜，大雨大雷大電，歲事俱草草。

清·姚廷遴《續歷年記》 康熙二十七年歲次戊辰，是年二月十一日，大雪尺許，后竟連次落冰塊及雪，致使果樹、牡丹俱不盛。

康熙二十九年十二月二十二日歸家，二十七、二十八兩日，夜大雪，冷甚，年貨件件皆貴，雪途難走，故遣兩兒到杜行鎮買年貨而歸。二十九、三十日亦冷甚，至除夕大概寥寥，即燒旺盆者，四面皆無，可見民窮財盡之慘。

康熙三十年歲次辛未，元旦晴，陰凍，拜節者俱踏膏而來，至元宵後猶非雨即雪，并無日色。

康熙三十五年十二月初六下午，大雪大冷，黄浦内有冰牌塞斷，乘潮至華涇口過夜，明朝到葉家橋踏膏而歸。

清·傅恒等《歷代通鑑輯覽》卷一八 漢元帝建昭二年冬十一月，齊楚大雨雪，樹折，屋壞。

漢成帝建始四年夏四月，雨雪。復召直言極諫之士，詣白虎殿對策。

清·傅恒等《歷代通鑑輯覽》卷二〇 漢新莽天鳳三年春二月，大雨雪。雪深一丈，竹柏爲枯。

清·傅恒等《歷代通鑑輯覽》卷七八 宋神宗皇帝元豐六年夏四月，遼大雪。平地丈餘，馬死者十六七。

清·傅恒等《歷代通鑑輯覽》卷八九 宋光宗皇帝紹熙二年春二月，詔羣臣各言時政闕失。時以雷雪交作，故有是。命吏部侍郎陳騤。疏三十條，如宫闈之分不嚴則權柄移，内謁之漸不杜則明斷息，宴飲不時則精神昏，賜子無節則財用竭。尤切時病。尋詔以米五萬石賑京城，權罷修皇后家廟。

清・傅恒等《歷代通鑑輯覽》卷一〇五　明英宗天順四年夏四月，大雨雪，月餘乃止。

清・傅恒等《歷代通鑑輯覽》卷一〇七　明孝宗皇帝弘治十七年六月，雨雪。

清・嵇璜、劉墉等《續通志》卷三　唐高宗咸亨元年冬十月癸酉，大雪。

清・嵇璜、劉墉等《續通志》卷三七　宋寧宗嘉定十五年十二月乙亥，振臨安府貧民。丙子，以雪寒釋京畿及兩浙諸州杖以下囚。

清・嵇璜、劉墉等《續通志》卷四九　金大定四年春正月壬寅至安州大雪，詔扈從人舍民家者，人日支錢一百。

清・嵇璜、劉墉等《續通志》卷六四　元仁宗皇帝奉母進發，至衛輝抵漳水，值大風雪。田叟有以盂粥進者。

清・嵇璜、劉墉等《續通志》卷六八　元文宗至順二年十一月丁丑，以興和路鷹坊及蒙古民户大雪畜牧凍死。賑之。

清・嵇璜、劉墉等《續通志》卷三八五　宋高宗紹興三十一年正月，風雷雨雪交作。十朋以爲陽不勝陰之驗，遺陳康伯書冀，以春秋災異之説，力陳於上，崇陽抑陰以弭天變。

清・畢沅《續資治通鑑》卷二《宋紀二》　太祖建隆三年夏，四月，乙未，延、寧二州大雨雪，溝洫冰。

清・畢沅《續資治通鑑》卷三三《宋紀三十三》　真宗天禧元年十一月乙卯，幸太一宫，大雪盈尺。帝謂宰相曰：「茲固豐稔之兆，但慮民力未充，失於播稼，卿等其設法賑勸，勿遺地利！」

清・畢沅《續資治通鑑》卷三四《宋紀三十四》　天禧二年遼開泰七年春正月乙未朔，永州大雪，六晝夜方止。江陵溪魚皆凍死。

清・畢沅《續資治通鑑》卷七七《宋紀七十七》　神宗元豐五年二月癸丑朔，烏鸞乞弟遁去，林廣乃率衆深入。會大雨雪，浹旬，始次老人山。山形劍立，度黑崖，至鴉飛不到山，進次歸來州。天大寒，軍士皆凍墜指，留四日，求乞弟不可得。九月丁未，遼主駐蕅絲淀，大風雪，牛馬多死，賜扈從官以下衣、馬有差。

又　神宗元豐六年夏四月丙午朔，遼境大雪，平地丈餘，馬死者十之六七。

清・畢沅《續資治通鑑》卷八〇《宋紀八十》　哲宗元祐二年十一月乙亥，以大雪，民多凍死，詔加賑䘏，其無親屬者，官瘞之。

清・畢沅《續資治通鑑》卷八二《宋紀八十二》　哲宗元祐八年三月庚寅，范祖禹言：「仲春以來，暴風雨雪，寒氣逼人，惟陛下側身修德，以銷大異。」

清・畢沅《續資治通鑑》卷九一《宋紀九十一》　徽宗政和三年十一月，是月，大雨雪，連十餘日不止，平地八尺餘；冰滑，人馬不能行，詔百官乘轎入朝。

清・畢沅《續資治通鑑》卷九五《宋紀九十五》　徽宗宣和六年春正月，至天德，遇雪，無禦寒具，護衛太保蕭仲恭以貂裘帽進。途次，絶糧，仲恭進麨與棗。欲憩，仲恭即跪坐，倚之假寐；仲恭輩惟齧冰雪以濟飢。

清・畢沅《續資治通鑑》卷九七《宋紀九十七》　欽宗靖康元年十一月閏月，時雨雪交作，帝被甲登城，以御膳賜士卒，易火飯以進，人皆感涕。十一月甲寅，大風自北起，俄雪下數尺，連日夜不止。

清・畢沅《續資治通鑑》卷一一六《宋紀一百十六》　高宗紹興六年春正月辛未，帝以雪寒，民艱食，命有司賑之。

清・畢沅《續資治通鑑》卷一三六《宋紀一百三十六》　高宗紹興三十二年春正月己卯，是日，淮西制置使李顯忠引兵還建康。淮西兵火之餘，無廬舍，天大寒多雪，士卒暴露，有墮趾者，帝遣中使撫勞。

清・畢沅《續資治通鑑》卷一三八《宋紀一百三十八》　孝宗隆興二年春正月丁酉，金主如安州春水。壬寅，至安州，大雪。詔扈從人舍民家者，人日支錢一百與其主。

清・畢沅《續資治通鑑》卷一三九《宋紀一百三十九》　孝宗隆興二年十一月，銓、穡受詔，分往淮東、西措置海道。時金兵號八十萬，濠、滁皆破，唯高郵守陳敏拒敵射陽湖，而李寶預求密詔爲自安計，擁兵不救。銓劾奏之曰：「臣受詔命范榮備淮，李寶備江，緩急相援。今寶視敏弗救，若射陽失守，大事去矣。」寶懼，始出師掎角。會天大雪，河冰皆合，銓先持鐵鎚鎚冰，士皆用命，金人乃退。

清・畢沅《續資治通鑑》卷一四八《宋紀一百四十八》　孝宗淳熙八年冬十月，罷雪宴。先是年例賀雪即賜宴，以連歲荒歉艱食，故權罷。

清・畢沅《續資治通鑑》卷一六一《宋紀一百六十一》　寧宗嘉定十二年十二月，大雨雪，淮冰合。李全請於賈涉曰：「每恨泗州阻水，今如平地矣，請取東西城自效。」

清・畢沅《續資治通鑑》卷一六四《宋紀一百六十四》 理宗寶慶三年十一月甲辰，以雪寒糴貴，出豐儲倉米七萬石以紓民。

理宗紹定元年二月，金大寒，雷，雨雪，木之華者皆死。

清・畢沅《續資治通鑑》卷一六五《宋紀一百六十五》 理宗紹定二年十二月丙申，雪。蠲大理寺、三衙、臨安府點檢繳賞酒庫所見鹽贓賞錢。給諸軍薪炭錢，出戍官兵倍之。

理宗紹定三年十二月壬申，以雪寒，詔出封樁庫緡錢三十萬，賑卹臨安貧乏民。

清・畢沅《續資治通鑑》卷一六六《宋紀一百六十六》 理宗紹定五年春正月丁酉，大雪三尺，金兵僵立，刀槊凍不能舉。

清・畢沅《續資治通鑑》卷一七一《宋紀一百七十一》 理宗淳祐四年十一月庚申，詔釋大理寺、三衙、臨安府并兩浙路州縣杖以下繫囚。辛酉，以雪寒，給諸軍錢，出戍者倍之。

理宗淳祐六年二月壬申，雪。蠲大理寺、三衙、臨安府并屬縣點檢贍軍酒庫所贓賞錢。以雪寒，出封樁庫十八界楮幣十萬緡，犒三衙諸軍。

清・畢沅《續資治通鑑》卷一七二《宋紀一百七十二》 理宗淳祐六年十一月丁丑，以雪寒，出封樁庫楮洛（幣）賑臨安府細民。

清・畢沅《續資治通鑑》卷一七五《宋紀一百七十五》 理宗寶祐五年冬十月己酉，以雪，出封樁庫十八界楮幣二十萬賑都民，三衙諸軍亦如之。

理宗開慶元年十一月閏月癸酉，雪。出封樁庫楮幣二十萬，賑都民，三衙諸軍亦如之。

清・畢沅《續資治通鑑》卷一八七《元紀五》 世祖至元二十二年正月，時方建佛塔於宋故宫，有司奉行甚急，天大雨雪，入山伐木，死者數百人；又欲並建大寺。文用謂行省曰：「非時役民，民不堪矣，少徐之，如何？」行省曰：「參政奈何格上命？」文用曰：「今之困民力而失民心者，豈上意耶？」行省意沮，乃稍寬其期。

清・畢沅《續資治通鑑》卷一九五《元紀十三》 成宗大德九年冬十月，北方奇嚕倫部舊作乞禄倫部。大雪。同知宣徽院事圖沁布哈舊作禿堅不花。請買駝馬，補其死缺。出衣幣於内府，身往給之，全活數萬人。其還也，帝賜以七寶笠。

成宗大德十年二月，是月，大同路暴風，大雪，壞民廬舍。

成宗大德十一年秋七月，〔會大雪〕，命諸部置傳車，相去各三百里，凡十傳轉米數萬石以餉飢民。又度地置倉廩，積粟以待來者。求古渠浚之，溉田數千頃。治稱海屯田，令部民雜耕其間，歲得米二十餘萬，北邊大治。

清・畢沅《續資治通鑑》卷二〇七《元紀二十五》 順帝至元元年三月壬辰，河州路大雪十日，深八尺，牛羊駝馬凍死者十九，民大飢。

清・畢沅《續資治通鑑》卷二〇九《元紀二十七》 順帝至正十年三月，是春，彰德大寒，近清明節，雨雪三尺，民多凍餒死。

清・顧炎武《日知録》卷三〇《蕃俗信鬼》 匈奴欲殺貳師，貳師罵曰：「我死必滅匈奴。」遂屠貳師以祠。會連雨雪數月，畜産死，人民疫病，穀稼不熟。單于恐，爲貳師立祠室。慕容儁斬冉閔於龍城遏陘山，山左右七里草木悉枯，蝗蟲大起，人言閔爲祟，儁遣使祀之，謚曰悼武天王。其日大雪。魏太祖殺和跋，誅其家。後世祖西巡五原，回幸豺山，校獵，忽遇暴風，雲霧四塞。世祖怪而問之，羣下言跋世居此土，祠冢猶存，或者能致斯變。帝遣古弼祭以三牲，霧即除散。後世祖蒐狩之日，每先祭之。蓋伯有爲厲，理固有之。而蕃俗之畏鬼神，則又不可以常情論矣。

清・錢泳《履園叢話》卷一八七《艮獄》 艮獄舊址，在河南開封府城東北隅。宣和四年，上自爲記以此山在國之艮方，故名艮獄。至靖康中，金人犯闕，城門不開，大雪盈尺，凍餓以死者無算。詔令民任便斫伐爲薪，以炊飲食。是日，百姓入艮獄者以數萬計，臺榭宫室爲之一空，則當日之所謂芳林園、玉津園、同樂園、宜春苑、凝碧池者更無從蹤跡矣。

清・屠寄《蒙兀兒史記・蒙史》十一 元仁宗延祐六年十二月癸酉夜，風雪寒甚。汗謂侍臣曰：「朕與卿等居暖室，宗戚昆弟遠戍邊陲，曷勝其苦。」歲賜錢帛可不徧及耶。」敕上都、大都冬夏設食於路，以食飢者。

清・孫之騄《二申野録》卷二 明正統九年甲子十二月，上海大雪七晝夜，積高一丈二尺。十一年丙寅，是年冬，翼城大雪深一丈二尺，樹稍皆没，道路不能通。景泰四年，鳳陽大雨雪，至明年二月不止。五年甲戌春正月，京師積雪，恒陰杭州大雪，鳥雀俱死。上海蘭溪雪至二月。

清・孫之騄《二申野録》卷三 弘治二年己酉冬十一月，築高郵湖隄，鳳陽大雪，平地三尺，民有凍死者。六年癸丑，鳳陽大雪，自九月至明年二月。冬十二月三日夜，南京雷電交作，次日大雪，自是雷雨連陰，浹月始晴。淮安大雪六十日，爨葦幾絶，大寒凝海。

清・孫之騄《二申野録》卷四　嘉靖三十九年庚申冬十一月，江寧大雪。禽獸戢翼凍死，木氷如花。是年，四川茂州六月初二日大雪。七月初三日，又雪。

嘉靖四十五年丙寅十二月，江寧大雪二十餘日，民有凍死者。

清・孫之騄《二申野録》卷五　隆慶元年丁卯清明日，京師甚和暖，晚間風雪交作，寒冽異常。次日，九門報城外凍死者一百七十人，崇文門下乘轎婦人母子俱死轎中，而轎夫亦死轎下。

萬曆二十六年戊戌立夏日，金華有飛雪。

清・孫之騄《二申野録》卷七　天啟四年甲子六月，皇子薨。初五日，鎮江大寒，夜微雪。

藝文

唐・白居易《白氏長慶集》卷一《春雪》　元和歲在卯，六年春二月。月晦寒食天，天陰夜飛雪。連宵復竟日，浩浩殊未歇。大似落鵞毛，密如飄玉屑。寒銷春茫蒼，氣變風凜冽。上林草盡没，曲江水復結。紅乾杏花死，緑凍楊枝折。所憐物性傷，非惜年芳絶。上天有時令，四序平分別。寒燠苟反常，物性皆夭閼。我觀聖人意，魯史有其説。或記水不冰，或書霜不殺。上將儆政教，下以防災孽。兹雪今如何，信美非時節。

唐・白居易《白氏長慶集》卷一《村居苦寒》　八年十二月，五日雪紛紛。竹柏皆凍死，况彼無衣民。迴觀村閭間，十室八九貧。北風利如劍，布絮不蔽身。唯燒蒿棘火，愁坐夜待晨。乃知大寒歲，農者尤苦辛。顧我當此日，草堂深掩門。褐裘覆絁被，坐卧有餘温。幸免饑凍苦，又無壠畝勤。念彼深可愧，自問是何人。

唐・白居易《白氏長慶集》卷一《早春》　雪消氷又釋，景和風復暄。滿庭田地濕，薺葉生墻根。官舍悄無事，日西斜掩門。不開莊老卷，欲與何人言。

宋・田錫《咸平集》卷二〇《苦寒行》　昨日北風高，霏霏滿天雪。千里六出花，六日飛不歇。深山深一丈，樹木凍欲折。平地盈數尺，市肆不成列。覆物生輝光，照人清皎潔。紫塞羣玉峰，滄溟白銀闕。篁竹爲琅玕，松風篩玉屑。官吏來參賀，物情亦感悦。瘴癘已消除，豐穰及時節。長吏因疾恙，請假來一月。病眼爲寒昏，風頭因冷發。湯藥厭服餌，酒肉悉罷輟。夾幕映重簾，爐茵與衾褐。禄粟不憂饑，帑俸無乏絶。江海主恩深，素餐心激切。兒童温且飽，當風泝凜冽。朝索暖寒酒，暮須湯餅設。不知有飢寒，燈火夜暖熱。越人輕活計，春税供膏血。及至風雪時，日給多空竭。樵蘇與網捕，負薪氷路滑。口噤無言語，股栗衣疎葛。藜藿不充飢，凍餓多不活。慙惶襦袴恩，旁皇空殞越。因作苦寒行，聊與兒童説。

宋・王禹偁《小畜集》卷四《對雪》　帝鄉歲云暮，衡門晝長閉。五日免常參，三館無公事。讀書夜卧遲，多成日高睡。睡起毛骨寒，窗牖瓊花墜。披衣出户看，飄飄滿天地。豈敢患貧居，聊將賀豐歲。月俸雖無餘，晨炊且相繼。薪芻未闕供，酒肴亦能備。數杯奉親老，一酌均兄弟。妻子不饑寒，相聚謌時瑞。因思河朔民，輸税供邊鄙。車重數十斛，路遥幾百里。羸蹄凍不行，死轍氷難曳。夜來何處宿，閴寂荒陂裏。又思邊塞兵，荷戈禦敵騎。城上卓旌旗，樓中望烽燧。弓勁添氣力，甲寒侵骨髓。今日何處行，牢落窮沙際。自念亦何人，偷安得如是。深爲蒼生蠹，仍尸諫官位。謇諤無一言，豈得爲直士。褒貶無一詞，豈得爲良史。不耕一畝田，不持一隻矢。多慙富人術，且乏安邊議。空作對雪吟，勤勤謝知已。

宋・王禹偁《小畜集》卷一二《對雪示嘉祐》　去年看雪在商州，使君命我山寺頭。峰巒草樹六百里，饑鼯凍鳥聲啾啾。山城窮陋無妓樂，何以銷得騷人愁。抱瓶自瀉不待勸，乘興一飲連十甌。歸晚上馬頗自適，狂吟醉舞夜不休。今年看雪在帝里，瑤臺瓊樹佳氣浮。朝迴攬轡聊四望，移下五城十二樓。樽中有酒翻不飲，鬱鬱不快非怨尤。吾兒嬌騃未曉事，問我胡不私獻酬。因令把筆寫我意，爲渠吟作雪中謳。昔爲副使不理事，待罪且免憂人憂。今爲諫官非冗長，拾遺三館俸入優。秋來連澍百日雨，禾黍漂溺多不收。如今行潦占南畝，農夫失望無來麰。爾看門外饑餓者，往往殭踣殞渠溝。峩冠旅進又旅退，曾無一事裨皇猷。俸錢一月數家賦，朝衣一襲幾人裘。安邊不學趙充國，富民不作田千秋。胡爲碌碌事文筆，歌詩頌聖如俳優。一家衣食仰在我，縱得飽煖如狗偷。况我眼昏頭漸白，安能隱几勤校讎。何時提女歸田去，賣馬可易數隻牛。深耕淺種苟自給，藜羹豆粥充饑喉。黍畦鑒理學元亮，瓜田澆灌師秦侯。素飧免作疲人蠹，開卷免對古人羞。未行此志吾戚戚，對酒不飲抑有由。斯言不敢向人道，語爾小子爲貽謀。

宋·石介《徂徠集》卷四《大寒早行》　萬動皆休迹，五更獨鳴鞭。星霜結凄色，風霰過長川。草煖犬猶睡，河氷馬不前。城牆多有穴，林屋半無烟。餓虎寒猶吼，妖狐怪不眠。山空亂猿叫，樹折一雞顛。幾處爐薰炭，何人坐有氊。崎嶇轉行路，凛冽逼窮年。脚指兩箇落，衫裳百孔穿。嘘唏鼻涕潤，僵直手難拳。身固凍不死，老當窮且堅。四方丈夫事，誰爲淚潺湲。

宋·文同《丹淵集》卷二《苦寒行》　上太行兮高盤盤，日將暮兮歲已闌。入谷口兮出林端，風慘慘兮吹骨寒。氷霜結兮玉嶻嵲，光上照兮天色乾。紛横委兮草樹殘，黯慄烈兮烟雲霾。僕足皸兮馬蹄抗，望所舍兮摧心肝。囊立空兮衣且單，嗟道途兮胡艱難。

宋·文同《丹淵集》卷六《春寒》　東風何事力猶微，凜凜邊寒犯客衣。舊雪未消新雪下，南園春色幾時歸。

宋·王安石《臨川文集》卷七《和王勝之雪霽借馬入省》　泥水填馬不受轍，瓦雪得火猶藏溝。宿霧紛紛度城闕，朔氣凛凛吹衣裘。窮閻閉門無一客，剥啄驚我有前騶。强隨傳呼出屋去，鼻息凍合髭鬖鬖。投韁馬鬣任欹側，欲出操箠手還抽。行思江南悲故事，溪谷冬煖花常流。前年臘歸三見白，霽色嶺上斑斑留。杖藜此時將邑子，登眺置酒身優游。豈如都城今日事，秪恐一蹶爲親憂。因知田里駕款段，昔人豈即非良謀。君家洛陽名實大，談笑枯槁回春柔。平生意氣故應在，白髮未敢相尋求。從容退食想佳節，豈無歌聲相獻酬。奈何亦作苦寒調，歎息朝夕無驊騮。超然遂有江湖意，滿紙爲我書窮愁。相如正應居客右，子路且莫乘桴浮。

宋·王安石《臨川文集》卷九《陰漫漫行》　愁雲怒風相追逐，青山滅没滄江覆。少留燈火就空床，更聽波濤圍野屋。憶昨踏雪度長安，夜宿木瘤還苦寒。誰云當春便妍暖，十日九八陰漫漫。

宋·王安石《臨川文集》卷一三《寒穴》　神農冽冰霜，高穴與雲平。空山渟千秋，不出鳴咽聲。山風吹更寒，山月相與清。北客不到此，如何洗煩酲。

宋·王安石《臨川文集》卷二三《春寒》　春風滿地月如霜，拂曉鍾聲到景陽。花底袂衣朝宿衛，柳邊新火起嚴粧。氷殘玉甃泉初動，水澁銅壺漏更長。從此暄妍知幾日，便應鶗鴂損年芳。

宋·孔平仲《清江三孔集》卷一〇《苦寒》　十年被冷東南方，未慣清寒客帝鄉。碧落有聲飛夜霰，輕裘無力拒晨霜。鯨依海凍先摧鬣，鴈起邊沙易失行。蒲柳脆肌尤不耐，暫憑盃酒作春陽。

宋·孔平仲《清江三孔集》卷一〇《大雪》　窮年闕雨謾悲歌，喜見凌晨雪意多。天上亂花初翦玉，樓頭密影已翻波。亭臺著路纖塵斷，庭宇無風凛氣和。寄語雲師勤覆護，莫令光景漏銀河。

宋·孔平仲《清江三孔集》卷一〇《苦寒》　晨風獵獵卷書堂，坐愛松筠耐雪霜。歲律崢嶸催暮景，時光宛轉逼新陽。金卮滿引顔雖解，石火深籠焰不長。安得仙家却寒術，吸吞霞氣赤城傍。

宋·蘇軾《東坡全集》卷一《病中大雪數日未嘗起觀號令趙薦以詩相屬戲用其韻答之》　經旬卧齋閤，終日親劑和。不知雪已深，但覺寒無奈。飄蕭總紙鳴，堆壓簷板墮。風飈助凝冽，幛幔困掀簸。惟思近醇醲，未敢窺瓊瑳。何時反炎赫，却欲躬臼磨。誰云座無氊，尚有裘充貨。西鄰歌吹發，促席寒威挫。崩騰踏成徑，繚繞飛入坐。人歡瓦先融，飲儁餅屢卧。嗟余獨愁寂，空室自困坷。欲爲後日賞，恐被遊塵涴。寒更報新霽，皎月懸半破。有客獨苦吟，清夜默自課。詩人例窮蹇，秀句出寒餓。何當暴雪霜，庶以躡郊賀。

宋·蘇軾《東坡全集》卷一〇《雪齋》　君不見峨眉山西雪千里，北望成都如井底。春風百日吹不消，五月行人如凍蟻。紛紛市人争奪中，誰信言公似贊公。人間熱惱無處洗，故向西齋作雪峰。我夢扁舟適吴越，長廊静院燈如月。開門不見人與牛，惟見空庭滿山雪。

宋·蘇軾《東坡全集》卷一一《大寒步至東坡贈巢三》　春雨如暗塵，春風吹倒人。東坡數間屋，巢子與誰鄰。空牀斂敗絮，破竈欝生薪。相對不言寒，哀哉知我貧。我有一瓢酒，獨飲良不仁。未能赬我頰，聊復濡子脣。故人千鍾禄，馭吏醉吐茵。那知我與子，坐作寒蛩呻。努力莫怨天，我爾皆天民。行看花柳動，共享無邊春。

宋·趙令畤《侯鯖録》卷四　元祐六年，汝陰久雪。一日天未明，東坡來召議事曰：某一夕不寐，念潁人之饑，欲出百餘石造餅救之。老妻謂某曰：子昨過陳，見傅欽之言簽判在陳賑濟有功，何不問其賑濟之法。某遂相召，余笑謝曰：已備之矣。今細民之困，不過食與火耳。義倉之積穀數千石，可以支散以救下民。作院有炭數萬稱，依原價賣之，二事可濟下民。坡曰：吾事濟矣。遂草放積穀賑濟奏，繳上臺寺。教授陳履常聞之，有詩云：掠地衝風敵萬人，蔽天密雪幾微塵。漫山塞壑疑無地，投隙穿帷巧致身。映積讀書今已老，閉門高卧不緣貧。遥知更上湖邊寺，一笑潛回萬寶春。坡次韻曰：可憐擾擾雪中人，饑飽終同寓一塵。老檜作花終强項，凍鳶儲肉巧謀身。忍寒吟詠君堪笑，得暖懽呼我未貧。坐聽屐聲知有路，擁衾來看玉梅春。予次韻曰：坎壈中年坐廢人，老來貂鼎視埃塵。鐵霜帶面惟憂國，機穽當前不爲身。發廩已康諸縣命，蠲逋一洗幾年貧。歸來又掃寬民奏，慙愧毫端爾許春。

宋·王庭珪《盧溪文集》卷一二《次韻何倅雪詩》 半夜陰風捲地來，平明犬吠恐爲災。高吟梁苑詞方就，醉卧袁門打不開。貧甚此時穿履出，興闌何處棹舟回。瓊樓玉宇非人世，疑共盧敖上九垓。

宋·王之道《相山集》卷九《苦寒》 風屑瓊寒透薄帷，擁裘端與火相宜。煖迴熾熖身成直，撥到殘灰手欲龜。贈炭尚誰憐正曜，授薪還自愧支離。不甘力請從緇侶，苦調寒窗强作詩。

宋·王十朋《梅溪集·前集》卷九《和苦寒》 羲和錯冬令，寒燠常相兼。在人爲不常，時焉作貪廉。玄冥當用事，如忌還如謙。宜寒噤不噓，羣萌誤抽尖。既燠俄吹冷，夜寐黑不甜。水行失其理，厥疾不可砭。前日當孟冬，雷聲震銅蟾。三日輒大雪，飛花眩觀覘。逮此始踰月，屢變寒與炎。晨起坐東牕，陽光快恩霑。霜畦秀蔬苗，欣焉自腰鎌。頃刻變凜冽，枯藤怯提拈。齒牙戰霜風，縮舌疑銜箝。架抽紛掀翻，誰能正牙籤。酒杯覺無力，瓶罄勞頻添。貂裘尚不煖，況無或衣縑。兀坐擁黃紬，胝作寒龜潛。氣血粟肌體，涕涶氷鬚髯。紅爐熾薪炭，旋覺寒星殲。静思天壤間，萬類何繁纖。路傍泣凍餒，海角愁廢淹。羽毛有不庇，腥血有不燖。豈堪當此時，可以吾身占。慇懃語妻子，汝勿多怨嫌。破被尚禁絮，漏茅可添苫。人生苟知足，處此意亦恬。但願王化行，東西俱被漸。堯天日舒長，有目皆可瞻。寒生在陋巷，甘心事虀鹽。何須傍人門，炙手隨奸憸。耽耽王侯宅，笙歌下珠簾。寒暑止温凉，焉知有窮簷。否泰迭往來，禍福相依黏。勿用倚彼玉，自分安吾蒹。飽腹日三飯，蔽形衣一襜。祁寒勿怨咨，庶用懲無厭。

宋·李洪《芸庵類藁》卷一《憶雪歌》 前年吴興雪三尺，街頭十日無行跡。南山千峰蟠玉虬，太湖萬頃鎔銀色。腐儒凍死但長哦，男呻女吟空四壁。去年强鄰窺淮淝，鐵馬成羣來塞北。將軍授鉞横琱戈，雪滿弓韜對勍敵。捷書夜到甘泉宫，玉靶角弓自天錫。已觀積甲熊耳齊，坐覺洗兵天河窄。今年臘盡寓東甌，地接炎方少三白。梅梢柳眼漏泄春，笋茁蘭芽遽堪摘。冬深未省見氷霜，挾纊無施況狐腋。朝來北風吹石裂，海氣嵐烟亂山碧。遐想瑞葉舞層霄，剪裁不費造化力。豐年一飽戴君恩，比屋千家消癘疫。長江遠近要舒發，深恐陽驕無宿麥。徒披鶴氅懷兔園，速遣祥霙慰北客。

宋·王炎《雙溪類藁》卷六《冬雪行并序》 甲寅歲雖小稔，縣官和糴，米價遂增。兩日雨雪，市中貧民有無炊烟者，艱糴反甚於去年之凶歉。父老輩遂具公牘赴訴于庭，因成《冬雪行》一篇。其辭如古樂府，其義則主文譎諫，言之可以無罪者也。擁衾展轉夜不眠，細數更籌知苦寒。角聲未動紙窗白，兒曹報我雪滿簷。玉妃剪水出天巧，飛花萬點争清妍。朱門貴人對之笑，初見一白來豐年。金罍玉爵雜蔬笋，飲罷敲氷煮新茗。繡幃中有紅麒麟，輕暖勝春尚嫌冷。窮巷小家真可憐，典衣糴米無炊烟。江頭津吏日來報，往往上流無米船。縣官要糴十萬斛，天上符移星火速。去年秋旱糴陳腐，今年秋熟米如玉。且願扶桑枝上紅，日轂東來却膝六。今年冬雪民已臞，明年春雪民更飢。九關有路虎豹守，欲語不敢空長吁。

宋·喻良能《香山集》卷二《大雪追和退之辛卯年雪韻》 太皞亦已至，元冥猶未歸。茫茫天壤間，浪闊銀山圍。玉龍横梅度，皓鶴漫空飛。白帝有所適，飄飄揚旌旂。從者一何繁，縞席仍練衣。招邀姑射仙，逢迎廣寒妃。祥耶時令耶，疇能測天機。飢人凍欲死，賞玩理則非。安得萬裘褐，寒者或庶幾。願言均此惠，不知身賤微。

宋·方岳《秋崖集》卷一四《木嫁》 春日電光飛霹靂，元日奇寒雪盈尺。銷瓊融玉夜色凝，贔屭穹林矗僵立。鮫人涙滴珊瑚枝，通身擎出青琉璃。霜皮溜雨凍不解，無人報與春風知。曉光穿漏晴相射，鋭士銜枚甲初卸。山人不讀五行書，未省木氷吁可怕。

宋·方夔《富山遺稿》卷五《大雪》 一日雪空裏，浮花生眼纈。二日雪竹松，委地枯楠折。三日雪獸駭，禽奔蹄跡滅。四日雪翁嫗，啼飢涙成血。天生萬物忍棄捐，似爲多情幻奇絶。由來恩怨不相關，無情有情總磨折。君不見堯時洪流浸十日，赤子喁喁化魚鼈。湯時亢旱烘七年，山河大地紅爐熱。當時賢聖救不得，坐待時來自休歇。蓋天垂地憂長人，浪教寒士頭先白。玉皇高居耳目遠，鬼神虎豹爭羅列。項冥滕屏罪當誅，劈殘試與東風説。

宋・方夔《富山遺稿》卷八《雪》 北帝宮中億萬姝，天花散盡滿天衢。蓬山宮闕白禽獸，秦地山河銀雁鳧。寒聳吟肩呵滴硯，春回醉頰宴開爐。梅花半樹南枝早，夢遶孤山訪老逋。

宋・方逢辰《蛟峯文集》卷六《南康遇雪》 夜來怪甚風太顛，掀簸震撼不可眠。門前鐵騎怒拔屋，枕上猛虎飛吼天。却是廬山夕作雪，楊花未春先擘綿。左蠡門前玉兩柱，江心落石鷺一拳。五峯千仞削銀壁，重湖萬頃開瑤田。若使瑤田可以種，雖遭赤地民不癲。若使銀壁可以鑄，當造白幣權飛錢。要知冬燠生意洩，明年造化功斯全。帝呼玄冥急妝斂，閉塞陽氣胚豐年。雖云不可耕與種，桑麻穀粟茲開先。

宋・衛宗武《秋聲集》卷二《和催雪》 我欲問天天穹窿，歲卜其有於歲終。胡然玄律欲遒盡，燠乎一歲融而沖。凍膚未起玉樓粟，寒力尚怯珠槽紅。臘前三見瑞盈尺，九土斯農之望同。冱寒雖以雲布濩，合影尚欠宵通朧。梁園徒聚爲賦客，灞橋更誤能詩翁。倩誰剪下銀潢水，六花人代天施工。不必作威藉風伯，不必布勢勞豐隆。豫占多稼滿周畝，首驗小麥連崆峒。嘗聞玉妃從者萬，要看羽衛來仙宮。未多劉子比西閬，抑陋衛人歌北風。撐腸吐出氷雪句，清輝交映彌寒空。列岑銀鑄增突兀，千林楮刻森玲瓏。瑶芝一望千萬頃，不辨田上田中中。憶昔臘霙點予鬢，至今皓首如飛蓬。自憐老朽難用世，秖堪把耒勤農功。行天須見度有馬，入地庶使潛無螽。年豐常願頌秋報，豈止擊壤歌三農。

宋・于石《紫巖詩選》卷一《丁亥冬大雪》 頑雲撥不開，陰風挾嚴威。大雪止復作，細民已嘘嚱。人言豐年瑞，可樂胡反悲。頻年豈無雪，雪少寒不知。誰爲禦寒計，茅屋曝晴曦。今年雪大作，始信貧無衣。地爐燎濕薪，僵坐縮如龜。年豐固可樂，一飽遠莫期。但憂今日寒，未慮明年飢。豈知紈綺子，重裘擁柔肌。綉閣藹春風，金帳環蛾眉。惟恨雪不多，低唱飲羔兒。且盡一巳歡，寧爲爾民思。爾民毋自苦，會有年豐時。雞豚燕同社，玉粒香浮炊。一飽有餘樂，八珍亦奚爲。寄語紈綺子，此意知不知。

宋・于石《紫巖詩選》卷二《對雪》 頑雲怗勢吞燭龍，一夜老盡江上峰。驂鸞駕鶴下瑶闕，羽衣森列飛行空。玉虬夭矯振鱗甲，玁獫怒戰誰爭鋒。銀河剪刻紛弄巧，姑射縹緲來無蹤。半開半落花繞樹，無根無蒂絮因風。造物幻出不可測，萬變歸我一慨中。重裘何富負薪何窮，烹茶何儉飲羔何豐。天意茫茫無問處，人事悠悠定何許。豐年固知雪可喜，貧民不以雪爲瑞。安得見晛消凝陰，寒崕草木皆生春。

宋・于石《紫巖詩選》卷三《雪》 天地混一色，樓高試捲簾。青山新面目，老樹換鬚髯。夜皎月千里，晴喧雨四簷。豈無寒餒者，僵卧在窮閻。

宋・周紫芝《太倉稊米集》卷一三《苦寒二首》 朔風吹雪天漫漫，厚地欲裂江水乾。懸知北客未省見，太古以來無此寒。氷簷垂筍風撼屋，布衣生稜體生粟。老翁炙手厭朱門，明朝晨暾更堪曝。

天容黯慘悲風吹，寒日欲出寒雲垂。千門晝閉人跡絶，萬里長空鳥不飛。豺虎號寒聲怒急，行人指墮毛爲立。易水風高燕地寒，白頭書生望雲泣。

元・丁復《檜亭集》卷五 春雪

江上亦春雪，氣隨王化南。平鋪方渾渾，細落更毿毿。柳棹渾無定，花開恐不堪。簷牙縣宿溜，直擬老夫簪。

明・田汝成《西湖遊覽志餘》卷二三 元至正間，西湖冰合。故老云六十年前，曾有此異。張仲舉賦詩云：西湖雪壓冰徹底，行人徑度如長川。風吹鹽地結陰鹵，日射玉田生暖烟。魚龍穴裏寒更縮，鷗鷺沙頭飢可憐。安得長冰通滄海，我欲三島求神仙。

明・于謙《忠肅集》卷一一 飛絮

飄飄隨意點輕裘，播蕩東風不自由。亂逐紅塵迷客路，輕隨綵燕入歌樓。梁園飛雪驚春夢，渭水斜陽送客愁。莫向樽前苦惆悵，緑陰還在粉墻頭。

詠雪

纔聚還似可疑，天公深意許誰知。但令海宇均滋潤，不使閭閻起怨咨。裁翦六花如有意，斡旋一氣本無私。登高望遠空吟賞，誰和陽春白雪詞。

春雪

寒結濃雲布晚空，六花撩亂舞東風。素娥裁翦無多力，青帝陶鎔第一功。歲暮祥開三白好，春回瑞應萬方同。豐年有兆羣心悦，題詠應慚句未工。

百岡冬雪

凍合長河歲暮天，喜看三白兆豐年。東風柳絮沾衣袂，夜月蘆花覆釣船。愛客不愁添酒興，摽梅何必聳吟肩。梁園詞賦應堪羨，贏得新詩入管絃。

題孟浩然踏雪尋梅

滿頭風雪路欹斜，杖屨行尋賣酒家。萬里溪山同一色，不知何處是梅花。

雪晴

日照九逵銀路直，天開四面玉樓寒。無邊景物誰收拾，分付詩人獨倚欄。

明·于謙《忠肅集》卷一二 雪賦

寒光皎皎，曙色蒼蒼。客有摳衣而前，崆峒子呼而語曰：臘前三白之事，子能賦否？客跪而賦曰：嚴乎凜哉，冬至之後未成三戌也，飄飄揚揚，遍滿八荒，似鵞毛之翦碎，猶蝶翅之輕狂。散玉龍之鱗甲，布玉兔之疆場。比梅花而六出，對夜月以清光。遠而望之，峰巒傅粉，全不相類乎秋霜。近而視之，庭階藏翠，却也彷彿乎氷芒。袁安固志僵卧，林靖適興尋芳，灞橋詩思最妙，藍關馬足難行，持漢節則和氊而食，賦梁園必置酒而嘗。乘舟訪戴，映雪維康。絹金帳中，飲羊羔而低唱；紅爐火上，烹雀舌以馨香。東郭全無履屐，定夫專候門墻。廣寒宫前，倏忽幻成瑶階玉樹；章華簷下，須臾好似玉宇牙牀。宇内三千大千銀界，簷前一滴兩滴瓊漿。如斯而已，其言也詳。既而請崆峒子曰：三白事態，則弟子已吐布矣。臘前爲瑞，其意云何？崆峒子曰：噫嘻乎！子來前聞，瓦釜池蛙者，豈足以知黄鍾清越之奏；騎跛驢駑駘者，曷足以知緑驥白駒之良。三白之在臘前也，陽氣未發，品彙未生，根荄尚在於土中，枝柯已枯於地下，斗柄建丑玄冥，司鄉正欲寒沍以嚴凝，方因陽和而發暢，蟲蝗有子必斃，宿麥之植多繁，所以爲治世之禎祥、豐年之卜筮也。猗與盛哉！原其所由，豈虚其應。實我朝君明臣良，民安國泰，敷和氣於兩間，播仁風於萬宇。由是光岳效靈之地，體信達順五穀豐登而爲年之大有也。況今下官司馬匹卿大臣撫安黔黎，廣推恩化，能體皇上之心焉，以格年豐之兆也。客拜，稽首而歌之曰：同雲密布兮，瑞雪漫漫。豐年慶會兮，朝野騰懽。對閶闔而祝願兮，皇圖如盤石之安。

清·王士禎《二家詩選》卷下 寒食定興雪中

二月鶯花少，千家雨雪霏。可憐値寒食，猶未换春衣。積水生空霧，高城背落暉。忍看楊柳色，從此去王畿。

晚趨忻口

雲峰聊極目，立馬獨愁心。豈直關山遠，其如雨雪深。笳聲先入夜，邊氣迴生陰。疇昔長征意，蹉跎力不禁。

清·吴偉業《梅村集》卷六 打水詞

北河風高水生骨，玉壘銀橋堆幾尺。新戍雲中千騎馬，横津直渡無行迹。下流湍悍川途開，吹笳官舫從南來。帆檣山齊排浪進，牽船百丈聲如雷。雪深没髁衣露肘，背挽頭低風塞口。相逢羡殺順流船，急問來時河凍否。溜過湖寬放插平，長年穩望一帆輕。夜深側聽流澌響，瑣碎玲瓏漸結成。篙滑難施櫓枝折，舟人霜滿髭鬚白。發鼓催船唤打水，衝寒十指西風裂。吁嗟河伯何硜硜，白棓如雨終無聲。魚龍潛逃科斗匿，殊耐鞭杖非窮民。官艙裘酒自高卧，只話篙師叉手坐。早辦人夫候治裝，明日推車氷上過。

雪中遇獵

北風雪花大如掌，河橋路斷流澌響。愁鴟饑雀語啁啾，健鶻奇鷹姿颯爽。將軍射獵城南隅，軟裘快馬紅氍毹。秋翎垂頭西鼠煖，鴉青徑寸裝明珠。金鵝箭褶袍花濕，挏酒駝羹馬前立。錦靴玉貌撥秦箏，瑟瑟鬟多好顔色。少年家住賀蘭山，磧裹擒生夜往還。鐵嶺草枯燒堠火，黑河氷滿渡征鞍。十載功成過高柳，閒却平生射鵰手。漫唱千人勅勒歌，只傾萬斛屠蘇酒。今朝彷彿李陵臺，將軍喜甚圍場開。黄羊突過笑追射，鼻端出火聲如雷。回去朱旗滿城闕，不信溝中凍死骨。猶有長征遠戍人，哀哀萬里交河卒。笑我書生短褐温，蹇驢箬笠過前村。即今莫用梁園賦，扶杖歸來自閉門。

清·愛新覺羅·弘曆《御製詩初集》卷八 曉雪有作

春雨寒凝雪，油雲入曉濃。澤流成沃壤，玉積出高峰。和洽占逢歲，憂勤望破冬。去歲三冬無雪待澤正殷。山村經歷處，樂意在耕農。

清·朱彝尊《曝書亭集》卷六 山雪

山雪消猶未，江梅凍已殘。龍蛇翻遠蟄，鳥雀凜相看。短服裝綿少，深杯入手乾。今宵聞擊柝，轉憶北城寒。

清·朱彝尊《曝書亭集》卷九 春雪二首

臘去初無雪，春來盡日飄。披離侵柳陌，取次及花朝。入夜飛何急，因風卷未消。攜錢思縱飲，不用酒旗招。

客久催蒼鬢，師行冷鐵衣。漸看迴鴈近，只共早梅飛。關塞愁無極，鄉園信轉稀。空憐兒女在，遥計放船歸。

清·于成龍《于清端政書》卷八 中途遇雪

陰雲漠漠朔風寒，雪染征裘行路難。霰集氷凋憐馬滑，花飛枝壓總心酸。離披短袖侵膚潤，凜冽長途刺骨瘢。更憾蒼頭多怨語，何時高卧學袁安。

清·毛奇齡《西河集》卷一五〇 雪

朔氣銷寒日，同雲合暮天。亂鴉鳴集樹，一野牧凍歸田。村旆摇風急，簷絲有霰先。梁園方作賦，郢下擬調絃。枯柳驚飄絮，遥山儼帶烟。林虚低舞蝶，衣冷細裝綿。點地融還濕，飛空斷復牽。撒鹽時密密，浹水故濺濺。閣敞填鏤瓦，牕高綴綺錢。映奩憎粉潔，貼鬢助花妍。崑玉爲嵓秀，齊紈布土鮮。不忿常歲月，頓改舊山川。放眼增遐曠，渾身似洗湔。清光舒短晝，結溜挂長櫋。枝弱鳩巢折，塗荒馬跡穿。層柯交愈晰，棄笠覆終圓。壁削時傾椮，篷摧屢扣舷。平沙疑炤蠟，遠塞且吞氊。候近青雲吕，歌傳黄竹篇。愁吹闗隴笛，思泛剡溪船。好景懷童齒，長貧願瑞年。酒傾三雅外，裘敝數冬前。望隰欽劉繪，登臺愧惠連。蕭條窮巷裏，誰與共高眠。

雜録

唐・劉肅《唐新語》卷九《諛佞》 則天朝，嘗三月降雪，鳳閣侍郎蘇味道等以爲祥瑞，草表將賀。左拾遺王求禮止之。味道曰：「國家事，何爲誑妄以賀朝庭？」求禮曰：「宰相不能變理陰陽，令三月降雪。此災也，乃誣爲瑞。若三月雪是瑞雪，臘月雷當爲瑞雷耶！」舉朝善之，遂不賀。求禮方正有祠畢，歷左台殿中，轉衛王掾而卒。

宋・蘇軾《東坡全集》卷五四 大雪乞省試展限兼乞御試不分初覆考劄子：元祐三年正月某日，翰林學士朝奉郎知制誥兼侍讀蘇軾劄子奏。臣竊見近者，大雪方數千里，道路艱塞，四方舉人赴省試者，三分中未有二分到闕。朝廷雖議展限，然迫於三月放榜，所展日數不多，至時，若隔下三五百人趂試不及，即恐孤寒舉子，轉見失所，亦非朝廷急才喜士之意。欲乞自今日已往，更展半月，方始差官，仍令禮部疾速雕印，出榜曉示旁近州郡。但未試以前到者，並許投保引試。若慮放榜遲延，恐趂三月内不及，即乞省試添差小試官十人，却促限五七日出榜。

宋・莊綽《雞肋編》卷中 二浙舊少冰雪，紹興壬子，車駕在錢唐，是冬大寒屢雪，冰厚數寸。北人遂窖藏之，燒地作廕，皆如京師之法。臨安府委諸縣皆藏，率請北人教其制度。明年五月天中節日，天適晴暑，供奉行宫，有司大獲犒賞。其後錢唐無冰可收，時韓世忠在鎮江，率以舟載至行在，兼晝夜牽輓疾馳，謂之「進冰船」。

宋・莊綽《雞肋編》卷下 王介甫作韓魏公輓詩云：「木稼嘗云達官怕，山摧今見哲人萎。」時華山崩，京師木冰，極爲中的。人多不見木稼出處。按《舊唐書・五行志》：「開元二十九年十一月二十二日，雨木冰，凝寒凍冽，而數日不解。寧王見而歎曰：『諺云樹稼達官怕，必有大臣當之。』其月王薨。」

宋・王楙《野客叢書》卷一二《卧雪二安》 《録異傳》載：漢大雪，洛陽令行至袁安門，無路入，謂安已死。令人除雪，入户見安僵卧於牀。又《先賢行狀》載：胡定字元安，時雪滿其室，縣令遣掾排雪問，定已絶穀，妻子皆僵。二事甚相類，皆雪中高卧，皆縣令來撫問。元安、袁安名字又相協，安得不認爲一事耶。因思天下有一事闗兩處者，何可勝數。如沈瘦事，前有約，後有昭略；望塵之潘，前有黨，後有岳；書紅葉之鄭，前有虔，後有谷；致冰鮮之王，前有祥，後有延。

宋・王楙《野客叢書》卷二三《韓白詩意同》 樂天詩有紀年月日者，於以見當時之氣令，亦足以裨史之闕。如曰：皇帝嗣寳曆元和三年冬，自冬及春夏不雨，旱爞爞。有以見憲宗即位三年，久旱如此。又詩曰：元和歲在卯，六年春二月，月晦寒食天，天陰夜飛雪，連宵復竟日，浩浩殊未歇。又以見元和六年二月，晦爲寒食，當和暖之時，而雰霈大雪，其氣候乖謬如此。又詩曰：八年十二月，五日雪紛紛，竹栢皆凍死，况彼無衣民。又見元和八年十二月五日，大雪寒凍，民不聊生，如此。僕按《東漢書》，延熹間大寒，洛陽竹栢凍死。襄楷曰：聞之師曰：栢傷竹槁，不出三年，天子當之。樂天此語，正所以紀異也。又觀韓退之《辛卯年雪詩》，亦曰：元和六年春，寒甚不肯歸。河南二月末，雪花一尺圍。此説正與樂天同。

明・黄暐《蓬窗類紀》卷一《災異紀》 景泰甲戌，吴多雪。正月望日，一夕積七八尺。比曉，城郭填咽，民居被壓。欹側者覆，縛茅者棟，穿檁之綿而瘠者咸折。通衢委巷僵而卧者比比皆是，突而烟者十二三而已。郡守隴右汪滸以爲祥，命摶雪爲獅，相峙府治東西墀，高可盈丈，兩睛以巨柚，齒毛爪鬣，設色而爲。汪喜溢眉宇，合府衛羣寮相宴賞。張燈爲市，飾優爲戲，簫鼓聲徹明始息。自春徂夏，霪雨連綿，海潮湖水相泛溢，膏腴千頃爲巨浸，桂玉騰價，民庶艱食，疫癘大作，死者無算。始猶以槥，次以葦葦席，又次棄諸水，甚則駢死一室，積癘騰穢，癘氣愈熾豪門富室亦不保。未幾，汪亦告殂。

清·畢沅《續資治通鑑》卷一六六《宋紀一百六十六》 理宗紹定五年二月癸丑，烏登所發閿鄉軍士，各以老幼自隨，由西南徑入大山冰雪中，部將多叛去。蒙古聞之，自盧氏以數百騎追及，山路積雪，晝日凍釋，泥淖及脛，隨軍婦民，棄擲老幼，哀號盈路。行至鐵嶺，欲戰而飢憊不能振，于是重喜先降，蒙古斬之於馬前。金兵遂大潰，秦、藍總帥府經歷商衡死焉。烏登、納哈普舍音從數十騎走山谷間，追騎擒之，皆被殺。

清·錢泳《履園叢話》卷一五 是年冬，江南北苦寒，風雪時作，黄、淮俱凍，不解者至二十餘日。何偶欲入城，過渡失脚落水。適有尋丈大冰隨流而下，觸其腰，斬爲兩截，觀者如雲，莫不駭異。嘉慶十四年事也。

連陰雨部

題解

《爾雅·釋天》 小雨謂之霡霂，久雨謂之淫，淫謂之霖。

《春秋潛潭巴》 陽制於陰，故水爲雨。

《河圖》 雨者，天地之施也。

漢·劉熙《釋名·釋天》 雨，羽也，如鳥羽動則散也。

漢·許慎《説文·雨部》 雨，水从雲下也。霖，雨三日已往。

宋·陸佃《埤雅·釋天》 雨，傳曰：疾雨曰驟雨，徐雨曰零雨，雨久曰苦雨，又曰愁雨。雨晴曰霽，雨而晝晴曰啟，雨水曰潦，時雨曰澍。

綜述

唐·歐陽詢《藝文類聚》卷二《天部下》 《尸子》曰：神農氏治天下，欲雨則雨，五日爲行雨，旬爲穀雨，旬五日爲時雨，正四時之制，萬物咸利，故謂之神。

《楚辭》曰：雷填填兮雨冥冥，令飄風兮先駈，使涷雨兮灑塵。

《河圖·帝通紀》曰：雨者，天地之施也。

《山海經》曰：爲應龍之狀，乃得大雨。又曰：羽山其上多雨，而苻陽之山多怪雨，雲風之所出也。

《莊子》曰：時雨降矣，而猶浸灌，不亦勞乎。

《風俗通》曰：玄冥，雨師也。

《論衡》曰：道至天者，祥風起，甘雨降。雨霽而陰曀者，謂之甘雨。

《風土記》曰：六月有大雨，名濯枝雨。

魏阮瑀詩曰：苦雨滋玄冬，引日彌且長。丹墀自殲殪，深樹猶沾裳。客行易感悴，我心摧已傷。登臺望江沔，陽侯沛洋洋。

晉張載《霖雨詩》曰：霖雨餘旬朔，濛昧日夜墜。何以解愁懷，置酒招親類。悲歌結流風，逸響回秋氣。

晉張協《苦雨詩》曰：黑蜧躍重川，商羊舞野庭。飛廉應南箕，豐隆迎號屏。雲根臨八極，雨足灑四溟。霖瀝過二旬，散漫亞九齡。階下伏泉踴，堂上水苔生。尺燼重尋桂，紅粒貴瑶瓊。

又雜詩曰：金風扇素節，丹霞啓陰期。騰雲似湧煙，密雨如散絲。寒花發黄彩，秋草含緑滋。

又雜詩曰：朝霞迎白日，丹氣臨陽穀。翳翳結繁雲，森森散雨足。

晉傅玄詩曰：徂暑未一旬，重陽翳朝霞。厥初月離畢，積日遂滂沱。屯雲結不解，長溜週四阿。霖雨如倒井，黄潦起洪波。湍深激牆隅，門庭若決河。炊爨不復舉，灶中生蛙蝦。

宋鮑照《苦雨詩》曰：連陰積澆灌，滂沱下霖亂。沉雲日夕昏，驟雨淫朝旦。蹊濘走獸希，枝寒鳥飛晏。密霧冥下溪，聚雲屯高岸。

齊謝朓《觀雨詩》曰：朔風吹飛雨，蕭條江上來。既灑百常觀，復集九成台。空濛如薄霧，散漫似輕埃。

梁簡文帝《賦得入階雨詩》曰：細雨階前入，灑砌複沾帷。漬花枝覺重，濕鳥翻飛遲。儻令斜日照，並欲似遊絲。

梁孝元帝《詠細雨詩》曰：風輕不動葉，雨細未沾衣。入樓如霧上，拂馬似塵飛。

梁劉苞《望夕雨詩》曰：崇朝遘行雨，薄晚屯密雲。緣階起素沫，竟水散圓文。河柳低未舉，山桃落已芬。清樽久不薦，淹流遂待君。

梁虞騫《擬雨詩》曰：清風送涼氣，薄暮蕩炎氛。虹照漣漪水，電出嵯峨雲。落暉散長足，細雨織斜文。

梁劉孝威和皇太子《春林晚雨詩》曰：雲樹交爲密，雨日共成虹。電舒長男氣，枝摇少女風。葉珠垂滴水，簷繩下溜空。蝶濡飛不颺，花沾色更紅。明離信養德，能事畢春宫。誰堪偶鳳吹，唯有浮丘公。又《望雨詩》曰：清陰蕩暄濁，飛雨入階廊。瞻空亂無緒，望霤耿成行。交枝含晚潤，雜葉帶新光。浮芥離還聚，沿漚滅複張。浴禽飄落毳，亂荇散餘香。寄言楚台客，雄風詎獨涼。

陳陰鏗《閑居對雨詩》曰：四溟飛旦雨，三徑絶來遊。震位雷聲發，離宮電影浮。山雲遥似帶，庭葉近成舟。茅簷下亂滴，石竇引環流。寄言一高士，如何麥不收。

紀事

宋・歐陽修、宋祁《新唐書》卷三四《五行志一》 武德六年秋，關中久雨。少陽曰暘，少陰曰雨，陽德衰則陰氣勝，故常雨。

貞觀十五年春，霖雨。

永徽六年八月，京城大雨。

顯慶元年八月，霖雨，更九旬乃止。

開元二年五月壬子，久雨，禜京城門。十六年九月，關中久雨，害稼。

天寶五載秋，大雨。十二載八月，久雨。十三載秋，大霖雨，害稼，六旬不止。九月，閉坊市北門，蓋井，禁婦人入街市，祭玄冥太社，禜明德門，壞京城垣屋殆盡，人亦乏食。

至德二載三月癸亥，大雨，至甲戌乃止。

上元元年四月，雨，訖閏月乃止。二年秋，霖雨連月，渠竇生魚。

永泰元年九月丙午，大雨，至于丙寅。

大曆四年四月，雨，至于九月，閉坊市北門，置土臺，臺上置壇，立黄幡以祈晴。六年八月，連雨，害秋稼。

貞元二年正月乙未，大雨雪，至于庚子，平地數尺，雪上黄黑如塵。五月乙巳，雨，至于丙申。時大飢，至是麥將登，復大雨霖，衆心恐懼。十年春，雨，至閏四月，間止不過一二日。十一年秋，大雨。十九年八月己未，大霖雨。

元和四年四月，冊皇太子寧，以雨霑服罷。十月，再擇日冊，又以雨霑服罷。近常雨也。六年七月，霖雨害稼。十二年五月，連雨。八月壬申，雨，至于九月戊子。十五年二月癸八月，久雨，閉坊市北門。宋、滄、景等州大雨，自六月癸酉至于丁亥，廬舍漂没殆盡。

寶曆元年六月，雨，至于八月。

大和四年夏，鄆、曹、濮等州雨，壞城郭廬舍殆盡。五年正月庚子朔，京城陰雪，彌旬。

開成五年七月，霖雨，葬文宗，龍輴陷不能進。

大中十年四月，雨，至于九月。

咸通九年六月，久雨，禜明德門。

乾符五年秋，大霖雨，汾、澮及河溢流害稼。

廣明元年秋八月，大霖雨。天復元年八月，久雨。

宋・司馬光《資治通鑑》卷三〇《漢紀二十二》 成帝建始三年秋，關内大雨四十餘日。京師民相驚，言大水至；百姓奔走相蹂躪，老弱號呼，長安中大亂。天子親御前殿，召公卿議。大將軍鳳以爲：「太后與上及後宮可御船，令吏民上長安城以避水。」羣臣皆從鳳議。左將軍王商獨曰：「自古無道之國，水猶不冒城郭；今政治和平，世無兵革，上下相安，何因當有大水一日暴至，此必訛言也！不宜令上城，重驚百姓。」上乃止。有頃，長安中稍定；問之，果訛言。上於是美壯商之固守，數稱其議；鳳大慚，自恨失言。

四年夏四月，大雨水十餘日，河決東郡金隄。先是清河都尉馮逡奏言：「郡承河下流，土壤輕脆易傷，頃所以闊無大害者，以屯氏河通兩川分流也。今屯氏河塞，靈鳴犢口又益不利，獨一川兼受數河之任，雖高增隄防，終不能泄。如有霖雨，旬日不霽，必盈溢。九河故迹，今既滅難明，屯氏河新絶未久，其處易浚；又其口所居高，於以分殺水力，道里便宜，可復浚以助大河，泄暴水，備非常。不豫脩治，北決病四、五郡，南決病十餘郡，然後憂之，曉矣！」事下丞相、御史，白遣博士許商行視，以爲「方用度不足，可且勿浚。」後三歲，河果決於館陶及東郡金隄，泛濫兗、豫及平原、千乘、濟南，凡灌四郡、三十二縣，水居地十五萬餘頃，深者三丈；壞敗官亭、室廬且四萬所。

冬，十一月，御史大夫尹忠以對方略疏闊，上切責其不憂職，自殺。遣大司農非調，調均錢穀河決所灌之郡，謁者二人發河南以東船五百艘，徙民避水居丘陵九萬七千餘口。

宋・司馬光《資治通鑑》卷三八《漢紀三十》 王莽地皇元年九月，大雨六十餘日。

宋・司馬光《資治通鑑》卷六〇《漢紀五十二》 獻帝初平四年大雨，晝夜二十餘日，漂没民居。

宋・司馬光《資治通鑑》卷一四七《梁紀三》 武帝天監十二年夏，五月，壽陽久雨，大水入城，廬舍皆没。

宋・司馬光《資治通鑑》卷二七三《後唐紀二》 莊宗同光三年九月，自六月甲午雨，罕見日星，江河百川皆溢，凡七十五日乃霽。

宋・吴泳《鶴林集》卷一五《進御故實》 建紹乾道陰雨五事

建炎三年六月己酉，御筆太史奏：天道久陰，霖雨不止。占曰：久陰陰盛，下有陰謀。霖雨者，人怨所致。朕恐政失其道，可來日召郎官以上赴都堂條具朕之過失，民間疾苦，政事失錯，可以消天變，可以收人心，可以召和氣，實封奏聞。

紹興四年六月乙丑，臣寮奏：方今國用軍食盡仰浙西，今陰雨連綿，害于耕稼，萬一歉饉，何以支。吾臣愚，欲望聖慈發自誠心，專精祈禱，仍詔大臣講求所以修人事、應天心之術。凡刑獄有可理理之，工役有可停停之，浮費有可省省之。人事既修，天心自格，庶幾變災爲福，中熟尚可冀也。詔從之。

八年四月丙辰，御史中丞常同奏：伏見比者，霪雨踰月，天地陰晦，此蓋陰盛之象，其爲災異明矣。夫君者，陽也。臣者，陰也。意者，兵將驕恣，有難制之漸乎？刑獄淹久，多冤濫乎？百姓困弱，怨氣溢乎？究此數端，雖曰匪易，然在陛下與一二大臣信之、畏之、慮之、圖之而已。臣願陛下每以數者曲留聖意念念不忘，則羣策日聞，變將自消矣。

乾道元年，有司以久雨乞分遣郡縣吏禱於山川神祇。上曰：應天當以實，此不必也。比聞兩浙身丁錢絹皆取於五等，下户其議蠲除之。小大之獄，豈無冤滯，其令御史慮囚。朕將避殿、減膳以答天譴。

三年宰臣葉顒奏：霪雨不止，咎在臣等。昨日有奏，乞罷政。上曰：不必如此。此皆朕有失德，卿等當與朕交修庶政，以召和氣。凡政事有失，中刑獄有未當，皆宜留意。上又曰：可差官分決滯獄。

宋・王偁《東都事略》卷一〇 元豐五年十月，陰雨彌旬。

元・脱脱等《金史》卷一〇《章宗紀二》 明昌五年七月丙戌，時久雨初霽，有龍曳尾于殿前雲間。六年六月丙寅，以久雨，禜。庚辰，太白經天。

元・脱脱等《金史》卷一一《章宗紀三》 承和四年七月丙辰，以久雨，令大興府祈晴。

元・脱脱等《金史》卷一五《宣宗紀中》 興定元年冬十月丁未，以霖雨，詔寬農民輸税之限。

元・脱脱等《宋史》卷六五《五行志三》 建隆元年十月，蔡州大霖雨，道路行舟。

開寶二年八月，帝駐潞州，積雨累日未止。九月，京師大雨霖。五年，京師雨，連旬不止。河南、河北諸州皆大霖雨。九年秋，大霖雨。

太平興國二年，道州春夏霖雨不止，平地二丈餘。五年五月，京師連旬雨不止。七年六月，齊州逮捕臨邑尉王坦等六人，繫獄未具，一夕大風雨壞獄户，王坦等六人並壓死。

雍熙二年八月，京師大霖雨。

淳化元年六月，隴城縣大雨，壞官私廬舍殆盡，溺死者百三十七人。三年九月，京師霖雨。四年七月，京師大雨，十晝夜不止，朱雀、崇明門外積水尤甚，軍營、廬舍多壞。是秋，陳、潁、宋、亳、許、蔡、徐、濮、澶、博諸州霖雨，秋稼多敗。

咸平元年五月，昭州大雨霖，害民田，溺死者百五十七人。

五年秋，開封府、宋、亳、陳、潁、泗、壽、鄧、蔡、潤諸州雨水害稼。

景德三年八月，青州大雨，壞鼓角樓門，壓死者四人。

大中祥符二年八月，無爲軍大風雨，折木，壞城門、軍營、民舍，壓溺千餘人。十月，兗州霖雨害稼。三年四月，昇州霖雨。五月辛丑，京師大雨，平地數尺，壞軍營、民舍，多壓者，近畿積潦。五年九月，建安軍大霖雨，害農事。

天禧四年七月，京師連雨彌月。甲子夜大雨，流潦汎溢，民舍、軍營圮壞太半，多壓死者。自是頻雨，及冬方止。

乾興元年二月，蘇、湖、秀州雨，壞民田。

天聖四年六月戊寅，莫州大雨，壞城壁。七年，自春涉夏，雨不止。

明道二年六月癸丑，京師雨，壞軍營、府庫。

景祐三年七月庚子，大雨震雹。

慶曆六年七月丁亥，河東大雨，壞忻、代等州城壁。

皇祐二年八月，深州大雨，壞民廬舍。四年八月癸未，京師大風雨，民廬摧圮，至有壓死者。

嘉祐二年八月，河北緣邊久雨，瀕河之民多流移。五月丁未，晝夜大雨。六月乙亥，雨壞太社、太稷壇。三年八月，霖雨害稼。六年七月，河北、京西、淮南、兩浙、江南東西霪雨爲災。閏八月，京師久雨。是歲頻雨，及冬方止。

治平元年，京師自夏歷秋，久雨不止，摧真宗及穆、獻、懿三后陵臺。

熙寧元年八月，冀州大雨，壞官私廬舍、城壁。七年六月，陝州大雨，漂溺陝、平陸二縣。

元豐四年七月，泰州海風駕大雨，漂浸州城，壞公私舍數千楹。

元祐二年七月丁卯，以雨罷集英殿宴。

元符二年九月，以久雨罷秋宴。三年七月，久雨，哲宗大昇轝在道陷泥中。

建中靖國元年二月，久雨，時欽聖憲肅皇后、欽慈皇后二陵方用工，詔京西祈晴。

崇寧元年七月，久雨，壞京城廬舍，民多壓溺而死者。三年六月，久雨。四年五月，京師久雨。又自七月至九月，所在霖雨傷稼。十月，始霽。

靖康元年四月，京師大雨，天氣清寒。又自五月甲申至六月，暴雨傷麥，夏行秋令。

建炎二年春，淫雨。三年二月癸亥，高宗初至杭州，久霖雨，占曰：「陰盛，下有陰謀。」時苗傅、劉正彦爲亂。五月，霖雨，夏寒。

紹興元年，行都雨，壞城三百八十丈。是歲，婺州雨，城壞。三年，雨，自正月朔至于二月。七月，四川霖雨，至于明年正月。四年六月，淫雨害稼，蘇、湖二州爲甚。九月，久雨，時劉豫連金人入寇；十月，高宗親征而霽。五年三月，霖雨，傷蠶麥，行都雨甚。九月，雨，至于明年正月。六年五月，久雨不止。七年十月，高宗如建康，久雨。八年三月，積雨，至于四月，傷蠶麥，害稼。二十一年夏，襄陽府大雨十餘日。二十三年六月，大雨，壞軍壘、民田。三十年五月，久雨，傷蠶麥，害稼。八月，施州大風雨。三十二年六月，浙西大霖雨。

隆興元年三月，霖雨，行都壞城三百三十餘丈。二年六月，陰雨。七月，浙西、江東大雨害稼。八月，風雨踰月。

乾道元年二月，行都及越、湖、常、潤、温、台、明、處九郡寒，敗首種，損蠶麥。二年正月，淫雨，至于四月。夏寒，江、浙諸郡損稼，蠶麥不登。三年五月丙午，泉州大雨，晝夜不止者旬日。八月，淫雨，江浙淮閩禾、麻、菽、麥、粟多腐。四年四月，陰雨彌月。六年五月，連雨六十餘日。十一月，連雨。辛巳，郊祀，雲開于圜丘，百步外有澍雨。八年四月，四川陰雨七十餘日。六月壬寅，大雨徹晝夜，至于己酉。九年閏正月，淫雨。

淳熙二年夏，建康府霖雨，壞城郭。三年五月，淮、浙積雨損禾麥。八月，浙東西、江東連雨。癸未、甲申，行都大風雨。九月，久雨；十月癸酉，孝宗出手詔決獄，援筆而風起開霽。四年九月丁酉、戊戌，紹興府餘姚、上虞二縣大風雨。五年閏六月己亥，階州暴雨，至于戊申。乙巳，興化軍、福州福清縣暴風雨夜作。六年四月，衢州霖雨。九月，連雨；己巳，將郊而霽。八年四月，雨腐禾麥。五月，久雨，敗首種。十年五月，信州霖雨，自甲戌至于辛巳。八月，福州大雨霖，自己未至于九月乙丑，吉州亦如之。十一年四月，淫雨。戊寅，建康府、太平州大雨霖。六月甲申，處州龍泉縣暴雨。十二年五月、六月，皆霖雨。十三年秋，利州路霖雨，敗禾稼種稑，金、洋、階、成、岷、鳳六州亦如之。十五年五月，荆、淮郡國連雨。戊午，祁門縣霖雨。十六年四月，西和州霖雨，害禾麥。五月，浙西、湖北、福建、淮東、利西諸道霖雨。

紹熙元年春，久陰連雨，至于三月。夏，階、成、岷、鳳四州霖雨傷麥。二年二月，贛州霖雨，連春夏不止，壞城四百九十丈，圮城樓、敵樓凡十五所。四月，福建路霖雨，至于五月。七月，利路久雨，傷種麥。癸亥，興州暴雨連日。八月，行都久雨。三年五月，江東、湖北路連雨。常德府大雨徹晝夜，自壬辰至于庚子。寧國府、池州、廣德軍自己亥至于六月辛丑朔，雨甚，祁門縣至于庚戌。七月壬申，天台、仙居二縣大雨連旬。淮西路、鎮江襄陽府皆害禾麥。八月，普州雨害稼。四年四月，霖雨，至于五月，浙東西、江東、湖北郡縣壞圩田，害蠶、麥、蔬、稑，紹興、寧國府尤甚。鎮江府大雨，自辛未至于丙子，淮西郡縣自丙子至于戊寅。五年八月，霖雨，畿縣、浙東西皆害稼。九月，雨，至于十月癸巳，大雨三晝夜不止，江東西、福建郡縣皆苦雨。

慶元元年正月，霖雨。甲辰，帝蔬食露禱，丙午霽。二月，又雨，至于三月，傷麥。五月，霖雨。七月，雨，至于八月。二年六月壬申，台州焱風暴雨連夕。八月，行都霖雨五十餘日。三年七月，雨連月。四年八月，久雨。五年五月，行都雨壞城，夜壓附城民廬，多死者。六月，浙東、西霖雨，至于八月。六年五月庚午，嚴州霖雨，連五晝夜不止。

嘉泰二年六月，福建路連雨，至于七月丁未，大風雨爲災。三年八月，久雨。

開禧元年七月，利路郡縣霖雨害稼。閏月，盱眙軍陰雨，至于九月，敗禾稑。十月，行都淫雨，至于明年春。二年春，淫雨，至于三月。

嘉定二年五月戊戌，連州大雨連晝夜。六月，利、閬、成、西和四州霖雨。七月壬辰，台州大風雨夜作。三年三月，陰雨六十餘日。五月，淫雨，至于六月，首種多敗，蠶麥不登。四年八月，霖雨，至于九月。五年春，淫雨，至于三月，傷蠶麥。十一月，雨雪積陰，至于明年春。六年春，淫雨，至于二月。丁亥，雨雪集霰。五月，陰雨經日。辛酉，嚴州霖雨。六月戊子，紹興府大風雨，浙東、西雨，至于七月。七年九月，陰雨，至于十月，害禾麥。九年四月、六月，大霖雨，浙東、西郡縣尤甚。十年三月，連雨，至于四月。十月，霖雨害稼。十一年六月，霖雨，浙西郡縣尤甚。十二年六月，霖雨彌月。十五年七月，浙東、西霖雨爲災。十六年五月，霖雨，浙西、湖北、江東、淮東尤甚。八月，大風雨害稼。十七年八月，霖雨。

元・脱脱等《金史》卷六七《五行志五》 熙寧元年，荆、襄間天雨白氂如馬尾，長者尺餘，彌漫山谷。三月丁酉，潭州雨毛。八年五月丁丑，雨黄毛。

紹熙四年十一月癸酉，地生毛。

咸淳九年，江南平地産白毛，臨安尤多。

元・馬端臨《文獻通考》卷三〇三《物異考九・恒雨》 《春秋》魯隱公九年三月癸酉，大雨，震電。庚辰，大雨雪。大雨，雨水也。震，雷也。劉歆以爲三月癸酉，於曆數春分後一日，始震電之時也，當雨，而不當大雨。大雨，恒雨之罰也。於始震雷八日之閒而大雨雪，恒寒之罰也。劉向以爲周三月，今正月也。當雨水，雪雜雨，雷電未可以發也。既已發也，則雪不當復降，皆失節，故謂之異。於《易》，雷以二月出，其卦曰《豫》。言萬物隨雷出地，皆逸豫也。以八月入，其卦曰《歸妹》。言雷復歸。入地則孕毓根核，保藏蟄蟲，避盛陰之害，出地則養長華實，發揚隱伏，宣盛陽之德。入能除害，出能興利，人君之象也。

又 漢昭帝始元元年七月，大水雨，自七月至十月。成帝建始三年秋，大雨三十餘日。四年九月，大雨十餘日。

王莽地皇元年九月，大雨六十餘日。

光武建武六年九月，大雨連月，禾稼更生，鼠巢樹上。十七年，洛陽暴雨，壞民廬舍，壓殺人，傷害禾稼。和帝永元十年、十三年、十四年、十五年皆淫雨傷稼。安帝永初元年、四年秋，郡國十淫雨傷稼。《方儲對策》曰：雨不時節，妄賞賜也。永寧元年，郡國三十三淫雨傷稼。建光元年，京都及郡國二十九淫雨傷稼。【略】延光元年，郡國二十七淫雨傷稼。二年，郡國五連雨傷稼。順帝永建四年，司隸，荆、豫、兖、冀，部淫雨傷稼。六年，冀州淫雨傷稼。桓帝延熹二年夏，霖雨五十餘日。【略】靈帝建寧元年夏，霖雨六十餘日。【略】熹平元年夏，霖雨七十餘日。【略】中平六年夏，霖雨八十餘日。

又 魏明帝太和元年秋，數大雨，多暴卒雷電非常，至殺鳥雀。【略】四年八月，大雨霖三十餘日，伊、洛、河、漢皆溢。吴孫亮太平二年二月甲寅，大雨，震電。乙卯，雪，大寒。按劉歆以爲，此時當雨而不當大雨。劉向以爲既已雷電，則雪不當復降，皆失時候之異。

又 晉武帝泰始六年六月，大雨霖。甲辰，河、洛、伊、沁水同時並溢，流四千九百餘家，殺二百餘人，没秋稼千三百六十餘頃。太康五年七月，任城、梁國暴雨，害豆麥。九月，南安郡霖雨、暴雪，樹木摧折，害秋稼。是秋，魏郡西平郡九縣，淮南、平原霖雨暴水，霜傷秋稼。惠帝永寧元年十月，義陽、南陽、東海霖雨，淹害秋麥。元帝太興三年春，雨至於夏。

成帝咸和四年春，雨三十餘日，恒雷電。

咸康元年八月乙丑，荆州之長沙攸、醴陵、武陵之龍陽三縣，雨水浮漂屋室，殺人，損秋稼。

梁武帝天監七年，七月雨至十月乃霽。陳宣帝太建十二年八月，大雨霪霖。

東魏孝静武定五年秋，大雨七十餘日。

北齊武成河清三年六月庚子，大雨，晝夜不息，至甲辰。山東大水，人多餓死。

後主天統三年十月，積陰大雨。武平七年七月，大霖雨，水澇，人户流亡。

後周武帝建德三年七月，霖雨三旬。

唐高祖武德六年秋，關中久雨。少陽曰暘。少陰曰雨。陽德衰則陰氣勝，故常雨。太宗貞觀十五年春，霖雨。高宗永徽六年八月，京城大雨。顯慶元年八月，霖雨，更九旬乃止。元宗開元二年五月壬子，久雨，禜京城門。十六年九月，關中久雨，害稼。天寶五載秋，大雨。十二載八月，久雨。十三載秋，大霖雨，害稼，六旬不止。肅宗至德二載三月癸亥，大雨，至甲戌乃止。上元元年四月，雨，訖閏月乃止。二年秋，霖雨連月，渠竇生魚。代宗永泰元年九月丙午，大雨，至於丙寅。大曆四年四月，雨，至於九月。閉坊市北門，置土臺，臺上置壇，立黃旛以祈晴。

六年八月，連雨，害秋稼。德宗貞元二年正月乙未，大雨雪，至於庚子，平地數尺，雪上黃黑如塵。五月乙巳，雨，至於丙申，時大饑。至是麥將登，復大雨霖，衆心恐懼。

十年春，雨，閏四月間，止不過一二日。十一年秋，大雨。十九年八月己未，大霖雨。憲宗元和四年四月，册皇太子寧，以雨霑服罷。十月，再擇日册，又以雨霑服罷。近常雨也。六年七月，霖雨害稼。十二年五月，連雨。八月壬申，雨，至於九月戊子。十五年二月癸未，大雨。八月，久雨，閉坊市北門。宋、滄、景等州大雨，自六月癸酉至於丁亥，廬舍漂没殆盡。敬宗寶曆元年六月，雨，至於八月。文宗太和四年夏，鄆、曹、濮等州雨，壞城郭，廬舍殆盡。五年正月庚子朔，京城陰雪，彌旬。開成五年七月，霖雨。葬文宗，龍輴陷不能進。宣宗大中十年四月，雨，至於九月。懿宗咸通九年六月，久雨，禜明德門。僖宗乾符五年秋，大霖雨。汾、澮及河溢流害稼。

廣明元年秋八月，大霖雨。昭宗天復元年八月，久雨。

後唐莊宗同光三年六月至九月，大雨。江河決，壞民田。廢帝清泰元年九月，連雨，害稼。

周太祖廣順二年七月，暴風雨，京師水深二尺。諸州皆奏大雨。

宋太祖開寶元年六月，州府二十三大雨水，江河泛溢，壞民廬舍。二年二月，車馬駐潞州，積雨累日未止。九月，京師大雨霖。五年五月，京師大雨，連旬不止。諸州皆言大雨霖。八年五月，京師大雨水。九年三月，京師大雨水，秋又霖雨。太宗太平興國五年五月，京師連旬雨不止。雍熙三年八月，京師大霖雨。淳化三年九月，京師霖雨。四年七月，京師大雨，十晝夜不止。

五年秋，開封府，宋、亳、陳、潁、泗、壽、鄧州，雨水害稼。至道元年四月甲辰，京師大雨，雷電，道上水數尺。二年，廣南諸州並大雨水。真宗咸平四年六月，京師大雨，漂壞廬舍，積潦浸路。天禧四年七月，京師連雨彌月。甲子夜，大雨，流潦泛溢民舍、軍營。自是頻雨，及冬方止。

乾興元年二月，蘇、湖、秀三州雨，壞民田。仁宗天聖四年六月庚寅，京師大雨，震雷，平地水數尺。九月壬申，京東江、淮、閩、浙諸州雨水。七年，自春涉夏，雨不止。嘉祐元年五月丁未，晝夜大雨。乙亥雨壞太社、太稷壇。自五月大雨不止，水壞官私廬舍，城中繫栰渡人。四年八月，霖雨害稼。六年七月，河北、京西、淮南、江浙四路淫雨爲災。閏八月，京師久雨。英宗治平元年，京師自夏歷秋，久雨不止。真宗及穆、獻、懿三后陵臺爲雨所摧。二年八月庚寅，大雨，地上涌水，壞官私廬舍，漂殺人畜不可勝數。是日，御崇政殿，宰執而下朝，參者十數人而已。詔開西華門以洩宮中積水，水奔激，東殿侍班屋皆摧没，人畜溺死，官爲葬祭其無主者千五百八十人。神宗熙寧七年六月，熙州大雨。洮河溢。陝州大雨，漂溺陝、平陸二縣。九年七月，太原府汾河夏秋霖雨，水大漲。哲宗元祐二年七月丁卯，以雨罷集英殿宴。

四年夏秋，霖雨。河流泛漲。八年，自四月常雨至八月，晝夜霪霖，畿内及諸路大水。詔開京師宮觀五日，所在令長吏祈禱，宰臣呂大防等待罪。紹聖元年七月，京畿久雨，諸路水害稼。二年六月，久雨。九月，以久雨罷秋宴。三年七月，久雨。哲宗大昇轝在道陷泥中。徽宗建中靖國元年二月，久雨。崇寧元年七月，久雨。壞京城廬舍，民多壓溺死。三年六月，久雨。四年五月，京師久雨。又自七月至九月，所在霖雨傷稼，十月始霽。宣和元年五月，大雨，水驟高十餘丈。六年秋，京畿常雨。河北、兩浙水災，民多流移。欽宗靖康元年四月，京師大雨，天氣清寒。又自五月甲申至六月，暴雨傷麥，夏行秋令。高宗建炎二年，春，霪雨。三年二月，上至杭州，久陰霖雨。占曰：陰盛下，有陰謀。時苗、劉爲逆，後五十日伏誅。五月，霖雨，夏寒。紹興元年，行都雨，壞城三百八十丈。是歲婺州雨，亦敗城郭。三年，雨，自正月元日至於二月。七月，四川霖雨至於越歲正月。四年六月，霪雨，害稼，蘇、湖二州爲甚。九月，久雨。五年三月，霖雨，傷蠶麥，行都雨甚。庚子，慮獄。己未，發廩。振都民者再。七年十月，上如建鄴，久雨。八年三月，積雨，至於四月，傷蠶麥，害稼。二十一年夏，襄陽府大雨十餘日。二十三年六月，大雨，壞軍壘、民田。三十年五月辛卯，大風雨，語在《水傳》。

三十一年四月，久雨，傷蠶麥，害稼。三十二年六月，浙西大霖雨。孝宗隆興元年三月，霖雨，行都壞城郭三百三十餘丈。二年六月，霪雨，沉陰。七月，浙西、江東大雨霖，傷稼。八月，風雨霖霪踰月。乾道三年正月，霪雨，至於四月。夏寒，江、浙郡國損稼，蠶麥不登。三年八月，霖雨，妨穡。江、浙、淮、閩禾麻菽粟多腐。四年四月，陰雨彌月。六年五月，連雨六十餘日。十一月，連雨，辛巳郊，開雲，於圜丘，百步外有霪雨。八年四月，四川陰雨七十餘日。六月壬寅，大雨徹晝夜，至於己酉，爲災。九年閏正月，霪雨。淳熙三年五月，淮、浙積雨，損禾麥。八月，浙東西、江東連雨。癸未，甲申，行都大風雨。九月，久雨，妨穡。六年九月，連雨。己巳，將郊而霽。八年四月，雨腐禾麥。五月，久雨，敗首種。十一年四月，霪雨。十二年五月、六月，皆霖雨。十五年五月，荆、淮郡國連雨。十六年五月，浙西、湖北、福建、淮東、利西諸道大雨霖。光宗紹熙元年春，久陰連雨，至於三月。二年四月，福建路霖雨，至五月。七月，利路久雨，傷種麥。八月，行都久雨。三年五月，江東、湖北路連雨。七月，淮西、鎮江、襄陽雨，害禾麥。四年四月，霖雨，至於五月，浙東西、江東、湖北、淮西郡縣，壞圩田，害蠶麥蔬稑。五年八月，霖雨。浙東西北待害稼。九月，雨，至於十月，江東、福建皆苦雨。寧宗慶元元年正月，霖雨。二月，又雨，至三月，害麥。五月，霖雨。七月，雨，至八月。二年八月，行都霖雨五十餘日。

三年七月，雨連月。五年五月，行都雨，壞城，夜壓附減民廬，多死者。六月，浙東霖雨，至於八月。嘉泰二年六月，福建路連雨，至於七月。三年八月，久雨。開禧元年七月，利路霖雨，敗稼。十月，行都霪雨，至明年春三月。嘉定三年三月，陰雨六十餘日。五月，潦雨，至於六月，首種多敗，蠶麥不登。四年八月，霖雨，至於九月。五年春，霪雨，至於三月，傷蠶麥。十一月，雨雪積陰，至於明年春。二月，霪雨。五月，霖雨，陰沉。浙東西，六月雨，至於七月。七年九月，陰雨，至於十月，害禾麥。九年四月，霖雨。六月，大雨霖二十餘日，浙東西郡縣爲災。十年三月，連雨，至於四月。十月，霖雨，敗穡。十一年六月，浙西大霖雨。十二年六月，霖雨彌月。十五年七月，浙東西霖雨，爲災。十六年五月，霖雨，浙西、湖北、江東、淮東尤甚。八月，大風雨，敗稼。十七年八月，霖雨。

明·宋濂等《元史》卷三《憲宗紀》　憲宗七年九月，宗王塔察兒率諸軍南征，圍樊城，霖雨連月，乃班師。九年夏四月丙子，大雷雨凡二十日。六月丁巳，遲明，遇雨，梯折，後軍不克進而止。

明·宋濂等《元史》卷四《世祖紀一》　中統二年秋七月乙酉，以牛驛雨雪，道途泥濘，改立水驛。

明·宋濂等《元史》卷七《世祖紀四》　至元七年八月辛卯，保定路霖雨，傷禾稼。

明·宋濂等《元史》卷二七《英宗紀一》　至治元年五月壬寅，開元路霖雨。六月己未，滁州霖雨，傷稼，蠲其租。己巳，通濟屯霖雨，傷稼。

明·宋濂等《元史》卷二八《英宗紀二》　至治二年三月丙子，河間、河南、陝西十二郡春旱秋霖，民饑，免其租之半。閏五月壬戌，安豐屬縣霖雨，傷稼，免其租。三年春正月癸巳朔，曹州禹城縣去秋霖雨，害稼，縣人邢著、程進出粟以賑饑民，命有司旌其門。五月，大名路魏縣霖雨。

明·宋濂等《元史》卷二九《泰定帝紀一》　至治三年，夏，諸衛屯田及大都、河間、保定、濟南、濟寧五路屬縣，霖雨，傷稼。泰定二年五月丙子，浙西諸郡霖雨，江湖水溢，命江浙行省及都水庸田司興役疏洩之。九月丁丑，漢中道文州霖雨，山崩。

明·宋濂等《元史》卷三〇《泰定帝紀二》　泰定三年十一月己巳，廣寧路屬縣霖雨，傷稼，賑鈔三萬錠。四年冬十月壬戌，大都路諸州縣霖雨，水溢，壞民田廬，賑糧二十四萬九千石。衛輝、獲嘉等縣饑，賑鈔六千錠，仍蠲丁地税。是歲，汴梁諸屬縣霖雨，河決。

明·宋濂等《元史》卷三三《文宗紀二》　天曆二年六月，壬子雨，至是日乃止，皆水灾。

明·宋濂等《元史》卷三四《文宗紀三》　至順元年九月丁未，遼陽行省水達達路，自去夏霖雨，黑龍、宋瓦二江水溢，民無魚爲食。至是，末魯孫一十五狗驛，狗多餓死，賑糧兩月，狗死者，給鈔補市。

明·宋濂等《元史》卷三五《文宗紀四》　至順二年九月庚辰，湖州安吉縣久雨，太湖溢，漂民居二千八百九十户，溺死男女百五十七人，命江浙行省賑卹之。

明·宋濂等《元史》卷三八《順帝紀一》　元統二年三月，山東霖雨，水湧，民饑，賑糶米二萬二千石。

明·宋濂等《元史》卷三九《順帝紀二》　至元二年五月乙卯，南陽、鄧州大霖雨，自是日至于六月甲申，湍河、白河大溢，水爲災。八月戊寅，大都至通州霖雨，大水，敕軍人修道。三年三月，天雨綫。發義倉糧賑溧陽州饑民六萬九千二百人。六月辛巳，大霖雨，自是日至癸巳不止。京師、河南、北水溢，御河、黄河、沁河、渾河水溢，没有畜、廬舍甚衆。

明·宋濂等《元史》卷四一《順帝紀四》　至正三年秋七月，河南自四月至是月，霖雨不止。八月丁卯，山東霖雨，民饑相食，賑之。

明·宋濂等《元史》卷五〇《五行志一》　至元九年六月丁亥，京師大雨。二十四年九月，太原、河間、河南等路霖雨害稼。二十五年七月，保定郡，霸、鄚二州淫雨害稼。八月，嘉祥、魚臺、金鄉三縣淫雨。九月，莫、獻二州淫雨。保定路淫雨。二十六年六月，濟寧、東平、汴梁、濟南、順德、真定、平灤、棣州霖雨害稼。二十八年八月，大名、清河、南樂諸縣霖雨爲災。九月，河間郡淫雨。

至大四年七月，河間、順德、大名、彰德、廣平等路，德、濮、恩、通等州及河東(祈)〔祁〕縣霖雨害稼。

皇慶元年，(隆)〔龍〕興路新建縣雨害稼。

延祐四年四月，遼陽蓋州雨水害稼。六年七月，霸州文成縣雨害稼三千餘頃。

至治元年，江州、贛州淫雨。二年閏五月，安豐路雨傷稼。三年五月，大名魏縣淫雨。保定定興縣，濟南無棣、厭次縣，濟寧碭山縣，河間齊東縣霖雨害稼。

泰定元年七月，真定、廣平、廬州十一郡雨傷稼。(元年)八月，汴梁考城、儀封，濟南霑化、利津等縣霖雨，損禾稼。

明・宋濂等《元史》卷五一《五行志二》 至元二年五月乙卯，南陽鄧州大霖雨，自是日至于六月甲申乃止。三年六月，衛輝路淫雨。至正二年秋，彰德路霖雨。三年四月至七月，汴梁路滎澤縣，鈞州新鄭、密縣霖雨害稼。四年夏，汴梁蘭陽縣，許州長葛、郾城、襄城，睢州，歸德府亳州之鹿邑，濟寧之虞城淫雨害蠶麥，禾皆不登。八月，益都霖雨，饑民有相食者。五年夏秋，汴梁祥符、尉氏、洧川，鄭州、鈞州、亳州久雨害稼，二麥禾豆俱不登。河間路淫雨，妨害鹽課。八年五月，京師大霖雨，都城崩圮。均州新鄭縣淫雨害麥。九年七月，高唐州大霖雨，壞官署民居。歸德府淫雨浹十旬。十年二月，彰德路大雨害麥。二十年七月，益都高苑縣、陝州黽池縣大雨害稼。二十三年七月，懷慶路河內、修武、武陟三縣及孟州淫雨害稼。二十四年秋，密州安丘縣大雨。二十五年秋，密州安丘縣，潞州，汴梁許州及鈞州之密縣淫雨害稼。二十七年秋，彰德路淫雨。

明・葉子奇《草木子》卷三 至正甲午年春，大雨，凡八十餘日。兩浙大饑。是夏，赤星見。岳州父老言，甲午年大雨，群龍皆穴地變化而出者無數。識者知其爲天發殺機也。

明・王圻《續文獻通考》卷二二一 宋寧宗嘉定九年，浙東西大霖雨二十餘日。郡縣爲災。十一年六月，浙西大霖雨，至十五年、十六年亦然。十六年五月，湖北霖雨。鄂州江湖合漲，城市沉没，累月不洩。

理宗寶慶二年三月，久雨，四月、八月亦然。三年七月，久雨。命臨安守臣禱于天竺山。端平二年，霖雨，害稼，命近臣禱于天地、宗廟、社稷及宮觀、嶽瀆等。

度宗咸淳十年八月，大霖雨，水湧安吉、臨安、餘杭，民溺死者無筭。

遼聖宗統和元年九月，南京霖雨，害稼。至九年八月，亦然。十一年六月，大雨。二十七年七月，霖雨。開泰六年六月數日大風起塚上，晝晦，大雷電，而雨踰月乃止。

道宗咸雍二年四月，霖雨。四年，南京霖雨。太康八年七月，南京霖雨。時蘭文知易州霖雨不止，爲文禱之，隨霽。

金太宗天會二年，曷懶移鹿古水，霖雨害稼。秋，泰州潦，害稼。

章宗明昌元年七月，大雨傷稼。四年五月，霖雨，命有司祈晴。五年七月陰雨連日，至丙戌天壽節開霽。衛紹王大安二年六月，雨不止。

宣宗興定元年七月，霖雨。

哀宗天興二年六月，欲遷蔡發自歸德，連日大雨，平地水數尺，軍士漂没。

元，世祖至元七年八月辛卯，保定路霖雨，傷禾稼。九年六月丁亥，京師大雨，壞墻屋，壓死者衆。十年，霖雨，害稼。十二年，河間霧雨，傷稼。二十年六月，武安大雨。二十四年，真定等路霖雨，害稼，屋壞，壓死者衆。六月，霸州益津縣霖雨，害稼。九月，太原、河間、河南等路霖雨，害稼。東京静麟、威遠、婆娑等處大霖雨，害稼，没民田。二十五年七月，保定郡，霸、漷二州淫雨害稼。八月，嘉祥、魚臺、金鄉三縣淫雨。九月，莫、獻二州淫雨。二十六年六月，濟寧、東平、汴梁、濟南、順德、真定、平灤、棣州霖雨害稼。二十八年八月，大名清河、南樂諸縣霖雨爲災。九月河間淫雨。

成宗大德二年秋七月，大雨河決。五年八月，霖雨，灤漆淝汝水溢。十月，濟南、濱棣、泰州等霖雨害稼。揚、泰、滁、壽光、隨、荆門、峽州霖雨。六年，霖雨。七年七月，平江等十五路淫雨害稼。八年，濬滑霖雨。大名境内咸被水。

武宗至大元年秋七月，真定淫雨。二年七月，德州淫雨。三年，大名路霖雨傷稼。四年七月，河間、順德、大名、彰德、廣平等路，德、濮、恩、通等州，及河東祁縣霖雨，害稼。五年六月二十三日，平陽颶風暴雨，沿江田禾淹損大半。六年二月，曹、濮二州霖雨，害稼。七月，霸州、文成縣霧雨害稼三十餘頃。

英宗至治元年，江州、贛州淫雨。安陸雨七日，江水大溢，被災者三千五百人。二年閏五月，安豐路雨傷稼。三年五月，大名魏縣淫雨。保定定興縣，濟南無棣、厭次縣，濟寧碭山、河間、齊東縣霖雨，害稼。

泰定帝泰定元年，濮州等處淫雨，深丈餘。七月真定、廣州、廬州十一郡，雨傷稼。德州、曹州淫雨，水深丈餘，漂没田廬。八月汴梁、考城、儀封濟沾化、利津等縣霖雨，損禾稼。

明宗至順四年京畿大霖雨，水平地丈餘。

順帝至元二年五月乙卯，南陽、鄧州大霖雨，自是日至六月甲申乃止。三年六月，衛輝路淫雨，京師大霖雨，自辛巳至癸巳不止。御河、沁渾河水皆溢没人畜，田廬甚衆。壬辰，彰德大水，深一丈。至正二年秋，彰德路霖雨。

三年四月至七月，汴梁路滎澤縣，鈞州新鄭、密縣霖雨，害稼。四年夏，汴梁蘭陽縣，許州長葛、郾城、襄州、睢州、歸德府亳州之鹿邑，濟寧之虞城淫雨，害蠶麥，禾皆不登。四月，淫雨，河溢，決白茅金隄，曹濮濟兗皆被災。八月，淫雨。益都飢民有相食者。五年夏、秋，汴梁祥符、尉氏、洧川、鄭州、鈞州、亳州久雨害稼，二麥、禾、豆俱不登。河間路淫雨，妨害鹽課。八年五月，京師大霖雨，都城崩圮，鈞州新鄭縣淫雨，害麥。九年七月，高唐州大霖雨，壞官署、民居。歸德府淫雨浹十旬。十年二月，彰德路大雨，害麥。十四年四月，吉安霖雨，洪水驟至，平地數丈，漂没民居田産。十九年岳州大雨，經八十日。二十年七月，益都高苑縣，陝西澠池縣大雨，害稼。二十三年七月，懷慶路河内、修武、武陟三縣及孟州淫雨，害稼。二十四年秋，密州、安丘縣大雨。二十五年秋，密州安丘縣，潞州汴梁，許州及鈞州之密縣淫雨害稼。二十七年秋，彰德路淫雨。

今上萬曆十五年，蘇、松等處自五月、六月、七月，久雨。禾、黍花、豆悉皆淹没。二十四年，浙江巡撫劉元霖，奏杭嘉湖三府七月淫雨連綿，苗秧淹没。八月以後，大雨如注狂風交作，經數日夜不息，迄至閏八月終，尚未開霽，以致山洪暴發，河流橫溢，廬舍傾北，圩岸頽潰，四顧郊原並成巨浸。二十八年七月十八日至二十二日，興化、莆田等縣大雨連作五晝夜，城垣、橋梁、堤岸傾圮殆盡。福安、連江等處，亦大雨三晝夜。官舍、民廬塌潰者十之七八。二十九年，自春及夏，蘇、松、嘉、湖等處淫雨不止，二麥浸爛，江湖水溢，秋禾不能栽種。

清·張廷玉等《明史》卷二《太祖紀二》 洪武九年五月癸酉，自庚戌雨，至是日始霽。【略】十二年春正月乙巳，詔曰：「今春雨雪經旬，天下貧民困於饑寒者多有，其令有司給以鈔。

清·張廷玉等《明史》卷三《太祖紀三》 洪武十八年二月甲辰，以久陰雨雷雹，詔臣民極言得失。

清·張廷玉等《明史》卷一二《景帝紀》 天順四年秋七月辛卯，自五月雨至是月，淮水決，没軍民田廬，遣使振卹。五年秋七月丁巳，河決開封，侍郎薛遠往治之。

清·張廷玉等《明史》卷一五《孝宗紀》 弘治二年秋七月癸亥，以京師霪雨、南京大風雷修省，求直言。戊寅，振畿内水災，免税糧，給貧民麥種。

清·張廷玉等《明史》卷一九《穆宗紀》 隆慶元年六月戊戌，以霪雨修省，素服避殿，御皇極門視事。是月，新河復決。

清·張廷玉等《明史》卷二一《神宗紀二》 萬曆三十五年秋七月庚子，南師久雨。

清·張廷玉等《明史》卷二九《五行志二·恒雨》 洪武十三年七月，海康大雨，壞縣治。二十三年十一月，山東二十九州縣久雨，傷麥禾。

建文元年三月乙卯夜，燕王誓於蘇家橋。大雨，平地水三尺，及王卧榻。

永樂元年三月，京師霪雨，壞城西南隅五十餘丈。七月，建寧衛霪雨壞城。二年七月，新安衛霪雨壞城。八月，霪雨壞北京城五千餘丈。六年七月，思明霪雨壞城。七年九月，浙江衛所五，颶風驟雨，壞城，漂流房舍。八年七月，金鄉衛颶風驟雨，壞城垣公廨。十二年九月，密雲後衛霪雨壞城。二十年正月，信豐雨水壞城，瞿城衛如之。二十一年二月，六安衛霪雨壞城。是歲，建昌守禦所，淮安、懷來等衛，皆霪雨壞城。二十二年二月，壽州衛雨水壞城。三月，贛州、振武二衛雨水壞城。四月，霪雨壞密雲及薊州城。是歲，南、北畿、山東州縣，霪雨傷麥禾甚衆。

洪熙元年夏，蘇、松、嘉、湖積雨傷稼。閏七月，京師大雨，壞正陽、齊化、順成等門城垣。九月，久雨壞密雲中衛城。

宣德元年五月，永嘉、樂清颶風急雨，壞公私廨宇及壇廟。

正統元年七月，順天、山東、河南、廣東霪雨傷稼。四年夏，居庸關及定州衛霪雨壞城。五年二月，南京大風雨，壞北上門脊，覆官民舟。七年，濟南、青、萊、淮、鳳、徐州，五月至六月霪雨傷稼。九年閏七月，野狐嶺等處霪雨，壞城及濠塹墩臺。十一年春，江西七府十六縣霪雨，田禾淹没。十二年六月，瑞金霪雨，市水丈餘，漂倉庫，溺死二百餘人。十三年四月，雨水壞順天古北口邊倉。五月至六月，鳳陽、徽州久雨傷稼。九月，寧都大雨，壞城郭廬舍，溺死甚衆。

景泰三年，永平、兗州久雨傷禾。大嵩等二十衛所久雨壞城。四年，南畿、河南、山東府十州一，自五月至於八月霪雨傷稼。五年，杭、嘉、湖大雨傷苗，六旬不止。七月，京師久雨，九門城垣多壞。六年，北畿府五、河南府二久雨傷稼，雲南大理諸府如之。七年，兩畿、江西、河南、浙江、山東、山西、湖廣共府三十，恒雨淹田。

天順元年，濟、兗、青三府大雨閱月，禾盡没。四年，安慶、南陽雨，自五月至七月，淹禾苗。七年五月，淮、鳳、揚、徐大雨，腐二麥。武昌、漢陽、荆州廬舍漂没，民皆依山露宿。

成化元年六月，畿東大雨，水壞山海關、永平、薊州、遵化城堡。八月，通州大雨，壞城及運倉。二年，定州積雨，壞城垣及墩臺垛口百七十三。八年七月，南京大風雨，壞天、地壇，孝陵廟宇。鳳陽大雨，壞皇陵牆垣。九年三月，南京大風雨，拔太廟、社稷壇樹。十三年七月，京城大雨。十四年八月，鳳陽大雨，没城内民居以千計。十七年七月乙酉，南京大風雨，社稷壇及太廟殿宇皆摧。十八年，河南、懷慶諸府，夏秋霪雨三月，塌城垣千一百八十餘丈，漂公署、壇廟、民居三十一萬四千間有奇，淹死一萬一千八百餘人。

弘治二年七月，京師霪雨，求直言。三年七月，南京驟雨，壞午門西城垣。七年七月庚寅，南京大風雨，壞殿宇、城樓獸吻，拔太廟、天、地、社稷壇及孝陵樹。自五月至八月，義州等衛連雨害稼。八年五月，南京陰雨踰月，壞朝陽門北城堵。九月，潮州諸府，颶風暴雨壞城垣廬舍。十年七月，安陸霪雨，壞城郭廬舍殆盡。十一年七月，長安嶺暴風雨，壞城及廬舍。十四年六月，義、錦、廣寧霪雨，壞城垣、墩堡、倉庫、橋梁，民多壓死者。十五年六七月，南京大風雨，孝陵神宫監及懿文陵樹木、橋梁、牆垣多摧拔者。十六年五月，榆林大風雨，毁子城垣，移垣洞於其南五十步。十八年三月，雙山堡大雷雨壞城。六月至八月，京畿連雨。

正德元年七月，鳳陽諸府大雨，平地水深丈五尺，没居民五百餘家。二年七月，武平大風雨，毁城樓。長泰、南靖大風雨三日夜，平地水深二丈，漂民居八百餘家。十二年，蘇、松、常、鎮、嘉、湖大雨，殺麥禾。十三年，應天、蘇、松、常、鎮、揚大雨彌月，漂室廬人畜無算。十六年，京師久雨傷稼。

嘉靖四年六月，登州大雨壞城。十六年，京師雨，自夏及秋不絶，房屋傾倒，軍民多壓死。二十五年八月，京師大雨，壞九門城垣。三十三年六月，京師大雨，平地水數尺。四十五年九月，鄖陽大霪雨，平地水丈餘。壞城垣廬舍，人民溺死無算。

隆慶元年六月，京師霪雨，遼東自五月至七月雨不止，壞垣牆禾黍。

萬曆元年七月，霪雨。十一年四月，承天大雨水。十二年正月，喜峰口大風雨，壞各墩臺。十五年五月至七月，蘇、松諸府霪雨，禾麥俱傷。六月，京師大雨。二十四年，杭、嘉、湖霪雨傷苗。二十八年七月，興化、莆田、連江、福安大雨數日夜，城垣、橋梁、隄岸俱圮。二十九年春夏，蘇、松、嘉、湖霪雨傷麥。三十二年七月，京師霪雨，城崩。三十三年五月丙申，鳳陽大風雨，損皇陵正殿御座。三十九年春，河南大雨。夏，京師、廣東大雨。廣西積雨五閱月。四十二年，浙江霪雨爲災。

天啓六年閏六月，大雨連旬，壞天壽山神路，都城橋梁。是歲，遼東霪雨，壞山海關内外城垣，軍民傷者甚衆。七年，山東州縣二十有八積雨傷禾。

崇禎五年六月，大雨。八月，又雨，衝損慶陵。九月，順天二十七縣霪雨害稼。十一年夏，雨浹旬，圮南山邊垣。十二年十二月，浙江霪雨，阡陌成巨浸。十三年四月至七月，寧、池諸郡霪雨，田半爲壑。十五年十月，黄、蘄、德安諸郡縣霪雨。十六年二月戊辰，親祀社稷，大風雨，僅成禮而還。

藝文

唐・歐陽詢《藝文類聚》卷二《天部下》　魏文帝《愁霖賦》曰：脂余車而秣馬，將言旋乎鄴都。玄雲黯其四塞，雨濛濛而襲予。塗漸洳以沉滯，潦淫衍而横湍。豈在余之憚勞，哀行旅之艱難。仰皇天而太息，悲白日之不暘。思若木以照路，假龍燭之末光。

魏陳王曹植《愁霖賦》曰：迎朔風而爰邁兮，雨微微而逮行。悼朝陽之隱曜兮，怨北辰之潛精。車結轍以盤桓兮，馬躑躅以悲鳴。攀扶桑而仰觀兮，假九日於天皇。瞻沉雲之泱漭兮，哀吾原之不將。

又《愁霖賦》曰：夫何季秋之淫雨兮，既彌日而成霖。瞻玄雲之晻晻兮，聽長霤之淋淋。中宵夜而歎息，起飾帶而撫琴。

魏應瑒《愁霖賦》曰：聽屯雷之恒音兮，聞左右之歎聲。情慘憒而含欷兮，起披衣而遊庭。三辰幽而重闕，蒼曜隱而無形。雲曖曖而周馳，雨濛濛而霧零。排房帳而北入，振蓋服之沾衣。還空床而寢息，夢白日之餘暉。惕中寤而不效兮。意悽悷而增悲。

晉潘尼《苦雨賦》曰：氣觸石而結蒸兮，雲膚合而仰浮。雨紛射而下注兮，潦波湧而横流。豈信宿之雲多，乃逾月而成霖。瞻中塘之浩汗，聽長霤之涔涔。始蒙瀎而徐墜，終滂霈而難禁。悲列宿之匿景，悼太陽之幽沉。雲暫披而驟合，雨乍息而亟零。旦瀧瀧以達暮，夜淋淋以極明。鼃黽遊於門闥，蛙蝦嬉乎中庭。懼二源之併合，畏黔首之爲魚。處者含瘁於窮巷，行者歎息於長衢。

晉陸雲《愁霖賦》曰：在朱明之季月，反極陽之重陰。興介丘之膚寸，墜崩雲之洪沉。轂風扇而攸遠，苦雨播而成淫。天泱漭以懷慘，民嚬蹙而愁霖。於是天地發揮，陰陽交激，萬物混而同汲，玄黃浩而無質。雷憑虛以振庭，電淩牖而曜室。霤鼎沸以駿奔，潦風馳而競疾。豈南山之暴躋，將溟海之暫溢。毒其雨之未晞，悲夏日之方永。瞻大晨以積息，仰天衢而引領。

晉傅咸《患雨賦》曰：夫何遠寓之多懷，患淫雨之有經。自流火以迄今，歷九旬而無寧。庶太清之垂曜，睹日月之光明。雲乍披而旋合，霤暫輟而復零。將收雷之要月，棄嘉穀於已成。前渴焉而不降，後患之而弗晴。惟二儀之神化，奚水旱之有並。湯亢陽於七載兮，堯洪汎乎九齡。天道且猶若茲，況人事之不平。

晉成公綏《陰霖賦》曰：百川氾濫，潢潦横流。沉灶生蛙，中庭運舟。

又《時雨賦》曰：兩儀協合，二氣煙煴。洪川起波，名山興雲。

梁張纘《秋雨賦》曰：霡霂興乎爽節，膚寸起於曾岑。乃娱情而脱體，猶冬陽與夏陰。褰南帷以寓目，敞北户而披衿。商律戒於茲辰，涼雨感而已作。甘泉集而溟溟，油雲興而漠漠。温飆革於早暮，炎涼改於今昨。乍斜簷而上階，或從風而灑幕。周小庭而密下，泫高枝而疏落。淥池泛澹，員波儵爍。低昂弱筱，葳蕤叢薄。

明·于謙《忠肅集》卷一一 秋日經太行

茫茫遠樹隔煙霏，獵獵西風振客衣。山雨未晴嵐氣濕，溪流欲盡水聲微。回車廟古丹青老，碗子城荒草木稀。珍重狄公千載意，馬頭重見白雲飛。

吹臺秋雨

郡城東畔古臺荒，風雨瀟瀟送晚涼。霿霴山川迷遠近，高低禾黍墜青黃。衝開暮靄帆來重，叫破愁雲雁過忙。擕酒登高應有約，莫教冷落茹重陽。

春陰感懷

連日輕陰雨未成，萬株煙柳暗春城。野花偏向愁邊發，池草多從夢裏生。越水吴山頻引領，沈腰潘鬢不勝情。何時歸去西湖路，載酒擕柑聽早鸎。

暮春遇雨

暖風吹雨浥輕塵，滿地飛花斷送春。莫上高樓凝望眼，天涯芳草正愁人。

雨中山行

濕雲拖雨過前山，遠樹冥冥煙霧間。碎石亂流人不渡，晚來惟有一僧還。

暮春小雨

霏霏小雨不沾衣，細逐斜風密又稀。好濕香塵沾柳絮，莫教零亂送春歸。

宋·孔平仲《清江三孔集》卷二〇《久雨》 涉春寒未衰，若雨天欲破。所向泥没膝，閉户秪悲卧。雲如傍檻飛，風若吹瓦墮。群陰無際涯，翕翕相唱和。草木出隨陽，生意因已挫。蛟龍舞波豪，鳥雀噪枝惰。陂池尚未完，時節不可過。殘租待晴輸，新種須暖播。霪霖何時已，天意亦誰柰。窮巷爾何爲，悲吟追楚些。

宋·王令《廣陵集》卷七《餓者行》 雨雪不止泥路迂，馬倒伏地人下無。居者不出行者止，午市不合入空衢。道中獨行乃誰子，餓者負席緣門呼。高堂食飲豈無棄，願從犬彘求其餘。耳聞門閉身就拜，拜伏不起呼羣奴。喉乾無聲哭無淚，引杖去此他何如。路旁少年無所語，歸視紙上還長吁。

宋·王令《廣陵集》卷一五《和人久雨》 拂拂春郊起緑煙，願農日日望豐年。龍移海去遺天漏，蚓得泥深樂地穿。憶酒有心吞俗價，傷春無語寄哀絃。無田却作無憂者，贏得豐凶一聽天。

宋·蘇軾《東坡全集》卷四《吴中田婦歎》 今年粳稻熟苦遲，庶見霜風來幾時。霜風來時雨如瀉，杷頭出菌鎌生衣。眼枯淚盡雨不盡，忍見黄穗卧青泥。茆苫一月壠上宿，天晴獲稻隨車歸。汗流肩頳載入市，價賤乞與如糠粃。賣牛納税拆屋炊，慮淺不及明年飢。官今要錢不要米，西北萬里招羌兒。龔黄滿朝人更苦，不如却作河伯婦。

宋・蘇軾《東坡全集》卷二《和孫同年卞山龍洞禱晴》 吳興連月雨，釜甑生魚蛙。往問卞山龍，曷不安厥家。梯空上巉絶，俯視驚谽谺。神井湧雲蓋，陰崖垂薜花。交流百道泉，赴谷走羣虵。不知落何處，隱隱如繅車。我來叩石户，飛鼠翻白鴉。寄語洞中龍，睡味豈不嘉。雨師少弭節，雷師亦停撾。積水得反壑，稻苗出泥沙。農夫免菜色，龍亦飽豚豭。看君擁黄紬，高卧放晚衙。

宋・蘇軾《東坡全集》卷九九《祈晴風伯祝文》 維神開闔陰陽，鼓舞萬類。行巽之權，直箕之次。陰淫爲霖，神能散之。下土墊溺，神能暵之。發軫西北，弭節東南。風反雨霽，神亦不慙。尚饗。

宋・蘇軾《東坡全集》卷九九《祈晴雨師祝文》天以風雨寒暑付於神，亦如人君之設官置吏以治刑政也。人君未嘗不欲民之安，天亦何嘗不欲歲之豐乎？刑政之失中，民惟吏之怨。雨暘之不時，民亦不能無望於神也。今淫雨彌月，農工告窮，歲之豐凶，决於朝夕，而並走羣望，莫肯顧答，維天之所以畀於神，神之所以食於民者，庶其在此。尚率厥職，俾克有秋，尚饗。

宋・蘇軾《東坡全集》卷九九《祈晴吳山祝文》 歲既大熟，惟神之賜。害於垂成，匪神之意。築場爲塗，卧穟生耳。農泣于野，其忍安視。生爲楚英，没爲吳豪。烈氣不泯，視此海濤，反雨爲暘，何足告勞。有潔斯醴，匪神孰號。尚饗。

宋・蘇軾《東坡全集》卷九九《祈晴祝文》 大雪連日，凝陰傷春，閔惟艱食之民，重此常寒之虐。役兵墮指，行旅摧輈。老弱號呼，吏既慚於無術。陰陽舒卷，神何惜而不爲。願掃重雲，以昭靈貺。使民奉事，永歲益虔。尚饗。

宋・蘇軾《東坡全集》卷九九《謝晴祝文》 軾以憂寄，出守此邦。歲之不登，實任其咎。政雖無術，心則在民。惟神聰明，其應如響。雨不暴物，晴不失時。喜愧之心，吏民所共。式陳菲薦，少答神休。尚饗。

宋・蘇軾《東坡全集》卷九九《祈晴吳山廟祝文》 秋穀未登，既食其陳。嗣歲之虞，當斂其新。逮此秋暘，載獲載春。陰雨害之，穡人罔功。我發庫泉，以實高廪。曷敕雨官，遏止其淫。既暵我場，萬杵皆作。待此坻京，援我溝壑。英文烈武，雨霽在余。稽首告病，其忍弗圖。尚饗。

宋・蘇軾《東坡全集》卷九九《謝晴祝文》 賞罰在朝，吏申明之。及其有愆，吏得正之。雨暘在天，神奉行之。及其不時，神得請之。惟吏與神，各率其職。有求必獲，則無虚食。淫雨既止，惟神之功。肴酒匪報，惟以告衷。尚饗。

宋・蘇軾《東坡全集》卷九九《杭州禱觀音祈晴祝文》 三吳之災，連歲不稔。尚賴朝廷之澤，大分倉廪之陳，乃眷疲羸，僅免流殍。今者淫雨彌月，秋成半空。永惟嗣歲之憂，將有流離之懼。我大菩薩，行平等慈，覩此衆生，皆同赤子。反雨暘於指顧，化豐歉於斯須。雖某等不德而召災，念斯民無辜而可憫，願興慈率，一拯含生。

宋・蘇軾《東坡全集》卷九九《謝觀音晴祝文》 民無常心，固何知於帝力。天作淫雨，當有感於佛慈。慧光照臨，陰沴消復。拯農工於溝壑，寬吏責於簡書。某等共銜不報之恩，願頌難名之德。恭馳梵宇，少薦微誠。

宋・蘇軾《東坡全集》卷九九《祈晴祝文》 常平之政，覘歲美惡，操其嬴虚，以馭農末。秋穀未登，已食其陳。嗣歲之虞，當斂其新。迨兹秋暘，載獲載舂，陰雨害之，穡人罔功。我發庫泉，以實高廪。盍勅雨官，遏止其霪。既暵我場，萬杵皆作，待此坻京，援我溝壑，不顯大神，雨霽在予，匪民焉依，其忍弗圖。

宋・秦觀《淮海集》卷三一《祈晴文》 凡物平爲福，有餘爲禍。雖陰陽之大，猶不免焉。乃季春以來，雨霪不止。漫溝甽漲，川澮麥苗垂敗，將弗克有秋。是用禱于爾神，惟神廟食此土，當赫厥靈以福于民，民亦將有以事神，而不敢懈。尚饗。

宋・秦觀《淮海集》卷三一《代蔡州祈晴文》 謹以清酌庶羞之奠，敢昭告于某神。粤自去冬，陰氣爲沴，雪積袤丈。逮兹獻歲，寒不時歸，雪又復作。道途梗塞，物價翔踴，四郊農事，茫然無期。是用奔走乞晴，于爾明神，廟食此土，宜赫厥靈，揮却慘欝，屏除翳昏，還我大明。毋使斯民久罹重苦。

宋・秦觀《淮海集》卷三一《代蔡州謝晴文》 謹以清酌庶羞之奠，敢昭告于某神間者，久陰不解，大雪荐作，寒氣揔至，民不聊生。於是率僚屬吏士，奔走分告，乞晴於神。神享其誠，答以景貺，閉陰啓陽，變慘爲舒，清風既發，大明遂昇，一方熈然，僅有生意。吏實不德，何以克堪，敢憑酒殽，以謝神貺。

宋・毛滂《東堂集》卷一〇《八月祈晴文》 農夫之倚，未望歲久矣。行當磨鎌而刈，燎釜而炊，雨輒更敗，乃事豐凶，將決於陰晴之頃，曩以憂烜得蘇，實神所賜。今復垂飽而慮饑，神可不終惠乎。謹羞菲薄，有謁祠下。

又 入春恒寒，一雨彌月。人在溝壑，陸游黿魚，敗塍决圍，臯野爲河。疾病在前，饑餒在後。爲民之長，安致此祥，引咎百神，求霽淹怒。

宋・許景衡《横塘集》卷一八《祈晴文》 天作淫雨，既踰浹旬。民惟怨咨，不堪朝夕。仰惟大覺，孚佑含生。驅除陰雲，收卷積潦。赫然一照，拯我羣氓。

永念歸依，以答覆護。

又 麥未云秀，稻方播種。譬如赤子，未堪饑凍。淫雨害之，重以風雹。如幼多疾，成人亦弱。民既告病，吏亦靡寧。有謁於神，神忍弗聽。維民足食，視稼之始。維神保民，猶民之視。

宋·許景衡《横塘集》卷一八《諸廟謝晴文》 暑雨淹時，靈祠致禱。惟我神明之德，拯民溝瀆之中。既獲奠居，敢忘爲報。

宋·許景衡《横塘集》卷一八《某寺謝晴文》 積陰失度，輒有請祈。妙覺垂慈，應如影響。仰惟覆護之施，莫知報謝之方。願與含生，日嚴善果。

宋·王安中《初寮集》卷二《和李達之庚寅秋雨三首》 閏餘氣先寒，久雨愁更劇。丈夫固遠慮，奈此朝不夕。恐泥有危行，扶敧無安宅。我思補天漏，試鍊五色石。横空收洩雲，屏翳敢停跡。還我陽秋恩，與子兩相適。

客舍無晴陰，日赴折簡喚。家居跬步隔，心念旌旗亂。釜空雨生魚，遽敢議薪爨。衾裯我自抱，更爲子三歎。

鄰僧雨不出，粥飯聽鐘魚。事與吾輩異，一身易贏餘。而我千指家，食此半編書。飢驅欲何之，投瓜望瓊琚。側聞州禱晴，早願光景舒。祠官莫憚煩，霑濕秖臺輿。

宋·王安中《初寮集》卷八《祈晴文》 伏以天道不言而應，孰窺降鑒之神，暑雨小民惟咨，咸切界矜之望。睠茲燕土，初沐華風。兵火之餘，麥禾是賴。障塞之備，版築方興。忽霖潦之彌旬，實農夫之胥病。矧諸路轉輸之遠，與三軍戍役之勤。雖邈在於封疆，慮仰貽於宵旰。大勲既集，宜善氣之應和，小信未孚，蓋邊臣之獲戾。敢潔祈禳之薦，用干生毓之私。伏望覆以恩慈，閔其劬瘁，開陽光而普照，斥陰沴以潛消，儻祟降於罪殃，願鍾小已，遂密移於造化，以迄康年。

宋·王安中《初寮集》卷八《再和》 長安貴公子，對雨飲正劇。明釭艷華屋，今夕知何夕。豈同揚子雲，反閉一廛宅。稍醒問予酒，已復憂甑石。賢愚置莫論，俛仰共陳跡。世路日參差，咄哉隨所適。

霖霪連十日，茗盌闕招喚。寒虀味獨辛，秋蘚緒仍亂。憑將苦雨詩，商絃韻餘爨。果無真賞音，落魄不須歎。

向來天不雨，啜泣歌枯魚。今來雨彌旬，粒食還無餘。兩家各四壁，但聚古人書。羣爭聲利場，欲趨顧璜琚。豈敢喪所貴，我行自安舒。寒飢兩未救，杯水沃薪輿。

宋·王之道《相山集》卷三《苦雨呈蘄守徐次公》 涉春苦淫雨，連綿過梅夏。西來二十日，終朝走泥溠。林霏欲開户，簷溜又淙夜。勢如黄河翻，聲若滄海瀉。頹垣就崩摧，敗屋遂傾卸。垂成麥傷潦，將老蠶病柘。那知困羈旅，正恐害耕稼。痛哉兵火餘，人物久凋謝。瘡痍素撫養，嵬瑣煩教化。方推中牟恭，復獲潁川霸。是行良不惡，漸美同啖蔗。況承雙魚書，敢緩千里駕。平生慕山水，尋勝每偷暇。何妨見君子，大厭顧榮炙。一舉欣兩得，重趼輕百舍。登臨興何窮，吟詠樂無價。猿鶴互酬對，雲煙競邀迓。巖松升龍矯，溪橋斷虹跨。尚恨阻豐隆，未果訪姑射。須煩叚文昌，一出補天罅。

宋·王之道《相山集》卷四《秋日苦雨和子厚弟韻》 烟鬱濕薪費挑撥，可堪餘瀝濺如潑。吹霞弄日語縱工，正恐詩人類迂濶。屋角蕭蕭霜葉鳴，夜静亂我糟床聲。詩成欲寫輒復已，鄰雞犯早催天明。

宋·王之道《相山集》卷五 冬不雪，春苦雨。外臺爲民心惻，檄郡請禱於法輪，應感尊者，悉獲靈貺，曾不終日，教授有詩以發，揚盛美郡人。相山居士聞而悦之，勉次其韻。

誰令一日如三秋，仁人方念淮南州。斯民忍饑望蕣麥，積雨又有傷殘憂。冬温土燥生春瘴，半夜風聲來枕上。曉看飛雪欲堆簷，白馬參差攢玉嶂。年饑高下藝麥多，暴如山阜汸如河。那知雪欲苦淫潦，兩岐半吐翻隨波。欣聞萬事一言了，使者勤民坐待曉。指麾郡將率官僚，出郭共迎羅漢禱。由來天意每因人，況自至誠宜感神。明朝披霧走烏轡，晴光杲杲清無塵。回頭菽粟賤如水，醉飽田間摩腹觜。周行四海不齎糧，可但攜壺餉鄰里。出遊遂繼文昌謡，追鋒行赴公車招。快將劉晏幹排手，袞衣入相裨唐堯。廣文才氣邁燕許，分教芹宫從少駐。政德穩步玉筍班，好尾輶軒上天去。

宋·王之道《相山集》卷一二《蘇臺憫農》 蘇臺五月苦多雨，自葑門以東積潦浮天，下田所不沉者，數寸堤耳。農夫以無土，没水取泥培隄防，捍湧溢。去歲既遭旱，每食輒不飽。今復患水，良可矜也。作憫農一首。

稻田高下欲分畦，積潦瀰茫隔寸堤。天意未收連夜雨，農功良苦半身泥。一丸莫救風濤決，千頃空憐稼穡低。朝滿夕除應可信，望晴心緒憶昌黎。

宋·王洋《東牟集》卷一《春陰即事》 春風雖輕颺，摧折猶有補。適當秾華時，明知不須雨。浴蠶待桑錢，插禾候陽土。婦子三時勤，亦欲少歌舞。百草仰膏腴，少俟亦無苦。如何屯寒雲，專翳扶桑吐。事多不由人，十可八九數。不若姑置之，吾非拾翠侶。

宋·王洋《東牟集》卷一《春苦風雨》 東君始造家，積累亦不細。一從潛陽興，黃鐘本根蒂。二十四信風，以有此紅翠。如何縱飄敗，不作苞桑計。風雨不令子，豪猛但適意。萬紫雜千紅，用供一日費。一日費尚可，矜侈不少置。豈惟困芳菲，桑麻亦憔悴。溝塍浮新秧，蕩摇失生意。無乃大傷和，行敗乃翁事。願言期少安，百物思吐氣。吾不若訟讒，唯圖保終歲。

宋·王洋《東牟集》卷二《吴興苦雨》 黄流渾渾瀰川瀆，此邦不求長自足。人家蠶治怕桑寒，堦下決明隨意緑。朝來横急如少止，忙亂車溝畎秧水。還君膏澤莫貪功，放出扶桑照千里。

宋·釋文珦《潛山集》卷七《苦雨》 秋雨連三月，愁吟野水濆。漸看禾黍没，難使渭涇分。山澤纔通氣，天霄便作雲。民憂昏墊苦，苦語不堪聞。

宋·王十朋《梅溪集·前集》卷二《淫雨》 春雨無端苦浸淫，滿天飛霧日光沉。出門蒸潤濡衣重，歸路泥塗没股深。欲與陽烏開烈燄，試呼風伯掃煩陰。明朝會見佳天氣，只恐春歸無處尋。

宋·王十朋《梅溪集·後集》卷一六《郡中久雨入境而霽》 積雨喜初霽，湖山清更嘉。船船漁曬網，岸岸稻烘芽。水漲魚蝦樂，年凶道路嗟。人言新太守，頭白似苕花。

宋·仲并《浮山集》卷四《祭社祈晴文》 奉天子之命，有民有社，使里閭無愁嘆之聲者，吏也。司上帝之澤，時雨時暘，使田萊無饑饉之傷者，神也。故或雨暘之差，率焉有禱，則吏惟神之求。念此社之重，卒從其欲，則神惟吏之應。今既足之雨，賴神而霽。垂成之稼，因霽而蘇。民既蒙休，吏亦寬責。奉兹酒醴，聊告誠心，佑我城郛，無有内外。

宋·仲并《浮山集》卷一〇《祈晴文》 三農畢務，萬寶告成。天既錫之豐年，人方仰以卒歲。遽淹常雨，尚稽倉廪之登，少豁陰雲，庶慰郊原之望。佛慈甚邇，民力可哀。俯竭忱誠，仰祈鑒佑。保嘉穀於垂成之際，在覺力固非甚難。困斯民於多難之餘，宜天心有所不忍。

又 占星授時，農事初勤於東作。力田望歲，民力共效於春祈。念此積陰，殆踰旬浹，農末皆病，閭里大嗟。舊雨復今雨而相仍，元日至人日而未已。虔趨梵宇，祗叩覺乘。冀慧照之普臨，擴洪慈於垂佑。頓消氛翳，旋睹清明。歸行潦於百川，既升景日。歌大田之多稼，共樂豐年。

又 萬寶得秋，已卜倉箱之慶。三農望歲，竚看場圃之登。于彼郊原，奄觀銍艾。大田在望，苦雨奈何。冀惠日之照臨，豁重陰於指顧。時止則止，曰暘而暘。瞻霽日於東隅，民應相賀。起多稼於南畝，歲以無憂。

又 寶稼盈疇，方切秋登之望。氷輪離畢，遽爲夏耨之妨。積雨奈何，提封告病，隔四山於煙靄之外，掩千塍於雲水之間。仰叩覺乘，虔趨梵宇，時止則止，曰暘而暘，庶資藉於神休，用慰滿於人欲，披雲共慶，收行潦於崇朝，擊壤同歌，占大田之有歲。

又 斗覆歲穰，雖莫窺於洪造。角見雨畢，亦終賴於殊休。爐熏徹而帝意孚，梵唄聞而神釐格。旋覩雲陰之解駁，頓瞻天宇之清明。且舞且歌，是穫是刈。惟甫田之在望，迄用康年。豈覺力之敢忘，有如皦日。

又 寶稼盈疇，方切秋登之望。氷輪離畢，遽爲夏耨之妨。兹煙靄之晝騰，已峯雲之夕斂。憂寛守土，喜浹提封。尚念有秋，曾無幾日。冀覺慈之終惠，訖陰相之前功。萬物之生得宜，方逢盛旦。五者之來以叙，庶格豐年。

宋·洪适《盤洲文集》卷七〇《謝晴疏》 沈陰弗解，實懷苦雨之憂。慧力無邊，遂啟清暘之禱。方鑪煙之上達，已氛曀之四除。恩則甚深，報於何有。更祈慈覆，益庇含生。

宋·洪适《盤洲文集》卷七〇《禱晴疏》 田家作苦，懼雨勢之傷彝。蠶事既登，待日華而收繭。惟霖淫之未已，輒齋洗而有祈。伏望淵鑒弗違，積陰丕變，副此下民之望，賜之旬日之暘。庶無偃仆之秀岐，可以縱横於巧織。

宋·洪适《盤洲文集》卷七〇《謝晴疏》 翻手爲雲，致織婦耕男之愁歎。舉頭見日，快牛童馬走之清明。豈凉德之能然，顧厖恩而何報。更期時若，以及秋成。

宋·洪适《盤洲文集》卷七〇《謝晴疏》 叩蓮宫而禱請，虔奉紺容。掃棠舍以莊嚴，敬披丹悃。惟回天之有力，能出日以開明。解四境之怨咨，副九衢之瞻仰。慧光所燭，願長運於慈悲，遺秉可除，庶少扶於凍餒。

宋·洪适《盤洲文集》卷七一《祈晴文》 雨自暮春至今，或歇或作，三其月矣。農雖得麥，而不能暴，蠶出也使腐爲飛蛾，是與不賜之收等耳。神歆此土，其能忍而不恤之耶。

宋·洪适《盤洲文集》卷七一《祈晴文》 麥秋矣，雨不止，則槌卧而損其收也。蠶蔟矣，日不出，則蛾將飛而繭無以暴也。歉歲之後，俟來粦以捄，而紅女徒勞，將無絲可貿也。二者垂成，神不終惠，何以彰廟食之靈也。吏聞惟腥可罰可斥，而民不可以不畀矜也。

宋・洪适《盤洲文集》卷七一《謝晴文》 某以雨害蠶穀，乃甲寅遲明，奔走乞晴。登車之始，雨足未斷。謁祠而返，人已徹。蓋不旋踵，清風起於東北，掃除重陰，化蒸溽而清涼。青天白日，衆所瞻仰。吏則不德，何以感召。惟神有大威靈，曰暘而暘，如反覆手。巵酒一肉，何足拜況。

宋・洪适《盤洲文集》卷七一《諸廟祈晴文》 閏秋靈雨，殆且盈旬矣。多稼垂成而壞之，豈不重可憂也。神之血食於此久矣，其忍不救之耶。變陰爲晴，易於反掌。奔走乞靈，惟神其聽焉。

宋・洪适《盤洲文集》卷七一《再祈晴文》 揆辰虔禱，僅逢數日之晴。改月連陰，復苦半旬之雨。天時若此，歲事奈何。敢逃再瀆之非，期救一方之患。

宋・洪适《盤洲文集》卷七一《謝晴文》 七八月之間旱，蓋爲常歲之憂。五六日至於旬，連有愁霖之害。嘗控誠禱，遂開積陰。願終賜於鑒臨，俾無傷於刈穫。

宋・尤袤《梁谿遺稿》卷一《次韻德翁苦雨》 十年江國水如淫，怕見三秋雨作霖。可念田家妨卒歲，須煩風伯蕩層陰。禾頭昨夜憂生耳，木德何時却守心。兀坐書窻詩作祟，寒蟲嗚咽伴愁吟。

宋・范純仁《范忠宣集》卷一《久雨》 季夏德陽盛，炎赫恢洪鑪。俄然積陰來，直掩造化樞。蒸雲滿乾坤，澍雨傾江湖。晝夜不停灑，動植寧得蘇。深虞墊地軸，遂恐沈日車。火官弛權綱，朱鳥憂沾濡。薰風阜民物，反逢怒飇驅。川盈浩無津，龍卧埋深淤。晦霧擁城門，驚瀾起康衢。雖經禹力勤，尚畏赤子魚。叢蘭委泥滓，祥木掩蒿蕪。罅漏生廣廈，浸淫矧吾廬。溜蘚上明鏡，蠹腐盈縑書。牆茨漸衣繡，網蟲競纓珠。螺蚓恣緣繞，蛙黽爭讙呼。幽人志自苦，陰處情難舒。憂頹詎安席，避溺思乘桴。安得赤帝悟，却使政令敷。盡屏沴祲昏，大明升震隅。六合仰清光，九州免淪胥。四序各有主，一物長歡娛。

宋・朱熹《晦庵集》卷一《冬雨不止》 忽忽時序改，白日藏光輝。重陰潤九野，小雨紛微微。蒼山寒氣深，高林霜葉稀。田家秋成意，落落乖所期。曠望獨興懷，戚戚愁寒饑。事至當復遣，且掩荒園扉。

宋・朱熹《晦庵集》卷一〇《苦雨用俳諧體》 仰訴天公雨太多，纔方欲住又滂沱。九關虎豹還知否，爛盡田中白死禾。

宋・朱熹《晦庵集》卷八六《祈晴文》 東土之民，薦罹水旱，其幸免於溝壑者，指二麥以救朝夕之急，而又相與戮力事農，以冀有秋。其得失之算，死生係之，非常歲比也。乃今天雨不休，湖水汎濫，小麥之未收者，亦既折腐，不得以食，而新苗未立，水没其顛，又將無復西成之。望吏民憂懼，術無所施，惟神威靈，作鎮兹土，其必以顧而哀之，汛掃浮陰，錫以晴霽，則神之惠也，民之幸也，熹等濫將使指，實分顧憂，敢不齊祓，再拜以請，惟神鑒之。謹告。

宋・朱熹《晦庵集》卷八六《謝晴文》 乃者以水潦之災，有禱於神。蒙神之休，開廓氛翳，使麥收稻植，人得逭其溝壑之憂，既有日矣。熹等敢不躬拜祠下，跪薦牲酒，以答靈貺。惟神歆顧，終此大恩，賚以豐年，驅其厲鬼，俾我民復得以遂其有生之樂，則神之賜於兹土爲無窮，其食於兹土爲無愧。

宋・張栻《南軒集》卷四二《祈晴》 霖雨連仍，勢猶未已，深虞浸溢，有害秧麥。早夜不遑，用走控告。伏惟矜此下民，賜以開霽。惟神之惠，俾克敬承。吏之不恭，敢不修省。

又 維時初冬，氣當揫斂。迺者，癸酉之夕，雷電交作，陽縱不收，繼爲霖雨，亦既彌旬。穀之登場者，未暴深虞，其積而壞也。用走祈于神，所冀開霽，以成其終，導和致順，無爲民災。敢不敬省人事以承休嘉。

宋・薛季宣《浪語集》卷一五《武昌祈晴祝文》 伏自師役之興，民疲奔命。南畝之事，力不暇給。蒙神之惠，稼穡登場。秋雨霖霪，將有萌芽之患。一日不霽，一歲之農功殆矣。罪將誰執，吏實爲之。神其撫諸，賜之終始。

宋・薛季宣《浪語集》卷一五《謝晴祝文》 惟民卒歲之計，望屬秋成。用畢農功，繫於旬日，徵恒雨若，惟吏之辜，賜以時暘，敢忘答貺。

宋・薛季宣《浪語集》卷一五《祈晴祝文》 伏以師旅未休，札瘥爲鯁，繭蠶斯起，宿麥云秋。日仰曦陽，而窘陰雨，中流千里。穀價方騰，民將弗堪。神其寬貸，庶乎開濟，保此餘生。吏職罔終，不敢逃責。

宋・薛季宣《浪語集》卷一五《謝晴祝文》 某治無終始陰沴爲菑，乃春夏之交，霖霪不息。蠶麥之望，人情闕焉。蒙神之休，晴不及禜，告謝禮薄，文不逮情。

宋・王炎《雙溪類稿》卷七《喜晴》 欲了老妻窀穸事，屈指前期日無幾。羊腸路險不容車，水溜石高灘齒齒。天公憫我憂惱深，一雨驟添三尺水。黃流又恐舟難行，落盡雪花天宇清。六龍扶轂日杲杲，更乞天公旬日晴。襄事歸來閉門坐，但擁竹爐多熾火。

宋·王炎《雙溪類藁》卷七《久雨無聊成兩詩呈秀叔并簡繼韓》 花落雨不止，鶯啼春又徂。曲肱眠短榻，擁雪坐團蒲。梅子今堪摘，松醪不待酤。兩君能坐隱，泥濘肯來無。

避濕屋多漏，怯寒窻不開。龍涎時吐霧，塵尾任生埃。獨與韋編對，誰能蠟屐來。天知蠶麥病，願喚雨師回。

宋·王炎《雙溪類藁》卷二七《祈晴疏》 一年之計，殖穀皆望有秋。三日以往，爲霖乃成淫雨，禾將生耳，民有空顚。若非慧日之光明，難破陰雲之霮䨴。願憑諸佛之力，通懇惻於羣神，庶畢三農之收，免阻饑於卒歲。

宋·王炎《雙溪類藁》卷二七《謝晴疏》 一念之誠，諸佛應答，四郊之外，田家歡欣，方陰雨之潺潺，忽秋陽之杲杲。民亦勞止，天其佑之。三時務農，既築場而可穫。十月納稼，將實廩以多藏。德有所歸，愧無以報。

宋·王炎《雙溪類藁》卷二七《祈晴疏》 蘋蘩薦敬，將涓吉日以蕆儀。葵藿傾心，共幸太陽之委照。念百神之咸在，而四衆之俱來。欲獲便安，無如清霽。皇天雖遠，難遽達於高明。大道無私，可潛通於悃愊。願垂顯相，庶迪吉祥。升杲杲之新暘，答喁喁之衆望。

又 穡事幸而有成，可瘳民病。霖雨久而不止，必害農收。雖致禱祈，未能感格。慮因政事之失，或干陰陽之和。吏誠有愆，民實何罪。況凶年之後，公私既竭於宿藏。苟新穀不登，農末必臻於俱困。是用再披丹悃，仰叩蒼穹，伏望上帝溥臨，高真來下，憫此閭閻之苦，相其銍刈之功。日氣晏温，雲陰解駁。尚獲金穰之利，免罹水潦之災。

宋·王炎《雙溪類藁》卷二七《罷祈雨疏》 山焦石裂，方憂旱甚之災。雷動雲興，遽沐沛然之澤。稼穡變乾槁而秀潤，閭閻息愁嘆而懽忻。保我秋成，賴誰陰賜。佛之道以慈悲而濟物，神之德以正直而依人。有如父母之愛心，不忍旄倪之枵腹。憫其渴雨，丐以餘波。敢謂禱祈，可達幽明之際。第深感激，不忘生育之恩。

宋·王炎《雙溪類藁》卷二七《謝晴疏》 陰雨冥冥，懼失收藏之利。新暘杲杲，喜終刈穫之功。人所欲而必從，天不言而善應。消愁嘆於爲霖之後，獲豐登於艱食之餘。稻粳偏場圃之間，不無遺秉。雞犬在茅茨之下，亦有懽聲。吏釋其憂，民得所養。九仰父而俯子，皆右粥而左飧。陰賜無窮，名言難既。

又 苦雨之多，方爲農病。新晴之後，遂畢田功。上有以輸於縣官，下足以養其私室。豈懇祈而必應，乃陰相之有終。釋吏隱憂，免曠字民之職。拜神休貺，徒銜報德之私。

宋·真德秀《西山文集》卷五三《祈晴諸廟祝文》 東作方興，惟雨是仰，此豈禱晴之時也哉。蓋氣數乘除，最爲可畏。嬴於今則或縮於後，此守臣之所甚懼也。今溝瀆川源，在在充溢，譬之飲食，屬饜而已。一或過度，則反爲菑。此又守臣之所甚憂也。況積潦則麥爲之傷，食濕則蠶爲之病，休戚所關，皆非細事。是用齋心潔慮，禱於有神，埽除陰霾，丕煥霽景，在神直易爾，以神之所易，解吏之所憂。惟慈仁其亟，念之幸甚，謹告。

宋·真德秀《西山文集》卷五三《諸廟謝晴祝文》 廼季春以來，雨澤過度。輙抒誠悃，禱於有神。朝夕嚴恭，以俟嘉命，畏蒙響答，若皷應桴，甲子之朝，垂霖沐矣。清風既發，羣陰劃開，宿麥將登，庶幾有望，穉苗日茂，抑又可期。嘉與斯民，共拜靈貺。尚惟矜憫，迄畀有年，謹告。

宋·真德秀《西山文集》卷五三《祈晴祝文》 乃者，穀方華而旱，某以爲請，而神畀之雨矣。今者，穀既成而雨，某又以爲請神，其可無意乎。蓋前日之旱，猶嬰兒之失乳，今兹之雨，猶飽而將疾，二者俱危道也。然吏知其危而憂之，而已若夫憂之，而人能捄之，非神其孰望乎。今事勢亟矣，一日之雨，則禾有一日之傷，如拯溺然，不可緩也。惟神毋愛須臾之勞，而賜以旬日之霽，使民不失終歲之望，神亦無廢前日之功。謹告。

宋·真德秀《西山文集》卷五三《謝晴祝文》 秋大熟未獲，方興銍乂之功。雨三日爲霖，懼失豐穰之望。爰潔齋而有請，荷慈憫之亟從。開靈麓之嶷雲，煥扶桑之麗景。霽逢甲子，獲寬傷稼之憂。時近孟冬，行畢滌場之役。敢申祇謝，仰答殊恩。尚蘄彌月之晴，迄保有年之慶。臣某無任激切，感荷之至。謹告。

宋·真德秀《西山文集》卷五三《祈晴祝文》 廼自季春以來，霖雨過度。頗聞田里之間，穀已播而厄於寒，蠶方育而病於濕。二者皆民之大事。一或失望，將何恃以爲生。況穀價未平，物情正鬱，而陰霖弗止，憔悴可知。此某所以憂愧、怵惕而有祈於神也。惟神之威靈，捄此宜無難者，回淑氣於暮春，闓新晴於甲子。使憔悴者頓釋，而憂愧者亦以少紓。其敢忘神之大賜。謹告。

宋·真德秀《西山文集》卷五三《祈晴祝文》 比以霖雨過期，煖氣弗効，用祇謁於明神。荷神之仁，不以爲瀆。煥晴光於甲子，回淑氣於暮春。凡某所求，厥應如響，顧何以得此於神哉。惟時細民方苦貴糴，併蘄矜憫，密運化機。俾氣序之不愆，則蓋藏之畢出。惟神其終念之。

宋・真德秀《西山文集》卷五四《社稷神》 風雨雷師　城隍諸廟祝文

春秋之交，雨以時至，此豐年之祥也。然適中，則爲美。過度，則爲災。矧早稼在田，刈獲方興，而霖淫弗止，豈不妨良農之功，而損嘉穀之實乎。是用祗命官僚，赴愬於神，伏惟賜以兼旬之霽，使畢收成之事，而後錫以嘉澤焉。某之望也，邦人之幸也，敢頓首以請，謹告。

宋・真德秀《西山文集》卷五四《北山神祈晴祝文》 昔者，稻方播而雨不時，屢以愬於神，神不以爲瀆而賜之雨矣。今者，稻方收而雨過度，舍神其誰愬乎？是用冒霖淫而陟嵯峨，爲民有禱焉。惟北山之靈，開闔陰陽，卷舒雲雨，直噓吸間爾。伏惟察其爲民之誠，而即賜之霽。非惟大田免淪没之患，而斯民亦逭昏墊之虞。荷神之施，豈有涯哉？俯伏以請，謹告。

宋・真德秀《西山文集》卷五四《社稷神》 風雨雷師　城隍諸廟祈晴祝文

迺者，陰霖不止，岌岌乎害稼之憂，賴神之靈，隨禱而霽，是神有大造於斯人也，繼自今願終其賜焉，訖處暑而晴，入白露而雨。晴不過於亢，雨弗至於淫，則大有之年指日可待。若時秋報，其敢不虔，謹告。

宋・林希逸《竹溪鬳齋十一藁續集》卷二《苦雨》 一春苦淋漓，既晴差自喜。四郊遽如壑，晴日共能幾。人言山雨驟，每點大如指。新秧過半空，農泣向妻子。今年種如金，典質到衣被。忍饑事犂鋤，豈料今乃爾。一飽强營營，天公難指擬。先淫後必涸，我慮非止此。可奈漫空雲，如墨來未已。長宵欹枕聽，攬衣四五起。滴碎愁人心，不滴愁人耳。

宋・林希逸《竹溪鬳齋十一藁續集》卷二《六月頻雨》 雨患先淫後必慳，春來數月爲翕攢。如今早稻黃幾徧，却怕收時雨未乾。

春雨傷多衆慮深，那知六月似梅霖。天公事事俱難準，掃盡閒愁信意吟。

宋・林希逸《竹溪鬳齋十一藁續集》卷五 前日苦旱，禾恐立槁。今雨太多，已穫者生芽，未穫者欲爛。因歎耕者之苦，輒賦一首：

老守田疇正學耕，尋思一粒也難成。晴乾久嘆頭未下，雨過還憂耳漸生。斗米三錢何日見，五風十雨望時平。村居飽飯猶難必，更敢癡迷望糝羹。

宋・李曾伯《可齋雜藁》卷二四《代祈晴意旨》 有秋將遂，積雨爲愆。當閶闔易，至於怨咨。懼場圃或，妨於登穫。爰殫忱悃，上叩高明。謹延奉於山真，用吉蠲於琳宇。仰祈慈光下照，陰沴潛消，亟回玉燭之明，庶格金穰之慶。

宋・方岳《秋崖集》卷一《禱晴福善》 稻壓田塍米似珠，老農爲説幾年無。一晴不費君王力，莫等香烟上化爐。

夜落簷花未肯晴，燈寒等不到天明。自憐短髮垂垂老，一滴秋霖白一莖。

背犢腰牛忽鮮顔，摩挲一飽政相關。王於霓望無終極，孰與侯邦年歲間。

宋・方岳《秋崖集》卷二《夜雨屋漏》 莫怨乖龍横見治，滿床詩卷盡淋漓。人間書疏何爲者，徑挽天河一洗之。

宋・方岳《秋崖集》卷四《二月朔日食陰雨不見》 飛飛細雨濕花朝，不省陽烏影動摇。晚色漏晴山又紫，始知陰沴已潛消。

宋・方岳《秋崖集》卷四《苦雨》 稼欲登場只等晴，入倉方始是收成。雨須小住爲佳耳，已約鄰翁話太平。

翁自無田望有秋，有秋翁自飽齁齁。此愁不遣吾人管，欲遣何人管此愁。

宋・方岳《秋崖集》卷六《禱晴》 曾幾何時屢乞晴，爐烟未斷已收聲。天於老子亦多可，國有豐年方太平。風土不堪人佩犢，月明無復夜啼鼪。及今便可歸田去，牛背斜陽一笛横。

宋・方岳《秋崖集》卷一二《次韻久雨》 老我不解事，束書别溪堂，寧知十日雨，换此兩鬢霜。苔滑蠙争席，雲蒸蝸篆梁。移床夜避濕，仰見天隙光。長安亦何好，肯墮聲利場。人情愛吾廬，對此良自傷。蚤知一官誤，悔不三逕藏。沙觜竹萬箇，屋頭木千章。晴當相與屐，雨亦可以觴。毋令鼃黽曹，張王喧我傍。

宋・方岳《秋崖集》卷一三《送俞尉》 空山十日雨，茅屋無炊煙。吾饑尚可忍，夜讀聲琅然。荒寒數家聚，生理尤堪憐。頻年歲不入，枯草生秋田。春深麥猶稗，米斗直萬錢。悲哉幾斛愁，博此半釜鬻。前村老翁姥，語笑何由緣。問知好官人，發廩不我朘。常時有司吝，寧肯圭撮捐。官來剖私量，不受吏舞權。中流一壺濟，空復寬眼前。高軒忽予過，剪韭相留連。九華元老蒼，歸袖何翩翩。官無高與卑，爲政要可傳。使我一念存，所至民瘼痊。常平吾故人，問俗惟初搴。爲言民戚休，毋或諉老天。吾方屏田廬，不敢馳書箋。併聲絶宣城，倘寄晴雲篇。

宋・方岳《秋崖集》卷一四《霪雨》 朝雨暮雨不肯晴，昏昏冥冥如翳塵。舍中連月汗流礎，道傍前日泥埋輪。東南地傾水所滙，潮汐沙擁江之濆。埧頭中沙坐可想，往往政與洪濤瀕。陵遷谷變不知代，但見萬瓦差鱗鱗。老錢試手建都邑，蓋亦安土非經綸。海鹹舄鹵易嵐霧，況此梅蒸天絪緼。沮洳與吾類鼃黽，爽塏久欲還麋麛。因思吴趙寧愛此，適已灞上翔真人。當時倘匪地天泰，詎知無意雲雷屯。

宋·方岳《秋崖集》卷三五《祈晴》 春秋書，六月雨志喜也，然時則民喜，過則民憂。神寧以向之甘霖，爲今之苦雨，而害于有秋乎，敢告。

歲薦飢矣。吾民之望此麥，蓋中流一壺也。麥既穗而雨滛之，神豈棄吾民爲溝中瘠乎。某敢拜手以請。

宋·方岳《秋崖集》卷三五《祈晴》 某入境則霖雨于今，不三日翅矣。意者，山川之神，不以某爲可乎，抑民之望此麥，蓋中流一壺也。某不可，則去之，尚毋以某累斯民。

宋·姚勉《雪坡集》卷四七《嶽祀祈晴》 膚寸之雲，不崇朝而徧雨於天下者，嶽也。今既沾既足矣。霖霪滋久，適害嘉禾，洪水屢滔，尤使小民艱于厥食。吏不能乂以致暘，若百姓奚咎，齋心潔已，祇謁于祠，神之相之易，常雨爲時，暘以茂毓斯稼，且使鰥寡罔或告病，神之貺也，吏之望也。

宋·姚勉《雪坡集》卷四七《利貺廟祈晴》 夏暑雨，小民惟曰：怨咨既霖而霪，將害于稼，不能乂民以臻暘，若緊吏之罪。惟神廟食此邦，必軫念于百姓。有隆驅雲師，滂施甘霔，以成我嘉穀。吏不獨拜神之賜，千里之民，飽神之庥。

宋·王柏《魯齋集》卷三《和曹盤齋積雨韻》 無端淫雨挾愁來，極目丹烏安在哉。雲意未闌癡不去，天容何事苦難開。依紅宿蝶雲新粉，點緑行蝸篆老苔。驚喜盤齋横槊句，此心蹔作復然灰。

宋·文天祥《文山集》卷二〇 自大雨後，兵馬司墻壁頹落地，皆沮洳囚不可居。七月五日移司官籍監予以詰朝，行詩以記之：

燕山積雨泥塞道，大屋欹傾小屋倒。赭衣棘下無容色，倉卒移司避流潦，行行桎梏如貫魚。憐我龍鍾遲明早，我來二十有一月。若書下下幾二考，夢回恍憶入新衙。不知傳舍何時了，幸有癡兒了家事。九牛一毛亦云小，天門皇皇虎豹立，下土孤臣泣雲表。莫令赤子盡爲魚，早願當空日杲杲。

宋·衛宗武《秋聲集》卷二《夏秋積雨歲用大祲長言紀實》 四月五月滛潦積，噬嗑丘垤吞原隰。匪惟爲沼蕩爲陂，萬頃秧雲泯無跡。攢鵶聯尾空飛翻，化鼇爲城難障塞。五湖三泖欲貫通，浪接重江勢洄潏。茅茨比屋何可存，穀麥千金不論直。懦夫全室葬魚腹，强者呼儔作盜賊。閉糴成風牢莫回，勸分有令徒無益。間存壠畝護餘苗，曾不什一于千百。旱赤堅粟刈未齊，晚紅穲稏苞欲實。饑農競喜新穀收，一飽充腸云可必。夫何八月天瓢傾，其來震蕩而飄忽。勢如陣馬奔不停，銀溜浪浪欲穿石。

直疑羣龍翻九河，小山摇撼大山兀。須臾泛溢滿中庭，平地如淵深計尺。又如明朝清野變白波，浩浩湯湯彌甚昔。積陰爲冷不堪收，殆類鴻濛未開闢。又如歷代政昏蒙，熏如宇宙成幽墨。颷旋霧塞晝冥冥，常俾蒼生氣湮鬱。簷間點滴無時乾，猶幸滂沱間霡霂。登場惟苦禾耳生，棲畝尚有禾頭出。深虞衮衮傾盆來，已壞垂成俱滅没。大家蓋藏悉已空，猶恐有司徵斂急。若使租無斗斛收，卒歲輸官何自給。貧家薪桂米逾珠，待哺嗸嗸併日食。若使粒價更湧騰，寧不枕藉爲溝瘠。彼蒼亦必憫時艱，忍視斯民至斯極。我念民窮作此歌，歌此能令鬼神泣。鬼神爲我訴之天，天豈不惟民是恤。似聞誥下驅六丁，翦夷水怪殲羣慝。怒霆笑電悉屏除，抉雲推上紅輪日。更願陽烏溥至仁，大放光明照幽仄。鬱者斯通枉者伸，頓蘇民氣舒民力。洪波卷空九土晞，多稼穰穰登黍稷。庶令千里免阻饑，可反愁邦爲樂國。

宋·衛宗武《秋聲集》卷二《喜晴》 朅來古寺當初寒，垂垂凍風不肯乾。出門泥滓跬步艱，蟄處無異虬蛇蟠。剪花呈瑞天破慳，鑄出八九銀巑岏。使居城市那得看，衒耀老眼真奇觀。霅然陽明忽開張，俄復飛溜聲潺潺。凝雲布濩封乾端，冥濛莫覩雙跳丸。噫氣夜號力撼山，平明推上赤玉盤。羣陰解駁宇宙寛，草木禽鳥俱懽顔。金烏行空振羽翰，揚輝散彩送我還。却憐殘蠟猶欠三，日不屢數歲欲殫。盈尺爲瑞俄頃間，天公變化應無難。

宋·梅應發、劉錫同《寶慶四明志·四明續志》卷一〇《苦雨吟十首呈同官諸丈巳未五月二十七日**》** 舊雨連今雨，南鳩喚北鳩。聲聲陽寸斷，點點淚交流。歷耳風來處，凝眸天書頭。衷情如此苦，造物亦憐不。

自春爰及夏，多雨少曾晴。積壓兼旬潦，瀰漫四澤盈。稚苗憂冒没，矮岸恐頹傾。急遣洪賓佐，代余省爾氓。

洪穴隄九九，泄水注之江。荷鍤來如織，奔湍去若撞。雨聲雖斷續，潦勢已賓降。想見魚秧泛，沙汀白鳥雙。

早晚遣長鬚，行田西北隅。稻禾都旺否，廬舍莫瀞無。高仰爲何碶，低窪是某都。水痕如退落，分寸要相符。

正直三神列，慈悲一佛尊。須知真實念，是謂吉祥門。巨浸旋歸壑，頑雲漸散屯。更憑驅日馭，揮霍照乾坤。

田官決水歸，喜若潰重圍。晚種禾頭出，新耘稻本肥。已如雲氣勃，只恨日光稀。安得驅夸父，搪開萬里輝。

海鄉多下田，潢潦易纏綿。雲脚晚希露，天心朝望穿。壞蚯方惡出，穴蟻又憂遷。翻覆陰晴證，愁腸日幾旋。

連朝雨水淹，燕寢似窮閻。無處可就燥，何時得附炎。頻占季主卦，屢乞鮑君籤。千里人知否，心香日夜添。

五鼓立中庭，踈星一二明。轉頭雲復合，移步雨還傾。感召雖人事，怨咨奈物情。號空猶未應，隱痛痛無聲。

老守最憂農，往來思慮忡。半時半刻裏，一飯一茶中。饑溺真猶己，恫瘝在厥躬。天高元聽下，一念豈難通。

宋·梅應發、劉錫同《寶慶四明志·四明續志》卷一〇《久雨喜晴檢閱計院紀以春容之篇敬用韻爲謝》 樂天何愛詠，堯夫非好吟。愧乏康濟術，粗懷飢溺心。彌旬雨翻屋，耄倪泣蒼旻。微臣職芻牧，瘝痛入肌深。行若負刺芒，坐如隱氈針。再拜告神明，寸心秉堅金。蠲租還巳債，議獄并弛刑。但求講實政，何暇競虚名。天威咫尺臨，昏翳忽開明。宿苗既豐碩，穉秧靡飄淫。阿香亦効靈，排陰吐洪音。推出太陽輝，天外旋收聲。老守寬近憂，濁醪呼客斟。客有勸翁歸，前身豈傅霖。

宋·周紫芝《太倉稊米集》卷九《秋霖歎》 去年陰山雪，平地三尺餘。人言土中蝗，入土不用驅。今年歲枯旱，野食無豆蔬。西來三尺蝗，舊歲雪不如。秋田有遺秉，未足飽一夫。細雨生穀芽，屯雲幾時舒。群兇劇豺虎，諸將勞驅除。横尸作京觀，流血如決渠。高穹厭殺氣，荆棘滿郊墟。尚復此恒雨，未知當何如。豈欲令斯民，竟死不少紓。天亦念赤子，理豈有是歟。會當開晴雲，却返羲和車。我廪雖已殫，我地尚可鋤。庶用種宿麥，更作來歲儲。

清·吴偉業《梅村集》卷八 苦雨

亂烟孤望裏，雨色到諸峯。野漲餘寒樹，江昏失暝鐘。夜深溪碓近，人語釣船逢。愁聽惟支枕，艱難媿老農。

冬霽

烟盡生寒日，山雲不入城。船移隔縣雪，屋遶半江晴。照眼庭花動，開顔社酒清。渚田飛雁下，近喜有人耕。

清·吴偉業《梅村集》卷一〇 苦雨

響苦滴殘更，愁中耳倍明。生涯貪舊業，天意誤躬耕。乞火泥連屋，輸租潦滿城。誰家歌舞宴，徹曉不聞聲。

清·朱彝尊《曝書亭集》卷二 雨後即事二首

暑雨凉初過，高雲薄未歸。泠泠山溜遍，淅淅野風微。日氣晴虹斷，霞光白鳥飛。農人乍相見，歡笑款柴扉。

一雨平林外，羣山倚杖前。蛙聲浮岸草，鳥影度江天。鳴磬上方寺，揚帆何處船。坐疑秋氣近，蕭瑟感流年。

清·朱彝尊《曝書亭集》卷五 泛舟西湖遇雨

東風吹落日，西下北高峰。欲往南屏路，中流聽梵鐘。迴船沙岸火，驟雨石門松。不覺碧雲暮，凉烟生幾重。

糲山橋觀漲

重陽連夜雨，初日汎層波。不上濠梁望，安知秋水多。淹留攀橘柚，想像駕黿鼉。北渚漫愁思，佳期奈別何。

清·朱彝尊《曝書亭集》卷六 雨

城晚吹煙霧，風迴渡水雲。入林初漠漠，潤礎旋紛紛。響愛青荷葉，凉思白練裠。西堂有官燭，更遣夜深聞。

斷續江天雨，凉風滿户庭。轉添秋草緑，更洗暮山青。積霧猶沉樹，明河早見星。南亭有歸客，朝夕待揚舲。

七夕雨

七夕他鄉雨，孤舟下相城。戍樓連樹黑，漁火隔河明。且展輕衾卧，難沽濁酒傾。故園兒女在，相憶定含情。

青縣同高大雨泊

黄河秋潦急，羣盜正紛紛。去遠驚秋半，愁多語夜分。空城寒更雨，哀角斷還聞。正值南飛鴈，嗷嗷度海雲。

清·查慎行《敬業堂詩集》卷二 大雨泊黄蜡閘，江水暴漲，黎明解纜，諸灘盡失矣：頑石堆瘿疣，清江曳羅帶。黔山雖可憎，黔水頗可愛。雨聲怒流濁，曉鏡忽破碎。千年老樹枝，礓石亞完塊。小舠啣尾去，脱葉舞澎湃。榜人顧我笑，壯士行何畏。來當兵革交，夸險視一概。誰能守孤篷，鬱鬱坐久待。輕生犯過涉，既濟稍知悔。

清・查慎行《敬業堂詩集》卷四　清明風雨，舟發南昌，允文聲山追送於江干，更以數言留别：

竹鷄啼苦催清明，滕王閣前春水生。西山高入雲霧裏，雨勢下壓洪州城。桃花杏花半狼藉，岸柳自拂孤舟輕。連朝有約同買棹，二子未果余徑行。雲山欣欣赴歸路，烟樹漠漠愁離程。布帆風急不肯住，到家正及聽新鶯。

清・查慎行《敬業堂詩集》卷六　苦雨次少司馬楊以齋先生原韻二首

連旬暑雨不曾休，邸舍焚香兀自愁。猶勝萬重烟瘴裏，五年三伏滯炎州。

剥啄聲稀退食堂，生衣十日透新凉。閒中筆墨能添潤，一桁簾波潑硯光。

清・查慎行《敬業堂詩集》卷九　晚泊周店雷雨大作

已作迴風半日凉，忽聞雷雨洒淋浪。洪流赴牐增雷勢，一綫穿雲走電光。斑撑定抽苔徑筍，緑針初剪水田秧。唤醒孤客田園夢，剩有蛙聲似故鄉。

清・查慎行《敬業堂詩集》卷一一　苦雨聯句

風噫作欠伸，天愁散咳唾。羃羃繭絲微，捎捎箭鏃大。排檻挂水簾，震瓦響雲磨。隙景列缺馳，潛蹤鬱儀過。衣纓黝黴醭，扉屨濺泥污。蝸嚵引長涎，黽怒鼓羣和。嘬桉聚蠅饕，瘁肌飽蚉餓。嘔噦減食單，撲緣廢書課。帖席惡膠粘，歷階防跌蹉。遥岑罨如遁，高浪騰誰簸。方當戒舟航，矧迺疲鞍馱。溝甽濘齊腰，田塍淖没髁。菭衣妥兩肩，烟殼背一箇。栖畝占來牟，分秧滯秔稏。青葱卓針立，黄萎垂芒卧。造物有暴殄，農功豈媮惰。乾土盡翻沈，漏天難補破。餘飛遠乍散，晚色晴微作。暑濕旋復蒸，壯陰那肯挫，走章牋碧翁，苦雨毋受賀。

清・查慎行《敬業堂詩集》卷一四　三江口苦雨

那剎磯頭雨殺風，千檣烟氣濕濛濛。楚天低壓平蕪外，何處青山認皖公。

連日苦雨江勢轉盛聞小池口一帶已成巨浸感賦

見説黄梅縣，連朝浸渺瀰。雨中隄盡壞，江口地尤卑。農事侵饑溺，天心望轉移。可憐關隴旱，竭澤正斯時。

暴漲

瀑布聲中雨瀉檐，洪流百道走城南。山橋衝斷採樵路，歸報夜來龍洗潭。

雜　録

宋・何薳《春渚紀聞》卷六《寫畫白團扇》　先生臨錢塘日，有陳訴負綾絹錢二萬不償者。公呼至詢之，云：「某家以製扇爲業，適父死，而又自今春已來，連雨天寒，所製不售，非故負之也。」公熟視久之，曰：「姑取汝所製扇來，吾當爲汝發市也。」須臾扇至，公取白團夾絹二十扇，就判筆作行書草聖及枯木竹石，頃刻而盡。即以付之曰：「出外速償所負也。」其人抱扇泣謝而出。始踰府門，而好事者争以千錢取一扇，所持立盡，後至而不得者，至懊恨不勝而去。遂盡償所逋，一郡稱嗟，至有泣下者。

大風部

題解

《爾雅・釋天》 南風謂之凱風，東風謂之谷風，北風謂之涼風，西風謂之泰風。焚輪謂之穨，扶搖謂之猋，風與火爲庉，迴風爲飄，日出而風爲暴，風而雨土爲霾，陰而風爲曀。

漢・許慎《說文》 風，八風也。東方曰名庶風，東南曰清明風，南方曰景風，西南曰涼風，西方曰閶闔風，西北曰不周風，北方曰廣莫風，東北曰融風。風動蟲生，故蟲八日而化。

《河圖》 風者，天地之使也。

《莊子・齊物論》 大塊噫氣，其名爲風。

漢・劉熙《釋名・釋天》 風，氾也，其氣博氾而動物也。【略】風，放也，氣放散也。陰，陰也，氣在內奥蔭也。陽，揚也，氣在外發揚也。【略】陰而風曰曀，曀翳也，言掩翳日光使不明也。風而雨土曰霾，霾，晦也，言如物塵晦之色也。

綜述

漢・班固《漢書》卷二七下之上《五行志下之上》 傳曰：「思心之不睿，是謂不聖，厥咎霿，厥罰恆風，厥極凶短折。時則有脂夜之妖，時則有華孽，時則有牛禍，時則有心腹之痾，時則有黃眚黃祥，時則有金木水火沴土。」

「思心之不睿，是謂不聖。」思心者，心思慮也；睿，寬也。孔子曰：「居上不寬，吾何以觀之哉！」言上不寬大包容臣下，則不能居聖位。貌言視聽，以心爲主，四者皆失，則區霿無識，故其咎霿也。雨旱寒奥，亦以風爲本，四氣皆亂，故其罰常風也。常風傷物，故其極凶短折也。傷人曰凶，禽獸曰短，屮木曰折。一曰，凶，夭也，兄喪弟曰短，父喪子曰折。在人腹中，肥而包裹心者脂也，心區霿則冥晦，故有脂夜之妖。一曰，有脂物而夜爲妖，若脂水夜汙人衣，淫之象也。一曰，夜妖者，雲風並起而杳冥，故與常風同象也。温而風則生螟螣，有裸蟲之孽。劉向以爲於《易》巽爲風爲木，卦在三月四月，繼陽而治，主木之華實。風氣盛，至秋冬木復華，故有華孽。

又 釐公十六年「正月，六鶂退蜚，過宋都」。《左氏傳》曰「風也」。劉歆以爲風發於它所，至宋而高，鶂高蜚而逢之，則退。經以見者爲文，故記退蜚；傳以實應著，言風，常風之罰也。象宋襄公區霿自用，不容臣下，逆司馬子魚之諫，而與彊楚爭盟，後六年爲楚所執，應六鶂之數云。京房《易傳》曰：「潛龍勿用，衆逆同志，至德乃潛，厥異風。其風也，行不解物，不長，雨小而傷。政悖德隱茲謂亂，厥風先風不雨，大風暴起，發屋折木。守義不進茲謂耄，厥風與雲俱起，折五穀莖。臣易上政，茲謂不順，厥風大焱發屋。賦斂不理茲謂禍，厥風絕經(紀)〔緯〕，止即温，温即蟲。侯專封茲謂不統，厥風疾，而樹不搖，穀不成。辟不思道利茲謂無澤，厥風不搖木，旱無雲，傷禾。公常於利茲謂亂，厥風微而温，生蟲蝗，害五穀。棄正作淫茲謂惑，厥風温，螟蟲起，害有益人之物。侯不朝茲謂叛，厥風無恆，地變赤而殺人。」

漢・班固《漢書》卷八五《谷永傳》 其夏，皆令諸方正對策，語在《杜欽傳》。永對畢，因曰：「臣前幸得條對災異之效，禍亂所極，言關於聖聽。書陳於前，陛下委棄不納，而更使方正對策，背可懼之大異，問不急之常論，廢承天之至言，角無用之虚文，欲末殺災異，滿讕誣天，是故皇天勃然發怒，甲己之間暴風三溱，拔樹折木，此天至明不可欺之效也。」上特復問永，永對曰：「日食地震，皇后貴妾專寵所致。」語在《五行志》。

南朝梁・蕭子顯《南齊書》卷一九《五行志》 《思心傳》曰：「心者，土之象也。思心不睿，其過在瞀亂失紀。風於陽則爲君，於陰則爲大臣之象，專恣而氣盛，故罰常風。心爲五事主，猶土爲五行主也。」一曰：「陰陽相薄，偏氣陽多爲風，其甚也常風。陰氣多者，陰而不雨，其甚也常陰。」一曰：「風宵起而晝晦，以應常陰同象也。」

北齊・魏收《魏書》卷一一二上《靈徵志上》　京房《易傳》曰：衆逆同志，至德乃潛，厥異風。

唐・歐陽詢《藝文類聚》卷一《風》　《尚書》曰：休徵，聖時風若。若，順也。君能通理，則曰風順時也。又曰：周公居東二年，天大風，禾盡偃，大木斯拔。王啟金縢之書迎周公，天乃返風，禾盡起。

老子曰：飄風不終朝。

《左氏傳》曰：六鷁退飛過宋都，風也。

《毛詩》曰：習習谷風，以陰以雨。又曰：終風且曀。終日而風爲終風。又曰：凱風自南，吹彼棘心。又曰：冬日烈烈，飄風發發。《禮記》曰：立春之日，東風解凍，大風。

《國語》曰：海鳥爰居，止於魯國東門之外三日。展禽曰：今其有災乎？是歲也，海多大風。

《莊子》曰：列子御風而行，泠然，旬有五日而後反。

《荊州星占》曰：箕星一名卷舌，動則大風至。

《風土記》曰：六月則有東南長風，俗名黄雀長風，時海魚變爲黄雀，因爲名也。

《括地圖》曰：奇肱氏能爲飛車從風遠行。湯時西風吹奇肱車至於豫州，湯破其車，不以示民。十年，西風至，乃復使作車遣歸，去玉門四萬里。

《論衡》曰：儒者論太平瑞應，皆言五日一風，風不鳴條。

《述征記》曰：長安宫南有靈臺，有相風銅烏，或云此烏遇千里風乃動。

宋・李昉等《太平御覽》卷八七六《風》

《尚書・洪範》咎徵曰：蒙，恒風若。

《禮記・月令》曰：孟春行夏令，飄風暴雨總至。季秋行春令，則煖風來至。

京房《易傳》曰：後專拜，厥風疾而樹不摇，不循道。厥風不摇草。

京房《別對災異》曰：迴風起何？風者，天之號令也。當直而正，並而不偏。佞人衆，君迷惑，則迴風起。不救，則至逆風起。其救也，用公直，黜邪枉，此災消矣。

又　《淮南子》曰：人主之精通於天，故誅。暴則多飄風。

暴風

京房《易妖占》曰：獄吏暴害，人臣專政，暴風折木。

又曰：暴風折柱，大邑憂，暴風折木，次草上屋，且有急令。獨祿風入宫，人主死。飄數相從入殿門，有凶、疾、憂，以此亡飄留君門一日一夜不去，亂兵在門，獨祿風者，回轉風也。

京房《別對災異》曰：狂風發，何？人君政教無法，爲下所逆，則致狂風發泄。其救也，修政教，聘賢士，風消矣。

又曰：人君賊罰良善，政教無常，使命數變，則致暴風，折木、發屋、鳴瓦，或害殺人。其救也，修舊典，任忠臣，思過自改，則風災消。

《六韜》曰：人主好田獵畢弋，則歲多大風，飄牛馬，發屋拔木，民人飛揚數十里。

《漢書》曰：文帝時，吴暴風雨，壞城門。吴王濞反，卒服誅。其年楚王都彭城，大風毀市門，殺人。後王與吴王濞謀反同誅。

京房曰：衆逆同志，暴風將起。

紀事

漢・司馬遷《史記》卷七《項羽本紀》　漢之二年春，漢軍卻，爲楚所擠，多殺，漢卒十餘萬人皆入睢水，睢水爲之不流。圍漢王三帀。於是大風從西北而起，折木發屋，揚沙石，窈冥晝晦，逢迎楚軍。楚軍大亂，壞散，而漢王乃得與數十騎遁去。欲過沛，收家室而西；楚亦使人追之沛，取漢王家；家皆亡，不與漢王相見。漢王道逢得孝惠、魯元，乃載行。

漢・司馬遷《史記》卷九《呂太后本紀》　七年八月，朱虚侯請卒，太尉予卒千餘人。入未央宫門，遂見産廷中。日餔時，遂擊産。産走。天風大起，以故其從官亂，莫敢鬭。逐産，殺之郎中府吏廁中。

漢・班固《漢書》卷三《高后紀》　八年八月庚申，天大風，從官亂，莫敢鬭者。逐産，殺之郎中府吏廁中。

漢・班固《漢書》卷六《武帝紀》　建元四年夏，有風赤如血。建元五年秋七月，大風拔木。元光五年秋七月，大風拔木。征和二年夏四月，大風發屋、折木。

漢・班固《漢書》卷一〇《成帝紀》 建始元年十二月，作長安南北郊，罷甘泉、汾陰祠。是日大風，拔甘泉畤中大木十韋以上。郡國被災什四以上，毋收田租。

漢・班固《漢書》卷二五下《郊祀志》 成帝初即位，明年，匡衡坐事免官爵。衆庶多言不當變動祭祀者。又初罷甘泉泰畤作南郊日，大風壞甘泉竹宮，折拔畤中樹木十圍以上百餘。天子異之，以問劉向。對曰：「家人尚不欲絶種祠，況於國之神寶舊畤！且甘泉、汾陰及雍五畤始立，皆有神祇感應，然後營之，非苟而已也。武、宣之世，奉此三神，禮敬敕備，神光尤著。祖宗所立神祇舊位，誠未易動。及陳寶祠，自秦文公至今七百餘歲矣。今甘泉、河東天地郊祀，咸失方位，違陰陽之宜。及雍五畤皆曠遠，奉尊之役休而復起，繕治共張無解已時，皇天著象殆可略知。前上甘泉，先敺失道；禮月之夕，奉引復迷。祠后土還，臨河當渡，疾風起波，船不可御。又雍大雨，壞平陽宮垣。乃三月甲子，震電災林光宮門。祥瑞未著，咎徵仍臻。迹三郡所奏，皆有變故。不答不饗，何以甚此！《詩》曰『率由舊章』。舊章，先王法度，文王以之，交神于祀，子孫千億。宜如異時公卿之議，復還長安南北郊。」

漢・班固《漢書》卷二七上《五行志上》 太初元年十一月乙酉，未央宮柏梁臺災。先是，大風發其屋，夏侯始昌先言其災日。後有江充巫蠱衛太子事。

漢・班固《漢書》卷二七下之上《五行志下之上》 文帝二年六月，淮南王都壽春大風毁民室，殺人。劉向以爲是歲南越反，攻淮南邊，淮南王長破之，後年入朝，殺漢故丞相辟陽侯，上赦之，歸聚姦人謀逆亂，自稱東帝，見異不寤，後遷于蜀，道死廱。

文帝五年，吴暴風雨，壞城官府民室。時吴王濞謀爲逆亂，天戒數見，終不改寤，後卒誅滅。

五年十月，楚王都彭城大風從東南來，毁市門，殺人。是月王戊初嗣立，後坐淫削國，與吴王謀反，刑僇諫者。吴在楚東南，天戒若曰，勿與吴爲惡，將敗市朝。王戊不寤，卒隨吴亡。

昭帝元鳳元年，燕王都薊大風雨，拔宮中樹七圍以上十六枚，壞城樓。燕王旦不寤，謀反發覺，卒伏其辜。

成帝建始元年四月辛丑夜，西北有如火光。壬寅晨，大風從西北起，雲氣赤黄，四塞天下，終日夜下著地者黄土塵也。是歲，帝元舅大司馬大將軍王鳳始用事；又封鳳母弟崇爲安成侯，食邑萬户；庶弟譚等五人賜爵關内侯，食邑三千户。楊宣對曰：「五侯封日，天氣赤黄，丁、傅復然。此殆爵土過制，傷亂土氣之祥也。」京房《易傳》曰：「經稱『觀其生』，言大臣之義，當觀賢人，知其性行，推而貢之，否則爲聞善不與，茲謂不知，厥異黄，厥咎聾，厥災不嗣。黄者，日上黄光不散如火然，有黄濁氣四塞天下。蔽賢絶道，故災異至絶世也。經曰『良馬逐』。逐，進也，言大臣得賢者謀，當顯進其人，否則爲下相攘善，茲謂盜明，厥咎亦不嗣，至於身僇家絶。」

漢・班固《漢書》卷六三《武五子傳》 昭帝年十四，是時天雨，虹下屬宮中飲井水，(水泉)〔井水〕竭。廁中豕羣出，壞大官竈。烏鵲鬭死。鼠舞殿端門中。殿上户自閉，不可開。天火燒城門。大風壞宮城樓，折拔樹木。流星下墮。后姬以下皆恐。王驚病，使人祠葭水、台水。王客吕廣等知星，爲王言「當有兵圍城，期在九月十月，漢當有大臣戮死者。」語具在《五行志》。

漢・班固《漢書》卷九九下《王莽傳下》 地皇元年七月，大風毁王路堂。復下書曰：「乃壬午餔時，有列風雷雨發屋折木之變，予甚弁焉，予甚栗焉，予甚恐焉。伏念一旬，迷乃解矣。昔符命文立安爲新遷王，臨國雒陽，爲統義陽王。是時予在攝假，謙不敢當，而以爲公。其後金匱文至，議者皆曰：『臨國雒陽爲統，謂據土中爲新室統也，宜爲皇太子。』自此後，臨久病，雖瘳不平，朝見挈茵輿行。見王路堂者，張於西廂及後閣更衣中，又以皇后被疾，臨且去本就舍，妃妾在東永巷。壬午，列風毁王路西廂及後閣更衣中室。昭寧堂池東南榆樹大十圍，東僵，擊東閣，閣即東永巷之西垣也。皆破折瓦壞，發屋拔木，予甚驚焉。又候官奏月犯心前星，厥有占，予甚憂之。伏念《紫閣圖》文，太一、黄帝皆得瑞以僊，後世褒主當登終南山。所謂新遷王者，乃太一新遷之後也。統義陽王乃用五統以禮義登陽上遷之後也。臨有兄而稱太子，名不正。宣尼公曰：『名不正，則言不順，至於刑罰不中，民無錯手足。』惟即位以來，陰陽未和，風雨不時，數遇枯旱蝗螟爲災，穀稼鮮耗，百姓苦飢，蠻夷猾夏，寇賊姦宄，人民正營，無所錯手足。深惟厥咎，在名不正焉。其立安爲新遷王，臨爲統義陽王，幾以保全二子，子孫千億，外攘四夷，内安中國焉。」

地皇四年三月辛巳朔，是日，大風發屋折木。【略】六月，邑與司徒尋發雒陽，欲至宛，道出潁川，過昆陽。昆陽時已降漢，漢兵守之。嚴尤、陳茂與二公會，二公縱兵圍昆陽。嚴尤曰：「稱尊號者在宛下，宜亟進。彼破，諸城自定矣。」邑曰：「百萬之師，所過當滅，今屠此城，喋血而進，前歌後舞，顧不快邪！」遂圍城數十重。城中請降，不許。嚴尤又曰：「『歸師勿遏，圍城爲之闕』，可如兵法，使得逸出，以怖宛下。」邑又不聽。會世祖悉發郾、定陵兵數千人來救昆陽，尋、邑易之，自將萬餘人行陳，敕諸營皆按部毋得動，獨迎，與漢兵戰，不利。大軍不敢擅相救，漢兵乘勝殺尋。昆陽中兵出並戰，邑走，軍亂。（天）〔大〕風蜚瓦，雨如注水，大衆崩壞號謼，虎豹股栗，士卒犇走，各還歸其郡。邑獨與所將長安勇敢數千人還雒陽。關中聞之震恐，盜賊並起。

漢・荀悅《前漢紀》卷一三《孝武四》　元狩二年春，建遊章臺，令四女子乘小船，建蹈覆其船，四人皆溺，二人死。復遊雷陂，天大風，建使郎二人乘小船，入波中，船覆。郎溺投水，乍見乍没。建臨視之，大笑以爲樂。卒皆死。

晉・陳壽《三國志》卷四《魏志四・少帝紀》　正始九年，冬十月，大風發屋折樹。

南朝宋・范曄《後漢書》卷四《和殤帝紀》　永元十五年，夏四月甲子晦，日有食之。五月戊寅，南陽大風。

南朝宋・范曄《後漢書》卷五《安帝紀》　永初三年五月癸丑，京師大風。

元初二年三月癸亥，京師大風。

元初六年，夏四月，沛國、勃海大風。

永寧元年，自三月至十月，京師及郡國三十三大風，雨水。

延光二年，春正月丙辰，河東、潁川大風。夏六月壬午，郡國十一大風。九真言嘉禾生。

南朝宋・范曄《後漢書》卷八《靈帝紀》　建寧二年夏四月癸巳，大風。

中平二年夏四月庚戌，大風。

中平五年六月丙寅，大風。

南朝宋・范曄《後漢書》卷九《獻帝紀》　初平四年六月，扶風大風。

南朝宋・范曄《後漢書》卷一〇五《五行志三》　獻帝初平四年六月，寒風如冬時。

南朝宋・范曄《後漢書》卷一〇六《五行志四》　和帝永元五年五月戊寅，南陽大風，拔樹木。

安帝永初元年，大風拔樹。二年六月，京都及郡國四十大風拔樹。三年五月癸酉，京都大風，拔南郊道梓樹九十六枚。七年八月丙寅，京都大風拔樹。元初二年二月癸亥，京都大風拔樹。六年夏四月，沛國、勃海大風，拔樹三萬餘枚。

延光二年三月丙申，河東、潁川大風拔樹。六月壬午，郡國十一大風拔樹。三年，京都及郡國三十六大風拔樹。

靈帝建寧二年四月癸巳，京都大風雨雹，拔郊道樹十圍已上百餘枚。

中平五年六月丙寅，大風拔樹。

獻帝初平四年六月，右扶風大風，發屋拔木。

南朝梁・沈約《宋書》卷三四《五行志五》　魏齊王正始九年十一月，大風數十日，發屋折樹；十二月戊子晦，尤甚，動太極東閤。

魏齊王嘉平元年正月壬辰朔，西北大風，發屋折木，昏塵蔽天。按管輅說此爲時刑，大風，執政之憂也。是時曹爽區瞀自專，驕僭過度，天戒數見，終不改革。此思心不叡，恒風之罰也。後踰旬而爽等滅。京房《易傳》曰：「衆逆同志，至德乃潛，厥異風。其風也，行不解物，不長，雨小而傷。政悖德隱茲謂亂。厥風先風不雨，大風暴起，發屋折木。守義不進茲謂耄。厥風與雲俱起，折五穀莖。臣易上政，茲謂不順。厥風大飈發屋。賦斂不理，茲謂禍。厥風絶經紀〔緯〕，止即温，温即蟲。侯專封茲謂不統。厥風疾而樹不搖，穀不成。辟不思道利茲謂無澤。厥風不搖木，旱無雲，傷禾。公常於利茲謂亂。厥風微而温，生蟲蝗，害五穀。棄正作淫，茲謂惑。厥風温，螟蟲起，害有益人之物。侯不朝茲謂叛。厥風無恒，地變赤，而殺人。」

吳孫權太元元年八月朔，大風，江海涌溢，平地水深八尺，拔高陵樹二株，石碑蹉動，吳城兩門飛落。按華覈對，役繁賦重，區瞀不叡之罰也。明年，權薨。

吳孫亮建興元年十二月丙申，大風震電。是歲，魏遣大衆三道來攻，諸葛恪破其東興軍，二軍亦退。明年，恪又攻新城，喪衆太半，還伏誅。

吳孫休永安元年十一月甲午，風四轉五，復蒙霧連日。是時孫綝一門五侯，權傾吳主，風霧之災，與漢五侯、丁、傅同應也。十二月丁卯夜，又大風，發木揚沙。明日，綝誅。

晉武帝泰始五年五月辛卯朔，廣平大風折木。

晉武帝咸寧元年五月，下邳、廣陵大風，壞千餘家，折樹木。

咸寧元年五月甲申，廣陵、司吾、下邳大風折木。

咸寧三年八月，河間大風折木。

晉武帝太康二年五月，濟南大風，折木傷麥。

太康二年六月，高平大風折木，發壞邸閣四十餘區。

太康八年六月，郡國八大風。

太康九年正月，京都風雹，發屋拔木。後二年，宫車晏駕。

晉惠帝元康四年六月，大風雨拔樹。

元康五年四月庚寅夜，暴風，城東渠波浪；七月，下邳大風，壞廬舍；九月，雁門、新興、太原、上黨災風傷稼。明年，氐、羌反叛，大兵西討。

元康九年六月，飈風吹賈謐朝服飛數百丈。明年，謐誅。

元康九年十一月甲子朔，京都連大風，發屋折木。十二月，太子廢。

晉惠帝永康元年二月，大風拔木。三月，愍懷被害。己卯，喪柩發許還洛，是日，大風雷電，幃蓋飛裂。

永康元年四月，張華第舍飈風折木，飛繒軸六七。是月，華遇害。

永康元年十一月戊午朔，大風從西北來，折木飛石。明年正月，趙王倫篡位。

晉惠帝永興元年正月癸酉，趙王倫祠太廟，災風暴起，塵沙四合。其年四月，倫伏辜。

晉元帝永昌元年七月丙寅，大風拔木，屋瓦皆飛。

永昌元年八月，暴風壞屋，拔御道柳樹百餘株。其風縱橫無常，若風自八方來者。十一月，宫車晏駕。

晉成帝咸康四年三月壬辰，成都大風，發屋折木。四月，李壽襲殺李期。

晉康帝建元元年七月庚申，晉陵、吴郡災風。

晉穆帝升平元年八月丁未，策立皇后何氏。是日疾風。

升平五年正月戊戌朔，疾風。

晉海西公太和六年二月，大風迅急。

晉孝武帝寧康元年三月戊申朔，暴風迅起，從丑上來，須臾轉從子上來，飛沙揚礫。

晉孝武帝太元元年二月乙丑朔，暴風折木。

太元二年閏三月甲子朔，暴風疾雨俱至，發屋折木。

太元二年六月，長安大風拔苻堅宫中樹。其後堅再南伐，身戮國亡。

太元四年八月乙未，暴風。

太元十二年正月壬子夜，暴風。

太元十二年七月甲辰，大風拔木。

太元十七年六月乙卯，大風折木。

晉安帝元興二年二月甲辰，大風雨，大航門屋瓦飛落。明年，桓玄篡位，由此門入。

元興三年正月，桓玄遊大航南，飄風飛其轜輗蓋。三月，玄敗。

元興三年五月，江陵大風折木。是月，桓玄敗於峥嶸洲，身亦屠裂。

元興三年十一月丁酉，大風，江陵多死者。

晉安帝義熙四年十一月辛卯朔，西北疾風起。

義熙五年閏十月丁亥，大風發屋。明年，盧循至蔡洲。

義熙六年五月壬申，大風拔北郊樹，樹幾百年也。琅邪、揚州二射堂倒壞。是日，盧循大艦漂没。甲戌，又風，發屋折木。是冬，王師南討。

義熙十年四月己丑朔，大風拔木。

義熙十年六月辛亥，大風拔木。明年，西討司馬休之。

宋少帝景平二年正月癸亥朔旦，暴風發殿庭，會席翻揚數十丈。五月，帝廢。

文帝元嘉二十六年二月庚申，壽陽驟雨，有回風雲霧，廣三十許步，從南來，至城西回散滅。當其衝者，室屋樹木摧倒。

元嘉二十九年三月，大風，拔木飛瓦。

元嘉三十年正月，大風拔木，雨凍殺牛馬，雷電晦冥。二月，宫車晏駕。

孝武帝大明七年，風吹初寧陵隧口左標折。鍾山通天臺新成，飛倒，散落山澗。明年閏五月，帝崩。

前廢帝永光元年正月乙未朔，京邑大風。

明帝泰始二年三月丙申，京邑大風。

泰始二年四月甲子，京邑大風。

泰始二年五月丁未，京邑大風。

泰始二年五月己酉，京邑大風。

泰始二年九月乙巳，京邑大風。

後廢帝元徽二年七月甲子，京邑大風。

元徽三年三月丁卯，京邑大風。

元徽三年六月甲戌，京邑大風。

元徽四年十一月辛卯，京邑大風。

元徽五年三月庚寅，京邑大風，發屋折木。

元徽五年六月甲寅，京邑大風。

南朝梁·蕭子顯《南齊書》卷一九《五行志》 建元元年十一月庚戌，風夜暴起，雲雷合冥，從戌亥上來。

四年十一月甲寅，酉時風起小駃，至二更雪落，風轉浪津。

永明四年二月丙寅，巳時風迅急。

十一月己丑，戌時風迅急，從西北戌亥上來。

五年五月乙酉，子時風迅急，從西北戌亥上來。

七年正月丁卯，陽徵陰賊之日，時加子，風起迅急，從北方子丑上來，暴疾浪津，寅時止。

八年六月乙酉，〔時〕加子（時），風起迅急，暴疾浪津，發屋折木，塵沙，從西南未上來，因雷雨，須臾，風微雨止。

九年七月甲寅，陽羽廉貞之日，時加亥，風起迅急，從東方來，暴疾彭勃浪津，至乙卯陰賊時漸微，名羽動羽。

九月乙丑，時加未，雷，驟雨，風起迅急，暴疾浪津，從西北戌上來。

十月壬辰，陽羽姦邪之日，時加丑，風起從北方子丑上來，暴疾浪津，迅急，塵埃，五日寅時漸微，名羽動宮。

十年正月辛巳，陽商寬大之日，時加寅，風從西北上來，暴疾浪津，迅急，揚沙折木，酉時止。

二月甲辰，陽徵姦邪之日，時加辰，風起迅急，從西北亥上來，暴疾彭勃浪津，至酉時止。

三月丁酉，陽徵廉貞之日，時加未，風從北方子丑上來，迅急，暴疾浪津，戌時止。

七月庚申，陰角貪狼之日，時加午，風從東北丑上來，迅急浪津，至辛酉巳時漸微。

永明十一年二月庚寅，陽角廉貞之日，時加亥，風從西北亥上來，迅疾浪津，丑時漸微，爲角動角。

七月甲寅，陽羽廉貞之日，時加巳，風從東北寅上來，迅疾浪津，發屋折木，戌夜漸微，爲羽動徵。己巳，陽角寬大之日，時加未，風從戌上來，暴疾，良久止，爲角動商及宮。

凡時無專恣，疑是陰陽相薄。

建（昌）〔武〕元年三月乙酉，未時風起，浪津暴急，從北方上來，應本傳昬亂。

建武二年、三年、四年，每秋七月、八月，輒大風，三吳尤甚，發屋折木，殺人。京房占「獄吏暴，風害人」。時帝嚴刻。

永元元年七月十二日，大風，京師十圍樹及官府居民屋皆拔倒，應本傳。

北齊·魏收《魏書》卷一一二上《靈徵志上》 太宗永興三年二月甲午，京師大風。五月己巳，昌黎王慕容伯兒謀反伏誅。

十一月丙午，又大風。五年，河西叛胡曹龍、張大頭等各領部衆二萬入蒲子。

四年正月癸卯，元會而大風晦冥，乃罷。

五年十一月庚寅，京師大風，起自西方。

神瑞元年四月，京師大風。

二年正月，京師大風。三月，河西飢胡反，屯聚上黨，推白亞栗斯爲盟主。

世祖太延二年四月甲申，京師暴風，宫牆倒，殺數十人。

三年十二月，京師大風，揚沙折樹。

真君元年二月，京師有黑風竟天，廣五丈餘。四月庚辰，沮渠無諱寇張掖，秃髮保周屯於刪丹嶺。

高宗和平二年三月壬午，京師大風晦暝。

高祖延興五年五月，京師赤風。

太和二年七月庚申，武川鎮大風，吹失六家，羊角而上，不知所在。

壬戌，雍州赤風。

三年六月壬辰，相州大風，從西上來，發屋折樹。

七年四月，相、豫二州大風。

八年三月，冀、定、相三州暴風。

四月，濟、光、幽、肆、雍、齊六州暴風。

九年六月庚戌，濟、洛、肆、相四州及靈丘、廣昌鎮暴風折木。

十二年五月壬寅，京師連日大風，甲辰尤甚，發屋拔樹。

六月壬申，京師大風。

十四年七月丁酉朔，京師大風，拔樹發屋。

二十三年八月，徐州自甲寅至己未，大風拔樹。

閏月庚申，河州暴風，大雨雹。

世宗景明元年二月癸巳，幽州暴風，殺一百六十一人。

三年閏月甲午，京師大風，拔樹發屋，吹折閶闔門闕。

九月丙辰，幽、岐、梁、東秦州暴風昏霧，拔樹發屋。

四年三月己未，司州之河北、河東、正平、平陽大風拔樹。

正始元年七月戊辰，東秦州暴風，拔樹發屋。

二年二月癸卯，有黑風羊角而上，起於柔玄鎮，蓋地一頃，所過拔樹。甲辰，至於營州，東入於海。

四年五月甲子，京師大風。

永平元年四月壬申，京師大風拔樹。八月癸亥，冀州刺史、京兆王愉據州反。

三年五月己亥，南秦州廣業、仇池郡大風，發屋拔樹。

延昌四年三月癸亥，京師暴風，從西北來，發屋折樹。

肅宗熙平二年九月，瀛州暴風大雨，自辛酉至於乙丑。

正光三年四月癸酉，京師暴風大雨，發屋拔樹。

四年四月辛巳，京師大風。

孝昌二年五月丙寅，京師暴風，拔樹發屋，吹平昌門扉壞，永寧九層撜折。

前廢帝普泰元年夏，大風雨，吹普光寺門屋於地。於時天下所在兵亂。

孝静武定七年三月，潁川大風。

唐·姚思廉《陳書》卷五《宣帝紀》 太建十三年，秋九月癸亥，夜，大風至自西北，發屋拔樹，大雷震雹。

唐·姚思廉《陳書》卷六《後主紀》 禎明二年六月丁巳，大風至自西北激濤水入石頭城，淮渚暴溢，漂没舟乘。

唐·魏徵等《隋書》卷二三《五行志下》 梁天監六年八月戊戌，大風折木。京房《易飛候》曰：「角日疾風，天下昏。不出三月中，兵必起。」是歲魏軍入鍾離。

承聖三年十一月癸未，帝閲武於南城，北風大急，普天昏闇。《洪範五行傳》曰：「人君昏亂之應。」時帝既平侯景，公卿咸勸帝反丹陽，帝不從。又多猜忌，有昏亂之行，故天變應之以風。是歲爲西魏滅。

陳天嘉六年七月癸未，大風起西南，吹倒靈臺候樓。

太建十二年六月壬戌，大風吹壞皋門中闥。十二年九月，夜又風，發屋拔樹。

始興王叔陵專恣之應。

至德中，大風吹倒朱雀門。

禎明三年六月丁巳，大風，自西北，激濤水入石頭、淮。

又 後齊河清二年，大風，三旬乃止。時帝初委政佞臣和士開，專恣日甚。

天統三年五月，大風，晝晦，發屋拔樹。

七年三月，大風起西北，發屋拔樹。五日乃止。

又 開皇二十年十一月，京都大風，發屋拔樹，秦、隴壓死者千餘人。地大震，鼓皆應。浄刹寺鍾三鳴，佛殿門鎖自開，銅像自出户外。鍾鼓自鳴者，近鼓妖也。揚雄以爲人君不聰，爲衆所惑，空名得進，則鼓妖見。

又 仁壽二年，西河有胡人，乘騾在道，忽爲廻風所飄，并一車上千餘尺，乃墜，皆碎焉。京房《易傳》曰：「衆逆同志，至德乃潛，厥異風。」

又 梁承聖二年十月丁卯，大風，晝晦，天地昏暗。近夜妖也。京房《易飛候》曰：「羽日風，天下昏，人大疾。不然，多寇盗。」三年爲西魏所滅。

唐·房玄齡等《晉書》卷三《武帝紀》 咸寧元年夏五月，下邳、廣陵大風，拔木，壞廬舍。三年八月癸亥，大風拔樹。

太康五年九月，南安大風折木，郡國五大水，隕霜，傷秋稼。八年六月，魯國大風，拔樹木，壞百姓廬舍。郡國八大水。

唐·房玄齡等《晉書》卷四《惠帝紀》 永平五年秋七月，下邳暴風，壞廬舍。九月，雁門、新興、太原、上黨大風，傷禾稼。六年夏四月，大風。九年冬十一月甲子朔，日有蝕之。京師大風，發屋折木。

永康元年二月丁酉，大風，飛沙拔木。十一月戊午，大風飛沙石，六日乃止。

唐·房玄齡等《晉書》卷五《孝懷帝紀》 永嘉四年五月，大風折木。

唐·房玄齡等《晉書》卷九《簡文帝紀》 太元二年閏三月甲申，暴風，折木發屋。六月己巳，暴風，揚沙石。

太元三年三月乙丑，雷雨，暴風，發屋折木。四年秋八月乙未，暴風，揚沙石。十二年正月，壬子，暴風，發屋折木。十三年乙未，大風，晝晦，延賢堂災。十七年六月乙卯，大風，折木。

唐・房玄齡等《晉書》卷一〇《安帝紀》 義熙四年冬十一月辛卯，大風拔樹。六年五月丙子，大風，拔木。

唐・房玄齡等《晉書》卷二七《五行志上》 太元元年，又有大風涌水之異。

唐・房玄齡等《晉書》卷二九《五行志下》 魏齊王正始九年十一月，大風數十日，發屋折樹。十二月戊午晦尤甚，動太極東閤。

嘉平元年正月壬辰朔，西北大風，發屋折樹木，昏塵蔽天。

又 吳孫權太元元年八月朔，大風，江海涌溢，平地水深八尺，拔高陵樹二千株，石碑蹉動，吳城兩門飛落。案華覈對，役繁賦重，區霧不容之罰也。明年，權薨。

孫亮建興元年十二月丙申，大風震電。是歲，魏遣大衆三道來攻，諸葛恪破其東興軍，二軍亦退。明年，恪又攻新城，喪衆太半，還，伏誅。

孫休永安元年十一月甲午，風四轉五復，蒙霧連日。是時，孫綝一門五侯，權傾吳主，風霧之災，與漢五侯、丁、傅同應也。十二月丁卯夜，有大風，發木揚沙。明日，綝誅。

武帝泰始五年五月辛卯朔，廣平大風，折木。

咸寧元年五月，下邳、廣陵大風，壞千餘家，折樹木。其月甲申，廣陵、司吾、下邳大風，折木。三年八月，河間大風，折木。

太康二年五月，濟南暴風，折木，傷麥。六月，高平大風，折木，發壞邸閣四十餘區。七月，上黨又大風，傷秋稼。八年六月，郡國八大風。九年正月，京都風雹，發屋拔樹。後二年，宮車晏駕。

惠帝元康四年六月，大風雨，拔木。五年四月庚寅夜，暴風，城東渠波浪殺人。七月，下邳大風，壞廬舍。九月，雁門、新興、太原、上黨災風傷稼。明年，氐羌反叛，大兵西討。

九年六月，飆風吹賈謐朝服飛數百丈。明年，謐誅。十一月甲子朔，京都連大風，發屋折木。十二月，愍懷太子廢，幽于許昌。

永康元年二月，大風拔木。三月，愍懷被害。己卯，喪柩發許昌還洛。是日，又大風雷電，幃蓋飛裂。四月，張華第舍飆風起，折木飛繒，折軸六七。是月，華遇害。十一月戊午朔，大風從西北來，折木飛沙石，六日止。明年正月，趙王倫篡位。

永寧元年八月，郡國三大風。

永興元年正月乙丑，西北大風。趙王倫建始元年正月癸酉，趙王倫祠太廟，災風暴起，塵四合。其年四月，倫伏辜。

元帝永昌元年七月丙寅，大風拔木，屋瓦皆飛。八月，暴風壞屋，拔御道柳樹百餘株。其風縱橫無常，若風自八方來者。是時，王敦專權，害尚書令刁協、僕射周顗等，故風縱橫若非一處也。此臣易上政，諸侯不朝之罰也。十一月，宮車晏駕。

成帝咸康四年三月壬辰，成都大風，發屋折木。四月，李壽襲殺李期，自立。

康帝建元元年七月庚申，晉陵、吳郡災，風。

穆帝升平元年八月丁未，策立皇后何氏。是日，疾風。後桓玄篡位，乃降后爲零陵縣君，不睿之罰也。五年正月戊戌朔，疾風。

海西公太和六年二月，大風迅急，是年被廢。

孝武帝寧康元年三月，京都大風，火大起。是時，桓温入朝，志在陵上，帝又幼少，人懷憂恐，斯不睿之徵也。三年三月戊申朔，暴風迅起，從丑上來，須臾逆轉，從子上來，飛沙揚礫。

太元二年二月乙丑朔，暴風折木。閏三月甲子朔，暴風疾雨俱至，發屋折木。三年六月，長安大風，拔苻堅宮中樹。其後，堅再南伐，遂有淝水之敗，身戮國亡。四年八月乙未，暴風揚沙石。

十二年正月壬子夜，暴風。七月甲辰，大風折木。十三年十二月乙未，大風，晝晦。其後帝崩而諸侯違命，權奪於元顯，禍成於桓玄，是其應也。十七年六月乙卯，大風折木。

安帝元興二年二月甲辰夜，大風雨，大航門屋瓦飛落。明年，桓玄篡位，由此門入。三年正月，桓玄出遊大航南，飄風飛其輫輗蓋，經三月而玄敗歸江陵。五月，江陵又大風折木。是月，桓玄敗於峥嶸洲，身亦屠裂。十一月丁酉，大風，江陵多死者。

義熙四年十一月辛卯朔，西北疾風起。五年閏十月丁亥，大風發屋。明年，盧循至蔡洲。六年五月壬申，大風拔北郊樹，樹幾百年也。并吹琅邪、揚州二射堂倒壞。是日，盧循大艦漂没。甲戌，又風，發屋折木。是冬，王師南討。

九年正月，大風，白馬寺浮圖刹柱折壞。十年四月己丑朔，大風拔木。六月辛亥，大風拔木。七月，淮北大風，壞廬舍。明年，西討司馬休之應。

魏高貴鄉公正元二年正月戊戌，景帝討毌丘儉，大風晦暝，行者皆頓伏，近夜妖也。劉向曰：「正晝而暝，陰爲陽，臣制君也。」

孝武帝太元十三年十二月乙未，大風晦暝。其後帝崩，而諸侯違命，干戈内侮，權奪於元顯，禍成於桓玄。

唐・李百藥《北齊書》卷八《後主紀》 天統三年五月乙未，大風晝晦，發屋拔樹。

唐・李延壽《南史》卷二《宋紀中》 元嘉二十九年三月壬午，大風拔木，都下火。

唐・李延壽《南史》卷一〇《陳紀下》 太建十二年六月壬戌，大風，吹壞皐門中闥。十三年秋九月癸亥夜，大風從西北來，發屋拔樹，大雨雹。

唐・李延壽《北史》卷八《齊紀下》 天統三年五月乙未，大風，晝晦，發屋拔樹。武平七年二月丙寅，風從西北起，發屋拔樹，五日乃止。

唐・李延壽《北史》卷一一《隋紀上》 開皇二十年十一月戊子，京城大風雪。仁壽元年五月壬辰，驟雨震雷，大風拔木，宜君湫水，移於始平。

唐・李延壽《北史》卷一二《隋紀下》 開皇九年，及太子勇廢，立上爲皇太子。其夜，烈風大雪，地震山崩，民舍多壞，壓死者百餘口。

唐・李延壽《北史》卷一九《北海王詳傳》 太和九年，宣武覽政，其夜暴風震電，拔其廷中桐，樹大十圍，倒立本處。

唐・張鷟《朝野僉載》卷一 開元二年五月二十九日夜，大流星如甕，或如盆大者貫北斗，並西北小者隨之。無數天星盡摇，至曉乃止。七月，襄王崩，謚殤帝。十月土蕃入隴右，掠羊馬，殺傷無數。其年六月，大風拔樹發屋。長安街中樹連根出者十七八。長安城初建，隋將作大匠高熲所植槐樹殆三百餘年，至是拔出。終南山竹開花結子，綿亘山谷，大小如麥，其歲大飢。其竹並枯死，嶺南亦然。人取而食之，醴泉雨麵如米顆，人可食之。

唐・皇甫枚《三水小牘》下《廣明庚子大風雨之異》 廣明庚子歲，余在汝墳温泉之别業。夏四月朔旦，雲物暴起於西北隅，瞬息間濃雲四塞，大風壞屋拔木，雨且雹，雹有如栝棬者。鳥獸盡殪，被於山澤中。至午方霽。覩行潦之内，蝦蟹甚衆。明日，余抵洛城。自長夏門之北，夾道古槐十拔去五六矣，門之鴟吻亦失矣，余以爲非吉徵。至八月，汝州召募軍李巡光等一千五百人，自雁門回掠東都南市，焚長夏門而去，入蜀。自兹諸夏騷蕩矣。上天垂戒，豈虚也哉！

又 暴風拔旆李鈞不終李鈞之莅臨汝也，郡當王仙芝大兵之後，民間多警。李鈞以兵力單簿，抗疏上聞，詔以昭義軍三千五百人鎮焉。乾符戊戌歲也，兵至，營於郡西郭。明年春，鈞節制上黨，雜報到，於是鎮兵部將排隊於州前通衢，率其屬入衙，展君臣之禮。忽有暴風揚塵，起自軍門而南，蟠折行伍，拔大旆十餘以登。州人愕然而顧，没於天際，明日，州北二十里大牛谷，野人得旆以獻，帛無完幅，支幹皆摺折矣，鈞至上黨，統衆出雁門，兵既不戢，暴殘居民，遂爲猛虎軍所殺矣。

後晉・劉昫等《舊唐書》卷一《高祖紀》 武德二年十二月壬子，大風拔木。

後晉・劉昫等《舊唐書》卷三《太宗紀下》 貞觀十四年六月乙酉，大風拔木。

後晉・劉昫等《舊唐書》卷八《玄宗紀上》 開元四年夏六月辛未，京師、華、陝三州大風拔木。

十四年六月戊午，大風，拔木發屋，毁端門鴟吻，都城門等及寺觀鴟吻落者殆半。上以旱、暴風雨，命中外羣官上封事，指言時政得失，無有所隱。

十九年六月乙酉，大風拔木。

後晉・劉昫等《舊唐書》卷九《玄宗紀下》 天寶十年春正月庚戌，大風，陝郡運船失火，燒米船二百餘隻，人死者五百計。秋八月乙卯，廣陵郡大風，潮水覆船數千艘。

十一年六月戊子，東京大風，拔樹發屋。

後晉・劉昫等《舊唐書》卷一一《代宗紀》 永泰元年三月辛亥，大風拔木。大曆二年三月辛亥夜，大風。四年春正月庚午朔。甲戌，大風。

十年秋七月己未，杭州大風，海水翻潮，溺州民五千家，船千艘。

後晉・劉昫等《舊唐書》卷一二《德宗紀上》 貞元元年正月戊戌，大風雪，寒。去秋螟蝗，冬旱，至是雪，寒甚，民饑凍死者踣於路。秋七月庚子，大風拔樹。

後晉・劉昫等《舊唐書》卷一三《德宗紀下》 貞元六年夏四月甲辰，大風雷。八年五月己未，大風，吹壞廬舍、門闕。

後晉・劉昫等《舊唐書》卷一六《穆宗紀》 長慶三年正月丁巳朔，是日大風，昏翳竟日。

後晉・劉昫等《舊唐書》卷一七《文宗紀上》 長慶四年六月庚辰，大風吹壞延喜、景風等門。太和九年夏四月，辛丑，大風，含元殿四鴟吻並皆落，壞金吾仗舍。廢樓觀城四十餘所。

後晉・劉昫等《舊唐書》卷三七《五行志》 大曆二年七月己未夜，杭州大風，海水翻潮，飄蕩州郭五千餘家，船千餘隻，全家陷溺者百餘户，死者四百餘人；蘇、湖、越等州亦然。

元和三年四月壬申，大風毁含元殿西闕欄檻二十七間。八年三月丙子，大風拔崇陵上宫衙殿西鴟尾，并上宫西神門六戟竿折，行牆四十間簷壞。

長慶元年九月壬寅，京師震電，大風雨。四年五月庚辰，大風吹壞延喜、景風二門。

大和八年六月癸未，暴風雷雨壞長安縣廨及經行寺塔。同、華大旱。七月辛酉，定陵臺大風雨，震，東廊之下地裂一百三十尺，其深五尺。詔宗正卿李仍叔啓告修之。九年四月二十六日夜，大風，含元殿四鴟吻皆落，拔殿前樹三，壞金吾仗舍，廢樓觀内外城門數處，光化門西城牆壞七十七步。

天寶二年六月七日，東都應天門觀災，延燒左右延福門，經日不滅。九載三月，華嶽廟災。十載正月，大風，陝州運船失火，燒二百一十五隻，損米一百萬石，舟人死者六百人，又燒商人船一百隻。其年八月六日，武庫災，燒二十八間十九架，兵器四十七萬件。

大曆十年二月，莊嚴寺佛圖災。初有疾風，震雷薄擊，俄而火從佛圖中出，寺僧數百人急救之，乃止，棟宇無損。

宋・薛居正等《舊五代史》卷六《梁書六・太祖紀六》 開平四年十一月戊戌，詔曰：「自朔至今，暴風未息，諒惟不德，致此咎徵。皇天動威，罔敢不懼。宜徧命祈禱，副朕意焉。」差官分往祠所止風。

宋・薛居正等《舊五代史》卷三二《唐書八・莊宗紀六》 同光二年秋七月乙巳，汴州雍丘縣大風，拔木傷稼。

宋・薛居正等《舊五代史》卷七八《晉書四・高祖紀四》 天福四年六月庚辰，西京大風雨，應天福門屋瓦皆飛，鴟吻俱折。

宋・薛居正等《舊五代史》卷八四《晉書一〇・少帝紀四》 開運二年丙辰，定州奏，大風雹，北岳廟殿宇樹木悉摧拔之。

宋・薛居正等《舊五代史》卷一四一《五行志》 梁開平四年十一月，大風。下詔曰：「自朔至今，異風未息，宜命祈禱。」唐同光二年七月，汴州雍丘縣大雨風，拔樹傷稼。

宋・李昉等《太平御覽》卷九《天部九・風》 《漢書》曰：燕王都薊，大風拔宫中樹，七圍已上十六株。壞城樓。後王誅。

又：高祖過沛，擊筑自歌曰：大風起兮雲飛揚，威加海内兮歸故鄉。

《晉書》曰：永和元年，大風拔柳樹百餘株，若風從八方來。

宋・李昉等《太平御覽》卷八七六《咎徵部三・風》 《春秋潛潭巴》曰：疾風拔木，讒臣恣，忠臣辱。

《史記》曰：殷紂末年，大風飄牛馬，壞屋，拔樹飛颺數十里。周滅之。

又曰：秦始皇二十八年，渡淮至衡山。浮江至湘，遇大風。博士云：堯女舜妻，葬於此。始皇怒，使刑徒三千人伐湘山樹。明年東遊至博浪沙中，爲盜所驚，乃令天下大索焉。

又曰：項羽背約，擊漢軍至彭城，圍漢王三匝。大風從西北起，折木發屋，楚軍大亂。

《漢書》曰：吕后崩，後，吕産執北軍。朱虚侯劉章入宫衛帝，見産廷中，遂擊産。走，天大風從官莫敢鬭，章逐産殺之。又曰：昭帝時，燕王旦都薊，大風拔宫樹十六，吹壞城樓。王反，伏誅。

又曰：濟北王興居反，始舉兵。大風從東吹其旌旗，飛上，墮城井中。馬皆悲鳴不進。李廓切諫，王不聽，俄而兵敗自殺。

又曰：平帝元始四年冬，大風吹長安城東門，屋瓦且盡。

又曰：王莽天鳳中，大風拔樹，飛北闕，城門屋瓦緣邊，大饑，人相食。

又曰：地皇四年，大風毁王路門，其年司徒王尋、司空王邑守昆陽，光武起兵南陽，至昆陽攻之，大風雷，屋瓦皆飛，雨下如注，滍川水溢。尋、邑乘死人而渡，王尋見殺，軍人皆散走，王邑還長安，莽敗，俱戰死。

《後漢書》曰：安帝時，京師大風，拔南郊梓樹九十六。後，海賊張伯路畧九郡。

《魏畧》曰：正始元年，商風大起數十日，發屋拔樹，動太極殿東閣，正會又大風雨傾盆，按曹爽將誅之，徵毋丘儉反，景王率衆征之。

《晉書》曰：吴孫權太元初，大風，江海湧溢，平地水深八尺，拔高陵樹二千株。吴城兩門飛落，是時賦役繁重，明年權死。

又曰：孫休永安元年十二月，孫綝出屯武昌，衛士施朔告綝欲反，聞之大懼。是夜大風四轉五復，發屋折木，揚沙石，綝益恐。明日臈會稱疾，休强起之，不得已，乃至會，張布、丁奉自左右縛之，綝叩頭請爲奴，不許，乃斬之。

又曰：孫皓末年，狂暴，丞相陸抗與大司馬丁奉謀欲廢皓。太史令陳苗奏：久陰不雨，風氣迴逆，將有陰謀。皓深驚懼抗，遂寢其事。

又曰：晉武帝咸寧三年八月，大風拔木，暴寒且冰。其年，吴將孫慎入江夏。太康末，京都風大拔木。

又曰：惠帝永康中六月，飄風，吹賈謐朝衣飛數百尺。明年謐誅。其年十一月，京都大風，發屋折木。十二月，愍懷太子幽於金墉。

又曰：永康元年四月，張華舍飄風起，折木，飛甑轉六七枚。是月趙王倫矯制，廢賈后，害張華、裴頠等。

又曰：趙王倫篡位，改元建始，祀太廟。風大起，黄塵四合，其年倫誅。

又曰：元帝永昌中，大風，拔木壞屋，拔御道柳百餘株。時王敦害尚書刁協，僕射周顗等。

又曰：成帝時，劉胤鎮尋陽，有迴風從東來，入胤船中，西出，狀如疋練，長五六丈。術人戴洋曰：有刀兵死喪之亂，胤頃爲郭默所害。

王隱《晉書》曰：王澄在荆州，率衆軍次江陵之東，射堂北，救國難，飄風折其節，後爲王敦所殺。

《晉中興書》曰：桓玄營建康，逆風迅激，旍旗不立，儀飾一皆傾偃，是月酷寒。此日尤甚，急，恒寒若之應也。出遊門外，飄風飛其儀蓋。

沈約《宋書》曰：孝武帝大明七年，風吹初寧陵隧口，左標折，鍾山通天臺新成，飛倒散落山澗。

又曰：徐羨之，文帝初作揚州，有飄風自西明門，須臾合城，直至廳前，繞帽及席，遥遠雲際。尋，羨之爲文帝所誅。又曰：文帝元嘉九年，壽陽驟雨，有廻風雲霧，廣二三十步，從南來，至城西，廻散滅。當其衝者，宫室、樹木皆摧倒。其年，晉寧太寧爨松子反。

又曰：元嘉三十年正月朔，上會羣臣於太極殿。有大風拔木，雷雹晦冥，凍殺牛馬，明年太子誅逆。

又曰：孝武帝時，柳太尉乘車行，還於庭中洗車，有大風從南而入，直來衝車，蓋復向天。其年明帝立，合門被殺。又曰：竟陵王誕，文帝子。孝武時鎮京口，夜大風，吹落屋瓦，城門鹿床倒覆，及鎮廣陵，將入城，衝風暴起，俄而反，伏誅。

又曰：順帝昇明二年，飄風起建康縣，吹帛一疋入雲。風止，下於御道上。俄宋授禪，其君爲匹夫之象。

《齊書》曰：明帝建武末，大風拔東宫門外楊樹。齊德行東木位，其衰乎，至東昏侯立，狂亂被害。

又曰：東昏侯寶卷永元元年，始安王遥光知政入殿，有飄風飄儀繖出城外，少日而反，被殺。

又曰：崔惠景圍臺城，有一五色幡，風吹飛翔在雲中，半日乃下，衆見皆驚恠。相謂曰：幡者，事當翻覆，數日，惠景敗。

《南史》曰：梁武帝太清二年九月，邵陵王綸軍出頓丘。其日，天色陰慘，風塵蕭瑟，咸以出軍不祥。十一月，綸至江遇風幾，溺人馬多損。

又曰：大寶元年，邵陵携王綸出鎮南浦，僭擬施幄帳，無何，風起吹投於江。後爲侯景將任約所襲，綸敗走保汝南，爲魏將侯幾通所攻，城破被殺。

又曰：元帝承聖三年，帝親講武於津陽門，風雨總集，普天昏暗，旗幟飄亂，趣駕而返，無復次序還宫，至城，風雨隨息。羣臣竊驚，俄爲魏軍所執，送岳陽殺之。

又曰：元帝徐妃初嫁夕，車至州西，疾風大起，發屋折木，無何，雪霰交下，帷簾皆白，及還之日，又大雷，震西州廳兩柱碎。以爲不祥，妃竟以淫穢自殺。

又曰：梁岳陽王詧，昭明太子之子，西魏立爲梁王。其年至江陵結營，夜疾風甚雨，水平地數尺。其月，詧乃夜遁，爲諸蠻斷於山路，墜馬僅得脱。

又曰：侯景篡梁，拜南郊，登壇，大風拔木，物盡吹散，見者莫不驚駭，俄而景被殺。

崔鴻《十六國春秋》曰：北燕馮跋太平二十一年二月，飄風入征南大將軍上黨公姚昭宅，至於司徒中山公宅而散，上黨公家人問太史闞尚，曰，風者天之號令，所以吹塵去穢，除姦慝之禍。至二十二年，跋弟弘篡立，以姚昭爲大司馬，昭貪暴，其子肇諫曰：大人不聞飄風之怪乎？昭不納，明年馮弘殺昭并子姪四十餘人。

又曰：前秦苻生壽光元年，長安大風，發屋拔樹，行人顛頓，宫中奔擾，或稱賊至，門晝閉，五日乃止。生推告賊者殺之，刳出其心。左光禄大夫强平諫曰：元正盛曉，日有蝕之，正陽神朔風昏大起，願陛下務養元元。生大怒，鑿其頂而殺之。

又曰：苻堅建元十八年三月，大風吹壞長安西門，拔宫中大樹倒根於上。至二十二年，堅爲姚萇所殺。

又曰：李期玉恒四年三月，大風拔樹發屋，四月，爲李壽所殺。

又曰：蜀李壽漢興三年二月，大風暴雨，震端門。至六年，壽死，子勢立。三年爲晉將桓温所滅。

又曰：前趙劉曜，塋其父母，費用億計。發掘古冢，暴骸原野，哭聲盈衢。大霖雨，震曜父墓門屋，大風飄發其父寢堂于外垣五十餘步，松栢衆木，植已成林，至是悉枯死，曜竟爲石勒所擒。

又曰：劉曜末年，與石季龍對軍，不撫士衆，專與嬖臣博飲。左右諫之，以爲妖言，斬之。大風拔木，昏霧四塞，須臾見擒。

又曰：前凉張玄靚四年六月，大風、震雷，晦冥，宫中雨水深四尺。時宋昆兄弟擅權，玄靚虚坐而已。

《後魏書》曰：孝文太和中，安定王禎出爲相州刺史。至日，暴風大雨，凍死者數十人。是月，禎發背死。後宣武延昌三年，章武王熙除相州刺史。七月入治，其日大風雨，凍死者二十餘人。驢馬凍死數十匹。熙聞祖父楨前事，心惡之，俄而舉兵反，伏誅。

《北齊書》曰：後主天統年，大風晝晦，發屋拔木。和士開譖趙郡王叡，坐死。士開出入宫掖，胡太后幸之。瑯琊王儼矯詔殺士開於南臺，儼伏誅。

又曰：後主末年，安德王延宗鄴下宅被風吹，其廳棟榱相連，置數百步外。後主敗，王亦被擒，入周，賜死。

《陳書》曰：陳文帝天嘉三年，梁永嘉王將司空王琳與陳將侯禎對軍，其日東北風吹琳舟艦，琳軍大敗。

又曰：天嘉六年，大風西南吹靈臺後樓倒。

又曰：後主至德年，風吹朱雀門倒。又明年，大風自西北激濤水入石頭城。時後主昏，誅諫臣沈客卿。明年，大雨風。

又曰：隋文帝開皇中，東都大風，發屋折木。時獨孤皇后干預政事，後宫多有濫死。又楊素邪佞，陰氣盛之象也。

又曰：開皇末，秦州商胡乘騾遇暴風，飄上空數百丈，俄而墜下，人騾俱碎。時晉王廣矯詐取媚，謀危太子勇，勇竟廢，死，立廣爲太子。

宋·李昉等《太平御覽》卷八七六《咎徵部三·暴風》 《晉書》曰：孝武太元二年春，暴風，折木發屋。夏，又暴風，揚沙石。三年，又暴風，折木發屋。時苻堅强盛。

又曰：安帝元興初，夜大風雨，大航門飛落。明年桓玄篡位。

沈約《宋書》曰：前廢帝義符時，正月朔朝，暴風發殿前，會席翻揚數十丈。至五月，帝廢爲滎陽王。

《梁書》曰：昭明太子孫棟，簡文大寶二年八月爲侯景廢。棟時與妃張氏鋤菜，而法駕至。驚懼而泣，升輦。及即位，升武德殿，備陳文物於庭。有暴風自東來，吹旌旗悉倒。又有廻風從地踴起，折竿翻飛華蓋，經出端門不見。陪列者驚駭，時人知其不終。十一月，景廢棟，景乃篡立。

崔鴻《十六國春秋》曰：南燕慕容超僭位，祀南郊，將登壇，大風暴起，天地晝昏，行宫羽儀皆壞裂。後超爲晉將劉裕所滅，斬於建康市。

又曰：慕容盛建平元年八月，暴風拔闕前大樹七。其月步兵校尉馬勒謀反伏誅。至長樂三年，盛爲段讚子泰所殺。

又曰：後燕慕容垂遣太子寶伐魏，次參合陂，忽大風，黑氣狀若隄防，臨覆軍上，沙門支曇猛言於寶曰：風氣暴逆，魏軍將至，宜遣兵禦之。寶笑而不納。俄黄霧四塞，日月晦冥，魏師至，三軍奔潰。其年垂死。

又曰：石季龍死，子遵立。其月，夜暴風拔木，震雷雨雹，俄而遵見殺。

《隋書》曰：太子勇朝高祖於仁壽宫，還至岐山，偕元妃止於周太王廟，因縱騎獵，須臾，暴風折樹，雨雪深至没膝，天晦暝，咫尺不相見。妃因心痛，再宿而死，勇後廢爲庶人，煬帝殺之。

又曰：太子勇廢，立晉王爲皇太子。當受册，高祖曰：吾以大興公成帝業，令出舍大興縣。其夜，烈風大雪，地裂山崩，民舍多壞，死者百餘。

又曰：煬帝大業十四年三月，在江都蜀王秀囚於右驍勇營，暴風塵吹晝昏，識者皆以爲異。秀謂防者曰：吾生年以來，未見斯變，亡國之禍，應在旦夕。其夜，宇文化及司馬德戡、裴虔通反。

《唐書》曰：玄宗天寶十一年，潼關口女媧墓，因風雨失所在。後至肅宗乾元二年五月一日，其墓復。

宋・李昉等《太平御覽》卷八七六《咎徵部二・黑風》 《後魏書》曰：世祖太常元年二月，京師有黑風竟天，廣五十餘丈。其年四月，沮渠蒙遜寇張掖。

《古今五行志》曰：大業十三年二月，李密於鞏縣南設壇，刑白馬祭天。稱魏公，置僚佐，改元，升壇時，有黑風從壇北暴至，吹密衣冠，及僚屬皆匍匐於壇下，沙塵暗天，咫尺不相見，良久乃息。漢軍伐之而密敗。

宋・李昉等《太平御覽》卷八七六《咎徵部二・赤風》 《春秋潛潭巴》曰：天赤，有大風，發屋折木，兵大起，行千里。《漢書》曰：

建元四年夏，有風赤如血，六月旱。

崔鴻《十六國春秋》曰：張天錫十二年，有赤風，昏闇。至十三年，苻堅滅之。

宋・李昉等《太平御覽》卷八七九《咎徵部六・晝昏》 《爾雅》曰：陰而風爲曀。

《竹書紀年》曰：晉桓公六年，國大風，晝昏自旦。至中明年，太子喜出奔。

又 《晉書》曰：魏高貴鄉公時，司馬景王討毌邱儉，大風晦暝，行者傾伏。劉向以爲正晝而暝，陰制陽，臣制君之象。儉敗見誅。

又曰：晉元帝時，京都晝昏，風雲並起，時公室卑弱。

又孝武時，大風晦暝，其後諸侯違命，干戈內侮。

崔鴻《十六國春秋》曰：前秦苻堅時，大風從西來，俄而晦暝，恒星皆見，後爲安石所敗。

又曰：南燕慕容超太上四年，超祠南郊，大風暴起，天地晝昏。至七年，超爲劉裕所滅。

《宋書》曰：孝武時，竟陵王誕鎮廣陵，將入城，晝晦，後以反見殺。

宋・歐陽修、宋祁《新唐書》卷二《太宗皇帝紀》 貞觀三年六月己卯，大風拔木。十四年六月乙酉，大風拔木。

宋・歐陽修、宋祁《新唐書》卷四《則天順聖武皇后紀》 垂拱四年十月辛亥，大風拔木。天授二年五月丁亥，大風折木。聖曆元年六月乙卯，大風拔木。長安四年五月丁亥，大風拔木。

宋・歐陽修、宋祁《新唐書》卷五《玄宗皇帝紀》 開元二年六月，京師大風拔木。甲子，以太上皇避暑，徙御大明宮。四年六月，辛未，京師、華陝二州大風拔木。十七年四月乙亥，大風，震，藍田山崩。十九年六月乙酉，大風拔木。天寶十一年五月甲子，東京大風拔木。十三年三月辛酉，大風拔木。

宋・歐陽修、宋祁《新唐書》卷六《代宗皇帝紀》 永泰元年三月辛亥，大風拔木。大曆七年五月乙酉，大風拔木。十年五月甲寅，大風拔木，震闕門。

宋・歐陽修、宋祁《新唐書》卷七《德宗皇帝紀》 貞元元年庚子，大風拔木。十年六月辛未，雨，大風拔木。元和五年三月甲子，大風拔木。十五年三月戊辰，大風。

宋・歐陽修、宋祁《新唐書》卷八《穆宗皇帝紀》 長慶四年六月庚辰，大風壞延喜、景風門。大和二年六月己巳，大風拔木。九年四月辛丑，大風拔木，落含元殿鴟尾，壞門觀。開成三年正月戊申，大風拔木。五年四月甲子，大風拔木。五月壬寅，大風拔木。七月戊寅，大風拔木。

宋・歐陽修、宋祁《新唐書》卷九《僖宗皇帝紀》 乾符五年五月丁酉，大風拔木。廣明元年四月甲申，京師、東都、汝州大風拔木。

宋・歐陽修、宋祁《新唐書》卷三五《五行志二》 武德二年十二月壬子，大風拔木。《易》巽爲風，「重巽以申命」。其及物也，象人君誥命，其鼓動於天地間，有時飛沙揚塵，怒也，發屋拔木者，怒甚也。其占：「大臣專恣而氣盛，衆逆同志，君行蒙暗，施於事則皆傷害，故常風。」又「飄風入宮闕，一日再三，若風聲如雷觸地而起，爲兵將興。」

貞觀十四年六月乙酉，大風拔木。

咸亨四年八月己酉，大風落太廟鴟尾。

永隆二年七月，雍州大風害稼。

弘道元年十二月壬午晦，宋州大風拔木。

嗣聖元年四月丁巳，寧州大風拔木。

垂拱四年十月辛亥，大風拔木。

永昌二年五月丁亥，大風拔木。

神龍元年三月乙酉，睦州大風拔木。崔玄暐封博陵郡王也，大風折其輅蓋。二年六月乙亥，滑州大風拔木。

景龍元年七月，郴州大風，發屋拔木。八月，宋州大風拔木，壞廬舍。二年十月辛亥，滑州暴風發屋。三年三月辛未，曹州大風拔木。

開元二年六月，京師大風發屋，大木拔者十七八。四年六月辛未，京師、陝、華大風拔木。九年七月丙辰有，揚州、潤州暴風雨，發屋拔木。十四年六月戊午，大風拔木發屋，端門鴟尾盡落。端門，號令所從出也。十九年六月乙酉，大風拔木。二十二年五月戊子，大風拔木。

天寶十一載五月甲子，東京大風拔木。十三載三月辛酉，大風拔木。

永泰元年三月辛亥，大風拔木。

大曆七年五月乙酉，大風拔木。十年五月甲寅，大風拔木。

貞元元年七月庚子，大風拔木。六年四月甲申，大風雨。八年五月己未，暴風發太廟屋瓦，毀門闕、官署、廬舍不可勝紀。十年六月辛未，大風拔木。十四年八月癸未，廣州大風，壞屋覆舟。

元和元年六月丙申，大風拔木。三年四月壬申，大風毀含元殿欄檻二十七間。占爲兵起。四年十月壬午，天有氣如煙，臭如燔皮，日昳大風而止。五年三月丙子，大風毀崇陵上宫衙殿鴟尾及神門戟竿六，壞行垣四十間。八年六月庚寅，京師大風雨，毀屋飄瓦，人多壓死者。丙申，富平大風，拔棗木千餘株。十二年春，青州一夕暴風自西北，天地晦冥，空中有若旌旗狀，屋瓦上如蹂躒聲。有日者占之曰：「不及五年，兹地當大殺戮。」

長慶二年正月己酉，大風霾。十月，夏州大風，飛沙爲堆，高及城堞。三年正月丁巳朔，大風，昏霾終日。四年六月庚寅，大風毀延喜門及景風門。

大和八年六月癸未，暴風壞長安縣署及經行寺塔。九年四月辛丑，大風拔木萬株，墮含元殿四鴟尾，拔殿廷樹三，壞金吾仗舍，發城門樓觀内外三十餘所，光化門西城十數雉壞。

開成三年正月戊辰，大風拔木。五年四月甲子，大風拔木；五月壬寅，亦如之；七月戊寅，亦如之。

會昌元年三月，黔南大風飄瓦。

咸通六年正月，絳州大風拔木，有十圍者。十一月己卯晦，潼關夜中大風，山如吼雷，河噴石鳴，羣鳥亂飛，重關傾側。十二月，大風拔木。

乾符五年五月丁酉，大風拔木。

廣明元年四月甲申，京師及東都、汝州雨雹，大風拔木。四年六月乙巳，太原大風雨，拔木千株，害稼百里。

光化三年七月乙丑，洺州大風，拔木發屋。

天復二年，昇州大風，發屋飛大木。

宋・司馬光《資治通鑑》卷一八《漢紀十》 武帝元光五年秋七月，大風拔木。

宋・司馬光《資治通鑑》卷二二《漢紀十四》 武帝征和二年夏四月，大風，發屋折木。

宋・司馬光《資治通鑑》卷三七《漢紀二十九》 王莽天鳳元年秋七月，大風拔樹，飛北闕直城門屋瓦。

宋・司馬光《資治通鑑》卷三八《漢紀三十》 王莽地皇元年秋七月，大風毀王路堂。莽下書曰：「乃壬午餔時，有烈風雷雨發屋折木之變，予甚恐焉；伏念一旬，迷乃解矣。」

宋・司馬光《資治通鑑》卷四三《漢紀三十五》 光武帝建武二十二年初，陳留劉昆爲江陵令，縣有火災，昆向火叩頭，火尋滅；後爲弘農太守，虎皆負子渡河。帝聞而異之，徵昆代林爲光禄勳。帝問昆曰：「前在江陵，反風滅火，後守弘農，虎北渡河，行何德政而致是事？」對曰：「偶然耳。」左右皆笑，帝歎曰：「此乃長者之言也！」顧命書諸策。

宋・司馬光《資治通鑑》卷四九《漢紀四十一》 安帝永初元年，郡國二十八大風。

宋・司馬光《資治通鑑》卷五〇《漢紀四十二》 安帝元初六年夏四月，沛國、勃海大風，雨雹。

宋・司馬光《資治通鑑》卷五三《漢紀四十五》 恒帝元嘉元年夏四月己丑，是日，大風拔樹，晝昏。

宋・司馬光《資治通鑑》卷七七《魏紀九》 高貴鄉公甘露三年十二月丁卯，夜，大風，發屋揚沙。

宋・司馬光《資治通鑑》卷九八《晉紀二十》 穆帝永和五年甲午，鄴中暴風拔樹，震電，雨雹大如盃升。

宋・司馬光《資治通鑑》卷一〇〇《晉紀二十二》 永和十二年夏四月，長安大風，發屋拔木。秦宫中驚擾，或稱賊至，宫門晝閉，五日乃止。

宋・司馬光《資治通鑑》卷一四一《齊紀七》 明帝永泰元年，林邑王諸農入朝，海中值風，溺死，以其子文款爲林邑王。

宋・王栐《燕翼詒謀録》卷三 淳化四年十二月戊戌至大中祥符二年，建軍方十有六年，災異變怪忽發。八月中，有青蛇長數丈，出郡治。十六日風雨，林木城門營壘盡壞，壓死千餘人，夜三鼓方止。九月乙亥，奏至真宗皇帝，亟命中使張景宣馳驛恤視民壞屋者，無出來年夏租壓死者，家賜米一斛。無主及貧乏者，官收瘞之。令長吏就宮觀精虔設醮爲民祈福。

宋·鄭樵《通志》卷七四《風》 大風 春秋僖公十六年春正月，六鷁退飛過宋都，大風也。漢高帝二年夏四月，大風從西北起，折木、發屋、揚砂、晝晦。孝文帝二年夏六月，淮南王都壽春，大風毁民室，殺人。十月楚王都彭城大風，從東南來，毁市門，殺人。孝武帝建元四年夏，有風赤如血。元光五年秋七月，大風，拔木。征和二年夏四月，大風，發屋折木。孝昭帝元鳳元年，燕王都薊大風雨，拔宮中木七圍以上十六枚，壞城樓。建始元年夏四月壬寅晨，大風從西北起，雲氣赤黄四塞天下，終日夜下着地者，黄土塵也。冬十二月，大風拔甘泉畤中大木十圍以上。孝平帝元始四年冬，大風吹長安東門，屋瓦且盡。王莽地皇四年，漢兵起圍莽，大風，屋瓦皆飛，雨下如注。後漢安帝永初元年二十八，大風。二年夏，京都及郡國四十八，大風拔樹。三年夏五月，京都大風拔南郊道梓樹九十六枚。七年秋八月，京都大風，拔樹。元初二年春二月，京都大風，拔樹。六年夏四月，沛國勃海大風，拔樹二萬餘枚。永寧元年冬十月，自三月至是月，京師及郡國三十三大風。延光元年冬十二月，京師及郡國二十七大風。二年春正月，河東潁川大風。夏六月，郡國十一大風。三年，京師及郡國三十六大風，拔樹。孝靈帝建寧二年夏四月癸巳，京都大風，拔郊道樹十圍以上百餘枚。其後晨迎氣黄郊，道於雒水西橋，逢暴風雨，逆鹵薄車或發蓋，還不至郊，使有司行禮。迎氣西郊，亦壹如此。中平二年夏四月庚戌，大風。五年夏六月丙寅，大風，拔樹。孝獻帝初平四年夏六月，右扶風，大風發屋拔木。魏齊王正始九年冬十一月，大風數十日，發屋折木。十二月戊午，晦尤甚，動太極東閤。嘉平元年春正月壬辰朔，西北大風，發屋折木，昏塵蔽天。吴大帝太元元年秋八月朔，大風，江海涌溢，平地水深八尺，拔高陵樹二千株，石碑蹉動，吴城兩門飛落。會稽王建興元年冬十二月丙辰，大風震電。景帝永安元年冬十一月甲午，風四轉五復，蒙霧連日。十二月丁卯夜，有大風拔木揚砂。晉武帝泰始五年夏五月辛卯朔，廣平大風折木。咸寧元年夏五月，下邳廣陵大風，壞千餘家，折樹木。其月甲申，廣陵下邳大風，折木。三年八月，河間大風，折木。太康二年夏五月，濟南暴風，折木，傷麥。六月高平大風，折木，發壞邸閣四十餘區。七月，上黨又大風，傷秋稼。八年夏六月，郡國八大風。九年春正月，京都風，發屋拔樹。孝惠帝元康四年夏六月，大風，拔樹。五年夏四月庚寅夜，暴風，城東渠波浪殺人。秋七月，下邳大風，壞廬舍。九月鴈門新興太原上黨災風，傷稼。六年夏四月，大風。九年夏六月，飈風，吹賈謐朝服，飛數百丈。十一月甲子朔，京都連大風，發屋折木。永康元年春二月丁酉，大風，飛砂拔木。三月，又大風雷電。夏四月，張華第舍飈風起，折木飛繒折軸六七。冬十一月戊午朔，大風從西北來，折木飛砂石，六日止。永寧元年秋八月，郡國三大風。永興元年春正月乙丑，西北大風。趙王倫建始元年春正月癸酉，倫祠太廟災風暴起，塵四合。孝懷帝永嘉四年夏五月，大風折木。元帝永昌元年秋七月丙寅，大風，屋瓦皆飛。八月，暴風，壞屋，拔御道柳樹百餘株，其風縱横無常，若風自八方來者。成帝咸康四年春三月壬辰，成都大風，發屋折木。康帝建元元年秋七月庚寅，晉陵、吴郡災風。穆帝升平元年秋八月丁未，疾風。五年春正月戊午朔，疾風。哀帝太和六年春二月，大風迅急。孝武帝寧康元年春三月，京都大風，火大起。三年春三月戊申朔，暴風迅起，從丑上來，須臾逆轉；從子上來，飛砂揚礫。太元二年春二月乙丑朔，暴風，折木。閏三月甲子朔，暴風疾雨，俱至發屋折木。夏六月己巳，暴風，揚砂石。三年春三月乙丑，雷雨暴風，發屋折木。夏六月，長安風拔苻堅宫中樹。四年秋八月乙未，暴風，揚砂石。十二年春正月壬子夜，暴風，發屋折木。秋七月甲辰，大風，折木。十三年冬十二月己未，大風，晝晦。十七年夏六月乙未，大風，拔木。安帝元興二年春二月夜，大風雨，大航門屋瓦飛落。三年春正月，桓元出遊，大航，南飄風，飛其轜輗蓋。夏五月江陵又大風，拔木。冬十一月辛卯朔，西北疾風起，拔樹。五年閏十一月丁亥，大風，發屋。六年夏五月壬辰，大風，拔北郊樹，樹幾百年也并吹琅邪。揚州二射堂倒壞。是日盧循大艦飄没。甲戌又風，發屋折木。九年春正月，大風，白馬寺浮圖刹柱折壞。十年夏四月己丑朔，大風，拔木。六月辛亥，大風，拔木。七月淮北大風，壞廬舍。宋少帝景平二年春二月乙巳，大風。文帝元嘉二十九年春三月壬午，大風，折木。齊武帝永明四年春二月丙寅，大風，吴郡偏甚樹葉皆赤。八年夏六月，都下大風，發屋。梁武帝天監六年秋八月戊戌，大風，拔木。元帝承聖三年冬十月丁卯，帝出行江陵城柵，大風，拔木。十一月甲申，帝閲武於南城，北風雨總集旗帳飃亂。丁酉，又大風，城内火起。陳文帝天嘉六年秋七月癸未，有大風，自西南至廣百餘步，擊壞靈臺侯樓。宣帝大建十二年夏六月壬戌，大風吹壞皐門中闥。十三年秋九月癸未夜，大風從北地來，發屋拔樹。後主禎明二年夏六月丁巳，大風自西北激濤水入石頭。是歲，大風拔朱雀門。北齊武成帝河清二年，大風三旬乃止。後主天統三年夏五月，大風，晝晦，發屋拔樹。四年夏六月甲辰，大風，拔樹。武平七年春二月丙寅，大風從西北起，發屋拔樹，五日乃止。隋文帝開皇二年冬十二月，京都大風，發屋拔木。仁壽元年夏五月壬辰，大風，拔木。

宋・李心傳《建炎以來繫年要録》卷二　建炎元年二月乙酉，大風拔木。

宋・李心傳《建炎以來繫年要録》卷九一　紹興五年秋七月辛丑，是月，暴風連日，屋瓦皆震。

宋・方勺《泊宅編》卷第八　天禧元年四月五日申後，京師黑風自北起，晦冥，市人咫尺不相見。久之，大雨作，天復明。父老云往年疾疫起，得黑風而民安。天禧初，滑州河決已塞，唯龍門未合。忽有大風鼓沙起，如連岡勢，於未合處淤定，於是人得致力而畢功。

宋・王偁《東都事略》卷五　景祐四年六月乙亥，杭州大風雨。

宋・王偁《東都事略》卷一二　靖康元年春正月辛巳，大風吹沙。

宋・洪邁《夷堅志・戊》卷四《蔡通判》　淳熙元年，嘉興蔡摅承議赴蘄州黃梅知縣，汎舟大江過蘄口宿。是夜，大風拔木，舟碎於巨浪，唯底板存。蔡適在其上，抱持浮漾，意以爲家人盡溺死矣。待旦風小，定視之，則皆跧聚板上，不失一人。囊篋僕從悉没，一小篋貯出身。勑詔獨得全旋，喚漁舟載到南岸，居人見其至，爭來慰勞。云昨夜風雷，黑暗中聞神聲言，且救取蔡通判一家。官人豈非蔡公乎？蔡爲人質重廉恪，鄉里稱其賢，故遭罹大難而蒙神力以免。其後秩滿，果調泰州通判。

宋・周密《癸辛雜識・續集》卷上《霍山顯靈》　杭之霍山，張真君祠宇雄壯，香火極盛。自兵火後，漸致頹圮。此役甚，大人無復問之者。辛卯朱宣慰運米入京，自登萊抛大洋，三神山轉料以往。忽大風怒作，急下釘鐵猫，折其三四桅，幹鐵稜軋，軋有聲欲折。一舟之人，皆分已死。主者，露香望空而拜，乞命。忽於黑雲中震霆有聲，出大黃旗，上書霍山二字。於是舟人亟拜，許以再新殿宇，以答神貺。須臾風濤貼然，遂獲安濟。是冬入杭，遂捐鈔千錠，崇建鼎新云。

元・脱脱等《遼史》卷三《太宗紀上》　天寶七年八月壬戌，捕鵝于沿柳湖，風雨暴至，舟覆，溺死者六十餘人，命存恤其家，識以爲戒。

元・脱脱等《遼史》卷四《太宗紀下》　會同八年三月癸亥，是夕大風。

元・脱脱等《遼史》卷一五《聖宗紀六》　開泰六年六月戊辰朔，德妃蕭氏賜死，葬兔兒山西。後數日，大風起塚上，晝暝，大雷電而雨不止者踰月。

元・脱脱等《遼史》卷一六《聖宗紀七》　開泰八年六月丙申，品打魯瑰部節度使勃魯里至鼻洒河，遇微雨，忽天地晦冥，大風飄四十三人飛旋空中，良久乃墮數里外。勃魯里幸獲免。一酒壺在地乃不移。

元・脱脱等《遼史》卷二四《道宗紀四》　大康八年九月丁未，大風雪，牛馬多死，賜扈從官以下衣馬有差。

元・脱脱等《金史》卷五《海陵紀》　正隆五年二月辛未，鎮戎、德順軍大風，壞廬舍，人多壓死。六年六月壬戌，是夜，大風，壞承天門鴟尾。

元・脱脱等《金史》卷六《世宗紀上》　大定四年七月辛丑，大風雷雨，拔木。

元・脱脱等《金史》卷一一《章宗紀三》　泰和三年冬十月戊戌，日將暮，赤如赭。己亥，大風。甲辰，申、酉間天大赤，夜將旦亦如之。

元・脱脱等《金史》卷一二《章宗紀四》　四年三月丁卯，日昏無光，大風毁宣陽門鴟尾。

元・脱脱等《金史》卷一三《衛紹王紀》　大安三年二月，有大風從北來，發屋折木，通玄門重關折，東華門重關折。

崇慶元年七月，有風自東來，吹帛一段，高數十丈，飛動如龍形，墜於拱辰門。

元・脱脱等《金史》卷一五《宣宗紀中》　興定三年夏四月癸未，陝西黑風晝起，有聲如雷，地大震。

元・脱脱等《金史》卷一七《哀宗紀上》　正大元年戊午，是日，大風飄端門瓦。四年八月己巳，是日，是日，大風落左掖門鴟尾，壞丹鳳門扉。

元・脱脱等《金史》卷一八《哀宗紀下》　天興二年正月丙午朔，濟河，北風大作，後軍不克濟。

元・脱脱等《金史》卷二三《五行志》　皇統九年四月丁丑，有龍鬬于利州榆林河上。大風壞民居官舍十六七，木瓦人畜皆飄揚十餘里，死傷者數百，同知州事石抹里壓死。正隆五年二月辛未，河東、陝西地震。鎮戎、德順等軍大風，壞廬舍，民多壓死。六年六月壬戌，大風壞承天門鴟尾。世宗大定四年七月辛丑，大風雷雨，拔木。八年五月甲子，北望淀大風。泰和三年十月己亥，大風。四年三月丁卯，大風，毁宣揚門鴟尾。大安三年二月乙亥夜，大風從西北來，發屋折木，吹清夷門關折。崇慶元年七月辛未未時，有風從東來，吹帛一段高數十丈，宛轉如龍，墜於拱辰門內。宣宗貞祐三年二月戊午，大風，隆德殿鴟尾壞。三月戊辰，大風，霾。興定元年五月乙丑，河南大風，吹府門署以去。三年四月癸未，陜右黑風晝起，有聲如雷，頃之地大震，平涼、鎮戎、德順尤甚，廬舍傾，壓死者以萬計，雜畜倍之。四年正月壬子，晝晦，有頃大雷風雨。四月丁丑，大風吹河南府署飛百餘步，户案門鑰開，文牘飄散，不知所在。哀宗正大元年正月戊午，是日，大風飄端門瓦，昏霾不見日，黄氣塞天。四年八月癸亥，大風吹左掖門鴟尾墜，丹鳳門扉壞。

元·脱脱等《宋史》卷六三《五行志二上》 淳熙四年十一月辛酉，鄂州南市火，暴風通夕，燔千餘家。十二年十月，鄂州大火，燔萬餘家。江風暴作，結廬隄上、泊舟岸下者，焚溺無遺。慶元三年正月丁酉，襄陽府火作而風暴，選鋒軍校于友直死於救焚，止延燒六十餘家。

元·脱脱等《宋史》卷六七《五行志五》 乾德二年五月，揚州暴風，壞軍營舍僅百區。三年六月，揚州暴風，壞軍營舍及城上敵棚。

開寶二年三月，帝駐太原城下，大風一夕而止。八年十月，廣州颶風起，一晝夜雨水二丈餘，海爲之漲，飄失舟楫。九年四月，宋州大風，壞甲伏庫、城樓、軍營凡四千五百九十六區。

太平興國二年六月，曹州大風，壞濟陰縣廨及軍營。四年八月，泗州大風，浮梁竹筰、鐵索斷，華表石柱折。六年九月，高州大風雨，壞廨宇及民舍五百區。七年八月，瓊州颶風，壞城門、州署、民舍殆盡。八年九月，太平軍颶風拔木，壞廨宇、民舍千八十七區。十月，雷州颶風，壞廩庫、民舍七百區。九年八月，白州颶風，壞廨宇、民舍。

端拱二年，京師暴風起東北，塵沙曀日，人不相辨。

淳化二年五月，通利軍大風害稼。三年六月丁丑，黑風自西北起，天地晦瞑，雷震，有頃乃止。先是京師大熱，疫死者衆，及此風至，疫疾遂止。

至道二年八月，潮州颶風，壞州廨、營砦。

咸平元年八月，涪州大風，壞城舍。四年八月丙子，京師暴風。

景德二年六月甲午，大風吹沙折木。八月，福州海上有颶風，壞廬舍。三年七月丙寅京師大風。四年三月甲寅夕，京師大風，黄塵蔽天，自大名歷京畿，害桑稼，唐州尤甚。

大中祥符二年四月乙未，大風起京師西北，連日不止。五年八月，京師大風。七年三月戊辰，京師大風，揚沙礫。是日，百官習儀恭謝壇，有隨仆者。八年六月辛亥，京師風起巳位，吹沙揚塵。

天禧二年正月，永州大風，發屋拔木，數日止。三年五月，徐州利國監大風起西南，壞廬舍二百餘區，壓死十二人。四年四月丁亥，大風起西北，飛沙折木，晝晦數刻。五月乙卯，暴風起西北有聲，折木吹沙，黄塵蔽天，占並主陰謀姦邪。是秋，内侍周懷政坐妖亂伏誅。

天聖九年十二月辛酉，大風三日止。

景祐元年六月己巳，無錫縣大風發屋，民被壓死者衆。九月甲寅夜漏上，風自丑起有聲，擺木鳴條。二年六月戊寅平明，風自未來，占者以爲百穀豐衍之候。

皇祐四年七月丁巳，大風起西北方，拔木。

嘉祐二年正月元日平旦，有風從東北來，偏天有蒼黑雲，占云：「大熟多雨。」

熙寧四年二月辛巳，京東自濮州至河北旁邊，大風異常，百姓驚恐。六年四月，館陶縣黑風。九年十二月，海陽潮陽二縣颶風，潮，害民居田稼。十年六月，武城縣大風，壞縣廨，知縣李愈妻、主簿寇宗奭妻之母壓死。七月，温州大風雨，漂城樓，官舍。

元豐四年六月，邕州颶風，壞城樓、官私廬舍。七月甲午夜，泰州海風作，繼以大雨，浸州城，壞公私廬舍數千間。静海縣大風雨，毁官私廬舍二千七百六十三楹。丹陽縣大風雨，溺民居，毁廬舍。丹徒縣大風潮，飄蕩沿江廬舍，損田稼。六月，邕州颶風，壞城樓、官私廬舍。五年八月，朱崖軍颶風，毁廬舍。

元祐八年，福建、兩浙海風駕潮，害民田。

紹聖元年秋，蘇、湖、秀等州海風害民田。

靖康元年正月望夜，大風起西北有聲，吹沙走石，盡明日乃止。二月戊申，大風起東北，揚塵翳空。三月己巳夜五更，大風乍緩乍急，聲如叫怒。十一月丁亥，大風發屋折木。閏十一月甲寅，大風起北方，雪作盈數尺，連夜不止。二年正月己亥，天氣昏曀，狂風迅發，竟日夜，西北陰雲中如有火光，長二丈餘，闊數尺，民時時見之。庚戌，大風雨。二月乙酉，大風折木，晚尤甚。三月己亥，大風。

四月庚申朔，大風吹石折木；辛酉，北風益甚，苦寒。

建炎元年正月丁酉，大風吹石折木。十二月乙酉，大風拔木。

紹興二十八年七月壬戌，平江府大風雨駕潮，漂溺數百里，壞田廬。三十二年七月戊申，大風拔木。溫州大風，壞屋覆舟。

隆興元年，浙東、西郡國風水傷稼。二年八月，大風雨，漂蕩田廬。

乾道二年八月丁亥，溫州大風雨駕海潮，殺人覆舟，壞廬舍。五年十月，台州大風水，壞田廬。八年六月丙辰，惠州颶風，壞海艦三十餘。時樞密院調廣東經略司水軍，四艦覆其三，死者百三十餘人。

淳熙三年六月，大風連日。四年九月，明州大風駕海潮，壞定海、鄞縣海岸七千六百餘丈及田廬、軍壘。六月乙巳夜，福清縣、興化軍大風雨，壞官舍、民居、倉庫及海口鎮，人多死者。五年正月庚戌，大風。六年十一月，鄂州大風覆舟，溺人甚衆。七年二月，江陵府大風，火及舟，焚溺死者尤衆。十年八月辛酉，雷州颶風大作，駕海潮傷人，禾稼、林木皆折。

紹熙二年三月癸酉，瑞安縣大風，壞屋拔木殺人。四年七月，興化軍海風害稼。五年六月丙子，大風。七月乙亥，行都大風拔木，壞舟甚衆。紹興府、秀州大風駕海潮，害稼。秋，明州颶風駕海潮，害稼。十月甲戌，行都大風拔木。

慶元二年六月壬申，台州暴風雨駕海潮，壞田廬。六年三月甲子，大風拔木。

嘉泰三年十月丁未，暴風。十一月癸未，大風；四年正月乙亥，亦如之。

開禧元年四月乙卯、九月庚戌，大風。

嘉定元年九月乙丑，大風。二年二月戊子，大風。七月壬辰，台州大風雨駕海潮，壞屋殺人。三年八月癸酉，大風拔木，折禾穗，墮果實；寧宗露禱，至于丙子乃息。後御史朝陵于紹興府，歸奏風壞陵殿宮牆六十餘所、陵木二千餘章。四年閏月丁未，大風。六年十二月，餘姚縣風潮壞海隄，亘八鄉。七年正月庚辰，江州放燈，黑雲暴風忽作，遊人相踐，死者二十餘。十年正月乙未，大風拔木。十一月丁丑，大風。十一年二月甲寅，大風。十月戊午，大風。十三年十一月庚戌、壬子，大風。十二月戊午，大風。十四年六月辛巳，大風。十六年秋，大風拔木害稼。十七年秋，福州颶風大作，壞田損稼。冬，鄂州暴風，壞戰艦二百餘，壽昌軍壞戰艦六十餘；江州、興國亦如之。

嘉熙二年，風雹。三年，風雹。

淳祐十一年，泰州風。

景定四年十一月，福州颶風。

咸淳四年閏月丁巳，大風雷雨，居民屋瓦皆動。七年五月甲申，紹興府大風。十年四月，紹興府大風拔木。

端拱二年，京師暴風起東北，塵沙曀日，人不相辨。

淳化三年六月丁丑，黑風自西北起，天地晦冥，雷震，有頃乃止。

大中祥符二年九月，無爲軍城北暴風，晝晦不可辨，拔木，壞城門、營壘、民舍。

天聖六年二月庚辰，大風晝暝。

康定元年三月丙子，大風晝暝，經刻乃復。

嘉祐八年十一月丙午，大風霾。

治平二年二月乙巳，大風晝晦。四年正月庚辰朔，大風霾。是日，上尊號，廷中仗衛皆不能整。

熙寧四年四月癸亥，京師大風霾。

元祐八年二月，京師風霾。

靖康二年正月己亥，天氣昏曀，風迅發竟日。三月丁酉，風霾。

建炎元年正月辛卯朔，大風霾。丁酉，風霾，日色薄而有暈。三月丁酉，汴京風霾，日無光。二年七月癸未，風雨晝晦。

紹興十一年三月庚申，金人居長安，晝晦。

乾道五年正月甲申，晝霾四塞。

淳熙五年四月丁丑，塵霾晝晦，日無光。

慶元九年十二月乙未，天雨霾。

開禧元年正月壬午，雨霾。

元・馬端臨《文獻通考》卷三〇六《恒風》 《春秋》僖公十六年正月，六鷁退蜚過宋都。《左氏傳》曰風也。劉歆以爲風發於他所，至宋而高，鷁高蜚而逢之，則退。經以見者爲文，故記退蜚。應六鷁之數云，京房《易傳》曰：潛龍勿用，衆逆同志，至德迺潛，厥異風。其風也，行不解物，不長，師古曰：不解物，謂物逢之而不解散也。不長，所起者近也。雨小而傷，政悖德隱茲謂亂，厥風先風不雨，大風暴起，發屋折木，守義不進茲謂耄，厥風與雲俱起，折五穀莖。臣易上政，茲謂不順，厥風大焱發屋，師古曰：焱，疾風也。賦斂不理茲謂禍，厥風絕經緯，止即溫，溫即蟲。侯專封茲謂不統，厥風疾，而樹不搖，穀不成。辟不思道利，茲謂無澤，厥風不搖木，旱無雲，傷禾。公常於利茲謂亂，厥風微而溫，生蟲蝗，害五穀。棄正作淫茲謂惑，厥風溫，螟蟲起，害有益人之物，侯不朝茲謂叛，厥風無恒，地變赤而殺人。

漢文帝二年六月，淮南王都壽春，大風毀民室，殺人。五年吳暴風雨，壞城官府民室。五年十月，楚王都彭城大風從東南來，毀市門，殺人。武帝元光五年秋七月，大風拔木。征和二年夏四月，大風發屋折木。昭帝元鳳元年，燕王都薊大風雨，拔宮中樹七圍以上十六株，壞城樓。成帝建始元年十二月，大風，拔甘泉時中大木十圍以上。王莽天鳳元年七月，大風，拔木，飛北闕直城屋瓦。地皇元年七月，大風毀王路堂。

後漢光武於更始元年六月中，破王尋、王邑兵于昆陽，大雷風，屋瓦皆飛。和帝永元五年五月戊寅，南陽大風，拔樹木。安帝永初元年，大風拔樹。二年六月，京師及郡國四十，大風拔木。三年五月癸酉，京都大風，拔南郊道梓樹九十六株。七年八月丙寅，京都大風拔樹。元初二年二月癸亥，京都大風拔樹。六年夏四月，沛國、勃海，大風拔樹三萬餘株。延光二年三月丙申，河南、潁川大風拔樹。六月壬午，郡國十一大風拔樹。三年，京都及郡國三十六，大風拔樹。靈帝建寧二年四月癸巳，京都大風雨雹，拔郊道樹十圍已上百餘株。其後晨迎氣東郊，道於雒水西橋，逢暴風雨，鹵簿車或發蓋，百官霑濡，還不至郊，使有司行禮。迎氣西郊，亦壹如此。中平五年六月丙寅，大風拔樹。獻帝初平四年六月，右扶風大風，發屋拔木。

魏齊王正始九年十一月，大風數十日，發屋折樹。十二月戊午，晦尤甚，動太極東閣。嘉平元年正月壬辰朔，西北大風，發屋折樹木，昏塵蔽天。

又 吳孫權太元元年入月朔，大風。江海涌溢，平地水深八尺，拔南陵樹二千株，石碑蹉動，吳城兩門飛落。孫亮建興元年十二月甲申，大風震電。孫休永安元年十一月甲午，風四轉五，復蒙霧連日。十二月丁卯夜，有大風，發木揚沙。

晉武帝泰始五年五月辛卯朔，廣平大風折木。咸寧元年五月，下邳、廣陵大風，壞千餘家，折樹木。其月甲申，廣陵、司吾、下邳大風折木。二年八月，河間大風折木。太康二年五月，濟南暴風，折木傷麥。六月，高平大風折木，發壞邸閣四十四區。七月，上黨又大風，傷秋稼。八年六月，郡國八大風。九年正月，京都風雹，發屋拔樹。惠帝元康四年六月，大風雨，拔樹。五年四月庚寅夜，暴風，城東渠波浪殺人。七月，下邳大風，壞廬舍。九月，雁門、新興、太原、上黨，災風傷稼。九年六月，飈風吹賈謐朝服飛數百丈。十一月甲子朔，京都連大風，發屋折木。永康元年二月，大風拔木。三月己卯，又大風，雷電，幃蓋飛裂。四月，張華第舍飈風起，折木飛繒，折軸六七。十一月戊午朔，大風從西北來，折木飛沙石，六日止。永寧元年八月，郡國三大風。永興元年正月乙丑，西北大風。趙王倫建始元年正月癸酉，趙王倫祠太廟，災風暴起，塵四合。元帝永昌元年七月丙寅，大風拔木，屋瓦皆飛。八月，暴風壞屋，拔御道柳樹百餘株，其風縱橫無常，若風自八方來者。成帝咸康四年三月壬辰，成都大風，發屋折木。康帝建元元年七月庚寅，晉陵、吳郡災風。穆帝升平元年八月丁未，是日疾風。五年正月戊午朔，大風。海西公太和六年二月，大風迅急。孝武帝寧康元年三月，京都大風，火大起。三年三月戊申朔，暴風迅起，從丑上來，須臾逆轉，從子上來，飛沙揚礫。太元二年二月乙丑朔，暴風折木。閏三月甲子朔，暴風疾雨俱至，發屋折木。三年六月，長安大風，拔苻堅宮中樹。四年八月丁未，暴風，揚沙石。十二年正月壬午夜，暴風。七月甲辰，大風折木。十三年十二月己未，大風，晝晦。十七年六月乙未，大風折木。安帝元興二年二月夜，大風雨，大航門屋瓦飛落。三年正月，桓元出遊大航南，風飄其[illegible]輗蓋。五月，江陵又大風折木。十一月丁酉，大風，江陵人多死者。義熙四年十一月辛卯朔，西北方疾風起。五年閏十一月丁亥，大風發屋。六年五月壬申，大風拔北郊樹，樹蓋幾百年也，并吹琅邪、揚州二射堂俱倒壞。是日，盧循大艦漂沒。甲戌，又風發屋折木。九年正月，大風，白馬寺浮圖剎柱折壞。十年四月己丑朔，大風拔木。六月辛亥，又大風拔木。七月，淮北又大風，壞屋舍。

宋文帝元嘉二十九年三月壬午，大風拔木。

八年六月乙酉，都下大風發屋。

齊武帝永明四年二月丙寅，大風，吳興偏甚樹葉皆赤。

梁武帝天監六年八月戊戌，大風折木。元帝承聖三年十一月癸未，帝閱武於南城。北風大急，普天昏闇。

又 陳文帝天嘉六年七月癸未，大風起西南，吹倒靈臺候樓。

又 宣帝太建十二年六月壬戌，大風吹壞皋門中闥。九月夜，又風，發屋拔樹。後主至德中，大風吹倒朱雀門。禎明三年六月丁巳，大風自西北，激濤水入石頭淮。

又 北齊武成河清二年，大風，三旬乃止。後主天統三年五月，大風，晝晦，發屋拔木。七年三月，大風起西北，發屋拔木，五日乃止。

又 隋文帝開皇二十年十一月，京師大風，發屋拔木，秦、隴壓死者千餘。仁壽二年，西河有胡人乘騾在道，忽爲迴風所飄，并一車上千餘尺乃墜，皆碎焉。

又　唐高宗武德二年十二月壬子，大風。

又　太宗貞觀十四年六月乙酉，大風拔木。高宗咸亨四年八月己酉，大風，落太廟鴟尾。永隆二年七月，雍州大風害稼。弘道元年十二月壬午晦，宋州大風拔木。中宗嗣聖元年四月丁巳，寧州大風拔木。武后垂拱四年十月辛亥，大風拔木。永昌二年五月丁亥，大風拔木。中宗神龍元年三月乙酉，睦州大風拔木。崔元暐封博陵郡王也，大風折其輅蓋。二年六月乙亥，滑州大風拔木。景龍元年七月，郴州大風，發屋拔木。八月，宋州大風拔木，壞屋舍。二年十月辛亥，滑州暴風發屋。三年三月辛未，曹州大風拔木。元宗開元二年六月，京師大風發屋，大木拔者十七八。四年六月辛未，京師、陜華、大風拔木。九年七月丙辰，揚州、潤州，暴風雨，發屋拔木。十四年六月戊午，大風拔木發屋，端門鴟尾盡落。端門，號令所從出也。十九年六月乙酉，大風拔木。二十二年五月戊子，大風拔木。天寶十一載五月甲子，東京大風拔木。十三載三月辛酉，大風拔木。代宗永泰元年三月辛亥，大風拔木。

大曆七年五月乙酉，大風拔木。十年五月甲寅，大風拔木。德宗貞元元年七月庚子，大風拔木。六年四月甲申，大風雨。八年五月己未，暴風發太廟屋瓦，毁門闕、官署、屋舍不可勝紀。十年六月辛未，大風拔木。十四年八月癸未，廣州大風，壞屋、覆舟。憲宗元和元年六月丙申，大風拔木。三年四月壬申，大風毁含元殿欄檻二十七間。四年十月壬午，天有氣如煙臭、如燔皮，日昳大風而止。五年三月丙子，大風，毁崇陵上宫衙殿鴟尾及神門戟竿六，壞行垣四十間。八年六月庚寅，京師大風雨，毁屋飄瓦，人多壓死者。丙申，富平大風，拔棗木千餘株。十二年春，青州一夕暴風自西北，天地晦冥，空中有若旌旗狀，屋瓦上如蹂躒聲。穆宗長慶二年正月己酉，大風霾。十月，夏州大風，飛沙爲堆，高及城堞。三年正月丁巳朔，大風，昏霾終日。四年六月庚寅，大風，毁延喜門及景風門。文宗太和八年六月癸未，暴風，壞長安縣署及經行寺塔。九年四月辛丑，大風，拔木萬株，墮含元殿四鴟尾，拔殿庭樹三，壞金吾仗舍，發城門樓觀内外三十餘所。光化門西城十數雉壞。開成三年正月戊辰，大風拔木。五年四月甲子，大風拔木。五月壬寅，亦如之。七月戊寅，亦如之。武宗會昌元年三月，黔南大風飄瓦。懿宗咸通六年正月，絳州大風拔木，有十圍者。十一月己卯，晦，潼關夜中大風，山如吼雷，河噴石鳴，羣鳥亂飛，重關傾側。十二月，大風拔木。僖宗乾符五年五月丁酉，大風拔木。廣明元年四月甲申，京師及東都、汝州雨雹，大風拔木。四年六月乙巳，太原大風雨，拔木千株，害稼百里。昭宗光化三年七月乙丑，洺州大風，發屋拔木。天復二年，昇州大風，發屋飛大木。

後漢隱帝乾祐三年閏五月癸巳，京師西北風暴雨，至戴婁門外，壞營舍瓦木，吹鄭門門扉起十餘步落，拔大樹數十，震死者六七人，平地水深尺餘。

宋太祖乾德二年五月，揚州暴風，壞軍營舍僅百區。三年六月，揚州暴風，壞軍營及城上敵棚。開寶二年二月，車駕駐太原城下，大風一夕而止。八年十月，廣州颶風起，一晝夜雨水二丈餘，海爲之漲，飄失舟。九年四月，宋州大風，壞甲仗庫、城樓、軍營、民舍凡四千五百九十六區。太宗太平興國二年六月，曹州大風，壞濟陰縣廨及軍營。四年八月，泗州大風，浮梁竹笮、鐵索斷，華表石柱折。六年九月，高州大風，壞廨宇、民舍五百區。七年八月，瓊州颶風，壞城門、州署、民舍殆盡。

八年九月，太平軍颶風，拔木，壞廨宇、民舍千八十七區。十月，雷州颶風，壞廩庫、民舍七百區。九年八月，白州颶風，壞州廨、民舍。端拱二年，京師暴風起東北，塵沙曀日，人不相辨。淳化二年五月，通利軍大風害稼。

三年六月丁丑，黑風自西北起，天地晦瞑，雷震，有頃乃止。先是都下大熱，疫死者衆，及此風至，疾疫遂止。至道二年八月，潮州颶風，壞州廨、營寨，漂刀魚舟。真宗咸平元年八月，涪州大風，壞城舍。四年八月丙子，京師暴風。景德二年六月甲午，大風，吹沙折木。八月，福州海上有颶風，壞屋舍。三年七月丙寅，京師大風。

四年三月甲寅夕，京師大風，黄塵蔽日，自大名府歷京畿，害桑稼，唐州尤甚。大中祥符二年四月乙未，大風起京師西北，連日不止。九月，無爲軍城北暴風雨，晝晦不可辨，拔木，壞城門、營壘、民舍，壓死千餘人。遣内侍張景宣馳驛卹視，壞屋者無出來年夏租。壓死者家賜米一斛，無主者官瘞之。五年八月，京師大風。七年二月戊辰，京師大風，揚沙礫。是日，百官習儀恭謝壇，有隨仆者。六年六月辛亥，京師大風起巳位，吹沙揚塵。

天禧二年正月，永州大風，發屋拔木，數日止。三年五月，徐州利國監大風起西南，壞廬舍二百餘區，壓死十二人。四年四月丁亥，大風起西北，飛沙折木，晝晦，數刻止。五月乙卯，大風起西北，有聲，折木，吹黄塵蔽天。仁宗天聖六年二月庚辰，大風，晝暝。九年十二月辛酉，大風三日。景祐元年九月甲寅夜漏上，風自丑起有聲，擺木鳴條。二年六月戊寅平明，風自未來，占者以爲百穀豐衍之候。康定元年，大風，晝暝，經刻乃復。

皇祐四年七月丁巳，大風拔木。神宗熙寧四年二月辛巳，京東自濮州至河北旁邊，大風異常，百姓驚恐。四月癸亥，京師大風霾。六年四月，北京館陶縣黑風。

九年十一月，潮州海陽、潮陽二縣，颶風，海潮害民田稼。十年六月，恩州武城縣大風，壞縣廨。知縣李愈妻、主簿寇宗奭妻之母壓死。七月，溫州大風雨，漂城樓，官舍。元豐四年六月，邕州颶風，壞城樓、官私廬舍。七月甲午夜，泰州海風作，繼以大雨，浸州城，壞公私廬舍數千間。又通州静海縣大風雨，毀官私廬舍二千七百六十三楹。潤州丹陽縣大風雨，溺居民，毀廬舍。丹徒縣大風潮，飄蕩沿江廬舍，損田稼。五年八月，朱崖軍颶風，毀廬舍。哲宗元祐八年二月末，京師風霾，大寒。是歲，福建、兩浙海風駕潮，害民田。紹聖元年秋，蘇、湖、秀等州海風害民田。欽宗靖康元年正月望夜，大風起西北有聲，吹沙走石，盡明日乃止。二月戊申，大風起東北，揚塵翳空。三月己巳夜五更，大風乍慢乍急，聲如叫怒。十一月丁亥，大風發屋折木。閏十一月甲寅，大風起北方，雪繼作，積數尺，連夜不停。二年正月己亥，天氣昏曀，狂風迅發，竟日夜，西北陰雲中如有火光，二丈餘，闊數尺，時時見。庚戌，大風雨。二月乙酉，大風折木，晚尤甚。三月丁酉，風霾。己亥，大風。四月庚申朔，大風，吹石折木。辛酉，北風益甚，苦寒。高宗建炎元年二月乙酉，大風拔木。紹興二十八年七月壬戌，平江府大風雨駕潮，漂溺數百里，壞田廬。三十二年七月戊申，大風拔木。溫州大風，壞屋覆舟。孝宗隆興元年，浙東、西郡國風永傷稼。二年八月，大風雨，飄蕩田廬。乾道二年八月丁亥，溫州大風雨，駕海潮，殺人、覆舟、壞廬舍。五年十月，台州大風水，壞田廬。八年六月丙辰，惠州颶風，壞海艦三十餘。時樞密院調廣東經略司水軍，四艦覆其三，死者百三十餘人。淳熙三年六月，大風連日。四年九月，明州大風駕潮，壞定海、鄞縣海岸七千六百餘丈及田廬、軍壘。六月乙巳夜，福州福清縣、興化軍大風雨，壞官舍、民居、倉庫及海口鎮，人多死者。六年十一月，鄂州大風，覆舟，溺人甚衆。七年二月，江陵府大風，焚溺岸舟，死者尤衆。十年八月辛酉，雷州颶風大作，駕海潮飄溢殺人，林木田禾皆折。光宗紹熙二年二月癸酉，溫州瑞安縣大風，仆屋拔木，殺人。四年七月，興化軍海風害稼。五年七月乙亥，行都大風，拔木壞舟甚衆。紹興府、秀州大風駕海潮，害稼。秋，明州颶風駕海潮，害稼。十月甲戌，行都大風拔木。寧宗慶元二年六月壬申，台州暴風雨駕海潮，壞田屋。六年夏，常風，當夏而寒。嘉定二年七月壬辰，台州大風雨駕海潮，壞屋殺人。三年八月癸酉，大風連日，大木皆拔，折禾穗，墮果實。上露禱，至於丙子乃息。後御史朝陵於紹興府，歸奏風壞陵殿宮墻六十餘所，折陵木二千餘株。六年十二月，餘姚縣風潮壞海堤，亘八鄉。七年正月庚辰，江州燈夕，黑雲暴風暮作，郡治游人相踐，死於門者二十餘人。十一月二日甲寅，大風。十六年秋，大風，拔木害稼。十七年秋，福州颶風大作，壞田損稼。冬，鄂州暴風，壞戰艦二百餘。壽昌軍壞戰艦六十餘。江州興國軍亦如之。

明·宋濂等《元史》卷二《太宗紀》 太宗五年十二月，大風霾七晝夜。

明·宋濂等《元史》卷三《憲宗紀》 憲宗六年丙辰春，大風起北方，砂礫飛揚，白日晦冥。

明·宋濂等《元史》卷七《世祖紀四》 至元八年冬十月己未，檀、順等州風潦害稼。

明·宋濂等《元史》卷一七《世祖紀十四》 至元二十九年六月己巳，日本來互市，風壞三舟，惟一舟達慶元路。

明·宋濂等《元史》卷一八《成宗紀一》 至元三十一年七月，大風拔木發屋。

明·宋濂等《元史》卷一九《成宗紀二》 元貞二年，金、復州風損禾。大德二年五月己酉，大風損麥，免其田租一年。

明·宋濂等《元史》卷二一《成宗紀四》 元貞十年二月，大同路暴風大雪，壞民廬舍，明日雨沙陰霾，馬牛多斃，人亦有死者。秋七月辛巳，平江大風，海溢漂民廬舍。

明·宋濂等《元史》卷二四《仁宗紀一》 皇慶二年八月戊午朔，揚州路崇明州大風，海潮泛溢，漂没民居。

明·宋濂等《元史》卷二六《仁宗紀三》 延祐四年冬十月戊午，海外婆羅公之民往賈海番，遇風濤，存者十四人漂至溫州永嘉縣，敕江浙省資遣還鄉。

明·宋濂等《元史》卷二七《英宗紀一》 延祐七年，汴梁延津縣大風晝晦，桑多損。

明·宋濂等《元史》卷二八《英宗紀二》 至治二年十二月辛卯，大同、衛輝、江陵屬縣及豐贍署大惠屯風。三年五月庚子，大風，雨雹，拔柳林行宮內外大木二千七百。

明・宋濂等《元史》卷三〇《泰定帝紀二》　泰定三年八月辛丑，鹽官州大風，海溢，壞隄防三十餘里，遣使祭海神，不止，徙居民千二百五十家。大都昌平大風，壞民居九百家。龍慶路雨雹一尺，大風損稼。揚州、崇明州大風雨，海水溢，溺死者給棺斂之。四年五月丁卯，衛輝路大風九日，禾盡偃。是歲，揚州路通州、崇明州大風，海溢。致和元年四月，崇明州大風，海溢。

明・宋濂等《元史》卷三四《文宗紀三》　至順元年二月癸巳，衛輝路胙城、新鄉縣大風雨災。

明・宋濂等《元史》卷三九《順帝紀二》　至元二年三月，陝西暴風。

明・宋濂等《元史》卷四〇《順帝紀三》　至正元年夏四月戊寅，彰德有赤風自西北起，晝晦如夜。

明・宋濂等《元史》卷四一《順帝紀四》　至正七年春正月甲辰朔，大寒而風，朝官仆者數人。

明・宋濂等《元史》卷四三《順帝紀六》　至正十四年秋七月甲子，潞州襄垣縣大風拔木偃禾。

明・宋濂等《元史》卷四五《順帝紀八》　至正十七年六月癸酉，温州路樂清江中龍起，颶風作，有火光如毬。十八年春正月乙丑，大風起自西北，益都土門萬歲碑仆而碎。

明・宋濂等《元史》卷四六《順帝紀九》　至正二十一年春正月癸酉，石州大風拔木，六畜俱鳴，民所持槍，忽生火焰，抹之即無，搖之即有。

明・宋濂等《元史》卷四七《順帝紀十》　至正二十七年三月丁丑朔，萊州大風，有大鳥至，其翅如席。庚子，京師大風自西北起，飛砂揚礫，白日昏暗。

明・宋濂等《元史》卷五〇《五行志一》　至治三年五月庚子，柳林行宮大木風拔三千七百株。

太宗五年癸巳十二月，大風霾，凡七晝夜。

至元二十年正月，汴梁延津、封丘二縣大風，麥苗盡拔。

延祐七年八月，延津縣大風，晝晦，桑隕者十八九。

至治元年三月，大同路大風，走沙土，壅没麥田一百餘頃。三年三月，衛輝路大風，桑彫蠶死。

泰定三年七月，寶坻、房山二縣大風折木。八月，大都昌平等縣大風一晝夜，壞民居九百餘家。四年五月，衛輝路輝州大風九日，禾盡偃。

天曆三年二月，胙城縣、新鄉縣大風。

明・宋濂等《元史》卷五一《五行志二》　至正元年四月戊寅，彰德有赤風自西北來，忽變爲黑，晝晦如夜。

明・葉子奇《草木子》卷三　至正甲午春，大風拔木。陝西省某縣，至正十五年間，一夜大風雨，有一大山西飛者十五里，山之舊基積爲深潭。

明・王圻《續文獻通考》卷二二三　宋寧宗嘉定六年，興國大風，壞戰艦六十餘。十年春正月，大風。十一月如之。十三年，大風。十六年，鄂州大風，壞戰艦三百餘。十七年，鄂州暴風，壞戰艦二百餘。理宗寶慶二年七月，大風。景定四年，颶風。

遼聖宗開泰六年六月，大風起於蕭德妃塚上，晝晦。七年五月，品打魯塊部節度使孛羅申至鼻洒河遇微風，忽天地晦冥，大風，飄四十三人，飛旋空中良久，乃墮數里外。孛羅申幸獲免，一壺酒在地乃不移。十三年，蕭惠隨車駕征，夏元昊，邀元昊走路迎擊，大風忽起，飛沙眯目，軍亂。夏人乘之，蹂踐而死者，不可勝計。詔班師。

興宗重熙二十四年，張孝傑及第詣佛寺，忽迅風，吹孝傑幞頭，與浮圖齊墮地而碎。有老僧曰：此人必驟貴，然亦不得其死。後果如所言。

天祚帝乾統六年，王鼎宰淶水縣時，憩於庭，忽有暴風，舉卧榻空中，鼎無懼色，但覺枕榻俱高，乃曰：吾中朝正士，邪無干正，可徐寘之，須臾榻復故處，風遂止。

金，太祖初起兵時，遇遼兵於出河店會大風，起塵埃蔽天，乘風勢擊之，遼兵潰走。

熙宗皇統九年四月，京師大風雨，龍鬭榆林河大風，壞民居，官舍，瓦木、人畜皆飄颺十數里，死傷者數百人，同知州事石抹里壓死。

海陵正隆五年二月，鎮戎德順軍大風，壞廬舍，人多壓死。六年六月夜，大風，壞承天門鴟尾。

世宗大定四年七月，大風拔木，雷雨。八年二月，北望淀大風。太和三年十月，大風。四年三月，大風，毁宣陽門鴟尾。

衛紹王大安三年二月夜，大風從西北來，發屋折木，吹清夷門折，時有男子郝贊詣省言，上即位之後，天變屢見，火焚萬家，風折門關，非小異也，宜退位讓有德。有司問爾狂疾乎？贊大言曰：我不狂疾，但爲社稷計宰相皆非其才，每日省前大呼，凡半月。上怒誅之隱處。崇慶元年七月，有風從東來，吹帛一段高數十丈，宛轉如龍墮於拱辰門內。

宣宗貞祐三年二月，大風，龍德殿鴟尾壞。興定三年四月，大風，吹河南府署飛百餘步，戶案門鑰開文牘飄散，不知所在。

哀宗正大元年正月初，視朝大風，飄端門瓦，皆霾不見日，黃氣塞天。四年八月，大風，吹左掖門鴟尾，墮丹鳳門扉壞。

元，太宗五年十二月，大風霾，凡七晝夜。

憲宗六年春，大風起西北，砂礫飛揚，白日晦暝。

世祖至元八年十月，檀順等州風潦害稼。十六年，保定等二十餘路大風，害稼。二十四年，西京、北京、隆興、平灤、南陽、懷孟等路大風。二十五年正月，汴梁、延津、封丘二縣大風，麥苗盡拔。三十一年七月，棣州大風，發屋拔木。

成宗元貞二年，順德大風，損麥。大德十年二月，大同路暴風大雪，壞民廬舍。

武宗至大元年秋，歸德暴風。

仁宗皇慶二年秋八月，大風，海溢。延祐七年八月，延津縣大風，晝晦，桑隕者十八九。

英宗至治元年三月，大同路大風，走沙，土壅沒麥田一百餘頃。三年三月，衛輝路大風，桑彫蠶死。

泰定帝泰定元年四月，大風。八月二十七日夜，永嘉颶風大作，地震海溢，入城溺民居，樂清尤甚。三年七月，寶坻、房山二縣大風折木。八月，大都、昌平等縣大風一晝夜，壞民居九百餘家。四年五月，衛輝路大風九日，禾盡偃。

文宗天曆二年二月，胙城新鄉縣大風。至順元年秋七月，平棘行唐縣大風。二年五月，柳林行宮大風，拔木三千七百株。

順帝至元二年，陝西暴風。至正元年七月，廣西雷州颶風大作，湧潮水，拔木害稼。二年十月，海州颶風大作，海水漲溢，溺死人民。四年七月，溫州颶風大作，地震海溢，民居漂蕩溺死者衆。十三年五月，潯州颶風大作，壞官舍民居，屋門扉皆飄揚七十里外。十四年七月，潞州襄垣縣颶，拔木偃禾。十六年，溫州大風，海舟吹上平陸，高坡二三十里，死者千數。二十一年正月，石州大風拔木，六畜皆鳴。二十四年，台州、路黃岩州海溢，颶風拔木，禾盡偃。二十七年三月，京師有大風起自西北，飛沙揚礫，昏塵蔽天，逾時風勢八面俱至，終夜不止。如是者，連日自後，每日寅時風起，萬竅爭鳴，戌時方息。至五月癸未乃止。三月丁丑，朔萊州大風。庚子，京師大風。

皇明，英宗天順八年五月五日，大風雹，飄瓦拔木，壞郊壇。憲宗成化五年二月己未，雨霾，天氣昏蒙，黃塵四塞。己卯，日變日土，霾氣四塞。六年三月，陝西、寧夏大風揚沙，黃霧四塞。四月庚戌立夏，雷未發聲，陰霾四塞。七年四月乙卯，雨土風霾。十二年，南京陰霾蔽日。

孝宗弘治元年戊申夏四月，天壽山大風雹。

武宗正德五年六月，京師風霾。十一年五月，風霾大旱。十四年三月，京師風霾。

世宗嘉靖五年，禮部尚書席春奏：近來，大風捲廟宇及民舍百餘家，了無踪跡。四十一年冬十一月乙未朔，有暴風自北起。上諭兵火當慎，命兵部移檄諸邊詰戎兵，以戒不虞。十二月，京師大風。占者云，應在土功工部尚書雷禮請築重城。上曰：費且巨萬，守之尤難，姑已之。四十三年正月丁丑，大風。上命本兵速移檄警備。三月望，異風作，赤黃霾。是日，風作至二十一日不止。世宗傳諭內閣徐階等曰：土風雨霾不止，勿待原期，着明日始，致齋如例停封禁屠，凡三月。

穆宗隆慶二年元旦，大風，飛沙走石，白晝晦暝。自京師、達、江、浙皆然。三月，京師大風，揚塵四塞。是年戊辰元旦，南京大風，拔木揚沙，上新河泊舟盡漂溺。其風起巳，至未乃息。

今上萬曆二十八年，福建巡撫金學魯奏：興化府蒲田縣于七月十八日至二十二日怪風，大雨連作五晝夜，走石飛沙。公私廨舍、城垣、橋梁、堤岸、阡陌蕩然傾圮，衙門、廟道、府州、衛縣各舘墻垣盡行倒塌，聖殿、啓聖祠、文昌宮、敬一亭、兩齋各祠倒塌無存，倉庾則預備大有等倉厫、舘驛、祠壇，則吉了巡司并新驛養濟院、社稷山川壇，宮房皆已淹倒，鹹水灌入田，禾悉枯，海濱東角各堤俱衝壞，廣業里、常泰里田流去一百五十餘畝，新興、賓大等里不下千畝。孝義、仁德、南方等里七百四十餘畝，淹没已盡。福州府連江縣于十六七日，颶風從西南起，飛瓦拔木，十八日大雨傾盆，連三晝夜，至二十日辰時，狂潮湧注入城，水深丈餘。官舍、民廬、城垣塌潰者十之七八。縣墻盡圮，倉厫水浸三尺，卷房倒塌，册籍隨波，聖宮、鼓樓、公舘無存，至二十二日水勢稍平，臨安一帶地當水衝房，屋傾壞，人民傷殘，難以枚舉，福安縣于七月十八日起至二十一日，颶風淫雨大作，洶湧洪水滂没田禾，傾倒民房無數。

清・張廷玉等《明史》卷五《成祖紀一》 建文二年夏四月庚申，會旋風起，折景隆旂，王乘風縱火奮擊，斬首數萬，溺死者十餘萬人。三年三月辛巳，是日復戰，自辰至未，兩軍相勝負，東北風忽起，塵埃蔽天，傑、安敗走，追至真定城下。己亥，與戰，大風拔木，傑安敗走。燕兵大呼，乘風縱擊，庸大敗。

清・張廷玉等《明史》卷一六《武宗紀》 正德元年六月辛酉，是日，大風雨壞郊壇獸瓦。庚午，諭羣臣修省。

清・張廷玉等《明史》卷二〇《神宗紀一》 萬曆十七年六月甲申，浙江大風，海溢。

清・張廷玉等《明史》卷二一《神宗紀二》 嘉靖三十三年五月丙申，鳳陽大風雨，毀陵殿神座。

清・張廷玉等《明史》卷二三《莊烈帝紀一》 崇禎元年秋七月壬午，浙江風雨，海溢，漂没數萬人。

清・張廷玉等《明史》卷三〇《五行三》 正統四年七月，蘇、松、常、鎮四府大風，拔木殺稼。天順二年二月，暴風拔孝陵松樹，懿文陵殿獸脊、梁柱多摧。三年四月，順天、河間、真定、保定、廣平、濟南連日烈風，麥苗盡敗。成化十四年八月丁未，南京大風，拔太廟樹。十五年八月辛卯，大風拔孝陵木。二十一年五月，南京大風拔太廟樹，摧大祀殿及皇城各門獸吻。弘治三年六月壬午朔，陝西靖虜衛大風，天地昏暗，變爲紅光如火，久之乃息。七年三月己亥，廣寧諸衛狂風，瀋陽、錦州城仆百餘丈。正德元年六月辛酉，暴風折郊壇松柏，壞大祀殿、齋宫獸瓦。二年閏正月癸亥，盧龍、遷安大風拔樹毀屋。乙丑，大風壞奉天門右吻。三年二月己丑，大同暴風，屋瓦飛動，三日而止。九年二月丁巳，長樂大雨雹，狂風震電，屋瓦皆飛。五月戊辰，曲阜暴風毀宣聖廟獸吻。十二年四月丙辰，來賓大風雨雹，毀官民廬舍，屋瓦皆飛。十一月癸巳，南京大風雪，仆孝陵殿前樹及圍牆内外松柏。十二月己酉，大理衛大風，壞城樓。十三年三月甲寅，慶符大風雹，壞學宫。十六年十二月辛卯，甘肅行都司狂風，壞官民廬舍樹木無算。嘉靖元年七月己巳，南京暴風雨，郊社、陵寢、宫闕、城垣獸吻，脊欄皆壞，拔樹萬餘株。五年，陝西屢發大風，捲掣廟宇、民居百數十家，了無蹤跡。萬曆十八年三月甲辰，大名狂風，天色乍黑乍赤。二十六年十月癸亥，喜峰路臺西北樓内，旋風大作，黑氣冲天，樓内有火光。三十四年七月丙戌，大風拔朝日壇樹。四十一年八月乙未，青州大風拔樹，傾城屋。天啓元年三月辛亥，大風揚塵四塞。四年五月癸亥，乾清宫東丹墀旋風驟作，内宫監鐵片大如屋頂者，盤旋空中，隕於西墀，鏗訇若雷。八月戊戌，薊州寒風殺人。崇禎十四年五月，南陽大風拔屋。七月乙亥，福州大風，壞官署、民舍。十五年五月，保定廣平諸縣怪風，麥禾俱傷。十六年正月丁酉，大風，五鳳樓前門風斷三截，建極殿榱桷俱折。

清・計六奇《明季北略》卷二 天啓六年八月朔，江南有拔木之風，古今少見。

清・吴偉業《綏寇紀略》卷九 崇禎十七年甲申八月初，自成即僞位，天大風霾，失色，心不樂，入燕都，抽矢射承天門，意有所命不中，中其偏處，既登殿而暈眩，不能自持歸秦，怪風作於西安，麗譙象魏俱敗。

清・黄鼎《管窺輯要》卷六六 唐代宗廣德元年十二月辛卯夜，鄂州大風，火發江中，焚舟三千艘，延及岸上民居二千餘家。死者數千人。至順二年十月，吴江州太風，太湖水溢，漂民居一千九百七十餘家。

清・查繼佐《罪惟録・帝紀》卷一二 嘉靖四十年辛酉夏四月，大風，雨黄土，晝晦，命百官修省。賑山西饑。

清・查繼佐《罪惟録・志》卷三 弘治十八年乙丑，四月，朝鐘新成而紐絶。奉天門寶座下階石忽裂，開咫。五月，山崩，崩之日，大風折木，黄沙四塞，有見黄袍人乘龍睨空者。

正德七年壬申，餘姚大風，海溢居民多死。

正德十三年戊寅，五月，常熟縣黑白龍戰空中，壞民舍二百餘家，吸舟二十餘隻。

嘉靖四十三年甲子。三月，黄霾雨土。夏月，大風。上虞民家有母八十矣，忽吹去嵩山之頂叢棘中，八日不饑。餘姚郭姓所娶妻，纔十日，忽空中攝去，五日矣，始墮地，云被數人持屋脊，今棄我松樹下，惘然失措。家人疑，鬻之。

天啓二年壬戌。七月，怪風折木發屋，黄河舟艤皆激岸麓。

清・董含《三岡識畧》卷四 黑風

癸卯（康熙二年）四月二十二日未刻，遼陽殺布臺陟起黑風一股，從南向東，吹到住房四百三十間，壓死男婦五百口，其餘傷者不計其數。

清・董含《三岡識畧》卷六 暴風攝寺

閏七月，淮安府南關外烏沙河西嘴有祖堂寺，于初四日一更忽風雨暴作，將寺攝去府西數里外，磚瓦木石皆從空墮下。

清・董含《三岡識畧》卷七　龍陣

甲寅（康熙十三年）三月十四日，總漕檄催粮艘過河，有長淮衛運船三十四艘。水漲難行，泊京口。傍晚，暴風起，雷雨交作，至十五日辰刻始息。僅存八艘，十四艘被風浪打碎，人米悉漂没。其十二艘沿江尋覓，寂無下落。又潤州木排一帶，失去無蹤。據焦山僧云，俱被龍陣攝入海中矣。

又　乘龍

丙辰元旦，有龍於東南黑雲靉靆，逾時而没。予記以詩云：丙辰春王之一日，有物湍湍霾霧圻。赤光映北鱗爪張，倒吸江潮幾千尺。兒童奔叫瞪半空，一龍夭矯隨群龍。此時陰寒蟄海底，蚤出毋乃欺天公。揚鬐簸狓驅列缺，水怪旛牌紛布列。馬銜騰踏天地驚，忍使窮黎盡魚鼈。春來雨脚歷亂吹，入夏不止愁瘡痍。豢龍自是我家事，便欲乘雲一問之。

又　京師異風

五月朔，欽天監爭日食未決，登觀象臺看驗，忽天氣晦黑，有大風從西山來，勢極猛厲，飛沙拔木，震動天地。前門厚載門一帶房屋、六畜俱被攝去，居人死傷無數。有男婦數人捲入半空掀飜撞擊贔屭。

清・董含《三岡識畧》卷九　龍掛

康熙二十四年七月初三日，江寧北河口有龍從空掛下，雲霧滃鬱，河流激蕩，吸去大船一、小船二。俄，自天半墮地，斲爲兩截。

又　異風

丁卯（康熙二十六年）七月初十日，大風雨，雷電交作。至十一日，風雨益甚。破墻拔木，屋瓦從空而飛，民間樓房倒塌，救護不暇。千里内外，同日俱遍。壓死及覆舟者比比而是。

清・董含《三岡識畧》卷一〇　龍陣

辛未（康熙三十年）六月初一日，淮安府城午後陡起暴風，天地晦冥。有龍自喬家圈起，至新城下関晏公廟東去，拖倒房屋一千餘間，居民壓死者無數。

又　鼉精

壬申（康熙三十一年）九月初二日昏刻，忽風雨暴至，有物從東南來。東関居民，闔户潛窺，覩黑氣亘天，中一物蜿蜒，尾垂及地，兩目大如箕，火光四射，一路拖倒殿宇廬舍，不計其數。榆柳大數圍，俱從空掉下。有夜航方行，吸至高岸，老幼壓溺死者甚衆。

又　風變（風災）

丙子（康熙三十五年）七月二十三日，天未明，大風忽發，暴雨傾注，達午勢逾甚。半空中赤光爍灼，聲若霹靂，砰訇簸蕩，排牆倒屋。大木皆連根拔出，簷瓦飛空，狀類鳥雀，居人走避無所。抵暮，水没過膝。天氣昏黑，勢如混沌。少長群聚大哭，皆自分必死矣。至夜半，勢稍緩，官署民房，雕梁傑閣，半被摧折。四鄉民壓死者，比比而是。東關外數里，有大樹，據郡志云，閲歲已千年，大數十圍，每歲易一花，變怪莫測，土人築大樹庵以奉香火，至是亦被吹折。時東北風急，敝廬數椽，適當其衝，倒塌尤甚。耳中但聞崩裂之聲，竟夕不卧。東方漸明，見四壁俱無。舉家徬徨無措，真異變也。予薄田二頃，連遭荒歉。今木棉豆花，盡行脱落，何其厄乎？風潮每歲有之，此變則幾至陸沉，百齡老人，目所未覩。

丙子年七月二十三日，作者家鄉遭風變。驚魂稍定，聊占二詩以記曰：天意真難料，寬租負主恩。一廛何處受，四壁總無存。驟雨千江決，狂飇萬馬奔。妻孥莫驚涕，頭在手還捫。千里同災難，驚傳壓死多。蒼髯墮隔逕，翁仲卧前坡。混沌疑初鑿，懷襄恐未過。殘骸何處避，拚共葬江波。

清・姚廷遴《歷年記》中　清順治十八年七月十六日，大風，高昌渡覆渡舡一只，溺者百人，死者六十五人，二十一保限上歸者居多，我地梁君實與焉。屍首九日方起，甚有奇異等説。

清・葉夢珠《閲世編》卷一　康熙五年丙午六月十四日癸亥，暴風驟雨，河水頓漲四五尺，坍毁民居廬舍無算。吾鄉如川沙城中喬憲副石牌坊、大聖寺脊及里中十餘圍大樹相傳植於洪武初年者，是日俱傾倒拔起。聞有羣龍門於空中，雖未目覩，然從來未見此大風潮也。

清・王士禛《香祖筆記》卷一〇　康熙乙酉五月十八日，大風從西北來，先以黃氣，繼以赤氣，氣過而風，晝晦，大樹皆拔。蒲臺縣之陳化鎮，有三人同行，風至伏田間，及風息，則三人伏處皆成墳如新築者，三人者皆死其下。又人家造屋三間初就。忽移置五里外，梁柱瓦甓如故。此與丁巳五月朔，京師之風同。

清・傅恒等《歷代通鑑輯覽》卷一一　秦始皇帝二十八年，【略】使人入海求蓬萊、方丈、瀛洲，云此三神山在渤海中。去人不遠，患且至則風引船去。嘗有至者，諸仙人及不死藥皆在焉。至是方士徐市等上書，請得齋戒，與童男女求之。于是遣市發童男女數千人，入海船交海中，皆以風爲解。曰未能至望見之焉。始皇還齋戒禱祠，欲出周鼎泗水，使千人没水求之，弗得。乃西南渡淮，浮江至湘山祠，逢大風幾不能渡。上問，湘君何神？博士對曰：堯女舜妻葬此。始皇大怒。使刑徒三千人伐湘山樹赭其山。遂自南郡由武關歸。

清・傅恒等《歷代通鑑輯覽》卷一六 漢武帝征和二年庚寅夏四月，大風，發屋折木。

清・傅恒等《歷代通鑑輯覽》卷二四 後漢桓帝辛卯元嘉元年夏四月，帝微行至河南尹梁胤府舍，是日，大風，拔樹，晝昏。

清・傅恒等《歷代通鑑輯覽》卷七〇 五季漢乾祐三年，閏月，漢大風。漢宮中數有怪大風，發屋拔木，吹鄭門扉起十餘步而落。漢主召司天監趙延乂問以禳祈之術。對曰：臣之職在天文，時日禳祈非所習也。然王者欲弭災異，莫如修德。漢主曰：何謂修德？對曰：請讀《貞觀政要》而法之。

清・傅恒等《歷代通鑑輯覽》卷九七 元英宗至治三年，大風拔木。大風雨雹，拔柳林、行宮木二千餘株。元泰定皇帝泰定元年夏四月，大風，時帝在大都，以烈風、地震戒飭百官，并詔大都守臣集議。

清・傅恒等《歷代通鑑輯覽》卷一〇七 明武宗皇帝正德元年六月，大風雨，壞郊壇獸瓦。

清・傅恒等《歷代通鑑輯覽》卷一一二 明神宗萬曆乙巳三十三年，鳳陽大風雨，毁陵廟。

清・嵇璜、劉墉等《續通志》卷六六 元泰定帝泰定元年夏四月庚辰，以風烈、月食、地震，手詔至大都戒飭百官。

清・嵇璜、劉墉等《續通志》卷一七三《大風》 唐高祖武德二年十二月壬子，大風拔木。太宗貞觀十四年六月乙酉，大風拔木。高宗咸亨四年八月己酉，大風，落太廟鴟尾。永隆二年七月，雍州大風。弘道元年十二月壬午晦，宋州大風拔木。武后嗣聖元年四月丁巳，寧州大風拔木。永昌二年五月丁亥，大風拔木。中宗神龍元年三月乙酉，睦州大風拔木。二年六月乙亥，滑州大風拔木。景龍元年七月，郴州大風，發屋拔木。八月，宋州大風。二年十月辛亥，滑州暴風發屋。三年三月辛未，曹州大風。玄宗開元二年六月，京師大風。四年六月辛未，京師陝華大風。九年七月丙辰，揚潤暴風雨發屋、拔木。十四年六月戊午，大風，端門鴟尾落。十九年六月乙酉，大風。二十二年五月戊子，大風。天寶十一載五月甲子，東京大風。十三載三月辛酉，大風。代宗永泰元年三月辛亥，大風。大曆七年五月乙酉，大風。十年五月甲寅，大風。德宗貞元元年七月庚子，大風。六年四月甲申，大風雨。八年五月己未，暴風發，太廟屋瓦毁門闕官署、廬舍。十年六月辛未，大風。十四年八月癸未，廣州大風。憲宗元和元年六月丙申，大風。三年四月壬申，大風，毁含元殿欄檻。四年十月壬午，天有氣如烟，臭如燔皮，日昳大風而止。五年三月丙子，大風，毁崇陵上宮衙殿鴟尾及神門戟竿。八年六月庚寅，京師大風雨，毁屋飄瓦。十二年春，青州暴風自西北，天地晦冥，空中有數旌旗狀屋，瓦上有蹂躒聲。穆宗長慶二年正月己酉，大風霾，十月夏州大風，飛沙爲堆，高城堞。三年正月朔，大風霾。四年六月庚寅，大風，毁延喜景風門。文宗太和八年六月，暴風，壞長安縣署及經行寺塔。九年四月辛丑，大風，墜含元殿鴟尾，拔殿庭樹三，壞金吾仗舍，發城門樓觀。開成三年正月戊辰，大風。五年四月甲子，大風，五月壬寅，如之，七月戊寅，如之。武宗會昌元年三月，黔南大風。懿宗咸通六年正月，絳州大風，十一月己卯，晦，潼關大風，山如吼，河噴石鳴，烏亂飛，重關傾側，十二月，大風。僖宗乾符五年五月丁酉，大風。廣明元年四月甲申，京師及東都汝州大風。四年六月乙巳，太原大風雨。昭宗光化三年七月乙丑，洛州大風。天復二年，昇州大風。漢隱帝乾祐三年閏五月，京師西北暴風，至戴婁門外，壞營舍瓦木，吹鄭門扉起，拔大樹。宋太祖乾德二年五月，揚州暴風。三年六月，揚州暴風。開寶二年三月，太原大風。八年十月，廣州颶風。九年四月，宋州大風。太宗太平興國二年六月，曹州大風。四年八月，泗州大風。六年九月，高州大風。端拱二年，京師暴風。淳化二年五月，通利軍大風。三年六月丁丑，黑風自西北起，天地晦暝。真宗咸平元年八月，涪州大風。四年八月丙子，京師暴風。景德二年六月甲午，大風。三年七月，京師大風。四年三月甲寅夕，京師大風。大中祥符二年四月乙未，大風起京師西北，連日不止。五年八月，京師大風。七年三月戊辰，京師大風。八年六月辛亥，京師風起巳位。天禧二年正月，永州大風。三年四月，徐州利國監大風。四年四月丁亥，大風，五月乙卯，暴風。仁宗天聖九年十二月辛酉，大風三日。景祐元年六月，無錫縣大風，九月甲寅夜，風自丑起，有聲，擺木鳴條。二年六月戊寅，平明風自未來。皇祐四年七月丁巳，大風。嘉祐二年正月元日，有風從東北來，偏天有蒼黑雲。神宗熙寧四年二月，京東自濮州至河北大風。六年四月，館陶縣黑風。十年六月，武城縣大風，七月，温州大風雨。元豐七月，泰州海風作，静海縣大風雨，丹陽縣大風雨，丹徒縣大風潮。哲宗元祐八年，福建兩浙海風，駕潮害田。紹聖元年秋，蘇、湖、秀等州有風，害田。欽宗靖康元年正月，望夜大風，吹沙走石，二月戊申，大風，三月己巳夜，大風，聲如吼怒，十一月丁亥，大風，閏十一月甲寅，大風。二年正月己亥，狂風，陰雲中如有火光，長二尺餘，濶數尺，二月乙酉，大風，三月己亥，大風，四月庚申朔，大風，辛酉，北風苦寒。高宗建炎元年正月丁酉，大風，十二月乙酉，大風。紹興二十八年七月壬戌，平江府大風雨。三十二年七月戊申，大風拔木，温州大風，壞屋覆舟。孝宗隆興元年，浙東西郡縣風水傷稼。三年八月，大風雨。乾道二年八月丁亥，温州大風雨，駕海潮。五年十月，台州大風水。淳熙三年六月，大風。四年九月，明州大風，六月，福清縣興化軍大風雨。五年正月庚戌，大風。六年十一月，鄂州大風。七年二月，江陵府大風。光宗紹熙二年二月，瑞安縣大風。四年七月，興化軍海風害稼。五年六月丙子，大風，七月乙亥，行都大風，紹興府秀州大風駕潮。十月甲戌，行都大風。寧宗慶元二年六月壬申，台州暴風雨，駕海潮。六年三月，大風。嘉泰三年十月丁未，暴風，十一月癸未，大風。四年正月乙亥，如之。開禧元年四月乙卯、九月庚戌，大風。嘉定元年九月乙丑，大風。二年二月戊子，大風，七月壬辰，台州大風。三年八月癸酉，大風。四年閏月丁未，大風。六年十二月，餘姚縣風潮。七年正月庚辰，江州放燈，黑雲暴風忽作。十年正月乙未，大風，十一月丁丑，大風。十一年二月甲寅，大風，十月戊午，大風。十三年十一月庚戌壬子，大風，十二月戊午，大風。十四年六月辛巳，大風。十六年秋，大風。十七年冬，鄂州暴風。理宗嘉熙二年，風雹。三年，如之。度宗咸淳四年閏月丁巳，大風。七年五月，紹興府大風。十年四月，紹興府大風。遼太祖神册四年十月，烏庫哩部大風，拔木毁舍，至於十數日乃止。太宗天顯七年八月，沿柳湖大風覆舟。會同八年三月癸亥夕，白團衛村大風至曙，風益甚，晝晦如夜。聖宗開泰六年六月戊辰朔，大風起兔兒山西，晝暝、大雷電而雨不止者踰月。七年五月丙申，必轍河大風，飄四十三人飛旋空中，良久乃墮里外，無復生者，揚沙敝日，晝晦。道宗太康八年九月丁未，藕絲淀大風。金熙宗皇統九年四月壬申夜，大風雨，丁丑有龍鬬於利州榆林河上，大風海陵。正隆五年二月，鎮戎、德順等軍大風。六年六月壬戌，大風，壞承天門鴟尾。世宗大定四年七月辛丑，大風，雷雨拔木。八年五月甲子，北望淀大風、雨雹。二十二年五月，慶都一夕大風，蝗皆不見。章宗明昌六年二月，大風，震應天門右鴟尾壞。泰和三年十月己亥，大風。四年三月丁卯，大風，毁宣陽門鴟尾。衛紹王大安三年二月乙亥夜，大風，吹清夷門關折。崇慶元年七月辛未，有風從東來，吹帛一段，高數十丈，宛轉如龍墜於拱辰門内。宣宗貞祐三年二月戊午，大風，三月戊辰，大風霾。興定元年五月乙丑，河南大風。三年四月癸未，陝右黑風，晝起聲如雷。四年四月丁丑，大風，吹河南府署飛百餘步。哀宗正大元年正月戊午，大風，飄端門瓦。元世祖至元二十年正月，延津封邱二縣大風。仁宗延祐七年八月，延津縣大風。英宗至治元年三月，大同路大風，走沙没麥田百餘頃。三年三月，衛輝路大風。泰定帝泰定三年七月，寶坻、房山二縣大風，月大都昌平等縣大風。四年五月，輝州大風九日。文宗天曆三年二月，胙城、新鄉二縣大風。十四年七月，襄垣縣大風。二十一年正月癸酉，石州大風。二十七年三月庚子，京師大風起自西北，沙塵蔽天，逾時風勢八面俱至，終夜不止，如是者連日，自後每日寅時風起，萬竅争鳴，戌時方息，至五月癸未止。明英宗正統四年七日，蘇松常鎮四府大風。天順二年二月，暴風拔孝陵樹，懿文陵殿獸脊梁柱俱摧。三年四月，順天河間、真定、保定、廣平、濟南連日烈風。憲宗成化十四年八月，南京大風，拔太廟樹。十五年八月，大風，拔孝陵木。二十一年五月，南京大風，拔太廟樹，摧大祀殿及皇城各門獸吻。孝宗弘治三年六月，靖虜衛大風。七年三月，廣寧諸衛狂風，瀋陽、錦州城仆百餘丈。武宗正德元年六月辛酉，暴風。二年閏正月癸亥，盧龍、遷安大風，乙丑，大風壞奉天門右獸吻。三年二月，大同暴風三日。九年二月，長樂狂風，五月，曲阜暴風，毁宣聖廟獸吻。十二年四月，來賓大風，十一月，南京大風，十二月，大理衛大風。十三年三月，慶符大風。十六年十二月辛卯，甘肅行都司狂風。世宗嘉靖元年七月，南京暴風雨，郊社陵寢宫闕，城垣獸吻脊闌皆壞。五年，陝西屢大風，捲掣廟宇、民居百數十家，了無踪跡。神宗萬曆十八年三月，大名狂風，天色乍黑乍赤。二十六年十月癸亥，喜峰路臺西北樓内旋風作，黑氣冲天，樓内有火光。三十四年七月，大風，拔朝日壇樹。四十一年八月，青州大風。熹宗天啓元年三月，大風。四年五月癸亥，乾清宫東丹墀旋風驟作，内官監鐵片大如屋頂者，盤於空中，殞於西墀若雷。八月，薊州寒風，殺人。莊烈帝崇禎十四年五月，南陽大風，七月，福州大風。十五年五月，保定、廣平諸縣怪風，麥禾俱傷。十六年正月丁酉，大風，五鳳樓前門門風斷三截，建極殿榱桷俱折。

清・顧公燮《消夏閑記摘抄》　龍颱二異

乾隆五十九年五月，吳郡有龍門於空中，風雨驟至，天昏地黑，掀坍洞庭山湖濱、民居無算，壓斃若干人。

清・畢沅《續資治通鑑》卷三《宋紀三》　太祖乾德元年，高麗國王王昭遣使時贊等入貢，涉海，值大風，溺死者九十餘人，贊僅而獲免，詔勞卹之。

清・畢沅《續資治通鑑》卷四〇《宋紀四十》　仁宗景祐四年，六月乙亥，杭州大風，江潮溢岸，高六尺，壞隄千餘丈，遣中使致祭。

清・畢沅《續資治通鑑》卷六八《宋紀六十八》　神宗熙寧四年，三月，（丙申）都水監丞宋昌言，從内侍程昉之議，請浚漳河，役兵萬人，袤一百六十里。帝患財用不足，文彦博曰：「足財用在乎安百姓，安百姓在乎省力役。且河久不開，不出於東則出於西，利害一也。今發夫開治，徙東從西，何利之有！」會京東、河北風變異常，民大恐。帝手詔中書，令省事安静以應天變，漳河之役妨農，來歲爲之未晚。

清・畢沅《續資治通鑑》卷九〇《宋紀九十》　徽宗大觀元年，秋七月，遼主以漠南大風傷草，馬多死，執馬羣太保蕭托斯和，鞭之三百，免其官。

清・畢沅《續資治通鑑》卷九七《宋紀九十七》　欽宗靖康元年，十一月，丁亥，大風發屋折木。

清・畢沅《續資治通鑑》卷一一六《宋紀一百十六》　高宗紹興五年，七月，暴風連日，屋瓦皆震。

清・畢沅《續資治通鑑》卷一二八《宋紀一百二十八》　高宗紹興十九年，夏四月，丁丑，有龍鬬於利州榆林河水上，大風壞民居、官舍，瓦木人畜皆飄十數里，死傷者數百人。

清・畢沅《續資治通鑑》卷一三四《宋紀一百三十四》　高宗紹興三十一年，六月壬戌，金主次南京近郊，左丞相張浩率百官迎謁。是夜，大風，壞承天殿鴟尾。

清・畢沅《續資治通鑑》卷一五二　宋光宗紹熙二年三月，温州大風雨、雷電，田禾桑果蕩盡。

清・畢沅《續資治通鑑》卷一五五《宋紀一百五十五》　寧宗慶元六年，冬，十月，庚子，金地風霾。辛丑，金主命集百官於尚書省，問：「間者亢旱，近則久陰，豈政有錯謬而致然歟？其各以所見對。」

清・畢沅《續資治通鑑》卷一五六《宋紀一百五十六》　寧宗嘉泰四年，三月，金中都日昏無光；大風，毁宣陽門鴟尾。

清・畢沅《續資治通鑑》卷一六三《宋紀一百六十三》　理宗寶慶二年，秋，七月，戊辰，大風。詔釋大理寺、三衙、兩浙州軍繫囚。喬行簡因進讀，奏風變，帝曰：「大風可畏，皆朕不德有以致之。」行簡曰：「陛下引咎責躬，此意上通於天，在祖宗朝皆有已行典故，臣已略具敷陳，欲乞陛下思所以應天之實。」帝曰：「所陳甚善，朕當益加修省。比以害稼爲憂，當令體訪。知早稻已穫，晚稻未花，又幸不崇朝而止。」

清・畢沅《續資治通鑑》卷一六四《宋紀一百六十四》　理宗寶慶三年，八月，己巳，金萬年節，同知集賢院史公奕進《大定遺訓》，待制吕造進《尚書要略》。是日，大風，落左掖門鴟尾，壞丹鳳門扉。

清・畢沅《續資治通鑑》卷一六六《宋紀一百六十六》　理宗紹定五年，春，正月，丙午朔，金主乘舟濟河，大風，後軍不克濟。丁未，蒙古將和爾古訥追擊于南岸，金元帥賀德希，力戰死，兵溺者千人。

清・畢沅《續資治通鑑》卷一八四《元紀二》　世祖至元十六年，二月，會日暮，風雨昏霧四塞，咫尺不相辨。【略】越七日，屍浮海上者十餘萬人。

清・畢沅《續資治通鑑》卷一九二《元紀十》　成宗元貞二年，是歲，金、復州風損禾。

清・畢沅《續資治通鑑》卷一九七《元紀十五》　武宗至大四年，二月，遣官者李邦寧釋奠於孔子。邦寧既受命行禮，方就位，大風起，殿上及兩廡燭盡滅，燭臺底鐵鐏入地尺許，無不拔者。邦寧悚息伏地，諸執事者皆伏，良久風息，乃成禮。邦寧因慚悔累日。

秋，七月，癸未，甘州地震，大風，有聲如雷。

清・畢沅《續資治通鑑》卷二一〇《元紀十九》　英宗至治元年，冬，十月，延祐間，朔漠大風，羊馬駝畜盡死，蒙古人民流散，以子女鬻於回回、漢人爲奴婢。拜珠以興王根本之地，其民宜加賑卹，請立宗仁衛統之，命縣官贖置衛中以遂生養，詔從之，且令給子女冬衣。

清・畢沅《續資治通鑑》卷二二〇《元紀二十》　泰定帝泰定元年，四月，庚辰，以風烈、月食、地震，手詔戒飭百官，並令大都守臣集議以聞。

清・畢沅《續資治通鑑》卷二一二《元紀三十》　順帝至正十四年，秋，七月，潞州襄垣縣大風拔木偃禾。

清・顧炎武《日知録》卷二〇　古無一日分爲十二時

《晉書・戴洋傳》：「永昌元年四月庚辰，禺中時有大風起自東南，折木。」

清・顧炎武《日知録》卷三一　江乘

《舊唐書・齊澣傳》：「潤州北界，隔江至瓜步尾紆匯六十里，船繞瓜步，多爲風濤漂損。澣乃移漕路於京口塘下直渡江二十里，又開伊婁河二十五里，即達揚子縣。自是免漂損之災，歲減脚錢數十萬。又立伊婁埭官收其課，迄今利濟焉。此京口漕路繇瓜洲之始。」元宗紀載，此事則謂之瓜洲浦。而《五行志》：「開元十四年七月，潤州大風從東北，海濤奔上，没瓜步洲，損居人。」

清・錢泳《履園叢話》卷四《鄉賢二》　孝子楊士選，字有貞，吳縣人。【略】舟經黄河，顧視東南，雲氣昏黑，未幾風雨大作。鄰舟覆者無算，舟人相顧失色，士選竊禱曰：「某數固應死，但願一見父，死無恨矣。」有頃風止，舟竟無恙。抵懷慶，人呼爲孝子舟。父病思食枇杷，時移居下堡村，僻不可得。下堡近洞庭東山，因渡太湖覓之。中流遇風，波浪衝激，同舟數人皆溺，獨士選以漁船救免。

清・錢泳《履園叢話》卷一四《風龍陣》　乾隆丙午（五十一年）四月初八日未刻，起風龍陣，吾鄉石家橋至沈瀆官塘一帶，拔木發屋者不計其數。最奇者，有夫婦二人在田中種豆，俱隨風飛去至數里而墮，卻無恙。青石一塊重二百餘斤，亦隨風而去不知所之。曹家墳前荒田中有湖廣划子船一隻，自空而下，中無一人，惟有青錢四百千。一家卧房内忽發大響，墜一包裹，内有錢七千文，銀二錠。又有二人，自運河塘上同行皆飛上天，一墮吳江，一墮常熟，各傷折一手一脚。更有奇者，即于是月十四日晚，馬橋板村鴻山一路，發木，頃刻二三丈，居人逃避倉皇，凡草屋土室盡爲漂没，至吾家西莊橋，水勢略緩，然亦至門檻而止。此故老所未聞也。

清・錢泳《履園叢話》卷一四《龍帶石牌坊》　嘉慶十三年五月，歙縣槐塘地方忽起風龍陣，有一龍從石牌坊下穿過，兩牌坊俱爲龍帶去，去數十步外始落地，石爲虀粉，並未傷人。廿三年三月，離槐塘四五里地名潭渡村，亦起風龍陣，有兩三抱大樹一株，從地拔起，落于三里之外。樹旁居民甚密，亦無所損也。

清・錢泳《履園叢話》卷一七《忤逆報》　吳門蔣榮禄公，塋在陽抱山。乾隆四十八年六月十八日，大風潮，墓前華表倒地，中一逆子腦即時隕命。公之曾孫古愚封公曰：「先榮禄生平純孝見重于湯文正公，殁後猶不容此不孝之人偷息人世也。」

清・王汝潤《馥芬居日記》　咸豐七年七月廿一日，大風潮，木棉盡壞，一無收成，只三四分而已。八月初二日，蝗蟲大至，四境皆多。縣令李公命捉蝗買錢，日數餘擔，未知能捉盡否？

清・段光清《鏡湖自撰年譜》　同治四年，一日忽然大風，江浪潑天，余以船泊河岸，不慮船覆，遂不登岸；久之，余從者見勢甚危，抱余急登河岸，甫離船而船已沉水底矣。蓋余泊竹筏邊，風顛浪潑，遂將竹筏翻起，壓余舟上，幸未傷人，但衣物行李俱赴龍宫矣。

清・屠寄《蒙兀兒史記・蒙史十一》　元，仁宗皇慶二年八月，崇明州大風海溢，漂民居。

清・孫之騄《二申野録》卷一　明洪武五年秋七月，餘杭大風，山谷水湧，漂流廬舍，人民孳畜溺死者衆。建文元年己卯夏四月，賜李景隆璽書及斧鉞渡江，忽大風雷雨暴至，舟破盡沉諸江。

清・孫之騄《二申野録》卷二　明正統九年甲子秋七月十七日，上海大風，晝夜不息，湖海漲湧，頻海居民有全村決没者。十一年丙寅八月，作暑影堂，徐州蕭縣王某，嫁女中途忽遇大風，吹女入雲中，尋墮于五十里外民家桑樹上。景泰元年庚午二月六日，大風，黄塵蔽天，騎驢過大通橋者，風吹人驢皆墮水中，溺死。成化七年辛卯九月，大風潮，衝決錢塘江岸，洪水沸盈自近江以至山陰、會稽、蕭山、上虞、乍浦、瀝海、錢清諸處，居民田産皆爲渰没，餘姚溺死男女七百餘口。成化二十年甲辰三月甲辰，江西新建、豐城、高安三縣大風，雷、雨、雹，壞民居。

清・孫之騄《二申野録》卷三　弘治六年癸丑夏四月，昌化縣大風拔木，火光繞山。少頃，驟雨如注。五月，蘇州大風雷，牛馬在野者多喪其首。七年甲寅九月，江寧大風，屋瓦俱落。十八年乙丑夏五月初七日，大風折木，黄沙四塞。正德十三年戊寅五月十五日未時，常熟縣俞市郵，忽見白龍一、黑龍二從西北方來，天地晦冥，乘雲下降，轟雷閃電，猛雨狂風號空拔木，捲去居民楊朴、胡奎、陳錦、陳岳、葛宗全等三百餘家瓦草屋千餘間，磚瓦梁柱器物，樹木亂飛星散，至酉時，東行至海，升空而去。又捲起平本等家船二十餘艘，驚死屈氏等大小男女三十餘口。當夜洪雨如注，五晝夜不止。

清・孫之騄《二申野録》卷四　嘉靖元年壬午秋七月乙巳朔，南京大風，自北來，飛屋瓦，樹木盡拔。二十四日戊辰至次日己巳，大風雨，江海溢。二年癸未七月、八月，杭州大風潮。《武林紀事》：七月初五日處暑，時方久旱，此日狂風暴雨，拔木約五六十處，天開河等處海水湧溢，漂流廬舍數百家，衝決塘壩，海水倒流，城中河水皆鹽。至八月初三日，大風湧潮衝去太平門外沙塲廬舍百餘所。十八年己亥，大風，捲水貫真州，是日揚子江水涸數十丈，冬十月有浮殍集錢塘江。是冬，衢嚴等府大水漂流房屋、什器、男女至錢塘江者無算。十九年庚子二月，暴風忽起，壞文德坊等處。三十六年丁巳秋七月，台州大風雨，害稼。四十一年壬戌六月，六合大風拔木，水溢。

清·孫之騄《二申野録》卷五 隆慶元年丁卯六月，常州大風六晝夜，洪水暴漲，靖江縣幾沉。二年戊辰十一月十四日，凉州、西寧衛旋風，吹起本門砲樓，墮毀樓下。三年己巳夏六月，大風潮，江海溢，衝擊錢塘江岸，坍塌數千餘丈，漂没官民船千餘隻，溺死者無算。九月，廣州大風拔木。萬曆三年乙亥六月，浙江大風潮，江海溢。四年丙子五月十四日，濟南晝晦，黑風自西北來，發屋傷禾，行人有吹至十數里者。十年壬午秋七月丙辰朔十二日戊辰至次日己巳，蘇杭諸郡大風雨，拔木，江海潮水嘯湧，常州、常熟、崇明、嘉定、吴江等處漂没室廬、人畜無算。十三年乙酉六月，蘭溪大風，黄沙塞天，拔木倒屋，行人撤去里放地，河覆舟。十七年己丑七月初九日，杭州大風，拔木，吹倒斜橋、天水橋等，共橋六座、牌坊四座。

清·孫之騄《二申野録》卷六 三十二年甲辰六月，青山後灣浦口大江中黑風大作，沉折鹽船一百三十餘隻，渰死人民數百，溺没商本十餘萬。

清·孫之騄《二申野録》卷七 天啓四年甲子九月，北直豐潤縣西北起四面疾風暴雨，摇動房屋，拔折樹枝。本縣城内外并路途行人奔避不前，凍死百餘。薊州于中秋日，驟然暴風大雨滂沱，迅雷霹靂聲匝響震空中，黑暗四望晦冥，宇舍摇動，屋瓦飛擲，大樹吹折者過半。四面城樓與寺觀牌坊俱吹隕落，兼之冰雹，凍死男女無算。

清·孫之騄《二申野録》卷八 崇禎元年戊辰七月二十三日，大風雨，海溢。二年己巳八月初九日，紹興大風雨，海溢漂没田廬。較元年水更增五寸許。四年辛未六月，臨潁縣雷風大霾，傾屋拔木，磚瓦磁器墜地無損，銅鐵者碎。八年乙亥四月，南京大風，吹落皇城門内扁二字於地跌碎，僅存木匡存簷下。九年丙子七月，是月二十日，沔陽州長夏門外，居民劉勅甫家，白日黑風揚一屋去柱，壁囊槖不動，四隣如故。山陰龍見，尾，觀者如堵。十年丁丑三月十四日，真定晝晦如夜，大風霾，發屋拔木。十一年戊寅三月朔，河間怪風拔樹。四月，常州風災，石板平起空中，民家磐瓿移至屋外極不動，乘驢過者人驢飛至半空，驢腸腹潰，而人墮地無損。十六年癸未春正月，是月二日，京師大風，晝晦，五鳳樓前門拴風斷三截，建極殿簷榱桷俱折。

清·朱彝尊、于敏中等《日下舊聞考》卷一五九 金大安三年二月，大風從西北來，發屋拔木，吹清夷門關折。

藝文

楚·宋玉《風賦》 楚襄王游于蘭臺之宫，宋玉、景差侍。有風颯然而至，王乃披襟而當之，曰：「快哉此風！寡人所與庶人共者邪？」宋玉對曰：「此獨大王之風耳，庶人安得而共之！」王曰：「夫風者，天地之氣，溥暢而至，不擇貴賤高下而加焉。今子獨以爲寡人之風，豈有説乎？」宋玉對曰：「臣聞于師：枳句來巢，空穴來風。其所托者然，則風氣殊焉。」王曰：「夫風，安生始哉？」宋玉對曰：「夫風生於地，起於青蘋之末，侵淫溪谷，盛怒於土囊之口，緣太山之阿，舞于松柏之下，飄忽淜滂，激颺熛怒。耾耾雷聲，回穴錯迕，蹶石伐木，梢殺林莽。至其將衰也，被麗披離，沖孔動楗，眴煥粲爛，離散轉移。故其清涼雄風，則飄舉升降，乘淩高城，入于深宫。抵花葉而振氣，徘徊于桂椒之間，翱翔于激水之上。將擊芙蓉之精，獵蕙草，離秦衡，概新夷，被荑楊，回穴衝陵，蕭條衆芳。然後倘佯中庭，北上玉堂，躋于羅幃，經於洞房，乃得爲大王之風也。故其風中人，狀直憯憯惏慄，清涼增欷。清清泠泠，愈病析酲，發明耳目，寧體便人。此所謂大王之雄風也。」王曰：「善哉論事！夫庶人之風，豈可聞乎？」宋玉對曰：「夫庶人之風，塕然起於窮巷之間，堀堁揚塵，勃鬱煩冤，衝孔襲門，動沙堁，吹死灰，駭溷濁，揚腐餘，邪薄入甕牖，至於室廬。故其風中人，狀直憞溷鬱邑，驅温致濕，中心慘怛，生病造熱。中脣爲胗，得目爲篾，啗齰嗽獲，死生不卒。此所謂庶人之雌風也。」

南朝梁·蕭綱《詠風詩》 飄飖散芳勢，汎漾下蓬萊。傳涼入鏤檻，發氣滿瑶臺。委禾周邦偃，飛鴟宋都廻。亟摇故葉落，屢蕩新花開。暫舞驚鳧去，時送蘂香來。已拂巫山雨，何用卷寒灰。

南朝陳·祖孫登《詠風詩》 飄颻楚王宫，徘徊繞竹叢。帶葉俱吟樹，將花共舞空。飄香雙袖裏，亂曲五絃中。試上高臺聽，悲響定無窮

唐·張九齡《曲江集·江上遇疾風》 疾風江上起，鼓怒揚煙埃，白晝晦如夕，洪濤聲若雷。投林鳥鎩羽，入浦魚曝鰓，瓦飛屋且發，帆快檣已催。不知天地氣，何爲此喧豗。

唐·白居易《白氏長慶集》卷二〇《九江北岸遇風雨》 黄梅縣邊黄梅雨，白頭浪裏白頭翁。九江闊處不見岸，五月盡時多惡風。人間穩路應無限，何事抛身在此中。

宋·宋祁《景文集》卷四八《風震祭土地祝文》 乃六月丙申，暴風震雹，拔大木并損室廬。刺史與邦人葦然不敢寧永，惟怪祥發所治之地，必有以感之邦人無罪，刺史其罪或冤鬱未申，或底諸困窮，嗟呼怨詛，仰干神罰。刺史願誓神自新，省念咎愆，庶臻治理以紓威責匿首歸窮，惟神賜哀不敢私，請輒以熟饗清酌侑薦。

宋·文同《丹淵集》卷一八《閿鄉值風》 烈風吹華陰，古槐若長呼。高沙起黄磧，四望如一鋪。上馬低便面，據鞍兀長途。日晚過潼關，行客亦已疎。守吏索姓名，沸亂如蟲蛆。兩目不可開，説之使自書。夜至閿鄉縣，僮僕相欷歔。坐定即洗濯，泥土捫短鬚。草草具盤飱，零落飯與蔬。恨無姜少府，爲膾黄河魚。

宋·王安石《臨川文集》卷二三《次韻耿天騭大風》 雲埋月缺暈寒灰，颷發齊如巨象豗。縱勇萬川冰柱立，紛披千障土囊開。魯門未怪爰居至，鄭圃何妨禦冦來。終夜不眠誰與共，坐忘唯有一顔回。

宋·孔平仲《清江三孔集》卷二二《馬當夾阻風》 蒿田荻野無人煙，我來日暮雙繫船。半夜星斗垂欄干，銀河倒影摇清川。人言神物當會合，鋏纜纏繞安如山。五更洶洶有聲至，車騎蹴踏乾坤翻。怒雷殷殷雨隨下，黑風三日不見天。此中道路多險惡，正在馬當小孤之。兩間。三江五湖所鍾聚，直下無底旁無邊。掀騰擺觸作意氣，更無拘束隨所便。巨磯突若虎頭出，黄沙莽作車輪旋。端居不動尚股栗，誰敢身試蛟龍淵。自吾汎洛涉淮泗，間關淫滯今半年。廬山蒼翠已在目，毋用急進干憂患。不如宿留會澄霽，淹速有數非偶然。甕中酒熟聊一醉，春夢酣酣牽晝眠。

宋·蘇軾《東坡全集》卷六《大風留金山兩日》 塔上一鈴獨自語，明日顛風當斷渡。朝來白浪打蒼崖，倒射軒窗作飛雨。龍驤萬斛不敢過，漁艇一葉從掀舞。細思城市有底忙，却笑蛟龍爲誰怒。無事久留童僕怪，此風聊得妻孥忭。灊山道人獨何事，半夜不眠聽粥鼓。

宋·洪炎《西渡集》卷下《和曾仲共大風折木歌》 疾風岌嶪土囊口，陽崖中裂陰崖吼。南山喬木大百圍，頃刻翦伐如斷臼。脩枝偃蹇擲龍蛇，直幹崩山塞巖岫。干雲蔽日掃地空，掣電奔霆翻覆手。山靈掩泣惋惜深，匠石含悲涕洟久。折臂而公鯨而王，精金當鎔玉當剖。斷木刳爲浮海航，路指銀河上牛斗。委餘猶得宫殿材，瑣細亦蒙梁棟取。萬斛之舟可勿論，大厦帡幪此焉有。狂颷卷空欲奚爲，壽被金石長不朽。天生大才將有用，乖逢相因孰先後。嗟爾乾楓與枯柳，摧抏爲薪尚誰咎。

宋·王十朋《梅溪集·後集》卷七 家食遇歉，有飯不足之憂，妻孥相勉，以固窮。因録其語。

淵明事高尚，瓶中缺儲粟。魯公凛名節，乞米給饘粥。廣文富才名，官冷飯不足。少陵老風騷，橡栗拾山谷。嗟予何爲者，處世真碌碌。謀生一何拙，甑石無儲蓄。三年兩去國，囊橐罄水陸。還家索租苗，不了臘與伏。前秋遭颶風，摧折數間屋。今年丁大侵，破甑塵可掬。絶糧瘦百指，告糴走羣僕。鄉鄰苟不捄，定恐填溝瀆。家藏千卷書，父子忍飢讀。一字不堪煮，何以充吾腹。細君笑謂我，子命難食肉。去歲官臺省，僥倖食君禄。有口不三緘，月奏知幾牘。聖主倘不容，寧免遠竄逐。歸來固已幸，富貴非爾福。東皋二頃田，得雨尚可穀。子耕我當耘，固窮待秋熟。

宋·王十朋《梅溪集·後集》卷一七

提舉延福祈風道中有作次韵

雨初欲乞下俄沛，風不待祈來已薰。瑞氣遥看騰紫帽，豐年行見劃黄雲。大商航海蹈萬死，遠物輸官被八垠。賴有舶臺賢使者，端能薄斂體吾君。

宋·王十朋《梅溪集·後集》卷二〇《記風聞五月二十六日》 泉南固多風，兹風大爲最。初驚月有暈，忽聽天鳴籟。蓬蓬從何來，烈烈不可奈。萬竅争怒號，三光變冥昧。掀翻敗墻壁，摧折到松檜。瓦飄上天半，茅捲灑郊外。稻吹垂實花，果墮未熟蔕。山川失故容，草木遭厄會。飛同鷁過宋，悲異兒歌沛。孰云楚臺雄，未覺周郊大。雖然不終朝，無乃已被害。嗟予垂素髮，濫此張皁蓋。方

憂西疇禾，未問南海具。心如韓值颶，卜効蘇命蔡。焚香叩穹昊，防患問耆艾。稍稍雲色定，徐徐雨聲霈。漸停箕簸揚，會見氣交泰。居民理破屋，老守戒征旆。五絃歌舜琴，一絲詠嚴瀨。去矣不待瓜，歸歟及鱸膾。

宋·王之道《相山集》卷七《丹陽湖阻風二首》 水潤風還怒，舟輕浪更顛。雲容初過雨，湖勢欲吞天。沙觜青楓外，魚罾白鳥邊。夕陽應到岸，沉醉酒家眠。

老去心猶壯，詩成喜欲顛。時危思報主，窮極待呼天。歸夢先湖外，離情到酒邊。晚來風更惡，舟卧不成眠。

宋·周麟之《海陵集》卷二《終風行》 北風駕寒萬竅號，聲如八月江上濤。又疑大鵬上青霄，南溟水擊搏扶摇。昆陽陣敗虎豹嗥，撼城飛瓦千兵逃。焚輪夜起狂終朝，直憂卷屋掀重茅。我居門巷如荒郊，衾無續罽裘無羔。苦寒獵獵吹緼袍，笑引藤樽漱濁醪。不妨高卧醉陶陶，夢騎天馬騰長飈。睥睨玉臺閶闔高，風聲詩興兩關豪，醉中一掃白雲謡。

宋·吴泳《鶴林集》卷一四《祭風師祝文》 天以一氣運乎太虚，散而爲風，潤纖澤枯。邦有彝典，吏不敢渝。祭有四時，謹之在初。粢牲既潔，芳醑既儲以享，以祀惟神，其監於兹。

邑之小祀，五社稷雷雨神，則兼祀而風獨專祭焉。重始事也。方春載陽，萬物紐芽，不得風以潤之，則芽者不坼，萌者不達，何以施歲功於其後。此祀事之不容不嚴爾，是用敬共率遵，彝典致祭於神。惟神妙鼓舞之，神司長養之，事幸終惠之。

宋·方岳《秋崖集》卷二《夜大風》 一夜東風太放顛，草塘打破釣魚船。賴渠自任脩船費，無數亂堆榆莢錢。

宋·祝穆《古今事文類聚·前集》卷五 訟風伯 韓愈 維兹之旱兮，其誰之由？我知其端兮，風伯是尤。山升雲兮澤上氣，雷鞭車兮電摇幟。雨寖寖兮將欲墜，風伯怒兮雲不得止。暘烏之仁兮念此下民，閟其光兮不鬬其神。嗟風伯兮其將謂何？我於爾兮豈有其他？求其時兮修祀事，羊甚肥兮酒甚旨，食足飽兮飲足醉，風伯之怒兮誰使？雲屏屏兮吹使醨之，氣將交兮吹使離之，鑠之使氣不得化，寒之使雲不得施。嗟爾風伯欲，逃其罪其又何辭？上天孔明兮有紀有綱，今我上訟兮其罪誰當？天加誅兮不可悔，風伯雖死兮人誰爾傷？

明·于謙《忠肅集》卷一一 春風吟

夕陽欲落還未落，垂楊拂地東風惡。東風雖惡還有情，歲歲能令芳草生。草生滿地緑侵衣，時見堦前蛺蝶飛。却怪東風無氣力，春深不解動芳菲。

大風

大風振林木，萬葉皆飛颺。如何頃刻間，景物殊炎凉。感之欲太息，憑闌對斜陽。東籬有黄菊，歸來嗅餘香。

春日大風感懷

遠塞足風沙，春深不見花。層水猶度馬，弱柳未藏鴉。易醉愁邊酒，頻歸夢裏家。憑闌一搔首，心緒亂如麻。

秋風

蕭蕭入夜動清商，披拂園林草木黄。快意掃除天下熱，可人吹送枕邊凉。荻花楓葉愁江渚，蓴菜鱸魚憶故鄉。萬里碧天雲散盡，衝開征鴈不成行。

清·查慎行《敬業堂詩集》卷一〇 大風

新月夜生暈，朝來果作風。初聞響騷騷，停午聲蓬蓬。砂礫本附地，歘蕩忽向空。遥天失其青，皎日爲之紅。憶昨衝霧雨，兀如醉夢中。行當快掃除，何復遮溟濛。勃蹊向六鑿，無地置我躬。有目欲使眯，有耳欲使聾。口鼻比山澤，呼吸恐不通。五官心則靈，獨覺非外蒙。涉川畏波浪，遵陸愁霾雺。男兒歎失意，豈必皆途窮。平生塵土緣，鹵莽焉知終。去去洗垢濁，還君憔悴容。

清·方觀承《兩浙海塘通志》卷二〇《藝文》 捍江塘考（明·陳善）

杭地枕江負海，茫茫水國。而龕赭兩山夾峙於江海之交，潮水自兹而入，由廣入隘，奔騰衝激，雷擊霆砰，有吞天沃日之勢。晝夜再至，山摧地坼，塘易崩潰，乃築石隄，以障洪流，沿江隸錢塘、瀕海則仁和海寧之地。海寧縣治去海甚近，前者海失故道。衝決隄岸，爲患滋廣，甚則百餘里，少亦不下數十里。興役修築工費浩穰，延引歲時始克就緒間，值颶風陡作，洪濤西激，旋復没於巨浸。甚爲浙西民患。一勞永逸上下數千載間，不聞有長策焉。即東南之患永已也。按前史，江挾海潮爲杭人患，其來已久。唐大曆八年秋七月，大風海水翻潮，溺民居五千家，船千艘。

雜録

晉・干寶《搜神記》卷四　文王以太公望爲灌壇令，期年，風不鳴條。文王夢一婦人，甚麗，當道而哭。問其故。曰：「吾泰山之女，嫁爲東海婦，欲歸，今爲灌壇令當道有德，廢我行；我行，必有大風疾雨，大風疾雨，是毀其德也。」文王覺，召太公問之。是日果有疾雨暴風，從太公邑外而過。文王乃拜太公爲大司馬。

唐・姚思廉《陳書》卷三四《文學傳》　阮卓及渡彭蠡湖，中流忽遇疾風，船幾没者數四，卓仰天悲號，俄而風息，人皆以爲孝感之至焉。

唐・王叡《炙轂子》卷二五　猩猩乾鵲

猩猩知往而不知來，乾鵲知來而不知往，猩猩知人姓字，此知往也，醉以擒身，此不知來者。乾鵲鵲也，人有來則鳴，此知來也，知歲多風巢於木枝，人皆探其卵，故曰不知往也。

乘船遇風

楚人有乘船遇大風者，波至自投於水，非不貪生而畏死也，惑於恐死而反忘生也，人之嗜欲亦猶此爾。

宋・李昉等《太平廣記》卷三九六　王莽

王莽地皇四年，大風，毁路堂。其年，司徒王尋、司空王邑守昆陽，光武起兵南陽，至昆陽，敗之。風雷屋瓦皆飛，雨下如注，滍川盛溢。尋、邑乘死人而渡。王尋見殺。軍人皆散走。王邑還長安。莽敗。俱被誅。出《廣古今五行記》。

賈謐

西晉八年六月，飄風吹賈謐朝衣，飛數百丈。明年，謐誅。其年十一月，京都大風，發屋折木。十二月。愍懷太子幽廢。死於許昌。二子幽于金墉。殺太子母謝氏。喪還洛。又大風雷電。帷蓋風裂。出《廣古今五行記》。

張華

西晉永康元年，大風，飛石沙折木。其年四月，張華舍，風飄起折木，飛繒軸六七枚。出《廣古今五行記》。

劉曜

前趙劉曜，葬父母，費用億計。發掘古塚，暴骸骨原野，哭聲盈衢。大霖雨，震曜父墓門屋。大風飄散，發父寢堂于外垣五十餘步。松柏植已成林。至是悉枯死。曜竟爲石勒所擒。出《廣古今五行記》。

劉裔

東晉成帝時，劉裔鎮守潯陽。有廻風從東來，入裔船中，狀如匹練，長五六丈。術人戴洋曰：有刀兵死喪之亂。頃爲郭默所殺。出《廣古今五行記》。

徐羨之

宋徐羨之，文帝初，任揚州，有飄風起自西門，須臾合，直至廳事。繞帽及席，逕造西際。尋而羨之爲文帝所誅。出《廣古今五行記》。

柳世隆

宋孝武時，柳太尉世隆，乘車行還，於庭中洗車，有大風從門而入，直來衝車有聲，車蓋覆向天。是年，明帝立，合門被殺。出《廣古今五行記》。

崔惠景

宋崔惠景圍臺城，有五色旛，風吹，飛在雲中，半日乃下。衆見驚異。相謂曰：幡者，事當翻覆。數日而惠景敗。出《廣古今五行記》。

許世宗

北齊北海王許世宗，時轉爲録尚書。拜命，其夜暴風震雷。拔庭中桐樹六十圍者，倒立本處。識者知其不終。竟爲高肇所譖。旬日處死。出《廣古今五行記》。

徐妃

梁元帝妃徐妃，初嫁夕，車至西州。而疾風大起，發屋折木。無何，雪霰交下，帷簾皆白。及長還之日，又大雷電，西州廳事，兩柱俱碎。帝以爲不祥。妃竟以淫穢自殺。不中之應。出《廣古今五行記》。

李密

隋大業十三年二月，李密於鞏縣南設壇，刑白馬祭天。稱魏公，置僚佐，改元昇壇時，黑風從西北暴至。吹密衣冠及左右僚屬，皆倒於壇下。沙塵暗天，咫尺不相見，良久乃息。賊軍惡之。俄而密敗。出《廣古今五行記》。

宋・歐陽修、宋祁《新唐書》卷一八三《豆盧瑑傳》　豆盧瑑者，字希真，河南人。仕歷翰林學士、户部侍郎，與崔沆皆拜同中書門下平章事。是日，宣告于廷，大風雷雨拔樹。未幾，及禍。初，咸通中，有治歷者工言禍福，或問：「比宰相多不至四五，謂何？」答曰：「紫微方災，然其人又將不免。」後楊收、韋保衡、路巖、盧攜、劉鄴、于琮、璩與沆，皆不得終云。

宋・歐陽修、宋祁《新唐書》卷二〇五《列女傳》　饒娥字瓊真，饒州樂平人。生小家，勤織紝，頗自脩整。父勣，漁于江，遇風濤，舟覆，屍不出。娥年十四，哭水上，不食三日死。俄大震電，水蟲多死，父尸浮出，鄉人異之，歸賵具禮，葬父及娥鄱水之陰。

宋・蘇軾《東坡志林》卷一《記遊松江》　吾昔自杭移高密，與楊元素同舟，而陳令舉、張子野皆從余過李公擇於湖，遂與劉孝叔俱至松江。夜半月出，置酒垂虹亭上。子野年八十五，以歌詞聞於天下，作《定風波》令，其略云：「見説賢人聚吴分，試問，也應傍有老人星。」坐客懽甚，有醉倒者，此樂未嘗忘也。今七年耳，子野、孝叔、令舉皆爲異物，而松江橋亭，今歲七月九日海風架潮，平地丈餘，蕩盡無復孑遺矣。追思曩時，真一夢耳。元豐四年十二月十二日，黄州臨皋亭夜坐書。

明・陶宗儀《輟耕録》卷八《龍見嘉興》　檇李郭元之言，至正乙未秋七月三日，城東馬橋上白龍掛，盲風怪雨，天闇黑若深夜然，壞民居五百餘所。大木盡拔，木自半空墜下，悉折爲二，雜以萬瓦亂飛。溪水直立，人皆呌號奔走，不暇顧妻子。龍由馬橋歷城北北麗橋，望太湖而去。時方在家，家去城可三里許，如聞萬屋齊壓，急出户四望，黑雲洶湧，失府城所在。經一二時，方乃開霽。不一年，爲戰鬭之地。凡龍所過處，荆棘寒烟，衰草野燐。視昔時之繁華，如一夢也。

明・葉子奇《草木子》卷三　至正戊子，永嘉大風，海舟吹上平陸高坡上三二十里，死者千數，世人謂之海笑。其後海寇方國珍據海爲盗，攻剽瀕海數州，朝廷終莫能制。

颱風部

題解

清·陳金陶《金山衛志》下卷《颶風》 凡海潮溢，皆此風爲之。每一二歲或四五歲一作，必在初秋，過白露雖作，不甚猛矣。時田禾初穗，木綿大小荳初垂熟，遭是則歲大飢。海人最患苦之。俗以此爲颶母風，謂海溢，子當負母避難。又云：歲飢，子背母乞食。一云：颶母神即孟婁故名。然《嶺表録》云：春夏間有暈如虹者，謂之颶母。必有颶風，則以虹爲颶之母爾。《南越志》又以颶爲颶，謂其具四方之風也。凡此風作，先一二日片雲漫空疾飛，海人呼爲颶潮風，謂海溢之先兆也。東廣舟海者曰，犂頭雲甚畏之。蘇叔黨《颶風賦》云：斷霓飲海而北指，赤雲夾日而南翔，此颶之漸也。與所謂虹暈犂頭正合。

紀事

宋·司馬光《資治通鑑》二〇〇《唐紀十六》 高宗顯慶元年九月，括州暴風，海溢，溺四千餘家。

宋·司馬光《資治通鑑》卷二一〇《唐紀二十六》 總章二年九月庚寅，大風，海溢，漂永嘉、安固六千餘家。

元·脱脱等《宋史》卷六七《五行志五》 開寶八年十月，廣州颶風起，一晝夜雨水二丈餘，海爲之漲，飄失舟檝。太平興國七年八月，瓊州颶風，壞城門、州署、民舍殆盡。八年九月，太平軍颶風拔木，壞廨宇、民舍千八十七區。十月，雷州颶風，壞廩庫、民舍七百區。九年八月，白州颶風，壞廨宇、民舍。至道二年八月，潮州颶風，壞州廨、營砦。景德二年八月，福州海上有颶風，壞廬舍。熙寧九年十一月，海陽潮陽二縣颶風、潮，害民居田稼。元豐四年六月，邕州颶風，壞城樓、官私廬舍。五年八月，朱崖軍颶風，毁廬舍。元祐八年，福建、兩浙海風駕潮，害民田。紹聖元年秋，蘇、湖、秀等州海風害民田。乾道二年八月丁亥，温州大風雨駕海潮，殺人覆舟，壞廬舍。八年六月丙辰，惠州颶風，壞海艦三十餘。時樞密院調廣東經略司水軍，四艦覆其三，死者百三十餘人。淳熙四年九月，明州大風駕海潮，壞定海、鄞縣海岸七千六百餘丈及田廬、軍壘。紹熙五年七月紹興府、秀州大風駕海潮，害稼。秋，明州颶風駕海潮，害稼。慶元二年六月壬申，台州風雨駕海潮，壞田廬。嘉定二年七月壬辰，台州大風雨駕海潮，壞屋。六年十二月，餘姚縣風潮壞海隄，亘八鄉。十七年秋，福州颶風大作，壞田損稼。景定四年十一月，福州颶風。

元·馬端臨《文獻通考》卷三〇六 開寶八年十月，廣州颶風起一晝夜，雨水二丈餘，海爲之漲飄失舟。太平興國七年八月，瓊州颶風，壞城門、州署民舍殆盡。八年九月，太平軍颶風，拔木，壞廨宇民舍千八十七區。十月，雷州颶風，壞廩庫、民舍七百區。九年八月，白州颶風，壞州廨、民舍。至道二年八月，潮州颶風，壞州廨、營寨，漂刀魚舟。景德二年八月，福州海上有颶風，壞屋舍。淳化九年十一月，潮州海陽、潮陽二縣，颶風海潮，害民田稼。十年六月，恩州武城縣大風，壞縣廨。知縣李愈妻、主簿寇宗奭妻之母壓死。七月，温州大風雨，漂城樓官舍。元豐四年六月，邕州颶風，壞城樓、官私廬舍。七月甲午夜，泰州海風作，繼以大雨，浸州城，壞公私廬舍數千間。丹徒縣大風潮，飄蕩沿江廬舍，損田稼。五年八月，朱崖軍颶風，毁廬舍。哲宗元祐八年，是歲，福建、兩浙海風駕潮，害民田。紹聖元年秋，蘇湖秀等州海風害民田。紹興二十八年七月壬戌，平江府大風雨駕潮，漂溺數百里，壞田廬。三十二年七月戊申，大風拔木。温州大風，壞屋覆舟。二年八月，大風雨，飄蕩田廬。乾道二年八月丁亥，温州大風雨，駕海潮殺人，覆舟，壞廬舍。五年十月，台州大風，水壞田廬。八年六月丙辰，惠州颶風，壞海艦三十餘。時樞密院調廣東經略司水軍四艦，覆其三，死者百三十餘人。四年九月，明州大風駕潮，壞定海鄞縣海岸七千六百餘丈，及田廬軍壘。六月乙巳夜，福州福清縣興化軍大風雨，壞官舍、民居、倉庫及海口鎮人多死者。十年八月辛酉，雷州颶風大作，駕海潮飄溢殺人，林木田禾皆折。光宗紹熙二年二月癸酉，温州瑞安縣大風，仆屋拔木，殺人。四年七月，興化軍海風害稼。五年七月乙亥，行都大風拔木，壞舟甚衆。紹興府秀州大風，駕海潮害稼。秋，明州颶風，駕海潮害稼。十月甲戌，行都大風拔木。寧宗慶元二年六月壬申，台州暴風雨，駕海潮，壞田屋。嘉定二年七月壬辰，台州大風雨，駕海潮，壞屋殺人。六年十一月，餘姚縣風潮壞海堤，亘八鄉。十七年秋，福州颶風大作，壞田損稼。冬，鄂州暴風，壞戰艦二百餘。壽昌軍壞戰艦六十餘。江州興國軍亦如之。

明·宋濂等《元史》卷二一《成宗紀四》 大德八年九月癸酉，潮州颶風起，海溢，漂民廬舍，溺死者衆，給其被災户糧兩月。

明·宋濂等《元史》卷四一《順帝紀四》 至正四年秋七月戊子朔，温州颶風大作，海水溢。

明·宋濂等《元史》卷四三《順帝紀六》 十三年秋七月丁卯，泉州天雨白絲，海潮日三至。

明·宋濂等《元史》卷五〇《五行志一》 大德八年八月，潮陽颶風海溢，漂民廬舍。

明·宋濂等《元史》卷五一《五行志二》 至正十七年六月癸酉，温州有龍鬬于樂清江中，颶風大作，所至有光如毬，死者萬餘人。至正元年七月，廣西雷州颶風大作，湧潮水，拔木害稼。二年十月，海州颶風作，海水漲，溺死人民。十三年五月乙丑，潯州颶風大作，壞官舍民居，屋瓦門扉皆飄揚七里之外。十四年七月甲子，潞州襄垣縣大風拔木偃禾。二十一年正月癸酉，石州大風拔木，六畜皆鳴，人持槍矛，忽生火焰，抹之即無，摇之即有。二十四年，台州路黄巖州海溢，颶風拔木，禾盡偃。二十七年三月庚子，京師有大風，起自西北，飛砂揚礫，昏塵蔽天，逾時，風勢八面俱至，終夜不止，如是者連日。自後，每日寅時風起，萬竅争鳴，戌時方息，至五月癸未乃止。

明·王圻《續文獻通考》卷二二三 泰定元年八月二十七日夜，永嘉颶風大作，地震，海溢入城，溺民居，樂清尤甚。至正元年七月，廣西雷州颶風大作，湧潮水，拔木害稼。二年十月，海州颶風大作，海水漲溢，溺死人民。四年七月，温州颶風大作，地震、海溢，民居漂蕩，溺死者衆。十三年五月，潯州颶風大作，壞官舍民居，屋門扉皆飄揚七十里外。十四年七月，潞州襄垣縣大颶，拔木偃禾。十六年，温州大風，海舟吹上平陸高坡二三十里，死者千數。二十一年正月，石州大風拔木，六畜皆鳴。二十四年，台州、路黄岩州海溢，颶風拔木，禾盡偃。

明·郎瑛《七修類稿》卷二《海嘯》 野史載，至正戊子年，永嘉大風，海舟吹上高坡十餘里，水溢數十丈，死者數千，謂之海嘯也。其後方國珍據海爲盜，屢犯永嘉，兵刃之下者無算。正德七年七月秋，餘姚大風，海溢平陸數十里，沿海多死者。前數夜時，人見海中多紅燈往來，予以此亦可謂海嘯也。後倭夷争殺，餘姚亦當其害。夫水陰物。兵陰象也。其所以兆之者宜然。

清·張廷玉等《明史》卷三〇《五行三》 宣德六年六月，温州颶風大作，壞公廨、祠廟、倉庫、城垣。

清·計六奇《明季北略》卷四 崇禎元年戊辰，浙江水災，温體仁奏曰：「職鄉浙江杭、嘉、湖、寧、紹、台、嚴七府，自先年七月二十三等日，龍門海嘯，風雨颷至，波浪翻空，飄瓦飛磚，拔木掩棟，勢若千軍之沓至，聲如萬鼓之齊鳴，火光燭天，凡七晝夜。沿海居民及低窪近水之處，男女老幼淹没飄流，總計十餘萬，或抱石屍沈，或觸木屍碎，或手足交牽而下，或廬舍相蔽而來，或婦不知夫，或母不知子，或一族三百餘口襁褓不留，或一村數百餘家烟火俱絶。海塘盡潰，一望洪流，舟航遍乎陸地，魚鱉遊于人家。米價騰貴，奸民乘間爲盜。父老皆云二百餘年未有之變。」

清·計六奇《明季北略》卷九 崇禎六年癸酉，六月二十四日大風，下午益烈，雨五六寸，水頓長三四尺，牆壁多倒，有壓死者。風聲如雷，大楊盡拔，門首橋板重三四百斤，飛起落河中。凡異風猛雨一晝夜，次日黎明始息，天色陰慘。予過橋南，見鵲多死田塍下，江湖河海間人死無算。靖江夜半江水泛溢入城，陷半壁，廿五辰時方退，城外人多死，通州、瓜州等處皆淹。自南都下至杭州，雖或無雨之處，而風俱甚大。六合縣無雨，而水亦長五六尺，松柏多拔。時予年十二，從家孟伯雄讀書廳左，聞風聲刮烈，頗懼。先君子歎曰：「歲其歉乎？」

清·董含《三岡識略》卷五《颶風》 甲辰（康熙三年）六月十八至二十日，漳州府颶風大作，暴雨不止，海潮忽漲，漂没者數千人。

清·董含《三岡識略》卷五《海溢》 丙子（康熙三十五年）六月初一日，暴風，大雨如注。時方憂亢旱，頃刻溝渠皆溢，懼呼載道。二更餘，海嘯，颶風復大作，潮挾風勢，潯聲洶湧，衝入沿海一帶地方幾數百里。寶山縱亘六里，横亘十八里，水高於城丈許。嘉定崇明及吴淞川沙拓林八九團等處，漂没海塘五千丈，竈户一萬八千户，淹死者共十萬餘人。黑夜驚濤猝至，居人不復相顧，奔竄無路。至天明水退而積屍如山，慘不忍言。按松群志，萬曆十年七月海潮溢過捍海塘，漂没人畜不計其數。又十九年七月上海潮溢幾及百里，漂没廬舍人畜無算，城門盡閉，蓋百餘年無此憂矣。

清・姚廷遴《續歷年記》 康熙三十五年五月二十八日北天有陣起，人人皆喜，將謂有大雨來也，豈料竟是風潮。二十九日大東北風。六月初一大風潮，大雨竟日，河中皆滿，至夜更大。寶山至九團，南北二十七里，東海岸起至高行，東西約數里，半夜時水涌丈餘，淹死萬人，牛羊鷄犬倍之，房屋樹木俱倒，風狂浪大，村宅林木什物家伙，頃刻漂没，屍浮水面者，壓在土中者，不可勝數，慘極，慘極！更有水浮棺木，每日隨潮而來，高昌渡日過百具，四五日而止。川沙營有文書來，報稱異常水災，沿海飄没房屋，淹死人畜，不可勝數。

六月二十一日，陳縣往蘇州去，因報水災，只稱大雨潮漲淹死廿人。不料川沙營報上司云：風狂雨大，横潮洶湧，平地水泛，以演武場旗杆木水痕量之，水没一丈二尺，淹死人畜不可數計。故上司特委太守到上海查看，死者數萬，故知上司有言，特去周全，聞其大費周折，饋送多金，始彌縫過去。七月二十三日，又大風潮，水漲如上年九月十二日，平地水深三尺，花豆俱壞，稻減分數，秀者皆掀倒，房屋坍者甚多。同涇上之大樹數百年物矣，五人合抱之身，畝許盤結之根，一旦拔起。閘港有躍龍禪院，東邊之銀杏一株，亦數百年之物，其大約四五人合抱，根盤正殿之下，一旦均被拔起，則廿年内未嘗見者也。大風大雨之時，府中張提督，身穿油衣，三步一拜，拜至西湖道院，祈求玉帝，命道士誦經設醮，至風息而止。太守等官俱驚惶，獨上海陳知縣不以爲意，風乍息即要比較。二十五、六日有被災飢民萬人，擠擁縣堂，要求賑濟，喧噪竟日。二十六日更甚，只得在城隍廟每人發米一升。

清・葉夢珠《閲世編》卷一 順治十一年甲午六月二十三日庚辰，疾風暴雨，海水泛溢，直至外塘，人多溺死，室廬漂没。聞崇明之水，幾及城上女牆，漂没人民無算。

康熙三年甲辰八月初一日庚申夜，暴風，海水汎溢，及于外塘，崇明尤甚。飄來屋木家伙，遍滿塘外，往往有男婦附木而浮於海濵者。時惠禧庵禎祥爲川沙參將，冒雨衝風，躬率將士，駕舟海濵，到處撈救，全活甚衆。

清・傅恒等《歷代通鑑輯覽》卷五二 唐高宗皇帝顯慶元年九月，括州暴風，海溢。總章二年九月，大風，海溢，漂六千餘家。

清・嵇璜、劉墉等《續通志》卷一七三 宋太平興國七年八月，瓊州颶風。八年九月，太平軍颶風。十月，電州颶風。九年八月，白州颶風。至道二年八月，潮州颶風。景德二年八月，福州颶風。熙寧九年十一月，海陽、朝陽二縣颶風。元豐四年六月，邕州颶風。五年六月，朱崖軍颶風。乾道八年六月，惠州颶風。淳熙十年八月辛酉，雷州颶風。紹熙五年秋，明州颶風。嘉定十七年秋，福州颶風。景定四年十一月，福州颶風。元順帝至正元年七月，廣西雷州颶風。二年十月，海州颶風。十三年五月，潯州颶風。天曆二十四年，黄巖州颶風。明宣宗宣德六年六月，温州颶風。

清・陳鴻《莆變小乘》 乙巳（康熙四年）四月十八日，水師提督施琅同楊富、周蛟韶統水軍，再征臺灣。至澎湖，颶風大作，打破數舡而歸。各上憲捐俸賑濟遷民，令每人給米五斤，五日一放。道、府、廳、縣亦行捐俸，并會紳衿士庶，勸殷實者量力樂輸。

癸亥（康熙二十二年）六月初九日，官軍發廈門，進取澎湖。澎湖三十六嶼，獨八罩嶼惡。六月十二日，彭祖忌，當有颶至，船艦相擊自碎。劉國軒督精兵三萬，擁於風櫃尾、牛心灣等嶼。命林升、邱輝、江勝、陳起明、王隆、吴潛，約衆二萬，集於鷄籠嶼，環設炮城。

清・畢沅《續資治通鑑》卷三一《宋紀三十一》 真宗大中祥符七年，秋，七月，州城（廣州）瀕海，每蕃舶至岸，嘗苦颶風。煒鑿内濠通舟，颶不能害。及被疾，吏民、蕃賈集僧寺設會以禱之，其卒也，多隕泣者。

清・畢沅《續資治通鑑》卷一八三《元紀一》 世祖至元十四年，十二月，丙子，宋主至井澳，颶風大作，舟敗，幾溺。考異：《經世大典》以益王爲溺死，《癸辛雜識》亦云溺死，蓋傳聞之誤，今從《宋史》。宋主驚悸成疾。旬餘，諸軍士稍集，死者過半。

清・畢沅《續資治通鑑》卷一八五《元紀三》 世祖至元十八年，八月，壬辰，詔：「征日本軍回，所在官爲給糧。」先是命阿達哈代阿喇罕分戍三海口，就招海中餘寇。未至而實都、洪俊奇、范文虎、李庭、金方慶等已航海至平壺島，遇颶風，敗舟，諸將各擇堅艦乘之，棄士卒十餘萬於五龍山下。衆推張百户者爲帥，方伐木作舟爲歸計，日本覘知之，盡殺蒙古、高麗、漢人，謂新附軍爲唐人，不殺而奴之，十萬之衆，得逃還者三人而已。文虎部將楚鼎，別率千餘人渡海，亦遭風壞舟。鼎挾破船板，漂流三晝夜，至一山，會文虎船，因得達高麗之金州合浦，屯駐散兵，漂泛漸集，遂率之以歸。

清·畢沅《續資治通鑑》卷一九四《元紀十二》 成宗大德七年，六月，台州風水大作，寧海二縣死者五百五十人。

清·畢沅《續資治通鑑》卷一九五《元紀十三》 成宗大德十年，七月，平江大風海溢，漂民廬舍。

清·畢沅《續資治通鑑》卷一九八《元紀十六》 仁宗皇慶二年，八月，戊午朔，揚州路崇明州大風，海潮泛溢，漂没民居。

清·畢沅《續資治通鑑》卷二三〇《元紀二十一》 泰定帝泰定三年，八月，鹽官州大風，海溢，壞隄防三十餘里，遣使祭海神，不止，徙民居千二百五十家。大都昌平大風，壞居民九百家。揚州、崇明州大風雨，海水溢，溺死者給棺斂之。

清·畢沅《續資治通鑑》卷二三〇《元紀二十一》 泰定帝泰定四年，是歲，揚州路通州、崇明州大風，海溢。

清·畢沅《續資治通鑑》卷二四〇《元紀二十二》 泰定帝致和元年，夏，四月，是月，崇明州大風，海溢。

清·畢沅《續資治通鑑》卷二八〇《元紀二十六》 順帝至正四年，秋，七月，戊子朔，溫州颶風大作，海水溢。

清·畢沅《續資治通鑑》卷二九〇《元紀二十七》 順帝至正八年，五月是月，永嘉大風，海舟吹上平陸二三十里，死者千數。

清·孫之騄《二申野録》卷二 明永樂二十年壬寅夏五月，廣州颶風，暴雨，潮水泛溢。正德七年壬申八月，颶風大作杭州。十二年戊寅六月，常州、台州大水，會稽颶風，霪雨傷稼。

清·孫之騄《二申野録》卷四 嘉靖二十二年癸卯九月，瓊州颶風，歲告饑。

清·孫之騄《二申野録》卷五 隆慶二年戊辰七月，台州颶風大作，海潮泛溢。天台諸山水合，衝台州府城，溺死人民三萬餘口，衝決田地一十五萬餘畝，蕩析廬舍五萬餘區。三日方退。二十一年癸巳七月，河水横溢，漕舟損于颶風，禾稼傷于霪雨，災異洊臻，民窮財盡。

清·孫之騄《二申野録》卷八 崇禎十三年庚辰六月，台州颶風，拔木、覆廬。

雜録

宋·洪适《盤洲文集》卷七一《答祭颶風文》 往歲季秋，颶風三作，發屋拔木。瀕海諸郡，皆病之。迺季秋月朔，有赤青氣，見於東方，人指以爲颶母。越九日乙未，箕伯煽怒，濟以疾雨蓬勃之勢，張甚惟前事之可慮也。因齋心有禱，賴神之力，曾不崇朝雨斬風，迴害弗及物，瀝酒以謝，吏其敢後。

宋·何薳《春渚紀聞》卷四《僧净元救海毁》 錢塘楊村法輪寺僧净元，年三十通經，祝髮即爲禪比邱，遍參明目。得法之後，歸隱舊廬，人不之異也。政和癸巳，海岸崩毁，浸壞民居。自仁和之白石，至鹽官上管，百有餘里。朝廷遣道士鎮以鐵符，及大築堤防，且建神祠以禳禦之，毁益不支。至紹興癸丑，師忽謂衆曰：「我釋迦文佛，歷刼以來，救護有情，捐棄軀命，初無少靳，而吾何敢愛此微塵幻妄，坐視衆苦而不赴救。」即起禪定，振覆經行，視海毁最甚處，至于蜀山，時六月五日也，從而觀者數百人，而海風激濤，噴湧山立，師將褰衣而前，衆爭挽引，且請偈言，以示後來。師笑之曰：「萬法在心，底須言句，我不能世俗書，亦姑從汝請耳。」即高舉曰：「我捨世間如夢，衆人須我作頌，頌即語言邊事，了取自家真夢。」又曰：「世間人心易了，只爲人多不曉，了即皎在目前，未了千般學道。」頌畢舉手謝衆，踴身沉海。衆視驚呼，至有頓足涕流者，謂即葬魚腹矣。移時風止，海波如鏡。遥見師端坐海面，如有物拱戴者，順流而來，直抵崩岸，爭前挽掖而上，視師衣履不濡也。逮視岸側，有數大鯉叩首，久之沉波而去。即揚聲謂衆曰：「自此海毁無患也。」不旬日，大風漲沙，悉還故地。蜀山之民深德之，即其地共營庵居留事之。至紹興乙卯四月八日，忽集衆説偈告寂曰：「會得祖師真妙訣，無得無物又無説。喝散烏雲千萬重，一點靈心明皎潔。」咄安坐而化。

其他氣象災害部

綜述

唐·歐陽詢《藝文類聚》卷二《霧》 《龍魚河圖》曰：山冬天霧，十日已上不除者，山崩之候也。

《漢武帝内傳》曰：東方朔乘雲飛去，仰望大霧覆之，不知所在。

《東觀漢記》曰：馬援謂官屬曰，吾在浪泊西里間，賊未滅之時，下潦上霧，毒氣薰蒸，仰視烏鳶，跕跕墮水中。

謝承《後漢書》曰：河南張楷性好道術，能作五里霧。時關西人裴優亦能作三里霧。自以不如楷，往從學之。楷避不肯見。

《英雄記》曰：曹公赤壁之役，行至雲夢大澤中，遇大霧迷失道。

《望氣經》曰：六月三日有霧，歲熟。

《魏略》曰：劉雄鳴每出行雲霧中，識道不迷惑，時人因謂能爲雲霧。

《神仙傳》曰：欒巴爲尚書，忽一旦天大霧，對坐不相見，失巴所在。尋問之，云其日還成都，親故别時亦風雨晦冥。

袁山松《宜都山川記》曰：郡西北有舟山，天晴嶺忽有霧起，廻轉如烟，不過再朝雨必降。

唐·歐陽詢《藝文類聚》卷一〇〇《災異部》 許慎曰：使乞貸則生螣，舊説螟螣蟊賊，一種蟲也，如言寇賊，姦宄内外言之耳。故犍爲文學曰：此四種蟲皆蝗也。實不同，故分别釋之。又曰：蝗也，今謂蝗子爲螽，一名蠶螽，兖州人謂之螣。

蔡伯喈曰：蝗，螣也，當爲災，則生故水處澤中，數百或數十里，一朝蔽地而食禾粟苗盡，復移。雖自有種，其爲災云是魚子在水中化爲之。

《穀梁傳》曰：雨螽于宋外，災不書，此何書？災甚也，奈何茅茨盡也。《洪範五行傳》曰：春秋之螽者，蟲災也，以刑罰暴虐，貪叨無厭，興師動衆，蟲爲害矣。雨螽于宋，是時宋公暴虐刑重，賦歛無已，故應是而雨螽。又曰：介蟲有甲，能蜚揚之類，陽氣所生，於春秋爲螽。今謂之蝗，皆其類也。旱氣動象至矣，故曰有介蟲之孽也。

《春秋含孳》曰：蝗起於貪螽者，飛而甲爲害，故天雨螽，則刑法醜。

《吕氏春秋》曰：匡章孟子弟子謂惠子於魏王之前曰：蝗螟，農夫得而殺之，奚故？爲其害稼也。蔽天，狀如嚴雪。是歲，天下失瓜瓠。

《漢書》曰：武帝元光五年秋蝗，四將征南越。元封六年秋蝗，兩將征朝鮮。太初元年夏蝗，從東方飛至燉煌。三年秋復蝗，貳師征大宛。征和三年蝗，四年夏蝗，三將征匈奴，貳師七萬，人没不還。

《五行志》曰：劉歆以爲蜚負螽也，性不食穀，食穀爲災，介蟲之孽。又曰：嚴延年爲河南太守，多殺害。時，黄霸在潁川，鳳皇下，而河南界中又有蝗蟲。延年曰：此蝗豈鳳皇食耶！又曰：王莽地節三年夏蝗，從東方來，飛蔽天，至長安入未央宫緑殿。

《東觀漢記》曰：馬援爲武陵太守，郡連有蝗蟲，穀價貴。援奏罷鹽官，振貧羸，薄賦税，蝗蟲飛入海，化爲魚蝦。又曰：永初七年，郡國蝗飛過。又曰：宋均爲九江太守，建武中山陽楚郡多蝗蜚，南到九江，輒東西别去，由是名稱。又曰：司部災蝗，臺召三府驅之，司空掾梁福曰：普天之下，莫非王土。不審使臣，驅蝗何之？災蝗當以德消，不聞驅逐。時號福爲直掾。

宋·李昉等《太平御覽》卷三七《塵》 《詩》曰：無將大車，維塵冥冥。

《禮記》曰：前有埃塵，則載鳴鳶。鄭玄注曰：鳶鳴則將風。

又曰：爲長者糞之禮，必加箒於箕上，以袂拘而退，其塵不及長者。

《左傳》曰：晉楚戰，狐毛設二旆而退之，欒枝使曳柴而僞遁。（曳柴起塵，詐言聚衆走。）

又曰：潘黨望其塵，使騁而告曰：晉師至矣。楚人懼，遂出陳。

《史記》曰：鈎弋夫人死，雲陽暴風揚塵。

《前漢書》曰：長安中奸猾浸多，受財報仇，相與探丸，得赤丸者斫武吏，黑者斫文吏。城中薄暮起塵，死傷横道，枹鼓不鳴。

又《魏志》曰：歲西北大風，塵埃蔽天，十餘日間，何晏乃誅。

《晉書·王導傳》曰：庾亮以望重地逼，出鎮於外。南蠻校尉陶稱間説亮當舉兵，勸導密爲之防。導曰：吾與元規休戚是同，悠悠之談，宜絶智者之口。

元規若來，吾便角巾還第，復何懼哉。時亮執朝廷之權，趨向者多歸之。導内不能平，常遇西風塵起，舉扇自蔽。徐曰：元規塵汙人。

《博物志》曰：徐州人謂塵土爲蓬塊。吴人謂塵土爲埃坱。

又《老子》曰：和其光，同其塵。

《莊子》曰：野馬也，塵埃也。

《淮南子》曰：地不滿東南，故水潦其塵埃歸焉。

又曰：蒙塵而欲無眯，涉水而欲無濡，不可得也。

《語林》曰：劉道真年十五六，在門前弄塵，垂鼻涕至胸。

葛洪《肘後方》曰：治暍死方，取道中熱塵土，以積暍人心下，即活。

《楚辭》曰：安能以皓皓之白，蒙世俗之塵埃乎。

宋謝莊《月賦》曰：陳王初喪應劉，端憂多暇，緑苔生閣，芳塵凝榭。

曹子建《洛神賦》曰：羅襪生塵。

古詩云：君爲清路塵，妾爲濁水泥。

又曰：京洛多風塵，素衣化爲緇。

《世説》：虞公善歌，發聲動梁塵。

李康《遊仙序》曰：人生天地之間，若流電之過户牖，輕塵之棲弱草。

《兵書》曰：名將望塵，知馬步之多少也。

《晉書》曰：潘岳諂事賈謐，望塵而拜。

又曰：簡文帝性冲澹，所居凝塵滿席，湛如也。

謝繹《蘭亭詩》曰：千載同一朝，沐浴陶清塵。

宋·歐陽修、宋祁《新唐書》卷一一八《韓思復傳》 開元初，爲諫議大夫。山東大蝗，宰相姚崇遣使分道捕瘞。思復上言：「夾河州縣，飛蝗所至，苗輒盡，今游食至洛。使者往來，不敢顯言。且天災流行，庸可盡瘞？望陛下悔過責躬，損不急之務，任至公之人，持此誠實以答譴咎，其驅蝗使一切宜罷。」玄宗然之，出其疏付崇，崇建遣思復使山東按所損，還，以實言。崇又遣監察御史劉沼覆視，沼希宰相意，悉易故牒以聞，故河南數州賦不得蠲。崇惡之，出爲德州刺史。拜黄門侍郎。帝北巡，爲行在巡問賑給大使。遷御史大夫，性恬澹，不喜爲繩察，徙太子賓客，進爵伯。

宋·歐陽修、宋祁《新唐書》卷一二四《姚崇傳》 開元四年，山東大蝗，民祭且拜，坐視食苗不敢捕。崇奏：「《詩》云：『秉彼蟊賊，付畀炎火。』漢光武詔曰：『勉順時政，勸督農桑。去彼螟蜮，以及蟊賊。』此除蝗誼也。且蝗畏人易驅，又田皆有主，使自救其地，必不憚勤。請夜設火，坎其旁，且焚且瘞，蝗乃可盡。古有討除不勝者，特人不用命耳。」乃出御史爲捕蝗使，分道殺蝗。汴州刺史倪若水上言：「除天災者當以德，昔劉聰除蝗不克而害愈甚。」拒御史不應命。崇移書誚之曰：「聰僞主，德不勝祅，今祅不勝德。古者良守，蝗避其境，謂脩德可免，彼將無德致然乎？今坐視食苗，忍而不救，因以無年，刺史其謂何？」若水懼，乃縱捕，得蝗十四萬石。時議者喧譁，帝疑，復以問崇，對曰：「庸儒泥文不知變。事固有違經而合道，反道而適權者。昔魏世山東蝗，小忍不除，至人相食；後秦有蝗，草木皆盡，牛馬至相噉毛。今飛蝗所在充滿，加復蕃息。且河南、河北家無宿藏，一不穫則流離，安危繫之。且討蝗縱不能盡，不愈於養以遺患乎？」帝然之。黄門監盧懷慎曰：「凡天災安可以人力制也！且殺蟲多，必戾和氣。願公思之。」崇曰：「昔楚王吞蛭而厥疾瘳，叔敖斷蛇福乃降。今蝗幸可驅，若縱之，穀且盡，如百姓何？殺蟲救人，禍歸於崇，不以諉公也！」蝗害訖息。

宋·王讜《唐語林》卷一 開元中，山東蝗。姚元崇奏請遣使分捕。上曰：蝗蟲天災也，由朕不德而致焉。卿請捕之，無乃違天乎？崇曰：大田之詩，秉畀炎火者，捕蝗之術也，古人行之於前，陛下用之於後，行之所以安農除害，國之大事也。陛下熟思之。上曰：事既古用，可救時，朕之心也，遂行之。是時，中外咸以爲不可。上謂左右曰：與賢相討論已定捕蝗之事，敢議者死。自是所司結奏，捕蝗十分去四。

宋·莊綽《雞肋編》卷上 衢州府江山縣，每春時昏翳如霧，土人謂之「黄沙落」。云有沙墮於田苗果菜之中，皆能傷敗；沾桑葉尤損蠶；中人亦能生疾。是亦嵐瘴之類也，惟雨乃能解之。

宋·朱熹《晦庵集》卷一七 奏蝗蟲傷稼狀

簽黄

奏爲紹興府會稽縣廣孝鄉蝗蟲入境，臣親到地頭田間看視，委有咬傷稻苗。今與知紹興府王希吕詢訪，祈禱打撲焚瘞，奏聞事。

具位臣朱熹：

臣昨於今月初四日，聞得紹興府會稽縣蝗蟲頗多，即遣人走探。昨已據所差人孫勝回報，會稽縣白塔寺相對東山下有蝗蟲數多，收拾得大者一籃，小者一袋。其地頭村人皆稱，蝗蟲遇夜食稻。臣已具事狀并大小蝗蟲二色申尚書省，乞賜敷奏去訖。臣遂即時乘船出門，向曉至蝗蟲地頭廣孝鄉第十都第十七都，同會稽令尉步行，親到田間看視。其蟲大者不多，小者無數，集於稻苗之上。其未結實者，莖葉皆爲咬傷。其已結實者，穀苗皆爲咬落。委是爲災，有害苗稼。紹興府先已支錢一百貫文，付會稽縣募人打撲，赴官埋瘞。本司亦已支錢一百貫文付縣添貼收買。據本縣申，兩日内已買到七石三斗八升五合。臣亦與帥臣王希吕一面詢究祈禱、打撲、焚瘞外，須至奏聞者。

御筆回奏狀

覽奏知紹興府界蝗頗爲災，朕心憂懼。今不欲專遣使人降香二合，付卿等宜即虔潔，分詣祈禱。又聞蝗之小者滋育甚多，可更支賞召人收捕，務速殄滅，毋使遺種以爲異日之害。故兹札，示當體至懷。

具位臣朱熹：

臣昨具奏紹興府會稽縣廣孝鄉蝗蟲，臣已同本府發錢，專令本縣令尉親在地頭召人捕獲、收買、焚埋。每得大者一斗，給錢一百文。小者每升給錢五十文。續奉御札，令臣分詣祈禱，更行支賞召人收捕，務速殄滅。臣恭禀聖訓，夙夜不遑，即同帥臣王希吕就府治設醮祈禳，又發錢出牓曉諭於先支賞錢之外，更行倍加增貼，召人收捕，仍差茶鹽司幹辦公事，沈大雅前去監視督責，及敦請鄉官二員同縣官分頭給賞收捕。今據申到，截今月十三日通計，收到大蟲一石五斗三升六合，小蟲二十五石九斗三升九合，並已埋瘞。目今尚有一分以上未至盡絶。臣續又見諸暨縣寄居與投詞人稱，紫巖鄉亦有飛蝗在境。臣即已專委本縣令佐，親臨田陌子細從實相視。如委的實，即從會稽縣所行召人支賞收捕焚埋。去外，臣伏爲本路所管衢婺等六州，今歲旱損比之紹興，其災尤甚。本欲取本月上旬起，離前往親行檢視，預備賑恤，正緣收捕蝗蟲未盡，未得起發。今不住據逐州縣接續申到，事理委是大叚緊急不免，定取十五日起發前去，經由蝗蟲地頭，更行督責，取見殄滅。次第然後取道嵊縣山間望婺州界迄邐前去。前路有合奏聞事件，續次申發，所有上項事理，須至先具奏聞者。

簽黄

臣竊聞旱蝗之災，過貽聖慮，夙夜焦勞至忘寢味。臣雖踈賤，不勝感泣震懼之至。今此前去災傷州郡敢不究心竭力，周爰咨詢，庶有以仰稱明詔之萬一。但前奏乞錢數事，欲望睿旨早賜施行。臣雖未到諸郡，近日提刑傳淇張詔自彼來歸，其言所見，委實災傷至重，尚慮臣所乞錢數少，不足周給。臣緣未經目見，不敢再具懇請。且乞早賜指揮，依臣前奏應副施行。庶幾前路所到州郡，便可布宣德意，措約收糴以慰饑民之望。若不得此，實無措手之處，將來坐視陛下赤子流離溝壑，臣雖萬死，不足贖罪，伏乞聖照。臣去年到任已是深冬，狼狽急迫，措置不辦，只得將所蒙給賜錢米計口分俵，誠爲可惜。今來雖是災傷，然日月尚寬足可措置。臣已行下逐州通判檢計，有合興脩水利去處，將來廣募飢民，給食工作。唯是老弱殘疾婦女之類，無依者，方與賑給。庶幾不至，又似去年虚費官物，伏乞聖照。

奏救荒畫一事件狀

臣竊見本路諸郡頻年災傷，蒙被聖恩，僅獲全濟。今又亢旱，周遍七州。其幸免者不過三五縣。比之去年，被災地分大叚濶遠。至於公私積蓄，則連年饑歉。支移發散，畧已無餘。其於措置，尤爲費力。臣本欲此月上旬巡歷諸郡，計度合用錢米，詢訪合行事務。回日類聚奏聞庶免，頻煩天聽。今爲紹興府會稽縣界蝗蟲害稼，見行監督掩捕埋瘞，已是累日未見衰減，未敢起發前去。竊慮合奏請事漸致後時有失，及早措畫。今畧條具一二，冒昧以聞，伏望聖慈閔此一方重罹災數，特垂矜恤，早賜施行，不勝幸甚。

宋・朱熹《晦庵集》卷二一 發蝗蟲赴尚書省狀

本司近訪聞得紹興府累有飛蝗入境，即於今月初五日差人前去探問。據兵士孫勝報：今到會稽縣白塔寺相對東山下有蝗蟲數多，收拾得大者一籃，小者一袋，其地頭村人皆稱蝗蟲遇夜食稻。熹即今前去看視一面，監督官吏打撲、焚瘞，尋別具奏聞，須至申聞者。右具蝗蟲大小兩色，各用紫袋盛貯，隨狀見到，謹具申尚書省，伏乞敷奏施行。

宋・羅願《爾雅翼》卷二七 蜰

蜰，飛螘螘之，有翅者，盖柱中白螘之所化也。白螘，狀如螘卵。凡斬木不以時，木未及燥而作室，或柱礎去地不高，則是物生其中。以泥爲房，詰曲而上，往往變化生羽。遇天晏濕，羣隊而出，飛亦不能高，尋則脱翼，藉藉在地而死矣。魯宣公十五年冬，蝝生。劉歆以爲蝝蚍□，蚍蜉之有翼者，食穀爲災，黑眚也。其意以春秋下文書饑，故因云，食穀。顧方冬而陽不收斂，蟄蟲飛揚，此自應有所傷害，不必食穀而後爲災也。又董仲舒説，蝗子也，説者亦多，以蝝爲螽螟之類，失之愈遠。

蜚

蜚者，負盤臭蟲也，亦作蜚，似䗪蟲，而輕小能飛，生草中。八月、九月知寒，多入人屋裏逃。《春秋》莊公二十九年，有蜚。劉歆以爲負蠜也，性不食穀，食穀爲災，介蟲之孽。其父向則以爲蜚，色青近青眚也，非中國所有。南越盛暑，男女同川，淫風所生，爲蟲臭惡。莊公將取齊淫女爲夫人，故蜚至天戒以爲將生臭惡，聞於四方也。説者以爲蜚中國所有，非南越之蟲。未詳向所説蜚誠臭蟲。今所在有之草間之物，不必皆因男女同濫而生也。向之論似不若歆之篤然。歆言食穀爲災者，亦爲未當。今負盤好以清旦集稻上、食稻花。田家率以蚤作掇拾，置他所至日出則皆散去，不可得矣。既食稻花，又其氣臭惡，能熯稻使不蕃，《春秋》書之當。由此爾，今人謂之蜚盤蟲，亦曰香娘子。《本草》云蜚蠊。

螟

古者言螟螣蟊賊者，曰食苗心。螟食葉，蟘食節，賊食根，蟊耳乃未始的。言其狀，惟五行傳稱，視之不明時則有嬴蟲之孽，謂螟螣之類，當死不死，未當生而生，或多於故而爲災，聽之不明時，則有介蟲之孽。螽蜚蝝之類或曰蝝螟之始，生屬嬴蟲之孽。然則但知螟螣之爲嬴，螽蝝之爲介而已。今食苗心者，乃無足小青蟲，既食其葉，又以絲纏集衆葉，使穗不得展，江東謂之蟥蟲。音若横逆之横，言其横生又能爲横災也。然按蝗字通有横音，以爲物雖不同，皆害稼之屬也。漢孔臧蓼蟲賦曰：爰有蠕蟲厥，狀似螟，是螟爲無足蟲也。《淮南子》曰：枉法令，則多蟲螟。

蟘

食葉曰蟘，又曰食穀葉，曰螟，食苗葉，曰蟘，蟘之字，又作螣，其種類不一，故曰百螣時起。許氏以爲百螣動股，蝗屬也。時起害稼，動股則阜螽。阜螽則今蝩蟲也。劉向以爲，介蟲之孽。《春秋》書螽，在秋者，四在八月者，三在九月十月者，一在十二月者，二惟十二月者，乃是失閏之過，其餘八月、九月、十月者，蓋夏之六月、七月、八月也，螽類羣盛，故有雨螽。于宋言自上而下，衆多之甚。故以雨言之。今蝗之盛或蔽天其過，河皆相銜而過，亹亹不絶。《詩》曰：后妃子孫衆多，言若螽，斯螽斯羽，詵詵兮，宜爾子孫，繩繩兮此之謂也。《説文》：螟蟲食穀葉者，吏冥冥犯法，則生螟。蟘蟲食苗葉者，吏乞貸則生蟘。京房《易傳》曰：臣安禄兹，謂貪厥災蟲食根，德無常，兹謂煩蟲食葉。不絀無德，蟲食本與東作爭。兹謂不時蟲食，節蔽惡生，孽蟲食心。王充《論衡》曰：變復之家，謂蟲食穀者，吏貪狼所致也。蟲頭赤者，武官黑者，文吏按蟲頭赤身白頭黑身黄，復應何官耶。《説文》：蝗，螽也。《考工記》：股鳴蚣蝑動股屬。

清·胡天游《春秋夏正》卷二 《經》：桓公五年秋，螽。《經》：僖公十有五年秋八月，螽。《經》：文公三年秋，雨螽于宋。《經》：宣公六年秋八月，螽。十三年秋，螽。十五年秋，螽。《經》：襄公七年秋八月，螽。《經》：哀公十有三年九月，螽。十有二月，螽。《詩》云：五月斯螽動股。《爾雅》云：螽醜奮于五月，時股成而奮迅之也，螽于文從冬，奮乎夏，食乎秋，至冬而終，故謂之螽。方秋八月，穀將鄰實，螽集穀間，多則爲災。然螽實秋之候蟲，故經書蟲皆以秋以八月。此書九月則七月，十二月則猶九月，並秋時。黄東發云：左氏凡十二月蟲，皆以爲司歷之過，若以此月爲螽猶未蟄，則以秋爲冬，差一時也。民時亂而農功失，司歷過至此乎，天下寧有是理哉。蝗蝻在地，冬雪深入，今冬燠而有螽，將蔓延爲來歲之災，尤災之甚者也。東發殆于夢之中，又占其夢者。經，宣公十有五年冬，蝝生。此則正冬時，蝝何以生。《爾雅》曰：蝝，蝮蜪。螽類也。劉歆以蝝爲黑眚，蓋衰亂之世，物理反常，有非時而生出者。後漢光和元年策秀才曰：連年螽蝗冬蛹，其咎安在，與春秋同異。《經》：莊公十有七年冬，多麋。附説莊公之時，閏尚未失，知所書冬爲正冬月也。《月令》：十一月麋角解。麋陰獸，解角者，感陽氣之動。陸佃云：其性善迷，故謂之麋。麋本澤獸。《博物記》云：臨淮長洲之澤，多麋，十千爲羣，掘食草根，其處成泥，名曰麋畯。民人隨此畯種稻，不耕而穫，其收百倍，經録此者。以其不常多而多。亦記異爾，舊訓謂麋多則害五稼，害稼則及人，夫方冬時，農收已畢，奚稼之害，是云云者，其終拘周正之墟乎。

宋·祝穆《古今事文類聚》前集卷五《蝗》 羣書要語：食苗曰螟，食葉曰螣，食根曰蟊，食節曰賊，四蝗蟲名也。《爾雅》。蝗，螽也，一名蝻，一名蝝。《説文》。蜚，負蠜蟲也。《左傳注》。去其螟螣，及其蟊賊，無害我田，稺田祖有神秉畀炎火。《詩》。蝗蟲，腹下有梵字。《雜俎》。蝗是魚子在水中化爲之。蔡伯。

宋·孔傳續白居易原本《白孔六帖》卷八一《蟲蝗》 白：去其螟〔螣〕及其蟊賊，無害我田稺，田祖有神，秉畀炎火，蟲螟爲害，蟲蝗爲災，百螣時起，天災流行，昆蟲之災，介蟲敗穀，昆蟲無作，飛螟赴海。馬援爲武陵守飛螟赴海。避境魯恭爲中牟令，飛蝗避境。設壇責己公沙穆爲弘農令時，多蝗蟲，乃設壇責己。蝗蟲遂去，境人以爲神明之君。捕蝗。漢平時蝗，詔使者捕蝗。人能捕蝗者，詣吏以石斗受錢。蝗隨督郵：後漢戴封爲西華令，汝潁有蝗災，不入西華界。督郵行縣，忽大至。督郵其日去，蝗亦隨去。又宋均爲九江守，山陽楚沛多蝗蟲，至九江，輒四散。稻蟹不遺種，《國語》。雨螽于宋。《穀梁》：雨螽于宋，芽茨晝夜，著上見下曰：雨。傳曰有蜚，蜚負蠜蟲也。蟲損免税令，具旱門。孔蝗獨不至境。史王方翼再遷肅州刺史，儀鳳間，河西蝗，獨不至于境。蟲損害氣作，則蟲螟生。狄仁傑時，發兵戍疏勒四鎮，百姓怨苦，仁傑諫曰：政不行則害氣作。害氣作，則蟲螟生，水旱起矣。遣使分道捕瘞，韓思復：開元初爲諫議大夫，山東大蝗。宰相姚崇遣使分道捕瘞。思復上言：夾河州縣飛蝗所至，苗輒盡。今游食至洛，使者往來，不敢顯言，且天災流行，庸可盡瘞。望陛下悔過責躬，損不急之務，任至公之人，持此誠實以荅譴咎，其驅蝗使一切宜罷。玄宗然之。蝗不入境。李紳遷宣武節度使，大旱，蝗不入境。河北蝗，張孝忠爲易守滄等州觀察使，貞元二年，河北(北)蝗。民餓死如積。孝忠與其下同粗淡，日膳裁豆䜺而已。祭蝗于皐門：五代晉出帝天福八年六月庚戌，祭蝗于皐門。帥奉軍國捕蝗：癸亥，供奉官七人，帥奉軍國捕蝗于京畿。募民捕蝗八月丁未朔募民捕蝗，易以粟。並同上。有蝗蔽天：而飛晝爲之黑凡，庭户衣帳悉充塞之，王親祝於都會堂。即夕大風，蝗墮浙江而死。吴越備史。蜚蝗竟天：陸贄集序：蜚蝗竟天，農稷不能善稼。昇之季年，蟲蝗爲害：經時不息及嗣主立皆附草而死。江南録。張福率威順軍捕蝗於陳州。安審信捕蝗于中都。大赦。以旱蝗大赦，並天福八年。乾祐元年，滑州魚池旱蝗，秋七月鸜鴿食蝗，五代分道殺蝗。姚崇：開元四年，山東大蝗。民祭且拜，坐視食苗，不敢捕。崇奏詩云：秉彼蟊賊，付畀炎火。漢光武詔曰：勉順時政，勸督農桑，去彼螟蜮，以及蟊賊，此除蝗誼也。且蝗畏人，易驅又田，皆有主使，自救其地，必不憚，勤請夜設火，坎其旁，且焚且瘞，蝗乃可盡。古有討除不勝者，特人不用命焉，乃出御史爲捕蝗，使分道殺蝗。吞蝗《五行志》：貞觀二年六月，京畿旱蝗。太宗在苑中掇蝗，祝之曰：人以穀爲命，百姓有過在予一人，但當蝕我，無害百姓，將吞之。侍臣懼帝致疾，遽以爲諫，帝曰：所冀移災，朕躬何疾之避，遂吞之。蝗集祠旁董昌始立生祠，蝗集祠旁，使人捕，沈鏡湖告曰，不爲災。飛烏食蝗五代馮行襲所至，輒天旱，境旱有蝗，則飛烏食之。殺多必戾和氣盧懷慎曰：凡天災安可人力制也。且殺蟲多，必戾和氣。願公思之。崇曰：昔楚王吞蛭而厥疾瘳，叔敖斷蛇福乃降。今蝗幸可驅，若縱之，穀且盡，如百姓何。殺蟲救人，禍歸於崇，不以諉公也。蝗害訖息。吏捕蝗者不勝而仰食於民：王凝曰：吏捕蝗者，不勝而仰食於民，則率暴以濟災也。腹有梵字：《酉陽雜俎》：蝗蟲腹下有梵字。魚子變：今蝗蟲，首有王字，固自不可曉，或言魚子變近之矣。蟲食穀者，部吏所致：侵漁百姓，則蟲食穀。蟲身黑頭，赤武吏也。身赤頭黑，文吏也。同上。稼穡茂而螟蝗不生。柳文。

宋·王霆震《古文集成》卷七〇《録蝗蟲辭孫因》

嘗試掇蝗之魁傑者，數輩置于前，詰之曰：使汝害稼，天歟，人歟，惟天惠民，必不使爾爲吾民痛也。且食，民天也。汝啖民之天，以餓其體膚，天將汝誅矣，速去。毋久居。頃之，若有印首揚眉趯趯而股鳴者，聽之，則曰：今爲害者豈我乎？牟人之利以饜己之欲者非蝗乎？食人之食而誤人之國者，非蝗乎。利口而邦之覆，磨牙而民之毒者，非蝗乎。故窮奇、饕餮，虞之蝗也。夷羿、豷、浞，夏之蝗也。受臣億萬，商之蝗也。蹶、楀、家伯、仲允、聚子，周之蝗也。齊豹、庶其、牟夷、黑肱，春秋之蝗也。鞅、睢、斯、高、翦、邯、翳、欣，蝗於秦者也。酷吏、游俠、外戚、佞、宦，蝗於漢者也。大者如是，小者不可算也。自漢而下，蝗日益盛，民日益病。蝗日益碩，民日益瘠。雖唐正觀、開元間號多樂歲，蝗未嘗熄也。嗚呼，其爲害三千餘年矣。跼跼躍躍，實繁有徒。去之復生，芟之益蕪，其庸有既乎。必有良史，特書屢書，而胡獨罪予？且夫節按常程，無非急征。鬻獄賣判，價隨重輕。外托公計，内爲己贏。若是者，不謂之蝗，可乎？囊金櫃帛，峙如山岳。轉餽苞苴，道途盤錯。一筵之費，或至千索。咀嚼已竭，未厭溪壑。不稼不穡，取禾三百。若是者，不謂之蝗，可乎？大昕退朝，崇朝退食。水珍陸羞，映照巾羃。是中其誰？羔羊正直。乘馬從徒，呵哄塞衢。鳴玉曳履，鏘鏘步趨。明旦封事，問之則無。月糜都内錢，日廩太倉粟。輔郡致醇醴，京府飾居屋。休問坎伐檀，不論鼎覆餗。若是者，不謂之蝗，可乎？屯雲百萬，耄弱相半，問其所工，鍼韓皀鍜。負米已喘，執眷已汗。衺衣麗襦，市壓嬉媮。私第一占，終身晏如。食粟而已，烏知其餘？此冗兵之爲蝗也。官如傳舍，彼長子孫。所在朋曹，蟄蟄詵詵。舞文冒賄，齧吾本根。幸而黥涅，復爲官軍。此吏胥之爲蝗也。傑閣廣殿，金臒炳炯，土偶蒙珠，牆壁湧鈿。黔首無知，禍福驅煽。此夷鬼之爲蝗也。節、察、防、團，遥刺等官，本待有功，豈爲養安？養安以佚，坐糜得秩。率民户百，不足供一。贓吏斥歸，更得真祠。豈念祠廩，亦民膏脂？推此以往，其他可知。貴介姻族，乃及僮僕，倚勢豪奪，飛食人肉。鼓吻弄翼，道路側目。凡此，皆人其形而蝗其腹者也。其爲民害。章章如是，若夫惰田之農，淫浮之技，曳縞之商，纂組之女，倚市門之子，假飾衣冠之士，瑣瑣碌碌者，尚不與此。然則豐年樂歲，常有數十百億萬飛蝗在天下，齕人骨髓，豈特食稻黍而已。況害稼者有時，害民者無期。害稼者遇官吏如魯中牟，則不入境。遇人主如唐太宗則不爲災。而彼害民者，誰憚而不爲邪。然則今爲害者，豈特我邪。愚愧其語，書以爲有位儆焉。

紀事

漢・王充《論衡》卷一六《商蟲篇》　魯宣公履畝而稅，應時而有蝝生者，或言若蝗。蝗時至蔽天如雨，集地食物，不擇穀草。察其頭身，象類何吏？變復之家，謂蝗何應？建武三十一年，蝗起太山郡，西南過陳留、河南，遂入夷狄，所集鄉縣以千百數。當時鄉縣之吏未皆履畝，蝗食穀草，連日老極，或蜚徙去，或止枯死。當時鄉縣之吏，未必皆伏罪也。夫蟲食穀，自有止期，猶蠶食桑，自有足時也。生出有日，死極有月，期盡變化，不常爲蟲。使人君不罪其吏，蟲猶自亡。夫蟲，風氣所生，蒼頡知之，故凡虫，爲風之字，取氣於風，故八日而化，生春夏之物，或食五穀，或食衆草。食五穀，吏受錢穀也，其食他草，受人何物？【略】然夫蟲之生也，必依溫濕。溫濕之氣，常在春夏。秋冬之氣，寒而乾燥，蟲未曾生。若以蟲生罪鄉部吏，是則鄉部吏貪於春夏，廉於秋冬。雖盜跖之吏以秋冬署，蒙伯夷之舉矣。夫春夏非一，而蟲時生者，溫濕甚也，甚則陰陽不和。陰陽不和，政也，徒當歸於政治，而指謂部吏爲姦，失事實矣。何知蟲以溫濕生也？以蠱蟲知之。穀乾燥者，蟲不生。溫濕饐餲蟲生不禁。藏宿麥之種，烈日乾暴，投於燥器，則蟲不生。如不乾暴，閘喋之蟲，生如雲煙。以蟲閘喋，准況衆蟲，溫濕所生明矣。且天將雨，【略】螘出蚋蜚，爲與氣相應也。或時諸蟲之生，自與時氣相應，如何輒歸罪於部吏乎？天道自然，吉凶偶會，非常之蟲適生，貪吏遭署。人察貪吏之操，又見災蟲之生，則謂部吏之所爲致也。

漢・班固《漢書》卷五《景帝紀》　四年夏，蝗。

漢・班固《漢書》卷六《武帝紀》　建元五年五月，大蝗。元光五年八月，螟。太初元年秋八月，蝗從東方飛至敦煌。二年秋，蝗。

漢・班固《漢書》卷九《元帝紀》　永光五年秋八月，有白蛾群飛蔽日，從東道門至枳道。

漢・班固《漢書》卷一〇《成帝紀》　建始元年夏四月，黃霧四塞，博問公卿大夫，無有所諱。六月，有青蠅無萬數集未央宮殿中朝者坐。

漢・劉珍《東觀漢記》卷一〇《卓茂》　時天下大蝗，河南二十餘縣皆被其災，獨不入密界。督郵言之，太守不信，自出案行見乃服焉。光武即位，先訪求茂。茂時年七十餘矣，詔封茂宣德侯，以茂爲太傅，賜几杖，安車一乘。茂爲人恬蕩，樂道推實，不爲華貌，束身執節，行已在于清濁之間，自束髮至白首，與人未嘗有爭競。

漢・劉珍《東觀漢記》卷二一《梁福・喜夷》　司部災蝗，臺召三府驅之。司空掾梁福曰：普天之下，莫非王土，不審使臣驅蝗何之？災蝗當以德消，不聞驅逐。時號福爲真掾。【略】喜夷爲壽陽令，蝗入輒死。

《春秋公羊傳注疏》卷一六《宣公十五年》　冬，蝝生。未有言蝝生者，此其言蝝生何？注：蝝即蟓也，始生曰蝝，大曰蟓。蝝生不書，此何以書？幸之也。注：幸僥幸。幸之者何？注：聞災當懼，反喜非其類，故執不知問。猶曰受之云爾。受之云爾者何？解云：災是害物，宜避之。今而云受之，於義似乖，故執不知問。上變古易常，注：上謂宣公，變易公田古常舊制而稅畝。應是而有天災，注：應是變古《易》常而有天災蟓，民用饑。其諸則宜於此焉變矣。注：言宣公於此天災饑後，能受過變寤，明年復古行中，冬大有年，其功美過於無災，故君子深爲喜而僥幸之。變蟓言蝝，以不爲災書，起其事。

《春秋公羊傳》卷一七《成公五年》　夏，梁山崩。梁山者何？河上之山也。梁山崩，何以書？記異也。何異爾？大也。何大爾？梁山崩，壅河三日不流。注：故不日以起之，不書壅河者，舉崩大爲重。疏：注故不日以起之。解云：謂起其三日不沵也，則但一日，不可不書日矣。若無所起，例當書日，即僖十四年秋八月辛卯，沙鹿崩是也。外異不書，此何以書？爲天下記異也。注：山者，陽精、德澤所由生，君之象。河者，四瀆，所以通道中國，與王道同。記山崩壅河者，此象諸侯失勢，王道絶，大夫擅恣，爲海内害，自是之後，六十年之中，弑君十四，亡國三十二，故溴梁之盟，徧刺天下之大夫。

漢・荀悅《前漢紀》卷一五《孝武六》　征和三年秋，大蝗。

漢・荀悅《前漢紀》卷二二《孝元二》　建昭元年秋八月，有白蛾羣飛，蔽日。從東都門至軹道。冬河間王元有罪廢。

漢・荀悅《前漢紀》卷二四《孝成一》　建始元年夏四月，黃霧四塞終夜，下著地如黃土塵。上問羣臣，諫議大夫楊興博士駟勝等以爲陰氣侵陽氣之象，高祖之約，非有功不侯。今太后諸弟，皆以無功而侯。非高祖之約，故天爲見異以譴失行。上以爲然，鳳於是乃懼。上書言陛下初即位，思慕諒闇，故詔臣鳳典領尚書事，上無以明聖德，下無以益政治。今有孛星赤黄之異，咎在臣鳳，伏願顯戮以謝天下。今諒闇已畢，大義皆舉，宜親覽萬機以當天心。因乞骸骨辭歸。上報曰：朕承先帝聖緒，涉道未深，不明事情，是以陰陽錯繆，日色無光，赤黄之氣，充塞天下，咎在朕躬。

漢·荀悦《前漢紀》卷三〇《孝平》 居攝十四年閏月，霸橋災。數千人沃之不滅，關東民相食。蝗蟲蔽天，自東來至長安，入未央宫。發吏民，設購賞以捕之。

晉·陳壽《三國志》卷二《魏志·文帝紀》 黄初三年秋七月，冀州大蝗，民饑，使尚書杜畿持節開倉廪以振之。

晉·陳壽《三國志》卷六《魏志·董卓傳》 初平三年，是時蝗蟲起，歲旱無穀，從官食棗菜。

晉·袁宏《後漢書》卷一上《光武帝紀上》 建武二年初，天下旱蝗，黄金一斤易粟一斛；至是野穀旅生，麻尗尤盛，野蠶成繭，被於山阜，人收其利焉。

晉·袁宏《後漢書》卷五《安帝紀》 永初五年，是歲，九州蝗。六年三月，十州蝗。永初七年八月丙寅，京師大風，蝗蟲飛過洛陽。詔賜民爵。郡國被蝗傷稼十五以上，勿收今年田租；不滿者，以實除之。

南朝宋·范曄《後漢書》卷九《獻帝紀》 建安二年夏五月，蝗。

南朝梁·蕭子顯《南齊書》卷一九《五行志》 《傳》又曰：「山之於地，君之象也。山崩者，君權損，京陵易處，世將變也。陵轉爲澤，貴將爲賤也。」

建元二年夏，廬陵石陽縣長溪水衝激山麓崩，長六七丈，下得柱千餘口，皆十圍，長者一丈，短者八九尺，頭題有古文字，不可識。江淹以問王儉，儉云：「江東不閑隸書，此秦漢時柱也。」後年宫車晏駕，世變之象也。

永明二年秋，始興曲江縣山崩，壅底溪水成陂。京房占：「山崩，人主惡之。」

《傳》曰：「皇之不極，是謂不建，其咎在霿亂失聽，故厥咎霿。」思心之咎亦霿。天者，正萬物之始，王者，正萬事之始，失中則害天氣，類相動也。天者轉於下而運於上，雲者起於山而彌於天，天氣動則其象應，故厥罰常陰。王者失中，臣下盛强，而蔽君明，則雲陰亦衆多而蔽天光也。

建元四年十月丙午，日入後土霧勃勃如火煙。

永明二年十一月己亥，四面土霧入人眼鼻，至辛丑止。二年十一月丙子，日出後及日入後，四面土霧勃勃如火煙。六年十一月庚戌，丙夜土霧竟天，昏塞濃厚，至六日未時小開，到甲夜(仍)後〔仍〕濃密，勃勃如火煙，辛慘入人眼鼻。八年十月壬申，夜土霧竟天，濃厚勃勃如火煙，氣入人眼鼻，至九日辰時開除。

北齊·魏收《魏書》卷一一二上《靈徵志上》 《洪範論》曰：山，陽，君也；水，陰，民也。天戒若曰：君道崩壞，百姓將失其所也。

太祖天賜六年春三月，恒山崩。

世祖太延四年四月己酉，華山崩。其占曰：山岳配天，猶諸侯之係天子。山岳崩，諸侯有亡者。沮渠牧犍將滅之應。

世宗景明元年五月乙丑，齊州山在縣太陰山崩，飛泉湧出，殺一百五十九人。四年十一月丁巳，恒山崩。

正始元年十一月癸亥，恒山崩。

延昌三年八月辛巳，兖州上言：「泰山崩，頽石湧泉十七處。」泰山，帝王告成封禪之所也，而山崩泉湧，陽黜而陰盛，岱又齊地也。天意若曰：當有繼齊而興，受禪讓者。齊代魏之徵也。

班固説：上不寬大包容臣下，則不能居聖位。貌、言、視、聽，以心爲主，四者皆失，則區霿無識，故其咎霿。

世祖太延四年正月庚子，雨土如霧於洛陽。

高祖太和十二年十一月丙戌，土霧竟天，六日不開，到甲夜仍復濃密，勃勃如火煙，辛慘人鼻。

世宗景明三年二月己丑，秦州黄霧，雨土覆地。八月己酉，濁氣四塞。四年八月辛巳，凉州雨土覆地，亦如霧。

正始二年正月己丑夜，陰霧四塞，初黑後赤。三年正月辛丑，土霧四塞。九月壬申，黑霧四塞。

延昌元年二月甲戌，黄霧蔽塞。時高肇以外戚見寵，兄弟受封，同漢之五侯也。

唐·姚思廉《陳書》卷六《後主紀》 禎明三年春正月乙丑朔，霧氣四塞。

唐·魏徵等《隋書》卷一《高祖紀上》 開皇二年二月庚子，京師雨土。

唐·魏徵等《隋書》卷二三《五行志下》 後齊天保八年三月，大熱，人或暍死。

後齊河清二年，太原雨血。

陳禎明三年正月朔旦，雲霧晦冥，入鼻辛酸。後主昏昧，近夜妖也。《洪範五行傳》曰：「王失中，臣下强盛，以蔽君明，則雲陰。」是時北軍臨江，柳莊、任蠻奴並進中款，後主惑佞臣孔範之言，而昏闇不能用，以至覆敗。

東魏武定四年冬，大霧六日，晝夜不解。《洪範五行傳》曰：「晝而晦冥若夜者，陰侵陽，臣將侵君之象也。」明年，元瑾、劉思逸謀殺大將軍之應。

唐·房玄齡等《晉書》卷三《世祖武帝紀》 咸寧元年九月甲子，青州螟。

唐·房玄齡等《晉書》卷四《孝惠帝紀》 永康元年三月，尉氏雨血，妖星見于南方。冬十月，黄霧四塞。

唐·房玄齡等《晉書》卷五《孝懷帝、孝愍帝紀》 永嘉四年五月，幽、并、司、冀、秦、雍等六州大蝗，食草木、牛馬毛，皆盡。建興四年六月丁巳朔，日有蝕之。大蝗。

唐·房玄齡等《晉書》卷六《中宗元帝、肅宗明帝紀》 大興元年八月，冀、徐、青三州蝗。二年五月，徐楊及江西諸郡蝗。吴郡大饑。是歲，三吴大饑。太寧元年春正月癸巳，黄霧四塞，京師火。二月乙丑，黄霧四塞。

唐·李延壽《北史》卷七《齊紀中》 天保八年八月自夏至九月，河北六州、河南十三州、畿内八郡大蝗，飛至鄴，蔽日，聲如風雨。甲辰，詔今年遭蝗處，免租。天保九年是夏，山東大蝗，差人夫捕而坑之。

唐·李延壽《北史》卷一一《隋紀上》 開皇二年二月庚子，京師雨土。

後晉·劉昫等《舊唐書》卷三《太宗紀上》 貞觀七年春正月丁卯，雨土。

後晉·劉昫等《舊唐書》卷七《中宗、睿宗紀》 神龍二年三月乙巳，黄霧四塞。

景龍元年十二月丁丑，京師雨土。

後晉·劉昫等《舊唐書》卷八《玄宗紀上》 開元五年正月戊辰，昏霧四塞。二十九年三月丙午，風霾，日色無影。

後晉·劉昫等《舊唐書》卷一一《代宗紀》 大曆七年十二月丙寅，雨土。

後晉·劉昫等《舊唐書》卷一三《德宗紀下》 貞元十年三月乙亥，黄霧四塞，日無光。

後晉·劉昫等《舊唐書》卷一五《憲宗紀下》 元和九年春正月乙卯，大霧而雪。

後晉·劉昫等《舊唐書》卷一七下《文宗紀下》 開成三年八月己亥，魏博六州蝗食秋苗並盡。

後晉·劉昫等《舊唐書》卷一八上《武宗、宣宗紀上》 開成五年七月己巳，關東大蝗傷稼。

後晉·劉昫等《舊唐書》卷三七《五行志》 貞觀二年六月，京畿旱，蝗食稼。太宗在苑中掇蝗，咒之曰：「人以穀爲命，而汝害之，是害吾民也。百姓有過，在予一人，汝若通靈，但當食我，無害吾民。」將吞之，侍臣恐上致疾，遽諫止之。上曰：「所冀移災朕躬，何疾之避？」遂吞之。是歲蝗不爲患。

開元四年五月，山東螟蝗害稼，分遣御史捕而埋之。汴州刺史倪若水拒御史，執奏曰：「蝗是天災，自宜修德。劉聰時，除既不得，爲害滋深。」宰相姚崇牒報之曰：「劉聰僞主，德不勝妖；今日聖朝，妖不勝德。古之良守，蝗蟲避境，若言修德可免，彼豈無德致然。今坐看食苗，忍而不救，因此饑饉，將何以安？」卒行埋瘞之法，獲蝗一十四萬，乃投之汴河，流者不可勝數。朝議喧然，上復以問崇，崇對曰：「凡事有違經而合道，反道而適權者，彼庸儒不足以知之。縱除之不盡，猶勝養之以成災。」帝曰：「殺蟲太多，有傷和氣，公其思之。」崇曰：「若救人殺蟲致禍，臣所甘心。」八月四日，敕河南、河北檢校捕蝗使狄光嗣、康瓘、敬昭道、高昌、賈彦璿等，宜令待蟲盡而刈禾將畢，即入京奏事。諫議大夫韓思復上言曰：「伏聞河北蝗蟲，頃日益熾，經歷之處，苗稼都盡。臣望陛下省咎責躬，發使宣慰，損不急之務，去至冗之人。上下同心，君臣一德，持此至誠，以答休咎。前後捕蝗使望並停之。」上出符疏付中書姚崇，乃令思復往山東檢視蟲災之所，及還，具以聞。二十五年，貝州蝗食苗，有白鳥數萬，羣飛食蝗，一夕而盡。明年，榆林關有虸蚄食苗，羣雀來食，數日而盡。

天寶三載，貴州紫蟲食苗，時有赤鳥羣飛，自東北來食之。

廣德元年秋，虸蚄食苗，關西尤甚，米斗千錢。

興元元年秋，關輔大蝗，田稼食盡，百姓饑，捕蝗爲食，蒸曝，颺去足翅而食之。明年夏，蝗尤甚，自東海西盡河、隴，羣飛蔽天，旬日不息。經行之處，草木牛畜毛，靡有孑遺。關輔已東，穀大貴，餓饉枕道。京師大亂之後，李懷光據河中，諸軍進討，國用罄竭。衣冠之家，多有殍殕者。旱甚，灞水將竭，井皆無水。有司奏國用裁可支七旬。德宗減膳，不御正殿。百司不急之費，皆減之。

元和元年夏，鎮、冀蝗，害稼。

長慶三年秋，洪州旱，螟蝗害稼八萬頃。

大和元年秋，旱，罷選舉。

開成二年，河南、河北旱，蝗害稼；京師旱尤甚，徙市，閉坊南門。四年六月，天下旱，蝗食田，禱祈無效，上憂形于色。宰臣曰：「星官奏天時當爾，乞不過勞聖慮。」文宗愀然改容曰：「朕爲天下主，無德及人，致此災旱。今又彗星謫見于上，若三日内不雨，當退歸南内，卿等自選賢明之君以安天下。」宰臣嗚咽流涕不能已。是歲，河南府界黑蟲食苗。河南、河北蝗，害稼都盡。鎮、定等州，田稼既盡，至于野草樹葉細枝亦盡。

會昌元年，山南鄧、唐等州蝗，害稼。

後晉・劉昫等《舊唐書》卷九六《姚崇傳》 開元四年，山東蝗蟲大起，崇奏曰：「《毛詩》云：『秉彼蟊賊，以付炎火。』又漢光武詔曰：『勉順時政，勸督農桑，去彼蝗蜮，以及蟊賊。』此並除蝗之義也。蟲既解畏人，易爲驅逐。又苗稼皆有地主，救護必不辭勞。蝗既解飛，夜必赴火，夜中設火，火邊掘坑，且焚且瘞，除之可盡。時山東百姓皆燒香禮拜，設祭祈恩，眼看食苗，手不敢近。自古有討除不得者，祇是人不用命，但使齊心戮力，必是可除。」乃遣御史分道殺蝗。汴州刺史倪若水執奏曰：「蝗是天災，自宜修德。劉聰時除既不得，爲害更深。」仍拒御史，不肯應命。崇大怒，牒報若水曰：「劉聰僞主，德不勝妖；今日聖朝，妖不勝德。古之良守，蝗蟲避境，若其修德可免，彼豈無德致然！今坐看食苗，何忍不救，因以饑饉，將何自安？幸勿遲迴，自招悔吝。」若水乃行焚瘞之法，獲蝗一十四萬石，投汴渠流下者不可勝紀。

時朝廷喧議，皆以驅蝗爲不便，上聞之，復以問崇。崇曰：「庸儒執文，不識通變。凡事有違經而合道者，亦有反道而適權者。昔魏時山東有蝗傷稼，緣小忍不除，致使苗稼總盡，人至相食；後秦時有蝗，禾稼及草木俱盡，牛馬至相噉毛。今山東蝗蟲所在流滿，仍極繁息，實所稀聞。河北、河南，無多貯積，倘不收穫，豈免流離，事繫安危，不可膠柱。縱使除之不盡，猶勝養以成災。陛下好生惡殺，此事請不煩出敕，乞容臣出牒處分。若除不得，臣在身官爵，並請削除。」上許之。

黄門監盧懷慎謂崇曰：「蝗是天災，豈可制以人事？外議咸以爲非。又殺蟲太多，有傷和氣。今猶可復，請公思之。」崇曰：「楚王吞蛭，厥疾用瘳；叔敖殺蛇，其福乃降。趙宣至賢也，恨用其犬；孔丘將聖也，不愛其羊。皆志在安人，思不失禮。今蝗蟲極盛，驅除可得，若其縱食，所在皆空。山東百姓，豈宜饑殺！此事崇已面經奏定訖，請公勿復爲言。若救人殺蟲，因緣致禍，崇請獨受，義不仰關。」懷慎既庶事曲從，竟亦不敢逆崇之意，蝗因此亦漸止息。

後晉・劉昫等《舊唐書》卷一〇一《韓思復傳》 開元初，（韓思復）爲諫議大夫。時山東蝗蟲大起，姚崇爲中書令，奏遣使分往河南、河北諸道殺蝗蟲而埋之。思復以爲蝗蟲是天災，當修德以禳之，恐非人力所能翦滅。上疏曰：「臣聞河南、河北蝗蟲，頃日更益繁熾，經歷之處，苗稼都損。今漸翾飛向西，游食至洛，使命來往，不敢昌言，山東數州，甚爲惶懼。且天災流行，埋瘞難盡。望陛下悔過責躬，發使宣慰，損不急之務，召至公之人，上下同心，君臣一德，持此誠實，以答休咎。前後驅蝗使等，伏望總停。《書》云：『皇天無親，惟德是輔；人心無親，惟惠是懷。』不可不收攬人心也。」上深然之，出思復疏以付（姚）崇。崇乃請遣思復往山東檢蝗蟲所損之處，及還，具以實奏。崇又請令監察御史劉沼重加詳覆，沼希崇旨意，遂箠撻百姓，迴改舊狀以奏之。由是河南數州，竟不得免。

後晉・劉昫等《舊唐書》卷一四一《張孝忠傳》 貞元二年，河北蝗旱，米斗一千五百文，復大兵之後，民無蓄積，餓殍相枕。

宋・薛居正等《舊五代史》卷八〇《晉書六・高祖紀六》 天福七年，是春，鄆、曹、澶、博、相、洺諸州蝗。四月，州郡十六處蝗。

宋・薛居正等《舊五代史》卷八一《晉書七・少帝紀一》 天福七年七月，州郡十七蝗。八月，河中、河東、河西、徐、晉、商、汝等州蝗。天福八年春正月辛巳，盜發唐坤陵，莊宗母曹太后之陵也。河南府上言：「逃户凡五千三百八十七，餓死者兼之。」詔：「諸道以廩粟賑饑民，民有積粟者，均分借便，以濟貧民。」時州郡蝗旱，百姓流亡，餓死者千萬計。二月丁丑，以前太僕卿薛仁謙爲衛尉卿。河中逃户凡七千七百五十九。是時天下饑，穀價翔踴，人多餓殍。夏四月河南、河北、關西諸州旱蝗，分命使臣捕之。六月庚戌，以螟蝗爲害，詔侍衛馬步軍都指揮使李守貞往皐門祭告，仍遣諸司使梁進超等七人分往開封府界捕之。乙卯，以左羽林統軍安審暉爲潞州節度使。宿州奏，飛蝗抱草乾死。丙辰，貝州奏，逃户凡三千七百。遣供奉官衛延韜詣嵩山投龍祈雨。戊午，以西京留守馬從斌爲左監門衛上將軍。開封府界飛蝗自死。庚申，河南府奏，飛蝗天下，徧滿山野，草苗木葉食之皆盡，人多餓死。禮部侍郎吴承範卒。丙寅，以將册皇太后，遣尚書左丞王易簡奏告天地。陝州奏，蝗飛入界，傷食五稼及竹木之葉，逃户凡八千一百。丁卯，以給事中符蒙爲禮部侍郎，以左諫議大夫裴坦爲給事中。

辛未，遣内外臣僚二十八人分往諸道州府率借粟麥。時使臣希旨，立法甚峻，民間碓磑泥封之，隱其數者皆斃之，由是人不聊生，物情胥怨。是月，諸州郡大蝗，所至草木皆盡。

宋・薛居正等《舊五代史》卷一〇二《漢書四・隱帝紀中》 乾祐二年五月己未，右監門大將軍許遷上言，奉使至博州博平縣界，覩蝝生彌亘數里，一夕並化爲蝶飛去。辛酉，兗、鄆、齊三州奏蝝生。六月癸酉朔，日有食之。兗州奏，捕蝗二萬斛，魏、博、宿三州蝗抱草而死。己卯，滑、濮、澶、曹、兗、淄、青、齊、宿、懷、相、衛、博、陳等州奏蝗，分命中使致祭於所在川澤山林之神。開封府、滑、曹等州蝗甚，遣使捕之。七月丙寅，兗州奏，捕蝗三萬斛。戊辰，兗州奏，捕蝗四萬斛。

宋・薛居正等《舊五代史》卷一〇七《漢書九・劉銖傳》 乾祐中，淄、青大蝗，銖下令捕蝗，略無遺漏，田苗無害。

宋・薛居正等《舊五代史》卷一一三《周書四・太祖紀四》 廣順三年三月癸巳，大風雨土。

宋・薛居正等《舊五代史》卷一四一《五行志》 梁開平元年六月，許、陳、汝、蔡、潁五州蝝生，有野禽羣飛蔽空，食之皆盡。

唐同光三年九月，鎮州奏，飛蝗害稼。

晉天福七年四月，山東、河南、關西諸郡蝗害稼，至八年四月，天下諸州飛蝗害田，食草木葉皆盡。詔州縣長吏捕蝗。華州節度使楊彦詢、雍州節度使趙瑩命百姓捕蝗一斗，以禄粟一斗償之。時蝗旱相繼，人民流移，饑者盈路，關西餓殍尤甚，死者十七八。朝廷以軍食不充，分命使臣諸道括粟麥，晉祚自兹衰矣。

漢乾祐元年七月，青、鄆、兗、齊、濮、沂、密、邢、曹皆言蝝生。開封府奏，陽武、雍丘、襄邑等縣蝗，開封尹侯益遣人以酒肴致祭，尋爲鸜鵒食之皆盡。勅禁羅弋鸜鵒，以其有吞蝗之異也。

二年五月，博州奏，有蝝生，化爲蝶飛去。宋州奏，蝗一夕抱草而死，差官祭之。

宋・王溥《五代會要》卷一一《蝗》 梁開平元年六月，許、陳、汝、蔡、潁五州蝝生，有野禽羣飛蔽空，食之皆盡。

後唐同光三年九月，鎮州奏，飛蝗害稼。

晉天福七年四月，山東、河南、關西諸郡蝗害稼，至八年四月，天下諸道州飛蝗害稼，食草木葉皆盡。詔州縣長吏捕蝗。華州節度使楊彦珣、雍州節度使趙瑩命百姓捕蝗一斗，以禄粟二斗賞之。時蝗、旱相繼，人民流遷，飢者盈路。關西餓莩尤甚。死者十有七八。朝廷以軍食不充，分命使臣諸道括借粟麥。晉氏自此衰矣。

漢乾祐元年七月，青、鄆、襄、齊、濮、沂、密、邢、曹皆言蝝生。開封府奏，陽武、雍邱、襄邑等縣蝗。開封尹侯益遣人以酒肴致祭，尋爲鸜鵒食之皆盡。勅禁羅弋鸜鵒，以其有吞蝗之異也。二年五月，博州奏，有蝝生，化爲蝶飛去。宋州奏，蝗一夕抱草而死，差官祭之。復命尚書吏部侍郎段希堯祭東岳，太府卿劉皞祭中岳，皆慮蟲螟故也。

宋・李昉等《太平御覽》卷八七七 雨土

京房《易傳》曰：内淫亂，百姓勞苦，則天雨土。《尚書中候》曰：夏桀無道，山亡土崩。殷紂時，十日雨土於亳，紂章國滅。伏侯《古今注》曰：漢武帝元朔四年，雨土。又曰：昭帝始元二年雨土，晝昏。又曰：元帝建昭四年，雨土。《梁書》曰：武帝大同元年，雨土，又：雨黄塵如雪，攬之盈掬。時帝弱於佛法，興造尤甚。《後魏書》曰：世宗景明四年，凉州雨土，如霧。時舅尚書令高肇專政，俄而被殺。《隋書》曰：隋文帝開皇二年，京師雨土。四年，關中亂，饑，諸王各謀爲逆。時兩營都邑，後〔起〕壽宫，〔丁〕匠死者大半。

雨沙

《隋書》曰：梁簡文時，雨黄沙。時侯景陵上，其年人相食。

宋・李昉等《太平御覽》卷八七八 霧 《禮記・月令》曰：仲冬行夏令，則氛霧冥冥。《晉書》曰：成帝咸和元年，大霧，步武不相見。會稽王道子專政之應。《國志曆》曰：晉咸和元年三月，霧殺桑、果。《宋書》曰：晉安王子勛，泰始中，即僞位于尋陽。其日雲霧四合，旬日被殺。《齊書》曰：武帝時，大霧竟天，如煙，入人眼鼻。後二年，皇太子死。《後魏書》曰：静帝武定年冬，大霧六旬，晝夜不解。明年，常侍荀濟、華山王大器及元思僅等，謀殺大將軍高洋。事洩，荀濟等並戮於市。《隋書》曰：陳後主末年正月朔，大會羣官，大霧四塞，人眼鼻辛酸。明年降隋。《陸機別傳》曰：機被誅日，大風折木，天地霧合。《抱朴子》曰：伊尹受戮，大霧三日。《兵書》曰：霧四面圍城，必有兵到城下，不出其月。

黄霧

《尚書中候》曰：桀爲無道，地吐黄霧。《漢書》曰：成帝初即位，封舅王鳳、王根等五人關内侯。其月，黄霧四塞，終日竟夜，着地者如土塵，奪日光。王鳳等大懼。又曰：王莽天鳳元年六月，黄霧四塞。其年緣邊大飢，人相食。《晉書》曰：惠帝時，冬，黄霧四塞，六日乃止。明年，趙王倫篡位。時朝昏兵亂，帝屢蒙塵。又曰：明帝初年，頻有黄霧四塞。時王敦害尚書刁協、僕射周顗。又曰：穆帝時，涼州黄霧下，如塵。時張重華納譖，後年重華死，嗣子見殺。又曰：孝武帝初年，黄霧四塞。時會稽王道子專政，親近佞人。又曰：安帝時，黄霧昏濁，不雨。時桓元謀逆，帝返正。頻年大霧。時帝室衰微，臣下權盛兵及土地畧非君有。《晉中興書徵祥説》曰：大寧元年十一月，黄霧四塞。王敦之應。《宋書》曰：文帝元嘉二十九年十二月，黄霧四塞。崔鴻《十六國春秋》曰：前涼張茂四年正月，黄霧四塞。其年茂死也。又曰：前趙劉聰元年十月，聰將趙固與晉車騎將軍王申相拒於延津。時黄霧晝夜，人不相見，固軍大敗。又曰：後趙石勒建平四年，黄霧四塞，氛障蔽天。十月，大疫，死。

赤霧

《春秋運斗樞》曰：血濁霧，天下小宛。

《後魏書》曰：世宗正始二年正月，夜，陰霧四塞，初黑後赤。又延昌元年，黄霧蔽塞。時帝舅肇擅權，矯詔害諸王公之應。

黑霧

《晉書》曰：愍帝建興二年春，霧著人如墨，連夜五日。時天下兵起，後二年帝降劉曜。又曰：元帝永昌元年十月，京師大霧，黑氣蔽天，日月無光。十一月，王敦舉兵。崔鴻《十六國春秋》曰：前趙劉聰建元元年正月朔日，黑霧四塞，終日竟夜，著人如墨，五日而止。後三年，聰子粲殺其弟。

宋・王欽若《册府元龜》卷一四四《帝王部・弭灾第二》 永隆四年五月甲辰，詔曰：今年蝗蟲暴起，乃是孽生。所繇官司，不早除遏，信蟲成長，開食田苗，不恤人災，自爲身計，向若信其拘忌，不有指麾，則山東田苗，掃地俱盡。使人等至彼催督，其中猶有推託，以此當委官員責實，若有勤勞用命，保護田苗，須有褒貶，以明得失。前後使人等審定功過，各具所繇州縣長官等姓名聞。此蟲若不盡除，今年還更生子，委使人分州縣計會，勿使遺類。是時山東諸州蝗蟲，五月末在處生子，陂澤鹵田尤甚。縣官或隨處掘穽埋瘞，放火焚滅，殺百萬餘石，餘皆高飛凑海，蔽天掩野，會潮水至，盡漂死焉，蝗蟲積成堆岸，及爲鵶鳶、白鷗、練鵲所食，種類遂絶。八月詔：河南北檢校蝗蟲，使狄光嗣、康敬昭、高道昌、賈彦瑺等，宜令待蟲盡，看刈禾有次第，然後入京奏事。恐山澤之内或遺子息農隙，已後各令府州縣長檢校仍告按察使。如來年巡察，更令蟲出，所由官量事貶降。

宋・王欽若《册府元龜》卷一四七《帝王部・恤下第二》 貞觀二十一年十二月，大寒。帝謂侍臣曰：朕在九重之内，身御珍裘，且將臨朝猶覺氣之嚴厲，況臣下遠趨北闕，蒙犯霜露乎。朕思若此，遂減衣裘而出。

宋・歐陽修《新五代史》卷八《高祖紀》 天福七年三月閏月，天興蝗食麥。

宋・歐陽修《新五代史》卷九《出帝紀》 天福八年三月辛丑，蝗。

宋・歐陽修《新五代史》卷一〇《隱帝紀》 乾祐二年六月辛卯，蝗。

宋・歐陽修、宋祁《新唐書》卷三《高宗皇帝紀》 永徽三年三月辛巳，雨土。永淳元年六月甲子，是月，大蝗，人相食。

宋・歐陽修、宋祁《新唐書》卷四《則天順聖武皇后紀》 長壽元年九月戊戌，大霧。景龍元年六月庚午，雨土于陝州。

宋・歐陽修、宋祁《新唐書》卷六《代宗皇帝紀》 廣德二年，是秋，有蜮。

宋・歐陽修、宋祁《新唐書》卷八《文宗皇帝紀》 開成元年七月乙亥，雨土。

宋・歐陽修、宋祁《新唐書》卷九《僖宗皇帝紀》 乾符二年七月，以蝗避正殿，減膳。

宋・歐陽修、宋祁《新唐書》卷三五《五行志二・蠃蟲之孽》 貞觀二十一年八月，萊州螟。

開元二十二年八月，榆關虸蚄蟲害稼，入平州界，有羣雀來食之，一日而盡。二十六年，榆關虸蚄蟲害稼，羣雀來食之。

三載，青州紫蟲食田，有鳥食之。

廣德元年秋，虸蚄蟲害稼，關中尤甚，米斗千錢。

長慶四年，絳州虸蚄蟲害稼。

大和元年秋，河東、同號等州虸蚄蟲害稼。

宋・歐陽修、宋祁《新唐書》卷三五《五行志二・山摧》 貞觀八年七月，龍右山摧。山者高峻，自上而隕之象也。

又 開元十七年四月乙亥，大風震電，藍田山摧裂百餘步，畿内山也。國主山川，山摧川竭，亡之證也。占曰：「人君德消政易則然。」

大曆九年十一月戊戌，同州夏陽有山徙于河上，聲如雷。十三年，郴州黄芩山摧，壓死者數百人。

元和八年五月丁丑，大隗山摧。十五年七月丁未，苑中土山摧，壓死二十人。

光啓三年四月，維州山崩，累日不止，塵坌亘天，壅江水逆流。占曰：「國破。」

宋·歐陽修、宋祁《新唐書》卷三六《五行志三·蝗》 武德六年，夏州蝗。蝗之殘民，若無功而祿者然，皆貪撓之所生。先儒以爲人主失禮煩苛則旱，魚螺變爲蟲蝗，故以屬魚孽。

貞觀二年六月，京畿旱蝗。太宗在苑中掇蝗祝之曰：「人以穀爲命，百姓有過，在予一人，但當蝕我，無害百姓。」將吞之，侍臣懼帝致疾，遽以爲諫。帝曰：「所冀移災朕躬，何疾之避？」遂吞之。是歲，蝗不爲災。三年五月，徐州蝗。秋，德、戴、廓等州蝗。四年秋，觀、兗、遼等州蝗。二十一年秋，渠、泉二州蝗。

永徽元年，夔、絳、雍、同等州蝗。

永淳元年三月，京畿蝗，無麥苗。六月，雍、岐、隴等州蝗。

長壽二年，台、建等州蝗。

開元三年七月，河南、河北蝗。四年夏，山東蝗，蝕稼，聲如風雨。二十五年，貝州蝗，有白鳥數千萬，羣飛食之，一夕而盡，禾稼不傷。

廣德二年秋，蝗，關輔尤甚，米斗千錢。

興元元年秋，螟蝗自山而東際于海，晦天蔽野，草木葉皆盡。

貞元元年夏，蝗，東自海，西盡河、隴，羣飛蔽天，旬日不息，所至草木葉及畜毛靡有孑遺，餓殣枕道，民蒸蝗，曝，颺去翅足而食之。

永貞元年秋，陳州蝗。

元和元年夏，鎮、冀等州蝗。

長慶三年秋，洪州螟蝗害稼八萬頃。

開成元年夏，鎮州、河中蝗，害稼。二年六月，魏博、昭義、淄青、滄州、兗海、河南蝗。三年秋，河南、河北鎮定等州蝗，草木葉皆盡。五年夏，幽、魏、博、鄆、曹、濮、滄、齊、德、淄、青、兗、海、河陽、淮南、虢、陳、許、汝等州螟蝗害稼。占曰：「國多邪人，朝無忠臣，居位食祿，如蟲與民争食，故比年蟲蝗。」

會昌元年七月，關東、山南鄧唐等州蝗。

大中八年七月，劍南東川蝗。

咸通三年六月，淮南、河南蝗。六年八月，東都、同華陝虢等州蝗。七年夏，東都、同、華、陝、虢及京畿蝗。九年，江淮、關内及東都蝗。十年夏，陝、虢等州蝗。不絀無德，虐取於民之罰。

乾符二年，蝗自東而西蔽天。

光啓元年秋，蝗，自東方來，羣飛蔽天。二年，荆、襄蝗，米斗錢三千，人相食；淮南蝗，自西來，行而不飛，浮水緣城入揚州府署，竹樹幢節，一夕如剪，幡幟畫像，皆齧去其首，撲不能止。旬日，自相食盡。

宋·司馬光《資治通鑑》卷一六《漢紀八》 孝景皇帝三年秋，九月，蝗。四年夏，蝗。

宋·司馬光《資治通鑑》卷一七《漢紀九》 武帝建元五年夏，大蝗。

宋·司馬光《資治通鑑》卷一八《漢紀十》 武帝元光五年八月，螟。食心曰螟。六年夏，蝗。

宋·司馬光《資治通鑑》卷二一《漢紀十三》 武帝元封六年秋，蝗。太初元年，關東蝗大起，飛西至敦煌。二年秋，蝗。

宋·司馬光《資治通鑑》卷三七《漢紀二十九》 王莽建國三年，是歲瀕河郡蝗生。天鳳元年六月，黄霧四塞。

宋·司馬光《資治通鑑》卷三八《漢紀三十》 王莽地皇二年秋，關東蝗。三年，蝗從東方來，飛蔽天。

宋·司馬光《資治通鑑》卷四一《漢紀三十三》 光武帝建武五年夏，四月，蝗。

宋·司馬光《資治通鑑》卷四三《漢紀三十五》 光武帝建武二十二年，是歲，青州蝗。青州部濟南、平原、樂安、北海、東萊、齊國。

宋·司馬光《資治通鑑》卷四四《漢紀三十六》 建武三十一年，蝗。

宋·司馬光《資治通鑑》卷四八《漢紀四十》 和帝永元四年六月，蝗。八年五月，河内、東留蝗。九月，京師蝗。九年六月，蝗。

宋·司馬光《資治通鑑》卷四九《漢紀四十一》 安帝永初四年夏，四月，六州蝗。《東觀記》曰：司隸、豫、兗、徐、青、冀六州。五年，是歲，九州蝗。六年三月，十州蝗。七年秋，蝗。元初元年夏四月，蝗。

宋·司馬光《資治通鑑》卷五一《漢紀四十三》 安帝永建五年夏四月，京師及郡國十二蝗。

宋・司馬光《資治通鑑》卷五三《漢紀四十五》 恒帝永興元年秋，七月，郡、國三十二蝗。二年夏，蝗。

宋・司馬光《資治通鑑》卷五四《漢紀四十六》 桓帝永壽三年春，京師蝗。延熹元年夏，京師蝗。

宋・司馬光《資治通鑑》卷五七《漢紀四十九》 靈帝熹平四年六月，弘農、三輔螟。六年夏，四月，七州蝗。

宋・司馬光《資治通鑑》卷六二《漢紀五十四》 獻帝建安二年夏，五月，蝗。

宋・司馬光《資治通鑑》卷六九《魏紀一》 文帝黄初三年秋，七月，冀州大蝗，饑。

宋・司馬光《資治通鑑》卷八七《晉紀九》 懷帝永嘉四年夏，四月，幽、并、司、冀、秦、雍六州大蝗，食草木、牛馬毛皆盡。

宋・司馬光《資治通鑑》卷八九《晉紀十一》 愍帝建興四年六月，河東平陽大蝗，民流殍者什五六。石勒遣其將石越帥騎二萬屯并州，招納流民，民歸之者二十萬户。

宋・司馬光《資治通鑑》卷九〇《晉紀十二》 元帝建武元年秋七月，司、冀、并、青、雍州大蝗。

宋・司馬光《資治通鑑》卷九九《晉紀二十一》 穆帝永和八年五月辛卯，蝗。

宋・司馬光《資治通鑑》卷一〇〇《晉紀二十二》 穆帝永和十一年二月，秦大蝗，百草無遺，牛馬相噉毛。

宋・司馬光《資治通鑑》卷一二〇《宋紀二》 文帝元嘉三年秋，蝗。

宋・司馬光《資治通鑑》卷一六七《陳紀一》 武帝永定元年秋七月，河南、北大蝗。齊主問魏郡丞崔叔瓚曰：「何故致蝗？」對曰：「《五行志》：『土功不時，蝗蟲爲災。』今外築長城，内興三臺，殆以此乎！」齊主怒，使左右毆之，擢其髮，以溷沃其頭，曳足以出。

宋・司馬光《資治通鑑》卷二一一《唐紀二十七》 玄宗開元三年五月，山東大蝗，民或於田旁焚香膜拜設祭而不敢殺，姚崇奏遣御史督州縣捕而瘞之。議者以爲蝗衆多，除不可盡；上亦疑之。崇曰：「今蝗滿山東，河南、北之人，流亡殆盡，豈可坐視食苗，曾不救乎！借使除之不盡，猶勝養以成災。」上乃從之。盧懷慎以爲殺蝗太多，恐傷和氣。崇曰：「昔楚莊吞蛭而愈疾，孫叔殺蛇而致福，奈何不忍於蝗而忍人之飢死乎！若使殺蝗有禍，崇請當之。」【略】四年二月，山東蝗復大起，姚崇又命捕之。倪若水謂：「蝗乃天災，非人力所及，宜脩德以禳之。劉聰時，常捕埋之，爲害益甚。」拒御史，不從其命。崇牒若水曰：「劉聰僞主，德不勝妖；今日聖朝，妖不勝德。古之良守，蝗不入境。若其脩德可免，彼豈無德致然！」若水乃不敢違。夏五月，甲辰，敕委使者詳察州縣捕蝗勤惰者，各以名聞。由是連歲蝗災，不至大饑。

宋・司馬光《資治通鑑》卷二二三《唐紀三十九》 代宗廣德二年七月，關中蟲蝗、霖雨，米斗千餘錢。

宋・司馬光《資治通鑑》卷二三一《唐紀四十七》 德宗興元元年，是歲蝗徧遠近，草木無遺，惟不食稻，大饑，道殣相望。

宋・司馬光《資治通鑑》卷二五一《唐紀六十七》 懿宗咸通九年，是歲，江淮蝗。

宋・司馬光《資治通鑑》卷二五二《唐紀六十八》 懿宗乾符二年，秋，七月，蝗自東而西，蔽日，所過赤地。京兆尹楊知至奏「蝗入京畿，不食稼，皆抱荆棘而死。」宰相皆賀。楊國忠以霖雨不害稼，韓晃以霖雨不敗鹽，今楊知至以蝗不食稼抱荆棘而死，唐之臣以蒙蔽人主而成習，其來久矣。

宋・陸游《南唐書》卷一 昇元六年六月庚午，大蝗自淮北蔽空而至。辛未，命州縣捕蝗瘞之。

宋・陸游《南唐書》卷三 乾德三年秋九月，雨沙。

宋・李心傳《建炎以來繫年要録》卷一 建炎元年春正月丁未，霧氣四塞，人對面不相視。敵下含輝門剽掠，焚五嶽觀。

宋・李心傳《建炎以來繫年要録》卷一六 建炎二年六月辛丑，詔以春霪夏旱，飛蝗爲沴，命鹽司郡守條政事之未便於民者，其大水飛蝗最甚之地，令百姓自陳量輕重，捐其租焉。

宋・王偁《東都事略》卷一二 靖康元年春正月癸巳，大霧四塞。

元・脱脱等《遼史》卷一五《聖宗紀六》 開泰六年六月，南京諸縣蝗。

元・脱脱等《遼史》卷二三《道宗紀三》 咸雍八年正月壬寅，昏霧連日。

元・脱脱等《遼史》卷二七《天祚紀一》 乾統四年秋七月，南京蝗。

元・脱脱《金史》卷四《熙宗紀》 皇統元年，是秋，蝗。

元・脱脱等《金史》卷六《世宗紀上》 正隆四年九月己丑，上謂宰臣曰：

「北京、懿州、臨潢等路嘗經契丹寇掠，平、薊二州近復蝗旱，百姓艱食，父母兄弟不能相保，多冒鬻爲奴，朕甚閔之。

元・脱脱等《金史》卷七《世宗紀中》 正隆十二年三月庚寅，雨土。

元・脱脱等《金史》卷八《世宗紀下》 正隆二十三年三月乙酉，雨土。

元・脱脱等《金史》卷一一《章宗紀三》 承和五年冬十月庚子，風霾。

元・脱脱等《金史》卷一二《章宗紀四》 泰和四年正月壬申，陰霧，木冰。泰和五年九月戊子，西北方黑雲間有赤氣如火色，次及西南、正南、東南方皆赤，有白氣貫其中，至中夜，赤氣滿天，四更乃散。

元・脱脱等《金史》卷一三《衛昭王紀》 至寧元年八月，大霧，晝晦。

元・脱脱等《金史》卷一四《宣宗紀上》 至寧四年五月戊寅，京兆、同、華、鄧、裕、汝、亳、宿、泗等州蝗。六月丁未，河南大蝗傷稼，遣官分道捕之。 秋七月乙卯，以旱蝗，詔中外。

元・脱脱等《金史》卷一七《哀宗紀上》 正大三年四月己酉，遣使慮囚，遣使捕蝗。

元・脱脱等《金史》卷二三《五行志》 皇統元年秋，蝗。正隆二年六月壬辰，蝗飛入京師。秋，中都、山東、河東蝗。世宗大定三年三月丙申，中都以南八路蝗。四年八月中都南八路蝗飛入京畿。五年十一月癸酉，大霧，晝晦。大定十二年三月庚寅，雨土。二十二年五月，慶都蝗蝝生，散漫十餘里。一夕大風，蝗皆不見。二十三年三月乙酉，氛埃雨土。泰和八年閏四月甲午，河南路蝗。六月戊子，飛蝗入京畿。宣宗貞祐元年八月戊子夜，將曙，大霧蒼黑，跂步無所見，至辰巳間始散。三年五月，河南大蝗。十月丙申昏，西北有霧氣如積土，至二更乃散。四年正月己未旦，黑霧四塞，巳時乃散。是春，河朔人相食。五月，河南、陝西大蝗。鳳翔、扶風、岐山、郿縣蝗蟲傷麥。七月癸丑，飛蝗過京師。興定元年三月，宫中有蝗。二年四月，河南諸郡蝗。

元・脱脱等《宋史》卷六二《五行志一下》 建隆元年七月，澶州蝗。二年五月，范縣蝗。三年七月，深州蝻蟲生。四年六月，澶、濮、曹、絳等州有蝗。七月，懷州蝗生。

乾德二年四月，相州蝻蟲食桑。五月，昭慶縣有蝗，東西四十里，南北二十里。是時，河北、河南、陝西諸州有蝗。三年七月，諸路有蝗。

開寶二年八月，冀、磁二州蝗。

太平興國二年閏七月，衛州蝻蟲生。六年七月，河南府、宋州蝗。七年四月，北陽縣蝻蟲生，有飛鳥食之盡。滑州蝻蟲生。是月，大名府、陝州、陳州蝗。七月，陽穀縣蝻蟲生。

雍熙三年七月，鄄城縣有蛾、蝗自死。

淳化元年七月，淄澶濮州、乾寧軍有蝗；滄州蝗蝻蟲食苗；棣州飛蝗自北來，害稼。三年六月甲申，京師有蝗起東北，趣至西南，蔽空如雲翳日。七月，貝、許、滄、沂、蔡、汝、商、兗、單等州，淮陽軍、平定彭城軍，蝗、蛾抱草自死。

至道二年六月，亳州、宿密州蝗生，食苗。七月，長葛、陽翟二縣有蝻蟲食苗。歷城、長清等縣有蝗。三年七月，單州蝻蟲生。

景德二年六月，京東諸州蝻蟲生。三年八月，德、博蝝生。四年九月，宛丘、東阿、須城三縣蝗。

大中祥符二年五月，雄州蝻蟲食苗。三年六月，開封府尉氏縣蝻蟲生。四年六月，祥符縣蝗。七月，河南府及京東蝗生，食苗葉。八月，開封府祥符、咸平、中牟、陳留、雍丘、封丘六縣蝗。九年六月，京畿、京東西、河北路蝗蝻繼生，彌覆郊野，食民田殆盡，入公私廬舍；七月辛亥，過京師，羣飛翳空，延至江、淮南，趣河東，及霜寒始斃。

天禧元年二月，開封府、京東西、河北、河東、陝西、兩浙、荆湖百三十州軍，蝗蝻復生，多去歲蟄者。和州蝗生卵，如稻粒而細。六月，江、淮大風，多吹蝗入江海，或抱草木僵死。二年四月，江陰軍蝻蟲生。

天聖五年七月丙午，邢、洺州蝗。甲寅，趙州蝗。十一月丁酉朔，京兆府旱蝗。六年五月乙卯，河北、京東蝗。

景祐元年六月，開封府、淄州蝗。諸路募民掘蝗種萬餘石。

寶元二年六月癸酉，曹、濮、單三州蝗。四年，淮南旱蝗。是歲，京師飛蝗蔽天。

皇祐五年，建康府蝗。

熙寧元年，秀州蝗。五年，河北大蝗。六年四月，河北諸路蝗。是歲，江寧府飛蝗自江北來。七年夏，開封府界及河北路蝗。七月，咸平縣鸜谷食蝗。八年八月，淮西蝗，陳、潁州蔽野。九年夏，開封府畿、京東、河北、陝西蝗。

元豐四年六月，河北蝗。秋，開封府界蝗；五年夏，又蝗；六年夏，又蝗。五月，沂州蝗。

元符元年八月，高郵軍蝗抱草死。

崇寧元年夏，開封府界、京東、河北、淮南等路蝗。二年，諸路蝗，令有司酺祭。三年、四年，連歲大蝗，其飛蔽日，來自山東及府界，河北尤甚。

宣和三年，諸路蝗。五年，蝗。

建炎二年六月，京師、淮甸大蝗。八月庚午，令長吏修酺祭。

紹興二十九年七月，盱眙軍、楚州金界三十里，蝗爲風所墮，風止，復飛還淮北。三十二年六月，江東、淮南北郡縣蝗，飛入湖州境，聲如風雨；自癸巳至于七月丙申，徧于畿縣，餘杭、仁和、錢塘皆蝗。丙午，蝗入京城。八月，山東大蝗。癸丑，頒祭酺禮式。

隆興元年七月，大蝗。八月壬申、癸酉，飛蝗過都，蔽天日；徽、宣、湖三州及浙東郡縣，害稼。京東大蝗，襄、隨尤甚，民爲乏食。二年夏，餘杭縣蝗。

乾道元年六月，淮西蝗，憲臣姚岳貢死蝗爲瑞，以佞坐黜。

淳熙三年八月，淮北飛蝗入楚州、盱眙軍界，如風雷者逾時，遇大雨皆死，稼用不害。九年六月，全椒、歷陽、烏江縣蝗。乙卯，飛蝗過都，遇大雨，墮仁和縣界。七月，淮甸大蝗，真、揚、泰州窖撲蝗五千斛，餘郡或日捕數十車，羣飛絶江，墮鎮江府，皆害稼。十年六月，蝗遺種于淮、浙，害稼。十四年七月，仁和縣蝗。

紹熙二年七月，高郵縣蝗，至于泰州。五年八月，楚、和州蝗。

嘉泰二年，浙西諸縣大蝗，自丹陽入武進，若煙霧蔽天，其墮亘十餘里，常之三縣捕八千餘石，湖之長興捕數百石。時浙東近郡亦蝗。

開禧三年，夏秋久旱，大蝗羣飛蔽天，浙西豆粟皆既于蝗。

嘉定元年五月，江、浙大蝗。六月乙酉，有事于圜丘、方澤，且祭酺。七月又酺，頒酺式于郡縣。二年四月，又蝗，五月丁酉，令諸郡修酺祀。六月辛未，飛蝗入畿縣。三年，臨安府蝗。七年六月，浙郡蝗。八年四月，飛蝗越淮而南，江、淮郡蝗，食禾苗、山林草木皆盡。乙卯，飛蝗入畿縣。已亥，祭酺，令郡有蝗者如式以祭。自夏徂秋，諸道捕蝗者以千百石計，飢民競捕，官出粟易之。九年五月，浙東蝗。丁巳，令郡國酺祭。是歲，薦饑，官以粟易蝗者千百斛。十年四月，楚州蝗。

紹定三年，福建蝗。

端平元年五月，當塗縣蝗。

嘉熙四年，建康府蝗。

淳祐二年五月，兩淮蝗。

景定三年八月，兩浙蝗。

元·馬端臨《文獻通考》卷三〇二《物異考八》 晁化三年五月，雅州名山縣大風雨，登遼山圮，壅江水逆流入民田，壞稼。真宗咸平元年七月庚午，寧化軍汾水漲，壞北水門。山石摧圮，軍士有壓死者。二年七月庚寅，陝州靈寶縣暴雨，崖圮壓居民，死者二十二户。三年三月辛丑夜，秦州大澤縣三陽寨大雨，崖摧壓死者六十二人。【略】寧宗慶元二年六月辛未，台州黄岩縣大雨水，有山自徙五十里餘，聲如雷，草木、冢墓皆如初，而故址爲淵潭。【略】成帝建始元年四月辛丑夜，西北有火光。壬寅晨，大風從西北起，雲氣赤黄，四塞天下，終日夜著地者黄土塵也。【略】王莽天鳳元年六月，黄霧四塞。

明·宋濂等《元史》卷五《世祖紀二》 中統四年八月壬申，濱、棣二州蝗。

明·宋濂等《元史》卷六《世祖紀三》 至元三年，東平、濟南、益都、平灤、真定、洺磁、順天、中都、河間、北京蝗。四年，山東、河南北諸路蝗。六年六月丁亥，河南、河北、山東諸郡蝗。

明·宋濂等《元史》卷七《世祖紀四》 至元七年三月戊午，益都、登、萊蝗旱，詔減其今年包銀之半。

明·宋濂等《元史》卷一四《世祖紀十一》 至元二十四年十二月癸酉，諸王薛徹都等所駐之地，雨土七晝夜，羊畜死不可勝計，以鈔暨幣帛綿布雜給之，其直計鈔萬四百六十七錠。

明·宋濂等《元史》卷一五《世祖紀十二》 至元二十五年秋七月丙戌，真定、汴梁路蝗。八月丙子，發米三千石賑滅吉兒帶所部饑民。趙、晉、冀三州蝗。二十六年秋七月甲午，東平、濟寧、東昌、益都、真定、廣平、歸德、汴梁、懷孟蝗。

明·宋濂等《元史》卷一六《世祖紀十三》 至元二十七年夏四月癸酉朔，大駕幸上都。婺州螟害稼，雷雨大作，螟盡死。【略】癸巳，河北十七郡蝗。

明·宋濂等《元史》卷一七《世祖紀十四》 至元二十九年五月，真定之中山新樂、平山、獲鹿、元氏、靈壽，河間之滄州無棣，景之阜城、東光，益都之濰州北海縣，有蟲食桑葉盡，無蠶。【略】三十年六月壬子，大興縣蝗。

明·宋濂等《元史》卷一八《成宗紀一》 元貞元年六月，汴梁路蝗，利州、蓋州螟。【略】八月己巳，金、復州屯田有蟲食禾。

明·宋濂等《元史》卷一九《成宗紀二》 元貞二年五月，濟寧之濟州螟。六月，大都、真定、保定、太平、常州、鎮江、紹興、建康、澧州、岳州、廬州、汝寧、龍陽州、漢陽、濟寧、東平、大名、滑州、德州蝗。【略】秋七月，平陽、大名、歸德、真定蝗。【略】八月，德州、彰德、太原蝗。【略】大德元年六月，平灤路蟲食桑。歸德徐、邳州蝗。二年二月丙子，歸德等處蝗。夏四月戊午，江南、山東、江浙、兩淮、燕南屬縣百五十處蝗。六月壬戌，山東、河南、燕南、山北五十處蝗。山北遼東道大寧路金源縣蝗。

明・宋濂等《元史》卷二〇《成宗三》 元貞五年六月，順德、懷孟蝗。秋七月，大都、保定、河間、濟寧、大名水，廣平、真定蝗。是歲，汴梁、歸德、南陽、鄧州、唐州、陳州、和州、襄陽、汝寧、高郵、揚州、常州蝗。

明・宋濂等《元史》卷二一《成宗紀四》 元貞七年夏四月丁亥，衛輝路、辰州螟。【略】五月乙卯，東平、益都、濟南等路蝗。【略】六月乙巳，大寧路蝗。【略】八年六月丁酉，益津蝗。【略】九年六月甲午，通、泰、静海、武清蝗。八月，涿州、東安州、河間、嘉興蝗。十年夏四月，真定、河間、保定、河南蝗。

明・宋濂等《元史》卷二二《武宗紀一》 成宗大德十一年五月乙丑：真定、河間、順德、保定等郡蝗。

明・宋濂等《元史》卷二三《武宗紀二》 至大二年六月，霸州、檀州、涿州、良鄉、舒城、歷陽、合肥、六安、江寧、句容、溧水、上元等處蝗。秋七月，濟南、濟寧、般陽、曹、濮、德、高唐、河中、解、絳、耀、同、華等州蝗。八月，真定、保定、河間、順德、廣平、彰德、大名、衛輝、懷孟、汴梁等處蝗。【略】三年夏四月，鹽山、寧津、堂邑、茌平、陽穀、高唐、禹城等縣蝗。五月，合肥、舒城、歷陽、蒙城、霍丘、懷寧等縣蝗。秋七月壬寅，磁州、威州諸縣旱、蝗。

明・宋濂等《元史》卷二四《仁宗紀一》 皇慶元年夏四月庚寅，彰德安陽縣蝗。

明・宋濂等《元史》卷二五《仁宗紀二》 延祐二年五月乙丑，秦州成紀縣山移。是夜，疾風電雹，北山南移至夕河川，次日再移；平地突出土阜，高者二三丈，陷没民居。敕遣官覈驗賑恤。

明・宋濂等《元史》卷二七《英宗紀一》 延祐七年六月丁丑，益都蝗。秋七月，霸州及堂邑縣蝻。【略】至治元年六月戊辰，衛輝、汴梁等處蝗。秋七月癸酉，衛輝路胙城縣蝗；庚寅，清池縣蝗。八月丙午，泰興、江都等縣蝗。十二月乙丑，寧海州蝗。

明・宋濂等《元史》卷二八《英宗二》 至治二年十二月辛卯，汴梁、順德、河間、保定、慶元、濟寧、濮州、益都諸屬縣及諸衛屯田蝗。三年二月丙戌，雨土。五月，保定路歸信縣蝗。秋七月丙辰，真定州諸路屬縣蝗。

明・宋濂等《元史》卷二九《泰定帝紀一》 泰定元年六月己卯，順德、大名、河間、東平等二十一郡蝗。【略】二年五月丙子，彰德路蝗，龍興、平江等十二郡饑，賑糶米三十二萬五千餘石。六月丁未，濟南、河間、東昌等九郡蝗。七月壬申，般陽新城縣蝗。

明・宋濂等《元史》卷三〇《泰定帝紀二》 泰定三年六月己亥，東平屬縣蝗。七月庚申，大名、順德、衛輝、淮安等路，睢、趙、涿、霸等州及諸位屯田蝗。九月戊辰，廬州、懷慶二路蝗。四年五月丁卯，河南路、洛陽縣有蝗可五畝，羣烏食之既，數日蝗再集，又食之。六月乙未，大都、河間、濟南、大名、峽州屬縣蝗。秋七月，籍田蝗。八月，大都、河間、奉元、懷慶等路蝗。是歲，濟南、衛輝、濟寧、南陽八路屬縣蝗。致和元年三月壬申，雨霾。四月，薊州及岐山、石城二縣蝗。五月，汝寧、府潁州、衛輝路汲縣蝗。

明・宋濂等《元史》卷三一《明宗紀》 天曆二年三月丁亥，雨土，霾。

明・宋濂等《元史》卷三三《文宗紀二》 天曆二年四月丙辰，諸王忽剌答兒言黄河以西所部旱蝗，凡千五百户，命賑糧兩月。【略】六月夏，旱蝗，饑民三萬一千四百户，賑糧一月。陝西延安諸屯，以旱免徵舊所逋糧千九百七十石。永平屯田府昌國、濟民、豐贍諸署，以蝗及水災，免今年租。汴梁蝗。秋七月辛巳，真定、河間、汴梁、永平、淮安、大寧、廬州諸屬縣及遼陽之蓋州蝗。八月甲寅，保定之行唐縣蝗。

明・宋濂等《元史》卷三四《文宗紀三》 至順元年五月，廣平、河南、大名、般陽、南陽、濟寧、東平、汴梁等路，高唐、開、濮、輝、德、冠、滑等州，及大有、千斯等屯田蝗。六月，大都、益都、真定、河間諸路，獻、景、泰安諸州，及左都威衛屯田蝗。秋七月丁丑，奉元、晉寧、興國、揚州、淮安、懷慶、衛輝、益都、般陽、濟南、濟寧、河南、河中、保定、河間等路及武衛、宗仁衛、左衛率府諸屯田蝗。

明・宋濂等《元史》卷三五《文宗紀四》 至順二年三月丙戌，雨土，霾。六月濟寧路蟲食桑。河南、晉寧二路諸屬縣蝗。秋七月，河南、奉元屬縣蝗。

明・宋濂等《元史》卷三九《順帝紀二》 至元二年秋七月，黄州蝗。四年夏四月辛未，京師天雨紅沙，晝晦。

明・宋濂等《元史》卷四〇《順帝紀三》 至元五年二月庚寅〔朔〕，信州雨土。

明・宋濂等《元史》卷四五《順帝紀八》 至元十八年五月，遼州蝗。十九年五月，山東、河東、河南、關中等處，蝗飛蔽天，人馬不能行，所落溝塹盡平，

明・宋濂等《元史》卷四七《順帝紀十》 至元二十八年秋七月癸酉，京城紅氣滿空，如火照人，自旦至辰方息。乙亥，京城黑氣起，百步内不見人，從寅至巳方消。

明・宋濂等《元史》卷五〇《五行志一》 中統三年五月，真定、順天、邢州蝗。四年六月，燕京、河間、益都、真定、東平蝗。八月，濱、棣等州蝗。

至元二年七月，益都大蝗。十二月，西京、北京、順德、徐、宿、邳等州郡蝗。五年六月，東平等郡蝗。七年七月，南京、河南諸路大蝗。八年六月，上都、中都、大名、河間、益(州)〔都〕、順天、懷孟、彰德、濟南、真定、衛輝、平陽、歸德、順德等路，淄、萊、洺、磁等州蝗。十六年四月，大都十六路蝗。十七年五月，忻州及漣、海、邳、宿等州蝗。十九年四月，別十八里部東三百餘里蝗害麥。二十五年七月，真定、汴梁蝗。八月，趙、晉、冀三州蝗。二十七年四月，河北十七郡蝗。二十九年六月，東昌、濟南、般陽、歸德等郡蝗。三十一年六月，東安州蝗。

元貞元年六月，汴梁陳留、太康、考城等縣，睢、許等州蝗。二年六月，濟寧任城、魚臺縣，東平須城、汶上縣，開州長垣、(靖)〔清〕豐縣，德州齊河縣，滑州，(大)〔太〕和(州)〔縣〕，内黃縣蝗。八月，平陽、大名、歸德、真定等郡蝗。

大德元年六月，歸德邳州、徐州蝗。二年四月，燕南、山東、兩淮、江浙、(蘸)〔燕〕南屬縣百五十處蝗。三年五月，淮安屬縣蝗，有鶖食之。十月，隴、陝蝗。五年六月，順德路、淇州蝗。七月，廣平、真定等路蝗。八月，河南、淮南、睢、陳、唐、和等州，新野、汝陽、江都、興化等縣蝗。六年四月，真定、大名、河間等路蝗。七月，大都涿、順、固安三州及濠州鍾離、鎮江丹徒二縣蝗。七年五月，益都、濟南等路蝗。六年，大寧路蝗。八年四月，益都臨朐、德州齊河縣蝗。(八年)六月，益津縣蝗。九年六月，通、泰、靖海、武清等州縣蝗。八月，涿州，良鄉、河間南皮、泗州天長等縣及東安、海鹽等州蝗。十年四月，大都、真定、河間、保定、河南等郡蝗。六月，龍興、南康等郡蝗。

至大元年五月，晉寧路蝗。六月，保定、真定二郡蝗。八月，淮東蝗。二年四月，益都、東平、東昌、順德、廣平、大名、汴梁、衛輝等郡蝗。六月，檀、霸、曹、濮、高唐、泰安等州，良鄉、舒城、歷陽、合肥、(大)〔六〕安、江寧、句容、溧水、上元等縣蝗。七月，濟南、濟寧、般陽、河中、解、絳、耀、同、華等州蝗。八月，真定、保定、河間、懷孟等郡蝗。三年四月，寧津、堂邑、茌平、陽穀、平原、齊河、禹城七縣蝗。七月，磁州、威州、饒陽、元氏、平棘、滏陽、元城、無棣等縣蝗。

皇慶元年，彰德安陽縣蝗。

延祐七年六月，益都路蝗。

至治元年五月，霸州蝗。六月，衛輝、汴梁等處蝗。七月，江都、泰興、(古)〔胙〕城、通許、臨淮、盱眙、清池等縣蝗。十二月，寧海州蝗。二年，汴梁祥符縣蝗，有羣鶖食蝗，既而復吐，積如丘垤。三年五月，保定路歸信縣蝗。

泰定元年六月，大都、順德、東昌、衛輝、保定、益都、濟寧、彰德、真定、般陽、廣平、大名、河間、東平等郡蝗。二年五月，彰德路蝗。六月，德、濮、曹、景等州，歷城、章丘、淄川、柳城、茌平等縣蝗。九月，濟南、歸德等郡蝗。三年六月，東平須城縣、興國永興縣蝗。七月，大名、順德、廣平等路，趙州，曲陽、滿城、慶都、修武等縣蝗。淮安、高郵二郡，睢、泗、雄、霸等州蝗。八月，永平、汴梁、懷慶等郡蝗。四年五月，洛陽縣有蝗五畝，羣烏盡食之，越數日，蝗又集，又食之。七月，籍田蝗。八月，冠州、恩州蝗。十二月，保定、濟南、衛輝、濟寧、廬州五路，南陽、河南二府蝗。博興、臨淄、膠西等縣蝗。

致和元年四月，大都薊州、永平路石城縣蝗。鳳翔岐山縣蝗，無麥苗。五月，穎州及汲縣蝗。六月，武功縣蝗。

天曆二年四月，大寧興中州、懷慶孟州、廬州無爲州蝗。六月，益都莒、密二州蝗。七月，真定、汴梁、永平、淮安、廬州、大寧、遼陽等郡屬縣蝗。三年五月，廣平、大名、般陽、濟寧、東平、汴梁、南陽、河南等郡，輝、德、濮、開、高唐五州蝗。

至順元年六月，漷、薊、固安、博興等州蝗。七月，解州、華州及河内、靈寶、延津等二十二縣蝗。二年三月，陝州諸路蝗。六月，孟州濟源縣蝗。七月，河南閿鄉、陝縣，奉元蒲城、白水等縣蝗。

至元八年六月，遼州和順縣、解州聞喜縣虸蚄生。十八年，高唐、夏津、武城縣蟊。二十三年五月，霸州、漷州蝻。二十四年，鞏昌虸蚄爲災。二十七年四月，婺州螟害稼，雷雨大作，螟盡死，歲乃大稔。

元貞元年六月，利州龍山縣、蓋州明山縣螟。二年五月，濟州任城縣螟。隨州野蠶成繭，亘數百里，民取爲纊。

大德七年五月，濟南、東昌、般陽、益都等路蟲食麥。九年七月，桂陽郡蝝。

至大元年五月，東平、東昌、益都等郡蝝。

皇慶二年五月，檀州及獲鹿縣蝻。

延祐七年七月，覇州及堂邑縣蝻。

泰定四年七月，奉元路咸陽、興平、武功三縣，鳳翔府岐山等縣蚜蚄害稼。

天曆二年，淮安、廬州、安豐三路屬縣蝻。

至元二十四年，諸王薛徹都部雨土七晝夜，没死牛畜。

大德十年二月，大同平地縣雨沙黑霾，斃牛馬二千。

至治三年二月丙戌，雨土。

致和元年三月壬申，雨霾。

天曆二年三月丁亥，雨土霾。

至順二年三月丙戌，雨土霾。

明·宋濂等《元史》卷五一《五行志二》 至元二年七月，黄州蝗。三年六月，懷慶、温州、汴梁陽武縣蝗。五年七月，膠州即墨縣蝗。至正四年，歸德府永城縣及亳州蝗。十七年，東昌茌平縣蝗。十八年夏，薊州、遼州、濰州昌邑縣、膠州高密縣蝗。秋，大都、廣平、順德及濰州之北海、莒州之蒙陰、汴梁之陳留、歸德之永城皆蝗。順德九縣民食蝗，廣平人相食。十九年，大都覇州、通州，真定，彰德，懷慶，東昌，衛輝，河間之臨邑，東平之須城、東阿、陽穀三縣，山東益都、臨淄二縣，濰州、膠州、博興州，大同、冀寧二郡，文水、榆次、壽陽、徐溝四縣，沂、汾二州，及孝義、平遥、介休三縣，晉寧潞州及壺關、潞城、襄垣三縣，霍州趙城、靈石二縣，隰之永和，沁之武鄉，遼之榆社，奉元，及汴梁之祥符、原武、鄢陵、扶溝、杞、尉氏、洧川七縣，鄭之滎陽、汜水，許之長葛、郾城、襄城、臨潁，鈞之新鄭、密縣，皆蝗，食禾稼草木俱盡，所至蔽日，礙人馬不能行，填坑塹皆盈。饑民捕蝗以爲食，或曝乾而積之。又罄，則人相食。七月，淮安清河縣飛蝗蔽天，自西北來，凡經七日，禾稼俱盡。二十年，益都臨朐、壽光二縣，鳳翔岐山縣蝗。二十一年六月，河南鞏縣蝗，食稼俱盡。七月，衛輝及汴梁滎澤縣、鄭州蝗。二十二年秋，衛輝及汴梁開封、扶溝、洧川三縣，許州及鈞之新鄭、密二縣蝗。二十五年，鳳翔岐山縣蝗。

又 至元五年二月，信州雨土。至正三年三月至四月，忻州風霾晝晦。二十六年四月乙丑，奉元路黄霧四塞。

又 至正二年七月，惠州雨水，羅浮山崩，凡二十七處，壞民居，塞田澗。六年六月，廣州增城縣羅浮山崩，水湧溢，溺死百餘人。九年七月庚寅，泉州大風雨。永春縣南象山崩，壓死者甚衆。十年五月甲子，龍興寧州大雨，山崩數十處。

明·葉子奇《草木子》卷三 至正乙未年三月三日，黄霧四塞，日暗無光。

明·王圻《續文獻通考》卷二二二 金世宗大定十二年三月庚寅，雨土。二十三年三月乙酉，氛埃雨土。英宗至治三年二月丙辰，雨土。泰定帝致和元年三月壬申，雨、霾。文宗天曆二年三月丁亥，雨土、霾。至順二年三月丙戌，雨土、霾。

明·王圻《續文獻通考》卷二二三 遼道宗咸雍八年正月，昏霧連日。

章宗承安五年十月，天久陰。是日，雲色黄而風霾。泰和四年正月，陰霧。

元大德十年二月，大同路雨沙，陰霾。

明太祖洪武十八年春二月，久雨陰晦，不解雪雹而雷遂。

景皇帝景泰五年正月，積雪恒陰。

遼太宗會同八年三月，圍晉於白團衛村，大風晝晦如夜。

金世宗大定五年十一月，大霧晝晦。

章宗明昌六年二月，京師大雨雹，晝晦。

宣宗貞祐元年八月夜，將曙大霧蒼黑，跬步無所見，至辰巳時乃散。九月，元妃、淑妃、王氏受封，大風，昏霾，黄色充塞天地。三年十月夜，西北有霧氣如積土，至二更方散。興定四年正月，晝晦，有頃大雷風雨。

元成宗大德五年七月，晝晦。

泰定帝泰定四年，磵門晝晦。

文宗天曆二年八月，晝晦，自庚子至丙午皆晝霧夜晴。

順帝至元四年，京師晝晦。至正十七年秋七月，京師晝晦，不辨人物，自旦至午方消。如是者，旬有五日。二十一年四月朔日，未没三四竿許，忽然無光，漸漸作蕉葉樣，天昏黑如夜，星斗燦然。飯頃方復舊天，門開朗星斗亦隱，又少時日乃没。二十七年二月，永州晝晦，城中人舉燈而食，鷄棲於塒，踰時方明。庚子，京師晝晦。

景皇帝景泰元年庚午閏正月，京師烈風晝晦。五年甲戌，京師黄沙四塞，晝晦。六年春二月二十八日，風作，黄沙蔽日，連晝晦暝，至三月初八日，既雨始霽。先是二月二十八日清明後之二日旦，時微風自西北來，至辰刻漸大，沙土滃然東騖，其色正黄如栢染，然土沾人手面，洒洒然如濕頃之。天地晦暝，色映窓牖間如血紅。室中不辨人，已而紅色漸黯黑，至午未復黄，稍開朗，人相顧慘愕。至三月二日，微雨後，忽黄氣四塞，日色如青銅，無風而雨土，拂之如塵積地，皆黄色，昏益甚。明日大雨，時或紅黑，至初六日始作東北風七日，又雨八日始霽，人心乃安。

憲宗成化九年春三月，山東晝晦。

孝宗弘治十五年壬戌冬十一月，雲南晝晦。

武宗正德十四年巳卯春，京師風霾，晝晦，水溢。

世宗嘉靖八年春正月戊戌朔，風霾，晦如夕。九年三月，京師大風，晝晦。

明·王圻《續文獻通考》卷二二四　宋寧宗嘉定元年，徽郡飛蝗大起，田野驚憂。七年六月，浙東西郡縣，蝗。八年，兩浙江東西路旱蝗。四月，飛蝗入畿縣，自夏至秋，蝗患不息，諸道捕者以千萬石計。民争捕，官以粟易。

理宗紹定三年，福建蝗。

遼聖宗統和三年九月，東京平州旱蝗。咸雍三年，南京旱蝗。九年七月，南京奏：歸義淶水縣，蝗飛入宋境，餘爲蜂所食。

道宗太原七年五月，有司奏：永清、武清、固安三縣蝗。大安四年八月，有司奏：宛平、永清蝗爲飛鳥所食。壽隆四年七月，南京蝗。時蕭文和易州屬縣議捕除之。文曰：蝗乃天災，捕之何益。但反躬自責，于是蝗盡飛去，遺者亦不食苗，散在草莽間，爲鳥鵲所食。

金熙宗皇統二年七月，廣寧府蝗。

海陵正隆三年六月，蝗入京師。秋，中都、山東、河東蝗。

大宗天會二年，曷懶移鹿古水，霖雨害稼，且爲蝗所食。

世宗大定三年二月，中都以南八路蝗。四年八月，中都南八路蝗，飛入京畿。時完顔宗寧爲歸德軍節度使，督民捕蝗，得死蝗一斗，給粟一斗，數日捕絶。十六年五月，中都、河北、山東、陝西、河東、遼東等十路旱蝗。二十二年五月，慶都蝗蝝生，散漫十餘里。一夕大風，蝗皆不見。

章宗太和八年四月，河南蝗，遣使分路捕之。六月，飛蝗入京畿。七月，詔頒捕蝗，圖于中外。

宣宗貞祐三年五月，河南大蝗。四年五月，陝西大蝗。七月，飛蝗過京師。興定元年三月，宫中有蝗。二年四月，河南諸郡蝗。

哀宗正大三年四月，旱蝗。

世祖中統三年五月，真定、順天、邢州蝗。八月濱棣州蝗。四年六月，燕京河間、益都、真定、東平蝗。至元元年七月，益都大蝗。十二月，西京、北京、順德、徐、宿、邳等州郡蝗。三年，東平、濟南、益都、平灤、洺磁、順天、中都、河間、北京禄豐縣、真定路蝗。四年，山東、河南北諸路蝗。五年六月，東平等郡及真定蝗。六年六月，河南、河北、山東諸郡蝗。七年三月，益都、登萊蝗。七月，南京、河南、山東諸路蝗。八年六月，上都、中都、大名、河間、益州、順天、懷孟、彰德、濟南、真定、衛輝、平陽、歸德、順德等路，淄萊、洺磁等州蝗。十五年七月，濮州蝗。十六年四月，大都十六路蝗。六月左右，衛屯田蝗蝻生。十七年五月，沂州及漣海邳宿等州蝗。十八年，順德九縣蝗。十九年四月，别十八里部東三百餘里，蝗害麥。夏，東平東阿陽穀等處大蝗。二十一年，中衛屯田蝗。二十二年，大都、汴梁、益都、廬州、河間、濟寧、歸德、保定、京師大蝗害稼。二十五年七月，真定、汴梁蝗。八月，趙晉冀三州蝗。二十七年四月，河北十七郡蝗。二十九年六月，東昌、濟南、般陽、歸德等郡蝗。三十年九月，登州蝗。三十一年六月，東安州蝗。按釋者謂，蝗蟲，有甲飛揚之類。陽氣所生也，恒暘則有。介蟲之孽，於春夏爲螽。今謂之蝗，按劉歆云：貪雪取民則螽，與魚同占。

成宗元貞元年六月，汴梁、陳留、太康、考城等縣，睢許等州蝗。二年六月，濟寧任城、魚臺縣，東平、須城、汶上縣，開州、長垣、清豐縣，德州、濟河縣，滑州太和州内黄縣蝗。八月，平陽、大名、歸德、真定等郡蝗。大德元年六月，歸德、順德、邳州、徐州蝗。二年四月，江南、山東、兩淮、江浙、燕南屬縣百五十處蝗。三年五月，淮安屬縣蝗，有鶖食之。十月，隴陝蝗。五年六月，順德路淇州蝗。七月，廣平、真定等路蝗。八月，河南、淮南、睢陳、唐和等州，新野、汝陽、江都、興化等縣蝗。六年四月，真定、大名、河間等路蝗。七月，大都、涿順、固安三州及濠州鐘離、鎮江、舟徒等縣蝗。七年五月，益都、濟南等路蝗。六月，大都路蝗。八年四月，益都、臨朐、德州、齊河蝗。九年四月，真定蝗。六月，通泰、靖海、武清等州縣蝗。八月，涿州、良鄉、河間、南皮、泗州、天長等縣及東安、海鹽等州蝗。十年四月，大都、真定、河間、保定、河南郡蝗。六月，龍興、南康等郡蝗。

武宗至大元年，澶濮曹高唐等州蝗。五月，晉寧路蝗。六月，保定、真定二郡蝗。八月，淮東蝗。二年四月，益都、東平、東昌、順德、廣平、大名、汴梁、衛輝等郡蝗。六月，檀覇、曹濮、高唐、太安等州，良鄉、野城、歷陽、合肥、大寧、江寧、句容、溧水、上元等縣蝗。七月，濟南、濟寧、般陽、河中，鮮、絳、耀、同、華等州蝗。八月，真定、保定、河間、懷孟等郡蝗。三年四月，鹽山、寧津、堂邑、茌平、陽穀、高唐、禹城七縣蝗。七月，磁州、威州、饒陽、元氏、平棘、滏陽、元城、無棣等縣蝗。

仁宗皇慶元年，彰德、安陽縣蝗。延祐七年六月，益都路蝗。

英宗至治元年五月，覇州蝗。七月，江都、泰興、古城、通許、臨淮、盱眙、清池等縣蝗。十二月，寧海州蝗。二年，汴梁，祥符縣蝗，有群鶖食之，既而復吐，積如丘垤。冬十二月，濟寧蝗。三年五月，保定路歸信縣蝗。五年，大名蝗。

泰定帝元年，永興蝗。六月，大都、順德、東昌、衛輝、保定、益都、濟寧、彰德、真定、般陽、廣平、大名、河間、東平等郡蝗。二年，汴梁十五縣蝗。五月，彰德路蝗。六月，德濮、曹景等州，歷城、章丘、淄州、柳城、茌城等縣蝗。九月，濟南、歸德等郡蝗。三年六月，東平、須城縣，興國、永興縣蝗。七月，大名、順德、廣平等路，趙州、曲陽、蒲城、慶都、修武等縣，淮安、高郵二郡，睢、泗、雄、覇等州蝗。八月，永平、汴梁、懷孟等郡蝗。四年五月，洛陽縣有蝗五畝，群烏盡食之。越數日又集，烏又食之。六月，畿内、江南蝗。七月，籍田蝗。八月，冠州蝗。十二月，保定、濟南、衛輝、濟寧、廬州五路，南陽、河南二府，博野、臨淄、膠西縣蝗。致和元年四月，大都、薊州、永平路，石城縣、鳳翔岐山縣蝗，無麥苗。五月，潁州及汲縣蝗。六月，武功縣蝗。

文宗天曆二年，大名路諸州縣，開滑諸州蝗。四月，河南、大寧、興中州、懷慶、孟州、廬州、無爲州蝗。六月，益都、莒密二州蝗。七月，真定、汴梁、永平、淮安、廬州、大寧、遼陽等郡屬邑蝗。三年五月，廣平、大名、般陽、濟寧、東平、汴梁、南陽、河南等郡，德、濮、開、高唐等州蝗。至順元年六月，真定、漷薊、固安、博興等州蝗。七月，鮮州、華州及河内、靈寶、延津等二十二縣蝗。又，永城蝗。二年三月，陝州諸縣蝗。六月，孟州濟源縣蝗。七月，河内閿郭、陝縣、奉元、蒲城、白水等縣蝗。

順帝元統二年六月，遼西蝗。至元二年七月，黄州蝗。三年六月，懷孟、隰州、汴梁、陽武縣蝗。五年七月，膠州即墨縣蝗。至正四年，歸德府永城縣及亳州蝗。十二年六月，大名蝗。十七年，東昌茌平縣蝗。十八年夏，薊州、遼州、濰州、昌邑縣，膠州高密縣蝗。秋，大都、廣平、順德及濰州之北海、莒州之蒙陰、汴梁之陳留、歸德之永城皆蝗。順德九縣，民食蝗。廣平人相食。十九年，大都、覇州、通州、真定、彰德、懷慶、東昌、衛輝、河間之臨邑，興州、大同、寧冀二郡，文水、榆次、壽陽、徐溝四縣，沂汾二州，孝義、平遥、介休三縣，晉寧二州及壺關、潞城、襄垣三縣，霍州趙城、靈石二縣，隰州之永和，沁之武鄉，遼之榆杜，奉元及汴梁之祥符，原武、鄢陵、扶溝、杞尉氏、洧川七縣，鄭之滎陽、汜水，許之長葛、郾城、襄城，臨潁，鈞之新鄭、密縣皆蝗，食禾稼，草木且盡，馬不能行，坑塹皆盈。饑民捕蝗以爲食，或曝乾而積之又盡，則人相食。五月，大蝗。七月，淮安清河縣飛蝗蔽天，自西北來，凡經七日，禾稼俱盡。二十年，益都、臨朐、壽光三縣，鳳翔、岐山縣蝗。二十一年六月，河南鞏縣蝗食稼，俱盡。七月，衛輝及汴梁、滎澤縣、鄭州蝗。二十二年秋，衛輝及汴梁、開封、扶溝、洧川三縣，許州及鈞之新鄭、密二縣蝗。二十五年，鳳翔、岐山縣蝗。績溪縣有蝗，自西北蔽空而至。宋寧宗嘉定十四年，金華、衢州、寧波、台州、温州有蟊賊。十六年秋，永州道州螟。

金章宗明昌三年秋，綏德虸蚄蟲生。

宣宗貞元四年五月，鳳翔、扶風、岐山郿縣蝨虫傷麥。

元世祖至元八年六月，遼州和順縣、解州、聞喜縣虸蚄生。十八年，高唐、夏津、武城縣蟊害稼。二十三年五月，覇州、漷州蝻。二十四年，鞏昌虸蚄爲災。二十七年四月，婺州螟害稼，雷雨大作，螟盡死，是年大有。按《漢志》云：温而風，則生螟、蟘，有蜾蟲之孽。

成宗元貞元年六月，利州龍山縣、益州明山縣螟。大德九年七月，桂陽郡蝝。

武宗至大元年五月，東平、東昌、益都等郡蝝。

仁宗皇慶二年五月，檀州及獲鹿縣蝻。延祐二年，處州螟。七年七月，霸州及堂邑縣蝻。

泰定帝二年，處州螟。四年七月，奉元路咸陽、興平、武功三縣，鳳翔府岐山等縣虸蚄害稼。

文宗天曆二年，淮安、廬州、安豐三路屬邑螟。

順帝至正十年，處州螟。十六年，處州螟。十九年，濟南、章丘、鄒平三縣蝻，五穀不登。二十二年春，衛輝路螟。六月，膠水縣虸蚄生。七月，掖縣虸蚄生害稼。二十三年六月，寧海、文登縣虸蚄生。七月，萊州招遠、萊陽二縣及登州、寧海州虸蚄生。

明英宗正統元年丙辰夏四月，河北旱蝗。八年五月，畿內旱蝗。

憲宗成化三年七月，巡撫王恕奏：開封彰德、衛輝地方蝗蝻傷稼。九月，河間府蝗。

世宗嘉靖八年，陝西僉事齊之鸞言：河南光、息、蔡、潁諸處及陝西陝閿、潼關蝗，食禾穗殆盡。

清・張廷玉等《明史》卷一六《武紀宗》 正德十四年三月戊午，風霾晝晦。

清・張廷玉等《明史》卷二〇《神宗紀一》 萬曆十五年秋七月，江北蝗。

清・張廷玉等《明史》卷二一《神宗紀二》 嘉靖三十四年六月，畿內大蝗。三十七年，是秋，畿內、山東、徐州蝗。四十四年秋七月，河南、淮、揚、常、鎮蝗。

清・張廷玉等《明史》卷二二《熹宗紀》 天啓元年二月閏月乙酉，以風霾諭羣臣修省。六年，是夏，江北、山東蝗。

清・張廷玉等《明史》卷二三《莊烈帝紀一》 崇禎十年秋七月，山東、河南蝗，民大饑。

清・張廷玉等《明史》卷二四《莊烈帝紀二》 崇禎十一年六月，兩畿、山東、河南大旱蝗。十二年六月，畿內、山東、河南、山西旱蝗。十三年二月丙戌，大風霾，詔清刑獄。

清・張廷玉等《明史》卷二八《五行志一》 恒陰 洪武十八年二月，久陰。正統五年七月戊午，己未及癸亥，曉刻陰沉，四方濃霧不辨人。八年，邳、海二州陰霧彌月，夏麥多損。景泰六年正月癸酉，陰霧四塞，既而成霜附木，凡五日。八年正月甲子，陰晦大霧，咫尺不辨人物。成化四年三月，昏霧蔽天，不見星日者累晝夜。九年三月甲午，四月丁卯，山東黑暗如夜。二十年五月丙申，番禺天晦，良久乃復。二十三年十二月辛卯，大霧不辨人。弘治十五年十一月，景東晝晦者七日。十六年四月辛亥，甘肅昏霧障天，咫尺不辨人物。十八年秋，廣昌大雨霧凡兩月，民病且死者相繼。正德十年四月，鉅野陰霧六日，殺穀。十四年三月戊午，陰晦。嘉靖元年正月丁卯，日午，昏霧四塞。三年，江北昏霧，其氣如藥。天啓六年六月丙戌，霧重如雨。閏六月己未，如之。

又 蝗蝻

洪武五年六月，濟南屬縣及青、萊二府蝗。七月，徐州、大同蝗。六年七月，北平、河南、山西、山東蝗。七年二月，平陽、太原、汾州、歷城、汲縣蝗。六月，懷慶、真定、保定、河間、順德、山東、山西蝗。八年夏，北平、真定、大名、彰德諸府屬縣蝗。建文四年夏，京師飛蝗蔽天，旬餘不息。永樂元年夏，山東、山西、河南蝗。三年五月，延安、濟南蝗。十四年七月，畿內、河南、山東蝗。宣德四年六月，順天州縣蝗。九年七月，兩畿、山西、山東、河南蝗蝻覆地尺許，傷稼。十年四月，兩京、山東、河南蝗蝻傷稼。正統二年四月，北畿、山東、河南蝗。五年夏，順天、河間、真定、順德、廣平、應天、鳳陽、淮安、開封、彰德、兗州蝗。六年夏，順天、保定、真定、河間、順德、廣平、大名、淮安、鳳陽蝗。秋，彰德、衛輝、開封、南陽、懷慶、太原、濟南、東昌、青、萊、兗、登諸府及遼東廣寧前、中屯二衛蝗。七年五月，順天、廣平、大名、河間、鳳陽、開封、懷慶、河南蝗。八年夏，兩畿蝗。十二年夏，保定、淮安、濟南、開封、河南、彰德蝗。秋，永平、鳳陽蝗。十三年七月，飛蝗蔽天。十四年夏，順天、永平、濟南、青州蝗。景泰五年六月，寧國、安慶、池州蝗。七年五月，畿內蝗蝻延蔓。六月，淮安、揚州、鳳陽大旱蝗。九月，應天及太平七府蝗。天順元年七月，濟南、杭州、嘉興蝗。二年四月，濟南、兗州、青州蝗。成化三年七月，開封、彰德、衛輝蝗。九年六月，河間蝗。七月，真定蝗。八月，山東旱蝗。十九年五月，河南蝗。二十二年三月，平陽蝗。四月，河南蝗。七月，順天蝗。弘治三年，北畿蝗。四年夏，淮安、揚州蝗。六年六月，飛蝗自東南向西北，日爲掩者三日。七年三月，兩畿蝗。嘉靖三年六月，順天、保定、河間、徐州蝗。隆慶三年閏六月，山東旱蝗。萬曆十五年七月，江北蝗。十九年夏，順德、廣平、大名蝗。三十七年九月，北畿、徐州、山東蝗。四十三年七月，山東旱蝗。四十四年四月，復蝗。七月，常州、鎮江、淮安、揚州、河南蝗。九月，江寧、廣德蝗蝻大起，禾黍竹樹俱盡。四十五年，北畿旱蝗。四十六年，畿南四府又蝗。四十七年八月，濟南、東昌、登州蝗。天啓元年七月，順天蝗。五年六月，濟南飛蝗蔽天，田禾俱盡。六年十月，開封旱蝗。崇禎八年七月，河南蝗。十年六月，山東、河南蝗。十一年六月，兩京、山東、河南大旱蝗。十三年五月，兩京、山東、河南、山西、陝西大旱蝗。十四年六月，兩京、山東、河南、浙江大旱蝗。

清・張廷玉等《明史》卷三〇《五行志三》 風霾晦冥

建文元年七月癸酉，燕王起兵，風雲四起，咫尺不辨人。少焉東方露青天尺許，有光燭地，洞徹上下。天順八年二月壬子，風霾晝晦。成化六年二月丁丑，開封晝晦如夜，黃霾蔽天。三月辛巳，雨霾晝晦。九年三月癸未，濟南諸府，狂風晝晦，咫尺莫辨。二十一年三月戊子，大名風霾，自辰迄申，紅黄滿空，俄黑如夜。已而雨沙，數日乃止。京師自正月至三月，風霾不雨。弘治二年二月辛亥，開封晝晦如夜。三月，黄塵四塞，風霾蔽天者累日。四年八月乙卯，南京晦冥。七年三月己亥，廣寧諸衛晝晦。正德五年三月甲子，大風霾，天色晦冥者數日。十六年十一月辛酉，甘肅行都司黑風晝晦，翌日方散。嘉靖元年九月己巳，大風霾，晝晦。八年正月戊戌朔，風霾，晦如夕。二十六年七月乙丑，甘州五衛風霾晝晦，色赤復黄。二十八年三月丙申，風霾四塞，日色慘白，凡五日。三十年正月辛卯，大風揚塵蔽天，晝晦。四十年二月己酉，亦如之。四月癸巳，大風雨，黄土晝晦。四十三年三月望，異風作，赤黄霾，至二十一日乃止。隆慶二年正月元旦，大風揚沙走石，白晝晦冥，自北畿抵江、浙皆同。萬曆十七年正月乙丑，蓋州衛風霾晝晦，壞廨宇、廬舍。二十五年二月戊寅，京師風霾。二十九年四月，連日風霾。三十八年四月戊戌，崇陽風霾晝晦，至夜轉烈，損官民屋木無算。四十八年八月以前，雲南諸府時晝晦。天啓元年四月乙亥午，寧夏洪廣堡風霾大作，墜灰片如瓜子，紛紛不絶，逾時而止。日將沈，作紅黄色，外如炊煙，圍罩畝許，日光所射如火焰，夜分乃没。四年二月辛丑，風霾晝晦，塵沙蔽天，連日不止。崇禎元年正月癸亥，永年縣晝晦，咫尺不辨人物。七年三月戊子，黄州晝晦如夜。十三年閏正月丙申，南京日色晦朦，風霾大作，細灰從空下，五步外不見一物。後四年三月丙申，風霾晝晦。

清・計六奇《明季北略》卷二 天啓五年乙丑六月初四日，濟南府飛蝗蔽天，凡有落處，秋禾一時蕩盡。兖州大蝗，禾盡無存。

清・計六奇《明季南略》卷二《災異》 崇禎壬午，十月自秋至冬，烈日如夏，在在赤地。

清・計六奇《明季南略》卷一六《紀事》 庚戌季冬二日，嚴寒，饑民一夕凍死四十七人。未幾，大雪連旬，千里數尺。予呵筆疾書，未嘗少廢。辛亥季夏，酷暑，各方死者日聞，予雖汗流浹背，必限録五紙。每晨起，用手巾六層陳案上，書畢視之，肘下透洽！

清・董含《三岡識畧》卷四《黑風》 癸卯四月二十二日未刻，遼陽殺布臺陟起黑風一股，從南向東，吹倒住房四百三十間，壓死男婦五百口。

清・姚廷遴《歷年記》續 康熙二十九年十一月初七冷起，十二月發大冷，黄浦内俱結冰，條條河俱連底凍緊，過渡金漲至每人十文，竟性命相博。余年六十有三，遇大冷惟三次：順治十二年、康熙二十年及二十二年而已。

康熙三十年十一月初發冷起，至二十後冷極，黄浦内亦有冰牌。十二月初二，余家刷布，稍有日色。初三日又刷希布，日色更好。初六日因希布不好，重新再刷，未時分，天忽大霧，布經俱濕，留至歲暮，不道霉烝難織。因棉花荒，價又賤，年底銀根大緊。康熙三十三年十一月二十一日發大冷，冰凍。因大冷冰凍，河水膠斷。

清・葉夢珠《閱世編》卷一 順治十一年甲午十二月初三起，嚴寒大凍，河中冰堅盈尺，行者如履平地。浦中叠冰如山，乘潮而下，衝舟立破，數日始泮。康熙二十二年癸亥十一月初十日，狂風大作，至十三日，嚴寒冱凍，數十年間所未見，十七日尤甚。余在筍里館中，自朝至暮，終日擁爐飲酒而寒不能卻，硯池中用酒及醋，而頃刻成冰。黄浦中亦凍，兩塘叠冰如山。自閘港以北，中間稍通數尺一路，然冰牌乘潮而下，勢若排山，舟逢之者，往往立碎；以西則全浦俱凍，潮汐往來，皆由冰下，不通舟隻。閔行渡口略通，而冰牌覆舟死者數十人。上海董家渡渡船亦覆，死者亦如之。縣大夫親臨驗閱，重責篙師，禁止開渡。漕白亦俱停比，直至二十四日，冰始稍釋。二十七日浦中始通船行，兩塘叠冰，猶未解也。

清・傅恒等《歷代通鑑輯覽》卷二〇 漢甲新莽天鳳元年六月，黄霧四塞。

清・傅恒等《歷代通鑑輯覽》卷九八 元順帝至正丁亥七年春正月甲辰朔。是日，大寒而風。朝官仆者數人。

清・傅恒等《歷代通鑑輯覽》卷一〇四 明代宗景帝景泰甲戌五年春正月，命平江侯陳豫、學士江淵撫輯山東河南兩淮軍民。時山東、河南、兩淮大寒，人畜多凍死。巡撫都御史王竑以爲言，故有是命。竑言，頃冬春之交，淮河冰，抵海四十餘里，人畜僵死萬餘。弱者鬻妻子，强者肆刦敚，民困若此。陛下端居九重，大臣身處廟，何由見之。使目擊其狀未有不太息流涕者也。陛下即位以來，非不敬天畏民而天變民窮特甚者，恐聖德雖修而未至，人倫雖正而未篤，賢才用而未收其效，邪佞去而未盡，其類仁愛施而寔惠未溥，財用省而上供未節，刑罰寬而寃獄未伸，工作停而匠□未息，法制頒而尚有更張，賦税免而或仍牽制生是干和遂召災變。臣願陛下修厥德以圖厥治。

清・傅恒等《歷代通鑑輯覽》卷一〇五 明憲宗成化癸巳九年三月，畿南山東大饑，民相食。山東境内忽黑暗如夜，又大饑，死者相枕籍，骼無餘胔。乃命免今年租。

清・嵇璜、劉墉等《續通志》卷三一　宋哲宗元符二年秋七月乙巳，以盛暑决中外繫囚，丁未放在京工役。

清・嵇璜、劉墉等《續通志》卷五二　金章宗承安三年十二月甲子朔，獵於酸棗林，大風寒罷獵，凍死者五百餘人。

清・畢沅《續資治通鑑》卷五四《宋紀五十四》　仁宗至和元年春，正月，辛未，京師大寒，詔有司卹民之凍死者。

清・畢沅《續資治通鑑》卷一五五《宋紀一百五十五》（寧宗慶元四年）十二月，甲子朔，金主獵於酸棗林，大風寒，罷獵，凍死者五百餘人。

清・畢沅《續資治通鑑》卷一八八《元紀六》（世祖至元二十四年）十二月，癸酉，諸王錫勒圖部雨土七晝夜，没死羊畜。

清・畢沅《續資治通鑑》卷一九五《元紀十三》（成宗大德十年）二月，雨沙陰霾，馬牛多斃，人亦有死者。

清・畢沅《續資治通鑑》卷二〇八《元紀二十六》（順帝至正元年）六月，揚州路崇明、通、泰等州，海潮湧溢，溺死一千六百餘人，賑鈔萬一千八百餘錠。

清・畢沅《續資治通鑑》卷二〇九《元紀二十七》（順帝至正七年）十二月，京師苦寒，有丐訴丞相馬前者，丞相索皮服予之，仍核在官所藏皮服之數，將悉給貧民，喝曰：「宰相當以廣濟天下爲心，皮服能幾何，而欲給之耶？莫若録飢寒者賑之。」丞相悟而止。

清・趙翼《竹葉亭雜記》卷七　道光十一年辛卯，海口潮涌，江水因之泛溢，自江西以下，沿江州縣被災。貴州則有蛟患。吾鄉亦蛟水并發，東南鄉宛在水中。大水時，一女子避未及，水幾没腰。有一人急援手救之，女子乃呼號大哭曰：「吾乃數十年貞節，何男子污我左臂。」遂將同被災者菜刀自斷其臂，仍赴水而死。惜不知姓氏，恐天下窮而貞者似此湮没不少也。

清・孫之騄《二申野録》卷一　明洪武十二年戊午秋八月，蘇松楊台海溢。

清・孫之騄《二申野録》卷三　弘治元年戊申，台州海溢。七年甲寅秋七月，會稽餘姚海溢。十六年癸亥九月，台州海溢，波濤入市。正德十三年戊寅秋七月，餘姚海溢。

清・孫之騄《二申野録》卷四　嘉靖十七年戊戌二月，海豐海水溢，金錫楊官居民死者以千數。

清・孫之騄《二申野録》卷五　隆慶三年己巳夏六月，潮没瓜埠壞田廬。

清・朱彝尊、于敏中等《日下舊聞考》卷一六〇　明隆慶元年清明日，京師甚和暖。晚間風雪交作，寒烈異常。次日，九門報城外凍死者一百七十人。崇文門下乘轎婦人母子俱死轎中，轎夫亦死轎下。

藝文

唐・歐陽詢《藝文類聚》卷二　梁孝元帝《詠霧》詩曰：三晨生遠霧，五里暗城闉。從風疑一細雨，映日似遊塵。乍若飛煙散，時如佳氣新。又詩曰：曉霧晦階前，垂珠帶葉邊。五里浮長隰，三晨暗遠天。旁通似佳氣，却望若非烟。疏簾還復密，斷棟更疑連。還思逢樂廣，能令雲霧褰。

梁伏挺《行舟值早霧》詩曰：水霧雜山烟，冥冥見曉天。聽猨方忖岫，聞瀨始知川。漁人惑澳浦，行舟迷泝沿。日中氛靄盡，空水共澄鮮。

周王褒《詠霧應詔》詩曰：七條開早陌，五里闇朝氛。帶樓疑海氣，含蓋似浮雲。方從河水上，預奉緑圖文。

唐・歐陽詢《藝文類聚》卷三　晉陸機《感時賦》曰：悲夫，冬之爲氣，亦何憯懍以蕭索。天悠悠其彌高，霧鬱鬱而四幕。夜緜邈其難終，日晼晚而易落。伊夫時之方慘，曷萬物之能歡。猨長嘯於林杪，鳥高鳴於雲端。矧余情之含瘁，恒覩物而增酸。歷四時以迭感，悲此歲之已寒。撫傷懷以嗚咽，望永路而汍瀾。

晉傅玄《大寒賦》曰：五行倏而竟鶩兮，四節紛而電逝。諒暑往兮，寒來十二月而成歲。日月會於析木兮，重陰凄而增肅。彩虹藏於虚廓兮，鱗介潛而長伏。若乃天地凛冽，庶極氣否。嚴霜夜結，悲風晝起。飛雪山積，蕭條萬里。百川咽而不流兮，氷凍合於四海。扶木憔悴於湯谷，若華零落於濛汜。

宋・孔平仲《清江三孔集》卷二二《長蘆詠蝗》　飛蝗乎，飛蝗乎，誰使汝爲飛蝗，而如此之孽也。一氣所生乃自然，百蟲之中何爲者。若歲大旱汝則多，人雖畏之可奈何。來時漫不見首尾，往往蔽日連數里。河南却集河北岸，東邨西邨鬧如螘。捕逐百千才十一，入地如錐又生子。山林所過爲一空，萬口颯颯如雨風。稻粱黍稷復何有，田疇已盡腹未充。農夫去歲望得雪，千耦輩作乘春發。耕耘喜及苗已長，與汝何寃乃遭罹。忍見深冬瘦如腊，徵賦繁興蓄積缺。我有薄田在江州，五歲之中三不收。流災得無及彼土，搏手安敢期高秋。陰陽調和非我事，凍餒逼迫同民憂。有生所往隨有累，不及飲啄波中鷗。

宋・王令《廣陵集》卷三《原蝗》 蝗生於野誰所爲，秋一母死遺百兒。埋藏地下不腐爛，疑有鬼黨相收持。寒禽冬飢啄地食，拾掇穀種無餘遺。吻惟掠卵不加破，意似留與人爲飢。去年冬温臘雪少，土脉不凍無冰凘。春氣蒸炊出地面，戢戢密若在釜糜。老農頑愚不識事，小不撲滅大莫追。遂令相聚成氣勢，來若大水無垠涯。蓬蒿滿眼幸無用，爾縱嚼盡誰爾譏。而何存留不咀嚼，反向禾黍加傷夷。鴟鴉啄啣各取飽，充實腸腹如撑支。兒童跳躍仰面笑，却愛甚密嫌踈稀。吾思萬物造作始，一一盡可天理推。四其行蹄翼不假，上既載角齒乃虧。夫何此獨出羣類，既使躍跳仍令飛。麒麟千載或一見，仁足不忍踏草萎。鳳凰偶出即爲瑞，亦曰竹食梧桐棲。彼何甚少此何衆，况又口腹害不訾。遂令思慮不可及，萬目仰面號天私。天公被誣莫自辨，慘慘白日陰無輝。而余昏狂不自度，欲盡物理窮毫絲。要祛衆惑運獨見，中夜力爲窮研思。如知在人不在天，譬之蚤虱生裳衣。捫搜剔撥要歸盡，是豈人者尚好之。然而身尚不絶種，豈復垢舊招致斯。魚朽生蟲肉腐蠹，理有常爾無何疑。誰爲憂國太息者，應喜我有原蝗詩。

宋・王令《廣陵集》卷一八《塵土呈介甫》 塵土紛紛起處微，祇隨風力亂噓吹。高張白霧横宫闕，低引輕雲暗路岐。客坐昏蒙歸耳目，人行斑白上鬢眉。誰知霶霈天飛雨，洗滌輕浮會有時。

宋・蘇軾《東坡全集》卷六《捕蝗至浮雲嶺山行疲苦有懷子由弟二首》 西來煙陣塞空虚，灑遍秋田雨不如。新法清平那有此，老身窮苦自招渠。無人可訴烏銜肉，憶弟難憑犬寄書。自笑迂踈皆此類，區區猶欲理蝗餘。

霜風漸欲作重陽，熠熠溪邊野菊黄。久廢山行疲犖确，尚能村醉舞淋浪。獨眠林下夢魂好，回首人間憂患長。殺馬毀車從此逝，子來何處問行藏。

宋・蘇軾《東坡全集》卷七《次韻章傳道喜雨禱常山而得》 去年夏旱秋不雨，海畔居民飲鹹苦。今年春暖欲生蝝，地上戢戢多於土。預憂一旦開兩翅，口吻如風那肯吐。前時渡江入吴越，布陣横空如項羽。去歲錢塘見飛蝗自西北來，極可畏。農夫拱手但垂泣，人力區區固難禦。撲蝝鬉尾困牛馬，啖齧衣服穿房户。坐觀不救亦何心，秉畀炎火傳自古。荷鋤散掘誰敢後，得米濟饑還小補。常山山神信英烈，撝駕雷公訶電母。應憐郡守老且愚，欲把瘡痍手摩撫。山中歸時風色變，中路已覺商羊舞。夜窓騷騷鬧松竹，朝畦泫泫流膏乳。從來蝗旱必相資，此事吾聞老農語。庶將積潤掃遺孽，收拾豐歲還明主。縣前已窖八千斛，今春及今，得蝗子八千餘斛。率以一升完一畝。更看蠶婦過初眠，蠶一眠則蝗不復生矣。未用賀客來旁午。先生筆力吾所畏，蹙踏鮑謝跨徐庾。偶然談笑得佳篇，便恐流傳成樂府。陋邦一雨何足道，吾君盛德九州普。中和樂職幾時作，試向諸生選何武。

宋・蘇軾《東坡全集》卷七《和趙郎中捕蝗見寄次韻》 麥穟人許長，穀苗牛可没。天公獨何意，忍使蝗蟲發。驅攘著令典，農事安可忽。我僕既胼胝，我馬亦款矻。飛騰漸云少，筋力亦已竭。苟無百篇詩，何以醒睡兀。初如疏畎澮，漸若決澥渤。往來供十吏，腕脱不容歇。平生輕妄庸，熟視笑魏勃。愛君有逸氣，詩壇專斬伐。民病何時休，吏職不可越。慎無及世事，向空書咄咄。

宋・王炎《雙溪類藁》卷八《招魏倅項教授小飲》 菖葉青青初出水，布穀聲中耕事起。去年蝗旱傷農收，今年日望歲豐美。聞道郊原麥浪平，但慮飛蝗遺孽耳。甚欲徃來阡陌間，稍與田家共憂喜。老大心情畏忌多，攬轡未行還自止。假日公庭吏牘稀，祇可清談共揮麈。小園春色亦自都，醉日杏桃嬌欲語。舉杯相屬謝東風，莫待枝頭落紅雨。

宋・祝穆《古今事文類聚・前集》卷五 始自兩河及三輔，薦食如蠶飛似魚。樂天捕蝗。遺蝗入地應千尺。東坡雪詩。

答朱寀捕蝗詩（歐陽永叔）

捕蝗之術世所非，欲究此語興於誰。或云豐凶歲有數，天孽未可人力支。或言蝗多不易捕，驅民入野踐其畦。因之姦吏恣貪擾，户到頭斂無一遺。蝗災食苗民自苦，吏虐民苗皆被之。吾嗟此語祇知一，不究其本論其皮。驅雖不盡勝養患，昔人固已決不疑。秉蟊投火况舊法，古之去惡猶如斯。既多而捕誠未易，其失安在常由遲。詵詵最説子孫衆，爲腹所孕多蝝蚳。始生朝畝暮已頃，化一爲百無根涯。口含鋒刃疾風雨，毒腸不滿疑常饑。高原下隰不知數，進退整若隨金鼙。嗟兹羽孽物共惡，不知造化其誰尸。大凡萬事悉如此，禍當早絶防其微。蠅頭出土不急捕，羽翼已就功難施。只驚羣飛自天下，不究生子由山陂。官書立法空太峻，吏愚畏罰反目欺。蓋藏十不敢申一，上心雖惻何由知。不如寬法擇良令，告蝗不隱捕以時。今苗因捕雖踐死，明歲猶免爲蝝災。吾嘗捕蝗見其事，較以利害曾深思。官錢二十買一斗，示以明信民争馳。斂微成衆在人力，頃刻露積如京坻。乃知孽蟲雖甚衆，嫉惡苟鋭無難爲。往時姚崇用此議，誠哉賢相得所宜。因吟君贈廣其説，爲我持之告採詩。

詩刺荆公

荆公罷相，出鎮金陵，時飛蝗自北而南，江東諸郡皆有之。百官餞荆公於城外。劉貢父後至，追之不及，見其行榻上有一書屏，因書一絶以寄云：青苗助役兩妨農，天下嗷嗷怨相公。惟有蝗蟲偏感德，又隨台旆過江東。《泊宅編》

宋・潛説友《咸淳臨安志》卷九六　梅聖俞詩中有毛長官者，今於潛令國華也。聖俞没十五年，而君猶爲令。捕蝗至其邑，作詩戲之。

詩翁憔悴老一官，厭見苜蓿堆青盤。歸來羞澀對妻子，自比鮎魚緣竹竿。今君滯留生二毛，飽聽衙鼓眠黄紬。更將嘲笑調朋友，人道獼猴騎土牛。願君恰似高常侍，暫爲小邑仍刺史。不願君爲孟浩然，却遭明主放還山。宦游逢此歲年惡，飛蝗來時半天黑。羨君封境稻如雲，蝗自識人人不識。

宋・周紫芝《太倉稊米集》卷一七《秋蝗歎》　驅車入秋原，懞懞盡禾黍。田父刈且歌，笑言雜兒女。路傍騎馬翁，下與田父語。問言田家勞，云何樂如許。父老仰天歎，墾款話心膂。今年遭歲凶，夏旱連秋暑。誰知勤餉婦，社甕蒭緑醑。君看西來蝗，落地輒盖土。入境不入田，食草不食秬。老農亦何幸，此樂詎天與。爲言相君賢，爲惠是在汝。羣兇滿江淮，殺氣自消阻。微蟲初何知，仁者亦復與。知公意在民，有穀寧忍咀。勸爾但自歡，蝗來不須禦。

明・于謙《忠肅集》卷一一　春寒

遠山猶帶雪，淺水未生波。花柳無消息，春寒可奈何。

塞上即景

目極煙沙草帶霜，天寒歲暮景蒼茫。炕頭熾炭燒黄鼠，馬上彎弓射白狼。上將親平西突厥，前軍近逐左賢王。邊城無事烽塵静，坐聽鳴笳送夕陽。

立春後寒甚二首

朔吹號寒激箭鋒，初春凜凜似嚴冬。層氷未泮江頭水，積雪還迷天外峰。閒對青銅搔白髮，却思金屋賜黄封。閑情最是庭前柳，翠黛含顰恨幾重。

坐擁紅鑪尚怯寒，邊城况是鐵衣單。營中午夜猶傳箭，馬上通宵不解鞍。主將擁麾方得意，迂儒撫劒謾興嘆。東風早解黄河凍，春滿乾坤萬姓安。

春寒憶家

碧紗窗外北風多，鎮日輕寒可奈何。歲月無情人自老，江山如故客重過。桃花深院飄紅雨，杜若芳洲泛緑波。謾説故園春景好，不堪歸計又蹉跎。

秋晚即景

獵獵西風捲客衣，茫茫衰草澹斜暉。山横暮靄牛羊下，樹帶寒煙鳥雀歸。幾杵疎鐘鳴梵宇，一村鐙火掩柴扉。林梢喜見初生月，照我駸駸下翠微。

荒村

村落甚荒凉，年年苦旱蝗。老翁傭納債，稚子賣輸糧。壁破風生屋，梁頹月墮牀。那知官府内，不肯報災傷。

清・王士禎《精華録》卷二　愁霖行

涒灘之歲陰氣凝，愁霖不絶如貫絙。江星動摇陽景匿，蝦虹閉藏潦霧增。玄駒戴粒蟻封穴，白蹢涉波豕出繒。恢台變節百草死，縱有紈扇須何曾。立秋八日又七夕，不見河鼓低玉繩。肅時雨若哲燠若，此事無乃非休徵。今年災異亦太劇，延慶旱魃嗟頻仍。太白失舍晝不入，白眚夜見生芒稜。左輔銅龍翻地軸，川竭水涌騫高陵。我讀劉向五行説，天意人事如相乘。溴梁之會星晝地震，龍鬬於鄭梁山崩。吁嗟盛世詎有此，胡爲變易違其恒。何時扶桑日東升，重霾一掃天宇澄。野人爛睡曲兩肱，晨炊不復愁薪烝。

清・朱彝尊《曝書亭集》卷六　苦寒行

九州皆可歷，何爲雲中居。聽我歌苦寒，泣下沾衣裾。寒風利如刀，雪花人如席。重裘如束水，安問絺與給。白日無光晶，驚沙但茫茫。舍我四方事，土室獨摧藏。白登自言高，乃是太古雪。漚洟自言深，腹堅不可裂。斧冰持作糜，鋪糜糜已冰。展轉長宵巾，晨夙不得興。攬衣未及帶，手龜血出漉。嚴霜割我面，哽咽不得哭。男兒可憐蟲，出門思故鄉。寧飲吴市酒，不樂邯鄲倡。

清・朱彝尊《曝書亭集》卷八　泰安道中曉霧

苦霧滴成雨，平林翳作峰。不知巖際寺，恰送馬頭鐘。汶水已争渡，泰山猶未逢。忽驚初日躍，遠近碧芙蓉。

清・查慎行《敬業堂詩集》卷一〇　大霧新灘道中

陰霾忽交集，一氣吞平沙。如入大海中，瀰漫四無涯。前行泛孤鶩，後旅延修蛇。似密忽已疎，稍開旋復遮。大塊任勃塞，陽烏斂光華。朦朧一鏡懸，注視眼不花。方當晻靄際，正氣難勝邪。無何廣漠風，披豁青天霞。君子視洞達，毋令道里差。

次日發沐陽渡小溝河大霧復作次前韻

昨日如細雨，今晨同歕沙。廣川横我前，截岸作兩涯。砉如壯士劒，當道分長蛇。亂流苦無舩，林黑影被遮。僕夫牽馬渡，闇闇迷春華。路旁玉瓏鬆，結作野草花。老農識占候何笠歌汙邪。連霧知大風，暮雨看晴霞。人事難預測，物理永不差。

清・查慎行《敬業堂詩集》卷七　飛蝗行和少司馬楊公

去冬臘雪不蓋土，今歲天行旱畿輔。門前有客來故鄉，爲言千里皆飛蝗。緑陂青野一時失，但見黄雲蔽白日。我聞此語方長歎，愁坐不知天宇寬。有聲簌簌自南至，驟聽乍疑風雨勢。舉頭杲杲燒火輪，中庭過影何紛繽。蜻蜓蚱蜢亦羣舞，倏度宫城齊振羽。宫城十丈高巍巍，誰能禁爾漫天飛。

雜録

宋・孔平仲《清江三孔集》卷一七《蝗説》　熙寧甲寅秋七月，余將還江南，繫舟于長蘆之川。登高而望，見羣飛而至者，若烟、若霧、若大軍之塵，自西而東，前後十餘里，相屬不絶。野夫奔走相告，曰：蝗至矣。予曰：蝗之來如何？曰：食我之田，齧我之桑，使我終歲無褐與粮。余曰：嗟乎，害無酷于此者矣。野夫啞然，笑曰：此非吾所謂害也。夫螟蝝之屬，隨陽而動，得雨而止，幸而歲豐時和，則其類泯焉。蓋雖甚可畏惡，而其爲禍猶有間也。以吾觀之，今天下未嘗有無蝗之歲，四方未嘗有無蝗之國也。民之於民勤矣，罄其貲以哀種，市牛暴肩背病，手足以趨，田事及歲且成，則老幼相與，計曰：是將穫之以償，官之逋負也。又曰：是將鬻之以足，官之賦泉也。凡終歲矻矻而得之者，皆非吾有，由祖及孫歲被其患而無有休期。自燕及越其病一也。然則其爲蝗也，大矣。今歲之蝗，不過遺種於一方，而每歲之蝗，流毒于天下，以彼未之知耶。不然宰相可以請其有司，可以争矣，何其無聞耶，退因序其説。

宋・王讜《唐語林》卷四　明皇起凉殿，拾遺陳知節上疏極諫。上令力士召對，時暑毒方甚，上在凉殿，坐後水激扇車，風獵衣襟。知節至，賜坐石榻。陰霤沈吟，仰不見日，四隅積水成簾飛灑，坐内含凍。復賜冰屑麻節飲。陳體生寒慄，腹中霤鳴，再三請起方許，上猶拭汗不已。陳纔及門，遺洩狼籍。逾日復故。謂曰：卿論事宜審，勿以己方萬乘也。

宋・王讜《唐語林》卷八　飲坐作令，有不誤而飲罰爵者，皆曰：蟲傷旱潦，推其由，蓋以爲不偶之義。蟲傷宜爲蟲霜，蓋言農田水旱之害。呼曲子名，則下兵爲下平。閣羅鳳爲閤羅鳳。著詞則河内王爲河奈王。檣竿上爲長竿上。如斯之語甚多。

宋・何薳《春渚紀聞》卷二《雍邱驅蝗詩》　米元章爲雍邱令。適旱蝗大起，而鄰尉司焚瘞後，遂致滋蔓，即責里正併力捕除，或言盡緣雍邱驅逐過此，尉亦輕脱，即移文載里正之語，致牒雍邱，請各務打撲，收埋本處地分，勿以鄰國爲壑者。時元章方與客飯，視牒大笑，取筆大批其後付之，云：「蝗蟲元是空飛物，天遣來爲百姓災。本縣若還驅得去，貴司却請打回來。」傳者無不絶倒。

宋・葉夢得《避暑録話》卷下　錢穆甫爲如皋令，會歲旱蝗發。而泰興令獨紿郡將云：縣界無蝗。已而蝗大起。郡將詰之，令辭窮，乃言：縣本無蝗，蓋自如皋飛來，仍檄如皋，請嚴捕蝗，無使侵鄰境。穆甫得檄，輒書其紙尾，報之曰：蝗蟲本是天災，即非縣令不才，既自敝邑飛去，卻請貴縣押來。未幾，傳至郡下，無不絶倒。

宋・羅大經《鶴林玉露》卷三　蝗纔飛下即交合，數日，産子如麥門冬之狀，日以長大。又數日，其中出如小黑蟻者八十一枚，即鑽入地中。《詩》註謂，螽斯一産八十一子者，即蝗之類也。其子入地，至來年禾秀時乃出，旋生翅羽。若臘雪凝凍，則入地愈深，或不能出。俗傳雪深一尺，則蝗入地一丈。東坡《雪》詩云：遺蝗入地應千尺，是也。蝗災每見於大兵之後，或言乃戰死之士寃魂所化，雖未必然，但余曩在湖北，見捕蝗者雖羣呼聚噉，蝗不爲動，至鳴擊金鼓，則聳然而聽，若成行列，則謂爲殺傷沴氣之所化，理或然也。

宋・祝穆《古今事文聚類・前集》卷五　茅茨食盡

雨螽于宋，外災不書，此何書，災甚也。奈何，茅茨盡也。《穀梁》。

蝗飛入海

馬援爲武陵太守，郡連有蝗，援賑貧羸，薄賦税，蝗飛入海，化爲魚鰕。《東觀漢記》。

蝗不入境

魯恭爲中牟令，飛蝗避境。又宋均爲九江守，山陽楚沛多蝗，至九江輒四散。

捕蝗得錢

漢平帝時蝗，詔使者捕蝗。人能捕蝗，詣吏者以石斗受錢。

太宗吞蝗

貞觀間，京畿旱，蝗食稼。太宗在苑中掇蝗吞之，曰：但當食朕，無害百姓。是歲蝗不爲患。

姚崇捕蝗

開元間，山東大蝗。姚崇奏詩云：秉畀炎火，此除蝗之義也。乃出御史爲捕蝗使，分道殺蝗。倪若水上言，除天災者當以德。昔劉聰除蝗不克而害愈甚。崇移書誚之曰：聰僞主，德不勝妖，今妖不勝德。若水懼，乃縱捕，得蝗十四萬石，時議者喧譁。崇曰：討蝗縱不能盡，不愈於養以遺患乎？帝然之。盧懷謹曰：天災，安可以人力制，且殺蟲多，必戾和氣，願公思之。崇曰：昔楚王吞蛭而厥疾瘳，叔敖斷蛇而福乃降。今蝗幸可驅，若縱之，穀且盡，如百姓何殺蟲救之，禍歸於崇，不以諉公也。蝗害訖息。

捕蝗易粟

五代晉出帝天福間，募民捕蝗易以粟。《備史》。

蝗死不賀

祥符九年飛蝗過京城。上詣玉清宮，靈感塔焚香祈禱，禁宮城音樂三日。先是上出死蝗示大臣，翼日，執政有袖死蝗以進者，請示於朝，率百官賀。王旦曰：蝗出於災，災弭，幸也，又何賀焉。固不可，乃止。於是二府方奏事，飛蝗蔽天。上曰：使百官方賀而蝗若此，豈不爲天下笑耶。

飛蝗墮水

趙抃守青州時，山東旱，有蝗。自青齊及境遇風退，飛墮水而盡。《言行録》。

宋・周密《癸辛雜識・續集》卷下《武城蝗》 戊戌七月，武城蝗自北來，蔽映天日。有崔四者，行田而仆。其子尋訪，但見蝗聚如堆阜。撥視之，見其父卧地上，爲蝗所埋。鬚髮皆被嚙盡，衣服碎爲篩網，一時頃方甦。晉天福中蝗食豬。平原一小兒爲蝗所食，吮血惟餘空皮裹骨耳。

明・郎瑛《七修類稿》卷四《蝗》 《爾雅》以蝗有四種。予所見者，灰黄二色，大率於苗之心葉根節盡食之。或者四種寓於二色，不可知也。纔飛即交，數日産子如麥門冬。後數日，中出如黑蟻子八十一枚，即鑽入地中。《詩》註，螽斯一産八十一子，是也。其子入地，來年禾秀時乃出，旋生翅羽，遇臘雪大，則入地至深。坡詩：遺蝗入地應千尺，是也。其飛止跳躍，所向群往，無一反逆者。渡水則後啣前翅，由由然若繩索之狀。一縣之地，或食其半，或食一角。有相隣而不食者，有踰山渡河以食者，殆若真有神役也。傳以謂戰死之士寃魂所化，理或然也。《淮南子》又謂魚子之變，非也。蓋此物畏水，而旱則生。所以雪大深入於地，浙上亦嘗飛來，亦嘗下子，明年絶不生者，江南水田也。豈有魚子畏水者哉。

人文總部

綜述部

萬物有靈論

漢・王充《論衡》卷五《感虚篇》 夫龍之登玄雲，古今有之，非始益作井而乃登也。方今盛夏，雷雨時至，龍多登雲。雲龍相應，龍乘雲雨而行，物類相致，非有爲也。

漢・王充《論衡》卷六《龍虚篇》 實者雷(雲)龍同類，感氣相致，故《易》曰：「雲從龍，風從虎。」又言：「虎嘯谷風至，龍興景雲起。」龍與雲相招，虎與風相致，故董仲舒雩祭之法，設土龍以爲感也。夫盛夏太陽用事，雲雨幹之。太陽火也，雲雨水也，〔水〕火激薄則鳴而爲雷。龍聞雷聲則起，起而雲至，雲至而龍乘之。雲雨感龍，龍亦起雲而陞天。天極(雷)〔雲〕高，雲消復降。人見其乘雲則謂「陞天」，見天爲雷電則爲「天取龍」。世儒讀《易》文，見《傳》言，皆知龍者雲之類。拘俗人之議，不能通其説；又見短書爲證，故遂謂「天取龍」。

漢・王充《論衡》卷一四《寒温篇》 或曰：「以類相招致也。喜者和温，和温賞賜。陽道施予，陽氣温，故温氣應之。怒者愠恚，愠恚誅殺。陰道肅殺，陰氣寒，故寒氣應之。虎嘯而谷風至，龍興而景雲起。同氣共類，動相招致。故曰以形逐影，以龍致雨。雨應龍而來，影應形而去。天地之性，自然之道也。秋冬斷刑，小獄微原，大辟盛寒，寒隨刑至，相招審矣。」夫比寒温於風雲，齊喜怒於龍虎，同氣共類，動相招致可矣。虎嘯之時，風從谷中起；龍興之時，雲起百里內。他谷異境，無有風雲。今寒温之變，並時皆然。百里用刑，千里皆寒，殆非其驗。齊、魯接境，賞罰同時，設齊賞魯罰，所致宜殊，當時可齊國温、魯地寒乎？

漢・王充《論衡》卷二五《祀義篇》 風猶人之有吹煦也，雨猶人之有精液也，雷猶人之有腹鳴也，三者附於天地，祭天地，三者在矣；人君重之，故復别祭。必以爲有神，則人吹煦、精液、腹鳴當復食也。

漢・王充《論衡》卷二五《祭意篇》 羣神謂風伯雨師雷公之屬。風以摇之，雨以潤之，雷以動之，四時生成，寒暑變化。日月星辰，人所瞻仰。水旱，人所忌惡。四方，氣所由來。山林川谷，民所取材用。此鬼神之功也。

南朝梁・沈約《宋書》卷一六《禮志三》 晉成帝立二郊，天郊則六十二神，五帝之佐，日月五星、二十八宿、文昌、北斗、三台、司命、軒轅、后土、太一、天一、太微、鈎陳、北極、雨師、雷、電、司空、風伯、老人六十二神也。

《全宋文》卷六七四八《白玉蟾三・太上九天雷霆大法琅書序》 雷霆火師曰：昔在龍漢之初年，浮黎之始劫，虚無之表，混沌之先，浩氣結成，太乙下降，謂之玉清神母元君。自然聖胎，化生九子，其長則元始天尊，其末則神霄真王也。夫真王應九元之運，總九炁之真，而神霄乃九霄之上霄，爲九清之玉清，所以真王在乎高上神霄玉清府也。所掌者何？蓋五雷之總司也。元炁未判，未始有雷。太虚既開，太極始立。太極之數五，五居乎中，中黄正炁，同乎一初，散在萬物，遂分陰陽。陰陽之氣結而成雷，其中有神主之，則神霄真王也。雷之爲物，恍恍惚惚，雷之爲神，杳杳冥冥，聚乎太無之房，歸乎太乙之庭。其高上則爲之府，其廣漠則爲之城。設官分職，隸將統兵，監觀萬國，磅礴一靈。總而爲都司，則雷局分治；散而爲五方，則雷神有名。故凡雨暘旱澇、水火刀兵、城隍社稷、江海丘陵、鄉邦瘟疫、國土蝗螟，大則日月星辰霜雪風露之數，小則山河草木昆蟲鳥獸之名，皆隸於神霄而屬之玉清，一出於真王之命。善者有賞，惡者有罰，發號施令而兼掌生殺，行恩布威而自爲枯榮。以是知五雷之政，統三界而御萬靈，可以伐逆祟，可以誅凶星，而萬神稽首，羣物聽命者也。神霄真王奄而有之，故能君五雷也。東極青華君從而丞之，復佐以六波天主帝君。乃命太皇萬福真君掌其左府，可韓司丈人真君掌其右府。至於天雷上相、玉樞使相、雷霆都司、元命真君、五雷院使，各掌五雷之曹。羣工百執，事各付事，物各付物。雷部則有帥，雷府則有宰，雷城則有將，雷局則有官，雷天則有君，雷門則有吏。震爲雷宫，巽爲雷門，大曰雷，小曰霆，雷主善，霆主惡。然萬物之於天地間，其禀性賦形而與雷霆何異焉。太上混元皇帝括陰陽之妙，操造化之機，作爲符圖印訣罡咒之文，乃成《九天雷霆大法琅書》以付有道之士。得之者兵隨印轉，將逐符行，役使風雷，區别人鬼，代天行化，佐國救民，輔正除邪，翦妖馘毒，明彰天威，顯揚道法。然而始勤終怠，奉行不虔，妄傳非人，輕泄漏慢者，一如火伯風霆律令，雖身被風刀，萬劫不原可矣，其忍九玄七祖長役鬼官者哉！雷有五，或曰天雷、水雷、山雷、神雷、社雷謂五雷也，或曰風雷、火雷、雲雷、龍雷、蠻雷謂五雷也，其説不一。蓋雷霆上則貫斗，下則伏淵，以風爲媒，以電爲妻，以雲爲奴，以雨爲子。雷之氣乃中天大魁之氣，故中央之數係乎五，恐其氣數皆五，而曰五雷也。得法之士自非剛毅中正而邪佞懦怯者不可行也。苟能精勤香火，朝謁帝真，孜孜度人，切切濟物，三千功滿，八百行圓，手握龍泉，腰横雷璽，部領將吏，飛步太空，可勝快哉！敬編雷霆之由、符法之所以，序於《琅書》之首云。《瓊琯白真人集》。

明·郎瑛《七修類稿》卷四　風雷雨電四者，陰陽之氣而已。然而變化不測，則固有神寓於其間，亦何肖形恠異，如今之塑者耶？予嘗思得之，勉强以爲之解。風雷在天，天乃乾焉，乾則配屬戌亥也，是以風伯之首像犬，雷公之首像豕。雨爲水，水者坎也，坎爲中男，故雨師之像似士子。雷取象於震，震則巽之對也，故有雷公電母之稱。巽爲長女，其像婦人而已。四神取義如此，不知道家又别有説乎。

生活經驗比擬觀

《管子》卷一八《度地》　桓公曰：「願聞五害之説。」管仲對曰：「水，一害也；旱，一害也；風霧雹霜，一害也；厲，一害也；蟲，一害也。此謂五害。五害之屬，水最爲大。五害已除，人乃可治。」尹云：厲，疾病也。

《吕氏春秋》卷五《古樂》　昔古朱襄氏之治天下也，多風而陽氣畜積，萬物散解，果實不成，故士達作爲五弦瑟，以來陰氣，以定羣生。【略】昔陶唐氏之始，陰多滯伏而湛積，水道壅塞，不行其原，民氣鬱閼而滯著，筋骨瑟縮不達，故作爲舞以宣導之。【略】帝顓頊生自若水，實處空桑，乃登爲帝。惟天之合，正風乃行，其音若熙熙凄凄鏘鏘。帝顓頊好其音，乃令飛龍作效八風之音，命之曰承雲，以祭上帝。乃令鱓先爲樂倡，鱓乃偃寢，以其尾鼓其腹，其音英英。

《吕氏春秋》卷一九《貴信》　天行不信，不能成歲，地行不信，草木不大。春之德風，風不信，其華不盛，華不盛，則果實不生；夏之德暑，暑不信，其土不肥，土不肥，則長遂不精；秋之德雨，雨不信，其穀不堅，穀不堅，則五種不成；冬之德寒，寒不信，其地不剛，地不剛，則凍閉不開。天地之大，四時之化，而猶不能以不信成物，又況乎人事？

明·何孟春《餘冬序録摘抄内外篇》卷二《外篇》　春徃使陜西，至洮岷間。夜聞雨雹甚久，次早以詢館人，云昨夜下大白雨。彼處雹曰白雨，又曰硬頭雨，無言雹者。昔宋紹興十七年，臨安雨雹，太學屋瓦皆碎。學宫申朝廷脩，諱言雹，遂稱硬雨。彼土人所云，亦有自哉。【略】夏南熱，冬北寒，天時地氣古今所同。正德七年冬，燕趙河朔之地燠如，而江淮風雪特甚。南至洞庭水緩流處，冰有至尺厚者。晉六朝梁，遣明少遐宴魏使崔一曰：「今歲奇寒，江淮亦冰。」七年之事，可爲異矣。

清·劉獻廷《廣陽雜記》卷三　余在衡久，見北風起，地即潮溼，變而爲雨，百不失一。詢之土人，云自來如此，始悟風水相逆而成雨。燕京吴下，水皆東南流，故必東南風而後雨。衡湘水北流，故須北風也。然則諸方山之背向，水之分合，支流何向，川流何向，皆當案志而求。彙爲一則，則風土之背正剛柔，暨陰晴燥溼之徵，又可次第而求之矣。

天人感應説

漢·司馬遷《史記》卷一二《孝武本紀》　其明年，伐朝鮮。夏，旱。公孫卿曰：「黄帝時封則天旱，乾封三年。」上乃下詔曰：「天旱，意乾封乎？其令天下尊祠靈星焉。」

漢·司馬遷《史記》卷三〇《平準書》　是歲小旱，上令官求雨。卜式言曰：「縣官當食租衣税而已，今弘羊令吏坐市列肆，販物求利。亨弘羊，天乃雨。」

漢·司馬遷《史記》卷四三《趙世家》　晉大旱，卜之，曰「霍太山爲祟」。使趙夙召霍君於齊，復之，以奉霍太山之祀，晉復穰。晉獻公賜趙夙耿。

漢·司馬遷《史記》卷一二八《龜策列傳》　卜天雨不雨。雨，首仰有外，外高内下；不雨，首仰足開，若横吉安。卜天雨霽不霽。霽，呈兆足開首仰；不霽，横吉。

漢·董仲舒《春秋繁露》卷一一《王道通三》　春氣愛，秋氣嚴，夏氣樂，冬氣哀。愛氣以生物，嚴氣以成功，樂氣以養生，哀氣以喪終，天之志也。是故春氣暖者，天之所以愛而生之；秋氣清者，天之所以嚴而成之；夏氣温者，天之所以樂而養之；冬氣寒者，天之所以哀而藏之。春主生，夏主養，秋主收，冬主藏。生溉其樂以養，死溉其哀以藏，爲人子者也。故四時之比，父子之道也。天地之志，君臣之義也。陰陽之理，聖人之法也。陰，刑氣也。陽，德氣也。陰始於秋，陽始於春。春之爲言猶偆偆也，秋之爲言猶湫湫也。偆偆者，喜樂之貌也。湫湫者，憂悲之狀也。是故春喜、夏樂、秋憂、冬悲，悲死而樂生。以夏養春，以冬喪秋，大人之志也。

漢・董仲舒《春秋繁露》卷一一《天辨在人》 春，愛志也；夏，樂志也；秋，嚴志也；冬，哀志也。故愛而有嚴，樂而有哀，四時之則也。喜怒之情，哀樂之義，不獨在人，亦在於天。而春夏之陽，秋冬之陰，不獨在天，亦在於人。人無春氣，何以博愛而容衆？人無秋氣，何以立嚴而成功？人無夏氣，何以盛養而樂生？人無冬氣，何以哀死而恤喪？天無喜氣，亦何以暖而春生育？天無怒氣，亦何以清而秋殺就？天無樂氣，亦何以疏陽而夏養長？天無哀氣，亦何以激陰而冬閉藏？故曰天乃有喜怒哀樂之行，人亦有春秋冬夏之氣者，合類之謂也。匹夫雖賤，而可以見德刑之用矣。是故陰陽之行，終各六月，遠近同度，而所在異處。陰之行，春居東方，秋居西方，夏居空右，冬居空左，夏居空下，冬居空上，此陰之常處也。陽之行，春居上，冬居下，此陽之常處也。陰終歲四移，而陽常居實，非親陽而疏陰，任德而遠刑與。

《全漢文》卷二三《董仲舒・元光元年舉賢良對策》 臣聞天者羣物之祖也，故徧覆包函而無所殊，建日月風雨以和之，經陰陽寒暑以成之。故聖人法天而立道，亦溥愛而亡私，布德施仁以厚之，設誼立禮以導之。春者天之所以生也，仁者君之所以愛也；夏者天之所以長也，德者君之所以養也；霜者天之所以殺也，刑者君之所以罰也。繇此言之，天人之徵，古今之道也。

《全漢文》卷二四《董仲舒・奏江都王求雨》 求雨之方，損陽益陰，願大王無收廣陵女子爲人祝者一月租，賜諸巫者。諸巫母大小皆相聚於郭門，爲小壇㠯脯酒祭。女獨擇寛大便處移市，市使無内丈夫。丈夫無得相從飲食，令吏妻各往視其夫，皆到即起，雨注而已。續漢書禮儀志中注補引仲舒奏江都王

《全漢文》卷二四《董仲舒・請雨祝》 昊天生五穀㠯養人。今五穀病旱恐不成，敬進清酒膊脯，再拜請雨，雨幸大澍。

《全漢文》卷二四《董仲舒・止雨祝》 今淫雨太多，五穀不和，敬進肥牲清酒，㠯請社靈，幸爲止雨，除民所苦。無使陰滅陽，陰滅陽，不順於天。天之常意，在於利人。人願止雨，敢告於社。

《全漢文》卷二四《公孫弘・元光五年舉賢良對策》 臣聞之，氣同則從，聲比則應。今人主和德於上，百姓和合於下，故心和則氣和，氣和則形和，形和則聲和，聲和則天地之和應矣。故陰陽和，風雨時，甘露降，五穀登，六畜蕃，嘉禾興，朱草生，山不童，澤不涸，此和之至也。

《全漢文》卷五〇《鮑宣・復上書》 迺二月丙戌，白虹虷日，連陰不雨，此天有憂結未解，民有怨望未塞者也。

漢・劉向《新序》卷二《雜事第二》 梁君出獵，見白鴈羣，梁君下車彀弓欲射之。道有行者，梁君謂行者止，行者不止，白鴈羣駭。梁君怒，欲射行者。其御公孫襲下車撫矢曰：「君止。」梁君忿然作色而怒曰：「襲不與其君而顧與他人，何也？」公孫襲對曰：「昔齊景公之時，天大旱三年，卜之曰：『必以人祠乃雨。』景公下堂頓首曰：『凡吾所以求雨者，爲吾民也。今必使吾以人祠乃且雨，寡人將自當之。』言未卒而天大雨方千里者，何也？爲有德於天而惠於民也。今主君以白鴈之故，而欲射人，襲謂主君言，無異於虎狼矣。」梁君援其手與上車歸，入廟門，呼萬歲，曰：「幸哉！今日也，他人獵皆得禽獸，吾獵得善言而歸。」

漢・班固《漢書》卷八《宣帝紀》 秋八月，詔曰：「朕不明六藝，鬱於大道，是以陰陽風雨未時。其博舉吏民，厥身修正，通文學，明於先王之術，宣究其意者，各二人，中二千石各一人。」

漢・班固《漢書》卷二六《天文志》 箕星爲風，東北之星也。東北地事，天位也，故《易》曰「東北喪朋」。及巽在東南，爲風；風，陽中之陰，大臣之象也，其星，軫也。月去中道，移而東北入箕，若東南入軫，則多風。西方爲雨；雨，少陰之位也。月去中道，移而西入畢，則多雨。故《詩》云「月離于畢，俾滂沱矣」，言多雨也。《星傳》曰「月入畢則將相有以家犯罪者」，言陰盛也。《書》曰「星有好風，星有好雨，月之從星，則以風雨」，言失中道而東西也。故《星傳》曰：「月南入牽牛南戒，民間疾疫；月北入太微，出坐北，若犯坐，則下人謀上。」

又 一曰月爲風雨，日爲寒温。冬至日南極，晷長，南不極則温爲害；夏至日北極，晷短，北不極則寒爲害。故《書》曰「日月之行，則有冬有夏」也。政治變於下，日月運於上矣。（日）〔月〕出房北，爲雨爲陰，爲亂爲兵；出房南，爲旱爲夭喪。水旱至衝而應，及五星之變，必然之效也。

又 而漢魏鮮集臘明正月旦決八風。風從南，大旱；西南，小旱；西方，有兵；西北，戎叔爲，小雨，趣兵；北方，爲中歲；東北，爲上歲；東方，大水；東南，民有疾疫，歲惡。故八風各與其衝對，課多者爲勝。多勝少，久勝亟，疾勝

徐。旦至食，爲麥；食至日跌，爲(疾)〔稷〕；跌至晡，爲黍；晡至下晡，爲叔；下晡至日入，爲麻。欲終日有雲，有風，有日，當其時，深而多實；亡雲，有風日，當其時，淺而少實；有雲風，亡日，當其時，深而少實；有日，亡雲，不風，當其時者稼有敗。如食頃，小敗；孰五斗米頃，大敗。風復起，有雲，其稼復起。各以其時用雲色占種所宜。雨雪，寒，歲惡。

又 元平元年正月庚子，日出時有黑雲，狀如(猋)〔焱〕風亂鬊，轉出西北，東南行，轉而西，有頃亡。占曰：「有雲如衆風，是謂風師，法有大兵。」其後兵起烏孫，五將征匈奴。

漢·班固《漢書》卷二七上《五行志上》 襄公二十四年「秋，大水」。董仲舒以爲先是一年齊伐晉，襄使大夫帥師救晉，後又侵齊，國小兵弱，數敵彊大，百姓愁怨，陰氣盛。劉向以爲先是襄慢鄰國，是以邾伐其南，齊伐其北，莒伐其東，百姓騷動，後又仍犯彊齊也。大水，饑，穀不成，其災甚也。

漢·班固《漢書》卷二七中之上《五行志中之上》 隱公九年「三月癸酉，大雨，震電；庚辰，大雨雪」。大雨，雨水也；震，雷也。劉歆以爲三月癸酉，於曆數春分後一日，始震電之時也，當雨，而不當大雨。大雨，常雨之罰也。於始震電八日之間而大雨雪，常寒之罰也。劉向以爲周三月，今正月也，當雨水，雪雜雨，雷電未可以發也。既已發也，則雪不當復降。皆失節，故謂之異。於《易》，雷以二月出，其卦曰「豫」，言萬物隨雷出地，皆逸豫也。以八月入，其卦曰「歸妹」，言雷復歸。入地則孕毓根核，保藏蟄蟲，避盛陰之害；出地則養長華實，發揚隱伏，宣盛陽之德。入能除害，出能興利，人君之象也。是時，隱以弟桓幼，代而攝立。公子翬見隱居位已久，勸之遂立。隱既不許，翬懼而易其辭，遂與桓共殺隱。天見其將然，故正月大雨水而雷電。是陽不閉陰，出涉危難而害萬物。天戒若曰，爲君失時，賊弟佞臣將作亂矣。後八日大雨雪，除見間隙而勝陽，篡殺之戚將成也。公不寤，後二年而殺。

又 庶徵之恒陽，劉向以爲春秋大旱也。其夏旱雩祀，謂之大雩。不傷二穀，謂之不雨。京房《易傳》曰：「欲德不用茲謂張，厥災荒。荒，旱也，其旱陰雲不雨，變而赤，因而除。師出過時茲謂廣，其旱不生。上下皆蔽茲謂隔，其旱天赤三月，時有雹殺飛禽。上緣求妃茲謂僭，其旱三月大温亡雲。居高臺府，茲謂犯陰侵陽，其旱萬物根死，數有火災。庶位踰節茲謂僭，其旱澤物枯，爲火所傷。」

又 十年，「自正月不雨，至於秋七月」。先是公子遂會四國而救鄭。楚使越椒來聘。秦人歸禭。有炕陽之應。

漢·班固《漢書》卷二七中之下《五行志中之下》 劉歆聽傳曰有介蟲孽也，庶徵之恒寒。劉向以爲春秋無其應，周之末世舒緩微弱，政在臣下，奧煖而已，故籍秦以爲驗。秦始皇帝即位尚幼，委政太后，太后淫於吕不韋及嫪毐，封毐爲長信侯，以太原郡爲毐國，宫室苑囿自恣，政事斷焉。故天冬雷，以見陽不禁閉，以涉危害，舒奧迫近之變也。始皇既冠，毐懼誅作亂，始皇誅之，斬首數百級，大臣二十人，皆車裂以徇，夷滅其宗，遷四千餘家於房陵。是歲四月，寒，民有凍死者。數年之間，緩急如此，寒奧輒應，此其效也。劉歆以爲大雨雪，及未當雨雪而雨雪，及大雨雹，隕霜殺叔草，皆常寒之罰也。劉向以爲常雨屬貌不恭。京房《易傳》曰：「有德遭險，茲謂逆命，厥異寒。誅過深，當奧而寒，盡六日，亦爲雹。害正不誅，茲謂養賊，寒七十二日，殺蜚禽。道人始去茲謂傷，其寒物無霜而死，涌水出。戰不量敵，茲謂辱命，其寒雖雨物不茂。聞善不予，厥咎聾。」

又 釐公十年「冬，大雨雪」。劉向以爲先是釐公立妾爲夫人，陰居陽位，陰氣盛也。《公羊經》曰「大雨雹」。董仲舒以爲公脅於齊桓公，立妾爲夫人，不敢進羣妾，故專壹之象見諸雹，皆爲有所漸脅也，行專壹之政云。

又 先是二年，遣五將軍三十萬衆伏馬邑下，欲襲單于，單于覺之而去。自是始征伐四夷，師出三十餘年，天下户口減半。京房《易傳》曰：「興兵妄誅，茲謂亡法，厥災霜，夏殺五穀，冬殺麥。誅不原情，茲謂不仁，其霜，夏先大雷風，冬先雨，乃隕霜，有芒角。賢聖遭害，其霜附木不下地。佞人依刑，茲謂私賊，其霜在草根土隙間。不教而誅茲謂虐，其霜反在草下。」

又 釐公二十九年「秋，大雨雹」。劉向以爲盛陽雨水，温煖而湯熱，陰氣脅之不相入，則轉而爲雹；盛陰雨雪，凝滯而冰寒，陽氣薄之不相入，則散而爲霰。故沸湯之在閉器，而湛於寒泉，則爲冰，及雪之銷，亦冰解而散，此其驗也。故雹者陰脅陽也，霰者陽脅陰也，《春秋》不書霰者，猶月食也。釐公末年信用公子遂，遂專權自恣，將至於殺君，故陰脅陽之象見。釐公不寤，遂終專權，後二年殺子赤，立宣公。《左氏傳》曰：「聖人在上無雹，雖有不爲災。」説曰：凡物不爲災不書，書大，言爲災也。凡雹，皆冬之愆陽，夏之伏陰也。

漢·班固《漢書》卷二七下之上《五行志下之上》 孔子曰：「居上不寬，吾何以觀之哉！」言上不寬大包容臣下，則不能居聖位。貌言視聽，以心爲主，四者皆失，則區霧無識，故其咎霿也。雨旱寒奥，亦以風爲本，四氣皆亂，故其罰常風也。常風傷物，故其極凶短折也。傷人曰凶，禽獸曰短，屮木曰折。一曰，凶，夭也；兄喪弟曰短，父喪子曰折。在人腹中，肥而包裹心者脂也，心區霿則冥晦，故有脂夜之妖。一曰，有脂物而夜爲妖，若脂水夜汙人衣，淫之象也。一曰，夜妖者，雲風並起而杳冥，故與常風同象也。温而風則生螟螣，有裸蟲之孽。劉向以爲於《易·巽》爲風爲木，卦在三月四月，繼陽而治，主木之華實。風氣盛，至秋冬木復華，故有華孽。一曰，地氣盛則秋冬復華。一曰，華者色也，土爲内事，爲女孽也。於《易·坤》爲土爲牛，牛大心而不能思慮，思心氣毁，故有牛禍。一曰，牛多死及爲怪，亦是也。及人，則多病心腹者，故有心腹之痾。土色黄，故有黄眚黄祥。凡思心傷者病土氣，土氣病則金木水火沴之，故曰「時則有金木水火沴土」。不言「惟」而獨曰「時則有」者，非一衝氣所沴，明其異大也。其極曰凶短折，順之，其福曰考終命。劉歆思心傳曰時則有蠃蟲之孽，謂螟螣之屬也。庶徵之常風，劉向以爲《春秋》無其應。

漢·班固《漢書》卷六四《嚴安傳》 是以天下人民逐利無已，犯法者衆。【略】心既和平，其性恬安。恬安不營，則盗賊銷；盗賊銷，則刑罰少；刑罰少，則陰陽和，四時正，風雨時，草木暢茂，五穀蕃孰，六畜遂字，民不夭厲，和之至也。

漢·班固《漢書》卷七一《于定國傳》 太守竟論殺孝婦。郡中枯旱三年。後太守至，卜筮其故，于公曰：「孝婦不當死，前太守彊斷之，咎黨在是乎？」於是太守殺牛自祭孝婦冢，因表其墓，天立大雨，歲孰。郡中以此大敬重于公。

又 永光元年，春霜夏寒，日青亡光，上復以詔條責曰：「郎有從東方來者，言民父子相棄。丞相、御史案事之吏匿不言邪？將從東方來者加增之也？何以錯繆至是？欲知其實。方今年歲未可預知也，即有水旱，其憂不細。公卿有可以防其未然，救其已然者不？各以誠對，毋有所諱。」定國惶恐，上書自劾，歸侯印，乞骸骨。

漢·班固《漢書》卷七一《平當傳》 「朕選於衆，以君爲相，視事日寡，輔政未久，陰陽不調，冬無大雪，旱氣爲災，朕之不德，何必君罪？君何疑而上書乞骸骨，歸關内侯爵邑？使尚書令譚賜君養牛一，上尊酒十石。君其勉致醫藥以自持。」

漢·班固《漢書》卷七四《魏相傳》 又數表采《易》陰陽及《明堂》《月令》奏之，曰：「臣相幸得備員，奉職不修，不能宣廣教化。陰陽未和，災害未息，咎在臣等。臣聞《易》曰：『天地以順動，故日月不過，四時不忒；聖王以順動，故刑罰清而民服。』天地變化，必繇陰陽，陰陽之分，以日爲紀。日冬夏至，則八風之序立，萬物之性成，各有常職，不得相干。東方之神太昊，乘『震』執規司春；南方之神炎帝，乘『離』執衡司夏；西方之神少昊，乘『兑』執矩司秋；北方之神顓頊，乘『坎』執權司冬；中央之神黄帝，乘『坤』『艮』執繩司下土。兹五帝所司，各有時也。東方之卦不可以治西方，南方之卦不可以治北方。春興『兑』治則飢，秋興『震』治則華，冬興『離』治則泄，夏興『坎』治則雹。明王謹於尊天，慎於養人，故立羲和之官以乘四時，節授民事。君動静以道，奉順陰陽，則日月光明，風雨時節，寒暑調和。三者得叙，則災害不生，五穀熟，絲麻遂，屮木茂，鳥獸蕃，民不夭疾，衣食有餘。若是，則君尊民説，上下亡怨，政教不違，禮讓可興。夫風雨不時，則傷農桑；農桑傷，則民飢寒；飢寒在身，則亡廉恥，寇賊姦宄所繇生也。臣愚以爲陰陽者，王事之本，羣生之命，自古賢聖未有不繇者也。天子之義，必純取法天地，而觀於先聖。」

漢·班固《漢書》卷七八《蕭望之傳》 地節三年夏，京師雨雹，望之因是上疏，願賜清閒之宴，口陳災異之意。宣帝自在民間聞望之名，曰：「此東海蕭生邪？下少府宋畸問狀，無有所諱。」望之對，以爲「《春秋》昭公三年大雨雹，是時季氏專權，卒逐昭公。鄉使魯君察於天變，宜亡此害。今陛下以聖德居位，思政求賢，堯舜之用心也。然而善祥未臻，陰陽不和，是大臣任政，一姓擅勢之所致也。附枝大者賊本心，私家盛者公室危。唯明主躬萬機，選同姓，舉賢材，以爲腹心，與參政謀，令公卿大臣朝見奏事，明陳其職，以考功能。如是，則庶事理，公道立，姦邪塞，私權廢矣。」

漢·班固《漢書》卷九九下《王莽傳下》 七月，大風毁王路堂。復下書曰：「乃壬午餔時，有列風雷雨發屋折木之變，予甚弁焉，予甚栗焉，予甚恐焉。伏念一旬，迷乃解矣。昔符命文立安爲新遷王，臨國雒陽，爲統義陽王。是時予在攝假，謙不敢當，而以爲公。其後金匱文至，議者皆曰：『臨國雒陽爲統，謂據土中爲新室統也，宜爲皇太子。』自此後，臨久病，雖瘳不平，朝見挈茵輿行。見王路堂者，張於西廂及後閤更衣中，又以皇后被疾，臨且去本就舍，妃妾在東永巷。壬午，列風毁王路西廂及後閤更衣中室。昭寧堂池東南榆樹大十圍，東僵，擊東閣，閣即東永巷之西垣也。皆破折瓦壞，發屋拔木，予甚驚焉。又候官奏月犯心前星，厥有占【略】。惟即位以來，陰陽未和，風雨不時，數遇枯旱蝗螟爲災，穀稼鮮耗，百姓苦飢，蠻夷猾夏，寇賊姦宄，人民正營，無所錯手足。深惟厥咎，在名不正焉。其立安爲新遷王，臨爲統義陽王，幾以保全二子，子孫千億，外攘四夷，內安中國焉。」

漢·王充《論衡》卷一五《變動篇》 天氣變於上，人物應於下矣。故天且雨，商羊起舞使天雨也。商羊者，知雨之物也，天且雨，屈其一足起舞矣。故天且雨，螻蟻徙，丘蚓出，琴弦緩，固疾發，此物爲天所動之驗也。故天且風，巢居之蟲動；且雨，穴處之物擾：風雨之氣感蟲物也。故人在天地之間，猶蚤虱之在衣裳之內，螻蟻之在穴隙之中。蚤虱、螻蟻爲逆順橫從，能令衣裳穴隙之間氣變動乎？蚤虱、螻蟻不能，而獨謂人能，不達物氣之理也。夫風至而樹枝動，樹枝不能致風。是故夏末，蜻蛚鳴，寒螿啼，感陰氣也。雷動而雉驚，〔蟄〕發（蟄）而蚍出，起〔陽〕氣也。夜及半而鶴唳，晨將旦而鷄鳴，此雖非變，天氣動物，物應天氣之驗也。顧可言寒温感動人君，人君起氣而以賞罰；迺言以賞罰感動皇天，天爲寒温以應政治乎？六情風家言：「風至，爲盜賊者感應之而起。」非盜賊之人精氣感天，使風至也。風至怪不軌之心，而盜賊之操發矣。何以驗之？盜賊之人，見物而取，覩敵而殺，皆在徙倚漏刻之間，未必宿日有其思也，而天風已以貪狼陰賊之日至矣。以風占貴賤者，風從王相鄉來則貴，從囚死地來則賤。夫貴賤、多少，斗斛故也。風至而（籴）〔糶〕穀之人，貴賤其價，天氣動怪人物者也。故穀價低昂，一貴一賤矣。《天官》之書，以正月朝占四方之風，風從南方來者旱，從北方來者湛，東方來者爲疫，西方來者爲兵。太史公實道言以風占水旱兵疫者，人物吉凶統於天也。

漢·王充《論衡》卷一五《明雩篇》 變復之家，以久雨爲湛，久暘爲旱。旱應亢陽，湛應沈溺。或難曰：「夫一歲之中，十日者一雨，五日者一風。雨頗留，湛之兆也。暘頗久，旱之漸也。湛之時，人君未必沈溺也；旱之時，未必亢陽也。人君爲政，前後若一。然而一湛一旱，時氣也。」范蠡、計然曰：「太歲在（子）〔于〕水，毀；金，穰；木，饑；火，旱。」夫如是，水旱饑穰，有歲運也。歲直其運，氣當其世，變復之家，指而名之。人君用其言，求過自改。暘久自雨，雨久自暘，變復之家，遂名其功；人君然之，遂信其術。試使人君恬居安處不求己過，天猶自雨，雨猶自暘。暘濟雨濟之時，人君無事，變復之家，猶名其術。是則陰陽之氣，以人爲主，不（說）〔統〕於天也。夫人不能以行感天，天亦不隨行而應人。

漢·王充《論衡》卷一六《亂龍篇》 儒者或問曰：夫《易》言「雲從龍」者，謂真龍也，豈謂土哉？楚葉公好龍，墻壁槃盂皆畫龍，必以象類爲若真，是則葉公之國常有雨也。《易》又曰「風從虎」，謂虎嘯而谷風至也。風之與虎，亦同氣類。設爲土虎，置之谷中，風能至乎？夫土虎不能而致風，土龍安能而致雨？古者畜龍，乘車駕龍，故有豢龍氏、御龍氏。夏后之庭，二龍常在；季年夏衰，二龍低伏。真龍在地，猶無雲雨，況僞象乎？禮，畫雷樽象雷之形，雷樽不聞能致雷，土龍安能而動雨？頓牟掇芥，磁石引針，皆以其真是，不假他類。他類肖似，不能掇取者，何也？氣性異殊，不能相感動也。劉子駿掌雩祭典土龍事，桓君山亦難以頓牟、磁石不能真是，何能掇針、取芥，子駿窮無以應。子駿，漢朝智囊，筆墨淵海，窮無以應者，是事非議誤，不得道理實也。

漢·王充《論衡》卷一七《是應篇》 儒者論太平瑞應，皆言氣物卓異，朱草、醴泉、翔〔鳳〕、甘露、景星、嘉禾、萐脯、蓂莢、屈軼之屬。又言山出車，澤出舟，男女異路，市無二價，耕者讓畔，行者讓路，頒白不提挈，關梁不閉，道無虜掠，風不鳴條，雨不破塊，五日一風，十日一雨，其盛茂者，致黄龍、騏驎、鳳皇。夫儒者之言，有溢美過實。瑞應之物，或有或無。夫言鳳皇、騏驎之屬，大瑞較然，不得增飾；其小瑞徵應，恐多非是。夫風氣雨露，本當和適。言其鳳翔、甘露、風不鳴條、雨不破塊，可也；言其五日一風、十日一雨，褒之也。風雨雖適，不能五日、十日，正如其數。言男女不相干、市價不相欺，可也；言其異路、無二價，褒之也。

漢·王充《論衡》卷一八《感類篇》 秋夏之際，陽氣尚盛，未嘗無雷雨也，顧其拔木偃禾，頗爲（狀）〔壯〕耳。當雷雨時，成王感懼，開《金縢》之書，見周公之功，執書泣過，自責之深。自責適已，天偶反風，書家則謂天爲周公怒也。千秋萬夏，不絶雷雨。苟謂雷雨爲天怒乎，是則皇天歲歲怒也。正月陽氣發泄，雷聲始動，秋夏陽至極而雷折。苟謂秋夏之雷，爲天大怒，正月之雷，天小怒乎？雷爲天怒，雨爲恩施。使天爲周公怒，徒當雷不當雨，今〔雷〕雨俱至，天怒且喜乎？「子於是日也哭則不歌」。《周禮》「子卯稷食菜羹」，哀樂不併行。哀樂不併行，喜怒反併至乎！秦始皇帝東封岱岳，雷雨暴至。劉媼息大澤，雷雨晦冥。始皇無道，自同前聖，治亂自謂太平，天怒可也。劉媼息大澤，夢與神遇，是生高祖，何怒於生聖人而爲雷雨乎？堯（激）〔繳〕大風於青丘之野。

舜入大麓，烈風雷雨。堯、舜世之隆主，何過於天，天爲風雨也？大旱，《春秋》雩祭，又董仲舒設土龍以類招氣，如天應雩龍，必爲雷雨。何則？秋夏之雨與雷俱也。必從《春秋》、仲舒之術，則大雩龍，求怒天乎！師曠奏《白雪》之曲，雷電下擊，鼓《清角》之音，風雨暴至。苟爲雷雨爲天怒，天何憎於《白雪》《清角》，而怒師曠爲之乎！此雷雨之難也。又問之曰：「成王不以天子禮葬周公，天爲雷風，偃禾拔木，成王覺悟，執書泣過，天乃反風，偃禾復起，何不爲疾反風以立大木，必須國人起築之乎？」應曰：「天不能。」曰：「然則天有所不能乎？」應曰：「然。」難曰：「孟賁推人〔而〕人僕，接人而人立。天能拔木，不能復起，是則天力不如孟賁也。秦時三山亡，猶謂天所徙也。夫木之輕重，孰與三山？能徙三山，不能起大木，非天用力宜也。如謂三山非天所亡，然則雷雨獨天所爲乎？」問曰：「天之欲令成王以天子之禮葬周公，以公有聖德，以公有王功。《經》曰：『王乃得周公〔死〕〔所〕自以爲功，代武王之説。』今天動威以彰周公之德也。」

難之曰：「伊尹相湯伐夏，爲民興利除害，致天下太平。湯死，復相大甲，大甲佚豫，放之桐宫，攝政三年，乃退復位。周公曰：『伊尹格於皇天。』天所宜彰也。伊尹死時，天何以不爲雷雨？」應曰：「以《百〔雨〕〔兩〕篇》曰：『伊尹死，大霧三日。』」大霧三日亂氣矣，非天怒之變也。東海張霸造《百〔雨〕〔兩〕篇》，其言雖未可信，且假以問：「天爲雷雨以悟成王，成王未開金匱雷止乎？已開金匱雷雨乃止也？」應曰：「未開金匱雷止也。開匱得書，見公之功，覺悟泣過，決以天子禮葬公，出郊觀變，天止雨反風，禾盡起。」由此言之，成王未覺悟，雷雨止矣。難曰：「伊尹〔死〕，霧三日，天何不三日雷雨，須成王覺悟乃止乎？太戊之時，桑穀生朝，七日大拱，太戊思政，桑穀消亡。宋景公時，熒〔惑〕守心，出三善言，熒惑徙舍。使太戊不思政，景公無三善言，桑穀不消，熒惑不徙。何則？災變所以譴告也，所譴告未覺，災變不除，天之至意也。今天怒爲雷雨以責成王，成王未覺，雷雨之息，何其早也？」

漢・王充《論衡》卷五《感虚篇》　孔子不使子路禱以治病，湯何能以禱得雨？孔子素禱，身猶疾病。湯亦素禱，歲猶大旱。然則天地之有水旱，猶人之有疾病也。疾病不可以自責除，水旱不可以禱謝去，明矣。湯之致旱，以過乎？是不與天地同德也。今不以過致旱乎？自責禱謝，亦無益也。人形長七尺，形中有五常，有癉一作瘴熱之病，深自克責，猶不能愈，況以廣大之天，自有水旱之變。湯用七尺之形，形中之誠，自責禱謝，安能得雨邪？人在層臺之上，人從層臺下叩頭，求請臺上之物。臺上之人聞其言，則憐而與之；如不聞其言，雖至誠區區，終無得也。夫天去人，非徒層臺之高也，湯雖自責，天安能聞知而與之雨乎？夫旱，火變也；湛，水異也。堯遭洪水，可謂湛矣。堯不自責以身禱祈，必舜，禹治之，知水變必須治也。除湛不以禱祈，除旱亦宜如之。由此言之，湯之禱祈不能得雨。或時旱久，時當自雨；湯以旱久，亦適自責。世人見雨之下，隨湯自責而至，則謂湯以禱祈得雨矣。

晉・陳壽《三國志》卷二九《魏志・管輅傳》　輅隨軍西行，過毌丘儉墓下，倚樹哀吟，精神不樂。人問其故，輅曰：「林木雖茂，無形可久；碑誄雖美，無後可守。玄武藏頭，蒼龍無足，白虎銜尸，朱雀悲哭，四危以備，法當滅族。不過二載，其應至矣。」卒如其言。後得休，過清河倪太守。時天旱，倪問輅雨期，輅曰：「今夕當雨。」是日暘燥，晝無形似，府丞及令在坐，咸謂不然。到鼓一中，星月皆没，風雲並起，竟成快雨。於是倪盛脩主人禮，共爲歡樂。

北齊・魏收《魏書》卷九三《王椿傳》　時有風雹之變，詔書廣訪讜言，椿乃上疏曰：「伏奉詔書，以風雹厲威，上動天睠，訪讜辭於百辟，詔興誦於四海。宸衷懇切，備在絲綸，祇承兢感，心焉靡厝。伏惟陛下啓籙應期，馭育萬物，承綴旒之艱運，纂纖絲之危緒，忘餐日昃，求衣未明，俾上帝下臨，愍兹荼蓼，永濟溝壑。而滄浪降戾，作害中秋。上帝照臨，義不虛變。竊惟風爲號令，皇天所以示威；雹者氣激，陰陽有所交諍。殆行令殊節，舒急失中之所致也。昔澍雨千里，實緣教祀之誠；炎精三舍，寧非善言之力。讜不空發，徵豈謬應，誰謂蓋高，實符人事。伏願陛下留心曲覽，垂神遠察，禮賢登士，博舉審官，擢中滯怨，振窮省役。使夫滋水没川之彦，畢居朝右；儀表丹青之位，未或虛加。圜土絶五毒之民，揆日息千門之費。巖巖廊署，無不遇之士；忪忪惸獨，荷酒帛之恩。則物見昭蘇，人知休泰，徐奏《薰風》之曲，無論《鴻雁》之歌，豈不天人幸甚，鬼神咸抃？」

南朝梁・沈約《宋書》卷三〇《五行志一》　晉武帝咸寧元年八月丁酉，大風折太社樹，有青氣出焉。此青祥也。占曰：「東莞當有帝者。」明年，元帝生。是時帝大父武王封東莞，由是徙封琅邪。孫盛以爲中興之表。晉室之亂，武帝子孫無孑遺，社樹折之應，又恒風之罰也。

南朝梁・沈約《宋書》卷三〇《五行志一》　魏明帝太和元年秋，數大雨，多暴雷電，非常，至殺鳥雀。案楊阜上疏，此恒雨之罰也。時帝居喪不哀，出入弋獵無度，奢侈繁興，奪民農時，故水失其性而恒雨爲災也。

孫亮太平二年二月甲寅，大雨震電；乙卯，雪，大寒。案劉歆説，此時當雨而不當大，大雨，恒雨之罰也。於始震電之明日而雪，大寒，又恒寒之罰也。劉向以爲既已震電，則雪不當復降，皆失時之異也。天戒若曰，爲君失時，賊臣將起。先震電而後雪者，陰見間隙，起而勝陽。逆殺之禍將及也。亮不悟，尋見廢。此與《春秋》魯隱同也。

南朝梁・沈約《宋書》卷三一《五行志二》 晉愍帝建武元年六月，揚州旱。去年十二月，淳于伯冤死，其年即旱，而太興元年六月又旱。干寶曰「殺伯之後旱三年」是也。案前漢殺孝婦則旱，後漢有囚亦旱，見謝見理，並獲雨澍，此其類也。

又 晉惠帝元康中，京、洛童謡曰：「南風起，吹白沙，遥望魯國何嵯峨，千歲髑髏生齒牙。」其時復有謡言曰：「盧橙橙，逐水流，東風忽如起，那得入石頭。」盧龍果敗，不得入石頭。

南朝梁・沈約《宋書》卷三三《五行志四》 晉惠帝光熙元年閏八月甲申朔，霰雪。劉向曰：「盛陽雨水湯熱，陰氣脅之，則轉而爲雹。盛陰雨雪凝滯，陽氣薄之，則散而爲霰。」今雪非其時，此聽不聰之應也。

晉愍帝建興元年十一月戊午，會稽大雨震雹。己巳夜，赤氣曜於西北，是夕，大雨震電。庚午，大雪。案劉向説，「雷以二月出，八月入」。此月雷電者，陽不閉藏也。既發泄而明日便大雪，皆失節之異也。是時劉載僭號平陽，李雄稱制於蜀，九州幅裂，西京孤微。爲君失時之象。

晉康帝建元元年八月，大雪。是時政在將相，陰氣盛也。與《春秋》魯昭公時季孫宿專政同事。劉向曰：「凡雨，陰也，雪又雨之陰也。出非其時，迫近象也。」

又 京房《易傳》曰：「興兵妄誅，兹謂亡法。厥災霜，夏殺五穀，冬殺麥。誅不原情，兹謂不仁。其霜夏先大雷風，冬先雨，乃隕霜，有芒角。賢聖遭害，其霜附木不下地。佞人依刑，兹謂私賊。其霜在草根土隙間。不教而誅，兹謂虐。其霜反在草下。」

南朝梁・沈約《宋書》卷三四《五行志五》 魏齊王嘉平元年正月壬辰朔，西北大風，發屋折木，昏塵蔽天。按管輅説此爲時刑，大風，執政之憂也。是時曹爽區瞀自專，驕僭過度，天戒數見，終不改革。此思心不叡，恒風之罰也。後踰旬而爽等滅。

南朝梁・蕭子顯《南齊書》卷四〇《竟陵文宣王子良傳》 是時上新親政，水旱不時。子良密啓曰：

臣思水潦成患，良田沃壤，變爲汙澤；農政告祥，因高肆務，播植既周，繼以旱虐。黔庶呼嗟，相視褫氣。夫國資於民，民資於食，匪食匪民，何以能政？臣每一念此，寢不便席。本始中，郡國大旱，宣帝下詔除民租。今聞所在逋餘尚多，守宰嚴期，兼夜課切，新税力尚無從，故調於何取給？政當相驅爲盜耳。愚謂逋租宜皆原除，少降停恩，微紓民命。

唐・房玄齡等《晉書》卷一一《天文志上》 軒轅十七星，在七星北。軒轅，黄帝之神，黄龍之體也；后妃之主，士職也。一曰東陵，一曰權星，主雷雨之神。

唐・房玄齡等《晉書》卷一二《天文志中》 凡遊氣蔽天，日月失色，皆是風雨之候也。沈陰，日月俱無光，晝不見日，夜不見星，有雲障之，兩敵相當，陰相圖議也。日濛濛無光，士卒内亂。

凡連陰十日，晝不見日，夜不見月，亂風四起，欲雨而無雨，名曰蒙，臣有謀。霧氣若晝若夜，其色青黄，更相奄冒，乍合乍散，亦然。視四方常有大雲五色具者，其下賢人隱也。青雲潤澤蔽日，在西北，爲舉賢良。雲氣如亂穰，大風將至，視所從來。雲甚潤而厚，大雨必暴至。四始之日，有黑雲氣如陣，厚大重者，多雨。氣若霧非霧，衣冠不濡，見則其城帶甲而趣。日出没時有霧雲横截之，白者喪，烏者驚，三日内雨者各解。有雲如蛟龍，所見處將軍失魄。有雲如鵠尾來蔭國上，三日亡。有雲赤黄色四塞，終日竟夜照地者，大臣縱恣。有雲如氣，昧而濁，賢人去，小人在位。

又 凡霧氣不順四時，逆相交錯，微風小雨，爲陰陽氣亂之象。積日不解，晝夜昏闇，天下欲分離。

又 凡天地四方昏濛若下塵，十日五日已上，或一月，或一時，雨不沾衣而有土，名曰霾。故曰，天地霾，君臣乖。

唐・房玄齡等《晉書》卷二七《五行志上》 魏明帝太和元年秋，數大雨，多暴卒，雷電非常，至殺鳥雀。案楊阜上疏，此恒雨之罰也。時天子居喪不哀，出入弋獵無度，奢侈繁興，奪農時，故水失其性而恒雨爲罰。

又 吴孫亮太平二年二月甲寅，大雨，震電。乙卯，雪，大寒。案劉歆説，此時當雨而不當大，大雨，恒雨之罰也。於始震電之明日而雪，大寒，又常寒之罰也。劉向以爲既已雷電，則雪不當復降，皆失時之異也。天戒若曰，爲君失時，賊臣將起。先震電而後雪者，陰見間隙，起而勝陽，逆弑之禍將成也。亮不悟，尋見廢。此與《春秋》魯隱同。

唐・房玄齡等《晉書》卷二八《五行志中》 庶徵恒陽，劉向以爲《春秋》大旱也。其夏旱，雩，《禮》謂之大雩。不傷二穀謂之不雨。京房《易傳》曰：「欲德不用茲謂張，厥災荒，旱也。其旱陰雲不雨，變而赤，因四際。師出過時茲謂廣，其旱不生。上下皆蔽茲謂隔，其旱天赤三月，時有雹殺飛禽。上緣求妃茲謂僭，其旱三月大溫亡雲。君高臺府茲謂犯陰侵陽，其旱萬物根死，數有火災。庶位踰節茲爲僭，其旱澤物枯，爲火所傷。」

十一年四月，雨雹。是時，權聽讒，將危太子。其後，朱據、屈晃以迕意黜辱，陳正、陳象以忠諫族誅，而太子終廢。此有德遭險，誅罰過深之應也。

又 懷帝永嘉三年五月，大旱，襄平縣梁水淡池竭，河、洛、江、漢皆可涉。是年三月，司馬越歸京都，遣兵入宮，收中書令繆播等九人殺之，皆僭踰之罰也。又四方諸侯多懷無君之心，劉元海、石勒、王彌、李雄之徒賊害百姓，流血成泥，又其應也。

唐・房玄齡等《晉書》卷五二《郤詵傳》 若夫水旱之災，自然理也。故古者三十年耕必有十年之儲，堯湯遭之而人不困，有備故也。自頃風雨雖頗不時，考之萬國，或境土相接，而豐約不同；或頃畝相連，而成敗異流，固非天之必害於人，人實不能均其勞苦。失之於人，而求之於天，則有司惰職而不勸，百姓殆業而咎時，非所以定人志，致豐年也。宜勤人事而已。

唐・房玄齡等《晉書》卷七一《熊遠傳》 時冬雷電，且大雨，帝下書責躬引過，遠復上疏曰：

被《庚午詔書》，以雷電震，暴雨非時，深自克責。雖禹湯罪己，未足以喻。臣闇於天道，竊以人事論之。陛下節儉敦朴，愷悌流惠，而王化未興者，皆羣公卿士不能夙夜在公，以益大化，素餐負乘，秕穢明時之責也。

唐・房玄齡等《晉書》卷一二九《沮渠蒙遜載記》 蒙遜下書曰：「頃自春炎旱，害及時苗，碧原青野，倏爲枯壤。將刑政失中，下有冤獄乎？役繁賦重，上天所譴乎？內省多缺，孤之罪也。《書》不云乎：『百姓有過，罪予一人。』可大赦殊死已下。」翌日而澍雨大降。

唐・房玄齡等《晉書》卷一〇六《石季龍載記》 於時大旱，白虹經天，季龍下書曰：「朕在位六載，不能上和乾象，下濟黎元，以致星虹之變。其令百僚各上封事，解西山之禁，蒲葦魚鹽除歲供之外，皆無所固。公侯卿牧不得規占山澤，奪百姓之利。」又下書曰：「前以豐國、澠池二冶初建，徙刑徒配之，權救時務。而主者循爲恒法，致起怨聲。自今罪犯流徙，皆當中奏，不得輒配也。京獄見囚，非手殺人，一皆原遣。」其日澍雨。

唐・李延壽《南史》卷五五《曹景宗傳》 先是旱甚，詔祈蔣帝神求雨，十旬不降。帝怒，命載荻欲焚蔣廟并神影。爾日開朗，欲起火，當神上忽有雲如繖，倏忽驟雨如瀉，臺中宮殿皆自振動。帝懼，馳詔追停，少時還靜。自此帝畏信遂深。自踐阼以來，未嘗躬自到廟，於是備法駕將朝臣修謁。是時，魏軍攻圍鍾離，蔣帝神報敕，必許扶助。既而無雨水長，遂挫敵人，亦神之力焉。凱旋之後，廟中人馬脚盡有泥濕，當時並目覩焉。

後晉・劉昫等《舊唐書》卷二〇下《哀帝紀》 司天奏：「旬朔已前，星文變見，仰觀垂象，特軫聖慈。自今月八日夜已後，連遇陰雨，測候不得。至十三日夜一更三點，天色暫晴，景緯分明，妖星不見於碧虛，災沴潛消於天漢者。」敕曰：「上天謫見，下土震驚，致夙夜之沈憂，恐生靈之多難。不居正殿，盡輟常羞，益務齋虔，以申禳禱。果致玄穹覆祐，孛彗消除，豈罪己之感通，免貽人於災沴。式觀陳奏，深慰誠懷。」

宋・王欽若等《册府元龜》卷一四五《帝王部・弭災三》 三年三月丙申，帝以春雨稍頻，慮妨排種，宜令河南府依古法祈晴。帝問翰林參謀趙延乂，自春已來頻雨，何故？奏曰：緣火犯井，所以頻雨。兼雷聲似夏，並不益時。乞寬刑獄。從之。壬寅，司天奏以時雨過多，請差官禱禜，從之。六月辛酉，命文武百官應在京寺觀神祠祈晴。又勑：霖雨積旬，尚未晴霽，睠言刑獄，慮有滯淹。京城諸司繫囚，並宜疏理釋赦。

宋・薛居正等《舊五代史》卷五《梁太祖紀》 十一月癸巳朔，帝齋於內殿，不視朝。甲午，日長至，五更一點自大內出，於文明殿受宰臣以下起居，自五鳳樓出南郊，左右金吾、太常、兵部等司儀仗法駕鹵簿及左右內直控鶴等引從赴壇，文武百官太保韓建以下班以候，帝升壇告謝。司天臺奏：冬至日，自夜半後，祥風微扇，帝座澄明，至曉，黃雲捧日。丙申，畋于上東門外。

《全宋文》卷三七五二《李剛七二・災異論》 孔子作《春秋》，書日食、地震、山陵崩隕、常星不見、夜中星隕如雨、五石隕墜、六鷁退飛、鸜鵒來巢、霜不殺草、李梅冬實者，所以記異也。書水火之災、雨雹、大雪、震電、晦冥、多麋、有蜮、饑旱、螽螟、有蝝，所以記災也。災異之名，自此而起。漢儒因之，推配五行以爲之說，是耶非耶？曰：孔子之所以書之者是也，漢儒之所以推配之者非也。何哉？天地萬物以人爲本，庶政修而萬事康，得治之道，則地平天成，物遂其性，豈有災異之變哉。政悖其宜，事失其叙，有亂之理，則見於天者，日月薄蝕，彗孛飛流，霜雪風雨之不時，而反時爲災者，天之變也；見於地者，山崩川竭，水火爲災，震動陷裂，而反物爲妖者，地之變也；見於物者，羽毛鱗介之孽，草木金石之怪，螟蝗、蠡蝝、螽午並起，而稼穡卒癢者，物之變也。聖人必謹記之，使治人事者畏天戒，恐懼脩省以消去之。故曰：孔子之所以書之者是也。漢儒不揣其本而齊其末，以天地之變，物之妖孽痾眚著於形數聲色者，推而配之五行，某事失則某災爲之應，某異見則某事爲之符，其說牽合附會，迂闊而難信，故曰漢儒之所以推配之者非也。然則天地與物之變，孰使之然哉？主張翕闢，亦有司之者耶？曰：通天下一氣耳，和氣致祥，乖氣致異，人事著於此，而祥異應於彼，猶影響之於形聲，自然之符而理之必至者也。胡不以身觀之？元氣衰而邪氣乘之，則疾病不祥之色見於面目，達於氣體，可視而知，可診脉而得，其本在於腑臟之失其平而已。善醫者調其腑臟，而疾病可痊。善治者脩其政事，而災異可弭。故堯以水而儆予，湯以旱而責躬，大戊以桑穀而修厥德，高宗以雊雉而正厥事，宣王遇旱暵之災而懼，太宗罹蝗螟之異而憂，皆能弭災異以爲和平，身致大治，豈非畏天戒之明驗乎？後世談經術者，以漢儒推配之說牽合附會爲不足信，併與聖人所以書災異之意一切廢之。其說以謂：天地與物之變咸其自爾，吾無與也，何足畏乎？遂使人主樂聞其說，不復畏天而有恐懼脩省之心，其爲害豈淺淺哉！天災異、祥瑞，其理一也，災異之說使人畏而有所戒，祥瑞之說使人驕而有所怠。聖人語災異而不語祥瑞者，懼其君驕故也。今有一草木之祥，一羽毛之瑞，則相與嗟嘆而三賀之；至於天地萬物之變，則恬不加恤，以謂未嘗有災異焉，其亦異於聖人之意矣。

《全宋文》卷七一七九《禱雨說》 雲蒸雨降，雖自于天，其實從一念中流出。故禱祈未效不可怠，怠則不誠矣；既效不可矜，矜則不誠矣；不效不可愠，愠則不誠尤甚焉。未效但當省己之未至，曰此吾之誠淺也，德薄也，於神乎奚尤！既效則感且懼，曰我何以得此也！不效則省己當彌甚，曰神將罪我矣，吾其能容身覆載間乎！蓋天之水旱猶父母之譴怒也，爲人子者見其親聲色一旦異常，戒儆畏惕，宜如何邪？方其未復，當如大舜號泣於旻天時，如伯奇履霜中野時。幸而復，則喜而不敢忘，敬而不敢弛，惴惴焉恐親之復我怒也。故曰仁人之事親如事天，事天如事親。紹定己丑中元前一日，禱雨於仙游山，書此自警，且以告親友之同致禱者。

《全宋文》卷五三九七《言災異劄子》 嘗聞善言天者，必有以證於人，人事盡於下，則天時應於上。祥瑞之至，必協氣之所薰；時令之乖，豈休證之所致？此古今之通誼也。伏見今歲以來，春雨霖霪，夏風飄急，陰陽相薄，氣候不齊，或雲雷奔騰，或風雨凄洌，日出無光，星文變見，災異之臻，顧豈無自而然哉！良由廟堂之上，出令如反汗，用人如轉石，小大之謀，甲可乙否，口是心非，邊鄙之臣，挾隙怙威，貪利敗類之所致也。某誠愚，不當妄議國家事，然抱寸忠，豈能自已，竊有憂焉。古人有言曰：「衆賢和於朝，萬物和於野。」今兹稍愆泰和，致此乖戾，竊恐禾稼未登，凶荒忽至，兵革未寧，盜賊竊發，不可不預爲之備也。仰惟均調元氣，儀型百羣，自有藏用之妙，固非天下之所可窺測。然區區之心，猶願朝廷重號令而出，貴於必行；舉賢材而用，先於責實。俾內外之臣，合謀共議，惟公道是圖；同心戮力，惟大功是立。毋好異以植黨，毋懷怨以嫉功。庶幾可以上豫天時，下安國步。然後命方州當米賤之時，廣儲蓄以備凶荒，當無事之日，嚴保伍以防姦宄，斯所謂應以實而不以文者也。將見三光全，寒暑平，五穀熟，羣盜息矣，何天變之足懼哉！伏惟聽納而亟圖之，毋使患至而後慮，恐趣具之爲難也。位卑言高，莫逃刑憲，某不勝戰慄俯伏待罪之至。《應齊雜著》卷一。

《全宋文》卷六二九九《應詔論雷雨爲災奏》 臣伏准吏部牒録到十月八日詔書，以「雷震非時，淫雨爲災，推尋厥咎，未知其由。凡朕躬有過失，朝政有闕遺，令臺諫、侍從各條疏以聞」。臣官爲侍從，職在論思，不待訪對而可言，況有詔書之罪己，儻有所隱，寧不負恩！臣不知陛下此詔果實事耶？抑止虛文耶？果爲實事，則陛下即位之初，嘗詔求直言矣。今四方之言已交公車，其間及陛下之過失、朝政之闕遺者必多有之，未聞略加采擇，見之施行。則今日此詔，臣恐未免如前日之虛文爾。若以虛文事天，天豈可感乎？臣聞慶曆中災異數見，一時宰執嘗謝過上前，仁宗諭之曰：「不須謝過，但自行事。」時范仲淹爲參知政事，退而條具應災四事以上。皇祐中，又以星變內出手詔十二條，令中書、門下、樞密院於軍國庶務中推求實事，有合更張振舉者，委曲面奏，所冀言之必行，行之必當。於是文彥博等請日舉兩條合更張振舉者，密具以聞。祖宗應天以實如此。臣謂陛下今日當先博采應詔之言，取其條上之事，責之大臣以次施行，如皇祐故事，則自可應天而消變，雖不爲此舉，臣亦以爲可也。劉敞嘗謂：「三公之職，主和陰陽；議臣之任，主明天人。陛下當責三公以其職，使之陳陰陽不和之理；當責議臣以其學，使之明天人相與之際。」此誠知治體之論也。陛下儻責實如此，則臣安敢以虛文應詔；陛下儻徒事虛文，則臣雖以實對，亦無益爾。是以臣先以責實望陛下，而後敢言焉。臣聞之宋祁曰：「災異之發，政教之本，在朝廷君臣之間耳。」其他瑣瑣細故，誠不足以當陰陽之不和，議天人之相與。今明詔所及，止于上躬過失、朝政闕遺，蓋知當務之爲急。臣敢據是二者，參之災變，爲陛下陳之。夫天之鼓舞萬物者，雷風也；君之鼓舞萬民者，號令也。天有雷風之變，乃爲人君號令之應。雷爲天地之動物，最爲不測而難信者。然發以二月，收以八月，人事候之以爲節，未嘗爽也。故萬物因之以動蟄而無病焉。若當收而發，則誤物多矣。陛下亦嘗因雷之非時，而反求之號令之間乎？陛下與大臣恐不能辭其責。陛下自即位以來，好出御筆，陞黜之間，多爲不測。若示人以聰明威斷，其慰人心者固時有之，而動人心者亦不少矣。陛下抑思人君據天下之利勢，一喜一怒，繫萬物休戚，而使人不可得而測，則人其能自安乎？當人情求安之時，而反使之有不自安之意，殆非初政之美也。司馬光嘗告神宗皇帝曰：「陛下好於禁中指揮外事，非公卿所薦舉，牧伯所糾劾，或非次遷官，或無故廢罷，外人疑駭，不知所從。」夫公卿牧伯所糾劾，或謂之賢而不賢，或謂之有罪而無罪，皆有迹可見，責有所歸，故不敢大爲欺罔。若奸臣密白陛下，令陛下自爲聖意以行之，則威福集於私門，怨謗歸於陛下，此光《體要疏》中語也。陛下向在潛邸，固最愛此疏，豈今日乃忘之耶？陛下誠以光之言平心熟誦，反而思之，則今日之舉，爲是爲非，可以坐決矣。臣故以號令不測爲陛下之過者此也。壽皇聖帝因山之舉，國之大事也。始卜稽山，大臣以爲土薄，復卜赤山，太史又以爲不吉；復令卜下宮，又以下宮爲不可遷也。日月已迫，而神穴未定，有司應辦，蔑知所向，此非朝廷之過乎？太上皇移御之所，有國之大事也，至三易其處，使天下聞之，莫不疑惑，此又非朝廷之過乎？隨龍人推恩，陛下即阼之二日，固嘗有宣諭矣。已而大臣擬進，至于一再，必欲施行，陛下持之不下。臣嘗親聞玉音，謂：「朕尚未見父母，而先推恩隨龍人，孰爲重，孰爲輕？」有識者聞此訓也，莫不感歎陛下聖明，而大臣復請下之，使陛下誠心實德不孚於天下，此又非朝廷之過乎？惟廟議無一定之規，故出令有二三之惑，臣故以號令不信爲二三大臣之責者此也。雷震不時，應或在是。孟冬之月，六陰過盛，而謂之陽月者，以陰盛則衰，陽當生爾。今乃淫雨爲災，蓋陰勝也。推之人事，則君弱臣强，陰勝也；内侵外治，陰勝也；小人害君子，陰勝也；盜賊病平民，陰勝也；邊陲多騷動，陰勝也；蠻夷謀中國，陰勝也。陛下受天明命，大臣雖有翊戴之勳，而威福之柄，實在陛下。前日大臣蔽一大吏，出一臺臣，而陛下覺之，罷大臣而進臺臣，人已服陛下之英斷，君弱臣彊之病宜無有也。陛下自在潛邸，不邇聲色，及登大位，親灑宸翰，以聲色及酒爲戒。既已無所耽溺，則亦無所牽制，内侵外治之患宜無有也。惟是陛下思見太上，朝夕不忘，而中有間阻，絶不得通，求之愈切，閡之愈固，使陛下彷徨無策，經營南内，將有移御之慮。若果如此，陛下念親可謂至矣。然於宗廟社稷之計，不審熟慮之否乎？此恐未免動陰勝之應也。天道雖遠，固未易知，人心匪遥，正自可見，自古未有不召而自致之災，亦未有已出而不應之變，陛下固不可逆料以爲不然而不慮之也。推之已事，亦可監矣。陳瓘嘗謂：承顔養志，當以大舜、武王爲法。入修家人之禮則恭順無闕，出治朝廷之事則威柄不分，此乃大舜、武王之所謂孝也。臣願陛下如瓘之言，以事其親，則内侵外治之患，庶乎他日可以免矣。陛下踐阼之日，即以收召人物諭臣。及召命之出，莫非負天下物望者。今在朝之士彬彬，固多君子矣。然臣嘗密察搢紳之間，則多猜防顧忌之心，無安舒閒雅之意。蓋君臣之情未洽，而邪正之路未分。陛下信重君子之意未孚於人，而昵比小人之迹已見於外。君子告陛下之言，小人或得預聞，而小人誤陛下之意，君子或不能知。正道恐消，邪道恐長，此亦未免動陰勝之應也。當六七月之間，淮浙大旱，剽掠之徒，所至蝻集。今雖小弭，然飢寒漸近，雖朝廷多方軫卹，而州縣在在無米。失今不圖，向後盜賊安保其不作！此亦未免動陰勝之應也。湖南蠻獠，今年侵擾内地，已費調護，粗得平貼。似聞虜人復求疵於言語文移之間，我方内虞飢饉之迫，豈可外有兵革之釁？備禦之策，茫如捕風，此亦未免動陰勝之應也。淫雨爲災，應或在是。臣素無學術，不善推步，因災求類，以薦所聞。願陛下思所以致災之由，求所以弭災之道，事事責實，不以虛文。大要君臣之間，各自反己，則轉災爲福，反沴爲祥，直反掌之易耳，惟陛下留神念之。臣以使事在途，輒因詔書驛置以聞。言語狂妄，甘俟顯戮。臣下情不勝隕越俟命之至。《止堂集》卷五。

《全宋文》卷八六四《范鎮三·論黑氣蔽日及風雨寒暑變異疏》（至和二年三月）

臣伏以去冬多南風，今春多西北風，乍寒乍暑，欲雨不雨，又有黑氣蔽日，此皆人事之所感動也。黑氣，陰也，小人也；日，陽也，君象也。黑氣蔽日者，陰侵陽，小人惑君也。欲雨不雨者，政事不决也。陳執中爲相，不病而家居者百日矣，陛下以御史之言决一婢死而欲退宰相爲是，即乞速退執中以解天意；以御史之言爲非，乞敕執中起視事，無使天意久不決也。寒暑者，賞罰也，乍寒乍暑，不當賞而賞，不當罰而罰也。鄧保吉有過，於法不當爲内侍都知；鄧宣言不歷邊任，於法不當爲内侍押班，爲内侍押班未幾又改官；石全彬不當爲觀察使，爲觀察使未幾爲内侍副都知。其餘攀緣改遷，皆不應法律，是不當賞而賞也。陛下有旨，不應法律賞罰，聽中書、樞密大臣執奏；而中書、樞密大臣不執奏，是當罰而不罰也。冬而多南風，春而多西北風，皆逆氣也。風主號令，主思慮，陛下思慮若有爲小人所惑，而號令數變易也。天變之發，或發於未然之前，或發於已然之後，皆所以覺悟人君也。君修人事以應天變，則災異可爲福祥也。陛下如欲應黑氣蔽日之變，則莫若遠小人，近君子，黜小人之言而用君子之言。陛下如欲應乍寒乍暑之變，莫若追還鄧保吉等過恩，而明正中書、樞密大臣之罪也。陛下如欲應欲雨不雨之變，莫若速定陳執中進退之勢，以决中外之惑也。陛下如欲應冬多南風、春多西北風之變，莫若精其思慮，而不數變號令也。凡此，皆古聖賢通天人之術，著乎經史，使後世爲人君者視之以奉天，爲人臣者法之以事君者也，非臣之臆説也。陛下無以臣非才，廢臣所陳先聖賢之言，則臣之幸也；非特臣之幸也，天下之幸也，社稷之福也。惟妖星之變，及今一年，臣消息所未知也。今春諸路無麥苗，禾種不入，而山東尤甚。山東盜所起處，萬一盜起，陛下將何以待之？妖星之變，殆恐爲此。此臣所以居言責之地而不得默默也。臣四歲而亡父，七歲而亡母，今食陛下之禄，父母之養爲不及已，其所可爲者，合忠孝一意以事陛下耳。若於此時畏避而不盡言，則臣負不忠不孝之罪於陛下也。

元・脱脱等《宋史》卷二九五《謝絳傳》　天聖中，天下水旱、蝗起，河决滑州，絳上疏曰：

去年京師大水，敗民廬舍，河渠暴溢，幾冒城郭；今年苦旱，百姓疫死，田穀焦槁，秋成絶望：此皆大異也。按《洪範》、京房《易傳》皆以爲簡祭祀，逆天時，則水不潤下；政令逆時，水失其性，則壞國邑，傷稼穡；顓事者知，誅罰絶理，則大水殺人；欲德不用，兹謂張，厥災荒；上下皆蔽，兹謂隔，其咎旱：天道指類示戒，大要如此。陛下夙夜勤苦，思有以上塞時變，固宜策告殃咎，變更理化，下罪己之詔，修順時之令，宣羣言以導壅，斥近倖以損陰。而聖心優柔，重在改作，號令所發，未聞有以當天心者。夫風雨、寒暑之於天時，爲大信也；信不及於物，澤不究於下，則水旱爲沴。近日制命，有信宿輒改，適行遽止，而欲風雨以信，其可得乎？天下之廣，萬幾之衆，不出房闥，豈能盡知？而在廷之臣，未聞被數刻之召，吐片言之善，朝夕左右，非恩澤即佞倖，上下皆蔽，其應不虚。

昔兩漢日食、地震、水旱之變，則策免三公，以示戒懼。陛下進用丞弼，極一時之選，而政道未茂，天時未順，豈大臣輔佐不明邪？陛下信任不篤邪？必若使之，宜推心責成，以極其效；謂之不然，則更選賢者。比來奸邪者易進，守道者數窮，政出多門，俗喜由徑。聖心固欲盡得天下之賢能，分職受業；而宰相方考資進吏，無敢建白。欲德不用之應，又可驗矣。

今陽驕莫解，蟲孽漸熾，河水妄行。循依違之迹，行尋常之政，臣恐不足回靈意、塞至戒。古者，穀不登則虧膳，災屢至則降服，凶年不塗塈。願下詔引咎，損太官之膳，避路寢之朝，許士大夫斥諱上聞，譏切時病。罷不急之役，省無名之斂，勿崇私恩，更進直道，宣德流化，以休息天下。至誠動乎上，大惠浹於下，豈有時澤之艱哉！

仁宗嘉納之。

明・王錡《寓圃雜記》卷一《虜中大雪》　太上在虜之日，雪大作，諸帳深數尺，惟御幄之四圍微雨沾洒而已。虜覘其異，以爲真天神，遂有奉駕南還之意。此亦上天示異於賊虜歟？

明・鄧士龍《國朝典故》卷四八《天順日録》　天下氣候關於朝廷，驗之果然。景泰時不孝於親，不敬其兄，不睦其室，至而朝廷之上怨恨，憂鬱之氣充滿，是以六、七年間水旱災傷遍天下。天變於上，氣乖於下，一年甚一年。自天順初上復位之後，敬天尊祖，孝親睦族，宫室之中，有恩以相愛，有禮以相接。歲時調和，年穀屢豐，海内之民無饑寒流離之苦。由是觀之，朝廷之氣和，天下亦和，朝廷之氣乖，天下亦乖。《中庸》所謂「致中和，天地位焉，萬物育焉」。聖賢之言，信不誣也。

天順四年秋，天下大水，江南北尤甚，田盡淹没。時上意明察，凡事臣下莫敢發端。一日，因召問畢，從容言曰：「臣聞今年水災甚大，數十年來未嘗見此，百姓不能存活。」上曰：「爲之奈何？」賢曰：「若非大施恩典，安得蘇息！」上曰：「何如行則可？」賢曰：「宜下詔免徵糧草。」上曰：「固可，但詔非一二條可行，莫若以旨意與户部，行於天下。」賢曰：「如此尤善。」於是，令被災州縣申報巡撫、巡按官，災重者全免，稍重者免半，又輕者免三分。已而，天下奏水災者無虚日，通政司奏對無日不有。上初以賢言或過，至是見其實。然人或以賢多言取忿，賢嘆曰：「居此尚不敢言，更誰言邪？」

明·俞汝楫《禮部志稿》卷四七《奏乞回天弭災疏》 成化四年禮部尚書姚夔等言：竊見今年自春徂夏天氣寒慘，風霾陰翳，日色無光。近一二日來，黃霧蔽天，晝夜不見星日。況今四月中旬，雷不發聲。考之傳記各有徵應。邇者北敵屢寇邊境。四方日報災異。人事如此，天其或者仁愛皇上，有以警動之乎？伏惟皇上當春秋鼎盛之日，正嗣續繁衍之時，奈何震位尚虚，切繫人望天與祖宗之意，固自有待然。臣等區區忠愛之私有不能已，竊覩英宗睿皇帝臨阼以來，克遵祖訓，以御家邦而慈懿皇太后。皇太后、貴妃、宸妃以下皆有關雎之德，螽斯之美。所以子孫衆多，支本隆茂。伏願皇上修身養德，感天格祖，思國本之不輕，思宗社之至重，思聖體之當慎，惜思聖愛之當均，溥將見六宫奉職則百斯男，九廟降祥，本支百世，實天下之大幸也。然此在聖心一轉移之間，非求神奉佛之所能致。若西山塔院，勞民傷財，所宜停罷。阿吒哩之流，惑世誣民，所當斥回。餘如府庫金帛，皆民膏髓，不宜浪以費用。諸作匠役，無大勞效，不宜濫授官爵。先儒真德秀有言，人主修德講學，則天下安，昆蟲草木亦得其所。誠爲至論。伏望皇上奮發乾斷，痛自改省。於每日視朝之後，循祖宗故事，詣文華殿留心講筵，裁決政務。開誠心，布公道，以來善言。親君子，遠小人，以圖治化。雖一服食一言動之間皆遵成憲而行，則天意可回，而災異可弭矣。疏上，詔曰：「上天示戒，實警朕心。卿等所言，足見忠愛。内事朕自處置，其政之在外者，當斟酌行之。」

明·程敏政《明文衡》卷一二《劉基·天説下》 或曰：天災流行，陰陽舛訛，天以之驚於人與。曰：否。天以氣爲質，氣失其平則變。是故風雨雷電晦明寒暑者，天之喘吁呼噓動息啓閉收發也。氣行而通，則陰陽和，律吕正，萬物並育，五位時若，天之得其常也。氣行而壅，壅則激，激則變，變而後病生焉。故吼而爲暴風，鬱而爲虹蜺，不平之氣見也。抑拘憤結，迴薄切錯，暴怒溢發，冬雷夏霜，驟雨疾風，折木漂山，三光盪摩，五精亂行，晝昏夜明，瘴疫流行，水旱愆殃，天之病也。霧濁星妖，暈背祲氛，病將至而色先知也。天病矣，物受天之氣以生者也，能無病乎？是故瘥癘夭札，人之病也。狂亂反常，顛蹶披猖，中天之病氣而不知其所爲也。雖天亦無如之何也。惟聖人有神道焉，神道先知，防於未形，不待其幾之發也。堯之水九載，湯之旱七載，天下之民不知其災。朱均不才，爲氣所勝，則舉舜、禹以當之。桀、紂反道，自絶于天，則率天下以伐之。元氣之不汩，聖人爲之也。曰：然則人勝天與？曰：天有所不能而人能之，此人之所以配天地爲三也。曰：《書》曰作善降之百祥，作不善降之百殃，非與？曰：此天之本心也，而天有所不能，病於氣也。惟聖人能救之，是故聖人猶良醫也。朱均不肖，堯、舜醫而瘳之。桀紂暴虐，湯、武醫而瘳之。周末孔子善醫，而時不用，故著其方以傳於世《易》《書》《詩》《春秋》是也。高、文、光武能於醫而未聖，故病少愈而氣不盡復。和、安以降，病作而無其醫。桓、靈以鉤吻爲參苓，而操、懿之徒又加鴆焉，由是病入於膏肓，而天道幾乎窮矣。曰：然則元氣息矣乎？曰：有元氣乃有天地，天地有壞，元氣無息。堯舜湯武立其法，孔子傳其方，方與法不泯也。有善醫者，舉而行之，元氣復矣。

明·王守仁《王文成全書》卷二一《外集三·答佟太守求雨癸亥》 昨楊李二丞來備傳尊教，且詢致雨之術，不勝慚悚。今早諶節推辱臨，復申前請，尤爲懇至，令人益增惶懼。天道幽遠，豈凡庸所能測識。然執事憂勤爲民之意真切如是，僕亦何可以無一言之復？孔子云，丘之禱久矣。蓋君子之禱不在於對越祈祝之際，而在於日用操存之先。執事之治，吾越幾年於此矣。凡所以爲民祛患除弊、興利而致福者，何莫而非先事之禱而何俟於今日。然而暑旱尚存而雨澤未應者，豈别有所以致此者歟？古者歲旱則爲之主者，減膳、徹樂、省獄、薄賦、修祀典，問疾苦，引咎賑乏，爲民遍請於山川社稷。故有叩天求雨之祭，有省咎自責之文，有歸誠請改之禱。蓋《史記》所載湯以六事自責。《禮》謂大雩，帝用盛樂。《春秋》書秋九月大雩，皆此類也。僕之所聞於古如是，未聞有所謂書符呪水而可以得雨者也。唯後世方術之士或時有之。然彼皆有高潔不污之操，特立堅忍之心，雖其所爲不必合於中道，而亦有以異於尋常。是以或能致此，然皆出小説而不見於經傳。君子猶以爲附會之談，又況如今之方士之流，曾不少殊於市井嚚頑，而欲望之以揮斥雷電、呼吸風雨之事，豈不難哉？僕謂執事，且宜出齋於廳事，罷不急之務，開省過之門，洗簡冤滯禁，抑奢繁淬誠，滌慮痛自悔責，以爲八邑之民請於山川社稷。而彼方士之祈請者，聽民間從便得自爲之。但弗之禁而不專倚以爲重輕。夫以執事平日之所操存，苟誠無愧於神明，而又臨事省惕，躬帥僚屬致懇乞誠，雖天道亢旱，亦自有數，使人事良修，旬日之内自宜有應。僕雖不肖，無以自别於凡民，使誠有可以致雨之術，亦安忍坐視民患而恬不知顧，乃勞執事之僕。僕豈無人之心者耶？一二日内，僕亦將禱於南鎮以助執事之誠，執事其但爲民悉心以請，毋惑於邪説，毋急於近名。天道雖遠，至誠而不動者，未之有也。

明·陳洪謨《治世餘聞録·上篇》卷一 癸丑五月，京師大風，東廠地忽陷深三二丈，廣亦如之。明時坊白晝間，二人入巡警鋪，久不出。管鋪者疑之，推户視，但見衣二領委壁下，衣傍各有積血而已，二人皆不知何在。

又 是年，蘇州守臣奏：「閏五月既望，辰巳之際，本州忽然晝晦，大雷迅烈，室廬撼動，風勢狂猛，瓦石皆飛，電光交掣，紅紫奪目。見空中雷神無數，形狀不一，顔色難辨，皆披甲冑，各執兵械，或劒斧鎚鑿，或鎗刀旗戟，或縲、絏枷鎖。攝人起空中，移時復擲下。其震死者，身手足分裂異處，凡九人。又震牛十九頭，亦皆身足分裂，復拔去舌。又在地震死者，人牛復有十數；攝上而復擲下者八九十人，皆無恙。皇天震怒，誅譴慘烈。州人戰栗駭隕，不知何以獲罪於天也。

明·徐應秋《玉芝堂談薈》卷一八《十煇望氣》 《周禮》眡祲氏掌十煇之法，以觀妖祥，辨吉凶。一曰祲，謂陰陽五行之氣浸淫相侵也。如日有抱珥背璚之屬是也。二曰象，謂雲氣成形，象如赤烏，夾日以飛之類是也。三曰鑴，日傍氣刺日，形如童子所佩之鑴也。四曰監，謂雲氣臨在日上也。五曰闇，謂日月蝕，或脱光也。六曰瞢，謂瞢瞢不光明也。七曰彌，謂虹蜺彌天而貫日也。八曰序，謂雲氣若山而在日上，或冠珥背璚，次序在于日旁也。九曰隮，謂暈氣也。或曰虹也。《詩》所謂「朝隮于西」是也。十曰想，謂氣五色有形，青饑、赤兵、白喪、黑憂、黄熟，可思想而知其吉凶也。占書凡望氣、占候皆在子午卯酉之時，太乙初移宫皆有氣見，可以測之。夕則日入時，朝則日出時，夜則夜半時，中則午時。天無言以七曜垂文，地無言以五雲騰氣，四時無言以寒暑變節，六甲無言以孤虚定位。凡望雲氣，仰而望之三四百里。平望在桑榆，上餘二千里。登高而望之，下屬地者三千里。候氣常以平旦下晡日出没之時，蓋氣多假日月光炤曜之而形。故暈珥抱皆出日月之旁，虹蜺想像莫不因日而見。晝候日，夜候月，輝光所燭無得而隱矣。凡氣見，近三日、遠七日有大風雨則災不成。故曰：風以散之，雨以解之。日月旁氣，一曰冠，青赤氣曲覆日月之上爲冠。二曰戴，青赤氣横在日月之上，微微隆起爲戴。三曰珥，赤氣短小，在日月之旁爲珥。四曰抱，青赤氣彎曲向日爲抱。五曰背，青赤氣曲而背日月者，背叛乖離之象。六曰璚，青赤氣曲向外，中有横枝狀似山字。一曰如弓形而有牙。七曰直，青赤色長及丈餘，正立日月旁。八曰交，青赤氣狀如兩直相交，在日月上下左右。九曰提，日月四旁有赤雲屈曲如鉤，向内有牙出之，名曰四提。十曰纓，青赤氣小而交於月下爲纓。十一曰紐，青赤氣兩邊交曲而雙結爲紐。十二曰承，青赤氣如半景在日下爲承，人主有喜得地。十三曰履，青白或青赤在日下爲履，喜氣也。十四曰格，青赤氣横在日月上下爲格格者，格鬭之象。十五曰戰，青赤長而斜倚日月之旁，戰者，戈戟相傷之象。十六曰暈，圓氣圍繞日月，内赤外青。十七曰負，青赤氣如小山，暈在日上爲負，見則人主有喜得地。又瑞氣，一曰慶雲，若烟非烟，若雲非雲，郁郁紛紛，蕭索輪囷。二曰昌，光赤爲龍狀，聖人起，帝受終則見。妖氣，一曰虹蜺，日旁氣也。二曰牂雲，如狗赤色長尾，或二三或四五相隨而行，所見之國有大兵。鬱鬱葱葱、隱隱隆隆，佳氣也。綿綿、條條、片片，兵氣也。澤澤餤餤，女子氣也。自華以南，其氣下黑上赤，嵩高三河，其氣正赤，恒山之北，氣青。渤海之間，氣正黑。江淮之間，氣皆白。東海氣如圓簦，河水氣如引布。江漢氣勁如杼，濟水氣如黑㹠，渭水氣如狼白尾，淮南氣如白羊，一曰如帛。少室氣如白兔青尾，恒山氣如黑牛青尾，東夷氣如樹，西夷氣如室屋，南夷氣如樓臺，或如舟船幡旗，塞北氣如羣羊，又如穹廬，海旁蜃氣象樓臺，廣野氣成宫闕。

明·黄宗羲《明文海》卷一三二《旱述·雷禮》 歲元默執徐，八閩自季春至仲夏不雨，赤旱千里。予時司理興化郡，惻之。謂太守曰：「大旱則雩祭，禮也。遇災修省，其可後乎？」太守曰：「然。」率寮屬斋沐，宿山川社稷壇，朝夕虔禱。越七日，不雨。有告壺公山其脈通海視潮盈縮，石穴水深數十丈，有雙蟹。占年禱雨，見之，即應。於是太守以下徒步二十里，虔禱山靈。如是者又七日，不雨。或薦有道人善符水運雷驅雨。太守令使者召而問之，則對曰：「能。」可計期。迺立高台虔祀，道人暴烈日中，指掌運雷。如是者又七日，不雨。太守怒曰：「邪術不經，徒惑衆耳。」立譴出之。時士民洶洶，憔然相對以泣。太守憂嘆長吁，某忽恍寐。夢衣朱者排户而入，謂予曰：「汝語守，夫人旱未除，徒咎天旱。其誰欺乎？古人啓蟄不殺，方長不折，所以廣生道也。今矜殘恣忍，賊及無辜一罹告訐，牽連根附，以意而周納之。少犯其怒，則敲摸痛詆無完膚，其渠憸宿狡，秉爲牙噬。晝禁食，夜禁寐，使瘐死不可質詰。其名曰酷旱。財爲民命，一芥不可横取。今婪心如熾，溪壑難填。巧立名色，以便侵牟。於罪條之出入，差役之輕重，視賄爲差甚，或利其重，積緣爲奸。市辟之割葵者，不傷其根不止。至於國課捕負，通同隱匿，每遇監司按核，謾讕不能得其真數。其名曰貪旱。有司奉天子命令，所以宣教化也。今驕盈踰制，糜用百出，備肥甘則羅海錯陸，羞角爲尊貴，侈服御則奪良賈綺紈，價不半給。而又新公廨，飭器具，廣交游，納欸澤，惟求煒人觀聽，不知公私已殫矣。其名曰奢旱。國依于民，民依于信，今大道不行，習爲狙詐，朝弄其民，夕藏其行，時伺上官意指，文飾條目無一善狀，有中其鉗口者，則掩黑爲白，使悃愊無華之吏治，反抑下考，其名曰欺旱。夫食人之食，當分人之憂，今習寵偷安，牽耗歲時，坐堂未幾，旋即私居。惟計日以需遷，不留情于民瘼，以致文移東閣，吏胥竊權，有經年裹粮聽，讞而生理盡廢者，及奸嚚不軌，剽敓坊閭，則曰有司捕在，民焉賴之。其名曰慢旱。夫天居高聽，卑陟降厥士，兹五旱者，動拂人心，致其怨詈甚于旱魃之爲害也。不洗精澄，慮反其所爲。乃測之冥冥微於難，必是熒惑退舍，不由乎善言，而反風滅火，可以私邪致也？不亦戾乎？」言訖而逝。某覺起，嘆曰：「有是哉，天且譴告之矣。」言之太守，請理繫囚，寬宿賦，罷重役，延耆舊，名德於庭審，所宜者興革之。逾宿大雨，越信。又雨，民忻若更生。某於是益知砥礪自修，因述其說，置座右云。

明・顧清《東江家藏集》卷四《雲説》　《易》曰：雲從龍。《傳》曰：龍興而雲從。雲之遇其時而出者也。陶弘景云：嶺上多白雲。雲之不遇其時而處者也。夫雲一也，而出與處異焉，亦各視其時而已矣。余家九山之下，當夏秋時，雲出其上，朝夕萬狀，如蓋停，如帶縈，如虎踞，如龍翔，如林擁而山峙，如旆卷而旌舒，滃者，窿者，浪者，波者，絮者，鱗者，而如潑黛者。不知其皆捲滄溟，澤稿畦。如《易》與《傳》之云邪？抑將止於弘景之云以襯丹霞、夾明月，伴幽人而娛逸士者邪？吾皆不得而知之。非吾不能知時之不可以預期，雲亦不能以自知也。雖然亢陽爲虐雲，固無如之何。而霖潦彌旬，癡頑翳空，亦非雲之盛美。誠使玉燭調而泰階平，陰陽和而年穀登，雲於其時，悠然卷舒於太空，而畧無事焉。則亦何必拘於遇不遇出處之間哉？乃若五采郁紛，玉葉金枝，當文明之世，融結天和而光華於六合之上，益非人之所得而知矣。

清・連横《雅堂文集》卷三《占驗》　天文之學，其理精深，自非覃思，難窮妙蘊。然而蟻穴知水，鳩巢避風，雄雞戒旦，蟋蟀鳴秋；禽蟲之微，當知其候，況於人乎。夫人爲萬物之靈，心與天會，現乎著龜，動乎四體；故曰至誠之道，如以前知，此固非含生負氣之倫盡人而有也。然而故老流傳，每多應驗。田夫漁子，豫識陰晴。月暈而風，礎潤而雨，此則自然之作用，有不期然而然者。臺灣府志載占驗一門，列舉十數。余初頗疑其説。十稔以來，細心考察，竟無或爽。如所謂六月初三雨，七十二雲頭，則確實不易。臺南當酷暑之時，晴天無雲，川枯草萎。如六月初三日有微雨，則必降雨七十有二次，或一日一次，或數次，旱乾之田可播晚稻，且卜有秋；否則，六月必旱，秧苗多死。故農家以此日爲憂喜之日也。又曰：上看初三，下看十八。如初三日不雨，而十八日有雨，猶不至旱。或如淫雨浹辰，人苦湫潦，至初三不雨，則不雨，十八放晴，則放晴。此亦有驗。颱，暴風也，夏秋常至，勢甚烈。諺云：六月一雷止九颱，九月一雷九颱來。此則莫明其妙者矣。夫占驗之術，近世日精。地震之器，風雨之表，測量之儀，視遠之鏡，幾於可參造化，而此則街談巷説，夫婦之愚可以知之。是必有真理寓乎其中。而莫爲研究，故不能明其道爾。兹録其説如左，以資參考：

颶風起自東北者，必自北而西；自西北者，必自北而東；而俱至南乃息，謂之迴南，凡兩晝夜始止。若不降雨，不廻南，則踰月復作，作必對時，日作次日止，夜作次夜止。然颶初起，有雷則不成；作數日而有迅雷，則止。

海上之空，無時無雲，故雖濃雲靉靆，但有雲脚，必不雨。雲脚者，如畫家繪水石，横染一筆，爲之分界。無脚之雲如繪遠山，但見出頭，不見所止。

日出時，有雲蔽之。辰刻後，雲漸散，必大晴。日初出則開朗，是日必不晴。若暑時久晴，則不拘。

日落時，西方有雲氣横亘天上，或作數十縷，各不相屬，日從雲隙中度過，來日大晴；或雲色一片相連，其中但有一二點空竇，得見紅色，亦主晴。如西方雲色黯淡，一片如墨，全無隙漏，又不見雲脚，明日必雨；若雲色濃厚，夜即雨。

日落時，西北方雲起如層巒叠嶂，數十重各矗立，七日之内，必有大風雨。

昧爽降雨，是日主晴。初雨如霧，雖沉晦，至午必晴。

久雨後暫輟，猶見細雨如霧，縱令開朗，旋雨。諺云：「雨前濛濛終不雨，雨後濛濛終不晴」。

久雨後，入夜忽霽，星月朗潔，明日必大雨。若近暮見紅光而後見月，則晴。

諸山烟靄蒼茫；若山光透漏，便爲風雨之徵。又如餓鳶高唳，海鶴驚飛，踰日必風。

清・王士禛《香祖筆記》卷二　南昌陳士業弘緒言，嘗登泰山日觀峯，四更起候日出，見霞彩萬道，碧緑交加，有赤盤從中涌出，晃漾不定，久之乃成日輪，因悟氣至此始聚而爲日，日生一日，非以昨日之日復爲今日之日也。新吳宋長庚亦有此論，此説甚奇。《山海經》云：「羲、和，二國名，每日出，二國人爲御，推升太虛。」語尤荒誕可笑。

火颱

颱之烈者曰火颱，或曰麒麟颶，則颱風也。飛沙撒瓦，木葉盡焦，遇雨稍殺。舊志載康熙六十年八月十三夜，颱風大作，雨如注，火光閃閃燭天，海水驟漲，大小戰艦擊碎殆盡，或飄至平陸，拔大木，毀墻垣，萬姓哀號，無容身地。翼日晴霽，郡無完瓦，壓死者數千人。水師提督施世驃露立風雨中，因以悸死。事聞，發帑振恤，誠巨災也。

清・李光庭《鄉言解頤》卷一《天部・天》 春謂春天，夏謂夏天，秋謂秋天，冬謂冬天，道其常也。曰三伏天，曰好熱天，曰三九天，曰好冷天，因其時也。曰打麥天，曰曬書天，曰搗衣天，曰趕集天，適其用也。謂晴和曰好天道、好齊整天道，四序均調之意也。謂陰霾曰好惱天道、好厲害天道，敬天之怒，無敢戲渝之意也。尋常呼之曰老天爺。乾，天也。故稱乎父之謂也。謂人之肆無忌憚者曰天不怕，曰天殺的，警教之意也。謂人事善惡感應死生轉移者曰天意活該，蓋言天意因人心之發，變動不居，當如此也。

清・倪國璉《康濟録》卷三上《臨事之政計二十》 急祈禱總論曰：至治馨香，何事於禱，不知旱澇無常，非神莫祐禱，亦不可少也。況當萬民窘迫、四境徬徨之際哉。使弗夙夜祇肅，以上格天心，不但不能救將來之饑饉，且不能慰悵望之民情矣。此周禮小祝必有掌祭祀者在也。爲人君者，因祈禱而念民艱，釋冤獄，廣平糶，或格神於夢寐，或得雨於躬祈，懷保之仁不於此而見歟。獄神降鑒，大臣之敬也。邑令則作文章而自責，投虎骨以擾龍，誠意所通，雨無不得。菜之可以活民，不遇隱士之指點，何由而知。可見有牧民之責者，無時不當積誠以致感通。如不可得，則如蘇子瞻之迎神，受恵王子融之息壤，求恖皆可法也。安可食天禄而不顧歲時之豐歉哉。詩云：天降喪亂，饑饉薦臻。靡神不舉，靡愛斯牲。圭璧既卒，寧莫我聽。惟圭璧既卒而後可以冀上天之降鑒。將荒之際，要務尚有過於祈禱者哉。

清・喻端士《時節氣候抄》卷首《月令緣起》 《鼠璞》、《月令》之書，自大撓作甲子，占斗所建，伶倫制十二律，以節四時之度，堯命羲和，敬授人時，分四仲以定中星，析因夷隩，驗之於人，孳尾希革，毛毨氄毛，占之於鳥獸，東作南訛，西成朔易，應之於事，終之允釐百工庶績咸，熙此夏時之所由起，《夏小正》之書辭簡理明，固已備《月令》之體。周以農開國，以時令爲先務，大概具見《七月》。

清・葉夢珠《閱世編》卷一《天象》 《易》曰：「天垂象，見吉凶。聖人象之。」至治之世，日月星辰，行有常道，次有常度，無足紀也。然而異日怪風，中天已見；或謂氣運使然，未必全關人事。《春秋》不書徵應，殆爲是耶？後世談占驗者，莫精於劉向。董子、京房，祖述而推廣，言之鑿鑿，卒無補於喪亂，是果修救之無術歟？抑數定不可挽歟？要之：天道遠，人道邇。不能盡人而不信天，是無天也；不能盡人而任天，是無人也。無天將太白入井而誣其渴，亂亡固莫救矣；無人如長星示變而勸之酒，災異其可弭乎？予生也晚，不獲睹景星、慶雲之盛。又不敢習天官言。偶有見聞，惟取法於《春秋》紀災不紀驗之意，憶而紀之，忘者闕焉。至於徵應，以俟明於理數者。

清・遊藝《天經或問》卷四《望氣問彌天地皆氣望氣知妖祥何辨乎》 曰：物理云：一切物皆氣所爲也。空皆氣所實也，物有則空亦有，則以費知隱絲毫不爽其則也，理之可徵也。而神在其中矣。故地之發氣也，若煙若雲而有色有形，所以望之妖祥可徵也。然非地上濕熱蒸起濛濛煙霧之氣也。氣也似雲似烟似霧也，望之者，要辨之真，始可徵也。如氣內赤外黃而潤澤耀目者，則所發之地不有王者起，定有王者游往其地也。或爲城門樓閣華蓋龍馬等形，隱隱于黃雲紫霧之間，或如彩色森森鬱鬱衝天者，此皆帝王之氣。如龍如獸，如火燄如粉沸，如旌旗如弓弩者，此皆猛將之氣。如堤如板，如火光，如劒戟，如森木，如粉沸之騰煙，如彩雲之連天，此皆軍勝之氣。如馬肝，如枯骨，如死灰，如揚灰，如壞山，如敗穰，如捲席，如偃蓋，如猪羊之形，如羣鳥亂飛，乍起乍没，乍聚乍散，如塵之勃勃，如霧之始起者，此皆敗徵之氣。如瓜蔓連結，部隊相逐，須臾罷而復出，或四望無雲，獨有赤雲，如旌旗，如人持節，如虎，如豹，如白虹，如曲鈎，此皆暴兵之氣。如渾渾青氣，髣髴樓臺，而有赤氣中衝者，如紛紛黑雲相連成圍，而有彩色中藏者，此皆伏兵之氣。或如猛獸，如鑼鼓，如箕箒，如縣衣，如飛鳥奔塵，如破軍聚營者，亦伏兵之氣也。然雲氣各象其山川，人民所聚積，故候息耗者入國邑，則視封疆田疇之正。治城廓宮室之潤澤，皆可候也。實息者吉。虛耗者凶。若非煙非雲，郁郁紛紛者，卿雲也。若霧非霧，衣冠不濡者，陽氣也。若塵非塵，慘淡而迷者，陰氣也。凡天變地動，山崩川塞，草木禽獸，謡俗俚語，俱可推也。如常有大雲，五色出其上者，其下必有賢人。隱地有祥氣，則上徵爲青雲紫霧。龍文喬彩者，其下必有聖賢英傑挺生也。地有凶氣，則上蒸爲風霾旱魃。淫雨攙搶者。其下必有饑饉，兵戈橫出也。凡海旁蜄氣象樓臺廣野之氣，成宮闕。游燕曰：此氣亦猶空中濕氣倒映水面之樓臺也。濕氣映者，影也，而鏤雕彩色逼真，海中現蜃樓者，其氣微似樓臺，一湧而没也。戰場之地，寶玉瘞處，皆有光氣，此皆因其下之氣發徵於上也。

《清實録·世宗憲皇帝實録》卷五九《雍正五年七月》 諭大學士九卿等：七月初一日，朕曾頒諭旨云：從來天人感召之理，捷於影響。凡地方水旱災祲，皆由人事所致。或朝廷政事有所闕失，或督撫大吏不修其職，或郡縣守令不得其人，又或一鄉一邑之中人心詐僞，風俗澆漓。此數端者，皆足以干天和而召災祲。是以朕諄諄訓飭，頒發諭旨，至再至三，而宵旰之時，無刻不深乾惕。但天下至大，兆民至衆，察吏之責，莫如督撫，親民之官，莫如守令。若地方有司官果能視民如子，休戚相關，平時化導有方，恫瘝一體，則民氣舒暢，而乖戾潛消。設偶遇雨暘愆期，又復爲民請命，虔誠祈禱，自可挽回天意，感召休和。如張堪之麥秀兩岐，魯恭之蝗不入境，史册所傳，皆實有其事，實有其理，非虚語也。近見有司官平時不能盡愛養之道，民生不厚，民俗不淳，既足上干天譴，及遇水旱，又漠不關心，不知悔過自省，縱事祈禱虚文，不過勉强塞責，甚至不肖之員，惟恐報災蠲賦，己身不得火耗羨餘，而隱匿不報者有之，又或本身原有虧空，轉冀水旱得邀賑濟，以便開銷，而百姓竝不沾顆粒之惠者有之。似此居心行事，竟將民生疾苦，視同陌路，則民氣鬱而不舒，何以弭天災而召豐穰乎？朕爲天下主，凡民生之休戚，吏治之得失，皆朕躬之責，亦難推諉於臣工。況臣工之是非，即朕之是非，朕又何能推諉乎？但用人察吏之道，各有等次。朕所察用者，督撫也。督撫所察用者，有司也。若督撫不得其人，朕之過也。有司不得其人，則督撫之過也。至地方百姓，不能爲之遂生復性，捍患禦災，則其過專在有司矣。夫爲政之道，在於得人。而用人之法，只得博採輿論。然使但以輿論爲憑，則如裴徫度、張楷，人皆稱其秉公持正，謹慎和平。及至近日江西虧空畢露，弊端種種，皆裴徫度、張楷任内之事。至如河南巡撫田文鏡者，尚有李紱、謝濟世等誣爲貪婪。如此不辨公私，顛倒是非之事，不可枚舉。則輿論又不足盡憑矣。輿論既不足盡憑，則人之賢否，何由而知？是以試用之以觀其後，即古聖人明試以功之意。試之而稱其職，豈非朕心之所樂願？試之而不稱其職，自當速行更換，豈有劣員既經敗露，尚可姑留在任乎？乃無知小人，不知朕進退人才之苦心，而輒有輕於去留之私議，此則愚昧之甚者也。爲督撫者，當體朕察吏安民之苦心，竭誠秉公，倡率百僚，使地方有司皆能實盡父母斯民之道，則上與下合爲一心，官與民聯爲一體，和氣致祥，休嘉日集，斷不致旱澇之爲憂矣。今年春月，直隸地方有數處少雨，朕心軫念，不遑寧處，降旨詢問，而總督宜兆熊、劉師恕坦然奏稱，今年閏月，嗣後得雨，亦不爲遲。朕已降旨切責、如此存心怠忽，豈能感召天和？從前雍正二年春，河南地方少雨，田文鏡具摺奏聞，朕覽奏，爲之心動，竭誠祈禱，乃伊摺奏到京之二日，河南即得大雨。自後三年之内，豫省皆復豐收，連歲穀秀十三穗，麥秀三岐，可見至誠感格，無有不應。凡封疆大臣，皆能如此存心，則地方斷無不受福之理。田文鏡當加殊恩，以示嘉奬。著加兵部尚書銜，授爲河南總督。總兵以下，聽其節制。此係特恩，不爲豫省定例。朕意各省地方莫要於水旱之事，當定爲地方官之考成。除直隸之玉田、寶坻等處，江南之泗州、盱眙等處，湖廣之江陵、沔陽等處，廣東之圍基等處，皆濱江近河，素稱沮洳之地。似此等地方，難以定議外，其餘地方官員，儻有政治不修，化導不力，以致民氣不舒，災祲見告者，或有自顧己私，匿災不報者，應作何嚴加處分之處，著大學士九卿詳議具奏。如此，則人人知敬天勤民之道矣。自古有治人，無治法。朕所降諭旨，丁寧往復，無非念切民生，然必奉行盡善，方收實效。即如社倉一事，朕數年以來，屢屢降旨，但可勸民自爲，不可繩以官法。前楊宗仁在湖廣，鋭於舉行，而州縣官迎合其意，勉强行之。近日竟有官吏將此項米穀侵那者，此即奉行社倉之弊，非朕之意也。又如民間向來多將膏腴之壤栽種烟菓，以圖重利。朕慮其抛荒農務，諭令有司善爲勸導，使知務本。諭旨甚明，竝非迫令一時改業也。今聞有將民間已種之烟葉竟行拔去者，此時既不能樹藝五穀，而已種之物又復棄置，豈不農末兩失，大負朕愛養百姓之初心耶？朕所降諭旨，明白周詳，而奉行者如此舛錯，皆係愚劣官員不能領會，且遠鄉僻壤之地，未曾曉諭周知，此皆地方大吏疎忽之咎。著將此諭旨遍傳直省，務使遠鄉僻壤咸共知之，此乃初一日所降諭旨也。乃數日以來，陰雨連綿，不見晴霽。朕甚憂畏，虔誠修省，細思近日用人行政之處，可以自信。或因前日頒發諭旨，欲將地方水旱定爲有司考成之處，其事有所不可，故上天垂象以示意耶？其以水旱爲考成之處，不必定例。大學士九卿不必議奏。著將前後所降諭旨。

《清實録·世宗憲皇帝實録》卷七八《雍正七年二月》 諭内閣：從來天人感應之理，捷於影響。凡地方水旱災祲，皆由人事乖舛之所致。或朝廷政事有所闕失，督撫有司不得其人。或一郡一邑之中，人心詐僞，風俗澆漓。又或有一二大姦巨惡之徒，滅棄倫常，陰懷悖逆。皆足以干天和而召災異。數年以來，朕以此理曉諭内外臣工及萬方黎庶者，不啻三令五申矣。乃湖南地方，連歲屢遭荒歉。朕以彼地之人事推之，如姦民謝録正等逞兇肆惡，潛蓄邪謀，又有大逆之曾静、張熙等滅絶天良，性同梟獍。地方有此等逆天悖理之人，以致旱澇不時，民人困阨。雖朝廷之政教頻施，有司之職業無忝，安能代凶惡頑民祈禱天恩，而寬其譴責乎？楚風愚悍，自昔爲然。朕念率土之人，皆吾赤子，同歸於善。甚切殷懷。著照浙江福建之例，設觀風整俗使一員，勸諭化導之。御史李徽著補授都察院僉都御史，爲湖南觀風整俗使。

《清實録・世宗憲皇帝》卷七九《雍正七年三月》 戊午，諭内閣：嘗思歲時雨暘之各地不同者，其故或由於朝廷政事有所闕失，或地方官吏乖其職守，或民間習俗澆漓，人心僞薄，皆足上干天和，致成災祲。此理數之必然，纖毫不爽者。數年以來，朕已諭之詳矣。上年直隸通省地方收成豐稔，惟宣化懷來保安三州縣獨愆雨澤，朕心即疑地方官民恐有招致之由。秋間口北道王棠來京，朕令進見，曾經諭及。今據王棠摺奏，宣化、懷來、保安等處去年夏秋亢旱，今春他處皆得瑞雪，而此地獨少。二月間，臣因公出境，勘得雞鳴驛新保安之間，有古惠民渠一道，灌田數百餘頃。旗民互訟，歷三十餘年，未曾結案。臣詳勘渠道，先剖曲直，繼將上年所奉上諭，再四宣布，勸使回心。一時旗民人等頂頌皇仁，即時感悟，分渠共溉，永息争端。果於三月初一二等日連降瑞雪，平地尺餘，春耕有賴。萬民稱慶等語。王棠此奏。不過敷陳其事，而實乃天人感應之至理。蓋人之所以爲心，即天之所以爲心，儻一方之中，彼此猜嫌，搆争起訟，人懷不平之氣，斯天地之氣亦湮塞於一方，不能和暢寬舒，有不雨暘失序者乎。古聖有言：萬方有罪，罪在朕躬。朕躬有罪，無以萬方。今朕此言，非爲人君寬解，而推卸其責於臣民也。君民上下，原爲一體。嘗見直省督撫官員等每遇年歲豐登，輒曰：此皇上之洪福。此語朕從不受，朕無自私之福，以天下人之福爲福。若吏治澄清，民風醇厚，以致時和年豐，天下人各受其福，即朕之福也。若官吏壞法營私，黎庶囂陵成習，以致召爲災異，此皆用人不得其當，化導未盡其方，天下不能共受其福，即朕之歉於福也。人君原無可諉之責，而臣民自有各盡之道。朕以實心實政，乾惕於上。天下臣民果能黽勉修省，同歸於善，以感召於下，則太和之氣，流行於宇宙間，災沴何自而生？雨雪應時而降，人歌樂利，百室盈寧，以同受上天之慈惠，豈不美歟。著各省督撫通行所屬，咸使聞知。

《清實録・世宗憲皇帝實録》卷八五《雍正七年八月》 諭内閣：據雲貴廣西總督鄂爾泰奏稱，黔屬思州及古州之梅得等處自七月初八日，至閏七月十一日，有五色彩雲，光華燦爛，疊秀争華，歷時經久。一月之内，七見嘉徵等語。朕嘗言天人相感之理捷於影響。督撫大臣等，果能公忠體國，實心愛民，必能感召天和，錫嘉祥於其所轄之地。即如鄂爾泰頻年駐節本省，祥雲三見於滇南。今年以公事前往貴州，慶雲即見於黔省。仰見上天昭示顯然，欲使君臣共知儆惕也。朕從不因嘉徵而受慶賀，而敬慎之念日益加虔。想中外臣民亦共知之矣。夫上天示人君以災祥，一如人君加臣下以賞罰也。人臣受君上之賞，固不可侈然自足，放逸驕矜。若竝無欣慰之心，而不以爲慶，則受君上之罰，亦不知畏懼悛改。此非矯情違衆之人，即胸無忌憚之輩矣。人君之於天，其理亦復如是。至於鄂爾泰之屢次奏報慶雲者，蓋以滇黔地方有此瑞應，萬目共覩。在人臣之心，無不願國家之蒙福，兆庶之凝禧。州縣申詳而督臣陳奏，此皆出於情理之不能自已。倘有心懷不肖之人，或且議其爲迎合，或且譏其爲諂諛，此皆藏幸災樂禍之邪心，不止於春秋責備賢者而已。惟是滇黔遠省荷上天之垂象加恩如此，則自大臣以及官弁兵民，宜何如之敬謹虔恭，以永承天貺，是則所當夙夜加勉者也。

《清實録・世宗憲皇帝實録》卷一四六《雍正十二年八月》 諭内閣：從來天人感應之理，捷如影響。朕自臨御以來，每遇水旱災祲，即恐懼儆畏，思政事之闕失，虔加省改，不肯諉其過於臣民。惟是上天之降災，往往畫地分疆，廣狹不一。有隣省俱獲豐登，而一省獨遭荒歉者，亦有通省皆收，而一府一縣，或一鄉一里獨罹災沴者。此豈上天有所厚薄於其間哉。或由彼地之文武官弁政令乖舛，或由本鄉之人庶風俗澆漓，其招致之由，必非無故，不可不敬凛天威，上下各自省畏也。即如雍正六年，直隸通省地方，收成豐稔，惟宣化府所屬之宣化、懷來、保安三州縣交界之處，廣約四十里，長約百里，獨愆雨澤，甚覺亢旱。是年冬月，他處皆得瑞雪，而此地獨少。此必地方文武大員不能妥協，或無知愚民有干和氣之所致。今年六月間，又聞宣化地方苦旱，七月杪，又有被冰雹之處，其大有如拳如鷄子者，田禾多被損傷。朕思冰雹雖北方所時有，而宣化鄉村被災獨甚，爲近來所罕見。可見上天垂象，屢屢示儆於宣化者顯然。若彼地官民或視爲氣數之適然，而不知恐懼戰慄，思過省愆，是不知敬天畏天，而爲無忌憚之小人矣。其何以感召天和，享百室盈寧之慶乎。著該部將朕此旨，通行曉諭宣屬文武官員兵民，著人人各自省疚，共戴上天垂象示儆之意，以迓將來時和年豐之福。

自然哲學觀

《呂氏春秋》卷三《盡數》 二曰，天生陰陽寒暑燥濕，四時之化，萬物之變，莫不爲利，莫不爲害。聖人察陰陽之宜，辨萬物之利以便生，故精神安乎形，而年壽得長焉。長也者，非短而續之也，畢其數也。畢數之務，在乎去害。何謂去害？大甘、大酸、大苦、大辛、大鹹，五者充形，則生害矣。大喜、大怒、大憂、大恐、大哀，五者接神，則生害矣。大寒、大熱、大燥、大濕、大風、大霖、大霧，七者動精，則生害矣。故凡養生，莫若知本，知本則疾無由至矣。

《呂氏春秋》卷三《圜道》 雲氣西行，云云然，冬夏不輟；水泉東流，日夜不休；上不竭，下不滿；小爲大，重爲輕；圜道也。

《呂氏春秋》卷五《大樂》 太一出兩儀，兩儀出陰陽。陰陽變化，一上一下，合而成章。渾渾沌沌，離則復合，合則復離，是謂天常。天地車輪，終則復始，極則復反，莫不咸當。日月星辰，或疾或徐，日月不同，以盡其行。四時代興，或暑或寒，或短或長，或柔或剛。萬物所出，造於太一，化於陰陽。萌芽始震，凝㴴以形。形體有處，莫不有聲。聲出於和，和出於適。和適先王定樂，由此而生。

《呂氏春秋》卷六《明理》 其雲狀有若犬、若馬、若白鵠、若衆車；有其狀若人，蒼衣赤首不動，其名曰天衡；有其狀若懸旍而赤，其名曰雲旍；有其狀若衆馬以鬭，其名曰滑馬；有其狀若衆植華以長，黄上白下，其名蚩尤之旗。其日有鬭蝕，有倍僪，有暈珥，有不光，有不及景，有衆日竝出，有晝盲，有霄見。其月有薄蝕，有暉珥，有偏盲，有四月竝出，有二月竝見，有小月承大月，有大月承小月，有月蝕星，有出而無光。【略】其氣有上不屬天，下不屬地，有豐上殺下，有若水之波，有若山之楫，春則黄，夏則黑，秋則蒼，冬則赤。

《呂氏春秋》卷一三《有始》 一曰，天地有始。天微以成，地塞以形。天地合和，生之大經也。以寒暑日月晝夜知之，以殊形殊能異宜説之。夫物合而成，離而生。知合知成，知離知生，則天地平矣。平也者，皆當察其情，處其形。

何謂八風？東北曰炎風，東方曰滔風，東南曰熏風，南方曰巨風，西南曰淒風，西方曰飂風，西北曰厲風，北方曰寒風。

《呂氏春秋》卷二四《當賞》 四曰，民無道知天，民以四時寒暑日月星辰之行知天。四時寒暑日月星辰之行當，則諸生有血氣之類，皆爲得其處而安其産。

《黄帝内經·素問·四氣調神大論篇第二》 夫四時陰陽者，萬物之根本也。

《黄帝内經·素問·生氣通天論篇第三》 夫自古通天者，生之本，本於陰陽。天地之間，六合之内，其氣九州，九竅、五藏、十二節，皆通乎天氣。

《黄帝内經·素問·陰陽應象大論篇第五》 故積陽爲天，積陰爲地。陰静陽躁，陽生陰長，陽殺陰藏。陽化氣，陰成形。故清陽爲天，濁陰爲地。地氣上爲雲，天氣下爲雨；雨出地氣，雲出天氣。

天有四時五行，以生長收藏，以生寒暑燥濕風。人有五藏化五氣，以生喜怒悲憂恐。故喜怒傷氣，寒暑傷形。暴怒傷陰，暴喜傷陽。厥氣上行，滿脈去形。喜怒不節，寒暑過度，生乃不固。故重陰必陽，重陽必陰。故曰：冬傷於寒，春必温病；春傷於風，夏生飧泄；夏傷於暑，秋必痎瘧；秋傷於濕，冬生咳嗽。

《黄帝内經·素問·六節藏象論篇第九》 岐伯曰：五日謂之候，三候謂之氣，六氣謂之時，四時謂之歲，而各從其主治焉。五運相襲，而皆治之，終期之日，周而復始；時立氣布，如環無端，候亦同法。故曰：不知年之所加，氣之盛衰，虚實之所起，不可以爲工矣。

《黄帝内經·素問·五運行大論篇第六十七》 岐伯曰：昭乎哉問也！臣覽《太始天元册》文，丹天之氣，經於牛女戊分；黅天之氣，經於心尾己分；蒼天之氣，經於危室柳鬼；素天之氣，經於亢氐昴畢；玄天之氣，經於張翼婁胃。所謂戊己分者，奎壁角軫，則天地之門户也。

《黄帝内經·素問·五常政大論篇第七十》 帝曰：天不足西北，左寒而右涼；地不滿東南，右熱而左温。其故何也？岐伯曰：陰陽之氣，高下之理，太少之異也。東南方，陽也；陽者，其精降於下，故右熱而左温。西北方，陰也；陰者，其精奉於上，故左寒而右涼。是以地有高下，氣有温涼，高者氣寒，下者氣熱。故適寒涼者脹，之温熱者瘡。下之則脹已，汗之則瘡已。此腠理開閉之常，太少之異耳。

《黄帝内經·靈樞·論疾診第七十四》 四時之變，寒暑之勝，重陰必陽，重陽必陰，故陰主寒，陽主熱，故寒甚則熱，熱甚則寒，故曰：「寒生熱，熱生寒」，此陰陽之變也。

《莊子・外篇・天運》 天其運乎？地其處乎？日月其争於所乎？孰主張是？孰維綱是？孰居無事推而行是？意者其有機緘而不得已邪？意者其運轉而不能自止邪？雲者爲雨乎？雨者爲雲乎？孰隆施是？孰居無事淫樂而勸是？風起北方，一西一東，有上彷徨，孰嘘吸是？孰居無事而披拂是？敢問何故？

《莊子・雜篇・徐無鬼》 故曰：風之過河也有損焉，日之過河也有損焉。請只風與日相與守河，而河以爲未始其攖也，恃源而往者也。

《莊子・則陽》 是故天地者，形之大者也；陰陽者，氣之大者也；道者爲之公。

漢・司馬遷《史記》卷二五《律書》 不周風居西北，主殺生。東壁居不周風東，主辟生氣而東之。至於營室。營室者，主營胎陽氣而產之。東至於危。危，垝也。言陽氣之〔危〕垝，故曰危。十月也，律中應鍾。應鍾者，陽氣之應，不用事也。其於十二子爲亥。亥者，該也。言陽氣藏於下，故該也。

廣莫風居北方。廣莫者，言陽氣在下，陰莫陽廣大也，故曰廣莫。東至於虛。虛者，能實能虛，言陽氣冬則宛藏於虛，日冬至則一陰下藏，一陽上舒，故曰虛。東至於須女。言萬物變動其所，陰陽氣未相離，尚相(如)胥〔如〕也，故曰須女。十一月也，律中黄鍾。黄鍾者，陽氣踵黄泉而出也。其於十二子爲子。子者，滋也；滋者，言萬物滋於下也。其於十母爲壬癸。壬之爲言任也，言陽氣任養萬物於下也。癸之爲言揆也，言萬物可揆度，故曰癸。東至牽牛。牽牛者，言陽氣牽引萬物出之也。牛者，冒也，言地雖凍，能冒而生也。【略】

條風居東北，主出萬物。條之言條，治萬物而出之，故曰條風。南至於箕。箕者，言萬物根棋，故曰箕。正月也，律中泰蔟。泰蔟者，言萬物蔟生也，故曰泰蔟。其於十二子爲寅。寅言萬物始生螾然也，故曰寅。南至於尾，言萬物始生如尾也。南至於心，言萬物始生有華心也。南至於房。房者，言萬物門户也，至於門則出矣。【略】

清明風居東南維，主風吹萬物而西之。〔至於〕軫。軫者，言萬物益大而軫軫然。西至於翼。翼者，言萬物皆有羽翼也。四月也，律中中吕。中吕者，言萬物盡旅而西行也。其於十二子爲巳。巳者，言陽氣之已盡也。西至於七星。七星者，陽數成於七，故曰七星。西至於張。張者，言萬物皆張也。西至於注。注者，言萬物之始衰，陽氣下注，故曰注。五月也，律中蕤賓。蕤賓者，言陰氣幼少，故曰蕤；痿陽不用事，故曰賓。

景風居南方。景者，言陽氣道竟，故曰景風。其於十二子爲午。午者，陰陽交，故曰午。其於十母爲丙丁。丙者，言陽道著明，故曰丙；丁者，言萬物之丁壯也，故曰丁。西至於弧。弧者，言萬物之吴落且就死也。西至於狼。狼者，言萬物可度量，斷萬物，故曰狼。

涼風居西南維，主地。地者，沈奪萬物氣也。六月也，律中林鍾。林鍾者，言萬物就死氣林林然。其於十二子爲未。未者，言萬物皆成，有滋味也。北至於罰。罰者，言萬物氣奪可伐也。北至於參。參言萬物可參也，故曰參。七月也，律中夷則。夷則，言陰氣之賊萬物也。其於十二子爲申。申者，言陰用事，申賊萬物，故曰申。北至於濁。濁者，觸也，言萬物皆觸死也，故曰濁。北至於留。留者，言陽氣之稽留也，故曰留。八月也，律中南吕。南吕者，言陽氣之旅入藏也。其於十二子爲酉。酉者，萬物之老也，故曰酉。

閶闔風居西方。閶者，倡也；闔者，藏也。言陽氣道萬物，闔黄泉也。其於十母爲庚辛。庚者，言陰氣庚萬物，故曰庚；辛者，言萬物之辛生，故曰辛。北至於胃。胃者，言陽氣就藏，皆胃胃也。北至於婁。婁者，呼萬物且内之也。北至於奎。奎者，主毒螫殺萬物也，奎而藏之。九月也，律中無射。無射者，陰氣盛用事，陽氣無餘也，故曰無射。其於十二子爲戌。戌者，言萬物盡滅，故曰戌。

漢・司馬遷《史記》卷二七《天官書》 辰星之色：春，青黄；夏，赤白；秋，青白，而歲熟；冬，黄而不明。即變其色，其時不昌。春不見，大風，秋則不實。夏不見，有六十日之旱，月蝕。秋不見，有兵，春則不生。冬不見，陰雨六十日，有流邑，夏則不長。

又 凡望雲氣，仰而望之，三四百里；平望，在桑榆上，餘二千里；登高而望之，下屬地者三千里。雲氣有獸居上者，勝。

又 故北夷之氣如羣畜穹閭，南夷之氣類舟船幡旗。大水處，敗軍場，破國之虛，下有積錢，金寶之上，皆有氣，不可不察。海旁蜄氣象樓臺；廣野氣成宫闕然。雲氣各象其山川人民所聚積。【略】

若煙非煙，若雲非雲，郁郁紛紛，蕭索輪囷，是謂卿雲。卿雲(見)，喜氣也。若霧非霧，衣冠而不濡，見則其域被甲而趨。

(天)〔夫〕雷電、蝦虹、辟歷、夜明者，陽氣之動者也，春夏則發，秋冬則藏，故候者無不司之。

又　而漢魏鮮集臘明正月旦決八風。風從南方來，大旱；西南，小旱；西方，有兵；西北，戎菽爲，小雨，趣兵；北方，爲中歲；東北，爲上歲；東方，大水；東南，民有疾疫，歲惡。故八風各與其衝對，課多者爲勝。多勝少，久勝亟，疾勝徐。旦至食，爲麥；食至日昳，爲稷；昳至餔，爲黍；餔至下餔，爲菽；下餔至日入，爲麻。欲終日（有雨）有雲，有風，有日。當其時者，深而多實；無雲有風日，當其時，淺而多實；有雲風，無日，當其時，深而少實；有日，無雲，不風，當其時者稼有敗。如食頃，小敗；熟五斗米頃，大敗。風復起，有雲，其稼復起。各以其時用雲色占種（其）所宜。其雨雪若寒，歲惡。

又　正月上甲，風從東方，宜蠶；風從西方，若旦黃雲，惡。

漢・劉安《淮南子》卷三《天文訓》　天之偏氣怒者爲風，地之含氣和者爲雨。陰陽相薄，感而爲雷，激而爲霆，亂而爲霧。陽氣勝則散而爲雨露；陰氣勝則凝而爲霜雪。【略】四時者，天之吏也；日月者，天之使也；星辰者，天之期也；虹霓彗星者，天之忌也。

漢・劉安《淮南子》卷四《墬形訓》　何謂八風？東北曰炎風，東方曰條風，東南曰景風，南方曰巨風，西南曰涼風，西方曰飂風，西北曰麗風，北方曰寒風。

漢・劉安《淮南子》卷八《本經訓》　天地之大，可以矩表識也；星月之行，可以曆推得也；雷震之聲，可以鼓鐘寫也；風雨之變，可以音律知也。

漢・班固《漢書》卷二一上《律曆志上》　以陰陽言之，大陰者，北方。北，伏也，陽氣伏於下，於時爲冬。冬，終也，物終臧，乃可稱。水潤下。知者謀，謀者重，故爲權也。大陽者，南方。南，任也，陽氣任養物，於時爲夏。夏，假也，物假大，乃宣平。火炎上。禮者齊，齊者平，故爲衡也。少陰者，西方。西，遷也，陰氣遷落物，於時爲秋。秋，虋也，物虋斂，乃成孰。金從革，改更也。義者成，成者方，故爲矩也。少陽者，東方。東，動也，陽氣動物，於時爲春。春，蠢也，物蠢生，乃動運。木曲直。仁者生，生者圜，故爲規也。中央者，陰陽之內，四方之中，經緯通達，乃能端直，於時爲四季。土稼嗇蕃息。信者誠，誠者直，故爲繩也。五則揆物，有輕重圜方平直陰陽之義，四方四時之體，五常五行之象。厥法有品，各順其方而應其行。職在大行，鴻臚掌之。

漢・王充《論衡》卷五《感虛篇》　夫云（雨）〔氣〕出於丘山，降散則爲雨矣。人見其從上而墜，則謂之天雨水也。夏日則雨水，冬日天寒則雨凝而爲雪，皆由雲氣發於丘山，不從天上降集於地，明矣。夫谷之雨，猶復雲（布）〔雨〕之亦從地起，因與疾風俱飄，參於天，集於地。人見其從天落也，則謂之天雨谷。

又　夫風者，氣也；論者以爲天地之號令也。武王誅紂是乎，天當安靜以祐之；如誅紂非乎，而天風者，怒也。武王不奉天令，求索已過，瞋目言曰「余在，天下誰敢害吾者」，重天怒，增己之惡也，風何肯止？父母怒，子不改過，瞋目大言，父母肯貰之乎？如風天所爲，禍氣自然，是亦無知，不爲瞋目麾之故止。夫風猶雨也，使武王瞋目以旄麾雨而止之乎！武王不能止雨，則亦不能止風。

又　或言：師曠《清角》之曲，一奏之，有雲從西北起；再奏之，大風至，大雨隨之，裂帷幕，破俎豆，墮廊瓦，坐者散走。平公恐懼，伏乎廊室；晉國大旱，赤地三年；平公癃病。夫《白雪》與《清角》，或同曲而異名，其禍敗同一實也。傳書之家，載以爲是；世俗觀見，信以爲然。原省其實，殆虛言也。夫《清角》，何音之聲而致此？《清角》，木音也，故致風（而）〔雨〕，如木爲風，雨與風俱。三尺之木，數弦之聲，感動天地，何其神也！此復一哭崩城、一歎下霜之類也。

又　或時奏《清角》時，天偶風雨，風雨之後，晉國適旱；平公好樂，喜笑過度，偶發癃病。傳書之家，信以爲然，世人覩見，遂以爲實。實者樂聲不能致此。何以驗之？風雨暴至，是陰陽亂也。樂能亂陰陽，則亦能調陰陽也。王者何須修身正行，擴施善政？使鼓調陰陽之曲，和氣自至，太平自立矣。

又　夫哀與樂同，喜與怒均。衍興怨痛，使天下霜。使衍蒙非望之賞，仰天而笑，能以冬時使天熱乎？變復之家曰：「人君秋賞則温，夏罰則寒。」寒不累時則霜不降，温不兼日則冰不釋。一夫冤而一歎，天輒下霜，何氣之易變，時之易轉也！寒温自有時，不合變復之家。且從變復之説，或時燕王好用刑，寒氣應至，而衍囚拘而嘆，嘆時霜適自下。世見適嘆而霜下，則謂鄒衍嘆之致也。

漢・王充《論衡》卷六《雷虛篇》　説雨者，以爲天施氣。天施氣，氣渥爲雨，故雨潤萬物，名曰澍。人不喜，不施恩；天不説，不降雨。謂雷，天怒；雨者，天喜也。雷起常與雨俱，如論之言，天怒且喜也。人君賞罰不同日，天之怒喜不殊時，天人相違，賞罰乖也。且怒喜具形，亂也。惡人爲亂，怒罰其過；罰之以亂，非天行也。冬雷，人謂之陽氣洩，春雷，謂之陽氣發；夏雷，不謂陽氣盛，謂之天怒，竟虛言也。

又　實説，雷者太陽之激氣也。何以明之？正月陽動，故正月始雷。五月陽盛，故五月雷迅。秋冬陽衰，故秋冬雷潛。盛夏之時，太陽用事，陰氣乘之。

陰陽分(事)〔争〕，則相校軫。校軫則激射。激射爲毒，中人輒死，中木木折，中屋屋壞。人在木下屋間，偶中而死矣。何以驗之？試以一斗水灌冶鑄之火，氣激襒裂，若雷之音矣。或近之，必灼人體。天地爲爐大矣，陽氣爲火猛矣，雲雨爲水多矣，分争激射，安得不迅？中傷人身，安得不死？當冶工之消鐵也，以土爲形，燥則鐵下，不則躍溢而射。射中人身，則皮膚灼剥。陽氣之熱，非直消鐵之烈也；陰氣激之，非直土泥之濕也；陽氣中人，非直灼剥之痛也。

又　或曰：「如此固爲神。如必有所懸着，足有所履，然後而爲雷，是與人等也，何以爲神？」曰：神者，恍惚無形，出入無門，上下無(根)〔垠〕，故謂之神。今雷公有形，雷聲有器，安得爲神？如無形，不得爲之圖象；如有形，不得謂之神。謂之神龍陞天，實事者謂之不然，以人時或見龍之形也。以其形見，故圖畫陞龍之形也；以其可畫，故有不神之實。

難曰：「人亦見鬼之形，鬼復神乎？」曰：人時見鬼，有見雷公者乎？鬼名曰神，其行蹈地，與人相似。雷公頭不懸於天，足不蹈於地，安能爲雷公？飛者皆有翼，物無翼而飛，謂仙人。畫仙人之形，爲之作翼。如雷公與仙人同，宜復着翼。使雷公不飛，圖雷家言其飛，非也。使實飛，不爲着翼，又非也。夫如是，圖雷之家畫雷之狀，皆虚妄也。且説雷之家，謂雷，天怒呴吁也；圖雷之家，謂之雷公怒引連鼓也。審如説雷之家，則圖雷之家非；審如圖雷之家，則説雷之家誤。二家相違也，並而是之，無是非之分。無是非之分，故無是非之實。無以定疑論，故虚妄之論勝也。

漢·王充《論衡》卷一一《説日篇》　雨之出山，或謂雲載而行，雲散水墜，名爲雨矣。夫雲則雨，雨則雲矣，初出爲雲，雲繁爲雨，猶甚而泥露濡污衣服，若雨之狀，非雲與俱，雲載行雨也。

又　或曰：《尚書》曰：「月之從星，則以風雨。」《詩》曰：「月麗於畢，俾滂沲矣。」二經咸言，所謂爲之非天，如何？夫雨從山發，月經星麗畢之時，麗畢之時當雨也。時不雨，月不麗，山不雲，天地上下自相應也。月麗於上，山烝於下，氣體偶合，自然道也。雲霧，雨之徵也，夏則爲露，冬則爲霜，温則爲雨，寒則爲雪。雨露凍凝者，皆由地發，不從天降也。

漢·王充《論衡》卷一四《寒温篇》　夫大人與天地合德，先天而天不違，後天而奉天時。《洪範》曰：「急，恒寒若；舒，恒燠若。」如《洪範》之言，天氣隨人易徙，當先天而天不違耳，何故復言後天而奉天時乎？後者，天已寒温於前，而人賞罰於後也。由此言之，人言與《尚書》不合，一疑也。京氏占寒温以陰陽陞降，變復之家以刑賞，喜怒，兩家乖迹，二疑也。民間占寒温，今日寒而明日温，朝有繁霜，夕有列光，旦雨氣温，旦暘氣寒。夫雨者陰，暘者陽也，寒者陰而温者陽也。雨旦暘反寒，暘旦雨反温，不以類相應，三疑也。三疑不定，自然之説，亦未立也。

又　説寒温者曰：「人君喜則温，怒則寒。」何則？喜怒發於胸中，然後行出於外，外成賞罰。賞罰，喜怒之效。故寒温渥盛，凋物傷人。夫寒温之代至也，在數日之間。人君未必有喜怒之氣發胸中，然後渥盛於外。見外寒温，則知胸中之氣也。當人君喜怒之時，胸中之氣未必更寒温也。胸中之氣，何以異於境内之氣？胸中之氣，不爲喜怒變，境内寒温，何所生起？六國之時，秦、漢之際，諸侯相伐，兵革滿道。國有相攻之怒，將有相勝之志，夫有相殺之氣，當時天下未必常寒也；太平之世，唐、虞之時，政得民安，人君常喜，弦歌鼓舞，比屋而有，當時天下未必常温也。豈喜怒之氣爲小發，不爲大動邪？何其不與行事相中得也！

夫近水則寒，近火則温，遠之漸微。何則？氣之所加，遠近有差也。成事，火位在南，水位在北，北邊則寒，南極則熱。火之在爐，水之在溝，氣之在軀，其實一也。當人君喜怒之時，寒温之氣，閨門宜甚，境外宜微。今案寒温外内均等，殆非人君喜怒之所致。世儒説稱，妄處之也。

又　春温夏暑，秋涼冬寒，人君無事，四時自然。夫四時非政所爲，而謂寒温獨應政治。正月之始，(正月之後)立春之際，百刑皆斷，囹圄空虚。然而一寒一温，當其寒也，何刑所斷？當其温也，何賞所施？由此言之，寒温，天地節氣，非人所爲，明矣。

漢·王充《論衡》卷一五《明雩篇》　董仲舒求雨，申《春秋》之義，設虚立祀，父不食於枝庶，天不食於下地。諸侯雩禮所祀，未知何神。如天神也，唯王者天乃歆，諸侯及今長吏，天不享也。神不歆享，安耐得神？如雲雨者氣也，雲雨之氣，何用歆享？觸石而出，膚寸而合，不崇朝而徧雨天下，泰山也。泰山雨天下，小山雨國邑。然則大雩所祭，豈祭山乎？假令審然，而不得也。何以效之？水異川而居，相高分寸，不決不流，不鑿不合。誠令人君禱祭水旁，能令高分寸之水流而合乎？夫見在之水，相差無幾，人君請之，終不耐行。況雨無形兆，深藏高山，人君雩祭，安耐得之？

夫雨水在天地之間也，猶夫涕泣在人形中也。或賫酒食請於惠人之前，(未)〔求〕出其泣，惠人終不爲之隕涕。夫泣不可請而出，雨安可求而得？雍門子悲哭，孟嘗君爲之流涕。蘇秦、張儀悲説坑中，鬼谷先生泣下沾襟。或者儻可爲雍門之聲，出蘇、張之説，以感天乎！天又耳目高遠，音氣不通。杞梁之妻，又已悲哭，天不雨而城反崩。夫如是，竟當何以致雨？雩祭之家，何用感天？案月出北道，離畢之陰，希有不雨。由此言之，北道，畢星之所在也。北道星肯爲雩祭之故，下其雨乎？孔子出，使子路齎雨具之時，魯未必雩祭也。不祭，沛然自雨；不求，曠然自暘。夫如是，天之暘雨，自有時也。一歲之中，暘雨連屬，當其雨也，誰求之者？當其暘也，誰止之者？

漢・王充《論衡》卷一五《順鼓篇》 且夫攻社之義，以爲攻陰之類也。甲爲盜賊，傷害人民，甲在不亡，舍甲而攻乙之家，耐止甲乎？今雨者，水也。水在，不自攻水，而乃攻社。案天將雨，山先出雲，雲積爲雨，雨流爲水。然則山者，父母；水者，子弟也。重罪刑及族屬，罪父母子弟乎？罪其朋徒也？計山水與社，俱爲雨類也，孰爲親者？社，土也。五行異氣，相去遠。

又 夫一暘一雨，猶一晝一夜也；其遭若堯、湯之水旱，猶一冬一夏也。如或欲以人事祭祀復塞其變，冬求爲夏，夜求爲晝也。何以效之？久雨不霽，試使人君高枕安卧，雨猶自止；止久至於太旱，試使人君高枕安卧，旱猶自雨。何則？暘極反陰，陰極反暘。故夫天地之有湛也，何以知不如人之有水病也？其有旱也，何以知不如人有癉疾也？禱請求福，終不能愈，變操易行，終不能救；使醫食藥，冀可得愈，命盡期至，醫藥無效。

堯遭洪水，春秋之大水也，聖君知之，不禱於神，不改乎政，使禹治之，百川東流。夫堯之使禹治水，猶病水者之使醫也。然則堯之洪水，天地之水病也；禹之治水，洪水之良醫也。説者何以易之？

漢・王充《論衡》卷二四《難歲篇》 冬氣寒，水也，水位在北方。夏氣熱，火也，火位在南方。案秋冬寒，春夏熱者，天下普然，非獨南北之方水火冲也。今太歲位在子耳，天下皆爲太歲，非獨子午冲也。審以所立者爲主，則午可爲大夏，子可爲大冬。冬夏南北徙者，可復凶乎？

《周易・繫辭上》 天尊地卑，乾坤定矣。卑高以陳，貴賤位矣。動静有常，剛柔斷矣。方以類聚，物以羣分，吉凶生矣。在天成象，在地成形，變化見矣。是故剛柔相摩，八卦相蕩。鼓之以雷霆，潤之以風雨。日月運行，一寒一暑。

《周易・繫辭下》 日往則月來，月往則日來，日月相推而明生焉。寒往則暑來，暑往則寒來，寒暑相推而歲成焉。

晉・郭璞《爾雅注疏》卷六《釋天》 穹蒼，蒼天也。春爲蒼天，夏爲昊天，秋爲旻天，冬爲上天。

南風謂之凱風，東風謂之谷風，北風謂之涼風，西風謂之泰風。焚輪謂之穨，扶摇謂之猋。風與火爲庉，迴風爲飄。日出而風爲暴，風而雨土爲霾，陰而風爲曀。天氣下地不應曰雺，地氣發天不應曰霧，霧謂之晦。螮蝀謂之雩。螮蝀，虹也。蜺爲挈貳。弇日爲蔽雲，疾雷爲霆霓，雨霓爲霄雪。暴雨謂之涷，小雨謂之霡霂，久雨謂之淫。淫謂之霖，濟謂之霽。

北齊・魏收《魏書》卷一〇七上《律曆志上》 四正爲方伯，中孚爲三公，復爲天子，屯爲諸侯，謙爲大夫，暌爲九卿，升還從三公，周而復始。九三應上九，清浄微温陽風；九三應上六，絳赤决温陰雨。六三應上六，白濁微寒陰雨；六三應上九，麴塵决寒陽風。諸卦上有陽爻者，陽風；上有陰爻者，陰雨。

宋・沈括《夢溪筆談》卷七《象數一》 醫家有五運六氣之術，大則候天地之變，寒暑風雨，水旱螟蝗，率皆有法。小則人之衆疾，亦隨氣運盛衰。今人不知所用，而膠於定法，故其術皆不驗。假令厥陰用事，其氣多風，民病濕洩。豈溥天之下皆多風，溥天之民皆病濕洩邪？至於一邑之間，而雨暘有不同者，此氣運安在？欲無不謬，不可得也。大凡物理有常、有變；運氣所主者，常也；異夫所主者，皆變也。常則如本氣，變則無所不至，而各有所占。故其候有從、逆、淫、鬱、勝、復、大過、不足之變，其發皆不同。若厥陰用事，多風，而草木榮茂，是之謂從；天氣明潔，燥而無風，此之謂逆；太虚埃昏，流水不冰，此謂之淫；大風折木，雲物濁擾，此之謂鬱；山澤焦枯，草木凋落，此之謂勝；大暑燔燎，螟蝗爲災，此之謂復；山崩地震，埃昏時作，此謂之太過；陰森無時，重雲晝昏，此之謂不足。隨其所變，疾癘應之。皆視當時當處之候。雖數里之間，但氣候不同，而所應全異，豈可膠於一證。熙寧中，京師久旱，祈禱備至，連日重陰，人謂必雨。一日驟晴，炎日赫然。余時因事入對，上問雨期，余對曰：「雨候已見，期在明日。」衆以謂頻日晦溽，尚且不雨，如此暘燥，豈復有望？次日果大雨。是時濕土用事，連日陰者，從氣已效，但爲厥陰所勝，未能成雨。後日驟晴者，燥金入候，厥陰當折，則太陰得伸，明日運氣皆順，以是知其必雨。此亦當處所占也。若他處候別，所占亦異，其造微之妙，間不容髮。推此而求，自臻至理。

歲運有主氣，有客氣，常者爲主，外至者爲客。初之氣厥陰，以至終之氣太陽者，四時之常叙也，故謂之主氣。唯客氣本書不載其目，故説者多端，或以甲子之歲，天數始於水下一刻，乙丑之歲，始於二十六刻，丙寅歲始於五十一刻，丁卯歲始於七十六刻者，謂之客氣。此乃四分曆法求大寒之氣，何預歲運！又有相火之下，水氣承之，土位之下，風氣承之，謂之客氣。此亦主氣也。與六節相須，不得爲客。大率臆計，率皆此類。凡所謂客者，歲半以前，天政主之；歲半以後，地政主之。四時常氣爲之主，天地之政爲之客。逆主之氣爲害暴，逆客之氣爲害徐。調其主客，無使傷沴，此治氣之法也。

宋·鄭樵《通志》卷七四《災祥略第一·災祥序》 仲尼既没，先儒駕以妖妄之説而欺後世，後世相承，罔敢失墜者，有兩種學：一種妄學，務以欺人；一種妖學，務以欺天。凡説《春秋》者，皆謂孔子寓褒貶於一字之間，以陰中時人，使人不可曉解。三傳唱之於前，諸儒從之於後，盡推已意而誣以聖人之意，此之謂欺人之學。説《洪範》者，皆謂箕子本河圖洛書，以明五行之旨。劉向創釋其傳於前，諸史因之而爲志於後，析天下災祥之變而推之於金、木、水、火、土之域，乃以時事之吉凶而曲爲之配，此之謂欺天之學。

夫《春秋》者，成周之典也。《洪範》者，皇極之書也。臣舊作《春秋傳》，專以明王道，削去三家褒貶之説，所以杜其妄。今作《災祥畧》，專以紀實跡，削去五行相應之説，所以絶其妖。且萬物之理不離五行，而五行之理其變無方。離固爲火矣，而離中有水。坎固爲水矣，而坎中有火。安得直以秋大水爲水行之應，成周宣榭火爲火行之應乎？況周得木德而有赤烏之祥，漢得火德而有黄龍之瑞，此理又如何邪？豈其晉厲公一視之遠，周單公一言之徐，而能關於五行之沴乎？豈其晉申生一衣之偏，鄭子臧一冠之異，而能關於五行之沴乎？如是則五行之繩人甚於三尺矣。臣竊觀漢儒之説以亂世，無如《春秋》之深，災異無如《春秋》之衆者，是不考其實也。臣每謂《春秋》雖三王之亂世猶治於漢、唐之盛時，何哉？《春秋》二百四十年而日食三十六，唐三百年而日食過百。舉《春秋》地震五，漢和平中，積二十一日而地百二十四動。舉《春秋》山傾者二，漢文帝時，一年之間，齊、楚山二十九所同日圮。舉《春秋》大水者八，後漢延平中，一月之間，郡國三十六大水。其他小小災異，則二百四十年之事不及後世一年也，如李梅冬實，鸜鵒來巢之類，在後世不勝書。使《春秋》之人而親見後世事，豈但慟哭流涕而已哉。以《春秋》視後世不爲亂世也，何哉？後世之法度不及《春秋》之法度，後世之人才不及《春秋》之人才，其所以感和氣而弭災異者，又安可望《春秋》乎！

嗚呼！天地之間，災祥萬種，人間禍福，冥不可知，奈何以一蟲之妖，一氣之戾，而一一質之以爲禍福之應，其愚甚矣！況凶吉有不由於災祥者。宋之五石六鷁，可以爲異矣，而内史叔興以爲此陰陽之事，非吉凶所生。

《全宋文》卷九六《田錫十七·水旱論》 天之六氣，進退盈虚，固有常矣，造化之理使然。蓋陽氣生於子，其卦直《復䷗》五陰而一陽。陽氣雖微，乘得進數，剛德浸長，利有攸往，雖羣邪在上，莫之能逆也。寒暑迭代，日月將迎，以至於純陽用事，其數斯極，其勢斯復。故陰氣生於午，其卦直《姤䷫》五陽而一陰。陰氣肇至，乘得進數，柔道浸長，利有攸往，雖衆陽在上，莫之能拒也。三才隨之而變化，六氣循之而進退。其間陰陽差軼，水旱乘之。水乘其進數，則淫雨作沴；旱乘其進數，則亢陽爲災。水與旱，其數自極，然後陰晴乃順。何以明之？旱數極則淫雨繼之，水數極則亢陽繼之，天地不能移其數，豈聖人能撙節其過哉？當其水旱爲災也，害於粢盛，民懷怨咨。天子則禱於羣望，諸侯則祈於境内，牲玉蘋藻，奔走於土木偶之間，日望其感通，月俟其報應。既而旱愈甚，至於水澤竭，草木枯；雨彌甚，則防水横流，害於衆民。猶以爲精意不虔，尚貽天譴，由是誠請益莊，祠禱益勤，冀其萬一通於神鑑。神愈不靈，肸蠁無朕，旱加惔焚，雨加霖淫。乃復喧然聚議於朝，代黎民籲天之意，佇陰騭必報之感，貶常膳，避正殿，徹樂懸，赦縲囚，然後戚然復告上下四方之神。不知陰之數已老而當晴，衆謂之因祠而有應。陽之數已極而當雨，衆謂之因禱而獲霽。於是載潔籩豆，載豐玉帛，賽之酬之，畏之謝之。安知陽之數九，而陰之數六，陰乘陽之大數而作沴，故鯀治水九載而弗成；陽乘陰之大數而爲害，故湯禱雨七年而方獲。《易》曰「七日來復」，又曰「婦喪茀，七日勿逐得」。此乃往而必復之數自然也。數有大小，時有進退。數之大者積年，數之小者累月，以是明陰陽之數，上下四方之神可得而司之，不可得而專之。稽陰陽進退之數，得水旱災沴之旨也。

《全宋文》卷二九七三《韓拙·論雲霞烟靄霧嵐光風雨雪》 夫通山川之氣，以雲爲總也。雲出于深谷，納于嵎夷，掩日蔽空，勃然無所拘也。升之晴霽則顯四時之氣，散之陰晦則遂其四時之象。故春雲如白鶴，其體閑逸融和而舒暢也；夏雲如奇峰，其勢陰鬱濃靉而無定也；秋雲如輕浪飄零，或若兜羅之狀，廓静而清明也；冬雲如潑墨慘黲，示其玄冥之色，昏寒深重，此晴雲四時之象也。故春陰則雲氣淡蕩，夏陰則雲氣突黑，秋陰則雲氣輕浮，冬陰則雲氣黯淡，此陰雲四時之象也。然雲之體合散不一焉。輕而爲烟，重而爲霧，浮而爲靄，散而爲氣。其有山嵐之氣，烟之輕者，雲捲而霞舒。烟者氣之所聚也。凡畫者分氣候，别雲烟爲先。山水中所用者，霞不重以丹青，雲不施以彩繪，恐失嵐光野色自然之氣也。且雲者有出谷，有游雲，有寒雲，有暮雲，有朝雲。雲之次爲霧，有曉霧，有遠霧，有寒霧。霧之次爲烟，有晨烟，有莫烟，有輕烟。烟之次爲靄，有江靄，有莫靄，有遠靄。雲烟霧靄之外，又言其霞者。東曙曰明霞，又曰朝霞；西照曰莫霞；乃早晚一時之暈彩也，不可多用。凡雲霧烟靄之氣，爲嵐光山色、遥岑遠樹之彩也，善繪於此者，則得四時之真氣，造化之妙理，故不可逆其嵐光，而當順其物理也。風雖無跡，而草木衣帶之形，雲頭雨脚之勢，無少逆也，逆之則失其大要矣。繼而雨雪之際，時雖不同，然雨有急雨，有驟雨，有夜雨，有欲雨，有雨霽；雪者有風雪，有江雪，有夜雪，有春雪，有莫雪，有欲雪，有霽雪。大凡風雨雪之意，皆本於雪，色之輕重，類於風勢之緩急，想其時候，方可落筆。大概以雲别雨雪之意則宜暗而不宜顯也。又如《爾雅》所云，天氣下而地不應曰雪，言昧物而輕也；地氣發而天不應曰霧，言瞑物而重也；風而雲爲曀，風而雨爲霾，言無分遠近也；陰風重而爲曀，言無分于山林也。此皆不時之氣，非雲之所該也。至於魚龍草莽之象，吕氏之言甚明；鸞翔鳳翥之形，陸機之論深得。然在畫者窮天地之奥，掃風雲之候，曷可不深究焉。

《全宋文》卷六一一一《琰二二・運氣論》 五運六氣之説，不見於儒者之六經，而見於醫家之《素問》。夫《素問》先秦古書，雖未必皆黄帝、岐伯之言，然秦火以前，春秋戰國之際，有如和緩、秦越人輩，雖甚精於醫，其察天地陰陽五行之用，未能若是精密也。則其言雖不盡出於黄帝、岐伯，其旨亦必有所從受矣。且寒暑燥濕風火者，天之陰陽，三陰三陽上奉之；木火土金水者，地之陰陽，生長化收藏下應之。而五運行於其間，即五行之化氣也。天數中於五，戊居之。地數中於六，己居之。戊己土也。化氣必以五六，故甲己化土而居於其首。土生金，故乙庚次之。金生水，故丙辛次之。水生木，故丁壬次之。木生火，故戊癸次之。此化氣之序也。地之三陰三陽亦五行爾，而火獨有二，五行之妙理也。蓋木王於東，火王於南，金王於西，水王於北，而土王於四維。戊附於戌而在乾，己附於辰而在巽，而未之對衝在丑，故辰戌丑未寄王之位也。未在西南，其卦爲《坤》，其時爲長夏，以其處四時之中。吕氏《月令》謂之「中央土」，此土正王之位也。春木生火，秋金生水，冬水生木，而夏火制金，生氣絶矣。惟土王於西南，然後以火生土，以土生金，四時之序循環不窮。然火方王於午，土遽王於未，則火氣必耗，故君火以名，其氣温而未熱；相火以位，與太陰同處未申之間，奉君令以行暑氣。於是火不耗於土，不屈於金，故丙盛則庚伏，此火所以獨分君、相之位也。天氣始於甲，地氣始於子，子甲相合命曰歲立，日行四周而爲一紀。天以六爲節，故氣以六朞而爲一備。地以五爲制，故運以五歲而爲一周。運統一歲於四時之表，氣分六位於一歲之中。風雨燥濕寒暑其應有候，其至有期，然用以占焉，往往不效，非《素問》之無驗，用其説者知常而不知變故也。凡物理有常必有變。雖天地之運動往來、消息盈虚可以逆其必然者，常也。若其變則無所不至，可知而不可必也。嘗試即其常而言之。五太之運是爲太過，其至先時。五少之運是爲不及，其至後時。惟平氣則不疾不徐，其至以時，其大畧如此。火運上臨少陰，水運上臨太陽，木運上臨厥陰，金運上臨陽明，土運上臨太陰，謂之天符。木運臨卯，火運臨午，金運臨酉，水運臨子，土運臨四維，謂之歲會。五太與在泉氣同謂之同天符，五少與在泉氣同謂之同歲會，若是者其氣和。土運上見厥陰，火運上見太陽，謂之天刑運；水運上見少陽，金運上見厥陰，謂之運刑天。若是者其氣乖。此皆五運之常也。主氣各居一步，厥陰主初，少陰、少陽次之，太陰、陽明又次之，太陽主終。六位不遷，客氣與歲推移。子歲太陽之水爲初，丑歲厥陰之木爲初，迭相往來。而少陽之爲初氣，乃在太陰之後，半歲已前，司天主之，半歲已後，在泉主之，其大畧如此。若其情則有相得與不相得，其位則有順有逆。相得者木火相臨、火土相臨之類也，不相得者金木相臨、水火相臨之類也。父臨子則順，木居少陽之位是已。反此則寒水居金位，斯逆矣。君臨臣則順，君火居少陽之位是已。反此則相火居君火之位，斯逆矣。此皆六氣之常也。及論其變，則有正有邪，於是有變，有勝，有復，有鬱，有發，有淫，有承。當時而行者正也，非時而行者邪也。當時而行，其過則爲變。非時而行，其至則爲勝，其救則爲復，抑而不伸則爲鬱，鬱而怒起則爲發，陵其所勝則爲淫，極而必反則爲承。假如太角之化爲啓拆，而變爲摧拉；太徵之化爲暄燠，而變爲炎烈，正化之爲變者然也。少角木氣不足，清勝而熱復；少徵火氣不足，寒勝而雨復，邪化之正復然也。寒甚而無陽燄，是爲火鬱；熱甚而無凄清，是爲金鬱，抑而不伸者然也。水鬱而發則爲冰雹，土鬱而發則爲飄驟，鬱而怒起者然也。風淫所勝則克太陰，熱淫所勝則克陽明，陵其所勝者也。相火之下水氣承之，濕土之下風氣承之，極則有返者然也。然摧拉之變不應，普天悉皆大風；炎烈之變不應，薄海悉皆燔灼；清氣之勝不應，宇宙無不明潔；雨氣之復不應，山澤無不蒸溽。鬱也，發也，淫也，承也，其理皆然。凡此者其應非有候，其至非有期，是以可知而不可必也。其應非有候，則有不時而應者矣；其至非有時，則有卒然而至者矣。是故千里之遠，其變相似者有之。百里之近，其變不同者亦有之。即其時，當其處，隨其變而占焉，則吉凶可知。況《素問》所以論天地之氣化者，將以觀其變而救民之疾也。夫大而天地，小而人之一身，五行之氣皆在焉。天地之氣有常無變，則人亦和平而無災；天地之氣變而失常，則疾癘之所從出也。是故木氣勝則肝以實病，脾以虛病，火氣勝則心以實病，肺以虛病。此醫者所能致察，儒者不得其詳也。至於官天地，理陰陽，順五行，使冬無愆陽，夏無伏陰，春無淒風，秋無苦雨，和平之氣行於兩間，國無水旱之災，民無妖孽之疾，此儒者所當致察，醫家未必能知也。《素問》亦畧言之矣。五行之精是爲五緯，與運氣相應，有歲星，有畏星，以此察其行之逆順而占其吉凶。然必曰德者福之，過者罰之，則是運氣之和平而爲休祥，有德者召之也。運氣之乖戾而爲災眚，有過者致之也。雖然，其説畧而未詳，吾儒之經則詳矣。《洪範》九疇始於五行，中於皇極，終於五福、六極。聖人建極於上，以順五行之用，是以天下之民有五福而無六極。有五福皆可以康寧矣，無六極皆免於疾病，此其道固有行乎運氣之外者，是謂大順，成周之時嘗見之。《由庚》之詩作，而陰陽得由其道；《華黍》之詩作，而四時不失其和；《由儀》之詩作，而萬物各得其宜。此建皇極，順五行，使民有五福而無六極之驗也。是故《素問》方伎之書，而《洪範》則聖人經世之大法也。知有《素問》不知有《洪範》，方伎之流也；知有《洪範》不知有《素問》，儒者何病焉？

《雙溪集》卷四。又見《新安文獻志》卷三一、《荆川稗編》卷六七、弘治《徽州府志》卷一一。

明・郎瑛《七修類稿》卷五　彭文憲公《筆記》：「成化元年五月，京師大風，一時蕭墻以西地上，有聲如雨雹然，視之皆黄泥丸子，堅淨如櫻桃大，拾取而破之，中有硫黄氣，自以爲非親見不信也。」《都公譚纂》云：「松江上海縣，地名十字廟，有農家誦經颺幡，行者暑倦，置牛皮於幡下，忽陰雲四合，霹靂擊碎幡竿，牛皮不知所向，但見農家屋上竹針萬計，皆長三寸許。」二書記之，以爲異也。夫天地間莫非陰陽二氣之所爲，氣形而神寓焉，形滅而神復於氣矣。人物鬼神，或長或變，其歸一也；當其陽氣奮激，爲陰所團，則逼迸發，出則成聲，爲疾風，爲迅雷，遇一物焉，翕而成，擊而碎，莫得而知之。此雷震人物，風移樹木，與此爲土丸，爲竹針，一也。或曰：土丸竹針，故二氣變化之妙之所成，然則皆如櫻桃，皆長三寸，是孰爲而孰較量之？予曰：正陰陽之氣所爲，猶雨之成形，大小相同，一氣布之也；但其忽而形，没而聲，此所以妙萬物而爲神。又曰：陰陽不測之謂神。

明・郎瑛《七修類稿》卷一五　五行之生惟金生水爲難明。蓋五金何能生水？殊不知金爲氣母，在天爲星，在地爲石。星爲氣之精，石爲氣之形，水生於氣之聚也。天地之氣交，則石生雲而星降雨矣，故有雨之夜，星不見焉。又按《天文志》以星動摇而爲風雨之候，石津潤而爲雨水之應，此非金生水而氣化之義歟？五行以氣爲主，是以五行之序，以金爲首也。

明・郎瑛《七修類稿》卷一六　天以五氣生萬物，氣無臭味，故風雨霜露自天降者，皆無味也；地以五味養萬物，味具形質，故地生者皆有味焉。

明・方以智《物理小識》卷一《氣論》　潛老夫曰：蜕形知氣，蜕氣知神，蜕神歸空，蜕空見理，蜕理還物。如是，則物物已耳，又何蜕乎？世惟執形以爲見而氣則微矣。然冬呵出口，其氣如煙。人立日中，頭上蒸歊影騰。在地考鐘伐鼓，窗櫺之紙皆動，則氣之爲質固可見也。充一切虚，貫一切實，更何疑焉。聖人合虚實神形而表其氣中之理。西乾止會通於惟心，彼離氣執理、與掃物尊心，皆病也。理以心知，知與理來，因物則而後交格以顯，豈能離氣之質耶？此伏羲所以合俯仰遠近而通類也。愚者曰：一切物皆氣所爲也，空皆氣所實也。物有則，空亦有則，以費知隱，絲毫不爽。其則也，理之可徵者也，而神在其中矣。神而明之，知而無知，然豈兩截耶？知即無知，故不爲一切所惑，乃享其神。是曰大定。揭暄曰：所以爲氣，吾師言之矣。氣既包虚實而爲體，原不礙萬物之鼓其中而依附，以爲用也。凡諸有形色，有聲聞，莫不賅而存之。天地之間，豈有絲毫空隙哉？罌瓶挈水，閉其一孔，水自不入，氣塞中也。倒而縣之，水亦不出，氣未入也。萬斛之石不能壓一氣毬，必氣出盡而後合。千人挽舟，中流莫進，風吹之則飄飄然，大可移石飛山，湧海震地，小則吹箭吸流，轉輪推腹，以至鳥飛魚躍牛耕馬走，肢體運動，何往而非氣之所爲也耶？可見氣之爲氣，屬無形而有形，若無力而有力。朝霞之牖户，雨後之山林，其色倍麗。是潤物之形而爲之籠罩者，氣也。水摇而星擊，目眚而燈花，氣動而日摩。其影非一。是幻物而使之多者，氣也。日月之初出也，玻盒之苑邃也，水深而錢浮也。物像像物，其形倍真也。是使物大而遠近而顯者，氣也。氣之統體，若一大鏡，萬物之麗於地者，悉映於天。故山市、海市、暗室一隙皆得轉吸而見之。大鏡之中，不礙其分爲各小鏡也。不礙小鏡之即大鏡也。萬其水即萬其月，萬其月即萬其影，住去畢具，無有分別。此其可見者，其不可見者則以音傳，如風聲水聲人聲鳥聲。諸樂作聲，一時異響雜奏，歷歷倫類，不相蒙掩，即重垣昏夜間，十方一耳，可使達也。至於虹霓雲霞出諸色，寒暑燥濕異諸性，熏香臭或緣於物，或畜於積，聚散動静任其自然，以爲玄通也。玄通至矣，是豈黯淺沾濃者所得而窺之也哉？又豈洸洋執冒者所得而滅之也哉？中通曰：氣無陰陽而充乎，物則有陰陽，然亦相反而不相離也。火中之氣反爲陰氣，故燃油則光生而枯木無燄。水中之氣反爲陽氣，故沸湯則氣上而寒泉不升。且湯氣遇陰始見，故口中熱氣夏日隱而冬日顯也。陰氣遇陽始見，故嵓中冷氣冬日藏而夏日出也。

明・方以智《物理小識》卷一《氣暎差》 魏朴亦言之矣。空中皆氣，江海水浮，射之其叀、綴之算影皆不直也。置錢於盌，遠立者視之不見，注水溢盌，錢浮於水面矣。此猶日未出而水光浮，日初出而不熱之理也。澉川董漢陽穀謂京口至瓜洲，江面一千三百餘櫓，一櫓之力不過三尺，則四百丈也。中有金山廣百五十丈，南北水面共二百五十丈，可以八十餘艘作浮橋，每舟二丈，中虛一丈，加版通行，當名朝宗萬歲橋。昔宋取南唐，繫浮橋於采石，雖暫，亦知其可爲矣。寰宇志京口江闊四十里，蔡寬夫曰，瓜洲在江中也，今闊十七里。憶崇禎乙亥測量言二千丈餘者，以目光爲水光奪，以水嘗飽視其中爲極，而所餘猶半也。空中久視亦爲日光所摇，非固精凝定者，測量空遠，豈能準哉。暄曰：氣能使物大，氣能使物顯，氣能使物近。江中見逆風使檣者，隔岸望之，舟已觸岸，而久不過帆。乃知所望之岸，非真岸也。又江中有洲，此岸望之，則洲近彼岸，距十分之一。彼岸望之，則近此岸，距十分之一。是知十與一，乃中數也。故立清蒙差算法，然地上浮游之氣，日少而夜多，豎少而横多，於差則蒙中有清，清中有蒙。蒙差少而清差多，要在算者之自得於心也。中通曰：測遠須重表，凡數測而後算。始能無差。又須彼岸有樹，或屋或物，可作準的，方能測度。不然則一線江岸，左右無定，宜其不準也。日初出大而不熱者，地氣横映，故大氣厚隔遠，故不熱也。日午熱而不大者，地上氣淺，故不大。氣淺易透，故熱也。又日初出，光切地圜之界，力輕，故不熱。日午光直射地平，力重，故熱。日初出，人目力横視遠，故大。日午，人目力上視短，故小。

明・方以智《物理小識》卷一《聲論》 目以水照，故物攝其中而見。耳有三門，故氣貫而留之乃聞。目與鼻口皆當面直受之者也。耳乃旁貫中通者也。氣自有聲，空自生聲，惟耳攝而通之，惟心静而知之。天以雷風爲聲，地以竅穴爲聲，皆陰陽之氣相摩盪而不已者也，而人可知矣。暄曰：氣本有聲，故物擊物、氣擊氣、物擊氣、氣擊物皆成聲。不相擊而氣自飛亦有聲，特微耳。聲之始也，肺促其氣於喉，喉分於舌，脣鼓其氣於管，管出於孔。銃之爆於空也，雷之震於雲也，空谷之傳呼，胥井之遥語也，天鼓星裂，釜鳴户響，地下樂作也。氣擊氣也。

明・方以智《物理小識》卷一《三際》 三際者，近地爲温際，近日爲熱際，空中爲冷際也。日光蒸地，火收地中，火必出附天而止。天火同體，水地相比也。一氣升降自爲陰陽，氣出而冷際遏之，和則成雨，如飯蒸之䈰遇蓋而水滴焉。陽亢則爲風，陽欲入而周旋亦爲風。初起之雲，則飯甑之氣也。飄散不收，或騰或霧，夜半陰氣清肅而上，則爲霧，結則爲霜。雨上冷凝爲霰，霰墜猛風拍開成六出片，則爲雪。陽氣伏陰氣之内不得出，爆開則爲雷。火氣發越，適映雲際，其光疾甚，閃爍曰電。夏月火氣鬱蒸冲濕氣而鋭起，升高至冷際之深處，驟冱爲雹。愚者曰：黄帝《五運篇》曰，風寒在下，燥熱在上，濕氣在中，火遊行其間。此至語乎？日所到則煖，日去則冷，一氣爲陰陽而自相盤旋者也。三際槩耳。暄曰：西國三際之説未盡然也。向日則煖，背日則寒，故一石一墻之下皆有陰氣。如六月遊深崖、入石室，恒至衣絮。則地之内外未始無陰氣也。近地必熱際，則山腰之下不宜暴雨，四川雪山，不宜夏月不消也。空中必冷際，則空中無時不有氣，亦無時不合雲，無時不下雨也，冬月皆雪矣。雨雹者至陰之氣，乘之夏月，偏雹者非至陽不至。至陰之山，夏月雹偏大者。非至盛陽不足升至陰之氣，至盛之陽飛濕乃猛，至盛之陰結雹乃速。雖然陽生則爲至陽，陽死則爲至陰。故六月之晨，煮水百沸，入瓶中錮閉之，急入井底，午取而出則冰矣。陽死也。有六月爲魚肉凍者，亦倣此法。可知冷無定際，陽隔則冷，陽遠則冷，陽死則冷，不必空際也。

明・方以智《物理小識》卷一《象數理氣徵幾論》 爲物不二之至理，隱不可見。質皆氣也，徵其端幾，不離象數。彼掃器言道，離費窮隱者，偏權也。日月星辰，天縣象數如此。官肢經絡，天之表，人身也。如此圖書卦策，聖人之冒準，約幾如此，無非物也，無非心也，猶二之乎？自黄帝明運氣，唐虞在璣衡，孔子學易以扐閏，衍天地之五，曆數律度，是所首重。儒者多半弗問。故秩序變化之原，不能灼然，何怪乎？舉禮節樂律而弁髦之，舉倫物舊章而放棄之，謂爲聖人之所增設乎哉？核實難逃虛易，洸洋之流，實不能知其故，故吹影鏤空以爲恢奇。其言象數者，類流小術，支離附會，未覈其真，又宜其生厭也。於是乎兩間之真象數舉皆茫然矣。胡康侯曰：象數者，天理也，非人之所能爲也。天示其度，地産其狀，物獻其則，身具其符，心自冥應，但未嘗求其故耳。學者静正矣。不合俯仰遠近而互觀之，又何所徵哉？智故隨聞而紀之，自天象始。

明・方以智《物理小識》卷一《天象原理》 良孺熊公曰：傳天文者多祖裨竈、甘公、唐昧、尹皋、石申之遺，課驗淩雜米鹽。史遷世掌天官，所云河鼓不欲曲，心星不欲直，老人見，治安不見，兵起。班固沿之，勾信維散，鼂鼇不居漢中諸語，皆幾以經星爲可移矣。夫氣爲真象，事爲真數，合人於天，而真理不爍然於吾前乎？天地之象至定，不定者，氣蒙之也。天地之數至定，不定者，事亂之也。達者始終古今，深觀時變，仰察蒙氣，俯識亂事，而權衡其理，則天官備矣。

或問：天垂象見吉凶，何也？曰：譬諸人身，脾氣病則貌黄，肝病則青，腎病則黑，喜慶惠迪額潤顴明。華嚴曰：一國人感惡緣，則彼當土衆生覩諸一切不祥。或見暈玦彗孛，但此國見彼國衆生本所不見。蓋氣由地起，吉氣上蒸爲龍雲喬彩之類，人在氣中生養，自有聖賢豪傑挺生。有凶氣上蒸爲霾魃攙槍之類，人在氣中生養，自有饑饉、兵戈横出。故望氣者止宜於當土辨禍福，入國邑而候息耗。不宜於普天率土百年易世，一概牽合。若日星之具體，本自如也。因此地氣有吉凶，則此地人眼從氣中窺，便分祥異。故暈背風霾晴雨之候，百里有不同觀者。惟彗孛之氣冲入晶宇所至最高，天下仰見，然比之於七曜之度，不啻下甚，即千里而量測之差數覩矣。或曰：地氣一也，何爲此方吉彼方凶，此時吉彼時凶？曰：是則數爲之也。實胚胎於人事也。如堯舜醖釀宇宙太和元氣，地平天成，及桀紂而以塗炭生民爲事，其數應窮，便致湯武放伐，斯固事數相根，而氣操其關籥者也。不獨地氣，天氣亦然。如中國處於赤道北二十度起，至四十度止，日俱在南，既不受其亢燥，距日亦不甚遠，又復資其温煖，稟氣中和，所以車書禮樂，聖賢豪傑，爲四裔朝宗。若過南，逼日太暑，祇應生海外諸蠻人。過北，遠日太寒，祇應生塞外沙漠人。若西方人所處北極出地，與中國同緯度者，其人亦無不喜讀書，知曆理。不同緯度便爲回回諸國，忿鷙好殺，此又一端也。質文之運，三代循環興廢有定數，皆自人事釀成。當興之時，天地如律回陽，其氣條達如鏡重磨，其象宣朗。當廢之時，天地如律重陰，其氣鬱閉如鏡蒙塵垢，其象湮闇。此定理也。占候祈禳，原爲小數，而警予責己，仰思咎謝，俯答明譴，堯舜湯文以來自有欽若昭事，毋敢戲渝之，道法在焉，可忽乎哉？鹿湖潛老夫曰：執氣質而測之，則但顯各各不相知，而各各互相應之，通幾猶晦也。夫聲氣風力，實傳心光，受命如嚮，神不可測，而當前物則天度同符，格之踐之，引觸酬酢，信其不二，享其不惑，此則有所以爲物，所以爲心，所以爲天者，豈徒委之氣質而已乎？萬曆己未，余在長溪，親炙壇石先生，喜其精論，故識所折衷如此。

明・方以智《物理小識》卷二《風雷雨暘類・風行遠近》 大塊噫氣爲風，然孰爲之噫？王柏曰：陽迫陰而出耳，春風上升，秋風下降，夏風横行，冬風著土而吼穴。此以四時論行法也。夫春期何嘗不靡草？秋月何嘗不飛箏乎？風之高者，其來遠，風之下者，其來近。此以高下論遠近也。夫豈無一時而高下竝至者乎？鳴葉者，十里。鳴條者，百里。摇大枝者，五百里。仆大木者，千里。折大木者，五千里。此又以大小論遠近也。夫摇枝折木，亦視陽夾陰之甚不甚、發之暴不暴耳。狂飈乍起曰風頭，豈無近者急而遠者緩乎？惟以時之久暫計遠近者，爲僅得之。暄曰：風一日者，五千里。一日夕萬里，二日夕天下半之，三日三夕，天下盡風。然風之行亦有遲疾。微風飄忽，豈無日夕止百十里者乎？暄嘗於盱邸，午炊得小北風，逮夜及新豐。則一晚之間僅四五十里耳。中履曰：驗風送帆已費風之力矣。朱子曰：勁風旋轉不停。以天行之疾言之。風亦有至疾者，何如天行之速耶？彼不疾而速者，又何物耶？氣凝爲水，而下流與氣聚而鶩之爲風，自在差別中判。

明・方以智《物理小識》卷二《風雷雨暘類・南北風寒温之異》 問：千里不同，風吹噫，一也。何以南風温，北風寒？天學曰：風屬於火，日爲君火，地發燥熱，横被直鶩，從日而嘘，則爲南風。君火之氣與風俱舒，故温。從日而吸，則爲北風，君火既縮，而又吸動地面飄揚之氣，故寒。試觀人口嘘氣則脣温，吸氣則脣冷，理可類推。中國所處，日常在南。是以有嘘吸之異。又問：東風温潤，西風高燥，何也？曰：海氣在東，故温潤。山氣在西，故高燥。又日以東方爲來氣，以西爲去氣，斯其所以異也。愚者曰：東生西殺，南温北寒。此常理耳。暄曰：火死則吸，如閉火於瓶，加於人膚而不墜也。曰君火有死時乎？同一氣耳，鼓之則凉，嘘之則煖，吹之則寒。同一嘘耳，近之則煖，遠之則寒。日在南，故南方爲近日，北方爲遠日。日在南，故風從南來者，恒煖；風從北來者，恒寒。非有嘘吸之異也。

明・方以智《物理小識》卷二《風雷雨暘類・雹》 史載雹毁瓦，如拳如雞卵，三出成獸。徐鉉《稽神録》言雹與樓等。嘉靖戊戌，吴城雹開眼，西山雹如斗。天啓甲子，雹如人眼。凡雹治狂熱，正醬味。然無病吞之則疫。元光元年七月，雹。董仲舒答鮑敞曰：「雹，陰脅陽也。氣上薄爲雨，下薄爲霧。風其噫也，雲其氣也，雷其相擊之聲，電其光也。二氣初蒸，攢聚相合。風多合速，雨大而疎。風多合遲，雨細而密。寒月則雨凝於上體，因風相襲成雪。寒有高下，陰氣暴上，雨則凝結成雹焉。霰之流也。」敞曰：「四月無陰，十月無陽。何以明不孤立耶？」董曰：「所資一氣也。猶一鼎水未加火，純陰也。加火極熱，純陽也。純陽無陰，息火水寒，則更陰矣。純陰無陽，加火水熱，則更陽矣。葶藶死於夏，款冬華於寒。水有温泉，火有凉燄。陰非無陽，陽非無陰也。」曰：「冬雨煖、夏雨涼。何也？」曰：「冬氣多寒，陽氣多上躋。故人得其煖而上蒸成雪矣。夏氣多煖，陰氣自下升。故人得其涼而上蒸成雨矣。」愚者曰：漢初董子早精此理，故載之。今以三際質測，急切成就，抱氣在中，故雹常具竅。

明・方以智《物理小識》卷二《風雷雨暘類・霜雪》 霜前冷者，陰氣在先。露遇陰逼而爲霜，故先冷也。雪後寒者，陽氣在先。水逼陽死而成雪，故後寒也。雪花六出者，圜一圍六，同體相依，直輳即離，平輳即合。此亦空中旋氣使然也。露爲夜候之常，故空冷而成霜，先煖而起，同雲。變北風而成雪，春五出以煖而稍化耳。

明・方以智《物理小識》卷二《風雷雨暘類・雷説》 陽在内而欲出，故聲。朱隱老注邵子書言八種雷，本草載霹靂楔治驚失心，殺蝪止洩，置箱辟蛀。陳蘇紹得雷鎚重九斤，宋沈括於震木下得雷楔，似斧而無孔。鬼神幽微，不可究極。愚者曰：此亦通理。因而曰皆心也，皆鬼神也。亦冒通耳。質測家曰：火挾土氣而上，急迫之際，火焚而上附天。土成澤而下，星隕爲石，亦非星也。時珍言：龍口有火光，皆非火也。燥鬱而氣旋，則爲閃光。高峯視其下，雷雨如漚發，非明徵耶。燒樹及物，陽從直起，觸之則焚。焚則有焦，焦則如墨耳。雷書劉恂以黳石當之，李肇言雷州多雷，秋則伏蟄，人掘地食之，妄矣。此自雷州近陽土中生物，如封之類。暄曰：雷乃太陽之氣，陞於雲中爲陰氣所束，陽氣屬火，雲氣屬水，以水淬火，與相激争。故發爲震撼，而觸之者碎。以其陽氣，故春生秋滅。北方寒，有無雷之國；南方熱，有無日不雷之境也。或云雷有如鳥、如豕、如猴諸異相，能殺人。此乃陽氣所生之物，乘陽而出，故渾身屬火，猶水中生鯨鰐能殺人，人亦得以制之耳。有時夾於樹中，鋸而後拔；有時入於人室，不能遽出；有時伏地如彘，掘之可食。楊道和鉏折其肱，趙陁將與之相格。雷州民揮刀踣之，血流於地。服正遇之，魚佩褕次之羽，半石之草，皆得以卻之。遺楔如斧，固煙與火土結成者也。觸人作字，則煙暈汗流黑晰相間者也。曾見三丈之内，發無彈之藥銃中人，人爲火氣衝仆，其面黑汗成文，不可推耶。至於附氣靈應，神之格思，不可度思。茲且窮質測耳。

明・方以智《物理小識》卷二《風雷雨暘類・虹霓》 老父爲南璽卿，時夜無月，而見斜暈如虹。范質公大司馬問其故，老父曰：天地體圜，日光又圜，故凡暈光無不圜者，特斜見於地上，則橋起半規耳。陸農師噀日徵之是也。夜見者空中別迸火光，如春秋恒星不見之類。其光穿地則爲五色暈矣。范公問其占，曰：以端幾類應而言爲陰勝陽。或曰淫徵何也？曰：因古有虹爲淫氣之説也，方士於東海見虹處，掘地得紅蟲爲媚藥，亦取其類應耳。

明・程敏政《明文衡》卷一二《劉基・雷説上》 有夫耕於野，震以死。或曰：畏哉，是獲罪於天，天戮之矣。劉子曰：噫，誣哉！何觀天之局也。一夫有罪，天將自戮之乎？天生民而立之牧，付之以生殺之權，而又自震以討焉，惡用是司牧者爲也？曰：天鑒於民，有隱匿焉。人罰弗能及也，而震以威之，微顯闡幽神道也。曰：惡，是何言也。古帝制刑以爲天下均，故執刑如執權，因罪之輕重而前郤之，又不敢專而聽於天，曰天討也。夫是之謂贊天地之化育。今曰天又自以震戮人罪，吾不知天之所自戮者，以何等罪乎？謂其積之極，人不能勝而戮之邪？則天下之爲人子而不孝，爲人臣而不忠，爲人長而不慈，爲人幼而不遜，爲人友而不義，爲人妻而不順，賊義戕仁，縱私而滅公，倚勢而行姦，乘約而肆淫，人言而獸心，陰慘而陽和，磨牙吮血，朘膏刮骨，擅威作福，殘害正直，而逭於司寇之誅者，不爲不多矣。豈司雷者有所畏乎？乃不一有戮，而庸夫乎戮焉。使彼有以覘天之意，而謂天之所怒在彼，而所容在此也，則恃以不忌。是天以震勸逆而濟禍也，豈天道哉？必不然矣。曰：然則雷何物也？曰：雷者，天氣之鬱而激而發也。陽氣團於陰，必迫，迫極而迸。迸而聲爲雷，光爲電，猶火之出礮也。而物之當之者，柔必穿，剛必碎。非天之主以此物擊人，而人之死者，適逢之也。不然，雷所震者，大率多於木石，豈木石亦有罪而震以威之邪？

明・程敏政《明文衡》卷一二《劉基・雷説下》 或曰：雷有神焉，有諸？曰：人曰有之。曰：然則雷神所爲而非氣矣？曰：否。雷與神皆氣之所爲也。氣也者，無所不能爲也。忽而形，倏而聲，爲雷爲神，或有或無，不可測知。人見其忽而形也，而謂之神。夫神也者，妙萬物而無形，形則物矣。是故有形而有質者，有形而無質者，有暫者，有久者，莫非氣所爲也。氣形而神寓焉，形滅而神復於氣。人物鬼神，或常或變，其歸一也。曰：既爲神也，而曰不能戮人罪，何邪？曰：神，形而暫者也，彼且不能久其形，惡能求罪人而戮之？

明・朱右《白雲稿》卷二《雷説》 或問雷鳴，曰：氣使之然。曰：有神乎？曰：有。曰：然則氣爲之神，惡乎在？神尸之氣，惡乎乘？二者必居一於此矣。曰：二氣之良能也。行乎亭毒之表，茫然無眹窅爾，神運其端，倪若不可測識也。方天氣下降，地氣上騰，造化萬物山川，出雲蒸潤爲澤，陰氛凝構，陽氣轉旋，故搏擊轟騰，馳驟下上。氣之所聚，形儵成焉。故神物恍惚，與之偕行。此理之常，何足怪者。曰：然則世傳雷澤有神，鼓腹則鳴。果有之乎？曰：無之也。方氣之至也，神則有之；氣之消也，神與俱亡。且人之生，受胎父母，滋爲形骸，血肉既成，形於有迹。故不能自化，神之著也。得氣陰陽，妙而成始，陽氣聚散，來去無迹。亦其理之常爾，子奚惑焉？問者躍然以喜，曰：子昭然發矇矣，請書以告來者。

明・周瑛《翠渠摘稿》卷八《震雷説》 成化癸巳春，州民有震死者。或問曰：雷有形乎？曰：無形也。無形而震者，何也？曰：陽決也。陽動而陰静，陽闢而陰翕。二者其性相反也。惟其相反而不相得，故其勢相持，如仇然，於是動者欲出，而爲静所制闢者，欲散而爲翕所拘，故陽挾陰以行，飛走振迅，動盪盤薄，或左或右，勢無定在。久而陰負則陽決矣，陽決剛之至也。遇木則木折，遇石則石裂，遇人與獸虀粉矣。雷何擇於木石人獸也哉。遇其決耳。曰：雷無形而人拾得雷斧者，又何歟？邵氏謂，星與雷皆石氣也。星殞於天，而化爲石雷。震於地而化爲斧，皆石氣也。雷何形哉？

清・洪亮吉《春秋左傳詁》卷一五 天有六氣，降生五味，發爲五色，徵爲五聲，淫生六疾。六氣曰陰、陽、風、雨、晦、明也。分爲四時，序爲五節，過則爲菑。陰淫寒疾，陽淫熱疾，風淫末疾，雨淫腹疾，晦淫惑疾，明淫心疾。

清・王先謙《荀子集解》卷一一《天論篇》 列星隨旋，日月遞炤，四時代御，陰陽大化，風雨博施，萬物各得其和以生，各得其養以成，不見其事而見其功，夫是之謂神。

雩而雨，何也？曰：無何也，猶不雩而雨也。日月食而救之，天旱而雩，卜筮然後決大事，非以爲得求也，以文之也。故君子以爲文，而百姓以爲神。以爲文則吉，以爲神則凶也。

清・王聘珍《大戴禮記解詁》卷五《曾子天圓》 陰陽之氣各静其所，則静矣，偏則風，俱則靁，交則電，亂則霧，和則雨。陽氣勝則散爲雨露，陰氣勝則凝爲霜雪。陽之專氣爲雹，陰之專氣爲霰，霰雹者，一氣之化也。

清・張廷玉等《明史》卷二八《五行志一》 《洪範》曰「水曰潤下」。水不潤下，則失其性矣。前史多以恒寒、恒陰、雪霜、冰雹、雷震、魚孽、蝗蝻、豕禍、龍蛇之孽、馬異、人痾、疾疫、鼓妖、隕石、水潦、水變、黑眚黑祥皆屬之水。今從之。

清・游藝《天經或問》卷一《昊天一氣渾淪變化圖》 天渾淪一氣，無有重數，特以外製内，以剛製柔，則氣漸遠漸殺，以至永静，因分重數以便起測。萬化皆由一氣，萬動總由一動，微妙不測者莫如此動。《新語》曰：天體本一而各政居有上下，然共一心，同爲一製，諸政皆左旋而有自行輪，輪則激退滚進，遂有倒逆之形，其實皆是進也。

清・游藝《天經或問》卷二《氣盈朔虚閏餘》 問氣既踵節矣，因何有盈？朔有常數矣，因何有虚？又因盈虚而後置閏。如盈虚不設，閏亦不必置也。於數更易，何如？曰：渾天之度，一歲之常數三百有六十。太陽行黄道節氣圈一周，有三百六十五日三時，較常數則多五日三時，爲氣盈。一月以二十九日六十三刻有奇，爲合朔。共十二月，得三百五十四日四時四刻，較常數則少五日七時四刻，爲朔虚。以朔虚較常數，則常數爲多。以常數較節氣，則節氣爲多。合多十日十時四刻，爲餘日。餘日歸之於終，積成一月則置閏，約三十二月則一閏，十九年則七閏也。其閏之月，太陽不及交宫，必無中氣也。如無氣盈，則常數不合。如無朔虚，則晦望不準。如無置閏，則夏月爲春節，冬月成秋候也。前賢之測無絲髮之餘，故七閏終在十九年子丑之月，氣朔分齊，爲一章之定法也。

清・游藝《天經或問》卷四《天開》 問：偶然夜間天上有紅白大光，燄異非常，或見兵馬樓臺，似有形有聲，俗謂之天開門。《洪範傳》謂之天裂，孰是？曰：此是火際，偶吸下土之氣，鬱積騰燄，如金銀在爐冶中鎔躍之狀。當在月天之下，太虚無際，寧有迸裂之事？且天體極堅，若會迸裂，則壞久矣。若有門可開，則開有常矣。止惠帝元康二年二月裂一次，太安二年八月裂一次，穆帝升平五年八月裂一次，廣三四丈，有聲如雷也？何天開天裂而晝不見，獨見於夜乎？日中太陽之光，充滿全天，則無此象。夜間陰静，則有此象，與彗孛、雷電同理也。亦或有晝見兵馬戈戟行空者，或見樓臺宫室森然者，是日光爲濕雲所蔽，濕雲上受日光，下吸地影，故有此象。若倒映水面即蜃樓之類是也。然冬間氣斂火弱，則無此象矣。且星大地數十倍者，人見止一點耳。而樓閣人物如此，其遠人能見之乎？

清・游藝《天經或問》卷四《占候》 問：古今天學家首言占驗，方爲有補之學。今所言者，惟理而已。或是休咎不言乎？不然，測步如此繁劇，豈不徒費苦心乎？曰：天者，羣物之祖，理性之所由出。其文即猶理性之耳目也。今舍吾耳目之性、之理、之靈，而漫言耳目，其不爲皮相者，鮮矣。故西士亦曰：天文，格物窮理之首，務旨哉言也。故云：測算，非關占候吉凶。蓋吉所係，在吾人心中所造，而禍福則自召耳。後世不知，吉凶禍福係於理，而以禍福之未來者當之。則以福爲吉，以禍爲凶。夫吉凶則致禍福，而不可禍福即吉凶也。如其順理心安則福，固吉，禍亦吉也。理不順心不安則爲禍，固凶，福亦凶也。蓋禍福不能自免，而理則至定，此心所以順之也。先知而順之。上焉者，聖神。次焉者，君子。孟子所謂順受其正，不立巖墻之下者，此占候之道也。故吾師密之曰：星宿極高，無變異之理。災異之占，天官書云：暈適風雲，天之客氣，發見亦有大運。然其與政事俯仰，最近大人之符。氣幾，心幾，二而一也。陰陽之氣，人事之變，各自爲幾，而適與之合。歲有寒暑風雨，而蟪螻與蝸蠋當之自災，可取譬也。儒者求端於天，天人相與，甚可畏也。静深明理之士，觸其幾而知之，然不欲盡洩。至於聖人則不爲陰陽所轉矣。時愆氣沴，孱夫則病，壯夫則否。周王龜焦蓍折，劉裕竿壞幡亡，又何硋乎？焦京管郭崔浩戴洋一端之中耳，闕子明之。如響舉人事天道消息之，此中論也，邵子觀其深矣。用三餘一，豈思慮所能測度乎？

清·游藝《天經或問》卷四《風雲雨露霧霜》 問：氣一也，何以能變水火風雲雨露之不同，何也？曰：天地之間皆氣也。氣貫實中而充塞虛廓，則一也；而其所出之體，有輕重爽膩之不同，故其變亦有不同耳。濕者爲水，燥者爲火，火出附天，水浮附地。天地之間分三際焉。有凝形之氣，有未凝形之氣。水土之塊，太陽蒸之，是成温際。真火同天，是名熱際。中間通達而冷，是名冷際。日爲火，主照及下土以吸動地上之熱氣，熱氣炎上而水土之氣隨之，是水受陽噓，漸近冷際，則飄揚飛騰結而成雲。雲上隔日氣，下隔火氣，冷濕之氣在雲中旋轉相盪相薄，則旋爲千百螺髻，勢將變化而萬雨生焉。雨既成質，必復於地，譬如蒸水因熱上升，騰騰作氣雲之象也，上及於蓋，蓋是冷際，就化爲水，便復下墜。雲之行雨，即此類也。若氣疏越而燥，鬱積上升，天上無濕氣以吸之，地下無濕氣以助之，則此燥鬱之氣飄揚旋轉，横騖披呌，震撞怒號如人之噫而騖於空者，則爲風。風性本自燥熱，隨過地方亦帶濕氣，海方多濕，所以東南之風濕熱；西北距海甚遠，所以多燥，其爲利爲害亦從所經之地分也。有日出而風發者，以燥氣爲夜，冷氣所壓，日開其冷風，風遂噓發。亦有日出而風息者，陽氣勝而燥濕之氣散也。有暴風者，以熱氣被冷雲所圍，開雲突出，故爲暴風。或峯島土竅激氣而助發，其風亦烈。赤道之下有片雲，即有巨風，以日近故。有旋風自上而下者，有自下而上者，海中能吸舟船。四時各有信風者，亦隨時隨地爲之，不可一律也。游燕曰：如太平海全無風浪。大西洋至大明海四十五度以南，風有定候。四十五度以北，風常變亂倏忽，更二十四向。小西洋至大浪山，潮極大而風浪甚險。滿剌加國則無風而倏起數里之波；北極之北海冰堆成山矣。哥阿之地無雨常晴，晴至數年；德墨多國則多雨泥，入多國則無雨亦無雲，泥禄河一年一漲，亞大臘之山頂終古晴明，蓋其地獨高，雲雨皆在其下耳。然風雨因其地之濕燥，日之遠近而不能一律也。若水土濕氣，既清且微，日中上升即爲風，日所乾迫至夜時升至冷際，乃凝爲露。夜半寒深，氣升稍重，故晨露猶繁。若屆嚴節遂零爲霜。霜落之時，五更偏厚。夜有烈風，亦受風損。故風盛即露微，風盛即露亦不降矣。若地上濕熱，值寒氣蒙蓋，不能上衝，冷際爲雨。游熊曰：地之高下，則冷熱之際亦高下。日之遠近，則冷熱際亦有遠近。又無風散，彌漫布濩則成重霧，日高霧捲，輕颸微噓，是陽勝陰。霧變爲雨，是陰氣偏重耳。然露與霜不同，露能滋物，霜能殺物。以遏土氣，弗使揚散，爲來春播種之資，此霜之力也。雨與露不同，雨氣昏而露氣清。露與霧不同，露氣肅而霧氣迷也。

清·鄭復光《費隱與知録·三際中冷其理無礙》 問：天有三際，人居温際，上冷際，上火際。温由於日，冷際隔之何能温？日力能使地温，接火之際，何能冷？曰：近日之區爲火際，固已夫火之熱附物始顯。火際尚屬空虛，下至冷際，其熱漸殺，加以風所來往，故成冷際。冷者，天地本然之氣，故戴極之下。半年爲夜，則人不能存日。行南陸畧遠天頂，即成沍寒，可察也夫。熱氣下射，惟力是視，既能至地，即非冷際所能間隔，且日下射止一綫，故冷際即有微温亦止此綫，而又空無所附，旋熱旋冷矣。迨射至地，地本冷體，日氣附之，冷熱相和，故成温際。又日氣甚燥，地有濕氣，燥濕相和，亦遂成温。

清·鄭復光《費隱與知録·三際立名真實非虛》 問：天有三際，人居温際，固也。冷際、火際皆不得。到何由知其有此？曰：火際固不得到，然以日氣至地能使冷體生温，則其際之熱比火更甚可知也。至於冷際，固是肊揣當然，然不可謂必不到也。登高至檐，即覺與地冷煥不同，至山巔則殊絶矣。余登棲霞風不可當，及游綿山至鐵索嶺，皆與平地絶異。又曾四月裸衣，時至良鄉，見西山積雪，此皆冷際之徵也。但冷際之冷，盛夏甚於沍寒，山巔猶未得稱。冷際者，非高不及，以其際尚馮依乎？山故與依乎？地者不能大異也。若使其際當空，即是冷際矣。又況由此更上其際，不值日線下射處乎？

清·鄭復光《費隱與知録·物有形色氣無可名》 問：有形有色乃成爲物，惟氣難名。何以隸四元行中？曰：性情才德皆備而後成爲物，豈獨形色已哉？夫火以紅爲正，色炎爲德，灼物爲才，猛烈爲性情，蓬勃無定而尖皆上出者，形也。夫水以元爲正色，潤爲德漬，物爲才，流動爲性情，波瀾莫定，而終歸砥平者，形也。夫土以黄爲正色，燥爲德，生物爲才，奠定爲性情，細則塵，而大則地者，形也。推之萬彙，莫不皆然。惟氣無體無方，或現或隱，洵難名狀，然氤氳駘蕩，運行不息，充塞空虛，變化微妙，即以充塞空虛者爲其形。運行微妙者，爲其性情才德亦無不可。

清·鄭復光《費隱與知録·氣別一物難以物名》 問：氣屬空虛，即以爲物，亦止燥濕兩種。燥則屬火，濕則屬水。分屬水火，不得别爲一物。古人五行中不取甚爲，有見四行終覺强勉。曰：氣之微妙難以物名，五行不取可也。謂氣止燥濕兩種，亦可也。若謂燥即火，濕即水，非水非火，即是空虛，然則呼吸藉氣是人禽昆蟲時刻吐内水火也，否則吐内空虛也。吐内空虛竟是底語，吐内水火未免怪異矣。菴人有呼吸，故能運動，氣能運動，故生呼吸，而又燥濕兼資出入動盪以遂其生養之理，作息之用。故人在氣中，掉臂游行而無礙者，如鳥飛天，如魚在水，高下浮沈，無之不可，使魚失水則窒礙矣，人之於氣理亦必然。以爲惟空，故能運動，不由乎氣乃習見云然耳。不知舉臂欲上，是氣從下托之，垂臂欲下，是氣從上抑之。皆氣之助也。徵之鳥飛魚泳，可知不然。如瓶塞口，置蟲瓶中必死矣。氣不動故也。不動之氣且然，況無氣乎。是故氣之爲助，微妙如此。不但此也，火非氣，則無以炎上。水非氣，則無以潤下。土非氣，則無以生發。木非氣，則無以萌芽。金非氣，則無以從革。萬物非氣，皆無以成其材質而効用於天地之間。吾以爲氣寄於五行，尚非水火土之所能匹，況金木乎？渾而弗言可也，列爲四行可也，若謂即是空虛，只如無物烏乎可？

清·劉嶽雲《格物中法》卷一《氣部·空氣》 問：天地之所以高？曰：天只是氣，非獨是高。只今人在地上，便只見如此高。要之，連地下亦是天。《朱子全書》嶽雲謹案：朱子又云日從東畔升，西畔沈，明日又從東畔升。這上面許多，下面亦許多，即所云連地下亦是天也。

又 天，積氣之所成也。《列子》當天，積氣耳，亡處亡氣。《列子》天無質，日月衆星，自然浮生虛空之中。《唐類函》引《宣夜學》嶽雲謹案：此所謂氣下至地心，上極無垠，無處無之。《宣夜學》云：浮生虛空之中即虛空之氣之中也。西人設抽氣筩以爲抽去空氣得真空。不知所抽去者，地面和合之雜氣耳。若真空之氣，瀰漫宇宙，抽氣筩亦在氣中，安能筩中無氣耶？如以物不能生爲無氣之證，則西人固云海水深二千尺以下人不能泅。又云氣球太高人不能活，蓋猶濁水之魚入清水而困，炎方之草至冰地而枯，非無氣也。且西人不云乎氣筩，所抽總不能使氣去盡，可知不能自圓其説矣。

又 鄭云：天者，純陽清明無形，聖人則之，制璿璣玉衡以度其象。然則天是太虛，本無形體，但指諸星運動以爲天耳。《禮月令疏》太虛，無形氣之本體。張子《正蒙》問：天有形質否？曰：無。只是氣旋轉得緊如急風，然至上面極高處，轉得愈緊。《朱子全書》黄帝曰：地之爲下否乎？岐伯曰：地爲人之下，太虛之中也。曰憑乎？曰大氣舉之也。《素問》大氣，謂造化之氣，任持太虛者也。《素問注》嶽雲謹案：此釋天地之理爲極明晰。地爲人之下者。地本體圓隨人所在皆爲下也。太虛之中者，地在天中，天裹於外。後世雞子黄之説也。天積氣，故曰：大氣舉之也。後來言天三家分道揚鑣皆未知，聖人固已知之耳。又案：明黄潤玉《海涵萬象》録云：予幼時戲將猪尿胞盛半胞水，置一大乾泥丸於内，用氣吹滿胞畢，見水在胞底，泥丸在中，其氣運動如雲，是即天地之形狀也。此太虛之外必有固氣者。黄説天地形狀亦即雞子。黄之説乃謂太虛之外必有固氣者。此牖於猪胞而言何異？有人問雞子殼之外，復是何物耶？

又案：鄭光祖《一斑録》言：中土曆法自古即有，究未知大地空懸，六面皆上。自大西洋利瑪竇等先後迭至，辨而明之，此等議論殊未核實。明末徐光啟輩，舍中庸而求隱怪，輕召外彝，以至貽禍今日，皆不學無術之過也。

清·錢泳《履園叢話》卷三《請雨》 請雨祈晴之説，自古有之。如《檀弓》、《吕氏春秋》、《荀子》、《春秋繁露》，皆有載者。如董江都之閉陽門則雨，欲止則反是之謂也。余謂晴雨是天地自然之理，雖帝王之尊，人心之靈，安能挽回造化哉！即有道術，如畫符遣將、呼風唤雨諸法，亦不過盡人事以待天耳。杭人請雨祈晴，則全仗觀音力，尤爲可笑。究竟觀音果能祈雨耶？不能祈雨耶？吾不知之也。阮雲臺宫保巡撫浙江，適逢大旱，未往天竺進香，而人心遂大不服，嘖有繁言。世俗之惑，一至於此。

清·連横《雅堂文集》卷一 晚近科學之最進步者莫如電光力化。秦漢之書頗有言之。關尹子曰：『石擊石生光，雷電緣氣而生，可以爲之』。此非電學之論乎？墨子曰：『臨鑑立影，二光夾一光。足被下光，故成影於上。首被上光，故成影於下。鑑近中則所鑑大，遠光則所鑑小』，此非光學之理乎？又曰：『均髮均縣，輕重而髮絶，不均也均，其絶也莫絶』。此非力學之原乎？又曰：『同重體，合類異，二體不合不類』。亢倉子曰：『蜕地謂之水，蜕水謂之氣』。淮南子曰：『鍊土生木，鍊木生火，鍊火生雲，鍊雲生水反土』。至於燒汞成丹之

唐·房玄齡等《晉書》卷一一《天文志上》 其西南角外三星曰明堂，天子布政之宫。明堂西三星曰靈臺，觀臺也，主觀雲物，察符瑞，候災變也。左執法東北一星曰謁者，主贊賓客也。

唐·房玄齡等《晉書》卷一六《律曆志上》 候氣之法，爲室三重，户閉，塗釁周密，布緹幔。室中以木爲案，每律各一，内庳外高，從其方位，加律其上，以葭莩灰抑其内端，案曆而候之；氣至者灰去；其爲氣所動者，其灰散；人及風所動者，其灰聚。殿中候用玉律十二，惟二至乃候。靈臺用竹律。楊泉記云：「取弘農宜陽縣金門山竹爲管，河内葭莩爲灰。」或云以律著室中，隨十二辰埋之，上與地平，以竹莩灰實律中，以羅縠覆律吕，氣至吹灰動縠。小動爲和；大動，君弱臣强；不動，君嚴暴之應也。

唐·房玄齡等《晉書》卷二四《職官志》 太常，有博士、協律校尉員，又統太學諸博士、祭酒及太史、太廟、太樂、鼓吹、陵等令，太史又别置靈臺丞。

唐·房玄齡等《晉書》卷一六〇《石季龍載記下》 又起靈風臺九殿於顯陽殿後，選士庶之女以充之。後庭服綺縠、玩珍奇者萬餘人，内置女官十有八等，教宫人星占及馬步射。置女太史於靈臺，仰觀災祥，以考外太史之虚實。又置女鼓吹羽儀，雜伎工巧，皆與外侔。禁郡國不得私學星讖，敢有犯者誅。

唐·魏徵等《隋書》卷二七《百官志中》 太常，掌陵廟羣祀、禮樂儀制，天文術數衣冠之屬。其屬官有博士、四人，掌禮制。協律郎、二人，掌監調律吕音樂。八書博士二人。等員。統諸陵、掌守衛山陵等事。太廟、掌郊廟社稷等事。太樂、掌諸樂及行禮節奏等事。衣冠、掌冠幘、舃履之屬等事。鼓吹、掌百戲、鼓吹樂人等事。太祝、掌郊廟贊祝，祭社衣服等事。太史、掌天文地動，風雲氣色，律曆卜筮等事。太醫、掌醫藥等事。廩犧、掌養犧牲，供祭羣祀等事。太宰掌諸神祀烹宰行禮事。等署令、丞。

又 太常、光禄、衛尉、宗正、太僕、大理、鴻臚、司農、太府，是爲九寺。置卿、少卿、丞各一人。各有功曹、五官、主簿、録事等員。

又 吏部尚書，四安將軍，中領、護，太常、光禄、衛尉卿，太子三少，中書令，太子詹事，侍中，列曹尚書，四平將軍，大宗正、太僕、大理、鴻臚、司農、太府卿，清都尹，三等上州刺史，左右衛將軍，祕書監，銀青光禄大夫，散縣侯，開國縣伯，爲第三品。

又 三品，四百匹，一百匹爲一秩。從三品，三百匹，七十五匹爲一秩。

又 七品，六十匹，十五匹爲一秩。從七品，四十匹，十匹爲一秩。

又 禄率一分以帛，一分以粟，一分以錢。事繁者優一秩，平者守本秩，閑者降一秩。長兼、試守者，亦降一秩。官非執事、不朝拜者，皆不給禄。又自一品已下，至於流外勳品，各給事力。一品至三十人，下至於流外勳品，或以五人爲等，或以四人、三人、二人、一人爲等。繁者加一等，平者守本力，閑者降一等焉。

唐·魏徵等《隋書》卷二八《百官志下》 伏波、輕車二將軍，太學、太常二博士，武騎常侍，奉朝請，國子助教，親王府諸曹行參軍，太子直後，太子左右監門直長，大興、長安縣丞，太子侍醫，侍御史，太史令，上州諸曹參軍事，左右監門府、太子左右衛、左右宗衛、左右虞候、左右内率等司馬，上鎮司馬，爲從七品。

唐·魏徵等《隋書》卷二九《地理志上》 西南角外三星曰明堂，天子布政之宫也。明堂西三星曰靈臺，觀臺也。主觀雲物，察符瑞，候災變也。

唐代—宋代

後晉·劉昫等《舊唐書》卷七《中宗李顯紀》 六月丁亥，改太史局爲太史監，罷隸秘書省。

後晉·劉昫等《舊唐書》卷七《睿宗李旦紀》 景雲元午七月己巳，制自今授左右僕射、侍中、中書令、六尚書已上官聽讓，其餘停讓。追廢皇后韋氏爲庶人，安樂公主爲悖逆庶人。丁丑，改太史監爲太史局，隸秘書省。

又 十一月戊寅，改太史監爲太史局，依舊隸秘書省。改王師爲傅。

後晉·劉昫等《舊唐書》卷八《玄宗李隆基紀上》 十五年春正月戊寅，制草澤有文武高才，令詣闕自舉。庚子，太史監復爲太史局，依舊隸秘書省。辛丑，涼州都督王君㚟破吐蕃於青海之西，虜輜車、馬羊而還。

後晉·劉昫等《舊唐書》卷一〇《肅宗紀》 三月癸酉朔。甲戌，元帥楚王俶改封成王。乙亥，山南東道、河南、淮南、江南皆置節度使。辛卯，以歲饑，禁酤酒，麥熟之後，任依常式。太史監爲司天臺，取承寧坊張守珪宅置，仍補官員六十人。

後晉·劉昫等《舊唐書》卷三六《天文志下》 舊儀：太史局隸祕書省，掌視天文曆象。則天朝，術士尚獻輔精於曆算，召拜太史令。獻輔辭曰：「臣山野之人，性靈散率，不能屈事官長。」天后惜其才，久視元年五月十九日，敕太史局不隸祕書省，自爲職局，仍改爲渾天監。至七月六日，又改爲渾儀監。長安二年八月，獻輔卒，復爲太史局，隸祕書省，緣進所置官員並廢。景龍二年六月，改爲太史監，不隸祕書省。景雲元年七月，復爲太史局，隸祕書省。八月，又改爲太史監。十一月，又改爲太史局。二年閏九月，改爲渾儀監。開元二年二月，改爲太史監。十五年正月，改爲太史局，隸祕書省。天寶元年，又改爲太史監。

乾元元年三月，改太史監爲司天臺，於永寧坊張守珪故宅置。敕曰：「建邦設都，必稽玄象；分列曹局，皆應物宜。靈臺三星，主觀察雲物；天文正位，在太微西南。今興慶宮，上帝廷也，考符之所，合置靈臺。宜令所司量事修理。」舊臺在祕書省之南。仍置五官正五人。司天臺内別置一院，曰通玄院。應有術藝之士，徵辟至京，於崇玄院安置。其官員：大監一員，正三品。少監一人，正四品。丞三人，正六品。主簿三人，主事二人，五官正五人，五官副正五人，靈臺郎一人，五官保章正五人，五官挈壺正五人，五官司曆五人，五官司辰十五人，觀生、曆生七百二十六人。凡官員六十六人。寶應元年，司天少監瞿曇譔奏曰：「司天丞請減兩員，主簿減兩員，主事減一員，保章正減三員，挈壺正減三員，監候減兩員，司辰減七員，五陵司辰減五員。」從之。

天寶十三載三月十四日，敕太史監官除朔望朝外，非別有公事，一切不須入朝，及充保識，仍不在點檢之限。

開成五年十二月，敕：「司天臺占候災祥，理宜秘密。如聞近日監司官吏及所由等，多與朝官並雜色人交游，既乖慎守，須明制約。自今已後，監司官吏不得更與朝官及諸色人等交通往來，委御史臺察訪。」

後晉·劉昫等《舊唐書》卷四三《職官志二·祕書省、司天臺》 舊太史局，隸祕書監。龍朔二年改爲祕閣局。久視元年改爲渾儀監。景雲元年改爲太史監，復爲太史局，隸祕書。乾元元年三月十九日敕，改太史監爲司天臺，改置官屬。舊置於子城内祕書省西，今在永寧坊東南角也。監一人，從三品。本太史局令，從五品下。乾元元年改爲監，升從三品，一如殿中祕書品秩也。少監二人。本曰太史丞，從七品下。乾元升爲少監，與諸司少監卿同品也。太史令掌觀察天文，稽定曆數。凡日月星辰之變，風雲氣色之異，率其屬而占候之。其屬有司曆二人，掌造曆。保章正一人，掌教。曆生四十一人。監候五人，掌候天文。觀生九十人，掌晝夜，司候天文氣色。靈臺郎二人，掌教習天文氣色。天文生六十人。挈壺正二人。掌知漏刻。司辰七十人，漏刻典事二十二人，漏刻博士九人，漏刻生三百六十人，典鐘一百一十二人，典鼓八十八人，楷書手二人，亭長、掌固各四人。自乾元元年別置司天臺，改置官吏，不同太史局舊數，今據司天職掌書之也。凡玄象器物、天文圖書，苟非其任，不得預焉。每季録所見災祥，送門下中書省，入起居注。歲終總録，封送史館。每年預造來年曆，頒於天下。五官正五員，正五品。乾元元年置五官，有春、夏、秋、冬、中五官之名。丞二員，正七品。主簿二員，正七品。定額直五人，五官靈臺郎五員，正七品。舊靈臺郎，正八品下，掌觀天文之變而占候之。凡二十八宿，分爲十二次，事具《天文志》也。五官保章正五員，正七品。五官司曆五員，正八品。舊司曆二人，從九品上，掌國之曆法，造曆以頒四方。其曆有《戊寅曆》、《麟德曆》、《神龍曆》、《大衍曆》。天下之測量之處，分至表準，其詳可載，故參考星度，稽驗晷影，各有典章。五官監候五員，正八品。五官挈壺正五員，正九品。五官司辰十五員。正九品。舊挈壺正二員，從八品下。司辰十七人，正九品下。皆掌知漏刻。孔壺爲漏，浮箭爲刻，以告中星昏明之候也。五官禮生十五人，五官楷書手五人，令史五人，漏刻博士二十人，漏刻之法，孔壺爲漏，浮箭爲刻。其箭四十有八，晝夜共百刻。冬夏之間，有長短。冬至之日，晝漏四十刻，夜漏六十刻。夏至，晝漏六十刻，夜漏四十刻。春分秋分之時，晝夜各五十刻。秋分之後，減晝益夜，凡九日加一刻。春分已後，減夜益晝，九日減一刻。二至前後，加減遲，用日多。二分之間，加減速，用日少。候夜以爲更點之節。每夜分爲五更，每更分爲五點。更以擊鼓爲節，點以擊鐘爲節也。典鐘、典鼓三百五十人，天文觀生九十人，天文生五十人，曆生五十五人，漏刻生四十人，視品十人。已上官吏，皆乾元元年隨監司新置也。

宋·歐陽修、宋祁《新唐書》卷四七《百官志二》 司天臺 監一人，正三品；少監二人，正四品上；丞一人，正六品上；主簿二人，正七品上；主事一人，正八品下。監掌察天文，稽曆數。凡日月星辰、風雲氣色之異，率其屬而占。有通玄院，以藝學召至京師者居之。凡天文圖書、器物，非其任不得與焉。每季録祥眚送門下、中書省，紀於起居注，歲終上送史館。歲頒曆於天下。武德四年，改太史監曰太史局，隸祕書省；七年，廢監候。龍朔二年，改太史局曰祕書閣局，令曰祕書閣郎中。武后光宅元年，改太史局曰渾天監，不隸麟臺；俄改曰渾儀監，置副監及丞、主簿，改司辰師曰司辰。長安二年，渾儀監復曰太史局，廢副監及丞，隸麟臺如故，改天文博士曰靈臺郎，曆博士曰保章正。景龍二年，改太史局曰太史監，不隸祕書省，復置丞。景雲元年，又爲局，隸祕書省，踰月爲監，歲中復爲局；二年，改曰渾儀監。開元二年，復曰太史監，改令爲監，置少監。十四年，太史監復爲局，以監爲令，而廢少監。天寶元年，太史局復爲監，自是不隸祕書省。乾元元年，曰司天臺。藝術人韓穎、劉烜建議改令爲監，置通玄院及主簿，置五官監候及五官禮生十五人，掌布諸壇神位，五官楷書手五人，掌寫御書。有令史五人，天文觀生九十人，天文生五十人，曆生五十五人。初，有天文博士二人，正八品下；曆博士一人，從八品上；司辰師五人，正九品下；裝書曆生。掌候天文，掌教習天文氣色，掌寫御曆，後皆省。

春官、夏官、秋官、冬官、中官正，各一人，正五品上；副正各一人，正六品上。掌司四時，各司其方之變異。冠加一星珠，以應五緯；衣從其方色。元日、冬至、朔望朝會及大禮，各奏方事，而服以朝見。乾元三年，置五官正及副正。

五官保章正二人，從七品上；五官監候三人，正八品下；五官司曆二人，從八品上。掌曆法及測景分至表準。

五官靈臺郎各一人，正七品下。掌候天文之變。五官挈壺正二人，正八品上；五官司辰八人，正九品上；漏刻博士六人，從九品下。掌知漏刻。凡孔壺爲漏，浮箭爲刻，以考中星昏明，更以擊鼓爲節，點以擊鐘爲節。武后長安二年，置挈壺正。乾元元年，與靈臺郎、保章正、司曆、司辰，皆加五官之名。有漏刻生四十人，典鐘、典鼓三百五十人。初，有刻漏視品、刻漏典事，掌知刻漏、檢校刻漏，後皆省。

又 乾元元年，曰司天臺。藝術人韓穎、劉烜建議改令爲監，置通玄院及主簿，置五官監候及五官禮生十五人，掌布諸壇神位，五官楷書手五人，掌寫御書。

宋・歐陽修、宋祁《新唐書》卷五五《食貨志》 唐世百官俸錢，會昌後不復增減，今著其數：【略】門下省典儀，侍御醫，司天臺丞，都水監主簿，率府衛佐，諸司主事、御史臺主事，萬二千。司醫，太醫署丞，歸德執戟長上，一萬。醫佐，大理寺評事，太常宗正寺詹事府主簿、寺監，內侍省司天臺左右春坊詹事府録事、主事，八千。司階，千牛備身左右，七千九百九十。京都園苑四面監監，兩京諸市、中尚、武庫、武成王廟署令，王府掾、屬、主簿、記室、録事、參軍事，七千。司天臺主簿、靈臺郎、保章正，上局署令，七品陵廟令，京都宮苑總監丞，司竹、溫泉監監，太子內坊丞，王府功曹以下參軍事，親王國令，公主邑司令，六千。奚官、內僕、內府局令，司竹、溫泉副監，五千。書、算、律學博士，內謁者，中局署令，上局署丞，五官挈壺正，京都園苑四面監，九成宮總監副監，醫、針博士，醫監，陵廟令，司竹、溫泉監丞，太子藥藏局丞，王府參軍事，王國大農，公主邑司丞，四千。獄丞，國子監直講，掌客，司儀，中局署丞，監膳，監作，監事，食醫，尚輦，進馬，奉乘，主乘，典乘，司庫，司廩，十六衛、十率府録事，親、勳、翊府兵曹參軍事，司天臺司辰、司曆、監候，內坊典直，宮教博士，樂正，醫正，卜正，按摩、呪禁、卜博士，針、醫、卜、書、算助教，陵廟，太樂，鼓吹署丞，京都園苑四面監、九成宮總監丞，諸總監主簿，太子典膳、內直、典設、宮門局丞，三寺主簿，親王國尉、丞，三千。

宋・王溥《唐會要》卷四四《太史局》 久視元年五月十九日，改太史局爲渾天監，不隸秘書省。天后召尚獻輔拜太史令。固辭曰：臣久從放誕，不能屈事官長。遂改爲渾天監。至七月六日，又改爲渾儀監。長安二年八月二十八日，獻輔卒。渾儀監依舊爲太史局，隸祕書省，監官並廢。景龍二年六月二十六日，改爲太史監，罷隸秘書省。景雲元年七月二十八日，又改爲太史局，隸祕書省。八月十日，又改爲太史監。十一月二十一日，又改爲太史局。二年閏九月十日，又改爲渾儀監。開元二年二月二十一日，又改爲太史監。十五年正月二十七日，改爲太史局，隸祕書省。至天寶元年十月三日，改爲太史監，罷隸祕書省。至乾元元年三月十九日，太史監改爲司天臺，仍置五官正五人。司天臺內，別置一院，名之曰通元院。應有術藝人，並徵辟到京，皆於通元院安置。司天臺總置官六十員。大監一人，從三品。少監二人，正四品。上丞三人，正六品上。主簿三人，正七品上。主事二人，正八品下。五官正各一人，正五品上。五官副正各一人，正六品上。五官靈臺郎各一人，正七品下。五官保章正各一人，從七品上。五官挈壺正各一人，正八品上。五官監候各一人，正八品下。五官司歷各一人，從八品上。五官司辰各三人，正九品上。觀生歷生七百二十六人。其臺宜於永寧坊張守珪宅置。制曰：建邦設都，必稽元象。分曹列局，皆應物宜。靈臺三星，主觀察雲物天文。正位在太微西南，今興慶宮，上帝廷也。考符所合，以置靈臺。宜令所司，量事修理。舊置在祕書省南。至寶應元年六月九日，司天少監瞿曇譔奏：司天丞請減三員，監候減二員，司辰減七員，五陵司五員。勑旨：依。至天寶十一載三月十四日，勑太史監官，除朔望朝外，非別有公事，一切不須入朝，及充保識，仍不在點檢之限。

大足元年九月十九日勑：在史局歷生、天文觀生等，取當局子弟充。如不足，任於諸色人內簡擇。

開元二十三年九月八日勑太史局歷生，每番留兩人當上，餘並七月一日上，至十月三十日下。

乾元元年十月一日，權知司天監韓穎奏：司天臺五官正，既職配五方，上稽五緯，臣請每至正冬朔望朝會，及諸大禮。並奏本方事，各依本方正色，其冠上加一星珠，仍永爲恒式。從之。

大歷二年正月二十七日勅：艱難以來，疇人子弟流散，司天監官員多闕。其天下諸州官人百姓，有解天文元象者，各委本道長吏，具名聞奏，送赴上都。

開成五年十二月勅：司天臺占候災祥，理宜祕密。如聞近日監司官吏及所由等，多與朝官並雜色人交游。既乖慎守，須明制約。自今以後，監司官吏，並不得更與朝官及諸色人等交通往來。仍委御史臺訪察。

唐·杜佑《通典》卷二一《職官三·中書省》 史官，肇自黃帝有之，自後顯著。夏太史終古，商太史高勢。周則曰太史、小史、内史、外史。而諸侯之國，亦置其官。又《春秋》、《國語》引《周志》及《鄭書》，似當時記事，各有其職。秦有太史令胡毋敬。至漢武，始置太史公，以司馬談爲之。卒，其子遷嗣。卒後，宣帝以其官爲令，行太史公文書。其修撰之職，以他官領之。於是太史之官，唯知占候而已。自漢以前，職在太史。具《太史局》。當王莽時，改置柱下五史，記疏言行，蓋效古「動則左史書之，言則右史書之」。自後漢以後，至於有隋，中間唯魏明太和中，史職隸中書，其餘悉多隸祕書。大唐武德初，因隋舊制，史官屬祕書省著作局。至貞觀三年閏十二月，移史館於門下省北，宰相監修，自是著作局始罷史職。及大明宮初成，置史館於門下省之南，其修撰史事，以他官兼領，或卑品而有才者亦直焉。開元二十五年，宰臣李林甫監史，以中書地切樞密，記事者宜其附近，史館諫議大夫尹愔遂奏移於中書省北，其地本尚藥局内藥院。

唐·杜佑《通典》卷二六《職官八》 太史局令：昔少皞以鳥名官，其鳳鳥氏爲曆正。至顓頊，命南正重以司天，北正黎以司地。唐虞之際，羲氏、和氏紹重、黎之後，代序天地。夏有太史終古者，當桀之暴，知其將亡，乃執其圖法而奔於殷。殷太史高勢見紂之亂，載其圖法出奔於周。《周官》太史掌建邦之六典，正歲年以序事，頒告朔於邦國。魯昭公二年，晉韓宣子聘魯，觀書於太史氏，見《易象》與《魯春秋》，曰：「周禮盡在魯矣。」又有馮音憑，下同相氏視天文之次序，保章氏掌天文之變。當周宣王時，太史官失其守，而爲司馬氏，司馬氏世典周史。惠、襄之閒，司馬氏適晉，周惠王、襄王有子頹、叔帶之難，故司馬氏奔晉。晉中軍隨會奔秦，而司馬氏入梁。晉太史屠黍見晉之亂，以其圖法歸周。秦爲太史令。胡毋敬之爲太史令，作《博學》七章。漢武置太史公，以司馬談爲之，位在丞相上，天下計書，先上太史，副上丞相。談卒，其子遷嗣之。遷死後，宣帝以其官爲令，行太史公文書而已。瓚曰：「《百官表》無太史公。《茂陵中書》司馬談以太史丞爲太史令也。」張壽王亦爲太史令。後漢太史令掌天時、星曆；凡歲將終，奏新年曆；凡國祭祀、喪娶之事，掌奏良日及時節禁忌；國有瑞應、災異，則掌記之。張衡字平子，爲太史令，造渾天儀，鑄銅爲之。獻帝時，太史令王立曰：「前太白守天關，與熒惑會，金火交會，革命之象。漢祚終矣，晉魏必有興者。」後數言於帝曰：「天命有去就，五行不常盛，伏火者土，承漢者魏，能安天下者曹姓，惟委任曹氏而已。」曹公聞之，使人語立曰：「知公忠於朝廷，天道深遠，幸勿多言。」秦漢以來，太史之任，蓋併周之太史、馮相、保章三職。自漢、晉、宋、齊，並屬太常，銅印墨綬，進賢一梁冠，絳朝服。梁、陳亦同。後魏、北齊皆如晉、宋。隋曰太史曹，置令、丞各二人，而屬祕書省。煬帝又改曹爲監，有令。大唐初，改監爲局，置令。龍朔二年，改太史局爲祕書閣，改令爲郎中，丞爲祕書閣郎。咸亨初復舊。初屬祕書省，久視元年，改爲渾天監，不隸麟臺，改令爲監，置一人。其年又改爲渾儀監。長安二年，復爲太史局，又隸麟臺，其監復爲太史局令，置二人。景龍二年，復改局爲監，而令名不易，不隸祕書。開元二年，復改令爲監，改一員爲少監。十四年，復爲太史局，置令二人，復隸祕書。後又改局爲監。乾元元年，又改其局爲司天臺，掌天文曆數，風雲氣色，有異則密封以奏。其次小吏，有司曆、保章正、靈臺郎、挈壺正等，官各有差。

丞二人：司馬彪《續漢志》云，太史有「丞一人」。魏以下歷代皆同。隋置二人，煬帝減一人。大唐初，不置丞。久視初，改爲渾儀監，始置丞二人。長安二年又省，景龍二年復置。

初，儀鳳四年五月，太常博士、檢校太史姚玄辯奏於陽城測影臺，依古法立八尺表，夏至日中測影有尺五寸，正與古法同。調露元年十一月，於陽城立表，冬至日中測影，得丈二尺七寸。

開元十二年四月，命太史監南宫説及太史官大相元太等馳傳往安南、朗、蔡、蔚等州測候日影，迴日奏聞。數年伺候，及還京，僧一行一時校之，安南景北極高二十一度六分，冬至日影七尺九寸四分，春秋二分影二尺九寸三分，夏至影在表南三寸三分。測影使者大相元太云：「交州望極，纔出地二十餘度。以八月自海中南望，老人星殊高。老人星下，衆星粲然，其明大者甚衆，圖所不載，莫辨其名。大率去南極二十度以上，其星皆見，乃自古渾天家以爲常没地中，伏而不見之所也。」蔚州横野軍，北極高四十度，冬至影丈五尺八寸九分，春秋二分影六尺二分，夏至影在表北二尺二寸九分。此二所爲中土南北之極。其朗、襄、蔡、許、河南府、汴、滑、太原等州，各有使往，並差不同。一行以南北日影校量，用句股法算之，云大約南北極相去纔八萬餘里。

宋·李燾《續資治通鑑長編》卷六〇《真宗·景德二年》 壬寅，令司天監始置監生，選曆算精熟者爲之。

元·脱脱等《宋史》卷一六四《職官志四·太史局》 太史局掌測驗天文，攷定曆法。凡日月星辰風雲氣候祥眚之事，日具所占以聞。歲頒曆於天下，則豫造進呈。祭祀、冠昏及大典禮，則選所用日。其官有令，有正，有春官、夏官、中官、秋官、冬官正，有丞，有直長，有靈臺郎，郎有保章正。其判局及同判，則選五官正以上，業優攷深者充。保章正五年、直長至令十年一遷，惟靈臺郎試中乃遷，而挈壺正無遷法。其别局有天文院、測驗渾儀刻漏所，掌渾儀臺，晝夜刻驗辰象。鐘鼓院，掌文德殿鐘鼓樓，刻漏進牌之事。

印曆所掌雕印曆書。南渡後，並同隸祕書省，長、貳、丞、郎輪季點檢。

元·脱脱等《宋史》卷一六五《職官志五·司天監》 司天監：監、少監、丞、主簿、春官正、夏官正、中官正、秋官正、冬官正、靈臺郎、保章正、挈壺正各一人。掌察天文祥異，鍾鼓漏刻，寫造曆書，供諸壇祀祭，告神名版位畫日。監及少監闕，則置判監事二人。以五官正充。禮生四人，曆生四人，掌測驗渾儀，同知算造、三式。元豐官制行，罷司天監，立太史局，隸祕書省。

元·脱脱等《宋史》卷一六八《職官志八》 唐令，定流内一品至九品，有正從上下階之制。其後，升侍中、中書令爲正二品，御史大夫、散騎常侍、兩省侍郎爲正三品，御史中丞正四品。諫議大夫分左、右，改將作大匠爲監，太史局爲司天監，置大監正三品，少監正四品上，丞正六品上，寺簿正七品上，主事正八品下，五官正五品上，副正正六品，靈臺郎正七品下，保章正從七品上，挈壺正八品上，五官監候正八品下，司曆從八品上，司辰正九品上。又置國子、五經博士爲正五品上，左、右金吾衛上將軍爲從二品，左、右龍武、神武軍大將軍爲正三品，將軍爲從三品。又置内侍監爲正三品，少監從四品，改諸州府學博士爲文學，在參軍上。五代復置尚書令爲一品，升右丞爲正四品上，降諫議在給事之下。

清·徐松《宋會要輯稿》卷七〇《職官一八·太史局》 太史局舊名司天監，元豐官制行改今名。《兩朝國史志》：司天監，監、監丞、主簿、春官正、夏官正、中官正、秋官正、冬官正、靈臺郎、保章正、挈壺正監及少，闕則置判監事二人，以五官正以上充，禮生五人、曆生一人，丞、主簿及五官正以下皆守其職，掌察天文祥異，鐘鼓刻漏寫造曆書，供諸壇祠祀告祭神名位版畫日。天文院掌渾儀臺，晝夜測驗辰象，以白於監，測驗注記二人、刻擇官八人、監生無定員、押更十五人，學生三十人。鐘鼓院掌鐘鼓刻漏進牌之事，節級三人、直官三人、雞唱三人、學生三十六人。神宗正史職官志：太史局掌占天文及風雲氣候，凡祀冠婚喪葬則擇所用日。其官有令、有正、有春官、夏官、中官、秋官、冬官正，有丞，有直長，有靈臺郎，有保章正，而選五官正以上業優考深者二人爲判及同判，局保章正五年，直長至令十年一選，惟靈臺郎試中乃遷，而挈壺正無選法。其别局有天文院、鐘鼓院、測渾儀、刻漏所、印曆所，皆主占驗曆法（哲宗正史職官志同）。熙寧二年二月，提舉司天監司馬光言：「前代以來流星或大如杯斗，或有光燭地，或有聲如雷動人耳目者，方記於史籍以爲災異。宋朝舊制，司天監天文院、翰林天文院測驗渾儀所，每夜專差學生數人，臺上四面瞻望流星，遂次以聞，及關報史館。緣流星每夜有之，不可勝數，本不繫國家休咎，雖令瞻望亦不能盡記，虚費人工，别無所益。况測驗渾儀，近置刻漏及專用渾儀考察七政，以課諸曆疏密，委實無暇更瞻望流星雲氣，欲乞今後流星雲氣迹狀或異及於占書有占驗者，委兩天文院具休咎以聞，迹狀關報史館外，其測驗渾儀所更不令瞻望流星雲氣。」從之。

六月提舉所言，乞今後應司天監官員監生學生諸色人等，除有朝廷指揮，或本監差遣外，並不得擅入皇親宫院，其皇親亦不得擅勾唤，如違並當嚴斷。若犯别條刑名者，自從重法。從之。

閏十一月十七日，詔提舉所，今後每歲春秋，委提舉官與判監及測驗官，夜於渾儀臺上，指門逐人在天星宿，若門士不識五星以上者，降充額外學生。今後每遇雨，天文院及渾儀所正名學生有闕，先於額外監生學生内揀試，點識周天星座取及八分已上最精熟者，不以上名下次，補充其因過犯降充在額外者，若經三年以上，别無過犯並許揀試。其因疾患及不識天星降在額外者，若經一年以上所患痊愈及習識精熟者，亦許揀試。若額外監生學生無可揀選，許於守闕學生内依此揀試。補充逐處正名學生仍候補入兩月以上，衹應本屬官員保明方支本處請給。若自補充三處正色以後五周年已上習算天文三式，經書精熟，許乞試中補充監生，仍舊衹應其不經試中在天星宿者，不許應天义科。應翰林天文院並鐘鼓院學生闕人並須以本監人子孫補充。曾兩犯私罪者，亦不得補充。若已在翰林天文院並鐘鼓院，今後兩犯私罪並勒出於本監額外收管，今後節級雖年限滿，别無私罪，元不曾試中三科者，並須量試一科藝業，十道内及四通以上者，方得轉充保章正。仍在逐年本科額内不才者，更候一周年已上再許就試。熙寧

三年十二月，詔司天監每有占候須依經，具吉凶以聞，如隱情不言，善惡有人駁難，蒙昧朝廷，判監已下並劾罪以聞。【略】

元豐元年十二月二十三日，提舉司天監所言，先被旨應館閣所藏及私家所有陰陽之書，並録本校定置庫收掌，今編成七百二十九卷，乞上殿進呈。從之。【略】

徽宗崇寧四年十二月五日，太史局瞻望學生，並鐘鼓院翰林天文局浮漏下學生工匠等，自今後年及七十並六十歲以上，眼昏脚疾之人，並與帶舊請給額外養老收管。【略】

四月十三日詔翰林天文局併歸太史局。【略】

十二年十月十七日，詔太史局額外學生通見額權以二十五人爲額，曾召募莫澤尊依，紹興十年八月十日已降指揮再行試補一次，十一月七日詔四院司辰請給令户部措置增添。户部看詳，今據糧料院申太史天文局鐘鼓院渾儀刻漏所見管司辰等，所請不一，在京舊請並昨自車駕巡幸各人添破日支食錢二百一十文，月支贍家錢三貫文外，今欲將太史局額外學生每月增錢五貫文，司辰局學生每月增錢四貫文，陰陽官、刻漏所局學生、天文局司辰太史生、玉漏學生、鐘鼓院局學生、舊法學生，每月增錢三貫文，太史局禮曆生、守闕禮生每月增錢二貫文，並於見請贍家錢内增添併作一色，仍自今降指揮日爲始。從之。同日詔太史局額外學生額依舊制。【略】

十月十四日，執政進呈太史局官制，上曰：古者日官居卿以底，日今太史局官制太輕，且如醫官有大夫數階，太史局無之。可創大夫階如醫官保安和安之類，庶幾稍重其事。先是吴澤乞改換章服，上因宣諭執政曰：太史局官名秩太卑微，今醫官往往兼遥郡之職，又似過於優厚。龔茂良等奏：太史乃古羲和之官，歷代沿革不同，至國朝或用他官兼判，嘗有同判之名。以朝官充掌，今祗置局令及五官正，視古爲輕，欲令祕書省討論典故以聞，至是進呈。【略】

八月十四日，詔太史局丞許服緋，挈壺正至局丞若充判太史局，帶權字冬官正至春官正服紫紅鞓，並依醫官見行格法。【略】

嘉泰元年四月十九日，詔將舊開元宫并内侍楊榮顯所居並改充太史局，舊太史局併入太歲殿。嘉定四年八月十三日，祕書省著作郎丁端祖言，太史局專法局生與靈臺郎皆合試補靈臺郎，候及二年，遇直長闕須候曆算天文，選取藝業最優者，充直長不許理年磨勘。淳熙四年朝廷嘗令吏禮部祕書省參酌比擬條具續准指揮局生與靈臺郎，依太史局專法候試中方許轉補，成法照然。今局生試補，既皆碌碌庸人，而靈臺郎過直長皆用泛賞轉行而試補之，法遂廢。冀其推步之精詳節候之不差難矣，乞降睿旨，凡局生轉挈壺正，靈臺郎轉直長，先須選擇考官試其藝業，委見精通方許轉行。如署無可采，不許徇情充數，且令習學再試，考中續令序遷，庶幾凡在局者不致苟簡坐縻廪稍。從之。

清・徐松《宋會要輯稿》卷七〇《職官三一・司天監》 三年九月，詔司天監，自今後每詳定公事，須依經據，不得臨時旋有移改，仍取知委狀以聞，時有妄陳災異互有異同者故戒之。五年三月，詔司天監，近日多有閑人僧道於監中出入止宿，私習乾象，又街市小術之人，妄談天道災祥動惑人民，令開封府密切捉捕，嚴行止絶。景祐元年五月一日，新授江南東路轉運使蔣堂言，竊見司天監所置官屬，所以觀習天文占候風氣，今訪聞日官之輩不思慎密，乞嚴行戒勵。仁宗令下提舉司天監官取戒勵，今後不得漏泄軍令文狀。

元・脱脱等《遼史》卷四七《百官志三》 司天監有太史令，有司曆，靈臺郎，挈壺正，五官正，丞，主簿，五官靈臺郎，保章正，司曆，監候，挈壺正，司辰，刻漏博士，典鐘，典鼓。

元・脱脱等《金史》卷五一《選舉志一》 凡司天臺學生，女直二十六人，漢人五十人，聽官民家年十五以上，三十以下試補。又三年一次，選草澤人試補。其試之制，以《宣明曆》試推步，及《婚書》、《地理新書》試合婚、安葬，并易筮法、六壬課、三命五星之術。

元・脱脱等《金史》卷五二《選舉志二》 七年五月，命司天臺官四品以上官改授文武資者，並聽如太醫例廕。其制，凡正班廕亦正班，雜班廕雜班。

又 舊制，司天、太醫、内侍、長行雖至四品，如非特恩換授文武官資者，不許用廕，以本人見充承應，難使係班故也。泰和二年，定制，以年老六十以上退、與患疾及身故者，雖至止官，擬令係班，除存習本業者聽廕一名，止一子者則不須習即廕。

元・脱脱等《金史》卷五三《選舉志三》 司天長行，正隆二年，定五十月遷一重，女直敦武，餘人進義，無出身。

元・脱脱等《金史》卷五五《百官志一》 司天翰林官，舊制自從七品而下止五階，至天眷定制，司天自從四品而下，立爲十五階：從四品上曰欽象大夫，中曰正儀大夫，下曰欽授大夫。正五品上曰靈憲大夫，中曰明時大夫，下曰頒朔大夫。從五品上曰雲紀大夫，中曰協紀大夫，下曰保章大夫。正六品上曰紀和大夫，下曰司玄大夫。從六品上曰探賾郎，下曰授時郎。正七品上曰究微郎，下曰靈臺郎。從七品上曰明緯郎，下曰候儀郎。正八品上曰推策郎，下曰司正郎。從八品上曰校景郎，下曰平秩郎。正九品上曰正紀郎，下曰挈壺郎。從九品上曰司曆郎，下曰司辰郎。

元・脱脱等《金史》卷五六《百官志二》 司天臺提點，正五品。監，從五品，掌天文曆數、風雲氣色，密以奏聞。少監，從六品。判官，從八品。教授，舊設二員，正大初省一員。係籍學生七十六人，漢人五十人，女直二十六人，試補長行。司天管勾，從九品。不限資考，員數，隨科十人設一員，以藝業尤精者充。長行人五十人。未授職事者，試補管勾。天文科，女直、漢人各六人。算曆科，八人。三式科，四人。測驗科，八人。漏刻科，二十五人。銅儀法物舊在法物庫，貞元二年始付本臺。右屬秘書監。

元・脱脱等《金史》卷五八《百官志四》 司天四科人，九品六貫石，八品七貫石，六品九貫石，五品十貫石，四品十二貫石，止教授管勾十貫石，學生錢三貫、米五斗。

元・脱脱等《金史》卷一〇四《紇石烈失門・完顏寓》 左諫議大夫張行信奏曰：「狂子庸流，猥蒙拔擢，參預機務，甚無謂也。司天之官，占見天象，據經陳奏，使人主飭己修政，轉禍爲福。如有天象，乞令諸監官公同陳奏，所見或異，則各以狀聞，不宜偏聽也。」

元代—明代

元・陶宗儀《南村輟耕録》卷一《官不致仕》 大德七年，詔内外官年及七十，並聽致仕。時郭守敬，字若思，順德邢臺人，知太史院事。以舊臣、且熟朝廷所施爲，獨不許其請。至今翰林太史司天官不致仕者，咸自公始。

元・楊瑀《山居新語》 余任太史同僉，特旨令知天象事。後至元六年七月朔，靈臺郎張某來請甚急。及同到院，則李院使者肅襟以待，曰：「夜來景星見，此祥兆也，可即往奏聞，我輩當有厚賜。」余乃以奏目畫圖，考之志書殊異。余曰：「雖見於晦日，形則少異。且景星之現，當有醴泉出、鳳凰來、朱草生、慶雲至，而相副之。今陝西災疫，腹裏盜賊，福建反叛，恐非所宜，何天道相反如是耶？」

元・王士點、商企翁《秘書監志》卷一《兼領》 於元貞元年七月内祇授勅牒：靈臺郎、司天少監勾當。至大德二年七月内祇授宣命：校侍郎、行司天監勾當。至大德四年九月二十日欽授宣命：頒朔大夫、提點回回司天臺事勾當。至大德十一年四月内有也里審班等官啓，奉皇太子令旨：「交苦思丁秘書監吴少監的替頭裏做少監者。敬此。」當職於當月初七日禮任勾當。本監行移吏部，轉呈都省照詳，未經欽授宣命。至大元年二月十二日，愛薛香山就柳林裏奏「如今回回陰陽人少有，這苦思丁不教陰陽裏行呵，悮了(的)一般(的)。去年皇太子令旨裏教這苦思丁秘書少監提調回回司天臺，這般行來。如今把他根底依在先體例裏交行呵，怎生？」麽道。奉聖旨：「那般者。欽此。」

明・宋濂等《元史》卷七《世祖紀四》 設回回司天臺官屬，以札馬剌丁爲提點。

明・宋濂等《元史》卷一〇《世祖紀七》 太史令王恂等言：「建司天臺於大都，儀象圭表皆銅爲之，宜增銅表高至四十尺，則景長而真。又請上都、洛陽等五處分置儀表，各選監候官。」從之。

明・宋濂等《元史》卷二二《武宗紀一》 陞太史院秩從二品，司天臺秩正四品。

明・宋濂等《元史》卷二四《仁宗紀一》 陞回回司天臺秩正四品。

明・宋濂等《元史》卷二五《仁宗紀二》 十一月壬子，陞司天臺爲司天監，秩正三品，賜銀印。

明・宋濂等《元史》卷四一《順帝紀四》 六月丙寅朔，陞徐州爲總管府，以邳、宿、滕、嶧四州隸之。丙戌，立司天臺於上都。

明・宋濂等《元史》卷七二《祭祀志一》 日星始祭於司天臺，而回回司天臺遂以禜星爲職事。

明・宋濂等《元史》卷八一《選舉志一》 其有術數精通者，每歲録呈省府，赴都試驗，果有異能，則於司天臺内許令近侍。

明・宋濂等《元史》卷八八《百官志四》 太史院，秩正二品。掌天文曆數之事。至元十五年，始立院，置太史令等官七員。至大元年，陞從二品，設官十員。延祐三年，陞正二品，設官十五員。後定置院使五員，正二品；同知二員，正三品；僉院二員，從三品；同僉二員，正四品；院判二員，正五品；經歷一員，從五品；都事一員，從七品；管勾一員，從九品；令史三人，譯史一人，知印二人，通事一人，宣使二人，典吏二人。春官正兼夏官正一員，正五品。秋官正兼冬官〔正〕中官正一員，正五品。保章正五員，正七品。保章副五員，正八品。掌曆二員，正八品。腹裏印曆管勾一員，從九品。各省司曆十二員，正九品。印曆管勾二員，從九品。靈臺郎一員，正七品。監候六員，從八品。副監候六員，正九品。星曆生四十四員。挈壺正一員，從八品。司辰郎二員，正九品。燈漏直長一人。教授一員，從八品。學正一員，從九品。校書郎二員，正八品。

明・宋濂等《元史》卷九〇《百官志六》　司天監，秩正四品。掌凡曆象之事。提點一員，正四品；司天監三員，正四品；少監五員，正五品；丞四員，正六品；知事一員，令史二人，譯史一人，通事兼知印一人。屬官：提學二員，教授二員，並從九品；學正二員，天文科管勾二員，算曆科管勾二員，三式科管勾二員，測驗科管勾二員，漏刻科管勾二員，並從九品；陰陽管勾一員，押宿官二員，司辰官八員，天文生七十五人。中統元年，因金人舊制，立司天臺，設官屬。至元八年，以上都承應闕官，增置行司天監。十五年，別置太史院，與臺並立，頒曆之政歸院，學校之設隸臺。二十三年，置行監。二十七年，又立行少監。皇慶元年，陞正四品。延祐元年，特陞正三品。七年，仍正四品。

回回司天監，秩正四品。掌觀象衍曆。提點一員，司天監三員，少監二員，監丞二員，品秩同上；知事一員，令史二員，通事兼知印一人，奏差一人。屬官：教授一員，天文科管勾一員，算曆科管勾一員，三式科管勾一員，測驗科管勾一員，漏刻科管勾一員，陰陽人一十八人。世祖在潛邸時，有旨徵回回爲星學者，札馬剌丁等以其藝進，未有官署。至元八年，始置司天臺，秩從五品。十七年，置行監。皇慶元年，改爲監，秩正四品。延祐元年，陞正三品，置司天監。二年，命祕書卿提調監事。四年，復正四品。

明・宋濂等《元史》卷九六《食貨志四》　回回司天監：少監，俸四十二貫，米四石五斗；餘同上。

明・宋濂等《元史》卷一五七《劉秉忠傳》　見行遼曆，日月交食頗差，聞司天臺改成新曆，未見施行。宜因新君即位，頒曆改元。令京府州郡置更漏，使民知時。國滅史存，古之常道，宜撰修《金史》，令一代君臣事業不墜於後世，甚有勵也。

明・胡粹中《元史續編》卷一　置太史院。命王恂爲太史令，工部郎中郭守敬同知院事，國子祭酒許衡兼領。

明・胡粹中《元史續編》卷二　二月，建司天臺。太史令王恂請建司天臺於大都，儀象圭表皆銅爲之。增銅表至四十尺，則景長而真。又請上都洛陽等處分置儀表，各選監候官。從之。因敕郭守敬由上都抵南海測景，且訪通天文曆數者。評曰：司者，典守之謂也。成周建官掌邦，教者曰司徒，掌邦禁者曰司寇，掌邦土曰司空，掌邦政曰司馬。獨掌邦禮不言司而曰宗伯，以其所主皆天神祠祝之事，尊之也。曾謂天而可司乎。昔堯命羲和，一則曰欽若昊天，二則曰敬授人時，其不敢輕褻也如此。謂之欽天，斯正矣。

明・沈德符《萬曆野獲編》卷二〇《曆法》　曆學

中國曆法，本不及外國之精密，以故前元欽天監外，又有回回欽天監。本朝亦設回回天監，有正儀大夫、司朔大夫、司元大夫等官。至洪武三十一年而廢之，以其教歸併之，欽天但用彼國土板曆同算，久之則法亦不驗，與中土無異矣。國初，學天文有厲禁，習曆者遣戍，造曆者殊死。至孝宗弛其禁，且命徵山林隱逸能通曆學者以備其選，而卒無應者。近年因日食分數不相符，督責欽天，但唯唯謝罪，以世學歲久無他術爲解。而士大夫中，如參政邢雲鷺輩，俱精於天文，刻有成書，皆云勝僧一行及郭守敬諸人矣。然未曾用之推測也。禁中大璫輩，又自有内靈臺，專司星象，其職任，其學業，大抵與外庭髣髴，皆土圭中糟粕耳。自利瑪竇入都，號精象數，而士人李之藻等皆授其業，似當令兼領天文，如先朝儒臣童軒華湘等可也。

又　渾天儀

今京師巽隅逼城觀象臺之顛，有渾天儀，其質皆銅，有四柱以龍承之，懸儀於上，製作精工，銅亦古潤作紺色；旁另有一儀，式小不及其半，交道亦滅；又有玉衡如尺，又有銅毬象天圜體，外列二十八宿，上刻正統七年御製銘。余按此非本朝人所能辦，意必故元舊物。按宋沈括（存中）云：司天監銅渾儀，景德中韓顯符所造，依劉曜時，孔梃晁宗斛蘭之法。天文院渾儀，皇祐中舒易簡所造，用唐梁令瓚、僧一行法。至熙寧中，括監太史局，受詔改造渾儀，置之天文院，而移天文院舊銅儀於朝服法物庫。蓋宋世渾儀有三，金人入汴，諸法物俱北去，此固蒙古得之完顏者耳。至正統而重修則有之，且銘有昔作今述之句，知非創矣。

又　釐正曆法

正統戊辰，上從欽天監正彭德清之請，改加冬夏二至晝夜各五十一刻，頒次年曆，時皆歎詫爲異事。次年己巳上北狩，景帝御宇，天文生馬軾始倡議乞改曆日時刻如故事。帝命禮臣會官議之。禮臣以監正許惇等議上，謂正統間，彭德清於觀象臺測驗，以北京較南京，則北極高出地上三度，南極低入地下三度，冬至晝短三刻，夏至晝長三刻，奏准改入《大統曆》，永爲遵守。今軾起自軍匠，不諳天象，妄以己意求改，所言不可行。帝曰：曆雖成於京師，而太陽出入度數，則當以四方之中爲準，是以堯命羲和仲叔四人，分測四方，以定四時。今京師觀象臺，在堯典幽都之地，太陽出入度數，難以憑準，今後造曆，悉照洪武永樂舊式。讀帝此旨，評駁精確，頓令星官緘口。然其時已將歲終，先期十一月朔，頒曆於天下，則景泰元年，猶仍正統十四年之謬也。

明・謝肇淛《五雜俎》卷二　京師城東偏有觀象臺，高五丈許，其上有渾天儀一具，如世所圖璇璣者，皆鑄銅爲器，四柱以銅龍架而懸之，製作精巧。又有簡儀一具，狀相似而省十之七，只周遭數道而已。玉衡一，亦銅爲之，如尺而首尾皆曲，有二孔，對孔直窺，以候中星。又有銅球一，左右轉旋，以象天體，以方函盛之，函四周作二十八宿真形，南面有御製銘，正統七年作也。臺下小室，有量天尺，鑄銅人捧尺，北面室穴其頂，以候日中測景之長短，冬至後可得一丈七尺，夏至後可得二尺云。中爲紫微殿，殿傍有銅壺滴漏一器，然皆不注水，徒虛具耳。

明・鄭曉《今言》卷一五六　吳元年，太史院使劉文成公率其屬高翼等上《戊申大統曆》。洪武元年改院爲司天監，又置回回司天監。是年十一月，徵元太史院使張佑、張沂，司農卿兼太史院使成隸，太史同知郭讓、朱茂，司天少監王可大、石澤、李義，太監趙恂，太史院監候劉孝忠，靈臺郎張容，回回司天監黑的兒、阿都剌，司天監丞迭里月實十四人，二年又徵元回回曆官鄭阿里等十一人至京，議曆法，占天象。三年定爲欽天監，掌察天文、定曆數。

明・黃光昇《昭代典則》卷一三　作觀天臺於禁中。

明・李東陽等《明會典》卷二二三《欽天監》　國初置太史監。設太史令、通判太史監事、僉判太史監事、校事郎并五官正等官。後改監爲院，設院使、同知、院判、五官正、典簿、雨暘司時序郎、紀候郎等官。洪武元年，改太史院爲司天監，設監令、少監、監丞、主簿、主事、五官正副及監候、司辰、漏刻博士。又置回回司天監，設監令、少監、監丞。三年，始改欽天監，爲正五品衙門。四年，改監令爲正儀大夫，少監分朔大夫，五官正司玄大夫，監丞靈臺郎，五官保章正平秩郎，五官靈臺郎司正郎，五官挈壺正挈壺郎等散官。十四年，定品級員數，其散官從文職給授。二十二年，改監令爲監正，監丞爲監副。三十一年，革回回監，而其曆法亦隸之本監。

又　凡本監習業者分爲四科，自五官正以下與天文生、陰陽人各專一科。回回官生，附隸本監，子弟仍世其業，以本國土板曆，相兼推算。

凡天文，如日月星辰、風雲霾霧，本監各委官生晝夜占候。或有變異，舊例自具白本占奏。正統後，始會堂上官、僉書同奏。弘治十八年，始用印信。其觀象臺，分定四面，每面天文生四人專視。凡本監觀星有盤，係洪武十七年造。又渾天、璿璣、玉衡、簡儀，俱正統四年造。十一年奏准，簡儀修刻黃道等度、圭表壺漏，俱如南京舊制。又造晷影堂，以便窺測調品。景泰六年，造簡儀銅壺。弘治二年奏准，渾天儀修改黃道度分。嘉靖七年奏准，立四丈木表測晷以定氣朔。

凡推算日月交食，本監先期備開分秒時刻並起復方位，具奏禮部，通行內外諸司臨時救護。食畢，本監仍按占書具奏。如食不及一分，與回回曆雖食一分以上，俱不行救護。至救護時，本監官專報時候，不隨班行禮。如遇陰雨不見食，本監官候復完時，報各官行四拜禮而退。

又　凡選郊祀時享等項日期，每歲十一月中，本監堂上官擇日率曆科官，午後沐浴更衣，於本衙門齋宿。次日早會選，具副本請旨，仍具例行。內府中路並設案題本，得旨。次日早，掌印官捧正本，照例行至奉天門案前跪進。俟御覽畢，叩頭，由東門出，復班。仍具揭帖，差官齋赴禮部、太常寺知會。嘉靖十五年欽改。大報等祀日冊。本監於八月初旬，照舊會選。將選過祭祀日期，具印信揭帖，開送禮部登冊。九月初一日，禮部奏進。凡每歲立春，前期五日，本監官面奏。差官二員往順天府候氣。至日回監具呈，依書占奏。凡立春，前期，候氣官同順天府官赴東直門外，導迎芒神春牛至府。

《太祖實録》卷二三　乙丑，定欽天監官散官。監令，正儀大夫；少監，分朔大夫；五官正，司玄大夫；監丞，靈臺郎；五官保章正，平秩郎；五官靈臺郎，司正郎；五官挈壺正，挈壺郎。

《太祖實録》卷一三九　癸未，改翰林院、欽天監、太醫院爲正五品。【略】欽天監令一人，丞二人，主簿一人，屬官五官正五人，五官靈臺郎八人，五官保章正二人，五官挈壺正二人，五官監候三人，五官司曆二人，五官司辰八人，漏刻博士六人。太醫院令一人，丞五人，吏目一人，屬官御醫四人。其欽天監、太醫院官俱從品級授以文職散官。

《太祖實録》卷二二三　改建欽天監於五府之後。

《太祖實録》卷二五七　罷回回欽天監。

《太宗實録》卷五六　命欽天監舉精於實數者纂修陰陽、星命等書。

《英宗實録》卷一七五　命兵部重定官員合用皂隸數以聞。尚書鄺埜等奏：文職一品，二品十二名，三品十名，四品六名，五品、六品四名，七品至九品二名。【略】詹事府、太僕寺、欽天監、太醫院每處直堂六名，【略】欽天監主薄廳二名，看書五名，觀星臺把門四名。

清・張廷玉等《明史》卷二五《天文志一》　明太祖平元，司天監進水晶刻漏，中設二木偶人，能按時自擊鉦鼓。太祖以其無益而碎之。洪武十七年造觀星盤。十八年，設觀象臺於鷄鳴山。二十四年鑄渾天儀。正統二年，行在欽天監正皇甫仲和奏言：「南京觀象臺設渾天儀、簡儀、圭表以窺測七政行度，而北京乃止於齊化門城上觀測，未有儀象。乞令本監官往南京，用木做造，挈赴北京，以較驗北極出地高下，然後用銅别鑄，庶幾占測有憑。」從之。明年冬，乃鑄銅渾天儀、簡儀於北京。御製《觀天器銘》。其詞曰：「粤古大聖，體天施治，敬天以心，觀天以器。厥器伊何？璿璣玉衡。璣象天體，衡審天行。歷世代更，垂四千祀，沿制有作，其制寖備。即器而觀，六合外儀，陽經陰緯，方位可稽。中儀三辰，黄赤二道，日月暨星，運行可考。內儀四遊，横簫中貫，南北東西，低昂旋轉。簡儀之作，爰代璣衡，制約用密，疏朗而精。外有渾象，反而觀諸，上規下矩，度數方隅。别有直表，其崇八尺，分至氣序，考景咸得。縣象在天，制器在人，測驗推步，靡忒毫分。昔作今述，爲制彌工，既明且悉，用將無窮。惟天勤民，事天首務，民不失寧，天其予顧。政純於仁，天道以正，勒銘斯器，以勵予敬。」十一年，監臣言：「簡儀未刻度數，且地基卑下，窺測日星，爲四面臺宇所蔽。圭表置露臺，光皆四散，影無定則。壺漏屋低，夜天池促，難以注水調品時刻。請更如法修造。」報可。明年冬，監正彭德清又言：「北京，北極出地度、太陽出入時刻與南京不同，冬夏晝長夜短亦異。今宫禁及官府漏箭皆南京舊式，不可用。」有旨，令內官監改造。景泰六年又造內觀象臺簡儀及銅壺。成化中，尚書周洪謨復請造璿璣玉衡，憲宗令自製以進。十四年，監臣請修晷影堂，從之。

又　萬曆中，西洋人利瑪竇制渾儀、天球、地球等器。仁和李之藻撰《渾天儀説》，發明製造施用之法，文多不載。其製不外於六合、三辰、四游之法。但古法北極出地，鑄爲定度，此則子午提規，可以隨地度高下，於用爲便耳。

清・張廷玉等《明史》卷三一《曆志一》　吴元年十一月乙未冬至，太史院使劉基率其屬高翼上戊申《大統曆》。太祖諭曰：「古者季冬頒曆，太遲。今於冬至，亦未善。宜以十月朔，著爲令。」洪武元年改院爲司天監，又置回回司天監。詔徵元太史院使張佑、回回司天太監黑的兒等共十四人，尋召回回司天臺官鄭阿里等十一人至京，議曆法。三年改監爲欽天，設四科：曰天文，曰漏刻，曰《大統曆》，曰《回回曆》。以監令、少監統之。歲造《大統民曆》、《御覽月令曆》、《七政躔度曆》、《六壬遁甲曆》、《四季天象占驗曆》、《御覽天象録》，各以時上。其日月交食分秒時刻，起復方位，先期以聞。十年三月，帝與羣臣論天與七政之行，皆以蔡氏左旋之説對。帝曰：「朕自起兵以來，仰觀乾象，天左旋，七政右旋，曆家之論，確然不易。爾等猶守蔡氏之説，豈所謂格物致知之學乎？」十五年九月，詔翰林李翀、吴伯宗譯《回回曆書》。

又　景泰元年正月辛卯，卯正三刻月食。監官誤推辰初初刻，致失救護。下法司，論徒。詔宥之。成化十年，以監官多不職，擢雲南提學童軒爲太常寺少卿，掌監事。十五年十一月戊戌望，月食，監推又誤，帝以天象微渺，不之罪也。十七年，真定教諭俞正己上《改曆議》，詔禮部及軒參考。尚書周洪謨等言：「正己止據《皇極經世書》及歷代天文、曆志推算氣朔，又以己意創爲八十七年約法，每月大小相間。輕率狂妄，宜正其罪。」遂下正己詔獄。十九年，天文生張陞上言改曆。欽天監謂祖制不可變，陞説遂寢。弘治中，月食屢不應，日食亦舛。

清・張廷玉等《明史》卷七二《職官一》　祠祭分掌諸祀典及天文、國恤、廟諱之事。凡祭有三，曰天神、地祇、人鬼。辨其大祀、中祀、小祀而敬供之。飭其壇壝、祠廟、陵寢而數省閱之。蠲其牢醴、玉帛、粢羹、水陸瘞燎之品，第其配侑、從食、功德之上下而秩舉之。天下神祇在祀典者，則稽諸令甲，播之有司，以時謹其祀事。督日官頒曆象於天下。日月交食，移內外諸司救護。有災異即奏聞，甚者乞祭告修省。

凡喪葬、祭祀，貴賤有等，皆定其程則而頒行之。凡謚，帝十七字，后十三字，妃、太子、太子妃並二字，親王一字，郡王二字，以字爲差。勳戚、文武大臣請葬祭贈謚，必移所司，覈行能，傳公論，定議以聞。其侍從勤勞、忠諫死者，官品未應謚，皆得特賜。凡帝后愍忌，祀於陵，輟朝不廢務。凡天文、地理、醫藥、卜筮、師巫、音樂、僧道人，並籍領之，有興造妖妄者罪無赦。

清・張廷玉等《明史》卷七四《職官志三》 欽天監。監正一人，正五品，監副二人，正六品。其屬，主簿廳，主簿一人，正八品，春、夏、中、秋、冬官正各一人，正六品，五官靈臺郎八人，從七品，後革四人，五官保章正二人，正八品，後革一人，五官挈壺正二人，從八品，後革一人，五官監候三人，正九品，後革一人，五官司曆二人，正九品，五官司辰八人，從九品，後革六人，漏刻博士六人，從九品，後革五人。

監正、副掌察天文、定曆數、占候、推步之事。凡日月、星辰、風雲、氣色，率其屬而測候焉。有變異，密疏以聞。凡習業分四科：曰天文，曰漏刻，曰回回，曰曆。自五官正下至天文生、陰陽人，各分科肄業。每歲冬至日，呈奏明歲《大統曆》，成化十五年改頒明歲曆於十月朔日，移送禮部頒行。其《御覽月令曆》、《七政躔度曆》、《六壬遁甲曆》、《四季天象録》，並先期進呈。凡曆註，御曆註三十事，如祭祀、頒詔、行幸等類，民曆三十二事，壬遁曆七十二事。凡祭日，前一年會選以進，移知太常。凡營建、征討、冠婚、山陵之事，則選地而擇日。立春，則預候氣於東郊。大朝賀，於文樓設定時鼓、漏刻報時，司辰、雞唱，各供其事。日月交食，先期算其分秒時刻、起復方位以聞，下禮部，移内外諸司救之，仍按占書條奏。若食不及一分，與《回回曆》雖食一分以上，則奏而不救。監官毋得改他官，子孫毋得徙他業。乏人，則移禮部訪取而試用焉。五官正推曆法，定四時。司曆、監候佐之。靈臺郎辨日月星辰之躔次、分野，以占候天文之變。觀象臺四面，面四天文生，輪司測候。保章正專志天文之變，定其吉凶之占。挈壺正知刻漏。孔壺爲漏，浮箭爲刻，以考中星昏旦之次。漏刻博士定時以漏，換時以牌，報更以鼓，定晨昏以鐘鼓。司辰佐之。

明初，即置太史監，設太史令，通判太史監事，僉判太史監事，校事郎，五官正，靈臺郎，保章正、副，挈壺正，掌曆，管勾等官。以劉基爲太史令。吴元年改監爲院，秩正三品。院使，正三品。同知，正四品。院判，正五品。五官正，正六品。典簿、雨暘司時叙郎、紀候郎，正七品。靈臺郎、保章正，正八品。副，從八品。掌曆、管勾，從九品。洪武元年徵元太史張佑、張沂等十四人，改太史院爲司天監，設監令一人，正三品，少監二人，正四品，監丞一人，正六品，主簿一人，正七品，主事一人，正八品，五官正五人，正五品，五官副五人，正六品，靈臺郎二人，正七品，保章正二人，從七品，監候三人，正八品，司辰八人，正九品，漏刻博士六人，從九品。又置回回司天監，設監令一人，正四品，少監二人，正五品，監丞二人，正六品。徵元回回司天監鄭阿里等議曆。三年改司天監爲欽天監。四年詔監官職專司天，非特旨不得陞調。又定監官散官。監令，正儀大夫；少監，分朔大夫；五官正，司玄人夫；監丞，靈臺郎；五官保章正，平秩郎；五官靈臺郎，司正郎；五官挈壺正，挈壺郎。十四年改欽天監爲正五品，設令一人，丞一人，屬官五官正以下，員數如前所列，俱從品級授以文職散官。二十二年改令爲監正，丞爲監副。三十一年罷回回欽天監，以其曆法隸本監。明初，又置稽疑司，以掌卜筮，未幾罷。洪武十七年置稽疑司，設司令一人，正六品，左、右丞各一人，從六品，屬官司筮，正九品，無定員。尋罷。

清・張廷玉等《明史》卷七五《職官志四》 欽天監。監正一人，監副一人，主簿一人。五官正一人，五官靈臺郎二人，五官監候一人，五官司曆一人。

清・龍文彬《明會要》卷二八《運歷下・測影》 正統十一年八月，作晷影堂。《昭代典則》。

正德十六年，漏刻博士朱裕言：「晷表尺寸不一，難以準測。而推算曆數，用南京口出分秒，似相矛盾。請敕大臣一員，總理其事。鑄立銅表，考四時日中之影。仍於河南陽城察舊立土圭，以合今日之晷；及分立圭表於山東、湖廣、陝西、大名等處，以測四方之影。然後將内外晷影，新舊曆書，錯綜參驗，撰成定法。庶幾天行合而交食不謬。」疏入，不報。《天文志》。

鄭世子載堉曰：「何承天立表測影，始知自漢以來，冬至皆後天三日。然則推步晷影，乃治曆之要也。《授時曆》亦憑晷影爲本，而《曆經》不載推步晷影之術，是爲缺畧。今用北極出地度數，兼弧矢二術以求之，庶盡其原。又隨地形高下，立差以盡變，前此未有也。」又曰：「冬至之景，一丈有餘。表高晷長，則影虚而淡。或設望筒、副表、影符之類，以求實影。然望筒或一低昂，副表、影符或一前卻，所據之表或稍有傾欹，圭面或稍有斜側。二至前後數日之影，進退止在毫釐之間，要亦難辨。況委託之人，未知當否？九服之遠，既非目擊，所報晷影，寧足信乎？」《曆志》。

宣城梅文鼎曰：「圭表之法：表短則分秒難明，表長則影虚而淡。郭守敬所以立四丈之表，用影符以取之也。日體甚大。竪表所測者，日體上邊之影；横表所測者，日體下邊之影；皆非中心之數。郭守敬所以於表端架横梁以測之也。然而非其本。必須正其表焉，平其圭焉，均其度焉：三者缺一，不可以得影。三者得矣；而人心有粗細，目力有利鈍，任事有誠僞：不可不擇也。知乎此，庶幾晷影可得矣。」《天文志》。

崇禎初，西洋人測得京、省北極出地度分：北京四十度，南京三十二度半，山東三十七度，山西三十八度，陝西三十六度，河南三十五度，浙江三十度，江西二十九度，湖廣三十一度，四川二十九度，廣東二十三度，福建二十六度，廣西二十五度，雲南二十二度，按雲南北極出地，高於廣東。此二十二度，約計，或誤。貴州二十四度。以上極度，惟兩京、江西、廣東四處，皆係實測。其餘則據地圖約計之。又以十二度，度六十分之表，測京師各節氣午正日影：夏至三度三十三分，芒種、小暑三度四十二分，小滿、大暑四度十五分，立夏、立秋五度六分，穀雨、處暑六度二十三分，清明、白露八度六分，春、秋分十度四分，驚蟄、寒露十二度二十六分，雨水、霜降十五度五分，立春、立冬十七度四十七分，大寒、小雪二十度四十七分，小寒、大雪二十三度三十分，冬至二十四度四分。同上。

清·龍文彬《明會要》卷三九《職官十一·欽天監》　乙巳七月壬午，置太史監，以劉基爲太史令。吳元年十月丙午，改監爲院，仍以劉基爲院使。洪武元年十月甲午，徵元太史張佑、張沂等十四人。改太史院爲司天監。二年二月，徵元回回司天臺官鄭阿里等十一人議曆，兼設回回司天監。三年六月甲子，改爲欽天監。設令一人，丞一人。二十二年，改令爲監正，正五品；丞爲監副，正六品。三十一年四月丁丑朔，罷回回欽天監，以其曆法隸本監。《職官志》、《大政記》。

洪武六年，令本監人員不許遷動。子孫止習學天文曆算，不許習他業。王圻《通考》。

永樂元年，諭吏部：「凡欽天監正、佐官，歲滿不考覈，著爲令。」上以欽天監職占候，非常調官，故有是命。《大政記》。

天順四年閏十一月丁巳，以月食失占，下禮部侍郎掌欽天監事湯序於獄。上謂李賢曰：「月食人所共知。欽天監失於推算，以致救護不行。」因言：「序掌監事，遇有災異多隱蔽不言。天文吉凶，必詳言以進，朝廷正欲知災異，以見上天垂戒，庶知修省。今序如此，豈爲臣盡忠之道？」尋貶序秩。《昭代典則》。

正德元年，五官監候楊源言：「自八月初，大角及心宿中星動摇不止。大角，天王之坐；心宿中星，天王正位也。俱宜安静，今仍動摇。其占曰：『人主不安，國有憂。』意者陛下輕舉逸遊，以致然也。又北斗第二、第三、第四星明不如常。第二曰天璇，后妃之象。后妃不得其寵則不明，廣營宫室、妄鑿山林則不明。第三曰天機，不愛百姓，雜興征徭則不明。第四曰天權，號令不當則不明。伏願陛下祗畏天戒，安居深宫，絶嬉戲，禁遊畋，罷騎射，停工作，申嚴號令，毋輕出入，抑遠寵幸，裁節賜予，親元老大臣，日事講習，克修厥德，以弭災變。」報聞。

清·吳長元《宸垣識畧》卷三　署後有觀象臺。明永樂二十二年十二月，作觀天臺於禁中，在子城西偏，一名内靈臺。

清·谷應泰《明史紀本末》卷七三《修明曆法》　三年（庚戌，一三七〇）六月，改司天監爲欽天監。設欽天監官，其習業者分四科：曰天文，曰漏刻，曰《大統曆》，曰《回回曆》。自五官正而下，至天文生，各專科肄焉。五官正理曆法，造曆。歲造《大統曆》、《御覽月令曆》、《六壬遁甲曆》、《御覽天象七政躔度曆》。凡曆註上御曆三十事，民曆三十二事，壬遁曆六十七事。靈臺郎辨日月星辰之躔次分野以占候。保章正專志天文之變，辨吉凶之占。挈壺正知漏，孔壺爲漏，浮箭爲刻，以考中星昏明之度，而統於監正丞。

清·孫承澤《春明夢餘録》卷五八《欽天監一》　欽天監，在闕之東，禮部後。初置太史監。洪武元年，改司天監，又置回回監。三年，始改爲欽天監。二十一年，革回回監，以回回曆法隸焉。所職主曆數，天文、星紀之事，監有正，有副，而分春、夏、中、秋、冬爲五官。五官正專理曆法、造曆，監候佐之。靈臺郎辨日、月、星辰之躔次、分野，以占候天文，密疏聞；保章正佐之。挈壺正考中星旦夜昏明之候；而漏刻博士佐之。凡日、月、星辰、風雲氣色之變異，率其屬登觀象臺占焉。臺四面，面四人。國有大營建、師旅、冠婚，擇日；營陵寢，擇地。凡立春，先期候氣於東郊。凡大朝賀，設定時鼓於門樓，及期擊焉。凡日月交食，先期算其分〔秒〕時刻、起復方位以聞，下禮部，移内外諸司救護之。凡疇人世業，立師而教之；乏人，移禮部訪取試用。凡玄象圖書，密疏上，非其職不得預。凡習業者，分爲四科：曰天文，曰漏刻，曰回回，曰曆日。五官正至天文生、陰陽人，各專科肄焉。曆有四：曰大統曆，曰御覽月令曆，曰七政躔度曆，曰六壬遁甲曆。曆註上曆三十事，民曆三十二事，壬遁曆六十七事。

清代

清·素爾訥《學政全書》卷三六《録送科舉》　乾隆二十一年議准。天文生由生員留監肄習者，令該監造具清册，開載年貌籍貫，送部存案。屆鄉試期，該監照例移送學政，録科學政咨部核對。册内有名者，准其考録，如册内無名，或臨期將懸額頂冒濫送科舉，查出即照例參處。其雖由生員考取，未經補額之先，該監仍不得移送科舉。

清・錫珍《吏部銓選則例・滿洲官員品級考》卷三　從九品欽天監博士，欽天監擬正陪，自行帶領，引見補授，由本監天文生除筆帖式陞任，陞本監挈壺正。

　從九品欽天監漏刻博士由本監擬定，正陪引見，由天文生考授，陞本監靈臺郎、主簿、挈壺正、五官司書。

　從九品欽天監司晨博士本監擬正陪，由本監天文生陞任，陞本監靈臺郎

清・錫珍《吏部銓選則例・滿洲官員則例》卷三《揀選・助教教習》　天文生充補，教習期滿，陞補博士。國子監滿洲蒙古教習，由天文生充補者，三年期滿，該監帶領引見。如奉旨，著照例用應。專以欽天監滿洲、蒙古博士陞用。

清・錫珍《吏部銓選則例・滿洲官員則例》卷三《揀選・欽天監所屬官員》　欽天監滿洲監正缺出，由欽天監將滿洲左右監副一併咨送吏部，帶領引見，補授毋庸分別正陪，如遇左監副無人，或右監副無人，再將應陞監副之五官正揀選擬陪。左監副缺出，由右監副轉補，右監副缺出，由欽天監將應陞人員較俸擬正，揀選擬陪。咨送吏部帶領引見，補授如有京察一等者，與俸深人員相間輪用。輪用京察一等人員，照俸深之例，將一等人員擬正，揀選擬陪。其滿洲五官正以下，漢軍秋官正以下，俱由欽天監將應陞人員陞補，俱先用京察一等一次，次用保題一次，再用俸深一次，相間輪用。輪用京察俸深到班，應以本項擬正，揀選擬陪。輪用保題，即行擬補，毋庸擬陪。蒙古博士二缺，一歸蒙古筆帖式内揀選。保題一由蒙古天文生内較俸陞用，亦擬定正陪。其滿洲蒙古漢軍食俸天文生，如遇本科應陞，到班先儘。考列二等者較俸與本科保題人員相間輪用，俟二等用完再將考列三等人員較俸陞用。其由候補筆帖式借補天文生人員，應與算學生一體考試，擬定名次。咨部註册後，方准一體陞用。至滿洲、蒙古、漢軍候補天文生，有中式文舉人者，准其遇有博士缺出，由欽天監酌量，與應陞人員揀選補用。其中式繙譯舉人者，仍以天文生補用，食七品俸。以上陞補各缺，俱咨送吏部查覈後，由該監自行帶領引見補授。其由部應陞員外郎之監副，應陞主事之五官正，遇有京察一等引見記名者，准其與俸深應陞人員相間輪用。未經記名者，仍照例陞轉。其由該監題陞各員，如有京察一等及保題人員，仍與俸深人員按班輪用。輪用京察一等俸深人員，應以本項擬正，揀選擬陪輪用。保題即行擬補，毋庸擬陪。

清・錫珍《吏部銓選則例・滿洲官員則例》卷四《雜例・官員加級》　筆帖式天文生，任内先有加級，續經改品者，仍准隨帶。俟陞任後，凡品級考載，係應陞者俱爲陞任，每級改爲紀録一次。

又　正九品欽天監五官監候，由本監擬定，正陪引見。由天文生考授，陞本監靈臺郎主簿。

　從七品欽天監靈臺郎本監擬正陪，由本監司晨博士陞任，陞本監秋官正。

清・錫珍《吏部銓選則例・滿洲官員則例》卷五《筆帖式・補用天文生》　欽天監天文生，由欽天監將教習五年，學有成效之算學生，秉公考覈，擬定名次，咨送吏部，照考定名次，按旗註册。歸入月分銓選，毋庸引見。監生生員，授爲八品官學生。算學生授爲九品。除漢軍天文生定額八缺按旗選用外，滿洲、蒙古天文生十六缺，以八缺爲滿洲。八旗額缺，以四缺爲滿洲，左翼二缺，右翼二缺。以四缺爲蒙古，左翼二缺，右翼二缺。滿洲漢軍天文生如本旗無應用之算學生，不准借補別旗之人，將本旗生監出身考中候補筆帖式擬補，不算筆帖式班次。蒙古天文生如轉補，旗分無人，將其次旗分之人轉補。所有蒙古博士二缺，以一缺在蒙古筆帖式内題補，以一缺在蒙古天文生内較俸陞用。

清・錫珍《吏部銓選則例・漢官則例》卷八下《欽天監官員陞補》　欽天監漢監正，祇加京官銜，仍掌監事，缺出由欽天監將漢左右監副，一併咨送吏部帶領引見補授，毋庸分別正陪，如遇左監副無人，或右監副無人，再將應陞監副人員内，揀選擬陪。左監副缺出，由右監副轉補。右監副缺出由欽天監將五官正、靈臺郎、主簿、挈壺正内較俸擬正揀選擬陪，咨送吏部帶領引見補授。如有京察一等者，與俸深人員相間輪用。輪用京察一等人員照俸深之例，將一等人員擬正揀選擬陪。其漢監副以員外郎陞用，五官正以主事陞用，照滿洲官員陞轉之例，由吏部按伊得有品級食俸之日，算俸入於論俸推陞之月。八月、十二月遇缺即補，不積各項陞選之缺，每年陞用一員，或八月或十二月，祇陞用一員。陞用時，先儘監副一次，後陞五官正二次，輪次陞補。如該衙門因算法熟練，數理明白，奏請停選員外郎等項，應准其奏留，毋庸陞選。如遇京察一等引見奉旨記名者，准其與俸深人員相間輪用，俱積該監陞班之缺。五官正員缺，先將算學期滿，議叙之助教按期滿日期，陞補一員，次將欽天監應陞之主簿、司書、博士陞補一員，相間輪用。其輪用算學議叙時，即以應陞之助教擬補，毋庸擬定正陪。輪用欽天監，應陞時先用京察一等一次，輪用京察一等人員照俸深之例，將一等擬正揀選擬陪。用保題一次，再用俸深一次，相間輪用。京察俸深到班，照例以本項擬正揀選擬陪。保題到班，即行擬補，毋庸擬定正陪。如遇各項無人，即專用俸深人員。此外，有由恒星表卷告成議叙應陞人員，仍按照原題明班次於俸深一人之後插用一人，不積各班之缺。其五官正

以下博士以上各員輪用次序，亦均照以上輪用次序辦理。靈臺郎員缺，由五官監候博士陞補。主簿員缺，由挈壺正、司書、監候博士陞補。挈壺正、司書員缺，由博士陞補。其監候博士缺出，由天文生補授。先儘保題天文生補用一次，再將天文生各按考取等第較俸陞用一次，相間輪用。至各項勞績保奏以應陞之缺，儘先陞用人員應分別歸於各本班之前陞用，不積本班之缺。再遇缺出，仍用本班人員。其算學期滿，教習議叙題准以何項官員補用之員，應按照算學期滿，議叙助教補用次序辦理以上缺出，均先期向吏部查覈，自行帶領引見補授。至天文生員缺，由欽天監於肄業世業人員内自行考補。凡欽天監官生丁憂，均不開缺，離任扣限三個月期滿仍行供職。

《清朝通典》卷一八《選舉一》　雍正元年二月，定八旗滿洲繙譯鄉、會試之制；又定鄉、會試論題仍用《孝經》；又覆准候補天文生及補用天文生之監生、生員，俱令入皿字號鄉試；又覆准官卷内佳文不敷中額，以民卷佳者補之。十月詔舉孝廉方正。十二月禮部議定學政科考生員增經文一篇。

《清朝通典》卷二八《職官六》　欽天監（監正、監副、時憲科五官正、五官司書、天文科五官靈臺郎、五官監候、漏刻科五官挈壺正、五官司晨、博士、主簿、天文生、陰陽生、筆帖式）欽天監監正，滿洲一人，西洋一人。監副滿洲、漢人各一人。左右副監，各西洋一人，掌測候、推步之法，觀察星辰，稽定節序，占天象以授人時。所屬有時憲、天文、漏刻三科。順治元年，設欽天監監正等官，皆以漢人除授。康熙四年定置滿洲、漢人監正各一員。滿洲、漢人左右監副各二員。八年以西洋人充漢監正員額，尋又增置西洋監副一員。雍正三年，以西洋人實授監正。乾隆十八年，省監副滿洲、漢人員額各一，增置西洋左右監副爲二員。其總理監務王大臣自乾隆十年以來始置，皆由特簡，無定員。時憲科五官正，滿洲二人，蒙古二人。春夏中秋冬五官正，漢人各一人。秋官正，漢軍一人。五官司書，漢人一人。博士，滿洲三人，漢軍二人，漢人十有六人，掌推天行之度，驗歲差以均節氣。凡時憲書之以國書、蒙古文譯布者，滿洲、蒙古五官正司之。推算日月交食、七政相距、衝退、留伏、交宮、同度等事，漢人五官正司之。推驗日月五星相距等事，漢軍秋官正司之。校刊時憲書以頒四方，五官司書司之。博士歲以漢人二人直譙樓，視更鼓之節，餘各從其長以分典厥事。（五官正，滿洲、蒙古、漢人員額俱康熙四年定。又初沿明制，設有回回科。順治初裁革，以其職改隸漢軍秋官正。五官司書初置二人，康熙十四年省一人。博士初置滿洲六人，漢軍三人，漢人三十六人。康熙四年省漢人博士十有四人，五年復增設漢人博士二人，分隸三科，如今額焉。）天文科五官靈臺郎，滿洲三人，漢軍一人，漢人四人。五官監候，漢人一人。博士，滿洲三人，漢人二人，掌眡天象之垂，書雲物以協歲占。每日以滿洲、漢人官各一人，率天文生十有五人，登觀象臺，考儀器以窺乾象。每時以四人分觀四方，晝夜輪值，凡八節風占及雲氣流星諸象當奏者，送監密題以聞。（五官靈臺郎、五官監候各員額，俱康熙四年定。又原設有漢人五官保章正二人，康熙十四年省。）漏刻科五官挈壺正，滿洲、漢人各二人。五官司晨，漢軍一人。博士，漢人六人，掌調壺漏，測中星審緯度，相陰陽以諏時日而卜營建焉。（五官挈壺正員額，康熙四年定。五官司晨，初置漢軍、漢人各一人，康熙十四年省漢人員額。）主簿廳主簿，滿洲、漢人各一人，掌章奏文移。（主簿員額，康熙四年定。）食俸天文生，滿洲十人，蒙古六人，漢軍八人，漢人二十四人。食糧天文生，漢人五十六人。食糧陰陽生，漢人十人，滿洲、蒙古、漢軍天文生俱以算學生充補，視筆帖式食俸。漢人天文生、陰陽生以算學生暨肄業生選充食俸者，視從九品，食糧者亦以九品頂帶給之，均與世業子弟分班補用。天文生分隸三科，各司推算、觀候之事。陰陽生隸漏刻科，主譙樓直更。監官以時考其術業而進退之。筆帖式，滿洲十有一人，蒙古四人，漢軍二人。（筆帖式員額，俱康熙四年定。）

《清朝通典》卷五五　雍正三年，定頒給青海扎薩克王台吉等《時憲書》，於每年頒俸帑時一同給發。七年，定每歲四月由欽天監頒發。考定《時憲書》式，令各布政使司敬謹刊刷鈐蓋。庫貯欽天監《時憲書》印信，凡現任文武大小官及在籍有職官、舉人、貢生等，各給一本，並將所刻書版發貯公所，聽匠役或書坊備紙刷印，赴布政使司鈐蓋。欽天監《時憲書》印發賣，以便民用，仍飭地方官嚴禁僞造。十二年以向例頒朔之日，文、武官各以其長一人跪領。至是始令八旗都統、各部院堂官，各率所屬並諸王府祇領官，咸朝服，齊集午門外，行禮頒給《時憲書》。三品以上官，於午門外祇領。其餘滿漢文武官員，照向例於午門外行禮後，各赴欽天監祇領。

順治初，定每歲立春日，禮部會同順天府進春芒神土牛，由順天府豫備前期行，欽天監派天文生八名導引行，順天府派生員七十五人舁案。是日，内務府豫派恭進芒神春牛，内監竢於乾清門、慈寧門，届時由長安左門、天安門、端門、午門、協和門、永康左門進。

清・阿桂《軍需則例・户部》卷二《鹽菜口糧》　出征外域，隨營辦事，部院文職官員鹽菜、口糧、跟役名數。

又 欽天監監正、監副，太醫院院使、院判，及各衙門五、六品官，月支鹽菜銀四兩二錢，跟役八名。

清・阿桂《軍需則例・户部》卷四《騎馱馬駝》 隨營辦事，部院文職官員騎馱馬駝。

又 國子監漢司業，欽天監監正、監副，太醫院院使、院判，及各衙門五、六品官，各給馬八匹，駝二隻，照副參領例。

又 各衙門九品小京官，及筆帖式天文生等，各給馬六匹，駝一隻，照前鋒校例。

清・梁章鉅《稱謂録》卷一九《天文科》 靈臺郎，案：唐改天文博士曰靈臺郎，此五官靈臺郎之始。今之天文科則既有靈臺郎，而又有博士二人。五官監候，《舊唐書・百官志》，五官監候五員，《新唐書》云三員。案：此即今天文科五官監候之始。天文生，《舊唐書・百官志・司天臺》注：天文生六十人。

清・張廷玉《清朝文獻通考》卷八三《欽天監》 欽天監掌察天文，定氣朔占候步推之事。每歲孟冬朔日，呈奏明歲《時憲書》，移禮部頒行於天下。監正滿洲、西洋各一人，監副滿洲、漢人各一人，左右監副各西洋一人。

又 臣等謹按：康熙四年始設滿監正，八年定漢監正，用西洋人，名曰監修，雍正三年實授爲監正，去監修名。乾隆十年定監副以滿漢西洋分用，並特簡大臣兼理監務。十八年以西洋人爲左右監副，所屬時憲科春夏中秋冬五官正，滿洲蒙古各二人，漢軍一人，漢人五人；博士，滿洲三人，漢軍二人，漢人十六人；天文生，滿洲十二人，漢軍八人，漢人二十四人；五官司書，漢人一人，（初設二人，康熙十四年裁一人。）掌推天行之度，驗歲差以均節氣。

天文科五官靈臺郎，滿洲三人，漢軍一人，漢人四人；五官監候，漢人一人；博士，滿洲三人，漢人二人；天文生，滿洲二人，漢人三十二人，掌觀天象之垂，書雲物以協歲占。

漏刻科五官挈壺正，滿洲二人，漢人二人；五官司晨，漢軍一人；博士，漢人六人；天文生，滿洲二人，漢人六人；陰陽生，漢人十人，掌調壺漏，測中星，相陰陽，以卜營建。

清・張廷玉《清朝文獻通考》卷九三《職官考・欽天監》 監正，滿洲、西洋各一人。監副，滿洲、漢人各一人。左右監副西洋各一人。春夏中秋冬五官正，滿洲、蒙古各二人，漢人各一人。秋官正，漢軍一人。主簿，滿洲、漢人各一人。靈臺郎，滿洲三人，漢軍一人，漢人四人。五官挈壺正，滿洲、漢人各二人。五官監候，漢人一人。五官司書，漢人一人。五官司晨，漢軍一人。博士，滿洲六人，漢軍二人，漢人二十四人。天文生，滿洲十六人，漢軍八人，漢人二十四人。筆帖式，滿洲十一人，蒙古四人，漢軍二人。陰陽生，漢人十人。

清・張廷玉《清朝文獻通考》卷二五八《象緯考三》 康熙八年六月，令改造觀象臺儀器。先是七年七月，欽天監監副吴明烜言，推歷以黄道爲驗，黄道以渾儀爲準。今觀象臺渾儀損壞，亟宜修整。又地震方向各有所占，請造滚球銅盤一座，並設臺上儀器備，則占驗始爲有據。疏入下禮部議，尋以取到元郭守敬儀器於江南，不果行。至是，南懷仁爲監副，疏請改造。從之。

十三年正月，掌欽天監事南懷仁以新製天體儀、黄道經緯儀、赤道經緯儀、地平經儀、地平緯儀、紀限儀告成，將製法、用法繪圖列説名，《新製靈臺儀象志》疏呈御覽。得旨：儀象告成，製造精密。南懷仁勤勞可嘉，下部優叙。

清・李鴻章等《大清會典事例》卷一二二《欽天監》 管理欽天監事務王大臣一人。監正，滿洲一人，漢一人。左監副，滿洲一人，漢一人。右監副，滿洲一人，漢一人。主簿廳主簿，滿洲一人，漢一人。時憲科五官正，滿洲二人，蒙古二人，漢軍一人。春官正，漢一人。夏官正，漢一人。中官正，漢一人。秋官正，漢一人。冬官正，漢一人。司書，漢一人。博士，滿洲四人，蒙古二人，漢軍一人，漢十五人。天文科靈臺郎，滿洲二人，蒙古一人，漢軍一人，漢四人。監候，漢一人。博士，漢二人。漏刻科挈壺正，滿洲一人，蒙古一人，漢二人。司晨，漢軍一人。博士，漢軍一人，漢七人。筆帖式，滿洲十一人，蒙古四人，漢軍二人。順治元年，設欽天監監正監副，所屬天文、時憲、漏刻三科。五官正、保章正、挈壺正、靈臺郎、監候、司晨、司書、博士、典簿等官，均用漢員。康熙三年，議增欽天監滿洲官員，設靈臺郎二人，挈壺正二人，博士二人，筆帖式六人，五官正一人，俱選用精通滿漢文字之人。至觀象臺觀看天象，每日有天文科漢官一人，毋庸增設滿洲官員。奉諭。觀看天象，關繫重大，應令滿官兼看。天文科滿官，應作何添設，著再議具奏。欽此。遵旨議定。天文科再增設滿洲官五人。每日輪派滿漢官各一人，赴觀象臺觀看天象。四年定：滿、漢監正各一人，滿、漢左右監副各二人，滿、漢主簿各一人，滿洲、蒙古五官正各二人，漢軍五官正一人。漢春官正一人，夏官正一人，中官正一人，秋官正一人，冬官正一人。滿洲五官靈臺郎三人，漢軍五官靈臺郎一人，漢五官靈臺郎四人。滿洲五官挈壺正二人，漢五官挈壺正二人，漢五官監候正一人，漢五官保章正二人，漢五官司書二人，漢軍五官司晨一人，漢司晨一人。滿洲博士六人，漢軍博士二人，漢博士三十六人。滿洲筆帖式十一人，蒙古筆帖式四人，漢軍筆帖式二人。又裁漢博士十四人。五年，復設漢博士二人，共二十四人。八年定：漢監正用西洋人，名曰監修。十四年，裁漢五官司書一人，漢五官司晨一人，漢五官保章正二人。雍正三年，以西洋人實授監正。去監修名。六年，增設西洋監副一人。乾隆十年定：監副以滿、漢、西洋人分用。又特簡大臣兼理監務。十八年諭：欽天監著裁滿、漢監副各一人，增設西洋左右監副各一人。四十四年，以親王管理監務。四十七年奏准：原設滿洲靈臺郎三人，定爲滿洲二人，蒙古一人。原設滿洲挈壺正二人，定爲滿洲一人，蒙古一人。原設滿洲博士六人，定爲滿洲四人，蒙古二人。道光六年定：現在並無西洋在京當差之人，仍定爲滿、漢監正各一人，滿、漢左右監副各二人。

清·李鴻章等《大清會典事例》卷一一〇三《欽天監》 設官。順治元年，設欽天監，分時憲、天文、漏刻、回回四科。設監正、監副、五官正、靈臺郎保章正、挈壺正、司書、監候、司晨、博士、主簿等官。十四年議准：回回科推算虚妄，革去不用。止存三科。康熙八年，以西洋人充漢監正。十四年，裁保章正。雍正三年，以西洋人實授監正。道光六年奏：監正監副各缺。西洋現無在京當差之人，請敕下吏部查明舊例議奏。遵旨議定。嗣後仍設滿、漢監正各一員，滿漢監副各二員。遇有滿漢監正缺出，專以左右監副引見升補，毋庸分别正陪。如遇左監副無人，或右監副無人，再將應升監副人員揀選擬陪。請旨補授。其滿、漢左監副缺出，由右監副轉。右監副缺出，各將應升人員，照舊例擬定正陪，引見補授。

官生升補。順治初，設漢天文生六十六名。康熙五年題准：添設漢天文生九十四名。七年諭：天象關繫重大，必得精通熟習之人，乃可占驗無誤。著直隸各省督撫，曉諭所屬地方，有精通天文之人，即行起送來京考試，於欽天監衙門用，與各部院衙門一例升轉。九年題准：每旗選取滿洲官學生六名，漢軍官學生四名，劄監分科教習。有精通者，以博士用。又奏准：天文生，滿洲、漢軍，由監行文國子監，取官學生選補，漢人由監自行選補。〇又奉旨：天文生給予從九品頂戴，照例補用。十四年題准：每旗裁滿洲天文生四名，漢軍天文生三名。止留每旗滿洲天文生二名，漢軍天文生一名，又裁漢天文生八十名。五十八年議准：進士舉人貢監生員內，有通曉天文算法者，具呈禮部，會監考試。果優者，進士舉人以博士用，貢監生員以天文生用。雍正元年議准：內閣九卿詹事翰林，將平素所知精通相度人員，各行保舉。〇二年奏准：候補天文生，及補用天文生之監生生員，由監送順天府，入『皿』字號鄉試。三年奏准：欽天監官生，係舉人，一體會試。係監生、生員，一體鄉試。五年奏准：八旗天文生有缺，由吏部考補。十二年定：欽天監由監咨部題補者，監正監副隨吏部引見。乾隆二年諭：在璣衡以齊七政，視雲物以驗歲功。所以審休咎，備修省，先王深致謹焉。今欽天監《歷象考成》一書，於節氣時刻，固已推算精明，分釐不爽，而星官之術，占驗之方，則闕焉未講。但天文家言，或有疏密，非精習不能無差。海內有精曉天文，明於星象者，直省督撫，確訪試驗。術果精通者，著咨送來京。該部奏聞請旨。三年覆准：國子監專立算學，以滿洲十有二人，蒙古六人，漢軍六人，漢十有二人肄業。學有成效，該管大員，會監考定名次。滿洲、蒙古、漢軍，咨送吏部註册。蒙古，借補滿洲天文生。漢軍，專補漢軍天文生。俟本旗有缺，挨名補用。漢算學生移監照例補用，其學內需用書籍器物，各於所司咨取。四年覆准：每世業子弟五人，由監選三科官人品老成、精通術業者一人爲教習，督率課程。每年季考，亦令考試分别等第。三年內學有成效，令該教習出具結狀，方得補用。如世業子弟，倚恃父兄在監，名爲學習，而術業生疏者，即行黜退。又覆准：國子監算學助教教習，五年期滿，請旨交部議叙。助教，照例升用五官正。教習舉人筆帖式充補者，以靈臺郎用。貢監生員充補者，以挈壺正用。官學生算學生充補者，以博士用。均與本監官員間補。十年覆准：蒙古天文生升用，亦照分用滿洲天文生之例。每四人升用一人，升至靈臺郎。遇有蒙古五官正員缺，歸於內閣中書各部院筆帖式內，一例考取。又覆准：期滿之算學生，有舉人出身者，以博士補用。又覆准：天文生中式文舉人者，毋庸離任。滿洲、蒙古，照例考試。漢軍漢人，照例揀選。遇應用知縣之年，歸班選用。又奏准：欽天監官生，三年考覈一次。術業精通者，保題升用。不及者，停其升轉，再加學習。如能黽勉供職，即予開復。仍不及者，降職一等，再令學習三年。能習熟者，方予開復，仍不能者黜退。又奏准：以肄業生取三十人留監，分給漏刻科六人。在監學習，與漏刻科世業子弟一同考校補用。其二十四人附算學肄業，考定名次，與時憲、天文兩科世業子弟一同考校補用。十七年奏准：博士天文生，有限於材質，止堪供職天文生。不勝博士之任者，將博士降補天文生。其天文生不准升補博士，仍令在天文生供職，以觀後效。五十三年諭：欽天監衙門應行引見人員，向隨吏部帶領。嗣後亦著該堂官自行帶領，並一體先期向吏部查覈。如此，既可以杜絶弊端，而該衙門堂官隨時接見，亦可以觀其材器，量加鑒別，以便任使。嘉慶二年覆准：滿洲、蒙古天文生十六缺，以八缺作爲滿洲額缺，以四缺作爲滿洲左翼二缺、右翼二缺，餘四缺作爲蒙古左翼二缺、右翼二缺。又覆准：蒙古博士二缺，以一缺歸於蒙古筆帖式內題補，一缺歸於額設蒙古天文生四員內較俸升用。道光元年奏准：滿洲算學生中式文舉人，照乾隆十年奏定之案。舉人算學生以博士補用。嗣後遇有博士缺出，由欽天監酌量與應升人員揀選升用。三年議定：算學生中式繙譯舉人，照筆帖式中式之例，食七品俸，在任候升，不得遽以博士補用。同治十一年奏定：候補筆帖式，借補天文生，歷升靈臺郎，其並未入考，素不諳天文數理者，暫停升轉，俟學習三年，與算學生一體考試，擬定名次，咨部註册後，照常升用。廩給原定。官生俸廩：博士等官，由舉人補用者食七品俸，由貢監生員補用者食八品俸。漢天文生，每人月支銀一兩、米七斗。陰陽生月支銀一兩、米三斗。均行文户部支領。滿洲、蒙古、漢軍官生俸廩，由旗支領。漢人俸廩及滿漢官生公費，皆由監支領。三科天文生，每二年各給布面羊裘一件、貉皮帽一頂、狐皮領一條。委直譙樓之博士等官，初任時，各給貂皮端罩一件，行文工部支領。康熙九年題准：滿洲天文生，照未入流筆帖式，給予餼廩。二十一年奏准：天文生陰陽生，每月加給公費銀一兩五錢。三十三年奏准：天文生陰陽生餼廩，每月增給五錢，每人月支銀一兩五錢。雍正八年定：天文生以生員補用者，照八品筆帖式食俸。乾隆元年奏准：未入流滿洲天文生，照未入流筆帖式給予九品俸。二年議准：漢天文生，照滿洲、漢軍天文生之數，考選二十四人，給予九品俸。其餘仍給餼廩。分職時憲科：滿洲蒙古五官正，職司清文、蒙古文《時憲書》。漢五官正，推算日月交食、七政相距、衝退留伏、交宫同度等事。漢軍秋官正，推驗日月五星相距等事。五官司書，校刊《時憲書》以頒四方。天文科，每日以滿洲漢官一人，率天文生十五人登觀象臺，考儀器以驗天象。每時以四人分觀四方，晝夜輪直。漏刻科，司調壺漏、測中星、諏時日、卜營建等事。順治元年定：欽天監遇有具題行文等事，俱屬禮部。十五年定：與禮部分析職掌。康熙二年，仍歸禮部。十年題准：分析職掌。除立春日春牛芒神，仍由禮部進呈外，其餘一應職掌，俱歸監掌行。

清・賀長齡《清經世文編》卷五五《禮政二・大典上・請立雩壇疏》 竊惟堯水湯旱，聖世不免災異之乘。禱雨祈晴，古來原有特舉之禮。我皇上旰食宵衣，勤求民瘼。今歲春夏以來，畿輔地方偶爾雨澤愆期。原非遽稱災異，而深宮齋禱，默致精禋，恩旨頻頒，大沛解澤，並命禮臣設壇，虔誠禱祈。仰見聖主如傷厪念，爲民請命之盛心。臣竊以爲祀典所在，有亟宜修舉者。按《春秋傳》曰：龍見而雩。蓋古者有雩祭之典，所以爲百穀祈膏雨也。《禮記・祭法》曰：雩禜祭水旱也。《月令》：仲春之月，命有司祈祀山川百源。大雩帝，用盛樂，命百縣雩祀百辟卿士有益於民者，以祈穀實，是爲常雩。乃若偶逢亢旱，則又有雩。周禮稻人，旱暵共其雩斂。《春秋》書雩二十有一，故有一日而再雩者，旱甚也。是又因旱而雩，義雖不同。要之，雩祭之典，自古有之。考字義，雩者，吁嗟求雨之意。其制則爲壇於南郊之旁，故魯南門爲雩門，是雩壇實有其地矣。自西漢之世，雩禮始廢，則禱祀天地宗廟。晉永和時，議制雩壇於國南郊。梁武始移雩壇於東郊，又改燔燎而從坎瘞。唐太宗又雩祀於南郊。宋制，孟夏雩祀昊天上帝。前明雩壇在泰元門外。是歷代皆有雩也。我朝禮制具備，會典亦載有躬禱之儀，獨於雩祭，尚未設有壇壝，似屬闕典。雖郊祀之禮，亦有雲雨風雷之神與嶽鎮海瀆之位，而禮必有所專設。乃於祈禱之典，似覺更爲誠敬周詳。伏乞我皇上勅下在廷禮臣，博求典故，詳考制度，於京城之內，擇地建立雩壇，倣古龍見而雩之禮，每年届期，擇日致祭一次。偶遇亢旱愆陽，雨澤稀少，即於望告嶽鎮海瀆及諸山川能出雲雨者以祈求雨澤，無庸於各宮觀處祈禱。再查，祈雨祈晴，事同一體。倘有雨水過多，祈求開霽之處，請照《祭法・雩禜・祭水旱》之例，亦於雨壇致禱，庶誠敬克申，於典禮似爲允協。至僧道諷經，考《周禮》，巫師神巫而舞雩，故古有歲旱暴巫之說。然孫子之對魯穆公曰：天則不雨，而望之愚婦人。於以求之，不亦疏乎。今僧道諷經求雨，是亦巫師之意也。其或各寺觀有願祈求者，亦聽其自致虔心，不必從事壇壝。至禁止屠宰一事，查唐開元間有禁止屠之例。然稽之《雩禮》，亦用牲牢，故《雲漢》之詩曰：靡神不舉，靡愛斯牲。惟祀神之外，則當禁止。至於不理刑名，則各衙門事件繁多，反致稽遲淹滯。如笞杖等罪，不過懲儆刁頑，原非大傷民命，未必遂至干和。若概從寬釋，愚頑之徒反爲得計，亦開姑息養奸之漸。臣愚以爲刑名案件，似應照常辦理。臣又考之《書》曰：王省惟歲，卿士惟月，師尹惟日。自古雨暘寒燠，休咎攸關，不獨人君當誠心修省，即大小臣工皆宜有省躬省職之思。至於直省府州縣，亦應並設雩壇，俾展祈求之典。臣請嗣後京師地方，或遇雨暘偶爾愆期，應致祈禱者，皇上於大内虔誠致禱，又特遣大臣官員詣壇致祭。其王公以下，至各部院官員，如何分班詣壇，虔誠致禱及直省官員遇本地方水旱，詣壇祈禱之處，伏乞勅下禮臣一併詳議，酌定儀注。遵照通行。庶大典舉而誠敬昭，以對越上帝，以消弭災眚，而古禮咸備矣。

《清實録・世祖章皇帝實録》卷二《順治十八年三月至五月》 戊辰，諭禮部：次日於大高圓殿祈雨。

命禮部祈雨，並飭大小臣工修省圖治，以格天心。

《清實録・聖祖仁皇帝實録》卷一四《康熙四年正月至三月》 吏部遵旨議覆：欽天監滿洲監正、監副同部寺官一體陞轉。得旨：欽天監事務必須久任，乃能習熟，不必照别衙門一體陞轉。如年久積功，加伊應陞職銜。永著爲例。

《清實録・聖祖仁皇帝實録》卷一五《康熙四年四月》 丙午，先是，禮部議，欽天監應添設滿洲官員，天文科、靈臺郎二員，漏刻科，挈壺正二員，回回科、博士二員。此三科各添筆帖式二員。曆科添五官正一員。俱選用精通滿漢字之人。其觀象臺觀看天象，每日有天文科漢官一員、天文生五名，其添設滿官，毋庸議。奉旨：觀看天象，關係重大，應令滿官兼看。天文科滿官，應作何添設，著再議具奏。又，天文科見有天文生四十名，著添十名。一班用十人，一更著用二人。至是，禮部會同吏部議奏，天文科應再添滿官五員，共爲七員。每日輪派滿漢官各一員，赴觀象臺觀看天象。内四員授爲靈臺郎，三員授爲博士。從之。

《清實録・聖祖仁皇帝實録》卷二五《康熙七年》 乙酉，諭禮部：天象關係重大，必得精通熟習之人，乃可占驗無悮。著直隸各省督撫曉諭所屬地方，有精通天文之人，即行起送來京考試，於欽天監衙門用，與各部院衙門官員一體陞轉。

《清實録・聖祖仁皇帝實録》卷三四《康熙九年》 戊午，諭禮部：天文關係重大，必選擇得人，令其專心學習，方能通曉精微。可選取官學生，令其與漢天文生一同學習。有精通者，俟欽天監員缺，考試補用。尋禮部議，於官學内，每旗選取十名，交欽天監分科學習。有精通者，俟滿漢博士缺出補用。從之。

《清實録・世宗憲皇帝實録》卷七三《雍正六年九月》 欽天監蒙古五官正二員，原係考選之缺，請照例於内閣蒙古中書、八旗蒙古筆帖式内考選，咨部引見補用。

《清實録・世宗憲皇帝實録》卷七五《雍正六年十一月》 添設欽天監西洋人監副一員。

《清實録・世宗憲皇帝實録》卷七八《雍正七年二月》 壬辰，諭内閣：朕惟雲雨風雷之神，代天司令，俾百昌萬寶，普含膏澤，以錫福於烝民，厥功並懋。朕恭承天眷，恪修祀典，爲四海蒼黎仰祈嘉佑，已經特建廟宇，崇祀龍神風伯，而雲師、雷師尚闕專祠。嘗考《虞書》禋於六宗之文，漢人以乾坤六子釋六宗，震雷巽風均列禋祀，而《易》曰：雷以動之，風以散之，則風雷之發生萬物，功實相等。《禮記》曰：天降時雨，山川出雲。《周禮》亦以五雲辨年歲。是雲與雨皆運行造化，同昭天貺者也。前代及本朝南郊大祀雲雨風雷，俱列從壇之次，式隆配享，典禮亦既備矣。邇年以來，雲物兆祥，雷行應候，茂育庶彙，宣布陽和，庇國佑民之德，靈應顯然。今欲特建廟宇，虔奉雲師雷師之神，因時禱祀，敬迓洪庥，以展朕爲民祈福之意。其考據禮儀，相度營建之處，著禮、工二部詳議具奏。

《清實録・世宗憲皇帝實録》卷八三《雍正七年七月》 諭户部：向來奉天文職官員，僅有俸銀而無俸米。嗣後著照京官之例，各按俸銀數目，賞給俸米。

《清實録・高宗純皇帝實録》卷二三一《乾隆九年十二月》 壬申，江西布政使彭家屏奏：欽天監天文生以備學習推策，但需人自有定額。臣見欽天監行文原籍取結者，本年已有七十八名。江西如此，他省可知。此等人數未必熟悉天文，多係醫卜星相之流，厠名監中，以圖誇耀鄉里，而愚民往往信爲奇異，易生事端，似宜防其太濫。臣因江西好習數學，故就所見陳奏。得旨：此奏是，著該監明白回奏。

《清實録・高宗純皇帝實録》卷二四五《乾隆十年七月》 丁亥，吏部議覆：欽天監會同管理國子監、算學太僕寺少卿成德等議奏，漢算學生由舉人出身者，期滿以天文生補用，與生童充補者無别，請即以博士陞補。其算學期滿之助教、教習，遇有五官正、靈臺郎、挈壺正、博士等缺出，請與欽天監應陞人員相間補用，先用助教、教習一次，後用應陞人員一次。再，欽天監額設三科，術業不同。所有算學館議叙候補俸缺之天文生，請各按伊等素習之業，補用本科之缺。均應如所請。至所稱滿洲、蒙古、漢軍、漢人天文生中式舉人者，照筆帖式中式舉人之例在任候陞。遇應用班次，歸本班選用。又，蒙古算學生既補滿洲天文生，而滿洲天文生應陞。有博士六缺、挈壺正二缺、主簿一缺、靈臺郎三缺、五官正二缺，蒙古則止有五官正二缺。其蒙古天文生與滿洲天文生如何陞用之處，並請酌議等語。查天文生向例止以本監之缺陞用，自不便如筆帖式，通陞部院等衙門之缺。惟中式舉人者，有應選知縣之班，不得以其在天文生任内，即行扣選。嗣後滿洲、蒙古照例考試，漢軍、漢人照例揀選。遇應選知縣之年，歸班選用。至蒙古五官正員缺，定例由理藩院等衙門出身者，以理藩院應陞之缺陞用。由吏部等衙門出身者，以六部應陞之缺陞用。今蒙古算學生陞至五官正，如論俸應陞之時，不論六部理藩院准一體陞用。從之。

《清實録·高宗純皇帝實録》卷二五二《乾隆十三年七月》　乙巳，諭：吏部議覆，欽天監條奏五官正等官分别陞用之例一摺。其蒙古五官正一項人員，陞途久滯。用之理藩院，尚屬通融之一法。至請照小京官筆帖式之例，遇有才具出衆之員，一體保送撫民理事同知、通判，其事斷不可行。此等蒙古人員，在該監行走，原以推算測驗爲事，素非通習吏治，與各部院衙門筆帖式等官不同。其有年久熟諳推算者，尤宜留於本衙門，酌量陞用。若一例保送同知、通判等官，分發試用，在外省既增一不諳民社之員，而在該衙門反少一推算熟手，於量才授職之道，兩無裨益。吏部議准此條。明以欽天監係六阿哥管理，未免意存遷就，尤屬非是。吏部堂官著交都察院議處。

《清實録·高宗純皇帝實録》卷四三三《乾隆十八年二月》　乙酉，軍機大臣等奏：酌裁辦差成例，向例聖駕巡幸地方，安設臺站，兵部派撥各衙門筆帖式領催，前往馳送本報。此項廪給口糧，俱地方官支應，恐有借端需索及家人滋事等情。地方官以由京派往人員，或致掣肘，應令該部嚴行訓飭。又，每次内閣、理藩院衙門隨從人等，向有支給驛馬之處。究於驛務有礙，應請停止。兵部向有隨營馬三十匹，該部馱載帳房等項，於此内撥用。嗣後應令自行雇備，但酌留馬二十匹，備緊急差務。至欽天監派出之博士、天文生等，除酌給八旗官馬及順天府雇備長車外，均不得向驛站支給。又，鑾儀衛校尉、署史等人數衆多，賢愚不等，需用車馬，每站分班更换，但據兵部派委之役，帶票前往支給，恐有需擾。查該部每次俱有隨營官員，應於此内揀派一員，先期持票往支，按名分撥。得旨：嗣後凡應行安臺處所，該督撫照例安設，報明該部。所有馳送事件，即於本省武弁内酌量派用，並令於數站之内。遴委地方官一員往來稽查，十日彙報行在兵部一次，以憑查覈。其由京派撥筆帖式領催之處，永行停止。餘依議。

《清實録·高宗純皇帝實録》卷四三八《乾隆十八年五月》　丙辰朔，諭欽天監：滿漢監副著各裁去一員，添設西洋監副一員。嗣後漢監正缺出，著將漢監副及西洋左右監副一併開列請旨。

《清實録·高宗純皇帝實録》卷四五〇《乾隆十八年十一月》　丙寅，大學士等議奏：文職官員内，太常寺所屬之奉祀、祀丞、贊禮郎、協律郎、讀祝、司樂、提點，禮部所屬之各贊禮郎、讀祝官、鑄印局大使、會同四譯館大使、序班、及六七八品高麗通事，鴻臚寺所屬之鳴贊、序班，欽天監所屬之五官正、春、夏、秋、冬、中等官正及博士、司書、靈臺郎、五官監候、挈壺正、司晨，太醫院之院使、院判及所屬之御醫、額外吏目等官，向届京察，俱照舊例，填註守政才年四柱考語。查此等官員，與各部院衙門辦理案件者不同，嗣後如奉祀等官，則供論其禮儀是否嫻熟，行走是否敬謹。鳴贊等官，則但論其舉止是否安詳，音節是否宏暢。欽天監等官，則但論其數學是否精研。太醫院等官，則但論其醫理是否通曉。令各衙門堂官於京察時查覈，填註切實考語。其守政才年等字，不必填入。武職内，緑營千總向俱不入軍政，惟巡捕營門千總及衛所千總隨軍政一體考覈。查衛所千總有錢糧之責，應仍聽其考覈。門千總、職司看守，祇應覈其弓馬是否嫻熟；亦無庸填註守政才年等語。從之。

《清實録·高宗純皇帝實録》卷五一六《乾隆二十一年七月》　辛未，禮部議准：御史陳廷棟奏，肄習天文生應令該監奏定額數，擇術業果堪造就者留監，餘悉黜退。其現在肄業者，是否生員，並懸額未補幾名，造册送部，届期鄉試。該監將肄業之生員移送學臣録科。再，此項人員嗣後額缺需人，應由監自行奏考，酌取數名補用。其雖由生員考取，未經補用，不得移送録科。從之。

《清實録·高宗純皇帝實録》卷七六八《乾隆三十一年九月》　甲戌，軍機大臣等議覆：兩廣總督楊廷璋奏稱，西洋人在京效力者，其鄉信往來，向係奥門夷目或在省行商，雇人代爲傳遞。嗣經奏准，嚴禁行商腳大等私行代遞。遇有公務，飭令夷目呈明海防同知，轉詳督臣，分别咨奏。原未嘗阻其轉達，但自定例以來，閲今六七年，未見有西洋人呈請轉達奏咨之事。此係該夷等未能明白例義，中懷疑畏，自行隔越，應請嗣後西洋人來廣，遇有願准土物及習天文醫科、丹青、鐘表等技，情願赴京效力者，在奥門，則令其告知夷目，呈明海防同知。在省行，則令其告知行商，呈明南海縣隨時詳報，代爲具奏。請旨護送進京等語。應如所請，俾得共效悃忱，至該夷人等通達鄉信之處，詢問傅作霖、劉松齡等。據稱，向來西洋人所有書信在廣東奥門者，俱由提塘遞至京城，交與欽天監收折。其從京城寄至廣東者，亦由提塘遞送等語。查該夷人等從前往來書信，俱經提塘轉遞，已歷有年，並未見有違礙之處，似應循照舊例，交與提塘寄遞，並令其在廣省者，呈報海防同知及南海縣查收。將原封交與該省提塘，遞至京城，送欽天監轉付本人。其在京夷人，亦令其將所寄書信交與提塘遞至廣省，仍由同知、知縣查收。將原封轉寄行商夷目，該同知、知縣亦隨時詳報總督衙門，以備查覈。從之。

《清實録・高宗純皇帝實録》卷一三〇二《乾隆四十三年四月》　乙巳，復宗人府等衙門帶領引見例。諭：向來宗人府、國子監等衙門，遇有引見之人，俱係由本衙門自行帶領。上年宗人府因有覺羅教習進士惲鵬期滿帶領引見，並不查明向例，率行請用主事。經吏部查出錯誤參奏，並請嗣後將各項期滿教習，俱咨送吏部查例辦理。帶領引見，毋庸本衙門自行帶領，固爲防弊起見，但念該衙門雖有兼管王大臣，其餘堂官職分較小而習練日久，將來即可備卿貳之選。若遇有應行引見人員，俱歸吏部帶領，則該堂官等無由隨時瞻對，非朕取才鑒别之意。嗣後宗人府、内務府、國子監、景山、咸安宫等學，應行引見教習，仍著該堂官自行帶領。惟將應以何項請用之處，先期向吏部查覈，俟部查覆到日，再行遵照辦理。倘有不合定例，辦理錯誤者，即著吏部據實參奏。又，欽天監衙門應行引見人員，向隨吏部帶領。此後亦著該堂官自行帶領，並一體先期向吏部查覈。如此，既可以杜絶弊端，而該衙門等堂官隨時接覲，亦可觀其材器，量加鑒别，以備任使。

《清實録・仁宗睿皇帝實録》卷二三五《嘉慶十五年十月》　戊戌，諭軍機大臣等：昨日降旨，令宗人府等衙門於每年冬月進宫之次日爲始，每日輪派一衙門直班，週而復始。此内宗人府宗令、宗正、宗人、翰林院掌院及太常寺等衙門管理之堂官，自有本衙門奏事直班。遇管理衙門直班之期，俱無庸進内呈遞名單。再，欽天監西洋人監正、監副，亦不必進内呈遞名單。應傳知各該衙門，遵照辦理可也。

《清實録・德宗景皇帝實録》卷三三一《光緒十九年十二月》　辛亥，派吏部左侍郎壽蔭承修觀象臺。早事。

《清實録・德宗景皇帝實録》卷四八五《光緒二十七年七月》　欽天監監正恩禄等奏：上年洋兵入城，衙署房屋多被拆毁，觀象臺儀器、板片書籍遺失無存，報聞。折包。

又　欽天監奏：觀象臺臺上應修工程，請飭部查勘。依議行。

《清實録・德宗景皇帝實録》卷五三三《光緒三十一年七月》　壬午，外務部奏：法國使臣呂班交還觀象臺儀器，如數點收。報聞。

清・徐世昌編《晚晴簃詩匯》卷六六彭啓豐《觀象臺》　周天三百六十五，去地九萬有一千。茫茫大造亦可測，觀星之臺始何年？虞帝璿璣制初創，姬文載詠靈臺篇。銅儀昉自漢宣帝，遞相述作逾精研。古遺鑄象十三座，我朝新造居中圜。西洋算法窮杪忽，横互尺度羅星躔。五金之精發異彩，四柱屹峙生祥煙。我來駐馬歷臺上，落落萬象光芒懸。超然置身六合表，欲窮造化玄中玄。側聞人主象太乙，執德馭世無頗偏。敬天以心不以器，神凝於穆非言詮。蓮漏聲傳初日曉，龍樓彩映紅雲鮮。惟願雨暘協疇範，天人一氣相回旋。

清・劉錦藻《續文獻通考》卷二九六《象緯考三・儀器》　道光二十五年《儀象考成續編》成。光緒二十六年，義和團起，聯軍進京城後，毁及觀象臺衙署，儀器均被掠去，惟存向風旗杆一座。三十一年，欽天監接收外務部運送法蘭西公使館交還儀器計黄道儀内十六件、赤道儀内十八件、象限儀内十件、地平經緯儀内二十件、簡平儀内二十二件、漏壺一件。臣謹案：觀象臺上原設儀器八座、臺下二座、漏壺一座、圭表一座，共十二座。今交還儀器僅五座，計失去七座。

清・唐晏《天咫偶聞》卷二　觀象臺，在都城東南隅，坿城而起，下爲欽天監之外署。臺在測算房後，拾級而登。上設儀器九事，順治初，西人湯若望所造。甲午春闈後，曾因監人得登其上。儀器絶精，渾儀徑丈，一人之力，轉之有餘。黄道遊儀尤精，中有窺管，可以旋轉四望，略無少礙。臺下院中别有元代廢儀器二。按天算之學，以本朝爲最精，蓋由聖祖天縱聰明。登基之始，適楊光先與西人亘爭歷數，廷臣中無能決其是非。上乃躬親律算，竟造其微。後遂有《歷象攷成》諸書，至今遵之，不能少出其範圍，誠自古帝王所罕。又如南巡治河，命設轉水墩，河患遂息。後河臣擅去之，河復壞。又手定樂律，撰《律吕正義》一書，出宋人諸樂書之上甚遠。用兵西北，屢親征伐。而宸製龍章，又復冠絶千古，誠天生聖人也。

制度部

奏報制度

南朝宋・范曄《後漢書》卷九五《禮儀志中》 自立春至立夏，盡立秋，郡國上雨澤。

唐・李隆基撰、李林甫注《唐六典》卷一〇《太史局》 所見徵祥災異，密封聞奏，漏泄有刑。

又 每季録所見災祥，送門下中書省，入起居注，歲終總録封送史館。

宋・薛居正等《舊五代史》卷四三《唐書一九・明宗紀九》 詔司天臺，除密奏留中外，應奏曆象、雲物、水旱，及十曜細行、諸州災祥，宜並報史館，以備編修。

宋・王溥《唐會要》卷六三《諸司應送史館事例》 祥瑞。（禮部每季具録送。）天文祥異。（太史每季並所占候祥驗同報。）【略】有年，及飢，并水旱蟲霜風雹。及地震流水泛溢。（户部及州縣，每有即勘其年月日。及賑貸存恤同報。）

宋・李心傳《建炎以來繫年要録》卷六七《紹興三年秋七月己未》 詔太史局每月具天文風雲氣候日月交蝕等事實封報祕書省。

宋・王應麟《玉海》卷四八《淳化崇政殿起居注》 神宗史志：御正殿則俟於門廡外，便殿則侍立，行幸則從，大朝會則立於殿下螭首之側。凡朝廷命令、赦宥，執政官以下進對，御史刺史以上除拜，祭祀燕享，臨幸引見之事，日月星辰風雲氣候之兆，祥瑞之符，孝悌之行，户口之數，皆書以授著作。

宋・李燾《續資治通鑑長編》卷一二二《仁宗・寶元元年》 帝留意農事，每以水旱爲憂。甲申，詔天下州郡每旬上雨雪狀，著爲令。

宋・李燾《續資治通鑑長編》卷一三〇《仁宗・天聖三年》 乙巳，詔司天監，凡奏祥異，自今並須據占書以聞。時小災變者多爲怪迂誕妄之説，故條約之。

宋・李燾《續資治通鑑長編》卷二二二《神宗・熙寧四年》 詔自今天下上雨雪狀，司農寺每月繳進。

宋・李燾《續資治通鑑長編》卷二四九《神宗・熙寧七年正月己卯》 詔自今諸州具屬縣旬申雨雪尺寸上提點刑獄司，本司類聚上司農寺類聚月奏，有稽違者糾之。

宋・李燾《續資治通鑑長編》卷二五四《神宗・熙寧七年七月癸卯》 又詔天下奏報雨雪、賊盜之類，舊悉以狀進，令通進司分門類次，略爲奏目進入。

宋・李燾《續資治通鑑長編》卷二八七《諸州軍所申雨雪事令司農寺注籍詔》（元豐元年正月辛酉） 諸路州軍闕雨雪或雨雪過多，委提舉司月一申中書進呈，令司農寺注籍。

宋・李燾《續資治通鑑長編》卷五一一《論監司妄奏雨澤疏》 伏見諸路監司，率以本路雨澤霑足，秋成有望，奏聞朝廷。然天道高遠，難以豫知，若後來雨澤過多，或時雨不繼，爲水爲旱，決不可逃。緣監司既嘗奏陳，不惟本司務掩前言，兼所屬州縣，互相觀望，雖行檢放，亦非實數。甚者公然抑勒，不令申訴災傷，民間窘無所出，重以威勢督之，遂至質賣妻孥，委棄父母，轉徙溝壑，無以自存，爲害甚大，不可不察。伏望聖慈，嚴降指揮，敕戒諸路監司及州縣長吏，如敢似此害及百姓，並重行黜謫。庶幾今後莫不警懼，上副陛下惻怛愛民之心。

宋・李燾《續資治通鑑長編》卷四二六《諸州旬具有無雨雪申户部詔》（元祐四年五月辛未） 諸州旬具有無雨雪申户部，開坐縣分所降尺寸及月日時，本部逐旬繳進奏。

宋・王栐《燕翼詒謀録》卷四 民間訴水旱，舊無限制，或秋而訴夏旱，或冬而訴秋旱，往往於收割之後，欺罔官吏，無從覈實，拒之則不可，聽之則難信。故太宗淳化二年正月丁酉，詔荆湖、江淮、二浙、四川、嶺南管内州縣訴水旱，夏以四月三十日，秋以八月三十日爲限。自此遂爲定制。

元・脱脱等《宋史》卷一四《神宗紀一》 二月辛亥，令諸路每季上雨雪。乙卯，孔若蒙襲封衍聖公。壬戌，貸河東饑民粟。

元・拜柱《通制條格》卷一七 大德元年五月，中書省江浙行省咨：江南天氣風土，與腹裏俱各不同，稻田叁月布種，肆月間插秧，玖月拾月纔方收成。若依腹裏期限，玖月内人户被災，不准申告，百姓無所從出，致使逼迫流移。合無量展限期，秋田不過玖月。非時災傷，依舊壹月爲限。限外申告，並不准理。庶望官民兩便。都省准擬。

明·李東陽等編《大明會典》卷七六　雨澤事據某人狀呈，洪武幾年幾月幾日某時幾刻下雨，至某時幾刻止，入土幾分。

明·俞汝楫編《禮部志稿》卷八八《祈禱災祥》　凡各處雨澤有無乾溢雹足以報禮部。

凡各處地震山川異常，雨暘愆期，奏至禮部。年終類奏行在京諸司及南京禮部并被災地方修省。

明·鄧士龍輯《國朝典故》卷一〇八《後鑒録中》　各處災異，例該有司具實奏聞。瑾要蒙蔽，一槩阻絶。但遇欽天監奏有天象變異，輒加罪打。前年湖廣地方災傷，瑾不令假以賑濟爲名，奏差鄉里令爲民韓福，前去科斂，剥削銀兩，饋送鉅萬入己。以致地方民窮盜起，至今擾亂不息。

明·陳建《明通紀法傳全録》卷五　四年十月，上謂中書省臣曰：祥瑞災異，皆上天垂象。然人之常情，聞禎祥，則有驕心；聞災變，則有懼心。朕常命天下，勿奏祥瑞，若災異即時報聞。尚慮臣庶，罔體朕心，遇災異，或匿而不舉，或舉而不實，使朕失致謹天戒之意。中書其行天下，遇有災變，即以實上聞。

清·徐松《宋會要輯稿·瑞異二之一六·令諸路即時奏上所降雨雪尺寸詔》（熙寧元年二月八日）　近來諸州府軍監逐時降雨雪，多以爲常事，不即上聞。雖有先降指揮，官吏上下以其年歲深遠，使生怠慢。具令諸路檢會舊條，今後並即時具的實尺寸聞奏，仍令轉運司逐季舉行。

清·徐松《宋會要輯稿·職官三六之一〇七·天文變異令天文局具以實聞詔》（靖康元年正月二十日）　今不諱之朝，明目達聰之時，天文局尚習舊風，隱蔽諂佞。今後應天文變異，具以實聞。上天譴誡，朕當克己省過，庶銷灾祥。如敢更似日前，國有典刑，朕不貸汝。

清·徐松《宋會要輯稿·職官七九之三·令監司守臣依時盡實聞雨陽豐歉詔》（淳熙八年七月二十一日）　帥臣、監司以勸農爲名，自當朝夕諮訪，以待上問。比者數命諸道條具雨暘豐歉之候，乃或泛言某郡某縣大略如何，或云見行取會，顯屬文具仰。自今行下所部，令諸縣五日一申州，州十日一申帥臣、監司。繳候指揮到日，帥臣監司即時開具聞奏。其或不盡不實，並當黜罰。

清·徐松《宋會要輯稿·食貨六三之二二四·兩淮帥臣監司其本路二麥將熟及雨水分數奏聞詔》　令兩淮帥臣、監司將本路州軍見今二麥將熟及雨水分數，詳具以聞。

清·徐松《宋會要輯稿·食貨六三之二二四·諸路帥漕司依時將所部州軍得雨分數等奏聞詔》（淳熙九年五月十五日）　令江、浙、兩淮、福建、湖南北、京西路帥漕司，今後逐年自四月一日爲始至九月終每半月，四川、二廣帥漕司每一月，各將所部州軍得雨分數及麥禾次第詳具以聞。

清·張廷玉等《明史》卷八《仁宗紀》　（永樂二十二年十月）戊申，通政使請以四方雨澤章奏送給事中收貯。帝曰：「祖宗令天下奏雨澤，欲知水旱，以施恤民之政。積之通政司，既失之矣，今又令收貯，是欲上之人終不知也。自今奏至即以聞。」

《清實録·高宗純皇帝實録》卷五〇《乾隆三年》　壬辰。上天譴責朕躬，命直省旬月奏報雨雪。苟應時則喜動顔色，或過期即減常膳。元年五月京畿旱，虔禱於宫中，自晨至夕不膳。霖雨立沛。蓋皇考深念所任受於皇天暨列祖者，惟兹天下之烝黎，故休戚相關，如保赤子。而民之所以安者存乎政，政之所以舉者存乎人，故宵衣旰食，日有孜孜，尤以是爲先務焉。念民所苦病者，莫如賦重而刑濫，有司遇災浸而不恤。巧法侵漁，或惰侈以自耗，致民俗之日偷逐姦利，縱淫樂，聚徒鬬很，若是者皆盜賊之源也。

《清實録·高宗純皇帝實録》卷九〇《乾隆四年》　戊子。又諭：近來京師微覺亢旱，已降旨令該衙門虔誠祈禱。朕思清理刑獄，亦祈求雨澤之一端。近日刑名悉從寬大，亦更無可輕減之處。著刑部堂官等，將徒杖以下等罪查明情節，或應釋放，或應減等，請旨完結。其尋常案件，亦速爲辦理，毋得牽累稽延。

《清實録·高宗純皇帝實録》卷一二一《乾隆五年》　戊午。禮部議覆：刑部右侍郎張照奏稱：元臣郭守敬倣璣衡遺意，制造儀器，向置觀象臺上，流傳至今四百餘年。嗣因西洋人紀里安，因制造新儀，將舊儀銷毁。惟存簡儀、渾儀、仰儀等數件。今又有交養心殿改造器皿之議。竊思羲和以來，中國所存躔度遺規，惟此一綫。良可愛重，豈宜銷毁？乞敕下禮部，會同欽天監查觀象臺舊儀完全者幾座，不全者幾座，開造清册三本。分貯内閣、禮部、欽天監，以昭慎重。從之。

《清實録·高宗純皇帝實録》卷三一九《乾隆十三年》　甲子。陝西布政使武柱奏報雨澤，並西、鳳、同、乾等處州縣夏禾被災，撫恤情形。得旨：覽奏俱悉。此等奏報，理應據實，不可粉飾也。

《清實録·高宗純皇帝實録》卷八二九《乾隆三十四年》 壬午，諭：欽天監每歲奏報初雷觀候僅據占書習見語，於驚蟄後照例具奏，並非聞有雷聲。故套相沿，甚屬無謂。嗣後此例著停止。

《清實録·高宗純皇帝實録》卷八六三《乾隆三十五年》 丙申，又諭現在大雨時行之候，京師近日雨水畧覺過稠。每望雲氣，多係自西南而來。不知山左一帶，邇來晴雨，是否停勻，未見該撫奏及。著傳諭富明安速將現在東省田禾晴雨情形，詳晰奏聞。

《清實録·高宗純皇帝實録》卷一四四七《乾隆五十九年二月》 庚辰，諭軍機大臣等：本日朱珪奏正月中下二旬雨雪情形一摺。據稱安慶、徽州等十三府州屬，於正月十二、四、五及二十五、六、七等日，得雨一二寸，得雪一二三至六七寸等語。其摺係二月初九日拜發，而該撫於二月初旬内曾否續得雨澤，並未提及，又未續有奏報。又書麟前次奏報江寧省城雨雪情形，亦止稱正月初二日起，至初四日止，雨雪交作，除融化外積有三寸，而此後有無雨澤，亦未據奏到。又奇豐額於本月初二日奏到江寧、蘇州等府屬得獲雨雪日期，亦係正月初二、初五、初十等日，此後未據續奏。看來上下江各屬二月以來，尚未得雨。江南向來春雨最多，數日不雨，即以暵乾爲慮。今日久不雨，恐民間望澤甚殷。著傳諭書麟、奇豐額、朱珪將上下江二月以來曾否續被甘膏，若未經沛澤，於麥苗有無妨礙，及於何日續經得雨之處，據實迅速具奏，以慰廑注，毋得稍存諱飾。

《清實録·仁宗睿皇帝實録》卷一〇六《嘉慶七年十二月》 乙丑，諭内閣：本日遞到全保由驛馳奏之摺，當加披閲。祇係奏報該省得雪情形及糧價清單，别無緊要事件。督撫等身任封疆，於地方應行陳奏之事，自當差人賚摺恭遞。乃近來各督撫等往往於尋常照例事件，輒用由驛馳奏殊屬無謂。朕念切民依，外省雨雪情形，時深縈廑。如果該省待澤稍殷，或經特旨垂詢，自不得不由驛奏報。若雨澤調勻循例奏聞，又豈得輕用馬遞，徒勞驛站耶？除全保原摺存，俟該省摺差之便再行發還外，將此通諭各省知之。

《清實録·仁宗睿皇帝實録》卷二〇八《嘉慶十四年正月》 壬午，諭内閣：向來欽天監奏觀候本章，凡遇節氣，就風色方向所宜，鋪陳吉語，皆係先期豫備，朕所素知。即如本日交立夏節，在辰初二刻八分，欽天監奏其時風從東南巽方來，主年歲大熟等語。朕披覽本章時，甫交辰正。該衙門豈能於片刻之閒，繕本用印？其爲豫擬不實可知。朕崇尚實政，屏黜虚詞。司天占驗，原以察天文而驗人事。如果應時協吉，仰荷昊慈，固深欽感。儻或風候偶愆，亦可藉資修省。若僅虚應故事，視爲具文，殊覺無謂。嗣後欽天監於觀候本章，務須詳細占驗，據實陳奏。自本年夏至起，每届節令，均於第三日具題，以備省覽。

《清實録·仁宗睿皇帝實録》卷二一一《嘉慶十四年五月》 壬申，諭内閣：欽天監觀候本章，前已有旨改於節令三日後具題，以昭覈實。此次夏至占風之本，仍循向例，該監呈遞後，又送内閣進呈，殊覺重複無謂。嗣後著即送内閣，與各衙門應進本章一同呈遞。其該監先行呈遞一次之例，著停止。

《清實録·仁宗睿皇帝實録》卷三四一《嘉慶二十三年四月》 戊寅，諭内閣：欽天監衙門職司占驗，於星象風信休徵、咎徵，皆應據實入告。近日該衙門節候占風，多擇取吉祥語句，聊以塞責。昨初八日風霾之異，朕心震懼。遲至三日該衙門並未推占具奏，所司何事，此等異變竟不具奏，豈專事諂媚以取悦於上乎？真所謂尸厥官，罔聞知，昏迷於天象矣。著即詳考占經，烈風之變見於四月者，主何徵應。全録原文，據實奏聞，毋有所隱。

《清實録·宣宗成皇帝實録》卷二六《道光元年十一月》 （癸酉）又諭：向來蘇州織造每月具奏晴雨録及糧價單一次，各處鹽關織造均無此奏，且江蘇巡撫駐劄蘇州，業將各屬雨水糧價情形按月具奏，該織造復行陳奏，實屬重複。嗣後著即停止，以省繁文。將此傳諭嘉禄知之。

《清實録·宣宗成皇帝實録》卷二七一《道光十五年九月》 丙申，諭内閣：據鴻臚寺卿黄爵滋條陳各事宜，朕詳加披閲。内謹天戒一條，請飭欽天監。嗣後將天象簿與晴雨録一同進呈，並請飭各省地方官，凡地面所有災異，無論大小，據實奏報等語。欽天監掌測候推步之政，天道無言，視人事以爲徵應。其有天象昭垂，均經該衙門據實奏聞，自可隨時省察。至各省間有水旱災祲，本屬隨時奏報，所奏著毋庸議。

《清實録·文宗顯皇帝實録》卷七九《咸豐二年十二月》 （乙未）大學士直隸總督訥爾經額奏報各屬雪澤情形，報聞。

《清實録·文宗顯皇帝實録》卷八〇《咸豐二年十二月》 （丁酉）浙江巡撫黄宗漢奏報雨雪應時情形。得旨：獲霑渥澤，慶幸實深。爾等地方大吏，克誠克敬，感格天恩，故若是之速。然而不可稍存自滿之志，驕侈二字，我君臣當共勉力戒之。

《清實録・文宗顯皇帝實録》卷一一二《咸豐三年十一月》　直隸總督桂良奏報得雪情形。得旨：現在賊匪未除，吾民何由欣忭。況冬雪雖霑，開歲農工，爲日甚長。未至新秋，何能稍存侈大。覽茲幕客閒文，反增愁悶耳。爾爲大吏者尤當以從實爲第一要務。

《清實録・文宗顯皇帝實録》卷二一四《咸豐六年十二月》　山西巡撫王慶雲奏報雪澤。得旨：嗣後奏報雨雪單，著註明某縣係某府屬，以清眉目。

清・王士禛《池北偶談》卷二五《風異六》　丁巳三月，上諭諭禮部：「帝王克勤天戒，凡有垂象，皆關治理，故設立專官，職司占候，所係甚重。一切祥異，理應不時具奏。今欽天監衙門，止於尋常節氣，尚有觀驗；至今歲三月初霜霧，及以前星辰淩犯，應占奏者，并未奏聞。皆由該監官蒙昧踈忽，有負職掌，爾部即行察議具奏。」以後欽天監占候本章，内閣照例票擬批發。大哉王言，謹備録之。

祭告制度

唐・房玄齡等《晉書》卷一九《禮志上》　明帝太寧三年七月，始詔立北郊，未及建而帝崩。及成帝咸和八年正月，追述前旨，於覆舟山南立之。天郊則五帝之佐、日月、五星、二十八宿、文昌、北斗、三台、司命、軒轅、后土、太一、天一、太微、句陳、北極、雨師、雷電、司空、風伯、老人，凡六十二神也。地郊則五嶽、四望、四海、四瀆、五湖、五帝之佐、沂山、嶽山、白山、霍山、醫無閭山、蔣山、松江、會稽山、錢唐江、先農，凡四十四神也。江南諸小山，蓋江左所立，猶如漢西京關中小水皆有祭秩也。是月辛未，祀北郊，始以宣穆張皇后配，此魏氏故事，非晉舊也。

又　漢儀，縣邑常以乙未日祠先農，乃耕於乙地，以丙戌日祠風伯於戌地，以己丑日祠雨師於丑地，牲用羊豕。立春之日，皆青幡幘迎春於東郊外野中。迎春至自野中出，則迎拜之而還，弗祭。三時不迎。

宋・宋綬《宋大詔令集》卷一五一《頒畫龍祈雨法詔》　雩禜之祭，禮經具存，禳禬之文，祠令收載。朕頃居儲貳，兼治王畿，虞十雨之有愆，致千箱之失望，預防農害，常訪異聞，或云畫龍以祠，其術甚著，屢因驕亢，嘗事禱祈，靈感遄臻，嘉澍來應，宜頒寓縣，以祐蒸黎，庶消旱暵之災，用慰憂勤之念。其畫龍祈雨法令付有司，宜令雕印頒下。

宋・宋綬《宋大詔令集》卷一五三《頒祭龍祈雨雪詔》　夫旱暵之數，自昔常然，禳禬之方，救災爲急。欽惟先聖，篤在劭農，思獲閔雨之求，早得繪龍之法，鏤行方板，著定明科，班之庶邦，副在公府，以虞三時之致害，懼百穀之愆宜。導迎甘膏，消弭熏虐，自奉遵於憲矩，多獲驗於雩場。歷年祀以寖深，慮詔文之殘缺，宜新刊刻，用廣宣行，且以識聖考之憂勤，俾菲躬之繼述。眷言守宰，得奉粢盛，所以庇民，莫先育穀，凡因祠禱，務竭精誠，庶洽至和，以躋長治。宜令本處如此收掌，遇愆雨雪，即嚴潔依古法祈求。祭龍法，先令一道士於壇上敕水解穢，少遶壇壝，然後祭龍，或無道士處，但焚香可也。

宋・李燾《續資治通鑑長編》卷三四八《神宗・元豐七年九月》　詔：「州縣社、稷及風伯、雨師壇壝，令提點刑獄官先次點檢。如有未應法式，並令依應增改，遇損壞，即令修飾。於壇側建齋廳三楹，以備望祭。」從河東路同管勾保甲馬城請也。

《全宋文》卷一〇八二《陳襄六・遇雨望祀服祭服仍設樂》　臣等看詳：《禮記》曰：「大夫冕而祭於公，弁而祭於己。」則是臣子助祭不當朝服也。又曰：「年穀不登，祭事不縣。」則於祭之時，既行吉禮，不當徹樂也。今禮，祠祭遇雨則望祀，不爲違禮，然而服公服不設樂，則非所以奉神。伏請遇雨望祀，服祭服，仍設樂。

《全宋文》卷一〇八二《陳襄六・四望山川社稷五祀朝日夕月風師雨師司命司中七祀措百神先蠶五龍靈星壽星司寒馬祭冕服各異》　臣等看詳：《禮記》曰：「天子玄冕，朝日於東門之外。」又曰：「祀四望山川則毳冕，祭社稷五祀則希冕，祭群小祀則玄冕。」注：「群小祀，林澤、墳衍、四方百物之屬。」孔穎達謂：「此據地之小祀，以血祭社稷爲中祀，埋沈以下爲小祀也。若天之小祀，則司命、司中、風師、雨師。」鄭雖不言，義可知矣。國朝《祀儀》：祭社稷、朝日、夕月、風師、雨師，皆服衮冕。其䄍祭、先蠶、五龍亦如之。祭司命、户、竈、門、厲、行，皆服鷩冕。壽星、靈星、司中、司寒、中霤，司祭，皆服毳冕。皆是非。今天子六服，自鷩冕而下，既不親祠，廢而不用，則諸臣攝事，自當從王所祭之服。伏請依《周禮》，凡祀四望山川，則以毳冕。祭社稷五祀，則以希冕。朝日、夕月、風師、雨師、司命、司中，則以玄冕。若七祀、䄍祭百神、先蠶、五龍、靈星、壽星、司寒、馬祭，蓋皆群小祀之比，當服玄冕。

《全宋文》卷四一四〇《康與之·創建風雷雨師殿記》 凡陰陽凝結之氣積高廣大者，皆神明之隩，故古之君天下者必柴望於嶽瀆。周公相成王，懷柔百神，咸秩無文，五嶽視三公，四瀆視諸侯。漢神爵元年制詔太常曰：「江海百川之大者也，今闕焉無祀。其令禮官以四時祀江海。」聖朝治暢道洽，神明饗答，海嶽册禮跨古尊顯。□南粵置使，掌□服諸夷，貿□□歲□資邦計數百鉅萬，胡商海賈以不貲之貨入重譯之地，行萬里海，必禀命於南海□□□水之便，然後敢行。舟舶既濟，輸征乃廣，國以饒用，吏以稱職，可不敬歟。共惟□□順，□□遜之美，受慶禪之禮，光明緝熙，以報付託。審求吏能，旁於疏遠，□□□□入□行在所不稱者報罷。始，昊興陶公定分符治貴，陛對之次，玉音激揚，□□□□舶□選才，上録陶公移使焉。公清名峻節，聞於天下，精詞麗句，推於前輩。至則辨治，歲貢倍□，神實相之。□怠於□□□薦南海神祠下，謂未至者南海神大神之尊主於事而風雷雨師□□□□□□列□於事，昔無陛級之嚴，雜廊廡之祀，非所以配食大神，攸司上列□□□之□□□□□□□□器□謝曠闕。是歲也，田豐海熟，迅霆收聲，颶母減影，歸檣去柂，安若衽席。以乾道□□□□□□落成，□□奉安，謹攻石記始以告於後。洛師康與之記并書。光緒《廣州府志》卷一〇二《金石略》六，光緒五年刻本。

《全宋文》卷五六五五《朱熹二二八·南康軍風師壇記》 南康軍故無風師壇，而寓其祠於社。淳熙六年，歲在著維大淵獻，權發遣軍事朱熹始按唐《開元禮》，求其地於城之東北，得郡人盛宗廢圃，廣若干，袤若干，蠲其租若干，檄司户參軍姓名、星子縣尉姓名奉《政和新書》，築壇三成，陛四出，東爲燎壇，南爲大門而周垣之。書祀儀於門之東壁，而圖其陳列登降之位於西壁。經始十一月某日，而成於某日云。《晦庵先生朱文公文集》卷七八。

《全宋文》卷七二〇二《真德秀六八·風師祝文》 某入郡之初，嘗謁于社稷矣，而未知風師之有壇也。立春之後，方修祀事，而國有卹典，不及躬陳與獻，而以官僚代之，每廩然不自安也。謹涓穀旦，按視壇壝，且庀工徒，稍加繕修。惟神當此春和，扇温厚之仁，以成生育之化，吉蠲之報，其敢弗虔！謹告。《西山文集》卷五四。

《全宋文》卷七二〇二《真德秀六八·雨師祝文》 某入郡之初，嘗謁于社稷矣，而未知雨師之有壇也。兹涓穀旦，躬修按視之禮，且命僚屬稍加繕治。惟今農事方興，而嘉澤未應，某竊懼焉。願神賜以霢霂，繼以優渥，且霑足焉，俾歲大豐，而民有生意，則吉蠲之報，其敢弗虔！謹告。《西山文集》卷五四。

《全宋文》卷七二〇二《真德秀六八·社神稷神后土勾龍氏后稷氏風雨師雷神祝文》 社、稷。穀雨之雨，閱日幾何，高田已乾，良苗將瘁，是用震懼，奔告於神。瀕海之邦，土脈剛燥，一雨十日，霈然溢流，滲之漉之，庶克有濟。造化之妙，咄嗟可能，神其哀恫，是拯是救。謹告。《西山文集》卷五四。

元·脱脱等《宋史》卷九八《禮志一》 五禮之序，以吉禮爲首，主邦國神祇祭祀之事。凡祀典皆領於太常。歲之大祀三十：正月上辛祈穀，孟夏雩祀，季秋大享明堂，冬至圜丘祭昊天上帝，正月上辛又祀感生帝，四立及土王日祀五方帝，春分朝日，秋分夕月，東西太一，臘日大蠟祭百神，夏至祭皇地祇，孟冬祭神州地祇，四孟、季冬薦享太廟、后廟，春秋二仲及臘日祭太社、太稷，二仲九宮貴神。中祀九：仲春祭五龍，立春後丑日祀風師、亥日享先農，季春巳日享先蠶，立夏後申日祀雨師，春秋二仲上丁釋奠文宣王、上戊釋奠武成王。小祀九：仲春祀馬祖，仲夏享先牧，仲秋祭馬社，仲冬祭馬步，季夏土王日祀中霤，立秋後辰日祀靈星，秋分享壽星，立冬後亥日祠司中、司命、司人、司禄，孟冬祭司寒。

元·脱脱等《宋史》卷一〇三《禮志六》 紹興十一年，太常丞朱輅言：「九宮貴神所主風、雨、霜、雪、雹、疫，所係甚重，請舉行祀典。」太常寺主簿林大鼐亦言：「十神太一，九宮太一，皆天之貴神，國朝分爲二，並爲大祀。比一新太一宮，而九宮貴神尚寓屋而不壇。」乃詔臨安府於國城之東，建築九宮壇壝，其儀如祀上帝。其太一宮，初議者請即行宮之北隅建祠，後命禮官考典故，擇地建宮。十八年，宮成，御書其榜。十太一位於殿上，南面，西上。從祀，東廡九十有八，西廡九十有七，皆北上。孝宗受禪，又建本命殿，名曰崇禧。光宗又遷介福殿像於挾室，而名新殿曰崇福。

又 風伯、雨師，諸州亦致祭。大中祥符初，詔惟邊地要劇者，令通判致祭，餘皆長吏親享。未幾，澤州請立風伯、雨師廟，乃令禮官考儀式頒之。有司言：「唐制，諸郡置風伯壇社壇之東，雨師壇於西，各稍北數十步，卑下於社壇。祠用羊一，籩、豆各八，簠、簋各二。」元豐詳定局言：「《周禮》：『小宗伯之職，兆五帝於四郊，四類亦如之。』鄭氏曰：『兆爲壇之營域。四類，日、月、星、辰，運行無常，以氣類爲之位，兆日於東郊，兆月與風師於西郊，兆司中、司命於南郊，兆雨師於北郊。』各以氣類祭之，謂之四類。漢儀，縣邑常以丙戌日祠風伯於戌地，以己丑日祀雨師於丑地，亦從其類故也。熙寧祀儀：兆日東郊，兆月西郊，是以氣類爲之位。至於兆風師於國城東北，兆雨師於國城西北，司中、司命於國城西北亥地，則是各從其星位，而不以氣類也。請稽舊禮，兆風師於西郊，祠以立春後丑日；兆雨師於北郊，祠以立夏後申日；兆司中、司命、司禄於南郊，祠以立冬後亥日。其壇兆則從其氣類，其祭辰則從其星位，仍依熙寧儀，以雷師從雨師之位，以司民從司中、司命、司禄之位。」

舊制，風師壇高四尺，東西四步三尺，南北減一尺。皇祐定高三尺，周三十三步；雨師壇、雷師壇高三尺，方一丈九尺。皇祐定周十六步。政和之制，風壇廣二十三步，雨、雷壇廣十五步，皆高三尺，四陛，並一壝，二十五步。其雨師、雷師二壇同壝。司中、司命、司民、司禄爲四壇，各廣二十五步同壝。

又言：「《周禮》：『大宗伯以槱燎祀司中、司命、風師、雨師。』所謂周人尚臭，升煙以報陽也。今天神之祀皆燔牲首，風師、雨師請用柏柴升煙，以爲歆神之始。」又言：「《周禮》樂師之職曰：『凡國之小事用樂者，令奏鐘鼓。』説者曰：『小祀也。』小師職注：『小祭祀謂司中、司令、風師是也。』既已有鐘鼓，則是有樂明矣。請有司祀司中、司命、風師、雨師用樂，仍製樂章以爲降神之節。」又言：「《周禮》小司徒之職：『凡小祭祀奉牛牲羞其肆。』又《肆師》云：『小祭祀用牲。』所謂小祭祀，即司中、司命、司民、司禄、宫中七祀之類是也。後世以有司攝事，難於純用太牢，猶宜下同大夫禮，用羊、豕可也。今祀儀，馬祖、先牧、司中、司命、司民、司禄、司寒，歲用羊、豕一。《祠令》：小祠，牲入滌一月，所以備潔養之法。今每位肉以豕，又取諸市，與令文相戾。請諸小祠祭以少牢，仍用體解。」又言：「社稷五祀，先薦爓，次薦熟；至於羣小祀，薦熟而已。請四方百物、宫中七祀、司中、司命、風師、雨師止薦熟。」並從之。

明·鄧士龍《國朝典故》卷九《洪武聖政記·嚴記事第一》 （洪武元年）乃命中書省、禮部定議郊廟及百神祀典，《制》曰：「朕思天地造化，能生萬物而不言，故命人君代理之。前代不察乎此，聽人民祀天地，祈禱無所不至。普天之下，民庶繁多，一日之間祈天者不知其幾，瀆禮犯分，莫大於斯。古者，天子祭天地，諸侯祭山川，大夫、士庶各有所宜祭。其上下合祭之神，禮部其定議頒降，違者罪之。」於是省、部定奏：「天子親祀圜丘、方澤、宗廟、社稷。若京師三皇、孔子及風、雲、雷、雨、五嶽、四瀆、聖帝、明王、忠臣、烈士、先賢等祀，則遣官致祭。郡縣宜立社稷，有司春秋致祭。庶人祭祖、父母及里社、土穀之神，并得祀竈，載諸祀典。其僧、道建齋設醮，不許奏章上表，投拜青詞。及塑畫天地神祇與凡扶鸞、禱聖、書符、呪水諸術，並加禁止。庶幾左道不興，民無惑志。」詔從之。

明·鄧士龍《國朝典故》卷三一《野記一》 雲唯本朝祭，前代不然，以爲雲即雨也。

國初議郊禮，主分合者各有之，久不決。太祖曰：「非天子不議禮，朕決爲合祭。」并壇屋，諸制一日悉定。

明·俞汝楫《禮部志稿》卷八八《祈禱災祥》 凡祈禱雨雪及時，禮部奏行，順天府於都城隍等廟行香，禁屠宰三日，百官公所致齋，青衣角帶辦事。凡各處雨澤有無乾溢霑足，以報禮部。凡各處地震、山川異常、雨暘愆期奏至禮部，年終類奏。行在京諸司及南京禮部并被災地方修省。

明·姚思仁《明律附例注解》卷一一《致祭祀典神祇》 凡各府州縣社稷、山川、風雲雷雨等神及境内先代聖帝、明王、忠臣、烈士載在祀典，應合致祭神祇。所在有司總置立一牌面，開寫神號、祭祀日期於本衙門潔净處，常川懸掛，依時致祭。至期失誤祭祀者，所司官吏杖一百；其非祀典所載不當奉祀之神而致祭者，杖八十。

明·徐一夔等《明集禮》卷一三《吉禮十三·專祀太歲風雲雷雨師》 若其風師雨師之祀，見於周官，秦漢隋唐亦皆有祭。天寶中又增雷師於雨師之次，因升風雨雷師爲中祀，宋元因之。國朝既於圜丘以太歲、風雨雷師從祀，且增雲師於風師之次，復以春秋驚蟄、秋分後之三日專祀本歲。太歲及風師、雲師、雷師、雨師於國南羣祀壇，天子降香，遣官行事。其郡縣風雲雷雨師之祭一如前代之儀云。

壇制 時日附

太歲之祀始自國朝，古無壇宇之制。若風雲雷雨之祀，則月令以立春後丑日祭風師於國城東北，立夏後申日祀雨師於國城西南，兆之於東北、西南者從箕畢星位也。東漢以丙戌日祀風師於戌地，以己丑日祀雨師於丑地，以丑戌日祀於丑戌地者，各從其氣類也。唐因隋制於立春後丑日祀風師於國城東北，立夏後申日祀雨師、雷師於國城西南。其壇皆三尺，周迴十六步。宋兆風師於西郊，兆雨師於北郊。風師壇高三尺，周二十三步，雨師、雷師壇高三尺，廣一十五步。元祭風師於東北郊，祭雨師於西南郊，而郡縣立壇通祀風雨雷師，雷雨壇在稷壇西，風師壇在社壇東，其制卑小於社稷壇。國朝以春秋合祭太歲、風雲雷雨於國南，其制屋而不壇。若各府州縣之祀風雲雷雨師則仍築壇於城西南，祭用驚蟄、秋分日。

牲幣

周禮大宗伯以槱燎祀風師、雨師。槱燎者，積柴以實牲體而燎之也。《爾雅》曰，祭風曰磔，磔謂披磔牲體象風之散物也。漢祀風師雨師，牲用羊豕，唐用羊一。宋祀雨師羊二豕二，風師雷師各羊一。元祀風雨雷師各羊一豕一。國朝太歲、風雲雷雨師，各用一太牢，其幣則唐宋元及國朝皆以白。

祭器

唐祀風雨雷師，每壇設太尊一，著尊一，山罍一，籩豆十，簠簋二。宋每壇置犧尊四，象尊四，以爲酌尊，置太尊二，山尊二，著尊二，犧尊二，象尊二，壺尊六，以爲設尊。籩十，豆十，簠二，簋二，登一。元如宋制。國朝太歲、風雲雷雨各用尊三，籩八，豆八，簠二，簋二。

酒齊

唐祀風雨雷師太尊實醴齊，著尊實盎齊，山罍實事酒。宋設尊其八，實五，齊三，酒其八，實明水玄酒酌尊，犧尊實泛齊，象尊實醴齊。元及國朝太歲、風雲雷雨酌尊皆同宋制。

粢盛

唐宋元及國朝皆簠實黍稷，簋實稻粱。

籩豆之實

唐宋元及國朝皆籩實以石鹽、乾魚、棗、栗、榛、菱、芡、鹿脯、白黑餅。豆實以韭菹、醓醢、菁菹、鹿醢、芹菹、兔醢、筍菹、魚醢、脾析菹、豚拍。

樂

周禮，大司樂奏黄鍾，歌大呂，舞雲門，以祀天神。唐初，祀風師、雨師無樂，天寶中，因增祀雷師，升風雨雷師爲中祀，乃用登歌一部。貞元中，令包佶撰樂章。宋初祀風雨雷師，無樂。元豐中，始用樂制，樂章以爲降神之節焉。元樂制未聞，國朝用雅樂。

祝册

唐祀風師，祝文曰：維某年歲次月朔日，子嗣天子某謹遣攝太尉臣某姓名，敢昭告於風師，惟神含生開動，畢佇振發，功施造化，實彰祀典。謹以制幣、犧齊、粢盛、庶品，明薦於神。尚享。雨師，祝文曰：時維正陽，品物方茂，式資膏潤，敬修常祀。雷師，祝文曰：殷發三春，震開萬物，禮存報德，式備常典。首尾俱與風師祝文同。宋元祝文缺。

明・徐一夔等《明集禮》卷一三《吉禮十三・專祀太歲風雲雷雨師・太歲風雲雷雨樂章》　迎神　中和之曲

吉日良辰，祀典式陳。太歲尊神，雷雨風雲。濯濯厥靈，昭鑒我心。以候以迎，來格來歆。

奠幣　保和之曲

靈旗涖止，有赫其威。一念潛通，幽明弗違。有幣在篚，物薄而微。神兮安留，尚其享之。

初獻　安和之曲

神兮我留，有薦必受。享祀之初，奠兹醴酒。晨光初升，祥徵應候。何以侑觴，樂陳雅奏。

亞獻　肅和之曲

我祀維何，奉兹犧牲。爰酌醴齊，貳觴載升。洋洋如在，式燕以寧。庶表微衷，交於神明。

終獻　凝和之曲

執事有嚴，品物斯祭。黍稷非馨，式將其意。薦兹酒醴，成我常祀。神其顧歆，永言樂只。

徹豆　壽和之曲

春祈秋報，率爲我民。我民之生，賴於爾神。維神祐之，康寧是臻。祭祀云畢，神其樂欣。

送神　豫和之曲

三獻禮終，九成樂作。神人以和，既燕且樂。雲車風馭，靈光昭灼。瞻望以思，邈彼寥廓。

望燎　熙和之曲

俎豆既徹，禮樂已終。神之云還，倏將焉從。以望以燎，庶幾感通。時和歲豐，維神之功。

明・徐一夔等《明集禮》卷一三《吉禮十三・專祀太歲風雲雷雨師・太歲風雲雷雨樂章・降香遣官祀太歲風雲雷雨師儀注》　時日　春以驚蟄後三日，秋用雷收聲時秋分後三日行事。

齋戒　前期三日，皇帝齋戒，獻官及各執事官俱散齋二日，致齋一日。

降香　前祀一日，清晨，有司立仗，百官具公服侍班，皇帝服皮弁服，陞奉天殿。捧香授獻官。獻官捧由中陛降中道出，至午門外。置龍亭內，儀仗鼓吹導引至祭所。

陳設　前祀一日，有司陳設如圖儀。

省牲　前祀一日，獻官公服詣壇東，省牲贊禮引至省牲位，執事者牽牲省訖，詣神厨，視鼎鑊，視滌濯畢，遂烹牲。執事者以豆取毛血，置於饌所。

正祭　祭日清晨，執事者入實尊、罍、簠、簋、籩、豆、牲、俎并陳毛血豆於神位，前列篚幣於酒尊所，贊引引獻官及應祀官各入就位。

迎神　贊禮唱：迎神。協律郎舉麾，奏闕之曲。樂作成止。贊禮唱：有司已具，請行禮。唱：鞠躬拜興，拜興平身。獻官及在位者皆鞠躬拜興，拜興平身。樂止。

奠幣　贊禮唱：奠幣。贊引引獻官詣盥洗位，搢笏，盥手，帨手，出笏，詣太歲神位前。協律郎奏闕之曲。贊禮唱：跪。獻官北向跪，搢笏，三上香。執事者捧幣東向跪，授獻官。獻官受幣。贊禮唱：奠幣。獻官興，奠幣於神位前。贊禮唱：鞠躬，拜，興，拜，興，平身。次詣風師、雲師、雷師、雨師，上香奠幣，皆如太歲神位前之儀。奠訖，樂止，復位。

進俎　贊禮唱：進俎。執事者舉俎，升階。協律郎跪，俛伏舉麾，奏闕之曲。贊禮引獻官至太歲神位前，搢笏，以俎奠於神位。訖，出笏。以下四位進俎皆同。

初獻　贊禮唱：行初獻禮。贊引引獻官詣爵洗位，搢笏，滌爵，拭爵，以爵授執事者。以下四位爵其滌拭授皆同。詣酒尊所，司尊者舉羃，執爵者以爵進酌醴齊，以爵授執事者。以下四位進爵酌醴授執事皆同。出笏。贊禮唱：詣太歲神位前。協律郎舉麾，奏闕之曲闕之舞。贊禮引至神位前，跪，搢笏，三上香，三祭酒，奠爵，出笏，俯伏，興，平身。少退，鞠躬，拜，興，拜，興，平身。次詣風師。以下四位上香、祭酒、退拜皆如上儀。拜畢，樂舞止。贊禮唱：讀祝。獻官跪，讀祝官取祝版於神右，跪讀畢。樂舞作。贊禮唱：俯伏，興，平身。稍後鞠躬，拜，興，拜，興，平身。樂舞止。

亞獻終獻並如初獻儀。惟不讀祝。

飲福受胙　贊禮唱：飲福受胙。贊引引獻官詣飲福位，鞠躬，拜，興，拜，興，平身。稍前，跪，搢笏，進爵，祭酒，飲福酒，以爵復於坫。奉俎者進俎，獻官受俎，以俎授執事者。出笏，俯伏，興，平身，鞠躬，拜，興，拜，興，平身，復位。

徹豆　贊禮唱：徹豆。掌祭官徹豆。贊禮唱：賜胙。傳贊唱：已飲福受胙者不拜。在位官皆再拜，鞠躬，拜，興，拜，興，平身。

送神　贊禮唱：送神。協律郎舉麾，奏闕之曲。贊禮唱：鞠躬，拜，興，拜，興，平身。獻官以下皆再拜。祝人取祝，幣人取幣，詣望燎位。

望燎　贊禮唱：望燎。贊引引獻官詣望燎位，執事者以祝版、幣饌置於燎壇。贊禮唱：可燎。執事者舉炬火燔之。柴半燎，贊禮唱：禮畢。獻官以下各以次出。

明・徐一夔等《明集禮》卷一三《吉禮十三・專祀太歲風雲雷雨師・王國祭風雲雷雨》　齋戒　前期，王散齋二日於别殿，王相府官於正寢。王致齋一日於正殿，王相府官於公廨。

省牲　先祭二日，執事設王次於廟壇南門外道之東南向。先祭一日，典儀、典祠導王至次執事者，各執事典儀、典祠導王至省牲位。執事者自東牽牲西行過王前，省訖，執事牽牲詣神厨。典儀、典祠導王詣神厨，視鼎鑊，視滌濯。訖，典儀、典祠導王還次。

陳設　先祭一日，典祠依圖陳設

正祭　祭日清晨，典祠率執事者各實尊罍籩豆登鉶，置幣篚於案，祝版於神位之右，大樂入就位。諸執事及陪祭官入就位。典祠啓王服、遠遊冠、絳紗袍。典祠、典儀導王至位，北向立。典祠、典儀分左右立於王之前。

迎神　司禮唱：迎神。大樂作。司禮唱：請行禮。典祠啓：有司謹具請行事。啓：鞠躬，拜，興，拜，興，平身。司禮唱：在位官再拜。司贊唱：鞠躬，拜，興，拜，興，平身。王與在位官皆鞠躬，拜，興，拜，興，平身。樂止。

奠幣初獻　司禮唱：奠幣，行初獻禮。典祠啓：詣盥洗位，大樂作。典儀、典祠導王至盥洗位。樂止。典祠啓：搢圭，王搢圭。典祠啓：盥手，司盥洗者酌水，王盥手訖，司巾者以巾進。典祠啓：帨手，王帨手。訖，典祠啓：出圭，王出圭。典祠啓：詣爵，洗位。典祠、典儀導王至爵，洗位。典祠啓：搢圭，王搢圭。執爵官以爵進，典祠啓：受爵，王受爵。典祠啓：滌爵，司爵洗者酌水，王滌爵。訖，典祠啓：拭爵，司巾者以巾進，王拭爵。典祠啓：以爵授執事者，王以爵授執爵官。典祠啓：出圭，王出圭。啓：詣風雲雷雨神位前，大樂作。典祠、典儀導王至神位前，樂止。奉爵、奉幣者前行。典祠啓：跪，王跪。

掌祭詣案取香，跪進於王之左。典祠啟：　搢圭，王搢圭。啟：　上香，上香。三上香，王三上香。訖，奉幣者捧幣跪進於王之右，王受幣奠於神位前。奉爵者捧爵跪進於王之右，王受爵。典祠啟：　祭酒祭酒，三祭酒，奠爵。王三祭酒，奠爵。訖。典祠啟：　出圭，王出圭。讀祝官取祝跪讀於神位之右，讀畢，復以祝置於案。典祠啟：　俯伏，興，拜，興，拜，興，平身，王俯伏，興。大樂作。拜，興，拜，興，平身。樂止。典祠啟：　復位。典祠、典儀導王復位。

亞獻　司禮唱：行亞獻禮。典祠啟：　行亞獻禮。掌祭官於神位前爵内斟酒，典祠啟：　鞠躬，拜，興，拜，興，平身，王鞠躬。大樂作。拜，興，拜，興，平身。樂止。

明・徐一夔等《明集禮》卷一三《吉禮十三・專祀太歲風雲雷雨師・王國祭風雲雷雨》　終獻如亞獻之儀。

飲福受胙　司禮唱：飲福受胙。執事舁香案置於王拜位前，執事酌福酒舉胙肉，典祠啟：　飲福受胙。大樂作。典祠、典儀導王至香案前位，典祠啟：　鞠躬，拜，興，拜，興，平身。王鞠躬，拜，興，拜，興，平身。典祠啓：　跪，搢圭。王跪，搢圭。執事捧爵東向跪進於王，王受爵，訖。啟：　飲福酒，王祭酒，少許，飲福酒，以爵置於坫。執事官東向跪進胙於王，王受胙，以胙授左右。左右西向跪受，興。典祠啓：　出圭，啓：　俯伏，興，拜，興，拜，興，平身。王俯伏，興。大樂作。拜，興，拜，興，平身。樂止。典祠啓：　復位，典祠、典儀導王復位。

徹豆　司禮唱：徹豆。掌祭官徹豆。司禮唱：　賜胙。典祠啟：　王飲福受胙者，免拜。司禮唱：陪祭官皆再拜。司贊唱：　鞠躬，拜，興，拜，興，平身。陪祭官皆鞠躬。大樂作。拜，興，拜，興，平身。樂止。

送神　司禮唱：送神。典祠啟：　鞠躬，拜，興，拜，興，平身。司禮唱：在位官皆再拜。司贊唱：　鞠躬，拜，興，拜，興，平身。王與陪祭官皆鞠躬，大樂作，拜，興，拜，興，平身。樂止。

望燎　司禮唱：望燎。讀祝官取祝，捧幣者取幣，掌祭官取饌，詣燎所。典祠啟：　詣望燎位，大樂作。典祠、典儀導王至望燎位，樂止。候燎半，司禮唱：可燎。典祠啟：　禮畢，導引王還，次引禮引陪祭官出。

明・徐一夔等《明集禮》卷一三《吉禮十三・專祀太歲風雲雷雨師・各府州縣祭風雲雷雨師儀》　時日　春以驚蟄日，秋用秋分日行事。

齋戒　前三日，三獻官散齋二日於別寢，致齋一日於祭所。執事人員齋各一日於祭所。

陳設　前祭二日，有司掃除壇上下，設三獻官次於壇門外。前一日執事者設省牲位於南門外，設神位於壇上近北南向。每位設籩四，於神位之左，豆四，於神位之右。簠簋各一，於籩豆之間，毛血豆於簠簋前。俎二，又於其前。香燭案於俎前，爵坫沙池於香案之前。祝版位於神位之右，設酒尊所於壇上東南隅。犧尊一，山罍一，設幣篚位附於酒尊所。設盥洗位於壇下之東，爵洗位於盥洗位之北，初獻位於壇下正中之南，亞獻位於初獻位之左，終獻位於初獻位之右稍後。從祭官位於獻官之後，引贊位於獻官之左右，贊禮二人位於壇下之東，讀祝位於神位之右，掌祭二人位於神位之左右，司尊、司爵、司洗、捧幣位各於其所。設望燎位於壇之西南。

省牲　前祭一日，執事者引三獻官至省牲位。執事者自門東牽牲東行過獻官前，執事者告腯訖，牽詣神厨，獻官詣厨，視鼎鑊滌溉，訖，遂烹牲。以豆取毛血置於饌所。

正祭奠幣　丑前五刻行事，執事者入，實尊罍籩豆簠簋登鉶，陳毛血豆、祝版。三獻官服公服簽祝版於次，執事者各冠垂脚唐帽、圓領白襴衫、烏角帶各入就位。引贊引獻官入，就壇下拜位。贊禮唱：有司已具，請行事。贊禮唱：　鞠躬，拜，興，拜，興，平身。贊者唱：　奠幣。引贊引初獻官詣盥洗位，搢笏，盥手，帨手，出笏，引詣風雲雷雨師神位前。贊禮唱：跪。搢笏，執事者以幣跪進於初獻之右。初獻受幣奠於神位前，訖。稍後，引贊唱：　俯伏，興，拜，興，拜，興，平身。復位。

初獻　贊禮唱：行初獻禮。引贊引獻官詣爵洗位，搢笏，受爵，滌爵，拭爵以爵授執事者。出笏，次引初獻自南陛升壇，詣酒尊所。搢笏，受爵。司尊者舉冪，酌犧尊之緹齊，以爵授執事者。出笏，引詣神位前，北向立。引贊唱：跪，搢笏。掌祭官捧香跪進於獻官之左，引贊唱：　上香。上香二。上香，初獻三上香，訖。執爵者捧爵跪進於初獻官之右。受爵，引贊唱：　祭酒。祭酒三。祭酒，初獻三祭酒，奠爵，出笏。讀祝官取祝版跪於神位之右，讀訖，引贊唱：　俯伏，興，拜，興，拜，興，平身。

亞獻、終獻其行事並與初獻同。惟不讀祝。

飲福　贊禮唱：飲福。引贊引初獻官詣飲福位，西向立。掌祭者以爵酌福酒，持詣獻官之左。引贊唱：　鞠躬，拜，興，拜，興，平身。初獻官再拜，訖。引贊唱：跪，搢笏。初獻官跪，搢笏。掌祭舉福酒爵進於初獻之左，初獻官受爵，祭酒。少許飲福酒，奠爵。掌祭官減神位前胙肉跪進於初獻之左，初獻受胙，以胙授執事者。引贊唱：出笏，俯伏，興，拜，興，拜，興，平身。初獻再拜訖，引復位。贊禮唱：賜胙。初獻官飲福受胙免拜，在位者皆再拜。唱：鞠躬，拜，興，拜，興，平身。亞獻官以下皆鞠躬，拜，興，拜，興，平身。

望燎　贊禮唱：詣望燎位。引贊引初獻官以下詣望燎位，祝人取祝，幣人取幣，掌祭取饌置於燎所。贊禮唱：可燎。東西面各一人舉炬火燔之。柴半燎，引贊唱：禮畢。引初獻官以下及諸從祭官以次出。

明・俞汝楫《禮部志稿》卷一《虔祀之訓》　洪武六年二月，上諭太常司臣曰：今後祭太歲、風雲雷雨、嶽鎮、海瀆、山川、城隍、旗纛諸神，朕親行中五壇禮，餘壇魏鄭曺宋衛五國公及中山、江夏、江陰三侯分祀。夫祭祀之道在誠敬，孔子曰：祭如在，祭神如神在。苟有一毫誠敬未至，神必不格，而牲醴庶品皆爲虛文，又焉用祭。朕自即位以來於祀神之道，不敢怠忽，常加儆惕，務致其誠爾。太常職專祀事宜益加修謹，以副朕事神之意。

明・俞汝楫《禮部志稿》卷二五《祭祀通例》　國初以郊廟、社稷、先農俱爲大祀，後改先農及山川、帝王、孔子旗纛爲中祀，諸神爲小祀。嘉靖中以朝日、夕月、天神、地祇爲中祀。凡郊廟、社稷、山川諸神皆天子親祀，國有大事則遣官祭告。若先農旗纛五祀，城隍京倉馬祖先賢功臣太厲皆遣官致祭，惟帝王陵寢及孔子廟則傳制特遣。各王國及有司俱有祀典，而王國祀典具在儀司。洪武初天下郡縣皆祭三皇，後罷止。今有司各立壇廟祭社稷、風雲雷雨、山川城隍、孔子旗纛及厲，庶人祭里社鄉厲及祖父母、父母并得祀竈，餘俱禁止。

明・俞汝楫《禮部志稿》卷二五《郊祀》　國初建圜丘於鍾山之陽，以冬至祀天。建方澤於鍾山之陰，以夏至祀地。洪武二年始奉仁祖淳皇帝配享。十年春始定合祀之制，即圜丘舊址爲壇，以屋覆之，名大祀殿。歲以正月上辛日行禮，時郊工未成，暫就奉天殿行。十二年正月，乃合祀於大祀殿，仍奉仁祖配享，命官分獻日月星辰、嶽鎮海瀆山川諸神，凡一十四壇。二十一年，又增修壇壝於大祀殿丹墀内，東西相向，爲日月星辰四壇。又於内壝之外爲壇二十，亦東西相向，爲五嶽五鎮、四海四瀆、風雲雷雨、山川太歲，天下神祇，歷代帝王諸壇。其日月星辰初有朝日夕月禜星之祭，至是俱罷。歷代帝王及太歲風雲雷雨、嶽鎮海瀆、山川月將、城隍諸神，初俱春秋二祭，至是亦停。春祭惟每歲八月中旬，擇日於山川壇及帝王廟祭之。三十二年郊祀更奉太祖高皇帝配享。永樂十八年，北京天地壇成，每歲仍合祀如儀。南京壇有事則遣官祭告。洪熙元年奉太祖太宗同配享。嘉靖九年，遵初制建圜丘於大祀殿之南，每歲冬至祀天，以大明夜明星辰雲雨風雷從祀。建方澤於安定門外，每歲夏至祭地。以五嶽五鎮、四海四瀆、陵寢諸山從祀俱止。奉太祖一位配享，而罷太宗之配。又建泰神殿於圜丘北，正殿以藏上帝太祖之主，配殿以藏從位諸神之主。上帝太祖主曰神版，餘曰神牌。祭則禮部太常寺官請詣壇，奉安建皇祇室於方澤，南以藏皇祇及從位主，而太祖主則以祭之前一日請諸太廟。建朝日壇於朝陽門外，以春分祭日，無從位。建夕月壇於阜城門外，以秋分祭月，亦以星辰從，祭俱不奉配。其大祀殿則以孟春上辛日行祈穀，祭奉太祖太宗同配享。十年，又改以啓蟄日行祈穀禮於圜丘，仍止奉太祖一位配享。十一年，建崇雩壇於圜丘壇外泰元門之東，歲旱則祭上帝以禱雨，以奉太祖配享。十七年秋九月，詔舉明堂大享禮於大内之玄極寶殿，奉睿宗獻皇帝配享。冬十一月更上昊天上帝泰號曰皇天上帝，改泰神殿曰皇穹宇。十八年春，行祈穀禮於玄極寶殿，不奉配。二十四年，即故大祀殿之址建大享殿，而建皇乾殿於大享殿北，以藏神版。命禮部歲用季秋奏請，擇吉行大享禮，已又命暫行於玄極寶殿。隆慶元年，禮部會議圜丘方澤朝日夕月歲舉四郊，仍如世宗所更定，而罷祈穀及明堂大享禮。今並存其儀，以備考云。

明・俞汝楫《禮部志稿》卷二五《圜丘》　雲雨風雷在西東向北。上陳設同帛四：青色一，白色一，黄色一，黑色一。一皇穹宇請神位。前期一日，太常寺設香案於丹墀正中，將事之。夕三更一點，禮部太常寺堂上官恭詣香案前，尚書上香，率各官行一拜三叩頭禮畢，太常寺官九員分詣東西配殿，各請從位神牌出龕。先雷師，次風伯，次雨師，次雲師，次周天星辰，次二十八宿，次五星，次夜明，次大明。捧至丹墀，東西向立。太常寺官一員詣殿中請太祖主出龕，太常寺少卿一員恭捧西向立。太常寺官二員請上帝神版出龕，太常寺卿恭捧南向立。禮部侍郎二員導引出殿，先上帝，次太祖，次大明，次夜明，次五星，次二十八宿，次周天星辰，次雲師，次雨師，次風伯，次雷師，由圜丘北門入轉至午陛陞壇。先上帝，次太祖，次從位，各依原序先後奉安於神座。候上至大次，尚書率各官致詞，復命，叩頭。出祭畢，太常官如前捧請，禮部侍郎導引入殿，以次納於龕中。奉安訖，各官仍行一拜三叩頭禮出。

又 嘉靖十七年，更上皇天上帝泰號儀。一前期六日，以果酒脯醢告諸神於圜丘。壇下用帛，上具常服，分獻陪祀官吉服嚴辦。上至壇所，内贊奏就位，迎神，上香，分獻官各上香，行兩拜，奠獻如常儀。典儀唱宣告文，分獻陪祀官跪。宣文官立宣告文曰：大明嗣天子某謹移文告於大明之神，夜明之神，五星列宿周天星辰之神，雲雨風雷之神，周天列職之神，五嶽五山之神，五鎮五山之神，基運翊聖神，烈天壽純德五山之神，四海之神，四瀆之神，際地列職祇靈天下諸神，天下諸祇。

明·俞汝楫《禮部志稿》卷二六《雩祀》 國家凡遇水旱災傷及非常變異，或躬禱或露告於宫中，於奉天殿陛，或遣官祭告郊廟陵寢及社稷山川，無常儀。嘉靖八年，春祈雨、冬祈雪皆御製祝文，躬詣南郊，祠皇天后土。遂躬祠山川神祇於山川壇，次日祠社稷壇，冠服淺色，鹵薄不設，馳道不除，皆不設配，不奏樂。後建崇雩壇，始定雩祀之儀。十七年，躬禱雨於崇雩壇，青服，用一牛以熟薦，具禮樂，與雩祀同，亦不設配。萬歷十三年，上親禱郊壇，却輦步行，有步禱儀，詳具於後。

嘉靖十一年定雩祀儀。歲旱則於季春之末，禮部奏請行禮。一前期四日，太常寺奏祭祀如常儀，諭百官致齋三日。一前期二日，太常卿同光禄卿奏省牲如常儀，次日復命。一前期一日，上親填祝版於文華殿，遂告於廟，如祈穀之儀。一陳設，與祈穀同。一正祭，是日上乘輿至昭亨門西，降輿過門東，乘輿。導引官導上至帷幕内，具祭服出。導引官導至壇門内，内贊對引官導上至拜位行禮，如祈穀之儀。禮畢，上至帷幕内易服，駕還詣廟叅拜，回宫。一祝文。臨時撰用。一樂章：迎帝神，《中和之曲》：於穆上帝，爰處瑶宫。咨爾黎庶，覆憫曷窮。旗幢戾止，委蛇雲龍。霖澤斯溥，萬寶有終。奠玉帛，《肅和之曲》：神之格思，奠茲文纁。盛樂斯舉，香氣氤氳。精禋孔熯，徹於紫冥。懇祈膏澤，渥我嘉生。進俎，《咸和之曲》：百川委潤，名山出雲。愆暘孔熾，膏澤斯屯。祈年於天，載牲於俎。神之格思，報以甘雨。初獻，《壽和之曲》：有嚴崇祀，日吉時良。酌彼罍洗，椒馨苾香。玄功溥濟，時雨時暘。惟神是聽，綏以多穰。亞獻，《景和之曲》：皇皇禋祀，孔惠孔明。瞻仰來歆，拜首欽承。有醴維醽，有酒維清。雲韶侑獻，肅雝和鳴。聖靈有赫，鑒享精誠。終獻，《永和之曲》：靈承無斁，駿奔有容。嘉玉以陳，酌鬯以供。禮三再稱，誠一以從。備物致志，中薦彌恭。神昭景貺，佑我耕農。徹饌，《凝和之曲》：有赫旱暵，民勞瘁斯，于牲于醴，載舞載詩。禮成三獻，敬徹不遲。神之聽之，雨我公私。送帝神，《清和之曲》：爰迪寅清，昭事顥穹。仰祈甘雨，惠我三農。既歆既格，言歸太空。式霑下土，萬方其同。望燎，《太和之曲》：赤龍旋馭，禮洽樂成。燔燎既舉，昭假精禋。維帝降康，雨施雲行。登我黍稌，溥受厥明。《雲門之曲》：祭畢，使道童羣歌之。景龍精兮時見，測鶉緯兮宵懸。肆廣樂兮鏗鍧，列皇舞兮蹁躚。祈方社兮不莫，薦圭璧兮孔虔。需密雲兮六漠，霈甘澍兮九玄。慰我農兮既渥，錫明昭兮有年。

明·俞汝楫《禮部志稿》卷二六《萬曆十三年步禱儀》 一前期一日，上具青服，以躬詣南郊祈禱。預告於奉天殿，行禮如常儀。一前期一日，太常寺進祝版，上親填御名訖。太常寺博士捧出安輿亭内，擡至南郊神庫奉安。一太常寺預設酒果脯醢香帛於圜丘。牛一，熟薦。設上拜位於壇壝，於正中。一錦衣衛設隨朝駕，不除道。一正祭，是日免朝，昧爽。上具青服御皇極門。太常寺官跪奏請聖駕詣圜丘。上起步行，護駕侍衛并導駕，侍班翰林科道等官如常儀。百官各青衣角帶，恭候於大明門外。内閣禮部太常寺近前，其餘文東武西，各照常朝班行序立。駕至，魚貫前導，卑者在前，崇者在後，緣道兩旁，離御路稍遠。文武兩班就中又各自爲對，至昭亨門，照前序立候駕。監禮御史等官如常儀，鴻臚寺仍委序班十餘員整肅班行，不許諠譁越次。一駕至昭亨門，導引官導上至左櫺星門外幕次少憩。禮部尚書侍郎、太常寺卿少卿跪奉詣壇位。内贊對引官導上行。典儀唱：執事官各司其事。内贊奏：就位。上至拜位。典儀唱：迎神。内贊奏：陞壇。導上至香案前，奏：跪，奏：上香。上三上香，訖。奏：復位。奏：四拜。傳贊百官同。典儀唱：奠帛。行初獻禮。内贊奏：陞壇，導上至神御前。奏：獻帛，訖。奏：獻爵，訖。奏：詣讀祝位。奏：跪。傳贊百官皆跪。贊讀祝，訖。奏：俯伏、興、平身。傳贊百官同。奏：復位。典儀唱：行亞獻禮。内贊奏：陞壇。導上至神御前。奏：獻爵，訖。奏：復位。典儀唱：行終獻禮。儀同亞獻。典儀唱：送神。内贊奏：四拜。傳贊百官同。典儀唱：讀祝，官捧祝進帛、官捧帛各詣燎位。内贊奏：禮畢。導引官導上至幕次少憩。上還，仍詣奉先殿，叅謁如常儀。

明·俞汝楫《禮部志稿》卷二六《神祇令罷》 國初建山川壇於天地壇之西，正殿七間，祭太歲、風雲雷雨、五嶽五鎮、四海四瀆、鍾山之神。東西廡各十五間，分祭京畿山川、春夏秋冬四季、月將及都城隍之神。壇西南有先農壇，東有旗纛廟，南有耤田。洪武二年封京都及天下城隍神。三年正嶽鎮、海瀆、城隍諸神號，合祀太歲月將、風雲雷雨、嶽鎮海瀆、山川城隍、旗纛諸神。又令每歲用驚蟄、秋分各後三日遣官祭山川壇諸神。是日，上皮弁服，御奉天殿，降香，中嚴坐殿上。獻官復命，解嚴還宫。七年令春秋仲月上旬擇日祭，未幾以諸神從祀南郊，省春祭。十年，令中七壇。上親行禮，餘以功臣分祀。永樂中，建山川壇，位置陳設悉如南京舊制。惟正殿鍾山之右，增祀天壽山神。嘉靖八年，令以每歲孟春及歲暮特祀太歲、月將之神，與享太廟同日。凡親祀山川等神皆用皮弁服，行禮以别於郊廟。九年，更風雲雷雨之序，曰雲雨風雷。又分雨師、雲師、風伯、雷師以爲天神，嶽鎮、海瀆、鍾山、天壽山、京畿并天下名山大川之神以爲地祇。每歲仲秋中旬，擇吉行報祭禮。同日異時而祭城隍神於其廟。十年，建天神地祇壇於先農壇之南。天神在左，南向。地祇在右，北向。附祖陵基運山、皇陵翔聖山、顯陵純德山神於地祇壇，并號鍾山曰神烈山。十一年，令神祇壇以丑辰未戌三年一親祭。隆慶元年議罷。惟太歲、月將特祭於山川壇如初。

明・俞汝楫《禮部志稿》卷三〇《風雲雷雨山川城隍之神》 凡各布政司府州縣春秋仲月上旬，擇日同壇祭。設三神位，風雲雷雨居中，山川居左，城隍居右。若府州縣則稱某府某州某縣境内山川之神，某府某州某縣城隍之神。風雲雷雨帛四，山川帛二，城隍帛一。俱白色。附郭府州縣官止隨班行禮，不必别祭。其祭物、祭品、獻官及齋戒，省牲、陳設、正祭、迎神並與社稷禮同。但臨祭時執事者先以毛血瘞于坎，通贊不唱瘞毛血。奠帛、初獻先詣風雲雷雨神位前，次詣山川神位前，次詣城隍神位前，次詣讀祝所。亞獻、終獻同初獻。不唱奠帛讀祝。飲福受胙其胙，於風雲雷雨神位前取羊一脚。徹饌、送神、望燎亦同社稷儀。但改瘞字爲燎字。祝文：維洪武某年歲次某月某朔某日某官某等敢昭告於風雲雷雨之神，某府州縣境内山川之神，某府州縣城隍之神，曰：惟神妙用神機，生育萬物。奠式民居，足我民食。某等欽承上命，職守方面布政司用，忝職茲土府州縣用。今當仲春秋，謹具牲醴庶品，用申常祭，尚享。

清・龍文彬《明會要・禮三・祈雨》 明初，凡水旱災傷及非常變異，或躬禱，或露告於宫中，或於奉天殿陛，或遣官祭告郊廟陵寢及社稷山川，無常儀。

清・龍文彬《明會要・禮三・太歲風雲雷雨之禮》 洪武初，以太歲、風、雷、雨師從祀圜丘，增雲師於風師之次。《會典》。二年，以太歲、風、雲、雷、雨諸神合祀城南，享祀之所，未有壇壝，非尊神之道。命禮官考古制以聞。禮官奏：「太歲、風、雲、雷、雨、嶽鎮、海瀆及天下山川城隍諸神，宜合爲一壇，春、秋專祀。」從之。遂定以驚蟄、秋分日祀太歲諸神，以清明、霜降日祀嶽瀆諸神。（王圻《續通考》。）六年，命天下祀風、雲、雷、雨之神。（《通典》。）七年，令春秋上旬擇日祭太歲。未幾，以諸神從祀南郊，遂省春祭。（《春明夢餘録》。）嘉靖九年，改定風、雲、雷、雨神牌次序，曰「雲、雨、風、雷」。（《日下舊聞》。）十年，何孟春言：「國初，定祭太歲於山川壇之正殿，而以春夏秋冬四月將分祀兩廡。或謂『月將』非經見者，按《祭法》：『埋少牢於泰昭，祭時也，相近於坎壇，祭寒暑也。』太歲實統四時，而月將四時之候，寒暑行焉。古人有『時』與『寒暑』之祭。今祭太歲、月將，則固時與寒暑之神，孰謂非經見耶？」（《春明夢餘録》。）是年，建太歲壇於正陽門外之西，與天壇對。中，太歲殿，東廡，春、秋月將二壇；西廡，夏、冬月將二壇。帝親祭於拜殿中。每歲孟春享廟，歲暮祫祭之日，遣官致祭。（《禮志》。）十一年，釐正祀典，改敍雲、雨、風、雷祭期。每歲仲春、秋上旬，擇日行事，並同社稷儀。吴元年八月癸丑，建社稷壇於宫城西南，北向，異壇同壝。（王圻《續通考》。）洪武元年二月戊申，祀社稷：太社以句龍配，太稷以周棄配。是日，上親禮社稷，服皮弁服，省牲祭服，通天冠。絳紗袍，行三獻禮。初，上命中書省、翰林院議創屋備風雨。學士陶安言：「天子太社必受風雨霜露。亡國之社則屋之，不受天陽也。建屋非宜。若遇風雨，則請於齋宫望祭。」從之。（《春明夢餘録》。）十二月己丑，頒社稷壇制於天下。郡邑皆建於本城西北，右社、左稷。祭用春、秋二仲月上戊日。（《禮志》。）三年，於社稷壇北建享殿，又北建拜殿五間，以備風雨。（《通典》。）

明・何孟春《餘冬序録・外篇》卷三 郊壇天地之祀，國初定制一如周禮。冬至祀天於圜丘，夏至祀地於方丘，以仁祖配。行之既久，風雨不時，天多變異，洪武十年，聖祖因覽羣議，獨斷于衷，始定合祀之典。即圜丘之舊壇，覆以屋，名大祀殿，每歲正月擇日而行禮焉。十二年，始合祀大祀殿，仁祖配如前。命官分獻日、月、星、辰、嶽、鎮、海、瀆、山、川諸神，凡十四壇。二十一年，又增脩壇壝於大祀殿丹墀内，叠石爲臺，東西相向，爲日、月、星、辰四壇壝。又於内壝之外，以次爲壇二十，亦東西相向，爲五嶽、五鎮、四海、四瀆、風、雲、雷、雨、山、川、太歲、天下神祇，歷代帝王諸壇。日月星辰初有朝日夕月禜星之祭，至是始罷歷代帝王及太歲、風雲雷雨、嶽鎮、海瀆、山川、月將、城隍諸神。初俱春秋二祭，至是亦停，春祭惟每歲八月中旬擇日於山川壇及帝王廟祭之。每歲正之吉，天子躬祀殿内，羣臣以命各獻二十四壇。三十二年以後，大祀殿更奉太祖高皇帝配享。永樂十八年，北京天、地壇成，太祖配如前。洪熙元年，奉太祖及太宗文皇帝並配。

又 洪武初，太歲、風、雲、雷、雨及嶽、鎮、海、瀆、山、川、城隍諸神，俱合祀於城南。諸神享祀之所，未有壇專祀。太祖謂非敬神之道，命禮官考古制以聞。禮官奏：太歲者，十二辰之神。按《説文》歲字從步，從戌。木星一歲行一次，應十二辰而一周天，若步也。自子至巳爲陽，自午至亥爲陰，所謂太歲十二辰也。陰陽家説，又有十二月將，十二日時所直之神，若天乙、天罡之數，名不經見，唐宋不載祀典，元每有大興作，祭太歲，月將，日直，時直於太史院。若風師、雨師之祀，則見於周官，秦漢隋唐亦皆有祭。天寶中，增雷師於雨師之次，因升風雨雷師爲中祀。宋元因之。

又 國家開創之初，嘗以太歲、風、雲、雷、雨、嶽、鎮、海、瀆及天下山川、都城隍，天下城隍，皆祀於城南享祀之所，既非專祀，又屋而不壇，非禮所宜。唐制以立春後丑日，祭風師於城東。立夏後申日，祭雨雷於城東南。以今觀之，天地生物，動之以風，潤之以雨，發之以雷，陰陽之機，本一氣使然。而各以時別祭，甚失享祭本意。至於海嶽之神，其氣亦流通暢達，何有限隔。今宜以太歲、風、雲、雷、雨、嶽、鎮、海、瀆及山川、城隍諸地祇，合爲一壇，春秋專祀。上於是遂建山川壇於天地壇之西，正殿祀太歲、風、雲、雷、雨、五嶽、五鎮、四海、四瀆，并鍾山之神，東西廡分祀京畿山川，四季月將，及都城隍之神。以驚蟄、秋分日，祀太歲諸神；以清明、霜降日，祀嶽瀆諸神。元年、二年，皆出，上親祀。三年，始遣官祭。春用驚蟄後三日，秋用秋分後三日。至日清晨，上服皮弁服，御奉天殿，降香，中嚴陞御座，以待祭畢。獻官回奏，解嚴還宫。七年，以孟春郊祀。時諸臣已預祭壇内矣。始定以仲秋祭社稷後擇日祭之。十年，令祭山川諸神，上親行中七壇禮，餘壇以功臣分祭。今京師山川壇，建於永樂中。位置陳設一准南京舊制，惟正殿鍾山右，添祀天壽山之神。二山初不出，禮官議而與焉者，蓋二都主山，且陵園託焉故也。

又 太社、太稷，國初異壇同壝。祭太社，以后土勾龍氏配。祭太稷，以后稷氏配。每祭，先詣太社及配位壇前，獻畢，方行太稷及配位前禮。洪武元年，太祖命省臣議，於社稷上創屋，以備風雨。翰林學士陶安奏：禮，天子太社，必受風雨霜露，以達天地之氣。若亡國之社，則屋之，不受天陽也。今於壇創屋，非宜。若祭而遇風雨，則於齋宫望祭。從之。後三年，於壇北建祭殿五間，又北建拜殿五間，以備風雨祭祀。十年，又用禮部議，改建於午門外之右，共爲一壇，合祭焉。壇上層上方五丈，天子方五丈，諸侯半之。二層方五丈三尺，高五尺，四出陛，用五色土隨方築之。太社土五色而冒以黄。先時，社主用石，高五尺，潤二尺，上微尖，立社壇上，半埋土中，近南向北。稷不用主。

清·張廷玉等《明史》卷四七《禮志一》 五禮，一曰吉禮。凡祀事皆領於太常寺而屬於禮部。明初以圜丘、方澤、宗廟、社稷、朝日、夕月、先農爲大祀，太歲、星辰、風雲雷雨、嶽鎮、海瀆、山川、歷代帝王、先師、旗纛、司中、司命、司民、司禄、壽星爲中祀，諸神爲小祀。後改先農、朝日、夕月爲中祀。凡天子所親祀者，天地、宗廟、社稷、山川。若國有大事，則命官祭告。其中祀小祀，皆遣官致祭，而帝王陵廟及孔子廟，則傳制特遣焉。每歲所常行者，大祀十有三：【略】中祀二十有五：仲春仲秋上戊之明日祭帝社帝稷，仲秋祭太歲、風雲雷雨、四季月將及嶽鎮、海瀆、山川、城隍，霜降日祭旗纛於教場，仲秋祭城南旗纛廟，仲春祭先農，仲秋祭天神地祇於山川壇，仲春仲秋祭歷代帝王廟，春秋仲月上丁祭先師孔子。

又 其王國所祀，則太廟、社稷、風雲雷雨、封内山川、城隍、旗纛、五祀、厲壇。府州縣所祀，則社稷、風雲雷雨、山川、厲壇、先師廟及所在帝王陵廟。各衛亦祭先師。至於庶人，亦得祭里社、穀神及祖父母、父母并祀竈，載在祀典。雖時稍有更易，其大要莫能踰也。

又 洪武元年冬至，正壇第一成，昊天上帝南向。第二成，東大明，星辰次之，西夜明，太歲次之。二年奉仁祖配，位第一成，西向。三年，壇下壝内，增祭風雲雷雨。七年更定，内壝之内，東西各三壇。星辰二壇，分設於東西。其次，東則太歲、五嶽，西則風雲雷雨、五鎮。内壝之外，東西各二壇。東四海，西四瀆。次天下神祇壇，東西分設。【略】十二年正月合祀大祀殿。正殿三壇，上帝、皇地祇並南向。仁祖配位在東，西向。從祀十四壇。丹陛東一壇曰大明，西一壇曰夜明。兩廡壇各六：星辰二壇；次東，太歲、五嶽、四海，次西，風雲雷雨、五鎮、四瀆二壇；又次天下山川神祇二壇。俱東西向。二十一年增修丹墀内石臺四，大明、夜明各一，星辰二。内壝外石臺二十：東十壇，北嶽、北鎮、東嶽、東鎮、東海、太歲、帝王、山川、神祇、四瀆；西十壇，北海、西嶽、西鎮、西海、中嶽、中鎮、風雲雷雨、南嶽、南鎮、南海。俱東西向。臺高三尺有奇，周以石欄，陟降爲磴道。臺上琢石甃龕，以置神位。建文時，撤仁祖，改奉太祖配，位第一成，西向。洪熙元年增文皇帝於太祖下。

嘉靖九年復分祀之典。圜丘則東大明，西夜明。次東，二十八宿、五星、周天星辰。次西，風雲雷雨。共四壇。方丘則東五嶽，基運、翊聖、神烈三山，西五鎮，天壽、純德二山。次東四海，次西四瀆。南北郊皆獨奉太祖配。太社稷配位別見。先農正位南向，后稷配位西向。

又 南郊。洪武元年定，正位，登一，籩豆各十二，簠簋各二，爵三；壇上，太尊二，著尊、犧尊、山罍各一；壇下，太尊一，山罍二。從祀位，登一，籩豆各十，簠簋各二，東西各設著尊二，犧尊二。北郊同。七年增圜丘從祀，共設酒尊六於壇西，大明、夜明位各三。天下神祇，鉶三，籩豆各八，簠簋各二，壝內外東西各設酒尊三，每位爵三。方丘，嶽鎮各設酒尊三，壝內東西各設酒尊三，壝外東西各設酒尊三，每位爵三。神祇與圜丘同。八年，圜丘從祀，更設登一、鉶二。每位增酒斝，星辰、天下神祇各三十，太歲、風雲雷雨、嶽鎮、海瀆各十五。方丘，從祀同。十年定合祀之典，各壇陳設如舊，惟太歲、風雲雷雨酒盞各十，東西廡俱共設酒尊三，爵十八於壇南。

二十一年更定，正殿上三壇每壇登一，籩豆各十二，簠簋各二，共設酒尊六、爵九於殿東南，西向。丹墀內四壇，太明、夜明各登一，籩豆十，簠簋二，酒尊三，爵三。星辰二壇，各登一，鉶二，酒盞三十，餘與大明同。壝外二十壇，各登一，鉶二，籩豆各十，簠簋各二，酒盞十，酒尊三，爵三。神祇壇，鉶三，籩豆各八。帝王、山川、四瀆、中嶽、風雲雷雨神祇壇，酒盞各三十，餘並同嶽鎮。

又 凡分獻官，太常寺豫請旨。洪武七年，太祖謂學士詹同曰：「大祀，終獻方行分獻禮，未當。」同乃與學士宋濂議以上，初獻奠玉帛將畢，分獻官即行初獻禮。亞獻、終獻皆如之。嘉靖九年，四郊工成，帝諭太常寺曰：「大祀，分獻官豫定，方可習儀。」乃用大學士張璁等於大明、夜明、星辰、風雲雷雨四壇。舊制，分獻用文武大臣及近侍官共二十四人，今定四人，法司官仍舊例不與。

又 玉三等：上帝，蒼璧；皇地祇，黃琮；太社、太稷，兩圭有邸；朝日、夕月，圭璧五寸。帛五等：曰郊祀制帛，郊祀正配位用之。上帝，蒼；地祇，黃；配位，白。曰禮神制帛，社稷以下用之。社稷，黑；大明，赤；夜明、星辰、太歲、風雲雷雨、天下神祇俱白；五星，五色；嶽鎮、四海、陵山隨方色；四瀆，黑；先農，正配皆青；羣神，白；帝王、先師皆白。旗纛，洪武元年用黑，七年改赤，九年定黑二、白五。【略】牲牢三等：曰犢，曰羊，曰豕。【略】風雲雷雨、天下神祇，羊豕各五。

清・張廷玉等《明史》卷四八《禮志二》 明初，凡水旱災傷及非常變異，或躬禱，或露告於宮中，或於奉天殿陛，或遣官祭告郊廟、陵寢及社稷、山川，無常儀。嘉靖八年，春祈雨，冬祈雪，皆御製祝文，躬祀南郊及山川壇。次日，祀社稷壇。冠服淺色，鹵簿不陳，馳道不除，皆不設配，不奏樂。九年，帝欲於奉天殿丹陛上行大雩禮。夏言言：「按《左傳》『龍見而雩』。蓋巳月萬物始盛，待雨而大，故祭天爲百穀祈膏雨也。月令：『雩帝用盛樂，乃命百縣雩祀，祀百辟卿士有益於民者，以祈穀實。』《通典》曰：『巳月雩五方上帝，其壇名雩，禁於南郊之傍。』先臣丘濬亦謂：『天子於郊天之外，別爲壇以祈雨者也。後世此禮不傳，遇有旱暵，輒假異端之人爲祈禱之事，不務以誠意感格，而以法術劫制，誣亦甚矣。』濬意欲於郊傍擇地爲雩壇，孟夏後行禮。臣以爲孟春既祈穀矣，苟自二月至四月，雨暘時若，則大雩之祭，可遣官攝行。如雨澤愆期，則陛下躬行禱祝。」乃建崇雩壇於圜丘壇外泰元門之東，爲制一成，歲旱則禱，奉太祖配。十二年，夏言等言：「古者大雩之祀，命樂正習盛樂、舞皇舞。蓋假聲容之和，以宣陰陽之氣。請於三獻禮成之後，九奏樂止之時，樂奏《雲門之舞》。仍命儒臣括《雲漢》詩詞，制《雲門》一曲，使文武舞士並舞而合歌之。蓋《雲門》者，帝堯之樂，《周官》以祀天神，取雲出天氣，雨出地氣也。且請增鼓吹數番，教舞童百人，青衣執羽，繞壇歌《雲門之曲》而舞，曲凡九成。」因上其儀，視祈穀禮。又言：「大雩乃祀天禱雨之祭，凡遇亢旱，則禮部於春末請行之。」帝從其議。十七年躬禱於壇，青服，用一牛，熟薦。

清・張廷玉等《明史》卷四九《禮志三》 古無太歲、月將壇宇之制，明始重其祭。增雲師於風師之次，亦自明始。太祖既以太歲諸神從祀圜丘，又合祭羣祀壇。已而命禮官議專祀壇壝。禮臣言：「太歲者，十二辰之神。按《說文》，歲字從步從戌。木星一歲行一次，歷十二辰而周天，若步然也。陰陽家說，又有十二月將，十日十二時所直之神，若天乙、天罡、太乙、功曹、太衝之類。雖不經見，歷代因之。元每有大興作，祭太歲、月將、日直、時直於太史院。若風師、雨師之祀，見於《周官》，後世皆有祭。唐天寶中，增雷師於雨師之次。宋、元因之。然唐制各以時別祭，失享祀本意。宜以太歲、風雲雷雨諸天神合爲一壇，諸地祇爲一壇，春秋專祀。」乃定驚蟄、秋分日祀太歲諸神於城南。三年復以諸神陰陽一氣，流行無間，乃合二壇爲一，而增四季月將。又改祭期，與地祇俱用驚蟄、秋分後三日。嘉靖十年命禮部考太歲壇制。禮官言：「太歲之神，唐、宋祀典不載，元雖有祭，亦無常典。壇宇之制，於古無稽。太歲天神，宜設壇露祭，準社稷壇制而差小。」從之。遂建太歲壇於正陽門外之西，與天壇對。中，太歲殿。東廡，春、秋月將二壇。西廡，夏、冬月將二壇。帝親祭於拜殿中。每歲孟春享廟，歲暮祫祭之日，遣官致祭。王國府州縣亦祀風雲雷雨師，仍築壇城西南。祭用驚蟄、秋分日。

又 洪武二年，太祖以春久不雨，祈告諸神祇。中設風雲雷雨、嶽、鎮、海、瀆，凡五壇。東設鍾山、兩淮、江西、兩廣、海南北、山東、燕南燕薊山川、旗纛諸神，凡七壇。西設江東、兩浙、福建、湖廣荆襄、河南北、河東、華州山川、京都城隍，凡六壇。中五壇奠帛。初獻，帝親行禮，兩廡命官分獻。三年夏，旱。六月朔，帝素服草履，步禱於山川壇。藁席露坐，晝曝於日，夜臥於地，凡三日。六年，從禮部尚書牛諒言，太歲諸神，春祈秋報，凡十五壇。中，太歲、風雲雷雨、五嶽、五鎮、四海。東，四瀆、京畿山川，春秋二季月將，京都各府城隍。西，鍾山、甘肅山川，夏冬二季月將，旗纛戰船等神。各五壇。時甘肅新附，故附其山川之祭於京師。其親祀之儀與祭告同。正統九年三月，雨雪愆期，遣官祭天、地、社稷、太歲、風雲雷雨、嶽、鎮、海、瀆。弘治十七年，畿內、山東久旱，命官祭告天壽山，分命各巡撫祭告北嶽、北鎮、東嶽、東鎮、東海。

嘉靖八年春，帝諭禮部：「去冬少雪，今當東作，雨澤不降，當親祭南郊社稷、山川。」

又 明制，凡登極、巡幸及上謚、葬陵、册立、册封、冠婚等事，皆祭告天地、宗廟、社稷。凡營造宫室，及命將出師，歲時旱潦，祭告天地、山川、太廟、社稷、后土。凡即位之初，並祭告闕里孔廟及歷代帝王陵寢。

洪武二年從禮部尚書崔亮奏，圜丘、方丘、大祀，前期親告太廟，仍遣使告百神於天下神祇壇。六年，禮部尚書牛諒奏，太歲諸神，凡祈報，則設一十五壇。有事祭告，則設神位二十八壇。中，太歲、風雲雷雨、五嶽、五鎮、四海，凡五壇。東，四瀆、京畿、湖廣、山東、河南、北平、廣西、四川、甘肅山川，夏冬二季月將，京都城隍，凡十二壇。西，鍾山、江西、浙江、福建、山西、陝西、廣東、遼東山川，春秋二季月將，旗纛、戰船等神，凡十一壇。若親祀，皇帝皮弁服，行一獻禮，每三壇行一次禮。

又 洪武二年，從禮部尚書崔亮言，建天下神祇壇於圜丘壝外之東，及方丘壝外之西。郊祀前期，帝躬詣壇，設神位，西向，以酒脯祭告。郊之日，俟分獻從祀將畢，就壇以祭。後定遣官預告。又建山川壇於正陽門外天地壇西，合祀諸神。凡設壇十有九，太歲，春夏秋冬四季月將爲第一，次風雲雷雨，次五嶽，次五鎮，次四海，次四瀆，次京都鍾山，次江東，次【略】。嘉靖十一年改山川壇名爲天神地祇壇，改序雲師、雨師、風伯、雷師。天神壇在左，南向，雲、雨、風、雷，凡四壇。

清・孫承澤《春明夢餘録》卷一五《山川壇》 山川壇，在正陽門南之右，永樂十八年建。繚以垣墻，周迴六里。洪武三年，建山川壇于天地壇之西。正殿七壇：曰太歲，曰風、雲、雷、雨，曰五嶽，曰四鎮，曰四海，曰四瀆，曰鍾山之神。兩廡從祀六壇：左京畿山川，夏、冬季月將，右都城隍，春、秋季月將。二十一年，各設壇於大祀殿，以孟春從祀，遂于山川壇惟仲秋一祭。永樂建壇北京，一如其制，進祀天壽山于鍾山下。嘉靖十一年，即山川壇爲天神、地祇二壇，以仲秋中旬致祭。别建太歲壇，專祀太歲。東廡爲春、秋月將，西廡爲夏、冬月將，各二壇。前爲拜殿，宰牲亭。南爲川井，即山川壇舊井，有龍蟄其中。壇西南有先農壇，東旗纛廟。壇南耤田在焉。十年，定太歲、月將祭期，歲于孟春享廟，歲暮祫祭之日，遣官行禮。隆慶元年，禮官議天神、地祇既從祀南、北郊，仲秋不宜復有神祇壇之祭，罷之，而太歲之祭如故。

清・孫承澤《春明夢餘録》卷一五《太歲壇》 太歲壇，在山川壇内。中爲太歲壇，東、西兩廡，南爲拜殿。殿之東南砌燎爐，殿之西爲神庫、神厨、宰牲亭，亭南爲川井，外四天門。東門外爲齋宫、鑾駕庫，外爲東天門。

洪武二年，以太歲、風、雲、雷、雨及嶽、鎮、海、瀆、山、川、城隍諸神祇合祀於城南諸神享祀之所，未有壇壝等祀，非隆敬神祇之道，命禮官考古制以聞。至是，禮官奏：太歲者，十二辰之神。按《説文》，歲字從步、從戌，木星一歲行一次，歷十二辰而一周天，若步然也。自子至巳爲陽，自午至亥爲陰，所謂太歲十二辰也。陰陽家説，又有十二月將，十二時所直之神，若天乙、天罡、太乙、功曹、太衝之類，雖不經見，歷代用之。唐、宋不載祀典。元每有大興作，祭太歲、月將，日直、時直於太史院。若風雨師之祀，則見於《周官》，秦、漢、隋、唐亦皆有祭。天寶中，增雷師於雨師之次，因升風、雨、雷爲中祀，宋、元因之。

又 今國家開創之初，嘗以太歲、風雲雷雨、嶽、鎮、海、瀆及天下山川、京都城隍及天下城隍，皆祀於城南享祀之所，既非專祀，又室而不壇，非禮所宜。考之唐制，以立春後申日祭雨、雷於城東南。以今觀之，天地之生物，動之以風，潤之以雨，發之以雷，陰陽之機，本一氣使然，而各以時別祭，甚失享祀本意。至於海、嶽之神，其氣亦流通暢達，何有限隔。今宜以太歲、風、雲、雷、雨、嶽、鎮、海、瀆及天下山川、城隍祇合爲一壇，春、秋祀之。從之。

何孟春云：國初肇祀太歲，禮官雜議，因及陰陽家説十二時所值之神。太祖乃定祭太歲於山川壇之正殿，而以春、夏、秋、冬四月將分祀兩廡。或謂月將非經見者。按禮祭法：埋少牢於泰昭，祭時也，相近於坎壇，祭寒暑也。太歲實統四時，而月將四時之候，寒暑行焉。古人有時與寒暑之祭，今祭太歲、月將，則固時與寒暑之神也。載諸祀典，孰謂非經見耶？至洪武七年甲寅，令仲春秋上旬擇日祭，未幾，以諸神從祀南郊，遂省春祭。

清・谷應泰《明史紀事本末》卷五一《更定祀典》 至是，上因纂《祀典》議成，諭大學士張璁：「凡雲雨風雷之祀，以及先聖先師祀典，俱當以敍纂入。」

又 十一月己酉，初有事於南郊。先是，上命製圜丘祀器，金爐、玉爵、錦幕、圭璧及鐘、磬、賁鼓諸樂器。既成，陳於文華殿，召大學士張璁閲視。是日，帝親祀於圜丘，奉太祖西向配，各騂犢一，用璧三，獻九，奏樂，舞用八佾。從祀四：大明、夜明各騂牛一，恒星、五曜、羣星及雲、雨、風、雷師各牛一、羊一、豕一。明日，布詔天下，頒恩錫於庶官，布寬恤於小民。

清・張廷玉等《清朝文獻通考》卷九八《郊社考八・社稷》 乾隆二年閏九月，詔各直省，社稷、山川、風、雲、雷、雨等壇，令督撫大員率屬行禮。總理事務王大臣奉諭旨：《大清律》載，各府州縣社稷、山川、風、雲、雷、雨諸神所在有司以時致祭，所以肅祀典而迓休和，禮至重也。省會之地，督撫、司道駐劄同城，向不與祭，專屬府縣官行禮。督撫、司道等，官均有封疆守土之任，自當虔奉明禋，爲民祈報。凡春秋致祭，督撫應率闔屬文武大小官員，敬謹行禮。提鎮道員駐劄之地，一體率屬陪祭。其如何分別班次，派員監禮及修整壇壝、祭器之處，該部詳議具奏。奏上。通飭行之。八年七月以貴州布政使陳悳榮奏，并頒發各省壇廟祝文。

清・嵇璜、劉墉等《清朝通典》卷四二《禮二・吉二・雩祀》 臣等謹按：古者龍見而雩，以爲百穀祈膏雨，是孟夏之雩，乃每歲常行之典。至遇旱而禱，則爲大雩。我朝列聖相承，旰食宵衣，勤求民瘼。凡遇水旱，躬詣圜丘祈禱，即古大雩之義。乾隆七年，上命禮臣集，議定制。每歲孟夏行常雩禮儀，與冬至大祀同。旱至季夏，祈禱既遍，乃奉特旨敬舉大雩。所以爲民請命者，益致精虔。敬稽典制，詳載于篇。又凡祈雨之事，義與雩同。《謹從類紀》云。

《清實録・高宗純皇帝實録》卷五八七《乾隆二十四年》 己亥。諭：朕此次親詣社稷壇祈求雨澤禮。部所開儀注內，無薦玉之禮。詢其原委，則係相沿舊規，並無義意可考。夫玉以庇蔭嘉穀，使無水旱之災，載在傳記。且於答陰之義，更爲相稱。著飭所司敬謹用玉將事，以迓神庥，並酌載入會典。祭之日。朕戴雨纓冠，素服。出右門，御常轎。由右一路行至金水橋。應御輦處，即步行至壇行禮。以申虔禱。

又 乙巳。諭：現在天時亢陽，雨澤未霈。朕於北郊行禮時，著照九年、十二年之例，不乘輦，不設鹵簿，由景運門前往致祭。

《清實録・文宗顯皇帝實録》卷一三〇《咸豐四年五月中》 戊午，諭內閣：前因京師入夏以來，尚未得雨，節經降旨，設壇祈禱，猶未渥沛甘霖。本月十九日，朕復親詣天神壇虔禱，並派惠親王綿愉等分詣各處致祭拈香。即於是日酉刻濃雲密布，雷電交作，甘澍旁沱。仰蒙昊慈垂佑，朕心實深寅感。從此渥澤優霑，更冀頻邀鴻貺，允宜敬謹報謝，用答天庥。

清・唐晏《天咫偶聞》卷一《皇城》 大光明殿，本明萬壽宮，成祖潛邸也。嘉靖後改此殿，今爲設醮祈雨雪之所。道士例取於江西龍虎山，籙壇陳設法器、旛幢、帷幔、冠帔、紳笏，皆康熙內府舊制。星羽輝煌，錦綺焜燿，覩之者如入八景宮中，觀法駕導引也。例月給內倉米三十石，仍有香鐙銀兩，今皆停給，道士遂稀有存者。每臨事，取足於各觀而已。

人事制度

唐・李隆基撰、李林甫注《唐六典》卷一〇《秘書省・太史局》 太史局，令二人，從五品下。丞二人，從七品下。令史二人。書令史四人。太史令掌觀察天文，稽定曆數。凡日月星辰之變，風雲氣色之異，率其屬而占候焉。其屬有司曆、靈臺郎、挈壺正，凡玄象器物、天文圖書。苟非其任，不得與焉。

唐・李隆基撰、李林甫注《唐六典》卷一〇《靈臺郎》 靈臺郎掌觀天文之變而占候之。凡二十八宿，分爲十二次。【略】所以辨日月之纏次，正星辰之分野。

凡占天文變異，日月薄蝕，五星陵犯，有石氏、甘氏、巫咸三家中外官占；凡瑞星、祆星、瑞氣、祆氣，有諸家雜占。

《全宋文》卷一六二二《沈遘四》　敕某等：昔先王建大中以當天心，觀天文以察時變，故有日官以底日，禮也。今爾等職太史者十年於兹，亦已勤矣，其各增秩一等。往序厥職，夙夜精思，毋昏迷於天象，以干邦法。可。

《全宋文》卷二九二四《慕容彦逢三·太史局保正吕琦可太史司靈臺郎制》　敕具官某：爾父推測有勞，宜膺賞典，許以回授，序進厥官。往服寵恩，無替厥藝。可。

《全宋文》卷五九一二《樓鑰一三·判太史局降授夏官大夫吴澤降授中官正劉孝榮同判局降授局令周端支並復元官制》　敕具官某等：天道高遠，王者欲求端于上，必有日官以司之。爾善于觀象，見謂老成。頃以不謹，嘗鐫命秩。涉期而叙，法也。勿以爲宜得而忘所報。

《全宋文》卷四七二六《淺適二一·繳太史局轉官劄子》　臣准中書門下省送到録黄一道，爲太史局靈臺郎楊覺民等四人依醫官能説例，該遇覃恩轉官，令臣書行者。右，臣取會到太史局遷轉資格，自局令至直長共九階，並係十年無過犯，方許下磨勘。諸靈臺郎滿二年，遇直長有闕，必須試曆算科，方許轉行。近者朝請至中奉大夫該遇覃恩，亦曾引例得轉行一官。因臣寮論列，並作減四年磨勘。其伎術官於赦文中初無轉官之文，而靈臺郎必須經試方可轉直長。縱使合轉一官，正與朝請大夫以上一同。若輒攀醫官例，暗得轉行，則爲靈臺郎者盡皆不試而遷，誠爲冒濫。今來欲乞將楊覺民等依武臣轉官法，與減五年磨勘。所有録黄，臣未敢書行。謹録奏聞，伏候敕旨。《盤洲文集》卷四七。

宋·李心傳《建炎以來朝野雜記·甲集》卷一〇《官制一·中朝官·提舉太史局》　提舉太史局者，舊例以近臣兼之。熙豐間，司馬公、王和甫繼居是任，後不復置。紹熙五年十月復置，以命薛象先。明年，何自然以非舊典爲言，遂罷去。蓋務反趙子直之政，而不詳考也。太史局日官，舊止於五官正，孝宗時始增春夏秋冬中五官大夫。

宋·李心傳《建炎以來朝野雜記·乙集》卷一三《官制一·提舉太史局》

提舉太史局，紹熙五年初置，以命權户部侍郎薛象先。蓋祖宗時，有提舉司天監，如司馬公、錢彦遠、沈存中、王和甫輩，皆嘗爲之。趙子直秉政，用此故事。其後言者摘指之，蓋弗深考耳。

宋·李心傳《建炎以來繫年要録》卷四六《紹興元年秋七月壬寅》　復置翰林天文局太史局學生。太史局五十人。天文局十人。

元·脱脱等《宋史》卷一二《仁宗紀四》　十二月丙午，詔司天監天文算術官毋得出入臣僚家。

元·脱脱等《宋史》卷四八《天文志一》　宋之初興，近臣如楚昭輔，文臣如竇儀，號知天文。太宗之世，召天下伎術有能明天文者，試隸司天臺；匿不以聞者，罪論死。既而張思訓、韓顯符輩以推步進。其後，學士大夫如沈括之議，蘇頌之作，亦皆底於幼眇。靖康之變，測驗之器盡歸金人。高宗南渡，至紹興十三年，始因祕書丞嚴抑之請，命太史局重創渾儀。自是厥後，窺測占候蓋不廢焉爾。寧宗慶元四年九月，太史言月食於晝，草澤上書言食于夜。及驗視，如草澤言。乃更造《統天曆》，命祕書正字馮履參定。以是推之，民間天文之學蓋有精於太史者，則太宗召試之法亦豈徒哉！

元·脱脱等《宋史》卷一四五《儀衛志·三》　司天臺主鐘漏，太常主鼓吹，朝服法物庫出旗器、名物、衣冠、幰蓋，軍器庫出箙、弩、矢，内弓箭庫出戎裝、雜仗。凡六引導駕、太僕卿、千牛將軍、殿中侍御史、司天監少府監僚佐局官、乘黄令、大將軍、金吾上將軍、將軍、六統軍，皆以京朝官内諸司使、副使以下攝事。

又　次司天監一人，騎，引相風、刻漏，中道。令史一人，排列官二人，騎從。相風烏輿一，匠人一。交龍鉦、鼓各一，司晨、典事各一人騎從。鐘樓、鼓樓各一，行漏輿一，漏刻生四人從。清道二人，十二神輿一。司天官一人押。

元·脱脱等《宋史》卷一五二《輿服志四》　三梁冠，諸司三品、御史臺四品、兩省五品侍祠大朝會則服之。【略】殿中、少府、將作，司天監。【略】

兩梁冠，四品、五品侍祠大朝會則服之，六品則去劍、佩、綬，御史則冠獬豸。準《官品令》，諸司四品，太常、宗正少卿，祕書少監，光禄等七寺少卿，國子司業、殿中、少府、將作、司天少監。

元·脱脱等《宋史》卷一五三《輿服志五》　仁宗天聖二年，翰林待詔、太子中舍同正王文度因勒碑賜紫章服，以舊佩銀魚，請佩金魚。【略】援司天監五官正例求佩魚，特許之。

元·脱脱等《宋史》卷一五七《選舉志三》　理宗淳祐十二年，祕書省言：「舊典以太史局隸祕省，今引試局生不經祕書，非也。稽之於令，諸局官應試曆算、天文、三式官，每歲附試，通等則以精熟爲上，精熟等則以習他書多爲上，習書等則以占事有驗爲上。諸局生補及二年以上者，並許就試。一年試曆算一科，一年試天文、三式兩科，每科取一人。諸同知算造官闕有試，翰林天文官闕有試，諸靈臺郎有應試補直長者，諸正名學生有試問《景祐新書》者，諸判局闕而合差，諸秤漏官五年而轉資者，無不屬於秘書；而局官等人各置脚色，遇有差遣、改補、功過之類，並申祕書。今乃一切自行陳請，殊乖初意。自今有違令補差，及不經祕書公試補中者，中書執奏改正，仍從舊制，申嚴試法。」從之。

元·脱脱等《宋史》卷一七〇《職官志十》 尚藥奉御至醫官使曾任文資，許換南班官。司天監官贈不得過大卿、監，仍不許換兩班官。

元·脱脱等《宋史》卷一七一《職官志十一》 司天五官正，十三千。春、冬絹各五匹，冬綿十五兩。祕書郎，著作佐郎，十七千。春、冬絹各六匹，冬綿各二十兩。五官正以下春羅各一匹。祕書郎舊無奉，兼三館職事者給八十千；至道二年，令同著作佐郎給之。大理寺丞，十四千。諸寺、監丞，十二千。春、冬絹各五匹。大理評事，十千。春、冬各絹三匹。自大理寺丞以下冬綿各加十五兩。諸寺、監丞，大理評事，舊有增損不同。太祝，奉禮，八千。司天監丞，五千。春、冬絹各五匹。主簿，五千。春、冬絹各三匹，丞、簿各綿十五兩。靈臺郎，三千。保章正，二千。春、冬絹各三匹，惟靈臺郎冬隨衣錢三千。

清·徐松《宋會要輯稿·第七十册·職官一八之八三·司天監揀試監生學生等事詔》 詔提舉所，今後每歲春秋，委提舉官與判監及測驗官，夜於渾儀臺上指門逐人在天星宿，若門士不識五星以上者，降充額外學生。今後每遇兩，天文院及渾儀所正名學生有闕，先於額外監生、學生內揀試點識周天星座，取及八分已上最精熟者，不以上名下次補充。其因過犯降充在額外者，若經三年以上別無過犯，並許揀試。其因疾患及不識天星降在額外者，若經一年以上所患痊愈及習識精熟者，亦許揀試。若額外監生、學生無可揀選，許於守闕學生內依此揀試補充。逐處正名學生仍候補入兩月以上，祇應本屬官員保明，方支本處請給。若自補充三處正色以後五周年已上，習筭天文三式經書精熟，許乞試中補充監生，仍舊祇應，其不經試中在天星宿者，不許應天文科。應翰林天文院并鐘鼓院學生闕人，並須以本監人子孫補充，曾兩犯私罪者，亦不得補充。若已在翰林天文院并鐘鼓院，今後兩犯私罪，並勒出於本監，額外收管。今後節級雖年限滿，別無私罪，元不曾試中三科者，並須量試一科藝業十道，內及四通以上者，方得轉充保章正，仍在逐年本科額內。不才者更候一周年已上，再許就試。

清·徐松《宋會要輯稿·第七十册·職官一八之八六·禁諸官司踏逐指名抽差天文局翰林天文官詔》 詔天文局翰林天文官係屬應奉御前天文休咎之人，並不許諸官司踏逐指名抽差，雖被到不拘常制特旨等許差指揮，並不發遣，太史局同。

清·徐松《宋會要輯稿·第七十册·職官一八之九五·議太史局置官奏》 太史乃古羲和之官，歷代沿革不同，至國朝或用他官兼判，嘗有同判之名，以朝官充掌。今秪置局令及五官，正視古爲輕，欲令祕書省討論典故以聞。

清·徐松《宋會要輯稿·第七十册·職官一八之九八·提舉太史局事奏》 今來提舉太史局檢照宋朝典故，司天監差大兩省一員提舉，合用印令鑄造。今來提舉太史局正是舉行宋朝故事，合用印記。乞下文思院鑄造，以「提舉太史局印」六字爲文。凡係占候公事，各令屬官依久例自奏外，餘並取提舉指揮。今來置提舉官，所有日奏及合申去處，亦合照宋朝典故，令屬官自奏申外，如過有天象風雲氣候等凌犯，占屬官書下休咎申提舉官，提舉官或徑乞入對，或具奏狀密封投進。所有奏狀，乞於通政司用黄袋具「提舉太史局臣姓名」封許非時進，直達御前拆封。太史局久隸祕書省，今來從臣僚請舉行故事，差提舉官。設或躔度稍異，自當入告，以圖消弭外，其餘合行事件並乞依舊隸祕書省施行，令關牒提舉所照應。所有合置辦黄袋及紙扎之類，乞逐季於臨安府關支錢一十貫文，付本局置曆收附支用。提舉所合有行遣文字吏人二名相兼行遣，除本身請給外，每月特添破茶湯錢六貫文，逐月於太史局大曆內幇支。司天監初差大兩省一員提舉，令取索日後條貫看詳遵守；內有未便事，即具奏請。

清·徐松《宋會要輯稿·第七十五册·職官三一之二》 今後司天監五官正不得依京朝官例差監庫務，見監當者候滿日差替。

清·徐松《宋會要輯稿·第七十五册·職官三一之二·司天監官丁憂不持服者見名以聞詔》 司天監官丁憂，仍不持服，自今仰本監具名以聞。

清·徐松《宋會要輯稿·第七十五册·職官三一之二·司天學生不得更注外官詔》 司天學生不得更注外官，其本監職官出官者，不得帶陰陽天文書出外。學生如陳本業陰陽、星辰、曆筭，並不得直進大狀，須經本監委判監官看詳，實有藝業，即具狀以聞，當差官看驗。若事該天象，別有異見，即許實封以聞；

如開封不是天象文字，以違制坐之。

清・徐松《宋會要輯稿・第七十五册・職官三一之三・司天監官不差監諸倉門詔》 （英宗治平三年五月）詔司天監官自今不差監諸倉門，監丞已下月俸皆給見錢，常以九員給事。河東等路總管及麟府軍馬，二歲一代，又歲差一員押賜衣襖。

清・徐松《宋會要輯稿・第七十五册・職官三一之三・司天監官不差大兩省一見提舉詔》 今後司天監差大兩省一員提舉，仍下提舉所取索前後條貫看詳遵守，内有未便事，即具奏請。凡係占候公事，各令屬官依久例自奏外，其餘公事並取提舉指揮。應五官正已上，許升廳參見，監丞已下並令庭參。月給食錢十千，合用印令鑄造。

清・徐松《宋會要輯稿・第七十五册・職官三六之一二三・太史局增置春夏秋官大夫五階詔》 太史局可增置春官、夏官、中官、秋官、冬官大夫五階，令敕令所修入雜壓，其磨勘年限並請給則例，令吏户部比擬以聞。

宋・李燾《續資治通鑑長編》卷一五六《仁宗・天聖五年》 乙酉，上謂輔臣曰：「先朝以司天監及測驗渾儀所凡奏災祥，類陰相參合，故更置翰林天文院，以較得失。比又令司天監兼領，非先朝意也，其罷之。」【略】

宋・李燾《續資治通鑑長編》卷一五六《仁宗・慶曆五年》 六月乙卯朔，詔司天監保章正至五官正，自今聽十年一遷官。

明・李東陽等編《明會典》卷二二三《欽天監》 凡本監人員，洪武六年令：永遠不許遷動，子孫只習學天文曆算，不許習他業，其不習學者，發海南充軍。

凡本監官陞遷，俱從禮部考選查擬，轉送吏部銓注。〇正德十一年奏准，各科有缺，選本科專業精通者送補。〇嘉靖十一年議准，天文等科八品、九品官員缺，將本科食糧十年以上人役考補。其職專雞唱報時官，必選年力壯盛、聲音洪亮者，不在食糧十年之限。監正有缺，於監副内推補。監副有缺，於各科六品、七品及挈壺正主簿等官、歷俸年深并考滿加俸者推補。如無年深加俸官員，寧懸缺以待。各科六品、七品官員缺，於八品官内考補。保章挈壺員缺，於該科司曆、司晨、博士等官考補。司曆、司晨、博士員缺，於該科專業人役内考補。

凡内靈臺教師，嘉靖三年奏准，三年教有成效量授署職。仍於本臺教習。

又 凡本監官生人等，嘉靖六年奏准集體考試。

明・李東陽《大明會典》卷五《選官》 凡欽天監官，不由常選。監天監副有缺，于本監官内。五官正、五官靈臺郎缺，於屬官内。保章正以下缺，於天文生内。俱從禮部選定，送部奏補。

《明實録・太祖實録》卷六二 癸卯，吏部奏：欽天監司曆楊埜、俞鈞職專司天，非常選官之比，宜令久任，非奉特旨不得陞調。從之。

《明實録・太宗實録》卷一五 命土部欽天監正佐官歲滿不考覈，著爲令。時監副徐伯陽考滿，吏部言監副非四品以上官，宜加考覈。上以欽天監職專占候，非常調官，故有是命。

《明實録・憲宗實録》卷二七〇 欽天監奏本監公差，宜止用監官，由陰陽人出身者、占候官并天文生出身及傳奉者不許謀求出差，欲定爲例。允之。

《明實録・憲宗實録》卷二七二 南京欽天監以南京吏部等衙門會奏：天文生、陰陽人原額量減二分，奏陳本監原奉高皇帝聖旨，并引大明律例，禮部覆議舊例，皆無以女壻、外孫、義姪別性補充之令宜行。南京禮部仍照近例舉行。從。

《明實録・孝宗實録》卷八 命欽天監監正李華鼓仕。先是欽天監冠帶儒士朱祚陳本監利病：一謂天文生晝夜觀候，冬月露唑艱苦，宜二年一給毛襖，并依期給與歲例木炭。一謂國朝外設觀象臺令天文生占候，内設靈臺令内臣占候，用較察異同勤惰。而近時外臺生每預報，内臺官雷同附和。又本監曆書政事，内臺往往干預，皆宜禁止。一謂天下府州縣陰陽正衛等官員缺，須於本處見役額内陰陽人考送禮部，轉送本監再試，其不通本等學術者，不許送吏部選用，并唑其原考送官員之罪。如本監考試不公，亦罪之。一謂天文等生不得役占別用，有妨學業。一謂本監該差官生宜置簿編次職名，遇有公務循次差撥。一謂在監官生人等并户下丁口，宜三年一造文册二本，一送部稽考，一存留本監備察。不許濫冒权充事。下禮部覆奏，謂其言皆可行，併劾舉行事乖謬，難以表率僚屬。上俱從之。

《明實録・孝宗實録》卷三一 己丑，欽天監監正吴昊言五事：一凡還擇日待當遵用《大統曆》及洪武年所定選擇曆書，其差穀還擇雜書，俱令首官燒燬；一觀象臺所用渾儀、簡儀俱南京舊制，今兩京相去二千七百餘里，去極高下不同，又歲久，推驗漸差，欲修改或別造，以正一代之制；一本監天文書籍俱國初抄本，中間多損壞殘缺，欲加考訂修補；一本監筭曆、覘候及回回天文生、陰陽人等多有怠玩不遵禮法者，欲令每日到監書畫卯酉簿，每班選立班長二人，籍其善惡勤惰并術業精練之實，以俟按季考較，爲之進退；一天文生及陰陽人徭役，欲乞優免。下禮部覆議，悉如所請，惟渾儀、簡儀，令監副張紳造成本樣以傳驗改造，天文生本身外免二丁，陰陽生止免本身。上曰：雜書不必燒，今後選擇只依洪武年間欽定曆書，餘如議。

清・孫承澤《春明夢餘録》卷五八《欽天監一》 永樂元年，命吏部欽天監正佐官歲滿不考覈，著爲令。

明・俞汝楫《禮部志稿》卷八九《考補欽天監官》 嘉靖十一年，禮部議上考補欽天監官生事例：

一，遇有官生缺役，許送嫡派子孫，年終類考，果藝術精通，收役，食糧；若頑鈍無成，即將本户子弟考居優等者，以次收補，或無以次人丁，候本生習學再考。

一，擇官生子弟性質聰慧者，分派各科，嚴立教條，按季考試，本部委官一人，會同提督歲終送部類奏。

一，今後天文等科遇有八九品官員缺，以本科人役食糧十年以上者送部考選。

一，近者天文、陰陽分爲兩途，而刻漏子弟不得推補堂官。請以後監副員缺，不分天文、漏刻科分，但有歷俸年深者，皆得奏請簡用。其六品、七品以八品考補，保章、挈壺以司晨、司曆博士考補，司晨、司曆博士以各科專業人役考補。

一，間者添注之官等於舊額，又皆作爲定員，因仍銓補。故多漏刻博士二人，靈臺郎一人，皆當裁罷。詔可。

明・俞汝楫《禮部志稿》卷八九 天順元年，掌欽天監事禮部右侍郎湯序奏言：兩京天文生、陰陽人及官生户下子弟能讀儒書、習三場文字者，遠離鄉土，不能回還，宜令就兩京報名科舉。有中式者依資格出身，其天文生、陰陽人仍於本監録用，户下子弟果有能習天文曆數者聽從本監奏保録用。下禮部議行。

明・李東陽等《明會典》卷二二三 凡觀象臺、譙樓合用燈油、木炭，及祭祀齋宫調品壺漏亦有油炭，俱行禮部，坐派順天府送用。

凡本監合用紙劄，成化間奏准：照例遇吏部送考陰陽生中式者，令其量出應用。

凡本監俸糧，初於禮部支給，後從户部撥本監自行收放，今於禄米倉關支。

凡觀象臺觀候官生，萬曆四年題准：每二歲，給與胖襖一次。

《明實録・太祖實録》卷一六四 「癸未定考績法。」先是監察御史李端言：任官宜内外相参，以杜權黨。上命吏部議，行之。至是，吏部尚書余熂等議三年一考，九年通考，乃本朝考績之常法。今在外官宜仍舊九年，京官以三年爲滿，惟欽天監、太醫院、光禄司等官不入常選。

《明實録・世宗實録》卷一四 辛未，令欽天監八品、九品員缺，於天文生食糧十年以上者考補。

《明實録・世宗實録》卷一三七 禮部議上考補欽天監官生事例，一遇有官生缺役，許送嫡派子孫，年終類考。果藝術精通，收役食糧，若頑鈍無成，即將本户子弟考居優等者以次收補，或無以次人丁，候本生習學再考。一擇官生子弟性資聰慧者，分派各科，嚴立教條，按季考試，本部委官一人，會同提督歲終送部類考。一今後天文等科遇有八、九品官員缺，以本科人役食糧十年以上者，送部考選。一近者天文、陰陽分离兩途，而漏刻子弟不得推補堂官，請以後監副員缺，不分天文漏刻科分，但有歷俸年深者皆得奏請簡用；其六品、七品官，以八品考補；保章挈壺，以司晨、司曆博士考補；司晨、司曆博士以各科專業人役考補。一間者添注之官等于舊額，人皆作爲定員，因仍銓補故，多漏刻博士二人、靈臺郎一人，皆當裁罷。詔可。

《明實録・宣宗實録》卷八 行在欽天監天文生李宗善言有母居南京，年老無丁男侍奉，乞躬往迎養。上諭行在禮部臣曰：母子至情，不可拘以常例，其即遣行。蓋常例天文生不予私告，雖父母没，不得丁憂，止予告奔喪耳。

《明實録・宣宗實録》卷九三 行在欽天監奏：大興縣民劉溥等充天文生及陰陽生，而有司一槩編充里甲。舊制凡習學天文、陰陽者，許子孫亦習其業，乞免其里甲之役。上諭行在户部臣曰：天文曆数非世業不精。天文坐可免二丁，陰陽生免本身之役，三年後考試，不精者罰之。

《明實録・孝宗實録》卷一〇一 增欽天監天文生及陰陽人月糧。天文生原支六斗者，月加一斗。在監陰陽人原不關糧者，月支四斗。譙樓陰陽人月支三斗。仍命本監堂上官時加考較，令精習本業以備任使。從欽天監監正吴昊等奏也。

《明實録・英宗實録》卷八九 應天府府尹李敏奏：本府上元、江寧二縣富實丁多之家，往往營充欽天監、太醫院、陰陽醫生。各公主府墳户、太常光禄二事厨役及女户者一户多至一二十丁，俱避差役，負累小民。又二縣坊廂富户今比洪武中原額十不及二。究其所由，皆緣遞年料差繁重，致其逃竄事。下戶部覆議。以天文、陰陽生舊准戶存一丁習業，不當差役，女戶舊免正身，其餘俱無優免事例。

《明實録・英宗實録》卷一二九　欽天監奏：五官靈臺郎卜刺金、五官保章正胡中俱年七十，衰病，緣洪武以來本監官無致事例，請暫令住俸調，治痊可視事。從之。

《明實録・英宗實録》卷二八〇　癸酉詔曰：【略】一文職官吏、監生生員、承差知印民人及欽天監官舍、天文生人等，自正統元年以後至天順元年七月十二日以前，有爲事問發各處充軍，除謀逆姦黨不孝者不赦，其餘不分已未到配所，盡行宥免，起送該部序用，肄業寧家。

《明實録・孝宗實録》卷二一五　刑部大理寺奏：天文生張璽犯罪，律宜發邊衛充軍。但璽習業已成，請如例發附近衛分充軍，仍於欽天監應役。今後兩京法司問刑，如天文生犯罪當充軍者，果習業已成，請俱從此例，其習業未成者，仍發邊衛充軍。從之。

明・姚思仁《明律・附例注解》卷一《工樂戶及婦人加罪》　凡工匠樂戶犯流罪者，三流並決杖一百。留住拘役四年。若欽天監天文生習業已成，能專其事，犯流及徒者各決杖一百，餘罪收贖。

一凡天文生有犯，查係習業已成能專其事者，笞杖。有力納鈔，無力的決徒流。依律決杖一百，餘罪收贖。雜犯死罪，拘役五年。滿日，照舊食糧充役。其例該充軍者，將所犯徒杖依律決杖，收贖革去衣巾，量給月糧三分之一，拘役終身如軍。罪遇宥，亦照舊食糧充役。其竊盜、掏摸、搶奪，應刺字充警并例該永遠充軍。及習業未成未能專事者，不分輕重罪名，悉照本等律例科斷。

一凡欽天監官爲事請旨提問，與文職運炭等項一例問斷，該爲民者送監，仍充天文生身役，該充軍者備由奏請定奪。其有不由天文生出身者，悉照例革職發遣。

明・姚思仁《明律・附例注解》卷一二《失占天象》　凡天文垂象，欽天監官失於占候奏聞者，杖六十。

明・李東陽等《明會典》卷二二三　凡天文生，除本身外，再免一丁充當民差，陰陽人，止免本身。其各門不係應役者，不准免。

凡天文生食糧，月支七斗。陰陽人，四斗，俱照醫士醫生例。其譙樓陰陽人，止支三斗。〇隆慶四年，題定人數：曆科七十五名、天文科八十名、漏刻科三十五名、譙樓四十名、回回科五十名，各食糧供事。

凡天文生，止選世業子弟，立教師教習，有成，遇缺於內選補，其教師亦量陞授。〇弘治十一年：令訪取世業原籍子孫、并山林隱逸之士及致仕退閒等項、官吏生儒軍民人等，有能精通天文曆數、陰陽地理，及五星子平、遁甲大定、六壬龜卜等術者，每府不通一二人，試中收充供役。〇正德十四年題准：本監堂上官，從公選取官生聰俊子弟，并堪充教師人員，送禮部考選年資、藝術相應者，發回本監各科，各置課簿，明立教條，按月考試。禮部仍委官一員，并本監堂上官三員，相兼提督。仍置印信文簿二本，按季考試，附寫次第。一本存留備照，一本印封送部查考。每年終，連人簿送部。督同本監堂上官出題考校，以驗勤惰，定其高下。如無進益，連該科教師，亦量加責罰，以示勸懲。〇隆慶四年題准：天文生有缺，候年終類考，先儘嫡男頂補。如戶絶及嫡男藝業生疎者，方將習學餘丁照數收補，其嫡男仍候再考定奪。

凡天文生年六十以上者，嫡男許告替補。無嫡男者，族丁許告習學，仍照前例考補。如缺役數多，准以習學子弟添充，俟其考中，方與收糧。每姓册籍，止以祖戶一丁爲戶首，其續收補及餘丁，各附祖戶之下。不許一族另立數戶、一丁開寫數處，希圖朦朧頂補。

凡天文生有犯，弘治十三年奏准：徒流，照舊例決杖一百，餘罪收贖。笞杖，有力納鈔。無力的決。其犯竊盜、掏摸、搶奪等項，亦刺字充警。并雜犯死罪，俱做工。不在收贖之限。〇十七年又奏准。天文生犯該充軍，果係習業已成、能專其事者，照例問斷充軍，仍在本監應役。其習業未成、未能專事者，即同凡人發遣。

凡天下府州縣舉到陰陽人，堪任正術等官者，俱從吏部送本監考。中，送回選用；不中者發回原籍爲民，原保官吏治罪。

明・陸容《菽園雜記》卷九　欽天監官，例不致仕，老死而後已。天文生由科目出仕者，只於本衙門任用，不令出任府州縣官，蓋有深意存焉。太醫院官無考滿依資格陞職者，蓋此流醫藥有效，則奉特旨陞官故也。近年吏部考察京職，欽天監官年六十以上者，俱勒令休致，罷革傳奉冗官，則太醫院官皆在其列。計無所出，則請旨去留，由是權移他手，而賢否混殽矣。

明・俞汝楫《禮部志稿》卷八九《考選天文生》　成化十五年，欽天監奏選官民子弟肄習天文曆法，已歷三年。本監據正統年例經奏得旨，考中收充天文生。事下禮部，查成化六年近例，復奏得旨。會監官覆考得一百七十，命俱收充天文生，食糧辦事。退其不中者，六人仍留肄習。

《明實録・世宗實録》卷一二 乙卯，欽天監監副韓昂奏：乞全天文生如天順間例應科舉。禮部議：太祖著令欽天監人員别習他業、不學天文曆數者，俱發海南充軍。明例不可違。上是之。

《明實録・憲宗實録》卷二〇四 先是，欽天監奏：選官民子弟肄習天文曆法已歷三年，本監據正統年例，徑奏得旨，考中收充天文生。事下禮部，禮部查成化六年近例，復奏得旨。會監官覆考得一百七人，命俱收充天文生，食糧辦事。退其不中者六，人仍留肄習，且劾軒等妄引舊例。有旨令自陳。軒等言：侍郎俞欽、周洪謨俱挾私憾，并郎中黄景嘗請託不從，以致叅奏。不肯服罪。復命欽、洪謨、景自陳。欽、洪謨奏：實無挾私事，惟景嘗以事託之。上以軒等朦朧奏請，飾辭掩過，欲加究治，姑宥之，仍停俸三月。景請託事實，特停俸半年，其餘連坐者杖而釋之。

《明實録・憲宗實録》卷二四〇 壬寅，欽天監監正田秦等奏：天下司府州縣陰陽學生近有奏，例令納粟免考，不精其業，乞照舊例仍於本監考用。從之。

《明實録・孝宗實録》卷一八八 欽天監掌監事太常寺少卿吴昊言：本監所掌天文書曆數乃國家之先務，古昔帝王必命碩學名儒以司其事。我太祖高皇帝選世業子孫讀書通文藝者，送監肄業，期在得人。至天順初，天文生、陰陽生，奏比醫士生等科舉，歷四十餘年，科不乏人。曩礼部因給事中趙竑奏革詐冒，遂爲此輩科舉不由舊例，致令兩監官生子弟由之沮抑。近者給事中葉紳奏，欲照童軒等例於内外文臣中訪取學術通明者一二人，改命職御專掌其事。亦欲占步得人也。今以賣書爲他業錮之，是與擇人占步之意不合。乞勅礼部從公會議，仍照太醫院例復其科舉，以激勵之。縱未能中式，亦可以爲占步之助。其天文生、陰陽人習業已成有中式者，授本監職事。子弟能中式者，依資格出身。中間果有堪習天文曆數者，聽本監奏留任用。下禮部議，謂其事沙更已之。

明・俞汝楫《禮部志稿》卷八九《停天文生科舉例》 嘉靖元年，欽天監副韓昂奏：乞令如天順間例應科舉。禮部議：太祖著令欽天監人員别習他業、不學天文曆數者，俱發海南充軍。明例不可違。上是之。

明・俞汝楫《禮部志稿》卷八九《訪取通曆》 弘治十一年十二月欽天監掌監事太常寺少卿吴昊言：天文曆數、陰陽之術乃推步觀候及占卜吉凶禍福所繫，苟術業不精則推步有差，占候無驗。欲行天下訪取精通天文、曆數、陰陽、地理者，起送備用至五星、子平、六壬、遁甲、占課、灼龜、相面、演禽、觀梅、拆字及範圍大定等，數學有明驗者，亦以禮起送禮部。覆議宜從。所奏其觀梅、拆字、演禽、相面、前定數、六壬、課占、灼龜等末技無益於用，不許妄舉。上曰：六壬、占課、灼龜，果有精通者，亦訪取之。

清・谷應泰《明史紀事本末》卷七三《修明曆法》 二十年冬十一月，選疇人年壯解書者，赴京習天文推步之術。

又 孝宗弘治十一年，訪世業疇人，并諸能通曆象、遁甲、卜筮者。

《明實録・神宗實録》卷四九〇 庚午，禮部奏：採訪曆學精通之人。如原任按察司邢雲路兵部郎中范守己一時共推。又訪得翰林院簡討徐光啓及原任南京工部員郎李之藻，皆精心曆理。若大西洋歸化之臣龐廸峩、熊三拔等携有彼國曆法諸書，測驗推步，講求原委，足備採用。

《明實録・英宗實録》卷二八〇 命徵彭德清子英等在遼東充軍者回欽天監肄業，從掌監事禮部侍郎湯序言也。

明・李東陽等《大明會典》卷二二三 凡占候天象，本監自洪武以來，設觀星臺於雞鳴山上，今天文生分班晝夜觀望。或有變異，開具揭帖，星堂上官。當奏聞者，隨即具奏。

凡天文生，俱以世業子弟習學，考選食糧，分撥各科。

凡本監觀星臺，每歲合用燈油木炭。俱上元江寧二縣解納。本臺官生，歲給禦寒毛襖一領，從南京工部，轉行内府甲字等庫關給。

凡本監天文生食糧，月支米六斗，於南京禮部關支。

明・俞汝楫《禮部志稿》卷八九《南方天文生補充例》 成化二十二年，南京欽天監以南京吏部等衙門會奏天文生、陰陽人原額量加二分奏陳本監。原奉高皇帝聖旨并引大明律例，禮部覆議舊例，皆無以女婿、外孫、義姪别姓充補之，令宜行南京禮部仍照近例舉行。從之。

《明實録・孝宗實録》卷一三二 丁亥，南京欽天監主簿諸昇奏：曆法有差，月食不驗。乞命大臣爲總裁，選通曉天文、曆理之人，改定曆法。禮部覆奏：國初更定大統曆，頒行天下。其法至精至密，百餘年來凡以推步測候頒朔授時鮮聞有失，若必欲更改歲差，求合天度，事體重大，有非臣下所敢議者。況私習天文，律有明禁，以故通曉曆法者，亦未易見。人昇所奏亦自有譌舛，請治其罪。上曰：曆法事重，不必輕易更改，諸昇姑宥之。

明・姚恩仁《明律・附例注解》卷一二《收藏禁書及私習天文》 凡私家收藏玄象器物、如璇璣、玉衡、渾天儀之類。天文圖讖、應禁之書及繪畫歷代帝王圖像、金玉符璽等物者，杖一百。若不係天文生私習天文者罪亦如之，並於犯人名下追銀一十兩，給付告人充賞。器物等項並追入官，私習之人術業已成者，決訖，送欽天監充天文生。

明・姚恩仁《明律・附例注解》卷一二《術士妄言禍福》 凡陰陽術士，不許於大小文武官員之家無所根據妄言國家禍福，違者杖一百。其依經推算星命卜課者，不在禁限。

《明實録・憲宗實録》卷一〇七 癸未，陞欽天監秋官正楊瑛爲監副。時欽天監夏官、中官、冬官正及五官靈臺郎、挈壺正、漏刻博士俱缺員，吏部具本監長貳所舉堪任者擬其名，以聞原奏無瑛名，既而内批出，皆如所擬而陞瑛爲監副。

《明實録・憲宗實録》卷二一六 丁卯，欽天監正田蓁三年秩滿，詔復任，仍舊視事。時蓁年已七十有一，而欽天監官例不致仕，吏部以爲言，故有是命。

《明實録・憲宗實録》卷二三〇 太監李榮傳： 奉聖旨欽天監五官靈臺郎李華陞監副，冠帶陰陽人鄭塏、趙華、陳俊，天文生董榮、李璿、劉雲，人匠張義，漏刻博士陰陽人吴祥、毛景、章壽、署漏刻博士舍餘陳瀛、張繼、陳簡、朱昂、吴欽、沈清、李茂、王宏俱冠帶充天文生，月支米一石。

《明實録・憲宗實録》卷二三四 太監覃昌傳： 奉聖旨授欽天監陰陽人董旺、胡瑄俱漏刻博士。朱紳與冠帶，月支米一石。

《明實録・憲宗實録》卷二三八 乙未，命掌欽天監事太常寺卿童軒致仕。軒自陳久患寒濕之疾，步履艱難，兼不通陰陽之術，恐孤任使乞調南京一官。上曰：軒以明曆舉胡爲託辭，陳請其令致仕。

《明實録・孝宗實録》卷九 召致仕太常寺卿童軒掌欽天監事。陞五品靈臺郎高鍾爲監副。先是監副吴昊言： 軒操履端方，兼究天文曆數，乞勑吏部行取，總理監事以啟迪後進。故有是命。

《明實録・孝宗實録》卷一三 命南京欽天監監正田蓁復職。蓁九年考滿，吏部言： 蓁年雖七十八歲，而欽天監官例不致仕，故有是命。

《明實録・孝宗實録》卷一〇〇 己酉，欽天監監副張紳九年考滿，命復職管事。紳時年已八十四矣。

《明實録・孝宗實録》卷一三二 陞欽天監監正吴昊爲太常寺少卿，仍舊供職。以九年秩滿也。

《明實録・孝宗實録》卷一四三 欽天監監副張紳自陳老疾乞致仕，仍乞量賜俸米養贍。命陞監正，於本監閑住，月給食米一石。

《明實録・孝宗實録》卷一九一 陞南京欽天監監正孝鍾爲南京太常寺少卿，仍掌監寺事，以九年秩滿也。

《明實録・武宗實録》卷一九 陞太常寺少卿吴昊爲太常寺卿，仍掌欽天監事，以九年秩滿也。

《明實録・武宗實録》卷五七 陞欽天監五官司曆劉璿、漏刻博士金濬各一級冠帶，舍人張林爲錦衣衛百户，皆出内批白帖云。

《明實録・世宗實録》卷四 以南京户科給事中樂護、工部營繕司主事華湘俱爲光禄寺少卿管欽天監事。以其素精天文曆數也。

《明實録・世宗實録》卷一九七 欽天監冠帶陰陽人廖文政等比例求爲靈臺博士。禮部議： 請先與試職，待陵工完日實授。上不允，但月給米一石而已。

《明實録・世宗實録》卷三八三 南京欽天監正周相爲應天府府丞掌本監事，以九年考滿也。

《明實録・穆宗實録》卷五九 加欽天監掌監事順天府府丞周相三品服色，以九年秩滿也。

《明實録・英宗實録》卷一七八 光禄寺少卿吕泰初爲南京光禄寺丞任滿，南京工部右侍郎吴政、欽天監副高禮、給事中劉華南、盧祥、劉煒、張靈翰、户部員外郎張鶴俱就光禄寺賀之。泰及寺丞姜勝等擅用官物，又官器置酒，且邀尚膳監内官黄檜以宴。政等至是事覺，下南京都察院鞫實，命俱宥死，倍徵所食諸物，輸官復其職，泰降爲太僕寺寺丞。

《明實録・英宗實録》卷一八四 欽天監監正彭德清死獄中，命仍斬其首。德清坐黨王振，匿天變不奏及從征不擇地利處駐師也。

《明實録・英宗實録》卷一九二《景泰元年五月丁未》 欽天監正許惇忿天文生唐矜等，累誣。已私舉屬官，輒令靈臺郎方欽亦誣矜等恃強毀詈等狀。法司鞫得情，當惇不應贖，杖還職。詔特釋之。

《明實録·英宗實録》卷二一二《景泰三年庚申》 欽天監奏：本監監正廖義仲於正統十四年八月十五日失觀象玩占祥異等書於口外，恐爲軍民人等所拾，傳録私習。乞令都察院揭榜曉諭，遇有拾得天文禁書，許令赴官出首封記，差人送京。與免其罪。從之。

《明實録·英宗實録》卷三三〇《天順五年秋七月丙午》 太常寺少卿掌欽天監事湯序等伏誅。序始以天文生出入吉祥、曹欽家，冒迎駕功，累陞至禮部侍郎，後以占候天文失實降少卿，懷怨望。達官陳守忠、丁順、白忠等亦以附吉祥，冒迎駕功，陞都督、同知等官。至是序爲欽選舉兵日時，守忠、順、忠從欽犯闕，俱被執磔于市，籍没其家。

《明實録·憲宗實録》卷四〇《成化三年三月己丑》 欽天監監正谷濱受賕，濫舉其屬，爲人所發，下刑部擬罪。當杖徒除名，特命贖罪，降漏刻博士。給事中毛弘等，執奏以爲當從刑部所擬。上以事既施行，不從。

《明實録·憲宗實録》卷四八《成化三年十一月辛巳》 禮科給事中成實等奏：欽天監監副周昉、金吾右衛指揮同知高傑，冬至節不赴長陵、景陵行禮，吏禮二部俱無印信手本報名，而屬司官員亦多不赴，宜行究治。上付高傑於法，以周昉奔喪宥之。

《明實録·憲宗實録》卷六九《成化五年秋七月癸未》 欽天監監副吕慶、周昉以受賕枉法，下錦衣衛獄。具伏。刑部論罪當絞，例減等充軍。詔免之，但奪其官，仍充天文生。

《明實録·憲宗實録》卷一〇三《成化八年夏四月》 丙子，是月初四日申時，雷始發聲，欽天監官失於占奏。上命中官責令自陳。監副田蓁言：由當直靈臺郎劉瓚之誤，遂皆服罪。上曰：爾等職居占候，不盡心所事，法當逮問。今既服罪，姑宥之。瓚杖二十。

《明實録·憲宗實録》卷一三〇《成化十年閏六月》 丁亥，欽天監天文生楊昭奏：本監監副張瑄自外官陞用，不習天文地理之術，乞調别任，以謹占驗之防，爲倖進之戒。詔曰：朝廷用人，凡有才能輒加陞擢，昭敢爲此言，法不可恕，姑命錦衣衛杖之。

《明實録·憲宗實録》卷一四六《成化十一年夏四月戊戌》 欽天監五官靈臺郎劉伸奏：自洪武以來，凡天象有變，本臺官輒自具奏，不用本監印信。至正統間監正彭得清等始變舊制，且本監官俱故陰陽官子孫，係專門之學，所奏天象惟從舊書，以爲占候，别無餘法。今掌監事太常寺少卿童軒乃出自科目，到任以來署不事事，以天象占藁隱匿不奏，及所奏者，又多增損舊書，不以實對。事下禮部，令軒具實以聞，于是軒以其誣已具陳。上宥之，命所占天象仍會本封進，如近制。

《明實録·憲宗實録》卷一六七《成化十三年六月甲辰》 欽天監正張瑄等濫收習學天文生，掌監事太常寺少卿童軒奏發其事，瑄復與其同官作僞帖規免罪。刑部鞫問，具服。命姑宥之。

《明實録·憲宗實録》卷一七九《成化十四年六月庚子》 欽天監以孟秋將享太廟致齊，六月小盡誤奏二十八日，爲始掌監事太常寺卿童軒等檢舉，待罪。得旨宥之，其夏官正胡璟等俱下獄治罪。

《明實録·憲宗實録》卷一八一《成化十四年八月庚子》 欽天監監副宋徽，春官正減銘、秋官正潘泰、中官正周綸，並以收充天文生受賂事覺問擬爲民。刑部因奏：先年欽天監官犯罪者俱奉聖斷，今徽等習學已成，據例亦宜充天文生應役。自後，本監官犯罪應爲民者，悉依此例，應發戍者，奏請處治。從之。

又 欽天監監正張瑄、田蓁及徽府右長史嚴良能俱以陪祀社稷後主坐不謹，命杖而釋之。

《明實録·憲宗實録》卷一九四《成化十五年九月乙卯》 太常寺卿童軒、欽天監正田蓁陪祀失期，詔停俸一月。

《明實録·憲宗實録》卷二一八《成化十七年八月乙丑》 降欽天監監正張瑄爲監副。初瑄學燒煉養砂方於方士王經，經學天文於瑄。瑄示以觀象、玩占諸書，互相授受。爲錦衣衛官校所緝，詔收治之，得實狀，故降之。

《明實録·憲宗實録》卷二三一《成化十八年閏八月庚午》 欽天監掌監事太常寺卿童軒與五官靈臺郎馬良弼訐奏怠事不謹，諸不法事，俱下錦衣衛獄，推問以軒保舉差委，徇私欺公，法當從重擬罪，姑宥之，仍停俸半年。良弼抗上并軒所庇屬官吴英、楊忞亦免擬罪，各停俸兩月。

《明實録·憲宗實録》卷二四五《成化十九年冬十月己卯》 下欽天監監正田蓁等于獄。先是蓁等以五官正等官缺員請以司曆劉玉等補之而并擬代之者。吏部移文本監，言：秋官正吴昊奔喪，保章正倪謙公差，俱非缺員，司辰李賢卒，已有補之者。蓁等遂檢舉請罪。吏部覆奏得旨，蓁等任意妄爲，全不畏法，僉書官吏，俱命錦衣衛逮鞫，法司擬罪如律。

《明實録・憲宗實録》卷二六四《成化二十一年夏四月》 丙辰，太監覃昌傳：奉聖旨陞太常寺少卿康永韶爲禮部右侍郎，仍掌欽天監事。永韶凡有占候，曲爲隱蔽，甚者以災爲祥。近嘗進言，今春星變，當有大災，賴陝西等處民多饑死，足應此變。此誠國家無疆之福，無他慮矣。上方憂天戒，聞永韶言，悅之。而吏部又有援之者，故有是命。

《明實録・孝宗實録》卷八《成化二十三年十二月壬辰》 命欽天監監正李華致仕。先是欽天監冠帶儒士朱祚陳本監利病，【略】下禮部覆奏，謂其言皆可行，併劾華行事乖謬，難以表率僚屬。上俱從之。

《明實録・孝宗實録》卷八八《弘治七年五月》 欽天監天文生聞顯言五事：一謹齊戒，【略】一觀天文。六年十月，庚辰二鼓，東有星如難彈大，青白色，光起柳宿，東行至近濁；四鼓南有星亦如難彈大，光起南河，東南行至近濁，尾跡炸散。十一月甲辰，夜三鼓，太陰與司怪星相犯，本監官將二難彈大星改作彈丸，大太陰凌犯隱匿不奏。且本臺官例與天文生上臺協同觀候，多懶惰不行，乞許天文生呈究。【略】内靈臺天象小者，俱不談占奏。其言臺官上臺觀候，宜行本監查例遵守。

《明實録・武宗實録》卷八《弘治十八年十二月》 丁丑，欽天監五官挈壺正李源等八人以傳乞進官，照例革職，冠帶閑住。掌監事太常寺少卿吴昊等具本監官事例以聞吏部，議源等習業已成，宜留供事，聽本監鈐束，仍月給食米一石。

《明實録・世宗實録》卷一一九《嘉靖九年十一月戊子》 刑部奏：上大辟囚有詞者十六人，法當再問。樂工張仁、欽天監冠帶天文生馬能與焉。仁坐與逆濠通，能以漏刻博士降用，坐僞稱復職，冒舊銜者。上謂，仁逆狀甚著，不得緩死。命與能俱照舊候決。餘准再問，因詰部臣徇私壞法，切責而貫之。

《清律例》卷一七《禮律儀制》 收藏禁書

凡私家收藏天象器物（如璇璣、玉衡、渾天儀之類）、圖讖（圖象、讖緯之書推治亂）應禁之書，及（繪畫）歷代帝王圖像、金玉符璽等物（不首官）者，杖一百，並於犯人名下追銀一十兩給付告人充賞。（器物等項並追入官）

失占天象

凡天文（如日月、五緯、二十八宿之屬）垂象（如日重輪及日月珥蝕、景星、彗孛之類），欽天監官失於占候奏聞者，杖六十。

《清律例》卷一七《條例》 [占天象]

欽天監設觀星臺，令天文生分班晝夜觀望，或有變異，開具揭帖呈堂上官，當奏聞者隨即具奏。

術士妄言禍福

凡陰陽術士不許於大小文武官員之家妄言（國家）禍福，違者杖一百。其依經推算星命卜課不在禁限。

清・李鴻章等《清會典事例》卷七三四《刑部》 天文生有犯。凡欽天監天文生，習業已成，明於測驗推步之法，自能專其事者，犯流及徒，各決杖一百，餘罪收贖，仍令在監習業。犯謀反叛逆緣坐應流，及造畜蠱毒，採生折割人，殺一家三人，家口會赦猶流。及犯鬥毆殺人，監守常人盜。竊盜、掏摸、搶奪，編配刺字，與常人一體科斷，不在留監習業之限。謹案乾隆五年以軍流同例，於流字上增軍字。又案此條律文，原載工樂户及婦人犯罪律内，雍正三年分出，另爲一條。附律條例：凡欽天監官爲事，請旨提問，與職官一例問斷。該爲民者，送監仍充天文生身役。該徒流充軍者，備由奏請定奪。其有不由天文生出身者，悉照例革職發遣。謹案此條係原例。

清・李鴻章等《清會典事例》卷三三七《禮部》 雍正元年覆准：候補天文生及補用天文生之監生生員，由該監造具年貌、三代、履歷、籍貫，經書清册，送順天府入皿字鄉試。【略】二十一年覆准：欽天監天文生由生員入監肄習者，該監將年貌、籍貫造具清册，送禮部存案。屆期鄉試，移送學政録科。學政移查禮部，與原册覈對相符，方准考録應試。再入監人員，從前，但憑同鄉官印結收録，並不考試。其人之可否造就，無從鑒別。嗣後額缺需人，應由監奏明，嚴行考試。試其術業可以造就者，酌取數名，依次充補。仍將考取人數，造册送部存覈。其由生員考取未經補額之先，該監不得移送科舉。

清・李鴻章等《清會典事例》卷三四六《禮部》 雍正元年，欽天監天文生，不論貢、監生員，俱編皿字號。

清・李鴻章等《清會典事例》卷一一七《吏部》 又欽天監博士，由本監天文生除，筆帖式升任，升本監挈壺正。【略】欽天監司晨博士，由本監天文生升任，升本監靈臺郎。

清・李鴻章等《清會典事例》卷一一八《吏部》 欽天監五官監候，由天文生考授，升本監靈臺郎、主簿。又欽天監五官司書，由博士考授，升本監主簿、春夏秋冬中五官正。又太常寺贊禮郎，由司樂升任，升本寺寺丞。【略】又欽天監漏刻博士，由天文生考授，升本監靈臺郎。

清・李鴻章等《清會典事例》卷四二《吏部》　補用天文生。雍正五年議准：欽天監滿洲、漢軍天文生缺，除舉人、貢生，並曾任筆帖式，不行補用外，於考試繙譯取中之監生、生員、官學生、義學生內，各按旗分名次，歸入月選。與所出筆帖式員缺，一例掣籤補用，不算筆帖式班次。如有缺，本旗無應擬之人，則扣留。俟考取有人之日，再行補授，不得借補別旗之人。八年奏准：欽天監天文生，其由監生、生員補用者，授爲八品。由官學生、義學生等補用者，授爲九品。各按品級食俸。乾隆四年奏准：滿洲、蒙古算學生，教習五年，咨部註册。遇有各本旗天文生缺出，按名補用。如無蒙古天文生之缺，即以滿洲之缺補用。嘉慶二年奏定：除漢軍天文生定額八缺，按旗選用外，滿洲、蒙古天文生十六缺，以八缺爲滿洲八旗額缺，以四缺爲滿洲左翼二缺、右翼二缺，以四缺爲蒙古左翼二缺、右翼二缺。蒙古天文生，如轉補旗分無人，將以次旗分之人轉補。所有蒙古博士二缺，以一缺在蒙古筆帖式内題補，以一缺在蒙古天文生内較俸升用。

清・李鴻章等《清會典事例》卷五四《吏部》　康熙二十年題准：滿洲五官正以下，漢軍秋官正以下，均由欽天監將應升人員，擬定正陪，出具考語，咨部引見補授。雍正六年議准：欽天監蒙古五官正員缺，由理藩院於内閣中書、各衙門筆帖式内考選，擬定正陪，送部引見補授。由理藩院等衙門出身者，以該衙門應升之官升用。由六部出身者，以六部應升之官升用。十二年諭：嗣後欽天監升用人員，擬正者照常論俸，擬陪者於各員内遴選，一併引見，不必論俸。乾隆四十七年奏准：欽天監蒙古五官正二缺，作爲該監升用之缺，毋庸考選。其滿缺主簿，定爲滿洲一員。其靈臺郎三員，定爲滿洲二缺、蒙古一缺。挈壺正二員，定爲滿洲一缺、蒙古一缺。博士十六員，定爲滿洲四缺、蒙古二缺。均由該監揀選正陪，出具考語，送部引見補授。五十三年諭：欽天監衙門應行引見人員，向隨吏部帶領，此後亦著該堂官自行帶領，並一體先期向吏部查覈，如此既可以杜絕弊端，而該衙門等堂官隨時接見，亦可以觀其材器，量加鑒别，以備任使。六十年議准：欽天監應升人員，遇有京察一等記名者，准其與俸深應升人員，相間輪用。未經記名者，仍照例升轉。其由題升各缺，應照該監奏准之案辦理。嘉慶二年議准：蒙古博士二缺，一歸蒙古筆帖式揀選保題，一歸蒙古天文生較俸升用，亦擬定正陪，咨部查覈後，由該監自行引見補授。道光元年奏准：滿洲算學生中式文舉人，照乾隆十年奏定之案，舉人算學生以博士補用，嗣後遇有博士缺出，由欽天監酌量與應升人員，揀選升用。三年議定：算學生中式繙譯舉人，照筆帖式中式之例，食七品俸，在任候升，不得遽以博士補用。六年奏：監正、監副各缺，西洋現無在京當差之人，請敕下吏部查明舊例議奏。遵旨議定：嗣後仍設滿漢監正各一員，滿漢監副各二員。遇有滿漢監正缺出，專以左右監副引見升補，毋庸分别正陪。如遇左監副無人，或右監副無人，再將應升監副人員，揀選擬陪，請旨補授。其滿漢左監副缺出，由右監副轉，右監副缺出，各將應升人員，照舊例擬定正陪，引見補授。又奏准：京察一等人員，自揀選監副以下，照俸深之例，將一等人員擬正，揀選挺陪，咨部查覈。八年奏准：滿漢、蒙古、漢軍食俸天文生，如遇本科應升到班，先儘考列二等者，較俸次先後，與本科保題人員，相間輪用。俟二等用完，再將考列三等人員，較俸升用。同治十一年奏定：候補筆帖式，借補天文生，歷升靈臺郎，其並未入考，素不諳天文數理者，暫停升轉。俟學習三年，與算學生一體考試，擬定名次，咨部註册後，照常升用。光緒十年議定：滿洲監正缺出，由欽天監將滿洲左右監副，咨送吏部帶領引見，毋庸分别正陪。左監副缺出由右監副轉，右監副缺出，由欽天監將應升人員，較俸擬正，揀選擬陪，咨送吏部，帶領引見補授。如有京察一等者，與俸深人員相間輪用。（輪用京察一等人員，照俸深之例，將一等人員擬正，揀選擬陪。）其滿洲五官正以下，漢軍秋官正以下，俱由欽天監將應升人員升補，俱先用京察一等一次，次用保題一次，再用俸深一次，相間輪用。（輪用京察俸深到班，應以本項擬正，揀選擬陪。輪用保題，即行擬補，毋庸擬陪。）

清・李鴻章等《清會典事例》卷五八《欽天監官》　順治十五年題准：凡欽天監官升至監正，止加京官職銜，仍掌監事。康熙五十八年議准：監副以員外郎升用，五官正以主事升用。照滿官升轉之例，由部按其得有品級食俸之日算俸，入於論俸推升之月。（八月、十二月遇缺即補。不積各項升轉之缺。）每年升用一人，（或八月或十二月，止升一人。）此升用時，先升監副一次，後升五官正二次，輪次升補。監副員缺，由五官正、靈臺郎、主簿、挈壺正升補。五官正員缺，由主簿、五官司書、博士升補。靈臺郎員缺，由五官監候、博士升補。主簿員缺，由挈壺正、司書監候、博士升補。挈壺正員缺，由博士升補。司書員缺，由博士升補。監候、博士員缺，由天文生考授。至天文生員，欽天監於世業、肄業二班人員内，自行考補。

左監副缺出，由右監副轉。右監副缺出，將應升人員論俸擬正，揀選擬陪。

一切升轉，仍照舊例辦理。又奏准：欽天監保題升用人員，如遇一等人員到班，照俸深之例，將一等人員擬正，揀選擬陪。八年奏准：滿、漢食俸天文生，自此次考試爲始，遇本科應升到班，請先儘考列二等者較俸，與本科保題人員，相間輪用。俟二等用完，再將考列三等人員，較俸升用。並將考試等第俸次造册，送部備查。同治十一年奏定：欽天監五官正員缺，算學期滿之議敘助教，與應升之主簿、司書、博士，相間輪用。

清・李鴻章等《清會典事例》卷一一〇〇《國子監》 嘉慶二年奏准：天文生由各省生監充補者，歸國子監録科。由順天生員充補者，歸順天學政録科。又奏准：本監官員子弟録科，該員具呈，並取同鄉官識認保結。

清・劉錦藻《續文獻通考》卷一二八《職官考十四・京文職》 嘉慶二年覆准：滿洲、蒙古天文生十六缺，以八缺作爲滿洲額缺，以四缺作爲滿洲左翼二缺、右翼二缺，餘四缺作爲蒙古左翼二缺、右翼二缺。

又覆准：蒙古博士二缺，以一缺歸蒙古筆帖式内題補，一缺歸額。設蒙古天文生四員，内較俸升用。

道光元年奏准：滿洲算學生中式文舉人照乾隆十年定案，舉人算學生以博士補用，嗣後遇有博士缺出，由欽天監酌量與應升人員揀選升用。

三年議定：算學生中式繙譯舉人照筆帖式中式之例，食七品俸，在任候升，不得遽以博士補用。

六年定：見在並無西洋在京當差之人，仍定爲滿漢監正各一人，滿漢左右監副各二人。

同治十一年奏定：候補筆帖式借補天文生歷升靈臺郎，其並未入考，素不諳天文數理者，暫停升轉，俟學習三年，與算學生一體考試，擬定名次，咨部註册後，照常升用。

《清實録・高宗純皇帝實録》卷九六二《乾隆三十九年》 庚申，諭軍機大臣等：據李侍堯奏，現有西洋人岳文輝曉理外科，楊進德、常秉綱俱習天文，附搭商船到廣，情願進京効力，應否恩准之處，循例奏聞請旨等語。向例西洋人進京効力之後，即不准其復回本國。近來在京西洋人内，竟有以親老告假者，殊屬非理。伊等既有親待養，即不應遠涉重洋，投効中國。若既到京効技，自不便復行遣回。均當慎之於始。此次岳文輝等三人即著李侍堯詢問伊等，如實係情願長住中國，不復告回者，方准送京。若有父母在堂者即不准其詳報呈送。著李侍堯於總督衙門存記檔案。嗣後凡有西洋人懇請赴京者，即照此詢明，分别奏辦。

《清實録・仁宗睿皇帝實録》卷二四二《嘉慶十五年四月》 辛未，諭内閣：御史蔡維鈺奏，嚴禁西洋人刻書傳教一摺。京師設立西洋堂，原因推算天文，參用西法。凡西洋人等情願來京學藝者，均得在堂棲止。乃各堂西洋人，每與内地民人往來講習，並有刊刻書籍、私自流傳之事。在該國習俗相沿，信奉天主教。伊等自行講論，立説成書，原所不禁，至在内地刊刻書籍，私與民人傳習，向來本定有例禁。今奉行日久，未免懈弛。其中一二好事之徒，創其異説，妄思傳播，而愚民無知，往往易爲所惑，不可不申明舊例，以杜歧趨。嗣後，著管理西洋堂務大臣留心稽察。如有西洋人私刊書籍，即行查出銷燬。並隨時諭知在京之西洋人等務當安分學藝，不得與内地民人往來交結。仍著提督衙門、五城、順天府將坊肆私刊書籍，一體查銷，但不得任聽胥役藉端滋擾，致干咎戾。

《清實録・仁宗睿皇帝實録》卷二四六《嘉慶十六年七月》 壬辰月食，嚴禁西洋人潛住内地。諭内閣：西洋人住居京師，原因其諳習算法，可以推步天文，備欽天監職官之選。昨據管理西洋堂務大臣查明，在京者共十一人，除福文高、李拱辰、高守謙三人，現任欽天監監正監副南彌德在内閣充當繙譯差使；又畢學源一人，通曉算法，留備敘補；賀清泰、吉德明二人，均年老多病，不能歸國；此外學藝未精之高臨淵等四人，俱已飭令回國。現在西洋人之留京者，祇有七人。此七人中其有官職差使者，出入往來，俱有在官人役隨地稽查，不能與旗民人等私相交接。其老病者，不過聽其終老，不准擅出西洋堂。外人亦不准擅入。管理大臣及官員弁兵，巡邏嚴密，諒不至聽有傳教惑衆之事。至外省地方，本無需用西洋人之處，即不應有西洋人在境潛住。從前外省拏獲習教人犯，每稱傳播始於京師。今京師已按名稽覈徹底清釐，若外省再有傳習此教者，必係另有西洋人在彼煽惑，地方匪徒私自容留，不可不加之厲禁。除廣東省向有西洋人來往貿易，其居住之處，應留心管束，勿任私行傳教。有不遵禁令者，即按行懲治外，其餘各直省，著該督撫等飭屬通行詳查。如現有西洋人在境，及續有西洋人潛來者，均令地方官即行查拏具報，一面奏聞，一面遞交廣東，遣令歸國。如地方官查辦不力，致令傳教惑衆，照新定條例嚴參重處。若内地民人私習其教，復影射傳惑者，著地方官一律查拏，按律治罪。將此通諭知之。

《清實録・仁宗睿皇帝實録》卷三一〇《嘉慶二十年十月》　庚辰，諭内閣：百齡奏訪獲正一真人法官鄒尚勤，因正一真人張鈺，發給護牌，令赴蘇杭一帶考選道童，填補京城光明殿道衆缺額等語。光明殿道衆除祈禱晴雨外，别項差使甚少。著總管内務府大臣查明光明殿額設道衆共有若干員。嗣後，如有缺額，由内務府照例行文。責令正一真人在該山道衆内遴選來歷清白、明習經懺者，保送充補，並出具切實甘結，報明内務府存案。其私令法官在外考選道童之處，著永遠禁止。正一真人張鈺著交部議處，餘著該部覈議具奏。

《清實録・仁宗睿皇帝實録》卷三二三《嘉慶二十一年十月》　戊寅，吏部議處失察匠役私賣《時憲書》稿本之欽天監堂司各官。得旨：此案欽天監匠役私將《時憲書》稿本賣給民人，距頒朔之期尚遠。豫先翻刻刷印萬餘本，紛紛售賣。該監堂官及專辦之司書俱毫無覺察，其咎較重。吏部照漏洩本章例議處，所議尚輕。滿監正額爾登布、西洋監正福文高、前任滿監副工部員外郎圖寧、前任漢監副户部員外郎陳倫、西洋左監副李拱辰、西洋右監副高守謙，俱著改爲降二級留任。司書方履亨著改爲降二級調用。如無官可補，即行革職。

《清實録・仁宗睿皇帝實録》卷三二四《嘉慶二十一年十月》　庚戌，諭内閣。刑部奏：審擬私刻《時憲書》人犯黄三等罪名一摺，已依議行矣。《時憲書》頒行天下，以便民用。若不遵欽天監推算，自行私造，干支錯誤，自應從重治罪。如照依監本翻刻，刑部並無治罪之條。其《時憲書》册尾所載僞造者依律處斬，如無本監時憲書印信即同私造等語，實屬虚設。即册面欽遵御製數理精藴印造數語，現在欽天監推步之術，恪遵成法，由來已久，亦無庸特爲標著。所有《時憲書》册面册尾兩條，俱可删除。至各省所頒《時憲書》，向於每年四月初一日由欽天監豫將様本發交各布政司衙門刊刷，至十月初一日頒朔後頒行。近京一帶，若由監頒行，勢難徧及。或交順天府募匠刊刷，照各省布政司之例辦理。惟總須定於十月初一日頒朔以後，方准出售。若於頒朔之前私行售賣，即照違制律治罪。其應如何酌定章程，著欽天監詳議具奏。尋，議上。得旨：嗣後，直省各布政司刊刻《時憲書》，仍鈐蓋庫貯欽天監時憲書印信。各州縣照刻之《時憲書》，即鈐蓋各該州縣印信。其無附郭首縣之府，即鈐蓋該府印信。各布政司均於頒朔之日，即將様本分發各府州縣。遵照刊刻，以廣流通。

《清實録・宣宗成皇帝實録》卷二五《道光元年十月》　諭内閣：已革五官正常興辦稿呈堂，引例錯誤，有心朦混，著照刑部所擬杖徒，照例枷責。已革博士塔方阿私自刮補案件，業經革職，毋庸再議。其隨同畫押之主簿方德裕、博士何良奎及未經畫押之前任五官正成會、靈臺郎何元淮、博士福奎著交部分别議處。管理監務貝勒奕紹，既查出此案稿件閲看，不即據實究辦，亦屬不合，著交宗人府察議。至方履亨以博士起用時，欽天監行文吏部查覈。吏部何以不將定例聲明咨覆，著軍機大臣查明據實覆奏。

《清實録・宣宗成皇帝實録》卷三五三《道光二十一年六月》　欽天監漢監正向來止加升銜，並無升途，較之滿洲監正得升太常寺少卿、鴻臚寺卿者，迥不相同。滿漢京官食俸當差，事同一律，何以漢監正一官並無升途，定例殊不畫一，著吏部另行覈議，章程具奏。尋議。請仿照監副升用員外郎之例，將漢監正推升郎中。得旨：著毋庸議。

《清實録・宣統政紀》卷一〇《宣統元年閏二月下》　宣統元年己酉閏二月丙申，諭内閣：欽天監右監副常海奏請開缺終制一摺，欽天監職司推測，係屬專官，常海著改爲署任，毋庸開缺。

省災制度

清・龍文彬《明會要》卷二八《運歷下・時令》　永樂二年四月，諭法司曰：「天氣向熱，獄囚淹久必病。令五府、六部、六科協助爾等，盡數日疏決。」《大訓記》。

又諭：「今春時和，東作方興。宜申明教術，勸課農桑。」《農政全書》。

宣德元年五月，諭三法司曰：「古者，孟夏斷薄刑，出輕繫，仲夏拔重囚，益其食。所以順時令重人命也。祖宗時，遇隆寒盛暑，必命法司録囚。今天氣嚮炎，不分輕重悉繫之，非欽恤之道。卿等當體此心，即量輕重區别之。務存平恕，毋致深刻。」《三編》。

五年二月，帝以春和，下詔寛卹。《三編》。

七年二月，帝以春和，諭法司録囚。帝親閲衆囚，決遣千餘人，減等輸納。春審自此始。《刑法志》。

天順五年二月，諭法司曰：「春陽肇序，萬物咸新。在京文武官除贓罪外，諸犯録悉與湔除，命奉公守法。」《明政統宗》。

成化十年決囚，冬至節近，特命過節行刑。既而給事中言：「冬至後行刑，非時。」遂詔俟來年冬月。《刑法志》。

嘉靖四年二月乙卯，御史王鼎言：「《禮月令》：『仲春命有司省囹圄，去桎梏。』今所犯笞杖徒流罪，淹繫經年，不即遣釋，多以禁死。足以干天地之和。」上是之。詔内外理刑官：「凡獄成者，各即放遣。違者，罪之。」《實録》。

二十二年，御史何瓚言：「京師苦寒，小民凍餒枕藉。乞多方振救，併行江北諸郡加惠，以廣德意。」帝曰：「今歲嚴寒，困窮可憫。亟行一體振之。」《三編》。

二十四年正月，上以春多疾疫，命施藥於朝天門外，溥濟貧民。《實録》。

三十二年，南京刑部尚書顧應祥秋奏決囚。比得決單已踰冬至二日，例當復請。應祥竟論決。御史參劾，上令應祥致仕。王圻《通考》。

萬曆中，刑部尚書孫丕揚奏：「五歲方恤刑，恐冤獄無所訴。請敕天下撫、按，方春時和，令監司按行州縣，大録繫囚，按察使則録會城囚。死罪矜疑，及徒流以下可原者，撫、按以達於朝。期毋過夏月。」《孫丕揚傳》。

三十八年十一月朔，日有食之。禮部右侍郎翁正春言：「前兩歲，食四月朔，純陽之月也。今食十一月朔，陽生之月也。仲冬之月，於律爲黄鐘，於卦爲復。乃羣陰已極，一陽初生之候。」

明·俞汝楫《禮部志稿》卷三《修省之訓》　宣德五年，八月朔日當食，陰雨不見。行在禮部尚書胡濙等以爲即同不食，請率羣臣上表賀。上不許，勑羣臣曰：「古者人君所謹莫大於天戒，日食又天戒之大者。惟能修德行政，用賢去邪，而後當食不食。朕以菲德嗣承祖宗大統，政理之未洽，民生之未遂，上累三光，祇懼惟甚可比於是歟。傳不云乎，君子之過也，如日月之食焉。過也，人皆見之。更也，人皆仰之。今以陰雨不見，得非朕昧於省過而然歟？况離明照四方，陰雲不見有限京師，四方必有見者，比之不食，天可欺歟。朕尚圖修省，以仰答天意，尚勑爾羣臣匡其不逮，其止勿賀。」

明·俞汝楫《禮部志稿》卷四《修省之訓》　正統四年六月，勑諭六部等官曰：「朕恭嗣大統，夙夜祇勤，惟祖宗付託之重不敢怠逸。比年以來，停罷一切徵斂，除逋負，薄刑罰，所冀四方咸遂生息。今歲以來灾沴數見，京畿尤甚。自三月至五月，亢暘不雨，甚傷農麥。五月中至六月，連雨不止，河決堤岸，渰没田稼，城中傾塌官民廬舍，亦有渰溺死者。深用兢惕，洪範咎徵，皆繇人事。」

觀測制度

《明實録·太祖實録》卷一六三《洪武七年七月丙午》　製欽天監觀星盤。

《明實録·太祖實録》卷一七六《洪武十八年九月丙申》　築欽天監觀星臺于雞鳴山，因雨花臺爲回回欽天監之觀星臺。

《明實録·英宗實録》卷九〇《正統七年三月》　戊子，以造觀星臺成，遣工部右侍郎張琦祭司工之神。

《明實録·英宗實録》卷一一三《正統九年二月辛丑》　命修南京欽天監觀星臺。從本監官奏請也。

《明實録·英宗實録》卷二五七《景泰六年八月》　戊午，先是欽天監奏：觀星臺在東城上喧擾不便，而屋宇牆垣壁亦多損壞，乞徙至東長安街臺基廠，則觀星臺之高與西長安街二塔相對，足爲青龍白虎之象，於堪輿家所言形勢爲宜。帝允其請。至是，以其勞擾不徙，姑令修理之。

清·孫承澤《春明夢餘録》卷五九《欽天監二·觀象臺》　觀象臺，在城東南隅。臺上有渾天儀，如世所圖璇璣，皆鑄銅爲器，四柱以銅龍架而懸之。又有簡儀，狀相似，而省十之七，止周圍數道而已。玉衡，亦以銅爲之，如尺而首尾皆曲，有二孔，對孔直窺，以候中星。又有銅球，左右轉旋以象天體，以方函盛之。函四周作二十八宿真形，南面有正統御銘。臺下小室有量天尺，鑄銅人，有捧尺，北面。室穴其頂，以候日中測景之長短，冬至後可得一丈七尺，夏至後可得二尺。中爲紫微殿，殿傍有銅壺滴漏。其簡儀乃耶律楚材製。

人物部

先秦—隋代

《山海經・海外北經》 鍾山之神，名曰燭陰，視爲晝，瞑爲夜，吹爲冬，呼爲夏，不飲，不食，不息，息爲風，身長千里。在無䏿之東。其爲物，人面，蛇身，赤色，居鍾山下。

又 夸父與日逐走，入日。渴，欲得飲。飲于河渭，河渭不足，北飲大澤。未至，道渴而死。棄其杖，化爲鄧林。

《山海經・海外東經》 雨師妾(國)在其北，其爲人黑，兩手各操一蛇，左耳有青蛇，右耳有赤蛇。一曰在十日北，爲人黑身人面，各操一龜。

《山海經・海内東經》 雷澤中有雷神，龍身而人頭，鼓其腹。在吴西。

《山海經・大荒東經》 東海中有流波山，入海七千里。其上有獸，狀如牛，蒼身而無角，一足，出入水則必風雨，其光如日月，其聲如雷，其名曰夔。黄帝得之，以其皮爲鼓，橛以雷獸之骨，聲聞五百里，以威天下。

《山海經・大荒北經》 有人衣青衣，名曰黄帝女魃。蚩尤作兵伐黄帝，黄帝乃令應龍攻之冀州之野。應龍畜水，蚩尤請風伯雨師，縱大風雨。黄帝乃下天女曰魃，雨止，遂殺蚩尤。魃不得復上，所居不雨。西北海之外，赤水之北，有章尾山。有神，人面蛇身而赤，身長千里，直目正乘，其瞑乃晦，其視乃明，不食不寢，不息，風雨是謁。是燭九陰，是謂燭龍。

《山海經・海内經》 洪水滔天。鯀竊帝之息壤以堙洪水，不待帝命。帝令祝融殺鯀于羽郊。鯀復生禹。帝乃命禹卒布土以定九州。

《全漢文》卷二四《董仲舒・雨雹對》 元光元年七月，京師雨雹，鮑敞問董仲舒曰：雹何物也，何氣而生之？仲舒曰：陰氣脅陽氣。天地之氣，陰陽相半，和氣周迴，朝夕不息。陽德用事，則和氣皆陽，建巳之月是也。故謂之正陽之月。陰德用事，則和氣皆陰，建亥之月是也。故謂之正陰之月。十月陰雖用事，而陰不孤立，此月純陰，疑于無陽，故謂之陽月。詩人所謂日月陽止者也。四月陽雖用事。而陽不獨存，此月純陽，疑于無陰，故亦謂之陰月。自十月日後，陽氣始生于地下，漸冉流散，故言息也。陰氣轉收，故言消也。日夜滋生，遂至四月純陽用事。自四月日後，陰氣始生于天上。漸冉流散，故云息也。陽氣轉收，故言消也。日夜滋生，遂至十月純陰用事。二月八月，陰陽正等，無多少也。日此推移，無有差慝，運動抑揚，更相動薄，則熏蒿歊蒸，而風雨雲霧，雷電雪雹生焉。氣上薄爲雨，下薄爲霧，風其噫也，雲其氣也。雷其相擊之聲也，電其相擊之光也。二氣之初蒸也，若有若無，若實若虚，若方若圓，攢聚相合，其體稍重，故雨乘虚而墜。風多則合速，故雨大而疏。風少則合遲，故雨細而密。其寒月則雨凝于上，體尚輕微，而因風相襲，故成雪焉。寒有高下，上暖下寒。則上合爲大雨，下凝爲冰，霰雪是也。雹霰之至也，陰氣暴上。雨則凝結成雹焉。太平之世，則風不鳴條，開甲散萌而已。雨不破塊，潤葉津莖而已。雷不驚人，號令啓發而已。電不眩目，宣示光耀而已。霧不塞望，浸淫被洎而已。雪不封條，凌殄毒害而已。雲則五色而爲慶，三色而成矞。露則結味而成甘，結潤而成膏。此聖人之在上，則陰陽和風雨時也。政多紕繆，則陰陽不調，風發屋，雨溢河，雪至牛目，雹殺驢馬。此皆陰陽相蕩，而爲祲沴之妖也。敞曰：四月無陰，十月無陽，何日明陰不孤立，陽不獨存邪？仲舒曰：陰陽雖異，而所資一氣也。陽用事，此則氣爲陽；陰用事，此則氣爲陰。陰陽之時雖異，而二體常存，猶如一鼎之水，而未加火，純陰也。加火極熱，純陽也。純陽則無陰，息火水寒，則更陰矣。純陰則無陽，加火水熱，則更陽矣。然則建巳之月爲純陽，不容都無復陰也。但是陽家用事，陽氣之極耳。薺麥枯，由陰殺也。建亥之月爲純陰。不容都無復陽也。但是陰家用事，陰氣之極耳。薺麥始生，由陽升也。其著者，葶藶死于盛夏，款冬華于嚴寒，水極陰而有温泉，火至陽而有涼焰，故知陰不得無陽，陽不容都無陰也。敞曰：冬雨必暖，夏雨必涼，何也？曰：冬氣多寒，陽氣自上躋，故人得其暖，而上蒸成雪矣。夏氣多暖，陰氣自下昇，故人得其涼，而上蒸成雨矣。敞曰：雨既陰陽相蒸，四月純陽，十月純陰，斯則無二氣相薄，則不雨乎？曰：然，純陽純陰，雖在四月十月，但月中之一日耳。敞曰：月中何日？曰：純陽用事，未夏至一日。純陰用事，未冬至一日。朔旦夏至冬至，其正氣也。敞曰：然則未至一日，其不雨乎？曰：然，頗有之，則妖也。和氣之中，自生災沴，能使陰陽改節，暖涼失度。敞曰：災沴之氣，其常存邪？曰：無也，時生耳。猶乎人四支五臟中也。有時及其病也。四支五臟皆病也。敞遷延負牆，俛揖而退。

漢・桓譚《新論・離事》 劉歆致雨，具作土龍吹律，及諸方術，無不備設。譚問：求雨所以爲土龍何也？曰：龍見者，輒有風雨興起，以迎送之，故緣其象類而爲之。

唐・魏徵等《隋書》卷二〇《天文志中》 梁奉朝請祖暅，天監中，受詔集古天官及圖緯舊説，撰《天文録》三十卷。逮周氏克梁，獲庾季才，爲太史令，撰《靈臺秘苑》一百二十卷，占驗益備。今略其雜星、瑞星、妖星、客星、流星及雲氣名狀，次之於此云。

唐・魏徵等《隋書》卷七八《庾季才傳》 庾季才字叔奕，新野人也。八世祖滔，隨晉元帝過江，官至散騎常侍，封遂昌侯，因家於南郡江陵縣。祖詵，梁處士，與宗人易齊名。父曼倩，光禄卿。季才幼穎悟，八歲誦《尚書》，十二通《周易》，好占玄象。居喪以孝聞。梁廬陵王績辟荆州主簿，湘東王繹重其術藝，引授外兵參軍。西臺建，累遷中書郎，領太史，封宜昌縣伯。季才固辭太史，元帝曰：「漢司馬遷歷世尸掌，魏高堂隆猶領此職，不無前例，卿何憚焉？」帝亦頗明星曆，因共仰觀，從容謂季才曰：「朕猶慮禍起蕭牆，何方可息？」季才曰：「頃天象告變，秦將入郢，陛下宜留重臣，作鎮荆、陝，整旆還都，以避其患。假令羯寇侵蹙，止失荆、湘，在於社稷，可得無慮。必久停留，恐非天意也。」帝初然之，後與吏部尚書宗懔等議，乃止。俄而江陵陷滅，竟如其言。

周太祖一見季才，深加優禮，令參掌太史。【略】

武成二年，與王褒、庾信同補麟趾學士。累遷稍伯大夫、車騎大將軍、儀同三司。其後大冢宰宇文護執政，謂季才曰：「比日天道，有何徵祥？」季才對曰：「荷恩深厚，若不盡言，便同木石。頃上台有變，不利宰輔，公宜歸政天子，請老私門。此則自享期頤，而受旦、奭之美，子孫藩屏，終保維城之固。不然者，非復所知。」護沈吟久之，謂季才曰：「吾本意如此，但辭未獲免耳。公既王官，可依朝例，無煩别參寡人也。」自是漸疏，不復别見。及護滅之後，閲其書記，武帝親自臨檢，有假託符命，妄造異端者，皆致誅戮。唯得季才書兩紙，盛言緯候災祥，宜反政歸權。帝謂少宗伯斛斯徵曰：「庾季才至誠謹慤，甚得人臣之禮。」因賜粟三百石，帛二百段。遷太史中大夫，詔撰《靈臺祕苑》，加上儀同，封臨潁伯，邑六百户。宣帝嗣位，加驃騎大將軍、開府儀同三司，增邑三百户。

及高祖爲丞相，嘗夜召季才而問曰：「吾以庸虚，受兹顧命，天時人事，卿以爲何如？」季才曰：「天道精微，難可意察，切以人事卜之，符兆已定。季才縱言不可，公豈復得爲箕、潁之事乎？」高祖默然久之，因舉首曰：「吾今譬猶騎獸，誠不得下矣。」因賜雜綵五十匹，絹二百段，曰：「愧公此意，宜善爲思之。」大定元年正月，季才言曰：「今月戊戌平旦，青氣如樓闕，見於國城之上，俄而變紫，逆風西行。《氣經》云：『天不能無雲而雨，皇王不能無氣而立。』今王氣已見，須即應之。二月日出卯入酉，居天之正位，謂之二八之門。日者，人君之象，人君正位，宜用二月。其月十三日甲子，甲爲六甲之始，子爲十二辰之初，甲數九，子數又九，九爲天數。其日即是驚蟄，陽氣壯發之時。昔周武王以二月甲子定天下，享年八百，漢高帝以二月甲午即帝位，享年四百，故知甲子、甲午爲得天數。今二月甲子，宜應天受命。」上從之。

開皇元年，授通直散騎常侍。高祖將遷都，夜與高熲、蘇威二人定議，季才旦而奏曰：「臣仰觀玄象，俯察圖記，龜兆允襲，必有遷都。且堯都平陽，舜都冀土，是知帝王居止，世代不同。且漢營此城，經今將八百歲，水皆鹹鹵，不甚宜人。願陛下協天人之心，爲遷徙之計。」高祖愕然，謂熲等曰：「是何神也！」遂發詔施行，賜絹三百段，馬兩匹，進爵爲公。謂季才曰：「朕自今已後，信有天道矣。」於是令季才與其子質撰《垂象》、《地形》等志，上謂季才曰：「天地祕奧，推測多途，執見不同，或致差舛。朕不欲外人干預此事，故使公父子共爲之也。」及書成奏之，賜米千石，絹六百段。

九年，出爲均州刺史。策書始降，將就藩，時議以季才術藝精通，有詔還委舊任。季才以年老，頻表去職，每降優旨不許。會張冑玄曆行，及袁充言日影長。上以問季才，季才因言充謬。上大怒，由是免職，給半禄歸第。所有祥異，常使人就家訪焉。仁壽三年卒，時年八十八。

秀才局量寬弘，術業優博，篤於信義，志好賓遊。常吉日良辰，與琅琊王褒、彭城劉瑴、河東裴政及宗人信等，爲文酒之會。次有劉臻、明克讓、柳䛒之徒，雖爲後進，亦申遊欵。撰《靈臺祕苑》一百二十卷，《垂象志》一百四十二卷，《地形志》八十七卷，並行於世。

唐代—宋代

後晉・劉昫等《舊唐書》卷七九《李淳風傳》 李淳風，岐州雍人也。其先自太原徙焉。父播，隋高唐尉，以秩卑不得志，棄官而爲道士，頗有文學，自號黄冠子。注《老子》，撰《方志圖》，文集十卷，並行於代。淳風幼俊爽，博涉羣書，尤明天文、曆算、陰陽之學。貞觀初，以駁傅仁均曆議，多所折衷，授將仕郎，直太史局。尋又上言曰：「今靈臺候儀，是魏代遺範，觀其制度，疏漏實多。臣案《虞書》稱，舜在璿璣玉衡，以齊七政。則是古以混天儀考七曜之盈縮也。《周官》大司徒職，以土圭正日景，以定地中。此亦據混天儀日行黄道之明證也。暨于周末，此器乃亡。漢孝武時，洛下閎復造混天儀，事多疏闕。故賈逵、張衡各有營鑄，陸績、王蕃遞加修補，或綴附經星，機應漏水，或孤張規郭，不依日行，推驗七曜，並循赤道。今驗冬至極南，夏至極北，而赤道當定於中，全無南北之異，以測七曜，豈得其真？黄道渾儀之闕，至今千餘載矣。」

太宗異其説，因令造之，至貞觀七年造成。其制以銅爲之，表裏三重，下據準基，狀如十字，末樹鼇足，以張四表焉。第一儀名曰六合儀，有天經雙規、渾緯規、金常規，相結於四極之内，備二十八宿、十干、十二辰，經緯三百六十五度。第二名三辰儀，圓徑八尺，有璿璣規、黄道規、月遊規，天宿矩度，七曜所行，並備于此，轉於六合之内。第三名四遊儀，玄樞爲軸，以連結玉衡、遊筩而貫約規矩；又玄樞北樹北辰，南距地軸，傍轉於内；又玉衡在玄樞之間而南北遊，仰以觀天之辰宿，下以識器之晷度。時稱其妙。又論前代渾儀得失之差，著書七卷，名爲《法象志》以奏之。太宗稱善，置其儀於凝暉閣，加授承務郎。十五年，除太常博士。尋轉太史丞，預撰《晉書》及《五代史》，其《天文》、《律曆》、《五行志》皆淳風所作也。又預撰《文思博要》。二十二年，遷太史令。

初，太宗之世有《祕記》云：「唐三世之後，則女主武王代有天下。」太宗嘗密召淳風以訪其事，淳風曰：「臣據象推算，其兆已成。然其人已生，在陛下宫内，從今不踰三十年，當有天下，誅殺唐氏子孫殲盡。」帝曰：「疑似者盡殺之，如何？」淳風曰：「天之所命，必無禳避之理。王者不死，多恐枉及無辜。且據上象，今已成，復在宫内，已是陛下眷屬。更三十年，又當衰老，老則仁慈，雖受終易姓，其於陛下子孫，或不甚損。今若殺之，即當復生，少壯嚴毒，殺之立讎。若如此，即殺戮陛下子孫，必無遺類。」太宗善其言而止。

淳風每占候吉凶，合若符契，當時術者疑其别有役使，不因學習所致，然竟不能測也。顯慶元年，復以修國史功封昌樂縣男。先是，太史監候王思辯表稱《五曹》、《孫子》十部算經理多踳駁。淳風復與國子監算學博士梁述、太學助教王真儒等受詔注《五曹》、《孫子》十部算經。書成，高宗令國學行用。龍朔二年，改授祕閣郎中。時《戊寅曆法》漸差，淳風又增損劉焯《皇極曆》，改撰《麟德曆》奏之，術者稱其精密。咸亨初，官名復舊，還爲太史令。年六十九卒。所撰《典章文物志》、《乙巳占》、《祕閣録》，并演《齊人要術》等凡十餘部，多傳於世。

後晉・劉昫等《舊唐書》卷一九一《方技傳・薛頤》 薛頤，滑州人也。大業中，爲道士。解天文律曆，尤曉雜占。煬帝引入内道場，亟令章醮。武德初，追直秦府。頤嘗密謂秦王曰：「德星守秦分，王當有天下，願王自愛。」秦王乃奏授太史丞，累遷太史令。貞觀中，太宗將封禪泰山，有彗星見，頤因言「考諸玄象，恐未可東封」。會褚遂良亦言其事，於是乃止。頤後上表請爲道士，太宗爲置紫府觀於九嵏山，拜頤中大夫，行紫府觀主事。又敕於觀中建一清臺，候玄象，有災祥薄蝕謫見等事，隨狀聞奏。前後所奏，與京臺李淳風多相符契。後數歲卒。

宋・歐陽修、宋祁《新唐書》卷二〇四《方技傳・李淳風》 李淳風，岐州雍人。父播，仕隋高唐尉，棄官爲道士，號黄冠子，以論譔自見。淳風幼爽秀，通羣書，明步天曆算。貞觀初，與傅仁均争曆法，議者多附淳風，故以將仕郎直太史局。制渾天儀，詆摭前世得失，著《法象書》七篇上之。擢承務郎，遷太常博士，改太史丞，與諸儒脩書，遷爲令。太宗得祕讖，言「唐中弱，有女武代王」。以問淳風，對曰：「其兆既成，已在宫中。又四十年而王，王而夷唐子孫且盡。」帝曰：「我求而殺之，奈何？」對曰：「天之所命，不可去也，而王者果不死，徒使疑似之戮淫及無辜。且陛下所親愛，四十年而老，老則仁，雖受終易姓，而不能絶唐。若殺之，復生壯者，多殺而逞，則陛下子孫無遺種矣！」帝采其言，止。

淳風於占候吉凶，若節契然，當世術家意有鬼神相之，非學習可致，終不能測也。以勞封昌樂縣男。奉詔與算博士梁述、助教王真儒等是正《五曹》、《孫子》等書，刊定注解，立於學官。撰《麟德曆》代《戊寅曆》，候者推最密。自祕閣郎中復爲太史令，卒。所撰《典章文物志》、《乙巳占》等書傳於世。子諺，孫仙宗，並擢太史令。

宋・歐陽修、宋祁《新唐書》卷二〇四《方技傳・薛頤》 薛頤者，滑州人。

當隋大業時爲道士，善天步律曆。武德初，追直秦王府，密語曰：「德星舍秦分，王當帝天下。」王表爲太史丞，稍遷令。貞觀時，太宗將封泰山，彗星見，頤因言：「臣商天意，陛下未可東。」亦會大臣上議，帝遂罷。固丐爲道士，帝爲築觀九嵏山，號曰「紫府」，拜頤太中大夫，往居之。即祠建清臺，候辰次災祥以聞，所上與太史李淳風合。數歲卒。

宋・歐陽修、宋祁《新唐書》卷二〇四《方技傳・尚獻甫》 尚獻甫，衛州汲人，善占候。武后召見，由道士擢太史令，辭曰：「臣梗野，不可以事官長。」后改太史局爲渾儀監，以獻甫爲令，不隸祕書省。數問災異，又於上陽宫集術家撰《方域》等篇。長安二年，熒惑犯五諸侯，獻甫自陳：「五諸侯，太史位；臣命納音，金也；火，金之仇，臣且死。」后曰：「朕爲卿厭之。」遷水衡都尉，謂曰：「水生金，卿無憂。」至秋卒。后嗟異，復以渾儀監爲太史局云。

宋・李昉《太平廣記》卷三九一《姜師度》 衛先生大經，解梁人，以文學聞。不狎俗，常閉門絶人事。生而敏悟。周知天文曆象，窮冥索玄，後以壽終，墓於解梁之野。開元中大水，姜師度奉詔鑿無鹹河，以溉鹽田。剗室廬，潰丘墓甚多，解梁人皆病之。既至衛先生墓前，發其地，得一石。刻字爲銘，蓋先生之詞也。曰：姜師度，更移向南三五步。工人得之，以狀言之於師度。師度異其事，歎咏久之。顧謂僚吏曰：衛先生真奇士也。即命工人遷其河。遠先生之墓數十步。

《全唐文》卷二〇《李隆基・元宗皇帝一・喜雨賦》 仰重華於齊政，步文命之彝倫。何天道之云遠，亦明徵之在人。迄中夏而自春，遘僁陽而爲亢。雲重結而復解，雨纔滴而還障。山祠植珪而不荅，田畯倚耒而怊悵。京兆來奏，音官撰曲，將土龍而矯首，請神巫而頓足。彼有憑而可舉，予何抑而未許。恐歲凶之及人，寧天譴於我身。爾乃潔齋壇墠，五精是祠，暴立炎赫，三日爲期。上帝臨我，衷誠不欺。重泉蒸潤，觸石吐滋。平雲黯而鋪幕，密雨森其散絲。無雷無電，不震不眩。匪疾匪徐，乍合乍疎。泛草泊樹，垂珠點露。遇闕入樓，含煙雜霧。或噴薄而攢集，或淋漓而灌注。亂積水之圓文，拂微風之斜度。寰海浹而康樂，畎畝欣而相顧。絲管合兮夜將曉，芙蓉開兮日未暮。原夫雨之爲德也，無小大之異情，無高卑之不平，無華朽之偏潤，無臭薰之隔榮。喜夫雨之今應也。起一言而不舍，經累辰而廣瀉。納清陰之浮涼，同顥氣之飄灑。感作霖於殷命，諷其滂於周雅。家尚知乎禮節，國有望於豐霸。小陽臺之神人，却大宛之走馬。觀雲行而雨施，吾何事乎天下。

元・脱脱等《宋史》卷二九二《張觀傳》 時星流、地震、雷發正月，詔求直言。觀謂：「承平日久，政寬法慢，用度漸侈，風俗漸薄，以致災異。」因上四事：一曰知人，二曰嚴禁，三曰尚質，四曰節用。河北大雨水，又條七事，曰：導積水以廣播種，緩催欠以省禁錮，寬刑罰以振淹獄，收逃田以募歸復，罷工役以先急務，止配率以阜民財，通商旅以濟艱食。復知審官院，遂拜同知樞密院事。

元・脱脱等《宋史》卷二九八《燕肅傳》 肅喜爲詩，其多至數千篇。性精巧，能畫，入妙品，圖山水罨布濃淡，意象微遠，尤善爲古木折竹。嘗造指南、記里鼓二車及欹器以獻，又上《蓮花漏法》。詔司天臺考於鐘鼓樓下，云不與《崇天曆》合。然肅所至，皆刻石以記其法，州郡用之以候昏曉，世推其精密。在明州，爲《海潮圖》，著《海潮論》二篇。子度，孫瑛。

元・脱脱等《宋史》卷二九九《鍾離瑾傳》 鍾離瑾字公瑜，廬州合肥人。舉進士，爲簡州推官，以殿中丞通判益州。建言：「州郡既上雨，後雖凶旱，多隱之以成前奏，請令監司劾其不實者。」

元・脱脱等《宋史》卷三一一《張士遜傳》 張士遜字順之。祖裕，嘗主陰城鹽院，因家陰城。士遜生百日始啼。淳化中，舉進士，調鄖鄉主簿，遷射洪令。轉運使檄移士遜治郪，民遮馬首不得去，因聽還射洪。安撫使至梓州，問屬吏能否，知州張雍曰：「射洪令，第一也。」改襄陽令，爲祕書省著作佐郎、知邵武縣，以寬厚得民。前治射洪，以旱，禱雨白崖山陸使君祠，尋大雨，士遜立廷中，須雨足乃去。至是，邵武旱，禱歐陽太守廟，廟去城過一舍，士遜徹蓋，雨霑足始歸。改祕書丞，監折中倉，歷御史臺推直官。

元・脱脱等《宋史》卷三二八《李清臣傳》 時大雨霖，災異數見，論者歸咎濮議。及廷對，或謂曰：「宜以《五行傳》『簡宗廟，水不潤下』爲證，必擢上第。」清臣曰：「此漢儒附會之説也，吾不之信。民間豈無疾痛可上者乎？」即條對言：「天地之大，譬如人一身，腹心肺腑有所攻塞，則五官爲之不寧。民人生聚，天地之腹心肺腑也；日月星辰，天地之五官也。善止天地之異者，不止其異，止民之疾痛而已。」策入等，以祕書郎簽書平江軍判官，名聲籍甚。英宗知之，語王廣淵曰：「韓琦固忠臣，但避嫌太審。如李清臣者，公議皆謂可用，顧以親抑之可乎？」既而詔舉館閣，歐陽脩薦之，得集賢校理、同知太常禮院。

元・脱脱等《宋史》卷三三一《沈括傳》 括字存中，以父任爲沭陽主簿。縣依汴水，乃職方氏所書「浸曰沂、沭」者，故跡漫爲汙澤，括新其二坊，疏水爲百渠九堰，以播節原委，得上田七十頃。擢進士第，編校昭文書籍，爲館閣校勘，刪定三司條例。故事，三歲郊丘之制，有司按籍而行，藏其副，吏沿以干利。壇下張幔，距城數里爲園囿，植采木，刻鳥獸綿絡其間。將事之夕，法駕臨觀，御端門，陳仗衛以閲嚴警，游幸登賞，類非齋祠所宜。乘輿一器，而百工侍役者六七十輩。括考禮沿革，爲書曰《南郊式》。即詔令點檢事務，執新式從事，所省萬計，神宗稱善。遷太子中允、檢正中書刑房，提舉司天監，日官皆市井庸販，法象圖器，大抵漫不知。括始置渾儀、景表、五壺浮漏，招衛朴造新曆，募天下上太史占書，雜用士人，分方技科爲五，後皆施用。加史館檢討。

元·脱脱等《宋史》卷四六一《方技傳上·苗守信》 守信，少習父業，補司天曆算。尋授江安縣主簿，改司天臺主簿，知算造。太平興國中，以《應天曆》小差，詔與冬官正吴昭素、主簿劉内真造新曆。及成，太宗命衛尉少卿元象宗與明律曆者同校定，賜號《乾元曆》，頗爲精密，皆優賜束帛。雍熙中，遷冬官正。端拱初，改太子洗馬，判司天監。淳化二年，守信上言：「正月一日爲一歲之首。每月八日，天帝下巡人世，察善惡。太歲日爲歲星之精，人君之象。三元日，上元天官，中元地官，下元水官，各主録人之善惡。又春戊寅、夏甲午、秋戊申、冬甲子爲天赦日，及上慶誕日，皆不可以斷極刑事。」下有司議行。未幾，轉殿中丞、權少監事，立本品之下，俄賜金紫。

元·脱脱等《宋史》卷四六一《方技傳上·王處訥》 王處訥，河南洛陽人。少時有老叟至舍，煑洛河石如麵，令處訥食之，且曰：「汝性聰悟，後當爲人師。」又嘗夢人持巨鑑，星宿燦然滿中，剖腹納之，覺而汗洽，月餘，心胸猶覺痛。因留意星曆、占候之學，深究其旨。晉末之亂，避地太原，漢祖時領節制，辟置幕府。即位，擢爲司天夏官正，出補許田令，召爲國子《尚書》博士，判司天監事。【略】

至建隆二年，以《欽天曆》謬誤，詔處訥别造新曆。經三年而成，爲六卷，太祖自製序，命爲《應天曆》。處訥又以漏刻無準，重定水秤及候中星、分五鼓時刻。俄遷少府少監。太平興國初，改司農少卿，並判司天事。六年，又上新曆二十卷，拜司天監。歲餘卒，年六十八。子熙元。熙元幼習父業，開寶中補司天曆算，端拱初改監丞【略】。玉清昭應宫成，以祗事之勤，授司天監。坐擇日差謬，降爲少監。以目疾，改將作監，致仕。天禧二年卒，年五十八。

元·脱脱等《宋史》卷四六一《方技傳上·馬韶》 馬韶，趙州平棘人，習天文三式。開寶中，太宗以晉王尹京，申嚴私習天文之禁。韶素與太宗親吏程德玄善，德玄每戒韶不令及門。九年冬十月十九日，既夕，韶忽造德玄，德玄恐甚，詰其所以來，韶曰：「明日乃晉王利見之辰，韶故以相告。」德玄惶駭，止韶一室，遽入白太宗。太宗命德玄以人防守之，將聞于太祖。及詰旦，太宗入謁，果受遺踐阼。韶以赦獲免。踰月，起家爲司天監主簿。太平興國二年，擢太僕寺丞，改祕書省著作佐郎。歷太子中允、祕書丞，出爲平恩令。歸朝復守舊任，與楚芝蘭同判司天監事，就遷太常博士。淳化五年，坐事，出爲博興令，移長山令。秩滿歸鄉里，卒於家。

元·脱脱等《宋史》卷四六一《方技傳上·楚芝蘭》 楚芝蘭，汝州襄城人。初習《三禮》，忽自言遇有道之士，教以符天、六壬、遁甲之術。屬朝廷博求方技，詣闕自薦，得録爲學生。以占候有據，擢爲翰林天文。授樂源縣主簿，遷司天春官正、判司天監事。占者言：「五福太一臨吴分，當於蘇州建太一祠。」芝蘭獨上言：「京師帝王之都，百神所集。且今京城東南一舍地名蘇村，若於此爲五福太一建宫，萬乘可以親謁，有司便於祗事，何爲遠趨江外，以蘇臺爲吴分乎？」輿論不能奪，遂從其議，仍令同定本宫四時祭祀儀及醮法。宫成，特遷尚書工部員外郎，賜五品服。淳化初，與馬韶同判監，俱坐事，芝蘭出爲遂平令。卒，年六十。録其子繼芳爲城父縣主簿。

元·脱脱等《宋史》卷四六一《方技傳上·韓顯符》 韓顯符，不知何許人。少習三式，善察視辰象，補司天監生，遷靈臺郎，累加司天冬官正。顯符專渾天之學，淳化初，表請造銅渾儀、候儀。詔給用度，俾顯符規度，擇匠鑄之。至道元年渾儀成，於司天監築臺置之，賜顯符雜綵五十匹。顯符上其《法要》十卷。

元·脱脱等《宋史》卷四六一《方技傳上·周克明》 周克明字昭文。曾祖德扶，唐司農卿。祖傑，開成中進士，解褐獲嘉尉，歷弘文館校書郎。中和中，僖宗在蜀，傑上書言治亂萬餘言。擢水部員外郎，三遷司農少卿。傑精於曆算，嘗以《大衍曆》數有差，因敷衍其法，著《極衍》二十四篇，以究天地之數。時天下方亂，傑以天文占之，惟嶺南可以避地，乃遣其弟鼎求爲封州録事參軍。傑，天復中亦棄官攜家南適嶺表。劉隱素聞其名，每令占候天文災變。傑自以年老，嘗策名中朝，恥以星曆事僭僞，乃謝病不出。龑襲位，彊起之，令知司天監事，因問國祚脩短。傑以《周易》筮之，得《比》之《復》，曰：「卦有二十，土數生五，成於十，二五相比，以歲言之，當五百五十。」龑大喜，賞賚甚厚。龑以梁貞明三年僭號，至開寶四年國滅，止五十五年。蓋傑舉成數以避害爾。大有中，遷太常少卿，卒，年九十餘。

元・脱脱等《宋史》卷四六二《方技傳下・楚衍》 楚衍，開封胙城人。少通四聲字母，里人柳曜師事衍，里中以先生目之。衍於《九章》、《緝古》、《綴術》、《海島》諸算經尤得其妙。明相法及《聿斯經》，善推步、陰陽、星曆之數，間語休咎無不中。自陳試《宣明曆》，補司天監學生，遷保章正。天聖初，造新曆，衆推衍明曆數，授靈臺郎，與掌曆官宋行古等九人製《崇天曆》。進司天監丞，入隸翰林天文。皇祐中，同造《司辰星漏曆》十二卷。久之，與周琮同管勾司天監。卒，無子，有女亦善算術。

元・脱脱等《金史》卷一一〇《楊雲翼傳》 楊雲翼字之美，其先贊皇檀山人，六代祖忠客平定之樂平縣，遂家焉。曾祖青、祖郁、考恒皆贈官於朝。雲翼天資穎悟，初學語輒畫地作字，日誦數千言。登明昌五年進士第一，詞賦亦中乙科，特授承務郎、應奉翰林文字。承安四年，出爲陝西東路兵馬都總管判官。泰和元年，召爲太學博士，遷太常寺丞，兼翰林修撰。七年，簽上京、東京等路按察司事。因召見，章宗咨以當世之務，稱旨。大安元年，翰林承旨張行簡薦其材，且精術數，召授提點司天臺，兼翰林修撰，俄兼禮部郎中。崇慶元年，以病歸。貞祐二年，有司上官簿，宣宗閱之，記其姓名，起授前職，兼吏部郎中。三年，轉禮部侍郎，兼提點司天臺。【略】司天有以《太乙新曆》上進者，尚書省檄雲翼參訂，摘其不合者二十餘條，曆家稱焉。所著文集若干卷，校《大金禮儀》若干卷，《續通鑑》若干卷，《周禮辨》一篇，《左氏》、《莊》、《列賦》各一篇，《五星聚井辨》一篇，《縣象賦》一篇，《勾股機要》、《象數雜説》等著藏於家。

元代—明代

明・宋濂等《元史》卷七《世祖紀四》 設回回司天臺官屬，以札馬剌丁爲提點。

明・宋濂等《元史》卷一六四《郭守敬傳》 郭守敬字若思，順德邢臺人。生有異操，不爲嬉戲事。大父榮，通五經，精於算數、水利。時劉秉忠、張文謙、張易、王恂，皆同學於州西紫金山，榮使守敬從秉忠學。【略】初秉忠以《大明曆》自遼金承用二百餘年，寖以後天，議欲脩正而卒。十三年，江左既平，帝思用其言，遂以守敬與王恂率南北日官分掌測驗推步於下，而命文謙與樞密張易爲之主領裁奏於上，左丞許衡參預其事。【略】十六年，改局爲太史院，以恂爲太史令，守敬爲同知太史院事。【略】

二十八年，有言灤河自永平挽舟踰山而上，可至開平；有言盧溝自麻峪可至尋麻林。朝廷遣守敬相視，灤河既不可行，盧溝舟亦不通，守敬因陳水利十有一事。其一，大都運糧河，不用一畝泉舊原，別引北山白浮泉水，西折而南，經瓮山泊，自西水門入城，環滙於積水潭，復東折而南，出南水門，合入舊運糧河。每十里置一牐，比至通州，凡爲牐七，距牐里許，上重置斗門，互爲提閼，以過舟止水。帝覽奏，喜曰：「當速行之。」於是復置都水監，俾守敬領之。帝命丞相以下皆親操畚(牐)[鍤]倡工，待守敬指授而後行事。

先是，通州至大都，陸運官糧，歲若干萬石，方秋霖雨，驢畜死者不可勝計，至是皆罷之。三十年，帝還自上都，過積水潭，見舳艫蔽水，大悦，名曰通惠河，賜守敬鈔萬二千五百貫，仍以舊職兼提調通惠河漕運事。守敬又言：於澄清牐稍東，引水與北壩河接，且立牐麗正門西，令舟楫得環城往來。志不就而罷。三十一年，拜昭文館大學士、知太史院事。

大德二年，召守敬至上都，議開鐵幡竿渠，守敬奏：「山水頻年暴下，非大爲渠堰，廣五七十步不可。」執政吝於工費，以其言爲過，縮其廣三之一。明年大雨，山水注下，渠不能容，漂没人畜廬帳，幾犯行殿。成宗謂宰臣曰：「郭太史神人也，惜其言不用耳。」七年，詔内外官年及七十，並聽致仕，獨守敬不許其請。自是翰林太史司天官不致仕，定著爲令。延祐三年卒，年八十六。

清・張廷玉等《明史》卷二五《天文志一・序》 明神宗時，西洋人利瑪竇等入中國，精於天文、曆算之學，發微闡奧，運算制器，前此未嘗有也。

清・張廷玉等《明史》卷二五《天文志一・儀象》 弘治二年，監正吴昊言：「考驗四正日度，黄赤二道應交於壁軫。觀象臺舊制渾儀，黄赤二道交於奎軫，不合天象，其南北兩軸不合兩極出入之度，窺管又不與太陽出没相當，故雖設而不用。所用簡儀則郭守敬遺制，而北極雲柱差短，以測經星去極，亦不能無爽。請修改或別造，以成一代之制。」事下禮部，覆議令監副張紳造木樣，以待試驗，黄道度許修改焉。正德十六年，漏刻博士朱裕復言：「晷表尺寸不一，難以準測，而推算曆數用南京日出分秒，似相矛盾。請敕大臣 員總理其事，鑄立銅表，考四時日中之影。仍於河南陽城察舊立土圭，以合今日之晷，及分立圭表於山東、湖廣、陝西、大名等處，以測四方之影。然後將内外晷影、新舊曆書錯綜參驗，撰成定法，庶幾天行合而交食不謬。」疏入不報。嘉靖二年修相風杆及簡、渾二儀。七年始立四丈木表以測晷影，定氣朔。由是欽天監之立運儀、正方案、懸晷、偏晷、盤晷諸式具備於觀象臺，一以元法爲斷。

又 萬曆中，西洋人利瑪竇制渾儀、天球、地球等器。仁和李之藻撰《渾天儀説》，發明製造施用之法，文多不載。其製不外於六合、三辰、四游之法。但古法北極出地，鑄爲定度，此則子午提規，可以隨地度高下，於用爲便耳。崇禎二年，禮部侍郎徐光啓兼理曆法，請造象限大儀六，紀限大儀三，平懸渾儀三，交食儀一，列宿經緯天球一，萬國經緯地球一，平面日晷三，轉盤星晷三，候時鐘三，望遠鏡三。報允。已，又言：定時之法，當議者五事：一曰壺漏，二曰指南鍼，三曰表臬，四曰儀，五曰晷。

又 既定子午卯酉之正線，因以法分布時刻，加入節氣諸線，即成平面日晷。又今所用員石欹晷是爲赤道晷，亦用所得正子午線較定。此二晷皆可得天之正時刻，所爲晝測日也。若測星之晷，實《周禮》夜考極星之法。然古時北極星正當不動之處，今時久漸移，已去不動處三度有奇，舊法不可復用。故用重盤星晷，上書時刻，下書節氣，仰測近極二星即得時刻，所謂夜測星也。七年，督修曆法右參政李天經言：輔臣光啓言定時之法，古有壺漏，近有輪鐘，二者皆由人力遷就，不如求端於日星，以天合天，乃爲本法，特請製日晷、星晷、望遠鏡三器。臣奉命接管，敢先言其略。日晷者，礱石爲平面，界節氣十三線，内冬夏二至各一線，其餘日行相等之節氣，皆兩節氣同一線也。平面之周列時刻線，以各節氣太陽出入爲限。又依京師北極出地度，範爲三角銅表置其中。表體之全影指時刻，表中之鋭影指節氣。此日晷之大略也。星晷者，治銅爲柱，上安重盤。内盤鐫周天度數，列十二宫以分節氣，外盤鐫列時刻，中横刻一縫，用以窺星。法將外盤子正初刻移對内盤節氣，乃轉移銅盤北望帝星與句陳大星，使兩星同見縫中，即視盤面鋭表所指，爲正時刻。此星晷之大略也。若夫望遠鏡，亦名窺筩，其制虚管層疊相套，使可伸縮，兩端俱用玻璃，隨所視物之遠近以爲長短。不但可以窺天象，且能攝數里外物如在目前，可以望敵施砲，有大用焉。至於日晷、星晷皆用措置得宜，必須築臺，以便安放。帝命太監盧維寧、魏國徵至局驗試用法。

清·張廷玉等《明史》卷一二八《劉基傳》 劉基，字伯温，青田人。曾祖濠，仕宋爲翰林掌書。宋亡，邑子林融倡義旅。事敗，元遣使簿録其黨，多連染。使道宿濠家，濠醉使者而焚其廬，籍悉毁。使者計無所出，乃爲更其籍，連染者皆得免。基幼穎異，其師鄭復初謂其父爚曰：「君祖德厚，此子必大君之門矣。」元至順間，舉進士，除高安丞，有廉直聲。行省辟之，謝去。起爲江浙儒學副提舉，論御史失職，爲臺臣所阻，再投劾歸。基博通經史，於書無不窺，尤精象緯之學。西蜀趙天澤論江左人物，首稱基，以爲諸葛孔明儔也。【略】吴元年，以基爲太史令，上戊申《大統曆》。【略】初，基言甌、括間有隙地曰談洋，南抵閩界，爲鹽盜藪，方氏所由亂，請設巡檢司守之。奸民弗便也。會茗洋逃軍反，吏匿不以聞。基令長子璉奏其事，不先白中書省。胡惟庸方以左丞掌省事，挾前憾，使吏訐基，謂談洋地有王氣，基圖爲墓，民弗與，則請立巡檢逐民。帝雖不罪基，然頗爲所動，遂奪基禄。基懼入謝，乃留京，不敢歸。未幾，惟庸相，基大慼曰：「使吾言不驗，蒼生福也。」憂憤疾作。八年三月，帝親製文賜之，遣使護歸。抵家，疾篤，以《天文書》授子璉曰：「亟上之，毋令後人習也。」又謂次子璟曰：「夫爲政，寬猛如循環。當今之務在修德省刑，祈天永命。諸形勝要害之地，宜與京師聲勢連絡。我欲爲遺表，惟庸在，無益也。惟庸敗後，上必思我，有所問，以是密奏之。」居一月而卒，年六十五。基在京病時，惟庸以醫來，飲其藥，有物積腹中如拳石。其後中丞涂節首惟庸逆謀，并謂其毒基致死云。

清·張廷玉等《明史》卷一三五《葉兑傳》 葉兑，字良仲，寧海人。以經濟自負，尤精天文、地理、卜筮之書。元末知天運有歸，以布衣獻書太祖，列一綱三目，言天下大計。時太祖已定寧越，規取張士誠、方國珍，而察罕兵勢甚盛，遣使至金陵招太祖，故兑書於三者籌之爲詳。

清·張廷玉等《明史》卷一四七《胡儼傳》 胡儼，字若思，南昌人。少嗜學，於天文、地理、律曆、醫卜無不究覽。洪武中以舉人授華亭教諭，能以師道自任。母憂，服除，改長垣，乞便地就養，復改餘干。學官許乞便地自儼始。

成祖即位，曰：「儼知天文，其令欽天監試。」既試，奏儼實通象緯、氣候之學。尋又以解縉薦，授翰林檢討，與縉等俱直文淵閣，遷侍講，進左庶子。父喪，起復。儼在閣，承顧問，嘗不欲先人，然少戇。永樂二年九月拜國子監祭酒，遂不預機務。時用法嚴峻，國子生託事告歸者坐戍邊。儼至，即奏除之。七年，帝幸北京，召儼赴行在。明年北征，命以祭酒兼侍講，掌翰林院事，輔皇太孫留守北京。十九年改北京國子監祭酒。

清·張廷玉等《明史》卷一六二《劉球傳》　劉球，字廷振，安福人。永樂十九年進士。家居讀書十年，從學者甚衆。授禮部主事。胡濙薦侍經筵，與修《宣宗實録》，改翰林侍講。從弟玭知莆田，遺一夏布。球封還，貽書戒之。八年五月雷震奉天殿。球應詔上言所宜先者十事。其略曰：

古聖王不作無益，故心正而天不違之。臣願皇上勤御經筵，數進儒臣，講求至道，務使學問功至，理欲判然，則聖心正而天心自順。夫政由己出，則權不下移。太祖、太宗日視三朝，時召大臣於便殿裁決庶政，權歸總於上。皇上臨御九年，事體日熟，願守二聖成規，復親決故事，使權歸於一。古之擇大臣者，必詢諸左右、大夫、國人。及其有犯，雖至大辟亦不加刑，第賜之死。今用大臣未嘗皆出公論，及有小失，輒桎梏箠楚之。然未幾時，又復其職，甚非所以待大臣也。自今擇任大臣，宜允愜衆論。小犯則置之。果不可容，下法司定罪，使自爲計。勿輒繫，庶不乖共天職之意。

《春秋》營築悉書，戒勞民也。京師興作五六年矣，曰不煩民而役軍，軍獨非國家赤子乎？況營作多完，宜罷工以蘇其力。各處水旱，有司既不振救，請減租税，或亦徒事虚文。宜令户部以時振濟，量加減免，使不致失業。

清·張廷玉等《明史》卷一八〇《康永韶傳》　康永韶，字用和，祁門人。舉於鄉，入國學，選授御史。成化初，巡按畿輔，劾尚書馬昂抑市民地。四年偕同官胡深、鄭已等争慈懿太后山陵事。彗星見，復偕同官上言八事，大旨與元前疏相類。兩京大臣考察庶寮，去留多不當。永韶等復劾大臣行私，且摘刑部主事余志等十二人罪，爲志所訐，俱下詔獄。永韶謫順昌知縣，再調福清、惠安。久之，有薦其知天文者，中旨召還，授欽天監正，進太常少卿，掌監事。永韶爲御史有直聲，及是乃更迎合取寵，占候多隱諱，甚者以災爲祥。陝西大饑，永韶言：「今春星變當有大咎，賴秦民饑死，足當之，誠國家無疆福。」帝甚悦，中旨擢禮部右侍郎，仍掌監事。坐曆多訛字，落職歸。

清·張廷玉等《明史》卷二〇一《韓邦奇傳》　邦奇性嗜學。自諸經、子、史及天文、地理、樂律、術數、兵法之書，無不通究。著述甚富。所撰《志樂》，尤爲世所稱。

清·張廷玉等《明史》卷二〇三《劉玉傳》　玉所居僅庇風雨。天文、地理、兵制、刑律皆有論著。隆慶初，贈刑部尚書，謚端毅。

清·張廷玉等《明史》卷二〇五《唐順之傳》　唐順之，字應德，武進人。祖貴，户科給事中。父寶，永州知府。順之生有異稟。稍長，洽貫羣籍。年二十三，舉嘉靖八年會試第一，改庶吉士。【略】順之於學無所不窺。自天文、樂律、地理、兵法、弧矢、勾股、壬奇、禽乙，莫不究極原委。盡取古今載籍，剖裂補綴，區分部居，爲《左》、《右》、《文》、《武》、《儒》、《稗》六編傳於世，學者不能測其奥也。爲古文，洸洋紆折有大家風。生平苦節自厲，輟扉爲牀，不飾裀褥。又聞良知説於王畿，閉户兀坐，匝月忘寢，多所自得。晚由文華薦，商出處於羅洪先。洪先曰：「向已隸名仕籍，此身非我有，安得侔處士。」順之遂出，然聞望頗由此損。崇禎中，追謚襄文。

清·張廷玉等《明史》卷二五一《徐光啓傳》　徐光啓，字子先，上海人。萬曆二十五年舉鄉試第一，又七年成進士。由庶吉士歷贊善。從西洋人利瑪竇學天文、曆算、火器，盡其術。遂徧習兵機、屯田、鹽筴、水利諸書。四年春正月，光啓進《日躔曆指》一卷、《測天約説》二卷、《大測》二卷、《日躔表》二卷、《割圜八綫表》六卷、《黄道升度》七卷、《黄赤距度表》一卷、《通率表》一卷。是冬十月辛丑朔，日食，復上測候四説。其辯時差里差之法，最爲詳密。五年五月以本官兼東閣大學士，入參機務，與鄭以偉並命。尋加太子太保，進文淵閣。光啓雅負經濟才，有志用世。及柄用，年已老，值周延儒、温體仁專政，不能有所建白。明年十月卒。贈少保。

清·張廷玉等《明史》卷二八五《陶宗儀傳》　陶宗儀，字九成，黄巖人。父煜，元福建、江西行樞密院都事。宗儀少試有司，一不中即棄去，務古學，無所不窺。出游浙東、西，師事張翥、李孝光、杜本。爲詩文，咸有程度，尤刻志字學，習舅氏趙雍篆法。浙帥泰不華、南臺御史丑驢舉爲行人，又辟爲教官，皆不就。張士誠據吴，署爲軍諮，亦不赴。洪武四年詔徵天下儒士，六年命有司舉人才，皆及宗儀，引疾不赴。晚歲，有司聘爲教官，非其志也。二十九年率諸生赴禮部試，讀《大誥》，賜鈔歸，久之卒。所著有《輟耕録》三十卷，又葺《説郛》、《書史會要》、《四書備遺》，並傳於世。

清·張廷玉等《明史》卷二九九《方伎傳·周顛》　周顛，建昌人，無名字。年十四，得狂疾，走南昌市中乞食，語言無恒，皆呼之曰顛。及長有異狀，數謁長官，曰「告太平」。時天下寧謐，人莫測也。後南昌爲陳友諒所據，顛避去。太祖克南昌，顛謁道左。洎還金陵，顛亦隨至。一日，駕出，顛來謁。問「何爲」，曰「告太平」。自是屢以告。太祖厭之，命覆以巨缸，積薪煅之。薪盡啓視，則無恙，頂上出微汗而已。太祖異之，命寄食蔣山僧寺。已而僧來訴，顛與沙彌爭飯，怒而不食且半月。太祖往視顛，顛無饑色。乃賜盛饌，食已閉空室中，絶其粒一月，比往視，如故。諸將士爭進酒饌，茹而吐之，太祖與共食則不吐。太祖將征友諒，問曰：「此行可乎？」對曰：「可。」曰：「彼已稱帝，克之不亦難乎？」顛仰首眎天，正容曰：「天上無他座。」太祖攜之行，舟次安慶，無風，遣使問之。曰：「行則有風。」遂命牽舟進，須臾風大作，直抵小孤。太祖慮其妄言惑軍心，使人守之。至馬當，見江豚戲水，歎曰：「水怪見，損人多。」守者以告。太祖惡之，投諸江。師次湖口，顛復來，且乞食。太祖與之食，食已，即整衣作遠行狀，遂辭去。友諒既平，太祖遣使往廬山求之，不得，疑其仙去。洪武中，帝親撰《周顛仙傳》，紀其事。

清・張廷玉等《明史》卷二九九《方伎傳・張中》　張中，字景華，臨川人。少應進士舉不第，遂放情山水。遇異人授數學，談禍福多奇中。【略】陳友諒圍南昌三月，太祖伐之，召問之。曰：「五十日當大勝，亥子之日獲其渠帥。」帝命從行，舟次孤山，無風不能進。乃以洞玄法祭之，風大作，遂達鄱陽。大戰湖中，常遇春孤舟深入，敵舟圍之數重，衆憂之。曰：「無憂，亥時當自出。」已而果然。連戰大勝，友諒中流矢死，降其衆五萬。自啓行至受降，適五十日。始南昌被圍，帝問「何日當解」，曰「七月丙戌」。報至，乃乙酉，蓋術官算曆，是月差一日，實在丙戌也。其占驗奇中，多若此。

清・張廷玉等《明史》卷二九九《方伎傳・皇甫仲和》　皇甫仲和，睢州人。精天文推步學。永樂中，成祖北征，仲和與袁忠徹扈從。師至漠北，不見寇，將引還，命仲和占之，言：「今日未申間，寇當從東南來。王師始却，終必勝。」忠徹對如之。比日中不至，復問，二人對如初。帝命械二人，不驗，將誅死。頃之，中官奔告曰：「寇大至矣。」時初得安南神礮，寇一騎直前，即以礮擊之，一騎復前，再擊之，寇不動。帝登高望之曰：「東南不少却乎？」亟麾大將譚廣等進擊，諸將奮斫馬足，寇少退。俄疾風揚沙，兩軍不相見，寇始引去。帝欲即夜班師，二人曰：「明日寇必降，請待之。」至期果降，帝始神其術，授仲和欽天監正。英宗將北征，仲和時已老，學士曹鼐問曰：「駕可止乎？胡、王兩尚書已率百官諫矣。」曰：「不能也，紫微垣諸星已動矣。」曰：「然則奈何？」曰：「盍先治内。」曰：「命親王監國矣。」曰：「不如立儲君。」曰：「皇子幼，未易立也。」曰：「恐終不免立。」及車駕北狩，景帝遂即位。寇之薄都城也，城中人皆哭。仲和曰：「勿憂，雲向南，大將氣至，寇退矣。」明日，楊洪等入援，寇果退。一日出朝，有衛士請占。仲和辭，衛士怒。仲和笑曰：「汝室中妻妾正相鬬，可速返。」返則方鬬不解。或問：「何由知？」曰：「彼問時，適見兩鵲鬬屋上，是以知之。」其占事率類此。

清・張廷玉等《明史》卷二九九《方伎傳・劉淵然》　劉淵然者，贛縣人。幼爲祥符宫道士，頗能呼召風雷。洪武二十六年，太祖聞其名，召至，賜號高道，館朝天宫。永樂中，從至北京。仁宗立，賜號長春真人，給二品印誥，與正一真人等。宣德初，進大真人。七年乞歸朝天宫，御製山水圖歌賜之。卒年八十二，閲七日入殮，端坐如生。淵然有道術，爲人清静自守，故爲累朝所禮。

清・張廷玉等《明史》卷二九九《方伎傳・周述學》　周述學，字繼志，山陰人。讀書好深湛之思，尤邃於曆學，撰《中經》。用中國之算，測西域之占。又推究五緯細行，爲《星道五圖》，於是七曜皆有道可求。與武進唐順之論曆，取歷代史志之議，正其訛舛，删其繁蕪。又撰《大統萬年二曆通議》，以補歷代之所未及。自曆以外，圖書、皇極、律吕、山經、水志、分野、輿地、算法、太乙、壬遁、演禽、風角、鳥占、兵符、陣法、卦影、禄命、建除、藝術、五運六氣、海道鍼經，莫不各有成書，凡一千餘卷，統名曰《神道大編》。

明・郎瑛《七修類稿》卷三六　吴潛，號履齋，宋理宗朝相也。賈似道入相，令言官劾吴，安置循州，又令循守劉宗申毒死履齋。似道後亦貶循州，宰執陳宜中等咸欲置賈於死，令鄭虎臣押送至漳之木綿庵，而爲虎臣鎚死之。漳守趙介如，乃賈之門人，時爲祭殯文曰：「履齋死循，死於宗申；先生死閩，死於虎臣。天乎人乎？莫得而詢。」有餘不盡之意至矣，至矣。然二事之詳，見《山房隨筆》、《武林紀事》，但《隨筆》祭文缺後二句，而宋史以吴爲預知風雷作而死，亦非也。蓋吴作辭世詩時，空中偶然雷震耳。

明・郎瑛《七修類稿》卷四一　莫月鼎，諱起炎，湖州月河谿人，生而秀朗，肌膚玉雪，雙目有光射人。習科舉業，三試不利，迺絶去世故，從事禪觀之學，脇不沾席者數年，已而著道士服，更名洞乙，自號爲月鼎。入青城山見徐無極，受五雷之法。又聞南豐有鄒鐵壁，得王侍宸斬勘雷書，乃亟往，委身童僕。會鄒病革，將遣去，月鼎拜且泣，具以實告，鄒驚嘆，即以其書相授。於是月鼎召雷雨，破鬼魅，動與天合，雖嬉笑怒罵，皆若有神從之者。寶祐戊午，浙東大旱，馬廷鸞方守紹興，迎致之。月鼎瞑目按劍，呼雷神役之，俄而震霆一聲，大雨傾注。穆陵聞之，賜詩一章。世祖至元巳丑，遣御史中丞崔彧求異人於江南，物色見帝。帝詔近侍特果殺觴之，時天色爽霽，帝曰：「可聞雷否？」對曰：「可。」即取胡桃擲地，雷應聲而發，震撼殿庭，帝爲之改容，賜以金縉，月鼎碎之以濟寒窶。有旨俾掌道教，月鼎以年耄辭，遂給驛南旋。放於酒肉，無日不醉，醉輒白眼望天，陰飆颯颯起衣袖間，陽狂不妄與人接；然頗閔疾疢者，有來告急，或以蟹黄篆符與之，或摘草木葉嘘氣授之，無不立愈，故咸以真官稱。嘗宿蕃厘，觀觀中道士中秋方宴；有雲蔽月不解；道士知其所爲，急邀至席，且謝過。月鼎以手指之，雲散如洗。有賣餅家積餅爲物竊去，月鼎焚符，頃刻斬猢猻首投於前。市魁娶婦，道爲白猿精所攝，月鼎禹步如有指麾狀，狂飆遽作，飄婦還舍。問之，婦云：「方在北高峯，不知何以至此也。」歲庚申，屬其徒王繼華曰：「明年正月十三日，將化於汝家。」及期，瞑目而坐，繼華問身後事，摇首曰：「俟五事備可也。」夜半，風雲雷電雨交作，月鼎索筆書偈，泊然而逝。壽六十九。

明・焦竑《玉堂叢話》卷二《政事》 江南巡撫大臣，惟周文襄公忱最有名。蓋公才識固優於人，其留心公事，亦非人所能及。聞公有一册，自記日行事，纖悉不遺，每日陰晴風雨，亦必詳記。如云某日午前晴，午後陰，某日東風，某日西風，某日晝夜雨。人初不知其故，一日，民有告糧船失風者，公詰其失船爲何日，午前午後，東風西風。其人不能知，妄對。公一一語其實，其人驚服，詐遂不得行。於是知公之風雨必記，蓋亦公事，非漫書也。

明・焦竑《玉堂叢話》卷六《品藻》 上欲相楊憲，劉基與憲素厚，以爲不可。上怪之，基曰：「憲有相才，無相器。夫宰相者，持心如水，以義理爲權衡，而已無與焉者也。今憲不然，能無敗乎？」上曰：「汪廣洋何如？」曰：「褊淺，觀其人可知。」上又曰：「胡惟庸。」曰：「此小犢，將僨轅而破犁矣。」上曰：「吾相無逾於先生。」基曰：「臣非不自知，但臣疾惡太深，又不耐繁劇，慮且孤大恩。天下何患無才，顧明主悉心以求之。如目前諸人，誠未見其可也。」既而授弘文館學士，進封誠意伯。逾年，賜歸老鄉里。後上使克明以手書問天象，悉條答其大意，以爲「霜雪之後，必有陽春，今國威已立，宜少濟以寬」。書奏，上悉以付史館。

明・焦竑《玉堂叢語》卷八《紕漏》 虜逼京師，徐珵自負意識過人，鋭志功業。兼云能測天象，謂胡人當復，即今不如回南，以淮爲界，各守一方。太監金英咈然不説，興安亦大怒，喝詈：「這厮該死，敢如此妄言。聖駕在口外，誰整理迎回？祖宗山陵宮闕誰守護？」衆因斥出之，尋命守彰德等處。

明・鄧士龍《國朝典故》卷三《翦勝野聞》 太后既崩，臨葬日，大風雨，震雷電。太祖甚不樂，召僧宗泐至，謂曰：「太后將就窀穸，汝爲宣偈。」受詔應聲曰：「雨降天垂淚，雷鳴地舉哀。西方諸佛子，同送馬如來。」宜已，帝大悦。頃忽朗霽，遂啓靈輀。詔賜宗泐白金百兩。

明・凌迪知《萬姓統譜》卷九二《宋・宋琰》 字廷圭，奉化人，永樂乙未進士。選庶吉士，侍皇太子監國南京。十九年召修大典，書成，授中書舍人。宣德初遷禮部主事，以親老乞歸省，未逾月驛召還京。正統初元，選入史館修《宣宗實録》。二年以父喪去服闋，轉吏部考功主事，入直内府。九年遷河南右參政，時汝陽旱蝗，琰往治之。籲天自咎，蝗弭而歲轉豐稔，民爲之謡，曰：「宋大參施德政。治豪强，知利病。捕蝗蟲，動天聽。降甘霖，保民命。七府安，萬民定。」景泰四年轉太僕寺卿，尋陞兵部侍郎。琰性温雅，居家以孝友聞。歷仕四十餘年，所至輒擅著能聲，恒以文自娱，有《拙菴學集》藏丁家。

《甘肅通志》卷三〇 史昭，合肥人。【略】以右都督總兵寧夏，用兵有紀律，能料勝負。每置鐵燕子於帳前，以候風色。凡占驗，毫髮無爽，人以諸葛孔明方之。置斥堠，建關隘邊境利賴焉。

《明太宗實録》卷一一一 欽天監副徐伯陽卒。伯陽，撫州樂安人。精于曆象之學，洪武初授司天臺靈臺郎。改太原祁縣知縣，生事謫戍邊。久之起在欽天監五官靈臺郎，永樂元年陞監副。爲人端謹，學行亦皆可稱云。

清・趙宏恩等《江南通志》卷一五〇 馮應京，字可人，盱眙人。萬曆壬辰進士，歷任湖廣僉事，風采大著。税監陳奉恣横不法，巡撫以下不敢出聲，應京疏列奉九大罪。上怒，逮問。士民擁檻車，號哭不得行。既去，則家爲位祀之。禁獄者四年，釋歸復職。所著有《經世日用》、《編蓄艾編》、《月令廣義》諸書。卒贈太常少卿，謚恭節。

清・沈佳《明儒言行録・續編》卷二《馮應京》 坐以擅殺中使罪，禁錮八年。日與同逮襄陽司學何棟如、荆州司學華鈺講學論易，參研於主静窮理之間，更詳考太祖制度而表章之，甲辰上感天變，放還里，復冠帶，以疾終。學者稱慕岡先生。所著述有《朱子録要》、《經濟實用》、《月令廣義》等書，行於世。

《浙江通志》卷一五九《名臣・宋琰》 琰字廷桂，奉化人。永樂乙未進士，選庶吉士。宣德初遷禮部主事，正統九年遷河南布政司右參政，爲汝陽不雨，蝗復大出，琰即日往按齋嚴致禱，有鶩數十羣蔽空，下食蝗，越明日大雨，官吏士民交相欣忭。景奉四年，轉太僕寺卿，尋遷兵部右侍郎，益勵忠勤士林推重。

清·蔡世遠《二希堂文集》卷六《黃道周傳》 黃道周，字幼平，號石齋，漳浦之銅山人。【略】著述甚富，奏疏、經解、詩文旁及天文、曆數共四十餘種。《洪範明義》、《月令明義》、《儒行集傳》、《緇衣集傳》四部懷宗時已進御覽。其《易象正》、《三易洞璣》、《孝經大傳》、《詩記》、《表記集傳》五部及《榕壇問業大滌問》業已刊行於世。

清·谷應泰《明史紀事本末》卷五二《世宗崇道教》 嘉靖十五年春正月，加致一真人邵元節道號，賜玉帶冠服。元節，興安（貴溪）人。仙源范文泰見而奇之，授以《龍圖龜範》之祕。嘉靖初，徵入京，召對便殿，首以「立教主静」之説進，帝嘉納之。已，爲禱雪輒應，命爲致一真人，領金籙醮事，給玉金銀象印各一。會帝有事南郊，召元節分獻風雷靈雨壇，預宴奉天殿，班二品，并封其師爲「真人」。勅建真人府都城西，落成，命夏言作記刻之庭。歲給禄一百石，遣緹騎四十人充掃除役，贈田三十頃，蠲其租徭。至是，寵待益隆。

又 嘉靖十八年八月，致一真人邵元節死。時上躬視顯陵，元節留京師。一日晨起，召其徒語之曰：「我殆將逝矣，安得走行在一見皇帝？」言未既，卒。帝駐蹕裕州，聞之慟，手詔勅行在禮部贈謚，命中官錦衣護其喪。喪還，勅有司營葬，卹典如伯爵例。

清代

清·江景祺《西征隨筆·詹事雨》 華亭沈文恪荃，字繹堂，壬辰探花，官詹事府。詹事貌不踰中人，有古大臣風，宦況清貧，或至不能舉火而食。客常滿，故鄉戚友求益而來者，踵相接，文恪定令其得所而去。詩宗錢、劉，書法在趙承旨、董文敏之間。與人接談，委婉風流，而見義必爲，遇事無所撓屈。先帝時，數月不雨，先帝觸暑步禱，以亢旱爲憂，下詔求直言。九卿無能仰慰聖心者，文恪暨吾鄉項侍郎景襄進曰：「烏喇爲窮荒寒苦之所，徙至其地，百無一生。乞降明旨，永止烏喇流人，則上感天和，三日必雨。」先帝曰：「能保之乎？」文恪曰：「可保。」先帝曰：「如所言，三日不雨，將奈何？」項稍退入班後，文恪曰：「三日不雨，臣願受妄言之責。」九卿皆錯愕，先帝亦爲色動，遂有罪人免流烏喇之旨，祈雨之壇盡撤之，且命沈某第三日至午門候雨。至期，文恪至午門外，植立烈日中，先帝御乾清門陞座，曰：「沈某言：『今日必雨。』朕端坐俟之。」杲杲日出，人咸爲文恪危，日既晡，先帝未午膳，有愛文恪者勸文恪免冠謝過，請上還宫，不過削籍耳，若至暮恐聖怒不測矣。文恪不答。至未刻，忽有片雲從東來，風雷交作，驟雨盈尺。先帝大喜謂左右曰：「此詹事雨也。」召文恪入，深勞之，賜食而出。朝野之人指爲仁者之雨，相聚感歎有泣下者。

清·阮元《疇人傳》卷三五《國朝二·潘聖樟》 潘聖樟，一曰名檉。字力田。吴江人也。與王錫闡友善。錫闡嘗館其家，講論算法，常窮日夜。聖樟著《辛丑秝辨》曰：「昔堯命羲和，曰以閏月定四時成歲，蓋秝法首重置閏。而《春秋傳》曰：『先王之正時也，履端于始，舉正于中，歸餘于終。』所謂始者，取氣朔分齊爲秝元也；所謂中者，月以中氣爲定，無中氣者則爲閏也；所謂終者，積氣盈朔虚之數而閏生焉也。自漢以降，秝術雖屢變，未有能易此者。唯西域諸秝則不然，其法有閏年、有閏日，而無閏月。蓋中秝主日，而西秝主度，不可強同也。今之爲西秝者，乃以日躔求定氣、求閏月，不惟盡廢中國之成憲，而亦自悖西域之本法矣。故十餘年來，官度既紊，氣序亦訛。如戊子之閏三月也，而置在四月；庚寅之閏十一月也，而置在明年之二月；癸巳之閏七月也，而置在六月；己亥之閏正月也，而置在三月。其爲舛誤，何可勝言！然非深于秝者，未易指摘。至于辛丑之閏月，則其失顯然無以自解矣。何也？閏法論平氣而不當論定氣，若以平氣，則是年小雪在十月晦，冬至在十一月朔，而閏在兩月之間。所謂閏前之月中氣在晦，閏後之月中氣在朔者也。今以定氣，則秋分居九月朔，故預于七月朔置閏，然後秋分仍在八月，而霜降小雪，各歸其月。無如大寒定氣乃在十一月朔，而十二月又無中氣，既不可再置一閏，則是同一無中氣之月，而或閏或否。彼所云太陽不及交宫即置爲閏者，何獨于此而自背其法乎？蓋孟秋非歸餘之終，故天正不能履端于始，地正不能舉正于中也。如此，則四時不定，歲功不成，而閏法又安用之？且壬寅正月，定朔舊法在丙子丑初，即彼法亦在丙子子正，則辛丑之季冬當爲大盡，而明年正月中氣復移于今歲之杪。彼亦自覺其未安，故進歲朔于乙亥，而季冬爲小盡之月，皆所謂欲蓋彌彰者耳。即辛丑歲朔，以彼法推，當會于亥正，而今在戌正，差至六刻，其他牴牾，更難枚舉。噫！作法如是，而猶自以爲盡善，可乎？蓋其説以日行盈縮爲節氣短長，每遇日行最盈，則一月可置二氣，是古有氣盈、朔虚，而今更有氣虚、朔盈矣。然或晦朔兩節氣而中氣介其間，如丙戌仲冬，去閏稍遠，猶可不論；獨辛丑仲冬，冬至、大寒俱在晦朔，去閏最近，進退無據。苟且遷就，有不勝其弊者。夫閏法之主平氣，行之已數千年矣，今一變其術，未久而輒窮，至于無可如，何則又安取紛更爲也！」聖樟後以他事論大辟。弟耒，字次畊，亦頗學秝，粗有端倪，不能竟學。（《王寅旭先生遺書道古堂文集》）

清·阮元《疇人傳》卷三六《國朝三·楊光先》 楊光先，字長公，徽州府歙縣人也，恩廕新安衛官生。以西人耶穌會非中土聖人之教，且湯若望算造《時憲書》而不當用上傳「依西洋新法」五字，於順治十七年具呈禮科不准。又於康熙三年狀告禮部，奉旨下部會吏部同審。湯若望等由是罷黜四年。特授欽天監右監副，旋授監正。光先以但知推步之理，不知推步之數，叩閽辭職。疏凡五上，不准辭。輯前後所上書狀論疏爲上下卷，名曰《不得已》。其《日食天象驗篇》曰：「湯若望之秝法，件件悖理，件件舛謬。」乃詫于人曰：「我西洋之新法，算日月交食有準。」彼以此自奇，而人亦以此奇之。竟弗考對天象之合，與不合何其信耳而廢目哉？

又 論曰：錢少詹大昕曰：「吾友戴東原嘗言歐邏巴人以重價購《不得已》而焚燬之，蓋深惡之也。」光先于步天之學本不甚深，其不旋踵而敗，宜哉。然摘謬十論，譏西法一月有三節氣之新，移寅宮、箕三度入丑宮之新則固明。于推步者所不能廢也。元所藏《不得已》卷末有雜記數條，不署撰人名氏。中一條云：「歙人言光先南歸至山東，暴卒。蓋爲西人毒死。」而《池北偶談》則稱論大辟。其實光先蓋論大辟，免死，歸卒者也。

清·阮元《疇人傳》卷三六《國朝三·游藝》 游藝，字子六，建寧人也，著《天經或問前集》四卷，《後集》無卷數，皆設爲問答，以推闡天地之象大旨，以西法爲宗。與揭暄相友善，故集中多取其說。（《欽定四庫全書總目天經或問》）

清·阮元《疇人傳》卷三六《國朝三·揭暄》 揭暄，字子宣，江西廣昌人也，著《璇璣遺述》七卷，一名《寫天新語》，論日月東行，如槽之滚丸，而月質不變。又謂天堅地虛，譬猶餅中有餅。舊説蛋黄蛋白之喻，徒得形似。又謂七政之小輪，皆出自然，亦如盤水之運旋，而周遭以行疾而成，旋渦遂成，留逆於五星西行。日月盈縮，皆設譬，多方言之成理。康熙己巳以草稿寄梅文鼎。文鼎抄其精語爲一卷，稱其深明西術，而又別有悟入，其言多古今所未發。卒年逾八十。（《欽定四庫全書總目梅氏全書》）

清·阮元《疇人傳》卷四一《國朝八·邵昂霄》 邵昂霄，字麗寰，餘姚人也，拔貢生，乾隆元年薦博學鴻詞，以漢晉以來天官家言及歐羅巴之説，參以己論，爲《萬青樓圖編》十六卷，分爲十四目，曰天體，曰儀象，曰宫度，曰二曜，曰五緯，曰雲氣，曰煇氣，曰經星，曰秝案，曰秝理，曰秝數，曰測景，曰測時，曰定時，又創爲量天景尺及漏椀諸法。（《欽定四庫全書總目》）

清·阮元《疇人傳》卷四一《國朝八·張永祚》 張永祚，字景韶，號兩湖，錢唐人也。初爲諸生，乾隆二年二月詔舉能通知星象者，無錫嵇公曾筠時以大學士總督閩浙試，永祚策，器之，薦於朝，授欽天監博士。會詔刊經史，華亭張司寇照薦永祚校勘二十二史天文、律秝兩志。書成，方侯議叙而遽乞假歸仁和。杭編修世駿著《漢書疏證》，嘗就問律秝，永祚隨條爲答，頗有發明。世駿多用其説。卒年六十餘。（《杭州府志》、《道古堂文集》、《漢書疏證》）

清·阮元《疇人傳》卷五一《國朝續補三·許桂林》 許先生，諱桂林，字同叔，號月南，又號月嵐，海州人，由拔貢生中式，嘉慶二十一年舉人，旋丁内艱以哀毁終。卒之時，實無疾病，自知其死，集家中人至前，囑以後事，囑畢，瞑目而逝，年四十有三。生平好學深思，至性醇粹，躬行踐履，博綜羣書。體素弱不耐勞，勞則易病。然又不能無所用心，若静攝一二日，輒又病。惟讀書，始精神焕發。故日以詁經爲事，樂此不疲。人以疑義就質，有問必答。藹然示人，以可親談。他事未數語，便覺氣餒。獨講學，終日不倦。以餘力兼治六書九數，嘗謂岐伯言：「地，大氣舉之。」氣外無殼，其氣將散，氣外有殼，此殼何依？依思得一説以補所未及。蓋天實一氣，而其根在北，北極是也。北極不當爲天樞，而當爲氣母，萬物之祖皆在北。故十一月爲羣生之始，天時既然矣。天象獨不當以北極爲一氣之元乎？元氣發於北極，浩浩蕩蕩，久而不息。經星七政，皆運於元氣之中。經星以上，遠之又遠，無論氣之至與不至，固可不必有殼以函氣也。以北極爲氣母，其氣應向左而運。古稱天道尚左，天根在北，自南望之，以西爲左。近氣母者，左行疾，故恒星東行之差遲。遠氣母者，左行漸緩，故月東行之差最疾。日月之出，自北升而入，亦向北向其母也。」又謂：「氣有有形，有無形。有形者雲，無形者風。承地而運七曜者，無形之剛風也。有形之氣，無力無形之氣，有力風者，大氣之餘，時被地上。北極爲氣母，氣起於北，至西下轉於西南。此日入於西，所以向北，而地上之風，誠如聖祖《幾暇格物編》言，風無正方而常起於西南也。」因采集宣夜遺文，以西法通之，著《宣西通》三卷。

又 同時，又有周治平者，浙之臨海諸生，事蹟不得其詳。嘗因曾子《問天員篇》「偏則風」一節，爲之釋曰：「萬物各有本所，故得其所則安，不得其所則强。及其强，力已盡。自復居於本所焉。本所者何如？土最重，重愛卑，性居下。火最輕，輕愛高，性居上。水輕於土，在土之上。氣重於火，在火之下。然水比土爲輕，較火氣爲重，氣比火爲重，較水土爲輕，以是知水必下而不上，氣必上而不下矣。蓋水之情爲冷溼，火之情爲燥熱，土之情爲燥冷，氣之情爲溼熱。其情皆爲偏勝，各隨其勝所。火氣偶入水土之中，必不得其安，而欲上行水土，因氣騰入氣火之域，亦必被强而欲下墮，各居本所矣。日光照地，與氣上升，偏於燥，則發爲。風火與土俱挾氣上升，阻於陰雲，難歸本所。火土之勢，上下不得，亦無就滅之理，則奮迅決發，激爲雷霆，與氣交合，迸爲火光。居於本所，故云交則電。日氣入地，鬱隆騰起，結而成雲，上至冷際，爲冷情所化，因而成雨。正如蒸水因熱上升，騰騰作氣，上及於蓋。蓋是冷際，即化爲水下，居本所故。雨者，冷熱二氣相和而成也。若溼氣既清且微，是陽勝也。升至冷際，乃凝爲露。三冬之月，冷際甚冷，是陰勝也。雲至其處，既受冷侵，一一凝沍，皆是散圓，即成雪矣。露之爲霜，其理略同。蓋氣有三際，中際爲冷，上近火熱，下近地温，冷際正中，乃爲極冷。夏月之氣，鬱積濃厚，決絶上騰，力專勢鋭，逕至極冷之深際，驟凝爲雹，入冷愈深，變合愈驟，結體愈大矣。故雹體之大小，又因入冷之淺深爲差等，非如冬月雲氣，徐徐上升，漸至冷之初際，而結體甚微也。故夏月雲足促狹，隔塍分壟，而晴雨頓異焉。冬時氣升冷際，化而成雨，因在氣中摩盪故，一一皆圓，初圓甚微，以漸歸并成爲點滴，未至本所，又爲嚴寒所迫，即下成霰矣。故雹霰者，皆陰陽專一之氣所結而成者也。（《宣西通算牖曾子注釋》）

論曰：許先生精於格致之理，言不妄發，行端表正。讀書之外，無他好。與人接，終日默默，不善作酬酢語，洵爲古之通儒。殁，後州人三請崇祀鄉賢，非虛也。天性孝友，曾撰《北堂永慕記》，門弟子附刊於《易確》後。又以家貧身病，篤學多愁，致乏子嗣，以兄之次子徵容爲子。徵容好學，有父風，將見家學淵源引而弗替。周君亦深於天算，兼習西法。阮相國曩撰《曾子注釋》，謂其能融會中西之説，曾采其言。又《疇人前傳》亦獲其校録之助。因所論與許先生説大略相近，故附及之。

清・諸可寶《疇人傳三編》卷二《劉逢禄、湯洽名》　劉逢禄，字申受，武進人，文定公之孫也。嘉慶十九年進士，改翰林院庶吉士，散館，授禮部儀制司主事。道光九年卒於官，年五十有六。於學務深造自得，《春秋》精公羊家言。中交同郡張編修惠言，共通虞氏《易》，旁求於《詩》及今古文《尚書》，皆創通奧域，又以餘力及九章小學，取《史記・天官書》及《甘石星經》爲之疏證，成書數卷。大都所手輯與自著，幾二百十餘卷，精力可謂過人矣。同縣有湯洽名，或作治民，字誼卿，生而穎慧，學於張編修，通古學，兼明天官、曆數、風角、星算，遊京師，以算學考取天文生。因母老告歸。又工六壬，自知死日葬期，黏課於壁。既葬，始見其課，所言皆合。自著有《句股訴指》一卷，《太初術長編》二卷，《漢書》分野星度斠誤》一卷，竝存。（《養一齋文集》《武進縣志》）

清・諸可寶《疇人傳三編》卷五《鄒伯奇》　鄒伯奇，字一鶚，又字特夫，南海人，諸生。聰敏絶世，於諸經義疏無不窮究，覃思於聲音文字、度數之源，而尤精於天文曆算，能萃會中西之説而貫通之。生平寡所耆好，執業甚篤，静極生明，多有神解，嘗作《春秋經傳日月攷》。謂：昔人考春秋朔閏多矣，類以經傳日月求之，未能精確。今以時憲術上推二百四十二年之朔閏及食限，然後以經傳所書質其合否，乃知有經誤、傳誤及術誤之分。王伯厚《六經天文篇》博引傳注家言，亦無辨證，因即經義中有關於天文算術，或先儒所未發，或闡發而未明者，隨時録出之成學，計一得二卷。於天象，箸《甲寅恆星表》、《赤道星圖》、《黄道星圖》各一卷。自序曰：甲寅之春，製渾球以考證經史恆星出没，歷代歲差之故。然制器刻畫，必先繪圖，爲圖必先立表，此恆星表之所由作也。史、漢、晉、隋諸志於恆星，但言部位，至唐宋始略有去極度數，故舊傳新圖，大抵據步天歌意想爲之，與天象不符。國朝康熙初，南懷仁作《靈臺儀象志》，然後黄赤經緯各列爲表。乾隆九年增修《儀象考成》補其缺誤。道光甲辰再加考測，爲《儀象考成續編》，入表正座一千四百四十九星外，增一千七百九十一星，洵爲明備。今踰十載，歲漸有差，故復據現時推測立表，庶繪圖製器密合天行也。論曰：鄒徵君天姿過人，力學甚摯。聞其讀書遇名物制度，必窮晝夜探索務得其確。或按其度數繪爲圖，造其器而驗之，涣然冰釋而後已。故其解識多前人所未發，又能正舛誤，別是非，皆以算術權衡之。晚年論算家新法曰：自董方立以後諸家，極思生巧，出於前人之外，如華嚴樓閣，彈指即見，實抉算理之窔奧，然恐後之學者不復循途守轍而遽趨捷法，將久而忘其所自，是可憂矣。人於是益服所慮之遠。夫曆算必善測量，測量必資儀器，而製器精巧與西人所稱。重學、光學、化學相連徵，君獨深明其理，證之古籍，皆由冥搜而得。測地繪圖尤多創解。

清・諸可寶《疇人傳三編》卷七《王貞儀》　王貞儀，字德卿，江甯人。宣化知府者輔孫女，錫琛女，宣城詹枚妻。記誦淹貫，最嗜梅氏天算之學，著書甚富。嘉興錢給事儀吉序其《術算簡存》五卷，略云：予姑適吴江蒯氏者，嘗僑居金陵。姑能詩畫，信厚而明達。貞儀一見如故，常以文字相往。來姑言貞儀於學無不聞，夜坐觀天星，言晴雨豐歉，輒驗。尤精壬遁，且知醫。

清・黄鍾駿《疇人傳四編》卷七《劉獻廷》 劉獻廷，字君賢，號繼莊，順天大興人。先世本吴人，寓吴江者數十年，卒焉。其學主於經世，自象緯律秝、邊塞關要、財賦軍政之屬，旁及釋老家言，無不窮究。崑山徐尚書乾學，好士，多藏書，大江南北宿老争赴之。獻廷游其閒，别有心得。萬季野徵君斯同於書無所不讀，獨心折獻廷，引參史館事。顧景范、黄子鴻長於輿地，亦引獻廷參《一統志》事。獻廷謂諸人考古有餘，未切實用。其論向來方輿書大抵詳於人事，而天地之故概未有關，當於畺域前别添數則，先以諸方之北極出地爲主，定簡平儀之度制爲正切線表，而節氣之後先，日蝕之分秒，五星之陵犯，占驗皆可推步矣。諸方七十二候多不同，如嶺南之梅十月已開，而吴下梅開於驚蟄，桃李開於清明，相懸若此。今世所傳七十二候，本諸《月令》，乃七國時中原之氣候。今之中原已與七國時之中原不合，則秝差爲之，宜於南北諸方，細攷其氣候，詳載之爲一則，則天地相應之變遷，可以求其微矣。兼通聲音之學，所自著書曰《廣陽雜記》。（《國朝先正事略》）

清・黄鍾駿《疇人傳四編》卷八《余廷燦》 余廷燦，字卿雯，號存吾，湖南長沙人。乾隆二十六年進士，官檢討，充三通館纂修，以母老告養歸。家徒四壁，取與不苟。母卒，啜粥寢苦。值暴雨，入倚廬，地沮洳，家人藉片板庪去之。生平學有本原，於天文律秝、句股六書之學，俱能鈎元提要，成一家言，與戴東原、紀曉嵐相切磋。所著詩古文尤醖茂，有《存吾文集》，卒年七十。（《國朝先正事略》）

清・趙翼《簷曝雜記》卷六《湯若望南懷仁》 余年二十許時，閲《時憲書》，即有欽天監正湯若望、監副南懷仁姓名，皆西洋人，精於天文，能推算節候。然不知其年壽也。後閲蔣良騏《東華録》，則湯若望當我朝定鼎之初，即進所製渾天星毬一牀，地平日晷、窺遠鏡各一具。其官曰「修政立法」。順治九年，湯若望又進渾天星毬、地平日晷儀器。初曰「修政立法」，或前明所授官，或其自署。至欽天監正則本朝所授官也。是年又賜太常寺卿，管欽天監事。湯若望號通玄教師，又從欽天監正陞大常卿銜。康熙七年治曆，南懷仁議奏：監副吴維烜所造八年《時憲書》，十二月應是九年正月，又一年兩春分、兩秋分種種錯悞。遂革維烜職，授南懷仁爲監副。按國初至余二十許時，已一百二十餘年。而二人在朝中已能製造儀器，必非少年所能，當亦在三四十歲。則余識其姓名時，蓋已一百五六十歲矣。後閲《明史・徐光啓傳》，以崇禎時曆法舛訛，請令西洋人羅雅谷、湯若望以其國新法相參較。書成，即以崇禎元年戊辰爲曆元。是崇禎初已有湯若望，則又不止一百五六十歲。嗣後又不知以何歲卒也。

《清實録・高宗純皇帝實録》卷八四四《乾隆三十四年十月上》 命户部右侍郎索琳兼管欽天監事務。

《清實録・高宗純皇帝實録》卷八九三《乾隆三十六年九月下》 又諭曰：伍納璽已派往烏里雅蘇台辦事。所有光禄寺事務，著德成兼管。欽天監事務，著邁拉遜兼管。德成現亦出差，其光禄寺事務，並著邁拉遜暫行兼管。

《清實録・高宗純皇帝實録》卷九四四《乾隆三十八年十月上》 欽天監監副劉松齡年老乞休。得旨：劉松齡不必乞休，聽其酌量精力行走，若自度步履稍艱，即不隨班亦從其便。

《清實録・高宗純皇帝實録》卷一一七六《乾隆四十八年四月上》 諭曰：新授光禄寺少卿喜常，在欽天監行走有年，算法諳熟，著仍兼欽天監監正。

《清實録・高宗純皇帝實録》卷一三五三《乾隆五十五年四月下》 又諭：欽天監事務著綿恩管理。

《清實録・仁宗睿皇帝實録》卷二二六《嘉慶十五年二月下》 引見京察三、四、五品京堂各官。得旨：太常寺少卿色克精額差使勤勉，著加恩交部議敘。翰林院侍讀學士保麟、欽天監監正佟政，年力俱就衰邁，著以原品休致，餘俱著照舊供職。

事件部

氣象災害與救治

漢·班固《漢書》卷九九下《王莽傳下》 是月，大雨六十餘日。令民入米六百斛爲郎，其郎吏增秩賜爵。

又 莽曰：「惟陽九之阸，與害氣會，究於去年。枯旱霜蝗，飢饉薦臻，百姓困乏，流離道路，於春尤甚，予甚悼之。今使東嶽太師特進褒新侯開東方諸倉，賑貸窮乏。太師公所不過道，分遣大夫謁者並開諸倉，以全元元。太師公因與廉丹大使五威司命位右大司馬更始將軍平均侯之兗州，填撫所掌，及青、徐故不軌盜賊未盡解散，後復屯聚者，皆清潔之，期於安兆黎矣。」

南朝梁·沈約《宋書》卷八《明帝紀》 閏月庚午，京師大雨雪，遣使巡行，賑賜各有差。

《全唐文》卷二六《元宗七·賑河南河北詔》 賑河南河北詔 君以人爲本，人以食爲天。雖水旱蟲螟，代則常有，有一於此，胡寧不恤？閒者河北河南災蝗水滂之處，聞其困弊，未獲安存，念之憮然，不忘寤寐。宜令禮部尚書鄭惟忠持節河南道宣撫百姓，工部尚書劉知柔持節河北道安撫百姓。其被蝗水之州，量事賑貸，務安其俗，稱朕意焉。

宋·李心傳《建炎以來繫年要録》卷九八 十二月積陰，雨雪不止，自下旬雪霰交作，閒有雷電，冰凝不解，深厚及尺。州城内外，饑凍僵仆，不可勝數。除用度牒招募僧行，隨即瘞埋，旬日之閒，閱實剃度僧行不少。自仲冬闕食，城内白晝剽劫，城外十室九空，盜賊迫於饑窮，十數爲羣，持杖剽奪，行旅舟船，道路幾於阻絶。除散遣緝捕官，晝夜巡察，遇有發露，隨即擒獲，斬決流配，殆無虚日。近方少戢，流移漸歸，墾治田畝。遭此凍雪，餓死者枕籍道路。雖自席益在任，分置三場，給粥以濟，近日數目加增至市里居民，逐軍營婦，不憚愧恥，與乞丐隨逐仰給。觀此災沴，正宜倍加賑恤，以副陛下仁民愛物之意。況本路州縣，累經敵馬，殘壞尤甚，遺黎九死之餘。去歲一年，備兼五大：大兵、大火、大旱、大饑、大雪，若通融一路所有極力救濟，或恐不能延及秋熟。蓋去麥熟尚四月，禾熟尚七月，若更撥錢九萬，及撥米應副四處，非惟上供，已無可支移。其錢亦何由辦足，定見州縣剥膚搥髓，百姓愈不聊生。臣昨嘗以帥司激賞有備，屢乞責辦，相兼應副湖南軍馬，及席益移鎮，罄竭所有，祇了迎新送故之費。今帥漕兩司，空虚無一月之儲，而大軍諸兵，有拖欠之積。萬一雨雪不止，移運不繼，饑寒並至，或生他虞，雖誅責臣身，無救於事。亦知朝廷費廣，不敢別覬支降，惟望特降睿旨，將應副諸處錢米，速賜蠲免。詔弼將節次降到米斛，疾速措置賑濟。仍具去年上供苗米正色，及折錢實數，申尚書省。著此以見湖南事宜，兼自來監司所奏災傷，未有如此之詳者，故全載之。

元·脱脱等《宋史》卷六一《五行志一上》 宣和元年五月，大雨，水驟高十餘丈，犯都城，自西北牟駝岡連萬勝門外馬監，居民盡没。前數日，城中井皆渾，宣和殿後井水溢，蓋水信也。至是，詔都水使者決西城索河堤殺其勢，城南居民冢墓俱被浸，遂壞藉田親耕之稼。水至溢猛，直冒安上、南薰門，城守凡半月。已而入汴，汴渠將溢，於是募人決下流，由城北入五丈河，下通梁山濼，乃平。十一月，東南州縣水災。四年十二月戊戌，詔：「訪聞德州有京東、西來流民不少，本州振濟有方，令保奏推恩。餘路遇有流移，不即存恤，按劾以聞。」六年秋，京畿恆雨。河北、京東、兩浙水災，民多流移。

元·脱脱等《宋史》卷九一《河渠志一》 五月，河大決濮陽，又決陽武。詔發諸州兵及丁夫凡五萬人，遣潁州團練使曹翰護其役。翰辭，太祖謂曰：「霖雨不止，又聞河決。朕信宿以來，焚香上禱于天，若天災流行，願在朕躬，勿延于民也。」翰頓首對曰：「昔宋景公諸侯耳，一發善言，災星退舍。今陛下憂及兆庶，懇禱如是，固當上感天心，必不爲災。」

六月，下詔曰：「近者澶、濮等數州，霖雨荐降，洪河爲患。朕以屢經決溢，重困黎元，每閲前書，詳究經瀆。至若夏后所載，但言導河至海，隨山濬川，未聞力制湍流，廣營高岸。自戰國專利，堙塞故道，小以妨大，私而害公，九河之制遂隳，歷代之患弗弭。凡搢紳多士、草澤之倫，有素習河渠之書，深知疏導之策，若爲經久，可免重勞，並許詣闕上書，附驛條奏。朕當親覽，用其所長，勉副詢求，當示甄獎。」時東魯逸人田告者，纂《禹元經》十二篇。帝聞之，召至闕下，詢以治水之道，善其言，將授以官，以親老固辭歸養，從之。翰至河上，親督工徒，未幾，決河皆塞。

清・徐松《宋會要輯稿・食貨六十八・恤災》 神宗熙寧二年閏十一月二十五日詔：京城内外值此寒雪，應老疾孤幼無依乞丐者，令開封府並拘收，分擘於四福田院注泊，於見今額定人數外收養。仍令推判官、四廂使臣依福田院條貫看驗，每日特與依額内人例支給與錢養活，無令失所。至立春後，天氣稍暖日，申中書省，住支所有合用錢於左藏庫見管福田院錢内支撥。

明・郎瑛《七修類稿》卷二《金山水》 嘉靖十八年七月間，大水漂没楊州鹽場數十處，而人民死者無筭。其日楊子江水下數十丈，金山露其脚。過日，聞楊州水害，正前日之涸時也，始知隨風湧之而去楊也。追思《唐史》記開元十四年潤州大風，擁江濤過金山，遂没瓜步，數日江水復平，豈虚語哉。

《清實録・高宗純皇帝實録》卷五二《乾隆二年九月下》 福州將軍隆昇奏報，省城陡遇颶風驟雨，廬舍損壞。除民間被災情形即當俟總督郝玉麟查辦外，所有四旗兩營及水師旗營各兵丁，俱有損壞房屋。現在分别旗營，借給銀兩，以爲修葺之用。得旨知道了。此等奏報惟應以實，督撫或有隱飾，尚賴汝等據實奏聞。若汝等復存諱災之念，則雖百摺奏，庸何益耶。

《清實録・宣宗成皇帝實録》卷二二《道光元年八月》 又諭：顔檢奏臺灣淡水廳地方，於本年六月初五日猝被風雨，所轄艋舺、大加臘等處未割田稻被風吹損，民間廬舍及兵房衙署倉廒各有倒壞，八里坌口哨船及雇募緝匪商船均被風浪漂擊無蹤。噶瑪蘭地方亦同時風雨，田廬有無衝損，現在飭查等語。淡水、噶瑪蘭二廳地方猝被颶風大雨，著顔檢即飭該道府遴委幹員馳赴該二廳，會同分投確查所有吹損田禾、倒壞官民房屋共有若干，被漂船隻有無擊碎及人口被傷情事。如有應行撫卹之處，該處遠隔重洋，文移往返，動需時日，該撫即飭知臺灣道，就近妥速經理，勿稍稽遲，致任窮黎失所。一面據實奏聞可也。將此諭令知之。

《清實録・宣宗成皇帝實録》卷一一五《道光七年三月》 又諭：有人陳奏山東青州一郡類皆荒歉，壽光縣爲尤甚。該縣連遭水旱，去年更乾亢非常，無禾無麥，埽剥樹皮，典質敝衣，甚至賣田拆屋，斫伐桑柘，貨耕牛，鬻妻子。雖士子宦族亦有在乞丐之列者。現復乾亢如前，久無雨雪，春麥全枯，秋禾難種。聞饑民奪食，壅塞道路，擔兒肩女，絡繹乞食，由直隸出山海關者，月餘無虚日等語。地方偶有偏災，該州縣即應據實稟報，封疆大吏飛章入告，豈得意存粉飾。今如該御史所奏，流離失所情形至於此極，殊堪駭異，地方官豈竟同聾聵？現在未交夏令，速籌安集，尚可期得雨耕種，著程含章派委公正大員即赴壽光一帶，確實查勘。如有應行緩徵撫卹之處，據實奏聞辦理。如該地方官隱諱不報，嚴行參辦。該署撫到任未久，無所用其回護。原摺著鈔給閲看，將此諭令知之。

《清實録・宣宗成皇帝實録》卷二二八《道光十二年十二月下》 又諭：本日據程祖洛奏，臺灣兵糧及福建省城漳、泉二府民食兵糈均虞缺乏。前經奏明委員赴浙江、江西各採買米十萬石，或借撥倉穀碾運，而浙省因去年被水，今夏缺雨，八月間又風雨爲災，各州縣多請碾穀平糶，誠恐存貯無多，難以如數撥運，不得不豫爲籌備等語。著富呢揚阿在浙江沿海州縣本年漕米内截留十萬石，派員迅速解運。其採買碾撥究竟可得若干，並著竭力籌辦，儘數解往以資接濟。將此附報便諭令知之。

《清實録・宣宗成皇帝實録》卷四二一《道光二十五年九月》 又諭：葉長春等奏臺灣屬縣猝被風雨，動款急賑一摺。臺灣府境於六月初旬大雨連宵，颶風間作。臺灣等縣海口，淹斃居民三千餘人，殊堪憫惻。已據該鎮道碾穀提銀，赴各鄉分别賑濟。鳳山縣阿公店間有失所之人，由該縣撫卹。著劉韻珂派委妥員，詳細查明被災輕重，妥速經理所請動用倉穀銀兩是否足敷賑濟，務使海澨窮民，不致一夫失所。其該縣倒塌城垣衙署營汛監倉等所，及近山近海田園，有無衝壓情形，著飭該鎮道確勘迅詳，覈實辦理。

《清實録・文宗顯皇帝實録》卷四一《咸豐元年閏八月》 諭内閣：陸建瀛奏鹽場猝被風潮，委員查勘大概情形一摺。淮南豐利、栟茶、掘港、草堰等場，本年八月内猝遭風雨，潮勢洶涌，將范隄稽隄衝缺數處，竈田廬舍多被淹浸，埻場坍塌，滷灰漂瀿，人口亦有損傷，殊堪憫惻。該督現已委員馳往查勘，有應行撫恤之區，著即先行籌款散放，勿任一夫失所，並著查明各場何處被災較重，何處不致成災，覈實辦理。淮南甫定新章，正值秋産緊要之時，斷不可任聽該場員等藉口被災，豫爲缺額地步。衝決之范隄等工均著勘明趕緊修復，其豐利場竈棍藉災滋鬧一案，著即飭屬嚴拏懲辦，以戢奸宄而安善良。

《清實録・文宗顯皇帝實録》卷八十《咸豐二年十二月下》 又諭：青麐、楊以增奏黄河雪後復凍，請俟天融冰泮，加緊進占一摺。前據該河督奏稱，十二月十四日卯刻，南河工次驟轉東風，冰凌解泮，兩壩各進一兩占，即可相機放河。

朕心稍慰。茲據奏稱，十六日夜，聞大雪連宵，黄河復又凍阻，旋鑿旋合人力難施，擬俟河冰融泮，加緊趕辦等語。金門現存二十餘丈，進占挂纜最關緊要。即謂大河偶凍，亦應設法辦理，斷無工屆垂成，忽然停待之理。刻下節邇立春，轉瞬桃汛將至，若不加緊籌辦，萬一再有疏失，自問當得何罪。青麐本無辦工之責，著即由驛回京。豐工一切事宜係楊以增、查文經專責，著即迅速妥籌，相機剋期進占，毋得藉口人力難施，稍有延誤，並著將此旨傳諭在工人員等趕緊遵辦。儻再有貽誤，朕惟有將楊以增、查文經及辦工各員從重治罪，決不寬貸。懔之。慎之。

《清實録·文宗顯皇帝實録》卷九七《咸豐三年六月中》 諭軍機大臣等：寄諭江南河道總督楊以增，前據周天爵奏豐工決口，當有旨著該督查明係何工段，據實具奏。茲據該督奏稱，豐工於五月二十八日陡遇風雨，水勢擡高，致大壩西首土基立形坐蟄。雖經堵搶，已致刷寬三十餘丈，並二壩迆西隄身漫塌二十餘丈等語。豐工既經決口，自應趕辦裹頭，以免愈刷愈寬，堵築益形費事，著該督即飭在事道將等迅速妥辦，毋許延誤。所稱汛期正長，萬不得已，或須添啓禮字河，以資減洩之處，著斟酌情形妥爲辦理。至被難災民，急應撫恤，免被賊匪煽誘及招集丁壯作爲練勇，勿令流而爲匪之處。該督仍遵前旨，妥速籌辦。將此由五百里諭令知之。

《清實録·文宗顯皇帝實録》卷一〇〇《咸豐三年七月中》 又諭：黄宗漢奏府城猝被水災，現在委員查辦一摺。浙江台州府地方於六月十九等日風雨大作，山水下注，江潮泛溢，四鄉民舍田禾均遭淹没。至二十一日雨勢愈大，西門城牆被水衝塌，城内水深丈餘，衙署倉獄幾成巨浸，被水之民死傷枕藉。覽奏，實深憫惻。該撫既已飭司委員齎銀前往煑粥散賑，諒可稍資餬口，著再專派道府大員親往妥爲撫恤，並將積水疏消，以奠民居。其被淹田畝應如何分别蠲緩之處即著迅速查明，據實具奏。至錢塘等縣塘工因風潮潑損，亟須搶護情形，亦著詳查迅辦，務使災黎得所闔境又安，以慰朕軫念民依至意。

《清實録·文宗顯皇帝實録》卷一五三《咸豐四年十二月上》 又諭：黄宗漢奏浙省各屬成災大概情形一摺。本年六七月間嘉興等十一廳縣，先後被風被雨，金華等十一縣被風被旱。至閏七月間，仁和等五十餘州縣復疊被風雨，以致田禾受傷，秋收歉薄，並因山水暴漲，洪潮漫溢，致有衝坍房舍淹斃人口之處。雖經黄宗漢率屬勸捐，量爲撫恤，惟低窪地畝能否即時涸復，被災黎庶恐致流離失所。朕軫念民依，實深憫惻，著何桂清迅速派員徧行履勘，即將成災地畝、應行分别蠲緩之處奏明請旨，候朕施恩。

《清實録·文宗顯皇帝實録》卷二二一《咸豐七年三月上》 甲寅，諭内閣：上年秋間，直隷等省飛蝗爲災，疊經諭令各該督撫等飭屬實力撲除，諒各遵照奉行。惟思冬間雪澤稀少，現當春令發生，恐尚有蝻孽萌動，致損田禾，著順天府府尹、直隷總督、山東河南各巡撫嚴飭各州縣，如有遺蝻蝝動地方，乘此生長未成認真捕滅，以除民害。

《清實録·文宗顯皇帝實録》卷二三四《咸豐七年八月下》 又諭：晏端書奏海塘埽石各工猝被風潮衝坍一摺。本年七月間，浙省風雨交作，金衢嚴處等屬同時起蛟，致將西塘埽工衝坍，數處均已過水。浙省海塘爲本省杭嘉湖及蘇省之蘇松常鎮七郡田廬保障，攸關緊要，著該撫嚴飭道廳各員，將已坍者趕緊搶築，未坍者設法保護，毋得再有疏虞。至全塘各工此次潑損甚多，並飭承辦各員分别賠修，該撫仍隨時親往巡勘，以期及早蕆功。其被水處所並上游被蛟最重之區，淹没人口田廬，著即飭屬查勘具奏。所有防護不力之署，西防同知邢吉甫、海防營守備周金標均著革職留任，署杭嘉湖道葉堃著交部議處，晏端書著一併議處。

《清實録·穆宗毅皇帝實録》卷三〇九《同治十年四月下》 同治十年辛未四月乙亥，諭内閣：楊昌濬奏省城及各府屬疊遭風雹，坍損房屋並壓斃人民，春花受傷等語。本年二三月間，浙江省城猝遭暴風雨雹，倒塌民房壓斃人口，餘杭縣風雹尤甚，衙署倉廒民房均有坍塌，春花間有受傷。嚴州、金華、紹興、湖州各府亦各被風雹，山陰、會稽二縣並坍塌廟宇民房，傷斃人口。此次風雹猛烈，地方民人猝受災傷，殊深軫念。著楊昌濬飭令各該地方官查明被災輕重情形，妥爲辦理，坍損廟宇官房分别委勘估修。如有倒坍民房無力修復及壓斃人口，著量予撫恤，其春花受傷較重之處，並著查明，暫緩徵收，以紓民力。

《清實録·德宗景皇帝實録》卷四〇《光緒二年九月》 閩浙總督文煜奏：臺灣各屬，自四月至六月風雨爲災，報聞。摺包。山東巡撫丁寶楨奏：青州益都各屬蟲旱成災，設法撫恤。各紳富捐助銀米，請仿直隷賑捐成案，覈計給獎。從之。

《清實録·德宗景皇帝實録》卷一七二《光緒九年十月下》 辛未，諭内閣：陳士杰奏黄水復漲，漫淹齊東、蒲臺、利津等處，現籌賑撫一摺。據稱，九月二十八至十月初一等日，風雨大作，河水復漲，霜清以後，無異伏秋大汛，濟陽、齊東、蒲臺等處隄埝，均有衝没漫溢情事。利津縣近海，村莊淹斃人口甚衆。業經委員分投拯救，現飭趕緊賑撫等語。東省屢遭水患，災區甚廣。此次節逾霜降，又復漫溢爲災，小民蕩析離居。覽奏，實深憫惻，著陳士杰飭屬迅速查明被災户口，認真撫恤，並將衝没隄埝趕緊堵築，工賑兼施，以副朝廷軫念災黎至意。

《清實録・德宗景皇帝實録》卷一五〇《光緒十八年十一月》 福建臺灣巡撫邵友濂奏：六月間，臺灣各屬暴雨，七八月復遭風雨，房屋坍塌，人口壓溺。得旨，即著飭屬妥爲撫恤，毋任失所。

《清實録・德宗景皇帝實録》卷三六五《光緒二十一年四月上》 又諭：王文韶奏本月初三日，天津一帶風雨交作，連宵達旦。初五日海水坌涌，防營淹斃兵丁不少，鐵路電杆均有損壞。又據電稱，新河上下六十餘營同被水災，軍裝子藥多被淹失。收集重整非一兩月不能成軍等語。覽奏情形，實爲非常變異。我君臣惟當修省惕勵，以弭天災。王文韶自請罷斥，著毋庸議，即著該督查明淹斃及逃散勇丁，妥爲收集撫恤，遺失軍械一律補發，仍令擇要扼紮，並將鐵路電杆飭令趕緊修復。近海各村莊田畝詳查被災輕重，分别賑撫，毋任失所。將此由五百里諭令知之。

《清實録・宣統政紀》卷一二《宣統元年四月》 丙申，諭内閣：升允電奏，甘肅連年旱歉，蘭州、涼州、鞏昌各屬，前歲被災，去秋尤甚。入春雪雨愆期，迄今尚未得有透雨，碾伯會甯及各土司先後報災。現在糧少價昂，飢民哀號乞命，牲畜多致餓仆等語。覽奏，殊堪憫惻，加恩著賞給帑銀六萬兩，由度支部給發。著該督派委妥員，按照所屬災區查明户口災情輕重，分往散放，務使實惠均霑，毋任失所，用副朝廷軫念災黎至意。

《清實録・宣統政紀》卷二二《宣統元年九月下》 又諭：電寄袁樹勛，電奏廣東省城風雨大作，河水驟漲，省城及南海各縣屬均有覆艇壞屋，淹没田禾，溺斃人口情形等語。覽奏，深堪憫惻，著該署督督飭各該地方官妥爲撫恤，毋任失所，其西北兩江，一併查明，分别辦理。

《清實録・宣統政紀》卷二二《宣統元年九月下》 乙丑，諭内閣：誠勳、額勒渾奏查明盟旗被災情形，懇恩撫恤一摺。西林果勒盟旗、阿巴嘎、阿巴哈、那爾浩、齊特烏、珠穆沁等八旗游牧地方連遭亢旱，上年冬季又復大雪成災，牲畜倒斃實多。蒙民困苦情形殊堪軫念。加恩著賞給帑銀三萬兩，由度支部給發，交誠勳等派委妥員馳往災區，查明户口被災輕重，分别妥爲散放，毋任失所，用副朝廷撫恤蒙艱之至意。

《清實録・宣統政紀》卷四二《宣統二年八月下》 又奏：華州、渭南兩州縣本屬毗鄰，其迆南各鄉，萬山重疊，風雨不時，一旦雨勢傾盆，遂無消路，田房衝毁，且有人口損失之事。被災情形實爲較重。現已委員會勘，並先籌撥庫款，分别撫恤。得旨，著妥爲賑撫，毋任失所。

《清實録・宣統政紀》卷五四《宣統三年五月》 癸卯，諭内閣：張英麟等奏山東南境州縣被災甚劇，重以江皖飢民紛擾，懇恩頒發帑項，舉辦速賑一摺。山東連歲收歉，物力困敝。今春雨雪彌月，農田被淹，尤以兖、沂、曹三府，濟甯各屬爲最重。小民流離困苦，殊深憫惻。除前經孫寶琦籌銀五萬兩，並電飭江皖籌賑大臣盛宣懷等撥銀二萬兩分投賑濟外，著再賞銀三萬兩，由度支部給發。該撫迅即派委妥員切實查明散放，以惠災黎。

《清實録・宣統政紀》卷五六《宣統三年六月下》 乙酉，諭内閣：堃岫奏查明準噶爾旗被災較重，請飭部速籌賑撫一摺。準噶爾旗屢年災歉，去年又復亢旱，兼以去冬今春連遭大雪，蒙民産業牲畜倒斃殆盡。困苦情形殊堪，憫念加恩，著賞給帑銀一萬兩，由度支部給發，交堃岫委派妥員前往災區，查明被災輕重，分别妥爲散放，毋任失所，用副朝廷軫念蒙艱之至意。

《清實録・宣統政紀》卷五九《宣統三年七月下》 又諭：電寄增韞，據電奏，閏六月十六日起烈風暴雨，連日不止，水勢猛漲，杭嘉湖紹四府早禾既受摧殘，晚苗又被淹没。七月初旬，又復風雨交作，徹夜不休，塘隄圩埂一片汪洋，家屋人畜漂失無算。錢塘等縣災民聚集，要索米糧，請借撥運庫銀三十萬兩，查明被災輕重，平糶賑濟等語。著照所請該衙門知道，並著該撫遴派妥員分别災情輕重，覈實散放，加意撫恤，毋任失所。

《清實録・宣統政紀》卷六三《宣統三年九月中》 綏遠城將軍堃岫奏：查明鄂爾多斯郡王暨札薩克台吉兩旗連年歉收，民少積蓄，去年復遭亢旱。冬春大雪頻加，人民餬口無資，牲畜倒斃殆盡，實屬異常荒歉，無計爲生，擬請飭部速籌賑救，以濟蒙難。得旨，著賞銀五千兩，由度支部撥給覈實散放。

氣象與軍事

《左傳・僖公十九年》 秋，衛人伐邢，以報菟圃之役。於是衛大旱，卜有事于山川，不吉。甯莊子曰：「昔周饑，克殷而年豐。今邢方無道，諸侯無伯，天其或者欲使衛討邢乎？」從之。師興而雨。

漢・司馬遷《史記》卷一一〇《匈奴列傳》 是時漢初定中國，徙韓王信於代，都馬邑。匈奴大攻圍馬邑，韓王信降匈奴。匈奴得信，因引兵南踰句注，攻太原，至晉陽下。高帝自將兵往擊之。會冬大寒雨雪，卒之墮指者十二三，於是冒頓詳敗走，誘漢兵。漢兵逐擊冒頓，冒頓匿其精兵。見其羸弱，於是漢悉兵，多步兵，三十二萬，北逐之。高帝先至平城，步兵未盡到。冒頓縱精兵四十萬騎圍高帝於白登，七日，漢兵中外不得相救餉。

《全漢文》卷一二《淮南王安・上書諫伐南越》 間者，數年歲比不登，民待賣爵贅子，以接衣食，賴陛下德澤振救之，得毋轉死溝壑。四年不登，五年復蝗，民生未復。今發兵行數千里，資衣糧，入越地，輿轎而隃領，拕舟而入水，行數百千里，夾以深林叢竹，水道上下擊石，林中多蝮蛇猛獸，夏月暑時，歐泄霍亂之病相隨屬也，曾未施兵接刃，死傷者必衆矣。前時南海王反，陛下先臣使將軍閒忌將軍擊之，以其軍降，處之上淦。後復反會天暑多雨，樓船卒水居擊櫂，未戰而疾死者過半。親老涕泣，孤子謕號，破家散業，迎尸千里之外，裹骸骨而歸。悲哀之氣數年不息，長老至今以爲記。曾未入其地而禍已至此矣。

晉・陳壽《三國志》卷三《魏志・明帝紀》 初，權遣使浮海與高句驪通，欲襲遼東。遣幽州刺史毌丘儉率諸軍及鮮卑、烏丸屯遼東南界，璽書徵公孫淵。淵發兵反，儉進軍討之，會連雨十日，遼水大漲，詔儉引軍還。

南朝梁・沈約《宋書》卷一《武帝紀上》 己未旦，義軍食畢，棄其餘糧，進至覆舟山東，使丐士張旗幟於山上，以爲疑兵。玄又遣武騎將軍庾禕之，配以精卒利器，助謙等。高祖躬先士卒以奔之，將士皆殊死戰，無不一當百，呼聲動天地。時東北風急，因命縱火，煙燭張天，鼓噪之音震京邑。謙等諸軍，一時土崩。

宋・佚名《新刊宋宣和遺事・貞集》 乙亥，康王離相州，使還馳報黄河未凍，衆軍相顧驚愕。康王密禱於天地河神，行及於河渡，報河冰已合。丙子，大元帥統兵渡河。壬午，副元帥宗澤部兵二千人自磁州來會，請康王進兵，直趨開德，解京師之圍。汪伯彦執講和之説，欲阻其行，澤領兵至東平，許之。戊子，宗澤軍出南門，進屯開德，揚聲言大元帥在中軍。

宋・李心傳《建炎以來朝野雜記・甲集》卷二〇《邊防二・李寶膠西之勝》 紹興五年，劉豫嘗獻《海道圖》及戰船木樣於金主亶，亶入其説，采木於蔚州，將造戰船，且浮海入寇。既而盜賊蜂起，事遂中輟。海陵之世，淮、浙姦民倪荀、梁簡等至北地，獻議造舟，因爲鄉導。己卯冬，海陵乃命蘇保衡造舟於潞河。辛巳秋，以保衡爲統軍，使浮海來寇。朝廷聞之，命浙西副總管李寶駐江陰，以防海道。八月，寶發江陰，至東海縣，解魏勝之圍。冬十月，遂引舟師至密州膠西縣石臼島，時虜舟已出海口，相距止一山，候風即南，不虞王師之猝至也。丙寅，風自南來，衆喜爭奮，引帆握刃，俄頃過山，鼓聲震疊，虜驚失措。虜帆皆以錦纈爲之，彌亘數里，忽爲波濤卷聚一隅，窘蹙搖兀，無復行次。寶命以火箭射之，煙焰隨發，延燒數百艘。火不及者，猶欲前拒，寶命健士躍登其舟，以短兵擊殪之。其餘皆中原舊民，脱甲而降者三千餘人。斬副統軍完顔鄭家奴，蘇保衡自經死，捕得倪荀，梁簡皆誅之，獲其軍儲械器以萬計。寶聞金主已渡淮，遂還屯東海，遣使奏捷。

宋・李心傳《建炎以來朝野雜記・乙集》卷一九《邊防二・女真南徙》 九月九日丙午，豐王至燕京，執中率百官迎拜於道，遂立爲帝，改元貞祐。降允濟爲東海郡侯，拜執中太師、都元帥，領三省事，封澤王。韃兵至紫荆關，距燕京二百里，執中欲誘其兵南至涿、易，乃聚兵擊之。韃靼破涿、易，至皂河之西，欲渡橋，執中方病足，乘車督戰，韃兵大敗。翌日再戰，執中瘡甚，不能出，遣左監軍高乞以糺軍五千拒之，失期不至，執中欲斬之，珣以其有功，諭令免死。執中益其兵，令出曰：「勝則贖罪，敗則誅無赦！」高乞出戰，自夕至曉，忽北風大作，吹石揚沙，不能舉目。韃靼乘風縱火，馳擊之，高乞軍大潰，自度必爲執中所殺，遂引糺軍圍執中之府，突入其卧内殺之。

元・脱脱等《宋史》卷二五一《符彦卿傳》 開運二年，與杜重威、李守貞經略北鄙。契丹主率衆十餘萬圍晉師于陽城。軍中乏水，鑿井輒壞，爭絞泥吮之，人馬多渴死。時晉師居下風，將戰，弓弩莫施。彦卿謂張彦澤、皇甫遇曰：「與其束手就擒，曷若死戰，然未必死。」彦澤等然之。遂潛兵尾其後，順風擊之，契丹大敗，其主乘橐駝以遁，獲其器甲、旗仗數萬以歸。少帝嘉之，改武寧軍節度、同平章事。

元・脱脱等《宋史》卷二五四《藥元福傳》 明年，契丹復入。命元福與李守貞、符彦卿、皇甫遇、張彦澤等禦之於陽城，爲右廂副排陣使。晉師列方陣，設拒馬爲行砦。契丹以奇兵出陣後，斷糧道。晉人乏水，士馬飢渴，鑿井未及泉，土輒壞塞。契丹順風揚塵，諸將皆曰：「彼勢甚鋭，俟風反與戰，破之必矣。」守貞與元福謀曰：「軍中飢渴已甚，若俟風反出戰，吾屬爲虜矣。彼謂我不能逆風以戰，宜出其不意以擊之，此兵家之奇也。」元福乃率麾下騎，開拒馬出戰，諸將繼至，契丹大敗，追北二十餘里，殺獲甚衆，敵帥與百餘騎遁去。以元福爲威州刺史。

元・脱脱等《宋史》卷二五四《趙贊傳》 世宗再征壽春，命造橋渦口，以通濠、泗。令騎帥韓令坤董其役，俾贊副之。屬霖雨，淮水漲溢，濠人謀乘輕舟奄焚其橋，贊覘知之，設伏橋下。濠人果至，贊令強弩亂發，殺獲甚衆。及世宗移兵趣濠，以牛革蒙大盾攻城，贊親督役，矢集於冑，雖被重傷，猶力戰，遂拔其羊馬城，刺史唐景思死焉，團練使郭廷謂以城降。世宗詔褒美之。又以所部兵巡撫滁、和之間，破吴人五百於石潭橋。淮南平，以戰功多，授保信軍節度。贊入視事，盡去苛政，務從寬簡，居民便之。恭帝即位，加開府階。

元・脱脱等《宋史》卷二五五《張永德傳》 時吴人以周師在壽春攻圍日急，又恃水戰，乃大發樓船蔽江而下，泊於濠、泗，周師頗不利。吴將林仁肇帥衆千餘，水陸齊進，又以船數艘載薪，乘風縱火，將焚周浮梁，周人憂之。俄而風反，吴人稍却，永德進兵敗之。又夜使習水者没其船下，縻以鐵鏁，引輕舠急擊。吴人既不得進，溺者甚衆，奪其巨艦數十艘。永德解金帶，賞習水者。乃距浮梁十餘步，以鐵索千餘尺横截長淮，又維巨木，自是備禦益堅矣。俄又敗千餘衆於淮北岸，獲戰船數十艘，吴人多溺死。詔褒美之。

元・脱脱等《宋史》卷二五八《潘美傳》 鋹復遣其弟保興率衆拒戰，美即率厲士卒倍道趨栅頭，距廣州百二十里。鋹兵十五萬依山谷堅壁以待，美因築壘休士，與諸將計曰：「彼編竹木爲栅，若攻之以火，彼必潰亂。因以鋭師夾擊之，萬全策也。」遂分遣丁夫數千人，人持二炬，間道造其栅。及夜，萬炬俱發，會天大風，火勢甚熾。鋹衆驚擾來犯，美揮兵急擊之，鋹衆大敗，斬數萬計。長驅至廣州，鋹盡焚其府庫，遂克之，擒鋹送京師，露布以聞。即日，命美與尹崇珂同知廣州兼市舶使。五月，拜山南東道節度。五年，兼嶺南道轉運使。土豪周思瓊聚衆負海爲亂，美討平之，嶺表遂安。

元・脱脱等《宋史》卷三三五《种世衡傳》 元祐初，知岷州。鬼章誘殺景思立，後益自矜，大有窺故土之心，使其子詣宗哥請益兵入寇，且結屬羌爲内應。誼刺得其情，上疏請除之。詔遣游師雄就商利害，遂與姚兕合兵出討。羌迎戰，擊走之，追奔至洮州。誼亟進攻，晨霧蔽野，跬步不可辨。誼曰：「吾軍遠來，彼固不知厚薄，乘此可一鼓而下也。」遂親鼓之。有頃，霧霽，先登者已得城，鬼章就執。誼戲問之曰：「别後安否？」不能對，徐謂人曰：「我生惡种使，今日果爲所擒。天不使我復有故土，命也。」遂俘以歸。拜西上閤門使、康州刺史，徙知鄜州。

元・脱脱等《宋史》卷三六六《劉錡傳》 時天大暑，敵遠來疲敝，錡士氣閒暇，敵晝夜不解甲，錡軍皆番休更食羊馬垣下。敵人馬饑渴，食水草者輒病，往往困乏。方晨氣清涼，錡按兵不動，逮未、申間，敵力疲氣索，忽遣數百人出西門接戰。俄以數千人出南門，戒令勿喊，但以鋭斧犯之。統制官趙撙、韓直身中數矢，戰不肯已，士殊死鬥，入其陣，刀斧亂下，敵大敗。是夕大雨，平地水深尺餘。乙卯，兀朮拔營北去，錡遣兵追之，死者萬數。

元・脱脱等《遼史》卷二《太祖紀下》 冬十月丙午，次烏古部，天大風雪，兵不能進，上禱于天，俄頃而霽。命皇太子將先鋒軍進擊，破之，俘獲生口萬四千二百，牛馬、車乘、廬帳、器物二十餘萬。自是舉部來附。

元・脱脱等《遼史》卷四《太宗紀下》 三月戊戌，師拔祁州，殺其刺史沈斌。庚戌，杜重威、李守貞攻泰州。戊子，趙延壽率前鋒薄泰城。己未，重威、守貞引兵南遁，追至陽城，大敗之。復以步卒爲方陣來拒，與戰二十餘合。壬戌，復搏戰十餘里。癸亥，圍晉兵于白團衛村。晉兵下鹿角爲營。是夕大風。至曙，命鐵鷂軍下馬，拔其鹿角，奮短兵入擊。順風縱火揚塵，以助其勢。晉軍大呼曰：「都招討何不用兵，令士卒徒死！」諸將皆奮出戰。張彦澤、藥元福、皇甫遇出兵大戰，諸將繼至，遼軍却數百步。風益甚，晝晦如夜。符彦卿以萬騎横擊遼軍，率步卒並進，遼軍不利。上乘奚車退十餘里，晉追兵急，獲一橐駝乘之乃歸。晉兵退保定州。

元・脱脱等《遼史》卷四一《地理志五》 定安縣。本漢東安陽縣地，久廢。後唐太祖伐劉仁恭，次蔚州，晨霧晦冥，占，不利深入，會雷電大作，燕軍解去，即此。

元・脱脱等《遼史》卷九三《蕭惠傳》 十三年，夏國李元昊誘山南党項諸部，帝親征。元昊懼，請降。惠曰：「元昊忘奕世恩，萌姦計，車駕親臨，不盡歸所掠。天誘其衷，使彼來迎。天與不圖，後悔何及？」帝從之。詰旦，進軍。夏人列拒馬于河西，蔽盾以立，惠擊敗之。元昊走，惠麾先鋒及右翼邀之。夏人千餘潰圍出，我師逆擊。大風忽起，飛沙眯目，軍亂，夏人乘之，蹂踐而死者不可勝計。詔班師。

元・脱脱等《金史》卷二《太祖紀》 十一月，遼都統蕭糺里、副都統撻不野將步騎十萬會于鴨子河北。太祖自將擊之。未至鴨子河，既夜，太祖方就枕，若有扶其首者三，寤而起，曰：「神明警我也。」即鳴鼓舉燧而行。黎明及河，遼兵方壞凌道，選壯士十輩擊走之。大軍繼進，遂登岸。甲士三千七百，至者纔三之一。俄與敵遇于出河店，會大風起，塵埃蔽天，乘風勢擊之，遼兵潰。逐至斡論濼，殺獲首虜及車馬甲兵珍玩不可勝計，徧賜官屬將士，燕犒彌日。遼人嘗言女直兵若滿萬則不可敵，至是始滿萬云。

元・脱脱等《金史》卷二三《五行志》 穆宗攻阿疎日，辰巳間，忽暴雨昏曀，雷電環阿疎所居，是夕有巨火聲如雷，墜阿疎城中，遂攻下之。

元・脱脱等《金史》卷六七《烏春傳》 斡勒部人盃乃，舊事景祖，至是亦有他志，徙于南畢懇忒村，遂以縱火誣歡都，欲因此除去之，語在《歡都傳》中。世祖獲盃乃，釋其罪，盃乃終不自安，徙居吐窟村，與烏春、窩謀罕結約。烏春舉兵度嶺，世祖駐軍屋闢村以待之。進至蘇素海甸，兩軍皆陣，將戰，世祖不親戰，命肅宗以左軍戰，斜列、辭不失助之，徵異夢也。肅宗束緼縱火，大風從後起，火熾烈，時八月，野草尚青，火盡燎，烟焰張天。烏春軍在下風，肅宗自上風擊之，烏春大敗，復獲盃乃，獻于遼，而城蘇素海甸以據之。

又 後數年，烏春舉兵來戰，道斜寸嶺，涉活論、來流水，舍於术虎部阿里矮村滓布乃勃堇家。是時十月中，大雨累晝夜不止，冰澌覆地，烏春不能進，乃引去。於是桓赧、散達亦舉兵。世祖自拒烏春，而使肅宗拒桓赧。已而烏春遇雨歸，叔父跋黑亦死，故世祖得併力於桓赧、散達，一戰而遂敗之。

元・脱脱等《金史》卷八七《紇石烈志寧傳》 世宗使扎八招窩斡，扎八乃觀之，遂稱帝。世宗使右副元帥完顏謀衍征之，志寧以臨海節度使，都統右翼軍。窩斡敗于長濼，西走，志寧追及于霿䨚河。賊已先渡，依岸爲陣，毁橋岸以爲阻。志寧與賊夾河，爲疑兵，與萬户夾谷清臣、徒單海羅於下流涉渡。已渡，前有支港岸斗絶，其中泥濘，乃束柳填藉，士卒畢濟。行數里，得平地，將士方食，賊奄至。賊據南岡，三馳下志寧陣。陣堅，力戰，流矢中左臂，戰自若。賊據上風縱火，乘煙勢馳擊。志寧步軍繼至，轉戰十餘合，火益熾，風煙突人不可當。會雨作，風煙乃熄，遂奮擊，大破之。

元・脱脱等《金史》卷一三三《叛臣傳・移剌窩斡》 糺椀羣牧人契丹糺者，與其弟孛迭、挼剌，皆棄家自賊中來降。糺者謂謀衍曰：「賊中馬肥健，官軍馬疲弱，此去賊八十里，比遇賊馬已憊。賊輜重去此不遠，我攻之，賊必救其巢穴，賊至馬必疲，我馬少得息，所謂攻其所必救，以逸待勞者也。」謀衍從之，乘夜亟發，會大風，路暗不能辨，遲明行三十里許，與賊輜重相近，整兵少憩。窩斡趨濟州，知大軍取其輜重，乃還救，遇于長濼。既陣，謀衍别設伏于左翼之側，賊四百餘騎突出左翼伏兵之間，徒單克寧射却之。是日，别部諸將與賊對者，勝負未分，相去五里許而立。左翼萬户襄别與賊戰，賊陣動，襄麾軍乘之，突出其後，俱與大軍不相及。襄以善射者二十騎，率衆自賊後擊之，賊不能支，乘勢麾軍擊其一偏，賊遂却。襄遂與大軍合，而别部諸將皆至，整陣力戰，忽反風揚砂石，賊陣亂，官軍馳擊，大破之，追北十餘里，斬獲甚衆。詔以糺者爲武義將軍，孛迭昭信校尉，挼剌忠翊校尉。糺者除同知建州事，未之官，卒。孛迭取家賊中，遂被害，上憫之，後以挼剌爲汝州都巡檢使。

窩斡率其衆西走，謀衍追及之于霿䨚河。賊已濟，毁其津口，紇石烈志寧軍先至，不克渡，乃對岸爲疑兵，以夾谷清臣、徒單海羅兩萬户於下流渡河，值支港兩岸斗絶且濘淖，命軍士束柳填港而過。追之數里，得平地，方食，賊衆奄至。志寧軍急整陣，賊自南岡馳下，衝陣者三，志寧力戰，流矢中左臂，戰自若。大軍畢至，左翼騎兵先與賊接，賊據上風縱火，乘煙擊官軍，官軍步兵亦至，併力合戰，凡十餘合，軍士苦風煙皆植立如癡，會天降雨，風止，官軍奮擊，大敗之。徒單克寧追奔十五里，賊前阨溪澗不得亟渡，多殺傷。賊既渡，官軍亦渡，少憩，賊反旆來攻，克寧以大軍不繼，令軍士皆下馬射賊。賊引却而南，克寧亦將引而北，士未及騎馬，賊復來衝突，官軍少却，回渡澗北。大軍至，賊遂引去。

明・宋濂等《元史》卷三《憲宗紀》 憲宗桓肅皇帝，諱蒙哥，睿宗拖雷之長子也。母曰莊聖太后，怯烈氏，諱唆魯禾帖尼。歲戊辰，十二月三日生帝。時有黄忽答部知天象者，言帝後必大貴，故以蒙哥爲名。蒙哥，華言長生也。太宗在潛邸，養以爲子，屬昂灰皇后撫育之。既長，爲娶火魯剌部女火里差爲妃，分之部民。及睿宗薨，乃命歸藩邸。從征伐，屢立奇功。嘗攻欽察部，其酋八赤蠻逃于海島。帝聞，亟進師，至其地，適大風刮海水去，其淺可渡。帝喜曰：「此天開道與我也。」遂進屠其衆。擒八赤蠻，命之跪。八赤蠻曰：「我爲一國主，豈苟求生。且身非駝，何以跪人爲。」乃命囚之。八赤蠻謂守者曰：「我之竄入于海，與魚何異？然終見擒，天也。今水迴期且至，軍宜早還。」帝聞之，即班師，而水已至，後軍有浮渡者。

明・宋濂等《元史》卷四五《順帝紀八》 癸酉，温州路樂清江中龍起，颶風作，有火光如毬。是月，劉福通犯汴梁，其軍分三道，關先生、破頭潘、馮長舅、沙劉二、王士誠寇晉、冀，白不信、大刀敖、李喜喜趨關中，毛貴據山東，其勢大振。

明・宋濂等《元史》卷一二一《速不台傳》 己丑，太宗即位，以秃滅干公主妻之。從攻潼關，軍失利，帝責之。睿宗時在藩邸，言兵家勝負不常，請令立功自效。遂命引兵從睿宗經理河南，道出牛頭關，遇金將合達帥步騎數十萬待戰。睿宗問以方略，速不台曰：「城居之人不耐勞苦，數挑以勞之，戰乃可勝也。」師集三峯山，金兵圍之數匝。會風雪大作，其士卒僵仆，師乘之，殺戮殆盡。自是金軍不能復振。

明・宋濂等《元史》卷一二一《按竺邇傳》 中統元年，世祖即位，親王有異謀者，其將阿藍答兒、渾都海圖據關隴。時按竺邇以老，委軍於其子。帝遣宗王哈丹、哈必赤、阿曷馬西討。按竺邇曰：「今内難方殷，浸亂關隴，豈臣子安臥之時耶？吾雖老，尚能破賊。」遂引兵出删丹之耀碑谷，從阿曷馬，與之合戰。會大風，晝晦，戰至晡，大敗之，斬馘無算。按竺邇與總帥汪良臣獲阿藍答兒、渾都海等。捷聞，帝錫璽書褒美，賜弓矢錦衣。

明・宋濂等《元史》卷一二九《阿塔海傳》 二十年，遷征東行省丞相，征日本，遇風，舟壞，喪師十七八。

明・宋濂等《元史》卷一三二《哈剌䚟傳》 十八年，擢輔國上將軍、都元帥，從國兵征日本，值颶風，舟回。

明・宋濂等《元史》卷一四四《福壽傳》 賊復來攻，命王惟恭列陣當之，鋒始交，出小艦從旁横擊，大破走之，進據清水灣。伺者告賊艦至自上流，順風舉帆，衆且數十倍，諸將失色。星吉曰：「無傷也，風勢盛，彼倉卒必不得泊，但伏横港中偃旗以待，俟過而擊之，無不勝矣。」風怒水駛，賊奄忽而過，乃命舉旗張帆鼓譟而薄之，官軍殊死戰，風反爲我用，又大破之。

明・宋濂等《元史》卷一四六《耶律楚材傳》 己卯夏六月，帝西討回回國。禡旗之日，雨雪三尺，帝疑之，楚材曰：「玄冥之氣，見於盛夏，克敵之徵也。」庚辰冬，大雷，復問之，對曰：「回回國主當死于野。」後皆驗。

明・宋濂等《元史》卷一四九《郭寶玉傳》 甲戌，從帝討契丹遺族，歷古徐鬼國訛夷朵等城，破其兵三十餘萬。寶玉胸中流矢，帝命剖牛腹置其中，少頃，乃蘇。尋復戰，收别失八里、别失蘭等城。次忽章河，西人列兩陣迎拒，戰方酣，寶玉望其衆，疾呼曰：「西陣走矣！」其兵果走，追殺幾盡。進兵下撏思干城。次暗木河，敵築十餘壘，陳船河中，俄風濤暴起，寶玉令發火箭射其船，一時延燒，乘勝直前，破護岸兵五萬，斬大將佐里，遂屠諸壘，收馬里四城。

明・宋濂等《元史》卷一五一《王玉傳》 先是，金將武仙既降復叛，殺元帥史天倪。宋將彭義斌在大名，陰與仙合，玉從笑乃帶、史天澤，攻敗武仙，生擒義斌，駐軍寧晉東里寨。仙遣人齎誥命，誘玉妻，妻拒曰：「妾豈可使夫懷二心於國家耶！」仙圍之數匝，殺其子寧壽。玉聞之，領數騎突其圍，斬獲數百人而還。仙遣人追之，不敢進，皆曰：「王將軍膽氣驍雄，我輩非敵也。」仙乃盡發玉先世二十七冢，棄骸滿道。玉從史天澤諸將，擊仙於趙州，仙糧絶，走雙門寨，圍之。會大風，仙獨脱走，斬其將四十三人，真定遂平。

明・鄧士龍《國朝典故》卷二《皇朝本紀》 上總兵戍于和陽，日與元戰，三軍與羣官聞上有他往，不悦。時諸戰將謂張天祐曰：「公當自察，果能率衆禦胡，則朱往；不然，則公往。」言既，張自知率衆難事，情願代往。時發兵及親率將和陽征西南民寨，節次削平。其時張自亳歸，齎亳州杜遵道文憑，授滁陽王子爲都元帥，張爲右副，上爲左副。

未久，和陽乏糧，謀欲渡江，奈無舟濟，諸軍饑餒窘甚。時巢湖内操舟水雄雙刀趙、李扒頭者讎于廬州左君弼，其趙、李力不及，被窘于巢湖，因無依怙，遣人來訴，欲以舟師歸我，訴者凡三至，後上親往。

夏五月，值天大雨，連陰二旬不止，山川溢流，且降者皆船居，若非潦水盈溢，雖有船降，不能得達和陽。水道雖有元蠻子海牙率巨舟以扼其要，不得自由而出，因潦水盈溢，平昔非船不可達之所，其降舟揚帆順趨，直抵和陽。比降舟未至，先説誘蠻子海牙部下以舟來商，後果至，候隘要而擒之首目一、軍士十八人，皆善操走舸者，喻令教我軍士水戰。

壬寅，上率舟師抵裕溪，破蠻子海牙水寨，遂與諸將定渡江之計。是後六月一日，發舟渡江，達江口，時方酉末，去後軍六十里，濃雲障天，轟雷掣電，不敢輕渡。其風雷雲雨約五時整止，于是方弗移。明日，天將明，軍分兩道，右由西南，左由東北，俱會牛渚磯上。其時雷息雹隱，西風和暢，軍士歡融，櫓棹齊興，微風揚帆，上與廖將軍首行，不逾時抵江東。比未着岸之先，廖將軍曰：「舟泊何所？」上謂曰：「采石正鎮，陸廣人稠，其牛渚磯，周際江淵，況備者寡，可先取其磯。」舟抵岸，其備者持矛來應，上令甲士應之，彼不敢當，備磯者潰，備鎮者亦潰，遂下采石及沿江諸壘盡破降之。

明・宋端儀《皇朝本紀》 明日清晨，因宵勞防慎，寢於山側。不寐，復起，有異風來觸，上將謂和陽有兵，先發數隊歸。復寢，未寐，有蛇由右臂而上，旁曰：蛇上身矣。上舉臂而視之，乃是蛇，類龍而無角，上意其必神也。於是祝蛇入帽絳纓，蛇循祝而入纓，隱而弗動。上頂戴其蛇，詣敵寨下，設辭以喻寨主，寨主請降，乃得還師。歸至和陽，將三里，有卒持矛亦歸，問：何往而歸？對曰：適來賊攻和陽，幕官李善長督兵已敗之矣，而又俘獲馬匹。上還居處，聞善長已敗敵人，喜氣增益，一時忘蛇在首。久之方悟，取帽視之，其蛇仍隱於絳纓，特引觴酌之。酌既，乃食飯擨酒。於是縱蛇入家神碑，蛇乃由中升頂，兩手按碑，矯首四視，儼若雕刻之狀。良久，升房脊桁中，罔知所之，此神龍之報吉凶也。未幾，彼衆皆走渡江。時濠梁舊雄俞、魯、孫、潘亦乏糧，其部下皆挈家就食於和陽四鄉。其雄孫得崖者，欲入城，聲言客居數月。上恐此來有機，意在止之，奈彼衆我寡，若阻其來，倘有戰争，我必力不，及且容入城。明日，軍入。明旦，因人晦窟中羈縻。又明日，復上路行間，徐達等奉滁陽王命，以數人至，上謂曰：汝來何爲？曰：易尔。於是得歸。既歸，亦釋孫歸。上總兵戍於和陽，日與元戰，三軍與群官聞上有他往，不悦。時諸戰將謂張天祐曰：公當自察，果能率衆禦胡，則朱往。不然則公往。言既，張自知率衆難事，情願代往。時發兵及親率將和陽征西南民寨，節次削平。其時張自亳歸，齎亳州杜遵道文憑，授滁陽王子爲都元帥，張爲右副，上爲左副。

未久，和陽乏糧，謀欲渡江，奈無舟濟，諸軍饑餒窘甚。時巢湖内操舟水雄雙刀趙、李扒頭者，讐於廬州左君弼，其趙、李力不及，被窘於巢湖，因無依倚，遣人來訴，欲以舟師歸我，訴者凡三至，後上親往。

夏五月，值天大雨，連陰二旬不止，山川溢流，且降者皆船居，若非潦水盈溢，雖有船降，不能得達和陽。水道時有元蠻子海牙率居舟以扼其要，不得自由而出，因潦水盈溢，平昔非舡不可達之所，其降舡揚帆順趨，直抵和陽。比降舟未至，先説誘蠻子海牙部下以舟南來，後果至，候隘要而擒首目一、軍士十八人，皆善操舡者，喻令教我軍士水戰。

壬寅，上率舟師抵裕溪，破蠻子海牙水寨，遂與諸將定渡江之計。是後六月一日，發舡達江，時方西末，去軍後六十里，濃雲障天，轟雷掣電，不敢輕渡。其風雲雷雨約五時整止，於是方弗移。明日，天將明，軍分兩道，右由西南，左由東北，俱會牛渚磯上。其時雷息雹隱，西風和暢，軍士歡融，櫓棹齊興，微風揚帆，上與廖將軍首行，不踰時抵江東。比未着崖之先，廖將軍曰：舟泊何所？上謂曰：采石正鎮，陸廣人稠，其牛渚磯，周際江淵，況備者寡，可先取其磯。舟抵岸，其備者持矛來應，上令甲士應之，彼不敢當，備磯者潰，備鎮者亦潰，遂下采石及沿江諸壘，盡破降之。

時諸軍饑餒久矣，一見糧食孳畜，盡意欲取，意在盈舟而歸。上視軍意不過啚財而已，此去再欲復渡，恐事難爲，不能據有江東。因是以刃斷群舟之纜，推入急流，須臾舡漾而東下，諸軍恐之。有告上曰：如此若何？上謂諸軍曰：前有州曰太平，子女玉帛，無所不有，若破此一州，從其所取，然後方放汝歸。令畢，諸軍皆食。食既，師往太平城下，時元平章完者不花守其城。我軍奮擊。良久，遂拔之，僉事張旭遁去，父老出城迎上。

諸軍已入城矣，思前號令，恣意擄掠。然斯軍愚不知也，當未渡江及已渡江時，雖曾省會，子女玉帛，縱其所欲，不過獎軍行尔，彼時已與幕官李善長寫成禁約，不許擄掠，榜文令吏賫行。一城之民，見軍擄掠，倉皇無措。乃令前吏帖禁約榜文。諸軍觀榜之後，凛然無敢犯者。獨一軍故違禁止，再喻弗悛，於是斬首示衆，自斯之後，太平一郡，即日皆寧。

又 至正庚子夏，閏五月，陳友諒舟師寇陷太平，列巨舟於采石，僭稱帝，國號漢，改元大義，遣人約張士誠來夾攻金陵。時群議皆以爲宜速復太平，上曰：不可。且太平初起堅壘，豈意彼以巨艦破之。若戰於陸地，彼必不能進，今彼既勢居上流，遣兵與戰，難以取勝。若由水上決戰，則彼舟十倍於我，勢可量也。若親征，彼既見我兵勢，不來接戰，即解纜下流，半日可至金陵，吾步騎非一日不可至。縱使可至，百里趨戰，又非上將利也。乃令指揮康茂才佯爲謀叛，誘使來攻。

茂才遣人具書以往，將行，以所謀問李善長。善長曰：方不得寇去，何爲便誘其來？上曰：此計之上也。倘令不往，久則生計。陳、張若合，吾何以支？於是茂才遣人行。乃命馮宗義率兵伏於石灰山下，徐達列陣南門外，楊璟列兵大勝港，張德勝、朱虎出舟師於龍江關外。

辛丑，友諒果率舟師來寇，陷大勝港口，楊璟禦之。時水路陿隘，其舟師不得進，其弟陳五步軍泊於龍灣江渚。至午，大雨，僅容三巨舟入港口，乃遣萬人登岸立柵。及雨止，伏兵自石灰山起，步騎交至，舟師亦集，大破陳友諒軍。時潮已退，彼舟閣岸不能動，於是其軍二萬餘衆，皆捨舟降，並獲其戰艦。袁州國公甌普明、參政劉敬，遣人來降。時僉院胡大海兵亦克饒、信等州縣。

至正辛丑秋八月庚寅，上率大軍討陳友諒。時舟師既發，乘風泝流而前。戊戌，抵安慶，破其水軍，遂克其城。

明・郎瑛《七修類稿》卷四〇《龍睛》 吴友叅將萬民望，乃祖寧波衛指揮也。弘治間聞倭登岸，因乘舟哨海。夜半，見二紅燈漾空而來，以爲倭船也，遂彎弓射中其燈，不知乃龍睛，頃刻波濤洶湧，出海軍舟俱没焉。至今逢此日，則海中惡風大作。遇陰雨之夜，紅燈止見其一。土人因知此龍記時厄之所致也。

清・張廷玉等《明史》卷三〇《五行志三・風霾晦冥》 建文元年七月癸酉，燕王起兵，風雲四起，咫尺不辨人。少焉東方露青天尺許，有光燭地，洞徹上下。

清・張廷玉等《明史》卷一二六《李文忠傳》 明年，再興叛降於吴，以吴軍犯東陽。文忠與胡深迎戰於義烏，將千騎横突其陣，大敗之。已，用深策去諸全五十里別築一城，以相掎角。士誠遣司徒李伯昇以十六萬衆來攻，不克。踰年，復以二十萬衆攻新城。文忠帥朱亮祖等馳救，去新城十里而軍。德濟使人告賊勢盛，宜少駐以俟大軍。文忠曰：「兵在謀不在衆。」乃下令曰：「彼衆而驕，我少而鋭，以鋭遇驕，必克之矣。彼軍輜重山積，此天以富汝曹也。勉之。」會有白氣自東北來覆軍上，占之曰「必勝」。詰朝會戰，天大霧晦冥，文忠集諸將仰天誓曰：「國家之事在此一舉，文忠不敢愛死以後三軍。」乃使元帥徐大興、湯克明等將左軍，嚴德、王德等將右軍，而自以中軍當敵衝。會處州援兵亦至，奮前搏擊。霧稍開，文忠横槊引鐵騎數十，乘高馳下，衝其中堅。敵以精騎圍文忠數重。文忠手所格殺甚衆，縱騎馳突，所向皆披靡。大軍乘之，城中兵亦鼓譟出，敵遂大潰。逐北數十里，斬首數萬級，溪水盡赤，獲將校六百，甲士三千，鎧仗芻粟收數日不盡，伯昇僅以身免。捷聞，太祖大喜，召歸，宴勞彌日，賜御衣名馬，遣還鎮。

清・張廷玉等《明史》卷一二六《沐英傳》 （沐英）尋拜征南右副將軍，同永昌侯藍玉，從將軍傅友德取雲南。元梁王遣平章達里麻以兵十餘萬拒於曲靖。英乘霧趨白石江。霧霽，兩軍相望，達里麻大驚。友德欲渡江，英曰：「我兵罷，懼爲所扼。」乃帥諸軍嚴陣，若將渡者。而奇兵從下流濟，出其陣後，張疑幟山谷間，人吹一銅角。元兵驚擾。英急麾軍渡江，以善泅者先之，長刀斫其軍。軍却，師畢濟。鏖戰良久，復縱鐵騎，遂大敗之，生擒達里麻，僵屍十餘里。長驅入雲南，梁王走死，右丞觀音保以城降，屬郡皆下。獨大理倚點蒼山，洱海，扼龍首、龍尾二關。關故南詔築，土酋段世守之。英自將抵下關，遣王弼由洱水東趨上關，胡海由石門間道渡河，扳點蒼山而上，立旗幟。英亂流斬關進，山上軍亦馳下，夾擊，擒段世，遂拔大理。分兵收未附諸蠻，設官立衛守之。回軍，與友德會滇池，分道平烏撒、東川、建昌、芒部諸蠻，立烏撒、畢節二衛。土酋楊苴等復煽諸蠻二十餘萬圍雲南城。英馳救，蠻潰竄山谷中，分兵捕滅之，斬級六萬。明年詔友德及玉班師，而留英鎮滇中。

清・張廷玉等《明史》卷二四九《朱燮元傳》 崇禎元年六月復召燮元代之，兼巡撫貴州，仍賜尚方劍。録前功，進少保，世廕錦衣指揮使。時寇亂久，里井蕭條，貴陽民不及五百家，山谷悉苗仲。而將士多殺降報功，苗不附。燮元招流移，廣開墾，募勇敢；用夢得前議，檄雲南兵下烏撒，四川兵出永寧，下畢節，而親率大軍駐陸廣，逼大方。總兵官許成名、參政鄭朝棟由永寧復赤水。邦彦聞之，分守陸廣、鴨池、三岔諸要害，別以一軍趨遵義。自稱四裔大長老，號崇明大梁王，合兵十餘萬，先犯赤水。燮元授計成名，誘賊至永寧。乃遣總兵官林兆鼎從三岔入，副將王國禎從陸廣入，劉養鯤從遵義入，合傾其巢。邦彦恃勇，擬先破永寧軍，還拒諸將，急索戰。四川總兵官侯良柱、副使劉可訓遇賊十萬於五峯山、桃紅壩，大破之。賊奔據山巔。諸將乘霧力攻，賊復大敗。又追敗之紅土川，邦彦、崇明皆授首，時二年八月十有七日也。捷聞，帝大喜。以成名與良柱爭功，賞久不行。

清・張廷玉等《明史》卷二六九《侯良柱傳》 崇禎二年，總督朱燮元遣貴州總兵許成名復赤水衛，崇明、邦彦以十餘萬衆來爭。成名還永寧，賊追之鋭甚。良柱偕監軍副使劉可訓出戰小却，成名等來援，賊乃據五峯山桃紅壩。越數日，良柱乘賊不備，與副將鄧玘等侵早霧迫之，賊大潰，成名聞山上呼噪聲亦出。賊奔鵝項嶺，徑長而陿，人馬不能容。良柱、玘軍至，賊復大敗，死者數萬人。崇明、邦彦與邦彦黨僞都督莫德並授首，俘其黨楊作等數千人。積年巨寇平，時稱

「西南奇捷」。

清・張廷玉等《明史》卷二七六《張肯堂傳》 順治三年，王敗死，肯堂飄泊海外。六年至舟山，魯王用爲東閣大學士。八年，大清兵乘天霧集螺頭門。定西侯張名振奉王航海去，屬肯堂城守。城中兵六千，居民萬餘，堅守十餘日。城破，肯堂衣蟒玉南向坐，令四妾、一子婦、一女孫先死，乃從容賦詩自經。

清・張廷玉等《明史》卷二七七《楊文驄傳》 明年遷兵備副使，分巡常、鎮二府，監大將鄭鴻逵、鄭彩軍。及大清兵臨江，文驄駐金山，扼大江而守。五月朔，擢右僉都御史，巡撫其地，兼督沿海諸軍。文驄乃還駐京口，合鴻逵等兵南岸，與大清兵隔江相持。大清兵編大筏，置燈火，夜放之中流，南岸軍發礮石，以爲克敵也，日奏捷。初九日，大清兵乘霧潛濟，迫岸。諸軍始知，倉皇列陣甘露寺。鐵騎衝之，悉潰。文驄走蘇州。十三日，大清兵破南京，百官盡降。命鴻臚丞黄家鼒往蘇州安撫，文驄襲殺之，遂走處州。時唐王已自立於福州矣。

清・張廷玉等《明史》卷三〇九《李自成傳》 十七年正月庚寅朔，自成稱王於西安，僭國號曰大順，改元永昌，改名自晟。【略】兵政侍郎楊王休爲都肄，出横門，至渭橋，金鼓動地。令弘文館學士李化鱗等草檄馳諭遠近，指斥乘輿。是日，大風霾，黄霧四塞。事聞，帝大驚，召廷臣議。大學士李建泰請督師，帝許之。

清・張廷玉等《明史》卷三一〇《張獻忠傳》 順治三年，獻忠盡焚成都宫殿廬舍，夷其城，率衆出川北，又欲盡殺川兵。僞將劉進忠故統川兵，聞之，率一軍逃。會我大清兵至漢中，進忠來奔，乞爲鄉導。至鹽亭界，大霧。獻忠曉行，猝遇我兵於鳳凰坡，中矢墜馬，蒲伏積薪下。於是我兵擒獻忠出，斬之。

清・張廷玉等《明史》卷三二七《外國傳八・韃靼》 十二年冬，小王子以五萬騎自榆林入寇，圍總兵王勛等於應州。帝幸陽和，親部署，督諸將往援，殊死戰，敵稍却。明日復來攻，自辰至酉，戰百餘合，敵引而西，追至平虜、朔州，值大風黑霧，晝晦，帝乃還，命宣捷於朝。是後歲犯邊，然不敢大入。

又 隆慶元年，俺答數犯山西。秋，復率衆數萬分三道入井坪、朔州、老營、偏頭關諸處，邊將不能禦，遂長驅攻岢嵐及汾州，破石州，殺知州王亮采，屠其民，復大掠孝義、介休、平遥、文水、交城、太谷、隰州間，男女死者數萬。事聞，諸邊臣罰治有差。而三衛勾土蠻同時入寇，薊鎮、昌黎、撫寧、樂亭、盧龍，皆被蹂躪。遊騎至灤河，京師震動，三日乃引去。諸將追之。敵出義院口，會大霧，迷失道，墮棒槌崖中，人馬枕藉，死者頗衆。諸將乃趨割其首。

清・谷應泰《明史紀事本末》卷三《太祖平漢》 乙丑，友諒果引舟師東下，至大勝港，楊璟整兵禦之。港狹，僅容三舟入，友諒以舟不得並進，遽引退，出大江，徑衝江東橋，見橋皆大石，非木橋，乃驚疑，連呼「老康！老康！」無應之者。悟茂才使謬，即與其弟號五王者，率舟師趨龍江，先遣萬人登岸立栅，勢甚鋭。時酷暑，太祖衣紫茸甲，張蓋督兵，見士卒揮汗，命去蓋。衆欲戰，太祖曰：「天將雨，諸軍且就食，當乘雨擊之。」時天無雲，衆未信。忽風起西北，須臾大雨如注。赤幟舉，太祖下令拔栅。諸軍競前拔栅，友諒麾其衆來争，戰方合，雨止。太祖命發鼓，鼓大震。黄幟舉，常遇春等伏兵起，徐達兵亦至，張德勝、朱虎舟師並集。內外合擊，友諒兵大潰走，趨舟，值潮退，舟膠淺，殺溺死者無算，生擒七千餘人，收得巨艦百餘艘，戰舸數百。友諒乘别舸脱走，於所乘舟中得茂才書。太祖笑曰：「彼愚至此，可嗤也。」命諸將追擊。友諒至慈湖，縱火焚其舟，賊衆潰。追至采石，復大戰，廖永忠率所部大呼陷陣入，華雲龍躍馬擣其中堅。

清・谷應泰《明史紀事本末》卷四《太祖平吴》 客曰：「且公不聞陳友諒乎？跨有荆、楚，兵甲百萬，與江左之兵戰於姑孰，鏖於鄱陽。友諒舉火，欲燒江左之船，天乃反風而焚之。友諒兵敗身喪。何則？天命所在，人力無如之何。」

清・谷應泰《明史紀事本末》卷一〇《故元遺兵》 （太祖洪武六年）冬十二月癸巳，元太尉納哈出寇遼東，守將馬雲、葉旺擊敗之。先是，上敕遼東都司曰：「今天寒冰結，敵必乘時入寇，宜堅壁清野以待之，慎勿與戰，使其進無可得，退有後慮。伏兵險阻，扼其歸路，可坐而致也。」至是，果入寇。都指揮使馬雲等探知納哈出將至，命蓋州衛指揮吴立、張良佐等嚴兵城守，敵至，堅壁勿戰。及納哈出至，見城中備禦嚴，不敢攻，乃越蓋州城徑趨金州。時金州城垣未完，軍士寡少，指揮韋富、王勝等聞寇至，督勵士卒，分守諸城門，選精鋭登城以禦之。納哈出裨將乃剌吾自恃其驍勇，率數百騎徑至城下挑戰。城上發弩射之，乃剌吾被傷悶絶，遂獲之，寇勢大阻。富等復縱兵出擊，納哈出不利，慮援兵且至，引兵退走。以蓋州有備，不敢經其城，乃由城南十里外沿祚河道歸。都指揮葉旺策其將退，先引兵趨祚河。自連雲島至窟駝寨十餘里，緣河疊水爲墻，以水淋之經宿，皆凝沍，隱然如城。藏釘板於沙中，設陷馬穽於平地，伏兵以待之。命老弱卷旗登兩山間，戒以聞砲即豎旗。馬雲於城中亦立大旗。令定遼前衛指揮周鶚及吴立等各嚴兵以候，四顧寂若無人。已而敵騎至，旺等俟其過城南，砲發，伏兵四起，兩山旌旗蔽空，鼓聲雷動，矢石雨下。納哈出倉皇北奔，趨連雲島，遇冰城，馬不能前，皆陷入穽中，遂大潰。雲於城中亦出兵追擊，至將軍山畢栗河，斬戮及凍死者甚衆。玨等復乘勝追至豬兒峪，獲其士馬無算，納哈出僅以身免。

又（太祖洪武）二十一年（戊辰，一三八八）夏四月，藍玉率師自大寧進至慶州，聞元主脱古思帖木兒在捕魚兒海，間道兼程而進。乙卯，師至百眼井，去捕魚兒海四十餘里，哨不見敵，玉欲引兵還。王弼曰：「吾等提十萬衆，深入沙漠，未見敵而班師，何以復命！」玉然之。弼復請戒諸軍，皆穴地而爨，毋令敵望見烟火，師遂進。丙辰，至捕魚兒海南飲馬，偵知元主管在海東北八十餘里。玉以弼爲前鋒，直薄其營。敵始謂我軍乏水草，不能深入，不設備。又大風揚沙晝晦，軍行皆不知。元主方欲北行，整軍馬皆北向。忽大軍至，其太尉蠻子倉卒拒戰，擊敗之，殺蠻子，其衆遂降。元主脱古思帖木兒與其太子天保奴、知院捏怯來、丞相失烈門數十騎遁去。玉率精騎追之，不及，獲其次子地保奴等六十四人，及故太子必里秃妃并公主等五十九人，其詹事院同知脱因帖木兒將逃，失馬竄草間，擒之，及追獲吳王朵兒只、代王達里麻、平章八蘭等二千九百九十四人，軍士男女七萬七千三十七口，得寶璽、圖書、金銀印章、馬駝牛羊車輛，各籍數入奏。聚其甲兵悉焚之，遂班師。

又（太祖洪武二十三年）三月，燕王率傅友德等出古北口，哨得乃兒不花等駐牧迤都，遂進兵。適大雪，諸將欲止，燕王曰：「天雨雪，彼不虞我至，宜乘雪速進。」癸巳，遂抵迤都，隔一磧，敵不知也。乃先遣指揮觀童徑詣其營。觀童與乃兒不花有舊，至則相抱持泣。倉卒之頃，我師已壓其營。衆大驚，乃兒不花等欲上馬走，觀童諭以燕王至，毋恐。乃兒不花與俱詣軍門降，燕王降辭色待之，賜之酒，慰諭遣還。乃兒不花大喜過望，於是悉收其部落、馬駝牛羊而還。報捷京師，上大喜曰：「肅清沙漠者，燕王也！」

清・谷應泰《明史紀事本末》卷一二《太祖平滇》 （太祖洪武）十四年（辛酉，一三八一）秋九月壬午，命潁川侯傅友德爲征南將軍，永昌侯藍玉、西平侯沐英爲副將軍，帥師征雲南。列侯曹震、王弼、金朝興、都督郭英、張銓等皆從。【略】十二月辛酉，傅友德率藍玉、沐英等進攻普定，克之，羅鬼、苗蠻、仡佬望風降。至普安，復攻下之，乃留兵戍守，進兵曲靖。元梁王把匝剌瓦爾密聞明師下普定，遣司徒平章達里麻將精兵十餘萬，屯曲靖以拒我師。右副將軍沐英謂傅友德曰：「彼謂我師疲於深入，未有虞心。若倍道疾趨，出其不意，破之必矣。上所謂『出奇取勝』者此也。」友德是之，遂進師。丙寅，未至曲靖數里，忽大霧四塞。衝霧而行，阻水，則已臨白石江矣。頃之，霧霽，達里麻望見，大驚，倉皇失措。友德即欲濟師，英曰：「我軍遠來，形勢既露，固利速戰。然亟濟，恐爲所扼。」乃整師臨流，勢若欲渡。戰數合，英縱鐵騎擣其中堅，敵衆披靡，遂大敗，生擒達里麻，橫屍十餘里，俘其衆二萬。友德悉撫而縱之，使各歸業。蠻人見歸者皆喜慰，軍聲益振。遂平曲靖，留兵鎮其地。

又（太祖洪武十四年十二月）先是，都督郭英等出永寧，路多險阻，諸將欲深入。英曰：「破敵貴先聲，攻取必自近始。舍近趨遠，非策之上也。」遂以兵攻赤水河，去河二十里爲營。時久雨，水暴張，英曰：「賊恃水漲，不意吾濟。」下令諸軍斬木造筏，夜半濟河。比曉，敵始覺，遂大驚潰，生擒阿客指蠻，雲南諸郡邑皆震。

清・谷應泰《明史紀事本末》卷一六《燕王起兵》 十一月庚午，李景隆移營向河西，先鋒都督陳暉渡河而東。燕王率兵至孤山，列陣於北河西，河水難渡。是日雪，默禱曰：「天若助予，則河冰合。」是夜冰果合，遂率師擊敗前哨都督陳暉兵。暉衆跳冰遁，冰乃解，溺死無算。燕王見景隆兵動，以奇兵左右夾擊，遂連破七營，逼景隆營。張玉等列陣而進，至城下，城中亦出兵，內外交攻，景隆不能支，宵遁。翌日，九壘猶固守，北兵次第破其四壘。諸軍始聞景隆走，乃棄兵糧，晨夜南奔，景隆遂還德州。

清・谷應泰《明史紀事本末》卷二二《安南叛服》 （永樂五年）三月，窮追至膠水縣悶海口，地下濕不可駐，乃陽爲還師，至鹹子關，令都督柳升守之。賊果來躡，輔還軍遇於富良江，賊舟亙十餘里，橫截江中，用刳船載木立栅，迎拒，又以精卒數萬趨陸來戰，奮擊大敗之，斬獲數萬，江水爲赤，乘勝追至悶海口。季犛父子僅以數小舟遁走義安，其尚書范見覽等降。四月，輔率舟師追至海門涇鵲淺。時晴久水涸，賊棄舟遁，我師舟膠不得前。俄大雨，水漲數尺，舟畢渡，衆喜曰：「天贊我也。」五月丁卯，輔與晟等率步騎夾江東西，柳升率舟師水陸並進。甲戌，輔等至茶龍，柳升等舟師亦至，又敗賊，獲船三百艘，賊遁走。輔等乘勝追之，又敗之於奇羅海口。賊屢敗困，衆遂潰。

清・倪在田《續明紀事本末》卷六《浙海遺兵》 順治八年春正月，監國在舟山。【略】八月丙辰，陳錦陷奉化諸山寨，直攻舟山；張肯堂使阮進擊之。進以三舟突門，獲樓船、戰艦凡數十；馘十一人，縱之還。錦懼，將走。丙寅大霧，錦乘之，猝至蛟門，守者始覺。進急還救，遇諸横水，鏖戰甚力，將擲火球焚錦舟，風忽反，灼進面，李錫祚救之不及，諸軍敗績。錦入舟山，張肯堂、張名揚、劉世勳以軍數千背城戰，殺傷過當；城隍之炮，擊殺千人。錦不能勝，乃穴地攻之。【略】九月丁亥朔，舟山火藥竭，金允彦、邱元吉踰城降；衆忿，臠允彦子而呼名振師還救。錦聞之，攻益急。丙子夜，星隕如雨，衆駭。是日加午，城陷。

又　順治十七年（永曆十四年）夏五月，明安達理出浙江，達素、李率泰出福建，共攻朱成功；以其屢出也。明安達理軍遇疫，死者過半。達素以大船出漳州，別艦出同安，許龍、蘇利、吳六奇皆來會。成功使陳鵬軍高崎，鄭泰出金門拒蘇利，自督諸軍當達素。陳鵬忽變，請自五通入金、厦，已爲應；成功不知，方椗海中，按兵以待。漳州舟大，乘風驟至，周瑞、陳堯策戰死；陳輝被攻，急燒火藥以拒之。攻者踊入，却；輝得免。日加午，成功問曰：「潮平乎？」曰：「平矣。」曰：「平則轉，轉則風。」下令舉椗。風果大作，成功手自搴旗起，麾巨艦横衝之；鄭泰亦自浯嶼出。軍士呼聲震天地，波濤吼立，海水皆動。達素大潰，成功縱擊之，僵尸蔽海。有滿洲精卒數百走圭嶼，成功折箭招之降。率泰恃鵬應，揮軍直進；鵬戒其部無動。陳蟒駭曰：「事急矣！」揮軍進，礮作。陳璋以爲鵬戰也，亦鼓譟出。率泰兵不支，退入於漳；蟒、璋共攻之。鵬知失計，亦僞出，擒哈喇土星及諸校，兩路皆大捷。成功磔鵬，以蟒代。吳六奇後二日至，聞敗遂還；達素走福州。自是，無或議金、厦者。

又　康熙二十年（臺灣仍稱永曆）春正月，嗣延平郡王鄭經卒。

啓聖聞之，請急攻臺灣，且以施琅薦；李光地謀亦同。琅遂之福州，將以南風出銅山；啓聖欲以北風直取臺灣，各不協，止。夏六月，施琅出銅山，至八罩灣礁溜，潮忽漲，遂及澎湖。國軒已嚴守，築壘二十里，鎗礮環之。藍理陷陣，中礮腸出，躍而更鬭；國軒將飛天鼠被殺。數日復戰，琅使曾誠、藍理、吳啓爵、張勝、許英、阮欽爲、趙邦試入，以火焚鄭師；風發，皆飄散。琅自以大艦衝而入，國軒以兩翼兵夾擊之，矢及琅目；藍理、吳英以死拒。天大雨，颶風遽作，乃得脱；琅大懼。其夕，經將吕韜降，且請爲應。澎湖固鹹水，忽甘洌，以故能駐軍。越七日，琅大擧。國軒屯牛心灣以拒之，别列萬人於鷄籠嶼；沿海三十里皆築短垣，置礮臺十餘以誓守。琅使陳蟒、祝明玉東，康董也西拒；自以軍八隊，朱天貴、陳龍、吳英、陳昌、林賢、楊嘉瑞將之，皆降將。琅約以義，五舟攻一舟，人自爲戰。國軒射火矢、噴筒蔽空，鎗礮呼噪之聲，達百十里，斬天貴於海中。時雲起蔽天，鄭師相賀，以海洋占：雷鳴風止，雲起風生，可乘戰也。俄，大雷電，衆駭而潰。國軒推案哭曰：「天也，夫何言！」遂突吼門去。琅焚其舟，林陞、江勝、陳啓明、王隆皆力戰死；楊德及諸人降。琅進攻臺灣，衆議更戰。姚啓聖已使黄性震説國軒降，又故泄之；克塽衆互忌，不能軍，乃守鹿耳門。琅至，舟膠不能入。住軍旬日，昧爽大霧，潮增十尺有奇；巨舟浮，進。其衆駭曰：「先王取臺灣，鹿耳門漲；今若此，殆天數也！」決計降。使鄭平英來請，許之。秋八月，施琅入臺灣。

《清實録·高宗純皇帝實録》卷九三二《乾隆三十八年四月》　丁酉，定邊將軍大學士温福、參贊大臣都統海蘭察奏：臣等由達扎克角山梁奪獲得斯東賊寨，隨攻對面高峯木柵。因連日雨雪，未能攻克。二十五日亥時，於雪霧中，乘賊不備，分兵進攻。額森特等直抵碉根，殺賊二十餘名，奪卡拆碉。富興等抵木柵近處，賊在高處放鎗抛石，又限於泥濘隨行徹回。賊來衝截，我兵迎戰，殺賊四十餘名，餘皆敗竄。諭軍機大臣等、温福等：此次勦殺賊番，官兵皆各奮勉，但殺賊究少。今天時已熱，雪漸消化，若相機盡力，自必奪取要隘深入。此際彼處情形若何，著即作速奏聞。

《清實録·高宗純皇帝實録》卷九五九《乾隆三十九年五月》　丁丑，定西將軍尚書阿桂、定邊右副將軍尚書公豐昇額、參贊大臣領侍衛内大臣色布騰巴勒珠爾奏：自本月初二日後，雨雪連綿，官兵靡不憤急。初五日，賊於雨霧之中，在羅博瓦山坡添建新碉二座。當經海蘭察、額森特、福康安密派兵八百名，直撲碉根，毀墻而入，砍死數賊，餘俱逃潰。即將賊碉拆毀。現今已交夏至，此後雨雪稍稀，自當各路合攻，以期迅速集事。諭軍機大臣等：連日盼望阿桂進兵之信甚切。今據阿桂等奏，近日軍營情形，尚因雨雪，未能采入，實爲憤懣，而賊人復乘雨霧，添建新碉，更堪切齒。海蘭察、額森特、福康安等即於大雨中殲戮數賊，拆毀其碉，足以壯我軍之氣而破賊人之膽，於軍務甚爲有益。福康安正當幼年，藉此練習成人，於彼亦屬甚好。計阿桂拜摺次日即交夏至，向後雨雪，諒必漸稀。阿桂自當相機速進，以期迅奏膚功。從前曾諭阿桂等，凡遇經過高山，務當竭誠禱祀，冀山神之默爲相佑，利我軍行。且以金川用兵情事而論，朕實本無欲辦之心，乃逆酋索諾木等敢於負恩反噬，罪惡貫盈，實有不得不辦之勢。並非朕黷武窮兵，是曲在賊而直在我，仰邀上天照鑒，自必嘉佑官軍，而潛褫逆賊之魄。至所在山神，代天司化，亦當助順鋤逆，上體昊蒼。若非時雨雪，必賊扎達所爲，豈有正神轉聽賊人驅使，爲此皆理妄行之事？況將軍等既已虔禱而不應，即屬邪氛，從來邪不勝正，或於雨雪來處，用大礮迎擊。如韓愈之驅鱷魚，亦屬正理。著阿桂斟酌行之。

《清實録·宣宗成皇帝實録》卷四一二《道光二十四年十二月》 甲午諭內閣：耆英等奏越南國王款給被風師船並官兵獲盜辦理情形一摺。上次廣東捕盜船遇風漂抵越南，經該國王派員款勞護送，曾降敕獎諭，並賞賜緞匹，以示褒嘉。此次署海口營守備鄺勉，管帶兵勇出洋，追盜至越南國順安門之尖玻羅洋面，捡獲匪犯，押解回帆。駛至越南東京洋面，猝遇風雨損壞師船，進港停泊修艌。該國委員致送應用物料等件，又經該國王差官慰問，送給資斧食物，並囑留盜犯二名另行押送。該國王於內地師船被風灣泊，先後遣官款勞優與供給，實爲虔恪盡禮，朕心嘉悦之至，著再行降敕褒奬，並賞賜該國王金瓶、如意、緞匹等件。該督接奉諭旨，即先行知該國王，仍俟奉到敕諭賞件。遇有該國便船，飭令攜帶回國。至所留盜犯二名附解到粤時，由該督等歸案辦理。其出力員弁應行酌加奬勵之處，著該督等於定案時查明具奏。

氣象災異與政治變革

漢·司馬遷《史記》卷三《殷本紀》 帝武乙無道，爲偶人，謂之天神。與之博，令人爲行。天神不勝，乃僇辱之。爲革囊，盛血，仰而射之，命曰「射天」。武乙獵於河渭之閒，暴雷，武乙震死。子帝太丁立。帝太丁崩，子帝乙立。帝乙立，殷益衰。

漢·司馬遷《史記》卷四八《陳涉世家》 二世元年七月，發閭左適戍漁陽九百人，屯大澤鄉。陳勝、吴廣皆次當行，爲屯長。會天大雨，道不通，度已失期。失期，法皆斬。陳勝、吴廣乃謀曰：「今亡亦死，舉大計亦死，等死，死國可乎？」陳勝曰：「天下苦秦久矣。吾聞二世少子也，不當立，當立者乃公子扶蘇。扶蘇以數諫故，上使外將兵。今或聞無罪，二世殺之。百姓多聞其賢，未知其死也。項燕爲楚將，數有功，愛士卒，楚人憐之。或以爲死，或以爲亡。今誠以吾衆詐自稱公子扶蘇、項燕，爲天下唱，宜多應者。」吴廣以爲然。乃行卜。

漢·司馬遷《史記》卷一二二《酷吏列傳》 會渾邪等降，漢大興兵伐匈奴。山東水旱，貧民流徙，皆仰給縣官，縣官空虛。於是承上指，請造白金及五銖錢，籠天下鹽鐵，排富商大賈，出告緡令，鉏豪彊并兼之家，舞文巧詆以輔法。湯每朝奏事，語國家用，日晏，天子忘食。丞相取充位，天下事皆決於湯。百姓不安其生，騷動，縣官所興，未獲其利，姦吏並侵漁，於是痛繩以罪。則自公卿以下，至於庶人，咸指湯。湯嘗病，天子至自視病，其隆貴如此。

《全唐文》卷二一《元宗二·春令行赦制》 青春式序，陽和布氣，萬物熙熙，莫不遂其性而嘉其生也。申念愚人，干我王度，日陷坑穽，置之網羅。朕代天理物，爲人父母，眷言囚繫，良增隱惻，豈憲章之尚密，將教道之不明歟？順時行令，抑惟常典，兩京及天下見禁囚，除犯惡逆并造僞闕以前，宜決一百，配流嶺南磧西諸州，其餘一切放免。

《全唐文》卷二四《元宗五·迎春東郊制》 自今已後，每年立春之日，朕當帥公卿親迎春於東郊。其後夏及秋，常以孟月朔於正殿讀時令，禮官即修撰儀注。既爲常式，乃是常禮，務從省便，無使勞煩也。

《全唐文》卷二四《元宗五·春郊禮成推恩制》 皇王之化，載籍所陳，將奉天而育物，必順時而行政。雖《禮》文則著，而親祠蓋闕。朕自膺寶歷，且踰二紀。承宗社之降祉，賴公卿之葉心。萬物阜成，庶務簡易。思以黎獻，臻夫仁壽，是用敦本復古，將必稽於月令，謀始作則，先有事於春郊。宜因展禮之辰，式布惟新之澤。其天下見禁囚，應犯死罪者，特宜免死，配流嶺南。已下罪並放免。朕每念黎甿，弊於征戍，親戚多別離之怨，關山有往復之勤，何嘗不惻隱於懷，寤寐增歎。所以別遣召募，以實邊軍，錫其厚賞，便令常住。今諸軍所召，人數向足，在於中夏，自可罷兵。既無金革之事，足保農桑之業。自今已後，諸軍兵健，並宜停遣。其見鎮兵，並一切放還。京畿之內，雜役殷繁。言念劬勞。豈忘優恤。頃以櫟陽等縣，地多鹹鹵，人力不及，便至荒廢。近者開決，皆生稻苗，亦既成功，豈專其利。京兆府界內，應雜開稻田，并宜散給貧丁，及逃還百姓，以爲永業。

《全唐文》卷二五《元宗六·天長節推恩制》 朕臨馭萬邦，迨今四紀，曷嘗不虔誠至道，鋭心庶政。昊穹孚祐，俗致升平。仁壽之域漸登，太和之風斯在。比歲小有僭亢，頗非豐稔，遂使開倉賑乏，空圄恤刑，兼蠲傜省賦，故得家給人足。頃者農功正興，而霑澤頻阻，言念黎獻，匪遑底寧。是用發於精誠，庶乎昭鑒，至誠上達，膏雨應期。俾夏苗如雲，秋穫不日，周覽原野，宛同茨粱，豈惟有慰朕懷，實亦克符人慶。此皆上元垂貺，宗社降靈，豈曰朕躬，所能通感。屬天長令節，盛德在金，爰因歡慶之辰，用申雷雨之澤。其天下見禁囚徒，有犯十惡及謀殺僞造頭首罪至死者，特宜免死，配流嶺南遠惡處，自餘一切釋放。聖人積不涸之泉，王者用無窮之府，支計苟足，多賦何爲？天下百姓今載租庸，並宜放半。所運糧儲本資國用，太倉今既餘羨，江淮轉輸艱勞，務在從宜，何必舊數？其來載水運入京宜並停。如聞天下諸郡逃户，有田宅産業，妄被人破除，並緣欠負租庸，親隣貨賣，及其歸復，無所依投。永言此流，須加安輯。應復業者，宜並給還。縱已代出租庸，不在徵賠之限。《書》云「咸秩羣望」，《詩》曰「懷柔百神」，永惟明徵，豈忘昭報。今秋稼穡，頗勝常年，實賴靈祇，福臻稔歲。其五嶽四瀆所在山川，及得道升仙靈迹之處，宜委郡縣長官，至秋後各令醮祭，務崇嚴潔，式展誠享，無廣屠宰，以備牲牢。其天下侍老，宜各量賜米麥。又親人之要，令長爲重，比雖精選，未盡徵求。卓魯之才或遺，蒲密之化安寄？宜令京官五品以上正員文官，三品以上正員武官，及郎中御史，各舉堪任縣令一人，具名申省，委有司試擇奏授。其有善惡，賞罰與舉主並同。僚佐限期，一時令集。王制下士視上農，周政庶士倍禄，若衣食既足，則廉恥乃知，至於資用靡充，或貪求不已。敗名冒法，實此之繇。輦轂之下，尤難取給，其在兩京文武九品已上正員，既親於職務，可謂勤心。自今已後，每月給俸食雜用，防閤庶僕等，宜十分爲率加二分，其同正員官加一分，仍永爲常式，其南衙九品已上，并京兆府畿令等，宜共賜物二萬匹。左右龍武軍各賜一千匹。其唐元功臣，念言勳舊，宜異常倫。兩軍各賜物二千匹，餘各有差。庶生成之澤，自葉而流根，慶賞之恩，繇衷以暢物。宜宣示遐邇，知朕意焉。

宋·宋綬《宋大詔令集》卷二《雨災赦天下改皇祐元年制》 朕執象御民，稽古布度，顧幅員之至廣，常臨履以自持，莫不順人之心，奉天之道。慮一物之失所，期庶政之惟和。稼穡雖登，或未臻於豐稔，兵戈載戢，尚靡格於偃銷。惕惕居懷，兢兢在念，惟兹黔庶，僅底樂康。而自春夏之交，霖雨作沴，傷暴禾麥，漂溢隄防，河朔之民，尤罹弊苦，粒食罄闕，廬室蕩空，流離鄉邦，攜挈老幼，十室而九，自秋徂冬，嗷嗷道塗，溝壑爲慮。愍其失業，彌甚納隍，當原究其由來，冀消弭於災變。宜均霈澤，以召善禪，仍更紀歲之元。

宋·宋綬《宋大詔令集》卷一五四《宰相呂公著積雪異常望賜罷黜表不允批答》（元祐三年二月甲申） 朕獲承大統，懼德不類，以干陰陽之和。迺自去冬距於今春，久陰常寒，霰雪不止。罹此災罰，斯民何辜？朕方仄席祗畏，圖惟厥咎，而卿等乃引責祈免，是重彰朕之不德，而無以上承天心。古之明王，遇災而懼，則克己修省，以正厥德，不聞歸罪大臣，以塞責文過。卿其一德同心，夙夜啓沃，以輔朕不逮，庶幾消復，稱朕意焉，姑體眷懷，少安厥位，所請宜不允。

宋·周密《齊東野語》卷一一《雷變免相》 乾道丁亥十一月二日冬至，郊祀有風雷之變，宰相葉顒、魏杞，皆策免。先是，會慶節，金國使在庭時受誓戒矣。議者欲權免上壽，就館錫宴，廟堂姑息，不能主其議，宴集英如常，天變豈偶然哉！洪邁當制，有曰：「理陰陽而遂萬物，所嗟論道之非；因災異而策三公，實負在天之愧。」蓋有所風也。

宋·李燾《續資治通鑑長編》卷一一二 戊子，詔以旱蝗作沴，去尊號中「睿聖文武」四字，告於天地宗廟，令中外直言闕政。

宋·李燾《續資治通鑑長編》卷二九七《神宗·遣史禮官禱雨詔》（元豐二年四月庚戌） 聞兗、鄆、徐、濟等州久無雨，穀麥失望，人情不安，雖已遣内臣往東嶽建道場，可更遣禮官祈禱。

宋·李燾《續資治通鑑長編》卷三四七《景靈宮朝獻遇雨雪令分獻》（元豐七年七月辛亥） 辛亥，詔自今景靈宮朝獻日，遇雨雪，令宰臣、親王、執政官分獻。

宋·李燾《續資治通鑑長編》卷三六四《水旱災變乞賜宰相罷黜奏》（元祐元年正月） 漢陳平對文帝曰：「陛下使待罪宰相。宰相者，上佐天子理陰陽，順四時，下遂萬化之宜，外鎮撫四夷，内親附百姓，使卿大夫各得其職也。」丙吉見牛喘，問之，掾史謂丞相失問，吉曰：「方春少陽用事，未可大熱。三公典調和陰陽，職當憂，是以問之。」兩漢大災異，罷免宰相者，以其責在變理之地。太宗朝，李昉以霖霪百餘日，陰陽乖戾罷。仁宗朝，王曾以昭應宮災罷；梁適以苛慝並作、變異重仍罷。水旱過常，爲大災變，爲宰相者，當任其責，宰相不以爲任，則誰當任之？今自皇帝陛下、太皇太后陛下親政以來，所以便安元元，有所更易者，其事不一，下至閭巷小人，山海殊絶之處，莫不謳歌而鼓舞。然而陰陽未和，旱氣太甚，經冬無雪，春又不雨，彌數千里，粟麥失種，此其爲憂不一日二日而已也。將恐編户乏食，盜賊羣起，良民受害，浸爲遠近之憂。皇帝陛下、太皇太后陛下親出祈禱，憂勤切至，徧走羣望，未嘗一日而忘其憂。而蔡確、韓縝視之，眇然若不任其責者，未有閉門引咎，上章謝罪，引故事乞賜罷免。天意有可知者，前後雨雪少降而輒止，陰雲稍合而復散，意者揆務不勝其任，和氣不格其應乎！爲宰相而無體國憂念之心，愛民惻怛之意，晏然自處，若其事非己憂者，臣以爲此非大臣之道也。伏乞依兩漢故事，循祖宗舊例，各賜罷黜，以警百官。

《全宋文》卷二六二九《李復七・震雷記》 元符二年九月二十一日夜，鎮洮大雷，自初更至四鼓方已，凡一百三十餘震，墻壁摇動，簷瓦散墜，人危立不敢寢，惴惴然甚有覆壓之虞。予與元帥胡公終夕坐於中堂，黎明出視之，雪深二尺。胡公問予曰：「是何祥也？」予曰：「雷烈多發於盛夏，其發也必有龍火之異。今秋已去，雪深如此，震發暴而非常。古諺云：『天怒不移晷，天喜行千里。』言怒不久，其發三四而止。雷、風，天之號令，終夜不息，必將大有誅殺。」公曰：「事將何如？」予曰：「比收復青唐，不費一鏃，恐姦酋深謀，爲内外連結攖城之變。吾雖係其主而餘黨桀黠，如星摩沁戩、結斡綽克等，皆在青唐城内，其部族衆强。又邈川馬用誠不足倚辦，可遣人密諭王贍，令嚴設備，自宗噶爾抽回王愍，令守邈川，互相應援，以防不測。」乃以蠟封書僞髠蕃官嘉木燦伊費赫，置蠟封於衲衣中，遣間道令四日至青唐，責報而還。閏九月十一日，西羌果叛，攻圍青唐、邈川，及陷納木宗堡、丹巴等城，賴贍得諭已有備，及愍已帶兵馬至邈川，内外無結連，隨遣苗履應援，破賊錫喇卜宗堡。十二月，王贍、高永年再破奇塔特城、布敦谷賊聚，苗履又破南丁壘，青唐、邈川皆完。明年三月，羌酋綽爾結又挾羌雛小隆贊斷省章硤路，圍隆赤特城，攻犯青唐，再遣將破之。朝廷命王贍過河州，前後斬獲一萬六千餘級，於青唐之東築爲京觀。予初言此，胡公亦未以爲然，已而幡然見從。若少遷延，必敗大事，官軍八萬餘人無骨可歸。嗚呼！天之去人高且遠矣，詔告如此，近世有謂天變出於偶爾，無足懼者，甚非君子畏天之意。朝散郎、管勾熙河路經略安撫都總管司機宜文字李復記。

元・脱脱等《宋史》卷三〇〇《楊畋傳》 嘉祐六年，京師大水，畋上言：「《洪範五行傳》：『簡宗廟則水不潤下。』又曰：『聽之不聰，厥罰常水。』去年夏秋之交，久雨傷稼，澶州河決，東南數路，大水爲沴。陛下臨御以來，容受直諫，非聽之不聰也。以孝事親，非簡於宗廟也。然而災異數見，臣愚殆以爲萬機之聽，必有失於審者；七廟之享，必有失於順者，惟陛下積思而矯正之。」乃下其章，禮官并兩制考議，咸言：南郊三聖並侑，温成皇后立廟，皆違經禮。於是詔：「自今南郊以太祖皇帝定配，改温成廟爲祠殿。」

元・脱脱等《宋史》卷三〇二《呂景初傳》 嘉祐初，大雨水，景初曰：「此陰盛陽微之誡也。」乃上疏稱：「商、周之盛，並建同姓；兩漢皇子，多封大國；有唐宗室，出爲刺史；國朝二宗，相繼尹京。是欲本支盛強，有磐石之安，則姦雄不敢内窺，而天下有所倚望矣。願擇宗子之賢者，使得問安侍膳於宫中，以消奸萌，或尹京典郡，爲夾輔之勢。」時狄青爲樞密使，得士卒心，議者憂其爲變。景初奏疏曰：「天象謫見，妖人訛言，權臣有虚聲，爲兵衆所附，中外爲之恟恟。此機會之際，間不容髮，蓋以未立皇子，社稷有此大憂。惟陛下蚤爲之計，則人心不摇，國本固矣。」數詣中書白執政，請出青。文彦博以青忠謹有素，外言皆小人爲之，不足置意。景初曰：「青雖忠，如衆心何，蓋爲小人無識，則或以致變。大臣宜爲朝廷慮，毋牽閭里恩也。」知制誥劉敞亦論之甚力，卒出青知陳州。

元・脱脱等《宋史》卷三二七《王安石傳》 三年十二月，拜同中書門下平章事。明年春，京東、河北有烈風之異，民大恐。帝批付中書，令省事安静以應天變，放遣兩路募夫，責監司、郡守不以上聞者。安石執不下。【略】七年春，天下久旱，饑民流離，帝憂形於色，對朝嗟嘆，欲盡罷法度之不善者。安石曰：「水旱常數，堯、湯所不免，此不足招聖慮，但當修人事以應之。」帝曰：「此豈細事，朕所以恐懼者，正爲人事之未修爾。今取免行錢太重，人情咨怨，至出不遜語。自近臣以至后族，無不言其害。兩宫泣下，憂京師亂起，以爲天旱更失人心。」安石曰：「近臣不知爲誰，若兩宫有言，乃向經、曹佾所爲爾。」馮京曰：「臣亦聞之。」安石曰：「士大夫不逞者以京爲歸，故京獨聞此言，臣未之聞也。」監安上門鄭俠上疏，繪所見流民扶老攜幼困苦之狀，爲圖以獻，曰：「旱由安石所致。去安石，天必雨。」俠又坐竄嶺南。慈聖、宣仁二太后流涕謂帝曰：「安石亂天下。」帝亦疑之，遂罷爲觀文殿大學士、知江寧府，自禮部侍郎超九轉爲吏部尚書。

元・脱脱等《金史》卷一《肅宗紀》 桓赧、散達之戰，部人賽罕死之，其弟活羅陰懷忿怨。一日，忽以劍脊置肅宗項上曰：「吾兄爲汝輩死矣，剄汝以償，則如之何？」久之，因其兄柩至，遂怒而攻習不出，習不出走避之。攻肅宗於家，矢注次室之裙，著於門扉。復攻歡都，歡都衷甲拒於室中，既不能入，持其門旃而去，往附盃乃。盃乃誘烏春兵度嶺，世祖與遇於蘇素海甸。世祖曰：「予昔有異夢，今不可親戰。若左軍中有力戰者，則大功成矣。」命肅宗及斜列、辭不失與之戰。肅宗下馬，名呼世祖，復自呼其名而言曰：「若天助我當爲衆部長，則今日之事神祇監之。」語畢再拜。遂炷火束緼。頃之，大風自後起，火益熾。是時八月，并青草皆焚之，煙焰漲天。我軍隨煙衝擊，大敗之。遂獲盃乃，因而獻諸遼。并獲活羅。肅宗釋其罪，左右任使之，後竟得其力焉。

元・脱脱等《金史》卷一〇《章宗紀二》 乙酉，諭宰臣，今後水潦旱蝗、盜賊竊發，命提刑司預爲規畫。

元·脱脱等《金史》卷一四《宣宗紀上》 戊寅，諭尚書省，歲旱，議弛諸處碾磑，以其水溉民田。

元·陶宗儀《南村輟耕録》卷二《賊臣攝祭》 至治癸亥十月六日甲子，先一夕，因晉邸入繼大統，告祭太廟之頃。陰風北來，殿上燈燭皆滅。良久方息，蓋攝祭官鐵失也先帖木兒、赤斤帖木兒等，皆弑君之元惡也。時全思誠以國子生充齋郎，目擊之。此無他，必祖宗威靈在上，不使姦臣賊子得以有事於太廟，而明示嚴譴之耳。彼徒罪無所逃，至於身誅族赤而後已。吁可畏哉。

明·宋濂等《元史》卷四〇《順帝紀三》 夏四月丁丑〔朔〕，道州土賊蔣丙等反，破江華縣，掠明遠縣。戊寅，彰德有赤風自西北起，晝晦如夜。甲申，享於太廟。

明·沈德符《萬曆野獲編》卷九 京師冬月，例用貂皮煖耳，每遇沍寒，上普賜内外臣工，次日俱戴以廷謝。惟近來主上息止此詔，業已數年。百寮出入省署，殊以爲苦，而進閣輔臣爲甚。蓋侵晨向北步入，朔風嫠面，不啻霜刀，蹣跚顛躓，數里而遥，比至已半僵矣。蓋賜貂之日，禁中例費數萬緡，故今上靳之。然又有異者，張江陵當國，以餌房中藥過多，毒發於首，冬月遂不御貂帽。大臣自六卿至科道，每朝退見閣，必手摘煖耳藏之，江陵亦不以爲訝，此已拜賜而違命不用者。

清·張廷玉等《明史》卷二三《莊烈帝紀一》 甲戌，裁各部添注官。辛巳，禱雨。

壬午，浙江風雨，海溢，漂没數萬人。癸未，海寇鄭芝龍降。甲申，寧遠兵變，巡撫都御史畢自肅自殺。八月乙未，詔非盛暑祁寒，日御文華殿與輔臣議政。九月丁卯，京師地震。

癸巳，旱，清刑獄。是月，洪承疇剿賊於漢南。閏月壬寅，敕羣臣潔己愛民，以回天意。江北賊分犯河南，總督兩廣都御史熊文燦爲兵部尚書，總理南京、河南、山、陝、川、湖軍務，駐鄖陽討賊。五月戊寅，李自成自秦州犯四川。六月戊申，温體仁致仕。是夏，兩畿、山西大旱。秋七月，山東、河南蝗，民大饑。【略】十一月庚辰，以星變修省，求直言。十二月癸卯，黄士俊致仕。癸亥，洪承疇、曹變蛟援四川，次廣元。

是年，安南、琉球入貢。

《清實録·世宗憲皇帝實録》卷八二《雍正七年六月》 丙戌，諭内閣：浙江逆賊吕留良，兇頑梗化，肆爲誣謗，極盡悖逆。迺其逆徒嚴鴻逵者，實爲吕留良之羽翼，推尊誦法，備述遺言，又從而恢張揚厲，以附益之，其詞有較吕留良爲尤甚者。夫吕留良以本朝諸生，追附前明儀賓之末裔，無端反噬，憤懣猖狂，已屬從古亂臣賊子中所罕見，至若嚴鴻逵，自其祖父，已爲本朝之編氓，踐土食毛，戴高履厚。嚴鴻逵之於明代，豈有故君舊國之思，而於我朝實被遂生樂育之澤，何所庸其感忿，何所庸其追憶。而亦敢效顰乎？兹擇其悖逆之語，一一宣示，日記有云：「索倫地方，正月初三日地裂。横五里，縱三里。初飛起石塊，後出火。近三十里内，居人悉遷避。」又云：「熱河水大發，淹死滿洲人二萬餘。」又云：「十六夜月食，其時見衆星摇動，如欲墮狀。又或飛或走，羣向東行。」又云：「舊年七月初四日星變，欽天監云，此星出天沛垣，入天市垣，分野屬吴越，應在數年内，吴越有兵起於市井之中。」凡此荒唐叛逆之語，自康熙五十五年至雍正六年内所記載者不勝枚舉。其中惟索倫地方擁石出火，實有之事。蓋彼地氣脈使然，前此已屢見，其傍遠近山頂亦有烈焰者，而嚴鴻逵以此爲譏訕乎。至熱河水發一事，因此地山迴巒抱，中惟一道河流，每雨水稍大，衆水所滙，或致衝決隄岸。康熙四十八年六月，大雨連晝夜，其時附近行宫一帶地處高阜，惟隔岸山根之下爲水所漫溢。本地久居之民及扈從之官兵皆知雨止，水即減退，安重不遷。惟寄居之匠人等驚惶迷惑，或有愚人編木爲筏，謂可乘流而渡，遂有木筏觸石而解，沉溺者數人。是時朕以輪班恭請聖安隨從官員工三百人駐劄即在水發之地，因約束嚴整，無一妄動之人。及至水退，皆安然無恙，無一人被水者。乃嚴鴻逵謂淹死滿人二萬餘，何其妄誕至於斯極！且熱河之地，五方之人畢集，而嚴鴻逵謂獨淹死滿洲人，有此理乎？

《清實録·宣宗成皇帝實録》卷二六八《道光十五年閏六月》（丁卯） 諭内閣：國家設立欽天監，掌測候推步之政令及凡占驗選擇之事。遇有應行典禮，先期諏吉。向俱恪遵《欽定協紀辨方書》，考其宜忌，敬謹選擇，奏明辦理。本年舉行孝穆皇后、孝慎皇后梓宫奉安典禮，由欽天監擇吉奏聞。經敬徵等於九月内選擇二十一、二十八兩日，開列請旨。朕因二十八日係屬平日，是以取用二十一日，舉行奉安典禮。朕於幾暇，偶閲《欽定協紀辨方書》，將是日干支，合其宜忌，殊覺未協。當將是書發交軍機大臣，會同敬徵循其義例，詳細推求有無妨礙。旋經軍機大臣及敬徵將忌用各條，於書内夾簽進呈，朕覆加披閲。是日舉行奉安典禮實不相宜。敬徵經朕疊加任使，擢至尚書，管理欽天監事務有年，於諏日宜忌素爲熟諳，宜如何慎重揀選。此次所擇奉安日期紕繆至此，如知其不宜，勉强湊合，則居心直不可問。如於是日忌用之處並不遵照《協紀辨方書》，敬謹詳查選擇，反稽諸不經外傳。此係何等重大之事，乃如此漫不經心，將就草率，莫此爲甚。且經朕指出，責令會同詳查，敬徵亦知其忌用，並不具摺請罪。喪心病狂種種荒謬，實屬辜恩溺職。敬徵著革去尚書都統及一切差使，拔去花翎，賞給三品頂帶。仍留内務府大臣。其内務府應管事務准其照常管理，並仍著管理欽天監事務，以觀後效。其隨同具奏之欽天監堂官著查取職名，交部嚴加議處。所有奉安日期著軍機大臣會同禮部欽天監敬謹選擇，另行具奏。

氣象災異與天人感通

《尚書·金縢》 秋，大熟，未獲。天大雷電以風，禾盡偃，大木斯拔。邦人大恐。王與大夫盡弁，以啓金縢之書，乃得周公所自以爲功代武王之説。

《國語·周語中》 單子歸，告王曰：「陳侯不有大咎，國必亡。」王曰：「何故？」對曰：「夫辰角見而雨畢，天根見而水涸，本見而草木節解，駟見而隕霜，火見而清風戒寒。故先王之教曰：『雨畢而除道，水涸而成梁，草木節解而備藏，隕霜而冬裘具，清風至而修城郭宫室。』故《夏令》曰：『九月除道，十月成梁。』其時儆曰：『收而場功，待而畚梮，營室之中，土功其始。火之初見，期於司里。』此先王所以不用財賄，而廣施德於天下者也。今陳國火朝覿矣，而道路若塞，野場若棄，澤不陂障，川無舟梁，是廢先王之教也。」

王出郊，天乃雨，反風，禾則盡起。二公命邦人，凡大木所偃，盡起而築之。歲則大熟。

《左傳·莊公十一年》 秋，宋大水。公使弔焉，曰：「天作淫雨，害於粢盛，若之何不弔？」對曰：「孤實不敬，天降之災。又以爲君憂，拜命之辱。」

《左傳·僖公二十一年》 夏，大旱。公欲焚巫尪。臧文仲曰：「非旱備也。修城郭，貶食省用，務穡勸分，此其務也。巫尪何爲？天欲殺之，則如勿生。若能爲旱，焚之滋甚。」公從之。是歲也，饑而不害。

《呂氏春秋》卷九《季秋紀·順民》 昔者湯克夏而正天下，天大旱五年不收，湯乃以身禱於桑林，曰：余一人有罪，無及萬夫。萬夫有罪，在余一人。無以一人之不敏，使上帝鬼神傷民之命。於是翦其髮，鄜其手，以身爲犧牲，用祈福於上帝，民乃甚説，雨乃大至。則湯達乎鬼神之化，人事之傳也。

《全漢文》卷九哀帝《策免師丹》 夫三公者，朕之腹心也，輔善相過，匡率百僚，和合天下者也。朕既不明，委政於公。閒者陰陽不調，寒暑失常，變異婁臻，山崩地震，河決泉涌，流殺人民，百姓流連，無所歸心，司空之職尤廢焉。君在位出入三年，未聞忠言嘉謀，而反有朋黨相進不公之名。乃者以挺力田議改幣章示君，君内爲朕建可改不疑，以君之言，博考朝臣，乃希衆雷同，外以爲不便，令觀聽者歸非於朕。

《全漢文》卷五三揚雄《蜀王本紀》 秦王誅蜀侯惲後，迎葬咸陽。天雨，三月不通，因葬成都。蜀人求雨，祠蜀侯必雨。

漢·班固《漢書》卷二五下《郊祀志下》 莽篡位二年，興神僊事，以方士蘇樂言，起八風臺於宫中。臺成萬金，作樂其上，順風作液湯。又種五粱禾於殿中，各順色置其方面，先鬻鶴髓、毒冒、犀玉二十餘物漬種，計粟斛成一金，言此黄帝穀僊之術也。以樂爲黄門郎，令主之。莽遂崇鬼神淫祀，至其末年，自天地六宗以下至諸小鬼神，凡千七百所，用三牲鳥獸三千餘種。後不能備，乃以雞當鶩鴈，犬當麋鹿。數下詔自以當僊，語在其傳。

南朝宋·范曄《後漢書》卷二《明帝紀》 二年春正月辛未，宗祀光武皇帝於明堂，帝及公卿列侯始服冠冕、衣裳、玉佩、絢屨以行事。禮畢，登靈臺。使尚書令持節詔驃騎將軍、三公曰：「今令月吉日，宗祀光武皇帝於明堂，以配五帝。禮備法物，樂和八音，詠祉福，舞功德，班時令，勑羣后。事畢，升靈臺，望元氣，吹時律，觀物變。」

南朝宋·范曄《後漢書》卷四《和帝紀》 五年春正月乙亥，宗祀五帝於明堂，遂登靈臺，望雲物。大赦天下。

南朝宋·范曄《後漢書》卷六《順帝紀》 己巳，宗祀明堂，登靈臺，改元永和，大赦天下。

南朝梁·沈約《宋書》卷二七《符瑞志上》 武帝咸寧元年，大風吹帝社樹折，有青氣出社中。占者以爲東莞有天子氣。時琅邪武王伷封東莞。伷，元帝祖也。元帝以咸寧二年夜生，有光照室，室内盡明，有白毛生於日角之左，眼有精光燿。隨惠帝幸鄴。成都王穎殺東安王繇。繇，元帝叔父也。帝懼，欲出奔，而月明，邀候急，四衢斷絕，不得去。有頃，天陰，風雨大至，候者皆休，乃得去。

《全唐文》卷二六《元宗七·祈雨詔》 朕聞諸《易》曰：「先天而天不違，後天而奉天時。天且弗違，況於人乎？」因斯而言，則君事於天，養於人，行月令，順時物也。朕以不德，恭膺斯運，静言詢政，每用憂勞。屬獻歲發春，東風解凍，土膏脈散，草樹自榮，而天久不雨。元元何辜？孰可以授農事，拯彼饑者？豈布德利，施慶惠，尚不及歟？豈掩骼埋胔，無靡無卵，尚不及歟，豈名山大川，修祭命祀，尚不及歟？欽若令典，惟增所懼，緬懷大猷，思補其闕。有司可稽春令，以稱朕心。其有直諫昌言，宏益政理者，朕將親覽，罔或隱避。不急之務，一切停息。見禁囚徒，速令處置，宜從寬大，勿使稱寃。本州本軍刺史軍將境内，所有名山大川，能興雲致雨者，並宜祈祭。其有僵屍暴骸，無主收斂者，亦仰埋掩。量致祭訖，各具狀奏聞。應須酒脯，宜用官物。古者雪寃婦於東海，問刑人於北寺，則以旱之故，應時如響。至於山不童，澤不竭，使霈然以降，興而致之，復何遠也。將達精誠，務修蠲潔，俾幽坎遂性，飛走從宜，則冀天之愛人，月離于畢，禺禺之望，感而遂通。布告遐邇，令知此意。

《全宋文》卷二三六二《蔡京五·乞以皇帝誠孝感天久雨忽霽事付史館奏》（大觀元年十月） 伏見宗祀之月，久雨不齊，宿齋之夕，雨尚滂注。翌日，陛下登輅啓行，自宫詣廟，天日清明，和氣充塞。既至廟門，却繖去扇，進輦弗御，步入齋殿。及祼獻神宗室，涕洟欷歔，感動左右；再行奠幣，淚猶不止。誠孝昭格，天人感通，乞付史館。

《全宋文》卷五四一○《韓玉·上郊祀得雨止之瑞乞付史館奏》（乾道六年十月） 奉差點檢巡視郊祀大禮一行儀仗。於今月四日自西點已來巡仗，天忽作雨。比及禁門，皇帝於太廟行事之時，雨歇雲霽，星辰滿空。至五日皇帝宿壇，是夜於嘉會門西通衢中巡仗，初鼓後嘉會門裏外注雨大作；回至郊壇，左右百步内無雨；及回嘉會門外本直，其雨五鼓方止。此可見皇帝聖聽昭格，上帝垂享。玉幸忝朝路，親覩其事，不敢不言。謹直書其略，欲望敷奏，頒付史館，紀此一時之盛，以傳無窮。《中興禮書》卷四三。

《全宋文》卷五四三四《朱熹七·論災異劄子》 臣竊聞今月五日夜漏方下五六刻間，都城之内忽有黑煙四塞，草氣襲人，咫尺之間，不辨人物，著於面目，皆爲沙土。臣雖不曾親見，然親舊相訪，見之者多，驗之數人，其説如一，决非虚妄。臣竊思維，間者以來，災異數見，秋冬雷雹，苦雨傷稼，山摧地陷，無所不有，皆爲陰盛陽微之證。陛下雖嘗下責躬之詔，出敢諫之令，而天心未豫，復有此怪，亦爲陰聚包陽，不和而散之象。臣竊懼焉，而恐 其未有敢以聞於聖聽者也。蓋嘗聞之，商中宗時，有桑穀并生於朝，一暮大拱。中宗能用巫咸之言，恐懼修德，不敢荒寧，而商道復興，享國長久，至於七十有五年。高宗祭於成湯之廟，有飛雉升鼎耳而鳴。高宗能用祖己之言，克正厥事，不敢荒寧，而商用嘉靖，享國亦久，至於五十有九年。古之聖王遇災而懼，修德正事，故能變災爲祥，其效如此。伏願陛下視以爲法，克己自新，蚤夜思省，舉心動念、出言行事之際，常若皇天上帝臨之在上，宗社神靈守之在旁，懔懔然不復敢使一毫私意萌於其間，以煩譴告，而又申敕中外大小之臣，同寅協恭，日夕謀議，以求天意之所在而交修焉，則庶乎災害日去而福禄日來矣。臣不勝惓惓愛君憂國之至。取進止。《晦庵先生朱文公文集》卷一四。

《全宋文》卷五九一六《樓鑰一七·季秋淫雨震電罪己責躬詔》（紹熙五年十月） 朕臨御以來，三閲月矣。迺者洚水爲災，畿甸尤甚。悉意賑撫，未知攸濟，而又陰氣爲沴，天作淫雨，繼之震電，信宿猶未已也。時維季秋，實已孟冬，兹豈其時耶？變不虚致，朕甚懼焉。豈朕之德薄，不足以承祖宗之休烈？抑眇躬有過，朝政或闕而致然歟？《雲漢》之詩，遇災而懼，終篇惟及「靡神不舉」、「靡愛斯牲」等語，蓋言如此。而天降之災，罪必在我，側身修行之誠，見於言外，此朕之所當勉也。朕欲應天以實，而方執壽皇之喪，避殿撤樂，皆無以自見。惟是罪己責躬，其曷敢後？布告中外，使知朕恐懼修省之意。《攻媿集》卷四二。

《全宋文》卷六二九七《彭龜年四·因禱雨論車駕不過重華宫無以消弭災眚疏》（熙寧五年三月） 臣恭聞二月二十三日有旨，日輪侍從官一員詣天竺寺禱雨。臣雖庶官，次亦當行。臣於今月四日齋戒夙興，奉將淵旨，跪辭致敬，惟懼不虔。然朝廷祈禱以來，臣竊觀天意，未見感通，纔雨即風，纔風即晴，常若有散之而不得合，格之而不得下者。訪之諸處，皆未浹洽，農事已過，旱勢可憂。臣自服職柱下，凡四閲月，已兩被旨禱雨天竺，皆無昭格。此蓋諸臣誠敬不足，不能抑達宸衷，合被譴呵，理無疑者。然臣竊伏自念水旱之災，何世蔑有？靡神不舉，具有憲章。若成湯之桑林，周宣之《雲漢》，無非反己自咎，藉以徼福於神，蓋未有祗事祈禱，以冀感通者也。臣竊聞仁宗皇帝每遇水旱，必露立仰天，痛自刻責，盡精竭慮，無所不至，而韓琦猶謂「陛下欽順上天之誠，可謂至矣，其於消伏災眚之道，則猶未焉」。琦所謂消伏災眚之道者，即《書》所謂「惟先格王正厥事」者是也。當是時，廷臣多持此論。故景祐元年旱，李淑歸咎於爵賞過優；康定元年天久不雨，龐籍以謂費用奢廣，出納不嚴所致。二臣之言災異，亦異乎漢之諸儒矣。然概之「格王正厥事」之説，則誠有此理也。富弼謂：「天地人本是一氣，氣既相貫，氣動則應。人君欲考天地災祥，以是察之而已。」臣竊觀今日所以不雨，所以召此者，雖未易數，然其大者，未有若過宫者也。臣非彊自牽合，欲得陛下因此警懼，幸聽臣言，實緣天人相與，理政如此。夫匹夫之賤，儻孝於父母，猶能致天降甘露，地冽美泉，設或不然，禍亦視此。而況陛下據億萬人之上，則其勢力感通，必視億兆之衆，蓋不止如匹夫而止也。陛下豈不見去歲未過宫之前，黑子見於日，赤眚作於夜，既過宫之後，瑞雪忽降，災變盡消，感應之理，其速如神，則臣以爲今日不雨，在於不過宫，豈過也哉！且向來無雪，固常禱而不應矣，去歲之雪，乃因不禱而得之。陛下非不禱也，禱於壽皇，即禱於天竺也。今不一定省之北宫，而但懇祈釋氏，使釋氏無靈則已，釋氏有靈而真可禱也。臣知必監陛下事親之念，必不監陛下命臣之旨也。何也？兩宫不和，則天下不和，天下不和，則天地不和，天地不和，則釋氏雖欲彊雨以應陛下之求，將不可得矣。蓋天地和則雨，未有不和而雨者。陛下一念儻回，則和自陛下而生，一念不回，則和自陛下而乖，顧釋氏何有哉！陛下儻不聽臣之言，非特不能得雨於釋氏，陛下今歲郊祀，合祀天地，而不先求夫所以得天地者，臣尤以爲憂也。《孝經》曰：「事父孝，故事天明；事母孝，故事地察。」謂之明、察者，蓋無毫釐不盡之謂也。於父母有不盡之心，則於天地有不盡之心矣。此心儻有毫釐之不盡，尚何以事天地乎！此臣又非特爲不雨而言也。情出迫切，言詞狂悖，天威咫尺，俯聽誅夷，惟陛下財幸。取進止。《正堂集》卷三。又見《歷代名臣奏議》卷一一。

清・徐松《宋會要輯稿・瑞異一之二二・雲色有龍鳳之形奏》（政和五年二月）　臣謹參詳，今日氣候稍暖，地氣滋潤，是天道欲作發變之候。即今風在未上，緣風勢清順，來日不合加臨之法。至初七日合得加臨，雨法决矣，作成陰雨之象。臣謹今晚瞻候，雲色有如龍鳳之形，亦是爲祥雲，謂地氣潤所作成也。

宋・佚名《新刊宋宣和遺事・貞集》　時盛暑中，帝與隨行人已皆疲困，並欲少息木下。大風忽起，濃雲自東南而升，大雨如注，雷電交作，帝與從人急趨民舍避之。少頃雷電大震，帝所居民家一男一婦及小兒皆死去，俄有數丈大火流於帝前，帝大驚，而人已死矣。其男婦背上皆有木篆而不可識；一小兒有朱篆可認，云「章惇後」三字。帝曰：「章惇誤國家，京城之陷，皆因此賊爲之。今果報若是！」及雨止，平地水深尺許，衆人皆不能行。

宋・宋綬《宋大詔令集》卷一五四　門下朕以眇躬獲御大器，仰聖后之慈訓，荷先烈之永圖，四載于兹，涉道尚淺，凜然祇惕，若履淵冰。思所以慰安人心，奉若天道，常慮一夫之失所，以傷萬物之太和，蠲苛去煩，夙夜願治，迺自去冬連月降雪異常，今春以來久陰不霽，農民失職，商旅不通，比屋之間，凍餒彌甚，常寒之罰，咎在朕躬，惟日兢兢以圖消復。潔精致禱，神眷未孚，克己自持，協氣無應。竊慮四方獄犴，冤滯尚多，工役煩興，人咨胥怨，鬱成繆盭之變，以干陰陽之和，宜均涣恩，以召嘉氣，應四京諸道州府軍監縣，勅命到日以前，見禁罪人，除常赦不原外，枉法自盜罪至死，情理輕者奏取指揮，鬬殺罪至死，情理稍輕者減一等，刺配千里外牢城，輕者刺配五百里外牢城，斷訖録案聞奏。其餘死罪降從流，流罪降從徒，徒以下並放。强盜罪至死，依所降决訖，情理重刺配廣南遠惡處，輕者配二千里外牢城，應諸路今春緣修河及工役所起夫並特免，如已發在路，所至告示放歸，其河上及應用急切工役，並用軍工及和雇願役貧民充，餘並權住一年，應罪人令衆者自今年三月以後並放。災傷郡縣公私欠負展一季，去年秋税展一月。流民所至及飢貧人，並多方存恤給其錢來，拘礙條制，安撫或鈐轄司景度應副訖奏，逃軍限兩月首身放罪。祠廟在祀典者，長吏差官嚴潔致祭。於戲，遇災祇戒，聿修信順之誠，正事布和，庶獲天人之助，咨爾中外，咸體朕懷。

元・脱脱等《宋史》卷六二《五行志一下》　至道元年三月甲戌，雷未發聲，召司天監寺趙昭問之，答云：「按占書，雷不發聲，寬政之應也。」七月，泗州大風雨，雷震僧伽塔及壞鍾樓。

元・脱脱等《宋史》卷一〇二《禮志五》　咸平二年旱，詔有司祠雷師、雨師。内出李邕《祈雨法》：以甲乙日擇東方地作壇，取土造青龍，長吏齋三日，詣龍所，汲流水，設香案、茗果、餈餌，率羣吏、鄉老日再至祝酹，不得用音樂、巫覡。雨足，送龍水中。餘四方皆如之，飾以方色。大凡日干及建壇取土之里數，器之大小及龍之修廣，皆以五行成數焉。詔頒諸路。

又　景德三年五月旱，又以《畫龍祈雨法》，付有司刊行。其法擇潭洞或湫濼林木深邃之所，以庚、辛、壬、癸日，刺史、守令帥耆老齋潔，先以酒脯告社令訖，築方壇三級，高二尺，闊一丈三尺，壇外二十步，界以白繩。壇上植竹枝，張畫龍。其圖以縑素，上畫黑魚左顧，環以天黿十星；中爲白龍，吐雲黑色；下畫水波，有龜左顧，吐黑氣如綫，和金銀朱丹飾龍形。又設皂幡，刎鵝頸血置槃中，楊枝洒水龍上，俟雨足三日，祭以一豭，取畫龍投水中。大中祥符二年旱，遣司天少監史序祀玄冥五星於北郊，除地爲壇，望告。已而雨足，遣官報謝及社稷。

【略】

熙寧元年正月，帝親幸寺觀祈雨，仍令在京差官分禱，各就本司先致齋三日，然後行事。諸路擇端誠修潔之士，分禱海鎮、嶽瀆、名山、大川，潔齋行事，毋得出謁宴飲，賈販及諸煩擾，令監司察訪以聞。諸路神祠、靈跡、寺觀，雖不係祀典，祈求有應者，並委州縣差官潔齋致禱。已而雨足，復幸西太一宫報謝。九年十一月，以安南行營將士疾病者衆，遣同知太常禮儀院王存詣南嶽虔潔致禱，仍建祈福道場一月。又以西江運糧獲應，命本州長吏往祭龍祠。十年四月，以夏旱，内出《蜥蜴祈雨法》：捕蜥蜴數十納甕中，漬之以雜木葉，擇童男十三歲下、十歲上者二十八人，分兩番，衣青衣，以青飾面及手足，人持柳枝霑水散洒，晝夜環繞，誦呪曰：「蜥蜴蜥蜴，興雲吐霧，雨令滂沱，令汝歸去！」雨足。

元・脱脱等《宋史》卷二〇一《刑法志三》（天聖）七年春，京師雨，彌月不止。仁宗謂輔臣曰：「豈政事未當天心耶？」因言：「向者大辟覆奏，州縣至於三，京師至於五，蓋重人命如此。其戒有司，決獄議罪，毋或枉濫。」又曰：「赦不欲數，然捨是無以召和氣。」遂命赦天下。

元・脱脱等《宋史》卷二八五《賈昌朝傳》太平興國寺災，是夕，大雨震雷。朝廷議修復，昌朝上言：「《易震》之《象》曰：『洊雷震，君子以恐懼修省。』近年寺觀屢災，此殆天示警告，可勿繕治，以示畏天愛人之意。」西域僧獻佛骨、銅像，昌朝請加賜遣還，毋以所獻示中外。悉行其言。天章閣置侍講，亦首命昌朝。累遷尚書禮部郎中、史館修撰。

元・脱脱等《宋史》卷三三六《吕公著傳》熙寧初，知開封府。時夏秋淫雨，京師地震。公著上疏曰：「自昔人君遇災者，或恐懼以致福，或簡誣以致禍。上以至誠待下，則下思盡誠以應之，上下至誠而變異不消者，未之有也。惟君人者去偏聽獨任之弊，而不主先入之語，則不爲邪説所亂。顔淵問爲邦，孔子以遠佞人爲戒。蓋佞人惟恐不合於君，則其勢易親；正人惟恐不合於義，則其勢易疎。惟先格王正厥事，未有事正而世不治者也。」禮官用唐故事，請以五月御大慶殿受朝，因上尊號。公著曰：「陛下方度越漢、唐，追復三代，何必於陰長之日，爲非禮之會，受無益之名？」從之。

明・何孟春《餘冬序録外篇》正德十二年九月，武宗幸陽和城。二十七日，方獵，天雨冰雹，軍士有死者。及夜，又有星墜之。異，明日駕赴大同。又明日，達賊以衆圍陽和。向無二異，上意未遽回。乃知天之仁愛深矣。

明・沈德符《萬曆野獲編》卷二九　成化丙申年正月十三日，上方南郊，忽陰晦大風，郊壇燈燭俱滅，執幡麾并樂官俱凍死。此祝枝山大父居京師親見，而《憲宗實録》不載，蓋秉史筆邱文莊公諱之也。南宋光宗紹熙年間亦有此異，時后李氏竊至齋宫嬿婉，且不避程姬之疾。次晨厲風震蕩，從官辟易，至不能成禮而罷。帝既怖恐。又聞李后擅殺所嬖貴妃黄氏，遂得心疾，以至於崩。

明・沈德符《萬曆野獲編・補遺》卷四　孝宗初在東宫，以萬貴妃相阨，日在危疑，值成化二十一年乙巳二月初五日丑時，泰山忽震。三月一日丑時大震，戌時又震，五日丑時又震。十三、十四日又各震一次，十九日震二次。内靈臺奏：泰山震方，此青宫不安之象。憲宗大悟，立命選婚，儲位從此益安。至弘治十八年春，朝鐘新成，其鈕忽絶，奉天門寶座之石忽自裂。至五月初九日，上已大漸，忽黄霧四塞，加以大風，咫尺不辨。午後，上遂升遐。蓋龍潛之年，與鼎湖之年，山岳金石，以至風霧，各著靈異如此，宜其列聖中第一聖也。

明・劉辰《國初事跡》京城自夏至秋不雨，有司禱求不應。太祖曰：「在京法司及在外巡按御史、按察司冤枉人以致天旱。」差人提問京畿巡按御史何士弘等，太祖命綑縛於馬坊。及諭中書省、御史臺都御史督府言事。次日，御史中丞劉基言三事。一曰「出征陣亡、病故軍妻數萬，盡令寡婦營居住，陰氣鬱結」；二曰「工役人死，暴露屍骸不收」；三曰「張士誠投降頭目不合充軍」。太祖曰：「寡人聽其嫁人，不願者送還鄉里依親；工役人釋放寧家；投降頭目免充軍役。」旬日仍不雨，太祖怒曰：「劉基還鄉爲民，御史、按察司官俱令自駕舡隻發汴梁安置。被問官赦罪還職。」後得北方，欲用舊人，太祖謂楊憲曰：「發在外梁汴御史等官，俱係舊人，盡用之。」太祖謂李善長曰：「出征陣亡及病故軍妻，俱令於寡婦營居住，不許出營，令巡綽及把門，在外男子無故入營問罪。」

明・鄧士龍《國朝典故》卷五《國初禮賢録上》上以劉基爲太史令，值熒惑守心，群臣震懼。基密奏上，宜罪己以回天意。次日，上臨朝，即以基語諭群臣，衆心始安。後大旱，上命基諗滯獄，凡平反出若干人，天應時雨。上大喜。基因奏請立法定制，遂從之。

清・張廷玉等《明史》卷三〇四《宦官傳一・王振傳》瓦剌者，元裔也。十四年，其太師也先貢馬，振減其直，使者恚而去。秋七月，也先大舉入寇，振挾帝親征。廷臣交諫，弗聽。至宣府，大風雨，復有諫者，振益虓怒。成國公朱勇等白事，咸膝行進。尚書鄺埜、王佐忤振意，罰跪草中。其黨欽天監正彭德清以天象諫，振終弗從。八月己酉，帝駐大同，振益欲北。鎮守太監郭敬以敵勢告，振始懼。班師，至雙寨，雨甚。振初議道紫荆關，由蔚州邀帝幸其第，既恐蹂鄉稼，復改道宣府。軍士紆迴奔走，壬戌始次土木。瓦剌兵追至，師大潰。帝蒙塵，振乃爲亂兵所殺。敗報聞，百官慟哭，都御史陳鎰等廷奏振罪，給事中王竑等立擊殺馬順及毛、王二中官。郕王命戮王山於市，並振黨誅之，振族無少長皆斬。振擅權七年，籍其家，得金銀六十餘庫，玉盤百，珊瑚高六七尺者二十餘株，他珍玩無算。

清·谷應泰《明史紀事本末》卷五〇《大禮議》 （弘治）二十年夏四月辛酉，九廟災。時久暘不雨，是日初昏，陰雨驟至，大雷雹以風。忽震火起仁廟，烈風噓之。須臾，燬其主，延及成祖主，亦燬，遂及太祖昭穆羣廟，惟獻廟獨存。

清·谷應泰《明史紀事本末》卷五二《世宗崇道教》 （嘉靖）秋七月，久雨，上曰：「鹿瑞龜祥，洊呈去歲。今朕辰日近，醴泉復出承華，雖聖賢不恃以怠也，而不可不敬謝。其自二十五日至八月望舉謝，停封貢事，毋慢！」八月，加封陶仲文伯爵，仲文特進光禄大夫、柱國，兼支大學士俸，任一子尚寶司丞。

又 （嘉靖）二十九年（庚申，一五五〇）夏四月，加封陶仲文恭誠伯。先是，春不雨，上以問仲文，仲文曰：「疑有寃獄。」時陽武知縣王濂以罪坐絞，子策走京師，誣巡撫胡纘宗私隙，故入人罪。述纘宗《迎駕詩》有「穆王八駿（飛雲殿）〔空飛電〕」（據《國榷》卷五十九改），湘竹英、皇淚不磨」爲詛咒。上怒，逮訊久不決。至是，因仲文言釋之。是夜，漏下四鼓，大雨。明日，傳旨封仲文，賜誥，歲禄一千二百石。

清·王士禎《香祖筆記》卷三 荆州南門有息壤，其來舊矣，上有石記云：「犯之頗致雷雨。」康熙元年，荆州大旱，州人請掘息壤。出南門外堤上，掘不數尺，有狀若屋，而露其脊者。再下尺許，啓屋而入，見一物正方，上鋭下廣，非土非木，亦非金石，有文如古篆。土人云：「即息壤也。」急掩之。其夜大雨，歷四十餘日，江水泛溢，決萬城堤，幾壞城。

《清實録·世祖章皇帝實録》卷二二《順治二年十二月》 欽天監監正湯若望奏言：「冬至以來，曆考在天諸宿，應有雨雪未驗。立春之後，未見凝寒凜冽，陰陽消息失調。仰祈皇上虔心修禱，並敕大小臣工省刑薄罰，賑恤羣黎，以答天意。」疏入。報聞。

《清實録·世祖章皇帝實録》卷七三《順治十年三月》 賜太常寺卿管欽天監事湯若望號通懸教師，加俸一倍，賜之敕諭。敕曰：「朕惟國家肇造鴻業，以授時定曆爲急務。羲和而後，如漢洛下閎、張衡，唐李淳風、僧一行諸人，於曆法代有損益，獨於日月朔望、交會分秒之數錯誤尚多，以致氣候刻應不驗。至於有元郭守敬，號爲精密，然經緯之度尚不能符合天行。其後，晷度亦遂積差矣。爾湯若望，來自西洋，涉海十萬里，明末居京師，精於象緯，閎通曆法。其時大學士徐光啓特薦於朝，令修曆局中。一時專家治曆如魏文奎等推測之法實不及爾，但以遠人之故，多忌成功，歷十餘年終不見用。朕承天眷，定鼎之初，爰諮爾姓名，爲朕修大清時憲曆，迄於有成，可謂勤矣。爾又能潔身持行，盡心乃事，董率羣官，可謂忠矣。比之古洛下閎諸人，不既優乎！今特錫爾嘉名，爲通懸教師，餘守秩如故。俾知天生賢人，佐佑定曆。補數千年之闕畧，成一代之鴻書，非偶然也。爾其益懋厥修，以服厥官，傳之史册，豈不美哉！」

《清實録·世宗憲皇帝實録》卷七《雍正元年五月》 乙未諭滿漢九卿、詹事、科道等：天時亢旱，朕夙夜焦勞，敬謹齋戒，久未得雨。意者用人行政之間，尚有缺失，不能感召天和，以致甘霖未沛。朕欲在廷諸臣直言得失，猶恐視爲具文。槩以諛詞頌揚，負朕實心求言之意。今特諭爾等各具密摺。

《清實録·世宗憲皇帝實録》卷五四《雍正五年三月》 又諭：朕以今年閏月，節氣稍遲，二月天寒，故將會試日期改至三月。但目今天氣尚覺寒冷，若再改期，又恐舉子盤費無多，難以久於旅食。今照舊旅初八日入場，著曉諭各舉子俱許攜帶手爐，以温筆硯。皮衣及厚綿衣服俱許穿進，但不得乘機懷挾，以滋弊端。場内茶飯著供給官加意預備，朕另派大臣照看料理，令早晚給與薑湯，并按名給發木炭，以資其用。

《清實録·世宗憲皇帝實録》卷九五《雍正八年六月》 丁卯，諭内閣：江寧織造郎中隋赫德具摺奏稱，本年六月初一日，日食之期，江寧地方先期陰雨，至午後則天色晴明，萬物共見，日光無虧，地方咸以爲瑞，特行奏賀等語。朕彼時即批諭切責隋赫德，此並非爾職掌應奏之事，且以識見庸鄙之人而輕言天象，尤屬誕妄。又山西巡撫覺羅石麟奏稱太原等處，濃雲密雨日食不見。朕亦降旨切加申飭矣。從來天象之災祥，由於人事之得失。若上天嘉佑而示以休徵，蓋欲人之知所黽勉，永保令善於勿替也。若上天譴責而示以咎徵，蓋欲人之知所恐懼，痛加修省於將來也。凡爲人者，受天嘉佑而或驕矜縱肆，怠惰前修，則將轉福爲災矣。受天譴責而或戒慎悚惕，省改前愆，則將化災爲福矣。此天人感應呼吸相通之理，朕所日日訓示天下臣民者。況天之錫福降災，即如人君之賞罰也。凡爲臣者，受賞一次，則終身當有奮勉感激之心。受罰一次，則終身當有儆惕抱愧之意。安有過後即淡漠置之，俟再有賞罰之時而復知感懼者乎？雍正八年六月初一日之日食，乃上天垂象以示儆，所當永遠敬畏，勿忘兢業之心，詎可以偶爾觀瞻之不顯，而遂誇張以稱賀乎？山西地方偶值陰雨，不可以概天下。至隋赫德所稱江南日光不見虧缺，朕推求其故，蓋日光外向，過午之後已是漸次復圓之時，所虧止二三分，是以不顯虧缺之象。昔年遇日食四五分之時日光照耀，難以仰視，皇考親率朕同諸兄弟在乾清宮，用千里鏡，四週用夾紙遮蔽日光，然後看出考驗所虧分數，此朕身經試驗者。若果虧蝕不及分數，則係欽天監推算之誤，又豈可因此而怠忽天戒，稍存縱肆之心乎？康熙三十六年二月初一日日食，是時我皇考降旨：日食雖人可預算，然自古帝王皆因此而戒懼。蓋所以敬天變、修人事也。若庸主則諉諸氣數矣。去年水潦地震，今又日食，意必陰盛所致。豈可謂無與人事乎？可諭九卿，如有人事應修改者，悉行奏聞。皇考敬天之心誠切如此，是以上天眷佑，本年即成蕩平噶爾丹之大功，邊方寧謐，中外歡騰，此即轉災爲福之明徵也。又康熙五十八年正月初一日日食，皇考在宮，敬謹齊肅，特命朕同諸皇子赴禮部衙門虔誠禮拜。是日陰雲微雪，未曾顯見。皇考諭廷臣曰：京師雖未曾見，別省無雲之處，必有見者。況日值三始，人事不可不謹。或有缺失之處，諸臣應商酌確議，此皆我皇考之垂訓子孫臣民者。今見外省臣工中有因今年日食不顯而生欣喜之心爲慶賀之奏者，甚屬非理，大違朕心。特諄切宣諭，俾中外臣民共知之。

《清實録・世宗憲皇帝實録》卷一一四《雍正十年正月》　乙亥，諭內閣：京師自冬及春未得雨雪，畿輔地方及近京各省雖有奏報得雪者，亦未普徧霑足。因思上年十一月十五日月食，據欽天監觀候，曾引占書「燕趙旱禾麥有傷」之語，朕心甚爲憂懼，擬於正月祈穀之期虔禱上帝，以迓天和。後因朕躬偶感風寒，醫家奏請避風靜攝，是以未曾躬親祀典，此心愈加乾惕。惟茲數月以來，雨雪未降，顯係上天垂象以示儆，甚可畏也。朕虔誠修省，體察政治之闕失，以期仰格天心。大學士九卿等，各宜恪慎齋戒，至誠祈禱，尤當洗心滌慮，殫職奉公，以爲敬天祈福之本。京師爲四方輻輳之地，民食浩繁，更宜豫爲籌畫。至於該督撫等，各自敬謹修省外，所屬地方雨澤之有無，播種之遲早，務期悉心訪察，先事圖維。儻二麥歉收，必思患豫防，勿使黎民有乏食之虞，方不負朕之委任。儻有玩忽隱飾等弊，經朕訪聞，必加嚴譴。內外大臣等，領此諭旨，務在實心奉行，不必以空言覆奏。

《清實録・世宗憲皇帝實録》卷一二八《雍正十一年二月》　甲戌諭內閣：從來天時之旱澇，由於政治之闕失。人事著於下，天道應於上。感召之機，捷於影響。朕深明此理纖毫不爽，而刑獄爲民生休戚所關，更爲緊要。一有枉抑，天氣即爲之不舒。上年京師無雪，今春雨澤又少。朕心惶懼，深恐用人行政之間錯誤失當，朝夕修省，莫釋於懷。朕觀各部院中，惟刑部聲名不好。司員作弊，胥吏逞姦，道路之間人言嘖嘖。海壽身爲尚書，乃一部之表率，伊先懷挾私心，何能使所屬之人奉公守法乎？王國棟受朕深恩，膺封疆之重寄，乃伊在湖南浙江等任非水即旱，或遇蟲災，歷歷可數。及回刑部辦事，而天時又有亢旱之象，何其前後一轍如此？伊心尚不知儆畏，視爲泛常，是漢軍汚下習氣全然未改也。刑部職任何等重大，而海壽、王國棟之居心行事若此，一任司官胥吏作姦犯科，舞文弄法，豈有不上干天和之理？朕屢次諄切誡諭，深望伊等愧悔悛改。儻仍然執迷不悟，朕惟有執國法以正其罪，非第革職降罰而已。刑部事務朕非不欲另派大臣清查經理，然新派之大臣平時既未練習科條，一到豈能洞悉情弊，輾轉思維，不得不仍於經歷之大臣是問。著即將大小事件應完結者完結，應改正者改正，種種弊端徹底釐剔，務期正本清源，毋再因循玩忽。海壽、王國棟二人尤須痛改前非，力圖後効。否則，身試法網，亦無可如何也。朕前躬謁陵寢，見沿途地方安設水缸甚多，比時詢問按察使竇啓瑛，據奏，係動支錢糧預備者。因即降旨切責，將竇啓瑛交部議處。今觀畿輔之地雨雪亦未均調，竇啓瑛爲職掌刑名之大員，而識見庸陋如此，則聽斷讞鞫之際必有不得其當者。安得不加儆懼？爾等部院大臣俱有辦事之責，刑部固爲刑名總滙，而各部事務與刑名相關涉者亦多，如户部錢糧之虧欠，工部工程之查核，吏部兵部員弁之考成，皆有處分。及交送刑部之件，諸大臣俱應慎重周詳，小心敬謹，以凛天戒。朕之用人行政如有錯誤，諸大臣科道等即當切實指陳，直言無隱。朕之省身思過，實出至誠。若少有從事虛文之意，是自欺以欺天矣，尚敢冀天心之感格乎？文武大臣科道等官向有輪班條奏之例。近年以來，軍務殷繁，暫時停止。恐耳目未周，下情或有壅於上達者。著仍照前例，輪班條奏。

《清實録·世宗憲皇帝實録》卷一五七《雍正十三年六月》 丙戌，諭理藩院：據扎魯特貝勒阿諦沙報稱，今歲春時亢旱，將伊旗分人等移於近河潮濕之地居住。五月初七日，大雨竟日，夜間水發，淹没人畜甚多等語。扎魯特等旗分年來連值旱澇，收成歉薄。今又遭此水患，深可憫惻。從古天人感召之理一定不易，果能各修人事，安分循理，自必獲福。若不善而行惡，即可以致災患，此被災旗分之扎薩克台吉等身圖安逸，怠玩公事，苦累屬下，不加愛惜，其所屬人等不知親上之義。法紀罔遵，貪營小利，互相竊盜，因而干犯天和，災害疊至。儻不知悛改，猶以被災怨望，安能消禍致福？嗣後扎薩克台吉等居心忠正，各盡職業，勤於公事，愛養屬下，令其從善，其部屬民人等各守分遵法，承應官差，黽勉効力，上下鼓勵，交勉於善，自能雨暘時若，災患不生，人畜滋息，米糧豐稔，共享安寧之福。其理固不爽也。即今蒙古等於遊牧處謀生，豈不知地方形勢？而夏令正雨水之時，率衆環居近河之地，竝不防護，以致被災，此皆怠惰成習，昧於謀生。後此可不加謹慎耶？著將此旨行文衆扎薩克等，令其徧行傳諭，各加勉旃。

《清實録·高宗純皇帝實録》卷二九《乾隆二年三月》 丙辰，諭總理事務王大臣：朕以雨澤愆期，亢旱有象，甚爲憂灼，不勝省惕，因念刑獄一事。自大赦之後，囹圄所繫無幾，而直省通緝人犯在恩赦以前者，向以該犯未獲，懸案緝拏，其中有不應赦者，有應赦者。其應赦之人，雖拏獲到案，仍免其罪，而該犯已受拘攣之苦，殊堪憫惻。著該部立速通行各省，除必不應赦者仍行通緝外，其與赦款相符者一概免其通緝。有在本案牽連待質之犯，亦即予釋放。至現今刑部羈禁之人，有似此等牽連待質者，無論赦前赦後，或釋放，或取保，著該堂官即行酌量辦理，以示矜恤。

《清實録·高宗純皇帝實録》卷四五《乾隆二年六月》甲戌 諭内閣：連日仰蒙上天降賜甘霖，衆心感慶。朕今御門聽政，復值澍雨再降，更爲優渥。念諸臣衣服未免霑濕，大臣等著賞紗二疋。凡陪奏侍班引見執事官員及侍衛等，俱著賞紗一疋。

《清實録·高宗純皇帝實録》卷八八《乾隆四年三月》辛亥 諭：本日朕祭先農壇，途遇雨澤，深爲嘉祥，但官兵衣履不無沾濕，其警蹕修路官兵及校尉者老農夫等應如何施恩之處，著莊親王、大學士等議奏。尋議。警蹕之護軍叅領五十員，修道之協尉等官二百一員，各賞給官緞一疋。警蹕之護軍校護軍八百四十名，及步軍統領衙門出派步甲四千六百五十五名，各賞給半月錢糧。鑾儀衛校尉一百五十名，各賞給一月錢糧。順天府耆老農夫等九十四人，各賞給銀二兩。得旨允行。

《清實録·高宗純皇帝實録》卷一九四《乾隆八年五月》 戊午，諭：本月初四日進愛奏請進見，朕因伊係欽天監堂官，當此亢旱炎蒸，或星象有無變異，關係朕治之得失，是以面加詢問。伊奏稱星象並無變異之處，但目下天氣亢旱，有應行調劑者，約舉四條。朕令寫出交大學士等議奏。及覽所議之摺，第一條内開：向例禁止燒鍋賭博鬬雞鵪鶉之類應大弛其禁，使民自便，則和氣感召，自可雨暘時若。第二條内開：從來官員原皆定有陋規，到任即能充裕，又加以耗羨，是以辦事從容，今一槩禁革，以致涖任後不能償還借貸等語。悖理傷道，莫此爲甚。至三條之言税課，四條之言刑罰，皆係現在已行之事，勉强湊合。經大學士等議駁，朕尚恕其無知，置之不問。今日忽又封奏云五月初九等日金星晝見，初九、十九等日屢次流星夜見等語。若其言果實，何以彼時不奏？且朕前日面詢，又以爲並無災異。今忽爲此語，豈非幸災樂禍，任意揑造，以鼓惑人心乎？且其摺内又稱去歲彗星現象時，伊曾將淮揚水災、今歲京師盛暑，豫先奏過。此皆伊並未奏及之事，揑爲已奏，更屬無恥，愚而詐之甚也。又條陳時事數件，如大學士於一切本章應行夾籤，九卿應時常召見，督撫等官應行選擇等語。大學士之夾籤與否，伊何由得知？且現今何嘗不夾籤？朕以得人，則諸事就理。雖道府等官槩令陛見請訓，而況九卿？九卿之未嘗數召見者，則留保、木和林、滿色、張廷璐、張廷瑑、王承堯、許希孔數人也。且此數人即令日日召見，能有裨於政治耶？若夫督撫之慎選，更不待言。進愛獨全不聞知耶？又稱京官外用，則以爲樂。外官内用，則以爲苦，宜加調停。不知伊意欲如何調停？想不過欲貪黷公行，賄賂交通，亦如民間之燒鍋財博，槩弛其禁，乃爲快意耶。至於内務府，何至開張舖面，與民争利？此人所共知共見者，伊不知何處來此夢囈之語？朕固數日天氣亢旱，炎熱倍常，明係上天垂象以示儆，想因朕躬之闕失與用人行政之失宜，時加省惕，倍切憂勤。若人臣進言，苟有可採，朕必樂聞。若似此卑鄙悖謬，任意揑造，且有意惑人聽聞者，則不可不加懲治。況欽天監職司推步，豈可妄逞邪説，蠱亂人心？進愛著該部嚴察議奏，并將伊摺内謬誕之處曉諭臣工知之。

《清實録·文宗顯皇帝實録》卷二八《咸豐元年二月》 己卯，諭内閣：上年冬至以後雪澤稀少，氣候頗形乾暵。入春來冷煖不時，昨已節過春分，密霰凝寒，本日始放暄霽。朕念切民依，時時返躬内省，深恐措施未當，不能上感天和。

《清實録・文宗顯皇帝實録》卷四八《咸豐元年十一月》（癸酉）緩徵甘肅臯蘭、甯夏、甯朔、西甯、大通河、狄道、固原、靈、涇、崇信、靈臺、鎮原、碾伯十四州縣暨隴四縣丞所屬被水、被雪、被風、被旱災區未完新舊銀糧草束。

《清實録・文宗顯皇帝實録》卷九〇《咸豐三年四月》（庚辰）又諭：本日據文瑞奏，入春以來風霾屢作，日色無光。本月初四日午刻日旁忽現黑氣，四圍摩盪，形成圓暈，兼以煙翳溟濛等語。覽奏曷勝警惕，上蒼示警，變不虛生。值此賊匪肆擾，徵調頻仍，朕反躬自責，亦非語言所能喻。著載銓詳考欽天監占驗等書，悉心推測，據實具奏，不可稍有隱飾。原摺著鈔給閱看，將此諭令知之。

《清實録・文宗顯皇帝實録》卷一三〇《咸豐四年五月》辛亥諭内閣：京師入夏以來雨澤稀少，節經降旨，設壇祈禱，並親詣大高殿、時應宫拈香。復派惠親王綿愉等分詣三壇虔禱。雖得雨數次，尚未深透。近畿一帶望澤尤殷。朕宵旰焦思，時勤修省。因思清理庶獄，冀可感召天和。

《清實録・文宗顯皇帝實録》卷一五二《咸豐四年十一月》甲午，諭内閣：京師入冬以來未霑雪澤，疊經降旨設壇祈禱，並新詣大高殿拈香。迄今已逾旬日，尚未渥沛祥霙。朕宵旰焦勞，時勤修省。因思清理庶獄，冀可感召天和。

《清實録・文宗顯皇帝實録》卷二一五《咸豐六年十二月》（辛丑）諭内閣：京師入冬以來僅得微雪一次，農田尚未霑足。疊經降旨，設壇祈禱。親詣大高殿拈香，並舉行三壇祈雪祀典，親詣天神壇虔禱，尚未渥沛祥霙。朕宵旰焦勞，彌深乾惕，因思清理庶獄，冀可感召天和。所有刑部及順天府現審人犯，或因未經定案久羈囹圄，疾病顛連，情殊可憫。著各該衙門督飭承審各員，速將現辦各案逐一清釐，趕緊審結。其有情節可矜，甚至含冤待白者，務即悉心研鞫，立予平反。至問徒以下輕罪人犯以及干連待質人證，訊明後即行發落省釋，毋任稽遲積壓，拕累無辜。此外尋常案件並著速行完結，以期早迓祥和，用副朕欽恤惟刑之至意。

《清實録・文宗顯皇帝實録》卷二七九《咸豐九年三月》戊戌，諭内閣：御史鄂堃奏，請慎刑獄以召和甘等語。本年入春以來，雨澤稀少，疊經降旨虔申祈禱，並親詣黑龍潭拈香。昨復降旨再申虔禱，以冀渥沛甘霖。因思清理庶獄，亦感召和甘之一事，著刑部及步軍統領、問刑各衙門將現審未結各案細心推鞫，當罪者即行擬結，無辜者勿令久羈。其輕罪人犯及干連待質例應取保候審者立予清釐省釋，毋稍稽滯，以示矜恤而迓祥和。

《清實録・穆宗毅皇帝實録》卷六二《同治二年三月》諭内閣：本年入春以來雨澤稀少，疊經虔申祈禱，尚未渥霈甘霖。因思天心與民心默相感召，近來各該問刑衙門疲玩之習牢不可破，於現審案件往往積壓不辦，甚至株連無辜，羈禁囹圄累月經年，以致愁苦之氣，上干天和。亟應破除積習以消沴戾，著問刑衙門將現審案件逐一趕緊清理，務當速審速結，無枉無縱，毋再任意延閣，致滋拖累，以示矜恤而迓和甘。

《清實録・穆宗毅皇帝實録》卷七四《同治二年七月》庚午諭議政王軍機大臣等：玉明奏，接據永陵總管海亮等禀稱，自七月初一日起陰雨連緜十有餘日，地氣滋潤深透，十三日風雨復作，以致神樹倒壩垂壓殿檐。詢諸致祭旋省之署副都統景霖，語亦相同。現擬起程前往，敬謹查驗，再行詳奏辦理等語。陵寢重地，關繫至爲緊要。現在神樹倒壩，究係如何情形。至殿檐與神樹相近，有無壓損？應如何措拄修葺？以昭慎重，著玉明於馳抵陵山後敬謹查驗，將實在詳細情形據實陳奏，請旨辦理。將此諭令知之。

《清實録・穆宗毅皇帝實録》卷一三〇《同治四年二月》諭内閣：御史丁浩奏雷電愆期，請恐懼修省一摺。上年金陵告捷之後，特頒諭旨，申戒内外大小臣工兢惕爲懷，以期上下交儆，共濟時艱。乃據奏本年正月十三日直隸廣平順德、河南開封歸德、山東曹州等府屬地方均有震雷雨雹之異。總因政事或有缺失，陰陽未和，致滋變異，上天示儆，寅畏實深。惟有力戒怠荒，益加修省於用人行政，務得其平。其内外大小臣工亦當交相策勉，共深祗懼，以迓祥和而弭災沴。

《清實録・穆宗毅皇帝實録》卷三一七《同治十年八月》辛酉，諭内閣：夏同善奏久雨爲災，請虔誠祈晴，並敦節儉，廣賑濟，開言路，清庶獄一摺。本年入秋以來雨澤過多，恐成災歉。業經降旨於本月初六日拈香祈禱，以迓時暘。因思順天、保定、天津、河間等屬地勢低窪，其被災處所業准李鴻章所請截留漕米，妥辦賑濟。此外如續有被災之處，並著直隸總督、順天府府尹查勘情形，量加撫恤，毋令一夫失所。陰陽沴癘，災祲薦臻，朕宵旰廑思，倍滋悚惕，惟當躬行節儉，以裕物力而恤民艱。刑罰失當，不足感召祥和，中外問刑各衙門尤當恤刑慎獄，清理積案，不准拖累無辜，以消災沴，並著在廷臣工於民生疾苦，政事闕失，直陳無隱，以副朕遇災修省至意。

清・徐文弼《吏治懸鏡・祈晴雨法》余嘗考漢史紀傳諸書，知董相傳箕子洪範五行之學。當時言災祥休咎，預驗不爽，惜其書泯滅無傳，世無得而知者。

惟《春秋繁露》一書八十二章，畜於好古之家，多有遺缺。予假而觀焉，得七十四章《求雨法》、第七十五章《止雨法》。歲之戊午，關中秋旱，制臺查公，撫臺張公，取其法禱於西郊，雨立沛。越今夏復旱，如其法行之，雨亦立沛。蓋禱而應者再矣。余取其書，暨武林宋氏直解，刊佈所屬而弁其首。且夫雩祭諸典，載於春秋，詳於周禮。古先聖人，豈將以是勤民之事，而聽於杳冥不可知之數哉。亦誠有深於識天人之理，而假是以將之。是以重其事，隆其制，具其儀，凡以通上下之交云爾。《易》曰：「雲行雨施。」《禮》曰：「天降時雨。」山川出雲，蓋下降上濟，神功亦於是乎在。亢陽違和，雨澤愆期，下上之交，夫必有阻隔之者，惟人體誠敬之性足以通之。天人響應，亦其理故然也。江都董氏，爲漢醇儒，擅天人之學素矣。是書特其餘耳。予留心民事，每患譾薄，無以扶植。且自大江以南，水旱之災，十有八九。世之俗吏，每以禱雨之禮付之僧道。設壇遣將，呼召風雷，無一驗者，彼且甘心以爲當然，民死而莫之救。是何心哉？拊循之暇，撿閲節解，悉以淺近之言，註於各條之下，以便觀覽，非惟官司可行，而里社亦可行。然祈天在修己德，凡我僚友，諸里社民，庶其各存心守正，毋拂天理，毋紊天常，則久旱而禱雨，久雨而禱晴，據董相之法，必有應者多矣。

清·賀長齡《清經世文編》卷四五《户政二〇·荒政五·李畬〈旱魃辨〉》

黄氏遇旱則以里中新喪爲魃，刦而誅之，惡俗也。予治之次年辛亥大旱。予爲此辨以曉之，此風遂熄云。嗟爾民旱甚矣，非魃不至此。我急欲誅之，以紓爾憂。然以新喪當之則不可。詩曰：旱魃爲虐。經無明注，及考他書。兆天下之旱者二，旱一國者亦二，而兆一邑之旱者四，新喪不與焉。其狀如狐而有翼，音如鴻而名獙獙者，姑逢山中有之。石膏水中似鱣而一目，音如鷗者，女巫山中有之。見則天下旱者也。其旱一國者。若南方之似人而目生頂上，行如飛者，一首兩身，似蛇而名肥遺，生於渾夕山者是也。其狀如鴞，而赤足直喙，音如鵠而黄文白首，人面龍身者，在鐘山之東也。有鳥焉似鴞而人面，蜼身而犬尾，在崦嵫山也。西望幽都，有音如牛，是錞於母逢山之大蛇也。有如蛇而四翼，其音如磬，是鮮山之下鮮水之鳴蛇也。如是者旱一邑。此皆出《神異經》及東西南北中諸《山經》，非予之臆説也。爾民往察之，有一於此，任爾率比閭族黨往誅之，無赦。其或仍謂新喪爲魃者，是亂民也，惡風也。予將執國法以誅之，亦無赦。

氣象災害實録

《左傳·隱公九年》　九年春，王三月癸酉，大雨霖以震，書始也。庚辰，大雨雪，亦如之。書，時失也。凡雨，自三日以往爲霖，平地尺爲大雪。

《左傳·桓公五年》　秋，大雩。書，不時也。凡祀，啓蟄而郊，龍見而雩，始殺而嘗，閉蟄而烝，過則書。

《左傳·宣公八年》　冬，葬敬嬴。旱，無麻，始用葛茀。雨，不克葬，禮也。

《左傳·昭公十六年》　九月，大雩，旱也。鄭大旱，使屠擊、祝欵、豎柎有事於桑山。斬其木，不雨。子産曰：「有事於山，蓺山林也；而斬其木，其罪大矣。」奪之官邑。

《左傳·昭公二十四年》　夏，五月乙未朔，日有食之。梓慎曰：「將水。」昭子曰：「旱也。日過分而陽猶不克，克必甚，能無旱乎？陽不克莫，將積聚也。」

漢·班固《漢書》卷六《武帝紀》　正月戊子，陽陵園火。夏四月，雨雹，關東郡國十餘飢，人相食。

漢·班固《漢書》卷二七上《五行志上》　成帝建始三年夏，大水，三輔霖雨三十餘日，郡國十九雨，山谷水出，凡殺四千餘人，壞官寺民舍八萬三千餘所。元年，有司奏徙甘泉泰畤、河東后土於長安南北郊。二年，又罷雍五畤，郡國諸舊祀，凡六所。

漢·班固《漢書》卷九九下《王莽傳下》　四月，遣太師王匡、更始將軍廉丹東，祖都門外，天大雨，霑衣止。長老歎曰：「是爲泣軍！」莽曰：「惟陽九之阸，與害氣會，究於去年。枯旱霜蝗，飢饉薦臻，百姓困乏，流離道路，於春尤甚，予甚悼之。今使東嶽太師特進褒新侯開東方諸倉，賑貸窮乏。太師公所不過道，分遣大夫謁者並開諸倉，以全元元。」

唐·張鷟《朝野僉載》卷一　長安二年九月一日，太陽蝕盡，默啜賊到并州。至十五日夜，月蝕盡，賊并退盡。俗諺曰：「棗子塞鼻孔，懸樓閣却種。」又云：「蟬鳴蛁蟟唤，黍種餻糜斷。」又諺云：「春雨甲子，赤地千里。夏雨甲子，乘船入市。秋雨甲子，禾頭生耳。冬雨甲子，鵲巢下地，其年大水。」

宋·范成大《吴郡志》卷四六《異聞》　元豐四年七月，蘇州大水，西風駕湖水浸没民居，凡邊湖者皆蕩盡，或舉家不知所在。松江長橋，亦推去其半，橋南至平望皆如掃，内外死者萬餘人。翌日水退，村人漸獲流尸，蘇匠爲棺，一日盡售，無以繼之。人云：吴江以北，民露地而哭。平望以南，刈禾而歌。

宋·洪邁《容齋隨筆·五筆》卷七《風災霜旱》 慶元四年，饒州盛夏中，時雨頻降，六七月之間未嘗請禱，農家水車龍具，倚之於壁，父老以爲所未見，指期西成有秋，當倍常歲，而低下之田，遂以潦告。餘干、安仁乃於八月罹地火之厄。地火者，蓋苗根及心，蠹蟲生之，莖幹焦枯，如火烈烈，正古之所謂蟊賊也。九月十四日，嚴霜連降，晚稻未實者，皆爲所薄，不能復生，諸縣多然。有常産者，訴於郡縣，郡守孜孜愛民，有意蠲租，然僚吏多云：「在法無此兩項。」又云：「九月正是霜降節，不足爲異。」案白樂天諷諫《杜陵叟》一篇曰：「九月霜降秋早寒，禾穗未熟皆青乾。長吏明知不申破，急斂暴征求考課。」此明證也。予因記元祐五年蘇公守杭日，與宰相吕汲公書，論浙西災傷曰：「賢哲一聞此言，理無不行，但恐世俗諂薄成風，揣所樂聞與所忌諱，争言無災，或有災而不甚損。八月之末，秀州數千人訴風災，吏以爲法有訴水旱而無訴風災，閉拒不納，老幼相騰踐，死者十一人。由此言之，吏不喜言災者，蓋十人而九，不可不察也。」蘇公及此，可謂仁人之言。豈非昔人立法之初，如所謂風災、所謂早霜之類，非如水旱之田可以稽考，懼貪民乘時，或成冒濫，故不輕啓其端。今日之計，固難添創條式。但凡有災傷，出於水旱之外者，專委良守令推而行之，則實惠及民，可以救其流亡之禍，仁政之上也。

元·脱脱等《宋史》卷三二一《鄭俠傳》 是時，自熙寧六年七月不雨，至於七年之三月，人無生意。東北流民，每風沙霾曀，扶携塞道，羸瘠愁苦，身無完衣。並城民買麻籸麥麩，合米爲糜，或茹木實草根，至身被鎖械，而負瓦揭木，賣以償官，累累不絶。俠知安石不可諫，悉繪所見爲圖，奏疏詣閤門，不納。乃假稱密急，發馬遞上之銀臺司。其略云：「去年大蝗，秋冬亢旱，麥苗焦枯，五種不入，羣情懼死；方春斬伐，竭澤而漁，草木魚鱉，亦莫生遂。災患之來，莫之或禦。願陛下開倉廩，賑貧乏，取有司掊克不道之政，一切罷去。冀下召和氣，上應天心，延萬姓垂死之命。今臺諫充位，左右輔弼又皆貪猥近利，使夫抱道懷識之士，皆不欲與之言。陛下以爵禄名器，駕馭天下忠賢，而使人如此，甚非宗廟社稷之福也。竊聞南征北伐者，皆以其勝捷之勢、山川之形，爲圖來獻，料無一人以天下之民質妻鬻子，斬桑壞舍，流離逃散，遑遑不給之狀上聞者。臣謹以逐日所見，繪成一圖，但經眼目，已可涕泣。而況有甚於此者乎！如陛下行臣之言，十日不雨，即乞斬臣宣德門外，以正欺君之罪。」

《全元文》卷一七九《王惲》 陶晉卿説：獲嘉縣今年五月初，雨雹爲災，其大如杯拳，桑棗皆戕折無餘，及多拔大木，有提去百步者，如此凡一十八村，其可畏也。予曰：天地間無别物，只是陰陽二氣交感而已。雨露霜雪如常者，天地和恒之氣也。唯其弗和，致有此異，蓋陰沴乖戾之氣從中脅而成之，其大小即隨所感輕重而然。木拔與去，此是伏陰搏陽，而奮木適與值，遂突而出之耳。氣盛物微，吹而去之，氣散自墜於下。予二十歲時，行共山道中，望羊角風自西南來，蓬勃方數百畝，吹駕大枋於塵坌上者數十株，正此同耳。申豐云：雨雹，山有冰不藏，藏無棄餘所致。且一歲山谷間陰積不釋者，若一一藏之，庸能既乎？又《夷堅志》説，有人雨過山行，觀大木忽拔，至聞其陰靈用力過而自絶倒者，是皆齊東野人之語。

清·張廷玉等《明史》卷二九《五行志二》 成化元年六月，畿東大雨，水壞山海關、永平、薊州、遵化城堡。八月，通州大雨，壞城及運倉。二年，定州積雨，壞城垣及墩臺垛口百七十三。八年七月，南京大風雨，壞天、地壇、孝陵廟宇。鳳陽大雨，壞皇陵牆垣。九年三月，南京大風雨，拔太廟、社稷壇樹。十三年七月，京城大雨。十四年八月，鳳陽大雨，没城内民居以千計。十七年七月乙酉，南京大風雨，社稷壇及太廟殿宇皆摧。十八年，河南、懷慶諸府，夏秋霪雨三月，塌城垣千一百八十餘丈，漂公署、壇廟、民居三十一萬四千間有奇，淹死一萬一千八百餘人。

又 弘治二年七月，京師霪雨，求直言。三年七月，南京驟雨，壞午門西城垣。七年七月庚寅，南京大風雨，壞殿宇、城樓獸吻，拔太廟、天、地、社稷壇及孝陵樹。自五月至八月，義州等衛連雨害稼。八年五月，南京陰雨踰月，壞朝陽門北城堵。九月，潮州諸府，颶風暴雨壞城垣廬舍。十年七月，安陸霪雨，壞城郭廬舍殆盡。十一年七月，長安嶺暴風雨，壞城及廬舍。十四年六月，義、錦、廣寧霪雨，壞城垣、墩堡、倉庫、橋梁，民多壓死者。十五年六七月，南京大風雨，孝陵神宫監及懿文陵樹木、橋梁、牆垣多摧拔者。十六年五月，榆林大風雨，毁子城垣，移垣洞於其南五十步。十八年三月，雙山堡大雷雨壞城。六月至八月，京畿連雨。

又 崇禎五年六月，大雨。八月，又雨，衝損慶陵。九月，順天二十七縣霪雨害稼。十一年夏，雨浹旬，圮南山邊垣。十二年十二月，浙江霪雨，阡陌成巨浸。十三年四月至七月，寧、池諸郡霪雨，田半爲壑。十五年十月，黄、蘄、德安諸郡縣霪雨。十六年二月戊辰，親祀社稷，大風雨，僅成禮而還。

明・沈德符《萬曆野獲編》卷二八《大風吹人》 《遼史》記其國聖宗開泰八年五月，留打魯瑰部節度使哼魯里至鼻灑河，天地晦冥，大風飄四十二人飛旋空中，良久墮數里外，有一酒壺在地乃不移。此亦宇内極異之事，斷無再見者。曾聞新城王霽宇（象乾）少司馬之始祖母，乃從空飄至其家，久而方醒，問之言語不通。蓋異域人，爲颶風吹墮，因爲其婦，生育諸子，今王氏蟬冕聯翩，貴盛無比，皆其苗裔也。余初不甚信，頃晤司馬從弟王季木（象巽）孝廉詢之，云果然。嗟乎！亦異甚矣。

明・沈德符《萬曆野獲編》卷二九《弘治異變》 弘治爲極盛之世。【略】十四年秋，一日，蜀忠州大湴等三里，晝晦雨黑子，形色如椒，平地可掬，嘗之略如稻味，久而生苗如粱，後值霜侵枯槁。州守汾州人姓宋，以爲瑞。郡守華陰人姓屈，以爲災。申達莆田林中丞，取驗奏聞。後州人竟無災，惟宋守卒於官。十四年閏七月二十七日，四川烏撒府可渡河巡檢司，大雷雨三晝夜，水漲山崩，地裂山鳴，如牛吼。湧出清泉數十派，壞廬舍橋梁，壓死人畜無算。是年八月，廣東瓊山縣，颶風暴雨，海飜漲，平地水高七尺，壞房屋，軍民男婦死者，不可勝計。廣西融縣昏刻，星大如箕，長丈餘，流西北方，河水陡紅，濁如黄河，日炎如暑，夜寒如冬，疫瘴大行，至一家全無爨者。【略】十四年十一月，江西贛州府連日大雷雨，各縣遂多瘴病，有朝病暮死者。雲南景東府，自弘治十五年正月以後，人畜疫死，不可勝計。十一月十九，雲霧黑暗，人往來面目不辨，晝夜不分，凡七日。又隴川宣撫司，十月大雨雹，大者如掌，小者如雞卵，盡殺田禾。十五年，南太常卿楊一清奏：七月初三日，猛風急雨，震盪掀翻，江潮洶湧，江東諸門，號如陂，湖水浸入城五尺餘。中下新河官民船飄溺，入水多溺死。孝陵及天地山川壇，太廟社稷，拔樹木萬餘。是日正上聖誕，當時尤以爲異。而鳳陽祖陵，亦以是日遭變，萬歲山龍興寺，一應壇壝俱毁。上命祭告修省。十六年正月十八日，雲南宜良縣地震，有聲如雷，搖動房屋。二月初三日，宜良縣復黑氣迷空，咫尺不辨人形，狂風晝夜不息，地中雷有聲。【略】○先是弘治元年閏正月，南京奏，連朝雷電交作，大雨雪。又陝西守臣奏，天門開，人馬百萬自下而入。二年二月十四日，河南地方，晝晦如夜，咫尺不辨人物，黄塵障天，赤光如火。【略】又是年五月，蘇州大風雷，牛馬在野者多喪其首，民家一産五子三女，皆無首，二女臍下各有一口助啼相應，數日俱死，有報到京。六年十二月初一，南京金星晝見未位，次日大雷電風雨，拔孝陵樹無數。湖廣鄖陽府，亦是日雷電大雪，平地深三尺，凍死人畜無算。七年七月初三日，蘇、常、鎮三府，風雨驟作，拔木飄瓦，潮水泛溢，平地水深五尺，臨江深一丈，民皆溺死。【略】最後則十七年六月，江西廬山如雷鳴，次日大風雨，平地水丈餘，溺死星子、德安二縣人口無算。又直隸崇明縣民顧孟文，雄雞伏卵，猴頭而人形，身長四寸，有尾活動而無聲，尤爲怪極。蓋未期而孝宗上賓矣。按弘治間災異，實累朝所無，此天心仁愛，示警聖明。且其時上下同心，遇災而懼，以故無損太平之萬一云。

明・沈德符《萬曆野獲編》卷二九《訛言火廟》 嘉靖二十年四月初五日未申時，東草場火起，京師人遂訛傳火焚宗廟，遠近惶駭。至暮大雨雹，且風霆大震，咸謂災止草場，今且熄矣。夜分以後，火忽從仁宗廟起，延燒成廟及太廟，各廟盡付煨燼，惟新立睿宗廟獨存，果應訛言，真可異也！

清・計六奇《明季北略》卷五《崇禎二年乙巳・馬懋才備陳大饑》（崇禎二年四月二十六日疏） 臣鄉延安府，自去歲一年無雨，草木枯焦。九八月間，民爭採山間蓬草而食，其粒類糠皮，其味苦而澁，食之僅可延以不死。至十月以後，而蓬盡矣，則剥樹皮而食，諸樹惟榆皮差善，雜他樹皮以爲食，亦可稍緩其死。迨年終而樹皮又盡矣，則又掘其山中石塊而食，石性冷而味腥，少食輒飽，不數日則腹脹下墜而死。民有不甘於食石而死者，始相聚爲盜，而一二稍有積貯之民遂爲所劫，而搶掠無遺矣，有司亦不能禁治。間有獲者，亦恬不知怪。曰：「死於飢，與死於盜等耳，與其坐而饑死，何不爲盜而死，猶得爲飽死鬼也。」

《清實録・宣宗成皇帝實録》卷四三一《道光二十六年六月》 癸亥，諭内閣載容等奏：馬蘭峪地方閏五月間風雨交作，昭西陵寶城垛口等處，均有被風吹落零星物件及風損樹株情形。又另片奏：風吹樹株出土、挑起甎塊等情，均應趕緊修整，著派特登額、阿靈阿前往敬謹察看具奏辦理。

著作部

漢代—宋代

漢・班固《漢書》卷三〇《藝文志》《泰壹雜子雲雨》三十四卷。

《國章觀霓雲雨》三十四卷。

又《請雨止雨》二十六卷。

《全漢文》卷二五《東方朔》《東方朔占》案：《隋志五行家》有《東方朔歲占》一卷，又有《東方朔占》二卷，《東方朔書》二卷，《東方朔書鈔》二卷，《東方朔麻》一卷，《東方朔占候水旱下人善惡》一卷，凡六種。《開元占經引見》統稱《東方朔占》，今從之。子日東風卯日雨。丑日東風辰日雨。寅日東風巳日雨。卯日東風午日雨。辰日東風未日雨。巳日東風申日雨。午日東風即日雨。未日東風申日雨。申日東風子日雨。酉日東風丑日雨。戌日東風寅日雨。亥日東風辰日雨。甲子日雨丙寅止。乙丑日雨丁卯止。丙寅日雨即日止。丁卯雨夕止。戊辰雨夜半止。己巳雨立止。庚午日雨辛未止。辛未日雨戊寅止。壬申日雨即日止。癸酉日雨甲戌止。甲戌日雨即時止。案：此下有脱文。己卯日雨立止。庚辰日雨即止。辛巳日雨癸未止。壬午日雨即日止。癸未日雨甲申止。甲申日雨即止。乙酉日雨丙戌止。丙戌日雨即止。丁亥日雨即時止。戊子日雨庚寅止。己丑日雨庚寅止。庚寅日雨即時止。辛卯日雨即止。壬辰日雨辛丑止。癸巳日雨夕止。甲午日雨即時止。乙未日雨丁酉止。丙申日雨夕止。丁酉日雨己亥止。戊戌日雨辛丑止。己亥日雨即止。庚子日雨壬辰止。辛丑日雨壬寅止。壬寅日雨即止。癸卯日雨即時止。甲辰日雨即止。乙巳日雨丙午止。丙午日雨即止。

唐・魏徵等《隋書》卷三四《經籍志三》《風角占候》四卷梁有《風角雜兵候》十三卷，亡。【略】

《靈臺祕苑》一百一十五卷太史令庾季才撰。【略】

《日月暈珥雲氣圖占》一卷梁有《君失政大雲雨日月占》二卷。

後晉・劉昫等《舊唐書》卷四七《經籍志下》《乙巳占》十卷李淳風撰。【略】

《風角要候》一卷翼奉撰。

《風角六情訣》一卷王琛撰。

《風角》十卷。

《風角鳥情》二卷劉孝恭撰。

清・永瑢、紀昀《四庫全書總目提要》卷二一《月令解》宋張虙撰。虙，慈溪人，慶元丙辰進士。官至國子祭酒。是編乃虙端平初入講幄時所纂。未及講竟，以病歸，家居時乃續完之，表進於朝。十二月各自爲卷。奏稱每一月改，則令以此一月進於御前，可以裁成天地之道，輔相天地之宜。雖未免過膠古義，不盡可見諸施行，然辭義曉暢，於順時出政之際，皆三致意焉，其用心有足取者。《月令》於劉向《別録》，屬《明堂陰陽記》，當即《漢書・藝文志》所云「古明堂之遺事」，在《明堂陰陽》三十篇之内者，《呂氏春秋》録以分冠十二紀。馬融、賈逵、蔡邕、王肅、孔晁、張華皆以爲周公作。鄭康成、高誘以爲即不韋作。論者據《漢書・百官表》，言太尉爲秦官。或又據《國語》晉有元尉、輿尉之文，謂尉之名不必起於秦。然究不得因元尉、輿尉，遂斷三代必有太尉也。意不韋采集舊文，或附益以秦制歟？今考其書，古帝王發政施令之大端，皆彰彰具存，得其意而變通之，未嘗非通徑適用之一助。至其言誤某令則致某災，殆因《洪範》「庶征」而推衍之，遂爲漢儒陰陽、五行之濫觴。虙《解》皆未能駁正。然列在禮經，相沿已久，亦不能獨爲虙咎也。原書因隨月進御，故凡解見孟月者，仲月、季月皆重見。《永樂大典》所載，各爲一編，多刪其復，於例爲協。間有刪之不盡者。今並汰除，以歸畫一焉。

清・永瑢、紀昀《四庫全書總目提要》卷六七《歲時廣記》宋陳元靚撰。元靚不知其里貫，自署曰「廣寒仙裔」，而劉純作後序，稱爲「隱君子」，其始末亦未詳言，莫之考也。書前又有「知無爲軍巢縣事朱鑒」《序》一篇。鑒乃朱子之孫，即嘗輯《詩傳遺説》者，後仕至湖廣總領。元靚與之相識，則理宗時人矣。其書《宋志》不著録，惟見於錢曾《讀書敏求記》，稱「前列圖説分四時爲四卷」。今此本乃曹溶《學海類編》所載，卷首並無圖説，蓋傳抄者佚之。書中摭《月令》、《孝經緯》、《三統歷》諸書爲綱，而以雜書所説關於節序者，按月分隸。凡春令四十六條，夏令五十條，秋令三十二條，冬令三十八條。大抵爲啓札應用而設，故於稗官説部多所徵據，而《爾雅》、《淮南》諸書所載足資考證者，反多遺缺，未可以稱善本。特其於所引典故，皆備録原文，詳記所出，未失前人遺意，尚與後來類書隨意删竄者不同，姑録存之以備參考焉。

清・永瑢、紀昀《四庫全書總目提要》卷九九《虎鈐經》 宋許洞撰。洞字淵夫，吴興人。咸平三年進士，爲雄武軍推官，免歸。尋召試中書，改烏江縣簿，坐事，變姓名，隱中條山。龔明之《中吴紀聞》謂：「洞平生以文章自負，所著詩篇甚多。歐陽修嘗稱爲俊逸之士者，是也。」是書卷首有洞《進表》及自序，大意謂《孫子兵法》奥而精，學者難於曉用。李筌《太白陰符經》論心術則秘而不言，談陰陽又散而不備。乃演孫、李之要，而撮天時、人事之變，備舉其占。凡六壬、遁甲、星辰、日月、風雲、氣候、風角、鳥情以及宣文設奠、醫藥之用、人馬相法，莫不具載。積四年書成，凡二百十篇，分二十卷，名曰《虎鈐經》。大都匯輯前人之説，而參以己意。惟第九卷所載飛鶚、長虹、重覆、八卦、四陣，及飛轅寨諸圖，爲洞自創耳。其四陣統論自以爲遠勝李筌所纂。其間亦多迂闊誕渺之説，不足見諸施行。然考《漢書・藝文志》兵家者流，有兵權謀、兵形勢、陰陽諸類，凡七百餘篇。蓋古來有此專門之學。今《漢志》所録者久已亡佚，而洞獨能掇拾遺文，撰次成帙，不可謂非一家之言。録而存之，亦足以備一説也。

元代—明代

元・脱脱等《金史》卷一二《章宗紀四》 壬子，司天臺長行張翼進《天象傳》。

明・宋濂等《元史》卷一六四《郭守敬傳》 十九年，恂卒。時曆雖頒，然其推步之式，與夫立成之數，尚皆未有定藁。守敬於是比次篇類，整齊分杪，裁爲《推步》七卷，《立成》二卷，《曆議擬藁》三卷，《轉神選擇》二卷，《上中下三曆注式》十二卷。二十三年，繼爲太史令，遂上表奏進。又有《時候箋注》二卷，《修改源流》一卷。其測驗書，有《儀象法式》二卷，《二至晷景考》二十卷，《五星細行考》五十卷，《古今交食考》一卷，《新測二十八舍雜坐諸星入宿去極》一卷，《新測無名諸星》一卷，《月離考》一卷，並藏之官。

元・陶宗儀《南村輟耕録》卷五《授時曆法》 授時曆要法歌曰：授時曆法君要知，但以九年舊曆推。古云，但看九年免望日，便是今年正月一。月大月小起初一，看其初一天地支。天不言干者，爲詩句所拘，然舉支以見干也。當推九年前曆，每月初一是何干支，便以此干支依後法數去。大月天干五支九，且如大月天干五，地支九。假令初一日甲子，甲至戊，五數也，子至申，九數也，即以戊申爲今月朔。小月天四地八耦。且如小月，天干四，地支八。假令初一日丙寅，丙至己，四數也，寅至酉，八數也，即以己酉爲今月朔。古云，前九之年起算法，大月五九小四八。月大三十日無差，如初一日己酉，數至次月朔見己卯，即月大也。月小分明只廿九。如月朔數至次月朔止廿九日，即月小也。節氣只憑九年曆，假若造甲午年曆，則看丙戌年節氣。二十四氣真端的。要知今年節氣，則看前九年中是何節氣。天干三數地支七，假如癸亥日，癸見乙，三數，亥見己，七數也。熟記心中須歷歷。定時二十四年取，逢時遇八君無慮。如逢子時交節氣，却用未時亦交也，中氣如之。若依此法箇中推，方省陰陽玄奥處。閏月本來中氣無，古云，閏月無中氣。何勞物外更它圖。世人諳得神仙術，不是愚氓是丈夫。又歌曰：九年二月半，便是正月一，前九年二月十五日辰，即今年正月一日辰。該九十七箇半月，二千八百八十日，六甲轉四十八周。只九年中取，大小無差失。又歌曰：若要求立春，相衝對食神，假如前九年甲子日立春，甲食丙，子衝午，即今年丙午日立春也。二十四氣准此。閏月無中氣，説與惺惺人。又一法云：古有數九九之語，蓋自至後起，數至九九，則春已分矣。正如至後一百六日爲寒食之類。豈特此爲然，凡推算皆有約法。推閏歌括云：欲知來歲閏，先算至之餘，更看大小盡，決定不差殊。謂如來歲合置閏，止以今年冬至後餘日爲率。且如今年十一月二十二日冬至，則本月尚餘八日，則來年之閏，當在八月。或小盡，則七月。若冬至在上旬，則以望日爲斷，十二日足，則復起一數焉。推節氣歌括云：中氣與節氣。但有半月隔，若要知仔細，兩時零五刻。謂如正月甲子日子時初初刻立春，則數至己卯日寅時正一刻，則是雨水節也。推立春歌括云：今歲先知來歲春，但隔五日三時辰。謂如今年是甲子日子時立春，則明年合是己巳日卯時立春。若夫刻數，則用前法推之。又求節氣歌曰：驚蟄五時二刻求，清明十時四刻流。立夏一日三時六，芒種一日九時周。小暑二日二時二，立秋二日七時四。白露三日零六刻，寒露三日六時至。立冬三日十一二，大雪四日四時四。小寒四日九時六，五日三時交新歲。節遇子時加一日，此爲捷法君須記。又一年約法云：一周年，三百六十五日零三時。一月節，三十日零五時二刻。半月一氣，十五日零二時五刻。又食神定法云：甲食丙，乙食丁，丙食戊，丁食己，戊食庚，己食辛，庚食壬，辛食癸，壬食甲，癸食乙。其捷要，但取我生之干。陽配陽，陰配陰是也。又時刻約法歌云：二十四氣漸差除，循環時刻四同途。單逢正四換初一，正三依舊復初、初。又乘除法推算二十四氣時刻云：其法不論何歲何月，但以日爲百數，時爲十數，刻爲零數。初一至初十，於百上下數。如過初十，於千上下數。假如正月十一日亥正一刻立春，欲求中氣，則先下一千一百數，十一日故也。再下十二數，亥時故也。如子一、丑二之類，復加一千五百二十五數，共得二七三三，則二十七日寅初二刻雨水也。何以知爲初二刻，蓋零一數初初刻，二數初一刻，三數初二刻，四數初三刻，五數正初刻，六數正一刻，七數正二刻，八數正三刻，此六成法也。今零三數，是乃初二刻矣。欲求二月節，則於前數上加一五二五，即前一千五百二十五也。此項數，節氣中氣皆以之加用。爲前正月小盡，除去二十九日，如遇大月，除去三十日。算中氣，則不除大小月。剩下一三五八，則十三日辰時正三刻驚蟄也。餘倣此。十二時爲一日，如遇十三時以上，則退十二時爲一日，八刻爲一時。如遇九刻以上，則退八刻爲一時也。

清・張廷玉等《明史》卷九八《藝文志三》　寧獻王《臞仙神隱書》四卷。

顧清《田家月令》一卷。

温純《齊民要書》一卷。

陳鳴鶴《田家月令》一卷。

宋公望《四時種植書》一卷。

馮應京《月令廣義》二十四卷。

徐光啓《農政全書》六十卷、《農遺雜疏》五卷。

張國維《農政全書》八卷。

吴嘉言《四季須知》二卷。【略】

王臣夔《測候圖説》一卷。

馬承勛風纂十二卷。

《雹占》三卷。

鳳雲實鑒一卷。

《物象通占》十卷。

《白猿經》一卷。

清・永瑢、紀昀《四庫全書總目提要》卷六七《月令廣記》　明馮應京撰，戴任續成之。【略】是書前有任《叙由》一篇，稱應京初爲《士民月令》一卷，凡十有二令。今益以閏月，而增《五紀篇》，冠以圖，統之以歲總，約十二月文義之同者，括爲每月令，領於春令之前，復概每月三十日所同者，立晝夜令，而一十二時區爲時令，繫諸篇終，共爲卷二十有五。則應京原書只一卷，此本皆任所增加，而卷首馮雲「紀略」，乃稱應京在鎮撫司作此書二十四卷。應京自序又稱，任僅增三之二。大抵二人先後成之，而彼此均欲據以爲功，故其説矛盾也。其書較盧氏《月令通考》差詳備，而亦多猥雜。

清・永瑢、紀昀《四庫全書總目提要》卷六七《月令通考》　明盧翰撰。翰有《易經中説》，已著録。此書以一歲十二月，每月雜採故事，兼及流俗舊聞。首記天道，次治法，次地利，次民用，次攝生，次涓吉，次占候，次跡往，次考言，次擴聞，謂之十例，頗爲龐雜。其自序云：「因見《家塾事親》一書而廣之爲此。」則託始已爲俗學，其不能精核宜矣。

清・永瑢、紀昀《四庫全書總目提要》卷九九《陣紀》　明何良臣撰。良臣字惟聖，會稽人。弱冠棄諸生從軍，嘉靖間官至薊鎮游擊。是編皆述練兵之法。一卷曰募選、束伍、教練、致用、賞罰、節制。二卷曰奇正、虚實、衆寡、卒伍、技用。三卷曰陣宜、戰令、戰機。四卷曰摧陷、因勢、車戰、騎戰、步戰、水戰、火戰、夜戰、山林谷澤之戰、風雨雪霧之戰，凡二十三類，共六十六篇。【略】惟良臣當嘉靖中海濱弗靖之時，身在軍中，目覩形勢，非憑虚理斷、攘袂坐談者可比。在明代兵家，猶爲切實近理者矣。

清・永瑢、紀昀《四庫全書總目提要》卷一〇二《農政全書》　明徐光啓撰。是編總括農家諸書，裒爲一集。凡農本三卷，皆經史百家有關民事之言，而終以明代重農之典。次田制二卷，一爲井田，一爲歷代之制。次農事六卷，自營治開墾以及授時占候，無不具載。次水利九卷，備録南北形勢，兼及灌溉器用諸圖譜。後六卷則爲泰西水法考。【略】次爲農器四卷，皆詳繪圖譜，與王禎之書相出入。次爲樹藝六卷。【略】次爲蠶桑四卷。【略】次爲種植四卷，皆樹木之法。次爲牧養一卷，兼及養魚、養蜂諸細事。次爲制造一卷，皆常需之食品。次爲荒政十八卷，前三卷爲備荒，中十四卷爲救荒本草，末一卷爲野菜譜亦類附焉。

清・永瑢、紀昀《四庫全書總目提要》卷一〇六《曆體略》　明王英明撰。英明字子晦，開州人。萬曆丙午舉人。是編成于萬曆壬子。上卷六篇，曰《天體地形》，曰《二曜》，曰《五緯》，曰《辰次》，曰《刻漏極度》，曰《雜説》。中卷三篇，曰《極宫》，曰《象位》，曰《天漢》。下卷則續見歐邏巴書，撮其體要，曰《天體地度》，曰《度里之差》，曰《緯曜》，曰《經宿》，曰《黄道宫界》，曰《赤道緯躔》，曰《氣候刻漏》，凡七篇。又附《論日月交食》一篇。然其上、中二卷所講中法，亦皆與西法相吻合。蓋是時徐光啓《新法算書》雖尚未出，而利瑪竇先至中國，業有傳其説者，故英明陰用之耳。所論皆天文之梗概，不及後來梅文鼎、薛鳳祚諸人，兼備測量推步之法。然學天文者，必先知象緯之文與運行之故，而後能因其度數，究其精微。是書説雖淺近，固初學從入之門徑也。卷首冠以五圖，據翁漢麟序，英明原著書而不著圖，此本乃順治丙戌，英明之子倦官江南督糧道時，以原本重刊，屬漢麟所補。倦跋稱位置編帙，與前刻少異。考書中《步天歌》第一章，下有附注，稱《步天歌》無善本，兹從先生訂正，庶鮮魚魯之訛云云。核其文義，亦漢麟之語。則是書蓋經漢麟重訂，非其原本矣。

清・永瑢、紀昀《四庫全書總目提要》卷一〇七《星曆釋義》　明林祖述撰。祖述字道卿，鄞縣人。萬曆丙戌進士。官至廣西提學僉事。是編上卷爲七曜、二十八宿、十干、十二支及年歲載祀、朔弦、望晦、盈虚、閏余諸條。下卷爲二十四氣、七十二候，及歲時令節諸條。皆雜引經史及先儒論説以詮解之，故曰釋義。

清・永瑢、紀昀《四庫全書總目提要》卷一一〇《星占》　明劉孔昭撰。案《明史・功臣世表》，孔昭，劉基十三世孫，天啓三年襲封誠意伯。是書因基所撰在齊余政爲之注釋。其一卷論恒星，繪三垣、二十八宿星座形式於前，附《步天歌》於後，於諸星悉加占語，類皆剿襲舊文，稍爲損益。二卷論日月五星，飛流彗孛，天形怪異，以及分野宿次，言月蝕不及日食。三卷論陰晴風雨占候，亦皆雜採《觀象玩占》、《天元玉曆》諸書，無所發明考證。惟所載《測天賦》較《觀象玩占》所載之本，頗有條理。而孔昭之注，則仍不免於支蔓。疑其本别有所受，爲熟於干支宫卦者所訂也。末列雨師、雷煞、金虎、火鈴、太乙、天罡訪察使者諸名，全採道家之説。又附日月、星象，雲氣諸圖，亦占書之陳迹，均無足採。

清・永瑢、紀昀《四庫全書總目提要》卷一一〇《神樞鬼藏經》　不著撰人名氏。首題南極冲虚妙道真君，蓋道家所依托。前有自序，稱輯爲三卷，分十一章，條陳一百一十九事。今此本只分上、下二卷，殆又傳抄者所並也。上卷載風雲陰晴之占，以知歲時豐歉。下卷雜述青烏家言，相第宅吉凶，推小兒年命。末及觀物拆字，斬三尸，驗神光。所言極冗雜不倫。自序又謂内篇有神遁天奇之秘，勿敢輕泄，附諸别録，亦夸誕不足信。書中有「皇明洪武」語，蓋明初人所爲也。

清・永瑢、紀昀《四庫全書總目提要》卷一一〇《象緯全書》　不著撰人名氏。觀卷末自跋，蓋明萬曆中人。跋稱：「監臺疇人子弟，分科各習一藝，算者昧於象占，占者不達數意，須用象數相參，考其同異。」則亦司天之官也。其書前列七政、二十八宿變異，及風角星氣諸術，分類頗詳。然大抵雜引諸占書，參以史事，無所考正。末爲太陽行度立成諸表，蓋即所謂象數相參者。然言象者逾十之九，言數者不及十之一也。

清・永瑢、紀昀《四庫全書總目提要》卷一一〇《白猿經風雨占候説》一卷　舊本題明劉基注。是書前有洪武四年基自序。案《明史・藝文志》天文類載有《白猿經》一卷，不著撰人。疑即是書。書中專論風雨雷電霆旱晦明之兆，末附以日星雲氣圖。殆好事者於天文祥異書中，掇拾而成。注文及序亦淺陋，決非基作。考沈士謙《明良録略》曰：基以洪武八年四月卒，以天文書授子璉，使俟服闋進。且戒之曰：無令後人習也。然則基之術數，且不肯傳其子孫，又安有此種注釋流傳於世乎。

清・永瑢、紀昀《四庫全書總目提要》卷一一〇《靈臺秘苑》　不著撰人名氏。考《北史・庾季才傳》，稱所著有《靈臺秘苑》一百二十卷，《垂象志》一百四十二卷，《地形志》八十七卷，並行於世。此書書名卷數皆與相合。然書中所徵引故實，迄於元末。又所記冬至以日躔箕宿四度起算，則明人所編輯，仍襲季才之名耳。其書首一卷至五卷論天，六卷至十二卷論日月，十三卷至十七卷論五星，十八卷至二十七卷論三垣，二十八卷至五十三卷論二十八宿，五十四卷論雜星，五十五卷至六十卷論望氣，六十一卷至六十六卷爲《天象雜占》，六十七卷至七十卷論風角，七十一卷至一百二十卷爲《雜占候》。大抵推步緯度者少，測驗祥異者多。體例亦頗冗沓。蓋方技之流，雜抄占書爲之耳。

清・永瑢、紀昀《四庫全書總目提要》卷一一〇《註解祥異賦》　不著撰人名氏。專言天象祥異。凡賦七篇。占天地者曰《玄黄賦》，占日者曰《炎光賦》，占月者曰《玄精賦》，占五緯者曰《躔經賦》，占彗孛飛流者曰《瑞妖賦》，占宫室、城郭、營壘、氣象者曰《雰零賦》，占風角者曰《颱颺賦》。各爲之注。大致與明仁宗所制《天元玉歷祥異賦》相類。

清・永瑢、紀昀《四庫全書總目提要》卷一一〇《將門秘法陰符經》　不著撰人名氏，但稱爲陳摶所傳。分前、後、别三集。前集取星平家三刑方爲安營要訣，旁及占風候氣，並用壬家生死炁二神，以爲按十二月節背生擊死必勝。後集以坐孤取虚術爲言，而廣其説爲萬人用年，千人用月，百人用旬，輔以六用青龍之圖。末復載金威、玉女、符咒暨六甲隱身法爲别集。殊詭誕不可信也。

清・永瑢、紀昀《四庫全書總目提要》卷一二二《物理小識》　明方以智撰。以智有《通雅》，已著録。此書爲其子中通、中德、中發、中履所編。又《通雅》之緒余也。首爲總論，中分天類、曆類、風雷雨暘類、地類、占候類、人身類、鬼神方術類、異事類、醫藥類、飲食類、衣服類、金石類、器用類、草木類、鳥獸類凡十五門。大致本《博物志》、《物類相感志》諸書而衍之。

清代

清・張之洞《書目答問》卷三《子部・天文算法第七》　《疇人傳》四十六卷。阮元。《續疇人傳》六卷。羅士琳。阮氏合刻本。阮傳入文選樓叢書，續傳亦入觀我生室匯稿。學海堂阮傳摘本九卷。【補】海鹽張敬合刻本。錢塘諸可寶《疇人傳三編》七卷，南菁書院叢書本。通行石印本合印阮、羅、諸三書，附金匱華蘅芳《近代疇人著述記》。澧州黄鐘峻《疇人傳四編》十一卷，自刻留有余齋叢書本。

清・永瑢、紀昀《四庫全書總目提要》卷六七《御定月令輯要》《圖説》　康熙五十四年聖祖仁皇帝御定。初，明馮應京與戴任共輯《月令廣義》二十五卷，體例粗備，而所録繁簡失中，雅俗弗别，頗不免於蕪雜，未可以前民利用。我聖祖仁皇帝欽崇天道，敬授人時，特命儒臣别爲編纂。門目雖仍其舊，而刊除無稽之論，增補未備之文，定爲圖説一卷，歲令二卷，每月令一卷，春、夏、秋、冬令及土王令五卷，十二月令及閏月令十三卷，晝、夜令二卷，時、刻令一卷。每類分天道、政典、民用、物候、占驗、雜紀六子目。每月令則六子目外增日次一子目。十二月令、閏月令則六子目外增節序、日次二子目。各援引圖籍，注明出典，具有根據。其爲舊本所有者，標題原字，今本所加者，標題增字，亦不掩古人所長。本本元元，條分縷析，用以乘時布政，順五氣之宜，趨事勸功，裨四民之業。敬天出治，敦本重農之淵衷，具見於是。固不僅點綴歲華，采擷詞藻，徒供翰墨之資焉。

清・永瑢、紀昀《四庫全書總目提要》卷六七《古今類傳歲時部》　國朝董穀士、董炳文同編。穀士字農山，炳文字霞山，烏程人。是書前有潘耒序，稱其「兄弟共撰類書，分天、地、人、物爲四部，名曰《古今類傳》。先以《歲時日次》一編見示，乃天部中之一種」，然則未成之書也。其例首爲歲序總類，次爲春夏秋冬四時類，每於一時一月又先爲總類，後以一月分三十日，各纂輯典故詩文，略注所出，而以通用麗句附諸簡末，其所出則咸不注焉。搜采頗爲繁富。然隸事在其意義，不在其字句。是書所摭，往往乖其本旨。如王羲之春蚓、秋蛇，本論書法，乃以春、秋二字入之歲序類中，是豈得古人之意哉！

清・永瑢、紀昀《四庫全書總目提要》卷六七《節序同風録》　國朝孔尚任撰。尚任有《人瑞録》，已著録。是書仿《荆楚歲時記》爲之，以十二月爲綱，而以佳辰、令節分列爲目，各載其風俗事宜於下，頗爲詳備。然人事今古不同，方隅各異。尚任不分其時、其地，比而同之，又不著其所出，未免失之淆雜，不足以爲典據也。

清・永瑢、紀昀《四庫全書總目提要》卷六七《時令匯紀》《餘日事文》　國朝朱濂編。濂爵里未詳。是編所采皆四時十二月事實、詩賦，全用《藝文類聚》之體。復以是書但分節候而無日次，故更作《餘日事文》四卷，每月三十日，皆摭拾事實，詩賦以補之。然所引神仙降誕飛升之期，既爲荒誕，又多以古人行記如范成大《吴船録》之類所載每日至某處者，取爲其日之故實，尤爲假借也。

清・永瑢、紀昀《四庫全書總目提要》卷一〇二《欽定授時通考》　乾隆二年奉敕撰。乾隆七年進呈欽定，御製序文頒行。凡八門：曰天時，分四子目，明耕耘收獲之節也。曰土宜，分六子目，盡高下燥濕之利也。曰穀種，凡九子目，别物性也。曰功作，分十子目，盡人力也。曰勸課，分九子目，重農之政也。曰蓄聚，分四子目，備荒之制也。曰農余，分五子目，種植畜養之事也。曰蠶桑，分十子目，簇箔織紝之法也。《天時》冠以總論，余七門各冠以匯考，而詔諭御制詩文，并隨類恭録焉。昔周公作書，以《無逸》爲永年之本。而所謂《無逸》，在先知稼穡之艱難。故重農貴粟，治天下之本也。《管子》、《吕覽》所陳種植之法，並文句典奥，與其他篇不類。蓋古者必有專書，故諸子得引之，今已佚不可見矣。劉向《七略》綜别九流，以農家自爲一類，其書亦無一存。今所傳者，以賈思勰《齊民要術》爲最古，而名物訓詁，通儒或不盡解，無論耕夫織婦也。沿而作者，不可殫數，惟王禎、徐光啓書爲最著。而疏漏冗雜，亦不免焉。我皇上御極之次年，即深維《堯典》授時之義，虞廷命稷之心，特詔删纂諸書，編爲此帙。準今酌古，務期於實用有裨。又詳考舊章，臚陳政典，不僅以自生自息聽之閭閻，尤見軫念民依之至意，非徒農家言矣。

清・永瑢、紀昀《四庫全書總目提要》卷一〇六《天經或問前集》　國朝游藝撰。藝字子六，建寧人。是書凡前后二集，此其前集也。凡天地之象，日月星之行，薄蝕朒朓之故，與風雲雷電雨露霜霧虹霓之屬，皆設爲問答，一一推闡其所以然，頗爲明晰。至於占驗之術，則悉屏不言，尤爲深識。昔班固作《漢書・律曆志》，言治曆當兼擇專門之裔，明經之儒，精算之士。正以儒者明於古義，欲使互相參考，究已往以知未來，非欲其説太極、論陰陽也。邵子曆理曆數之説，亦謂知其當然，與知其所以然耳。儒者誤會其旨，遂以爲曆數之外，別有曆理。孫承澤《春明夢余録》，因以元《授時曆》，全歸於許衡之明理。所載崇禎十四年禮部議改曆法一疏，不能決兩家之是非，因推原曆本，掃除測算，尤屬遁詞。案：疏稱堯舜之曆，以厘工熙績爲欽天，成周之曆，以無逸、豳風爲月令，非如保章、挈壺，斤斤於時刻分秒之末而已。此曆數始於《河圖》，五十有五，以十乘之爲五百五十，以五乘之爲二百七十有五。自洪武元年戊申，距今壬午，蓋二百七十有五年矣。實爲《河圖》中候，宜修明禮樂，先德後刑，勸民農桑，敦崇仁厚，其斯爲治曆之本務乎。夫天下無理外之數，亦無數外之理。《授時曆》密於前代，正以多方實測，立法步算得之。使但坐談造化，即七政可齊，則有宋諸儒言天鑿鑿，何以三百年中，曆十八變而不定，必待郭守敬輩乎？藝作此書，亦全明曆理，雖步算尚未諳，然反覆究闡，具有實征。存是一編，可以知即數即理，本無二致，非空言天道者所可及也。

清・永瑢、紀昀《四庫全書總目提要》卷一〇七《天經或問後集》　國朝游藝撰。藝有《天經或問前集》，已著録。是編復發明天象以廣所未備。首述前人曆法及七政行度，末舉雜氣、雜象、神怪、變幻出於常度之外者，一一辨正，衷之以理。雖其説間有可采，而出於臆斷者頗多，未可據爲典要，不及其前集之謹嚴也。

清・永瑢、紀昀《四庫全書總目提要》卷一〇七《璇玑遺述》　國朝揭暄撰。暄字子宣，江西廣昌人。是書又名爲《寫天新語》，言天地大象，七曜運旋，兼采歐邏巴義，雜以理氣之説。康熙己巳，嘗以草稿寄梅文鼎。文鼎抄其精語爲一卷，稱其深明西術，而又別有悟入。又稱其謂七政小輪皆出自然，亦如盤水之運旋而周遭，以行疾而生旋渦，遂成留逆一條，爲古今之所未發。今觀其全書，大抵與游藝《天經或問》相表里。然藝書切實平正，詞意簡明。暄則持論新奇，頗傷龐雜。其考曆變，考潮汐，辨分野，辨天氣地氣所發育，方以智嘗謂其於易道有所發明。然如論日月東行，如槽之滚丸，而月質不變。又謂天堅地虛，舊蛋白蛋黄之喻徒得形似，而喻爲餅中有餅。其説殊自相矛盾。至五星有西行之時，日月有盈縮之度，雖設譬多方，似乎言之成理，而揆以實占，多屬矯强，均不足據爲典要也。

清・永瑢、紀昀《四庫全書總目提要》卷一〇七《萬青樓圖編》　國朝邵昂霄撰。昂霄字麗寰，余姚人。拔貢生。乾隆元年薦舉博學鴻詞。其書專論天文算數之術，分十四目。曰天體，曰儀象，曰官度，曰二曜，曰五緯，曰雲氣，曰輝氣，曰經星，曰曆案，曰曆理，曰曆數，曰測景，曰測時，曰定時。皆援引漢晉以來天官家言，及歐邏巴之説，而各以己見附之，於推測之術，頗有所得。其量天景尺及漏碗諸法，悉用意自造，亦頗精密。惟禨祥占驗，雜引史志舊文，龐雜無要，是其所短也。

清・永瑢、紀昀《四庫全書總目提要》卷一一〇《參兩》　不著撰人名氏。凡四十一目。起《參兩圖説》，訖《静生圖説》。大約仿《太玄》、《潛虚》、《元包》、《洞極》之類，而益加以詭異。其圖天止一白圓圈，圖地於白圈中加一黑方，圖人於黑方中又一白圈，即以是爲卦畫。其中曰粤者，猶《易》之有爻，《玄》之有測，《虚》之有辭也。其曰譓者，猶《易》之有象，《玄》之有贊，《虚》之有變解也。大旨以日、月、星、漢、雲、霞、風、雨、露、霜、雷、電、霧、虹、雪爲在天成象，山、石、金、火、水、田、木、穀、絲、鹽爲在地成形，而以參天兩地括形象之賾，率煩碎支離，不可究詰。

清・永瑢、紀昀《四庫全書總目提要》卷一一〇《天文大成管窺輯要》　國朝黄鼎撰。鼎字玉耳，六安人。明末以諸生從軍，積功至總兵官。入國朝官至提督。是書乃其晚年所集。以古今天文占候分門編録。大學士范文程序之。大旨主災祥而不主推步。繁稱博引，多參以迂怪荒唐之説。

清・永瑢、紀昀《四庫全書總目提要》卷一一〇《海上占候》　不著撰人名氏。所記潮、汐、風、雨、晴、晦、日、月、虹、霧之類，皆有定驗。乃爲泛海占視者而設，故以海上爲名。

清・永瑢、紀昀《四庫全書總目提要》卷一一〇《占候書》　不著撰人名氏。首列《步天歌》，係以星象各圖。次即詳載諸占法，每一占爲一圖，而以占驗附於下。所引不出史志及京房《易傳》、《乙巳占》諸書。大抵附會穿鑿，殊爲猥雜。

《清實録・聖祖仁皇帝實録》卷四六《康熙十三年》　欽天監題欽造儀象告成，進呈《新製靈臺儀象誌》，上留覽。加南懷仁太常寺卿銜，仍治理曆法。

《清實録・高宗純皇帝實録》卷三五《乾隆二年正月》 丙辰，上詣皇太后宮問安。諭總理事務王大臣：在璣衡以齊七政，視雲物以驗歲功，所以審休咎，備修省，先王深致謹焉。今欽天監《曆象考成》一書於節序時刻，固已推算精明，分釐不爽，而星官之術，占驗之方，則闕焉未講。但天文家言，互有疏密，非精習不能無差。海内有精曉天文、明於星象者，直省督撫確訪試驗。術果精通，著資送來京。該部奏聞請旨。

《清實録・高宗純皇帝實録》卷七九八《乾隆三十二年十一月》 戊戌，諭：月令「有冬至麋角解」之文。欽天監《時憲書》久經沿襲登載，前以「鹿與麋皆解角於夏」即疑禮經傳習，不無承譌。嘗著《鹿角記》爲之辨論，而未究其所由。昨因時值長至，偶憶南苑内嚮有馴育之麈，俗名長尾鹿者，此時曾否解角？令御前侍衛五福前往驗視，則蜕角或雙或隻，正與節候相叶，並持新蜕之角呈覽。自來疑義爲之頓釋。《説文》有訓麈爲麋屬之語。名苑又稱鹿大者曰麈。然三者實迥然不同。北人知之，而南人則弗能辨，是以展轉滋舛。夫窮理格物，乃稽古所必資，已詳爲著説以識，並著將此交與欽天監。自後《時憲書》内，即行改麋爲麈，俾示信四海，毋仍昔誤。

《清實録・高宗純皇帝實録》卷八五〇《乾隆三十五年正月上》 軍機大臣等奏：臣等面奉諭旨，查詢欽天監有無占驗各書。據天文科各員稱，所貯占驗書於乾隆十年大學士傅恒取去四本，餘存寫本。刻本《觀象玩占書》共二十本。又刻本《開元占書》三十六本。博士薛鼎所修《農占書草藁》一本，天文生潘士權所修《農占書草藁》三本，俱繳進，並無存留。至乾隆二十三年，奉旨纂《天文正義》成，頒貯三部。所有八節風占及星宿禨祥之類，遵照此書摘取，更無雜項占書。報聞。

《清實録・高宗純皇帝實録》卷九七七《乾隆四十年二月下》 禮部等部議覆：署江西巡撫布政使李瀚奏稱，欽天監所頒《時憲書》，按省次序，如盛京所屬地方，及各蒙古扎薩克併平定之準部回部等處，均分别刊載。今江南已分爲江蘇、安徽，湖廣已分爲湖北、湖南，陝西已分爲甘肅、陝西，其太陽出入、晝夜節氣時刻，恐各省不同。請照盛京所屬，凡布楚城等處之例，各按分隸省城之地圖、北極高度定緯及地之經度所列，於《時憲書》内添註省名，分晰開載，以歸畫一，應如所請。從之。

引用書目

書名	作者	時代	版本
周易		周	文淵閣四庫全書；《周易正義》，北京大學出版社一九九九年點校版
尚書		周	《尚書大傳》，文淵閣四庫全書，《尚書正義》，中華書局一九九八年版；清・孫星衍《尚書今古文注疏》，中華書局一九八六年版
詩經		周	《毛詩正義》，文淵閣四庫全書
周禮		周	清・孫詒讓《周禮正義》，影印清宣統楚學社民國二十年湖北篴湖精舍遞刻本；林尹《周禮今注今譯》，書目文獻出版社一九八五年版
禮記		周	《禮記注疏》，文淵閣四庫全書
春秋左氏傳	左丘明	周	《春秋左氏傳正義》，文淵閣四庫全書；清・洪亮吉《春秋左傳詁》，李解民點校，中華書局一九八七年版
春秋公羊傳	公羊高	周	《春秋公羊傳注疏》，文淵閣四庫全書
春秋穀梁傳	穀梁赤	周	《春秋穀梁傳注疏》，文淵閣四庫全書
孟子	孟軻	周	《孟子注疏》，文淵閣四庫全書
爾雅		周	《爾雅注疏》，文淵閣四庫全書；宋・鄭樵《爾雅注》，文淵閣四庫全書
逸周書		周	晉・孔晁注，文淵閣四庫全書
竹書紀年		周	文淵閣四庫全書
國語		周	文淵閣四庫全書；上海古籍出版社一九七八年版
關尹子	尹喜	周	文淵閣四庫全書
列子	列禦寇	周	文淵閣四庫全書；楊伯峻《列子集釋》，中華書局一九八五年版
呂氏春秋	呂不韋	周	文淵閣四庫全書
文子	文子	周	文淵閣四庫全書
老子	李耳	周	三國・魏王弼注，文淵閣四庫全書
莊子	莊周	周	文淵閣四庫全書；劉武《莊子集解》，中華書局一九八七年版
荀子	荀況	周	清・王先謙《荀子集解》，中華書局一九八八年版
鬼谷子	王詡	周	文淵閣四庫全書

晏子春秋	晏嬰	周	文淵閣四庫全書
韓非子	韓非	周	元・何犿注，文淵閣四庫全書
慎子	慎到	周	文淵閣四庫全書
管子	管仲	周	文淵閣四庫全書；顔昌嶢《管子校釋》，嶽麓書社一九九六年版
子華子		周	文淵閣四庫全書；商務印書館一九二七年版
子夏易傳	卜商	周	文淵閣四庫全書
墨子	墨翟	周	文淵閣四庫全書
穆天子傳		周	文淵閣四庫全書
孔叢子	孔鮒	周	文淵閣四庫全書
六韜	姜子牙	周	文淵閣四庫全書；《群書治要・六韜》，中華書局二〇〇七年版
司馬法	司馬穰苴	周	文淵閣四庫全書
孫子	孫武	周	文淵閣四庫全書
吴子	吴起	周	文淵閣四庫全書
黄帝内經		周	《黄帝内經素問》，唐王冰注，文淵閣四庫全書；《靈樞經》，宋・史崧音釋，文淵閣四庫全書；上海科學技術出版社一九八一年版；《黄帝内經靈樞集注》，學苑出版社二〇〇六年版
山海經		周	晉・郭璞注，文淵閣四庫全書；袁珂《山海經校譯》，上海古籍出版社一九八五年版
楚辭		周	漢・王逸《楚辭章句》，文淵閣四庫全書
孔子家語			三國魏・王肅注，文淵閣四庫全書
大戴禮記	戴德	漢	清・王聘珍《大戴禮記解詁》，中華書局一九八三年版
鹽鐵論	桓寬	漢	文淵閣四庫全書
新語	陸賈	漢	文淵閣四庫全書
淮南子	劉安	漢	漢・高誘《淮南鴻烈解》，文淵閣四庫全書；何寧《淮南子集釋》，中華書局一九九八年版
春秋繁露	董仲舒	漢	文淵閣四庫全書
周髀算經		漢	漢・趙君卿注、北周・甄鸞重述、唐・李淳風注釋，文淵閣四庫全書
戰國策	劉向	漢	文淵閣四庫全書
地節元年曆譜簡册		漢	敦煌市博物館藏漢宣帝時木簡
大戴禮記	戴德	漢	文淵閣四庫全書
靈棋經	東方朔	漢	文淵閣四庫全書
史記	司馬遷	漢	中華書局點校本

天文氣象雜占		漢	馬王堆出土帛書
急就篇	史遊	漢	文淵閣四庫全書
氾勝之書	氾勝	漢	文淵閣四庫全書
京氏易傳	京房	漢	文淵閣四庫全書
列仙傳	劉向	漢	文淵閣四庫全書
新序	劉向	漢	文淵閣四庫全書
説苑	劉向	漢	文淵閣四庫全書
新序	劉向	漢	趙善詒《新序疏證》，華東師範大學出版社一九八九年版
漢官舊儀	衛宏	漢	文淵閣四庫全書
吳越春秋	趙曄	漢	文淵閣四庫全書
越絶書	袁康	漢	文淵閣四庫全書
論衡	王充	漢	文淵閣四庫全書
白虎通義	班固	漢	文淵閣四庫全書
漢書	班固	漢	中華書局點校本
東觀漢記	劉珍	漢	文淵閣四庫全書
説文解字	許慎	漢	宋·徐鉉增釋，文淵閣四庫全書
潛夫論	王符	漢	文淵閣四庫全書
駁五經異義	鄭玄	漢	文淵閣四庫全書
箴膏肓	鄭玄	漢	文淵閣四庫全書
起廢疾	鄭玄	漢	文淵閣四庫全書
易緯坤靈圖		漢	漢·鄭玄注，文淵閣四庫全書
易緯辨終備		漢	漢·鄭玄注，文淵閣四庫全書
周易乾鑿度		漢	漢·鄭玄注，文淵閣四庫全書
易緯乾元序制記		漢	漢·鄭玄注，文淵閣四庫全書
易緯稽覽圖		漢	漢·鄭玄注，文淵閣四庫全書
周易乾坤鑿度		漢	漢·鄭玄注，文淵閣四庫全書
易緯通卦驗		漢	漢·鄭玄注，文淵閣四庫全書
蔡中郎集	蔡邕	漢	文淵閣四庫全書
申鑒	荀悅	漢	文淵閣四庫全書

前漢紀	荀悅	漢	文淵閣四庫全書
釋名	劉熙	漢	文淵閣四庫全書
金匱要略	張仲景	漢	文淵閣四庫全書
中論	徐幹	漢	文淵閣四庫全書
數術記遺	徐嶽	漢	文淵閣四庫全書
西京雜記	劉歆	漢	文淵閣四庫全書
東觀漢記	劉珍	漢	文淵閣四庫全書
三輔黃圖		漢	文淵閣四庫全書
曹子建集	曹植	三國魏	文淵閣四庫全書
廣雅	張揖	三國魏	江西古籍出版社
鄭志	鄭小同	三國魏	文淵閣四庫全書
博物志	張華	晉	文淵閣四庫全書
元中記	郭璞	晉	梅瑞軒藏道光十四年版
三國志	陳壽	晉	中華書局
搜神記	干寶	晉	文淵閣四庫全書
搜神後記	陶淵明	晉	文淵閣四庫全書
後漢紀	袁宏	晉	文淵閣四庫全書
古今注	崔豹	晉	文淵閣四庫全書
荊州記	盛弘之	晉	周南李際期宛委山堂一六四四年本
後漢書	范曄	南朝宋	中華書局點校本，一九六五年版
宋書	沈約	南朝梁	中華書局點校本，一九七四年版
南齊書	蕭子顯	南朝梁	中華書局點校本，一九七二年版
荊楚歲時記	宗懍	南朝梁	文淵閣四庫全書
庚子山集	庾信	南朝梁	文淵閣四庫全書
何水部集	何遜	南朝梁	文淵閣四庫全書
江文通集	江淹	南朝梁	文淵閣四庫全書
玉篇	顧野王	南朝梁	唐·孫强增字、宋·陳彭年等《重修玉篇》，文淵閣四庫全書
魏書	魏收	北齊	中華書局點校本，一九七四年版
水經注	酈道元	北魏	文淵閣四庫全書

齊民要術	賈思勰	北魏	文淵閣四庫全書
靈臺秘苑	庾季才	北周	文淵閣四庫全書
唐六典	李隆基	唐	三秦出版社一九九一年版
北堂書鈔	虞世南	唐	文淵閣四庫全書
柳河東集	柳宗元	唐	文淵閣四庫全書
藝文類聚	歐陽詢	唐	文淵閣四庫全書
晉書	房玄齡等	唐	中華書局點校本，一九七四年版
梁書	姚思廉	唐	中華書局點校本，一九七三年版
陳書	姚思廉	唐	中華書局點校本，一九七二年版
周書	令狐德棻等	唐	中華書局點校本，一九七一年版
北齊書	李百藥	唐	中華書局點校本，一九七二年版
南史	李延壽	唐	中華書局點校本，一九七五年版
北史	李延壽	唐	中華書局點校本，一九七四年版
隋書	魏徵等	唐	中華書局點校本，一九七三年版
乙巳占	李淳風	唐	續修四庫全書
玉曆通政經	李淳風	唐	文淵閣四庫全書
盧升之集	盧照鄰	唐	文淵閣四庫全書
盈川集	楊炯	唐	文淵閣四庫全書
初學記	徐堅	唐	文淵閣四庫全書
朝野僉載	張鷟	唐	文淵閣四庫全書
曲江集	張九齡	唐	文淵閣四庫全書
唐月令注	李林甫	唐	續修四庫全書
唐月令考	李林甫	唐	續修四庫全書
唐開元占經	瞿曇悉達	唐	文淵閣四庫全書
貞觀政要	吴兢	唐	文淵閣四庫全書
高常侍集	高適	唐	文淵閣四庫全書
王右丞集	王維	唐	清·趙殿成《王右丞集箋注》，文淵閣四庫全書
杜甫詩集	杜甫	唐	《集千家注杜工部詩集》，文淵閣四庫全書；清·仇兆鼇《杜詩詳注》，文學古籍刊行社一九五五年版
建康實録	許嵩	唐	文淵閣四庫全書

白氏長慶集	白居易	唐	文淵閣四庫全書
白孔六帖	白居易	唐	宋·孔傳續撰，文淵閣四庫全書
麟角集	王棨	唐	文淵閣四庫全書
唐國史補	李肇	唐	文淵閣四庫全書
炙轂子	王叡	唐	文學古籍刊行社一九五六年版
唐新語	劉肅	唐	文淵閣四庫全書
三水小牘	皇甫枚	唐	續修四庫全書
相雨書	黄子發	唐	周南李際期宛委山堂一六四四年本
嶺表録異	劉恂	唐	文淵閣四庫全書
太白陰經	李筌	唐	文淵閣四庫全書
通典	杜佑	唐	中華書局一九八八年版
占雲氣書		唐	敦煌莫高窟藏經洞
四時纂要	韓鄂	五代	續修四庫全書
唐摭言	王定保	五代	中華書局一九六〇年版
開元天寶遺事	王仁裕	五代	文淵閣四庫全書
舊唐書	劉昫	五代	中華書局一九七五年版
中華古今注	馬縞	五代	文淵閣四庫全書
兼明書	丘光庭	五代	文淵閣四庫全書
舊五代史	薛居正等	宋	中華書局點校本
紺珠集	朱勝非	宋	文淵閣四庫全書
五代會要	王溥	宋	上海古籍出版社
咸平集	田錫	宋	文淵閣四庫全書
太平廣記	李昉等	宋	中華書局點校本
太平御覽	李昉等	宋	文淵閣四庫全書
文苑英華	李昉等	宋	文淵閣四庫全書
事類賦	吴淑	宋	文淵閣四庫全書
小畜集	王禹偁	宋	文淵閣四庫全書
册府元龜	王欽若	宋	文淵閣四庫全書
唐文粹	姚鉉	宋	文淵閣四庫全書

虎鈐經	許洞	宋	文淵閣四庫全書
范文正奏議	范仲淹	宋	文淵閣四庫全書
范文正集	范仲淹	宋	文淵閣四庫全書
武經總要	曾公亮	宋	文淵閣四庫全書
景文集	宋祁	宋	文淵閣四庫全書
包孝肅奏議集	包拯	宋	文淵閣四庫全書
湖山集	吴芾	宋	文淵閣四庫全書
徂徠集	石介	宋	文淵閣四庫全書
潞文公集	文彦博	宋	文淵閣四庫全書
東齋記事	范鎮	宋	中華書局一九八〇年版
丹淵集	文同	宋	文淵閣四庫全書
嘉佑集	蘇洵	宋	文淵閣四庫全書
盱江集	李覯	宋	文淵閣四庫全書
新五代史	歐陽修	宋	中華書局點校本
新唐書	歐陽修、宋祁	宋	中華書局點校本
春明退朝録	宋敏求	宋	中華書局
臨川文集	王安石	宋	文淵閣四庫全書
王荆公詩注	李壁	宋	文淵閣四庫全書
談苑	孔平仲	宋	文淵閣四庫全書
清江三孔集	孔平仲	宋	文淵閣四庫全書
廣陵集	王令	宋	文淵閣四庫全書
雲巢編	沈遼	宋	文淵閣四庫全書
二程文集	程顥、程頤	宋	文淵閣四庫全書
程氏經説	程頤	宋	文淵閣四庫全書
東坡全集	蘇軾	宋	文淵閣四庫全書
東坡志林	蘇軾	宋	文淵閣四庫全書
姑溪居士集	李之儀	宋	文淵閣四庫全書
甲申雜記	王鞏	宋	文淵閣四庫全書
聞見近録	王鞏	宋	文淵閣四庫全書

書敘指南	任廣	宋	文淵閣四庫全書
埤雅	陸佃	宋	文淵閣四庫全書
雲溪居士集	華鎮	宋	文淵閣四庫全書
資治通鑑	司馬光	宋	中華書局點校本
淮海集	秦觀	宋	文淵閣四庫全書
華陽集	王珪	宋	文淵閣四庫全書
侯鯖録	趙令畤	宋	文淵閣四庫全書
夢溪筆談	沈括	宋	文物出版社一九七五年版
潏水集	李復	宋	文淵閣四庫全書
邵氏見聞録	邵伯温	宋	文淵閣四庫全書
毛詩名物解	蔡卞	宋	文淵閣四庫全書
師友談記	李廌	宋	文淵閣四庫全書
續湘山野録	釋文瑩	宋	北京圖書館出版社二〇〇三年版
東堂集	毛滂	宋	文淵閣四庫全書
西渡集	洪炎	宋	文淵閣四庫全書
横塘集	許景衡	宋	文淵閣四庫全書
初寮集	王安中	宋	文淵閣四庫全書
春渚紀聞	何薳	宋	中華書局點校本
避暑録話	葉夢得	宋	文淵閣四庫全書
盧溪文集	王庭珪	宋	文淵閣四庫全書
梁谿集	李綱	宋	文淵閣四庫全書
吴中水利書	單鍔	宋	文淵閣四庫全書
相山集	王之道	宋	文淵閣四庫全書
路史	羅泌	宋	文淵閣四庫全書
燕翼詒謀録	王林	宋	中華書局一九八一年版
事實類苑	江少虞	宋	文淵閣四庫全書
東園叢説	李如箎	宋	文淵閣四庫全書
猗覺寮雜記	朱翌	宋	文淵閣四庫全書
雪溪集	王銍	宋	文淵閣四庫全書

東牟集	王洋	宋	文淵閣四庫全書
東軒筆録	魏泰	宋	文淵閣四庫全書
唐語林	王讜	宋	中華書局點校本
漢濱集	王之望	宋	文淵閣四庫全書
宋文鑑	吕祖謙	宋	文淵閣四庫全書
古人關鍵	吕祖謙	宋	文淵閣四庫全書
東萊吕太史文集	吕祖謙	宋	文淵閣四庫全書
香溪集	范浚	宋	文淵閣四庫全書
鄮峰真隱漫録	史浩	宋	文淵閣四庫全書
步里客談	陳長方	宋	文淵閣四庫全書
雞肋編	莊綽	宋	中華書局點校本
文定集	汪應辰	宋	文淵閣四庫全書
斐然集	胡寅	宋	文淵閣四庫全書
潛山集	釋文珦	宋	文淵閣四庫全書
梅溪集前集	王十朋	宋	文淵閣四庫全書
梅溪集後集	王十朋	宋	文淵閣四庫全書
拙齋文集	林之奇	宋	文淵閣四庫全書
農書	陳旉	宋	文淵閣四庫全書
海陵集	周麟之	宋	文淵閣四庫全書
浮山集	仲并	宋	文淵閣四庫全書
盤洲文集	洪适	宋	文淵閣四庫全書
演繁露	程大昌	宋	文淵閣四庫全書
梁谿遺稿	尤袤	宋	文淵閣四庫全書
能改齋漫録	吴曾	宋	文淵閣四庫全書
范仲宣集	范純仁	宋	文淵閣四庫全書
誠齋詩話	楊萬里	宋	文淵閣四庫全書
續博物志	李石	宋	文淵閣四庫全書
方舟集	李石	宋	文淵閣四庫全書
晦庵集	朱熹	宋	文淵閣四庫全書

通鑑紀事本末	袁樞	宋	文淵閣四庫全書
南軒集	張栻	宋	文淵閣四庫全書
芸庵類稿	李洪	宋	文淵閣四庫全書
嶺外代答	周去非	宋	文淵閣四庫全書
浪語集	薛季宣	宋	文淵閣四庫全書
爾雅翼	羅願	宋	文淵閣四庫全書
雙溪類稿	王炎	宋	文淵閣四庫全書
東塘集	袁説友	宋	文淵閣四庫全書
鍼灸資生經	王執中、王叔權	宋	文淵閣四庫全書
挈齋集	袁燮	宋	文淵閣四庫全書
竹軒雜著	林季仲	宋	文淵閣四庫全書
梅山續稿	姜特立	宋	文淵閣四庫全書
野客叢書	王楙	宋	文淵閣四庫全書
白石道人詩集	姜夔	宋	文淵閣四庫全書
方壺存稿	汪莘	宋	文淵閣四庫全書
香山集	喻良能	宋	文淵閣四庫全書
建炎以來繫年要録	李心傳	宋	中華書局一九五六年版
建炎以來朝野雜記	李心傳	宋	中華書局二〇〇〇年版
坦齋通編	邢凱	宋	文淵閣四庫全書
準齋雜説	吴如愚	宋	文淵閣四庫全書
泊宅編	方勺	宋	中華書局點校本
鶴林集	吴泳	宋	文淵閣四庫全書
鐵菴集	方大琮	宋	文淵閣四庫全書
西山文集	真德秀	宋	文淵閣四庫全書
清獻集	杜範	宋	文淵閣四庫全書
玉楮集	岳珂	宋	文淵閣四庫全書
清正存稿	徐鹿卿	宋	文淵閣四庫全書
東都事略	王偁	宋	文淵閣四庫全書
鶴林玉露	羅大經	宋	文淵閣四庫全書

竹溪虞齋十一稿續集　林希逸　宋　文淵閣四庫全書
履齋遺稿　吴潛　宋　文淵閣四庫全書
容齋隨筆　洪邁　宋　上海古籍出版社一九七八年版
夷堅志　洪邁　宋　文淵閣四庫全書
可齋雜稿　李曾伯　宋　文淵閣四庫全書
重訂大金國志　宇文懋昭　宋　文淵閣四庫全書
月令解　張虙　宋　文淵閣四庫全書
秋崖集　方岳　宋　文淵閣四庫全書
西塍集　宋伯仁　宋　文淵閣四庫全書
臞軒集　王邁　宋　文淵閣四庫全書
雪坡集　姚勉　宋　文淵閣四庫全書
四明它山水利備覽　魏峴　宋　文淵閣四庫全書
數書九章　秦九韶　宋　文淵閣四庫全書
魯齋集　王柏　宋　文淵閣四庫全書
重訂契丹國志　葉隆禮　宋　文淵閣四庫全書
富山遺稿　方夔　宋　文淵閣四庫全書
蛟峰文集　方逢辰　宋　文淵閣四庫全書
東野農歌集　戴昺　宋　文淵閣四庫全書
古今事文類聚　祝穆　宋　文淵閣四庫全書
玉海　王應麟　宋　文淵閣四庫全書
六經天文編　王應麟　宋　文淵閣四庫全書
小學紺珠　王應麟　宋　文淵閣四庫全書
桂海虞衡志　范成大　宋　文淵閣四庫全書
吴船録　范成大　宋　文淵閣四庫全書
吴郡志　范成大　宋　江蘇古籍出版社一九九九年版
癸辛雜識　周密　宋　文淵閣四庫全書
癸辛雜識續集　周密　宋　文淵閣四庫全書
齊東野語　周密　宋　中華書局一九八三年版
武林舊事　周密　宋　文淵閣四庫全書

梅巖文集	胡次焱	宋	文淵閣四庫全書
咸淳臨安志	潛説友	宋	文淵閣四庫全書
夢粱録	吴自牧	宋	文淵閣四庫全書
文山集	文天祥	宋	文淵閣四庫全書
吹劍録外集	俞文豹	宋	文淵閣四庫全書
霽山文集	林景熙	宋	文淵閣四庫全書
歲時廣記	陳元靚	宋	文淵閣四庫全書
秋聲集	衛宗武	宋	文淵閣四庫全書
紫巖詩選	于石	宋	文淵閣四庫全書
文子纘義	杜道堅	宋	文淵閣四庫全書
寶慶四明志	羅濬	宋	文淵閣四庫全書
開慶四明續志	梅應發、劉錫	宋	文淵閣四庫全書
吴下田家志	陸泳	宋	商務印書館一九二七年本
續後漢書	蕭常	宋	文淵閣四庫全書
事物紀原	高承	宋	文淵閣四庫全書
緯略	高似勝	宋	文淵閣四庫全書
夏小正戴氏傳	傅崧卿	宋	文淵閣四庫全書
崇文總目	王堯臣等	宋	文淵閣四庫全書
古文集成	王霆震	宋	文淵閣四庫全書
樂圖餘稿	朱大文	宋	文淵閣四庫全書
嘉佑雜記	江休復	宋	文淵閣四庫全書
太倉稊米集	周紫芝	宋	文淵閣四庫全書
六經圖	楊甲	宋	中華書局點校本
通志	鄭樵	宋	中華書局一九八七年版
宋朝事實	李攸	宋	商務印書館一九三五年版
續資治通鑑長編	李燾	宋	中華書局一九八〇年版
宋大詔令集		宋	中華書局一九六二年版
新刊大宋宣和遺事		宋	古典文學出版社一九五四年版
直齋書録解題	陳振孫	宋	上海古籍出版社一九八七年版

張子全書	張載	宋	文淵閣四庫全書
朱子全書	朱熹	宋	文淵閣四庫全書
朱子語類	朱熹	宋	中華書局點校本
南唐書	陸游	宋	文淵閣四庫全書
入蜀記	陸游	宋	文淵閣四庫全書
劍南詩稿	陸游	宋	文淵閣四庫全書
全芳備祖集	陳景沂	宋	文淵閣四庫全書
柯山集	張耒	宋	文淵閣四庫全書
九家集注杜詩	郭知達	宋	文淵閣四庫全書
擊壤集	邵雍	宋	文淵閣四庫全書
歲時雜詠	蒲積中	宋	文淵閣四庫全書
栟櫚集	鄧肅	宋	文淵閣四庫全書
湖後集	陳起	宋	文淵閣四庫全書
錦繡萬花谷後集		宋	文淵閣四庫全書
唐詩紀事	計有功	宋	文淵閣四庫全書
續夷堅志	元好問	金	中華書局
湖海新聞夷堅續志	吴元復	元	中華書局
桐江續集	方回	元	文淵閣四庫全書
平江記事	高德基	元	文淵閣四庫全書
山房隨筆	蔣子正	元	文淵閣四庫全書
齊乘	于潛	元	文淵閣四庫全書
文獻通考	馬端臨	元	商務印書館影印本
硯北雜志	陸友仁	元	文淵閣四庫全書
宋史	脱脱等	元	中華書局一九八五年版
遼史	脱脱等	元	中華書局一九七四年版
金史	脱脱等	元	中華書局一九七五年版
山居新話	楊瑀	元	文淵閣四庫全書
輟耕録	陶宗儀	元	文淵閣四庫全書
格致餘論	朱震亨	元	文淵閣四庫全書

補注杜詩	黄希	元	文淵閣四庫全書
田家五行	婁元禮	元	明刻遞修本
月令纂言	吴澄	元	清抄本
秘書監志	王士點	元	文淵閣四庫全書
白猿經風雨圖	劉基	明	元至元庚申抄本
農家諺	崔寔	明	文淵閣四庫全書
西漢文紀	梅鼎祚	明	文淵閣四庫全書
沈氏農書		明	清張履祥補本
廣輿圖	羅洪先	明	明嘉靖刻本
蠡海集	王逵	明	文淵閣四庫全書；宛委山堂刻本
元史	宋濂等	明	中華書局點校本
海道經	張一厚	明	天一閣藏本
指南正法	鞏珍	明	一九三五年向達在牛津大學圖書館抄録、出版
順風相送		明	一九三五年向達在牛津大學圖書館抄録、出版
道藏	張宇初等	明	明正統十年内府刻本
四時氣候集解	李泰	明	一四五五年刻本
蓬窗類記	黄暐	明	天一閣藏本
草木子	葉子奇	明	文淵閣四庫全書
平番始末	許進	明	上海商務印書館影印本
兩山墨談	陳霆	明	清末重刻本
古今諺	楊慎	明	商務印書館
古今風謡	楊慎	明	商務印書館
七修類稿	郎瑛	明	清抄本
賢博編	葉權	明	中華書局一九八七年版
續文獻通考	王圻	明	續修四庫全書
三才圖會	王圻	明	萬曆刊本
遵生八牋	高濂	明	明萬曆十九年雅尚齋刊本
便民圖纂	鄺璠	明	明萬曆年間刻本
升庵集	楊慎	明	清乾隆六十年刊本

月令廣義	馮應京	明	梅野石渠閣刊本
本草綱目	李時珍	明	文淵閣四庫全書
廣博物志	董斯張	明	文淵閣四庫全書
稗編	唐順之	明	文淵閣四庫全書
增修埤雅廣要	牛衷	明	一六一〇年孫弘範刻本
味水軒日記	李日華	明	吳興劉氏嘉業堂刊
時物典彙	李日華	明	明崇禎元年武林魯氏刻四六全書本
東西洋考	張燮	明	文淵閣四庫全書
五雜俎	謝肇淛	明	明如韋軒刊本
武備志	茅元儀	明	明天啓元年刊本
玉芝堂談薈	徐應秋	明	文淵閣四庫全書
古今治平略	朱健	明	清康熙刻本
南邨詩集	陶宗儀	明	文淵閣四庫全書
説郛	陶宗儀	明	文淵閣四庫全書
農政全書	徐光啓	明	文淵閣四庫全書
懸笥瑣探	劉昌	明	毛氏汲古閣刻本
物理小識	方以智	明	文淵閣四庫全書
兵鏡	吳惟順	明	明末問奇齋刻本
棗林雜俎	談遷	明	文淵閣四庫全書
紀效新書	戚繼光	明	文淵閣四庫全書
夜航船	張岱	明	天一閣藏抄本
三垣筆記	李清	明	吳興劉氏嘉業堂刊本
萬曆野獲編	沈德符	明	中華書局一九五九年點校本
菽園雜記	陸容	明	中華書局一九八五年版
古微書	孫瑴	明	文淵閣四庫全書
弘治温州府志	王瓚	明	上海社會科學院出版社
荆川集	唐順之	明	文淵閣四庫全書
稗編	唐順之	明	文淵閣四庫全書
天中記	陳耀文	明	文淵閣四庫全書

元史續編	胡粹中	明	文淵閣四庫全書
禮部志稿	林堯俞等	明	文淵閣四庫全書
明文衡	程敏政	明	吉林人民出版社一九九八年版
方齋存稿	林文俊	明	文淵閣四庫全書
白雲稿	朱右	明	上海古籍出版社
明文海	雷禮	明	文淵閣四庫全書
翠渠摘稿	周瑛	明	文淵閣四庫全書
文憲集	宋濂	明	文淵閣四庫全書
文簡集	孫承恩	明	文淵閣四庫全書
東里文集	楊士奇	明	中華書局一九九八年版
東江家藏集	顧清	明	文淵閣四庫全書
具茨集	王立道	明	文淵閣四庫全書
鈐山堂集	嚴嵩	明	續修四庫全書
儼山集	陸深	明	文淵閣四庫全書
王文成全書	王守仁	明	文淵閣四庫全書
明會典	李東陽等	明	續修四庫全書
明實録		明	中國國家圖書館紅格抄本微縮膠卷影印本
翰林記	黄佐	明	文淵閣四庫全書
明集禮	徐一夔等	明	文淵閣四庫全書
名臣經濟録	黄訓	明	文淵閣四庫全書
瀛涯勝覽	馬歡	明	中華書局一九八五年版
萬姓統譜	凌迪知	明	張海瀛、武新立、林萬青主編《中華族譜集成》，巴蜀書社一九九五年版
少谷集	鄭善夫	明	文淵閣四庫全書
餘冬序録	何孟春	明	商務印書館
皇明本紀	宋端儀	明	齊魯書社
大明律附例注解	姚思仁	明	北京大學出版社一九九三年版
陣記	何良臣	明	新建吴氏一八六二年刻本
參籌秘書	汪三益輯	明	文淵閣四庫全書
事物紺珠	黄一正輯	明	文淵閣四庫全書

國朝典故	鄧士龍	明	北京大學出版社二〇〇五年版
治世餘聞	陳洪謨	明	中華書局一九九七年版
商傳	何喬遠	明	福建人民出版社二〇一〇年版
昭代典則	黃光升	明	萬曆二十八年萬卷樓刻本
玉鏡新譚	朱長祚	明	中華書局一九八九年版
今言	鄭曉	明	中華書局一九八四年版
玉堂叢語	焦竑	明	中華書局一九八一年版
西湖遊覽志餘	田汝成	明	文淵閣四庫全書
松窗夢語	張瀚	明	中華書局一九八五年版
順德府志	孫錦修、高遷	明	明成化刻本
固原州志	楊經	明	嘉靖十一年刻本
肅州新志	邦彦	明	嘉靖抄本
廣西通志	林富	明	嘉靖十年刻本
廣西通志	蘇俊	明	明萬曆二十五年刻本
通州志	沈明臣	明	明萬曆本
萬曆瓊州志	戴熺等	明	明萬曆本
保定郡志	張才	明	河北省保定市檔案館藏本
桂林郡志	陳璉	明	明景泰元年吴惠重刊本
欽州志	林希元	明	明嘉靖刻本
儋州志	曾邦泰	明	萬曆本
贛州府志	董天錫	明	上海古籍書店據天一閣藏明嘉靖刻本影印
廣東通志	黃佐	明	嘉靖刻本
郴州志	胡漢等	明	明萬曆四年刻本
萬曆儋州府志	曾邦泰	明	明萬曆本
正德瓊臺志	唐胄	明	明正德本
湖廣總志	徐學模	明	明刊本
成都府志	馮任	明	明天啓本
梧州府志	謝君惠等	明	崇禎四年抄本
南寧府志	方瑜等	明	嘉靖四十三年手抄本

古儷府　王志慶　明　文淵閣四庫全書
漢魏六朝百三家集　張溥　明　文淵閣四庫全書
圖書編　章潢　明　文淵閣四庫全書
元儒考略　馮從吾　明　文淵閣四庫全書
徐霞客遊記　徐宏祖　明　文淵閣四庫全書
天經或問　游藝　清　文淵閣四庫全書
元明事類鈔　姚之駰　清　文淵閣四庫全書
明詩綜　朱彝尊　清　文淵閣四庫全書
曝書亭集　朱彝尊　清　商務印書館一九三五年版
全漢文　嚴可均　清　文淵閣四庫全書
竹書紀年集證　陳逢衡　清　嘉慶癸酉刻本
明季北略　計六奇　清　中華書局一九八四年版
明季南略　計六奇　清　中華書局一九八四年版
康濟録　陸曾禹　清　文淵閣四庫全書
萑變紀事　余颺　清　中華書局一九八〇年版
綏寇紀略　吴偉業　清　商務印書館一九三七年版
管窺輯要　黄鼎　清　順治年間刻本
十國春秋　吴任臣　清　乾隆五十三年周昂重刻本
坤輿圖説　南懷仁　清　文淵閣四庫全書
罪惟録　查繼佐　清　浙江古籍出版社一九八六年版
塞北小鈔　高士奇　清　世楷堂藏板
古今釋疑　方中履　清　續修四庫全書
廣陽雜記　劉獻廷　清　中華書局一九五七年版
三岡識略　董含　清　大雅山房藏本
三岡續識略　董含　清　遼寧教育出版社二〇〇〇年版
卜歲恒言　吴鵠　清　清末東昌文萃堂刻本
歷年記　姚廷遴　清　上海人民出版社一九八二年版
續歷年記　姚廷遴　清　上海人民出版社一九八二年版
觚賸　鈕琇　清　康熙四十一年臨野堂刻本

閲世編	葉夢珠	清	中華書局二〇〇七年版
虞初新志	張潮	清	河北人民出版社一九八五年版
讀書紀數略	夢仁	清	文淵閣四庫全書
池北偶談	王士禎	清	中華書局一九八二年版
香祖筆記	王士禎	清	掃葉山房民國三十年影印本
淵鑑類函	張英等	清	光緒二十一年刻本
康熙字典	張玉書等	清	康熙五十五年刻本
曆算全書	梅文鼎	清	文淵閣四庫全書
天象源委	張永祚	清	續修四庫全書
授時通考	鄂爾泰	清	武英殿乾隆七年刻本
豳風廣義	楊屾	清	乾隆庚申年甯一堂藏版
三農紀	張宗法	清	續修四庫全書
春秋夏正	胡天遊	清	清道光刻本
歷代通鑑輯覽	傅恒等	清	乾隆四十九年摛藻堂
舟師繩墨	林君陞	清	續修四庫全書
續通志	嵇璜、劉墉等	清	文淵閣四庫全書
七十二候考	曹仁虎	清	上海古籍出版社一九九五年影印本
繪事瑣言	迮朗	清	上海古籍出版社一九九五年影印本
清初莆變小乘	陳鴻	清	中華書局一九八〇年版
滇海虞衡志	檀萃	清	小停雲館嘉慶九年本
農候雜占	梁章鉅	清	中華書局一九五六年版
浪跡叢談	梁章鉅	清	中華書局一九八一年版
稱謂録	梁章鉅	清	光緒十年梁恭辰刻本
續資治通鑒	畢沅	清	中華書局一九五七年版
月令粹編	秦嘉謨	清	秦氏琳琅仙館嘉慶十七年刻本
寶訓	郝懿行	清	續修四庫全書
西夏書事	吳廣成	清	續修四庫全書
風角書	張爾岐	清	來鹿堂藏道光甲午版
日知録集釋	黄汝成	清	道光十四年黄氏家刻

唐月令注	茆泮林	清	梅瑞軒藏道光十四年版
唐月令續補遺	茆泮林	清	梅瑞軒藏道光十四年版
唐月令續考	茆泮林	清	梅瑞軒藏道光十四年版
馬首農言	祁寯藻	清	續修四庫全書
河工器具圖說	麟慶	清	臺灣文海出版一九六九年影印本
履園叢話	錢泳	清	道光十八年述德堂藏版
天文秘旨	佚名	清	續修四庫全書
海録	楊炳南	清	清道光二十四年原刻本
吴下諺聯	王有光	清	中華書局出版一九八二年版
西遊筆略	郭連城	清	上海書店出版社二〇〇三年版
醒世一斑録	鄭光祖	清	青玉山房藏咸豐二年版
石渠餘記	王慶雲	清	北京古籍出版社一九八五年版
馥芬居日記	王汝潤	清	上海人民出版社一九八二年版
墨餘録	毛祥麟	清	上海進步書局一九八五年版
蟲鳴漫録	采衡子	清	申報館鉛印本一八七七年版
鏡湖自撰年譜	段光清	清	中華書局一九六〇年版
續廣博物志	徐壽基	清	光緒十二年刻志學齋集本
張子正蒙注	王夫之	清	中華書局一九七五年版
春秋繁露注	凌曙	清	影印上海圖書館藏稿本
白虎通疏證	陳立	清	中華書局一九九四年版
竹葉亭雜記	姚元之	清	清光緒十九年刻本
格致鏡原	陳元龍	清	文淵閣四庫全書
兵學新書	徐建寅輯	清	續修四庫全書
二申野録	孫之騄	清	光緒二十七年吟香館刻本
蜀輶詩記	俞陛雲	清	上海書店出版社一九八六年版
契文舉例	孫詒讓	清	續修四庫全書
春秋繁露義證	蘇輿	清	續修四庫全書
田家占候集覽	鄒存淦	清	續修四庫全書
雲氣占候	韜廬子	清	續修四庫全書

丹午筆記	顧公燮	清	江蘇古籍出版社一九九九年版
清稗類鈔	徐珂	清	中華書局一九八六年版
吳城日記	佚名	清	江蘇古籍出版社一九九九年版
明史	張廷玉等	清	中華書局一九七四年版
消夏閑記摘抄	顧公燮	清	上海商務印書館一九一七年版
明史記事本末	谷應泰	清	中華書局一九七七年版
元朝典故編年考	孫承澤	清	文淵閣四庫全書
春明夢餘録	孫承澤	清	北京古籍出版社一九九二年版
千頃堂書目	黄虞稷	清	上海古籍出版社二〇〇一年版
明儒言行録	沈佳	清	明文書局一九九一年版
二希堂文集	蔡世遠	清	文淵閣四庫全書
清一統志	穆彰阿	清	文淵閣四庫全書
列朝詩集小傳	錢謙益	清	上海古籍出版社一九八三年版
續明紀事本末	倪在田	清	臺灣大通書局一九五七年版
明會要	龍文彬	清	中華書局一九五六年版
宸垣識略	吳長元	清	北京古籍出版社一九八三年版
四庫全書總目提要	永瑢、紀昀等	清	中華書局一九六四年版
疇人傳	阮元	清	續修四庫全書
疇人傳續編	吳士琳	清	續修四庫全書
疇人傳三編	諸可寶	清	續修四庫全書
疇人傳四編	黄鍾駿	清	續修四庫全書
清朝通典	嵇璜、劉墉等	清	文淵閣四庫全書
清續文獻通考	劉錦藻	清	商務印書館影印十通本
續文獻通考	嵇璜等	清	臺灣商務印書館一九八三年版
大清律例	徐本	清	臺灣商務印書館一九八三年版
大清會典事例	李鴻章等	清	光緒年間石印本
清經世文編	賀長齡	清	道光年間刻本
學政全書	素爾訥等	清	乾隆三十九年武英殿刻本
清吏部銓選則例	錫珍等	清	光緒十二年刻本

清户部軍需則例	阿桂、和珅等	清	乾隆五十年刻增修本
格物中法	劉嶽雲	清	光緒年間刻本
費隱與知録	鄭復光	清	影印道光活字印本
兵鏡備考	鄧廷羅	清	康熙年間刻本
書目答問	張之洞	清	范希曾《書目答問補正》，上海古籍出版社二〇〇一年版
八千卷樓書目	丁立中	清	上海古籍出版社
易學象數論	黄宗羲	清	光緒刻廣雅書局叢書本
曆象考成		清	文淵閣四庫全書
曆象考成後編		清	文淵閣四庫全書
儀象考成	戴進賢	清	文淵閣四庫全書
儀象考成續編	周餘慶	清	續修四庫全書
新制靈臺儀象志	南懷仁	清	續修四庫全書
天學闡微	王家弼	清	慈蔭堂抄本
天文正義	張永祚	清	續修四庫全書
中星譜	胡亶	清	文淵閣四庫全書
毛詩天文考	洪亮吉	清	道光三十年張氏崇素堂刻本
七十二候考	曹仁虎	清	上海古籍出版社一九九五年影印本
卜歲恒言	吴鵠	清	續修四庫全書
淮南天文訓補注	錢塘	清	清道光指海本
月日紀古	蕭智漢	清	清乾隆五十九年蕭氏聽濤山房刻本
時節氣候鈔	喻端士	清	清道光元年蜜香庵刻本
耕心農話	奚誠	清	續修四庫全書
使署閒情	六十七	清	臺灣文獻叢刊
陳清端公文集	陳瑸	清	四庫存目叢書補編本
晚晴簃詩匯	徐世昌	清	影印民國十八年退耕堂刻本
鄉言解頤	李光庭	清	中華書局一九八二年版
日知録之餘	顧炎武	清	宣統二年吴中刻本
雅堂文集	連横	清	近代中國史料叢刊續編
續學堂詩文鈔	梅文鼎	清	續修四庫全書

郎潛紀聞初筆	陳康祺	清	中華書局一九九〇年版
陔餘叢考	趙翼	清	商務印書館一九五七年版
簷曝雜記	趙翼	清	中華書局一九八二年版
東華録	王先謙	清	光緒十年長沙王氏刻本
天咫偶聞	唐晏	清	文海出版社一九六八年版
讀書堂西征隨筆	汪景琪	清	上海書店一九八四年版
春在堂雜文續編	俞樾	清	續修四庫全書
説文解字注	段玉裁	清	上海古籍出版社一九八一年版
佩文齋詠物詩選	陳廷敬、蔡升元	清	文淵閣四庫全書
幾暇格物編	愛新覺羅・玄燁	清	上海古籍出版社二〇〇七年版
歷代賦匯	陳元龍	清	文淵閣四庫全書
宋會要輯稿	徐松	清	中華書局一九五七年版
唐兩京城坊考	徐松	清	三秦出版社一九九一年版
全晉文	嚴可均	清	商務印書館
全唐詩	曹寅等	清	文淵閣四庫全書；中華書局一九六〇年版
全唐文	董浩等	清	中華書局影印嘉慶本，一九八五年版
廣東新語	屈大均	清	康熙三十八年刻本
廣州府志	張育春	清	道光十三年刻本
安定縣志	吴應廉	清	光緒刻本
青陽縣志	段中緯	清	乾隆四十八年刻本
西域考古録	俞浩	清	清道光二十七年刻本
蒙兀兒史記	屠寄	清	中國書店一九三四年版
畿輔通志	李鴻章等	清	北洋官報印刷局宣統二年石印本
光緒順天府志	周家楣、繆荃孫	清	北京古籍出版社
宣化府志	王者輔等	清	清乾隆二十二年刻本
光緒昌平卅志	吴履復等	清	清光緒十二年刻本
日下舊聞考	于敏中等	清	清乾隆五十三年武英殿刻本
永平府志	吕恩湛	清	嶽麓書社一九八九年版
嘉興府志	許瑶光等	清	清光緒四年刻本

全遼志	李輔	清	嘉靖四十四年本
盛京通志	吕耀曾、魏樞	清	咸豐二年本
吉林通志	長順、訥欽	清	光緒十七年本
亞細亞洲志		清	光緒三十四年學部圖書局鉛印本
延吉邊務報告	吴禄貞	清	光緒三十三年刻本
東三省政略	徐世昌	清	吉林文史出版社
黑龍江外記	西清	清	光緒二十年刻本
黑龍江鄉土志	林傳甲	清	宣統年間刻本
龍沙紀略	方式濟	清	黑龍江人民出版社一九八五年版
牡丹江風土志	顔公權	清	奉天啓文印書館一九四二年版
甯古塔志	方拱乾	清	商務印書館民國四年本
甯古塔紀略	吴振臣	清	上海古籍出版社一九九五年影印本
龍江述略	徐宗亮	清	光緒十七年刊本
山東通志	楊士驤等	清	上海商務印書館影印一九三四年版
甘肅新通志	昇允等	清	光緒三十四年刻本
洮州廳志	張彦篤	清	民國二十三年鉛印本
敦煌縣志	曾誠	清	道光辛卯版校注本
海城縣志	楊金庚	清	光緒三十四年刻本
遼陽州志	楊鑣、施鴻	清	遼海書社僞滿康得元年版
鐵嶺縣志	賈弘文	清	康熙二十二年
塔子溝紀略	哈達清格	清	乾隆三十八年刻本
鳳城縣志	趙萬興	清	遼寧民族出版社二〇〇三年版
阜新縣志	金毓	清	奉天正文齋印刷局
臺安縣志		清	瀋陽出版社一九九〇年版
岫巖縣志	彭世祺	清	遼寧民族出版社一九九九年版
岫巖志略	李翰穎	清	上海書店出版社一九九四年影印本
撫順縣志略	趙宇航	清	清宣統三年石印本
彰武縣志	王恕	清	奉天正文齋印刷局民國二十二年本
天津府志	沈家本等	清	上海古籍出版社一九九五年版

津門雜記 張燾 清 光緒十年刻本
東亞各港口志 清 上海廣智書局
灤州志 楊文鼎 清 光緒二十四年
樂亭縣志 游智開 清 光緒三年
承德府志 李世寅 清 光緒十三年
遼陽鄉土志 洪汝沖 清 光緒三十四年鉛印本
趙州志 孫傳栻 清 光緒二十三年刻本
朔州志 汪嗣聖 清 雍正十三年刻本
五臺新志 楊篤等 清 光緒九年刻本
石埭縣志 姚子莊 清 民國二十四年鉛印本
續石埭縣志 石瑶璨 清 成文出版社一九三五年版
青陽縣志 段中律 清 乾隆四十八年刊本
宣城縣志 吴飛九 清 乾隆四年刊行本
福建通志 郝玉麟等 清 乾隆二年刻本
福州府志 徐景熹等 清 道光十九年補刻本
福寧府志 李拔 清 光緒六年刻本
汀州府志 曾日瑛 清 同治六年刻本
延平府志 傅爾泰等 清 乾隆三十年刻本
龍巖州志 彭衍堂等 清 道光十五年刻本
永春州志 鄭一松 清 乾隆五十二年刻本
重纂邵武府志 王琛 清 上海書店出版社二〇〇〇年影印本
邵武府續志 汪麗日 清 康熙九年刊本
福建續志 楊廷璋等 清 乾隆三十三年刻本
海島逸志 王大海 清 嘉慶十一年刊刻
泉州府志 懷蔭布等 清 乾隆二十八年刻本
廣西通志 郝浴等 清 康熙二十二年刻本
廣西通志 金鉷等 清 雍正十一年刻本
廣西通志 謝啓昆等 清 同治四年刻本
平樂府志 吴醇仁 清 雍正四年刻本

平樂府志	清桂、王作人	清	嘉慶十年刻本
平樂府志	全文炳	清	光緒十年刻本
慶元府志	何天祥	清	乾隆十九年刻本
慶元府志	李佑元	清	光緒二十三年抄本
慶元府志	英秀等	清	道光九年刻本
欽州志	朱椿年	清	道光十四年刻本
歸順直隸州志	顏嗣微	清	光緒二十五年刻本
鎮安府志	沈世楓	清	乾隆二十一年刻本
鎮安府志	梁年等	清	光緒十八年刻本
玉林州志	馮德材等	清	光緒二十年刻本
梧州府志	吴九齡	清	乾隆三十五年刊本抄
思明府志	陳達等	清	康熙二十八年刻本
柳州府志	吴光升等	清	乾隆二十九年刻本
太平府志	甘汝來	清	雍正四年刻本
南寧府志	金先聲	清	康熙十三年抄本
南寧府志	蘇士俊等	清	乾隆七年刻本；宣統元年石印本
百色廳志	陳如金等	清	光緒十七年刻本
雍正廣東通志	郝玉麟	清	雍正九年刻本
潯州府志	褚興周	清	光緒二十年油印本
瓊州府志	戴熺	清	光緒十六年刻本
乾隆瓊州府志	肖應植	清	乾隆三十九年刻本
道光瓊州府志	明誼	清	海南出版社二〇〇六年版
光緒臨高縣志	聶緝	清	光緒十八年刻本
康熙瓊山縣志	潘廷侯	清	康熙二十六年本
康熙瓊山縣志	王贄	清	康熙四十七年本
乾隆陵水縣志	瞿雲魁	清	乾隆五十七年本
康熙文昌縣志	馬日炳	清	康熙五十七年本
康熙儋州志	韓佑	清	康熙四十二年抄本
羅平州鄉土志	陶大濬	清	光緒抄本

普安直隸廳志	曹昌祺等	清	光緒十五年刻本
水城廳採訪册	陳昌言	清	光緒抄本
平越直隸州志	瞿鴻錫等	清	光緒三十三年刻本
桑梓述聞	傅玉書	清	光緒三十四年刻本
貴陽府志	周作楫等	清	咸豐二年刻本
貴州通志	鄂爾泰等	清	乾隆六年刻本
鎮寧州志	昶元等	清	光緒元年抄本
清江志	胡章	清	乾隆五十五年抄本
思南府續志	夏修恕等	清	道光抄本
松桃廳志	徐鋐	清	道光刻本
永寧州志	黄培傑	清	光緒二十年重刻本
興義府志	張鍈等	清	宣統元年鉛印本
南籠府志	李其昌	清	乾隆二十九年抄本
黎平府志	俞渭等	清	光緒十八年刻本
獨山州志	劉岱等	清	乾隆三十四年刻本
安順府志	常恩等	清	咸豐元年刻本
古州雜記	林溥	清	嘉慶刻本
黔書	田雯	清	嘉慶十二年刻本
續黔書	張澍	清	清咸豐刻本
平遠州志	李雲龍	清	乾隆刻本
定番州志	年法堯	清	康熙抄本
正安新志	朱百穀等	清	咸豐八年刻本
續修正安州志	彭焯等	清	光緒二年刻本
普安州志	王粵麟	清	乾隆二十二年刊本
黔西州志	馮光宿	清	乾隆九年刻本
廣順州志	金臺等	清	道光二十七年廣陽書院刻本
正安州志	趙宜霖	清	嘉慶二十二年刻本
雲南通志	岑毓英等	清	清光緒二十年刻本
雲南通志	鄂爾泰等	清	乾隆元年刻本

開化府志	何懷道等	清	道光九年刻本
安寧州志	楊巖椿等	清	乾隆四年刻本
鄧川州志	鈕方圖等	清	咸豐五年刻本
姚州志	陸宗鄭等	清	光緒十一年刻本
姚州志	管侖	清	康熙五十三年刻本
鎮南州志	李毓蘭等	清	光緒十八年刻本
新興州志	任中宜等	清	乾隆十五年刻本
賓川州志	周鉞	清	雍正五年抄本
石屏州志	管學宣	清	乾隆四十五年刻本
彌勒州志	秦仁等	清	乾隆四年抄本
鎮雄州志	吴光漢等	清	光緒十三年刻本
鎮雄州志	屠述濂	清	清刻本
馬龍州志	許日藻等	清	雍正元年刻本
雲南府志	張毓碧等	清	光緒刻本
建水州志	祝宏等	清	雍正九年刻本
廣南府志	何愚	清	康熙四十一年刻本
澂江府志	李熙齡	清	道光二十七年抄本
雲南地志	劉盛堂	清	光緒三十四年石印本
宣威州志	劉沛霖等	清	道光二十四年抄本
廣西府志	周采等	清	乾隆四年刻本
東川府志	方桂等	清	光緒二十四年刻本
武定直隸州志	郭懷禮等	清	光緒刻本
永昌府志	劉毓珂	清	光緒十一年刻本
羅平州志	黄德異等	清	康熙五十七年抄本
霑益州志	陳燕等	清	光緒十一年刻本
雲南縣志	項聯晉等	清	光緒十六年刻本
龍威秘書	許纘曾	清	乾隆五十九年刻本
滇語備忘録	王定柱	清	清抄本
江西全省輿圖	曾國藩等	清	同治七年刊本

江西通志	謝旻等	清	雍正十年刊本
兩浙海塘通志	方觀承	清	清浙江布政司海塘吏江授江監抄本
金山衛志	常琬	清	嘉慶七年抄本
廣平府志	吳中彥	清	光緒十九年刊本
祁州續志	趙秉恒	清	光緒元年刊本
河南通志	賈漢復、沈荃	清	順治十七年刊本
遵化通志	何崧泰、史樸	清	光緒十二年刻本
撫州府志	許應鑅	清	光緒二年刻本
江西通志	于成龍等	清	康熙二十二年刊本
江西通志	劉坤一、趙之謙	清	光緒七年刻本
九江府志	達春布等	清	同治十三年刻本
九江府志	江殷道等	清	康熙十二年刻本
施南府志	羅德昆	清	道光十七年印行
南昌府志	陳蘭森等	清	乾隆五十四年刻本
南安府志	黃鳴珂	清	同治七年刻本
寧都直隸州志	鄭相琛、劉丙	清	道光四年刻本
定南廳志	賴勳等	清	道光五年重修本
南康縣志	沈恩華	清	同治十一年刻本
吉安府志	定祥	清	光緒六年刻本
吉安府志	盧崧等	清	乾隆四十一年刻本
廬陵縣志	余之禎	清	宣統三年刊本
建昌府志	邵子彝	清	光緒五年刻本
建昌府志	孟炤	清	乾隆二十四年刻本
饒州府志	錫德	清	同治十一年刻本
石鐘山志	李成謀等	清	光緒九年刻本
廬山志	毛德琦	清	康熙刻本
增定廬山志	李瀅	清	康熙刻本
辰州府志	席紹葆等	清	乾隆三十年刻本
寶慶府志	黃宅中等	清	道光二十九年刻本

永州府志	吕恩湛等	清	同治六年刻本
武岡州志	黄維瓚等	清	光緒元年刻本
道州志	李鏡蓉等	清	光緒四年刻本
乾州廳志	蔣琦溥等	清	光緒三年刻本
古丈坪廳志	董鴻勳等	清	光緒三十三年刻本
永綏廳志	董鴻勳等	清	宣統元年刻本
桂陽直隸州志	汪學灝等	清	同治七年刻本
永順府志	張天如	清	乾隆二十八年刻本
直隸澧州志	安佩蓮等	清	道光元年刻本
長沙府志	吕肅高等	清	乾隆十二年刻本
衡州府志	張奇勳等	清	康熙二十一年刻本
衡州府志	饒佺	清	光緒元年刻本
鳳凰廳志	黄應培等	清	光緒四年刻本
湖南考古略	盧峻等	清	光緒二年本
常德叢談	陳楷禮	清	嘉慶十八年刻本
湘城訪古録	陳運溶	清	道光二十一年刻本
湖南通志	李瀚章	清	光緒十一年刻本
衡嶽志	朱衮等	清	康熙三十七年刻本
衡陽志	朱衮	清	康熙刻本
常德府志	應先烈	清	嘉慶十八年刻本
長沙府瀏陽縣奉敕查詢清册	唐步瀛	清	光緒十六年抄本
興寧縣志	郭樹馨	清	光緒元年刻本
益陽縣志	姚念楊	清	同治十三年刻本
醴陵縣志	徐淦	清	同治九年刻本
安化縣志	牛中瀚	清	嘉慶十六年刻本
善化縣志	吴兆熙	清	光緒三年刻本
耒陽縣志	于學琴	清	光緒十一年刻本
衡山縣志	羅慶薌	清	道光三年刻本
零陵縣志	嵇有慶	清	光緒二年刻本

華容志	孫炳煜	清	光緒八年刻本
沅州府志	張官五	清	同治十二年刻本
洞庭湖志	綦世英	清	道光八年刻本
遂寧縣志	張鵬翮	清	康熙二十九年版影印本
永綏廳志	董鴻勳	清	宣統元年鉛印本
德慶州志	楊文駿等	清	光緒二十五年刻本
羅定州志	王植	清	雍正九年刻本
雷州府志	吴盛藻	清	康熙十一年刻本
廣州府志	戴肇辰等	清	光緒五年刻本
直隸南雄州志	余保純等	清	道光四年刻本
香山縣志	申良翰等	清	清抄本
連陽八排風土記	李來章等	清	康熙四十七年連山書院刻本
南海縣志	陳張翼等	清	乾隆六年刻本
廉州府志	張堉春等	清	道光十三年刻本
瓊州府志	明誼	清	道光二十一年刻本
松潘縣志	張典等	清	民國十三年影印本
大名縣志	程廷恒	清	乾隆五年刻刊本
南澳志	齊翀	清	道光二十一年刻本
眉州屬志	涂長發等	清	嘉慶十七年刻本
廣安州志	劉有儀、吴栻	清	咸豐九年版
華銀山志	釋昌言	清	咸豐版二〇〇六年重刊本
直隸理番廳志	吴羹梅、周祚嶧	清	同治五年刻本
嘉慶成都縣志	王泰雲、衷以勳等	清	嘉慶二十年刻本
同治重修成都縣志	李玉宣、衷興鑒	清	巴蜀書社一九九二年影印本
雅安府志	曹搶彬	清	乾隆四年抄本
茂州志	楊迦懌等	清	清末刻本
青海記	康敷鎔	清	成文出版社
青海奏疏	豫師	清	青海圖書館藏清抄本複印本
西寧府新志	楊應琚	清	清乾隆十二年刻本

甘肅新通志	升允等	清	宣統元年刻本暨石印本
丹葛爾廳志	張庭武	清	宣統二年官報書局鉛印版
西寧府續志	鄧承偉、張價卿、來維禮、基生蘭	清	青海人民出版社一九八五年版
玉環廳志	杜冠英、吕鴻燾	清	光緒六年刻本
新修固原州志	王學伊	清	宣統元年官報書局本
平原縣志	陳日新	清	光緒五年刻本
續修中衛縣志	鄭元吉	清	道光二十一年刻本
鹽茶廳志備遺	朱亨衍	清	乾隆十三年抄本
嘉慶上海縣志	林鍾琦	清	清嘉慶刻本
同治上海縣志	俞樾等	清	同治十一年南園志局刊本
奉賢縣志	韓佩金	清	成文出版社影印光緒四年刊本
杭州府志	鄭澐	清	康熙二十五年刻本
杭州府志	馬如龍	清	乾隆四十九年刻本
湖州府志	宋源瀚	清	同治十三年刻本
湖州府志	李堂	清	乾隆二十三年刻本
浙江通志	黃宗羲	清	康熙二十三年刻本
紹興府志	李亨特、平恕等	清	乾隆五十七年刊本
西安縣志	姚寶煃等	清	嘉慶十六年刊本
浙江通志	李衛、沈翼機等	清	清乾隆元年刻本
江南通志	趙宏恩等	清	文淵閣四庫全書
寧波府志	曹秉仁	清	清道光二十六年慈溪沈氏介社堂刻本
定海廳志	史致馴	清	光緒十年御書樓藏版
鳳臺縣志	李師沆	清	成文出版社版
宣統定安縣志	宋席珍	清	海南出版社二〇〇四年版
康熙萬州志	李琰	清	海南出版社二〇〇四年版
蒙城縣志	趙畬昌	清	成文出版社版
青陽縣志	廖光珩	清	成文出版社版
永嘉聞見録	孫同元	清	光緒十四年刻本

湖廣通志	徐國相	清	康熙二十三年刻本
湖廣武昌府志	裴天錫等	清	康熙二十六年刻本
湖廣下荆南道志	魯之裕	清	乾隆五年刻本
漢陽府志	陶士契等	清	乾隆十二年刻本
鄖陽志	吴葆儀等	清	光緒三年刻本
鄖陽志	王正常等	清	嘉慶三年刻本
襄陽府志	恩聯等	清	光緒十二年刻本
德安府志	劉國光等	清	光緒十四年刻本
沔陽州志	葛振光等	清	光緒二十年刻本
黄州府志	英啓等	清	光緒十年刻本
宜昌府志	聶光鑾	清	同治四年刻本
荆門直隸州志	恩榮等	清	同治七年刻本
湖北通志	吴熊光等	清	嘉慶九年刻本
綏德州直隸州志	吴忠誥等	清	乾隆五十年刻本
佛坪廳志	劉瑛	清	光緒九年刻本
葭州志	高詢等	清	光緒二十年刻本
長安縣志	張聰賢等	清	嘉慶二十年刻本
直報		清	光緒二十一年
申報		清	一八七三至一九一一年選二十六期
大公報			人民出版社一九八二年影印本
唐五代筆記小説大觀			上海古籍出版社二〇〇〇年版
全宋文	曾棗莊、劉琳主編		上海辭書出版社二〇〇六年版

《中華大典》辦公室

主　　任：于永湛
副 主 任：伍　傑
　　　　　姜學中
編　　審：趙含坤
　　　　　崔望雲
秘　　書：宋　陽
裝幀設計：章耀達

《中華大典·地學典·氣象分典》

責任編輯：楊希之
　　　　　李盛强
　　　　　康聰斌
責任校對：曾祥志
　　　　　李盛强
　　　　　康聰斌
特邀校對：南京展望文化發展有限公司
　　　　　校對組

圖書在版編目(CIP)數據

中華大典. 地學典. 氣象分典 /《中華大典》工作委員会,《中華大典》編纂委員會編纂. —重慶: 重慶出版社, 2013.12
ISBN 978-7-229-07194-3

Ⅰ.①中… Ⅱ.①中…②中… Ⅲ.①百科全書—中國②氣象學—中國 Ⅳ.①Z227②P4

中國版本圖書館 CIP 數據核字(2013)第 274732 號

中華大典·地學典·氣象分典

編纂:《中華大典》工作委員會
《中華大典》編纂委員會
出版: 重慶出版集團
重慶出版社
(重慶市南岸區南濱路 162 號 郵政編碼 400061)
發行: 重慶出版集團圖書發行有限公司
(重慶市南岸區南濱路 162 號 郵政編碼 400061)
排版: 南京展望文化發展有限公司
(南京市夢都大街 176—4 號 郵政編碼 210019)
印刷: 成都東江印務有限公司
(成都市鹽井村 11 組 郵政編碼 610091)
開本: 787×1092 毫米 1/16
印張: 121.5 字數: 3 890 千字
2014 年 1 月第 1 版 2016 年 4 月第 2 次印刷
印數: 1 001—1 500 册
書號: ISBN 978-7-229-07194-3
定價: 700.00 圓(全二册)